AF318693

LE DICTIONNAIRE

DICTIONNAIRES

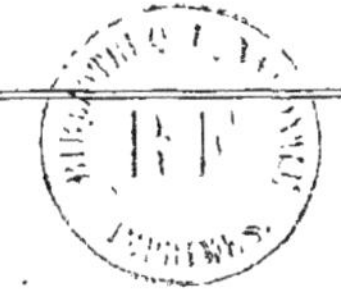

A   A   A

A. s. m. (A latin, lequel vient de alpha grec, apporté par les Phéniciens). La première lettre de l'alphabet, un grand A, un petit a. — Une panse d'a, la première partie d'un petit a dans l'écriture cursive, partie qui a la forme d'une panse. N'avoir pas fait une panse d'a, n'avoir rien écrit. Ne savoir ni A ni B, ne savoir pas lire, être très ignorant. || Dans les inscriptions latines, A est l'abréviation de *annus*, *Aulus* ; A. A. A Auro, argento, ære ; dans les votes, A exprimait un vote négatif (*antiquo*) ; dans les procès criminels, un vote d'acquittement (*absolvo*) ; aussi appelait-on l'A *littera absolutoria*.

A. 3e pers. sing. ind. prés. du v. *Avoir*.

A. prép Les prép. lat. *ad* et *ab* qui se sont confondues. Lorsque À précède l'art. m. suivi d'une cons autre que l'h muette, on contracte la prép. et l'art. en *au*, pour *à le*, et lorsqu'il précède l'art. pl. des deux genres on contracte la prép et l'art. en *aux*, pour *à les* || À exprime trois rapports différents : 1° Tendance ou direction vers un lieu, vers un terme, vers un objet. Aller à Rome. La soumission aux lois. S'adonner à l'étude. Aux grands hommes la patrie reconnaissante. À l'assassin ! Au feu ! || À marque distance, intervalle. Travailler du matin au soir. || Souvent cette préposition est précédée et suivie du même mot ; alors, elle marque succession, gradation, ordre, arrangement. Goutte à goutte. — de correspondance exacte. Traduire mot à mot ; — jonction, proximité, rencontre, opposition. Côte à côte. Vis-à-vis. || A, placé entre deux nombres, indique une évaluation approximative quand il suppose un nombre intermédiaire entre les deux ou quand la chose dont il s'agit est divisible. Vingt à trente personnes Cinq à six lieues. *Loc. vic.* : cinq à six personnes (une personne n'est pas divisible). *Loc. corr.* : cinq ou six personnes. — Il marque aussi relation entre les personnes ou les choses. De nation à nation. — 2° Provenance, dépendance, séparation. Les Latins ont beaucoup emprunté aux Grecs. J'ai ouï dire à un vieillard. À deux mois de date. — 3° Situation, manière d'être. Mourir à l'étranger. L'épée au côté. Les larmes aux yeux. À la face, a la vue de, c.-à-d. en présence de... au vu de tout le monde. || Fig. À la face du soleil. À la belle étoile. || Ellip. pour désigner une enseigne : *Au Cheval Blanc. Au Gagne-Petit.* || Sert aussi à désigner l'institution, l'établissement auquel une personne est attachée. Conseiller à la Cour de cassation ; — le temps, l'époque, l'âge, la circonstance. À la fin du mois. Il fut tué au siège de telle place. Il mourut à vingt ans À ma mort il héritera de cette maison. À la troisième sommation, ils se retirèrent. || Un espace de temps, une durée Travailler à la journée.

Pension à vie. || Appartenance, possession. Ce livre est à ma sœur. Votre devoir, à tous, est de lui obéir. *Loc. vic.* : être frère, cousin à. Le frère à Guillaume. *Loc. corr.* : être frère, cousin de. Le frère de Guillaume. || Terme du turf. On dit : tel cheval a M. X.... pour exprimer : tel cheval appartient à M X.... || Le nombre. Louer une maison à deux, a trois. || Le rapport d'un nombre à un autre, les points respectifs des joueurs. Nous sommes six à six. Ellip. et fam. Six à. || Avec son complément, indique l'espèce, la qualité. Canne à sucre. Glace à la vanille. || La forme, la structure, l'accessoire d'une chose. Lit à colonnes. Chapeau a grands bords. Montre à répétition. || La destination, l'usage. Marché à la volaille. Bouteille à l'encre. Chambre à coucher. Fer à repasser. || Ce qui est nécessaire à l'emploi d'une machine, d'un instrument. Bateau à vapeur. Moulin à vent. || La manière d'agir, la manière d'être des personnes ou des choses, les circonstances qui accompagnent un fait À la nage. À la hâte. À juste titre. À bon droit. Rire à gorge déployée. S'habiller a la française. C'est une pensée à la Montesquieu. Passer au fil de l'épée. Mettre tout à feu et à sang. Traiter un sujet a fond. Pigeon à la crapaudine. Des rochers à fleur d'eau. || L'instrument dont on se sert pour faire quelque chose. Se battre à l'épée. Travailler à l'aiguille. Dessin à la plume. || La mesure, le poids, la quantité. Vendre du vin au litre. || Le prix, la valeur. Placer ses fonds à cinq pour cent. Donner une marchandise à bon marché. || La disposition morale, l'intention. À dessein. À contre-cœur. || La cause. Se ruiner au jeu. S'endormir au murmure des eaux. Frémir à l'aspect du danger. || L'effet, le résultat. Blesser à mort. Aux applaudissements de tous. À peine d'amende, ou sous peine d'amende. || Conformité, convenance. (Dans ces cas À se prend pour *selon, suivant*.) À mon avis. À leur jugement. Chapeau à la mode À ce que je crois. Boire à sa soif. Dieu fit l'homme à son image. À l'instar de. À la vérité. || Ce qui fournit une induction, une conjecture. (À se prend alors pour *d'après*.) À son air triste, nous pressentîmes le malheur qui lui était arrivé. || Devant les noms de ville, À marque trois rapports : aller à Paris, s'arracher à Paris, demeurer à Paris ; — devant les noms de continents, de royaumes, de provinces, il ne s'emploie généralement que pour le second rapport : s'arracher à la Grèce. Pour les deux autres rapports, on se sert tantôt de la prépos. *en* (devant les noms féminins de pays, au singulier). Aller en Grèce, s'établir en Allemagne ; tantôt de la prépos. *à* (devant les noms masculins de pays et les noms au pluriel). Aller au Japon, aux Indes. — 4° À possède beaucoup d'autres significations d'après le mot

qu'il précède et selon les parties du discours entre lesquelles on le place. || Devant un infinitif, il équivaut souvent a un part. prés. précédé de la prép. en. À voir les choses de sang-froid (en voyant, etc.). À compter de ce jour. || À l'en croire (s'il faut l'en croire). || À parler franchement (pour parler franchement). || Placé entre un substantif et un infinitif, il indique ce qu'il est nécessaire ou convenable de faire, ce que l'on conseille ou déconseille, ce à quoi une chose est propre, ce qu'elle peut produire, ce dont une personne est capable. C'est un avis à suivre. C'est une occasion à ne pas laisser échapper. C'est une entreprise à vous faire honneur. Il est homme à vous jouer un mauvais tour. || À, devant un infinitif, signifie encore : de quoi, matière à, sujet de, etc. Il n'a pas à manger. Il y aurait à craindre. || On dit aussi : le temps que j'ai à vivre (pendant lequel je dois vivre). L'argent que j'ai à dépenser (que je puis ou dois dépenser). N'avoir rien à répliquer, ne trouver rien à répondre (rien que l'on puisse répliquer ou répondre). Je suis ici à l'attendre (je l'attends). À revoir, au revoir, etc. || Devant le relatif *qui*, il marque ellipt. une sorte de rivalité, de concurrence. Ils dansaient à qui mieux mieux. Ils s'empressaient à qui lui plairait davantage. || Après les adjectifs il en détermine ou en restreint la signification. Habile à séduire. Triste à penser. Lent à venir. Impénétrable à l'eau. Sévère à lui-même. || À se met après plusieurs verbes pour en modifier la signification (applaudir, attendre, chasser, commander, croire, insulter, manquer, penser, présider, prétendre, regarder, satisfaire, sourire, suppléer, tenir, toucher, travailler, voir, etc.). Ainsi prétendre la première place ne signifie pas la même chose que prétendre à la première place (V. ces verbes) || Il y a des verbes après lesquels on met tantôt la prépos. À, tantôt la prépos. de, quand ils ont pour régime un infinitif (arriver, commencer, continuer, contraindre, convier, coûter, défier, demander, différer, échapper, s'efforcer, s'empresser, s'ennuyer, essayer, forcer, hésiter, manquer, obliger, s'occuper, offrir, prier, refuser, répugner, résoudre, servir, solliciter, souffrir, suffire, tâcher, tarder, etc.). On dit commencer a lire et commencer de lire. Quelquefois il offre des différences, souvent délicates et difficiles à saisir (V. ces verbes). || À se place après des adverbes et certains autres mots. Conformément à l'usage. Quant à moi. Par rapport à lui. A s'emploie avec beaucoup d'autres mots auxquels nous renvoyons le lecteur. Au moins. Au plus. À peu près. C'est-à-dire. À trompeur trompeur et demi. || Y remplace très souvent à. Il faut y veiller. (V. Y.) || Quand À est placé entre deux substantifs, dont l'un

(l'antécédent) est déterminé par l'autre (le conséquent), le conséquent ne change pas toujours de nombre avec l'antécédent : on met le conséquent au pluriel quand la pluralité est naturelle, logique, indiquée par le sens. On dit: Pommes à cidre. Mouches à miel. Une bête à cornes. Un serpent à sonnettes. Arbre à fruits. Fleur à pistils. Fruit à noyaux. À moins, bien entendu, que la fleur n'ait qu'un pistil, le fruit qu'un noyau. || Aujourd'hui on ne dit plus: c'est à lui à qui je veux parler (ce pléonasme n'est plus d'usage), mais : c'est à lui que je veux parler. || On doit répéter la prépos. A devant chacun de ses compléments. Il aime à lire et à écrire, et non : à lire et écrire; excepté lorsque les deux compléments n'en font qu'un ou forment une locution. Il aime à aller et venir. Beaucoup d'auteurs ne répètent point A quand la longueur ou l'harmonie de la phrase l'exigent ainsi et que la clarté n'en souffre pas. || Dans la formation des mots à entre comme préfixe et sert à composer 1° des noms : adieu (Dieu), aplomb (plomb), affaire (faire); 2° des adjectifs: adroit (droit); 3° des verbes, soit à l'aide d'un verbe déjà existant : amener (mener) ; soit à l'aide d'un substantif : accoucher (couche), aligner (ligne), etc., soit surtout par le moyen d'un adjectif: affiner (fin), arrondir (rond), etc.

AA. Géogr. Nom de plusieurs rivières en Hollande, Suisse, Allemagne, Russie; une en France (Pas-de-Calais) se jette dans la mer du Nord, à Gravelines. Navigable de Saint-Omer à la mer, 35 kil. canalisés. || Hist. AA (Pierre van der). Jurisc. et prof. de droit (1530-1594), naquit à Louvain, d'une famille riche et protestante : ses parents avaient contribué à l'affranchiss. des Provinces-Unies. *Commentarium de privilegiis creditorum. Prochiron sive enchiridion judiciarium.* || AA (Pierre van der). 1682-1730. Édit. à Leyde, écriv. et géog. célèbre. *Galerie agréable du monde.* 66 tom. rel. en 35 vol. in-fol., cartes, gravures, etc., recueil plus remarquable par l'immensité que par la clarté et l'exactitude.

AA. Méd. Dans les ordonnances, A, aa ou ana, placé à côté d'une accolade embrassant l'indication de plusieurs substances, signifie *de chacune de ces substances* telle ou telle quantité égale. || Numism. Marque des monnaies de France frappées à Metz.

AÆDÉ. s. f. (A-é-dé). Une des trois premières Muses.

AAGARD (Nicolas et Christian). Deux frères nés à Wibourg, en Danemark, connus dans la littérature, le premier par quelques ouvrages de philosophie et de physique : *de Stylo Novi Testamenti ; de Ignibus subterraneis ; de Nido Phœnicis,* etc., et le second par des poésies latines qui se trouvent dans les *Deliciæ quorumdam Danorum* (XVIIe s.).

AAGESEN (Svend), Sueno Agonis. Historien danois florissait vers l'an 1186. *Compendiosa historia regum Daniæ a Skioldo ad Canutum VI.*

AAH. Le dieu *Lunus* des Égyptiens, représenté sous diverses formes.

AAIDA. s. m. Arbuste des Indes-Orientales.

AAL. s. m. Arbre de l'Inde, rangé douteusement dans la famille des térébinthacées, et dont l'écorce est aromatique.

AALBORG (A-al-bor-ke). 12,000 h. env. Ville et port de Danemark ; évêché ; pêche du hareng; commerce de grains.

AALCLIM ou **AALKLIM.** s. m. (a-alklimme). Espèce de bauhinie, famille des légumineuses.

AALEN. 5,500 h. Petite v. du Wurtemberg ; autrefois ville impériale libre ; mines de fer.

AALI-PACHA (Méhémed-Emin). Ministre turc. 1815-1871. A 19 ans, secrétaire d'ambassade à Vienne ; puis chargé d'affaires et ambassadeur à Londres ; en 1846 ministre des affaires étrangères ; grand-vizir en 1852 ; disgracié la même année. Plus tard, gouverneur de Smyrne et de Brousse; de nouveau ministre des affaires étrangères, en 1854, et grand-vizir. Représente la Porte aux conférences de Vienne (1855) Régent pendant le voyage d'Abd-ul-Aziz à Paris et à Londres (1867). Homme d'action, de réformes, de progrès, d'ailleurs instruit et même quelque peu poète. Mort grand-vizir.

AAM. s. m. Mesure de capacité pour les liquides, en usage dans les Pays-Bas.

AANTGICH. s. m. (a-an-tjik). Canard à queue longue et fourchue du nord de la Russie.

AAR. (lat. *Arula.*) Une des trois grandes riv. de Suisse, avec le Rhône et le Rhin ; affluent gauche de ce dernier; prend sa source aux glaciers du Grimsel et du Schreckhorn, baigne Berne et Soleure; cascade du Handeck (70 mètres), traverse le lac de Brienz, Interlaken et le lac de Thun, au sortir duquel elle est navigable. Cours 256 kil. En août 1799, Ney barra le passage de cette rivière au prince Charles.

AARAU. 5,500 h. Ch.-l. du cant. d'Argovie (Suisse), sur la rive droite de l'Aar. Fonderie de canons, bibliothèque riche en manuscrits concernant l'histoire de la Suisse ; patrie du littérateur H. Zschokke, mort en 1848.

AARBURG. 2000 h. env. V. de Suisse (Argovie), dominée par un château fort, dans lequel se trouve l'arsenal fédéral.

AARHUS. 15,000 h. Ville maritime du Danemark (Jutland) ; belle cathédrale gothique ; fabriques de gants; bon port.

AARON. (1574-1452 av. J.-C.) De la tribu de Lévi, premier grand-prêtre des Juifs, frère aîné de Moïse, aida celui-ci dans l'œuvre de la délivrance des Israélites, et porta la parole devant Pharaon. Coupable de faiblesse, pendant le séjour de Moïse sur le Sinaï, en permettant au peuple de fabriquer et d'adorer le *Veau d'or,* il reconnut bientôt sa faute et Dieu lui conserva le sacerdoce, qui fut héréditaire dans sa famille. En punition de ce qu'il n'avait pas témoigné assez de confiance au Seigneur, lorsqu'il lui disait de frapper le rocher à Cadès, comme Moïse, il n'entra point dans la Terre-Promise et mourut sur la montagne de Hor. || AARON. Prêtre et médecin d'Alexandrie (VIIe s.), auteur des *Pandectes,* en syriaque. Rhazes nous en a conservé des fragments qu'on trouve dans l'*Histoire de la médecine,* de Sprengel. Aaron est le premier auteur qui fasse mention de la petite vérole. || AARON (S.), VIe s. Abbé du premier monastère fondé dans la Bretagne, honoré à Saint-Malo, le 22 juin. || AARON-ARISCON ou Ier. Rabbin caraïte, médecin à Constantinople (1294). *Commentaire sur le Pentateuque,* qui se trouve manuscrit à la Bibliothèque nationale ; *Grammaire hébraïque,* Constantinople 1581, in-8°. || AARON-ACHARON. De Nicomédie, rabbin du XIVe s. *Arbre de la foi* (explication de la loi mosaïque suivant les Caraïtes) ; *le Jardin d'Eden ; la Couronne de la loi ; le Gardien de la foi,* où sont exposés les fondements de la même religion. || AARON (Ben-Aser). Célèbre docteur juif, correcteur de la Bible. Ses exemplaires, ainsi que ceux de Ben-Nephtali, sont les premiers dans lesquels on trouve les points-voyelles. Les Occidentaux suivent les corrections de Ben-Aser et les Orientaux celles de Ben-Nephtali || AARON (Pietro). Célèbre professeur de musique au XVIe siècle, né à Florence vers 1480 ; fut successivement moine de l'ordre des Porte-Croix de Jérusalem, puis chanoine de Rimini ; se livra avec ardeur à l'étude de la musique, composa divers traités sur la matière, et fonda, en 1515, une école de musique qui devint bientôt florissante. Aaron fit partie, en qualité de chanteur, de la chapelle de Léon X. On ignore la date de sa mort. || AARON-ABEN-CHAIM. Chef des synagogues de Fez et de Maroc, au commencement du XVIIe s. *Commentaire sur Josué,* intitulé *Le cœur d'Aron,* Venise 1609, in-fol. || AARON DE BISITRA (Pierre-Paul). Religieux de l'ordre de St-Basile et év. de Hocaras, siège principal des Grecs-Unis, en Transylvanie. Austère, zélé, savant. *Definitio et exordium sancta œcumenicæ synodi florentina, ex antiqua græco-latina editione desumpta,* en langue valaque. Balas-Salva, 1762, in-12.

AARONIQUE. adj. D'Aaron.

AARSEN (François d'). Le premier ambassadeur que la Hollande ait eu en France (1572-1641), très estimé de Sully et de Richelieu, négocia (1609) la trêve de douze ans.

AASCHIK. Poète turc (1290-1332). M. Servsin de Sygn, a traduit des extraits du poème l'*Amour divin et le Corps humain comparé à une ville.*

AASI ou **AAZI.** Nom moderne de l'Oronte, rivière de la Syrie, tributaire de la Méditerranée ; cours, 400 k.

AAVORA, ou **AOUARA,** ou **AYOURA.** Nom de plusieurs palmiers, originaires de la Guinée.

AB. s. m. Le onzième mois de l'année civile des Hébreux, le cinquième de leur année ecclésiastique ; correspond à la lune de juillet. || Gramm. Prép. latine qui signifie *de, par* et fait partie de plusieurs locutions employées dans la langue française : *Ab irato,* etc. || Ling. *Ab* en hébreu, *abba* en syriaque, père.

ABA. s. m. Étoffe de laine grossière, fabriquée en Turquie. || Vêtement fait de cette étoffe.

ABA. Roi de Hongrie, détrôné et massacré en 1044, à cause de sa tyrannie.

ABAB. s. m. Matelot qu'on lève en Turquie, lorsque les esclaves manquent pour le service de la marine.

ABABA. s. m. Peuplade du nord du Brésil. || Nom moderne du *Pénée,* rivière qui coule dans la Thessalie.

ABABDEH. s. m. (A-bab-dé). Peuple nomade de la Nubie, entre le Nil et la mer Rouge. Parle l'arabe et professe la religion musulmane. 40,000 âmes env.

ABABOUINÉ. adj. Se dit d'un vaisseau dont la marche est arrêtée faute de vent.

ABABOUY. s. m. Espèce de prunier épineux des Antilles.

AB ABSURDO. V. *Absurdo.*

ABACA. s. que les uns font masculin, les autres féminin. Chanvre de Manille, filasse obtenue d'une espèce de bananier des îles Philippines (*Musa textilis*), dont on fait des nattes, des paillassons, des toiles, des vêtements solides et extensibles, des cordons de sonnette, du papier, etc.

ABACATE. s. et adj. 2 g. Peuple du Brésil, province de Matto-Grosso.

ABACATUIA. s. m. Poisson que Cuvier nomme *Vomer de Brown,* et qu'on a confondu avec l'argyréiose vomer.

ABACÈNE (Abacœna). C'est le nom de deux villes d'Asie suivant Pline et Ptolémée ; le premier place la sienne en Carie, le second met l'autre dans la Médie.

ABACÈTE. s. m. Genre de coléoptères, pentamères, famille des carabiques, tribu des féroniens, dont le type se trouve en Guinée et au Sénégal.

ABACHER (N.-J.). Botaniste allemand, XIXe s.

ABACO. s. m. Auge dont on se sert dans les mines pour y laver les minerais d'or et autres métaux.

ABACON. Île de l'Amérique septentrionale, une des Lucayes (V. ce mot).

ABACOPTÉRIS. (*abax,* damier ; *ptéris,* fougère). Genre institué par M. Fée pour un démembrement du genre aspidium (Indes-Orientales et Polynésie).

ABACOT. s. m. Double couronne sans ornements que portaient les rois d'Angleterre.

ABACUC ou **HABACUC** (A-ba-kuk). Huitième des douze petits prophètes, d'après l'ordre des livres saints. Vécut du temps de Jérémie, pendant la captivité des Juifs à Babylone et mourut vers l'an 545 av. J.-C.

ABACUS. s. m. Mot latin. Bâton de commandement des Templiers, sur lequel figurait comme gravure principale, la croix de l'ordre. || Pour les autres significations, voir *Abaque.*

ABAD. Issu d'une riche famille syrienne, étant venu s'établir à Séville, en fut proclamé émir ou roi, à cause de sa puissance et de sa rare aptitude aux affaires ; c'est le chef de la dynastie des Abadites. Après un règne de vingt-six ans (1015-1041), il transmit le pouvoir à son fils Abad II, lequel eut lui-même pour successeur l'aîné de ses fils, Abad III, qui fut détrôné par les autres princes maures et jeté en prison où il termina ses jours.

ABADA. s. m. Animal à deux cornes, l'une au front, l'autre au sommet de la tête; fabuleux, selon la plupart des auteurs, et qui, selon d'autres, n'est autre chose que le rhinocéros.

ABADDON. s. m. (hébr. extermination, destruction). L'ange de l'abîme, dans l'Apocalypse, ou Satan, d'après les meilleurs commentateurs.

ABADIA (Franç.-Xavier). Général espagnol. Valence 1774, mort vers 1830. Résista énergiquement à l'invasion française sous l'empire. Général en chef de l'armée de Galice (1812); lieutenant-général sous Ferdinand VII.

ABADIE (Paul). Architecte franç. Bordeaux 1783-1868. Architecte de la Charente en 1818 : il s'y est illustré par un grand nombre de monuments. Membre corresp. de l'Institut en 1832. || ABADIE (Paul), son fils. Paris 1812. Membre de l'Institut et de la commission des monuments historiques, inspecteur général des édifices diocésains; nombreux travaux dans la Charente, la Gironde, la Dordogne. Préfère le style romano-byzantin. || ABADIE (Louis). Compositeur, 1814-1858. S'adonna à la romance avec succès. || V. *Abbadie.*

ABADIE. s. f. Foule, venu du mot badaud

Employé dans l'argot des voleurs pour qui la foule, la multitude, est toujours une assemblée et une réunion de badauds.

ABADIOTE ou **ABDIOTE**. s. et adj. 2 g. Peuplade d'agriculteurs et de pâtres de l'île Candie, dont l'origine, d'après Malte-Brun, remonte aux Sarrazins. 4,000 âmes env.

ABADIR. s. m. Divinité phénicienne. || Pierre enveloppée de langes que Saturne dévora croyant dévorer son fils Jupiter.

ABADITE. s. et adj. 2 g. Secte musulmane de l'Arabie. || Nom d'une dynastie maure fondée par Abad 1er, roi de Séville au XIe s.

ABADIVA. s. m. Poisson du genre gade.

ABADY-QUEYPEO (Manuel). Évêque de Mechoacan au Mexique, puis de Tortose en Espagne (1775-1825); mourut dans les prisons de l'Inquisition pour s'être montré opposé à ce tribunal.

ABADZAS. s. m. pl. (A-bad-zass). Peuplade du Caucase.

ABAEUZ. s. m. et adj. pl. Vieux terme de la coutume de Poitou se disait de la succession de ceux qui mouraient sans héritiers, laquelle passait au seigneur par droit de déshérence. On disait : biens abaeuz.

ABAFFI Ier (Michel). Prince de Transylvanie, élu en 1661, fut assez habile pour se maintenir entre l'influence turque et celle de l'Empire. Son fils, *Abaffi II*, qui lui succéda (1690), fut dépouillé par l'empereur Ferdinand III d'Autriche.

ABAGA ou **ABAKA**. Roi des Tartares ; soumit les Perses, se rendit redoutable aux chrétiens de la Terre-Sainte et envoya des ambassadeurs au second concile de Lyon, en 1234, pour faire alliance avec les chrétiens contre les musulmans.

ABAGI. s. m. Monnaie d'argent de Perse, valant environ 1 franc.

ABAI. s. m. Vêtement en usage chez les Syriens. || Nom du mois d'août dans le calendrier turc.

ABAILARD ou **ABÉLARD** (Pierre). Philosophe, théologien et moine, né au bourg de Palais, près de Nantes, mort en l'abbaye de Saint-Marcel (1079-1142). Disciple de Guillaume de Champeaux, il en devint bientôt l'antagoniste, ouvrit une école, d'abord à Melun, plus tard à Corbeil, enfin à Paris ; ses succès furent partout éclatants. Sans être *nominaliste*, comme quelques auteurs le prétendent, il combattit le Réalisme en lui substituant un autre système : le *conceptualisme* qui tient le milieu entre les deux doctrines, et d'après lequel les universaux sont considérés comme des conceptions de l'esprit. Sa passion coupable pour la nièce du chanoine Fulbert, Héloïse, son élève, qu'il séduisit et qu'il épousa secrètement, lui attira le courroux et la haine de celui-ci. Fulbert le fit saisir par cinq bandits stipendiés qui le mutilèrent. Il fut successivement moine à St-Denis, au Paraclet, en Champagne, à St-Gildas de Ruys, d'où il fut chassé par les religieux, à cause de sa sévérité ou de son autocratie peut-être, à St-Marcel où il termina sa vie romanesque et agitée. Ses doctrines, se rapprochant de l'arianisme sur la Trinité, du pélagianisme sur la grâce, du nestorianisme sur la personne de Jésus-Christ, furent condamnées au concile de Soissons (1121), et à celui de Sens, en 1140, dans lequel saint Bernard se montra le défenseur zélé de l'orthodoxie. On a dit avec raison qu'Abailard a plus brillé qu'éclairé, et plus ébloui qu'instruit ses contemporains et la postérité. Ses principaux ouvrages sont divers *Traités de dialectique, Éthique ou Connais-toi toi-même, Introduction à la théologie, Théologie chrétienne, Sic et Non, Oui et Non* ou le pour et le contre : ils ont été publiés par M. de Rémusat, et plus tard par M. Cousin. Ses *Lettres* et celles d'Héloïse ont été traduites par M. Oddoul.

ABAISSABLE. adj. Qui peut, qui doit être abaissé.

ABAISSANT, ANTE. adj. Humiliant, dégradant. La politique du gouvernement est abaissante pour le pays.

ABAISSE. s. f. Pâte étendue avec un rouleau, abaissée, amincie et qu'on emploie principalement à faire la croûte de dessous d'une pièce de pâtisserie.

ABAISSÉ, ÉE. adj. et part. pas. d'abaisser. Qui a été baissé, rendu moins haut. Voile abaissé ; mur abaissé d'un mètre. || Fig. Déprimé, humilié. Quiconque s'élève sera abaissé. On dit encore : saint abaissé dans lui-même, pour exprimer une grande humilité. || Gramm. Il exige toujours *par* devant son complément. Abaissé par la détraction. || Blas. Vol abaissé. Se dit des oiseaux dont les ailes sont pliées avec le bout tendant vers la pointe de l'écu ; en général, de toutes pièces, chef, pal, chevron, etc. qui se trouvent au-dessous de leur position ordinaire. || Bot. Se dit de la lèvre inférieure d'une corolle labiée, lorsqu'elle forme un angle presque droit avec le tube.

ABAISSE-LANGUE. s. m. V. *Glossocatoche*.

ABAISSEMENT. s. m. Action d'abaisser ; résultat de cette action ; diminution de hauteur. Abaissement d'un toit. || Par extension : amoindrissement ; diminution de force, d'intensité. Abaissement des salaires ; abaissement de la voix. || Fig. Diminution de crédit, de pouvoir, etc. Louis XI travailla à l'abaissement de la maison de Bourgogne, à l'abaissement des seigneurs. || Dégradation morale, état de servitude, dégénérescence. Abaissement des esclaves L'abaissement de la littérature et de l'art. || État opposé à celui de grandeur, de prospérité. Naître et vivre dans l'abaissement (Acad.). || Humiliation volontaire ou forcée. L'abaissement du Messie, du parfait chrétien. L'ambitieux subit l'abaissement dans l'espoir de dominer. || S'emploie absol., c.-à-d. sans complément. On désire votre abaissement ; ainsi qu'au pluriel : Il y a des abaissements qui rendent un homme méprisable. || Admin. Peine infligée à un fonctionnaire que l'on fait descendre d'un ou plusieurs degrés dans l'échelle administrative. Abaissement d'une classe. || Algèb. Abaissement d'une équation, réduction d'une équation à un degré moindre. || Astr. Abaissement d'une étoile du pôle, quantité dont elle paraît s'être abaissée par rapport à l'horizon. || Blas. Modification faite à l'écu pour en diminuer la valeur. || Chir. Opération de la cataracte par abaissement, en faisant descendre le cristallin. Ce mot s'emploie généralement pour désigner des chutes ou prolapsus d'organes. || Géom. Abaissement d'une perpendiculaire, action de mener une perpendiculaire à une ligne d'un point pris hors de cette ligne. || Jurispr. Abaissement d'un degré dans la peine, application de la peine immédiatement inférieure à celle qui aurait été appliquée sans l'adoucissement de la loi. Abaissement de deux degrés, indulgence plus large dans l'application d'une peine. || Synon. Bassesse, abaissement. La bassesse est naturelle, permanente, elle se prend toujours en mauvaise part ; l'abaissement est accidentel, volontaire ou forcé et se prend en bonne ou en mauvaise part selon les cas.

ABAISSE-PAUPIÈRE. s. m. Chir. Instrument destiné à abaisser la paupière.

ABAISSER. v. a. 1re conjug. (de *a*, qui marque tendance et *baisser*). Rendre plus bas, diminuer la hauteur d'une chose, faire descendre. Abaisser un terrain, un store. || Plier, incliner. La branche souple se relève, quelque effort qu'on fasse pour l'abaisser. — On dit : Abaisser la tête, dans le sens de s'humilier, se résigner. Abaisser les yeux sur, dans le sens d'accorder de l'attention, protéger, compatir. Sur un simple mortel daigne abaisser les yeux. || Par extens. Diminuer, réduire, rendre moins élevé, modérer. Abaisser le prix du sel. Abaisser la voix, le ton. || Fig. Déprimer, avilir; humilier, diminuer la puissance, l'autorité : L'esprit de parti abaisse les plus grands hommes (La Bruy.). Abaisser un État rival. || Ascét Faire agir par humilité. L'humilité de J.-C. l'a abaissé jusqu'à l'anéantissement (Fléchier). || S'emploie absol. C'est Dieu qui élève, c'est lui qui abaisse (Bossuet). || Élever et abaisser sont souvent opposés l'un à l'autre par antithèse. Nous élevons la gloire des uns pour abaisser celle des autres (La Rochef.). || Alg. Abaisser une équation, la réduire à un moindre degré. || Arith. Abaisser un chiffre, écrire un chiffre d'un dividende, ou d'une puissance, à droite du reste obtenu dans la division ou l'extraction de la racine. || Géom. Abaisser une perpendiculaire, la mener à une ligne, d'un point pris au-dessus de cette ligne. || Hortic. Abaisser une branche, la couper près du tronc. || Pâtiss. Abaisser la pâte, l'étendre avec un rouleau. || S'ABAISSER. Devenir plus bas, pouvoir être abaissé, descendu. Les nuages s'abaissent vers la terre. Cette capote s'abaisse à volonté. || S'incliner, se courber, s'étendre, descendre. Les deux combattants se replient, s'abaissent et se saisissent. La robe en plis flottants jusqu'à ses pieds s'abaisse (Delille). || Fig. Manquer à sa dignité, s'humilier, s'avilir. Voulez-vous que le roi s'abaisse ? || S'abaisser a, jusqu'à, devant, sous, c.-à-d. condescendre à, se mettre à la portée de quelqu'un, s'humilier, se soumettre. Un maître dévoué s'abaisse aux plus petits enfants. Dieu s'abaisse jusqu'à nous, au-dessous de tous les hommes. Il faut s'abaisser devant la force. || Litt. Écrire, parler avec simplicité, quelquefois avec trivialité ; varier son style selon les sujets, s'élever ou s'abaisser à propos. Votre langage s'abaisse tellement qu'il choque les auditeurs. || Syn. Abaisser, rabaisser, ravaler, dégrader, dépriser, déprimer, avilir, humilier. Rabaisser a le même sens, avec plus de force, qu'abaisser; tous deux expriment l'idée commune de faire passer de haut en bas, de diminuer la hauteur, la valeur, le prix, la dignité, le mérite, etc. Ravaler c'est abaisser très bas, jusqu'au dernier degré, dégrader c'est ôter le grade, le rang. On déprise en ne reconnaissant pas aux choses ou aux personnes tout leur prix, on déprise quelqu'un en cherchant à nuire à sa réputation. Avilir c'est imprimer la honte et la flétrissure; humilier c'est abaisser l'orgueil; le lâche s'avilit, le pénitent s'humilie. || Baisser, abaisser. Baisser est quelquefois neutre, jamais abaisser; abaisser s'emploie surtout au figuré et il s'y emploie seul en parlant des personnes et quand il devient réciproque ; baisser est absolu, abaisser est relatif, c'est baisser vers (*ad*) ; baisser désigne une action ordinaire. abaisser signale un abaissement remarquable : chaque jour nous baissons un couvercle, un store, etc., les abaisser est une opération de l'ouvrier qui les attache, les fixe moins haut, etc. (Lafaye).

ABAISSEUR. adj. m. Anat. Se dit de différents muscles qui abaissent la partie à laquelle ils sont attachés. || Subst. m. L'abaisseur de l'œil, de la lèvre, etc.

ABAIT. s. m (de *a* et de l'anc. franç. *béter* ; all. *beizen*, mettre la bride, exciter, amorcer). T. de pêche. Appât. Peu usité (Littré).

ABAJOUES. s. f. Zool. Sorte de poches membraneuses que quelques mammifères, cheiroptères ou rongeurs, portent dans l'épaisseur des joues, et où ils placent provisoirement les aliments qu'ils rencontrent, soit pour les manger plus tard à loisir, soit pour remplir les magasins où ils font leurs provisions d'hiver. Le plus souvent les abajoues s'ouvrent à l'intérieur de la bouche : chez quelques espèces de rongeurs l'ouverture est au dehors.

ABAKAN. Riv. affl. de gauche de l'Iénisei en Sibérie; c. 350 kil.

ABAKANSK. Ville forte de Sibérie, fondée par Pierre le Grand, sur la rive d. de l'Abakan.

ABAKUR. s. m. Myth. celtique. Nom des chevaux de Suna, déesse du soleil.

ABALIÉNATION. s. f. (lat. *abalienatio*). Dr. rom. Translation de la propriété des *res mancipi* à des personnes capables d'acquérir. Les *res mancipi* étaient les esclaves, les bêtes de somme, les fonds ruraux et urbains situés en Italie ou dans les provinces gratifiées du *jus italicum*.

ABALIÉNÉ, ÉE. adj. Méd. Membre abaliéné, celui dont l'usage est troublé par la paralysie complète ou non de quelqu'un de ses nerfs ou de ses muscles.

ABALIÉNER. v. a. Consentir une abaliénation. || S'ABALIÉNER. Être abaliéné.

ABALOURDIR. v. a. (*a* et *balourd*). Rendre balourd, stupide, hébéter par de mauvais traitements répétés. Popul.

ABALOURDISSEMENT. s. m. Action d'abalourdir, et résultat de cette action.

ABAMA. s. m. Plante de la famille des liliacées; on préfère la dénomination générique de narthécium.

ABAMÉ, ÉE. adj. Bot. Qui ressemble à un abama. || ABAMÉES. s. f. plur. Groupe de la famille des liliacées, dont le type est le genre abama.

ABAMONTI (Joseph). Homme d'État napolitain, 1759-1818. Part active aux mouvements révolutionnaires de 1798; condamné à mort et gracié. Membre de la commission exécutive de la République Cisalpine jusqu'en 1805.

ABAN. s. m. Mois d'octobre chez les Syro-

Macédoniens. || Huitième mois de l'année persane. || Le dixième jour du mois solaire, chez les Persans.

ABANA. Géogr. anc. Rivière qui prend sa source au mont Liban, baigne les murs de Damas, et se jette dans la mer de Syrie.

ABANBO. Rivière de la haute Éthiopie qui n'est peut-être que le commencement du Nil. Strabon néanmoins la distingue de ce fleuve dont, d'après lui, elle est un affluent.

ABANÇAY. 5,200 h. Ville du Pérou ; pont remarquable par sa longueur ; sucreries importantes.

ABANCOURT (Ch.-Xav.-Jos. de Franqueville d'). Né à Douai, en 1758, neveu de Calonne ministre de la guerre sous Louis XVI, fut dénoncé par Thuriot dans la séance du 10 août, et massacré à Versailles le 9 sept. 1792. || **ABANCOURT** (Jean Willemain d'). Littérateur français (Paris, 1745-1803). Odes, contes, pièces diverses de poésie, tragédies, comédies et drames. Tragédie *la Mort d'Adam*, imitée de Klopstock ; comédie *la Bienfaisance de Voltaire*, jouée en 1791. Écrivain médiocre. || Charl. Frérot D'ABANCOURT. Ingénieur franç., mort à Munich en 1801. Directeur du dépôt des cartes et plans, chef du bureau topographique de l'armée du Danube.

ABANDON. s. m. (de *a* et *bandon*, vieux français qui signifie décret, autorisation, permission ; aujourd'hui ban. Mettre à bandon c'est permettre, céder, laisser aller, délaisser (Littré). Action d'abandonner, de délaisser. L'abandon d'un malade est une cruauté. || État d'une personne délaissée. Le Camoëns mourut dans un abandon général. L'abandon de ses amis l'a consterné. || Oubli de soi, de ses intérêts, tantôt louable, tantôt blâmable. Il y aurait un lâche abandon de moi-même à souffrir qu'on me déshonore(Voltaire).Le chrétien vit dans un parfait abandon à la Providence. || Confiance, franchise, expansion. Il m'a parlé avec un entier abandon || Négligence aimable ; simplicité dans le style, dans les manières, dans le maintien. Langage, maintien pleins d'abandon. || A l'abandon, loc. adv. Sans soin, sans protection, en désordre, au pillage. Ses enfants sont à l'abandon, La ville est à l'abandon. || Jurisp. Action de délaisser une personne, un animal ou une chose. En droit romain, le propriétaire d'un esclave ou d'un animal qui avait causé un dommage à autrui pouvait se dispenser de le réparer en abandonnant à la personne lésée l'esclave ou l'animal, auteur du dommage. Cette sorte d'abandon, dite abandon *noxal*, n'existe plus dans le droit actuel. Aujourd'hui, le propriétaire d'une chose ne peut que dans certains cas déterminés l'abandonner à un tiers dans le but de se libérer d'une obligation à laquelle il se trouve soumis à l'occasion de cette chose. Ainsi, en droit civil, le droit d'abandon existe au profit du propriétaire d'un mur mitoyen qui veut se dispenser de contribuer aux dépenses d'entretien de ce mur (Art. 656 C. civ.). D'autres cas d'abandon sont réglés par l'art. 699 du même Code, par la loi du 16 septembre 1807 sur le dessèchement des marais et par diverses lois spéciales sur les contributions et les douanes. — L'abandon *de biens* est l'acte par lequel un débiteur qui se trouve hors d'état de payer ses dettes délaisse tous ses biens à ses créanciers (C. civ. art. 1265).Cet abandon est appelé plutôt *cession de biens* (V. ce mot). — On appelle aussi abandon le partage anticipé des biens fait par un ascendant entre ses descendants. — En droit commercial, le concordat par abandon d'*actif* est un traité par lequel les créanciers font remise au failli de toutes ses dettes moyennant l'abandon de tous ses biens. Ce mode de concordat a été créé par la loi du 17 juillet 1856. — En droit maritime, l'abandon *maritime* est la faculté accordée à l'armateur par l'art 216 du Code de commerce de s'affranchir de la responsabilité des faits et engagements du capitaine, moyennant le délaissement du navire et du fret. On appelle encore, mais improprement, abandon, le délaissement que peut faire l'assuré en certains cas exceptionnels de tous ses droits sur les objets assurés pour obtenir de l'assureur le paiement intégral de la somme assurée au lieu d'une simple indemnité pour les dommages réellement constatés (Art. 369.C. comm.). (V. *Délaissement*.) — En droit criminel, l'abandon d'un enfant au-dessous de sept ans cons-

titue un délit puni par les art. 349 à 353 du Code pénal. Si l'abandon a eu lieu dans un endroit solitaire, le fait est puni d'un emprisonnement de six mois à deux ans et d'une amende de 16 à 200 francs. L'emprisonnement est de deux ans à cinq ans et l'amende de 50 francs à 400 francs contre les tuteurs ou tutrices, instituteurs ou institutrices de l'enfant exposé ou délaissé par eux ou par leur ordre. Si, par suite de l'exposition et du délaissement, l'enfant est demeuré mutilé ou estropié, l'action est considérée comme blessures volontaires à lui faites par la personne qui l'a exposé ou délaissé ; si la mort s'en est suivie, l'action est considérée comme meurtre et punie comme telle. Si l'abandon a eu lieu dans un endroit non solitaire, il est puni d'un emprisonnement de trois mois à un an et d'une amende de 16 à 100 francs. Si les coupables sont les tuteurs ou instituteurs de l'enfant, l'emprisonnement est de six mois à deux ans et l'amende de 25 francs à 200 francs. || Législ. milit. Abandon de son poste par un militaire, faute prévue et réprimée par les articles 211 et 213 du Code de justice militaire. Tout militaire qui abandonne son poste est puni : de la peine de mort si l'abandon a eu lieu en présence de l'ennemi ou de rebelles armés ; — de deux à cinq ans d'emprisonnement, si l'abandon a eu lieu sur un territoire en état de guerre ou de siège ; et de deux à six mois d'emprisonnement dans les autres cas.Si le coupable abandonne son poste, pendant qu'il est en faction ou en vedette, la faute s'aggrave ; s'il est chef de poste, le maximum de la peine lui est infligé. || Abandon de son corps. Le militaire qui abandonne son corps pendant un temps dépassant certains délais (délais de grâce) fixés par le Code de justice militaire (Art. 231 à 243) se rend coupable du crime de désertion. (V. *Désertion*.) || Escr. Abandon de l'épée. Mouvement qui fait quitter le fer, soit en marchant, soit en prenant le plus long pour aller aux parades. || Bourse.Abandon de la prime. V. *Abandonner*.

ABANDONNATAIRE. s. 2 g. (a-ban-do-na-tè-re). Jurisp. Celui, celle au profit de qui est fait un abandon ou abandonnement.

ABANDONNATEUR, TRICE. s. Jurisp. Celui, celle qui fait abandon.

ABANDONNÉ, ÉE. adj. et part. passé d'abandonner. Délaissé, désert. Promenade abandonnée. || Dépravé, licencieux. Adieu, famille abandonnée, maison sans mœurs (Beaumarchais). || Subst. Celui, celle qui est dans l'abandon, sans secours. Soulagez les pauvres et les abandonnés. || Celui, celle qui mène une conduite déréglée. || Loc. Un enfant abandonné, c.-à-d. sans secours, délaissé par ses parents. || Jurisp. Biens abandonnés, héritage qui n'a plus de possesseur. Animaux, pâturages abandonnés, laissés sans garde, délaissés soit momentanément soit pour toujours.

ABANDONNEMENT. s. m. (a-ban-do-ne-man). || Jurispr. Cession. Abandonnement de biens. On dit plutôt aujourd'hui cession de biens (V. ce mot). Dans le langage notarial, attribution à un copartageant des choses qui doivent composer son lot. Le Code civil (Art. 828) se sert dans ce sens du mot fournissement. || Délaissement. Dans l'abandonnement où il est de tous ses parents, de tous ses amis. || Action de s'abandonner, de se livrer sans réserve. Une tendresse qui va jusqu'à l'abandonnement de toute volonté. Abandonnement à une passion. || Déréglement dans la conduite, dans les mœurs. Vivre dans le dernier abandonnement. || Syn. Abandonnement, abandon, cession, abdication, renonciation, démission, désistement. Les deux premiers se prennent l'un pour l'autre ; toutefois abandon, qui ne vient pas d'un verbe, est plus vague, plus absolu, et abandonnement a quelque chose de plus relatif, de plus déterminé, il indique un acte. On fait un abandonnement, un abandon, une cession de ses biens, une abdication de son pouvoir, de sa dignité, une renonciation à ses droits, à ses prétentions, l'on donne et l'on reçoit démission des charges des emplois, des fonctions ; on donne désistement de sa plainte, de ses poursuites.

ABANDONNÉMENT. adv. Avec un entier abandon, sans réserve. Cet homme est indignement et abandonnément vendu aux chefs de son parti.

ABANDONNER. v. a. (a-ban-do-né). Quitter,

s'éloigner de. Abandonner sa maison. || Laisser sans secours, délaisser entièrement. Abandonner un fils qui déshonore, — et dans ce sens est suivi parfois de la prépos. dans, sur. Ne m'abandonnez pas, dans l'état où je suis, sur ce vaisseau qui va périr. || Livrer, laisser en proie. Abandonner une ville à l'ennemi. || Négliger, renoncer à. Abandonner l'étude. || Cesser de fréquenter ce qu'on fréquentait auparavant. Abandonner ce théâtre. || Confier, remettre. Abandonner son fils à ses maîtres. || Par ext. se dit des choses, facultés, qualités physiques ou morales. Le courage, la vie l'abandonnent. || Laisser échapper, ne pas retenir. N'abandonnez pas la rampe. Abandonner l'empire de la mer. || Désespérer de, cesser de visiter. Abandonner un malade. || Loc. Abandonner la place à quelqu'un, lui céder, se retirer devant lui ; abandonner un écolier, ne plus vouloir se charger de son éducation ; abandonner son drapeau, déserter. || Jurisp. V. *Abandon*. || Équit. Abandonner les étriers, retirer les pieds des étriers, les perdre souvent ainsi que l'équilibre. || Mar. Abandonner son bâtiment, en faire l'abandon en sauvant l'équipage. Abandonner son ancre, la laisser au fond de l'eau, après avoir coupé la chaîne. Abandonner la chasse, cesser de poursuivre un navire. Abandonner une prise, relâcher un navire après s'en être emparé. || Bourse. Abandonner la prime, la payer au vendeur et renoncer ainsi à l'achat qu'on avait fait à terme, à cette condition.On achète,on vend comptant ou à terme ; les marchés à terme sont fermes ou à primes ; les marchés à primes sont des marchés à terme que l'acheteur a le droit d'annuler, moyennant l'abandon au vendeur d'une certaine somme. Vous avez acheté fin C¹ 25 Crédit foncier à 1700 fr. dont 10 fr., en d'autres termes avec prime de 10 fr., c.-à-d. avec la faculté d'annuler le marché moyennant 10 fr. par titre ou 250 fr. pour les 25, ce qui s'écrit ainsi : acheté 25 Foncier à 1700/10. À la liquidation a lieu la réponse des primes : il vous faut répondre si vous levez la prime, c'est-à-dire le marché à prime, qui devient ferme de conditionnel qu'il était, ou si vous abandonnez la prime c'est-à-dire si vous renoncez au marché, auquel cas la prime est acquise au vendeur. || Vén. Abandonner la voie. En parlant des chiens, prendre le change. || S'ABANDONNER, se livrer. S'abandonner au sommeil, à l'espoir. || Se confier entièrement, se reposer sur. S'abandonner à la Providence. || Perdre courage. L'homme ne doit jamais s'abandonner. || Fig. Parler sans contrainte. Vous voyez que je m'abandonne à vous. || Se laisser dominer. Je m'abandonne à l'inspiration. || Se négliger dans son maintien. || Se prostituer. || S'abandonner à, lorsqu'il est suivi de l'inf., se permettre, prendre la liberté. Ne pas s'abandonner témérairement à punir les coupables || Syn. Abandonner, délaisser. On abandonne ceux auxquels on est uni et qu'on devrait protéger ou secourir, on délaisse tous ceux dont on se retire ; abandonner renchérit donc sur délaisser. || Quitter, abandonner, renoncer. Les thérapeutes abandonnent leurs biens à leurs parents et à leurs amis : ils quittent leurs pères, leurs mères...; ils renoncent en un mot à tous les attachements terrestres (Cond.). Renoncer est exprès, formel et suppose un sacrifice. Je quittai mon pays, j'abandonnai mon père (Racine). Nous sommes unis par des liens plus étroits à la personne ou à la chose que nous abandonnons.

ABANET. s. m. (a-ba-né). Ceinture dont se servaient les prêtres juifs dans l'exercice de leur ministère.

ABANGA. s. m. Fruit d'un palmier de l'île Saint-Thomas, aux Antilles. Ses semences sont employées par les habitants contre les maladies de poitrine.

ABANNATION. s. f. (a-bann-na-ci-on ; — lat. de *ab* et *annus*, année). Chez les anciens, exil d'un an, infligé à celui qui avait commis un homicide involontaire.

ABANO. Ville de la Vénétie, à 8 kil. S.-O. de Padoue, célèbre par ses eaux thermales. La source, véritable rivière minérale, alimente huit établissements et fait tourner la roue d'un moulin. La température de ses eaux est de 85°, c'est-à-dire voisine de l'ébullition et néanmoins, comme l'observe Pline, des herbes vertes, des grenouilles trouvent moyen d'y vivre. Elles contiennent par litre 6 gr. 898 de principes fixes : des chlorures, des sulfates, des carbonates de soude et de chaux. Elles sont stimulantes comme celles de Bourbonne et sont propres à réveiller la vitalité des tissus et à activer la circulation. On ne les boit pas, on les administre seulement en bains, surtout en bains de boue (*Guide pratique* aux eaux minérales. Dr. James). || **ABANO** (Pierre d'). Médecin et alchimiste italien, né à Abans (1250-1320), fut accusé de magie et absous par l'Université de Paris. Beaucoup de ses ouvrages ont été imprimés dans les XVe et XVIe s. Son *Conciliator differentiarum philosophorum, et præcipue medicorum* lui a fait donner le nom de *conciliateur*, parce qu'il a entrepris d'y concilier les opinions des philosophes et des savants, tâche difficile.

ABANTE. s. et adj. 2 g. Peuple de Thrace venu en Grèce où il bâtit la ville d'Abée, détruite par Xerxès.

ABANTIADE. s. et adj. des 2 g. (a-ban-si-ad'). Hist. anc. Nom patronymique de la dynastie argienne issue d'Abas.

ABANTIDAS. s. m. Tyran, usurpateur du pouvoir à Scyone (267 av. J.-C.), qui périt assassiné.

ABANTIDE. s. f Le Négrepont, ainsi appelé des Abantes qui s'y réfugièrent après la ruine d'Abée || Contrée de l'ancienne Épire ainsi appelée des Abantes qui y furent jetés par la tempête après le sac de Troie.

ABAORTES, s. m. pl Peuple de l'Inde, sur les bords de l'Indus.

ABAPTISTA (sous-entendue *terebella*), ou **ABAPTISTON** (sous-entendu *trepanum*). s. m. (gr. *abaptistos; de a* priv. et *baptidzein*, plonger). Chirur. Trépan avec une pointe conique et qui par conséquent ne peut s'enfoncer profondément. V. *Trépan.*

ABAPUS. s. m. Plante exotique, de la famille des amaryllidées.

ABAQUE, ABACUS. s. m. (gr. *abax*, table). Archit. L'abaque est le couronnement du chapiteau d'une colonne, il est carré, au toscan, au dorique et a l'ionique antique et échancré sur ses faces aux chapiteaux d'ordre corinthien et composite. Se dit aussi d'un ornement gothique qui a un filet ou chapelet qu'on nomme le filet ou chapelet de l'abaque. Abaque se dit encore de la plinthe qui est autour de l'ove ou quart de rond appelé échine, il sert comme de couvercle à la corbeille ou panier de fleurs que l'échine représente. || Math. Les anciens désignaient sous ce nom un tableau couvert de poussière, sur lequel ils écrivaient les nombres pour faire leurs calculs. Aujourd'hui l'abaque est un cadre rectangulaire, portant un certain nombre de tringles horizontales, dans chacune desquelles sont enfilées neuf billes en bois. Pour écrire un nombre, toutes les billes étant poussées vers la gauche, on fait glisser vers la droite 1° autant de billes sur la première tringle en haut, qu'il y a d'unités dans le chiffre des unités, 2° sur la seconde tringle, autant de billes qu'il y a d'unités dans le chiffre des dizaines, et ainsi de suite. Cet instrument est très employé dans les écoles, sous le nom de *boulier-compteur*, pour apprendre à compter aux enfants. Il est connu depuis un temps immémorial en Chine, sous le nom de *Souan-pan;* les Russes l'appellent *Schlote ;* c'est une des variétés de l'*abacus* des Romains. Nom donné chez les anciens à une sorte de buffet que les Italiens ont appelé *credenza*. || Par extension on donne le nom d'abaques à tous les instruments qui servent à calculer: tables de Pythagore, règles à calcul, etc.

ABARBANEL ou **ABRABANEL.** Docteur rabbinique de Lisbonne (1437-1508). Ministre des finances d'Alphonse V de Portugal et de Ferdinand d'Aragon. Chassé d'Espagne en 1492, il mourut à Venise.

ABARCA. Roi d'Aragon et de Navarre, Xe s. || **ABARCA** (Pierre). 1619-1661. Jésuite espagnol, théologien, chroniqueur et biographe, il est l'auteur des *Annales historiques des rois d'Aragon*, en espagnol. || **ABARCA** (Joachin). Évêque de Léon, 1780-1844. L'un des chefs du parti légitimiste en Espagne, après l'usurpation d'Isabelle. Banni en 1839, mort dans un couvent près de Turin.

ABARCA-BOLEA-Y-CASTRO. Poète, ministre de Charles-Quint, et de Philippe II, XVIe s. *Les larmes de S. Pierre. Roland amoureux,* 1578.

ABAREMOTEMO. s. m. Sorte de mimosa de la famille des légumineuses ; on attribue à ses feuilles des vertus astringentes, et l'on prétend que son écorce amère donne une décoction propre à exterger les ulcères invétérés.

ABARES. Peuple d'orig. mongole. V. *Avares.*

ABARIDE. s. m. (du gr. *abarès*, léger). Genre de coléoptères pentamères, famille des carabiques, tribu des féroniens, qui a pour type et unique espèce l'*Abaris cænea*, trouvé près de Carthagène, en Amérique.

ABARIM. (A-ba-rime). Chaîne de montagnes à l'est de la mer Morte, dont fait partie le mont Nébo, sur lequel mourut Moïse.

ABARIS. (A-ba-riss) Myth Magicien scythe, prêtre d'Apollon hyperboréen ; il en avait reçu, dit-on, une flèche sur laquelle il se transportait partout à volonté.

ABARMON. s. m. Poisson très fécond, qu'on suppose être une espèce de squale, qui fait rentrer, dit-on, ses petits dans son ventre pendant la tempête.

ABARTICULATION ou **ABARTHROSE.** s. f. (ab-ar-ti-cu-la-sion). Articulation qui permet des mouvements en tous sens. V. *Diarthrose.*

ABAS. s. m. (a-bâss). Pathol. Synonyme de teigne, selon quelques auteurs. || Métrol. Poids de Perse qui sert à peser les perles et qui vaut environ 2 centig.

ABAS. Douzième roi des Argiens, tige des *Abantides.*

ABASCAL (Don José-Fern.). Général espagnol (1743-1821), vice-roi du Pérou en 1804, qu'il conserva à l'Espagne malgré les efforts des séparatistes et des partisans de Napoléon. Il fut disgracié par Ferdinand VII.

ABASCANTES. adj. et s. m. pl. Caractères magiques auxquels on attribuait certaines vertus.

ABASCANTUS. Médecin, né à Lyon (IIe s.), estimé de Galien, et renommé par son antidote contre la morsure des serpents connu sous le nom d'abascantus.

ABASE, ou **ABASSE**, ou **ABACE.** adj. 2 g. (a-ba-ze). Qui appartient, qui est propre à l'Abasie ou à ses habitants || Subst. pl. Peuple de l'Asie, au bas du Caucase et sur les bords du Pont-Euxin. Les Abases sont forts, bien faits ; ce sont des pâtres brigands, récemment soumis à la Russie ; ils sont musulmans. Les Abases proprement dits habitent surtout la province de Kouban.

ABASICARPE ou **ABASICARPON.** s. m. (du gr. *a* priv. ; *basis*, base ; *carpos*, fruit). Bot. Section du genre arabis.

ABASIE ou **ABASSIE.** Pays et peuple de la région septentrion. du Caucase, Russie d'Asie.

ABASOLOA. s. m. Plante du Mexique, à feuilles dentelées, de la famille des composées-hélianthoïdées.

ABASOURDIR. v. a. fam. (a-ba-zour-dir). On prononce aussi a-ba-sour-dir. De sourd comme assourdir). Étourdir, assourdir par un grand bruit. || Fig. Consterner, accabler. || Part. passé, abasourdi, ie. || Syn. Abasourdi, dans le langage familier, répond aux mots consterné, confondu, de la langue commune.

ABASOURDISSANT, ANTE. adj. Propre à abasourdir, a étourdir. || Fig. Ennuyeux, fatigant.

ABASOURDISSEMENT. s. m. Action d'abasourdir, consternation, stupeur.

ABASQUE (Jean). Vicaire de Clouen, martyrisé par les révolutionnaires, par ordre du ministre protestant Jean-Bon Saint-André nommé proconsul à Brest, le 14 avril 1794.

ABASSI ou **ABASI.** s. m. Nom d'un poids et d'une monnaie de l'Orient, en usage surtout en Perse.

ABASTER. Myth. Nom propre d'un des trois chevaux qui tiraient le char de Pluton.

ABAT, s. m. (abattre). Action d'abattre, de tuer; s'emploie quelquefois pour Abattoir : Les abats de Paris. || **ABAT** ou **ABAS,** s. m. Averse, pluie abondante.

ABATANT. s. m. Pièce du métier à bas qui fait descendre les platines à plomb. || Partie du comptoir d'un marchand qu'on lève et qu'on abaisse (Littré).

ABATAGE. s. m. Sylv. Action d'abattre les bois, travail qui se fait pendant le repos apparent de la sève, généralement de décembre à fin avril. || Action de tuer les bestiaux destinés à la consommation, d'abattre les chevaux et autres animaux malades, errants ou nuisibles. || L'autorité administrative peut, en certains cas, prescrire d'abattre des animaux ; par ex. lorsque l'animal est atteint d'hydrophobie ou de la morve, ou qu'une épizootie s'est déclarée. Pour le bois comme pour les animaux les frais d'abatage sont à la charge de l'acheteur. || Fig. et fam. Avoir de l'abatage, être fort, d'une haute stature. || Armur. Action déterminée par le grand ressort quand le chien tombe sur la capsule, dans les armes à percussion. || Arts et mét. Manœuvre pour soulever ou retourner une poutre, une pierre ; une des manœuvres du fabricant de bas. || Mar. Action d'incliner un navire sur le côté, pour mettre à découvert une partie de sa carène. || Typogr. Se dit du mouvement que donne l'imprimeur au châssis en fer appelé frisquette pour le ramener sur le tympan et celui-ci sur la forme qui, glissant sur le train, est conduite à l'aide d'une manivelle sous la platine, afin d'en recevoir le foulage nécessaire à l'impression. || Min. Action de détacher le minerai, le charbon ou la roche de la taille ou de la paroi de la galerie. || Arg. Réprimande. Recevoir un abatage.

ABÂTARDIR. v. a. (*à et bâtard*). Au prop. et au fig. faire dégénérer. || **S'ABÂTARDIR.** v. réfl. Dégénérer.

ABÂTARDISSANT, ANTE. adj. Qui est propre à abâtardir.

ABÂTARDISSEMENT. s. m. Au pr. et au fig. dégénération, altération. L'abâtardissement d'une race d'animaux, des esprits.

ABAT-CHAUVÉE. s. f. (a-ba-cho-vé). Laine de basse qualité, ainsi nommée dans le Limousin, l'Angoumois et la Saintonge. || Pl. Des Abat-chauvées.

ABATELLEMENT. s. m. Terme du commerce des Échelles du Levant. C'est un jugement par lequel tout commerce est interdit à ceux qui désavouent leurs marchés ou qui refusent de payer leurs dettes (dans les dictionnaires du XVIIIe siècle).

ABAT-FAIM. s. m. (a-ba-fin). Se dit familièrement d'une grosse pièce de viande qu'on sert pour apaiser la première faim des convives. || Pl. Des Abat-faim.

ABAT-FOIN. s. m. Agric. Ouverture au-dessus d'une écurie, d'une étable, par où l'on jette le foin, la paille. || Pl. Des Abat-foin. Ils ont, entre autres inconvénients, celui de laisser pénétrer les émanations dans le grenier, ce qui communique aux fourrages des propriétés malsaines.

ABATI (Antoine). Né à Gubbio. Poète italien (XVIIe s.).

ABATIA s. m. Genre d'arbuste américain, à feuilles verticellées sans stipules, à fleurs en grappes terminales allongées.

ABATIS. s. m. Amas de choses abattues, brisées, démolies. Abatis d'arbres, abatis défensifs, abatis de maisons. || Faire un abatis, un grand abatis de gibier, en tuer beaucoup. || Les pattes, la tête, le cou, les ailerons, le foie, le gésier d'une volaille. Un abatis d'oie, de dindon. Des abatis en ragoût. Servir des abatis. || Peau, graisse et tripes des bêtes tuées par les bouchers. || Art milit. Réunion d'arbres abattus et disposés de manière à former obstacle. De toutes les fortifications de campagne, les abatis sont dans un pays ouvert ce qu'il y a de plus prompt, de plus commode et de plus fort (Bardin). Ce sont les meilleures défenses accessoires (Hinstin). On les distingue en : 1° Abatis naturels ou sur place : ce sont ceux que l'on fait sur l'emplacement même en coupant les arbres à 1m de terre, laissant le tronc lié à la souche et appointant les branches. Ils s'emploient à la lisière d'un bois, pour obstruer une route ou un défilé bordé d'arbres. 2° Abatis de transport, lorsqu'on transporte à distance les arbres abattus. Ils sont enterrés ou fixés solidement sur le terrain à l'aide de piquets et de harts, les branches entremêlées. On les emploie en avant et à la gorge d'un retranchement, en arrière de l'avant-glacis, le long de la contrescarpe, et en général en avant des positions faibles où l'on veut arrêter l'ennemi. On ne peut guère s'ouvrir un passage à travers les abatis qu'avec la poudre et la dynamite. Les Romains et les Germains, suivant Tacite, ont fait souvent usage d'abatis pour fortifier leurs camps. Employés fréquemment en 1870 par les Allemands, et en particulier à Metz et à

Paris, où quelques-uns de leurs abatis (Ville-d'Avray) ont eu jusqu'à 150m d'épaisseur. || Argot. s. m. pl. Le pied et la main. Le peuple compare volontiers les hommes aux animaux. Ainsi, le mot abatis désigne à la fois les membres extrêmes des volailles, principalement les pattes et les ailerons, et l'extrémité des membres de l'homme : la main et le pied. L'expression populaire : Avoir les abatis canailles, signifie : Avoir de grosses mains et de larges pieds, signes éloquents d'une origine plébéienne.

ABAT-JOUR. s. m. Fenêtre oblique, qui ne laisse venir le jour que d'en haut. || Volet plein ou à claire-voie qui empêche de voir au dehors, on arrête les rayons du soleil. || Appareil de métal ou de papier placé sur une lampe ou autour d'une bougie pour renvoyer la lumière en bas. || Bot. Ouvertures placées sous le chapiteau de quelques espèces de pavots. || Il ne prend point d'*s* au pluriel. Des Abat-jour.

ABATON. s. m. (gr. *a* priv. et *baton*, accessible, lieu inaccessible). Parties des temples, chez les anciens, interdites au public.

ABATOS. Ile du lac Mœris en Égypte; on y recueillait le papyrus, sur lequel on écrivait, et du lin renommé.

ABAT-SON OU ABAT-VENT. s. m. Se dit des lames de persiennes inclinées de haut en bas, de dedans en dehors, fixées dans un châssis en charpente, et ordinairement recouvertes de plomb, d'ardoise ou simplement de zinc, que l'on place dans les baies des tours et des clochers, non seulement pour empêcher la pluie et la neige de pénétrer dans l'intérieur, mais encore pour pouvoir ventiler les charpentes et renvoyer le son des cloches vers le sol. || Pl. Des Abat-son, des Abat-vent.

ABATTABLE. adj. Qu'on peut abattre. Ces chevaux sont abattables (Littré).

ABATTÉE. s. f. (a-ba-té). Mar. Mouvement de rotation que les vents, les lames ou un courant impriment à un navire en écartant ainsi la proue de la ligne du vent. Le mouvement par lequel le navire revient de l'abattée à la ligne du vent se dit auloffée. Leur vaisseau sous voile, mouillé par la lame, fait des abattées à chaque instant.

ABATTEMENT. s. m. (a-ba-te-man). Affaiblissement des forces morales ou physiques. Ce malade est dans un grand abattement. || Fig. Découragement, accablement, langueur, prostration, produits par les chagrins, les revers. Dans ces deux sens, il peut être employé au pluriel, être suivi d'un complément. Les abattements de son âme m'inquiètent ; être suivi d'un nom de personne ou d'un nom de chose personnifiée. L'abattement de la cour. || On dit l'abattement du visage, pour signifier la tristesse présente dans les traits du visage. || Jurispr. Terme ancien qui désignait, en Normandie, l'action de celui qui, ayant un titre apparent de possession sur un fonds, s'y introduisait sans aucun acte de violence, après la mort du possesseur et avant que son héritier l'eût occupé. || Méd. *Virium defectio*, diminution notable et soudaine des phénomènes soumis à l'action nerveuse, des mouvements, des sensations, de l'entendement, des affections, des instincts. Tout ce qui, au physique et au moral, exerce une influence brusque, trop vive, trop prolongée ou délétère sur l'appareil cérébro-spinal, cause l'abattement. Le grand air, l'exercice, les distractions, la bonne nourriture, l'hydrothérapie, etc. triomphent souvent de l'abattement ordinaire. || Vén. Action de découpler les chiens. || Synon. Abattement, accablement, langueur, découragement, désespoir. Les trois premiers s'emploient aussi bien pour le corps que pour l'âme et concernent le présent ; les deux derniers ne se rapportent qu'à un état de l'âme et ont trait à l'avenir. L'abattement et l'accablement sont plus soudains et plus intenses que la langueur. L'accablement est un extrême abattement qui écrase, anéantit, l'abattement est plutôt subjectif (l'abattement de l'âme, de l'esprit, du visage) et l'accablement objectif (l'accablement des maux, du travail, du chagrin). Découragement et désespoir désignant un défaut de cœur ou de force morale en présence d'obstacles qu'on regarde comme insurmontables, quelquefois le désespoir est le comble du découragement, quelquefois, au contraire, il exalte le courage. Le soldat découragé ne se défend pas, le soldat qui combat en désespéré vend chèrement sa vie (Lafaye).

ABATTEUR. s. m. Celui qui abat. Bûcheron, grand abatteur de bois. || Fig. Celui qui fait beaucoup d'ouvrage. C'est un grand abatteur de besogne. || Loc. fam. C'est un rude abatteur de quilles, se dit d'un homme qui fait des choses extraordinaires, et, par ironie, d'un homme qui se vante de prouesses qu'il n'a pas faites.

ABATTOIR. s. m. Établissement communal dans lequel les bouchers et les charcutiers sont tenus de venir abattre et préparer, sous la surveillance de l'administration, les animaux introduits vivants dans les villes pour la consommation des habitants. Indépendamment de l'abattoir proprement dit, ces édifices comprennent, en général, des locaux assez vastes pour recevoir, chaque semaine, les animaux destinés à la consommation locale : un abreuvoir, une cour pavée dite voirie où l'on jette les matières tirées de l'estomac et des intestins ; une triperie pour la préparation des issues des animaux, des fonderies de suif. — Les abattoirs sont rangés dans la première classe des établissements dangereux, incommodes ou insalubres qui doivent être éloignés des habitations. D'après l'ordonnance du 15 avril 1838, la mise en activité d'un abattoir public emporte de plein droit la suppression des tueries particulières ; cependant les habitants conservent le droit d'abattre chez eux, dans les lieux clos et séparés de la voie publique, les porcs destinés à la consommation de leurs maisons. Le droit d'autoriser la création des abattoirs appartient aux préfets (Décret du 1er août 1864) Il est pourvu à leur établissement au moyen de taxes d'abatage dont le maximum est déterminé par ce décret. — Les abattoirs ont aujourd'hui remplacé dans toutes les localités de quelque importance les anciennes et infectes tueries. Les cinq grands abattoirs établis à Paris en exécution d'un décret de 1807 ont été remplacés par l'abattoir de la Villette, ouvert le 1er janvier 1867, auquel est annexé un célèbre marché aux bestiaux. — Outre les abattoirs de bestiaux, il existe dans certaines villes des abattoirs de chevaux et d'ânes.

ABATTRE. v. a. irrég. Se conjugue comme battre (de *a* et *battre*). Jeter à terre, démolir, renverser, couper. Abattre des remparts, un homme, les moissons. || Fig. Affaiblir, détruire les forces physiques ou morales, décourager. Cette tristesse vous abat. Quelle peur vous abat. || Suivi d'un nom de chose : fierté, espérance, grandeur, pouvoir, zèle, etc., signifie abaisser. Ses malheurs n'avaient point abattu sa fierté. || Suivi d'un nom de personne ou d'être personnifié, signifie ruiner, détruire la puissance, la force d'un homme ou d'un peuple. Abattez ce tyran. || Faire cesser, diminuer. Petite pluie abat grand vent. Une larme a suffi pour abattre ma colère. || Plier, rabaisser. Abattre la tente, une trappe. || Loc. fam. Abattre de la besogne, expédier beaucoup d'affaires en peu de temps. || Art vétér. Abattre un cheval, le coucher sur le côté pour lui faire quelque opération. Abattre, c'est-à-dire enlever la sueur chez les animaux, une portion du sabot, les cornes, les onglons des ruminants, tout le cuir sur un animal tué. || Chapell. Abattre un chapeau, et aplatir les bords et le dessus de la forme. || Chir. Abattre la cataracte. (V. *Abaissement.*) || Corr. Abattre les cuirs, écorcher un animal. || Mar. Abattre un navire en carène, le mettre sur le côté pour le radouber ou réparer. || Abattre jeu, le mettre à découvert quand le gain ou la perte de la partie est inévitable. || Gramm. Se laisser abattre s'emploie sans régime, avec *par* ou *à*. || S'ABATTRE se dit d'un animal qui tombe tout à fait ou seulement sur les deux genoux. Ce cheval s'abat souvent. || Crouler, se renverser. Le mur s'est abattu. || Fondre sur, se précipiter, en parlant d'un oiseau de proie, ou de tout oiseau qui descend avec rapidité sur quelque chose. || Cesser. La fièvre s'abat. || Fig. Perdre de sa puissance, se décourager. || Syn. Abattre, démolir, renverser, ruiner, détruire. On abat ce qui est élevé ; on démolit ce qui est bâti ; on renverse ce qui est debout, sur pied ; on ruine ce qui peut se diviser, se dégrader, se briser, s'écrouler ; détruire c'est ruiner tout d'un coup et entièrement, de fond en comble. || Abattre, rabattre. Le second renchérit sur le premier, rabattre c'est abattre avec force, avec difficulté, avec effort.

ABATTUE. s. f. Arch. Retombée. Peu us. || Salines. Travail d'une chaudière pleine d'eau salée depuis le moment où on allume le feu jusqu'à celui où on la laisse reposer (Littré).

ABATTURE. s. f. Action d'abattre des fruits, principalement des glands. || Vén. Traces que la bête fauve laisse après elle, broussailles qu'elle renverse.

ABAT-VENT. s. m. (a-ba-van). Appentis placé au-dessus des ouvertures pour abriter contre la pluie, le vent, la neige. || Hortic. Paillasson pour garantir les plantes du vent. || Techn. Espèce d'appentis qui, dans les sucreries, couvre les fourneaux des ateliers. || Pl. des Abat-vent. V. *Abat-son.*

ABAT-VOIX. s. m. (a-ba-voa). Ne prend pas d'*s* au pl. Des abat-voix. || Archit. Sorte de dôme ou de dais, terminé en dessous par un plan horizontal, qu'on place au-dessus des chaires à prêcher pour rabattre vers l'auditoire la voix du prédicateur. Souvent le dessous de l'abat-voix porte dans son centre une colombe sculptée, symbolisant le Saint-Esprit. Les abat-voix doivent être posés à 1m50 au-dessus de celui qui parle ; leur diamètre doit dépasser celui de la cuve de la chaire de 0m15 à 0m20 de chaque côté de cette cuve. (Dict. de l'archéol. E. Bosc.)

ABAUBIR. v. a. Vieux mot qui signifiait étonner, épouvanter.

ABAUJ-VAR. Comitat en Hongrie où se trouve le célèbre vignoble de Tokai. 167,000 h.; 60 par kil. carré.

ABAUNZA (Pierre). De Séville (XVIIe s.). Dissertation sur les décrétales, qui se trouve dans le *Novus Thesaurus juris civilis et canonici* de Gérard Meerman.

ABAUZIT (Firmin). Savant français, calviniste né à Uzès, mort à Genève. 1679-1767. J.-J. Rousseau a fait de lui un pompeux éloge dans sa *Nouvelle Héloïse*. On a de lui quelques ouvrages en faveur de l'arianisme, entre autres un *Commentaire sur l'Apocalypse*, où il défend cette hérésie avec un fanatisme peu digne de la modération philosophique qu'il affectait.

ABAX. s. m. (a-bak-se ; — gr. *abax*, table). Entom. Genre de coléoptères, voisin des féronies.

ABAYANCE OU ABOYANCE. s. f. Terme d'ancienne jurisprudence (de *aboyer*). État d'un bien dont personne n'avait la possession et qui était en dépôt aux mains du souverain.

ABAZIUS. s. f. pl. (du gr. *a* priv. et *bazein*, parler). Fêtes anciennes établies par Denys et qu'on célébrait dans un profond silence.

ABBA. Célèbre canoniste (XIIIe s.), a commenté les 5 livres des *Décrétales*. Venise, 1588, in-fol. || ABBA (Jacq.-André). Théologien piémontais. Tariglano 1780, Turin 1837. Lettre à Filamento, in-8° ; *Della cognizioni umane.*

ABBACOMITAT. s. m. Hist. État, qualité d'abbacomite.

ABBACOMITE. s. m. et adj. (du gr. *abbas*, abbé, et du lat. *comes*, comte). Abbé qui avait le titre de comte. || Seigneur laïque possédant une abbaye en commende.

ABBADIE (Jacques). Célèbre théologien protestant français, né à Nay en Béarn, mort à Londres, 1654-1727. Il a rendu de grands services à la religion par les ouvrages suivants : *Traité de la vérité de la religion chrétienne ; De la divinité de Jésus-Christ; l'Art de se connaître soi-même*, également remarquables par l'étendue de la science, la force du raisonnement et l'énergie du style. Les catholiques applaudirent, comme les protestants, à cette apologie du christianisme. || ABBADIE (Ant.-Thomson et Arnaud-Michel d'). Voyageurs français, nés à Dublin en 1810 et 1815. Après un voyage au Brésil par Antoine, ils partent ensemble pour l'Abyssinie (1837), l'explorent, sont tracassés par les autorités anglaises d'Aden, et en 1848 reviennent en France avec de riches collections en tout genre. Arnaud retourne dans ces contrées, pendant qu'Antoine met en ordre ses notes et ses collections. On leur doit plusieurs mémoires, et un *Vocabulaire* des 30 langues ou dialectes d'Abyssinie. || V. *Abadie.*

ABBAS. Oncle de Mahomet. Un de ses arrière-petits-fils fut le chef de la dynastie des

Abbassides. || **Abbas Ier**, *le Grand*, souverain de la Perse (1589-1628), guerrier illustre dont la vie fut souillée de crimes. || **Abbas-Pacha.** Vice-roi d'Égypte. 1810-1854. Petit-fils de Méhémet-Ali. Musulman ardent, opposé à l'influence européenne. Vice-roi en 1848, nommé par Abd-ul-Medjid. Étranglé par deux mameluks. Homme cupide, violent, intempérant. A cependant supprimé la chasse aux nègres pratiquée par Méhémet-Ali.

ABBASSIDES. s. m. pl. Dynastie de califes musulmans qui régna de 756 à 1258 à Bagdad. Elle fut fondée par Aboul-Abbas, arrière-petit-fils d'Abbas, oncle du prophète, qui renversa les Ommiades, et compta 37 califes. Elle donna aux Arabes la gloire militaire, celle des lettres et des sciences.

ABBATE (Niccolo dell'). Peintre italien, né à Modène (XVIe s.), élève de Ruggiero Ruggieri.

ABBATE ou de **ABBATI** (Balde-Angelo). Né à Gubbio, médecin du duc d'Urbin en Italie (XVIe s.). *De admirabili viperæ natura, et de mirificis ejus facultatibus liber*, Urbin 1589, in-4°, très rare.

ABBATEZZA (J.-B.). Musicien italien, XVIIe s.

ABBATI. s. m. pl. Hérétiques vaudois, fin du XIVe s.

ABBATIA (Paul de). Auteur latin du XVIIe s.

ABBATIAL, E. adj. (a-ba-ci-al; — du lat. *abbatialis*, de *abbas, abbatis*, abbé). Qui est propre, qui appartient à l'abbé, à l'abbesse, qui dépend d'une abbaye. Fonctions abbatiales. || Pl. m. Abbatiaux. || S. f. L'abbaye, la maison abbatiale. L'abbatiale de Saint-Denis. || École abbatiale ou monastique, école formée à l'instar des Écoles épiscopales et de l'École du Palais (V ces mots); par conséquent véritable établissement public d'instruction embrassant tout l'ensemble des études, et ouvert à ceux qui se destinaient aux carrières civiles comme aux religieux et aux clercs. Il ne faut pas la confondre avec l'école *claustrale* ou *monacale*, qui se tenait à l'intérieur, et était réservée aux novices et aux jeunes profès. L'école monastique se tenait en dehors de la clôture. Elle avait à sa tête un écolâtre (scholasticus) chargé spécialement sous l'autorité de l'abbé de veiller à la bonne administration, au progrès des élèves, au choix des maîtres et des professeurs, etc. Les écoles abbatiales ont rendu d'immenses services surtout pendant les Xe-XIIIe siècles, elles ont conservé le dépôt des lettres, des sciences et des arts et maintenu la tradition des études classiques et autres au milieu du débordement de la barbarie. Les plus célèbres ont été: en France, Fleury; en Suisse, St-Gall; en Allemagne, Fulde et Hursauze; en Italie, le Mont-Cassin; en Angleterre, Wirmouth.

ABBATINI (Ant.-Marie). Compositeur italien de musique d'église (1595-1677).

ABBATOUNAS. s. m. Peuplade de la Cafrerie, Afrique méridionale.

ABBATUCCI (pron. toutchi) (Jacques-Pierre). Né en Corse 1726, m. 1812. Opposé à la prise de possession de cette île par les Français (1768). Rallié enfin, il la défend contre les Anglais et contre Paoli en 1793. Trois fils tous morts sur les champs de bataille. || Le plus connu, *Charles* (1771-1796), lieutenant d'artillerie à 16 ans, lieutenant-colonel à 21, aide-de-camp de Pichegru à 23, général de division en 1796. Passage du Rhin, passage du Lech, défense de Huningue contre les Autrichiens, où il est tué dans une sortie. Statue de bronze à Ajaccio en 1854. || Un de ses neveux, **ABBATUCCI** (J.-Ch.) (1791-1857), magistrat sous la Restauration, député de la Corse en 1830, rallié à l'orléanisme; président de chambre à Orléans; député du Loiret en 1839, opposition. Louis-Philippe tombé, il devient conseiller à la cour d'appel de Paris, puis à la Cour de cassation, tout en restant député à la Constituante et à la Législative. S'attache au bonapartisme; sénateur et ministre de la Justice (1852). Il eut trois fils. L'aîné, *Charles*, né à Paris, en 1816, représentant en 1849, conseiller d'État en 1857, membre de l'Assemblée nationale en 1872. *Séverin*, né en 1821, élu en 1852 député de la Corse qu'il n'a presque pas cessé de représenter depuis. *Antoine-Dominique*, général français, 1818-1878.

ABBAYE. s. f. (a-bé-i; — du latin *abbatia*, de *abbas*, abbé). 1° Monastère d'hommes ou de femmes, observant une même règle, et vivant sous l'autorité d'un *abbé* ou d'une *abbesse*. || 2° Bâtiments et dépendances de ce même monastère. || 3° Bénéfice ou revenus que procure ce monastère. || Hist. eccl. A l'origine et jusque vers le Xe s. tout monastère vivait de sa vie propre; c.-à-d. qu'il pouvait dépendre ou non de l'autorité diocésaine (V. *Exemption des réguliers*); mais il ne relevait d'aucun autre monastère. La fondation de Cluny (910) modifia cet état de choses: beaucoup de monastères anciens furent alors réduits à l'état de prieurés ou de simples *cellæ*; ils n'eurent plus d'abbé à leur tête, ils perdirent leur indépendance, et devinrent de simples membres d'un *ordre* ou d'une *congrégation*. Les monastères, qu'un fonda postérieurement, furent établis dans les mêmes conditions, c.-à-d. que beaucoup n'eurent pas d'*abbé* à leur tête. || Les supérieurs généraux de ces ordres ou congrégations conservèrent néanmoins le simple titre d'abbés de Cluny, de Cîteaux, etc., c.-à-d. du monastère principal de l'ordre ou de la congrégation. Ce ne fut que plus tard (vers le XVIe s.) qu'à l'instar des Frères Mineurs, des Dominicains, etc., ils prirent le titre de *supérieur général* ou de *général*. || Les Bénédictins (hommes et femmes), les Cisterciens (idem), les chanoines réguliers de S.-Augustin (idem), les Prémontrés (hommes seulement), les Clarisses (femmes seulement) sont les seuls ordres dont les maisons principales aient porté le titre d'abbayes. Le nombre des abbayes est aujourd'hui réduit en Italie comme en France et ailleurs. Cependant on en compte encore quelques-unes des différents ordres. || Les abbayes les plus célèbres du monde ont été celles du Mont-Cassin en Italie, de Cluny et de Cîteaux en France, de Mont-Serrat en Espagne, Saint-Gall en Suisse, Fulde en Allemagne, Westminster en Angleterre. Elles ont rendu de grands services à l'agriculture, aux sciences, aux lettres. || En France nos rois, en vertu du concordat de Léon X, avaient droit de nommer à toutes les abbayes du royaume, à l'exception de quinze qui étaient considérées comme chefs d'ordres, et dont les abbés étaient électifs. || Abbaye *régulière*. Celle dont l'abbé était un religieux de l'ordre. || Abbaye *en commende*. Celle dont l'abbé était un *séculier* ou un religieux d'un autre ordre (V. *Commende* et *Commendataire*). || Abbaye *royale*. Celle qui était fondée ou dotée par un roi. || Loc. prov. Être de l'abbaye de quelqu'un; être de sa société. Souliers de cuirs d'abbaye; souliers très doux. || *L'Abbaye-au-Bois*, monastère de femmes, situé à Paris, rue de Sèvres, qui servit de maison d'arrêt pendant la Révolution. || *Abbaye* (Prison de l'). Prison militaire de Paris, tristement célèbre par le massacre de 184 prisonniers, les 2 et 3 septembre 1792. || Abbaye de monte-à-regret, l'échafaud, dans l'argot des prisons. Les condamnés à mort n'ont pas coutume de livrer gaîment leur tête au bourreau.

ABBÉ. s. m. (du lat. *abbatem*, de *abbas*, emprunté au syriaque). Ce titre, qui équivaut à celui de *père* ou *chef* de famille, fut donné primitivement, en Orient comme en Occident, à tout supérieur de monastère. Plus tard, en Orient, cette appellation a fait place à celle d'*hégoumène* (*égoumenos*, guide, chef d'une maison). En Occident depuis le Xe s. cette appellation est réservée dans certains ordres religieux aux supérieurs des principaux monastères, de ceux qui jouissent d'une autonomie et d'une indépendance plus ou moins illimitées. Les ordres nouveaux, à commencer par les Chartreux, les Dominicains, les Franciscains, et tous ceux qui ont été fondés depuis, ne l'ont pas maintenue. || Les abbés ont joué un rôle des plus importants dans l'Église, et dans le progrès de la civilisation en Europe. Le respect et la vénération qu'inspirait leur sainteté les rendirent les protecteurs ordinaires des petits, des pauvres, du peuple contre la féodalité et les Barbares. Les largesses de tout genre, qui leur furent octroyées par les grands et les puissants, les mirent à même de faire un bien considérable. Les distinctions honorifiques et autres (le droit de porter la crosse, la mitre et l'anneau, celui de siéger dans les synodes et les conciles, comme dans les conseils des souverains) dont ils furent gratifiés par le Saint-Siège et par les évêques, par les rois et par leurs vassaux, les entourèrent d'une nouvelle considération, ajoutèrent à leur influence. || Aujourd'hui le nombre et l'influence des abbés ont bien diminué. Cependant on en compte encore de vingt à trente en France. Nous nommerons parmi les plus connus, ceux de Solesmes, de la Grande-Trappe, de Frigolet, etc. || Titre purement honorifique donné en France, depuis deux siècles environ, à tous les clercs depuis le simple tonsuré jusqu'au vicaire général. Cet usage, abusif dans le principe, nous est venu des cours royales. Comme la plupart des clercs qui les fréquentaient étaient richement pourvus d'abbayes, on aurait cru faire injure à quiconque y paraissait revêtu de l'habit ecclésiastique, si on ne l'avait pas supposé nanti de quelque titre abbatial. Dès lors la politesse demandait qu'on l'appelât *monsieur l'abbé*; l'usage s'établit de la sorte insensiblement d'honorer tous les clercs du même titre d'*abbé*, il s'est maintenu et même étendu à l'Italie.

ABBÉE. Géog. anc. Ville du Péloponèse, célèbre par son temple d'Apollon.

ABBÉKOUTA. Prov. et v. à l'E. du Dahomey, et rivale de ce royaume. La ville fondée vers le commencement du XIXe s. est comme la clef du chemin qui conduit dans l'intérieur du Soudan; on y compte près de 200,000 h.

ABBEMA (Balthasar). Magistrat hollandais, obligé de quitter son pays pour avoir participé à une insurrection échouée contre le stathouder, vint en France vers la fin de 1787, fut témoin à charge contre Favras, établit une banque à Paris. Quand les Français se furent rendus maîtres de la Hollande, Abbema fut nommé ministre plénipotentiaire à Hambourg. Il y mourut, soupçonné d'avoir trahi la France.

ABBÈS (Aït-). Grande tribu kabyle de la province de Constantine, située à l'E. de l'Oued-Meklou.

ABBESSE. s. f. (vieux franç. *abbéesse*, lat. *abbatissa*, fém. de *abbas*, abbé). Supérieure, *mère de famille* dans un monastère de femmes. Ce nom est inconnu en Orient. En Occident ce nom et ce titre sont moins communs que celui d'abbé. L'ordre des Prémontrés, qui a des abbés, n'a pas d'abbesse, en retour celui de St-François, dont les supérieurs s'appellent gardiens dans les couvents d'hommes, accorde le titre d'abbesses aux maisons des Clarisses. || Le rôle qu'ont joué les abbesses dans les affaires politiques et religieuses pendant tout le moyen âge a d'ailleurs été considérable, et identique sous plus d'un rapport à celui des abbés. Elles ont porté la crosse et l'anneau (sans néanmoins exercer aucune juridiction vraiment spirituelle, ni aucune fonction vraiment ecclésiastique); elles ont été gratifiées de grands domaines, elles sont devenues en maintes circonstances la providence des populations. || Actuellement le nombre et l'influence des abbesses ont beaucoup diminué. On en compte cependant encore un certain nombre en Italie et en France. Toutes celles de France appartiennent à l'ordre de St-Benoît. Nous nommerons celles de Jouarre, de Sainte-Cécile de Solesmes, de St-Jean-d'Angély, etc.

ABBEVILLE. 21,000 h. (Abbatis villa, Hableville. Maison de campagne de l'abbé de St-Riquier). Ville de France, érigée en commune en 1130, ch.-l. d'arrond. sur la Somme, à 16 kil. de son embouchure, à 45 kil. d'Amiens, à 176 de Paris par le chemin de fer du Nord, ancienne capit. du Ponthieu, place forte jusqu'en 1869; inspection des douanes; tapis, filatures, toiles, corderies, carrosserie, serrurerie, biscuits renommés, sucrerie, imprimerie importante créée avant 1486 avec fonderie de caractères; port sur la Somme recevant des navires de 200 à 400 tonneaux. Portail remarquable de Saint-Vulfran; jardin public; statue du musicien Lesueur. Riche musée. Bibliothèque contenant environ 50,000 volumes; choses précieuses ou curieuses: 1° Évangéliaire sur vélin pourpre donné par Charlemagne à Angilbert, abbé de St-Riquier; 2° 100 manuscrits, dont la plupart traitent de l'histoire d'Abbeville ou du Ponthieu; 3° Livres d'heures du XVe siècle. Patrie des poètes Millevoye et Sanson de Pongerville, des graveurs Mellan, De Poilly, Rousseaux, du géographe Sanson, du médecin Hecquet. Tombeau de l'archéologue Boucher de Perthes. Saint Louis y signa un traité (1258) avec Henri III d'Angleterre.

ABBEVILLOIS, OISE. s. et adj. Habitant d'Abbeville ; qui est propre à Abbeville.

ABBIATEGRASSO. 10,000 h. Ville fortifiée, à 21 kil. S.-O. de Milan (Italie), près de laquelle fut tué Bayard, en 1524.

ABBITIBE. s. et adj. Peuple de l'Amérique du Nord.

ABBITIBI. Lacs de l'ancien territoire de la baie d'Hudson (Dominion) traversés par la rivière du même nom. Les deux lacs réunis ont près de 100 kil. de longueur sur 30 de largeur.

ABBON (S.). Év. de Metz (707). Fête 15 avril. || **ABBON** (S.). Abbé de Fleury (945-1004), né dans les environs d'*Orléans*, un des plus savants religieux de son temps, qui fonda la grande renommée de l'abbaye de Fleury. Le plus remarquable de ses ouvrages est l'*Abrégé de la vie de 91 papes* (*Epitome de vitis Romanorum pontificum*) édité à Mayence, 1602. Fête 13 novembre.

ABBON LE COURBE. Moine normand de St-Germain-des-Prés (x° siècle) ; auteur d'un poème latin sur le *Siège de Paris* par les Normands en 886, livre qui a été traduit dans la collection de M. Guizot.

ABBOT (Robert). Év. de Salisbury, chapelain de Jacques Ier (1560-1617), a écrit, contre Bellarmin, la *Suprématie des rois.* || **ABBOT** (Georges), son frère, archev. de Cantorbéry, zélé puritain, adversaire acharné du catholicisme (1562-1633). || **ABBOT** (Maurice). Directeur de la Compagnie des Indes-Orientales, lord-maire en 1623. || **ABBOT** (Charles). Baron de Colchester (1757-1829), l'un des soutiens de W. Pitt ; président de la Chambre des communes en 1802, pair en 1817. Remplit diverses fonctions judiciaires. Traité estimé sur les lois relatives à la marine marchande, Londres, 1802.

ABBOTSFORD (A-beut-sfeurd). Magnifique château en Ecosse, sur la Tweed, construit et décoré par l'illustre W Scott.

ABBOTT (Jacob). Ecrivain américain. Maine 1803. Docteur en théologie protestante, ministre congrégationaliste il était l'aîné du suivant || **ABBOTT** (John). Pédagogue américain (1805-1877). Il était le second de cinq frères, avec lesquels il a rendu des services signalés à l'éducation américaine. Ils ont publié une série d'ouvrages populaires et scolaires, historiques, scientifiques, récréatifs, qui forment toute une bibliothèque.

ABBT (Thomas). 1738-1766. Philosophe, savant et littérateur allemand, a publié : *la Mort pour la Patrie* ; un *Traité du mérite*, etc. Ses ouvrages eurent une certaine influence sur le perfectionnement de la langue allemande.

A B C. s. m. (a-bé-cé). Petit livre contenant l'alphabet et la combinaison des lettres pour apprendre a lire. || *Fig.* Le commencement d'une science, d'un art, d'une affaire. L'abc des mathématiques. || *Par ext.* Nom donné à quelques ouvrages élémentaires de science. || Renvoyer à l'a b c, traiter d'ignorant ; remettre quelqu'un à l'a b c, le ramener aux éléments, aux premiers principes d'un art, d'une science. || *Gramm.* Quelques auteurs séparent ces trois lettres par une virgule, d'autres par un point ; d'autres écrivent abécé. On dit quelquefois a b c d.

ABCÉDER. v. n. (du lat. *abscedere*, se séparer). Méd. Se résoudre, se transformer en abcès. Se conjugue avec être ou avoir, selon qu'on veut exprimer l'état ou l'action même. Cette tumeur est abcédée depuis plusieurs jours. Cette tumeur a abcédé ce matin. || *Part. pas.* Abcédé, ée. Tumeur abcédée, tumeur qui s'est terminée par un abcès.

ABCÈS. s m. (lat. *abscessus*, de *abscedere*, s'écarter, s'éloigner ; les Grecs disaient *apostéma* ou *apostasis*, d'où le mot *apostume* encore employé dans certaines parties de la France, en Picardie entre autres). On désigne, sous ce nom, une collection de pus dans une poche circonscrite, quels qu'en soient la cause, l'origine et le siège. Si cependant le pus était libre dans la plèvre ou dans le péritoine, la collection prendrait le nom d'*empyème*, dans le premier cas, et celui d'*épanchement purulent*, dans le second. La formation du pus sera traitée aux mots *Inflammation, Pus, Pyogénie*. Les abcès se présentent dans des conditions tellement différentes et avec des symptômes si particuliers qu'il y a lieu d'en distinguer plusieurs espèces. On appelle *abcès idiopa-*

thique celui qui se développe au lieu même où s'est produite la cause inflammatoire, tandis que l'*abcès secondaire* ou *consécutif* ne se forme qu'à l'occasion d'une affection locale ou générale. Les premiers constituent à eux seuls toute la maladie et c'est à eux seuls que se rapportent toutes les indications curatives. Les seconds sont, au contraire, sous la dépendance d'une maladie plus générale ou d'une autre cause ; ils réclament, par conséquent, un traitement plus complexe. Certaines affections entraînent à leur suite des abcès secondaires, d'une façon pour ainsi dire si nécessaire, que ceux-ci font partie des symptômes de la maladie, aussi les appelle-t-on *symptomatiques*. Tels sont, par exemple, les abcès des gencives à la suite de l'inflammation ou de la carie des dents. Le pus se forme généralement là où se produit l'inflammation et peut, par son propre poids ou par suite de certaines dispositions anatomiques, émigrer à travers les tissus et aller se collecter dans un point souvent très éloigné du siège de sa production. C'est ce qu'on observe dans les *abcès par congestion*. Le *mal vertébral* ou *maladie de Pott* (V. ces mots) en offre de fréquents exemples. Par rapport à la rapidité avec laquelle se produit l'inflammation il y a lieu de distinguer également les *abcès chauds* et les *abcès froids*. Les premiers, à cause de la rapidité et de l'acuité de l'inflammation, sont encore souvent appelés *abcès par fluxion* ou *abcès phlegmoneux*. Dans certaines maladies, notamment dans l'infection purulente, la fièvre puerpérale, on voit des abcès se former rapidement dans différents organes : foie, rate, poumon, articulations, etc. On leur a donné, à tort il est vrai, le nom d'*abcès métastatiques*, parce que l'on supposait, à une autre époque, que le pus était absorbé à la surface de la plaie et transporté dans les autres organes par les vaisseaux sanguins. Enfin l'épanchement dans les tissus, de matières fécales, d'urine, etc., donne quelquefois lieu à formation d'abcès dits *stercoraux, urineux*, etc. Il faudrait un volume pour faire l'histoire de ces différents abcès et en indiquer la cause, les symptômes, la marche et le traitement. Disons donc que la présence du pus réuni en collection, c'est-à-dire formant abcès, se reconnaît à un signe particulier appelé *fluctuation*. Signalons encore cet autre fait que le pus une fois collecté a toujours tendance, à moins qu'il ne tombe dans une cavité naturelle, à se faire jour au dehors, à travers la peau, d'où le succès constant, mais souvent trop tardif hélas ! des emplâtres ou maturatifs recommandés par les empiriques pour faire aboutir, c'est-à-dire ouvrir spontanément, les abcès. Comment aborder ici le traitement qui varie avec chaque sorte d'abcès et qui réclame de la part du chirurgien une conduite parfois si opposée ? Autant, par exemple, il faut se hâter d'ouvrir les abcès chauds aussitôt qu'on y a reconnu la présence du pus, autant il faut être circonspect quand il s'agit d'un abcès froid et surtout d'un abcès par congestion. Que de choses importantes n'y aurait-il pas encore à dire par rapport au siège des abcès, qui sont dits *superficiels* ou *profonds* suivant leur éloignement de la surface cutanée ? Leur voisinage de certains organes doit aussi être indiqué ; c'est ce qui leur fait donner des noms spéciaux, tel que abcès *pórinéphrétique*, abcès *périutérin*, etc. Leur gravité est directement en rapport avec l'importance de l'organe médiatement ou immédiatement attaqué. || On dit : Avoir un abcès. Vider un abcès. L'abcès a percé, a crevé.

ABCHASE ou **ABCHASIEN** s. et adj. (Ab-ka-se). Peuple du Cauc···e.

ARCHERON. District de la Géorgie dont le chef-lieu est Bakou.

ABCISION. s. f. (lat. *abcisio*, de *abcidere*, couper). Jurispr. Peine qui consiste à avoir un membre coupé. Jusqu'en 1832, on coupait le poignet droit aux parricides avant l'exécution.

ABCISSE. V. Abscisse.

ABD. s. m. Mot commun aux langues sémitiques qui entre dans un grand nombre de noms propres orientaux et qui signifie *serviteur, esclave.*

ABDA. Hist. relig. Ancienne idole madianite. || **ABDA** (S.). Évêque et martyr en Perse, sous le roi Sapor. Fête 22 avril.

ABDAL ou **ABDALLAH**. s. m. (*abd*, serviteur, *Allah*, Dieu). Nom général donné aux religieux chez les Persans ; il correspond à celui de derviche en Turquie. || Prêtre tartare. || **ABDALLAH** (Oulad-). Tribu de l'Algérie, prov. d'Alger, au S. d'Aumale.

ABDAL-CURIA. Ile de l'océan Indien, au N. du cap Guardafui.

ABDALLAH (545-570). Père de Mahomet, né à la Mecque, dont les immenses richesses contribuèrent à la puissance de son fils. || **ABDALLAH.** Oncle d'Aboul-Abbas, premier calife abbasside. || **ABDALLAH.** Dernier chef des Wahabites, détrôné en 1818 par le pacha d'Égypte.

ABDALLAH-BEN-ZOBAÏR. Calife de la Mecque, élu en 680 par les habitants de cette ville et de Médine, qui voulaient se rendre indépendants du calife de Syrie.

ABD-ALLATIF. (Serviteur du Dieu clément.) Médecin et historien arabe (1162-1231) ; auteur d'un ouvrage important sur l'histoire et les antiquités de l'Égypte, traduit en 1810 par S de Sacy.

ABDALLIHS, s. m. pl. (Ab-dal-ly). Nom d'une tribu de l'ouest de l'Afghanistan.

ABDALLITE. s. m. Membre d'une société de derviches voyageurs.

ABDALONG (S.). Év. de Marseille, contemporain de Charles Martel Fête 1er mars.

ABDALONYME. Du sang royal de Sidon, mais pauvre, réduit à la condition de garçon jardinier, fut, à la recommandation d'Éphestion, nommé par le conquérant Alexandre, roi de Tyr ou de Sidon. Ce héros demanda au nouveau roi comment il avait pu supporter sa misère : « Plaise au Ciel, répondit-il, que je puisse de même supporter la grandeur ! »

ABDAR. s. m. Officier persan qui garde dans une cruche cachetée l'eau destinée au grand-sophi, de peur qu'on n'y mêle du poison.

ABDE (S.). Martyr à Rome. Fête 20 juillet. Martyr en Mauritanie. Fête 30 juillet.

ABD-EL-AZYZ. Fils de Mouça, aida son père dans la conquête de l'Espagne, fut nommé vice-roi de cette contrée. Assassiné l'an 717.

ABD-EL-CADIR (Ben-Mohammed). Originaire de Médine, auteur d'un traité sur le café (XVI° s.) dont Sylvestre de Sacy a donné un fragment dans la *Chrestomathie arabe.*

ABDÉLAVI ou **ABDÉLAHI.** s. m. Melon d'Égypte et d'Arabie. Avec son suc les indigènes font une boisson rafraîchissante.

ABD-EL-KADER (El-Hadj-Ouled-Mahiddin). Chef arabe, né vers 1807, près de Mascara, d'une famille qui prétend descendre du prophète Son père, marabout vénéré, l'emmène deux fois à la Mecque ; et lui donne une instruction développée, qui assure au jeune homme une grande influence sur les tribus Il s'exerça de la même façon aux luttes du corps. A la tête des tribus de la province d'Oran, il résolut de chasser Turcs et Français du nord de l'Afrique, et prit le titre d'*émir* à Mascara même, dont il se rendit maître. Repoussé sous les murs d'Oran (1832), il continue la lutte à la tête de 10,000 Arabes, enlève Tlemcen aux Maures, et signe (1834), avec le général Desmichels, un traité qui lui assure une sorte de royaume, avec Mascara pour capitale, à condition qu'il contiendrait ses compatriotes. Peu après, il se jette sur Médéah, et soumet plusieurs tribus placées sous notre protection. Le général Trézel est battu par lui à la Macta (1835). Clausel et Bugeaud vengent cette défaite à Mascara, à Tlemcen, à la Siccah ; mais le traité de la Tafna (30 mai 1837) fait à l'émir des conditions plus avantageuses encore. Il reprend les hostilités en 1839, sous prétexte du passage d'une colonne française sur son territoire. La nouvelle et rude campagne dure huit ans. Abd-el-Kader étonne le monde par son activité et son courage. Bugeaud lui porte des coups terribles. Après mille exploits, il voit sa smalah enlevée par le duc d'Aumale (1843), et se réfugie sur le territoire marocain, attirant à son aide Abd-er-Rhaman, empereur du Maroc, qui lui-même est battu à Isly (14 août 1844). L'émir songe alors à s'emparer du Maroc, bat les Marocains plusieurs fois, est cependant rejeté sur notre territoire, et, cerné, se rend au général de Lamoricière (23 nov. 1845). Enfermé au château de Pau, puis à celui d'Amboise, il reçoit de Napoléon III la liberté, en 1852. Il se retira à Brousse

avec une pension de la France de 100,000 fr. A Damas, en 1860, il défendit les chrétiens contre les massacreurs : grand'croix de la Légion d'honneur à cette occasion. En 1870 offrit son épée à la France contre la Prusse.

ABD-EL-MÉLEK. Cinquième calife des Ommiades à Damas (685-705), affermit ou étendit sa puissance en Arabie, en Égypte, en Syrie, etc. Plusieurs princes des Sassanides ont porté ce nom.

ABD-EL-MOUMEN. Fils d'un potier, calife almohade d'Afrique (1130-1163), conquit le Maroc et le sud de l'Espagne.

ABD-EL-RHAMAN (Muléi). Sultan du Maroc et de Fez (1758-1859). Donna, en 1843, asile à Abd-el-Kader, et combat avec lui les Français ; les bombardements de Tanger et de Mogador par le prince de Joinville, puis la victoire d'Isly, le forcent à faire avec nous la paix. Il eut des démêlés, pendant son règne, avec l'Autriche, le Danemark et la Suède, à propos des tributs de garantie que ces États lui payaient contre la piraterie ; avec la France en 1849, la Prusse en 1856. Son fils aîné, Sidi-Mohammed, lui succédait en 1859. || ABD-EL-RHAMAN (Ben-Hossain).Historien arabe, né au Caire vers le milieu du XVIIIe s., mort 1820. Il fit partie du divan, au Caire, pendant la conquête française, dont il a écrit l'histoire sous ce titre : *Annonce de la victoire qui a délivré l'Égypte.* On lui doit aussi l'*Histoire générale de l'Égypte moderne*, de 1688 à 1806, 3 vol. in-4°, trad. en français.

ABDÉNAGO. Nom qui signifie *serviteur de Nago*, soleil ou étoile du matin, donné par l'officier du roi de Babylone à Azarias, un des trois compagnons de Daniel, qui furent jetés dans une fournaise ardente et délivrés miraculeusement, l'an 600 av. J.-C.

ABD-EN-NOUR. Tribu de la prov. de Constantine, S.-O. 10,000 h.

ABDÉRAME. Nom de plusieurs califes de la race des Ommiades en Espagne. Le premier qui porta ce nom et le plus illustre de tous est le chef des Sarrasins d'Espagne qui firent une invasion en France. Il fut vaincu par Charles Martel et périt à la célèbre bataille de Poitiers, 732. Ainsi fut arrêtée l'invasion musulmane qui menaçait la France et l'Europe.

ABDÈRE. Géog. anc. (auj. Polystilo). Ville de la Thrace, sur la mer Égée, patrie de Démocrite, de Protagoras, d'Anaxarque, d'Hécatée. La stupidité de ses habitants était passée en proverbe, et on disait à Rome, du temps d'Auguste, *abderita mens* pour désigner un esprit borné. || Adj. *Abdéritain*, *aine*, ou *abdérite*.

ABDÉRIT (S.). Évêq. de Ravenne, IIe s. Fête 27 septembre.

ABDEST. s. m (ab-dè-st').Purification légale chez les Persans et les Turcs. Ceux-ci la font tous les matins en se tournant vers la Mecque. || Eau qui sert à cette purification.

ABDIAS. Intendant de la maison d'Achab, roi d'Israel. Cacha les cent prophètes que la reine Jézabel voulait faire périr. || Le quatrième des douze petits prophètes ; vivait au temps de la captivité et en prédit le retour ; écrivit un seul chapitre contre les Iduméens. || Fameux imposteur de Babylone qui avait écrit la vie des apôtres et voulait se faire passer pour un des 72 disciples de J.-C.

ABDICATION. s. f. Polit. Renonciation à une charge, à une dignité, à un titre et particulièrement à l'autorité souveraine. Un roi ne doit abdiquer que conformément aux lois fondamentales, et surtout à celle qui règle la succession au trône. Il ne doit le faire que dans l'intérêt public. Les abdications les plus célèbres sont celles : à Rome, de Sylla (79 av. J.-C) ; de Dioclétien et de Maximien (305). En France, de Napoléon Ier (1814 et 1815) ; de Charles X (1830) ; de Louis-Philippe (1848) ; de M. Thiers (1873) ; de Mac-Mahon (1879). Ces deux dernières abdications de présidents de République sont plutôt des démissions. En Allemagne, de Charles-Quint (1556) ; de Ferdinand, empereur d'Autriche (1848). En Espagne, de Philippe V (1724) ; de Charles IV (1808) ; de la reine Isabelle, en faveur de son fils Alphonse XII (1870) ; d'Amédée de Savoie (1873). En Pologne, d'Henri de Valois, qui devint Henri III de France (1574) ; d'Auguste II (1706) ; de Stanislas (1735) ;

de Poniatowski (1795). En Angleterre, de Richard II (1399) ; de Jacques II (1688). En Suède, de la reine Christine (1654). En Savoie, d'Amédée (1494) ; de Victor-Amédée (1730) ; de Charles-Emmanuel (1802) ; de Victor-Emmanuel Ier (1819) ; de Charles-Albert (1849). En Hollande, du roi Louis (1848). En Bavière, du roi Louis (1848). En Allemagne, des princes de Hohenzollern en faveur de la couronne de Prusse (1849). Parmi les papes, un seul a abdiqué, le pape saint Célestin V (1296). || Abdication, dans l'ancienne jurisprudence, l'acte par lequel un père privait son fils des droits que celui-ci avait, à ce titre, dans sa succession. L'abdication était une exhérédation prononcée pendant la vie et susceptible de révocation (Acad.). || Fig. L'indifférence est l'abdication de la conscience. || On dit l'abdication de Napoléon, l'abdication de la couronne, l'abdication de Fontainebleau.

ABDIOTE. s. et adj. Géog. V. *Abadiote.*

ABDIQUER. v. a. (lat. *abdicare*, de *ab*, qui marque séparation et *dicare*, faire connaître, publier). Abandonner le pouvoir suprême, y renoncer entièrement. Abdiquer la royauté, l'empire, la couronne. || On dit aussi en parlant de magistrats de l'ancienne Rome, abdiquer le consulat, la dictature, les honneurs. || Fig. Abdiquer la liberté, le droit de vengeance, y renoncer || V. n. Ce prince a abdiqué, on l'a forcé à abdiquer. || Syn. Se démettre, résigner, abdiquer. Un ministre se démet de ses fonctions, un dignitaire résigne sa dignité, un roi, un empereur abdiquent.

ABDITOLARVE. adj. (lat. *abditus*, caché ; *larva*, larve). Entom. Qui se développe dans le tissu des plantes. || S. m. pl. Famille d'hyménoptères dont les larves sont déposées dans le tissu de certains végétaux.

ABDOMEN. s. m (ab-do-mèn ; on fait sentir l'n). Étym. douteuse : *abder*, cacher ; et *omen*, présage (?) Peut-être parce qu'on consultait autrefois les entrailles des animaux pour connaître l'avenir : *abdomen* n'est peut-être qu'une corruption d'*adipomen*, graisse. || Anat. Vulgairement ventre. Cavité de grandeur très variable, qui occupe la partie inférieure du tronc, au-dessous de la cavité thoracique, ou poitrine, dont elle est séparée, chez l'homme et les animaux qui s'en rapprochent, par le diaphragme : limitée en arrière par les vertèbres lombaires, sur les côtés et en avant, par des muscles et des aponévroses, dont les fibres s'entrelacent au milieu de la paroi antérieure pour former la ligne blanche. Cette cavité peut se diviser horizontalement en trois régions. En haut : l'épigastre, dont les côtés s'appellent hypocondres droit et gauche ; au milieu, la région ombilicale, portant, à droite et à gauche, le nom de flancs ; au bas, la région hypogastrique, formant latéralement les fosses iliaques. L'abdomen renferme presque tout l'appareil digestif : estomac, intestins, pancréas, puis le foie, la rate, les reins, la vessie. Le tout est protégé par une membrane séreuse, le péritoine. Il est plus grand chez la femme que chez l'homme ; beaucoup plus développé, relativement, chez l'enfant que chez l'adulte. Il est très important que le jeu de tous ces organes reste toujours très libre : de là la nécessité de surveiller l'usage des corsets, surtout dans le jeune âge. Chez les reptiles et les batraciens le diaphragme n'existe pas, et les deux cavités, thoracique et abdominale, n'en font qu'une. Chez les mollusques sa position est très variable. La plupart des annelés (insectes, arachnides, crustacés) ont l'abdomen bien distinct du corps, auquel il n'est souvent réuni que par un étroit pédoncule : il ne porte jamais de pattes ; mais à l'état de larves ou de chenilles, ces animaux, comme les annélides, n'ont pas de cavité distincte. Il en est de même chez les zoophytes. || Consult. Jourdan, Littré et Robin, Jaccoud, Dechambre, etc.

ABDOMINAL, ALE. adj. Qui appartient ou se rapporte à l'abdomen. Côtes abdominales, les cinq dernières paires de côtes. Membres abdominaux, ceux qui tiennent au bassin et que pour cette raison on nomme aussi pelviens, etc. || ABDOMINAUX. s. m. pl. Poissons malacoptérygiens, qui ont les nageoires ventrales sous l'abdomen, derrière les pectorales (les carpes, les brochets, les silures, les saumons, les truites, les aloses, les harengs). ||

Insectes coléoptères pentamères de la famille des carabiques, qui se distinguent par la prédominance de l'abdomen sur le thorax ou corselet.

ABDOMINOSCOPIE. s. f. (lat. *abdomen*, ventre et du gr. *scopeien*, examiner). Méd. Examen de l'abdomen par le palper et la percussion, sur le doigt ou sur le plessimètre.

ABDOMINO-SCROTAL. s. m. et adj. Muscle abdomino-scrotal, *crémaster* (V. ce mot).

ABDOMINO-THORACIQUE. adj. Qui se rapporte à l'abdomen ou au thorax : les nerfs splanchniques.

ABDOMINO-UTÉROTOMIE. s. f. Ouverture chirurgicale de l'utérus par l'abdomen ; opération césarienne.

ABDON. 10e juge d'Israël, 1164 à 1154 av. J.-C.

ABDON et SENNEN. Nobles persans, martyrs à Rome sous la persécution de Dèce. F. 30 juillet. Leur culte est très ancien. Dans la troisième chambre du cimetière Pontica à Rome on voit une fresque qui remonte au moins au VIIe siècle. Elle représente le Seigneur à mi-corps dans un nuage et déposant de chaque main une couronne sur la tête de S. Abdon et de S. Sennen, en costume persan, avec le bonnet phrygien.

ABDOUL-FETA-BEY. Vice-amiral turc, massacré par ses troupes, en 1799, dans la rade d'Aboukir.

ABDOUL-KERYM. Personnage distingué du pays de Cachemire ; habitait Delhi, lors de l'invasion de Nadir dans l'Inde, en 1738 ; échappa au carnage que les Persans firent dans cette ville, suivit l'armée victorieuse, fit le pèlerinage de la Mecque, etc. Ses *Mémoires* en persan, et traduits en anglais, sont précieux au double point de vue historique et géographique.

ABDUCTEUR. adj. m., qui s'emploie aussi substantiv. (lat. *abductor*, de *ab*, hors ; *ducere*, conduire, écarter). Anat. Nerf abducteur, la sixième paire de nerfs cérébraux qui se distribue en entier au muscle droit externe de l'œil. || Se dit de différents muscles qui produisent le mouvement d'abduction L'abducteur de l'œil, de la cuisse, etc.

ABDUCTION. s. f. (ab-duk-si-on). Anat. Mouvement qui écarte un membre ou une partie quelconque de la ligne médiane du corps, c.-à-d. du plan mitoyen qu'on suppose partager le corps longitudinairement, en deux moitiés semblables ou symétriques. || Philos. Argument où le grand terme est contenu dans le moyen terme, mais où le moyen terme n'est pas intimement lié avec le petit terme. Élimination d'une ou plusieurs propositions considérées désormais comme inutile à la démonstration qu'on veut simplifier.

ABD-UL-AZIZ. Grand-sultan de Turquie (1830-1876). Succède à son frère Abd-ul-Medjid en 1861. Esprit libéral, a maintenu la loi d'égalité entre ses sujets, et établi quelque ordre dans les finances. Fondation de la Banque ottomane (1863) ; exposition de l'industrie ottomane à Constantinople (même année). Révoltes du Monténégro 1862, des Crétois 1866, de l'Herzégovine 1875. Détrôné le 30 mai 1876, remplacé par son neveu Mourad V ; mort le 4 juin, probablement assassiné ; les veines des bras avaient été ouvertes avec des ciseaux.

ABD-UL-HAMID. 1727-1789. Sultan turc, sous le gouvernement duquel la Russie s'empara des provinces du sud du Danube et de la Crimée. || ABD-UL-HAMID II. Grand-sultan de Turquie ; né 1842, succède à Mourad V (1876). Difficultés et guerre avec la Russie en 1877.

ABD-UL-MEDJID. 31e souverain de la dynastie d'Othman (1823-1861). Succède à son père Mahmoud II (1839). Attaqué par l'Égypte, il signe (1840-41) avec les puissances européennes un traité garantissant l'intégrité de l'empire ; réorganise l'armée et l'administration ; promulgue un Code pénal et un Code de commerce, érige une Académie. Combat la Servie (1842) ; l'Albanie (1843) ; la Syrie, la Bosnie et le Monténégro (1847-1832) ; assiste, du fond du sérail, à la guerre d'Orient (1854-1855).

ABE. s. m. Sorte de manteau des Orientaux.

ABEADH. Rivière d'Algérie, prov. de Constantine.

ABÉAUSIR. v. n. (a-bo-zir). Mar. Devenir beau. Le temps abéausit. || S'ABÉAUSIR. Même signification.

ABÉCÉDAIRE. s. m. (du lat. *abecedarius*). A b c d. Livre où l'on apprend à lire. || On le confond souvent avec le syllabaire qui est, à proprement parler, la partie du premier livre de lecture où les lettres sont réunies en syllabes. L'abécédaire, à partir du xv° s., a presque toujours porté le nom de *croix de par Dieu* ou *croix de Jésus*, parce que le titre en est orné d'une croix. Ce titre veut dire croix *de la part de Dieu*, on devrait donc écrire de la part de Dieu. || Livre des premiers éléments d'une science, d'un art. || Adj. des 2 g. Se dit des Ouvrages qui traitent des lettres par rapport à la lecture ; ouvrage élémentaire. || Par extens. ouvrage mal fait ; homme qui n'a fait aucune étude ou qui est encore aux premiers éléments d'une science ; un ignorant. || On dit : Une ignorance abécédaire, c.-à-d. complète ; un enfant abécédaire, qui commence à apprendre à lire. || Qui est rangé suivant les lettres de l'alphabet : alphabétique. On appelle abécédaires les poèmes et les psaumes dans lesquels les premières lettres de chaque strophe ou verset suivent l'ordre alphabétique. Le 118° psaume et les Lamentations de Jérémie sont de ce genre. || ABÉCÉDAIRE. s. f. Bot. Acmelle, plante de l'Inde qui, dit-on, a la propriété de délier la langue des enfants. (V. *Acmelle*). || ABÉCÉDAIRES ou ABÉCÉDARIENS. s. m. pl. Sectaires anabaptistes qui prétendaient que pour être sauvé, il fallait ignorer jusqu'aux lettres de l'alphabet, parce que d'après Luther, chaque chrétien doit être juge du sens de l'Écriture, car Dieu instruit tout homme immédiatement et par lui-même. Un sectaire abécédarien.

ABÉCÉDAIREMENT. adv. D'une façon élémentaire.

ABECKETT (Gilb.-Abbot). Littérateur anglais. Londres, 1811-1856. Journaux et articles satiriques. Essaya vainement, en 1835, de fonder le *Figaro à Londres*.

ABECQUEMENT ou **ABÉQUEMENT.** s. m. Action de donner la becquée.

ABECQUER. v. a. (*a et bec*). Donner la becquée. Les oiseaux abecquent leurs petits. || Fig. Allécher, affriander. || S'ABECQUER. v. pr. Se donner la becquée. || Abecqué, ée. part. pass. Petits oiseaux abecqués par leur mère. || Arg. Nourrir quelqu'un, lui donner la becquée, dans l'argot du peuple qui appelle abecqueuses les nourrices et les maîtresses d'hôtel.

ABÉE. s. f. (a-bé ; — de *a* et *bée* qui vient de *béer*, être béant, ouvert). Ouverture par laquelle l'eau tombe sur la roue d'un moulin et qu'on ferme avec des pales quand le moulin n'est pas en mouvement. On dit aussi *Bée*.

ABEGG (Frédéric-Henri). Jurisconsulte allemand, né à Erlangen 1796, m. en 1868. Professeur à Kœnigsberg, puis à Breslau. Ses ouvrages regardent surtout le droit pénal, la procédure criminelle.

ABEILLAGE. s. m. Vieux mot qui signifiait un essaim, une ruche d'abeilles. || Jurispr. Droit qu'avait un seigneur de prélever, sur les ruches de ses vassaux, une certaine quantité d'abeilles, de miel ou de cire. || Droit qui appartenait au seigneur de retenir à titre d'épave les essaims non poursuivis.

ABEILLE. s. f. (a-bè-ll', *ll* mouillées). Du lat. *spicula*, dimin. de *apis* ; — p, changé en *b*, *ictum*, *icla* deviennent *eil*, *eille*. || Zool. Insectes de l'ordre des hyménoptères, famille des mellifères, renfermant un grand nombre de genres, dont le plus important est l'abeille domestique, *Apis mellifica*, vulgairement mouche à miel, et *Avette*, dans quelques pays. On les reconnaît à leurs antennes filiformes et coudées, à leurs mandibules en forme de cuillère et à la plaque carrée et armée de poils, comme une brosse, qui forme le 1er article des tarses des jambes postérieures. Les abeilles vivent en sociétés nombreuses dans des ruches, qu'elles se construisent, comme nous le dirons plus loin. On trouve dans chaque ruche une seule femelle, ou reine, longue de 20mm, un grand nombre de neutres, ou ouvrières, longues de 12mm qui semblent n'être que des femelles incomplètement développées, et un nombre relativement petit de mâles ou faux-bourdons, reconnaissables à leurs yeux plus gros, plus rapprochés, et dont la taille est intermédiaire entre celle des reines et celle des ouvrières Les mâles n'ont point d'aiguillon, mais les deux autres espèces portent à l'extrémité de l'abdomen un dard aigu, barbelé, communiquant avec une glande qui sécrète un venin très actif, et avec lequel elles causent des piqûres d'autant plus douloureuses, que le dard se brise et reste dans la plaie. Cela occasionne la mort de l'insecte. On a vu des hommes succomber à la suite d'un certain nombre de piqûres d'abeilles. Il faut d'abord extraire l'aiguillon, puis laver avec de l'ammoniaque, ou de l'eau vinaigrée. Avant de construire leur ruche, les abeilles en tapissent toutes les fissures avec une matière résineuse brune, qu'on nomme propolis, et qu'elles recueillent sur les plantes ; elles n'y laissent qu'une ouverture étroite pour servir d'entrée. Puis, elles suspendent au sommet des gâteaux de cire, formés de deux rangées de cellules hexagonales, terminées par trois petits losanges formant la pointe, et adossées par ces parties pointues, de façon à ce que l'extrémité de chaque cellule s'encastre dans l'espace formé par trois cellules du rang opposé. On a démontré géométriquement que cette disposition, adoptée instinctivement par ces merveilleux architectes, était la plus propre pour économiser la place, la matière et le travail. La cire est sécrétée entre les anneaux de l'abdomen des ouvrières : l'insecte la travaille et l'étale en lames, minces au moyen de ses pattes et de ses mandibules. Parmi ces cellules, les unes sont destinées à recevoir chacune un œuf, pondu par la reine qui peut en contenir jusqu'à 1000 ou 1200 à la fois, les autres à conserver la provision de miel, que les ouvrières fabriquent au moyen du pollen et du nectar des fleurs. Ce sont les fleurs de la famille des labiées : thym, menthe, lavande, etc., qui fournissent le meilleur miel. Quelques cellules, plus grandes que les autres, et d'une forme particulière, reçoivent les œufs qui doivent donner les reines. L'œuf, gros de 2 a 3 millim., éclot au bout de 4 à 5 jours. Il en sort une larve blanche, ridée, sans pattes, longue de 4 millim. et que les ouvrières nourrissent de miel. La nourriture des larves royales est d'une nature particulière, et c'est à cela, sans doute, que le jeune animal doit son développement complet, car on a remarqué que si les œufs destinés à produire des reines faisaient défaut, les ouvrières agrandissaient une ou plusieurs cellules ordinaires, en démolissant les cloisons voisines, donnaient à ces larves la nourriture spéciale, et faisaient une reine d'un ver qui, sans cela, fût devenu une modeste ouvrière. Au bout de 6 jours les larves se transforment en nymphes, elles n'ont plus alors besoin de nourriture, et 12 jours plus tard, elles éclosent sous leur forme d'abeille. Quand plusieurs reines éclosent dans une ruche, elles se livrent un combat acharné, jusqu'à ce qu'une seule survive. Alors la vieille reine veut la tuer, mais les ouvrières la protègent, et cette mère furieuse s'échappe au dehors, accompagnée de tous ses anciens sujets, pour aller former ailleurs une colonie : c'est un essaim. La nouvelle génération reste donc en possession de la ruche. La jeune reine sort alors, suivie par les faux-bourdons, et tous s'élèvent dans l'air à une grande hauteur. C'est là que la fécondation a lieu. La reine rentre bientôt pour donner le jour a une nouvelle famille, mais les mâles, devenus inutiles, se voient refuser l'entrée par les ouvrières, qui les tuent impitoyablement. Une ruche peut donner plusieurs essaims dans une année. On ne connaît pas exactement la durée de la vie des abeilles : les avis des savants varient entre trois et sept ans. Les abeilles ont un grand nombre d'ennemis : les uns, comme les larves des teignes de la cire, détruisent leurs gâteaux ; les autres, comme les guêpes, les frelons, mangent leur miel ; d'autres encore, comme le philunte, dévorent leurs larves. L'homme les protège, mais c'est pour les dépouiller à son profit en prenant leurs gâteaux de cire et leur provision de miel. (V. *Cire, Miel, Ruche*, etc.) Les Égyptiens avaient fait de l'abeille le symbole de la royauté, et Napoléon plaça des abeilles dans les armes de l'Empire. Les anciens et les modernes ont longuement écrit sur les mœurs et les travaux de ces intéressants animaux. Sans parler des *Géorgiques* de Virgile, nous pouvons citer Fabricius, Réaumur, Bonnet, et surtout Huber. || Jurispr. Le propriétaire d'un essaim a le droit de le réclamer et de s'en ressaisir tant qu'il n'a pas cessé de le suivre ; autrement l'essaim appartient au propriétaire du terrain sur lequel il s'est fixé (Code rural de 1791). Le vol d'une ruche est puni d'un emprisonnement de trois mois à un an pour un vol de jour, et de six mois à deux ans pour un vol de nuit (Loi du 23 frimaire an VIII). Il est interdit de troubler les abeilles dans leurs travaux ; les ruches ne peuvent donc être saisies, même pour le paiement des impôts, que dans les mois de décembre, janvier et février. || Fig. Xénophon a été surnommé l'Abeille attique. En littérature les profits sont souvent pour les frelons et non pour les abeilles || Recueils période. *Abeille médicale, Abeille du Parnasse*, etc.

ABEILLE (Gaspard). 1648-1718. Abbé littérateur né à Rives, en Provence ; fut reçu a l'Académie française en 1704, composa des odes, des tragédies, des opéras, etc. A la première représentation d'une de ses pièces, commençant par un dialogue entre deux princesses dont l'une dit à l'autre : « Vous souvient-il, ma sœur, du feu roi notre père ? », un plaisant du parterre répondit, au milieu des éclats de rire, par ce vers de Jodelet : « Ma foi ! s'il m'en souvient, il ne m'en souvient guère. » || ABEILLE (Scipion). Frère du précédent, chirurgien-major du régiment de Picardie. *Histoire nouvelle des os, selon les anciens et les modernes*, 1685, in-12. *Le parfait chirurgien d'armée*, 1696, in-12. || ABEILLE (Louis-Paul). Né a Toulouse en 1719 ; membre de la Société d'agriculture de Paris, inspecteur général des manufactures de France, mort en 1807. A publié un grand nombre d'ouvrages sur l'économie rurale, le commerce et la politique.

ABEILLÉ, ÉE. adj. Objet sur lequel on a représenté des abeilles. Manteau abeillé d'or.

ABEILLER, ÈRE. adj. Qui s'occupe des abeilles. Industrie abeillère.

ABEILLIER. s. m. Rucher, construction légère qui contient les ruches.

ABEILLON (Jean-Baptiste). Curé d'Arlempède, diocèse de Viviers, fut martyrisé au Puy, par les révolutionnaires, le 17 juin 1794.

ABEILLON. s. m. Vieux mot. Essaim d'abeilles.

ABEIN. Source d'eau minérale en Auvergne, près du mont Dore.

ABEKEN (Bern-Rod.). Écrivain allemand né à Osnabruck 1780. Précepteur des enfants de Schiller, professeur a Rudolstadt, directeur du collège d'Osnabruck. Études sur Dante. Cicéron, Goethe ; l'histoire de l'Italie centrale avant la domination romaine (œuvre de son fils, qu'il édita) ; m. en 1866. || ABEKEN (Guill.-Louis). Fils du précédent, né en 1813, mort à Munich 1843, écrivit des ouvrages archéologiques.

ABEL. (hébr. souffle, respiration). Second fils d'Adam, tué par Caïn, son frère, jaloux de ses vertus. Ce tragique épisode a souvent inspiré la poésie et la peinture : poème de Gessner, tragédie de Legouvé. || ABEL (S.). Moine irlandais, missionnaire dans la Frise, archevêque de Reims, chassé par la faction de l'intrus Millon, mourut abbé du monastère de Lobbes dans les Pays-Bas, vers le milieu du VIII° s. Fête 5 août. || ABEL. Roi de Danemark, XIII° s. || ABEL (Ch.-Fréd.). Célèbre musicien allemand, mort à Londres, directeur de la chapelle de la cour (1725-1787). || ABEL (H.-K.). Botaniste allemand et médecin, XVIII° siècle. || ABEL (Jac.-Fréd. d'). Philos, allemand, 1751-1829. Professeur a Stuttgart, à Tubingue, directeur général de l'éducation dans le Wurtemberg. *Essai sur la nature de la raison spéculative* (1787); *Recueil et explication des événements remarquables de la vie humaine* (1790), 3 v. in-8°, Francfort. || ABEL (Jean). Peintre d'histoire dont les principales toiles sont au musée de Vienne; né à Aschach 1768, m à Vienne 1818. || ABEL (Clarke). Chirurgien anglais, 1780-1826. Voyageur en Chine, il a écrit ses observations scientifiques sur ce pays. Chirurgien en chef de la C° des Indes. Mort à Calcutta. || ABEL (Nicol.-Henri) Géomètre norwégien, 1802-1829. Ses voyages en France, en Allemagne, en Italie, le firent apprécier dans les grandes académies scientifiques. Rentré dans son pays, il n'y obtint ni place ni secours, et mourut dans l'indigence, à 27 ans. Équations algébriques et fonctions elliptiques. Ses écrits ont été publiés en français par son maître Holmboé, Christiania, 1839, 2 v. in-8°. || **ABEL** (Charles). Écrivain et archéologue français. Thionville 1824. Président de l'Académie de Metz, député au Reichstag allemand 1874. Nombreux ouvrages et brochures. || **ABEL** (Charles d'). Né à Wetzlar 1788, étudia le droit à Giessen, devint ministre bavarois, donna au gouvernement une direction franchement catholique, succomba en 1847 par suite de l'épisode Lola Montez et mourut a Munich 1859. || **ABEL DE PUJOL** (Alexandre-Denys). Né à Valenciennes 1785 ; m. a Paris 1861. Peintre, élève de David ; grand prix de peinture au concours de 1811. Les divers gouvernements, durant quarante années, lui ont demandé de nombreux tableaux, religieux et historiques. *Mort de Britannicus*, musée de Dijon (1814) ; *S. Étienne prêchant*, église St-Étienne-du-Mont a Paris (1817) : *la Vierge au tombeau*, N.-D. de Paris (1819) ; *Joseph interprétant les songes*, musée de Lille (1822) ; *Baptême de Clovis*, cathédrale de Reims (1824) ; *Germanicus, Achille de Harlay* (1827, 1844), musée de Versailles ; grisailles célèbres de la Bourse ; 22 tableaux au palais de Fontainebleau, galerie de Diane. Membre de l'Institut en 1825.

ABELA (Giovanni-Francesco). Archéologue italien, né a Malte en 1582, mort en 1655. Commandeur de l'ordre, il a laissé : *Malta illustrata*, description minutieuse de l'île et de ses antiquités ; on en trouve la traduction latine dans le *Thesaurus* de Grævius et Burmann.

ABÉLARD. V. *Abailard*.

ABÉLASIE. s. f. (de l'égyp. *abelasis*). Nom, à Alexandrie, de petits tubercules charnus, oléagineux, alimentaires, fournis par le *Cyperus esculentus*.

ABÈLE. s. m. et f. Nom vulgaire du peuplier blanchâtre, grisard ou franc-picard.

ABELIANA. s. m. Bot. Bas Languedoc, mélisse, de *abelia* (abeille) ; de même que mélisse vient du grec *melissa*, abeille.

ABÉLIENS, ABÉLIOTES, ABÉLITES, ABÉLONIENS ou **ABÉLONITES.** s. m. pl. Hérétiques d'Afrique, au temps de S. Augustin, qui condamnaient les noces et gardaient la continence pour ne pas mettre au monde des créatures souillées du péché originel ; ils se fondaient sur la croyance qu'Abel n'avait jamais été marié.

ABELIN (Jean-Philippe), dit *Godofredus*. Historien, né à Strasbourg, mort vers 1646. *Theatrum Europæum*, partial en faveur des protestants. Cette énorme compilation historique comprend 21 vol. in-fol. ; *Chronique historique depuis le commencement du monde jusqu'en 1619*, avec fig. gravées par Matthieu Mérian, en allemand, Francfort, 1632, in-fol., etc.

ABELL (Jean). Anglais, célèbre chanteur et joueur de luth. *Recueil de chansons en plusieurs langues* (1704).

ABELLAD. Ile de la mer Rouge.

ABELLI (Ant.) Dominicain. prédicateur, confesseur de Catherine de Médicis. || **ABELLI** ou **ABELLY** (Louis). Ev. de Rodez. Écriv. ecclésiastique, adversaire des jansénistes (1604-1691), auteur d'une vie de saint Vincent de Paul, pleine d'onction et de la *Moelle de la théologie, Medulla theologica*, ce qui l'a fait appeler par Boileau dans le *Lutrin* (chant Ier) le *moelleux Abelli*. On lui doit aussi : *la Tradition de l'Eglise touchant le culte de la Ste-Vierge*, 1672, in-8°.

ABELLINAS. Grande et magnifique vallée de Syrie, dans laquelle est Damas.

ABEL-MELUCH ou **ABEL-MOLUCH.** s. m. (a-bèl'-mé-luk). Plante de Mauritanie, dont les semences sont un violent purgatif.

ABEL-MOSCH. s. m. (a-bèl-mosk). Mot arabe qui signifie père du musc. Bot. Nom que les Arabes donnent a l'ambrette, graine dont on compose la poudre de Chypre, employée comme parfum. V. *Ambrette*.

ABEN. s. m. (a-bén). (Ben, Ebn, Ibn, Aven.) Mot commun aux langues sémitiques, qui veut dire fils.

ABÉNAQUI. s. m. Dialecte parlé par les Abénaquis. C'est une des langues *algonquines* (V. ce mot).

ABÉNAQUIS, ISE. s. Peuple de l'Amérique du Nord. || Adj. Qui appartient à cette contrée ou à ses habitants.

ABEN-BITAR ou **AL-BEITHAR**, c'est-à-dire le Vétérinaire. Célèbre médecin arabe, né à Benana, près de Malaga, voyagea en botaniste dans l'Afrique et l'Asie ; premier médecin de l'Égypte, ensuite intendant général des jardins du soudan de Damas, mort en 1248. *Recueil de médicaments simples*, conservé dans les manuscrits de la bibliothèque de l'Escurial.

ABENCERAGE ou **ABENCERRAGE**, s. m. (arabe *Aben-Sérâdj*, descendant de Sérâdj). Au pl. Abencérages. Nom d'une tribu maure de Grenade, illustre par ses luttes avec celle des Zégris, au XVe siècle. || *Le dernier des Abencérages*, par Châteaubriand, est un roman du genre chevaleresque.

ABEN-CHAMOT. Chef arabe du XVIe siècle, célèbre par ses exploits contre les Portugais en Mauritanie.

ABÉNEVIS ou **BÉNÉVIS**, s. m. (de l'anc. expression *a benevis*, a volonté ; formée de *bene*, bien ; *vis*, tu veux). || Jurisp. Concession faite par un seigneur moyennant un cens ou redevance. Se dit encore aujourd'hui de la permission, concédée moyennant redevance, de détourner les eaux pour arroser un pré ou faire tourner un moulin.

ABEN-EZRA (Abraham). Savant rabbin, né en Espagne, renommé par sa science astronomique (XIIe siècle) ; a laissé sur la Bible des commentaires sur le sens littéral, empreints, en plusieurs endroits, de rationalisme.

ABEN-GNEFIL. Médecin arabe (XIIe s.) : *De tir tutibus medicinarum et ciborum*, Venise, 1581, in-fol.

ABEN-MELLER. Rabbin du XVIe s. ; en hébreu, commentaire sur la Bible intitulé : *Perfection de la beauté*, traduit en latin. S'attache surtout au sens grammatical.

ABENS. Affl. de droite du Danube en Bavière ; sa vallée boisée et marécageuse fut le théâtre d'une partie de la campagne de 1809.

ABENSBERG. (A-bainss-bèrgue). Petite ville de Bavière sur l'Abens, à 25 kil. S.-O. de Ratisbonne, où Napoléon battit une armée autrichienne, le 20 avril 1809.

ABÉONA, ADÉONA. (lat. *abeo*, je m'en vais ; *adeo*, j'entre). Myth. Divinités qui présidaient, la première, au départ ; la seconde, à l'arrivée des voyageurs.

ABER. Un des sept frères Machabées, martyr à Antioche. || Géog. Lac d'Écosse.

ABER. Mar. Mot celtique qui signifie petit port, crique, embouchure de rivière. Il entre dans la formation du nom de plusieurs localités. || Zool. Espèce de moules du Sénégal.

ABERAVON. Bg du comté de Glamorgan (Angleterre), près de l'embouchure de l'Avon. Houille, cuivre, étain. 6,000 h.

ABERBROTHICK ou **ABROATH.** (A-beur-brocik ou A-bross). 10,000 h. Ville d'Écosse, à l'embouchure de la rivière de Brothick. Ruines importantes d'une ancienne abbaye.

ABERCE (S.). Martyr, honoré chez les Grecs. F. 26 mai. || **ABERCE** (S.). Ev. d'Hiérapolis, dans la petite Phrygie, IIe s. F. 22 octobre. Ses actes primitifs ont été rétablis et expurgés récemment par les Bollandistes. Son épitaphe en vers hexamètres est un monument précieux, surtout au point de vue de la foi au mystère eucharistique. Sous ce rapport on retrouve les mêmes expressions dans la fameuse inscription découverte à Autun en 1839.

ABERCONWAY. (A-beur-konn-oué). 3,400 h. Ville du pays de Galles, sur le canal St-Georges, prise en 1645 par Cromwell.

ABERCROMBIE (John). Jardinier écossais, 1726-1806. *Calendrier du Jardinier ; Dictionnaire universel de Jardinage et de Botanique* (Londres, 1779) ; *Vade-mecum du Jardinier*. || **ABERCROMBIE** (John). Médecin et philosophe écossais (1781-1844). Adepte de la philosophie écossaise, physiologiste renommé, rappelle Reid sans sa profondeur, Stewart sans son savoir, Brown sans son génie. *Recherches concernant les pouvoirs intellectuels et l'investigation de la vérité*, Édimbourg, 1830 ; — *Philosophie des sentiments moraux*, 1833.

ABERCROMBY (sir Ralph). Général anglais, 1740-1801. Dirigea une partie du siège de Valenciennes en 1793 ; commanda l'armée anglaise en Hollande, 1799 ; puis en Égypte (1801), où il mourut de ses blessures. || **ABERCROMBY.** Autre génér. angl., gouverneur de Bombay, puis de Madras ; membre du parlement. Mort à Marseille en 1817.

ABERDARE. 38,000 h. Ville d'Angleterre, comté de Glamorgan. Houille, fer.

ABERDEEN. (A-beur-dinn'). 90,000 habit. Ville d'Écosse, port de mer, a l'embouchure de la Dée ; fabriques de toiles, filatures de coton, etc. ; construction de navires ; université et observatoire. De la célèbre cathédrale de St-Machar, il ne reste aujourd'hui que deux flèches et la nef qui sert d'église ; c'est encore une des gloires de l'Écosse || Comté maritime de l'Écosse centrale. 645,000 h.

ABERDEEN (G. Hamilton, comte d'). Homme d'État anglais. 1784-1860. Ancienne famille écossaise des ducs de Gordon. Fit ses études, à Harrow, avec Palmerston, Rob. Peel et Byron. En 1804, il voyage en Italie, en Grèce, en Asie-Mineure, fonde a Londres la Société Athénienne, où l'on ne pouvait entrer sans avoir vu la Grèce. Pair d'Écosse à la Chambre des lords (1806) ; tory. En 1813, ambassadeur à Vienne, puis à Naples, créant des ennemis à Napoléon. Il est à Paris avec les alliés, en 1814. Créé pair héréditaire d'Angleterre avec le titre de vicomte Gordon ; ensuite membre du conseil privé. Ministre, en 1830, dans le cabinet Wellington ; il fut favorable à l'émancipation des catholiques, et aussi aux princes légitimes d'Espagne et de Portugal détrônés par des ambitions de famille. Il est encore ministre des Affaires étrangères en 1811, dans le cabinet de sir Robert Peel, et travaille à maintenir l'alliance avec la France ; ce qu'il fait encore comme premier ministre en 1852. De cette union sort, en 1854, la guerre d'Orient contre le Russie. Lord Aberdeen avait quitté le pouvoir cinq ans avant de mourir. Il a écrit sur l'architecture grecque dans la *Revue d'Edimbourg*, 1822.

ABERGAVENNY. 6,000 h. Ville d'Angleterre, comté de Monmouth, sur le Gavenny.

ABERGEAGE ou **ALBERGEAGE.** s. m. (celt. *alberc*, demeure ; lat. *albergatio*). Jurispr. anc. Concession emphytéotique faite par un seigneur.

ABERHAVRE. s. m. (celt. *aber*, embouchure ; *haur*, port). Mar. Port formé par l'embouchure d'un fleuve.

ABÉRIDÈS. Myth. Fils de Cœlus et de Vesta.

ABERISTE (S.) ou **ASTE**, ou **ASTÉE.** Év. et m. à Durazzo, en Macédoine, sous Trajan ; il fut pendu et son corps enduit de miel exposé à la voracité des guêpes, des abeilles, des moucherons. Fête 7 juillet.

ABERNETHY (Jean). Théologien irlandais protestant. 1680-1740. Polémiste très actif. || **ABERNETHY** (Jean). Chirurgien anglais 1763-1831. Savant professeur, opérateur très habile ; le premier pratiqua la ligature de l'artère iliaque externe en certains cas d'anévrisme. Attribuait à l'estomac la plupart de nos maladies. *Traité de Physiologie* (Londres, 1821) ; *Traité théor. et prat. de Chirurgie* (1830) ; *Œuvres chirurgicales et physiologiques* (1831, 4 v. in-8°).

ABERRANT, ANTE. adj. (*ab*, de ; errer). Qui s'écarte de, qui dévie.

ABERRATION. s. f. (a-ber-ra-si-on ; — lat. *ab*, de ; *erratio*, écart, de *errare*, errer). Action d'errer çà et là. Les aberrations d'un navire. || Écart de l'esprit, erreur de jugement, divagation des idées. Les aberrations de la philosophie. Aberrations morales. || Astr. Bradley a découvert, en 1728, que les étoiles dites fixes semblent décrire chaque année dans le ciel une petite ellipse, dont le grand axe, parallèle à l'écliptique, soutend un angle de 40", et dont le petit axe varie avec la latitude de l'étoile ; c'est ce qu'il a appelé l'*aberration* des astres. Il a expliqué ce fait par la composition de la vitesse de la lumière et de la vitesse de la terre dans son mouvement de translation annuel autour du soleil. La direction dans laquelle on voit l'astre est la résultante fournie par le parallélogramme des deux vitesses. Cette direction serait toujours la même, si la terre marchait en ligne droite, mais puisque notre globe tourne autour du soleil, la résultante, qui dépend de sa vitesse, doit tourner aussi, et l'étoile semble décrire une courbe annuelle. L'aberration des astres est donc une preuve du mouvement de la terre et de la vitesse de la lumière, et l'une de ces deux vitesses étant connue, elle peut servir à mesurer l'autre. (V. *Ellipse, Parallélogramme des vitesses, Résultante, Vitesse de la lumière*.) ||

Phys. Quand on démontre en optique que les rayons partis d'un point, et rendus convergents par un miroir concave ou une lentille, viennent se couper en un seul point ou foyer, on suppose que la surface du miroir ou de la lentille ne comprend qu'un très petit nombre de degrés. S'il n'en est pas ainsi, les rayons qui tombent près des bords ne passent plus exactement au foyer : ils se croisent en avant, et éclairent, au lieu d'un point unique, une surface plus ou moins large qu'on nomme catacaustique dans les miroirs et diacaustique dans les lentilles : c'est l'aberration de sphéricité. On y remédie en arrêtant par des écrans annulaires les rayons qui tombent trop loin du centre. En outre, la lumière blanche étant composée de rayons dont les indices de réfraction sont différents, le foyer des rayons rouges n'est pas, dans les lentilles, au même point que celui des rayons jaunes, verts, etc. Il en résulte encore que la lumière se disperse sur un espace plus ou moins grand : c'est l'aberration de réfrangibilité. On y remédie par l'emploi de plusieurs lentilles achromatiques. (V. *Achromatisme, Caustique Foyers, Indice de réfraction, Lentilles, Miroirs*). || Méd. Dérangement, irrégularité dans l'état habituel, l'aspect, la structure, l'action d'un organe ou l'exercice d'une faculté. Aberration des sens. Aberration des fluides, transport d'un liquide et en particulier du sang, vers un organe autre que celui où il se porte ordinairement, par exemple lorsqu'une hémorrhagie nasale ou pulmonaire remplace les règles. || Syn. Erreur, abus, aberration Erreur est le terme général, abus indique un fait unique, une erreur dans le seul cas qu'on considère ; aberration marque une grande erreur, ou l'erreur dans le style relevé.

ABERRER. v. n. Néol. Errer loin de, s'écarter de, dévier.

ABERYSTWITH. 7,000 h. Port à l'embouchure de l'Ystwith ; bains, harengs, plomb.

ABESAMUM. s. m. (ab-sa-mom'). Un des noms de l'oxyde jaune de fer qui se développe sur les roues.

ABESAN ou **ABEZAN**. Huitième juge d'Israël, de 1182 à 1175 av. J.-C.

ABESSI. s. m. Physiol. Matière stercorale. || Sorte de burnous.

ABESUM. s. m. (ab-som'). Chim. Qui n'est pas délayé.

ABET. s. m. (a-bè ; — *abiés*, sapin).Bot. Espèce de sapin. On appelle ainsi souvent le sapin commun.

ABÊTIR. v. a. (A et *bête*). Rendre bête. || V. n. Les enfants qu'on maltraite abêtissent tous les jours. || Abêti, ie. part. passé. Il est tout abêti. || Syn. Abêtir, rabêtir. Ce dernier indique une action plus forte. || S'ABÊTIR v. réfl. L'esprit s'abêtit dans l'oisiveté.

ABÊTISSANT, ANTE. adj. Propre à abêtir.

ABÊTISSEMENT s. m. Action d'abêtir, état de celui qui est abêti.

ABEUVRAGE, ABOIVREMENT ou ABUVREMENT. s. m. Jurispr. Au moyen âge, espèce de pot-de-vin qui se payait, en sus d'un droit principal ; en particulier festin donné à la réception d'un maître boucher dans la corporation : ce repas fut remplacé dans la suite par le paiement d'une somme d'argent (droit de past et d'aboivrement).

ABÉVACUATION. s. f. Méd. Évacuation partielle, incomplète.

ABGAR. Nom patronymique de plusieurs rois d'Édesse en Mésopotamie, du IIe s. av. J.-C. au IIIe s. ap. J.-C. D'après une tradition, rapportée par Eusèbe, un Abgar serait entré en relations avec Jésus-Christ.

ABHANG. Genre de poésie hindoue. C'est une sorte d'ode trochaïque dont les vers sont réglés par l'accent des mots, comme en anglais, et non par la longueur ou la brièveté des syllabes, comme en sanscrit, en grec, en latin.

ABHER ou **EBHER**. Ville de Perse ; ruines du château de Dara ou Darius.

ABHICHÉKA. s. m. Cérémonie religieuse chez les Hindous, qui consiste à arroser quelqu'un avec de l'eau du Gange. || Offrande accompagnée d'eau ou d'un autre liquide.

AB HOC ET AB HAC. (a-ôo-ké-ta-bak ; — lat. parler à la fois de celui-ci et de celle-là). Loc. adv. et fam. Confusément, à tort et à travers. Il ne sait ce qu'il dit, il parle, il raisonne ab hoc et ab hac. || Expression latine Parler ab hoc et ab hac, c'est parler à tort et à travers, c'est divaguer.

ABHORRANT, ABHORREUR. s. m. Dénomination du parti de la cour en Angleterre, sous Charles II (1682).

ABHORRER. v. a. (lat. *abhorrere*, de ab et *horrere*). Avoir en horreur. || Syn. Haïr détester, abhorrer, le premier est le terme général, qui exprime une nuance moins forte, le second suppose la réflexion, le troisième marque l'impression d'antipathie, de répugnance qu'on éprouve naturellement. || Abhorré, ée. part. passé. On dit : abhorré de, et abhorré par. Néanmoins, de convient mieux pour l'état, on le préfère aussi quand il n'y a pas d'article. Abhorré de tous. || S'ABHORRER. v. réfl. Se haïr réciproquement, se haïr soi-même. Ces deux hommes s'abhorrent. Depuis son crime, il s'abhorre lui-même.

ABIA. Roi de Juda successeur de Roboam, 958-55 av. J.-C. || Nom propre de personnes qui se trouve plusieurs fois dans les Écritures.

ABIATHAR. Grand-prêtre des Juifs, zélé partisan de David.

ABIB. s. m. (hébr. *abib*, épi vert). Premier mois de l'année sacrée chez les Hébreux, correspondant à notre mois de mars.

ABIBAS (S.) Martyr à Samosate. F.29 janv. || ARIBAS (S.). Fils de S. Gamaliel ; les corps de ces deux saints furent découverts avec celui de S. Étienne, l'an 415.

ABICH (W.-Hermann). Naturaliste prussien. Berlin 1806. En 1833, voyage en Italie ; exploration scientifique dans l'Arménie et le Caucase. En 1842, professeur à Dorpat en Livonie ; ne quitte plus la Russie. Nombreux ouvrages sur les pays qu'il a étudiés.

ABICHIRAS. s. m. pl. (A-bi-ki-ras'). Tribu indienne de l'Amérique, dans la Colombie.

ABICHT (Jean-Georges). Théologien luthérien (1672-1740), professeur et pasteur à Wittemberg ; savant orientaliste, a beaucoup écrit sur la langue et les antiquités hébraïques. || ABICHT (Jean-Henri). Philosophe allemand, 1762-1804. Sec, médiocre, sans conceptions originales, il a publié un grand nombre d'ouvrages. *Encyclopédie de la philosophie*, etc

ABID. Grande tribu arabe de l'Algérie, prov. d'Oran.

ABIDA. s. m. Myth. Divinité des Kalmouks, protectrice des âmes pures.

ABIDGIT. s. m. Sacrifice expiatoire des Hindous.

ABIEN, IENNE. s. et adj. Au pl. les Abiens. Géog. anc. Peuple de Scythie, habitant les bords de l'Iaxarte.

ABIENNEUR. s. m. Jurispr. anc. Commissaire séquestre chargé par justice de percevoir les fruits d'un immeuble saisi.

ABIÈS. s. f. (lat. *abiés*, sapin). Bot. Nom scientifique du sapin.

ABIETATE. s. m. Chim. Nom générique des sels formés par la combinaison des diverses bases avec l'acide abiétique. Ces composés, incristallisables, se présentent soit en flocons blancs, soit en masses gélatineuses ou friables opaques.

ABIÉTIN, INE. adj. Qui se rapporte au sapin. || Cryptogames qui croissent sous les arbres verts.

ABIÉTINE. s. f. Chim. Substance résineuse qu'on extrait de la térébenthine, qui cristallise sous forme d'aiguilles, se groupant en étoiles, rosaces, etc., sans odeur ni saveur, insoluble dans l'eau et soluble dans l'alcool à 30 degrés, dans l'éther, l'acide acétique, le naphte ; elle cristallise par l'évaporation des dissolvants.

ABIÉTINÉES. s. m. pl. (lat. *abiés*, sapin, semblable au sapin). Tribu de plantes de la famille des conifères : sapins, épicéas, mélèzes, cèdres, etc.

ABIÉTIQUE. adj. Acide qu'on trouve dans la résine du sapin.

ABIÉTITES. s. f. pl. Paléont. Genre de conifères fossiles dans le crétacé et le tertiaire

ABIGA, s. m (latin *abigere*, expulser, faire sortir le fœtus avant terme). Bot. Nom donné par les Romains à plusieurs végétaux auxquels ils attribuaient des propriétés abortives et que l'on croit appartenir pour la plupart au genre des labiées.

ABIGAÏL. Femme de Nabal, qui refusa de venir en aide à David fugitif. Elle gagna par sa bonté le cœur du roi qui l'épousa après la mort de Nabal.

ABIGÉAT. s. m. (a-bi-gé-a ;-*ab*, *agere*, conduire dehors). Dr. romain, Vol de bestiaux soit dans les pâturages, soit à l'étable. L'abigéat prit, sous l'Empire, les proportions d'une véritable calamité publique : les *abigei* voyageaient en troupe, à cheval, résistant à main armée à ceux qui les poursuivaient. On dut édicter contre eux les peines les plus sévères. — Chez nous, le vol de bestiaux dans les champs est puni d'un emprisonnement d'un à un cinq ans (Art.388 C.pén.)

ABIGOTI, IE. adj. (de *à* et *bigot*.) Devenu bigot. Vieux mot qui a été très peu employé et qui ne l'est plus du tout, malgré le désir de M. Littré.

ABIJIRAS. s. m. pl. Peuple de l'Amérique méridionale, voisin du fleuve des Amazones.

ABILENE. Géogr. anc. Contrée de la Phénicie, soumise à l'Empire romain.

ABILGAARD (Paul-Christian). Médecin et naturaliste danois. 1740-1801. Plusieurs mémoires sur la médecine, la zoologie et la minéralogie. || ABILGAARD (Nicol.-Abraham). Son frère (1744-1809), le plus grand peintre du Danemark, le Raphael du Nord ; peintre du roi, direct. de l'Ac. des beaux-arts de Copenhague. A eu pour élèves Thorwaldsen et Eckersberg

ABILLOT. s. m. (ll mouillées). Bûche dont on se sert pour réunir les coupons des trains de bois.

ABILLY-SUR-CLAISE. 1,444 h. Village du dép. d'Indre-et-Loire, à 32 kil de Loches. Machines agricoles ; fonderie de cuivre, d'où est sortie la statue de Descartes à la Haye ; minoteries importantes à Rives.

ABIMALIC. s. m. Langue des Africains berbères ou anciens naturels du pays. || Nom propre de l'auteur d'une grammaire de cette langue.

ABIME. s. m. (lat. *abyssus* ; grec de a priv et *busso*, fond, sans fond). Abîme (*abysme*) vient du superl. *abyssimus*, le gouffre le plus profond, très profond || Cavité profonde, gouffre sans fond. Un abîme s'ouvrit dans cette plaine. Ne vous baignez pas en tel endroit de la rivière, il y a un abîme. || La mer. Le pilote fut précipité dans l'abîme || Les abîmes de la mer, de la terre, les immenses profondeurs de la mer, de la terre. La mer ouvrit ses abîmes et engloutit toute la flotte || L'enfer. Les puits de l'abîme. Tomber dans les abîmes éternels. || Fig. Ce qui est extrême, le dernier degré, la ruine, la perte. Un abîme de science, de perfections, l'abîme du vice, un abîme de malheurs. Il est sur le bord de l'abîme. Ses ennemis creusent un abîme sous ses pas. || Mystère. L'infini est un abîme pour l'esprit humain. || Prov. Un abîme appelle attire un autre abîme. Un excès, un crime, un malheur en amènent d'autres, *abyssus abyssum invocat*. || Hérald. Centre de l'écu, en sorte que la pièce qu'on y met ne touche et ne change aucune autre pièce. Un petit écu au milieu d'un grand est un abîme. || Mét Auge dans laquelle les fabricants de chandelles versent le suif fondu. || Syn. Précipice, gouffre, abîme On est jeté de haut en bas dans le précipice C'est une chute, une ruine, un renversement Le gouffre donne l'idée de quelque chose qu'absorbe, dévore engloutit. L'abîme est sans fond, sans limites, il est incommensurable.

. **ABIMÉLECH** (lek). Roi philistin de Gérara, enleva la femme d'Abraham, reconnut son erreur et la lui rendit avec de riches présents. || Fils naturel de Gédéon, massacra ses soixante-dix frères, après la mort de son père, et se fit proclamer roi par les Sichémites.

ABIMER. v. a. Renverser, précipiter dans un abîme, engloutir. || Fig. Perdre, ruiner, plonger. Cette nouvelle l'abîme en de graves réflexions. || Fam. Endommager, gâter, tacher L'ouragan abîma les blés. || Dans une discussion, abîmer son adversaire, le passer par des arguments irréfutables. || ABIMER. v. n. Cette maison abîma tout à coup Peu usité. || Abîmée. part. passé. Le vaisseau abîmé dans les flots. Le messie abîmé dans la douleur. || S'ABIMER v. réfl. L'infanterie s'abima dans les marais. S'abîmer dans la douleur. S'abîmer dans la contemplation des merveilles de Dieu. Ces étoffes s'abîment au soleil.

AB IMO PECTORE. Du fond du cœur. Expression latine. L'enfant aime à ouvrir son cœur, il parle *ab imo pectore*, il dit tout avec une entière franchise.

ABINGDON.(A-bing-donn).7,000 h. Ville d'An

gleterre,sur la Tamise, à 80 kil. O. de Londres. Commerce de malt et de blé.

ABINGTON (pr. *A-binng-teun'*) (Thomas). Historien, antiquaire anglais, 1500-1647. || **ABINGTON** (Guill.). Historien anglais, auteur tragique, XVIIᵉ s. *Observations sur l'histoire*, Londres, 1641, in-8° ; *La reine d'Aragon*, tragédie. || **ABINGTON** (lord). Le Mécène des musiciens anglais, fin du XVIIIᵉ siècle.

AB INTESTAT. Loc. adv. (lat *ab intestato*, de *ab* et *intestatus*.) Jurispr. Qui vient à la suite d'une mort sans testament. Succession, héritier *ab intestat*. Les successions *ab intestat* sont réglées par la loi (C. civ., art. 718 à 892).

ABINTZY. s. m. Peuple tartare de la Russie d'Asie, dans le gouvernement de Tomsk.

ABIOGÈNÈSE. s. f. (*a* priv., *bios*, vie, *génésis*, formation). L'absence de formation vitale. Syn. de génération spontanée.

ABIOSI (Jean). Médecin et mathématicien de Naples (XVᵉ s.). *Dialogue sur l'astrologie judiciaire* (Venise, in-4°), censuré par le Saint-Siège. *Vaticinium a diluvio usque ad Christi annos 17*, ibid. 1494 in-4°, etc.

ABIOTOS. s. m. (*a* privatif, *bios*, vie ; qui ôte la vie). Plante du genre des ciguës.

ABIPON, ONNE. adj. Linguist. Idiome de la langue péruvienne, parlé dans le Paraguay et par les Abipons.Il participe de l'idiome de Quichua, et contient très peu de monosyllabes.

ABIPONS. s. m. pl. Tribu guerrière du Rio de la Plata qui résista courageusement aux Espagnols.

AB IRATO. Loc. lat. Par une personne en colère. Lettre écrite *ab irato*. || Jurispr. Ces termes s'appliquent aux testaments ou autres actes de libéralité qui ont été déterminés par la colère ou la haine. On nomme action *ab irato* celle qui a pour objet de les faire annuler. Le testament du défunt a été fait *ab irato* ; l'un des neveux est complètement déshérité.

ABIRON. Hist. s. Lévite qui, s'étant révolté contre Moïse, fut englouti dans les flammes, avec Coré et Dathan, ses complices.

ABIRRITANT, ANTE. adj. Méd. Qui est propre à diminuer, à enlever l'irritation. || S'emploie substantiv. Abirritant chimique.

ABIRRITATIF, IVE. adj. Méd. Qui offre les symptômes de l'abirritation.

ABIRRITATION. s. f. Diminution, absence d'irritation.

ABIRRITER v. a. (lat. *ab* priv. et *irritare*, irriter). Méd Diminuer l'irritation, la sensibilité, dans une partie du corps.

ARIS s. m. Prêtre tartare mahométan.

ABISAG Hist s. Jeune Sunamite choisie pour être la compagne de David, dans sa vieillesse.

ABISAI. Hist. s. Neveu de David et l'un de ses généraux les plus vaillants.

ABISCA. Vaste contrée du Pérou à l'E. de la Cordillière des Andes.

ABISCOUN. Riv. de Perse, qui se jette dans la mer Caspienne. || -Ville et port de Perse.

ARISGA. s m. Plante du Fezzan (*Capparis sodada*).

ABISSIQUE ou **ABYSSIQUE.** adj. des 2 g. (lat. *abyssus*, abîme). Qui appartient à l'abîme, à la mer primitive : dépôt, couche abissiques.

ABISTANDEH. Lac de l'Afghanistan.

ABITIBE. s. m. Peuplade indienne du haut Canada.

ABITIGUS. s m. pl. Nation nombreuse et guerrière de la province de Cusca (Pérou).

ABIU. (hébr Père du Seigneur). Hist. s. Lévite, fils d'Arnon, dévoré par le feu du ciel, pour avoir offert l'encens avec un feu profane, au lieu d'en prendre sur l'autel des holocaustes.

ABIUD (hébr Père de la louange). Fils de Zorobabel,un des aïeux de J.-C., selon la chair.

ABJECT, ECTE. adj. (lat. *abjectus*, rejeté ; de *ab-jicere*). || Rem. Abject se place après le substantif. On peut quelquefois le placer avant, surtout lorsque le subst. est fém. || Bas, vil, méprisable. Il faut, malgré son état pauvre et abject, reconnaître l'enfant de Bethléem pour le Dieu et le souverain maître de l'univers. Sang vil et abject. Sentiments abjects. Langage abject. || Syn. Bas, vil, abject. Bas a rapport au rang, à la place. Bas étage. Vil, à l'opinion qui n'attache aucun prix, aucune valeur, aucun crédit à une personne, à une chose. Vile créature, vil prix. Abject est le superlatif de vil On rejette. on rebute ce qui est abject. Il se met souvent après vil, pour renchérir : vil et abject.

ABJECTEMENT. adv. D'une façon abjecte.

ABJECTION. s. f. Abaissement, état de ce qui est abject. Il s'est relevé de l'abjection où il était tombé L'abjection de la conduite, des mœurs. || T. de dévot. L'abjection volontaire peut être un mérite devant Dieu. || En style de l'Ecriture sainte, rebut : l'opprobre des hommes et l'abjection du peuple. || Syn. Abjection, bassesse. On naît dans la bassesse, on tombe dans l'abjection. Il y a dans l'abjection quelque chose de plus ignominieux.

AB JOVE PRINCIPIUM. Expression latine dont la traduction française exacte est : Commençons par le commencement. Ex. : Nous nous sommes associés en 1870 ; réglons nos comptes à partir du 1ᵉʳ janvier 1870 : *ab Jove principium*.

ABJURATION. s. f (ab-ju-ra-sion ; — du lat. *ab*,de, loin de, contre; *jurare*, jurer, prêter serment). Action d'abjurer ; se dit de l'acte de la personne qui abjure et de la chose abjurée. || Fig. Toute espèce de renonciation. Faire abjuration de ses principes, de l'ancienne philosophie. || Relig. Acte de renonciation formelle au schisme, à l'hérésie, et de profession de la foi catholique ; cérémonie d'abjuration ; l'abjuration doit être reçue par l'évêque ou son délégué, devant témoins, dont acte est dressé et transmis aux archives du diocèse. L'abjuration n'a lieu que dans le christianisme : abandonner le christianisme c'est commettre une *apostasie* ; passer du paganisme à la vraie religion, c'est opérer sa *conversion*. L'abjuration d'un mineur ne peut être reçue sans le consentement de ses parents ou de son tuteur (C. Nap., art. 108 et C. pén., art. 354 et 355). L'abjuration la plus célèbre est celle de Henri IV, en 1593. || Abjuration de parenté. Coutume apportée en Gaule par les Francs, consistant à renoncer à ses parents pour se rédimer de l'obligation de prendre part aux guerres privées qui avaient lieu entre deux familles, après quelque crime ou délit commis par un membre d'une famille. || Anc. jurispr. angl. Serment par lequel un criminel anglais, dans un lieu d'asile. s'engageait à quitter le royaume pour toujours ou pour un temps ; ou encore serment par lequel, en Angleterre, on s'engageait à ne reconnaître aucune autorité royale du prétendant à la couronne.

ABJURATOIRE. adj. des 2 g. Qui concerne l'abjuration. Formule abjuratoire.

ABJURER. v. a. (du lat. *abjurare*). Renoncer à une fausse religion, à une fausse doctrine. Abjurer ses erreurs. || S'emploie absolument. Il abjura entre les mains de l'évêque. || Par ext. Abandonner un système : Abjurer Aristote ; renoncer à une chose d'une manière absolue : Abjurer les lettres, la poésie, l'honneur, la nature ||S'ABJURER. Être abjuré. Les erreurs doivent s'abjurer. || Syn. Renoncer, renier, abjurer. On fait un sacrifice,ou l'on est censé en faire un, en renonçant à un droit, aux dignités, aux plaisirs, à ce qu'on aime au monde, etc. Renier c'est se séparer, en renégat, de ce dont on rougit, mais à quoi on devrait tenir : Renier son père, son honneur et son Dieu. Abjurer, au contraire, se prend presque toujours en bonne part ; c'est rejeter, avec vigueur et publicité, des erreurs, des hérésies, de folles amours, etc.

ABKHAZIE. Région de la Transcaucasie, côte orientale de la mer Noire,distincte de l'Abazie, sous le protectorat de la Russie, et dont le prince régnant occupe un haut rang dans l'armée russe. Env. 9,100 kil. carrés, 79,000 h. (8 à 9 par kil. carré), dont la plupart ont abjuré l'islamisme pour se faire chrétiens.

ABLABÈRE. s m. (du gr. *a* priv ; *blaberos*, nuisible ; innocent). Insectes coléoptères pentamères, famille des lamellicornes.

ABLACTATION. s. f. (du lat. *ab*, loin de, et *lac, lactis*, lait, *a lacte removere*). Cessation de la lactation en ce qui concerne la mère ; le terme *sevrage* s'applique à l'enfant qu'on cesse d'allaiter.

ABLAIS. s. m. pl. Vieux mot. (*abladium*, de *ad* a et *bladium*). Jurispr. anc. Blés coupés qui sont encore en place dans le champ.

ABLAMELLAIRES. s. f. pl. Plantes caractérisées par l'écartement des lamelles.

ABLANCOURT (Nicol. Perrot d'). Traducteur franç, né à Châlons-sur-Marne, académicien. 1606-1664. Ses traductions plus élégantes qu'exactes ont été appelées de *belles infidèles*,

ABLANIA ou **ABLANIER.** s. m. Arbre de la Guyane, rangé par les uns dans la famille des Illiacées, par d'autres dans celle des byssacées.

ABLAQUE. s. m. Soie de Perse belle et fine. || Espèce de soie produite par le byssus de la pinne marine, très employée dans l'antiquité et au moyen âge.

ABLAQUÉATION. s. f. (a-bla-kué-a-sion. ; — lat. *ab* priv., *laqueare*, enlacer, déchausser). Action de creuser autour du pied des arbres pour les exposer à l'action immédiate de l'air et retenir la pluie. || Déchaussement de la vigne.

ABLATEUR. s. m. (du lat *ablator*, qui enlève). Art vét. Instrument qui sert a abattre la queue des brebis.

ABLATIF. s. m. (du lat. *ab*, hors de ; *latus*. porté, marque l'extraction). T. de gram. Le sixième cas des déclinaisons latines. V. *Cas*.

ABLATIF, IVE. adj. Qui appartient à l'ablatif ; qui marque, qui régit l'ablatif. Locution ablative.

ABLATION. s. f.(lat. *ablatio*, d'*ablatum*, supin d'*auferre*, *ab* et *ferre*, ôter, enlever). Chirurg Action de retrancher une partie quelconque du corps. Ablation d'un membre, d'une tumeur, etc.

ABLATIVO. Loc. adv. et fam. tirée du latin. Avec confusion, désordre. Il a mis cela ablativo tout en un tas.

ABLE. Termine des adj. 2 g Gram. Le suffixe... *able* vient du latin... *abilis* qui a le même sens et qui forme comme lui des adjectifs latins en s'ajoutant un verbe (*comparabilis*, ou comparable,de *comparare*, comparer). Able s'ajoute au verbe pour former un adjectif, généralement passif : aimer, aimable (qui mérite d'être aimé), exécuter, exécutable (qui peut être exécuté) ; quelquefois actif : servir. serviable (qui aime à servir, à rendre service) ; secourable, formé de secours et favorable, de faveur. Le suffixe *ible* est plus souvent employé dans cette acception.

ABLE. s. m. ou **ABLETTE** s. f V. *Ablette*.

ABLE ou **ADEL** (Thomas). Savant philosophe, chapelain de Catherine d'Aragon, épouse de Henri VIII, fut mis à mort par ce prince (1540),pour avoir nié sa suprématie spirituelle. et combattu son divorce. *De non dissolvendo Henrici et Catherinæ matrimonio.*

ADLEBERT ou **ÉMÈBERT.** Év. de Cambrai, fils de Ste Amelberge,frère de Ste Gudule et de trois autres saintes (668). Fête 22 février.

ABLÉCIMOF (Alexandre). Ecrivain russe. Ancien militaire. On lui doit le premier vaudeville écrit en russe, *le Meunier*, joué avec un égal succès sur tous les théâtres de l'empire. Ses autres ouvrages ont peu réussi. Né en 1784.

ABLECTES ou **ABLECTI.** s. m. pl (*ab*, de ; *lectus*, choisi). Hist rom. Soldats d'élite qui formaient la garde des consuls en temps de guerre.

ABLÉGAT. s. m. (a-blé-ga ; — *ab*, ce qui dépend de; et *legatus*,légat,envoyé). Vicaire d'un légat, ou qui tient la place d'un légat ; commissaire spécial chargé de porter à un cardinal nouvellement promu la barrette et le petit bonnet rouge carré. || Nom que l'on donnait jadis à tout agent diplomatique de second ordre, le légat occupant le premier rang dans la même carrière.

ABLÉGATION s. f. Dignité, fonctions de l'ablégat. ||T. de droit rom. Sentence de bannissement prononcée par le père de famille contre son fils rebelle ou coupable.

ABLENNE. s. m. (*a* priv.; *blenna*. morve). Ichthyol. Synonyme d'orphie. V. *Orphie*.

ABLÉPHARE. s. m. (*a* priv.; *blepharon*, paupière). Genre de reptiles appartenant à la première division de la famille des scincoïdiens, qui n'a point de paupières. Ces reptiles sauriens vivent à la manière de nos lézards communs.

ABLÉPHARON. s. m. Anat. Absence de paupières.

ABLEPSIE. s. f. (*a* priv ; *blepsis*, vue). Pathol. Cécité. || Fig. Perte des facultés intellectuelles ; aveuglement d'esprit.

ABLERET. s. m. Filet carré pour pêcher les ablettes et autres menus poissons.

ABLETTE. s. f. ou **ABLE.** s. m. Zool. Dim. Petite able, comme cuvette (cuve). noisette (noix), etc. Able (du lat. *albula*), petit poisson blanc, de l'ordre des malacoptérygiens abdominaux, famille des cyprinoïdes : très commun dans tous les cours d'eau. Sa chair est peu estimée, mais son corps est couvert d'écailles blanches et nacrées, qui, traitées par l'ammoniaque, donnent l'*essence d'Orient*, au moyen de laquelle on fabrique les perles fausses. Des myriades d'ablettes argentées s'ébattaient au soleil (G. Sand). || Fig. Se dit par comparaison des personnes faibles, sans défense, qui se laissent maîtriser ou duper. À la Bourse, les petits capitalistes, pauvres ablettes, sont souvent mangés par les gros poissons.

ABLIER. s. m. Filet à mailles très fines, employé surtout pour la pêche des ablettes.

ABLOC. s. m. Petit mur ou pilier sur lequel on dresse des solives pour construire un édifice en bois.

ABLUANT, ANTE. adj. Qui a la propriété de nettoyer. || S'emploie subst. Un abluant, remède abluant.

ABLUER. v. a. (*ab*, hors ; *luere*, laver, purifier). Enlever les taches, les souillures. || Faire revivre les écritures effacées en passant légèrement dessus une liqueur préparée avec de la noix de galle et distillée au feu. Abluer un manuscrit. || S'ABLUER. Être ablué, lavé.

ABLUTION s. f. (du latin *abluere*). Action de laver. Hist. Chez les anciens, principalement chez les Juifs et les Romains, cérémonie religieuse qui consistait à se laver tout le corps, ou seulement quelque partie du corps avant un sacrifice ou avant quelque autre action. || L'ablution chez les musulmans ou mahométans est aussi la cérémonie de se laver de diverses manières avant de prier. || L'ablution était aussi en usage chez les Juifs. L'Écriture nous apprend que Salomon plaça à l'entrée du temple, un grand vase, appelé la *mer d'airain*, où les prêtres se lavaient avant le sacrifice. || Chez les catholiques occidentaux, cérémonie dans laquelle le prêtre, après la communion, se fait verser du vin dans le calice, puis du vin et de l'eau, sur les doigts, qui tombent dans le calice, et qu'il boit ensuite. Il y a donc deux ablutions ou deux parties dans l'ablution. L'ablution a pour but de purifier le calice et les doigts du prêtre, c'est-à-dire d'en détacher les moindres particules eucharistiques d'urne et l'autre espèce pour le calice, de l'espèce du pain pour les doigts. On dit dans ce sens : avant l'ablution, après l'ablution ; prendre les ablutions. || Le mot : donner ou recevoir l'ablution n'a pas le même sens ; il répond à un usage ancien, celui d'offrir aux communiants un peu d'eau et de vin pour faciliter l'absorption des saintes espèces. Cet usage n'a plus lieu qu'aux jours d'ordination, et dans quelques circonstances assez rares. || Par extens. Action de se laver. Chaque matin, il fait ses ablutions. || Méd. Ablution d'un médicament, opération qui consiste à le laver avec de l'eau, pour le séparer des matières étrangères. || Philos. hermétique. Purification de la matière par un feu continué sans interruption ; les chercheurs du grand œuvre cachaient cette ablution sous l'énigme de la salamandre qu'ils disaient se nourrir dans le feu, et sous celle du lin incombustible, qui se purifie et se blanchit au feu sans se consumer. || Méd. V. *Douche, Lotion.*

ABNÉGATION. s. f. (*ab*, hors ; *negare*, nier, refuser.) Dévot. Renoncement à soi ; sacrifice ; dépouillement de tout ce qui ne se rapporte point à Dieu. L'abnégation de soi-même. || Fig. Oubli de ses intérêts ; renonciation à ses droits, à ses opinions. Faire abnégation de son intérêt, de tout sentiment personnel.

ABNER. Général de Saül ; embrassa le parti de David et fut assassiné par Joab.

ABNET. s. m. Ceinture brodée de différentes couleurs, que portaient les prêtres hébreux.

ABNORMITÉ. s. f. (lat. *abnormitas*, de *ab* priv. et *norma*, règle). Méd. Anomalie, état de ce qui est anormal.

ABNOUS. s. m. (ab-nous'). Poisson vorace qui chasse le poisson-volant.

ABO. Ville et autrefois capitale de la Finlande, sur le golfe de Bothnie, appartient à la Russie depuis 1743 ; port ; archevêché ; commerce actif d'exportation : cuir, toiles, cordages, 18,000 hab En 1743, traité de paix entre la Russie et la Suède. Abo est aujourd'hui ch.-l. d'une subdivision administrative de la Russie en Finlande.

ABOBRA. s. m. Bot. Genre de plantes qui a donné son nom a la tribu des abobrées, famille des cucurbitacées (régions chaudes de l'Amérique méridionale).

ABOBRÉES. s. f. pl. Tribu de la famille des cucurbitacées, qui a pris son nom de l'abobra.

ABOI. s. m. Subst. verbal d'Aboyer, comme apport d'Apporter, etc. Cri du chien. En ce sens il est moins usité qu'Aboiement. || — S. m. pl. Exprime l'extrémité où la bête fauve est réduite quand les chiens, aboyant, sont près de la forcer. Le cerf est aux abois, il tient les abois. || Fig. Dernière extrémité. Ville assiégée, vertu, innocence aux abois (près de succomber). Louis XIV réduisit l'hérésie aux derniers abois. || Tenir quelqu'un en abois, le bercer d'une espérance vaine.

ABOIEMENT ou **ABOÎMENT.** s. m. (dérivé de *aboyer*). Aboi, cri du chien. De longs aboiements, aboiements redoublés. || Art. vétér. Dans la rage, l'aboiement ne s'opère plus par le rapprochement subit des mâchoires. La gueule reste béante et il sort du fond de la gorge une sorte de hurlement saccadé, en trois temps, en trois notes plus aiguës que l'aboiement ordinaire et d'un timbre tout spécial. || Aboiement humain. (V. *Névrophonie.*) || Fig. Les aboiements de l'envie. || Syn. Aboi, aboiement. Aboi marque plutôt la qualité naturelle du cri du chien. Ce chien a l'aboi rude, aigu, perçant, etc. Aboiement se dit plutôt des cris mêmes. On dit : Faites cesser les aboiements de ce chien, et non : Faites cesser son aboi ou ses abois.

ABOIVAGE. s. m. V. *Abeillage.*

ABOIVREMENT. s m. V. *Abeuvrage.*

ABOLARIA. s. m. Bot. Espèce de globulaires à feuilles toutes radiales, et à fleurs portées au sommet d'une hampe non ramifiée.

ABOLIR. v. a. (lat. *abolere*, détruire, de *ab*, diminutif et de la racine *olo* qui marque la naissance comme *alo* qui signifie faire croître, nourrir. *Abolere* signifie faire décroître de même qu'*adolere* ou *adolescere* signifie faire croître). || Annuler, abolir les lois, les coutumes, les duels, le culte des faux dieux, l'esclavage. || Anc. dr. crim. Abolir une créance, un crime. En arrêter, en interdire la poursuite par autorité souveraine. || S'ABOLIR. Être aboli, cesser d'être en usage. Les lois absurdes s'abolissent d'elles-mêmes. Tout crime s'abolit au bout d'un certain nombre d'années ; il est couvert par la prescription et ne peut plus être poursuivi. || Syn. On abolit une foule de choses sociales, politiques, religieuses, etc. ; on n'abroge guère que des lois, des coutumes. On révoque ses propres édits, ses propres arrêts ou ceux des pouvoirs antérieurs dont on est le successeur. On infirme, on casse ce qui a été décidé par une autre autorité. Casser est plus fort qu'infirmer. La Cour de cassation casse, en dernier ressort et sans appel, les arrêts ou jugements. La cour d'appel infirme les jugements du tribunal de première instance. || Détruire, exterminer, abolir, anéantir. Détruire est le plus général ; c'est défaire, décomposer, déconstruire violemment. Exterminer, c'est faire périr des hommes ou des animaux, radicalement, de façon que la race soit éteinte. Abolir, c'est détruire des choses qui ont cours, qui sont en vigueur (les lois, les coutumes, le duel, etc.). Anéantir, c'est détruire, exterminer ou abolir totalement, absolument.

ABOLISSABLE. adj. Qui mérite d'être aboli, qui peut être aboli.

ABOLISSEMENT. s. m. Action d'abolir et résultat de cette action.

ABOLITION. s. m. (a-bo-li-sion). Action d'abolir et résultat de cette action. || Jurisp. anc. Acte par lequel le souverain amnistiait un crime et remettait aux coupables les peines auxquelles ils étaient condamnés ou se trouvaient exposés. — Lettres d'abolition, lettres de chancellerie, scellées du grand sceau, par lesquelles le roi déclarait abolir un fait incriminé, en accorder le pardon et défendre de faire aucune recherche à ce sujet. On appelait lettres d'abolition générale celles que le roi accordait à une province, à une communauté d'habitants pour crime contre l'autorité royale : des lettres de cette nature furent accordées à la ville d'Aix en 1649. || Syn. Abolissement, abolition. D'après l'Académie l'abolissement est la disparition par une longue désuétude. L'abolition est l'anéantissement, l'extinction opérée par un acte de la volonté législative. De plus, abolissement ne peut se dire, comme abolition, de la remise d'un crime, d'une peine. Pour les autres syn., voir *Absolution.*

ABOLITIONISME. s. m. Système, principes, école abolitioniste.

ABOLITIONISTE. s. m. Se dit, aux États-Unis, des partisans de l'abolition de l'esclavage. V. *Esclavage.*

ABOLLE, ABOLLA ou **ABOLA.** s. f. Espèce de pallium, manteau de parade que portaient les anciens.

ABOMASUM. s. m. (*ab*, dessous ; *omasum*, panse). Quatrième estomac ou caillette des animaux ruminants. C'est dans l'abomasum des veaux et des agneaux que se trouve la présure dont on se sert pour faire cailler le lait.

ABOMEY. Ville d'Afrique, capitale du royaume de Dahomey, dans la Guinée supérieure. Foires importantes. 25,000 h.

ABOMINABLE. adj. Qui est ou mérite d'être en horreur, en abomination. Il marque la qualification d'odieux au plus haut degré. Il n'admet donc parmi les sens graduels absolus que le positif. Il s'emploie dans les sens graduels comparatifs. On ne dit pas : très abominable, un peu abominable. On dit : abominable aussi, plus, moins abominable. Le plus abominable des crimes. || Par exag. il se dit de tout ce qui est très mauvais en son genre. Musique abominable, temps abominable. || Syn. Abominable, détestable, exécrable. Abominable paraît avoir un rapport plus particulier aux mœurs, détestable au goût, exécrable à la conformation. Conduite abominable, mets détestable, conduite exécrable.

ABOMINABLEMENT. adv. D'une manière abominable. Même signific. que l'adj.

ABOMINATION. s. f. Action d'abominer. Tous les honnêtes gens ont le crime en abomination. Les assassins et les incendiaires sont en abomination à tous les peuples || Ce qui est l'objet de l'abomination. La Prusse sera longtemps l'abomination des Français. || Chose abominable. Ce crime est une des plus grandes abominations qu'on puisse imaginer. || Culte idolâtre, fausse religion. Les abominations des Gentils. L'abomination était répandue sur toute la terre. || Écrit. s. L'abomination de la désolation. Les plus grands excès de l'impiété, de la profanation. Les plus grands désordres.

ABOMINER. v. a. anc. (lat. *ab-ominor*, détester, de *ab* qui marque l'éloignement et *omen*, présage, (de *os* bouche, présage qui sort de la bouche). Écarter comme un mauvais présage, exécrer, avoir en horreur. || Arg. Avoir de l'aversion pour quelqu'un ou pour quelque chose, (*ab* hors de, *omen* de *omentum* estomac). Vieux mot français usité dans beaucoup de provinces du Centre et de l'Ouest.

A-BON-COMPTE. s. m. Se dit d'un à-compte servi a l'avance et destiné à subvenir à une partie d'un paiement dont l'allocation est autorisée, et dont le montant n'est pas encore déterminé. || En comptabilité milit. les acquits provisoires et le paiement des feuilles de prêt sont les à-bon-compte. || Pl. Des À-bon-compte.

ABONDAMMENT. adv. En abondance. Vous avez des fruits abondamment. || Amplement. Cela est abondamment expliqué, démontré. || Syn. Abondamment, en abondance. Le premier convient mieux pour ce qui arrive ; le second pour ce qui est. Boire abondamment. Les mets étaient en abondance sur la table. Beaucoup, fort, bien, considérablement, abondamment, copieusement, largement, amplement, à foison. Beaucoup a rapport à la quantité, et fort à l'intensité. Une campagne qui rend beaucoup a son propriétaire lui plaît fort. Bien suppose dans celui qui s'en sert un sentiment d'approbation, d'admiration ou de surprise. Voilà une nouvelle qui vous surprendra bien. Considérablement annonce une grande quantité ou un grand degré de choses importantes, dont on doit avoir une haute idée. Cela augmente considérablement le nombre des habitants de l'Europe. Abondamment se dit de la production, copieusement de la consommation, et s'étend à toutes les fonctions animales. Une terre produit du blé abondamment : on mange, on boit d'une chose copieusement. Largement, avec libéralité, sans aucune épargne. Amplement, au delà du nécessaire. À foison, fam. suppose un tas de choses qui fourmillent, pullulent, foisonnent. Des rats à foison (Lafaye).

ABONDANCE. s. f. Grande quantité. Avoir abondance de toutes choses. || Il s'emploie absolument en parlant des biens de la terre et des choses nécessaires à la vie. Année d'abondance. Le Nil, par ses inondations, répand l'abondance dans une grande partie de l'Égypte. || Abondance de cœur, l'abondance du cœur. Épanchement. Cela a été écrit d'abondance de cœur, selon l'abondance du cœur. || Parler d'abondance Parler sans préparation ou sans réciter de mémoire. || Fig. En parlant du discours, du style. Parler avec abondance. Il y a dans le style de Massillon une abondance qui en fait la richesse et la beauté. L'abondance portée à l'excès dégénère en un défaut qu'on nomme redondance. Le vice du style opposé à l'abondance est la sécheresse, la stérilité. || Myth. Abondance est le nom d'une divinité, qu'on représente sous la figure d'une jeune et belle fille, environnée de toutes sortes de biens, et tenant en main une corne remplie de fleurs et de fruits. On dit que c'est la corne d'Achéloüs ou de la chèvre Amalthée qui avait nourri Jupiter, si connue sous le nom de corne d'Abondance, et comme le symbole de l'abondance. || Grenier d'abondance, magasin où l'on tient en réserve des grains pour les temps de disette. || Abondance se dit d'un mélange d'un peu de vin et de beaucoup d'eau, servant de boisson aux écoliers. || Économie pol. L'abondance consiste dans la richesse des États et le bonheur universel des particuliers qui sont tout à la fois producteurs et consommateurs. Les économistes depuis Montesquieu jusqu'à Bastiat dissertent à perte de vue sur les causes et les obstacles, sur les avantages et les inconvénients de l'abondance. Tout ce qui favorise l'agriculture, l'industrie, le commerce, tels que la facilité des transports par terre et par eau, la diffusion des progrès opposés à l'ignorance et à la routine, les dégrèvement des charges, la paix à l'extérieur et à l'intérieur, la prospérité des colonies, tout cela, disons-nous, tend à faire régner l'abondance dans un pays. Si on y ajoute la culture des lettres, des arts, des sciences, et surtout, une bonne police, une excellente morale, on a le comble de la félicité publique. Mais il ne faut pas que le bien-être physique préoccupe exclusivement une nation. Des mœurs pures, les devoirs du christianisme bien accomplis procurent le bien-être moral et spirituel qui repose sur la conscience et sur Dieu. Il est nécessaire d'après l'Évangile de chercher d'abord le royaume de Dieu, si l'on veut avoir le reste par surcroît. L'irréligion, l'immoralité, l'intempérance troublent les familles et les États et portent une grave atteinte à l'abondance. || Syn. Richesse, abondance, aisance, opulence. Riche, aisé, opulent. Abondance, aisance, opulence expriment un état ; ils ne se disent jamais au pluriel. La richesse, les richesses marquent la matière du bien-être : ce sont les moyens, les ressources que l'on a, qu'on acquiert, qu'on amasse pour vivre dans l'aisance, dans l'abondance, dans l'opulence. Dans l'abondance, on regorge. Elle résulte de l'affluence des biens de la terre et elle amène le luxe, la mollesse, l'oisiveté. Dans l'aisance on possède un avoir suffisant pour se procurer les commodités de la vie, rien de plus. Il faut au contraire pour être dans l'opulence une grande et brillante fortune. Quant aux adjectifs : riche, aisé, opulent, riche tient le milieu entre aisé et opulent.

ABONDANT, ANTE. adj. Qui est en grande quantité. Récolte abondante. || Qui a en grande quantité. Pays abondant en toutes sortes de biens. || Fig. Dans les deux sens Auteur abondant en comparaisons Style abondant. D'abondant, loc. adv. De plus, outre cela.

ABONDE (S.). Év de Côme, en Lombardie, patron de cette ville (468). Fête 2 avril. || Il y a plusieurs autres saints de ce nom.

ABONDER. v. n. (abundare, de ab qui marque l'écoulement, la source, et unda, eau, vague : couler à flots). Se conjugue avec le v. Avoir. Être, venir, en grande quantité, affluer. Les grands écrivains abondèrent en Grèce. Les étrangers abondent à Paris. || Avoir en grande quantité. Ces hommes abondent de biens. Le siècle de Louis XIV a abondé en génies de tous les genres. || Abonder dans son sens. S'obstiner dans son opinion. Abonder dans le sens de quelqu'un. Parler d'une manière tout à fait conforme à l'opinion de quelqu'un. || Jurispr. Ce qui abonde ne vicie pas, ne nuit pas. Ce qui est de trop, une raison, un moyen de plus, l'observation d'une formalité non prescrite mais non défendue n'empêchent pas un acte, une procédure d'être valides.

ABONNAGE. s. m. Jurispr. anc. Droit qu'avait le seigneur de borner les terres de ses vassaux et de percevoir à cette occasion une redevance. — Désigne aussi parfois le tribut mis sur les serfs abonnés. V. Abonnement.

ABONNATAIRE. adj. et s. des 2 g. Droit. Qui obtient une concession temporaire. Celui ou celle qui contracte un abonnement ; ce qui est concédé par abonnement. La gestion abonnataire d'un journal a l'avantage d'intéresser le gérant et de régulariser le service. Peu usité.

ABONNEMENT. s. m. Convention ou marché qui se fait à un prix déterminé, le plus souvent inférieur au prix ordinaire, et qu'on paie d'avance, pour acquitter un impôt, pour recevoir des journaux, pour assister à des spectacles, à des fêtes, pour prendre des repas, des bains, pour voyager, etc. Faire un abonnement avec la régie. Prendre un abonnement à un journal. || Jurisp. Convention par laquelle on fixe à une somme déterminée et pour un temps en général limité des droits ou prestations dont le produit ou le prix est incertain ou peut varier suivant les circonstances. || En droit féodal, l'abonnement était le privilège accordé souvent à prix d'argent à des serfs, primitivement taillables à merci, de ne payer que des redevances en nature ou en argent fixées à l'avance. La pratique des abonnements a amené l'abolition du servage. || Auj. en matière administr. l'abonnement est la convention intervenue entre l'administration et les redevables par laquelle on fixe à une somme déterminée le montant par évaluation de certains droits éventuels à la charge des contribuables. Il existe des abonnements pour l'impôt sur les boissons, les voitures publiques et bateaux, la perception des octrois, la redevance des mines, etc. || On appelle fonds d'abonnement, la somme allouée par le gouvernement aux préfets et aux sous-préfets pour frais de bureau et d'administration. || Entre particuliers ou compagnies, il existe des abonnements pour les journaux, les cabinets de lecture, les chemins de fer, le gaz, les télégraphes et téléphones, etc. || Adm. mil. Allocation au moyen de laquelle un corps est tenu de subvenir à une dépense spécifiée par la loi et dont le taux est déterminé par des règlements particuliers. Les masses sont des abonnements par lesquels le gouvernement subvient à certaines dépenses intérieures des corps de troupes tant collectives qu'individuelles. (Voir *Masse*.) || Marché par abonnement : engagement d'exécuter complètement un service pendant un temps fixé, moyennant un prix ferme et invariable (Delaperrierre.) Les réparations qu'exige l'entretien de l'habillement, de l'équipement ou de la coiffure, ont lieu généralement en vertu de marchés d'abonnement, passés par les conseils d'administration avec les maîtres-ouvriers. La conservation et l'entretien des armes, dans les corps de troupes qui ont un armurier, se fait aussi par le régime de l'abonnement ; il y a entre l'État et l'armurier un marché à prix ferme au moyen duquel celui-ci entretient les armes d'après les conditions stipulées dans les règlements (Beaugé). Les corps ont encore la faculté de traiter par abonnement les dépenses d'éclairage des corridors et des escaliers, au moyen de marchés passés avec des particuliers. Dans la cavalerie, l'entretien de la ferrure et harnachement se fait par abonnement.

ABONNER. v. a. (même étym. qu'Aborner, du bas latin abonnare, mettre des bornes, limiter par une convention, une certaine redevance ; d'après M Brachet, abonner vient du subst. bon, s'abonner à l'origine, prendre un bon, pour recevoir à jour fixe un objet déterminé). Procurer à quelqu'un un abonnement, le contracter pour lui. Je vous ai abonné au journal, au spectacle, au concert. || S'ABONNER. Faire un abonnement pour son propre compte. Je me suis abonné à cette nouvelle feuille. Ce marchand de vins s'est abonné avec la régie, pour s'affranchir de l'exercice. || Arg. Malheureux à qui chaque jour apporte un nouveau malheur, chaque entreprise un nouveau revers. Je suis abonné au guignon, signifie : Je n'ai pas la moindre chance.

ABONNIR. v. a. (a-bo-nir ; — dérive de bon.) Rendre bon, rendre meilleur. Une cave fraîche abonnit le vin. || Poterie. Faire sécher la terre à demi, pour qu'elle soit rebattue. || V. n. et S'ABONNIR. Devenir bon, s'améliorer. Les vins s'abonnissent dans la cave avec le temps.

ABONNISSEMENT. s. m. Action d'abonnir, de s'abonnir ; état de ce qui est amélioré Peu usité. On dit aujourd'hui bonification, amélioration.

ABORD. s. m. (le d ne se lie pas. Abor agréable : de a et bord). Venue à bord, arrivée, accès ; se dit surtout en T. de marine. L'abord de cette côte est difficile. A notre abord dans l'île, nous fûmes attaqués. || Fig. En parlant des personnes dont on s'approche, par rapport à l'accueil qu'elles font. Cette personne a l'abord gracieux, est d'un abord facile. || Plur. Approches, ce qui entoure. Les abords de cette place de guerre sont bien gardés. || Loc. adv. D'abord, tout d'abord, au premier abord, de prime abord, dès l'abord, c'est-à-dire : Dès le premier instant, sur-le-champ, au commencement, premièrement. || D'abord que, dès que, aussitôt que.

ABORDABLE. adj. des 2 g. Accessible, qu'on peut facilement aborder. || Se dit des personnes, et signifie : Qui est d'un abord facile. Cet homme n'est pas abordable ; il est abordable à peu de personnes. || Se dit des choses que tout le monde peut acheter. Ces étoffes ne sont pas abordables pour les petites bourses.

ABORDAGE. s. m. Action d'aborder un vaisseau, dans un combat naval. Prendre un vaisseau par abordage. Tenter, manquer l'abordage. Aller à l'abordage. || Rencontre de deux bâtiments qui s'entrechoquent. Les navires doivent porter des feux la nuit pour éviter les abordages. || Jurisp. Choc de deux navires, arrivé soit par cas fortuit, soit par la volonté ou l'imprudence de ceux qui dirigent les navires ou de l'un d'eux. L'abordage est fluvial ou maritime suivant la nature des eaux dans lesquelles il se produit. L'abordage fluvial est régi par le droit commun ; l'abordage maritime fait l'objet de dispositions spéciales écrites au Code de commerce. Si l'événement a été purement fortuit, le dommage est supporté, sans répétition, par celui des navires qui l'a éprouvé. Si l'abordage a eu lieu par la faute de l'un des capitaines, le dommage est payé par celui qui l'a causé. S'il y a doute dans les causes de l'abordage est réparé à frais communs et par égale portion par les navires qui l'ont fait et souffert (Art. 407 C. com.). L'abordage n'est à la charge des assureurs qu'autant qu'il est fortuit.

ABORDANT, ANTE. adj. Qui va à l'abordage. || S'empl. substantiv. en parlant d'un vaisseau ou d'une frégate qui fait l'abordage.

ABORDÉE. s. f. Vieux mot qui signifiait abord, accès. || Loc. adv. D'abordée, tout d'abord.

ABORDER. v. n. Arriver à bord, prendre terre. Aborder à la côte ; dans une île. Nous pûmes aborder. Aborder à un bâtiment, s'en approcher, le toucher avec une embarcation, sans se heurter. Il prend avoir pour marquer l'action : Ils ont abordé et aussitôt monté vers la ville ; et être pour exprimer l'état : Ils sont abordés depuis quelques jours. || V. a. Joindre. Aborder une côte. Aborder un vaisseau ennemi. Aborder l'ennemi, l'attaquer. || Approcher, s'approcher de quelqu'un pour lui parler. Aborder quelqu'un dans la rue. || Commencer à discuter. Je n'ose aborder cette question. || S'ABORDER. Dans un épais brouillard les deux vaisseaux s'abordèrent. Nous nous sommes abordés à la soirée du ministre de l'Intérieur. || Part. pass. Abordée par un navire ennemi, notre chaloupe fut prise. Abordés dans l'île, les marins cherchèrent de l'eau. || Syn. Aborder, avoir accès, approcher. Le premier marque un fait : Il faut étudier les moments favorables pour aborder les grands ; le second, une faculté ; c'est avoir auprès de quelqu'un ses entrées : Il fallait être un homme de mérite pour avoir accès auprès de Louis XIV ; le troisième, l'habitude ; c'est voir quelqu'un habituellement, être son familier : Ceux qui avaient l'honneur d'approcher la reine étaient touchés de ses vertus. — Joindre, aborder, accoster. On joint une personne en allant la trouver, en parvenant à être avec elle : on l'aborde et on l'accoste pour lui parler. Aborder est plus noble. On aborde, dans un salon, dans une assemblée, à la cour, une personne distinguée. On accoste, sur le chemin, dans la rue, une personne qui passe, qui voyage, qui se promène. Je fus accosté au café, au bois, par des personnes de ma connaissance (Lafaye).

ABORDEUR. s. m. Mar. Vaisseau qui en aborde ou choque un autre. || S'emploie adject. Marin abordeur, c.-à-d. faisant partie du détachement qui doit aborder le premier.

ABORIGÈNE. adj. des 2 g. (*ab*, de; *origo*, origine). Qui est originaire du pays qu'il habite; qui a habité le premier un pays. Animal, plante aborigène ; tribus aborigènes. || ABORIGÈNES. s. m. pl. Les premiers habitants d'un pays, par opposition aux colonies qui s'y sont implantées plus tard. || Syn. Aborigènes, autochthones, indigènes, naturels.

ABORNEMENT. s. m. Anc. bornage (V. ce mot).

ABORNER. v. a. Terme vieilli, qui a la même signification que le verbe borner (V. ce mot).

ABORTIF, IVE. adj.(*ab*, de ; *ortus*, né, levé.) Avorté, né avant terme, venu avant maturité. || Bot. Se dit d'une plante ou d'un organe (fleurs, pistil, fruits, etc.), qui n'a point atteint sa perfection, sa maturité. Qui tombe sans laisser aucune trace de fécondation. || Méd. Enfant, fœtus abortif ou avorton, un enfant qui est né avant d'avoir acquis le développement nécessaire pour vivre, avant l'époque où il est réputé viable. || Se dit par extens. de tout ce qui peut provoquer l'avortement. Manœuvres, substances abortives. || Subst. Un abortif, des abortifs. Médicaments auxquels on attribue la propriété de provoquer l'avortement. Ce sont de violents emménagogues ou des drastiques (V. ces mots). || Méthode abortive, méthode de traitement qui a pour but de faire avorter, à son début, une inflammation, une maladie spécifique, comme la syphilis, la blennorrhœie, la pustule maligne, la rage, etc. Ces abortifs sont presque toujours des caustiques (V. ce mot). || Pour la méd. légale, voir *Avortement*. || Jurispr. Dans le droit civil, un abortif, aussi bien qu'un posthume venu à terme, rompt le testament par sa naissance.

ABORTIFLORUS. s. m. Bot. Plante dont les fleurs avortent en totalité ou en partie.

ABOSI. Ville forte et port de mer du Japon.

ABOSINE. s. f. Jurispr. anc. Terme usité en Forez pour désigner une tenure solidaire. Syn. de pagésie ou pagésie.

ABOT. s. m. (du celt. *bot*, pied). Entraves de bois ou de fer qui s'attachent aux pieds de devant des chevaux, pour les retenir dans les pâturages.

ABOU. (Père.) Commencement d'un grand nombre de noms propres chez les Arabes. || *Abou* ou *habou*, catégorie de biens immeubles, sous la législation du Coran. L'abou est opposé au bien falk ou libre. L'abou est intransmissible.

ABOU-ARICH. (A-riche). Principauté de l'Arabie, près de la mer Rouge. || Ville principale de cette principauté. 10,000 hab.

ADOU-BEKR. (Bè-kre). Premier calife des Arabes, beau-père et successeur de Mahomet (573-634) ; travailla avec ardeur à la propagation de l'islamisme, rassembla et fit transcrire les versets épars du Coran.

ABOUCHEMENT. s. m. (A et *bouche* ; en lat. *bucca*). Action de s'aboucher, de conférer avec quelqu'un ; entrevue, conférence de deux ou plusieurs personnes. On avait ménagé un abouchement entre eux. || Anat. Union, jonction de deux vaisseaux. On emploie de préférence le mot Abouchement, lorsqu'il s'agit d'un vaisseau, d'un conduit qui arrive dans un autre plus large, soit de même nature soit différent, comme dans le cas de l'ouverture du canal thoracique dans la vessie sous-clavière ; et le mot *Anastomose* (V. ce terme) pour une communication réciproque de vaisseaux de même nature et de même volume ou à peu près, dont chacun continue son trajet au delà. || Arts et mét. Rencontre des orifices de tuyaux, de tubes, qui entrent les uns dans les autres.

ABOUCHER. v. a. (du subst. *bouche*). S'aboucher avec quelqu'un, littéralement se mettre bouche à bouche avec lui. Réunir des personnes pour les faire conférer. Il faut les aboucher ensemble. || Anat. Joindre ensemble deux vaisseaux. || Arts et métiers. Unir des tuyaux. - || S'ABOUCHER. Se rencontrer pour conférer, s'entretenir. Nous devons nous aboucher au premier jour. || Anat. Arts et mét. Se réunir, communiquer. Les veines s'abouchent entre elles. Ces tuyaux s'abouchent entre eux.

ABOUCHOUCHOU. s. m. Sorte de gros drap qui se fabrique dans le midi de la France, avec partie laine de France et partie laine d'Espagne. On l'expédie dans le Levant.

ABOU-DJAFAR, surnommé l'*Invincible*. 2e calife abbasside, fondateur de Bagdad, en 762.

ABOUEMENT, ou ABOÛMENT, ou ARRASEMENT. Arts et mét. Assemblage de deux pièces de bois qui doivent affleurer exactement, en sorte qu'une pièce n'excède pas l'autre.

ABOUGRISSEMENT. s. m. Arboric. État d'un arbre qui a été endommagé dans sa première croissance. On dit de préférence rabougrissement.

ABOU-HANIFAH. Chef des Hanéfites, l'une des quatre sectes musulmanes orthodoxes, célèbre docteur de l'islamisme, empoisonné en 767.

ABOU-HANNÈS. s. m. (étym. ar. Père Jean). Ornithol. Nom donné par les Arabes à l'ibis, parce qu'il se montre en Égypte vers la Saint-Jean.

ABOUKIR. Bourg de la basse Égypte, à 18 kil. d'Alexandrie, sur la Méditerranée et la baie de ce nom. Célèbre par la bataille navale entre la flotte anglaise, commandée par Nelson et la flotte française sous les ordres de Brueys : celui-ci fut vaincu et tué dans le combat (1er août 1798). L'année suivante, victoire de Bonaparte, avec cinq mille Français, sur vingt mille Turcs. En 1801, Abercromby enlève Aboukir aux Français. || Dans un beau tableau, aujourd'hui au musée de Versailles, Gros a représenté la bataille d'Aboukir

ABOUL-ABBAS. Premier calife de la dynastie des Abbassides, surnommé le *Sanguinaire*, mourut en 754.

ABOULAZA. s. m. Arbre de Madagascar que les indigènes emploient contre les maladies du cœur.

ABOULER. v. a. Triv. et pop. Apporter sans délai, donner de suite. || Arg. des voyous. Abouler son travail au patron, c'est remettre au patron la tâche reçue. Abouler signifie aussi arriver sans retard, précipitamment comme une boule. Ex.: Aboule ici ; c'est-à-dire : Cours, dépêche-toi d'arriver ici.

ABOUL-FARAD-ALI. Médecin, historien, poète arabe célèbre (897-967).

ABOUL-FARADJ. (Faradje). Historien arabe, médecin, primat des jacobites d'Orient, auteur de deux *Chroniques* ou *Histoires* universelles. (1236-1286)

ABOUL-FAZEL. Historiographe du grand-mogol Akbar, assassiné en 1604.

ABOUL-FÉDA. Né à Damas, auteur de l'importante *Histoire abrégée du genre humain* et de la *Vraie situation des pays* (1273-1331).

ABOUL-HAÇAN-KHAN (Mizza). Diplomate et voyageur persan. Schivaz 1774, Téhéran 1828. Il débute par séjourner dans l'Inde, devient (1809) ambassadeur de Perse à Constantinople et à Londres ; remplit diverses missions en Russie et en Autriche, et meurt ministre des Affaires étrangères.

ABOU-MANAH. Village de la haute Égypte ; en 1799, victoire remportée par le général Friant sur les Arabes.

ABOUNA. s. m. (étym. ar. Notre père). Titre que les chrétiens d'Abyssinie donnent à leur métropolitain.

ABOU-NOWAS (Abou-Aly-Al-Haçan). Poète arabe du premier rang, VIIIe s. On possède en Europe plusieurs manuscrits de ses poésies.

ABOU-OBAID-AL-CACEM-BEN-SALLAM. Auteur arabe, mort en 838. *Traditions prophétiques*, un manuscrit à Leyde ; *Recueil de proverbes et d'apologues*, un ex. à Paris. Scaliger s'est servi de cet ouvrage pour ses *Centuries de proverbes arabes*.

ABOU-OSAIBAH. Médecin arabe du XIIIe s. *Biographie des médecins*, véritable histoire de la médecine jusqu'à son époque, sous un titre bizarre qui signifie *fontes in altum erumpentes*. Plusieurs manuscrits de cet ouvrage en Europe.

ABOUQUEMENT. s. m. Salin. Action d'abouquer

ABOUQUER. v. a. Mettre du sel nouveau sur du vieux.

ABOU-RÉAL. s. m. Nom d'un poison du Nil.

ABOU-RYHAN (Mohammed-Ben-Ahmed). Né à Byroun, géographe et astronome musulman, surnommé le *très-subtil*, mort en 941. *Table astronomique* ; *Géographie* ; traité de *chronologie* qui est à la bibliothèque de l'Arsenal à Paris ; *Introduction à l'astrologie judiciaire*.

ABOU-SAHAL. Médecin arabe qui fut, dit-on, le maître d'Avicenne. La Bibliothèque nationale possède le manuscrit de son ouvrage, *Al-Myah* ou *Centiloquium* ou les *cent chapitres*, dans lequel il est question de toutes les maladies.

ABOU-SAID-BEN-ABOUL-HOCEM. Auteur d'une version arabe du *Pentateuque*. Plusieurs manuscrits en Europe, notamment à la bibliothèque *Barberine* à Rome.

ABOU-SCHER. Ville de Perse, entrepôt de marchandises du pays et de l'Inde ; très fréquentée par les caravanes.

ABOUT. s. m. (de *à* et *bout*). Bout, extrémité d'une pièce de bois coupée à l'équerre, de manière à être assemblée avec une autre, ou d'une bande de fer façonnée pour être fixée à quelque chose. || Papet. Base du cylindre qui broie les chiffons pour fabriquer le papier. || Jurispr. anc. Aboutissant. — Dans certaines coutumes, about d'ouvrage ou vire d'about. Convention par laquelle l'une des parties s'obligeait à faire des constructions sur son propre fonds. Héritage sur lequel une rente est assignée.

ABOUT (Edm.-Franç.-Valentin). Littérateur français, né à Dieuze (Meurthe) en 1828. Élève de l'École normale, puis de l'École d'Athènes, il publia en 1855, *la Grèce contemporaine*, tableau piquant, pas toujours équitable. Plume facile, il a surtout abordé le roman, où sa réserve ne brille pas davantage : *Tolla*, 1855; *les Mariages de Paris*, 1856 ; *Germaine*, qui eut du succès, 1857 ; *Maître Pierre*, 1858 (tentative économiste) ; *Madelon*, 1863 ; etc. N'a pas réussi au théâtre. Rédacteur de plusieurs journaux et revues, il s'attache à faire la guerre au catholicisme. Esprit vif, élégant et fin, peu solide et encore moins fourni, dont les opinions ne pèsent pas plus qu'elles ne durent. *Rome contemporaine* (1860), et *la Question romaine* (1861), sont des pamphlets, où déborde la passion, *le Progrès* (1864), étude légère de politique et d'économie ; etc.

ABOUTAGE. s. m. Mar. Action de réunir les bouts de deux cordages.

ABOUTEMENT. s. m. Action d'abouter, état de ce qui est abouté. || Mar. Point de jonction de pièces de bois par leurs extrémités.

ABOUTER. v. a. Mettre bout à bout, assembler deux pièces de bois par leurs extrémités. || S'ABOUTER. Se joindre par les bouts.

ABOUTÉS, ÉES. adj. pl. Blas. Se dit de pièces qui se touchent par leurs extrémités ; de quatre mouchetures ou de quatre otelles dont les bouts correspondent et se joignent en croix.

ABOUTIR. v. n. (*a* et *bout*). Toucher par un bout. Cette pièce de terre d'un côté aboutit au grand chemin, de l'autre au champ d'un tel. || Fig. Tendre, se terminer, avoir pour résultat ; se dit d'une affaire, d'un raisonnement, d'une entreprise. Cela ne peut aboutir à rien. || Méd. Se terminer et par extens. venir à suppuration et s'ouvrir au dehors. Faire aboutir un abcès. || Hort. Aboutir, s'aboutir, avoir des boutons à fruits. Ces abricotiers s'aboutissent bien (a vieilli dans ce sens) || Prend *avoir* pour le fait et *être* pour l'état. La tumeur a abouti hier ; la tumeur est aboutie depuis quelques heures.

ABOUTISSANT, ANTE. adj. Qui aboutit. Un arpent aboutissant à la forêt. || S. m. pl. Les *tenants* et *aboutissants* d'une pièce de terre, les pièces qui y sont adjacentes, qui les bornent de tous les côtés. || Jurispr. Aboutissants, m. pl. Fonds auxquels une propriété aboutit, principalement dans le sens de la longueur : les tenants sont les fonds situés aux limites de la largeur. L'indication des tenants et aboutissants est prescrite dans les ajournements en matière réelle ou mixte, dans les procès-verbaux de saisie-brandon et de saisie immobilière, dans les procès-verbaux de bornage. || Fig. Savoir tous les tenants et aboutissants d'une affaire. En connaître tous les détails, toutes les circonstances.

ABOUTISSEMENT. s. m. Action d'aboutir, résultat. Tel est l'aboutissement de nos efforts. || Méd. État d'un abcès qui vient à suppuration. || En terme de couture, pièce d'étoffe que l'on coud à une autre pour l'allonger.

ABOUTOIRS. s. m. pl. **ABOUTOIRES.** s. f. pl. Œillères grossières des chevaux de charrettes.

ABOVILLE (Franç.-Marie, comte d'). Lieut.-génér., pair de France. Brest 1730, Paris 1817. Engagé dans l'artillerie à 14 ans ; colonel dans la guerre d'Amérique sous Rochambeau. Maréchal-de-camp 1789 ; lieuten.-général 1792, inspect. génér. de l'artillerie 1800, sénateur 1802. Se rattacha à la monarchie légitime en 1814. On lui doit l'invention des *roues à voussour* pour le service de l'artillerie. || ABOVILLE (Augustin-Gabr. d'), son fils, 1774-1820. Maréchal-de-camp ; se distingua dans la guerre d'Espagne de 1808. — Son frère, *Auguste-Marie,* 1776-1843, off. d'artillerie, général de brigade, commandant de l'école de la Fère, député de l'Aisne. || ABOVILLE (Auguste-Ernest, vicomte d'), fils du précédent, Paris 1819, ancien officier d'artillerie, agronome, député du Loiret en 1871.

AB OVO. Loc. lat. adv. (*ab,* dès ; *ovum,* abl. *ovo,* l'œuf). Dès l'origine, dès le principe, depuis le commencement. Prendre un récit, un fait, une question *ab ovo.* || Expression latine tirée de l'*Art poétique* d'Horace. Hélène, cause de la guerre de Troie, était, dit-on, née d'un œuf. Raconter la guerre de Troie *ab ovo,* c'est donc remonter au commencement, à l'œuf qui donna naissance à Hélène.

ABOYANCE. V. *Abayance.*

ABOYANT, ANTE. adj. Qui aboie. Des chiens aboyants. Meute aboyante. || Se dit des flots de la mer qui mugissent dans les rochers. Le gouffre aboyant (Lamart.).

ABOYER. v. n. (on prononce a-bo-ié et a-boi-ié ; — de *ad* à, et *baubari,* aboyer, vieux franç. *baier.* L'*y* se change en *i* quand un *e* muet suit : j'aboie, j'aboierai, j'aboierais, que j'aboie. Il faut un *y* et un *i* pour l'imparf. 1re et 2e pers. pl. : nous aboyions, vous aboyiez, et pour le subj. : que nous aboyions, que vous aboyiez). Se dit du chien qui fait entendre son cri. Un chien qui aboie aux voleurs, après les passants. || Prov. et fig. Tous les chiens qui aboient ne mordent pas. Les gens qui font des menaces ne sont pas toujours à craindre. || On dit qu'un homme aboie à la lune, pour exprimer qu'il crie inutilement contre un plus puissant que lui. || Fam. Désirer, poursuivre une chose. Voilà un neveu qui aboie depuis longtemps après la succession de son oncle. || Crier après quelqu'un, le poursuivre importunément, en dire du mal avec acharnement. Tous les critiques aboient après cet auteur. || Aboyé, ée. p. pas. Un sanglier aboyé par les chiens. Un débiteur aboyé de ses créanciers. Une succession aboyée d'un grand nombre d'héritiers. || Syn. Aboyer, japper. Les gros chiens aboient, les petits jappent. Tous aboient après quelqu'un, tous jappent quand ils ne menacent personne.

ABOYEUR, EUSE. s. Chien qui aboie à la vue du sanglier, sans en approcher. || Qui aboie. Ce chien est bien aboyeur. || Qui a un cri analogue à celui du chien. La barge aboyeuse (Buff.). || Fig. Celui ou celle qui fatigue par ses criailleries, par ses injures. Ce critique n'est qu'un aboyeur. || Qui désire et poursuit avec ardeur. Aboyeur de succession. || Adj. Dogues aboyeurs. L'Académie ne reconnaît pas le fém. aboyeuse. || Expression d'argot faubourien qui compare l'homme au chien.

ABRA. s. f. (en gr. et en héb. *servante*). Terme générique dans l'Écriture, pour signifier une fille d'honneur d'une femme de qualité. || S. m. Numism. Monnaie d'argent de l'ancien royaume de Pologne, valant 0 fr. 17 c. env. de notre monnaie.

ABRAAMIUS (S.). Évêque d'Arbel, martyrisé sous Sapor, en 348. F. 5 février.

ABRABANEL. V. *Abarbanel.*

ABRACADABRA. s. m. Mot cabalistique ou magique auquel les anciens attribuaient la propriété de guérir les fièvres et prévenir d'autres maladies. L'auteur ou le prôneur de cette amulette, le médecin Serenus Sammonicus, voulait que le mot fût écrit sur un papier, en retranchant à chaque ligne deux lettres, soit onze lignes, dont la première contenait le mot entier et la dernière A. On devait porter le papier autour du cou. || Mot de ralliement de plusieurs sociétés secrètes.

ABRACADABRANT, ANTE. adj. Néol. Mot burlesque qui signifie : extraordinaire, merveilleux, stupéfiant. Style abracadabrant.

ABRACALAN. Mot cabalistique auquel les Juifs attribuaient une vertu merveilleuse.

ABRACE. Général des armées d'Artaxerxe.

ABRACHIE. s. f. (a-bra-kie ; — *a* priv. ; *brachion,* bras ; sans bras). Anat. État d'un fœtus qui n'a point de bras.

ABRACHIOCÉPHALIE. s. f. (*a* priv. ; *brachion,* bras ; *képhalé,* tête). Absence congénitale des bras et de la tête.

ABRA DE RACONIS (Charles François d') ou *Raconisius.* Théologien français, né en 1580, près de Chartres, mort en 1646, professeur de philosophie, aumônier de Louis XIII, év. de Lavaur, a laissé : *la Vie et la Mort de madame de Luxembourg, duchesse de Mercœur,* Paris 1625, in-12 ; *Totius philosophiæ brevis tractatio,* 3e éd. Paris 1631, 2 v. in-12, etc.

ABRAHAM. (D'un mot hébreu, qui veut dire Père des Nations.) Fils de Tharé et onzième descendant de Sem, il naquit à Hur en Chaldée vers l'an 2000 du monde, et mourut en Palestine à l'âge de 175 ans. Il est surnommé le *Père des Croyants* parce que ayant été l'homme que Dieu sépara de la masse commune pour en faire le père, la *génération,* du peuple d'Israël, Jésus-Christ lui-même est issu de lui, et par conséquent tous les chrétiens sont regardés comme étant sortis d'Abraham spirituellement. Le lieu de la sépulture d'Abraham, à Hébron, honoré par les juifs et les chrétiens, est aujourd'hui au pouvoir des Turcs. L'église grecque bâtie sur le sépulcre a été convertie en mosquée. On peut voir la description de tous les monuments consacrés à la mémoire d'Abraham dans *les Lieux saints* par Mgr Mislin. || *Sein d'Abraham.* s. m. Terme métaphorique, qu'on emploie pour désigner le ciel et le paradis des élus. L'explication de ce terme nous est fournie par le titre de *Père des Croyants,* qui est donné à Abraham : car si tous les élus sont *enfants d'Abraham,* s'ils ont donc été engendrés dans son sein, ils appartiennent à son sein. || ABRAHAM (S.). Abbé de St-Cyrgues, en Auvergne, VIe s. Fête 15 juin. || ABRAHAM (S.). Cénobite de Mésopotamie, VIe s. Fête 29 oct., dans l'Église grecque, le 16 mars dans l'église romaine. || ABRAHAM (d'Antioche). Fondateur de la secte des Abrahamites, IXe s. || ABRAHAM DE SAINTE-CLAIRE. Moine augustin d'Allemagne, 1642-1709 ; un des orateurs les plus populaires de son temps. Il mêlait tout dans son style imagé : fables, contes, récits de toutes sortes, citations pédantes, traits bouffons, jeux de mots pittoresques, triviaux, burlesques. Avec cela un grand fonds de piété et une grande connaissance des hommes. On peut juger, par les titres, de la bizarrerie de ses sermons : *Judas l'archicoquin; Kék, kék, kék, kék, é ké, ou la merveilleuse poule en Bavière.* || ABRAHAM (SAINT-). Nom d'une colline, près de Québec (Canada), où les Français furent battus par les Anglais, en 1759 ; les généraux en chef des deux armées, Wolf et Montcalm, périrent sur le champ de bataille.

ABRAHAMITES. s. m. pl. Sectaires du IXe s., rénovateurs des doctrines paulianistes, sous l'empire de Nicéphore en Orient et de Charlemagne en Occident. || Moines catholiques, martyrisés pour le culte des images, IXe s. || Paysans de Bohème qui, vers la fin du XVIIIe s., n'admettaient d'autre dogme que l'unité de Dieu, et prenaient Abraham comme père de leur croyance.

ABRAHAMS (Nicol.-Christian). Archéologue danois. Copenhague 1798. A parcouru l'Allemagne, la Suisse, l'Italie, la France, et séjourné à Paris. De retour en 1825, il occupe plusieurs chaires dans son pays, puis abandonne les lettres pour le notariat. Plusieurs ouvrages, parmi lesquels une *Grammaire franç.* (1845).

ABRAM (le P. Nicolas). Érudit français, membre de la Société de Jésus, né à Xoronval (Lorraine) en 1589, m. en 1655. *Commentaires sur le troisième livre des Oraisons de Cicéron,* Paris, 1631, 2 v. in-fol. ; *Commentaire sur l'Énéide,* Pont à-Mousson, 1632, in-8°.

ABRAN (S.). Ve s. Honoré à Reims. F. 8 mai.

ABRANCHES. s. f. pl. (*a* priv. ; *branchia,* branchies). Ordre d'annélides renfermant des espèces sans branchies apparentes, telles que les sangsues ; divisé en deux familles : abranches sétigères et abranches asétigères ou sans soie.

ABRANIDE. s. f. Antiq. gr. Vêtement de couleur jaune porté par les femmes grecques.

ABRANTES. 5,000 hab. Ville du Portugal, sur le Tage, à 115 kil. de Lisbonne. En 1807, une brillante victoire y fut remportée par l'armée française sous les ordres du général Junot, qui reçut de là le titre de duc d'Abrantès. (V. *Junot.*) || ABRANTÈS (*St-Martin Permon,* duchesse d'). Née à Montpellier, épouse du général Junot, a laissé de curieux *Mémoires* sur la Révolution, l'Empire et la Restauration. 1785-1838. (V. *Junot.*) || ABRANTÈS (José, marq. d'). Seigneur portugais, 1784-1827 Envoyé en France en 1807, il y fut retenu comme ôtage jusqu'en 1814. Exilé en 1824, à la suite de l'assassinat du marquis de Loulé, il ne put rentrer en Portugal, et mourut à Londres.

ABRAQUER. v. a. (*brakunein,* rendre court). Mar. Tirer, tendre, en parlant de cordage. On dit mieux embraquer.

ABRAS. s. m. (rad. *bras*). Garniture de fer qui entoure le manche d'un marteau de forge.

ABRASION (de *ab* et *radere,* racler, désunir en raclant). Opération qui consiste à enlever, par le raclage, la surface de certains organes. Elle se fait principalement sur la cornée pour enlever les taches persistantes, sur la muqueuse utérine couverte de granulations, etc. On a appelé abrasion intestinale, l'inflammation qui provoque les déjections alvines appelées lavures de chair ou raclures de boyaux. Ce mot a encore eu d'autres acceptions L'action d'enlever le tartre accumulé sur les dents porte aussi ce nom.

A BRAS-LE-CORPS. V. *Bras.*

ABRAXAS. s. m. (a-brac-sass). Sorte de pierre sur laquelle on gravait des caractères cabalistiques et qu'on portait en amulettes. — Ce mot signifie Dieu, en persan.

ABRAZÍTE. s. f. (de l'allem. *abrazit*). Minér. Substance pierreuse de couleur blanchâtre, à base de silice, d'albumine et de chaux ; appelée aussi *gismondine.*

ABRE (Ste). Vierge, fille unique de S. Hilaire (400), honorée à Poitiers. F. 12 décembre.

ABRE ou ABRUS. s. m. (du gr. *abros,* mou). Plante de la famille des légumineuses papilionacées propre à la zone équatoriale, dont les graines rouges servent à faire des colliers, chapelets, etc. ; connue chez nous sous le nom de pois d'Amérique. Les racines ont les mêmes propriétés que celles de la réglisse ; ses feuilles sont fines et molles, de là son nom.

ABRÉGÉ. s. m. Quelque chose écrit d'une façon peu étendue. Abrégé d'une science, d'un livre, d'histoire, de physique, etc. || Fig. L'homme est un abrégé des merveilles de l'univers, c'est un monde abrégé, c'est-à-dire qu'il nous offre en raccourci toutes les propriétés, toutes les merveilles de la nature. || En abrégé. Loc. adv. Sommairement, en peu de mots. Contez-moi la chose en abrégé. Il signifie aussi par abréviation. Écrivez ce mot en abrégé. || Fact. de mus. Mécanisme qui dans l'orgue, par l'assemblage des rouleaux, transmet aux soupapes des sommiers respectifs les mouvements des touches du clavier. || Syn. M. Lafaye en compte douze. Le Sommaire, indication préliminaire des principales choses contenues dans un livre, dans un chapitre, à la tête duquel il se place. Le Résumé, opposé du sommaire, se place à la fin d'un livre, pour rappeler la substance de ce qu'il contient ; ou bien c'est un écrit qui rappelle brièvement ce qu'on sait, ce qu'on est censé savoir. L'Abrégé est comme la réduction d'un plus grand ouvrage. Le Précis se distingue par sa rigueur, il renchérit sur abrégé et marque quelque chose de plus court; dans l'abrégé tout est contracté, resserré; le précis ne figure que l'essentiel ou le principal. Raccourci, terme de peinture, exprime au fig. l'abrégé d'un grand tableau. L'*Iliade* et l'*Odyssée* sont deux grands tableaux dont l'*Énéide* est le raccourci (Roll.). L'Extrait est un morceau ou une suite de morceaux détachés. L'Analyse est l'exposition raisonnée d'un ouvrage, dont elle fait connaître l'objet, le plan, l'ordonnance, la méthode, les fins, les moyens. Le Manuel est un court traité, qu'on a, qu'on doit, qu'on peut avoir toujours sous la main : il y en a pour toutes les conditions, pour tous les arts et métiers (Manuels Roret). Le Bréviaire au fig., ce qu'on lit, ce qu'on doit lire souvent, ne se dit qu'en parlant des professions les plus hautes et les plus nobles. Le *Catéchisme politique*, par un Homme d'État, devrait être le bréviaire de tous ceux qui de près ou de loin participent aux affaires publiques. L'Épitome est un abrégé d'histoire; le Compendium un abrégé de philosophie ou de théologie ; la Somme un abrégé de théologie ou de droit canonique. La *Somme* de saint Thomas.

ABRÉGEMENT. s. m. Action d'abréger, état de ce qui est abrégé. L'abrégement d'un livre. || Droit féodal. Abrégement de fief, démembrement d'un fief. L'abrégement de fief ne pouvait avoir lieu qu'avec le consentement du suzerain.

ABRÉGÉMENT. adv. D'une manière abrégée.

ABRÉGER. v. a. (lat. *abbreviare*; de *ad*, à, et *brevis*, bref. Changement de *i* en *j* ou en *g* doux, *abbreviare*, et par le choc des deux consonnes *v j*, disparition de la première). L'*é* se change en *è* devant une syllabe muette excepté au futur et au conditionnel : J'abrège, ils abrègent, j'abrégerai, j'abrégerais. Devant un *a* ou un *o* le *g* est immédiatement suivi d'un *e* muet, afin de conserver la prononciation douce du *j* : Nous abrégeâmes, nous abrégeons. || Rendre plus court. Abréger la vie, le temps des études, un délai, un discours. || Abréger un livre, en faire un abrégé. || Fig. Faire paraître moins long. La conversation abrège le chemin. || Absol. Ce chemin abrège. Vous êtes trop long, abrégez. || S'ABRÉGER. v. pr. La vie, déjà si courte, s'abrège souvent par les excès de tout genre. || Abrégé, ée. p. pass. et adj. || Syn. Court, bref, concis, laconique, succinct, sommaire, abrégé. Court se dit seul des corps et relativement à l'espace. Nez court. Bref se rapporte à la durée. Syllabe brève. Les autres synonymes n'ont rapport qu'au discours, auquel court et bref se rapportent aussi. Court regarde la dimension, bref la durée, concis et laconique la forme, succinct, sommaire et abrégé, le fond. On est court en écrivant, bref en parlant, concis, laconique quand on s'exprime en peu de mots, succinct quand on omet certains détails. Laconique est plus fort que concis et fait connaître la manière de dire plutôt que celle d'écrire; le laconisme marque quelquefois un excès de concision. Succinct signifie un genre dont sommaire et abrégé désignent les espèces. Un récit succinct n'est pas circonstancié ni détaillé. Un récit sommaire ne l'est pas non plus, mais pourra ou pourrait l'être, laisse entrevoir des développements possibles : c'est une esquisse. Un récit abrégé n'est point non plus circonstancié, détaillé, mais il suppose des développements antérieurs ou donnés ailleurs : c'est une réduction (Lafaye).

ABRENUNTIO (ab-re-non-sio). Mot latin qui signifie *Je renonce*. Locut. fam. dont on se sert pour faire entendre qu'on désespère de faire une chose.

ABRESCH (brè-che). Critique et savant helléniste de la Hollande. 1699-1782. *Remarques sur Eschyle ; Éclaircissements sur Thucydide*, etc.

ABREU (Alexis). Médecin du roi de Portugal, XVIIe s. *De septem infirmitatibus*, ou des maladies communes aux gens de cour. || ABREU (don Joseph-Antonio). Publiciste espagnol (1775). *Collection de tous les traités des souverains d'Espagne avec tous les États de l'Europe*, 12 vol. in-fol. || ABREU (Félix-Joseph), XVIIIe s. *Traité juridico-politique concernant les prises*, Cadix 1749, traduit en français par Poncet de la Grave en 1758. || ABREU (Jean-Manuel de). Géomètre portugais. 1754-1815. Meurt exilé aux Açores. Plusieurs ouvrages de mathématiques.

ABREUVAGE. s. m. Action d'abreuver, de s'abreuver. L'abreuvage des chevaux.

ABREUVEMENT. s. m. Action d'abreuver les animaux domestiques. || L'abreuvement exige certaines précautions, comme celle de couper l'eau avec du son ou de la farine ou de la faire tiédir quand les animaux sont en sueur. On donne l'avoine plutôt après l'abreuvement qu'avant. On risque d'amener des ruptures d'organes abdominaux, ou la poussée, si l'on fait courir l'animal aussitôt après l'abreuvement.

ABREUVER. v. a. Faire boire les animaux. Abreuver les chevaux. || Se dit fam. et le plus souvent par plaisanterie, en parlant des personnes. Vous avez bien abreuvé vos invités. || Humecter, pénétrer. La pluie a bien abreuvé les terres. || Accabler. Abreuver quelqu'un de chagrins, de dégoûts, d'ennuis, de douleurs, etc. S'emploie quelquefois en bonne part. Abreuver de joie, de délices. || S'ABREUVER. v. pr. Mêmes sens. Les révolutionnaires de 93 s'abreuvèrent de sang français. || Techn. Étendre une couche d'huile, de couleur ou de vernis sur un fond poreux, pour en fermer les pores et en rendre la surface unie. || Tonnel. Emplir d'eau les tonneaux pour s'assurer qu'ils ne fuient point. || Vern. Première couche de vernis destinée à humecter le bois. || Tann. Action de verser l'eau ou le jus de tan dans la fosse en quantité suffisante, pour que la masse de cuirs qui s'y trouve soit complètement imbibée (Dict. Lami et Tharel).

ABREUVOIR. s. m. Lieu où l'on mène boire et baigner les chevaux et les bestiaux. — La police des abreuvoirs publics appartient aux maires (Loi des 16-24 août 1790). || Endroit où les oiseaux se rendent pour se désaltérer. Prendre des oiseaux à l'abreuvoir. || Arg. Cabaret. Un bon cheval va bien tout droit à l'abreuvoir, c.-à-d. Un ivrogne va bien tout seul au cabaret et n'a pas besoin d'invitation.

ABRÉVIATEUR, TRICE. adj. (*abrévier*, abréger). Qui abrège. || ABRÉVIATEUR. s. m. Celui qui abrège l'ouvrage d'un autre, auteur d'un abrégé. || Officiers de la chancellerie romaine qui dressent les minutes des lettres apostoliques, brefs, bulles, etc., dans un style plein d'abréviations.

ABRÉVIATIF, IVE. adj. Philol. Qui sert à l'abréviation. Signe abréviatif. Formule, lettre abréviatives.

ABRÉVIATION. s. f. (du lat. *abbreviationem*). Retranchement de lettres dans un mot pour écrire plus vite ou en moins d'espace. Il se dit également de certains signes destinés à représenter des mots ou plusieurs notes de musique. Voici quelques abréviations d'un usage général: M., Mme, Mlle, monsieur, madame, mademoiselle. S. M., sa majesté. S. M. B., sa majesté britanique. S. M. C , sa majesté catholique. S. A. R., son altesse royale. S. S., sa sainteté (le Pape). S. H., sa hautesse (l'empereur de Turquie). S. E., son excellence, titre qu'on donne aux ministres, aux ambassadeurs. S. Em., son éminence (un cardinal). Mgr, monseigneur. Bon, baron. Cte, comte. Mis, marquis. Dr, docteur, Me, maître (un tel avocat, avoué, notaire). Vve, veuve.—Pour les noms de baptême : J.-J., Jean-Jacques. J.-B , Jean-Baptiste. P.-P., Pierre-Paul. En anglais : Tom, Thomas. Rob, Robert. Ben, Benjamin. Dick, Richard. Kate, Catherine.—Correspondance, langage courant: T. S. V. P., tournez s'il vous plaît. N. B., nota bene, notez bien. Etc., et cætera, et le reste, ainsi de suite. P. S. Post-scriptum(écrit après la signature). C.-à.-d. c'est-à-dire. Nº, numéro. 7bre 8bre 9bre Xbre, septembre, octobre, novembre, décembre.—Liturgie: ℣, verset, ℟, repons. N.-S., notre-seigneur. N.-D., notre-dame. INRI, Jésus de Nazareth, Roi des Juifs(Jésus, Nazareus, Rex Judæorum).—Mathématiques : C. Q. F. D., ce qu'il fallait démontrer, ou Q. E. D., quod erat demonstrandum. Log , logarithme. M. Q., mètres carrés. M. C., mètres cubes. √, racine de P. g. c. d, plus grand commun diviseur ; p. p. c. d, plus petit commun diviseur.—Commerce, comptabilité : B. P. F., bon pour francs. C. O, compte ouvert. C. C., compte courant, S /C, son compte. V/C, votre compte. P. proc., par procuration. O, à l'ordre.—Médecine : A, aa ou ana, placé à côté d'une accolade qui embrasse l'indication de plusieurs substances, signifie : de chacune de ces substances. B. V., bain de vapeur. Cochleat. (cochleatius), par cuillerées. Coq. (coque ou coquatur), faites cuire. Cyat. (cyathus), tasse ou verre. Dec. (decoctio), décoction. B. M., bain-marie. F. S. A., fac secundum artem, faites selon l'art. Gutt., ou gt (gutta), goutte. Inf. (infundatur), qu'on fasse infuser. M. (misce), mêlez. Man. (manicupalus), poignée. R., prenez (en latin *recipe*, d'où le mot recette). P.E., parties égales. Q. S., quantité suffisante. Pug. (pugillas), pincée. Pulv. (pulvis), poudre. Q. p. (quantum placet), à volonté. — Boton. 3-fide, trifide, 4-fide, quatrifide, etc. O placé après le nom d'un organe en indique la non-existence. Ainsi : calice o signifie point de calice. — Chimie. Eq. équivalent, 1 aq., 2 aq. 3 aq., etc., eau de cristallisation selon le nombre d'équivalents. Les symboles chimiques sont de véritables abréviations. (V. *Élément, Notation* et *Signe*.) — Musique. Arp., arpeggio B., basso. Cresc., crescendo F., forte. F. F.. fortissimo. D. C., da capo. Dim., diminuendo. P., piano. P. P., pianissimo. Rinf., rinforzando. Etc.

Les abréviations remontent à la plus haute antiquité. Les Égyptiens, les Hébreux et les Grecs en ont fait usage. Les Romains les ont employées particulièrement dans les inscriptions si nombreuses qu'ils ont fait graver sur leurs monuments. L'interprétation des abréviations usitées dans les inscriptions a donné lieu à une science spéciale, l'*épigraphie* (V. ce mot). En même temps, prenait naissance à Rome une espèce de sténographie dont on se servait pour recueillir les discours des orateurs. Enfin Ennius inventa, dit-on, onze cents abréviations, l'affranchi de Cicéron en augmenta considérablement le nombre, lequel s'éleva à cinq mille. Les abréviations prirent le nom de *notes tironiennes* (V. ce mot). — Rares dans les premiers temps du moyen âge, les abréviations allèrent se multipliant jusqu'au XVIe siècle ; elles rendent particulièrement difficile la lecture des manuscrits théologiques et scolastiques. Vainement, à diverses époques, essaya-t-on d'en prescrire l'usage dans les actes publics : ce fut inutilement qu'en 1304, Philippe le Bel rendit une ordonnance qui interdisait aux tabellions de s'en servir dans la rédaction de leurs actes.

Les abréviations sont générales ou spéciales. Les abréviations spéciales comprennent : 1º les abréviations par sigles (*singula litteræ*), lettres isolées représentant le mot dont elles sont l'initiale ; 2º les abréviations par suspension, dans lesquelles on n'écrit que le commencement du mot ; 3º les abréviations par contraction qui suppriment un certain nombre de lettres médiales, par ex. Dns pour Dominus ; 4º les abréviations par lettres supérieures ou suscrites ; 5º les abréviations par signes spéciaux. La connaissance des abréviations forme une partie importante de la paléographie (V. ce mot). M. L.-A. Chassant a publié un Dictionnaire des abréviations latines et françaises du moyen âge. || Jurisp. L'abus qu'on avait fait des abréviations les a fait proscrire par le législateur moderne. Aujourd'hui les abréviations sont interdites : 1º dans les actes de l'état civil (Art. 42 C. civ.) ; 2º dans le livre-journal des commerçants, agents de change et courtiers (Art. 10 et 84 C. de comm.); 3º dans les actes notariés, à peine de cent francs d'amende contre le notaire contrevenant (Loi du 25 ventôse an XI, art. 13) ; 4º dans les copies de pièces (Loi du 25 juillet 1862, art. 20). Cependant l'usage tolère certaines abréviations qui n'offrent aucun danger, telles que M. pour monsieur, vol. pour volume, nº pour numéro, c. pour case, rº pour recto, vº pour verso, et quelques autres. || Mais si les abréviations ont proscrites des actes de la vie publique, elles ont été conservées pour les sciences abstraites, où elles sont d'une grande utilité.

ABRÉVIATIVEMENT. adv. Par abréviation ; d'une manière abrégée.

ABRÉVIER. v. a. Abréger ; écrire par abréviation.

ABRI. s. m. Lieu où l'on peut se mettre à couvert. Un abri contre les vents, la tempête, la pluie, l'ardeur du soleil. Cette rade, cette plage est un bon abri, les vaisseaux y sont en sûreté, on y peut mouiller sans craindre la vent ni la tempête. || En agriculture il y a les abris naturels, comme les montagnes, les forêts, les plantations en lignes, les haies; et les abris artificiels, tels que les murs, les paillassons, pour garantir de la violence des vents et de l'ardeur excessive du soleil. || Fig. Sûreté, éloignement de tout danger. La médiocrité est un abri contre les coups de la fortune. || A. milit. Tout obstacle, tout couvert qui permet à une troupe d'échapper aux vues de l'ennemi, de se garantir de ses feux, maison, bois, monticule, pli de terrain, constitue un abri. Les renforts, les réserves d'une troupe doivent toujours être placés à l'abri. Dans le combat de la compagnie, le renfort et le soutien se conforment à la marche des tirailleurs en profitant pour se couvrir des abris que présente le terrain. Ces subdivisions peuvent se porter d'un abri a un autre escouade par escouade, homme par homme (Règlement du 12 juin 1875 sur les manœuvres d'infanterie). Tranchée-Abri. V. *Tranchée*. || À l'abri. Loc. prép. et adv. À couvert. Être a l'abri de la pluie, des coups du sort (de signifie contre). Être à l'abri sous un hangar. Être à l'abri d'un bois, d'une muraille (de signifie sous). || Syn. A l'abri, à couvert. On se met à l'abri contre ce qui vient de côté, à couvert contre ce qui vient d'en haut : à l'abri du vent, à couvert de la pluie ; à l'abri derrière un mur, a couvert sous une toiture.

ABRIAL (André-Joseph, comte). Homme politique. Annonay 1750, Paris 1820. Commissaire près la Cour de cassation en 1792 ; organisateur de la République à Naples, 1800 ; ministre de la Justice sous Napoléon Ier ; pair de France, 1814, par Louis XVIII. || Son fils *André-Pierre Étienne*, 1783-1840, préfet, pair de France à titre héréditaire.

ABRICOT. s. m. Fruit de l'abricotier : se consomme frais ou desséché. On en fait des marmelades, des pâtés, ou on le confit dans des sirops. On en cultive un certain nombre de variétés qui mûrissent de juillet à fin de septembre.

ABRICOTIER. s. m. Arbre de la famille des rosacées, tribu des amygdalées, genre *prunus*. C'est le *Prunus armeniaca*, importé d'Arménie et cultivé, soit en plein vent, soit en espalier. Ses fleurs blanches paraissent avant les feuilles, en février ou mars : on a diverses variétés, qui mûrissent de juillet à septembre. Le fruit (abricot) se consomme frais, en marmelade, ou confit. L'abricotier peut atteindre 7 à 8 mètres. Il se greffe sur prunier.

ABRIER. v. a. Mar. Mettre à l'abri du vent, couvrir ; protéger.

ABRIL (Pierre-Simon). Grammairien espagnol, professeur d'humanités et de philosophie à Saragosse, XVIe siecle. *Latini idiomatis docendi ac discendi methodus*, 1561 ; *De Lingua latina vel de arte grammatica*, 1587.

ABRINÉES. s. f. pl. Tribu de légumineuses créée pour le genre abrus.

ABRI-TENTE. s. m. Espèce de tente en usage dans les camps. || Pl. Des Abris-tentes. V. *Tente*.

ABRITER. v. a. Mettre à l'abri. Abriter un espalier. Cette maison est abritée par une montagne. || S'ABRITER. v. pr. Voici l'orage, abritons-nous. S'abriter contre le canon. || Fig. S'abriter sous le nom d'un homme puissant.

ABRIVENT. s. m. Abri contre le vent. || Hortic. Paillasson qui sert à garantir les plantes du vent. || Art milit. Abrivent ou simplement abri, sorte de toiture en feuillage, paille ou herbes, claie, servant à préserver des injures du temps. Dans un campement, la garde de police a un abri ouvert du côté du front de bandière : cet abri est de 30 pas de long pour un régiment de 3 bataillons. Il en est construit un plus petit, à droite du grand, pour les officiers de garde. Le poste avancé de la garde de police a un abri proportionnel à sa force (Service en campagne). D'après le général Bardin, des abris ou abrivents se construisent encore dans les ouvrages de fortification à ciel ouvert, dans les lieux dépourvus de corps de garde et où les postes ne sauraient avoir recours au baraquement.

ABRODIÈTE. adj. et s. m. (gr. *abros*, beau ; délicat ; *diaita*, régime). Délicat sur le choix des aliments. || Fig. Efféminé.

ABROGATIF, IVE. adj. Qui a pour objet d'abroger. Testament abrogatif. Loi abrogative.

ABROGATION. s. f. Action d'abroger, annulation. L'abrogation d'une loi, d'une coutume, d'un usage, d'un rite, d'une cérémonie. || Droit. Rien ne peut être rapporté, abrogé que par l'autorité qui l'a porté : les constitutions par le pouvoir constituant, les lois par le pouvoir législatif, les ordonnances et décrets par le chef de l'État ; de même les règlements administratifs émanés d'un ministre, d'un préfet, d'un maire, dans les limites de leur compétence, ne peuvent être annulés, anéantis que par d'autres rendus par le même fonctionnaire ou par l'un de ses successeurs. L'abrogation est *expresse* lorsque la loi nouvelle porte textuellement que l'ancienne est annulée. C'est ce qui se pratique ordinairement aujourd'hui. L'abrogation est *tacite*, quand une loi nouvelle, statuant sur le même point que l'ancienne, sans en prononcer formellement l'annulation, renferme des dispositions contraires, source de doutes et de contestations. Il y a aussi l'abrogation par désuétude, quand une loi a cessé d'être en usage depuis longtemps. Notre jurisprudence actuelle n'admet plus, en principe, la désuétude qui a pourtant conservé des partisans. (V. *Désuétude*.) || Syn. Abrogation, dérogation. Ce ne sont pas à proprement parler des syn. L'abrogation annule absolument la loi antérieure ; la dérogation la laisse subsister tout en la suspendant ou en la modifiant, ou en ne l'appliquant point à l'égard d'une personne ou dans une circonstance particulière.

ABROGATOIRE. adj. Qui a pour but d'abroger. Clause abrogatoire.

ABROGEABLE. adj. Qui peut être abrogé.

ABROGER. v. a. (lat. *abrogare*, de *ab* diminutif et *rogare*, demander l'avis du Sénat, la peuple, proposer, porter une loi : *abrogare*, la rapporter). Annuler, mettre hors d'usage une loi, une ordonnance, un décret, une coutume. || S'ABROGER. .tre abrogé. Cette loi s'est abrogée d'elle-même (par désuétude, par le laps de temps).

ABROHANI. s. m. Mousseline blanche très fine des Indes-Orientales.

ABROK. s. m. Manteau dont se drapent les femmes mauresques.

ABROLHOS. s. m. (étym. portug. *Ouvre les yeux*). Écueils de 200 kil. d'étendue, sur la côte du Brésil, entre les îles de Rio-Grande et de Fernando-Nerouha.

ABROMA ou ABROME. s. m. (gr. *a* priv.; *broma*, nourriture). Plante originaire de l'Inde, de la famille des byttnériacées ou buttnériacées, dont l'écorce ligneuse sert à faire des cordages.

ABRONIA. s. f. (gr. *abros*, délicat, élégant). Plante de la famille des nyctaginées (Californie) ; se rapproche de la valériane par sa tige, de la primevère par ses fleurs.

ABROSTOLE. s. m. (gr. *abros*, élégant ; *stole*, vêtement). Insecte lépidoptère, famille des nocturnes, tribu des plusides, dont la chenille vit sur la grande ortie.

ABROTANOÏDE. s. f. Polyp. Espèce de madrépore qui ressemble à l'aurone ; vit sur les rochers, dans la mer.

ABROTANUM ou ABROTONE. s. f. Nom vulgaire de l'aurone et de quelques plantes qui lui ressemblent : artémise, citronnelle, santoline, armoise, etc. Plantes odoriférantes et toujours vertes.

ABROTONOÏDE. adj. (gr. *abrotonon* ; *eïdos*, forme). Bot. Qui ressemble à l'abrotone.

ABROUTI, IE. adj. Ébourgeonné, mal venu. Se dit du bois dont les bourgeons ont été broutés par les bestiaux.

ABROUTISSEMENT. s. m. État d'un bois qui a été brouté par les animaux Le délit d'abroutissement est prévu par la loi (C. for., art. 6).

ABRUPT, TE. adj. (lat. *ab*, de ; *ruptus*, brisé). Se dit des terrains et des rochers bizarrement coupés et comme s'ils avaient été rompus. || Fig. Rude, peu poli. Se dit d'un discours, d'un style saccadé, sans liaison.

ABRUPTEMENT. adv. D'une façon abrupte ; inégalement, irrégulièrement || Fig. Inopinément, sans ménagement.

ABRUPTINERVE. adj. Se dit de l'organe d'une plante, surtout de la feuille dont les nervures, au lieu de diminuer graduellement de volume, s'interrompent brusquement.

ABRUPTION. s. f. (ab-rup-cion). Chir. Fracture transversale d'un os, avec des fragments qui sont rugueux. || Litt. Figure qui consiste à supprimer les transitions pour donner à la phrase plus de vivacité.

ABRUPTIPENNÉ, ÉE. adj. Bot. Feuille pennée, sans foliole, médiane impaire.

ABRUPTO (AB ou EX). Loc. adv. empruntée du latin. Brusquement, sans préparation, sans préambule. Parler *ex abrupto*. Exorde *ex abrupto*. Exorde vif, dans lequel le sujet est immédiatement abordé, avec mouvement et passion.

ABRUS. V. *Abre*.

ABRUTIR. v. a. (*a* et *brute*). Rendre brute. Le vin pris avec excès abrutit l'esprit. || S'ABRUTIR. Devenir stupide comme une bête brute. A mesure qu'on s'abrutit on tâche de se persuader que l'homme est semblable a la bête. || Abruti, ie. p. pas. Une personne abrutie. Un peuple abruti.

ABRUTISSANT, ANTE. adj. Qui abrutit. Plaisirs abrutissants. Passion abrutissante.

ABRUTISSEMENT. s. m. Action d'abrutir, état d'une personne abrutie. La débauche l'a plongé dans l'abrutissement.

ABRUTISSEUR. s. m. Celui qui abrutit. (Les Turcs) ne sont pas persécuteurs, mais ils sont abrutisseurs (Volt.).

ABRUZZES (LES). Contrée de l'Italie méridionale, baignée par l'Adriatique. C'est là que les sommets des Apennins sont le plus élevés. On y trouve le *monte Corno* ou *Gran Sasso d'Italia* (2902 m.), le *Majella* (2792 m), le *monte Velino* (2487 m.), la *Sirente* (2348 m.), etc. Beaux et nombreux troupeaux. Vallées du Tronto, de la Vibrata, du Tordino, du Vomano, du Pescara ou Alterno, du Saugro et du Trigno, rivières qui se jettent dans l'Adriatique. Trois provinces : l'Abruzze ultérieure 1re, 246,009 h. (74 par kil. carré), ch.-l. Teramo ; l'Abruzze ultérieure 2e. 332,800 h. (51 par kil. carré), ch.-l. Aquila ; l'Abruzze citérieure, 340,090 h. (119 par kil. carré), ch.-l. Chieti.

ABSALON. Fils de David, se révolta contre son père ; fut vaincu, en fuyant resta suspendu par sa longue chevelure aux branches d'un arbre, et fut tué par Joab, chef des armées de David, 1030 av. J.-C. || ABSALON (S.). Martyr à Césarée de Cappadoce. Fête 2 mars. || ABSALON ou AXEL. Né dans l'île de Seeland, archevêque de Lund, primat de Danemark, Suède et Norwège, homme d'État, ministre sous Waldemar Ier et Canut VI (1128-1201).

ABSCHATZ (Jean Assmann, baron d'). Poète allemand, né au château de Würbitz (Silésie) en 1646, mort en 1699, se distingue par la pureté du sentiment et la chaleur du patriotisme. *Traductions poétiques et poémes*, Breslau 1704, 2 vol.

ABSCISSE. s. f. Géom. V. *Coordonnées*.

ABSCISSION. s. f. (*ab*, de ; *scissio*, coupure) Chir. Action de retrancher une partie du corps, surtout d'une partie molle que l'on coupe.

ABSENCE. s. f. (*e* se pr. *a*). Éloignement de celui qui n'est pas dans le lieu de sa résidence ordinaire. || Par ext. Défaut de présence à une assignation, à une réunion, etc. En l'absence de l'accusé. Son absence de la cour. Nous vous attendions et n'avons rien voulu faire en votre absence. || Fig. Manque. Il y a dans cet ouvrage absence totale d'esprit, de goût, de logique. || Distraction, manque d'attention. C'est une absence d'esprit inexcusable. Il a souvent des absences. || Jurisp. L'absence, qu'il ne faut pas confondre avec la non-présence est l'état d'une personne qui a disparu de son domicile ou de sa résidence habituelle et dont l'existence est devenue incertaine par suite du défaut de nouvelles depuis un temps plus ou moins long. Les règles relatives à la protection des intérêts des absents sont écrites au titre IV du livre Ier du Code civil (Art. 112 à 143). La loi distingue trois périodes dans l'absence : 1° Dans la première période, dite période de *présomption d'absence*, la loi ne prescrit que des mesures conservatoires qui peuvent être ordonnées par le tribunal civil, sur la demande des parties intéressées. Le ministère public est spécialement chargé de veiller aux intérêts des personnes présumées absentes. 2° Après quatre ans (ou dix ans, si l'absent avant de quitter son domicile avait laissé une procuration pour l'administration de ses biens), les parties intéressées, c.-à-d. celles qui ont des droits subordonnés au décès de l'absent, peuvent se pourvoir devant le tribunal de première instance afin que l'absence soit déclarée. Le tribunal ordonne une enquête et le jugement de *déclaration d'absence* ne peut être rendu qu'un an après celui qui a ordonné l'enquête. L'effet de la déclaration d'absence est de permettre aux héritiers présomptifs de l'absent d'obtenir l'envoi en possession provisoire des biens qui lui appartenaient, à charge de donner caution pour sûreté de leur administration. S'il absent reparaît, ses biens lui sont restitués : toutefois, les envoyés en possession ne sont tenus de lui rendre que le cinquième des revenus, s'il reparaît avant quinze ans révolus depuis le jour de la disparition, et le dixième s'il ne reparaît qu'après quinze ans. 3° Enfin, si l'absence a continué pendant trente ans depuis l'envoi provisoire, ou s'il s'est écoulé cent ans révolus depuis la naissance de l'absent, la totalité des revenus appartient aux envoyés en possession, les cautions sont déchargées, tous les ayants droit peuvent demander le partage des biens de l'absent et faire prononcer *l'envoi en possession définitif* par le tribunal de première instance. Si l'absent reparaît après l'envoi en possession définitif, il recouvre ses biens dans l'état où ils se trouvent. L'absence la plus longue n'a jamais pour effet de dissoudre le mariage et n'autorise pas, par conséquent, l'époux présent à contracter une nouvelle union. L'absence des militaires est régie par les lois spéciales des 11-15 ventôse an II, 16 fructidor même année, 13 janvier 1847 et 9 août 1871. — Le titre de l'absence a été expliqué par les divers commentateurs du Code civil, notamment par M. Demolombe et M. Laurent ; il a fait l'objet de publications spéciales de MM. de Moly (1822), Biret (1824), Talandier (1831) et Plasman (1845). || *Absence illégale.* Position du militaire qui a quitté son corps sans y être autorisé légalement et n'est pas encore arrivé à l'expiration des délais déterminés pour qu'il y ait délit de désertion. C'est une faute passible de punitions disciplinaires. Le fait d'absence illégale, après trois mois, entraîne pour un officier la destitution (Loi du 19 mai 1834 sur l'état des officiers, art. 1).

ABSENT, ENTE. adj. (e se pron. *a;* — du lat. *absentem,* de *absens;* de *abs,* loin de, et *ens,* étant). Éloigné de sa demeure ou d'un autre endroit quelconque, non présent. Être absent de Paris. Absent au moment de l'appel. Absent de vous, je vous vois, vous entends. Les choses absentes sortent de la mémoire. || Distrait. Son esprit est quelquefois absent. || Subst. Les présents et les absents. Les absents ont tort, il n'y a personne pour les défendre.

ABSENTÉISME. s. m. (a-psan-té-ism'). Polit. On a désigné par ce mot l'absence constante des grands propriétaires anglais d'Irlande, qui au lieu de résider sur leurs terres vont dépenser leurs revenus ailleurs, et contribuent ainsi à l'affreuse misère qui désole ce malheureux pays. Beaucoup de propriétaires français pratiquent aussi plus ou moins l'absentéisme : les uns demeurent toujours dans la ville, les autres y passent la plus grande partie de l'année. Il en est d'autres, heureusement, dont le nombre augmentera, espérons-le, qui aiment la nature, le chez-soi, le foyer, et loin du tumulte et des dissipations des villes, dirigent la culture de leurs terres, les améliorent, répandent autour d'eux des germes de progrès et de civilisation, contribuent à l'aisance, à la moralité des campagnes, font le bien sous toutes ses formes et se créent ainsi une légitime et salutaire influence.

ABSENTÉISTE. s. m. Qui pratique l'absentéisme ou qui en est partisan.

ABSENTER (S'). v. pron Quitter sa résidence, s'éloigner d'un lieu. S'absenter de Paris. S'absenter pour trois mois, durant trois mois, quinze jours, une demi-heure. || Se conjugue avec *être* dans les temps composés. Je me suis absenté.

ABSIDAL, ALE. adj. Qui ceint l'abside principale. Chapelles absidales.

ABSIDE. s. f. (lat. *apsidem,* voûte ; gr. *axis,* clef de voûte, de *apteïn,* nouer, entrelacer). Quelques-uns écrivent apside. || Archit. On désigne ainsi proprement une construction en demi-cercle couverte par une demi-coupole ou *cul-de-four.* L'abside est en usage chez les anciens et particulièrement dans les basiliques judiciaires ; c'était la place du juge et de ses assesseurs. — Les premiers architectes chrétiens empruntèrent cette forme de construction pour leurs basiliques ; elle devint la place de l'évêque et du haut clergé. L'abside était placée dans le prolongement de la nef principale, et s'ouvrait sur le carré du transept. — Plus tard, dans le style roman, on éloigna l'abside du transept et l'on interposa, entre ces deux parties de l'édifice, le chœur afin de donner plus de place au clergé. A cette même époque, la forme de l'abside se complique ; on la double d'un bas-côté et on commence à l'entourer de chapelles rayonnantes. — Cependant ce n'est que sous l'empire du style go-

thique que ces chapelles rayonnantes prennent tout leur développement. Enfin, à la renaissance, toute cette richesse disparaît, et l'on revient à une forme plus rapprochée de la forme absidale primitive. Dans certaines églises romanes et gothiques de peu d'importance, l'abside est terminée par un carré et non par un demi-cercle. Cette forme est à peu près de règle dans le gothique anglais. || Abside s'est dit aussi de ce que nous appelons châsse, sorte de bière où sont déposées les reliques des saints. || **ABSIDES.** s. f. pl. Astr. On désigne par ce mot les *deux* points extrêmes de l'orbite d'une planète, le *périhélie,* point où elle est le plus près du soleil, et *l'aphélie,* point où elle en est le plus loin. La ligne des absides est donc le grand axe de l'ellipse décrite par la planète autour du soleil.

ABSIDIOLE. s. f. (diminutif d'*abside*). Petite abside, qui termine une nef latérale, de même que l'abside ferme la nef centrale ou grande nef.

ABSINTHATE. s. m. Chim. Sel produit par l'acide absinthique combiné avec une base salifiable.

ABSINTHE. s. f. (du gr. *a* priv., et *psinthos,* douceur, à cause de son extrême amertume). Bot. *Arthemisia absinthium,* plante de la famille des composées, tribu des sénécionidées, genre armoise. L'absinthe, très commune dans les montagnes, ne dépasse guère 1 mètre : son odeur est très vive, sa saveur amère et aromatique. On l'emploie en pharmacie, comme fébrifuge, tonique et vermifuge. Infusion : Feuilles et sommités sèches : 4 à 8 gr. pour 1000 gr. d'eau bouillante. On laisse infuser pendant une heure et l'on passe. Extrait : 2 à 4 grammes en pilule ou en potion. Poudre : 1 à 4 gr. Sirop : 15 à 30 gr. pour édulcorer les tisanes et potions toniques et excitantes. Vin : 50 à 100 grammes dans un litre de vin blanc. Elle sert à faire une liqueur alcoolique (extrait d'absinthe ou absinthe suisse), aromatisée par différentes essences, et dont l'abus peut occasionner les plus graves accidents. (V. *Absinthisme.*) Cette liqueur ne jouit guère des qualités apéritives qu'on lui attribue : c'est l'eau fraîche dont on l'étend qui la rend apéritive. La préparation pour l'extrait d'absinthe de première qualité se fait dans les proportions suivantes: grande absinthe 2 kil. 500, anis 5 kil., fenouil 5 kil., alcool 85° (de Montpellier) 95 litres. Laissez macérer quelques jours dans l'alambic et distillez. Colorez ensuite dans un vase en cuivre étamé et hermétiquement fermé, appelé colorateur. Vous versez dans ce récipient le résultat de la distillation, sur de la mélisse, de l'hysope et de la petite absinthe. L'absinthe ainsi préparée n'est nuisible que par l'abus qu'on en fait. Mais beaucoup de fabricants, au lieu de distiller les diverses plantes ci-dessus, macérées dans l'alcool, préparent leur liqueur à froid, sans distillation, se contentant de mélanger plusieurs essences dans l'alcool et répandant ainsi dans le commerce une boisson malfaisante, qui produit rapidement des attaques épileptiformes, des vertiges, des délires prématurés, etc. || Par extens. Verre de cette liqueur. Prendre une absinthe. || Absinthe panachée, mélangée avec une autre liqueur. || Fig. Peine, amertume. La vie est cruellement mêlée d'absinthe. || Critique amère. Leur style est mêlé de fiel et d'absinthe.

ABSINTHER. v. a. Néol. Mêler de l'absinthe à un liquide. || S'ABSINTHER. Fam. et triv. Se gorger d'absinthe. || Absinthé, ée. p. pas. Mélangé d'absinthe. Potion absinthée. || Qui éprouve les tristes effets de l'absinthe. La bouche pâteuse, l'œil absinthé..

ABSINTHINE. s f. Chim. Principe amer de l'absinthe.

ABSINTHIQUE. adj. des 2 g. Acide particulier trouvé dans l'absinthe. V. *Succinique.*

ABSINTHISME. s. m. Ce mot désigne les troubles produits tantôt par l'abus, tantôt par la mauvaise préparation de l'absinthe. Ce sont des troubles intellectuels et des mouvements analogues à ceux de l'*alcoolisme* (V. ce mot), mais pourtant distincts. L'absinthisme est suivi, comme nous l'avons dit au mot Absinthe, de convulsions épileptiformes, et, à la longue, de manie, de ramollissement cérébral et de paralysie générale, ce qui est dû non à l'absinthine, mais à l'action vénéneuse de l'essence d'absinthe.

ABSINTHITE. s. m. Vin d'absinthe, dont les anciens faisaient un fréquent usage.

ABSIS. s. f. Arch. rom. Toute enceinte demi-circulaire qui termine une chambre, une salle, un temple. V. *Abside.*

ABSOLU, UE. adj. (du lat. *absolvere, absolutus*). Indépendant, souverain, sans contrôle. Prince absolu, autorité absolue, etc. || Par ext. Caractère absolu, c.-à-d. tranchant, n'admettant aucun conseil, aucun compromis. Cet homme est absolu dans sa famille, personne ne lui résiste. || Total, complet, sans restriction. Une impossibilité absolue. Vous prenez ce que je dis dans un sens trop absolu. || Ce qui est considéré en soi-même, dégagé de toute relation, en parlant des choses. Il y a dans les arts un beau absolu et un beau de convention. || En logique et en gramm. absolu est opposé à relatif. Homme est un terme absolu, père est un terme relatif. || *Ablatif absolu,* en terme de gramm. lat. désigne un ablatif qui n'est régi ni par un verbe ni par une autre partie du discours au moins exprimée. || ABSOLU (L'). En philosophie, devient un substantif masculin, et désigne spécialement ce qui, n'étant compris et dominé par rien ne dépend rigoureusement que de soi-même, existe de soi et par soi, subsiste en soi et par soi, n'a besoin de rien et n'est susceptible d'aucun développement, parce qu'il est la perfection infinie. Dans ce sens Dieu ou la Divinité est le seul absolu. En face de cet absolu se place par opposition le relatif ou tout ce qui n'est pas divin : le monde, la nature, l'homme, tout ce qui a un commencement, tout ce qui est susceptible de progrès et de décadence. || Syn. Impérieux, absolu. Impérieux est plus général, moins fort, s'emploie plutôt en parlant de la forme, de l'air, des manières, du ton, du langage ; absolu, en parlant du fond, de la réalité, d'une volonté inflexible.

ABSOLUMENT. adv. Sans restrictions. Être absolument libre. || Déterminément. Je n'en ferai absolument rien. || Indispensablement. Il faut absolument que vous partiez. || Tout à fait, entièrement. Je ne suis pas absolument décidé. || Absolument parlant. À juger de la chose en général. Absolument parlant cet ouvrage est assez bon. || Gram. Sans régime. Espérer, c'est jouir; ces deux verbes sont employés absolument.

ABSOLUTION. s. f. (du lat. *absolvere*). Action d'absoudre. En droit crim., jugement qui renvoie un accusé auteur d'un fait qui n'est puni par aucune loi. || Acquittement d'un innocent. Les jurés balancèrent entre l'absolution et la condamnation. || Dr. can. Sentence ecclésiastique qui, revêtue de certains caractères et d'une certaine solennité, relève une personne de l'excommunication et des autres censures qu'elle avait pu encourir. || En matière de sacrements, l'absolution désigne l'action par laquelle le prêtre catholique remet les péchés au nom de Dieu, au pécheur qui est devant lui et vient de faire l'aveu de ses fautes. Elle se donne toujours individuellement ; cependant dans des dangers imminents et imprévus, par exemple avant une bataille, le prêtre peut donner une absolution générale, qui profite à tous ceux qui sont bien disposés. || *Absolution in articulo mortis.* L'action par laquelle un prêtre, se trouvant en présence d'un moribond qui a perdu l'usage de ses sens, le suppose bien disposé par le désir qu'il a de sauver son âme, et lui applique la plénitude des grâces réparatrices dont Jésus-Christ a laissé la dispensation à son Église. || Jurisp. milit. Sentence prononcée par un conseil de guerre qui, reconnaissant un accusé coupable du fait qui lui était imputé, déclare que le fait commis n'est pas prévu par les lois pénales et ne donne lieu à l'application d'aucune peine. L'accusé absous est mis en liberté au bout de vingt-quatre heures, délai fixé pour le recours en révision. || Syn. Pardon, absolution, grâce, abolition, rémission. Le pardon s'applique à un offenseur : c'est un acte moral ; l'absolution à un accusé ou à un pénitent : c'est un acte juridique, prononcé par le juge civil ou par le ministre ecclésiastique ; la grâce, l'abolition, la rémission à un coupable qu'elles empêchent d'être puni : ce sont des actes de souveraineté, d'autorité. La grâce est gratuite, l'abolition entière, la rémission ou n'est pas gratuite ou n'est pas entière (V. ces mots).

ABSOLUTISME. s. m. Théorie ou pratique d'une autorité absolue. Hobbes est un défenseur de l'absolutisme. Ce mot, que Montesquieu ne connaissait pas, a commencé à être en usage au XIXe s. L'Académie ne l'a admis que dans la dernière édition de son dictionnaire (1877). L'absolutisme consiste dans un gouvernement sans contrôle régulier et sans limites tracées par des institutions politiques. Il n'est point inhérent à la forme monarchique. Il n'y a pas de gouvernement moins absolu que celui de la monarchie anglaise; il n'en a pas existé de plus absolu que celui de la République française de 1793. Une aristocratie, une chambre démocratique unique, une assemblée du peuple, dont les majorités réuniraient tous les pouvoirs, constitueraient des régimes absolus. L'histoire en offre de nombreux exemples. Certains publicistes distinguent l'absolutisme du despotisme en ce que, dans le gouvernement absolu, le pouvoir est du moins contenu par les traditions et par les mœurs.

ABSOLUTISTE. adj. des 2 g. Qui est en faveur de l'absolutisme ou conforme à l'absolutisme. Théories, procédés absolutistes. || Subst. Un absolutiste, des absolutistes, des partisans de l'absolutisme.

ABSOLUTOIRE. adj. Qui porte absolution. Bref absolutoire, sentence absolutoire, excuse absolutoire.

ABSORBABLE. adj. Chim. et méd. Qui est susceptible d'être absorbé. La plupart des aliments contiennent des principes absorbables et d'autres qui ne le sont pas.

ABSORBANT, ANTE. adj. et s. m. Qui absorbe. Une terre absorbante, des sables absorbants. || Fig. Ces fonctions sont absorbantes. || Anat. Système absorbant, ensemble des vaisseaux et des glandes lymphatiques ou système lymphatique. || Méd. Médicaments absorbants ou simplement Absorbants. Substances que l'on croit propres à absorber les acides développés dans les voies digestives, tels sont la magnésie calcinée, la craie, les yeux d'écrevisse, le charbon végétal en poudre, etc., telles sont aussi la poudre absorbante, les tablettes absorbantes (V. ces mots). On les administre contre les aigreurs d'estomac, les gastralgies, la dyspepsie flatulente, etc. || Chir. Substances molles, spongieuses, propres à s'imbiber des liquides épanchés. On les emploie pour arrêter l'écoulement de sang des plaies, des piqûres de sangsues, pour enlever à la peau l'humeur qui suinte des gerçures et excoriations. Les principaux sont la charpie, l'amadou, l'agaric, les poudres d'amidon, de charbon, de résine, le lycopode, la toile d'araignée, etc. || Phys. Nom par lequel on désigne tout corps capable d'annuler une charge électrique, comme la surface de la terre, par exemple, qui ramène à l'état neutre, par son simple contact, tout corps conducteur électrisé, et qu'on appelait jadis le *réservoir commun*. (V. *Conducteur, Isoloir*.) Les uns prétendent que la terre fait disparaître l'électricité en la répandant sur une surface illimitée, et annulant ainsi son *potentiel* (V. ce mot) ; d'autres la regardent comme un conducteur, pouvant transporter le courant électrique dans tous les sens, avec une résistance, une nulle, ou du moins très faible. C'est pour cela qu'un seul fil métallique suffit entre deux postes télégraphiques et que le circuit est complété par la terre.

ABSORBER. v. a. (lat. *absorbere* ; de *ab* et *sorbere*, avaler). Engloutir, consumer. Le sable absorbe l'eau ; le noir, la lumière ; l'accompagnement trop fort, la voix ; l'odeur de la tubéreuse, l'odeur de la plupart des autres fleurs ; le goût de l'ail, celui des autres assaisonnements ; les branches gourmandes, la nourriture destinée au reste de l'arbre. || Méd. V. *Absorbant*. || Fig. Consumer. Les procès ont absorbé tout son bien. || Attirer à soi en entier. Cette scène absorbe tout l'intérêt de la pièce. || Occuper entièrement. Cette affaire l'absorbe tout entier. || Absorbé, é, p. pas. Être absorbé dans l'étude, dans ses réflexions, en Dieu, etc. || En parlant des tissus teints ou imprimés, des papiers peints, etc., se dit d'une couleur de fond, sur laquelle on en applique une autre, qui la couvre ou la modifiant, sans altérer la nuance première. || S'ABSORBER. Le Rhin s'absorbe dans les sables. Cet homme s'absorbe

dans sa douleur. || Syn. Engloutir, absorber, consumer. Tous trois font disparaître, le premier tout d'un coup. La tempête engloutit un vaisseau ; le second plus lentement que le premier, mais moins que le troisième. Le jeu absorbe les fortunes ; les dépenses journalières consument les revenus. || Arg. Boire ou manger abondamment. C'est un bon client, il absorbe proprement ; c.-à-d. il vide les bouteilles et nettoie bien les plats. Absorber son ordinaire, manger et boire sa portion.

ABSORPTIF, IVE. adj. Chim. Se dit des substances qui ont la propriété d'absorber.

ABSORPTION. s. f. (ab-sor-pcion). Action d'absorber et résultat de cette action. L'absorption de l'âme en Dieu. L'absorption des pluies par la terre. || Physiol. L'absorption est l'acte par lequel les corps fluides (liquides ou gazeux) pénètrent à travers les membranes dans les tissus animaux ou végétaux. C'est un phénomène général, commun à tous les tissus organiques. C'est par l'absorption que l'air pénètre dans le sang à travers la membrane des poumons, que les produits de la digestion traversent les intestins pour aller se mêler au sang; que, dans un bain, l'eau s'introduit dans le corps, entraînant avec elle les substances qu'elle tient en dissolution ; qu'un poison déposé sur la peau peut pénétrer dans l'organisme ; que l'eau, chargée des principes nutritifs fournis par les engrais, entre dans les racines des plantes, etc. Mais il faut qu'un corps soit à l'état fluide pour être absorbé : un solide, quelque divisé qu'il soit, ne pénètre jamais de cette façon dans les tissus. Si on délaye de l'amidon dans l'eau, et qu'on fasse plonger les racines d'une plante dans cette eau, on ne trouve pas de trace d'amidon dans la plante. Il ne faut pas confondre l'absorption avec la capillarité. (V. *Capillarité, Endosmose*.) || Chimie. Se dit de la pénétration d'un liquide ou d'un gaz dans un corps quelconque. Absorption des gaz par le charbon, par le noir de platine ; de la pluie par les différents corps (V. *Hygrométrie*) ; des gaz par les liquides (V. *Dissolution des gaz*). || Arg. Nom donné à une cérémonie de l'École polytechnique imaginée pour dégourdir les nouveaux, les accoutumer aux habitudes de l'École, au tutoiement, etc. Une absorption véritable se fait ensuite dans un restaurant du Palais-Royal où l'on absorbe consciencieusement aux dépens des *taupins* (V. ce mot).

ABSOUDRE. v. a. (vieux franç. *absoldre*, plus ancien, *absolre* ; lat. *absolvere*, de *ab* indiquant séparation et *solvere*, délier). J'absous, tu absous, il absout ; nous absolvons, vous absolvez, ils absolvent. J'absolvais, j'ai absous, j'absoudrai, j'absoudrais. Absous, qu'il absolve; absolvez, que j'absolve ; absolvant, absous, absoute. || Dr. crim. Renvoyer de l'accusation une personne reconnue l'auteur d'un fait qui n'est pas qualifié punissable par la loi. Il signifie aussi déclarer un accusé innocent, l'acquitter. Il s'est fait absoudre du crime dont on l'accusait. || Dr. can. Relever quelqu'un de l'excommunication, ou d'autres censures. || Remettre les péchés dans le tribunal de la pénitence. Absoudre un pénitent. Absoudre des cas réservés. || Fig. Pardonner. Je vous absous de votre négligence. || Absol. Tout prêtre a le pouvoir d'absoudre en cas de mort. || S'ABSOUDRE. Il ne put s'absoudre lui-même de la faute qu'on lui avait pardonnée.

ABSOUTE. s. f. (vieux franç. *absolte* ; du latin *absoluta*, délivrée). Liturg. Prières et cérémonie qui terminent l'office des morts et se font autour du cercueil ou du catafalque. || Cérémonie qui se faisait encore récemment le jeudi saint dans les églises catholiques et qui consistait dans quelques prières que récitait le prêtre pour obtenir la rémission des péchés. Autrefois c'était une absolution publique et solennelle donnée par l'évêque.

ABSTÈME. adj. et s. des 2 g. (lat. *abstemius*, de *abs* priv., sans ; *temetum*, vin). Qui ne boit point de vin soit par aversion pour cette liqueur soit par régime, soit par prescription religieuse. Les musulmans sont abstèmes ou doivent l'être. || Dr. can. Il désigne les personnes qui ont de la répugnance pour le vin et ne peuvent en boire. Dans la primitive Église les abstèmes ne faisaient la communion que sous une seule espèce. — Les abstèmes sont irréguliers *et jure et natura*, la communion sous les deux espèces

étant de nécessité pour le prêtre qui célèbre la messe. || Syn. Hydropote buveur d'eau, abstème (qui ne fait pas usage du vin) Le premier est un terme de médecine, le second, un terme de théologie, de jurisprudence, d'histoire, qui tend à passer dans la langue commune. La loi romaine ordonnait aux femmes d'être abstèmes.

ABSTÉMIUS (Laur.). Littérateur et fabuliste du XVIe s., bibliothécaire à Urbin (Italie).

ABSTENIR (s'). v. pr. (lat. *abstinere* ; de *abs* indiquant séparation, et *tenere*, tenir). On le conjugue comme se tenir. S'empêcher de faire quelque chose, se priver de l'usage de quelque chose. S'abstenir de vin, de jurer, de lire. || Absolument. Dans le doute abstiens-toi. || Jurisp. Un juge s'abstient quand il se récuse ; il est obligé de s'abstenir quand on le récuse. Un héritier s'abstient de la succession, c.-à-d. il ne fait point acte d'héritier. || Syn. S'abstenir, se priver. On s'abstient d'une action, d'une habitude, d'un usage, de choses susceptibles d'être faites ou commises, de ce dont on n'a pas encore joui, etc. On se prive d'une chose ou d'un objet, d'un droit, de choses qu'on possède, dont on a joui, dont on connaît l'agrément. S'abstenir demande de l'empire sur soi-même : se priver, du désintéressement, de l'abnégation. || S'abstenir, renoncer. Le premier est négatif, c'est l'opposé de s'immiscer, de s'ingérer. L'héritier qui s'abstient d'une succession se contente de ne point faire acte d'héritier. Renoncer est positif, c'est l'opposé d'accepter : il exprime un refus formel.

ABSTENTION. s. f. Action de s'abstenir de l'exercice d'un droit, d'une fonction. L'abstention des électeurs. || Acte par lequel un juge s'abstient, se récuse lui-même avec l'agrément du tribunal : c'est le contraire de la récusation qui permet au justiciable de récuser un juge. || Jurisp. *Abstention de succession*. Fait de s'abstenir de tout acte d'héritier. || *Bénéfice d'abstention*. Bénéfice accordé à Rome par le préteur aux héritiers siens et nécessaires de demeurer étrangers à la succession du père de famille ; au moyen de ce bénéfice, ces héritiers évitaient les poursuites des créanciers héréditaires. || *Abstention de lieu*. Punition usitée dans l'ancien droit en matière d'injures, pour soustraire l'offensé aux violences de l'offenseur: celui-ci était condamné à s'absenter un certain temps du lieu où résidait la partie offensée. Cette espèce de punition se prononçait en général entre gens d'un certain rang.

ABSTENTIONISTE. s. m. Celui qui s'abstient de voter dans les élections. S'écrit aussi avec deux *n*, et s'emploie adjectivement.

ABSTERGENT, ENTE. adj. Méd. Qui est propre à absterger. || ABSTERGENT. s. m. Les abstergents sont des remèdes anciennement employés pour enlever les matières visqueuses ou putrides des surfaces organiques auxquelles elles adhèrent. Si l'abstergent agissait par un principe aqueux, c'était un abluant ; s'il agissait par un principe savonneux, cas le plus général, c'était un détersif.

ABSTERGER. v. a. (*abs*, de, hors ; *tergere*, essuyer). On met un *e* après le *g* devant *a* ou *o* : J'abstergeais, nous abstergeons. || Méd. Nettoyer une surface organique avec un abstergent. || S'ABSTERGER. v. pr. Être abstergé, lavé, nettoyé.

ABSTERSIF, IVE. adj. Méd. Propre à absterger. Abstersant est plus employé.

ABSTERSION. s. f. Méd. Action, effet d'un remède abstergent.

ABSTINENCE. s. f. (du lat. *abstinere, abstinentia*). Action de s'abstenir. Abstinence de vin. Vivre dans l'abstinence de tous les plaisirs. L'Église catholique enjoint aux prêtres l'abstinence des femmes. || Employé absolument il se dit en parlant du boire et du manger. On lui a ordonné une grande abstinence. || Il s'emploie dans ce sens au pluriel. Exténué de jeûnes et d'abstinences. || Chez les catholiques, pratique religieuse qui consiste à s'abstenir de la viande le vendredi, en carême, et en divers autres jours de l'année. L'abstinence du vendredi et du samedi fut instituée dès les premiers siècles de l'Église pour honorer la mort et la sépulture de Jésus-Christ et pour se préparer au jour du dimanche. C'est une vertu qui aide l'esprit à n'être point esclave de la matière, à dompter les sens, les appétits désordonnés, enfin c'est une pratique de pénitence pour l'expiation des péchés commis.

ABSTINENT, ENTE. adj. Sobre, tempérant. Peu usité. || **ABSTINENTS.** s. m. pl. Hist. relig. Hérétiques gnostiques ou manichéens qui parurent dans les Gaules et en Espagne à la fin du III° s. ; proscrivaient le mariage et l'usage de la viande.

ABSTRACTEUR. s. m. Celui qui aime les abstractions.

ABSTRACTIF, IVE. adj. Qui exprime une idée abstraite ; qui est formé par abstraction. || Pharm. Anciennement, produits abstractifs, produits retirés des plantes par la distillation.

ABSTRACTION. s. f. (lat. *abstractio, de abstrahere*, abstraire). Opération par laquelle l'esprit considère séparément des choses qui sont réellement unies. Quand je dis : la blancheur, en général et sans l'appliquer à un objet, je parle par abstraction. Abstraction faite du style, qui est faible, cet ouvrage a quelque mérite. || Idées abstraites, idées générales : humanité, raison, vertu, savoir, blancheur, pesanteur, sont des abstractions. || Se dit, dans un sens défavorable, des théories vagues difficilement réalisables. C'est un esprit chimérique qui se perd dans les abstractions. || Préoccupation, rêverie. Être dans de continuelles abstractions. || Philos. L'abstraction est une opération de l'esprit séparant, de la masse des propriétés ou des attributs d'un sujet, ce qui est commun à plusieurs êtres pour en faire une notion à part. La faculté d'abstraire ainsi, de distinguer ce qui est général de ce qui est individuel, ce qui est essentiel de ce qui est accidentel, est d'une grande importance pour la science, principalement pour la philosophie et la théologie, mais on en a souvent abusé pour confondre des choses distinctes, par ex. des êtres de raison sans entité concrète avec des entités réelles, pleinement concrètes. Sans l'abstraction il n'y aurait pas de généralisation possible, et partant pas de science. L'abstraction joue un rôle immense dans la formation d'une langue; elle fait naître dans l'esprit les idées des substances, dépouillées de leurs qualités (ce qu'expriment les substantifs), et les idées des qualités isolées de leurs substances (ce qu'expriment les qualificatifs *de toutes sortes*). La première série constitue l'ordre du concret, la seconde l'ordre de l'abstrait. Dans ces deux séries, l'abstraction passe par trois degrés, qui correspondent aux trois grandes notions logiques : individu, espèce, genre. En voici le tableau, emprunté au Dictionnaire de pédagogie de M. Buisson : L'esprit, considérant la substance sans ses attributs, a des idées concrètes à trois degrés. 1er degré : il crée les noms propres (désignant l'individu sans ses qualités) et le verbe substantif (affirmant l'existence sans les manières d'être), Alexandre, César, Pierre, Paul, Seine, Rhin, France, etc. 2e degré : il crée les noms communs (convenant à plusieurs individus considérés comme semblables), hommes, femmes, enfants, chiens, fleuves, élèves, citoyens. 3e degré : il crée les noms collectifs (réunissant en une seule classe plusieurs êtres réels et résumant en un seul mot plusieurs noms communs), humanité, règne animal, réseau fluvial, régiment, armée, peuple. — L'esprit, considérant l'attribut sans la substance, a des idées abstraites à trois degrés. 1er degré : il crée les adjectifs (désignant des qualités sans l'être qui les possède) et les verbes attributifs (désignant l'acte ou l'état sans l'être qui en est le sujet), blanc, large, fragile, charitable, marcher, labourer, aimer, lire. 2e degré : il crée les noms abstraits (désignant des qualités considérées comme si elles étaient des substances), blancheur, largeur, fragilité, charité, marche, labourage, amour, lecture. 3e degré : il crée les termes généraux (noms et déterminatifs de toute sorte groupant en une seule abstraction, plusieurs idées abstraites et résumant en un seul terme générique plusieurs noms abstraits), couleur, surface, consistance, vertu, gouvernement, agriculture, sentiment, action. On voit ainsi la marche progressive de l'abstraction. Avoir l'idée d'une chose blanche ou rouge, c'est un commencement d'abstraction; concevoir l'idée de blancheur c'est une abstraction plus forte, plus éloignée de ce qui tombe immédiatement sous les sens ; enfin concevoir l'idée tout à fait générale de couleur, c'est l'abstraction consommée. L'idée générale est dans l'ordre des qualités l'équivalent du nom collectif dans l'ordre des substances.

ABSTRACTIVEMENT. adv. Par abstraction. On peut considérer abstractivement les qualités des corps. Abstractivement parlant.

ABSTRAIRE. v. a. (lat. *abstrahere*, de abs, indiquant séparation et *trahere*, tirer, traire. Se conjugue comme *traire*). Faire abstraction. Abstraire l'accident de la substance, du sujet. (V. *Abstraction*.) || Absolum. Le pouvoir, la faculté d'abstraire. || En algèbre on abstrait la quantité, le nombre de toutes sortes de sujets. || Séparer, abstraire son esprit de tout autre objet. Abstraire un personnage du temps où il a vécu, une idée de la société où elle a pris naissance.

ABSTRAIT, AITE. p. pas. du v. Abstraire et il est aussi adj. Difficile à comprendre. Discours abstrait. Écrivain abstrait, plongé dans la méditation, dans la rêverie. Il a pour syn. distrait. || Log. Terme abstrait opposé à concret. Largeur est un terme abstrait ; blanc, uni à un nom de substance, comme dans vin blanc, est un terme concret. (V. *Abstraction*.) || Math. On appelle nombre abstrait, par opposition à nombre concret, tout nombre pris absolument et sans aucune application à un objet déterminé. Le nombre 12, considéré précisément comme 12, est un nombre abstrait, mais si je dis 12 francs, le nombre 12 ainsi déterminé est un nombre concret. || Syn. Abstrait, distrait. L'un et l'autre désignent un défaut d'attention avec cette différence que ce qui nous occupe fortement et intérieurement nous rend abstraits et que ce sont les choses extérieures qui nous rendent distraits. On est abstrait pour être trop appliqué à une seule chose, et distrait par inapplication ou légèreté.

ABSTRAITEMENT. adv. D'une manière abstraite. Il traita la question abstraitement.

ABSTRUS, USE. adj. (lat. *abstrusus*, caché). Obscur, difficile à pénétrer, à comprendre. Raisonnements abstrus, sciences abstruses. || Se dit en mauvaise part d'un écrivain, d'un philosophe. || **ABSTRUS.** s. m. Ce qui est obscur. En voulant être profond, il tombe dans l'abstrus.

ABSURDE. adj. des 2 g. (lat. *absurdus*, discordant, malsonnant ; déraisonnable ; — de *ab* et *surdus*, sourd, qui n'est pas bien sonore, grossier, etc.). Qui est déraisonnable, qui heurte de front le sens commun, le raisonnement. Conduite, personne absurde. || S. m. Absurdité. Tomber dans l'absurde. Démonstration, preuve par l'absurde. Réduire une opinion, un raisonnement à l'absurde, montrer, prouver que le principe ou la conséquence en est absurde. Réduire un homme à l'absurde, le forcer dans la discussion à se rendre ou à déraisonner. || Syn. Absurde, déraisonnable, extravagant. Tous trois marquent le défaut de raison. L'extravagant diffère du déraisonnable par les excès où il se porte. L'absurde est extravagant, mais plutôt dans la manière de penser, de raisonner que dans la manière d'agir.

ABSURDEMENT. adv. D'une manière absurde. Raisonner, parler absurdement.

ABSURDITÉ. s. f. Vice de ce qui est absurde. L'absurdité d'un raisonnement. Cet homme est d'une absurdité rare. || La chose même qui est absurde. Débiter mille absurdités.

ABSURDO (AB ou EX). Loc. lat. Par, d'après l'absurde. Raisonner, démontrer *ab absurdo*. C'est commencer par supposer un principe contraire à celui qu'il s'agit de prouver ; si en raisonnant d'après cette supposition, on arrive à une conséquence inadmissible pour la raison, on démontre d'après la méthode *ab absurdo*.

ABSUS. s. m. (ab-suss). Bot. Espèce de cassia (Égypte) dont les graines pulvérisées sont employées dans le pays contre l'ophthalmie.

ABSYNTHIENS. s. m. pl. Géogr. anc. Peuple de Thrace.

ABSYRTHE. Ami de Jason. Frère de Médée, qui sema ses membres sur la route après l'avoir massacré, afin d'arrêter ceux qui le poursuivaient.

ABT (François). Né à Tilenburg, maître de chapelle à Brunswick et directeur de l'Académie de chant, depuis 1853, compositeur estimé.

ABUB. s. m. (a-bubb). Espèce de flûte, en usage chez les Hébreux.

ABUCARA (Théodore). Métropolitain de la province de Carie VIII° s. *Traités contre les Juifs, les Mahométans et les hérétiques*, trad. en latin par Génébrard et le jésuite Gretser ; *De unione et incarnatione*.

ABUCCO. s. m. Métrol. Poids usité à Rangoun, dans les Indes-Orientales.

ABUHASSIENS. s. m. pl. (A-sou.....). Nom d'une dynastie de princes du Maroc.

ABUL-CACIM (Tarif-Aben-Taric). Auteur supposé d'une *Histoire de la conquête d'Espagne par les Arabes*, ouvrage publié au commencement du XVII° s. comme une traduction de l'arabe par Michel de Luna.

ABUL-FARAGE (Grégoire). Fils d'un médecin chrétien, médecin lui-même, naquit en 1226 à Malatia, ville d'Arménie et mourut év. d'Alep et primat des Jacobites l'an 1286. *Histoire universelle* depuis Adam, en arabe, très estimée des Orientaux.

ABULIE. s. m. (a priv.; *bouleuein*, vouloir). Pathol. Absence de volonté, espèce de folie.

AB UNO DISCE OMNES. Mots latins que Virgile met dans la bouche d'Énée racontant à Didon les ruses et les mensonges du Grec Pinon; ils signifient: Qu'un seul vous apprenne à les connaître tous. On cite souvent ce passage lorsqu'on veut conclure du particulier au général. Par ce seul trait vous pouvez juger le caractère de cet homme. Voilà un exemple du zèle éclairé de nos administrations municipales : *ab uno disce omnes* (Proudhon).

ABUNURES. s. m. pl. Oiseaux aquatiques qui passent en troupes en Égypte au mois de janvier.

ABURON. s. m. Nom vulgaire dans les Vosges de l'agaric poivré.

ABUROT. s. m. Petit oiseau vert de la Guinée.

ABUS. s. m. (lat. *abusus*, de *ab* indiquant perversion et *usus*, usage excessif, mauvais, injuste, de quelque chose). L'abus des richesses, de la santé, de la liberté. Reprendre, retrancher, réformer, réprimer les abus. || Jurisp. *Abus d'autorité*. Les abus d'autorité des fonctionnaires sont punis par les art. 184 à 191 du Code pénal. La loi a divisé ces abus en deux classes, suivant qu'ils sont commis contre les particuliers ou contre la chose publique : 1° Les abus d'autorité contre les particuliers comprennent la violation de domicile, le déni de justice, les violences contre les personnes, la suppression ou l'ouverture de lettres confiées à la poste. 2° Les fonctionnaires abusent de leur autorité contre la chose publique lorsqu'ils requièrent ou ordonnent l'emploi de la force publique contre l'exécution d'une loi ou contre la perception d'une contribution légale, ou contre l'exécution soit d'une ordonnance ou mandat de justice, soit de tout autre ordre émané de l'autorité légitime. Les abus d'autorité contre la chose publique sont punis de la réclusion et même de peines plus fortes suivant les résultats de l'abus d'autorité. || *Abus de confiance.* Délit prévu et puni par les art. 406 à 409 du Code pénal. Sous le terme général d'abus de confiance, la loi punit quatre espèces distinctes de délit : 1° l'abus des besoins, faiblesses ou passions d'un mineur (ce délit n'implique pas ce que dans le langage ordinaire on appelle abus de confiance); 2° l'abus de blanc-seing qui consiste dans l'inscription frauduleuse, au-dessus d'une signature donnée à l'avance sur un papier blanc, d'un acte préjudiciable au signataire ; 3° le détournement ou dissipation d'objets confiés à titre de prêt, louage, dépôt, mandat, etc. ; 4° la soustraction de pièces produites dans un procès. || *Abus de jouissance.* Actes par lesquels une personne (usufruitier, locataire, etc.) excède les limites du droit qu'elle a de jouir d'une chose. L'abus de jouissance peut donner lieu à la déchéance du droit. || *Appel comme d'abus.* Appel interjeté d'une sentence rendue par un juge ou supérieur ecclésiastique, qu'on prétend avoir excédé ses pouvoirs ou contrevenu aux lois. (V. *Appel*.) || Dr. can. *Abus de pouvoir.* Excès de pouvoir (usurpation d'autorité) dont se rendent coupables ceux qui, étant constitués ou non en dignité ecclésiastique, s'arrogent un pouvoir qu'ils n'ont pas, ou bien étendent au delà de ses limites celui dont ils sont investis. Outre la nullité des actes, ces sortes d'abus entraînent ordinairement après eux la suspense et quelquefois l'irrégularité.

ABUSER. v. a. Tromper. Abuser les esprits publics. || Séduire, suborner. Abuser une pauvre fille sous promesse de mariage. || S'ABUSER. Se tromper, se faire illusion. Vous vous abusez. || V. n. User mal. Abuser des grâces de Dieu, de la santé, etc. Il abuse de votre amitié. || Abuser d'une fille, en jouir sans l'avoir épousée. || Jurisp. Consommer, détruire. La propriété consiste dans le droit d'user et d'abuser. || Syn. Mésuser, abuser. On mésuse de la chose qu'on emploie mal ; on abuse de la chose qu'on emploie à faire du mal. L'abus est injuste, déréglé, il viole des droits. || Abuser, tromper, etc. V. *Tromper*.

ABUSEUR. s. m. Fam. Celui qui abuse, qui trompe.

ABUSIF, IVE. adj. Où il y a de l'abus, de l'erreur, qui est contraire aux règles, aux lois, aux usages. Procédure abusive. Sens abusif.

ABUSIVEMENT. adv. D'une manière abusive. Mot employé abusivement. Personne emprisonnée abusivement.

ABUSSEAU. s. m. (diminut. et corrupt. d'*abbé*). Poisson à raies argentées sur les flancs (*Atharina presbyter*), très commun sur les côtes de la Rochelle et dans le golfe de Gascogne.

ABUSUS NON TOLLIT USUM. L'abus n'empêche pas l'usage. Expression proverbiale : Si quelques-uns abusent d'une chose, bonne en soi, ce n'est pas une raison pour que les autres s'en abstiennent ou qu'on la leur interdise.

ABUTA. s. m. Arbuste de la famille des ménispermées (Amérique tropicale). L'*Abuta rutescens* produit le *Pareira brava* blanc, diurétique énergique, employé en infusions contre les hypertrophies du foie.

ABUTER. v. a. et v. n. (*a* et *but*). Tendre à un but. Locution vieillie. || Jeter des palets ou des quilles vers un but pour savoir qui jouera le premier. || Mar. Abouter et aboutir. Ces deux pièces de bois abutent.

ABUTILLON. s. m. Bot. Genre de malvacées, tribu des malvées (Indes et Brésil), se trouve aussi dans quelques parties méridionales de l'Europe. Les fibres de l'écorce sont employées à des usages économiques ; les feuilles sont émollientes, les graines apéritives et diurétiques.

ABYDÉNIEN, ENNE OU ABYDIEN, ENNE. s. et adj. Né à Abydos. Qui est propre à cette ville ou à ses habitants.

ABYDENUS OU ABYDINUS. Historien célèbre de l'antiquité, vivait probablement du temps des premiers Ptolémées. *Histoire des Chaldéens et des Assyriens* dont il ne reste que quelques fragments dans Eusèbe, S. Cyrille et dans la chronologie du Syncelle. Ces fragments ont été recueillis par Scaliger. On y trouve des passages admirablement conformes au récit de l'Écriture sainte sur le déluge, la tour de Babel, etc.

ABYDOS. Ancienne ville d'Asie sur l'Hellespont; ses habitants avaient la réputation d'être mous et efféminés. || Ville d'Égypte, sur la rive gauche du Nil, fameuse par le temple d'Osiris et le palais de Memnon.

ABYLA. s. m. Montagne d'Afrique, en face de Calpé montagne d'Espagne. Ces deux montagnes sont ce qu'on appelle *Colonnes d'Hercule.*

ABYSSIN, INE. s. et adj. Habitant de l'Abyssinie. Qui est propre à l'Abyssinie ou à ses habitants. On dit également *Abyssinien*.

ABYSSINIE (en abyssin *Habesch*). Vaste contrée de l'Afrique orientale située entre 6° et 16° de lat. N., 32° et 41° de long. E., et bornée au N. par la Nubie ; au N.-E. par la mer Rouge ; au S.-E. par le pays des Adels ; au S. et au S.-O. par des terres encore peu explorées. Sa superficie égale au moins les 4/5 de celle de la France. On l'a quelquefois appelée la Suisse de l'Afrique, surnom amplement justifié par l'aspect pittoresque du sol, vaste plateau de 2500ᵐ à 3000ᵐ d'altitude, couvert de montagnes, de rivières rapides, de lacs et de forêts. Les deux principaux groupes de hauteurs sont les montagnes de Sémen, mont principal, le Detjem, 4600ᵐ, presque la hauteur du mont Blanc, et les montagnes du Gojam. Dans ces dernières, à une altitude de 2800ᵐ, prend naissance l'Abbaï ou Nil Bleu (Bahr-el-Arrek). Ce n'est que depuis peu qu'a été constatée l'erreur commise autrefois en regardant le fleuve comme le Nil. Une autre rivière, le Tacazzé, va se jeter dans l'Athara. On remarque enfin, à l'extrémité N., le Mareb dont le cours intermittent cesse à certaines époques de l'année. La rapidité de leur cours, leurs chutes fréquentes, leur peu de largeur empêchent toutes ces rivières d'être navigables. Dans son cours, l'Abbaï traverse, assez rapidement pour ne pas y mêler ses eaux, le lac Dembéa, Tana, ou Tzana, un plus grands d'Afrique (320 k. de circuit). En Abyssinie,

les vallées étant humides et malsaines, les hauteurs à peu près seules sont habitées ; la température y est d'ailleurs moins chaude qu'en Égypte, grâce à leur élévation; elle varie entre 40° en été et 22° cent. pendant la saison des pluies. Celles-ci tombent abondamment de juillet à octobre. Du mélange de chaleur et d'humidité naît une grande fertilité ; parmi les principaux produits, on remarque le dourrah, graminée qui remplace le froment, le coton, l'indigo, des gommiers de plusieurs espèces, l'ébénier, la canne à sucre, le caféier, le papyrus, etc. Comme animaux, cette contrée présente des chevaux remarquables ; l'éléphant, l'hippopotame; des singes ; beaucoup de fauves, lions, panthères, etc. ; l'autruche; la torpille ; des milliers d'insectes malfaisants. L'or et le sel sont ses seules productions minérales. Quant aux habitants, quoiqu'ils aient la peau à peu près noire, les traits de leur visage ont un caractère entièrement européen ; on trouve cependant le type nègre vers le Sud. Ils sont doux et hospitaliers, mais ignorants; toute leur science consiste à lire et écrire les deux langues les plus en usage, celle du Tigré et celle de l'Amhara. Leur religion est le christianisme altéré, connu sous le nom de communion copte, qui nie la nature divine de Jésus-Christ. Le clergé est nombreux et influent. Quoique chrétiens les Abyssins sont polygames et ont des esclaves, peu nombreux d'ailleurs, et qu'ils traitent assez humainement. Toute leur industrie consiste dans le travail de certains métaux, mais surtout dans la fabrication des étoffes de coton. Leur pays est mal fait pour le commerce, faute de communications faciles; ils n'exportent guère que l'or et l'ivoire, mais le percement de l'isthme de Suez, qui met cette contrée à quinze jours de France et d'Angleterre, et sur la route des Indes, l'appelle probablement à un important avenir commercial. On remarque en Abyssinie trois grandes divisions: le Tigré, l'Amhara, le Choa, qui comprennent chacune un grand nombre de provinces dont les principales sont : dans le Tigré, le Hamaçen, cap. Dabaroua ; l'Agamé, cap. Adighérat; le Tigré proprement dit, cap. Adoua; le Larta, vill. princ. Sokota et Lalibéla. Dans l'Amhara, le Beyhamider, cap. Gondar ; le Sémen, cap. Dobarek ; le Gojam, cap. Mota ; le Damot. Dans le Choa, on remarque la province d'Ifat et les villes d'Ahkober, capitale moderne de l'empire, en remplacement de Gondar ; de Tégoulet, autre capitale ancienne, et d'Anyolala. On évalue à environ 5 millions et demi d'habitants la population totale de l'Abyssinie. — L'Abyssinie n'a été longtemps habitée que par des tribus nomades et barbares. Ce n'est que sous l'influence des Grecs d'Égypte, qui étaient venus fonder des établissements commerciaux, qu'un royaume se forma avec Axoum pour capitale. Vers le milieu du IVᵉ s., Frumentius y introduisit la religion chrétienne. Depuis lors jusqu'au XVᵉ s., son nom même fut complètement oublié. A cette époque les relations s'établirent avec les Portugais qui y fondèrent des missions. Dès lors un grand nombre de mémoires furent écrits sur ce pays, principalement au sujet des sources du Nil. Un des voyageurs qui a donné sur l'Abyssinie la plus de renseignements est l'Écossais Bruce. Après lui on peut citer l'Allemand Ruppell, l'Anglais Bexe, les Français Galinier, les frères d'Abadie qui y vécurent douze ans et y introduisirent les missionnaires catholiques. Au XVIIIᵉ s. une révolution éclata qui démembra l'empire et créa deux royaumes indépendants, celui du Tigré et celui de Choa. En 1855 un chef indigène, Théodoros, monta sur le trône; mais en 1868 les Anglais l'attaquèrent; il périt dans cette guerre et fut remplacé par Jean. Pour la suite de la partie historique, voir *Choa.*

ABYSSIQUE. adj. (gr. *a* priv.; *bussos*, fond). Géol. Se dit pour désigner les formations aqueuses des terrains primaires au fond de la mer.

ABYSSUS ABYSSUM INVOCAT. L'abîme appelle l'abîme. Expression biblique qui signifie : Un malheur en amène souvent un autre (d'où le proverbe français: un malheur ne vient jamais seul), une faute conduit à d'autres fautes, etc.

ACABIT. s. m. (bas lat. *acapitum*, achat, débit, droit d'entrée ; de *caput*, redevance). Na-

ture, qualité bonne ou mauvaise d'une chose, et spécialement des légumes, des fruits. || Fig. et fam. en parlant des personnes, Caractère, manière d'être bonne ou mauvaise. Ce sont gens de même acabit.

ACACAHOACTLI. s. m. Ornith. Espèce d'alcyon ou de martin-pêcheur du Mexique.

ACACALI. s. m. Bot. Arbrisseau d'Égypte ; graines anti-ophthalmiques.

ACACALLIS. s. m. Bot. Genre d'orchidacées, sous-fam. des vandées (Amérique tropicale).

ACACE. Plusieurs saints orientaux ont porté ce nom. || Le plus célèbre est *S. Acace*, év. d'Amide sur le Tigre (vᵉ siècle). Il vendit les vases sacrés pour racheter sept mille esclaves persans, mourant de faim et de misère. Il les renvoya à leur roi, qui, quoique païen, fut tellement touché de ce trait héroïque de charité, qu'il voulut voir le saint évêque. Il en résulta la paix entre ce roi et Théodose le Jeune. || Nous trouvons aussi dans l'histoire des Églises d'Orient plusieurs évêques de ce nom, tristement célèbres : *Acace le Borgne*, év., chef de la secte des Acaciens, persécuteur du pape Libère et de S. Cyrille. || *Acace*, év. de Bérée en Palestine, persécuteur de S. Chrysostome. || *Acace*, év. de Constantinople, vil adulateur de l'empereur Zénon qu'il poussa à se mêler des questions religieuses et à publier l'*Hénoticon*, édit favorable aux Eutychiens. Il mourut schismatique, séparé de la communion de l'Église.

ACACIA. s. m. (a-ca-sia ; — de *a* privatif et *cakia*, méchanceté, parce que la piqûre de ses épines n'est pas dangereuse ; suivant d'autres, de *aké* pointe, parce que beaucoup d'espèces sont couvertes d'épines). || Bot. Genre très nombreux de la famille des mimosées, contient près de 300 espèces dont quelques-unes dépassent 15 mètres. Remarquables par leur feuillage gracieux et découpé. Le bois est dur, mais ses fibres tortueuses le rendent difficile à travailler. L'écorce et les gousses contiennent du tanin. Les principales espèces sont : l'A. Catechu ou Cachoutier, qui produit le cachou ; l'*A. vera* ou *Mimosa nilotica* de Linnée, qui donne la gomme arabique ; l'A. d'Égypte, d'où on tire la gomme de Galam, etc. Toutes les espèces appartiennent à la zone équatoriale et à l'Australie. — On désigne vulgairement sous le nom d'acacia, ou faux-acacia, plusieurs espèces du genre robinia. (V. *Cachou, Gomme, Robinia.*) L'acacia, proprement dit, originaire d'Amérique, n'est connu en France que depuis 1650.

ACACIE. s. f. Hortic. Dénomination fréquente de plusieurs arbustes appartenant à la famille des acacias.

ACACIÉ. s. m. Bot. Tribu de légumineuses mimosées.

ACACIENS. s. m. pl. Sectes d'Ariens au IVᵉ siècle, dont le chef fut Acace de Césarée (V. ce mot).

ACACIUS (S.). Un des quarante martyrs de Sébaste. V. *Martyrs.*

ACADÉMICIENS. s. m. Philosophes de l'école de l'Académie, sectateurs de la doctrine de Socrate, adoptée par Platon qui devint leur chef : c'est pourquoi on les a appelés aussi Platoniciens. || **ACADÉMICIEN, ENNE.** s. m. et f. Désigne parmi nous celui, celle qui sont membres de compagnies ou sociétés publiquement établies pour cultiver les lettres, les sciences, les arts. Mᵐᵉ Deshoulières fut académicienne d'Arles. || Différence entre Académicien et Académiste. L'exercice d'esprit est le partage de l'académicien ; l'exercice du corps est celui de l'académiste.

ACADÉMIE s. f. Gymnase d'Athènes, avec de vastes jardins, établi dans des terrains qui avaient appartenu à un certain Académus, dont il prit le nom. || Siège de l'enseignement de Platon et de ses disciples qui s'assemblaient dans ce jardin. Le mot académie se prend tantôt pour le lieu même, tantôt pour l'école de Platon. On distingue la première, l'ancienne académie, fondée par Platon vers 388 av. J.-C., qui se composa des disciples purs du philosophe : Speusippe, Xénocrate, Polémon, Crantor ; la deuxième ou la moyenne, fondée vers 244 av. J.-C. par Arcésilas ; la troisième ou la nouvelle, fondée par Carnéade vers l'an 160 av. J.-C. Quelques-uns admettent une quatrième et même une cinquième académie, ayant pour chefs Philon et Antiochus. On verra la doctrine de chacune, aux noms des fondateurs. || Académie fut aussi le nom que Cicéron donna à sa maison de campagne, près de Pouzzoles, où il composa ses *Questions académiques* et son ouvrage *De la nature des Dieux*. || Académie se dit par extension d'une compagnie de personnes qui se réunissent pour s'occuper de belles-lettres, de sciences ou de beaux-arts. Charlemagne créa, en 795, dans son palais, une académie, qui prit de là le nom d'*Académie palatine*. Dans la suite du moyen âge, à partir du XIe siècle, nous trouvons dans diverses villes, notamment à Caen, à Amiens, à Paris, à Rouen, à Beauvais, à Arras, etc., des sociétés poétiques qui s'intitulaient pays, cours d'amour, cours de rhétorique. Telle fut l'origine de l'*Académie des Jeux floraux* de Toulouse, la plus ancienne de l'Europe, composée d'abord de sept *trobadors*. || Les académies fleurirent surtout à la renaissance des lettres en Italie ; de là elles se répandirent en France, en Angleterre et dans les principaux pays de l'Europe. Les principales académies sont : l'Académie della Crusca (du Crible), à Florence (1582), qui s'occupe de littérature. On lui doit un dictionnaire célèbre qui fait loi pour la langue italienne (la première édit. parut en 1612). L'Académie del Cimento, à Florence (1657), fondée par le cardinal Léop. de Médicis ; sciences, expériences de physique. L'Académie des Arcades ou plutôt des Arcadiens, à Rome (1690) ; chaque membre prenait le nom d'un berger d'Arcadie. L'Institut de Bologne (1690) : sciences et arts. L'Académie des sciences, à Turin (1759). L'Académie royale, à Naples (1779). — Dans la Grande-Bretagne, la Société royale de Londres, fondée à Oxford en 1645, transférée à Londres en 1660. Elle publie des mémoires sous le titre de *Philosophical transactions*. La Société royale d'Edimbourg (1731). — L'Académie des *curieux de la nature*, (1652), fondée par le médecin Bausch, en Bavière. L'empereur Léopold la prit sous sa protection, d'où son nom de Léopoldine. L'Académie royale des sciences de Berlin (1710), fondée par Frédéric Ier. Leibnitz en fut le premier directeur. La Société de Gœttingue (1750) ; celle de Munich (1759). — En Suède, l'Académie d'Upsal (1710), pour l'étude des langues du Nord ; l'Académie des sciences de Stockholm (1739). — En Espagne, l'Académie royale espagnole, à Madrid (1713), fondée par le duc d'Escalona, pour la culture de la langue. — En Russie, l'Académie impériale des sciences à Saint-Pétersbourg, créée par Pierre le Grand (1724), organisée par Catherine (1725). — En France, l'*Académie française*, fondée, en 1635, par Richelieu, pour fixer et polir la langue. Elle a travaillé et travaille sans cesse à sa mission en confectionnant le *Dictionnaire de l'Académie française*, qu'elle remanie, corrige, complète incessamment, et dont la première édition a paru en 1694, la deuxième en 1718, la troisième en 1740, la quatrième en 1762, la cinquième en 1798, la sixième en 1835, la septième en 1877. L'Académie a aussi entrepris, depuis 1858, un *Dictionnaire historique de la langue française* dont quelques fascicules ont été publiés. Cette illustre et utile compagnie contribue encore au perfectionnement de notre langue en récompensant et en dirigeant, dans une certaine mesure, les efforts des écrivains qui la méritent ; en effet, de généreux donateurs ont fondé des prix, et l'Académie les décerne aux œuvres littéraires les plus dignes, soumises dans un concours à son examen, et pour motiver son jugement elle apprécie les ouvrages couronnés, en relève le mérite et aussi les imperfections. L'Académie française, supprimée par la Révolution, fait depuis 1803 partie de l'Institut (V. ce mot) qui se compose en outre de l'Académie des inscriptions et belles-lettres, de l'Académie des sciences, de l'Académie des beaux-arts, et de l'Académie des sciences morales et politiques. Elle comprend quarante membres, à vie ; elle procède au remplacement de chaque membre défunt par un scrutin secret. Elle a un directeur et un chancelier élus pour trois mois, et un secrétaire élu à vie, qui porte le titre de secrétaire perpétuel. Les séances ont lieu chaque jeudi, de deux heures et demie à quatre heures et demie. Une séance publique se tient chaque année, pour la distribution des prix. Lorsqu'un nouvel académicien est admis on dit qu'il va s'asseoir sur le fauteuil de son prédécesseur. || L'*Académie des inscriptions et belles-lettres*, fondée par Colbert (1663). Cette savante société publia des mémoires précieux pour l'histoire et l'é-

rudition ; elle continue en outre les travaux des bénédictins, l'Histoire littéraire de la France, le Recueil des historiens de France, le Gallia christiana, le Recueil des ordonnances des rois de France, etc. ; elle a 40 membres titulaires, 10 membres libres, 8 associés étrangers et des membres correspondants. || L'*Académie des sciences*, fondée par le même (1666), se compose de 66 membres, de 10 académiciens libres et de 8 associés étrangers. Elle se divise en 11 sections, à chacune desquelles sont attachés des correspondants. Cinq sections appartiennent aux sciences mathématiques, les six autres aux sciences physiques ; à savoir : 1re section, de géométrie (8 correspondants) ; 2e, de mécanique (6 corresp.) ; 3e, d'astronomie (16 corresp.) ; 4e, de géométrie et de navigation (8 corresp) ; 5e, de physique générale (9 corresp.) ; 6e, de chimie (9 corresp.) ; 7e, de minéralogie (8 corresp.) ; 8e, de botanique (10 corresp.) ; 9e, d'économie rurale (10 corresp.) ; 10e, d'anatomie et de zoologie (10 corresp.) ; 11e, de médecine et de chirurgie (8 corresp.). Chaque section comprend 8 membres titulaires, excepté la quatrième qui n'en a que 6. || L'*Académie des beaux-arts*, ou de peinture et de sculpture (1648), fondée par le cardinal Mazarin, de musique (1666), d'architecture (1671), se compose de 40 membres répartis inégalement entre ses cinq sections, de 10 académiciens libres, de 10 associés étrangers, de 40 correspondants et de 2 corresp. honoraires. La 1re sect. de peinture, contient 14 membres ; la 2e, de sculpture, 8 ; la 3e, d'architecture, 8 ; la 4e, de gravure, 4 ; la 5e, composition musicale, 6. || L'*Académie des sciences morales et politiques* (1795). Elle comprend aujourd'hui 5 sections et 40 membres, 8 par section. A ces 6 académiciens libres, 6 associés étrangers. Quant aux correspondants en voici le nombre par section : 1re section, de philosophie, 9 corresp. ; 2e, de morale, 9 ; 3e, de législation, droit public et jurisprudence, 9 ; 4e, d'économie politique, finances et statistique, 12 ; 5e, d'histoire générale et philosophique, 8. || Pour plus de détails sur les 5 académies qui forment l'*Institut de France*, voir ce mot. || *Académie de médecine*, ancienne Académie royale de chirurgie (1731) et ancienne Société royale de médecine (1776), toutes deux supprimées par la révolution (1793) et rétablies et fusionnées par le roi Louis XVIII (1820). 100 membres titulaires ; onze sections. 1re sect., anatomie et physiologie, 10 membres ; 2e, pathologie médicale, 13 ; 3e, pathologie chirurgicale, 10 ; 4e, thérapeutique et histoire naturelle médicale, 10 ; 5e, médecine opératoire, 7 ; 6e, anatomie pathologique, 7 ; 7e, accouchements, 7 ; 8e, hygiène publique, médecine légale et police médicale, 10 ; 9e, médecine vétérinaire, 6 ; 10e, physique et chimie médicales, 10 ; 11e, pharmacie, 10. L'Académie de médecine comprend aussi des membres libres qui forment une section d'histoire et de philosophie médicales, des associés nationaux qui peuvent être portés au nombre de 20, des associés étrangers, également au nombre de 20, et des membres correspondants. || *Académie de musique*. V. Opéra. || Académie se dit aussi des divisions territoriales de l'Université de France, dont chacune est dirigée par un recteur. Académie de Lyon, de Bordeaux. Châteauroux est du ressort de l'académie de Poitiers. (V. *Instruction publique*.) || Absolument, l'Académie française. Un discours de réception à l'Académie. || Se disait des lieux où l'on tenait un jeu public. Tenir académie. Académies de jeux. Aujourd'hui on dit maison de jeu. || Peint. et sculpt. Figure entière, d'après un modèle nu ; se dit aussi des copies de ces dessins ou sculptures. || Il existe à Paris plusieurs autres sociétés savantes, telles que la Société centrale d'agriculture, la Société des antiquaires de France, la Société de géographie, la Société géologique de France, la Société d'horticulture, etc. (V. les mots *Agriculture, Antiquaire, Géographie*, etc.) On compte dans le reste de la France un grand nombre de sociétés scientifiques, littéraires, artistiques. Il y a peu de villes importantes qui n'en possèdent une ; quelques villes en ont plusieurs. Beaucoup de ces académies florissaient avant la révolution. (V. *La France littéraire*, 1769.) || *Académie de guerre de Berlin*. Nom donné

depuis 1858 à la principale école militaire de l'Allemagne, qui, créée en 1816 sous le nom d'École générale de la guerre, avait besoin d'être distinguée des autres écoles de guerre. Elle est destinée à initier aux connaissances les plus élevées de l'art de la guerre un nombre important d'officiers de toutes armes préparés déjà par leur instruction scientifique et militaire à l'enseignement supérieur qu'ils reçoivent. Ils y viennent chercher la somme des connaissances nécessaires pour être en état de servir dans l'état-major, dans l'adjudantur et d'occuper par la suite les hautes fonctions du commandement (général von Peucker). L'Académie de guerre est établie à Berlin, et placée sous la direction supérieure de l'inspecteur général de l'instruction militaire. A sa tête est un directeur, du grade de général-lieutenant, assisté d'une commission d'études composée de cinq membres. Les cours militaires sont faits par des officiers généraux ou supérieurs, les autres confiés à des professeurs civils, ordinairement des professeurs d'universités ; les premiers sont obligatoires, les seconds facultatifs ; toutefois les officiers sont forcés de faire choix parmi les cours facultatifs de certaines matières, qui deviennent dès lors pour eux obligatoires. Cours obligatoires : Tactique théorique et appliquée, Histoire des guerres, Artillerie, Fortification passagère, permanente, Attaque et Défense des places, Levé topographique, Service d'état-major, Géographie militaire, Administration militaire, Hygiène, Mathématiques. Cours facultatifs : Mathématiques supérieures, Géodésie, Histoire ancienne, du moyen âge, moderne, contemporaine, Géographie générale, Géographie pratique, Chimie, Physique expérimentale, Langues française et russe. Les officiers suivent en outre un cours d'équitation et font pendant la bonne saison, des exercices, reconnaissances, travaux de tout genre sur le terrain, visites d'établissements militaires et de places fortes, levés topographiques, voyages d'état-major. Ils assistent aux grandes manœuvres. La durée des cours est de trois ans. Un examen général écrit a lieu à la fin de la première et de la deuxième année : le résultat en est secret, mais ceux qui ne sont pas aptes à faire une troisième année sont renvoyés. A la fin de la troisième année un rapport est établi sur le mérite de chaque officier qui reste ignorant des notes qui lui sont données. A la sortie de l'Académie de guerre, les officiers rentrent dans leur corps, ou sont envoyés pendant dix mois dans une arme autre que celle à laquelle ils appartiennent : ils sont par la suite placés dans le service d'état-major, l'adjudantur, etc., ou restent même à leur corps, au gré du gouvernement, leur séjour à l'Académie ne leur créant aucun droit. Le nombre des officiers admis chaque année à l'école est assez variable ; 250 en moyenne depuis quelques années. Les officiers de toutes armes peuvent prendre part au concours : aucune condition d'âge n'est imposée, mais de fait les officiers qui se présentent sont des premiers ou seconds lieutenants. L'examen d'entrée tout entier écrit, dure cinq jours : il ne dépasse pas la force de nos examens de sortie de Saint-Cyr. La Commission d'études fixe elle-même les questions à traiter, le temps qu'on y doit consacrer, cote les compositions, et dresse la liste des officiers admis. (Extrait de la *Revue militaire de l'étranger*.)

ACADÉMIQUE. adj. des 2 g. Qui se rapporte à l'école de l'Académie, fondée par Platon. L'adjec. a pris la même extension que le substantif académie. Séance académique. Étude académique (peinture). || Se rapporte surtout à l'Académie française. Style académique.

ACADÉMIQUEMENT. adv. D'une manière académique. Traiter un sujet académiquement.

ACADÉMISER. v. a. Peint. et sculpt. Académiser des figures, c'est leur donner servilement les poses de convention des modèles.

ACADÉMISTE. s. m. Celui qui apprend, ou qui enseigne, ou qui connaît les exercices des académies : danse, escrime, équitation, etc.

ACADÉMUS. Citoyen d'Athènes, légua à la ville un terrain qui servit de gymnase, de promenade, et où Platon réunissait ses disciples.

ACADIALITE. s. f. Cristal de la Nouvelle Écosse ; une variété de chalasie.

ACADIE. Péninsule et province de l'Amérique septentrionale. V. *Ecosse (Nouvelle-).*

ACADIEN, ENNE. s. et adj. Qui est né en Acadie, ou l'habite. Qui est propre à ce pays ou à ses habitants.

ACÆNITE. s. m. Zool. Tribu d'insectes hyménoptères dont le type est le genre acène, très répandu en Europe.

ACÆRIA, ACÉRIE. s. f. (gr. *a* priv. ; *kairos*, temps). Méd. État d'une chose qui est hors de saison.

ACAFOXE (S.). Martyr japonais. F. 10 sept.

ACAGNARDER. v. a. (a-ka-gnar-dé, *gn* mouill.; —*a* et *cagnard*). Rendre mou, accoutumer quelqu'un à une vie oisive. || S'ACAGNARDER. Mener une vie de paresseux, de débauché. Fam.

ACAIRE OU ACHAIRE (S.). *Acarius* (639). Év. de Noyon et de Tournay, se déchargea de ce dernier diocèse sur S. Amand : fut le conseiller du roi Clotaire II et le bienfaiteur des pauvres. Il eut pour successeur S. Éloi. F. 27 nov.

ACAJOU. s. m. (mot américain, mais probablement d'origine malaise, importé avec le bois qu'il désigne). Ce nom est donné à plusieurs espèces d'arbres, toutes originaires d'Amérique, et remarquables par leur bois dur, odorant, d'une belle teinte rougeâtre, qui devient plus foncé en vieillissant et susceptible d'un très beau poli. Ce bois est inattaquable par les insectes. On peut le débiter en feuilles de 1 à 2 millimètres, ce qui le fait employer pour plaquer les meubles. Quelques morceaux présentent des dessins très jolis et très recherchés : c'est l'acajou veiné, chenillé, moucheté, moiré, etc. Les arbres qui le fournissent sont : le *Swietenia mahogoni* (les Américains nomment le bois d'acajou mahogoni) : il atteint 40 mètres de hauteur sur 2 de diamètre ; le *Cedrela odorata*, dont les proportions sont encore plus gigantesques : tous deux appartiennent à la famille des cédrélées ; la curatelle ou acajou bâtard, de la famille des diléniacées ; et l'acajou à pomme, *Anacardium*, de la famille des anacardiacées. L'acajou n'est employé en Europe que depuis le XVIIIᵉ s. La noix d'acajou s'emploie dans la teinture en noir. || Le mot acajou désigne l'arbre, le bois et la couleur. Des acajous. Secrétaire d'acajou. Porte peinte en acajou.

ACALAMAPIXTLI. Premier roi des Aztèques ou anciens Mexicains, régna de 1380 à 1420, date de sa mort. Il créa l'unité mexicaine, établit des lois sages, policia ses sujets, embellit sa capitale Ténochtitlan, aujourd'hui Mexico, fit construire des ponts, creuser des canaux et élever des aqueducs qui firent plus tard l'admiration des Espagnols.

ACALANTHE. s. m. (gr. *akalanthis*, chardonneret). Zool. Nom scientifique du tarin et du chardonneret. || ACALANTHE. Myth. Une des neuf filles de Piérius, changée en chardonneret pour avoir voulu rivaliser avec une des Muses.

ACALE. Myth. Neveu de Dédale, inventa la scie et le compas. Son oncle, par jalousie, le précipita du haut d'une tour, mais Minerve le métamorphosa en perdrix.

ACALÈPHE. s. m. (gr. *akalêphê*, ortie de mer). Classe de l'embranchement des zoophytes ou animaux rayonnés, dont le type est le genre méduse ou ortie de mer, ainsi appelée parce que son contact produit sur la peau une sorte de brûlure, comme le fait l'ortie. Quelques-uns sont phosphorescents. Parmi les autres genres nous citerons les vélelles, les physalies, les pélagies noctiluques, les béroés, etc. Ce sont des animaux d'une structure très imparfaite, qui flottent dans la mer.

ACALÉPHOLOGIE. s. f. Branche de la zoologie qui traite des acalèphes.

ACALICAL, ALE. adj. (a priv. ; *kalux*, calice). Bot. Qualification des étamines qui partent du réceptacle, sans adhérer au calice (hypogynes).

ACALICIN, INE. adj. Bot. Plante dépourvue de calice. Syn. Asépale.

ACALICULÉ, ÉE. adj. Bot. Fleur à calice, dépourvue de calicule.

ACALIFOURCHONNER. v. a. Mettre à califourchon. || v. pr. S'acalifourchonner sur un cheval. Peu usité.

ACALOT. s. m. Zool. Espèce de courlis du Mexique, de l'ordre des gralles. C'est le tantale mexicain (*Tantalus mexicanus*) de Linné.

ACALYPHA ou ACALYPHE. s. f. (gr. *akalupha*, corruption d'*akalêphê*, ortie de mer). Bot. Genre d'euphorbiacées, assez ressemblant à l'ortie commune, dont une espèce de l'Inde est employée en infusions laxatives et purgatives.

ACALYPHÉ, ÉE. adj. Qui ressemble à une acalyphe. || s. f. pl. Plantes de la famille des euphorbiacées uniovulées, ayant pour type l'acalyphe.

ACALYPTE. s. m. (du gr. *a* priv. ; *kaluptos*, couvert). Serpents venimeux qui ont la peau molle, nue et se plaisent dans les lieux marécageux.

ACALYPTÈRES. s. m. pl. (gr. *akaluptos*, nu; *pteron*, aile). Zool. Insectes de la tribu des muscides, qui vivent dans les gazons, les plantes aquatiques, les bois, et s'exposent peu au soleil.

ACAMACU. s. m. Zool. Moucherolle du Sénégal, du cap de Bonne-Espérance et de Madagascar, décrite par Buffon sous le nom de moucherolle huppée, à la tête d'acier poli.

ACAMANTE. V. *Acamas.*

ACAMANTIDE. s. f. Hist. anc. L'une des tribus d'Athènes, du nom d'Acamas, fils de Thésée.

ACAMARCHIS (A-ka-mar-kiss). Myth. Nymphe, fille de l'Océan. || s. f. pl. Polypiers dichotomes, cellariés, qui s'attachent aux rochers et vivent dans les mers chaudes et tempérées.

ACAMAS (A-ka-mass). Nom de plusieurs personnages mythologiques. Le plus célèbre est un fils de Thésée et de Phèdre, un des députés qui allèrent redemander Hélène. Il était aussi au nombre de ceux qui s'enfermèrent dans le cheval de bois pour pénétrer dans Troie.

ACAMBOU. s. m. Royaume d'Afrique, dans la Guinée, d'où l'on tire une grande quantité d'or.

ACAMPSIE. s. f. (*a* priv. ; *kamptein*, fléchir). Chir. Impossibilité de fléchir une articulation.

ACAMPTE. adj. 2 g. (gr. *a* priv. ; *kamptein*, fléchir). Phys. Qui ne réfléchit pas la lumière ; se dit d'une surface opaque et polie qui n'opère pas la réflexion, bien qu'elle semble en avoir les propriétés.

ACAMPTOSOME. adj. 2 g. (gr. *a* priv. ; *kamptein*, fléchir ; *sôma*, corps). Zool. Dont le corps est inflexible. || ACAMPTOSOMES. s. m. pl. Famille d'animaux cirripèdes dont le corps est enveloppé de pièces calcaires.

ACANACÉ, ÉE. s. et adj. Bot. Se dit de toute plante garnie de piquants comme un chardon. || ACANACÉES. s. f. pl. Bot. Quelquefois syn. de chicoracées.

ACANGA ou ACANGUE. s. f. Nom donné par quelques voyageurs à la pintade, ou poule de Guinée.

ACANIENS. s. m. pl. Peuplade de la Guinée.

ACANNER ou ACCAGNER. v. a. (lat. *ad*, contre; *canis*, chien). Injurier ; poursuivre quelqu'un, aboyer après lui comme font les chiens.

ACANTHABOLE ou ACANTHOBOLE. s. m. (gr. *akantha*, épine ; *ballein*, jeter dehors). Chir. Pinces pour extraire les esquilles des os, les corps étrangers introduits dans les organes, spécialement dans le pharynx.

ACANTHACÉ, ÉE. adj. Bot. Épineux ; qui ressemble à l'acanthe. || ACANTHACÉES. s. f. pl. Famille de plantes dicotylédones monopétales qui doit son nom à l'acanthe (V. ce mot) ; la seule espèce qui soit indigène. Elle se subdivise en *thumbergiées, nelsoniées* et *ecmatacanthées.*

ACANTHE. s. f. (*akantha*, épine, plante épineuse). Plante de la famille des acanthacées, vulgairement appelée *branche ursine*, ou *branc-ursine*. Belles feuilles larges, sinueuses et profondément découpées. On trouve en Grèce l'*A. spinosus* ; dans le midi de la France, en Espagne et en Italie, l'*A. mollis*, dont les feuilles sont dépourvues d'épines. || Archit. Les anciens empruntèrent les formes de la feuille d'acanthe pour la décoration des monuments, des meubles et même des vêtements. On dit que l'architecte Callimaque eut l'idée du chapiteau corinthien en voyant une corbeille qu'une jeune fille avait placée au milieu d'un buisson d'acanthe ; d'autres disent qu'il lui fut inspiré par la vue d'une tuile placée sur un cippe funèbre et autour de laquelle avait crû une tige d'acanthe. Quoi qu'il en soit, l'ornementation tirée de la feuille d'acanthe est un des caractères du chapiteau de ce style. — Les Grecs traitèrent la feuille d'acanthe avec une délicatesse et une variété admirables. Les Romains l'employèrent avec moins d'aisance et de liberté. Elle s'altéra et disparut au moyen âge. Les architectes de la renaissance la reprirent et imitèrent les formes romaines plutôt que les formes grecques. || Les poètes ont fait quelquefois le mot masculin. *Le Nil du vert acanthe admire le feuillage* (Delille). || ACANTHE. Myth. Nymphe qui fut métamorphosée en la plante du même nom.

ACANTHE. Ville de Macédoine, au N. du mont Athos, sur les bords de la mer, auj. Cheriosa. || Ville d'Égypte sur le Nil, au S. de Memphis. || Ville de Carie, près de Cnide.

ACANTHÉES. s. f. pl. Bot. Tribu de la famille des acanthacées.

ACANTHELLA. s. m. Bot. Genre des mélostomacées, tribu des mérianées.

ACANTHÉPHIPPIE. s. f. (gr. *akantha*, épine ; *ephippion*, selle). Bot. Genre des orchidéacées, sous-famille des épidendrées, à fleurs de forme bizarre.

ACANTHIAS. s. m. (gr. *akanthias*, poisson à épines). Zool. Nom donné au genre squale et au genre épinoche.

ACANTHIDES. adj. et s. m. pl. Zool. Tribu d'insectes hémiptères du genre acanthie.

ACANTHIE. s. f. Genre d'insectes hémiptères, dont une espèce bien connue est la punaise des lits.

ACANTHIEN, ENNE. s. et adj. Habitant d'Acanthe. Qui concerne cette ville ou ses habitants.

ACANTHINA. s. f. Zool. Genre d'insectes de l'ordre des diptères, division des brachocères.

ACANTHINION. s. m. (*akantha*, épine ; *inion*, occiput). Zool. Genre de poissons de la famille des squammipennes.

ACANTHINOPHYLLUM. s. m. Bot. Genre d'artocarpacées (ulmacées), tribu des artocarpées.

ACANTHION. s. f. Zool. Genre de mammifères épineux tels que le hérisson. || Bot. Nom scientifique de l'artichaut.

ACANTHIQUE. s. m. Zool. Genre d'hémiptères, famille des cicadelles.

ACANTHIUS (Georges). De son vrai nom Dorn. Poète et savant d'Allemagne, XVIᵉ s.

ACANTHOBOLUS. s. m. Bot. Genre d'algues.

ACANTHOCARPE. adj. (gr. *akantha* et *karpos*, fruit). Bot. Se dit des plantes dont les fruits sont couverts d'épines.

ACANTHOCÉPHALE. s. et adj. Se dit de tout animal dont la tête est armée d'aiguillons. || ACANTHOCÉPHALES. s. m. pl. Zool. Genre de vers intestinaux, dont la tête est armée de crochets. || Bot. Genre de composées chicoracées (Asie).

ACANTHOCÈRE. s. m. (gr. *kéras*, corne). Entom. Genre de diptères brachocères.

ACANTHOCLADUS. s. m. Bot. Genre de polygalacées.

ACANTHODACTYLE. s. m. (gr. *daktulos*, doigt). Zool. Genre de reptiles sauriens, dont les doigts sont dentelés.

ACANTHODERUS. s. m. Zool. Genre de coléoptères tétramères, famille des longicornes.

ACANTHOÏDES. V. *Acanthacées.*

ACANTHOLÉPIS. s. m. (gr. *lépis*, écaille). Bot. Plante de la famille des composées, tribu des cynaroïdées (Orient).

ACANTHOLIMON. s. m. Bot. Genre de plombaginacées, tribu des staticées (Orient).

ACANTHONYX. s. m. (gr. *onux*, ongle). Zool. Genre de crustacés décapodes ; on en trouve dans la Méditerranée.

ACANTHOPE. s. m. et adj. (gr. *ôps*, œil). Zool. Genre d'insectes orthoptères mantides et de coléoptères hétéromères.

ACANTHOPHAGE. s. et adj. (gr. *phagein*, manger). Qui se nourrit de chardons. L'âne est acanthophage.

ACANTHOPHIS. s. m. (gr. *ophis*, serpent). Zool. Genre de reptiles ophidiens, d'un gris pâle, famille des vipères habitant la Nouvelle-Hollande. || s. f. Bot. Genre d'algues de l'ordre des floridées.

ACANTHOPHITON. s. m. Bot. Plante de la famille des composées.

ACANTHOPODE. s. m. (gr. *pous*, génit. *podos*, pied) Zool. Genre de poissons à nageoires armées de piquants.

ACANTHOPOMES. s. m. (gr. *pôma*, opercule). Zool. Genre de poissons, à opercules garnis d'épines ou dentelés.

ACANTHOPS. s. m. (gr. *ôps*, œil, aspect). Zool. Genre de poissons couvrant les espèces de loches dont le pourtour de l'œil est garni de piquants. On dit également *acanthopsis*.

4

ACANTHOPTÈRE. s. m. (gr. *pteron*, aile). Zool. Genre purpuricène de coléoptères tétramères

ACANTHOPTÉRYGIENS. s. m. pl. (*pterugion*, nageoire). Zool. Ordre de poissons à nageoire dorsale épineuse, renfermant un grand nombre d'espèces : perche, scombre, maquereau, rouget, etc.

ACANTHORYNQUE. s. m. (gr. *rugkhos*, bec). Zool. Genre d'oiseaux melliphages.

ACANTHURE. s. m. (gr. *oura*, queue). Zool. Genre de poissons à épine mobile et tranchante sur la queue, famille des teuthyes.

ACANZI. s. m. Soldat volontaire turc.

ACAP. s. m. Bois des îles employé pour les boiseries.

A CAPELLA. Terme italien dans la musique d'église, signifie que les instruments doivent marcher à l'unisson ou à l'octave avec les parties chantantes.

ACAPIT. V. *Acapt.*

A CAPRICIO. V. *Ad libitum.*

ACAPT. s. m. (a-kaptt; — bas lat. *acapitum*). Dr. féod. Droit de rachat du fief payé par le vassal au suzerain. L'acapt était d'ordinaire d'une année de revenu. Ce terme n'était usité que dans le Midi. — Ce mot et celui d'*acapit* ont aussi été quelquefois employés pour désigner l'emphytéose.

ACAPULCO (A-ka-poul-ko). 2,000 h. Ville du Mexique, prov. de Guerrero ; bon port sur l'océan Pacifique ; climat insalubre. Autrefois tête de ligne d'où partaient pour l'Espagne les produits de ses possessions américaines.

ACARDE. s. f. et adj. (*a* priv.; *cardo*, gond). Zool. Coquille qui ne présente pas de trace de charnière. || Mollusque gastéropode, appelé plus communément *ombrelle.*

ACARDIE. s. f. (gr. *a* priv.; *kardia*, cœur). Méd. Absence congénitale du cœur.

ACARE. V. *Acarus.*

ACAREMENT, ACARIATION. V. *Accaration, Accarement.*

ACARIÂTRE. adj. (*a* et *cara*, face ; qui tient tête, avec le sens défavorable que contient la terminaison *âtre.* Se place après le subst.). Qui est d'une humeur fâcheuse, aigre, difficile, criarde. Humeur, esprit acariâtre. || Syn. Acariâtre, hargneux, querelleur. L'acariâtre est légèrement et opiniâtrément acre; il manque de douceur et taquine sans cesse. Une femme acariâtre est grognon et hargneuse. La vieillesse chagrine et la sombre jalousie sont hargneuses. Le querelleur a la manie des disputes, des provocations, du bruit. La jeunesse est querelleuse.

ACARIÂTRETÉ. s. f. Humeur acariâtre. L'acariâtreté de son caractère le rend insupportable. Peu usité.

ACARIDES, ACARIDIENS, ACARIENS. s. m. pl. (gr. *akari*, mite, et *eidos*, forme). Zool. Ordre d'arachnides trachéens, connus sous le nom vulgaire de *mites.* Leur corps est mou et sans croûte écailleuse. Ils respirent comme les insectes par des trachées, ont huit pattes à l'état adulte, mais six seulement à la naissance. Ces petits arachnides sont très répandus dans la nature. Un nombre immense attaquent les substances alimentaires, la farine, le fromage, etc. D'autres sont parasites des végétaux et des animaux et sont la cause connue ou inconnue de beaucoup de maladies. Les principaux genres sont le genre *lepte,* vulgairement nommé *rouget,* qui vit sur certaines herbes, envahit les jambes des promeneurs et cause de vives démangeaisons; le genre *gamase,* dans les celliers et les caves; le genre *argas,* qui suce le sang comme les punaises ; le genre *ixode,* qui sous le nom vulgaire de *tique* attaque les chiens; le genre *tyroglyphe,* qui porte plus particulièrement les noms d'*acarus,* de *mite,* de *ciron.* On distingue l'*acarus* domestique ou des fromages de Gruyère et de Hollande et l'*acarus* de la farine ; le genre *psoropte,* qui produit la gale sur la peau de certains animaux ; le genre *sarcopte,* auquel appartient l'*acarus* de la gale humaine. (V. *Gale.*)

ACARIE (Jean-Pierre). Conseiller-maître de la Chambre des comptes, ligueur, membre du Conseil des Seize, m. à Ivry en 1613. || **ACARIE** (Barbe *Avrillot,* dame), femme du précédent, 1565-1618. Introduisit en France l'ordre des Carmélites. Béatifiée en 1791. F. 18 avril. — Sa fille, *Marguerite,* également carmélite, mourut à Paris en 1660, en odeur de sainteté.

ACARIER. v. a. Confronter. Ancien mot.

ACARNANIE. s. f. Province de l'ancienne Grèce. (V. *Akarnanie.*)

ACARNANIEN, IENNE. s. et adj. Qui est de ou propre à l'Acarnanie.

ACARNE. s. m. (*a* priv.; *caro, carnis,* chair). Zool. Poisson de mer blanc, semblable, par la forme, au rouget.

ACARON. s. m. Bot. Espèce de myrte sauvage.

ACARON. Vle de Palestine où fut gardée l'arche sainte prise par les Philistins.

ACAROTOXIQUE. adj. (toxique contre les acariens). Méd. Se dit des substances qui, appliquées sur la peau, ont la propriété de faire périr les acariens et de guérir la gale.

ACARPE. adj. (gr. *a* priv.; *karpos,* fruit). Bot. Se dit d'une plante privée ou qui semble privée de fruits.

ACARPELLÉ, ÉE. adj. Bot. Fleur dépourvue de carpelles.

AÇARQ (D'). Grammairien né à Audruick, dans l'Artois ; professeur à l'école royale, militaire et membre des Académies d'Arras, de la Rochelle et de la Crusca. 1720-1795. *Grammaire française philosophique,* 1760-61, 2 vol. in-12 ; *Plan d'éducation publique,* Paris, 1776, in-8° ; etc.

ACARUS, ACARE. s. m. (gr. *akari,* ciron, mite, petit insecte). Zool. S'applique tantôt à tout l'ordre des acarides, tantôt à un genre de cet ordre. (V. *Acarides.*)

ACASANER. v. a. (lat. *casa,* maison). Verbe anc. syn. d'endormir, d'engourdir. || S'ACASANER. S'abâtardir, s'engourdir.

ACASEMENT. s. m. Action d'acaser. || Dr. féod. Inféodation. On écrit aussi *acazement.*

ACASER et **ACAZER.** v. a. Dr. féod. Donner en fief, à rente.

ACASTE. s. m. Bot. Genre d'iridacées. || Zool. Insectes cirripèdes qui se logent et vivent dans les éponges.

ACASTE. Myth. Fils de Pélias, l'un des Argonautes, rendit les devoirs funèbres à son père assassiné par ses sœurs.

ACASTIDE. s. m. Descendant d'Acaste.

ACATALECTE ou **ACATALECTIQUE.** adj. (*a* priv.; *kataléctikos,* qui a une finale). Prosod. Inachevé, incomplet. Se dit d'un vers auquel il ne manque rien à la fin, par opposition au vers catalecte dont la dernière syllabe est tronquée ou incomplète. Ex. : le vers iambique sénaire.

ACATALEPSIE. s. f. (gr. *a* priv. ; *katalépsis,* compréhension). Philos. anc. Impossibilité de saisir, de concevoir une chose, d'avoir une certitude ; expression technique de Pyrrhon et des philosophes sceptiques. || Méd. Névrose dont les symptômes sont opposés à ceux de la catalepsie (V. ce mot).

ACATALEPTIQUE. adj. Philos. anc. Partisan de l'acatalepsie ou du doute. Doctrine, philosophie acataleptique. || Méd. Qui est atteint d'acatalepsie. Qui a rapport à cette affection.

ACATAPOSE. s. f. (gr. *a* priv ; *kataposis,* action d'avaler). Méd. Impossibilité, difficulté d'avaler.

ACATASTATIQUE. adj. (gr. *a* priv.; *katastaticos,* stable). Méd. Irrégulier. Fièvre, urine acatastatiques.

ACATHE (S). Centurion, martyr à Byzance en 303. F. 8 mai.

ACATHISTE. s. m. Hist. ecclés. Fête que célébrait l'Église grecque le samedi de la 4ᵉ semaine de carême, en l'honneur de la sainte Vierge ; son nom vient de ce que tout le monde s'y tenait debout. || Hymne chantée à cette fête.

ACATHOLIQUE. s. et adj. (*a* priv.; *catholicos,* catholique). Néol. Chrétien qui n'appartient pas à l'Église catholique romaine.

ACATIA. s. f. (a-ka-si-a ; — gr. *akation,* nacelle pointue). Chaussure à l'usage des femmes grecques, ainsi appelée à cause de sa forme.

ACATIUM. s. m. (a-ka-si-om; — gr. *akation*). Nav. anc. Petit navire, à voiles et à rames.

ACAULE. adj. (lat. *a* priv., *kaulis,* tige). Bot. Terme employé pour désigner les plantes dont la tige est si courte qu'elle semble ne pas exister, comme le plantain, la pâquerette, la primevère, etc.

À CAUSE DE, À CAUSE QUE. V. *Cause.*

ACAVE. s. m. Zool. Genre d'hélices ou escargots.

ACCABLANT, ANTE. adj. Qui accable ou qui peut accabler. Fardeau accablant. || Par exag.

Extrême. Chaleur accablante. || Se dit surtout au fig. Affaires, malheur, nouvelle, charge, reproche accablants. || Importun, incommode. Personne, visite accablante.

ACCABLEMENT. s. m. État d'une personne accablée par la maladie ou par l'affliction. Accablement de corps, d'esprit. || Surcharge. Être dans un accablement d'affaires, de travail. || Syn. V. *Abattement.*

ACCABLER. v. a. (a-ka-blé; — du vieux français *cable,* comme attabler de table. Cable, machine de guerre à lancer des pierres, plus anc. *caable,* plus anc. *cadable* ; du lat. *cadablum,* *cadabulum,* du gr. *katabolé,* renversement. Littéral. jeter par terre, renverser, écraser sous un choc). Faire succomber sous le poids. Être accablé sous les ruines, par la chute d'une muraille || Vaincre. Être accablé par le nombre des ennemis, ne pouvoir résister au nombre. || Surcharger, excéder les forces Les femmes ne doivent pas porter des fardeaux qui les accablent. || Fig. Le travail, les affaires l'accablent. Se laisser accabler à la douleur, à la tristesse, et plus ordinairement par la douleur, par la tristesse. Accablé de dettes, de misère, de sommeil, de visites. || Accabler quelqu'un de reproches, d'injures, de questions. || Combler. Accabler quelqu'un de bienfaits, de présents, de caresses, de louanges, de politesses, etc. || v. pr. S'accabler de travail. || Syn. Accabler, opprimer, oppresser. Accabler est le terme le plus général ; il tend à l'affaiblissement des forces et, comme oppresser, il a plus de rapport à l'effet, tandis qu'opprimer en a davantage à la cause et fait penser à l'oppresseur qui persécute l'innocence ou la faiblesse. L'oppression serre et empêche la respiration : c'est un poids de fer sur la poitrine qui étouffe jusqu'aux sanglots.

ACCADIEN, IENNE. s. m. et f. Nom donné à un peuple que certains assyriologues, notamment M. Lenormant, pensent avoir précédé les Sémites en Chaldée ; M. Oppert le nomme Sumérien. L'accadien ou sumérien, langue de ce peuple, est un idiome altaïque.

ACCA FAUSTULA (ou **LAURENTIA**). Femme de Faustulus, berger de Numitor, surnommée la *Louve,* nourrice de Romulus et de Rémus.

ACCALIES. s. f. pl. Fêtes à Rome, en l'honneur d'Acca Laurentia, considérée par les Romains comme la mère et la souveraine des Lares. Elles se célébraient le 23 décembre. On les appelait encore *Larentinalia.*

ACCALMÉE ou **ACCALMIE.** s. f. (de *a* et *calme*). Mar. Calme momentané, qui succède à un coup de vent très violent. || S'emploie aussi au fig.

ACCAPAREMENT. s. m. Action d'accaparer ou le résultat de cette action. Achat considérable de certaines marchandises et notamment de blé, dans le but d'en amener la rareté sur les marchés et par suite d'en élever arbitrairement le cours. Les accapareurs ont été, à diverses reprises, l'objet de l'animadversion populaire et certains législateurs ont porté contre eux des peines draconiennes : la Convention les punissait de mort. Le progrès des idées économiques a amené l'abrogation de cette législation. Aujourd'hui les art. 419 et 420 du Code pénal punissent seulement les manœuvres frauduleuses qui auraient opéré la hausse ou la baisse du prix des denrées au-dessus ou au-dessous des cours qu'aurait déterminés la libre concurrence.

ACCAPARER. v. a. (a-ka-pa-ré; — de ac (*ad*), cap (*capere,* prendre) et arrhes). Arrher ou acheter une quantité considérable d'une marchandise, afin de devenir maître du cours. Accaparer les laines, les huiles, les blés. || Fig. et fam. S'assurer par des sollicitations, par la brigue, etc. Accaparer les voix, les suffrages. Cet avocat accapare toutes les affaires. On dit aussi Il n'y a plus moyen de voir cette personne, elle est accaparée par un tel. || Importuner quelqu'un de flatteries plus ou moins intéressées.

ACCAPAREUR, EUSE. s. Celui, celle qui accapare.

ACCARATION, ACCARIATION. s. f. et **ACCAREMENT.** s. m. (de *ad* et *cara,* bas lat. visage). Jurisp. anc. Confrontation entre accusés.

ACCARER. v. a. Jurisp. anc. Confronter un accusé avec ses coaccusés les mettre face à face.

ACCARIAS DE SERIONNE (Jos.). Avocat et publiciste, né à Châtillon, près de Die, en Dauphiné, 1709, mort à Vienne, en Autriche, 1792. Plusieurs ouvrages sur le commerce de la Hollande, de l'Angleterre et sur les intérêts commerciaux des nations de l'Europe ; *l'Etna*, poème traduit du latin, de Severus ; etc. || **ACCARIAS** (Calixte). Jurisconsulte, né à Mens (Isère) en 1831, professeur à la faculté de droit de Paris, inspecteur général des facultés de droit. *Précis de droit romain*, 2 vol. in-8, 1869-81.

ACCARISI (Albert). Grammairien italien, né à Cento (Ferrarais), auteur d'un vocabulaire de la langue italienne, imprimé en 1543. || **ACCARISI** (François) Jurisconsulte italien, né à Ancône, professeur à l'université de Pise, m. en 1622. || **ACCARISI** (Jacques). Évêque de Veste. Littérateur, m. en 1654.

ACCARON OU ACRON. Ancienne ville importante du pays des Philistins.

ACCASTILLAGE. s. m. (lat. *a*, et *castellum*, château ; esp. *castillo*). Mar. Partie du vaisseau qui se trouve hors de l'eau. Dispositions relatives à son ornement. || Autrefois château d'avant et d'arrière d'un navire qui servait de retranchement.

ACCASTILLER. v. a. Mar. Faire l'accastillage ; garnir un vaisseau de ses gaillards, dunettes et autres parties qui s'élèvent au-dessus de l'eau.

ACCÉDER. v. n. (a-ksé-dé ; — lat. *accedere*; de *ad*, vers, *cedere*, aller. L'*é* fermé se change en *è* ouvert devant une syllabe muette excepté au futur et au conditionnel. Se conj. avec *avoir*). Donner son adhésion à un engagement contracté par d'autres. L'Angleterre accède à ce traité. || Consentir à. || Avoir accès. arriver. On accède à ma chambre par un escalier rapide. || Syn. V. *Acquiescer*.

ACCÉDIT. s. m. (de *accedere*, s'approcher). Jurisp. anc. Descente du juge sur les lieux. Terme de pratique usité surtout en Provence.

ACCÉLÉRATEUR, TRICE. adj. Qui accélère. || Anat. Muscles accélérateurs, Muscles qui accélèrent une évacuation. || Méc. *Force accélératrice*. Se dit du principe ou de la force qui, continuant à agir sur un corps mobile après son départ, exerce ainsi une impression qui lui communique à chaque instant une vitesse nouvelle. || Phot. *Substance accélératrice*. On donne ce nom aux substances qui permettent d'obtenir plus rapidement des épreuves photographiques. || Phys. **ACCÉLÉRATEURS.** s. m. pl. Petits appareils appliqués dans l'horlogerie électrique pour avancer successivement l'horloge régulatrice quand elle est en retard, et sans qu'il en résulte aucun trouble dans les transmissions de l'heure qu'elle fournit sur les différents compteurs électro-chronométriques auxquels elle est reliée. Comme complément, ces accélérateurs sont accompagnés de retardateurs pour fournir l'effet inverse. Les plus perfectionnés sont ceux de M. E. Liais et de M. Wolf (Lami. *Dict. de l'ind.*).

ACCÉLÉRATION. s.f. (ac-cé-lé-ra-sion ; — lat. *accelerare*, hâter ; de *ad* et *celerare*, même sens ; de *celer*, rapide, prompt). Augmentation de vitesse. Prompte exécution d'un travail, d'une affaire. || Méd. Accélération du pouls, de la respiration, quand ces mouvements sont plus rapides que dans l'état normal. || Phys. Quand un corps est soumis à une force continue, sa vitesse change à chaque instant : elle augmente si la force est active, elle diminue si la force est passive ou résistante. On a alors un mouvement varié. Si la force est constante le mouvement est uniformément varié, c'est-à-dire qu'il augmente ou diminue de quantités égales dans des temps égaux. Cette quantité, dont la vitesse croît ou décroît dans chaque unité de temps (ordinairement la seconde), est l'*accélération*. L'accélération est donc négative dans le mouvement retardé : ex. une pierre lancée de bas en haut. Lorsque plusieurs forces constantes agissent successivement sur un même corps, les accélérations imprimées à ce corps sont proportionnelles aux forces. L'accélération peut donc servir à mesurer et à caractériser une force constante, comme la vitesse, dans un mouvement uniforme, mesure et caractérise une force instantanée. (V. *Chute des corps ; Mouvement ; Vitesse.*) || Astron. Si la terre occupait une position fixe dans l'espace, quand elle fait une rotation autour de son axe, le soleil et les étoiles conserveraient leurs positions respectives ; mais pendant ce temps, qui correspond à un jour, elle accomplit une partie de sa révolution annuelle autour du soleil et parcourt sur son orbite un arc qui varie un peu avec les saisons, et qui est, en moyenne, de 59′10″,5 ; ce qui exige un temps pouvant varier de 3′33″ à 4′26″,soit, en moyenne, 3′56″. C'est donc seulement au bout de ce temps que le soleil paraîtra revenu à la même position par rapport à la terre, au méridien, par exemple. De sorte que, si le soleil et une étoile se lèvent aujourd'hui en même temps, ou mieux, passent au méridien au même instant, demain l'étoile sera en avance de 3′56″ (en moyenne). C'est ce qu'on appelle l'accélération des étoiles. (V. *Jour sidéral* et *Jour solaire.*)

ACCÉLÉRER. v. a. (a-ksé-lé-ré ; — lat. *ad*, à ; *celerare*, hâter en *lé* se change en *tè* (acc. grave) devant une syllabe muette, excepté au futur et au conditionnel : J'accélère, j'accélérerai). Augmenter la vitesse, hâter, presser. La gravité d'un corps qui tombe en accélère le mouvement. Accélérer la marche d'une armée, un travail, la décision d'une affaire. || **S'ACCÉLÉRER.** v. pr. Le mouvement s'accélère. || **ACCÉLÉRÉ, ÉE.** p. pas. Pas accéléré. Roulage accéléré. Mouvement accéléré. (V. *Mouvement.*) || En terme militaire, pas accéléré. Sa longueur est de 75 centimètres et sa vitesse de 115 par minute. || Syn. Accélérer, presser, hâter. Accélérer s'applique à une action qu'il suppose commencée et qu'il fait aller plus vite. Presser et hâter se disent plutôt d'une chose qu'il s'agit de mettre en train et presser annonce quelque chose de plus urgent. On presse des hommes ou des animaux ; on hâte des faits ou des événements. On accélère un mouvement, un travail, on presse des ouvriers, on hâte le supplice de quelqu'un. Qui se presse trop se fatigue. Qui se hâte trop arrive trop tôt, finit trop tôt.

ACCÉLÉRIFÈRE. s. m. (*ad*, à ; *celere*, promptement ; *ferre*, porter). Voiture publique légère et rapide. (V. *Célérifère.*)

ACCENSE, ACCENSUS. s. m. Antiq. rom. Soldat supplémentaire appartenant à la classe des citoyens qui ne possédaient pas un cens suffisant pour faire partie de l'armée régulière. Les accenses marchaient à la suite des légions, armés de bâtons et de cailloux ; ils remplaçaient les légionnaires tués ou blessés. || Apparüteur attaché à un grand nombre de magistrats (consuls, proconsuls, préteurs, etc.) ; ces accenses étaien en général des affranchis. || Sous l'Empire, citoyen membre d'un collège de cent membres (*accensi velati*), chargé d'entretenir à ses frais les voies publiques. Ce collège se recrutait surtout dans la classe moyenne et ses membres jouissaient de certains privilèges. || **ACCENSE.** s. f. Jurisp. anc. Bail à ferme, à cens ou à rente.

ACCENSEMENT OU ACENSEMENT, ACCENSINEMENT et **ACCENSISSEMENT.** s. m. Jurisp. anc. Convention par laquelle on donnait ou on prenait une terre à ferme, à cens ou à cens foncière.

ACCENSER OU ACENSER. v. a. Jurisp. anc. Donner ou prendre à cens, à ferme, une propriété, une maison, etc. || **S'ACCENSER.** v. pr. Se donner à cens ; aliéner sa liberté et s'engager à servir autrui, moyennant une rente.

ACCENSEUR. s. m. Bailleur ou preneur à cens. || Celui qui recueillait les dîmes.

ACCENT. s. m. (a-ksan ; —lat. *accentus*, intonation ; de *ad* et *cantus*, son, chant, formé comme le grec *prosódia*).L'accent est proprement l'élévation de la voix sur une syllabe ou sur un mot. Par une confusion regrettable, dit M. B. Berger dans le *Dictionnaire de pédagogie*, nous appelons aussi accents quelques signes orthographiques qui, chez les Grecs, servaient non à marquer l'élévation de la voix, mais qui, chez nous, ne servent qu'à modifier le son des voyelles. — Il y a 3 sortes d'accents : l'accent *tonique*, l'accent *grammatical*, l'accent *oratoire*. L'accent tonique consiste à élever la voix, à appuyer sur une syllabe, qui s'appelle syllabe accentuée ou tonique : les autres syllabes sont dites inaccentuées ou atones. En latin, l'accen se trouvait ou sur l'avant-dernière syllabe (pénultième), quand elle était longue *amare* ou, lorsqu'elle était brève, sur celle qui la précédait (antépénultième) : *amabilis*. En français l'accent tonique porte sur la dernière syllabe, si elle est pleine, si elle se prononce entièrement : aimer, sentir ; ou sur l'avant-dernière, quand la dernière est muette ; aimable, sensible. L'accent reste en français sur la même syllabe qu'il occupait en latin dans les mots formés par le peuple, avant le XIIe siècle, mots plus contractés que les mots savants formés depuis : *bonitatem*, bonté ; *populatus*, peuplé ; *dotare*, douer. L'accent tonique, a écrit Diez, est le pivot autour duquel tourne la formation des mots dans les langues romanes. (Gaston Paris, *L'Accent latin dans la langue franç.* 1862.) La syllabe accentuée est toujours renforcée : 1o ou par une diphtongaison de la voyelle (*fames*, faim; *vocem*, voix) qui reparaît ordinairement dans les dérivés en déplaçant l'accent tonique (affamé, vocal); 2o ou par un redoublement de la consonne : le cas est surtout fréquent pour les lettres *l*, *m*, *t* (chien, chienne; fol, folle ; sujet, sujette), lequel redoublement disparaît ordinairement dans les dérivés (échelle, échelon), pour reparaître quand la dernière syllabe devient muette ; car il n'y a jamais deux syllabes muettes de suite dans un mot français. Le redoublement persiste dans le corps du mot quand la voyelle qui suit la syllabe primitivement accentuée est muette : net, nette, nettement. Il y a exceptions d'abord pour quelques mots introduits par les savants depuis le XIIe siècle (nouvelle, nouvelliste) et pour ceux qui sont dérivés de primitifs latins où se trouvaient déjà deux *l* (rébellion, de *rebellionem*).On trouve l'application de ces principes pour le redoublement de *l* et du *t* dans les verbes en *eter*, *eler*. Je jette, tu jettes, nous jetons, vous jetez, ils jettent ; je jetterai, jetant, jeté, etc. ; 3o ou par un accent grammatical, l'accent grave. On place un accent grave sur l'avant-dernière syllabe, ou entre la voyelle *e*, quand elle est accentuée ; on le supprime quand elle est atone : tiède, tiédeur; céder, je cède; siéger, je siège. Il y avait une exception pour les verbes en *éer* et en *éger*. L'Académie l'a fait disparaître, dans son dernier dictionnaire, pour les verbes en *éger* et à la maintenue pour les verbes en *éer* : créer, je crée. || Il ne faut pas confondre l'accent grammatical, qui se marque dans l'écriture, avec l'accent tonique qui se fait seulement sentir dans la conversation. L'accent tonique, dans *fête*, est sur la même syllabe que l'accent grammatical (^) et dans *fêter* sur la syllabe qui suit. || L'accent grammatical sert à modifier le son des voyelles. Il y a l'accent aigu (′), l'accent grave (`) et l'accent circonflexe (^). L'accent aigu se place sur le *e* fermé (aimé, bonté, etc.), excepté dans les mots terminés en *et*, *ez* et *er*. Il marque la suppression de l'*s* initial dans les mots tels que : état (*statum*), épi (*spica*), échelle (*scala*), étable (*stabulum*), étude (*studium*), etc. L'accent grave se place sur les voyelles *a*, *e* ; ou il se met sur le *e* ouvert (prophète, succès), excepté quand l'*e* est suivi de deux consonnes (peste, terre, trompette) ou qu'il termine le mot et est suivi d'un *e* sonore (fer, hiver). On excepte aussi les monosyllabes *les, mes, tes, ses, est, es*. Il distingue *dès* prépos. de *des* art. ; *où* adv. de *ou* conj. ; *à* prép. de *a* v. ; *là* adv. de *la* art. ou pron. Il se met aussi sur les mots *çà, déjà*, et sur les composés de là : *holà, voilà*. Il marque la suppression de l'*s* dans quelques mots : centième (*centesimus*), nèfle (*mespulum*). Il se met sur l'*e* de l'avant-dernière syllabe d'un mot terminé par une syllabe muette (V. ci-dessus). L'accent circonflexe se place sur toutes les voyelles longues quand il y a contraction ou suppression de lettres : âge (anc. aage), piqûre (piquure), dévoûment (dévouement), remerciement (remerciement). Il marque surtout la suppression d'un *s* : épître (epistre), fêta (feste). L's reparaît souvent dans les dérivés : épistolaire, festival. Il indique aussi la suppression de la lettre *s*, dans certaines personnes : vous fûtes (du latin *fuistis*), qu'il fût (*fuisset*), etc. Nous fûmes, nous eûmes qui n'avaient point de *s* (*fuimus, habuimus*) sont des fautes contre l'étymologie consacrées par l'usage. Il distingue l'un de l'autre deux mots qui s'écrivent de même : *mâtin, matin, mûr* et *mur*, etc., *notre* âme (l'accent tonique est presque nul sur *notre*, il se porte principalement sur âme) ; la *nôtre* (ici l'accent tonique reprend toute sa force étymologique : *nostra*). || L'accent oratoire ne s'applique pas à des syllabes, mais à des mots, à des phrases. Par diverses inflexions de voix, par un ton plus ou moins élevé, celui qui lit ou qui parle exprime les affections diverses qu'il éprouve et qu'il veut communiquer à ceux qui l'écoutent. Interroger, répondre, raconter, quereller, faire des reproches, apostropher, se plaindre, gémir, etc., exigent des tons différents ; toutes les passions ont leur accent et les divers degrés des passions des nuances dans la voix. L'art de la déclamation et de la lecture perfectionne les dispositions naturelles ; mais la nature seule inspire le ton convenable à celui qui est bien pénétré de ce qu'il veut dire. || *Accent provincial.* Se dit des diverses manières de prononcer le français dans les différentes villes ou provinces où l'on s'écarte de la prononciation commune. L'éducation, la culture intellectuelle, les voyages, la conversation des personnes bien élevées, la fréquentation du théâtre français, les leçons des grands maîtres dans l'art de la lecture, apprennent le bon parler. || Mus. Dans le langage musical, l'accent désigne : 1° le plus ou moins de force ou de douceur qu'il convient de donner, soit à une note isolée, soit à un trait de musique ; 2° les signes dont se sert le compositeur pour indiquer à l'exécutant l'emploi qu'il doit faire de ces nuances. Les principaux accents sont les suivants : p. (piano) ; pp. (très piano) ; f. (forte) ; ff. (très fort) ; < crescendo, > decrescendo ; < > ce dernier signe indique qu'on doit augmenter, puis diminuer l'intensité du son.

ACCENTEUR. s. m. (du lat. *accentor*, qui chante avec un autre). Genre d'oiseaux, voisin de celui des fauvettes, ou le même selon quelques auteurs.

ACCENTUABLE. adj. Qui peut être accentué.

ACCENTUATION. s. f. Manière d'accentuer. Les règles de l'accentuation française, grecque, etc.

ACCENTUER. v. a. Marquer d'un accent grammatical. Il faut accentuer cet *e*. || Prononcer avec l'accent tonique L'Italien accentue souvent l'antépénultième. || Dire un mot, une phrase, avec l'accent oratoire. Il faut accentuer davantage cette phrase. || Absol. Cet acteur accentue bien. || Donner plus de force, de relief, de caractère. Une affection profonde avait accentué ses traits (G. Sand). La crise politique s'accentue. || Mus. Exécuter avec animation. Accentuez cette mesure, ce passage. || Arg. Donner une gifle ou un coup de poing. Ex. : Le père accentuait ses gestes ; donnant une gifle à l'un de ses fils, un coup de poing à l'autre, il montrait qu'il savait la manière de donner intelligiblement ses ordres, suivant les règles de l'accent tonique.

ACCEPTABILITÉ. s. f. Qualité de ce qui est acceptable.

ACCEPTABLE. adj. Qui peut, qui doit être accepté.

ACCEPTABLEMENT. adv. D'une manière acceptable.

ACCEPTATIF, IVE. adj. Qui a le caractère d'une acceptation.

ACCEPTATION. s. f. Action d'accepter. Acceptation d'une offre, d'un présent. || Jurisp. L'acceptation d'une offre est nécessaire pour que la convention soit parfaite ; les offres peuvent toujours être retirées tant qu'elles n'ont pas été acceptées. — *Acceptation de donation.* L'acceptation entre vifs n'engage le donateur et ne produit effet que du jour où elle a été acceptée par le donataire. L'acceptation de la donation tient à la substance du contrat ; ce n'est pas une simple formalité de l'acte. Elle peut être faite soit dans l'acte même de donation, soit par un acte postérieur et authentique dont il restera minute ; dans ce cas, la donation n'a d'effet à l'égard du donateur que du jour où l'acte d'acceptation lui a été notifié. La procuration à l'effet d'accepter une donation doit être passée devant notaires ; une expédition doit en être annexée à la minute de la donation ou à la minute de l'acceptation faite par acte séparé. La femme mariée ne peut accepter une donation qu'avec l'autorisation de son mari, ou, à son refus, de

justice. Les donations faites aux mineurs et interdits peuvent être acceptées soit par leurs ascendants, soit par leurs tuteurs autorisés par le conseil de famille ; celles faites aux hospices et établissements publics, par leurs administrateurs dûment autorisés par le gouvernement (C. civ., Art. 932-942). — *Acceptation de succession.* Une succession peut être acceptée purement et simplement ou sous *bénéfice d'inventaire* (V. ce mot). L'acceptation peut être expresse ou tacite : elle est expresse quand on prend le titre ou la qualité d'héritier dans un acte authentique ou privé ; elle est tacite, quand l'héritier fait un acte qui suppose nécessairement son intention d'accepter et qu'il n'aurait droit de faire qu'en sa qualité d'héritier. Les femmes mariées ne peuvent accepter une succession qu'avec l'autorisation de leur mari ou de justice ; les successions échues aux mineurs et interdits ne peuvent être acceptées par leurs tuteurs qu'avec l'autorisation du conseil de famille et seulement sous bénéfice d'inventaire. L'effet de l'acceptation remonte au jour de l'ouverture de la succession (C. civ., art. 774-783). — *Acceptation de communauté.* Après la dissolution de la communauté, la femme ou ses héritiers ont la faculté de l'accepter ou d'y renoncer. La femme acceptante n'est tenue des dettes de la communauté, soit à l'égard du mari, soit à l'égard des créanciers que jusqu'à concurrence de son émolument, pourvu qu'il y ait un bon et fidèle inventaire, et en rendant compte tant du contenu de cet inventaire que de ce qui lui est échu par le partage (C. civ., art. 1453-1491). — *Acceptation de transport.* Dans le transport d'une créance, le cessionnaire n'est saisi à l'égard des tiers que par la signification du transport faite au débiteur ou par l'acceptation faite par celui-ci dans un acte authentique (C. civ., art. 1690). Le débiteur qui a accepté purement et simplement la cession qu'un créancier a faite de ses droits à un tiers ne peut plus opposer au cessionnaire la compensation qu'il eût pu, avant l'acceptation, opposer au cédant (Art. 1295). — *Acceptation d'offres réelles.* Lorsqu'un créancier refuse de recevoir son paiement, le débiteur peut lui faire des offres réelles par ministère d'huissier et, au refus du créancier de les accepter, consigner la somme ou la chose offerte. Tant que la consignation n'a point été acceptée par le créancier, le débiteur peut la retirer (C. civ., art. 1257-1261). — *Acceptation de lettres de change.* L'acceptation est l'acte par lequel le tiré s'engage à payer à l'échéance le montant d'une lettre de change. L'acceptation doit être signée ; elle est exprimée par le mot *accepté* ; elle est datée si la lettre est à un ou plusieurs jours ou mois de vue. Le refus d'acceptation est constaté par un acte que l'on nomme *protêt faute d'acceptation.* Sur la notification de ce protêt, les endosseurs et le tireur sont respectivement tenus de donner caution pour assurer le paiement de la lettre de change à son échéance, ou d'en effectuer le remboursement avec les frais de protêt et de rechange. — Lors du protêt faute d'acceptation, la lettre de change peut être acceptée par un tiers intervenant pour le tireur ou pour l'un des endosseurs : c'est ce qu'on nomme *acceptation par intervention.* L'intervention est mentionnée dans l'acte de protêt, signée par l'intervenant et doit être notifiée par lui sans délai à celui pour qui il est intervenu. Nonobstant toutes acceptations par intervention, le porteur conserve tous ses droits contre le tireur et les endosseurs à raison du défaut d'acceptation du tiré (C. com., art. 118-128). || Adm. milit. *Certificat d'acceptation.* Certificat d'aptitude au service militaire, délivré par un commandant de recrutement ou un chef de corps à l'engagé volontaire. L'officier qui le donne s'assure que le postulant a la taille et les autres qualités requises par le corps auquel il se destine, et fait constater, en sa présence, par un médecin militaire ou, à défaut, par un docteur en médecine désigné par le sous-intendant, que cet homme n'a aucune infirmité apparente ou cachée et qu'il est d'une constitution robuste. Le certificat d'acceptation est signé par l'officier et le médecin et remis au jeune homme. Il engage vis-à-vis du Trésor la responsabilité pécuniaire de l'officier qui l'a délivré, si l'engagé est reconnu atteint

de maladie, chétif, etc., et cette responsabilité n'est pas couverte par l'avis qu'a émis le médecin (Beaugé).

ACCEPTER. v. a. (a-ksèp-té ; — du lat. *acceptare*, fréquentatif d'*accipere* ; de *ad*, à, et *cipere* pour *capere*, prendre). Recevoir avec consentement ce qu'on nous offre, ce qu'on nous propose. Accepter une donation, un emploi, une condition, un traité. || Accepter un défi, S'engager à faire quelque chose dont on a été défié, et particulièrement à se battre. || Accepter le combat, Se montrer prêt à soutenir l'attaque de l'ennemi. || J'en accepte l'augure, Je souhaite que cela arrive comme on me le fait espérer. || Accepter une lettre de change, une traite. S'engager à la payer à l'échéance en mettant, au bas ou en travers du corps de l'écriture, son nom avec le mot *accepté*. || Absol. Il ne sait ni refuser ni accepter. || v. pr. Cela peut s'accepter (être accepté). || Syn. Recevoir, accepter, agréer. Recevoir annonce simplement qu'on ne refuse pas, accepter exprime le consentement ; agréer désigne plus particulièrement l'approbation donnée à ce qui est de notre goût, à ce qui nous est agréable.

ACCEPTEUR. s. m. Celui qui reçoit, qui accepte. || Com. Celui qui a accepté une lettre de change. L'accepteur contracte l'obligation de payer à l'échéance le montant de la lettre acceptée.

ACCEPTILATION. s. f. (lat. *acceptilatio* ; de *acceptum* et *ferre*). Dr. rom. Mode d'extinction des obligations au moyen de paroles solennelles échangées entre le débiteur et le créancier : « *Quod spopondi acceptumne habes?* — *Acceptum habeo.* » L'acceptilation ne pouvait éteindre que les obligations contractées par voie de stipulation. Mais le préteur Aquillius Gallus imagina une formule de stipulation appelée de son nom *aquilienne* par laquelle toute obligation put être réduite en une stipulation, puis éteinte par acceptilation.

ACCEPTION. s. f. (lat. *acceptio* ; de *ad*, et *capere*, prendre). Préférence, considération que l'on a pour certaines personnes. La justice ne fait acception de personne. || Par ext. Se dit des choses. Sans acception de qualités ni de fortune, le juge intègre rend ses arrêts. || Gramm. Signification dans laquelle on prend un mot. Acception ordinaire, propre, figurée.

ACCÈS. s. m. (lat. *accessus*, approche, entrée ; de *accedere*, de *ad*, vers et *cedere*, marcher, marcher vers, s'approcher de). Abord, approche, entrée. Forteresse, côte d'un accès difficile. Laisser un accès le soir. Personne d'un accès facile. Avoir accès auprès de quelqu'un, à la cour, etc. || Méd. Ensemble de symptômes qui cessent et reviennent à des intervalles plus ou moins éloignés. Accès de fièvre intermittente. Les redoublements des symptômes continus d'une maladie ne doivent pas s'appeler accès, mais exacerbation, paroxysme. On dit aussi accès de folie, de rage, de goutte, d'épilepsie. || Fig. Mouvement passager. Accès de colère, de dévotion, de libéralité. || Phys. V. *Anneaux colorés.*

ACCESSIBILITÉ. s. f. (a-ksè si-bi-li-té). Qualité de ce qui est accessible. L'accessibilité des emplois publics à tous ceux qui sont capables de les remplir.

ACCESSIBLE. adj. (a-ksè-si-bl' ; — lat. *accessibilis* ; de *accedere*, de *ad*, vers et *cedere*, aller ; se place après le subst.). Abordable, dont on peut approcher facilement. Se dit des lieux et des personnes ; régit la préposition *à*. Sommet accessible aux voyageurs. || Fig. Sensible à ; qui se laisse toucher par ; bienveillant. || Compréhensible ; qui est à la portée de. Cette science n'est pas accessible à tous les esprits.

ACCESSION. s. f. (a-ksè-sion). Action d'accéder. || Dr. pub. Adhésion d'une puissance à un engagement contracté par d'autres puissances. La France a promis son accession à ce traité. || Addition, adjonction. La Chambre haute, renouvelée par une accession de pairs (Châteaub.). || Avènement, admission. L'accession au trône. L'accession de la classe bourgeoise au pouvoir. || Jurisp. Mode d'acquisition de la propriété (C. civ., art. 546-577). On acquiert par accession la propriété des choses qui s'unissent ou s'incorporent à d'autres choses dont on est propriétaire ou qui sont formées avec celles-ci. Le propriétaire de la chose considérée comme principale devient, sauf indemnité à payer en certains cas au propriétaire dépossédé, propriétaire de la chose accessoire. L'accession s'applique, en matière d'immeubles, aux alluvions ou atterrissements, aux îles qui se forment dans les rivières, aux constructions et plantations, aux animaux qui, comme les pigeons, lapins, poissons, changent de propriétaire lorsqu'ils passent sans fraude dans un autre colombier, garenne ou étang. En matière mobilière, le droit d'accession est entièrement subordonné aux principes de l'équité naturelle : les règles posées par le Code pour certaines hypothèses *d'adjonction*, de *mélange* et de *spécification* (V. ces mots), doivent servir d'exemple au juge pour se déterminer dans les cas non prévus, suivant les circonstances particulières. — Le Code range aussi parmi les cas d'accession l'acquisition des fruits et du croît des animaux ; mais, dans ce cas, il n'y a vraiment pas accession, ni même acquisition : il n'y a rien de plus que le fractionnement d'une chose unique en plusieurs choses.

ACCESSIT. s. m. (ak-cé-sitt ; — le *t* se prononce au sing. et au pl. — 3ᵉ pers. sing. du parf. du v. *accedere*, sur il s'est approché). Mention honorable, récompense accordée a celui qui approche le plus du prix. || pl. Des Accessit ; quelques-uns écrivent accessits, avec un *s* (Acad.).

ACCESSOIRE. adj. des 2 g. (a-ksé-soi-r' ; — de *accessorium* ; de *accedere*, s'approcher de, se joindre a).Ce qui accompagne une autre chose principale, ce qui s'y ajoute, ce qui en dépend. Une clause accessoire. || Suivi d'un complément, il prend le plus souvent la prép. *de*. La chronologie, la géographie, la numismatique, sont des sciences accessoires de l'histoire. Quelquefois la prép. *a*. Des idées accessoires à l'idée principale. || s. m. Ce qui accompagne, ce qui suit le principal, ce qui n'est pas essentiel. L'accessoire suit le principal. Les costumes, les décorations sont des accessoires dans un ouvrage dramatique. || Au théâtre. Accessoires, Certains objets qui peuvent être nécessaires à la représentation : bourse, écritoire, etc. || Anat. Auxiliaire. Se dit adj. et subs. de nerfs, de muscles, de glandes, servant d'auxiliaires à d'autres dont ils fortifient ou corrigent l'action. || Jurisp. Ce qui s'unit à une chose et l'accompagne. Une chose peut être l'accessoire d'une autre chose soit par son origine, lorsqu'elle est produite par la chose principale, comme les fruits ; — soit par sa nature, lorsqu'elle doit nécessairement pour exister être unie à une chose principale, laquelle pourrait au contraire exister seule : ainsi les constructions et plantations sont les accessoires du sol ; — soit enfin par sa destination, lorsqu'une chose est destinée à servir d'ornement à une autre chose ou lorsqu'elle est nécessaire a l'usage que l'on fait de celle-ci. La division des choses en principales et accessoires se retrouve en matière de conventions, de pénalités, de procédure. Le principe général est que l'accessoire suit le sort du principal : *Accessorium sequitur naturam rei principalis*. Mais les tribunaux ont en général un pouvoir discrétionnaire pour apprécier, d'après les circonstances, ce qui doit être considéré comme principal ou accessoire. (V. *Accession*.) || A. mil. *Jeud'accessoire*. En France, chaque soldat ayant un fusil ou mousqueton est pourvu en même temps d'un jeud'accessoires, comprenant un nécessaire d'armes et un lavoir en laiton. Le nécessaire d'armes se compose d'une boîte en tôle de fer, servant de manche de tournevis et contenant les ustensiles nécessaires à l'entretien de l'arme. Le fond, brasé sur le corps, est percé d'une fente rectangulaire, dans laquelle on engage la lame du tournevis. Cette fente se prolonge dans un tampon en bois de cornouiller appliqué sur le fond. La boîte est fermée par un huilier qui est lui-même bouché par une vis. Une rondelle en cuir, serrée par l'embase de la vis-bouchon, complète la fermeture. Dans la boîte on renferme : 1° une lame de tournevis dont les deux bouts ont des dimensions différentes ; 2° une spatule-curette. Ces deux objets sont réunis dans une petite trousse en drap. Le lavoir porte un trou taraudé qui sert à le fixer au bout de la baguette. Il est percé d'une fente dans laquelle on engage un chiffon pour laver l'arme et pour essuyer ou graisser l'intérieur du canon. A défaut de lavoir, on peut exceptionnellement utiliser la

fente pratiquée à la tête de la baguette. (*Manuel de l'Instructeur de tir*.) || *Accessoires d' solde*. Allocations en argent, en plus de la solde, que l'État accorde aux militaires, en raison de certaines positions ou fonctions spéciales qu'ils occupent. Les accessoires de solde, autrefois très nombreux (Règlement de 1837), ont été réduits par le règlement du 25 décembre 1875 qui n'admet plus que deux accessoires : les *hautes payes* d'ancienneté et les *indemnités* (Voir ces deux mots). || Fortif. *Défenses accessoires*. Obstacle placé aux abords d'un ouvrage de fortification pour arrêter les assaillants.

ACCESSOIREMENT. adv. D'une manière accessoire.Il ajouta accessoirement bien d'autres choses.

ACCIA. Vle épiscopale de Corse, détruitepar les Goths, ce qui amena la translation du siège épiscopal a Mariana.

ACCIACCATURA. s. f. (at-chiak-ka-tou ra ; — *acciacare*, froisser). Terme italien de mus. Espèce d'agrément d'exécution dans la musique instrumentale, sur la nature duquel les auteurs ne sont pas d'accord.

ACCIAJUOLI (At-chia-jou-o-li). Famille florentine enrichie dans le commerce de l'acier (*acciaio*), d'où son nom. || ACCIAJUOLI (Nicol.). 1310-1366 Grand-sénéchal de Naples ; rétablit Jeanne Iʳᵉ sur le trône en 1355. || ACCIAJUOLI (Rainier). Neveu du précédent. Duc d'Athènes, et possesseur d'une grande partie de la Grèce. Le duché d'Athènes fut enlevé par les Turcs à ses descendants en 1456. || ACCIAJUOLI (Angelo). Archevêque de Florence, cardinal et légat. 1340-1409. || ACCIAJUOLI (Donat). Florence 1428-1478. Gonfalonier de Florence, philosophe et helléniste. A publié des commentaires sur la philosophie d'Aristote. || ACCIAJUOLI (Zunobio). Florence 1461, Rome 1519. Dominicain, théologien et helléniste, bibliothécaire du Vatican sous Léon X. || ACCIAJUOLI SALVETTI (Madeleine), femme poète, m. en 1610. *Rime toscane*, 2 vol. in-4°, Florence 1590. || ACCIAJUOLI (Philippe). Poète dramatique et compositeur. Rome 1637-1700. A composé les paroles et la musique de trois opéras.

ACCIDENCE. s. f. Philos. État, qualité, possibilité d'être de l'accident.

ACCIDENT. s. m. (a-ksi-dan ;—lat. *accidens*, ce qui arrive, p. prés. du v. *accidere* ; de *ad* et *cadere*, tomber près de). Ce qui arrive par hasard, cas fortuit . Il désigne toujours quelque chose de fâcheux quand il est sans épithète. La vie humaine est sujette à tant d'accidents. Accident favorable Heureux accident. || Philos. Accident est l'opposé de substance, et désigne ce qui n'a pas d'existence à soi, au moins ordinairement, ce qui survient à un sujet et ne lui est pas essentiel, ce qu'il pourrait perdre sans périr lui-même sans cesser d'exister. || Théol. En parlant du saint sacrement de l'Eucharistie, il se dit de la figure, de la couleur, de la saveur, etc., qui restent après la consécration et la transsubstantiation. Alors il n'y a plus ni pain, ni vin, mais le corps et le sang de N.-S. et cependant les accidents du pain et du vin demeurent. || Top. Accidents de terrain, Élévations et abaissements du sol, mouvements du sol. || Peint. Accident de lumière, Effet produit par une lumière autre que celle qui éclaire la scène principale, un rayon de soleil pénétrant par une ouverture étroite en perçant le nuage et venant frapper un coin du tableau.Les reflets de la lune, d'un incendie, d'une lampe, qui contrastent avec la lumière dominante sont des accidents de lumière (Acad.). || Mus. Tout signe qui élève ou abaisse le ton. Ce sont surtout les bémols, dièzes ou bécarres (V. ces mots), qui n'étant pas annoncés à la clef (V. *Clef*) se rencontrent dans le courant d'un morceau et en modifient accidentellement le ton. || Techn. Dessins en relief que l'on forme sur les perles factices et sur les grains de chapelet. || Méd. Chute, blessure, brûlure, coupure, contusion, etc. Accident ou symptôme accidentel. Se dit d'une maladie ou d'une circonstance nouvelle, telle qu'une hémorragie, des convulsions qui viennent augmenter le mal dont on est déjà affligé. Accidents secondaires, tertiaires, consécutifs. (V. *Syphilis*.) || Jurisp. Événement malheureux et imprévu d'où résulte un dommage. Il constitue le cas fortuit ou la force majeure, lorsqu'il est le résultat de circonstances qu'on

n'a pu prévoir ou empêcher. Lorsqu'il est imputable a une faute, une négligence ou une inobservation des règlements, il peut donner lieu a une responsabilité pénale , ou simp ement civile, suivant les circonstances (C. p., art. 319 et s. ; C. civ., art. 1382 et s.).L'autorité est tenue de prendre des mesures de police pour prévenir les accidents, soit sur la voie publique (Loi des 16-24 août 1790), soit sur les chemins de fer, dans les mines, etc. Les accidents peuvent être la cause de contrats d'assurances qui ont pour objet d'indemniser ceux qui y sont exposés. (V. *Assurances*.) || Syn. Événement, accident. aventure. Événement est plus général, plus important. Les événements de l'histoire. Accident indique quelque chose de soudain, de fortuit, de fâcheux, comme la chute d'un édifice, la rupture d'un pont Aventure se dit des personnes seulement. soit en bonne soit en mauvaise part, toujours dans le langage familier et marque quelque chose de romanesque, de comique, de singulier. L'accident peut être une calamité, une catastrophe, un désastre, etc., quand il est tragique, terrible, et s'il tombe sur plusieurs, sur une famille, une ville, un royaume. (V. *Calamité*.)

ACCIDENTALITE. s. f. Philos. État, qualité de ce qui est accidentel.

ACCIDENTÉ, ÉE. adj. Se dit d'un terrain inégal ou d'un paysage d'aspects variés. || Fig. Semé d'accidents, de chances diverses, d'épisodes, d'événements imprévus. La vie est fort accidentée.

ACCIDENTEL, ELLE. adj. (se place après le subst.). Qui arrive par accident, par hasard. Circonstance purement accidentelle. || Philos. Par opposition à essentiel, se dit de toute modification qui survient à un sujet et sans laquelle ce sujet pourrait exister. La couleur blanche est accidentelle au papier. || Mus.Lignes accidentelles. Celles qu'on ajoute au-dessus ou au-dessous de la portée pour y placer les notes qui en excèdent l'étendue. Signes accidentels, Dièse, bémol ou bécarre non indiqué à la clef || T. de perspective. D'après d'Alembert : point accidentel. Point de la ligne horizontale où se rencontrent les projections des lignes qui ne sont point perpendiculaires au tableau et qui sont parallèles entre elles sur l'objet qu'on veut représenter en perspective. Ce point s'appelle accidentel pour le distinguer du point principal où se rencontrent les projections de toutes les perpendiculaires au tableau et où tombe toujours la perpendiculaire menée de l'œil au tableau.

ACCIDENTELLEMENT. adv. Par hasard, par accident. Il n'est qu'accidentellement impliqué dans cette affaire. || Non essentiellement. La blancheur, la rondeur, etc., ne sont qu'accidentellement dans les sujets où elles se trouvent. || Syn. Accidentellement, fortuitement. Le premier exclut l'idée d'une cause naturelle, le second celle d'une cause intelligente. Ce qui arrive accidentellement n'est pas ordinaire. Ce qui arrive fortuitement était imprévu. C'est accidentellement qu'une personne pleine de santé tombe malade. C'est fortuitement qu'on rencontre une personne qu'on ne cherchait pas.

ACCIDENTER. v. a. (de *accident*. Ce verbe n'est point accepté par l'Académie). Rendre un terrain inégal d'aspects variés. Des collines accidentent les côtés de la route. || Fig. Accidenter son style. lui donner une forme variée, pittoresque. || S'ACCIDENTER. Être accidenté, prendre des aspects divers. Ce terrain s'accidente à chaque pas.

ACCINS. s. m. pl. Accins et préclôtures. Jurisp. anc. Clôtures et environs d'un lieu seigneurial qui étaient attribués à l'aîné par préciput.

ACCIOLI DE CERQUEIRA E SILVA (Ignace). Géographe brésilien. *Description de la province de Para* (1833), et de celle de *Bahia* (1835), 6 vol. in-4°.

ACCIONNA. Divinité gauloise mentionnée dans des inscriptions.

ACCIO ZUCCO. Poète italien, né à Vérone. XVᵉ s.

ACCIPER. v. a. (lat. *accipere*, recevoir, prendre).Prendre devers soi, pour soi.Terme vieilli

ACCIPITRES. s. m pl. (lat. *accipiter*, épervier). Zool. Ordre des oiseaux de proie, qui se divisent en deux grandes familles,les diur.

nes : vautours, faucons, aigles, éperviers, etc.; et les nocturnes : hiboux, chouettes, etc. Les accipitres ou rapaces sont caractérisés par un bec et des ongles crochus.

ACCIPITRIN, INE. adj. Zool. Qui ressemble aux accipitres, qui a une configuration en rapport avec celle des oiseaux de proie. || **ACCIPITRINS.** Nom donné par quelques naturalistes aux rapaces diurnes.

ACCIPITRINE. s. f. Bot. Syn. d'épervière. Sorte de laitue sauvage.

ACCIPITRINÉES. s. f. pl. Zool. Sous-famille d'oiseaux de proie, comprenant l'épervier, l'autour, etc.

ACCISE. s. f. (ak-ci-se ; — bas lat. *accisia*, taille; de *accidere*, tailler, couper). || Droit féod. qui se percevait sur les comestibles ; il a été aboli par la loi du 15 mars 1790. —En Belgique et en Hollande, on appelle *accises* un impôt indirect sur les objets de consommation et particulièrement sur les boissons. Les Anglais nomment cet impôt *excise* (V. ce mot).

ACCIUS ou ATTIUS (Lucius). Poète tragique latin, né vers l'an 170 av. J.-C., mort vers 86. Il ne reste que quelques fragments de ses écrits. || ACCIUS NÆVIUS. Augure romain, contemporain de Tarquin l'Ancien.

ACCLAMATEUR. s. m. Celui qui concourt à des acclamations, qui applaudit.

ACCLAMATIF, IVE. adj. Qui est exprimé par acclamation, qui est accompagné d'acclamations. Un vote acclamatif.

ACCLAMATION. s. f. (ak-kla-ma-sion ; — lat. *acclamatio* ; de *ad* et *clamare*, crier, a la vue d'une personne ou d'une chose). Action d'acclamer. Cris de joie, d'approbation par lesquels plusieurs personnes accueillent une personne ou une chose. A son arrivée il se fit une acclamation générale. Faire des acclamations. Recevoir avec de grandes, de longues acclamations. Être salué par les acclamations de la foule. || Par acclamation. Loc. adv. Une personne est élue, une loi votée, une proposition adoptée, etc., par acclamation, c'est-à-dire tout d'une voix et sans qu'il soit besoin d'aller au scrutin. || Hist. *Acclamation*. Avènement de la maison de Bragance au trône de Portugal, après le renversement de la domination espagnole, le 1er décembre 1640. Le duc de Bragance fut appelé à gouverner par des vœux si unanimes, que les Portugais ont désigné par le mot acclamation cet événement et même la date où commence la dynastie de Bragance. Ils disent depuis l'Acclamation, comme nous disons depuis la Restauration.

ACCLAMER. v. a. (lat. *acclamare* ; de *ad* et *clamare*, pousser des cris à la vue d'une personne). Saluer, approuver, féliciter par des acclamations. La foule acclama le roi. || On trouve dans Littré, acclamer v. n. Ils acclamèrent à cette proposition. || ACCLAMÉ, ÉE. p. pas. Une proposition acclamée.

ACCLAMPER. v. a. (a-klan-pé). Mar. Fortifier un mât, une vergue, par des pièces de bois qu'on attache sur leurs côtés. (V. *Jumeller*.) || ACCLAMPÉ, ÉE p. pas. Mât acclampé.

ACCLIMATABLE. adj. 2 g. (ne se trouve ni dans le Dict. de l'Académie, ni dans celui de Littré). Qui s'acclimate facilement ; que l'on peut acclimater.

ACCLIMATATION. s. f. (a-kli-ma-ta-sion). Action d'acclimater, de s'acclimater. || Hist. Il existe à Paris, depuis 1854, une Société zoologique d'acclimatation, dont le but est de concourir à l'introduction et à la domestication des animaux, à l'introduction et à la multiplication des végétaux étrangers. Les expériences sont faites au *Jardin d'acclimatation*, bois de Boulogne. On croit généralement que les végétaux ne s'acclimatent pas; une culture attentive parvient seulement à les naturaliser ou à les faire vivre lorsque les conditions climatériques sont à peu près les mêmes. || Syn. Acclimatation désigne l'action d'acclimater ; acclimatement, le résultat de cette action.

ACCLIMATEMENT. s m. État de ce qui est acclimaté. L'acclimatement est complet lorsque l'espèce soumise à l'acclimatation peut se maintenir par la succession de ses générations dans un état de prospérité analogue à celui des individus restés au lieu d'origine.

ACCLIMATER. v. a. (a-kli-ma-té ; — de *d* et *climat*). Accoutumer à la température et à l'influence d'un nouveau climat. Acclimater des races d'hommes, d'animaux, des plantes. ||S'AC-CLIMATER. v. pr. Les Européens s'acclimatent difficilement dans les Antilles. Cette plante a peine à s'acclimater dans le nord de l'Europe. || ACCLIMATÉ, ÉE. p. pas. Qui a subi l'acclimatement. Se dit des personnes, des animaux, des plantes et même des choses. || Il s'emploie comme adj. et subst. Les naturels du pays et les acclimatés

ACCLINÉ, ÉE. adj. (lat. *acclinis*, appuyé). Zool. Se dit d'une partie qui en couvre une autre par le côté. Dents acclinées.

ACCOINÇON. s. m. Charp. Partie de charpente ajoutée à un toit pour l'égaliser.

AC-COINLU. Famille puissante de la Turquie, qui régna sur l'Arménie et la Mésopotamie.

ACCOINTABLE. adj. Facile a accointer; accessible, sociable. A vieilli.

ACCOINTANCE. s. f. (a-koin-tance). Fam. Liaison, familiarité, fréquentation, habitude. || Liaison entre deux personnes de sexe différent. Se prend toujours en mauvaise part, pour fréquentation illicite.

ACCOINTER. v. a. (a-koin-té ; — lat. *accognitare*, du part. *cognitus*, connu, faire connaissance avec quelqu'un). Fréquenter. || L'Académie n'admet que le v. pr. S'ACCOINTER. Se lier intimement, se familiariser. S'accointer d'un homme de fort mauvaise compagnie. Il est fam. et se prend le plus souvent en mauvaise part.

ACCOISEMENT. s. m. Apaisement. Vx mot. || Méd. Accoisement des humeurs.

ACCOISER. v. a. Rendre coi, calmer. Vx mot.

ACCOLA. s. m. Zool. Nom donné, sur quelques points du littoral méditerranéen, à une espèce de scombre ou *thon blanc*.

ACCOLADE. s. f. (a-ko-la-de ; — soit de l'ital. *al collo*, au cou, d'où *collata*, accolade en terme de chevalerie, soit du franç. *accoler*). Embrassement. Donner, recevoir l'accolade. Ces deux amis se sont fait de grandes, de sincères accolades. || Cérémonie qui se pratiquait en conférant un ordre de chevalerie. Elle consistait ordinairement à donner trois coups du plat de l'épée sur l'épaule ou sur le cou (au col, *al collo*) de celui qu'on armait chevalier, après quoi on l'embrassait. || Sorte de trait, en forme de crochet brisé à son milieu (⌐) qui se place verticalement ou horizontalement et sert, dans l'écriture et l'impression, à embrasser plusieurs objets, à en former un tout, soit pour montrer ce qu'ils ont de commun ou d'analogue entre eux. L'accolade s'emploie souvent dans les comptes, dans la formation des tableaux synoptiques. || Mus. On joint ensemble par une accolade (trait tiré à la marge de haut en bas) les portées de toutes les différentes parties d'une partition, d'une pièce de musique. || Cuis. Accolade de lapereaux, Deux lapereaux servis ensemble. || Archit. Arc en accolade, qu'on nomme aussi arc en talon, Courbes qui couronnent les linteaux des portes et fenêtres. Cet ornement a surtout été usité au XXVe et XVIe s. (V. *Arc*.)

ACCOLADER. v. a. Embrasser. || Typ. et com. Réunir par une accolade plusieurs objets ayant entre eux une certaine analogie, et destinés à former un tout. ||S'ACCOLADER. v. pr. S'embrasser. Fam.

ACCOLAGE. s. m. Agric. et hort. Opération qui consiste à fixer ou attacher la vigne, les arbres fruitiers à des échalas ou contre un mur. L'accolage de la vigne se fait ordinairement au mois de juin. L'accolage n'est pas employé pour les vignobles dans une grande partie du midi de la France.

ACCOLÉ, ÉE. p. pas. du v. *accoler*, et adj. || Qui reçoit une embrassade. || Joint, réuni. Noms accolés. En termes de blason, s'emploie en quatre acceptions différentes : 1° pour deux choses attenantes et jointes ensemble : ainsi les écus de France et de Navarre sont accolés sous une même couronne pour les armoiries de nos rois. Les femmes accolent leurs écus à ceux de leurs maris. Les fusées, les losanges et les macles sont accolés, quand ils se touchent de leurs flancs ou de leurs pointes, sans remplir tout l'écu, comme les trois losanges de Hongrie ; 2° accolé se dit des chiens, des vaches, des cygnes, des aigles et autres animaux, qui ont des colliers ou des couronnes passés dans le cou ; 3° des choses qui sont entortillées à d'autres, comme une vigne à l'échalas, un serpent à une colonne ou à un arbre ; 4° on se sert encore de ce terme pour les clés,

bâtons, masses, épées, bannières et autres objets semblables qu'on passe en sautoir derrière l'écu. Du Bellay en Anjou : d'argent à la bande de fusées, accostées et accolées de gueules, et accompagnées de six fleurs de lys d'azur en orle. || Numism. Têtes accolées ou conjuguées Têtes de profil, appliquées sur la même médaille, sur le même camée, l'une sur l'autre, de manière à ce que la tête qui est par-dessus laisse voir le profil de celle qui est par-dessous. || Jard. Attaché à l'espalier, aux échalas Pêcher, sarments accolés.

ACCOLEMENT. s. m. Action d'accoler. État de ce qui est accolé. L'accolement d'une dignité, d'une fonction avec une autre. || Espace de terrain entre les fossés d'un chemin et les bordures du pavé, servant d'encaissement.

ACCOLER. v. a. (a-ko-lé ; — de *a* et *col*, au cou, autour du cou). Embrasser quelqu'un en lui jetant les bras au cou en signe d'affection. Accoler quelqu'un. Ces deux amis s'accolèrent tendrement. Fam. et peu usité. || Accoler la cuisse, la botte à quelqu'un, Lui embrasser la cuisse, la botte, ce qui caractérisait une grande supériorité d'un côté et une grande soumission de l'autre. || Accoler la vigne, L'échalasser, la lier à l'échalas. || Réunir sous une accolade deux ou plusieurs articles dans un compte. || Faire figurer ensemble. Pourquoi avez-vous accolé mon nom à celui d'un tel dans votre récit, dans votre discours ? || p. pas. V. *Accolé*.

ACCOLTI (Benoît). Jurisconsulte et historien, né à Arezzo, 1415-1476; chancelier de la République florentine ; a publié une histoire de la première croisade (1532). || ACCOLTI (François). Frère du précédent. Jurisconsulte distingué, 1418-1483 ; traducteur de quelques ouvrages de saint Jean Chrysostôme. || ACCOLTI (Bernard). Fils de Benoît, 1440-1512. Poète surnommé par ses contemporains l'*Unico Aretino*. || ACCOLTI (Pierre) Autre fils de Benoît. Jurisconsulte, cardinal, 1455-1532 ; rédigea en 1519 la bulle de condamnation de Luther.

ACCOLURE. s. f. Agric. et hort. Lien dont on se sert pour attacher les vignes ou les arbres fruitiers. || Techn. Assemblage des premières mises de bûches d'un train à flotter. || Rel. Ligature de la reliure d'un livre.

ACCOMBANT, ANTE. adj. (ak-kon-ban; — lat. *accumbere*, se coucher sur). Bot. Se dit d'une partie de la plante couchée sur une autre, et principalement des cotylédons d'un embryon recourbé, de telle façon que la radicule s'applique sur la commissure.

ACCOMMETTRE. v. a. (lat. *ad*, et *committere*). Exciter des chiens les uns contre les autres. Peu usité.

ACCOMMODABLE. adj. 2 g. (a-ko-mo-da-bl). Qui peut s'accommoder, s'arranger. Il ne se dit guère qu'en parlant d'un procès, d'une querelle.

ACCOMMODAGE. s. m. Apprêt des aliments. || Arrangement des cheveux d'une perruque.

ACCOMMODANT, ANTE. adj. Complaisant, sociable, d'humeur facile. || Coulant en affaires, conciliant. Être d'une humeur, d'un esprit accommodant. || S'emploie substantiv. Les plus accommodants.

ACCOMMODATICE. adj. V. *Accommodation*.

ACCOMMODATION. s. f. (du lat. *commodare ad aliquid*). Action de se prêter soi-même, ou d'ajuster une chose à un objet. Ce terme ne s'emploie guère qu'en exégèse, en théologie et en physiologie. || Exégèse. L'accommodation donne naissance au sens *accommodatice* qui, opposé : 1° au sens littéral (historique ou prophétique), 2° au sens spirituel (mystique, moral, allégorique), consiste à accommoder individuellement les paroles de l'Écriture à sa propre pensée en profitant à cet effet d'une ressemblance réelle ou accidentelle. Ce sens accommodatice n'étant pas voulu de l'auteur sacré n'a, par suite, aucune valeur probante ou démonstrative en théologie et en controverse : il ne serait pas louable d'en user trop fréquemment même dans des sujets profanes, mais en soi il est légitime, est-il permis d'en invoquer en sa faveur l'exemple des Apôtres et des saints. || Physiol. Appliqué à l'œil, ce mot signifie la faculté qu'il possède de percevoir nettement des objets situés aux distances les plus variables, depuis huit à dix centimètres jusqu'à l'infini. Quand il se sert d'une lunette d'approche, d'un télescope, d'un microscope, etc., l'observateur est obligé de mettre l'instrument au point, chaque fois qu'il veut regarder des objets situés à des distances différentes. La petite manœuvre qu'il exécute a pour but de placer les lentilles de telle sorte que l'image de l'objet soit nette. On sait, en effet, que dans la chambre noire, l'appareil d'optique le plus comparable à l'œil, l'écran qui reçoit l'image des objets doit être éloigné ou rapproché de la lentille au fur et à mesure que ces objets s'en rapprochent ou s'en éloignent. Le pouvoir accommodateur de l'œil résulte d'un changement de courbure dans les deux faces du cristallin, mais surtout dans la face antérieure. Ce changement de courbure a été démontré avec rigueur et mesuré avec une grande précision par Langenbeck, Cramer et Helmholtz qui ont vu très nettement que, pendant les efforts d'accommodation des trois images de Purkinje, la première ne changeait pas de position, la seconde se rapprochait de la précédente et la troisième se déplaçait à peine, mais devenait plus nette. Ces résultats montrent en même temps que la cornée, à qui est due la production de la première image, n'a aucune influence sur le pouvoir accommodateur. Le changement dans la courbure du cristallin est dû à l'action d'un muscle particulier dit muscle accommodateur ou muscle ciliaire. Brücke et Bowmann en ont fait connaître la partie rayonnante et Henry Müller, la partie circulaire. Le mécanisme de son action n'est pas encore suffisamment expliqué. Certaines substances agissent sur l'accommodation ; l'atropine la paralyse, l'ésérine, la pilocarpine l'exaltent au contraire, en produisant : la première, la mydriase ; les secondes, la myose. L'âge agit à la façon de la belladone, il diminue le pouvoir accommodateur, et amène la presbytie, c'est-à-dire la difficulté ou l'impossibilité de voir les objets rapprochés. On y remédie en renforçant la courbure du cristallin par des lentilles convexes appropriées. || Linguistique. Modification que subit une lettre sous l'influence d'une lettre voisine pour rendre la prononciation plus facile. Ainsi le *g* suivi d'un *t* s'assourdit en *c*. || ACCOMMODATION (*Controverse de l'*). Hist. eccl. Rites chinois. On entend sous ce nom une discussion, qui s'éleva au XVIIᵉ siècle entre les jésuites d'un côté et les autres missionnaires de la Chine d'autre part au sujet de la licéité ou non-licéité des rites usités de temps immémorial dans le Céleste Empire pour honorer la mémoire des ancêtres et celle de Confucius. D'après les jésuites, ces usages identifiés avec les mœurs nationales devaient être tolérés pour éviter un plus grand mal : car selon eux ils étaient purement civils ou politiques, ils n'avaient rien de religieux et de sacré. D'après les autres, au contraire, ils étaient superstitieux et idolâtriques, et ne pouvaient être tolérés sans crime. Le Saint-Siège se réserva de bonne heure la décision d'une controverse si épineuse, et fit instruire la cause avec toute la maturité désirable. Une sentence définitive fut rendue par Clément XI, en 1715, après de longs débats et condamna les cérémonies chinoises comme entachées d'idolâtrie. Cette sentence fut le signal de la persécution la plus sanglante et la plus acharnée, mais cette conséquence fâcheuse n'est imputable qu'à la malice des hommes. L'Église et son chef avaient accompli leur devoir et rempli leur mission, qui est de sauvegarder sur la terre le dépôt de la vérité, de la foi et des mœurs.

ACCOMMODEMENT. s. m. (a-ko-mo-de-man). Accord que l'on fait, qui se fait d'un différend, d'une querelle entre des personnes. Un mauvais accommodement vaut mieux qu'un bon procès. || Jurisp. anc. Réconciliation après injures, coups ou même meurtre. A Péronne, un meurtrier qui s'était enfui ne pouvait revenir qu'après avoir fait son accommodement avec les parents de celui qu'il avait tué. || Se dit aussi des expédients, pour concilier. Il est avec le ciel des accommodements ; allusion à un vers de Molière (Tartufe). On dit de quelqu'un : qu'il est homme d'accommodement, de facile accommodement, quand il est conciliant, qu'il sait se prêter aux circonstances, et qu'il est facile de s'entendre avec lui. || Ajustements, arrangements, embellissements, commodités, que l'on pratique dans une maison. Il faudra bien des accommodements dans cette maison. || Peint. Manière de choisir, d'assortir,

de disposer les draperies et les ajustements. || Syn. Accommodement, raccommodement. L'accommodement a lieu entre des personnes qui avant leur différend étaient étrangères, indifférentes l'une à l'autre. Le raccommodement est le rapprochement de personnes qui, avant leur division, étaient unies par les liens de la parenté ou de l'amitié.

ACCOMMODER. v. a. (a-ko-mo-dé ; — lat. *accommodare*; de *ad*, à, et *commodus*, commode, convenable, dans la mesure, de *cum*, avec et *modus*, mesure). Donner de la commodité, convenir. Cette pièce de terre l'accommoderait bien, accommoderait fort son parc. || Ajuster, ranger, arranger, mettre dans un meilleur état. Accommoder une maison, un jardin, ses affaires, des cheveux, une personne. || Cuis. Apprêter. Que voulez-vous que je vous accommode pour votre dîner ? A quelle sauce accommodera-t-on cette viande ? || Traiter bien. Cet aubergiste accommode bien ses hôtes. Ce sens a vieilli. || Iron. et fam. Maltraiter. Je l'ai accommodé d'importance . Être accommodé, Être en mauvais état, en désordre. Il est tout couvert de boue, le voilà bien accommodé de la sorte. || Accommoder un différend, une affaire, L'arranger, la terminer. Accommoder deux ou plusieurs personnes, Les mettre d'accord. Dans le même sens, ces deux personnes se sont accommodées, Se sont mises d'accord. || Se dit de l'action d'acheter et de vendre. Vous avez un beau cheval, voulez-vous m'en accommoder ? || Conformer, approprier. Accommoder son discours aux circonstances. || ACCOMMODÉ, ÉE. p. pas. et adj. || S'ACCOMMODER. v. pr. Se donner des commodités, des aises. || Bien s'accommoder. Devenir riche. || S'accommoder à, Se conformer, se prêter. Il faut s'accommoder au temps, à l'usage. || S'accommoder de. Accepter une chose avec facilité, sans humeur, s'en contenter. Il s'accommode de tout, il ne s'accommode de rien. || Acquérir par achat ou échange . Je cherche quelqu'un qui veuille s'accommoder de mon pré. || Arg. S'emploie dans les deux expressions suivantes : Accommoder quelqu'un à la sauce piquante, Rire de lui ou se livrer à des voies de fait sur sa personne. Accommoder quelqu'un au beurre noir, Lui pocher les yeux, le couvrir de bleus.

ACCOMMODEUR, EUSE. s. Celui, celle qui accommode. C'est la plus grande accommodeuse de querelles qui ait jamais été (Tallem. des Réaux).

ACCOMPAGNAGE. s. m. Trame fine dont on garnit le fond d'une étoffe de soie brochée d'or.

ACCOMPAGNATEUR, TRICE. s. Celui, celle qui accompagne, qui relève, soit avec la voix, soit avec un instrument, la partie principale d'un morceau de musique. (V. *Accompagnement.*) L'office d'accompagnateur, sur le piano ou l'orgue, exigeait autrefois la connaissance approfondie des règles de l'harmonie. Car, pour cet exécutant, la partie d'accompagnement n'était représentée que par la basse, à laquelle on ajoutait parfois des chiffres destinés à indiquer la marche de l'harmonie. Il n'en est plus de même aujourd'hui où toutes les parties de l'accompagnement sont intégralement transcrites. || Fig. Complice, associé. Le crime trouve mieux un accompagnateur que la vertu.

ACCOMPAGNEMENT. s. m. Action d'accompagner dans certaines cérémonies. Il fut choisi pour l'accompagnement, de la princesse. || Ce qui accompagne, ce qui est regardé comme l'accessoire nécessaire. La figure principale de ce tableau aurait besoin de quelques accompagnements. || Dr. féod. Acte par lequel, au moyen âge, des propriétaires libres, et particulièrement des couvents, se plaçaient sous la protection d'un seigneur plus puissant en l'associant à leurs biens dans une certaine proportion. || Blas. Toutes les pièces qui sont hors de l'écu, telles que les lions, les aigles, etc., qui forment les supports ou le cimier. || Mus. Parties secondaires d'un morceau, destinées à soutenir le chant. — Dans tout morceau, il y a le chant, qui doit être exécuté soit par la voix, soit par un instrument de musique ; dans la plupart des morceaux, il y a un accompagnement, qui est confié, soit à l'orchestre, soit à

un plus petit nombre d'instruments, soit même à un seul instrument, tel que l'orgue ou le piano. Bien que n'étant pas essentiel dans un morceau, l'accompagnement y joue un rôle important. Non seulement il ajoute au charme de la mélodie en lui fournissant un cadre harmonieux, mais il concourt à l'intelligence de l'idée musicale en guidant l'oreille à travers les modulations du chant, en l'y préparant par des accords et en accentuant le rythme du morceau. — L'accompagnement a, pour le chanteur, une utilité spéciale : c'est de maintenir la voix dans la justesse du ton, grâce au concours d'instruments dont le diapason est sensiblement fixe. L'accompagnement par l'orchestre est spécialement destiné aux grandes compositions religieuses ou dramatiques. Là où le compositeur n'a pas cru devoir recourir à l'emploi de ce mode d'accompagnement, c'est le piano, pour les œuvres profanes, l'orgue, pour les morceaux religieux, qui sont le plus habituellement usités. Et même, les accompagnements d'orchestre sont presque toujours arrangés pour l'un ou l'autre de ces deux instruments, ce qui permet à quelques exécutants de se rendre exactement compte de l'harmonie et de la mélodie des plus grands morceaux. — Viadana, maître de chapelle à Mantoue au XVIIᵉ s., passe pour l'inventeur de l'accompagnement. Cet art fut perfectionné par Gasparini, Rameau, Catel et Fétis, qui a écrit un *Traité de l'accompagnement*, 1829.

ACCOMPAGNER. v. a. (de *compagnon*. V. ce mot) Aller de compagnie. Accompagner quelqu'un dans ses voyages. || Fig. Toujours quelque crainte accompagne l'amour. || Suivre par honneur. Accompagner le Saint-Sacrement. || Conduire, reconduire en cérémonie, par honneur. Accompagner jusqu'à sa voiture quelqu'un dont on a reçu visite et qui s'en va. || Escorter. Il ne sort que bien accompagné, parce qu'il a des ennemis. || Convenir, aller avec. Cette garniture accompagne bien la robe. || Accompagner de. Tout ce qu'il dit il l'accompagne de tant de grâce. || Mus. Jouer sur un ou plusieurs instruments, ou chanter les parties accessoires d'une pièce de musique, pendant qu'une ou plusieurs voix chantent ou qu'un ou plusieurs instruments jouent la partie principale. Accompagner quelqu'un avec le violon, avec le piano, sur le piano. S'accompagner soi-même avec la guitare. || Abs. Il accompagne bien. || v. pr. S'accompagner de quelqu'un. || Mus. S'accompagner du piano, de la guitare. || Être accompagné. La fièvre s'accompagnait de délire. || ACCOMPAGNÉ, ÉE. p. pas. On dit accompagné par, et accompagné de. On emploie de préférence par. quand l'a personne qui accompagne est supérieure à celle qui est accompagnée. Télémaque accompagné par Minerve. || Hérald. Se dit des croix, chevrons, sautoirs ou autres pièces également disposées dans les quatre cantons de l'écu. || Syn. Escorter, accompagner, suivre. Escorter se prend dans deux sens. D'abord on escorte quelqu'un par précaution, pour le protéger contre une attaque, un coup de main. Ensuite on dit que quelqu'un est escorté d'une foule nombreuse. Accompagner c'est marcher à côté. Suivre c'est marcher après ou derrière. Des généraux accompagnèrent Napoléon dans l'exil : quelques serviteurs l'y suivirent (Lafaye).

ACCOMPAGNERESSE. s. f. Dame accompagneresse ou dame pour accompagner. Dame qui accompagne une reine ou une princesse.

ACCOMPARAGER. Comparer. Inusité.

ACCOMPLI, IE. part. pas. et adj. Révolu, achevé. Vingt ans accomplis. || Exécuté, réalisé. Crime accompli, vœux accomplis. || Parfait, rempli de qualités. C'est un homme accompli. || Polit. Fait accompli, faits accomplis. Ces mots expriment la consécration d'une chose exécutée. Il arrive trop souvent que le fait accompli prime le droit. || Syn. Parfait, accompli, consommé. Accompli diffère des deux autres en ce qu'il ne se prend jamais en mauvaise part. Parfait se rapporte à quelque chose de spécial, d'abstrait, suppose un seul point de vue. Accompli suppose une multiplicité de perfections, de rapports, et s'applique surtout aux choses concrètes, c'est-à-dire aux personnes, à leurs qualités, à leurs productions. Consommé désigne non la réunion de plusieurs qualités différentes, mais le redoublement de la même

qualité. Gouvernement parfait, prince accompli, expérience consommée.

ACCOMPLIR. v. a. (du bas latin *accomplere*;
de *ad*, et *complere*, remplir, compléter, parfaire).
Achever entièrement. Ce soldat a accompli ses
cinq années de service. || Effectuer. Accomplir
une promesse, un dessein, un traité, des désirs,
une chose résolue, prédite, etc. J.-C. a accompli
les prophètes (pour les prophéties). Accomplir
la loi, des obligations. || S'ACCOMPLIR. v. pr. Être
effectué. Ce traité, ce mariage, n'a pu s'accomplir. Cela arriva de la sorte afin que l'Écri-
ture s'accomplît. || Syn. Observer, garder, ac-
complir. Observer c'est se conformer à quelque
chose qu'on regarde, qu'on a devant les yeux,
qui sert de règle. Garder une chose c'est
prendre garde de la transgresser, s'appliquer à
n'y porter aucune atteinte; l'accomplir c'est la
pratiquer entièrement, jusqu'au bout. On observe fidèlement, on garde inviolablement, on
accomplit parfaitement. || Réaliser, effectuer,
exécuter, accomplir. On réalise et on effectue
ce qui a été conçu, on exécute et on accomplit
ce qui a été décidé. Réaliser, rendre réel, implique un objet : effectuer, faire passer à l'effet,
annonce un fait, quelque chose qui arrive.
Exécuter convient pour toutes sortes de choses,
particulièrement pour les petites et il est plutôt
physique. Accomplir convient pour les grandes
choses et il suppose un agent moral. (i p. pas.
V. *Accompli*.

ACCOMPLISSEMENT. s. m. Action d'accom-
plir. État de ce qui est accompli. || Achève-
ment, exécution entière, réalisation complète.
Accomplissement d'un ouvrage, d'un serment,
des vœux, des espérances, des prophéties, etc.
(V. *Accomplir*.)

ACCOMPLISSEUR. s. m. Celui qui accomplit.

ACCON ou **ACON.** s. m. (a-kon). Mar. Bateau
plat, ayant la forme d'un carré long, qui sert
au chargement et au déchargement des navires
de commerce.

ACCONIER ou **ACONIER.** s. m. Mar. Fabri-
cant d'accons. || Maître d'allège ou de gabarres
pour le chargement ou le déchargement des
navires.

ACCONVENANCEMENT. s. m. Bail à conve-
nant, en Bretagne.

ACCOQUINER. v. a. V. *Acoquiner*.

ACCORAGE. s. m. Mar. Action d'accorer,
d'étayer un navire pour le maintien d'aplomb,
afin qu'il soit réparé. || Ensemble des pièces
de bois qu'ils servent à cette opération. || Jurisp.
anc. Droit que payaient les navires allant à l'île
Bourbon.

ACCORD. s. m. (le *d* ne se lie pas; — du v.
accorder). Convention, accommodement. Faire,
passer un accord. || Au pl. Conventions préli-
minaires d'un mariage. On a signé les accords.
|| Union des sentiments, des esprits, des
cœurs. Il règne entre eux un accord parfait.
Être, tomber, demeurer d'accord. || Convenance,
proportion, harmonie. Accord entre les gestes
et les paroles, entre les actions et les principes. Il y a un merveilleux accord entre toutes
les parties de l'univers. || D'un commun accord.
Unanimement. || D'accord. loc. adv. et ellipt.
pour tomber d'accord, j'en conviens. || Ensemble
dans les mouvements. Ramer d'accord. || Peint.
Harmonie des couleurs, des lumières et des
ombres. Il y a un bel accord dans ce tableau.
|| État d'un instrument de musique dont les
cordes sont montées au ton requis. Ce violon
est d'accord. || Accords au plur. Fig. Chant,
poésie. Les accords de la lyre. || Gramm. Rela-
tion de l'article, de l'adjectif, du verbe avec
le substantif. Accord du genre et du nombre. ||
Phys. et mus. Union de plusieurs sons combinés
suivant les règles de l'harmonie et produisant
une sensation agréable à l'oreille. Pour qu'il y
ait accord entre deux sons, il faut que le rapport des nombres de vibrations de ces sons,
réduit à sa plus simple expression, soit aussi
simple que possible, c'est-à-dire que ses deux
termes soient aussi petits que possible. Ainsi
les accords les plus agréables sont ceux dont les
rapports sont $\frac{1}{1}$, $\frac{2}{1}$, $\frac{3}{2}$, $\frac{4}{3}$, $\frac{5}{4}$. L'accord qui
correspond à $\frac{1}{1}$, ou de deux sons qui ont le
même nombre de vibrations, est l'unisson. Il
est si agréable et si naturel, que, sans être
musicien, il suffit d'avoir l'oreille juste pour
chanter à l'unisson d'une voix ou d'un instrument. Le rapport $\frac{2}{1}$ est l'octave : l'un des sons
a deux fois plus de vibrations que l'autre ; il
est encore si naturel, qu'une femme ou un enfant, chantant avec un homme, prend l'octave,
et peut se croire à l'unisson. $\frac{3}{2}$ est la quinte,
$\frac{4}{3}$ la quarte, $\frac{5}{4}$ la tierce majeure, etc. Les accords
se divisent : 1° en *consonants* et *dissonants*.
L'accord est consonant lorsque les nombres
de vibrations des sons qui le composent sont
entre eux, dans un rapport simple. S'ils sont dans
un rapport composé, l'accord est dissonant.
Tout accord *consonant* est nécessairement
juste, mais tout accord *dissonant* n'est pas *faux*
ou *discordant*. Parmi les accords dissonants, il
en est qui, sans choquer l'oreille, ne la satisfont
pas d'une manière *définitive*. Ceux-là peuvent
être employés en musique, mais ils ont toujours
besoin d'être préparés et résolus par des accords consonants. Quant à ceux qui choquent
l'oreille, et qui, a proprement parler, ne constituent pas des accords, ils ne doivent jamais être
employés — 2° Les accords sont *parfaits* ou *imparfaits*. On appelle *accord parfait* les accords
simultanés ou successifs de tierce et de quinte,
auxquels on joint souvent l'octave, et qui sont
représentés par les nombres 1, $\frac{5}{4}$, $\frac{3}{2}$, 2 (do, mi,
sol, do), qui, réduits au même dénominateur,
donnent 4, 5, 6 et 8, nombres aussi simples que
possible. Un accord non moins agréable est
fourni par la quarte, la sixième et l'octave : 1,
$\frac{4}{3}$, $\frac{5}{3}$, 2 (do, fa, la, do), qui, réduits au même
dénominateur, donnent 3, 4, 5, 6. (V. *Gamme* ;
Intervalles musicaux; Vibrations.) Tout accord consonant est un accord parfait ou un
dérivé de l'accord parfait. — 3° On divise encore les accords en *fondamentaux* et *dérivés*
(ou *renversés*). Un accord fondamental est
celui dans lequel la note qui lui sert de fondement, et qui produit l'accord même, se trouve
placée à la basse L'accord dérivé est celui dans
lequel cet ordre est renversé ou interverti.
— 4° Enfin on distingue, dans chaque gamme,
un grand nombre d'accords que l'on désigne
suivant le nombre des intervalles qu'ils em-
brassent, les modifications qu'ils subissent et
le rôle qu'ils jouent dans la composition. C'est
ainsi qu'il y a l'accord sensible ou dominante,
l'accord de sixte, de sixte ajoutée, de sep-
tième, de septième diminuée, etc. || Arch. Une
remarque physiologique très curieuse, c'est
que les conditions nécessaires pour plaire
à l'oreille le sont aussi pour plaire à l'œil. En
architecture, en peinture, les rapports simples
entre les dimensions de hauteur et de largeur
sont les plus agréables. Dans les édifices anciens à colonnes, l'écartement de deux colonnes était dans un rapport simple avec le
diamètre de ces colonnes. D'après Vitruve les
rapports les plus usités étaient $\frac{4}{3}$, $\frac{3}{2}$, $\frac{9}{8}$, $\frac{2}{1}$, $\frac{3}{1}$.
Aussi, quand un édifice est bien proportionné
on dit que son aspect est harmonieux. || Syn.
Convention, accord, contrat, pacte, traité,
marché. Convention est le terme le plus général. L'accord est une convention entre ennemis,
adversaires, contendants ou rivaux. Le contrat
suppose une convention authentique, revêtue d'un
caractère légal. Le pacte a encore plus de force
et de portée : il doit demeurer en vigueur
toute la vie d'un homme, d'une famille, d'une
nation. Le traité regarde des affaires importantes pour lesquelles il a fallu entrer en
pourparlers, débattre, stipuler directement ou
par intermédiaire. Le marché est une convention de marchands, une convention par la-
quelle on échange, on vend, on achète. || Accord,
concert. On rame d'accord, on agit de concert,
nuance difficile à saisir. Montesquieu a dit :
Des dissonances dans la musique concourent
à l'accord total, et Bossuet admire le concert
qui régnait dans les mouvements des armées
grecques (Lafaye).

ACCORDABLE. adj. Qui peut être accordé.
Il a toutes les acceptions du verbe et se dit
des personnes et des choses. Ces plaideurs ne
sont pas accordables. Ce piano est accordable.

ACCORDAGE. s. m. Action d'accorder un
instrument. L'accordage d'un piano.

ACCORDAILLES. s. f. pl. Réunion qui se fait
pour accorder et signer un contrat de mariage.
|| Conventions préliminaires d'un mariage.
Pop. (V. *Accords*.)

ACCORDANT, ANTE. adj. Mus. Consonant,
par oppos. à discordant. Qui s'accorde bien. *Do*
et *sol* sont des tons accordants. || Fig. Qui est
en conformité d'opinion ou de nature.

ACCORDE. (impérat. du v. *accorder*). Mar.
Commandement que l'on fait à des rameurs
pour les avertir de ramer simultanément. ||
Subst. Commander l'accorde.

ACCORDÉ, ÉE. s. (p. pas. d'*accorder*). Celui
et celle qui sont réciproquement engagés pour
le mariage par des articles signés de part et
d'autre, ou même par de simples promesses.

ACCORDÉON. s. m. Instrument de musique
à soufflet et à touches, le plus souvent portatif,
et qu'on manœuvre avec les mains. La main
gauche fait mouvoir le soufflet et la main droite
parcourt le clavier. Cet instrument, originaire
d'Allemagne, se perfectionne tous les jours. Il
est spécialement à l'usage des chanteurs am-
bulants. (V. *Anche*.) || Arg. C'est le chapeau
gibus dont le soufflet intérieur est comparé par
les faubouriens à celui du véritable accordéon.
Un chapeau ordinaire sur lequel s'asseoit
quelque maladroit devient par là même un accordéon.

ACCORDÉONISTE. s. Celui, celle qui joue de
l'accordéon.

ACCORDER. v. a. (bas latin *accordare* ; de
ad et *corda*, cœurs ; unir les cœurs). Ramener à
l'union, à la bonne intelligence, des personnes
en dispute, en procès. Accorder deux ennemis,
Les accorder l'un avec l'autre. || Concilier des
lois, des doctrines, des opinions qui paraissent
opposées. Accorder deux textes, deux passages,
une loi nouvelle avec les anciennes. Accorder
le franc arbitre et la prédestination. || Gramm.
Accorder ou faire accorder l'adjectif avec son
substantif en genre et en nombre, Lui donner
le même genre et le même nombre; le verbe en
nombre et en personne avec son sujet, Lui
donner le même nombre et la même personne.
(V. *Adjectif; Verbe*.) || Peint. Accorder les tons.
Assortir et fondre les couleurs et les nuances
de manière à produire un effet harmonieux. ||
Octroyer, concéder. Accorder un privilège, une
grâce, une faveur, une indulgence, le pardon, du
temps à un débiteur, etc. N'accorder rien aux
faiblesses de la nature. S'accorder tous les mé-
nagements. Je vous accorde de partir, que vous
partiez. || Accorder une fille en mariage, La
promettre à celui qui la demande. || Recon-
naître pour vrai, demeurer d'accord d'une
chose. Accorder une proposition. Je vous accorde qu'il a eu raison. Je ne vous accorde pas
qu'il ait eu raison. Je vous accorde qu'il ait eu
raison indique une concession qui n'est pas
définitive. || Mus. C'est mettre plusieurs instru-
ments au même ton, ou bien établir, entre les
cordes ou autres corps sonores d'un même instrument, les rapports de ton qu'ils doivent avoir
entre eux. L'art d'accorder, surtout un piano
ou un orgue, est chose fort délicate, qui exige
une oreille juste et une main exercée. || S'AC-
CORDER. v. pr. Être d'accord. Nous tâcherons
de nous accorder. Les évangélistes s'accordent
à nommer toujours saint Pierre le premier. ||
Se dit aussi quand il y a conformité de caractère, d'humeur. Ces deux époux ne pourront
jamais s'accorder. || Prov. S'accorder comme
chiens et chats, Ne pas s'accorder du tout. ||
Se dit de toutes les choses qui ont entre elles
de la convenance, de la conformité. Ces voix,
ces couleurs s'accordent. Sa conduite ne s'accorde pas avec ses paroles. L'adjectif s'accorde
avec le substantif. || Syn. Accorder, réunir, rac-
commoder, réconcilier. Mettre bien ensemble
des personnes qui sont en opposition. Pour des
opinions ou des intérêts (accorder) : on accorde
des savants, des philosophes, des plaideurs
pour des divisions politiques, religieuses, etc
(réunir) : réunir des partis contraires, des ci
toyens pour la défense commune, des chré
tiens sous une seule croyance ; quand il s'agit
de brouilles entre amis ou parents (raccom-
moder) : un mot se raccommode avec son fils ;
quand il s'agit d'ennemis qui se haïssent
(réconcilier) : un chrétien doit se réconcilier
avec ses ennemis.

ACCORDEUR. s. m. Celui qui accorde les

instruments de musique. || Instrument à lames d'acier montées sur une planche donnant les douze demi-tons de la gamme. Le *monocorde* gradué, le *chronomètre* de Rollar, remplissent le même office.

ACCORDO. s. m. Espèce de lyre, de basse italienne à quinze cordes.

ACCORDOIR. s. m. Outil pour accorder les instruments de musique.

ACCORDS (Étienne TABOUROT, dit le seigneur des). Procureur du roi au bailliage de Dijon. 1547-1590. A publié, en 1582, le livre des *Bigarrures*, recueil de *Rébus, équivoques,* etc., composé, dit-il, « pour se chatouiller soi-même et se faire rire le premier, ensuite les autres », et en 1585, le livre des *Touches,* recueil de poésies ingénieuses, mais souvent trop libres.

ACCORE. s. m. (a-ko-re). Mar. Étai pour soutenir un vaisseau en construction ou en réparation. || Contour d'un banc, d'un écueil ; partie submergée d'une côte. || adj. Escarpé, fortement incliné ou presque vertical, en parlant d'une côte.

ACCORER. v. a. Mar. Étayer un vaisseau. || Par ext. Accorer un tonneau, une malle, Les assujettir soit dans les chambres des vaisseaux, soit dans la cale, pour qu'ils n'aillent pas au roulis ou ne vacillent pas.

ACCORNÉ, ÉE. adj. Fortif. Qui est défendu par un ouvrage à cornes ou en tenailles. || Blas. Se dit des animaux dont les cornes sont d'une autre couleur que le corps.

ACCORNER. v. a. Fortif. Élever des fortifications en forme de corne.

ACCORRE (Renier). Florentin, financier ; établit à Provins une des premières banques qui aient existé en France. XIIIᵉ siècle.

ACCORSO (Mariangelo). Célèbre philologue et antiquaire du XVIᵉ siècle, né à Aquila, vécut à la cour de Charles-Quint. *Observations sur Ausone, Solin et Ovide.* Rome, 1524, in-fol. ; éditions d'Ammien Marcellin et de Cassiodore, 1533. Il avait rassemblé au Capitole un grand nombre de monuments antiques.

ACCORT, ORTE. adj. (ital. *accorto,* avisé). Gracieux, d'humeur facile, enjoué, insinuant. Se dit aussi des choses : Une éloquence, une figure accorte. || Ce mot ainsi que les autres de la même famille est passé dans la langue française à l'époque des guerres d'Italie, sous François Iᵉʳ.

ACCORTEMENT. adv. D'une manière accorte, adroitement. Fam. et peu usité.

ACCORTISE. s. f. Urbanité, politesse, humeur facile, enjouée. Ce mot a vieilli. On disait autrefois accortesse.

ACCOSTABLE. adj. D'un abord facile. S'emploie le plus souvent avec la négative : Cet homme n'est pas accostable. Se dit quelquefois des choses. Fam. || Mar. Se dit d'une côte, d'un bâtiment qu'on peut approcher sans péril.

ACCOSTE (impér. du v. *accoster*). Mar. Ordre, commandement d'approcher. || Subst. Commander d'accoste.

ACCOSTER. v. a. (a-ko-sté ; — ital. *accostare ;* de *ad,* auprès, et *costa,* côte, s'approcher de la côte). Aborder quelqu'un pour lui parler. || Mar. Se dit d'une embarcation qui se place le long ou à côté d'un objet. Accoster le quai. || v. pr. S'accoster de quelqu'un, Le hanter, le fréquenter. Fam. Se prend surtout en mauvaise part. || Accosté, ÉE. p. pas. || Hérald. Se dit des pièces disposées en pal ou en bande, quand elles en ont d'autres à leur côté. || Syn. V. *Aborder.*

ACCOT. s. m. Hort. Adossement de fumier autour d'une couche pour empêcher le froid d'y pénétrer. || s. m. pl. Céram. Poignées de terre ou fragments d'étuis hors de service dont on se sert pour consolider les files ou piles qui constituent dans leur ensemble l'encastage des produits céramiques.

ACCOTAR. s. m. Mar. Clef ou coin que l'on chasse à coups de masse entre les varlingues pour mieux lier et unir les fonds d'un navire.

ACCOTEMENT. s. m. Ponts et chauss. Partie non pavée qui se trouve de chaque côté d'une chaussée ou chemin public, entre le fossé et l'empierrement ou encaissement. On dépose sur les accotements les matériaux destinés à l'entretien de la route ; mais il est défendu aux particuliers d'y déposer des matériaux ou des immondices sous les peines de simple police. (Loi 19-22 juill. 1791 C. pén., art. 471). || Chem. de fer. Espace entre les rails extrêmes et le

bord extérieur du chemin. || Horlog. Frottement d'une pièce contre; une autre.

ACCOTE-POT. s. m. Hort. Cercle que l'on met derrière un pot pour l'empêcher de tomber.

ACCOTER. v. a. (de *d* et d'un radical *cote, cotte,* appui). Appuyer de côté, affermir une chose en l'appuyant contre une autre. Accoter sa tête. || Hort. Mettre du fumier tout autour d'une couche. || v. n. Mar. S'incliner, plier sous le vent, en parlant d'un vaisseau. || S'ACCOTER. S'appuyer de côté. Fam. || Horlog. Se dit de deux pièces qui frottent.

ACCOTOIR. s. m. Appui pour s'accoter. Les accotoirs d'un fauteuil, d'un carrosse, d'un confessionnal. (V. *Accoudoir.*)

ACCOUARDIR. v. a. Rendre couard. || v. pr. S'accouardir dans le repos. Vieux.

ACCOUCHÉE. s. f. Femme qui vient de mettre un enfant au monde. Quand l'accouchée relèvera-t-elle ? || Caquets de l'accouchée, Conversations frivoles.

ACCOUCHEMENT. s. m. Action d'accoucher. Cette femme a eu un accouchement pénible, difficile, laborieux. || Action d'aider une femme à accoucher. Faire un accouchement, un cours d'accouchements. || Fig. Se dit des productions de l'esprit. L'accouchement d'une idée. || Méd. Fonction maternelle qui consiste dans l'expulsion spontanée et à terme d'un ou de plusieurs fœtus et des annexes. C'est à proprement parler l'enfantement ou la *parturition.* Dans un autre sens, c'est l'action de donner à la femme qui accouche, les soins et les secours que son état réclame, soins et secours qui doivent être administrés suivant les règles de l'*obstétrique.* Divers phénomènes concourent à l'accomplissement de cette fonction. Ce sont d'abord des phénomènes physiologiques qui ont lieu dans les organes de la mère et parmi lesquels il faut surtout signaler les contractions utérines, qui s'accompagnent de douleurs et déterminent la dilatation du col, la formation de la poche des eaux, etc. On les a répartis entre quatre périodes. La première, dite de préparation, consiste surtout dans l'effacement du col. La femme y accuse de légères douleurs vulgairement appelées *mouches.* La seconde est celle de la dilatation. Le col s'entr'ouvre et se dilate de plus en plus et les douleurs augmentent. La période d'expulsion survient après un moment de calme pendant lequel la femme est souvent prise de peur, de terreurs, de crainte, quelquefois même d'hallucinations, etc. Elle s'accompagne de douleurs conquassantes encore dites *expultrices,* pendant que la partie fœtale fait bomber le périnée et franchit l'anneau vulvaire. Enfin, après la sortie de l'enfant, vient la *délivrance* qui constitue la quatrième période. La durée totale de ces phénomènes, de 15 à 20 heures chez les primipares, se réduit à 6 ou 8 chez les multipares. Les autres phénomènes sont dits fœtaux ou encore mécaniques, pour bien montrer que dans l'accouchement le fœtus joue un rôle absolument passif : l'accouchement s'opère de la même façon, que le fœtus soit mort ou vivant. Ils sont relatifs à la présentation et à la position. On appelle présentation, la partie du fœtus qui se présente à l'orifice utérin. Bien que toutes les régions du corps fœtal puissent se mettre en rapport avec cet orifice, au point de vue du mécanisme de l'accouchement, on ne considère que la tête, le siège et le tronc. Toutefois, dans le cas de la tête il importe de distinguer si c'est la face ou le sommet qui se présente au détroit supérieur. La position est la situation relative d'une partie déterminée du fœtus et de ce même détroit supérieur. Elle a pour but de faire connaître les rapports du fœtus avec les organes maternels. On a choisi l'occiput pour le sommet, le menton ou le front pour la face, l'acromion pour le tronc ou l'épaule. Suivant que ces points se trouvent en rapport avec la partie latérale gauche ou droite du détroit supérieur on a une première ou une seconde position. Ainsi dans la présentation du sommet, la position la plus fréquente est la première, ou position occipito-iliaque gauche antérieure, c'est-à-dire celle dans laquelle l'occiput du fœtus est en rapport avec l'éminence iliopectinée de la femme. Il n'entre pas dans notre plan de décrire ici toutes les positions qui sont fort nombreuses puisqu'il y en a 8 par présentation, mais nous devons indiquer leur fré-

quence relative. Sur 20 accouchements, 19 ont lieu par le sommet, dont 14 en occipito-iliaque gauche antérieure et 5 en occipito-iliaque droite postérieure. On rencontre 1 accouchement par la face sur 200 accouchements, et c'est fort heureux, car tandis que dans la présentation du sommet il ne meurt pas un enfant sur 50, ici la mortalité est d'un quart d'après certains auteurs et d'un vingtième d'après d'autres. Cette grande mortalité est due à la lenteur du travail, à la procidence possible du cordon et à la compression du cou. Il se fait 1 accouchement par le siège sur 34 environ. Le travail est long et pénible et il meurt un enfant sur 8 ou 10 pour des raisons semblables ou analogues aux précédentes. Mais la plus mauvaise présentation est celle du tronc; elle a lieu une fois sur 233 accouchements environ. Il meurt 3 femmes sur 4 et 12 enfants sur 13 ; aussi nécessite-t-elle presque toujours l'intervention d'un accoucheur expérimenté et si la mortalité des mères et des enfants est si effrayante, la cause en est certainement due trop souvent à l'arrivée tardive des secours. Une autre statistique donne les chiffres suivants. Sur 21,723 accouchements, il y en a eu 20,698 par le sommet, 103 par la face, 804 par le siège et 118 par le tronc. 20,567 accouchements par le sommet ont donné 635 morts, 88 par la face, 3 et 790 par le siège, 101. Quelles que soient la présentation et la position, le mécanisme de l'accouchement peut être divisé en cinq temps : 1ᵉʳ amélioration de la position initiale qui se présente, 2ᵉ descente de cette région dans l'excavation, 3ᵉ sa rotation, 4ᵉ son expulsion, 5ᵉ rotation extérieure de la partie expulsée et rotation intérieure de la portion restant encore dans les organes maternels. Enfin on a aussi considéré comme un 6ᵉ temps l'expulsion de cette dernière portion. — L'accouchement tel que nous venons de l'esquisser est l'accouchement simple ou physiologique. S'il y a deux ou plusieurs fœtus, il est dit gémellaire, etc. La durée de la grossesse est évaluée entre 260 et 280 jours, c'est-à-dire un peu moins ou un peu plus de neuf mois. S'il a lieu après cette dernière époque, l'accouchement est *tardif;* il est, au contraire, prématuré s'il a lieu avant le 280ᵉ jour, mais avec un fœtus viable. La loi fait commencer la viabilité au 180ᵉ jour. C'est 30 jours trop tôt, car ce n'est guère qu'au septième mois à partir de la conception, c'est-à-dire au 210ᵉ jour, qu'un fœtus est viable. Tout accouchement survenant avant le 180ᵉ jour est légalement un *avortement,* qui est un crime lorsqu'il a été procuré à dessein. (V. *Avortement.*) Sans nous attacher à définir les nombreuses épithètes accolées au mot accouchement et sur lesquelles les auteurs ne sont pas toujours d'accord, il est nécessaire de parler ici de l'*accouchement prématuré artificiel* passé maintenant dans la pratique médicale et qui a pour but de sauver deux existences à la fois, celle de la mère et celle de son enfant, qui seraient compromises souvent toutes les deux ou au moins l'une d'elles, si on laissait la grossesse suivre son cours normal. Il existe en effet des femmes à bassins rétrécis chez lesquelles le fœtus à terme ne peut pas sortir entier par les voies naturelles ; l'accoucheur est alors obligé de recourir à l'*opération césarienne* que l'on ne doit point pratiquer pour sauver l'enfant quand on a la certitude de tuer la mère. D'autres ont recours à la *céphalotripsie,* broiement de la tête de l'enfant ou à l'*embryotomie,* morcellement de l'enfant, opérations que la morale chrétienne condamne comme des crimes, si on les applique à un fœtus vivant, car on ne peut se proposer de tuer un être humain vivant pour sauver la vie d'un autre. Mentionnons aussi la tentative hardie de Porro qui, dans une opération semblable à l'opération césarienne, enlève le corps de l'utérus (*corpus uteri*), après l'extraction de l'enfant. Le médecin doit recourir à l'accouchement *forcé,* comme Nœgelé appelle l'accouchement provoqué artificiel, toutes les fois qu'il se trouve en face de métrorrhagies graves, de vomissements incoercibles ou d'attaques éclamptiques qui mettent en danger la vie de la mère et par cela même celle de son enfant. Pour les soins à donner à l'enfant et à la femme, après l'accouchement, V. *Suites de couches.* || Jurisp. La naissance d'un enfant doit être déclarée par le père, ou, à son défaut, par les médecins, sages-femmes ou autres personnes qui auraient assisté à l'accouchement ; et, lorsque la mère sera accouchée hors de son domicile, par la personne chez qui elle sera accouchée. Les déclarations de naissance doivent être faites dans les trois jours de l'accouchement à l'officier de l'état civil du lieu ; l'enfant lui sera présenté (C. civ., art. 54 et 55).

ACCOUCHER. v. n. (a-kou-ché ; — de *à* et *couche*, lit, se mettre au lit). Enfanter. Se conjugue avec *avoir* pour exprimer l'acte et avec *être* pour exprimer l'état. Elle est accouchée hier d'un garçon. Elle a accouché très courageusement. || Fig. Accoucher d'un ouvrage, d'un projet, d'une idée. Socrate disait qu'il faisait l'office de sage-femme, qu'il faisait accoucher les esprits. || S'expliquer. Accoucherez-vous enfin ? || v. a. Aider une femme à accoucher. Cette sage-femme a accouché ma belle-sœur. || Abs. Ce médecin accouche bien. || Arg. Prendre un parti. Ex. : Le vieux était accouché la veille ; il avait résolu de ruiner son voisin. Autre sens : avouer. L'assassin accouchera, c'est-à-dire avouera son crime, le remords l'écrase.

ACCOUCHEUR, EUSE. s. Celui, celle dont la profession est de faire des accouchements. On dit plutôt sage-femme qu'accoucheuse. || Jurisp. Cette profession ne peut être exercée que sous des conditions de savoir et de capacité imposées par la loi comme garantie de sûreté publique : nul ne peut donc se livrer à la pratique des accouchements s'il n'a été reçu médecin ou sage-femme, et s'il n'a rempli les formalités prescrites par la loi. Toute personne qui, sans avoir rempli ces conditions, exercerait, même gratuitement, la profession d'accoucheur, commettrait un délit passible des peines portées par la loi du 19 ventôse an XI contre ceux qui exercent illégalement la médecine ou la chirurgie ; la pénalité consiste dans une amende en faveur des hospices, sans préjudice des poursuites pour homicides ou blessures par imprudence.

ACCOUDEMENT. s. m. Action de s'accouder, de s'appuyer sur le coude. Ce terme a vieilli. || A. milit. Rapprochement, cohésion des fantassins, placée coude à coude dans les rangs.

ACCOUDER (S'). v. pr. — lat. *accubitare ; de ad, à ; cubitus,* coude). S'appuyer du coude. On dit s'accouder *sur, contre.* || A. milit. Se placer coude à coude, pour se prêter réciproquement un léger appui dans l'exécution du pas cadencé, du pas oblique, etc.

ACCOUDOIR. s. m. Appui pour le coude. L'accoudoir d'un prie-Dieu. Les accoudoirs des stalles s'appellent aussi *museaux* parce qu'ils sont souvent supportés par des têtes d'animaux. || Archit. Le couronnement d'une balustrade ou de tout autre appui à la hauteur du coude. || Mar. Étai sur lequel on appuie les navires en construction.

ACCOUER. v. a. (a-kou-é ; — de *cauda,* queue ; on écrivait autrefois et on dit encore dans certains patois *coue*). Attacher, lier les chevaux à la queue l'un de l'autre, pour qu'ils marchent à la file. || Vén. Accouer le cerf, Être à sa queue, l'atteindre à la course, pour lui donner le coup au défaut de l'épaule ou lui couper le jarret.

ACCOULINS. s. m. pl. Alluvions. || Atterrissement de rivière, servant à la fabrication des briques. || Agric. Rigoles pour conduire des eaux chargées de terres.

ACCOUPLAGE. s. m. Action d'accoupler. Accouplage de mots. On dit plutôt accouplement.

ACCOUPLE. s. f. Vén. Lien dont on se sert pour accoupler les chiens. || Par ext. Lien servant à réunir plusieurs objets.

ACCOUPLEMENT. s. m. Assemblage par couples. Accouplement de bœufs pour la charrue. || Arch. Arrangement de colonnes disposées deux à deux. || Fig. Étrange accouplement d'idées, de mots, etc. || Conjonction du mâle et de la femelle, en parlant des animaux, pour la génération. (V. *Monte.*) Accouplement d'un chien et d'une chienne. Ne peut se dire des hommes que dans un sens odieux, avec une épithète qui serve de correctif à l'idée trop physique d'accouplement. Hideux accouplement.

ACCOUPLER. v. a. (a-kou-plé ; — de *à* et *couple ;* de *copula* lien, union, d'où *copulare,* unir). Assembler par couples, deux à deux. Accoupler des bœufs pour la charrue, deux mots qui sont mal ensemble, etc. Ces deux personnes sont mal accouplées. || Accoupler du linge, des serviettes, En attacher plusieurs ensemble pour la lessive. || Au trictrac, accoupler ses dames, Les mettre deux à deux sur les flèches. || En parlant de certains animaux, apparier un mâle et une femelle afin qu'ils multiplient. Accoupler des pigeons. || v. pr. Se dit des animaux qui s'unissent pour la génération. Les ours s'accouplent au commencement de l'hiver. || ACCOUPLÉ, ÉE. p. pas. Arch. Colonnes accouplées. (V. *Accouplement.*) Têtes accouplées, Deux têtes adossées sur le même socle ou le même buste. (V. *Hermès.*) || Chem. de fer. Roues accouplées, Celles qui sont réunies deux à deux pour augmenter la force du moteur.

ACCOURCIE. s. f. Passage plus court. Vx et fam. || Mar. V. *Accourse.*

ACCOURCIR. v. a. (de *à* et *court*). Rendre plus court. Accourcir un habit, un discours, un ouvrage. || Rendre brève une syllabe longue. || Accourcir son chemin, Prendre une voie plus courte, plus directe. || Abs. Prenez le bois, vous accourcirez. || Fig. Faire paraître moins long. La conversation accourcit la route. || Manège. Accourcir la bride, Tirer les rênes par le bouton avec la main droite, en les faisant couler dans la main gauche. || Vén. Accourcir le trait, Le ployer à demi ou complètement pour retenir le limier. || S'ACCOURCIR. Devenir plus court. Les jours s'accourcissent sensiblement. || Syn. Accourcir, raccourcir. Le second renchérit sur le premier. Il faut lui accourcir un peu le temps de l'étude. La nature divine, sans bornes et sans limites, s'est comme raccourcie dans l'incarnation. (Boss.) Ce qui est accourci est diminué dans une petite mesure, ce qui est raccourci est quelquefois trop court.

ACCOURCISSEMENT. s. m. Diminution d'étendue, de durée. L'accourcissement des jours, du chemin.

ACCOURIR. v. n. (lat. *accurrere ; de currere, ad,* courir, vers). Venir promptement vers quelqu'un ou dans quelque lieu. Accourir en grande hâte, en foule, au bruit, au secours, etc. || Fig. en parlant des choses : De l'extrémité du désert accourt un tourbillon. || Gramm. Accourir se conjugue comme courir, excepté qu'il prend les deux auxiliaires, selon qu'on veut exprimer l'action ou l'état qui résulte de cette action. Suivi d'un infinitif, s'emploie avec ellipse de la prép. *pour* : L'inventeur accourt faire légitimer ses découvertes.

ACCOURRES. s. f. pl. Vén. Plaines ou landes situées entre deux bois, dans lesquelles on place les chiens qui doivent coiffer l'animal au débucher.

ACCOURSE. s. f. Archit. Galerie extérieure par laquelle on communique dans les appartements. || Mar. Passages ménagés dans la longueur du vaisseau. (V. *Accourcie.*)

ACCOURTILLAGE. s. m. Jurisp. anc. Rente que devait payer au seigneur le propriétaire d'une terre sujette au droit de terrage, lorsqu'il la convertissait en bois ou en pâturage.

ACCOUS. 1,469 h. Ch.-l. de cant. (B.-Pyr.), dans la vallée d'Aspe, arr. d'Oloron. Eaux minérales, ferrugineuses, Bulasqué. Patrie du poète béarnais Despourrins.

ACCOUSINER. v. a. Traiter de cousin, d'allié, d'ami. || S'ACCOUSINER. Se traiter de cousin. Expr. vieillie.

ACCOUTREMENT. s. m. Habillement. Ne s'emploie aujourd'hui qu'en mauvaise part. Accoutrement ridicule, bizarre, de vils accoutrements. || Fig. Ornements de mauvais goût d'un discours. Fam. || Syn. V. *Habillement.*

ACCOUTRER. v. a. (étym. incertaine ; celt. *cot,* habit, *accoutri,* couvrir d'un habit). Habillé d'une façon extraordinaire. Ne s'emploie plus que fam. et en mauvaise part. || Fig. Maltraiter quelqu'un, en dire du mal. || S'ACCOUTRER. S'habiller d'une façon grotesque.

ACCOUTREUR, EUSE. s. Celui ou celle qui arrondit les trous des filières chez les marchands d'or.

ACCOUTUMANCE. s. f. Coutume, habitude passive. Expr. vieillie. || Syn. V. *Coutume.*

ACCOUTUMÉ, ÉE. adj. et p. pas. Habitué à, familiarisé avec. Le voilà accoutumé à sa nouvelle fortune. Il est aujourd'hui accoutumé avec sa nouvelle famille. || Suivi d'un infinitif, se construit quelquefois avec la prép. *de.* On est accoutumé de se laisser aller au plaisir. (Boss.) || Habituel, ordinaire. Place accoutumée. || A l'accoutumée. Loc. adv. A l'ordinaire, comme on a coutume de faire.

ACCOUTUMER. v. a. (de *à* et *coutume ;* du lat. *consuetudinem*). Faire prendre une coutume, une habitude. Prend toujours après lui la préposition *à.* Accoutumer l'enfant au travail, la jeunesse aux exercices du corps. Peut s'employer sans complément direct. La solitude accoutume à la réflexion. || v. n. Ne s'emploie qu'aux temps composés et avec *avoir.* Quelles précautions n'avait-il pas accoutumé de prendre ! Se dit quelquefois des choses inanimées. L'automne n'a pas accoutumé d'être si pluvieux. || Abs. Faites comme vous avez accoutumé. || S'ACCOUTUMER à. S'habituer à, contracter l'habitude de. S'accoutumer au travail, à bien parler. || Se construit rarement avec la prép. *de.* Il vous importe de vous accoutumer de bonne heure de haïr l'injustice (Volt.) || Se faire à, se familiariser avec : dans ce cas *avec* vaut mieux que *à.* Je ne puis m'accoutumer avec cet homme. || Abs. Il s'accoutume tous les jours.

ACCOUVER. v. a. Préparer à un oiseau un nid avec des œufs, pour qu'il couve. Accouver une poule. || S'ACCOUVER. Commencer à couver. Cette poule s'accouve. || Fig. et fam. On dit d'un homme indolent qui reste à la même place : Il ne fait que s'accouver. || ACCOUVÉ, ÉE. p. pas. et adj. Qui reste au coin du feu. Vieux mot familier qui disparaît des dictionnaires.

ACCRA ou **AKRA.** Ville et territoire de la Côte d'or (Guinée), dépendant des Achantis. 15,000 h. Plusieurs forts et comptoirs appartiennent aux Anglais.

ACCRÉDITATION. s. f. Action d'accréditer un agent diplomatique auprès d'un gouvernement étranger. || Action de donner du crédit à une maison de commerce.

ACCRÉDITER. v. a. (a-kré-di-té ; — de *à* et *crédit*). Mettre en crédit, en réputation. C'est la bonne conduite qui accrédite le plus quelqu'un dans n'importe quelle situation. || Accréditer un ministre, un ambassadeur auprès d'une cour étrangère, c'est le constituer légalement et officiellement comme agent diplomatique de la puissance qu'il représente. Il est d'usage et de toute nécessité d'investir les ambassadeurs d'un caractère public qui soit tout à la fois leur sauvegarde et la garantie de la puissance auprès de laquelle on les envoie : cela se fait par les *lettres de créance* (V. ce mot). || Fig. Donner cours, autoriser, rendre plus vraisemblable. Accréditer une nouvelle, un bruit, une calomnie. || S'ACCRÉDITER. v. pr. Ce marchand s'accrédite. Les imposteurs s'accréditent souvent dans l'esprit des peuples. Le bruit de guerre s'accrédite.

ACCRÉDITEUR. s. m. Com. Celui qui donne sa garantie.

ACCRÉMENTITIEL, ELLE. adj. Physiol. Mode de génération, selon Burdach et autres physiologistes, par lequel une partie organique se détache d'un individu organisé, pour constituer un nouvel individu semblable à celui auquel elle appartenait, se développer et vivre isolément, d'une vie propre.

ACCRÉMENTITION. s. f. (lat. *accrementum,* accroissement). Physiol. Génération par accrémentition, Formation d'éléments anatomiques à l'aide d'un blastème fourni par des éléments semblables préexistants. Ce mode de formation n'est admis que chez les animaux.

ACCRESCENT, ENTE. adj. Bot. Se dit des parties de la fleur autres que l'ovaire, qui, au lieu de se flétrir et de tomber après la fécondation, continuent à se développer.

ACCRESCENCE. s. f. Bot. Accroissement exceptionnel de certains organes.

ACCRÊTÉ, ÉE. adj. Fier comme un coq, qui porte superbement la crête. Néol.

ACCRÉTION. s. f. (a-cre-ci-on ; — lat. *accretio,* accroissement). Action de croître, de se développer. || Méd. Augmentation. || Hist. nat. Accroissement par juxtaposition ; se dit surtout des minéraux.

ACCRINGTON. 25,000 h. Ville manufacturière d'Angleterre, comté de Lancastre.

ACCROC. s. m. (a-cro ; — le *c* ne se lie pas, ni au pl. l's final : un accro à la robe, des accro à la robe ; — subst. verbal de *accrocher*). Déchirure faite par ce qui accroche. || Fig. Difficulté, obstacle imprévu. Tout allait bien sans cet accroc. || Tache, souillure. Sa réputation a subi un accroc. || Manuf. Partie dépolie d'une glace. || Syn. V. *Difficulté.*

ACCROCHAGE. s. m. Action d'accrocher et résultat de cette action.

ACCROCHANT, ANTE. adj. Qui sert à accrocher, à arrêter. Machine accrochante. (|| Bot. Se dit des surfaces munies de petites aspérités.

ACCROCHE. s. f. Agrafe, attache. || Fig. Embarras. Vieux.

ACCROCHE-CŒUR. s. m. Mèche de cheveux lissée et bouclée sur la tempe. || Pl. Des Accroche-cœurs.

ACCROCHEMENT. s. m. Action d'accrocher, résultat de cette action. L'accrochement de deux voitures. || Fig. Difficulté. Vieux. || Phys. L'accrochement des atomes. || Horlog. Vice de l'échappement qui fait arrêter une pendule.

ACCROCHER. v. a. (de à et *croc*). Suspendre à un crochet, à un clou, à un porte-manteau, etc. Accrocher sa montre, un tableau. || Arrêter, retenir par quelque chose de crochu, de pointu. Une branche avait accroché le bas de son manteau. || Mar. Accrocher un vaisseau, Jeter les grappins d'un vaisseau à un autre pour venir à l'abordage. || Une voiture en accroche une autre quand elle la heurte ou l'arrête avec l'extrémité de son moyeu. || Fig. et fam. Retarder, arrêter. Cette negociation est accrochée. || Attirer à soi, gagner. Accrocher un mari, une bonne place. || S'ACCROCHER. v. pr. Les vêtements s'accrochent aux ronces et les semences du grateron aux vêtements. Deux vaisseaux, deux voitures s'accrochent. || Fig. S'accrocher à tout, à ce qu'on peut, comme une personne qui se noie, Employer tous les moyens, ses dernières ressources pour se tirer d'affaire. || On dit à peu près dans le même sens : S'accrocher à quelqu'un, S'attacher à la fortune de quelqu'un pour en être secouru, soutenu. || Arg. Engager au mont-de-piété. Accrocher sa montre, c'est la porter chez *ma tante.*

ACCROCHEUR. s. m. Celui dont la fonction est d'accrocher certains objets dans les travaux à la mécanique.

ACCROIRE. v. n. (lat. *accredere*, ajouter foi; de *ad* et *credere*, croire). Ne s'emploie qu'à l'inf. avec le v. *faire.* || Faire croire ce qui n'est pas. Vous voudriez nous faire accroire que... || En faire accroire, En imposer, tromper. || S'en faire accroire, Présumer de soi-même, en avoir bonne opinion, exagérer son propre mérite.

ACCROISSANCE. s. f. Augmentation. Syn. d'accroissement; n'est guère employé que par les poètes pour les besoins de la rime.

ACCROISSEMENT. s. m. (a-kroi-ce-man). Action de croître, de s'accroître et résultat de cette action, augmentation, agrandissement. Accroissement du corps humain, des plantes, d'un État. Un accroissement, des accroissements de biens, d'honneurs, de fortune. || Hist. nat. Chez les minéraux l'accroissement a lieu par juxtaposition (*ponere*, placer ; *juxta*, à côté de), c'est-à-dire par l'addition de nouvelle matière à leur surface. Les animaux et les plantes s'accroissent par intussusception (*suscipere*, prendre ; *intus*, à l'intérieur) et par assimilation : ils se nourrissent, c'est-à-dire qu'ils prennent au dehors des matériaux divers, aliments, boissons, air aspiré, les introduisent dans leur intérieur, les élaborent, les transforment en des matières semblables à celles de leurs corps dont elles finissent par faire partie. Pendant que les êtres vivants introduisent à leur intérieur de nouveaux matériaux qu'ils s'assimilent, ils en éliminent d'autres qu'ils rejettent hors de leurs corps : ainsi pendant la période d'accroissement, c'est-à-dire depuis la naissance jusqu'au développement complet, la quantité des matériaux assimilés doit surpasser la quantité des matériaux éliminés, en d'autres termes, le mouvement de composition est plus actif que le mouvement de décomposition. (V. *Digestion; Exhalation ; Nutrition ; Respiration ; Sécrétion ;* etc.) || Jurisp. Alluvion (V. ce mot). Les atterrissements et accroissements qui se forment successivement et imperceptiblement aux fonds riverains d'un fleuve ou d'une rivière s'appellent alluvion. L'alluvion profite au propriétaire riverain, soit qu'il s'agisse d'un fleuve, ou d'une rivière navigable, flottable ou non ; à la charge dans le premier cas de laisser le marchepied ou chemin de halage, conformément aux règlements (C. civ., art. 556). || Droit d'accroissement, en vertu duquel un

héritier ou légataire recueille la part de ses cohéritiers ou colégataires qui sont décédés avant d'avoir recueilli leur part, ou qui sont incapables de la recueillir ou qui ont renoncé à la succession ou au legs. Il y a lieu à accroissement au profit des légataires au cas d'un legs fait à plusieurs conjointement : un legs est réputé fait conjointement lorsqu'il est fait par une seule et même disposition et que le testateur n'a pas assigné la part de chacun des colégataires dans la chose léguée; un legs est encore réputé fait conjointement quand une chose qui n'est pas susceptible d'être divisée sans détérioration a été donnée par le même acte à plusieurs personnes, même séparément (C. civ., art. 1044-1045).

ACCROÎT. s. m. Accroissement, augmentation d'un troupeau. || En parlant d'une plante, facilité à croître. Arbre d'un facile accroît. Vieux.

ACCROÎTRE. v. a. (lat. *accrescere ;* de *ad* et *crescere*, croître.—Dans le vieux franç. on écrivait *accroistre* : l's est remplacé aujourd'hui par l'accent circonflexe.—Se conjugue comme croître). Augmenter. Accroître son bien, son revenu, de beaucoup, de la moitié; sa réputation, sa gloire, etc. || v. n. Aller en augmentant. Son revenu accroît tous les jours. Prend pour auxiliaire *avoir* pour marquer l'action, et *être* pour marquer l'état. || Jurisp. Entre cohéritiers et colégataires la part du renonçant accroît aux autres. Cette portion de terre est accrue à son champ, par alluvion. (V. *Accroissement.*) || v. pr. Devenir plus grand. Son bien, sa réputation s'accroît tous les jours. Cette ville s'est fort accrue par son commerce. || Syn. Augmenter, accroître. Augmenter marque addition, d'une façon précise, et se dit bien de la nature morte et simplement numérable. Accroître indique un développement progressif, s'applique aux êtres vivants et à tout ce qui est susceptible d'être nourri, vivifié, activé. On dit : l'augmentation des provinces et l'accroissement de l'empire.

ACCROUPETONNER (s'). v. pr. Néol. Se mettre à croupetons, s'accroupir.

ACCROUPIR (s'). v. pr. (à et croupir, de croupe). Prend l'auxil. *être.* Se tenir comme assis sur les talons en parlant des personnes, sur la croupe en parlant des animaux. || Fig. S'affaisser sur soi-même. || ACCROUPIR. v. a. Mettre dans la posture d'un individu accroupi. Néol. || ACCROUPI, IE. p. pas. En termes d'art, se dit des figures assises sur les talons et, par ext., des figures agenouillées. La Vénus accroupie. || Blas. Se dit du lion et de quelques autres animaux lorsqu'ils sont assis.

ACCROUPISSEMENT. s. m. État d'un individu accroupi. || Fig. Affaissement, abrutissement. Néol.

ACCRU. s. m. Hort. Rejeton d'une racine. || pl. Des Accrus.

ACCRUE. s. f. Accroissement naturel que prend une forêt par les rejetons qu'elle pousse au delà de son enceinte sur les terres voisines. L'accrue appartenait, dans l'ancienne jurisprudence, au seigneur féodal dont le bois avait envahi les terres voisines, en vertu de l'adage : *Le bois acquiert le plain* ; aujourd'hui elle appartient au propriétaire du terrain envahi, sauf l'effet de la prescription trentenaire qui peut être acquise au propriétaire de la forêt. Un bornage régulier des propriétés est le meilleur moyen de prévenir toute difficulté. || Maille qu'on ajoute a chaque rangée pour augmenter la largeur d'un filet.

ACCUBITEUR. s. m. (lat. *accubare, accubitus,* couché auprès). Chambellan des empereurs d'Orient, qui couchait près du prince.

ACCUBITOIRE. s. m. Ce mot se trouve dans certains vieux dictionnaires, pour désigner la salle à manger des Romains. Voici quelques mots latins analogues, de la même racine : *Accubare*, être à table, couché et non assis, à la manière des Romains; *Accubitalia,* diverses pièces d'un lit ou d'une couche pour les repas ; *Accubitio*, l'action de se coucher près de la table à manger; *Accubitorius, a, um,* adj., d'où le français Accubitoire, se dit de tout ce qui est relatif au coucher sur les lits ou canapés de table; *Accubitum*, lit ou plutôt sopha de table, propre à recevoir une seule personne, substitué sous l'Empire au *lectus triclinaris* qui contenait neuf personnes.

ACCUEIL. s. m. (a-keuil'; — s. verbal de accueillir).Réception bonne ou mauvaise que l'on fait à quelqu'un ou à quelque chose. Sans épithète il se prend toujours en bonne part. || Faire accueil a quelqu'un, Le recevoir avec bienveillance, politesse. || Com. Faire accueil ou Faire bon accueil.Formule employée par les commerçants et les banquiers qui prient leurs débiteurs de faire bon accueil à une traite, de remplir leurs engagements. || Mon accueil, ton accueil, son accueil, etc., indique généralement le sens actif, c'est-à-dire l'accueil que je fais, que tu fais, qu'il fait et non celui que je reçois, etc.

ACCUEILLANT, ANTE. adj. Qui fait bon accueil. || Se dit des choses. Un air accueillant. Manières accueillantes.

ACCUEILLIR. v. a. 2ᵉ conj. irrég. (bas lat. *accolligere ;* du lat. *ad* et *colligere*, recueillir, réunir, de *cum* avec, ensemble et *ligare*, lier, unir. Se conjugue comme *cueillir*). || Recevoir favorablement ou défavorablement quelqu'un. Accueillir avec bonté, accueillir fort mal. || Quand il n'est pas modifié par un adverbe ou une locution adverbiale, il se prend en bonne part. || Fig. Se dit avec un nom de choses pour complément. Accueillir fort mal une demande. || Se dit en mauvaise part, fam., pour les accidents fâcheux, imprévus. Une décharge accueillit le détachement. || S'ACCUEILLIR. Être accueilli. || Réciproq. Se faire accueil. Se bien accueillir. S'accueillir froidement. || p. pas. ACCUEILLI, IE.

ACCUL. s. m. (a-kul; - de *d* et *cul*).Lieu sans issue. || pl. Des Acculs. || Vén. Fond du terrier ou sont poussés les renards, les lapins, etc. || Être à l'accul, Être acculé. || Mar. Enfoncement d'une petite baie. || Artil. Piquets enfoncés en terre pour empêcher le recul du canon à la décharge.

ACCULÉE. s. f. Action d'un navire qui frappe la mer avec sa poupe.

ACCULEMENT. s. m. Action d'acculer. État de ce qui est acculé. L'acculement d'une voiture, — des ennemis. || Mar. Courbure donnée aux varangues d'un vaisseau ou premières grosses pièces de bois qui en composent le squelette. || Roul. Position d'une voiture dont l'arrière baisse, s'il est plus chargé que le devant.

ACCULER. v. a. (a-ku-lé ; — de *à* et *cul*). Pousser dans un coin, dans un endroit qui ne permet pas de reculer. Acculer l'ennemi, Le forcer à combattre ou à se rendre, le réduire. || Fig.Mettre dans l'impossibilité d'agir, de répondre. Cet argument l'accula si bien qu'il fut réduit au silence. || Vén. Réduire aux abois. || v. n. Mar. Plonger par l'arrière. || Roul. Aller à cul, en parlant d'une voiture dont l'arrière est trop lourd. On dit aussi *s'acculer*, dans ce même sens. || S'ACCULER. Se ranger dans un coin, contre un mur, un arbre, etc., pour se défendre et n'être pas pris par derrière. || S'emploie absol. : La bête s'accule. || Manège. Se dit d'un cheval qui ne va pas assez en avant à chacun de ses mouvements.

ACCUM (Fréd.). Chimiste et physicien allemand, 1769-1838 ; professa la chimie à Londres (1801), puis à Berlin (1822); appliqua le premier en Angleterre le système d'éclairage au gaz inventé par le Français Ph. Lebon.

ACCUMULATEUR, TRICE. s. Celui, celle qui accumule, qui entasse.

ACCUMULATION. s. f. (a-ku-mu-la-ci-on). Action d'accumuler, d'entasser ; amas. || Fig. Abondance, profusion. Accumulation de biens, d'honneurs, de preuves. Ce discours n'est qu'une accumulation de mots sonores, etc. || Jurisp. Accumulation de droit. Production surabondante de titres probants, augmentation de droit sur une chose. || Phys. Intensité d'une chose sur un point. Accumulation de chaleur, d'électricité, etc. || Rhét. Figure qui consiste à rassembler un grand nombre de détails qui développent l'idée principale. || Écon. polit. Réunion de plusieurs épargnes pour en former un capital, ou pour augmenter un capital existant déjà. (V. *Richesses*.)

ACCUMULER. v. a. (a-ku-mu-lé ; — lat. *accumulare ;* de *ad* et *cumulare*, combler, de *cumulus* comble, amas). Amasser et mettre ensemble. || Fig. Accaparer, entasser. Accumuler les honneurs, les richesses, les crimes, crime sur crime, les vices, etc. || Abs. Thésauriser. Le désir insatiable d'accumuler (Mass.). || S'ACCUMULER. S'entasser, s'amonceler, se multiplier.

Les gerbes s'accumulent. Les difficultés s'accumulaient. || Amasser pour soi. S'accumuler un trésor. || Syn. Amasser, entasser, amonceler, accumuler. On amasse avant d'entasser et si entasser précède, il est plus général et plus faible. Ce qu'on entasse forme un moindre volume que ce qu'on amoncelle. On entasse des gerbes de foin, des pierres; mais l'océan s'amoncelle sous l'équateur. (Volt.) Accumuler exprime qu'on entasse, qu'on amoncelle d'une façon ininterrompue avec une abondance toujours croissante. À force d'accumuler péché sur péché, rechute sur rechute (Bourd.). Des terres accumulées depuis près de deux cents ans (Buff.). (Lafaye.)

ACCURBITAIRE. s. et adj. m. Nom, d'après quelques auteurs, du ténia ou ver solitaire.

ACCURSE (S.). Frère mineur, martyr à Maroc, en Afrique ; l'un des compagnons de S. Bérard (1220). F. 16 janv.

ACCURSE ou **ACCORSO (Franç.).** Né à Bagnolo, près Florence en 1151, m. à Bologne en 1229 (d'après d'autres 1180-1260), un des plus grands jurisconsultes du moyen âge. Il professa à Bologne et a laissé sur le droit romain une immense compilation dite la *Grande Glose* ou *Glose continue*, dont l'autorité fut si grande que l'on disait communément : *quod non agnoscit Glossa id nec agnoscit Curia.* La meilleure édition de la *Grande Glose* est celle de Lyon, 1589, 6 vol. in-folio. Malgré l'ignorance de l'auteur en histoire, ignorance qui lui était d'ailleurs commune avec tous les hommes de son siècle, les travaux d'Accurse ont contribué puissamment à la renaissance du droit romain au moyen âge. L'admiration de ses contemporains lui avait décerné le titre d'*Idole de la jurisprudence.* — Ses trois fils, *François* (1225-1292), *Cervot* et *Guillaume* et même sa fille cultivèrent également la jurisprudence ; le premier acquit une grande renommée. || ACCURSE de Reggio, jurisconsulte, XIII° siècle. || ACCURSE de Parme, astrologue, XIV° s. || ACCURSE (Bon) ou *Bonnaccorso* de Pise, philologue et imprimeur à Milan, XV° s. || ACCURSE (Marie-Ange). V. *Accorso.*

ACCUSABLE. adj. Qui peut être accusé.

ACCUSATEUR, TRICE. s. Celui, celle qui accuse quelqu'un en justice. Se rendre, se porter, se constituer accusateur. D'après le droit criminel actuel, le ministère public a seul qualité pour se porter accusateur : les particuliers ne peuvent que se porter dénonciateurs ou parties plaignantes. || Accusateur public, Nom donné, sous la constitution de 1791, au magistrat chargé du ministère public près d'un tribunal criminel. Ce nom est devenu odieux à cause du rôle horrible que remplirent ceux qui le portaient près des tribunaux révolutionnaires. Il fut supprimé en 1799, et remplacé par le titre de procureur de la République, du roi, procureur impérial, selon les gouvernements. || *L'Accusateur public.* Titre d'un journal contre-révolutionnaire, fondé en l'an II par Richer-Serizy, et d'un journal socialiste (1848) rédigé par Esquiros, de Flotte, etc. || Syn. Accusateur, dénonciateur, délateur. L'accusateur s'adresse à la justice, le dénonciateur à une autorité quelconque. Cicéron fut le dénonciateur de Catilina. Le délateur est toujours odieux. On dit le métier infâme de délateur ; de vils, de lâches, de misérables délateurs.

ACCUSATIF. s. m. (lat. *accusativus*, qui sert à accuser). Gramm. Ce cas sert à accuser, à déclarer, à désigner l'objet sur lequel se porte l'action, l'objet de cette action. Dans les langues où les noms se déclinent, ce cas (4° cas dans les langues grecque et latine) indique le complément direct d'un verbe actif ou transitif ou le complément de quelques propositions.

ACCUSATION. s. f. Action en justice pour accuser quelqu'un. Former, intenter, susciter une accusation contre quelqu'un. || En général, imputation. Vous m'accusez d'indolence, c'est une accusation mal fondée. Accusations injustes, calomnieuses, vagues, graves, légères, etc. || Action de confesser ses fautes. L'absolution qu'on obtient est un nouveau péché quand on n'a pas fait une accusation. || Jurisp. Le droit d'accusation, c.-à-d. le droit de poursuivre devant les tribunaux de répression l'auteur présumé d'une infraction à la loi pénale et de requérir contre lui l'application d'une peine, a été exercé d'une manière

différente suivant les temps et les pays. Dans l'antiquité, notamment à Athènes et à Rome, le droit d'accusation appartenait en principe à tout citoyen : on sait quel abus fut fait de ce droit sous les empereurs par les *délateurs.* (V. ce mot.) Dans les coutumes barbares, le droit d'accusation appartenait à la victime ou à ses parents : il était exercé alors dans un intérêt tout privé et tendait, non à l'application d'une peine, mais au paiement d'une amende ou composition au profit de la partie lésée. Dans notre ancienne jurisprudence, on voit s'introduire peu à peu, en matière pénale, la distinction de l'action publique pour l'application de la peine, dont l'exercice est réservé aux magistrats du ministère public, représentant la société, et de l'action civile, en réparation du dommage, qui appartient aux particuliers lésés. C'est encore le système de notre législation actuelle, dans laquelle les particuliers n'ont que le droit de dénoncer ou de porter plainte aux officiers de justice ou de police, mais n'ont pas le droit d'accuser. — Dans un sens plus étroit, l'accusation est la disposition qui renvoie devant la Cour d'assises l'individu à qui un crime est imputé. Si les charges recueillies par l'instruction contre l'inculpé paraissent suffisantes, la chambre des mises en accusation, sur les réquisitions du procureur général, rend contre lui un arrêt de renvoi devant la Cour d'assises. En exécution de cet arrêt, le procureur général rédige un acte d'accusation exposant : 1° la nature du délit qui forme la base de l'accusation ; 2° le fait et toutes les circonstances qui peuvent aggraver ou diminuer la peine. L'arrêt de renvoi et l'acte d'accusation sont signifiés à l'accusé et il lui en est laissé copie (C. Inst. crim., art. 217 à 230). Dans l'intérêt de la défense, la loi interdit la publication de l'acte d'accusation avant qu'il ait été lu à l'audience par le greffier. Devant la Cour d'assises, l'accusation est soutenue par le procureur général ou un de ses substituts. — Le fait d'avoir porté contre quelqu'un une accusation capitale jugée calomnieuse emporte contre le calomniateur indignité de succéder à la personne calomniée (C. civ., art. 727). — L'accusation, ou plus exactement la dénonciation calomnieuse, est punie de peines correctionnelles (C. pén., art. 373). (V. *Dénonciation.*)

ACCUSATOIRE. adj. Relatif à l'accusation, qui accuse. Acte accusatoire. N'est pas admis par l'Académie ni par Littré. || On appelle procédure accusatoire le système de procédure criminelle dans lequel le magistrat chargé de la recherche des crimes et de l'accusation est distinct du magistrat qui juge ; dans ce système, le juge se prononce sur la culpabilité de l'accusé après avoir entendu l'accusation et la défense. On oppose la procédure accusatoire à la procédure inquisitoire. Les législations modernes ont substitué la procédure accusatoire à la procédure inquisitoire qui avait prévalu pendant quelques siècles.

ACCUSÉ, ÉE. p. pas. et s. Dans la langue du droit, l'accusé est l'individu mis en accusation, c.-à-d. renvoyé pour crime devant la Cour d'assises par arrêt de la chambre des mises en accusation. C'est abusivement que ce mot est employé souvent comme synonyme d'inculpé ou de prévenu. || ACCUSÉ DE RÉCEPTION. s. m. Écrit par lequel celui à qui l'on adresse une lettre ou un objet reconnaît qu'il l'a reçu. Dans la pratique administrative, tout fonctionnaire subordonné doit accuser réception des lettres, circulaires, etc., qu'il reçoit de l'autorité supérieure ; l'accusé de réception doit reproduire les mentions d'ordre de la lettre dont on accuse réception.

ACCUSER. v. a. (lat. *accusare*, demander raison, poursuivre en justice, accuser ; de *ad* et *causa*, raison, procès, cause). Imputer un crime à quelqu'un. Accuser quelqu'un d'un crime capital. Socrate fut accusé de nier les Dieux que le peuple adorait. || Dans le droit criminel actuel, Poursuivre, en vertu d'un arrêt de la chambre des mises en accusation, une personne devant la Cour d'assises. || Accuser un acte faux, Soutenir qu'il est faux. On dit mieux aujourd'hui, arguer un acte, une pièce de faux. || Se dit généralement pour toutes sortes d'imputations de vices, de défauts, de ridicules, etc. On accuse les Italiens d'être jaloux. || Blâmer. Accuser le sort, le

destin. || Servir de preuve, d'indice. Et sa silence même accusant sa noblesse (Rac.). À certains jeux de cartes, accuser son jeu, faire connaître ce que les règles veulent qu'on déclare. Abs. Accusez juste. || Accuser réception d'une lettre, d'un paquet, Marquer, donner avis qu'on les a reçus. Abs. Accusez-moi réception. || Peint. et sculpt. Donner, par les surfaces de ce qui couvre, une idée de ce qui est couvert. Accuser les muscles, les os sous la peau. Accuser le nu par le pli des draperies. || S'ACCUSER. v. pr. Se déclarer coupable. Votre cœur s'accusait de trop de cruauté. (Rac.) S'accuser en confession, s'accuser de ses péchés, Accuser ses péchés, déclarer ses péchés au prêtre, au tribunal de la pénitence. Syn. Accuser, inculper. On accuse hautement, formellement, d'une chose précise et grave. On inculpe par insinuation, vaguement ou d'après ses secrètes.

ACEAUX. s. m. pl. Instrument des selliers pour rayer ou couper le cuir.

ACÉLUPHE. adj. (gr. *a* priv. ; *kéluphos,* écorce). Zool. Qui n'est couvert d'aucune enveloppe.

ACÉMÈTE ou **AKIMITE.** s. m. (du gr. *akoimetoi,* qui ne dorment pas ; de *a* priv., et *koimaomai,* dormir). Hist. ecclés. On a appelé ainsi improprement des religieux qui se succédaient pour chanter l'office divin, sans interruption. Il y en avait près de Constantinople au V° s.

ACÉNAPHTÈNE. s. m. Chim. Hydrocarbure d'hydrogène trouvé dans les huiles lourdes de houille : obtenu synthétiquement par M. Berthelot en faisant passer un mélange d'éthylène et de vapeurs de naphtaline dans un tube de porcelaine chauffé au rouge. Formule $C^{24}H^{10}$ prismes brillants, aplatis, fusibles entre 90 et 100°, bouillant vers 280°. Le brome forme avec lui des acénaphtènes bromés, $C^{24}H^{10}Br$ et $C^{24}H^{10}Br^6$: l'acide azotique peut lui enlever 2 équivalents d'hydrogène et donner $C^{24}H^8$ $(AzO^4)^2$; avec l'acide picrique il donne de belles aiguilles rouge orangé de picrate d'acénaphtène.

ACÈNE. s. m. (gr. *akaina,* aiguillon). Zool. Genre de lépidoptères, nocturnes, tribu des phalénites. || s. f. Ant. grecq. Mesure de longueur chez les Grecs, valant 10 pieds grecs (3m,08). On l'appelait aussi décapode.

ACENS. V. *Accens.*

ACENSEMENT. V. *Accensement.*

ACENSER. V. *Accenser.*

ACENSEUR. V. *Accenseur.*

ACENTRE. s. m. (gr. *a* priv. ; *kentron,* aiguillon). Zool. Genre de coléoptères pentamères, famille des curculionides.

ACENTROPTÈRE. s. m. (gr. *a* priv. ; *kentron,* aiguillon ; *ptéron,* aile). Zool. Genre de coléoptères pentamères, famille des chrysomélides.

ACÉPHALE. s. et adj. 2 g. Zool. Classe de l'embranchement des mollusques, dont les animaux n'ont point de tête, comme les huîtres. Ils sont presque tous à coquille bivalve. || Anat. Fœtus monstres qui naissent sans tête. Fig. Qui n'a point ou ne reconnaît point de chef. Concile, secte, hérétiques acéphales.

ACÉPHALIE. s. f. Anat. Absence totale de la tête.

ACÉPHALIEN, IENNE. adj. Tératol. Qui est sans tête. || ACÉPHALIENS. s. m. pl. Famille de monstres, ordre des omphalosites, dont les acéphales forment le genre principal.

ACÉPHALIQUE ou **ACÉPHALITE.** adj. Syn. d'*Acéphale.*

ACÉPHALOBRACHE. adj. (gr. *a* priv.; *képhalé,* tête ; *brachion,* bras). Anat. Qui n'a ni tête ni bras.

ACÉPHALOBRACHIE. s. f. (...bra-ki). Anat. Monstruosité acéphalique dont la conformation des membres est défectueuse.

ACÉPHALOCARDE. adj. (gr. *a* priv.; *képhalé,* tête; *cardia,* cœur). Anat. Fœtus privé de tête et de cœur.

ACÉPHALOCARDIE. s. f. Anat. Monstruosité caractérisée par l'absence de la tête et du cœur.

ACÉPHALOCHIRE. adj. (...ki-re ; — gr. *a* priv.; *képhalé,* tête ; *kheir,* main). Anat. Se dit d'un fœtus qui n'a ni tête ni mains.

ACÉPHALOCHIRIE. s. f. Anat. Monstruosité du fœtus privé de tête et de mains.

ACÉPHALOCYSTE. s. f. Ce nom qui signifie vessie dépourvue de tête (gr. *a* priv. ; *képhalé,* tête ; *custis,* vessie) correspond aux *hydatides*

des anciens auteurs. Leur genèse et leur constitution seront expliquées aux mots *Echinocoque* et *Tœnia*. Aussi suffit-il de dire ici que les acéphalocystes sont des vésicules arrondies ou ovoïdes dont le volume varie d'une tête d'épingle à celui de la tête d'un enfant qui vient de naître. Leur contenu est un liquide transparent renfermé dans une membrane homogène, dépourvue de fibres et de cellules et qui n'est autre chose que le kyste adventif de l'état vésiculaire des tœnias et dont les acéphalocystes ne seraient qu'une forme stérile et hydropique.

ACÉPHALOCYSTIQUE. adj. Anat. Qui a rapport aux acéphalocystes.

ACÉPHALOGASTRE. adj.(gr... *gaster*,ventre). Anat. Qui est privé de tête et de ventre.

ACÉPHALOGASTRIE. s.f. Anat. Monstruosité du fœtus dont la tête et l'abdomen manquent.

ACÉPHALOME. adj. (g... *alômai*, s'éloigner du type). Anat. Qui a la tête monstrueuse.

ACÉPHALOMIE. s.f. Anat. Fœtus dont la tête est monstrueuse.

ACÉPHALOPHORES. s. m. pl. (gr. *phoros*, qui porte). Zool. Classe de mollusques. || S'emploie comme adjectif. Animal acéphalophore.

ACÉPHALOPODE. adj. et s. (gr... *pous*, *podos*, pied). Anat. Privé de tête et de pieds.

ACÉPHALOPODIE. s. f. Anat. Monstruosité d'un fœtus sans tête et sans pieds.

ACÉPHALORACHE. adj. (gr.... *rakhis*, épine dorsale). Anat. Privé de la tête et de la colonne vertébrale.

ACÉPHALORACHIE. s. f. (...ra-ki). Anat. Monstruosité d'un fœtus sans tête et sans colonne vertébrale.

ACÉPHALOSTOME. adj. (gr. *stoma*, bouche). Anat. Se dit d'un fœtus acéphale, à la partie supérieure duquel on trouve une ouverture semblable à une bouche.

ACÉPHALOSTOMIE. s. f. Anat. Fœtus sans tête et sans bouche.

ACÉPHALOTHORACIE ou **ACÉPHALOTHORIE.** s. f. (gr. *thorax*, poitrine). Anat. Monstruosité d'un fœtus sans tête et sans poitrine.

ACÉPHALOTHORE. adj. Anat. Privé de tête et de poitrine.

ACEPSIMAS (S.). Évêq.,l'un des saints martyrs de Perse sous Sapor (IVe s.). F. 22 avril. (V. *Martyrs*.)

ACER. s. m. Bot. Beaux arbres de la famille des *acérinées* (vulgairement *érables*). On en connaît une cinquantaine d'espèces dont six croissent en Europe. Les principales sont : l'*A. pseudo-platanus*, faux érable ou sycomore, l'*A. alba*, l'*A. saccharinum*, érable à sucre, qui vient dans l'Amérique du Nord, et dont la sève fournit chaque année 2 à 3 kil. de sucre. Le bois d'érable est employé surtout par les tourneurs et les luthiers.

ACÉRACE. EE. adj. Bot. Qui ressemble à l'érable. || **ACÉRACEES.** s. f. pl. Famille de plantes dont le type est le genre acer. Syn. d'Acérinées.

ACÉRAIN, AINE. adj. Bot. Qui tient de la nature de l'acier. Fer acérain ; mine acéraine.

ACÉRANTHE. s. m. (gr. *a* priv. ; *kéras*, corne ; *anthos*, fleur). Bot. Plante du Japon, famille des berbéridées.

ACERAS. s. m. (gr. *a* priv. ; *kéras*, corne). Bot. Genre des plantes d'orchidées, sous-famille des épidendrées, très communes autour de Paris et dans le midi de l'Europe.

ACÉRATE. s. m. Bot. Genre d'asclépiadées (Amérique du Nord).

ACÉRATIE ou **ACÉRATOSE.** s. f. (gr. *a* priv., et *kéras*, corne). Monstruosité des ruminants qui manquent de cornes.

ACÉRATIUM. s. m. (a-cé-ra-si-om;—gr.*a* priv.; *kération*, petite corne). Bot. Genre d'élaocarpées. (V. *Elæocarpus*.)

ACÉRATOTHÉRION. (gr. *a* priv. ; *kéras*, corne ; *thérion*, animal). Animal dont la monstruosité consiste en l'absence des cornes.

ACERBE. adj. (lat. *acerbus* ; de *acer*, âpre). D'un goût âpre, d'une saveur astringente. Fruits acerbes. Les substances acerbes en général sont de difficile digestion. || Fig. Sévère, dur, rude. Langage acerbe. Formes acerbes. || Se dit aussi des personnes. || Syn. Aigre, acide, acerbe, acre, acrimonieux. Viennent de la même racine lat. *acer*, gr. *akè*, pointe. Ce qui est aigre n'est plus doux, ce qui est acide n'est point doux,ce qui est acerbe n'est pas encore doux. Tous les fruits non

mûrs sont acerbes. || Au fig. l'acreté dénote de la méchanceté, elle mord au vif. Acrimonieux est le diminutif d'acre. (V. *Acre*.)

ACERBI (Henri). Médecin, né à Costano en 1785, mort en 1827, collaborateur de la *Biblio-theca Italiana*, qui se publie à Milan. Traité intitulé : *Doctrine théorico-pratique de la fievre pétéchiale*. || **ACERBI** (Giuseppe). Voyag. italien. 1773-1846. Passionné pour les sciences naturelles, il visite la Suède, la Finlande, la Laponie jusqu'au cap Nord, puis l'Angleterre et la France, où il publie dans les deux langues ses voyages (1802-1803, 2 et 3 v. in-8°). Dix ans en Egypte, 1816-1826, à titre de consul génér. d'Autriche. A enrichi les musées de Milan, Pavie, Padoue et Vienne.

ACERBITÉ. s.f. Qualité de ce qui est acerbe, comme les fruits non mûrs. La saveur acerbe tient ordinairement à la présence d'une certaine quantité de tannin et d'acide gallique. || Fig. L'acerbité du langage.

ACERBO (François). Né à Nocera, en 1606, jésuite et poète, publia à Naples des poésies latines, très estimées sous ce titre, qui indique qu'il composa ce recueil pour charmer sa maladie : *Ægro corpori a musa solatium*.

ACERDÈSE. s. f. Chim. Sesquioxyde de manganèse hydraté M²O³HO, employé dans la fabrication du chlore.

ACÈRE. adj. (gr. *a* priv. ; *kéras*, corne). Zool. Qui est privé de corne, d'antennes. || s. m. Genre de coléoptères pentamères lamellicornes (Brésil). || Genre de mollusques sans tentacules. || s. m. pl. Classe d'insectes sans ailes : araignées, etc.

ACÉRÉ, ÉE. p. pas. du v. acérer et adj. Qui a le tranchant affilé, la pointe aiguë. Lame, pointe, flèche, traits acérés. || Garni d'acier. Lance acérée. || Fig. Mordant, déchirant. Plume, langue, railleries acérées. Style, traits acérés. || Hist. nat. Se dit d'organes durs pointus, piquants chez les animaux et les végétaux. Les nageoires de la perche sont acérées. Les feuilles du pin sont acérées. || **ACÉREES.** s. f. pl. Bot. Série de la famille des sapindacées. || **ACÉRÉS.** s. m. pl. Zool. Mollusques privés de tentacules.

ACÉRELLE, ÉE. adj. Bot. Se dit d'organes terminés en pointe peu aigus.

ACÉRER. v. a. (du vieux franç. *acer*, acier). Garnir le fer, d'acier, pour le rendre plus dur ou plus propre à couper, à percer. || Fig. Acérer les calomnies, etc., Les rendre propres à blesser profondément.

ACÉREUX, EUSE. adj. Bot. Acéré, terminé en pointe.

ACÉRIDE. s. m. (gr. *a* priv. ; *kéros*, cire). Pharm. Emplâtre dans la composition duquel il n'entre pas de cire.

ACÉRINE. s. f. (gr. *akè*, pointe). Zool. Genre de percoïdes, contenant la perche, etc.

ACÉRINÉ, ÉE. adj. Bot. Se dit d'une sous-famille des érables. (V. *Acéracé*.) || **ACÉRINÉES.** s. f. pl. Bot. V. *Acéracées*.

ACÉRIQUE. adj. Chim. Se dit d'un acide tiré de la sève de l'érable ou acer (acide malique).

ACÉROLE. s. m. Fruit savoureux, rapprochant de la cerise, assez commun en Espagne.

ACERRA. 13,000 h. Vie de la Terre de Labour (Italie), près de Naples. Évêché. Climat malsain.

ACERRE. s. f. Antiq. rom. Coffret dans lequel on enfermait l'encens pour les sacrifices. || Petit autel que l'on plaçait près d'un mort et sur lequel on brûlait des parfums. || Au moy. âge, Boîte à encens. On dit auj. *navette*.

ACÉRURE. s. f. Morceau d'acier préparé pour être soudé à un outil, à un instrument de fer, qu'on veut acérer.

ACESCENCE. s. f. (lat. *acescere*, aigrir). Disposition à s'aigrir, commencement d'acidité. Une température de 30 degrés développe promptement l'acescence dans les boissons et surtout dans le vin.

ACESCENT, ENTE. adj. Qui tend à l'acidité, qui s'aigrit. || S'emploie subst. Les acescents produisent souvent des aigreurs et des coliques.

ACÉSE. Évêq. Novatien, rigoriste outré auquel Constantin dit dans le Concile de Nicée : *Faites une échelle pour vous et montez tout seul au ciel*.

ACESTE. Myth. gr. Roi de Ségeste, en Sicile, accueillit favorablement Énée et ensevelit Anchise, son père, sur le mont Éryx.

ACÉTABULAIRE ou **ACÉTABULE.** s. f. Bot. Genre de polypiers à forme concave, offrant l'aspect d'un agaric.

ACÉTABULE. s. m. (lat. *acetabulum* ; de *acetum*, vinaigre). Antiq. rom. Vase, coupe à mettre du vinaigre ; gobelet dont se servaient les charlatans chez les Grecs et les Romains. || Mesure de capacité (8e de notre litre) ; poids qui valait 15 drachmes. || Anat. Cavité articulaire qui reçoit la tête d'un os. On dit auj : Cavité cotyloïde. || Zool. Cavité d'une coquille ou d'un polypier dans laquelle l'animal est logé. || Suçoir de quelques mollusques. || Espèce de ventouse de certains poissons produite par la réunion des nageoires. || Cavité du tronc des insectes dans laquelle s'insère la patte de derrière.

ACÉTABULE, ÉE. adj. Bot. Qui a la forme d'une coupe. On dit aussi *Acétabuleux, euse*.

ACÉTABULIFÈRES. s. m. pl. (lat. *acetum*, coupe ; *ferens*, qui porte). Zool. Grande division des mollusques céphalopodes pourvus de ventouses : sèches, poulpes, calmars, etc.

ACÉTABULIFORME. adj. Hist. nat. Qui a la forme d'une coupe.

ACÉTAL. s. m. (du lat. *acetum*, vinaigre). Chim. C'est un liquide qu'on peut regarder comme une transformation incomplète de l'alcool en acide acétique. Il se forme en même temps que l'aldéhyde, quand on fait tomber goutte à goutte de l'alcool sur du noir de platine dans une grande cloche pleine d'air. Sa formule $C^{12}H^{14}O^4$ représente 2 équivalents d'éther, $2 C^4H^5O$, et 1 d'aldéhyde, $C^4H^4O^2$. (V. *Aldéhyde*)

ACÉTAMIDE. s. f. Chim. $C^4H^7O^2Az$. Substance cristalline, déliquescente, d'une saveur fraîche et sucrée, qui fond à 78° et bout à 221°. On l'obtient par l'action de l'ammoniaque sur l'éther acétique.

ACÉTATE. s. m. Chim. Genre de sels formés d'acide acétique et d'une base. Ils sont tous décomposables par la chaleur et par l'acide sulfurique, qui fait dégager l'acide acétique, reconnaissable à son odeur. Les principaux acétates sont : L'*acétate d'alumine*, $Al^2O^3,2C^4H^3O^3$, employé en teinture pour mordancer les étoffes. C'est le mordant de rouge des indienneurs. || L'*acétate d'ammoniaque* (esprit de Minderer), $AzH^3,HO,C^4H^3O^3$ employé en médecine. Stimulant dans les fièvres adynamiques; excitant de la peau et sudorifique dans les fièvres éruptives, quand l'éruption tarde à se faire ou disparaît brusquement ; contre l'ivresse. A l'intér. 4 à 6 gram. dans une potion stimulante , pour calmer les coliques des femmes dont les règles sont difficiles ; comme sudorifique ; comme excitant dans la fièvre typhoïde, les empoisonnements miasmatiques et purulents, la gangrène, le charbon, etc.; 4 à 8 gram. dans un verre d'eau contre l'ivresse. || L'*acétate de morphine*. Sel très vénéneux, employé dans les mêmes cas que l'opium. A l'intér. 1, 2 à 4 centigr. en poudre, pilule ou potion; sirop : 15 à 30 gr. dans une potion ou une tisane. A l'extér. 2 centigr. à 1 décigr. pour saupoudrer les vésicatoires contre les névralgies. || L'*acétate de potasse*, $KO,C^4H^3O^3$ (anciennement terre foliée de tartre). Sel déliquescent très soluble, et qui, distillé avec l'acide arsénieux, donne un liquide fétide , spontanément inflammable, connu sous le nom de liqueur fumante de Cadet. Diurétique, désobstruant, employé dans les hydropisies et les engorgements du foie et de la rate. 1 à 15 gr. dans une tisane de chiendent, de pariétaire, de queues de cerises, comme diurétique. 5 à 15 gram. comme fondant, désobstruant (Dr Bossut). || L'*acétate de soude*, $NaO,C^4H^3O^3$ (anciennement terre foliée minérale). Les cristaux d'acétate de soude fondus possèdent une grande chaleur latente qui les fait employer pour les chaufferettes des wagons. Ce corps est employé en médecine, et comme antiseptique il sert à la conservation de la viande et des légumes. || L'*acétate de fer* $FeO,C^4H^3O^3$. Liquide d'une couleur très foncée, employé en teinture comme mordant, sous le nom de bouillon noir. Avec l'acide acétique produit par la distillation du bois (acide pyroligneux), on fabrique le pyrolignite de fer, utilisé pour la conservation des bois. || Les *acétates de plomb* : 1° Acétate neutre (sel de Saturne), $PbO, C^4H^3O^3$, employé en médecine et en teinture. Sa saveur est d'abord sucrée, puis astringente. A petites doses, comme astringent puissant pour modérer ou arrêter les diarrhées colliquatives des phthisiques ; en collyres, en injections, etc. A l'int. poudre : 2 à 5 centigr., en pilules ou dans une potion ayant l'eau distillée pour véhicule. A l'extér. 5 à 10 centigr. en solution dans 30 gr. d'eau distillée pour collyres, injections, lotions et lavements astringents. 2° Acétate tribasique (PbO)³,C⁴H³O³, qui sert à la fabrication de la céruse. 3° Extrait de Saturne, qu'on peut considérer comme un mélange des deux précédents. S'emploie à l'extérieur, à la dose de 15 à 60 gr. pour 1,000 d'eau (eau blanche), pour lotions, injections, collyres astringents et résolutifs. On l'emploie en lotions et en compresses contre les inflammations, les contusions, les brûlures. Ces trois corps sont très vénéneux, comme tous les sels de plomb. Leurs contre-poisons sont : les eaux sulfureuses, le sulfure de fer hydraté, l'alun. || Les *acétates de cuivre* : 1° Acétate neutre (verdet, cristaux de Vénus), CuO,C⁴H'O³, beaux cristaux bleus, ou verts foncés, suivant la quantité d'eau qu'ils contiennent. Ils servent dans la teinture de la laine en noir. 2° Acétate bibasique (vert-de-gris) (CuO)²,C⁴H³O¹, sert aux mêmes usages que le précédent. Très vénéneux, comme tous les sels de cuivre. On combat leurs effets par les blancs d'œufs, le sucre, le fer réduit par l'hydrogène.

ACÉTÉ, ÉE. adj. Qui est devenu aigre.

ACÉTÈNE. s. m. Chim. Carbure d'hydrogène homologue du gaz des marais.

ACÉTEUSE. s. f. Nom donné jadis à l'oseille à cause de son goût aigrelet.

ACÉTEUX, EUSE. adj. Chim. Qui tient de la nature du vinaigre. || *Acide acéteux.* Nom donné autrefois au vinaigre que l'on croyait moins oxygéné que l'acide acétique.

ACÉTIFICATION. s. f. Chim. Transformation de l'alcool en acide acétique, ou vinaigre. L'alcool C⁴H⁶O² peut se transformer en acide acétique, C⁴H'O⁴, ou mieux C⁴H³O³, HO, en perdant 2 équivalents d'hydrogène et en prenant 2 équivalents d'oxygène : C⁴H⁶O²+4O=C⁴H'O⁴+2HO : c'est donc une véritable oxydation, qui exige l'intervention de l'air ; mais elle n'a lieu que sous l'influence d'un *ferment* (V. ce mot). L'alcool pur ne s'oxyde pas, et les liqueurs alcooliques aigrissent, c'est-à-dire donnent de l'acide acétique, d'autant plus rapidement qu'elles sont moins riches en alcool. M. Pasteur a donné le nom de *mycoderma aceti* au ferment spécial qui produit l'acétification. C'est un végétal microscopique, qui prend l'oxygène à l'air, pour le donner à l'alcool. La matière mucilagineuse connue sous le nom de *mère du vinaigre* n'est qu'un amas de ces petits végétaux.

ACÉTIFIER. v. a. (lat. *acetum*, vinaigre ; *fieri*, devenir). Convertir en acide acétique. || S'ACÉTIFIER. Se changer en vinaigre.

ACÉTIMÈTRE. s. m. (lat. *acetum*, et gr. *métron*, mesure). Instrument destiné à mesurer la force des vinaigres.

ACÉTINES. s. f. Chim. Combinaisons neutres de l'acide acétique avec la glycérine. On en connaît 3 : la *monoacétine* C¹⁰H¹⁰O⁸ liquide à odeur éthérée dont la densité 1,20 ; la *diacétine* C¹⁴H¹²O¹⁰ odeur éthérée, saveur piquante, densité 1,184, bout à 280° ; la *triacétine*, C¹⁸H¹⁴O¹² liquide odorant, volatil amer, densité 1,174 : On a signalé sa présence dans l'huile de foie de morue.

ACÉTIQUE. adj. (du lat. *acetum*, vinaigre). Acide acétique. C'est le principe du vinaigre qui n'est que de l'acide acétique étendu d'eau. Tous les liquides alcooliques peuvent s'acétifier. (V. *Acétification.*) Toutes les substances sucrées, pouvant se transformer en alcool, pourront, par suite, donner du vinaigre. A l'état pur, l'acide acétique est un liquide incolore, d'une odeur pénétrante, d'une saveur très acide. Il agit sur la peau comme les plus violents acides minéraux. Sa densité est 1,063. Concentré, il cristallise à 16°, c'est l'acide cristallisable : il bout à 120° et sa vapeur est combustible. Il n'est guère employé qu'en chimie et en photographie. Mais étendu d'eau, c.-à-d. à l'état de vinaigre, il a des usages que tout le monde connaît. — Le meilleur vinaigre est fabriqué avec du vin (vin-aigre). La méthode française, ou méthode d'Orléans, consiste à mettre dans des tonneaux maintenus à 30°, 100 litres de vinaigre, auxquels on ajoute tous les huit jours 10 litres de vin. Au bout de quatre semaines on retire 10 litres de vinaigre et on continue indéfiniment l'opération. Cette méthode est excellente, mais très longue. Dans la méthode allemande on fait couler le vin dans de grands tonneaux placés debout, et remplis aux deux tiers de copeaux de hêtre. Le vin se répand ainsi sur une large surface, et se trouve en contact avec l'air, qui circule par des trous percés dans les parois latérales. L'opération est très rapide ; trois jours suffisent pour avoir une grande quantité de vinaigre. Dans d'autres pays on emploie le moût de bière, ou des mélasses, des sirops, préalablement fermentés : 1 litre d'eau, 25 gr. de levure de bière et autant d'empois donnent du vinaigre en huit jours. 140 parties de sucre, 90 de levure et 1000 d'eau, abandonnées à l'air, sont acétifiées au bout d'un mois. En chauffant du bois dans de grands cylindres en fonte, munis de tubes à dégagement refroidis dans lesquels les produits de la distillation viennent se condenser, on obtient un acide acétique impur nommé acide pyroligneux. C'est un liquide brun rougeâtre, mais on peut le purifier et il sert alors à frauder le vinaigre de vin. Une fraude plus grave et plus dangereuse est celle qui consiste à augmenter l'acidité du vinaigre par l'addition d'acides minéraux, sulfurique ou chlorhydrique. Pour la reconnaître on fait bouillir pendant 20 à 30 minutes un peu d'amidon délayé dans le vinaigre à essayer. Quand le liquide est refroidi, on y verse quelques gouttes de teinture d'iode : s'il bleuit le vinaigre est bon ; s'il y a des acides minéraux l'amidon est transformé en dextrine et ne bleuit plus par l'iode. || *Méthode de M. Pasteur.* D'après ce savant, l'acétification a pour cause provocatrice un ferment spécial, un végétal microscopique, le *mycoderma aceti* ou *fleur de vinaigre*, dont l'action produit la fixation de l'oxygène de l'air sur l'alcool. Comme la fleur ou mère du vinaigre provoque assez rapidement l'acétification de l'alcool étendu d'eau, en mettant de l'eau alcoolisée ou des liqueurs alcooliques avec la fleur du vinaigre, on obtient de l'acide acétique étendu. On ajoute à l'eau 2 0/0 de son volume d'alcool et 1 0/0 d'acide acétique, enfin 1 0/0 de phosphates de potasse, d'ammoniaque et de magnésie et une certaine quantité de matière albumineuse. Au bout de deux ou trois jours, la transformation de l'alcool en acide acétique est accomplie : une cuve d'un mètre carré de surface, renfermant 50 à 100 litres de liquide, fournit par jour l'équivalent de 5 à 6 litres de vinaigre.

ACÉTIQUEMENT. adv. D'une manière acétique.

ACÉTITE. s. m. Chim. Nom donné à des sels qu'on croyait formés par un acide moins oxygéné que l'acide acétique, et qu'on a reconnu plus tard être des *acétates*. (V. ce mot.)

ACÉTO-AZOTATE ou **ACÉTO-NITRATE**. s. m. Chim. Sel double formé par la combinaison d'une base avec les acides acétique et azotique ou nitrique.

ACÉTO-BENZOÏQUE (acide), ou *Benzoate d'acétyle*, ou *Acétate de benzoïle*. Chim. Corps obtenu en faisant agir le chlorure d'acétyle sur le benzoate de soude sec.

ACÉTO-CHLORHYDRINE. s. f. Chim. Corps obtenu par l'action de l'acide chlorhydrique gazeux sur un mélange d'acide acétique et de glycérine chauffés à 100° : aspect huileux, légère odeur d'éther acétique.

ACÉTO-CINNAMIQUE (acide), ou *Cinnamate d'acétyle*, ou *Acétate de cynnamyle*. Chim. Corps obtenu par l'action du chlorure d'acétyle sur le cinnamate de soude.

ACÉTO-CUMINIQUE (acide), ou *Cuminate d'acétyle*, ou *Acétate de cumyle*. Chim. Corps obtenu par l'action du chlorure d'acétyle sur le cuminate de soude : odeur agréable de vin d'Espagne.

ACÉTOL. ACÉTOLAT. s. m. Pharm. Médicament liquide, qui est formé de vinaigre et d'essence ou autres principes volatils.

ACÉTOLACTIQUE (acide). Chim. Liqueur incolore, très caustique, d'une odeur agréable, qu'on obtient en faisant agir le chlorure d'acétyle sur l'éther lactique.

ACÉTOLATURE. s. f. Pharm. Produit de la macération ou infusion de substances médicamenteuses dans le vinaigre.

ACÉTOLÉ. s. m. Pharm. Solution de substances dans le vinaigre.

ACÉTOLIQUE. adj. pris subst. Pharm. Médicament qui consiste en vinaigre chargé de principes médicamenteux. C'est une classe qui comprend les acétolats, les acétolatures et les acétolés.

ACÉTOLOTIF. s. m. Pharm. Vinaigre médicinal pour usage externe.

ACÉTOMEL. s. m. (lat. *acetum* ; *mel*, miel). Pharm. Sirop de vinaigre, miellé.

ACÉTOMELLÉ. s. m. Pharm. Nom employé quelquefois pour désigner les solutions de miel dans le vinaigre, avec ou sans addition de substances médicamenteuses.

ACÉTOMÈTRE ou **ACÉTIMÈTRE.** s. m. (lat. *acetum*, vinaigre et *metrum*, mesure). Chim. Instrument qui sert à mesurer la force du vinaigre, ou le degré de concentration de l'acide acétique.

ACÉTOMÉTRIE ou **ACÉTIMÉTRIE.** s. f. Chim. Procédé pour mesurer la force ou la concentration du vinaigre et de l'acide acétique.

ACÉTOMÉTRIQUE ou **ACÉTIMÉTRIQUE.** adj. Chim. Qui est relatif à l'acétométrie.

ACÉTONATE. s. m. Chim. Sels formés par l'acide acétonique. Les plus importants sont l'acétonate d'ammoniaque, qui réduit à la longue l'azotate d'argent, et les acétonates de baryte et de zinc.

ACÉTONE. s. m. Chim. Nom générique donné à une classe de corps qu'on obtient en décomposant par la chaleur les acides formant la série des acides gras, et qui ont pour formule générale C²ᵐH'ᵐO¹ : ex. l'acide acétique C⁴H⁴O⁴. Le type des acétones est précisément celui qu'on retire de l'acide acétique. C'est un liquide limpide incolore, volatil, inflammable, d'une saveur brûlante, d'une odeur éthérée, qui bout à 56°. Sa densité est 0,79 ; celle de sa vapeur est 2,0025 : il dissout les résines, les matières grasses, les camphres, le coton poudre. Sa formule est C⁶H'O². On peut remplacer un ou plusieurs équivalents d'hydrogène par du chlore, du brome, etc., ainsi on a le monochloroacétone C⁶H⁵ClO, etc.

ACÉTONINE. s. f. Chim. Huile incolore, d'une odeur urineuse, soluble dans l'eau et dans l'éther, brunissant à la longue, même en vase clos. Sa formule est C' H⁹ Az² : elle joue le rôle de base, et forme avec l'acide oxalique un sel cristallisable.

ACÉTONIQUE. adj. Chim. Acide acétonique C⁶H³O⁶. Corps cristallin, incolore, inodore, soluble dans l'eau, dans l'alcool et dans l'éther. On l'obtient en abandonnant à l'évaporation spontanée un mélange d'acétone, d'acide cyanhydrique, d'acide chlorhydrique et d'eau.

ACÉTO-NITRATE. s. m. Chim. V. *Acéto-azotate.*

ACÉTONITRILE. s. m. Chim. C'est du *cyanure de méthyle* C²H³,C²Az, liquide incolore, d'une odeur de cyanogène, qui bout à 77° : la densité de sa vapeur est 1,45. On l'obtient en distillant l'*acétamide* (V. ce mot) sur l'acide phosphorique anhydre.

ACÉTO-SALICYLIQUE (acide), ou *Salicylate d'acétyle*, ou *Acétate de salicyle*. Chim. Corps obtenu par l'action du chlorure d'acétyle sur le salicylate de soude.

ACÉTOSAMINE ou **ACÉTYLAMINE.** s. m. (de *acéto* ou *acétyle*, et *am*, pour ammoniaque). Chim. Alcali artificiel obtenu en faisant agir à 150° l'ammoniaque sur le chlorure d'éthylène (liqueur des Hollandais).

ACÉTOSELLE, ÉE. adj. (a-sé-to-sè-lè ; —lat. *acetosa*, oseille). Bot. Qui a la forme et la saveur de l'oseille.

ACÉTOSITÉ. s. f. Qualité des substances acéteuses. || Aigreur.

ACÉTULMIQUE. adj. Chim. Acide acétulmique. Poudre jaune, non cristallisable, non volatile, soluble dans l'éther, qu'on obtient par l'ébullition de l'acide chloracétulmique avec de la soude. Sa formule est indécise; les uns donnent C⁴H¹²O⁵, les autres C¹⁴H¹¹ClO⁴.

ACÉTYLAMINE. V. *Acétosamine.*

ACÉTYL-AMMONIUM (sulfite d'). Chim. C⁴H³,AzH⁴O,SO³ : cristaux blancs, solubles dans l'eau et dans l'alcool, d'une saveur faible, à réaction acide : ils sont décomposés par les acides et les alcalis.

ACÉTYLANILINE. s. f. (de *acétyle* et *aniline*). Chim. Alcali artificiel obtenu en faisant agir à 200° l'aniline sur le chlorure d'éthylène (liqueur des Hollandais).

ACÉTYLE. Chim. Radical hypothétique, acide, monoatomique dont la formule est C^4H^3O, et qui dériverait de l'éthyle C^4H^5, par la substitution d'un équivalent d'oxygène à 2 d'hydrogène. Ce corps n'existe pas à l'état libre, mais il forme des combinaisons avec le chlore, le brome, le cyanogène, etc. : C^4H^3O,Cl *chlorure d'acétyle*, C^4H^3O,Br *bromure*, etc. Un ou plusieurs équivalents d'hydrogène peuvent être remplacés par un nombre égal d'équivalents de chlore, de brome, etc., et on a : le *chlorure de chloroacétyle*, C^4H^2ClO,Cl, etc.

ACÉTYLÈNE. s. m. Chim. C^4H^2. Prototype de la série *acétylénique*, parallèle à la série *éthylénique*, et isologue (V. ce mot) avec elle. C'est un gaz incolore d'une odeur particulière et désagréable, soluble dans l'eau : il brûle avec une flamme éclairante et fuligineuse, il est décomposé par les étincelles d'induction et par une forte chaleur. L'hydrogène naissant peut le transformer en *éthylène* C^4H^4: $C^4H^2+2H=C^4H^4$. Il se combine avec le chlore et le brome et peut échanger un équivalent d'hydrogène pour un de chlore ou de brome ; ainsi on a : l'*acétylène bromé* C^4HBr; le *dibromure d'acétylène* $C^4H^2Br^2$, le *tétrabromure* $C^4H^2Br^4$, etc. Il donne avec l'acide sulfurique un composé correspondant à l'acide sulfovinique, qui fournit à la distillation l'*alcool acétylique* $C^4H^4O^2$. C'est le premier hydrogène carboné qui ait été obtenu par la combinaison directe de l'hydrogène et du carbone, en faisant passer l'arc voltaïque entre deux pointes de charbon dans une atmosphère d'hydrogène (Berthelot). C'est un fait important en chimie, car il a permis de réaliser la synthèse des carbures d'hydrogène. Ce corps se produit en outre dans beaucoup d'autres conditions, telles que les combustions incomplètes, le passage dans un tube chauffé au rouge de gaz oléfiant, de vapeur d'éther, d'alcool, etc.

ACÉTYLÉNIQUE (série). Chim. Acides dont la formule générale est : $C^{2m}H^{2m-2}O$ (V. *Acétylène.*)

ACÉTYLURE. s. m. Chim. Corps formés par la substitution d'un atome d'un métal à un d'hydrogène dans l'aldéhyde, aussi les appelle-t-on également Aldéhydates. Le mieux connu est l'acétylure d'ammonium ou aldéhydate d'ammoniaque C^4H^3O,AzH^4, cristaux volumineux, incolores, transparents, très réfringents, très solubles dans l'eau, et qui fondent vers 80°.

ACÉTYLURÉE, s. f. (de *acétyle* et *urée*). Chim. Corps cristallisé en aiguilles soyeuses ou en prismes rhomboïdaux, et résultant de l'action du chlorure d'acétyle sur l'urée.

ACÉVÉDO (don Alonzo-Maria). Jurisconsulte espagnol, XVIII° s. Ouvrages estimés : attaque l'usage de la torture. || ACÉVÉDO (Félix-Alvarez). Général espagnol, m. en 1820. Combattit l'invasion de Napoléon, puis l'autorité de Ferdinand VII, et fut tué à Zaburuelo par des soldats royalistes qu'il exhortait à la trahison.

ACHAB (A-kab). Roi d'Israël, dont les crimes et ceux de sa femme Jézabel aussi cruelle que lui sont racontés au livre Iᵉʳ des *Rois* ; persécuta le prophète Élie, fit mourir Naboth pour s'emparer de sa vigne ; il fut tué dans un combat et les chiens léchèrent son sang, selon les menaces du prophète (889 av. J.-C.). (*Songe d'Athalie*, Racine.)

ACHACANA. s. m. (a-cha-ka-na). Espèce de cactus dont la racine est comestible (Pérou).

ACHADE. s. f. Espèce de houe pour le binage de la vigne.

ACHÆUS. Petit-fils d'Hellen, a donné son nom à l'une des tribus de la Grèce, les *Achéens*.

ACHAGUA. s. et adj. (A-cha-gu-a). Peuplade de l'Amérique, entre l'Orénoque et le Rio-Negro.

ACHAÏE. (A-ka-i). Contrée de la Grèce, au N. du Péloponèse, divisée en douze villes dont la confédération devint importante avec Aratus et qui fut le centre de la *ligue achéenne.* || Province romaine, formée en 146 av. J -C. Elle comprenait toute la Grèce moins la Thessalie. || Principauté formée en 1205, par les croisés, comprenant le Péloponèse, Athènes et Thèbes, et qui fut possédée d'abord par Guillaume de Champlitte, puis par la famille de Villehardouin, jusqu'à la destruction de l'empire d'Orient. || Province de la Grèce actuelle ; ch.-l. Patras ; 150,000 h.

ACHAÏEN, IENNE. s. et adj. Habitant de l'Achaïe. Qui est de l'Achaïe.

A CHAILLOT ! Exclamation populaire, cri de la foule pour envoyer promener quelqu'un.

ACHAINE. s. m. (gr. *a* priv. ; *khainein*, s'ouvrir). Bot. Fruit sec à une seule graine, indéhiscent, comme celui du chêne, du châtaignier, des renoncules, etc.

ACHAINS. Sage roi d'Écosse, fit le bonheur de son peuple (788-819). Allié de Charlemagne, il lui avait envoyé Alcuin, Jean Scot, etc.

ACHAINTRE (Nicol.-Louis). Philologue français. 1771-1830. Éditeur estimé des classiques latins avec notes: *Horace*, 1806 ; *Juvénal*, 1810; *Perse*, 1812. A donné aussi en 2 volumes la traduction de la *Guerre de Troie*, attribuée à Dictys de Crète,1813, et un *Cours d'humanités*,13 v.

ACHAÏQUE. adj. Qui a rapport à l'Achaïe ou à ses habitants.

ACHAIRE (S.). V. *Acaire.*

ACHALANDAGE. s. m. Action, manière d'achalander, d'attirer des pratiques. Clientèle d'un marchand. || On dit plutôt *clientèle* quand l'établissement est d'une certaine importance. L'achalandage forme souvent la partie principale d'un fonds de commerce ; le matériel n'en est parfois que l'accessoire ; aussi peuvent-ils être cédés séparément.

ACHALANDER. v. a. Achalander une boutique, un marchand, Leur attirer des chalands, leur procurer de la clientèle. Ce marchand est fort achalandé. || Fig. Mettre en vogue. || v. pr. Les grands magasins du *Bon Marché*, du *Louvre*, du *Printemps*, etc., s'achalandent chaque jour davantage.

ACHALINOPTÈRES. s. m. pl. (a-ka-li-nop-tè-re; — gr. *a* priv. ; *kalinos*,frein ; *ptéron*, aile). Zool. Première section, d'après M. Blanchard, des lépidoptères diurnes ou papillons de jour.

ACHANE. s. m. (a-ka-ne). Mesure pour le blé, en usage dans la Perse.

ACHANIE. s. f. (a-ka-ni; — gr. *akanès*, qui ne s'ouvre pas). Bot. Plante de la famille des malvacées (Amérique méridionale).

ACHANTI Grand royaume de la Guinée supérieure, borné par l'Assini à l'E. et la Volta à l'O. ; et compris à peu près entre 2° et 6° de long. O.,5° et 8° de lat. N. Les Européens n'ont guère visité de ce pays que l'espace compris entre la mer et la capitale ; les notions sur le reste sont dues aux renseignements donnés par les indigènes, ce qui ne permet pas de leur attacher une valeur rigoureuse. Les parties de cette contrée que l'on connaît sont saines, sablonneuses, très boisées, très fertiles. On y remarque tous les animaux, toutes les plantes des pays chauds. Elle est arrosée par l'Assini, la Volta, la Prâ, la Teuda et leurs affluents. *Coumassi*, sa capitale, grande ville, aux rues larges, propres et bien alignées, est le centre d'un commerce assez actif ; il y a en outre un assez grand nombre de localités, mais peu importantes. On a sur le peuple achanti de plus amples renseignements que sur le pays qu'il habite. Quoique nègres, les Achantis, au moins dans les hautes classes, sont bien faits, ont les traits réguliers et tout particulièrement le nez aquilin. Leur industrie consiste dans le travail des métaux et la fabrication des étoffes de coton ; leur principale occupation est le commerce. Une grande partie sont idolâtres et tous, même les musulmans, sont excessivement superstitieux et font souvent des sacrifices humains. La tradition rapporte que vers le XVII° siècle Saï-Toutou à la tête de son armée conquit le pays dont il devint empereur, et fonda ainsi le royaume d'Achanti. Ce fut lui qui construisit Coumassi, la capitale. Ses successeurs ont encore sur le pays un pouvoir presque absolu, tempéré cependant par l'influence des grandes familles. Quand un empereur meurt ce n'est pas son fils qui lui succède, c'est son frère ; l'héritier est ensuite le fils de sa sœur. Son propre fils ne vient qu'en troisième. Ce n'est que depuis 1840 que les Achantis ont des rapports avec les Européens. (V. *Coumassi.*)

ACHANTILLES. s. f. pl. (a-kan-ti-ll', *ll* m.). Zool. Section de la famille des cimicides qui composent le genre punaise.

ACHAR ou ACHARD. s. m. (du nom du vulgarisateur). Aux Indes, condiment qui consiste en bourgeons de chou palmiste ou de bambou macérés dans du vinaigre. || Par ext. toute préparation analogue.

ACHARD (S.). Né à Poitiers, de parents considérables, se fit religieux à l'abbaye de Saint-Jouin, passa ensuite dans celle de St-Benoît,fut abbé de Quincay et succéda à S.Philibert comme abbé de Jumièges (687). Un faubourg de Poitiers porte son nom. F. 15 sept. || ACHARD. Deuxième abbé de St-Victor de Paris puis évêq. d'Avranches, ami de S. Thomas de Cantorbéry m. en 1171. On lui attribue plusieurs manuscrits; *De tentatione Christi; De divisione animœ et spiritus;* etc. || ACHARD (Antoine). 1696-1772. Pasteur génevois, membre de l'Acad. de Berlin, conseiller privé du roi de Prusse. *Sermons sur divers textes de l'Écriture sainte*, Berlin 1774, 2 vol. in-8°. Son fils François, a publié un grand nombre de *dissertations* dans les *Mémoires* de l'Acad. de Berlin. || ACHARD (François). Né à Genève en 1708, m. à Berlin en 1784. *Réflexions sur l'infini mathématique*, où il combat l'opnion de Fontenelle. || ACHARD (Claude-François).Marseillais(1753-1809) Bibliothécaire de sa ville natale et médecin. *Dictionnaire de la Provence et du Comtat Venaissin* (vocabulaire français-provençal avec la biographie des hommes illustres du pays). 1785-87. *Description historique, géographique et topographique de la Provence*, L'c. || ACHARD (François-Charles). Chimiste berlinois (1753-1821).Connu par la fabrication du sucre de betteraves, qu'il a le premier exécuté en grand et avec succès, a publié un ouvrage sur ce sujet, sur la chimie, la physique, les alliages métalliques,etc. || ACHARD (Jacq.-Michel-Franç., baron).Né aux Antilles en 1778,m. en 1865.Il prit part à toutes les guerres de la République et de l'Empire; Espagne 1823,Alger 1830, Anvers 1832. Général de brigade durant les Cent-Jours, de division en 1830, pair de France 1845,député de la Moselle 1849, sénateur 1852. || ACHARD (Amédée-Eug.). Romancier et journaliste. Marseille 1814, Paris1875).Collabora d'abord comme chroniqueur à divers journaux ; puis publia des romans de mœurs qui eurent du succès : *Belle-Rose*, 1847 ; *la Chasse royale*, 1850 ; *les Petits-Fils de Lovelace*, 1854 ; *la Misère d'un millionnaire*, 18 1; *la Traite des blondes*, 1863 ; *Histoire d'un homme*, son chef-d'œuvre ; *Les Fourches coudines*, etc. ; plusieurs pièces de théâtre, dont la dernière, *le Sanglier des Ardennes*, est de l'année même de sa mort, 1875. Critique spirituel et plein de courtoisie. || ACHARD (Alexis-Jean).Paysagiste,né à Voreppe, en 1807. || ACHARD (Fréd.-Adolp). Né à Lyon, 1808, m en 1856 ; auteur et chanteur comique. || ACHARD (Léon) fils du précédent. Chanteur français, né à Lyon le 16 février 1831. Après avoir terminé ses études classiques et s'être fait recevoir licencié en droit, il entra au Conservatoire en 1852, y obtint le premier prix d'opéra-comique en 1854, et débuta, la même année, comme ténor, au Théâtre Lyrique, quitta momentanément la scène, reprit un engagement au théâtre de Lyon et débuta à l'Opéra-Comique en 1862. M. Achard a rempli, depuis, quelques-uns des premiers rôles du répertoire au Grand-Opéra.

ACHARIDE. s. m. (a-ka-ri-de ; — gr. *akharis*, repoussant).Zool. Genre d'insectes coléoptères longicornes, tribu des lamiaires.

ACHARIE. s. m. (a-ka-ri). Bot. Plante herbacée, de la famille des passiflorées (Cap de Bonne-Espérance).

ACHARIEES. s. f. pl. Bot. Tribu de la famille des passiflorées.

ACHARIUS (Éric). Médecin et naturaliste suédois. 1757-1819. S'occupa spécialement de l'étude des lichens. Son ouvrage le plus important est : *Synopsis methodica lichenum.*

ACHARNE. (A-kar-ne). Hist. anc. Contrée de l'Attique dont la plupart des habitants étaient charbonniers.

ACHARNÉEN, ENNE. s. et adj. (a-kar-né-en). Qui est de l'Acharne. Qui appartient à l'Acharne. || *Les Acharnéens*, titre d'une comédie d'Aristophane. || *Muse acharnéenne*, chez les Grecs, signifiait muse grossière.

ACHARNEMENT. s. m. (d'*acharner*). Action de s'acharner, action d'un animal qui s'attache à sa proie. || Par extension se dit de la fureur, de l'opiniâtreté avec lesquelles les animaux et même les hommes se battent entre eux. L'acharnement de deux dogues l'un contre l'autre. On se battit avec acharnement durant tout le jour. || Fig. Passion, animosité, opiniâtreté. Critiquer, poursuivre, persécuter avec acharnement, Y mettre de l'acharnement.

ACHARNER. v. a. (du bas lat. *acarnare* ; de *ad* à, pour, et *carnem*, chair). Donner aux chiens, aux faucons le goût, l'appétit pour la chair, et par suite exciter, animer, irriter un animal ou un homme contre un autre. Qui a pu les acharner ainsi les uns contre les autres ? || v. pr. S'acharner sur, contre quelqu'un. || S'attacher, s'appliquer avec excès. S'acharner au jeu, à l'étude. || ACHARNÉ, ÉE. p. pas. Acharné sur, contre quelqu'un. Acharné au jeu. || Fig. Combat acharné, Qui a lieu avec acharnement.

ACHAT. s. m. (s. verbal, tiré du v. *achater*, forme ancienne de *acheter*). L'action d'acheter. Faire achat de marchandises. || La chose achetée. Voyez mon achat. || Jurisp. Contrat par lequel on acquiert la propriété d'une chose moyennant un prix convenu. Le mot *achat* est corrélatif du mot *vente* ; ces deux expressions désignent le même contrat, la première par rapport à celui qui acquiert la propriété ; la seconde par rapport à celui qui la transmet. Le mot *achat* est principalement employé en matière mobilière ; en matières d'immeubles, on dit plutôt *acquisition*. L'achat pour revendre constitue un acte de commerce (C. de com., art. 632). — L'*achat d'effets militaires*, c.-à-d. des effets d'équipement que l'État a confiés à un militaire pour le service, constitue un délit puni de peines correctionnelles. || Syn. Achat, emplette. Ce dernier exprime la chose achetée plutôt que l'action d'acheter, et il s'applique aux petits objets, à ceux surtout que vendent les marchands et qui sont d'un usage ordinaire : petits meubles, habits, bijoux, livres. J'ai de petites emplettes à faire. Achat, au contraire, est le mot propre pour les objets considérables, terres, maisons, vaisseaux, provinces, etc.

ACHATE (A-ka-te). Personnage de l'*Énéide*, ami et fidèle compagnon d'Énée. || On l'emploie comme nom commun pour désigner quelqu'un qui accompagne toujours une personne. C'est son fidèle achate.

ACHATE. s. m. Zool. Espèce de papillon de jour.

ACHATIE. s. f. (a-ka-ti). Zool. Genre de lépidoptères nocturnes.

ACHAZ (A-kaz). Roi de Juda (737-723 av. J.-C.), fameux par ses cruautés, ses profanations et ses crimes, fut détesté pendant sa vie et privé, après sa mort, de la sépulture royale. || ACHAZ (S.). Un des sept frères Machabées, martyr à Antioche. F. 1er août.

ACHE. s. f. (lat. *apium* ; du gr. *apion*). Bot. Plante de la famille des ombellifères, genre apium. Les principales espèces sont : le céleri ordinaire, *A. graveolens* ; le céleri rave, *A. rapaceum* ; etc. — Le type sauvage de l'espèce est l'ache des marais. La semence est une des quatre semences chaudes majeures. Sa racine est une des cinq racines apéritives majeures des anciens, et s'emploie quelquefois comme diurétique (16 à 23 grammes en infusion dans 1 kilog. d'eau). Elle entre dans le sirop des cinq racines, le sirop de chicorée composé, etc. « Cette plante est d'un beau vert et ressemble au persil. Dans certains jeux de la Grèce on donnait une couronne d'ache au vainqueur. » (Acad.)

ACHE (S.), *Acius, Agius*. Diacre, fut martyrisé avec le sous-diacre S. Acheul (tous deux originaires de l'Amiénois ; le 1er mai, on ignore à quelle époque dans les premiers siècles du christianisme. Ils furent inhumés dans un lieu nommé Abdalène, où s'éleva, au IVe s., une église qui après avoir quitté d'abord le nom de Notre-Dame-des-Martyrs et ensuite celui de St-Firmin, martyr, prit celui de Saint-Ache et Saint-Acheul et enfin ne fut plus connue, ainsi que la localité, que sous celui de *Saint-Acheul* (V. ce mot).

ACHÉ (comte d'). 1715-1775. Vice-amiral, commanda l'escadre des Indes en 1757. Il fut battu par les Anglais qui détruisirent les établissements français des côtes de Malabar et de Coromandel.

ACHÉE. s. f. Zool. Ver rouge ou ver de terre (lombric) qui sert à amorcer le poisson. || Genre de crustacés décapodes. || s. m. Genre de mammifères quadrumanes. Vulg. paresseux.

ACHÉEN, ENNE. s. et adj. Qui est né en Achaïe. Qui concerne cette contrée ou ses habitants. || *Ligue achéenne*. Hist. Confédération des principales villes de l'Achaïe, qui

dura de 281 à 146 av. J.-C. Ses plus grands hommes furent Aratus et Philopœmen. Après une lutte glorieuse contre les rois de Macédoine et les Romains, elle fut anéantie à la journée de Leucopetra par le consul Mummius. Avec elle disparut le dernier rempart de la liberté hellénique.

ACHEIRE. adj. (a-kè-re ; — gr. *a* priv. ; *kheir*, main). Anat. Privé de mains.

ACHEIRIE. s. f. (a-kè-ri). État d'un fœtus sans mains.

ACHÉIROPOÏÈTES. s. f. pl. (a-ké-i-ro-po-iè-te ; — gr. *a* priv. ; *kheir*, main ; *poiein*, faire : qui n'a pas été fait de main d'homme). Ainsi sont appelées quelques figures célèbres de N.-S., la sainte face que possédait Véronique, etc., et quelques portraits de la Sainte Vierge, surtout le tableau conservé à Rome en l'église St-Jean de Latran, ébauché par saint Luc et, suivant la tradition, achevé par les anges.

ACHEL. s. m. (A-kel). Vge des Indes (prov. de Maïssour) célèbre par une caverne d'où jaillissent des flammes considérées par les brahmines comme une manifestation de la divinité.

ACHÉLOÏDES. s. f. (A-ké-lo-ï-de). Myth. Surnom des naïades, filles d'Achéloüs, et par ext. de toutes les naïades et sirènes en général.

ACHÉLOÏS. Myth. Une des sept muses.

ACHÉLOÏTE. s. m. (a-ké-lo-i-te). Coquille qui se trouve à l'état fossile.

ACHÉLOÜS. (A-ké-lo-uss). Fleuve de l'Épire, appelé aujourd'hui Aspropotamos (fleuve blanc), prend sa source dans le Pinde, sépare l'Étolie de l'Acarnanie et se jette dans la mer Ionienne, près du golfe de Corinthe. Longueur de son cours : 220 kil. C'est le fleuve le plus important de la Grèce. Sur les bords de ce fleuve, d'après la Fable, périt Nessus. || Myth. Dieu du fleuve, père des Sirènes, sous la forme d'un taureau disputa Déjanire à Hercule qui le vainquit, lui arracha une de ses cornes. Dans la suite, ce fleuve donna à son vainqueur la corne d'Amalthée ou d'Abondance, en échange de la sienne qu'Hercule lui rendit.

ACHEM ou **ATCHIN.** Royaume de l'île Sumatra (Malaisie) ; 2,000,000 h. ; pays montagneux, assez bien cultivé, fertile en riz, coton, etc. Riches mines d'or et de cuivre ; commerce de camphre, poivre, bétel, etc. Mélange de Malais et de Maures, les Achémois sont musulmans pour la plupart. Depuis 1873, ils sont en guerre avec les Hollandais. || ACHEM ou ATCHIN. 35,000 h. Vle cap. du royaume de ce nom, près de l'embouchure de la rivière d'Achem ; vaste rade et commerce avec l'Inde, Singapour et Batavia.

ACHÉMÈNE (A-ké-mè-ne). Fils d'Égée, donna son nom à une partie de la Perse, et aux rois achéménides.

ACHÉMÉNIDE. Compagnon d'Ulysse. Descendant d'Achémène. La famille des Achéménides était la plus noble et la plus puissante de la Perse ; c'est d'elle que sont issus Darius et Cyrus.

ACHEMINEMENT. s. m. (de *acheminer*). Voie, disposition, degré, préparation, avancement à quelque chose. Ne s'emploie guère qu'au fig. Cela était un acheminement au consulat. L'armistice est quelquefois un acheminement à la paix.

ACHEMINER. v. a. (de *à* et *cheminer*). Faire avancer, au prop. et au fig. Acheminer une armée vers Rome. Chaque jour nous achemine à la mort. Cette négociation achemine à la paix. || Manège. Acheminer un cheval, L'habituer à marcher droit devant lui. || S'ACHEMINER. v. pr. Se mettre en chemin, se diriger, s'avancer. Nous nous acheminâmes vers tel endroit. || Fig. Les choses s'acheminent où nous voulons. Sa sagesse... s'acheminait à grands pas à l'empire du monde. (Corn.) || Abs. L'œuvre de Dieu s'acheminait. (Boss.) || ACHEMINÉ, ÉE. p. pas. Mis en bon chemin, en bonne voie. Marchandises acheminées à la ville. L'affaire est bien acheminée. || Manège. Se dit d'un cheval presque dressé. || Arts et mét. Glace acheminée, Dont on a fait disparaître les plus grosses aspérités.

ACHÉMOIS, OISE. s. et adj. Habitant d'Achem. Qui a rapport au roy., à la ville d'Achem ou à ses habitants.

ACHEN (Jean van). Peintre allemand. Né à Cologne 1556, m. à Prague, 1621. *Nativité* (Rome,

église des jésuites). *Découverte de la vraie Croix* (Munich).

ACHENEAU. Riv. de France (Loire-Inf.) près laquelle le lac de Grand-Lieu se déverse dans la Loire. Cours 21 kil. Navigable.

ACHENBACH (André). Né à Cassel en 1815. Peintre paysagiste de l'école de Dusseldorf, visita une partie de l'Europe, se convertit au catholicisme en 1848. Auteur de marines renommées, il est également connu comme caricaturiste. || ACHENBACH (Oswald), son frère, né à Dusseldorf 1827, a peint principalement des paysages italiens. || ACHENBACH (Charles d'). Né à Sarrebruck en 1829, jurisconsulte allemand, ministre du commerce et des travaux publics à Berlin, 1873-1874.

ACHÉNIEN, ENNE. adj. (a-ké-ni-en). Géol. Se dit d'une subdivision du terrain crétacé.

ACHÉNION. s. m. (a-ké-ni-on ; — gr. *akên*, pauvre). Zool. Genre d'insectes coléoptères brachélytres.

ACHÉNODE. s. m. (a-ké-no-d'). Bot. Fruit composé de plusieurs achaines sur un même plan.

ACHENWALL (Godefroy). (A-ken-oual.) Économiste et jurisconsulte allemand, né à Elbing (Prusse), 1719-1772, créateur de la statistique. Ses principaux ouvrages sont : *Principes d'économie politique ; Constitution des royaumes et des États de l'Europe*.

ACHERLEY (Roger). Jurisc. anglais, XVIIIe s. *La constitution anglaise*, Londres, 1727, in-fol.

ACHERN. 2,600 h. Ville du grand duché de Bade. Culture du chanvre ; fabrique de pianos. Le cœur de Turenne, tué à Salsbach, fut déposé dans la chapelle Saint Nicolas, à Achern.

ACHÉRON s. m. (A-ché-ron ; — gr. *Akherón* ; de *akhos*, peine, chagrin, douleur). Fleuve d'Épire, fleuve de l'Élide, fleuve du Brutium, fleuve de l'Enfer. || Poét. L'Enfer, la mort. L'avare Achéron ne lâche point sa proie.

ACHÉRONTIE. s. m. Zool. Genre d'insectes lépidoptères, ayant pour type le sphinx atropos, ou papillon à tête de mort.

ACHÉRONTIEN, ENNE. V. *Achérontique*.

ACHÉRONTIQUE. adj. Qui a rapport, qui appartient à l'Achéron. || Livres achérontiens ou achérontiques, Livres qui contenaient des principes religieux et enseignaient l'art de la divination, chez les Étrusques. On les appelait aussi livres tagétiques, parce qu'ils avaient été, disait-on, recueillis et transmis par le devin Tagès.

ACHÉRUSIE ou **ACHÉRUSE.** s. f. Géog. et myth. anc. Nom de plusieurs marais, bouches des Enfers, selon les anciens : en Égypte, près d'Héliopolis ; en Épire ; en Campanie, près de l'Averno.

ACHÉRY (dom Jean-Luc d'). Savant bénédictin de la congrégation de St-Maur, né à St-Quentin, mort à Paris, 1609-1685. Il fut bibliothécaire de Saint-Germain-des-Prés. Son principal ouvrage est un vaste et précieux recueil de pièces rares relatives au moyen âge, chroniques, chartes, vies des Saints, etc., intitulé *Veterum aliquot scriptorum, qui in Galliæ bibliothecis latuerant, spicilegium*. 13 vol. in-4° 1655-1677. Réimprimé en 3 vol. in-fol. 1725.

ACHET ou **ACHÈTE.** s. m. (gr. *akhéta*, bruyant). Zool. Genre d'insectes orthoptères, tels que cigales, sauterelles, etc.

ACHETABLE. adj. Qui peut être acheté. Marchandise achetable.

ACHETER. v. a. (Ne prononcez pas a-je-té — prononcez suivant l'orthographe. Du bas lat. *accaptare*, du lat. *captare*, prendre ; provençal *acaptar* ; vieux français *acater*, *achater*. Froissart dit *achapter*. — J'achète, j'achetais, j'achèterai.) Acquérir à prix d'argent. Acheter quelque chose au comptant, à crédit, à bon marché, cher, etc. || Par ext. Acheter des voix, des suffrages, le silence de quelqu'un, Se les procurer à prix d'argent ou au moyen de quelques avantages, de quelques faveurs. || Acheter à quelqu'un peut signifier également acheter de lui et acheter pour. Je lui ai acheté un volume qu'il m'a fait payer cher. J'ai acheté à mon fils une montre qu'il désirait depuis longtemps. || Fig. Obtenir quelque chose avec beaucoup de peine et de difficulté. Il acheta la victoire au prix du sang de ses meilleurs soldats. || v. pr. Être obtenu. La gloire s'achète au prix du bonheur, le plaisir au prix de la santé, la faveur au prix de l'indépendance.

ACHETEUR. s. m. Celui qui achète. Le vendeur et l'acheteur. L'Empire trouva un acheteur. (Boss.) || Qui a l'habitude, la passion d'acheter. Dans ce sens, dit l'Académie, on lui donne quelquefois un féminin. C'est une grande acheteuse.

ACHÉTIDES. s. m. pl. Zool. Terme sous lequel on désigne la famille des grillons.

ACHETOIRES. Terme d'argot populaire synonyme du mot argent. Ex. : Il avait du bien l'oncle Placide, et assez d'achetoires pour payer les dettes de son neveu.

ACHEUL (S.). Martyr avec S. Ache (V. ce mot), donna son nom à l'église, à l'abbaye et au village, ancien Abdalène.

ACHEUL (SAINT-). Vge à 2 kil. d'Amiens (Somme). Célèbre par une ancienne abbaye de l'ordre de St-Augustin et par un collège de jésuites sous la Restauration. Près de deux mille jeunes gens y recevaient les bienfaits d'une éducation chrétienne et d'une solide instruction. Ce célèbre établissement exista de 1814 à 1828.

ACHEUX. 800 h. Ch.-l. de cant. de la Somme; arr. de Doullens.

ACHEVAGE. s. m. Dernière façon donnée à une poterie moulée, tournée ou coulée.

ACHEVALER v. a. et n. Milit. Mettre à cheval, être à cheval sur un fleuve, une rivière : en occuper les deux rives.

ACHÈVEMENT. s. m. Action d'achever. C'est au propre la fin, le terme, l'accomplissement, l'exécution entière d'une chose. L'achèvement d'un édifice, d'un travail, etc. || Fig. Perfection dont un ouvrage est susceptible. On admire Raphaël dans l'achèvement de ses tableaux. || Poét. Ce qui complète le dénouement. La soumission du duc de Mayenne à Henri IV fait l'achèvement de la *Henriade*.

ACHEVER. v. a. (de *à* et *chef*, dans le sens du latin *caput*, fin, mener à fin, à terme). Finir, terminer une chose commencée. Achever une entreprise, un livre, un tableau ; sa ruine, sa honte, sa carrière ; ses jours dans la retraite, etc. Achever de vivre. || Achever quelqu'un qui est déjà blessé, Lui porter le coup mortel. || Achever quelqu'un, qui est dans le malheur, qui approche de sa ruine, de sa perte, c'est consommer son malheur, sa ruine, sa perte. || ACHEVÉ, ÉE. p. pas. Il est aussi adj. et alors il signifie accompli, parfait, qui a toutes les qualités requises pour être supérieur dans son genre. La *Descente de croix* de Rubens est un tableau achevé. L'*Athalie* de Racine est une tragédie achevée. || Il se dit encore de ce qui est très mauvais dans son genre. C'est un sot achevé, un scélérat achevé, etc. || Syn. Achever, parachever. Ce dernier est complétif : parachever, c'est achever entièrement. — Achever, terminer, finir. Terminer, c'est mettre un terme, arrêter, ne pas continuer. Il a donc un sens négatif. Achever, c'est mettre le comble, le dernier trait, c'est compléter. Ce sens est positif Qui achève votre bonheur le rend parfait, qui le termine l'anéantit. Finir a les deux sens. Dans le sens de rendre parfait il diffère d'achever comme nous l'indiquons ci-dessous. Dans le sens de mettre une fin, il diffère de terminer en ce qu'il marque une action, ou plus lente, ou plus naturelle. Deux puissances terminent un différend par un combat ou le finissent par des négociations. Parfait, achevé, fini. Parfait exprime le mérite de la chose en elle-même, il est beaucoup plus général que les deux autres mots, qui font considérer la chose du côté de la main-d'œuvre. Achevé a rapport à la quantité, à l'ensemble ; fini à la façon, aux détails. (Lafaye.)

ACHEVEUR. s. m. Grand vase dont se servent les batteurs d'or.

ACHEVOIR. s. m. Outil pour donner la dernière façon à certains ouvrages. || Atelier où l'on porte certains ouvrages pour les achever.

ACHIGON. Riv. de la prov. de Québec, affl. de l'Assomption. 60 kil. Non navigable.

ACHILL ou **EAGLE-ISLAND.** Ile de la côte occid. d'Irlande (comté de Mayo), dont elle est séparée par un étroit canal. 56 kil. de circonférence ; 7,000 h.

ACHILLAS (A-kil-lass). Général et ministre de Ptolémée Denys, roi d'Égypte, conseilla d'assassiner Pompée fugitif, et fut mis à mort sur l'ordre de César. || ACHILLAS (S.). Év. d'Alexandrie, m. en 312. F. 13 juin.

ACHILLE. Héros fameux, dont Homère a chanté la colère dans son *Iliade*. Roi de Thessalie, fils de Pélée et de la déesse Thétis, il fut plongé dans le Styx par sa mère, et devint ainsi invulnérable, sauf au talon par où elle le tenait. On le nourrit de moelle de lion, pour le rendre plus courageux. Thétis, informée de l'oracle de Calchas, qui portait que la ville de Troie ne serait jamais prise, sans son fils, mais que s'il allait au siège de cette ville, il n'en reviendrait pas, l'envoya déguisé en fille, à Scyros, à la cour du roi Lycomède. Le jeune Achille y devint amoureux de Deidamie, fille du roi, et en fut aimé. De cette intrigue naquit Pyrrhus, autrement Néoptolème. L'artificieux et séduisant Ulysse vint le chercher et réussit à l'emmener au siège de Troie. Le jeune héros s'y signala aussitôt ; mais le chef des Grecs, le roi Agamemnon, lui ayant enlevé Briséis sa captive et sa maîtresse, Achille profondément irrité se retira sous sa tente, refusant de prendre part à la guerre. Sur ces entrefaites, le Troyen Hector, fils du roi Priam, tua Patrocle, ami intime d'Achille, qui, pour venger Patrocle, se battit contre Hector, le tua, l'attacha à son char et le traîna autour des murailles de Troie. Enfin Pâris, frère d'Hector, accomplit l'oracle, en tirant contre Achille, une flèche que le dieu Apollon dirigea et qui blessa mortellement ce héros au talon. Les Grecs lui firent de magnifiques funérailles et l'enterrèrent au promontoire de Sigée. || Plusieurs opéras ont pour sujet et pour titre *Achille : Achille et Deidamie ; Achille in Sciro ; Achille et Galatea*. Op. Ital. Mus. d'Haydn (Vienne 1780). || La statue antique d'Achille au musée du Louvre peut servir de modèle pour les belles proportions du corps humain. || Il y a eu plusieurs saints de ce nom. S. ACHILLE, martyr à Rome. F. 11 mai. Un autre. F. 8 sept. || S. ACHILLE. Év. de Larisse en Thessalie. F. 15 mai. || ACHILLE TATIUS. Écrivain grec d'Alexandrie, du IVe s., auteur d'un traité sur la sphère, et d'un roman intitulé *les Amours de Clitophon et de Leucippe*.

ACHILLÉATE. s. m. Chim. Nom générique des sels formés par la combinaison de l'acide achilléique avec une base.

ACHILLÉE. s. f. (On prononce akilée. Acad.) Bot. Plante de la famille des composées, genre achilléa. Les principales espèces sont l'*A. millefolium*, millefeuille, vulgairement herbe aux coupures, herbe aux charpentiers, parce qu'on lui attribue la propriété de guérir les blessures ; l'*A. ptarmica*, herbe à éternuer. Une variété cultivée donne des fleurs doubles ; c'est le bouton d'argent.

ACHILLÉE. Général romain, qui se fit reconnaître empereur à Alexandrie (292-297 av. J.-C.) et fut détrôné et livré aux lions par Dioclétien. || ACHILLÉE (S.). Les saints Nérée et Achillée, frères, chambellans de la princesse Flavie Domitille (Ste) nièce de l'empereur Domitien, baptisés, comme elle, par S. Pierre, versèrent leur sang pour Jésus-Christ. Ils furent inhumés sur la voie d'Ardée. Une église bâtie sur le lieu de leur sépulture porte leur nom : c'est un titre cardinalice. On y vénère leurs reliques. || ACHILLÉE (S.). Diacre, avec les saints Félix et Fortunat, tous trois envoyés par S. Irénée, évêq. de Lyon, fondèrent définitivement l'église de Valence, en Dauphiné ; ville dans laquelle, selon la tradition, S. Ruf, fils de Simon le Cyrénéen, laissé là comme apôtre par S. Paul allant en Espagne, avait jeté les premières semences de l'Évangile. Ils moururent martyrs. (V. *Félix*.)

ACHILLÉES. s. f. pl. Fêtes instituées en l'honneur d'Achille.

ACHILLÉIDE. s. f. Poème inachevé de Stace, qui devait décrire la vie d'Achille antérieure aux événements du siège de Troie.

ACHILLEINE. s. f. Chim. Matière amère de la mille-feuille.

ACHILLÉIQUE. adj. Acide achilléique, Acide extrait de la mille-feuille.

ACHILLÉÏS. s. f. (a-kil-lé-iss). Bot. Nom donné par Hippocrate à l'orge commune.

ACHILLÉOIDE. adj. Bot. Qui ressemble à l'achillée.

ACHILLES (Estaço). Érudit portugais. 1510-1581. Professeur à la Sapience. *Commentaires sur Cicéron, Ovide*, etc. || ACHILLES (Alex.). Érudit allemand 1584-1675. *Philosophia physica*.

ACHILLINI (Alexandre). Médecin anatomiste et philosophe de Bologne. 1463-1512 ;

commentateur d'Aristote ; un des premiers qui aient disséqué des cadavres || ACHILLINI (Jean-Philot.). Frère du précédent, poète et philologue. 1466-1538. || ACHILLINI (Claude). Petit-neveu des précédents, 1574-1640, philosophe, jurisconsulte, médecin.

ACHIMELECH. Grand-prêtre des Juifs, faussement accusé de conspiration et mis à mort par Saül.

ACHIMÈNE. s. m. (a-ki-mè-ne). Bot. G. des gesnéracées, tr. des gesnérées.

ACHIRA. Peuple noir de l'Afrique équatoriale.

ACHIRE. s. m. (gr. *a* priv. ; *kheir*, main). Zool. Poisson sans nageoires pectorales, assez semblable à la sole.

ACHIRITE. s. m. Minér. Silicate de cuivre.

ACHIT. s. m. (a-chitt). Vigne sauvage de Madagascar.

ACHITON. s. m. Plante de la famille des hépatiques.

ACHITOPHEL. Hist. sainte. Ami et conseiller de David.

ACHLAMYDÉE. adj. (gr. *a* priv. et *khlamys*, manteau). Bot. Se dit d'une fleur dépourvue de périanthe.

ACHLYS. s. m. (a-kliss ; — gr. *akhlus*, brouillard). Méd. Obscurcissement de la cornée de l'œil. || Bot. G. de berbéridacées (Amérique et Japon). || G. de champignons, famille des saprolegniées.

ACHMATITE. s. f. Minér. Variété d'épidote verte, riche en oxyde ferrique.

ACHMÉ. s. m. (ak-mé). Livre de la religion et des lois des Druses.

ACHMÉE. s. f. (ak-mé ; — gr. *aikhmé*, pointe). Bot. Plante de la fam. des broméliacées, qui croît sur les arbres (Amérique tropicale).

ACHMET Ier ou **AHMED.** Sultan de Constantinople, 1603-1617 ; fils et successeur de Mahomet III, fit avec succès, comme allié des Hongrois, la guerre à Rodolphe II, empereur d'Allemagne, mais se laissa enlever quelques provinces par les Perses. || ACHMET II. 21e sultan ottoman, 1691-1695 ; fut défait à Salankemen par les Impériaux. || ACHMET III, 23e sultan ; 1703-1736, donna asile au roi de Suède, Charles XII, après la bataille de Pultawa, battit Pierre le Grand sur le Pruth, 1711, reprit la Morée aux Vénitiens, fut vaincu par le prince Eugène, 1716, et déposé par les janissaires en 1730 ; il mourut en prison. || ACHMET-GIADICK. Grand-vizir de Mahomet II et de Bajazet II, prit Otrente en 1480 et périt étranglé en 1483. || ACHMET ou AHMET. Dey d'Alger en 1805, mort en 1808 sous les coups de ses soldats révoltés, à la suite de ses exactions et de ses crimes.

ACHMITE. s. f. Minéral de Norwège, d'un brun noirâtre assez dur pour rayer le verre.

ACHMOUNEIN (*Hermopolis magna*). 5,000 h. Vle de la Hte-Égypte. Ruines imposantes.

ACHNANTHE. s. m. Bot. G. d'algues, d'eaux douces et salées.

ACHNÉRIE. s. f. Bot. G. de graminées.

ACHNODONTE. s. m. (gr. *akhné*, duvet ; *odous*, dent). Bot. G. de graminées établi pour quelques espèces de phléum.

ACHOMANES. s. m. Bot. G. de fougères.

ACHOPPEMENT. s. m. Action d'achopper ; ce qui fait achopper. Ne se dit guère que dans cette locution figurée : Pierre d'achoppement, Occasion de faillir. Les gens pervers sont une pierre d'achoppement pour les bons. || Obstacle, embarras imprévu. L'affaire sera bientôt terminée, si nous ne rencontrons pas quelque pierre d'achoppement.

ACHOPPER. v. n. (de *à* et *chopper* ; prend l'aux. *avoir*). Heurter du pied en marchant, trébucher ; faillir. || Fig. C'est là où tous ont achoppé. (Pasc.)

ACHORES. s. m. (a-ko-re ; — gr. *akhor*, gourme des enfants). Pathol. Nom, chez les Grecs, de la teigne muqueuse ou *impetigo larvalis*. (V. *Impetigo*.) || Nom donné par les anciens vétérinaires aux ulcérations superficielles de la peau des poulains à la sortie des pâturages.

ACHORÈSE. s. f. (a-ko-rè-ze ; — gr. *a* priv. ; *khorésis*, capacité). Pathol. Amoindrissement des réservoirs destinés à renfermer des liquides, tels que la vessie.

ACHORION. s. m. (a-ko-ri-on ; — gr. *a* priv. ; *khorion*, membrane). Bot. G. de champignons voisins des oïdium.

ACHORISTE. adj. (a-ko-ris-te; — gr. *a* priv.; *khoristos*, séparable). Méd. Se dit des symptômes inséparables de toute maladie.

ACHOUR. s. m. Impôt payé par les indigènes d'Algérie au gouvernement français.

ACHOURADE (A-kou-ra-dé). Pte île à l'entrée de la baie d'Astrabad (mer Caspienne), cédée par la Perse à la Russie.

ACHRADINE (L'). Un des quartiers de Syracuse (V. ce mot).

ACHRAF ou **ACHREF**. 15,000 h. Vle pittoresque de Perse (Mazandéran), près de la mer Caspienne. Ruines d'une résidence du shah de Perse.

ACHRÉLIUS (Éric-Daniel). Physicien suédois. 1604-1670. Professeur à l'université d'Abo.

ACHROMATIQUE. adj. 2 g. (a-kro-ma-ti-que; — gr. *a* priv.; *khromos*, couleur). Opt. Se dit des lentilles et des prismes qui laissent passer la lumière sans la décomposer, et à travers lesquels on voit les objets avec leurs couleurs naturelles. Lunettes achromatiques. (V. *Achromatisme*.)

ACHROMATISATION. s. f. Action d'achromatiser.

ACHROMATISER. v. a. Opt. Rendre achromatique. Détruire, absorber les couleurs irisées.

ACHROMATISME. s. m. Opt. Destruction des couleurs irisées, qui entourent les images des objets vus à travers les prismes et les lentilles simples, et qui sont dues à l'inégale réfrangibilité des sept couleurs qui composent la lumière blanche. (V. *Réfrangibilité; Spectre solaire*.) Newton avait cru qu'il était impossible d'amener les différents rayons réfractés au même point, à moins de détruire complètement l'effet produit par le prisme ou la lentille, mais en 1757 l'opticien anglais Dollond fit voir, qu'avec deux prismes de substance différente (verre et crown-glass, par ex.), placés en sens inverse, ou avec deux lentilles, l'une convergente et l'autre divergente, on pouvait détruire la coloration, tout en conservant une partie de l'effet produit par la réfraction. En théorie, il faudrait 7 lentilles superposées, pour achromatiser les sept couleurs : en pratique, on se contente de deux qui réunissent les couleurs extrêmes, rouge et violet, ou, dans les très bons instruments, de trois, qui réunissent le rouge, le vert et le violet.

ACHROMATOPE. s. 2 g. Personne affectée d'achromatopsie.

ACHROMATOPSIE. s. f. (gr. *a* priv.; *khroma*, couleur, et *opsis*, vue), *Pyschromatopsie* (V. ce mot) ou *Daltonisme*, du nom du chimiste Dalton, qui était affecté de ce vice de la vue et qui l'a décrit. Affection du sens de la vue, dans laquelle certaines couleurs ne pouvant être appréciées sont confondues avec celles qui restent seules perceptibles.

ACHROME. adj. 2 g. (gr. *a* priv.; *khroma*, couleur). Qui est privé de couleur. Sang achrome. On dit aussi achromique.

ACHROMODERMIE. s. f. (*a; khroma; derma*, peau). Pathol. Décoloration de la peau.

ACHRONIQUE ou **ACRONYQUE**. adj. (du gr. *akros*, extrémité, et *nux*, nuit). Opposé au soleil. Astre achronique, c.-à-d. astre qui se lève lorsque le soleil se couche ou se couche lorsque le soleil se lève.

ACHRONIZOÏQUE. adj. (gr. *a* priv.; *khronizein*, durer). Méd. Qui ne dure pas. Se dit d'un médicament qui s'altère facilement.

ACHTAGRAM. L'une des trois provinces qui composent le royaume de Mysore ou Maïssour (Indes). 1,615,600 h.

ACHTEL. s. m. (ak-tèl). Mesure pour les matières sèches en Allemagne.

ACHTHÉOGRAPHE. s. m. (ak-té-o-gra-fe; — gr. *akhthos, akhtheos*, poids; *graphein*, décrire). Qui décrit les poids.

ACHTHÉOGRAPHIE. s. f. Description des poids.

ACHTHÉOGRAPHIQUE. adj. Qui concerne l'achthéographie ou la description des poids.

ACHTHÉOMÈTRE. s. m. Instrument qui sert à reconnaître la surcharge des voitures sur les routes.

ACHTERFELDT (Jean-Henri). Théolog. allem., né à Wesel. 1788-1877. Profes. de philos. et de théol. au sémin. de Braunsberg en 1817, il publia un *Traité de la foi et de la morale catholiques*. Professeur à l'Université catholique de Bonn en 1826, il donna au public la *Dogma-tique catholique* d'Hermès (V. ce nom), ouvrage condamné à Rome. Suspendu comme professeur (1843). Rédacteur distingué du *Journal de philos. et de théol. catholiques* fondé par Hermès.

ACHTERMANN (William). Sculpt. allem. né à Munster 1799. Fils d'un menuisier, se fait ébéniste à vingt-huit ans, et se distingue dans les sculptures sur bois. A Berlin, il se perfectionne à l'école de Rauch, et se rend à Rome qu'il n'a plus quittée, cultivant surtout la sculpture religieuse. La cathédrale de Munster possède de lui (1858) une admirable *Pietà* et une *Descente de croix*, style moyen âge.

ACHTSCHELLING (Lucas). Paysagiste flamand, élève de Louis de Wadder. XVIIe s.

ACHTYRKA ou **AKHTYRKA**. 17,000 h. Vle de l'Ukraine (Russie) dans le gouv. de Kharkof, entourée de remparts. Grand pèlerinage de Notre-Dame.

ACHYLIE. s. f. (a-chi-li; — gr. *a* priv.; *khulos*, humeur). Méd. Manque de formation du chyle. On dit aussi *Achylose*.

ACHYMOSE. s. f. (a-chi-mo-se; — gr. *a* priv.; *khumos*, suc). Méd. Manque de formation du chyme, mauvaise digestion.

ACHYRANTHE ou **CADELARI**. s. f. (a-ki-ran-te; — gr. *akhuron*, paille; *anthé*, fleur). Bot. Genre d'amarantacées qui la plupart habitent les régions équatoriales, et sont employées comme dépuratifs.

ACHYROCLINE. s. f. (a-ki-ro-cli-ne; — gr. *akhuron*, paille; *kliné*). Bot. Genre de composées inuloïdées (Afrique tropicale, Amérique australe).

ACHYRONIE. s. f. Bot. Arbrisseau du Cap de Bonne-Espérance, de la famille des légumineuses.

ACHYROPAPPE. s. m. (gr. *akhuron*, paille; *pappos*, aigrette). Bot. Genre de composées (Mexique).

ACHYROPHORE. s. m. Bot. Genre de chicoracées.

ACHYROSPERME. s. m. (gr. *akhuron*, paille; *sperma*, graine). Bot. Genre de labiées des Indes-Orientales.

ACIANTHE. s. f. (gr. *akis*, pointe; *anthos*, fleur). Bot. Genre d'orchidacées aréthusées (Nouvelle-Hollande).

ACICARPHE. s. m. (gr. *akis*, pointe; *karphos*, fétu de paille). Bot. Genre de calycérées (Brésil).

ACI CATENA. 5,000 h. Vle de la province e Catane (Sicile).

ACICULAIRE. adj. 2 g. (lat. *acicula*, épingle). Hist. nat. Mince, et allongé comme une aiguille. Feuilles aciculaires (pin). Cristaux aciculaires.

ACICULÉ, ÉE. adj. Hist nat. Qui est en forme d'aiguille. || Bot. Se dit des organes dont la surface est sillonnée de raies fines qui semblent avoir été faites avec la pointe d'une aiguille.

ACICULIFORME. adj. 2 g. Qui a la forme d'une petite aiguille.

ACIDALIE. s. f. Surnom de Vénus. Fontaine de Béotie, consacrée à Vénus et aux Grâces. || Entom. Genre de lépidoptères nocturnes, dont le type est l'acidalie palidaire, très commune dans les bois en juin et juillet. || Hortic. Variété de roses.

ACIDALIUS (Valens). Poète latin, né dans le Brandebourg. 1567-1595. Auteur de bons commentaires sur Quinte-Curce, Plaute et de poésies médiocres.

ACIDE. adj. 2 g. (lat. *acidus*, aigre, piquant; vient d'*acus*, aiguille). Qui a la saveur du vinaigre. || s. m. Chim. Corps composé, ordinairement binaire et oxygéné, qui, quand il est soluble, a la saveur aigre et fait rougir les teintures bleues végétales, comme le *tournesol*. Le caractère essentiel des acides, c'est de s'unir aux bases pour former des sels. (V. *Base; Sel*.) Le nom des acides oxygénés se forme en ajoutant la terminaison *ique* au nom du corps uni à l'oxygène; ex.: ac. carbonique, formé de carbone et d'oxygène. Quand le même corps forme deux acides, le moins oxygéné prend la terminaison *eux* : ac. azoteux, ac. azotique. Quand il y en a plus de deux, on emploie les préfixes *hypo* signifiant au-dessous et *hyper* au-dessus ou simplement *per* : acides hypochloreux, chloreux, hypochlorique, chlorique et hyperchlorique, ou perchlorique. Quand l'acide ne contient pas d'oxygène, on forme son nom avec les noms des deux corps combinés, qu'on termine en *ique* : le chlore et l'hydrogène forment l'ac. chlorhydrique. Ceux qui contiennent de l'hydrogène s'appellent hydracides. (V. *Nomenclature chimique*.) Pour les différents acides, V. les noms spécifiques : ac. *Acétique, Azotique, Carbonique*, etc.

ACIDÉ, ÉE. adj. Qui a été rendu acide. Corps acidé.

ACIDIFÈRE. adj. 2 g. (lat. *acidus*, acide; *ferre*, porter). Chim. Combiné avec un acide; qui contient un acide.

ACIDIFIABLE. adj. 2 g. Chim. Susceptible d'être converti en acide.

ACIDIFIANT, ANTE. adj. Chim. Qui acidifie, qui a la propriété de convertir en acide. Corps acidifiant. Substance acidifiante.

ACIDIFICATION. s. f. (acide et *ficare*, pour *facere*, faire). Chim. Transformation d'un corps en acide : ordinairement par l'action de l'oxygène.

ACIDIFIER. v. a. (lat. *acidum*, acide; *facere*, faire. — Prend deux i aux deux premières pers. plur. de l'imparf. de l'indicatif et du subjonctif : nous acidifiions ; que vous acidifiiez). Chim. Rendre acide, convertir en acide. || S'ACIDIFIER. v. pr. Devenir acide.

ACIDIMÉTRIQUE. adj. 2 g. (lat. *acidus*, acide; gr. *metron*, mesure). Chim. Qui sert à indiquer la force réelle des acides.

ACIDITÉ. s. f. Qualité de ce qui est acide. L'acidité du verjus. || Chim. Qualité acide d'un corps. || Méd. *Acidités de l'estomac*. Gaz acides produits dans l'estomac : on leur donne vulgairement le nom d'aigreurs.

ACIDOTON. s. m. Bot. Genre d'euphorbiacées (Jamaïque).

ACIDULANT, ANTE. adj. Chim. Qui a la propriété de rendre légèrement acide.

ACIDULE. adj. 2 g. Qui est légèrement acidé. || S'emploie subst. On distingue les acidules végétaux (les gelées, les sirops, les limonades de certains fruits : cerises, fraises, pommes, oranges, citrons, grenades, groseilles, etc.), et les acidules minéraux (eau édulcorée que l'on aiguise avec quelques gouttes, 5 à 25 par litre d'eau, d'acide sulfurique, nitrique ou chlorhydrique, ou eau minérale saline, chargée d'acide carbonique, comme l'eau de Seltz). Rafraîchissants, apéritifs, légèrement laxatifs. Usage extérieur pour des affections cutanées.

ACIDULÉ, ÉE. adj. (diminutif d'*acide*). Chim. Légèrement acide. Eau acidulée, où on a mis un peu d'acide.

ACIDULER. v. a. Chim. et méd. Rendre acidule ou légèrement acide. Aciduler une tisane. || S'ACIDULER. v. pr. Devenir acidule. Ces boissons peuvent s'aciduler sans inconvénient.

ACIER. s. m. (lat. *acies*, pointe, tranchant. L'r ne se lie pas). Chim. Fer combiné avec quelques millièm-s de charbon (carbone), un peu de silicium, quelquefois du manganèse et peut-être un peu d'azote. L'acier est plus blanc, plus dur, plus tenace et plus élastique que le fer ; son grain est plus fin et il prend un plus beau poli. On augmente sa dureté et son é.asticité par la trempe. (V. *Trempe*.) Il peut prendre et conserver la propriété magnétique. (V. *Aimant*.) On distingue : 1° l'*acier naturel*, qui se produit dans les forges catalanes, ou par la décarburation incomplète de la fonte. (V. *Fonte; Forge*.) Tel est l'acier Bessemer, aujourd'hui très employé pour les rails des chemins de fer, etc.; 2° l'a. de *cémentation*, ou a poule, de qualité supérieure, qu'on obtient en chauffant à une très haute température, pendant seize à vingt jours, des barres de fer entourées de cément (mélange de charbon en poudre, de cendres et de sel); 3° l'a. *corroyé*, obtenu en forgeant ensemble des barres d'acier cémenté pour leur donner plus d'homogénéité; 4° l'a. *fondu*, rendu tout à fait homogène par la fusion : il sert à faire des bijoux, des médailles, des instruments de fine coutellerie, etc. On appelle a. *damassé* des lames d'acier trempées dans l'acide sulfurique qui dissout un peu de fer et laisse à la surface du métal des taches de charbon d'un aspect particulier. L'acier ne fond qu'à 1400°; cependant on fabrique aujourd'hui des pièces d'une seule coulée, comme des canons, qui pèsent plus de 30,000 kil. La fabrication de l'acier a subi depuis quelque temps, et subit encore tous les jours, des améliorations et des perfectionnements qui l'on entièrement transformée, et dont il est impossible de donner ici un aperçu, même sommaire. Peu de corps, en effet, ont reçu des emplois plus nombreux et plus importants : aussi la production s'accroît incessamment dans des proportions considérables : elle est passée en France, de 10,000 tonnes environ, en 1850, à 262,000 en 1876. Les États-Unis ont produit en 1876 plus de 850,900 tonnes d'acier Bessemer, soit en lingots, soit en rails, et plus de 64,000 d'acier de cémentation. L'Angleterre a fourni la même année 711,229 tonnes d'acier Bessemer ; l'Allemagne 146,554 ; la Belgique 75,258 ; l'Italie 2,000 seulement. On trouve, pour la Suède 21,683 tonnes en 1875 ; l'Austro-Hongrie 75,000 en 1873 ; la Russie 8,195 en 1874 ; la Norwège 240 en 1870. || Par ext. et poét. signifie : arme blanche, poignard. Sentir le froid de l'acier. || Au fig. Un cœur d'acier.

ACIÉRAGE. s. m. Action de déposer une couche d'acier à la surface d'un autre métal. L'aciérage des cuivres.

ACIÉRATION. s. f. Transformation du fer ou de la fonte en acier.

ACIÉRER. v. a. (Accent grave devant une syllabe muette, excepté au futur et au conditionnel qui conservent l'accent aigu.) Convertir en acier. || S'ACIÉRER. Se transformer en acier.

ACIÉREUX, EUSE. adj. Qui se rapproche de l'acier. Fer aciéreux. Fonte aciéreuse.

ACIÉRIE. s. f. Établissement, usine où on fabrique l'acier.

ACIFORME. adj. 2 g. (lat. *acus*, aiguille et *forme*). Bot. Qui est en forme d'aiguille.

ACILIA. Nom d'une ancienne famille plébéienne de Rome qui a donné des littérateurs et des consuls.

ACILIUS. Nom anc. d'une riv. de Sicile, au N. de l'Etna : quelquefois nommée *Acinius* et *Acis*.

ACINACE ou **ACINACÈS.** s. m. Poignard droit, en usage chez les anciens peuples orientaux, principalement chez les Mèdes, les Perses, les Scythes.

ACINACIFOLIÉ, ÉE. adj. Bot. Qui a les feuilles en forme de lame de sabre.

ACINACIFORME. adj. 2 g. (lat. *acinacès*, sabre, et *forme*). Bot. Qui a la forme d'un sabre à trois faces. Feuille acinaciforme.

ACINE ou **ACINUS.** s. m. (gr. *akinos*, raisin). Graine de raisin et petite baie qui y ressemble, telle que le fruit de l'aubépine ou de l'acinier. || Les acini, dans les glandes conglomérées ou en grappes, sont la réunion de plusieurs culs-de-sac microscopiques sécréteurs, différant du conduit excréteur par leur structure. || Vésicules closes ou grains glanduleux des glandes sans conduits excréteurs.

ACINÉSIATROPHIE. s. t. (d'*acinésie* et *atrophie*). Anat. Atrophie par défaut d'action.

ACINÉSIE. s. f. (gr. *akinésia*, de *a* priv., et *kinein*, mouvoir). Anat. Intervalle qui sépare la systole et la diastole à chaque pulsation.

ACINÉSIQUE. adj. 2 g. (gr. *a* priv., et *kinein*, mouvoir). Méd. Qui est contraire au mouvement. Médication acinésique, celle qui est destinée à combattre l'agitation.

ACINÈTE. s. f. (gr. *akinêtos*, fixe). Zool. Genre d'animalcules de la classe des rhizopodes, de l'ordre des actinophrys. Étant fixes, les acinètes saisissent leur proie au passage au moyen de ventouses.

ACINÉTIENS. s. m. pl. (gr. *akinêtos*, immobile, de *a* priv. et *kinein*, mouvoir). Animaux qui, après avoir été dans leur jeune âge libres et pourvus d'organes de locomotion, deviennent, une fois adultes, immobiles, fixés à des corps étrangers et sont munis de suçoirs.

ACINÉTINES. s. f. pl. Zool. Famille d'infusoires à une seule ouverture et à cils allongés.

ACINÉTIQUE. adj. 2 g. Méd. Qui concerne la privation des mouvements. Se dit des poisons et des médicaments qui la déterminent.

ACINEUX, EUSE. adj. Anat. Qui a rapport aux acines; qui en est formé. Glande acineuse ou glande en grappe.

ACINIER. s. m. Nom vulgaire de l'aubépine dans quelques contrées.

ACINIFORME. adj. 2 g. (lat. *acinus*, raisin). Anat. Qui est comme un grain de raisin ; qui est en grappe.

ACINOPHORE. s. m. Sorte de champignon.

ACINOS. s. m. Bot. Section du genre *Mélissa*. (V. *Mélissa*.)

ACIOA. s. m. Bot. Genre de rosacées-chryso-léanées (Guyane, Afrique tropicale et occidentale). Le fruit renferme une graine charnue, oléagineuse et comestible; le bois est de bonne qualité.

ACIPE. s. m. Zool. Genre de poissons cartilagineux.

ACIPENSÈRE. s. m. Genre de poissons abdominaux.

ACI-RÉALE. 25,000 h. Ville et port de Sicile, près de l'Etna, à l'embouchure de l'Acis. Évêché. Eaux minérales ; aux environs, la caverne de Polyphème et grotte de Galatée. Vins, fruits, coton, etc.

ACIS. Myth. Berger de Sicile, fils de Faune, aimé de Galatée : Polyphème son rival l'écrasa sous un rocher. Il fut changé en fleuve. (V. *Acilius*.) C'est le sujet qui décore la fontaine de Médicis au jardin du Luxembourg, à Paris.

ACISELER. v. a. Agric. Coucher les jeunes plants de vigne.

ACITODUNUM. Ville de l'anc. Aquitaine ; auj. *Ahun* (Creuse).

ACK. Pays de l'anc. Bretagne, cap. Lesneven (Finistère).

ACKER. Mesure agraire dans divers pays de l'Allemagne; sa valeur varie : 3½ ares à Gotha, 24 à Cassel, etc.

ACKERMANN (Conrad). Né à Schwerin 1710, m. 1771. Exerça une grande influence sur la transformation du théâtre allemand. De 1767 à 1771 il fut directeur du théâtre de Hambourg. Son épouse *Sophie-Charlotte*, née Schrœder, excellente comédienne, m. 1792. || ACKERMANN (Rodolphe). Célèbre industriel, né à Stolberg en Saxe, 1764, fut d'abord ouvrier sellier à Paris et à Bruxelles ; se rendit à Londres en 1764, où il fit de brillantes affaires comme marchand d'objets d'art. Il introduisit la lithographie en Angleterre, favorisa la gravure sur bois, fut drapier, chapelier, papetier et occupait environ 800 ouvriers. On lui doit plusieurs inventions utiles: toiles imperméables, essieux mobiles, etc. Il a publié nombre de petits ouvrages de topographie, un almanach de poche très connu, etc. M. en 1834. || ACKERMANN (Christian-Théophile). 1756-1801. Médecin allemand. Bon praticien, érudit, auteur de plusieurs ouvrages : *Institutiones historiæ medicinæ*, Nuremb., 1792 ; *Traité des maladies des savants* (trad. allemande de l'ouvrage de Tissot) 1797, et beaucoup d'articles biographiques pour la *Biblioth. grecque* de Fabricius.

ACKLIN (îles). Groupe d'îles faisant partie de l'archipel des Lucayes ou Bahama (Antilles anglaises).

ACKNER. Archéologue et minéralogiste autrichien, né en 1782. Explora les Carpathes. Profes. de philosophie et d'archéologie au gymnase d'Hermanstadt, puis premier pasteur protestant de cette ville. *Antiqua Musæi Parisiorum* (1809) ; *Minéralogie de la Transylvanie* (1847) ; articles dans les *Archives* de Schœller (1833-1841).

ACLASTE. adj. 2 g. (gr. *a* priv.; *klaô*, rompre). Phys. Qui laisse passer les rayons de lumière sans leur faire subir de réfraction. Substance aclaste.

ACLÉIDIEN et **ACLÉDIEN, ENNE.** adj. (gr. *a* priv.; *kléis*, clavicule). Hist. nat. Se dit des animaux sans clavicule. || S'emploie subst. Les acléidiens.

ACLOCQUE (Paul-Léon). Homme politique, industriel, peintre, né à Montdidier 1834. Lieutenant 1857. Établissement métallurgique dans l'Ariège, 1858. A fait la guerre de 1870 comme colonel du 69e régiment de mobiles ; décoré pour sa conduite à Coulmiers. Député de l'Ariège en 1871, centre droit. Réélu en 1876. A exposé deux tableaux : portrait du député *Vandier*, le *Fumoir de l'Assemblée Nationale à Versailles*. || ACLOCQUE (Ch.-Paul). Littérateur. (V. *Amezeuil*.)

ACLOQUE (André-Arnoult). Né à Amiens en 1750, m. en 1840. Ancien carabinier, puis brasseur au faubourg St-Antoine, commandant de la garde nationale à la Révolution ; était de garde aux Tuileries lors de l'envahissement du palais le 20 juin 1792 et se signala par son courage et sa fidélité au roi, de la poitrine duquel il détourna plusieurs fois les piques des insurgés. Il se retira à Sens après l'arrestation du roi.

ACLOUET. s. m. Nom que l'on donnait autrefois au ferret des aiguillettes militaires.

ACMASTIQUE. adj. 2 g. (gr. *akmé*, le plus haut degré). Se disait chez les anciens de toute maladie qui augmente graduellement d'intensité jusqu'à un certain point et décroît ensuite dans la même proportion.

ACMÉ, ACNÉ. s. f. (gr. *akmaï*, boutons ou feux ; de *aké*, pointe). Méd. Ce mot désigne une affection de la peau caractérisée soit par une lésion des glandes sébacées, soit par un trouble fonctionnel de ces glandes, que celles-ci soient ou non accompagnées d'un poil. D'où il résulte qu'il y a deux sortes d'acné, celle qui consiste en une lésion de tout l'appareil sécréteur et celle qui dépend d'un trouble fonctionnel de la glande restée saine. La première, qu'on peut désigner sous le nom d'*acné boutonneuse*, comprend trois lésions anatomiques: tache congestive, tubercule, pustule dont le développement est successif, mais qui peuvent coexister ou exister isolément. Quand la tache congestive paraît seule, on a l'*acné rosacée* ou *rosée* plus connue sous le nom vulgaire de *couperose*, dont le siège à la face produit une difformité d'autant plus désagréable que sa disparition est souvent fort difficile à obtenir. Le tubercule et la pustule donnent naissance, suivant leur isolement ou leur groupement, à l'*acne indurata* à l'*acné simple*, à l'*acné miliaire* et dans certains cas à l'*acné varioliforme* ; la seconde sorte d'acné, appelée *sécrétante*, est produite par un trouble fonctionnel dans la sécrétion de la glande. Cette sécrétion est-elle abondante et s'écoule-t-elle largement au dehors, nous avons l'*acné sébacée fluente*. Quand la sécrétion se solidifie, se concrète sous forme de croûtes, c'est l'*acné sébacée concrète* ou *croûteuse*. Dans d'autres cas cette sécrétion, au lieu de s'épancher au dehors, est retenue dans le canal excréteur où elle se durcit sans faire saillie, comme dans l'*acne punctata*, ou bien elle sort sous forme de pointes d'une consistance cornée, ce qui est le caractère de l'*acné sébacée cornée*. Quant aux causes de l'acné, elles sont externes comme l'acné qui se développe à la suite de l'emploi de cosmétiques irritants ou au contact de corps étrangers excitants. D'autres fois l'acné est due à la diathèse scrofuleuse ou syphilitique, ou encore à des troubles gastro-intestinaux, résultant d'une mauvaise hygiène. L'herpétisme et l'arthritisme jouent-ils un rôle dans les causes de l'acné? La question n'est pas encore résolue; mais cela paraît peu probable. Le traitement varie nécessairement suivant la nature du mal. Mais ordinairement il est long et il doit être plus souvent général que local. Comme chaque poil est généralement accompagné de deux glandes sébacées, il s'ensuit que toutes les régions velues peuvent devenir le siège d'une des variétés énumérées précédemment. Les sourcils, les aisselles, etc., sont souvent le siège de l'acné. Toutefois on appelle plus particulièrement *acne pilaris*, l'acné boutonneuse qui occupe les glandes nourricières du système pileux. Dans l'*acne punctata* il suffit de presser la base de la glande avec l'extrémité d'une clef forée pour en faire sortir la matière sébacée sous forme d'un petit filament appelé vulgairement *ver de la peau*. C'est dans cette matière qu'on aperçoit au microscope un petit acarien, le *domodex folliculorum*, qui y vit en parasite mais qui ne paraît pas être la cause de l'affection. L'extrémité du nez et ses ailes sont fréquemment le siège de l'*acne punctata* qui y apparaît sous forme de points noirs analogues à ceux produits dans la peau par un coup de feu tiré de très près.

ACMELLE. s. f. Plante de l'Inde et de l'Amérique méridionale, d'une saveur âcre, poivrée. Propriétés analogues à celles du pyrèthre.

ACOCATS. s. m. pl. Linteaux pour mouvoir les battants du métier à tisser la soie.

ACOGNOSIE. s. f. (gr. *akos*, remède; *gnosis*, connaissance). Méd. Connaissance des moyens thérapeutiques médicaux et chirurgicaux.

ACOGRAPHIE. s. f. (du gr. *akos*, remède, et *graphé*, description). Méd. Description des remèdes.

ACOGRAPHIQUE. adj. 2 g. Qui concerne la description des remèdes.

ACOLHUACANS ou **ACOLHUES.** Ancienne peuplade mexicaine, antérieure aux Aztèques. Des restes importants de leur civilisation subsistent à Tezenco, anciennement Acolhuacan, leur ancienne capitale, à l'E. de Mexico.

ACOLLAS (Émile). Jurisconsulte et publiciste français, né à la Châtre (Indre), en 1826. Après avoir été reçu docteur en droit à Paris, il donna des leçons comme répétiteur libre. Il prit une part retentissante, en 1867, au congrès de Genève, où se produisirent les idées les plus avancées. De retour à Paris, il fut condamné à une année d'emprisonnement pour participation aux sociétés secrètes. Il occupait une chaire de droit à l'Université de Berne lorsque la Commune insurrectionnelle de Paris le nomma doyen de la Faculté de droit (1871). Aux élections législatives du 20 fév. 1876, M. Acollas se présenta dans le VIe arrondissement de Paris comme candidat démocratique radical, appuyé par une lettre de Garibaldi ; il ne réunit que 1912 voix sur 17,000 votants. Il est auteur de plusieurs ouvrages de droit et de politique : *L'enfant né hors mariage*, 1865, in-8°; *Nécessité de refondre l'ensemble de nos codes*, au point de vue démocratique, 1866, in-8°; *Manuel de droit civil*, 1869, 3 vol. in-8°; *les Droits du peuple*, 1873, 2 vol. in-8°; *la Science politique, philosophie du droit*, 1877, in-8°; sous ce même titre, M. Acollas a fondé une revue mensuelle internationale, avril 1878.

ACOLUTH (André). Orientaliste allemand, né à Bernstadt en 1654, m. à Breslau en 1704. *Tetrapla Alcoranica sive specimen Alcorani quadrilinguis arabici, persici, turcici, latini*, Berlin, 1701, in-fol. ; *Abadias armenus et latinus, cum annotationibus*, Leipsig, 1680, in-4°.

ACOLYTAT. s. m. Le plus élevé des quatre ordres mineurs.

ACOLYTE. s. m. (gr. *akolouthos*, suivant). Nom donné dans les premiers siècles de l'Église aux jeunes clercs qui suivaient ou servaient les évêques. || Clerc qui a reçu le plus élevé des quatre ordres mineurs. Son office est de suivre et de servir les diacres et sous-diacres dans le ministère des autels. Il doit préparer le vin et l'eau dans les burettes pour le sacrifice, porter l'encens, allumer les cierges et les porter. Aujourd'hui ces fonctions sont remplies par les sacristains, les enfants de chœur et autres qui ne sont point promus à l'ordre d'acolyte. || Se dit fam. en plaisanterie, et le plus souvent en mauvaise part, d'une personne qui est à la suite d'une autre. Il était là avec son digne acolyte.

ACOMAS. s. m. Bot. G. de plantes qui a donné son nom à la série des housaliées, fam. des binacées (Antilles). Bois estimé.

ACOMAT (Étienne). Prince d'Esclavonie, qui passa en Turquie et se fit musulman, de désespoir, parce que son père avait épousé sa fiancée. Devenu gendre de Bajazet, il se montra favorable aux chrétiens et fit permettre à Lascaris de fouiller les bibliothèques de la Grèce. M. en 1511.

ACOMIE. s. f. (gr. *a* priv.; *komé*, chevelure). Méd. Calvitie.

ACOMPTE. s. m. (a-con-te). Au plur., des Acomptes. || Paiement partiel fait sur une dette. || Employé adverbialement s'écrit en deux mots. J'ai donné 100 fr. à compte.

ACON. s. m. Petit bateau plat, sans voile ni gouvernail, pour aller sur la vase quand la mer s'est retirée. On écrit aussi *Accon*.

ACONCAGUA. Prov. du Chili, coupée en deux par la rivière du même nom. Mines de cuivre. 130,000 h. Vles princ : San-Felipe-el-Real, Quillota, San-Martino de la Concia, Ligua et Petorca. || Sommet le plus élevé des Andes du Chili : 6,834 m.

ACONÉINE. s. f. Chim. Substance extraite de l'aconit.

ACONIT. s. m. (a-ko-nitt ; — gr. *Akoniton*, vle de Bithynie où l'acorit est très abondant ; suivant d'autres, vient de *akoné*, roche, parce que cette plante croît dans les rochers). Bot. Plante de la fam. des renonculacées, tr. des helléborées, remarquable par ses grandes fleurs bleues, jaunes ou panachées, en forme de casque. Très vénéneuses. L'espèce la plus commune est l'aconit Napel (*A. Napellus*). Sudorifique et diurétique dans les névralgies, la goutte, les rhumatismes anciens, l'hydropisie, la phtisie, la toux spasmodique, l'amaurose nerveuse, l'infection purulente.Poudre : 5 à 50 centigr. par jour en pilules.—Extrait : même dose.—Alcoolature : 5 à 20 gouttes en potions.

ACONITATE. s. m. Chim. Sel produit par la combinaison de l'acide aconitique avec une base.

ACONITINE. s. f. Chim. Alcali de l'aconit. Non volatil, très vénéneux.

ACONITIQUE. adj. 2 g. Chim. Qui concerne les aconits ou les combinaisons de l'aconitine. Acide aconitique, syn. d'acide *équisétique* (V. ce mot).

ACONTIAS. s. m. Zool. Reptile ophidien qui forme la transition entre l'orvet et le vrai serpent. (V. *Orvet*.)

ACONTISMOLOGIE. s. f. (du gr. *akontismos*, art de lancer le javelot, et *logos*, traité). Art de tirer de l'arc et théorie de cet art.

ACONTISTE. s. m. Soldat qui tirait de l'arc. **A CONTRE.** loc. adv. Mar. Dans des directions contraires. (V. *Contre*.)

ACONZ (Étienne). 1740-1824. Archevêque de Sunik et général de la congrégation des Mekhitaristes arméniens de St-Lazare à Venise, la seule qui fut épargnée quand Napoléon supprima tous les couvents de Venise en 1810. Auteur de nombreux ouvrages : *Géog. univ.*, 11 v. in-12; *Traité hist. de l'Ancien et du Nouveau testament*, 7 v. in-8° ; *Vie de l'abbé Mékhitar* ; etc.

ACONZIO (Jacques). Philologue italien, né à Trente, XVIe s. Se fit protestant, se retira en Angleterre et dédia à Élisabeth son traité des *Stratagèmes de Satan*, Amsterdam, 1565.

ACOPE. adj. 2 g. (gr. *akopos* ; de *a* priv. et *kopos*, lassitude). Chez les Grecs, se disait de médicaments auxquels ils attribuaient la propriété de faire cesser la lassitude.

ACOPIS. s. m Pierre précieuse à laquelle les anciens attribuaient la propriété, quand elle avait bouilli dans l'huile, de guérir de la lassitude.

ACOQUINANT, ANTE. adj. (a-ko-ki-nant). Qui acoquine. Ce feu est acoquinant. Fam.

ACOQUINER. v. a. (de *a* et *coquin*, d'après Littré et Brachet; du lat. *ad* et *coquina*, cuisine, d'après Larousse). Fam. Attirer, attacher, retenir, faire contracter une habitude. La mollesse acoquine les jeunes gens. || S'ACOQUINER. S'attacher, s'adonner trop, tomber dans une habitude. S'acoquiner au jeu. Il ne faut pas qu'un chien de chasse s'acoquine à la cuisine.

ACORE. s. m. (gr. *koré*, pupille de l'œil, à cause des vertus qu'on lui attribuait contre les maux d'yeux). Bot. La principale espèce de ce genre est l'*acore odorant* (*A. calamus*), très commun sur les bords des marais et des étangs. Son rhizome s'emploie, à cause de son odeur, pour protéger les fourrures contre les insectes. Confit dans du sucre on le prend comme digestif.

ACORÉE. s. f. (gr. *a* priv. et *koré*, pupille). Méd. Absence de pupille.

AÇORES. Groupe d'îles de l'océan Atlantique, situés à 320 lieues marines à l'O. du détroit de Gibraltar. Elles appartiennent aux Portugais qui ne les occupèrent et ne les colonisèrent que de 1431 à 1460, quoiqu'elles fussent connues des navigateurs près de cent ans plus tôt. Ils les nommèrent Açores à cause du grand nombre d'oiseaux de proie de la famille du faucon et de l'autour (en portugais *açor*) qu'ils y rencontrèrent. Cet archipel se développe sur une étendue de 100 lieues marines(20 au degré) du S.-E. à l'O.-N.-O., entre 36°,50' — 39°,45' de lat. N. et 27° — 33°,40' de long. O. de Paris. Superficie : 2400 kilom. carrés. Population en 1878 : 262,000 h. Densité par kilom. carré :109 h. (*Annuaire du Bureau des longitudes*, 1882). Il y a neuf îles principales formant trois groupes séparés par des intervalles assez considérables : au S.-E. *Santa Maria* 5,500 h. Vle principale : Villa do Porto ; *San Miguel*, avec les roches appelées Formigas (les fourmis).114,000 h. C'est la plus grande île de l'archipel : longueur 64 kil., largeur de 7 à 15 kil. Terre montueuse et volcanique. La sommité la plus élevée est le *Pico da Varra*, dans la région orientale (2089 m.) Blé, maïs, fèves, haricots, patates douces, grande quantité de fruits et de légumes, lin. Troupeaux considérables de bœufs, de moutons et de porcs. Une vingtaine de villages et quatre villes dont la principale est : Ponta Delgada (Pointe-Effilée) qui doit son nom à la forme du cap avancé près duquel elle est située ; des batteries et quelques ouvrages la protègent. Les roches *las Formigas* appartiennent à un banc sous-marin, hérissé de sommets, dont plusieurs restent sous l'eau et les autres ressemblent de loin à de grandes fourmis à la surface de la mer, dans le canal qui sépare Santa-Maria de San-Miguel. — Au centre

Terceira. 40,000 h. : long. 30 kil., larg. 20 environ. Sa ville principale, Angra, située dans le sud de l'île, dans une baie malheureusement ouverte aux vents du S., est la capitale de l'archipel. Hautes falaises, sol fertile. Céréales, vignes, fruits, bétail. Sites pittoresques. Sommité principale, dans l'O., la Caldeira de Santa Barbara (1067 m.).— *O Pico* (le Pic). Cette île a pris son nom de la montagne qui la domine, (2222 m.). 30,000 h. Vle principale Lagens. Vin estimé. — *Fayal* séparée de l'île du Pic par un chenal de 6 kil. 24,000 h. Les Portugais ont appelé cette île Fayol parce qu'ils prirent pour des hêtres les arbousiers dont elle est couverte et que pour ce motif on désigne en botanique sous le nom de *Myrica Faya*. — *San Jorge*. 15.000 h. On y remarque le volcan Pico de Esperanza (1067 m.) dont la dernière éruption en 1808 fit de grands ravages. — *Graciosa*. 12,000 h. Cette île doit son nom à son aspect agréable. C'est la plus fertile : Deux villes : Praga et Santa Cruz, la principale. — A l'O. *Florés*. 10,000 h. Séparée de Graciosa et de Fayol par un canal de 225 kil. L'eau et le bois y abondent, et elle est d'une grande ressource pour le ravitaillement des navigateurs. — *Corvo*, la plus petite des Açores. 15,000 h. Toutes ces îles sont volcaniques ; les sources thermales et minérales y abondent. Les côtes sont ordinairement des falaises abruptes et rocheuses : il n'y a presque pas de ports et de rades abritées, les tempêtes y sont terribles et fréquentes.Le climat est doux et rappelle celui du sud de l'Espagne ; en hiver, vents, grosse mer, pluies, épais brouillards. Le sol produit à la fois les plantes d'Europe et celles des tropiques. Vins, céréales, légumes. Parmi les fruits, l'orange se distingue par la qualité et l'abondance. Peu d'industrie. Les Açoréens sont en général forts et bien faits, à cause sans doute de la fusion des races. Les femmes sont renommées pour leur fécondité : de douze à quinze enfants n'est point un fait rare. La langue est le portugais, avec des dialectes dans certaines îles, et partout un ton chantant désagréable. Les Portugais placent leur 1er méridien au Pic des Açores.

ACORIS. Roi d'Égypte, combattit Artaxerxès II, roi de Perse. Mourut en 374 av. J.-C.

ACOSMIE. s. f. (gr. *akosmia* ; de *a* priv. et *kosmos*, parure). Négligence dans la parure (Bescherelle). || Méd. Dérangement des jours critiques (de *a* priv. et *kosmos*, ordre, règle).

ACOSTA (Joseph d'). 1539-1571. Jésuite espagnol, provincial du Pérou ; auteur d'une *Histoire naturelle et morale des Indes*, en espagnol, et d'un traité *De promulgatione Evangelii apud Barbaros*. || ACOSTA (Uriel). 1598-1647. Gentilhomme portugais, se fit israélite ; publia un livre contre l'immortalité de l'âme ; et *Exemplar vitœ humanœ*. || ACOSTA (Christophe). Médecin et naturaliste portugais ; a publié un traité des *Drogues et plantes médicinales des Indes orientales*, avec planches, 1578.

ACOTAI. s. m. Pied-de-chèvre en usage dans la papeterie, pour empêcher la presse de rétrograder.

ACOTTOIR. s. m. Papet. Égouttoir.

ACOTYLÉDONE. adj. 2 g. (gr. *a* priv.; *kotulédôn* ; de *kotulé*, cavité, dépourvu de cotylédons). Bot. Se dit des plantes dans les semences desquelles on n'a point encore découvert de lobes ou cotylédons || s. f. pl. On dit aussi *acotylédonées*, *acotylées*. On appelle ainsi l'une des trois grandes classes que de Jussieu a établies dans le règne végétal en se basant sur la structure de cette partie essentielle de la graine qu'on appelle l'embryon, lequel, bien développé dans les deux autres classes et pourvu d'un ou de deux cotylédons, manque ici de semblables organes, est d'une extrême simplicité et le plus souvent réduit à une seule cellule, de sorte que cette dénomination d'embryon ne lui convient guère. C'est pourquoi le botaniste Richard avait proposé de désigner sous le nom d'*inembryonés* les végétaux qui offrent ces caractères. C'est aux plantes de cette même classe que Linné avait donné le nom de *cryptogames* qui fait allusion à l'absence de fleurs apparentes et à la difficulté qu'il y a à découvrir leur mode de reproduction. (V. *Cotylédon* et *Cryptogames*.)

ACOTYLÉDONIE. s. f. Bot. État d'une plante dont l'embryon est dépourvu de cotylédons. || Embranchement du règne végétal comprenant

les plantes à embryon sans cotylédons, autrement nommées cryptogames.

ACOTYLOPHORE. adj. 2 g. (du gr. *a* priv. ; *kotulé*, cavité ; *phoros*, qui porte). Zool. Qui n'a point de suçoir. || s. m. Vers sans suçoir.

ACOUCHI. s. m. Zool. Mammifère de l'ordre des rongeurs, espèce du genre agouti (V. ce mot).

ACOUDY ou **ASOUDA.** Gde vle du roy. d'Asben, près du Fezzan, en Afrique.

ACOUÉDIN, INE. adj. (du gr. *akoué*, ouïe). Méd. Qui guérit de la surdité.

ACOUMÈTRE. s. m. Méd. Instrument imaginé par Itard pour mesurer l'étendue et la sensibilité de l'ouïe.

ACOUN et **ACOUNTANE.** Deux des îles Aléoutiennes, groupe des Lisii.

À-COUP. s. m. (au pl. des A-coups ; — le *p* ne se pron. pas.) Mouvement saccadé, temps d'arrêt brusque, qui nuisent à la précision, à la régularité dans les exercices d'équitation et dans les manœuvres militaires. || A. milit. Temps d'arrêt qui se manifeste dans les reprises différentes, sur divers points, pendant la marche d'une troupe, et produit de la désunion dans ses rangs ou fait onduler son front. En toute circonstance (changement de direction par file, marche de flanc, marche de front) on doit éviter les à-coups. Dans les changements de direction par file chaque file vient converser à la même place que celle qui la précède, de manière que la distance entre les files soit toujours conservée et qu'il n'y ait ni temps d'arrêt, ni à-coup dans la marche (*École du soldat*). Dans les longues marches l'allongement produit souvent des à-coups qui occasionnent de très grandes fatigues aux hommes.

ACOUSMATE. s. m. (gr *akousma*, ce qu'on entend). Bruit imaginaire, voix, sons, qu'on se figure entendre dans les airs.

ACOUSMATIQUE. adj. 2 g. Qui entend sans voir ; qui est entendu sans être vu. Concert, chanteur acousmatique. || s. On appelait acousmatiques ceux des disciples de Pythagore qui n'avaient pas encore accompli leurs épreuves, lesquelles consistaient à suivre pendant cinq ans ses leçons sans le voir, étant caché derrière un voile.

ACOUSMÉTRIQUE ou plutôt **ACOUSMOMÉTRIQUE.** s f. Sens de l'ouïe (Récamier, 1829); le deuxième des seize sens qu'il admettait

ACOUSTICIEN. s. m. Versé dans la science de l'acoustique.

ACOUSTIQUE. s. f. (gr. *akousin*, entendre). Phys. Partie de la physique qui a pour objet l'étude des sons (V. *Son*), de leur production, de leur propagation et de leur vitesse dans les différents milieux, solides, liquides ou gazeux. Elle établit les causes qui différencient les sons : *hauteur, intensité, timbre* (V. ces mots). Elle apprend à compter et à enregistrer les nombres des vibrations sonores. (V. *Phonographe ; Roues dentées ; Sirène ; Vibrations.*) Elle donne les raisons mathématiques de l'*harmonie*, des *accords*, des *dissonances*. (V. ces mots et *Gamme ; Intervalles musicaux.*) A ce point de vue, on peut dire que c'est l'étude raisonnée de la musique. Enfin elle s'occupe encore des lois suivant lesquelles s'effectuent les vibrations dans les cordes, dans les tuyaux et dans les divers instruments de musique. (V. *Instruments de musique ; Orgue ; Piano ; Sonomètre ; Tuyaux ; Violon*, etc. V. aussi *Cornet acoustique ; Diapason ; Echo ; Interférences ; Porte-voix ; Résonance ; Téléphone*, etc.) || adj. Phys. et Anat. Qui a rapport à l'organe de l'ouïe. Nerf acoustique. Qui sert à produire, à transmettre ou à modifier les sons. Tuyaux acoustiques, cornet acoustique. || Les travaux sur l'acoustique peuvent se diviser en travaux théoriques et purement scientifiques, et en travaux d'expérimentation. Parmi les savants qui s'en sont occupés particulièrement, nous citerons : Pythagore, chez les anciens, et, chez les modernes : Sauveur, le P. Mersenne, Bernouilli, Chladni, Euler, d'Alembert, Lagrange, Savart, Biot, Cagnard de Latour, Colladon, Sturm, etc. ; enfin, de nos jours : MM. Lissajoux, Helmoltz, Wertheim, Duhamel, Masson, Seebeck, etc.

ACOUTIAS. s. m. Bot. G. d'aroïdées, tr. des caladiées (Amérique du S.). On en cultive dans les serres.

ACQUA. Bg de Toscane, à 20 kil. de Livourne. Bains.

ACQUA ACETOSA. Eau de table qui jaillit aux portes de Rome, près de Ponte-Molle. Elle est fraiche, limpide, pétillante, d'une saveur aigrelette très agréable. On en fait un grand usage à Rome pendant l'été.

ACQUAPENDENTE. 3,400 h. Vle d'Italie au N. de Viterbe. Évêché depuis 1650 ; air malsain ; belle cascade.

ACQUARIA. Vle d'Italie à 30 kil. S. de Modène. Eaux minérales.

ACQUARO. Vle d'Italie, en Calabre, renversée par un tremblement de terre en 1783.

ACQUASANTA. Source saline froide à une demi-heure de Rome : limpide, sans odeur, mais d'une saveur désagréable ; employée avec succès dans les maladies de la peau, les affections calculeuses, et les engorgements abdominaux consécutifs à la malaria.

ACQUA-TOFFANA, ou **AQUA-TOFFANA, AQUETTA DI NAPOLI.** Poison célèbre inventé à la fin du XVIIe s., par l'Italienne Toffana. On croit que c'était une solution concentrée d'arsenic.

ACQUAVIVA. Deux villes d'Italie, roy. de Naples : l'une à 28 kil. S. de Bari, 8,000 hab. ; l'autre à 35 kil. N.-E. de Campobasso.

ACQUAVIVA. Famille illustre du roy. de Naples ; a fourni beaucoup d'hommes di-tingués entre autres *Claude d'Acquaviva* (1541-1615), général des jésuites, qui fit dresser l'ordonnance *Ratio studiorum*, pour régler les études (1586). Il fit défendre aux jésuites toute discussion sur la question du tyrannicide.

ACQUEREAU. s. m. Long canon en usage au XIVe s.

ACQUÉREUR. s. m. Celui ou celle qui acquiert, surtout des biens immeubles.

ACQUÉRIR. v. a. irrég. (a-ké-rir ; lat. *ad* et *querere*, quérir, chercher. — J'acquiers, tu acquiers, il acquiert, nous acquérons, vous acquérez, ils acquièrent. J'acquérais. J'ai acquis. J'acquerrai. J'acquerrais. Acquiers. Que j'acquière. Que j'acquisse. Acquérant. Acquis : *quie* prend un acc. grave devant une syllabe muette). Acheter, se procurer, gagner. Acquérir une terre, des richesses, de la gloire, des amis, l'estime publique. Acquérir de l'habileté, des connaissances, des vertus. Acquérir la preuve d'un fait. || Ce vin acquiert de la force, on dit absolument : ce vin acquiert. || Je vous suis acquis, Vous pouvez compter sur moi. || S'ACQUÉRIR. L'amitié s'acquiert par les bienfaits.

ACQUÊT. s. m. Bien acquis. || Au pl. Biens acquis pendant le mariage, et qui tombent dans la communauté. || Droits dus jadis au roi ou au seigneur par les acquéreurs de fiefs. || Signifiait autrefois, avantage, profit, gain. On disait : vous aurez plus d'acquêt de le payer que de plaider. || Jurisp. Le mot *acquêt* désignait, dans les pays de coutume, tout ce qu'on acquérait autrement que par succession ou autre mode analogue d'acquisition ; il était opposé au mot *propre*, lequel désignait un bien de famille, provenant de succession. Des règles différentes et compliquées régissaient la succession aux propres et la succession aux acquêts. Aujourd'hui la loi ne considère plus la nature, ni l'origine des biens pour en régler la succession (C. civ., art. 732).—En matière de communauté, les *acquêts* désignent, par opposition aux *propres*, les biens qui tombent en communauté. La loi emploie parfois comme synonyme d'acquêt le mot conquêt (C. civ., art. 1408). — On appelle *communauté réduite aux acquêts* un régime de mariage dans lequel les époux excluent de la communauté les dettes de chacun d'eux actuelles et futures, et leur mobilier respectif présent et futur. En ce cas, à la dissolution de la communauté, après que chacun des époux a prélevé ses apports dûment justifiés, le partage se borne aux acquêts faits par les époux durant le mariage, et provenant tant de l'industrie commune que des économies faites sur les fruits et revenus des biens des deux époux. Le mobilier existant lors du mariage ou échu depuis, qui n'a pas été constaté par un inventaire ou état en bonne forme, est réputé acquêt (C. civ., art. 1498-1499). La communauté d'acquêts est un des régimes le plus fréquemment adoptés. La communauté ou société d'acquêts peut être stipulée même en cas d'adoption du régime dotal (C. civ., art. 1581) ; cette combinaison est fréquemment pratiquée en certaines provinces, notamment en Normandie et en Guyenne. — On appelait dans l'ancienne jurisprudence, *droit de nouvel acquêt* ou de *nouveaux acquêts*, un droit domanial perçu sur les biens possédés par les gens de mainmorte, tant que ces biens n'avaient pas été amortis, ou n'avaient pas payé le droit d'amortissement ; ce droit était d'une année de revenu pour vingt ans de jouissance. On en fait remonter l'origine à une ordonnance de Philippe le Long du 24 fév. 1317.

ACQUÊTER. v. a. (lat. *acquirere*, acquérir). Vx terme de jurisp. : acquérir surtout quand il s'agit d'immeubles. || ACQUÊTÉ, ÉE. p. pas.

ACQUI. 8,000 h. Vle d'Italie à 31 kil. S.-O. d'Alexandrie. Évêché ; eaux et boues sulfureuses calcaires, chaudes, renommées pour le traitement des atrophies et des rétractions musculaires, de certaines paralysies, des engorgements torpides des articulations d'origine rhumatismale ou goutteuse, des cicatrices difformes, des ulcères calleux, etc. Fabrique de rubans et cordons de soie. Victoire des Français sur les Autrichiens et les Piémonta's, 1794.

ACQUIESCEMENT. s. m. Action d'acquiescer. Acquiescement à la volonté de Dieu. || Jurisp. L'acquiescement est l'adhésion donnée par une partie à une demande ou à l'exécution d'un acte judiciaire ou d'un jugement à laquelle elle aurait pu s'opposer. L'acquiescement emportant aliénation d'un droit ne peut émaner que de personnes capables de disposer de ce droit ; un acquiescement ne peut donc être donné par les administrateurs de la fortune d'autrui (tuteurs, préfets, maires, administrateurs des établissements publics, etc.) que sous les conditions et restrictions posées par la loi. On ne peut en principe acquiescer dans les matières qui intéressent l'ordre public et les bonnes mœurs. L'acquiescement est *exprès* ou *tacite* : il est exprès quand on l'a exprimé formellement, tacite quand il résulte du silence de la partie condamnée ou d'un fait de sa part qui ne permet pas de douter qu'elle a entendu consentir au jugement et vouloir l'exécuter. L'acquiescement peut être pur et simple, ou fait sous certaines réserves ou conditions. L'acquiescement à une demande oblige la partie à satisfaire à l'objet de cette demande et à payer les frais ; l'acquiescement à un jugement attribue à ce jugement l'autorité de la chose jugée, et interdit désormais tout recours en justice pour le faire réformer ou annuler.

ACQUIESCENCE. s. f. Action d'acquiescer. Terme employé quelquefois en psychologie.

ACQUIESCER. v. n. (lat. *acquiescere* ; de *ad*, à, et *quiescere*, se reposer ; — cédille sous le *c* devant *a* et *o* ; se conjugue avec l'aux. *avoir*). Permettre, déférer, céder, se soumettre, adhérer aux sentiments, aux volontés d'autrui, à une doctrine, à une sentence, à la volonté de Dieu. || Syn. Consentir, acquiescer, souscrire, accéder, adhérer, tomber d'accord, en tendre à, donner les mains. Consentir est plus général. Le consentement est quelquefois forcé. On acquiesce volontiers, spontanément, paisiblement. On souscrit à quelque chose de formel, de rédigé, d'écrit, à un livre, à un décret, à une profession de foi. On accède aux arrangements contractés déjà par d'autres, aux dispositions déjà arrêtées. On adhère à des articles de foi, à des erreurs, à une hérésie. On tombe d'accord d'une chose qu'on avait d'abord contestée. Entendre à, donner les mains, est relatif à des choses de peu d'importance. On entend à une proposition ; on donne les mains à une entreprise.

ACQUIS, ISE (a-ki). adj. et p. pas. d'Acquérir (V. ce mot). || s. m. Avoir beaucoup d'acquis, c.-à-d. d'instruction, d'expérience, etc.

ACQUISITION. s. f. Action d'acquérir et la chose acquise. Venez voir ma nouvelle acquisition. || Myst. Le peuple d'acquisition, La nation sainte, les chrétiens. || Jurisp. Action d'acquérir. Les modes d'acquisition de la propriété sont, en droit français, l'occupation, l'accession, les successions, les donations entre-vifs ou testamentaires, l'effet des obligations et la prescription. De ces modes d'acquisition, les uns sont à titre universel, les autres à titre particulier. Il est traité de ces différentes manières d'acquérir la propriété dans le livre III du Code civil.

ACQUISIVITÉ. s. f. (a-ki-si-vi-té). Nom donné

par les phrénologues à l'instinct qui porte l'homme et les animaux à acquérir les matériaux nécessaires à la satisfaction des besoins de la nutrition et de la conservation individuelle.

ACQUISTI (Luigi). Sculpteur italien, né à Forli; 1744-1824. Ses œuvres sont à Bologne, à Rome et à Milan. *Vénus apaisant Mars*, villa Sommariva, au lac de Côme.

ACQUIT. s. m. (a-ki). Décharge complète d'une dette ou d'une obligation. Mettez votre acquit au bas de ce billet. || Acquit de douane, Reçu. || Premier coup joué au billard. Donner son acquit. || Faire quelque chose pour l'acquit, ou à l'acquit de sa conscience, Le faire sans goût, sans grand espoir de réussir, uniquement par devoir. || Par manière d'acquit, Négligemment, par pure nécessité. || Jurisp. Acte par lequel un créancier reconnaît avoir reçu le montant d'une obligation. Les mots *pour acquit*, suivis de la signature du créancier, se mettent d'ordinaire au bas ou au dos des mémoires, lettres de change, etc.; ils constatent que le paiement a été effectué aux mains du signataire. L'acquit doit émaner du créancier ou de son mandataire ayant mandat à cet effet. Payer en l'acquit d'un tiers, c'est acquitter la dette personnelle de ce tiers.

ACQUIT-A-CAUTION. s. m. (pl. Acquits-à-caution). Certificat délivré par les préposés de l'administration des douanes ou des contributions indirectes, à l'effet d'autoriser une marchandise qui n'a point encore payé les droits à circuler librement d'un lieu à un autre, sous la garantie qu'elle parviendra à destination: moyennant cette autorisation, les marchandises sont exemptes de la visite des bureaux placés sur la route qu'elles parcourent; les droits, s'il y a lieu, sont payés au lieu de destination. Tout acquit-à-caution doit contenir les noms de l'expéditeur, de la caution, du destinataire et du voiturier, le détail des objets expédiés et le lieu de destination ou d'embarquement (Ord. du 11 juin 1816). La non-décharge, dans les délais, d'un acquit-à-caution, entraîne des pénalités fixées par la loi suivant la nature des marchandises. Les acquits-à-caution sont principalement usités en matière de circulation de boissons, sucres, tabacs, sels; de mutation d'entrepôt, transit, cabotage.

ACQUIT DE COMPTANT ou **ACQUIT-PATENT.** s. m. Billet signé du roi et portant ordre au trésorier de payer au porteur sans lui demander de reçu la somme inscrite au billet: l'acquit restait comme décharge aux mains de celui qui devait faire le paiement. Ces ordonnances de paiement qui échappaient au contrôle de la Chambre des comptes, puisqu'elles n'indiquaient pas le motif de la dépense, arrivèrent sous Louis XV à dépasser cent millions.

ACQUIT DE PAIEMENT. s. m. Quittance que délivre l'administration des douanes pour constater que le capitaine a payé tous les droits auxquels sont soumis le navire et la cargaison. L'administration des contributions indirectes délivre aussi des acquits de paiement.

ACQUIT-PATENT. V. *Acquit de comptant.*

ACQUITTABLE. adj. 2 g. Qu'on peut acquitter.

ACQUITTEMENT. s. m. Action d'acquitter. L'entier acquittement des dettes d'une succession. || Non-culpabilité. Prononcer l'acquittement d'un prévenu. || Jurisp. Renvoi d'un accusé ou d'un prévenu déclaré non coupable Dans les cours d'assises, l'ordonnance d'acquittement est rendue par le président à la suite de la déclaration du jury qui déclare l'accusé non coupable du crime qui lui était imputé. L'individu acquitté doit être mis immédiatement en liberté, s'il n'est retenu pour autre cause. Une personne acquittée ne peut plus être reprise ni accusée à raison du même fait, même s'il survient contre elle des charges nouvelles (C. pénal, art. 358 et 360). On doit se garder de confondre l'acquittement avec l'absolution, bien que dans la langue courante ces deux mots soient souvent employés l'un pour l'autre.

ACQUITTER. v. a. (lat. *ad*, à, et *quittare*, quitter). Payer ses dettes, une lettre de change, un billet. || Libérer. Acquitter son ami, la succession, une propriété. || Accomplir. Acquitter un vœu, sa parole, sa promesse. || Acquitter sa conscience, Faire ce qu'elle ordonne. || Acquitter un accusé, Le déclarer innocent. || S'Ac-

QUITTER. v. pr. Se libérer d'une dette. || Remplir un devoir. S'acquitter d'un devoir, d'une fonction, d'une commission. || Littré prétend qu'on peut dire s'acquitter *vers* quelqu'un; on dit plus ordinairement s'acquitter *envers.* || ACQUITTÉ, ÉE. p. pas. Le voilà acquitté de ses dettes. Un compte acquitté. Un prévenu acquitté, Déclaré non coupable. || Syn. Acquitté, quitte. Le premier marque l'action, l'autre indique une pleine et entière libération: on s'acquitte d'un premier paiement; on est quitte quand on les a tous faits.

ACRA. L'un des quartiers de Jérusalem.

ACRA, ANKRAM ou **INKRAN.** Vle et roy. de Guinée, entre la Côte d'Or et la Côte des Esclaves. Les Anglais et les Hollandais y ont des comptoirs. || s. m. Idiome parlé dans ce pays.

ACRADENIA. s. m. Bot. G. de rutacées (Tasmanie occid.).

ACRÆ. Anc. vle de Sicile, auj. *Palazzuola.*

ACRAGAS. Sculpteur grec, célèbre surtout comme ciseleur de coupes.

ACRAGAS. Nom grec d'Agrigente, ou Girgenti. || Torrent qui coule près de cette ville.

ACRANIE. s. f. (gr. *a* priv. et *kranion*, crâne). Anat. Absence totale ou partielle du crâne.

ACRANIEN, IENNE. adj. Qui n'a pas de crâne.

ACRANTHERA. s. m. Bot. G. de rubiacées-mussanidées (Bengale oriental, Ceylan et Bornéo).

ACRASIE. s. f. (gr. *a* priv. et *krasis*, modération). Anat. Toute espèce d'aberration organique.

ACRATHERUM. s. m. Bot. G. de graminées, se rapprochant de la tr. des phalaridées (Nepaul)

ACRATIE, ACRATÉE. s. f. (gr. *a* priv. et *kratas*, force). Faiblesse, débilité. D'après l'étym. ce mot pourrait signifier aussi intempérance, dérèglement, l'état de celui qui n'est pas maître de lui-même.

ACRATOPHORE. s. m. (gr. *akratos*, vin pur; *pherein*, porter, contenir). Antiq. gr. et rom. Vase destiné à contenir le vin pur, tandis que le cratère contenait le vin mélangé avec de l'eau.

ACRE. s. f. (gr. *agros*; lat. *ager*, champ). Anc. mesure de superficie, valant en France, suivant les contrées, 35 à 50 ares. Cette mesure est encore usitée en Angleterre, (40 ares 47 c.), en Écosse (51 ares), en Irlande (65 ares), en Saxe (55 ares).

ACRE. adj. (gr. *acer*, aigre, piquant au goût) Saveur désagréable et piquante, comme celle de la moutarde. Vin âcre. || Fig. Paroles âcres. Humeur âcre. || Syn. V. *Acide*; *Acrimonie.*

ACRE ou **ST-JEAN D'ACRE.** 20,000 h. Anc. Ptolémaïs, ville forte et port de la Turquie d'Asie, au pied du Carmel, à 110 kil. N.-N.-O. de Jérusalem. Célèbre pendant les Croisades; prise et reprise par les chrétiens et les musulmans; soutint un siège de 22 mois contre Philippe-Auguste et Richard Cœur-de-Lion (1191); assiégée en vain par Bonaparte (1799); prise par Ibrahim-Pacha, fils du vice-roi d'Égypte (1823); bombardée par la flotte anglo-austro-turque, commandée par le commodore Napier (1840).

ACREL (Olof). Chirurgien suédois. 1717-1807. Vint perfectionner ses études à Paris; chirurgien dans l'armée franç.; membre de l'Acad. des Sciences de Stockholm; directeur général des hôpitaux de Suède. Assez nombreux ouvrages, sur *les plaies*, *la cataracte*, etc.

ACREMENT. adv. Avec âcreté. Il m'a parlé âcrement.

ACREMONIUM. s. m. Bot. Champignons hypomycètes du genre des botrytidées, croissent comme des toiles d'araignée sur les vieux bois et les feuilles pourries.

ACRETÉ. s. f. Qualité de ce qui est âcre, au prop. et au fig. L'âcreté des fruits. Parler avec une âcreté inouïe. || Syn. V. *Acrimonie.*

ACRI. 8,000 h. Vle de Calabre (Italie).

ACRIBOLOGIE. s. f. (gr. *akribologia*, examen approfondi). Choix rigoureux des mots. Précision dans le style.

ACRIBOMÈTRE. s. m. (gr. *akribès*, exact, minutieux, et *metron*, mesure). Instrument destiné à mesurer les objets très petits.

ACRIDIEN, IENNE. adj. (gr. *akris*, sauterelle). Zool. Qui ressemble à une sauterelle.

ACRIDIENS ou **ACRIDITES.** s. m. pl. Insectes de l'ordre des orthoptères, genre criquet.

ACRIDOCARPE. s. m. Bot. G. de malpighiacées, tr. des banistériées.

ACRIDOPHAGE. adj. et s. (gr. *akris*, sauterelle, et *phagos*, mangeur). Mangeur de saute-

relles. Les Arabes sont acridophages; ils mangent les sauterelles grillées sur du charbon.

ACRIDOPHAGIE. s. f. Habitude de manger des sauterelles.

ACRIDOTERE. s. m. Genre d'oiseaux destructeurs des sauterelles; ce sont des martins.

ACRIMONIE. s. f. (lat. *acer*, âcre). Qualité de ce qui est âcre, piquant. S'emploie surtout au fig. || Syn. Âcreté, acrimonie. Acrimonie diminutif d'âcreté, se dit d'une chose moins âcre, mais toujours âcre. On dit l'acrimonie du sang et l'âcreté de la bile; un satirique haineux est âcre; un caractère chagrin, maussade est acrimonieux. Âcreté est plus violent, acrimonie plus permanent.

ACRIMONIEUSEMENT. adv. D'une manière acrimonieuse, avec acrimonie. Riposter acrimonieusement.

ACRIMONIEUX, EUSE. adj. Qui a de l'acrimonie. || Fig. Paroles acrimonieuses.

ACRINIE. s. f. (gr. *a* priv. et *krinein*, séparer). Méd. Absence ou diminution de sécrétion.

ACRISIE. s. f. (gr. *a* priv. et *krisis*, crise). Méd. Terminaison d'une maladie sans crise.

ACRISIUS. Arrière-petit-fils de Danaüs, roi d'Argos, père de Danaé, tué par son petit-fils Persée.

ACRITAS. Auj. cap *Gallo*, situé à l'O. du golfe de Messénie.

ACRITES. s. m. pl. (gr. *akritos*, confus). Zool. Division du règne animal, comprenant les infusoires, les polypes et une partie des intestinaux.

ACRITIQUE. adj. Méd. Sans crise. Pouls acritique.

ACROAMA. s. m. Intermèdes musicaux dans les jeux publics, chez les Grecs.

ACROAMATIQUE ou **ACROATIQUE.** adj. (gr. *akroaomai*, entendre). Enseignement oral: se disait autrefois de certaines doctrines secrètes qu'on ne pouvait recueillir que de la bouche du maître et qui n'étaient point écrites.

ACROBATE. s. 2 g. (gr. *akros*, haut, et *batein*, marcher). Danseur, danseuse de corde. || Fig. En mauvaise part, se dit des écrivains, des politiques, etc., qui cherchent à jeter de la poudre aux yeux.

ACROBATICON. s. m. Tour mobile en échafaudage dont les Grecs se servaient pour observer ce qui se passait dans une place assiégée. Dans l'intérieur il y avait, sur chacune des quatre faces, beaucoup d'ouvertures pour regarder. On faisait avancer l'acrobaticon sur des rouleaux de bois placés sur un plancher; on employait pour la manœuvre des moufles, des cordages et des treuils.

ACROBATIE. s. f. Exercice de l'acrobate.

ACROBATIQUE. adj. Qui a rapport aux acrobates. Exercices acrobatiques. || Méc. Propre à monter des fardeaux.

ACROBATISME. s. m. Profession, métier d'acrobate.

ACROBOLISTE ou **ACROBALISTE.** s. m. Chez les anciens Grecs, cavalier, qui, armé de traits, engageait le combat.

ACROBRYE. s. f. (gr. *akron*, sommet, *bruô*, je bourgeonne). Bot. Groupe de végétaux dont l'accroissement a lieu uniquement par le sommet.

ACROBUSTITE. s. f. (gr. *akrobustos*, fourreau). A. vétér. Inflammation de la muqueuse du fourreau causée chez les animaux par le manque de propreté et de litière fraîche.

ACROCARPES. s. f. pl. (gr. *akros*, extrémité, et *karpos*, fruit). Bot. Famille de la classe des mousses, dont les capsules fructifères sont au bout des rameaux. || adj. Mousse acrocarpe.

ACROCENTRE. s. m. (du gr. *akron*, sommet, *kentron*, pointe). Bot. Section du g. centaurée.

ACROCÉPHALUS. s. m. Bot. G. de labiées, tribu des ocymoïdées.

ACROCÉRAUNIENS (monts). (gr. *akros*, sommet, et *keraunos*, foudre: sommets exposés à la foudre). Chaîne de montagnes abruptes dans l'Épire. || Autre chaîne au N. du Caucase, près de la mer Caspienne.

ACROCHIRISME. s. f. (a-cro-ki-ris-me; — gr. *akros*, extrémité, et *kheir*, main). Lutte gymnastique chez les Grecs, à la force du poignet et des doigts.

ACROCHOENE. s. m. Bot. G. d'orchidacées, sous-famille des vandées (Indes sept.).

ACROCHORDE. s. m. (gr. *akrochordôn*, verrue). Zool. Reptile de l'ordre des ophidiens, serpent non venimeux, dont le corps est couvert d'écailles verruqueuses (Java).

ACROCHORDON. s. m. (a-cro-cor-don ; —gr. *akros*, extrémité, et *khordé*, corde). Méd. Sorte de verrue dure, grêle, pendante, ressemblant à un bout de corde, qui pousse quelquefois sur les paupières.

ACROCOMIE. s. m. Bot. G. de palmiers, tr. des cocoïnées. Les jeunes bourgeons passent, à la Guyane, pour un des meilleurs choux palmistes. Avec le péricarpe et l'amande on fait une émulsion employée dans les affections catarrhales.

ACROCORINTHE. s. f. L'acropole de Corinthe et le rocher qui la portait. On y voit encore des fortifications considérables et quelques débris de colonnes.

ACRODYNIE. s. f. (gr. *akros*, extrémité, et *oduné*, douleur). Méd. Affection épidémique qui a régné à Paris en 1828 et 1829. Fourmillement douloureux aux mains et aux pieds, insomnie, etc. On croit que c'est une variété bénigne de la *pellagre*.

ACROGÈNES. adj. (gr. *akros*, extrémité, et *genos*, naissance). Bot. Nom proposé par M. Lindley pour les plantes *acotylédones*, et tiré de l'idée qu'on se faisait de leur mode de développement. Dans ce système les *monocotylédones* s'appellent *endogènes*, et les *dycotylédones*, *exogènes*.

ACROLÉINE. s. f. (lat. *acer*, âcre, et *oleum*, huile). Chim. Liquide huileux, découvert par Berzélius, très volatil, d'une odeur irritante, qui se produit quand on distille des corps gras. C'est à elle qu'est due l'odeur de la friture. Sa formule est $C^6H^4O^2$: en s'oxydant elle donne l'acide *acroléique* $C^5H^4O^4$.

ACROLITHE. s. f. (gr. *akros*, extrémité, et *lithos*, pierre). Statues de bois, dont les extrémités étaient en marbre ou en pierre, plus rarement en ivoire ou en métal précieux. Ces statues étaient revêtues d'habits souvent dorés ; telle était la Minerve d'Areia, de Platée, décrite par Pausanias.

ACROLOGIE. s. f. (gr *akron*, sommet ; *logos*, discours, traité). Philos. Recherche des premiers principes ou de l'absolu. || Paléog. « Dans 'écriture mexicaine presque chaque figure épondit phonétiquement au son initial ou dominant offert par le nom de cette figure ; c'est ce qu'on a qualifié de syllabisme acrologique, » (Maury) ou d'acrologie.

ACROLOGIQUE. adj. Qui a rapport à l'acrologie.

ACROMIAL. adj. Anat. Qui a rapport à 'acromion.

ACROMION. s. m. (gr. *akros*, extrémité, et *ômos*, épaule). Anat. Grosse apophyse qui termine l'omoplate en haut et en dehors, et qui s'articule avec la clavicule.

ACROMONOGRAMMATICUM. s. m. Chez les anciens, pièce de vers dans laquelle chaque vers commençait par la lettre qui termine le vers précédent.

ACROMPHALE. s. m. (gr. *akros*, extrémité, et *omphalos*, nombril). Anat. Extrémité du cordon ombilical qui reste attaché au fœtus après la naissance.

ACRON. Héros étrusque né à Cortone, tué par Mézence. || **ACRON.** Médecin d'Agrigente, vᵉ s. av. J.-C. On lui attribue l'idée de faire allumer des feux dans les rues pendant la peste d'Athènes. || **ACRON** (Helenius). Commentateur du ivᵉ s. ; a donné un bon commentaire sur Horace. || **ACRON** ou **ACRONIUS** (Jean). Mathém. et astronome. Né en Frise vers 1520, m. en 1564 à Bâle. A laissé quelques ouvrages d'astronomie.

ACRON. Partie du roy. de Fanti, Côte d'Or (Guinée).

ACRONYQUE. adj. (gr. *akros*, extrémité, et *nux*, nuit). Astr. Se dit d'un astre qui se lève au coucher du soleil, ou qui se couche au lever du soleil. Lever, coucher acronyque.

ACROPATHIE. s. f. (gr. *akron*, extrémité, et *pathos*, souffrance). Méd. Douleur à l'extrémité d'une partie quelconque du corps.

ACROPATHIQUE. adj. 2 g. Qui concerne l'acropathie.

ACROPÈTE. adj. 2 g. Qui concerne ; lat. *petere*, gagner, tendre à). Bot. Développement acropète, Celui qui s'effectue de la base vers le sommet. Le développement des feuilles sur l'axe, la production des verticilles dans les fleurs sont toujours acropètes.

ACROPHYLLUM. s. m. Bot. Arbrisseau de Tasmanie ; g. de saxifragacées, tr. des cunoniées.

ACROPODE. s. m. Zool. Côté supérieur du pied des oiseaux.

ACROPODIUM. s. m. (gr. *akros*, extrémité, et *pous, podos*, pied). Plinthe carrée qui supporte une statue et fait souvent corps avec elle.

ACROPOLE. s. f. (gr. *akropolis* ; de *akros*, haut, et *polis*, ville). Nom de la partie la plus élevée des villes grecques autour de laquelle s'élevait l'enceinte fortifiée chargée de protéger les temples et les statues des dieux, le trésor de la cité et tout ce qu'une ville possédait de plus précieux. La plupart des villes de la Grèce. de l'Asie-Mineure et de l'ancienne Italie avaient une acropole Il reste des débris importants d'un certain nombre d'entre elles ; mais la plus célèbre, la plus riche en monuments de toute sorte et aussi la mieux conservée est celle d'Athènes. Elle occupe un plateau escarpé haut de 50 mètres, long de 300 et large de 150. La première acropole fortifiée par les Pélasges fut dévastée par Xerxès et ses temples brûlés, après la victoire de la Grèce, Thémistocle, Cimon et Périclès réédifièrent les murs de l'acropole et y construisirent ces monuments, chefs-d'œuvre des plus grands maîtres de la Grèce, le Parthénon, l'Erectéon, les Propylées, le temple de la Victoire aptère. (V. ces mots et le mot *Athènes*.) Les monuments de l'acropole demeurèrent presque intacts jusqu'au xviiᵉ s. Mais en 1656 l'explosion d'une poudrière turque détruisit une partie des Propylées ; en 1687, une bombe lancée par les Vénitiens qui assiégeaient Athènes fit éclater une autre poudrière contenue dans le Parthénon qui fut éventré et coupé en deux. Depuis une trentaine d'années les fouilles de l'école française d'Athènes, particulièrement celles de Beulé, ont amené des découvertes importantes dans l'enceinte de l'acropole, notamment celle de l'escalier des Propylées.

ACROPOLITE (Georges). 1220-1282. Grand logothète (premier ministre) de l'empereur Michel Paléologue. Envoyé vers le Pape Grégoire X pour négocier la réunion de l'Eglise grecque à l'Eglise latine, il abjura le schisme au nom de l'empereur au concile de Lyon (1274), mais il fut désavoué et cette tentative de réunion resta sans effet Il est l'auteur d'une *Chronique* qui fait suite à celle de Nicétas et qui, découverte en Orient par Douza et publiée par lui en 1614, a été réimprimée d'une manière plus correcte dans la *Byzantine* du Louvre, (1651. in-fol. Elle s'étend de 1205, où Nicétas finit, à 1265. — Son fils, *Constantin*, qui lui succéda comme logothète, a laissé quelques discours et homélies et plusieurs vies de saints, publiées par les Bollandistes.

ACROSARQUE. s. f. (du gr. *akron*, sommet et *sarx*, pulpe) Bot. Fruit charnu, sphérique et soudé avec le calice (comme dans les groseilles).

ACROSOPHIE. s. f. (gr. *akros*, extrême, et *sophia*, sagesse). Philos. Sagesse suprême, infinie, qui n'appartient qu'à Dieu.

ACROSPERME. s. m. Sorte de champignon, rapproché des clavaires.

ACROSPIRE. s m. Bot. Filaments que pousse l'orge en germination.

ACROSPORE ou **ACROSPORÉ, ÉE.** adj. (gr. *akros*, extrême ; *spora.* semence). Bot. Se dit du développement des organes reproducteurs chez les champignons ; le développement d'une conidie, d'une spermatie, etc., est acrospore ou acrosporé, lorsque les organes naissent à l'extrémité d'une cellule-mère, ou *sporophore*.

ACROSTICHE. s. m. (gr. *akros*, extrémité, qui commence une chose ou qui la termine, et *stikos*, rangée, vers). Pièce de vers dont chaque vers commence par une des lettres du mot, ordinairement un nom propre, qu'on a choisi pour sujet, prises de suite. Quelquefois l'acrostiche se compose des lettres qui terminent les vers. L'acrostiche peut être doublé, c'est-à-dire obtenir l'effet demandé à la fois par les premières lettres des vers et par les dernières. Il y a aussi l'acrostiche quintuple ou *pentacrostiche* (V. ce mot). Voici un acrostiche fait sous Louis XIV par un poète gascon dont le cœur était plein d'enthousiasme et la bourse vide :

L ouis est un héros sans peur et sans reproche ;
O n désire le voir ; aussitôt qu'on l'approche
U n sentiment d'amour enflamme tous les cœurs ;
I l ne trouve chez nous que des adorateurs ;
S on image est partout, excepté dans ma poche.

L'acrostiche donne nécessairement des entraves à l'imagination et n'a que le faible mérite de la difficulté vaincue en matière de peu d'importance. On l'a surtout cultivé en France aux XVIᵉ et XVIIᵉ s. || adj. Lettres acrostiches, Lettres initiales ou finales des vers d'un acrostiche. Vers acrostiches. Sonnet acrostiche.

ACROSTICHÉÆ. s. m. Bot. Fougères ayant pour type le genre acrostichum.

ACROSTICHUM, ACROSTIC, ACROSTIQUE. s. m. Bot. G. de fougères très considérable de la région tropicale.

ACROSTOLE. s. m. (gr. *akros*, extrémité, et *stolé*, ornement). Ornement que les anciens mettaient à la proue des navires.

ACROTARSE. s. m. (du gr. *akron*, extrémité, et *tarsos*, plante du pied). Zool. Face intérieure du pied d'un oiseau.

ACROTATUS. Roi de Sparte, tué en 269 av. J.-C dans une bataille contre Aristodème, tyran de Mégalopolis.

ACROTÈRE. s m. (gr. *akros*, extrémité). Arch. Se dit de toute espèce d'ornementation placée aux extrémités supérieures des édifices, principalement sur les frontons. (Acad.) || On donne plus particulièrement ce nom aux socles sans moulures et aux piédestaux placés aux sommets des édifices et qui supportent des statues, des groupes ou autres amortissements. (E. Bosc.) Les Grecs furent sobres d'acrotères. Les Romains les employèrent plus souvent.

ACROTÉRIASME. s. m. Chir. Amputation d'un membre.

ACROTÉRIOSE. s. f. Méd. Gangrène sénile des extrémités des membres.

ACROTISME. s. m Philos. Recherche des causes premières. || Philosophie transcendantale.

ACROTRICHE. s. m. Bot. Arbrisseau de la Nouvelle-Hollande ; genre d'épacridées.

ACS ou **ATS.** 4,000 h. Vle et chât. de Hongrie ; 10 kil. S.-O. de Komora.

ACSAD. Mesure de capacité chez les Juifs, valant 4 décilitres 38.

ACTA DIURNA. Actes diurnes. Registres ou journaux dans lesquels on écrivait chaque jour les actes du peuple romain.

ACTA EST FABULA. La pièce est jouée. C'est ainsi que s'annonçait dans le théâtre romain la fin de la représentation. On sait que ce sont les dernières paroles prononcées par l'empereur romain Auguste.

ACTAR. Vle de la Russie d'Europe, gouvernement de Saratof.

ACTA SANCTORUM. Actes des saints. V. *Acte.*

ACTE. s. m. (lat. *agere, actum*, agir) Se dit de tout ce qu'on fait ou peut faire. Acte glorieux, criminel, de désespoir, d'hostilité, de présence, etc. || Acte de foi, de contrition, d'humilité. || Acte arbitraire, Qui n'est fondé sur aucune loi. || Acte de bonne volonté, Demande sans espoir de succès || Déclaration devant un tribunal. Demander acte. || Actes de l'état civil, Registres où on inscrit les naissances, les décès et les mariages. (V. *Etat civil.*) || Acte d'accusation, Exposé des faits qui sont reprochés à un accusé. (V. *Accusation.*) || *Actes*, au pl., Recueil des décisions d'une autorité. Actes du parlement, des conciles, etc. Il existe plusieurs collections des actes des conciles. Les principales sont celles de Surius, de Binius, du Louvre, des PP. Labbe et Cossart, de Balize et du P. Hardouin. (V. *Concile.*) || *Actes des Apôtres.* Livre canonique écrit en grec par S. Luc et contenant l'histoire du christianisme depuis l'Ascension (33) jusqu'à l'arrivée de S. Pierre à Rome (63). — Sous la Révolution, titre d'un recueil périodique fondé par Peltier pour combattre la Révolution. Cette publication qui avait un caractère satirique et léger et qui combattait surtout ses adversaires par le ridicule, parut d'oct. 1789 à nov. 1791. || *Actes des Martyrs*, où se trouvent consignées ordinairement d'après les registres officiels la confession héroïque et la mort de ceux qui ont versé leur sang pour le nom de J.-C. Plusieurs recueils des *Actes des Martyrs* ont été donnés au public : les plus connus sont ceux de dom Ruinart, en latin, et des Bénédictins de Solesmes en français. || *Actes des Saints*, ou *Bollandistes.* Sous ce nom on entend une collection gigantesque, qui laisse bien loin derrière elle toute autre collection analogue, et dans laquelle se trouvent d'abord condensés jour par jour et selon l'ordre des mois, puis éclairés par la critique, tous les documents originaux relatifs à la vie des Saints du monde entier. Cette collection préparée par le jésuite Rossweyde, puis par ses confrères Bollandus dont elle porte le nom, et Henschenius, ne compte pas moins de 61 vol. in-fol. Le premier parut en 1643, le dernier paru en 1881 achève le mois d'octobre. || Acte constitutionnel, Charte, etc. || Acte additionnel, Articles ajoutées à la Constitution de l'Empire, par Napoléon à son retour de l'île d'Elbe (1815). (V. *Additionnel*.) || Acte de commerce, Toutes négociations ou marchés faits entre commerçants.(V.*Commerce*.) || Jurisp. Le mot *acte* a, dans la langue du droit, deux acceptions bien distinctes : dans son sens le plus étendu, il exprime tout fait juridique, *quod actum est*, et plus particulièrement la cause d'acquisition d'un droit ; dans un sens plus restreint, il désigne l'écrit constatant l'existence d'un droit, *instrumentum* : c'est l'*acte instrumentaire*. Ces deux sens sont souvent confondus et ils l'ont été quelquefois par la loi elle-même. (V.notamment art.175 C. pén.) Considérés par rapport aux motifs qui les déterminent, les actes sont *à titre gratuit*, comme une donation, ou *à titre onéreux*, comme une vente ; les actes à titre gratuit n'imposant d'obligations qu'à l'une des parties sont *unilatéraux* : les actes à titre onéreux imposant aux deux parties contractantes des obligations réciproques sont dits *actes synallagmatiques* ou *bilatéraux*. — Sous le rapport de la forme, on distingue : les *actes administratifs*, c.-à-d. les actes émanés d'un fonctionnaire agissant dans l'exercice des pouvoirs qui lui sont conférés ; les *actes judiciaires*, c.-à-d. ceux qui émanent directement du juge ou qui tendent à obtenir de lui une solution, tels qu'un jugement, un ajournement, un acte d'appel ; les *actes extrajudiciaires*, c'est-à-dire les actes faits par un officier ministériel en dehors d'une instance, tels qu'une sommation, une opposition ; les *actes authentiques* et les *actes sous seing privé*. L'*acte authentique* (C. civ., art. 1317-1321) est celui qui a été reçu par un officier public ayant qualité et compétence pour le recevoir et avec les formalités prescrites par la loi. Les principaux officiers publics ayant qualité pour donner l'authenticité aux actes sont les notaires, les huissiers, les greffiers, les officiers de l'état civil et les juges dans certaines circonstances. L'acte authentique fait foi jusqu'à inscription de faux de tous les faits qu'il constate, pourvu qu'il s'agisse de faits que l'officier public constate *propriis sensibus*, et qu'il a pour mission de constater. L'acte authentique donc foi de sa date, des signatures qu'il contient, des formalités qui y sont relatées, des déclarations des parties et de tous les faits juridiques qui y sont consignés. Mais il n'est pas besoin de prendre la voie périlleuse de l'inscription de faux pour contester la sincérité des déclarations ou arguer de simulation des faits que l'officier public a constatés. Les *actes sous seing privé* (C. civ., art. 1322-1332) sont les actes faits sans l'intervention d'un officier public et sous la seule signature des parties. Les actes sous seing privé qui contiennent des conventions synallagmatiques doivent être rédigés en autant d'originaux qu'il y a de parties ayant un intérêt distinct, et chaque original doit renfermer la mention de l'observation de cette formalité.Tout acte sous seing privé contenant un engagement unilatéral de payer une somme d'argent ou de livrer une certaine quantité de choses qui se déterminent au compte, au poids ou à la mesure, doit, à moins qu'il ne soit écrit en entier de la main de la partie obligée, être revêtu d'un *bon pour* ou *approuvé* écrit de sa main et énonçant en toutes lettres la somme ou la quantité promise; seuls les actes émanés des marchands, artisans, laboureurs, vignerons, gens de journée et de service sont dispensés de cette formalité Les actes sous seing privé n'ont de force probante qu'autant que la signature est, le cas échéant, l'écriture, en est reconnue ou qu'elle a été au préalable vérifiée en justice et déclarée sincère. Ils ne font foi de leur date à l'égard des tiers que du jour où cette date est devenue légalement certaine soit par l'enregistrement, soit par la mort de l'une des personnes qui les ont signés, soit par la relation de leur substance dans un acte authentique. — *Acte conserva-*toire, Acte fait pour la conservation d'un droit. L'acte conservatoire a pour caractère de sauvegarder le droit de l'un sans léser le droit de l'autre. Les inventaires, les appositions de scellés, les oppositions sont des actes conservatoires. — *Acte de notoriété*, Attestation d'un fait comme notoire et constant par deux ou plusieurs témoins devant un juge de paix ou un notaire ; l'acte de notoriété constate non pas le fait lui-même, mais l'opinion publique sur ce fait. — *Acte récognitif*, acte confirmatif. L'acte récognitif est l'acte consenti par un débiteur pour reconnaître une obligation précédemment contractée ; il a ordinairement pour but d'empêcher la prescription. L'acte récognitif ne dispense point de la représentation du titre primordial, à moins que sa teneur n'y soit spécialement relatée (C. civ., art. 1337). L'*acte confirmatif* ou *de ratification* est l'acte par lequel les parties contractantes déclarent renoncer à exercer une action en nullité ou en rescision contre un acte antérieur entaché de vices qui pourraient donner ouverture à cette action. L'acte confirmatif n'est valable que lorsqu'il contient la substance de l'obligation annulable, la mention du vice de cette obligation et l'intention de réparer ce vice (C. civ., art 1338). — *Acte respectueux*, Acte par lequel les enfants qui ont atteint l'âge de se marier sans le consentement de leurs parents demandent conseil à ceux-ci avant de contracter un mariage. Le fils à partir de vingt-cinq ans, la fille à partir de vingt-un ans peuvent se passer du consentement de leurs ascendants pour contracter mariage ; mais, à tout âge, ils ne peuvent cependant contracter un mariage auquel ces derniers ne veulent pas consentir qu'après avoir demandé leur conseil au moyen d'un ou plusieurs actes respectueux. La demande de conseil doit être formée au nom de l'enfant par deux notaires ou par un notaire et deux témoins; elle doit être faite en termes formels et conçue dans une forme respectueuse ; procès-verbal est dressé de la réponse de l'ascendant ou de son refus de répondre. Pour les garçons jusqu'à trente ans, pour les filles jusqu'à vingt-cinq, la demande de conseil doit être renouvelée à trois reprises de mois en mois. Après cet âge, un seul acte respectueux suffit. Le mariage ne peut être célébré qu'un mois après la notification du dernier acte. L'omission des actes respectueux n'entraîne pas la nullité d'un mariage célébré ; la sanction de la loi consiste en un emprisonnement d'un mois au moins et une amende de 300 francs au plus prononcés contre l'officier de l'état civil qui a procédé au mariage sans qu'il y ait eu notification des actes respectueux exigés par la loi (C. civ., art. 151 à 158). — *Acte de société*, Convention entre plusieurs personnes pour entreprendre un commerce,une exploitation, etc. — *Actes de palais, actes d'avoué à avoué*, Actes de procédure que les avoués se signifient au cours d'un procès par le ministère des huissiers-audienciers. — *Acte de francisation, acte de souscription, acte en brevet, acte exécutoire, acte imparfait*, etc., V. *Brevet; Francisation; Souscription*; etc. || *Donner acte*, Constater par jugement, sur la demande d'une partie, un aveu ou une déclaration de son adversaire ; assurer judiciairement à une partie le bénéfice d'une réserve qu'elle croit devoir faire dans son intérêt. ||Jurisp. mil. *Acte de disparition, A. d'engagement, A. de rengagement, A. de l'état civil*, V. ces mots. || *Acte de substitution*, Acte dressé par le préfet après consentement du Conseil de révision et consacrant entre frères, la substitution d'un numéro du tirage au sort à un autre. || Log. *Acte* par opposition à *puissance*, signifie effet produit. Réduire la puissance à l'acte, Faire agir la puissance, lui faire produire son effet.De l'acte à la puissance, la conséquence est bonne, c.-à-d. de ce qu'une cause a produit son effet on peut conclure qu'elle était capable de le produire. De la puissance à l'acte,la conséquence est vicieuse, c.-à-d. de ce que vous pouvez faire une chose on ne peut conclure que vous l'avez faite. || A. dram. *Acte*, chacune des parties principales dont une pièce de théâtre est composée, qui sont formées de scènes et séparées par des intervalles nommés entr'actes ou intermèdes. Ces divisions n'existaient pas chez les Grecs et Aristote n'en parle point dans sa *Poétique*. Néanmoins les pièces grecques comprenaient théoriquement des parties distinctes appelées protase, épitase, catastase et catastrophe. Les actes usités chez les Romains, enseignés par Horace, furent suivis comme une règle rigoureuse par les modernes. Nos tragédies du grand siècle ont généralement 5 actes, les comédies 1, 3 ou 5 actes. Aujourd'hui le nombre des actes est à peu près arbitraire. On trouve les actes dans les pièces dramatiques des peuples orientaux, en Perse, dans l'Inde, dans la Chine, règle indispensable d'ailleurs, pour des spectacles qui durent quelquefois plusieurs jours. || Théol. *Acte humain*. On appelle ainsi un acte accompli librement et avec discernement et par conséquent imputable. (Actus) *ab hominis voluntate deliberate seu libere procedens*, dit S. Thomas. On appelle *Acte de l'homme*, au contraire,un acte accompli sans liberté, sans discernement : tels sont les actes d'une personne profondément endormie, d'un somnambule, d'un fou, d'un enfant, ou les premiers mouvements, *motus primo primi*, qui ne peuvent être imputés à leurs auteurs. || Syn. Acte, action. L'action est plus subjective, c'est la manifestation de la puissance qui agit; l'acte est plus objectif, c'est le résultat de cette action. Action étant un déploiement visible de force ne convient pas pour les mouvements internes de l'âme. On dit acte et non pas action de foi, de charité, de contrition,etc. Acte est, de plus, souvent suivi de la préposition *de*, tandis qu'action n'est accompagné que d'une épithète. On dit des actes de vertu, des actions vertueuses, on dit acte d'héroïsme, et action héroïque. En style judiciaire, acte exprime quelque chose d'objectif, une pièce ou un écrit constatant une convention ; et action un événement, une poursuite, un procès. C'est aussi un événement que marque l'action dramatique, tandis que les actes désignent les parties principales de la pièce.

ACTÉE. s. f. (gr. *aktea*, sureau, parce que ses fruits ressemblent à ceux du sureau). Bot. Plante de la fam. des renonculacées, tr. des helléborées. Très vénéneuse. Le rhizome d'une espèce est employé sous le nom d'*hellébore noir* contre la vermine et la gale.

ACTÉON. Myth. Chasseur célèbre, fils d'Aristée et d'Autonoé et petit-fils de Cadmus, fut changé en cerf par Diane, et déchiré par ses propres chiens, parce que, disent les uns, il avait vu la déesse au bain, ou, disent les autres, qu'il s'était vanté d'être plus habile chasseur qu'elle. || L'un des six démons envieux et malins que les Grecs appelaient Telchines. La Fable conte qu'ils arrosaient la terre de l'eau infernale du Styx, et que de là naissaient la guerre, la famine, la peste et les autres calamités. || C'est aussi le nom d'un des chevaux qui traînaient le char du Soleil quand l'imprudent Phaéton en prit la conduite. || ACTÉON, fils de Mélissus. Archias, de Corinthe, l'un des Héraclides, ayant conçu pour lui une passion impure, voulut l'enlever. Actéon résista et mourut des suites des efforts qu'il fit pour résister. Mélissus n'ayant pu obtenir justice, se précipita de désespoir dans la mer. La peste éclata à Corinthe. Archias dut s'exiler pour faire cesser le fléau. Il alla en Sicile où il fonda Syracuse.

ACTEUR, TRICE. s. Celui, celle qui prend une part dans une action, dans un événement. || Celui, celle qui joue un rôle dans une pièce de théâtre ; qui exerce la profession de comédien. || Chez les Grecs il n'y avait pas d'actrices, les acteurs étaient considérés et très largement rémunérés. Polus qui fut, avec Théodore, l'un des plus célèbres, reçut pour deux jours de représentation 1 talent (plus de cinq mille francs de notre monnaie). À Rome la profession d'acteur était servile. Quand les acteurs ne jouaient pas à la satisfaction du public ils recevaient les étrivières en rentrant derrière le théâtre. On jouait plus souvent des comédies, des farces que des tragédies. Une place était réservée aux mimes au commencement et à la fin des pièces et pendant les intermèdes et la présence des femmes sur la scène, comme mimes, ajoutait à la licence du spectacle. Quelques acteurs de talent comme Ambivius, Turpio, Roscius, Æsopus, amassèrent des fortunes considérables Æsopus laissa, en mourant, à son fils, 20 millions de sesterces (5 millions et demi de notre monnaie). Les scènes comiques des anciens étaient d'une immoralité, d'une obscénité révoltantes, non seulement en paroles, mais en actions. S. Chrysostôme nous apprend que la fornication, l'adultère s'accomplissaient sur la scène. On comprend que l'Eglise ait proscrit les spectacles et excommunié les comédiens. Jusque vers le milieu du moyen âge, il n'y eut que des histrions, des bateleurs, que l'Eglise et la monarchie durent réprimer à cause de la dissolution de leurs mœurs et de la licence de leurs jeux scéniques. Les acteurs proprement dits reparaissent dans les représentations des mystères : ils formaient des confréries (les confrères de la Passion, les clercs de la Basoche. etc.). Les rôles de femmes étaient remplis par de jeunes hommes ; les actrices ne parurent sur la scène qu'avec la résurrection du vrai théâtre par Corneille, Molière et Racine; c'est dans la *Galerie du Palais*, de Corneille (1634), qu'une femme parut pour la première fois sur notre théâtre. Aujourd'hui les acteurs ne sont plus excommuniés, mais il n'est pas d'usage de leur accorder la Légion d'honneur, sinon pour des services étrangers à leur art et quand ils se sont retirés du théâtre. ‖ Syn. *Acteur, comédien.* On est acteur de fait et comédien de profession. Tout comédien est acteur, tout acteur n'est pas comédien. Les jeunes filles de Saint-Cyr furent actrices dans *Esther* et *Athalie,* sans être comédiennes. Au prop. et au fig., acteur est plus noble que comédien, qui ne se donne plus guère aujourd'hui à ceux qui jouent la tragédie. Ceux-ci se nomment acteurs, acteurs tragiques, tragédiens. Il y a un terme général pour désigner ceux qui jouent sur les théâtres, c'est celui d'artistes dramatiques.

ACTIAQUE. adj. On dit aussi *actien.* Qui se rapporte à la bataille d'Actium (31 av. J.-C.). Ere actiaque. ‖ *Jeux actiaques,* Fêtes qui se célébraient sur le promontoire d'Actium (Acarnanie) en l'honneur d'Apollon. Auguste les renouvela, en mémoire de la victoire qu'il remporta près de ce lieu.

ACTIAR. Anc. nom de *Sébastopol.*

ACTIF, IVE. adj.Qui agit.Il signifie également Qui a la vertu d'agir, ou Qui est actuellement en action. ‖ Par opposit. à passif. L'esprit est actif, la matière est passive. Force active, Celle qui produit un mouvement.Force passive,Force persistante. Dettes actives, Sommes dont on est créancier. Dettes passives, Sommes dont on est débiteur. ‖ Subst. Son actif s'élève à 100,000 fr. et son passif à 60,000 fr. ‖ Jurisp.Totalité de l'avoir d'un individu, d'une société, d'une faillite. L'actif est opposé au passif qui exprime l'ensemble des dettes. On appelle actif net la balance de l'actif et du passif. ‖ Qui agit avec énergie, avec promptitude. Remède, poison actif. ‖ Agissant, diligent, laborieux. C'est un homme actif ‖ Dévot.Vie active,qui consiste dans les actions extérieures de zèle et de piété, par opposition à la vie contemplative qui consiste dans la méditation des choses spirituelles et dans les affections de l'âme. ‖ En parlant d'élections, avoir voix active et passive, Avoir droit d'élire et d'être élu. Citoyen actif, Celui qui jouit des droits politiques. ‖ Adm. Service actif, Qui donne droit à la retraite, ou encore Qui n'est pas sédentaire. ‖ Adm. milit. Service actif, Temps pendant lequel l'homme est sous les drapeaux. Sa durée est de 5 ans en temps de paix (de 20 à 25 ans). Pour les habitants de l'Algérie, elle est de 1 an seulement. D'après la loi actuelle de recrutement, en temps de guerre, tout Français qui n'a pas été réformé peut être appelé à un service actif depuis l'âge de 20 ans jusqu'au celui de 40. (V. *Activité de service.*) ‖ Gram. Verbe actif, Qui exprime une action et prend un complément direct. ‖ s. m. L'actif, la voix active. Conjuguer l'actif d'un verbe. ‖ Syn. *Actif, agissant.* Ce dernier marque davantage qu'on agit effectivement, qu'on produit des effets qui indiquent visiblement l'activité, et rappelle les mouvements qu'on se donne.

ACTINENCHYME. s. m. (du gr. *aktis,* rayon, et *egchuma,* suc). Bot. Nom donné au tissu cellulaire des végétaux lorsqu'il est disposé en forme de rayon.

ACTINIAIRES, ACTINIENS, ACTINIDIENS. s. m. pl. Zool. Ordre de polypes, appartenant à la classe des zoanthaires, dont le principal genre est l'actinie. ‖ On dit aussi *Actinines.*

ACTINIE. s. f. (gr. *aktis,* rayon, vif éclat).

Zool. Polypes de l'ordre des actiniaires, de la classe des zoanthaires. Leur corps charnu, formé d'un grand nombre de rayons et orné de brillantes couleurs, les fait ressembler à des fleurs. De là le nom d'*anémones de mer* : on les appelle aussi *orties de mer* parce qu'ils sont souvent urticants.

ACTINOFORME. adj. 2 g. Bot. Qui est frangé, rayonné. Tissu actinoforme.

ACTINOGRAPHE et **ACTINOMÈTRE.** s. m. (du gr. *aktis,* rayon, et *graphein,* écrire, ou *metron,* mesure). Phys. Instruments destinés à comparer ou à mesurer l'intensité des radiations solaires. (V. *Pyrhéliomètre*)

ACTINOMANCIE. s. f. (gr. *aktis,* et *mantéïa,* divination). Divination par les étoiles.

ACTINOMÈTRE. V. *Actinographe.*

ACTINOMORPHE. adj. (gr *aktis,* et *morphé,* forme). Hist. nat. Qui a la forme rayonnée.

ACTINOTE. s. f. Substance minérale qui contient une quantité assez notable de fer. Cette pierre est verte.

ACTINOZOÈS ou **ACTINOZOAIRE.** s. m. (du gr. *aktis,* rayon, et *zôon,* animal). Zool. Second ordre de la classe des radiaires.

ACTION. s. f. (lat. *actio* ;de *agere,* agir). L'opération d'un agent quelconque, physique, chimique, mécanique, immatériel. (Acad.) L'action du fer sur le bois, du soleil sur les plantes, de l'âme sur le corps, de Dieu sur toute la nature. ‖ Actes de l'homme, action de marcher, de penser. ‖ Actes humains. Belles, grandes actions.Vilaine action, action noire, lâche, etc. ‖ Ce qu'on fait par opposition à ce qu'on dit. Il nous faut des actions et non des paroles. ‖ Action de grâces, remerciment, témoignage de reconnaissance. Chanter un *Te Deum* en action de grâces, rendre des actions de grâces. ‖ Véhémence, chaleur. Mettre de l'action dans tout ce qu'on fait. ‖ Se dit de celui qui s'agite, qui est sans cesse en mouvement. C'est un homme qui est toujours en action. ‖ Événement qui fait le sujet d'une pièce de théâtre ou d'un poème. Action bien conduite. ‖ Action oratoire, théâtrale. C'est ce qu'on a appelé l'éloquence du corps; elle comprend la mémoire (pas d'hésitation,liberté d'esprit et d'allure,soit qu'on ait appris par cœur, soit qu'on improvise), le débit (prononciation, déclamation), le geste qui comprend non seulement les mouvements des membres mais encore toute l'attitude du corps, les traits du visage et le jeu de la physionomie). ‖ Science. phys. et nat. On distingue : 1o les actions physiques, mouvement résultant du choc, de l'impulsion ou de certaines attractions. Action de l'aimant, de la pesanteur ; 2o les actions chimiques, qui ont lieu entre les molécules des corps qu'elles séparent, rapprochent ou combinent ; 3o les actions organiques ou physiologiques, qui ont lieu dans les êtres organisés, telles que la nutrition, l'action des muscles ou contraction, l'action des nerfs ou innervation. Plusieurs actions destinées au même but se nomment fonctions. En même temps qu'un corps de la nature agit sur un autre, celui-ci agit à son tour sur le premier : c'est ce qu'on appelle réaction. ‖ Jurisp. Droit de réclamer en justice ce qui nous est dû ou ce qui nous appartient. L'intérêt est la mesure des actions : celui qui est sans intérêt n'est pas recevable à agir. L'action est dite *civile* quand elle est exercée par un particulier pour la protection de ses intérêts privés ; elle est dite *publique* lorsqu'elle tend à l'application d'une peine : l'exercice de l'action publique est réservé dans notre système de procédure criminelle au ministère public. Les actions civiles sont : 1o personnelles, réelles ou mixtes ; 2o mobilières ou immobilières ; 3o pétitoires ou possessoires. L'action *personnelle* est celle par laquelle on agit contre une personne qui est obligée envers nous soit à faire, soit a ne pas faire, soit à donner quelque chose : elle dérive donc nécessairement d'un fait personnel à l'obligé ou à ses auteurs. L'action *réelle* est celle qui est dirigée contre le détenteur d'une chose sur laquelle on prétend un droit réel : telle est l'action en revendication, l'action en délaissement formée par un créancier hypothécaire, etc. L'action *mixte* est celle qui a tout à la fois pour fondement un droit personnel et un droit réel: l'action en partage, l'action en bornage sont des actions mixtes. — Les actions sont *mobilières* ou *immobilières* suivant la nature de l'objet

réclamé, meuble ou immeuble (C. civ., art. 529).
— L'action *pétitoire* est celle par laquelle un propriétaire revendique sa propriété indépendamment de toute question de possession ; l'action *possessoire* est l'action donnée par la loi à celui qui possède, pour se faire maintenir ou réintégrer dans sa possession, en cas de trouble ou de dépossession, sans avoir à prouver sa propriété. Les actions possessoires sont la complainte, la réintégrande et la dénonciation de nouvel œuvre (V. ces mots). — *Action confessoire, action négatoire, action noxale, action paulienne, action prétorienne, action publicienne,* etc. (V. *Confessoire, Négatoire,* etc.) — En droit commercial on appelle *action* la part d'un associé dans une société anonyme ou dans une société en commandite par actions ; *actions* désigne aussi le titre qui constate le droit de l'associé. Les actions sont *nominatives* ou *au porteur.* La cession de celles-ci s'opère par la tradition du titre; les premières se transmettent par un transfert sur les registres de la société. On appelle *actions de jouissance,* par opposition aux *actions de capital,* les actions amorties par le remboursement du capital versé. Les actions de jouissance ayant reçu leur part du capital social n'ont plus droit au coupon d'intérêt; mais elles continuent a participer aux profits de la société et touchent le coupon du dividende. Au point de vue de la cause qui a fait attribuer les actions aux actionnaires d'une société on distingue les actions de capital ou actions payantes, les actions industrielles, les actions de fondation et les actions de prime. Les actions dans les compagnies de commerce, de finance et d'industrie sont réputées meubles par la loi, encore que des immeubles dépendants de ces entreprises appartiennent aux compagnies (C. civ., art. 539). (V. *Société.*) — En droit romain, on appelle *actions de la loi* (*legis actiones*), le plus ancien système de procédure pratiqué par les Romains. Dans cette forme de procédure, les parties devaient accomplir certaines formalités et prononcer certaines paroles solennelles exactement calquées sur les termes de la loi. Ce premier système de procédure fut abrogé vers la fin de la République et remplacé par le système formulaire. ‖ A. milit. Action, en langage militaire, s'emploie comme synonyme d'engagement, combat, affaire. ‖ *Action d'éclat,* Acte remarquable, haut fait, exploit sur le champ de bataille. L'action d'éclat est mise à l'ordre du jour de l'armée. Elle est inscrite sur la matricule. Aucune des conditions de temps de service exigées ordinairement pour l'avancement et les promotions dans la Légion d'honneur n'est nécessaire en cas d'action d'éclat. Toute proposition faite en pareille circonstance mentionne le motif : on y joint un extrait de l'ordre de l'armée dans lequel l'action d'éclat est relatée, et une copie authentique du rapport de l'officier supérieur sous les yeux duquel le fait s'est passé. Ce rapport est vérifié par les généraux de brigade et de division qui y inscrivent leur avis motivé. A l'égard des hommes de troupe, tout acte d'intrépidité ou de dévonement mis à l'ordre du régiment suffit pour faire admettre à la première classe. ‖ Syn. *Action, combat, bataille.* Action est général, indéterminé; il convient pour toute opération de guerre, bataille, combat, escarmouche, sortie, attaques de toutes sorte, coup de main, etc., sans les spécifier, sans les caractériser. Bataille désigne une affaire plus considérable que combat. Dans une bataille, on peut distinguer plusieurs combats, comme ceux de la cavalerie et de l'infanterie. Combat est plus propre à marquer un fait, une action. La bataille est comme un objet : on la donne, on la livre, on la dispute, on la présente, on l'accepte, on la refuse, on la gagne ou on la perd. L'action s'engagea, le combat fut opiniâtre, la bataille fut gagnée par les Français. ‖ Bonnes actions, bonnes œuvres. Bonnes actions est l'expression ordinaire, bonnes œuvres se dit en termes de piété. L'homme de bien fait de bonnes actions, le chrétien fait de bonnes œuvres. A l'égard du prochain une bonne action est un acte de bienfaisance : toute bonne œuvre est un acte de charité : toute bonne œuvre est une bonne action, mais toute bonne action n'est pas une bonne œuvre.

ACTIONNABLE. adj. 2 g. Qui peut, qui doit être actionné.

ACTIONNAIRE. s. 2 g. Celui, celle qui possède des actions dans une entreprise commerciale ou financière.

ACTIONNAIREMENT. adv. Par actions au moyen d'actions. Acquérir, posséder actionnairement la propriété d'un journal, une usine, etc.

ACTIONNER. v. a. T. de droit. Poursuivre quelqu'un en justice. ‖ Par ext. Harceler quelqu'un. ‖ Mettre une machine en mouvement, lui servir de moteur. Dans certaines villes c'est la vapeur qui actionne les pompes à incendie. ‖ S'ACTIONNER. v. pr. Se donner du mouvement. Cet enfant s'actionne trop au jeu. ‖ Actionné, ée. p. pas. Poursuivi devant la justice.

ACTIUM (Ac-ci-omm). Auj. *Azio* Ville et promontoire de Grèce, à l'extrémité N. de l'Acarnanie ; célèbre par la bataille navale dans laquelle Octave battit Antoine (2 sept. 31 av. J.-C.).

ACTIVANT, ANTE. adj. Qui active.

ACTIVEMENT. adv. D'une manière active, conduire une affaire activement. ‖ Gram. Certains verbes neutres s'emploient activement, c.-à-d. dans une signification active. Dormez votre sommeil, grands de la terre. (Boss.)

ACTIVER. v. a. Hâter, presser. Activer un recouvrement. ‖ Exciter, donner de l'activité. Le vent active le feu.

ACTIVITÉ. s. f. Puissance d'agir. L'activité du feu, des esprits, de l'âme. ‖ Phys. Sphère d'activité, Étendue dans laquelle un corps exerce son action. Fig. Cercle, étendue des travaux dont un homme s'occupe. ‖ Diligence. Poursuivre les travaux avec activité. ‖ En activité, en activité de service, Exercer actuellement ses fonctions. ‖ Philos. l'activité est la puissance d'agir, on l'oppose à la passivité. D'autres la définissent : le mouvement d'une force qui tend à une fin. Il y a l'activité physique dans les corps en général, l'activité végétative dans la plante, l'activité instinctive chez les animaux. L'homme résume en lui toutes ces formes inférieures de l'activité et il y joint une activité qui lui est propre, c'est l'activité intelligente, influente, volontaire, qu'on peut nommer d'un seul mot : la volonté. ‖ Adm. milit. *Activité de service.* Position des militaires présents ou comptant sous les drapeaux. Les hommes de la réserve ou appartenant à l'armée territoriale ou à la réserve de l'armée territoriale sont appelés à l'activité en vertu d'un ordre de l'autorité militaire. Les réservistes, pendant la durée de leurs quatre années de réserve, doivent être appelés deux fois à l'activité pour prendre part à deux manœuvres, dont chacune ne peut excéder quatre semaines. La loi n'a pas fixé la fréquence des réunions ni la durée des manœuvres ou exercices auxquels les hommes de l'armée territoriale peuvent être soumis en temps de paix : le ministre de la guerre les détermine et conserve toute liberté pour leur appel à l'activité. — Position de l'officier appartenant à l'un des cadres constitutifs de l'armée, pourvu d'emploi, et de l'officier hors cadre employé temporairement à un service spécial ou à une mission (L. sur l'état des offic.). — *Non-activité.* Position de l'officier hors cadre et sans emploi. Elle résulte d'une des causes suivantes : licenciement de corps ; suppression d'emploi ; rentrée de captivité à l'ennemi, lorsque l'officier prisonnier de guerre a été remplacé dans son emploi ; infirmités temporaires ; retrait ou suspension d'emploi. Dans ce dernier cas, elle a lieu par décision du chef de l'État sur le rapport du ministre de la guerre : il en est de même pour la rentrée à l'activité. Le temps passé en non-activité est compté comme service effectif pour la réforme et la retraite; il ne compte pour l'avancement et les droits au commandement que lorsque la mise en non-activité a eu pour cause la rentrée de captivité à l'ennemi, le licenciement de corps, la suppression d'emploi. Dans ces circonstances, la solde de non-activité est de la moitié de la solde d'activité, par exception elle est des 3/5 pour les lieutenants et sous-lieutenants. Pour l'officier mis en non-activité par retrait ou suspension d'emploi, elle est des 2/5 seulement. La mise en non-activité pour infirmités temporaires ne doit avoir lieu qu'à l'égard des officiers qui ne sont pas en état de faire un service actif. Quand un officier se trouve dans ces conditions, le chef de corps adresse un rapport détaillé faisant connaître le temps que l'officier a passé en congé de convalescence, aux eaux, à l'hôpital, etc. L'inspecteur général ou le général commandant le corps d'armée fait visiter et contre-visiter l'officier par deux médecins et envoie au ministre l'état de proposition et les certificats de visite. La proposition est envoyée alors à l'examen du conseil de santé des armées. Les causes pouvant motiver la mise en non-activité par retrait ou suspension d'emploi ne sont pas déterminées par la loi, elles sont laissées à l'appréciation de l'autorité militaire. Il est d'usage toutefois que l'officier avant d'être proposé pour la mise en non-activité reçoive une réprimande ou une admonition. La demande de mise en non-activité, établie par le chef de corps, doit exposer les torts de l'officier d'une manière détaillée, être accompagnée des pièces à l'appui, du relevé de punitions, et spécifier si l'inculpé doit être suspendu de son emploi ou si cet emploi doit lui être retiré. La demande est transmise au ministre avec l'opinion écrite et signée des généraux, tant sur les torts de l'officier que sur la mesure demandée. L'officier en non-activité par suspension d'emploi n'est pas remplacé pendant un an et peut être remis en possession de son emploi. (Beaucé.)

ACTON (Joseph). Premier ministre de Ferdinand IV, roi de Naples, favori de la reine Marie-Caroline. Né à Besançon 1737 (de famille irlandaise), m. en Sicile 1808. Après avoir servi dans la marine franç., il passe au service de la Toscane et est envoyé près la cour de Naples, où il arrive au premier poste. Ennemi acharné de la France, instrument de l'Angleterre, les succès de nos armes le renversent trois fois du ministère, la dernière en 1803.

ACTOPAN. 14,000 h. Ville du Mexique à 102 kil. N.-E. de Mexico.

ACTOR. Nom de plusieurs personnages de l'antiquité. Un Actor fut compagnon d'Hercule dans la guerre des Amazones. ‖ Un Actor épousa Égine, maîtresse de Jupiter et devint l'aïeul de Patrocle. ‖ Un Actor donna naissance aux deux frères dont parle Pandore, sous le nom d'Actorides, fameux par leur habileté à conduire des chars. ‖ Un Actor, dont parle Pausanias bâtit dans l'Élide une ville qu'il appela Hyramina du nom de sa mère. Augias l'associa à son royaume. ‖ Actor, roi des Arunces en Italie. Turnus, après l'avoir tué, lui enleva sa pique dont il se servit, dit Virgile, pour combattre Énée. ‖ Actor fut aussi le nom d'un des Argonautes.

ACTRICE. V. *Acteur.*

ACTUAIRE. s. m. (lat. *actuarius*). Scribe ou greffier chargé, à Rome, de dresser les *acta senatus* et les *acta populi romani.* Les actuaires recueillaient aussi les discours prononcés au Sénat et dans les assemblées publiques. — Aujourd'hui on appelle actuaires les mathématiciens qui s'occupent particulièrement de calculs d'assurances et notamment des assurances sur la vie, d'après les principes du calcul des probabilités. ‖ ACTUAIRE. s. m. (*naves actuariæ*, ou simplement *actuariæ*, rapides). Antiq. Vaisseaux découverts, manœuvrés à l'aviron et à la voile, par opposition aux navires marchands, ou vaisseaux à voile, *onerariæ*, on les employait comme paquebots, comme transports, comme éclaireurs, dans tous les cas exigeant de la promptitude. C'étaient les vaisseaux des pirates, appelés depuis chez nous brigantins. ‖ Il y avait aussi l'*actuariolum*, diminutif d'*actuarius*, bateau plus léger encore et plus rapide, qui n'avait jamais plus de 8 rames et ajoutait une voile quand le vent était favorable. C'est un bateau de ce genre qui transporta Cicéron (*Ep. ad Attic.*, XVI, 3).

ACTUALISATION. s. f. Action d'actualiser.

ACTUALISER. v. a. Réduire en acte, en fait.

ACTUALITÉ. s. f. État de ce qui est actuel; qualité d'une chose qui offre un intérêt actuel. Question pleine d'actualité. C'est un des mots de formation récente que l'Acad. franç. après avoir adopté 2200 dans son dictionnaire, a exclus sans pitié Voici la raison qu'elle donne pour le mot actualité : « On ne crée un terme général et vague, qui s'applique à toutes les nuances d'une idée que pour ne pas démêler la nuance dont il s'agit et lui appliquer le mot propre : c'est le cas, l'Académie l'a cru du moins, de ce terme qu'un fréquent et déjà long usage n'a pu cependant lui faire adopter, celui d'*actualité.* » ‖ Au pl. Choses actuelles, choses du moment. Le journalisme ne vit que d'actualités.

ACTUARIUS (Jean). Médecin grec entre le XIIIe et le XIVe s. *Methodus medendi; De actionibus et affectibus spiritus animalis*, etc., trad. en latin, Lyon, 1556. Se trouvent dans le recueil de Henri Estienne : *Medicæ artis principes.* Paraît avoir introduit en Europe l'usage des purgatifs doux (manne, casse, etc.).

ACTUEL, ELLE. adj. (lat. *actualis; de actus*, acte : qui est en acte). Effectif, réel. Paiement actuel. ‖ Qui a lieu, qui existe présentement. Les mœurs actuelles. ‖ Théol. et philos. Grâce actuelle, par opposit. à grâce habituelle. Péché actuel, par opp. à péché originel. Volonté actuelle, par opp. à volonté potentielle. Intention actuelle, par opp. à intention virtuelle. ‖ Syn. Présent, actuel. Ce qui est présent se trouve ici, devant nous, en présence. Actuel emporte une idée de réalité en opposit. avec ce qui peut ou pourrait être. On oppose le siècle présent aux siècles passés. On dit : les académiciens tant actuels que futurs.

ACTUELLEMENT. adv. Présentement, dans le moment où l'on parle ; au moment dont il s'agit. Où demeurez-vous actuellement? Moïse a joint aux choses passées, qui contenaient l'origine et les anciennes traditions du peuple de Dieu, les merveilles que Dieu faisait actuellement pour sa délivrance. (Bossuet.) ‖ Syn. A présent, présentement, actuellement, maintenant, aujourd'hui. A présent est relatif, il a rapport au temps antérieur Je me porte mieux à présent. Présentement est plus strict, il signifie à l'instant même où l'on est; actuellement ressemble beaucoup à présentement, toutefois actuellement marque quelque chose d'opposé à ce qui est idéal, hypothétique, possible, futur, il a donc un rapport avec le futur. Le roi présentement régnant l'emporte sur ses prédécesseurs; le roi actuellement régnant rendra la tâche facile à ses successeurs. Maintenant a, comme à présent, rapport au passé; seulement à présent indique une opposition, un changement entre le passé et le présent, et maintenant une suite, une continuation. Alexandre tourmenté par son ambition durant sa vie est tourmenté maintenant dans les enfers. (Boss.) Aujourd'hui oppose une époque à une autre. L'architecture était plus florissante au moyen âge qu'aujourd'hui. (Lafaye.)

ACTUS. Mesure agraire des anc. Romains. 100 pieds romains ou 35 m 34°. L'actus carré avait 120 pieds carrés, soit 12 ares, 64 ; le petit actus 120 pieds sur 4, ou 42 centiares.

ACUCE (S.). Martyr à Pouzzoles, compagnon de S. Janvier (305). F. 19 sept.

ACUITÉ. s. f. (lat. *acutus*, aigu). Qualité de ce qui est aigu. L'acuité d'une pointe, du son, du regard, de la douleur.

ACULÉ, ÉE. adj. (du lat. *acus*, aiguille). Hist. nat. Qui porte un aiguillon. ‖ ACULÉES. s. f. pl. Zool. Insectes porte-aiguillons, section d'hyménoptères.

ACULÉIFORME. adj. 2 g. (lat. *aculeus*, aiguillon ; *forma*, forme). Hist. nat. En forme d'aiguillon.

ACUMINÉ, ÉE. adj. (lat. *acumen*, pointe ; de *acutus*, aigu). Bot. Terminé en pointe aiguë. Feuille acuminée.

ACUMINOFOLIE, ÉE. adj. Bot. Se dit d'une plante à feuilles acuminées.

ACUNA ou **ACUNHA.** Nom porté par plusieurs personnages célèbres, espagnols et portugais. ‖ ACUNHA (Camillo d'). XVe s. Archevêque de Tolède, ministre de Henri IV de Castille, prit part aux batailles de Medina-del-Campo (1467), et de Toro (1476). ‖ ACUNHA (Tristan d'). Gouverneur des Indes (1506), fit avec Albuquerque une expédition dans les mers du Sud et découvrit dans l'océan Atlantique trois petites îles qui portent son nom. ‖ ACUNHA (Nuno d'). Fils du précédent, vice-roi des Indes (1528-1539) ; défit le tyran de Cambaye (1535), mourut disgracié. ‖ ACUNHA (Antonio-Osorio d'). Évêq. de Zamora, un des chefs de l'insurrection des communeros contre Charles-Quint, pris et exécuté en 1521. ‖ ACUNHA (Ferdinand d'). Guerrier et poète espagnol, né à Madrid vers 1510, m. à Grenade, 1580. Auteur de sonnets, stances, églogues et traductions. ‖ ACUNHA (Pedro d'). Gouv. des îles Philippines sous Philippe II, né à Manille en 1606. Défit les Chinois et les Hollandais et fit la conquête des Moluques. Il a laissé une *Relation du soulèvement des Chinois*, 1603. ‖ ACUNHA (Rodrigue d'). 1577-1643. Archevêque de Lisbonne, écrivain ecclésiastique, un des principaux chefs de la conjuration de 1640 qui donna le trône de Portugal à la maison de Bragance. || ACUNHA (Christophe d'). Jésuite et missionnaire espagnol, né à Burgos, 1597 ; m. à Lima, 1675. Auteur de *Relation de la rivière des Amazones*, trad. franç. Paris, 1682, 2 v. in-12. || ACUNHA (J Annet. d'). Mathématicien, né à Lisbonne. 1742-1787.

ACUNUM. Vle de Pannonie, sur le Danube; auj. *Petriwarden*.

ACUPUNCTEUR. s. m. Chir. Opérateur qui pratique l'acupuncture.

ACUPUNCTURE. s. f. (lat. *acus*, aiguille, et *punctura*; de *pungere*, piquer). Chir. Opération qui consiste à enfoncer une ou plusieurs aiguilles métalliques (d'or ou d'argent) dans un organe malade, ou présumé avoir des rapports avec celui qui est le siège de la maladie (de nature nerveuse ou rhumatismale), dans le but de le guérir en soustrayant l'excès d'influx nerveux. On y joint quelquefois l'action de l'électricité. (V. *Électro-puncture*.)

ACURNIER. s. m. Nom vulgaire du cornouiller mâle.

ACUSILAUS. (A-ku-si-la-uss). VIe s. av. J.-C. Logographe d'Argos. Il reste des fragments de sa chronologie des rois d'Argos, publ. dans la collect. Didot.

ACUTANGLE. adj. 2 g. (lat. *acutus*, aigu; *angulus*, angle). Géom. A angles aigus.

ACUTANGULAIRE. adj. 2 g. Géom. Qui fait un angle aigu. Section acutangulaire d'un cône.

ACUTANGULÉ, ÉE. adj. Bot. A arrête aiguë, à angle aigu.

ACUTESSE. s. f. Employé comme synonyme d'acuité, surtout au figuré par plusieurs auteurs, entre autres par Ch. Nodier et Balzac. L'acutesse des passions.

ACUTIFOLIÉ, ÉE. adj.Bot. A feuilles aiguës.

ACUTILOBÉ, ÉE. adj. Bot. A lobes aigus.

ACUTIPENNE. adj. 2. g. Zool. Se dit des oiseaux qui ont les pennes ou plumes de la queue terminées en pointe.

ACUTIROSTRE, ÉE. adj. (du lat. *acutus*, pointu, et *rostrum*, bec). Zool. Se dit des oiseaux qui ont un bec pointu.

ACUTO. Bg et montagne d'Italie (États Romains), près Frossinone.

ACUTO (Yvon) ou HAWKWOOD. Chef de la fameuse compagnie blanche anglaise, XIVe s., qui servit tour à tour, en Italie, les divers partis belligérants d'alors.

ACUTO-ÉPINEUX, EUSE. adj. Zool Se dit des chenilles qui ont sur le corps plusieurs rangées d'épines aiguës.

ACY-EN-MULTIEN. 710 h. Bg de l'Oise, arr. de Senlis. Maison du XIVe s. ; église du XIIe s. ; monast. histor. ; hôtel-Dieu du XIIIe s.

ACYLLIN. Un des douze martyrs scillitains (c.-à-d. de la ville de Scillite) à Carthage, compagnon de S. Spérat (200).

ACYROLOGIE ou AKYROLOGIE. s. f (gr. *akuros*, impropre, et *logos*, expression). Impropriété d'expression. Peu usité.

ACYSTIE. s. f. (du gr. *a* priv. et *kustis*, vessie). Anat. Monstruosité produite par l'absence de vessie.

AD. prép. lat. À, vers, pour, etc. Elle entre dans la composition de plusieurs mots qui nous viennent du latin. Dans les uns (*adjectifs*) elle s'est conservée intacte ; dans d'autres (ajouter pour *adjouster*) il y a eu contraction. Dans d'autres (*affilier*, composé de *ad* et fils) il y a eu attraction, c'est-à-dire que le *d* s'est changé en la consonne initiale du mot auquel il est joint. || Parmi les mots qui commencent par *ad* les seuls où la consonne *d* se redouble sont : additif, addition, additionnel, additionner, adducteur, adductif, adduction et quelques autres peu connus ainsi que certains noms propres.

A. D. Abrév. de *Anno Domini*, l'an.... de Notre-Seigneur.

ADA. Vle de l'Anatolie, sur le Sakaria, à 16 kil. de Nicée. || Comm. du comitat de Bacs (Hongrie) sur la rive dr. de la Theiss ; 9,340 h.

ADA. Dernière reine de Carie, renversée par un de ses frères puis rétablie par Alexandre le Grand qu'elle adopta pour héritier (334 av J.-C.).

ADACTYLE. adj. 2 g. (du gr. *a* priv. et *daktulos*, doigt). Zool. Qui n'a pas de doigts et, en parlant des crustacés, qui a les pattes antérieures dépourvues de pinces.

ADAD. Nom de plusieurs rois d'Idumée mentionnés dans la Bible.

ADAD-REMMON. Vle de Judée au N.-O. de Samarie. Victoire de Néchao, roi d'Égypte, sur Josias, roi de Juda (609 av. J.-C.). Les Romains l'appelèrent Maximianopolis.

ADAGE. s. m. (lat. *ad agendum*, pour agir ; ce qu'il faut faire). Proverbe, maxime ou sentence populaire. Ne parler que par adages. Affecter un ton sentencieux. Les *adages d'Érasme*, Recueil qu'Érasme a fait des proverbes de la langue grecque et de la langue latine. || Syn. Apophtegme, aphorisme, maxime, sentence, proverbe, adage. Pensées marquantes, énoncées d'une manière brève et frappante. L'apophtegme est une parole notable d'un ancien, ou telle que celles des anciens. L'aphorisme est surtout un précepte, médical (les aphorismes d'Hippocrate, de Boërhaave). Maxime et sentence n'ont point de couleur antique ou scientifique : la maxime est une règle à suivre, la sentence est une opinion, un jugement, un arrêt. Les proverbes et les adages sont des maximes, des sentences mises à la portée de tout le monde. L'adage est principalement un proverbe ancien.

ADAGIAIRE. adj. 2 g. Qui parle par adages ; sentencieux. Qui consiste en adages, qui a la forme d'adage. Expression adagiaire.

ADAGIO. adv. (a-dad-ji-o ; — loc. italienne). Mus. Lentement, posément. Sert à indiquer le mouvement d'un morceau de musique ; est intermédiaire entre *largo* et *andante*. Se dit substantivement de l'air même. Un bel adagio. || Au pl. des Adagios, d'après Littré.

ADAÏELS. Nom d'une tribu de l'Afrique orient. (V. *Adel*.)

ADAIR (James-Makitrick). Médecin écossais. 1728-1802. Plusieurs ouvrages de médecine (en anglais), notamment *Essai sur les maladies à la mode*, 1789, in-8. || ADAIR. Écrivain américain. A publié en 1775 une *Histoire des Indes américaines et surtout des peuples voisins du Mississipi*, ouvrage curieux,4 v. || ADAIR (Robert). 1763-1855. Diplomate anglais ; successivement ambassadeur à Vienne, à Constantinople et à Bruxelles. Il a laissé des *Mémoires*.

ADAIR. Comté du Kentucky (États-Unis) ; 11,030 h. Ch.-l. Columbia. || Comté de l'Iowa ; 3,980 h. || Comté du Missouri ; 14,450 h. Ch.-l. Kirksville.

ADAJA. Riv. d'Espagne qui se jette dans le Douro à 12 kil. de Valladolid. C. 175 kil.

ADALARD, ADALHARD, ADÉLARD ou ADELHARD (S). 751-826. Neuvième abbé de Corbie (772). Petit-fils de Charles-Martel et cousin de Charlemagne, il fut choisi par celui-ci comme conseiller de son fils, Pépin le Jeune, roi d'Italie, dont il fut le premier ministre ainsi que de son fils et successeur Bernard. Disgrâcié après la mort de celui-ci et exilé par Louis le Débonnaire dans l'île d'Héro (Noirmoutier), il en fut rappelé au bout de sept ans. En 833, il fonda la Nouvelle-Corbie (Corwey) en Saxe. Adalard était un des plus savants hommes de son temps et contribua beaucoup à la restauration des études ; il fut un des membres de l'École du Palais. Il reste de lui des fragments importants d'un livre sur les statuts de Corbie (dans le *Spicilegium* d'Achéry, t. IV) et une portion de son traité *de ordine palatii* qui nous a été conservée par Hincmar ; c'est un des documents les plus importants pour la connaissance de l'époque carlovingienne. || ADALARD. Bénédictin anglais, à Bath. Voyagea en Arabie et en Égypte ; traduisit de l'arabe en latin les *Éléments d'Euclide* dont le texte grec était encore inconnu ; il a laissé encore quelques autres ouvrages. Il mourut vers 1130.

ADALBADZ (S.) ou ADALBAND D'OSTREVANT. Duc de Flandre, leude de Dagobert Ier, mourut assassiné dans le Périgord (652). On trouve aussi dans les *Martyrologes* le nom de sa femme, Ste Rictrude, fille du seigneur basque Ernold, et ceux de leur fils Mauront et de leurs filles Adalsende et Clotsende.

ADALBERGE (Ste) ou EDELBURGE ou AUBIERGE. 3e abbesse de Faremoutier, dioc. de Meaux. Elle était fille d'Anna, roi des Est-Angles, elle mourut en 688. F. 7 juillet. || On appelle Pignon de sainte Aubierge, un gigantesque monument druidique, un superbe menhir, à Beautheil, arr. de Coulommiers, dans la région appelée Pierrefitte (*Petra fixa*, la Pierre dressée).

ADALBÉRON. Archev. de Reims qui sacra Hugues Capet (987). M. en 988. || ADALBÉRON dit ASCELIN. Évêq. de Laon (977), se déclara pour Hugues Capet à qui il livra sa ville épiscopale, dédia au roi Robert un poëme satirique sur les affaires de son temps. M. en 1030. || ADALBÉRON II (B). Évêq. de Metz, fils de Frédéric duc de Basse-Lorraine et de Béatrix, sœur de Hugues Capet. Il soigna de ses propres mains les malheureux atteints du *mal des ardents* et en logeait jusqu'à cent dans sa maison de campagne à Épinal. M. en 1005. F. 15 déc. || ADALBÉRON (S.) ou ALBÉRON. Évêq. de Liège, frère de Godefroi le Barbu, comte de Louvain (1128). F. 1er janv.

ADALBERT Ier. Fils de Boniface II, comte de Lucques, duc de Toscane de 847 à 890. || ADALBERT II. Fils du précédent, de 890 à 917. On les considère comme la tige de la maison d'Este. || ADALBERT. Marquis d'Ivrée, père de Bérenger II, roi d'Italie. M. 925. || ADALBERT, roi d'Italie, fils de Bérenger II, associé au trône par son père en 950, détrôné avec lui par Othon en 961, se réfugia à Constantinople, d'autres disent en France. M. dans l'exil vers 975. || ADALBERT ou ADELBERT Ier. Archevêq. de Magdebourg, évangélisa le N. de l'Allemagne et les Vendes. Il mourut le 20 juin 981. || ADALBERT (S.). Apôtre des Prussiens, né en 956, fit son éducation à Magdebourg ; archev. de Prague en 983, résigna pour s'adonner à l'évangélisation des Borusses païens ; fut assassiné le 23 avril 997. Son corps, enterré d'abord à Gnesen, fut transféré à Prague. || ADALBERT DE BRÊME. Nommé par l'empereur Henri III archev. de Brême et de Hambourg en 1043, légat du Pape en 1050 ; homme de génie, mais dominateur et violent. Après la mort de Henri III, il fut pendant quelque temps tuteur de Henri IV, auquel il voulait acquérir le pouvoir absolu, tout en se procurant le patriarcat du nord. L'opposition des princes allemands l'empêcha d'atteindre ce double but. Mort à Goslar 16 mai 1072. || ADALBERT (Henri-Guill.). Prince de Prusse (1811-1873). Cousin germain de l'empereur Guillaume Ier. Goût des voyages ; éducation solide : visite la Hollande, l'Angleterre, la Russie, la Turquie, la Grèce, le Maroc, le Brésil. Amiral en 1848. Épousa la danseuse Thér. Elssler, qui prit le nom de Mme de Barnim. Il n'a pas joué de rôle important dans les dernières guerres. *Relation de mon voyage en 1842-43*, Berlin, 1847; *Mémoire sur la formation d'une flotte allemande*, Potsdam, 1848.

ADALGISE. Fils de Didier roi des Lombards, beau-père de Charlemagne. Assiégé par ce dernier dans Vérone s'enfuit à Constantinople où il fut tué (788).

ADALIA ou SATALIEH. 20,000 h. Vle forte et port de la Turquie d'Asie sur la côte mérid de l'Anatolie, à 425 kil. S.-E. de Smyrne. Prè de l'ancienne *Attalea* fondée par Attale Ier Louis VII s'y embarqua avec ses chevaliers ; le reste de l'armée fut détruit par les Turcs (1148).

ADALOAD. Roi des Lombards, fils d'Agilulfe et de Théodelinde, né en 603, tyrannisa ses sujets, fut déposé par eux et mourut peu après (629).

ADALPRET (S.) Évêq. de Trente, martyr en 1177. F. 27 mars.

ADALRIC (S.) ou ATHIC, ÉTHIC Duc d'Alsace, père de Ste Odille (690). F. 22 nov.

ADALSENDE ou ADALSINDE (Be). Fille de S. Adalbadz, duc de Flandre et de Ste Rictrude, religieuse à Hamay, mourut à la fleur de l'âge (VIIe s.). F. 30 juin.

ADAM. s. m. (d'un mot hébreu, signifiant terre, comme en latin *homo*, de *humus*). Dieu forma le corps du premier homme de matière et il communiqua la vie à ce corps ainsi formé en lui donnant une âme intelligente et raisonnable, ou bien un esprit immortel ; car l'âme raisonnable créée par Dieu est le principe de la vie du corps (Gen., c. 1 et 2). Voilà donc l'homme formé. Dieu forme ensuite de lui la compagne qu'il veut lui donner, a dit Bossuet. Adam voit ainsi dans Ève la chair de sa chair, par là est marquée l'étroite union qui doit régner entre l'époux et l'épouse. Par là aussi la Bible d'accord avec la vraie science constate l'unité de l'espèce humaine. « Tous les hommes, pour citer encore Bossuet, naissent d'un seul mariage, afin d'être à jamais, quelque dispersés et multipliés qu'ils soient, une seule et même famille. » Dieu qui destinait l'homme à être le complément et le roi de la création terrestre,le crée à son image et à sa ressemblance. Par son corps, l'homme est comme l'abrégé du triple monde physique, animal, végétal et minéral. Par la nature de son âme et les dons naturels et surnaturels dont Dieu l'orna, il tient des anges, des purs esprits et porte même en lui l'image et la ressemblance de Dieu. Les dons naturels, les attributs propres, essentiels de la nature raisonnable de l'esprit humain,sont l'immortalité, et ces sublimes facultés, la raison,la liberté. Les dons surnaturels qu'il a plu à Dieu d'accorder en outre à l'homme étaient l'illumination de sa raison par une lumière divine et l'élévation de sa volonté, par un appui divin, à l'état de justice et de sainteté,l'harmonie entre les facultés et les instincts naturels par la subordination des puissances inférieures de l'âme à ses puissances supérieures. Cet état surnaturel comprenait aussi l'incorruptibilité de l'existence corporelle, c.-à-d. l'exemption des douleurs et des souffrances.La conservation de cet état primitif de perfection, d'innocence, de paix et de béatitude, fut liée par Dieu à la condition d'observer sa loi ou sa volonté. Cette épreuve était nécessaire pour que l'homme, raisonnable et libre, s'unit librement, avec le secours de la grâce,à Dieu le bien suprême (vous qui m'avez créés ans moi vous ne pouvez sans moi me sauver). Eve séduite par les artifices de l'ange rebelle, qui avait lui-même succombé pendant la période d'épreuve des anges, à une tentation d'orgueil en croyant pouvoir s'égaler à Dieu, Adam séduit par sa femme, désobéirent gravement à Dieu en voulant atteindre formelle trop connaître et s'élever d'eux-mêmes. L'homme perdit ainsi la paix et la béatitude dont il avait joui jusqu'alors et qui étaient la conséquence de sa fidélité. Il fut soumis aux souffrances, à la mort du corps, à la rebellion de la chair contre l'esprit, à toutes les misères auxquelles il avait été jusqu'à ce moment soustrait par la grâce de Dieu.Il perdit la sainteté et la justice. Cette chute complète de son état surnaturel rejaillit sur ses facultés naturelles qui furent détériorées : sa raison s'obscurcit, sa volonté, comme force du bien, fut affaiblie et inclinée au mal. Mais dès le jour de notre perte,Dieu nous découvrit notre délivrance future : il annonça au genre humain que la femme écraserait la tête du serpent infernal, par le rejeton divin qu'elle produirait, Jésus-Christ, le verbe incarné,le rédempteur.L'état primitif de l'homme, état de perfection et de bonheur (l'âge d'or), l'état de dégradation qui suivit, effet du péché ou de la révolte de l'homme contre Dieu, l'idée même de rédemption, se retrouvent dans les traditions de tous les peuples de l'antiquité : tous les livres religieux contiennent d'une façon plus ou moins altérée les antiques traditions, la révélation primitive, que l'on trouve plus précise et plus complète dans la Bible. Le mélange du bien et du mal sur la terre et surtout dans l'homme est un problème insoluble en dehors des données que fournit la révélation. Après leur chute Adam et Eve eurent plusieurs fils et plusieurs filles. La Bible a conservé les noms de trois fils : Caïn agriculteur, Abel pasteur, et Seth. Adam vécut 930 ans. ‖ *Ere d'Adam*, Ere de la création, ou ère mondaine. (V. *Ere*.) ‖ Adam (S.). Abbé de St-Sabin honoré à Fermo, en Italie. XII° s. F. 16 mai. ‖ Adam de Brème. Chanoine de Brème, m. vers 1076. Seconda les missionnaires et composa, d'après leurs rapports, une *Histoire ecclésiastique des Eglises de Hambourg et de Brème*, et des pays voisins du Nord, de 788 à 1076, livre qui contient des documents très précieux, et un ouvrage sur le Danemark. ‖ Adam, dit l'*Ecossais*. Religieux prémontré : envoyé par S. Norbert pour évangéliser l'Ecosse sa patrie. Il a laissé des sermons et des traités dogmatiques. Il mourut en 1180. ‖ Adam de St-Victor. Chanoine régulier de l'abbaye de St-Victor-lès-Paris, mort en 1177. Parmi les vers de son épitaphe, composée par lui et qu'on lisait sur son tombeau avant la destruction de l'abbaye en 1793, on remarquait ceux-ci : *Unde superbit homo, cujus conceptio culpa, nasci pœna, labor vita, necesse mori*. Auteur de quelques traités de dévotion et de poésies sacrées, notamment d'une prose en l'honneur de la Sta Vierge publiés par M. Gautier, 2° éd., 1881. ‖ Adam. Abbé de Perseigne, diocèse du Mans (fin du XII° s.), a

prêché en France la 4° croisade. On a de lui des lettres et de nombreux sermons. ‖ Adam de la Halle, surnommé le *Bossu d'Arras*. Trouvère du XIII° s. a composé des poèmes, et des *jeux pour le théâtre*, pleins de saillies et de traits comiques. Il faisait lui-même la musique de ses pièces. (*Théâtre français au moyen âge*, par MM. de Monmerqué et Michel.) ‖ Adam de Fulde. Moine musicien du XV° siècle, a laissé un traité important pour l'histoire de la musique.‖ Adam Billaut,dit *maître Adam* Menuisier poète de Nevers,m. en 1662, protégé par Richelieu et Condé. Il a laissé trois recueils intitulés : *les Chevilles* (1644), le *Vilebrequin* (1662) et le *Rabot* ‖ Adam (Jean). Jésuite limousin, supérieur de la maison de Bordeaux. Sermons et écrits contre les protestants (1608-1684). ‖ Adam (Jacques). 1663-1735. Né à Vendôme ; aida Fleury dans ses travaux historiques, et lui succéda à l'Académie française. A laissé une traduction d'Athénée. ‖ Adam (Lambert-Sigisbert, et Nicolas-Sébastien). Frères, nés à Nancy, sculpteurs du commencement du XVIII° s. Le premier a fait un S. *Jérôme* qui est à St-Roch, *Neptune* et *Amphitrite* du bassin de Neptune à Versailles, etc. ; le second *Prométhée dévoré par le vautour* (au Louvre), le *Martyre de Ste Victoire*, chapelle du château de Versailles, etc. ‖ Adam (Nicolas). Né à Paris. 1716-1792. Chargé d'affaires de France à Venise. Auteur d'un grand nombre de livres élémentaires qui eurent du succès, notamment la *Vraie manière d'apprendre une langue quelconque, vivante ou morte, par le moyen de la langue française*, 1787, 5 v. in-8°, plusieurs fois réimprimé. ‖ Adam (Robert). Architecte écossais. 1728-1792. S'est surtout signalé dans la décoration intérieure des édifices à Londres, Glasgow, Edimbourg. On lui doit une bonne description des ruines du palais de Dioclétien à Spalatro, en Dalmatie, 1764, in-fol. ‖ Adam (Alex.). Savant écossais. 1741-1809. Recteur de la *haute Ecole* d'Edimbourg. Réformes dans l'enseignement classique ; ouvrages élément. estimés : *Gram. latine*, 1772 ; *Lexicon linguæ latinæ*, 1805; *Dict. de Biographie classique*,1800; *Antiq. romaines*, 1791. ‖ Adam (Jean-Louis). Pianiste et compositeur français , né à Riekersholty (Bas-Rhin) vers 1760. Après avoir reçu quelques leçons de piano, il se livra personnellement à l'étude des grands maîtres, apprit seul l'harmonie, et devint bientôt, en même temps qu'un professeur de premier ordre, un compositeur distingué. En 1797, il fut nommé professeur au Conservatoire. Ses plus brillants élèves furent Kalkbrenner,Henri Le Moine, Hérold et son propre fils Adolphe Adam. Les ouvrages de Jean-Louis Adam comprennent : 1° diverses compositions musicales, telles que sonates et airs variés, 2° des méthodes pour le piano, où les principes du doigté sont remarquablement exposés. Il est mort à Paris en 1848. ‖ Adam (Adolphe-Charles). Compositeur français, fils du précédent, né à Paris le 24 juillet 1803 ; fut élève de son père pour le solfège et le piano, de Reicha pour l'harmonie et de Boïeldieu pour la composition. Ses premiers essais consistèrent en airs variés pour le piano, sur des thèmes d'opéras. Il écrivit ensuite des airs et des morceaux d'ensemble pour vaudevilles. En 1829, il débuta à l'Opéra-Comique par la représentation de *Pierre et Catherine*. Les opéras qu'il composa, depuis, pour ce théâtre se succédèrent avec rapidité ; les plus remarquables sont : *le Chalet* (1834), *le Postillon de Lonjumeau* (1836), *le Proscrit* (1837), *le Brasseur de Preston* (1838). En 1847, Adam fonda le Théâtre-Lyrique dont les débuts furent prospères, grâce à sa direction et à sa collaboration. C'est pour cette scène que furent composés l'opéra *Si j'étais roi* et *le Bijou perdu*. Ce théâtre fut fermé au mois d'avril 1848. Adam écrivit de nouvelles pièces pour les autres scènes lyriques, et se livra à la critique musicale dans le *Constitutionnel* et l'*Assemblée Nationale*. Outre les œuvres dont nous venons de parler, Adolphe Adam a composé pour l'Opéra divers ballets dont le plus célèbre est le ballet de Giselle. Il a écrit deux messes solennelles dont l'une est particulièrement célèbre, et un *Noel* qui, aujourd'hui encore, n'a rien perdu de sa vogue. Ce compositeur a été élu membre de l'Institut en 1844, et professeur de composition au Conservatoire en 1848. Il est

mort le 3 mai 1856. ‖ Adam(Edouard-Jean). 1768-1807. Chimiste de Rouen : inventeur d'une méthode excellente pour distiller le vin et en fixer le titre de spirituosité selon les besoins du commerce. Fut ruiné par les contrefacteurs qui lui volèrent son procédé. ‖ Adam (Albrecht). Né a Nordlingen, 1786 ; m. a Munich, 1862. Peintre d'animaux et de batailles protégé par Eugène, vice-roi d'Italie et par Maximilien 1er roi de Bavière. Son fils *François* et quatre de ses frères se firent un nom comme peintres et lithographes. ‖ Adam (Jean-Victor).Peintre et lithographe franç. Paris 1801-1866 Tableaux de batailles au musée de Versailles.En général, œuvres sans beaucoup de style et trop hâtées. S'est ensuite consacré plus spécialement à la lithographie. ‖ Adam (Edmond). Homme politique né au Bec-Helloin (Eure) 1816. Licencié en droit à Paris. Journaliste à Angers, puis au *National* de Paris, sous Louis-Philippe. Après 1848, secrétaire génér. à la préfect. de la Seine, conseiller d'Etat. Disparaît de la politique sous l'Empire.Dès octobre 1870, préfet de police ; député de la Seine en 1871 ; sénateur à vie 1875, parmi les républicains avancés. M. à Paris, 1877. — Son frère *Désiré-Adolphe* (1818-1872), vice-présid. du conseil municipal de Paris après le 4 sept.; même parti. ‖ Adam-Salomon (Antony-Samuel). Sculpt. franç. La Ferté-sous-Jouarre, 1818. Israélite. Medaillons de *Béranger*, de *Nicol. Copernic*, de *Jacq. Amyot*, de *Charlotte Corday;* bustes nombreux. S'est aussi occupé de photographie artistique. ‖ Adam (Hercule-Charles-Achille). Boulogne-sur-Mer, 1829. Député conservateur du Pas-de-Calais à l'Assemblée nationale de 1871 puis en 1876.

ADAM (pic d'). Montagne de l'île de Ceylan haute de 2262 m., couverte de forêts impénétrables et de précipices. On y voit, sur une pierre, une trace de pied gigantesque, attribuée par les indigènes à Bouddha, qui s'envola de là après ses métamorphoses, par les chrétiens du pays à S. Thomas et par les Arabes à Adam. Lieu de pèlerinage. ‖ Adam (pont d'). Partie de la chaussée naturelle (115 kil.) qui va de l'île de Ceylan (V. ce mot) à la côte opposée de l'Inde et barre le détroit de Polk. Le pont d'Adam, proprement dit, entre les deux îles Ramiseram et Manaar, a 40 kil.

ADAMA. Vle de l'ancienne Pentapole en Palestine, retrouvée par M. de Saulcy en 1850 (V. *Voyage aux villes maudites :* Sodome, Gomorrhe, Seboïm, Adama et Zoar).

ADAMAEUS (Thierry). Philologue allemand, mort en 1540, éditeur du *Promptuarium juris* de Harménopule.

ADAMANTIN, INE. adj.(gr. *adamas*,diamant). Qui a la dureté et l'éclat du diamant.

ADAMANTIUS. Médecin grec d'Alexandrie, V° s. ap. J.-C.; auteur d'un traité sur la *Physionomie*.

ADAMAOUA. Contrée de l'Afrique centrale, explorée en 1851 par Barth. Cap. Yola, entre 11° et 7° lat. N.; 9° et 13° long. E. Population nègre (Fellatahs) : la principale tribu est celle des Batta. Sol fertile : millet, sorgho, arachide ; pâturages ; nombreux troupeaux, animaux féroces : crocodiles, etc. Ce pays est traversé par le Binoué ou Tchadda. 130,000 kil. car.

ADAMASTOR. Génie des tempêtes dans les *Lusiades* de Camoëns.

ADAMI (Adam).Bénédictin allemand ; a écrit une histoire estimée du traité de Westphalie, aux négociations duquel il prit part. ‖ Adami (Annibal).Littérateur italien,panégyriste. 1626-1701. ‖ Adami (Léonard). Historien et helléniste, né à Bolsena, 1691, m. à Rome, 1719. *Hist. de l'Arcadie*. Rome, 1716, in-4°. ‖ Adami (Ant.-Philippe). 1722-1761. Littérateur florentin, auteur de trad. en vers de morceaux de la Bible, de Pope, d'une *Démonstration de l'existence de Dieu*, 1753 ; etc.

ADAMIQUE. adj. 2 g. Qui appartient, qui a rapport à Adam, Race *adamique*, Race humaine descendue d'Adam.

ADAMISME. s. m. Hérésie des Adamites.

ADAMITES ou **ADAMIENS**. Hist. ecclés. Hérétiques gnostiques du II° siècle de l'Eglise, qui prétendaient avoir en partage et d'une manière inamissible l'innocence originelle du premier homme, pratiquaient toute sorte de turpitudes et entr'autres la communauté des femmes. ‖ Secte de Manichéens, qui parut en France, en Hollande, en Bohème, vers la fin du

XIVᵉ siècle et fit revivre les erreurs et les débordements des gnostiques du IIᵉ s. Elle s'est maintenue jusqu'à nos jours surtout en Bohême à l'état plus ou moins latent.

ADAMNAN (S.). Abbé du monastère de Hy fondé par S. Colomban sur les côtes d'Irlande, mort en 704. Auteur d'une description de la Terre-Sainte classique au moyen âge. F. le 23 sept.

ADAMS (Guillaume). Navigateur anglais du commencement du XVIIᵉ siècle. Jeté par un naufrage au Japon, il sut gagner les bonnes grâces de l'empereur, et obtint pour les Hollandais, la permission de commercer avec ce pays. ‖ ADAMS (John). 2ᵉ président des États-Unis, de 1797 à 1801. Né 1735, m. 1826. Homme d'État, diplomate, écrivain politique, l'un des hommes qui ont le plus marqué dans la lutte de son pays contre l'Angleterre. Ami et collaborateur de Washington. Député au congrès de 1774, il proposa l'adoption du gouvernement réphblicain ; fut envoyé en France, puis en Angleterre (1777-1780), enfin en Hollande, comme ministre résident. De retour en 1787. Vice-président, ensuite président. Jefferson ne l'emporta sur lui, en 1801, que d'une voix ; l'un et l'autre devaient mourir le même jour, 4 juillet 1826, annivers. de la déclaration d'indépendance. A laissé plusieurs ouvrages. *Défense de la constitution des États-Unis*, 3 v., 1787-89; *Journ. et corresp.* ‖ ADAMS (Samuel). Membre du congrès américain de 1774, surnommé le *Caton de l'Amérique*. Né à Boston. 1725-1808. Contribua aussi à l'indépendance du pays. ‖ ADAMS (John-Quincy). Fils du président John. 1769-1848. Passa, avec son père, une partie de sa jeunesse en Europe. De retour en Amérique, débuta comme avocat. Puis, ministre des États-Unis à La Haye, à Berlin, il devint (1802) sénateur du Massachusetts, ambassadeur en Russie (1809), plénipotentiaire au Congrès de Vienne (1815), ambassad. à Londres, secrét. d'État (1817), 6ᵉ président des États-Unis (1825). Rentré dans la vie privée, il fut de nouveau (1831) élu représentant au congrès. Littérat. distingué, adversaire énergique de l'esclavage. ‖ ADAMS (Fr.). Médecin anglais. 1797-1801. Connu pour ses traductions de Paul d'Égine, d'Hippocrate et d'Arétée. ‖ ADAMS (John-Couch). Géomètre anglais, né en 1819. En 1841, l'étude des perturbations de la planète Uranus le conduisit à la découverte d'une nouvelle planète, Neptune, que Le Verrier découvrait en même temps en France. Correspondant de l'Académie des sciences de Paris. Professeur d'astronomie à l'université de Cambridge (1858). *De la variation séculaire du mouvement moyen de la lune*, 1853.

ADAMS. 8,000 h. Vle des États-Unis (Massachusetts), 200 kil. O.-N.-O. de Boston ; curieux pont naturel en marbre blanc sur l'Hudson : carrières de marbre.

ADAMSON (Patrice). Théologien écossais, archevêque de Saint-André, poète latin.

ADAMUZ. 4,000 h. Vle d'Espagne, prov. de Cordoue.

ADAN ou **AZAN.** Appel à la prière que le *mouezzin* fait 5 fois par jour, chez les Musulmans, du haut des minarets.

ADANA. 12,000 h. Ch.-l. de l'Eyalet ou Pachalik du même nom, dans la Turquie d'Asie, 38 kil. S.-E. de Tarse, sur la droite du Sihoun (anc. Sarus) à 50 kil. de la mer. Pays très fertile, céréales, lin, coton ; chevaux estimés; mines de plomb, de cuivre, de houille : montagnes boisées. Correspond à la Cilicie orientale.

ADANARA ou **ADENARA.** Ile de l'archipel Malaisien, à l'E. de Florès, 55 kil. de long, 24 de large (possessions néerlandaises).

ADANSON (Michel). Botaniste franç. d'origine écossaise, né à Aix 1727, m. à Paris 1806. A 20 ans, part pour le Sénégal qu'il explore durant 5 années. Reçu à l'Acad. des sciences (1759). Plan d'un grand ouvrage consacré à la description méthodique de tous les êtres connus, suivant leur série naturelle, indiquée par l'ensemble de leurs rapports. La Révolution interrompt ces travaux, et le réduit à une grande misère, jusqu'à *n'avoir pas de souliers* pour aller à la séance d'installation de l'Institut. Pensionné par le Directoire. Son principal ouvrage *les Familles de Plantes* (1763), d'une lecture difficile à cause d'une orthographe étrange et de termes génériques bizarres. A laissé de nombreux manuscrits.

ADANSONIA ou **ADANSONIE.** s. f. Arbre qu'Adanson observa le premier dans la Sénégambie. C'est le *baobab* (V. ce mot).

ADAOUST (P.-Aug. d'). Poète et littérat., né à Aix. 1751-1819. L'*Air*, poème en 4 ch.; trad. en vers de l'*Art poétique* d'Horace ; comédies, fables, odes, paraphrases des psaumes.

AD APERTURAM LIBRI. Expression latine : A livre ouvert. Il faut être un helléniste de premier ordre pour expliquer les auteurs grecs *ad aperturam libri.*

ADAPIS. s. m. Pachyderme fossile de petite taille, découvert par Cuvier dans les plâtres au bassin parisien.

ADAPTABLE. adj. Qui peut être adapté.

ADAPTATION. s. f. Action d'adapter.

ADAPTER. v. a. (lat. *ad*, à; *aptus*, apte). Ajuster une chose à une autre. Adapter un robinet à une fontaine. Adapter son langage aux temps, aux lieux, à ses auditeurs. ‖ S'ADAPTER. Ce couvercle s'adapte bien au vase. Cette épigraphe s'adapte bien au sujet de votre ouvrage. ‖ ADAPTÉ, ÉE. p. pas. Couvercle mal adapté à sa boîte. Comparaison bien adaptée.

AD AQUAS. Vle de l'anc. Lusitanie, auj. *Fuente carcada.* ‖ Vle de l'anc. Dacie, auj. *Feredo Gyœgi*, eaux chaudes. ‖ Vle de l'anc. Étrurie, auj. *Bagni Giagmelli.*

AD AQUILEJA. Vle d'Étrurie, sur l'Arno, auj. *Incisa.*

ADAR. s. m. Douzième mois de l'année sainte des Hébreux et le sixième de leur année civile. Il répond à nos mois de février et de mars.

ADARAS. Vle de Bétique, auj. *Ventade Arefice.*

ADARGUE. s. m. Cimeterre des anciens Maures d'Espagne.

ADARKEND. Vle de la Tartarie indépendante, à 340 kil. de Samarkand.

ADARME. s. m. Poids employé en Espagne pour les matières d'or et d'argent. Il pèse un peu moins de deux grammes.

ADASPIENS. Peuple du Caucase, soumis par Alexandre le Grand.

ADATIS. s. m. (a-da-ti). Mousseline des Indes orientales.

ADAUBAGES. s. m. pl. Viandes conservées dans des boîtes.

ADAUCTE (S.), c.-à-d. *Ajouté.* Nom donné par les fidèles à un chrétien inconnu, qui, au moment du martyre de S. Félix, prêtre, se joignit à lui et versa son sang pour J.-C. (303). F. 30 août. ‖ Il existe 2 autres saints du même nom : l'un martyr en Phrygie vers 303. F. 7 fév.; l'autre martyr en Mésopotamie vers 313. F. 4 oct.

AD CALEM. Vle d'Ombrie, auj. *Gagli.*

AD CASAS CÆSARIANAS. Vle d'Étrurie, auj. *San-Giovanni.*

AD CENTESIMUM. (c.-à-d. près du 100ᵉ mille). Vle du Picenum, sur le Tronto.

ADCHERHERBA. Vle sur la côte O. de l'île de Sumatra.

ADCHIAN. Vle. de la petite Boukharie, à 220 kil. de Kaschgar.

ADDA (*Addua*). Riv. d'Italie ; prend sa source en Suisse (Grisons), traverse le lac de Côme et se jette dans le Pô près de Crémone; c. 300 kil. Très rapide, charrie de l'or. Victoire de Flaminius Nepos sur les Gaulois (233 av. J.-C.) ; de Théodoric sur Odoacre (490). Sous Napoléon Iᵉʳ donna son nom à un dép. du roy. d'Italie ; ch.-l. Sondrio.

AD DECIMUM. (c.-à-d. vers le 10ᵉ mille). Vle de la Gaule Belgique, sur la Moselle, auj. *Detzen.*

ADDENDA. s. m. (ad-din-da; — mot lat. qui signifie : choses à ajouter). Additions, suppléments à faire ou faits à un ouvrage. Quicherat a publié des addenda aux lexiques latins.

ADDÉPHAGIE. V. *Adéphagie.*

ADDICTER. v. a. Vieux mot qui signifiait énoncer, stipuler, adjuger.

ADDICTION. s. f. Dr. rom. L'action de transférer la propriété d'un immeuble soit par acte volontaire, soit par voie judiciaire ou d'adjudication forcée. C'est la même chose qu'aliénation et adjudication.

ADDINA. Fort et comptoir des Hollandais sur la Côte d'Or (Afrique).

ADDINGHAM. 1,877 h. Bg d'Angleterre, comté d'York. Filatures de laine.

ADDINGTON. L'un des 42 comtés de la prov. d'Ontario (Dominion du Canada), fertilisé par le lac Ontario, par le fl. St-Laurent et par beaucoup de lacs. 21,312 h., dont 4,500 cath. Ch.-l.

Napanée. ‖ Cap de l'archipel du Prince de Galles, côte occid. (Amériq. du N.).

ADDINGTON (Henri). 1755-1844. Homme d'État anglais, contribua à la conclusion de la paix d'Amiens (1802) George III le créa pair et vicomte Sidmouth. Plusieurs fois ministre, il se retira de la vie politique en 1822.

ADDISON (Joseph). Écrivain anglais (1672-1719) ; a joué un rôle comme homme d'État, mais est surtout remarquable comme auteur et comme critique. Son style simple, quoique brillant, est classique en Angleterre. Il a donné des pièces de théâtre : *Caton, le Tambour*, etc., des poésies, et de nombreux articles dans le *Spectateur.* Il avait commencé une *Défense de la religion chrétienne*, qui est restée inachevée.

ADDISSON. Clé de Vermont (États-Unis). Climat froid, air salubre ; pâturages 23,380 h.

ADDIT DU PROCES. s. m. Jurisp. anc. Terme de procédure qui exprimait, en Bretagne, les conclusions posées.

ADDITIF, IVE. adj. Math. Se dit d'une quantité qui s'ajoute. ‖ Gram. Se dit des prép. et des particules qui s'ajoutent à un mot primitif pour former un mot composé. Ainsi dans approuver, *ap* est une syllabe additive.

ADDITION. s. f. (on pron. les deux *d*; — du lat. *addere*; de *ad*, à ; *dare*, donner). Ce qu'on ajoute à une chose. Faire à un ouvrage de longues, de nombreuses additions. ‖ Jurisp. Informer par addition, Ajouter une nouvelle information à la première. — Additions, Écritures signifiées après les défenses et répliques; elles furent proscrites par l'ordon. sur la procéd. civ. de 1667. ‖ Imp. Dates, citations, notes, placées en marge hors de la justification. ‖ Arith. L'addition est une opération qui a pour but de réunir plusieurs nombres de même espèce en un seul, qu'on appelle somme ou total: c.-à-d. de trouver un nombre qui renferme, à lui seul, autant d'unités ou de parties de l'unité qu'il y en a dans tous les autres. L'opération s'indique par le signe $+$ (plus), qu'on place entre les quantités à additionner. Dans les fractions, c'est le dénominateur qui indique l'espèce des unités dont il s'agit : des fractions qui n'ont pas le même dénominateur ne sont donc pas des quantités de même espèce et on ne peut les additionner qu'après les avoir réduites au même dénominateur (V. ce mot). On ne peut pas plus additionner 2/3 et 3/4 que 2 pommes et 3 noix : dans ce dernier cas, on peut dire que cela fait 5 fruits, ce qui revient à donner une même dénomination aux deux choses. Pour les nombres complexes, c'est-à-dire qui ne suivent pas la division décimale, comme les jours, minutes et secondes, on ajoute d'abord les plus petites unités, et si leur somme contient des unités de l'ordre suivant, on les extrait pour les ajouter avec celles-ci. Ex. $23^m \, 38^s + 48^m \, 54^s$: on trouve d'abord 92^s, qui valent 1^m et 32^s on écrit les 32^s et on garde la minute pour l'ajouter avec les autres, etc. ‖ Alg. Les quantités algébriques étant représentées par des lettres, on ne peut, en général, faire l'addition dans le sens propre du mot ; on se borne à indiquer l'opération, en écrivant ces quantités à la suite les unes des autres et en les séparant par le signe $+$. Mais s'il y a des termes semblables (V. *Semblable*), c'est-à-dire des quantités de même espèce, on ajoute les coefficients (V. ce mot). Ainsi $3a^2b + 5a^2b + 4a^2b = 12a^2b$. ‖ Note d'une dépense faite au restaurant. ‖ Arg. D'après nos pères, dit M. Alfred Delvau, c'est la carte à payer ; pour les paysans, c'est le compte ; pour les savants en goguette, c'est le calcul.

ADDITIONNABLE. adj. Qui peut être additionné.

ADDITIONNEL, ELLE. adj. Qui doit être ajouté, qui est ajouté. Dans une loi : article additionnel ; dans un traité : clause additionnelle. ‖ *Centimes additionnels*, Centimes établis par la loi en sus du principal de chaque contribution directe. (V. *Centime*.) ‖ *Acte additionnel* aux constitutions de l'Empire ou plus brièvement Acte additionnel, Loi promulguée le 23 avril 1815 par Napoléon Iᵉʳ à son retour de l'île d'Elbe comme supplément aux constitutions de l'Empire. Cet acte, à la rédaction duquel prit part Benjamin Constant, avait pour but de concilier à la cause impériale les partisans du régime constitutionnel. D'après l'acte additionnel, le pouvoir législatif était exercé par l'Empereur et par deux chambres : une première chambre, appelée Chambre des pairs, composée de membres en nombre illimité nommés par l'Empereur et dont la dignité était héréditaire ; une seconde chambre, dite Chambre des représentants, composée de 629 membres élus par le peuple. L'acte additionnel établissait la responsabilité ministérielle, garantissait la liberté individuelle et la liberté des cultes et reconnaissait aux chambres le droit de voter l'impôt et les levées d'hommes. ||

ADDITIONNELLEMENT. adv. D'une manière additionnelle.

ADDITIONNER. v. a. Ajouter plusieurs nombres l'un à l'autre pour en trouver le total. || Chim. Additionner un liquide d'alcool, Y ajouter de l'alcool. || Pharm. Additionner de sucre un sirop, Y ajouter un peu de sucre. || S'ADDITIONNER. v. pr. Être additionné. En arithmétique les unités de différentes natures ne peuvent s'additionner. || ADDITIONNÉ, ÉE. p. pas. Sommes additionnées. || Eau additionnée de quelques gouttes d'alcool camphré.

ADDITIONNEUR, EUSE. s. Celui, celle qui additionne. || Machine mathématique destinée à faciliter les additions.

ADDIX. s. f. Mesure de capacité en usage dans l'anc. Perse. Elle valait 2 l. 325 c.

AD DOMINICI GREGIS CUSTODIAM. Bulle de Léon XII, du 11 avril 1827, portant érection de la prov. ecclés. du Haut-Rhin.

ADDRESSÉE. s. f. Jurisp. anc. Pension pour sa nourriture et son entretien, accordée par justice, à une femme que son mari avait chassée de sa maison. Cette expression était surtout usitée dans le Hainaut.

ADDUCTEUR. adj. (lat. ad, à, et ducere, conduire). Anat. Il se dit des muscles, dont la fonction est de rapprocher l'axe du corps, les membres auxquels ils sont attachés. || s. m. L'adducteur de l'œil, les adducteurs de la cuisse.

ADDUCTIF, IVE. adj. Qui produit, qui détermine l'action des muscles adducteurs.

ADDUCTION. s. f. Anat. Action des muscles adducteurs.

AD DUODECIMUM. (c.-à-d. vers le 12ᵉ mille). Anc vie du N. de l'Italie, auj. Giaconcra. || Vie du pays des Bataves, auj. Dorts. || Vle de la Gaule, auj. Delme, près de Château-Salins.

ADEL. Pays de l'Afrique orientale habité par plusieurs tribus pastorales dont la principale, celle des Adoïels, a donné son nom à toute la région. L'Adel s'étend entre l'Abyssinie et le golfe d'Aden. (V. Afar.)

ADEL ou **ATHEL.** Mot ajouté à quelques noms de villes dans les pays teutoniques, et qui signifie noble : Adelepssen, Adelshofen, etc.

ADELAAR, c.-à-d. l'Aigle. Surnom du marin norvégien CORT SIVERTSEN. Brevig, 1622. Copenhague, 1675. Il se signala au service de Venise par ses exploits contre les Turcs à qui il coula 15 galères en 1654. Il mourut grand-amiral de Danemark.

ADÉLAÏDE (Ste). 930-999. Veuve de Lothaire, roi d'Italie : elle épousa l'empereur Othon le Grand, et gouverna l'empire avec une grande sagesse pendant la minorité de son petit-fils Othon III F. 16 déc. || ADÉLAÏDE (Ste) de Gueldre. 1ʳᵉ abbesse de Vilich, m. à Cologne en 1015. F. 5 fév. || ADÉLAÏDE. Marquise de Suze, fonda la puissance de la maison de Savoie en Piémont. M. en 1091. || ADÉLAÏDE. Épousa Louis VI, roi de France, puis le connétable de Montmorency. Fonda en 1134 le monastère de Montmartre et mourut en 1154. || ADÉLAÏDE (Madame) de France. Fille aînée de Louis XV, née a Versailles 1732, m. à Trieste 1800. Émigra en 1791, et se retira à Rome avec sa sœur, Madame Victoire, et y résida jusqu'à l'approche des armées françaises (1799). Princesse d'une admirable vertu. || ADÉLAÏDE (Eugénie-Louise). Princesse d'Orléans, sœur de Louis-Philippe Iᵉʳ. 1777-1847. Passa sa vie auprès de son frère, qu'elle inspira souvent de ses conseils. Elle mourut subitement.

ADÉLAÏDE. 30,000 h. Cap. des possessions anglaises en Australie, près du golfe St-Vincent, fondée en 1836 Riches mines de cuivre ; magnifiques céréales. La ville communique avec le port Adélaïde par un chemin de fer. || Riv. du N.-O. de l'Australie. A 80 kil. de son emb., elle peut recevoir des navires de 4 m. de tirant. || Ile de l'Océan antarctique, découv. par l'Angl. Biscoe 1831. || Adélaïde Islands. Groupe d'îles à l'entrée occid. du détroit de Magellan.

ADÉLARD (S.). V. Adalard.

ADELBERT (S.). Abbé de Wissembourg, premier archev. de Magdebourg, 981 F. 20 juin.

ADELBODEN. Vge du cant. de Lucerne. Ce nom, qui signifie terre noble, lui a été donné à la suite du tournoi de 1381, tenu par Léopold d'Autriche.

ADELBOLD. 19ᵉ évêque d'Utrecht, mort en 1027. Théologien, mathématicien, historien ; chancelier de l'empereur Henri II dont il a écrit la vie, et auteur d'un traité de la sphère (de ratione inveniendi crassitudinem spherae).

ADELBURNER (Mich.). Né à Nuremberg, 1702 ; imprimeur, puis médecin, mathématicien et professeur de physique à l'univers. d'Altdorf ; publia avec Celsius une revue latine pour l'astronomie et quelques autres ouvrages astronomiques. M. en 1779.

ADELE. s. m. (gr. adélos, caché). Zool. Insectes de l'ordre des lépidoptères, fam. des nocturnes, section des tinéites, font partie des phalènes de Linné. Ce sont des papillons très élégants, et ornés de brillantes couleurs.

ADÈLE (Ste). Mère de S. Bernard. F. 4 avril. || ADÈLE (Ste). Fille de Dagobert, fondatrice du monastère de Palz, près Trèves. 668-735. F. 24 déc.

ADELGREIF (Jean-Albert). Fanatique du XVIIᵉ s., né près d'Elbing en Prusse. Il se donnait les titres de roi du royaume des cieux, Dieu le père, etc., et se disait envoyé pour bannir le mal de la terre et battre les souverains de verges de fer. Il fut exécuté comme hérétique et magicien en 1636.

ADÉLICATER (S'). v. pr. Devenir délicat. Son corps s'adélicate (Souvestre).

ADÉLIE (Terre). Découverte en 1840 par Dumont d'Urville dans la mer polaire du S. entre 66°67' lat. S. et 134° 140° long. E.

ADELIN (S.). Fondateur du monastère de Celles, en Belgique ; patron de la vle de Visé. VIIᵉ s. F. 3 fév.

ADELMAN. Écolâtre de Liège ; évêq. de Brescia (XIᵉ s.) ; théolog. et poète latin. || ADELMAN. Évêq. de Beauvais. V. Hildeman.

ADELME (S.). Abbé de Malmesbury, évêque de Sherborne (Salisbury), théologien et poète latin. M. en 709.

ADÉLOBRANCHE. adj. 2 g. (du gr. adélos, invisible, et brankhia, branchies). Zool. Dont les branchies ne sont pas visibles.

ADÉLOCÉPHALE. adj. 2 g. (du gr. adélos, invisible : képhalé, tête). Zool. Dont la tête est invisible.

ADÉLOCÈRE. adj. 2 g. (du gr. adélos, invisible ; kéras, corne). Zool. Dont les cornes ou antennes ne sont pas visibles.

ADELON (Nicol.-Philibert). Médecin franç., né à Dijon 1782, m. à Paris 1862. De l'Acad. de Médecine, profes. de médecine légale. Études spéciales de physiologie. Anatomie physiolog. du cerveau d'après le système de Gall, 1808 ; Traité de la physiologie de l'homme, 1823.

ADÉLOPNEUMONE. adj. 2 g. (gr. adélos, invisible, et pneumón, poumon). Zool. Se dit de mollusques dont les organes respiratoires sont cachés. || Subst. Il désigne ces mollusques.

ADÉLOPODE. adj. 2 g. (gr. adélos, invisible ; pous, pied). Zool. Qui n'a point de pieds visibles.

ADÉLOSTOME. adj. 2 g. (gr. adélos, invisible ; stoma, bouche). Zool. Dont la bouche est invisible.

ADELPHE. adj. 2 g. (gr. adelphos, frère). Bot. Se dit d'étamines unies par leurs filets. Les mots mono, di, tri, poly... adelphe, indiquent que les filets sont réunis tous entre eux ou en deux, trois ou plusieurs faisceaux.

ADELPHE (S.). 10ᵉ évêq. de Metz, vᵉ s. — F. 29 août.

ADELPHES (les) ou les Frères. Comédie de Térence imitée par Molière dans l'École des maris. L'un des deux frères est d'une sévérité excessive pour l'éducation de son fils, l'autre d'une indulgence extrême pour son neveu, second fils de son frère. C'est l'opposition de ces deux caractères, de ces deux systèmes, de ces deux excès en fait d'éducation, qui forme le fond de la pièce.

ADELPHIE. s. f. Bot. Union des étamines par leurs filets. On distingue monadelphie, diadelphie, triadelphie, polyadelphie, comme monadelphe.

ADELPHIXIE. s. f. Anat. Union sympathique des diverses parties du corps.

ADELSBERG. Vle de la Carniole (Autriche), à 35 kil. E.-N.-E. de Trieste. Magnifique grotte remplie de stalactites et terminée par un lac souterrain. La riv. la Pinka ou Poik s'y perd pour reparaître plus loin sous les noms d'Unz et de Laybach. Dans ces eaux souterraines se trouve un batracien aveugle, le proteus anguinus.

ADELSDORF. Vle de Bavière à 40 kil. de Bamberg. Eau minérale. || Vge de la Silésie autrichienne. Cascade de la Biela, 200 pieds.

ADELSHOFEN. Vle et chât. de Bavière. Eaux minérales ; mine de mercure ; grotte.

ADELSTAN ou **ATHELSTAN.** Né en 895. 8ᵉ roi d'Angleterre de la dynastie saxonne. Il était fils naturel d'Édouard l'Ancien et régna glorieusement de 925 à 941. Il triompha des Danois du Northumberland révoltés, conquit l'Écosse et rendit tributaires les princes de Galles et de Cornouailles.

ADELSWARD (Renard-Oscar d'). Député français né a Longwy, 1811. Famille d'origine suédoise. Élève de St-Cyr, aide-de-camp du gén. Baraguey d'Hilliers en Afrique, capitaine ; à 33 ans, se retire à Nancy. Député de la Meurthe en 1848, puis à la Législative ; rentre dans la vie privée après le 2 décembre 1851. Appartient à la droite monarchique. Du système pénitent. et de ses conséquences (1860) ; la Liberté de conscience en Suède (1861) ; la Réformation et les lois de 1860 en Suède (1862).

ADELTRUDE (Ste). Abbesse de Maubeuge, fille de S. Vincent et de Ste Vaudrie, sœur de S. Landry, év. de Meaux ; nièce de Ste Aldegonde, à laquelle elle succéda comme abbesse de Maubeuge 696. F. 25 fév.

ADELUNG (Jean-Christophe). Philologue allemand né à Spantekow (Poméranie), 1732; m. à Dresde. 1806. Bibliothécaire à Dresde. Il a laissé près de 70 vol. : Dictionnaire grammatical et critique du haut allemand (4 vol. 1774-1786), ouvrage capital ; Grammaire détaillée de la langue allemande ; Du style allemand ; Histoire ancienne des Allemands, de leur langue et de leur littérature ; abrégé du Glossaire de Ducange ; Mithridate ou tabl au universel des langues (avec le Pater en 500 langues), ouvrage terminé par Severin Vater. || Son neveu, Frédéric D'ADELUNG, orientaliste, né a Stettin en 1768, m. à St-Pétersbourg en 1843, fut précepteur des grands-ducs de Russie, directeur du Théâtre allemand et de l'Institut oriental de St-Pétersbourg. Il a particulièrement étudié les manuscrits orientaux du Vatican.

ADÉMAR ou **AYMAR DE CHABANNES.** Moine de St-Cybard d'Angoulême, puis de St-Martial de Limoges, 988-1030 ; auteur d'une chronique éditée pour la première fois par Labbe, et qui va jusqu'en 1029. (V. Adhémar.)

ADÉMONIE. s. f. (gr. ademonein, être inquiet). Méd. Anxiété, abattement d'esprit.

ADEMPTION. s. f. (lat. ademptio ; de adimere, enlever). Dr. rom. Révocation d'un legs. La révocation d'un legs pouvait être expresse ou tacite. La révocation tacite résultait : 1° de la survenance, entre le testateur et le légataire, d'une inimitié grave non suivie de réconciliation ; 2° de la radiation volontaire de la disposition qui contenait le legs ; 3° de l'aliénation par le testateur lui-même de la chose léguée.

ADEMUZ. 3,000 h. Bg d'Espagne près du Guadalaviar, 100 kil. N.-O. de Valence. Ruines d'un château arabe.

ADEN. Vle et port du S. de l'Arabie, par 12° 46' de lat. N. et 42° 44 de long. E., sur le golfe auquel elle donne son nom. Placée à l'extrémité d'une presqu'île, défendue par le Djébel Chamchan, forteresse comparable à celle de Gibraltar, et qui domine la mer de 530 m., Aden est une place inexpugnable qui rend les Anglais maîtres de la navigation dans la mer Rouge, et de l'entrée de la mer des Indes. La position d'Aden est aussi excellente au point de vue commercial qu'au point de vue militaire. Son port, le meilleur que l'on rencontre dans ces parages, reçoit chaque année 500 bâtiments et 5,000 grandes barques de cabotage. Les importations qui s'élèvent à 40,000,000 de francs consistent en grains, houille, métaux, vins et spiritueux, soie, coton, tabac. Les 15 millions d'exportation sont principalement composés de café moka, de gommes, de perles et d'ivoire. Ces derniers produits d'ailleurs ne proviennent pas d'Aden, qui n'est qu'un entrepôt, mais de l'intérieur de l'Arabie. De tout temps Aden fut une station de commerce fort importante. Elle appartint successivement aux Phéniciens, aux Égyptiens, aux Romains, aux Portugais et aux Turcs. Mais en 1740 les habitants secouèrent le joug et se donnèrent eux-mêmes un cheik. La prospérité d'Aden fut complètement détruite par la découverte du cap de Bonne-Espérance qui changea l'itinéraire du commerce des Indes et d'Asie. Elle ne fit que décliner jusqu'en 1834, époque où elle comptait à peine 600 habitants. Ce fut alors qu'un capitaine anglais, Haine, comprit de quelle importance serait pour sa nation l'occupation de cette ville, si admirablement située. En 1839, sous un prétexte futile, les Anglais s'en emparèrent et en firent un entrepôt de commerce. La population compte maintenant 25,000 âmes d'après l'annuaire du Bureau des longitudes (1882) ; 30,000, d'après Vivien de Saint-Martin. D'ailleurs ses progrès sont loin de cesser et le percement de l'isthme de Suez qui remet Aden sur la route du commerce asiatique leur donne chaque jour une nouvelle impulsion.

ADÉNALGIE. s. f. (gr. *adén*, glande ; *algos*, douleur). Méd. Douleur qui a son siège dans les glandes.

ADÉNALGIQUE. adj. Qui se rapporte à l'adénalgie.

ADENANTHERA. s. f. Bot. G. de légumineuses mimosées, qui a donné son nom à la série des adénanthérées. On a préconisé la graine contre la rage, l'épilepsie, etc., comme cosmétique, etc.

ADENAU. Pte vle de l'Eifel prussienne; mines de plomb et de fer, tanneries.

ADENBOURG ou **ALDENBOURG.** Vle de Prusse (Bas-Rhin), 20 kil. de Cologne.

ADÉNECTOPIE. s. f (gr. *adén*, glande ; *ex*, hors de ; *topos*, lieu). Anat. État d'une glande qui n'est pas à sa place.

ADÉNEMPHRAXIE. s. f. (gr. *adén*, glande; *emphraxis*, action d'obstruer). Méd. Engorgement des glandes.

ADÉNÉRATION. s. f. Jurisp. anc. Action d'adénérer. Vente à prix d'argent.

ADÉNÉRER. v. a. Jurisp. anc. Apprécier, estimer, faire argent d'une chose.

ADENET ou **ADENÈS.** Surnommé *le Roi*, appelé encore ADAM DE BRABANT, trouvère célèbre du XIIIe s., ménestrel d'Henri III, duc de Brabant. Il a composé 4 romans en vers : *les Enfances Ogier le Danois ; Li romans de Berte aus grans piés ; Bueves de Comarchis ; Cléomadés.*

ADÉNITE. (gr *adén*, glande). Méd. A proprement parler, inflammation des glandes, mais spécialement celle des glandes ou ganglions lymphatiques. Cette affection se rencontre surtout chez les gens d'un tempérament lymphatique ou scrofuleux, les enfants, les personnes blondes à peau fine et blanche ; c'est à elle que se rapporte ce qu'on appelle vulgairement écrouelles et humeurs froides. Rarement cette inflammation des ganglions lymphatiques est primitive ; presque toujours elle est consécutive à une lésion qui a son siège dans une région plus ou moins éloignée. Alors, de deux choses l'une, les vaisseaux lymphatiques qui vont de cette région aux ganglions sont enflammés et constituent l'*angioleucite* (V. ce mot), ou bien ils restent intacts et conduisent seulement aux ganglions auxquels ils aboutissent certains principes irritants puisés dans le foyer d'inflammation. Ce dernier cas est de beaucoup le plus fréquent. La cause de l'adénite est souvent bien légère ; c'est ainsi qu'une lésion des organes de la bouche, carie dentaire, aphtes, etc., détermine l'inflammation des ganglions du cou (adénite cervicale) ; un léger mal de gorge provoque l'adénite sous-maxillaire ; les écorchures à la main ou au bras suffisent à produire l'adénite axillaire, et celles du pied et de la jambe l'adénite inguinale. L'adénite peut avoir une forme aiguë ou bien une forme chronique. Dans le premier cas, les ganglions se gonflent, se durcissent, forment sous la peau une masse bosselée et deviennent le siège de douleurs sourdes ; puis la peau devient chaude, rougit, en même temps qu'une réaction fébrile se produit. Au bout de quelques jours, la tumeur se ramollit, devient fluctuante, indice de la suppuration de la glande. L'inflammation peut rester limitée aux ganglions ou s'étendre au tissu cellulaire voisin, d'où résultent parfois des abcès d'une grande étendue. — Il arrive souvent que l'adénite au lieu d'arriver à suppuration se termine par résolution, c'est-à-dire que les ganglions deviennent moins douloureux, diminuent peu à peu de volume et finissent par disparaître. — Enfin l'adénite peut être chronique soit d'emblée, soit après avoir passé par l'état aigu. Les ganglions sont, dans ce cas, indolores et la peau qui les recouvre n'est pas rouge, mais ils se durcissent et leur gonflement persiste indéfiniment. — Quant au traitement il consiste, si l'adénite est aiguë, à faire, suivant les circonstances, une application de sangsues, des frictions avec des pommades résolutives telles que l'onguent napolitain, des applications réitérées de vésicatoires volants, toutes ces pratiques ayant pour but de faire avorter l'inflammation et d'éviter la suppuration. Si l'abcès est formé, on emploie les cataplasmes émollients, puis l'incision qui doit être faite de bonne heure pour éviter que le pus ne se fasse jour de lui-même au dehors, après s'être étendu sous la peau et avoir produit des décollements qui donnent souvent lieu à d'énormes cicatrices. Si l'abcès est froid, au lieu de se servir du bistouri on peut ouvrir la tumeur avec un caustique tel que la pâte de Vienne qu'on applique en traînée. On peut encore, pour éviter toute cicatrice, traverser la tumeur avec un séton filiforme qui permet la sortie lente mais continuelle du pus. — Dans l'adénite chronique on emploie les vésicatoires volants répétés, les acupunctures, les emplâtres de Vigo, de cigue, etc., les badigeonnages à la teinture d'iode. Enfin quand la tumeur résiste à tous les moyens précédents, si elle devient gênante par son volume ou cause une difformité, il y a la ressource de l'extirpation.

ADÉNOCALICÉ, ÉE. adj. (du gr. *adén* ; *kalux*, calice). Bot. Dont le calice présente des points glanduleux.

ADENOCOLYMNA. s. f. Bot. G. de bignoniacées, tr. des eubignoniées, lianes de l'Amérique du S ; fleurs magnifiques, cultivées dans les serres chaudes.

ADÉNODERMIE. s. f. (gr. *adén*; *derma*, peau). Méd. Adénodermie syphilitique, Affection syphilitique des glandes de la peau ?

ADÉNODIASTASE. s. f. (gr. *adén* ; *diastasis*, séparation). Méd. Séparation anormale des lobes glandulaires habituellement conglomérés.

ADÉNOGRAPHIE. s. f. (gr. *adén*; *graphein*, décrire). Anat. Description des glandes.

ADÉNOÏDE. adj. (gr. *adén* ; *eidos*, forme). Anat. Qui a la forme ou l'aspect du tissu d'une glande.

ADÉNOLOGIE. s. f. (gr. *adén* ; *logos*, discours). Anat. Science qui traite des glandes.

ADÉNOLOGIQUE. adj. 2 g. Anat. Qui a rapport à l'adénologie.

ADÉNOLOGUE ou **ADÉNOGRAPHE.** s. m. Qui fait de l'adénologie, qui est auteur d'un traité sur les glandes.

ADÉNOMALACIE. s. f. (gr. *adén* ; *malaxos*, mou). Anat. Ramollissement des glandes.

ADENOME. s. f. (gr. *adén* ; *nomai*, ulcères). Anat. Tumeur dans le tissu glandulaire.

ADÉNO-MENINGÉE. adj. (gr. *adén*; *meninx*, membrane). Anat. Fièvre adéno-méningée, Fièvre muqueuse ou pituiteuse.

ADÉNONCOSE. s. f. (gr. *adén* ; *onkôsis*, grosseur). Anat. Tuméfaction des glandes.

ADÉNO-NERVEUSE. adj. (gr. *adén* et *nerveux*). Fièvre adéno-nerveuse, La peste du Levant que caractérisent une lésion du système nerveux et une suppuration des glandes inguinales ou des glandes axillaires, quelquefois des parotides.

ADÉNOPATHIE. s. f. (gr. *adén* et *pathos*, maladie). Anat. Adénite, affection des glandes en général, des glandes lymphatiques en particulier.

ADÉNO-PHARYNGIEN. adj. et s m. (gr. *adén* et *pharyngx*, pharynx). Anat. Qui appartient au pharynx et à la glande thyroïde. Muscle adéno-pharyngien.

ADÉNO-PHARYNGITE. s. f. Anat. Inflammation des amygdales et de l'arrière-gorge.

ADÉNOPHORE. adj. Bot Se dit d'une plante ou d'un organe qui porte des glandes, un disque, etc.

ADÉNOPHTALMIE. s. m. (gr. *adén* et *ophthalmos*, œil). Anat. Inflammation des glandes de Meibomius.

ADÉNOPHYLLE. adj. 2 g Bot. Se dit d'une plante dont les feuilles portent des glandes.

ADÉNOPODE. adj. 2 g. (gr. *adén* ; *pous*, *podos*, pied). Bot. Se dit des plantes dont les pétioles portent des glandes.

ADÉNOSCLEROSE. s. f. (gr. *adén*; *skléréosis*, durcissement). Anat. Induration des glandes.

ADÉNOSES. s. f. pl. Anat. Maladies chroniques des glandes.

ADÉNOTOMIE. s. f. (gr. *adén* ; *temnein*, couper). Chir. Dissection des glandes.

ADENS. adv. (a-dan ; — de *à* et *dent*). Couché sur le ventre. (Vieux.) On disait aussi jadis : *adenter, s'udenter*, Se coucher à plat ventre.

ADENT. (a-dan ; — de *à* et *dent*) Entaille et saillie pratiquées dans deux pièces de bois qu'on veut assembler, pour assurer leur solidité.

ADENTER. v. a. Réunir deux pièces de bois au moyen d'adents.

ADÉODAT (S.). V. *S. Dié.*

ADEONA. (lat. *adire*, venir). Myth. Déesse romaine qui présidait à l'arrivée des voyageurs, comme *Abeona* (de *abire*, s'en aller) présidait à leurs départs. || Astr. La 145e des petites planètes, entre Mars et Jupiter, découverte le 3 juin 1875 par M. C.-H.-F. Peters.

ADÉPHAGIE ou **ADDÉPHAGIE.** s. f. (gr. *adén*, beaucoup ; *phagein*, manger). Méd. Voracité.

ADEPTE. s. 2 g. (a-dé-pte; — lat. *adeptus*, qui a acquis, atteint ; d'*ad piscor*, acquérir). Les alchimistes donnaient ce nom à ceux qui croyaient être parvenus au grand œuvre, avoir découvert la pierre philosophale || Celui qui est initié aux mystères, aux secrets d'une doctrine, d'une secte. Partisan d'une idée, d'un individu. Les systèmes les plus absurdes ont leurs adeptes.

ADÉQUAT, ATE. adj. (a-dé-koua ; — lat. *ad*, à ; *æquare*, égaler). Philos. Entier, total. D'une étendue, d'une compréhension égale. La fin adéquate d'une loi. L'objet adéquat d'une science. L'idée adéquate d'une chose. Une définition, pour être bonne, doit être adéquate, c.-à-d. convenir parfaitement à son objet tout entier et ne convenir qu'à lui. || Adéquat à.... La science, pour être complète, doit être adéquate à son objet. || ADÉQUATE. s. f. Employé par quelques auteurs pour signifier Chose équivalente, valeur égale, représentation parfaite. Ador est l'adéquate du Sidik phénicien, du Fta memphitique. (Val. Parisot.)

ADÉQUATION. s. f. (lat. *adœquatio*). Action d'égaler, état de ce qui est adéquat, rapport parfait. Il faut qu'il y ait adéquation entre l'expression et l'idée, entre l'idée et la chose.

ADER. s. m. Mois persan qui répond à nos mois de novembre et de décembre.

ADER (Guill.). Médecin de Toulouse, XVIIe s. Auteur de divers ouvrages de médecine et d'un poème macaronique en languedocien, en l'honneur d'Henri IV, *lou Gentilhomme gascoun*, 1610. || ADER (Joseph). Littérat. franç. né à Bayonne. 1796-1859. *Le classique et le romantique* 1823 ; le *Barbier du roi d'Aragon*, drame 1832 ; le *Plutarque des Pays-Bas*, 1822-30, 3 v. in-8°.

ADERALD (S.). Chanoine et archidiacre de Troyes. Il avait une liste de tous les malades et de tous les indigents de la ville et les assistait corporellement et spirituellement (1034). F. 2 oct.

ADERARE. Île au S. des Célèbes (Océanie).

ADERBAÏDJAN. Prov. de Perse, formant l'extrémité N.-O. du royaume 800,000 h d'après les uns, 1,500,000 d'après d'autres. Les limites astronomiques sont à peu près de 36° à 38° 50' lat. N. et en longitude 41° 50' à 46° 25' E. de Paris. La superficie équivaut à onze ou douze de nos départements. C'est une terre élevée de 12 à 1500 m. au-dessus du niveau de la mer, montagneuse, volcanique. Le Savalans est le point le plus haut du plateau (4752 m.). Vient ensuite le Suhand (3305 m.). Neiges éternelles entre 3600 m. et 3800. A l'ouest un vaste lac, l'Ourmiah, à une altitude de 1230 m, Sources de naphte. Émissions gazeuses. Tremblements de terre. Climat relativement frais et sain, belle végétation dans les plaines. Saule, platane, peuplier, tremble, arbres à fruits de toute espèce. Diverses sortes de céréales;

raisins renommés, excellent vin. Mines d'argent près de Tauris, la capitale ; mine de cuivre près d'Ardebil, mines de fer d'une qualité supérieure ; mais le bois fait défaut pour les exploiter. On signale la présence du charbon de terre. Carrières de jaspe et de marbre blanc dans les montagnes aux environs de Tauris. Nombreux bétail, chevaux mèdes. La langue commune est le turc.

ADERBORN. Vle de Prusse (Poméranie), à 16 kil. N. de Stettin, sur l'Oder.

ADERMOTROPHIE. s. f. (gr. *a* priv.; *derma*, peau ; *trophé*, nourriture). Méd. Dépérissement, atrophie de la peau.

ADERNO (*Adranum*). 14 000 h. Vle de Sicile au pied de l'Etna. Dans le voisinage, belles cascatelles de la riv. Simeto ; anc. château des Normands.

ADERSBACH. Vle de Bohême : rochers célèbres pour leur forme et leur hauteur.

ADERSBACHER. Chaîne de montagnes dans le cercle de Kœnigsgraetz en Bohême, remarquable par ses rochers à formes bizarres.

ADESMACÉ, ÉE. adj. (gr. *adesmos*, qui n'est pas lié ; de *a* priv. et *desmos*, lien). Zool. Se dit des mollusques qui n'ont point de ligament pour réunir les deux valves de leur coquille.

ADET (Pierre-Aug). Savant franç. né à Paris. 1763-1832. Etudia la chimie particulièrement ; voyage à Saint-Domingue ; chef de l'administration des Colonies, membre du conseil des Mines (1794) ; résident à Genève ; ministre plénipotentiaire aux Etats-Unis (1795) ; membre du tribunal après Brumaire ; préfet de la Nièvre (1803) ; sénateur ; député en 1814. Se retire lors de la deuxième Restauration. *Leçons élémentaires de chimie* (1804).

ADEXTRÉ, ÉE. adj. (a-dek-stré ; —lat. *ad*, à, et *dexter*, droit). Blas. Se dit de pièces qui en ont une autre à leur droite. Tour adextrée d'un lévrier

ADEXTRER. v a. Rendre adroit. Vieux. || Être à la droite de quelqu'un. M. de Bourbon adextrait madame la duchesse. (XVI° s.)

ADFORMANT, ANTE. adj. (ad-for-man; — lat. *ad*, à, et *formare*, former). Gram. h'b. Qui sert à la formation des mots.

AD GLORIAM. Expression latine employée ainsi : travailler *ad gloriam*, travailler pour la gloire. Iron. Pour rien. On dit de même *ad honores*. || L'ordre des Jésuites est connu pour cette épigraphe : A. M. D. G. ; c.-à-d. *ad majorem Dei gloriam*, pour la plus grande gloire de Dieu.

AD GRÆCAS, *rex bone, fiant mandata calendas :* Aux calendes grecques, bon roi, j'écouterai tes ordres. Réponse de la reine d'Angleterre Elisabeth au roi d'Espagne, Philippe II, qui lui faisait signifier un ultimatum en quatre mauvais vers latins. Cette réponse littéraire peut se traduire ainsi en français populaire : Quand les mouches auront des bottes, je tiendrai compte de vos avis.

ADRAD EDDAULAH. Empereur de Perse, 4° prince de la dynastie des Bouides. 936-983. Il accrut l'empire par ses conquêtes et fit des fondations utiles (digue de Bend-Emyr, hôpitaux, etc.).

ADHATODA. s. f. Bot. G. d'acanthacées, de la tr. des gandarussées. L'une d'elles est le noyer des Indes ; on emploie dans ce pays ses racines, ses fleurs et ses feuilles comme amères, aromatiques et antispasmodiques.

ADHED LEDINILLAH. Dernier calife fatimite d'Égypte. 1160-1171. Sous son règne les croisés s'emparèrent du Caire et l'abandonnèrent à l'arrivée d'une armée de 80,000 hommes commandée par Açaddeddin, oncle du fameux Saladin.

ADHÉMAR DE MONTEIL. Évêque du Puy, né à Valence, légat du Pape Urbain II à la première croisade. Mourut de la peste à Antioche (1098) On lui attribue le *Salve Regina*. || ADHÉMAR (Alph.-Jos.). Mathémat. franç. né à Paris. 1797-1862. *Cours de mathématiques à l'usage de l'ingénieur civil* (1832) ; *Révolutions de la mer* (1842), où il expose la théorie des déluges périodiques. (V. Adémar.)

ADHERBAL. Général carthaginois ; vainquit les Romains à Drepane (première guerre punique, 249 av. J.-C.). || ADHERBAL Fils de Micipsa, roi de Numidie, détrôné par Jugurtha, son cousin, qui le fit périr à Cirtha (112 av. J.-C.).

AD HERCULEM. Anc. vle d'Italie, auj. *Livourne*.

ADHÉRENCE. s. f. (ad-hé-ran-ce ; — du lat. *adhærere*, adhérer). Union, jonction; état d'une chose qui tient à une autre. Adhérence de deux corps entre eux; d'une chose à une autre. || Fig. La foi est une adhérence de cœur à la vérité éternelle. (Boss.) || Méd. En pathologie, union de certaines parties qui, dans l'état naturel, doivent être séparées. Adhérences ventriculaires ou péricardiques. Celles qui, à la suite de péricardites, s'établissent entre le péricarde pariétal et celui de la surface du cœur. || Syn. Adhérence, adhésion. Adhérence a plus de rapport à l'état et adhésion à la force qui produit cet état. Les parties d'un tout ont entre elles, peu ou beaucoup d'adhérence, et, si on veut les disjoindre, il faut une force assez grande pour surmonter la force d'adhésion qui les tient unies. Au fig., adhésion est un acte volontaire. Adhérence s'emploie souvent en mauvaise part. Dans son adhésion et sa soumission à l'Église, un chrétien doit se défaire de toute adhérence à son propre sentiment. (Bourdaloue.)

ADHÉRENT, ENTE. adj. Quia de l'adhérence, attaché, joint, uni. || Bot. Parties de la fleur soudées ensemble. || s. m. Attaché à un parti, à une secte. Il se prend souvent en mauvaise part. Cet hérésiarque fut condamné avec ses fauteurs et adhérents. || Syn. Adhérent, attaché, annexé. L'épiderme est adhérent à la peau (c'est une propriété, une union naturelle). Attaché, annexé, marquent une union établie. Les voiles sont attachées au mat, l'esprit à un corps, des malheurs à la condition humaine. Annexé se dit dans le langage de l'Église, de la politique, du droit : les grâces annexées au sacrement du baptême. La Savoie a été annexée à la France. Cette lettre a été annexée au procès-verbal, à la présente délibération.

ADHÉRER. v. n. (lat. *adhærere*, de *ad*, à, et *hærere*, être attaché ; — acc. grave devant une syll. muette, excepté au fut. et au condit. Se conjugue avec l'aux. *avoir*). Être attaché, uni, joint. L'écorce de cet arbre adhère fortement au bois. || Fig. Adhérer à une doctrine, à une opinion, à une offre. || Jurisp. Confirmer un jugement, des conclusions ; acquiescer. La cour a adhéré aux conclusions du procureur général. Les créanciers ont adhéré au concordat. || Syn. V. **Acquiescer.**

ADHÉRITANCE et **DESHÉRITANCE.** s. f. Anc. droit coutumier. On désignait ainsi, en quelques provinces, les actes, appelés ailleurs saisine et dessaisine, que les seigneurs ou officiers de basse justice expédiaient en cas de vente et achat d'héritages, ou de charges sur ces héritages, et en vertu desquels l'acheteur était saisi et le vendeur dessaisi. L'adhéritance se rapportait pour l'effet à ce que l'on appelait dans les autres coutumes de France, ensaisinement, inféodation, investiture.

ADHÉSIF, IVE. adj. Méd. Qui adhère, qui colle. L'emplâtre adhésif. || Bot. Les vrilles adhésives de la vigne vierge, des bignones, etc.

ADHÉSION. s. f. (a-de-zion). Union jonction. || Phys. Force qui agit entre deux corps amenés au contact, sans interposition d'air : deux moitiés de balles de plomb fraîchement coupées, deux morceaux de verre bien polis, etc. ; entre les solides et les liquides ou les gaz, etc. C'est le résultat de l'attraction *moléculaire* (V. ce mot). || Fig. Assentiment. Donner son adhésion à un projet, à un contrat, à un traité. L'erreur n'est quelque chose que par l'adhésion des hommes. (Lacordaire.) || Syn. V. **Adhérence.**

ADHÉSIVEMENT. adv. Par adhésion.

ADHÉSIVITÉ. s. f. Phrénol. Faculté d'adhérer fortement a une série d'idées.

AD HOC. loc. adv. lat. (a-dok). Expressément, pour tel objet spécial. Au congrès, un curateur, un tuteur *ad hoc*. Un argument *ad hoc*. Expression latine d'un fréquent usage dans la conversation. Un homme *ad hoc*, Un homme spécial. Travail *ad hoc*, Travail préparatoire à une fin déterminée.

AD HOMINEM. loc. adv. lat. (a-do-mi-nèm : — *ad*, à, et *homine*, l'homme : à l'homme). Argument *ad hominem* ou argument personnel, qui vise spécialement l'homme la personne avec laquelle on discute Il consiste à mettre l'adversaire en contradiction avec lui-même, à retourner contre lui ses propres paroles ou ses actions. C'est peut-être, la preuve oratoire la plus employée dans les débats parlementaires.

AD HONORES. loc. adv. lat. (a-do-no-rès ; — lat. *ad*, pour; *honores*, des honneurs). Pour l'honneur, sans fonction et sans émoluments. C'est une place, un titre *ad honores* ; on dit plutôt aujourd'hui honorifique. Honoraire se dit de la personne qui porte un titre purement honorifique. Président honoraire, chanoine honoraire. Dans le même sens : camérier d'honneur du S.-S., par opposition à titulaire, qui remplit les fonctions et touche les émoluments.

AD HORREA. (lat. *horreum*, magasin, grenier). Anc. vle de la Gaule Narbonnaise contenant les magasins de l'armée : emplacement incertain, près de Cannes (Alpes-Marit.).

ADHUC SUB JUDICE LIS EST. Le procès est encore devant le juge. Expression tirée de l'*Art poétique*, d'Horace. Les écrivains français l'emploient pour dire qu'une question littéraire, scientifique ou judiciaire, etc., n'est pas encore résolue. Ex. : La lune a-t-elle une influence sur le temps et la température ? Arago dit non, Bugeaud dit oui, *adhuc sub judice lis est.*

ADIABATIQUE. adj. 2 g. Phys. Qui a rapport à l'adiabatisme. La détente adiabatique d'un gaz. Celle pendant laquelle il ne reçoit ni ne communique aux corps voisins aucune quantité de chaleur.

ADIABATIQUEMENT. adv. Phys. D'une manière adiabatique.

ADIABATISME. s. m. (gr. *adiabatos*, impénétrable ; de *a* priv. et *diabainein*, traverser). Phys. État d'un corps qui ne communique ni ne reçoit aucune quantité de chaleur.

ADIABÈNE. Roy. de l'anc. Assyrie sous la protection des Parthes : soumis pour peu de temps, par Trajan. Les chrétiens de ce pays furent cruellement persécutés par Sapor II.

ADIABÉNIEN, IENNE. adj. Géog. anc. Habitant de l'Adiabène. Qui appartient, qui se rapporte à l'Adiabène ou aux Adiabéniens. || s. m. pl. Les Adiabéniens forment une dynastie qui a gouverné l'Adiabène depuis l'an 70 av. J.-C. jusqu'à Trajan.

ADIANTACÉ, ÉE ou **ADIANTOÏDE.** adj Bot. Qui ressemble à une fougère. || s. f. pl Groupe de fougères, comprenant les polypodiacées a indusium marginal.

ADIANTE. s. m. (gr. *adiantos*, qui ne se mouille pas). Bot. G. de la fam. des fougères, tr. des polypodiacées, nommé vulgairement *capillaire*, a cause de ses tiges grêles et de ses feuilles minces et transparentes. L'*A. capillus Veneris*, cheveux de Vénus, est commun dans les lieux humides. On en fait le sirop de capillaire, pectoral.

ADIANTIDÉ, ÉE. adj. Bot. Qui ressemble à l'adiante.

ADIANTIDES s. f. pl. Géol. Groupe de fougères fossiles qu'on trouve dans les terrains carbonifère, crétacé et tertiaire.

ADIAPHORE. adj. (gr. *adiaphoros*, indifférent ; de *a* priv. et *diaphérein*, différer). Théol. Se dit des choses indifférentes, qui ne méritent ni éloge, ni blâme.

ADIAPHORÈSE. s. f. (gr. a priv., et *diaphorésis*, transpiration). Méd. Suppression de la transpiration.

ADIAPHORISTES. s. m. pl. (gr. *adiaphoros*, indifférent). Nom donné dans le XVI° s. à ceux des luthériens qui se rangèrent du côté de Mélanchthon, dont les opinions, plus mitigées que celles de Luther, se rapprochaient davantage de la croyance catholique. || On donna aussi ce nom aux luthériens qui souscrivirent l'*interim* que Charles-Quint fit publier à la diète d'Augsbourg, en 1548.

ADIAPHORISTIQUE. adj. Qui concerne les adiaphoristes.

ADIAPNEUSTIE. s. f. (gr. *a* priv. et *diapnein*, transpirer). Méd. Suppression de la transpiration.

ADIAPTOTE. s. m. (gr. *adiaptos*, infaillible). Pharm. anc. Composition pharmaceutique contre la colique.

ADIARRHÉE. s. f. (gr. *a* priv. ; *diarrein*, couler). Méd. Suppression ou rétention d'une évacuation.

ADIATHÉSIQUE. adj. (gr. *a* priv. et *diathésis*, diathèse). Méd. Se dit des maladies qui sont nées sans diathèse antécédente.

ADIEU. loc. adv. (À Dieu : je vous recommande à Dieu). Formule de politesse quand on prend congé de quelqu'un. || Fig. Dire adieu, à une chose. Y renoncer. Dire adieu au monde, aux plaisirs,aux muses. || Exprime péril,risque, La perte, la disparition d'une chose. Si la fièvre vient à redoubler, adieu le malade. Je suis vieux, malade, ruiné : adieu mes beaux jours. || s. m. Dire à quelqu'un un éternel adieu. Les adieux d'Hector et d'Andromaque. || Le dernier adieu, les derniers adieux, Ceux que fait une personne qui va mourir. || Poét. Se dit en parlant des choses. La fleur tombe en livrant ses parfums au zéphyr, à la vie, au soleil : ce sont là ses adieux. (Lamartine.)

ADIEU-TOUT. loc. interj. Expression usitée parmi les tireurs d'or pour avertir ceux qui tournent le moulinet que la main est placée sûrement et qu'il n'ont qu'à agir. || En général, avertissement que,dans certains métiers, deux ouvriers se donnent entre eux pour l'exécution d'un travail commun. || s. m. Un adieu-tout.

ADIEU-VA. loc. interj. Mar. Ordre que le timonier donne à l'équipage pour virer de bord vent debout.

ADIGE (*Athesis*). Fl. du N. de l'Italie ; prend sa source dans les Alpes Rhétiques (Tyrol), coule du N. au S. puis a l'E. ; arrose Trente, Roverédo, Vérone, Arcole, Légnano, et se jette dans l'Adriatique a 32 kil. S. de Venise. C. rapide, 318 kil. ; inondations fréquentes : reçoit l'Avisio, l'Alphon, la Noze. Donnait son nom a deux dép. d'Italie sous Napoléon Ier, l'Adige (ch.-l. Vérone), et le Ht-Adige.

ADIGETTO. Canal de la Vénétie, passe à Rovigo ; relie l'Adige et le Pô aux canaux de Nuortico, Polezello et Bianco.

ADIGHÉS. Nom d'une des branches de la race tcherkesse, à l'O. du Caucase : on évalue leur nombre a 230,000.

ADILABAD. Vle de l'Hindoustan, État de Nizam.

ADILE ou **ADILIE** (Ste). Vierge,abbesse d'un monastère qu'elle fonda, sous le vocable de St Martin, a Orp-le-Grand, en Brabant, avec un hospice pour recevoir les étrangers (650). F. 30 juin.

ADIMAIN. s. m. Brebis d'Afrique.

ADIMARI (Alexandre). Poète florentin (1579-1649) ; a trad. en vers les *Odes de Pindare*.

ADINA. s. f. Bot. G. de rubiacées. Ce sont des arbres ou des arbrisseaux originaires des régions chaudes de l'Asie et de l'Amérique, cultivés comme arbustes d'ornement.

ADINAGOR. Vle du roy. de Caboul, à 90 kil. S.-E. de Caboul.

ADIPATE. s. m. Chim. Sel formé par la combinaison de l'acide adipique avec une base.

ADIPEUX, EUSE. adj. (lat. *adeps*, graisse). Anat. Graisseux. Tissu adipeux, Tissu distinct du tissu lamineux, et formé par de petites vésicules qui renferment la graisse. Il constitue, sous la peau, le pannicule graisseux (couche adipeuse). Il fait ordinairement la vingtième partie du poids du corps, mais cette proportion est très variable.

ADIPIQUE (acide). Chim. Acide formé par l'oxydation des acides gras, au moyen de l'acide azotique.

ADIPOCIFORME. adj. Méd. Qui a l'aspect de l'adipocire : tumeur adipociforme.

ADIPOCIRE. s. f.(lat. *adeps,adipicis*,graisse). Chim. Cire grasse ou gras de cadavre, savon ammoniacal, produit par la décomposition des matières animales enfouies dans la terre humide ou plongées dans l'eau. Cette substance fut découverte en 1787, lorsqu'on enleva les cadavres du cimetière des Innocents. En Angleterre on en fait une espèce de bougie. Il ne faut pas confondre l'adipocire avec le blanc de baleine.

ADIPOCIREUX, EUSE. adj. Qui ressemble à l'adipocire. Foie adipocireux.

ADIPSIE ou **ADIPSEE.** s. f. (gr. *a* priv. et *dipsa*, soif, absence de soif). Méd. Inappétence des liquides, défaut de soif.

ADIREMENT. s. m. Action d'adirer. État de ce qui est adiré.

ADIRER. v. a. Perdre, égarer. Ce mot a vieilli : il ne s'emploie plus aujourd'hui que comme terme de pratique judiciaire. Adirer un dossier, un titre adiré. Quelques dictionnaires écrivent à tort *adhirer*. || La langue populaire dit encore en certaines provinces *s'adirer* pour se perdre, s'égarer. || ADIRÉ, ÉE. p. pas. Perdu, égaré. Titre adiré, pièce adirée. Une personne adirée, Une personne folle.

ADIS. Vle anc. près de Carthage,où Régulus vainquit les Carthaginois (256 av. J.-C.).

ADITION. s. f. (lat. *aditio*; de *ad* et *ire*, aller vers). Jurisp. Adition d'hérédité, Acceptation expresse ou tacite d'une succession En droit romain, l'adition n'était nécessaire que pour les héritiers qu'on appelait externes ou volontaires, c.-à-d. autres que les enfants et les esclaves du testateur ; ceux-ci étaient héritiers nécessaires, c.-à-d. qu'ils ne pouvaient répudier l'hérédité à laquelle ils étaient appelés. L'hérédité non encore acceptée était dite hérédité jacente.

ADIVE. s. m. Carnassier, originaire d'Afrique, un peu plus petit et plus leste que le renard.

ADJA ou **AGGA.** Vle de Guinée, sur la côte de Fanti. Fort anglais.

ADJACENCE. s. f. Géom. Propriété de ce qui est adjacent, de ce qui se touche. L'adjacence de deux angles.

ADJACENT,ENTE. adj. (a-dja-san; — lat. *ad*, près, et *jacere*, être situé). Situé auprès. Pays, lieux adjacents. Iles, maisons, rues adjacentes. || Géom. Angles adjacents, Qui ont même sommet et un côté commun. || Syn. Proche et prochain impliquent l'idée de mouvement et peuvent se dire du temps et de tout ce qui arrive. Un danger prochain. Voisin ne regarde que la situation. Une montagne voisine d'un fleuve. De plus,proche, prochain supposent des objets moins considérables que voisin. Le moulin le plus, proche et la marche voisin sont pour ce paysan les bornes de l'univers. Contigu indique un contact. Les maisons de cette rue ne sont pas contiguës. Adjacent est un terme spécial de géométrie et de géographie. La Grèce et les îles adjacentes Attenant et joignant s'emploient pour les maisons, possessions de terre (langage familier). Attenant convient mieux pour une chose accessoire qui tient à une principale La ferme et la maison attenante. Une maison joignant le chemin.

ADJANTA, ADJUNTA, ADJAYANTI. Vle de la prov. d'Aurengabad, territ. du Nizam (Inde centrale). C'est une des localités de cette région de l'Inde célèbres par les sculptures de leurs temples souterrains. La ville est sur la crête d'un plateau, près d'une série de gorges profondes dans lesquelles une rivière se précipite en cascades magnifiques. De beaux réservoirs retiennent l'eau pour la ville ; le temple est au fond d'une gorge à parois escarpées, il se compose de 27 cryptes, ornées de sculptures indiennes taillées dans le roc ; les cryptes les plus anciennes sont du Ier s. avant notre ère.

ADJAR. Vle d'Arabie, sur le golfe Persique. Perles.

ADJECTIF, IVE. (lat.*adjectus*, ajouté ; de *ad*, auprès, et *jacere*, être placé). L'adjectif est un mot que l'on ajoute au nom : 1° soit pour exprimer la qualité d'une personne ou d'une chose, c'est l'adjectif *qualificatif*. Table ronde. Plume légère Grand chêne ; 2° soit pour restreindre, préciser et déterminer le sens d'un nom, c'est l'adjectif *déterminatif*. Troisième chapitre. Mon livre. Cette maison ; 3° soit pour indiquer au contraire que le nom est employé d'une manière vague et générale, c'est l'adjectif *indéfini*. Chaque pays. Plusieurs personnes. Certain auteur. Le célèbre grammairien Beauzée ne distingue que deux sortes d'adjectifs : les uns qui modifient l'*étendue* des noms (adj déterminatifs et indéfinis); les autres qui en modifient la compréhension (adj. qualificatifs). (V. *Compréhension* et *Étendue*.) || Les adj. qualific. s'emploient quelquefois subst. (le vrai, le beau, l'utile, l'agréable), et adverb. (chanter faux, sentir mauvais). || Il y a trois degrés de signification dans les adj. : 1° le *positif*, qui exprime simplement la qualité. Une étoffe éclatante; 2° le *comparatif*, qui exprime la qualité d'un substantif comparée avec un autre substantif. On distingue 3 sortes de comparatifs : le comparatif d'égalité. Ma tante est aussi bonne pour moi qu'une mère; le comparatif de supériorité.La France est *plus* grande que la Belgique ; le comparatif d'infériorité. Thiers était *moins* éloquent que Berryer ; 3° le *superlatif*, qui exprime la qualité au suprême degré. Il est absolu ou relatif : le superlatif est absolu quand il exprime le suprême degré de qualité d'une chose sans aucun rapport, sans aucune comparaison avec une autre chose. Cet arbre est *très,fort,bien, extrêmement* élevé. Le superlatif est relatif quand il exprime le suprême degré de qualité d'une chose comparée av

une autre chose. La république d'Andorre est *le plus petit des États*. Le *moins* forme aussi un superlatif relatif. La république d'Andorre est *le moins* grand des États. Nous n'avons point, comme les Latins, de comparatifs ni de superlatifs proprement dits, c.-à-d. de terminaisons particulières au moyen desquelles les adjectifs sont ou positifs, ou comparatifs, ou superlatifs ; exceptons néanmoins : meilleur, comparat. de bon ; pire, comparat. de mauvais; moindre, comparat. de petit. Il y en a d'autres qui ont perdu en grande partie le sens du comparatif : majeur, mineur, antérieur, intérieur, supérieur, etc.; ces adjectifs ne peuvent être précédés de *plus*. La langue française a aussi formé quelques superlatifs en *issime*, à l'imitation des latins : sérénissime, richissime, rarissime, illustrissime, etc. Telle est l'origine du substantif généralissime.

|| Pour former le féminin dans les adjectifs on ajoute un *e* muet au masculin, à moins que le masculin ne soit déjà terminé par un *e* muet. Beaucoup d'adjectifs redoublent la consonne finale du masc. Les adjectifs en *ier*,*er*,et les 6 adjectifs: complet,concret, discret, inquiet, replet, secret, au lieu de redoubler la consonne finale prennent un accent grave sur l'*e* qui précède le *r* ou le *t* : étranger, étrangère, complet, complète. *x* se change en *s, f* en *v* : faux,fausse, vif, vive Doux fait douce, long, longue, sec, sèche. Turc, public, caduc changent *c* en *q* : turque, publique, caduque. Parmi les adjectifs en *eur* les uns suivent la règle générale : majeur, majeure; d'autres (la plupart) changent *eur* en *euse* : voleur, voleuse; d'autres *eur* en *eresse* : vengeur, vengeresse ; d'autres enfin changent *eur* en *trice*, accusateur, accusatrice. Les adjectifs en *gu* prennent un tréma sur l'*e* muet : aigu, aiguë. (V. chaque adj. pour les except. et les règles particulières.) || En règle générale, le pluriel des adjectifs se forme comme celui des subst. en ajoutant un *s* au sing. Quand l'objet est terminé par *s* ou *x* il ne change pas au pluriel ; ceux en *eau* prennent *x* : beau, beaux ; ceux en *al* font *aux* au pl. : loyal, loyaux ; arbitral, austral et quelques autres prennent un *s* : arbitral, arbitrals. Tout, fait tous, etc. || Le français forme des adjectifs par les mêmes procédés que des noms, c'est-à-dire par composition et par dérivation : I. Par composition, soit en groupant ensemble deux adjectifs simples (aigre-doux) ; soit en plaçant devant les adjectifs des préfixes (archi, anti, bien, demi, in, mal, sous, sur, ultra,etc.), qui leur donnent un sens nouveau : malheureux, archifou, inébranlable, etc. II. Par dérivation : en ajoutant 1° aux substantifs, les suffixes ou terminaisons *eux, oin, in, é, er, u :* courageux, mondain, âgé, mensonger, enfantin, bossu; 2° aux adjectifs, les suffixes ou terminaisons *âtre, et, ot, aud,* pour former des diminutifs ou dérivés qui ont moins de force que le mot simple : douceâtre, courtaud, vieillot ; 3° aux verbes, les suffixes *able, ard, if:* comparable, pensif. Le français crée aussi des adjectifs nouveaux en adoptant les participes des verbes : charmant, poli. || Il y a trois sortes d'adjectifs déterminatifs: I. Les adjectifs numéraux ou noms de nombre, qu'on divise en numéraux *cardinaux*, exprimant la quantité, le nombre : trois, dix, quarante, cent, mille, etc.; et en numéraux *ordinaux*, marquant le rang, l'ordre : premier, troisième, cinquième, neuvième, dixième, onzième, vingt-unième. Aux adjectifs numéraux il faut rattacher: 1° les noms de nombre qui marquent une certaine quantité (collectifs) tels que : dizaine, centaine, douzaine,etc.; 2° les mots qui servent à multiplier, tels que : double, triple, décuple, centuple ; 3° les noms qui marquent les parties d'un tout (partitif) : quart, tiers, demi, etc. II. Les adjectifs démonstratifs qui servent à montrer, à désigner les objets présents ou à rappeler ceux dont on parle : ce, même, tel. Ce livre, cet homme, cette maison, ces tables. J'ai vu les mêmes chevaux hier. Un tel enfant est rare III. Les adjectifs possessifs, qui se mettent devant le nom : ma maison, mon âme, ton livre, leur patrie, leurs chevaux. || Les adjectifs indéfinis — aucun, autre, certain, chaque, maint, même (qui est aussi démonstratif), nul, plusieurs, quelconque, quelque, tel (qui est aussi démonstratif), tout — ajoutent au nom une idée vague, indéterminée. Chaque jour est précieux

Nulle créature n'est méprisable, etc. ‖ Les adjectifs s'accordent en genre et en nombre avec les subst. auxquels ils se rapportent. Un adj. qui se rapporte à deux ou plusieurs subst. au sing. se met au plur. Si les noms sont de différents genres, l'adj. prend ordinairement le masc. Le roi et la reine sont généreux. On donne souvent à l'adj. le nombre et le genre du dernier subst. : 1° quand les subst. sont syn. ‖ Il s'annonce avec une franchise et une vérité particulière ; 2° quand les subst. marquent une gradation et qu'on veut fixer l'attention sur le dernier. Condé montra à Rocroy un courage, un sang-froid, une audace étonnante — Aux XVII⁰ et XVIII⁰ s., on faisait accorder l'adj. avec le substantif féminin quand il le suivait immédiatement. Cet homme a le nez et la vue courte. L'oreille semble l'exiger, et Littré est de cet avis, mais on dira : Le nez et la vue de cet homme sont courts. Dans ce cas Bossuet a dit : Les temps, les personnes et les circonstances étaient bien différentes. On dit également : Les poésies anglaise, française et italienne, ou La poésie anglaise, la française et l'italienne ; la deuxième manière passe pour plus élégante ; mais elle est archaïque. ‖ Il faut conserver à chaque adj. le régime qui lui est propre. On dira bien : Ce jeune homme est utile et cher à ses parents, parce que ces deux adj. régissent la prép. à ; mais on ne pourrait pas dire : Ce jeune homme est utile et aimé de ses parents, parce que l'on doit dire utile à, aimé de. Il faudra donc tourner autrement la phrase, pour conserver à chaque adj. le régime qui lui est propre : Ce jeune homme est utile à ses parents, et il en est aimé. ‖ Il y a des adj. qui se placent indifféremment avant ou après le subst. Il y en a d'autres qui doivent le précéder ou le suivre ; nous les signalerons à mesure qu'ils se présenteront. Plusieurs, selon qu'ils sont placés avant ou après le subst., prennent une signification différente : grand homme, qui a un talent éminent, un génie supérieur ; homme grand, qui a une taille élevée ; — brave homme, homme de bien ; homme brave, homme courageux.

ADJECTION. s. f. Jonction d'une chose à une autre.

ADJECTIVEMENT. adv. A la manière d'un adjectif. Un substantif peut être employé adjectivement.

ADJECTIVER. v. a. Gram. Prendre dans un sens adjectif. ‖ S'ADJECTIVER. v. pr. Être pris adjectivement. Tous les substantifs ne sont pas susceptibles de s'adjectiver. ‖ Arg. Adjectiver, Injurier. Toutes les injures adressées à une personne ne peuvent être que des adjectifs, cette expression d'argot populaire est d'une singulière justesse.

ADJEM. (en arabe, étranger). Mot par lequel les Arabes désignent les étrangers, comme les Juifs les appelaient *Gentils*, et les Grecs *Barbares*.

ADJI. Riv. de l'Inde orientale, sort des montagnes du pays des Sôntals, se dirige vers l'E.-S.-E. et se jette dans la Bhagarati, une des branches occidentales du Gange inférieur. C. 310 kil. Passe au N. de Tauris.

ADJICHAR. Fort de l'Hindoustan, près de Pannah, pris par les Anglais en 1809.

ADJMIR ou **AJMEER.** 35,000 h. Vle de l'Hindoustan, cap. du district de ce nom, prov. de Radjepoutana, à 350 kil. S.-O. de Delhi ; place forte. Opium, coton, sel, huile. Temple de Pooshkur, l'un des plus beaux monuments de l'architecture indienne, qu'on fait remonter à 200 ans av. J.-C. C'est un lieu de pèlerinage célèbre dans les Indes. — La population du distr. est d'environ 430,000 h. dont 30,000 musulmans, le reste hindou, et généralement radjpouts.

ADJOINDRE. v. a. (lat. *ad* et *jungere*, joindre. — Se conj. comme *joindre*). Joindre une ou plusieurs personnes à une ou à plusieurs autres pour faire une chose, exercer une fonction. On lui adjoignit un aide. ‖ S'ADJOINDRE. Il s'est adjoint quelqu'un pour son travail.

ADJOINT, TE. p. pas. d'Adjoindre. Ajouté pour aider ou suppléer. Professeur adjoint. Religieuse adjointe à la supérieure générale. ‖ Maître adjoint, maîtresse adjointe, Nom que portent les maîtres et maîtresses des écoles normales primaires. ‖ Subst. Cet instituteur s'est fait remplacer par son adjoint. ‖ s. m. Adm. Fonctionnaire chargé d'aider ou de suppléer un autre fonctionnaire préposé au même service et auquel il est hiérarchiquement inférieur : inspecteur adjoint, professeur adjoint médecin adjoint, etc. ‖ *Adjoint au maire* (l'Acad. dit adjoint *du* maire contrairement à l'usage et à l'étym.), ou simplement *adjoint*. Second magistrat d'une commune, nommé pour aider le maire et le suppléer au besoin en cas d'absence ou d'empêchement. De même que les maires, les adjoints sont actuellement élus par les conseils municipaux. La loi du 28 mars 1882 a abrogé le dernier paragraphe de l'art. 2 de la loi du 12 août 1876 qui, dans les communes chefs-lieux de canton, attribuait au Président de la République la nomination du maire et des adjoints. Les adjoints, comme les maires, peuvent être suspendus par arrêté préfectoral ; ils sont révocables par décret. (V. *Maire.*) Il y a un adjoint dans les communes de 2.500 h. et au-dessous ; il y en a deux dans les communes de 2,501 à 10,000 h. ; dans les communes dont la population est plus nombreuse, le conseil a la faculté de nommer un adjoint de plus par chaque excédant de 20,000 h. Lorsque la mer ou quelque autre obstacle rend difficiles, dangereuses, ou momentanément impossibles les communications entre le chef-lieu et une fraction de commune, un adjoint spécial, pris parmi les habitants de cette fraction, et nommé en sus du nombre ordinaire : cet adjoint spécial remplit de droit les fonctions d'officier de l'état civil et peut, de plus, être chargé de l'exécution des lois et règlements de police dans cette partie de la commune (Loi du 5 mai 1855, art. 3). — A Paris, soumis à un régime municipal spécial et qui n'a pas de mairie centrale, les adjoints des 20 arrond., qui ne sont guère que des officiers de l'état civil, sont nommés par décret. ‖ Adm. milit. Titre porté par un certain nombre de fonctionnaires de l'armée : 1° Dans l'*Intendance*. C'est le premier degré de la hiérarchie. Il y a actuellement 90 adjoints répartis en deux classes : les adjoints de 2⁰ cl. assimilés aux capitaines : les adjoints de 1ʳᵉ cl. assimilés aux chefs de bataillon. Ces derniers remplissent les fonctions de sous-intendant dans les chefs-lieux de corps d'armée, dans les divisions et les brigades de cavalerie, dans les places qui ont plus d'un bureau de sous-intendant, et à défaut de sous-intendant de 2⁰ cl., dans les sièges de ceux-ci. Aux armées, ils sont chargés des fonctions dévolues aux sous-intendants et sont attachés aux état-majors, aux divisions actives, aux brigades de cavalerie de corps. — Les adjoints de 2⁰ cl. accomplissent une sorte de stage auprès des sous-intendants, et suppléent, en paix comme en guerre, les adjoints de 1ʳᵉ cl. — En ce qui concerne le recrutement des adjoints à l'*intendance*, V. ce dernier mot ‖ *Adjoints au génie.* Agents secondaires de surveillance et d'exécution pour tous les travaux de l'arme du génie. Avant la loi du 13 mars 1875, ils portaient le titre de Gardes du génie. Ils sont gardiens de la partie du domaine militaire ressortissant du service de l'arme, gardes-magasins pour les matières, et lorsque les travaux sont faits en régie, ils peuvent être comptables en deniers. Ils sont officiers de police judiciaire, et comme tels assermentés. Ils se recrutent exclusivement parmi les sous-officiers de l'arme, ayant au moins six ans de service dont trois comme sous-officiers, et remplissant certaines conditions d'aptitude. Les adjoints du génie ont rang d'officier, mais leur hiérarchie ne comporte aucune assimilation avec les divers grades de l'armée ; elle comprend 3 classes d'adjoints et 2 classes d'adjoints du génie principaux. Le cadre des adjoints du génie est de 570 (Loi du 13 mars 1875). Les adjoints de 2⁰ cl. sont pris parmi ceux de 3⁰ ayant au moins trois ans de grade, moitié au choix et moitié à l'ancienneté. Les adjoints de 1ʳᵉ cl. sont pris parmi ceux de 2⁰ ayant au moins trois ans de grade, deux tiers au choix, un tiers à l'ancienneté. Les adjoints principaux des deux classes sont nommés tous au choix parmi les adjoints de la classe immédiatement inférieure ayant au moins deux ans de grade. La limite d'âge pour la retraite est ainsi fixée : adjoints de 3⁰ cl., 56 ans ; de 2⁰ et de 1ʳᵉ cl., 58 ans ; adjoints principaux des 2 cl., 60 ans. (Delaperrierre.) ‖ *Adjoint au trésorier*. Officier du grade de lieutenant chargé d'aider le trésorier et de le suppléer en cas d'absence ou de maladie. Lors d'une mobilisation, il prend le titre d'officier payeur et remplit aux bataillons de guerre les fonctions attribuées au trésorier ; il est monté et spécialement chargé de la tenue des registres suivants : de l'effectif et des distributions, des délibérations, de l'état-civil en campagne, journal des recettes et dépenses, de correspondance, des livrets matricules des officiers et des chevaux ne comptant pas à une compagnie. (Beaugé.) ‖ Jurisp. anc. *Adjoint aux enquêtes*. Assesseur qui assistait le juge chargé d'une enquête ou d'une information. ‖ Gram. *Adjoints*. Mots ajoutés à une proposition sans en faire partie, pour lui donner plus de grâce, de force, d'énergie. Hélas ! petits moutons que vous êtes heureux ! (Deshoulières.) *Hélas* est un adjoint. Vx dans ce sens. ‖ Rhét. *Les adjoints*. Se dit d'un des lieux communs qu'on appelle plutôt aujourd'hui les *circonstances* (V. ce mot).

ADJONCTIF. s. m. Gram. Mot ajouté pour appuyer sur une chose. (Bescherelle jeune.)

ADJONCTION. s. f. Addition d'une chose à d'autres. Adjonction d'une lettre à un mot. ‖ Jonction d'une personne à une autre pour l'accomplissement d'un certain travail. Adjonction de commissaires. ‖ Se dit, en matière administrative, de l'appel éventuel que la loi adresse, dans des cas déterminés, à des citoyens qu'elle convoque pour exercer, avec des administrateurs ou avec d'autres citoyens, certaines fonctions spéciales. Il en était ainsi de l'adjonction des plus imposés, appelés jadis à délibérer et à voter avec le conseil municipal, en nombre égal à celui des membres du conseil, toutes les fois que, dans une commune dont les revenus étaient inférieurs à 100,000 fr., il s'agissait de voter une contribution extraordinaire ou un emprunt. L'adjonction des plus imposés a été supprimée par la loi du 5 avril 1882. ‖ Jurisp. Incorporation d'un meuble à un autre meuble. L'adjonction est un cas particulier de l'*accession* (V. ce mot). Lorsqu'une chose n'a été unie à une autre que pour l'usage, l'ornement ou le complément de la première, celle-ci est réputée partie principale, et le tout appartient en principe au maître de la chose qui forme la partie principale, à la charge de payer la valeur de la chose qui a été unie. Cependant si la chose unie était beaucoup plus précieuse que la chose principale, le propriétaire de la chose unie pourrait demander qu'elle fût séparée pour lui être rendue, même s'il devait en résulter quelque dégradation de la chose principale (C. civ., art. 566-569). ‖ Rhét. Membres de phrases ajoutés à une phrase principale, comme sujets, ou comme compléments, sans répéter le mot principal. C'est une figure de mots, nommée par les Grecs *zeugma*. C'est une sorte d'ellipse :

J'eusse été, près du Gange, esclave des faux Dieux,
Chrétienne dans Paris, musulmane en ces lieux.
          (VOLTAIRE, *Zaïre*.)

ADJOTS (LES). Bg de la Charente, 7 kil. de Ruffec. Mines de fer.

ADJOUR, AJOURNEMENT. Assignation à comparaître en justice. (V. *Ajour, Ajournement*.)

AD JOVEM. Anc. vle de la Gaule, près de Toulouse ; auj. *Guérin*.

ADJUDANT. s. m. (pour *adjuvant*; du lat. *adjuvare*, aider). Officier ou sous-officier chargé de seconder un supérieur. ‖ *Adjudant-général*. Grade créé en 1790 pour remplacer celui de major-général. Il était intermédiaire entre général et colonel ; il a été supprimé à la fin de la Révolution. Il n'existe actuellement chez aucune puissance. ‖ *Adjudant-major*. Officier du grade de capitaine qui est chargé de tous les détails du service et de l'instruction théorique et pratique des sous-officiers du bataillon. L'adjudant-major absent est remplacé par un commandant de compagnie ou un lieutenant choisi par le colonel. Il y a un adjudant-major par bataillon dans l'infanterie : dans la cavalerie et l'artillerie les fonctions de l'adjudant-major ont été dévolues au capitaine instructeur. — Les adjudants-majors d'un régiment alternent entre eux pour le service de la semaine, en temps de paix comme en temps de guerre. Toutes les attributions qu'avait autrefois le capitaine de semaine, à l'exception des distributions, sont aujourd'hui du ressort de l'adjudant-major de semaine : le service, le rassemblement de la garde et des détachements, la parade, la réunion des classes d'instruction et de théorie, la surveillance de la garde de police et des autres postes du quartier, la sûreté de la caserne de jour et de nuit, les appels, la visite des salles de police, des prisons, de la cuisine, des cantines, de l'infirmerie, les exercices des détenus, le concernent directement. En prenant le service, il reçoit de celui qu'il relève : 1° l'état des officiers, sous-officiers et caporaux entrant en semaine avec lui ; 2° le contrôle pour commander le service des officiers, suivant les différents tours. (*Service intérieur.*) — En campagne, l'adjudant-major aide le chef de bataillon, transmet ses ordres. L'un des adjudants-majors du régiment fait partie du personnel d'installation de la division ; un autre est chargé du campement. ‖ *Adjudant sous-officier.* Emploi dévolu aux sous-officiers. Les adjudants ont autorité immédiate sur tous les sous-officiers et caporaux, pour tout ce qui a trait au service et à la discipline. Il y a un adjudant par demi-régiment dans la cavalerie, un par batterie dans l'artillerie, un par compagnie dans l'infanterie. En outre, les vaguemestres, un certain nombre de maîtres d'escrime ont également l'emploi d'adjudant. L'un des adjudants de compagnie remplit les fonctions d'adjudant de bataillon et se trouve sous les ordres directs de l'adjudant-major. En campagne, l'adjudant de bataillon est en sus de ceux des compagnies. Les adjudants de bataillon alternent entre eux pour le service de semaine, et sont chargés de l'instruction théorique et pratique des caporaux. L'adjudant qui est de semaine, assiste au rapport, se trouve aux appels, au rassemblement de la garde, à la parade, au départ des détachements, il est responsable de toutes les sonneries, de la tranquillité, de la propreté du quartier. Il a la haute surveillance des détenus consignés. (*Service intérieur.*) L'adjudant de batterie ou de compagnie est employé comme les lieutenants et sous-lieutenants qu'il remplace d'ailleurs dans tous les détails de service et de police de la compagnie. Il n'a pas à s'occuper de la comptabilité, mais il est chargé de compléter l'instruction théorique et pratique des caporaux et élèves de la compagnie , de l'instruction du tir : il surveille l'état de l'armement, des munitions, assiste à la parade quand sa compagnie est de service, veille à la propreté des chambres, corridors, escaliers, est présent à tous les rassemblements de la compagnie. L'adjudant absent est remplacé par le sergent-major. Les adjudants mangent ensemble et logent à la caserne. (Instr. du 14 nov. 1878.) ‖ *Adjudant de place.* Officier chargé de tous les détails du service de la place, sous l'autorité du commandant d'armes et du major de la garnison. Ces fonctions étaient autrefois remplies par un officier de l'état-major des places aujourd'hui supprimé : elles sont actuellement confiées à un officier de la garnison du grade de lieutenant ou capitaine. L'adjudant de place est chargé de la surveillance des prisons spéciales, qu'il visite tous les jours ; il fait les visites de poste, rondes, etc , donne des ordres et consignes dans les cas urgents, et informe le commandant de place de tous les événements importants. Il assiste au rapport journalier de la place, prend les ordres du commandant et les fait parvenir au corps. (*Service des places.*) ‖ *Adjudant d'administration.* D'après les lois actuellement en vigueur, premier et deuxième degré de la hiérarchie des officiers d'administration. Ils ne sont pas assimilés, mais ont droit cependant à certains honneurs militaires. Les adjudants en 2° se recrutent parmi les élèves d'administration de l'école de Vincennes, comptant au moins un an de service dans cet emploi, ou les sergents majors des sections d'administration ayant quatre ans de grade. Les adjudants en 1er se recrutent parmi les adjudants en 2°. Les adjudants d'administration des bureaux de l'intendance sont entièrement sous la direction des intendants qu'ils secondent dans leurs divers travaux. Ceux des autres services assistent les officiers d'administration gérant les établissements, et dans les places et établissements de peu d'importance, exercent eux-mêmes les fonctions de comptables.

ADJUDANTUR. s. m. En Allemagne, personnel d'officiers de troupe détachés dans les états-majors pour y faire le service de bureau et

pour aider au besoin les officiers d'état-major dans leur service spécial. La plupart de ces officiers sont sortis de l'Académie de guerre de Berlin.

ADJUDICATAIRE. s. 2 g. (du lat. *adjudicare,* adjuger). La personne à laquelle est adjugée une chose dans une vente publique aux enchères. Il s'est rendu adjudicataire.

ADJUDICATEUR, TRICE. s. Celui, celle qui adjuge.

ADJUDICATIF, IVE. adj. Qui a rapport à l'adjudication. Jugement adjudicatif. Peu usité.

ADJUDICATION. s. f. Jurisp. Vente aux enchères, marché public avec concurrence. Plus spécialement, déclaration qu'une personne devient propriétaire d'un meuble ou d'un immeuble mis aux enchères, ou soumissionnaire de travaux ou de fournitures dans un marché public avec concurrence. Il y a 3 sortes d'adjudications: les adjudications volontaires, les adjudications judiciaires et les adjudications administratives. L'*adjudication volontaire* est la vente aux enchères publiques que fait de ses meubles ou de ses immeubles une personne majeure et maîtresse de ses droits, sans y être contrainte par les poursuites de ses créanciers. L'*adjudication judiciaire* est celle qui a lieu en vertu d'une disposition de la loi, notamment après saisie, ou quand il s'agit de biens appartenant à des incapables ; les adjudications judiciaires de meubles saisis ont lieu, après affiches, par le ministère des commissaires-priseurs ou des huissiers ; l'adjudication est prononcée au profit du plus offrant enchérisseur et au comptant. Les adjudications d'immeubles, qui se font à la barre du tribunal ou devant notaire, à l'extinction des feux, sont précédées de la procédure compliquée de la *saisie immobilière* (V. ce mot) ou entourées de garanties établies par la loi pour la protection de la fortune des mineurs (L du 2 juin 1841). Les *adjudications administratives* sont usitées pour la vente ou la location des immeubles appartenant à l'État, aux départements, aux communes et aux établissements publics, pour les ventes de coupes de bois, pour les fournitures administratives et les travaux publics ou des communes, etc. Elles se font aux enchères quand il s'agit de ventes ou de locations ; elles tendent alors à obtenir de l'objet mis aux enchères le prix le plus élevé. Pour les travaux et fournitures, l'adjudication a lieu sur soumissions cachetées au profit du concurrent qui offre le rabais le plus considérable. ‖ Dr. rom. On appelait adjudication, dans la procédure formulaire, la partie de la formule qui permettait au juge, dans certaines actions, de transférer la propriété, et la translation même de la propriété prononcée par le juge en vertu de cette permission dans les trois actions : en partage d'une hérédité (*familiæ erciscundæ*), en partage d'une chose commune (*communi dividundo*) et en bornage (*finium regundorum*).

ADJUGER. v. a. (on met un *e* après le *g* devant *a* et *o* : Nous adjugeons). Attribuer par un jugement. L'arrêt lui a adjugé le legs qui lui était contesté. ‖ Adjuger au demandeur ses conclusions , Rendre un jugement conforme aux prétentions du demandeur. ‖ Déclarer qu'une chose mise à l'enchère est vendue au dernier enchérisseur. Adjuger une entreprise mise au concours. ‖ Adjuger le prix. On dit mieux : donner ou décerner. ‖ S'ADJUGER. S'approprier, prendre. Il s'adjugea la meilleure part. ‖ ADJUGÉ, ÉE. p. pas. Chose adjugée. ‖ Ellip. Adjugé! se dit dans les ventes, par le crieur, pour annoncer que l'objet est vendu au plus offrant.

ADJURATION. s. f. (lat. *adjurationem,* supplication). Liturg. Formule dont on se sert pour exorciser. Elle commence par ces mots : *Adjuro te* (je t'adjure). ‖ Prière instante, sommation avec prières. Après de longues adjurations il lui fit avouer. (Littré.) Le dict. de l'Académie ne contient pas cette signification. ‖ Syn. Adjuration, conjuration. L'adjuration est une injonction, une sommation, faite de la part de Dieu au démon de sortir, de faire ou de déclarer quelque chose. La conjuration consiste à chasser le démon : l'opération est plus complète. On dit de même, dans le langage ordinaire : conjurer l'orage, Le détourner. Dans le sens de prier instamment, adjurer renferme quelque chose de plus impérieux, conjurer quelque chose de plus suppliant. Je vous adjure au nom de la

patrie. Je vous conjure de vous laisser fléchir.

ADJURER. v. a. Commander au nom de Dieu de faire ou de dire quelque chose. I s'emploie particulièrement dans les exorcismes. Je l'adjure de dire la vérité. ‖ Il s'emploie quelquefois dans le style oratoire. Je vous adjure au nom de la Patrie. ‖ Syn. V. *Adjuration.*

ADJUTEUR. s. m. (lat. *adjutor ;* de *adjuvare,* aider). Celui qui aide. ‖ Dans le Bas-Empire, officier qui aidait le questeur du Sacré-Palais.

ADJUTEUR ou **ADJUDON** (S.). Seigneur de Vernon-sur-Seine ; de retour en France après dix-sept ans de croisade en Terre-Sainte et de captivité, se fit ermite et vécut dans une grotte, derrière une chapelle qu'il avait fait bâtir en l'honneur de Ste Madeleine, près de l'abbaye de Thiron. Mourut en 1131. F. 3 avril.

ADJUVANT, ANTE. adj. Aide, auxiliaire. ‖ Pharm. Substance ajoutée à un composé, pour aider l'action du remède principal. Médicament adjuvant. ‖ s. m. Un adjuvant.

ADJUVAT. s. m. Méd. Fonction d'un aide dans les opérations et dans l'enseignement.

ADLECTION. s. f. (lat. *adlectio ;* de *ad* et *legere,* choisir). Dr. rom. Concession faite par l'empereur à un citoyen du droit de siéger au sénat sans avoir exercé les magistratures qui y donnaient légalement accès. ‖ Admission d'un étranger au droit de cité dans un municipe.

ADLER. Riv. de Bohême, affluent de l'Elbe. Près de son confluent, à Kœnigsgraetz, s'est livrée la première bataille de 1866, précédant de quelques jours celle de Sadowa.

ADLER (Philippe) , surnommé *Patricius, Patricino.* Né à Nuremberg (Allemagne) en 1484. C'est un des premiers graveurs à l'eau-forte. *Vierge à l'enfant Jésus,* 1518. Nombreuses eaux-fortes d'après Albert Dürer. ‖ **ADLER** (Jacq.-Georges-Chrétien). Orientaliste danois. 1755-1805. Étudie à Rome les langues de l'Orient ; profes. de syriaque à Altona, de théol. protest. à Copenhague. A beaucoup écrit sur la Bible : *Codicis sacri recte scribendi leges,* 1779 in-4° ; *Novi Testamenti versiones syriacæ,* 1789 ; etc. ‖ **ADLER-MESNARD** (Édouard-Henri-Emman.). Grammairien franç. Berlin 1807, Paris 1868. Profes. d'allem. aux lycées Charlemagne et Napoléon, puis maître de conférences à l'École normale supér. Nombreux ouvrages d'enseignement: *Diction. franç.-allem. et allem.-franç.* souvent réédité (1854) ; *Hist. des temps héroïques de la Grèce* (1846) ; *Gramm. allem.* (1854) ; etc.

ADLERBETH (Gudmund-George). Littérateur suédois. 1751-1818. Il joua un rôle important à la cour de Gustave III qu'il accompagna à Rome, 1783. Trad. suédoises en vers, de Racine, Virgile, Horace, Ovide. *Chants des Scaldes.*

ADLERFELD (Gustave). 1671-1709. Fidèle compagnon de Charles XII, roi de Suède ; fut tué à Pultawa. Le journal qu'il avait rédigé des opérations de l'armée suédoise fut trad. en franç. en 1740 sous le titre d'*Histoire militaire de Charles XII,* 4 v. in-12.

ADLERGEBIRGE. Pte chaîne de montagnes de la Bohême, qui sépare les bassins de l'Elbe et de l'Oder.

ADLERSCREUTZ (Charles-Jean, comte). Général suédois (1757-1815) : battit les Russes à Sikajocki. Fut le chef de la révolution de 1809, qui amena la déchéance de Gustave IV.

ADLERSPARRE (Georges, comte). Général suédois. 1760-1837. L'un des chefs de la révolution de 1809, qui enleva le trône à Gustave IV ; comblé d'honneurs par son successeur Charles XIII. A publié (1830) de curieux *Documents pour servir à l'histoire de la Suède.* — Son fils *Charles-Auguste* (1810-82) a laissé des travaux historiques, des romans et des poésies.

AD LIBITUM. (a-dli-bi-tomm). loc. adv. lat. A volonté. S'emploie surtout pour indiquer qu'il est indifférent de faire une chose de telle façon ou de telle autre. Prenez celui des deux partis qui vous plaira, c'est *ad libitum.*

AD LITTERAM. loc. adv. lat. A la lettre, littéralement.

AD LULLIA. Anc. vle de la Gaule Belgique, auj. *Bailleul,* près Saint-Pol.

ADLUNG (Jacques). Né à Bindersleben, 1699 ; m. à Erfurth, 1762. Organiste de l'église luthérienne d'Erfurth. *Instruction sur la construction et l'usage des orgues,* 1768, in-4° ; *les Sept étoiles musicales,* ouvrage sur l'harmonie.

ADLZREITER (Jean). Historien allemand, chancelier de l'électeur de Bavière. 1596-1662. *Annales Boicæ gentis*, hist. de la Bavière jusqu'en 1662.

ADMALLER. v. a. (b. lat. *admallare* ; de *ad* et *mallum*, tribunal). T. d'anc. pratique. Citer en justice.

ADMAN (Samuel). Théologien et musicien suédois. 1750-1830. *Recueil de sujets concernant l'histoire naturelle pour éclaircir la Bible*, Upsal, 1785-94, 4 v. in-8° ; *Dict. géog. du Nouveau Testament* ; *Essai sur l'Apocalypse* ; traduct. de l'*Evang. de S. Mathieu, avec notes philologiques*. Stockholm, 1814 ; *Oratorios*.

ADMÈTE. Roi de Phères, en Thessalie ; prit part à l'expédition des Argonautes ; accueillit Apollon chassé du ciel, et lui fit garder ses troupeaux.

ADMETTRE. v. a. (lat. *admittere* ; de *ad*, à, et *mittere*, envoyer, mettre dans. — Se conj. comme *mettre*). Admettre une personne, être admis dans une société, à la table de quelqu'un, au rang, au nombre de ses amis, parmi les privilégies, aux ordres sacrés, à la sainte Table, aux sacrements, à la participation des sacrements, à l'audience d'un prince, etc. || Permettre, consentir. Admettre quelqu'un à se justifier. || Agréer, tenir pour bon, pour valable. Admettre les excuses les explications de quelqu'un. || Souffrir, comporter. Cette affaire n'admet point de retard. Cette substance admet dans sa composition tel élément. || Reconnaître pour véritable. Admettre la révélation. Admettre que le soleil est au centre de notre monde. Je n'admets pas qu'il y ait des habitants dans la lune. || Accorder. Admettre les circonstances atténuantes. || Supposer. Admettons que cela soit vrai. || Syn. Admettre, recevoir : tous deux donnent accès, entrée. Recevoir a rapport au fait et admettre au droit. Admettre indique plus de choix. Il faux être admis à l'Académie, avant d'y être reçu. A la Chine, les lettrés n'admettent plus la métempsycose qui est encore reçue chez le peuple. Le roi admet à son audience et reçoit à sa cour.

ADMINICULE. s. m. (lat. *adminiculum*, aide, appui). Jurisp. Ce qui, sans former une preuve complète contribue à faire preuve. Il n'y a pas de preuves formelles dans cette affaire, il n'y a que des adminicules. C'est un grand adminicule. || Secours. Les règles, les méthodes, les instruments sont des adminicules nécessaires pour le progrès des sciences. || Bot. Soutien d'une plante. || Méd. Ce qui facilite le bon effet d'un remède. Au pl. Ornements qui entourent la figure sur une médaille.

ADMINISTRANT, ANTE. adj. (lat. *ad*, à, et *ministrare*, servir). Qui administre.

ADMINISTRATEUR, TRICE. s. Celui, celle qui conduit, qui dirige, qui gouverne, qui régit des biens, des affaires. Administrateur d'un hôpital, d'un chemin de fer. L'administratrice d'une communauté religieuse. Ce préfet est un mauvais administrateur. Voila un excellent maire : c'est un administrateur. Ce tribun est un sage administrateur.

ADMINISTRATIF, IVE. adj. Qui a rapport à administration. Autorité administrative, fonctions administratives. Talents administratifs. Droit administratif.

ADMINISTRATION. s. f. Conduite, direction des affaires publiques ou particulières. L'administration du royaume, des finances. Il n'entend rien à l'administration, il ne sait rien en administration. Pendant, sous son administration. Les actes de son administration. Le tuteur a l'administration des biens des mineurs. || Corps des employés chargés de diriger un service. Administration de la guerre. || L'administration de la justice, L'exercice de la justice. Il ne faut avoir aucun égard aux personnes dans l'administration de la justice. || Administration des sacrements , Action de conférer les sacrements. || Adm. Ensemble des services publics destiné à concourir à l'exécution des actes du gouvernement et des lois d'intérêt général. « L'administration, a dit M. Guizot, consiste dans un ensemble de moyens destinés à faire arriver le plus promptement, le plus sûrement possible, la volonté du pouvoir central dans toutes les parties de la société, et à faire remonter vers le pouvoir central, sous les mêmes conditions, les forces de la société, soit en hommes, soit en argent. » Les principaux objets de l'administration sont :

la sûreté de l'État, la protection des personnes et des propriétés, l'organisation de la force publique, la gestion de la fortune publique, l'assistance, la richesse, l'instruction et la morale publique. L'administration se divise en trois branches : l'administration *active*, l'administration *consultative* ou délibérante et l'administration *contentieuse* . Dans chacune de ces branches, il existe une hiérarchie de fonctionnaires et de conseils. L'administration active est, depuis la loi du 28 pluviôse an VIII, confiée à des divers degrés à un fonctionnaire unique : « Administrer, a dit Rœderer, est le fait d'un seul homme, juger est le fait de plusieurs. » Ces fonctionnaires sont : au centre, les ministres ; dans les départements, les préfets ; dans les arrondissements, les sous-préfets ; dans les communes, les maires. Certaines branches de l'administration ont leurs agents particuliers (intendance militaire, commissariat de marine, etc). Auprès des agents proprement dits, c'est-a-dire de ceux qui ont une action directe sur les personnes et sur les choses, il existe, pour préparer leurs actes ou pourvoir a leur exécution, de nombreux agents auxiliaires. Parmi ces agents auxiliaires, les uns dits *agents auxiliaires du service intérieur* (ce qu'on appelle dans la langue du monde *les bureaux*) préparent la confection ou l'exécution des actes administratifs dans l'intérieur même de l'administration ; les autres dits *agents auxiliaires du service extérieur* préparent et exécutent à l'extérieur les actes administratifs : ils se divisent en autant de branches qu'il y a de services publics (contributions directes, contributions indirectes, enregistrement, douanes, forêts, ponts et chaussées, mines, etc.). — Les conseils qui existent auprès des agents aux différents degrés de la hiérarchie ont tantôt une autorité délibérative, tantôt une mission purement consultative. Les principaux de ces conseils sont le Conseil d'État, les conseils généraux, les conseils d'arrondissement et les conseils municipaux. Il existe en outre auprès des divers ministères et dans les départements un très grand nombre de conseils spéciaux, tels que conseil supérieur de l'instruction publique, comités consultatifs des différentes armes au ministère de la guerre, conseil d'amirauté, conseil général des ponts et chaussées, des mines, etc. ; chambres de commerce, chambres consultatives d'agriculture, etc — L'administration contentieuse a pour mission de juger les différends qui prennent naissance entre l'administration et les particuliers. Lorsque les particuliers se plaignent seulement qu'un acte a froissé leurs intérêts sans violer aucun droit, il n'y a lieu qu'à un recours purement gracieux à l'auteur de l'acte, ou à ses supérieurs hiérarchiques, pour en obtenir la réformation. Il en est autrement lorsque des administrés se plaignent que leur droit a été lésé : il s'agit alors entre les particuliers et l'administration d'un véritable procès qui doit se suivre par la voie contentieuse, et l'interdiction faite aux tribunaux ordinaires de connaître des actes administratifs a dû conduire à créer de véritables tribunaux administratifs. Les principales juridictions administratives sont les conseils de préfecture, le Conseil d'État et la Cour des comptes. Les maires, les sous-préfets, les préfets et surtout les ministres ont aussi des attributions contentieuses. Il existe, en outre, pour certaines matières des tribunaux spéciaux (conseils de révision, tribunaux universitaires, conseil des prises, etc.) — Des nombreux ouvrages écrits sur l'administration, nous ne citerons que les plus importants : *Traité de la police*, par Delamare, 4 v. in-fol , 1729 ; *Question de droit administratif*, par Cormenin, 1826, 5° éd. 1840 ; *Droit public et administratif français*, par Bouchené-Lefer, 1830-1840 ; nouv. éd. 1862 ; *Institutes du droit administratif franç.*, par de Gérando, 5 vol. 1840-1846 ; *Traité général du droit administratif appliqué*, par G. Dufour, 8 vol. 1843-1846 ; nouv. éd. 1870 ; *Éléments de droit public et administratif*, par E. V. Foucart, 4° éd. 3 vol. 1856 ; *Cours d'administration et de droit administratif*, par Macarel, 4 vol., 1844-1846, 3° éd. par de Pistoye, 1857 ; *Études administratives*, par Vivien, 1846. 3° éd. 1859 ; *Cours de droit public et administratif*, par Laferrière, 5° éd. 1860 ; *Cours de droit administratif*, par Ducrocq, 1862. 6° éd.

1881 ; *Traité théorique et pratique de droit public et administratif*, par Batbie, 7 vol 1861-1868 ; *Conférences sur l'administration et le droit administratif*, par Aucoc (en cours de publication, 3 vol. parus) ; *Répétitions écrites sur le droit administratif*, par Cabantous, 6° éd. revue par Liégeois, 1882 ; *Dictionnaire général d'administration*, par Alfred Blanche, 1847-1849, 2° éd. en cours de publication ; *Dictionnaire de l'administration française*, par Maurice Block, 2° éd. 1878. || *École d'administration.* École créée en 1848 par le Gouvernement provisoire pour préparer aux carrières administratives. Les cours avaient lieu au Collège de France. Elle fut supprimée dès 1849. || *Administration militaire*, Ensemble des moyens par lesquels le gouvernement pourvoit, dans toutes les circonstances, aux besoins des militaires, à la charge de rendre compte au pays des résultats obtenus et des dépenses qu'ils ont nécessités. (Delaperrière.) Elle intervient dans les opérations d'organisation en les constatant ; elle concourt au recrutement ; elle veille à la rédaction des actes de l'état civil des militaires ; pourvoit aux paiements des prestations qui leur sont dues en raison de leur position, tant en argent, vivres, chauffage, qu'en logement, habillements, transports, etc. Elle constate les droits des militaires aux récompenses ainsi qu'aux diverses rémunérations de service ; enfin elle prévoit les besoins de toute sorte, crée, met en œuvre et surveille les voies et moyens pour les satisfaire. Après avoir ordonné les fonds, fait préparer les matières destinées à l'armée, en avoir opéré la répartition et assuré l'emploi, elle exige les comptes, et fonde l'économie sur la stricte nécessité des dépenses et l'exactitude des paiements. (Beaugé) L'administration militaire dans son ensemble embrasse la direction, la gestion ou l'exécution, le contrôle qui en principe sont entièrement distincts, la direction ne participant pas aux actes de la gestion qui lui est soumise, le contrôle ne prenant part ni à la direction, ni à la gestion, et ne relevant que du commandement qui donne l'impulsion (L. du 16 mars 1882). Le ministre de la guerre est le chef responsable de l'administration de l'armée qui comprend : le service de l'artillerie, le service du génie, le service de l'intendance, le service des poudres et salpêtres, le service de santé, l'administration intérieure des corps de troupe et des établissements considérés comme tels, le service de la trésorerie et des postes aux armées. || *Administration intérieure des corps de troupes* Elle est chargée d'assurer aux militaires compris dans ces corps la perception des prestations de toute espèce qui leur sont dues, et de justifier de l'emploi des sommes, denrées et autres matières fournies à cet effet par les divers services administratifs. L'administration intérieure des corps de troupes, des écoles, des directions d'artillerie, pénitenciers, etc., est confiée à un personnel placé sous la surveillance et la direction des intendants et organisé généralement en conseils d'administration. (V. *Conseil.*) Chaque conseil est commandé par le commandant de corps ou de l'établissement ; il a pour agents des officiers comptables dans les écoles et les corps de troupes ; des officiers d'administration dans les pénitenciers ; des gardes d'artillerie, adjoints du génie, dans les directions d'artillerie. Ces agents sont responsables vis-à-vis de lui. || *Commis et ouvriers d'administration.* Ils sont organisés en sections, au nombre de 25 ; savoir : 18 pour les 18 corps d'armée, 3 pour l'Algérie, 4 pour les gouvernements de Paris et de Lyon. Chacune de ces 25 sections comprend trois catégories d'hommes de troupe : des commis aux écritures pour les bureaux de l'intendance, des ouvriers du service des subsistances, des ouvriers du service de l'habillement et du campement. Ils se recrutent par les appels, par les engagements volontaires. Ils doivent avoir l'intelligence et l'aptitude voulues pour le service auquel ils sont destinés, présenter des garanties spéciales de moralité et d'habitude du travail, et satisfaire à des épreuves professionnelles. La hiérarchie du corps ne comprend que les grades de caporal et de sous-officier, les emplois de fourrier et de sergent-major. La moitié des soldats est de 1re classe. Il y a un cadre fixe et un cadre proportionnel. ‖ *École d'administration militaire*. Etablie à Vincennes, elle est destinée à former le personnel nécessaire au recrutement des officiers d'administration des cadres permanents et des cadres auxiliaires des services administratifs de l'armée, la justice militaire exceptée. Nul sous-officier ne peut être promu adjudant en 2ᵉ, s'il n'a suivi avec succès les cours. Sont admis à cette école, à la suite d'un concours annuel, les sous-officiers de tous les corps de l'armée, célibataires et âgés de 27 ans au plus qui sont proposés par l'inspecteur général après avis préalable du sous-intendant et de l'intendant-inspecteur. Une fois admis, ils sont rayés de leurs corps et ne portent plus que les insignes de sergent (Delaperrière). L'école est soumise au régime militaire. Son personnel comprend : un sous-intendant directeur, un officier d'administration sous-directeur, un adjudant d'administration comptable, 5 officiers d'administration professeurs, 25 sous-officiers caporaux et soldats pour la surveillance et l'instruction. L'enseignement donné est à la fois général, administratif et militaire. La durée des cours est d'une année, après laquelle, ceux qui ont satisfait aux examens de sortie sont nommés élèves d'administration dans l'un des services administratifs suivant l'ordre de préférence qu'ils ont indiqué. L'école de Vincennes reçoit en outre des engagés conditionnels qui servent une deuxième année, dans le but d'obtenir une commission d'adjudant d'administration de réserve. Les élèves d'administration ont le grade de sous officier et prennent rang avant tous les sergents-majors ou maréchaux-des-logis chefs. Ils sont appelés à faire un surnumérariat administratif dans les bureaux de l'administration. V. plus haut *École d'administration*. ‖ *Officiers d'administration*. Ils se divisent en cinq sections : des bureaux de l'intendance, des hôpitaux, des subsistances, de l'habillement et du campement, de la justice militaire. Ceux des quatre premières sections peuvent être employés indifféremment dans l'une ou dans l'autre. Ce corps a une hiérarchie à 5 degrés : adjudant en 2ᵉ et en 1ᵉʳ, officier d'administration de 2ᵉ et de 1ʳᵉ classe, officier d'administration principal. L'organisation des officiers d'administration a été réglée par un décret du 1ᵉʳ décembre 1852. Les divers échelons à partir du grade d'adjudant (V. ce mot) se recrutent les uns par les autres dans chaque catégorie. Les officiers d'administration ne sont pas assimilés, mais les dispositions de la loi sur l'état des officiers leur sont applicables et ils ont droit à certains honneurs militaires. (Décrets du 21 juil. et du 28 sept. 1875.) Ils sont généralement chargés de la gestion des établissements, c'est-à-dire de la réception des approvisionnements, de leur conservation, de leur transformation ou confection, de la tenue de tous les registres et pièces de comptabilité prescrites par les règlements. On les désigne sous le nom de comptables : ils sont gestionnaires et ils fournissent un cautionnement proportionnel à l'importance du service. Ceux des bureaux de l'intendance secondent les fonctionnaires de ce corps dans leurs travaux d'écriture et de vérification ; ils n'ont par eux-mêmes aucune autorité propre. (Delaperrière.) Les officiers d'administration de la justice militaire sont destinés à fournir le personnel des greffes dans les tribunaux militaires et les agents comptables dans les établissements pénitentiaires. ‖ *Troupes d'administration*. On désigne sous ce nom des troupes chargées des travaux d'exécution des services administratifs : commis aux écritures et ouvriers d'administration, infirmiers. On y rattache les troupes chargées des travaux de bureau dans les états-majors (secrétaires d'état-major et de recrutement). Les troupes d'administration sont organisées en sections : il y a 25 sections d'*infirmiers* ; 25 de *commis et ouvriers militaires* d'administration. (V. chacun de ces mots.) Chaque section est administrée comme un corps de troupes organisé sous forme de compagnie, elle est commandée par un officier d'administration gérant ou non un établissement, assisté de 2 ou 3 adjudants d'administration. Elle a un cadre fixe et des cadres proportionnels : le premier est chargé, à la portion centrale, de l'instruction militaire des jeunes soldats et des écritures de comptabilité. A l'arrivée au corps, les hommes sont appelés à la portion centrale, y sont habillés, équipés et y reçoivent une instruction militaire élémentaire. Ce n'est qu'après cette première instruction, qu'ils peuvent faire partie des détachements attachés aux différents services. Ces détachements sont placés sous les ordres des comptables des établissements sous le rapport de la discipline et de l'exécution du service ; en ce qui concerne l'administration, ces comptables ont avec les commandants de section les rapports que tout chef de portion détachée est tenu d'avoir avec la portion centrale d'un corps. Les sections dépendent de l'autorité des fonctionnaires de l'intendance qui, suivant leur grade, ont à leur égard, les droits de chefs de corps et de généraux. (Delaperrière.) Les troupes d'administration ont droit à des gratifications mensuelles, en sus des primes de travail qui peuvent leur être allouées. ‖ Jurisp. *Administration légale*, Administration des biens personnels de ses enfants mineurs exercée par le père pendant le mariage (C. civ., art. 389). A la différence de la tutelle, l'administration légale du père ne comporte pas de subrogée tutelle. L'administration légale est affranchie de la dépendance du conseil de famille en ce qui concerne les actes de pure administration, et elle n'emporte pas hypothèque légale. ‖ Syn. Gouvernement, administration, régime. Le gouvernement est la tête qui dirige la chose publique : le régime est la marche que suit le gouvernement. L'administration est le bras qui exécute ce qui a été ordonné par le gouvernement et réglé par le régime. On dit sous le gouvernement de Louis XIV, sous l'administration de Colbert. On dit l'ancien régime, le régime représentatif, constitutionnel, etc.

ADMINISTRATIVEMENT. adv. D'une manière administrative, suivant les formes, les règlements administratifs. Régler administrativement.

ADMINISTRER. v. a. Gouverner, diriger, régir, conduire. Administrer l'Etat, les finances, les affaires, son bien, etc. ‖ Administrer la justice, Rendre la justice. ‖ Administrer les sacrements, Les conférer. Administrer un malade, Lui donner les derniers sacrements. ‖ Donner. Administrer un remède. ‖ Vulg. Administrer des coups de bâton. ‖ Le part. pas. s'emploie subst. surtout au plur. Ce maire est chéri de ses administrés.

ADMINISTRERESSE. s. f. Jurisp. anc. Tutrice, femme qui avait l'administration de ses enfants mineurs. Ce mot n'était guère en usage qu'au parlement de Bordeaux.

ADMIRABLE. adj. 2 g. (lat. *admirabilis*). Qui mérite, qui attire l'admiration. Dieu est admirable dans ses œuvres. Cet homme est admirable par sa vertu, dans sa conduite. Peintre admirable pour son coloris. Spectacle, beauté, éloquence admirable. ‖ Fam. Vous êtes admirable de venir ici nous contrôler, c.-à-d. cela est singulier, choquant, et vous êtes mal venu à le faire. ‖ Chim. Sel admirable de Glauber (sulfate de soude) à cause de la beauté de ses cristaux. ‖ Syn. Extraordinaire, merveilleux ; étonnant admirable. Les deux premiers représentent la chose en soi ; les deux autres, l'impression qu'elle produit sur nous. Merveilleux tient du prodige et renchérit sur extraordinaire. L'étonnant nous surprend, l'admirable nous ravit. Doués de facultés extraordinaires et presque merveilleuses, Corneille et Racine ont enfanté, le premier d'étonnantes créations, le second d'admirables chefs-d'œuvre. (Lafaye.)

ADMIRABLEMENT. adv. D'une manière admirable. Ouvrage admirablement écrit. Peindre, chanter, danser admirablement.

ADMIRAL (Henri L'). Né à Aujolet (Auvergne), 1744. Tenta d'assassiner Collot d'Herbois le 22 mai 1794, fut condamné par le tribunal révolutionnaire et exécuté avec 62 victimes dont on fit ses complices.

ADMIRATEUR, TRICE. s. Celui ou celle qui admire, qui a coutume d'admirer. Il se prend en bonne et en mauvaise part. Admirateur du mérite. Admiratrice de tout ce qui est nouveau. ‖ Adjectiv. Un peuple admirateur.

ADMIRATIF, IVE. adj. Qui exprime l'admiration. Signe, ton, geste admiratifs. Point admiratif ou point d'exclamation (!). ‖ Particule admirative (ah !). ‖ Genre admiratif, Destiné à exciter l'admiration. Corneille est supérieur dans le genre admiratif.

ADMIRATION. s. f. Action d'admirer, sentiment excité en nous par ce que nous regardons comme beau, parfait en son genre. Être en admiration ; ravi en admiration, d'admiration. Je suis dans l'admiration de ses talents. Causer, donner de l'admiration. S'attirer l'admiration. C'est un sujet, un objet d'admiration. Ce prince fera l'admiration de la postérité. ‖ Se dit qfois de l'objet même qu'on admire. On tient à ses vieilles admirations.

ADMIRER. v. a. (lat. *admirari*). Éprouver de l'admiration pour quelqu'un ou pour quelque chose ; considérer avec admiration. Admirer la nature, les talents, les vertus, les œuvres d'un grand homme, d'un écrivain ; la sagesse, la valeur, la magnificence d'un prince, etc. ‖ Voir avec étonnement. Admirez quel malheur est le mien. ‖ Admirer avec *de* et l'inf., ou *que* et le subj. S'étonner. J'admire de le voir au point où le voilà. (Mol.) Nous admirerons de nous y reconnaître nous-mêmes. (La Bruy.) J'admire qu'on puisse voir les étoiles à une si grande distance. Corneille et Mᵐᵉ de Sévigné ont employé le *que* à l'indic. ‖ Iron. J'admire la foi des hommes. J'admire cet impertinent. ‖ S'ADMIRER. v. pr. Les sots s'admirent volontiers. ‖ ADMIRÉ, ÉE. p. pas. Il y a une nuance entre admiré *de* et admiré *par*. On est admiré par quelqu'un quand on en reçoit des marques d'admiration, et admiré de quelqu'un quand on lui inspire des sentiments d'admiration.

ADMIROMANE. s. et adj. 2 g. Néol. Qui a la manie de tout admirer.

ADMIROMANIE. s. f. Néol. Manie de l'admiration.

ADMIS, ISE. p. pas. de Admettre.

ADMISSIBILITE. s. f. État d'une chose, ou d'une personne admissible. L'admissibilité de tous les citoyens aux emplois publics. Dans certains concours par exemple dans celui de Saint-Cyr, il y a l'admissibilité et l'admission : l'admissibilité résulte d'un premier examen qui se compose d'épreuves écrites ; elle consiste à être admis au second examen, oral, qui avec le premier quand on a subi ces épreuves avec les conditions requises, complète le concours et donne droit à l'admission.

ADMISSIBLE. adj. 2 g. Valable, légitime, probable, recevable, qu'on peut admettre. Moyens de requête, excuse, raisons admissibles. Il est admissible à l'École de Saint-Cyr. ‖ Subst. Il a été compris parmi les admissibles.

ADMISSION. s. f. Action par laquelle une personne ou une chose est admise. L'admission de quelqu'un aux ordres sacrés. Depuis votre admission dans cette illustre compagnie (l'Académie française). Avec admission de circonstances atténuantes. ‖ En matière de douane, on appelle *admission temporaire* la faculté accordée aux fabricants de faire entrer en France, en franchise provisoire de droits, certaines matières étrangères frappées de droits d'introduction, sous l'obligation de les représenter à la douane soit par réexportation directe à l'étranger, soit par voie de réintégration en entrepôt, dans un délai déterminé ; le délai varie suivant la nature des marchandises. Ces admissions temporaires sont constatées par des certificats spéciaux délivrés par l'administration des douanes et qu'on appelle *acquits-à-caution*. Ces acquits-à-caution sont parfois cédés par l'importateur à un tiers exportateur : mais ce commerce est illicite. Au point de vue exclusivement métallurgique, par exemple, une vive polémique s'est élevée, dans ces dernières années, au sujet des admissions temporaires et des acquits-à-caution. Leurs adversaires prétendent que les acquits-à-caution constituent une véritable prime d'exportation, et qu'ils ne contribuent qu'à enrichir des particuliers aux dépens du Trésor ; qu'ils rendent illusoire la protection que l'État a voulu accorder à la métallurgie nationale ; que les fontes anglaises et luxembourgeoises entrent ainsi en France librement, pour être consommées dans des usines proches de la frontière au grand préjudice des producteurs de fonte environnants, tandis que des fabricants du Centre et du Midi font sortir par nos ports leurs fontes travaillées en percevant une prime. C'est surtout dans les groupes de la Hte-Marne que ces plaintes se sont fait entendre. Leurs partisans allèguent la nécessité de procurer à tout prix à la construction métallique des matières premières bon marché qui lui permettent d'affronter sur les marchés étrangers la concurrence anglaise, belge et allemande. Sans demander la suppression des admissions temporaires, de bons esprits préconisent la substitution du régime de l'*identique* au régime de l'*équivalent :* de là les termes d'*Identistes* et d'*Équivalentistes.*Les identistes demandent que la matière travaillée, fonte, fer, acier, qui sort, soit du moins la même que celle qui est entrée, pour que l'exportateur puisse bénéficier de l'acquit-à-caution. Les équivalentistes se bornent à exiger poids pour poids, sans nulle considération de qualité. L'État a passé successivement de l'un à l'autre de ces deux systèmes : identiste jusqu'en 1862, puis équivalentiste jusqu'en 1870, il est revenu en 1870 au système de l'identité, mais partiellement. Le décret du 9 janv. 1870 exige l'identique pour le fer, tout en maintenant l'équivalent pour la fonte. La douane accompagne jusqu'à la porte de l'usine destinataire les fers admis temporairement : mais il est bien difficile d'appliquer rigoureusement cette surveillance. (Lami, *Dict. de l'indust.*)

ADMITTATUR. (Qu'il soit admis.) Anc. certificat de capacité pour occuper un grade dans une faculté ou entrer dans certains corps. || Jurisp. anc. Permis d'assigner donné par la chambre des requêtes. || Auj., Pièce qui est d'un prêtre, qui quitte son diocèse, doit faire signer par son évêque, et qu'il devra présenter, pour célébrer la messe dans un pays où il n'est pas connu. Cette pièce se nomme aussi *Celebret* (qu'il célèbre ; il lui est permis de célébrer).

ADMIXTION. s. f. (ad-mic-sti-on ; — lat. *ad*, à, et *mixtio*, mélange). Mélange de plusieurs substances.

ADMODIATEUR. s. m. Fermier, dans certaines coutumes.

ADMODIATION. s. f. T. de coutumes. Fermage, particulièrement de terres à blé ; métayage.

ADMONESTATION. s. f. Action d'admonester, réprimande. || Admonétation n'est plus admis par l'Académie.

ADMONESTER. v. a. (a-dmo-nè-sté; — lat. *ad*, et *monere*, avertir). Jurisp. anc. Lorsqu'un particulier avait commis une faute qui ne méritait pas une punition plus grave, le juge le mandait pour l'admonester, c.-à-d. pour lui faire une remontrance, à huis clos, avec défense de récidiver. || Par.ext. Réprimander quelqu'un.

AD MONILIA. Anc. vle de Ligurie, auj. *Moneglia.*

ADMONITEUR, TRICE. s. (lat. *ad*, à ; *monere*, avertir) Qui avertit, admoneste, donne des avis. Chez les jésuites il y a des admoniteurs chargés d'avertir les autres, même le Général, de leurs fautes. Quelques congrégations de religieuses ont des admonitrices.

ADMONITIF, IVE. adj. Qui a rapport à l'admonition. Formule admonitive.

ADMONITION. s.f. (lat. *admonitio; de admonere*, avertir). Jurisp. Punition consistant dans une réprimande adressée par le juge à l'accusé et dans l'avertissement d'être plus circonspect à l'avenir. Cette peine qui était appliquée surtout en matière disciplinaire pour de légères infractions n'entraînait pas l'infamie. Elle a été supprimée par le Code pénal de 1791. Il existe cependant encore dans notre droit deux peines disciplinaires analogues, l'*avertissement* et la *réprimande* (V. ces mots). || Remontrance faite à huis clos aux magistrats et aux avocats. || Dr. can. On ne peut pas procéder contre un clerc, en matière de censure, sans admonitions ou monitions préalables. || Dans le langage ordinaire, réprimande et avertissement après plusieurs admonitions.

ADMONT. 948 h. Vle de Styrie, sur l'Elms, à 100 kil. S.-O. de Vienne. Salpêtre, forges, mines de fer ; abbaye de bénédictins fondée en 1074, encore existante.

ADNÉ, ÉE. adj. (a-dné; — lat. *ad*, auprès ; *natus*, né). Hist. nat. Se dit d'un organe collé, ou soudé à un autre avec lequel il s'est développé et dont il paraît être un appendice. Les étamines sont fréquemment adnées à la corolle. Les stipules sont parfois adnées au pétiole. Les mâchoires de certains insectes sont adnées. || Subst. L'adnée (*tunica adnata*), La conjonctive.

ADNET (Eug.). Homme politique franç. né

en 1827. Procur. impér. à Tarbes au 4 sept. 1870, révoqué; député des Htes-Pyrénées, 1871; centre droit. Sénateur élu en 1876 ; groupe Buffet. Non réélu en 1882.

ADNEXION. s. f. (lat. *adnexio ; de adnexus*, attaché). Bot. État d'une partie attachée, fixée à une autre.

AD NONUM (c.-à-d. près du neuvième mille). Anc. vle du Latium sur la voie Appienne.

ADNOTATION. s. f. (lat. *ad*, à ; *notare*, noter). Réponse du pape à une supplique, quand il ne s'agit que d'une signature à donner.

ADO. Ile du golfe de Botnie, à l'E. de l'île d'Aland : appartient à la Russie.

· **ADOBE.** s. m. Brique cuite au soleil, très employée au Pérou.

AD OCULUM. loc. adv. Mots latins qui signifient *sous l'œil*. Fam. Être sage, obéir *ad oculum*, c.-à-d. seulement quand on est vu. || Jurisp. Biens qui peuvent ou ne peuvent pas être mis *ad oculum*, c.-a-d. sous les yeux.

ADOLESCENCE. s. f. (a-do-les-san-ce; — lat. *adolescentia*). Age entre l'enfance et la virilité ; il s'étend depuis les premiers signes de la puberté, jusqu'a l'époque où le corps a acquis toute sa perfection physique. Les limites extrêmes sont généralement quatorze et vingt-deux ans, pour l'homme; onze et dix-neuf pour la femme. La fleur, les grâces, la fraîcheur de l'adolescence. || Par ext. et collect. pour Les adolescents (ne se dit guère qu'en parlant des garçons). L'adolescence ne respecte rien la vieillesse. || Fig. Le commencement, le premier temps. Lorsque le monde était encore dans son adolescence. L'adolescence de l'art.

ADOLESCENT, ENTE. s. m. et f. (lat. *adolescens; de adolescere*, croître ; de *ad*, à, et *olescere, olere*, croître ; de *alere*, nourrir, de même racine qu'un rad. gr. *alô*, je fais croître). Celui, celle qui est dans l'âge de l'adolescence. || On ne le dit guère que d'un jeune homme. Un adolescent. || Il s'emploie quelquefois adj. Un jeune homme, encore adolescent. (Acad.)

ADOLPHE. s. m. Monnaie d'or de Suède qui vaut environ 13 fr.

ADOLPHE (S.). 28e Évêq. d'Osnabruck en Westphalie, se signala par son extrême sollicitude pour les pauvres, et la fondation de plusieurs institutions charitables. M. en 1224. F. 11 fév. || ADOLPHE X. Évêque de Munster (1357), puis archevêque-électeur de Cologne (1363), résigna en 1364 et devint par succession, en 1368, cte de Clèves et, en 1391, de la Mark. M. en 1394. On lui attribue l'institution de l'ordre des Fous (1380), société des nobles du pays qui portaient sur leurs manteaux un fou brodé en argent. || Il fut surnommé *le Victorieux.* Fils du précédent, 1er duc de Clèves (1371-1448). || ADOLPHE II, comte de Holstein. Fut presque toujours en guerre et périt au siège de Demmin en Poméranie (1164). || ADOLPHE VIII. Fils de Gérard, comte de Holstein (1440-1459), refusa la couronne de Danemarck, en disant, exemple bien rare, que ce fardeau était au-dessus de ses forces. || ADOLPHE Ier, duc de Holstein. Fils de Frédéric Ier roi de Danemarck, fut l'un des plus grands guerriers de son temps, combattit pour Charles-Quint et Philippe II. Né en 1526, il mourut l'an 1586. || ADOLPHE D'EGMOND. Duc de Gueldre, né en 1438, tué au siège de Tournai, 1477. || ADOLPHE-JEAN. 1685-1744. Duc de Saxe, mit son épée au service de la Pologne contre Charles XII, roi de Suède, obtint des succès, pacifia la Lithuanie, prit Dantzig et combattit avec gloire jusqu'à sa mort. || ADOLPHE DE NASSAU. Né en 1250. Empereur d'Allemagne (1292-1298), fut battu et tué à Gelheim, près de Worms, par son rival Albert d'Autriche. || ADOLPHE-FRÉDÉRIC II DE HOLSTEIN-GOTTORP, 1710-1771. Évêque luthérien de Lübeck, imposé comme roi à la Suède par la Russie (Convention d'Abo, 1743). Prince ami des arts et des sciences, mais faible. Son règne fut troublé d'abord par la conspiration du comte de Brohe et du baron de Horn, décapités en 1756, puis par les luttes du parti russe des *bonnets* et du parti français des *chapeaux.* Il laissa le trône à son fils Gustave III.

ADOLPHE. Roman de Benjamin Constant, 1815, dans lequel on croit que l'auteur a fait son autobiographie. C'est une peinture douloureuse et néanmoins pleine de charmes de l'inquiétude et des inconséquences du cœur humain.

ADOLPHUS (John). Avocat et historien anglais 1766-1845. Auteur d'une *Histoire d'Angleterre* depuis l'accession de Georges III, 1803, 3 v.

ADOM. Vle de Palestine, sur le Jourdain, près de laquelle les Hébreux, conduits par Josué passèrent le fleuve à pied sec.

ADOMESTIQUER. v. a. (*a* et *domesticus*, qui est de la maison). Vx mot. Attacher quelqu'un à sa maison, à son service. || S'ADOMESTIQUER v. pr. Se mettre au service de quelqu'un.

ADON (S). 799-875. Bénédictin ; archev. de Vienne en Dauphiné. Sa porte était toujours ouverte aux pauvres, même durant ses repas A laissé plusieurs ouvrages : *Chronique*, depuis le commencement du monde, jusqu'à son temps ; *Traité sur les fêtes des apôtres et des saints* des premiers siècles ; deux *Martyrologes* ; etc. Sa chronique, qui est importante pour les premiers siècles de notre histoire, a été imprimée plusieurs fois : Paris, 1512 et 1522 in-fol ; 1561, in-8; Rome, 1745, in fol. F. 16 décembre.

ADONAÏ. (en héb., Seigneur, souverain maître). Nom habituel dont les juifs se servent pour désigner Dieu, n'osant pas prononcer son nom propre qui est Jéhovah. Ils prétendent que ce dernier nom n'était prononcé qu'une fois chaque année, au jour de l'expiation, par le grand-prêtre, dans le sanctuaire.

ADONC. adv. (le *c* se prononce). Maintenant, alors. (Vx mot.)

ADONHIRAMITE. s. et adj. Nom donné aux franc-maçons qui reconnaissaient Adonhiram comme chef des ouvriers employés à la construction du temple de Salomon.

ADONI. Pte vle de Hongrie, sur le Danube. || Vle de l'Hindoustan (Dekan), présid. de Madras. Anc. vle forte prise par Tippoo-Saeb, achetée par les Anglais en 1800.

ADONIAS. 4e fils de David ; tenta deux fois de détrôner son frère Salomon, qui, la première fois, lui pardonna, et la seconde le fit mettre à mort comme traître (1014 av. J.-C.).

ADONIDIE. s. f. Poème antique que les Grecs chantaient en l'honneur d'Adonis.

ADONIEN, IENNE OU ADONIQUE. adj. Qui a rapport à Adonis. || adj. et s. Pros. gr. et lat. Sorte de vers composé d'un dactyle et d'un spondée, ou d'un trochée. Il terminait la strophe saphique. Burel et Ronsard ont imité cette forme en français.

ADONIES. s. f. pl. Antiques fêtes en l'honneur d'Adonis.

ADONION. Chant de guerre des Spartiates.

ADONIS. (de l'héb. *Adan*, seigneur ; — l's se prononce). Myth. Jeune homme célèbre par sa beauté, qui fut aimé de Vénus, et qui fut tué à la chasse par un sanglier. On dit que Proserpine le ressuscita et qu'il passait alternativement six mois sur la terre et six mois aux enfers. Peut-être est-ce une allégorie de l'été et de l'hiver. On a célébré longtemps, en Grèce et à Rome, des fêtes en son honneur : les femmes seules y prenaient part. || s. m. Ironiquement. Jeune homme qui fait le beau et soigne trop sa parure. || ADONIS Pte riv. de Phénicie, près de Byblos. Ses eaux se chargeaient périodiquement de sable rouge , on croyait que c'était le sang d'Adonis et alors commençaient les fêtes Adonies. || Bot. ADONIS ou ADONIDE. s. f. Ainsi nommée à cause de la couleur de ses teintes, dues, suiv. la myth., au sang d'Adonis. Plante de la fam. des renonculacées, tribu des anémonées, commune dans les moissons : port élégant. Toutes les espèces sont âcres, vénéneuses et ont été conseillées comme épispastiques.

ADONISÉDEC. (Nom qui signifie roi de Jérusalem.) L'un des rois que vainquit Josué.

ADONISER. v. a. (rendre beau comme Adonis). Fam. Parer avec une grande recherche. Cette mère adonise son enfant. || S'ADONISER. v. pr. Se parer, s'ajuster avec un soin excessif; se dit surtout des hommes. Il aime à s'adoniser.

ADONISTE. s. m. Botaniste qui fait la description ou dresse le catalogue des plantes d'un jardin.

ADONNER (S'). v. pr. (a-do-né ; — de d et *donner*). Se livrer à une chose avec plaisir, avec ardeur habituellement. S'adonner à l'étude, à la géométrie, aux plaisirs, à la chasse, à boire. || Fréquenter habituellement ; s'attacher à. S'adonner à une société. Ce chien s'est adonné à moi. || Se diriger, en parlant d'un chemin. Son chemin s'adonne de ce côté. ‖ **ADONNER. v. n.** T. de mer. Devenir plus favorable. Le vent adonne.‖ ‖ **ADONNÉ, ÉE.** p. pas. Adonné au jeu, au vin, aux femmes, à l'étude, à la guerre, etc. ‖ Syn. Se donner, s'adonner. Ce dernier marque la tendance, l'application, le premier indique qu'on se livre sans réserve. Il s'est donné tout entier à la philosophie.

ADOPTABLE. adj 2 g. Qui peut, qui doit être adopté. Ce projet n'est pas adoptable.

ADOPTANT, ANTE. s. Jurisp. Celui, celle qui adopte un enfant étranger.

ADOPTER. v. a. (a-do-pté; — lat. *ad*, à; *optare*, choisir). Prendre pour fils ou pour fille en remplissant les prescriptions légales (V. *Adoption*) ou sans les remplir. ‖ Auguste adopta Tibère. Il m'adopta et me servit de père. ‖ Fig. Admettre, accepter, recevoir comme sien un sentiment, un avis, un projet. La Chambre adopta cette loi. ‖ Choisir de préférence Ce peintre a adopté le paysage. ‖ v. n. La Chambre a adopté. ‖ S'ADOPTER. v. pr. Toutes les modes ne peuvent s'adopter. ‖ ADOPTÉ, ÉE. p. pas. S'emploie subst. L'adoptant et l'adopté. ‖ Adopté. Formule abrégée pour dire qu'une proposition mise aux voix a obtenu la majorité. ‖ Syn. Choisir, opter, élire, préférer, aimer mieux, adopter, trier. Choisir est le plus général; opter c'est choisir, y étant contraint, entre deux ou plusieurs choses déterminées. Un député, élu dans plusieurs départements, doit opter. Quand il faut opter entre sa fortune et sa conscience… Élire est une action collective. Les Français élisent leurs représentants, combien peu les choisissent. La préférence marque le cas qu'on fait d'une chose au point de vue idéal, spéculatif; on choisit ce qui est utile, on préfère ce qui est supérieur, on préfère une personne à un autre, une chose à une autre; on préfère par raison, on aime mieux par goût. Adopter, c'est choisir la chose d'un autre et la faire sienne. Les Grecs adoptèrent les lettres des Phéniciens. Trier signifie choisir physiquement une ou plusieurs choses du milieu d'autres, les en séparer. Une génisse n'a pas besoin d'étudier la botanique pour apprendre à trier son foin. (J.-J. Rousseau.)

ADOPTIANISTE ou ADOPTIEN. s. m (lat *adoptivus*). Hist. eccl. Nom donné aux partisans d'Elipand de Tolède et de Félix d'Urgel (vers 770) d'après lesquels le Christ, dans son humanité, n'est que le fils adoptif de Dieu, et non son fils véritable. Cette doctrine, renouvelée de Nestorius et par conséquent hérétique, fut de nouveau et formellement condamnée comme telle dans les conciles de Francfort (794), de Rome (799), etc.

ADOPTIF, IVE. adj. Qui a adopté ou qui a été adopté. Père adoptif. Fils adoptif. ‖ Qui a rapport à l'adoption. Titre adoptif. ‖ Se place après le substantif.

ADOPTION. s. f. (lat. *adoptio*; de *ad*, vers, et *optio*, choix). Action d'adopter. Tibère n'était fils d'Auguste que par adoption. ‖ S'emploie au pl. Rien ne s'oppose à ce que les adoptions soient faites par un acte du Corps législatif.(Napoléon Ier.) ‖ Par ext. Action d'admettre, de recevoir comme sien soit au prop., soit au fig. (V. *Adopter*.) L'adoption de mots étrangers dans une langue. L'adoption d'une loi par la Chambre. ‖ Jurisp. Acte juridique qui crée entre deux personnes des liens purement civils de paternité et de filiation. Les Romains distinguaient deux espèces d'adoption : l'adoption proprement dite qui s'appliquait aux fils de famille, c.-à-d. aux enfants ou petits-enfants placés sous la puissance paternelle, et l'*adrogation* (V. ce mot), qui était l'adoption d'une personne *sui juris*, e.-à-d. non soumise à la puissance paternelle. A l'origine, l'adoption proprement dite s'opérait dans les formes d'une vente imaginaire (*mancipation*) ou d'un procès fictif (*in jure cessio*), et elle avait pour effet de faire entrer l'adopté dans la famille de l'adoptant et de le rendre complètement étranger à sa famille naturelle, dans laquelle il perdait ses droits de succession. Sous Justinien, l'adoption s'opère par une simple déclaration des parties devant le magistrat. En outre Justinien en modifie les effets dans l'intérêt de l'adopté qui, sous l'ancienne législation, pouvait, en cas d'émancipation, se trouver frustré de ses droits successoraux tout à la fois dans sa famille naturelle et dans sa famille adoptive:

désormais, sauf au cas où l'adoptant est un aïeul de l'adopté, celui-ci reste sous la puissance de son père naturel; l'adoption lui confère seulement un droit à la succession *ab intestat* du père adoptif. — L'adoption par les armes pratiquée par les Barbares tomba de bonne heure en désuétude en France ainsi que l'adoption romaine, et, depuis plusieurs siècles, l'adoption avait cessé d'y être usitée lorsqu'elle fut rétablie par les lois de la Révolution, puis réglementée par le Code civil (Art. 343 à 360). L'adoption n'est permise qu'aux personnes âgées de plus de cinquante ans, n'ayant au moment de l'adoption ni enfants, ni descendants légitimes. L'adoptant doit avoir quinze ans de plus que la personne qu'il se propose d'adopter et lui avoir fourni des secours et donné des soins ininterrompus dans sa minorité pendant six années au moins ; s'il est marié, l'adoptant a besoin du consentement de son conjoint. L'adopté doit être majeur et avoir obtenu, s'il a moins de vingt-cinq ans, le consentement de son père et de sa mère. L'acte d'adoption est passé devant le juge de paix du domicile de l'adoptant, et soumis à l'homologation du tribunal, puis de la Cour qui, renseignements pris sur la réputation de la personne qui se propose d'adopter, prononce souverainement s'il y a ou non lieu à adoption. La jurisprudence, après de longues controverses, paraît admettre aujourd'hui la possibilité de l'adoption par le père ou la mère d'un enfant naturel reconnu. Les rapports existants entre l'adopté et sa famille naturelle n'éprouvent aucune modification par suite de l'adoption : l'adopté ne sort pas de sa famille naturelle pour entrer dans la famille de l'adoptant. C'est seulement entre l'adoptant et l'adopté que l'adoption produit un certain nombre des effets attachés à la paternité et à la filiation proprement dites : elle confère le nom de l'adoptant à l'adopté qui l'ajoute au sien propre; elle crée entre eux des empêchements de mariage et l'obligation réciproque de se fournir des aliments ; elle confère à l'adopté sur la succession de l'adoptant tous les droits successifs qu'aurait un enfant né en légitime mariage. — L'adoption rémunératoire, c.-à-d. celle qui est faite au profit de la personne qui a, au péril de ses jours, sauvé la vie de celui qui se propose de l'adopter est dispensée des conditions ordinaires d'âge et de soins exigées chez l'adoptant ; il suffit que celui-ci soit majeur et plus âgé que l'adopté. — L'adoption testamentaire faite par un tuteur officieux est également dispensée de quelques-unes des conditions requises pour l'adoption ordinaire.

ADORABLE. adj. 2 g. Digne d'être adoré. Dieu seul est adorable. ‖ Par exag., il se dit de tout ce qu'on trouve extrêmement digne d'être estimé ou aimé. Cette femme est adorable.

ADORABLEMENT. adv. Par exag. D'une manière adorable, exquise, parfaite. Vous êtes adorablement bien mise. (Balzac.)

ADORATEUR, TRICE. s. Celui, celle qui adore. ‖ Les adorateurs du vrai Dieu. ‖ Par exag., qui estime extraordinairement, qui aime passionnément. Il est adorateur de cet homme. Cette femme a beaucoup d'adorateurs ‖ S'emploie adj. Percer les flots pressés d'un peuple adorateur.

ADORATION. s. f. Action d'adorer. L'adoration n'est due qu'à Dieu. L'adoration de la croix. ‖ Élection d'un pape sans scrutin, par l'acclamation unanime des cardinaux. ‖ Cérémonie qui se fait après l'élection. ‖ Adoration des Mages. ‖ Adoration perpétuelle, Exposition permanente du St-Sacrement, soit dans la même église, soit successivement dans plusieurs églises. ‖ Par exag. Amour, attachement extrême. Cette femme a de l'adoration pour son mari, pour ses enfants. Être en adoration devant quelqu'un.

ADORBITAL. adj. et s. m. Anat. Qui forme l'orbite. L'os adorbital. L'adorbital.

ADOREA. s. f. (mot lat. de *ador*, *adoris*, froment pur). Antiq. rom. Récompense pour une action d'éclat. Elle consistait d'abord en blé, d'où son nom. ‖ G'oire militaire.

ADOREMUS. s. m. (mot latin qui signifie adorons). Liturg. Nom d'une prière qui se chante dans les saluts.

ADORER. v. a. (lat. *ad*, à, et *orare*, parler ou prier) Rendre à Dieu le culte suprême qui n'appartient qu'a lui seul. Un seul Dieu tu adoreras. C'est ainsi que nous adorons J.-C. vrai Dieu et vrai homme, et que nous adorons la divine Eucharistie ou l'Homme-Dieu caché sous le voile eucharistique. ‖ Adorer Dieu, ses attributs, ses mystères, ses voies, ou simplement adorer, c'est se soumettre avec respect et avec résignation à tout ce qu'il plaît à Dieu de faire et d'ordonner. Dieu a parlé, il faut croire, se taire et adorer. ‖ Par ext. Dans le même sens. Adorer les bontés de quelqu'un, les caprices d'un homme puissant, etc. ‖ Adorer la croix, Se prosterner devant le signe de notre salut et lui rendre le tribut d'amour et de reconnaissance qui lui est dû en mémoire de celui qui a voulu y être attaché, et y mourir pour l'amour de nous. ‖ Adorer les faux dieux, les idoles, etc., Leur rendre le culte qui n'est dû qu'a Dieu. Les Israélites, adorèrent le veau d'or. ‖ Prov. et fig. Adorer le veau d'or. Courtiser les personnes riches, tout sacrifier au désir immodéré des richesses. ‖ S'emploie comme v. n. Les Juifs adoraient à Jérusalem. ‖ Rendre des respects extraordinaires en se prosternant. La reine Esther adore le roi Assuérus. ‖ Par exag. Aimer passionnément. Cette femme adore son mari. Ce pédant adore l'antiquité sans discernement. ‖ S'ADORER. v. pr. Ces deux époux s'adorent Un fat s'adore lui-même. ‖ ADORÉ, ÉE. p. pas. Quand il s'agit de Dieu, ou que ce mot a le sens d'aimer, on dit adoré *de*. Dieu veut être adoré des hommes. Une femme adorée de son mari. S'il s'agit des idoles, ou d'un culte extérieur, on met *par*. Un roi adoré *de* ses sujets (qui l'aiment), et un roi adoré *par* ses sujets (qui lui rendent les devoirs extérieurs sans sentiment intérieur), offrent deux sens bien distincts. ‖ Syn. Honorer, vénérer, adorer. Le second plus intérieur, plus sentimental renchérit sur le premier, qui consiste en marques extérieures, le troisième renchérit sur le second.

ADORF. 5,135 h. Vle du Voigtland (Saxe) sur l'Elster. Instruments de musique.

ADORNEMENT. s. m. Vx mot. Ornement, parure.

ADORNER. v. a. Vx mot qui signifiait orner, parer.

ADORNO. Famille plébéienne de Gênes, qui, pendant près de deux siècles (du XIVe au XVIe), disputa à la famille des Frégosi la domination de cette ville : elle fut tour à tour soutenue par les Français et les Espagnols. Il y eut sept Doges du nom d'Adorno, le plus célèbre est *Prosper*, qui chassa les Français de Gênes en 1461. Ces deux familles furent renversées par André Doria en 1528. ‖ ADORNO (François). Jésuite, m en 1586, à 54 ans, composa à la prière de S. Charles, dont il était confesseur, un savant *Traité de la discipline ecclésiastique*. — *Jean-Augustin*. Frère du précédent, fondateur de la congrég. des clercs réguliers mineurs; m. à Naples, en odeur de sainteté (1591).

ADOS. s. m (a-do; — de *à* et *dos*). Hort. Terre qu'on élève en talus, ordinairement le long d'un mur, à une bonne exposition, pour y cultiver des primeurs.

ADOSSEMENT. s. m. (a-dô-se-man). État de ce qui est adossé. L'adossement d'une maison contre un rocher, à un rocher.

ADOSSER. v. a. (de *à* et *dos*). Placer quelqu'un ou quelque chose de façon qu'il y ait derrière une chose leur servant d'appui. Adosser sa maison à un rocher, une armée à un fleuve, un enfant contre la muraille. ‖ S'ADOSSER. v. pr. Il s'ados sa contre un arbre et se défendit. Le général voulait s'adosser à un marais impraticable. ‖ ADOSSÉ, ÉE. p. pas. Blas Deux pièces placées dos à dos. Il porte de gueules à deux lions adossés. ‖ T. de dessin et d'antiq. Deux têtes tournées en sens opposés.

ADOU. 12 îles désertes à l'O. des Maldives (mer des Indes).

ADOUA Vle d'Abyssinie. Cap. du Tigré. Importante au temps où elle fut décrite par Salt (1809), par le nombre de ses habitants, par ses fabriques d'étoffes, par le commerce entre l'Abyssinie intérieure et la côte ; elle est aujourd'hui déchue par suite des guerres intestines. M. Ruppell, en 1833, n'évaluait plus le nombre des habitants qu'à 5 ou 6,000.

ADOUAR. s. m. (de l'arabe *dour*, cycle). Nom donné par les astrologues à des révolutions d'années selon lesquelles ils règlent les événements.

ADOUBER. v. a. Mar. Réparer un navire ‖ Aux jeux d'échecs et de trictrac, Toucher un pion pour l'arranger et non pour le jouer : on avertit en disant : j'adoube.

ADOUCI, IE. p. pas. du v. Adoucir. ‖ s. m. Première façon qu'on donne aux objets qu'on veut polir : glaces, métaux.

ADOUCIR. v. a. (lat. *ad*, à ; *dulcis*, doux). Rendre doux, moins aigre, moins piquant, moins salé, moins amer. Mettre du sucre dans une compote pour l'adoucir. ‖ En général ôter à une chose ou tempérer les qualités qui blessent. Le vent d'ouest va adoucir le temps. ‖ Adoucir la voix, Parler d'un ton moins aigre, moins élevé. ‖ Polir. La lime adoucit les métaux. ‖ Calmer, apaiser. Adoucir la colère de quelqu'un. ‖ Mitiger. Adoucir une expression, une critique, des reproches. ‖ Rendre plus supportable. Sa tendresse adoucit ma douleur. ‖ Peint. et sculpt. Adoucir les formes, les contours, Les rendre moins saillants ; les couleurs, Les fondre ensemble, de manière que le passage de l'une à l'autre paraisse insensible. ‖ Arch. Rendre un ornement moins anguleux. ‖ Indust. Adoucir une glace, un cristal, Leur donner le poli, l'éclat. Adoucir l'or, Le séparer des matières étrangères. ‖ S'A-DOUCIR. v. pr. Devenir plus doux, au propre et au fig. ‖ Syn. Adoucir, radoucir. Le premier rend doux ce qui ne l'était pas, le second ramène à la douceur ce qui en était sorti. On adoucit un caractère brutal : un homme en colère se radoucit. ‖ Modérer, tempérer, adoucir, mitiger, modifier, Modérer est le plus général et le plus vague. On modère l'excès en quelque genre que ce soit. mais surtout relativement à la quantité. Modérer la dépense et les impôts. Tempérer c'est attendrir, affaiblir par un mélange avec quelque autre chose qui a des qualités contraires. La justice de Dieu est tempérée par sa miséricorde. Adoucir est subjectif ou relatif à l'impression produite sur l'âme. Ce qui est adouci ne cause plus de douleur, n'offense plus, ne choque plus. Ce qui est mitigé est moins inflexible : il y a des républicains rigides et des républicains mitigés. Modifier s'emploie en parlant des expressions, des termes. Modifier une proposition, les clauses d'un traité, etc. (Lafaye.)

ADOUCISSAGE. s. m. Poli donné aux corps durs, en les frottant avec diverses substances. ‖ Manière de rendre une couleur moins vive en y mêlant des matières qui l'éclaircissent. ‖ Fond. Adoucissage de la fonte, Opération qui consiste à la soumettre avec l'oxyde de fer ou l'oxyde de zinc, pendant plusieurs jours, à une chaleur rouge de faible intensité.

ADOUCISSANT, ANTE. adj. Qui adoucit, au prop. et au fig. Huile adoucissante. Paroles adoucissantes. ‖ s. m. Méd. Substances qui calment la douleur, l'irritation, l'inflammation, comme le lait, les huiles, les substances mucilagineuses, etc. Un adoucissant.

ADOUCISSEMENT. s. m. Action d'adoucir ; état de ce qui est adouci, au prop. et au fig. L'adoucissement de l'humeur. Critique tempérée par quelques adoucissements. Tableau rendu plus agréable par l'adoucissement du coloris, des contours. L'adoucissement de la température. ‖ Soulagement, diminution de peine, de douleur. Rien ne peut apporter d'adoucissement à sa douleur. ‖ Atténuation, tempérament. Il a apporté des adoucissements à sa doctrine. ‖ Adoucissement des métaux, des glaces quand on les polit. ‖ Arch. Liaison de deux parties par une moulure circulaire.

ADOUCISSEUR, EUSE. s. Celui, celle qui polit les glaces.

ADOUÉ, ÉE. adj. (*a* et *duo*, deux) T. de chas. Accouplé, apparié. Les perdrix sont adouées.

ADOUM. Contrée d'Afrique, près de la Côte d'Or. Mines d'or.

ADOUR (du radical gallique *dour*, eau. Les auteurs grecs et latins écrivent *Atouris, Aturius* et plus communément *Aturus*). Fl. de France, prend sa source au Tourmalet (Htes-Pyrén.) ; arrose la vallée de Campan, Bagnères-de-Bigorre, Tarbes (Htes-Pyrén.), Aire, St-Sever, où il devient navigable, Dax (Landes), Bayonne (Bses-Pyrén.), et se jette dans le golfe de Biscaye à 4 kil. de cette ville. Reçoit la Midouze, le Luy, le Gave de Pau, la Nive. C. 335 kil. dont 128 navig.

ADOUS ou QUAGUAS. Peuple de la Guinée, Côte d'Ivoire.

ADOUSSE (lat. *Audus*). Riv. d'Algérie : sort de l'Atlas, coule au N.-E. et se jette dans la Méditerranée près de Bougie. C. 200 kil.

ADOUX. s. m. (a-dou). Se dit du pastel qui jette une fleur bleue quand on l'a mis dans la cuve de teinture.

ADOXA. Bot. G. de plantes dicotylédones rangées dans différentes familles. La seule espèce connue croît au printemps dans nos bois ; ses feuilles et ses fleurs sentent le musc, ce qui l'a fait nommer musc végétal, herbe du musc, petite musquée, moscatelle On l'a employée comme antispasmodique.

AD PATRES. loc. lat. (*ad*, vers ; *patres*, les pères ; — on pron. *ad patresse*). Aller vers ses pères, c.-à-d. mourir.

AD PERPETUAM REI MEMORIAM. Premiers mots latins des bulles doctrinales des papes : A la mémoire éternelle du fait, de la chose. ‖ Cette expression s'emploie assez souvent par ext.

ADPROMISSEUR. s. m. Dr. rom. Débiteur accessoire, caution.

ADPROMISSION. s. f. (lat. *adpromissio* ; de *ad* et *promittere*, promettre). Dr. rom. Acte de celui qui s'obligeait par paroles (*verbis*) accessoirement à un obligé principal dont il garantissait la dette : c'était donc une forme du cautionnement. Les jurisconsultes distinguaient, suivant les termes employés en s'obligeant, trois sortes d'*adpromissores* : le *sponsor*, le *fidepromissor* et le *fidejussor*. (V. *Fidejusseur*.)

ADRA. 7,000 h. Vle et port d'Espagne, de la province d'Almeria, à 44 kil O.-S.-O. de cette dernière place. Le port est à l'embouchure de la riv. du même nom dans la Méditerranée. Mines de plomb très importantes.

ADRAGANT ou ADRAGANTE. adj. Chim. Sorte de gomme qui sort de plusieurs arbrisseau du genre des *astragales*. Gomme adragant ou adracante ; on a dit aussi gomme d'adragant. (Acad.) Elle contient 25 fois plus de principe gommeux que la gomme arabique : 5 à 6 grammes suffisent pour faire un mucilage avec 500 grammes d'eau, on ne l'emploie guère que dans les loochs et comme intermède dans la fabrication des pilules. Elle a la propriété de donner du lustre, de la consistance : on l'utilise dans les apprêts, la confiserie et la fabrication des couleurs.

ADRAGANTINE. s. f. Principe immédiat de la gomme adragante : 43 parties sur 100. Insoluble dans l'eau froide. Ce principe existe également dans la gomme du pays qui exsude de nos arbres à fruits à noyau.

ADRAMAN (ou Fils de la bouchère). De Marseille. Pris dans son enfance par les pirates barbaresques devint pacha de Rhodes et grand-amiral de la flotte du sultan. Fut étranglé l'an 1706.

ADRAMITES. Géog. anc. Peuplade au S. de l'Arabie heureuse.

ADRAMITI (*Adramyttium*). 5,000 h. Vle d'Anatolie (Turquie d'Asie), en face de Mételin (Lesbos). Fondée jadis par les Athéniens. Petit port de commerce.

ADRANA. Riv. d'Allemagne, sur les bords de laquelle Germanicus battit les Germains, l'an 15 de J.-C. Auj. *Eder*.

ADRANUM. Anc. vle de Sicile, auj. *Aderno*.

ADRAR. (mot berbère, signifiant montagne). Grande oasis au N. du Sénégal : long. 400 kil, larg. 100 ; cap. Ouadân, 7,000 h. Céréales ; dattes : commerce avec le Sénégal et le centre de l'Afrique.

ADRASTE. Roi d'Argos (1225 ans av. J.-C.). Fut cause de la célèbre guerre des Sept chefs, en voulant rétablir dans Thèbes son gendre Polynice, qu'Étéocle, frère de ce dernier en avait chassé ; il échappa seul à la mort et fit dix ans plus tard une seconde guerre, dite des Épigones, dans laquelle il ne périt qu'un chef, le fils d'Adraste qui en mourut de même chagrin. ‖ **ADRASTE d'Aphrodisias.** Mathématicien et philosophe (fin du 1er s.) ; a composé sur la philosophie d'Aristote, sur celle de Platon et sur l'astronomie des traités dont il ne reste que des extraits.

ADRASTÉE. s. f. Myth. divinité appelée autrement Nemésis ou déesse de la Vengeance, Phidias qui en fit une magnifique statue lui donna des ailes comme à la Victoire pour marquer la promptitude avec laquelle elle poursuivait les scélérats. ‖ Géog. Adrastée était aussi le nom d'une ville de la Troade dans l'Asie-Mineure, elle fut dit-on bâtie par Adraste, fils de Mérops, qui y consacra un temple à la déesse de la Vengeance. Ce temple et un ornement d'Apollon Actéen et de Diane donnèrent de la célébrité à cette ville.

AD REM. loc. lat. (*ad*, à, et *res*, chose : à la chose). D'une manière catégorique, précise, sans réplique. Répondre *ad rem*. Ce raisonnement parut si fort, si lumineux, si *ad rem*.

ADRESSANT, ANTE. adj. Qui s'adresse ; qui est adressé. (Vx.)

ADRESSE. s. f. (s. verbal de Adresser). Indication d'une personne, d'un lieu. Mettre l'adresse sur une lettre. Donnez-moi votre adresse. — Bureau d'adresses, Où on fournit des renseignements. ‖ Fig. Maison où on raconte tout ce qui se passe. ‖ Polit. Écrit émané de corps constitués, ou d'un certain nombre de citoyens, et renfermant des vœux, des adhésions ou des félicitations. Le vote d'adresses politiques est interdit aux conseils généraux et aux conseils municipaux. — Dans les monarchies parlementaires, Réponse des chambres au discours du trône. Les assemblées françaises ont voté des adresses de 1815 à 1848. Le vote de l'adresse, était l'occasion de la discussion des actes les plus importants des ministères : l'adresse dite des 221, votée après l'avènement du ministère Polignac, est demeurée célèbre. Supprimée pendant les premières années du second Empire, l'adresse fut rétablie par le décret du 24 nov. 1860. ‖ Dextérité, soit pour les exercices du corps, soit pour les actes de l'intelligence. Son adresse à manier le fusil. Il eut l'adresse de lui persuader cela. Tours d'adresse, Prestidigitation. ‖ Au pl. Adresses de style, de pinceau, Manière fine et délicate d'exprimer une pensée, de peindre une figure. ‖ Syn. Habileté, adresse, dextérité. L'habileté suppose du génie ou du talent. L'habileté d'un ministre, d'un général, d'un médecin : il a un sens général. L'adresse et la dextérité ont plus de rapport à l'action, l'adresse est plus générale que la dextérité qui concerne au prop. les opérations de la main, et au fig. ce qui peut s'y comparer. On dit : Avoir une grande dextérité à manier les esprits. Adresse est souvent négatif et dextérité positif. On élude les difficultés avec adresse ; on attaque ses adversaires avec dextérité.

ADRESSER. v. a. (a et *dresser*, diriger vers). Envoyer avec une indication. Adresser une lettre. Mal adresser. Donner une fausse indication. ‖ Par extens. Adresser la parole à quelqu'un. Adresser ses compliments. ‖ Diriger. Votre frère Attale ainsi ses pas. (Corn.) ‖ S'ADRESSER. v. pr. Avoir recours. Les Juifs à d'autres Dieux osèrent s'adresser. (Racine.) ‖ Se diriger. On s'adressant tes pas ? (Molière), ou Être dirigé. La métaphore s'adresse à nos sens. ‖ S'emploie comme v. n. Bien adresser, Toucher droit où l'on vise.

ADRETS (Franç. de BEAUMONT, baron des). Né au château de la Frette, à 8 kil. de Grenoble, en 1513 ; m. en 1586. Il se signala d'abord dans les guerres d'Italie ; puis, en 1562, la haine qu'il portait aux Guises l'engagea dans le parti protestant. Il se mit à la tête de la noblesse protestante du Dauphiné, et en neuf mois s'empara de Valence, Lyon, Grenoble, Vienne, Orange, Montélimart, Pierrelatte, Montbrison, etc. ; mais il ternit ses succès par des cruautés qui ont rendu son nom trop fameux. On raconte qu'à Montbrison, il força les soldats prisonniers à se précipiter du haut d'une tour. Devenu suspect aux protestants qui l'avaient remplacé par Soubise, il passa, en 1563, du côté des catholiques et devint la terreur des protestants comme il avait été celle des catholiques. Il avait coutume de dire qu'il avait fait les huguenots, mais qu'il voulait les défaire. Cependant il devint suspect à ses nouveaux alliés, fut arrêté et enfermé à Pierre-Encise. Mis en liberté à la paix de 1571, il se rendit auprès du roi pour se justifier et fut chargé d'aller réprimer, dans le marquisat de Saluces, les entreprises du duc de Savoie. Mais, abattu par la nouvelle de la mort de ses deux fils tués, l'ainé dans le massacre de la St-Barthélemy, le second au siège de la Rochelle, odieux aux deux partis qu'il avait tour à tour servis, il demanda son rappel et se retira dans son château de la Frette où il mourut le 2 février 1586.

ADRIA. 14,000 h. Vle de la Vénétie, sur le canal Bianco, à 18 kil. de Rovigo. Fondée au

XIV° s. av. J.-C. par une colonie étrusqu sur le bord de la mer qui lui doit son nom (Adriatique) ; est auj. à 30 kil. du rivage, entourée de marais; air insalubre. || Astr. Nom donné à la 143° petite planète entre Mars et Jupiter, découverte le 23 juil. 1875 par M. Palisa.

ADRIAMPATNAM. Vle de l'Hindoustan, présid. de Bombay ; aux Anglais.

ADRIAN (Jean-Valentin). Littérateur allem. né à Kingenberg-sur-le-Mein, 1793 ; m. à Giessen, 1864. Fit contre la France les campagnes de 1813-1814. Conservateur de la bibliothèque de l'Université de Giessen (1830). *Les Prêtresses de la Grèce* (1822); *Gramm. et Chrestomathie provençales* (1825); *Tableaux de la vie anglaise* (1825); *Esquisses anglaises* (1830); *Mélanges d'hist. et de littérat.* (1846); trad. de Byron en allem., 1837, 12 v. in-8°; etc.

ADRIANA (villa). Villa célèbre, située à env. 6 kil. de Tivoli. L'empereur Adrien qui la créa y fit construire une foule de monuments calqués sur ceux qu'il avait vus dans ses voyages. Il n'en reste que quelques ruines qui étonnent par leur étendue. Elles ont été longtemps une mine d'objets d'art pour les musées d'Europe.

ADRIANI (Marcel-Virgile). Helléniste ; chancelier de la Répub. Florentine, 1464-1521. || **ADRIANI** (J.-B). Professeur d'éloquence et historien florentin. 1513-1579. A laissé une histoire de son temps et quelques oraisons funèbres, entre autres celle de Charles-Quint et de Côme de Médicis. Son histoire peut faire suite à celle de Guichardin : elle va de 1536 à 1574. || **ADRIANI** (Marcel). 1533-1604. Fils du précédent ; a traduit Plutarque.

ADRIANOPOLIS. (*Adrien* et gr. *polis*, ville). Nom d'Andrinople.

ADRIANSENS (Emmanuel). Célèbre luthiste du XVI° s. originaire d'Anvers ; a composé, pour un et plusieurs luths,divers morceaux qui indiquent que ce musicien était non seulement un virtuose habile, mais un harmoniste consommé pour son époque. || **ADRIANSENS** (Alex.). XVII° s.Peintre flamand : fleurs,fruits, vases de marbre, poissons.

ADRIATIQUE (mer), ou *Golfe de Venise*. Partie de la Méditerranée qui s'enfonce entre l'Italie à l'O. ; l'Illyrie, la Dalmatie et l'Albanie à l'E., jusqu'au golfe de Trieste, sur une longueur d'environ 835 kil. Reçoit le Pô, l'Adige, la Piave, etc., au N. Bas fonds, plages vaseuses et marécageuses, malsaines, par suite des atterrissements et des déplacements du sol occasionnés par les cours d'eau qui s'y jettent. A Venise la marée monte de quelques pieds.Ailleurs il n'y a qu'un faible mouvement de flux et de reflux comme dans le reste de la Méditerranée. Les ports les plus importants de l'Adriatique sont : *Venise* et *Trieste* (V. ces noms) situés à l'extrémité nord, et *Brindisi* (V. ce nom) à l'entrée de l'Adriatique, à l'issue du détroit d'Otrante.

ADRIEN (P.-Ælius). Empereur romain d'origine espagnole, 117-138. Fut adopté par Trajan, se fit proclamer à Antioche en apprenant la mort de cet empereur; battit les Juifs révoltés, reconstruisit Jérusalem sous le nom d'Ælia Capitolina ; repoussa les invasions des barbares ; construisit dans la Grande-Bretagne, contre les Calédoniens, un mur du golfe de Solway à l'embouchure de la Tyne; visita presque tout l'empire ; bâtit les arènes de Nîmes, le pont du Gard et son propre mausolée (auj. château St.-Ange à Rome) ; sculpta des statues, et fit lui-même des plans d'édifices pour Rome et Athènes.Il régularisa l'administration, favorisa les arts, les sciences, le commerce, l'industrie ; fit des réformes et fonda un grand nombre d'institutions utiles ; l'*Édit perpétuel*, œuvre de Salvius Julianus (131) servit désormais pour rendre la justice. Les chrétiens furent beaucoup moins inquiétés sous son règne.Malheureusement il finit par devenir superstitieux, irascible, cruel.Atteint d'hydropisie et n'ayant trouvé personne pour lui donner la mort,il se la donna lui-même en mangeant et en buvant des choses contraires à sa maladie. Il avait adopté Antonin,auquel il enjoignit d'adopter Marc-Aurèle. || **ADRIEN** (S.). Officier romain,martyr vers l'an 303, à Nicomédie. F. 8 sept. || **ADRIEN** (S.). Africain de naissance, abbé de Nérida,près de Naples, et ensuite du monastère St-Pierre et St-Paul, près de Cantorbery, après avoir refusé cet évêché. Mort le 9 janv. 710.

Célèbre par sa piété et sa science. || Plusieurs autres saints ont porté ce nom. || **ADRIEN Ier.** Pape (772-795) : appela Charlemagne contre Didier roi des Lombards, le reçut à Rome, le nomma patrice et en obtint la confirmation des donations faites par Pépin au St-Siège. Il présida par ses légats le 2° concile de Nicée,en 787. || **ADRIEN II.** Pape (867-872) : fit déposer Photius, mais ne put empêcher le schisme des Grecs. || **ADRIEN III** (Agapit). Pape un an seulement (884-885). || **ADRIEN IV** (Nicolas Breakspear). Le seul pape (1154-1159) d'origine anglaise ; d'une très basse naissance, parvint par son mérite à la papauté, où il se distingua par l'élévation de ses sentiments, son zèle, son désintéressement; dut s'enfuir de Rome pour échapper aux partisans d'Arnaud de Brescia ; y revint sous la protection de Frédéric Barberousse, après la mort d'Arnaud ; soutint sans succès une lutte légitime contre Guillaume le Mauvais, roi des Deux-Siciles ; accorda à Henri II d'Angleterre, l'investiture de l'Irlande, et réclama en vain les allodiaux de la comtesse Mathilde,qui appartenaient au St-Siège. || **ADRIEN V.** D'origine génoise, ne fut pape qu'un mois(1276). || **ADRIEN VI.** Pape (1522-1523); d'humble extraction, né à Utrecht en 1459; fut précepteur de Charles-Quint qu'il essaya vainement de réconcilier avec François Ier pour les unir contre les Turcs; évêque de Tortose, puis cardinal (1517). Simple dans ses mœurs, ami des savants, bon pour les pauvres, très austère pour lui-même. Déplut aux Romains par ses projets de réforme et surtout par sa qualité d'étranger. Il fut pleuré des indigents à cause de sa grande charité. Il avait composé, étant professeur à Louvain, un *Commentaire sur le 4° liv. des sentences*,Paris,1512. || **ADRIEN.** Auteur du VI° s.; a composé en grec une *Introduct. à l'Écriture Sainte*, Augsbourg, 1602, in-4°. || **ADRIEN.** Chartreux, auteur de *Liber de remedio utriusquefortunæ*, Cologne 1471, in-4°. || **ADRIEN DI CORNETO.** XV° et XVI° s. Cardinal, avait été nonce en Angleterre sous Henri VII; mourut dans l'exil. A laissé : *De vera philosophia*, traité de la religion chrétienne, plein d'érudition et d'élégance ; *De sermone latino* et *De modis latine loquendi*.

ADRIENNE LECOUVREUR. Drame en cinq actes et en prose par MM. Scribe et Legouvé, représenté pour la première fois au Théâtre-Français le 14 avril 1849.

ADRIERS. 1,800 h. Comm. de la Vienne, arr. de Montmorillon à 58 kil. de Poitiers. Église XII-XIII° s. Dolmen.

ADROGATION. s. f. (lat. *adrogatio* ; de *ad* et *rogare*, demander). Dr. rom. Adoption des personnes *sui juris*, c.-à-d. de celles qui n'étaient sous la puissance de personne. L'adrogation, ayant pour effet d'éteindre une famille et un culte (*sacra privata*), ne pouvait se faire à l'origine que par une loi curiate, après enquête par les pontifes. Sous l'Empire, l'autorisation de l'empereur remplaça celle du peuple. L'adrogation faisait entrer sous la puissance de l'adrogeant non seulement l'adrogé, mais encore les enfants de celui-ci ; les biens de l'adrogé étaient acquis à l'adrogeant. Antonin le Pieux permit l'adrogation des impubères, mais il prit des mesures pour que cette adrogation ne pût leur préjudicier Justinien restreignit les effets de l'adrogation comme il avait fait pour l'adoption ; il n'accorda à l'adrogeant que l'usufruit des biens de l'adrogé. (V. *Adoption*.)

ADROGEANT. s. m. Celui qui adrogé.

ADROGER. v. a. Adopter une personne *sui juris*. || **ADROGÉ, ÉE.** p. pas. Subst. L'adrogé et l'adrogeant.

ADROIT, OITE. adj. (de *d* et *droit*). Qui a de l'adresse, soit de corps soit d'esprit. Adroit à tirer l'épée. Homme adroit, Qui sait arriver à son but. || En parlant des choses : c'est un moyen adroit. || Syn. Capable, habile, adroit, entendu, industrieux, ingénieux, intelligent, fin, rusé. Le capable peut et l'habile exécute ; on est capable en puissance, habile actuellement. Adroit se rapporte, comme habile, à l'exécution, mais habile regarde l'ensemble, les grandes affaires : il est donc à la fois plus général et plus distingué qu'adroit, qui convient pour un acte simple ou particulier et moins pour les grandes choses. Industrieux et ingénieux se rapportent aux moyens d'agir, mais industrieux se rapport aussi à l'exécution : l'industrieux est à la fois inventif et adroit; ingénieux est inventif seu

lement ou considéré comme tel : on dit des mains industrieuses, une invention ingénieuse. L'homme intelligent ou entendu regarde aussi l'action plus que la pratique, mais il n'invente pas, il voit les rapports des choses et en profite. Intelligent est plus noble et marque une faculté naturelle. Entendu indique une qualité acquise ou reçue ; l'homme fin ne se laisse pas tromper ; l'homme rusé cherche quelquefois à tromper les autres. || Dans l'argot du peuple, l'ouvrier adroit du coude sait mieux boire que travailler.

ADROITEMENT. adv. D'une manière adroite, avec adresse. Faire adroitement des armes. Conduire une affaire fort adroitement.

AD RUBRAS. Anc. vle de la Bétique, auj. *Cabezas Rubas* (Andalousie). || Rocher sur la voie Flaminia, près du pont Milvius.

ADRUMÈTE. Vle du N. de l'Afrique au S.-E. de Carthage, colonie phénicienne.

ADRY (J.-Félicissime). Littérat. franç., 1749-1818. Oratorien, profes. de rhétoriq. à Troyes, bibliothécaire de l'Oratoire de Paris. Chassé de cet asile par la Révolution, il donna, pour vivre, nombre d'éditions d'ouvrages anciens et modernes, avec préfaces et notes. En outre : *Notice sur les imprimeurs de la famille des Elzévirs* (1806); *Hist. littéraire de Port-Royal* ; *Vie du P. Malebranche*.

ADSCRIPTICE. s. m. (b. lat. *adscriptitius*). Colon ou paysan qui, né sur le domaine d'un seigneur, allait s'établir sur les terres d'un autre seigneur avec le consentement de ce dernier. Les adscriptices payaient un cens annuel et étaient assimilés aux serfs du la glèbe.

ADSCRIT, ITE. adj. (lat.*adscriptus*; de *ad,a*; *scriptus*, écrit). Gram. Écrit à côté : η avec un iota adscrit.

ADSON (Hémèric ou Henri). Hagiographe français né près de Saint-Claude (Jura),mort en 992, dans un voyage de Terre-Sainte. *Vie de saint Mansuy ou Mansuet premier évêque de Toul* (collection de Dom Calmet et de Dom Martène) ; *Vie de saint Valbert*; *Histoire de l'abbaye de Luxeuil* (imprimés par Mabillon).

AD STABULUM. Anc. vle dans les Pyrénées, auj. *Boulou*.

ADSTIPULATEUR. s. m. Dr. rom. Créancier accessoire.

ADSTIPULATION. s. f. (lat. *adstipulatio* ; de *ad* et *stipulari*, stipuler). Stipulation accessoire à une stipulation principale. L'adstipulateur stipulait du promettant la même chose que le stipulant principal; il était donc vis-à-vis du débiteur un véritable créancier par stipulation ; mais, à l'égard du créancier principal, il n'était qu'un mandataire chargé de recevoir le paiement. L'adstipulation était née de l'impossibilité de se faire représenter dans les actes juridiques et de plaider par procureur, qui existait dans le droit romain primitif.

AD TARUM. Anc. vle de la Gaule Cisalpine, auj. *Castel-Guelfo*.

AD TURREM. Anc. vle de la Gaule Narbonnaise, auj. *Tourves*.

AD TURRES. Anc. vle d'Espagne, auj. *Torrecillas*.

ADUATIQUES ou ADUATICIENS. s. m. pl. (*Aduatici*). Peuple de la Gaule, d'origine germanique, habitait les rives de la Meuse et de la Sambre. Ammien Marcellin les appelle *Tungri*. Leur capitale était *Aduatuca* (Tongres).

ADUATUCA. Anc. vle de la Gaule Belgique, auj. *Tongres*.

ADUFE. s. m. Espèce de tambour de basque espagnol.

ADULA. Chaîne des Alpes dans la Suisse centrale, du St-Gothard au Moschelhorn.

ADULAIRE. (du mont Adula). Minér. Feldspath orthose, blanc, nacré, transparent, appelé par les joailliers *pierre de lune*. On en trouve de beaux cristaux au mont Adula. C'est au feldspath et à la variété du feldspath adulaire qu'est due la transparence de la porcelaine ; il n'est pas nécessaire qu'il soit à l'état de pureté : la pegmatite peut le remplacer.

ADULATEUR, TRICE. s. Qui, par bassesse et par intérêt, donne des louanges exagérées, et souvent non méritées. Lâche, vil, perpétuel adulateur. || adj. Langage adulateur. || Syn. Flatteur, adulateur. Le premier est le mot simple : tous les hommes peuvent être flatteurs ou on peut être flatteur envers tous les hommes. Le second est une expression qui convient au style noble, à la poésie, à l'éloquence, à l'histoire : les adulateurs sont les flatteurs des grands, des princes, des rois ; et par suite des flatteurs bas, vils, lâches, serviles, etc. ; d'insignes flatteurs.

ADULATIF, IVE. adj. Qui a le caractère de l'adulation. Vers adulatifs. On dit plutôt adulatoire.

ADULATION. s. f. Flatterie basse, servile. Il y a trop d'adulation à cela. C'est une adulation honteuse. Le long usage des adulations rend les princes insensibles à la tendresse. (Mass.)

ADULATOIRE adj. 2 g. Qui tient de l'adulation. Phrase adulatoire.

ADULER. v. a. (lat. adulari). Flatter bassement. Aduler la puissance.

ADULIS ou **ADULES**. Anc. ville des Troclodytes en Éthiopie, sur la côte O. de la mer Rouge ; fondée par des Égyptiens fugitifs. C'est le port d'Axum des Romains : on y faisait le commerce des esclaves, d'écaille, d'ivoire, etc. On y a trouvé un monument portant deux inscriptions grecques ; l'une qui raconte une chasse de Ptolémée Évergète (247-222 av. J.), l'autre qui rapporte les conquêtes d'un roi d'Éthiopie.

ADULTE. adj. 2 g. (lat. adultus, p. pas. de adolere, croître : qui a fait sa croissance). Qui est parvenu à l'adolescence, à l'âge de raison. Une personne adulte. ‖ On dit aussi l'âge adulte. ‖ Dans le langage médical il se dit proprement en parlant de toute cette période de la vie qui est comprise entre l'adolescence et la vieillesse, c'est-à-dire depuis 23 ou 24 ans chez l'homme, 19 ou 20 ans chez la femme, jusqu'à 60 ans chez les deux sexes. ‖ Animal adulte, Parvenu au terme de sa croissance. Dans le même sens, plante adulte. ‖ s. m. Celui qui est dans l'âge adulte. École d'adultes. Le baptême des adultes.

ADULTÉRANT, ANTE. adj. Qui peut adultérer. Matière adultérante.

ADULTÉRATEUR. s. m. Celui qui adultère, qui falsifie. Adultérateur de marchandises.

ADULTÉRATION. s. f. Action d'adultérer, et résultat de cette action. Adultération des denrées, des médicaments, des monnaies.

ADULTÈRE. adj. 2 g. (lat. adulter ; de ad, à, et alter, un autre : qui va à un autre). Qui viole la foi conjugale. Époux adultère. Amour adultère. Femme adultère. ‖ Par ext. Dans le style oratoire ou poétique se dit des choses qui offrent un mélange vicieux. Assemblage adultère. ‖ Fig. Les âmes adultères et corrompues. (Mass.) ‖ s. 2 g. Celui, celle qui viole la foi conjugale. Ni les fornicateurs, ni les adultères ne posséderont le royaume des cieux. ‖ **ADULTÈRE.** s. m. (du lat. adulterium). Violation de la foi conjugale. Commettre un adultère. On les surprit en adultère. ‖ Adultère simple, Commis par une personne mariée avec une personne non mariée. ‖ Double adultère, Celui qu'un homme marié et une femme mariée commettent ensemble. Enfant né d'un double adultère. ‖ Fig. Mélange vicieux, illogique, immoral. L'alliance de la politique et de la justice est un indigne adultère. (Crémieux.) ‖ Jurisp. Les peines de l'adultère ont été très variables suivant les temps et suivant la moralité des sociétés ; généralement l'adultère de la femme a été puni plus sévèrement que l'adultère du mari. Chez les Juifs, les coupables étaient lapidés. Dans l'Inde, la loi de Manou édictait contre l'adultère des peines atroces : la femme était livrée aux chiens, l'homme brûlé sur un lit de fer rouge. A Athènes, la loi de Solon déclarait légitime (et non pas seulement excusable) le meurtre par le mari du complice de sa femme surpris en flagrant délit ; l'époux devait répudier sa femme qui ne pouvait plus paraître en public qu'avec des vêtements grossiers ; l'accès des temples lui était interdit. A Rome, sous la République, la répression de l'adultère appartenait au mari et au père de la femme infidèle. La corruption des mœurs à la fin de la République détermina Auguste à rendre un édit spécial pour la répression de l'adultère ; c'est la célèbre loi Julia, de adulteriis coercendis qui, pour la première fois à Rome, considéra l'adultère comme un délit public. La femme adultère et son complice étaient punis de la relégation dans une île et encouraient en outre diverses pénalités accessoires. Sous les empereurs, la peine de mort fut souvent prononcée contre l'adultère. Chez les Barbares, puis au moyen âge l'adultère fut puni tantôt

de mort, tantôt de châtiments bizarres et ignominieux. Dans les derniers siècles, la législation s'adoucit. la femme adultère était le plus souvent condamnée à être enfermée dans un couvent pour y demeurer, en habits séculiers, l'espace de deux années pendant lesquelles son mari pouvait la reprendre ; ce temps expiré, elle était condamnée à être rasée et voilée sa vie durant. — Dans notre droit actuel, l'adultère de la femme ne peut être dénoncé que par le mari ; cette faculté cesse même pour lui s'il a été, sur la plainte de sa femme, condamné pour avoir entretenu une concubine dans la maison conjugale. L'adultère de la femme est puni d'un emprisonnement de trois mois à deux ans : le mari reste maître d'arrêter l'effet de cette condamnation en consentant à reprendre sa femme. La même peine est prononcée contre le complice de la femme qui encourt en outre une amende de 100 fr. à 2,000 fr. Les seules preuves admises contre le prévenu de complicité d'adultère sont, outre le flagrant délit, celles résultant de lettres écrites par lui. Le meurtre commis par le mari sur sa femme ainsi que sur le complice surpris en flagrant délit dans la maison conjugale est déclaré excusable, et ne peut, par suite, être puni que de peines correctionnelles. Le mari convaincu, sur la plainte de sa femme, d'avoir entretenu une concubine dans la maison conjugale est puni d'une amende de 100 fr. à 2,000 fr. C'est seulement dans ce cas que l'adultère du mari est puni par la loi (C. pén., art. 336 à 339 et art. 324). L'adultère de la femme et celui du mari, dans le cas où il est punissable, sont, en outre, des causes de séparation de corps (C. civ., art. 229 et 230). Les tribunaux peuvent même, en dehors de l'hypothèse de l'art. 230, considérer, à raison des circonstances qui l'ont accompagné, l'adultère du mari comme constituant une injure grave autorisant la femme à faire prononcer la séparation de corps.

ADULTÉRER. v. a. (lat. adulterare ; de ad et alter pour alter ; — accent grave sur é devant une syll. muette excepté au fut. et au cond.). Altérer, falsifier, frelater les médicaments, les marchandises, les monnaies. ‖ Fig. Le démon adultère tous les ouvrages de Dieu. (Boss.) ‖ S'ADULTÉRER. v. pr. Être adultéré. ‖ ADULTÉRÉ, ÉE. p. pas.

ADULTÉRIN, INE. adj. Qui est né d'un adultère. Des enfants adultérins. ‖ Qui a rapport à l'adultère. Les grandes différences entre des frères, des sœurs, peuvent quelquefois être attribuées à des causes adultérines. (Littré.) ‖ Fig. Hybride, qui est le produit d'un mélange vicieux. Les langues de nouvelle formation sont bâtardes, adultérines et plagiaires. ‖ Subst. Les adultérins sont plus odieux que les bâtards. ‖ Jurisp. La recherche de la paternité ou de la maternité est interdite d'une façon absolue lorsqu'elle doit avoir pour résultat de constater une filiation adultérine (C. civ., art. 342). Il est également défendu de reconnaître volontairement les enfants adultérins (Art. 335). Il peut se faire cependant, malgré ces prohibitions, qu'une filiation adultérine se trouve légalement établie, par la force même des choses, par ex. à la suite d'une condamnation pour bigamie ou d'une action en désaveu de paternité. En ce cas, les enfants adultérins ne peuvent, soit par donation, soit par testament, recevoir de leurs pères et mères que des aliments ; ils ont droit, s'ils sont dans le besoin, d'obtenir ces aliments de leurs parents (Art. 762).

ADULTÉRINITÉ. s. f. Jurisp. Caractère adultérin. L'adultérinité des enfants.

ADULTÉRISME. s. m. Nom altéré. Montagne pour montaigne est un adultérisme.

AD UNGUEM. loc. adv. Mots lat. tirés d'Horace et qui signifient sur l'ongle ou à l'ongle. C'est ainsi qu'on dit en français : Savoir sur le bout du doigt, c'est-à-dire parfaitement. Savoir sa leçon ad unguem. ‖ Qui a reçu le dernier poli, parce que certains ouvriers polissent avec l'ongle. Vers ad unguem, Vers du dernier fini.

AD UNUM. loc. adv. (jusqu'à un seul). Jusqu'au dernier.

ADURENT, ENTE. adj. (lat. ad, à, et urens ; de urere, brûler). Méd. Brûlant. Fièvre adurente.

ADURKANA. Ville de la Tartarie indépendante, à 300 kil. de Samarkend.

ADUSTE. adj. 2 g. (lat. adustus ; de adurere). Méd. Qui est comme brûlé. Sang aduste. ‖ Fig. Caractère aduste.

ADUSTION. s. f. (a-du-stion). Méd. Cautérisation par le feu. Peu usité.

AD USUM DELPHINI, A l'usage du dauphin (fils de Louis XIV). Cette expression désignait les éditions expurgées spécialement pour ce prince ; elle désigne encore, par extension, tout livre épuré, tout discours, toute phrase arrangée pour les besoins de la cause, accommodée aux vues d'un parti.

AD VALOREM. Expression lat. qui signifie : suivant la valeur. On appelle, en terme de douanes et d'octrois, droits ad valorem les droits perçus sur les marchandises proportionnellement à leur valeur. Aux droits ad valorem on oppose les droits spécifiques. Ainsi dans le système des droits spécifiques, le droit à payer est le même pour toutes les barriques de vin quelle qu'en soit la qualité. Le système des droits ad valorem est le plus équitable, mais son application présente des difficultés dans la pratique.

ADVENIER-FONTENILLE (Hipp.-Antoine). Vaudevilliste né à Paris. 1773-1827. Capitaine du génie en 1794, référendaire à la Cour des comptes, 1812. Chanta tour à tour Napoléon et Louis XVIII.

ADVENIR. v. n. (qq.-uns disent avenir ; de ad et venir. — Il n'est employé qu'à l'inf. et à la 3ᵉ pers. ; il prend l'aux. être). Fam. Il advint que. Quoi qu'il advienne. Fais ce que dois, advienne que pourra, Faites votre devoir quoi qu'il puisse en résulter. ‖ ADVENU, UE. p. pas. Les choses qui sont advenues. ‖ p. prés. Advenant, avenant, dans les contrats et autres actes publics, S'il advient que, s'il arrive que. Advenant le décès de l'un des deux. Le cas advenant que.....

ADVENTICE. adj. 2 g. (ad-van-ti-ce ; — lat. adventitius ; de ad, à, près, et venire, venir). Qui survient du dehors. Idées adventices, par opposition à idées innées. ‖ Bot. Plante adventice, Qui n'a pas été semée. ‖ Méd. Maladie adventice, Qui ne tient pas à la constitution du sujet. ‖ Dr. rom. Pécule adventice ou adventif (peculium adventitium), Biens dont le fils de famille a la nue-propriété, mais dont l'usufruit appartient au père. Ce pécule, établi par Constantin, ne comprit d'abord que les biens provenant au fils de famille de la succession de sa mère ; plus tard, sous Justinien, il s'étendit à tous les biens qui ne venaient pas du père. Au pécule adventice, on oppose le pécule profectice.

ADVENTIF, IVE. adj. (ad-van-tif). Dr. rom. Pécule concédé en nue-propriété à un fils de famille. ‖ Bot. Organe qui vient ailleurs qu'à sa place ordinaire. Racines adventives. Bourgeon adventif.

ADVERBE. s. m. (ad à, près, et verbum, verbe). Gram. Mot invariable, qu'on joint à un verbe, à un adjectif, ou à un autre adverbe pour en modifier la signification. On distingue 7 espèces d'adv. ; ce sont : 1° les adv. de lieu : ici, là, y, où, en, loin, ailleurs, deçà, de là, dessus, dedans, dehors, etc. Restons là. Allons ailleurs ; — 2° les adv. de temps : quand, depuis, souvent, toujours, maintenant, jamais, longtemps, enfin, plutôt, etc. Il est toujours. La campagne est belle maintenant ; — 3° les adv. de manière, qui se forment à l'aide d'un adj. fém. auquel on joint la terminaison ment. Cette terminaison est l'ablatif du latin mens (esprit) qui avait pris, chez les écrivains de l'empire, le sens de manière, de façon : bona-mente, devota-mente, bonnement, dévotement, d'une bonne manière, d'une dévote manière. Les adj. terminés en ent, ant font leurs adv. en emment, ammant : prudent, prudemment, obligeant, obligeamment. Quelquefois l'adj. devient adv. : chanter juste, parler bas. Les adv. de manière en ment ont, comme les adj., les 3 degrés de signification : clairement, plus clairement, très clairement. Bien fait au comparatif mieux, au superlatif le mieux ; mal fait pis, ou plus mal, le pis ou le plus mal ; — 4° les adv. de quantité : assez, trop, peu, beaucoup, très, tant, guère, etc. Il parle peu, il récite trop vite ; — 5° les adv. d'affirmation : oui, certes, vraiment, etc. Viendrez-vous ? — Oui. Cette pensée est vraiment belle ; — 6° les adv. de négation : non, ne, pas, point, rien. Non je ne veux pas ; — 7° les adv. de doute : peut-être, probablement.

ADVERBIAL, ALE. adj. Qui a le caractère

d'un adverbe. Locution adverbiale, Réunion de mots, équivalent à un adverbe : à l'envi, au delà, en deça, tout à fait, point du tout, etc.

ADVERBIALEMENT. adv. A la manière d'un adverbe. Dans chanter juste, juste est pris adverbialement.

ADVERBIALISER. v. a. Donner à un mot la désinence adverbiale.

ADVERBIALITE. s. f. Qualité d'un mot considéré comme adverbe.

ADVERS, ERSE. adj. Opposé. Polémique entre candidats, ou journaux advers. Mélange de deux qualités adverses.

ADVERSAIRE. s. m. (lat. *adversarius*, ennemi. V. *Adverse*). Qui combat, qui lutte contre quelqu'un ou quelque chose. Vaincre, désarmer, ménager, écraser son adversaire, ses adversaires. Cette femme est un dangereux adversaire. || Syn. Ennemi, adversaire, antagoniste. L'ennemi est poussé par la passion, par la haine, il en veut à la personne, cherche à lui nuire. Pour l'adversaire et l'antagoniste il ne s'agit pas d'une passion à satisfaire, mais d'une cause à gagner. On peut devenir l'adversaire, l'antagoniste de quelqu'un sans cesser d'être son ami. Antagoniste et adversaire ont beaucoup de ressemblance; toutefois les adversaires s'efforcent de faire prévaloir leurs prétentions et les antagonistes leur manière de voir. Un adversaire est un compétiteur, un antagoniste un contradicteur, en outre adversaire est plus général et antagoniste plus relevé.

ADVERSARIA (sous-entendu *scripta*). Désignait chez les anciens des tablettes analogues à nos *calepins* : on y écrivait des deux côtés (*adversa parte*). || Quelquefois employé comme syn. de mélanges, miscellanées.

ADVERSATIF, IVE. adj. Gram. Se dit d'un mot, surtout d'une conj., d'une particule qui marque une opposition, une différence entre ce qui précède et ce qui suit. Conjonctions adversatives : mais, quoique, cependant, etc.

ADVERSATIVEMENT. adv. Jurisp. En qualité de partie adverse. La femme mariée qui entame, adversativement à son mari, une instance de référé, peut être autorisée à ester en justice par le juge du référé.

ADVERSE. adj. 2 g. (*ad*, contre, et *versus*, tourné). Opposé, contraire. Fortune adverse. || Partie adverse, La personne contre qui l'on plaide. L'avocat adverse, Celui qui plaide pour la partie adverse. || Hist. nat. Qui est placé en face d'une chose.

ADVERSITÉ. s. f. (lat. *adversitas*. V. *Adverse*). Situation de celui qui éprouve les rigueurs du sort. Être, tomber dans l'adversité. Succomber à l'adversité. || Se dit aussi d'un malheur, d'une infortune, de quelque accident fâcheux, et dans ce sens il s'emploie surtout au pl. Essuyer de grandes adversités. || Syn. Malheur, infortune, adversité, disgrâce, misère, détresse; accident, revers, échec, traverse, calamité, catastrophe, désastre. Les mots de la première classe indiquent un état, une situation fâcheuse, ceux de la seconde désignent quelque chose de passager, un événement ou un fait fâcheux. Malheur est le plus général, l'infortune est un malheur remarquable sous quelque rapport. Bossuet dit les malheurs de Henriette et les infortunes inouïes d'une si grande reine. L'adversité est l'état de celui qui lutte avec le sort adverse, l'épreuve la moins équivoque d'une vertu solide c'e . l'adversité. (Mass.) Disgrâce rappelle un état heureux d'où l'on est déchu; misère indique un malheur bien sensible, un grand dénûment ou une grande souffrance, qui inspire aux autres un sentiment de commisération. La détresse signifie qu'on est réduit aux dernières extrémités et menacé d'une ruine prochaine, à moins d'un prompt secours. Dans la seconde classe, accident, pris en mauvaise part, correspond à malheur; il est général. (V. *Accident.*) Revers est un commencement de disgrâce; l'échec est une petite perte, un insuccès; la traverse, une difficulté, un obstacle. Pour calamité, catastrophe, désastre, V. *Accident; Calamité.*

ADVERTANCE. s. f. (du lat. *advertere*, tourner l'esprit vers un objet). Théol. Attention qu'on fait à une chose, comme inadvertance est le défaut d'attention. Plus particulièrement attention qu'en péchant, on porte à son péché. Une faute commise sans aucune advertance, par exemple dans le sommeil, n'est pas imputable.

ADVEST. s. m. Jurisp. anc. Mise en possession d'un fief, investiture accordée par le seigneur. On employait aussi dans le même sens le mot *advesture*.

ADVESTURE. s. f. Jurisp. anc. Investiture d'un fief. || Au pl. le terme advestures, advêtures ou avêtures désignait, dans certaines coutumes, tantôt les fruits pendants par racines, tantôt les fruits industriels.

ADVIELLE (Victor). Littérat. franç., né à Arras 1823 Sous-chef de division à la préfecture de Rodez. *Visite à l'abbaye de St-Antoine, en Dauphiné* (1889); *L'empereur Napoléon à Grenoble; Causeries dauphinoises; Notices* sur *Thomas Mermet, Hugues Merle, le cheval Bayard*, etc.

AD VITAM ÆTERNAM. loc. adv. (mots lat. qui signifient : pour la vie éternelle). Pour toujours.

ADVOUÉ, ADVOUER, ADVOUERIE. V. *Avoué; Avouer; Avouerie.*

ADYNAMICO-ATAXIQUE. adj. 2 g. Méd. Se dit d'un état, d'une fièvre à la fois adynamique et ataxique.

ADYNAMIE. s. f. (gr. *a* priv. et *dunamis*. force). Méd. Perte des forces vitales, prostration : se produit dans le typhus, la fièvre typhoïde, le choléra, etc.

ADYNAMIQUE. adj. 2 g. Méd. Qui appartient à l'adynamie. Fièvre adynamique.

ADYTUM. s. m. (gr. *a* priv. et *duein*, pénétrer). Antiq. Chambre particulière et secrète où quelques temples, où les prêtres seuls pénétraient : comme le Saint des Saints au temple de Jérusalem.

ÆA. Vle de Colchique, dans une île à l'embouchure du Phase. || Anc. île de la mer Tyrrhénienne, auj. réunie à l'Italie, et formant le promontoire de Circé (monte Circello).

Æ. A. A. F. F. Lettres placées sur les monnaies romaines pour indiquer qu'on monnayait le bronze (*Æs*), l'or (*Aurum*), l'argent (*Argentum*) par la frappe (*Feriendo*) et le moulage (*Flando*).

ÆCHMÉE. s. f. Bot. G. de broméliacées ou des æmodoracées (Amérique tropic.). Ce sont des plantes herbacées, dont plusieurs belles espèces sont cultivées dans nos serres.

AÈDE. s. m. (a-è-de; — gr. *aœdô*, je chante). Premiers poètes des temps héroïques de la Grèce, qui chantaient les dieux et les héros, comme Orphée, Musée Linus Eumolpe, etc. Les rapsodes furent leurs continuateurs.

ÆDELSFORS. Mines d'or et de cuivre en Suède.

ÆDÉSIUS. Philosophe néoplatonicien né en Cappadoce, disciple de Jamblique, fonda (IV° s.) à Pergame une école de philosophie après la dispersion de celle d'Alexandrie. Un grand nombre de disciples d'Asie-Mineure et de Grèce vinrent suivre ses leçons.

ÆDICULE. s. f. (diminut. du mot lat. *œdes*, temple). Petit temple.

ÆDITE. s. f. (gr. *aidoia*, parties génitales). Méd. Inflammation des parties génitales.

ÆDOBLENNORRHÉE. s. f. Méd. Écoulement muqueux par les parties génitales.

ÆDOÉODYNIE. s. f. (gr. *aidoia*, parties génitales, et *odunê*, douleur). Méd. Douleur ressentie dans les organes génitaux.

ÆDOÉOGRAPHIE. s. f. (gr. *aidoia*, et *graphein*, décrire). Méd. Description des organes génitaux.

ÆDOÉOLOGIE. s. f. (gr. *aidoia*, et *logos*, discours). Méd. Traité sur les organes génitaux.

ÆDOEOMYCODERMITE. s. f. (gr. *aidoia*; *muxos*, mucosité, et *derma*, membrane). Inflammation de la muqueuse de l'appareil génito-urinaire.

ÆDOÉOSCOPIE. s. f. (gr. *aidoia*, et *skopein*, examiner, explorer). Méd. Examen intérieur, explorations des organes génitaux.

ÆDOETOMIE. s. f. (gr. *aidoia*, et *temnein*, couper, disséquer). Méd. Anatomie des organes génitaux.

ÆDUI, ÉDUENS. Anc. peuple de la Gaule (Lyonnaise Ire) entre la Saône et la Loire, cap. *Bibracte*, auj. Autun. D'abord alliés des Romains, ils s'unirent à Vercingétorix et furent soumis par César (52 av. J.-C.).

ÆELF (Samuel). XVIIIe s. Théolog. suédois. Poésies latines, remarquables par l'harmonie de la versification et par la pureté du style.

ÆELFRICUS le Grammairien. Abbé de Malmesbury, puis évêq. de Canterbury. Mort vers 1006. *Hist. saxonne de l'Anc. et du Nouv. Testa-*ment, Londres, 1623 et 1638: *Dict. saxon, lat. et ang.*, ouvrage exact et méthodique, Oxford, 1639.

ÆGAGRE. (gr. *aix, aigos*, chèvre, et *agrios*, sauvage). Chèvre sauvage des montagnes du nord de la Perse : fournit les bézoards les plus estimés. (V. *Bézoard*.)

ÆGAGROPHILES MARINES. s. f. pl. Bot. Masses d'algues roulées, employées après torréfaction comme anthelminthiques et antiscrofuleuses.

ÆGERI ou **ÉGÈRE.** Vle de Suisse, canton de Zug.

ÆGES. Anc. vle de Macédoine, nommée plus tard Édesse.

ÆGIALÉE. Nom primitif de l'Achaïe et de la Corinthie. || Ile entre le Péloponèse et l'île de Crète.

ÆGICRANES. (du gr. *kras*, tête, et *aigos*, de chèvre). Têtes de chèvres figurées comme ornement sur les monuments anciens.

ÆGIDIUS, ou **ÉGIDIUS.** Général romain, lieutenant d'Aetius dans les Gaules (461): se forma un Etat indépendant entre la Somme et la Loire, mourut à Soissons en 464 et eut pour successeur son fils Syagrius. || **ÆGIDIUS.** Bénédictin natif d'Athènes. VIIIe s. Poème sur les venins, sur les urines et sur la connaissance du pouls, trad , dit-on, par un autre Ægidius (Giles de Corbeil) aussi bénédictin, et médecin de Philippe-Auguste de France. On lisait ce livre dans les écoles avec les écrits d'Hippocrate ; imprimé à Lyon, 1526, in-8°. || **ÆGIDIUS.** Diacre, poète et grammairien, à Paris, vers la fin du XIIIe s. *Carolinus, ou instruction puérile à Louis, fils du roi de France; Hist. de la première expédition de Jérusalem.* (Recueil des historiens de France.) || **ÆGIDIUS COLONNA.** V. *Gilles de Rome.*

ÆGILA. Vle de Laconie ; temple où on célébrait les mystères de Cérès.

ÆGILOPS. (du gr. *aix, aigos*, chèvre, et *ôps*, œil). Bot. Plante de la fam. des graminées, tr. des triticées, commune dans les champs arides. On lui attribuait jadis des vertus contre certains maux d'yeux. Par son organisation florale elle ressemble beaucoup aux froments. || Nom spécifique d'un chêne à fruits comestibles, qui croît dans le midi de l'Europe, et surtout en Grèce. Il sert à tanner et à teindre en noir. On le nomme dans le commerce *velanéde, galion du Levant*, etc. || Méd. Petit ulcère qui se forme à l'angle interne des yeux, et auquel les chèvres surtout sont sujettes. Quand il est simple, il suffit de le laver avec de l'eau de sureau ou de guimauve, mais il peut être plus profond et attaquer l'os : son traitement est alors plus difficile.

ÆGINÉTIE. s. f. Bot. G. d'orobanchées, usité dans l'Inde pour raffermir les dents et corriger la fétidité de l'haleine.

ÆGINURE. Anc. île du golfe de Carthage, auj. *Al-Djiamur.*

ÆGIPAN ou **ÉGIPAN.** s. m. (gr. *aix, aigos*, chèvre; *Pan*, dieu des bergers). Myth. Divinité champêtre, que l'on représente avec des cornes à la tête, des pieds de chèvre et une queue. On donne aussi ce nom aux Satyres.

ÆGIPHILE. s. m. Bot. G. de verbénacées, arbres et arbrisseaux de l'Amérique tropicale qui doivent leur nom à ce que les chèvres en broutent avec plaisir les jeunes pousses.

ÆGIRA. Anc. vle de la Grèce (Achaïe), auj. *Palœocastro.*

ÆGIRCIUS. Anc. riv. des Gaules, auj. le *Gers.*

ÆGIS. s. f. (du gr. *aigis*, peau de chèvre, ou égide). Méd. Tache blanchâtre sur la cornée.

ÆGIUM. Anc. vle de la Grèce (Achaïe), l'un des centres de la ligue achéenne, auj. *Vostiza.*

ÆGLÉ. s. m. Bot. G. de rutacées, arbres épineux (Inde tropic. et Afrique occident.). L'*œgle marmelos* a un bois dur, employé pour les constructions, un fruit délicieux et nourrissant : teinture jaune, parfum exquis extrait du péricarpe.

ÆGOPHONIE. s. f. (du gr. *phoné*, voix, et *aïgos*, de chèvre). Méd. Affection du larynx qui donne à la voix un timbre aigre et chevrotant.

ÆGOPODIUM. Bot. G. d'ombellifères, tribu des amminées. Une espèce, le *podagraire*, est une herbe qui, comme son nom l'indique, a été préconisée contre la goutte : elle est excitante, diurétique et vulnéraire.

ÆGOS-POTAMOS. (gr. *potamos*, fleuve, e *aigos*, de la chèvre). Fleuve de la Chersonèse de Thrace. Lysandre roi de Sparte y remporta (405 av. J.-C.) sur les Athéniens, une victoire navale qui mit fin à la guerre du Péloponèse.

A. E. I. O. U. Devise de plusieurs empereurs d'Autriche signifiant : *Austria erit in orbe ultima*, ou *Austriæ est imperare orbi universo.*

AEKEN (Jérôme van), dit *Bos* ou *Bosch.* 1459-1516. Peintre d'histoire hollandais, né à Bois-le-Duc : coloris vigoureux, belles draperies.

ÆLANA. Anc. vle de l'Arabie, sur la mer Rouge, d'où les navires de Salomon partaient pour Ophir : à 80 kil. N. du Sinaï.

ÆLIA CAPITOLINA. Nom donné à Jérusalem par l'empereur Adrien.

ÆLIANUS (Meccius ou Mevius) l'Italien. Médecin loué par Galien, son disciple (ii° s.), sous l'empereur Adrien, employa la thériaque pendant une peste qui ravageait l'Italie. Galien lui attribue un traité sur la dissection des muscles.

ÆLIUS SEXTUS PŒTUS CATUS. Jurisconsulte du vi° s. de Rome, édile, consul et censeur. Il divulgua les formules de droit dont les patriciens s'étaient réservé la connaissance et qui conservèrent le nom de *droit élien.*

AELLO. Myth. Une des trois Harpies.

ALEST (G. van). Graveur, né à Bruxelles en 1530, a gravé les tableaux religieux de Jules Romain. § **AELST** (Éverard van). Peintre hollandais né à Delft (1602-1658).Sujets inanimés, plats que oiseaux morts, casques, instruments de guerre, œuvres finies avec soin, détails rendus avec une grande vérité. ‖ **AELST** (Guillaume van). Neveu du précédent (1620-1679). Voyagea en France et en Italie et y obtint de grands succès ; il peignait les fleurs et les fruits avec beaucoup d'art et de naturel.

ÆLUROPUS. (gr. *aïlouros*, chat, et *pous*, pied).Bot. G. de graminées dont une espèce fait partie de la flore française et habite les parties humides du littoral méditerranéen.

ÆLURUS. Myth. Divinité des Égyptiens, représentée sous la figure d'un homme ou d'une femme avec la tête d'un chat.

AÉMÈRE. adj. 2 g. (gr. *a* priv. ; *éméra*, jour). T. de martyrol. Qui n'a point de jour ou dont on ne connaît pas le jour. Saints aémères.

ÆMILIA ou ÉMILIE. Nom d'une prov. d'Italie qui comprend les Romagnes et les anc. duchés de Parme et de Modène. Vles princ. : Bologne, Ferrare, Forli, Modène, Parme, Plaisance, Ravenne et Reggio. 2,184,000. h.

ÆMILIA (*gens*). Famille patricienne de Rome. V. *Émilie.* ‖ Astr. La 159° des petites planètes, entre Mars et Jupiter, découverte le 26 janv. 1876, par M. Paul Henry.

ÆNARIA, PITHECUSA ou INARIME. Ile volcanique du golfe de Naples, auj. *Ischia.* Sources thermales.

ÆNEAS (Sylvius). Pape. V. *Pie II.* ‖ **ÆNEAS** ou *Énée de Gaza.* V. *Énés.*

ÆNÉATEUR. s. m. Nom qui s'appliquait, chez les Romains, à tous les musiciens qui se servaient d'instruments de cuivre (*œs*, airain, cuivre) et par extension à ceux qui jouaient des instruments à vent employés dans l'armée, aux jeux publics ou dans les cérémonies religieuses.

ÆNÉICOLLE. adj. 2 g.(lat. *œneus*, de bronze; *collum*, cou). Hist. nat. Qui a le cou couleur de bronze.

ÆNÉOCÉPHALE. adj. 2 g. (lat. *œneus*, de bronze ; gr. *képhalé*, tête). Hist. nat. Qui a la tête couleur de bronze.

ÆNÉSIDÈME. Philosophe pyrrhonien de Gnosse (Crète). 1er siècle de l'ère chrétienne. Reprit la doctrine des sceptiques : a laissé des *Discours pyrrhoniens*, dont qq. fragments ont été conservés. Il a devancé Kant en niant la possibilité et la légitimité des notions *a priori* qui constituent la métaphysique et la raison. Il a devancé Hume en contestant l'existence de la relation de cause à effet ; pour lui la loi de la causalité n'est qu'un phénomène de l'intelligence et il embrasse dans son *doute* tous les objets de la pensée, les principes et les conséquences, la spéculation pure et la vie. Les erreurs du scepticisme moderne ne sont en quelque sorte que le développement du pyrrhonisme d'Énésidème.

ÆNOS. V. *Enos.*

ÆOLINE. s. f. Orgue expressif, de petite dimension, fonctionnant comme l'harmonium. Il fut inventé en 1816 par le facteur allemand Schlunubach.

ÆOLIPYLE. V. *Éolipyle.*

ÆOLODICON. s. f. Instrument de musique du même genre que l'éoline, inventé en 1818, par le facteur Voit, et Schweinfurth.

ÆORA. Fête athénienne en l'honneur d'Icarius et d'Érigone.

ÆPINUS (François-Ulric-Théodore). Physicien allemand (1724-1802); fut professeur à St-Pétersbourg : travaux remarquables sur l'électricité et le magnétisme ; a donné la théorie du condensateur et de l'électrophore. On a de lui, en lat. : *Théorie de l'électricité et du magnétisme ; Réflexions sur la distribution de la chaleur à la surface du globe*, ouvrages trad. en franç. ‖ **ÆPINUS** (Jean). Théologien protestant, ami de Luther (1499-1553) ; joua un certain rôle dans l'établissement du protestantisme en Allemagne.

ÆPIORNIS. (gr. *aïpus*, grand ; *ornis*, oiseau). Zool. Oiseau de Madagascar, dont on ne connaît que des débris fossiles et des œufs, mais dont la taille devait être gigantesque, car on a trouvé des œufs ayant un volume de 10 litres. Il est probable que la race en est détruite.

ÆQUAM MEMENTO SERVARE MENTEM. (Vers d'Horace, liv. II, ode 3). Souvenez-vous de conserver toujours une âme égale.

ÆQUIPONDIUM. s. m. (lat. *œquus*, égal; *pondus*, poids : poids égal, contrepoids). Ant. rom. Poids qui faisait équilibre ou poids mobile attaché à une romaine (*statera*) et à une balance (*libra*). On en a trouvé beaucoup à Pompéi et ailleurs, la plupart en bronze, avec des dessins de fantaisie.

ÆQUO ANIMO. Expression latine. Avec égalité d'âme. Il y a des outrages qu'il est difficile de supporter *œquo animo.*

ÆQUO PULSAT PEDE. (Vers d'Horace, liv.1er, ode 4). La mort frappe d'un pied indifférent (à la chaumière du pauvre et au palais des rois). Ce beau passage a été souvent cité ou imité.

AÉRABLE. adj. 2 g. Qui peut être aéré; que l'on doit aérer.

AÉRAGE. s. m. Action d'aérer ; état de ce qui est aéré.L'aérage d'une chambre, d'un vaisseau. (V. *Ventilation.*)

ÆRANTHES. s. f. Bot. Fam. des orchidacées (Madagascar). 18 espèces dont plusieurs sont cultivées pour leur beauté.

ÆRARIUM. s. m. (mot lat., de *œs*, cuivre). Trésor public des Romains. Les principales recettes du trésor public étaient l'impôt sur le capital (*tributum ex censu*), la capitation, les revenus de l'*ager publicus*, et de l'*ager provincialis*, les produits des mines, des douanes, des péages, des amendes judiciaires, les contributions imposées aux peuples soumis, le butin fait à la guerre, l'impôt du vingtième sur les affranchissements et sur les successions, et divers autres impôts établis sous l'Empire. Le *tributum ex censu* ou impôt direct, supprimé après la conquête de la Macédoine (167 av. J.-C.), reparut en 43 av. J.-C. L'*œrarium* déposé dans le temple de Saturne était sous la surveillance du sénat, confié à la garde de deux questeurs appelés *quæstores œrarii.* Sous l'Empire, le trésor public finit par se confondre avec le trésor privé de l'empereur (*fiscus*), qui en avait été d'abord distingué.

ÆRARIUS. s. m. Citoyen romain du dernier ordre qui ne payait qu'une simple capitation et n'avait pas le droit de suffrage.

AÉRATION. s. f. (a-é-ra-si-on). Souvent syn. d'*aérage.* ‖ Chim.Exposition d'une substance à l'air pour qu'elle en reçoive qq. modification.

ÆRE PERENNIUS. Plus durable que l'airain. C'est ainsi qu'Horace a qualifié son œuvre : *Exegi monumentum œre perennius*, J'ai achevé un monument plus durable que l'airain. L'*œre perennius* d'Horace s'emploie souvent tantôt en français, tantôt en latin.

AÉRÉPHONE. s. m.(gr. *aér*, air; *phôné*, son). Instrument à clavier et à vent inventé en 1828 par M. Christian Dietz, facteur d'orgues à Paris ; il a fait place à l'harmonium qui en est la transformation.

AÉRER. v. a. (acc. grave devant une syll. muette, excepté au fut. et au condit. où l'acc. aigu reste). Renouveler l'air d'un lieu, c'est l'aérage. Exposer une substance à l'air, c'est l'aération. ‖ AÉRÉ,ÉE.p. pas. Maison bien aérée, Bien exposée au grand air.

AÉRHÉMOCTONIE. s. f. (de *aer*; *aïma*, sang, et *ktonos*, action de tuer). Anat. Mort par introduction de l'air dans les veines. On a dit à tort *aérhémotoxie*, car la mort a lieu non par empoisonnement (*toxikon*, poison), mais par syncope mécanique. On sait que l'inspiration produit dans le thorax une tendance au vide qui est une cause d'accroissement de la circulation veineuse. Cette tendance au vide se fait sentir jusqu'à environ quinze centimètres au delà du thorax. Dans les opérations pratiquées en deçà de cette distance, notamment quand il opère sur le haut des bras, le cou ou l'aisselle, le chirurgien divise les veines. Par suite de leur situation ou de leur adhérence aux aponévroses et aux tissus voisins, celles-ci peuvent rester béantes et aussitôt l'air pénètre dans leur intérieur, ce qu'on reconnaît très bien à une sorte de gargouillement ou de sifflement qui accompagne cet accident. Aussitôt l'opéré jette un cri de détresse, pâlit et tombe dans une syncope souvent mortelle. En voici le mécanisme : l'air qui a pénétré dans la veine arrive avec le sang dans le cœur droit d'où il est chassé dans les capillaires du poumon où sa présence interrompt la circulation. C'est ce qui amène la syncope d'abord, et la mort aussitôt après. Que faire contre cet accident quand on n'a pas su le prévenir par des précautions convenables ? Pratiquer la respiration artificielle et essayer de remettre le cœur en mouvement au moyen de courants faradiques appliqués sur le diaphragme et sur la région précordiale. Ces moyens ont quelquefois réussi.

AÉRHYDRIQUE. adj. 2 g. (gr. *aer*, air; *udór*, eau). Phys. Qui agit, qui va par l'air et l'eau. Soufflerie aérhydrique.

AÉRICOLE. adj. 2 g. (lat. *aer*, air ; *colere*, habiter). Hist. nat. Animaux et plantes qui habitent dans l'air.

AÉRIDES. s. f. pl. Bot. G. d'orchidacées-vandées (Inde). 12 espèces. Très belles fleurs, généralement pourpres ou jaunes.

AÉRIDUCTE. s. m. (lat. *aer*, air ; *ductus*, conduit). Zool. Organes respiratoires de diverses larves ou nymphes aquatiques.

AÉRIEN, ENNE. adj. (lat. *aer*, air). Qui est d'air, appartient à l'air, qui vit dans l'air, qui est comme l'air. Corps, phénomènes aériens. Esprits aériens. Chants aériens des oiseaux. (V. Hugo.) ‖ Anat. Organes aériens, Qui contiennent de l'air, ou qui servent de passage à l'air : organes respiratoires. Vessie aérienne des poissons. ‖ Peint. Perspective aérienne, résultant de l'interposition de l'air entre les objets d'un tableau et l'œil.

AÉRIENS. s. m. pl. Hérétiques du IV° s. qui eurent pour chef l'hérésiarque Aérius.

ÆRIFÈRE. adj. (è-ri-fer ; — lat. *œs, œris*, cuivre; *ferre*, porter). Qui contient du cuivre. Mine ærifère.

AÉRIFÈRE. adj. 2 g. (a-é-ri-fer;—lat. *aer*, air, et *ferre*, porter). Qui porte l'air. Tube aérifère. ‖ Anat. Conduits aérifères, Qui portent l'air nécessaire à la respiration. Voies aérifères ou aériennes,Trachées des insectes. ‖ s. m. Appareil pour porter, distribuer l'air. Les ventilateurs sont des aérifères.

AÉRIFICATION. s. f. (lat. *aer* et *ficare*; de *facere*, faire). Chim. Opération par laquelle on fait passer un corps solide ou liquide à l'état gazeux et résultat de cette opération.

AÉRIFIER. v. a. Chim. et phys. Changer en air, en gaz.

AÉRIFORME. adj. 2 g. (lat. *aer* et *forma*, forme). Qui ressemble à l'air. Les gaz sont des fluides aériformes.

AÉRISER. v. a.Chim. Faire passer un corps à l'état de gaz. ‖ S'AÉRISER. v. pr. Se changer en gaz.

AÉRITE. s. m. Zool. Animal qui vit dans l'air.

AÉRIUS. Prêtre d'Arménie et hérésiarque du IV° s. ; s'éleva contre l'épiscopat, contre les prières pour les morts, les jeûnes, la pâque : Il eut peu de succès.

AÉRIVORE. adj. 2 g. Zool. Qui vit d'air.

ÆRMEL ou ÆRMEL-SUND. Nom allemand du canal de la Manche.

ÆRO. s. m. (mot lat.; du gr. *aïró*, je prends). Antiq. rom.Panier en jonc, en sparte, en osier, pour transporter le sable. Les soldats romains s'en servaient pour les travaux de retranchements, de tranchées, de fortification. Dans un bas-relief de la colonne trajane on voit un soldat accroupi qui tient de la main gauche sur l'épaule gauche un æro, pendant qu'il s'aide de la main droite pour se relever.

AÉROBATE. s. m. (gr. *aer*, air ; *baïno*, je marche). Celui qui va par les airs.

AÉROBIES. adj. et s. m. pl. Hist. nat. Les vibrioniens (bactéries), qui possèdent la faculté de vivre au contact de l'air et d'en absorber l'oxygène, par opposition à ceux qui ne la possèdent pas. (Pasteur.)

AÉRO-CLAVICORDE. s.m. Espèce de clavecin dont les cordes sont mises en mouvement par le moyen de l'air. Il donne des sons d'une grande douceur, mais le jeu en est nécessairement très lent. Inventé en 1790.

AÉROCYSTE. s. f. (gr. aer, aeros, air; kustis, vessie). Bot. Nom donné aux vésicules aériennes des algues, fucus, floridées, etc. Ce sont de petits sacs fermés, remplis de gaz, qui contribuent à faire flotter à la surface de la mer les parties de la plante sur lesquelles elles sont situées.

AÉRODERMECTOSIE. s. f. Méd. Distension des téguments par les gaz.

ÆRODIUS (Petrus) ou **AYRAUT** (Pierre). Jurisconsulte français (1536-1601). V. Ayrault.

AÉRODYNAMIQUE. s. f. (gr. aer, air, et dunamis, force). Partie de la physique qui traite des lois relatives aux mouvements et aux pressions des fluides élastiques ou gaz.

AÉROË. Géog. V. Arröe.

AÉROGNOSIE. s. f. (gr. aer, air; gnôsis, connaissance). Phys. Partie de la physique qui traite de l'air, de ses propriétés, de son rôle.

AÉROGRAPHE. s. m. (gr. aer, air, et graphein, décrire). Phys. Celui qui écrit sur l'air.

AÉROGRAPHIE. s. f. Description de l'air.

AÉROGRAPHIQUE. adj. 2 g. Qui se rapporte à l'aérographie. Carte aérographique.

AÉROHYDROPATHIE. s. f. (gr. aer, air ; udôr, eau ; pathos, affection) Méd. Littéralement : maladie causée par l'air et l'eau. Par ext. il a été employé pour désigner un mode de traitement par l'air et l'eau. Pour ce sens aérohydrothérapie serait un terme plus régulier.

AÉROLE. s. f. Vx mot qui signifiait une cruche, une fiole.

AÉROLITHE. s. m. (gr. aer, air, et lithos, pierre). Pierres qui tombent du ciel, de l'air. Ce sont des corps planétaires, qui circulent autour du soleil, et qui pénètrent quelquefois dans la sphère d'attraction de la terre. Quand ils entrent dans notre atmosphère, le frottement dû à leur extrême vitesse les échauffe jusqu'à l'incandescence ; ils deviennent alors lumineux et, par suite, visibles. Si leur vitesse propre l'emporte sur l'attraction de la terre, ils sortent de l'atmosphère, se refroidissent, cessent d'être visibles, et continuent leur route : ce sont alors les étoiles filantes, qui portent le nom de bolides quand leur grosseur est assez considérable. Si l'attraction de la terre l'emporte, ils tombent sur le sol, en produisant ordinairement une détonation, due à une explosion qui les brise en morceaux. Les aérolithes se divisent en pierreux et métalliques : ils contiennent toujours du fer, quelquefois à l'état natif ; souvent du nickel, du chrome, du phosphore, des silicates. On voit au Muséum de Paris un bloc de fer presque pur, pesant 600 kil. et tombé près de Grasse. On a trouvé à l'île de Disko (Groenland), trois masses énormes de 20 à 25,000 kil.

AÉROLITHIQUE. adj. 2 g. Qui appartient aux aérolithes, qui est de leur nature. Pierre aérolithique.

AÉROLOGIE. s. f. (gr. aer et logos, discours, traité). Traité sur l'air, étude de l'air. Au XVIIIᵉ s. ce mot se disait surtout en médecine, d'un traité sur les bonnes et les mauvaises qualités de l'air, et sur les moyens d'entretenir les bonnes et de remédier aux mauvaises.

AÉROLOGIQUE. adj. 2 g. Qui a rapport à l'aérologie. Traité aérologique.

AÉROMANCIE. s. f. (gr. aer et manteia, divination). Art qui prétend deviner l'avenir par l'étude de l'air et des phénomènes aériens.

AÉROMANCIEN, IENNE. adj. Qui a rapport à l'aéromancie. Opération aéromancienne. || s. Celui, celle qui pratique l'aéromancie.

AÉROMEL. s. m. (gr. aer et mel, miel). Miel aérien, manne.

AÉROMÈTRE. s. m. (gr. aer et metron, mesure). Phys. Instrument servant à mesurer la densité de l'air.

AÉROMÉTRIE. s. f. Phys. Science qui a pour objet l'étude de la constitution physique de l'air ; qui en mesure et en calcule les effets mécaniques. Éléments d'aérométrie

AÉROMÉTRIQUE. adj. 2 g. Qui a rapport à l'aérométrie.

AÉROMOTEUR. s. m. Phys. Machine mue par l'air.

AÉRONAUGRAPHIE. s. f. Traité de la navigation aérienne.

AÉRONAUGRAPHIQUE. adj. 2 g. Qui a rapport à la navigation aérienne.

AÉRONAUTE. s. 2 g. (gr. aer et nautès, navigateur). Celui, celle qui parcourt les airs dans un aérostat.

AÉRONAUTIQUE. adj. 2 g. Qui a rapport à l'aéronaute. || s. f. L'art de l'aéronaute.

AÉRONAVAL, ALE. adj. Destiné à la navigation dans l'air.

AÉRONEF. s. f. (de aer, et nef). Machine destinée à la navigation aérienne.

AÉROPHANE. adj. 2 g. (gr. aer, air, phanos, transparent). Qui est transparent comme l'air.

AÉROPHOBE. s. m. (du gr. aer et phobos, crainte). Méd. Qui craint l'air.

AÉROPHOBIE. s. f. Méd. Maladie dans laquelle on craint le contact de l'air en mouvement sur la peau. On la remarque souvent dans la rage, l'hystérie et quelques autres maladies nerveuses.

AÉROPHONE. Mus. Orgue à vapeur inventé par un artiste américain vers 1860.

AÉROPHORE. adj. 2 g. (du gr. aer et phoros, qui porte). Hist. nat. Qui porte l'air. Syn. de aérifère. || Mettenius a donné le nom aerophorum à des glandules allongées qui se rencontrent chez certaines fougères. || s. m. Engin qui porte l'air dans les mines, dans les cloches à plongeur.

AÉROPHYTE. adj. et s. f. Bot. Plante qui vit dans l'air, par opposition à celles qui vivent dans l'eau, ou hydrophytes.

AÉRORACHIE. s. f. (gr. aer, air ; rachis, épine du dos). Pathol. Accumulation du gaz dans le rachis.

AÉROSCAPHE. s. m. (gr. aer, air ; scaphé, barque). Bateau mu par l'air, par opposition à pyroscaphe, bateau mu par le feu ou la vapeur.

AÉROSCOPE. s. m. (du gr. aer et scopein, examiner). Phys. Instrument pour observer l'air.

AÉROSCOPIE. s. f. Examen de l'air, des matières microscopiques qu'il transporte. Art d'étudier l'atmosphère.

AÉROSITE. s. f. Minér. Variété d'argent, rouge sombre.

AÉROSPHÈRE. s. f. (gr. aer ; sphera, sphère). Phys. Syn. d'atmosphère : masse d'air qui entoure la terre.

AÉROSTAT. s. m. (gr. aer et statos, qui se soutient, ou du lat. aer et stare.—Le t ne se lie pas). || Phys. Grande enveloppe légère, ou ballon, empli d'un gaz plus léger que l'air, et qui se soutient dans l'atmosphère en vertu du principe d'Archimède (V. ce mot). Les aérostats furent inventés en 1782 par les frères Montgolfier, fabricants de papier à Annonay. Ils étaient d'abord en papier, et remplis d'air chaud ; on les appelle alors montgolfières. Le physicien Charles imagina de les gonfler avec un gaz plus léger que l'air, hydrogène, ou gaz de l'éclairage. Pilâtre des Roziers et le marquis d'Arlandes osèrent les premiers se faire enlever dans les airs par un ballon, au moyen d'une nacelle portée par un grand filet, qui, s'appuyant sur toute la surface de l'enveloppe, permet à celle-ci, malgré sa légèreté, de supporter un poids considérable. Pour descendre, on laisse échapper du gaz, au moyen d'une soupape que l'aéronaute peut ouvrir à l'aide d'une corde descendant jusque dans la nacelle : pour monter, on jette du lest, formé de sacs de sable embarqués au moment du départ. C'est le baromètre (V. ce mot) qui sert à voir si on monte ou si on descend, et qui indique à quelle hauteur on se trouve; mais si on perd la terre de vue, quand on est au-dessus d'un nuage, par ex., on ne sait plus de quel côté on marche, parce qu'on n'a pas de point de repère. En cas d'accident, on rend la vitesse de la chute moins dangereuse au moyen du parachute (V. ce mot). On a vainement cherché jusqu'à ce jour à diriger les ballons ; le seul point d'appui dont on dispose, l'air, est trop léger, et l'énorme surface de l'appareil offre trop de prise au vent. On ne peut que profiter des courants d'air, qui soufflent souvent dans des directions différentes à des hauteurs diffé-

rentes. On a fait de nombreuses ascensions aérostatiques, soit dans un but scientifique, pour étudier les variations de température, d'humidité, de magnétisme, etc., à diverses hauteurs:soit pour faire communiquer une ville assiégée avec le pays (siège de Paris 1870-71) ; soit, le plus souvent, dans un simple but de curiosité. Les voyages en ballon captif, c'est-à-dire retenu au sol par un câble, ont fait fureur à Paris à l'Exposition de 1878. En 1804 Gay-Lussac s'est élevé à 7,000 mètres. Au delà de 8,000 mètres l'air est tellement raréfié qu'on ne peut plus respirer, et des aéronautes, qui ont voulu dépasser cette hauteur (Sivel et Crocé-Spinelli, 1875) ont été asphyxiés.

AÉROSTATIE. s. f. Se disait pour aérostatique et aérostation.

AÉROSTATION. s. f. Art de faire des aérostats et de les employer. || A. milit. L'aérostation a été appelée à jouer un rôle dans plusieurs des guerres qui ont eu lieu depuis cent ans. Pendant les guerres de la Révolution, des ballons captifs préparés par voie sèche (eau et fer porté au rouge) ont été employés dans les armées françaises et rendirent des services assez sérieux, pour qu'on créât deux compagnies d'aérostiers (1793). A la bataille de Fleurus (1794) des officiers montés dans un ballon observaient les Autrichiens. Un ballon tout gonflé fut transporté de Maubeuge à l'armée qui assiégeait Charleroi, un autre de Strasbourg à Wurtzbourg. En 1812 les Russes tentèrent de se servir des aérostats pour jeter sur l'armée française des projectiles incendiaires. En Amérique, pendant la guerre de sécession, on s'est aussi servi de ballons captifs gonflés avec l'hydrogène préparé par voie humide (fer et acide sulfurique). Une reconnaissance stratégique fut faite en ballon libre par le général fédéral Fitz-John Peter et permit d'obtenir des renseignements précieux. (Gᵃˡ de Savoye.) En 1870 des ballons soit perdus, soit montés, furent expédiés chargés de dépêches de Metz et de Paris. Il en est parti 66 de Paris, qui ont transporté 164 personnes et 3 millions de lettres. Krupp crut nécessaire de fabriquer un mousquet spécial pour tirer sur les ballons. Depuis la guerre, on a perfectionné ce mode de correspondance. En France, la commission d'aérostation a amélioré les soupapes, imaginé un mode de préparation économique et rapide, une suspension nouvelle et plus sûre pour la nacelle, et substitué aux ancres un système de herses très avantageux. Des essais de ballons dirigeables sont faits actuellement et ont déjà donné des résultats. (Laussedal.) En cas de guerre, un certain nombre d'aéronautes et de ballons, avec un matériel spécial, seraient envoyés dans les grandes places. (Gᵃˡ de Savoye.)

AÉROSTATIQUE. adj. Qui a rapport à l'aérostation. || s. f. Phys. Partie de la science qui étudie les lois de l'équilibre dans l'air.

AÉROSTIER ou **AÉROSTATIER.** s. m. Celui qui dirige un aérostat. Sous la première République on avait créé un corps d'aérostiers militaires, pour faire des reconnaissances à l'aide de ballons captifs : on a renouvelé ces essais pendant la guerre d'Italie en 1859.

AÉROTECHNIE. s. f. (gr. aer, air ; technè, science). Science des différentes applications de l'air à l'industrie.

AÉROTHÉRAPIE. s. f. Méd. Traitement des maladies par l'air (comprimé, des montagnes, marin, etc.).

AÉROTHERME. adj. 2 g. (gr. aer, air; thermos, chaud). Se dit des fours à pain chauffés par un courant d'air chaud.

AÉROTONE. s. m. (gr. aer ; tonos, tension). Fusil à air.

AÉROZOË. adj. (gr. aer, air ; zôon, animal). Zool. Qui a besoin d'air pour vivre. || s. m. pl. Animaux vertébrés et articulés auxquels l'air est indispensable.

ÆRSSCHOT. 4,500 h. Ville de Belgique (Brabant) sur le Demer, à 16 kil. de Louvain.

ÆRSSCHOT (duc d'). XVIᵉ s. Membre du Conseil d'État des Pays-Bas, d'abord pour Philippe II, puis contre, et de nouveau pour. Mourut à Venise en 1595.

ÆRTSEN (Pierre). 1519-1573. Peintre hollandais, d'Amsterdam. Manière hardie et fière : peinture de genre et d'histoire. Il eut la douleur de voir ses principaux chefs-d'œuvre détruits par les hérétiques, dans leur guerre de 1566.

ÆRUCA. s. f. Antiq. rom. Brillante couleur verte, composée *artificiellement* pour imiter le vert-de-gris naturel (ærugo).

ÆRUGINEUX, EUSE. adj. (lat. *æruginosus*; de *ærugo*, vert-de-gris). Couvert de vert-de-gris, de rouille.

ÆRUGO. s. m. (mot lat.; de *æs, æris*, bronze; *rubigo*, rouille). Antiq. rom. Brillante rouille verte qui vient au bronze par le temps, facile à distinguer de la rouille brune du fer (*ferrugo*). Ainsi plus le bronze vieillit plus il devient beau et plus il a de valeur.

ÆRZEELE. 3,000 h. Vle de Belgique (Flandre occid.), à 20 kil. de Courtrai.

ÆSCHIRION. De Pergame. Médecin empirique (IIe s.) loué par Galien, traitait la morsure des animaux enragés en appliquant sur la plaie un emplâtre composé de poix, d'opoponax et de vinaigre et en administrant à l'intérieur un mélange de cendre d'écrevisses, de gentiane et d'encens.

ÆSCHYNANTHE. s. m. Bot. Sous-arbrisseau indien, grimpant ou radicant. Plusieurs belles espèces sont cultivées dans nos serres. Fleurs d'un rouge éclatant ou bicolores.

ÆSCHYNANTHÉES. s. f. pl. Bot. Sous-tribu de la fam. des cyrtandiacées. Elle renferme les 2 g. *Æschynanthus* et *Agalmyia*.

ÆSCHYNOMÈNE. s. f. Bot. G. de légumineuses-papilionacées, tribu des médysarées : régions chaudes ; herbes, arbrisseaux, arbustes. Les fleurs, souvent de couleur blanche, tachetées, jaunes ou rouges, sont disposées en grappes axillaires ou rarement terminales : 30 espèces. Quelques-unes sont usitées, soit pour leurs fibres, comme l'*Æ. cannabina* Rœtz, de l'Inde, soit pour leur tige formée d'un tissu mou et léger, et dont on fabrique divers objets, coiffures, semelles de chaussures, etc. et le papier de riz en Chine et dans l'Inde : *Æ. paludosa*.

ÆSCULACÉES. V. *Æsculus*.

ÆSCULINE ou **ESCULINE.** s. f. Chim. Principe retiré par Canzonieri des fruits et de l'écorce du marronnier d'Inde, auquel on attribue des propriétés fébrifuges et antipériodiques analogues à celles des quinquinas (C16 H9 O10).

ÆSCULUS. s. m. Bot. Genre qui a donné son nom à la fam. des æsculacées ou hypocastanées, (Jussieu l'avait rangé dans la fam. des érables). L'æsculus connu dans nos pays est le marronnier d'Inde, apporté de Constantinople à Paris en 1615.

ÆSERNIA. Anc. vle des Samnites, auj. *Isernia*.

ÆSHNE. s. m. Zool. Insectes de l'ordre des névroptères, fam. des subulicornes. C'est une des 3 subdivisions du grand genre des libellules ou demoiselles : long. 6 à 7 c.

ÆSIS. Anc. vle et fleuve d'Italie. Auj. la ville est *Iesi*, et le fleuve *Esi*, ou *Esino*, qui se jette dans l'Adriatique entre Ancône et Sinigaglia.

ÆSOPUS. V. *Esope*. ‖ **ÆSOPUS** (Claudius). Acteur fameux ; donna des leçons d'action oratoire à Cicéron.

ÆSTHESIE. s. f. (gr. *aisthésis*, même sens). Physiol. Sensation, sensibilité.

ÆSTHESIOLOGIE. s. f. Anat. Description des organes des sens.

ÆSTHÉSIOMÈTRE. s. m. Méd. Instrument destiné à déterminer le degré de sensibilité de la peau, etc.

ÆSTHÉTIQUE. V. *Esthétique*.

ÆS TRIPLEX. Triple airain. *Illi robur et æs triplex*. Un triple chêne, un triple airain couvrait le cœur de celui qui le premier affronta la mer (Horace, liv. 1er ode 3.) On emploie souvent en latin ou en français cette citation pour exprimer la dureté du cœur, l'intrépidité. Il faudrait avoir le cœur cuirassé d'un triple airain pour n'être pas touché de certaines infortunes.

AETAS YGALOTTES ou **NEGRILLOS.** Peuplades polynésiennes de Manille, des Philippines et de Bornéo.

ÆTHÉOGAME. adj. et s. (gr. *œthès*, insolite, et *gamos*, mariage). Bot. Syn. de cryptogame.

ÆTHRA. La 132e des petites planètes entre Mars et Jupiter, découverte le 13 juin 1873 par M. Watson.

ÆTHRIOSCOPE. s. m. (gr. *aithra*, ciel serein, et *scopein*, observer). Phys. Instrument inventé par Leslie, destiné à mesurer la chaleur que la terre rayonne vers les espaces célestes.

ÆTHUSE. s. f. (gr. *aithein*, brûler). Bot. Plantes de la famille des ombellifères, au suc âcre, brûlant, très vénéneux. L'*Æ. cynapium*, vulg. *petite ciguë, faux persil, ache des chiens*, est très commune dans les lieux cultivés. Sa grande ressemblance avec le persil peut occasionner de graves accidents. On la reconnaît à l'odeur désagréable qu'exhalent ses feuilles frottées entre les doigts, et qui ne saurait se confondre avec celle du persil. En cas d'empoisonnement : vomitifs, puis vinaigre ou jus de citron dans de l'eau.

AÉTIENS. Hérétiques du IVe siècle sectateurs de la doctrine d'*Aétius*.

AÉTION. Peintre grec, célèbre surtout par ses *Noces de Roxane et d'Alexandre le Grand*. La description qu'en donne Lucien a inspiré Raphaël.

AÉTITE ou *Pierre d'aigle*. s. f. (gr. *aetites*; de *aetos*, aigle). Minér. Oxyde de fer hydraté qu'on prétendait se trouver souvent dans les nids d'aigle, et auquel on attribuait des vertus merveilleuses. Ce minéral se rencontre en *géodes*, c.-à-d. en petites masses creuses, renfermant un noyau mobile : c'est du trioxyde de fer.

AÉTIUS. Hérésiarque du IVe s.. natif des environs d'Antioche, dans la Célésyrie. De basse extraction il fut successivement esclave ou domestique chez la femme d'un vigneron, forgeron, orfèvre, sophiste, médecin, diacre : déposé comme tel, à cause du débordement de ses mœurs, exilé par l'empereur Constance. Rappelé par Julien l'Apostat et sacré évêque, il publia un traité qui contenait environ 300 propositions hérétiques. Il attaquait surtout la Trinité, niant la consubstantialité du Fils, la procession du Saint-Esprit et la divinité de ces deux personnes de la Trinité. Il mourut en 367. Sa secte dura peu. ‖ **AÉTIUS.** Général romain (Ve s.). Fils d'un chef des Huns et d'une Italienne, favori de l'impératrice Placidie. Il battit les Huns à Châlons (451), à la tête des Bourguignons, des Francs, des Wisigoths, etc. ; mais sa puissance porta ombrage à Valentinien III, qui l'assassina lui-même (454). ‖ **AÉTIUS.** Un des premiers médecins chrétiens, chirurgien, oculiste (Ve et VIe s). Exerça à Alexandrie, et composa le *Tetrabiblos*, savante compilation des médecins antérieurs : Galien, Dioscoride, Oribase, etc. Sur 16 liv. 8 ont été impr. en grec, à Venise, chez Alde, 1534, in-fol. Cornarius et Montanus ont traduit l'ouvrage en latin. D'après Boerhaave, cet ouvrage doit être pour le médecin ce que les Pandectes sont pour le jurisconsulte.

AÉTOS ou **AÉTONA.** (gr. *aetos*, aigle). Le faîte ou le tympan des temples chez les Grecs, parce *qu'on y plaçait souvent des figures d'aigle*.

ÆNTOXICUM, ou **ÆGOTOXICUM.** s. m. Bot. Arbre du Chili qu'on dit toxique pour les bestiaux.

AFABUAR. s. m. Porte-enseigne, chez les anciens Islandais : il se tenait sur le tillac du vaisseau.

AFANASIEF (Alexandre). Littérateur russe. 1826-1871. Auteur d'un ouvrage sur les anciens poètes slaves et de récits populaires russes.

AFAR, AFER. Peuple pasteur de l'Afrique orient. plus connu au dehors sous les noms de *Danakil* et d'*Adel*, dont le pays borde le fond du golfe d'Aden, le détroit de Bab-el-Mandeb, et l'extrémité S. de la mer Rouge depuis le golfe de Tandjoûrah, où il confine aux Somâl, jusqu'aux approches du golfe d'Adoulèh, où il touche aux Chaho. Au S. et au S.-O. ils confinent aux Gallas, à l'O. à l'Abyssinie. Leur territoire compris approximativement entre 10° 1/2 et 15° de lat. N., et en long. E. entre les 38° et 41° de Paris, a une superficie de 80 ou 85,000 kil. car., environ la 6e partie de la superficie de la France. C'est une région sèche et montueuse, tourmentée par le travail volcanique. Au N. et à l'O. coule une grande rivière l'*Haouach* qui a ses sources dans les montagnes du Chou (Abyssinie mérid.) dont le pays des Afar profite peu. Les Afar possèdent une étendue de côtes de 150 lieues env. On y remarque le petit port d'*Obokh* qui appartient à la France et la baie de Hanfilah mentionnée par les Grecs sous le nom d'*Antiphilos*. Par les traits physiques et la langue les Afar sont un des rameaux de la grande famille africaine comme les Gallas, les Somâl, etc. Malgré la couleur noire ou fortement bronzée de leur peau, ils ont l'ensemble du visage européen et leur aspect est classique. Les femmes ont dans la jeunesse une grande beauté qui dure peu. La nation se compose de tribus indépendantes, les chefs des grandes tribus prennent le titre de sultans, ceux des tribus secondaires ont le titre de *rds* ; la dignité de ces chefs est héréditaire. Dans les affaires intérieures de chaque tribu, tout se traite en assemblée générale et se décide à la majorité. Les Afar sont presque tous musulmans. L'industrie est nulle, leurs armes mêmes leur viennent du dehors. Depuis 1838 plusieurs voyageurs ont pénétré dans ce pays et nous l'ont fait connaître. (Vivien de St-Martin.)

AFATONIER. s. m. Bot. Nom vulg. du prunellier (*Prunus spinosa*).

À-FAUX. s. m. Néol. Nature de ce qui est à faux. Cet à-faux de l'esprit et du cœur *qui fait le fond des œuvres légères*. (Littré. *Suppl*.)

AFER (Domitius). Orateur latin, né à Nîmes (16 av. J.-C.- 59 ap.). Quintilien fait un grand éloge de son éloquence ; mais Tacite le flétrit, à cause de ses délations et de ses basses complaisances pour Tibère et Caligula.

AFF. Pte riv. d'Ille-et-Vilaine, qui se jette dans l'Oust; c. 55 kil. dont 20 flottables et 8 navigables.

AFFABILITÉ. s. f. (lat. *affabilitas*; de *ad* et *fari*, parler). Qualité de celui qui reçoit et écoute avec bonté et douceur quiconque a affaire à lui. Recevoir avec affabilité, avoir beaucoup d'affabilité.

AFFABLE. adj. 2 g. (lat. *affabilis*; de *ad*, à, *fari*, parler). Qui a de l'affabilité, à qui l'on peut parler aisément. Homme, caractère, manières affables. ‖ Syn. Honnête, civil, poli ; affable, gracieux; courtois. Les trois premiers sont d'un homme bien élevé, les deux suivants, d'un homme bien né. L'honnêteté consiste dans l'observation des bienséances, la civilité dans celle de l'étiquette, la politesse, dans une façon exquise d'exprimer à chaque personne l'estime et la bienveillance qu'on éprouve pour elle, dans un rare discernement des convenances, dans une fine et délicate attention à s'accommoder aux situations et aux désirs de chacun. La personne affable et gracieuse fait naturellement bonne mine à ceux qui ont affaire à elle. L'homme affable est accessible et bon; l'homme gracieux est agréable et avenant. L'affabilité procède de la tendresse et de la bonté du cœur; la grâce concerne plutôt la forme ; on dit: manières, sourire, regard gracieux; de plus on est affable surtout envers ses inférieurs, gracieux envers tout le monde; courtois convient à un homme poli, à la manière des anciens chevaliers, c'est-à-dire galant envers les dames, loyal envers tout le monde, sachant respecter ses adversaires.

AFFABLEMENT. adv. D'une manière affable. Peu usité.

AFFABULATION. s. f. (lat. *ad*, à, et *fabula*, fable). Partie d'une fable qui en explique le sens moral : c'est ce qu'on appelle la morale.

AFFADIR. v. a. (de *a*, et *fade*; de *fatuus*, insipide). Rendre fade, sans goût. ‖ Fig. Il se dit des ouvrages d'esprit, affadir un discours par des pensées et des expressions affectées et doucereuses. ‖ Causer une sensation désagréable au palais ou à l'estomac par une chose fade. Cette sauce affadit le cœur. ‖ Fig. Des louanges outrées affadissent le cœur. ‖ S'AFFADIR. v. pr. Devenir fade.

AFFADISSANT, ANTE. adj. Qui rend fade, soit au physique, soit au moral.

AFFADISSEMENT. s. m. Effet que produit ce qui est fade, au prop. et au fig. ‖ Méd. Altération du sens du goût, accompagnée de l'affaiblissement de l'appétit et des forces digestives.

AFFAIBLIR. v. a. (de *a* et *faiblir*). Rendre faible, au prop. au fig. L'âge affaiblit souvent le corps et l'esprit. Les lunettes affaiblissent la vue. ‖ Affaiblir un témoignage. ‖ Affaiblir les monnaies, un mur, En diminuer le poids, l'épaisseur. ‖ Affaiblir se prend qfois abs. : Je me sens affaiblir. ‖ S'AFFAIBLIR. v. pr. Mes forces s'affaiblissent. ‖ AFFAIBLI, IE. p. pas. ‖ Syn. Affaiblir, énerver, débiliter. Affaiblir est plus général, est dû quelquefois à une cause naturelle et diminue la force ; énerver est l'effet d'une cause accidentelle et malfaisante et diminue la vigueur : affaibli par la caducité, énervé par les délices... On affaiblit un témoignage, on énerve la justice. Débiliter est restreint à ce qui concerne le corps. Débiliter l'estomac.

AFFAIBLISSANT, ANTE. adj. Qui affaiblit. Régime affaiblissant, Débilitant.

AFFAIBLISSEMENT. s. m. Diminution de force, au prop. et au fig. L'affaiblissement du corps, de la vue, de la voix, d'une armée, d'un parti, de l'autorité, du courage, etc. || Affaiblissement des monnaies, Diminution du poids ou du titre.

AFFAINÉANTIR (S'). v. pr. (de *a* et *fainéant*). Devenir fainéant, mou, lâche.

AFFAIRE. s. f. (de *a* et *faire*). Occupation, devoir, fonction, objet d'un travail quelconque. Être accablé d'affaires. C'est mon affaire, Vous n'avez rien à y voir. J'en fais mon affaire, Je m'en charge, je réponds du succès. Il est tout à son affaire. || Tout ce qui est l'objet d'un intérêt matériel ou moral. Ce marchand fait de bonnes affaires. Le salut est l'affaire la plus importante. || Affaire d'honneur, Un duel. Une première affaire, Un premier duel. || C'est une affaire, La chose est difficile. || C'est bien mon affaire, Cela me convient. || Faire son affaire, Réussir. || Faire son affaire à quelqu'un, Le châtier, lui donner une leçon, le tuer. L'espion fut découvert et on lui fit son affaire. || Avoir son affaire, Avoir ce qui convient ; par ironie, Recevoir une correction, une leçon. || Au pl. Les affaires de quelqu'un, Ce qui l'intéresse, ce qui constitue sa situation. Mettre ordre à ses affaires, Régler ses intérêts, faire son testament. Être bien dans ses affaires, Avoir une position prospère. || Transaction, marché. L'affaire est conclue. || Absol. Le commerce, l'industrie. Être dans les affaires. Les gens d'affaires. Au sing. Lancer une affaire. En mauvaise part, Un faiseur d'affaires. || Tout ce qui concerne l'État ou la fortune publique. Le mouvement des affaires. Être à la tête des affaires. Tout va mal depuis que ce ministre est aux affaires. || Embarras, querelles, ennuis. On lui a suscité mille affaires fâcheuses. Se tirer d'affaire, Se tirer d'embarras. || Procès, contestation. Affaire civile, criminelle. Suivre, plaider une affaire || Bataille, combat. On a perdu beaucoup de monde dans cette affaire. || À souvent un sens vague de circonstance, conjoncture, etc. Je ne sais comment me tirer de cette affaire. || Avoir affaire de.., Avoir besoin de. Vous n'avez pas trop affaire de ce détail. (Sév.) Qu'avons-nous affaire du monde et de ses emplois ? (Boss.) || Avoir affaire à quelqu'un, Avoir à lui parler, avoir à traiter, à négocier quelque chose avec lui. Ils ont affaire l'un à l'autre, Ils ont affaire ensemble. || Par manière de menace, Il verra à qui il aura affaire, je saurai bien lui tenir tête. On dit de même : Il aura affaire à moi. || Arg. Une affaire, c'est un vol à commettre, dans l'argot des prisons. Avoir son affaire, dans l'argot du peuple, c'est avoir son compte après un duel, une bataille ou un souper ; être tué, assommé ou ivre-mort. Une affaire juteuse, dans l'argot des financiers véreux, est une affaire d'un bon rapport. || Adm. Tout ce qui se traite devant l'autorité judiciaire ou l'autorité administrative : ainsi une action en justice, une imposition communale, un établissement d'école, une demande de secours, constituent des affaires donnant lieu à une instruction. On appelle dossier l'ensemble des pièces d'une affaire. Les affaires mixtes ou connexes sont celles dont la solution dépend du concours de plusieurs administrations ; les affaires réservées sont celles qui, à raison de leur nature confidentielle, ou de leur importance, sont instruites dans le cabinet même du fonctionnaire et ne sont pas renvoyées aux bureaux ; les affaires en retard sont celles qui n'ont pas été traitées dans l'espace de temps que leur instruction semblait comporter ; des circulaires prescrivent l'envoi mensuel d'un état de rappel des affaires en retard, c'est-à-dire de celles restées sans solution après un intervalle de deux mois à partir de leur transmission au ministère. || Affaire ordinaire, affaire sommaire. V. *Ordinaire, Sommaire.* || Gestion d'affaires. V. *Gestion.* || *Affaires étrangères* (Ministère des). Ministère qui s'occupe des relations diplomatiques de la France avec les gouvernements étrangers. (V. *Ministère.*) || *Affaires indigènes militaires.* Les affaires indigènes milit. en Algérie comprennent les Bureaux arabes et les Commandements de cercles ou annexes. Les officiers attachés aux affaires indigènes sont placés hors cadres ou détachés de leurs corps de troupes : le personnel hors cadres comprend au maximum 5 chefs de bataillon ou d'escadron, 70 capitaines ; les officiers détachés des corps de troupes sont du grade de lieutenant ou sous-lieutenant et leur nombre est variable et proportionné aux besoins du service. Avant d'être définitivement attachés aux affaires, ils subissent un stage qui dure parfois plusieurs années. Outre des aptitudes militaires, on exige d'eux des notions de droit français et musulman, d'administration, la langue arabe, etc. Leur mission est administrative et politique : ils sont l'œil et le bras du commandement. Ils sont chargés de la correspondance, de l'examen des demandes et des réclamations adressées par les indigènes, de la statistique, de l'impôt, des travaux publics, de l'instruction, de la constitution de la propriété, des prestations, des pénitenciers indigènes. Ils assurent la tranquillité du pays, surveillent les marchés et la justice musulmane et rendent eux-mêmes la justice dans une certaine mesure. Dans les expéditions, ils remplissent des fonctions analogues à celles des officiers d'état-major. Il y a un bureau central politique, à Alger sous les ordres directs du gouverneur ; un bureau divisionnaire par province, ayant la direction des cercles annexes et des bureaux établis dans le sud. || Bataille, combat. On a perdu beaucoup de monde dans cette affaire. || À souvent un sens vague de circonstance ; conjoncture, etc. Je ne sais comment me tirer de cette affaire. || Avoir affaire à quelqu'un, avec quelqu'un, Avoir à lui parler, avoir à traiter, à négocier quelque chose avec lui. Ils ont affaire l'un à l'autre, Ils ont affaire ensemble. Avoir affaire de, pour, Avoir besoin. Qu'un lion d'un rat eut affaire (La Fontaine). || Agent d'affaires, homme d'affaires, Qui se charge, moyennant finance, des affaires d'autrui.

AFFAIRÉ, ÉE. adj. Qui a beaucoup d'affaires. Qui est très occupé, ou qui paraît l'être, ou qui veut le paraître || Empressé, qui s'agite beaucoup. Ils étaient affairés comme des fourmis à qui on a pris leurs œufs. (Balz.) Air affairé. Mine affairée. Gens affairés de rien. || s. Les affairés abondent dans les grandes villes. Faire l'affairé.

AFFAIREMENT. s. m. État d'une personne affairée, avec tous les sens ci-dessus. Il allait et venait avec son affairement habituel.

AFFAIREUX, EUSE. adj. Embarrassé dans ses affaires. Vieux. || En parlant des choses, Qui occupe beaucoup. Commerce affaireux (Ch. Nod.) || Qui prend du temps inutilement. Conversations affaireuses. (Ch. Nod.)

AFFAISAGE. s. m. (a-fé-za-ge). T. de faucon. (V. *Affaitage.*)

AFFAISSEMENT. s. m. (a et *faix*). État de ce qui est affaissé. Affaissement des terres. L'affaissement de l'esprit. || Méd. Chute des forces, abattement. J'ai trouvé ce malade dans un grand affaissement. || Affaissement d'une tumeur, affaissement de la cornée, État dans lequel ces parties ne sont plus tendues, résistantes.

AFFAISSER. v. a. (a-fé-cé ; — de *à* et *faix*). Faire ployer sous le faix. || Tasser des choses meubles. La pluie affaisse la terre. || Fig. Courber, accabler, affaiblir. Il est affaissé par l'âge. La douleur affaisse trop son âme. || S'AFFAISSER. v. pr. Ce plancher va s'affaisser. || Se laisser tomber de fatigue ou de faiblesse. S'affaiblir. Ce vieillard s'affaisse de plus en plus. || Fig. Rome s'affaissa sous le poids de sa propre grandeur. || Se dit d'un vieillard qui se courbe : Il s'affaisse sous le poids des années.

AFFAITAGE. s. m. T. de faucon. Éducation d'un oiseau de proie.

AFFAITALI (Fortunio). Philosophe italien, né à Crémone, mort noyé dans la Tamise, à Londres, vers 1550.

AFFAITEMENT. s. m. Action d'apprivoiser un oiseau de proie. || Manière d'apprêter les peaux dans le tannage.

AFFAITER. v. a. (lat. *a* et *factare*, façonner, disposer, préparer ; de *facere*, faire). Apprivoiser un oiseau de proie, le dresser à voler et à revenir sur le poing ou au leurre. On disait aussi affaisser. || T. de tann. Façonner des peaux à la tannerie.

AFFAITEUR. s. m. T. de faucon. Dresseur, éleveur d'oiseaux de proie.

AFFALER. v. a. (flam. *afhalen*, tirer en bas ; b. breton *affala*, retomber). Mar. Soulager un cordage pour l'aider à descendre sur une poulie. || Pousser un navire vers la côte. || S'AFFALER. v. pr. S'échouer (en parlant d'un navire). Se laisser glisser le long d'une corde ou d'un mât (en parlant d'un marin).

AFFALTER. Pte vle de Saxe : ardoises et blanchisseries renommées.

AFFAMABLE. adj. 2 g. Qu'on peut affamer. Avec un canal maritime et des ouvrages de défense suffisants, Paris ne serait plus affamable en temps de guerre.

AFFAMER. v. a. (lat. *a* et *fames*, faim). Faire souffrir de la faim. Affamer l'ennemi. || Pêche. Attirer à l'aide d'un appât, le poisson vers un lieu où on a tendu un filet || AFFAMÉ, ÉE. p. pas. Pressé par la faim. Ventre affamé n'a point d'oreilles. || S'emploie subst. Il mange comme un affamé. || Fig. Avide. Être affamé de richesses, d'honneurs.

AFFAMEUR. s. m. Celui qui affame.

AFFANGISSEMENTS. s. m. pl. (a et *fange*). Amas de fange dans le lit des cours d'eau.

AFFANURE. s. f. (du vx verbe, *affaner*, cultiver la terre). Une certaine quantité de blé que l'on donne encore dans quelques contrées aux moissonneurs, batteurs et ouvriers, pour prix de leur travail : c'est le salaire en nature. || On emploie aussi ce mot au pl

AFFARE. T. de coutume qui, en certaines provinces, désignait un fonds de terre et, en Dauphiné, les dépendances d'un fief.

AFFATOMIE. s. f. (b. lat. *affatomia*). Sorte de tradition symbolique dont il est fait mention dans la loi salique : la translation de la propriété s'opérait par la remise d'un brin de paille (*festuca*), symbole de la propriété que l'on voulait transmettre.

AFFAZENDUIRE. Jurisp. anc. Contrat par lequel on donnait un fonds à cultiver à moitié fruits.

AFFE ou AFF. s. f. Arg. Vie, âme. De l'eau d'affe, De l'eau-de-vie.

AFFÉAGE et AFFÉAGEMENT. s. m. Dr. féod. Sous-inféodation, aliénation d'une partie d'un fief que l'on retenait à titre d'arrière-fief ou de censive. Littré définit l'afféage : Droit dû pour chaque feu d'un village ; mais il ne donne pas d'exemple de ce sens.

AFFÉAGEANT. s. m. Bailleur à titre d'afféagement.

AFFÉAGEMENT. V. *Afféage.*

AFFÉAGER. v. a. (de *a* et *fief*). Dr. féod. Aliéner une partie de son fief, moyennant un *cens*, ou rente en argent ou en nature. || AFFÉAGE. p pas.

AFFÉAGISTE. s. m. Preneur à titre d'afféagement.

AFFECTABLE. adj. 2 g. Qui est susceptible de s'affecter. C'est une âme très affectable. || Qu'on peut hypothéquer. Biens affectables.

AFFECTANT, ANTE. adj. Qui affecte, qui cause de la peine.

AFFECTATION. s. f. (lat. *affectatio*; de *affectare*). Ton, manières, langage, maintien qui ne sont point naturels. Recherche, prétention à l'effet. Ne montre aucune affectation en quoi que ce soit. (Bossuet.) || Faux semblant, imitation. Il n'y a dans ce discours qu'affectation et mensonge. Sa modération n'était que vanité et affectation de vertu. (Fén.) On apercevait son trouble dans son affectation à paraître tranquille. (J.-J. Rouss.) Que dirai-je de toutes ces affectations de voir et d'être vues ? (Fléch.) || Attribution. Affectation d'une somme à une dépense déterminée. || Dr. can. Attribution d'une charge, d'un bénéfice, à certaines personnes. || Jurisp. Obligation dont un héritage est chargé par hypothèque. || Syn. Affectation, afféterie Le second ne concerne que les petites manières par lesquelles on croit plaire. L'affectation court après l'esprit, l'afféterie après les grâces, et manquent toutes deux le but.

AFFECTÉ, ÉE. p. pas. d'Affecter et auj. adj. Qui a de l'affectation ; où il y a de l'affectation. Comédien affecté dans son jeu, écrivain dans son style. Geste, langage affectés. || Simulé, feint. Douleur affectée. || Ému, touché. Il a été très affecté de cette nouvelle. || Attribué. Cette somme est affectée aux aumônes. || Méd. Atteint. Être affecté d'un goitre. || Syn. Affecté, composé, apprêté. La coquette est affectée, la prude composée. L'affectation procède de la vanité ; l'air composé émane de la morgue ; l'apprêt rend guinde.Ce qui est affecté ou composé manque de vérité ; ce qui est apprêté manque d'aisance. Apprêté se dit souvent en matière littéraire. Auteur, style, langage, tour apprêtés.

AFFECTER. v. a. (lat. *affectare*, rechercher, prétendre à, fréquentatif de *officio, ad-facere*, atteindre, toucher, affecter agréablement ou désagréablement). Rechercher avec soin, avec prédilection. C'est la place que j'affecte. Il est soupçonné d'affecter la tyrannie. ‖ Faire un usage fréquent. Il affecte les mots bizarres et vieillis. ‖ Faire ostentation, ou feindre, simuler. Affecter une grande douleur. ‖ Exercer une impression douloureuse sur un organe. Une lumière trop vive affecte les yeux. ‖ Fig. Affliger. Un rien l'affecte. ‖ En parlant des choses. Avoir une disposition à. Le sel marin affecte la forme cubique. ‖ S'AFFECTER. v. pr. Être feint. Il est difficile qu'une véritable douleur s'affecte. ‖ Être affligé. Il s'est trop affecté de ce malheur. ‖ Contracter une maladie. Le cerveau s'affecte facilement. ‖ Syn. Affecter, se piquer : celui qui se pique d'une qualité la possède, ou croit la posséder ; celui qui l'affecte cherche à tromper.

AFFECTIBILITÉ. s. f. Néol. Qualité d'un sujet qui peut être facilement et vivement affecté. L'affectibilité qu'on remarque aujourd'hui chez tant de personnes ne pourrait-elle pas s'attribuer à la débilité, à l'épuisement ?

AFFECTIF, IVE. adj. Qui émeut, qui touche, qui inspire de l'affection. Se dit surtout des choses de piété. S. François de Sales écrit d'une manière très affective. S. Bernard est un des Pères de l'Église les plus affectifs. Théologie affective. ‖ Philos. Qui se rapporte aux besoins et aux passions. Les premières sensations des enfants sont purement affectives.

AFFECTION. s. f. (lat. *affectio* ; de *affectus*, p. pas. de *afficere*). Ce qu'on éprouve au physique et au moral. Inclination, tendresse. Sentiment qui fait qu'on aime quelque personne, qu'on lui veut du bien, qu'on se plaît à quelque chose. Avoir de l'affection pour quelqu'un. Porter de l'affection à quelqu'un. Mettre son affection à une personne, à une chose. N'avoir d'affection à rien. Prendre un art en affection. Être l'objet des affections de quelqu'un. Se porter, se livrer à une étude avec affection. En parler d'affection. ‖ Manière d'être de l'âme, considérée comme touchée de quelque objet, et quelquefois toute situation passive de l'âme. La privation d'un sens entraîne celle des affections qui y sont relatives. (Jacquier.) Ce n'est que par les exercices du corps que vous distrairez les affections de l'âme. (B. de St-P.) ‖ Maladie. Une affection cutanée. Affection chronique. ‖ Syn. Tendresse, amour, inclination ; affection, amitié, attachement. Les trois premiers sont irréfléchis, involontaires ; ils naissent spontanément, par tempérament ou par faiblesse, ce qui les distingue des trois suivants. L'amour est une passion, qui l'emporte en véhémence, en ardeur, sur la tendresse et l'inclination qui sont des sentiments : la tendresse est douce et souvent faible ; l'inclination est un commencement d'amour ou de tendresse, quelque chose de vague, d'indéterminé. L'amitié l'emporte sur l'affection et l'attachement ; elle ne concerne que les personnes et suppose presque toujours réciprocité. L'affection est un sentiment plus modéré, plus vague et plus étendu: on peut avoir de l'affection pour un oiseau, pour une fleur. L'attachement est encore plus faible, il consiste à tenir d'une manière quelconque aux personnes et aux choses. Attachement à un parti.

AFFECTIONNABLE. adj. 2 g. Néol. Qui mérite d'être affectionné.

AFFECTIONNATIVITÉ. s.f. V.*Affectionnivité.*

AFFECTIONNÉ, ÉE. p. pas. et adj. Aimé. ‖ Dévoué. Il est très affectionné à ses amis. A la fin d'une lettre : Votre très humble et très affectionné serviteur. ‖ Subst. Votre affectionné.

AFFECTIONNÉMENT. adv. D'une manière affectionnée.

AFFECTIONNER. v. a. Aimer, avoir de l'affection pour quelqu'un ou pour quelque chose.Les Grecs affectionnaient cette étude. ‖ Produire l'affection. La prospérité, la gloire affectionnent les citoyens à leur patrie. ‖ S'AFFECTIONNER. v. pr. S'attacher à. Se passionner pour. Les citoyens s'affectionnaient à leur pays. (Boss.) ‖ Syn. S'affectionner à, c'est s'attacher ; s'affectionner pour, c'est s'intéresser vivement, se passionner. (Marmontel.) ‖ Aimer, chérir, affectionner. Aimer comporte tous les degrés et toutes les manières : mais on n'aime que ce qui plaît ; chérir, c'est aimer tendrement, par prédilection : on chérit ce qui est cher; on peut chérir des choses pour lesquelles on a naturellement de la bienveillance : les supérieurs affectionnent leurs inférieurs ; porter un intérêt sensible, préférer, s'attacher par habitude. Corneille paraît affectionner les vers d'antithèse. Cette bête sauvage affectionne sa retraite pendant le jour.

AFFECTIONNIVITÉ. s. f. Phrén. Faculté affective, qui nous rend sensibles, qui nous porte à aimer nos semblables.

AFFECTIVITÉ. s. f. Philos. Faculté de l'âme, qui produit les phénomènes affectifs.

AFFECTUEUSEMENT. adv. D'une manière affectueuse. Parler, saluer, recevoir quelqu'un, lui serrer les mains, lui presser les mains, affectueusement. Elle lui parla d'un ton affectueusement nonchalant. (G. Sand.)

AFFECTUEUX, EUSE. adj. (lat. *affectuosus ; de affectus,* de *afficere*). Qui montre ou qui marque de l'affection. C'est un homme très affectueux. Paroles, manières, sentiments affectueux.

AFFECTUOSITÉ. s. f. Néol. Qualité d'une personne affectueuse. Affection vive et démonstrative. Dans l'élan de son impétueuse affectuosité.

AFFEMMIR (s'). v. pr. Devenir femme. Le vieux poète Baïf, racontant la métamorphose d'Hermaphrodite dans une fontaine de Carie, s'exprime ainsi : « Et son corps émasié s'y était affemmi. »

AFFENAGE. s. m. Action d'affener.

AFFENER OU AFFÉNAGER. v. a. (lat. *ad*, à, et *fenum*, foin ; — acc. grave sur *fe* devant une syll. muette ; sans acc. partout ailleurs).Agric. Donner du foin, et par ext. de la nourriture aux bestiaux.

AFFENOIR. s. m. (*a* et lat. *fenum*, foin). Ouverture par laquelle on fait passer le fourrage d'un grenier à foin dans l'écurie.

AFFENTHAL. Pte vle du gd-duché de Bade, vis-à-vis Strasbourg. Vins.

AFFÉRAGE. s. m. Jurisp. anc. Prix mis à une chose vénale par l'autorité de la justice. On dit aussi *afforage* (V. ce mot).

AFFÉRENCE. s. f. Vx mot qui signifiait relation, rapport.

AFFÉRENT, ENTE. adj. (a-fé-ran ; — lat. *afferens* ; de *afferre*, apporter, produire). Anat. Vaisseaux afférents, Qui apportent aux glandes les liquides absorbés. ‖ Jurisp. Part qui revient à chaque intéressé dans un objet indivis. Portion afférente. Afférent à..; Qui incombe à, qui est attaché à, qui appartient à. La dette afférente à la succession. D'après les Socialistes, l'homme n'a droit qu'à la part de propriété afférente à chaque être créé.

AFFÉRER, v. a. Jurisp. anc. Répartir ce qui revient à chacun. ‖ v. n. Revenir. La part qui affère à chaque héritier.

AFFÉREUR ou AFFÉROR. s. m. Nom ancien des collecteurs d'amendes.

AFFÉRIR. v. n. Vx mot qui signifiait appartenir. Il n'affiert qu'aux grands poètes d'user des licences de l'art. (Montaig.)

AFFERMABLE. adj. 2 g. Qui peut être affermé.

AFFERMAGE. s. f. Action d'affermer.

AFFERMATAIRE. s. 2 g. Celui qui prend à ferme.

AFFERMATEUR, TRICE. s. Celui, celle qui donne à ferme.

AFFERMATION. s. f. Action d'affermer. Vx.

AFFERMÉ. s. f. Fermage. Vx.

AFFERMEMENT. s. m. Action d'affermer.

AFFERMER. v. a. (*d* et *ferme*). Prendre ou donner une propriété, une entreprise à ferme, à bail. ‖ Syn. Louer, terme plus général, qui se dit même des ustensiles, des animaux, des ouvriers. On loue ce qui est utile, on afferme ce qu'on donne à exploiter, des propriétés rurales, des annonces, jadis des impôts, etc.

AFFERMIR. v. a. (lat. *affirmare* ; de *ad*, à, et *firmus*, ferme). Rendre ferme, au prop. et au fig. Affermir un édifice. La gelée affermit les chemins. Affermir le courage, l'âme, quelqu'un dans une résolution, dans une opinion, dans la foi : le sceptre dans la main d'un roi, un prince sur le trône, le crédit public ; les peuples dans le devoir, les volontés chancelantes, etc. ‖ Manège. Affermir la bouche d'un cheval, L'accoutumer à la bride. ‖ S'AFFERMIR. v. pr. Devenir ferme, au prop. et au fig. Ma santé s'affermit. ‖ AFFERMI, IE. p. pass. ‖ Syn. Affermir, raffermir, confirmer, cimenter, sceller. On affermit ce qui est faible ; on raffermit ce qui chancelle ou est ébranlé ; on confirme ce qui est fort, et dont on augmente encore la force. On cimente une union, une alliance, l'amitié. Sceller, c'est rendre authentique, inviolable. Les apôtres scellèrent leurs témoignages de leur sang. (Lafaye.)

AFFERMISSEMENT. s. m. Action d'affermir, état d'une chose affermie. ‖ Il n'est guère usité au prop. ; le plus souvent au fig. ; il indique l'amélioration d'un état qui commence à être satisfaisant. La belle saison contribuera à l'affermissement de sa santé. L'affermissement de l'État, du trône, des lois, de la religion.

AFFÉRON. s. m. Ferret. (V. ce mot.)

AFFÉTÉ, ÉE. adj. (même mot qu'*affecté*, sauf l'orthographe). Qui a de l'afféterie. Personnes, paroles affétées.

AFFÉTERIE. s. f. Manière précieuse de parler ou d'agir. Les afféteries d'une coquette, du style, etc. Il y a trop d'afféterie dans tout ce qu'elle fait.

AFFETTO ou mieux CON AFFETTO. V. *Affettuoso.*

AFFETTUOSO. adv. (af-fet-tou-o-zo ; — mot ital., affectueusement). Mus. Mot qu'on met en tête d'un morceau de musique, ou d'un passage, pour indiquer qu'il doit être rendu avec une expression tendre.

AFFEURAGE. s. m.(lat. *ad*, à, et *forum*, marché). Droit mis jadis par les seigneurs sur les boissons et quelques autres objets. ‖ Fixation du prix des denrées.

AFFEURER. v. a. T. d'anc. coutume. Taxer les denrées. C'est à la police, lisons-nous dans le *Grand Vocabulaire* français (1767), qu'appartient le droit d'affeurer les denrées qui viennent au marché.

AFFEUTREMENT. s. m. Vx mot qui signifiait rembourrement (action de feutrer).

AFFIANCE. s. f. Vx mot, syn. de *fiançailles*.

AFFIANCER. V. *Affier.*

AFFICHABLE. adj. 2 g. Qui peut ou doit être affiché.

AFFICHAGE. s. m. Action d'afficher. ‖ Droit d'affichage, Impôt sur les affiches peintes établi par la loi de finances du 8 juillet 1852 (art. 30). Ce droit est de 50 cent. pour les affiches d'un mètre carré et au-dessous, et de 1 fr. pour celles d'une dimension supérieure.

AFFICHARD (Thomas L'). Auteur dramatique et romancier, né à Pont-Floch (Bretagne),1698; m. à Paris, 1753. Auteur de plusieurs pièces de théâtre : les *Acteurs déplacés,* la *Famille,* l'*Amour imprévu,* la *Nymphe des Tuileries,* etc. aujourd'hui oubliées ainsi que ses romans.

AFFICHE. s. f. Feuille imprimée ou manuscrite que l'on applique sur les murs pour donner au public connaissance de quelque chose. ‖ On distingue les affiches de l'autorité, les affiches des particuliers, les affiches électorales, et les affiches peintes. Les affiches de l'autorité sont judiciaires ou administratives, suivant qu'elles sont apposées en vertu de la loi ou d'un jugement, ou pour porter à la connaissance du public quelque acte de l'administration. Les affiches émanées de l'autorité sont seules imprimées sur papier blanc ; elles sont dispensées du timbre. Dans chaque commune, le maire désigne, par arrêté, les lieux exclusivement destinés à recevoir les affiches de l'autorité. La destruction de ces affiches est punie d'une amende de 5 fr. à 15 fr. ; l'amende est de 16 fr à 100, et un emprisonnement de 6 jours à un mois peut même être prononcé, si le coupable est un fonctionnaire (L. du 29 juil. 1881, art. 15 et 17). — Les affiches des particuliers doivent être sur papier de couleur ; elles sont soumises à un droit de timbre déterminé par leur dimension. Elles ne peuvent, à peine d'une amende de 25 fr. à 500 fr., et d'un emprisonnement de 6 jours à un mois contenir des nouvelles politiques ou traiter d'objets politiques (Loi du 10 décembre 1830). — Les affiches électorales doivent aussi être imprimées sur papier de couleur, mais elles ne sont pas assujetties au timbre (Loi du 11 mai 1868). Elles peuvent être placardées, à l'exception des emplacements réservés pour les actes de l'autorité, sur tous les édifices publics autres que les édifices consacrés au culte (Loi du 29 juillet 1881, art. 16). La destruction des affiches électorales, apposées ailleurs que sur les propriétés de ceux qui auront commis cette lacération, est punie par cette loi des mêmes peines que la destruction des affiches de l'autorité. — Les affiches peintes sont soumises à une réglementation spéciale, notamment à la nécessité de l'autorisation préalable (Loi du 8 juillet et décret du 23 août 1852). ‖ *Petites Affiches*, Feuille périodique d'annonces fondée en 1638 par le médecin Théophraste Renaudot, fondateur de la *Gazette de France*. Les *Petites Affiches* cessèrent de paraître à la mort de Renaudot en 1653. Elles furent reprises en 1715 et sont encore aujourd'hui une des principales feuilles d'annonces. Les *Affiches parisiennes* ont été fondées sur le modèle des *Petites Affiches*. ‖ Pêche. Engin dont on se sert pour tendre un filet appelé *verveux*. Longue perche pour arrêter et fixer les bateaux. ‖ Législ. milit. Affiches de mobilisation. Elles sont envoyées à tous les maires en cas de mobilisation de l'armée, pour rendre le passage du pied de paix au pied de guerre aussi rapide que possible. Elles sont publiées dans toute l'étendue de la commune et placardées aux points où elles se trouvent le mieux en vue. Aussitôt leur publication, tout homme à la disposition de l'autorité militaire ou faisant partie de la disponibilité et de la réserve de l'armée active, de l'armée territoriale et de sa réserve, doit se mettre en route de façon à arriver à son corps le jour fixé par l'ordre de mobilisation ou par son certificat d'envoi dans la réserve, sans attendre de notification individuelle. Les affiches de la mobilisation sont préparées à l'avance et déposées dans les brigades de gendarmerie, un paquet pour chaque commune. — Affiches spéciales. Les hommes dits à la disposition de l'autorité militaire sont appelés en cas de mobilisation par des affiches spéciales : ils doivent se rendre au bureau de recrutement de leur subdivision de région et sont répartis entre les différents corps de l'armée.

AFFICHEMENT. s. m. Syn. d'*affichage* qui est plus usité.

AFFICHER. v. a. lat. (*af-figare*, ficher, attacher, coller). Attacher, coller un écrit, un placard, dans un lieu, une place publique, pour annoncer ce que l'on veut faire connaître ou rendre notoire. Afficher une loi, une ordonnance de police, une vente publique. ‖ Se dit par ext. des moyens de publicité autres que les affiches. Il affiche partout sa découverte. ‖ Faire étalage de. Afficher sa douleur. ‖ Afficher une personne, La compromettre en entretenant ostensiblement avec elle des relations coupables. ‖ S'AFFICHER. v. pr. Ne se prend guère qu'en mauvaise part. S'afficher pour bel esprit, pour savant. ‖ Abs. Cette femme s'affiche, Elle brave les convenances et fait connaître ses désordres. ‖ Syn. Affecter, afficher On affecte un sentiment qu'on n'éprouve pas : l'afficher c'est faire montre d'un sentiment qu'on éprouve ou qu'on n'éprouve pas.

AFFICHEUR. s. m. Celui qui appose des affiches en un lieu public. ‖ Quiconque veut exercer, même temporairement, la profession d'afficheur est tenu d'en faire préalablement la déclaration à l'autorité municipale, en indiquant son domicile ; il doit renouveler cette déclaration chaque fois qu'il change de domicile. En cas d'infraction, il encourt une amende de 25 à 200 fr. et un emprisonnement de six jours à un mois (Loi du 10 déc. 1830).

AFFICHIER. s. m. Typ. Compositeur d'affiches.

AFFIDATION. s. f. Espèce de recommandation. (V. *Affiés*.) Ce mot est aussi qfois syn. de *location*.

AFFIDAVIT. s. m. (mot latin : il a affirmé par serment. 3e pers. parf. de l'indic. du v. *affido*). En Angleterre et aux États-Unis, déclaration, affirmation, attestation, déposition avec serment. ‖ pl. Des Affidavit.

AFFIDÉ, ÉE. adj. (lat. *a* et *fides*, foi). A qui on se fie. Envoyer un homme affidé. Il lui fit dire par une personne affidée. Je cherche quelqu'un qui vous soit affidé. ‖ S'emploie subst. C'est un de ses affidés.

AFFIDENT, ENTE. s. m. et f. Confident, confidente, familier, familière. Ses plus secrètes affidentes ne savent rien de ses inclinations naissantes. (Fléch.)

AFFIÉ, ÉE. p. pas. d'Affier. Lié, uni. ‖ s. m. pl. Le terme d'*affiés* désigne les fiancés, et aussi les parents et amis qui assistaient aux fiançailles. On appelle encore *affiés*, *affiez* ou *affidez* (*affidati*), les hommes libres qui, au moyen âge, venaient se placer sous la protection d'un seigneur auquel ils prêtaient serment de fidélité.

AFFIER. v. a. Fiancer. ‖ Se fier à quelqu'un. Compter sur lui. ‖ Affirmer, assurer, témoigner. On dit aussi *Affiancer*. ‖ Agric. Planter ou provigner des arbres de bouture. On dit aussi affier un jardin. (P.-L. Cour.)

AFFILAGE. s. m. Action d'affiler un outil.

AFFILE. s. m. Nouet de toile plein de graisse, pour aider à affiler certains outils.

AFFILÉE. s. f. Suite, continuité. Ne s'emploie guère que dans cette locution adv. : d'affilée, qui signifie de suite, sans s'arrêter. L'alouette chante une heure d'affilée. (Michelet.)

AFFILEMENT. s. m. Syn. d'*Affilage*

AFFILER. v. a. (*a* et *fil*). Aiguiser, rendre tranchant un instrument destiné à couper ; lui donner le fil. ‖ Fig. Les conspirateurs affilent le poignard dans l'ombre, Préparent l'assassinat. Ils affilent leurs langues de serpent. ‖ Planter des arbres en ligne droite. ‖ Introduire un métal dans la filière. ‖ AFFILÉ, ÉE. p. pas. Fig. et fam. Une langue bien affilée, Qui parle beaucoup, qui est médisante. ‖ Agric. Se dit du blé quand la gelée a rendu les feuilles petites et minces.

AFFILERIE. s. f. Établissement où l'on affile les outils.

AFFILEUR. s. m. Qui affile les outils.

AFFILIATION. s. f. Association à une compagnie, à une corporation. Il y a affiliation *entre* des comités politiques, des sociétés religieuses, philosophiques et affiliation à une société secrète, a un complot. ‖ Jurisp. anc. Espèce particulière d'adoption pratiquée dans la coutume de Saintonge, qui avait pour effet de conférer à l'affilié des droits de succession.

AFFILIER. v. a. (lat. *a* et *filius*). Prendre pour fils, adopter. Être affilié à une corporation, est proprement être reçu comme un des membres, des fils de cette corporation. (Brachet.) ‖ Associer quelqu'un a une société ou une société à une autre. ‖ S'AFFILIER. v. pr. S'affilier a une société secrète, à un complot. ‖ AFFILIÉ, ÉE. p. pas. ‖ s. Personne affiliée. Cette académie compte beaucoup d'affiliés. Les sociétés secrètes ont des affiliés jusque dans les campagnes. (Littré.)

AFFILOIR. s. m. Instrument qui sert à affiler. ‖ Pince qui sert à tenir l'instrument avec lequel on rature le parchemin.

AFFILOIRE. s. f. Pierre à aiguiser.

AFFIN, INE. adj. Semblable, conforme. ‖ s. m. Allié, joint par affinité. S'emploie plutôt au pl. Mes affins. Vx.

AFFINAGE. s. m. Action de purifier certaines substances. Affinage de la fonte, Sa transformation en fer ou en acier. Affinage du sucre, du sulpêtre (dans ce cas on dit *raffinage*). ‖ Dernière tonte donnée aux draps. ‖ Dernière façon donnée aux aiguilles pour aiguiser la pointe. ‖ Collage d'une bande de papier sur le carton destiné à la reliure d'un livre. ‖ Agric. Opération qui a pour but de diviser la terre.

AFFINE. adj. Bot. Espèces affines, Espèces nouvelles qui ont de l'affinité avec des espèces anciennes.

AFFINEMENT. s. m. Action d'affiner. ‖ Fig. L'affinement des esprits.

AFFINER. v. a. (*a* et *fin*, rendre fin). Purifier. Affiner les métaux précieux, or, argent, c'est enlever les autres métaux avec lesquels ils sont mêlés. ‖ Rendre plus délié. Affiner du chanvre. ‖ Donner un goût plus fin. Ce fromage est bien affiné. ‖ Fig. Affiner le goût, Le rendre plus délicat. ‖ Tromper. Maître Mitis, pour la seconde fois, les trompe et les affine. (La Font.) ‖ Indust. Faire la pointe des clous sur une meule. Réduire du ciment en poudre très fine. Chauffer le verre fondu pour en chasser toutes les bulles. Renforcer le car-ton. ‖ Mar. Devenir beau, en parlant du temps. ‖ S'AFFINER. v. pr. L'or s'affine en passant à la coupelle. ‖ Fig. L'esprit s'affine par la conversation.

AFFINERIE. s. f. Usine où on affine les métaux. ‖ Petite forge où on tire le fer en fils.

AFFINEUR, EUSE. s. Celui, celle qui affine. ‖ s. f. Ouvrière en dentelle. ‖ Fig. Enjôleuse. C'est une petite affineuse.

AFFINITÉ. s. f. (lat. *affinitas*, contiguïté ; de *af-finis*, qui confine, contigu, proche, et par ext. parenté par alliance, au contraire de *cognatio*, parenté par le sang). Alliance, degré de proximité que le mariage fait acquérir à un homme avec les parents de sa femme et à une femme avec ceux de son mari. Le baptême établit une affinité spirituelle entre le parrain et la marraine, leurs filleuls ou filleules et les parents de ceux-ci. L'affinité donne naissance à des obligations réciproques et crée des empêchements de mariage. Le mot *affinité* a ici pour syn. le mot *alliance* (V. ce mot). ‖ Conformité, ressemblance entre plusieurs choses. Il y a de l'affinité entre la poésie et la peinture. ‖ Liaison qui résulte, entre plusieurs personnes, de la conformité de leurs caractères, de leurs goûts, etc. Il y a une grande affinité entre eux. ‖ Chim. Force qui réunit des molécules de nature différente pour former un corps composé. C'est l'affinité qui fait combiner l'oxygène et l'hydrogène pour former de l'eau. Cette force diffère de la cohésion, en ce que cette dernière agit entre des molécules de même nature. Si on brise un morceau de craie, on a vaincu la cohésion, si on le chauffe, l'acide carbonique se dégage, il reste de la chaux : on a vaincu l'affinité. ‖ Musiq. Affinité des tons. Le ton d'*ut* a de l'affinité avec les tons de *sol* et de *fa*, ses adjoints, ou de *la* mineur, son relatif. ‖ Syn. Rapport, analogie, correspondance ; concert, accord ; liaison, alliance, union, affinité, connexion, connexité. Rapport est le plus général ; il y a des rapports de toutes sortes. L'analogie est un rapport de ressemblance ; la correspondance un rapport de réciprocité : il y a une secrète correspondance entre le corps et l'âme. La convenance est un rapport entre choses qui vont bien ensemble, qui s'adaptent bien l'une avec l'autre. Nous voyons tant de convenances entre les diverses parties de la nature. Le concert est l'accord existant entre les choses qui tendent au même effet. L'accord peut avoir lieu entre des choses de nature différente. Les autres mots expriment un rapport de jonction : liaison est le plus étendu. Les rapports des effets aux causes, dont nous n'apercevons pas la liaison. Alliance s'emploie pour des choses différentes. Faire une alliance du sacré et du profane. Par l'union plusieurs choses n'en font, pour ainsi dire, plus qu'une. L'union parfaite des esprits. L'affinité est une qualité, un rapport naturel. Il y a beaucoup d'affinité entre le caractère de ces deux personnes. Connexion et connexité signifient une liaison abstraite.

AFFINOIR. s. m. Instrument pour affiner. Peigne à dents de fer, à travers lequel on passe le chanvre et le lin pour les affiner.

AFFION. s. m. Pharm. Vx mot qui signifiait électuaire à base d'opium.

AFFIQUAGE. s. m. (a-fi-ka-je). Opération qui consiste à passer l'extrémité d'une patte de homard dans tous les points d'une broderie pour les faire ressortir.

AFFIQUER. v. a. Soumettre à l'opération de l'affiquage. Affiquer une broderie.

AFFIQUET. s. m. (a-fi-ké ; — lat. *ad*, à ; *figere*, attacher). Petit objet d'ajustement. S'emploie presque toujours au pl. Une femme pleine de parures et d'affiquets. ‖ Support d'aiguille à tricoter.

AFFIRMATEUR, TRICE. adj. Néol. Qui affirme. Une loi affirmatrice des droits individuels.

AFFIRMATIF, IVE. adj. (lat. *affirmativus*; de *affirmare*, affirmer; suit le subst.). Qui affirme. Discours, geste, air, ton affirmatif. C'est un homme fort affirmatif. ‖ Log. Toute proposition exprimée sans négation. Mode affirmatif. ‖ AFFIRMATIVE. s. f. Je suis pour l'affirmative, il est pour la négative. ‖ s. m. Nom donné par l'Inquisition à ceux qui avouaient et soutenaient leurs erreurs.

AFFIRMATION. s. f. Action d'affirmer. Proposition affirmative. J'avais besoin de votre affirmation pour croire ce fait. ‖ Log. Expression par laquelle une proposition affirme : l'affirmation est opposée à la négation. ‖ Jurisp. Déclaration par laquelle on atteste sans serment la vérité d'un fait. Ainsi, en matière de faillite, le créancier doit affirmer la sincérité de sa créance. Affirmation des procès-verbaux des gardes forestiers, des gardes champêtres, des gardes particuliers, des agents des contributions indirectes, des octrois, des douanes, etc. Ils doivent être affirmés dans un délai variable, mais très bref, devant le juge de paix ou le maire. — Affirmation de voyage, Déclaration que doit faire au greffe le plaideur qui veut, en cas de gain de son procès, réclamer ses frais de voyage à l'adversaire.

AFFIRMATIVEMENT. adv. D'une manière affirmative. Il soutient cette chose aussi affirmativement que s'il l'avait vue.

AFFIRMER. v. a. (lat. *affirmare*; de *ad*, et *firmare*, rendre ferme). Assurer qu'une chose est vraie. Affirmer une proposition, un fait. Nier qu'on soit c'est affirmer qu'on est. (Lamenn.) ‖ Avouer, proclamer. Tous les hommes affirment le libre arbitre par leur conduite. (Bastiat.) ‖ Abs. Il ne suffit pas que la critique démolisse, il faut qu'elle affirme et reconstruise. ‖ Exprimer l'affirmation. Toute proposition affirme ou nie. ‖ Jurisp. Assurer par serment. ‖ S'AFFIRMER. v. pr. Être affirmé. ‖ Se manifester. ‖ Syn. Affirmer, assurer, confirmer, attester, certifier. On affirme d'un ton ferme, en donnant pour certain (conviction). On assure d'un ton de confiance et en donnant pour sûr (persuasion). Confirmer, Annoncer quelque chose de nouveau qui achève, ou complète une première assertion. Attester, certifier, c'est affirmer authentiquement ; ou atteste (attestation) ce dont on a été témoin ; on certifie (certificat) ce dont on a acquis la certitude de quelque manière que ce soit. (Lafaye.)

AFFISTOLEMENT. s. m. Action d'affistoler, de s'affistoler.

AFFISTOLER. v. a. (du lat. *fistula*, pipeau). Fam. Parer, endimancher. ‖ Tromper par de beaux semblants. ‖ S'AFFISTOLER. v. pr. Se parer d'une manière minutieuse. ‖ AFFISTOLÉ, ÉE. p. pas. Comme te voilà affistolé !

AFFISTOLEUR, EUSE. s. Vx mot qui signifiait trompeur, enjôleur, délateur, rapporteur.

AFFISTOLURE. s. f. Tromperie.

AFFIUM. s. m. (arabe ; de *opion*, opium). Larme laiteuse qui s'écoule des incisions faites aux capsules du pavot, c'est l'opium supérieur, indigène.

AFFIXAL, ALE. Gramm. Qui a rapport aux affixes.

AFFIXE. adj. et s. m. (a-fiks ; — lat. *ad*, près; *fixus*, fixé). Lettres ou syllabes qui s'ajoutent à la racine d'un mot pour en modifier le sens. Dans prévenir, *venir* est la racine, *pré* est un affixe. On les divise en préfixes, qui se mettent avant la racine (*prœ*, devant), comme dans l'exemple cité, et suffixes, qui se mettent après (*sub*, dessous).

AFFIXER. v. a. Vieux mot qui signifiait attacher.

AFFIXION. s. f. Jurisp. Affichage.

AFFLACHIR. v. n. Devenir mou. ‖ AFFLACHI, IE. p. pas. Faible, débile, languissant.

AFFLE. s. m. (lat. *flatus*, souffle). Vent, souffle. Vieux.

AFFLÉ, ÉE. adj. Éventé. Liqueur afflée. Vieux.

AFFLEURAGE. s. m. Action de délayer la pâte dont on fait le papier. ‖ Se dit aussi de la farine quand elle rend beaucoup.

AFFLEURANT, ANTE. adj. Techn. Se dit d'une pile qui délaie la pâte de papier.

AFFLEURÉE. s. f. Pâte fournie par une pile affleurante.

AFFLEUREMENT. s. m. Action d'affleurer, état de ce qui est affleuré. ‖ Géol. Couches de terrain situées plus ou moins profondément, et que les soulèvements du sol ont relevées et fait affleurer à sa surface. ‖ Phys. Point d'affleurement, Point qui doit toujours être ramené au niveau du liquide dans l'aréomètre à volume constant et à poids variable. Mettre à l'affleurement, charger l'aréomètre pour qu'il enfonce dans le liquide jusqu'au point d'affleurement. (V. *Aréomètre*.)

AFFLEURER. v. a. (de *a* et *fleur*). Mettre de niveau deux corps contigus, de manière que l'un ne dépasse pas l'autre. Affleurer une trappe au niveau du plancher. ‖ Arriver à être de niveau avec les corps environnants. La rivière affleure ses bords. ‖ Amener à être tangent. ‖ Phys. Faire enfoncer un objet dans un liquide jusqu'à un point marqué et nommé point d'affleurement. ‖ Rendre uni. ‖ Délayer la pâte du papier. ‖ Mêler ensemble plusieurs céréales : seigle, froment, etc. ‖ v. n. Être bien de niveau. Ces dalles affleurent mal. ‖ Géol. Arriver à la surface du sol. Les couches de houille affleurent.

AFFLICTIF, IVE. adj. (se place après le substantif ; il n'est guère employé qu'avec le mot peine). Peines afflictives, Se dit des peines criminelles qui frappent le condamné dans son corps, par opposition aux peines qui sont seulement infamantes. Les peines afflictives sont : la mort, les travaux forcés à perpétuité et à temps, la déportation, la détention et la réclusion (Code pénal, art. 75). Toutes les peines afflictives sont en même temps infamantes. Les peines infamantes sans être afflictives sont le bannissement et la dégradation civique. La division des peines en afflictives et infamantes ne s'applique qu'aux peines criminelles : l'emprisonnement, peine correctionnelle, n'est donc pas légalement une peine afflictive.

AFFLICTION. s. f. (lat. *afflictio*, de *affligere*). Peine morale, douleur profonde, abattement. Causer une affliction mortelle. Être, tomber dans l'affliction, dans l'affliction la plus profonde. ‖ Se dit des accidents, des malheurs mêmes qui sont une cause d'affliction. Les afflictions que les saints ont toujours reçues comme des grâces, on les craint comme des malheurs. (Mass.) ‖ Syn. Douleur, souffrance, affliction, désolation. Douleur et souffrance signifient également ce qu'éprouve de pénible le corps et l'âme, mais la douleur est vive, cuisante et accidentelle, passagère ; la souffrance, moins aiguë, est plus longue, plus constante. L'affliction, produite par un malheur, éclate, se manifeste ; la désolation est l'extrême affliction, l'affliction inconsolable. L'affliction, un peu calmée par le temps, devient tristesse.

AFFLIGEABLE. adj. 2 g. Qui est susceptible de s'affliger.

AFFLIGEANT, ANTE. adj. Qui afflige, qui cause de la peine. Ne se dit que des choses ; peut se mettre avant ou après le substantif. Événement affligeant. Une affligeante nouvelle. Il est affligeant de voir comment la jeunesse se conduit.

AFFLIGER. v. a. (lat. *affligere*, maltraiter, frapper. — Prend un *e* après le *g* dev. *a* et *o*). Causer de la peine. Cette nouvelle m'afflige. ‖ Tourmenter, désoler, dévaster, causer du dommage. Les maux dont il est affligé. Il est affligé d'une triste infirmité. La guerre, la famine sont les plus terribles fléaux qui puissent affliger un pays. ‖ Mortifier. J'ai affligé mon âme par le jeûne. ‖ S'AFFLIGER. v. pr. Je m'afflige de vos malheurs. ‖ AFFLIGÉ, ÉE. p. pas. En plaisantant, par antiphrase. Il est affligé de cent mille livres de rente. ‖ Méd. Appliquer un remède sur la partie affligée, Sur la partie du corps affectée de quelque mal. ‖ Subst. Consoler les affligés. La pauvre affligée.

AFFLIGHEM. Vge de Belgique (Brabant). Ruines d'une célèbre abbaye bénédictine du même nom.

AFFLITO (Matthieu). Célèbre jurisconsulte napolitain (1430-1510). *Traité des fiefs*, 1534, in-fol., plusieurs fois réimprimé. ‖ AFFLITO (Jean-Marie). Dominicain, savant mathématicien, XVIIe s. S'acquit une grande réputation dans l'art des fortifications et publia, en Espagne, un *traité* sur cette matière, 2 v. in-4°. ‖ AFFLITO (Eustache d'). Dominicain, né à Naples ; m. vers 1780. Il avait commencé la publication de *Mémoires sur les écrivains du royaume de Naples* (en italien), in-4°. Cet ouvrage, conçu sur de trop vastes proportions, n'a pas été achevé. Un volume a été publié après la mort de l'auteur par Gualtieri.

AFFLORINEMENT. s. m. (*a* et *florin*). Vx. L'ensemble de l'évaluation des fiefs suivant une unité de mesure qu'on appelait *florin*, pour établir la répartition de l'impôt.

AFFLOUAGE. s. m. Mar. Action d'afflouer un navire.

AFFLOUEMENT. s. m. Mar. Résultat de l'afflouage, état d'un navire affloué.

AFFLOUER v. a. (*a* et *flot*). Mar. Mettre à flot. ‖ Renflouer, remettre à flot un bâtiment échoué.

AFFLUENCE. s. f. Abondance d'humeurs ; concours, chute d'eaux. L'affluence des humeurs, des eaux. ‖ Fig. Affluence de marchandise. ‖ Grand concours de personnes. L'affluence des voyageurs. ‖ Syn. Multitude, foule, presse, concours, affluence. Les deux derniers se distinguent des trois premiers en ce qu'ils impliquent l'idée de mouvement : d'après les trois premiers, beaucoup de monde se trouve dans un endroit ; d'après les deux derniers, beaucoup de monde s'y porte. La multitude est nombreuse ; la foule confuse, tumultueuse ; la presse épaisse, serrée. Le concours est accidentel, l'affluence continue.

AFFLUENT, ENTE. adj. Se dit d'un cours d'eau qui se jette dans un autre, ou dans la mer. La Seine et les rivières affluentes. ‖ Méd. Liquides qui se portent en trop grande abondance dans quelque partie. Salive affluente. ‖ s. m. La Marne est un affluent de la Seine. La Seine est un affluent de la Manche.

AFFLUER. v. n. (lat. *ad*, vers ; *fluere*, couler). Couler vers. ‖ Se rendre dans le même cours d'eau, vers le même endroit. Un grand nombre de ruisseaux et de rivières affluent dans la Loire. ‖ Se dit du sang, des humeurs. Il faut empêcher le sang d'affluer vers cette partie du corps. ‖ Abonder, arriver en grand nombre, tant pour les personnes que pour les choses. Les voyageurs et les marchandises affluent à Paris. On affluait à Rome de toutes les parties du monde. ‖ AFFLUÉ. p. pas. s'emploie avec l'aux. *avoir*. Les Américains ont afflué cette année à Paris.

AFFLUX. s. m. (af-flu ; — lat. *ad*, vers, et *flux*, de *fluere*, couler). Méd. Arrivée surabondante de liquides dans une partie quelconque du corps. L'afflux du sang vers la tête.

AFFO (Irénéo). 1742-1797. Religieux récollet. Historien et bibliographe de Parme : a écrit en italien une *Histoire de Gastalla*, une de Parme, un *Dictionnaire de la poésie vulgaire*, et plusieurs autres ouvrages sur l'histoire de Parme.

AFFOLAGE. s. m. Maladie des anémones, qui fait pousser des feuilles au lieu de fleurs.

AFFOLEMENT. s. m. Action d'affoler, état de ce qui est affolé. Amour extrême, qui tient de l'égarement.

AFFOLER. v. a. (a-fo-lé ; — *a* et *fol*, fou ; rendre fou). Rendre passionné à l'excès, jusqu'à la folie. Cette femme l'a affolé. ‖ S'AFFOLER. v. pr. S'éprendre éperdument. S'affoler de quelqu'un, ou de quelque chose. ‖ AFFOLÉ, ÉE. p. pas. Mar. Se dit de l'aiguille d'une boussole qui ne fonctionne plus régulièrement, soit parce que son magnétisme a été détruit, soit à cause du voisinage de masses de fer, ou du pôle magnétique. Près des pôles les aiguilles sont affolées. Un coup de foudre peut affoler les boussoles.

AFFOLIR. v. n. Devenir fou. ‖ v. a. Rendre fou. Vx.

AFFOLURE. s. f. Terme employé par certaines coutumes comme syn. de blessure.

AFFORAGE. s. f. (b. lat. *afforagium* ; de *ad*, *forum*, marché). On dit aussi *affeurage*. Jurisp. anc. Droit qui appartenait au seigneur de fixer le prix du vin et des autres denrées. Impôt de circulation payé au seigneur. A Paris, le prix des vins était fixé par les échevins. ‖ Prix mis à une chose vénale par autorité de justice.

AFFORER. v. a. (lat. *ad*, à ; *forum*, marché). Féod. Fixer le prix du vin, des denrées.

AFFORESTAGE. s. m. Droit d'usage dans une forêt.

AFFORESTER. v. a. (*a* et *forêt*). Concéder un droit d'usage dans une forêt.

AFFOUAGE. s. m. (b. latin *affoagium*, du v. *affocare*, composé de *ad* et *focus*, foyer). Droit qui appartient aux habitants d'une commune de prendre dans les forêts communales du bois de chauffage et de construction. L'affouage constitue donc non une servitude, mais un mode de jouissance des bois communaux. Pour le bois de chauffage, s'il n'y a titre ou usage contraire, le partage du bois d'affouage se fait par feu, c.-à-d. par chef de famille ou de maison ayant domicile réel et fixe dans la commune (C. for., art. 105). Pour le bois de construction, le partage se fait, non plus entre habitants, mais entre propriétaires d'immeubles, dans la proportion du toisé des couvertures des maisons. Les lois sur l'affouage ont été commentées par MM. Migneret, Meaume, Bories et Bonassie, Guyétant.

AFFOUAGEMENT. s. m. Impôt réparti jadis par les municipalités et établi par feu.

AFFOUAGER. v. a. Dresser la liste des affouagistes, ou celle des coupes affouagères. || AFFOUAGE, ÉE. p. pas. Coupe affouagée. || Subst. Syn. d'*Affouagiste*.

AFFOUAGER, ÈRE. adj. Qui se rapporte à l'affouage. Coupes affouagères. || Affouagiste.

AFFOUAGISTE, AFFOUAGER, AFFOUAGÉ. s. Celui qui jouit du droit d'affouage.

AFFOUGUER. v. a. Vieux mot très expressif qui signifie violenter, *mettre en fougue*, en furie. La mer affouguée par les vents.

AFFOUILLABLE. adj. 2 g. Susceptible de subir l'affouillement. Sol affouillable.

AFFOUILLEMENT. s. m. (ll mll. ; — *a* et *fouiller*). Dégradation, érosion produite par les eaux sous une construction, une berge, etc. || Artil. Dégradation des bouches à feu en bronze en arrière de l'emplacement du projectile : c'est le résultat de la fusion d'une partie du métal déterminée par les gaz de la poudre.

AFFOUILLER. v. a. Se dit des eaux qui fouillent, creusent, dégradent. Un torrent a affouillé les fondations de cette maison. || S'AFFOUILLER. v. pr. Être affouillé. Les berges s'affouillent et s'écroulent.

AFFOUIT. s. m. Dans la Mayenne, bénéfice réalisé sur le bétail.

AFFOURAGEMENT ou AFFOURRAGEMENT. s. m. Agric. Action d'affourager, de donner du fourrage aux bestiaux. || Approvisionnement en fourrage.

AFFOURAGER ou AFFOURRAGER. v. a. (*a* et *fourrage*). Donner du fourrage aux bestiaux.

AFFOURCHAGE. s. m. Mar. Action d'affourcher.

AFFOURCHE. s. f. Mar. Ce qui sert à affourcher un navire. Ancre, câble d'affourche.

AFFOURCHEMENT. s. m. Mar. Manière d'affourcher. Les affourchements varient selon les rades.

AFFOURCHER. v. a. (*a* et *fourcher*). Mettre à califourchon. Affourcher un enfant sur un âne. || Charp. Joindre deux pièces de bois dont l'une a une languette et l'autre une rainure. || Mar. Disposer les câbles de deux ancres en fourche. Affourcher un bâtiment. || v. n. Ce navire affourche. || S'AFFOURCHER. v. pr. S'affourcher sur un cheval. On s'affourche pour mieux tenir contre le vent. || S'affourcher sur ses ancres, Prendre un repos, se retirer du service, dans l'argot des marins.

AFFOURER. v. a. (*a* et *feurre* ou *fouarre*, paille). Syn. de *Affourager*. Se dit surtout pour les bêtes à laine.

AFFRAICHIE. s. f. (*a* et *fraichir*). Mar. Se dit du vent quand il devient plus fort.

AFFRAICHIR. v. n. Mar. Devenir plus fort, en parlant du vent.

AFFRAIREMENT. V. *Affrèrement*.

AFFRANCHE. s. f. Pièce de bois qui soutient les ridelles aux quatre coins d'une voiture.

AFFRANCHI. s. m. Esclave à qui on a donné la liberté. En Grèce, l'affranchi était assimilé à l'étranger domicilié ou métèque. Il avait pour patron son ancien maître ; s'il manquait à ses devoirs envers celui-ci, il pouvait être ramené à l'état d'esclave. || A Rome, les affranchis (*libertini, liberti*) étaient dans une situation inférieure aux ingénus. Bien que citoyens, ils ne pouvaient arriver aux honneurs et étaient exclus du service militaire. Jusqu'à Auguste, ils ne purent contracter mariage avec les ingénus. Ils étaient tenus vis-à-vis de leur patron à certaines obligations ; ainsi ils lui devaient des aliments, ne pouvaient lui intenter un procès sans l'autorisation du magistrat, ni déposer contre lui ; l'ingratitude de l'affranchi envers son patron pouvait le faire retomber en servitude. Les enfants et descendants d'affranchis étaient aussi, mais à un moindre degré, dans une certaine infériorité sociale ; ils demeuraient tenus à certaines obligations vis-à-vis du patron et de sa famille. Deux lois du commencement de l'Empire : les lois *Ælia Sentia* (757) et *Junia Norbana* (792), établirent, auprès des affranchis citoyens romains, deux classes inférieures d'affranchis, les affranchis *dédituces* (V. ce mot), et les affranchis latins *juniens*. Ces deux catégories d'affranchis disparurent sous Justinien : il n'y eut plus alors, comme sous la République, que des affranchis citoyens romains. Sous l'Empire, certains affranchis acquirent de grands biens ; on sait quel rôle jouèrent sous Claude et Néron des affranchis tels que Pallas et Narcisse.

AFFRANCHIR. v. a. (*af* pour *ad*, et *franc*). Rendre libre. Affranchir un esclave. || Tirer d'une sujétion, d'une dépendance. Le mariage affranchit de la puissance paternelle. Affranchir un peuple de la tyrannie, de la domination étrangère. || Rendre franc, exempt d'impôt. Ces marchandises sont affranchies de tout droit. || Affranchir une lettre, un paquet, En payer le port en les envoyant. || Délivrer de quelque mal, de quelque peine. Affranchir des misères de ce monde, de toute crainte, de toute inquiétude. || Débarrasser de ce qui gêne. On affranchit Néron de la foi conjugale. (Racine, *Britannia*.) || Dr. féod. Affranchir un héritage, Le libérer de quelque charge. || Équitation. Affranchir un fossé, Le sauter. || Affranchir un vase neuf, Le nettoyer. || Affranchir un animal, Le châtrer. | Mar. Affranchir la pompe, Lui faire rendre plus d'eau qu'il n'en entre dans le navire || S'AFFRANCHIR. v. pr. S'affranchir du despotisme, de toute dépendance, de tout devoir, de toute crainte, de toute gêne, de tous préjugés. || Jardin. Se dit d'un arbre quand il pousse des racines au-dessus de la greffe. || AFFRANCHI, IE. p. pas. V. *Affranchi*. || Syn. Délivrer. Le sens de délivrer est plus général : on délivre des prisonniers ; on n'affranchit que des esclaves. Au fig. on délivre d'un fardeau, d'une guerre, d'un travail, d'une peine, d'un procès, d'un péril, etc. On affranchit de ce qui sent la servitude : de la tyrannie, du joug, d'une redevance, d'un tribut, etc. Affranchir son esprit de l'empire des sens.

AFFRANCHISSABLE. adj. 2 g Qui peut, qui doit être affranchi.

AFFRANCHISSANT, ANTE. adj. verb. Qui affranchit, qui est propre à affranchir. Il y a au fond du christianisme une force affranchissante. (Le P. Félix.)

AFFRANCHISSEMENT. s. m. Action d'affranchir; état de ce qui est affranchi. Affranchissement d'un esclave, d'une colonie, d'un peuple. || Affranchissement d'une lettre, Paiement préalable du port. || Exemption d'impôts, de droits. || Fig. Affranchissement de l'esprit, de la pensée. || Jardin. État d'un arbre affranchi. || Hist. Les Romains pratiquaient trois modes principaux d'affranchissement : l'affranchissement par la vindicte (*manumissio vindicta*), l'affranchissement par le cens (*manumissio censu*) et l'affranchissement par testament. 1° L'affranchissement *vindicta* consistait dans un procès fictif en revendication de la liberté. Le maître et l'esclave qu'il voulait affranchir se présentaient devant le magistrat ; un tiers, citoyen romain, affirmait que l'esclave était libre et le touchait avec une sorte de lance en bois (*vindicta, festuca* ou *hasta*), qui figurait comme symbole de la propriété quiritaire dans tous les procès en revendication. Le maître ne contredisant pas, le magistrat proclamait l'esclave libre. 2° L'affranchissement par le cens s'opérait par l'inscription de l'esclave, de l'ordre du maître, sur les registres du cens que les censeurs dressaient tous les cinq ans. 3° L'affranchissement par testament, implicitement consacré par la loi des XII Tables, se faisait soit dans la forme d'un legs direct de liberté, soit dans la forme d'un fidéicommis que l'héritier devait exécuter. Les modes d'affranchissement rendaient l'esclave libre et citoyen romain. Auprès de ces modes solennels, on pratiquait des modes d'affranchissement privés (par lettre, entre amis), qui ne conféraient à l'esclave que la condition de latin. Constantin remplaça l'affranchissement par le cens, tombé en désuétude, par l'affranchissement dans les églises (*in sacrosanctis ecclesiis*), en présence du peuple et avec l'assistance des évêques. — Les Gallo-Romains pratiquaient trois espèces d'affranchissements : l'affranchissement dans les églises qui se faisait par l'inscription sur des tablettes, en présence de l'évêque, du nom de l'esclave qu'on voulait affranchir ; l'affranchissement par lettre et l'affranchissement par testament. — Les Barbares établis en Gaule avaient des modes d'affranchissement qui leur étaient propres : l'affranchissement par le denier, cérémonie symbolique, dans laquelle l'esclave offrait à son maître sa rançon représentée par un denier que le maître faisait tomber de la main de l'esclave ; l'affranchissement *per hantradam* ou par l'imposition des mains : l'esclave était placé au milieu d'un cercle de 12 personnes qui étendaient la main sur sa tête ; le maître qui formait la douzième personne conférait la liberté à son esclave en le faisant sortir du cercle ; l'affranchissement *per cartam*, par le consentement du maître consigné dans un acte écrit. L'affranchissement par les armes est aussi d'origine germanique. — A l'époque féodale, les affranchissements de plus en plus favorisés par l'Eglise et par la royauté résultaient d'une simple manifestation de la volonté du maître et même de la prescription. Lorsque le servage eut remplacé l'esclavage, des affranchissements généraux des serfs de certains domaines furent opérés par édits royaux. Cependant le servage ne disparut complètement qu'à la Révolution. (V. *Servage*.) || Quant à l'affranchissement des esclaves des colonies, il n'a été réalisé que par le décret du gouvernement provisoire du 27 avril 1848. (V. *Esclavage*.)

AFFRANCHISSEUR. s. m. Qui affranchit. Le protecteur et affranchisseur de la Grèce. (Amyot.) || Homme qui châtre les animaux.

AFFRE. s. f. (l'*a* est long ; — ital. *afro* ; du lat. *asper*, âpre, ou de l'allem. *eiver* contracté en *eivir'*). Terreur excessive. Ne se dit guère que dans cette phrase : les affres de la mort.

AFFRE (Denys-Auguste). Archev. de Paris, né à St-Rome-de-Tarn, 1793 ; m. à Paris, 1848. Profes. de théologie de la Compagnie de Saint-Sulpice, vicaire gén. de Luçon, 1821, puis d'Amiens, puis de Paris. Nommé, en 1839, coadjuteur de Strasbourg, archev. de Paris en 1840. Pendant l'insurrection de juin 1848, le 25, espérant arrêter l'effusion du sang, il se rend aux barricades du Fg-St-Antoine, et y est atteint d'une balle dans les reins. Il expira le 27, en disant, « Le bon pasteur donne sa vie pour ses brebis. Que mon sang soit le dernier versé ! » *Traité de l'Administration temporelle des paroisses* (1827) ; *Manuel des Instituteurs et des Institutrices* (1826) ; *Traité des appels comme d'abus* ; *Essai critique et historique sur l'origine, le progrès et la décadence de la suprématie temporelle des Papes* (1829) ; *Nouvel essai sur les hiéroglyphes égyptiens* (1834) , *Traité de la propriété ecclésiast.* (1837) ; etc.

AFFRÈREMENT et AFFRAIREMENT. s. m. Jurisp. anc. Mot employé, en Champagne, comme synonyme de confraternité ou frérage, et, en Languedoc, comme synonyme de communauté entre époux.

AFFRÉRER. v. a. Unir d'un lien fraternel Affrérer tous les peuples de la terre. || S'AFFRÉRER. v. pr. S'unir, être uni étroitement, comme le sont frères et sœurs. L'esprit s'est si étroitement affréré au corps. (Montaig.) -

AFFRÉRISSEMENT. s. m. Jurispr. anc. Action de rendre frères. Double adoption qui se pratiquait dans certaines coutumes et qui avait pour effet de faire entrer les enfants d'un second lit dans la famille de l'époux décédé et ceux du premier lit dans la famille du second époux du conjoint survivant. Cette espèce d'adoption était très usitée en Allemagne sous le nom d'*unio prolium*.

AFFRÉTEMENT. s. m. (*a* et *fret*). Contrat par lequel le propriétaire d'un navire, ou en son nom le capitaine, livre tout ou partie d'un navire pour le transport des marchandises d'un port à un autre, ou pour tout autre usage (pêche, voyage d'exploration ou d'agrément). Le contrat qui, dans les ports de l'Océan, porte le nom d'affrètement, s'appelle *nolissement* dans les ports de la Méditerranée. L'affrètement doit être rédigé par écrit. On appelle *charte-partie* (V. ce mot) l'écrit qui constate le contrat d'affrètement, et *connaissement* l'écrit qui constate le chargement ; le connaissement correspond à la lettre de voiture des transports terrestres. On nomme *fret* ou *nolis*, le prix du loyer d'un navire. L'affrètement a lieu pour la totalité ou pour partie du bâtiment, pour un voyage entier ou pour un temps limité, au tonneau, au quintal, à forfait, ou à cueillette, avec désignation du tonnage du vaisseau. On appelle affrètement à cueillette, celui dans lequel le capitaine ne s'engage à charger un certain lot de marchandises qu'à condition qu'il trouvera à compléter son *chargement dans un certain délai* L'affréteur qui rompt le voyage avant le départ doit payer au capitaine, comme indemnité, la moitié du fret convenu (C. com., art. 273 à 310).

AFFRÉTER. v. a. (*a* et *fret* ; — acc. grave sur l'*e* devant une syllabe muette, excepté au futur et au condit. où l'accent aigu reste). Prendre un navire à louage. On peut affréter un navire en totalité ou partiellement. Dans la Méditerranée on dit *noliser*. ‖ S'AFFRÉTER. v. pr. Être affrété, se louer. Navire qui peut s'affréter.

AFFRÉTEUR. s. m. Celui qui prend un navire à louage.

AFFREUSEMENT. adv. D'une manière affreuse. Crier affreusement. Affreusement lu'd.

AFFREUSETÉ. s. f. Néol. Caractère de ce qui est affreux. L'affreuseté du vice.

AFFREUX, EUSE. adj. (de *affre* ; — peut se mettre avant ou après le substantif.). Qui excite une grande frayeur. Spectacle, cri affreux. ‖ Très laid, très mauvais, très désagréable. Une figure affreuse. Un temps affreux. ‖ *Fig.* Chose, ingratitude, misère affreuse. C'est affreux à voir, à dire. Il est affreux de calomnier ainsi son prochain. ‖ C'est un homme affreux ; se dit au prop et au fig. ‖ Syn. Affreux, horrible, effroyable, épouvantable. Affreux et horrible indiquent toujours quelque chose de mauvais, qui produit sur nous une impression morale très pénible ; l'objet affreux est lugubre, il produit en nous de l'angoisse, il nous atterre ; l'horrible révolte, fait frissonner, on s'efforce de s'en détourner, de le fuir. Horrible renchérit sur affreux. Effroyable et épouvantable étonnent, font peur, et ne se disent pas toujours, et nécessairement de quelque chose de mauvais, mais encore parfois de quelque chose de très grand ; foule, distance effroyable ; sabbat, vacarme épouvantable. L'effroyable stupéfie, l'épouvantable trouble l'esprit et porte à fuir en désordre.

AFFREVILLE. (Anc. *Colonia Augusta*.) Pte vle de la prov. d'Alger, arr. de Milianah, ainsi nommée de Mgr Affre, victime des journées de juin 1848. Sa population de près de 1,500 h. augmente rapidement. Territoire très fertile.

AFFRIANDANT, ANTE. adj. Qui affriande, qui est propre à affriander. Mets affriandant. ‖ *Fig.* Séduisant, alléchant. Style affriandant.

AFFRIANDER. v. a. (*a* et *friand, friant,* anc. p. prés. de *frire*, qui frit, et par ext. qui est appétissant). Rendre friand. Il ne faut pas affriander les enfants. ‖ Attirer par l'appât d'une chose agréable au goût, et par ext. d'une chose agréable ou avantageuse. Affriander les poissons avec de l'appât. Il m'a affriandé par ses belles promesses. ‖ Fauconn. Ramener l'oiseau au leurre avec quelque bon appât, comme de poulets, de pigeonneaux. ‖ AFFRIANDÉ, ÉE. p. pas. Soldats affriandés au butin. Affriandé de jolies femmes.

AFFRICHER. v. a. (*a* et *friche*). Laisser un terrain en friche.

AFFRIOLANT, ANTE. adj. Fam. Appétissant, au prop. et au fig. Mets affriolant, femme affriolante. ‖ Par ext. Sujet, scandale affriolant.

AFFRIOLEMENT. s. m. Action d'affrioler.

AFFRIOLER. v. a. (diminut. d'*affriander* ; même racine, de *a* et *frioler*, frire légèrement). Attirer par des friandises, et au fig., par des promesses. Fam.

AFFRIQUE (S.). Évêq. de l'anc. siège de Comminges (VIᵉ s.) ; combattit avec succès l'arianisme par de savantes discussions et par des conférences publiques avec ses adversaires. Il a donné son nom à la ville dans laquelle il fut inhumé. F. 28 avril.

AFFRITER. v. a. (*a* et *frit ; de frire*). Faire subir à une poêle neuve certaines opérations qui la rendent propre à faire de bonnes fritures.

AFFRONT. s. m. (le *t* sa lie au sing., l's au pl. ; — ital. *affronto*, attaque, injure ; ou de *à* et *front*, front à front, attaque). Injure, outrage, soit de parole, soit de fait. Cruel, sanglant, sensible affront. Affront public, éclatant, signalé. Faire, recevoir, endurer, venger un affront. Essuyer un affront, Le subir, le recevoir. ‖ Dévorer, boire, avaler un affront, Le recevoir patiemment. ‖ Ne pouvoir digérer un affront, En garder le souvenir. ‖ Déshonneur, honte. Sauvons de cet affront mon nom et sa mémoire. (Racine, *Bérén.*) ‖ Sa mémoire lui a fait un affront : il s'est arrêté court dans un discours. ‖ Faire l'affront de quelque chose à quelqu'un, Le lui reprocher en face. ‖ En avoir l'affront, Ne pas réussir. ‖ *Faire un affront* indique un acte particulier, et est bien plus fort que *faire affront*. ‖ Syn. Offense, injure, affront, insulte, outrage, avanie. L'affront, l'insulte, l'outrage, sont des offenses graves. L'affront est une offense ou une injure faite en présence de témoins ; l'insulte est une injure faite avec moquerie, insolence ; l'outrage est le comble de l'injure ; l'avanie signifie ou des vexations ou des affronts en pleine rue ou devant une foule.

AFFRONTABLE. adj. 2 g. Qui peut, qui doit être affronté. Aux téméraires tout paraît affrontable.

AFFRONTAILLES. s. f. pl. (*ll* mll). Limite d'une terre ; points où elle touche les terres voisines.

AFFRONTEMENT. s. m. Action de mettre de niveau et bout à bout. L'affrontement de *deux pièces de bois*. ‖ Chir. Action d'affronter les bords d'une plaie.

AFFRONTER. v. a. (de *a* et *front*). Attaquer intrépidement un ennemi. ‖ S'exposer hardiment. Affronter la mort, les supplices, les hasards, les périls, les dangers. ‖ Outrager. Courons donc le chercher ce pendard qui m'affronte. (Molière.) ‖ Tromper : ce sens a vieilli. ‖ Mettre de niveau, front à front, et bout à bout Affronter deux panneaux. ‖ Chir. Affronter les bords, les lèvres d'une plaie, Les rapprocher de manière à placer au même niveau, et au contact, autant que possible, les bords de la peau ou de la muqueuse coupée. ‖ S'AFFRONTER. v. pr. Si vous voyez deux chiens qui s'aboient, qui s'affrontent. (La Bruyère.) ‖ AFFRONTÉ, ÉE. p. pas. Deux panneaux bien affrontés. ‖ Blas. Têtes affrontées, Se dit de deux têtes ou de deux figures qui se regardent sur un écusson, sur une médaille, ou sur des pierres taillées. ‖ Pièces de bois mises de niveau.

AFFRONTERIE. s. f. Action d'affronter. Peu usité.

AFFRONTEUR, EUSE. s. Qui trompe, qui insulte. C'est un affronteur public.

AFFRUITER (S'). v. pr. (de *a* et *fruit*). Jardin. Se dit d'un arbre qui se met à donner des fruits. ‖ Dans le Berry, affruiter v. n. Cet arbre bien taillé affruitera. ‖ v. a. Planter d'arbres à fruit. Ce jardin est bien affruité.

AFFRY (Louis-Augustin). 1743-1793. Né à Versailles d'une des plus anciennes familles de Fribourg. Après avoir servi la France avec bravoure, fut nommé par Louis XV colonel des gardes Suisses ; défendit Louis XVI avec fidélité, échappa, comme par miracle, aux massacres de septembre, et mourut à son château de S.-Barthélemy, dans le canton de Vaud. ‖ AFFRY (Louis-Augustin-Philippe). 1743-1810. Fils du précédent, né à Fribourg, servit en France jusqu'au 10 août 92, rentra en Suisse, y fut commandant des forces militaires, membre du gouvernement provisoire lorsque les Français entrèrent à Fribourg ; l'un des députés envoyés auprès du premier Consul et de l'Empereur en diverses occasions. ‖ AFFRY (Ch.-Philippe), l'un de ses fils, 1772-1848. Colonel suisse, fit la campagne de Russie (1812), devint colonel de la garde Suisse de Louis XVIII ; refusa de reconnaître Napoléon aux Cent-Jours et se distingua par une grande noblesse de caractère.

AFFUBLEMENT. s. m. Action d'affubler. Ajustement singulier. Que signifie cet affublement ? c'est une vraie mascarade. (Littré.)

AFFUBLER. v. a. (du b. lat. *affiblare*, contract. de *affibulare*, habiller, composé de *fibulare*, agrafer). Ce verbe a signifié d'abord en latin agrafer, puis en français habiller, et à partir du XVIᵉ s. habiller singulièrement, ridiculement. Habiller d'une manière ridicule, bizarre. ‖ S'AFFUBLER. v. pr. ‖ AFFUBLÉ, ÉE. p. pas. Comme le voilà affublé. ‖ Fig. et fam. Affublé de ridicules.

AFFUSER. v. a. Méd. Soumettre à l'affusion. Affuser un malade.

AFFUSION. s. f. (lat. *ad*, à, sur, et *fundere*, verser). Méd. Moyen thérapeutique (hydrothérapie) qui consiste à verser sur le corps ou une certaine quantité d'eau qu'on fait tomber en nappe d'une faible hauteur, ce qui distingue l'affusion de l'irrigation qui s'administre sous forme d'un courant toujours étroit, filiforme, comme celui que fournirait un robinet de très petit calibre, et aussi de la douche dans laquelle l'eau est projetée d'une assez grande hauteur et agit surtout par sa force de percussion. — L'administration des affusions doit être accompagnée de certaines précautions (V. *Douche*). L'affusion peut être générale ou partielle, chaude ou froide ; ce dernier cas est le plus ordinaire et celui qui va être étudié ici. L'effet de l'affusion sur l'organisme est très différent suivant le mode de procéder : si l'on emploie de l'eau à 10° ou 12°, au plus, et que l'application soit très courte, 1 ou 2 minutes, on obtient une stimulation de l'organisme, c.-à-d. que la peau après avoir d'abord pâli devient rouge, et qu'à la sensation de froid succède un sentiment de chaleur ; si l'eau dont la température est un peu plus élevée, 14° à 16°, est versée avec lenteur et pendant une assez longue durée, 6 à 10 minutes, l'effet obtenu est sédatif ou controstimulant, c.-à-d. qu'au lieu de la réaction obtenue par le procédé précédent, la peau ne rougit pas, le corps éprouve une sensation de fraîcheur, et le système nerveux, au lieu d'être stimulé et excité, s'apaise ; enfin on peut obtenir un effet mixte, intermédiaire aux deux précédents, avec de l'eau à 14° ou 15° en affusion pendant 5 à 6 minutes au plus. Les affusions sont depuis fort longtemps employées en médecine. Déjà, au temps d'Hippocrate, on les employait empiriquement dans le but de guérir, mais ce n'est guère que depuis un siècle qu'on en fait un usage rationnel basé sur leurs effets physiologiques bien étudiés. C'est en Angleterre que ce mode de traitement est le plus en honneur. L'effet stimulant des affusions trouve son application dans les affections chroniques qui déterminent une grande dépression des forces, mais en général les douches donnent des résultats plus marqués. Par leur effet sédatif les affusions peuvent être indiquées dans certaines affections chirurgicales : brûlures, plaies diverses, mais l'immersion ou l'irrigation continue sont alors plutôt employées. Quant à l'effet mixte que l'on peut obtenir avec les affusions, il justifie complètement leur emploi dans un bon nombre d'affections où se rencontrent surtout une prostration des forces (adynamie), en même temps qu'une excitation nerveuse anormale (ataxie nerveuse). Elles stimulent les forces et calment l'ataxie. C'est ainsi qu'elles ont été employées avec grand avantage en Angleterre, en Allemagne et en France, dans le typhus et la fièvre typhoïde, dans les fièvres éruptives, surtout la scarlatine. Trousseau qui en était très partisan, dans certaines formes de scarlatine avec accidents nerveux, en faisait administrer deux par jour d'une durée de quelques secondes ; il en résultait une sédation rapide caractérisée par une diminution de fréquence du pouls, de l'agitation et du délire, en même temps que l'éruption était facilitée et que s'atténuaient la chaleur, la soif, la sécheresse de la peau et de la langue. On les emploie avec succès dans les fièvres intermittentes pendant le stade de chaleur ; dans les fièvres algides telles que le choléra, dont elles calment les crampes, les vomissements, les évacuations alvines et favorisent la réaction en la modérant et la régularisant ; dans les névroses graves : épilepsie, tétanos, paralysies, asthme nerveux, palpitations nerveuses, hystérie, hypochondrie. — Les affusions chaudes, bien moins souvent employées, s'administrent en général, sur une partie limitée du corps ; elles donnent des effets sédatifs quand l'eau est tiède, par exemple dans le rhumatisme articulaire, et au contraire, excitants quand sa température s'élève au-dessus de 30°, dans le but par exemple d'obtenir une révulsion, une dérivation, une irritation substitutive.

AFFÛT. s. m. (a-fu ; — *a* et *fût,* de *fustis,* bâton, bois. — Le *t* ne se lie pas). Support en bois ou en métal sur lequel est montée une bouche à feu. ‖ Par ext. Charpente qui supporte un grand instrument, comme un télescope, ou une lunette astronomique. ‖ Endroit où on se cache pour épier le *gibier. Chasse à l'affût.* ‖ Par ext. Être à l'affût, Épier l'occasion, le moment favorable pour faire une chose. ‖ Artil. Assemblage de bois ou de métal destiné à supporter, et le plus souvent à transporter en même temps, les pièces d'artillerie. Depuis 1873 on a substitué au bois dans la construction de la plupart des affûts, le fer ou l'acier. On distingue actuellement : 1° les affûts de campagne qui comprennent les affûts métalliques de 95, de 90, de 80, de 7 et de 5, et les affûts en bois de 12 et de 8 rayés, de 7, de 4, de canon à balles, de 12 rayé, de 12 transformé pour les canons de 12 et de 8 rayés, de 12 lisse et léger de 12. Ces affûts se composent essentiellement d'une flèche et de deux flasques supportés par deux roues. La crosse de l'affût s'adapte à un avant-train pour les marches, elle repose sur le sol pour le tir et chaque fois que la pièce est en batterie. 2° Affûts de montagne de 80, de 4. Ils sont très petits et destinés à être portés à dos de mulet : une limonière remplace l'avant-train et permet de les atteler au besoin. 3° Affûts de siège, comprenant, l'affût pour le canon de 24 rayé de place, pour le canon de 24 rayé de place approprié au tir sous de grands angles, de 24 approprié au tir du canon de 138, l'affût de 24 rayé de siège, de 12 rayé, de 155 modèle 1877, de 120 modèle 1878. Pour le transport, ces affûts sont réunis à un avant-train de siège au moyen d'une fausse flèche qui reste sans emploi pour le tir. 4° Affûts de mortiers lisses, au nombre de 5, pour les mortiers de 32 cent., 27 cent., 22 c., 15 c.; l'affût de mortier à plaque de 32 cent. en fonte. Tous ces affûts appartiennent au modèle 1848 ancien, ou simplifié pour permettre le tir à ricochets. Ils sont sans roues, et sont transportés à l'aide du chariot porte-corps. 5° Affûts de place pour le canon de 24, de 12, de 24 approprié au tir sous de grands angles, de 12 approprié au tir sous de grands angles, de 16 ancien approprié au tir du canon de 12, de 24 approprié au tir du canon de 138, de 16 approprié au tir du même canon. Ces affûts sont montés sur double châssis et munis de roulettes de manière à pouvoir prendre toutes les directions. Un grand châssis est commun aux deux affûts de place non appropriés et aux trois affûts appropriés. Il existe un grand châssis spécial pour les deux affûts appropriés au tir du canon de 138. Deux petits châssis l'un en bois, l'autre en fer, sont communs à tous les affûts de place. 6° Affûts de côte en fonte pour canons de 30 et de 16 centimètres, montés sur un grand châssis en fonte et sur une sellette de cheville ouvrière également en fonte. 7° Affûts marins de 22 cent. 19 c. 16 c. Ils servent aux pièces des novices et consistent en 2 flasques en bois coupés en degrés, réunis par une entretoise et deux essieux en bois montés sur 4 roulettes également en bois. A bord des bâtiments, les affûts marins sont attachés aux sabords par des cordages appelés bragues qui en limitent le recul. On remplace quelquefois l'essieu et les roulettes de derrière par une entretoise sur laquelle s'appuie le soc et par des échantignolles appliquées sous les flasques et qui tiennent lieu de crosse : ce genre d'affûts prend le nom d'affût à échantignolles. (Cf Bey.) 8° Affûts de casemate de côte et affûts à frein pour les canons de 24 cent. 19 cent. et de 138. Ils ont une grande analogie avec les affûts de côte et sont de deux modèles, l'un à pivot antérieur, l'autre à pivot central. (*Aide-mémoire d'artillerie.*) La nomenclature de ces divers types d'affûts se trouve exposée dans les différents règlements sur le service des bouches à feu. Quelques-uns de ces affûts sont à soulèvement : un mécanisme particulier permet d'abaisser la pièce après le tir et de la relever après le chargement. Ils sont peu solides en général. || Affût-traîneau, Affût d'artillerie de montagne.

AFFUTAGE. s. m. Action d'affuter un canon. Inus. || Action d'aiguiser des outils. || Assortiment d'outils nécessaires à un ouvrier menuisier. || Façon donnée à un vieux chapeau pour le remettre à neuf.

AFFUTER. v. a. Disposer le canon pour tirer. On dit auj. mettre une pièce en batterie. || Aiguiser, affûter des outils, un ciseau, un burin. || Affûter un crayon, En refaire la pointe. || **S'AFFUTER.** v. pr. Se mettre à l'affût, se cacher pour guetter. Dans ce sens on dit aussi affuter, v. n. || Se concerter et épier l'occasion. Ces écoliers s'affutent pour nous jouer un tour. Vx en ce sens.

AFFUTEUR. s. m. Celui qui affute, qui aiguise les outils. || Espèce de lime à forme co-

nique dont on se sert pour redresser les scies. || Chasseur à l'affût. Les colleteurs et les affuteurs sont les plus redoutables de tous les braconniers.

AFFUTIAU. s. m. Pop. Brimborion, bagatelle.

AFGHAN, ANE. adj Qui habite l'Afghanistan; qui concerne ce pays ou ses habitants. || s. m. L'idiome des Afghans. || Les Afghans. V. ci-dessous.

AFGHANISTAN. Roy. d'Asie, borné au N. par le Turkestan, à l'O. par la Perse, au S. par le Béloutchistan, à l'E. par l'Hindoustan: entre le 30° et le 35° de lat. N.; le 60° et le 70° de long. E. : 900 kil. de l'O. à l'E., et 500 du N. au S. — Superficie : 720,000 kil. car. Population : 7,000,000 h.; densité par kil. car.: 6 h. Pays montueux très élevé; certains sommets atteignent 6,500 m. (Hindou-Kouth). Il est arrosé par le Caboul (ancien Cophès) et l'Helmend (ancien Etymander). Climat chaud, généralement salubre : vallées fertiles en blé riz, tabac, canne à sucre, lin, coton, garance, épices; forêts épaisses, mines de fer. Chevaux, bœufs, chèvres, moutons; tigre, hyène, chacal, etc. Vles princ. : Caboul, la cap. (60,000 h.), Hérat (100,000 h.), Candahar, Ghasura. Ce pays, dont l'histoire est peu connue, ne semble pas avoir jamais formé un État indépendant avant le XVIII° s. de notre ère. Depuis la plus haute antiquité il a subi les invasions, les empires des Perses, d'Alexandre, des Musulmans (V. Gaznevides), des Mogols. Son histoire se confond avec celle de la Perse. Enfin en 1747 Ahmed-Chah, de la tribu des Dourani, fonda l'empire des Afghans, qui s'affaiblit sous ses successeurs. L'Angleterre a envahi ce pays une première fois en 1838, pour s'opposer à la Russie qui voulait le livrer à la Perse : elle en fut chassée en 1841 ; une deuxième fois en 1880, mais dut encore abandonner le pays.

AFGHANS. Habitants de l'Afghanistan : ils se nomment eux-mêmes *Pouchtouneh*; les Hindous les appellent *Patans*. Race blanche, vigoureuse, grossière, nomade, divisée en tribus soumises à des *khans*, à la tête desquels se trouve un *chah* ou *padichah*. La religion est l'islamisme: les Afghans sont sunnites, et partant, ennemis des Persans qui sont chiites. La langue, qu'on appelle le *pouchtou*, appartient à la famille des langues indo-européennes : elle est mêlée de mots arabes. La littérature, toute moderne, ne remonte pas à plus de 200 ans. On cite quelques poètes : Ahmed, Rehman, Koushâl; des ouvrages de théologie, de jurisprudence, d'histoire ; mais beaucoup de leurs auteurs ont écrit en persan.

AFIN. conj. (*a* et *fin*). Indique le but qu'on se propose, la fin pour laquelle on agit. Prend la préposition *de* suivie de l'infinit., ou la conj. *que* suivie du subj. Il dissimule, afin de cacher ses défauts. Tu m'as laissé la vie, afin qu'elle te serve. (Corneille.) On peut même mettre *de* et *que* dans la même phrase. Afin de juger plus sainement, et que nous ne pensions pas... (Descartes.) Quand il y a une incise entre *afin* et le verbe, il faut toujours mettre *afin que*. Je vous préviens, afin que, après avoir réfléchi, vous me disiez ce qu'il faut faire. || Syn. Pour, mot plus général, peut toujours remplacer afin, tandis qu'afin ne peut pas s'employer quand il ne s'agit pas d'un but bien déterminé. Pour croire cela, il faut le voir ; on ne pourrait pas dire : afin de croire cela...

AFINGER (Bernard). Sculpt. allem. né à Nuremberg 1813. D'abord simple ouvrier ferblantier, étudia le dessin pour le modelage, fut emmené à Berlin par le sculpt. Rauch, et se livra aux sujets religieux, style moyen âge. Plus tard, statues et médaillons de contemporains : *Cornélius, Rauch, Kaulbach, Humboldt, Kuglu, Dahlmann*, etc. Son œuvre capitale est un monument à Greifswalde (Poméranie).

AFIOUM-KARA-HISSAR (c.-à-d. *château noir de l'Opium*). 50,000 h. Vle de la Turquie d'Asie (Anatolie), anc. *Apamea Cibotus*. 300 kil. E. de Smyrne. Commerce considérable d'opium ; fabr. d'armes à feu et d'yatagans.

A FLUKE. Turf. Une course qui a donné lieu à un résultat inattendu et fait perdre le meilleur cheval.

AFNOU. Vle d'Afrique, route de Tombouctou à Mourzouk.

A FORTIORI. V. *Fortiori.*

AFRAGAR OU **AFFRAGAR** s. m. Nom donné au vert-de-gris par les alchimistes.

AFRAGOLA. 12,000 h. Vle d'Italie, 10 kil. N.-E. de Naples. Fabriques de chapeaux.

AFRANCESADOS ou **JOSÉPHINOS**. Nom donné en Espagne aux partisans du roi Joseph, frère de Napoléon I". Ils furent proscrits par les Cortès après la restauration de Ferdinand VII.

AFRANIUS (Lucius). Comique latin (100 av. J.-C.) ; imitateur de Ménandre : on ne possède que quelques fragments de ses œuvres Quintilien, en louant son talent, lui reproche d'avoir mis sur la scène des vices honteux. || L. AFRANIUS NEPOS. Consul en 59 av. J.-C. Partisan de Pompée, battit César à Lérida (Espagne), se soumit ensuite à lui, le combattit de nouveau à Pharsale, puis à Thapsus où il fut vaincu et tué.

AFREEDIS. Tribu musulmane de l'Inde.

AFRICA. Célèbre poème latin de Pétrarque (V. ce nom).

AFRICA ou **MAHDIA**, Vle de la régence de Tunis; anc. *Thapsus.*

AFRICAIN, AINE. s. et adj. Qui habite l'Afrique Qui a rapport à ce pays et à ses habitants. || s. m. pl. Les Africains, les habitants de l'Afrique. || L'AFRICAINE Opéra en 5 actes, paroles de Scribe, musique de Meyerbeer, joué pour la première fois à Paris, à l'Opéra, le 28 avril 1865 Meyerbeer, après avoir travaillé vingt ans à ce chef-d'œuvre musical, mourut, en 1864, près d'un an avant la première représentation.

AFRICAINES. Iles les plus septentrionales du groupe des Amirantes (mer des Indes).

AFRICANISME. s. m. Ling. Idiotisme propre à l'Afrique romaine, transporté dans le latin. On trouve de nombreux africanismes dans saint Augustin. J'étais souvent taxé de barbarie et d'africanisme. (Th. Gautier.)

AFRICANUS (Sextus-Cœcilius). Jurisconsulte romain du II° s. ap. J.-C. Souvent obscur à force de précision. || AFRICANUS (Sextus-Julius). Historien chrétien, né à Emmaüs, en Palestine. III° s. Composa la *Chronographie*, en 5 liv., qui renfermait l'hist. univers. depuis Adam jusqu'à l'an 221 ap. J.-C. ; l'*Epitome* d'Eusèbe en est comme l'abrégé. On en retrouve des fragments disséminés dans Syncelle, Cedrenus, Théophane, etc. On lui attribue avant sa conversion au christianisme l'ouvrage en 24 livres, intitulé *Cestes* (Ceinture de Vénus) qui traite de l'art militaire, de la médecine, de l'agriculture ; il en reste des fragments imprimés dans les *Mathematici veteres* de Thévenot et trad. en franç. par Guischardt, dans ses *Mémoires critiques et historiques* sur plusieurs points d'antiquités militaires, Strasbourg 1774, 4 v. Berlin 1775, in-4°.

AFRICUS. Nom lat. du vent d'O.-S.-O., violent et humide.

AFRIQUE. L'une des cinq parties du monde, située au S.-O. de l'ancien continent entre 37° 19' de lat. N. et 34°51' de lat. S., 19°53' de long. O. et 48°34' de long. E. Depuis le percement de l'isthme de Suez (1869), l'Afrique est une île environnée au N. par la Méditerranée, à l'O. et au S. par l'océan Atlantique, à l'E. par l'océan Indien, la mer Rouge et le canal de Suez. Comme forme, c'est un triangle irrégulier dont la plus grande longueur, du N. au S., est de 8,000 kil., la plus grande largeur, de l'E. à l'O., de 7,500 kil. Son périmètre atteint 26,000 kil. et l'on évalue sa superficie à 30,805,000 kil. carrés, c'est-à-dire 3 fois celle de l'Europe et 35 fois celle de la France. Population : 208,944,000 h.; densité par kil. carré : 7 h. L'équateur la coupe presque par le moitié. Les côtes d'Afrique sont peu accidentées ; on n'y rencontre ni golfes très profonds, ni caps bien avancés ; à tel point que l'Europe, quoique bien plus petite, a un littoral presqu'aussi étendu. Ce manque d'échancrures profondes, qui permettent à l'intérieur de communiquer plus facilement avec le rivage, est même une des causes du peu de prospérité et de vie de cette contrée. — Les golfes princip. qu'on y remarque sont : le golfe des Syrtes, formé par la Méditerranée, et le golfe de Guinée sur l'Atlantique, lequel forme lui-même les golfes de Bénin et de Biafra. — Quatre caps s'avancent aux quatre points extrêmes de l'Afrique, ce sont : le cap Vert à l'O., le cap Blanc au N., le cap Guardafui à l'E. et enfin le cap des Aiguilles au S. Ce dernier est d'un demi-degré plus avancé au S. que le cap de Bonne-Espérance plus connu et regardé communément comme le cap le plus septent. d'Afrique. Les autres caps remarquables sont le cap Bon, le cap Spartel et le cap Noun. — On remarque comme détroits : celui de Gibraltar et le canal du Mozambique, qui sépare Madagascar du continent. — Auprès des côtes se trouvent les îles Canaries, Madère, Açores, du Cap-Vert, Ascension, Ste-Hélène dans l'océan Atlantique; les îles Socotora, Comores, le groupe des Seychelles, Madagascar, Zanzibar, la Réunion, Maurice, la Terre de Kerguelen, dans l'océan Indien. — Les princip. groupes de montagnes sont : au N.-O. l'Atlas (V. ce mot) dont les chaînes (2,000 à 4,000 m) s'étendent parallèlement à la Méditerranée ; au N.-E. les monts Libyques et les monts Arabiques (500 à 600 m.) entre lesquels coule le Nil ; à l'E. les montagnes d'Abyssinie (2,000 à 2,800 m.), les monts Lupata (2,000 à 2,700 m.), presque sous l'équateur; au S. les Succoorbery, les Nieuweveld où se trouve le mont Campassberg (3,111 m.) ; les montagnes du Congo peu explorées, à l'O ; également à l'O. les montagnes de Kong dans la Guinée (900 à 1200 m.) et les monts de Sénégambie. Au centre, on ne connaît guère que les monts Kénia et Kilimandjara (6,000 m. env.) parmi des montagnes presque inexplorées. On remarque comme plateaux, ceux de Barkah (450 m.), de Djebel-Hoggar (2,000 m.) dans le Sahara, et le plateau de l'Afrique australe, couvert par des lacs immenses. — Sur le versant de la mer Méditerranée, le plus grand fleuve est le Nil (6,000 kil.) formé par le Nil Blanc et le Nil Bleu. Viennent ensuite la Medjerdah dans la Tunisie, le Chéliff en Algérie, la Moulouia dans le Maroc. Les fleuves qui se jettent dans l'océan Atlantique sont : le Sénégal, la Gambie, le Rio-Grande, la Volta, le Niger (4,800 kil.), le Congo (4,630 kil.), la rivière Orange. Les fleuves du versant de l'océan Indien sont bien moins connus, ce sont: le Zambèse (3,000 kil.), le Limpopo, le Djoub. — L'Afrique compte de nombreux lacs, les principaux sont : les lacs Victoria (80,000 kil. car.) et Albert (20,000 kil. car.) traversés par le Nil ; les lacs Tanganyika (32,000 kil. car.), Bangouéolo (20,000 kil. car.), Moëro s'écoulant dans l'océan Atlantique par le Congo. Le principal lac du centre est le Tchad (37,440 kil. car.) qui reçoit le Chari. — C'est en Afrique que l'on rencontre les plus grandes chaleurs, et son climat est ordinairement très sec. Mais il y a, surtout dans le centre, des contrées humides et fort malsaines. Le nord et surtout le sud ont un climat assez tempéré et salubre. L'hiver est remplacé dans la majeure partie de l'Afrique par la saison des pluies qui tombent fort abondamment dans certaines contrées. Au N. ces pluies durent d'avril à septembre; au S. d'octobre à mars. L'Afrique offre des contrées d'une fertilité extraordinaire, comme des terres complètement incultes. Quelquefois le même pays présente pendant une saison une végétation luxuriante, pendant l'autre des terres arides et nues. Le nord produit à la fois les plantes du S. de l'Europe et celles de l'Afrique australe. Les côtes sont en général bien plus fertiles que l'intérieur. Les produits principaux sont : le froment, les blés, le riz, le dourah, le dattier, le cocotier, le palmier, le caféier, la canne à sucre, l'indigo, la vanille, le caoutchouc, le séné, l'aloès, le lin, le coton, le tabac, des bois précieux, des vins et des fruits de toutes sortes. La faune consiste en excellents chevaux, ânes, chameaux, buffles, lions, panthères, léopards, chacals, hyènes, lynx, éléphants, rhinocéros, hippopotames, antilopes, girafes, zèbres, singes, autruches, perroquets, serpents, et des insectes dont beaucoup sont nuisibles, surtout la tsétsé, mouche dont la piqûre est mortelle pour les animaux. — L'Afrique n'est pas très riche en productions minérales, ou du moins leur exploitation n'y est pas considérable. L'or surtout en poudre y abonde ; c'est avec le cuivre, le fer, le sel et le natron, les produits minéraux les plus importants ; on y trouve aussi, mais en petite quantité, le plomb, le soufre, le marbre, la houille et des pierres précieuses. Sur les côtes septentrionales les belles espèces de corail sont très abondantes. — L'industrie est presque nulle en Afrique. C'est à peine si les peuples africains savent tisser des étoffes de coton, travailler grossièrement les métaux, les convertir en ustensiles et en armes. Comparativement à leur industrie, le commerce est chez eux considé-

rable. Un grand nombre de caravanes sillonnent l'Afrique apportant sur les côtes l'or, l'ivoire, les bois précieux, qu'elles échangent pour les produits de l'industrie européenne. Le principal commerce était autrefois la traite, ou vente des esclaves ; mais depuis qu'un décret des nations européennes a interdit cet affreux trafic, il n'existe plus guère que sur quelques points isolés. — Les peuples qui habitent actuellement l'Afrique appartiennent à des races fort nombreuses. Les Berbers sont en Algérie, Maroc, Tripoli, Tunis et quelques portions du Sahara et du Sénégal. Les Nègres, parmi lesquels on distingue de très grandes différences, peuplent le Soudan, le Congo, la Sénégambie, la Guinée, une partie du Sahara, la Nubie, l'Egypte, etc. Les Hottentots, qui diffèrent beaucoup des Nègres, et sont encore moins intelligents qu'eux, occupent l'Afrique méridionale. On trouve la race cafre dans la Cafrerie, le pays des Zoulous, le Natal, le Transvaal, le Mozambique. Les Arabes mêlés aux Berbers occupent à peu près les mêmes contrées qu'eux. Les peuples européens, représentés en Afrique, sont les Français, les Portugais, les Espagnols, les Anglais et les Hollandais. Les religions de ces peuples sont : le fétichisme pour les Nègres, l'islamisme pour les Arabes et les Berbers, le judaïsme pour beaucoup de ces derniers, la communion copte pour les Abyssins et beaucoup d'Égyptiens, le protestantisme dans les colonies anglaises et le catholicisme dans les colonies françaises. — Les divisions politiques de l'Afrique sont les suivantes : au N. le Maroc, l'Algérie, la Tunisie, la régence de Tripoli ; au centre le Sahara et le Soudan ; à l'O. la Sénégambie et les Guinées ; au S. la colonie du Cap, la Cafrerie, le Natal ; à l'E. le Mozambique, le Zanguebar, le pays des Adels ; au N.-E. l'Abyssinie, la Nubie, l'Egypte ; enfin sur le plateau de la haute Afrique, le pays des Hottentots, le Transwaal, et la république du fleuve Orange (V. tous ces mots). — Villes principales : Le Caire (Egypte) 327,000 h.; Alexandrie (Egypte) 165,000 h.; Fez (Maroc) 150,000 h. ; Tunis (Tunisie) 125,000 h.; Abeokouta (Yorouba) 100,000 h.; Zanzibar (Zanzibar) 80,000 h. ; Tananarive (Madagascar) 75,000 h.; Kouka (Bornou) 60,000 h.; Maroc (Maroc) 50,000 h.; Coumassi (Achanti) 50,000 h.; Abomey (Dahomey) 50,000 h. ; Tripoli (R. de Tr.) 30,000 h. ; Cape-Town (C. du Cap) 331,000 h.; Gondar (Abys.) 7,000 h. ; Monrovia (Libéria) 13,000 h. A ces villes dont nous empruntons la liste à l'Annuaire du Bureau des longitudes (1882) on peut ajouter les suivantes : Kaïrouan (Tunisie) 50,000 h. ; Sôkoto (cap. des Fellatah) 20,000 h.; et Kano 30,000 h. ; St-Louis (Sénégal) 15,000 h. ; Khartoum (Soudan) 5,3000 h.; San Salvador (Congo) 20,000 h. ; en Algérie : Alger 52,702 h.; Oran 40,674 h ; Constantine 39,823h.; (Au nom de chacune de ces villes nous donnerons le résultat du recensement de 1882.) Les anciens ne connurent guère de l'Afrique que l'Egypte, les contrées arrosées par le haut Nil, la région de l'Atlas et le littoral septentrional. Au moyen âge l'invasion de l'islamisme en Afrique mit en relations avec la Mecque une foule de peuplades, jusqu'alors inconnues du Sahara, du Soudan, du littoral de la mer des Indes. Les navigateurs portugais, en cherchant la route des Indes, firent connaître une grande partie du littoral depuis Gibraltar jusqu'au cap Guardafui. Enfin depuis le XVIe s. une foule de voyageurs ont exploré l'Afrique en tous sens, et surtout depuis 60 ans ont répandu une grande lumière sur ce pays. Les principaux sont Mungo Park, Barth, Vogel, Livingstone, Abbadie, Duveyrier, du Chaillu, etc., etc. Cependant une immense étendue de l'Afrique intérieure est encore inconnue. ‖ Pour les possessions européennes en Afrique, V. *Angleterre, Espagne, France, Hollande, Portugal*. La Turquie exerce une suzeraineté qui n'est plus guère que nominale sur l'Egypte et Tripoli. A Tunis le protectorat français vient de succéder au protectorat turc. On trouvera l'histoire de l'Afrique au nom de chacune des contrées qui la composent : Egypte, Algérie, etc. La côte nord a seule fait partie du monde ancien. Les *Phéniciens* y fondèrent *Carthage* (V. ces noms). Les Grecs colonisèrent la *Cyrénaïque* (V. ce nom). Les Romains furent maîtres du N.-O. dès 146 et du N.-

E. en 29 av. J.-C. A leur domination succéda l'an 439 celle des *Vandales* (V. ce nom). Ils furent vaincus et exterminés, en 534, par Bélisaire qui rétablit la domination du bas-empire; celui-ci fit place aux *Arabes* (V. ce nom) mahométans. Au XIIe s., le pouvoir passa aux *Maures* (V. ce nom). La côte N. d'Afrique se composait de plusieurs principautés : le Maroc, Alger, Tunis, Tripoli, vassaux de la Porte. Par la piraterie et l'esclavage ils étaient la terreur de l'Europe. La France mit un terme à cet état de choses en 1830, par la prise d'Alger. (V. *Alger, Algérie*.) ‖ Hist. ecclés. La foi chrétienne fut portée dès le premier siècle en Afrique peut-être par S. Matthieu, qui passe pour avoir évangélisé l'Éthiopie, mais certainement par S. Marc, qui fonda la grande Église d'Alexandrie. Quant à Carthage et à la côte septentrionale du continent africain, elles reçurent la foi par l'intermédiaire de Rome dans le courant du second siècle sinon plus tôt. Dès les années 200-230 la religion chrétienne était extrêmement florissante dans ces contrées. Malheureusement le venin de l'hérésie ne tarda pas à y être répandu par les Donatistes, les Pélagiens, les Ariens, etc. Vint ensuite le mahométisme. Le christianisme y a cependant toujours conservé quelques disciples. Depuis deux ou trois siècles, et surtout depuis la conquête d'Alger, Rome y a envoyé de nombreux missionnaires, fondé des évêchés et des préfectures apostoliques, qui secondent puissamment la civilisation apportée par la France. — En tout ce qui concerne la statistique nous avons suivi l'Annuaire du Bureau des longitudes (1882) avec lequel certains géographes ne s'accordent pas toujours, ainsi la plupart donnent pour la population des villes des chiffres plus élevés, par ex. : 350,000 h. pour Le Caire ; mais, 40,000 seulement pour le Cap.

AFRITE. s. m. Génie malfaisant chez les Arabes.

AFSOS (Mir Scher-i Ali). Écrivain hindoustani du XVIIIe s., né à Delhi, mort en 1809. Principaux ouvrages : un *Diwân* composé de *Cacidés*, de *Salâm*, de *Marsiya* et autres pièces ; une traduction en vers et prose du *Gulistan* de Saadi, sous ce titre : *Jardin hindoustani*, Calcutta, 1808, 2 vol. gr. in-8°; l'*Araisch-s mahfil* (l'ornement de l'assemblée), histoire critique de l'Hindoustan, une partie a été publiée à Calcutta, le tout existe en manuscrit dans la même ville. Garcin de Tarsy en a traduit des extraits dans son *Histoire de la littérature hindustani*.

AFZÉLIUS (Adam). Naturaliste suédois (1750-1836). L'un des élèves les plus distingués de Linné. En 1792, voyage scientifique à Sierra-Leone ; secrétaire d'ambassade à Londres ; professeur à l'Université d'Upsal (matière médicale). *De vegetalibus suecanis* (1784); *De rosis suecanis tentamen* ; Mémoires divers sur les plantes de la Guinée. ‖ Ses deux frères, Jean (1753-1837), et Pierre (1760-1839), ont laissé un nom estimé, le premier comme chimiste, le second comme médecin. ‖ AFZÉLIUS (Arvide-Aug.), leur parent (1785), a publié les *Chants populaires de la Suède*; traduit de l'islandais l'*Hervanasaga* et l'*Edda Samungar*; écrit l'*Histoire de la Suède* d'après les traditions populaires.

AFZOULGON. Fort des Anglais dans l'Hindoustan, présid. de Bombay.

AGA. interj. Vieux mot qui signifiait : voyez, regardez, attention ! On l'emploie encore pour exciter les chiens.

AGA. s. m. Chef militaire chez les Turcs. Aga des janissaires. ‖ Chefs indigènes d'Algérie.

AGAB ou **AGABUS.** Un des disciples de J.-C. ; prédit la prison de S. Paul et la famine qui eut lieu sous Claude. Martyrisé à Antioche.

AGABE. s. m. G. d'insectes coléoptères, fam. des hydrocantharis.

AGABLIJ. Ch.-l. de l'oasis de Tourt dans le Sahara, à 1100 kil. O. de Mourzouk et 1200 kil. N.-E. de Tombouctou.

AGAÇANT, ANTE. adj. Qui agace, qui excite. Manières agaçantes. Propos, regards agaçants. Une fille agaçante. ‖ Qui fait mal aux nerfs. Ce bruit est agaçant.

AGACE ou **AGASSE.** s. f. Un des noms vulgaires de la pie.

AGACEMENT. s. m. Agacement des dents. Sensation désagréable produite par des sons algue ou des acides sur les dents. ǁ Irritation légère. Agacement des nerfs.

AGACÉPHALE. s. m. G d'insectes coléoptères, fam. des lamellicornes. Ce sont des insectes de grande taille, propres à l'Amérique du Sud.

AGACER. v. a. (de *agace*, pie ; crier comme une pie, ou plutôt du v. ht allemand *hazjan*, harceler, d'où *hacer*, qui composé avec *a* donne *ahacer* et en aspirant *agacer*. Le *c* prend une cédille devant *o* et *a*). Causer de l'agacement. Le verjus agace les dents. Ce bruit est agaçant. ǁ Causer une irritation intérieure. Cet homme m'agace les nerfs. ǁ Provoquer. Agacer un chien. ǁ Exciter à la gaieté, à la conversation. Il était pensif et distrait, on l'a agacé, il est devenu fort aimable. ǁ Faire des agaceries a quelqu'un pour chercher à lui plaire. Cette coquette agace tout le monde. ǁ S'AGACER. v. pr. Il s'agace d'un rien. ǁ AGACÉ, ÉE. p. pas. C'est un homme froid qui n'a d'esprit que quand il est agacé.

AGACERIE. s. f. Manières, paroles, par lesquelles on cherche à attirer l'attention, les bonnes grâces de quelqu'un. Se dit surtout des femmes. Ne pas confondre avec agacement, qui entraîne toujours une idée désagréable. Cette femme lui fait des agaceries continuelles.

AGACEUR. s. m. Celui qui agace. ǁ Dans le langage hippique, boute-en-train.

AGACHETTE. Zool. Nom vulgaire de la pie-grièche rousse.

AGACHON. s. m. Pierre servant de limite entre les propriétés en Provence.

AGADA ou **KWETZ.** s. m. Instrument à vent avec un bec à anche, dont on se sert en Égypte et en Abyssinie.

AGADES (lat. *Pagus Agathensis*). Anc. pays du Languedoc, cap. Agde (Hérault). ǁ AGADES. Vle princ. de la grande oasis d'Aïr au milieu du Sahara, sur la route de Tripoli à Mourzouk, à 1000 kil. de cette dernière ville. 15 à 20,000 h. Grand entrepôt de commerce: séné, manne, etc.

AGADIR. Vle maritime du Maroc, sur l'Atlantique ; port excellent possédé longtemps par les Portugais sous le nom de *Sainte-Croix* ; pris par les Maures en 1536, cédé à l'Espagne en 1860. Env. 1000 h.

AGAG. Roi des Amalécites, vaincu par Saül, qui l'épargna, malgré l'ordre du Seigneur, mais le fit massacrer quand Samuel lui reprocha sa désobéissance.

AGAI. Bg du dép. du Var, au pied de l'Estérel ; anc. *Agathennæ portus*.

AGAILLARDIR. v. a. (*a* et *gaillard ; — ll* mll.) Rendre gaillard, gai. ǁ S'AGAILLARDIR. v. pr. Devenir plus gaillard.

AGALACTE. adj. 2 g. (gr. *a* priv. et *gala, galaktos*, lait). Méd. Se dit d'une femme qui n'a pas de lait ou d'un enfant qui ne tette pas.

AGALACTIE ou **AGALAXIE.** s. f. (a-ga-lac-tie). Méd. Absence de lait chez les nouvelles accouchées ou chez les nourrices.

AGALARI. s. m. Page du Grand Seigneur.

AGALASSES. s. m. pl. Suivant Diodore de Sicile, peuple qui habitait vers les sources de l'Inde et qu'Alexandre subjugua.

AGALER. v. a. Agric. Sarcler un champ de maïs pour la première fois.

AGALI-DJAVÉ. s. m. On appelle ainsi au Gabon une graisse comestible fournie par une plante du pays, le *Bassia Djave* ou simplement le djavé, et on appelle *agali noungou* la graisse fournie par le *B. noungou* vulgairement n'gou, laquelle est surtout employée en frictions contre les rhumatismes.

AGALIK. Province gouvernée par un aga.

AGALLOCHE. s. m. Bot. Nom de plusieurs espèces de bois : 1° le bois d'aigle ; 2° le bois d'aloès ; 3° le vrai bois d'agalloche, *excæcaria, agallocha* (euphorbiacées). Il vient dans les Indes orientales, Ceylan, Malacca, etc. Il est résineux et aromatique. On l'emploie en ébénisterie, en parfumerie, en médecine, contre la goutte, les rhumatismes, les vers intestinaux.

AGALLOCHITE. s. f. Nom donné au dernier siècle à des fossiles qu'on considérait comme du bois d'aloès pétrifié.

AGALME. s. f. Zool. G. de zoophytes de la fam. des agalmides.

AGALMIDES. s. f. Zool. Fam. de zoophytes marins (ordre des siphonophores, classe des hydroméduses, type des cœlentérés). De forme très-élégante, leur corps se compose d'une longue tige contournée en spirale autour de laquelle se trouvent deux ou plusieurs rangées de vésicules natatoires, des tentacules et certains organes appelés boucliers. (Voy. *Siphonophores*.)

AGALMOTOLITHE. s. f. (gr. *agalma, agalmatos*, ornement, statue, et *lithos*, pierre). Minér. Sorte de talc rose ou vert contenant du silicate d'alumine, de la potasse, de la chaux, du fer, etc. : il vient de Chine sous forme de petites statuettes.

AGAME. adj. (gr. *a* priv. et *gamos*, mariage). Bot. Privé de sexe, d'organes sexuels. Ce nom essentiellement erroné a été donné aux cryptogames. (Baillon.) ǁ Zool. Petit reptile de l'ordre des sauriens, qui a donné son nom à toute une famille, celle des *agames* qui habitent l'Amérique, l'Inde ou l'Afrique et dont le corps aplati et assez semblable u celui des crapauds est porté sur de courtes pattes et assez souvent garni d'écailles épineuses ; ils ne sont pas venimeux.

AGAMÈDE. Fils d'Apollon ou de Jupiter, frère de Trophonius, architecte du temple de Delphe.

AGAMEMNON. Roi d'Argos et de Mycènes fils d'Atrée et d'Érope, petit-fils de Pélops et frère de Ménélas ; fut élu généralissime de l'armée des Grecs contre Troie, sacrifia sa fille Iphigénie à Diane pour apaiser les vents contraires. Sous les murs de Troie, où les Grecs l'appelaient le Roi des Rois, il se montra jaloux d'Achille, et lui enleva la Troyenne Briséis, sa captive ; c'est le sujet de l'*Iliade*. De retour dans son royaume il fut poignardé par Égisthe amant de Clytemnestre, sa femme. Il régna de 1286 à 1270 av. J.-C. Sa fille Electre et son fils Oreste ont été immortalisés par Eschyle, Sophocle et Euripide. ǁ *Agamemnon* est le titre d'une tragédie de Lemercier et d'une d'Alfieri (V. ces noms). ǁ Jupiter est quelquefois surnommé Agamemnon.

AGAMEMNONIDE. adj. 2 g. Descendant d'Agamemnon. ǁ Surnom d'Oreste, fils d'Agamemnon.

AGAMI. s. m. Zool. Oiseau de l'ordre des échassiers, fam. des cultrirostres, tr. des grues : un peu plus gros qu'une poule ; peut atteindre une taille de 0m,75 ; vit en domesticité à la Guyane et au Brésil, s'attache à son maître, comme un chien, et peut garder des troupeaux. On l'élève aussi pour manger sa chair. Une espèce fait entendre dans son estomac un bruit sourd qui l'a fait nommer *oiseau trompette*, et vulgairement *poule péteuse*. On a vainement cherché à l'acclimater en France.

AGAMIDE. adj. 2 g. Zool. Qui ressemble à un agame. ǁ s. m. pl. Fam. de reptiles de l'ordre des sauriens. (V. *Agame*.)

AGAMIE. s. f. (gr. *a* priv., *gamos*, mariage). Bot. État des plantes dépourvues d'organes sexuels. L.-C. Richard, dans sa *Réformation du système de Linné*, a donné ce nom à la 25e et dernière classe. Il correspond à la cryptogamie (dont on n'aperçoit pas le sexe) du naturaliste suédois dont le nom était préférable, celui de Richard semblant faire présumer que les plantes comprises dans cette division sont en réalité dépourvues de reproduction sexuelle, ce qui, à l'époque actuelle, serait une erreur inadmissible. (Baillon.)

AGAMIEN, ENNE. adj. Zool. Désigne, selon Cuvier, une section de la fam. des iguaniens, ordre des sauriens, ayant pour type le genre agame.

AGAMOÏDE. V. *Agamide*.

AGANA (San Ignacio de Agana). Vle de l'île de Guam, la plus grande de l'archipel des Mariannes ou îles des Larrons ; plus de 3,000 h.

AGANAIS. s. m. (gr. *aganos*, gracieux). G. d'insectes lépidoptères nocturnes ayant pour type l'aganais du figuier, espèce du Sénégal et de l'île Bourbon.

AGANAKBA. s. m. Une des puissances mystérieuses du gnosticisme.

AGANE. Myth. gr. Fils d'Hélène et de Pâris.

AGANICE. Myth. gr. Magicienne de la Thessalie, qui prétendait faire descendre la lune du ciel à son gré.

AGANIDE. s. m. (gr. *aganos*, agréable). G. de mollusques établi pour une coquille nautiloïde recueillie dans les calcaires de transition des environs de Namur.) V. *Goniatite*.)

AGANIPPE. Myth. gr. Nymphe, fille du fleuve Permesse, métamorphosée en fontaine qui porte son nom. Cette fontaine de l'Hélicon était consacrée aux Muses, comme celle d'Hippocrène.

AGANIPPIDE. adj. Myth. gr. Qui se rapporte à l'Aganippe. ǁ pl. pris subst. Surnom donné aux Muses.

AGANISTHE. s. m. G. d'insectes de l'ordre des lépidoptères diurnes, tr. des nymphalides, fondé sur une espèce unique, la nymphale orion.

AGANITE. s. m. Nom vulgaire du blé rachitique dans le midi de la France.

AGANOND. s. m. (gr. *aganos*, agréable). Moll. Syn. de *Tridacne*. (V. ce mot).

AGANTER. v. a. (rad. celt. *gand* ou *gant*, jonction). Mar. Atteindre, gagner de marche sur un autre vaisseau ; saisir. Aganter un cordage. Impératif : Agante, commandement de marine.

AGAON. s. m. (a-ga-on ; — gr. *agaos*, admirable). G. d'insectes chalcidiens hyménoptères établi sur une espèce extraordinaire trouvée sur la côte occidentale d'Afrique, l'agaon paradoxe.

AGAOUS. Peuple d'Abyssinie qui habite les lieux les plus élevés, principalement entre le Takazzé et l'Abaï. Les Agaous sont grossiers et peu civilisés ; ils ne sont remarquables que par leur langue, un des idiomes africains les plus intéressants. Elle se rattache à l'immense famille de langues dont le sanscrit est en Asie le prototype, et nos langues celtiques les dernières ramifications occidentales. Les Agaous, sauf la nuance foncée que le climat a donnée à la peau, rentrent dans la catégorie des peuples caucasiques. Ils professent généralement le judaïsme ; on ignore depuis quelle époque : les uns font remonter l'introduction de ce culte chez les Agaous au IVe s. de notre ère, d'autres à la captivité de Babylone, 500 ans av. J-C.

AGAPANTHE. s. f. (gr. *agapètos*, aimé, précieux, et *anthos*, fleur). Magnifique plante de la fam. des liliacées, tr. des hémérocallidées, originaire du cap de Bonne-Espérance. Une espèce est cultivée dans nos jardins sous le nom de *tubéreuse bleue*.

AGAPANTHÉES. s. f. pl. Bot. Sous-ordre de la fam. des liliacées.

AGAPANTHIE. s. f. (gr. *agapao*, j'aime; *anthos*, fleur). G. d'insectes coléoptères tétramères, sous-tribu des convexes, ayant pour type l'agapanthie des chardons, qui se trouve dans toute la France et notamment aux environs de Paris sur les chardons, dans l'intérieur desquels vit sa larve.

AGAPE. s. f. (gr. *agapé*, charité, amour). Festin ou repas fraternel que les premiers chrétiens faisaient avant la célébration du mystère de l'Eucharistie, où les riches s'asseyaient à la même table que les pauvres, en mémoire de la dernière cène où Jésus-Christ institua le sacrement de l'Eucharistie. Les agapes donnèrent lieu à quelques abus dès l'origine, comme le signale S. Paul dans la Ire épître aux Corinth. (ch. XI, v. 20 et 21). Plus tard les désordres qu'elles occasionnèrent les firent, supprimer (Concile de Carthage, 397). Les agapes doivent leur origine à ce que tous les fidèles qui voulaient participer au sacrement d'Eucharistie apportaient du pain et du vin à l'assemblée des fidèles. On ne consacrait que ce qui était nécessaire, le reste était distribué entre tous les assistants. Un vestige de cette coutume est l'offerte et la distribution du pain bénit. ǁ Le mot agape signifia plus tard aumône. Auj. quelques écrivains l'emploient, en certains cas, comme syn. de festin. ǁ Fig. La fraternité des âmes, agape mystérieuse où l'on boit dans la même coupe la parole du Seigneur. (Alex. Dumas.) ǁ Plusieurs saints et saintes portent le nom d'Agape.

AGAPÉNOR. Roi arcadien, petit-fils de Lycurgue, fut, au retour du siège de Troie, jeté par la tempête dans l'île de Chypre, où, suivant Pausanias, il bâtit la ville de Paphos et le fameux temple de Vénus.

AGAPET. s. m. (gr. *agapétos*, aimable). G. d'insectes coléoptères hétéromères ayant pour type l'agapet décoré de Java. ǁ G. de la fam. des phryganiens névroptères, ayant pour type l'agapet fuscipède d'Angleterre.

AGAPET Ier (S.). Pape, succéda à Jean II en 535, mourut en 536. Pour le bien de la paix, il se rendit près de Justinien sur la demande de Théodat roi des Goths ; refusa d'ordonner Anthime à l'évêché de Constantinople, parce qu'il était eutychien ; consacra Mennas avec le titre de patriarche. Il a laissé quelques lettres. ‖ AGAPET II. Pape, succéda à Martin II (946-955). ‖ AGAPET. Écrivain grec du VI⁰ s.

AGAPÈTES. s. f. pl. (gr. *agapê*, charité). Dans la primitive Église, vierges qui, sans prononcer de vœux, vivaient en communauté ou se faisaient les auxiliaires des ecclésiastiques pour le service de l'église et le soulagement des pauvres. Les conciles abolirent les agapètes vers le IV⁰ s. ‖ Vers le IV⁰ s., des femmes gnostiques de ce nom, sans mœurs ni morale, enseignaient que rien ne souille les âmes pures. Leur secte fut condamnée par Innocent I⁰ʳ au concile de Latran.

AGAPHITE. s.f. Min. Variété de pierre bleue, connue dans le commerce de la joaillerie sous le nom de turquoise orientale.

AGAPIT (S.). Martyr vers l'an 273. ‖ Il y a plusieurs autres saints de ce nom.

AGAPIUS. Moine du mont Athos, écrivain grec du XVII⁰ s.

AGAPOPHITE. s. f. (gr. *agapao*, j'aime ; *phuton*, plante). G. d'insectes scutelleriens hémiptères, ayant pour type l'espèce unique l'agapophite biponctuée (îles océaniennes).

AGAPORNIS. s. m. (gr. *agapê*, amabilité, et *ornis*, oiseau). G. d'oiseaux grimpeurs ; perroquets à queue courte, de petite taille et particuliers à l'Amérique du Sud.

AGAPTOLÈME. Myth. gr. Un des 50 fils d'Egyptius, époux de la Danaïde Girène.

AGAR. Egyptienne, servante de Sara , qui étant stérile la donna à Abraham pour femme de second ordre. Abraham en eut Ismaël. Mais Sara eut un fils, Isaac. Dès lors la position changea, il y eut des contestations entre les deux mères. Cédant aux instances de Sara, Abraham chassa au désert Agar et son fils. L'eau manquant, Ismaël tomba sur le sable et Agar s'éloigna en pleurant pour ne pas voir mourir son fils. Un ange lui apparut tout à coup et lui montra une source d'eau vive ; elle s'y désaltéra avec son fils, remplit son outre d'eau et suivit son voyage. Ismaël épousa une Egyptienne et eut douze fils, qui furent chefs de douze tribus dans l'Arabie. (V. *Ismaélites*.) ‖ Agar dans le désert est un sujet qui a souvent inspiré la peinture : c'est aussi une mine littéraire souvent exploitée. M. Poujoulat en a tiré une belle comparaison ; il parle d'un jeune homme égaré dans le *désert* du doute. Comme *Agar* et *Ismaël*, il se verra près de mourir de soif, si un ange ne vient pas lui montrer *la source de la foi*. ‖ *Agar dans le désert*, tableau de Baroccio, au musée de Dresde. ‖ *Le renvoi* ou *l'expulsion d'Agar*, tableau de Rubens, au musée de l'Ermitage. ‖ *Agar renvoyée par Abraham*, chef-d'œuvre du Guerchin au musée Brera, à Milan. ‖ *Agar dans le désert*, tableau de Mola, au Louvre. ‖ *Agar dans le désert*, tableau de Corot (au salon de 1835). ‖ AGAR. Famille noble du Comtat Venaissin, d'où sont sortis les seigneurs d'Ausouis, de Puyricard, de Léderon, d'Oulins et de Salvagnac ou Sauvagnac. ‖ Ancien nom de la terre et du duché de Saint-Aignan, en Berry. ‖ AGAR (Florina-Léonide *Charvin*, dite Mlle). Tragédienne française née à St-Claude, 1836. Vint à Paris en 1853, donna des leçons de piano, chanta d'abord dans les cafés-concerts, puis joua des rôles importants dans les principaux théâtres. Grande beauté, voix profonde, tragique, rendant supérieurement l'emportement et la passion. Prit le nom d'Agar par imitation de celui de Rachel.

AGAR ou **AGUR.** 30,000 h. Vle forte de l'Inde centrale, dans les États de Scindia, sur la route d'Oudjem à Kota.

AGAR-AGAR. Nom donné à une algue très employée en Chine et aux Indes sous forme de gelée alimentaire, et aussi pour préserver des insectes les gazes et le papier. On la donne quelquefois comme aliment léger et réconfortant.

AGARDH (Ch.-Adolphe). 1785-1855. Botaniste suédois, élève, puis professeur à l'Université de Lund (Suède). Étude particulière des végétaux cryptogames. Il devint ministre protestant en 1816, député à la diète, évêque de Carlstadt. Ouvrages de mathématiques, de botanique, d'éducation. *La Suède depuis son origine jusqu'à nos jours* (1855), trad. franç. de Mlle du Pujet. ‖ AGARDH (J.-George). Fils du précé-

dent, né en 1813. Botaniste suédois, auteur d'un traité sur les algues, très répandu.

AGARDHIE. s.f. Bot. Genre de thalassiphites siphonées. Syn. de codion et ainsi nommée d'Agardh, botaniste suédois.

AGARDHINELLE. s. f. Bot. Diminutif du genre agardhie.

AGARÉENS. (Descendants d'Ismaël, fils d'Agar.) Anciens peuples de l'Arabie heureuse, plus communément appelés Ismaélites, et depuis Sarrasins.

AGARÉNIEN, IENNE. s. et adj. Habitant de l'Arabie heureuse. Les Agaréniens ou Agaréens prétendaient descendre d'Abraham et d'Agar, mère d'Ismaël. Ils furent en guerre, sous le règne de Saül, avec les tribus de Ruben, de Gad et de Manassé. Ils opposèrent une vive résistance aux armées de l'empereur Trajan. ‖ Nom qu'on donna au VII⁰ s. aux chrétiens apostats qui embrassèrent la religion de Mahomet et des Arabes, descendants d'Ismaël, fils d'Agar.

AGARIC. (gr. *agarikon*, dérive selon Dioscoride de la ville d'Agaria, en Sarmatie, d'où l'on retirait d'excellents champignons). Bot. G. de plantes de la classe des champignons, caractérisé par la présence au-dessous du chapeau, ou réceptacle, de nombreuses lamelles rayonnantes du centre à la circonférence. Le chapeau, de couleur variable suivant les espèces, souvent convexe comme un parasol, est d'autres fois aplati ou même en forme de coupe. Un pédoncule plus ou moins long et grêle le supporte ; parfois celui-ci manque et le réceptacle est sessile ; le pédoncule porte souvent un anneau ou collerette membraneuse. Les agarics croissent surtout dans les régions tempérées, bien qu'on en trouve un peu sous tous les climats. On les rencontre dans les terrains humides de toute nature, le fumier, les débris organiques de toute sorte, les feuilles mortes, les écorces, les racines altérées de plantes mortes ou vivantes. Plusieurs espèces sont alimentaires et même soigneusement cultivées à ce point de vue. La principale est l'*agaric champêtre* ou *champignon de couche*, facile à reconnaître à son chapeau arrondi, convexe, blanc-jaunâtre, avec les lamelles d'abord rosées qui, en vieillissant, deviennent violettes puis noirâtres. Sa culture se fait surtout dans des caves et consiste à préparer d'une façon spéciale des couches de fumier de cheval dans lesquelles un enfonce des morceaux de *blanc de champignon* (V. ce mot). Sous l'influence de l'humidité et de la chaleur, ce blanc se développe et produit des champignons en abondance. L'*agaric palomet* se cultive aussi dans le département des Landes ; il suffit paraît-il d'arroser le sol dans un bosquet de chênes avec de l'eau dans laquelle on a fait bouillir de ces champignons et qui en a retenu par conséquent les spores reproductrices. Parmi les espèces comestibles on peut encore citer l'*agaric* ou *amanite oronge*,l'*agaric mousseron* (V. ces mots) ; il existe par contre, un grand nombre d'espèces vénéneuses. — L'*agaric de l'olivier* est remarquable par sa phosphorescence. L'*agaric blanc* et l'*agaric du chêne* avec lesquels on fait l'amadou ne sont pas des agarics, mais des *polypores* (V. ce mot). ‖ Méd. *Agaric des chirurgiens*, ou agaric astringent. Espèce d'amadou qui sert pour arrêter le sang dans les hémorrhagies légères. ‖ *Agaric blanc* ou agaric des pharmaciens. Substance qu'on prépare avec le polypore du mélèze. On l'emploie comme purgatif drastique, mais surtout pour modérer les sueurs des phtisiques. Poudre 25 à 50 centigr. Extrait : 2 à 15 centigr.

AGARICE. s. f. Minér. Nom d'une variété de calcaire, blanche et spongieuse comme la chair de champignon ; on l'appelle aussi agaric minéral, farine fossile, lait de lune, lait de montagne, moelle de pierre : on la retire des fentes de certaines roches calcaires. Commune en Suisse où elle sert à blanchir les maisons.

AGARICÉ, ÉE. adj. Bot. Qui ressemble à l'agaric. ‖ s. m. pl. Groupe de champignons renfermant les agarics On dit plutôt *Agaricinés*.

AGARICICOLE. adj. 2 g. Zool. Se dit des insectes qui vivent dans les agarics.

AGARICIE. s. f (gr. *agarikon*, agaric). Zool. Nom donné par Lamarck à certains polypes madréporaires dont la forme rappelle celle des agarics.

AGARICIFORME. adj. 2 g. Bot. Qui a la forme d'un agaric.

AGARICIN, INE. adj. Hist. nat. Qui a des rapports intimes avec l'agaric.

AGARICINÉS. s. m. pl. Bot. Nom donné à une fam. de champignons hyménomycètes-basidiosporés, renfermant un très grand nombre de genres et plus de 1600 espèces connues. Leur caractère constant est d'avoir au-dessous du chapeau des lamelles rayonnées simples ou bifurquées qui portent sur leurs deux faces les spores reproductrices. Suivant que ces spores sont blanches ou colorées, on divise les agaricinés en *leucospores* et *chromospores*. Un bon nombre de ces champignons sont comestibles, mais il en est une grande quantité de vénéneux.

AGARICOÏDE. adj. 2 g. Bot. Qui ressemble à l'agaric. ‖ s. m. pl. V. *Agaricinés.*

AGARICON. s. m. Mot par lequel les anciens désignaient l'agaric blanc ou agaric des pharmaciens. (V. *Polypore.*)

AGARICOPHAGE. s. m. Zool. G. d'insectes coléoptères de la fam. des clavicornes, qui se nourrit d'agarics.

AGARICOPHILE. s. m. Zool. G. d'insectes coléoptères de la fam. des clavicornes, qui habitent le champignon dit l'agaric.

AGARISTE. s. m. (gr. *agar*, très ; *aristos*, le meilleur). Zool. G. d'insectes lépidoptères crépusculaires de la section des castniens (hespéri-sphinges de Latr.). ‖ Bot. G. d'herbes hélianthées de Californie.

AGARISTE. Jeune Athénienne fameuse par sa beauté,fille de Clisthène qui chassa d'Athènes le tyran Hippias.

AGARISTIE. Mère du célèbre Périclès, qui, avant de le mettre au monde, s'imagina, en songe, qu'elle accouchait d'un lion.

AGARON. s. f. Géol. Olive fossile appelée olive hiatule, des environs de Bordeaux. ‖ Bot. G. de Doridées, ayant pour type le sphérocope rubescent.

AGARPARA ou **AGURPARA.** 27,000 h. Vle du Bengale (Inde angl.), à 4 kil. S. de Calcutta.

AGARTI. Myth. gr. Divinité syrienne. La même qu'Addirdaga.

AGARUM. s. m. Bot. G. de plantes cryptogames, cl. des algues, fam. des laminariées.

AGAS. s. m. Bot. Nom vulgaire de l'érable champêtre dans le midi de la France.

AGAS. Peuple d'Abyssinie. (V. *Agaous*.)

AGASIAS. Sculpteur d'Éphèse (II⁰ s.av.J.-C.), auteur de la statue du *gladiateur Borghèse* ou *gladiateur combattant*, découverte, au XII⁰ s., à Antium.

AGASICLÈS. Roi de Sparte vers 580 av. J.-C. On lui attribue cette maxime : qu'un roi doit traiter ses peuples comme un père traite ses enfants.

AGASO. s. m. Antiq. rom. Palefrenier, valet d'écurie ou d'étable ; muletier.

AGASSAMÈNE. Antiq. gr. Roi de Thrace.

AGASSE. V. *Agace.*

AGASSIN. s. m. Agric. Pousse de la vigne placée au bas du cep et qui ne donne jamais de grappe.

**AGASSIZ(Louis).Naturaliste suisse. 1807-1873. Étudie à Lausanne sa patrie, apprend la médecine à Zurich, à Heidelberg, à Munich où il est reçu docteur (1830), vient à Paris, y fait la connaissance de Cuvier ; professe l'histoire naturelle à Neufchâtel, part pour l'Amérique en 1846, et se fixe à Boston. L'Institut de France lui décerna un grand prix en 1859. Ses travaux portent principalement sur la paléontologie, l'embryogénie, la géologie, la zoologie. Il n'admet pas l'unité primordiale de la famille humaine, ni la variabilité des espèces. *Recherches sur les poissons fossiles*, 1833 ; *Hist. natur. des poissons d'eau douce de l'Europe centrale*, 1839; *Étude sur les glaciers*, 1840 ; *Zoologie générale*, 1854 ; *Bibliographia Zoologiæ et Geologiæ*, Londres, 4 v. in-8⁰; *Voyage au Brésil* ; *Nomenclator Zoologicus* (1868); etc.

AGASSIZIE. s. f. Bot. Double emploi du genre chamissonie et galvézie. Ce mot vient d'Agassiz, savant zoologiste suisse. ‖ Zool. G. d'échinodermes de l'ordre des spatangoïdes.

AGASTACHYS. s. m. (a-ga-sta-kiss ; — gr. *agastos*, admirable, et *stakhus*, épi). Bot. G. de la fam. des protéacées-personnées,formé par un seul arbrisseau très glabre trouvé sur la Terre de Diémen.

AGASTE. s. f. Terme dont on se servait jadie pour signifier avec le mot *eau* une abondante quantité de pluie, survenue tout à coup. Nous avons essuyé une grande agaste d'eau ce matin.

AGASTHÈNE. Antiq. gr. Roi des Éléens, père de Polyxénus, qui alla avec les autres Grecs au siège de Troie.

AGASTIA. s. m. Espèce de divinité hindoue qui eut pour pères Mitra et Varouna, et pour mère la nymphe Ourvasi.

AGASTRAIRE. adj. et s. m. (gr. *a* priv. ; *gaster*, ventre). Zool. Nom donné par de Blainville aux infusoires qui n'ont point de canal intestinal proprement dit.

AGASTRIQUE. adj. et s. m. Zool. Se dit d'animaux acéphales, dépourvus de canal intestinal.

AGASTRONOMIE ou **AGASTRONERVIE.** s. f. Méd. Défaut d'action nerveuse dans l'estomac.

AGASTROPHE. Antiq. gr. Guerrier troyen tué par Diomède.

AGASTROZOAIRE. adj. et s. m. (gr. *a* priv. ; *gaster*, ventre ; *zóon*, animal). Zool. Infusoire sans cavité digestive. Syn. d'*Agastraire*.

AGASY. Une des tribus qui occupent le N.-E. de l'Abyssinie. Les Agasy sont d'origine abyssine et professent depuis longtemps le catholicisme. Leur langue est le tigré, le plus pur des idiomes éthiopiens.

AGASYLLIS. s. m. Plante voisine du genre siter, fam. des ombellifères. C'est le nom par lequel Dioscoride désignait, paraît-il, la férule qui produit l'*assa fœtida*.

AGAT. s. m. Dégât causé par des animaux sur le terrain d'autrui. On dit aussi *Agatis*.

AGATARCIDÈS. Historien grec de Samos (vers 180 av. J.-C.). Il passe pour avoir donné le premier la description du rhinocéros ; a écrit une histoire de la Perse. On lui attribue les *Phrygiaca* ou *Traité des choses mémorables de la Phrygie*.

AGATE. s. f. (gr *Akhatès*, nom d'un fl. de Sicile sur les bords duquel aurait été trouvée la première agate). Minér. Variété de silice ordinairement composée de zones concentriques, plus ou moins sinueuses, diversement colorées, et qui se sont déposées successivement dans une cavité naturelle. L'agate est généralement translucide et prend différents noms suivant sa nuance : *onyx*, quand les bandes sont peu nombreuses et de couleurs tranchées; *calcédoine*, gris de perle ou bleuâtre ; *cornaline*, rouge sang ; *sardoine*, rouge brun ; *saphirine*, bleu de ciel uniforme ; *chrysoprase*, vert pomme ; *plasma*, vert pré. On appelle *agates arborisées* et *agates mousseuses* des silex de ce genre dans lesquels se trouvent des arborisations qui figurent des algues et des mousses, mais qui sont simplement dues à des dendrites ; celles d'Oberstein sont les plus connues. On fait avec l'agate des ornements divers, spécialement des camées, et, à cause de sa dureté, des mortiers pour broyer les corps dans les laboratoires. || Agate d'Islande. V. *Absidienne*. || Agate noire. V. *Jayet*. || On donne le nom d'agate à tout ouvrage fait avec des agates ; même à un dessin fait avec des agates. Ainsi on dit Une agate de César. || Arts et mét. Instrument dans lequel est enchassée une agate et qui sert à brunir l'or. || Jard. Nom d'un grand nombre de tulipes.

AGATE, ÉE. adj. S'applique à une substance minérale mélangée de parcelles d'agate.

AGATÉE. s. f. V. *Agation*.

ACATHA. s.'. Colonie des Phocéens de Marseille, auj. *Agde*.

AGATHAIS, AISE ou **AGATHOIS, OISE.** s. et adj. (lat. *Agatha*, *Adge*). Qui est d'Agde. Qui a rapport à cette ville et à ses habitants.

AGATHANGE. Historien d'Arménie, secrétaire du roi Tiridate. M. vers 320. Son *Histoire d'Arménie* a été traduite en italien par les mékhitaristes de Venise (1855). Elle a été continuée par Faustus de Byzance.

AGATHANIUS. adj. m. Hist. anc. Épithète de Platon.

AGATHARCHIDE. Géographe et histor. grec de Cnide (vers 120 av. J.-C.). Il a composé *de Mari rubro; de Asia ; de Europiaca*, qu'Athénée a cité jusqu'au liv. 38. Nous n'avons de lui que des fragments, réunis dans les *Geographici minores* de la collection Didot.

AGATHARCUS. Peintre grec, contemporain de Zeuxis (ve s. av. J.-C.); fit le premier les décorations de théâtre sous l'inspiration d'Eschyle.

AGATHE (Ste). Née à Palerme, fut martyrisée le 5 février 231 à Catane pendant la persécution de Dèce. Quintien, préteur en Sicile, ne pouvant s'en faire aimer, se vengea en l'accusant d'être chrétienne, et en lui faisant souffrir les plus cruelles tortures. Les bourreaux lui déchirèrent les mamelles avec des tenailles et les lui arrachèrent. Mais rien ne put triompher de sa constance ; elle mourut dans sa prison. Les habitants de Catane l'invoquent surtout pendant les éruptions de l'Etna.

AGATHÉE. s. f. (gr. *agathos*, divin). Arbrisseau du Cap, de la fam. des composées, qui produit toute l'année de jolies fleurs réunies en un capitule jaune d'or au centre, bleu à la périphérie.

AGATHELPHE. s. m. (gr. *agathos*, bon; *elpis*, espoir). G. de plantes selaginacées du Cap.

AGATHÉMÈRE. Géographe grec du IIIᵉ s. On a de lui un *Abrégé de géographie* tiré en partie de Ptolémée et de Strabon. On le retrouve dans les *Geographici minores* d'Hudson.

AGATHIAS. Écrivain grec du VIᵉ s., surnommé le *Scolastique*. Né à Mytine (Asie Mineure) Auteur de poésies et d'une histoire du règne de Justinien en 5 liv., qui fait partie de la collection byzantine ; elle va de 553 à 559.

AGATHIDIE. s. f. (en gr. *agathis, idos*, petite pelote). Petit insecte coléoptère, de la fam. des clavicornes, de forme hémisphérique, qu'on trouve dans les bois sous les écorces ou dans les champignons.

AGATHIE. s. m. Mauvais génie chez les Ovas. (V. *Icukar*.)

AGATHINE, AGATINE, ACHATINE. s. f. Zool. Genre de mollusques de l'ordre des gastéropodes pulmonés dont la coquille, de forme ovale, rappelle l'éclat de l'agate. C'est pourquoi elle est très recherchée pour les collections. La principale espèce, connue dans le commerce sous le nom de *perdrix*, vient de Madagascar. Une espèce est recueillie à l'*île du Prince* et est envoyée en Europe comme remède contre la phtisie pulmonaire.

AGATHIS. s. f. (gr. *agathis*, faisceau). Bot. G. de conifères. (V. *Dammard*.) || Entom. G. d'ichneumonien, ordre des hyménoptères.

AGATHISANTHE. s. f. (gr. *agathis*, faisceau; *anthos*, fleur). Bot. G. de la fam. des combrétacées fondé sur une espèce unique de Java.

AGATHISTÈGUE. s. f. (gr. *agathis*, peloton; *stégé*, chambre). Moll. Ordre de foraminifères à coquilles microscopiques formées de loges pelotonnées autour d'un axe commun et dont chacune fait la moitié de la circonférence de la coquille.

AGATHOCLE. Tyran de Syracuse. Né vers 339 av. J.-C. Fils de potier, potier lui-même en sa jeunesse, il se fait chef de brigands. Il devint tyran de Syracuse et y fit périr 4000 hommes ; régna vingt-huit ans et mourut en faisant la guerre contre l'Afrique (285 av. J-C.).

AGATHOCLÉE. Courtisane d'Alexandrie, célèbre par sa beauté et par ses talents pour la musique. Le roi d'Égypte, Ptolémée Philopator, pour l'épouser se défit de la reine Eurydice, sa femme. Après la mort de ce prince, Agathoclée ayant voulu faire mourir le jeune Ptolémée Épiphane, fils de Ptolémée Philopator et d'Eurydice, fut massacrée par le peuple (204 av. J.-C.).

AGATHOCLIE (Ste). Martyre en Espagne, IVᵉ s. F. 17 sept.

AGATHODE. s. f. (gr. *agathoeidès*, bon en apparence). G. de plantes de la fam. des gentianacées, tr. des chironiées; fondé sur une seule espèce, la *swertie angustifoliée*, plante herbacée des Indes ; sa racine amère, tonique, stomachique et fébrifuge sert aux mêmes usages que la gentiane.

AGATHODÉMON. s. m. (gr. *agathos*, bon ; *daimon*, génie). Myth. Nom grec d'une divinité égyptienne emblème de la vie, de l'infini, sous la forme d'un serpent. || La coupe que les Grecs consacraient à Bacchus et qu'ils faisaient passer à chaque convive avant et après le repas s'appelait la coupe d'Agathodémon.

AGATHODORE (S.). Martyr à Tyane, en Cappadoce. F. 2 février.

AGATHODE. adj. 2 g. (gr. *agathos*, bon ; *eidos*, apparence). Qui a l'apparence du bien, qui le suggère l'inspire.

AGATHOLÉPIS. s. m. (gr. *agathos* ; *lépis*, écaille). Bot. Plante pourvue de bractées ou écailles brillamment colorées.

AGATHON. Fils de Priam. || Poète grec contemporain et ami d'Euripide. Selon Aristote c'est lui qui introduisit le premier entre les actes de la tragédie des chœurs dont le sujet ne se liait pas à celui du drame. Il nous reste de lui des fragments (collection Didot). || **AGATHON** (S.). Né à Palerme. Donna tous ses biens aux pauvres ; se fit bénédictin, et fut élu pape après Domnus en 679. Ses légats présidèrent le 6ᵉ concile œcuménique (Constantinople), qui condamna le monothélisme, l'an 680, et qui fut assemblé par les soins de l'empereur Constantin Pogonat, a qui le saint pontife avait écrit une lettre remarquable pour réfuter la nouvelle hérésie. Il mourut le 10 janvier 682.

AGATHOPHOLIDOPHILES. s. m. pl. (gr. *agathos*, bon ; *pholis, pholidos*, écaille ; *ophis*, serpent). Zool. Reptiles ophidiens, sans crochets à venin.

AGATHOPHYLLE. s. m. (gr. *agathos*, bon; *phullon*, feuille) Bot. G. de la fam. des lauracées-cryptocaryées de Madagascar.

AGATHOPHYTE. s. m. (gr. *agathos*; *phuton*, plante.) Bot. Plante appelée vulg. le *Bon-Henri*, fam. des chénopodées.

AGATHOSME. s. m. (gr. *agathos* ; *osmé*, odeur). Bot. G. de rutacées originaires du cap de Bonne-Espérance. Cultivé dans les orangeries. On en fait des boissons aromatiques excitantes, pectorales et diurétiques.

AGATHYRSE. s. m. (gr. *agathos* ; *thursos*, thyrse). Bot. Syn. de *Laitue*. || Moll. Nom donné par Montfort à un vermet fossile.

AGATHYRSES. s. et adj. 2 g. Peuple de l'ancienne Sarmatie européenne, vers la source du Borysthène.

AGATI. s. m. Plante légumineuse de l'Inde, domestique. Sa saveur se rapproche de celle du haricot.

AGATIFÈRE. adj. 2 g. Minér. Qui contient de l'agate. Sol agatifère.

AGATIFIER. v. a. Transformer en agate. || **ACATIFIÉ, ÉE.** p. pas. (V. *Agatiser*.)

AGATIN, INE. adj. Qui a l'apparence de l'agate.

AGATINE. V. *Agathine*.

AGATION. s. f. Bot. Nom donné à une plante océanienne de la fam. des violariées, appelée jadis agatée, pour éviter de la confondre avec l'agathée de la fam. des composées.

AGATIS. s. m. Dommage causé par les animaux sur les propriétés riveraines. (V. *Dommage*.)

AGATISER. v. a. Convertir en agate, ou donner l'apparence de l'agate. || S'AGATISER. v. pr Être converti en agate. Prendre l'apparence de l'agate. || AGATISÉ, ÉE. p. pas. Bois agatisé. || On dit aussi *Agatifier*.

AGATOIDE. adj. 2 g. Minér. Se dit d'une pierre qui a quelque ressemblance avec l'agate, quoique d'une nature différente.

AGATOÏQUE. adj. 2 g Minér. Qui a l'apparence de l'agate. On dit plutôt *Agatin, ine*.

AGAUNUM. Vle des Nantuates dans le Valais; auj. *Saint-Maurice*.

AGAVE. s. m. (gr. *agauos*, magnifique). Plante de la fam. des amaryllidées, tr. des agavés, souvent appelée, à tort, *aloés*; remarquable par ses longues et larges feuilles à bords dentelés, terminées en pointe acérée, et ses hampes hautes de 10 à 12 m. : ne fleurit qu'une fois. On dit vulgairement, mais à tort, que l'agave fleurit tous les cent ans. Originaire de l'Amérique tropicale, naturalisé en Afrique, et dans le midi de l'Europe. Les Américains, en coupant le sommet de la tige ou les jeunes feuilles, obtiennent une sève abondante qui fermente rapidement et forme une liqueur appelée *pulqué* dont le goût rappelle celui du cidre ou de la bière. Une espèce du même genre fournit un liquide mucilagineux dont on se sert comme savon ; c'est le *maguey*, dont le jus évaporé laisse un résidu sucré, le miel de maguey. On tire de ses feuilles une sorte de filasse dont on fait des cordages, des étoffes grossières, des tapis.

AGAVÉ, ÉE. adj. Bot. Qui ressemble à l'agave. || s. m. pl. Tr. de la fam. des amaryllidées anomales renfermant les seuls genres *agave* et *fourcroya*.

AGAVÉ. L'une des quatre filles de Cadmus et d'Hermione, femme d'Echion, mère de Penthée, roi de Thèbes, qu'elle mit en pièces pour avoir voulu abolir les Bacchanales. || Néréide || Danaïde, épouse de Lycus.

AGAVITES. s. m. Géol. G. d'amaryllidacées fossiles trouvé dans le terrain tertiaire du Vicentin.

AGAVON. s. m. Nom vulgaire donné dans le midi de la France à une plante du genre ononide ou *arrête-bœuf.*

AGAVUS. Fils de Priam, habile danseur et voleur de troupeaux, d'après Homère.

AGAY. Hameau du Var, comm. de St-Raphaël, ancien *Portus agathonis,* une des meilleures rades de la Méditerranée (100 hect. ; 25 m. de profondeur) sur le chemin de fer de Marseille à Nice.

AGAY (Franç.-Marie-Bruno, comte d'). Jurisconsulte et administrat. franç. Besançon 1722, Paris 1805. Avocat génér. au parlem. de Franche-Comté, maître des requêtes, conseiller d'État (1759), intendant de Bretagne, puis de Picardie (1771), où il se distingua par ses créations utiles. Lié avec Delille et Gresset. Passe dans l'obscurité le temps de la Révolution. *Discours sur l'utilité des sciences et des arts* (1774) ; *Discours sur les avantages de la navigat. intérieure* (1782).

AGAZZARI (Agostino). Compositeur de musique religieuse, né à Sienne. 1578-1640.

AGDE (*Agatha*). 10,000 h. Ch.-l. de cant. de l'Hérault, arr. de Béziers. Sur la rive gauche de l'Hérault et sur le canal du Midi, entre la mer à 4 kil. et à 2 de l'étang de Thau, dans lequel vient se terminer le canal du Midi. Port en rivière important défendu par le fort de Brescou. Vins, eaux-de-vie, etc. Colonie de Marseille, Agde fut l'une des sept cités de la Septimanie. Évêché, créé au commenc. du vᵉ s., supprimé à la Révolution. Concile en 506. Avant le XIXᵉ s. Agde fut peu florissant. Sous le 1ᵉʳ empire, du port d'Agde des approvisionnements furent transportés à nos armées d'Espagne. Aux combats de Trafalgar et d'Aboukir il y avait beaucoup de marins d'Adge à bord des vaisseaux français ; deux furent décorés de la Légion d'honneur. 2,000 Agathois participèrent à la conquête d'Alger. Aujourd'hui les marins ; d'Agde se livrent surtout à la pêche La ville est bâtie de laves, ce qui lui donne un aspect triste. Elle possède une curieuse cathédrale romane surmontée d'une tour carrée en forme de donjon.

AGDESTIS ou **AGDISTIS.** Myth. Monstre hermaphrodite, né, selon Arnobe, de Jupiter et du rocher Agdus, selon d'autres, né de Jupiter et de la Terre que ce Dieu féconda en rêvant. || s. f. Bot. G. de phytolaccacées ayant pour type un arbuste du Mexique.

AGDUS. Myth. Rocher de Phrygie duquel, suivant Arnobe, Deucalion et Phyrrha détachèrent des pierres qu'ils jetèrent derrière eux pour repeupler le monde. Ce rocher accidentellement fecondé par Jupiter donna naissance au monstre Agdestis.

ÂGE. s. m. (lat. vulg. *œtaticum,* forme dérivée de *œlatem. Ætaticum* a fait en français *édage, éage, aage, âge*). La durée ordinaire de la vie. L'âge de l'homme ne dépasse pas communément quatre-vingts ans. || Age d'homme, L'âge viril. Quand cet enfant sera parvenu à l'âge d'homme. Il signifie aussi la durée commune de la vie de l'homme. Il n'a pas vécu âge d'homme. || Nombre d'années que l'on a vécu, temps qui s'est écoulé depuis la naissance jusqu'au moment où l'on parle ou dont on parle. Fontenelle mourut à l'âge de cent ans. || Les différents degrés de la vie humaine. Tous les âges, tous les états changent quelque chose en nous. (Boss.) Bas âge, âge de raison, âge de discrétion, âge nubile, âge mûr, âge viril, âge avancé, âge caduc, âge décrépit. A la fleur de l'âge, sur le déclin de l'âge, la vigueur de l'âge, la caducité de l'âge. || Avancement dans la vie, progrès de la vie. La raison vient avec l'âge. L'âge a calmé ses passions. || Vieillesse, âge fort avancé. C'est un homme d'âge. Être sur l'âge. Le poids de l'âge. || Absol. et collectiv. Personnes de tout âge. Le fer ne connaît ni le sexe ni l'âge. (Racine.) || Se dit aussi des animaux et même des plantes. L'âge des chevaux n'est guère que de trente ans. Un long âge blanchit la carpe centenaire. (Delille.) On connaît l'âge d'un arbre au nombre des cercles concentriques que présente sa tige coupée transversalement. Quel est l'âge de ce bois, de ce taillis (depuis combien de temps les a-t-on coupés) ? || L'âge de la lune, Le temps qui s'est écoulé depuis qu'elle est renouvelée. || Temps, époque, génération. Il fut l'ornement

de son âge. || Le mot âge désigne souvent encore une période de temps dans l'histoire du monde ou des sciences, des lettres. Ainsi l'âge du monde est le temps écoulé depuis sa création : ce temps divisé par périodes forme plusieurs âges. Âge de la loi de nature : d'Adam à Moïse; âge de la loi écrite : de Moïse à J.-C.; âge de la loi de grâce : de J.-C. à la fin du monde. Moyen âge, Temps écoulé depuis la chute de l'Empire romain (476), jusqu'à la prise de Constantinople par Mahomet II (1453). Moyen âge s'entend encore des mœurs, lois et coutumes de cette époque. || Myth. Les quatre âges du monde, c.-à-d. La division du temps qui suivit la création de l'homme. L'âge d'or, ou d'innocence et de justice ; l'âge d'argent, sous lequel les hommes sont moins justes et moins heureux ; l'âge d'airain, le bonheur et la vertu diminuent encore ; l'âge de fer, où les hommes sont méchants et malheureux. Ces divisions s'emploient aussi au figuré. || Iconol. On représente l'âge d'or sous la figure d'une vierge, très belle, couronnée de fleurs, assise auprès d'un olivier et tenant une corne d'abondance dans l'une de ses mains ; l'âge d'argent par une jeune femme, avec quelques ornements, s'appuyant sur un soc de charrue et tenant une gerbe de blé ; l'âge d'airain par un homme ayant une peau de lion sur la tête et un javelot à la main, ou par une femme richement habillée, la contenance hardie, casque en tête, bouclier au bras ; l'âge de fer par un homme dont le regard est féroce et menaçant, il est coiffé d'un casque qui a une tête de loup pour cimier, il tient une épée nue d'une main et un bouclier de l'autre, ou par une femme armée de pied en cap et sur le bouclier de laquelle est gravée la fraude. || Antiq. On appelle âge de pierre, l'époque de la vie d'un peuple où il n'a pour instruments de travail et de guerre que des pierres ou des silex façonnés ; âge de bronze, celui où il possède des instruments de bronze ; âge de fer, celui où il sait forger le fer. || Voici quelques locutions où l'on trouve le mot âge employé dans différents sens : C'est un bel âge, c.-à-d. Un âge avancé. C'est un bel âge pour, c.-à-d. Un âge qui convient pour Age critique, Époque de la vie, chez les femmes, ou l'écoulement des menstrues vient à cesser. Être de son âge, c.-à-d. Avoir les goûts de son âge. Homme de tous les âges, c.-à-d. Versé dans la connaissance des histoires ancienne et moderne Être d'un certain âge, c.-à-d N'être plus jeune. Être entre deux âges, c.-à-d. N'être ni vieux ni jeune. Être en âge de, c.-à-d. Avoir un âge qui permet de... Ne pas paraître son âge, c.-à-d. Ne pas paraître avoir l'âge que l'on a en effet. Sa figure n'a point d'âge, c.-à-d. N'indique pas son âge. N'avoir point d'âge, c.-à-d. N'être pas exclusivement propre à tel ou tel âge. Ex. La vertu n'a pas d'âge. D'âge en âge, Successivement ; de siècle en siècle. || Jurisp. La loi exige un certain âge pour être capable d'exercer certains droits ou de remplir certaines fonctions. Ainsi, pour contracter mariage, l'homme doit avoir 18 ans, la femme 15 ans révolus. La majorité est fixée à 21 ans pour les deux sexes. On est électeur à 21 ans, mais on ne devient éligible qu'à 25 ans et même à 40 pour les fonctions de sénateur. De 20 à 40 ans, on est soumis, à divers degrés, au service militaire. Il y a un minimum et un maximum d'âge pour l'entrée dans certaines écoles spéciales, l'admission à certains concours, l'exercice de certaines fonctions. L'homme à 25 ans, la femme à 21 peuvent se marier sans le consentement de leurs ascendants ; mais ils sont tenus à tout âge de leur adresser des actes respectueux. Le mineur peut tester à 16 ans ; il peut être émancipé à 15 ans par son père ou par sa mère, à défaut du père, et à 18 ans par le conseil de famille. Pour adopter, il faut être âgé de 50 ans et avoir au moins 15 ans de plus que la personne qu'on se propose d'adopter. L'âge de 65 ans dispense d'accepter une tutelle et celui de 70 ans permet de se faire décharger d'une tutelle précédemment acceptée. Le mineur âgé de moins de 16 ans peut être acquitté comme ayant agi sans discernement; condamné, il n'est frappé que de peines correctionnelles. Passé 60 ans, la peine des travaux forcés est remplacée par celle de la réclusion. Le jour de la naissance et celui du décès comptent tout entiers dans l'âge d'une personne. || Dr. can. C'est le nombre

d'années révolues depuis la naissance exigé par le droit ecclésiastique pour qu'une personne soit considérée comme apte à recevoir les sacrements, à observer tel ou tel précepte, à exercer telle fonction, et voici l'indication sommaire de ces principaux âges : 1° La loi de l'abstinence, de l'audition de la messe, n'oblige pas avant l'âge de raison, soit la septième année environ. 2° Le même âge est requis pour les sacrements de Confirmation, de Pénitence, d'Eucharistie, d'Extrême-Onction, pour être parrain et marraine. 3° Quatorze ans pour les garçons, douze pour les filles sont exigés pour le mariage ; Item pour la profession religieuse. 4° Quatorze ans sont requis pour être admis à tester en jugement. 5° Vingt et un pour être tenu à la loi du jeûne. 6° Même âge est requis pour le sous-diaconat ; vingt-deux années pour le diaconat, vingt-quatre pour la prêtrise et trente pour l'épiscopat.

ÂGE ou **AXINE.** s. f. Substance grasse produite par un *coccus,* insecte hémiptère, laquelle sert au Mexique aux mêmes usages que le collodion chez nous.

AGE (seigneurs de L'). Famille du Berry. En faveur d'Antoine de l'Age, la seigneurie d'Aiguillon (Lot-et-Garonne) fut érigée en duché-pairie (1634) sous le nom de Puy-Laurens.

ÂGÉ, ÉE. adj. Se dit des hommes, des animaux, des plantes, pour déterminer depuis quelle époque ils sont nés, ou ont commencé, ou se développent. Jeune homme âgé de 20 ans. | En vers, se dit même des choses. || Employé absolument, âgé veut dire : qui a beaucoup d'années. || *Âgé de* et *A l'âge de* ne peuvent pas toujours s'employer l'un pour l'autre ; le premier indique seulement les années, le second ajoute une idée d'époque Je suis âgé de 20 ans ; j'ai fait une campagne à l'âge de 20 ans.

AGEASSE. s. f. Pie-grièche, grise.

AGÉDOÎTE. s. f. Chim. Principe cristallin retiré de la réglisse ; syn. d'*Asparagine.*

AGELADAS ou **AGELAS.** Sculpteur grec d'Argos, maître de Polyclès et de Myron, vᵉ s. av. J.-C.

AGELÆA. s. f. Bot. G. de la fam. des connaracées renfermant des plantes arborescentes de l'Afrique et de l'Asie, dont les fleurs ont l'odeur du lilas.

AGÉLAIE. s. f. Zool. G. d'insectes hyménoptères dont toutes les espèces sont exotiques, fam. des guêpiens.

AGELAINÉ, ÉE. adj. (gr. *agélaios,* qui vit en troupe). Zool. Se dit des oiseaux qui ont pour type l'agelaius, et qui en présentent les caractères. || s. f. pl. Ornith. Sous-fam. des sturnidées, renfermant les genres siournelle, troupiale, dolichonyx, leistes et molothrus.

AGELAIUS. s. m. (gr. *agélaios,* qui vit en troupe). Zool. G. d'oiseaux de la fam. des tisserands. (V. *Troupiale.*)

AGELASTICA. s. m. (gr. *agélasticos,* qui vit en troupe). G. d'insectes coléoptères tétramères, fam. des phytophages.

AGELÈNE. s. f. (gr. *agelé,* troupe). Zool. G. de la cl. des arachnides, fam. des tubitèles.

AGELET (Joseph LE PAUTE D'). Astronome né à Thone-le-Long, près Montmédy, 1751. Élève de Lalande, membre de l'Académie des sciences ; périt dans l'expédition de La Pérouse (1785).

AGELLI (Ant.). Religieux théatin, helléniste, directeur de l'imprimerie vaticane. Mourut évêque d'Acerno en 1608. Auteur de commentaires estimés sur l'Écriture sainte.

AGEMI. s. m. Chez les Arabes signifie : les étrangers.

AGEM-LILAC. s. m. Nom vulgaire donné en Perse à un lilas de ce pays.

AGEN (*Aginnum*). 20,483 h. Vle de France. Ch.-lieu du dép de Lot-et-Garonne, à 651 kil. de Paris. Sur la rive dr. de la Garonne et sur le canal latéral à la Garonne qui traverse le fleuve sur un pont aqueduc de 23 arches. Croisement du chemin de fer de Paris aux Pyrénées par Vierzon, Agen et Auch et du chemin de fer de Bordeaux à Cette. Latit. N. 44° 13' 27", longit. O. 1° 43' 6"; altit. 43 m. Préfecture, évêché suffragant de Bordeaux, cour d'appel, biblioth. de 25.000 à 30,000 vol., musée. Commerce de pruneaux et prunes d'Agen, vins, blé et farines, liège, huile, oies grasses, etc. Cathédrale de St-Caprais, monum. hist. XIᵉ-XVIIᵉ s., peintures murales et mosaïque ; église des Jacobins, en briques, à 2 nefs égales, XIIIᵉ s., restes de peintures de cette époque ; St-Hilaire, XIVᵉ s., peintures et vitraux ; Ste-Foy et Notre-Dame du Bourg, XIIᵉ et XIVᵉ s. Hôpital St-Jacques (tombeau de Mascaron). — Anc. *Aginnum*, cap. des Nitiobriges, ville prétorienne sous les Romains, évangélisée par S. Martial au Iᵉʳ s. de l'ère chrétienne, prise par les Francs en 507, saccagée par les Normands en 848, centre, au XIIIᵉ s., de la résistance catholique contre les Albigeois. Patrie de l'historien Sulpice Sévère (IIIᵉ et IVᵉ s.) ; de l'érudit Scaliger (XVIᵉ et XVIIᵉ s.) ; du maréchal d'Estrades (XVIIᵉ s.) ; des naturalistes Lacépède (XVIIIᵉ et XIXᵉ s.) et Bory de St-Vincent (XIXᵉ s.), des poètes Garion, Jasmin (XIXᵉ s.).

AGENAIS ou AGENOIS. (*Pagus Aginnensis.*) Territoire des Nitiobriges au S.-O. des Gaules. Appartint au duc d'Aquitaine, de Guyenne, aux comtes de Poitiers, de Toulouse, enfin aux Anglais de 1280 à 1370. Il fut réuni à la couronne de France sous Charles V. Il faisait partie du gouvernement de la Guyenne et répondait à peu près au dép. de Lot-et-Garonne. L'évêq. d'Agen a porté le titre de comte d'Agen de 976 à 1789. ‖ **AGENAIS, AISE.** s. et adj. Habitant d'Agen. Qui appartient à Agen ou à ses habitants. Un Agenais, une Agenaise, Le patois agenais ou l'agenais, Patois de la langue d'oc illustré par les poésies de Jasmin.

AGENCE. s. m. Charge, fonction, bureau d'agent, de celui qui, moyennant salaire, se charge des affaires d'autrui. ‖ Administration dirigée par un ou plusieurs agents. Agence générale. Bureau d'agence. Il existait en France avant la Révolution une agence du clergé. ‖ Lieu où sont les bureaux de l'agence.

AGENCEMENT. s. m. Action d'agencer, état de ce qui est agencé. ‖ Arrangement, disposition, ordre. L'agencement des os est admirable. Agencement des mots. ‖ En t. d'art. Arrangement des groupes, ajustement des draperies, disposition des accessoires, d'un tableau, d'un bas relief. ‖ Indust. et com. Ensemble du matériel et des dispositions qui constituent l'installation d'une usine, d'un atelier, d'un comptoir, d'une administration. ‖ Jurisp. anc. Syn. *d'augment* dans certains parlements.

AGENCER. v. a. (b. lat. *agentiare*, rendre agréable, rendre *gent*, gentil ; de *gentus*, gent. — Le c prend une cédille dev. *a, o*). Disposer convenablement plusieurs parties d'un tout. Choisir et coordonner les couleurs d'un tableau, les ornements d'un édifice, les parties d'un travail d'un orchestre, les voix d'un morceau, les mots, les phrases d'un discours. ‖ S'AGENCER. v. pr. Se parer. Se placer d'une certaine manière. ‖ AGENCÉ, ÉE. p. pas. Se dit surtout des personnes parées, et des parties d'un discours.

AGENDA. s. m. (a-jin-da ; — lat. *agere*, *agenda* sous-entendu *negotia*, choses à faire). Petit livre sur lequel sont imprimés les mois et jours de l'année et qui sert à prendre note des choses qu'on a à faire. ‖ Papet. Agenda de cabinet, de bureau, Celui qui sert aux banquiers, aux négociants pour inscrire leurs échéances ou prendre des notes. ‖ Agenda-buvard, Celui qui porte entre chacune de ses feuilles un papier buvard. ‖ Agenda de poche, Celui qu'on peut mettre dans la poche, comme un portefeuille. ‖ Agenda de dames, de demoiselles, Agenda très petit et mignon destiné aux femmes. ‖ En papet. on dit : Agendas 1 jour, 2 jours, 3 jours, suivant qu'ils portent 1, 2 ou 3 jours imprimés sur chaque page. L'agenda *semaine*, ou 3 jours 1/2, est celui qui présente la semaine entière (l'agenda étant ouvert (3 j. sur chaque page et le dimanche à cheval sur les 2 en bas). ‖ pl. Des Agendas.

AGENDE. s. f. (a-jan-d'). Agenda. L'office des morts à neuf leçons chez les Chartreux. ‖ L'administration municipale. Vx.

AGENDES (Dispute concernant les). Le roi de Prusse introduisit en 1816 une agende nouvelle pour le service divin protestant qui donna lieu à une opposition générale en Prusse et en Bade, et qui, au lieu d'unir, ne fit que répandre la discorde parmi les différentes fractions du protestantisme.

AGENDICUM. Géog. anc. Vle de France ; auj. *Sens ou Provins*.

AGÈNE. adj. 2 g. (gr. *a* priv. ; *génos*, race). Qui ne produit pas. (V. *Agénosome*.)

AGÉNÉIEN, IENNE. adj. (gr. *a* priv. ; *généias*, barbe). Ornith. Qui n'a pas de barbe à la base du bec. ‖ s. m. pl. Nom donné jadis à une fam.

de l'ordre des oiseaux grimpeurs, comprenant ceux qui n'ont pas de soie à la base du bec.

AGÉNÉIOSE. s. m. (gr. *agénéios*, sans barbe). Nom donné par Lacépède a des poissons siluroïdes qu'il regardait comme n'ayant pas de barbillons sous la mâchoire inférieure.

AGÉNER. v. a. Offenser. Vx mot.

AGÉNÉSIE. s. f. (gr. *a* priv. ; *génésis*, génération). Anat. Stérilité ; incapacité d'engendrer. N'est pas syn. *d'anaphrodisie*. ‖ Bot. Fleurs dont les organes reproducteurs semblent faire défaut. ‖ Hist. nat. Monstruosité par défaut de développement d'un organe quelconque, du cerveau par ex. Agénésie cérébrale.

AGÉNOR. (gr. *agènôr*, vaillant). Antiq. gr. Roi de Phénicie, père de Cadmus et d'Europe. ‖ AGÉNOR. Guerrier troyen qui blessa Achille et fut tué par Néoptolème.

AGÉNOR. s. m. Zool. G. de crustacés de l'ordre des décapodes, fam. des oxyrhynques.

AGÉNORA. s. f. (gr. *agénôr*, fier). Bot. G. de composées-chicoracées réuni au g. *scariola*.

AGÉNORIE. s. f. (gr. *agénôr*, fier). Bot. G. d'asclépiadacées.

AGÉNORIE ou AGÉRONE. Déesse de l'industrie et de l'activité, appelée aussi *Strenua*, agissante.

AGÉNOSOME. s. m. (gr. *a* priv. ; *gennaô*, j'engendre ; *sôma*, corps). Anat. Monstre dont la paroi de la région abdominale inférieure manque et chez qui les organes génito-urinaires n'existent pas ou sont réduits à de simples rudiments ; c'est l'un des genres des monstres célosomiens. ‖ D'autres disent *Agène*.

AGENOUILLEMENT. s. m. Action de s'agenouiller. Peu usité.

AGENOUILLER (s'). v. pr. (de *a* et du vx mot *genouil*, genoux). Se mettre à genoux. ‖ Fig. Admirer, honorer. S'agenouiller devant la vertu, la science, le génie. ‖ Avec ellipse du pronom : On fit agenouiller tout le monde. ‖ Dans les vx dict. on trouve Agenouiller, v. a. Agenouiller les enfants. ‖ AGENOUILLÉ, ÉE. p. pas. Qui est à genoux.

AGENOUILLOIR. s. m. Petit escabeau sur lequel on s'agenouille. L'agenouilloir d'un prie-Dieu.

AGENT. s. m. (lat. *agens*, agissant, qui agit). Tout ce qui fait quelque chose, ou produit quelques effets. Dieu est l'agent suprême. Le feu, un des agents naturels les plus puissants. Agent chimique. ‖ Phys. Nom donné aux différentes forces qui produisent les phénomènes physiques, comme la chaleur, la lumière, l'électricité, le magnétisme. ‖ Méd. On appelle agents thérapeutiques les moyens employés pour guérir les maladies. Par opposition à patient. L'agent est la cause qui opère, et le patient : le sujet sur lequel elle opère. ‖ Écon. polit. Agents de la production, Les industriels de profession et leurs instruments. Agents de la circulation, La monnaie. ‖ Celui qui fait les affaires d'autrui, qui est chargé d'une fonction, d'une mission publique ou privée. Agents du gouvernement, Agents politiques ou diplomatiques, forestiers, de police, commerciaux, d'assurances, etc. Agent d'intrigues ; en parlant d'une femme on dit quelquefois du se sens *agente*. ‖ *Agent comptable*, Agent chargé d'un maniement de deniers ou d'une manutention de matières, qui doit rendre compte de sa gestion. Les agents comptables doivent en général verser un cautionnement. Il est de principe que la comptabilité-deniers et la comptabilité-matières ne doivent pas être réunies dans la même main. On appelle plus spécialement *agents comptables* certains fonctionnaires des établissements hospitaliers et de certaines branches de l'administration militaire (subsistances, habillement, campements, etc.). ‖ *Agent d'affaires*, Personne qui, sans avoir aucun caractère public, se charge habituellement et moyennant salaire, de gérer les affaires d'autrui. L'article 632 du Code de commerce répute acte de commerce toute entreprise d'agences ou bureaux d'affaires. Ces entreprises consistent à s'offrir au public pour faire pour lui ses affaires de tel ou tel genre, vendre ou régir des propriétés, suivre des procès, opérer des recouvrements, fournir des renseignements, procurer des places, etc. Les agents d'affaires sont donc des mandataires salariés ; mais il est admis par la jurisprudence que les tribunaux ont le droit de réduire les honoraires stipulés par eux lorsqu'ils sont hors de proportion avec

les services rendus. ‖ *Agent de change*. Les agents de change, dont l'origine paraît remonter au règne de Charles IX, sont nommés par le Président de la République, sur le rapport du ministre des finances dans les villes où il existe des bourses pourvues d'un parquet pour la négociation des effets publics (Paris, Lyon, Marseille, Bordeaux, Nantes, Lille, Toulouse), et sur celui du ministre du commerce dans les autres villes où il a été créé des charges d'agents de change. La loi de finances du 28 avril 1816 a autorisé les titulaires de charges d'agents de change à présenter leurs successeurs à l'agrément du gouvernement, ce qui implique pour eux le droit de stipuler une certaine somme comme prix de leur démission. Les agents de change sont intermédiaires pour la négociation des effets publics et autres susceptibles d'être cotés ; ils sont chargés de constater les cours des valeurs, des changes et des matières métalliques ; ils certifient la signature des parties en cas de transfert de rentes. Quant au courtage des lettres de change et effets de commerce qui leur est aussi attribué par la loi, il est, dans la pratique, à peu près abandonné par eux (C. de com., art. 74 à 90). Les émoluments des agents de change sont, en général, d'un huitième pour cent du montant des négociations. Les agents de change doivent tenir un livre-journal ; ils ne sont pas commerçants et il leur est interdit de faire le commerce pour leur compte ; il leur est défendu de payer ou de recevoir pour le compte de leurs clients et de se rendre garants de l'exécution des marchés ; ils sont obligés a un secret inviolable. A Paris, les agents de change sont au nombre de 60 ; leur cautionnement est de 250,000 fr. Ils peuvent (et il en est de même dans les autres villes pourvues d'un parquet) s'adjoindre des bailleurs de fonds intéressés, mais le titulaire de l'office doit toujours être personnellement propriétaire du quart au moins de la somme représentant le prix de l'office et le montant du cautionnement. La chambre syndicale des agents de change est chargée de maintenir la discipline dans la compagnie et de rédiger le bulletin des cours. ‖ *Agent de faillite*, Personne chargée de veiller aux opérations préliminaires de la faillite. L'agent de faillite a été supprimé lors de la révision du livre des faillites au Code de com. en 1838. ‖ *Agent de police*, Agent chargé, sous la direction du maire ou du commissaire de police, de maintenir l'ordre dans une ville en y exerçant une surveillance apparente ou occulte. Les agents de police portent encore, suivant les localités, les noms de sergents de ville, gardes de ville, gardiers de la paix ou appariteurs. ‖ *Agent de la force publique*, Appellation commune aux agents chargés de veiller à l'exécution des lois et des jugements et au maintien de la tranquillité publique. Les violences ou voies de fait dirigées contre un agent de la force publique sont punies d'un emprisonnement d'un mois à trois ans et d'une amende de 16 fr. à 500 fr. (C. pénal, art. 230). ‖ *Agent diplomatique*, Fonctionnaire envoyé et accrédité par un gouvernement auprès d'un autre gouvernement pour servir d'intermédiaire à leurs mutuelles relations et protéger dans leur personne et dans leurs biens les sujets de la nation à laquelle il appartient. Les agents diplomatiques sont, en outre, chargés de légaliser les actes passés dans le pays de leur résidence dont il doit être fait usage dans le pays qu'ils représentent ; ils peuvent aussi être appelés à remplir pour leurs nationaux les fonctions d'officiers de l'état civil. Les agents diplomatiques se divisent en plusieurs classes et sont revêtus de différents titres suivant le degré hiérarchique qu'ils occupent. Les agents accrédités auprès des grandes puissances portent le titre d'ambassadeurs ; ceux accrédités auprès des puissances moins importantes sont appelés ministres plénipotentiaires, ministres résidents ou chargés d'affaires. Les envoyés du pape portent les titres de légats, nonces et internonces. Tout État souverain a le droit de se faire représenter par des ministres publics. Les agents diplomatiques jouissent de privilèges particuliers : leur personne est inviolable et ils ne peuvent être l'objet d'aucune poursuite criminelle ou civile dans le pays auprès duquel ils sont accrédités. La maison qu'ils habitent jouit du privilège d'exterritorialité, c.-à-d. que par une fiction, elle est considérée comme faisant partie du territoire de leur propre pays ; les officiers de police judiciaire ne peuvent y pénétrer, le mobilier qui s'y trouve ne peut être saisi. Ces privilèges s'étendent aux personnes de a famille de l'agent diplomatique et de sa suite.1 || *Agent ecclésiastique*, ou *agent du clergé*, Ecclésiastique chargé, avant la Révolution, de veiller aux intérêts de l'ordre du clergé. Les agents du clergé, établis en 1580, étaient au nombre de deux ; ils étaient élus dans les assemblées générales du clergé qui se tenaient tous les cinq ans et choisis tour à tour dans deux provinces. Ils étaient les représentants de l'ordre dans l'intervalle de deux assemblées et étaient, en cette qualité, chargés de défendre auprès de la cour les intérêts des l'ordre et de poursuivre devant les Parlements les causes qui intéressaient la religion et les personnes ecclésiastiques. || *Agent judiciaire du Trésor public*, Fonctionnaire du ministère des finances chargé de représenter le Trésor dans toutes les actions judiciaires où celui-ci est partie comme demandeur ou défendeur, et particulièrement de poursuivre en justice les comptables en débet et autres débiteurs du Trésor. Ces fonctions, partagées avant la Révolution, entre le *contrôleur des rentes de la Chambre des comptes* et le *contrôleur des bons de l'État*, sont aujourd'hui exercées par le Directeur du contentieux au ministère des finances. || *Agent municipal*, Nom que portait, dans la constitution de l'an III, le fonctionnaire placé à la tête de l'administration municipale, dans les communes de moins de 5,000 h. || *Agent national*, Nom donné pendant la Révolution aux agents du gouvernement. || *Agent provocateur*, Nom donné, aux époques de troubles, aux agents de la police qui se mêlent aux factieux, parlent comme eux et les excitent à parler devant eux. || *Agent-voyer*, Fonctionnaire chargé de la construction et de l'entretien des chemins vicinaux. Il y a en général par département un agent-voyer en chef qui a sous ses ordres des agents-voyers d'arrondissement, des agents-voyers cantonaux et des agents-voyers auxiliaires. Les agents-voyers sont nommés par le Préfet et payés sur les ressources affectées aux travaux des chemins vicinaux ; leur traitement est fixe et sans remise sur le montant des travaux qu'ils dirigent. Les agents-voyers se recrutent d'ordinaire par la voie du concours. Dans un certain nombre de départements, le corps des Ponts et Chaussées est chargé du service vicinal. Les agents-voyers ont qualité pour constater les contraventions commises sur les chemins vicinaux et en dresser procès-verbal ; mais leurs procès-verbaux ne font foi que jusqu'à preuve contraire.

AGÉOMÉTRIE. s. m. T. de didact. Ignorance de la géométrie.

AGE QUOD AGIS. Phrase latine qui veut dire : *Fais ce que tu fais*, en d'autres termes : pour qu'une chose soit bien faite il y faut donner toute son attention ; Qui trop embrasse mal étreint ; Il ne faut pas courir deux lièvres à la fois ; Ne lisez pas en mangeant ; Quand vous vous promenez pour vous distraire, ne pensez plus aux affaires : *Age quod agis.*

AGER (Nicolas). Médecin et naturaliste strasbourgeois. XVIIe s. *Disputatio de zoophytis*, 1625, in-4° ; *De anima vegetativa*, 1629, in-4°.

AGÉRASIE. s. f. (gr. *a* priv.; *géras*, vieillesse). Méd. Absence de vieillesse, ou verte vieillesse.

AGÉRATE. s. m. (gr. *ageratos*, qui ne vieillit pas ; lat. *ageratum*). Bot. Sorte de plante de la fam. des composées-eupatoriées, dont on cultive dans nos jardins une espèce à fleurs bleues, surnommée *célestine.*

AGÉRATÉ, ÉE. adj. Bot. Qui ressemble à l'agérate. || s. f. pl. Groupe de plantes qui ont l'agérate pour type.

AGÉRATOÏDES. s. f. pl. Bot. Section de la fam. des composées-eupatoriées ayant l'agérate pour type.

AGEROLA. 4,000 h. Vle de la prov. de Naples (Italie), 10 kil. S.-E. de Castellamare, près du bord septent. du golfe de Salerne.

AGÉRONIE. s. f. Myth. La déesse du silence, qui présidait aux conseils. Elle était représentée avec un doigt sur la bouche.

AGÉROQUE. Myth. Fils de Nélée et de Chloris.

AGÉRU. s. m. Sorte d'héliotrope des Indes.

AGÈS. s. m. pl. Vx mot qui signifiait chemins, détours.

AGÉSANDRE. adj. m. pris subst. (gr. *agein*, conduire ; *aner*, *andros*, homme). Myth. Qui emmène les hommes. Épithète de Pluton.

AGÉSANDRE. Sculpteur de Rhodes, auteur avec Athénodore, son fils, et Polydore, du groupe fameux qui représente Laocoon et ses deux fils dévorés par deux serpents. Ce groupe, sculpté probablement sous Vespasien et dont Pline avait donné une description, a été retrouvé en 1506 dans les ruines du palais de Titus, à Rome.

AGÉSÉE. adj. m. pris subst. Surnom de Jupiter et de Pluton. || Fils d'Apollon et de Cyrène.

AGÉSILAS ou **AGÉSILAÜS.** (gr. *agein*, conduire ; *laos*, peuple). Myth.gr. Surnom de Pluton parce qu'il régnait sur les morts. || AGÉSILAS II. Roi de Sparte (400-361 av.J.-C.), frère d'Agis ; dirigea une expédition en Asie Mineure (396), remporta plusieurs victoires (395-384). Fut rappelé à Sparte pour secourir Lysandre battu par les Thébains. Gagna la bataille de Coronée, mais fut battu par le général athénien Chabrias, 374 ; défendit plusieurs fois Sparte contre les Thébains et fut enfin vaincu par Épaminondas à la bataille de Mantinée (363). En 361, il alla avec un corps de Lacédémoniens mercenaires soutenir la révolte des Égyptiens contre les Perses. Au retour, il mourut dans une tempête. || AGÉSILAS, Titre d'une tragédie que composa Corneille sur le déclin de l'âge et du génie. J'ai vu l'*Agésilas*, hélas ! (Boileau.)

AGÉSINATES. Ancien peuple de la Gaule (Angoumois).

AGÉSIPOLIS. Nom de trois rois de Sparte de la race des Agides.

AGÉTÈS ou **AGÉTIS.** Myth. Fils d'Apollon et de Cyrène et frère d'Aristée.

AGÉTOR. adj. m. pris subst. Myth. gr. Surnom de Jupiter et de Mercure. || Prêtre de Vénus à l'île de Chypre.

AGÉTORIES. s. f. pl. Myth. Fête en l'honneur de Vénus ou de Jupiter et de Mercure.

AGEUSTIE ou **AGHEUSTIE.** s. f. (gr. *a* priv.; *geusis*, goût). Méd. Absence de goût ; abolition ou diminution de la faculté de percevoir les saveurs.

AGGAS (R.). Peintre anglais, m. en 1679. Paysages.

AGGÉE. (héb. fête, solennité) 766-520 av. J.-C. Un des douze petits prophètes. Naquit pendant la captivité. Au retour exhorta le peuple à rebâtir le Temple, dont il prédit la gloire en annonçant que le Messie y entrerait. Les Grecs célèbrent sa fête le 16 déc., et les Latins, le 4 juil.

AGGEIANTHE. s. m. Bot. Genre d'orchidées-malaxidées. Une seule espèce qui croît dans l'Inde sur les monts Jyamally.

AGGER. s. m. (de *aggero*, j'entasse). Antiq. rom. Amoncellement de matériaux, digue, quai, chaussée, levée de terre ; travaux de défense ou d'attaque d'une place de guerre, d'un camp, etc.

AGGERRHUUS ou **CHRISTIANIA.** District ou bailliage de Norwège, prov. de Christiania, au S.-E. Superf. 5135 kil. car. 75,985 h., non compris la ville et sa banlieue.

AGGLESTON. s. m. Grande pierre servant autrefois au culte des habitants de la presqu'île de Purbeck dans la Grande-Bretagne.

AGGLOMÉRAT ou **CONGLOMÉRAT.** s. m. Géol. Réunion, entassement de plusieurs substances minérales, formées à différentes époques et réunies plus tard en une masse hétérogène. Diffère d'*agrégat.*

AGGLOMÉRATIF, IVE. adj. Qui a le pouvoir d'agglomérer. Qui concerne l'agglomération.

AGGLOMÉRATION. s. f. (a-glo-mé-ra-ci-on). Action d'agglomérer. État de ce qui est aggloméré, réunion, entassement. L'agglomération des neiges, des sables. Une trop grande agglomération d'hommes est une cause d'insalubrité. || Chim. Réunion de plusieurs molécules non combinées, assez adhérentes pour former une masse et comme un tout.

AGGLOMÉRER. v. a. (a-glo-me-ré ; — lat. *ad* et *glomerare*, pelotonner ; de *glomus*, peloton. — L'*é* de *mé* se change en *è* ouvert devant une syll. muette : J'agglomère, tu agglomères, excepté au futur et au condit.). Assembler, réunir, entasser. La richesse du sol, l'industrie agglomèrent les hommes dans une contrée, dans une ville. || S'AGGLOMÉRER. v. pr. Se réunir, s'entasser. Les sables s'agglomèrent de manière à former des masses solides. ||

AGGLOMÉRÉ, ÉE. p. pas. Population agglomérée. || Bot. Se dit des étamines, feuilles, fleurs, etc. tassées ou rapprochées en masses compactes. || Méd. Tumeurs agglomérées, Qui sont comme pelotonnées les unes autour des autres. Géol. Se dit des roches formées par la réunion successive de plusieurs parties.

AGGLOMÉRÉS. s. m. pl. Nom donné à des corps plus ou moins compacts, formés par réunion de matières diverses, en grains, en fragments ou en poussières. On fait des agglomérés pour les piles électriques. (V. *Piles*.) On en fait avec de la chaux hydraulique et des pierres (V. *Béton*) ; mais les plus importants sont ceux qu'on fait avec les débris de houille, d'anthracite, de lignite, en un mot de combustibles minéraux et qui servent pour chauffage sous le nom de *charbon moulé*, *briquettes*, *pérats*, etc. Les menus et poussières de charbons sont quelquefois réunis en briquettes par une pression considérable, au moyen de machines puissantes ; mais le plus souvent on augmente la consistance des briquettes en ajoutant à ces matières du goudron, du brai gras ou du brai maigre (V. ces mots). Cette industrie, qui ne date pas d'un demi-siècle, compte en France plus de vingt usines et fournit annuellement sept à huit cent mille tonnes.

AGGLUTINABLE. adj. 2 g. Qui peut s'agglutiner.

AGGLUTINANT, ANTE ou **AGGLUTINATIVE.** adj. (de *agglutiner*). Méd. Qui agglutine, qui est propre à recoller, à rejoindre. || Autres remèdes agglutinants, Ceux auxquels on supposait la propriété de recoller les chairs, la peau, les parties divisées. || s. m. pl *Agglutinants* ou mieux *Agglutinatifs*, Substances emplastiques qui ont la propriété d'adhérer fortement à la peau, pour maintenir les lèvres des plaies ; tels sont : le diachylon gommé, l'emplâtre d'André de Lacroix, le taffetas d'Angleterre, la gomme ammoniaque dissoute dans du vinaigre et étendue sur de la toile. Les bandelettes que l'on couvre de ces substances s'appellent bandelettes agglutinatives. || Linguist. Langues agglutinantes, Celles où règne le procédé de l'agglutination (V. ce mot).

AGGLUTINATEUR, TRICE. adj Méd. Qui a la propriété d'agglutiner.

AGGLUTINATIF. V. *Agglutinant.*

AGGLUTINATION. s. f. (a-glu-ti-na-ci-on). Méd. Action d'agglutiner, de s'agglutiner. || Recollement de parties accidentellement divisées. || Linguist. Procédé par lequel, dans certaines langues, au lieu de former des composés proprement dits et de donner aux terminaisons des flexions, on réunit les mots suivant les modifications de sens qu'on veut obtenir. Il y a dans le développement des langues, trois degrés : le monosyllabisme, l'agglutination et la flexion. Dans le monosyllabisme, les éléments de la langue sont isolés, sans relation, sans association entre eux. C'est l'état primitif. Dans l'agglutination les mots sont unis seulement par juxtaposition. La flexion est la fusion complète, l'identification. L'agglutination renferme le monosyllabisme, la flexion renferme à la fois le monosyllabisme et l'agglutination. On distingue l'agglutination simple, qui n'est qu'une juxtaposition et l'incorporation dans laquelle il y a absorption d'un mot dans un autre, ce qui constitue un commencement de flexion. Exemples d'agglutination dans la conjugaison turque : *sev-mek*, aimer, — *sev-me-mek*, ne pas aimer, — *sev-e-me-mek*, ne pas pouvoir aimer, *sev-dis-me-mek*, ne pas forcer à aimer, — *sev-dis-isch-mek*, se forcer à aimer réciproquement. Les langues agglutinantes sont les plus nombreuses et les plus pauvres en produits littéraires. En Asie : le mongol, le turc, le toungouse, le finnois, le hongrois, le malais, etc. Les idiomes indigènes de l'Amérique et le basque offrent d'une façon remarquable le phénomène de l'incorporation.

AGGLUTINER. v. a. (lat. *agglutinare*; de *ad* à et *gluten*, colle, glu). Méd. Réunir, recoller des parties contiguës accidentellement divisées. || On l'emploie surtout avec le pronom personnel. Les lèvres de la plaie s'agglutinent. || S'AGGLUTINER. v. pr. Linguist. Se joindre par agglutination. En Italie souvent le pronom s'agglutine au verbe. (Littré.) || AGGLUTINÉ, ÉE. p. pas. Bot. On dit de certains organes qu'ils sont agglutinés quand ils sont assez légèrement

ment collés les uns aux autres pour qu'on puisse les séparer sans déchirures.

AGGOUED-BUND. s. m. Sorte de soie de Mongolie.

AGGRAVANT, ANTE. adj. Qui augmente la gravité d'une faute, d'un délit. || Jurisp. *Circonstances aggravantes*, Celles qui rendent plus grave un crime ou un délit. Ainsi la préméditation est une circonstance aggravante du meurtre; les circonstances de nuit, de réunion, de maison habitée, d'effraction, d'escalade, etc., sont des circonstances aggravantes du vol. Chaque circonstance aggravante doit faire l'objet d'une question spéciale posée au jury. || Phys. Se dit des forces et du poids ajoutés à d'autres qui exercent déjà leur mouvement.

AGGRAVATION. s. f (a-gra-va-ci-on). Action d'aggraver, de s'aggraver. Se dit surtout dans le droit criminel. Aggravation de peine (augmentation). || Accroissement de charges, d'impôts. On se plaint des aggravations de droits mis sur les objets de première nécessité. || Tout ce qui rend pire l'état d'une chose. Se taire, dissimuler, s'étourdir, tous ces palliatifs de la faiblesse ou du crime ne seront jamais que de fatales aggravations. (Mirab.) || Med. Il signifie également augmentation du mal, des symptômes, etc. || Adm. eccl. S'emploie pour *Aggrave* (V. ce mot).

AGGRAVE. s. f. C'était dans l'ancienne discipline de l'Église, un nouveau degré de l'excommunication. || Depuis longtemps il signifie la seconde fulmination d'un monitoire ou avertissement de se soumettre à l'Église.

AGGRAVÉE. s. f. ou **AGGRAVEMENT.** s. m. A. vétér. Maladie du pied du chien, qui consiste en une inflammation du réseau vasculaire situé au-dessous de l'épiderme épais et dur dont les tubercules plantaires sont recouverts à leur surface d'appui. On a aussi observé chez les porcs surmenés des aggravées que l'on guérit en conduisant à l'eau les animaux malades, ou en enveloppant de cataplasmes argileux ou astringents les pieds affectés. Les moutons et même les bœufs sont aussi sujets à l'aggravée.

AGGRAVEMENT. s. m. Syn. d'*Aggravée*. || Action d'aggraver et résultat de cette action. Syn. d'*Aggravation*.

AGGRAVER. v. a. (lat. *aggravare*, appesantir). Rendre plus lourd, plus grave, plus difficile à supporter. Aggraver un fardeau, un crime, une peine, un malheur, une maladie. || Adm. eccl. Porter, prononcer une aggrave. || S'AGGRAVER. v. pr. Devenir plus lourd, plus grave, plus pénible, plus douloureux. La main du Seigneur s'aggrava sur les Azotiens. (Volt.) Le mal s'aggrave de jour en jour. || AGGRAVÉ, ÉE. p. pas. À un délit aggravé, correspond une peine aggravée. Le joug de Jérusalem est aggravé. (Boss.) || Aggravé de sommeil, Appesanti par le sommeil.

AGGRÉGAT, AGGRÉGATION, AGGRÉGER. V. *Agrégat, Agrégation, Agréger*.

AGHABOE. 4,000 à 5,000 h. Comm. du comté de la Reine, prov. de Leinster (Irlande). Ancien évêché.

AGHABOLOGUE. 3,000 à 4,000 h. Comm. du comté de Cork, prov. de Munster (Irlande).

AGHADERG. 5,000 à 6,000 h. Comm. du comté de Down, prov. de Munster (Irlande), sur le havre de Baltimore, où elle comprend six îles.

AGHADES Vle d'Afrique, capitale de l'oasis du même nom. Sert d'entrepôt pour le commerce du Sahara oriental.

AGHAGOWER. 6,000 à 7,000 h. Comm. du cté de Mayo, prov de Connaught (Irlande). Toiles.

AGHALURCHER. 13,000 à 14,000 h. Prov. d'Ulster (Irlande), sur la Colebrook, près du lac Earne. Tissus, filature.

AGHA-MOHAMMED. Fondateur de la dynastie actuelle des schahs de Perse, né en 1734, assassiné le 14 mai 1797, par deux esclaves dont il avait ordonné la mort.

AGHAMORE. 6,000 h. Comm. du comté de Mayo, prov. de Connaught (Irlande).

AGHAVALLEN. 5,000 h. Comm. du comté de Kerry, prov. de Munster (Irlande), sur la rive S. de l'estuaire du Shannon. Pêcheries.

AGHIRLIK. s. m. Présent et compliment que fait à une parente du sultan celui à qui elle a été accordée en mariage.

AGHOGOK. s. m. Nom que le peuple des îles Aléoutiennes donne à sa principale divinité.

AGHOR. Riv. du Béloutchistan orient., qui se jette dans la mer. Près de son embouchure,

grotte de Hingladj, célèbre pèlerinage indien.

AGHORA. s. m. Un des surnoms de Siva, divinité hindoue.

AGHORI ou AGHORAPOUTI. s. m. Membre d'une secte ascétique de l'Inde. Les Aghoris adorent le mauvais principe sous les formes les plus hideuses.

AGI. Nom vulgaire du piment, au Mexique.

AGIASME. s. m. (gr. *agiasmos*). Hist. eccl. Bénédiction de l'eau et aspersion sur le peuple le 1er dimanche du mois dans les églises grecques. Cette bénédiction n'a pas lieu en janvier.

AGIAU. s. m. (gr. *agios*, saint). Relique, bijou, parure de femme. Vx. || Sorte de pupitre sur lequel le doreur place le livret qui contient les feuilles d'or.

AGIDES. Descendants d'Agis, fils d'Eurysthème ; sa famille a régné à Sparte depuis 1178 av. J.-C. jusqu'à l'an 200, concurremment avec la dynastie des Proclides. Léonidas était de cette maison.

AGIDIES s. m. pl. Nom que l'on donnait aux prêtres de Cybèle.

AGIEM-CLICH. s. m. Sorte de cimeterre persan très courbe.

AGIER (Pierre-Jean). Magistrat franç. 1748-1823. Député suppléant à la Constituante, membre de la Commune, présid. du tribun. révolution. après le 9 Thermidor, enfin juge et vice-président à la cour d'appel. Écrits de jurisp.; traduct. des prophètes et des psaumes Fervent adepte, jusqu'à sa mort, de l'Église schismatique constitutionnelle et du jansénisme. *Commentaire sur l'Apocalypse*, 1823 ; *Vues sur le second avènem. de J.-C.*, 1818, au point de vue des millénaristes ; *Traité du mariage dans ses rapports avec la religion et les lois nouvelles de la France*, 1800, 2 v. in-8° ; etc.

AGIGENSALON. Vle de la Turquie d'Asie, sur la route de Constantinople à Ispahan. Caravansérail et mosquée.

AGIHALID. s. m. Bot. Arbrisseau d'Égypte à tiges épineuses.

AGILA ou AGUILANE. Roi des Visigoths en Espagne. 549-554. Détesté pour ses actions, vaincu par son rival Athanagild, il fut assassiné par ses principaux officiers.

AGILBERT ou AILBERT (S.). D'abord évêque de Dorchester en 650, puis de Paris en 664 ; m. en 675. F. 11 oct. || AGILBERT (Ste). Abbesse de Jouarre ; elle était, dit-on, parente de S. Agilbert. VIIe s. F. 10 août.

AGILE. adj. 2 g. (lat. *agilis*, de *agere*, agir). Qui est dispos, prompt, léger, qui a une grande facilité à se mouvoir. Cet homme est agile à tout. Le tigre, le singe, le chat sont des animaux fort agiles. || Se dit des choses. Main agile. Agiles instruments d'un prompt écrivain. (Boss.) || Fig. Vif, prompt à saisir. Avoir l'esprit agile.

AGILE ou AILE (S.). Premier abbé de Rebais (650). F. 31 août.

AGILEMENT. adv. Avec agilité. Il monte à cheval et voltige fort agilement.

AGILES (Raymond d'), dit *de Podio*. Historien de la 1re croisade où il avait suivi son évêque Adhémar en 1095.

AGILITÉ. s. f. Légèreté, souplesse, grande facilité à se mouvoir. Marcher avec agilité, Sauter avec agilité. || Au fig. Vivacité, facilité, en parlant de l'esprit. Cela marque l'agilité de l'âme. || Icon. L'Agilité se représente par une jeune fille se soutenant sur la pointe du pied et dans l'attitude de s'élancer.

AGILMAR, AGLIMAR ou **ÉGILMAR.** Archevêque de Vienne en Dauphiné, 842. Fut un des trois métropolitains qui, en 855, présidèrent au concile de Valence.

AGILOLF. Guerrier bavarois ou franc qui, en 533, affranchit du joug des Ostrogoths la Bavière dont il fut le premier duc. Ses descendants se nommèrent *Agilolfinges*. Le dernier fut Tassilon, gendre du Didier roi des Lombards. Charlemagne le vainquit en 788 et incorpora la Bavière au vaste empire des Francs.

AGILOLFINGES. s. m. pl. V. *Agilolf*.

AGILON (S.). Abbé de St-Bertin, au diocèse d'Arras, 1150. F. 17 août.

AGILULPHE, AGILULF ou **AGHILOLF.** Duc de Turin, roi de Lombardie, reconnu par les chefs de la nation en 592. Il était arien en 591 et se rendit au pape saint Grégoire le Grand et à l'empereur grec Maurice. Sa femme, Théodelinde, le détermina à se faire chrétien. || AGILULPHE (S.).

Évêq. de Cologne et martyr vers 770. F. 6 juil

AGIMONT. Vge près de Namur (Belgique). Ses seigneurs étaient les suzerains de tous ceux des environs. Ruines de leur manoir.

AGINCOURT (J.-B. LEROUX d'). Archéologue franç., né à Beauvais, 1730, m. à Rome, 1814. Militaire, puis fermier-général sous Louis XV. Ayant acquis une fortune considérable, il se consacre à son goût pour les arts, voyage en Angleterre, dans les Pays-Bas, en Allemagne, et, venu à Rome, ne peut s'en détacher jusqu'à sa mort. Annaliste exact, érudit sérieux, critique sûr. *Histoire de l'Art par les monuments, du IVe siècle au XVIe*. 6 v. in-fol., 325 planches ; travail immense et de premier ordre.

AGIO. s. m. (ital. *aggio*, droit de change ; mot passé en France vers la fin du XVIIe s.). Différence qui existe entre la valeur nominale et la valeur réelle d'une monnaie ou d'un billet, par ex. entre l'or et l'argent, le numéraire et le papier de banque, la monnaie du pays et la monnaie étrangère. L'agio est essentiellement variable; il dépend des événements politiques et économiques, de la rareté ou de l'abondance relatives de l'or et de l'argent, etc. ; ainsi, en 1848, l'agio de l'or s'éleva jusqu'à 95 fr. pour 1000 fr. L'agio est donc le bénéfice légitime que réalise le changeur ou le banquier sur l'échange de papier contre des valeurs métalliques ou d'une monnaie étrangère contre une monnaie nationale. Mais le mot agio se prend aussi quelquefois dans un sens défavorable comme synonyme d'*agiotage* (V. ce mot).

AGION. Archev. de Narbonne, succéda à Arnuste assassiné en juin 912. Assista au concile de Châlons-s.-Saône, 919 ; m. en 927.

AGION. s. m. Bot. Nom vulgaire de l'ajonc.

AGIONITES. s. pl. 2 g. Sectaires du VIIe s. Condamnaient la chasteté comme une suggestion du mauvais principe.

AGIOSTRATI. Petite île grecque du N. de la mer Égée, appartenant à la Turquie.

AGIOSYMANDRUM ou AGIOSYMANDRE. s. m. (gr. *agios*, saint, sacré, et *semantérion*, signal), ou **AGIOSIDÈRE.** s. m. (gr. *sidéros*, objet en fer). Instrument qui chez les Grecs remplace la cloche interdite par les Turcs, pour appeler les fidèles aux offices. C'est un morceau de bois ou de fer sur lequel on frappe avec un marteau.

AGIOTAGE. s. m. Spéculation sur les effets publics, les valeurs industrielles, les métaux précieux et les marchandises dont les cours sont cotés. Ce mot se prend généralement en mauvaise part ; il désigne aussi souvent les manœuvres coupables qui, trop souvent, accompagnent la spéculation et qui ont pour but de faire hausser ou baisser frauduleusement les cours soit par l'accaparement, soit par la propagation de fausses nouvelles. L'agiotage repose sur les alternatives de hausse et de baisse produites par les événements politiques, la situation économique, l'abondance ou la rareté des capitaux, etc. Il diffère de la vente sérieuse en ce que l'opération doit se liquider par le paiement d'une différence, non par la remise réelle de l'objet vendu et acheté. Vendre ce qu'on ne pourrait livrer, acheter ce qu'on ne pourrait payer est le caractère distinctif de l'agiotage. C'est donc un simple jeu ou pari entre deux joueurs dont l'un joue à la hausse, l'autre à la baisse, le joueur à la hausse achetant à terme, au cours du jour, une certaine quantité de valeurs ou de marchandises que le joueur à la baisse s'engage à lui livrer à l'époque fixée, étant bien entendu d'ailleurs que l'opération se réglera par le paiement d'une différence au profit de l'un des deux. — C'est dans les premières années du XVIIIe siècle, vers 1706, à la suite du discrédit de la caisse des emprunts que l'agiotage commença à se développer en France : il atteignit son plus haut degré sous la Régence lors de la création de la banque de Law et de ses compagnies de commerce. A la Révolution des peines draconiennes furent édictées par la Convention contre les agioteurs : deux années de détention, exposition publique avec l'écriteau *agioteur*, confiscation des biens (Décret du 13 fruct. an III). Un arrêté de Saint-Just et Le Bas, presque aussitôt rapporté, il est vrai, avait même ordonné de raser les maisons des coupables convaincus d'agiotage. Aujourd'hui la sanction pénale de l'agiotage se trouve dans les articles 419 à 422 du Code pénal qui punissent d'un emprisonnement d'un mois à un an et d'une amende de cinq cents francs à dix mille francs les paris sur la hausse ou la baisse des effets publics et qui réputent pari « toute convention de vendre « ou de livrer des effets publics qui ne seraient « pas prouvés par le vendeur avoir existé à sa « disposition au temps de la convention ou « avoir dû s'y trouver au temps de la livrai- « son ». En fait, ces articles ne sont jamais appliqués. La sanction civile édictée par les arrêts du Conseil d'État des 7 août et 2 oct. 1785 et 14 juillet 1787, et maintenue par le droit nouveau est le refus de toute action devant les tribunaux pour le règlement d'opérations de ce genre. Mais de récents scandales financiers ont fait naître des doutes sur l'efficacité de cette législation et ce qu'on appelle l'exception de jeu est probablement appelé à disparaître prochainement de nos codes.

AGIOTER. v. n. Se livrer à l'agiotage. Il s'est enrichi à agioter.

AGIOTEUR, EUSE. s. Celui, celle qui se livre à l'agiotage. C'est un agioteur. || adj. La gent agioteuse.

AGIR. v. a. (lat. *agere*, faire ; — le lat. *agere*, le gr. *agein*, le sanscr. *aj* ont pour sens primitif mouvoir). Faire quelque chose. Prendre du mouvement. Il a besoin d'agir. || Procéder à l'exécution de quelque chose. C'est temps d'agir. || Se comporter, se conduire. Il agit en homme de bien. || Produire de l'effet. L'éloquence agit sur les esprits. || Poursuivre en justice. Agir contre quelqu'un. || S'employer, négocier : Il agit dans votre intérêt. || Agir contre, Se déterminer à quelque chose contrairement à ses principes, à sa nature. || Agir de, Se dit par ellipse pour Agir au moyen de. Il agit de son autorité propre. || Agir en, Se comporter comme. Agir en maître. || Agir sur, Faire sentir une influence sur. || S'AGIR. v pr. et imp. Être question de. Il s'agit de nous-mêmes. On dit : Il s'agit de, avec l'infinitif ; et l'emploie aussi suivi de *que* et du subjonctif ; il se conjugue avec l'aux. *être*. L'affaire dont il s'est agi. Ne dites pas : L'affaire dont s'agit, mais : L'affaire dont *il* s'agit. S'agir s'emploie à l'inf. dans ces phrases : Il doit, il peut s'agir de choses importantes dans cette réunion. (Littré.) || Syn. Agir et En user sont souvent synonymes, mais on ne peut pas dire *en agir*. Vous avez mal agi, ou Vous en avez mal usé envers moi. || Agir et faire, quoique souvent synonymes, diffèrent en ce que faire regarde l'effet, le résultat, l'ouvrage ; agir n'a d'autre objet que l'action : on fait une chose, on agit pour la faire.

AGIRA (SAN PHILIPPO D'). 12,000 h. Vle de Sicile.

AGIS Ier. Roi de Sparte. Chef de la dynastie des Agides. Succéda à son père Eurysthènes, l'an 1060 av. J.-C et ne régna qu'un an. || AGIS II. 427-401. Se distingua pendant la guerre du Péloponèse. || AGIS III. Petit-fils d'Agésilas le Grand, régna de 333 à 324 avant J.-C. Il fut battu par Antipater général d'Alexandre et tué à la bataille de Mégalopolis. || AGIS IV. 244-238. Succéda à son père Eudomidas ; régna avec Léonidas ; essaya de réformer Sparte en rappelant les institutions de Lycurgue ; mais après diverses tentatives il fut étranglé par ordre des éphores. || AGIS. Commandant grec qui lors de la guerre de Cyrus contre son frère Artaxerxès fut pris par Tissapherne. || AGIS. Poète de la ville d'Argos, favori d'Alexandre.

AGISSANT, ANTE. adj. (lat *agens* ; d'*agere*, faire). Qui agit, qui est toujours en action, en mouvement. Suit toujours le subst. : Un homme agissant. || Qui opère avec force, qui a de l'influence, de l'efficacité. Une foi vive et agissante. Leurs conseils qui sont encore vivants et agissants en nous. (Pasc.) || Médecine agissante, Celle qui emploie des remèdes très actifs par opposition à la médecine *expectante*. || AGISSANT, p. prés. du verbe Agir, est invariable. Je les peins parlant plutôt qu'agissant. (Bescher.) || Syn. Agissant, actif. La désinence *if* indique l'aptitude et *issant* l'action effective : l'homme actif devient agissant quand son activité est mise en exercice.

AGISSEMENT. s. m. (non admis par l'Acad.) Terme de palais. Manière de faire. Agissements frauduleux, commis au préjudice de l'administration de l'enregistrement. || Par ext. Façon d'agir, conduite. Surveiller les agissements d'un conspirateur. || Ne s'emploie guère qu'au pl.

AGISTEMENT. s. m. Jurisp. anc. Droit de faire paître les bestiaux dans les bois.

AGITABLE. adj. 2 g. Qui est susceptible d'être agité. Cette question n'est pas agitable.

AGITATEUR, TRICE. s. et adj. Celui, celle qui agite les esprits, qui excite du trouble, de la fermentation dans le peuple ou dans une assemblée.Les plus grands seigneurs siégeaient avec les plus vils agitateurs de la rue.(Thiers.) || Hist. Nom donné aux officiers élus par l'armée anglaise en 1643. || Le grand Agitateur, surnom donné à Daniel O' Connell. || AGITATEUR. s. m. Tout instrument ou mécanisme qui remue quelque substance. || Chim. Petite baguette de verre qui sert à agiter les dissolutions, les précipités, etc. Dans les barattes, pour activer la formation du beurre, il y a un agitateur en forme de petite roue à ailes. || Indust. Espèce de grand tourniquet qui remue constamment la pâte à papier dans la cuve, quand elle a reçu la colle ou les matières colorantes, afin qu'elle reste bien homogène. || Appareil armé de crochets qui remue circulairement le malt dans les chaudières où l'on fait bouillir la bière. || Antiq. rom. Conducteur aux courses de chars du cirque (en lat. *agitator*). On l'appelait aussi *aurigaire*.

AGITATION. s. f. (a-gi-ta-ci-on). Action par laquelle une chose est agitée. Ébranlement prolongé, mouvements en sens opposés. L'agitation de la mer, d'un navire, d'une voiture, des nerfs, etc. || Inquiétude, trouble de l'âme excité par les passions. Être dans une grande agitation d'esprit. || Méd. Malaise qui fait que les malades changent continuellement de position, ou deviennent loquaces, ou remuent incessamment les membres. || Trouble, dans une assemblée, parmi le peuple, etc. Exciter, calmer l'agitation. Les saints ont vécu au-dessus des agitations du monde. || Vicissitude des choses humaines. Au milieu de l'agitation des choses humaines. || Révolution, bouleversements politiques. Une agitation profonde tourmentait la France. || Syn. Agitation, tourment. Dans l'agitation, l'âme est partagée entre plusieurs sentiments, elle flotte dans l'incertitude ; dans le tourment, elle est en proie à une grande souffrance intérieure, causée par un mal déterminé et présent. D'ailleurs tourment dit plus qu'agitation : le tourment est une torture.

AGITATO. adv. Mus. Mot italien qui indique dans la musique une exécution vive et un mouvement rapide. || s. m. L'agitato.

AGITE, GITO ou GITE. Petit poids en usage au Pégu, dans l'Inde.

AGITER. v. a. (lat. *agitare*, fréquentatif de *agere*, mettre fortement en mouvement). Ébranler, secouer, remuer en divers sens. Les vents agitent la mer. Les vagues agitent les vaisseaux. Agiter son mouchoir, ses bras, ses jambes, etc. || Au fig. et au moral. Inquiéter, troubler, tourmenter. La colère l'agite. || Exciter le trouble. Agiter le peuple. || Discuter. Agiter une question. || Méd. Empêcher un malade de reposer, d'être calme. || S'AGITER. v. pr. Se mettre en mouvement. Les flots s'agitent avec violence. Ce cheval s'agite. L'homme s'agite et Dieu le mène. (Fén.) || Se tourmenter l'esprit ; se livrer à l'inquiétude. || Se disposer à la révolte. || Être discuté. Il s'agita une question importante. On dit aussi impersonnellement : Il s'est agité une question importante || AGITÉ, ÉE. p. pas. S'emploie tantôt avec la prép. *de* : Le roi s'éveilla, encore agité de ce songe ; tantôt avec la préposition *par* : Agité par l'ambition ; tantôt avec *si* ; on dit par ellipse : Il fut agité si, pour Il fut agité la question de savoir si. || s. et adj. Méd. Nom donné aux aliénés qui exécutent des mouvements et des actes violents et rapides : on est souvent obligé de maintenir les agités avec la camisole de force, les entraves, le fauteuil à liens, le décubitus forcé. || Syn. Ému, agité, troublé. L'agitation est plus forte, plus longue que l'émotion et le trouble et paraît davantage à l'extérieur : l'homme ému se sent touché ; l'homme agité est hors de soi ; l'homme troublé ne sait que penser, que dire, que faire : il est interdit. || Traiter, agiter, discuter, débattre. On traite une question à fond et on en donne la solution. On agite, on discute, on débat une question, plus ou moins longtemps, plus ou moins solidement et quelquefois sans rien décider ; on l'agite à plusieurs reprises, bien des fois, souvent ou longtemps. Cette question souvent agitée, s'il convient de traduire les poètes en vers. Discuter, c'est examiner ensemble, attentivement, faire valoir paisiblement le pour et le contre. Au lieu de disputer, discutons. (Buff.) Débattre contient l'idée de lutte, c'est discuter avec chaleur, une cause. Une affaire vivement débattue. De la discussion résulte la vérité, du débat la victoire.

AGLA. s. m. Mot magique que prononcent les musulmans, en se tournant vers l'Orient, pour retrouver les objets perdus, prévoir l'avenir, etc.

AGLAB (Ibrahim Ben). Chef de la dynastie des Aglabites, fonda le royaume de Kaïroan qui comprenait l'ancienne Numidie, l'Afrique proprement dite et la Tripolitaine, vers l'an 800. Ses successeurs régnèrent jusqu'en 909, ravagèrent plusieurs fois l'Italie. Les Fatimites les détrônèrent (*Hist. des Aglabites* par Noël des Vergers, 1843).

AGLABITE. Descendant d'Aglab. || s. m. pl. Dynastie fondée par Aglab.

AGLACTATION. s. f. (gr. *a* priv.; lat. *lactatio*, allaitement). Méd. Suppression du lait chez une nourrice.

AGLAIS. s. f. (gr. *aglaïa*, éclat, beauté). Bot. Genre d'iridacées voisin du genre glaïeul, et aujourd'hui réuni au genre diasie.

AGLAÉ ou AGLAYA, AGLAÏS, PASILHÉE. Myth. La plus jeune des trois Grâces, sœur de Thalie et d'Euphrosine. Préside aux yeux qu'elle rend brillants. Elle était l'épouse de Vulcain. || Épouse d'Hercule, mère d'Onésippe et d'Antias. || La 47e planète télescopique découverte par M. Luther en 1857.

AGLAÏE. s. m. Bot. Genre de méliacées, des régions chaudes de l'Asie et de l'Océanie. Il existe en Chine une espèce dont la fleur odorante sert à parfumer le thé et dont les jeunes feuilles sont comestibles ; les fruits d'une autre espèce, dans l'Inde, sont succulents et comestibles. || Zool. Sorte d'oiseaux voisins du genre tangara.

AGLAIRE. Myth. Femme d'Amithaon.

AGLAÏS. s. f. G. d'insectes lépidoptères diurnes. Syn. de *Vanesse*.

AGLAÏSME. s. m. (gr. *aglaïsma*, ornement). Zool. G. de polypes cœlentérés de l'ordre des siphonophores ; une seule espèce recueillie dans l'Atlantique tropical. On dit aussi *Aglaïe*.

AGLAN. s. m. Nom par lequel on désigne dans le Languedoc le gland du chêne.

AGLAODORE. s. m. Bot. G. d'aroïdées ; une seule espèce de la presqu'île de Malacca.

AGLAOMORPHE. s. m. (gr. *aglaos*, élégant ; *morphé*, forme). Bot. G. de fougères, fam. des polypodiacées. || adj. m. Myth. Qui est d'une grande beauté : épithète de Bacchus et d'Apollon.

AGLAONÉMIE. s. f.(gr. *aglaos*, élégant ; *néma*, fil, étamine). Bot. G. d'aroïdées.

AGLAONICE, AGANICE ou AGLATONICE. Fille d'Hégétor, seigneur de Thessalie. Elle était savante en astronomie. Prévoyant les éclipses, elle se vantait de faire descendre la lune du ciel.

AGLAOPE. s. f. (gr. *aglaos*, beau, et *ôps*, aspect). Zool. G. de crustacés décapodes. || G. d'insectes lépidoptères crépusculaires, dont une espèce attaque les amandiers.

AGLAOPÉ. Myth. Une des Sirènes.

AGLAOPÈS. Myth. Surnom d'Esculape.

AGLAOPHAMUS. Maître de Pythagore. || Titre d'un ouvrage de Lœbech.

AGLAOPHANE. Myth. Une des Sirènes : on dit aussi *Aglaophone*.

AGLAOPHÉNIE. s. f. (gr. *aglaos*, beau ; *phaïno*, je brille). Zool. Genre de polypes cœlentérés, de l'ordre des hydroïdes.

AGLAOPHON. Peintre célèbre de l'île de Thasos, fut le maître de Polygnote et d'Aristophon (420 av. J.-C.). Il se servit dit-on de couleurs inconnues avant lui.

AGLAOSPORE. s. f. Bot. G. de champignons.

AGLAOSTHÈNES. Auteur d'une histoire de Naxos.

AGLATIO. Nom d'un mois d'hiver en Égypte. Il tire son nom d'un fruit qu'on récolte en cette saison.

AGLAURE. s. f. (gr. *aglauros*, beau). Zool. G. de vers, fam. des luniciens. || G. de polypes de l'ordre des hydroïdes.

AGLAURE ou AGRAULE. Myth. Fille de Cécrops roi d'Athènes, jalouse de sa sœur Hervé, fut changée en rocher par Mercure. Il y avait à Athènes un temple qui lui était consacré : les jeunes guerriers venaient y prêter serment avant d'aller à la guerre. ‖ Une des Grâces avait le même nom.

AGLAUS. Myth. Homme pauvre et modeste, content de son sort, qu'Apollon jugea plus heureux que Gigès.

AGLAUTE. Bot. Syn. d'*Ailante*.

AGLÈNE. s. m. G. d'insectes coléoptères de la fam. des clavicornes.

AGLIATA (Gérard). Poète sicilien, XV° s. ‖ AGLIATA (Francesco). Palerme, 1620-1664. *Chansons siciliennes* dont plusieurs sont devenues populaires.

AGLIBERT (S.) et **AGLOALD** (S.). Martyrs à Creteil près Paris au III° s. F. 25 juin.

AGLIBOLE. Myth. Un des dieux de Palmyre.

AGLIE. s. f. (gr. *aglié*, taie dans l'œil). Zool. Insecte lépidoptère du groupe des bombycines, fam. des saturnides ; on le trouve en Europe, dans les forêts plantées de hêtres.

AGLIÉ. 5,650 h. Vle d'Italie (Piémont), à 15 kil. d'Ivrée. Sur une colline. Beau palais.

AGLIO. Nom des ruines de l'anc. *Algidum* près de Frascati, sur le mont Aglio.

AGLIONBY (Jean). Ministre anglican, chapelain de Jacques I°; m. en 1610. ‖ AGLIONBY (Édouard). Fils du précédent, doyen de Cantorbéry, m. en 1643.

AGLOALD (S.). V. *Aglibert* (S.).

AGLOBULIE. s. f. Méd. Diminution des globules du sang.

AGLOMÉRATION, AGLOMÉRER. V. *Agglomération, Agglomérer*.

AGLOSSE. s. f. (gr. *aglôssos*, sans langue ; par extension sans trompe). Zool. Genre de microlépidoptères, fam. des pyralides. ‖ s. m. pl. Groupe de batraciens anoures dépourvus de langue. ‖ Bot. Section du genre *wédelie*.

AGLOSSIE. s. f. (gr. *a* priv ; *glôssa*, langue). Méd. Absence ou privation de la langue.

AGLOSSOSTOME. s m. Anat. Monstre caractérisé par l'absence de langue.

AGLUTINANT, AGLUTINATIF, AGLUTINATION, AGLUTINER. (V. *ces mots écrits avec deux g*.)

AGLUTITION. s. f. (lat. *a* priv.; *glutitio*, action d'avaler). Méd. Impossibilité d'avaler.

AGLY. Pt fl. de France, affl. de la Méditerranée ; naît dans les monts Corbières (Aude), arrose St-Paul, la Tour de France, Rivesaltes (Pyrénées-Orientales). C. 80 kil. Canaux d'irrigation.

AGLYPHE. adj. 2 g. (gr. *a* priv. et *gluphé*, rainure). Zool. Se dit des dents des ophidiens qui ne sont ni cannelées ni tubulées. ‖ Se dit aussi des ophidiens qui ont les dents faites de la sorte.

AGLYPHODONTES. s. m. pl. (gr. *a* priv.; *gluphé*, rainure ; *odous, odontos*, dent). Zool. Sous-ordre des ophidiens n'ayant pas de dents cannelées ou tubulées ni de sécrétion venimeuse.

AGMAR. s. m. Zool. Sorte de poissons. Syn. de *Diacope*.

AGMARE ou **AGMER** (S.). Évêque de Senlis, VII° s. F. 7 nov.

AGMATOLOGIE. s. f. (gr. *agma*, fracture, et *logos*, discours). Chir. Traité des fractures.

AGMINÉ, ÉE. adj. (lat. *agminari*, aller en troupe). Anat. Se dit de divers organes réunis ou rapprochés les uns des autres, par opposition à ceux de même espèce qui sont isolés ou solitaires.

AGMON. Myth. Compagnon de Diomède, métamorphosé en cygne.

AGMONDESHAM ou **AMERSHAM.** 2,612 h. Vle d'Angleterre, comté de Buckingham, à 37 kil. de Londres. Foires, marchés, fabriques de dentelle et de toile de coton.

AGNACAT. s. m. Bot. Arbre d'Amérique semblable au poirier.

AGNADEL ou **AGNADELLO.** 1,500 h. Vge de Lombardie, prov. de Crémone, à 15 kil. N.-N.-E. de Lodi. Le 14 mai 1509, Louis XII y gagna une fameuse bataille sur les Vénitiens. Vendôme y battit le prince Eugène en 1705.

AGNALIES. s. f. pl. Fêtes qu'on célébrait dans certains pays à la 1re tonte des agneaux.

AGNAN. s. m. (a-gnan). Mar. Petite plaque de fer ou de cuivre percée d'un trou et servant à supporter le rivet des clous employés à relier des bordages à clins.

AGNAN ou **AIGNAN** (S.). (en lat. *Anianus*). Évêque d'Orléans, successeur de S. Euverte. Prévoyant l'approche d'Attila, roi des Huns, il se rendit en toute hâte à Arles vers le général romain Aétius et obtint qu'il accourût au secours d'Orléans. Agnan rentra aussitôt dans sa ville épiscopale qui fut assiégée ; il soutint le courage des Orléanais, étant le premier sur les remparts, avec les reliques des saints, priant Dieu, exhortant les assiégés, leur promettant l'arrivée prochaine d'Aétius ; enfin les murs s'écroulent, sous les efforts des Huns qui se précipitent dans la ville, massacrent, enchaînent, pillent. Le saint évêque redouble de ferveur dans ses prières ; tout à coup ce cri formidable retentit : *les Romains, les Romains*. En effet les troupes d'Aétius tombent sur les Huns qui après une lutte acharnée sont défaits et se retirent vers les plaines de Châlons où une dernière bataille les met en pleine déroute. Deux ans après avoir rendu cet immense service à son diocèse, à la France et à la chrétienté, saint Agnan mourut, le 17 nov. 453, à l'âge de 95 ans. F. 17 nov. ‖ AGNAN (S.). 5° évêq. de Chartres. F. 10 juin.

AGNANI. Vle d'Italie à l'orient de Rome. C'est là que Guillaume de Nogaret arrêta Boniface VIII au nom de Philippe le Bel.

AGNANO. Lac d'Italie, à 6 kil. O.-S.-O. de Naples, cant de Pouzzoles. Il a 2 kil. de circuit. C'est un ancien cratère. Sur ses bords se trouve la *grotte du Chien*.

AGNANTHE. s. f. Plante des Antilles cultivée en Europe dans les serres chaudes. Syn. de *Cornutie*.

AGNAR. Myth. scand. Fils de Geirrod ; personnification de l'Été.

AGNAT, ATE. s. ; se prend aussi adj. (le *g* est dur, ag-na ; — lat. *agnatus*, de *ad*, auprès et *natus*, né). Dr. rom. L'expression *agnats* désignait à Rome les personnes qui descendaient d'un auteur commun par les mâles et qui se trouvaient sous la puissance du même *paterfamilias*, ou qui s'y trouveraient si ce *paterfamilias* vivait encore ; l'émancipation, la dation en adoption qui faisaient sortir l'enfant de la famille, avaient pour effet de briser le lien civil de l'agnation ; en sens inverse, l'adoption ou la *manus* (V. ce mot) rendaient agnates des personnes étrangères par le sang. A l'agnation, parenté civile, on opposait la parenté naturelle ou *cognation* : deux frères consanguins (nés du même père) étaient agnats ; deux frères utérins (nés de la même mère) étaient seulement cognats. A l'origine, les agnats étaient l'ensemble des personnes qui sacrifiaient au même foyer domestique, qui avaient les mêmes *sacra privata*. Des effets importants résultaient de l'agnation : les plus proches agnats succédaient, à l'exclusion des cognats plus rapprochés, à défaut d'héritiers siens ; ils étaient appelés à la tutelle. La jurisprudence du préteur tendit à faire prévaloir les droits de la parenté du sang sur ceux de la parenté purement civile. Cependant les derniers effets de l'agnation disparurent seulement sous Justinien (Novelle 148).

AGNATHE. adj. 2 g. (ag-nate ; — gr. *a* priv. ; *gnathos*, mâchoire). Qui n'a pas de mâchoires. ‖ Monstre du g. otocéphale caractérisé par l'absence de mâchoires. ‖ Désignation appliquée aux insectes névroptères des fam. des éphémérides et des phryganides. ‖ s. m. Zool. G. d'insectes coléoptères hétéromères, fam. des ténébrionides. ‖ G de mollusques de l'ordre des pulmonés.

AGNATION. s. f. (*g* dur ; ag-na-ci-on ; — lat. *agnatio*). Dr. rom. Lien qui existe entre les agnats (V. ce mot). On oppose agnation à cognation.

AGNATIQUE. adj. 2 g. (*g* dur). Qui a rapport à l'agnation. Lien, famille agnatique.

AGNE. s. f. (gr. *agné*, chaste). Bot. Plante d'Amérique, sorte de mimosa.

AGNEAU, ATE. s. m. (*g* mll. : a-gnô ; — du vieux franç. *agnel* ; du lat. *agnellus*, petit agneau, de *agnus* ; gr. *agnos*, innocent, pur). Le petit d'une brebis. On dit qfois au fém. *agnelle*. Chair d'agneau. Manger de l'agneau. ‖ Fig. Se dit d'une personne d'une humeur douce et de qq. animaux tels que le chien, le cheval. Ce cheval est un agneau, est doux comme un agneau. Et lions un agneau ; ils meurent en agneaux. (Corn.) ‖ Agneau pascal, L'agneau que les Juifs mangeaient à la fête de Pâques, avec les cérémonies que Moïse leur prescrivit, par ordre de Dieu, lors de la première institution, c'est-à-dire lors de leur délivrance de la servitude d'Egypte, et de leur sortie de cette contrée pour aller vers la Terre Promise. L'agneau pascal était la figure de Jésus-Christ. ‖ L'agneau de Dieu, l'agneau sans tache, l'agneau qui efface les péchés du monde. C'est le nom que Jean-Baptiste et après lui l'Église ont donné à Jésus-Christ, victime divine et innocente qui a voulu s'immoler pour le salut des hommes. ‖ Blas. Agneau pascal, Celui qui tient une banderole : symbole de la douceur et de la franchise. ‖ Hérald. Agneau de Dieu ou *Agnus Dei*, Ordre de chevalerie suédois, institué par le roi Jean III, en 1569. ‖ Un des noms de la matière que les philosophes hermétiques emploient pour faire la pierre philosophale. ‖ Bot. Agneau de Scythie, agneau tartare. Racine d'une fougère, le *cibotium Barometz*, qui représente grossièrement un agneau et que les charlatans du pays vendent comme un animal souterrain et végétant : ils lui attribuent des propriétés médicales particulières. ‖ Peint. L'agneau est la figure symbolique du Christ s'immolant comme victime pour racheter les péchés du monde. Les peintres ont toujours employé et emploient encore cette allégorie. ‖ L'*Agneau mystique*, Retable de l'église Saint-Bavou à Gand et dont le sujet est tiré de l'Apocalypse. C'est le chef-d'œuvre des frères Hubert et Jean Van Eyck, auxquels on attribue l'invention de la peinture à l'huile.

AGNEAUX DE VIENNE. Bénédictin de la congrégation de St-Maur, m. en 1792.

AGNEFLETTE ou **NOFLETTE** (Ste.) Religieuse, disciple de S. Longis, abbé de la Boisselière, au diocèse du Mans (638). F. 2 avril.

AGNEL, AGNELET ou **AIGNEL.** s. m. Monnaie d'or qui a eu cours en France sous plusieurs rois et dont le type ordinaire était un agneau pascal. Il y avait des agnels de différentes valeurs.

AGNELAGE ou **AGNÈLEMENT.** s. m. Action de mettre bas, en parlant d'une brebis.

AGNELÉE. s. f. Tous les petits qu'une brebis met bas en une fois. Elle en a rarement plus d'un ; elle n'en peut nourrir sans inconvénient que deux.

AGNÈLEMENT, AGNELLEMENT. s. m. Syn. de *Agnelage*.

AGNELER v. n. (*g* mll.; — prend l'aux. *avoir*; l'*e* de *gnel* se change en *e* ouvert devant une syll. muette : Elle agnèle, elle agnèlera). Se dit d'une brebis qui met bas.

AGNELET. s. m. Dimin. d'agneau (agnel). Petit agneau.

AGNELIN. s. m. Peau d'agneau mégissée à laquelle on a laissé la laine.

AGNELINE. adj. f. Laine agneline, Qui vient de l'agneau tondu pour la première fois.

AGNELLE. s. f. Agneau femelle.

AGNELLI (Joseph). Jésuite, né à Naples en 1621, mort à Rome en 1706. Théologien, prédicateur, consulteur de l'Inquisition. ‖ AGNELLI (Frédéric). Graveur italien du XVII° s. ‖ AGNELLI. Peintre romain du XVIII° s.

AGNELLO ou **AGNELLUS** (S.). Né en 483, évêque de Ravenne de 538 à 566. ‖ AGNELLO (André). Chancelier de Ravenne en 837, écrivit la vie des évêques de cette ville. ‖ AGNELLO (Jean). Seigneur de Pise, s'empara du pouvoir en 1364, reçut en 1368 de Charles IV le titre de doge.

AGNENI (Eug.). Peintre italien, né à Sutri 1819. Peinture historique et religieuse, à Rome, a Sutri, à Savone. Révolutionnaire ardent, il prend part aux désordres de 1848 à Rome, se bat contre les Français, est obligé de se réfugier à Gênes ; puis il vient a Paris (1853), et continue de produire quelques tableaux de mérite.

AGNÈS. s. f. (on pron. l's ; — gr. *agnos*, chaste). Personnage de l'*École des femmes*, de Molière, dont le nom est devenu celui d'une jeune fille très innocente, simple, naïve, ou qui affecte de l'être. C'est une Agnès. Elle fait l'Agnès. Rôles d'Agnès, Rôles d'ingénues.

AGNÈS (Ste). Vierge, martyre en 262 ou 303. A l'âge de 13 ans, elle fut exposée dans un lieu infâme, mais Dieu la protégea. Un jeune patricien qui voulut entrer fut frappé de mort ; la sainte lui rendit la vie. Après divers supplices, elle mourut percée du glaive, l'an 303. On l'honore le 21 janvier. Une église magnifique lui a été érigée à Rome par Constantin. C'est là que chaque année, le jour de la fête de la sainte, on bénit deux agneaux que des religieuses élèvent avec soin : leur laine sert à faire les *palliums* que le souverain pontife envoie comme signe de leur juridiction à tous les patriarches et à tous les métropolitains. || AGNÈS (Ste). Née en 1274 à Monte Pulciano, en Toscane, où elle fonda un monastère de l'ordre de S. Dominique. Morte en 1317, canonisée en 1726. F. 20 avr. || AGNÈS D'ASSISE (Ste). Religieuse clarisse (1253). Sœur cadette de sainte Claire, fonda plusieurs monastères; fut canonisée par Pie VI en 1777. F. 16 nov. || AGNÈS SOREL. V. *Sorel*. || AGNÈS DE SAVOIE. Épousa en 1466 François Ier d'Orléans ; morte en 1508. || AGNÈS DE NAVARRE. Mère du célèbre Gaston de Foix. || AGNÈS. Fille du roi de Bohème Othocar, se fit religieuse pour ne pas épouser Frédéric II. || AGNÈS DE MÉRANIE. Fille de Berthold, duc de Méranie, dans le Tyrol. Elle épousa le roi de France Philippe-Auguste, qui venait de répudier Ingelburge de Danemark. Le pape Innocent III obligea le roi à se séparer de cette épouse illégitime. Elle mourut de chagrin au château de Poissy (1201). C'est le sujet d'une tragédie de Ponsard. || AGNÈS DE FRANCE. Fille de Louis le Jeune, épousa successivement Alexis Comnène, Andronic Comnène, assassin du précédent, enfin Théodore Branas, gouvern. d'Andrinople. M. 1220. || AGNÈS DE BOURBON. Comtesse d'Artois. Épousa Jean de Bourgogne et Robert II, comte d'Artois, après la mort du premier. Morte en 1137. || AGNÈS DE VERMANDOIS. Fille d'Herbert de Vermandois et de la reine Ogive, fut faite prisonnière à Laon avec son mari Charles Ier de Lorraine. || AGNÈS DE POITIERS. Fille de Guillaume IX, comte de Poitiers et duc de Guyenne, épousa en secondes noces Ramire II, roi d'Aragon. || AGNÈS. Femme de Pierre II de Courtenay, empereur de Constantinople. || AGNÈS. Comtesse d'Orlamünde, veuve en 1293, ensuite maîtresse d'Albert le Beau, burgrave de Nuremberg. La légende dit qu'elle assassina ses deux enfants et qu'elle mourut à Hof, en prison. C'est la *Dame blanche*, qui, dit-on, apparaît chaque fois qu'un malheur doit atteindre la maison de Hohenzollern-Brandebourg. || AGNÈS. Fille de Guill. V d'Aquitaine, épouse d'Henri III, mère et tutrice d'Henri IV, empereur d'Allemagne. M. dans un couvent en Italie. XIe s. || AGNÈS. Fille de l'empereur Henri IV, épouse de Frédéric de Hohenstaufen et mère de Conrad III; épousa ensuite Léopold III d'Autriche. M. en 1143. || AGNÈS DE BOURGOGNE. Épouse de l'empereur Rodolphe Ier 1284-1291. || AGNÈS DE Palatinat. 2e épouse de l'empereur Charles IV. || AGNÈS D'AUTRICHE. Fille d'Albert Ier, veuve du roi André III depuis 1303, femme pieuse, énergique, calomniée par les historiens suisses et réhabilitée de nos jours par les historiens Kopp, Liebenau.

AGNESI (Marie-Gaëtane). Célèbre mathématicienne, membre de l'Institut de Bologne. Auteur des *Instituzioni analitiche*. Benoît XIV la nomma lectrice honoraire et professeur de l'Université de Bologne. Née à Milan en 1718, elle y mourut en 1799. Elle savait le latin à 9 ans, le grec à 11 et soutint à 19 ans, 191 thèses de mathématiques. — Sa sœur *Marie-Thérèse* a composé des opéras et des cantates.

AGNETTE. s. f. Techn. Burin gras tenant le milieu entre le burin ordinaire et la gouge.

· AGNETZ. Bg de France (Oise) ; église du XIIIe s., monastère hist.; ruines d'un prieuré du XIIe s.

AGNI (Agh-ni). Myth. hind. Dieu du feu. Fils de Kaçyapa et d'Aditi. || AGNI (Thomas), de Lentini (Sicile). Évêque de Bethléem, puis de Cosenza, patriarche de Jérusalem, fonda la 1re maison de l'ordre des Dominicains à Naples, 1231 ; m à St-Jean d'Acre, en 1277.

AGNIAN. Myth. brésil. Nom d'un mauvais Génie. || AGNIAN. Chansonnier poitevin, avant le siècle des troubadours.

AGNICHNÂTTA. s. m. (ag-nich-vâ-ta). Nom des fils de Marichi, aïeux des Devas.

AGNICHTOMA. s. m. (ag-ni-chto-ma). Rel. hind. Oblation du feu pendant 5 jours consécutifs à l'entrée de chaque printemps.

AGNIÉE. s. f. (ag-nié). Mar. Large tresse plate en bitord, sur laquelle s'assied un homme pour se faire hisser le long du mât.

AGNITION. s. f. Ce mot qui n'est plus guère usité est synonyme de reconnaissance. Il désigne, dans les ouvrages, les poèmes narratifs et les romans, une des péripéties les plus ordinaires et celle peut-être qui produit le plus d'effet. (V. *Reconnaissance*.)

AGNO. Riv. de la Vénétie, se jette dans la Conca de Brondolo; navigable sur une longueur de 60 kil.

AGNO ou HAGNI. Une des Nymphes qui nourrirent Jupiter. Elle donna son nom à une fontaine célèbre.

AGNODICE. Savante grecque du IVe s. av. J.-C.; exerça la médecine à Athènes, sous un vêtement d'homme. Dénoncée par des médecins jaloux de ses succès elle fut obligée de faire connaître son sexe et elle obtint l'abrogation de la loi qui interdisait aux femmes l'exercice de la médecine.

AGNOÈTES ou AGNOÏTES. (ag-no-ètes ; — gr. *agnoétès*, ignorant ; de *agnoein*, ignorer). Hist. eccl. Nom donné à des hérétiques du IVe s., disciples de Théophrone de Cappadoce, qui attaquaient la science de Dieu sur les choses futures, présentes et passées. || Secte d'Eutychiens dont Thémistius fut l'auteur au VIe s. Ils soutenaient que J.-C. en tant qu'homme ignorait certaines choses et surtout l'heure du jugement dernier.

AGNOÏE. s f (ag-no-î ; — gr. *a* priv. et *gnoô*, je connais, prim. de *gnôskô*). Méd. État d'un malade qui ne connaît rien de ce qui l'entoure.

AGNOLO (Baccio d'). Sculpteur et architecte florentin. 1460-1543. Ami de Raphaël et de Michel-Ange Il construisit plusieurs palais et villas ; ses sculptures en bois sont célèbres.

AGNOM. s. m. (lat *agnomen* ; de *ad* et *nomen*, nom). Chez les Romains on appelait ainsi soit le 4e nom, soit le nom de l'adopté qui s'ajoutait à celui de l'adoptant, ou enfin un 2e surnom destiné à désigner une nouvelle branche issue d'une branche secondaire.

AGNON ou ACNONIDE. Orateur grec, accusa Théophraste d'impiété ; chassé d'Athènes pour cette calomnie, il y revint par la protection de Phocion.

AGNONE. 12,000 h Ville d'Italie, prov. de Molise ch.-l. de cant. Fonderies de cuivre ; 19 églises

AGNOSCIOLA (Sophonisbe). Femme peintre italienne, née à Crémone, morte en 1620 : excella dans le genre du portrait.

AGNOSIE. s. f. T. de didact. Ignorance.

AGNOSTERION. s. m. (ag-nos-te-ri-on; — gr. *agnós*, inconnu ; *thérion*, animal). Géol. G. de carnassiers fossiles qui se rapprochent du chien.

AGNOSTIQUES. s. m. pl. (gr. *agnolin*—ne pas connaître, de *a* priv.; *gnôskô*, je connais). Néol. Nom appliqué, de nos jours, à des philosophes d'après lesquels l'homme n'a d'autre connaissance que celle qu'il acquiert au moyen des sens. (V. *Sensualisme*.)

AGNUS. s. m. (ag-nuss : *g* dur ; mot lat. qui signifie agneau), ou AGNUS DEI. Nom que l'on donne a de petits pains de cire empreints de la figure d'un agneau, portant l'étendard de la croix, et que le pape bénit solennellement le dimanche *in albis*, après sa consécration, et ensuite de 7 ans en 7 ans, pour être distribués au peuple. Au XVIe s. le pape Pie V en envoya aux Français qui avaient secouru Malte menacée par les Turcs. || Petites images de piété, découpées et brodées d'or et d'argent qu'on donne en récompense aux enfants.

AGNUS-CASTUS. (ag-nuss-ka-stuss ; on pron. le *g* dur et les *s* finals; — gr. *agnos*, chaste ; lat. *castus*, chaste). Bot. G. de plantes de la fam. des verbénacées, syn. de *Gattilier* et de *Vitex*. Arbrisseau dont les feuilles rappellent celles du chanvre. Les fleurs blanches, bleues, violettes ou grises, disposées en longs épis, étaient chez les anciens l'emblème de la chasteté. Le fruit très petit est appelé petit poivre ou poivre sauvage à cause de son goût âcre et aromatique. Cette plante croît spontanément sur le bord des rivières en Sicile, en Italie et dans le midi de la France. On attribuait à cette plante une vertu anti-aphrodisiaque, mais elle paraît plutôt avoir une vertu stimula te. Aujourd'hui on l'emploie seulement à l'ornementation des jardins. || Au pl. Des Agnus-castus.

AGNUS DEI. (ag-nuss-dé-i ; — mots lat. qui signifient agneau de Dieu). Partie de la messe où le prêtre dit 3 fois, en se frappant la poitrine, une prière qui commence par *Agnus Dei*; La messe en était à l'*Agnus Dei*. || Une composition musicale sur ces paroles : on dit l'*Agnus Dei* de tel compositeur. || V. *Agnus*.

AGOARD (S.) Martyr à Créteil, IVe s. F. 24 juin

AGOBARD (S.). Archevêque de Lyon, né près de Trèves en 779; coadjuteur de Leidrade en 813, lui succéda en 816 ; soutint la cause de Lothaire contre Louis le Débonnaire, se réconcilia avec ce dernier et mourut près de lui en 840. Il nous reste d'Agobard des traités estimés, contre les épreuves et les duels judiciaires, contre l'idolâtrie, la sorcellerie, sur le sacerdoce : etc. OEuvres édit. par Baluze, 1666, 2 v. in-8. F. 6 juin.

AGOBILLE. s. f. pl. Arg. Outils d'un voleur : pince, fausse-clef, etc.

AGOCCHIO (Sébastien). Chroniqueur bolonais du XVe siècle.

AGOFROI ou GODEFROY, AGOFREDUS. Abbé du monastère bénédictin de La Croix-Saint-Leufroi, au diocèse d'Évreux, VIIIe s. F. 24 avril.

AGOGE. s. m. (gr. *agein*, conduire). Rigole pour écouler l'eau dans les mines.

AGOGÉ. s. f. Succession de sons ascendants et descendants dans la musique ancienne.

AGOLANT. Nom que porte dans les chansons de geste un roi musulman d'Afrique à qui, d'après la légende, Charlemagne aurait fait la guerre.

AGOLANTI (César). Poète italien, XVe siècle.

AGOLUM. s. m. Antiq. rom. Long bâton terminé en pointe dont se servaient les pâtres romains et les conducteurs de bestiaux, pour chasser devant eux le bétail. Il est encore en usage dans les campagnes de Rome. Il est fait d'un rejeton droit du cactier à raquette.

AGOMAN. s. m. Le mauvais esprit, chez les Brésiliens.

AGOMPHE. adj. 2 g. (gr. *a* priv.; *gomphos*, clou). Zool. Dont les mâchoires sont dépourvues de dents.

AGOMPHOSE. s. m. (gr. *a* priv.; *gomphein*, clouer). Zool. État des dents qui vacillent dans leurs alvéoles.

AGON. 1,600 h. Port de mer, dép. de la Manche, arr. de Coutances. On y fait des armements pour pêcher la morue à Terre Neuve. Fabrique d'hameçons.

AGON (S). 4e évêq. de Poitiers F. 18 août.

AGONAC. 1,600 h. Comm. de France (Dordogne), arr. de Périgueux. Château dont les substructions sont antérieures à l'an mil. Grotte remplie d'un gaz qui éteint les flambeaux.

AGONAL, ALE. adj. Antiq. rom Qui concerne les fêtes appelées *agonales*. Les jours agonaux étaient ceux auxquels on célébrait les fêtes agonales.

AGONALES. Antiq. rom. Fêtes qui se célébraient à Rome quatre fois l'an : le 9 janv. en l'honneur de Janus ; le 17 mars en l'honneur de Mars ou de Quirinus (*Liberalia*); le 21 mai en l'honneur de Jupiter, et le 31 déc. en l'honneur des divinités infernales. Elles étaient marquées par des sacrifices d'animaux (*agonia, agonalia*), d'où elles tirent leur nom.

AGONANDRE. s. m. Plante, genre d'olacinées-opiliées.

AGONATE. adj. 2 g. (gr. *agonatos*, sans genou). Zool. Qui n'a pas de genoux. || s. m. pl. Classe d'animaux articulés, qui comprenait jadis les genres crabe, écrevisse, etc.

AGONAUX. s. m. pl. Antiq. rom. On appelait ainsi les douze prêtres saliens que Numa Pompilius, roi de Rome avait institués pour le service du dieu Mars.'

AGONAX, AZOMAX, AZONACH ou NOACH. L'un des disciples de Sem ou d'Heber, père de l'astronomie. Zoroastre fut son fils ou son disciple.

AGONE. s. m. (gr. *agôn*, combat). Antiq. gr. Jeux qu'on célébrait à différentes époques en l'honneur des héros et des Dieux. || AGONE. adj. 2 g. (gr. *a* priv.; *gônia*, angle). Qui n'a pas d'angles. Une roche agone.

AGONEN. s. m. Ichtyol. Nom que les pêcheurs donnent à la vaudoise, quand elle a atteint tout son développement.

AGONIE. s. f. (gr. *agônia*; de *agôn*, combat). Dernière lutte de la vie contre la mort : ne se dit qu'en parlant de l'homme. État d'un malade à l'extrémité. Être à l'agonie. Une longue et cruelle agonie. Les convulsions de l'agonie. La cloche funèbre sonne les dernières agonies du trappiste. (Châteaub.) || Par ext. Mort. Devoir sa fortune à l'agonie de ses proches. || Décadence à son dernier terme. L'empire romain est a l'agonie. L'agonie de l'honneur. || || Fig. Souffrances morales, grandes peines d'esprit. Être dans de continuelles agonies. || L'agonie de Notre-Seigneur au jardin des Oliviers, L'état douloureux où Notre-Seigneur se trouva au jardin des Oliviers. L'Église honore d'un culte spécial cette partie du mystère de la Passion, sous le titre d'*Oraison de Notre-Seigneur*, le mardi de la Septuagésime. || Méd. L'agonie est caractérisée par une altération profonde de la physionomie, l'abolition progressive du sentiment et du mouvement, l'aphonie, la sécheresse ou la lividité de la langue et des lèvres, le gargouillement des liquides dans l'œsophage, le râle, la petitesse et l'intermittence du pouls, le froid des extrémités qui s'étend graduellement au tronc. (Nysten.)

AGONIENS. s. m. pl. Myth. Les Dieux étaient ainsi appelés à Rome, quand on les priait de rendre une entreprise heureuse, ou qu'on les honorait par des combats.

AGONIONEURE. s. m. (gr. *agónios*, sans angle; *neuros*, nervure) Zool. Insecte hyménoptère dont les ailes n'ont qu'une seule nervure.

AGONIOS. Myth. gr. V *Agoniens.*

AGONIQUE. adj. 2 g. (gr. *a*, sans; *goné*, angle). Phys. Terme nouvellement employé pour qualifier la ligne imaginaire unissant sur notre globe tous les points où la déclinaison de l'aiguille aimantée est tout à fait nulle. Sur la ligne agonique l'aiguille se dirige exactement vers le pôle nord.

AGONIR. v. a. (vieux norm. *ahonnir*, faire honte). Pop. Accabler. Agonir quelqu'un d'injures, de sottises. || Abs. Injurier. Il m'a agoni pendant deux heures. On dit à tort Agoniser de sottises. || S'AGONIR. v. pr. S'injurier mutuellement.

AGONIS. s. m. Bot. G. de myrtacées leptospermées. Arbrisseau de l'Australie occidentale.

AGONISANT, ANTE. adj. Qui est à l'agonie. || Avec un nom de choses qui indique l'agonie. D'une voix agonisante. || Par exag. Affaibli, qui se porte mal. Depuis un mois je suis agonisant. || Qui est à son dernier déclin. Un empire agonisant. || Subst. Dire les prières des agonisants. || Confrérie des Agonisants : instituée pour prier Dieu en faveur des condamnés à mort. On l'attribue à S. Nicolas de Tolentino.

AGONISER. v. n. Être à l'agonie. || Fig. La nuit quand la veilleuse agonise dans l'urne. (V. HUGO.) || Tous les autres sens des mots *agonie, agonisant.*

AGONISTARQUE. s. m. (gr. *agónistès*, combattant; *arkhos*, chef). Antiq. gr. Magistrat qui présidait aux luttes des athlètes.

AGONISTE. s. m. (gr. *agónistès*, lutteur; de *agón*, lutte, combat). Antiq. gr. Gymnaste, athlète, lutteur.

AGONISTIQUE. s. f. (gr. *agónistika*; de *agonidzein*, combattre). Partie de la gymnastique des anciens, qui avait rapport aux combats, dans lesquels les athlètes luttaient tout armés. Il y avait un traité des statuts qui s'apprenait avec soin et s'exécutait avec sévérité. || adj. D'après Trévoux : exercices agonistiques. || s. m. pl. Nom par lequel Donat et les donatistes désignaient les prédicateurs qu'ils envoyaient pour répandre leur doctrine.

AGONIUS. Myth. rom. V. *Agoniens.* || Surnom de Janus.

AGONOGRAPHIE. s. f. (gr. *agón*, combat; *graphô*, j'écris). Description des jeux solennels des anciens.

AGONOTHÈTE. s. m. (gr. *agónothétès*; de *agón*, combat et *tithein*, disposer). Antiq. gr. Nom donné en Grèce à ceux qui instituaient ou faisaient célébrer pour la première fois des jeux ou concours publics; à ceux, particuliers ou villes, aux frais de qui ces fêtes étaient célébrées; enfin, à ceux qui remplissaient les fonctions de directeur, président ou juge de ces jeux et concours. Quelquefois ces trois rôles étaient réunis en une même personne : c'est ce qui avait lieu notamment pour les jeux funèbres. Les agonothètes portaient aussi le nom d'*athlothètes* (V. ce mot).

AGONYCLITES. s. m. pl. (gr. *a* priv.; *gonu*, genou; *klinô*, je plie). Hérétiques du VIII° s., qui avaient pour maxime de ne jamais prier à genoux, mais debout.

AGORA. s. f. Antiq. gr. Lieu affecté chez les Grecs tout à la fois à la tenue des marchés et aux réunions politiques. Par extension, le mot *agora* désigna l'assemblée même du peuple. — L'agora n'était pas seulement une place où les marchands venaient vendre les objets de leur commerce : produits du sol, de la chasse, de la pêche, de l'industrie. On y trouvait, outre les boutiques des marchands, généralement groupées suivant les différents genres de commerce, et qui dans certaines villes formaient des espèces de bazars, des édifices de toutes sortes : halles, portiques, tribunaux, temples, des statues, des fontaines, des plantations. L'agora était à la fois le rendez-vous des désœuvrés et le centre de l'activité commerciale et de la vie politique de la cité.

AGORACITE Sculpteur célèbre né à Paros; disciple de Phidias, de même que l'Athénien Alcmène. Ces deux disciples firent une Vénus pour les Athéniens : ceux-ci préférèrent celle d'Alcmène, inférieure à celle d'Agoracite. Ce dernier, par vengeance, vendit sa Vénus à condition qu'elle n'entrerait jamais dans Athènes.

AGORANOME. s. m. (gr. *agoranomos*; de *agora* et *nemein*, gouverner). Antiq. gr. Magistrat grec, analogue à l'édile romain, chargé spécialement de la police des marchés, de l'inspection des marchandises mises en vente et de la répression des fraudes qui pouvaient se produire dans les transactions commerciales. A Athènes, il y avait dix agoranomes, cinq pour la ville et cinq pour le Pirée.

AGORANOMIE. s. f. Charge d'agoranome.

AGORAPHOBIE. s. f. (gr. *agora*, place publique, assemblée, et *phobos*, crainte). Méd. Crainte du public. Espèce d'aliénation qui fait qu'on fuit la présence des autres personnes; accès d'angoisses avec palpitations et alarmes sans motifs.

AGORARQUE. s. m. (gr. *agora*, marché; *arkhos*, chef). Nom que portait à Sparte le magistrat appelé ailleurs, notamment à Athènes, agoranome.

AGORDO. 3,000 h. Bg de la Vénétie, à 27 kil. N.-O. de Belluno, sur le Cordevole. Mines de cuivre dans le val d'Agordo.

AGORÉEN, ÉENNE ou AGORÉE. adj. Myth. gr. Surnom donné aux divinités dont les temples étaient dans l'agora. Minerve Agorée était en vénération chez les Lacédémoniens.

AGORES. s. m. pl. (gr. *agoraios*, grossier). Groupe d'araignées, du genre disdère.

AGORI, AGGURI. Vle et ch.-l. de perganah du distr. anglais de Mirzapour (Inde sept.). Restes curieux d'anciens temples indous.

AGOSTA ou AUGUSTA. 12,000 h., Vle maritime de Sicile, à 17 kil. de Syracuse. Fondée au XIII° siècle par Frédéric II, elle fut en partie détruite par un tremblement de terre en 1693. Le port restauré est spacieux et très sûr. Bataille navale gagnée par la flotte française, ayant à sa tête Duquesne, sur Ruyter, amiral hollandais, qui y fut blessé mortellement. Commerce de vins, huile d'olives, sel, etc.

AGOSTIN (Michel). Astronome espagnol, 1560-1630 Fut pour l'Espagne ce qu'Olivier de Serres avait été pour la France. *Libro de los segretos de agricultura* (les secrets de l'agriculture), divisé en 5 livres et suivi d'une table des termes de l'agriculture en six langues (Perpignan, 1626, in-4°), plusieurs fois réimpr.

AGOSTINI (Léonard). Inspecteur des antiques, à Rome, XVII° s.; protégé du cardinal Barberini; a laissé un ouvrage illustré sur les *pierres précieuses antiques* et a continué la *Sicile décrite par les médailles*, de Paruta. || AGOSTINI (le P. Jean degli). Biographe italien, religieux franciscain; né à Venise; 1701-1755. *Notices historico-critiques concernant la vie et les ouvrages des écrivains vénitiens* (en italien), ouvrage inachevé.

AGOSTINO et AGNOLO ou ANGELO DA SIENA. Étaient deux frères architectes et sculpteurs du XIII° s. Travaux à Pise, Sienne, Orvieto, Arezzo, Bologne. || AGOSTINO DE VALERANO (Paolo). Musicien, maître de la chapelle pontificale de St-Pierre; né en 1593.

AGOT ou HAGOT. s. m. Nom donné par Pellisson à la race dégradée qu'on appelle encore *cagots* ou *cagoux* (V. ces mots).

AGOTKON. Nom des esprits du 2° ordre et des sorciers chez les Iroquois.

AGOUB (Joseph). Orientaliste et poète né au Caire, 1795; m. Marseille, 1832 Amené en France à l'âge de 6 ans, au retour de l'expédition d'Égypte, il fit à Marseille d'excellentes études; vint à Paris en 1820, fut professeur d'arabe, et cultiva la poésie et les lettres. La révol. de 1830 ui fit perdre sa place, et il en mourut de chagrin. Ses *Œuvres* ont été publiées en 1833, 1 vol. in-8°. Son principal ouvrage est l'édition de Bidpaï, préparée par lui, mais restée manuscrite.

AGOUCHI. s. m. Petit mammifère qui diffère peu de l'agouti ; sa queue est plus longue et il n'a pas de crète derrière la tète.

AGOUFFI. s. m. Divinité kalmouke.

AGOUL. s. m Nom que l'on donne dans l'Afrique centrale à une plante qui croît dans les lieux les plus arides et qui sert à la nourriture des chameaux.

AGOULT. Famille de Provence dont la devise était : Hospitalité et bonté d'Agoult. || AGOULT (Guillaume d'). Gentilhomme et poète provençal, XII° s.; un des meilleurs troubadours de son temps. La *Maniera d'amor del temps passat*. Ce poème est perdu. || AGOULT (Ch.-Jos.-Matth. d'). Prélat franç. né à Grenoble 1747, m. à Paris 1824. Évêq. de Pamiers (1787), il quitte la France au début de la Révolution de 1789 et se retire à Soleure; rentré en 1801, résigne son siège, et s'occupe dès lors d'administration et d'économie polit. *Projet d'une banque nationale* (1815) ; *Des impôts indirects et des droits de consommation* (1817) ; *Conversation avec Burke sur l'intérêt des puissances de l'Europe* (1814). || AGOULT (Marie de FLAVIGNY, Ctesse d'). 1805-1876. Pseudonyme, *Daniel Stern.* Née à Francfort-sur-le-Mein ; épousa le comte d'Agoult en 1827, voyagea, quitta son mari, mena une existence irrégulière et se réconcilia enfin avec le comte d'Agoult qui mourut en 1856. Femme auteur, du genre de Mme G. Sand, socialiste, ou à peu près ; très instruite. A beaucoup écrit dans la *Presse*, la *Revue des Deux-Mondes*, la *Revue indépendante*. Ses princ. ouv. sont : *Trois journées de la vie de Marie Stuart* (1856) ; *Histoire de la révolution de 1848* ; *Esquisses morales et politiques* (1849) ; *Lettres républicaines* (1848) ; *Nébida* (1845), etc.

AGOUPY. s. m. Zool. Nom vulg. du rouge-gorge.

AGOURRE ou ANGURE. s. f. Bot. Ancien nom de la grande cuscute qui fait périr le lin quand elle s'y attache.

AGOUST. s. m. Vx mot qui signifiait Canal, égout.

AGOUSTER. Vx verbe qui signifiait Faire écouler l'eau, dessécher.

AGOUT. Riv. de France. Prend sa source aux monts de l'Espinouse (Hérault), arrose la partie méridionale du dép. du Tarn, passe à Castres, Lavaur et se jette dans le Tarn, rive g., sur la limite du dép. de la Hte-Garonne. C. 180 kil. dont 80 navigables, à partir de Castres. Nombreuses usines.

AGOUTI. s. m. Zool. Genre de mammifère de l'ordre des rongeurs qui a la physionomie et les habitudes des lapins. On le trouve aux Antilles et dans l'Amérique mérid. Daubenton et M. Geoffroy Saint-Hilaire ont recommandé l'importation dans nos climats et la domestication de l'agouti, que les Indiens appellent *mara.*

AGOYATE. s. m. (gr. *agô*, je conduis). En Grèce, guide, conducteur.

AGRA. s. f. (gr. *agra*, proie). Zool. G. d'insectes coléoptères d'Amérique. || Bot. Bois de senteur provenant de l'île de Haïnan.

AGRA. 143,000 h. Grande ville de l'Inde septentrionale, située sur la Djauma, à 1,500 kil. de Calcutta, par 27° 11' de lat. N. et 75° 41' de long. E., à 200 m. au-dessus de la mer. O y remarque le monument impérial, des mosquées et un jardin de plaisance. Elle est le siège d'un vicariat apostolique, et chef-lieu d'une province à qui elle donne son nom. Cette dernière est une des plus fertiles des Indes : elle produit la canne à sucre, le coton, l'opium, l'indigo, le tabac et des céréales. Sa population s'élève à 5,000,000 d'âmes, et sa superficie égale celle de 3 dép. franç. La ville d'Agra fut fondée par l'empereur Akbar qui en fit la capitale du Mongol. En 1784 les Mahrattes s'emparèrent de la ville et de la province, et en furent eux-mêmes dépossédés par les Anglais en 1803.

AGRADÈLE. s. f. Nom languedocien de l'épine-vinette.

AGRADJANMA (*le premier né*). Myth. ind. Un des surnoms de Brahma.

AGRÆUS. adj. m. (mot lat. ; — a-gré-uss). Surnom de Jupiter et d'Apollon. || s. m. Fils d'Apollon et de Cyrène, père d'Aristée. || AGRÆA. adj. f. Surnom de Diane.

AGRAEUS (Claude-Jean). (A-gra-euss) Jurisconsulte suédois; profes. à l'Univers. de Dorpat (XVIIe s.). On lui doit un recueil d'anciennes lois suédoises.

AGRAFA. Un des cantons de la Thessalie.

AGRAFAGE. s. m. Action d'agrafer. ‖ Espèce de soudure employée pour les vases destinés à supporter une haute température et pour les ustensiles en fer blanc.

AGRAFE. s. f. (anc. franç. *agrappe.* V. *Grappin,* du bas lat. *grappa*). Crochet qui entre dans un anneau appelé porte et sert à attacher ensemble différentes choses. M. Gingembre a inventé une machine qui fait tout le travail de fabrication de l'agrafe avec une rapidité extraordinaire. Agrafes d'acier, d'or. ‖ Agrafe-châtelaine, Celle dont on se sert pour retenir les montres. ‖ Agrafe-page, Celle qui sert à relever la robe. ‖ Agrafe de Valentin, Espèce de pince à branches parallèles, employée par Valentin dans l'opération du bec-de-lièvre, pour rapprocher les bords de la plaie. ‖ Arch. Crampon qui retient les pierres, les marbres. Ornement sculpté qui semble réunir plusieurs membres d'architecture. ‖ Bot. Poils rudes en forme d'hameçons qu'on trouve à certaines plantes. ‖ Vann. L'osier tortillé qui tient le bord d'un panier, d'une hotte. ‖ Jard. Ornement qui réunit deux figures dans un parterre.

AGRAFER. v. a. Attacher avec une agrafe. Agrafer le corsage d'une robe. ‖ Par ext se dit des personnes. Sa femme de chambre l'a mal agrafée. ‖ S'AGRAFER. v. pr. Être attaché avec une agrafe. ‖ Au fig. S'attacher à quelqu'un. Cette fille s'agrafe à tout ce qu'elle rencontre. Vulg.

AGRAŸ. Myth. Nom d'un des Titans.

AGRAIN (Eustache d'). Né en Vivarais. Croisé en 1196, connétable, vice-roi de Jérusalem. Vice-roi d'Acre en 1123. Surnommé l'Épée, le Bouclier de la Palestine.

AGRAINER. v. a. Nourrir le gibier avec du grain. Agrainer des faisans dans un bois. Syn. d'*Agrener.*

AGRAIRE. adj. 2 g. (lat. *ager,* champ). Jurisp. rom. Lois agraires, Lois qui avaient pour objet la division du domaine public (*ager publicus*) entre les citoyens romains. Ce domaine étant en principe inaliénable et imprescriptible sans une autorisation du législateur, on voit qu'à Rome les lois agraires n'ont jamais eu pour objet, comme on le croit souvent, de porter atteinte à la propriété privée. — Le domaine public se composait des terres conquises et il alla par suite s'accroissant avec les conquêtes mêmes de Rome. De ce domaine, une partie était vendue pour payer les frais de la guerre et entrait alors dans la propriété privée des citoyens; une autre partie était réservée à la dépaissance en commun moyennant un droit (*vectigal*) payé par chaque tête de bétail envoyée à la pâture; le surplus était concédé, moyennant redevance, en possession toujours révocable au gré de l'État. Mais il arriva, pour cette dernière partie du *ager publicus,* que les patriciens qui en étaient concessionnaires à titre purement précaire s'en attribuèrent la propriété et cessèrent de payer la redevance imposée à l'origine de la concession. La première loi agraire fut proposée, en 486 av. J.-C., par le consul Sp. Cassius pour réprimer ces usurpations. Les patriciens firent échouer cette tentative que Sp. Cassius paya de la vie. Un siècle plus tard, en 376, le consul Licinius Stolon proposa et fit voter après dix ans de luttes une loi portant que nul ne pourrait posséder plus de 500 *jugera* (env. 125 hect.) de terres publiques, ni envoyer dans les pâturages communs plus de 100 têtes de gros bétail ou 500 de petit. Les lois liciniennes étant tombées en désuétude, Tibérius Gracchus proposa en 133 une loi ayant pour but de limiter à nouveau l'étendue des terres publiques que pourrait conserver chaque citoyen et de partager les terres recouvrées en lots de 50 *jugera* qui devaient être distribués aux citoyens et aux alliés, à charge de les cultiver et de payer une redevance à l'*ærarium.* On sait comment échouèrent devant les résistances intéressées des patriciens les efforts de Tibérius Gracchus, de son frère Caïus : ils périrent tous les deux et leurs lois furent abolies. Après eux il y eut encore quelques tentatives de lois agraires (loi *Thoria agraria;* autre loi proposée en 64 par le tribun P. Servilius Rullus et combattue par Cicéron). La loi *Julia* votée en 59 sur la proposition de César peut être regardée comme la dernière loi agraire. — La fausse idée qu'on s'était faite jusqu'à la fin du siècle dernier des lois agraires des Romains et de la tentative des Gracques a fait donner, sous la Révolution, le nom de *lois agraires* à des propositions socialistes qui tendaient à la spoliation des riches et au partage des propriétés privées. Telle fut la tentative de loi agraire de Gracchus Babeuf (V. ce nom). C'est contre la loi agraire ainsi entendue qu'a été porté le décret de la Convention du 18 mars 1793 qui prononçait la peine de mort « contre quiconque proposerait « une loi agraire ou toute autre subversive des « propriétés territoriale, commerciale et in- « dustrielle ». ‖ On appelle, en Irlande : *question agraire* les difficultés et les troubles causés par la constitution vicieuse de la propriété territoriale qui appartient en Irlande à un très petit nombre de grands propriétaires étrangers au pays; *bill agraire* (*land act*) la loi votée en 1881 par le Parlement anglais sur la proposition de M. Gladstone pour remédier dans une certaine mesure, notamment par une remise partielle des fermages, aux maux de l'Irlande; *ligue agraire,* la ligue qui s'est formée en Irlande pour résister aux réclamations des propriétaires et aux mesures coercitives votées par le Parlement. (V. *Irlande.*)

AGRAM (en slave *Zagrab*). 28,360 h. Vle libre et royale de l'Autriche-Hongrie, cap. de la Croatie et ch.-l. du comitat du même nom, à une demi-lieue au N. de la Save, 380 kil. au S. de Vienne, 280 kil. E. de Trieste par chemin de fer. Palais épiscopal du moyen âge, cathédrale gothique avec un portail byzantin. Société d'hist. et de littérature croate ; Société pour la publication des ouvrages illyriens ; Société d'hist et d'antiq. des Slaves du Sud. ‖ Comitat d'Agram. 582 kil. car.; 261,000 h.

AGRAMANT. Personnage du *Roland furieux* de l'Arioste, chef de l'armée sarrasine devant Paris. La Discorde, sur l'ordre de S. Michel, se jeta dans son camp au moment où il espérait vaincre Charlemagne. De là vient le proverbe : *la discorde est au camp d'Agramant.*

AGRANDIR. v. a. (*a* et *grandir*). Accroître, rendre plus grand, plus vaste, plus étendu. Agrandir une maison, une ville, un empire, une place, etc. ‖ Faire paraître plus grand. Ex. Ce vêtement agrandit la taille. ‖ Au fig. Rendre plus grand en pouvoir, en vertu, en dignité. Agrandir une nation, une famille, quelqu'un, l'âme, le courage, etc. ‖ Donner un caractère de grandeur. Sa plume agrandit tout ce qu'elle touche. ‖ Amplifier, exagérer. ‖ S'AGRANDIR. v. pr. Au prop. et au fig. Une âme qui s'agrandit au milieu des revers. ‖ Augmenter sa terre, sa maison. Il s'est bien agrandi du côté de la rivière. ‖ AGRANDI, IE. p. pas. Syn. V. *Accroître.*

AGRANDISSEMENT. s. m. Action d'agrandir et résultat de cette action. ‖ Au prop. et au fig. L'agrandissement d'une place. Travailler pour l'agrandissement d'un royaume, de sa famille, de ses enfants, etc.

AGRANIES. s. f. pl. V. *Agrionies.*

AGRAPE. s. f. Instrument à foncer les puits dans les houillères.

AGRAPHA. Montagnes de l'Étolie, N.-O. de la Grèce.

AGRAPHIDE. s. m. (gr *a* priv.; *graphis,* écriture). Bot. G. de liliacées établi en 1829 par Link pour certaines espèces des genres *hyacinthus* et *scilla.* L'agraphide à fleurs penchées vulgairement appelé jacinthe sauvage est commun dans nos bois. (V *Endymion.*)

AGRAPHIE. s f. (gr. *a* priv.; *grapheïn,* écrire). Affection qui met dans l'impossibilité d'écrire. Agraphie ataxique, Celle qui est produite par l'*ataxie* (V. ce mot).

AGRARIANISME. s. m. Système des partisans des lois agraires.

AGRARIAT. s. m Application de l'agrarianisme. Partage des biens agraires entre ceux qui cultivent le sol.

AGRARIEN, IENNE. adj. Qui concerne les lois agraires. ‖ Subst. Partisan des lois agraires.

AGRASSOLE. s. m. Bot. Nom vulgaire du groseillier à maquereau.

AGRATE (Marco). Sculpteur italien, XVe s. Auteur de la statue de saint Barthélemy écorché, qu'on admire dans la cathédrale de Milan.

AGRATE-BRIANZA. 3,500 h. Bg de la province de Milan, Lombardie.

AGRAULE. s. f. (gr. *agraulos,* rustique). Bot. Section du g. *agrostis.*

AGRAULE ou **AGLAURE.** Myth. Fille de Cécrops, se dévoua pour sa patrie et fut adorée à Salamine et à Athènes. (V. *Agraulies.*) Les Athéniens, à vingt ans, juraient sur son autel de combattre jusqu'à la mort pour leur patrie.

AGRAULIES ou **AGLAURIES.** s. f. pl. Myth. Fêtes à Athènes en l'honneur de Minerve et d'Agraule (V. ce mot).

AGRAVANT, AGRAVATION, AGRAVER. V. ces mots avec 2 *g.*

AGRAVIADOS. s. m. pl. Nom que prennent les mécontents en Espagne. Il fut pris d'abord, à l'époque de l'établissement de la maison de Bourbon, par les seigneurs qui refusèrent de se rallier à la nouvelle royauté.

AGRAZ. s. m. Espèce de boisson rafraîchissante, faite avec du raisin vert, usitée en Espagne.

AGRE. Myth. égypt. Fils d'Osiris et d'Isis. ‖ s. m. G. d'insectes coléoptères carnassiers, voisin des carabes (Amérique du Sud).

AGREABILITÉ s. f. Néol. Qualité d'une personne qui est, qui se rend agréable.

AGRÉABLE adj. 2 g (de *agréer*). Qui plaît, agrée. Se dit des personnes et des choses, Se met, suivant le cas, après ou avant le substantif. ‖ S'emploie avec différentes prépost. *d.* Agréable à quelqu'un : ou avec un infinitif. Agréable à dire; —*dans.* Agréable dans ses discours; —*de.* Agréable d'esprit et de corps ; —*pour.* Il est agréable pour un père. ‖ Agréable entre dans la formation de plusieurs loc. Il est agréable *de...* (loc. impr.). Il est agréable de vivre avec ses amis. Avoir pour agréable, Trouver bon. Ayez pour agréable que je vous amène cette personne. Nous prions Dieu d'avoir pour agréables nos oraisons. (Boss.) Faire l'agréable, Chercher à plaire. ‖ S'emploie subst. Il faut sacrifier l'agréable à l'utile. ‖ Il désigne aussi ceux qui cherchent à plaire, ou à parler avec affectation. Les fades discours de tous nos agréables. ‖ Syn. Agréable, doux, délectable, délicieux, exquis, charmant, etc. Agréable est le terme général. (V. les autres syn.)

AGRÉABLEMENT. adv. D'une manière agréable. Parler, écrire, plaisanter agréablement. Être logé agréablement.

AGRÉAGE. s. m. Ce mot s'emploie à Bordeaux pour dire courtage.

AGRÉATION. s. f. Néol. Action d'agréer. L'agréation par le Gouvernement des curés nommés par l'évêque.

AGRECULE ou **ARÈGLE, AGRICOLUS** (S.). Évêq de Châlon-sur-Saône (580). F. 17 mars.

AGREDA (Marie d'). V *Marie.*

AGREDA. 5,000 h. Pte vle du N. de l'Espagne, prov. de Soria. Borne militaire du temps de Trajan. On croit que c'est l'antique *Ilurcis,* villa des Ibères nommée par les Romains *Graccurris,* parce qu'elle fut conquise par le proconsul Sempronius Gracchus.

AGRÉE. Temps hér. Descendant d'Hercule. Fils de Témène.

AGRÉÉ. s. m. Jurisp. Personne *agréée* par un tribunal de commerce pour représenter habituellement les parties devant cette juridiction. Les agréés existaient déjà au siècle dernier sous les noms de *postulants, défenseurs, procureurs aux consuls.* Les fonctions des agréés présentent dans la pratique une certaine ressemblance avec celles des avoués devant les tribunaux civils; mais, en droit, ils en diffèrent profondément. Les agréés, en effet, ne sont point, comme les avoués, des officiers ministériels nommés par le gouvernement ; ils n'ont aucun caractère public; leur ministère n'est nullement obligatoire pour les parties qui sont libres de se présenter elles-mêmes devant le tribunal de commerce ou de choisir tout autre mandataire pour les représenter ; l'agréé ne peut même pas se présenter devant le tribunal qu'assisté du client ou muni d'un pouvoir spécial. — A Paris, les agréés sont régis par un règlement délibéré par le trib. de com. le 21 déc. 1809. Ils sont au nombre de quinze et ont une chambre syndicale et une bourse commune. Les charges d'agréé se transmettent à prix d'argent comme les offices ministériels, mais sans aucune intervention du gouvernement. Il existe aussi des agréés auprès d'un certain nombre de tribunaux de commerce des départements; cependant un grand nombre de tribunaux, même importants (Lille, Nantes, Angers, etc.), n'ont pas d'agréés.

AGRÉER. v. a. (de *à* et *gré*, prendre à gré, trouver à son gré. — Ce v. est régulier, le radical *agré* reste invariable; J'agréerai, j'agréerais. Cependant en poésie, au futur et au condition. on peut supprimer un *e*, ou si on laisse les deux *e*, ils ne comptent que pour un. En prose même on ne prononce qu'une syllabe). Accueillir favorablement, recevoir avec plaisir, accepter volontiers. Dieu agrée nos prières. Agréer le service de quelqu'un, une proposition, etc. Approuver, ratifier. Agréer une nomination. || Agréer quelqu'un pour, L'admettre, le recevoir comme. Agréer quelqu'un pour gendre. || v. n. (de *à* et *gré*, être au gré de quelqu'un. Prend *avoir*). Plaire à, convenir à. La figure de cet homme ne m'a jamais agréé. Il ne m'agrée nullement de paraitre en personne dans ce procès. Il ne lui agrée pas que vous fassiez telle chose. || Agréer que, Permettre, trouver bon que. || S'AGRÉER. v. pr. Être accepté. De pareilles propositions peuvent-elles s'agréer ? || Syn. V. *Accepter*. || AGRÉER. v. a. Mar. Gréer. Agréer un vaisseau, Le munir de ses agrès. || AGRÉÉ ÉE. p. pas. Vaisseaux agréés complètement.

AGRÉEUR. s. m. Qui agrée, qui vérifie et approuve. Agréeur, dégustateur ou inspecteur des eaux-de-vie, Celui qui constate, à la requête et aux frais des parties intéressées, le poids et le goût des alcools ou leur identité avec les échantillons pris au moment des expéditions. || AGRÉEUR, GRÉEUR. s. m. Celui qui prépare, qui fournit les agrès d'un navire.

AGREFOUS, AGRIFOUS, AGRÉOU. s. m. (lat. *agrifolium*). Nom vulg. du houx dans le midi de la France.

AGRÉGAT. s. m. (lat. *aggregatum; de aggregare*. V. *Agréger*). Minér. Masse produite par la réunion de plusieurs substances diverses, réunies ensemble dès l'époque de leur formation. || Chim. Corps solide dont les molécules adhèrent entre elles. On dit aussi un *agrégé*. || Fig. Autrement la société ne serait qu'un agrégat d'existences incohérentes et répulsives.(Proudhon.)

AGRÉGATIF, IVE. adj. Qui existe et se forme par agrégation. || Qui sert à réunir.

AGRÉGATION. s. f. Admission dans un corps, dans une compagnie. || Instr. publique. Concours auquel doivent prendre part ceux qui aspirent au titre d'agrégé. On distingue l'agrégation de l'enseignement secondaire, l'agrégation de l'enseignement supérieur et une agrégation pour l'enseignement spécial. Dans l'enseignement secondaire, le titre d'agrégé est exigé pour être nommé professeur titulaire. Créée en 1766 pour relever les études en décadence, l'agrégation fut maintenue par le décret du 17 mars 1808 sur l'Université. Profondément modifiée par le décret du 10 avril 1852 qui avait réduit à deux, une pour les lettres, l'autre pour les sciences, les diverses agrégations successivement créées depuis 1808, l'agrégation est aujourd'hui organisée de la manière suivante : pour l'enseignement secondaire classique, sept agrégations (philosophie, histoire, lettres, grammaire, langues vivantes, sciences mathématiques, sciences physiques, sciences naturelles) ; pour l'enseignement secondaire spécial, deux agrégations créées en 1866, l'une pour la partie littéraire de l'enseignement, l'autre pour la partie scientifique. Les concours d'agrégation comprennent deux séries d'épreuves, les épreuves d'admissibilité qui sont éliminatives et les épreuves définitives ou d'admission. — Pour l'enseignement supérieur, il existe cinq agrégations, correspondant aux divers ordres d'enseignement : agrégation des facultés de droit, créée en 1804; agrégation de médecine (Ord. 2 février 1823) ; agrégation de pharmacie (Ord. 27 décembre 1823); agrégation des sciences et agrégation des lettres (Ord. 24 mars 1840); mais ces deux dernières agrégations, bien que réorganisées par un décret de 1875, ont cessé en fait de fonctionner depuis plus de trente ans. Les agrégés de l'enseignement supérieur secondent et suppléent les professeurs titulaires dans l'enseignement ; ils prennent aussi part aux examens. Après un stage de quelques années, ils sont en général nommés professeurs. Cependant, à la différence de ce qui a

lieu pour l'enseignement secondaire, le titre d'agrégé n'est pas nécessaire pour être nommé professeur titulaire de faculté : le grade de docteur suffit. || Phys. Force d'agrégation, Celle qui porte les molécules des corps à se réunir. (V. *Adhésion*.) On regarde les aérolithes comme des météores se formant par voie d'agrégation dans l'atmosphère. (Arago.) || Par ext. Réunion, agglomération. L'histoire de toutes ces agrégations d'hommes qu'on appelle des sociétés...

AGRÉGÉ. s. m. Membre de l'Université qui, à la suite d'un concours spécial, a été reconnu apte à professer. (V. *Agrégation*.)

AGRÉGER. v. a. (lat. *aggregare*, réunir ; de *ad* et *grex, gregis*, brebis, troupeau. — La syllabe *ge* conserve son *e* devant *a* et *o* : J'agrégeais, nous agrégeons ; prend l'*é* ouvert devant une syll. muette : J'agrège, j'agrégerai, j'agrègerais). Associer à un corps. La Faculté de médecine l'a agrégé. Il a agrégé à son corps. Dieu agrégea S. Paul à son Église. || Se dit surtout en parlant de l'Université qui s'associe des membres enseignants. (V. *Agrégation*.) || Phys. Unir, joindre. La nature agrège dans le sein de la terre les grains de sables en cristaux. || AGRÉGÉ, ÉE. p. pas. Géol. Se dit des roches qui résultent de la cristallisation puis de la réunion d'éléments minéralogiques divers sans aucun ciment interposé entre eux. || Bot. Agrégé se dit d'une façon générale d'organes distincts mais très rapprochés les uns des autres. On appelle *fleurs agrégées* celles qui sont disposées en inflorescence serrée, glomérules ou capitules (V. ces mots). On nomme *fruits agrégés* ou mieux *composés*, ceux qui, étant pressés les uns contre les autres, proviennent d'ovaires appartenant à des fleurs différentes. Le figuier a des fruits agrégés. || AGRÉGÉS. s. m. pl. Zool. Famille de mollusques qui vivent sous une même enveloppe. Cuvier n'a pas admis cette famille; pour lui les agrégés sont des acéphales sans coquilles (genres botrylles pyrosomes et polyclinum). || Syn. Associer, agréger. On associe à beaucoup de choses : à l'empire, aux mystères, à des travaux, à une entreprise, à un commerce. La grâce nous associe à la nature divine. (Bourd.) On associe aussi à un seul homme. On agrège à un ordre, à un corps, surtout à un corps savant. On est associé en corps, et agrégé à un corps. On dit fig. Agrégé au nombre des bons auteurs. (Volt.)

AGRÉMENT. s. m. (d'*agréer*). Approbation, consentement. La mère a donné son agrément pour ce mariage. || Qualité de ce qui plaît. Cette femme a beaucoup d'agrément. Cette maison a de grands agréments. Les agréments de la figure, de l'esprit, etc. || Plaisir, sujet de satisfaction. Trouver de grands agréments dans une ville, dans sa famille, dans sa profession, etc. Propriété, livres d'agrément. Faire une chose avec agrément. || Mus. Ornements (trilles, roulades, etc.) que peut recevoir une note principale ou une mélodie. Ce chanteur fait trop d'agréments, Il fait trop de fioritures. || Divertissement de musique ou de danse que l'on joignait aux pièces de théâtre. Souvent une pièce ne réussissait que par les agréments. || Ornements qu'on met aux vêtements et aux meubles. || Arts d'agrément, Ceux, comme la musique et la danse, qu'on apprend pour son plaisir et pour le plaisir des autres. (V. *Arts*.) || Syn. Consentement, permission, autorisation, aveu, agrément. L'agrément est le terme le plus noble, le plus distingué ; il suppose du respect pour la personne qui l'accorde et à laquelle on ne le demande quelquefois que par déférence. (Lafaye.) (V. les autres mots.)

AGRÉMENTER. v. a. Néol. Orner, relever par des agréments. || AGRÉMENTÉ, ÉE. p. pas. Habits agrémentés de broderies.

AGRÉMINISTE. s. m. Ouvrier qui dispose les agréments sur les habits, les meubles, les tentures.

AGRENAS. s. m. Nom provençal du prunier sauvage.

AGRENER. v. a. Nourrir avec du grain. Agrener un poulain. || Chasse. Donner du grain au gibier à plumes pour l'attirer en quelque endroit.

AGRENER. v. a. Mar. Vider l'eau d'un navire avec des pompes.

AGRENES. s. f. pl. Fruit du prunier sauvage, ou prunelle.

AGRENON. s. m. Antiq. gr. Vêtement réticulé de laine, propre aux devins.

AGRÈS. s. m. pl. (de *a* et *gréer*). Mar. Tout ce qui n'est pas la coque, les mâts, les munitions, les armes. Les agrès comprennent donc, en outre du gréement, le gouvernail, les ancres, les avirons et autres objets de rechange en voiles, cordages, etc. || Les agrès et apparaux, Tout ce qui est nécessaire pour mettre un navire en état de naviguer. || Meubles et cordages de la chèvre des maçons.

AGRESSER. v. a. (lat. *aggressus; de aggredior*, attaquer; de *ad* et *gradi*, marcher contre). Vx mot qui signifiait attaquer.

AGRESSEUR. s. m (du vieux verbe *agresser*). Qui attaque le premier. Il faut savoir lequel des deux est l'agresseur.

AGRESSIF, IVE. adj. Qui a le caractère de l'agression. Paroles, manières agressives. Les petits chiens sont agressifs.

AGRESSION. s. f. Action de celui qui attaque le premier. Il a fait un acte d'agression. Il y a preuve d'agression de sa part. || Fig. Cette critique est une véritable agression.

AGRESSIVEMENT. adv. D'une manière agressive.

AGRESSIVITÉ. s. f. Caractère agressif. Néol.

AGRESTE. adj. 2 g. (lat. *agrestis* ; de *ager*, champ). Champêtre, rustique, sauvage, sans culture. Plante, site, lieu agreste. || Fig. Rude, grossier. Humeur, mœurs, manières agrestes. || Se dit des personnes. Homme, peuple agreste. || Hist. nat. On désigne par ce nom les insectes et les plantes qu'on trouve dans les lieux non cultivés.

AGRESTEMENT. adv. D'une manière agreste.

AGRESTEN. s. m. Méd. Tartre non encore dépuré.

AGRESTI (Livio). Peintre d'histoire. Né à Rome, mort en 1580.

AGRESTIE. s. f. Vieux mot qui signifiait Rudesse, rusticité.

AGRESTISSEMENT. s. m. Vieux mot qui signifiait Affaiblissement.

AGREVANCE. s. f. Vx mot qui signifiait Peine, chagrin.

AGRÈVE ou AGRIPPAN, AGRIPPANUS (S.). Évêq. du Puy, combattit dans le Velay les erreurs d'Arius et d'Helvidius et les restes des superstitions païennes. Il fut martyrisé par une troupe d'idolâtres, le 1er fév., VIIe s. Il a donné son nom à la ville de Saint-Agrève.

AGREVER. v. a. Vieux mot. Fouler, vexer, abattre.

AGREVOU. s. m. Nom du houx dans le Languedoc.

AGREYEUR. s. m. Ouvrier qui s'occupe à faire passer le fil de fer par la filière.

AGRIA ou ERLAW. Pte ville de Hongrie. Soliman II l'assiégea en vain en 1552, Nahomet III s'en empara en 1596 et en massacra tous les habitants. Les Turcs la possédèrent jusqu'en 1687.

AGRIANOME. Myth. Fille de Persée.

AGRIANOME. s. m (gr. *agrios*, sauvage ; *anthos*, fleur). Bot. G. de composées-eupatoriacées. Arbrisseaux du Brésil, à feuilles rapprochées, étroites, aiguës, rigides.

AGRIASPE ou ARIASPE. s. m. Géog. anc. Nom d'un peuple de la Drangiane que les Grecs appelaient Évergètes.

AGRID ou GHARIB (mont). Pic remarquable de la moyenne Égypte, à 25 kil. O. de la côte O. du golfe de Suez, à l'opposite du mont Sinaï. Latit. N. 28° 7'; longit. E. 30° 32'. Il est isolé, conique, haut de 2,000 m. et s'aperçoit distinctement de la côte d'Arabie.

AGRIC (S.). V. *Agéric*.

AGRICE ou AGRY, AGRÆCIUS (S.). Évêq. de Trèves, IVe s. C'était un clerc de l'église d'Antioche que le pape S. Sylvestre, sollicité par l'impératrice Ste Hélène, envoya pour assurer les conquêtes du christianisme à Trèves. Agrice convertit le palais de Ste Hélène en basilique métropolitaine et y déposa de précieuses reliques que lui avait confiées son illustre protectrice. Il extirpa les restes du paganisme à Trèves et fit fleurir la religion chrétienne autour de lui dans la Gaule, la Belgique et la Germanie. F. 19 janv.

AGRICO-INDUSTRIEL, ELLE. adj. Où l'on réunit les travaux agricoles et les travaux industriels. Cultiver la betterave et la distiller sont des opérations agrico-industrielles.

AGRICOL (S.). Évêq. d'Avignon. Magne, son

père, exerça, d'abord, une des premières magistratures de cette ville et devenu veuf il fut élu évêque. Agricol fut le coadjuteur de son père, en 660 et son successeur en 670. Il appela dans son diocèse les religieux de Lérins, où il avait fait ses études, et, grâce à leur concours il rendit son épiscopat très fructueux. Il fit bâtir plusieurs églises et établit l'usage de chanter l'office divin alternativement et à deux chœurs. Il mourut l'an 700. F. 2 sept.

AGRICOLA (Cneius Julius). Né à Fréjus en 38 ap. J.-C. Successivement tribun, patrice, consul. Il est célèbre par ses guerres dans la Grande-Bretagne, dont il fit faire le tour à sa flotte, comme le raconte Tacite son gendre, dans une immortelle biographie. Il construisit la muraille offensive qui va de la Clyde au Frith of Forth. Il allait conquérir l'Irlande quand il fut rappelé par l'empereur Domitien, jaloux de sa gloire, l'an 85. Il mourut, dit-on, empoisonné. C'était, dans ce siècle corrompu, un modèle d'honnêteté et de vertu. Sous l'empereur Domitien, il se retira dans la vie privée et mourut en 93. ‖ Nom de plusieurs Allemands qui ont latinisé leur nom : AGRICOLA (Jean-Ammonius). Médecin et botaniste allemand, commentateur d'Hippocrate et de Galien. Il enseignait à Ingolstadt. XIIIe-XIVe s. ‖ AGRICOLA ou HUYSMANN (Rodolphe). 1443-1485. Né près de Grœningue. Professeur de langues à Heidelberg; célèbre philologue, dont les œuvres ont été publiées à Cologne en 1539, 2 vol. in-4.

‖ AGRICOLA ou LANDMANN (George). Né à Glauchau (Saxe), 1494; m. à Chemnitz, 1555. Fut le premier métallurgiste de son siècle. *De re metallica*, en 12 liv., 1546; *De mensuris et ponderibus Romanorum et Græcorum*, 1550; *De lapide philosophica*. ‖ AGRICOLA ou SCHNITTER (Jean). 1492-1566. Né à Eisleben, m. à Berlin. Disciple de Luther, puis dissident et fondateur de la secte des *Antinomiens*, il a laissé divers traités théologiques et un recueil de proverbes allemands. Il prit part en 1548 à la rédaction de l'*Interim d'Augsbourg*. ‖ AGRICOLA (Michel). Missionnaire finlandais, prêcha le christianisme aux Lapons et mourut évêque d'Abo en 1557. Traduction du Nouveau Testament en finnois. Stockholm, 1548. ‖ AGRICOLA (Martin). Musicien allemand du XVe s. Né en 1486, à Sorau, en Silésie, mort en 1556. Auteur de divers traités sur la musique et de plusieurs compositions musicales. Son ouvrage le plus remarquable est intitulé *Musica instrumentalis deutsche... etc...* Agricola fut le premier qui, dans la musique instrumentale, remplaça l'ancienne tablature allemande par la notation moderne. ‖ AGRICOLA (Jean). Médecin allemand de la fin du XVe s. Professeur de langue grecque à Ingolstadt, et l'un des meilleurs commentateurs d'Hippocrate et de Galien. *De re medicina herbaria* (Basileæ, 1539, in-8°), en deux livres, traitant l'un des plantes employées par les anciens médecins, l'autre de celles auxquelles on n'a recours que depuis Galien. ‖ AGRICOLA (Christophe-Louis). 1677-1719. Peintre de paysages, école allem., imitateur du Poussin; connu aussi comme graveur.

‖ AGRICOLA (Jean-Frédéric). Musicien allem., né à Dobitschen (duché d'Altenbourg), le 12 nov. 1774. Élève de Jean-Sébastien Bach, il se fit connaître, comme organiste, à Berlin, et y composa plusieurs opéras. En 1759, il fut choisi par Frédéric II pour diriger sa chapelle royale. Outre ses opéras dont les plus célèbres sont *Achille à Scyros* et *Iphigénie en Tauride*, Agricola a composé beaucoup de morceaux religieux. Il est aussi l'auteur d'un *Traité de l'art du chant* et de quelques dissertations sur la musique.

AGRICOLE. adj. 2 g. (lat. *agricola*). Qui s'occupe d'agriculture. Un peuple agricole. S'ajoute toujours en ce sens à un nom collectif. ‖ Qui a des rapports avec l'agriculture. Industrie agricole. ‖ Ce mot ne s'emploie plus subst. ‖ Comices agricoles. V. *Comices*. ‖ Concours agricoles. V. *Concours*. ‖ Enseignement agricole. V. *Agriculture*.

AGRICULTEUR. s. m. (lat. *agricultor*; de *ager*, *agri*, champ, et *cultor*, qui cultive). Qui fait de l'agriculture. ‖ adj. Chénier a dit : Le soc agriculteur. ‖ Syn. Agriculteur, cultivateur, colon. Agriculteur est un terme relevé, il s'applique au propriétaire qui fait valoir par lui-même et en grand, ou bien au théoricien, à l'agronome, qui étudie l'agriculture et en donne des leçons.

Le cultivateur, le laboureur, travaille la terre ; il est métayer, ou fermier, ou petit propriétaire. Le colon est l'habitant de la campagne, le paysan. La Corse a des colons qui vivent de châtaignes et du produit de la chasse, elle manque d'agriculteurs et de cultivateurs. (Volt.)

AGRICULTURE. s. f. (lat. *ager*, *agri*, champ; *cultura*, culture). Art de cultiver la terre, d'obtenir dans les meilleures conditions possibles les plantes et les animaux utiles à nos besoins. Les produits qu'un même sol peut donner varient, tant pour la quantité que pour la qualité, dans des proportions dont il est difficile de se faire une idée, suivant la manière dont ce sol est cultivé, et la valeur d'un terrain peut s'accroître d'une façon prodigieuse entre les mains d'un cultivateur habile. De là l'adage si connu : tant vaut l'homme, tant vaut la terre. L'agriculture a été pendant longtemps un art purement empirique et traditionnel; mais aujourd'hui, elle est devenue une véritable science, dont les récents progrès, si considérables qu'ils soient, sont encore loin d'avoir atteint la perfection qu'on peut légitimement espérer. Cette science, en effet, est des plus difficiles. Sans rejeter les traditions du passé, et condamner *a priori* les pratiques basées sur de longues années d'expérience, elle doit les étudier avec soin, comparer les causes aux effets obtenus, améliorer ce qui est bien, réformer ce qui est mal, et se garder surtout des systèmes préconçus; car des circonstances souvent peu importantes en apparence, ou difficiles à discerner, peuvent faire échouer ici ce qui réussit ailleurs. Toutes les sciences physiques et naturelles apportent à l'agriculture un concours précieux. La géologie lui fait connaître la nature du terrain et les propriétés particulières de chaque terre. (V. *Terres arables*.) La zoologie et la botanique lui enseignent quelles sont les meilleures espèces d'animaux et de végétaux, les caractères et les exigences de chaque espèce, le traitement qui leur convient, et permettent ainsi de faire un choix judicieux suivant les conditions dans lesquelles on se trouve. La physique et la météorologie lui permettent de se rendre compte des effets de la chaleur, de l'électricité, de l'humidité, des pluies, des vents, des variations atmosphériques dans chaque contrée, etc. Ici l'eau est trop abondante, il faut l'aménager, enlever l'excès par des travaux de desséchement, soit par des canaux à ciel ouvert, soit par des rigoles couvertes (V. *Aménagement des eaux*; *Desséchement*; *Drainage*); là au contraire l'eau fait défaut, il faut arroser, irriguer, submerger, tantôt en allant chercher plus ou moins loin l'eau des ruisseaux ou des sources naturelles, tantôt en creusant des puits, sur lesquels il faut installer des machines élévatoires. (V. *Irrigations*; *Noria*.) La chimie surtout, en analysant les engrais et les récoltes, permet de donner à chaque genre de culture l'engrais qui lui convient le mieux; apprécie les pertes que chaque récolte fait subir au sol, et ce qu'il importe de lui rendre; détermine l'ordre le plus convenable pour la succession des végétaux sur un même terrain; évalue la valeur nutritive des fourrages et des autres aliments, et, sans pouvoir prétendre supprimer l'expérience, la dirige, et permet souvent d'éviter des tentatives ruineuses. (V. *Amendements*; *Assolements*; *Engrais*; *Jachère*.) Enfin, la mécanique fournit à l'agriculteur de nombreux instruments qui facilitent et accélèrent ses travaux. (V. *Batteuses*; *Faucheuses*; *Machines agricoles*.) La statistique et les sciences économiques lui apprennent à balancer les dépenses qu'exige chaque culture avec les bénéfices qu'elle donne; lui enseignent à prévoir les débouchés que trouveront ses produits, et à choisir parmi les différentes espèces de récoltes qui conviennent le mieux à la terre qu'il exploite, celles dont il peut tirer le parti le plus avantageux. On subdivise souvent l'agriculture en : *agriculture proprement dite*, *horticulture*, *viticulture*, *sylviculture*, *arboriculture*, *zootechnie* ou science des animaux domestiques, *économie rurale*, etc. (V. ces mots). L'enseignement théorique porte le nom d'*agronomie*. ‖ *Ministère de l'agriculture*. L'administration de l'agriculture a, jusqu'en 1840, dépendu du ministère de l'Intérieur. Le 1er mars 1840 fut créé un ministère spécial de l'agriculture et du commerce. Depuis cette époque, et sauf pendant l'espace de

quelques mois au commencement du second Empire où les services de l'agriculture firent retour au ministère de l'Intérieur, l'agriculture a formé, tantôt avec le commerce et les travaux publics, tantôt avec le commerce seul, un ministère distinct. Enfin le décret du 14 novembre 1881 a créé pour l'agriculture seule un ministère spécial qui comprend dans ses attributions l'enseignement agricole et vétérinaire, les encouragements à l'agriculture, les subsistances, la statistique agricole, l'hydraulique agricole, les forêts et les haras. ‖ *Conseil général de l'agriculture*, Conseil établi par l'ordonnance du 29 avril 1831 pour donner son avis sur toutes les questions qui intéressent l'agriculture. Il se réunit sous la présidence du ministre de l'Agriculture et se compose de 100 membres, 86 choisis par l'administration parmi les membres des chambres consultatives d'agriculture à raison d'un par département et 14 pris en dehors de ces chambres. ‖ *Chambres consultatives d'agriculture*, Conseils créés par la loi du 20 mars 1851 et qui ont reçu leur forme actuelle du décret du 25 mars 1852. Ces conseils qui sont chargés d'éclairer l'administration sur les intérêts agricoles existent dans chaque arrondissement Ils se composent d'un membre par canton sans que le nombre total des membres puisse être inférieur à six. Ces membres sont nommés par le Préfet. Les chambres consultatives sont présidées par le Préfet ou par le Sous-Préfet. Les inspecteurs de l'agriculture y ont entrée et sont entendus toutes les fois qu'ils le demandent. Les chambres consultatives sont reconnues établissements d'utilité publique et peuvent par suite acquérir, à titre onéreux ou gratuit. ‖ *Sociétés d'agriculture*. La plus ancienne société d'agriculture qui paraisse avoir existé en France est celle de Tours établie par lettres patentes du 24 février 1761 ; celle de Paris ne lui est postérieure que de quelques jours (1er mars). Ces sociétés supprimées par la Convention se sont multipliées dans notre siècle et il n'est aucun département qui n'en possède au moins une. La plus importante de ces sociétés est la *Société nationale et centrale d'agriculture* créée par un décret d'octobre 1804 pour être le centre commun et le lien de correspondance des diverses sociétés d'agriculture de France. Ses travaux ont pour objet l'amélioration des diverses branches de l'économie rurale et domestique. Elle se compose d'associés ordinaires dont le nombre ne peut dépasser 52, d'associés républicoles, d'associés étrangers et de correspondants. ‖ *Enseignement de l'agriculture*. L'enseignement agricole n'a été organisé en France d'une façon officielle que par la loi du 3 octobre 1848. Mais déjà auparavant l'initiative privée avait créé un certain nombre d'écoles d'agriculture : la première avait été établie à Roville par Mathieu de Dombasle. Actuellement l'enseignement agricole est organisé de la manière suivante : 1° au degré élémentaire, les *fermes-écoles* (V. ce mot) où les élèves reçoivent une instruction toute pratique, et les *écoles pratiques d'agriculture* créées par la loi du 30 juillet 1875 : ces dernières, en voie d'organisation, doivent joindre quelques notions théoriques à l'enseignement purement pratique des fermes-écoles; 2° au degré moyen, les *écoles nationales et régionales d'agriculture* (V. ci-dessous); 3° au degré supérieur, l'*Institut national agronomique*. (V. *Agronomique (Institut)*.) — Les écoles régionales d'agriculture sont actuellement au nombre de trois : l'école de Grignon (Seine-et-Oise) créée en 1827, celle de Grand-Jouan (Loire-Inférieure), 1827, et celle de Montpellier fondée en 1870 avec le personnel de l'école de la Saulsaie qui avait été établie en 1840. Les élèves sont admis dans ces trois écoles après examen. La durée des études est de deux ans et demi. L'enseignement comprend : l'économie et la législation rurales, l'agriculture, la zootechnie ou économie du bétail, la sylviculture et la botanique, la physique, la chimie et la technologie agricoles, enfin le génie rural (irrigations, desséchements, constructions rurales, arpentage, nivellement). Les élèves qui satisfont aux examens de sortie reçoivent un diplôme. — Indépendamment de ces diverses écoles, il existe dans chaque département des *chaires départementales d'agriculture* (loi du 30 juin 1879). Les professeurs qui sont nommés au concours sont chargés de faire des cours d'agriculture à l'école normale et des conférences agricoles dans les campagnes aux instituteurs et aux agriculteurs. ‖ Hist. La mythologie des plus anciens peuples a rapporté aux dieux les premiers progrès de l'agriculture. Chez les Égyptiens, Isis et Osiris étaient venus enseigner l'agriculture aux hommes. Chez les Grecs, Cérès, déesse des moissons, avait appris à Triptolème, roi d'Éleusis, l'art du labourage. Les Romains furent, dès le début de leur histoire, un peuple agriculteur : Caton l'Ancien (de Re rustica), Varron, Columelle, Pline, Palladius nous ont fait connaître les pratiques de l'agriculture romaine et Virgile, dans ses Géorgiques, les a résumées en vers admirables. Mais l'esclavage et la réunion d'immenses propriétés en un petit nombre de mains amenèrent la décadence de l'agriculture (latifundia perdiderunt Italiam). Les invasions des barbares, puis les guerres privées du moyen âge furent un fléau pour l'agriculture. Elle commença à renaître au xiiie s. grâce aux mesures prises par l'Église et la royauté pour mettre fin aux guerres privées (la paix et la trêve de Dieu, la quarantaine le Roi) et pour favoriser l'affranchissement des serfs. Les Croisades firent connaître en occident de nouvelles plantes. Au XVIe siècle, Olivier de Serres publie son Théâtre d'agriculture, et Sully, par de sages mesures, encourage le labourage et le pasturage, qu'il appelle les deux mamelles de l'État. Au XVIIIe siècle, l'école des économistes appelés physiocrates, qui voyaient dans le sol la source unique de la richesse, appela l'attention publique sur les questions agricoles. De grands progrès étaient à cette époque réalisés à l'étranger, notamment en Angleterre et dans les Pays-Bas. Mais c'est surtout dans notre siècle, grâce aux progrès des sciences physiques et naturelles et de la mécanique, que l'agriculture a vu ses procédés se perfectionner et qu'elle est devenue véritablement une science. On trouvera l'exposition des plus récents perfectionnements dans les Cours d'agriculture de M. de Gasparin, de MM. Girardin et Dubreuil; l'Encyclopédie d'agriculture de MM. Moll et Gayot; le Livre de la ferme de M. P. Joigneaux; la Maison rustique du xixe siècle; le Journal d'Agriculture pratique, dirigé par M. Lecouteux; le Journal d'Agriculture, de M. Barral. ‖ AGRICULTURE (l'). Poème didactique de Rosset (V. ce nom), en vers français.

AGRI-DAGH. Nom turc du mont Ararat.

AGRIE. s. f. (gr. agrios, cruel). Méd. Nom scientifique de la goutte. ‖ Dans les dictionnaires du XVIIIe s., Sorte de dartre.

AGRIELCOSE. s. f. (gr. agrios, sauvage, elkôsis, ulcération). Méd. Ulcère malin.

AGRIENS. s. m. pl. Myth. Surnom des Titans. ‖ Géog. anc. Peuples de la Péonie, entre le mont Hermus et le mont Rhodope.

AGRIER. s. m. (lat. agrarium ; de ager, champ). T. de coutume qui signifiait le Terrage ou champart dû au seigneur, dans quelques coutumes, sur les gerbes de blé recueillies dans sa seigneurie.

AGRIFFER. v. a. Prendre avec les griffes. ‖ S'AGRIFFER. v. pr. S'attacher, s'accrocher avec les griffes. Les chats, les écureuils, s'agriffent aux arbres. ‖ Par ext. S'accrocher avec les mains et les ongles. Cet homme en tombant s'agriffa à la muraille et se retint. (V. Agripper.)

AGRIGENTE. (A-gri-jan-te ; — gr. Acragas). Auj. Girgenti. Anc. grande ville sur la côte S.-O. de Sicile, fondée en 580 av. J.-C. par une colonie dorienne de Gela. Patrie du philos. Empédocle (ve s. av. J.-C.); Phalaris y fut tyran (566-534), et plus tard Hiéron chanté par Pindare (488-472). Les Syracusains se rendirent maîtres de cette ville. Les Carthaginois la prirent en 406. Agrigente passa depuis, comme la Sicile, aux Romains, aux Arabes, aux Normands, aux Français, aux Aragonais, etc. C'était une ville très riche, dont la population monta jusqu'à 200,000 h. On y voit les temples : de la Concorde (44 m. de longueur sur 18 de large : il est environné de 86 colonnes cannelées d'ordre dorique, six sur chaque face. Converti, dans le moyen âge, en église consacrée à S. Grégoire); de Junon Lucininia ou Lucine (placé sur un rocher élevé, d'ordre dorique, entouré d'un portique de 36 colonnes cannelées, dont une rangée subsiste encore, reposant sans base, sur un soubassement élevé de six degrés. Le tout était recouvert de stuc colorié) ; d'Hercule (dont il ne reste debout qu'une seule colonne) ; de Jupiter Olympien (le plus grand de tous les temples de Sicile, 113 m. de long. Il était orné de magnifiques cariatides, dont 8 encore debout au xive s. firent donner à ces ruines le nom de palais des géants. On ne voit plus aujourd'hui qu'un seul de ces colosses étendu sur le sol); de Castor et Pollux (il reste 3 colonnes cannelées) ; d'Esculape (auquel Verrès déroba une statue d'Apollon, chef-d'œuvre du sculpteur Myron : ruines peu importantes); etc.

AGRIGENTIN, INE. s. et adj. Qui est d'Agrigente. Qui a rapport à cette ville ou à ses habitants. Les Agrigentins. La population agrigentine.

AGRILITES. s. m. pl. Insectes coléoptères qui ont pour caractère distinctif une dent au crochet des tarses.

AGRIMENSATION. s. f. (lat. agri mensura). Vx droit. Mesurage, arpentage des terres.

AGRIMENSEUR. s. m. (lat. agrimensor ; de ager, champ, et mensor, mesureur). Antiq. rom. Nom que portaient chez les Romains les arpenteurs officiels. On les appelait encore gromatici, du nom du groma, quart de cercle, dont ils se servaient dans leurs opérations. Sous l'Empire, ils formèrent un collège et reçurent des appointements de l'État. A raison du caractère religieux que les Romains attachaient aux limites, les agrimenseurs ont eu un rôle important dans la société romaine. Ils ont laissé des traités intéressants pour la connaissance du droit public et du droit privé des Romains qui ont été réunis par Lachmann et Rudorff (Gromatici veteres ou Rei agrariæ scriptores. Berlin, 1848-1852).

AGRIMÉTRIQUE. adj. 2 g. (lat. ager, agri, champ ; gr. métron, mesure). Néol. Qui a rapport à la mesure des champs, à l'arpentage.

AGRIMINISTE. s. m. V. Agréministe.

AGRIMONIÉ, ÉE. adj. Bot. Qui ressemble à l'aigremoine (agrimonia) ‖ s. f. pl. Tr. de la fam. des rosacées, qui a pour type le genre aigremoine.

AGRIMOULIÉ. s. m. Bot. Un des noms du groseillier à maquereau dans le midi de la France.

AGRIODAPHNE. s. m. (gr. agrios, sauvage ; daphné, laurier). Syn. d'Oréodaphne.

AGRIODOS. Myth. Un des chiens d'Actéon.

AGRIOLO MASCLAOU. s. m. Bot. Nom languedocien de la calcitrape.

AGRION. s. m. (gr. agrios, sauvage). Zool. Insecte de l'ordre des névroptères, fam. des subulicornes, détaché du grand genre des libellules ou demoiselles. Ces jolis insectes, au corps filiforme, d'un vert doré ou bleu, à l'éclat soyeux, volent en grand nombre sur les plantes aquatiques.

AGRIONIES, AGRANIES, AGRIANIES. s. f. pl. (gr. agrios, sauvage). Antiq. gr. Fêtes en l'honneur de Bacchus agrionius qui se célébraient annuellement à Athènes, en Béotie, en Thrace. Celles d'Orchomène, qui existaient encore au temps de Plutarque, sont particulièrement connues. Ces fêtes étaient accompagnées de chants et de rondes désordonnées.

AGRIOPE. s. m. (gr. agriópos ; de agrios, farouche et ôps, œil). Genre de poissons de l'hémisphère austral voisin des blennies. ‖ Myth. Femme d'Agénor.

AGRIOPHAGE. adj. et s. m. (gr. agrios, sauvage et phagein, manger). S'est dit de certaines peuplades éthiopiennes qui se nourrissaient de panthères, de lions et autres bêtes féroces.

AGRIORNIS. s. m. (gr. agrios, sauvage ; ornis, oiseau). Genre d'oiseaux voisin des pépoazas.

AGRIOTE. s. m. (gr. agrios, sauvage). Espèce de merise d'une saveur aigre. Par corrupt. on dit souvent griote.

AGRIOTHYMIE. s. f. (gr. agrios; thumos, passion). Méd. Tendance irrésistible à commettre des actes de cruauté. Folie furieuse.

AGRIOTHYMIQUE. ad. 2 g. Qui a rapport à l'agriothymie.

AGRIOTIER. s. m. Arbre qui produit l'agriote.

AGRIOU. s. m. Nom vulgaire du houx commun.

AGRIPAUME ou **CARDIAQUE.** (lat. ager, agri, champ ; palma, main). Bot. Plante de la famille des labiées, genre leonurus, croît dans les lieux incultes. Tonique, sudorifique : on l'employait jadis contre les palpitations de cœur, d'où son nom d'A. cardiaque (leonurus cardiaca).

AGRIPENNE. adj. 2 g. Hist. nat. Se dit des oiseaux qui ont les plumes de la queue en forme de tige aiguë. ‖ s. m. Espèce de dolichonyx, appelé ortolan de riz. (V. Dolichonyx.)

AGRIPPA, AGRIPPINI. adj. (gr. agra, prise, et pous, pied). Méd. Nom donné aux enfants qui naissent par les pieds.

AGRIPPA (Ménénius). Consul romain l'an 502 av. J.-C.; envoyé par le sénat auprès du peuple qui s'était retiré sur le mont Sacré, il apaisa les révoltés en leur racontant l'apologue des membres et de l'estomac. ‖ AGRIPPA (Hérode). V. Hérode. ‖ AGRIPPA (Marcus Vipsanius ou Vespasianus). Général romain. 63-12 av. J.-C. Partisan et favori d'Octave (Auguste) dont il épousa la fille Julia. Il enleva Perusia à Lucius Antonius et Sipontum à Marc-Antoine (l'an 40). Il battit Sextus Pompée à Milæ et à Naulochus (36 av. J.-C.). Il contribua à la grande victoire d'Actium (31). C'est lui qui fit construire à Rome (28 et 27) le célèbre Panthéon, aujourd'hui Notre-Dame-de-la-Rotonde. Il mourut l'an 12 av. J.-C. en revenant d'une expédition contre les Pannoniens. L'empereur l'avait adopté ainsi que ses trois fils qui périrent jeunes, d'une mort tragique. Il eut pour fille Agrippine qui épousa Germanicus. ‖ AGRIPPA DE NETTESHEIM (Henri-Corneille). Né à Cologne, 1487. L'un des esprits les mieux doués de son temps, mais peu ferme dans ses efforts scientifiques et dans sa vie ; il fut à la fois jurisconsulte, médecin, théologien, philosophe, soldat, professeur, archiviste, et historiographe; il enseigna la théologie à Dôle, vécut en Angleterre, à Paris et à Metz, devint capitaine en Italie et y fut créé chevalier, devint enfin archiviste et historiographe de Marguerite, régente des Pays-Bas, eut des disputes partout. Mourut 18 fév. 1535, à Grenoble. Il fonda des sociétés secrètes, s'adonna à une mystique désordonnée qui le conduisit à la cabalistique et écrivit un livre sur l'incertitude et la vanité des sciences. On l'a surnommé le Trismégiste. Son principal écrit a pour titre : De incertitudine scientiarum declamatio invectiva (Cologne, 1527, in-12 ; Paris, 1531, in-8°), traduit dans toutes les langues de l'Europe et deux fois en français (1582, in-8° ; Leyde, 1726, 3 vol. in-12). On remarque encore : De occulta philosophia libri tres (Anvers et Paris, 1531); De nobilitate et præcellentia fœminei sexus declamatio (Anvers, 1529, in-8°), traduit en français. Édition générale de ses Œuvres, Anvers, 1535, in-8°. ‖ AGRIPPA (Camille). Architecte de Milan, XVIe s. Auteur d'un traité sur le transport des obélisques.

AGRIPPER. v. a. (de agriffer, saisir avec les griffes ; f se change en p). Fam. Prendre, saisir avidement. Ce fripon agrippe tout ce qui se trouve sous sa main. ‖ S'AGRIPPER. v. pr. S'attacher, s'accrocher a. ‖ AGRIPPÉ, ÉE. p. pas. Sa bourse lui a été adroitement agrippée.

AGRIPPEUR, EUSE. s. Fam. et vieux. Qui aime à prendre, à agripper. ‖ Agrippeur signifiait autrefois Un mâtin.

AGRIPPIADE. Géog. anc. Vle de la tribu de Siméon, rebâtie par Hérode le Grand qui changea son nom d'Authédon en celui d'Agrippiade, à cause de son ami Agrippa.

AGRIPPIN (Paconius). Philosophe stoïcien, exilé par Néron. ‖ AGRIPPIN. Évêque de Carthage vers l'an 217. prétendit que l'on devait conférer de nouveau le sacrement de baptême à ceux que les hérétiques avaient baptisés. Ceux qui suivirent son hérésie s'appelèrent agrippiniens. ‖ AGRIPPIN (S.). Évêq. d'Autun (541). Il éleva aux saints ordres S. Germain qui fut plus tard évêq. de Paris. F. 1er janv. et 9 juil.

AGRIPPINE (Julie). Fille d'Agrippa et de Julie, fille d'Auguste ; femme de Germanicus, dont elle rapporta les cendres de Syrie, à Rome et dont elle poursuivit le meurtrier, Pison, qui n'échappa à sa vengeance qu'en se donnant la mort. Tibère jaloux de sa popularité l'exila dans une île où elle mourut de faim, l'an 33 ap. J.-C. Elle avait donné le jour à Caligula et à une autre Agrippine, mère de Néron.

‖ **Agrippine.** Fille de Germanicus et de la précédente ; épousa en premières noces Domitius Œnobardus dont elle eut Néron ; en secondes noces un riche patricien qu'elle empoisonna pour hériter de ses biens ; et enfin l'empereur Claude, son oncle. Elle empoisonna ce nouvel époux, dès qu'il eut adopté Néron, au mépris des droits du véritable héritier du trône, Britannicus (54). Néron lui laissa d'abord les rênes du gouvernement, la seule chose dont son ambition pût être satisfaite. Mais bientôt le jeune empereur impatient de régner l'éloigna entièrement des affaires. L'impératrice désespérée eut recours à tous les moyens, même les plus infâmes, pour reprendre sur son fils sa première influence. Ce fut en vain. Néron résolu de s'en défaire la fit monter sur un vaisseau que l'on devait submerger en pleine mer. Agrippine échappa à ce danger. Son fils la fit assassiner par un centurion : on rapporte qu'elle dit au meurtrier : *Frappe au ventre !* c'est-à-dire à ce qui a porté le monstre qui t'envoie (l'an 59 de J.-C.). Elle était née vers l'an 15, dans le camp d'Ubiorium où elle fonda une ville qui s'appela *Colonia Agrippina* (Cologne). Belle, artificieuse, dissolue, froidement cruelle, elle est demeurée, comme son fils, une des hontes de l'espèce humaine. ‖ **Agrippine** (Ste). Vierge et martyre honorée à Corbie, au diocèse d'Amiens. F. 24 mai.

AGRIPPINE (Colonie d'). Géog. anc. Vle de la seconde Germanie sur le Rhin, auj. *Cologne.*

AGRIPPINIENS. s. m. pl. Sectateurs d'Agrippin, évêque de Carthage, rebaptisants ; prédécesseurs des anabaptistes.

AGRISKOUÉ. Nom que les Iroquois donnent au Grand Esprit.

AGROBATE. s. m. (gr. *agrobatès*, qui erre dans les champs). Oiseau de l'espèce des becs-fins sylvains.

AGROGRAPHE. s. 2 g. (gr. *agros*, champ ; *graphô*, j'écris). Celui ou celle qui écrit sur l'agriculture. Peu usité.

AGROGRAPHIE. s. f. (même étym. que le précédent). Description des choses qui ont rapport à l'agriculture.

AGROGRAPHIQUE. adj. 2 g. Qui a rapport à l'agrographie.

AGROLOGIE. s. f. (gr. *agros* et *logos*, discours). Traité d'agriculture.

AGROLOGIQUE. adj. 2 g. Qui a rapport à l'agrologie.

AGROMANE. s. m. Qui a la manie de l'agriculture.

AGROMANIE. s. f. Manie de l'agriculture. Néologisme.

AGROMÈNE. s. m. (gr. *agros* et *menô*, j'habite). Celui qui vit à la campagne.

AGRONOME. s. m. (gr. *agros* et *nomos*, loi). Qui est versé dans la théorie de l'agriculture. ‖ Celui qui compose des livres d'agriculture. L'agronome diffère de l'agriculteur en ce que le premier étudie et formule les lois et les principes que le second doit appliquer.

AGRONOMETRIE. s. f. Connaissance exacte du produit ou rapport d'une certaine étendue de terrain.

AGRONOMIE. s. f. (gr. *agros* et *nomos*, loi). Théorie de l'agriculture (V. ce mot).

AGRONOMIQUE. adj. 2 g. Qui a rapport à l'agronomie. Science, société agronomiques. ‖ *Institut agronomique*, École supérieure d'agriculture fondée par la loi du 3 octobre 1848 et établie alors à Versailles. Supprimé par décret du 14 septembre 1852, l'Institut national agronomique a été rétabli par la loi du 9 août 1876 qui l'a annexé au Conservatoire des arts et métiers à Paris. Un champ d'expériences situé à Vincennes est affecté, avec les bâtiments nécessaires, au service de l'Institut. L'Institut agronomique est destiné à l'étude et à l'enseignement des sciences dans leurs rapports avec l'agriculture. Les professeurs et répétiteurs sont nommés au concours. L'école reçoit des élèves externes payant une rétribution scolaire et des auditeurs libres ; il est accordé chaque année un certain nombre de bourses. Les élèves réguliers qui, à la suite des examens de fin d'études, ont été jugés dignes, reçoivent un diplôme. ‖ *Stations agronomiques*, Établissements libres qui ont pour but de faire progresser la pratique agricole par des observations et des expériences sur la production des animaux et des végétaux. Les stations agronomiques sont généralement fon-

dées avec le concours des départements et des associations agricoles et subventionnées par l'État. Leurs travaux les plus importants figurent dans les *Annales agronomiques*, publiées avec le concours du ministère de l'Agriculture.

AGRONOMIQUEMENT. adv. D'une manière agronomique.

AGROPYRE. s. m. (gr. *agros* et *puros*, blé). Bot. Plante de la fam. des graminées, dont on emploie les racines comme boissons rafraîchissantes, sous le nom de chiendent.

AGROSTÉES. s. f. pl. Bot. Tribu admise dans la famille des graminées.

AGROSTEMME. (gr. *agros* et *stemma*, guirlande). Bot. Genre de silénacées, tribu des lychnidées. Les agrostemmes sont des herbes annuelles, à feuilles linéaires, à fleurs en cymes lâches et pauciflores. On n'en connaît que deux espèces : l'une qui croit dans nos blés : c'est la nielle des champs (*A. githago*) ; on croit que ses graines sont vénéneuses. L'autre habite les régions sèches et montueuses de l'Asie Mineure.

AGROSTEMMINE. s. f. Chim. Base cristallisable jaune, peu soluble dans l'eau, très soluble dans l'alcool, formant des sels cristallisables. On la retire de la nielle des blés. (V. *Agrostemme*)

AGROSTIDE. s. f. (gr. *agróstis*, chiendent). Plante de la fam. des graminées, tribu des agrostidées. Herbes gazonnantes à panicules fines et élégantes très communes dans les moissons et les prairies, forment généralement de bons fourrages. L'*A. elegans* est cultivée en bordure, comme plante d'ornement.

AGROSTIDÉ, ÉE. adj. Qui ressemble à l'agrostide. ‖ **Agrostidées.** s. f. pl. Tr. de la famille des graminées. Elle contient les plantes qui ont pour caractères communs d'avoir les épillets formés d'une seule fleur hermaphrodite, dont la glumelle inférieure est carénée sur le dos ; les styles très courts, à stigmates exserts au moment de l'épanouissement ; le fruit ovoïde, non comprimé, à sillon légèrement marqué. Les genres les plus remarquables de cette tribu sont : agrostis, calamagrostis, somma, etc.

AGROSTOGRAPHIE. s. f. (gr. *agróstis* et *graphein*, écrire). Bot. Partie de la botanique qui traite des graminées. On a formé de la des deux mots *agrostographe*, Celui qui écrit sur les graminées, ou les étudie, et *agrostographique*, Ce qui a rapport à l'agrostographie.

AGROSTOLOGIE. s. f. (gr. *agróstis*; *logos*, discours). Traité des graminées.

AGROSTOLOGIQUE. adj. 2 g. Qui a rapport à l'agrostologie.

AGROTE. Myth. Divinité phénicienne. ‖ adj. Epithète de Pan et de Mercure.

AGROTÈRE. Myth. Surnom que les Athéniens donnaient à Diane, parce qu'elle habitait sans cesse les forêts et les campagnes. Diane Agrotère.

AGROTÈS. Myth. Divinité phénicienne.

AGROUELLE. s. f. (altération, corruption d'*écrouelles*). Zool. Nom vulgaire de la chevrette des ruisseaux ou *gammarus pulex*, parce que d'après un préjugé populaire cet animal envenime les eaux où il se tient au point qu'il vient des ulcères à la gorge de quiconque en boit. ‖ Bot. Nom vulg. de la scrofulaire, parce qu'on lui attribue de l'efficacité contre les écrouelles.

AGROUPEMENT. s. m. Action d'agrouper ; état de ce qui est agroupé.

AGROUPER. v. a. (*à* et *groupe*). T. d'art. Réunir en groupe. Les figures, les corps, les membres sont bien agroupés dans ce tableau. ‖ S'**Agrouper.** v. pr. Se réunir en groupe.

AGRUME. s. f. Espèce de prune employée pour faire des pruneaux d'Agen.

AGRY (S.). V. *Agrice* et *Ageric.*

AGRYPNE. s. f. (gr. *agrupnos*, qui veille). G. d'insectes coléoptères pentamères, famille des sternoxes ; nombreuses espèces.

AGRYPNIE. s. f. (gr. *a* priv.; *grupnia*, sommeil). Méd. Insomnie.

AGRYPNOCOME. s. m. (gr. *agrupnia*, insomnie, et *koma*, assoupissement). Méd. État dans lequel un malade ne peut dormir et en a une grande envie.

AGRYPNODE. adj. (gr. *agrupnodès*, sans sommeil). Méd. Qui est privé ou qui prive de sommeil. Fièvre agrypnode.

AGTELEK. 600 h. (calvinistes). Vge du co-

mitat et à 15 kil. O. de Gömör (N. de la Hongrie). Grotte à stalactites très curieuse.

AGUA. Volcan de l'Amérique cent., près de Guatémala. 3,753 m. d'élév. au-dessus du Pacifique. 75 m. de diamètre. En 1541, un déluge d'eau s'échappant de ses flancs détruisit la capitale du Guatémala.

AGUACATE. s. m. Bot. Autrement laurier avocat.

AGUADAS. s. m. pl. (a-gou-a-dass). Dans l'Amérique du Sud, vastes citernes qui servent de réservoirs pendant la sécheresse.

AGUA-DE-PAU. 5,210 h. Vle et fort de l'archipel des Açores, bâtie sur le littoral mérid. de l'île de San Miguel.

AGUADERO. s. m. Nom, au Paraguay et au Brésil, d'une espèce de bécassine qui annonce la pluie.

AGUADO (François). Jésuite espagnol. Né en 1566, confesseur du duc d'Olivarès, ensuite ministre de Philippe IV. Mort en 1654. On a de lui : *Del perfetto religioso.* ‖ **Aguado** (Alex.-Marie). Riche financier, né à Séville, 1785 ; naturalisé français en 1828 ; mort en Espagne, 1842. Israélite de naissance. Colonel en 1810, aide de camp du maréchal Soult. En 1815, il quitte la carrière militaire pour se lancer dans la finance, à Paris. Agent financier du gouvernement espagnol en 1823, il reçoit de Ferdinand VII la concession de plusieurs mines, des terrains, le titre de marquis de *las Marismas*, négocie les emprunts espagnols, et se crée une fortune d'environ 60 millions de fr. Il avait formé une magnifique galerie de tableaux.

AGUARA-MI-HUBA. s. m. Bot. Nom guarani du poivrier d'Amérique ou des Antilles, *schinus molle*, employé à faire le fameux *baume des missions*. On l'obtient en faisant cuire dans du vin généreux jusqu'à consistance d'extrait les feuilles et menues branches. Usage externe contre les blessures ; usage interne contre le flux de ventre.

AGUARICA ou **RIO DEL ORO.** Riv. de la Nouvelle-Grenade, qui descend des Andes, 400 kil. de cours. Charrie des paillettes d'or.

AGUAS. Riv. d'Espagne orient. (Aragon), afll. de l'Ebre. C. 100 kil.

AGUASCALIENTES. Dép. intér. du Mexique, montagneux, dans la région de l'O. Le point le plus élevé de ses montagnes est le Cerro de Laurel (3,091 m.). Le rio de San Pedro ou de Aguascalientes y forme une large et belle vallée du N. au S. dans la partie centrale. Maïs, orge, blé, frijol, canne à sucre, métaux précieux, sources thermales, d'où le nom de Aguascalientes. 140,000 h. ‖ **AGUASCALIENTES.** 20,000 h Ch.-l. du dép. de ce nom. Source chaude. Fabrication de rebozos et d'autres articles de coton.

AGUASSIERE. s. m. Ornith. Nom français du merle d'eau.

AGUEBAUD ou **AGOBARD.** Archev. de Lyon. V. *Agobard.*

AGUEDA. Riv. d'Espagne et de Portugal, naît sur le revers sept. de la Sierra de Gata, et se jette dans le Douro riv. g. C. 130 kil. Bords pittoresques, eaux de cristal, chutes.

AGUEDA (Ste). Tableau du museo del Rey, à Madrid, dans lequel Paul Véronèse représente sainte Agueda après son supplice, les seins coupés, consolée par un ange. C'est un chef-d'œuvre d'un pathétique extraordinaire.

AGUERO (Bartholomeo de). Chirurgien espagnol, né à Séville en 1531, m. en 1587. Acquit une réputation extraordinaire par la guérison des plaies, de celles surtout faites par les armes à feu. *Avisos de cirurgia* (1584) ; *Tesoro de la verdadera cirurgia* (1584, in-fol.), suivi d'un traité *Antidotarium generale*, etc. ‖ **Aguero** (Benoît-Emmanuel). Peintre espagnol. Né à Madrid, en 1626, m. en 1670. Paysages estimés.

AGUERRIR. v. a. (*à* et *guerre*). Accoutumer à la guerre ; aux fonctions, aux travaux, aux fatigues de la guerre. ‖ Au fig. Accoutumer à quelque chose qui paraît pénible dans le monde. Il a peine à s'accoutumer à la raillerie, il faut l'y aguerrir. Il faut l'aguerrir à la fatigue. ‖ S'**Aguerrir.** v. pr. S'accoutumer aux fatigues de la guerre, ou au fig. aux fatigues en général. ‖ **Aguerri, ie.** p.pas. S'emploie comme adj. dans le même sens. Soldats aguerris. Aguerri aux périls. Aguerri aux coups de la fortune, contre les larmes contre un préjugé.

AGUERRISSEMENT. s. m. Action d'aguerrir; état de ce qui est aguerri. L'aguerrissement universel auquel s'entretiennent toutes les nations d'Europe. (Sully.)

AGUERRO. Paysagiste espagnol du XVIIᵉ s.

AGUESSEAU (Henri-François d'). Chancelier de France, né à Limoges, 27 nov. 1668; mort à Paris, 9 fév. 1751. Après une excellente éducation il fut reçu avocat du roi au Châtelet, en 1690, et peu de mois après, à l'âge de 22 ans, avocat général au parlement de Paris. Ses premiers discours excitèrent une admiration générale et opérèrent une véritable révolution dans l'éloquence judiciaire; le célèbre Denis Talon, alors président à mortier, dit à ce propos, *qu'il voudrait finir comme ce jeune homme commençait*. Procureur général en 1700, il montra un zèle infatigable, maintint la discipline dans les tribunaux et fonda en quelque sorte l'instruction criminelle. L'administration des hôpitaux fut l'objet le plus cher de ses soins; personne ne contribua plus que lui à atténuer les effets de la famine pendant l'hiver de 1709. On lui conseillait le repos : « Puis-je me reposer, répondit-il, tandis que je sais qu'il y a des hommes qui souffrent. » Après la mort de Louis XIV, nommé chancelier par le régent, en 1717, il fut disgracié l'année suivante à cause de son opposition au système de Law. Rappelé en 1720, il s'appliqua à liquider le mieux possible les billets de la Banque pour éviter une banqueroute totale Après s'être opposé sous le règne précédent à la bulle *Unigenitus*, il y donna enfin son adhésion. Disgracié de nouveau en 1722, il se retira comme la première fois dans sa terre de Fresnes. Il en fut rappelé en 1727 par le cardinal de Fleury, mais les sceaux ne lui furent rendus qu'en 1737. Il s'efforça d'introduire dans la législation les réformes qu'il avait si longtemps méditées et par les sages ordonnances qu'il rédigea il établit l'unité de jurisprudence en matière de donations, de testaments et de substitutions. Les infirmités de la vieillesse l'obligèrent de donner sa démission en 1750. Dès lors il ne cessa de méditer les expressions de l'Écriture sainte qui lui étaient toujours présentes, n'ayant passé aucun jour, depuis son enfance, sans la lire. On peut appliquer à toutes les œuvres de d'Aguesseau, le jugement porté sur un de ses discours par son père. « Le défaut de votre discours est d'être trop beau. » Il fut plutôt un écrivain habile qu'un grand écrivain; son élégance continue manque souvent de naturel et de chaleur. Ses œuvres se composent de *Discours*, de *Mercuriales*, des *Instructions à mes enfants*, qui sont son meilleur écrit, de *Lettres*, etc. La plus récente édition est celle de M. Falconnet (1865, 2 vol. in-8). La plus complète est celle de M. Pardessus, 16 vol. in-8, 1819-20. || **AGUESSEAU** (Henri-Cardin-J.-B. marquis d'). Magistrat franç. 1746-1826. Petit-fils du chancelier. Avocat général au parlem. de Paris, conseiller d'État, prévôt maître des cérémonies. Député aux États généraux pour la noblesse du bailliage de Meaux. Président du trib. d'appel de Paris, puis ministre plénipotentiaire à Copenhague sous l'Empire; pair après la seconde Restauration. Membre de l'Acad. franç. dès 1787, quoiqu'il n'eût rien écrit.

AGUETS. s. m. pl. (a-ghé;—de l'anc. v. *aguetter*, composé de *à* et *guetter*). Écoutes, embuscade. Ce mot ne s'emploie que dans les loc. suiv.: Être aux aguets, se mettre aux aguets, se tenir aux aguets, Épier, observer ce qui se passe, ce qui se dit, le temps, l'occasion; être aux écoutes soit pour surprendre quelqu'un soit pour éviter d'être surpris. On mit des gens aux aguets pour se saisir du voleur. || Jadis le mot s'employait au sing. et de différentes manières. Malherbe a dit : Quand l'aguet d'un pirate arrêta leur voyage. || On disait aussi *d'aguet*, loc. adv. Je me tapis d'aguet derrière une muraille. (Rég.)

AGUEUR. s. m. (anc. franç. *ague* ou *aigue*, eau). En Auvergne, distributeur d'eau chargé des arrosements selon les droits des propriétaires.

AGUI. s. m. Mar. Cordage dont l'extrémité porte une aiguiée, de manière qu'on peut s'y asseoir.

AGUIAR (don Thomas de). Peintre espagnol, XVIIᵉ s. Petites toiles, portraits remarquables par la ressemblance et le fini.

AGUICHER. v. a. Argot des voleurs. Attirer. Aguicher un singe pour le dégringoler, Attirer un imbécile pour le voler.

AGUIEE ou **AQUIÉE.** s. f. Mar. Ganse ou sangle qui forme une sorte de siège à l'extrémité d'un agui.

AGUIER. v. a. Vx mot qui signifiait Assurer.

AGUIGNER. v. a. Vx mot. Avertir en faisant des signes avec les yeux.

ACUIGNETTES. s. f. pl. Regards furtifs et faits à dessein pour avertir.

AGUILA (D'). Officier du génie, voyageur, historien. Mort en 1815, à Paris. Visita l'Amérique, la mer Baltique, les mers du Nord, la Finlande, la Russie, le Danemark, l'Angleterre. Il est en Suède en 1789, fut témoin de l'assassinat de Gustave III. *Causes anciennes et modernes des événements de la fin du XVIIIᵉ s.; Hist. des événements mémor. du règne de Gustave III* (Paris, 1803, 2 vol. in-12); *Découverte de l'orbite de la terre*, ouv. dans lequel il soutient un système opposé à celui de Newton.

A GUI L'AN NEUF. (Au gui ! voici l'an neuf). Le premier jour de l'an. Les Druides, prêtres des Gaulois, après avoir cueilli le gui de leurs forêts en criant, dans leur langue, *A gui l'an neuf*, ou Au gui ! voici l'an neuf. Les enfants chantent encore ces mots la veille du jour de l'an pour souhaiter une heureuse année, dans certaines provinces, comme un reste des anciens usages des Gaulois.

AGUILAR (don Gaspar). Auteur dramatique espagnol du commencement du XVIIᵉ siècle. Il a laissé un poème historique sur l'expulsion des Maures d'Espagne et 12 comédies dont la meilleure est *El mercador amante*. || **AGUILAR** (Melchior-Louis DE BON DE MARGARIT, marquis de). Littérateur franç., né à Perpignan, 1755; m. à Toulouse, 1838. Riche, il se fixa à Toulouse; mainteneur des Jeux Floraux, membre de l'Acad. toulousaine des Belles-Lettres, de la Société des Sciences de Montpellier. *Recueil de vers* (1788); *Trad. en vers de quelques poésies de Lope de Vega; Stances dithyrambiques* (1824). || **AGUILAR** (Grace). 1816-1847. Femme de lettres anglaise; auteur de *poésies* et de *nouvelles*.

AGUILAR DE CAMPOS. 700 h. Bg d'Espagne, prov. de Palencia. Foires très renommées. || **AGUILAR DE LA FRONTERA.** 12,000 h. Vle d'Espagne, prov. de Cordoue. Vin de Montilla, olives. Aux environs 2 gds lacs poissonneux; eaux salines. Mines de cuivre.

AGUILAS. Pte île d'Espagne, une des Baléares, prov. de Palma. || **AGUILAS.** 5,000 h. Port d'Espagne, prov. de Murcie. Plomb et cuivre.

AGUILER. v. a. Vx mot. Piquer avec un aiguillon.

AGUILLADE, AGHULADE. s. f. Vx mot. Aiguillon.

AGUILLAS. s. m. pl. Chevaux de la Cordillère chez lesquels l'amble est l'allure naturelle.

AGUILLER. s. m. Vx mot. Étui où l'on met des aiguilles.

AGUILLES. s. f. pl. Toiles de coton d'Alep.

AGUILLÉTE. s. f. Vx mot. Aiguillette.

AGUILLON. s. m. Vx mot. Aiguillon. Bot. Nom vulg. du scandix, peigne de Vénus.

AGUILON (F. d'). Jésuite de Bruxelles, mathématicien et physicien; 1567-1617. *Traité d'optique*, Anvers, 1613, in-fol.

AGUILLOT. s. m. Mar. Cheville de fer qui sert à réunir deux cordes en une.

AGUIMPER. v. a. (*à* et *guimpe*). Vx mot. Revêtir d'une guimpe.

AGUIRRE (Jean-Saenz d'). Bénédictin espagnol, profes. de théologie à Salamanque, puis cardinal; né à Logrono, 1630; m. à Rome, 1699. Le plus important de ses ouv. est la *Collection des conciles d'Espagne*, Rome, 4 vol. in-fol. 1693-1694. Bossuet l'appelait *la lumière de l'Église, le modèle des mœurs, l'exemple de la piété*. || **AGUIRRE** (Lope de). Aventurier espagnol du XVIᵉ siècle, prit part à l'expédition à la recherche de l'Eldorado, assassina Orsua, chef de l'expédition, prit sa place et fut condamné à mort et exécuté par ordre du gouvernement du Vénézuéla.

AGUL. s. m. Méd. Plante asiatique voisine du sainfoin, employée comme fourrage; pendant l'été ses feuilles et sa tige sécrètent un liquide onctueux purgatif.

AGULENCIER. s. m. Vx mot. Arbousier.

AGULHAS (cap et banc de LAS), ou *des Aiguilles*. Promontoire élevé de 139 m., qui forme la pointe la plus méridionale de l'Afrique, à 155 kil. à l'E.-S.-E. du cap de Bonne-Espérance, lat. S. 34° 51' 15"; long. E. de Paris, 17° 40' 30". Longueur du banc en avant de la côte australe du continent africain depuis le cap de Bonne-Espérance, 840 kil.; larg. moyenne, 140 kil.

AGUSTINA (A-gous-ti-na). Surnommée la *Pucelle de Burgos*. Se signala par son courage lors du siège de cette ville par les Français (1808-1809). Les Bourbons, à leur rentrée en Espagne, lui donnèrent le grade de sous-lieutenant. Elle est morte en 1857.

AGUSTINE ou **AGUSTITE.** s. f. Min. Variété de phosphorite en cristaux, trouvée en Saxe.

AGYEUS ou **AGYIEUS.** Surnom d'Apollon. Il y avait à Athènes des dieux appelés Agyiei ; on leur sacrifiait pour détourner les malheurs.

AGYLE (S.). De Voisinat. Vicomte d'Orléans; très enclin à la colère et à la cruauté se convertit et passa le reste de sa vie à nourrir les pauvres et à secourir les malheureux, 593. Une église d'Orléans porte son nom. F. 31 août.

AGYLÉE (Henri). Jurisconsulte né à Bois-le-Duc (Hollande), vers 1535. Il publia des ouvrages de droit et une trad. latine du *Nomocanon* de Photius. Il joua un certain rôle dans la guerre des Provinces-Unies contre l'Espagne.

AGYNAIRE adj. 2 g. (gr. *a* priv.; *guné*, femme, pistil). Se dit des fleurs dans lesquelles le pistil manque.

AGYNE. adj. 2 g. Bot. Plante dont la fleur n'a point d'organes femelles.

AGYNIENS ou **AGYNNIENS.** s. m. pl. (gr *a* priv.; *guné*, femme). Hérétiques nommés aussi Agionites, qui parurent vers l'an 694. Ils ne prenaient point de femmes, et prétendaient que Dieu n'est pas l'auteur du mariage. Cette secte paraît avoir été un rejeton des manichéens.

AGYNIQUE. adj. 2 g. Bot. Insertion agynique des étamines, Celle dans laquelle les étamines n'ont pas d'adhérence avec l'ovaire.

AGYRION. s. m. (gr. *a* priv.; *guros*, cercle). Bot. Nom donné à des lichens et à des champignons.

AGYRME. s. m. (gr. *agurmos*, rassemblement). Myth. Nom du 1ᵉʳ jour des grands mystères.

AGYRTE. s. m. (gr. *agurtès*, jongleur). Genre de coléoptères pentamères, fam. les clavicornes, dont le type est l'*agyrtechâtain* que l'on trouve sous l'écorce des hêtres. || **AGYRTES.** s. m. pl. (gr. *agurtès*; de *ageirein*, mendier). Nom que portaient chez les Grecs des prêtres mendiants, charlatans et diseurs de bonne aventure, qui rassemblaient la foule dans les carrefours et la prêchaient après l'avoir étonnée ou divertie.

AH ! interj. (â). Marque la joie, la douleur, l'admiration, l'amour, etc. Ah! que je suis aise de vous voir ! Ah ! Rome, ah ! Bérénice, ah ! prince malheureux. (Rac.) Ah ! quelle belle peinture ! || On l'emploie souvent pour donner plus d'expression à la phrase. Ah ! que me dites-vous? || Se redouble pour marquer l'ironie, la surprise. Ah ! ah ! vous en convenez enfin. || s. m. invar. au pl. Pousser des ah ! à chaque mot. || Diffère de ha ! Ah a le son plus prolongé, et exprime un sentiment de quelque durée. Si l'on se trouve tout à coup devant un précipice imprévu, on s'écrie ; ha !

AHÆTULE. s. f. Nom spécifique de la couleuvre.

AHAGGAR. Pays montagneux du Sahara. Vle princ. *Idéles* ; habité par une des tribus des *Touaregs*. Exploré en 1859 par M. Duveyrier.

AHALER. v. n. (lat. *anhelare*). Respirer bruyamment après une course, dans un moment de fatigue. || v. a. Pousser son haleine sur quelque chose. Ahaler une glace pour la ternir. Inusité.

AHALYA. Myth. ind. Fille de Brahmâ.

AHAN. s. m. (a-han). Cri de fatigue que laisse échapper celui qui fait un grand effort. Il se dit surtout de ceux qui fendent du bois et qui crient *han* à chaque coup de cognée qu'ils donnent. || Par ext. Ahan signifie grand effort, peine de corps. Suer d'ahan. Pop. Se donner beaucoup de peine. || Terre labourable.

AHANABLE. adj. 2 g. (a-ha-na-ble). Pénible, fatigant. || Labourable. Inusité.

AHANER. v. n. Éprouver une grande fatigue. Faire entendre le cri d'ahan. Peu usité. || v. a. Labourer : ce sens a vieilli.

AHANTA. Territoire de la Côte de l'Or (Guinée supér.). Les Anglais y possèdent plusieurs forts, entre autres Axim et Discove. Mines d'or.

AHAR. Anc. vle du Mevar (Inde occid.) cap. des Grabilotes (la cap. actuelle est Oudeïpour); nécropole des râdjahs d'Oudeïpour, dont les tombes, élevées par des architectes djaïnas, passent pour remarquables.

AHASVERUS. Personnage légendaire, plus connu sous le nom de *Juif-errant* (V. ce mot). ǁ **Ahasverus.** Drame en prose, dans le genre de nos anciens mystères, de M. Edgar Quinet. L'auteur s'est, dit-il, proposé pour but « de reproduire quelques scènes de la tragédie universelle qui se joue entre Dieu, l'homme et le monde ». *Ahasverus, le Juif-errant,* personnifie l'humanité. Ce poème manque de dessein et de naturel, tout y est désordonné et forcé. Le bizarre y remplace le beau.

AHATIE. s. f. Vx mot. Joie, plaisir, divertissement.

AHAUS. (A-ôuss). 1,700 h. Vle de la Prusse occid. (Westphalie), à 50 kil. O. de Munster. Mines de fer, manufactures de fil, laine et coton.

AHAUX. s. m. pl. Vx mot. Immondices.

AHAYER. v. a. Vx mot. Haïr.

AHÇA. Pays de l'Arabie sur le golfe Persique, cap. Houfoûl. Le sultan de ce pays est tributaire du chef du Nedjad.

AHÉ. s. f. Myth. égyp. Vache de Bouto. ǁ Bot. Nom malgache qui signifie herbe.

AHÉ-BOULE ou **AHÉ-MANGA.** s. f. Plante de Madagascar qui se fume comme du tabac, mais dont l'usage est dangereux.

AHEGAST. s. m. Arbre des Indes orientales. On fait de la couleur rouge avec ses racines.

AHENNAGE. s. m. Vx mot. Labourage.

AHENNER. v. a. Vx mot. Labourer.

AHENUM ou **ÆNUM.** s. m. Espèce de chaudron de bronze en usage chez les anciens.

AHER. v. a. Vx mot. Attacher.

AHERDRE, AHERDER. v. n. (lat. *adherere*). Vx mot. S'adonner, s'appliquer.

AHERNECHIER. v. a. Vx mot. Endosser les harnais d'une écurie, devenir palefrenier.

AHEURER. v. n. Vx verbe. S'absenter, se retirer.

AHEURTEMENT. s. m. Obstination, attachement opiniâtre à un sentiment, à un avis. Quel étrange aheurtement !

AHEURTER (S'). v. pr. (*d* et *heurter*). Se heurter à quelque chose, s'opiniâtrer, s'obstiner. S'aheurter à un sentiment, à une opinion, à faire quelque chose. ǁ S'employait autref. activement. Il ne faudrait pas aheurter cet homme à ce paradoxe. ǁ **AHEURTÉ, ÉE.** p. pas. Un homme aheurté à son opinion.

AHI. interj. (a-i). Exprime un sentiment d'une vive douleur. Ahi ! ahi ! ahi ! (Mol.) On dit aussi *aïe.*

AHIDRADHNA. s. m. Myth. ind. L'un des onze Boudras.

AHIR ou **Aïn.** Grande oasis du Sahara central, sur la route de Mourzouk à Cachena.

AHIRS. Tribus de l'Inde sept., des deux côtés du golfe de Katch, dans l'île du même nom, et dans le Goudjerât.

AHKAF (AL) ou **GOUÇA.** Chaînes de dunes dans le désert d'Arabie, entre lesquelles se trouvent après les pluies des vallées herbeuses.

AHLBORN (Léa LUNDGREN, dame). Graveur sur médailles. Stockholm 1822. Œuvres remarquables, à l'Exposition univers. de Paris (1855). ǁ **AHLBORN** (Guill.). Né 1808 à Hanovre. Peintre paysagiste, élève de Wachs à Berlin, abjura avec sa femme le protestantisme à son retour de Rome, 1834. M. à Florence 1857. Chefs-d'œuvre : *Vue d'Assise; Destruction du chêne du Tasse.*

AHLDEN. Bourgade du Hanovre avec château royal dans lequel fut emprisonnée de 1694 à 1726 l'épouse du roi George Ier d'Angleterre, Sophie-Dorothée, princesse de Celle.

AHLE (Jean-Rodolphe). Mulhouse, 1625-1673. Organiste et compositeur, auteur d'un grand nombre de symphonies et de morceaux de musique religieuse, notamment de motets. On lui doit aussi une méthode de chant. ǁ Son fils, *Jean-George,* 1650-1707, comme lui organiste de St-Blaise de Mulhouse, avait composé plus de trente ouvrages théoriques ou pratiques sur la musique, mais une grande partie a péri dans l'incendie qui éclata à Mulhouse en 1689.

AHLEFELD (Charlotte-Sophie-Louise-Wilhel-

mine de). Femme de lettres allem. 1781-1849. Fille d'un colonel hanovrien ; séparée de son mari en 1807. Elle écrivit un roman dès l'âge de 16 ans, et continua d'écrire sous le pseudon. d'*Élisa Selbig. Amour et séparation* (1797) ; *Maria Muller* (1799) ; *Amour et sacrifice* (1804) ; *Thérèse* (1805) ; *la Vocation religieuse* (1812) ; *Poésies,* sous le nom de Nathalie (1826, Weimar) ; etc.

AHLEN. 3,600 h. Vle de la Prusse occid. (Westphalie), à 32 kil. de Munster, sur le Werse, affl. de l'Ems. Bonneterie, bas, tissus de fil et de coton.

AHLQUIST (Aug.-Engelbert). Philologue et historien finlandais, professeur à l'Université d'Helsingfors, né à Knopio 1826. Étude particul. de la race finnoise. Dans ce but, il fonde (1845) le journal *Suometar.* Entreprend de pénibles voyages dans toute la Russie septent. pour découvrir les restes d'un peuple presque disparu, les Wotes ou Wotiaks. Linguiste érudit dans les idiomes du Nord, dont il a publié des grammaires, Il est aussi poète.

AHLWARDT (Pierre). Théolog. et philos. allemand, né à Greifswald. 1710-1791. Fondateur d'un ordre dit des *Abélites* dont les associés faisaient profession de candeur et de sincérité parfaites. Il attribuait au défaut d'attention la source de la plupart des vices. Sa maxime favorite était : « Donnez à la chose qui vous occupe pour le moment, quelque minutieuse qu'elle puisse paraître, toute l'attention dont vous êtes capable. » ǁ **AHLWARDT** (Christ.-Guill.). Philologue allem. 1760-1830. Professeur à l'Univers. de Greifswald, sa patrie. Études sur les poètes grecs ; édit. de Pindare ; trad. en vers du grec, du latin, de l'anglais, de l'italien, du portugais et du gaélic. *Grammaire de la langue gaélique* (Halle, 1822) ǁ **AHLWARDT** (Théod.-Guill.). Son fils, né en 1828. Étude des langues sémitiques, et de l'arabe en particulier. Sous-bibliothéc. et profes. à l'Univ. de Greifswald. Plusieurs édit. des auteurs arabes.

AHMED-ABAD. District de l'Inde anglaise, gouv. de Bombay. ǁ Vle importante, chef-lieu du district de ce nom. 117,000 h. Manufactures de coton et de soieries.

AHMED-ABOU-MAZAR. Médecin arabe, au commencement du IXe s. Converti au christianisme : interprète des songes à la cour du calife Al-Mamoun, à Babylone. Ouvrage arabe, dont la Biblioth. nationale de Paris possède des manuscrits, traduit en latin sous ce titre : *Apotelesmata sive de significatione et eventis insomniorum ex Indorum, Persarum, Ægyptiorumque disciplina* (Francfort, 1577, in-8°). Cet ouv. a aussi été trad. en grec, en ital. et en franç.

AHMED-BABA. Écrivain arabe, né à Arawân, près de Tombouktou, l'an 1566. Emmené en esclavage à Maroc, il y composa plusieurs ouvrages, notamment, le *Tekmilet-ed-Dibadj,* ou biographies des docteurs les plus célèbres du rite malekite, dont une, celle d'Ibn Albannâ, a été traduite et publiée à Rome, en 1866, par M. A. Marie ; petit in-fol. avec texte arabe.

AHMED - BEN - THOULOUN (Aboul-Abbas). 835-884. Fondateur de la dynastie égyptienne des Thoulounides. Son père était un esclave turc donné au calife Mahmoun de qui il avait obtenu certaines dignités. Le fils hérita de ces faveurs. Il profita des rivalités des califes, s'empara successivement de Barkah, de Damas, d'Émesse, d'Alep et d'Antioche. Mais un de ses esclaves auquel il avait confié une partie de ses conquêtes les lui enleva. La dynastie des Thoulounides compta 4 princes et fut détruite en 905, par le calife Moklafy qui fit mourir Haroun, dernier descendant d'Ahmed.

AHMED-KHAN. Appelé aussi *Nicodar* ou *Ny-Goudar.* Le premier souverain mogol qui embrassa l'islamisme, et eut à lutter contre les partisans de l'ancien culte, succomba à la fin et fut tué par ses neveux, en 1284, après deux ans de règne.

AHMEDNAGAR. 33,000 h. Vle de l'O. de l'Inde, ch.-l. d'un distr. de la présid. anglaise de Bombay.

AHMEDPOUR. 30,000 h. Vle de la principauté native de Bhavalpour, dans le Pendjab, N.-O. de l'Inde.

AHMED-RESMY-HADJY. Homme d'État turc, XVIIIe s., chancelier du sultan Moustapha III, puis ambassadeur à Vienne et à Berlin (1763) pour cimenter la paix avec l'Autriche, et avec

la Prusse le traité conclu en 1744. Il écrivit les relations de ces deux ambassades qu'on trouve dans les *Annales de l'Empire ottoman* d'Ahmed-Ouassyf-Effendi (1804, 2 vol. in-fol.) elles ont été trad. en allemand (1809, in-8°).

AHMED-RIFAAT-PACHA. Le Caire, 1825-1858. Fils aîné d'Ibrahim-Pacha, suit son père en Syrie (1838), achève son éducation à Paris. De retour en Égypte (1848), il se fait réformateur dans ses immenses domaines. Suspect au vice-roi ; se rend à Constantinople, est fait pacha et génér. de division (1851). En 1854, il regagne l'Égypte ; membre et président du conseil d'État. Héritier présomptif de la vice-royauté. Périt noyé dans le Nil dans un accident de chemin de fer, 14 mai 1858.

AHMED-SHAH. 1724-1773. Fondateur de la monarchie afghane. Après la mort de son père, chef de la tribu d'Abdalli (Durram), il fut fait prisonnier par Hussein, gouverneur de Candahar. Redevenu libre il s'attacha à Nadir-Shah sous les ordres duquel il servit en Égypte, lorsque ce prince périt assassiné. Ahmed-Shah chercha à le venger, se mit à la tête des Afghans qu'il délivra du joug de la Perse, se fit proclamer roi à Candahar, sous le nom d'Abdalli ou de Dourani. Il conquit de vastes territoires, soumit en 1752 le Pendjab et le pays de Cachemire, saccagea Delhi en 1757 et écrasa les Mahrattes à Paniput, 6 janv. 1761. Il eut de nouveau à combattre les Sikhs du Pendjab et ne put les subjuguer. Il laissa à son fils Timour un empire qui s'étendait de l'Oxus à l'embouchure de l'Indus.

AHN (Jean-François). Pédagogue allemand, né à Aix-la-Chapelle 1796 ; m. à Neuss 1865. *Méthode nouvelle pour l'étude des langues; Manuel pour étudier le français;* nombreux ouvrages de grammaire souvent réimprimés, et dont plusieurs ont été trad. en franç.

AHONTAGE. s. m. Vx mot. Honte.

AHONTER, AHONIR. v. a. Faire honte, déshonorer. Vx mot.

AHORES. s. m. pl. (gr. *a* priv. ; *ôra,* heure). Se disait de ceux qui étaient morts avant l'âge ou qui avaient été victimes d'une mort violente et dont les ombres n'étaient admises aux Enfers que lorsque le temps qu'ils auraient dû vivre était accompli.

AHOUAÏ. s. m. Arbre de la fam. des apocynées. Le suc laiteux contenu dans les amandes du fruit est très vénéneux.

AHOUAZ ou **AHWAZ.** Vle du Kousistan (région S-O. de la Perse), jadis considérable. Sur le Karoun, large en cet endroit de 300 m. Ruines, inscriptions en caractère koufique et en langue arabe.

AHOURAMAZDA. s. m. Myth. pers. Nom d'Ormuzd.

AHRENDT. Antiquaire danois ; né à Holstein, m. en 1824.

AHRENS (Henri). Jurisconsulte allemand né en Hanovre, 1808. S'est jeté, depuis 1830, dans le mouvement démocratique. Réfugié à Paris il y fit (1836) un cours de philos. ; puis, à l'Univ. de Bruxelles, il occupe la chaire de philos. du droit. En 1848, il siège à l'Assemblée nationale de Francfort comme député du Hanovre, et vote avec les libéraux. Professeur de droit à l'Univ. de Grælz en Autriche. *Cours de psychologie* (Paris, 1837, 2 v. in-8°); *Cours de droit naturel* ou de philosophie du droit (Paris, 1838); *Cours de philosophie de l'histoire* (Bruxelles, 1840); *la Science politique fondée sur la philos. et l'anthropologie* (1850), en allem. ; etc.

AHRGEBIRGE. Chaîne de montagnes de la Prusse rhénane, qui accompagne le cours de l'Aar. Schistes calcaires, entrecoupés de cimes volcaniques et basaltiques. Elles n'atteignent pas 700 m. d'altit. Gracieuses et pittoresques.

AHRIMAN. Myth. pers. Principe du mal, comme Ormuzd est le principe du bien. Selon Zoroastre ils sont tous les deux fils du Temps. Leur querelle doit durer 12,000 ans, après quoi Ahriman sera vaincu.

AHRIMANIEN, ENNE. adj. Myth. pers. De la nature d'Ahriman.

AHRIMANIQUE. adj. 2 g. D'Ahriman, qui appartient à Ahriman.

AHRIMANS. s. m. pl. (hommes de guerre; de deux mots germains *her,* ou *wehr,* guerre, et *mann,* homme). Nom donné, à l'époque barbare, aux guerriers libres, possesseurs d'alleux, c.-à-d. de terres tirées au sort après la conquête et possédées par eux en toute souveraineté. (V. *Hachinbourg*.)

AHRWEILLER. (Ar-va-i-ler). Ville de la Prusse rhénane, à 47 kil. N. O. de Coblentz, sur l'Aar. Près de 4,000 h. Minerais de fer, sources minérales, fabriques, vins renommés.

AHUACHAPAM. 8,000 h. Vle de la Répub. de Salvador (Amériq. centr.). Canne à sucre, café. A 5 kil. fontaines chaudes sulfur. appelées *Ausoles*.

AHUATOTOTE. s. m. Oiseau du Mexique, dont le corps est blanc, la queue et les ailes bleues.

AHUITZOL. Huitième empereur des Aztèques ou anciens Mexicains, régna à la fin du XVe s. et eut pour successeur Montézuma II sous le règne duquel le Mexique fut conquis par les Espagnols.

AHUN-LES-MINES. 2,392 h. Vle de France (Creuse); ch.-l. de cant., arr. de Guéret, sur la Creuse. Bassin houiller de 12 kil. d'étendue, produisant annuellement 25,000 tonnes. Verreries. A Busseau-d'Ahun, viaduc du chemin de fer haut de 25 m.

AHURIR. v. a. (à et *hure*, qui signifiait d'abord chevelure hérissée, d'où *ahuri*, hérissé; fig. hérissé d'effroi, terrifié). Troubler, étonner, interdire, rendre stupéfait. N'ahurissez pas cet enfant. || AHURI, IE. p pas. S'emploie adject. et subst. C'est un ahuri. Fam.

AHURISSEMENT. s. m. État d'une personne ahurie. Il ne revient pas de son ahurissement. Fam.

AHWAZ. V. *Ahouaz*.

AI. Nouvelle orthographe, depuis le XVIIIe s., de la diphtongue *oi*. Celle-ci à partir du XVe s. se prononça *ai*, dans certains mots tandis que antérieurement les *françois* (les français) se prononçait comme *François* Ier. Ce fut, dit-on, Racine qui, le premier, réforma l'orthographe d'après la prononciation, réforme que Voltaire vulgarisa.

AÏ. s. m. (a-i). Zool. Mammifère tardigrade du genre paresseux. Chez l'aï ou *paresseux à trois ongles* le pouce et le petit doigt sont réduits à de petits rudiments cachés sous la peau : c'est le seul mammifère qui ait plus de 7 vertèbres cervicales. Il en a tantôt 8 tantôt 9, selon l'espece. Il est de la taille d'un chat, poils grisâtres, longs, semblables à de l'herbe fanée. Lenteur extrême des mouvements. Le paresseux met un jour entier à grimper sur un arbre dont il ronge l'écorce; il fait 2 kil. en un mois. || Méd. (T. emprunté aux habitants de la Gascogne.) Gonflement douloureux des tendons à la suite d'un effort violent, d'une fatigue. Traitement : repos, émollients, résolutifs, compression modérée à l'aide d'un bandage roulé. || Mar. Courant rétrograde au cours d'une rivière sur ses bords et finissant par un tourbillon; dangereux pour les petites embarcations.

AÏ. Myth. scand. Dieu époux d'Edda, et 1re incarnation d'Heim-Dallrigh.

AÏ. Gde riv. de Russie d'Europe; se jette dans l'Oufa après un cours de 270 kil.

AÏ ou AY (*Aggeium*). 5,396 h. Vle de France. Ch.-l. de cant. de la Marne, arr. et à 24 kil. de Reims. Vignoble d'environ 380 hect. produisant en moyenne, par an, 8,000 pièces d'un vin très renommé. || AÏ ou AY. s. m. Vin de Champagne mousseux du territoire d'Aï. Le pétillant aï fait éclater à la ronde les propos joyeux, les bons mots et les traits délicats. (Grimod.) On dit aussi vin d'Aï. Ce vin d'Aï me semble délicieux.

AÏACHA. 2 tribus algériennes, prov. de Constantine, cercle de Guelma. || Tribu de la prov. d'Alger, sur la g. du Chelif. C'est le nom de plusieurs autres tribus.

AÏAD. Nom de plusieurs tribus algériennes.

AÏADH BEN MOUSA AL-CAHASI. Théologien musulman, né à Ceuta en Afrique, 1077. Auteur d'une histoire de Cordoue. Mort au Maroc en 1149.

AÏAGOU. Montagne de Chine : ses cimes principales s'élèvent à plus de 2,000 m. au-dessus de la mer.

AÏAGOUS. Riv. de Mongolie; se jette dans le lac de Balkach. 340 kil. de cours.

AÏAN ou AYAN. Port de la mer d'Okhotzk (Sibérie orient.). 300 h. Climat polaire.

AÏANAKHA. s. m. Une des puissances des gnostiques.

AÏANTÉES. s. f. pl. Antiq. gr. Fêtes qui se célébraient à Athènes et à Salamine en l'honneur d'Ajax, fils de Télamon, et en Locride en l'honneur d'Ajax, fils d'Oïlée.

AÏANTIDE. adj. Myth. Qui appartient, qui a rapport à l'un des Ajax. || AÏANTIDES. s. m. pl. Antiq. gr. Membres d'une tribu d'Athènes.

AÏAR-KHAZRA. Vle de la grande Boukharie, à 240 kil. de Samarcand.

AÏAS. Port de l'Anatolie S.-E. (Turquie d'Asie), à 43 kil. N -O. d'Alexandrette.

AÏ-SOLOUK ou AÏA-SALOK. (gr. *aghios theologos*, le saint théologien. S. Jean l'évangéliste, à qui une église avait été dédiée, à Ephèse). Vge de la Turquie d'Asie, dans l'Anatolie, à peu de distance de l'embouchure du Kutchuk-Menderé (le Caïstre) dans le golfe de Scalanova, mer Egée. Près de là, du côté de la mer, se voient les ruines informes ou décombres de la fameuse ville d'Ephèse.

AÏATOU (S.). V. *Adjuteur*.

AÏAUT ou AILLAUT. s. m. Bot. Nom vulg. du pseudo-narcisse dans divers départements.

AÏBEK (Ared-Eddin). Premier sultan d'Égypte de la race des Mamelouks-Baharites gouvernait l'Égypte quand S. Louis débarqua à Damiette. S'empara du trône d'un fils de Saladin dont il était tuteur; fut assassiné en 1257.

AÏBERT (S.). D'Espain. Religieux à Crespin en Hainaut ; solitaire, prêtre. Une foule immense venait chaque jour, souvent de très loin, à sa cellule visiter ce saint illustre. 1140. F. 7 avril.

AÏBLING. Bourgade dans la Bavière supérieure, près Rosenheim. Bains.

AÏBLINGER (J.-Caspar). Compositeur né à Wasserburg (Bavière) 1779. Se fit un nom par ses compositions de musique religieuse comme maître de chapelle à Munich. M. 1867.

AÏCARD (Jean). Littérat. franç. Toulon 1848. *Poèmes de Provence* (1874); *les Jeunes croyances* (1867); *les Rébellions et les Apaisements* (1871), poésies; *Pygmalion*, poème dramatique (1872); *Au clair de la lune*, comédie (1870); etc.

AÏCARDO (Jean). Architecte piémontais, né à Coni, m. en 1625; commença le célèbre aqueduc de Gênes qui fut terminé par son fils, *Jacques*, m. en 1660, à qui l'on doit également plusieurs monuments de cette ville, notamment la fontaine près du Pont-Royal.

AÏCARTS DE FOSSAT. Troubadour du XIIIe siècle.

AÏCHA. 4,300 h. Vle et seigneurie de Bohème. Manufactures.

AÏCHA ou AYESCHA. Fille d'Abou-Bekr et femme de Mahomet. 611-677.

AÏCHACH. 2,200 h. Vle de la haute Bavière, à 24 kil. N.-E d'Augsbourg, sur la rive dr. de la pte riv. la Paar affl. du Danube. Distillerie, potasse, fil. Près de là se trouvent les ruines du château de Wittelsbach, berceau de la dynastie des rois de Bavière.

AÏCHALDEN. 1,475 h. Vge de la Forêt-Noire (Wurtemberg). Horloges en bois : *coucous*.

AÏCHARD ou AICARD (S.). *Aichardus, Aicardus.* V. *Achard*.

AÏCHE ou ÈCHE. s. m. (lat. *esca*, appât). Nom que les pêcheurs donnent au ver de terre employé comme appât. (V. *Achée*.)

AÏCHER. v. a. (é-cher). Aicher une ligne, Y mettre un aiche.

AÏCHER (dom Othon). 1629-1705. Savant bénédictin, de Saint-Lambert, en Styrie ; professeur à Salzbourg. *Commentaires sur les Philippiques* de Cicéron et sur la 1er décade de Tite-Live. *Theatrum funebre, exhibens epitaphia nova et antiqua ; Hortus variarum inscriptionum ; Iter oratorium ; Iter poeticum ;* etc.

AÏCHERA. Myth. Un des 7 dieux qu'adoraient les Arabes.

AÏCHINGER (Grégoire). Célèbre organiste allemand de la fin du XVIe siècle. A publié un grand nombre d'ouvrages sur la mus. sacrée.

AÏCHOU. s. m. Vx mot. Hache.

AÏCHSPALT ou ASPELT (Pierre). Né de parents pauvres à Aspelt, près de Trèves, devint le meilleur médecin de son temps. Médecin du comte Henri de Luxembourg et de l'emp. Rodolphe. Excellent homme d'État et versé dans les matières ecclésiastiques, il fut promu à la prévôté de Prague par Boniface VIII, qu'il avait réussi à guérir. Il devint évêq. de Bâle en 1296, archev. de Mayence en 1305.

AÏCVARIKA. s. m. Myth. ind. Partisan d'une secte bouddhiste.

AÏDA. Opéra de Verdi, en 4 actes, représenté pour la première fois à l'inauguration du nouveau théâtre du Caire le 24 déc. 1871, puis à Paris au Théâtre-Italien le 22 avril 1876. L'action se passe en Égypte, aux temps des Pharaons.

AÏDABLE. adj. 2 g. Qui peut être aidé. || Dans l'anc. franç. Secourable, qui peut aider.

AÏDAN (S.). Moine à Hy, puis évêque de Lindisfarne (Holy-Island) en Irlande, m. en 651. F. 31 août. || AÏDAN. Roi d'Écosse, successeur et fils de Gontran ou Gorane; battit les Saxons.

AÏDANT, ANTE. adj. Qui aide || Se dit subst. dans cette phrase : Malgré lui et ses aidants.

AÏDAPOUTCHE. Myth. ind. Fête que célèbrent les Indiens dans leur 7e mois.

AÏDDIN. Bg d'Asie Mineure, à 15 lieues de Smyrne. Sources therm.

AÏDE s. f. (è-d; — subst. verbal de *aider*). Secours, assistance. Venir à l'aide de quelqu'un. Prêter aide et assistance. Demander, implorer de l'aide. Crier à l'aide. Appeler à son aide. || Loc. usit. : Avec l'aide de, A l'aide de. On a fait de grandes découvertes à l'aide du télescope. || A l'aide ! pour Au secours ! || Celui qui prête aide, la chose qui aide. Dieu seul est ma force et mon aide. Il n'a eu d'autre aide que les mémoires qu'on lui a communiqués. || Succursale d'une église principale. Cette chapelle, cette église était une aide de la paroisse de... || *Aides*. s. f. pl. Se disait autrefois des impôts indirects. Les fermiers des aides. On nommait : Général des aides, L'officier préposé à la levée des subsides ; — Cour des aides, Cour souveraine instituée par Charles V pour juger en dernier ressort, toutes les affaires relatives à tous les genres de contributions et d'impôts. || Dr. féod. *Aide de relief*, Droit qui était dû dans certaines provinces aux héritiers du seigneur immédiat pour leur aider à relever leur fief envers le seigneur supérieur. — *Aide-cheval*, Droit dû par un vassal au seigneur supérieur, lorsque son fils était fait chevalier, qu'il mariait sa fille, ou qu'il était prisonnier. || Manèg. *Aides*, Tous les moyens que le cavalier emploie pour bien manier son cheval, et plus particulièrement les mains et les jambes dans leur action sur le cheval. Les aides de la voix, de la langue, du genou, des talons, de l'éperon, etc. Ce cheval répond aux aides, est sensible aux aides, connaît les aides. — Donner les aides extrêmement fines, Manier le cheval à propos, lui faire marquer avec justesse ses temps et ses mouvements. || Arch. Petites pièces ménagées près des grandes pièces d'apparat ou de service qui ont besoin de dégagement. || AIDE. s. 2 g. Se dit des personnes qui sont auprès de quelqu'un pour travailler, opérer ou servir conjointement avec lui et sous lui. Ce jeune médecin est l'un des aides de cet habile chirurgien. Cette sage-femme est l'une de ses aides. Aide des cérémonies, Celui qui aide le grand-maître des cérémonies. Aide de cuisine, Aide d'office. Aide-maçon (on disait autrefois aide à maçon). Aide-chirurgien ou aide-major. || Sous-aide, Celui qui est subordonné à l'aide dans les mêmes fonctions. || Aide se dit aussi en parlant des choses. Ainsi l'on dit un aide-mémoire, des aide-mémoire (ouvrage abrégé qui aide la mémoire). || A. milit. *Aide de camp*, Officier d'état major attaché à la personne d'un général ou d'un souverain, pour l'aider dans les détails de son commandement et pour la transmission de ses ordres. Les aides de camp ont existé depuis l'époque la plus reculée. Ils avaient autrefois des fonctions et même des commandements. Au XVIIe siècle, on les appelait les aides des maréchaux de camp des armées du roi. Le service d'aide de camp est un service militaire qui n'a rien de personnel. L'aide de camp est attaché au commandement et non à la personne du général ; il est spécialement chargé de la transmission des ordres, des missions et reconnaissances, du tracé des lignes, et de la partie du service de bureau que ne se réserve pas le général. En France, les aides de camp ont été supprimés par le règlement du 24 juillet 1880 complémentaire de la loi du 20 mars 1880 sur le service d'état-major ; il n'y a plus que des officiers d'ordonnance qui peuvent ne pas appartenir au service d'état-major. || *Aide-major*, Fonctionnaire du corps de santé. Médecin ou pharmacian aide-major de 2ᵉ ou de 1ʳᵉ classe. Ce sont les deux échelons inférieurs de la hiérarchie, correspondant à sous-lieutenant et lieutenant. Les aides-majors sont employés d'après leur grade et leur ancienneté de grade soit dans les corps, soit dans les hôpitaux, de manière à produire un roulement régulier entre les établissements et les corps de troupes. Aux armées, ils sont employés en outre aux ambulances des quartiers généraux et des divisions actives, aux hôpitaux temporaires. Après deux ans de grade, les aides-majors de 2ᵉ classe sont promus de droit à la 1ʳᵉ classe, et passent forcément dans les corps de troupes, mais ils ne peuvent rentrer dans les hôpitaux que comme médecins-majors à la suite de concours annuels. Le chiffre des aides-majors n'a pas été déterminé par la loi qui régit actuellement la matière, mais qui doit changer sous peu. ‖ *Aide-vétérinaire.* Premier degré de la hiérarchie des vétérinaires. L'aide-vétérinaire n'est pas assimilé ; il marche toutefois après les sous-lieutenants (Décret du 30 avril 1875). Les aides-vétérinaires sont choisis parmi les aides-vétérinaires stagiaires de l'École de Saumur, parmi les vétérinaires civils ayant un diplôme du gouvernement, âgés de moins de 30 ans et ayant satisfait aux épreuves d'un concours d'admission devant une commission spéciale. Les fonctions et les devoirs des vétérinaires militaires, en temps de paix et en temps de guerre, ont été déterminés par le règlement du 26 décembre 1876. ‖ Syn. Appui, aide, assistance, secours. L'appui et l'aide se donnent a la faiblesse ; l'assistance et le secours au besoin. La puissance appuie et aide ; la charité assiste et secourt. Une muraille peut avoir besoin d'appui. Cette machine ne peut aller sans l'aide de la vapeur. L'assistance et le secours ne se prêtent qu'aux personnes. L'appui est permanent en puissance et n'exprime souvent qu'une influence, enfin il vient le plus souvent d'un supérieur. L'aide est accidentelle, et effective, marque un concours, et peut être donnée par un égal, par un inférieur. O Dieu ! mon appui, venez à mon aide ! On assiste le prochain, on lui prête assistance, dans ses besoins. On vole au secours de quelqu'un qui est en danger. Laisser mourir sans secours.

AIDEAU. s. m. Morceau de bois passé dans les barres de charrettes pour soutenir les charges trop élevées. ‖ Outil de charpentier.

AIDEL. s. m. (gr. *aidélos*, obscur). Bot. Sorte de plantes.

AIDER. v. a. (è-dé ; — b lat. *adjutare, ajutare, autare, aitare, aidar,* aider). Secourir, assister, seconder, servir. Aider quelqu'un de son bien, de son crédit. Cette méthode aide la mémoire. ‖ Pron. Il faut s'aider les uns les autres. ‖ S'aider de…, Se servir de. Il ne s'aide pas du bras droit. ‖ Aider à, Contribuer à une chose. Aider quelqu'un à payer ses dettes. Aider à la réussite d'une affaire. ‖ T. de manèg. Aider un cheval, Le faire travailler selon les règles. ‖ Mar. Aider un vaisseau dans son mouvement, Joindre la manœuvre de la voilure à celle du gouvernail. ‖ Se donner de l'action ; travailler. Prov. : Aide-toi, le Ciel t'aidera. ‖ Dieu aidant, Avec l'aide de Dieu. ‖ S'emploie comme v. n. Aider à quelqu'un à soulever un fardeau. ‖ Aider à la lettre, Suppléer au texte, en interpréter le sens.

AIDEUR, AIDERESSE. s. Celui, celle qui aide. Vx mots qu'on ferait bien de reprendre.

AIDIE. s. f. (gr. *aidios*, éternel). Bot. Grand arbre de Cochinchine dont le bois blanc et dur sert pour la construction des parties inférieures des édifices. Il se conserve très bien dans l'eau et dans la terre.

AIDIN (*Guzel-Hissar*). 30,000 h. Vle de la Turquie d'Asie (Anatolie occid.), à quelque kil. de la rive dr. du Mendéré (le Méandre), à 115 kil. S.-E. de Smyrne par le chemin de fer. 4,000 Grecs, 3,000 Juifs, le reste est Turc. Centre commercial important. L'antique *Tralles* occupait un plateau qui domine la ville actuelle. ‖ Vilayet d'Aidin. 1,050,000 h.

AIDOIODYNIE. s. f. Méd. V. *Œdoiodynie* : tous les mots ayant le même radical s'écrivent de même par æ.

AIDONE. 6,400 h. Vle de Sicile, prov. de Caltanisetta, près de la source de la riv. de Terranova.

AIDONÉ ou ADÈS. Temps hér. Roi des Molosses, emprisonna Thésée qui avait essayé de ravir sa fille Proserpine. Pluton avait pour surnom Adès. C'est pour cela qu'on dit que Thésée était descendu aux Enfers enlever la femme de Pluton.

AÏDOS (Pudeur). Myth. Placée près de Jupiter dans l'Olympe avec la Justice. ‖ Aïdos. Vle de la Roumélie (Turquie d'Europe), à la pente S. du Balkan orient., à 300 kil. N.-O. de Constantinople 300 maisons, dont 100 bulgares et 200 turques. Dans la plaine voisine *tumuli,* ou *tépeh,* monticules artificiels.

AÏDOUN ABOUL - HASAN - AL - MOKHTHAR BEN AÏDOUÏN. Médecin de Bagdad. Il composa en arabe le 1ᵉʳ dictionnaire de médecine.

AIE. interj. Exclamation de douleur physique. Aïe ! que je souffre ! ‖ Cri que les charretiers font entendre pour faire marcher leurs chevaux.

…AIE. (lat… *etum*). Finale des lieux plantés d'arbres : saussaie, cerisaie, châtaigneraie, etc.

AÏEUL. s. m. (a-ieul ; — anc. franç. *aiol ;* lat. *aiolus, aviolus, avius, avus,* grand-père : comparer le goth. *avô,* grand'mère). Grand-père. Aïeul paternel (du côté du père) ; aïeul maternel (du côté de la mère). Pour désigner son grand-père maternel, et son grand-père paternel on dit au pl. : *aïeuls.* Dans ce sens aïeul a deux composés, bisaïeul et trisaïeul ; au dela on dit quatrième aïeul, cinquième aïeul, etc. Aujourd'hui on dit *aïeux* et non aïeuls pour désigner : 1° tous ceux de qui on descend, les ancêtres ; 2° ceux qui ont vécu dans les siècles passés. C'était la mode chez nos aïeux. ‖ Syn. Pères, aïeux, ancêtres. Le siècle de nos pères a touché au nôtre, nos aïeux les ont devancés et nos ancêtres sont les plus reculés de nous. Nous sommes les enfants de nos pères, les neveux de nos aïeux, la postérité de nos ancêtres. L'homme a commencé par recevoir de ses pères les connaissances qui leur avaient été transmises par ses aïeux. (Buff.) Le respect des Chinois pour leurs ancêtres est chez eux une espèce de religion. (Volt.)

AÏEULE. s. f. Grand'mère. Aïeule maternelle, aïeule paternelle. Cela était bon du temps de nos aïeules. (Acad.)

AIFFRE (Raym.-René). Peintre franç. Rodez 1806-1867. Élève de l'École des Beaux-Arts de Paris. Tableaux religieux et de genre, portraits. Plusieurs portraits de Mgr *Affre* (1849) ; *J.-C. et les petits enfants* (1859) ; *J.-C. chassant les vendeurs du temple* (1867) ; *Pieta* (1866) ; *S. Jean l'Évangéliste ;* etc.

AIGADIER. V. *Aiguadier.*

AIGAGE, AIGUAGE, AIGUERIE. s. f. (é-ga-j' ; è-ghe-rie ; — lat. *aqua*). Droit d'aqueduc au travers du fonds d'autrui. ‖ Droit qu'on payait pour arroser quelque terrain.

AIGAIL. V. *Aiguail.*

AIGAIRE. s. m. (é-ghê-r' ; — lat. *aquarium*). Profond fossé facilitant l'écoulement des eaux.

AIGE ou AIGLE. s. m. Méd. Petite tumeur ou tache blanche au-devant de la pupille.

AIGEON. s. m. (corrupt. d'*agneau*). Agneau que sa mère abandonne et refuse d'allaiter.

AIGLAT. s. m. Vx mot. Aiglon, petit aigle.

AIGLE. s. m. Zool. Oiseau de l'ordre des rapaces, dont le bec long, droit à sa base est recourbé à sa pointe, et sans échancrure ; les pieds emplumés jusqu'a la naissance des doigts. Commun dans les montagnes d'Europe et d'Amérique. Le *grand aigle* ou *aigle royal* a 1ᵐ 20 de long. et 2ᵐ 90 d'envergure : sa force est considérable ; il peut enlever des agneaux et même des enfants. Il plane à une très grande hauteur et vit très longtemps : on a conservé à Vienne un aigle captif pendant 140 ans. La femelle pond de 2 à 4 œufs, et couve 30 jours. Les principales espèces sont : l'*A. royal* (*aquila chrysaelos*), l'*A. impérial* (*A. imperialis*), l'*A. autour.* ‖ Pour désigner la femelle de cet oiseau, aigle est féminin. Cette belle aigle pondit deux œufs. ‖ Myth. L'aigle était l'oiseau consacré à Jupiter. Les poètes ont feint que cet oiseau nourrit ce Dieu d'ambroisie pendant son enfance dans l'île de Crète. L'aigle est toujours dans les images de Jupiter portant la foudre entre ses serres. Ce fut sous la forme d'un aigle que ce Dieu ravit Ganymède. ‖ Au fig. Esprit supérieur. Bossuet est désigné sous le nom d'Aigle de Meaux. ‖ Avoir des yeux d'aigle, Avoir une vue perçante. Au fig. Avoir un œil d'aigle, le regard de l'aigle, Une

grande pénétration d'esprit. ‖ Prov. Crier comme un aigle, Crier d'une voix aiguë et perçante. ‖ s. f. *Aigle*, en termes d'armoiries et de devises, est fém. Aigle éployée d'argent. Les armes de l'empire français étaient une aigle tenant un foudre dans ses serres. L'aigle est dite becquée, languée, membrée, couronnée, diadémée, quand son bec, sa langue, ses membres, sa couronne, son diadème, sont d'une autre couleur que celle de son corps. L'aigle est naissante ou issante, quand on ne voit que la tête et une partie de son corps ; onglée quand les serres sont d'un émail différent ; contournée, quand elle regarde à gauche de l'écusson. ‖ Abs. L'aigle impériale, Les armes de l'empire d'Autriche, qui sont une aigle à deux têtes. Charlemagne qui les adopta ainsi voulut marquer l'union, sous son sceptre, des deux empires, de Germanie et de Rome. Jadis on disait l'*aigle impériale* ou simplement l'*aigle* pour désigner l'empire d'Autriche comme on disait *les lis* pour désigner le royaume de France. ‖ L'aigle romaine, les aigles romaines, Les enseignes des légions romaines. Chez les Romains les aigles furent d'abord en bois, puis en argent avec des éclairs d'or entre leurs serres, et enfin sous César (d'autres disent sous Marius) et ses successeurs elles furent d'or massif, mais sans foudre. L'aigle avait les ailes éployées, elle était portée au haut d'une pique ou d'une lance, par l'*aquilifer* (porte-aigle). Il n'y avait qu'une aigle par chaque légion quoiqu'il y eut plusieurs enseignes. ‖ L'aigle française, les aigles françaises, Les drapeaux de l'armée française sous Napoléon Iᵉʳ et Napoléon III. ‖ s. m. Ordres d'honneur *Aigle noir,* Le plus élevé des ordres prussiens fondé en 1701 par le premier roi de Prusse, Frédéric Iᵉʳ, et ayant pour devise : *Suum cuique.* — *Aigle rouge,* 2ᵉ ordre prussien depuis 1791, est composé de 4 cl. depuis 1830. Devise : *Sincere et constanter.* — *Aigle blanc,* Ordre russe, originairement polonais réuni à l'ordre de St-Stanislas, ayant pour devise : *Pro fide, rege et lege.* — L'*aigle d'or* de Wurtemberg, créé en 1806, a été remplacé en 1816 par l'ordre de la Couronne. ‖ Zool. Aigle, nom donné par les pêcheurs à une espèce de raie à cause de ses nageoires pectorales, étendues comme les ailes d'un aigle. ‖ Astr. Constellation de l'hémisphère septentrional entre le Serpentaire et le Dauphin. ‖ Liturg. Aigle. s. m. Pupitre d'église, représentant un aigle aux ailes étendues. ‖ Papet. Grand-Aigle. Papier de grand format. ‖ Arch. Figure d'oiseau qui servait autrefois d'attribut aux chapiteaux dans les temples dédiés a Jupiter — Dans l'archéologie chrétienne, l'aigle symbolise la résurrection. ‖ Bois de l'aigle, Sorte de bois du royaume de Siam. ‖ Numism. Marque de la divinité suivant quelques auteurs ; marque de l'Empire. ‖ Métrol. Monnaie d'or des États-Unis qui porte l'effigie d'un aigle et qui vaut 10 dollars ou 51 fr. 82 cent. 3/4. Il y a aussi le double-aigle, de 20 dollars ; le demi-aigle, de 5 dollars et le quart d'aigle, de 2 dollars 1/2. ‖ Alchim. Le mot aigle, avec différents qualificatifs, a servi à désigner des compositions du mercure.

AIGLE ou AELEN. 3.500 h. Pte ville de Suisse, cant. de Vaud. Vins renommés.

AIGLE (Étienne de l'). V. *Aquæus.*

AIGLE (L'). Vle de France. V. *Laigle.* ‖ AIGLE (cap de l'). Termine à l'O. la baie de Cotat (Bouches-du-Rhône). ‖ Bourg du diocèse de Trèves en Allemagne. ‖ Pte île formée par le fleuve St-Laurent et la Rivière des prairies, dans le Bas-Canada.

AIGLE-AUTOUR. s. m. Espèce d'aigle. (V. *Aigle*) ‖ Au pl. Des Aigles-autours.

AIGLEFIN, ÆGLEFIN ou AIGREFIN. s. m. Poisson du genre gado, voisin des morues, mais plus petit, que l'on pêche dans les mers du nord.

AIGLETTE. s. f. Blas. V. *Alérion.*

AIGLIAU. s. m. Vx mot. Aiglon.

AIGLIER (Bernard). Cardinal ; auteur de plusieurs ouvrages de piété. M. 1282.

AIGLON, ONNE. s. (diminutif d'*aigle*). Le petit de l'aigle. ‖ Blas. Jeune aigle sans bec et sans serres. (V. *Alérion.*) ‖ Fig. et iron. Cet aiglon de la philosophie, à sa première volée, s'est perdu dans les nuages. ‖ adj. La gent aiglonne. (La Font.)

AIGLURE. s. f. Fauc. Taches rousses sur le plumage d'un oiseau. Bigarré d'aiglures.

AIGNAN. 1,700 h. Ch.-l. de cant. (Gers), arr. de Mirande. Poteries. Église goth.; ruines d'un anc. château des d'Armagnac. Patrie de l'abbé Monlezun, historien de la Gascogne, mort en 1850. ‖ **AIGNAN (SAINT-).** V. *Saint-Aignan.* ‖ **AIGNAN (S).** Évêq. d'Orléans. V. *Agnan.* ‖ **AIGNAN (Étienne).** 1773-1824. De l'Acad. franç. Né a Beaugency-sur-Loire; auteur d'une trad. en vers de l'*Iliade*, d'un opéra: *Nephtali* (1806), de tragédies médiocres: *Polyxène, Brunehaut, Arthur de Bretagne.*

AIGNAY-LE-DUC. 802 h. Ch.-l. de cant. (Côte-d'Or), arr. et à 32 kil. de Châtillon et 61 kil. de Dijon, sur la Coquille, affl. de la Seine. — Grand commerce de laines et de toiles; fabrication importante de sabots; huilerie; moulin. Église du XIII° s. Restes d'un château des ducs de Bourgogne. 9 foires annuelles. Patrie du préfet de la Seine, Frochot, m. le 29 juil. 1828, à Etuf (Hte-Marne).

AIGNEAUX (Robert et Antoine LE CHEVALIER, sieurs d'). Jumeaux, nés à Vire. Poètes du XVI° s.; composèrent en commun des trad. en vers de Virgile (1582, in-4°), la première trad. complète en alexandrins qui ait paru en français, et d'Horace (1588, in-8°).

AIGNEL. s. m. Anc. monnaie. V. *Agnel.*

AIGNELÉE. s. f. Vx mot. V. *Agnelée.*

AIGNES-ET-PUYPÉROUX. 600 h. Comm. de France (Charente), cant. de Blanzac, arr. d'Angoulême; anc. abbaye de bénédictins; église du XII° s.

AIGRAT. s. m. Vx mot. Raisin aigre.

AIGRE. adj. 2 g. (è-gr'; — lat. *acrem*, accusat. de *acer*; du gr. *akê*, pointe, qui pique). Acide, piquant au goût. ‖ Vin, lait aigre. Ces fruits ont un goût aigre, sont d'un goût aigre, sont aigres au goût. ‖ L'air, le vent est aigre,Il n'est pas doux, il est piquant. ‖ Odeur aigre, Odeur désagréable qui sort de certaines substances altérées. ‖ Aigu, rude, perçant, criard. Voix aigre, son aigre. ‖ Se dit des métaux cassants. ‖ Fig. Rude, fâcheux. Esprit, humeur, paroles, style, ton aigres. Personne, femme bien aigre. ‖ Peint. Se dit des couleurs mal accordées entre elles. ‖ Agric. Terrain que les pluies ont inondé et que la sécheresse prolongée a durci. ‖ Loc. popul. Elle est aigre comme verjus; désigne une personne acariâtre et difficile. ‖ Subst. Cela sent l'aigre, tire sur l'aigre. ‖ Fig. Il y a encore de l'aigre dans l'air, Le temps n'est pas encore tout à fait adouci. ‖ Syn. V. *Acide.*

AIGRE. 1,800 h. Vle de France; ch.-l. de cant. (Charente), arr. de Ruffec. Vins, eaux-de-vie, lin, chanvre.

AIGRE-DOUX, OUCE. adj. Qui a un goût mêlé d'aigre et de doux.Oranges aigres-douces. ‖ Fig. Dont l'aigreur se fait sentir sous une apparence de douceur. Son de voix, un style aigre-doux. ‖ S'emploie subst. Un ton qui tient de l'aigre-doux.

AIGREFEUILLE. 1,800 h. Ch.-l. de cant. (Char.-Inf.), arr. de Rochefort. Bifurcation du chemin de fer de Paris à Rochefort et de celui de La Rochelle. Tourbe. ‖ Ch.-l. de cant. (Loire-Infér.), arr. de Nantes. 1,554 h.

AIGREFEUILLE (FAYDIT d'). Évêque de Rodez, puis d'Avignon, cardinal mort en 1391. ‖ **AIGREFEUILLE (Guill.),** Archev. de Saragosse, 1347; cardinal, 1359; mort en 1369. ‖ **AIGREFEUILLE (Guill.).** Neveu du précédent; cardinal, 1367, mort à Avignon en 1401. ‖ **AIGREFEUILLE (Charles d').** Docteur en théologie et chanoine de l'église cathédrale de Montpellier; a publié une *Hist. civile et ecclésiastique de la ville de Montpellier*, 1737-1739, 2 vol. in-fol. ‖ **AIGREFEUILLE (marq. d').** Magistrat franç. né à Montpellier, 1745. Chevalier de Malte, procureur général à la Cour des Aides de Montpellier. Après la Révolution il vint à Paris, et, familier de Cambacérès, se fit connaître comme lui par sa passion pour la table. Il mourut presque dans la misère, 1818.

AIGREFIN. s. m. T. de mépris. Espèce d'escroc, homme qui vit d'industrie. ‖ Autrefois nom d'un officier d'infanterie. ‖ Nom d'une ancienne pièce de monnaie en France. ‖ Zool. Aiglefin (V. ce mot).

AIGRELET, ETTE. adj. Un peu aigre. Saveur aigrelette, par exemple celle d'une eau qui contient du gaz acide carbonique. ‖ Fig. Se dit de la voix, du ton, des manières.

AIGRELIER. s. m. Un des noms du sorbier torminal ou alizier des bois.

AIGREMENT. adv. D'une manière aigre, sévère. ‖ Se dit surtout au figuré. Parler aigrement.

AIGREMOINE. s. f. (gr. *agrios*, sauvage; *monias*, solitaire). Bot. Genre de la fam. des rosacées, tribu des dryadées. L'A. eupatoire (*agrimonia eupatoria*) est très commune le long des haies; utilisée en médecine à cause de son astringence. Elle passe pour astringente et détersive: ses fleurs jaunes, en longs épis grêles, donnent une belle couleur d'or très solide pour la teinture de la laine.

AIGREMONT-LE-DUC. 200 h. Vge de France (Hte-Marne) sur une montagne, près des sources de l'Apance. Ancien château fort, souvent disputé dans les guerres, démantelé en 1651. ‖ **AIGREMONT.** Ancien château des d'Arenberg, prov. de Liège (Belgique), près de la Meuse et du chem. de fer de Liège à Namur, sur un rocher. Forêt tenant à celle des Ardennes. On y rattache la légende des quatre fils Aymon. Guillaume d'Arenberg, prince de la Marck, le *Sanglier des Ardennes*, s'y retrancha en 1474. Un château moderne s'élève près des ruines de l'ancien.

AIGREMORE. s. m. Charbon pulvérisé de bois tendre, à l'usage des artificiers.

AIGRET, ETTE. adj. (dim. d'*aigre*). Légèrement aigre. ‖ Fig. Un peu piquant.

AIGRETTE. s. f. (é-grè-t'; — provençal *aigron*, berrichon *égron*, héron). Bouquet de plumes dressées qui ornent la tête de certains oiseaux, comme les paons, les grues, etc. ‖ Par anal. Bouquet de plumes effilées et droites qui servent à orner la tête de certaines personnes ou des chevaux, les dais, les lits de parade, les casques. (V. *Panache.*) ‖ Par ext. Pompon de crin en forme d'aigrette qui orne une coiffure militaire. L'aigrette d'un shako. ‖ Joaill. Bouquet de perles, de diamants, etc., disposés en forme d'aigrette. ‖ Zool. Nom de quelques espèces de hérons ornés d'une aigrette. ‖ Nom donné par Buffon à un singe du genre macaque (*simia aygula*) à cause d'une touffe de poils dressés, qu'il porte sur la tête, comme une aigrette. ‖ Bot. Houppes de poils ou de soie, qui surmontent certains fruits et servent à leur dissémination, comme dans le pissenlit. ‖ Phys. Aigrettes lumineuses, Faisceaux de rayons lumineux, divergents entre eux, qu'on aperçoit aux pointes et aux extrémités anguleuses des corps électrisés.

AIGRETTÉ, ÉE. adj. Bot. Qui porte une aigrette. Terminé en aigrette.

AIGREUR. s. f. Qualité de ce qui est aigre. Ce vin a de l'aigreur. ‖ Rapports acides que causent les aliments mal digérés. S'emploie généralement au pluriel. Avoir des aigreurs. ‖ Au fig. Mauvaise disposition d'esprit qui porte à dire ou à faire des choses blessantes. Répondre avec aigreur. ‖ Il y a de l'aigreur entre ces deux personnes, c'est-à-dire un petit commencement de brouillerie. ‖ Aigreurs, en gravure, se dit des tailles où l'eau-forte a trop mordu.

AIGRIÈRE. s. f. Écon. rust. Petit-lait aigri mélangé de son, pour la nourriture des porcs.

AIGRIETTE. s. f. Sorte de cerises, légèrement aigres. On dit aussi *aigriotte.*

AIGRIR. v. a. Rendre aigre, faire devenir aigre. La chaleur aigrit le lait. ‖ Fig. Irriter, mettre dans une disposition ou une situation plus fâcheuse. Cela ne fait qu'aigrir son mal. ‖ v. n. Devenir aigre. Le vin aigrit. ‖ S'AIGRIR. v. pr. Devenir aigre. ‖ S'irriter, en parlant des personnes. ‖ Devenir plus douloureux, en parlant des choses. ‖ AIGRI, IE. p. pas.

AIGRISSEMENT. s. m. Action d'aigrir, de s'aigrir. État de ce qui est aigri. L'aigrissement du vin, du lait. ‖ Fig. L'aigrissement des esprits.

AIGRON. s. m. Syn. de *cormoran* et de *héron* dans quelques parties de la France.

AIGU, UË. adj. (lat. *acus*, aiguille). Qui se termine en pointe ou en tranchant et qui est propre à percer ou à fendre. Javelot aigu. Coins de fer très aigus. Ongles aigus. ‖ Gram. Accent aigu, accent qui va de droite à gauche (´) et qui se met sur l'é fermé comme dans aimé. On dit quelquefois, un é aigu. ‖ Géom. Angle aigu, Angle qui est moins ouvert que l'angle droit. ‖ Bot. Feuilles aiguës, Qui se terminent en pointe, en angle très aigu. ‖ Fig. Se dit des sons clairs et perçants. Voix aiguë. Cris aigus. ‖ Mus. Se dit des sons qui avoisinent la limite extrême et élevée de l'échelle musicale. Passer des sons les plus aigus au plus grave. ‖ Subst. L'aigu et le grave. ‖ Fig. Subtil, piquant, mordant. Épigramme aiguë. Satire aiguë. Mots aigus. ‖ Cuisant, cruel, profond. Chagrin aigu. Douleur aiguë. ‖ Méd. Douleur aiguë, par opposition à douleur sourde. Maladie aiguë, par opposition à maladie *chronique.* La maladie aiguë envahit brusquement, elle est grave, elle a une marche rapide qui se termine en peu de temps par la mort ou la guérison.

AIGUADE. s. f. (è-ga-de; — de *aigue*, eau). Provision d'eau douce pour les vaisseaux. ‖ Lieu où on fait provision d'eau douce. Faire aiguade. Un marin au long cours doit s'appliquer à connaître les meilleures aiguades.

AIGUADIER, AIGADIER. s. m. (é-ga-dié; — de *aigue*, eau). Employé chargé de la surveillance et de la distribution des eaux d'un canal entre les riverains.

AIGUAIL. s. m. (é-gail'; — de *aigue*, eau). T. de chasse. Rosée, petites gouttes d'eau qui s'attachent aux herbes et aux feuilles des arbres. L'aiguail ôte le sentiment aux chiens.

AIGUAYER. v. a. (é-ghé-ié; — de *aigue*, se conj comme *payer*). Aiguayer un cheval, Le faire entrer dans l'eau jusqu'au ventre, l'y promener pour le laver et pour le rafraichir. Aiguayer du linge, Le laver.

AIGUE. s. f. (lat. *aqua*, eau). Vx mot qui signifiait eau et qui est entré dans la composition de plusieurs noms de villes (Aigueperse, Chaudesaigues), et dans plusieurs mots de la langue usuelle (aiguière, aiguade).

AIGUEBELETTE. Vge et lac de France (Savoie), arr. de Chambéry. Le lac triangulaire, 4 kil. de long., 2 de larg., 50 m. de profond., 376 m. d'alt., communique avec le Rhône par le Tier, affl. du Gie.

AIGUEBELLE (*Aqua-Bella*, anc. *Carbonaria*). 1,200 h. Vle de France. Ch.-l. de cant. (Savoie), arr. de St-Jean-de-Maurienne, sur l'Arc et le chem. de fer du mont Cenis. Sur un rocher voisin s'élevait l'ancien château de Charbonnières. Première résidence des ctes de Savoie, elle comptait autref. plus de 4,000 h. Au XII° s. on y battait monnaie; mais les guerres la réduisirent au rôle de simple bourgade et au tiers de sa population. En 1536 elle fut saccagée et incendiée par François I°ʳ; en 1600, Henri IV, après un siège opiniâtre dirigé par Sully, s'en empara, ainsi que du fort de Charbonnières. Une armée franco-espagnole en chassa le duc de Savoie, en 1742, et détruisit le château fort. C'est le berceau de la monarchie qui règne en Italie. Patrie de Thomas I°ʳ, 8° cte de Savoie; de Philippe I°ʳ, l'un de ses fils, archev. de Lyon, cte de Savoie, m. en 1285; du Bx Gualbert, un des premiers disciples de S. Dominique. ‖ **AIGUEBELLE.** Hameau du dép. de la Drôme, près d'une grande forêt. Ancienne abbaye cistercienne, auj. couvent de trappistes.

AIGUEBELLE (Paul-Alexandre NEVEUE d'). Marin franç., né en 1831. Lieuten. de vaiss. en 1858; fait la campagne de Chine en 1862, fut employé à réprimer les taïpings, ou révoltés, reçut le titre de mandarin de 1ʳᵉ classe, travailla à organiser à l'européenne la marine du Céleste-Empire, et enfin, vers 1870, a été fait grand-amiral de Chine, titre créé pour lui.

AIGUEBERRE (Jean DUMAS d'). 1692-1755. Conseiller au Parlement de Toulouse; auteur de pièces de théâtre auj. oubliées.

AIGUEBLANCHE. 500 h. Vge de France (Savoie), à 3 kil. de Moûtiers, sur l'Isère. Cuivre, plomb, ardoises.

AIGUEFONDE. 2,041 h. Comm. de France (Tarn), arr. de Castres, cant. de Mazamet. Chât. du XIV° s.

AIGUE-MARINE. s. f. (lat. *aqua*, eau; *marina*, marine). Minér. Variété d'émeraude d'un vert bleuâtre, qui rappelle la teinte de l'eau de mer. ‖ Au pl. Des Aigues-marines.

AIGUEPERSE (*Aquæ Sparsæ*). 3,000 h. Ch.-l. de cant. (Puy-de-Dôme), arr. et à 15 kil. de Riom. Église du XIII° s. Patrie de Delille. A 1 kil. O. est né, au château de la Roche, le chancelier de L'Hôpital.

AIGUER. v. a. Vx mot. Mélanger d'eau. ‖ Arroser d'eau.

AIGUES-CHAUDES ou EAUX-CHAUDES. Vge et établissement de bains dans le dép. des Basses-Pyrénées, à 28 kil. d'Oloron.

AIGUES-MORTAIN, AINE. s. et adj. Habitant d'Aigues-Mortes. Qui appartient à cette ville ou à ses habitants.

AIGUES-MORTES (*Aquæ Mortuæ*, Eaux mortes, stagnantes). Ch.-l. de cant. du Gard, arr. de Nîmes. Env. 3,900 h. A 4 kil. de la Méditerranée avec laquelle elle communique par le canal de grande Robine. Territoire vaste et marécageux, près de 10,000 hect. Un embranchement de chemin de fer la relie à la ligne de Cette à Marseille. Salines de Peccais; vins, eaux-de-vie, bois, savons, etc. Enceinte fortifiée du XIII° s., 1500 m., 15 tours. Citadelle et tour Constance construites par S. Louis qui s'embarqua pour ses deux croisades, au port d'Aigues-Mortes, alors un des plus importants de la Méditerranée. Malheureusement l'ensablement du port et des canaux qui le mettent en communication avec la mer ont amené la décadence d'Aigues-Mortes auj. supplantée par Cette. Patrie de l'auteur dramatique Theaulon de Lambert, mort en 1841.

AIGUES-VIVES. Plusieurs communes de France portent ce nom. ‖ Hameau du dép de Loir-et-Cher. Restes d'une anc. abbaye. Mon. hist. XII° s.

AIGUIADE. s. f. (è-gui-ia-de; — rad. *aigu*). Gaule pointue pour piquer les bœufs et les faire marcher.

AIGUIÈRE. s. f. (è-ghi-ère; — de *aigue*, eau). Vase fort ouvert qui a une anse et un bec et dans lequel on met de l'eau pour la table, la toi.et.e, etc.

AIGUIÉRÉE. s. f. (è-ghi-é-rée). Ce que contient une aiguière. Il lui a jeté une aiguiérée d'eau sur la tête.

AIGUILHE. 600 h. Vge de France (Hte-Loire), faubourg du Puy, à 1 kil. au N. sur la Borne. Sur le dyke volcanique de Saint-Michel, haut de 89 m., s'élève l'église du même nom (X° s., porte du XI°, clocher du XII°). On y arrive par un escalier de 249 marches : vue splendide. Patrie de *Raymond d'Aiguilhes* ou *d'Agile*, historien de la 1re croisade.

AIGUILLADE. s. f. (è-guilla-d'; *ui* est diphtongue; *ll* mll ; — de *aiguille*). Gaule armée d'un aiguillon dont on se sert pour piquer les bœufs et les faire marcher.

AIGUILLAGE. s. m. (è-gui-lla-g'; *ui* est diphtongue). Action de faire mouvoir l'aiguille d'un chemin de fer. Un faux aiguillage peut causer de graves accidents. (Acad.)

AIGUILLAT. s. m. (d'*aiguille*). Zool. Poisson du genre squale, ordre des chondroptérygiens à branchies fixes, vulgairement *chien de mer*, et dont la première nageoire dorsale est armée d'un aiguillon très acéré. Sa peau très dure est employée, sous le nom de peau de chagrin, à polir le bois, l'ivoire et les métaux mous. Sa longueur peut atteindre 1 mètre : il est très commun, mais sa chair est peu estimée.

AIGUILLE. s. f. (è-gui-ll'; *ui* est diphtongue; *ll* mll.; — lat. *acicla*, *acicula*, *acus*, aiguille; gr. *akê*, pointe. Formé de *aigu*). Petite verge ordinairement d'acier, polie, pointue par un bout, et percée par l'autre bout pour y passer du fil. On dit le trou, l'œil, le chas d'une aiguille.Il s'agit ici de l'aiguille à coudre. Les Européens ne la connaissaient pas : les anciens faisaient usage d'aiguilles à coudre grossièrement fabriquées avec des épines ou des arêtes de poisson, et plus tard d'aiguilles de bronze. Cependant depuis les temps les plus reculés les aiguilles à coudre et à tricoter étaient connues dans l'Inde et dans l'Orient. Un Indien les importa en 1545 en Angleterre : son procédé se perdit et fut retrouvé en 1560 par Christophe Greening. La fabrication des aiguilles ne se faisait d'abord qu'en Angleterre et en Allemagne, et surtout à Aix-la-Chapelle et àBorcette,mais depuis des fabriques excellentes se sont établies à Laigle ou près de Laigle et elles soutiennent victorieusement la concurrence avec l'étranger.L'aiguille passe par les mains de plus de 80 ouvriers avant d'être entièrement terminée. C'est un des plus curieux exemples de la division du travail. Le même ouvrier faisant toujours la même chose finit par l'exécuter avec une rapidité et une précision merveilleuses. ‖ Loc. De fil en aiguille, D'une chose à une autre. ‖ Sur la pointe d'une aiguille, Sur des subtilités. ‖ Ne pas savoir faire un point d'aiguille, Se dit d'une fille ignorante ou fainéante. ‖ Fournir de fil et

d'aiguilles, Pourvoir de tout, même des petites choses. ‖ Chercher une aiguille dans une botte de foin, Chercher une chose très petite perdue dans un grand tas. ‖ Passer par le trou d'une aiguille, Être très rusé, faire une chose très difficile. — Il est plus aisé qu'un chameau passe par le trou de l'Aiguille, qu'il ne l'est qu'un riche entre dans le royaume de Dieu. Il s'agit là non d'une aiguille d'acier, mais d'une porte de Jérusalem très basse et très étroite, appelée l'Aiguille, où les chameaux ne pouvaient presque pas passer. ‖ Outre l'aiguille à coudre, il y a l'aiguille à tricoter, l'aiguille pour tapisserie, l'aiguille de bonneterie, l'aiguille de machines à coudre,l'aiguille d'emballeur, l'aiguille de cordonnier, de bourrelier, de sellier, etc. Aiguille de tête à l'usage des femmes pour retenir les cheveux. ‖ Aiguille, se dit de différentes sortes de verges de fer qu'on emploie à de nombreux usages. ‖ Horl. Tiges attachées au centre d'un cadran pour marquer l'une les heures, l'autre les minutes. ‖ Fusil à aiguille. V. *Fusil*. ‖ Arch. Nom donné aux clochers élevés et pointus qu'on appelle aussi flèches, ainsi qu'à certains obélisques tels que les *aiguilles de Cléopâtre*, obélisques célèbres en granit rose qui se trouvaient à Alexandrie; l'une a été transportée à Londres, 1878. ‖ Géog. Se dit de certaines roches en forme de pyramide trèsallongée et certains sommets de montagne qui s'élèvent en pointe aiguë. ‖ Minér. Cristaux de forme allongée et déliée. ‖ Bot. Feuilles des arbres résineux. Les aiguilles du pin. ‖ Mar. Partie de l'éperon d'un vaisseau comprise entre la gorgère et les portevergues. Différentes pièces de bois dans un vaisseau portent ce nom. ‖ Chem. de fer. Appareil qui sert à faire passer un train, une locomotive d'une voie sur une autre. ‖ Aiguille de balance. Tige placée au milieu du fléau pour marquer par son inclinaison si les deux plateaux sont en équilibre. ‖ Des plantes, des poissons, et quelques animaux s'appellent aiguille, à cause de leur forme allongée et pointue. ‖ Chir. et méd. On appelle ainsi une foule d'instruments qui n'ont de commun avec les aiguilles ordinaires que la pointe, le chas, ou l'une sans l'autre et réciproquement. Les aiguilles servent à un grand nombre d'opérations, aussi présentent-elles des formes et des dimensions particulières, en rapport avec le but qu'elles doivent remplir. La matière avec laquelle elles sont fabriquées est également variable ; l'or, l'argent, le platine, l'acier, le fer, le cuivre sont les métaux les plus communément employés. Ainsi, on distingue les aiguilles à *acupressure* destinées à arrêter, par compression, le cours du sang dans les vaisseaux ; à *acupuncture*, très employées autrefois contre les névralgies ; à *electropuncture*, à *galvanopuncture*, utilisées dans les mêmes cas que les précédentes; à *bec-de-lièvre*,destinées à maintenir au contact les lambeaux avivés ; à *cataracte* ; à *contre-ouverture*, exploratrices ; à *fistule* ; à *inoculation*; à *ligature* où il faut distinguer le modèle d'Astley Cooper recourbé dans l'axe, de celui de Deschamps recourbé perpendiculairement, ce qui nécessite une aiguille droite et une gauche ; à *résection* ; à *séton* ; à *suture*. La plupart de ces aiguilles sont montées sur un manche. D'autres ne le sont pas, comme les aiguilles *chirurgicales communes*. Les aiguilles peuvent être droites ou courbes, cylindriques, aplaties, cannelées, terminées en pointe ou en fer de lance, etc. — Terminons par un mot sur la présence des aiguilles au milieu de nos tissus,accident qui arrive surtout chez les enfants, soit à travers la peau, soit par les voies naturelles. Int.oduites dans l'économie, ces aiguilles voyagent souvent à travers les tissus, quelquefois sans inconvénients, mais en produisant d'autres fois divers accidents dont les moindres sont des abcès sous-cutanés qui leur livrent passage au dehors. On cite le cas d'une jeune fille chez laquelle un étui rempli d'aiguilles s'était ouvert dans la vessie. Quelques mois plus tard ces aiguilles sortirent par divers points de la surface du corps en déterminant chaque fois un petit abcès. ‖ Phys. *Aiguille aimantée*, Nom donné à certaines formes d'aimants destinés à osciller autour d'un axe, soit vertical (*aiguille de déclinaison*), soit horizontal (*aiguille d'inclinaison*) : c'est la partie essentielle des boussoles. (V. *Aimant*; *Boussole* ; *Déclinaison* ; *Inclinaison*.) Ces ai-

guilles ont ordinairement la forme d'un losange très allongé, portant à son milieu une chape en agate, qui repose sur un pivot : la moitié qui se dirige vers le nord est bleue.D'autres fois c'est un simple fil d'acier, ou même une aiguille à coudre, supportée par un fil sans torsion. ‖ *Aiguilles astatiques*, Système de deux aiguilles aimantées, réunies parallèlement par un corps non magnétique, de façon à ce que leurs pôles de nom contraire soient en regard. Si la force magnétique des deux aiguilles est exactement la même, ce système sera rigoureusement *astatique* (V. ce mot) : ordinairement l'une des deux est plus forte que l'autre; l'action directrice de la terre peut alors être rendue très faible, puisqu'elle n'agit que sur la différence. C'est ce qui a lieu dans les *galvanomètres* (V. ce mot).

AIGUILLE ou INACCESSIBLE (mont). Montagne de France (Alpes du Dauphiné), dép. de l'Isère, arr de Grenoble. 2 097 m. dont 500 à pic. Une des 7 merveilles du Dauphiné, gravie pour la première fois en 1492. ‖ V. *Aiguilles*.

AIGUILLÉE. s. f. (é-gui-ié). Longueur de fil, qu'il faut pour travailler à l'aiguille.

AIGUILLER. v. a. Méd Abaisser la cataracte de l'œil avec l'aiguille. N'est plus usité. ‖ Chem. de fer. Faire passer un train d'une voie sur une autre, Aiguiller un train. ‖ Nettoyer la soie avec des aiguilles.

AIGUILLERIE. s. f. Fabrique, commerce d'aiguilles.

AIGUILLES. 713 h. Vge de France (Hautes-Alpes). Ch.-l. de cant., arr. de Briançon. Belle pierre druidique appelée Pierre-Fiche. ‖ AIGUILLES (cap des). La pointe la plus méridionale de l'Afrique, a 130 kil. du cap de Bonne-Espérance.

AIGUILLETAGE. s. m. Mar. Action d'aiguilleter et résultat de cette action.

AIGUILLETER. v. a. (étym. et prononc. d'*aiguille*. — Il prend 2 *t* devant une syllabe muette : J'aiguillette, j'aiguilletterai). Lier avec des aiguillettes, attacher ainsi ses chausses à son pourpoint. ‖ Aiguilleter des lacets, Les ferrer. ‖ Mar. Lier un cordage deux objets qui ne se croisent pas. Il aiguillette une poulie à un piton. (Acad.) ‖ S'AIGUILLETER. v. pr. La mode de s'aiguilleter a duré longtemps. ‖ Au fig. Se guinder, avoir l'air contraint, employé surtout au participe.

AIGUILLETIER, IÈRE. s. Ouvrier, ouvrière qui fait des aiguillettes, qui ferre des lacets. ‖ On écrit aussi *Aiguilletier*.

AIGUILLETTE. s. f. (*ui* diphtongueet *ll* mll.; — dim. d'*aiguille*). Cordon, ruban, tissu, etc. ferré par les deux bouts, servant d'ornement, ou d'attache.Aiguillette de fil, de soie, de cuir. Un ferret d'aiguillettes. Ferrer des aiguillettes. Aiguillettes ferrées d'argent h A. milit. Signe distinctif des officiers en loyé dans le service d'état-major : les officiers d'ordonnance, les officiers employés aux écoles militaires ont droit de porter les aiguillettes en grande tenue. Les aiguillettes font partie intégrante de la tenue de certaines troupes, les gendarmes, les gardes municipaux. Pour les hommes de troupe elles sont en fil et coton, en or ou argent pour les officiers, mélangées fil et métal pour les sous-officiers. ‖ Fig. Tranche coupée en long.Couper un canard, un oiseau d'eau par aiguillettes. ‖ Mar. Petit cordage pour aiguilleter. ‖ Nouer l'aiguillette, Faire un prétendu maléfice auquel le peuple attribuait le pouvoir d'empêcher la consommation du mariage. ‖ Courir l'aiguillette, Chercher fortune en parlant des femmes de mauvaise vie. N'est plus usité. ‖ T. de manège. Nouer l'aiguillette, Se dit d'un cheval sauteur, qui détache les ruades, les jambes étendues. ‖ Zool.Mollusque du genre buline, ordre des gastéropodes, dont la coquille est très petite, mince et allongée : très commune sur les vieilles murailles.

AIGUILLEUR. s. m. Chem. de fer. Employé qui fait mouvoir l'aiguille au passage des trains ou des locomotives.

AIGUILLIER, IÈRE. s. Ouvrier, ouvrière qui fait des aiguilles. ‖ s. m. Étui à aiguilles. Auj. on dit *étui*.

AIGUILLIÈRE. s. f. T. de pêche. Sorte de filet, pour prendre le poisson appelé aiguille.

AIGUILLON. s. m. (*ui* diphtongue et *ll* mll.; dans ce mot et dans ses dérivés ; — même étym. qu'*aiguille*). Pointe de fer fixée à un bâton, qui sert pour piquer les bœufs. ‖ Zool.

Osselet aigu qui, chez certains poissons, remplace les rayons des nageoires. ǁ Pointe fine et creuse communiquant avec une glande qui sécrète un venin, placée à l'extrémité de l'abdomen, et avec laquelle le scorpion et plusieurs insectes hyménoptères (abeilles, guêpes, etc.) font une fine blessure aux animaux qui doivent leur servir de proie, et dans laquelle pénètre en même temps une gouttelette de venin qui tue ou paralyse ces derniers; c'est aussi une arme défensive. L'aiguillon des insectes est formé de deux dards dentelés, entourés d'un étui corné ǁ Bot. Piquants formés de tissu cellulaire, qu'on trouve sur l'écorce de certaines plantes (rosier), et qui diffèrent des épines, en ce qu'ils n'adhèrent qu'à l'épiderme et peuvent se détacher facilement sans déchirure. ǁ Fig. L'aiguillon de la douleur. Peines dont rien ne peut émousser l'aiguillon. ǁ Tout ce qui incite à quelque chose. La gloire, l'intérêt sont de puissants aiguillons. ǁ Écrit. ste. L'aiguillon de la chair, Les tentations de la chair.

AIGUILLON (autrefois *Acilio*). 3,357 h. Vle de France (Lot-et-Garonne); anc. *vicus* gaulois; place très forte au moyen âge, célèbre par les sièges qu'elle soutint en 1346 où on employa pour la première fois le canon, et en 1430 où elle fut brûlée par les Anglais qui ne purent prendre la citadelle. Érigé en duché-pairie en 1600 pour le duc de Mayenne, acheté en 1638 par Richelieu pour sa nièce *Marie Vignerod* (V. ci-dessous). Mur romain, 4 arcades antiques masquant 2 salles souterraines servant auj. de glacières. A 2 kil. la Tourrasse, tour regardée comme une anc. borne milliaire ou comme tour de sicnaux où était placée une vigie. ǁ AIGUILLON-SUR-MER (Vendée), arr. de Fontenay, cant. de Luçon. Près de 1,800 h. Petit port à l'emb. du Lay; on y remarque une langue de terre appelée *pointe de l'Aiguillon* (10 kil. de long.), qui forme l'*anse de l'Aiguillon* où afflue la Sèvre Niortaise et qui s'envase de jour en jour.

AIGUILLON (Marie-Madeleine de VIGNEROD, duchesse d'). Fille de René de Vignerod, seigneur de Pont-Courlay, et de Françoise Duplessis sœur du cardinal de Richelieu, fut dame d'honneur de Marie de Médicis, épousa, en 1620, Antoine du Roure de Combalet. Restée veuve sans enfants, elle quitta la cour à la suite des querelles de la reine-mère avec Richelieu. Celui-ci érigea pour elle en duché les terres d'Aiguillon qu'il acheta en 1633. Après la mort de son oncle le cardinal, la duchesse d'Aiguillon se livra tout entière à la piété et à la bienfaisance, sous la direction de S. Vincent de Paul, fonda des hôpitaux, fit racheter des esclaves. Morte en 1675. Fléchier a fait son oraison funèbre. ǁ AIGUILLON (Armand de *Vignerod*, duc d'). Petit-neveu de la duchesse d'Aiguillon.1683-1750.Marquis de Richelieu, duc et pair en 1731. On lui attribue des pièces qui respirent l'impiété et le libertinage. ǁ AIGUILLON (Armand de *Vignerod-Duplessis-Richelieu*, duc d'). Fils du précédent. 1720-1788. Pair de France. Courtisan célèbre sous Louis XV, se distingua à l'armée d'Italie, devint successivement gouverneur d'Alsace, puis de Bretagne, battit les Anglais qui avaient fait une descente à Saint-Vaast, en 1758, se fit détester dans ce pays, surtout par le parlement qui l'accusa de concussion. D'Aiguillon accusa à son tour le procureur général La Chalotais de complot contre l'autorité royale. Par la protection de la comtesse Dubarry d'Aiguillon étouffa l'affaire. Il contribua à l'exil de Choiseul et lui succéda dans le ministère des affaires étrangères (1771), laissa consommer le partage de la Pologne et s'amoindrir l'action de la France en Europe. Disgrâcié à l'avènement de Louis XVI, il mourut dans l'oubli. Plein d'esprit et de dextérité mais léger, dépourvu des grandes qualités politiques qui font les hommes d'État, il fut un de ceux qui diminuèrent à cette époque le prestige de la royauté et de la France, naguère si considérable. ǁ AIGUILLON (Armand de *Vignerod-Duplessis-Richelieu*,duc d').Fils du précédent. Pair de France, colonel du régiment de cavalerie Royal-Pologne, commandant des chevau-légers de la garde du roi, député par la noblesse de la sénéchaussée d'Agen aux États généraux, combattit vivement les droits du trône, et même ceux du pouvoir exécutif tels qu'ils existent sous le régime parlementaire,voulut faire trans-

férer au corps législatif la nomination aux emplois. En 1792 il remplaça le général de Custines à la tête de l'armée du Rhin. Après le 10 août, il devint suspect et dut émigrer. Il mourut à Hambourg en 1800.

AIGUILLONNAIS, AISE. s. et adj. Habitant d'Aiguillon. Qui appartient à cette ville ou à ses habitants.

AIGUILLONNANT, ANTE. p. prés. et adj. Qui aiguillonne. Des passions aiguillonnantes.

AIGUILLONNEMENT. s. m. Action d'aiguillonner et résultat de cette action.

AIGUILLONNER. v. a. Piquer avec l'aiguillon. Aiguillonner les bœufs. ǁ Fig. La faim, le chagrin aiguillonnent. ǁ Inciter à quelque chose, exciter. Le besoin aiguillonne la paresse. ǁ AIGUILLONNÉ, ÉE. p. pas. À les mêmes sens, au propre et au figuré, que le verbe. ǁ AIGUILLONNÉS. s. m. pl. Zool. Fam. de mammifères dont le corps est hérissé d'aiguillons. ǁ Sous-ordre d'insectes hyménoptères dont les femelles et les individus neutres sont armés d'un aiguillon, caché dans le dernier des anneaux de l'abdomen. La principale famille est celle des abeilles. ǁ adj. Bot. Qui est muni d'aiguillons. ǁ Syn. Exciter, inciter, provoquer, aiguillonner, stimuler, animer, encourager. Exciter est plus fort qu'inciter. Ce dernier a toujours rapport au but, il ne s'emploie jamais absol. On dit inciter à. On provoque à une chose extérieure, par un appel, par un défi, on aiguillonne en piquant dans les endroits sensibles. Ce verbe est absolu, il ne s'emploie point avec *à*, comme ses synonymes. Stimuler a la même signification qu'aiguillonner qu'il tend à remplacer aujourd'hui. On anime,on encourage celui qui agit, on l'aide par là à se soutenir, à continuer; on anime la froideur ou l'apathie, on encourage la timidité, la crainte, la faiblesse. On nous propose de grands exemples pour nous animer à les suivre.(Mass.)Jésus-Christ par son exemple nous a encouragés à souffrir. (Id.) (Lafaye.)

AIGUILLONNEUX, EUSE. adj. Bot. Qui est muni d'aiguillons. On dit mieux *Aiguillonné*.

AIGUILLOTS. s. m. pl. (e-gui-io). Mar. Ferrures du gouvernail.

AIGUISABLE. adj. 2 g. Qui peut être aiguisé. Ce couteau n'est plus aiguisable.

AIGUISAGE. s.m.(e-ghui-sage;— rad. *aigu*). Action d'aiguiser. On dit quelquefois dans le même sens *Aiguisement*.

AIGUISER. v. a. (*ui* diphtongue comme dans boite; *é-gui-zé* ; — lat. *acutiare*; prov. *aguar*; Berry *aguser* ; de *acutus*, aigu, du gr. *aké*, pointe). Rendre aigu, pointu, tranchant ou plus aigu, plus tranchant. Aiguiser le fer d'une lance, le tranchant d'un sabre, un couteau, des ciseaux, etc. Pierre à aiguiser. ǁ Fig. Aiguiser ses couteaux, se préparer au combat. ǁ Aiguiser une critique, une épigramme, En rendre le trait plus piquant, plus perçant. ǁ Aiguiser l'appétit, Le rendre plus vif. ǁ Aiguiser l'esprit, Le rendre plus prompt, plus pénétrant. ǁ S'AIGUISER. v. p. Être aiguisé, au prop. et au fig. ǁ AIGUISÉ, ÉE. p. pas. S'emploie adjectiv. ǁ Syn. On dit aiguiser, quand on passe une lame sur une meule tournante, affuter, quand on la passe sur une meule fixe.

AIGUISERIE. s. f. Usine où l'on aiguise et polit les lames des armes blanches, et les instruments tranchants, à l'aide de meules tournantes mues ordinairement par la vapeur ou par une roue hydraulique.

AIGUISEUR, EUSE. s. Celui, celle qui aiguise, qui travaille dans les aiguiseries.Un aiguiseur de couteaux.

AIGUISOIR. s. m. Outil qui sert à aiguiser.

AIGUÏTÉ. s. f. État d'un angle aigu.

AIGULFE, AIGULPHE ou AYOUL (S.). Archevêque de Bourges, mort vers 838. F. 22 mai. ǁ Abbé de Lérins, mort vers 676. F. 3 sept.

AIGURANDE. Env. 2,400 h. Vle de France. Ch.-l. de cant. (Indre), arr. de La Châtre. Aux sources de la Bouzanne, l'un des points les plus élevés du dép. (423 m.). Châtaignes.

AIKIN (John). Médecin et littérateur anglais. 1747-1822. Favorable au mouvement révolutionn. de France. Auteur estimé pour la sûreté de son jugement et de son goût. *Les Soirées chez soi* (1793-1795, 6 vol.), traduites dans plusieurs langues; *Biographie générale*, 10 vol. in-4°; *Lettres d'un père à son fils; Observations sur les hôpitaux; Mém. biog. de la mé-

decine dans la Gde-Bretagne; Annales du règne de Georges III; poésies et pièces diverses, en collaboration avec sa sœur, miss Aikin, depuis Mme Barbauld. ǁ AIKIN (Arthur), son fils. 1773-1854. *Journal d'un voyage dans le pays de Galles septentrional et dans le Shropshire; Dictionnaire de chimie et de minéralogie;* et avec son frère *Charles : Traité de minéralogie.* ǁ AIKIN (Lucy). Sœur du précédent. 1781-1864. A publié, en collaboration avec son père et avec sa tante, des *Mémoires* sur les règnes d'Élisabeth, de Jacques Ier et de Charles Ier; des *Lettres aux femmes* et les *Mémoires d'Addison.*

AIKINIE. s. f. Bot. G. de plantes, fam. des graminées

AIKMAN (William). Peintre écossais, né à Cairney; 1682-1731. Portraits.

AÏKOTA. Vle et port de l'Inde méridionale, sur le lac ou fiord formé par les nombreux fleuves qui se réunissent avant de se jeter dans la mer. C'est là qu'aurait débarqué S. Thomas venant prêcher dans l'Inde. Possess. hollandaise.

AIL. s. m. (aï; *ll* mll.; au pl. *aulx* (ô). Cette forme devient de moins en moins usitée : en botanique on dit des *ails*; lat. *allium* ou *alium*). Bot. Plante de la famille des liliacées, tribu des hyacinthinées, genre *allium*. Le bulbe de l'ail ordinaire (*A. sativum*), *gousse d'ail*, est employé comme assaisonnement de toute antiquité. Très usité dans le Midi : excitant énergique, mais dont l'abus peut irriter les voies digestives; donne à l'haleine une odeur forte et désagréable. Employé en médecine comme diurétique, sudorifique et surtout vermifuge.Entre dans un spécifique antipestilentiel connu sous le nom de *vinaigre des quatre voleurs.*On en retire une essence sulfurée, *essence d'ail* C^6H^5S, d'une odeur nauséabonde, qu'on peut aussi préparer artificiellement. Le genre *allium* contient encore d'autres espèces très employées : *oignon*, *poireau*, *échalote*, *rocambole*, *cive* ou *civette*, *ciboule*, et d'autres cultivées comme plantes d'ornement, A. *azuré*, A. *rose*, A. *jaune*, A. *des ours.*

AILAGE. s. m. Expression employée dans l'ancienne jurisprudence normande pour désigner les champs les plus rapprochés des villes et des villages.

AILANTE. s. m. (du mot malais *ailanto* qui signifie *arbre du Ciel*). Grand arbre de la fam. des zanthoxylées, pouvant dépasser 20 mèt. de hauteur. L'A. *glanduleux* ou *faux vernis du Japon*, originaire de Chine et rapporté en France, en 1751, par le P. d'Incarville, croît très rapidement et donne un beau bois très résistant. Ses feuilles nourrissent un ver à soie, le *bombyx de l'ailante.* L'ailante possède une odeur désagréable et des propriétés irritantes. Certaines espèces sont employées contre la diarrhée, les fièvres, les maux de tête et d'estomac.

AILANTICULTURE. s. f. Culture en grand de l'ailante.

AILANTINE. s. f. Matière textile que produit le *cynthia bombyx*, ver à soie qui se nourrit des feuilles de l'ailante.

AILAVIN ou AILLEVAN. s. m. Jurisp. anc. Enfant trouvé.

AILE. s. f.(è-l'; — lat. *ala*, dim.de *axilla*,aisselle). Zool. Membres conformés pour le vol, chez certains animaux : oiseaux, insectes, chauves-souris. Étendre, déployer ses ailes. Voler à tire-d'aile. Un moineau qui bat des ailes, qui trémousse des ailes. ǁ On représente ordinairement les anges avec des ailes. Les anciens donnaient des ailes à la Victoire, à la Renommée, à l'Amour, au cheval Pégase ; les peintres et les poètes en donnent aux vents, au temps, aux heures, à Mercure. Sur les ailes, sur l'aile des vents, des zéphyrs, du temps. ǁ Prov. et fig. La peur donne des ailes, c'est-à-dire Précipite la course. Le mal a des ailes, Il arrive promptement. ǁ Ne battre plus que d'une aile, Avoir perdu beaucoup de sa vigueur, de son crédit, de sa considération. ǁ Rogner les ailes à quelqu'un, Lui retrancher de son autorité, de son crédit, de ses profits. ǁ En avoir dans l'aile, avoir éprouvé une altération grave dans la santé,ou quelque disgrâce. ǁ Voler de ses propres ailes, Agir sans le secours d'autrui. ǁ Tirer une plume de l'aile à quelqu'un, Lui attraper quelque chose, tirer de l'argent de lui. ǁ Battre de l'aile être fatigué. ‖ Fig. Protection, surveillance. Être sous l'aile de Dieu, à l'ombre de ses ailes. Cette jeune fille est encore sous l'aile de sa mère, Sous sa conduite et sous sa surveillance. ‖ Anat. Nom donné à quelques parties du corps : *ailes du nez*, *de l'os sphénoïde*, etc. ‖ Bot. Lames membraneuses que portent certains fruits (frêne, orme) pour faciliter leur dissémination. Pétales latéraux de la corolle des fleurs papillonacées. Appendices qui accompagnent certaines parties de quelques plantes, feuilles, tiges, etc. ‖ A. milit. Partie latérale d'une troupe, extrémité d'une ligne. Se dit aussi bien pour une fraction restreinte que pour une armée entière. A la bataille d'Arbèles, Alexandre commandait en personne l'aile droite de l'armée macédonienne, Parménion la gauche. (J. de la Gravière.) A Dresde (1813), Napoléon attaqua vigoureusement au centre avec toute son artillerie pendant que les deux ailes agissaient, Murat à droite, Ney et Mortier à gauche. (Lavallée.) De nos jours, la cavalerie indépendante se place généralement en avant ou aux ailes d'une armée. Dans une armée de cinq corps, on disposera ceux de la 2ᵉ ligne derrière les ailes de la première. (Pierron.) ‖ Fortif. Les deux grandes faces latérales d'un ouvrage à cornes, ou d'un ouvrage à couronne. ‖ Arch. Corps de bâtiments subordonnés à une masse principale, aux parties latérales tenant au corps du milieu d'un grand édifice; elles sont construites soit sur la même façade, soit en retour d'équerre. Les ailes d'une église en sont les bas-côtés. ‖ Ailes de moulin à vent, Grand châssis couvert de toile et garni d'échelons qui reçoivent le vent. ‖ Ordre de chevalerie. *Aile de St-Michel*, Ordre militaire de Portugal. ‖ Art culin. Partie charnue d'un oiseau cuit, depuis le haut de l'estomac jusque sous les cuisses. ‖ Blas. Ailes élevées, Celles qui ont les pointes tournées vers le haut de l'écu. Ailes renversées, Celles qui ont les pointes tournées vers le bas. Ailes conjointes, Quand elles sont doubles. ‖ Horlog. Les dents d'un pignon. L'aile est à l'égard d'un pignon ce que la dent est à l'égard d'une roue. ‖ Hist. nat. Parmi les vertébrés, on connaît un certain nombre de mammifères qui peuvent se soutenir en l'air au moyen de dispositions particulières, lesquelles ne sont pas nécessairement identiques à celles offertes par les oiseaux. Ainsi certains animaux voisins des marmottes, les polatouches ou écureuils volants, par exemple, se soutiennent en l'air pendant quelques instants au moyen d'un prolongement de la peau des flancs rattaché aux membres antérieurs et postérieurs, et qui s'étale en manière de parachute quand ces animaux s'élancent d'un arbre à l'autre. Chez les chauves-souris, c'est le membre antérieur qui s'est notablement modifié, comme celui des oiseaux. On y retrouve les trois parties ordinaires, le bras, l'avant-bras, la main, mais très développés en longueur, en même temps que les interstices des os de la main sont occupés par une membrane qui se continue avec la peau des flancs et qui fait l'office des plumes de l'oiseau. Le dragon volant, sorte de petit lézard, n'a pas d'ailes à proprement parler, mais une large expansion latérale formée par les côtes qui se portent directement en dehors en entraînant un repli de la peau. C'est chez les oiseaux que l'aile acquiert toute sa perfection. Elle est formée par le membre antérieur qui a conservé ses différents segments, mais avec une grande réduction dans le nombre des pièces osseuses, puisqu'il n'existe plus que deux ou trois doigts ou même qu'un seul. Les plumes qui s'attachent aux os de la main ont reçu le nom de pennes primaires; celles de l'avant-bras sont les pennes secondaires; à l'humérus se fixent les tertiaires. La force et la longueur des os de l'aile et des pennes sont en rapport avec les variations qui s'observent dans la forme, la vigueur et la rapidité du vol. L'oiseau dont les ailes sont longues et aiguës est bon voilier : les martinets, les hirondelles, les albatros, les frégates en sont des exemples. Des ailes larges et arrondies indiquent un vol court et faible ou saccadé, comme c'est le cas des gallinacés. Chez certains oiseaux, tels que l'autruche, l'aile est de dimension tellement réduite par

rapport au volume du corps, qu'elle ne peut plus servir au vol, mais aider seulement à la course rapide de ces animaux. Enfin, il est certains oiseaux aquatiques chez qui l'aile est transformée en une sorte de rame aplatie et élargie dont ils se servent avec habileté pour accomplir leurs évolutions dans le milieu liquide, comme les pingouins, les manchots. — Chez les invertébrés on trouve des ailes dans la classe des insectes; mais ce sont des organes d'une tout autre nature que celles des vertébrés. Leur existence n'est pas absolument constante dans tous les ordres de la classe : ainsi ceux qui renferment les puces, les lépismes, les podures, etc., en sont complétement dépourvus. Dans les autres ordres, les femelles de certaines espèces en sont privées, comme c'est le cas des lampyres ou vers luisants; il en est de même des individus neutres parmi les fourmis. Fixées à la partie dorsale du thorax, les ailes sont au nombre de quatre à l'exception de l'ordre des diptères qui en présentent deux seulement, mais à la base desquelles se trouve un petit organe appelé balancier, que l'on considère comme le rudiment de la seconde aile atrophiée. La structure et la forme des ailes sont très variables. Les antérieures sont parfois dures, résistantes, grâce à une substance particulière appelée chitine, et forment une sorte d'étui qui protége et recouvre les ailes postérieures membraneuses et fragiles. C'est le cas des coléoptères. Dans la plupart des autres ordres, les ailes sont toutes membraneuses. Celles-ci présentent à leur surface une sorte de réseau dont les cellules sont limitées par des parties saillantes ou nervures creusées d'un canal dans lequel pénètre un tube trachéen dépendant de l'appareil respiratoire. Dans les lépidoptères, les ailes ont un éclat incomparable dû à la présence de fines écailles ornées des plus vives couleurs.

AILE. s. f. (anal. *ale*; suéd. *œl*). Sorte de bière anglaise. Auj. on écrit plutôt *Ale* (*pale ale*, prononc. *pel é-l'*).

AILE (S.). V. *Agile.*

AILÉ, ÉE. adj. (é-lé ou è-lé). Qui a des ailes. On ne l'emploie guère que poët. Le peuple ailé des airs, Les oiseaux, ou en parlant des animaux qui ordinairement n'ont pas d'ailes, poissons, serpents ailés. Le cheval ailé de la Fable, Pégase. ‖ Fig. en parlant des anges, des vaisseaux. Les ministres ailés de son juste courroux. Les châteaux ailés qui volent sur les eaux. ‖ Blas. Se dit des oiseaux dont l'émail des ailes n'est pas le même que celui du corps et de tout ce qui a des ailes contre sa nature. ‖ Bot. Tige, pétiole ailés, Garnis d'une expansion de même nature que les feuilles ou les folioles. Péricarpe ailé, Garni d'appendices membraneux. Feuilles ailées, Dont le pétiole porte de chaque côté plusieurs folioles. Les feuilles du noyer sont ailées. ‖ Iconol. Foudre ailé, Symbole de la puissance et de la vitesse.

AILÉES. s. f. pl. Sorte de mollusques.

AILERON. s. m. (è-le-ron). Extrémité de l'aile d'un oiseau à laquelle tiennent les grandes plumes. Cet oiseau a l'aileron brisé. Une fricassée d'ailerons. ‖ Zool. Nageoires de certains poissons. Les ailerons d'une carpe. ‖ Mécan. Petites planches, adaptées à la roue d'un moulin, pour la faire tourner en recevant le choc de l'eau. ‖ Arch. Sorte de consoles renversées qui servent à décorer les côtés des lucarnes.

AILETTE. s. f. Dim. d'aile. Terme dont on se sert dans les arts et métiers. ‖ Arch. Avant-corps de bâtiment plus petit que l'aile. ‖ Mar. Prolongement des bordages de l'arrière. ‖ Artill. Petit tenon encastré dans un projectile allongé pour le maintenir dans l'axe de la bouche à feu. ‖ Partie du soulier, de manches d'habits, etc., qui servent de renforcement.

AILFER. s. m. Bot. Nom vulgaire de deux sortes d'ails du midi de la France.

AILHAUD (Jean). Chirurgien, né à Lourmian, en Provence, 1674, mort à Aix, 1756; connu par la poudre purgative à laquelle il a donné son nom. On a de lui un *Traité de l'origine des maladies. et des effets de la poudre purgative.* ‖ AILHAUD (Jean-Baptiste-Gaspard), baron de la Pellet. Fils du précédent, acheta une charge de secrétaire du roi et mourut le 22 sept. 1800. Il a reproduit sous divers titres et différentes formes, l'ouvrage de son père sur la poudre purgative.

AILLADE. s. m. (*ai* diphtongue et *ll* mll.) Sauce faite avec de l'ail.

AILLAME. s. m. Bot. Nom vulgaire du sorbier des oiseaux.

AILLANT-SUR-THOLON. 1,503 h. Bg de France (Yonne). Ch.-l. de cant., arr. de Joigny.

AILLAS. 1,400 h. Vge de France (Gironde), à 12 kil. de Bazas. Belle église romane (monum. hist.).

AILLAUD (Pierre-Toussaint). Littér. franç. Montpellier, 1759, Montauban, 1826. Ecclésiastique, poète médiocre, tombé dans l'oubli. *Nouveau Lutrin*, ou *les Banquettes* (1803); *Jean-Jacques Rousseau dévoilé* (1817); la *Nouvelle Henriade* (1826), dont le 1ᵉʳ chant a seul paru; l'*Egyptiade*, 12 chants (expédit. de Bonap. en Egypte); etc.

AILLER. v. a. Mettre de l'ail sur ou dans quelque chose. Ailler un gigot. ‖ AILLÉE, ÉE p. pas. Gigot bien aillé.

AILLER ou **CAILLER.** s. m. Grand filet pour prendre les cailles.

AILLEURS. adv. (ne prononcez pas a-yeur ni a-li-eur, mais a-lleur, *ll* mll. L's ne se lie pas — vieux franç. *ailliors*; lat. *aliorsum*, pour *alioversum*, de *alius*, autre et *versus*, vers : vers un autre lieu). En un autre lieu Il y a à la ville, comme ailleurs, de fort sottes gens. (La Bruy.) On dit : ailleurs que chez lui, passer par ailleurs, venir d'ailleurs. ‖ Fig. Il ne vous écoute pas, il est ailleurs. ‖ Dans un autre livre, un autre écrivain, un autre passage, Quoi que j'aie pu dire ailleurs. Cette locution se trouve dans Cicéron et ailleurs. ‖ D'ailleurs, loc. adv. D'un autre lieu, d'un autre côté. Tirer le jour d'un appartement d'ailleurs que de la fenêtre. ‖ De plus, outre cela, du reste, pour le reste. Cet historien, fort clair d'ailleurs, a mal expliqué cette partie de son sujet.

AILLEVANS 360 hab. Vge de France (Hte-Saône), à 14 kil. de Lure. Patrie du général Carteaux, m. en 1813.

AILLEVILLERS. 2,745 h. Bg de France (Hte-Saône,) à 32 kil. de Lure, sur la Semousse et l'Augrogne. Fers, pierres meulières, kirsch.

AILLOLI. s. m. (a-llo-li; *ll* mll.). Coulis d'ail, pilé avec de l'huile d'olives.

AILLOLISER. v. a. Mêler de l'ail à une substance pour lui en donner l'odeur ou la vertu.

AILLON. Bg de France (Savoie), arr. de Chambéry, cant. de Châtelard, auj. divisé en 2 comm. : *Aillon-le-Vieux*, 660 h., et *Aillon-le-Jeune*, 710 h. Fromages *vacherins* renommés.

AILLOSSE. s. f. Géol. Terre argileuse remplie de gravier, qui fait la base de la terre à bruyère, dans certaines landes de Gascogne.

AILLY (d'). Famille protestante de la Picardie, qui tirait son origine de Robert d'Ailly, vers 1090. Plusieurs de ses membres jouèrent un rôle très actif dans les guerres civiles et religieuses du XVIᵉ s. ‖ AILLY (Pierre d'). Prélat et théologien français. 1350-1420. Né à Compiègne d'une famille obscure. Élève du collège de Navarre à Paris il en devint grand-maître et se plaça au premier rang des hommes de son siècle par son éloquence et son enseignement. Il eut pour disciple le célèbre Jean Gerson. Chancelier de l'Université en 1389; confesseur de Charles VI; évêque du Puy, de Cambrai, 1398. Il fit tous ses efforts pour l'extinction du schisme qui désolait alors l'Église. Après le concile de Pise où il se distingua, il fut nommé cardinal. Il ne brilla pas moins au concile de Constance où il se déclara hautement contre les hussites et en même temps pour certaines réformes. Il exposa ses pensées à ce sujet dans l'ouvrage intitulé *Libellus de emendatione Ecclesiæ*. Ses doctrines théologiques et philosophiques se trouvent surtout dans un *Commentaire sur le Livre des sentences*, et dans son ouvrage *de Anima* que caractérise un nominalisme mitigé. Il a laissé d'autres *traités* et des *sermons*. Sa vigoureuse dialectique le fit surnommer l'*Aigle de France* et le *Marteau des hérétiques*. On lui reproche d'avoir accordé trop de confiance à l'astrologie judiciaire.

AILLY (phare de l'). Seine-Inf., arr. et à l'O. de Dieppe, cant. d'Offranville, élevé à l'extrémité N.-O. du cap d'Ailly, tour de 27 m. ‖ AILLY-LE-HAUT-CLOCHER. 1,200 h. Bg de France, Ch.-l. de cant. (Somme), arr. d'Abbeville. ‖ AILLY-SUR-NOYE. 1,000 h. Bg de France, Ch.-l. de cant. (Somme), arr. de Montdidier. Tourbe, sucreries, tanneries. Église XIIIᵉ

XV⁰ s. (mon. hist.). ‖ **AILLY**. Nom de plusieurs seigneuries en Picardie et en Normandie.

AILRED, EALRED ou ETHELRED. Théolog. et historien anglais; 1109-1166. Né a Hexham; abbé de Revesby puis de Riévaulx. *Hist. de la guerre de l'Étendart; Vie d'Édouard le Confesseur;* etc.

AIMABLE. adj. **2** g. (lat. *amabilis*). Qui est digne d'être aimé. La vertu est aimable. Rien n'est beau que le vrai, le vrai seul est aimable. (Boil.) ‖ Qui plaît. Un homme aimable en société. ‖ Affectueux, poli. Une lettre aimable. ‖ Faire l'aimable. Ironie. ‖ Aimable à. Ce prince rend la royauté aimable à ses peuples. ‖ Aimable de. Vous êtes bien aimable de me venir voir.

AIMABLEMENT. adv. D'une manière aimable. Répondre aimablement.

AIMAK. s. m. (é-mak). Dieu domestique chez les anciens Tartares.

AIMANT, ANTE. adj. Porté à aimer. Naturel aimant, âme aimante, homme aimant, femme aimante. L'objet aimant est plus heureux que l'objet aimé. (B. de St-P.)

AIMANT. s. m. (lat. *adamantem*, de *adamas*, fer, aimant : gr. *adamas*, fer, diamant, de *a* priv. et *damao*, dompter : l'indompté). Minér. et Phys. Pierre d'aimant : oxyde de fer Fe'O⁴, dont quelques échantillons ont la propriété d'attirer le fer, l'acier et quelques métaux (nickel, cobalt). Cette attraction est réciproque; si l'aimant est mobile, il est attiré par le fer. Il serait donc plus juste de dire qu'il existe une attraction entre le fer et l'aimant. La pierre d'aimant, ou oxyde magnétique, est un excellent minerai de fer. Les *aimants naturels* sont irréguliers, peu puissants et incommodes pour les expériences. On fabrique des aimants artificiels avec des barres ou des lames d'acier trempé, auxquelles on donne la forme de barreaux prismatiques, qu'on recourbe quelquefois en fer a cheval, ou la forme de losanges très allongés : on a alors les aiguilles aimantées, qui servent dans les boussoles (V. ce mot). La force des aimants, *force magnétique*, est nulle au milieu (*ligne neutre*), et va en croissant jusqu'aux deux extrémités (*pôles*). Un aimant suspendu de manière à pouvoir se mouvoir dans un plan horizontal prend une direction déterminée, à peu près du nord au sud. (V. *Déclinaison* et *Inclinaison magnétiques*.) C'est toujours la même extrémité qui se tourne vers le nord, ce qui prouve que les deux pôles ne sont point identiques. On appelle *pôle nord* l'extrémité qui se dirige vers le nord et *pôle sud* celle qui se tourne vers le sud. En faisant agir l'un sur l'autre deux aimants dont l'un est mobile, on voit que les pôles de nom contraire s'attirent et que les pôles de même nom se repoussent. La terre agit donc comme un aimant : les choses se passent comme si un gros aimant était au centre de la terre, mais cette hypothèse n'est pas admissible, et le phénomène peut être expliqué par l'action de courants électriques. L'extrémité de l'aimant mobile qui se dirige vers le nord doit donc être de même nature que le pôle austral de la terre, aussi l'appelle-t-on pôle austral : l'autre est le pôle boréal. Un morceau de fer attiré par un aimant devient lui-même un aimant, et peut en attirer un autre ; mais il perd son pouvoir dès qu'on enlève le véritable aimant ; tandis qu'un morceau d'acier, qui s'aimante plus difficilement, conserve l'aimantation qu'il a reçue. On attribue cela à une *force coercitive* qui existerait dans l'acier, et que le fer ne possède pas. On distingue un aimant d'un morceau de fer ou d'acier non aimanté, à ce que le premier, présenté à un aimant mobile, l'attire par un bout et le repousse par l'autre, tandis que le second l'attire par les deux bouts. La chaleur détruit le magnétisme, un aimant chauffé au rouge perd ses propriétés : il faut donc éviter, pour les aimants, les variations de température, et les chocs qui produisent de la chaleur. La terre affaiblit aussi les aimants conservés dans une position contraire à celle qu'ils prendraient s'ils étaient suspendus librement. Pour empêcher cet affaiblissement on réunit les aimants deux par deux, placés parallèlement, les pôles de nom contraire en regard, et on dispose contre leurs extrémités de petits morceaux de fer doux (*pièces de contact*, ou *armatures*), qui s'aimantent par influence, et présentent vis-à-vis chaque pôle des aimants des pôles de nom contraire, dont l'attraction maintient la force des aimants. Avec un aimant en fer à cheval une seule armature suffit. Un aimant peut supporter des poids plus ou moins lourds suspendus à sa pièce de contact, et ces poids augmentent d'une quantité considérable, si on a soin de les ajouter peu à peu. On fait aujourd'hui, grâce à l'électricité, des aimants qui peuvent porter des aimants mi liers de kilogrammes. Les aimants étaient connus des anciens, mais leur principale application, la boussole, ne remonte, en Europe, qu'au XII⁰ siècle. ‖ Fig. Ce qui attire, ce qui attache. La bonté a toujours été pour moi un irrésistible aimant. (Lamart.) ‖ Poét. L'aiguille aimantée, la boussole. L'aimant de nos vaisseaux seul dirige les ailes. (A. Chénier.)

AIMANTAIRE. adj. **2** g. (formé de *aimant*) Qui renferme de l'aimant naturel. Fer aimantaire.

AIMANTATION. s. f. Phys. Communication du magnétisme a un corps susceptible de s'aimanter ; le plus souvent, un morceau d'acier ou de fer. L'aimantation peut se produire, soit par l'influence d'un aimant; soit par l'action de la terre ; soit enfin par les courants électriques. Le premier mode comprend plusieurs cas. On aimante un barreau d'acier : 1° en le plaçant tout simplement dans le voisinage, ou mieux, au contact d'un aimant ; 2° en le frottant avec l'un des pôles d'un aimant, allant toujours dans le même sens (simple touche) ; 3° par deux aimants, qu'on place sur le milieu du barreau à aimanter, en les inclinant de 30 à 35°, et qu'on tire, en frottant, vers les deux extrémités, puis qu'on reporte au milieu sans frotter, et ainsi de suite, un certain nombre de fois (double touche séparée) ; 4° par deux barreaux, disposés comme au n° 3, mais séparés par un petit morceau de bois, et qu'on promène, ainsi réunis, sur toute la longueur du barreau, en allant et revenant d'un bout à l'autre : on termine au milieu, en revenant de l'extrémité opposée à celle par laquelle on a commencé (double touche perfectionnée). Un morceau de fer ou d'acier, placé dans la direction de l'aiguille d'inclinaison, ou dans une direction peu différente, s'aimante, mais faiblement. (V. *Inclinaison.*) Enfin, en plaçant la pièce à aimanter dans un cylindre entouré d'un fil conducteur dans lequel on fait passer un courant électrique, on obtient des aimants très énergiques. C'est le moyen le plus puissant d'aimantation. (V. *Électro-aimants.*)

AIMANTER. v. a. Communiquer les propriétés de l'aimant. Aimanter l'aiguille d'une boussole. ‖ S'AIMANTER. v. pr. Recevoir les propriétés de l'aimant. ‖ AIMANTÉ, ÉE. p. pas. Qui possède les vertus attractive et répulsive de l'aimant. Aiguille aimantée. Barreau aimanté.

AIMANTIN, INE. adj. Qui appartient à l'aimant. Vertu aimantine. On dit mieux aujourd'hui *magnétique*.

AIMARA ou AYMARA. s. m. Idiome américain parlé sur les limites du Pérou, de la Bolivie et de la Rép. Argentine.

AIMARD (Gustave). Romancier franç. Paris 1818. Embarqué comme mousse, il passe en Amérique et y vit quelque temps parmi les tribus sauvages ; puis en Espagne, en Turquie, au Caucase. Officier de la garde mobile en 1848. Il voyage ensuite au Mexique, et revient se fixer à Paris. Comme auteur, il est un peu monotone ; on sent le manque d'une forte éducation littéraire. *Les Trappeurs de l'Arkansas* (1858) ; *Un coin du rideau* (sous un pseudon.) ; *le Grand chef des Aucas* (1858) ; *les Pirates des prairies* (1858) ; *la Loi de Lynch* (1859) ; *la Fièvre d'or* (1860) ; *Aventures de Michel Hartmann* (1873) ; *les Titans de la mer* ; etc. Le comte de Raousset-Boulbon est le héros des *Flibustiers de la Sonora.*

AIMARGUES. 2,800 h. Bg de France (Gard), à 24 kil. de Nîmes. Vins, eaux-de-vie.

AIMAR-RIVAULT. Jurisconsulte dauphinois. XV⁰ s. *Historia juris utriusque*, 1533, in-8°. ‖ **AIMAR-VERNAY** (Jacques). Paysan du Dauphiné,

né vers 1622. Prétendait découvrir au moyen d'une baguette de coudrier les sources, les mines, les trésors, les voleurs, les meurtriers. Le fils du Grand Condé l'appela à Paris pour se rendre compte des prodiges dont tout le monde parlait; mais la baguette divinatoire demeura impuissante et la fourberie fut démasquée.

AIMÉ (S.) ou **AMÉ** (*Amet, Amatus*). VII⁰ s. De Grenoble. Solitaire, moine de Luxeuil, premier abbé de Remiremont au diocèse de St-Dié (627). Quoiqu'il gouvernât deux monastères, l'un de religieux, l'autre de religieuses, il ne demeurait pas dans l'abbaye située sur le sommet de la montagne, mais plus bas, dans une grotte formée par une saillie de rocher. C'est là qu'est aujourd'hui l'église paroissiale de Saint-Amé (Vosges). ‖ **AMÉ** (S.). Évêque de Sens, m. en 690. F. 13 sept.

AIMÉE (Ste) ou **TULIDE** (*Amata*). Abbesse d'Antinde (Thébaïde), V⁰ s. F. 5 janv.

AIME-LA-CÔTE. Bg. de France. Ch.-l. de cant. (Savoie), arr de Moutiers, sur l'Isère. Env. 1,000 h. Mines d'anthracite ; antiquités romaines ; restes de l'anc. *Axima.*

AIMER. v. a. (lat. *amare*). Avoir de l'affection, de l'attachement pour. Aimer Dieu, son prochain, ses parents, ses enfants, son pays, la gloire. Aimer d'amitié, de bonne amitié, plus que ses yeux, plus que la vie, plus que le jour, à la folie, ardemment, éperdûment, passionnément, etc. ‖ Éprouver la passion de l'amour. Il aime cette femme. ‖ Absol. Il est dangereux d'aimer. ‖ Avoir un goût très vif pour quelque chose. Aimer les chevaux. Aimer les oiseaux. ‖ Trouver agréable. Aimer les fruits. ‖ Aimer peut avoir pour sujet un animal, une plante, un nom abstrait. La violette aime l'ombre. Le vice aime les ténèbres. ‖ On dit : aimer *à* avec un infinitif, Prendre plaisir à. Aimer à lire. On dit de même : cet arbre aime à être arrosé. On emploie aimer avec *de* dans le même sens. Aimer d'être estimé pour soi-même. ‖ Aimer quelqu'un de..., L'aimer parce que, lui savoir gré de.... Je vous aime d'avoir ainsi pris ma défense. ‖ Aimer mieux, suivi d'un nom ou d'un infinitif, marque la préférence. Saint Louis aimait mieux mourir que pécher ou que de pécher. J'aime mieux que vous alliez à Paris que vous perdiez votre procès. Ces deux *que* sont lourds et durs, dites : que non pas que vous perdiez votre procès, ou que de perdre votre procès, ou que si vous perdiez votre procès. ‖ S'AIMER, réciproquem. Aimons-nous les uns les autres. ‖ v. réfl. Quand on s'aime trop, on n'aime personne. ‖ S'aimer dans un lieu, S'y plaire. Il s'aime mieux dans un tronc d'arbre ou dans une grotte que dans un palais ou sur un trône. (Pasc.) ‖ Loc. prov. Qui aime bien châtie bien, C'est une preuve d'amitié que de reprendre quelqu'un de ses défauts. ‖ Qui m'aime me suive. ‖ Aimer mieux un tiens que deux tu auras, Préférer une chose médiocre, mais certaine et actuelle, à une chose plus considérable, mais incertaine et future. ‖ Aimer comme la prunelle de l'œil, Aimer d'un grand amour. ‖ AIMÉ, ÉE. p. pas. S'emploie adjectiv. On dit : aimé de quelqu'un. Aimé par, c'est-à-dire A cause de quelque chose. Aimé par raison. On dit aussi: aimé par quelqu'un. Aimé en enfant gâté ; c'est-à-dire De la même manière que Aimé à, c'est-à-dire Jusqu'a. ‖ Syn. V. *Affectionner.*

AIMERIC DE NARBONNE. Roman de geste du cycle carlovingien, formant la troisième branche de *Guillaume au Court-nez* (V. ce mot) et qui a fourni à V. Hugo le sujet d'une des plus belles pièces de la *Légende des Siècles.*

AIMERIC DE SARLAT. Troubadour périgourdin, XIII⁰ s. ‖ **AIMERIC DE PÉGUILAIN** Troubadour, m. vers 1235. Raynouard a publié plusieurs chansons de ces deux troubadours. ‖ **AIMERIC DE MALEFAYE ou MALEFAYDA**. Né à St-Viance, dans le Limousin. Doyen, puis patriarche d'Antioche en 1142, légat du Saint-Siège, assembla des ermites et en forma une congrégation sur le mont Carmel. Il mourut en 1187. *De Institutione primorum monachorum, in lege veteri exortorum, et in nova perseverantium.*

AIMERICH (Mathieu). Jésuite espagnol, né a Bordil en 1715, mort à Ferrare en 1799. *Specimen veteris romanæ litteraturæ deperditæ* *vel adhuc latentis*, Ferrare, 1784, 2 t. in-4° ; *Censorini (Q. Moderati) de vita et morte linguæ latinæ paradoxa philologica ; Novum lexicon historicum et criticum antiquæ romanæ litteraturæ deperditæ*, Bassano, 1787, in-8°.

AIMOIN. Bénédictin de Fleury-sur-Loire, né à Villefranche en Périgord, mort en 1008; chroniqueur. Son *Historia Francorum*, qui va jusqu'à la 16e année de Clovis II, a été continuée par d'autres, jusqu'en 1165. Style assez aisé, mais peu de critique. *Vie de saint Abbon*, dont il était l'élève; ouvrage important.

AIMON (Pamphile-Léopold-François). Compositeur français, né à L'Isle (Vaucluse) le 4 octobre 1779, fut chargé, a 17 ans, de la direction de l'orchestre au théâtre de Marseille. En 1817, il s'établit à Paris, et fit représenter, l'année suivante, à l'Opéra, *les Jeux floraux*. En 1831, il fit jouer, au Théâtre des Nouveautés, un opéra intitulé *les Sybarites de Florence*. Aimon a composé plusieurs autres opéras qui, bien qu'admis, ne furent pas représentés, des airs de vaudeville dont le plus populaire est celui de *Michel et Christine*, et un grand nombre de morceaux pour divers instruments. Il a écrit plusieurs ouvrages sur la musique tels que : *Connaissances préliminaires de l'harmonie; Sphère harmonique* (tableau des accords, etc.). || **AIMON** (Les quatre fils d'). V. *Aymon*. || **AIMON** ou **AIMES DE VARENNES** ou **DE VARENTINES** ou **DE CHATILLON**. Trouvère du XII° s., probablement Grec d'origine. *Florimont et Philippe de Macédoine*, roman en vers des ancêtres d'Alexandre le Grand, trois manuscrits à la bibliothèque nationale de Paris.

AIN. s. m. (abrév. de *centain*). Techn. Sert à désigner un certain nombre des fils de la chaîne. Les draps employés pour les troupes étant de 18 et de 22 ains dans le même lé, ces derniers sont plus fins.

AIN. Riv. de France, affl. de la dr du Rhône; prend sa source à une altit. d'env. 730 m. dans les montagnes du Jura, près du village de Favière (Jura). C. 190 kil. dont 85 flott. et 67 nav. : pente 1 m. 50 par kil. Nombreuses chutes, notamment la *Perte de l'Ain* (45 m. de large, 10 de haut) et celle du pont de la Siez, la cascade la plus remarquable de France. (16 m. de haut, 130 m. de large). || **AIN.** Dép. situé sur la frontière orient. de la France. Il est borné au N. par les dép. du Jura et de Saône-et-Loire; à l'O. par la Saône; au S. par le dép. de l'Isère; au S.-E. par celui de la Savoie; à l'E. par la Hte-Savoie et la Suisse. Sa forme est un quadrilatère irrégulier et sa superficie de 5,800 kil. car. Il est arrosé par l'Ain qui le traverse du N. au S., par le Rhône et la Saône qui le limitent à l'O., au S. et à l'E. L'E. est couvert par les montagnes du Jura qui y présentent leurs sites les plus pittoresques et leurs sommets les plus élevés, le Crêt de la neige et le Reculet (1723 m.). Entre les diverses chaînes du Jura coulent plusieurs torrents qui y forment de très belles cascades. Une des curiosités du pays est la grotte de Hautecourt, que les voyageurs ne manquent jamais d'aller visiter. Le reste du pays est plat, argileux et couvert d'un grand nombre d'étangs (Dombes); des landes occupent une grande étendue de terrain ; 246,000 hect. sont consacrés au labourage. Le climat est variable, humide et par cela même malsain ; dans les arr. de Bourg et de Trévoux, on compte, année moyenne, dans la plaine 115 jours de pluie et 63 de gelée. D'octobre en avril la neige tombe en abondance dans le Bugey et le pays de Gex. Les principales productions de l'Ain sont de bons vins; chevaux, bœufs, moutons, etc.; le gibier et le poisson y abondent. On y exploite des pierres employées à Lyon pour la sculpture, des pierres lithographiques, du bitume, de l'asphalte; on y fabrique des tissus de toile, de coton, de soie, des chapeaux de paille. Le département comprend 5 arr., 36 cant., 453 comm. et sa population en 1876 était de 365,462 h. soit 63 h. par kil. carré. Il fait partie du 7e corps d'armée (Besançon), subdivisions de région : Bourg et Belley. 25e brigade d'infanterie (quartier général à Bourg); 7e *bis* légion de gendarmerie (Ain, Jura); commandant, lieut.-col. a Bourg. Il relève de la Cour d'appel et de l'Académie de Lyon. Belley est le siège d'un évêché suffragant de l'archevêché de Besançon. On ne compte sur toute la population que

1,500 protestants. L'instruction publique y est représentée par 1 lycée, 2 collèges communaux, 6 institutions sec. libres, 873 écoles primaires, publiques ou libres, et 48 salles d'asile. Le ch.-l. est Bourg: les sous-préfectures : Belley, Gex, Nantua, Trévoux (V. ces mots). Avant 1789, le territoire du dép. de l'Ain faisait partie du Bugey, de la Bresse, du Valromey, du pays de Gex et de la principauté de Dombes.

AIN. s. m. Nom d'une lettre hébraïque gutturale très difficile à prononcer qu'il faudrait écrire gha-in ou ha-in. || Ce mot en hébreu et en arabe signifie, œil, et fontaine.

AIN. Plusieurs villes de Judée ont porté ce nom. || Une cinquantaine de centres de population en Algérie ont un nom commençant par aïn, qui signifie source et œil.

AINARD. s. m. T. de pêche. Ganse pour attacher un filet.

AINAY-LE-CHÂTEAU. 2,200 h. Bg de France (Allier), arr. de Montluçon, cant. de Serilly, près du confl de la Sologne et de la Marmande. Draps.

AIN-CHAREM. Vge près de Jérusalem, où se trouvait, dit-on, la maison de Zacharie et d'Élisabeth.

AINE. s. f. (è-ne : — lat. *inguinem*; de *inguen, inis*, d'où le français *inguinal*; sanscr. *anji*, parties honteuses. On écrivait autrefois aingne, ou aisne). Enfoncement oblique qui sépare l'abdomen de la cuisse. || Dans un sens plus étendu l'espace inguinal, la région inguinale comprise entre le bord inférieur de l'aponévrose abdominale et les muscles couturier et premier adducteur. || Brochette qu'on passe dans la tête des harengs pour les faire saurer à la fumée. || Morceau de peau qui joint l'éclisse à la têtière dans les soufflets de forge. || Pièce de peau de mouton qu'on emploie dans les soufflets d'orgues.

AÎNÉ, ÉE. adj. et s. (aisné, aînsné; lat. *antenatus*, né avant, comme puisné, moins né, viennent de *post natus, minus natus*). Celui des enfants qui est né le premier. Fils aîné, fille aînée, frère aîné, sœur aînée. L'aîné de ses fils. L'aînée de ses filles. || La branche aînée d'une famille, d'une maison, Celle qui descend du fils aîné. || Le fils aîné de l'Église, Qualification donnée au roi de France. || Fille aînée des rois de France, Titre que prenait l'Université de Paris. || Il se dit relativement du 2e enfant par rapport au 3e, de celui-ci par rapport au 4e, et par ext. de toute personne plus âgée qu'une autre. Il est mon aîné de 5 ans.

AÏN-BÉIDA. Ch.-l. de cercle militaire (Algérie), prov. et arr. de Constantine. 813 h. européens, 1,230 indigènes.

AÏN-EL-AAMNAN. Prov. d'Oran. Eaux minérales chaudes.

AÏN-EL-BEY. Comm. d'Algérie; à 14 kil. de Constantine ; anc. *Saddara* des Romains.

AÏN-EL-GOUCA. Comm. d'Algérie, prov. de Constantine. Ruines romaines ; anc. *Sigus*.

AÏN-EL-TURK. Comm. d'Algérie, prov. d'Oran, sur le bord de la mer. Eaux thermales de la Fontaine-Blanche.

AÎNESSE. s. f. Primogéniture, priorité d'âge entre les enfants mâles d'une même famille. Il n'est guère usité que dans cette locution : Droit d'aînesse. Esaü vendit son droit d'aînesse pour un plat de lentilles. || Jurisp. anc. *Droit d'aînesse.* Privilège qui attribuait à l'aîné des enfants mâles une part de succession plus considérable que celle de ses frères et sœurs. Le droit d'aînesse ne doit pas être confondu avec le droit de masculinité qui existait en France sous les deux premières races. Le droit d'aînesse ne remonte dans notre droit qu'à l'époque féodale et il a son origine dans la nature même du fief. Le fief en effet étant concédé à charge de service militaire, l'obligation du service militaire due par le vassal eut pour conséquence l'indivisibilité du fief et par suite son attribution à l'aîné des enfants mâles, le fief, du moins à l'origine, ne pouvant passer aux femmes incapables de le desservir. L'étendue du droit attribué à l'aîné a du reste varié suivant les coutumes. La Révolution supprima le droit d'aînesse (Loi du 15 mars 1790). La Restauration essaya de le rétablir dans une certaine mesure; mais la loi présentée dans ce but à la Chambre des Pairs fut repoussée le 8 avril 1825 par 120 voix contre 94. — *Aînesse de Normandie.* Tènement concédé originairement à un vassal unique et qui avait

été depuis divisé. Les devoirs continuaient à être servis au seigneur par le tenancier principal nommé *aîné*, auquel ses coteneurs nommés *puînés* étaient obligés de payer leurs parts de redevances.

AÏN-FEKHAN. Colonie de la prov. d'Oran, à 1,500 m. en amont de la source d'Aïn-Fékhan, l'une des plus considérables de l'Afrique sept.

AÏN-FESQUIA. Source qui alimente la ville de Constantine où elle est amenée par un long aqueduc.

AINGAUD (S.). Disciple de S. Salve d'Amiens. F. 29 oct.

AÏN-KHENCHELA. Bourgade de la prov. de Constantine ; anc. *Mascula*.

AÏN-MADHI. 2,000 h. Pte vle arabe au sud d'Alger, entourée de murailles, fut assiégée par Abd-el-Kader, en 1835.

AÏN-MOKRHA. Prov. de Constantine. Riches mines de fer (200,000 tonnes par an).; etc.

AINMULLER (Maximil.-Emman). 1807-1870. Peintre allem. né à Munich. Directeur de l'Ecole de peinture sur verre de cette ville (1828), où il a introduit des procédés nouveaux. Réparation des vitraux des cathédrales de Cologne, Ratisbonne, et autres.

AINOS. s. m. pl. (c.-à-d. Hommes). Race de l'Asie qui a occupé jadis tout le Japon, mais que les Japonais ont refoulée dans l'île de Yéso, dans les îles Kouriles et dans le sud de l'île de Sakhalin. Les Aïnos sont caractérisés par leur petite taille, le brun cuivré de leur peau, l'abondance de leur chevelure et de leur barbe et le développement de tout le système pileux. Ils sont polygames et adorent des fétiches; ils se nourrissent de riz et de poisson et emploient pour vêtements des peaux d'animaux. C'est un peuple encore à demi sauvage, mais qui paraît assez industrieux et susceptible de civilisation.

AINS, conj. adversative. (on fait sonner l's ; du lat. *ante*, avant, ou du gr. *anti*, contre, mais, au contraire, ital. *anzi*). Mais. Digne non de pitié, ains de compassion. (Regn.)

AINSA. 500 h. Pte vle d'Espagne dans l'Aragon ; anc. résidence. des rois de Sobrarre.

AINSI. adv. (vx franç. *ensi, insi*; — lat. *in sic*). En cette manière, de cette façon. L'orateur parla ainsi. La chose se passa ainsi. || Ellipt Ainsi du reste. Il en est ainsi du reste. || Terme de compar. Comme le soleil chasse les ténèbres, ainsi la science et la foi chassent l'erreur. On peut retrancher comme dans le premier membre de phrase. || Optatif. Ainsi le Ciel vous soit propice. Ainsi soit-il, Que la demande soit exaucée, que le souhait exprimé s'accomplisse. || Ainsi donc, C'est donc ainsi que. Ainsi donc mon amour était récompensé. || Est-ce ainsi que, formule de reproche. Est-ce ainsi que vous récompensez mon dévouement ? || Conjonct. Par conséquent. Ainsi je conclus que. || Ainsi que, Comme. Ainsi que je vous l'ai dit. || Le français ainsi que l'italien dérive ou dérivent du latin. Il faut préférer le sing. si l'on veut appuyer sur la comparaison. || Pour ainsi dire, locution usitée pour adoucir une expression.

AINSLIE. s. f. (d'*Ainslie*, nom d'homme). Sorte de plantes de l'Inde, de la Chine et du Japon.

AINSLIE. Lac de la Nouvelle-Écosse (Dominion), dans l'île du Cap-Breton. Dans les environs, sources de pétrole.

AINSLIE (Robert). Archéologue angl. 1776-1839. Militaire, lieutenant-général, il consacra sa retraite à la numismatique, surtout aux médailles anglo-normandes, dont il avait formé un cabinet précieux.

AINSWORTH (Henry). Théologien anglais, d'une secte de non-conformistes, mort en Hollande où il avait dû se retirer vers 1629. *Annotations sur l'Ancien Testament*, 1639, in-fol. || **AINSWORTH** (Robert). Grammairien anglais, 1660-1743. *Dictionnaire latin-anglais* très estimé (1736). || **AINSWORTH** (Guill.-Harrison). Romancier angl. né à Manchester 1805. Destiné au barreau, il préféra la littérature, et à 19 ans publia à Londres *Sir John Chiverton*. Style imagé, peinture de mœurs assez heureuse. *La Tour de Londres* (1840) ; *le Château de Windsor* (1843) ; *le Constable de la Tour* (1861) ; *le cardinal Pole* (1863); etc. || **AINSWORTH** (Will.-Franç.).Cousin du précéd., littérateur angl. Exeter 1807. Médecin, naturaliste. Visita l'Auvergne, les Pyrénées, le Kurdistan, l'Asie Mineure, Moussoul, etc. *Recherches en Assyrie ; Voyages et recher-*

ches en *Asie Mineure, en Mésopotamie, en Chaldée et en Arménie* (1842); *Voyage sur les traces des Dix-Mille* (1844); *Dictionn. universel de géographie* (1863).

AÏN-TAB. Vge de la Syrie sept., à 105 kil. N. d'Alep, distr. de Maràch. 8,000 maisons turques et 500 arméniennes; commerce assez important avec Alep, Orfah, Maràch et Alexandrette. Prise par Tamerlan. Les Croisés l'appelaient Haintab.

AÏN-TAGUIR (Source du Taguir). Endroit du petit désert à 300 kil. S. d'Alger, où fut surprise, le 10 mai 1863, la Smalah d'Abd-el-Kader.

AÏN-TEDELÈS. 3,000 h. Vle de la prov. d'Oran (Algérie), arr. et à 20 kil. de Mostaganem. Source très abondante. Pépinières.

AÏN-TEKBALET. Vge de la prov. d'Oran (Algérie), sur une petite montagne près de la route d'Oran à Tlemcen, à 37 kil. de cette dernière. Carrières de marbre onyx translucide.

AÏN-TEMOUCHEU. 2,000 h. Vge d'Algérie, prov. d'Oran, ancienne *Timici*. Ruines romaines.

AÏOPHYLLE. adj. 2 g. (gr. *oion*, éternité; *phullon*, feuille). Bot. Se dit des plantes dont les feuilles persistent plus d'une année.

AÏOU. Petit groupe d'une vingtaine d'îlots entourés de récifs, situé au N. de Vaïciou (Moluques). L'extr. N.-O. du groupe est par 0° 38' de lat. N., 128° 48' de longit E.

AÏOUB BEN CHADY. Père de Saladin, chef des Aïoubites d'Egypte; m. en 1173 au Caire.

AÏOUBITES, AÏOUBITES et JOBITES. s. m. pl. Dynastie fondée par Saladin en Egypte. En 1200 Holagou, empereur mogol, la renversa.

AÏOUN (EL), en français : les Sources. Bourgade indiène de la prov. d'Oran (Algérie). Site pittoresque. Subdivision de Tlemcen, chez les Djebalas, à l'O. de Nedroma, près de la frontière du Maroc.

AÏOUN MOUSA (Fontaines de Moïse). Sources situées près de la côte du golfe de Suez, à l'entrée de la presqu'île du Sinaï, à 18 kil. S.-S.-E. de Suez. Elles sortent de quinze monticules coniques, et sont entourées d'une délicieuse verdure.

AÏOULOU-COURAOU. s. m. Espèce de perroquet du Brésil.

AÏOUSSA ou AÏSSA-HOUA. s. m. Sorcier algérien, charmeur de serpents.

AÏPHANE. s. f. (gr. *aiphanès*, toujours apparent). Genre de palmiers de l'Amérique méridionale.

AIR. s. m. (gr. *aér* ; lat. *aer*). Gaz qui enveloppe la terre et qui forme l'*atmosphère*. La pesanteur, la circulation de l'air. L'air se dilate, se raréfie, se condense, se comprime, etc. Les plaines de l'air, le vague des airs, au plus haut des airs. || Température. Qualité de l'air. L'air du soir est humide. L'air de ce pays est excellent. Grand air. Air renfermé, corrompu, vicié, contagieux, infesté, infect. || Fig. Ces idées étaient dans l'air. La révolution est dans l'air, Se répand, se communique à tous, va éclater. || Prendre l'air, changer d'air, donner de l'air, etc. L'air natal. Prendre un air de feu. || Peint. Il n'y a pas d'air dans ce tableau, c.-à-d. les figures n'y sont pas assez détachées du fond, les places se confondent, tout y manque d'espace. || Fig. L'air du monde est contagieux, La fréquentation du monde peut faire contracter des vices. || Vent. Il ne fait point d'air, pas un brin d'air, pas un souffle d'air. Il y a beaucoup d'air. Entre deux airs. Courant d'air. Coup d'air. || Être libre comme l'air. Vivre de l'air du temps, etc. || Manière, façon. De l'air dont il parle, dont il agit, dont il s'y prend. Il y a un certain air de dire les choses qui fait que. On voit à son air que. Bon air, mauvais air, l'air grand, grand air, l'air guerrier, l'air martial, l'air simple, niais, ridicule, prétentieux, renfrogné, sombre, triste, méprisant. || Apparence. Avoir un air de grandeur, de noblesse, de supériorité. Se donner, prendre un air affairé. || Mine. Cette femme a l'air bon, l'air méchant. || Avoir l'air, Sembler, paraître. Ces huîtres n'ont pas l'air fraîches, c.-à-d. L'air d'être fraîches. On dit également Cette femme a l'air fâchée. || Il a beaucoup de votre air. Il vous ressemble beaucoup. On dit de même Un air de famille. || Peint. et sculpt. L'attitude d'une tête, la manière dont elle est dessinée. De beaux airs de tête. || Manière. Allure d'un cheval. Air bas, air relevé. || En l'air. loc. adv. Tirer en l'air, Tirer sans but, au prop. et au fig. || Tout le monde est en l'air, S'agite, est en mouvement. || Sans fonde-ment. Toute sa fortune est en l'air. Des paroles, des menaces, des projets en l'air. || Chim. L'air est sans odeur, sans saveur et sans couleur quand on le regarde sous une petite épaisseur, mais vu en grande masse il paraît bleu. Les anciens le croyaient sans poids et le regardaient comme un élément, mais Galilée prouva en 1640 qu'il est pesant (1 litre d'air à 0° et à la pression de 760^{mm} pèse 1 gr. 293). A mesure qu'on s'élève sur une montagne, le poids de l'air sur le corps diminue : on dit alors que l'air est *raréfié*. Lavoisier fit voir, en 1774, que l'air est un mélange d'oxygène et d'azote. Sa densité sert d'unité pour les gaz et les vapeurs : son coefficient de dilatation est 0,00366, il a été liquéfié, en 1878, par MM. Caillet en France et Pictet en Suisse, au moyen de très fortes pressions et de refroidissements considérables. Il y a dans 100 volumes d'air environ 21 d'oxygène, 79 d'azote, 0,0002 à 0,0004 d'acide carbonique, et de la vapeur d'eau, dont la quantité est très variable avec la température et le degré d'humidité. (V. *Hygrométrie*.) On peut trouver accidentellement dans l'air tous les gaz qui se dégagent à la surface de la terre : ammoniaque, hydrogènes carbonés, etc., et des myriades de corpuscules, ordinairement invisibles mais qui deviennent visibles sur le trajet d'un rayon de soleil, pénétrant dans une chambre obscure par un trou ou une fente étroite. Ces corpuscules sont composés en grande partie de poussières minérales, mais ils renferment de nombreux germes de végétaux ou d'animaux microscopiques, qui n'attendent qu'une occasion favorable pour se développer, et qui produisent les moisissures, les putréfactions, les fermentations, attribuées jadis à une prétendue *génération spontanée*. Considérée en poids, la composition de l'air donne en nombres ronds, 23 d'oxygène et 77 d'azote. L'air est indispensable à la vie de tous les êtres, animaux ou végétaux, à la combustion et aux fermentations. Sa composition est la même sur tous les points du globe, au fond des vallées comme au sommet des montagnes ; elle ne paraît pas avoir changé depuis la création de l'homme, grâce à l'admirable et providentielle pondération qui existe entre les fonctions des deux règnes, animal et végétal. Mais il ne s'agit évidemment que de l'air libre ; car l'air *confiné*, c.-à-d. renfermé dans un espace clos, peut être vicié par la respiration des hommes ou des animaux, les combustions, les fermentations et les émanations de toutes sortes qui diminuent la quantité d'oxygène, et remplacent ce gaz par de l'acide carbonique, ou d'autres gaz irrespirables. Il peut devenir promptement impropre à la vie, et occasionner des malaises, et même l'asphyxie. De là la gêne qu'on éprouve dans un appartement fermé, où se trouvent beaucoup de personnes, et des appareils d'éclairage. Il faut pour l'exercice normal de la respiration 530 litres d'air par heure et par personne, ou 12 m. c. par jour environ. (V. *Ventilation*.) L'air en mouvement, le vent, est employé comme force motrice pour faire marcher les bateaux à voiles, les moulins à vent, etc. Comprimé au moyen de pompes foulantes, il peut agir comme la vapeur, et s'appliquer à des machines quelconques. Enfin, en le faisant passer dans des liquides hydrocarbonés (benzine, térébenthine, pétrole, etc.), l'air se charge des vapeurs inflammables, et peut brûler comme le gaz d'éclairage; mais les essais faits pour utiliser la lumière de cet *air carburé* n'ont pas donné, jusqu'à ce jour, des résultats bien pratiques. || Les anciens donnaient le nom d'*airs* à tous les gaz qu'ils connaissaient: *air crayeux* (acide carbonique); *air inflammable* (hydrogène); *air puant* (hydrogène sulfuré) ; etc. || Syn. Air. mine Mine se rapporte plutôt à l'apparence de la personne, air plutôt aux manières et au maintien. Un malade a meilleure mine quand il revient à la santé, un jeune homme a meilleur air quand il a fréquenté les salons. || AIR. s. m. (ital. *aria*). Mus. Une suite de tons, de notes, qui composent un chant. Un air de violon, de flûte, de vaudeville, de danse. Composer, apprendre, chanter, jouer un air.

AIR ou ASBEN. Après Fezzân la plus grande et la plus fertile oasis du Sahara, à l'E. de Tombouctou. Elle a environ 450 kil. du N. au S. et 320 de l'E. à l'O. Un noyau de montagnes surmonté de pics de 4 à 5000 pieds y forme plusieurs groupes. On évalue à 70,000 h. sa population dispersée en 180 villages. La capitale est Aghadès (15,000 h.) où réside le sultan. Elle fait un commerce assez actif avec Tunis et le Maroc. C'est comme la porte du Soudan, qu'elle approvisionne de sel. Le palmier pharaon y forme des forêts ; la tribu des mimosas y est répandue dans les vallées ; le sycomore y atteint jusqu'à 25 pieds de circonférence Le dattier, le froment, le bétel sont cultivés dans les vallées. Il y croît un arbre, le bauré, d'une grosseur et d'une hauteur extraordinaires. La végétation y est très luxuriante dans les vallées; les animaux sauvages, lions, sangliers, gazelles, autruches, etc., y abondent. Au XIe siècle c'était le centre de l'empire des Berbers, elle est tributaire aujourd'hui de l'empire des Fellatahs.

AIRAGE. s. m. Angle que forme la voile de chaque aile d'un moulin à vent avec le plan de la circulation des ailes.

AIRAIN. s. m. (lat. *æramen* : de *æs*, *æris*). Chim. Alliage des anciens, dont la composition est mal connue, et paraît avoir été variable. Il y entrait, dit-on, de l'or, de l'argent, du cuivre, du zinc, du plomb. Quelques-uns donnent ce nom à l'alliage de cuivre et d'étain, qu'on appelle aujourd'hui le bronze. || Statue d'airain, travailler en airain, graver sur l'airain. || Myth. Le siècle d'airain, l'âge d'airain, Temps supposé avoir existé entre le siècle d'argent et le siècle de fer. || Fig. Un siècle d'airain, Un siècle malheureux et dur. || Un ciel d'airain, Un temps sec et aride. || Un front d'airain, Une extrême impudence. || Un cœur d'airain, Dur et impitoyable. || Prov. et fig. Les injures s'écrivent sur l'airain et les bienfaits sur le sable, On oublie ceux-ci, on se souvient de celles-là. || Poét. et par métonymie. Le canon, J'entends l'airain tonnant de ce peuple barbare. (Volt.) || Cloche. J'entends l'airain frémir au sommet de ses tours. (Lamart.) || Vase, ustensile d'airain, de cuivre. Dans un airain brûlant, l'onde murmure, écume... || Dans le langage de l'Écriture, L'airain sonnant. || Un vain bruit. Nous ne sommes plus pour vous qu'un airain sonnant. (Massillon.) || Allusion littéraire : Triple airain. (V. *Æs triplex*.) — Plus durable que l'airain. (V. *Ære perennius*.)

AIRAINES. 2,200 h. Bg de France (Somme), sur la riv. du même nom. Huiles minérales végétales, toiles *picardes*, etc. Vieux château pris par Édouard III en 1346. Eglise du XIIe s.

AÏRAPADAM. Myth. ind. Un des huit éléphants qui soutiennent la terre.

AIRAS. s. m. Bot. Sorte de poirier sauvage. V. *Ayrault*.

AIRAULT (Pierre). V. *Ayrault*.

AIRAUT. s. f. Sorte de filet pour prendre les petites soles.

AIRAVAT. Myth. ind. Premier éléphant d'Indra.

AIRDRIE. Vle d'Écosse, comté de Lanark, près de la Calder, sur un canal et chem. de fer, à 15 kil. de Glasgow. Plus de 15,000 h Houille et métallurgie.

AIRE. s. f. (lat. *area*, aire). Agric. Surface unie et résistante sur laquelle on bat les grains. || Arch. Toute surface plane. L'aire d'un plancher, L'enduit de maçonnerie sur lequel on pose le parquet ou le carrelage. || L'aire d'un bassin, Le ciment dont on fait le fond du bassin. || L'aire d'un pont, La partie supérieure. || L'aire d'une maison, La partie comprise entre les murs. || Géom. Surface d'une figure quelconque. Aire d'un carré, d'un cercle. || Syn. Surface, superficie. || Astron. Surface décrite par le rayon vecteur d'une planète. Les rayons vecteurs des planètes décrivent des aires proportionnelles aux temps. || Mar. Aire de vent, Direction du vent. On en distingue 32, qui forment la *rose des vents* (V. ce mot). || Zool Nid des grands oiseaux de proie : aigle, vautour, etc.

AIRE. Riv. de France, dans les dép. de la Meuse et des Ardennes. Se jette dans l'Aisne près de Vouziers, après un cours de 125 kil. || Riv. du comté d'York (Angleterre), passe à Leeds, se réunit à l'Ouse, joue un rôle dans la navigation.

AIRE ou AIRE-SUR-LA-LYS. (*Aria, Aire batum*) 8,300 h. Vle forte du Pas-de-Calais (France). Ch.-l. de cant., arr. de St-Omer, fondée en 630 par Lydéric, forestier des Flandres ; rencontre des 3 canaux de Neuffossés de Nieppe et d'Aire à la Bassée. Bière, huile, carreaux de faïence, etc. ; église Saint-Pierre, XVᵉ et XVIᵉ s., richement ornée à l'intérieur. || AIRE-SUR-L'ADOUR 4,800 h. Ch.-l. de cant., dép. des Landes, arr. de St-Sever. Évêché. Au Mas d'Aire, ancienne abbaye fondée en 1155, belle église des XIIᵉ et XIVᵉ s. Anc. cap. des Atures, peuple d'Aquitaine; importante colonie romaine, *Victus Julii* ; résidence du roi des Visigoths Alaric II ; patrie de S. Philibert fondateur de Jumièges et de Noirmoutier.

AIRÉE s. f. Quantité de gerbes qu'on met en une fois sur l'aire, pour les battre.

AIRÉENNES ou **ARRÉENNES**. s. f. pl. (lat. *area*, aire). Antiq. gr. et lat. Fêtes des laboureurs en l'honneur de Bacchus et de Cérès.

AIRELLE. s. f. Genre de plante de la fam. des vaccinées, vulg. *vaciet*, et dont l'espèce la plus commune est l'A. myrtille (*Vaccinuum myrtillus*), petit arbrisseau qui ressemble un peu au myrte. Il produit des baies rouges, acidulées, qu'on nomme spécialement airelles, employées en médecine contre le scorbut et la dyssenterie, et dont on fait usage dans la teinture et le tannage des peaux.

AIRENTI (Joseph-Vincent). Théologien et antiquaire. Né le 20 juin 1767, à Dulcedo, diocèse d'Albengo ; évêque de Savone, de Nole, puis archev. de Gênes où il mourut le 3 sept. 1831. *Recherches historicocritiques sur la tolérance religieuse des anciens Romains*, Gênes, 1814. *Explication de la Table de Peutinger.*

AIRER. v. n. Faire son nid (en parlant de certains oiseaux de proie). Les aigles airent ordinairement sur les rochers.

AIRIAC, AIRY ou **ARIS**. Château du diocèse d'Auxerre en Bourgogne. Il s'y tint un concile en 1220 ou 1223.

AIRIAU. s. m. Nom donné à l'avoine dans l'ancien Berry.

AIRIGNE. s. f. Instrument de chirurgie. (V. *Erigne.*)

AIROCHLOÉ. s. f. (gr. *aira*, ivraie ; *khloé*, herbe verte). Genre de plante de la famille des graminées.

AIROLA. 5,000 h. Vle d'Italie, prov. de Bénévent. Gorge des *Fourches caudines*.

AIROLA (Angiola). Chanoinesse de Gênes, peintre de tableaux religieux. XVIIᵉ s.

AIROLO (en roman *Eriels*). Bg de Suisse, canton du Tessin, au pied du mont St Gothard, sur le Tessin, à 1179 m. d'alt. Près de 1800 h. Le 23 sept. 1799, Souvarow avec 3,000 Russes, après un combat meurtrier, força le défilé du Staloedro, gardé par Lecourbe avec 600 Français.

AIROPSIS. s. f. (gr. *aira*, ivraie; *opsis*, apparence). Bot. Genre de graminées, tribu des avenacées.

AIRS, DES EAUX ET DES LIEUX (traité des). Ouvrage remarquable d'Hippocrate, sur l'influence des milieux au point de vue biologique, hygiénique, social et politique.

AIRURE. s. f. Fin de la veine d'une mine de houille, ou de minerai.

AIRVAULT (*Aurea Vallis*). Vle de France. Ch.-l. de cant., arr. de Parthenay (Deux-Sèvres), sur la rive. dr. du Thouet. Près de 1800 h. On y voit les ruines d'une abbaye fondée au Xᵉ siècle par Hildegarde comtesse de Thouars ; église romane (mon. hist.) du XIIᵉ s., avec clocher du XIVᵉ s. Au hameau de Vernay pont de 12 arches, XIIᵉ s., sur le Thouet, remplaçant un anc. pont romain.

AIRY (S.). Évêq. de Verdun. V. *Agéric.* || **AIRY** ou **ALGÉRIC** (S.). Abbé de St-Martin de Tours, VIIᵉ s. F. 11 avril. || **AIRY** (Georges). Astronome anglais né à Ainwick (Northumberland), 1801. Professeur de sciences physiques (1827) au collège de la Trinité à Cambridge, puis d'astronomie, chargé d'organiser l'observatoire qui venait d'être créé. Directeur de l'observat. de Greenwich (1835). *Observations astronomiques* (Cambridge, 1829-1838, 9 v. in-4°) ; traités sur la *Gravitation*, l'*Astronomie*, la *Trigonométrie*, la *Mécanique*, etc.

AIS. s. m. (lat. *assis*). Planche de bois. || Planches détachées d'un vaisseau que l'on défait. || Établi de boucher. || Rel. Planchettes pour mettre les livres en presse. || Imp. Panneau de bois sur lequel on range les feuilles de papier trempé ou sur lequel on desserre les formes avant la distribution des caractères dans les casses.

AIS (EL). Petite localité du Sennâr (Afrique), jadis ville importante, à 1 kil. de la rive dr. du fl. Blanc, à 65 kil. de Khartoum. Point de démarcation entre le monde arabe et le monde nègre.

AISANCE. s. f. (de *aise*). Facilité. Porter un fardeau avec aisance. || Liberté d'esprit et de corps. Faire tout avec aisance. L'aisance dans les manières. || État de fortune suffisant pour procurer les commodités de la vie. Être dans l'aisance, jouir d'une honnête aisance. || pl. Lieux, cabinet, fosse d'aisances, Latrines. || Jurisp. anc. Syn. de servitude. Inusité auj. dans ce sens.

AISE. s. f. (è-ze). Contentement. Tressaillir d'aise. || État commode, agréable. Travailler à son aise. || A votre aise, Quand vous voudrez. || Être à son aise, vivre à son aise, être fort à l'aise, Être dans l'abondance selon sa condition. || Vous en parlez bien à votre aise; se dit à un homme qui n'éprouve pas les embarras de ce dont il parle. || Mettre quelqu'un à son aise, L'empêcher d'être ou timide ou embarrassé. || Paix et aise, Commodité. Peu usité. || Fam. Se mettre à son aise. En user avec trop de liberté avec quelqu'un, manquer aux convenances. || N'en prendre qu'à son aise, Ne faire que ce qui plaît. || pl. Commodités de la vie Aimer, chercher, prendre ses aises. || A l'aise. loc. adv. Commodément. On tient quatorze à l'aise dans cet omnibus. || adj. 2 g. Content, joyeux. Que je suis aise de vous avoir rencontré ! Nous en sommes bien aises, très aises, fort aises. Elle est tout aise. || Syn. Aise et aisance. Aise indique un état passager, aisance un état permanent. || Aises et commodités. Aises indiquent une certaine mollesse : commodités se rapportent plutôt à l'utile qu'a l'agréable, toutes les choses qui servent au bien-être. || Aise, content, ravi. Le premier dit moins que les deux autres, et le troisième dit plus que le second.

AISÉ, ÉE. adj. Facile. Une chose aisée à faire. Il est aisé de voir que... || Commode. Un habit aisé. || Suffisamment riche dans une condition médiocre. C'est un homme aisé. Une taille aisée, Libre, dégagée. De même, un air aisé, des manières aisées, Où il n'y a rien de contraint, rien de gêné. Conversation aisée, facile et agréable. Avoir l'esprit aisé, Concevoir, s'expliquer facilement. Style, vers aisés, Qui ne sentent point le travail, vers faciles. || Trop facile, relâché. Une morale aisée. || Loc. Cela vous est bien aisé à dire: réponse que l'on fait à un homme qui donne un conseil difficile à suivre. || Cet homme est aisé a vivre, Son commerce est doux et facile. || Syn. Aisé, facile. Ce qui est aisé l'est par sa nature : aisé est objectif, théorique, passif. Ce qui est facile l'est de fait, effectivement. Facile est pratique, actif, subjectif. L'entrée d'un port est aisée, lorsqu'elle est large et commode à passer : elle est facile, lorsque personne n'arrête au passage. Une personne est aisée à vivre, il est commode de vivre avec elle. Une personne est facile à croire, elle est crédule, elle croit facilement.

AISELLE. s. f. Bot. Sorte de betterave, pauvre en sucre.

AISEMENT. s. m. Vx mot. Commodité. || Prov. A ses points et aisements, c.-à-d A son aise, à son loisir, à sa commodité. || Il signifiait aussi Latrines, garde-robe.

AISÉMENT. adv. Facilement. J'en viendrai aisément à bout. Il change aisément d'avis. || Commodément. Ce cheval va aisément, Il a les allures douces, commodes.

AISNE. Riv. de France, prend sa source dans le dép. de la Meuse, à Somme-Aisne dans le pays d'Argonne, et se jette dans l'Oise au-dessous de Compiègne. Arrose les dép. de la Marne, des Ardennes, de l'Aisne et de l'Oise. 280 kil. de cours. || **AISNE**. Dép. de la frontière sept. de France entre le dép. du Nord et la Belgique au N.; les Ardennes et la Marne à l'E.; la Seine-et-Marne au S. ; l'Oise et la Somme à l'O. L'Aisne est à peu près dépourvu de hauteurs; c'est une grande plaine où courent seulement dans quelques endroits des chaines de collines parallèles couvertes souvent de forêts et qui présentent les sites les plus pittoresques. Dans ces collines on a découvert des indices nombreux d'habitations troglodytiques. Le département est un des mieux arrosés de France. La Somme, l'Escaut, et la Sambre y naissent; l'Oise le traverse de l'E. à l'O.; l'Aisne, au milieu, la Marne au S.; 5 canaux (185 kil.) le parcourent en tous sens : ceux de l'Ourcq, de St-Quentin, de l'Oise, de la Sambre, de Crozat. L'Aisne est couvert de forêts et d'étangs, ce qui rend le climat froid et humide. Le reste du sol est fertile et produit en abondance les céréales, la pomme de terre, la vigne, le houblon et les fruits; 491,436 hectares sont livrés au labour. De bons chevaux, pour la cavalerie, des bœufs, sont ses principales productions animales. Son commerce est aussi florissant que son agriculture; il produit des tissus de fil et de coton, des produits chimiques, des huiles, du sucre, du fer, de la farine, etc. Superficie : 7,352 kil. car. Popul. en 1801 : 425,981 h.; en 1876 : 560,427; en 1881 : 556,891. 5 arrondissem., 37 cantons et 838 communes. La densité de la population est de 75,7 par kil. carré. Il ressortit à la Cour d'appel d'Amiens et à l'Académie de Douai. Il forme le diocèse de Soissons et de Laon, évêché à Soissons, suffragant de l'archevêché de Reims (5,400 h. sont protestante). Instruction publique : Lycée à St-Quentin 2ᵉ catég Collèges communaux à Laon, Château-Thierry, La Fère, Soissons (en régie). Établissements libres à Braisne, Chauny, Hirson, Laon, Marle, Montcornet, St-Quentin, Soissons, Vervins, Villers-Cotterets. Enseignement primaire : Écoles normales d'instituteurs et d'institutrices a Laon. Pensionnats à Château-Thierry, Guise, St-Quentin. — L'Aisne fait partie de la 2ᵉ région militaire; 2 corps d'armée, quartier général à Amiens (Somme); subdivisions de région : Laon, St-Quentin, Soissons. 2ᵉ légion de gendarmerie (Somme, Oise, Aisne), colonel à Amiens. Établissements militaires : magasins de vivres à Soissons. — Le chef-lieu est *Laon* ; les sous-préfectures : *St-Quentin, Soissons, Château-Thierry, Vervins* (V. ces mots). On remarque encore *La Ferté-Milon*, lieu de naissance de Racine ; *Guise, St-Gobain, Prémontré, Coucy*, célèbres soit par les souvenirs qu'ils éveillent, soit par leur industrie actuelle. L'Aisne a été formé en 1790 de parties de l'Isle-de-France, de la Picardie, de la Champagne ; il répond aux anc. pays de Laonnais, Soissonnais, Noyonnais, Valois, Vermandois, Tardenois, Thiérache et Brie Pouilleuse.

AISSADE. s. f. Mar. Partie de la carène d'une galère. || Agric. Pioche de fer pointue.

AÏSSA-HOUA. V. *Aïoussa.*

AISSAUGUE, ASSAUGUE ou **ESSAUGUE**. s. f. T. de pêche. Sorte de filet en usage dans la Méditerranée.

AISSAUTE. s. f. ou **AISSEAU**. s. m. Bardeaux, petits ais. Bouts de planches minces qui servent au lieu de tuiles à couvrir les toits.

AISSÉ (Mlle). Circassienne connue par la singularité de ses aventures et la publication de ses lettres. En 1698 un Turc qui l'avait trouvée au pillage d'une ville de Circassie, la croyant fille d'un prince, la vendit à l'ambassadeur de France M de Ferriol, qui l'amena en France. Elle avait alors 4 ans. Le comte la fit élever et abusa d'elle dès sa première jeunesse. En mourant il lui laissa une pension. Elle devint l'idole de la société spirituelle, légère et corrompue de Mmes de Parabère, du Deffant et de lord Bolingbroke, résista aux tentatives du Régent, s'éprit d'un jeune chevalier de Malte M. d'Aidyc, le suivit en Angleterre et en eut une fille. Mais bientôt elle eut honte d'elle-même, et elle mourut de chagrin à l'âge de 38 ans. Ses lettres furent imprimées en 1787 avec des notes de Voltaire. Plus tard elles furent réunies à celles de Mmes de Villars, de Lafayette et de Tencin : Une édit. annotée en a été donnée par M. Rathery, en 1848, et une autre, plus complète, par M. Asse, en 1881. On y trouve dans des pages pleines de grâce touchante et d'abandon passionné, de curieuses anecdotes sur la cour de Louis XIV et sur la Régence.

AISSEAU. s. m. Petite hache recourbée de tonnelier. On dit aussi *Aissette*. || Planchette mince qui sert à couvrir comme la tuile.

AISSELETTE. s. f. Chacune des pièces du fond d'une futaille.

AISSELIER. s. m. Pièce de bois destinée à la charpente d'une voûte. || Bras d'une roue qui excèdent sa circonférence.

AISSELLAIRE. adj. 2 g. Bot. V. *Axillaire.*

AISSELLE. s. f. (lat. *axilla*). Anat. Cavité qui se trouve sous l'articulation du bras; la peau porte quelques poils, et renferme des glandes qui sécrètent une humeur odorante, alcaline, capable d'altérer la couleur des vêtements. C'est .a que se développent ordinairement les bubons qui caractérisent la peste. ‖ Ornith. Région des côtés de la poitrine placée sous la base des ailes, chez les oiseaux. ‖ Bot. Angle formé par une feuille ou un rameau avec la tige qui les porte. Les fleurs de certaines plantes naissent dans les aisselles des feuilles. ‖ Mar. Aisselle d'un angle, Espace compris entre les bras et la verge de l'ancre. ‖ Arch. Partie de la voûte d'un four comprise depuis sa naissance jusqu'à la moitié de sa hauteur.

AISSETTE ou **AISCETTE. s. f.** V. *Aisseau*.

AISSON. s. m. Mar. Petite ancre à quatre bras.

AISSUS. s. m. pl. (*gr. aissô*, je m'élance). Zool. Petit groupe d'arachnides, du *g. pénélops*. La seule espèce se trouve en Martinique.

AISTHÉTÈRE. s. m. V. *Esthétère*.

AISUS. s. m. Zool. Espèce de papillon.

AÏS-VARIKA. s. m. Secte bouddhiste qui reconnaît l'existence d'un être divin, primitif, créateur et maître du monde, qu'elle nomme Adi-Bouddha. Les Ais-Varika ne sont pas d'accord sur les attributs de leur Être suprême. Ils lui dénient la providence.

AISY. s. m. Petit-lait aigri et bouilli, qui sert à faire coaguler les dernières portions de caséum resté dans le petit-lait après la fabrication du fromage.

AISYMNÈTE. s. m. Antiq. gr. Nom donné en Grèce à des magistrats qui, dans les moments critiques, recevaient les pouvoirs les plus étendus pour rétablir la paix dans la cité. Les fonctions des aisymnètes étaient conférées tantôt à vie, tantôt pour un temps limité.

AIT-AÏSSÉ (*ait* chez les Berbères signifie les fils, comme *beni* et *ouled* chez les Arabes). Confédération berbère de la Grande Kabylie (Algérie). 18,000 h.

AIT-EL-HASSEM 4,000 h. Vle de la Kabylie, prov. et à 133 kil. d'Alger. Fabrique d'armes et de bijoux.

AITHAN, AITHAM ou **ETHAN.** Géog. anc. Lieu de plaisance entre Bethléem et Thécué, où se rendait souvent Salomon. Les bassins qu'on voit près de Bethléem sont, dit-on, des restes de ceux que Salomon fit construire à Aithan.

AITIOLOGIE. V. *Étiologie*.

AITON (Guillaume). Savant botaniste écossais. 1731-1793. Directeur du jardin botanique du roi d'Angleterre à Kew. Il y acclimata un grand nombre de plantes exotiques qu'il a décrites dans un *Catalogue* illustré, 3 vol. in-8°, 1789. ‖ Bot. Greffe d'Aiton, espèce de greffe par approche, en usage pour les arbres résineux.

AITRES ou **ÈTRES. s. m. pl.** (lat. *atrium*, vestibule, grande pièce d'entrée). Différentes parties d'une maison. L'Acad. écrit *êtres*, mais l'étym. demande *aîtres*. Connaître les aîtres d'une maison. Ce mot a conservé du reste, dans qq. villes, son sens étym. de parvis d'église : l'aître St-Maclou, l'aître Notre-Dame, à Rouen.

AITZEMA (Léon de). Né à Dorkum en Frise, 1600, mort à La Haye en 1669. *Poemata juvenilia* ; *Histoire des Provinces-Unies*, en hollandais, 7 vol. in-fol. ou 15 vol. in-4°.

AIUNTAMIENTO. s. m. V. *Ayuntamiento*.

AÏUS LOCUTIUS ou **LOQUENS.** Myth. Dieu de la parole.

AÏVAZOVSKI (Gabriel). Historien et érudit russe, né en Crimée, 1812. Fit ses études chez les Mekhitaristes de Venise, où il enseigna ensuite comme professeur, étant devenu mekhitariste lui-même. Secrétaire général de son ordre, préfet des études au collège arménien de Paris (1848), fondateur d'un collège arménien à Grenelle. A fondé la *Colombe des Massis*, rev. arménienne (Paris, 1855), et publié : *Abrégé de l'hist. de Russie* (1836) ; *Hist. de l'empire Ottoman* (1845) ; *Atlas arménien*, 10 planc., Paris ; etc. ‖ Aïvazovski (Jean). Peintre russe, frère de *Gabriel;* né à Théodosie (Crimée) 1817. En 1833, l'empereur Nicolas l'admit à l'Acad. des Beaux-Arts de St-Pétersbourg. Talent vigoureux et original Paysages, marines, tableaux de genre, très remarqués à nos Salons de Paris. Décoré de la Légion d'honneur, 1857.

AIX (île d'). Dans l'Océan, côtes de France (Charente-Inf.). Forme une rade près de Rochefort. C'est là que Napoléon s'embarqua en 1815. Quartier d'inscription maritime de Rochefort. Syndicat.

AIX (lat. *aquæ*, eaux). Plusieurs villes ont reçu ce nom à cause des eaux minérales qui s'y trouvent. ‖ AIX D'ANGILLON (LES). 1,606 h. Ch.-l. de cant. (Cher), arr. de Bourges. Église du XIe s. ‖ AIX-EN-OTHE. 2,783 h. Ch.-l. de cant. (Aube), arr. de Troyes. Filature de coton renommée. ‖ AIX-EN-PROVENCE. 29,257 h. Vle fort ancienne, fondée en 123 av. J.-C., par le consul Sextius, autref. cap. de la Provence et auj. le ch.-l. d'un des 3 arr. des Bouches-du-Rhône, le siège d'un archevêché et d'une cour d'appel. Subdivision de région du 15e corps d'armée (quartier général à Marseille). Régiment de ligne de la 58e brigade d'infanterie (quartier général à Marseille). 15e section de secrétaires d'état-major et du recrutement. Magasin de vivres, annexe à Tournoux. Elle possède une académie universitaire, des facultés de théologies, de droit, de lettres (la faculté des sciences est à Marseille), une école des arts et métiers. L'académie d'Aix comprend 6 départements : Bouches-du-Rhône, Alpes-Maritimes, Basses-Alpes, Var, Vaucluse, Corse. La ville d'Aix n'a qu'un collège communal (en régie) ; le lycée est à Marseille. Elle possède plusieurs établissements libres : une école normale d'instituteurs, d'institutrices et plusieurs pensionnats primaires. Son musée renferme des chefs-d'œuvre de peinture, et des antiquités précieuses. La bibliothèque d'Aix possède 130,000 vol. et env. 1300 manuscrits. Comme curiosités, nous devons signaler une belle collection de riches reliures de toutes les époques, de magnifiques éditions des Aldes, des Elzevirs, des incunables, le *Livre d'heures du roi René*, sur velin, enluminé par ce prince, le *Missel de Mury* (1422), avec de précieuses miniatures, le premier opéra joué en France, ms. sur parchemin enluminé : *Robin et Nanette*, par Adam de la Halle, la *Béatitude du chrétien ou le fléau de la foi*, ouvrage imprimé, le seul exemplaire qui existe au monde, les autres ayant été brûlés par la main du bourreau, beaucoup de manuscrits intéressants pour l'histoire de la Provence et de la France. — Les édifices remarquables sont, en premier lieu, la cathédrale St-Sauveur dont nous parlons ci-dessous, l'église St-Jean, remarquable par sa flèche et les tombeaux des comtes de Provence ; l'hôtel de ville, le petit séminaire, le musée et le magnifique aqueduc achevé en 1875 qui amène dans la ville les eaux du Verdon. — Aix produit principalement les huiles, les tissus et les savons. Cette ville a vu naître les botanistes Tournefort et Mich. Adanson, le peintre J.-B. Vanloo, le philosophe Vauvenargues et le navigateur d'Entrecasteaux. — Eaux chaudes de 34 à 36° ; ne contenant que de faibles traces de principes salins, à peine 0 gr. 225, par litre. Le carbonate de soude y entre pour plus de la moitié. Elles offrent une médication plutôt hygiénique que médicinale ; toute leur efficacité consiste à stimuler doucement l'économie. La principale source a gardé le nom du proconsul romain Sextius qui y fit construire des thermes magnifiques assez bien conservés et qui donna son nom à la ville (*Aquæ Sextiæ*). — *St-Sauveur*. La cathédrale d'Aix a été construite en plusieurs fois : l'une des nefs fut consacrée en 1103 ; c'était alors toute l'église ; le chœur fut rebâti sur un plan plus vaste en 1285 ; la nef principale date du XIVe s. ; le clocher, commencé en 1328, ne fut achevé que de 1411 à 1425 ; la première pierre du portail fut posée en 1476 ; ses sculptures ont été très endommagées par la Révolution et médiocrement restaurées ; enfin, la seconde nef latérale fut édifiée sous le règne de Louis XIV. L'intérieur renferme de belles œuvres d'art : le retable est un des bons ouvrages de Gaspard de Crayer ; on attribue les bas-reliefs du maître-autel à Pierre Puget ; enfin, on croit le roi René auteur d'un triptyque représentant, au centre, des scènes de l'Ancien et du Nouveau Testament et, sur les ailes, le portrait du roi lui-même et de sa femme, avec leurs patrons. Un petit baptistère de forme ronde est attaché à l'église ; il est ou antique ou du moins bâti avec des matériaux antiques : les 14 colonnes qui le soutiennent proviennent, dit-on, d'un temple d'Apollon que le baptistère aurait remplacé. ‖ AIX-EN-SAVOIE ou AIX-LES-BAINS (lat. *Aquæ Gratianæ*). 4,741 h. Ch.-l. de cant. (Savoie), arr. et à 12 kil. de Chambéry, près du lac du Bourget. Eaux sulfureuses, chaudes, temp. 43 à 46° ; 0 gr. 041 d'acide sulfhydrique libre par litre et un peu d'iodure : très fréquentées par les Romains efficaces contre les rhumatismes, les anciennes blessures, les paralysies, les maladies de la peau, les affections syphilitiques : ne sont pas transportables. Cette ville reçoit annuellement plus de 20,000 étrangers. Beau parc près de l'établissement ; arc de triomphe romain ; chalet de Mme Ratazzi. Sur les bords du lac sont les châteaux pittoresques de Bourdeau, Châtillon et l'abbaye d'Hautecombe, qui contient les tombeaux des ducs de Savoie, et près de laquelle on visite une fontaine intermittente. Excursions à la cascade de Grésy, aux gorges du Fier. Aux environs, établissement therm. de Marlioz : eaux sulfurées sodiques froides, s'employant en bains et en boissons. ‖ AIX-LA-CHAPELLE (lat. *Aquis-granum;* all. *Aachen*). 79,606 h. Ch.-l. de l'arr. de ce même nom, dans la prov. du Rhin (Prusse). Vieille et belle ville agrandie par Charlemagne, célèbre par le traité de 1668 qui donna la Flandre à la France et celui de 1748 qui termina la guerre de la succession d'Autriche. Devenue française en 1794, elle fut ch.-l. d'un dép. franç. de 1800 a 1814. En 1818 il s'y tint un célèbre congrès où fut confirmée la Sainte-Alliance. — On remarque parmi ses édifices : sa cathédrale (voir ci-dessous), l'église Notre-Dame encore inachevée, les autres églises, où l'on voit de belles peintures, l'hôtel de ville, avec la fameuse salle du couronnement. Ses eaux minérales y amènent beaucoup d'étrangers : six sources sulfureuses therm. dont la temp. varie de 44 à 55°, et une source ferrugineuse froide. Les sources sulfureuses contiennent du soufre, du chlore, du brome, de l'iode, du sodium, des matières organiques, de la silice et du fer : elles tionnent des eaux sulfureuses et alcalines. Employées contre les vieux ulcères, les plaies d'armes à feu, les tumeurs blanches, les caries, les nécroses ; mais ne valent pas les eaux de Barège. On les administre en boisson, en douches et en bains. — *Cathédrale*. Elle fut bâtie par Charlemagne de 796 à 804. C'était primitivement la chapelle du palais que l'empereur avait élevé pour lui dans la même ville. Elle était imitée de Saint-Vital de Ravenne que Charlemagne avait vu dans son expédition d'Italie. Ses murailles extérieures forment un octogone régulier. À l'intérieur, huit forts piliers, disposés régulièrement, supportent un dôme byzantin. Ces piliers laissent entre eux et les murailles extérieures un couloir circulaire, au-dessus duquel règne une galerie donnant a l'intérieur de l'église. Cette galerie est soutenue par 32 colonnes antiques de granit, de porphyre et marbre que Charlemagne fit apporter de Rome, de Ravenne et de Trèves. elles furent enlevées en 1794 par les Français, rendues en 1815 et remises en place lors de la restauration de l'église en 1845 ; quelques-unes furent alors remplacées. Cette partie de l'édifice est de la plus grande importance pour l'histoire de l'architecture, et elle est encore aujourd'hui conservée dans ses lignes principales. De 1353 à 1413, on ajouta à l'église de Charlemagne un chœur gothique éclairé par de très hautes fenêtres et soutenu à l'extérieur par de hardis arcs-boutants. Le portail actuel date du XVIIIe s. ; mais on a conservé les portes de bronze anciennes. Charlemagne avait son tombeau dans cette église. Ce tombeau fut ouvert d'abord par Othon III, qui fit faire d'assez grands travaux à l'église, puis par Frédéric Barberousse. On y trouva Charlemagne assis sur son trône et tout couvert de ses ornements impériaux. On conserve encore dans l'église son tombeau vide, son trône de marbre, qui servit depuis sa découverte au couronnement des empereurs, son crâne, les os de son bras droit, son cor de chasse en ivoire enrichi d'or, etc. La cathédrale d'Aix-la-Chapelle possède un très riche trésor d'objets précieux, de reliquaires magnifiques et de nombreuses reliques, particulièrement des reliques de N.-S., de la Sainte Vierge, et de saint Jean-Baptiste : la plupart de ces reliques avaient été données à Charlemagne par les Grecs du Bas-Empire ou par des princes orientaux. On les expose solennellement tous les sept ans à la vénération des fidèles.

AIXE-SUR-VIENNE. 3,300 h. Vle de France. Ch.-l. de cant. (Hte-Vienne), à 13 kil. de Limoges. Fab. de cartons, émail sur porcelaine, uiiues d'amiante. Restes d'antiquités romaines et féodales.

AIXOIS, OISE. s. et adj. Habitant de la ville d'Aix. Qui appartient à cette ville ou à ses habitants.

AIXOLENIA. s. f. Astr. Un des noms de la constellation de la Chèvre.

AIZANI. Géog. anc. Ancienne ville grecque de Phrygie, à 42 kil. de Kioutahia. Dans ses ruines on a découvert un temple ionien, et un théâtre.

AIZELIN (Eugène). Statuaire, né à Paris 1821. Œuvres savamment étudiées. *Sapho* (1852); *la Nuit*; *Nyssia au bain* (1859); *Psyché* (1861); *une Suppliante* (1865); *la Jeunesse* (1869); *Orphée aux enfers* (1870); etc; quelques statues de saints pour des églises de Paris.

AIZENAY. 3,900 h. Bg de France (Vendée), à 16 kil. N.-O. de la Roche-sur-Yon près d'une forêt de 340 hect. Le général Travot y battit les Vendéens pendant les Cent-Jours.

AIZOÏDE, ÉE. adj. Bot. Qui ressemble à l'aizoon. || **AIZOIDEES.** s. f. pl. Groupe de plantes qui renferme cinq familles.

AIZOON ou **LANGUETTE.** s. m. (*gr. aeidzöon*, joubarbe). G. de plantes originaires de l'Europe mérid. et de l'Afrique, à feuilles grasses, et dont une espèce, cultivée dans nos jardins, sert à la fabrication des sels de potasse.

AIZOONIE. s. f. (même étym.). G. de plantes, section des saxifragacées.

AIZOOPS. s. m. (*gr. aeidzöon*, et *opsis*, apparence). Bot. Sous-division du genre *drabe*, caractérisée par des fleurs jaunes.

AIZYS s. m. Agric. Dans le dép. du Nord, nom que l'on donne au blé niellé.

AJA ou **AIA.** Hist. sainte. Pere de Respha, femme de Saül.

AJACATZLI. s. m. Ancien instrument de musique chez les Mexicains. Il se composait d'un vase rond, percé de trous et contenant de petits cailloux; on l'agitait en cadence pour marquer la mesure.

AJACCIO (*Urcinium, Adjacium*). 17,000 h. Vle de France, ch.-l. du dép. de la Corse, sur la côte occid. de l'île, à 240 kil. de Toulon et à 1089 de Paris. Évêché, place de guerre de 2e cl. Subdivision de région du 15e corps d'armée (quartier général à Marseille), général commandant à Bastia. 15e ter légion de gendarmerie, lient.-col à Bastia. Direction d'artillerie. Hôpital militaire, magasins de vivres. Quartier d'inscription maritime Syndicat. Compagnie de chasseurs forestiers. — Collège communal; école normale d'instituteurs, école normale d'institutrices. Port de commerce, service de paquebots pour Marseille, la Sardaigne, Bone et Tunis. La ville est située au fond d'un beau golfe, au pied de montagnes qui l'abritent contre les vents du N. et de l'E. Température très douce; station d'hiver. Le port est protégé par la citadelle bâtie par les Français en 1554 et par les forts Capitello et du Maure. Cathédrale de style italien (1585); collège Fesch qui contient la chapelle funéraire de la famille Bonaparte, le musée (800 tabl. provenant pour la majeure partie d'un legs du carl.) Fesch et la biblioth. (27,000 vol.). Sur la place *Lætitia*, maison où est né Napoléon; chapelle des Grecs sur la belle route des îles Sanguinaires; statues de Napoléon et de ses frères sur la place du Diamant dominant la mer (1865); statues de Bonaparte. 1er consul, du cardinal Fesch, et du général Ch. Abbatucci, le défenseur d'Huningue. Commerce de bois, cire, corail, oranges, cuir. — Ajaccio a été fondée en 1435, à 2 kil. de l'*Adjacium* des anciens. — L'arr. d'Ajaccio comprend 12 cantons, 79 communes et compte 69,237 h.

AJAIN. 2,000 h. Vce de France (Creuse), arr. et cant. de Guéret, sur une colline inclinée vers la Gorse Église du XIIIe siècle fortifiée.

AJAN. Côte orientale d'Afrique, pays sablonneux et stérile depuis le cap Gardafui qui forme l'extrémité orientale du continent jusqu'à l'équateur. C'est une partie du territoire des Somalis. Dans l'antiquité on l'appelait Azazia. Or, ivoire, aromates, ambre gris.

AJASSO. Vge de la Turquie d'Europe, sur la côte mérid. de l'île Mytilini. On y cultive l'olivier.

AJASSON DE GRANDSAGNE (J.-B.-François-Étienne). Littérateur, né à La Châtre (Indre) en 1802, mort à Lyon en 1845. A collaboré à un

assez grand nombre d'ouvrages d'éducation sur la physique, l'astronomie, la chimie, la géométrie, etc., et à la traduction de Pline le naturaliste (Biblioth. Panckoucke); etc.

AJAX. s. m. Zool. Espèce de papillons.

AJAX. Temps hér. Fils de Télamon, roi de Salamine, surnommé le Grand Ajax. Se distingua au siège de Troie parmi les Grecs dont après Achille il était le plus courageux et le plus beau. Il soutint contre Hector un combat d'une journée. Après la mort d'Achille, Ajax et Ulysse se disputèrent les armes du héros, les Grecs se prononcèrent pour Ulysse; Ajax en devint furieux, sa raison s'altéra, il égorgea un troupeau de moutons, croyant tuer ses ennemis. Honteux de lui-même dans un moment de raison, il se perça de l'épée qu'Hector lui avait donnée. Cette aliénation d'Ajax faite sujet d'une des tragédies de Sophocle que le temps a épargnée. || **AJAX.** Fils d'Oilée, roi des Locriens, célèbre par son impiété. Au siège de Troie, il fit violence à Cassandre fille de Priam, dans le temple de Pallas. La déesse se vengea en soulevant une tempête contre lui, sa flotte y périt, mais il échappa, et se retira sur un rocher. Là il se moquait encore des dieux quand Neptune fendit le rocher d'un coup de trident et Ajax fut englouti dans les flots.

AJAXTIES. s. f. pl. Antiq. gr. Fêtes instituées en l'honneur d'Ajax.

AJELLO. 3,000 h. Bg d'Italie, prov. de la Calabre citérieure. Château fort.

AJETA. 3,400 h. Bg d'Italie, prov. de la Calabre citérieure.

AJIPAS. s. m. Tubercules récoltés en Bolivie, ayant la saveur du navet et qu'on mange crus.

AJO. s. m. Bot. Espèce de narcisse à fleur jaune.

AJOFRIN. 2,883 h. Vle d'Espagne, prov. de Tolède.

AJOINTER. v. a. Ajuster, joindre. Ajointer des tuyaux bout à bout. Ajointer deux planches l'une contre l'autre.

AJONC. s. m. (a-jon; — Berry, *anjon, ajon, ajonsi*; b. lat. *adjotum, ajoudum*). Bot. Genre de la fam. des légumineuses, tr. des génistées: sous-arbrisseau dont les feuilles ont la forme d'épines aiguës; très commun dans les landes granitiques et siliceuses. L'ajonc d'Europe (*ulex europeus*) est cultivé en Bretagne: quand il est jeune il sert de fourrage; plus vieux il est employé comme combustible; ses cendres donnent un engrais estimé; il forme d'excellentes clôtures. Il a de belles fleurs jaunes, on dirait des papillons d'or. On le nomme aussi genêt épineux.

AJOUPA. s. m. Sorte de hutte chez les sauvages. Les matelots en font de semblables quand ils vont à terre dans les colonies.

AJOUR. s. m. (*à* et *jour*). Jurisp. anc. Syn. d'*Ajournement*. || B.-A. Ce qui est à jour dans la sculpture ou dans la menuiserie sculptée. Plume de fer à 2, 3, 4 ou 5 ajours.

AJOURÉ, ÉE. adj. Blas. Se dit des jours d'une tour et d'une maison quand ils sont d'autre couleur que la tour ou la maison. Se dit aussi des ouvertures ou plutôt des échancrures de la partie supérieure du chef ou des autres pièces honorables. De sable à la croix d'argent ajourée en cœur, pour indiquer que les 4 branches se terminent par une échancrure en forme de cœur.

AJOURNEMENT. s. m. Acte par lequel on assigne par ministère d'huissier une personne à comparaître à jour dit devant un tribunal civil. La forme des ajournements est réglée par les art. 59 à 74 du Code de proc. civ. (V. *Assignation*; *Citation*; *Exploit*.) || Jurisp. anc. *Ajournement à ban ou à cri public*. Assignation donnée à un absent, à un vagabond ou à une personne qui s'était signalée par ses excès envers la force publique. On assignait aussi de cette façon les communautés d'habitants, villes et bourgs. — *Décret d'ajournement personnel*. Acte par lequel le magistrat ordonnait qu'un prévenu ou accusé serait ajourné à comparaître en personne devant lui pour être interrogé. || Remise d'une affaire, d'un débat parlementaire. Ajournement d'une décision. Ajournement à huitaine.

AJOURNER. v. a. Assigner quelqu'un à certain jour en justice. Ajourner à comparaître devant, etc. Ajourner quelqu'un devant le tribunal. || Renvoyer une affaire, une décision, une discussion à un autre jour. La séance

fut ajournée au lundi de la semaine suivante. || Dans le langage ordinaire, Renvoyer, remettre à un autre jour. Ajourner un projet, un voyage, un mariage. || S'AJOURNER. v. pr. Être ajourné. Cette affaire ne peut s'ajourner. || AJOURNÉ. ÉE. p. pas. S'emploie subst. Lég. milit Les *ajournés*, Jeunes gens qui, au moment des opérations du conseil de révision, n'ont pas le minimum de taille de 1m 54 ou sont reconnus d'une complexion trop faible pour un service armé, et sont renvoyés pour ce fait à l'année suivante, pour être de nouveau examinés par le Conseil. Ils forment la 5me partie des listes du recrutement cantonal. Les ajournés ne sont soumis à aucune obligation militaire avant que le Conseil se soit prononcé définitivement sur leur aptitude au service Ils sont tenus de se présenter deux années de suite au Conseil et ne sont définitivement exemptés ou classés dans les services auxiliaires, que si, après la 2e année, ils sont déclarés impropres au service actif. Ceux qui sont reconnus bons pour le service demeurent soumis à toutes les obligations de la classe à laquelle ils appartiennent; ceux qui avaient été ajournés pour défaut de taille sont classés dans le service auxiliaire.

AJOUTABLE. adj. 2 g. Qui peut, qui doit être ajouté.

AJOUTAGE. s. m. Arts méc. Chose ajoutée à une autre. (V. *Ajutage*.)

AJOUTE (S.). V. *Adjuteur*.

AJOUTE. s. m. Typ. Addition faite aux manuscrits, aux épreuves.

AJOUTÉE. s. f. Géom. Ligne ajoutée à une autre pour la prolonger.

AJOUTEMENT. s. m. Action d'ajouter; ce qui est ajouté.

AJOUTER. v. a (anc. franç. *ajouster*; du lat. *adjuxtare*, juxtaposer; de *ad* et *juxta*, à côté l'un de l'autre, même rad. que *jungere*, joindre ensemble, du gr. *dzeugos*, attelage, union, joug). Mettre quelque chose de plus; joindre une chose à une autre; faire addition d'un nombre. Ajouter un passage à un livre, de nouveaux legs à un testament. A toutes ces raisons ajoutez que... Ajoutez cette somme à celle que je vous dois. || Fig. Le malheur ajoute un nouveau lustre à la gloire. || Amplifier, exagérer. Il ajoute à mon récit. || Ajouter foi, Croire. On peut lui ajouter foi. Ajoutez-vous foi à toutes ces choses-là? || Abs. Augmenter, donner plus de relief. La grâce avec laquelle on donne ajoute au bienfait. || Dire, écrire en outre, de plus. Le roi, ajoutait-il, est le père de son peuple. || S'AJOUTER. v. pr. Être ajouté. A la vieillesse s'ajoutait la cécité. || Se joindre à. Cet homme qui vient s'ajouter à mes ennemis. || Syn. Ajouter, augmenter. On ajoute une chose à une autre; on augmente la chose même: alors ce qu'on y met en plus doit être de même nature et se confondre avec elle.

AJOUVE. s. m. Arbrisseau de la Guyane, appelé laurier hexandre.

AJOUX. s. m. T. du fileur d'or. Deux lames qui servent à retenir les filières.

AJUGA. s. f. Vulg. *bugle*. G. de plantes de la fam. des labiées, tr. des ajugoïdées. La bugle rampante (*A. reptans*) vulg. *consoude moyenne* est très commune partout: ses propriétés médicinales, si vantées jadis, sont auj. tombées dans l'oubli.

AJUGOÏDÉ, ÉE. adj. Bot Qui ressemble à l'ajuga. || **AJUGOIDÉES.** s. f. pl. Tr. des labiées ayant pour type le g. *ajuga* et comprenant en outre le g. *amethystea* (germondrée).

AJURATIBA. s. f. Arbrisseau du Brésil. Les sauvages en tirent une huile dont ils s'oignent le corps.

AJUST. s. m. Mar. Sorte de nœud facile à délier, servant à réunir momentanément deux cordages, ou les deux bouts d'un cordage rompu.

AJUSTAGE. s. m. Méc. Action d'ajuster les diverses pièces d'un instrument, d'une machine. Les ajusteurs livrent les pièces ajustées aux monteurs qui les assemblent les unes avec les autres pour qu'elles fonctionnent. || Travail des militaires employés à monter les armes, à les réparer. || Monn. Action de donner à une pièce de monnaie le poids légal.

AJUSTEMENT. s. m. Action d'ajuster une chose. L'ajustement d'un poids, d'une mesure, d'une machine. || Ornements, parure. Elle est si jeune et si belle, qu'il ne lui faut pas un grand ajustement. || Accommodement, expédient, tempérament. Chercher, trouver des ajustements dans une affaire. || Disposition, arrangement. L'ajustement d'une maison, d'un jardin. || Peint. Arrangement des détails, des accessoires, du costume. || Syn. Toilette, ajustement, parure. Le premier, plus général, comprend les deux autres; quand il s'agit de femmes, ajustement et parure signifient une toilette recherchée. L'ajustement est l'arrangement de toutes les parties de l'habillement, fait avec art, avec goût. La parure consiste à mettre des choses riches et magnifiques, des diamants, des colliers, des bracelets, des dentelles. Massillon a parlé contre l'artifice des ajustements et Bourdaloue contre le luxe des parures.

AJUSTER. v. a. (de *a* et *juste*). Rendre juste, conforme à la règle. Ajuster une pièce de monnaie, Lui donner le poids légal. Ajuster un litre, Lui donner la même contenance que l'étalon. || Accommoder une chose en sorte qu'elle s'adapte à une autre Ajuster une clef à une serrure, un couvercle à une boîte. || Mettre en état de fonctionner. C'est Dieu qui a ajusté les ressorts de notre frêle machine. || Mus. Rendre juste. Ajuster un tuyau d'orgue. || Fam. Ajustez vos flûtes. Se dit à un homme qui n'est pas d'accord avec lui-même, ou à plusieurs personnes qui ne peuvent pas s'entendre. || Viser. Ajuster son coup, un lièvre. || Abs. Il ajuste bien. || Embellir, disposer. Ajuster une maison, un appartement. || Fig. Disposer avec goût les choses de la toilette, orner d'ajustements. Ajuster une femme. Ajuster son chapeau. || Ajuster deux personnes, Les concilier. Ajuster un différend, Le terminer à l'amiable. Ajuster deux auteurs, Démontrer qu'ils s'accordent. Ajuster un auteur avec lui-même, Prouver qu'il est conséquent avec ses principes. || Ajuster un cheval, Lui apprendre des exercices. || S'AJUSTER. v. pr. Être uni, adapté. Les deux pièces s'ajustent bien. || S'adapter. Il faut savoir s'ajuster aux temps, aux mœurs. || Tomber d'accord, s'entendre. || Se parer, s'habiller, se préparer.

AJUSTEUR. s. m. Arts et mét. Ouvrier mécanicien qui finit les pièces exécutées par d'autres ouvriers, leur donne la dernière forme et la dimension imposée par les dessins de construction, afin qu'elles puissent s'assembler et fonctionner les unes par rapport aux autres Cet assemblage constitue le travail d'une autre classe d'ouvriers nommés monteurs. || Monn. Celui qui ajuste les monnaies conformément aux étalons.

AJUSTOIR. s. m. Petite balance appelée aussi trébuchet, pour peser les monnaies et leur donner le poids légal, avant de les marquer.

AJUSTURE. s. f. T. de maréch. Légère concavité donnée au fer pour qu'il s'adapte au pied du cheval.

AJUTAGE, AJOUTAGE, AJUTOIR ou AJOUTOIR. s. m. Petit tuyau adapté au tuyau d'une fontaine ou d'un jet d'eau pour en varier le jet. Ajutage à litre d'arrosoir. || Petit tuyau destiné à joindre deux appareils chimiques.

AKA Population établie dans les montagnes du N.-E. de l'Inde, au N. du Brahmapoutre.

AKABAH ou AKABET-EL-MASRICH. Golfe étroit formé par la mer Rouge, qui a 154 kil. de long et 23 kil dans sa plus grande largeur. Les bords en sont arides, montagneux et presque déserts ; la navigation y est très difficile sauf pendant deux mois de l'année || **AKABAH** (anc. *Ælana*). Petit fort situé au fond du golfe précédent et contenant une garnison égyptienne destinée à protéger les caravanes de pèlerins qui vont du Caire à La Mecque.

AKAÏD. s. m. Commentaire dogmatique de la loi musulmane. Le plus estimé des akaïds est celui du célèbre docteur Nassafi.

AKAKIA (Martin). Médecin de François Ier ; professeur de l'Université de Paris. Né à Châlons-sur-Marne, m. en 1551. Il se nommait *Sans-Malice* et changea son nom en celui de Akakia qui en est la traduction grecque. Dans sa *Diatribe du docteur Akakia*, Voltaire désigne sous ce nom burlesque le président de l'Académie de Berlin, Maupertuis. La famille de Akakia se distingua longtemps dans la médecine.

AKALAKAS. s. m. Zool. Grosse fourmi d'Amérique.

AKANTHITE. s. f. (gr. *akantha*, épine). Minér. Sulfure d'argent. Cristallisation spéciale implantée sur les cristaux d'argyrose.

AKARNANIE. Contrée qui avec l'Étolie forme une prov. du roy. de Grèce ; cap. Missolonghi. Elle est située au N.-O. de ce pays, vis-à-vis l'île d'Ithaque. C'est un pays excessivement pittoresque, couvert de montagnes, de précipices et de forêts impénétrables. Les parties cultivées sont rares mais très fertiles et produisent en abondance le blé et la vigne. Oliviers séculaires et gigantesques, orangers et citronniers dans les vallées, forêts d'yeuses et de chênes où puisèrent au commencement du siècle les chantiers maritimes de Toulon. La capsule du gland du plus beau des chênes (le *quercus œgilops*), capsule connue sous le nom de velanède ou gallon de Turquie employée pour la teinture en noir et le tannage, fait l'objet du seul trafic de ce pays. L'Akarnanien est paresseux, peu industriel et particulièrement guerrier et batailleur. On compte env. 123,000 h. dans l'Akarnanie et l'Étolie réunies.

AKARNANIEN, IENNE. s. et adj. Habitant de l'Akarnanie. Qui appartient à ce pays ou à ses habitants.

AKAROA. Baie de la côte S.-E. de l'île de la Nouvelle-Zélande, vers la presqu'île de Banks.

AKBAR ou AKHBAR (mot arabe qui signifie Récits historiques). Titre d'un journal qui se publie à Alger depuis 1839.

AKBAR (Mohammed). 1542-1605. Un des plus grands princes dont l'Inde puisse s'honorer dans les temps modernes. Il naquit à Amarkot. Grand guerrier et sage administrateur, il fonda un vaste empire avec Delhi pour capitale. Après un règne de 50 ans il mourut du chagrin qu'il éprouva à la mort de son fils. Il fut inhumé à Scandery près d'Agra. Son mausolée porte cette seule inscription : Akbar.

AKBARPOUR (ville d'Akbar). 7,000 h. Vle de l'Inde angl., prov. d'Allahabad.

AKBEH-BEN-NAFY. Gouverneur arabe d'Afrique pour le calife Moawiah, chassa les Grecs d'Afrique, défit les Berbers et les poursuivit jusqu'à l'Océan. Il périt assassiné en 682.

AKBOU. Colonie nouvelle de la prov. de Constantine (Algérie), créée sous le nom officiel de Metz. Cercle de Sétif. Vallée riche en oliviers et céréales sur l'Oued Sabel, à 77 kil. S.-O. de Bougie.

AKCÉTHINE. s. f. Produit de la décomposition de l'acétone par l'action du soufre et de l'ammoniaque. C'est un corps qui cristallise en rhomboïdes, fond à 150° en un liquide clair, jaune de soufre ; il brunit et se distille à une température plus élevée, sans saveur, se dissout mal dans l'eau, mieux dans l'éther, l'alcool et surtout dans l'acétone. (Nysten, Robin et Littré.)

AKCHARA (Impérissable). Dans la myth. indoue surnom de Brahma, de Siva et de Vichnou.

AK-CHÉHR (la Ville Blanche). Turquie d'Asie (Anatolie) ; anc. *Thyatira*, une des sept églises de l'Apocalypse.

AKEBAR, roi du Mogol. Tragédie lyrique considérée comme le premier opéra français (février 1846). Poème de musique de l'abbé Mailly.

AKÉBIE. s. m. Arbuste du Japon, fam. des lardibazalées. On cultive dans nos jardins comme plante d'agrément l'Akéb. quin. qui supporte très bien la pleine terre.

AKECHEIOCH. s. m. Génie dont les Basilidiens gravaient le nom dans leurs talismans.

AKÉÉSIE. s. f. Bot. Syn du genre *capani*.

A-KEMPIS (Thomas). 1380-1471. Chanoine régulier, né à Kempen, diocèse de Cologne, mort dans le couvent du Mont Sainte-Agnès, près de Zwoll, dans l'Over-Yssel. Son occupation principale était de copier des ouvrages de piété, et particulièrement la Bible. Il composa en outre : *Soliloquium animæ; Vallis liliorum; De tribus tabernaculis ; Gemitus et suspiria animæ pœnitentis ; Cohortatio ad spiritualem profectum.* On lui a attribué aussi l'incomparable livre qui a pour titre *Imitation de Jésus-Christ : de Imitatione Christi.* Des critiques ont revendiqué cet honneur pour Jean Gerson, chancelier de l'Université de Paris, d'autres pour Jean Gersen, abbé de Verceil. Le bénédictin Celestin Wollsgrüber, dans son opuscule *Giovanni Gersen* (1880), apporte un argument péremptoire contre Thomas A-Kempis ; c'est un manuscrit portant la date de 1384, époque à laquelle Thomas A-Kempis avait 4 ans. Il ne serait donc qu'un copiste et non l'auteur de l'*Imitation*.

AKEN. 5,300 h. Vle de Prusse, prov. de Saxe, à 34 kil. S.-E. de Magdebourg, sur la rive g. de l'Elbe. Produits chimiques.

AKÈNE, ACHAINE, ACHENE. s. m. (gr. *a* priv. ; *khaino*, je m'ouvre). Bot. Fruit monosperme, sec d'ordinaire, dont le péricarpe adhère plus ou moins intimement avec l'enveloppe propre de la graine et avec le tube du calice ; ex. : l'angélique, le cerfeuil. (V. *Achaine*.)

AKÈNOCARPE. adj. 2 g. Bot. Plante qui a pour fruit un akène.

AKENSIDE (Marc). 1721-1770. Poète anglais, né à New-Castle. Étudia la théologie, puis la médecine ; écrivit un traité sur la dyssenterie, se donna à la poésie, composa le célèbre poème en vers blancs, *les Plaisirs de l'imagination*, trad. en franç. par d'Holbach : il mourut d'une fièvre putride.

AKERBLAD (David). Orientaliste et archéologue suédois. 1760-1819. Secrétaire à l'ambassade suédoise de Constantinople ; en 1802, chargé d'affaires de Suède à Paris, d'où il part bientôt pour se fixer à Rome jusqu'à sa mort. On a de lui beaucoup d'articles et de mémoires dans le *Magasin encyclopédique*, 1801, 1802, 1804 ; *Mémoires* sur la *topog. de la Troade*, sur div. *inscript. orient.* et sur *l'Écriture copte.*

AKERMAN. V. *Akkermân*.

AKHALCKALAKI. Vle de la Russie d'Asie (Géorgie), importante au moyen âge. Combat entre les Turcs et les Russes en 1877.

AKHALTZIKHÉ (*Château-Neuf*) ou **AKISKA.** 16,000 h Vle forte et commerçante de la Caucasie russe, sur un affl. de la g. du Koûr sup., à 165 kil. de Tiflis : enlevée à la Turquie par la Russie en 1828.

AKHARNAR. s. m. (en arabe : la Dernière du fleuve). Étoile de première grandeur, située à l'extrémité centrale de la constellation de l'Eridan.

AKHISSAR. V. *Akchéhr.*

AKHLAT. 4,000 h. Vle fortifiée de Turquie (Arménie), sur le lac de Vân (N.-O.). Ruines antiques.

AKHMIN (*El-Achmin*). 10,000 h. Vle de la Hte-Égypte sur l'emplacement de l'anc. Chemmis, près de la rive dr. du Nil, à 119 kil. S.-E. de Siout, au milieu d'un monceau de ruines, dans une contrée fertile et bien cultivée. On y trouve un couvent de Franciscains, et la plus belle église d'Égypte. Dans les montagnes voisines existent d'anciennes grottes de catacombes. On y voit aussi les ruines d'un temple.

AKHTAL (en arabe : *qui a les oreilles pendantes*). Poète satirique arabe du VIIe siècle, dont le vrai nom était *Ghiath*. Il était chrétien et obtint cependant les faveurs des califes de Bagdad. La causticité de sa verve satirique lui fit beaucoup d'ennemis.

AKHTCHÉ. 7,000 h. Vle forte du Khoraçan oriental.

AKHTOUBA Fl. de Russie, qui se jette dans la mer Caspienne. C. 500 kil.

AKHTYRKA. 17,000 h. Vle de Russie, sur la rivière de ce nom. Ch.-l. de district dans le gouvern. de Kharkof. Fondée en 1641 par les Polonais. Elle possède une image miraculeuse de la Sainte Vierge, qui y attire de nombreux pèlerins.

AKHYANA (en sanscrit, *conte, légende*). Nom que l'on donne dans les littératures de l'Inde brahmanique aux poèmes qui ont pour sujet des traditions populaires et aux romans en vers.

AKI. Prov. de la partie occidentale de l'île de Nippon (Japon) : comprend 8 districts. Au centre sol montagneux et boisé, sur le littoral culture du riz : salines, pêcheries d'éponges.

AKIBA-BEN-JOSEPH. Rabbin juif ; mort l'an 135 de J.-C. Dirigea pendant 40 ans le collège israélite de Jasné ou Tibériade. Donna dans un livre l'explication des tables de la loi, et la première compilation des traditions juives : on regrette qu'il ait falsifié quelques textes sacrés pour prouver que le Messie n'était pas encore venu. Il embrassa la cause de Barchochébas qui se faisait passer pour le Messie, fut pris par les troupes de l'empereur Adrien et écorché vif. Il avait, dit-on, 120 ans.

AKIMOFF. Peintre russe, recteur de l'Académie de St-Pétersbourg où il est mort le 15 mai 1814. Tableaux religieux dans l'église de St-Alexandre Newski.

AKIS. s. m. (gr. *akis*, pointe) Zool. G. d'insectes de l'ordre des coléoptères, famille des mélasomes.

AKIURGIE, ACIDURGIE, AKIDURGIE. s. f. (gr. *akis, akidos*, pointe, et *ergon*, opération). Médecine opératoire.

AKKA. V. *Acre*, Saint-Jean d'Acre. || **AKKA.** Vle du Maroc, sur la limite du Sahara, à 280 kil. de Maroc. Territoire fertile. Lieu de repos des caravanes qui vont à Tombouctou.

AKKAS ou TIKKI-TIKKIS. Peuple nain qui s'étend sur une grande étendue de l'Afrique équatoriale. Leur taille n'atteint jamais plus de 1^m 30 ; mais ils sont très agiles et tres adroits. Ce sont probablement les Pygmées des anciens; longtemps on ne crut pas à leur existence, mais MM. Schweinfurth et Miani en donnèrent des descriptions, et en amenèrent même en Europe quelques individus.

AKKERMAN. 30,000 h. Vle de la Russie d'Europe. Ch.-l. du cercle de Bessarabie, au bord occid. du lac côtier où débouche le Dniester, à 14 kil. de l'embouchure du fleuve dans la mer Noire, à 45 kil. d'Odessa. Forteresse, fossés. Commerce de transit considérable. Cette ville est de fondation grecque; détruite par les Barbares, elle fut rebâtie par les Génois, puis elle appartint aux Turcs jusqu'en 1812 ; à cette époque, après avoir été plusieurs fois prise et reprise, elle fut cédée à la Russie. Le 4 sept. 1826 y fut conclu, entre la Turquie et la Russie, un traité assurant à cette dernière la navigation de la mer Noire et constituant les principautés danubiennes.

AKMOLINSK. Province russe organisée en 1868 dans le territoire des Kirghiz (Asie centr.); 545,339 kil. car.; 381,900 h., soit par kil. carr. 0.7 h. — Cap. *Akmolinsk*, à 500 kil. S.-O. d'Omsk. 5,100 h.

AKNÈME. adj. 2 g. (gr. *a* priv.; *knémé*, cuisse). Méd.Qui n'a pas de jambes ou de cuisses.

AKNÉMIE. s. f. (gr. *a* priv.; *knémé*, cuisse). Anat. Absence des jambes.

AKODON. s. m. Zool. Genre de rongeurs, de la fam. des muriens (Bolivie).

AKOLAH. 15,000 h. Vle de l'Inde centrale (Bérar occid.). Ch.-l. d'un distr. du même nom.

AKOLOGIE ou AXOLOGIE s. f. (gr. *akos*, remède ; *logos*, discours). Matière médicale, traité de thérapeutique ou des opérations, des instruments de chirurgie. || On dit ordinairement *pharmacologie*.

AKOUT. Général tartare, premier ministre de l'empereur chinois Kien-Long, mort à la fin du XVIIIe s. Il soumit à l'Empire chinois la peuplade jusque-là indépendante des Miao ssé (1776) et fit exécuter de grands travaux de canalisation sur le fleuve Hang-ho.

AKOUCHA. Langue du Caucase appartenant avec l'avare, le lak, l'oude, etc. au groupe lesghien (Daghestan). Les Akouches habitent une trentaine de villages. (V. *Caucase*)

AKRA. Une des villes les plus importantes de la Côte d'Or (Guinée). Sa population s'élève à environ 10,000 h., tous noirs. Le territoire ou royaume auquel elle donne son nom longe la côte sur un parcours de 65 kil. La tribu des Ghâ qui l'occupe comprend environ 40,000 h. L'idiome parlé par les Akras se rapproche de celui des Achantis. Les Français, puis les Danois et enfin les Anglais y ont successivement élevé un fort.

AKRELL (Ch.-Fréd. d'). Lieutenant-général suédois. 1779-1868. Travaux de topographie et de fortifications. En 1854, chargé d'organiser le service télégraphique en Suède. Prit sa retraite en 1862. A publié des cartes de Suède très exactes ; *Traité des Fortifications*, en suédois (Stockholm, 1811).

AKRON ou ACRON. Philosophe sceptique, né vers 444 av. J.-C., à Agrigente. La secte des empiriques sort de son école. C'est le même dont nous avons parlé comme médecin au mot *Acron*.

AKRON. 12.000 h. Ch.-l. du comté de Summit, État d'Ohio (États-Unis, N.-E.), au bord mérid. du lac Érié, au point de jonction des canaux d'Ohio-Érié et de Pensylvanie-Ohio. Ville industrielle, entrepôt de céréales.

AKSAKOFF (Serge-Timothée). Littérateur russe. 1791-1859. Remplit divers emplois publics, auxquels il renonça pour se consacrer aux lettres. Traductions de Molière ; *Observations sur la pêche* (Moscou, 1847) ; *Récits et souvenirs d'un chasseur* ; *Chronique de famille, l'ancienne vie russe* ; *les Années d'enfance de Bagrow* ; etc. || **AKSAKOFF** (Constantin). Littérat. et poète russe. 1817-1860. *Essai sur l'influence de Lomonossow sur la langue et la littérat. russes* (Moscou, 1846) ; quelques pièces de théâtre ; *Observations sur la loi relative à l'abolition du servage* (1861), où il se montre partisan du vieux système communiste slave. || **AKSAKOFF** (Yvan), son frère. Éditeur du journal de Moscou *le Jour*, champion des idées panslavistes ; a publié le récit d'un voyage dans l'Ukraine (1857).

AK-SHEHR (*Philomelium* des anciens). 15,000 h. Vle d'Asie Mineure à 110 kil. N.-O. de Konieh (*Iconium*). Commerce de tapis.

AKSU. 30,000 h. Vle commerçante du Turkestan oriental, à 430 kil. N.-E. de Kashgar.

AK-THAMAR. Vle du lac de Van (Arménie); résidence d'un des patriarches arméniens.

AKYAB. 16,000 h. Vle de l'Indo-Chine britannique, cap. de la prov. d'Arakan, sur l'estuaire de la riv. d'Arakan. Excellent port.

AKYSTIQUES. adj. et s. m. pl. (gr. *a* priv. et *kustis*, vessie). Zool. Poissons qui n'ont pas de vessie natatoire.

AL. Préfixe qui entre dans la composition d'un certain nombre de mots français dérivés du latin ou de la prép. *ad* s'est changé en *l* devant les mots commençant par cette consonne. *Al* léguer pour *ad*léguer. || Son final dans les noms masculins, se rend ordinairement par *al* : Amiral, journal ; quelquefois par *ale* : Cannibale, dédale ; enfin par *alle* dans Intervalle. || Finale d'un très grand nombre d'adjectifs (V. ce mot).

ALA. 4,500 h. Vle du Tyrol (Autriche) sur la rive g. de l'Adige. Industrie séricicole.

ALABAMA. Fleuve des États-Unis qui coule du S. à l'O. et va se jeter sous le nom de Mobile River dans le golfe du Mexique. Dans son cours, qui atteint 1,400 kil., il arrose Montgomery et Selma. || **ALABAMA.** Un des États unis de l'Amérique du N. 131,310 kil. car.; sa popul. dépasse 1 million d'hab. Il est arrosé par le Tennessée, l'Alabama, le Coosa, le Pigeon, la Mobile, etc. et traversé au N. par les monts Alleghanies. Admis le 22e dans l'union, il était en 1872 le 12e par sa population dont la densité est de 7 à 8 h. par kil. car. Il est essentiellement agricole et produit le riz, le coton, le sucre, le tabac, les céréales. Sa capitale est *Montgomery*, la ville la plus importante *Mobile*. || **ALABAMA** (l'). Cuirassé construit en Angleterre pour le compte des confédérés du Sud. Sous le commandement du capitaine Semmes il fit subir de grands dommages à la marine marchande des États du Nord pendant la guerre de sécession. Lancé le 15 mai 1862, il coula l'*Hatteras* en 1863 et fut coulé lui-même le 11 juin 1864 à Cherbourg, par le *Kearsage* dont il reçut un boulet d'enfilade, dans le combat singulier qu'il avait accepté. — Après la guerre, le gouvernement des États-Unis voulut rendre les Anglais responsables des dommages causés par les navires sortant de leurs chantiers. La grave question, dite de l'*Alabama*, fut soumise à un congrès réuni à Genève : l'Angleterre fut condamnée à payer une indemnité de 80 millions aux Américains. (4 sept. 1872.)

ALABAMIEN, IENNE. s. et adj. Habitant de l'Alabama. Qui a rapport à ce pays ou à ses habitants.

ALABANDA. Ancienne ville de Carie (Asie Mineure), près du Scamandre ; auj. *Bourg-Doyan* ou *Arab-Hissar*.

ALABANDE. Myth. anc. Fut le fondateur d'Alabanda, ce qui lui fit honorer comme dieu par les hab. de cette ville.

ALABANDINE ou ALBANDINE. s. f. (par corruption on dit aussi *almandine*). Minér. Nom donné par les anciens à une variété de grenat d'un rouge foncé qu'on tirait des mines d'*Alabanda* (Asie Mineure). M. Beudan a donné ce nom au manganèse sulfuré. On la nomme ordinairement spinelle rouge pourpré.

ALABARCHE ou ALABARQUE. s. m. Titre du 1er magistrat des Juifs à Alexandrie. On désignait aussi sous le nom d'ethnarque, ou génarque.

ALABARCHIE. s. f. Dignité de l'alabarche.

ALABASTER, ALABASTRON, ALABASTRE. s. m. Petit vase servant à renfermer des parfums de prix. On croit qu'il tire son nom de ce que le plus souvent il était en albâtre. Sa forme assez allongée rappelait celle d'une poire, d'un pendant de perle ou d'un bouton de rose. C'est le contenu d'un alabaster que sainte Madeleine versa sur les pieds du Sauveur.

ALABASTER (Guill.). Théologien anglican hébraïsant, m. en 1648; érudit mais trop adonné à l'étude de la cabale qui le jeta dans des opinions absurdes. *Lexiq. hébreu*, 1637, in-fol.; etc.

ALABASTRE. s. m. V. *Alabaster*.

ALABASTRIN, INE. adj. Qui a la nature, les qualités ou l'apparence de l'albâtre.

ALABASTRIQUE. adj. 2 g. Qui concerne l'albâtre. || s. f. Art de travailler l'albâtre.

ALABASTRITE. Faux albâtre que l'on nomme aussi biscuit de Florence, parce qu'on le tire de la Toscane. (V. *Albâtre gypseux*.)

ALABASTROTHÈQUE. s. m. Chez les Romains, coffre renfermant des flacons, des vases dits *alabaster*.

ALABAT. Une des îles Philippines, près de la côte orientale de l'île de Luçon.

ALABE. s. m. (gr. *alabès*, insaisissable). Poisson de la mer des Indes, de la fam. des anguilliformes.

ALÂCHIR. v. pr. et a. (rad. *lâche*). Vx mot. Devenir ou rendre mou. || S'ALÂCHIR. v. pr. Tomber en faiblesse.

ALÂCHISSANT, ANTE. adj. Qui alâchit.

ALÂCHISSEMENT. s. m. Relâchement, diminution des forces.

ALACHUA. Comté de la Floride, S.-E. des États-Unis. Savane parsemée de lacs. 2,880 kil. car.; près de 18,000 h., les trois quarts noirs.

ALACOMÈNE. Myth. Fille d'Ogygès roi de Thèbes, honorée après sa mort sous le nom de déesse proxidicienne.

ALACOQUE (Marguerite-Marie). 1647-1690. Naquit à Lauthecour au diocèse d'Autun, entra au monastère de la Visitation à Paray-le-Monial. Les choses extraordinaires qu'elle y éprouva, et qu'elle consigna dans un livre, *la Dévotion au cœur de Jésus*, provoquèrent l'institution de la fête du Sacré-Cœur. Elle fut béatifiée le 18 sept. 1864.

ALACRITÉ. s. f. (lat. *alacritas*; de *alacer*). Disposition de celui qui est allègre, gaité d'humeur, enjouement, vivacité, promptitude, ardeur.

ALACTAGA ou ALAGTAGA. s. m. (mot tartare signifiant poulain varié). Zool. Gerboise de Tartarie ou rat-flèche de l'ordre des rongeurs.

ALA-DAGH ou NABAT. Montagne très élevée de l'Arménie, sépare le versant de la mer Caspienne de celui du golfe Persique. || Chaîne de montagnes au N.-O. d'Angora (Asie Mineure).

ALADIN (genre). Teint. On donne ce nom, dans l'impression de l'indienne, à un genre obtenu au moyen de la cuve décolorante sur des étoffes garancées et savonnées.

ALADIN, ALA-EDDYN ou ALAODIN. Un des chefs de la secte des Ismaëliens connu sous le nom de *Vieux de la Montagne* ou prince des Assassins; commença à régner en 1221, et inspira une vraie terreur aux rois ses voisins; plusieurs lui payaient tribut. S. Louis, à son arrivée en Palestine, l'obligea à la soumission. Il fut assassiné l'an 1272 par son fils Kokn Eddyn, qui lui succéda et fut le dernier grand-maître de l'ordre. || **ALADIN** (lampe d') ou la *Lampe merveilleuse*. Titre d'un des contes des *Mille et une nuits*. Aladin, jeune orphelin, devient à la suite de circonstances extraordinaires possesseur d'une lampe magique qui lui procure la fortune la plus brillante. La lampe d'Aladin est devenue l'objet d'une foule d'allusions littéraires. || **ALADIN** *ou la Lampe merveilleuse*. Opéra en 5 actes représenté le 6 février 1822. Libretto d'Étienne, musique de Nicolo qui mourut avant d'avoir terminé son œuvre ; achevée par Benincori. Ce fut la première fois que la salle de l'Opéra fut éclairée au gaz. || **ALADIN.** Géog. Groupe d'îles de l'océan Indien, près de Malacca.

ALADJA. Vle de l'Asie Mineure (Anatolie), près de Kars; contrée riche en antiquités. Tombe monumentale creusée dans le roc. Défaite des Turcs le 15 oct. 1877, suivie de l'investissement de Kars par les Russes.

ALA-EDDYN. Fondateur de la dynastie des Ghaurides de la Perse orientale et de l'Inde septentrionale, m. vers 1156. || **ALA-EDDYN.** 8e sultan seldjoucide d'Anatolie, régna de

1219 à 1235. || **ALA EDDYN Ier.** 20e empereur de l'Hindoustan, 2e de la dynastie afghane des Khaldjides, soumit une partie de l'Inde et fut monarque réformateur. Il mourut en 1316.

A-LA-FOIS. Mar. Terme de tactique navale. Manœuvre opérée simultanément par plusieurs bâtiments.

ALAGHEZ. Montagne de Russie, gouv. d'Érivan. Volcan éteint. Cône principal 4,000 m.

ALAGNON. Riv. de France, affl. de l'Allier (au saut du Loup). C. 86 kil. dont les 2/3 dans le Cantal où elle prend sa source. Passe à Murat. Vallée très pittoresque, gorge, cascades.

ALAGOAS. Prov. maritime du Brésil orient. 30,000 kil. car.; divisée en 9 comarcas. 300,000 h. Cap. Maceió. Bois, denrées tropicales. || **ALAGOAS.** 13,000 h. Anc. cap. de la prov. du même nom, ch.-l de comarca. || Lac qui a donné son nom à la ville et à la province.

ALAGON. Riv. de la prov. de Cáceres (Estramadure), Espagne occid., affl. du Tage, près de la frontière du Portugal. C. 180 kil. Cascade du *Salto del Caballo* ou *del Gitano.*

ALAGON DE MERARGUES (Louis). Gentilhomme provençal exécuté à Paris en 1605, pour avoir tenté d'introduire les Espagnols à Marseille où il était procureur syndic.

ALAGUS. Chanoine d'Auxerre vers 870; auteur d'une *Chronique de l'évêché* d'Auxerre.

ALAH. Partie du désert de Syrie située au N.-E. et au S.-E. de Hamah, elle est plus fertile que les contrées environnantes et couverte d'un grand nombre de ruines.

ALAHAMARE ou MAHOMET ABUSAR. Premier roi maure de Grenade, chef de la dynastie des Alahamares, dépossédés par Ferdinand et Isabelle.

ALAH-CHEHR. L'anc. Philadelphie, que les Turcs ont appelée *la Ville-Haute.* Elle est située dans l'Asie Mineure occid., à 130 kil. de Smyrne. De son antique splendeur, il ne lui reste que ses murailles, conservées en grande partie. Elle compte 10,000 h., tous Turcs.

ALAÏA (anc. *Corycesium,* nid à corbeaux). Vle marit. de l'Anatolie mérid. construite sur la pente rapide d'une montagne rocheuse très élevée, dont l'autre face tombe à pic sur le golfe d'Adalia. 800 maisons dont 600 turques et 200 grecques.

ALAIGRE. adj. Vx mot qui signifiait Agile.

ALAIGRETÉ. s. f. Vx mot qui signifiait Légèreté, agilité.

ALAIN Ier. Roi de Bretagne, dit *le Fainéant,* régna de 360 à 574. || **ALAIN II,** dit *le Long,* de 660 à 690. || **ALAIN III** *le Grand.* 1er duc de Bretagne; m. en 892. || Il y eut encore plusieurs ducs de Bretagne de ce nom, notamment *Alain IV Barbe-Torte,* m. en 952, et *Alain VI Fergent* (1084-1119) qui prit part à la 1re croisade. || **ALAIN (S.).** Moine de Cîteaux. F. 31 janv. || **ALAIN (S.)** d'Aquitaine, abbé de Farfa, en Italie. F. 3 mars. || **ALAIN (le B.)** *de la Roche.* Dominicain, né en Bretagne, 1428, m. à Zwolle, 1475. F. 8 sept. || **ALAIN DE SOLMINIHAC** (le vén.). Évêq. de Cahors. Né en 1593, au château de Belet près de Périgueux, d'une famille noble et chrétienne. Nommé abbé de Chancellade il prit l'habit religieux, mena la vie monastique dans toute sa rigidité et réforma cette abbaye. Promu à l'évêché de Cahors malgré lui, il réforma le clergé par des statuts, les fidèles par des missions, fonda un séminaire, divisa son diocèse en trente districts et mit à la tête de chacun un vicaire forain pour surveiller le clergé, présider les conférences, etc. Il mourut, en odeur de sainteté, à l'âge de 76 ans. || D'autres saints ont porté ce nom. || **ALAIN DE L'ISLE** (*Alanus ab Insulis*). 1114-1203. Savant ecclésiastique né à Lille, abbé de Bivour de l'ordre de Cîteaux, évêque d'Auxerre, puis retiré à Clairvaux : théologien, philosophe, littérateur et poëte. Surnommé le *Docteur universel.* Ses princ. ouv. sont : *Regulæ de sacra theologia ars catholicæ fidei; Anti-Claudianus* (encyclopédique); *Liber parabolarum.* Il s'est occupé aussi d'alchimie et de science hermétique. — D'après certains auteurs Alain de l'Isle, le savant, ne serait pas le même que l'évêque d'Auxerre; ils le font naître à Lille dans le Comtat Venaissin ou à L'Isle de Médoc. || **ALAIN CHARTIER.** V. *Chartier.* || **ALAIN (René)** Auteur dramatique. Paris 1680-1720. *L'Épreuve réciproque,* comédie en un acte qui paraît avoir fourni à Marivaux l'idée du *Jeu de l'amour et du hasard.*

ALAINS (*Alani*) s. m. pl. Peuple barbare, de race scythe, faisant partie de la grande nation des Sarmates. Partis du Caucase et établis d'abord dans la vallée du Tanaïs (Don), ils prirent part à la plupart des expéditions dirigées par les Sarmates à partir du IIIe s. de notre ère contre les provinces orientales de l'Empire romain. Battus en 275 par l'empereur Tacite en Asie Mineure et en 406 en Italie par Stilicon, ils ne jouèrent qu'un rôle effacé dans les grandes invasions. Établis en Espagne, ils furent en 419 battus et dispersés par Wallia, roi des Wisigoths; à partir de cette époque ils disparaissent de l'histoire. Suivant certains historiens, leurs débris seraient retournés sur les bords de la mer Caspienne et aux sources de la Vistule; suivant d'autres, ils seraient passés en Afrique avec les Vandales de Genséric.

ALAIRE. adj. 2 g. Qui appartient, qui a rapport aux ailes des oiseaux, d'un moulin à vent, etc. || s. m pl. (lat. *alarii*). Antiq. rom Troupes placées sur les ailes d'une armée romaine. Elles se composaient toujours des contingents fournis par les alliés.

ALAIS (*Alesia nova Mandubiorum*). 21,000 h. Vle de France; ch.-l. d'arr., dép. du Gard; sur le Gardon d'Alais, à 50 kil. de Nîmes, à 674 kil. de Paris. Chem. de fer de Paris à Nîmes par les Cévennes. Il y eut un évêché depuis 1696 jusqu'à la Révolution. Gîtes de houille, usines à fer, gisements de pyrite, usine d'aluminium, école de maîtres-mineurs, collège spécial d'enseignement professionnel; soies. Voici la production houillère, exprimée en tonnes, du bassin d'Alais, pendant les années 1873-77 :

1873	1874	1875	1876	1877
tonnes.	tonnes.	tonnes.	tonnes	tonnes
1,652,710	1,616,301	1,531,488	1,359,198	1,784,166

L'exportation de la houille du bassin d'Alais se fait principalement par la Méditerranée. — Patrie des naturalistes François Sauvages de la Croix, m. en 1767 et Aug. Sauvages, m. en 1795; d'Hombres-Firmas, m. en 1857, et du grand chimiste Dumas, né en 1800.

ALAISE. 200 h. Vge de France (Doubs), à 23 kil. S. de Besançon, situé sur un plateau de 400 à 500 m. d'élév., entouré de gorges profondes où coulent le Lison et le Todeure. Antiquités celtiques. Traces d'anc. retranchements. Ce serait d'après beaucoup d'auteurs l'*Alesia* de J. César, que d'autres placent à *Alise-Ste-Reine* (V. ce mot).

ALAISE, ALÈSE. s. m Hort. Allonge d'osier, de jonc ou de paille pour fixer une branche. || Menuis. Planche ajoutée à une autre pour l'élargir. || Charronn. Emboîture.

ALAISER. V. *Aléser.*

ALAISIEN, IENNE. s. et adj. Habitant d'Alais. Qui appartient à cette ville ou a ses habitants.

ALAJUELA. 10,000 h. Ch.-l. d'un dép. de la république de Costa-Rica (Amérique centrale). Canne à sucre, café, élèves de bestiaux.

ALAKANANDA. Le principal courant supérieur dont se forme le Gange. (V. *Gange.*)

ALALCOMENÉIDE ou ALALCOMÉNIDE. Surnom de Minerve, élevée à Alalcomènes.

ALALCOMÈNES. Géog. anc. Pte vle de Béotie, ainsi nommée d'Alalcoménie, fille d'Ogygès, nourrice de Minerve. La déesse avait dans cette ville où elle naquit un temple et une statue d'ivoire.

ALALCOMÉNIE. Fille d'Ogygès, nourrice de Minerve.

ALALCOMÉNIEN, ENNE. adj. Qui est d'Alalcomènes.

ALALIA (auj. *Algajola*). Vle fondée par les Phocéens sur la côte N.-O. de la Corse.

ALALIE. s. f. (gr. *a* priv.; *lalein,* parler). Méd. Privation de la parole, mutisme.

ALALITE. s. f. (d'*Ala,* vallée du Piémont). Minér. Variété de pyroxène qui se trouve dans la petite vallée d'Ala.

ALALONGA, ALALUNGA. s. m. (lat. *ala,* aile; *longa,* longue). Zool. Poisson du g. *germon.*

ALAMAN (Sicard d'). Ministre de Raymond VII cte de Toulouse; m. en 1275. || **ALAMAN (Lucas).** 1775-1855. Homme d'État et historien, né à Mexico. Fut plusieurs fois ministre; politique absolutiste et antifrançaise. *Histoire du Mexique jusqu'à nos jours.*

ALAMAND (Josselin). Baron de Châteauneuf, XIe s.; bâtit une église à Lamothe-St-Didier, auj. St-Antoine en Dauphiné, et y déposa les reliques de S. Antoine, qui lui furent données par l'empereur d'Orient Phocas, vers 980.

ALAMANNI (Luigi). 1495-1556. Poëte italien né à Florence en 1495, mort à Amboise en 1556. Quitta l'Italie à la suite d'une conspiration, vint en France où François Ier et Henri II le comblèrent d'honneurs et le chargèrent de plusieurs négociations. Il composa divers poëmes : *Opere toscane; Girone il cortese; l'Avarchide,* ou *Siège de Bourges* (*Avaricum*); *Collieazione,* ou *l'Agriculture,* imitation des *Géorgiques* de Virgile. || **ALAMANNI (Nicolas).** M. en 1711. Secrétaire du cardinal Borghese, puis bibliothéc. du Vatican, traduisit en lat. l'histoire de Procope.

ALAMANS. s. m. pl. Géog. V. *Aleman.*

ALAMBIC. s. m. (de l'art. arabe *al* et du gr. *ambix,* vase à distiller). Phys. et chim Appareil employé pour la distillation des liquides (V. ce mot). Il se compose de trois parties : la *cucurbile,* sorte de marmite contenant le liquide, le *chapiteau,* couvercle qui ferme hermétiquement, et qui se prolonge en un tube communiquant avec le *serpentin.* Le serpentin est un long tuyau contourné en spirale, et plongé dans un vase plein d'eau froide, ou *réfrigérant,* pour refroidir et condenser les vapeurs. On distille le vin, pour en extraire l'alcool, l'eau de mer, pour en faire de l'eau douce, les plantes aromatiques, pour en retirer des essences, etc. — On attribue aux Arabes l'invention des alambics; au XIIIe siècle, Arnaud de Villeneuve en propagea l'usage en Europe. || On dit : mettre, tirer à l'alambic, tirer par l'alambic, passer par l'alambic. || Fig. Passer une affaire à l'alambic, L'examiner avec un grand soin || Subtiliser sur quelqu'un, sur quelque chose. *Voilà sans mettre saint Clément à l'alambic, ce qu'il faut dire.* (Boss.) *Des raisonnements tirés à l'alambic.*

ALAMBIQUAGE. s. m. Néol. Raffinement extrême, subtilité excessive.

ALAMBIQUER v. a. Ne s'emploie qu'au fig. en parlant de l'esprit et des idées. *Alambiquer l'esprit. S'alambiquer l'esprit, la cervelle,* Les fatiguer en les appliquant à des questions inutiles, à des subtilités. || **ALAMBIQUÉ, ÉE.** p. pas. *Discours alambiqués.* || Abs. Raffiner, subtiliser. *Allez au fait sans alambiquer plus longtemps.* || *Laissons de côté ces questions difficiles et inutiles : il ne faut pas nous alambiquer.*

ALAMBIQUEUR. s. m. Néol. Celui dont le style est recherché, raffiné, compassé.

ALAMBRA. V. *Alhambra.*

ALAMEDA. 4,000 h. Vle d'Espagne, prov. de Malaga (Andalousie); *Astigi vetus* des anciens.

ALAMINOS (Antoine d'). Premier pilote de l'escadre qui, en 1517, découvrit le Yucatan.

ALAMON. Vle de l'anc. Narbonnaise, pays des Tricoriens, auj. *Monestier d'Alamond.*

ALAMOS. 6,000 h. Vle du Mexique, prov. de la Sonora. Belle cathédrale finie en 1826. Son commerce vient de l'exploitation des mines d'or qui sont dans le voisinage. || Il y a au Mexique plusieurs autres localités du même nom.

ALAMOS DE BARRIENTOS (Baltasar). 1550-1638. Traducteur de Tacite en espagnol.

ALAMOUT (c.-à-d. *Repaire de vautours*). Anc. place forte de la Perse fondée en 860 de J.-C. Ch.-l. de la puissance des Ismaéliens ou Assassins. Hassem-ben-Sabah s'en empara en 1070 et en fit sa capitale. Elle devint une des plus fortes places de guerre de l'Asie. En 1255 Houlagou, lieutenant de Mungou-Khan, 3e successeur de Gengis-Khan, s'en empara, et la détruisit. Sa belle bibliothèque ne fut pas épargnée.

ALAMOUTOU ou ALAMOTOU. s. m. Bot. Arbre de Madagascar dont on mange le fruit.

ALAMUNDAR. Roi des Sarrasins au VIe s. Se fit baptiser en 513.

ALAN. s. m. Vén. Gros chien de la race des dogues, pour chasser le sanglier et le loup.

ALAN, ALLEN ou ALLYN (Guillaume). Cardinal anglais, archevêque de Malines. Né à Rossal dans le Lancashire en 1532, mort à Rome 1594. Dans ses écrits de controverse combattit l'anglicanisme, fut l'un des réviseurs de la bible de Sixte V. *Défense de la doctrine catholique au sujet du Purgatoire et de la prière des morts,* Anvers, 1565; *Courtes raisons pour la foi catholique; Défense du pouvoir légitime et de l'autorité du sacerdoce pour la rémission des péchés,* avec un supplément sur la confes-

sion et *les indulgences; sur les sacrements; sur
le culte des saints et de leurs reliques.* Exilé
par la reine Elisabeth, il avait fondé a Douai
un collège pour les ecclésiastiques anglais. ||
ALAN DE LYNN. Théolog. anglais. XVe s.

ALANCOURT. Adjudant-général français qui
battit les chouans en 1793.

ALAND (îles d'). (En suédois on pron. *Oland,*
pays des rivières.) Groupe d'environ 300 îles,
îlots et rochers dont 80 habités, entre la mer
Baltique et le golfe de Botnie. Depuis 1809,
l'archipel appartient à la Russie, gouv. de Fin-
lande. 16,000 h. d'origine suédoise. || ALAND.
Ile principale du groupe, dont le sol produit
des pins, des sapins et des bouleaux. Dans
cette île se trouve la forteresse de Bomarsund
détruite en 1854 par les flottes de France et
d'Angleterre.

ALAND (sir Jean Fortescue). Célèbre jurisconsulte anglais du XVIIIe siècle.

ALANDAIS, AISE. s. et adj. Habitant des
îles d'Aland. Qui appartient à ces îles ou à
leurs habitants.

ALANDIER. s. m. Bouche placée à la base
d'un four. || Dans la cuisson des poteries,
Foyer des fours circulaires. On appelle aussi
les fours circulaires Alandiers.

ALANGIACÉ ou ALANGIÉ, ÉE. adj. Bot. Qui
ressemble à un alangier. || s. f. pl. Tribu de
la famille des combrétacées.

ALANGIER ou ALANGION. s. m. Bot. Genre
de plantes qui a donné son nom au groupe des
alangiées. Le suc des racines est employé à Malabar comme purgatif hydragogue, et leur
poudre est bonne, dit-on, contre la morsure des
animaux venimeux.

ALAN GILAN. s. m. Sorte d'essence, qu'on
retire de l'*anona odoratissima.* Les parfumeurs
l'utilisent en quantité homéopathique et en raison de son prix élevé (2,500 fr. le kil.).

ALANGION. V. *Alangier.*

ALANGOURIR. v. a. Vx mot. Faire tomber
en langueur. || S'ALANGOURIR. v. pr. Devenir
languissant. || ALANGOURI, IE. p. pas. Vivant
en un extrême anéantissement d'eux-mêmes
ils demeurent fort alangouris en tout ce qui
appartient aux sens. (S.-Franc. de Sales.)

ALANGUIR. v. a. (de *a* et *languir*). Rendre lan-
guissant. L'insomnie alanguit le corps || Fig.
Rendre quelque chose sans vie, sans intérêt.
Les longues digressions alanguissent le récit,
la scène, l'action. || Abs. L'oisiveté alanguit.
|| S'ALANGUIR. v. pr. Devenir languissant au pr.
et au fig. || ALANGUI, IE. p. pas. Ces longues
nuits qu'on passe... à retourner son corps
alangui par la fièvre. (Lamart.)

ALANGUISSEMENT. s. m. (rad. *languir*).
État de langueur.

ALANIER. s. m. Nom que l'on a donné à
ceux qui élevaient des alans, chiens de chasse.

ALANINE. s. f. Chim. Alcali produit par l'action de l'acide cyanhydrique sur l'aldéhide
d'ammoniaque. (V. *Alcali.*)

ALANS. s. m. pl. Peuples mongols de la
Dzoungarie, qu'il ne faut pas confondre avec les
Alains du Caucase, nation indo-germanique.

ALANSON (Edward). Chirurgien anglais.
1747-1823. La chirurgie lui doit deux progrès :
procédé du moignon conique dans les amputa-
tions, méthode de la réunion immédiate.
Ouvrage explicatif, Londres 1779 et 1782.

ALANTINE. s. f. Chim. organ. Substance
découverte dans plusieurs végétaux, nommée
aussi *inuline.*

ALAON (N.-D.). Monastère bénédictin, dans
le haut Aragon, diocèse d'Urgel, fondé dans la
première moitié du IXe s. Sa charte de fondation formée, croyait-on, l'an 845 à Compiègne
par Charles le Chauve, a passé longtemps pour
authentique. C'est autant une chronique qu'une
charte. Dom Vaissète l'a insérée dans sa chronique du Languedoc, mais son authenticité
n'est plus admise aujourd'hui. — V. Fauriel,
Histoire de la Gaule méridionale et un mémoire
de M. Rabanis.

ALAPAÏEFSK. Vle du gouv. de Perm (Russie
orient.) sur la rive g. de la Néva. Près de 5,450 h.
Forges et usines pour le fer.

ALAPI. s. m. Espèce de fourmilier rossignol, oiseau de la Guyane.

ALAPTE. s. m. Genre d'insectes hyménoptères (Angleterre).

ALAQUE. s. f. Archit. Pièce carrée et plate
qui sert d'assise à la base des colonnes. On
l'appelle aussi plinthe ou orlet.

ALAQUÉCA. s. f. Minér. Pierre de l'Inde appelée aussi arrête-sang, parce qu'elle arrête,
dit-on, les hémorrhagies : c'est une pyrite, ou
fer sulfuré.

AL-ARAF. s. m. Purgatoire de la théologie
musulmane.

ALARÇON (Hernando de). Navigateur espagnol qui décrivit le premier la basse Califor-
nie, visitée par lui en 1540-41. || ALARÇON Y
MENDOZA (Jean-Ruis de). Un des plus grands
poètes dramatiques espagnols, né à Tasco (Mexique), d'une famille originaire d'Alaçon, prov.
de Cuença, m. en 1639. Il a composé un grand
nombre de tragédies, de comédies héroïques et
de comédies de mœurs aussi remarquables par
l'originalité des pensées et l'habileté de l'intrigue que par la pureté du style. Sa comédie
Verdad sospechosa a été imitée par Corneille
dans *le Menteur.* Une édition complète de ses
œuvres a été donnée en 1852 par Hartzenbusel
dans la *Biblioteca de autores españolas* de Ribadeneira.

ALARÇON, jadis ADERÇON. 900 h. Bg de l'Espagne orient., prov. de Cuença, sur un rocher
qu'entoure presque en entier le rio Jucar.
2 belles églises. Autrefois place forte, dont le
nom est souvent cité dans l'hist. de la période arabe.

ALARÇONIE. s. f. (de *Alarçon,* le navigateur.)
Genre de plantes de la famille des composées.

ALARCOS. Vge de l'Espagne centrale, Nouvelle-Castille, anc. *Ilarcuris.* Les chrétiens y
furent défaits en 1195 par les Maures.

ALARD (Mar-Jos.-Louis). Médecin franç., né
à Toulouse 1779, m. à Paris 1850. *Hist. de l'éléphantiasis des Arabes* (1819) ; réimprimée, en
1824, sous ce titre : *De l'inflammation des
vaisseaux absorbants,* etc.; *Siège et nature des
maladies* (1827, 2 vol. in-8°). || ALARD (Jean-
Delphin). Violoniste français, né à Bayonne le
8 mars 1817, élève du Conservatoire en 1827,
premier prix de violon en 1830; membre de la
Société des concerts en 1838, en 1840, violon-
solo de la chapelle des Tuileries; en 1843,
professeur de violon au Conservatoire en remplacement de Baillot; décoré de la Légion
d'honneur le 10 décembre 1850. M. Alard a
composé, pour le violon, une *méthode* adoptée
par le Conservatoire, des *études,* des *concertos,*
des *quatuors,* etc. Retiré près de Vatan (Indre).

ALANGUER. v. n. (a et *large*). Mar. Gagner
le large. S'éloigner de la côte ou de quelque
vaisseau.

ALARIC. s. f. Zool. G. de vers intestinaux. ||
Bot. G. d'algues comestibles très recherchées
par les Écossais et les Irlandais.

ALARIC (germain *al-ric,* tout riche). Roi des
Goths. 382-412. Victorieux en Grèce, il attaque
l'empire d'Occident, 401. Il entre en Italie, mais
Stilicon général d'Honorius le bat à Pollentia et
à Vérone en 402. En 407 il reparaît en Italie,
poussé comme il le dit par un vague sentiment,
à détruire Rome. Cette fois il se contente d'un
tribut et reprend le chemin de l'Orient, 408. En
409, les Romains ayant fait périr tous les soldats
goths auxiliaires dans les armées de l'empire,
Alaric reparaît; mais il se contente encore d'un
énorme tribut que le sénat dut lui payer. En
410 il revint et lança ses soldats dans la grande
ville. Tout y fut mis à feu et à sang, sauf ce
qui était dans la principale église. Alaric
avait formé le projet de faire une descente en
Afrique, une tempête le rejeta en Calabre, et il
mourut à Cosenza. Ses soldats lui creusèrent
un tombeau dans le lit de la rivière de Busento,
411. || ALARIC. 484-507. 8e roi des Wisigoths.
Dominait l'Espagne et sur la Gaule au sud,
où il protégeait l'arianisme. Clovis à la tête des
Francs l'attaqua dans les plaines de Vouillé,
près de Poitiers, en 507, et le tua de sa main.
Cette victoire délivra les Gaules des Wisigoths
et de l'arianisme. Alaric II avait fait composer
un recueil de lois romaines sous le titre de *Bre-
viarium alaricum* (code d'Alaric).

ALARIC (canal d'). Dérivation de l'Adour
pour l'irrigation (Hautes-Pyrénées). C. 40 kil.

ALARIE. s. f. (lat. *alarius,* qui concerne les
ailes). Bot. Section d'algues, du genre laminaire, dont le type est la laminaire comestible.

ALARII. s. m. pl. V. *Alaire.*

ALARMANT, ANTE. adj. Qui alarme ; qui est
de nature à alarmer. Nouvelle alarmante.

ALARME. s. f. (ital. *all'arme,* aux armes !).
Cri, pour annoncer un danger imminent, pour
faire courir aux armes , au secours, au feu.
Sonner l'alarme. || Émotion causée dans un
camp par un danger imminent, par la proxi-
mité des ennemis. L'alarme est au quartier. ||
Par ext. Frayeur causée dans l'âme par l'image
subite d'un danger réel ou apparent. Donner,
porter, prendre l'alarme. Une fausse alarme.
Sans sujet. || Prov. et fig. Inquiétude, souci, cha-
grin. Être toujours en alarme. Vivre dans de
grandes, de terribles, de continuelles alarmes.
|| Nourri dans les alarmes, Accoutumé à la
guerre et a ses dangers. || A. milit. L'a-
larme, de quelque nature qu'elle soit, est an-
noncée par la générale, ou plus souvent dans
les places fortes de la frontière par un coup de
canon. Toute troupe à poste fixe ou de passage
dans une place reçoit du commandant de
place des instructions relatives au rôle qu'elle
doit remplir et aux postes qu'elle doit occuper
en cas d'alarme. Les officiers, sous-officiers et
soldats sont tenus de se réunir sur-le-champ au
corps dont ils font partie : chaque corps est
conduit avec armes et bagages à l'emplacement
qu'il doit occuper et qu'on désigne sous le nom
de place d'alarme ou simplement place d'armes.
En campagne, dès l'entrée au cantonnement le
chef de corps indique une place d'armes ou de
rassemblement pour la réunion générale des
troupes en cas d'alarme ou d'alerte. Elle est
choisie de manière à pouvoir résister et doit
présenter des issues commodes dans toutes les
directions. Au bivouac, pour éviter toute
alarme, il est défendu de tirer des coups de feu
et de pousser d'autres cris que ceux prescrits
pour les rondes et patrouilles. (Service en campagne.) L'alarme provient parfois d'une alerte
et les deux mots, en langage militaire, sont
souvent employés l'un pour l'autre. || Syn. In-
quiétude, alarme, peur. Ces trois mots expriment l'émotion pénible produite par l'idée
d'un danger; dans l'inquiétude l'émotion est
vague et le danger n'est que soupçonné. L'a-
larme est une grande inquiétude causée non
plus par ce qu'on pressent, mais par ce qu'on
apprend. La peur vient de l'imagination, du
tempérament, c'est un témoignage de faiblesse,
quelquefois de lâcheté. On dit les fantômes
de la peur.

ALARMER. v. a. (*alarme*). Donner l'alarme,
causer de l'émotion, de l'épouvante, de l'inquiétude. Cela alarma le camp, la ville. La ma-
ladie du roi alarma tout le royaume. || S'ALAR-
MER. v. pr. Prendre l'alarme, s'effrayer, être
ému, s'inquiéter. Je ne m'alarme pas de ces
menaces. On ne voit plus mon peuple à mon
nom s'alarmer. (Rac., *Brit.*) Vos voisins s'a-
larment pour vous. (Fén.) || ALARMÉ, ÉE.
p. pas. Je suis tout alarmé de la maladie de
mon père. Ils sont alarmés sur leur situation.
Alarmé par un bruit subit. Conscience, pudeur
alarmée. || Syn. Alarmé, effrayé, épouvanté.
On s'alarme d'un danger que l'on craint, on
s'épouvante au milieu du danger, et on s'ef-
fraye à la pensée du danger passé.

ALARMISTE. s. 2 g. Qui répand, qui se
plaît à répandre des bruits alarmants. Défiez-
vous des alarmistes.

ALART-PESCHOTTE. Trouvère picard ou
français du XIIIe s., auteur d'un roman en vers
de 8,000 vers, la *Comtesse d'Aujon,* manuscrit
à la Biblioth. nationale, encore inédit.

ALARY (Pierre-Joseph). 1690-1770. Précepteur
de Louis XV; membre de l'Académie française.
|| ALARY (Jean). Né à Pampelune (Tarn), 1731;
m. à Paris, 1818. Missionnaire dans l'Indo-
Chine, le Bengale et la Chine où il fonda de
nombreuses églises. Rappelé en France en 1773,
il y devint professeur, puis supérieur au sémi-
naire des Missions. || ALARY (Antoine). Né
à Mussidan. Soldat de la République française qui fit à la nage 24 kil. pour sauver
1,300 de ses compagnons, et se défendit à Sto-
ckad, lui quinzième, contre 600 Autrichiens. ||
ALARY (Jules-Abrah.-Eug.). Compositeur, né à
Mantoue 1814. Élève du conservat. de Milan,
attaché à l'orchestre de la Scala, professeur de
chant à Paris et à Londres. *Le Tre Nozze,*
opéra bouffe (1851); *Sardanapale,* grand opéra
(1852, à St-Pétersb.) ; *l'Orgue de Barbarie*
(1855) ; *Locanda gratis* (1867) ; etc.

ALAS. s. f. T. de pêche. Partie des ailes du
filet dit boulier.

ALASCHEHR. 15,000 h. Vle de l'eyalet d'Aïdin,
à 20 kil. de Smyrne. 8 mosquées et 2 églises.
Ruines de l'anc. Philadelphie. C'est la dernière
ville d'Asie Mineure prise par les Turcs en 1390.

ALASKA. Longue presqu'île formant l'extrémité N.-O. du continent américain. On la nommait autrefois l'Amérique Russe, mais la Russie l'a cédée en 1867 pour 7,200,000 dollars (env. 38 millions) aux États-Unis, dont elle forme un territoire. Cap. *Sitka* ou Nouv.-Arkhangel. Elle a une étendue de 1,500,000 kil. carrés, habités par 75,000 individus, dont 10,000 sont d'origine européenne. Dans toute sa longueur, elle est arrosée par le Youkoun, dont le cours est de 3,000 kil. et qui est navig. sur près de 500 lieues. Trois chaînes de montagnes la traversent : les monts Saint-Éliens dont un des sommets, le St-Élie (5,500 m.), est le plus élevé de l'Amérique septent.; les montagnes Rocheuses et les monts Alaskiens. Les principales productions de l'Alaska sont les bois, pins et cèdres; on y a trouvé aussi des mines de charbon, mais peu abondantes.

ALASMIDES. s. m. pl. et adj. Zool. Mollusques acéphales de la famille des pédifères.

ALASMIDONTE. s. f. Zool. G. de coquilles bivalves de l'Amérique du Nord.

ALASTON. s. m. Myth. Nom d'un des chevaux de Pluton. || adj. Surnom de Jupiter Vengeur. || Littér. Titre d'un poème de Shelley. || s. m. pl. Génies malfaisants.

ALASTROU. s. m. Plomb des alchimistes : appelé aussi cœur de Saturne.

ALATA. 605 h. Vge de Corse, à 8 kil. d'Ajaccio, dont il est séparé par le mont de Pozzo di Borgo. Patrie du diplomate Ch.-Andre Pozzo di Borgo, m. en 1862.

ALATA-LATA. s. m. V. *Alatite.*

ALATAMAHA ou **ALTAMAHA.** Fleuve des États-Unis, dans la Géorgie. Se jette dans l'océan Atlantique après 440 kil. de cours. || **ALATAMAHA.** Vle des États-Unis, sur la rivière du même nom.

ALA-TAU. On rencontre dans l'Asie centrale trois chaînes de montagnes qui portent ce nom. La première sépare l'Obi de l'Iénisséi, et abonde en mines d'or ; la seconde s'étend entre les Dzoungaries russe et chinoise; la troisième longe le N. du lac Issykoul. Elles ont en moyenne 2,000 m. d'altitude.

A LATERE (a-la-té-ré; — mots latins qui signifient : du côté, d'auprès). Se dit de cardinaux envoyés par le pape avec des pouvoirs extraordinaires auprès des souverains étrangers ou à un concile. Légat a latere. (V. *Légat.*)

ALATERNE. s. m. Bot. Espèce de nerprun, arbrisseau toujours vert, cultivé dans les jardins. On l'appelle alaterne parce que ses feuilles sont rangées alternativement le long des branches. Elles sont employées dans les campagnes comme toniques et astringentes; quelquefois les fruits, non sans danger, comme purgatifs.

ALATERNOÏDE. adj. 2 g. Qui ressemble à l'alaterne.

ALATIER. s. m. Bot. Nom vulg. de la viorne commune ou de son fruit.

ALATION. s. f. (lat. *ala*, aile). Manière dont les ailes des insectes sont disposées. S'emploie rarement.

ALATITE, ALATA ou **ALATA-LATA.** s. f. (du lat. *ala*, aile). Zool. Nom donné a quelques espèces de strombes (mollusques) dont la coquille a un bord étendu en forme d'aile. || Géol. Coquillage univalve fossile.

ALATLI. s. m. Martin-pêcheur d'Amérique.

ALATRI. L'*Alatrium* des Romains. 14,000 h. Pte des États de l'Église, anj. prov. de Rome, roy. d'Italie. Évêché. Restes des murs cyclopéens, les plus remarquables de l'Italie.

ALATYR. Riv. de Russie, affl. de la Soura. Cours 200 kil.

ALAUDA. s. f. (lat. *alauda*, alouette). Nom d'une légion gauloise dont le casque portait une tête d'alouette.

ALAUDIDÉES. s. f. pl. Oiseaux de l'ordre des passereaux, dont l'alouette est le type.

ALAUDINÉES. s. f. pl. Ornith. Tribu de la famille des alaudidées.

ALAUS. s. m. (gr. *alaos*, aveugle). Genre d'insectes coléoptères pentamères.

ALAUSI. 6,000 h. Vle de la république de l'Équateur. Ch.-l. de distr., sur le plateau des Andes (2,430 m.). Sources thermales.

ALAUTA ou **ALUTA.** Riv. de la Turquie d'Europe, affl. du Danube.

ALAUX (Jean) 1786-1864. Peintre franç., né à Bordeaux. Grand prix de Rome en 1815. Membre de l'Institut; directeur de l'Ecole de Rome, 1847.

A peint pour le Louvre, Versailles, le Luxembourg, Fontainebleau. *Bataille de Villaviciosa* (1837) ; *Le Poussin présenté à Louis XIII; Prise de Valenciennes* (1838), *Bataille de Denain* (1839); *la Lecture du testament de Louis XIV* (1850). Talent trop facile, sans originalité, il n'obtient que des succès éphémères. — Son frere, directeur du Musée et de l'Ecole des Beaux-Arts de Bordeaux, a peint aussi des tableaux estimés. || **ALAUX** (Jules-Émile). Littérat. et philos. franç. né à Lavaur 1828. Agrégé de philos., doct. es-lettres, profes. dans divers lycées et pendant des congés à Ste-Barbe, puis a la faculté de Neuchâtel en Suisse. Sa philosophie n'est peut-être pas toujours très sûre, au point de vue religieux surtout. *L'Art dramatique* (1855); *La Religion au XIX° s.* (1857); quelques poésies; *La Raison* (1860); *Pape et Roi* (1861); *La Religion progressive* (1869); *la République* (1871); *Études d'esthétique* (1874); *De la Métaphysique considérée comme science.*

ALAUZET (Franç.-Isidore) Publiciste et magistrat franç. né à Alexandrie (Italie), 1807. Chef de division au minist. de la Justice après 1830; juge au tribunal de la Seine, 1870. *Essai sur les peines et le système pénitentiaire* (1842) ; *Traité général des Assurances* (1844); *Hist. de la possession et des actions possessoires* (1849); *De la qualité de Français et de la naturalisation* (1851); *Commentaire du code de com.,* très estimé. || **ALAUZET** (Pierre) 1816-1881. Constructeur-mécanicien, mort à Paris. Une des gloires de l'industrie française. Fils d'un laboureur, il débuta comme simple frappeur chez un forgeron. Grâce à des études opiniâtres et persévérantes il développa les puissantes facultés de son esprit inventif et arriva à creer des modèles de presses justement estimées aujourd'hui dans toutes les villes d'Europe et les pays d'outre-mer.

ALAVA. Prov. basque d'Espagne comprise entre l'Elbe et les Pyrénées. 3,122 kil. carrés. C'est une contrée montagneuse et pittoresque mais peu fertile. On y rencontre des mines de fer, de cuivre, d'antimoine, de marbre; beaucoup d'eaux thermales. La seule rivière importante qui l'arrose est la *Zadorra.* Sa population s'accroît chaque jour; elle est auj. de plus de 100,000 h. On n'y remarque qu'une ville, *Vittoria,* sa capitale.

ALAVA-ESQUIVEL (Diego de). Canoniste de Vittoria, successivement évêq. d'Astorga, d'Avila et de Cordoue; assista au concile de Trente; mourut en 1562. *De conciliis universalibus ac de his quæ ad religionis et christianæ reipublicæ reformationem instituenda videntur.* Grenade, 1582, in-fol. || **ALAVA** (Miguel-Ricardo d') 1773-1843. Général esp., né à Vittoria. m. à Barèges. D'abord marin. Embrassa, dans l'armée de terre, la cause de Joseph Bonaparte; puis se rangea du côté de Wellington, qui le fit général de brigade. Ambassadeur de Ferdinand VII dans les Pays-Bas ; présid. des cortès en 1822, se rend à Cadix avec le roi prisonnier, négocie avec le duc d'Angoulême, mais échoue; alors il se retire à Gibraltar, puis en Angleterre, et ne rentre qu'après la mort de Ferdinand VII. Ambassadeur de Marie-Christine à Londres et a Paris. De nouveau disgrâcié se retire en France où il meurt. || **ALAVA Y NAVARETE** (Ignacio-Maria de). Grand-amiral espagnol, blessé à Trafalgar. Mort en 1817.

ALAVETTE. s. f. Nom de l'alouette dans la Guyenne.

ALAVOINE (Jean-Ant.). 1778-1834. Architecte, né à Paris. On lui doit la flèche en fer de la cathédrale de Rouen édifiée en remplacement de la flèche en pierre détruite par la foudre le 15 sept. 1824; la fontaine de l'Eléphant (auj. détruite) sur la place de la Bastille et, sur la même place, la colonne commémorative de la révolution de Juillet terminée par Duc.

A' LAWY. Premier médecin de Nadir-Shah; né à Chiraz, 1669, m. à Delhi, 1794. Le plus important de ses ouvrages est le *Recueil des Recueils,* sorte d'encyclopédie médicale.

ALAYMO (Marc-Antoine). Médecin sicilien, né à Ragalbutum, 1590, m. a Palerme, 1662. *Discours sur les préservatifs des maladies contagieuses,* 1625, in-4° (en ital.); *Conseils médico-politiques* relativement à la peste qui avait régné a Palerme et dans laquelle il s'était signalé.

ALAZAN. Rivière de Russie, dans la Géorgie ; sort du Caucase, se jette dans le Kour après un parcours de 168 kil.

ALB (montagnes de l'). Alpes de la Souabe. || Nom de deux affluents de la rive dr. du Rhin (gd-duché de Bade).

ALBA. s. f. Petite monnaie d'Allemagne.

ALBA (*Albe la Longue*). La plus ancienne ville du Latium, fondée par Ascagne fils d'Énée env. 15 s. av. J.-C. Résidence des rois latins : Tullus Hostilius, roi de Rome, la détruisit en 665 av. J.-C. || **ALBA DE TORMÈS.** 2,400 h. Vle de l'Espagne occid., sur la droite du Tormès, affl. du Duero. Vieux château du duc d'Albe. Pont de 25 arches sur le Tormès. Victoire des Français, 1809. || **ALBA-POMPEIA.** 10,300 h. Vle de la prov. et a 60 kil. N.-E. de Cunéo ou Coni (Piémont, N.-O. de l'Italie). Évêché, ch.-l. de circ. sur le Tanaro, affl. dr. du Pô sup. Bons vins.

ALBA AUGUSTA. Nom latin d'*Albi.*

ALBA DULGARICA. Nom latin de *Belgrade.*

ALBACETE. Prov. d'Espagne dans l'ancien royaume de Murcie. Arrosée par le rio Jucâr et le rio Segura. 221,450 h. Superficie 15,466 kil. car. Blé, vin, safran. Fabrication de couteaux, et de poignards. || **ALBACÈTE.** 18 000 h. Vle cap de la prov. du même nom à 278 kil. S.-E. de Madrid.

ALBACH (Jos.-Stanislas). Géographe et sav. hongrois, né à Presbourg, 1795. Religieux franciscain. *Géographie de la Hongrie* (en allem.), *Géographie générale physico-mathématique et politique,* 1834.

ALBACORE. s. m. Sorte de poisson du genre scombre.

ALBAIN, AINE. adj. et s. Géog. anc. Qui est d'Albe. Les trois Curiaces célèbres par leur combat contre les trois Horaces étaient Albains. || *Mont Albain,* près d'Albe la Longue, au pays des Latins. (V. *Albano.*)

ALBALATA. 4,500 h. Vle d'Espagne septent. (Aragon), prov. de Teruel, sur la g. du rio Martin, affl. de l'Èbre. A 2 kil., bains d'*Arcos.*

ALBA-LITTA (comte d'). Érudit italien. 1759-1832. *Le illustre famiglie italiane,* in-fol.

ALBA MALA ou **MARLA.** Nom latin d'*Aumale.*

ALBAN (S.). 1er martyr de la Grande-Bretagne ; officier de Dioclétien, se convertit e fut martyrisé en 303. F. 22 juin. || **ALBAN** (S.). Prêtre africain ; vint à Rome, puis a Mayence. Les ariens, dont il combattait les erreurs, le martyrisèrent, IV° s. F. 21 juin.

ALBAN (SAINT-) ou ST-ALBANS (en anglais). Vle d'Angleterre, comté de Hereford. 11,500 h. Doit son existence au saint dont elle porte le nom. Offa roi de Mercie ayant bâti un monastère à Saint-Alban, il se groupa autour une population assez considérable. Ce monastère du VIII° siècle existe encore, spécimen curieux de l'architecture de l'époque, ainsi que le tombeau du roi Offa. On y voit un baptistère en bronze massif, où les rois d'Écosse faisaient baptiser leurs enfants. Il y a aussi une abbaye de St-Michel où repose la dépouille mortelle de Roger Bacon. Cette ville fut le théâtre de batailles au XV° s. Le 22 mai 1455, Henri VI y fut battu et pris par le duc d'York; le 17 fév. 1461, Marguerite d'Anjou y battit les Yorkistes et délivra le roi. || **ALBAN** (SAINT-). Pte vle de la Loire, 10 kil. de Roanne. Eaux minérales contenant 1gr,243 de bicarbonate de soude par litre et beaucoup d'acide carbonique libre, ce qui les rend piquantes au goût. Temp. 18°. Employées surtout comme eaux de table. On les expédie en bouteilles de 3/4 de litre. Elles étaient connues des Romains. || **ALBAN** (SAINT-). 800 h. Bg de France (Tarn). Ch.-l. de cant., arr. d'Albi. Alun, baryte, manganèse. Monum. druidiques.

ALBANA (auj. *Derbent*). 11,000 h. Vle de Russie, cap. du Daghestan, située dans l'ancienne Albanie d'Asie, sur la rive occidentale de la mer Caspienne, à l'entrée d'un défilé du Caucase appelé par les anciens *Portes Albaniennes.*

ALBANAIS (*Albensis Pagus*). Petit pays de l'ancien duché de Savoie sur la rive g. du Rhône dans les bassins des lacs d'Annecy et du Bourget, réparti en 1818 entre les provinces d'Annecy et de Chambéry, auj. français.

ALBANAIS. s. et adj. Habitant de l'Albanie. Qui a rapport à ce pays ou à ses habitants. Les habitants de l'Albanie, qui se donnent à eux-mêmes le nom de *Skipétares,* et que les Turcs et les Grecs qui vivent au milieu d'eux appellent *Arnaoutes* ou *Arnautes,* forment à l'extrémité occidentale de la Turquie d'Europe un groupe ethnographique assez compacte, qui s'étend le long de l'Adriatique, d'Antivari à Prevesa sur une longueur de près de 500 kil., comprend le sud du Monténégro, de la Serbie et de la Bosnie, et confine vers l'est et le sud-est aux Bulgares et aux Grecs. Les Albanais, qui paraissent les descendants des Thraces ou des Illyriens, se divisent en deux tribus : les *Ghègues*, au N. du Skumb ou Skoumbi, et les *Toskes*, au S. de cette rivière. Les premiers appartiennent à l'Église latine, les seconds à l'Église grecque, mais il y a, surtout au Sud, un assez grand nombre d'Albanais mahométans. On évalue très approximativement le nombre des Albanais Ghègues et Toskes, à 1,500,000. Mais il existe, en dehors de l'Albanie, un assez grand nombre d'Albanais Toskes : en Grèce (200,000), dans l'Italie méridionale et la Sicile (90,000), en Croatie et en Dalmatie (4,000) et jusqu'en Bessarabie (quelques centaines).- Le type albanais est un des plus beaux du monde; la bravoure de cette race est légendaire. || ALBANAIS (l') ou SKYPÉTARE. s. m. Idiôme qui se parle en Albanie Il appartient à la grande famille des langues indo-européennes et comprend deux dialectes, le ghègue et le toske. || Hist. eccl. ALBANAIS. s. m. pl. Sectaires du VIIe siècle qui parurent principalement dans l'Albanie d'Asie et dans la partie orientale de la Géorgie. Leur doctrine est empruntée aux manichéens. || Troupes mercenaires levées en Albanie et qui, sous différents noms, servirent plusieurs puissances occidentales pendant les XVe et XVIe s.

ALBANAISE. s. f. Bot. Anémone blanche. || Sorte de robe et genre de coiffure.

ALBANDINE. V. *Alabandine.*

ALBANE (François *Albani* L'). 1578-1660. Peintre célèbre né à Bologne surnommé l'Anacréon de la peinture. Il suivit l'école de Calvaert. Émule du Dominiquin, rival du Guide, il excellait dans les têtes de femmes, d'anges, d'enfants, les sites charmants et pittoresques et les monuments d'architecture dont il ornait ses tableaux. Les critiques jurent qu'en voulant lutter contre ses contemporains, il peignit trop longtemps. Il eut une nombreuse famille; il se maria deux fois et eut douze enfants de la plus grande beauté; c'est parmi eux qu'il prenait ses types d'anges, d'amours, de Vénus ou de Galathée; aussi ses figures ont-elles une certaine uniformité. *Les quatre Éléments; Vénus endormie; Diane au bain; Galathée; Danaé; Europe sur le taureau; Les amours de Vénus et d'Adonis;* etc. || ALBANE (J.-B.). Peintre d'histoire et de paysage, frère du précédent et son disciple. M. en 1668.

ALBANÈSE. Célèbre musicien, né à Naples en 1731, m. à Paris en 1800. Également habile dans la composition et dans le chant, a laissé des airs charmants et des duos mélodieux.

ALBANI Famille de Rome, riche et célèbre. Elle était originaire de l'Albanie, d'où elle s'enfuit après l'invasion des Turcs, au XVIe s. Donna un pape à l'Église : *Jean-Franç. Albani* élu en 1700 sous le nom de Clément XI || ALBANI (Jean-Franç.). Cardinal romain. 1720-1803. Neveu de Clément XI; cardin. à 27 ans; év. d'Ostie et de Velletri; doyen du Sacré-Collège, surlequel il exerça une grande influence. Adversaire déclaré de la Révolution. Réfugié à Venise en 1799, il contribua à l'élection de Pie VII. || ALBANI (Joseph). Cardinal romain, de la même famille. Rome 1750, Pesaro 1831. Revêtu de la pourpre en 1801 Retenu en France par Napoléon après l'invasion des États de l'Église. Légat à Bologne sous Léon XII; secrétaire d'État sous Pie VIII. Esprit d'une haute distinction. La *villa Albani*, qui appartient à cette célèbre famille, est encore aujourd'hui remarquable par sa collection d'objets d'art et par son musée. || ALBANI (Emma LA JEUNESSE, dite).Cantatrice née à Albany (États-Unis) 1853. Prima donna au Théâtre-Italien de Paris ; s'est fait entendre dans différentes capitales, notamment à Londres.

ALBANIE. Grande contrée de la Turquie d'Europe qui est moins une province administrative qu'une région ethnographique. Les habitants en effet ressemblent aussi peu que les Basques aux populations qui les entourent. Elle est bornée par le Monténégro, la Serbie, la Roumanie, la Thessalie, l'Akarnanie; elle est baignée sur une étendue de 560 k. par l'Adriatique et la mer Ionienne. C'est un pays essentiellement montagneux où l'on rencontre peu de plaines. L'altitude cependant ne dépasse guère 1700 m. Les points les plus élevés sont : les monts Thourinushn, Vitzi et Khéro-Vonni au N.; le Pinde à l'O., et le mont Thomor dans l'intérieur. La plus grande rivière qui arrose l'Albanie est le Drin qui se jette dans l'Adriatique. Il est formé par le Drin Noir qui vient du S. et le Drin Blanc qui descend du N. La Bojana, la Matia, le Skombi, le Mavro Potamo et l'Arta sont des cours d'eau de moindre importance. L'Albanie est riche en beaux et grands lacs; on remarque ceux d'Okhrida, de Scutari, de Malik, de Janina et de Butrinto. Le littoral a un climat très doux, et produit les plantes du Midi; mais l'intérieur a un climat plus rude et fournit principalement au commerce des bois de chêne; les vallées sont fertiles et produisent la vigne et le blé. La population de l'Albanie peut s'évaluer à peu près à 1,500,000 h. dont le plus grand nombre sont chrétiens. Le type albanais est fort beau; comme mœurs les habitants ressemblent aux Suisses et aux Tyroliens, ils sont très lestes et d'intrépides chasseurs, de très bons pasteurs, vivent souvent en plein air. De plus, ils ressemblent aux Corses par la férocité et la ténacité avec lesquelles ils vengent une injure; les sciences et les lettres sont chez eux peu cultivées. Les principales villes qu'on y rencontre sont : *Bérat, Janina, Scutari, Antivari, Durazzo, Avlona, Parga, Prevesa, Arta* (V. ces mots). L'Albanie n'a jamais formé un État politique distinct ; elle était en partie comprise dans l'ancienne Illyrie ; puis reçut en partie aussi le nom d'Épire. Elle fut successivement la possession des Macédoniens, des Romains, des Grecs de Byzance, des Turcs et des peuplades asiatiques. L'Albanie du midi fut plus facilement conquise, grâce aux nombreuses apostasies que les Turcs parvinrent à y provoquer. Mais le nord ayant à sa tête, Skanderberg, ce héros à demi fabuleux, ou tint pendant deux règnes consécutifs une lutte immortelle, où l'avantage était le plus souvent pour lui. La Turquie, en vertu du traité de Berlin (13 juillet 1878), dut céder au Monténégro la ville de Dulcigno, le 26 novembre 1880. || ALBANIE. Ancien pays d'Asie, au S. du Caucase, habité par les Scythes, correspond aux pays appelés auj. *Chirwan, Daghestan* et *Lesghistan.*

ALBANIEN, IENNE. s. et adj. Syn. d'*Albanais.*

ALBANILE (Gaceran). Archevêque de Grenade, historien, précepteur de Philippe IV.

ALBANO. 6,300 h. Vle des États Romains auj. prov. de Rome, roy. d'Italie. Évêché. Beau site, air salubre, bon vin, région fréquentée par les touristes. || *Lac d'Albano,* près d'Albano. 7 kil. de tour, 142 m. de prof., 305 m. d'alt. C'est un cratère de volcan éteint : le trop-plein s'écoule par un canal de 2,330 m. de longueur, à travers la montagne, ouvrage romain, très remarquable. || *Monte Albano* ou mont Cavo. Montagne qui couvre à l'E et au S.-E. le lac et le territoire d'Albano (951 m. d'alt.): la s'élevait le temple de Jupiter Latialis, construit sous Tarquin le Superbe.

ALBANY. 90,000 h. Cap. de l'État de New-York; ch.-l. du cté d'Albany (N.-E. des États-Unis), sur la rive dr. de l'Hudson. Une des plus anciennes villes des États : fondée en 1623 par les Hollandais. Capitole en granit; université; biblioth. de 100,000 vol Le canal Érié qui y aboutit et 8 voies ferrées contribuent au développement de son commerce et de son industrie. Fonderies, machines, voitures, fabriques de poêles, de pianos, etc. ; orges, bois de construction, etc. || ALBANY. Cté. Superf. 1,391 kil. carr. 133,030 h. || ALBANY (fleuve d'). Dans le territoire de la baie d'Hudson (Dominion), recueille les eaux d'un grand nombre de lacs et de grandes rivières et se jette dans la baie de James, extrémité mérid. de la baie d'Hudson. || ALBANY. Cté de l'Eastern division (colonie angl. du Cap). 20,000 h. 5,275 kil. c. Magnifiques pâturages; chevaux, bestiaux. Export. 25,000,000 fr. Peaux, cuirs, suifs, laines, etc. Cap. *Graham's, Town.* || ALBANY. Anc. nom poétique de l'Écosse, restreint plus tard à la partie septentrionale de ce pays. Le duché d'Albany, se composait des comtés de Perth, Argyle et Inverness.

ALBANY (ducs d'). On nommait ainsi généralement le second fils des rois d'Écosse parce qu'on lui donnait en apanage le duché de ce nom. || ALBANY (Louise-Marie-Carol. comtesse d'). Mons 1753. Florence 1821. Fille du prince de Stolberg-Gedern, en 1772 elle épouse le prince Charles-Édouard Stuart, petit-fils et légitime héritier de Jacques II, et qui avait pris le nom de comte d'Albany. Les discordes de son intérieur la déterminent à se retirer dans un couvent à Florence, 1780. Son mari mort (1788), elle épouse secrètement le poète Alfieri. La maison des Stuarts s'éteignait, en 1807, avec le cardinal d'York, son beau-frère. La princesse fut amie passionnée et protectrice des arts. Enterrée auprès d'Alfieri, dans le tombeau de l'église de Santa-Croce sculpté par Canova, entre ceux de Machiavel et de Michel-Ange.

ALBARADE (N. d'). Contre-amiral français, ministre de la marine en 1793.

ALBARELLE. s. m. Bot. Champignon qui croît sur le châtaignier et le peuplier blanc.

ALBARRACIN (Santa-Maria de). 2,300 h. Vle d'Espagne, dans l'Aragon, prov. de Téruel. Ch.-l. de distr. Sur un monticule. 1,120 m. d'altit. Au pied du coteau coule le Guadalaviar ou Turia. Murailles en ruines ; flèche d'une anc. cathédrale. || *Sierra d'Albarracin,* montagne d'Aragon. 1,837 m. d'altit. Sources du Tage et du Guadalaviar. Mine de sel.

ALBARRACIN, E. s. et adj. Habit. d'Albarracin, qui a rapport à ce pays ou à ses habitants. || Espèce de laine que l'on tire d'Albarracin et de tout l'Aragon.

ALBATENIUS, ALBATEGNIUS, ALBATEGNI, ALBATENUSI (Mohammed-al-Battany). Astronome arabe que Lalande place au nombre des 20 plus grands astronomes qui aient existé. m. en 929. *De scientia stellarum,* Nuremberg, 1537, trad. lat. L'original arabe est perdu. D'après qq. auteurs il se trouverait à la biblioth. du Vatican.

ALBATERA. 3,500 h. Bg d'Espagne, prov. de Murcie. On y élève beaucoup de vers à soie.

ALBATION. s. f. (lat. *albus,* blanc). Action de rendre blanc, de blanchir, surtout en parlant des métaux. Ce mot a été employé surtout par les alchimistes. On dit aussi *Albification, Déalbation.*

ALBÂTRE. s. m. (gr. *alabastron,* albâtre). Minér. On distingue : 1° l'albâtre *calcaire,* carbonate de chaux concrétionné, d'un très beau blanc, dur, demi-transparent et dont on fait divers objets d'ornement : on l'appelle *marbre onyx* ou *marbre agate* quand il présente des veines jaunâtres ; 2° l'albâtre *gypseux,* sulfate de chaux compacte, également très blanc, mais plus tendre, et beaucoup moins estimé : on en fait aussi des vases, statuettes, etc., qui s'altèrent à l'air. L'albâtre est employé dans les arts à cause de sa belle couleur et du poli qu'il peut recevoir; mais il est difficile à travailler, parce qu'il est formé de feuilles minces qui tombent facilement sous le ciseau. On s'en est servi de tous temps, particulièrement pour de petits objets, des vases, des coupes, des camées, etc. ; on en a fait aussi de grandes statues et des colonnes pour l'intérieur des édifices ; car cette matière ne résiste pas à l'humidité. — Les anciens estimaient surtout l'albâtre oriental Ils se servaient parfois d'un albâtre veiné de jaune pour les vêtements de statues faites de plusieurs marbres. — A l'époque gothique, on l'employait pour les monuments qui demandaient des découpures fines, tombeaux, bas-reliefs, retables, etc., et on le mêlait, surtout au XVe s., avec de petites plaques de marbre noir. Quelquefois aussi, on peignait les vêtements des statuettes ou des bas-reliefs d'albâtre ou on les peignait par endroits. — On ne l'emploie guère que pour de petits objets depuis la renaissance. Il existe dans la cathédrale de Narbonne, une statue de la Vierge, plus grande que nature, en albâtre oriental du XIVe s., qui est un véritable chef-d'œuvre. Fig. Albâtre se dit de tout ce qui est d'une blancheur éclatante. L'albâtre du lys. Cou, sein, mains d'albâtre.

> Sur sa gorge d'albâtre une gaze étendue
> Avec un art discret en permettait la vue.
>   VOLTAIRE.

ALBATROS. s. m. (lat. *albatus,* vêtu de blanc). Zool. Grands oiseaux de l'ordre des palmipèdes, famille des longipennes ou grands-voiliers. L'A. commun (*diomedea exulans*) que les marins appellent *mouton du Cap* et les Anglais, *vaisseau de guerre,* a le corps blanc, les ailes noires, et mesure 3m20 d'envergure. Il est très vorace et habite les mers australes.

ALBATROS. Petite île du Grand Océan, au nord de la Terre de Van-Diémen; on y trouve beaucoup d'oiseaux de ce nom.

ALBAUD (S.), ALBALDUS. 8e évêq. de Toul. F. 1er oct.

ALBAXEN. 1,100 h. Village de la prov. de Westphalie (Prusse occ.). Mines de lignite.

ALBAY. 340,000 h. Prov. de l'île de Luçon (Philippines). || **ALBAY.** 13,000 h. Cap. de cette prov., port sur la baie d'Alby. Tabacs et vins.

ALBAYDA. 3,000 h. Bg de la prov. et à 50 kil. de Valence (Espagne orient.). Vieux palais des marquis d'Albayda. Vins, huiles et grains.

ALBBRUCK ou **ALLBRUGG.** Hameau du cercle Baili et à 7 kil. de Waldshut (grand-duché de Bade), sur la rive dr. du Rhin. Grandes usines métallurgiques du gouvernement (plus de 40,000 quint. mét. par an).

ALBE. Géog. anc. V. *Alba*

ALBE (Ferdinand-Alvarez *de Toledo*, duc d'). 1508-1582. Issu d'une illustre famille castillane qui habitait le château d'Alba de Tormés dans la province de Salamanque, il servit, depuis l'âge de 16 ans, Charles-Quint en Hongrie, à Tunis, à Alger, dans ses guerres contre François 1er. Il gagna en 1547, sur les protestants, la bataille de Mühlberg et présida le conseil de guerre qui condamna à mort l'électeur de Saxe. Il était avec l'empereur au siège de Metz dont ils ne purent s'emparer (1552). Sous Philippe II, il déconcerta habilement le duc de Guise, qui voulait s'emparer de Naples, prit au pape Paul IV une partie de ses États que Philippe II lui rendit. Au moment de la paix de Cateau-Cambrésis, il vint en France et y reçut un brillant accueil (1559). Ministre de Philippe II jusqu'à l'insurrection des Pays-Bas, il quitta la direction des affaires pour venir la réprimer (1567). Il se montra inflexible, impitoyable. Il présida le *Conseil des Troubles*, appelé par les Hollandais révoltés sous le nom de *Gueux: Tribunal de sang*. Parmi ceux qu'il fit périr on remarque les comtes d'Egmont et de Horn. Beaucoup de Hollandais passèrent en Angleterre. Guillaume d'Orange s'étant mis à la tête des Gueux, il continua la lutte. Le duc d'Albe se vit alors rappelé par Philippe II (18 décembre 1573). Il fut quelque temps disgracié pour avoir prêté la main au mariage secret de son fils avec une fille d'honneur. Après deux ans de retraite dans son château d'Uzéda, il fut chargé par Philippe II de conquérir le Portugal. Après avoir vaincu le prétendant don Antonio, à Alcantara, il s'empara du royaume en 1581, et s'y signala encore par ses rigueurs excessives. Il mourut à Lisbonne le 11 décembre 1582.

ALBECK. Bailliage supérieur du roy. de Wurtemberg. 7,000 Français y battirent 25,000 Autrichiens en 1805.

ALBÉE (S.). Évêque d'Emly, mort en 527. F. 12 sept.

ALBEGALA. s. m. Astr. Nom arabe de la constellation de la Lyre.

AL-BELADORI (Aboul-Hassan-Ahmed). Historien arabe de Bagdad, m. vers 893. *Histoire des Conquêtes musulmanes.*

ALBELLUS. s. m. Zool. Genre d'oiseau. Syn. de Piette.

ALBEMARLE. Ancien nom d'Aumale en Normandie. || **ALBEMARLE.** Comté des États-Unis, État de Virginie. 27,500 h. || La plus grande des îles Galapagos. || **ALBEMARLE-SUND.** Golfe des États-Unis de la côte orient. de la Caroline. S'enfonce dans les terres à env. 110 kil. avec une largeur moyenne de 20 kil.

ALBEMARLE (Monck, duc d'). V. *Monk.* || **ALBEMARLE** (Arnold-Juste Van Keppel, comte d'). V. *Keppel.*

ALBEN. s. m. (lat. *albus*, blanc). Calcaire particulier de Bavière.

ALBENAS (Jean Poldo d'). Conseiller à Nîmes, né dans cette ville en 1512, m. en 1563. *Historial de Nîmes* (1557), ouvrage qui contient d'utiles recherches. || **ALBENAS** (Jean-Joseph). Publiciste, né à Nîmes, 1760-1824. Suivit La Fayette en Amérique, fut employé sous l'Empire, publia plusieurs écrits en l'honneur de Napoléon. || **ALBENAS** (Louis-Eugène), son fils: *Éphémérides militaires* de 1792 à 1815.

ALBENC. 1,000 h. Bg de France (Isère), à 14 kil. de Saint-Marcellin. Patrie du général Marchand, m. en 1851.

ALBENDORF. Vge de Silésie (Prusse), près de Breslau. C'est le pèlerinage de la Nouvelle-Jérusalem, visité annuellement par plus de 70,000 personnes.

ALBENGA. 4,000 h. Vle marit. d'Italie, prov. de Gênes. Ch.-l. de circ. sur la côte appelée rivière du Ponent, près des bouches de la Centa. Évêché. Chanvre, huile.

ALBENS (*Civitas Albana*) 1,630 h. Bg de France (Savoie). Ch.-l. de cant., arr. de Chambéry. Patrie de Michaud, le célèbre historien des *Croisades*, m. en 1839.

ALBEOGE. s. m. Ichtyol. Espèce de sèche.

ALBER ou **ALBERUS** (Érasme). Prédicateur et théologien protestant, disciple de Luther, 1500-1553. Son ouvrage le plus connu est un livre satirique contre les ordres religieux, intitulé l'*Alcoran des Cordeliers*. Il est aussi l'auteur d'un *Recueil de fables d'Ésope mises en allemand*, 1534.

ALBERCHE. Riv. de l'Espagne centr., source dans la prov. d'Avila, arrose celles de Madrid, de Tolède et se jette dans le Tage au-dessus de Talavera de la Reina. C. 175 kil.

ALBERDINGK-THYM (Jos.-Ant.). Écrivain hollandais, né à Amsterdam 1820. A fondé divers recueils, le *Spectator* (1843-49): l'*Annuaire Catholique*; a publié: *Légendes et fantaisies* (1847); l'*Art et l'Archéologie en Hollande* (1854); *De la littérature néerlandaise* (1854); et plusieurs romans: *Madeleine, Gertrude d'Est*, etc.

ALBEREN. s. m. Espèce de saumon.

ALBÈRES (monts). Partie de la chaîne des Pyrénées-orientales, du col de Perthus au cap Cerbère. Chaîne très escarpée dont le sommet le plus élevé, le pic de Praels, atteint 1,180 m. Les Français y gagnèrent, en 1794, une bataille contre les Espagnols.

ALBÉRÈSE. s. m. Pierre de roche, de couleur blanchâtre.

ALBERGAME ou **POMME D'AMOUR.** s. m. Zooph. Production marine qu'on croit être un alcyon ou un lobulaire.

ALBERGATAIRE. s. m. (de *alberge, alberger*). Celui à qui des terrains sont albergés ou cédés à rente perpétuelle.

ALBERGATI (Nicolas). Cardinal-évêq. de Bologne, né dans cette ville en 1375, mort à Sienne en 1443, fut légat en France et en Allemagne. || **ALBERGATI** (Fabio). Publiciste ital. né à Bologne, 1534-1606. *Il Cardinale*, 1539, in-4° exposé du rôle et des devoirs politiques des cardinaux; la *Republica regia*, 1627, in-fol. et divers autres traités de politique et de morale. Ses œuvres complètes ont été publiées à Rome en 7 vol. in-4° (1664). || **ALBERGATI-CAPACELLI** (François, marquis d'). Littérateur italien né à Bologne, 1728-1804. Il eut une existence très aventureuse. Passionné pour le théâtre, il organisa dans son palais à Bologne une salle de spectacle où il jouait lui-même ses pièces. Il a écrit des *Nouvelles morales*, fort libres, des farces et quelques comédies agréables.

ALBERGE. s. f. Vx mot. Logement, maison, auberge. || Bot. Fruit de l'albergier.

ALBERGEAGE ou **ALBERGEMENT.** s. m. (même étym. que *auberge*). Féod. Droit de gîte (V. ce mot). || Jurisp. anc. Concession à titre emphytéotique d'une propriété foncière.

ALBERGER. v. a. Vx mot qui signifiait Héberger, loger. || Donner à louage, à bail.

ALBERGIER. s. m. Variété d'abricotier dont les fruits (*alberges*) sont très estimés: la chair est attachée au noyau. On en fait de bonnes confitures. || Pêcher qui a un fruit précoce à chair jaune, rouge ou violette. || Dans le Midi on nomme albergier le pêcher dont le fruit a la pulpe attachée au noyau.

ALBERGOTTI (Fr.). Jurisconsulte et diplomate, né à Arezzo, 1304, m. à Florence, 1376.

ALBERGUE. s. f. Jurisp. anc. Rente et redevance foncière due à cause des domaines aliénés de la couronne. || adj. Rentes albergues: Rentes provenant d'une emphytéose. Le rachat et le remboursement des rentes albergues furent ordonnés sur le pied du denier quinze par un édit du mois de mars 1695.

ALBERI (Eug.). Litt. ital. né à Padoue, 1817. *Campagne du prince Eugène de Savoie en Italie* (1830); *Vie de Catherine de Médicis* (1838); *Des travaux de Galilée* (1843), ouv. mis à l'index; l'*Italie d'aujourd'hui* (1861); etc.

ALBÉRIC 1er. Gentilhomme lombard, créé marquis de Camerino par Bérenger 1er, épousa Marozia, fille de Théodora, qui s'était emparée par ses intrigues de la souveraineté de Rome et acquit plus tard le duché de Spolète. Il défit les Sarrasins près du Garigliano (906) et fut assassiné par les Romains en 925 à Citta d'Orta. || **ALBÉRIC II,** *de Camerino.* Fils du précédent, porta le titre de premier baron de Rome, se fit reconnaître en 932 seigneur de cette ville, après en avoir chassé Hugues de Provence, roi d'Italie. Il conserva le pouvoir jusqu'à sa mort (954). || **ALBÉRIC** (Octavien), son fils, lui succéda et devint pape sous le nom de Jean XII. || **ALBÉRIC** (le Bx). Prieur de Molesme, 2e abbé de Cîteaux; m. en 1107. F. 29 janvier. || **ALBÉRIC** (S.). 2e abbé de Cîteaux et l'un des fondateurs de cet ordre illustre, 1109. F. 26 janv. || **ALBÉRIC.** Né à Beauvais en 1080, successivement sous-prieur de Cluny, prieur de St-Martin des-Champs, à Paris, abbé de Vézelay, cardinal-évêque d'Ostie; m. à Verdon en 1143. || **ALBÉRIC DE ROMANO.** Podestat de Trévise (XIIIe s.), soutint avec son frère Eccelin III, le Féroce, podestat de Vérone, le parti gibelin. Le pape Alexandre IV organisa contre eux une croisade (1255). Eccelin fut tué à la bataille de Cassano (1259). L'année suivante Albéric fut massacré avec ses enfants par les Guelfes. || **ALBÉRIC** ou **ALBERT.** Moine de l'abbaye des Trois-Fontaines (Marne), chroniqueur du XIIIe s. *Chronique qui s'étend de la création du monde à l'année* 1241. La Société de l'histoire de France va en publier, d'après un manuscrit de la Bibliothèque nationale, une édition plus exacte et plus complète que dans les *Accessiones historicæ* de Leibnitz (1698) et dans les *Scriptores rerum germanicarum* de Mencken, 1728. || **ALBÉRIC DE ROSATE** ou **ROXIANI.** De Bergame. Ami de Barthole et l'un des plus savants jurisconsultes de la fin du XIIIe s. *Comment. sur le 16e liv. des Décrétales; Dict. de droit;* traité *de Statutis; Comment.* sur le code de Justinien, sur les Pandectes. || **ALBÉRIC** ou **ALBERT D'AIX.** V. *Albert.*

ALBERINI. s. m. Nom que l'on donne, à Florence, à plusieurs champignons comestibles du g. *agaric.*

ALBERINI. Femme poète de Parme, vers 1530.

ALBÉRIQUE. 4,000 h. Ch.-l. du distr. de même nom, prov. de Valence (Espagne). Pays riche, mais malsain en été à cause des exhalaisons des rivières.

ALBERNI. Port de la Colombie britannique (Dominion), dans l'int. de l'île de Vancouver, à l'extrémité septent. du canal d'Alberni.

ALBERNUS. s. m. Étoffe. Camelot du Levant

ALBEROBELLO. 4,400 h. Vle de l'Italie mérid, prov. de Bari.

ALBERON (le V.) DE CHINY. 46e évêq. de Verdun, rétablit la liberté publique dans cette ville que le comte de Bar, Renaud, tenait depuis 3 ans dans une espèce de servitude, répara les maux de la guerre, releva les ruines de sa cathédrale. Après 26 ans d'épiscopat il se fit religieux prémontré dans le monastère de Saint-Paul de Verdun, 1158. F. 2 nov.

ALBERONA. 3,400 h. Pte vle de l'Italie mérid., prov. de Capitanate.

ALBERONI (Jules). 1664-1752. Cardinal, ministre d'État. Né à Plaisance d'un jardinier, Alberoni fut successivement cuisinier, bouffon, négociant. Il dut sa fortune au maréchal de Vendôme, qu'il connut pendant les guerres d'Italie. Il entra à son service comme secrétaire, le suivit en France, puis en Espagne. Là il sut se concilier la princesse des Ursins, alors toute-puissante à la cour de Philippe V. Devenu comte et ambassadeur de la cour de Parme, en Espagne, il réussit à marier une princesse de la famille du duc, Élisabeth Farnèse, au roi d'Espagne. Celle-ci fit éloigner la princesse des Ursins, exerça sur le roi une influence absolue et accorda toute sa confiance à Alberoni. Cet étranger qu'elle avait fait cardinal gouverna comme ministre, sans en avoir le titre, et gagna bientôt la faveur de la nation en sévissant contre ceux qui avaient augmenté les charges publiques et en faisant tous ses efforts pour rendre à l'Espagne déchue son ancienne grandeur. Il travaillait dix-huit heures par jour. Il commença par rétablir les finances et l'industrie. Il fonda une manufacture royale de draps à Guadalajara, où il appela de Hollande, d'une seule fois, 5,000 familles avec leurs outils; il tira de l'Angleterre des teinturiers, les laines indigènes furent alors travaillées dans le pays, et l'armée put être habillée avec des étoffes nationales. On fabriqua à Madrid du linge de table et des toiles de Hollande · 400 reli gieuses apprirent à filer selon la mode de ce pays, et l'on enseigna aux enfants trouvés ce genre de travaux. Alberoni établit aussi des fabriques de cristaux, protégea l'agriculture, le commerce des colonies, supprima des fonctions inutiles et dispendieuses, et fit participer le clergé aux charges publiques. Bientôt l'Espagne eut une armée de 65,000 hommes, une nombreuse artillerie, une marine et Barcelone devint une place forte de premier ordre. Les projets d'Alberoni étaient trop vastes. Il ne songeait à rien moins qu'à placer son roi sur le trône de France, à investir don Carlos, fils de Philippe et d'Élisabeth Farnèse, des duchés de Parme et de Plaisance, à rendre l'Italie indépendante par l'expulsion des Autrichiens, etc. L'abbé Dubois intercepta des lettres qui contenaient des traces sinon de conspiration au moins d'intrigues tendant à faire nommer régent le roi d'Espagne à la place du duc d'Orléans. Celui-ci fit arrêter la duchesse du Maine, le prince de Cellamare ambassadeur d'Espagne et d'autres personnages et fit alliance avec l'Angleterre. Pendant quelque temps Philippe V tint tête à toute l'Europe. Mais le duc d'Orléans réussit à perdre Alberoni dans l'esprit du roi et de la reine d'Espagne. Le cardinal reçut l'ordre de quitter le royaume, le 5 décembre 1719. Il voulait se rendre à Rome, mais arrivé à Sestri, dans la Rivière de Gênes, il reçut de Clément XI la défense de réaliser son dessein. Sous le pape Innocent XIII, il fut reçu à la cour romaine (1723) et jouit jusqu'à sa mort de la faveur des souverains pontifes qui le consultèrent et l'employèrent en plusieurs circonstances. Voltaire fit son éloge dans son *Histoire de Charles XII*. Alberoni lui écrivit pour le remercier et le 12 mars 1735 Voltaire lui répondit par une lettre des plus flatteuses; il parle de son génie, l'appelle grand homme et lui dit qu'il a l'estime de l'Europe.

ALBERS (Jean-Abrah.). Médecin allem. né à Drème; 1772-1821. Savantes recherches sur le croup, l'acide nitrique, l'alcali volatil, le nitrate d'argent. *Mémoire sur la claudication spontanée des enfants*, 1815; *Icones ad illustrandam, anatomiam, comparatam*, Leipzig, 1818. || **ALBERS** (Jean-Frédéric-Hermann). Médecin prussien né à Darsten, 1805-1867, professeur à Bonn. Nombreux ouvrages. *Pathologie et thérapeutique des maladies du larynx* (Leipzig, 1829); *Atlas d'anatomie pathologique* (Bonn, 1832); *Études d'anatomie pathologique et de pathologie* (Bonn, 1836-1840, 3 vol.); *Manuel de pathologie générale* (Bonn, 1842-1844, 2 vol.); *Manuel de pharmacologie générale* (Bonn, 1853); etc.

ALBERSDORF. Vge de la Prusse septent. (Schleswig-Holstein), à 18 kil. de Meldorf. Verrerie de Christianshütte.

ALBERT. s. m. Bot. Sorte d'anémone. || **ALBERT** ou *Albertus*. s. m. Ancienne monnaie d'or de Flandre, frappée pendant le gouvernement de l'archiduc Albert.

ALBERT, autrefois *Ancre*. 4,300 h. Vle de France (Somme); ch.-l. de cant., arr. de Péronne, sur la rivière l'Ancre; cascade de 15 m Grotte à stalactites. Fonderies, papeteries, toiles et indiennes, etc. Église XIIe-XIIIe s; pèlerinage de N.-D. Brébières. Le marquisat d'Ancre appartenait au Florentin Concini. Son successeur, le connétable Albert de Luynes, donna son nom à la ville. || **ALBERT.** Comté du Nouv.-Brunswick (Dominion). Env. 11,000 h. || **ALBERT.** Cté de la colonie anglaise du Cap (Afrique). Près de 10,000 h., la plupart Hollandais. || **ALBERT-MINES.** Mines de houille du Nouveau-Brunswick (Dominion), exportée aux États-Unis. || **ALBERT-NYANZA.** Gd lac de l'Afrique centrale, de la haute région du Nil. Signalé par Speke, il a été découvert par Baker, le 14 mars 1864. Il est situé au N. de l'Équateur et a à peu près la forme d'un fer à cheval. Sa longueur est de 500 kil.; sa largeur de 100 kil. De ce lac sort le Kir ou fleuve Blanc, une des branches principales du Nil.

ALBERT (S.) ou **ÉTHELBERT.** Premier roi chrétien des Angles ou Anglais (616), monta sur le trône de Kent en 560, devint le plus puissant monarque de l'heptarchie, épousa Berthe, fille unique de Caribert, roi de Paris, et comme il était encore païen il ne l'obtint qu'à la condition qu'elle serait libre de professer le christianisme, avec l'évêque Létard, qu'elle emmenait en qualité d'aumônier et de directeur.

Frappé des vertus de son épouse et de la vie exemplaire du saint évêque, il était déjà préparé à recevoir l'évangile quand S. Augustin arriva avec plusieurs autres missionnaires, envoyés par le pape S. Grégoire le Grand apporter la civilisation chrétienne chez les Angles. Albert accueillit favorablement ces apôtres, embrassa le christianisme avec une grande partie de sa nation. Dès lors il gouverna en père plutôt qu'en maître et fit fleurir dans ses États la paix, la justice et la religion. Il mourut après 56 ans de règne et fut enterré dans l'église du monastère de St-Pierre-et-St-Paul qu'il avait fondé hors les murs de sa capitale, Cantorbery. F. 24 fév. || **ALBERT** (S.) Év. de Liège et martyr. Fils de Godefroi III, comte de Louvain et duc de Lorraine et de Brabant, il se distingua par le zèle avec lequel il défendit les libertés de l'Église. Baudoin comte de Hainaut et de Namur et l'empereur Henri VI l'empêchèrent de prendre possession de son siège. Le pape Célestin III, auprès duquel il se réfugia à Rome le soutint et le nomma cardinal. Albert revint et résida à Reims. Ce fut près de cette ville que des émissaires de l'empereur l'assassinèrent, le 21 novembre 1192. || **ALBERT** le (Bx). 114?-1214. Évêque de Bobbio, puis de Verceil, patriarche latin de Jérusalem, législateur de l'ordre des Carmes. F. 8 avril. || **ALBERT LE GRAND** (le Bx.). Les deux grands ordres mendiants, Franciscains et Dominicains, dès leur naissance, au commencement du XIIIe siècle, s'emparèrent des sciences philosophiques avec une telle supériorité qu'une ère scientifique nouvelle s'ouvrit pour l'esprit humain : ce fut l'âge d'or de la scolastique. Cet essor intellectuel fut dû notamment aux dominicains Albert et S. Thomas d'Aquin, son disciple, et aux franciscains Alexandre de Halès et S. Bonaventure. Albert à qui ses vastes connaissances valurent le surnom de Grand descendait de la famille des seigneurs de Bollstadt. Il naquit en 1200 à Launingen sur le Danube (aujourd'hui au royaume de Bavière). Après avoir achevé ses premières études à Padoue il entra en 1223 dans l'ordre naissant des Dominicains, suivit les cours de philosophie et de théologie de plusieurs universités, entre autres de celles de Cologne et de Paris et devenu maître à son tour, il eut S. Thomas d'Aquin d'abord pour élève ensuite pour collaborateur et successeur. A Paris ses auditeurs devinrent si nombreux qu'il fut obligé de professer dans une place appelée depuis Maubert, c'est-à-dire Maître Albert. Provincial en Allemagne de 1254 à 1259, évêque de Ratisbonne en 1260, il quitta au bout de deux ans la crosse pour reprendre la plume, dans le couvent des dominicains de Cologne; il y mourut en 1280. Albert le Grand fut l'introducteur en Europe de la philosophie d'Aristote et de ses ouvrages sur les sciences naturelles, qu'il ne lut pourtant qu'en latin, ignorant le grec. En théologie il commenta Pierre Lombard et chercha néanmoins à créer un système théologique qui lui fût propre sous le titre de *Summa theologiæ*. Il composa un grand nombre d'ouvrages sur la théologie, la philosophie et les sciences naturelles, dans lesquelles il se montra tellement supérieur à ses contemporains qu'ils le regardèrent comme un homme merveilleux et un véritable magicien. Une grande partie de ses œuvres a été publiée à Lyon, 1651, en 21 vol. in-fol.; le reste est manuscrit ou perdu. Albert est supérieur aux autres scolastiques par l'universalité de son savoir, mais il est inférieur en génie à S. Anselme, à S. Thomas d'Aquin, à Duns Scot. Il a été béatifié en 1637. || **ALBERT Ier.** Né en 1248, m. en 1309; duc d'Autriche, empereur d'Allemagne. Fils de Rodolphe de Habsbourg, reçut de lui l'investiture des duchés d'Autriche et de Styrie confisqués sur Ottocar de Bohême. Son gouvernement tyrannique lui aliéna ses sujets et à la mort de Rodolphe les électeurs lui préférèrent Adolphe de Nassau. Celui-ci se fit aussi détester. L'Allemagne se partagea entre les deux compétiteurs. Albert défit et tua de sa main son rival (1298). Il fut alors élu et couronné à Aix-la-Chapelle. Il eut ensuite des démêlés avec le pape Boniface VIII, attaqua sans succès plusieurs de ses voisins, tyrannisa les Suisses qui se révoltèrent (les 3 cantons de Schwytz, Uri et Unterwalden). Il marchait pour les châtier lorsqu'il fut assassiné au passage de la Reuss, le 1er mai 1308, par son neveu Jean

de Souabe, qu'il avait dépouillé de son patrimoine. Né 1297 m. 1439. || **ALBERT II.** Né en 1297, m. en 1358, duc d'Autriche. 4e fils de l'empereur Albert; paralysé des jambes par un breuvage empoisonné. Il refusa la couronne impériale que lui offrit le pape Jean XXII. Il attaqua les Suisses, mais fut battu et mourut de chagrin à Vienne. Instruit, tolérant, économe il fut surnommé *le Sage* || **ALBERT III** Né en 1348, mort en 1395. Fils d'Albert II; partagea l'autorité avec son jeune frère, Léopold, réunit le Tyrol à ses États; gouverna avec sagesse; protégea les lettres, les arts, les sciences, dota l'Université de Vienne et seconda l'ordre Teutonique dans ses luttes contre les Prussiens. || **ALBERT IV**, surnommé *le Pieux*. Né en 1379, m. en 1414; duc d'Autriche. Fils d'Albert III; réconcilia les membres de sa famille, fit en Terre-Sainte un voyage célébré par les poètes et les romanciers de son temps; vivait comme un anachorète et se faisait appeler *le frère Albert*. Il fut empoisonné par un seigneur révolté. || **ALBERT V**, surnommé *le Magnanime*. Né en 1397, mort en 1432; duc d'Autriche, empereur d'Allemagne sous le nom d'Albert II; fils d'Albert IV. Il fit régner la paix et la justice, se joignit à l'empereur Sigismond son beau-père pour combattre les hussites (1417), contint les Moraves, fut reconnu roi de Bohême (1437), succéda à Sigismond comme empereur (1438) Quelque temps après les Hongrois l'ayant proclamé leur souverain, il s'efforça de repousser l'invasion d'Amurat II et mourut de l'épidémie qui décima son armée. || **ALBERT.** Né en 1559, archiduc d'Autriche, 6e fils de l'empereur Maximilien II. D'abord destiné aux dignités de l'Église, il devint cardinal laïque et archevêque commendataire de Tolède. Philippe II son oncle le nomma vice-roi de Portugal, puis lui donna le gouvernement des Pays-Bas. Il faut rappeler qu'on pouvait alors obtenir le cardinalat et un bénéfice ecclésiastique (évêché, abbaye commendataire) sans être engagé dans les ordres (sous-diacre, diacre, prêtre). Albert était donc libre de tous vœux. C'est pourquoi il renonça à la pourpre romaine et épousa une fille de Philippe II. Il essaya vainement de réduire par la force les Provinces-Unies qui secouaient le joug autrichien. Il fut battu à Nieuport par Maurice de Nassau et ne put prendre Ostende qu'il assiégea vainement pendant 3 ans. Il conclut une trève avec les Hollandais et ne s'occupa plus que de ses sujets dont il se fit aimer. Il mourut en 1621 sans postérité. || **ALBERT** (Frédéric-Rodolphe). Archiduc d'Autriche, né en 1817 oncle de l'empereur François-Joseph. Dans la guerre entre l'Autriche et la Sardaigne, il commandait une division et contribua à la défaite du roi Charles-Albert à Novare (1849). En 1866, commandant en chef de l'armée autrichienne en Italie il battit à plate couture les Italiens à Custozza (24 juin) et les rejeta vers le Mincio. Les effets de cette victoire furent annulés par la défaite de Sadowa infligée par la Prusse à l'armée autrichienne. En 1869 l'archiduc Albert quitta le titre de commandant en chef de l'armée autrichienne et fut nommé inspecteur général. Il avait épousé, le 1er mai 1844, la princesse Hildegarde, fille du feu roi de Bavière, dont il eut une fille. Il devint veuf le 2 avril 1864. || **ALBERT L'OURS.** Né en 1106, mort en 1170. Fils d'Othon le Riche, prince d'Anhalt; fut le fondateur de la maison de Brandebourg. Il ne possédait que la Lusace lorsqu'il reçut de l'empereur Lothaire le margraviat de Brandebourg, dont la possession lui fut confirmée par l'empereur Conrad III. C'était un pays inculte et désert. Albert y appela des cultivateurs hollandais, fonda des églises, des écoles, construisit des villes, entre autres Berlin et Francfort-sur-l'Oder. || **ALBERT II.** Margrave et électeur de Brandebourg, surnommé *l'Achille* et *l'Ulysse* de l'Allemagne, à cause de sa valeur et de sa prudence, né en 1414; 3e fils de Frédéric Ier; régna de 1470 à 1486; battit les Polonais, les Bavarois, puis les Nurembergeois révoltés. On lui attribue ces paroles dans une bataille, où il résista seul à 16 ennemis : « Où pourrais-je mourir plus glorieusement? » En 1476, il associa au gouvernement son fils Jean le Cicéron. || **ALBERT** *de Brandebourg*. Né en 1490. Premier duc de Prusse; fils du margrave Frédéric d'Anspach-Baireuth, grand-maître de l'ordre Teutonique en 1512, refusa de rendre à

Sigismond, roi de Pologne, l'hommage qu'il lui devait a ce titre et après une guerre (1319-1521). renonça à la maîtrise de l'ordre Teutonique, et reçut la Prusse inférieure à titre de duché pour lui et ses descendants sous la suzeraineté de la Pologne (1325). Il embrassa la religion protestante, fonda l'Université de Kœnigsberg en 1545 et mourut en 1508. ‖ ALBERT (1522-1558). Margrave de Brandebourg, dit l'*Alcibiade* de l'Allemagne à cause de sa beauté, surnommé aussi *le Belliqueux*, célèbre par sa bravoure, son avidité, sa cruauté et ses débauches; se distingua par sa valeur et par ses brigandages dans les armées de Charles-Quint, ensuite dans la ligue formée par Maurice de Saxe contre Charles-Quint. Il passait alternativement d'un camp dans un autre. A la tête d'une troupe d'aventuriers il brûla et pilla Spire, Worms, Wurtzbourg, Bamberg. Mis au ban de l'Empire, il mourut d'intempérance en véritable soudard. ‖ ALBERT DE MECKLEMBOURG. 2ᵉ fils du duc Albert Iᵉʳ de Mecklembourg et d'Euphémie, fille de Magnus, roi de Suède, élu roi de Suède en 1363, détrôné en 1387, m. en 1412. ‖ ALBERT. (1490-1545). Fils de Jean, électeur de Brandebourg. Archevêque de Magdebourg, puis archevêque-électeur de Mayence et cardinal. Il fonda l'Université de Francfort-sur-l'Oder et prépara A fondation de celle de Halle. ‖ ALBERT (Franç.-Vlb.-Aug.-Charles-Emman.). Epoux de la reine d'Angleterre. 1819-1861. Second fils alErnest duc de Saxe-Cobourg. Marié en 1839. Conduite pleine de dignité, de tact et de modération. Il protégea les lettres, les arts, l'industrie, l'agriculture; on lui doit des institutions utiles. ‖ ALBERT (Frédéric-Auguste). Roi de Saxe, né le 23 avril 1828, fils du feu roi Jean et de la reine Amélie, princesse de Bavière, marié le 18 juin 1853 à la princesse Caroline de Wasa, née le 5 août 1833. Au début de la guerre de 1870, entre la Prusse et la France, il reçut le commandement du 12ᵉ corps faisant partie de l'armée du prince Frédéric-Charles et combattit à la tête des Saxons dans les engagements qui eurent lieu devant Metz au mois d'août. Après l'investissement de Metz, il marcha, à la tête des 12ᵉ et 4ᵉ corps, avec le prince royal de Prusse contre Mac-Mahon ; il campa entre Sedan et la frontière belge pour couper la retraite à l'armée française. Le 1ᵉʳ septembre il soutint une vive attaque du corps commandé par le général Ducrot. Pendant le siège de Paris, il se signala à la bataille de Champigny (2 déc.). Il fut proclamé roi à la mort de son père le 20 oct. 1873. ‖ ALBERT ou OLBERT. XIᵉ s. Bénédictin qui travailla avec Burchard à la grande collection des canons. ‖ ALBERT ou ALBÉRIC D'AIX. Chroniqueur franç., né à Aix, chanoine de cette ville, mort vers 1120. *Chronicon Hierosolomitanum*, récit (en latin) très véridique de la première croisade, imprimé 1584, publié par l'Acad. des inscriptions, traduit dans la *Collection Guizot* et depuis dans Bongars et dans le *Recueil des historiens des Croisades*. ‖ ALBERT. Abbé bénédictin de Ste-Marie de Stade (Hanovre), auteur d'une *Chronique* publiée en 1507, qui va de la création a 1256, m. vers 1260. ‖ ALBERT (D' Mont-Dragon), m. en 1570. Gouverneur de Nîmes, quand les protestants s'en emparèrent ; tué d'un coup de pistolet. ‖ ALBERT (D'). Branche de la famille des Alberti de Florence, établie au XVᵉ s. dans le Comtat Venaissin, devenue propriétaire, en 1617, de la seigneurie d'Ancre en Picardie après la chute de Concini qui en était seigneur. Les membres les plus connus de cette famille sont *Charles d'Albert*, duc de Luynes, *Louis-Charles d'Albert*, duc de Luynes, *Honoré d'Albert*, duc de Chaulnes, *Charles-Honoré d'Albert*, duc de Chevreuse, etc. (V. *Chaulnes; Chevreuse; Luynes.*) — *Louis-Joseph d'Albert*. Petit-fils du connétable de Luynes. 1672-1758. Connu d'abord sous le nom de chevalier d'Albert, puis sous celui de comte d'Albert, servit brillamment la France de 1688 à 1703. En 1703, il s'attacha à l'électeur de Bavière qui, devenu empereur en 1742 sous le nom de Charles VII, le fit successivement feld-maréchal, ambassadeur en France et prince du St-Empire sous le nom de prince de Grimberghen. Il a laissé quelques opuscules. ‖ ALBERT (Henri). Compositeur et poète allemand, né à Lobeinstein (Saxe), 1604; m. en 1668. Fut successivement maître de chapelle à Dresde et à Kœnigsberg. Il composa plusieurs recueils de

chants religieux et profanes. Ses cantiques eurent un immense succès. Quelques-uns de ces airs sacrés sont encore chantés en Prusse. ‖ ALBERT (le P.) Capucin. *Conférences sur le Symbole des apôtres*, Paris 1688 ; *Manière de prêcher selon l'esprit de l'Evangile*. ‖ ALBERT. Mort en 1723. Savant antiquaire, augustin déchaussé, connu sous le nom de *François Durand*. ‖ ALBERT (Antoine). Ecclésiastique, né dans le Dauphiné. *Dictionnaire portatif des prédicateurs français*, Lyon 1737, in-8°. ‖ ALBERT (Joseph - François - Ildefonse-Raymond). Conseiller au parlement de Paris, né à Ille (Roussillon) en 1721. mort dans la même ville en 1790. De 1775 à 1786 il fut lieutenant-général de police, sous le ministère Turgot On lui doit: *Abrégé chronologique de l'histoire romaine, contenant les preuves de la correspondance de l'année civile des Romains avec l'année Julienne*, inséré dans les t. IV et V de *l'Art de vérifier les dates* (1819, 5 vol. in-8°). ‖ ALBERT DE RIOMS (comte). Marin franç. né en Dauphiné; mort en 1810. Se distingua dans la guerre de l'Indépendance américaine ; chef d'escadre, lieutenant-génér. à Toulon (1781). Emprisonné au commencement de la Révolution, mis en liberté, chargé de commander la flotte qu'on armait à Brest contre l'Angleterre : les équipages l'obligent à donner sa démission. Rejoint les princes à Coblentz, fait partie de l'armée de Condé, rentre après le 18 brumaire. ‖ ALBERT (Alexandre MARTIN, dit). Ouvrier mécanicien, né à Bury (Oise), 1815. Se lance dans la politique républicaine sous Louis-Philippe, fait partie des sociétés secrètes, se bat dans la rue en février 1848, se fait nommer membre du Gouvern. provisoire, seconde les utopies de Louis Blanc au Luxembourg, est nommé député de la Seine à l'Assemblée constituante. Après le 15 mai, traduit devant la haute cour de Bourges, condamné à la déportation ; plus de détention terminée par l'amnistie de 1859. Employé, depuis, dans l'administr. du Gaz. ‖ ALBERT (Thér. VERNET, Mᵐᵉ). Actrice franç. née à Toulouse, 1805; m. à Paris 1860. Jetée sur le théâtre dès l'âge de 4 ans. Vaudeville, comédie et opéra. ‖ ALBERT (Aug.-Franç. THIRY, dit).— Comédien et auteur dramat. Reims 1811-1861. Successivement employé de commerce, acteur, régisseur au théâtre du Cirque. Nombreuses pièces, presque toujours en collaboration. ‖ ALBERT (Paul). Littérat français. 1827-1880. Professeur au Collège de France. Associé au ministre Duruy dans sa campagne pour l'instruction secondaire laïque des filles. *Hist. de la littérature romaine* (1871, 2 v. in-8°) ; *La littérature franç. depuis ses origines jusqu'au XVIIIᵉ s.* (1872-1875, 3 v.); *Variétés morales et littér.* (1879) ; etc. ALBERTANO. Ecrivain italier. Brescia 1201-1250. Podestat de Gavardo pour l'empereur Frédéric II, il fut compromis dans la révolte des villes lombardes et mis en prison. Il composa en captivité plusieurs ouvrages de philosophie morale (*de Honesta vita, de Consolatione philosophica*) qui ont été traduits en italien. ALBERTE. s. f (d'*Albertus Magnus*, savant moine naturaliste du XIIIᵉ s.). Bot. Genre de plante de Cafrerie et de Madagascar. ALBERTE (Ste). Vierge et martyre à Agen, 303. F. 20 oct. ALBERTI. Famille florentine, dévouée à l'égalité républicaine, rivale des Médicis et des Albizzi. ‖ ALBERTI (Léon-Baptiste). Littérateur, peintre, architecte et chanoine de Florence. 1404-1484. Surnommé le *Vitruve florentin*. Fut un des restaurateurs de l'architecture en Italie par ses travaux à Florence, Rome, Mantoue, Rimini et par ses écrits : *De architectura, seu de re œdificatoria*, en 10 liv. ; *Traité sur la peinture*, en 3 liv.; comme sculpteur, un traité *della statua*; comme jurisconsulte, un traité *de jure*; comme publiciste, *Momus* ou *Du principe*; comme poète et littérateur, *Hécatomphile*, poème en prose, cent *fables* ou *apologues*. Traité *sur la vie et les mœurs de son chien*, ouvrage satirique. ‖ ALBERTI (Aristotile). Célèbre architecte mécanicien, né à Bologne, XVᵉ s. On lui attribue des choses merveilleuses, d'avoir transporté ou redressé des clochers en Italie, et construit en Hongrie un pont extraordinaire, etc. ‖ ALBERTI (Léandre). Provincial des Dominicains, né à Bologne en 1479. *Histoire des hommes illustres de l'ordre des Frères-Prêcheurs*, 1517, in-fol.; *Description de toute l'Italie*, 1550, in-4°; *Histoire de Bologne*. ‖ ALBERTI (Jean)

Widmannstad. Jurisconsulte du XVIᵉ s. Très savant dans les langues orientales ; chancelier d'Autriche sous l'empereur Ferdinand, *Abrégé de l'Alcoran avec des notes critiques ; Nouveau Testament en syriaque*, a l'usage des Jacobites ; *Grammaire syriaque*. ‖ ALBERTI (Salomon). Né à Nurembourg en 1540, mort à Dresde en 1600. Professa la médecine à Wittemberg et fut un des créateurs de la science anatomique. Son principal ouvrage, *Historia plerarumque humani corporis partium membratim scripta*, Wittemberg, 1583, in-8°, orné de figures empruntées à Vésale, renferme les découvertes anatomiques de l'auteur. ‖ ALBERTI (Cherubino). Peintre et graveur italien. 1552-1615. Ses gravures d'après Michel-Ange, Raphaël André del Sarte, etc., sont très recherchées. ‖ ALBERTI (Jean). Hollandais, ministre luthérien et philologue, publia plusieurs ouvrages relatifs aux livres sacrés. Il entreprit une nouvelle édition du dictionnaire d'Hésychius dont il ne donna que le premier vol., Leyde, 1746, in-fol. ‖ ALBERTI (Louis). Voyag. hollund., d'*origine italienne. Description phys. et hist. des Cafres* (1810). On ne connaît pas sur lui d'autre date. ‖ ALBERTI DI VILLANOVA (Franç. d'). Lexicographe italien. Nice, 1737-1800. Auteur d'un *Dict. ital.* souvent réimprimé. ‖ ALBERTI (Jean-Gust.-Guill.). Industriel allem. 1737-1837. Importante filature de lin à Neu-Weissenstein. (1783). Machine de filature qui a produit une révolution dans cette industrie. ‖ ALBERTI (Fréd. d'). Né a Stuttgart en 1795. Directeur de la saline wurtembergeoise de Friedrichshall près Heilbronn; auteur d'ouvrages géognosiques et halurgiques. ‖ ALBERTI (Dominique). Musicien ital., né à Venise. Il excellait sur le clavecin, inventa une nouvelle méthode de toucher cet instrument. En 1837 il mit en musique l'*Endymion* de Métastase, etc. ALBERTIE. s. m. Genre de vers rotifères vivant en parasites dans l'intestin de certains autres, tels que les tombrics et les limaces. ALBERTINE. adj. f. Branche albertine : désigne la maison cadette de Wettin et de Saxe, du nom de son chef Albert, fils de Frédéric II, en 1450, par opposition a la branche ernestine, ou branche aînée du nom d'Ernest, fils aîné de ce prince. ALBERTINE. s. f. Jardin. Espèce d'anémone. On la nomme aussi parangon. ‖ Tulipe qui a de petits traits pourprés. ALBERTINELLI (Mariotto di Bagio). Peintre de Florence. 1467-1512. Abandonna la peinture et se mit aubergiste pour mieux se livrer à la bonne chère ; il reprit ses pinceaux, et mourut d'épuisement. Sa manière se rapproche de celle de Fra Bartolommeo, son ami. Le Louvre possède de lui *S. Jérôme et S. Zénobe adorant l'enfant Jésus*. ALBERTINI (Paul). Religieux servite, professeur, diplomate vénitien, XVᵉ s. *De notitia Dei ; De ortu et progressu sui ordinis* ; explication du Dante. ‖ ALBERTINI (François). Ecclésiastique florentin , savant antiquaire, XVIᵉ s. *Traité des merveilles de l'ancienne et de la nouvelle Rome ; Mémoires sur les statues et les peintures qui sont à Florence de la main d'habiles maîtres*, Florence, 1510, in-4°. ‖ ALBERTINI (François). Calabrais, jésuite, théologien. *Théologie* en 2 vol. in-fol. où il veut concilier la théologie avec la philosophie ; *De Angelo custode*. ‖ ALBERTINI (Hippolyte-François). 1662-1758. Professeur de médecine, à Bologne en Italie, a publié plusieurs ouvrages remarquables, surtout sur les maladies du cœur, Berlin, 1728. ‖ ALBERTINI (J.-B.). Écrivain allem. 1769-1831. De la secte des Frères Moraves. Se consacra à l'enseignement. *Recueil de sermons*, en allem. (1805); autre recueil posthume de *sermons* (1832); *Hymnes sacrés* (1821). ALBERTIE. s. f. Bot. Genre de vernoniées, fam. des composées, arbustes brésiliens. ALBERTINIE, EE. adj. Bot. Qui ressemble à l'albertinie. ‖ s. f. pl. Sous-division de plantes vernoniées ; arbrisseaux du Brésil. ALBERTO (Antoine), dit *Antoine de Ferrare* ou *le Vecchio*. Peintre italien, élève d'Angelo Gaddi (1450) : coloris vif et doux. ALBERTRANDY (Jean-Chrétien). Historien polonais. 1731-1808. Entra à 16 ans chez les jésuites, où il enseigna pendant plusieurs années ; voyagea en Italie avec un de ses élèves ; rapporta à Stanislas-Auguste de Pologne des médailles recueillies par lui et une collection énorme de documents sur l'histoire de Pologne ; ce prince l'admit dans son intimité et le fit son bibliothécaire et évêq. de Zénopolis. Érudit, d'une mémoire prodigieuse. *Annales du royaume de Pologne,* en polon. (1768, Varsovie); *Antiquités romaines éclairées par les médailles* (1805-8, 3 vol.); *Hist. d'Étienne Battori; Annales de la République Romaine;* etc. Nombreux mémoires.

ALBERTUCCI DE BORSELLES (Jérôme). M. en 1497 Dominicain de Bologne, composa une chronique depuis Adam jusqu'en 1491.

ALBERTUS. Poeme de Théophile Gautier (1831, in-8°). La poésie a de l'éclat, mais manque complètement de naturel.

ALBERTVILLE. 4,400 h. Ville de France (Savoie). Ch.-l. d'arr., sur l'Arly. Plomb argentifère, fonderie, marbre, ardoises, bois, fers, fromages.

ALBERTYPIE. s. f. Photographie sur glace dont les épreuves se tirent aux encres grasses. (V. *Phototypie*)

ALBERUS. V. *Alber.*

ALBESCENCE. s. f. (lat. *albescens,* qui blanchit). État de ce qui est blanc. L'albescence de l'aube du jour.

ALBESIE. s. m. ou **ALBÉSIES.** s. m. pl. (lat. *albesia,* pl.). Sorte de grand bouclier à l'usage des Albains.

ALBESTROFF. 500 h Bg de France. Ch.-l. de c. (Meurthe, aujourd'hui Alsace-Lorraine), à 35 kil. de Château-Salins.

ALBETTE. s. f. V. mot qui signifie ablette.

ALBI ou **ALBY** (*Alba Augusta* ou *Albia*). Vle de France. Ch.-l du dép du Tarn, sur la g. du Tarn, à 779 kil. S. de Paris. Chemins de fer de Toulouse, de Carmaux et de Castres. Lat. N. 43° 55' 41", long. O. 0° 11' 43", alt. 169 m. Env. 20,300 h. Subdivision de région du 16e corps d'armée (quartier général à Montpellier). Quartier général de la 64e brigade d'infanterie. Archevêché. Lycée (3e catégorie); école normale d'instituteurs. Biblioth. de 17,000 vol. dont 250 sont incunables et 128 manuscrits. Parmi ces derniers on doit citer un magnifique Strabon, œuvre de Guarini et offert par ce dernier au roi René de Provence. Filatures, fonderies, chapelleries, toiles, bougies, liqueurs, vins, bois, pastel Cathédrale Ste-Cécile (V. ci-dessous) Église St-Salvy, monum. histor. en partie roman, en partie du XIIIe s.: tour du XIe s.; crypte du VIe s. Palais archiépisc., monum. hist. et véritable forteresse. Palais de justice anc. couv. des Carmes dont il reste le cloître, XIVe s. Ville des Rutènes, cité de l'Aquitaine Ire sous les Romains, prise par les Sarrasins en 730, par Pepin le Bref en 765, devint la capitale du comté d'Albi ou Albigeois, fut réunie au comté de Toulouse au Xe s. ; à la France en 1249. Patrie du poète Boyer, dont Boileau s'est moqué ; du navigateur La Pérouse, m. en 1788, qui y a sa statue; du grammairien Sudre. — *Cathédrale de Sainte-Cécile.* L'église d'Albi, construite entièrement en briques, est le plus remarquable exemple d'un genre d'églises particulier au midi de la France et auquel appartient aussi l'église des Cordeliers de Toulouse. Quoique bâtie pendant la période du style gothique (1282-1512), elle est sur un plan qui se rapproche davantage du plan roman. Elle n'a à l'extérieur ni contreforts, ni arcs boutants ; elle n'a que de hautes murailles lisses, avec quelques ressauts, comme une forteresse, et l'on croit qu'en effet elle a pu servir à la défense. Elle ne présente à l'intérieur qu'une vaste salle entourée de chapelles et terminée au chevet en forme d'abside. A peu près à moitié de la hauteur de la voûte, une galerie court tout autour de l'édifice audessus des chapelles qu'elle recouvre. Ces chapelles n'ont pas d'ouverture donnant au dehors, et l'église n'est éclairée que par les longues fenêtres qui s'ouvrent au-dessus de la galerie. Toute la partie supérieure de l'église est couverte de peintures sur fond bleu et rehaussées d'or ; elles rappellent par le style les peintures de l'école du Pérugin et on les attribue à des artistes italiens. Elles furent exécutées au commencement du XVIe s. Vers la même époque (1501), on éleva, entre la nef et le chœur, le magnifique jubé qui est le plus beau des édifices de ce genre qui se soit conservé jusqu'à présent. La clôture du chœur qui y est jointe est aussi admirable. A l'extrémité opposée au chevet, l'église est terminée

par une chapelle carrée qui est sous la base du clocher. L'entrée est sur le côté, et elle est précédée d'un porche, qui couvre un large escalier et un péristyle ; ce porche est, comme le jubé, dans le style du xve s. et il est aussi admirablement sculpté. Enfin, le clocher, haut de 78 m., est formé par plusieurs étages de construction en retraite les uns sur les autres; l'étage le plus bas n'a pas de fenêtres, et la tour est terminée par une simple plate-forme.

ALBI ou **DE ALBA** (Jean). M. 1591. Chartreux espagnol, savant orientaliste et hébraïsant. || **ALBI** (Henri). Jésuite né à Bolène en 1590, m. à Arles en 1659. *Histoire des cardinaux illustres qui ont été employés dans les affaires d'État,* 1653, in-4°.

ALBIAC (Acace d'), sieur du Plessis. Poète français, protestant, XVIe s. *Le livre de Job,* traduit en vers (1552 in-8°) ; *les Proverbes de Salomon et l'Ecclésiaste traduits en vers,* sous forme de cantiques (1558) ; *divers cantiques* (1560, in-16).

ALBIBARBE. adj. 2 g. (lat. *albus,* blanc : *barba,* barbe). Zool. Qui a la barbe blanche. Peu usité.

ALBICANTE ou **CARVIE.** s. m. Bot. Anémone dont les feuilles sont d'un blanc sale.

ALBICANTE (Giovanni-Alberto). Poète italien, né à Milan, 1503-1567. Rival de l'Aretin, il obtint les faveurs de Charles-Quint. Sonnets, satires, dialogues. *Historia della guerra di Piemonte* (Venise, 1539, in-8°) ; *Trattato del intrar in Milano de Carlo V* (Rome, 1567, in-8°) ; *Le glorioso gesta di Carlo V* (Rome, 1567, in-8°).

ALBICAUDE. adj. 2 g. (lat. *albus ; cauda,* queue). Zool. Qui a la queue blanche.

ALBICAULE. adj. 2 g. (lat. *albus ; caulis,* tige). Bot. Qui a la tige blanchâtre.

ALBICEPS. adj. 2 g. (lat. *albus ; caput,* tête). Zool. Qui a la tête blanche.

ALBICI. Peuplade gauloise qui habitait les montagnes aux environs de Riez (Htes-Alpes).

ALBICOLLE. adj. 2 g. (lat. *albus ; collum,* cou). Zool. Qui a le cou ou le corselet blanc.

ALBICORE. s. m. Zool. Espèce de maquereau de l'Océan.

ALBICORNE. adj. 2 g. (lat. *albus ; cornu,* corne). Zool. Qui a les antennes blanches.

ALBICOSTE. adj. 2 g. (lat. *albus ; costa,* côte). Zool. Qui est relevé de côtes blanches.

ALBICUS. Archev. de Prague, XVe s. ; a laissé trois traités de médecine : *Praxis medendi; Regimen sanitatis ; Regimen pestilentiæ,* Leipzig 1484, in-4°.

ALBIDIPENNE. adj. 2 g. (lat. *albidus,* blanchâtre ; *penna,* plume). Zool. Qui a les ailes blanches.

ALBIÈCE ou **ALBIÈQUE.** s. m. Géog. anc. Nom d'un peuple qui habitait les montagnes près de Marseille.

ALBIFLORE. adj. 2 g. (lat. *albus,* blanc; *flos,* fleur). Bot. Qui porte des fleurs blanches.

ALBIGEOIS (l'). Ancien pays de France, ainsi nommé d'Albi sa capitale, dans le haut Languedoc : il est maintenant compris dans le dép. du Tarn.

ALBIGEOIS, OISE. s. et adj. Habitant d'Albi. Qui a rapport à cette ville et à ses habitants. Une Albigeoise. Le patois albigeois. || **ALBIGEOIS** ou **CATHARES.** Hist. eccl. Célèbres hérétiques du moyen âge qui se multiplièrent surtout au XIIe s. aux environs d'Albi et dans tout le Bas-Languedoc dont les habitants sont nommés par les auteurs du temps *Albigenses.* Leur doctrine, d'origine orientale, était un mélange de manichéisme, de gnosticisme et de rites chrétiens. (V. sur la doctrine des Albigeois les ouvrages de Schmidt et de l'abbé Douais.) Elle paraît s'être répandue d'abord dans les pays slaves d'où elle passa en Lombardie et de là pénétra en France où elle se multiplia surtout dans les provinces du Midi. Les Albigeois s'appelaient eux-mêmes *cathares* c.-à-d. *purs.* Ils furent condamnés au concile de Lombez en 1176 sous le nom de *Bons-Hommes,* puis en 1179 par celui de Latran. Mais ils trouvèrent des protecteurs dans plusieurs seigneurs du Midi, notamment dans Raymond VI, comte de Toulouse, et son neveu Raymond-Roger, vicomte de Béziers et de Carcassonne. A la suite de l'assassinat du légat Pierre de Castelnau (1208), le pape Innocent III ordonna une croisade à laquelle prit part toute la France du Nord. Les croisés conduits par Simon de Montfort prirent Béziers qui fut

mis à sac, puis Carcassonne (1209); en 1213, ils défirent à Murat l'armée du comte de Toulouse et de son allié Pierre d'Aragon. Mais en 1218, Simon de Montfort, à qui avait été attribué le comté de Toulouse, fut tué au siège de cette ville et Raymond VII reconquit une partie du comté de son père. En 1226, Louis VIII dirigea contre le Midi une nouvelle expédition, mais il mourut après avoir pris Avignon. Enfin en 1229, le traité de Meaux mit fin à ces longues guerres : le comte de Toulouse cédait au roi de France les sénéchaussées de Beaucaire et de Carcassonne et fiançait sa fille, héritière du surplus de ses domaines, à Alphonse de Poitiers, frère de S. Louis. Il n'est plus dès lors question des Albigeois qu'en 1243, au siège du château de Montségur diocèse de Toulouse, où quelques débris de la secte s'étaient retirés. || *Chanson de la croisade albigeoise.* Célèbre poème du XIIIe s., en langue provençale, dont les auteurs sont, pour la première partie, Guillaume de Tudèle et, pour la seconde, un auteur demeuré anonyme. Ce poème a été publié par Fauriel et, plus récemment, pour la Société de l'histoire de France par M. Paul Meyer (2 vol. in-8°, 1875-79).

ALBIGNAC (baron d'). Maréchal de camp, né à Bayeux, 1782. Simple soldat, officier en 1805, aide-de-camp de Ney; fait les campagnes d'Espagne, de Russie, de France ; député aux Cent-Jours ; inspecteur général d'infanterie, 1820; gentilhomme de la chambre, 1821 ; campagne d'Espagne, 1823; meurt de ses fatigues à Madrid, 1823.

ALBIGNY. 900 h. Vge de France (Rhône), sur la Saône, à 16 kil. de Lyon, dépôt de mendicité. Victoire de Sévère sur son compétiteur Albinus, en 192.

ALBIS (Thomas de). Nom latinisé de Th. *de White.* 1594-1676. Philosophe anglais ami de Hobbes.

ALBIMACULÉ, ÉE. adj. (lat. *albus,* blanc; *macula,* tache). Qui est tacheté de blanc.

ALBIMAÏDES. adj. et s. m. pl. Hist. anc. Descendants des Grecs en Égypte, quand le kalife Omar fit la conquête de ce pays.

ALBIMANE. adj. 2 g. (lat. *albus ; manus,* main). Zool. Qui a les mains blanches ou les tarses blancs.

ALBIN, INE. adj (lat. *albus,* blanc) Qui est de couleur blanche comme les albinos. Tache albine.

ALBIN (S.) Archevêque d'Embrun. Il fut le S. Agnan de cette ville quand les Vandales l'assiégèrent en 433. Les habitants avaient perdu tout espoir devant cette nuée d'ennemis. Albin appelle son peuple devant les reliques de S. Marcellin et après avoir prié il lance les habitants vers les remparts que les barbares commençaient à escalader. Ceux-ci sont culbutés, frappés de terreur et prennent la fuite. S. Albin mourut en 437 F. 1er mars. || **ALBIN** (Éléazar) Peintre et naturaliste anglais, auteur d'une *Hist. naturelle des oiseaux,* Londres, 1731-38, 3 vol. in-4°, contenant 306 fig. enluminées ; et d'une *Histoire naturelle des araignées,* Londres, 1738, 1 vol. in-4°, avec fig.

ALBINA. s. f. Femme albinos.

ALBINA. Famille de Rome dont le fondateur était dictateur à la bataille du lac Régille (496 av. J.-C.). (V. *Albinus.*) || **ALBINA.** Illustre Romaine, mère de Marcella, IVe s. S. Jérôme a écrit sa vie. || **ALBINA** (Ste). V. *Albine.*

ALBINE. s. f. (lat. *albus,* blanc). Minér. Variété d'apophyllite, de couleur blanche, que l'on trouve à Mariemberg en Bohême.

ALBINE (Ste). Martyre à Lyon, avec S. Pothin, etc. (177). F. 2 juin. || **ALBINE** (Ste). Vierge martyre à Formia en 249. F. 16 déc. || **ALBINE** (Ste). M. vers 433. Veuve de Publicola, fille de Ste Mélanie.

ALBINERVE. adj. 2 g. (lat. *albus,* blanc ; *nervus,* nerf). Bot. Se dit d'une plante dont les feuilles ont les nervures blanches. On dit aussi *Albiveine.*

ALBINI (Alexandre). Peintre de Bologne, 1568-1646. Élève de L. Carrache. Sujets religieux. || **ALBINI** (Franç.-Jos., baron d'). Homme politique allem. 1748-1816. Après avoir occupé divers emplois à Wurtzbourg, à Wetzlar, passe au service de l'électeur de Mayence, dont il devient ministre des finances; il assiste comme plénipotentiaire au congrès de Rastadt, lève des troupes et combat lui-même les Français. Entré en 1813 au service de l'Autriche, mourut ministre plénipotentiaire à la diète germanique.

ALBINIE. s. f. V. *Albinisme.* || Zool. (d'*Albin*, entomologiste anglais). Genre d'insectes de l'ordre des diptères.

ALBINIQUE. adj. 2 g. Qui a rapport aux albinos.

ALBINISME. s. m. (lat. *a bus*, blanc). Physiol. Absence totale ou partielle, d'ordinaire congénitale, de matière colorante dans les parties extérieures du corps de certains animaux. Assez fréquent chez le lapin, le rat, la souris, etc., l'albinisme se remarque quelquefois chez l'homme, particulièrement chez les nègres qui portent alors, suivant les pays, les noms de Bédas, Kakerlaques, nègres blancs, nègres pies, etc. Les *albinos* ont la peau d'un blanc mat, les cheveux et les poils incolores; la pupille de l'œil paraît rouge, parce que le pigment noir qui colore habituellement la choroïde manque; ils supportent difficilement la lumière, et ont toujours les yeux à demi fermés; aussi voient-ils mieux dans une demi-obscurité qu'en plein jour. — Les végétaux sont aussi sujets à l'albinisme et se décolorent alors spontanément. L'albinisme des plantes est causé par l'absence totale de chlorophylle et marque une altération profonde des tissus.

ALBINO. 2,000 h. Bg d'Italie, prov., circ. et à 11 kil. N.-E. de Bergame (Lombardie). Palais des comtes Spini. Carr. d'albâtre du mont Poretto.

ALBINO (Jean). Chroniqueur italien, né à Castelluccio vers 1440, m. en 1593. *De gestis regum neapolitanorum ab Arragonia.* Naples, 1589, in-4°, récit au point de vue espagnol de la première guerre d'Italie.

ALBINOS. s. m. (on fait sentir l'*s*; — mot portugais d'origine latine). Individu qui est affecté d'albinisme (V. ce mot).

ALDINOVANUS (C. Pedo). Poète latin du siècle d'Auguste, ami d'Ovide. Il ne reste de lui que quelques fragments, notamment 23 vers d'un poème sur les exploits de Germanicus et trois élégies qu'on lui attribue sans preuves suffisantes. Ces morceaux sont publiés dans les *Poetæ latini minores*, de Bæhrens, t. 1er, Leipzig, 1879.

ALBINUM. s. m. Bot. Nom latin de l'*athanasie maritime.*

ALBINUS. Philosophe grec platonicien, né à Smyrne, vers 150 av. J.-C. *Introduction aux dialogues de Platon*, t. 2 de la Biblioth. gr. de Fabricius. || **ALBINUS** ou **ALBUS POSTHUMIUS.** Dictateur, gagna sur les Latins la bataille du lac Régille et fut le fondateur de la *gens albina.* || **ALBINUS** (Dec.-Clodius-Septimus). Général romain, commandait les légions de Bretagne. Proclamé empereur par ses soldats à la mort de Pertinax (193), il fut vaincu près de Lyon par Septime Sévère qui le fit décapiter en 198. || **ALBINUS** ou **WEISS** (Pierre). Poète et historien allemand né à Schneeberg (Misnie), m. en 1598. *Chronique de Misnie; Scriptores varii de Russorum religione*, Spire, 1582; *Poésies latines*, Francfort, 1612, in-8°. || **ALBINUS** ou **WEISS** (Albinus est la trad. latine de Weiss, *blanc*). Nom d'une famille de médecins allemands qui se distinguèrent aux XVIIe et XVIIIe s.: *Bernard Albinus*, né à Dessau 1653, m. à Leyde 1721, fut professeur de médecine à Francfort sur l'Oder, puis à Leyde. — Son fils, *Bernard-Soegfried Albinus*, né à Francfort sur l'Oder en 1696, m. à Leyde en 1770, élève de Boerhaave, profes. à Leyde, fut un des premiers anatomistes de son temps. *De ossibus corporis humani; De arteriis et venis intestinorum hominis; Historia musculorum hominis; Tabulæ sceleti et musculorum corporis humani.* — *Fréd.-Bernard Albinus*, frère du précédent (1715-1778), lui succéda dans sa chaire à l'université de Leyde et fut également célèbre comme anatomiste.

ALBION. (lat. *albus*, blanc). Nom anc. de l'Angleterre, ainsi nommée à cause de la blancheur de ses falaises. D'autres pensent (et cette opinion paraît préférable) que Albion vient de *alp* ou *alb* signifiant en celtique *montagne.* On ne se sert plus du mot Albion que dans le langage littéraire. La fière Albion. || *Nouvelle-Albion* (la). Nom donné à la Californie et aux pays voisins par le chevalier Drake, en 1578. || **ALBION.** 3,320 h. Vle manufacturière de l'État de New-York (États-Unis). Ch.-l. du comté d'Orléans, sur le canal de l'Érié. Minoteries, fonderies, filatures de laine. || **ALBION-MINES.** 2,500 h. Vle de la Nouvelle-Écosse (Dominion), sur l'East River. Mines de houille excellente. Émigration française.

ALBION. VIIIe s. Compagnon de Witikind, révolté contre Charlemagne, se soumit, se convertit et fut baptisé à Attigni. || **ALBION et BERGION.** Myth. Nom de deux géants, fils de Neptune, qui osèrent attaquer Hercule et voulurent l'empêcher de passer le Rhône. Le héros ayant épuisé contre eux ses flèches, Jupiter vint à son secours et les accabla d'une grêle de pierres. Le sol jonché de ces pierres fut appelé par les anciens *campus lapideus*: c'est aujourd'hui la *Crau* (V. ce mot) entre Arles et Marseille.

ALBIONE. s. f. Zool. G. d'annélides, voisin des sangsues. L'albione épineuse ou sangsue marine est commune sur nos côtes; elle s'attache aux raies et à d'autres poissons.

ALBIONIEN, IENNE. adj. Qui ressemble à l'albione. || s. f. pl. Se-tion de la famille des hirudinées, ayant pour type l'albione.

ALBIPEDE. adj. 2 g. (lat. *albus*, blanc; *pes*, pied) Zool. Qui a les pattes blanches.

ALBIPENNE. adj. 2 g. (lat. *albus; penna*, aile). Zool. Qui a les ailes blanches.

ALBIQUE. s. f. (lat. *albus*, blanc). Minér. Espèce de craie ou terre blanche.

ALBIRCO. s. m. Astr. Nom d'une étoile double de la constellation du Cygne.

ALBIROSTRE. adj. 2 g. (lat. *albus; rostrum*, bec). Qui a l'extrémité du museau ou le bec blanc.

ALBIS. Nom latin de l'Elbe. || **ALBIS** (l'). Chaîne de montagnes de Suisse, cant. de Zurich et de Zug s'étend sur une longueur de 24 kil. entre le lac de Zurich et la Limmat. Son sommet le plus connu est l'Uto ou Utliberg (873 m.); magnifique panorama sur toute la Suisse (du nord).

ALBIS RIEDEN (combat d'). Gagné par les Français sur les Autrichiens en 1799, en Suisse.

ALBISSON (Jean). Conseiller d'État. 1732-1810. Avocat, membre des États du Languedoc; adopte les idées de la Révolution. Membre du Tribunat, 1802; conseiller d'État (1804) pour avoir travaillé à l'établissement de l'Empire. Concourut à la rédaction du Code civil. *Recueil des ordonnances, édits, déclarations, arrêts du parlement de Toulouse* (Montpell. 1780, 7 vol. in-4°); *Parallèle de l'ancien Code criminel avec le nouveau* (1791); *Code civil des Français, suivi de l'exposé des motifs*, etc. (Paris, 1806, 6 vol. in-8°).

ALBISTAN ou **ELBISTAN.** 8,000 h. Vle de la Turquie d'Asie sur le Djihoun (anc. Europe). Commerce de blé, victoire du sultan mamelouck Bibars sur les Turcs et les Mongols en 1277.

ALBITARSE. adj. 2 g. (lat. *albus*, blanc; *tarsus*, tarse). Zool. Qui a les tarses blancs.

ALBITE. s. f. (lat. *albidus*, blanchâtre). Minér. Variété de feldspath à base de soude, ordinairement blanchâtre. (V. *Fel ispath.*)

ALBITTE (Ant.-Louis). Conventionnel. 1750-1812. Député de la Seine-Inférieure à l'Assemblée législative et à la Convention, siégea à la Montagne, vota la mort du roi, remplit des missions dans les départements et aux armées, se signala par ses cruautés contre les prêtres et les émigrés. Il n'en fut pas moins décrété d'accusation après le 1er prairial et prit la fuite. Sous le Consulat, il entra dans l'administrat. militaire et périt pendant la campagne de Russie.

ALBIVEINE. adj. 2 g. V. *Albinerve.*

ALBIVENTRE. adj. (lat. *albus*, blanc; *venter*, ventre). Zool. Qui a le ventre blanc.

ALBIZZI. Noble famille de Florence qui défendit la cause aristocratique contre les Médicis et les Alberti. *Pierre Albizzi* fut renversé par la conjuration des Ciompi, 1378 — *Thomas Albizzi* gouverna glorieusement la république florentine de 1382 à 1417 et combattit avec succès les ennemis de cet État. — *Renaud*, fils de Thomas, exila en 1429 Côme de Médicis son rival, qui l'exila à son tour, en 1434. || **ALBIZZI** (Barthélemy). Né à Rivano en Toscane, mort à Pise en 1401. Prédicateur franciscain et professeur de théologie, célèbre par son livre intitulé: *Liber conformitatum sancti Francisci cum Christo.* Tout ne dit pas être pris à la lettre dans cet ouvrage très singulier. Les Franciscains l'ont plusieurs fois réédité sous divers titres et avec des modifications qui en ont fait disparaître beaucoup d'étrangetés. On attribue au même auteur six livres *de la vie et des louanges de la Vierge ou les conformités de la Vierge avec Jésus-Christ*, Venise, 1596, in-4°; des *Sermons pour le carême, sur le mépris du monde*, Milan, 1498, in-8°, en latin.

ALBIZZIA. s. f. Bot. G. de mimosées comprenant 8 espèces. Ce sont d'assez grands arbres touffus, de l'Asie, des îles Madagascar et Maurice.

ALBO. s. m. Poisson blanc, long d'env. un pied, ses nageoires sont noires; sa chair est connue, difficile à cuire et d'un goût insipide.

ALBODACTYLE. adj. (lat. *albus*, blanc, et gr. *daktulos*, doigt). Zool. Qui a les doigts blancs. Se dit d'un papillon dont les ailes sont blanches et tiquetées.

ALBOFLEDE (*Blanche-Fleur*). Ve siècle. Sœur de Clovis, baptisée avec lui à Noël de 496.

ALBOGALERUS. s. m. Antiq. rom. Bonnet des flamines diales, selon Festus. Il était fait de la peau d'une victime blanche, et surmonté d'une pointe en bois d'olivier.

ALBOIN. Fondateur de la domination lombarde en Italie; roi des Lombards en 561. Régnait sur le Norique et la Pannonie. Il attaqua et tua Cunimund, roi des Gépides, s'avança en Italie contre Totila, fit de Pavie sa capitale et conquit tout le nord de la péninsule. Après la mort de Clodoswinde, fille de Clotaire, roi de France, son épouse, il épousa Rosamunde fille de Cunimund; l'ayant forcée à boire dans le crâne de son père, elle s'en vengea en le faisant assassiner à Vérone, en 573.

ALBOIZE DE PUJOL (Jules-Édouard). Auteur dramatique. 1805-1854. Il se mit à composer pour le théâtre vers 1830, et avec autant de fécondité que de verve. Outre ses très nombreuses pièces, il a donné: *Histoire de la Bastille* (1843, 8 v. in-8°), *les Prisons de l'Europe* (1844, 8 v. in-8°); *Fastes des Gardes nationales de France* (1849): tous ces ouv. en collaboration avec MM. Arnould, Marquet, Ch. Elie.

ALBON ou **SAINT-ROMAIN D'ALBON.** 2,400 h. Br de France (Drôme), a 41 kil. de Valence. Ruines du château des comtes d'Albon. Patrie de Jacques d'Albon.

ALBON (Jacques d'), marquis de Fronsac. Connu dans l'histoire sous le nom de maréchal de Saint-André. 1505-1562. Maréchal de France. Mondain, distingué, brave, il fut comblé d'honneurs et de richesses par Henri II, défendit la Champagne contre Charles-Quint, fut fait prisonnier à la bataille de St-Quentin, 1557. À la mort de Henri II il s'unit au connétable de Montmorency et au duc de Guise pour former le fameux triumvirat, qui donna naissance à la Ligue. Il fut tué à la bataille de Dreux, 1562. || **ALBON** (Claude-Camille-François, comte d'). Descendant du maréchal de Saint-André. Né à Lyon en 1753, mort en 1789 dans sa terre de Franconville, dans la vallée de Montmorency. A publié des *Discours sur l'histoire, le gouvernement, les usages, la littérature et les arts de plusieurs nations de l'Europe*, 1782, 4 v. in-12; ouv. d'une saine philosophie. Il prenait le nom de roi d'Yvetot, dont il était seigneur. Son *éloge de François Quesnai*, dont il était l'ami, est partial et excessif. || **ALBON** (dauphins et ctes d'). C'est de *Guignes IV*, seigneur d'Albon, qui prit le titre de dauphin, que le Dauphiné tire son nom: *Guignes-André* commença la 2e race des dauphins; la 3e prit le nom de la Tour du Pin, à laquelle succédèrent les fils de France en 1439 (V. *Dauphin; Humbert.*)

ALBONI (Paul). Peintre de Bologne, m. 1734. Imita dans ses paysages les écoles flamande et hollandaise. || **ALBONI** (Marietta). Cantatrice italienne, née en 1824 à Forli (Romagne). Elle débuta, à seize ans, sur le théâtre de Bologne et fut ensuite engagée à la Scala de Milan. Elle a, depuis, chanté sur les principales scènes lyriques de l'Europe. Elle s'est fait particulièrement applaudir au théâtre des Italiens de Paris, dans les rôles de *contralto.* Depuis son mariage avec le comte Pepoli, Mme Alboni n'a plus reparu que de loin en loin sur la scène.

ALBO NOTANDA LAPILLO. Allusion au vers d'Horace: *Alboque dies notanda lapillo*, qui signif.: C'est un jour qu'il faut marquer avec la pierre blanche (qu'il faut regarder comme un heureux jour: pour les Romains, le blanc était le symbole du bonheur; le noir, du malheur). Ce sera une journée à marquer, comme dit l'ancien, *albo notanda lapillo.* (Balzac.)

ALBORA. s. f, Vx mot Sorte de gale, qui était, d'après Paracelse, une complication d.

dartres, de serpigo et de lèpre.

ALBORAK. (c'est-à-dire le Blanc, l'Éclatant). C'est le nom de l'animal qui servit de monture à Mahomet dans son mystique voyage de La Mecque à Jérusalem et au ciel : on représente cet animal, quelquefois avec une crinière de perles, et une queue d'émeraudes; plus souvent avec une tête de femme. C'est ainsi qu'il est représenté dans le manuscrit oïgour de la Bibliothèque nationale de Paris. || Ce nom désigne aussi en général, la monture des prophètes.

ALBORDI. Montagne célèbre dans les légendes mythiques d'Orient. (V. *Bordj.*)

ALBORESI (Jacques). Peintre bolonais. 1623-1677.

ALBORGHETTI. De Bergame. XVIIIe siècle. Chef de la révolution italienne en 1797.

ALBORNOS (Gilles-Alvarez-Carillo). Cardinal espagnol, du sang royal, né à Cuença. Archevêque de Tolède, il sauva la vie à Alphonse XI à la bataille de Tarifa, 1340. Disgrâcié par son successeur, Pierre le Cruel, il s'enfuit à Avignon, auprès de Clément VI qui le nomma cardinal. Chargé par Innocent VI de rétablir son autorité dans les États de l'Église, il y réussit par les armes et la politique. Mort à Viterbe en 1367, il fut enterré avec grande pompe à Tolède. Cet homme éminent a laissé un ouv. sur *la Constitution de l'Église romaine*, impr. en 1473.

ALBORNOZ s. m. (de l'arabe, *al bournous*). Manteau à capuchon fait de poils de chèvres et tout d'une pièce que portent les Maures. Aujourd'hui le burnous, avec quelques modifications a été adopté en Europe.

ALBOUIS D'AZINCOURT (Joseph-Jean-Baptiste). 1747-1809. Né à Marseille. Célèbre comédien, professeur de déclamation, directeur des spectacles de la cour impériale.

ALBOUR, AUBOUR. s. m Noms vulg. du *Cytise laburnum*, cytise des Alpes ou faux ébénier.

ALBOURS. V. *Elbours.*

ALBRAN, ALEBRAN, ALBRENT et **HALEBRAN.** V. *Halbran.*

ALBRANDIÉES. s. f. pl. Bot. Plante de la fam. des morées.

ALBRECHT (Jean-Sébastien). Naturaliste allemand, né à Cobourg. 1695-1774. || **ALBRECHT** (Guillaume). Agronome allemand. 1786-1848. Conseiller du duc de Nassau. Écrits agronomiques estimés ; a dirigé les *Annales de la Société d'Agriculture de Nassau*. Il protesta contre la suppression de la constitution hanovrienne, en 1827. || **ALBRECHT** (Jean-Frédér.-Ernest). Écrivain allem. Hanovre 1752-1816. Médecin, puis libraire, direct. de théâtre, médecin denouveau et entre temps romancier médiocre.

|| **ALBRECHT** (Guill.-Édouard). Docteur à Gœttingue en 1832; enseigne le droit à Kœnigsberg, puis à l'Université de Gœttingue, d'où ses idées révolutionnaires le firent éliminer. Il obtient une chaire à Leipzig en 1840 ; député à l'Assemblée nationale de Francfort en 1848 ; donne sa démission et reprend son enseignement. Il est mort en 1876, faisant de riches legs pour favoriser les études. *Commentatio juris germanici antiqui* (Kœnigsberg, 1825) ; *De la possession comme source de l'ancien droit des choses en Allemagne* (ibid., 1827), traité estimé.

ALBRECHTS-BERGER (Jean-Georges). Organiste allem. 1736-1809. Organiste de la cour de Vienne 1772, puis de la cathédrale. Il eut Beethoven parmi ses élèves. Compositeur de premier ordre : morceaux de musique religieuse sans nombre, dont 26 messes et 4 *Te Deum*. En outre, un opéra, 42 sonates, 6 concertos, 18 quatuors, etc. ; *Méthode élément. de composition*, 1790, traduit par Choron en 1814 ; *Méthode d'harmonie*, traduit par le même en 1830 ; *Méthode abrégée d'accompagnement*, 1792 ; *École de clavecin pour les commençants* ; etc. Œuvres complètes en 3 vol. in-8°.

ALBREDA. 7,000 h. Ancien comptoir français en Sénégambie, cédé aux Anglais en 1857.

ALBRENER. V. *Halbrener.*

ALBRET (*Pagus Leporetanus*). Ancien petit pays de Gascogne, aujourd'hui dans le dép. des Landes ; cap. *Albret* (*Labrit*). Le pays d'Albret fut d'abord une sirerie, puis une seigneurie, enfin un duché. Le duché d'Albret fut, en 1589, réuni à la couronne par l'arrivée d'Henri IV au trône de France. Il fut donné plus tard en échange de Sedan au duc de Bouillon, dont les descendants se perpétuèrent jusqu'en 1789. Parmi eux on remarque *César-Phébus*, maréchal de France en 1654.

ALBRET (maison d'). Les sires d'Albret, suivant une généalogie suspecte, descendent de Garcias-Ximénès, comte de Bigorre, mort en 738, dont le petit-fils Ximénès le Gascon aurait été sire d'Albret, et se distingua dans les armées de Charlemagne. Ses successeurs furent *Inigo* (810-868), *Garcias-Ramire, Veremond, Asenaire,* 900-935, *Fortun* mort en 983, *Berard* mort en 995, dont le fils fut *Amanieu Ier*. L'histoire n'est fixe que depuis *Amanieu Ier*, mort en 1065. Son fils, *Amanieu II*, suivit en 1096, en Terre-Sainte, Godefroi de Bouillon son parent. Ses successeurs furent *Amanieu III, Bernard Ier, Amanieu IV, Amanieu V, Amanieu VI, Bernard-Ezi Ier*, de 1100 à 1281. *Amanieu VII* mort en 1324. *Bernard-Ezi II*, combattant pour les Anglais, fut fait prisonnier par l'armée française en 1339, mourut en 1358. — *Arnaud-Amanieu* lui succéda, combattit contre les Anglais, assista à la bataille de Rosebecque (1382), fit la campagne d'Afrique avec Louis II de Bourbon dont il avait épousé la sœur. Le roi de France lui donna le comté de Dreux et le fit grand chambellan. — *Charles Ier* battit les Anglais en plusieurs rencontres, périt à Azincourt où il commandait l'avant-garde française, 1415. — *Charles II* guerroya longtemps contre les Anglais, reprit Aire en 1442. — *Alain* dit *le Grand*, petit-fils de Charles II. 1471-1522. Livra Nantes aux Français, 1491. — *Henri Ier*, fils d'Alain, 1522, roi de Navarre, épousa en 1526 la sœur de François Ier, Marguerite d'Orléans-Angoulême. Henri II érigea en leur faveur la seigneurie d'Albret en duché. || **ALBRET** (Jeanne d'). 1528-1572. Mariée contre son gré, à douze ans par la volonté de François Ier, son oncle, au duc de Cleves, elle fit casser son mariage, et épousa Antoine de Bourbon, duc de Vendôme qui devint, par elle, roi de Navarre et duc d'Albret: en 1553 elle accoucha d'un prince qui fut Henri IV. S'étant rendue à Paris pour négocier le mariage de son fils avec Marguerite de Valois, sœur de Charles IX, elle y fut atteinte d'une fièvre qui l'emporta en cinq jours. Elle s'était faite calviniste en 1556.

ALBRIC. Philosophe et médecin. Né à Londres au XIe s. Bolée cite de lui les ouvrages suivants : *De origine deorum* (se trouve dans *Mythographi latini*, Amsterdam, 1681, 2 vol. in-12) ; *De ratione veneni* ; *Virtutes antiquorum* ; *Canones speculativi.*

ALBRIZZI. (Almoro). Littérat. et impr. à Venise en 1724. Il a écrit l'*Histoire de l'État de Venise*. || **ALBRIZZI** (Isabelle Théotoki, Ctesse d'). Femme auteur italienne, née à Corfou 1770, m. à Venise 1836. Femme d'un écrivain du nom de *Marino*, puis du comte d'Albrizzi, Vénitien. Byron fréquentait son salon, devenu pour ainsi dire terre d'académie; on l'avait surnommée elle-même *la Stæl de Venise*. On lui doit : *Ritratti* (Brescia,1807), série de portraits du temps; *Opere di plastica di Canova* (Venise, 1822).

ALBRUCK. Hameau du grand-duché de Bade, à 7 kil. de Waldshut, sur la dr. du Rhin, au confl. de l'Alb. Grandes usines de fer du gouvernement, hauts-fourneaux, forges, laminoirs 40,000 quint. mét. par an.

ALBUCA. s. m. (lat. *albus*, blanc). Bot. G. de plantes de la fam. des liliacées, originaires du Cap. Cultivées comme plantes d'ornement.

ALBUCASIS (Abul-Kasim Khalef Ibn Abbas Az-Zahrawi). Chirurgien arabe du XIe s., m. à Cordoue vers 1106. Il a laissé un livre célèbre sur la chirurgie avec la description et le dessin des instruments employés à son époque. C'est assurément l'un des auteurs les plus remarquables en ce genre, de toute l'antiquité. Il paraît avoir exercé la chirurgie à Cordoue, mais principalement sur les champs de bataille. Son ouvrage principal s'appelle *Al-Tassrif* ou Traité de chirurgie théorique et pratique : *De chirurgia*, Oxford, 1778, in-4°.

ALBUERA ou **ALBUHERA.** Vge de la prov. de Badajoz (Espagne), au sud de cette ville. Fut le théâtre d'une bataille entre l'armée anglo-espagnole et l'armée franç. commandée par le maréchal Soult, le 16 mai 1811.

ALBUFERA (de l'arabe *al buhira*, lac de côtes). Lac d'Espagne, près de Valence. Il fut dit-on creusé par les Maures. Il est très poissonneux et fréquenté des oiseaux aquatiques; il est séparé de la mer par un isthme étroit, || **ALBUFERA** (duché d'). Suchet, après avoir pris Valence en 1812, reçut de Napoléon le lac et ses dépendances à titre de dotation, avec le titre de duc.

ALBUFERA (duc d'). V. *Suchet.*

ALBUGINE. V. *Albugo.*

ALBUGINÉ, ÉE. adj. (lat. *albus*, blanc). Anat. Désigne certains tissus ordinairement membraneux, formés de fibres serrées, résistantes et de couleur blanche. S'applique spécialement à deux organes parfaitement définis, à savoir, l'une des enveloppes du globe de l'œil, qui porte plus ordinairement le nom de *sclérotique* (V. ce mot); et surtout la membrane qui entoure le testicule et en fait partie constituante, car de sa surface interne partent des prolongements qui s'enfoncent dans l'épaisseur de la glande et lui forment une sorte de charpente fibreuse. La tunique albuginée du testicule formée de fibres blanches entrecroisées constitue une poche résistante et inextensible, particularité qui rend compte de la douleur toute spéciale que détermine un choc, une compression de cet organe et surtout l'inflammation de son tissu.

ALBUGINEUX, EUSE. adj. Anat. On appelait jadis tissus albugineux, membranes albugineuses les organes que l'on considérait comme formés de fibres albuginées, c.-à-d. offrant les caractères indiqués à l'art. précédent, tels étaient les aponévroses, les tendons, les ligaments, etc.

ALBUGINITE. s. f. Méd. Phlegmasie aiguë ou chronique du tissu albuginé ou fibreux

ALBUGNE. V. *Albuca.*

ALBUGO. s. m. (lat. *albus*, blanc). Tache blanche opaque de la cornée transparente ; c'est l'une des lésions connues sous le nom de *taies* de la cornée. L'albugo a une signification assez mal définie ; il occupe une place intermédiaire, pour l'importance, entre le simple nuage ou néphélion et le leucome. Il résulte d'une inflammation plus ou moins profonde de la cornée, ou *kératite* (V. ce mot). Pour peu que cette tache soit étendue, la vision s'en trouve singulièrement gênée, les rayons lumineux ne pouvant pas traverser l'opacité pour arriver jusqu'à la rétine. Pour le traitement, V. *Taies de la cornée.*

ALBULA ou **ALBULE.** s. m. (lat. *albulus*, tirant sur le blanc). Nom donné en général aux poissons ayant des reflets argentés.

ALBULA. Géog. anc. Ancien nom du Tibre. || Montagne d'Italie, célèbre par ses oracles. La forêt était consacrée aux Muses. || Montagne de Suisse (Grisons) dans les Alpes Rhétiques (3,415 m.), d'où sort le torrent du même nom, affl. du Rhin supér. — Le *col d'Albula* met en communication le cant. des Grisons avec l'Engadine (2,315 m.).

ALBUM. s. m. (lat. *albus*, blanc). Antiq. gr et rom. Portion de mur, écriteau ou tablettes recouverts de plâtre ou de tout autre enduit blanc sur lequel on écrivait en rouge ou en noir les actes de l'autorité, les programmes des jeux et des spectacles, les affiches privées On cite particulièrement : l'album du préteur, placé au forum et qui recevait l'édit annuel de ce magistrat, l'album des pontifes où étaient inscrites les grandes annales, l'album du Sénat qui contenait la liste des sénateurs, l'album des juges, des décurions, etc. || Petit cahier destiné à recevoir les productions autographes des poètes, des peintres, des artistes; des photographies. || Livret où les voyageurs écrivent leurs impressions de voyage. || Au pl. Des Albums.

ALBUMAZAR ou **ABOUSSAR.** IXe s. Astronome arabe. A laissé un traité de la *Révolution des années* et plusieurs autres écrits dont une partie a été imprimée en latin. Venise, 1506, in-4°.

ALBUMEN. s. m. (*albumen*, blanc de l'œuf). Zool. Est syn. de blanc de l'œuf. (V. *Œuf.*) || Bot. Substance particulière qui, dans un grand nombre de graines, se trouve renfermée avec l'embryon sous les téguments séminaux. A.-L. de Jussieu lui donne le nom de *périsperme*, et L.-C. Richard celui d'*endosperme*. La situation de l'albumen par rapport à l'embryon est variable suivant les espèces ; parfois il y en a deux. Le rôle de l'albumen est considérable ; il sert de première nourriture à la plante, car il est absorbé par l'embryon qui commence à germer, comme l'albumen de l'œuf l'est par l'embryon de l'oiseau qui commence à se développer. Il constitue souvent la grande partie de la graine, et est employé par l'homme à différents usages ; ainsi celui des céréales sert à l'alimentation, car c'est lui qui fournit la fécule ; dans les graines de pavot il est très riche en matière grasse et fournit l'huile d'œillette ; dans le café où il est de consistance cornée, il renferme le principe aromatique qui fait tant estimer l'infusion de cette semence.

ALBUM GRÆCUM. s. m. Phosphate calcaire qui se trouve dans les excréments du chien employé dans l'ancienne médecine de même que l'*album nigrum* fourni par les excréments de souris.

ALBUMINATE. s. m. Combinaison de l'albumine avec les bases pour former des sortes de sels assez mal définis, car l'albumine est incapable de saturer ces bases. Le sang paraît renfermer l'albumine sous forme d'albuminate de soude. — Les solutions d'albumine précipitent un grand nombre de sels métalliques, sans doute par suite de leur combinaison avec eux ou avec leurs bases. C'est sur cette propriété que repose la pratique de donner de l'eau albumineuse à ceux qui se sont empoisonnés avec les sels de cuivre, de mercure, etc.

ALBUMINE. s. f. Chim. Il se dit du blanc d'œuf et d'une substance de même nature qu'on trouve dans diverses matières végétales et animales (Acad.). Ce principe, qui forme le type d'une série de corps nombreux et mal connus sous le nom de substances albuminoïdes, présente ce caractère particulier de ne se rencontrer que chez les êtres vivants, animaux ou végétaux, et dans leurs produits. Partout où il y a manifestation vitale on peut affirmer qu'il y a comme *substratum* un corps albuminoïde dans lequel on trouve du carbone, de l'hydrogène, de l'oxygène, de l'azote, du soufre, du phosphore et quelques sels minéraux. Mais on ne sait pas encore dans quelles proportions ces différentes substances sont unies entr'elles. C'est la peut-être le plus grand *desideratum* de la chimie et tant qu'on ne l'aura trouvé, la physiologie générale restera établie sur des données passablement incertaines. Cette composition de l'albumine est donc presque celle du *protoplasma* (V. ce mot). Elle fait partie des liquides normaux et pathologiques de l'économie. À l'état normal on la trouve dans le sang, la lymphe, le chyle, le lait (sous forme de caséine), le blanc d'œuf chez les oiseaux, les reptiles, les poissons, etc. Elle existe encore dans les sucs végétaux, dans les graines des légumineuses où elle constitue la *légumine*, etc. À l'état pathologique l'albumine se rencontre dans les liquides de la pleurésie, de l'ascite, de l'hydrocèle, dans le pus (pyine), dans l'urine. Dans ce dernier cas sa présence constitue l'albuminurie. Ces diverses albumines ou plutôt ces matières albuminoïdes diffèrent de l'albumine véritable qui est celle du blanc d'œuf, par plusieurs caractères chimiques en somme peu importants. D'après quelques auteurs, l'albumine du sang serait un mélange de sérine et de métalbumine. Cette dernière substance n'a pas encore été suffisamment étudiée : on l'appelle aussi hydropisine, pyine, fibrine dissoute. D'après Robin, elle serait précipitée dans le sérum du sang par le sulfate de magnésie. Quant à la sérine qu'on a trop souvent le tort de confondre avec l'albumine du blanc d'œuf, elle en diffère par son pouvoir rotatoire égal à — 56°, sa non-coagulabilité par l'éther, sa dissolution facile dans l'acide chlorhydrique concentré, sa solution acide précipitable par l'eau et ce précipité soluble dans une grande quantité d'eau. L'albumine du blanc d'œuf, au contraire, a un pouvoir rotatoire égal à — 35°5 ; elle précipite par l'éther, se dissout moins facilement dans l'acide chlorhydrique concentré, sa solution acide est précipitable par l'eau et ce précipité est difficilement soluble dans une grande quantité d'eau. L'albumine est un aliment qui pour être absorbé a besoin de subir l'action des ferments non figurés et solubles, la pepsine et la pancréatine, qui la transforment en *peptones* (V. ce mot). Il ne faut pas confondre cette action avec celle des ferments figurés (microbes), qui lui font subir les transformations profondes et complexes qui caractérisent la *putréfaction*. L'albumine, envahie par ces microbes, que l'air lui apporte, absorbe de l'oxygène, émet de l'acide carbonique, donne naissance à des produits putrides d'odeur très désagréable et se résout

en composés minéraux extrêmement simples qui sont les derniers termes de cette combustion lente. L'albumine et la plupart des matières albuminoïdes se coagulent par la chaleur, précipitent par l'acide azotique et par un grand nombre d'acides et de sels minéraux. C'est ce qui en fait un contre-poison sérieux dans les empoisonnements par les sels de mercure, l'azotate d'argent, le sulfate de cuivre, etc. Le meilleur moyen de l'employer dans ces circonstances est de délayer un ou plusieurs blancs d'œuf dans une quantité d'eau trois à quatre fois plus considérable. Il se forme dans le tube digestif un précipité qui retarde momentanément l'absorption de l'agent toxique. Aussi faut-il profiter de cet effet momentané pour expulser le coagulum par des vomitifs et des purgatifs. — L'albumine a encore d'autres applications médicales. Le blanc d'œuf battu avec de l'eau à laquelle on ajoute du sirop de gomme arabique et de l'eau de fleurs d'oranger constitue un adjuvant agréable dans la plupart des irritations intestinales qui s'accompagnent d'évacuations abondantes, surtout chez les enfants. Nous ne parlons pas de ses applications industrielles pour la clarification des liquides troubles, l'impression des étoffes, la préparation d'un papier photographique susceptible de remplacer le collodion, etc., etc.

ALBUMINÉ, ÉE. adj. Bot. Embryon albuminé. Qui après la fécondation absorbe la partie liquide de l'amnios, dont le résidu produit de l'albumen en se concrétant. || Phot. Se dit du papier que l'on a enduit d'albumine pour lui donner une surface homogène, plane et lisse.

ALBUMINER. v. a. Enduire d'albumine du papier, de la toile, etc.

ALBUMINEUX, EUSE. adj. Qui contient de l'albumine, en a les caractères.

ALBUMINIFORME. adj. Qui a la forme de l'albumine.

ALBUMINIMÈTRE. s. m. Méd. Appareil de polarisation qui sert à déterminer la quantité d'albumine contenue dans un liquide.

ALBUMININE. s. f. V. *Oonin*.

ALBUMINO-CASÉEUX. s. m. Chim. Substance qu'on a trouvée dans les amandes et qu'on appelle amygdaline. Elle tient de l'albumine et de la matière caséeuse.

ALBUMINOÏDE adj. 2 g. (franç. *albumine* ; gr. *éidos*, forme.) Chim. De la nature de l'albumine. || Substances ou matières albuminoïdes. Groupe nombreux de composés organiques auquel appartiennent la plupart des matières azotées de l'organisme. Elles constituent les parties fondamentales, essentielles, des êtres organisés surtout animaux, et dont toutes les autres dérivent, d'où le nom de *substances protéiques* qu'on leur donne souvent. Bien qu'en moindre quantité dans les végétaux, leur présence y est cependant constante et paraît jouer un rôle important dans la vie de la plante. Les substances albuminoïdes principales sont au nombre de trois, à savoir l'*albumine* qui constitue surtout le blanc de l'œuf, la *fibrine* qui existe à l'état de dissolution dans le sang des vertébrés, et la *caséine* qui constitue une des parties importantes du lait. À côté de ces substances qui sont si abondantes dans l'organisme animal, il faut placer leurs correspondantes du règne végétal lequel offre en effet de l'albumine identique à celle des animaux, de la *glutine* analogue à la fibrine et de la *légumine* analogue à la caséine. Citons à la suite, la paralbumine, la métalbumine et l'hydropisine, la matière albuminoïde des globules du sang et la matière colorante qui s'y trouve mêlée ou hématocristalline ; puis des matières albuminoïdes retirées du jaune d'œuf des oiseaux et des poissons cartilagineux, vitelline, ichthine, emyline, etc. ; la pancréatine, la syntonine ou fibrine musculaire, la ptyline salivaire, la pepsine gastrique, l'émulsine des amandes, la matière azotée de la levûre alcoolique. — Les éléments essentiels qui entrent dans la composition de toutes ces substances sont au nombre de quatre, Carbone, Hydrogène, Azote, Oxygène ; on y trouve en plus du soufre et souvent du phosphore. Les proportions respectives de ces divers éléments varient si peu d'une de ces substances à l'autre, qu'on est autorisé à croire que c'est en somme un seul et même corps dont les molécules sont susceptibles de se grouper différemment d'où résultent des modifications dans ses caractères

extérieurs et ses qualités. La formule de l'un quelconque de ces corps est toujours fort complexe comme on peut le voir par celle que Lieberkuhn attribue à l'albumine : $C^{72}H^{112}Az^{18}O^{22}S$. — Les substances albuminoïdes sont solides, non cristalisables, de même que les combinaisons qu'elles peuvent former. Il y a cependant quelques exceptions ; ainsi l'hématocristalline, matière colorante les globules du sang, cristallise suivant les espèces animales qui la fournissent en prismes, tétroèdres, hexaèdres, rhomboèdres. De même, chez certaines plantes on trouve des cristaux formés de matière albuminoïde, tels sont ceux qui entrent dans la constitution des grains d'aleurone. Ces substances sont les unes solubles les autres insolubles dans l'eau. L'alcool, l'éther, les liquides neutres organiques en général, n'ont pas d'action sur elles. Elles ne sont pas volatiles, mais fondent à la chaleur en se boursouflant et en produisant une odeur de corne brûlée, en même temps que leurs éléments constituants se dégagent sous forme d'hydrogène sulfuré, d'ammoniaque, d'hydrogène carboné, d'eau, etc. Les alcalis les dissolvent et se combinent avec elles ; de même les acides qui les transforment en sels solubles dans l'eau ; l'acide chlorhydrique les dissout en produisant une belle coloration d'un bleu violet ; l'acide nitrique concentré les colore en jaune intense, teinte qui, sous l'influence de l'ammoniaque devient orangée grâce à la production d'acide xanthoprotéique ; enfin le réactif de Millon, nitrate acide de mercure, leur donne avec l'aide de la chaleur une couleur rouge foncé. — Sous l'influence de l'air, de l'humidité et d'une chaleur modérée, les substances albuminoïdes s'altèrent rapidement. Elles se combinent d'abord avec l'oxygène de l'air ; à cette combustion lente qui amène un dégagement d'acide carbonique fait suite une décomposition plus active accompagnée d'une production de gaz d'odeur putride. Cette décomposition n'est pas due, comme on le croyait jadis, à une sorte d'instabilité toute spéciale de ces matières organiques, elle est corrélative du développement d'infusoires, de microbes dont les germes en suspension dans l'air n'attendent pour se développer qu'à être déposés sur ces substances dont elle déterminent la putréfaction. (V. ce mot.) (V. aussi *Aliments*)

ALBUMINOSE. s. f. Caséine du sang. (V. *Bioxypnotéine* et *Peptone*.) || Albuminose chronique. (V. *Pléthore*.)

ALBUMINURIE s. f. Ce nom a été créé par Martin Solon pour désigner la présence de l'albumine dans l'urine. On lui donne encore les noms d'albuminurrhée, maladie de Bright, diabète leucomatique, leucomurie et diabète albumineux et leucomurique. Sous quelle influence les tubes rénaux qui, dans l'état normal, ne se laissent pas traverser par l'albumine du sang, la laissent-ils filtrer pour constituer l'albuminurie ? La cause en est-elle dans l'état général de l'économie, dans une altération de la composition normale du sang ou dans une affection des reins ? C'est ce que nous rechercherons à l'article *néphrite*. L'albuminurie n'est, en somme, qu'un symptôme qui indique la présence de l'albumine dans l'urine. La présence se constate par la chaleur, en faisant bouillir l'urine, et par l'acide azotique. Dans les deux cas, il se forme un précipité floconneux d'une nature caractéristique. Cependant, comme dans ces cas l'urine est souvent profondément altérée dans sa composition normale, il peut arriver que certaines substances anormales masquent ces réactions ou en rendent l'interprétation douteuse. L'albumine apparaît dans l'urine à la suite d'un très grand nombre d'états pathologiques : la plupart des fièvres éruptives, notamment la scarlatine, la phlegmasie, la grossesse, les affections cardiaques, la plupart des maladies rénales, certains poisons, l'usage de la poudre de cantharides, etc., etc. L'application d'un vésicatoire amène souvent la production momentanée d'une urine albumineuse. Aussi faut-il distinguer avec soin l'albuminurie transitoire et passagère, d'avec l'albuminurie permanente et continue qui constitue, à proprement parler, la maladie de Bright. Les divers états pathologiques qui entraînent à leur suite l'hydropisie, comme conséquence s'accompagnent ment la présence de l'albumine dans l'urine presque toujours d'albuminurie, et réciproquedoit faire craindre l'envahissement prochain de l'anasarque C'est ce qui se voit notamment dans la scarlatine et dans la grossesse. Dans ce dernier cas, l'éclampsie est bien plus à redouter. On voit donc la nécessité pour le médecin d'examiner souvent les urines, car par ce moyen il reconnaîtra longtemps ou au moins plusieurs jours à l'avance, l'imminence d'accidents qu'il pourra ainsi combattre préventivement. Notons en passant que l'urine albumineuse est facilement mousseuse, caractère qui peut souvent mettre sur la voie l'observateur habitué à ne rien négliger. Claude Bernard, en piquant, chez des animaux, le plancher du quatrième ventricule fut le but de déterminer la glycosurie, a quelquefois provoqué l'albuminurie Cette expérience très intéressante montre l'influence du système nerveux dans la production de cette affection. L'albuminurie peut se rencontrer dans un si grand nombre d'états pathologiques, aigus ou chroniques, diathésiques ou constitutionnels, accidentels ou permanents que son traitement ne peut pas être indiqué d'une manière sommaire. Dans les albuminuries transitoires c'est surtout la maladie principale qui détermine la médication. Pour les albuminuries permanentes, telles que la maladie de Bright, nous renvoyons au mot *néphrite*. En général on se trouve bien des purgatifs salins, des astringents (tannin, perchlorure de fer, etc.). L'hygiène, le régime alimentaire sont chose très importante. L'usage plus ou moins exclusif du lait est souvent couronné de succès.

ALBUMINURIQUE. s. et adj. Celui, celle qui est atteint d'albuminurie. || Ce qui a rapport à cette affection.

ALBUNA. V. *Albunée.*

ALBUNÉE. s. f. Zool. G. de crustacés de l'ordre des décapodes.

ALBUNÉE ou **ALBUNA.** Sibylle et divinité honorée à Tibur, aujourd'hui Tivoli, en Italie. On lui avait consacré un bois, une grotte, une source chantée par Horace et un temple dont on voit les restes près des cascades de l'Anio.

ALBUQUERQUE. 8,000 h. Vle d'Espagne, prov. de Badajoz. Château fort qui couronne un rocher escarpé. Agriculture ; fabriques. Cette ville fut prise par l'archiduc d'Autriche en 1705 et par le général Latour-Maubourg, le 15 mars 1811. || Gros village du Brésil, sur le haut Paraguay. || Vle des Etats-Unis (Nouv.-Mexique), sur le Rio del Norte. 1,500 h. || Groupe d'îles dans la mer des Antilles.

ALBUQUERQUE (don Juan-Alphonse d') M. en 1354. Ministre d'Alphonse XI, roi de Castille ; précepteur de Pierre le Cruel, dont il flatta les inclinations vicieuses. Son élève à son avènement au trône (1350) le nomma grand-chancelier. Ils se brouillèrent D'Albuquerque exilé se réfugia en Portugal et y mourut. || **ALBUQUERQUE** (Alphonse d'). 1452-1515. Surnommé le Grand, le Mars portugais, né à Alhandra (Estramadure). Vice-roi des Indes, il y créa la domination portugaise, conquit Goa, la côte de Malabar, Ceylan, la presqu'île de Malacca, Ormuz à l'entrée du golfe Persique. Actif, prévoyant, sage, humain, juste et désintéressé, il acquit dans ces régions un prestige immense. Calomnié auprès de son souverain il eut la douleur de voir nommer à des postes importants dans l'Inde ses deux principaux ennemis. Il crut à une disgrâce complète et le chagrin qu'il éprouva à une fièvre dyssentérique l'enleva, le 15 décembre 1515, dans la rade de Goa. || **ALBUQUERQUE** (Blaise d'). 1500-1580. Fils du précédent. Intendant général des affaires du Portugal Vécut 80 ans, et écrivit les *Mémoires* ou *Commentaires* autobiographiques de son père (Lisbonne, 1576, in-fol. et 1774, 4 vol. in-4°). || **ALBUQUERQUE** (Mathias d'). Général portugais, défendit son gouvernement de Pernambuco contre les Hollandais, se distingua dans la guerre soutenue par sa nation contre les Espagnols, et assura l'indépendance du Portugal par la victoire de Campo-Major (1644). Il mourut à Lisbonne en 1646. || **ALBUQUERQUE** (Édouard d'). Neveu du précédent qu'il accompagna au Brésil, fut gouverneur de San Salvador qu'il défendit contre les Hollandais Écrivit *la guerre du Brésil contre les Hollandais de 1620 à 1639.* || **ALBUQUERQUE** (le duc d'). Grand d'Espagne, un des chefs es-

pagnols qui, en 1808, s'opposèrent à l'invasion française. Mort ambassadeur à Londres en 1811.

ALBURNOÏDE. adj. (lat. *alburnum*, aubier ; gr. *eidos*, forme). Bot. Qui ressemble à l'aubier. || s. m. pl Bot. Sous-genre de cytises établi par de Candolle.

ALBURNUS. Myth. Divinité adorée en Lucanie sur la montagne du même nom.

ALBUS. Petite pièce de monnaie en argent mise en circulation par l'empereur Charles IV en 1360 et qui, jusqu'en 1812, continua d'avoir cours dans la Hesse électorale. On l'appelle en allemand weisspfennig. Elle valait deux kreutzers.

ALBUTIO. Nom latin d'Aubusson, ville de France (Creuse).

ALBY. 1,200 h. Bg de France, ch.-l. de c. de la Haute-Savoie, arr. d'Annecy, sur le Chéran. || **ALBY** Ch.-l. du dép. du Tarn. (V. *Albi.*)

ALBY (Ernest). 1809-1868. Littérat. franç. né à Marseille m à Paris. Saint-simonien ardent au début ; voyagea en Algérie, et enfin se consacra aux lettres, il fut attaché à la Bibliothèque de la rue Richelieu Il publia de nombreux romans-feuilletons, dont un certain nombre sous le pseudonyme de A. de France. Les *Prisonniers d'Abd-el-Kader* (1837) ; *Catherine de Navarre* (1838) ; *l'Olympe à Paris* (1845) ; *la Captivité du trompette Escoffier* (1848) ; *les Camisards* (1859) ; *Des persécutions contre les Juifs* (1840) : *les Vêpres marocaines* (1853) ; etc.

ALCA. s. f. Zool. Nom latin donné par Linné au genre pingouin.

ALCABALA ou **ALCAVALA.** s. m. (arabe *al*, le ; *cabala*, calcul mystérieux). Droit sur les marchandises, en Espagne, originairement consenti par les États de Castille pour fournir à Alphonse IX les moyens de soutenir la guerre contre les Maures.

ALCAÇAR (Louis). Jésuite espagnol, né en 1554, mort à Séville, sa patrie, en 1613. On publia, en 1614, à Anvers, avec ses autres ouvrages, un gros et remarquable commentaire sur l'Apocalypse, dont les écrivains postérieurs et Bossuet notamment ont fait grand usage. 2 vol in-fol Le premier a pour titre : *Vestigatio arcani sensús in Apocalypsi* ; et le second : *In eas Veteris Testamenti partes quas respicit Apocalypsis.*

ALCAÇAR-QUIVIR ou **KÉBIR**. V. *Alcazar.*

ALCADE s m (arabe *al cadi*, le juge) Ancien juge espagnol et aujourd'hui, magistrat qui, en Espagne, correspond au maire français. L'alcade est élu pour un an par les habitants parmi les membres du conseil municipal (*corrégidors*) et institué par le gouvernement qui nomme directement les alcades des chefs-lieux de province. L'alcade préside le conseil municipal (*ayuntamiento*) et administre la commune. Il est aidé dans ses fonctions par un ou plusieurs adjoints (*alcades tenientes*). L'alcade remplit en outre certaines fonctions judiciaires qui, en France, sont exercées par le juge de paix. || **ALCADE-MAYOR**. Président d'un tribunal.

ALCADÉES s. f pl (du lat. *alca*, pingouin). Fam. d'oiseaux de l'ordre des palmipèdes ayant pour type le genre *pingouin*.

ALCADIE. s. f. Charge d'alcade. Résidence d'un alcade.

ALCADINO. Médecin italien né à Syracuse, 1170-1234. Élève et professeur à Salerne ; attaché à la personne des empereurs d'Allemagne Henri VI et Frédéric II ; auteur d'un poème : *De balneis Puteolanis*, Naples, 1513, in-4°.

ALCAFORADA (Marianne). Religieuse portugaise d'une illustre famille, XVII° siècle. Surnommée l'*Héloïse portugaise*, parce qu'on lui attribue des lettres qui respirent le violent amour qu'elle conçut pour un jeune officier de cavalerie française, le chevalier de Chamilly, plus tard maréchal. Celui-ci eut l'indélicatesse de les livrer à la publicité : elles parurent, au nombre de cinq, sous le titre de : *Lettres portugaises, traduites en français*, Paris, 1669. La traduction était de Guilleragues. Le texte original fut détruit.

ALCAFORADO (François). Navigateur portugais, compagnon de Zarco qui découvrit Madère (1419). Il a écrit de cette expédition un récit curieux, trad. en franç., Paris, 1671, in-12.

ALCAHEST, ALKAHEST, ALKAHEIT, ALCAEST, ALKAEST. s. m. Alch. Mot inventé par Paracelse pour désigner une liqueur

propre à guérir les engorgements. D'après Van Helmont, la liqueur alkahest, qu'il appelait *ens primum solium, primus metallus*, était un dissolvant universel pour ramener les corps à leur première vie. || *Alcahest de Glauber*, Liqueur épaisse que l'on obtient en faisant détoner sur des charbons ardents du nitrate de potasse, qui devient ainsi un sous-carbonate de potasse. || *Alcahest de Prespour*, Mélange de potasse et d'oxyde de zinc.

ALCAÏDE, ALCAYDE. s. m. Nom porté par les descendants d'Alcée || Gouverneur d'une ville au Maroc. C'est une corruption de caïd.

ALCAIQUE. s m. et adj. Vers et strophe. Le vers grec alcaïque comprend un iambe ou un spondée, un iambe, une césure longue ou brève, puis deux dactyles. || La strophe alcaïque grecque se compose ainsi : deux vers alcaïques, un iambique dimètre hypercatalectique, un dactylico-trochaïque tétramètre. Horace a modifié cette strophe en y introduisant plus fréquemment le spondée, mais il en a conservé le rythme. Dans Alcée il y a un repos après chaque strophe, ses vers étant destinés à être chantés. Horace enjambe fréquemment d'une strophe à l'autre. Les Allemands ont reproduit la strophe alcaïque (odes de Klopstock)

ALCALA. Signifie, en arabe, château. C'est le nom de beaucoup de localités en Espagne. || **ALCALA DE CHIVERT**. 6,000 h. Vle de la prov. de Castellon de la Plana (roy. de Valence). Belle église, manufacture de tabacs. || **ALCALA DE GUADAIRA**. 8,000 h. Vle de la prov. de Séville. Remarquable par ses olives et son climat. || **ALCALA DE HÉNARÈS** Vle de la prov. de Madrid, sur le Hénarès, sur le che. de fer de l'Aragon, près de l'ancienne ville romaine de *Complutum* dont le nom a passé à son ancien évêché. La ville est dans une plaine fertile ; elle est ceinte de murailles, et a un beau pont de pierre sur le Hénarès : on y voit le palais de l'archevêque de Tolède et le collège de St-Ildefonse. Le cardinal Ximénès y fonda une université qui réunit jusqu'à 11,000 étudiants, et y fit imprimer, en 1502, la fameuse bible polyglotte : elle fut supprimée en 1836. Ville déchue, il y avait encore 20,000 h. au XVIII° s. aujourd'hui 5,000. Patrie de Michel Cervantès, l'auteur de *Don Quichotte* ; d'Antonio Solis, hist. de la conquête du Mexique, du naturaliste Juan de Bustamente, etc. || **ALCALA DE LOS GAZULES**. 9,000 h. Vle de la prov. de Cadix, sur le Guadalquivir. || **ALCALA LA RÉAL**. 16,000 h. Vle de la prov. de Jaen (Andalousie). Altit. 857 m. Les Français y battirent les Espagnols en 1810. || **ALCALA DEL RIO**, ou la Vieille Séville, dans l'Andalousie. 2,700 h. Patrie de Silius Italicus, de Trajan et d'Adrien.

ALCALA (don PARAFAN DE RIVERA, duc d'). Vice-roi de Naples pendant 12 ans, sous Philippe II, préserva ce pays de la disette, de la peste, des brigands et des Musulmans. Mourut en 1571, à 63 ans. || **ALCALA Y HÉNARÈS** (Alph. d'). Marchand espagnol, établi à Lisbonne. Auteur de poésies qui se distinguent par leur originalité : *Viridarium anagrammaticum* et cinq *nouvelles* dans chacune desquelles il s'est astreint à éviter une des voyelles.

ALCALAMIDE. s. f. (de *alcali* et de *amide*). Chim. Nom générique des corps qui représentent de l'ammoniaque dans laquelle l'hydrogène est remplacé à la fois par un radical d'alcool ou d'aldéhyde et par un radical d'acide. Les premières alcalamides (oxanilide, benzanilide) furent découvertes en 1845 par Gerhardt.

ALCALESCENCE. s. f. Chim. État d'une substance qui devient ou qui est déjà légèrement alcaline.

ALCALESCENT, ENTE. adj. Chim. Qui présente les propriétés des alcalis, ce qui arrive en général pour les substances organiques azotées, quand il s'y produit de l'ammoniaque

ALCALI. s. m. (de l'article arabe *al* et de *kali*, nom d'une plante d'où on retire la soude). Chim. Nom donné aux bases les plus énergiques : leur saveur est âcre, caustique, elles ramènent au bleu la teinture de tournesol rougie par les acides, verdissent le sirop de violettes, etc Les anciens chimistes distinguaient : l'*al. minéral* (soude), l'*al. végétal* (potasse), et l'*al. volatil* (ammoniaque). Les alcalis se divisent en *alcalis minéraux* et *alcalis organiques* ou *alcaloides* (V. ce mot). Les premiers comprennent l'ammoniaque qui est volatil ; des alcalis fixes solubles (potasse, soude, lithine) ;

des alcalis fixes insolubles, ce qu'on appelait jadis terres alcalines (baryte, strontiane, chaux). Aujourd'hui on confond souvent sous le nom de bases les différents alcalis. ‖ Toxicol. Les alcalis ont une action caustique sur nos tissus; dans l'empoisonnement par ces substances, il faut se hâter de faire prendre de l'eau vinaigrée en grande quantité (3 cuill. à bouche de vinaigre pour un litre d'eau).

ALCALICITÉ. s f. Propriété des substances alcalines.

ALCALIFIABLE. adj. 2 g. Qui est susceptible de se convertir en alcali, ou d'en prendre les propriétés.

ALCALIFIANT, ANTE adj. Qui est propre à convertir en alcali, à en donner les propriétés. Il s'emploie aussi substantivement.

ALCALIGÈNE adj. (d'alcali et du gr. gennaô, j'engendre). Qui donne naissance aux alcalis. On l'emploie aussi substantivement.

ALCALIMÈTRE. s. m. Instrument qui sert à mesurer les alcalis.

ALCALIMÉTRIE. s. f. (alcali et gr. métron, mesure). Chim. Procédé employé pour mesurer la quantité d'alcali contenue dans les potasses et les soudes du commerce, qui sont toujours impures. Les instruments employés s'appellent alcalimètres. La principale méthode est celle de Gay-Lussac, qui consiste à chercher combien il faut d'un liquide contenant un poids connu d'acide sulfurique, pour neutraliser l'alcali renfermé dans un poids donné de la matière à essayer. 5 grammes d'acide sulfurique monohydraté SO^3,HO correspondent à $4^{gr},810$ de potasse anhydre, KO ; ou à $3^{gr},163$ de soude NaO.

ALCALIMÉTRIQUE. adj. 2 g. Qui a rapport à l'alcalimétrie.

ALCALIN, INE. adj Qui a rapport aux alcalis, qui possède les propriétés des alcalis. Saveur alcaline, substance alcaline. Propriété, réaction alcaline. ‖ Métaux alcalins. Ce sont ceux qui, combinés avec l'oxygène, ont une énergique réaction alcaline ; comme le potassium, le sodium, le calcium, le baryum, le lithium et le strontium. ‖ Sels alcalins Ce sont, d'une façon générale, ceux qui offrent une réaction alcaline grâce à l'énergie de la base qui entre dans leur constitution ; mais on appelle aussi de ce nom ceux dans lesquels la base entre en plus forte proportion, relativement à l'acide, que dans les sels de même espèce que les chimistes appellent neutres, bien qu'ils puissent avoir une réaction soit acide, soit alcaline ; dans ce dernier cas, on a par conséquent des sels neutres alcalins, tels sont les sulfates, carbonates, acétates, tartrates, citrates de potasse, de soude et de magnésie. ‖ Médicaments alcalins. (Médication alcaline.) Les médicaments alcalins sont, en premier lieu, les bicarbonates et acétates de potasse et de soude et particulièrement les eaux minérales qui renferment ces principes et qui sont dites alcalines ; ensuite un certain nombre de substances qui se transforment dans l'organisme en carbonates alcalins ; elles existent dans les aliments qui contiennent des acides végétaux, tels sont un grand nombre de fruits, les légumes connus sous le nom de brèdes : cresson, raves, carottes, nombre de racines et de feuilles ; il faut ajouter le vin blanc acide. Leur usage suivi constitue le régime alcalin dans lequel on doit encore ranger les cures de petit-lait et de raisin. Les substances alcalines prises à doses modérées augmentent la sécrétion du suc gastrique (à dose élevée, elles neutralisent plus ou moins complètement son acidité et entravent la digestion), ce qui justifie leur emploi dans plusieurs affections de l'estomac (dyspepsies); elles excitent les mouvements des cils vibratiles des muqueuses des bronches et de l'utérus, d'où leur utilité dans les catarrhes de ces organes ; elles activent la nutrition en favorisant les combustions organiques, comme le montrent l'augmentation de l'urée et la diminution de l'acide urique de l'urine, ce qui prouve les avantages qu'on en peut retirer dans la goutte et la gravelle urique, la lithiase biliaire, etc. Dans l'anémie, le diabète, le scorbut, leur emploi est également justifié, mais concurremment avec certains autres médicaments. ‖ Cachexie alcaline. L'abus des alcalins paraît avoir de graves inconvénients, en particulier celui de dissoudre les globules du sang, de déterminer un amaigrissement considérable et une anémie profonde ; c'est là ce qu'on appelle la cachexie alcaline. C'est ce qui arriverait à celui qui ferait un usage immodéré d'eau de Vichy. ‖ Eaux alcalines On peut les répartir en deux groupes, l'un comprenant les bicarbonatées sodiques, dont le bicarbonate de soude est l'élément essentiel et dominant, comme Vichy, Vals ; l'autre comprenant les bicarbonatées chlorurées sodiques qui renferment, outre le bicarbonate de soude, du chlorure de sodium, comme Royat, Ems, Saint-Nectaire. Ces eaux sont généralement froides ; il y a quelques exceptions, Vichy entre autres. Elles renferment de 1 à 8 gr. de bicarbonate par litre et une grande quantité d'acide carbonique libre qui leur donne un goût particulier et les rend très digestibles. On y trouve souvent, comme éléments secondaires, du fer, de l'arsenic, des sulfates, des carbonates de chaux et de magnésie. L'action de ces eaux, de même que qui est indiqué à propos des médicaments alcalins. Ajoutons que les chlorurées excitent les contractions intestinales contrairement aux alcalines simples, qui constipent plutôt ; en outre, grâce au chlorure de sodium, elles tendent à modérer l'action excitante, désassimilatrice du bicarbonate de soude ; elles constituent donc une sorte de médication atténuée, et conviennent surtout aux gens à tempérament nerveux, excitable.

ALCALINITÉ. s. f. Chim. État alcalin d'un corps. Ce qui fait qu'un corps renferme des alcalis.

ALCALINO-TERREUX, EUSE. adj. Qui tient à la fois de la nature des alcalis et de celle des terres, comme la baryte, la strontiane et la chaux qui sont moins caustiques que les alcalis proprement dits ; on les appelle aussi alcalis terreux, terres alcalines. Les métaux alcalino-terreux sont le baryum, le strontium, le magnésium et le calcium.

ALCALINULE. adj. Chim. Diminutif d'alcalin. Se dit d'un sel qui n'est plus neutre, mais qui contient seulement après saturation un léger excès d'alcali.

ALCALISATION. s. f. Chim. Opération naturelle dans laquelle se développe la propriété alcaline. ‖ Opération dans laquelle on sépare l'alcali d'un corps qui le renferme. ‖ Action d'alcaliser.

ALCALISER. v. a. Rendre alcalins un liquide, une potion, etc., par l'addition d'un alcali ou d'un carbonate alcalin ‖ Donner à une substance les propriétés de l'alcali ; augmenter les propriétés alcalines d'un corps. ‖ S'ALCALISER. v. pr. Se charger de principes alcalins.

ALCALOÏDE s. m. (alcali, et gr. eidos, forme)-Chim. Composés organiques présentant les propriétés basiques des alcalis et pouvant s'unir aux acides pour former des sels. On les divise en A. naturels et A. artificiels. Les premiers existent dans les végétaux : aconitine, brucine, caféine, codéine, morphine, narcotine, nicotine, papavérine, quinine, solanine, strychnine, théine, théobromine, vératrine, etc. (V ces mots.) Ils ont en général des propriétés énergiques, et beaucoup sont des poisons violents. Les seconds s'obtiennent artificiellement en remplaçant dans l'ammoniaque $Az H^3$ 1, 2 ou 3 équivalents d'hydrogène par un nombre égal d'équivalents d'un des nombreux hydrogènes carbonés dont la formule générale est $C^n H^m$. On les appelle, à cause de cela, ammoniaques composées. Leur nombre est très considérable ; nous ne citerons que les principaux : amarine, aniline, créatiline, cyaniline, cystine, nitraniline, sarcosine, sinapine, toluidine. (V ces mots.) Il existe également des alcaloïdes animaux ou bases organiques animales : créatine, allantoïne, urée, créatinine, cystine. Le professeur Selmi, de Bologne, a découvert dans les cadavres en putréfaction, des alcaloïdes qu'il a appelés ptomaïnes, et qui peuvent être confondus avec les alcaloïdes naturels. On conçoit qu'il peut en résulter, dans les cas d'expertises médico-légales, des erreurs dont les conséquences sont épouvantables. Ces ptomaïnes sont du reste, pour la plupart, vénéneuses. (V. Ptomaïne.)

ALCALOÏMÉTRIE. s f. Ensemble de procédés propres à faire reconnaître la proportion d'alcaloïdes renfermée dans les végétaux.

ALCAMÈNE. 9e roi de Lacédémone, 800 av. J.-C. Connu dans l'histoire par ses apophtegmes. Il disait que pour conserver l'État il ne fallait rien faire en vue de l'intérêt. ‖ ALCAMÈNE 457-387 av. J -C. Sculpteur né à Athènes. Élève et rival de Phidias, célèbre par sa Vénus, son Vulcain et le fronton du temple de Jupiter Olympien dont Pausanias a laissé la description, et sur lequel il avait représenté le combat des Centaures contre les Lapithes aux noces de Pyrithoüs. ‖ ALCAMÈNE. Général achéen lutta avec insuccès contre les Romains sous le consul L. Memmius, IIe s. av. J.-C.

ALCAMO. 23,000 h. Ch.-l. de circ. de la prov. de Trapani (Sicile), près des ruines de l'anc. Ségeste, à 4 kil. du golfe de Castellomare. Dans l'église des Loccalanti se trouve un beau tableau de Fra Angelico. Patrie du poète Ciullo d'Alcamo.

ALCAMO (Ciullo d'). Le plus ancien poète italien, mentionné par Dante dans son Convito. Il était né à Alcamo en Sicile et composait vers 1190.

ALCAN (Michel). 1811-1877. Né a Donneley (Meurthe) ; m. à Paris. Fut successivement cultivateur, relieur, ingénieur, professeur de tissage au Conservatoire des Arts-et-Métiers. Combattant de 1830, il fut élu représentant à l'Assemblée constituante de 1848, où il siégea à la Montagne. Essai sur l'industrie des matières textiles, bon ouvrage (1847); Instruction pour le peuple : filature, tissage (1847) ; Fabrications des étoffes (1864); Traité du travail des laines (1866) ; etc.

ALCANADRE. Riv. de l'Espagne sept., prov. de Huesca (Aragon). C. 125 kil.

ALCANDRE Femme de Polybe, roi d'Égypte, sur les terres duquel furent jetés Ménélas et Hélène au sortir de la guerre de Troie. ‖ ALCANDRE. Jeune Spartiate qui creva un œil à Lycurgue. ‖ ALCANDRE. Lycien, ami de Sarpédon tué par Ulysse ‖ ALCANDRE. Ancien poète grec.

ALCANIZ. 8,000 h. Vle d'Espagne, prov. de Teruel (Aragon), sur la dr. du Guadalupe, affl de l'Èbre.

ALCANNA s. m. Nom donné à diverses espèces de plantes: 1° au henné (lawsonia inermis, L.), nommé albenna et, par corruption, alcanna ; 2° à une espèce de filaria (phillyrea, L.) ; 3° à l'orcanette (anchusa tinctoria, L.). Le henné et l'orcanette portent sans doute le même nom à cause du même usage qu'en font certains peuples du Levant : ils se servent de la racine pour se teindre les dents et les ongles.

ALCANTARA (en arabe le Pont). 4,500 h. Vle forte d'Espagne dans l'Estramadure, anc. Narbo-Cæsarea, construite par l'empereur Trajan sur un rocher, rive dr. du Tage. Le pont de Trajan sur le Tage se compose de 6 arches, il a 188^m de long, 28 de large, sa hauteur est de 18^m (là le Tage monte quelquefois de 40^m), et à son centre il supporte un arc de triomphe de 40 pieds de haut, très bien conservé. ‖ ALCANTARA. Anc. faubourg de Lisbonne, réuni à la ville après le tremblement de terre de 1733. Célèbre aqueduc de 127 arches (Agua de Ballas). Victoire remportée par le duc d'Albé sur don Antonio héritier du trône de Portugal, le 25 août 1580. ‖ ALCANTARA. 5,500 h. Vle maritime de la prov. de Maranhão (Brésil sept.) à l'entrée occid. de la baie de São-Marcos, fondée en 1648 ; jadis cap. de la prov., aujourd'hui déchue.

ALCANTARA (chevaliers d'). L'un des trois ordres religieux et militaires de l'Espagne. Fondé par les frères don Suero, et don Gomez Fernando Barrientos en 1156, pour défendre le château de Saint-Julien du Poirier. Cette confrérie fut élevée en ordre de chevalerie en 1177 par le pape Alexandre III. Le roi de Castille lui accorda de nombreux privilèges. En 1218, le roi Alphonse VI lui donna la ville d'Alcantara ; de là son nom. Dans la lutte contre les Maures, cet ordre acquit beaucoup de gloire et de richesses. En 1474, le roi Ferdinand V en réunit la grande-maîtrise à la couronne d'Espagne. En 1540, les chevaliers furent déliés du vœu de célibat ; l'ordre fut supprimé en 1835 et ce n'est plus aujourd'hui qu'un ordre du mérite militaire. Insignes : croix fleurdelisée de sinople, suspendue au cou par un ruban de même couleur.

ALCARAZAS. s. m. (on fait sentir l's ; — mot esp. ; de l'art. arabe al, et de quraz, cruche).

Vase en terre très poreuse dans lequel l'eau se rafraîchit par suite de l'évaporation qui se fait à la surface. Les meilleurs viennent d'Espagne.

ALCARON. s. m. Zool. Nom vulg. du scorpion d'Afrique.

ALCATHOË. Myth. Mégare prit ce nom de son roi Alcathous.

ALCATHOÜS. Myth. Fils de Pelops et d'Hippodamie, frère d'Atrée et de Thyeste, tua un lion qui avait dévoré le fils de Mégareus roi de Mégare et épousa ensuite la fille de ce prince auquel il succéda. Apollon l'aida à construire les murs de Mégare et la pierre sur laquelle ce Dieu s'assit rendit, depuis, des sons harmonieux.

ALCATRAX s. m. (mot arabe). Zool. Nom vulgaire du pélican dans certaines parties de l'Espagne.

ALCATRAZES. Ilots de la côte orient. du Brésil mérid., inaccessibles aux navires.

ALCAUDETE. 6,400 h. Vle de l Espagne mérid., prov. de Jaen (Andalousie).

ALCAVALA. s. m. Ancienne dîme payée en Espagne sur tous les transferts de propriété. Cet impôt fut aboli en 1808.

ALCAZAR. s. m. Le mot alcazar désigne, chez les Arabes, un palais. On donne ce nom plus particulièrement aux palais que les Arabes avaient construits en Espagne. Il y avait des alcazars dans plusieurs villes. Celui de Séville, quoique altéré à différentes époques, est celui qui a le mieux conservé son caractère primitif. Il est probable que sa construction fut commencée à la fin du XIIᵉ s. ou au commencement du XIIIᵉ, et l'on continua à y faire des additions jusqu'à la prise de Séville par les chrétiens en 1248. Pierre le Cruel s'attribue, dans une inscription placée sur une muraille, le mérite de l'avoir réédifié ; mais il ne fit guère que la façade de l'étage supérieur. On y retoucha sous Charles-Quint et sous Ferdinand VI. Il résulte de ces différentes époques de sa construction que les styles d'architecture y sont très mélangés ; on y trouve du style moresque, du style gothique et du style de la renaissance. Cependant l'ensemble conserve assez bien les traits d'un palais arabe. Les cours sont disposées en jardins et ornées de fontaines ; certaines salles ont conservé leur décoration en stuc doré et peint de diverses couleurs. Celle que l'on appelle salle des ambassadeurs est surtout remarquable — L'alcazar de Tolède date du VIIIᵉ s. et fut fondé par Abdérame Iᵉʳ. Il ne reste presque plus rien de sa construction primitive On lui a fait, au XVIᵉ s., une façade dans le style de la renaissance italienne.— L'alcazar de Ségovie a été aussi très altéré, surtout au XVIᵉ s. l a encore cependant quelques belles salles. l est dans une situation magnifique. Une école d'artillerie l'occupe à présent. — Mais le plus célèbre des alcazars, au temps des Arabes, était celui de Médina-el-Zamra. Les écrivains de cette nation en parlent comme d'une merveille ; ils vantent surtout ses jardins comme délicieux. Il avait été construit en 936 par Abdérame III pour sa favorite Zamra, et était situé à quelque distance de Cordoue. Il fut démoli au XIᵉ s. et il n'en reste plus rien. ‖ Par ext. On donne ce nom à des établissements publics, particulièrement à des cafés-concerts, dont les décorations rappellent l'ornementation arabe.

ALCAZAR. Deux villes du Maroc portent ce nom : ALCAZAR-KIBIR, ou le Grand Alcazar, 8,000 h., à 25 kil. E. De Laroche. Victoire des musulmans sur les Portugais commandés par le vaillant roi Sébastien qui perdit la vie dans cette célèbre bataille (4 août 1578). ‖ ALCAZAR-SÉGHIR ou le Petit Alcazar. Vle fortifiée du Maroc sur le détroit de Gibraltar, entre Ceuta et Tanger. ‖ ALCAZAR DE SAL. 2,600 h. Vle de Portugal (Estramadure), sur le Sadao. Assiégée en 1109, 1158 et 1217. Victoire des Miguélistes le 2 nov. 1833. ‖ ALCAZAR DE SAN-JUAN. 8,700 h. Vle d'Espagne. Ch.-l. de distr., prov. de Ciudad-Réal (Manche), région composée de plaines monotones que Cervantès a choisie pour théâtre des actes héroï-comiques de son Don Quichotte. Siège de l'ordre des chevaliers de Saint-Jean.

ALCAZAR (Balthazar de). Poète espagnol, né à Séville vers 1530, mort en 1606. Prit Martial pour modèle. La plus grande partie de ses poésies est encore inédite, en manuscrit, à Sé-

ville. Elles ont de l'enjouement et de la grâce. On trouve celles qui sont imprimées dans Biblotheca de autores espagnoles de don Adolfo de Castro, Madrid, 1854-1857, 2 vol. in-4°. ‖ ALCAZAR (Louis d'). V Alcacar

ALCAZAZ. 4,400 h. Vieille ville de la prov. d'Albacete (Espagne). On croit que c'est l'anc. Arcilacis Ruines romaines. ‖ ALCAZAZ (sierra de). Chaîne de montagnes du S.-E. de l'Espagne, le groupe le plus haut (1,800ᵐ) de la sierra Morena. Sources du Guadiana, du Guadalimar et du rio Mundo.

ALCE. s. m. (du gr. alkê, élan). Zool. Nom scientifique du genre élan.

ALCEDIDÉES. s. f. pl. (lat. alcedo, martin-pêcheur, que l'on disait nicher sur la mer). Zool. Famille d'oiseaux de l'ordre des passereaux : bec fort, allongé, droit. Elle comprend les genres martin-pêcheur, alcyon, etc.

ALCÉE. s. f. (gr. aikea, mauve). Bot Plante du genre guimauve, famille des malvacées. Alcea rosea, vulg. passe-rose, rose trémière, etc ; ses tiges, élevées de 2 à 3 m. et chargées de grandes fleurs aux couleurs variées, en font une belle plante d'ornement. Elle est emolliente comme la guimauve.

ALCÉE. Pere d'Amphitryon, l'époux d'Alcmène, était fils de Persée et fut grand-père d'Hercule, qui prit de lui le nom d'Alcide. ‖ **ALCÉE.** Poète grec du VIIᵉ s. av. J.-C., né à Mitylène. L'un des chefs du parti aristocratique il dut quitter sa patrie quand Pittacus, chef de la démocratie, l'emporta, et il alla voyager en Égypte. Les Alexandrins donnèrent à Alcée la première place dans leur canon parmi les poètes lyriques. Horace l'a imité et lui a fait des emprunts. Ses œuvres comprenaient des hymnes, des odes, des chants guerriers, des chants érotiques, des chants en l'honneur de Bacchus et des épigrammes. On y sentait l'inspiration poétique ; rien de plus pur ni de plus tendre que ses chants d'amour. Il est trop violent contre ses adversaires politiques. Il a écrit dans le dialecte éolien. Ses mètres étaient fort variés et en grande partie, croit-on, de son invention. Une strophe porte son nom. (V. Alcaïque.) Il ne nous reste d'Alcée que des fragments, dont les meilleures édit. sont celles de A. Mathiæ, Leipzig, 1827, in-8° et de Bergk (Poetæ lyrici græci, Leipzig, 1878).

ALCÉLAPHE. s. m. (gr. alkê, élan ; elaphos, cerf). Mammifères ruminants. Blainville a donné ce nom à une section du groupe des antilopes.

ALCÉMÉROPE. s. m. (lat. alcedo, alcyon ; merops, guêpier). Genre d'oiseaux qui établit le passage entre les martins-pêcheurs et les guêpiers. Une espèce habite Sumatra ; une autre, l'intérieur du continent de l'Inde.

ALCESTE. Myth. gr. Fille de Pélias, femme d'Admète, roi de Thessalie. La Fable raconte qu'Apollon avait donné à Admète le privilège d'échapper à la mort chaque fois qu'au dernier moment quelqu'un voudrait prendre sa place. Il tombe malade, l'oracle déclare la maladie mortelle, Alceste se dévoue pour son mari. Mais Hercule, touché de l'hospitalité qu'il avait reçue chez Admète, descend aux enfers et ramène la vertueuse Alceste. C'est le sujet d'une tragédie d'Euripide, qui a inspiré beaucoup de compositions dramatiques modernes et des poèmes d'opéras, notamment celui de Quinault et Lulli (1674), et celui de Gluck, chef-d'œuvre musical (Paris, 23 avr. 1776). ‖ ALCESTE, le Misanthrope de Molière, le principal personnage de cette immortelle comédie. Le nom d'Alceste a servi à désigner, depuis, un homme bourru, insociable, d'une franchise redoutable, d'un caractère inflexible. Les Alcestes deviennent des Philintes ; les caractères se détrempent, les talents s'abâtardissent. (Balzac.) ‖ ALCESTE. Astr. La 124ᵉ des petites planètes entre Mars et Jupiter, découverte le 23 août 1872 par M. C.-H.-F. Peters.

ALCESTER. 2,500 h. Vle d'Angleterre, été de Warwick. Manufacture d'aiguilles et d'hameçons. Ancienne résidence des rois saxons. Antiquités romaines.

ALCÉTAS. Roi de Macédoine, fils d'Erope et père d'Amyntas, mort l'an du monde 3459. ‖ ACÉTAS. Roi des Molosses (386 av. J.-C.) Chassé par ses sujets, réintégré par les Illyriens et Denys, tyran de Syracuse. ‖ ALCÉTAS. Roi d'Épire, 295 av. J.-C. Si cruel que ses sujets l'étranglèrent lui et ses enfants.

ALCHATA. s. m. Oiseau que Buffon classe

dans le genre pigeon et que d'autres naturalistes rattachent aux perdrix.

ALCHÉMILLE ou **ALCHIMILLE.** s. f. (de l'arabe alkemelieh, alchimique). Bot. Genre de la fam. des rosacées, tribu des dryadées. Les alchimistes recueillaient la rosée de cette plante pour préparer la pierre philosophale L'A. commune ou pied-de-lion est un bon fourrage : sa racine est vulnéraire et astringente.

ALCHIMELECH. s. m. Bot. Mélilot égyptien. On a donné aussi ce nom à une espèce de trigonelle.

ALCHIMIE. s. f. (de l'arabe al et khemia). Science occulte cultivée dans l'antiquité et au moyen âge et qui est l'origine de la chimie moderne. L'alchimie est à la chimie ce que l'astrologie est à l'astronomie. Le principal objet que poursuivaient les alchimistes était le grand œuvre, c.-à-d la découverte d'une préparation (pierre philosophale) jouissant de la propriété de transmuter en or l'argent et les autres métaux (plomb, mercure, etc.) que les alchimistes appelaient métaux imparfaits. Cette préparation devait avoir aussi la vertu merveilleuse de guérir toutes les maladies ; prise à l'intérieur (aurum potabile), elle devait empêcher l'homme de vieillir et de mourir : c'était la panacée universelle. Les alchimistes recherchaient aussi une autre pierre ayant la propriété de transformer en argent les métaux imparfaits : c'était le petit œuvre. — L'alchimie a une origine égyptienne : les adeptes en attribuaient l'invention au dieu égyptien Thot ou Hermès Trismégiste, d'où le nom d'art sacré et de science hermétique qu'on lui a donné dans l'antiquité et au moyen âge. Elle fut cultivée ensuite par les Grecs d'Alexandrie, puis par les Arabes qui l'introduisirent en Occident. Les plus célèbres alchimistes ont été l'arabe Geber qui vivait en Espagne à la fin du VIIIᵉ s.; au XIIᵉ s., Albert le Grand et Roger Bacon, les deux hommes les plus savants de leur époque ; au XIIIᵉ s. le médecin Arnauld de Villeneuve qui a laissé plus de vingt ouvrages sur l'alchimie ; au XIVᵉ s. Raymond Lulle qui a écrit, dit-on, près de 500 ouvrages, la plupart relatifs à l'alchimie ; aux XVᵉ et XVIᵉ s. Basile Valentin et Paracelse. A partir du XVᵉ s. et jusqu'au XVIIIᵉ s. un grand nombre de rois et de seigneurs se livrèrent aux pratiques de l'alchimie, surtout en Allemagne. Au siècle dernier, un médecin anglais, James Price, membre de la Société royale de Londres, prétendit avoir découvert deux poudres, l une rouge, l'autre blanche dont le mélange produisait de l'or ; mis en demeure de répéter publiquement son expérience, il s'empoisonna (1783). Au commencement de ce siècle, il existait encore en Allemagne une société d'alchimistes. — La prétention des alchimistes de découvrir une panacée universelle et de supprimer la mort était manifestement insensée. Quant à la poursuite de la pierre philosophale et de la transmutation des métaux en or, elle est contraire à l'état actuel de la science qui considère les métaux comme des corps simples et irréductibles, mais elle n'est pas absurde a priori comme on l'a dit longtemps, car il est possible que tous les corps soient constitués par une seule matière et ne diffèrent que par le mode d'agrégation de leurs molécules. Mais la science dût-elle arriver plus tard à cette conclusion, il n'en reste pas moins certain que les procédés suivis par les alchimistes étaient fort défectueux et n'avaient rien de scientifique. On doit cependant à leurs persévérantes recherches la découverte d'un grand nombre de corps et la chimie profite aujourd'hui de leurs travaux. Malheureusement, leurs ouvrages écrits dans une langue symbolique et figurée sont d'une intelligence difficile.

ALCHIMILLE. V. Alchémille.

ALCHIMIQUE. adj. 2 g. Qui a des rapports avec l'alchimie. Livres, travaux, rêveries alchimiques.

ALCHIMISTE. s. m. Celui qui s'occupe d'alchimie. ‖ Par ext. Utopistes dont les travaux sont aussi vains que ceux des alchimistes. Les socialistes sont les alchimistes de la prospérité publique.

ALCHIRON ou **ALCHÉRON.** s. m. Minér. Pierre que l'on trouve dans la vésicule du fiel du bœuf.

ALCHORNÉE ou **ALCORNÉE.** s. f. (d'Alcorne, naturaliste anglais). Bot. G. d'euphorbiacées dont quelques espèces sont employées au Brésil comme astringentes.

ALCIAT (André), en ital. *Andræas* ALCIATI. Célèbre jurisconsulte italien, né à Alzate près Milan, en 1492, mort à Pavie, en 1550. Il fut le plus célèbre professeur de son siècle ; il enseigna successivement à Avignon, à Bourges, à Milan, à Ferrare et à Pavie. Alciat est le fondateur de l'école historique dont Cujas est la gloire; son innovation consista à éclairer le droit par l'histoire et la philologie. Ses œuvres juridiques ont été éditées plusieurs fois *Opera omnia*, Bâle, 1546-1549, 4 vol. in-fol.; Lyon, 1560-1561, 6 vol.; Francfort, 1617, 4 vol. On a encore de lui des poésies latines sur des sujets moraux intitulées *Emblemata*, avec des figures sur bois très recherchées (Milan, 1522; Paris, 1581, in-8°; etc.), des *Annotations sur Tacite et Plaute*, une *Histoire de Milan*, etc. — Son neveu, François ALCIAT (1522-1580), fut professeur de droit à Pavie et cardinal.

ALCIATI (Térence). 1470-1561. Jésuite né à Rome. Urbain VIII le chargea de faire l'histoire du concile de Trente pour réfuter Fra Paolo Sarpi ; il mourut avant d'avoir terminé son œuvre qui fut achevée et publiée par le P. Pallavicino.

ALCIBIADE. Célèbre général et homme d'État athénien, fils de Clinias. Né l'an 450 av. J.-C., il fut élevé dans la maison de Périclès, son oncle et l'un de ses tuteurs, et suivit les leçons de Socrate dont il fut l'un des disciples chéris. Il brilla également dans les exercices du corps et dans ceux de l'esprit. Il fut trois fois vainqueur aux jeux olympiques. Il avait l'éloquence la plus persuasive. Il se livrait au luxe, au plaisir, avec une passion qui n'avait d'égale que son ambition. Sa beauté le faisait idolâtrer. Il se distingua bientôt par ses prodigalités et sa bravoure. Il fit ses premières armes au siège de Potidée où il fut blessé. Il se trouva aussi au combat de Délium. Jaloux de Nicias, il fit rompre la trêve que celui-ci venait de faire conclure avec les Spartiates. Puis, par son éloquence, fut décidée la fameuse expédition des Athéniens en Sicile (415). Chef d'une escadre, il se rendit maître de Catane par surprise. Il fut aussitôt rappelé à Athènes, où on l'accusait d'avoir avant son départ, à la suite d'une orgie, mutilé les statues de Mercure et profané les mystères d'Éleusis. Les Athéniens le condamnèrent à mort par contumace : « Je leur ferai bien voir, dit-il, que je suis encore en vie. » Il s'échappa et se réfugia à Lacédémone où il séduisit les Spartiates en adoptant leur austère manière de vivre, les excita, et commanda leurs armées contre sa patrie. Mais les généraux spartiates furent jaloux de cet étranger, le roi Agis le fut encore davantage : Alcibiade avait séduit sa femme, celle-ci mit au monde un fils nommé Léotychide, qu'Agis refusa de reconnaître. Menacé de mort, Alcibiade se retira chez Tissapherne, satrape d'Asie Mineure, sur lequel il exerça son prestige irrésistible : il le détacha de la cause de Sparte, afin de laisser, lui dit-il, les Grecs s'affaiblir et se ruiner mutuellement. Il guettait en même temps l'occasion de rentrer triomphant dans Athènes et déployait toutes les ressources de son inépuisable génie pour atteindre ce but. Après une révolution oligarchique, la flotte athénienne le mit à sa tête : il la conduisit à la victoire, rendit à son pays l'empire de la mer et rentra dans Athènes au milieu d'une ovation enthousiaste. Après avoir été pendant quelque temps l'idole de ses concitoyens et joui d'un crédit illimité, il lui fallut s'exiler encore une fois : il se rendit auprès de Pharnabaze, satrape persan, qui, à l'instigation de Lysandre, général lacédémonien, le fit périr par trahison. Il envoya des assassins qui, n'osant l'attaquer en face, mirent le feu à la maison d'Alcibiade; celui-ci s'élance l'épée à la main et tombe percé de flèches, 404 av. J.-C. Alcibiade était très avide de renommée. Rappelons à ce propos un trait que tout le monde connaît. Pour occuper l'attention publique à Athènes il fit couper la queue d'un chien magnifique qui lui avait coûté 7,000 drachmes. De là est venue l'expression proverbiale *couper la queue de son chien*, pour dire que l'on commet quelque extravagance afin d'attirer l'attention. (V. *Hist. d'Alcibiade*, p. Henry Houssaye.) Sa vie a été écrite par Plutarque et par Cornelius Nepos. || *Alcibiade* est le titre de deux dialogues de Platon et d'une tragédie de Campistron (V. ces noms). || Par compar. Un alcibiade, Un homme qui unit de grands vices à de grandes qualités et qui se plie au centre de vie et aux mœurs exigées par les circonstances. L'alcibiade du XVIIIe s., le libertin maréchal de Richelieu. ||

ALCIBIADE (S.). Martyr à Lyon avec S. Pothin, etc. 177. F. 2 juin.

ALCICORNE. s. m. et adj. (lat. *alcis*, élan ; *cornu*, corne). Hist. nat. Qui ressemble à une corne d'élan. || G. de plantes de l'ordre des fougères.

ALCIDAMAS Général messénien, qui, après la prise d'Ithome par les Spartiates, conduisit une colonie à Rhégium (vers l'an 744 av. J.-C).

ALCIDAMAS. Rhéteur gr. du Ve s. av. J.-C., né à Élée (Asie Min.) ; élève de Gorgias On lui attribue deux harangues d'école : l'une est un plaidoyer d'Ulysse contre Palamède qu'il accuse d'avoir trahi les Grecs, la seconde est dirigée contre les sophistes qui écrivent leurs discours au lieu d'improviser *Recueil d'orateurs grecs* d'Alde, Venise, 1513; *Oratores attici* de Bekker, *Bibliothèque Didot*, etc. L'abbé Auger a traduit ces harangues en français.

ALCIDE. s. m. Entom. Grand scarabée des Indes. || s. m pl. Genre d'insectes de l'ordre des coléoptères tétramères.

ALCIDE (de *alkè*, force, ou d'*Alcée*, son aïeul). Surnom d'Hercule et d'Amphitryon. || Au pl. Nom patronymique de leurs descendants. || adj. Divinités subalternes à Sparte. || Fille d'Antipène. || Surnom de Minerve chez les Macédoniens. || Fig. Un alcide ou un hercule, pour dire : un homme fort. || *Alcide ou le triomphe d'Hercule.* Médiocre opéra en cinq actes, musique de Marais et de Louis Lulli, fils du grand compositeur, paroles de Campistron, joué le 3 fév. 1693.

ALCIDÉES. s. m. pl. Fam. d'oiseaux de l'ordre des palmipèdes. Elle comprend les genres *pingouin* et *macareux*.

ALCIDICE ou **ALCIDIQUE.** Temps hér. Fille d'Alcus. Epouse de Salmonée, mère de Tyro.

ALCIDON. s. m. Jard. Variété d'œillets à fleurs piquetées.

ALCIMAQUE Peintre fameux (Ier s.) mentionné dans Pline. || adj. Surnom de *Pallas*, déesse de la guerre (littéral. Qui combat avec force).

ALCIME ou **JACIM.** Grand-prêtre des Juifs; avait usurpé cette dignité avec le secours d'Antiochus Eupator, malgré l'opposition de Judas Macchabée (163 av. J.-C.). Accusé d'idolâtrie, il fut chassé de Jérusalem, mais avec les secours que lui procura Démétrius, il se rendit maître de cette ville. Il mourut frappé de paralysie au moment où il allait profaner le temple.

ALCIMÈDE. Temps hér. Fille de Phylax, épouse d'Eson et mère de Jason.

ALCIMÈNE. Temps hér. Fils de Glaucus, frère de Bellérophon. || Un des trois fils de Médée et de Jason. || Poète comique d'Athènes.

ALCIMUS (Latinus-Alethius). Historien, rhéteur et poète du IVe s., né à Agen ; il ne nous reste de lui qu'une épigramme sur Homère et Virgile. Il avait écrit une *Histoire de Julien l'Apostat* qui est perdue.

ALCINE. s. f. (du jésuite Alcina, naturaliste espagnol). G. de plantes de la famille des composées (Mexique).

ALCINE. Sœur de la fée Morgane ; c'est l'Armide du poème de l'Arioste. Lorsqu'elle était lasse de ses amants, elle les métamorphosait en arbres, en rochers, en fontaines. Le brave Roger oublia un instant près d'elle sa chère Bradamante. Mais, sa valeur se réveillant, il s'arracha aux séductions d'Alcine pour retourner aux combats.

ALCINOÉ. Temps hér. Femme d'Amphiloque, fille de Polybe roi de Corinthe. Pour la punir d'avoir retenu le salaire d'une pauvre ouvrière tisseuse, nommée Nicandra, Minerve lui inspira une passion coupable pour le samien Xanthus, avec lequel elle s'enfuit, abandonnant son époux et ses enfants. Mais bientôt, soit jalousie, soit remords, elle se précipita dans la mer.

ALCINOR. Un des deux survivants d'Argos dans le combat entre 300 Argiens et 300 Lacédémoniens, livré pour la possession de la ville de Thyrée. L'autre est Chromius.

ALCINOÜS. Roi des Phéaciens, dans l'île de Corcyre (Corfou), père de Nausicaa, célèbre dans l'*Odyssée* à cause de ses jardins superbes, et de l'hospitalité qu'il offrit à Ulysse lorsque la tempête le jeta sur les côtes de son île. ||

ALCINOÜS. Philosophe grec du Ier s. ap. J.-C; disciple de l'école d'Alexandrie, mêla à la doctrine de Platon des idées orientales et se rapprocha de la magie. On a de lui : *Introduction à la philosophie de Platon*, publiée par Alde dans une édit. d'*Apulée*, et rééditée plusieurs fois, notamment par Fischer, Leipzig, 1783; trad. par Combes-Dounous, Paris. 1800, in-8°.

ALCIOPE. s. f. Bot. G. de composées; herbe vivace et laineuse du cap de Bonne-Espérance.

ALCIPHRON. Rhéteur grec du IIe ou IIIe s. après J.-C. A laissé 118 lettres, datées d'Athènes, supposées écrites par des paysans, des pêcheurs, des parasites, des courtisanes. Elles confirment ce que l'on savait d'ailleurs de la corruption des mœurs païennes. Les meilleures éditions sont celles de Seiler, Leipzig, 1853, in-8° et de Hercher, Paris, 1873 (dans les *Epistolographi græci*, de Didot). Elles ont été trad. en franç. par l'abbé Richard, Paris, 1785, et par M. de Rouville, Paris, 1874.

ALCIPPE. Temps hér. Fille d'Œnomaüs, femme d'Evénus, mère de Marpesse. || ALCIPPE. Lacédémonien exilé. Sa femme, Démocrite, mit le feu au temple où étaient réunies les femmes de Sparte, et se tua avec ses 2 filles. || ALCIPPE. Fille de Mars et d'Aglaure, séduite par Hallirrhotius, fils de Neptune. Mars pour venger sa fille tua le ravisseur. Il fut, pour ce meurtre, cité devant un conseil de douze dieux. Le lieu où le jugement se rendit se nommait *Aréopage* ou *champ de Mars*. || ALCIPPE. Épouse de Métion, mère d'Eupalame. || ALCIPPE. Amazone tuée par Hercule. || ALCIPPE. Suivante d'Hélène.

ALCIRA (contraction de l'arabe *Aldjézirah*, l'île). 16,000 h. Vle d'Espagne. Ch.-l. de distr., prov. de Valence, dans une île du Xucar sur les deux bras duquel sont jetés deux beaux ponts en pierre et un pont en fer pour le service du chemin de fer de Valence à Almanza, à 4 k. de l'emb. de cette rivière dans la Méditerranée. Anc. place forte. Entrepôt de produits agricoles. Magnifique système d'irrigation qui remonte au delà du XIIIe s. : barrage de béton de 34 m. d'épaisseur, de 453 m. de long., 4 grandes écluses.

ALCIS. s. m. Genre de papillons de la famille des nocturnes.

ALCIS. Temps hér. Fils d'Égyptus, époux de la danaïde Glauca. || ALCIS. Père du divin Tesis. || Myth. germ. Deux divinités chez les Naharvales qu'on a crues être Castor et Pollux.

ALCITHOÉ. Myth. gr. Fille de Minée ou Minyas ; métamorphosée en chauve-souris pour avoir travaillé à la laine pendant les fêtes de Bacchus ; d'autres disent que ce dieu lui inspira une fureur frénétique.

ALCITHOÉS s. f. pl. Bot. Section du genre trixis, de la famille des composées, originaire du Mexique.

ALCMAN ou **ALCMÉON.** 670 av. J.-C. Poète lyrique grec né à Sardes en Lydie. Il assouplit et polit le dialecte dorien. Il y mêlait souvent des formes ioniennes ou éoliennes. Ses vers avaient beaucoup de grâce, d'harmonie et d'originalité poétique. Il a inventé le mètre alcmanien. (V. *Dactylique*.) Il ne nous reste que des fragments de ses poésies publiés séparément par Welcher, Giessen 1815, in-4°. Coupé les a traduits en français dans les *Soirées littéraires*.

ALCMANIEN ou **ALCMANCIEN.** adj. (de *Alcman*, poète). Vers alcmanien. (V. *Dactylique*)

ALCMANION ou **ALCMANICON.** s. m. Figure de grammaire grecque, familière à Alcman ; elle consiste à placer le verbe entre ses deux sujets. Eustathe l'appelle proépizeuxis.

ALCMELLE. s f. Bot. Espèce de composées, à laquelle on attribuait la propriété de délier la langue des enfants qui la mâchaient.

ALCMÈNE. Myth. gr. Fille d'Électryon roi de Mycènes et d'Anaxo, femme d'Amphitryon, mère d'Hercule. Jupiter dans l'absence d'Amphitryon, et sous sa ressemblance, séduisit Alcmène, et de cet adultère naquit Hercule. Cette fable est le sujet de deux comédies : une de Plaute et l'autre de Molière. (V. *Amphitryon*.) A sa mort Alcmène fut déifiée par les Athéniens.

ALCMÉNIDES. Nom patron. des descendants d'Alcméon Famille puissante d'Athènes en lutte avec les Pisistratides. On leur doit le temple de Delphes. Alcibiade était de cette famille, qui joua un si grand rôle dans l'histoire.

ALCMÉNOR. Temps hér. Fils d'Égyptus et d'Arabie, époux de la danaïde Hippoméduse.

ALCMÉON ou **ALCMÆON.** Temps hér. Fils du devin Amphiaraus, tua sa mère Ériphyle, qui avait forcé son père à aller au siege de Thèbes où il devait mourir Il fut, pour son crime, poursuivi par les Furies ; il se réfugia dans une île du fleuve Achélous, que sa mère n'avait pas maudite et épousa la fille de ce fleuve Callirrhoé, déroba à Phégée le collier d'Ériphyle. Phégée envoya ses fils pour le tuer. — Sophocle, Stésichore et Euripide ont pris les destinées d'Alcméon pour sujet de tragédies qui ne sont pas parvenues jusqu'à nous. || ALCMÉON. 756-755 av. J.-C. Dernier et 13e archonte perpétuel d'Athènes. || ALCMÉON. Petit-fils de Nestor. 322 av. J.-C. Exilé d'Athènes, rappelé par Solon, qui lui donna le commandement des troupes envoyées au secours des Amphictyons. || ALCMÉON DE CROTONE 510 av. J-C Disciple de Pythagore ; fut un naturaliste habile, disséqua des animaux, principalement pour acquérir des notions exactes sur l'anatomie de l'oreille.

ALCO. s. m. Variété de chiens domestiques chez les Indiens.

ALCOBAÇA. 2,276 h. Bg de Portugal, distr. de Leiria, sur un petit cours d'eau, trib. de l'Atlantique Célèbre abbaye de l'ordre de Cîteaux ; elle passe pour avoir été un des monastères les plus riches du monde entier Elle fut fondée en 1148 par Alphonse Ier pour l'ordre des Bernardins et construite sous la direction de cinq moines que S. Bernard envoya au roi Les bâtiments qui la composaient étaient considérables ; on cite surtout l'*hôtellerie* et le *réfectoire* pour leur magnificence. L'église, commencée en 1148, fut achevée en 1222. C'est un des édifices les plus remarquables du Portugal. Elle est du style gothique primitif et a les caractères habituels dans les églises abbatiales de l'ordre de Cîteaux. La nef est divisée en trois travées, dont les voûtes sont toutes trois d'égale hauteur : il y a autour du chevet neuf petites chapelles dont les autels sont de la plus grande richesse. On voit dans cette église les tombeaux de Sanche Ier, d'Alphonse II, d'Alphonse III, de Pierre le Justicier et d'Inès de Castro. Les Français brûlèrent le monastère pendant l'expédition de Portugal en 1811 ; on put cependant sauver la bibliothèque, qui est très riche. surtout en manuscrits. Il y a encore quelques religieux dans une partie du couvent.

ALCOCK (Simon). Prédicateur et théologien, XIVe s. *Expositions sur le maître des sentences ; De modo dividendi thema pro materia sermonis,* à l'usage des prédicateurs. || ALCOCK (Jean). Savant et pieux évêque anglais, occupa successivement les sièges de Rochester (1440), de Worcester (1466), d'Ely (1476). Grand-chancelier d'Henri VII, ambassadeur auprès du roi de Castille, surintendant des bâtiments royaux. très versé dans l'architecture. Mort en 1500, A laissé : *Mons perfectionis ad carthusianos,* Londres, 1501, in-4° ; *Galli cantus ad confratres suos curatos in synodo apud Barnvel,* Londres, 1498, in-4° ; *Abbatia spiritus sancti in pura consciencia fundata,* Londres, 1531, in-4° ; *les Psaumes de la pénitence en vers anglais ; Homeliæ vulgares ; le Mariage d'une vierge avec Jésus-Christ,* 1486, in-4°. ALCOCK (sir Rutherford). Diplomate anglais, né à Londres, 1809. Servit d'abord comme médecin militaire dans le corps auxiliaire anglais envoyé en Portugal et en Espagne en 1833 et devint inspecteur général adjoint des hôpitaux Il entra ensuite dans la carrière consulaire et fut successivement consul d'Angleterre à Fou-Tchéou, à Shanghaï, à Canton ; consul général, puis agent diplomatique au Japon, enfin ambassadeur à Péking (1865-1871). Il a écrit, en anglais, plusieurs ouvrages importants sur la langue japonaise et sur les mœurs du Japon. *Grammaire japonaise,* 1861 ; *Trois ans au Japon* (2 vol., 1863) ; *l'Art et les arts industriels au Japon,* (1878).

ALCOLEA DEL RIO. 1,800 h. Bg de la prov. et à 32 kil. N.-E. de Séville (Andalousie) sur la dr. du Guadalquivir. Pont en marbre noir de 19 arches. Victoire, sur ce pont, des Français commandés par le général Dupont, sur les Espagnols qui furent obligés de se replier sur Cordoue (7 juin 1808). — Bataille du pont d'Alcoléa (le 27 septembre 1868) entre les troupes royales commandées par le général Pavia y Lacy, marquis de Novaliches et les révoltés, qui, sous les ordres du maréchal Serrano, furent victorieux. Pavia, mortellement blessé, se rendit le 28 septembre, ce qui amena la chute de la reine Isabelle II.

ALCON. Temps hér. Archer crétois d'une grande adresse, chassa le sanglier Caly lon. || ALCON. Chirurgien appelé par Pline, *medicus vulnerum,* gagna plusieurs millions de notre. monnaie ; il traitait habilement les hernies par l'incision et réduisait les fractures avec succès.

ALCONA ou **ALCONE** (r. *alké,* force). Myth. Divinité qui présidait aux voyages.

ALCONETAR. 2,400 h. Vle de l'Espagne occid, prov. de Caceres (Estramadure). Ja fus cité importante, au confl. du Tage et de l'Almonte. Pont romain de 250 m. (13 arches), auj. en ruines ; il n'en reste que trois arches.

ALCOOL. s. m. (al-ko-ol ; — de l'art. arabe *al* et de *qohl,* poudre très fine, collyre. On écrivait autrefois *alcohol*). Chim. Nom générique donné à une série nombreuse de corps volatils et odorants, dont la formule générale est $C^{2n}H^{2(n+1)}O^2$, où n peut prendre les valeurs 1,2,3. . Le plus important est l'*alcool vinique,* ou *esprit-de-vin,* $C^4H^6O^2$, qui se forme par la fermentation de toutes les substances sucrées. Le sucre $C^{12}H^{12}O^{12}$ se dédouble en alcool et acide carbonique : $C^{12}H^{12}O^{12} = 2C^4H^6O^2 + 4CO^2$. L'alcool *rectifié* est celui qui a été distillé une seconde fois au bain-marie. L'*alcool absolu,* ou sans eau, est un liquide très volatil, très fluide, d'une saveur brûlante : c'est un véritable poison. Il bout à 78° et sa densité est 0,70. Il est très difficile à préparer. Sous l'action de l'oxygène l'alcool perd d'abord de l'hydrogène, et l'on obtient de l'*aldéhyde ;* l'action oxydante se prolongeant, l'aldéhyde fixe de l'oxygène se transforme en *acide acétique.* Le chlore en agissant sur l'alcool donne tout d'abord naissance à de l'aldéhyde, puis à divers dérivés chlorés dont le plus abondant et le plus important est le *chloral ;* en contact avec le chlorure de chaux l'alcool donne du *chloroforme,* avec les différents acides des *éthers* correspondants. Un grand nombre de carbures d'hydrogène résultent de la deshydratation de l'alcool (V. *Carbures*) Quand il contient moins de 40 p. °/₀ d'eau il forme les alcools du commerce, *trois-cinq, trois-six, trois-sept, trois-huit.* Dans chacun de ces noms, le premier nombre indique le poids de cet alcool qu'il faut prendre pour que, en l'étendant d'eau de manière à avoir le poids de liquide représenté par le second nombre, on ait de l'eau-de-vie à 50°. Ainsi avec le trois-six, il faut prendre 3 d'alcool et 3 d'eau pour avoir 6 d'eau-de-vie à 50° ; etc. Ces alcools doivent a leur pouvoir de dissoudre les corps gras, les essences, les résines, et un grand nombre de substances, des applications très importantes dans l'industrie, l'économie domestique, la chimie, etc. Quand il y a plus de 40 p. °/₀ d'eau, c.-à-d. moins de 60 d'alcool, on a les eaux-de-vie et les liqueurs comme le rhum, le kirsch, etc., dont l'excès peut occasionner les plus graves accidents physiques et moraux. Enfin, au-dessous de 20 a 22 p. °/₀ d'alcool on a les différentes espèces de vin et les autres boissons alcooliques, *bière, cidre, poiré, porter, hydromel,* etc.

Quantités d'alcool contenues dans diverses boissons d'après M. Trénard.

Genièvre	51,60
Madère	22,27
Xérès	19,17
Malaga	18,94
Roussillon	18,13
Ermitage blanc	17,43
Lunel	15,52
Bordeaux	13,10
Bourgogne	14,57
Sauterne	14,22
Champagne sec	13,80
Graves	13,37
Frontignan	12,79
Champagne mousseux	12,61
Côte-Rôtie	12,32
Ermitage rouge	12,32
Cidre fort	9,80
Ale	8,80
Hydromel	7,32
Poiré	7,26
Bière forte, brune	6,80
Cidre faible	5,21
Porter de Londres	4,20
Petite bière de Londres	1,28

Les eaux-de-vie et autres alcools s'obtiennent par la distillation du vin et des liquides, qui précèdent (V. *Distillation.*) On en retire aussi de la betterave, des grains, des pommes de terre, des noyaux de fruits, etc. Citons encore parmi les corps de la série alcoolique : l'*alcool méthylique* (esprit de bois) $C^2H^4O^2$, l'*alcool propylique* (extrait des eaux-de-vie de marc) $C^6H^8O^2$, l'*alcool amylique* (huile de pommes de terre) $C^{10}H^{12}O^2$, etc. Si une certaine quantité d'alcool est employée comme combustible, ou utilisée par quelques industries, celle qui est consommée comme boisson est beaucoup plus considérable.Sans parler de l'alcool qui entre dans le vin, la bière, le cidre, etc, celui qui est bu à l'état d'eau-de-vie augmente malheureusement chaque année. Le volume ne dépassait guère un million d'hectolitres en France en 1860 ; il était de 1,840,000 en 1875. Si on y ajoutait l'alcool qui entre dans les autres boissons on arriverait à près de 9 millions d'hectolitres, non pas de liquide mais d'alcool, ce qui fait près de 24 litres par tête d'habitant. Il en est de même dans les autres pays. Un fonctionnaire anglais a annoncé en plein congrès des sciences sociales, à Cheltenham, en 1878, qu'il se consommait annuellement en Angleterre pour 155 millions de livres sterl. (3 milliards 875 millions de francs) de boissons spiritueuses. On estime à 725,700 hectolitres, la quantité d'alcool consommé en Allemagne en 1876, à savoir : 490,300 hect d'alcool pur et 235,200 hect. d'alcool contenu dans la bière. En Russie, la quantité atteinte par l'impôt dépasse 3 millions d'hectolitres. Aux États-Unis, malgré les sociétés de tempérance, on accuse aussi plus de 3 millions 1/2 d'hect. de liqueurs alcooliques en 1876 Depuis 1840, la population a doublé et la consommation des boissons est devenue 14 fois plus grande. || Physiol. et Thérap. Les alcools sont tous toxiques, mais à des degrés différents. Les moins dangereux sont ceux qui se rapprochent de l'alcool éthylique, c'est-à-dire de l'eau-de-vie de vin ; le plus toxique est l'alcool amylique, c'est-à-dire l'eau-de-vie de pomme de terre. Tandis que, pour le premier, il faut pour donner la mort une dose égale à 8 millièmes du poids du corps, pour le dernier une dose de 1 millième suffit. (Il s'agit d'alcool sans mélange d'eau, marquant 100° à l'alcoomètre de Gay-Lussac.) Dans l'empoisonnement aigu, c'est-à-dire par une quantité d'alcool capable d'amener rapidement la mort, on voit se succéder une période d'ébriété ou d'excitation, puis une période de résolution, enfin une période de prostration ou de collapsus La forme chronique, de beaucoup la plus fréquente, se caractérise par les symptômes indiqués à l'art. *Alcoolisme.* L'étude chimique et physiologique de l'action de l'alcool sur l'organisme rend compte de ces terribles résultats. Une fois absorbé, l'alcool passe dans le sang, altère les propriétés des globules sanguins et empêche l'hématose. Il a en outre une action irritante sur les tissus dont il peut même amener la destruction. Dans tous les organes qu'il traverse il laisse des traces de son passage. Dans le tube digestif, son action corrosive amène la gastrite chronique ; le foie subit de profondes altérations ; les bronches et les poumons par lesquels il s'exhale en partie sont atteints de catarrhe ; la substance du cerveau s'en imprègne fortement et les altérations qu'elle éprouve se traduisent manifestement par les désordres de l'intelligence ; enfin les reins par lesquels il s'élimine en partie, offrent la dégénérescence graisseuse.Dans la période d'excitation qui suit l'ingestion de l'alcool il y a un peu d'augmentation de la température du corps, résultat qui semble dû à la combustion dans l'organisme d'une certaine quantité de ce liquide. Cette phase est très-courte, parfois inappréciable surtout lorsque la dose est un peu forte. Survient alors une seconde période pendant laquelle l'organisme se refroidit graduellement jusqu'à ce que la mort arrive si la dose est suffisante ; c'est là la véritable caractéristique de l'empoisonnement aigu par l'alcool. Elle est due à une gêne de l'hématose, les globules du sang ne pouvant plus fixer une suffisante quantité d'oxygène, de sorte que, les combustions intraorganiques sont moins complètes, la calorification diminuée, en même temps que les organes sont engorgés d'un sang noir par suite de l'accumulation de l'acide carbonique qui n'est plus rejeté au dehors avec assez d'activité, en raison même de l'altération des globules. La mort arrive par un véritable empoisonnement déterminé par l'acide carbonique. Un résultat de ces combustions incomplètes c'est que, dans l'alcoolisme chronique, la graisse s'accumule dans différents organes et jusque dans les globules sanguins, ce qui constitue la dégénérescence graisseuse. Pris à dose modérée l'alcool produit sur l'organisme un effet complexe qui peut se résumer ainsi : outre l'action irritante qu'il exerce sur les tissus par son contact direct, 1° une petite partie est brûlée dans l'organisme et contribue à la calorification, c'est donc un *aliment respiratoire;* 2° par son action sur le sang, il retarde la dénutrition et s'oppose au travail de désassimilation, c'est donc un *aliment d'épargne;* 3° il a une action excitante sur le système nerveux et modifie par suite la circulation, il est donc stimulant et peut être regardé comme un *médicament tonique.* — La thérapeutique a mis à profit ces différents effets de l'alcool. Pendant plus d'un siècle à partir de sa découverte (XIII° s.), l'alcool était exclusivement regardé comme un médicament et vendu comme tel seulement par les apothicaires. On l'emploie aujourd'hui soit à *l'extérieur* soit à *l'intérieur.* Son action irritante, caustique, antiputride justifie son application à la surface des plaies pour en hâter la cicatrisation; c'est ainsi qu'il fut employé dès les premiers temps de sa découverte. Mais dans ces trente dernières années son usage s'est vulgarisé dans le but d'empêcher le développement, à la surface des plaies, d'organismes nuisibles, (ferments, bactéries. etc.); souvent on y ajoute une certaine quantité de camphre. L'alcool coagule l'albumine, aussi l'emploie-t-on en injections dans certains épanchements séreux, principalement l'hydrocèle, on l'a essayé également dans le traitement des kystes ovariens et autres, des épanchements pleurétiques, etc enfin contre les hémorrhagies utérine, nasale, etc. —A l'intérieur, l'alcool pris à doses modérées et dans des conditions déterminées produit d'excellents résultats. Sa qualité d'aliment respiratoire fait qu'on l'emploie dans la phthisie pulmonaire associé à la viande crue, pourvu toutefois que les fonctions de l'estomac s'exercent encore convenablement. On recherche sa qualité d'aliment d'épargne quand l'organisme est brûlé par la fièvre; il a pour effet alors d'abaisser la température du corps. C'est surtout dans la pneumonie qu'on l'administre sous le nom bien connu de potion de Todd, en l'honneur du médecin anglais qui l'a le premier préconisé. Les résultats de cette médication sont remarquables ; elle a malheureusement parfois le fâcheux résultat de développer des habitudes alcooliques. Elle convient surtout aux pneumonies des vieillards et aussi à celles des ivrognes, la suppression brusque de l'alcool auquel ceux-ci sont habitués ayant alors commis de graves inconvénients. On l'emploie également dans les fièvres intermittentes, la fièvre typhoïde, mais plutôt alors comme tonique, et sous forme de vin. Enfin l'action de l'alcool produit de bons effets dans le choléra asiatique sporadique et infantile. On l'administre dans un grand nombre d'autres affections pour soutenir les forces et aussi dans la convalescence de la plupart des maladies ; mais c'est du vin que l'on ordonne dans ces cas, et non plus l'alcool pur.

ALCOOLAT. s. m. Pharm. Médicament ou substance liquide, obtenue par la distillation de l'alcool sur des matières aromatiques ou médicamenteuses ; tels sont : l'esprit de menthe, l'eau de Cologne, le vulnéraire, etc. On les appelait jadis des *esprits.*

ALCOOLATE. s. m. Combinaison en proportions définies d'alcool et de sels anhydres.

ALCOOLATURE. s. f. V. *Alcoolé.*

ALCOOLÉ. s. m. Pharm. Composé alcoolique préparé avec des plantes sèches sans distillation. Les alcoolés et les alcoolatures sont souvent désignés sous la dénomination générale de *teintures alcooliques.*

ALCOOLIDES. s. m. pl. Famille de composés organiques qui renferment de l'alcool.

ALCOOLIFICATION. s. f. Chim. Fermentation alcoolique

ALCOOLINE. s. m. Chim. L'alcool proprement dit.

ALCOOLIQUE adj 2 g Qui contient de l'alcool. Boisson alcoolique (V. *Boissons*). Qui a rapport à l'alcool. Excès alcooliques. || S'emploie subst. Les alcooliques sont employés utilement en chirurgie pour le pansement des plaies récentes et en médecine dans les affections où l'adynamie domine. || s. m. Méd. Atteint d'alcoolisme. Les alcooliques perdent peu à peu leurs facultés intellectuelles.

ALCOOLISABLE adj 2 g. Qui est susceptible d'être converti en alcool. Le sucre est alcoolisable.

ALCOOLISATEUR. s. m. Celui qui alcoolise les vins, qui en opère le vinage.

ALCOOLISATION. s. f. Chim. Développement dans un liquide des propriétés qui caractérisent l'alcool.

ALCOOLISER. v. a. Pharm. anc. Réduire en poudre impalpable || Chim. Mêler de l'alcool à un autre liquide. Faire, par la fermentation, un alcool d'une liqueur sucrée. || S'ALCOOLISER. v. p. Devenir alcoolisé. || Fam. et par ext. S'enivrer, abuser des alcools. || ALCOOLISÉ, LE. p pas. Vins fortement alcoolisés. || s. m. Un alcoolisé. Un homme qui fait des excès alcooliques.

ALCOOLISME. s. m. Méd. L'abus de l'alcool et des liqueurs qui en renferment produit chez l'homme une série d'affections variables dans leurs manifestations, mais reconnaissant toutes la même cause. On trouvera aux mots *Dipsomanie, Ivresse* et *Ivrognerie,* les caractères qui différencient ces états de l'alcoolisme. L'usage immodéré des boissons fermentées amène dans toutes les fonctions de l'organisme de nombreux désordres que l'on rattache ordinairement à deux formes, aiguë et chronique, mais auxquelles, à l'exemple de M Legrand du Saulle, nous ajouterons une forme subaiguë très importante à connaître au point de vue médico-légal. L'alcoolisme aigu n'est autre chose que le *delirium tremens.* Qu'un alcoolisé dépasse momentanément la dose habituelle, l'accès éclate souvent tout à coup On le voit agité, anxieux, parlant avec volubilité, gesticulant et vociférant. Sa physionomie porte l'empreinte de l'étonnement et de la terreur. Sa langue tremble, l'œil est brillant, la face, injectée, et animée d'un tremblement continuel qui se communique à la voix. L'intelligence est en proie à des hallucinations effrayantes. Des animaux parmi lesquels il signale ordinairement des rats, des corbeaux, des chiens, des loups, des serpents, etc., l'entourent et veulent le dévorer. Des spectres, des fantômes s'approchent de lui et le menacent. Tout à coup son effroi augmente, l'eau arrive, monte et va l'engloutir. Cet effroi est tel qu'il prend l'escalier, monte au grenier et se réfugie sur le toit. D'autres fois l'alcoolisé aigu est en proie à une véritable fantasmagorie. Ce sont des têtes qui s'approchent, grossissent, puis se rapetissent pour regrossir encore. Qu'il est grand ! qu'il est petit ! s'écrie-t-il. Cet état est souvent l'occasion de scènes violentes, de crimes, de suicide, car l'alcoolique aigu est un être dangereux pour lui-même et pour autrui La camisole de force est souvent nécessaire pour le maintenir Plus tard la dépression arrive, le malade pâlit et en moins d'une demi-heure la mort arrive, à moins qu'on ne remarque l'apparition de sueurs abondantes qui sont souvent l'indice d'une crise favorable. Ce dernier cas est le plus fréquent, car la mortalité n'est pas évaluée à plus de 2 p %. L'état subaigu se remarque chez des individus qui ne se grisent pas, mais qui, faisant chaque jour un usage abondant et immodéré d'alcool, s'imprègnent et s'imbibent lentement. Tout à coup, cet homme à qui l'on décernerait volontiers un brevet de sobriété deviendra alcoolique furieux et commettra des crimes. On mettra ceux-ci sur le compte d'un accès de fièvre chaude, de folie transitoire, etc., tandis que l'alcool sera seul en cause. Les faits de ce genre ne sont pas rares. L'alcoolisé subaigu est en proie à un délire mélancolique accompagné d'hallucinations terrifiantes et d'idées de persécution dans le détail desquelles nous ne pouvons malheureusement pas entrer. Il entend des voix qui lui désignent la victime à frapper et il frappe. Quelquefois il se suicide. La voix commande, l'alcoolique obéit. A l'état chronique l'alcoolisé éprouve des fourmillements, des crampes dans les mollets. Ses forces diminuent, ses jambes ploient, la sensibilité s'émousse et les pupilles se dilatent. Les sens perdent de leur acuité et sont sujets, la vue principalement, à des hallucinations. L'anxiété et l'angoisse l'empêchent de dormir à moins d'avoir de la lumière, car il craint les apparitions. Son sommeil est troublé par des rêves pénibles et des cauchemars. Souvent il éprouve des défaillances syncopales. D'autres fois ce sont des accidents convulsifs qu'on désigne sous le nom d'*épilepsie alcoolique.* L'appétit a disparu, la langue est sèche, saburrale, la digestion devient difficile, pénible, avec distension gazeuse de l'estomac après chaque repas. Le matin l'alcoolisé chronique rend par régurgitation ou par vomissement un liquide filant analogue à du blanc d'œuf, symptôme bien connu sous le nom de pituite matutinale des buveurs, etc. Ne pouvant décrire ici toutes les altérations produites par l'abus des liqueurs fermentées et tous les désordres qu'elles entraînent, nous n'indiquerons que les deux principales. Ce sont, d'une part, l'hyperplasie du tissu conjonctif ou cellulaire, de l'autre, la dégénérescence graisseuse des éléments actifs, muscles, nerfs, etc. La première amène des inflammations dans les principaux viscères, poumons, foie, reins, etc. La cirrhose et certaines néphrites, péritonites, etc., ne reconnaissent pas d'autre cause que l'abus de l'alcool. Ces inflammations se distinguent par leur marche lente et progressive, ainsi que par leur défaut de suppuration. La seconde amène dans les organes un dépôt et une accumulation de granulations ou de gouttelettes graisseuses qui prennent la place des éléments anatomiques ou qui remplissent le tissu cellulaire sous-cutané. Voilà pourquoi les alcooliques commencent par engraisser. Voilà aussi d'où provient la dégénérescence graisseuse du cœur, du foie, des reins, etc. On peut dire qu'aucun organe n'est à l'abri des manifestations pathologiques de l'alcool La terminaison d'un pareil état est la mort, soit prompte comme dans les manifestations aiguës, le *delirium tremens,* les convulsions épileptiformes, la syncope, etc., soit à la suite des désordres provoqués par l'alcoolisme chronique ou des traumatismes auxquels ces malheureux sont si exposés, contusions, plaies, fractures, refroidissements Il est particulièrement nécessaire d'insister sur la gravité que ces lésions même légères revêtent chez les alcooliques. Cet affreux mal qui devient de plus en plus commun en dépit des sociétés de tempérance, de la répression des lois et de l'extension de l'instruction, affecte encore péniblement la descendance. Hippocrate l'avait déjà signalé. On connaît aussi l'opinion d'Amyot : « L'ivrogne n'engendre rien qui vaille. » Morel, Ruer et beaucoup d'autres médecins ont constaté que les descendants d'alcooliques sont soumis à une mortalité effrayante, sont sujets à des malformations, pied-bot, bec-de-lièvre, débilités intellectuelles ou deviennent imbéciles, épileptiques, etc. Certains ménages ne peuvent pas élever d'enfants, parce que le père est alcoolique. On a cru remarquer que suivant sa nature, son origine ou son mélange avec d'autres produits : alcool de grains, de pommes de terre, absinthe, etc., l'alcool provoquait des symptômes spéciaux ; le fait est probable mais pas encore suffisamment démontré. On peut devenir alcoolique sans jamais s'enivrer et sans être ivrogne. Il suffit de prendre habituellement une dose exagérée. Il n'est pas inutile non plus d'indiquer que l'aliénation mentale et surtout la paralysie générale, la démence, se rencontrent chez beaucoup d'alcooliques. Les asiles comptent un grand nombre de ces malheureux et il serait utile et salutaire de publier cette statistique. On trouvera au mot *Ivresse,* les pénalités édictées par la loi du 23 janvier 1873.

ALCOOLOTIF. s. m Pharm. Médicament alcoolique pour l'usage externe.

ALCOOMEL. s. m. (de *alcool* et lat. *mel,* miel). **Pharm.** Composé formé d'une partie d'alcool et de trois parties de miel.

ALCOOMELLÉ. s. m. Pharm. Liquide produit par le mélange de trois parties de miel avec une partie d'une alcoolature hydraulique.

ALCOOMÈTRE s. m. (d'*alcool* et gr. *métron*, mesure). Phys. et chim. Instrument destiné à mesurer la quantité d'alcool contenue dans un mélange d'eau et d'alcool. Le plus employé est l'*alc. centésimal* de Gay-Lussac, petit flotteur, surmonté d'une tige graduée en cent parties, et qui s'enfonce d'autant plus dans un liquide qu'il y a plus d'alcool. Le zéro est au bas de la tige, le point 100 en haut, et il suffit de lire le point d'affleurement pour connaître, en centièmes, la quantité d'alcool. Mais il ne faut pas que le liquide contienne d'autres substances que de l'alcool et de l'eau. Le Dr Perrier a imaginé tout récemment un alcoomètre pour mesurer la richesse des vins, cidres, etc., par la tension des vapeurs qu'émettent ces liquides en bouillant : cette tension dépend de la quantité d'alcool. On employait jadis les *pèse-esprits* ou *aréomètres* de Baumé et de Cartier (V. ces mots).

ALCOOMÉTRIE. s. f. Procédé que l'on emploie pour déterminer la quantité d'alcool absolu que contiennent les liqueurs spiritueuses.

ALCOOMÉTRIQUE. adj. 2 g. Qui appartient à l'alcoomètre ou aux qualités déterminées par cet instrument.

ALCOR. s. m. Astr. Petite étoile située dans la queue de la Grande-Ourse.

ALCORA. 5,000 h. Vle d'Espagne, prov. de Castellon de la Plana (Valence). Manufacture de toiles, fabriques de faïence et de porcelaine. Les Maures y furent battus en 1094.

ALCORAN. s. m. (arabe, l'art. *al,* le, *etcoran*). Le livre qui contient la loi de Mahomet. On dit plutôt le Coran (V. ce mot). || La loi de Mahomet, contenue dans le Coran. Abjurer l'Alcoran. || Fam. Je n'y entends pas plus qu'à l'Alcoran, Je n'y entends rien.

ALCORANISTE. s. et adj. Qui croit à l'Alcoran. || Celui qui lit et explique l'Alcoran.

ALCORNÉE. V. *Alchornée.*

ALCORNINE. s. f. Chim. Substance grasse et cristallisable observée dans l'écorce de l'alcornoque.

ALCORNOQUE s. f. (d'*alcornée*). Méd. Écorce d'un arbre d'Amérique nommé *bowdichia* (Humboldt), qu'on vante comme astringente et fortifiante, et qu'on emploie à la Martinique contre la phtisie.

ALCOTT (William-Alexander). 1798-1859. Pédagogue américain. A publié : *Annales américaines de l'éducation ; Confessions d'un maître d'école ; Le guide du jeune homme ; Le guide de la jeune femme ;* etc.

ALCÔVE. s. f. (ital. *alcovo ;* esp.. *alcoba ;* de l'arabe *al,* le, et *koba,* petite maison). Enfoncement pratiqué dans une chambre pour y placer un lit. Se prête à diverses locutions : Les mystères de l'alcôve, etc.

ALCÔVISTE. s. m. Nom donné dans le XVIIe s. à celui qui remplissait l'office de chevalier servant chez les précieuses, et qui les aidait à faire les honneurs de leur maison et à diriger la conversation. Ce nom vient de l'alcôve contenant la ruelle où les précieuses recevaient.

ALCOY. 32,000 h. Vle d'Espagne, prov. d'Alicante, au pied de la sierra Mariola. Importante cité manufacturière; nombreuses papeteries; centre de fabrication du papier à cigarettes de Valence; manufactures de draps fins, savonneries. Émeute fomentée par l'Internationale en juillet 1873, réprimée par le général Velarde; plusieurs des manufactures de la ville furent incendiées par les émeutiers.

ALCUDIA. Vle forte de l'île de Majorque (Baléares), à 2 kil. de la mer, jadis importante, auj. réduite à 1,500 h. || ALCUDIA (duc d'). Titre porté par le célèbre Manuel de Godoy, prince de la Paix (V. ce nom).

ALCUIN, ALCWIN, ALCHWIN, en latin *Albinus.* Célèbre savant anglo-saxon (725 ou 735-804), né à York en Angleterre ; fit les plus brillantes études dans l'école épiscopale de cette ville ; à onze ans il dévorait Virgile. Il eut pour maître le savant Aelbert, disciple du vénérable Bède qui enseignait toutes les branches de la littérature, de la science et des beaux-arts, expliquait à la fois les auteurs grecs, latins, les saintes Écritures, les Pères de l'Église. Alcuin, après l'avoir accompagné dans un voyage à Rome, lui succéda. Dans un second voyage qu'il fit à Rome afin de solliciter le

pallium pour l'archevêque d'York, Éanbald, son disciple, il eut à Parme une entrevue avec Charlemagne qui désirait depuis longtemps l'attacher à la France, ce qui eut lieu en 782. Alcuin fut le principal ministre de la restauration des lettres tentée par ce grand prince. Il dirigea, sous le nom d'*Albinus Flaccus,* l'école du palais, à Aix-la-Chapelle, que fréquentaient l'empereur, ses fils, ses filles, ses sœurs, ses principaux conseiller-, fonda des écoles, multiplia les livres par des copies qu'il révisait lui-même. On lui a même attribué le célèbre manuscrit de la Bible de la Valliscellane. Au concile de Francfort (794), il fit condamner l'hérésie de l'*Adoptianisme* qu'il avait combattue par ses écrits. Nommé en 796 abbé de Saint-Martin de Tours, il y établit une école qui devint célèbre dans toute l'Europe et d'où sortirent des savants tels que Raban Maur. Il y mourut en odeur de sainteté. La doctrine d'Alcuin est très saine, ses connaissances étendues, son style assez correct. Grammairien, rhéteur, poète, philosophe, exégète, controversiste, théologien, il fut l'homme le plus savant de son siècle. Ses œuvres ont été publiées pour la 1re fois à Paris, par Duchesne en 1617, in-fol. La meilleure édit. est celle de Froben, Ratisbonne, 1777, 2 vol. in-fol. Elles forment le t. CXX de la *Patrologie* de l'abbé Migne. Ses lettres, intéressantes pour l'histoire de ses relations avec Charlemagne, ont été publiées par Jaffé dans le t. VI de la *Bibliotheca rerum germanicarum* (*monumenta Alcuiana,* Berlin, 1873). V F Monnier, *Alcuin et Charlemagne,* 1864 ; Hamelin, *Essai sur la vie et les ouvrages d'Alcuin,* 1874.

ALCYMÈDE. Temps hér. Fille de Phylax ou de Climenes, femme d'Œson et mère de Jason.

ALCYON. s m. (gr. *als,* mer, et *kuon,* qui fait ses petits). Zool. Nom donné par les Grecs à un oiseau au sujet duquel on ne s'accorde pas auj., et par Linné aux *martins-pêcheurs* et à quelques autres espèces telles que la salangane ou l'hirondelle de rivage de la Cochinchine (*hirundo esculenta*). Les nids de l'alcyon, construits avec une matière gélatineuse que les glandes du jabot de cet oiseau sécrètent au temps de la ponte, sont employés, en Chine, comme aliment. || Animaux marins de l'embranchement des zoophytes, ordre des *polypes à polypiers :* ils sont très communs dans toutes les mers et habitent à de grandes profondeurs.

ALCYONAIRE. s. f. Zool. Fam. de la classe des zoophytes dont le corail est le type.

ALCYONCELLE. s. m. Zooph. G. de la fam. des spongiaires.

ALCYONE. s. f. Astr. Nom de l'étoile *éta* du groupe des Pléiades dans la constellation du Taureau. || ALCYONE. s. m. Étoffe de soie qui a le brillant du satin.

ALCYONE. Vle de Thessalie ; sur ses ruines fut bâtie Methone au siège de laquelle Philippe perdit un œil.

ALCYONE ou HALCIONE. Myth. gr. Fille d'Atlas et de Pléione, elle fut métamorphosée en étoile et forma avec ses sœurs la constellation des Pléiades. || ALCYONE. Fille d'Éole et d'Énarète, femme de Ceyx. Ovide raconte que inconsolable de la perte de son époux, elle se jeta à la mer, et que Jupiter changea les deux époux en alcyons.

ALCYONÉE. Temps hér. Géant tué par Hercule.

ALCYONELLE. s. f. Zool. Polypes de l'ordre bryozoaires.

ALCYONES. s. m. pl. Zool. Fam. de polypiers, dont le type est le genre *alcyon.*

ALCYONIEN, IENNE. adj. (al-si-o-nien). Qui appartient à l'alcyon. || *Mer Alcyonienne.* Géog. anc. Partie orientale du golfe de Corinthe. || *Jours alcyoniens.* Les sept jours qui précèdent et les sept qui suivent le solstice d'hiver, pendant lesquels, dit-on, l'alcyon fait son nid. || s. m. pl. Zool. Deuxième famille des polypes anthozoaires. (V. *Polypes.*)

ALCYONITE. s. f Polypier fossile qui appartient à la famille des spongiaires et non à celle des alcyonaires. Une alcyonite a été appelée figue pétrifiée à cause de sa forme.

ALCYONIUS (Pierre). Venise, 1486-1527. Philologue, auteur du célèbre dialogue intitulé *Medicus legatus, sive de exilio,* ouvrage d'une élégante latinité.

ALDABRA. Groupe de trois petites îles de la mer des Indes, à l'issue sept. du canal de Mozambique.

ALDAN. Riv. de la Russie d'Asie (Sibérie), affl. de droite de la Léna; cours 1,200 kil. Elle reçoit à dr. l'Utschur, le Zep, la Belchela et la Maïa; à g. l'Amya. || ALDAN (monts). Chaîne de montagnes parallèle à la riv. du même nom, branche de la chaîne des Stavonnoï, d'une longueur d'env. 700 kil. Son plus haut sommet, le Kapitan, atteint 1,300 m.

ALDE ou AUDE (la Bse). Vierge. VIe s. Honorée le 18 nov. || ALDE. Nom d'une famille de célèbres imprimeurs italiens des XVe et XVIe s. (V. *Manuce.*) || s. m. Par ext. Se dit des ouvrages édités par ces imprimeurs : Je possède plusieurs aldes dans ma bibliothèque. (V. *Aldin.*)

ALDÉBARAN ou ALDEBARAM (mot arabe, *qui brille*). Astr. Étoile de première grandeur, qui forme l'œil de la constellation du Taureau.

ALDEBERT (le Bx). Comte d'Ostrevent, était avec sa femme, Ste Reine, parente du roi Pépin, la providence des pauvres. Ils firent bâtir, dans leurs terres, près des rives de l'Escaut, l'abbaye de Denain, qui fut le noyau de la ville du même nom.

ALDÉE. s. f. (esp. *aldea,* village). Terme employé en Espagne et en Portugal pour désigner les villages et bourgs habités par les indigènes dans les possessions européennes de l'Afrique, des Indes et de l'Amérique du S.

ALDEGONDE (Ste). Née dans le Hainaut d'une famille princière, en 630, morte vers 684. Vierge, fondatrice sur les bords de la Sambre d'un monastère qui devint le chapitre des chanoinesses de Maubeuge. F. le 30 janv. || ALDEGONDE (Philippe de MARNIX, baron de SAINTE-). V. *Marnix.*

ALDEGRÆVER ou ALDGRAEF (Henri). 1502-1562. Peintre et graveur, né à Paderhorn, m. à Soest en Westphalie. Ses œuvres principales sont à Berlin, à Vienne et à Munich. Ses gravures, au nombre de plus de 300, sont très recherchées.

ALDÉHYDATE, s. m. Chim. Combinaison de l'aldéhyde avec une base. On dit aussi *acétilure.*

ALDÉHYDE. s. f. (*al* abrév. d'alcool, *dé* priv. et *hyde* abrév. d'hydrogène). Chim. Nom générique donné à une série de corps dérivant des alcools par la perte de 2 équivalents d'hydrogène, et dont la formule générale est $C^{2n}H^{2n}O^2$. Ce sont des intermédiaires entre l'alcool correspondant et l'acide qui peut en résulter. La plus importante est l'*aldéhyde vinique* $C^4H^4O^2$, liquide très fluide, très volatil, très combustible, qui bout à 20° et a une odeur éthérée très vive. On peut l'obtenir au moyen de l'éthylène, de l'alcool, du glycol, des éthers, de l'acide lactique.

ALDEHYDIQUE. adj. 2 g. Chim. Qui concerne les aldéhydes. Acide aldéhydique ou acide lampique. Il se forme lorsqu'on soumet l'alcool à une combustion incomplète, au contact des corps poreux, de la mousse de platine, etc. Il se produit également lorsque l'aldéhyde, soumis à l'action des corps oxydants, prend un seul équivalent d'oxygène.

ALDÉIA. 4,000 h. Vle du distr. de Sétubal (Portugal) à 12 kil. de Lisbonne. Pêche, salines.

ALDENHOVEN. 2,800 h. Bg de la Prusse rhénane, entre Juliers et Aix-la-Chapelle. Les Autrichiens y battirent les Français le 1er mars 1793, et y furent battus, par Jourdan, le 2 oct. 1794.

ALDERÈTE (Diego-Gracian d'). Né à la fin du XVe s. Secrétaire de Charles-Quint et de Philippe II ; littérateur espagnol. Traduisit Xénophon, Plutarque, Thucydide, etc.

ALDERMAN s. m. (en anglo-saxon *ealderman*; (du saxon *ald,* *ag.* *old,* vieux, et *man,* homme). Membre d'un corps municipal anglais; il occupe un rang intermédiaire entre le maire, *mayor,* et le conseil municipal. Jadis ils étaient élus par l'assemblée populaire et étaient juges des comtés. Leurs fonctions et privilèges variaient selon la charte de chaque localité, mais depuis 1836 ils sont tous dans les mêmes conditions, sauf ceux de Londres qui ont conservé leurs anciens privilèges. Dans chaque bourg les aldermans doivent égaler en nombre le tiers des conseillers municipaux. Ils sont élus pour trois ans et renouvelés par moitié. À Londres, la cour des aldermans se compose de 26 membres, élus à vie. Le lord maire est toujours un alderman. La cour des aldermans vérifie les élections de certains fonc-

...donn-ires de la corporation et celles des conseillers municipaux. Elle ordonne les dépenses auxquelles pourvoit la caisse de la cité; elle nomme beaucoup de fonctionnaires, ceux surtout qui sont attachés à l'administration de la justice ou a la direction de la police. Elle accorde des licences aux fripiers et aux cabaretiers qui s'établissent dans la cité. Un alderman exerce l'autorité supérieure dans chaque quartier de Londres. | Au pl. Des Aldermans; en anglais *Aldermen*.

ALDERNEY. Nom anglais de l'île d'*Aurigny* (V. ce mot). | Subst. et adj. Race de vaches laitières élevées dans cette île. Vache alderney. Une alderney.

ALDERSHOTT. Comm. d'Angleterre, comté de Southampton, a 74 kil. S.-O. de Londres, où à été établi en 1855 un magnifique camp d'instruction pour l'armée anglaise, d'une superficie de 7,053 acres (286 hect.) avec casernes, hôpital, etc. La popul. qui atteignait à peine 1,000 h. en 1834, dépasse aujourd'hui 20,000 h.

ALDHELM. 656-709. Prélat anglo-saxon, abbé de Malmesbury et évêque de Sherborne; auteur de quelques traités de théologie et de poésies latines qui se trouvent au t. LXXXIX de la *Patrologie* de l'abbé Migne.

ALDIGHIERO DA ZEVIO. Peintre italien de l'école de Giotto; auteur, avec Jacopo d'Avanzo, des célèbres fresques de la chapelle St-Félix dans l'église St-Antoine de Padoue (1376) et de celle de la chapelle St-Georges dans la même ville (1377).

ALDIN, INE. adj. Qui a rapport aux Alde, imprimeurs italiens des XVe et XVIe s. | On donne le nom d'éditions aldines aux ouvrages imprimés par Alde Manuce et, par extension, à ceux imprimés par son fils Paul Manuce et par son petit-fils Alde Manuce le Jeune. L'imprimerie des Manuce fut fondée à Venise en 1490 par Alde Manuce l'Ancien. De cette imprimerie sortirent les éditions princeps des principaux auteurs grecs, latins et italiens ; Pétrarque, Dante, Boccace, l'Arioste furent édités par les Manuce. Toutes les éditions aldines sont très nettes de caractères, très simples d'ornementation et très correctes, surtout les éditions latines et italiennes, grâce au concours que prêtèrent aux Manuce les premiers érudits de l'Italie d'alors. Les Manuce dirigèrent leur imprimerie pendant un siècle tant à Venise qu'a Rome, où le pape Pie IV avait appelé le second d'entre eux. Leurs éditions passèrent dans leur temps pour des chefs-d'œuvre d'imprimerie; quand cet art eut fait plus de progrès et que leur perfection fut dépassée, on les rechercha comme objets de curiosité, et on les contrefit à Florence et à Lyon; elles sont encore aujourd'hui payées très cher par les bibliophiles. | *Caractère aldin,* Ainsi nommé d'Alde le Vieux; on dit auj. *italique.* | *Académie aldine,* Réunion de savants chargés de surveiller l'impression des ouvrages édités par Alde Manuce l'Ancien. | Consult. : Renouard. *Annales de l'imprimerie des Alde,* 3e éd., Paris, 1834; F. Didot. *Alde Manuce et l'hellénisme à Venise,* 1875.

ALDINE. s. f. Bot. Arbre du Brésil et de la Guyane, de la famille des légumineuses.

ALDINI (Tobie). Médecin italien du XVIe s. Directeur du jardin botanique du cardinal Farnèse; auteur de *Descriptio plantarum horti Farnesiani.* | ALDINI (Antoine, etc). 1756-1826. Né à Bologne. Profes. de droit à Bologne, présid. du conseil des Anciens, puis du conseil d'État du royaume d'Italie, ministre d'État. Avait acheté et embelli, près Paris, le château de Montmorency, ravagé par les alliés en 1815, et ensuite détruit. | ALDINI (Joseph) 1762-1838. Frère du précédent et neveu de Galvani; professeur de physique a l'Université de Bologne, 1798; un des premiers membres de l'Institut d'Italie. Il a écrit en italien, en français, en anglais, et s'occupa surtout des applications pratiques. *Précis d'expériences galvaniques,* Paris, 1803; *Essai théorique et expérimental sur le galvanisme,* 1804; *Sperienze sulla leva idraulica,* Milan, 1811; etc. Il est l'inventeur d'un appareil pour la préservation des pompiers dans les incendies.

ALDION. s. m. Serf, au moyen âge.

ALDIONAIRE. s. m. Écuyer, au moyen âge, entretenu à l'armée aux frais de son maitre.

ALDJEZIREH ou ALGEZIRAH. Anc. Mésopotamie. Pays de plaines, arrosé par le Tigre et l'Euphrate, dont les principales villes sont : Mossoul et Bagdad.

ALDOBRANDINES (noces). On donne ce nom à une fresque antique qui fut trouvée à Rome près de l'arc de Gallien, en 1606. Elle représente des noces que Winkelmann croyait être celles de Thétis et de Pélée. Son nom lui vient de son premier possesseur, le cardinal Aldobrandini; elle a appartenu à la famille Borghèse et elle est à présent au Vatican. Sa forme est celle d'un tableau beaucoup plus large que haut : les figures y sont disposées comme dans un bas-relief; au milieu une femme âgée parle à la jeune mariée, et l'époux attend assis près de ce groupe; à droite du spectateur, des femmes sont occupées à un sacrifice ; à gauche, d'autres préparent de l'eau. La composition est très belle et la couleur douce et harmonieuse. Poussin a fait des noces aldobrandines une copie célèbre.

ALDOBRANDINI (villa). L'une des plus belles des environs de Rome, bâtie près de Frascati par le cardinal Jean Aldobran lui sur les plans de Jacques de la Porte ; le magnifique panorama dont elle jouit sur la mer et les montagnes, l'a fait aussi appeler *le Belvédère,* c'est là que fut transporté la fresque connue sous le nom de *Noces Aldobrandines.* Cette villa appartient aujourd'hui aux Borghèse.

ALDOBRANDINI. Illustre famille de Toscane connue a Florence dès le XIIe s. Ses principaux membres furent : *Sylvestre* (1499-1558), jurisconsulte distingué, professeur de droit à Pise, exilé par les Médicis, mort à Rome avocat du fisc et de la chambre apostolique, laissant cinq fils dont quatre sont connus à divers titres : *Hippolyte* (1535-1605), pape sous le nom de Clément VIII; *Jean,* l'aîné des cinq frères (1525-1573), cardinal-évêque d'Imola, prépara une ligue contre les Turcs ; *Pierre,* jurisconsulte, succéda à son père dans la charge d'avocat du fisc; *Thomas,* le plus jeune des frères, né vers 1540, mort jeune, so-c-étaire des brefs de Pie V, auteur d'une traduction latine des *Vies des anciens philosophes,* de Diogène de Laerce, qui fut publiée après sa mort avec le texte grec (Rome, 1594); son neveu, *Pierre* (1571-1621), cardinal, nommé comme légat à Lyon en 1601 pour négocier la paix entre la France et la Savoie, évêque de Ravenne, auteur lui-même de *Apophthegmata de perfecto principe,* Pavie, 1600; *Cinzio-Passero,* frère du précédent, aussi cardinal, ami du Tasse qui lui dé la a *Gerusalemme conquistata;* *Jean-François* (1546-1601), commandant de la garde papale; reçut de son oncle Clément VIII le titre de prince et fut envoyé deux fois en Hongrie combattre pour l'empereur contre les Turcs ; il y mourut pendant sa seconde expé lition à Warasdin. La branche romaine de la famille Aldobrandini s'éteignit en 1681 avec *Octavio,* fils de *Jean-Georges Aldobrandini,* prince de Rossano, et ses biens passèrent aux Borghèse et aux Pamfili; une branche de ces derniers porte depuis 1760 le titre de *prince Aldobrandini.* La branche florentine des Al'obrandini s'est éteinte il y a quelques années. | ALDOBRANDINI (Joseph). Musicien italien, XVIIe-XVIIIe s., né à Bologne, élève de Jacques Parti, maître de chapelle du duc de Mantoue, auteur de divers morceaux de musique édités à Bologne et à Amster lam.

ALDOBRANDINO (et par abréviation DINO). Médecin italien, mort à Florence en 1327, professa la médecine a Bologne, puis à Sienne. Il a laissé des commentaires sur Hippocrate, Galien et Avicenne.

ALDOVRANDINI. 1677-1739. Peintre d'architecture et de décors, né à Bologne.

ALDRIC (S.). 800-856. Né en Saxe; appartenait par son père et par sa mère à la famille impériale des Carlovingiens. Il fut élevé dans le palais de Charlemagne et devint l'ami de son successeur, Louis le Débonnaire, auquel il resta toujours fidèle, même dans ses malheurs qu'il partagea. Chanoine de Metz, il perfectionna son savoir dans la célèbre école de cette ville : il apprit par cœur à peu près toute la Bible. Nommé évêque du Mans en 832, il fut le bienfaiteur de toute la province. Il fit creuser et construire à grands frais un aqueduc qui amenait l'eau des sources d'Isaac jusque près de la cathédrale, à la fontaine qui porte aujourd'hui le nom de Saint-Julien. Auparavant l'eau était si rare qu'on la payait un denier d'argent c'est-à-dire environ 2 fr. 65 le muid ou les 68 litres. Il éleva un cloître magnifique et restaura

sa cathédrale. Sous son épiscopat, l'école du Mans devint célèbre et il s'appliqua a établir ce que nous appelons aujourd'hui l'enseignement primaire dans chaque paroisse. Chaque année il assemblait son clergé en synode. Il était secondé par un coadjuteur, par des archiprêtres et des curés doyens. Il donna une vive impulsion à l'agriculture dans près de 200 fermes. Il fonda et dota sept hospices et travailla de toutes ses forces a l'abolition de l'esclavage. Il fut donc un de ces évêques qui avec nos rois *ont fait la France,* selon une expression fameuse et très juste. F. 7 janvier.

ALD.ICH. 1647-1710. Savant théologien, né à Westminster. Il avait de grandes connaissances en architecture Entre autres ouvrages on a de lui : *Artis logicæ compendium,* et *Elementa Architecturæ.*

ALDRIDGE. 2,600 h. Vle d'Angleterre, comté de Stafford. Distilleries, faïences et poteries. Curieux étang de Druidmeer.

ALDRIDGE (Ira). Acteur nègre, né près de Baltimore, 1805, m. en Pologne 1867. Fils d'un nègre emmené par un missionnaire protestant aux Etats-Unis, devenu lui-même pasteur des nègres esclaves, et qui lui apprit la théologie ; mais, devenu le domestique de Kean, il se passionna pour le théâtre et eut de grands succes, particulièrement dans les pièces de Shakespeare, a New-York, à Londres, dans les principales villes d'Angleterre, à Bruxelles, Berlin, Vienne, St-Pétersbourg. Il était bon et généreux.

ALDRINGER (Jean, comte). 1583-1634. Général des armées impériales, né a Thionville; prit une part importante a la guerre de Trente-Ans.

ALDROPHE (Alfred). Architecte, né à Paris, 1834 On lui doit quantité de travaux dans Paris, notamment pour les Expositions univ.

ALDROVANDE. s. f. Bot Plante aquatique de la fam. des droséracées.

ALDROVANDI (Ulysse). 1522-1606. Célèbre naturaliste italien, ne et mort a Bologne Composa une histoire naturelle, qui n'est guère qu'une immense compilation, et légua a sa ville natale ses collections et ses manuscrits.

ALDSTONE-MORE. 7,000 h. Vle d'Angleterre, dans le Cumberland, sur la Tyne. Mines de plomb.

ALDUDES. (Monts). Chaîne de montagnes de la prov. de Pampelune, qui se détache des Pyrénées au col de Bélate, et se termine près de l'embouchure de la Bidassoa, après avoir servi pendant qq. temps de limite entre la France et l'Espagne. | ALDUDES. Col dans les Pyrénées occidentales, sur la route de Pampelune à Saint-Jean-Pied-de-Port. Le 5 juin 1794, les Français forcèrent ce passage. | ALDUDES. 1,195 h. Dr de France (Basses-Pyrén.), arr. de Bayonne, sur la frontière d'Espagne

ALE. s. f. (mot anglais ; on prononce é-l'; — danois et sué lois *al*). Espèce de bière où il entre moins de houblon que dans la bière ordinaire ; elle est plus douce et plus alcoolique. (V. *Alcool; Bière.*)

ALEA. s. m. Mot latin qui signif. Chance, hasard. Il y a de l'aléa dans cette affaire.

ALÉA. Ville d'Arcadie où s'élevaient trois temples, un de Diane, un de Bacchus, l'autre de Minerve.

ALÉA Myth. Surnom de Minerve.

ALEA JACTA EST. Le dé, le sort en est jeté. Paroles de César au passage du Rubicon ; elles s'emploient quand on prend une décision hardie.

ALÉANDRE ou ALÉANDER (Jérôme). Légat du pape, cardinal, très connu dans l'histoire de la Réforme et comme lexicographe. Naquit à Motta, près de Trévise, en Vénétie 1480. Appelé a Paris en 1508 par Louis XII pour y professer la philologie, enseigna ensuite à Orléans, se rendit en 1514 ou 1515 près du prince-évêque de Liège qui le nomma son chancelier et chanoine de sa cathédrale. Léon X le nomma bibliothécaire du Vatican et l'envoya en 1520. comme nonce, en Allemagne pour y réagir contre la Réforme. Aléandre remplit sa mission avec un grand zèle : il prononça une vigoureuse harangue de trois heures a la diete de Worms, contre Luther qui fut condamné. Aléandre combattit aussi l'hérésie naissante dans les Pays-Bas et conserva constamment la confiance des papes Léon X, Adrien VI et Clément VII : celui-ci le nomma archev. de Brindes et nonce en France. Paul III le créa cardinal et le destina à être l'un des présidents du concile de Trente, mais Aléandre mourut le 31 janvier 1542 au moment où il venait de terminer son traité *De concilio habendo* qui fut très utile au Saint-Siège pour la tenue du concile. Il se fit remarquer parmi les littérateurs de son temps par son *Lexique grec-latin*, par d'autres ouvrages de linguistique et par des poésies religieuses. ‖ ALÉANDRE (Jérôme). 1574-1629. Petit-neveu du précédent, antiquaire, poète, littérateur et jurisconsulte.

· ALEARDI (Aleardo). 1810-1878. Poète italien, né à Vérone, disciple de Manzoni. Ses tendances le font expulser de Venise en 1849 ; à son retour de France, il est emprisonné en Bohême ; rentré après la paix de Villafranca, il fut nommé député, puis sénateur. *Ugo* ; *Arnoldi di Rocca* ; *Le città italiane* ; *Un' ora di giovinezza* ; *Monte Circello* ; etc. Ses *Chants patriotiques* ont du nerf et de l'élévation, mais sont trop déclamatoires.

ALEATICO. s. m. Vin renommé qui se fabrique avec le muscat des environs de Florence.

ALÉATOIRE. adj. 2 g. (lat. *aleatorius*, qui concerne les jeux de hasard ; de *alea*, jeu de dés). Qui repose sur des événements incertains. Contrat, vente aléatoire. ‖ Jurisp. *Contrats aléatoires*. On appelle ainsi les contrats synallagmatiques dans lesquels la prestation que doit fournir chacune des parties, en retour de la prestation qu'elle doit recevoir, consiste en des chances réciproques de gain ou de perte (C. civ., art. 1104 et 1964). Les contrats aléatoires sont le jeu, le pari, les contrats de rente viagère et d'assurances, le prêt à la grosse aventure. On oppose les contrats aléatoires aux *contrats commutatifs* dans lesquels l'équivalent à recevoir par chacune des parties, en échange de la prestation à laquelle elle s'oblige, consiste en un avantage certain. ‖ s. m. Qualité de ce qui est aléatoire, incertain. L'aléatoire des biens de la fortune, d'un marché.

ALÉATOIREMENT. adv. D'une manière aléatoire, incertaine.

ALÉAUME (S.) en lat. *Adelelmus*. Issu d'une famille noble de Loudun, en Poitou. XIᵉ s. Religieux de la Chaise-Dieu, devint célèbre. Alphonse VI, roi de Castille et de Léon, lui fit écrire par sa femme, la reine Constance, le priant de venir en Espagne établir des religieux et combattre le mahométisme. Aléaume, arrivé dans ce pays, trouva le roi, alors en guerre contre les mahométans, embarrassé pour passer le Tage qui débordait. Le saint, après avoir prié, s'élança le premier monté sur son âne et toute l'armée le suivit et franchit le fleuve. Il fonda aux faubourgs de la ville de Burgos un couvent avec un hôpital. Il mourut en l'an 1100. F. 30 janv. ‖ ALÉAUME (Louis). 1525-1596. Lieutenant-général au bailliage d'Orléans, né à Verneuil. Auteur de poésies qui ont été imprimées dans le t. 1ᵉʳ des *Deliciæ poetarum gallorum*. Son poème le plus remarquable a pour titre : *Obscura claritas*.

ALEBRANDE ou ALDEBRANDE. s. f. Nom vulgaire de la sarcelle commune.

ALEBRENNE. s. f. Zool. Nom vulgaire de la salamandre.

ALECSANDRI (Basile). Poète roumain, né en Moldavie en 1821. Vint terminer en 1834 son éducation à Paris. Rentré dans sa patrie, il se mit à réunir les chants populaires roumains et prit une part active au mouvement de renaissance littéraire qui s'est produit en Roumanie depuis 1840. Il composa de nombreuses pièces pour le théâtre de Jassy. Ses poésies (*Pasileuri*) l'ont placé à la tête des poètes roumains contemporains. Ses *Ballades et chants pop. de la Roumanie* ont été trad. en franç., Paris, 1855.

ALECTO. s. m. Ornith. G. d'oiseaux de la fam. des gros-becs. ‖ Entom. G. de coléoptères pentamères, de Cuba.

ALECTO ou ALECTON. Myth. Une des trois Furies, déesse de la vengeance. On la représente la tête entourée de vipères et tenant à la main un faisceau de vipères et de torches.

ALECTOR. s. m. (gr. *alektôr*, coq). Gallinacé d'Amérique ou hocco, fam. intermédiaire entre les dindons et les faisans : queue large et arrondie, formée de 12 pennes grandes et raides ; pas d'éperons ; caractère très sociable, disposé à la domesticité.

ALECTORIDES. s. m. pl. Ornith. Famille d'échassiers a bec court.

ALECTORIE. s. f. Bot. Genre de lichene.

ALECTORIEN, IENNE. adj. Qui appartient au coq. ‖ *Jeux alectoriens*, Jeux célébrés en Grèce.

ALECTOROMANCIE ou ALECTRYOMANCIE. s. f. (gr. *alektôr*, coq ; *manteia*, divination). Antiq. gr. Divination qui se pratiquait à l'aide d'un coq et de grains de blé.

ALECTOROMANCIEN ou ALECTRYOMANCIEN, IENNE. s. et adj. Qui s'occupe d'alectoromancie ; qui appartient à l'alectoromancie.

ALECTRIDES ou ALECTRYDES. s. m. pl. (gr. *alektôr*, coq ; *eidos*, forme). Famille d'oiseaux, de l'ordre des gallinacés, renfermant le seul genre *pénélope* ou *yacou*.

ALECTRIMORPHE. adj. (gr. *alektôr*, coq ; *morphé*, forme). Qui a la forme d'une poule, qui ressemble à une poule. ‖ s. m. pl. Fam. d'oiseaux grimpeurs ressemblants à la poule.

ALECTRURE. adj. (gr. *alektôr*, coq ; *oura*, queue). Ornith. Qui a les plumes de la queue disposées en éventail, comme celles du coq.

ALECTRYOMACHIE. s. f. (a-lek-tri-o-ma-kî ; — gr. *alektruôn*, coq ; *makhé*, combat). Combat de coqs.

ALECTRYON. s. m. Bot. Grand arbre de la fam. des sapindacées, dont les fruits sont très estimés, et dont les graines fournissent de l'huile. Il est originaire de la Nouvelle-Zelande.

ALECTRYON. Myth. Serviteur de Mars. Ce dieu le changea en coq, parce qu'il l'avait laissé surprendre avec Vénus par le Soleil.

ALEGAMBE (Philippe). Savant jésuite, né à Bruxelles, 1592, mort à Rome, 1652. A continué et augmenté la *Bibliothèque des écrivains de la Société de Jésus*, de Ribadeneira.

ALÉGATE ou ALICATE. s. f. Pince d'émailleur.

ALÉGRE (D'). Nom d'une illustre et ancienne famille du Velay, dont les membres les plus connus sont : *Yves*, baron *d'Alègre*, général habile, émule et compagnon de Bayard, mort en 1512, à la bataille de Ravenne, au succès de laquelle il contribua. — *Yves*, marquis *d'Alègre* (1653-1733), se distingua à Fleurus (1690) et dans les guerres d'Allemagne et de Flandre, contre les Impériaux, et reçut le bâton de maréchal de France en 1724.

ALEI ou AOULEI. Riv. de la Sibérie occid., affl. de g. de l'Obi. Ses bords sont riches en mines de cuivre.

ALEIRON ou ALÉRON. s. m. Liteau ou tringle qui sert à faire marcher les lisses d'un métier à tisser.

ALEM. s. m. Étendard impérial ottoman.

ALEMAGNA (Giusto d'). Peintre allemand. XVᵉ s. Fresque de l'*Annonciation* au couvent de Santa-Maria di Castello, à Gênes.

ALEMAN (Louis). 1390-1459. Plus connu sous le nom de cardinal d'Arles, né dans le Bugey. Archev. d'Arles, cardinal en 1426, présida le concile de Bâle, dans lequel le pape Eugène IV fut déposé et Félix V proclamé à sa place. Eugène IV dégrada le cardinal d'Arles de la pourpre, mais son successeur Nicolas V le rétablit et le nomma légat en Allemagne. Aleman contribua à faire cesser le schisme et se distingua par ses vertus et par ses talents politiques. ‖ ALEMAN (Mateo). Romancier espagnol, né à Séville vers 1540, mort à Mexico vers 1610. Sa vie est peu connue ; on sait seulement qu'il remplit les fonctions de contrôleur général des finances de Philippe II et qu'il fut, à raison de sa gestion, poursuivi et emprisonné. On lui doit une *Vie de saint Antoine de Padoue* (Séville, 1604), un traité de l'orthographe espagnole (*Ortografia de la lengua castellana*, Mexico, 1606, in-4°). Mais ce qui a rendu son nom populaire en Espagne, c'est son roman de *Guzman d'Alfarache* qui est avec le *Lazarille de Tormes* de Mendoza, la production la plus célèbre de ce qu'on appelle la littérature picaresque. Cet ouvrage eut un tel succès que la première partie parue en 1599 eut en six ans 27 éditions et qu'il s'en vendit 50,000 exemplaires. La deuxième partie parut à Valence en 1605. La meilleure édition de *Guzman d'Alfarache* a été donnée par Aribau dans le 3ᵉ vol. de la *Biblioteca de autores españoles* de Ribadeneira (Madrid, 1846). Ce roman a été traduit en plusieurs langues et même en latin. Des traductions en français en ont été données par Chappuis (Paris, 1600), par Chapelain (1632) par Gabriel Brémond (1696), enfin

avec un grand succès par Lesage (1732) qui a abrégé les longueurs de l'original.

ALEMAND (Louis-Augustin). 1643-1728. Érudit français, né à Grenoble ; avocat au parlement de sa ville natale, médecin.

ALEMANIE (duché d'). Géog. anc. C'était un des 39 duchés de la France carlovingienne. Son nom au XIᵉ s. fut remplacé par celui de Souabe.

ALEMANIQUE. s. m. et adj. Qui a rapport à l'Alemanie et à ses habitants. ‖ *Dialecte alemanique*. Ancien dialecte de la langue allemande : l'alemanique était parlé en Souabe et dans une partie de l'Alsace et de la Suisse.

ALEMANS ou ALAMANS. s. m. pl. (*Alemanni* ou *Alamanni*; de l'all. *all*, tout, ou *alah*, temple, *mann*, homme). Confédération de tribus germaniques dont le nom apparaît pour la première fois au IIIᵉ s. après J.-C. Battus par Caracalla en 213, ils franchirent plusieurs fois la ligne du Rhin malgré les fortifications élevées par les Romains et dont il subsiste encore auj. des restes (V. *Diable*, mur du), et se montrèrent même en Italie où Gallien les défit en 268 près de Milan. Battus de nouveau par Aurélien en 271, par Probus en 277 et plus complètement par Julien auprès de Strasbourg en 357, ils occupaient au moment des invasions le pays compris entre les Vosges, le Jura, les Alpes Helvétiques, le Necker et le Lech. Clovis les défit à Tolbiac, près de Cologne, en 4 6 et soumit la partie septentrionale de leur territoire dont la partie méridionale devint le duché d'Alemanie (Alsace, Souabe et partie de la Suisse).

ALEMANUS. Sorte d'Hercule, héros et dieu des anciens Germains.

ALEMBERT (Jean LE ROND d'). 1717-1783. Géomètre, littérateur, philosophe, né à Paris. Enfant naturel de Mme de Tencin et d'un commissaire d'artillerie, nommé Destouches ; il fut trouvé sur les marches de l'église de St-Jean-le-Rond, auj. détruite, près de Notre-Dame, et confié à la femme d'un pauvre vitrier, chez laquelle il passa plus de 30 ans, et qu'il considéra toujours comme sa véritable mère. Son père, sans le reconnaître, lui avait assuré une pension qui permit de le faire élever avec soin. Il n'avait que 24 ans, lorsqu'il fut nommé membre de l'Académie des sciences en 1741, après deux brillants mémoires sur le calcul intégral et sur la réfraction des corps solides ; treize ans plus tard (1754) il entrait à l'Acad. franç. dont il devint secrétaire perpétuel en 1772. Il a publié un grand nombre d'ouv. sur les sciences physiques et les mathématiques. Son ouv. capital est un *Traité de Dynamique* (1743), qui a produit une révolution dans la science du mouvement. Il fut collaborateur de l'Encyclopédie dont il fit le discours préliminaire. Il y recherche la filiation des sciences, soit dans l'ordre logique, soit dans leur développement historique. Tel est le plan ; mais l'exécution n'est pas irréprochable ; il emprunte à Bacon la classification de nos facultés et il prétend ramener toutes les sciences à une de ces trois facultés : mémoire, raison, imagination. Les passages les plus remarquables sont l'esquisse historique où il retrace les progrès de l'esprit humain, et, pour la partie théorique, ce qui se rapporte aux sciences exactes et à l'analyse de leurs procédés. Il est vague, incomplet, faible, lorsqu'il traite des matières philosophiques. Il rédigea en outre pour l'Encyclopédie beaucoup d'articles scientifiques ou philosophiques. Nous avons de plus de lui les ouvrages suivants : *Mélanges de philosophie et de littérature ; Éléments de philosophie* ; etc. C'est dans ses ouvrages et surtout dans sa volumineuse correspondance qu'éclatent son scepticisme et son irréligion. Moins violent que Voltaire, il n'en fit pas moins une guerre continuelle au christianisme, et contribua par ses écrits à la révolution. Il se sépara néanmoins des opinions matérialistes professées par Diderot et par la plupart des encyclopédistes. Il suit Locke qui fait venir toutes nos pensées des sensations ; mais il proclame que la substance pensante est immatérielle. Spiritualiste sur ce point, il tombe dans le sensualisme lorsqu'il traite de la morale ; pour lui il n'y a ni juste ni injuste, ni bien ni mal : il appelle *bien* ce qui contribue au bien-être physique des individus. Comme écrivain, d'Alembert manque d'originalité et de délicatesse ; son style est précis mais froid et aride. Cependant ses *Éloges historiques* des académiciens, qu'il composa comme secrét. perpétuel de l'Acad. Franç, sont regardés comme des modèles du genre. On le considère comme un géomètre de premier ordre. Il a lepremier, après les tentatives infructueuses de Newton, donné la théorie mathématique de la précession des équinoxes.

ALEMBROTH. s. m. et adj. (a-lam-brot). Méd. Sel alembroth, ou sel de la sagesse. Les alchimistes appelaient ainsi un produit préparé par la sublimation du bichlorure de mercure et du chlorure d'ammoniaque. C'est un stimulant très actif.

ALEMDAR ou SANDSCHAKTAR. s. m. Nom donné à des officiers turcs chargés de porter l'*alem* ou étendard de Mahomet conservé au sérail de Constantinople. Ils forment un corps de 40 personnes qui portent l'alem à tour de rôle.

ALEMQUER. 3.000 h. Vie du Portugal, district de Lisbonne. Belle source chantée par Camoëns dans ses *Lusiades*.

ALEMTEJO. V. *Alentejo.*

ALEN (Jean VAN). 1651-1698. Célèbre peintre hollandais, né à Amsterdam. Il excellait dans les paysages et les animaux.

ALÉNAS. s. m. (a-le-nâ). Ancienne épée fine et tranchante, un peu plus longue que la dague ordinaire.

ALENÇON (point d'). s. m. Dentelle fabriquée à Alençon. Elle se fait entièrement à l'aiguille, avec des fils de lin d'un prix très élevé, filés à la main, retors, et d'une extrême finesse. On les tire du département de la Somme et surtout des environs de Nouvion. Les dentelles d'Alençon se composent de morceaux de 20 à 30 centimètres, réunis au moyen de coutures imperceptibles.

ALENÇON (*Alercium, Alencium*). 16,600 h. Ch.-l. du dép. de l'Orne, au confluent de la Sarthe et de la Briante, a 190 kil. O. de Paris. Chemin de fer de Caen au Mans. Subdivision de région du 4e corps d'armée (le Mans). Bataillon de chasseurs à pied. Dépôt de remonte. Lycée (3e catégorie). Cours secondaire de jeunes filles. École normale d'instituteurs. Fabriques de toiles, de tulles, de blondes et de dentelles fines connues sous le nom de *points d'Alençon*, la reine des dentelles et la seule, en France, qui soit entièrement travaillée à l'aiguille. C'est sous l'administration de Colbert, vers 1664, que commença la fabrication de la dentelle dans cette ville. Ce ministre fit venir à ses frais trente habiles ouvrières de Venise et les installa dans son château de Lonrai. Taille de cailloux roulés appelés *diamants d'Alençon*. Commerce de chevaux. Monuments : églises de Notre-Dame, du style ogival (XVe s.) ; de St-Léonard (XVe s.) ; vieux château des comtes, dont il reste deux tours remarquables. Biblioth., 15,000 vol , 178 manuscrits Patrie de l'historien Mézeray, du médecin Desgenettes, du botaniste La Billardière, du général Ernouf, du girondin Valazé, du jacobin Hébert , dit le *Père Duchesne*. — L'arr. d'Alençon a 65,715 h 6 cant., 92 comm. — *Église Notre-Dame.* Cette église est du XVe siècle et du style flamboyant. On y a joint au XVIIe siècle un assez beau portail. Ses vitraux sont ce qu'elle a de plus remarquable ; ils forment deux séries : l'une représente des scènes de la vie de la Sainte Vierge et l'autre des scènes de l'Ancien Testament ; entre ces deux séries parallèles, un vitrail représente l'arbre de Jessé ; tout cet ensemble est bien conservé. L'église a, en outre, un buffet d'orgues et une chaire qui sont du XVIe siècle. Notre-Dame d'Alençon appartenait autrefois à des chanoines réunis en collégiale.

ALENÇON (comtes et ducs d'). Possédé par les seigneurs de Bellême, dont l'un, Roger de Montgommery, aida Guillaume à la conquête de l'Angleterre, le comté d'Alençon fut réuni à la couronne par Philippe-Auguste, en 1221 Pierre, cinquième fils de S. Louis, le reçut en apanage, et mourut sans enfants à Salerne en 1282. En 1234, Philippe le Hardi donna le comté d'Alençon à son troisième fils, Charles de Valois qui mourut en 1325. Le comté d'Alençon fut érigé en comté-pairie, en 1329, pour Charles II qui fut tué à Crécy en 1346. Il eut pour successeurs : Charles III qui se fit moine en 1389 et devint en 1385 archevêque de Lyon ; Pierre III, son frère (1367-1404) ; Jean III, pour qui le comté fut érigé en duché-pairie en 1414

et qui périt en 1415 à Azincourt ; Jean IV, né en 1409, prisonnier des Anglais de 1424 à 1429, compagnon de Jeanne d'Arc à Jargeau et à Patay, condamné deux fois a mort en 1458 et en 1470 comme ayant conspiré pour les Anglais et mort en prison en 1476 ; René, son fils, enfermé trois mois à Chinon dans une cage de fer par ordre de Louis XI (1481), rendu à la liberté par Charles VIII et mort en 1492 ; Charles IV, qui se signala à Marignan, mais dont la lâcheté à Pavie amena la prise du roi et la perte de la bataille ; il mourut de honte et de chagrin à Lyon quelques jours après (1525). Il avait épousé la sœur de François Ier, la célèbre Marguerite de Valois qui conserva la jouissance du duché jusqu'à sa mort (1540), époque où il fit retour à la couronne. Catherine de Médicis fut duchesse d'Alençon de 1550 à 1566. En 1570, Charles IX donna le duché en apanage à son plus jeune frère, François, comte du Perche, mort en 1584. Vendu par Henri IV au duc de Wurtemberg en 1605, racheté en 1612 par Marie de Médicis, apanagé en 1645 à Gaston d'Orléans qui le donna en 1667 à sa seconde fille, mademoiselle d'Alençon, mariée au duc de Guise, il fut de nouveau réuni en 1696 à la mort de celle-ci. Donné de nouveau en apanage par Louis XIV à son petits-fils, Charles, duc de Berry (1710), il fit retour à la couronne à la mort de celui-ci (1714). Le titre de duc d'Alençon fut porté par le frère de Louis XVI, le comte de Provence, qui devint Louis XVIII. || ALENÇON (Ferdinand-Philippe-Marie d'Orléans, duc d'). Second fils du duc de Nemours et de la princesse Victoire de Saxe-Cobourg-et-Gotha. Ce prince est né au château de Neuilly-sur-Seine le 12 juillet 1814 et a suivi la famille royale en exil lors des événements de 1848 Il acheva ses études classiques dans un des collèges d'Édimbourg et entra, en 1861, comme élève à l'école d'artillerie de Ségovie (Espagne), d'où il sortit avec le no 1, comme lieutenant d'artillerie en 1855. Il fut envoyé, en 1855, aux îles Philippines, en qualité de capitaine et fut chargé du commandement de l'artillerie dans l'expédition organisée par le gouvernement espagnol contre les pirates malais de Mindanao et des îles voisines. Rentré en France en 1871, par suite de l'abrogation des lois d'exil, il fut admis, en 1874, comme capitaine d'artillerie dans l'armée française et sert encore en cette qualité. Il a épousé le 28 septembre 1868, la princesse Sophie-Charlotte-Auguste, duchesse de Bavière et il a deux enfants. Il a publié *Luçon et Mindanao*, extraits d'un journal de voyage dans l'extrême Orient, avec une carte de l'archipel des Philippines, Paris, 1870, 1 vol. in-12.

ALENÇONNAIS, AISE. s. et adj. Qui habite Alençon. Qui appartient à Alençon ou à ses habitants.

À L'ENCONTRE. Loc. adv. V. *Encontre.*

ALÈNE. s. f. (vx franç. *alesne* ; de l'esp. *alesna*). Poinçon d'acier, droit ou courbé pour percer le cuir : les cordonniers, les bourreliers se servent d'alènes. || Zool. Nom vulgaire, dans le midi de la France, d'une espèce de raie.

ALÈNE ou ALINE (Ste). Vierge et martyre, au Forêt en Brabant. VIIe s. F. 16 juin.

ALÉNÉ, ÉE. adj. Pointu comme une alène. || Bot. Feuille alénée, qui est en forme d'alène. Syn. de *Subulé.*

ALÉNIER. s. m. Celui qui fait, qui vend des alènes.

ALÉNIO (le P. Jules). 1582-1649. Jésuite, né à Brescia, missionnaire en Chine. On a de lui : *Vie de Jésus-Christ* en langue chinoise ; un grand traité de cosmographie ou *Theatru morbis.*

ALÉNOIS (cresson) adj. m. (de *alène* ; proprement : aigu, piquant comme une alène ; ou corruption de *Orlenois*, pour Orléanais, pays où cette petite plante croît abondamment). Nom vulg. du *passerage cultivé* (*lepidium sativum*), dont la saveur piquante rappelle celle du cresson (*nasturtium officinale*) et qui est utilisé comme garniture de salade.

ALENTEJO ou ALEMTEJO (*Au delà du Tage*). Ancienne province du Portugal qui forme maintenant trois districts : Evora, Portalegre et Beja. C'est la plus grande prov. du Portugal (24,411 kil. car.), mais proportionnellement la moins peuplée (374,500 h.). Elle est arrosée par la Guadiana, le Tage et le Sado. C'est un pays marécageux, fertile en blé, orge, riz, maïs, vin et qui nourrit de nombreux troupeaux de moutons.

ALENTIR. v. a. Rendre plus lent. Je veux de son rival alentir les transports. (Molière.) || v. n. Et laissant alentir les flammes légitimes. (Quin.) || S'ALENTIR. v. pr. La fureur s'alentit par le retardement. (Rotrou.) || ALENTI, IE. p. pas. Aux clartés alenties du soleil.

ALENTISSEMENT. s. m. Action d'alentir et résultat de cette action.

ALENTOUR ou À L'ENTOUR. adv. (a lantour). Aux environs. Tourner, rôder alentour. || Gram. Alentour ne doit pas être suivi d'un complément ; ainsi on ne dit pas alentour de la table, alentour du parc ; mais autour de la table, autour du parc. || D'alentour, Des environs. Les échos, les bois, le pays d'alentour. || Syn. *Alentour, autour.* Autour marque contact ou rapprochement : ceinture autour du corps ; convives autour de la table. Alentour indique une sorte d'éloignement, une certaine distance. N'osant approcher, il rôde alentour.

ALENTOURS. s m pl. Lieux circonvoisins. Les alentours de la ville. || Les personnes qui vivent habituellement avec quelqu'un, qui sont ses partisans. Si vous voulez réussir auprès de ce ministre, gagnez ses alentours (Acad.) || Fig. Se trouver dans les alentours de la vérité, sans y pénétrer. Les alentours d'un sujet.

À L'ENVI. V. *Envi.*

ALÉOCHARE. s. m. (a-lé-o-kare ; — gr. *aléa*, abri ; *kharassein*, creuser). Zool. Petit insecte qui vit dans les champignons, les végétaux pourris.

ALÉOCHARIDES. s. m. pl. (d'*aléochare* et gr. *eidos*, forme). Zool. Tribu d'insectes coléoptères pentamères, de la fam. des brachélytres dont le type est l'aléochare.

ALÉOUTES ou ALÉOUTIENNES (îles). Longue chaîne d'îles peu peuplées (2,000 h. pour une superf. d'env. 23,000 kil. car.) qui séparent la mer de Behring du Grand Océan, et qui, s'étendant en demi-cercle entre la presqu'île d'Alaska et le Kamtchatka, sur une longueur de 2,400 kil., unissent presque l'Asie a l'Amérique. Elles sont au nombre de 150 sans compter les rochers et les écueils, et divisées en plusieurs groupes : îles du *Commandeur*, comprenant les deux îles de Behring et du Cuivre, distantes de 400 kil du groupe suivant ; les îles *Blijnie* ou îles voisines ; les îles des *Rats*, des *Andréanoff*, des *Quatre-Montagnes*, des *Lisii* ou des *Renards*, etc. Ces îles sont montagneuses et possèdent plusieurs volcans en activité dont quelques-uns dépassent 2,000 m. Les habitants sont hardis marins et chasseurs ; la plupart ont embrassé le christianisme gréco-russe. Les deux îles de Behring et du Cuivre appartiennent seules auj. a la Russie, qui a, par le traité du 30 mars 1867, cédé les autres avec la presqu'île d'Alaska aux États-Unis. Commerce de pelleteries. — Les îles Aléoutiennes ont été découvertes par Behring (1711) et explorées par Bassof (1745), Cook (1778), Billings et Sarytcheff (1790-91), Kotzebue (1818), Lütké (1827), Erman (1830), Véniaminof (1840).

ALÉOUTIEN, IENNE. s. et adj. Habitant des îles Aléoutiennes. Qui appartient à ces îles ou à leurs habitants. || ALÉOUTIEN (l'). s. m. Idiome des indigènes des îles Aléoutiennes, appartenant aux idiomes de l'Amérique septentrionale, et renfermant plusieurs dialectes assez différents les uns des autres. Ces dialectes appartiennent à la catégorie des langues agglutinantes et ne paraissent jusqu'ici se rattacher ni aux langues américaines, ni à aucun des idiomes de l'Asie.

ALEP. Prov. de la Turquie d'Asie, comprenant la Syrie septent., la Mésopotamie du N.-O. et une petite partie de l'Asie Mineure. 433,000 h. || ALEP, appelée *Haleb-el-Schabba* par les Orientaux. 100,000 h. dont 16,000 chrétiens et 5,000 juifs. Vle de Syrie, Turquie d'Asie, cap. de la prov. ou vilayet de ce nom, sur le Kolk, dans une plaine fertile entre l'Euphrate et l'Oronte, par 34° 50' longit. E. et 36° 11' latit. N ; centre d'un commerce considérable et une des plus belles villes de l'Orient. Les échanges se font surtout par Alexandrette et Latakieh. On importe des articles manufacturés provenant de la France, de l'Angleterre, de l'Italie, des États-Unis, etc : tissus, quincaillerie, drogues, fer, grains et farines, sucre, café, épices, etc , qu'on expédie à dos de chameau en Arménie et à Mossoul. On exporte des laines du Kourdistan, des soies, la noix de galle, les cotons, le tabac, la sésame, la cire. Fabriques de fil d'or, teintureries d'étoffes de soie et de coton. Aqueduc romain de 11 kil.; mosquées, célèbres jardins, bazars. Le port d'Alep, Alexandrette, est à 105 kil. La ville d'Alep occupe l'emplacement de Beroea ou Béroé de la Bible. Prise par les Arabes en 628, par les Mongols en 1260, par Tamerlan en 1402, elle est au pouvoir des Turcs depuis 1517. En 1797, la peste y fit périr 60,000 personnes. Cependant Alep comptait encore 200,000 h. au commencement du XIX° s., mais, en 1822, un tremblement de terre détruisit 4,000 maisons (24 août); en 1827, elle fut de nouveau ravagée par la peste et en 1832 par le cholera. Le 16 octobre 1850, les musulmans y massacrèrent les chrétiens et brûlèrent leurs maisons; cette sédition fut réprimée en novembre par Kérim-Pacha. ‖ Méd. Bouton d'Alep. V Bouton.

ALEPASE ou ALEPASSE. s. f. Mar. Pièce de bois liée aux antennes, pour les fortifier.

ALEPH. s m. (a-leff). Philol. Première lettre de l'alphabet hébraïque. ‖ Signe numérique de l'unité.

ALÉPHANGINE. s. f. Pharm. Pilule stomacale et purgative.

ALÉPIDÉE. s. f. Bot. Genre d'ombellifères, plante herbacée de l'Afrique australe.

ALÉPIDOTE. s. f. et adj. (gr. a priv.; lépis, lépidos, écaille). Zool. Se dit des poissons qui n'ont pas d'écailles.

ALÉPIN, INE. s. et adj. Habitant d'Alep Qui appartient a cette ville ou à ses habitants. ‖ adj. Galles alépines, Noix de galle d'Alep.

ALÉPINE. s. f. Etoffe dont la chaîne est en soie et la trame en laine; article d'exportation, se fabrique à Amiens, St-Quentin, etc. Elle est originaire d'Alep, d'où elle tire son nom.

ALÉPOCÉPHALE. adj. (gr. a priv.; lépis, écaille; képhalé, tête). Zool. Se dit des poissons dont la tête n'est pas couverte d'écailles. ‖ s. m. G. de poisson du groupe des ésoces renfermant une seule espèce, l'alépocéphale à bec (rostralus); vivant dans les plus grandes profondeurs de la Méditerranée, il se rapproche beaucoup du brochet.

ALÉPYRE. s. m. (gr. a priv.; lépuron, enveloppe). Plante de l'Australie mérid. G. des centrolépidées, très petites plantes graminiformes, à racines fibreuses et faciculées, à feuilles radicales sétacées, semi engainantes à la base, à tiges filiformes terminées par un épillet solitaire. Trois espèces.

ALER (Paul). 1656-1727. Savant jésuite, né à St-Vith, dans le duché de Luxembourg. Auteur de traités de théologie et de philosophie, d'ouv. de piété, de tragédies lat. et allem. composées spécialement pour les représentations dramatiques des collèges des jésuites, et du Gradus ad Parnassum (1702), livre classique par excellence, connu par tous ceux qui s'occupent de poésie latine.

ALERIA. 930 h. Vge de la Corse sur la côte E. de l'île, près de l'emb. du Tavignano et des étangs de Diana (570 hect.) et d'Urbino (600 hect.), où l'on pêche des huitres. A 2 kil. S. se trouve le pénitencier agricole de Casabianda (800 détenus). Le pays est fertile, mais très insalubre. — Aleria est une ancienne colonie phocéenne qui fut prise par L. Scipion pendant la première guerre punique, et colonisée par Sylla. Elle compta, dit-on, sous les Romains jusqu'à 60,000 h. Il ne subsiste que quelques débris assez peu importants de la ville romaine (amphithéâtre, maison du préteur). Dépeuplée par le mauvais air au moyen âge, Aleria resta cependant siège d'un évêché jusqu'à la Révolution. Auj. il ne subsiste plus que quelques maisons et la localité n'a d'importance que par le pénitencier de Casabianda qu'il a été déjà plusieurs fois question de supprimer à raison de l'énorme mortalité qu'y cause l'insalubrité du climat.

ALÉRION. s. m. Blas. Aiglon sans pied ni bec, aux ailes étendues ou abaissées, qui indiquait une victoire sur l'étranger. La maison de Lorraine portait dans ses armes trois alérions d'argent. ‖ Ornith. Nom vulg. du martinet noir.

ALÉRON. V. Aileron.

ALERTE. interj. (de l'ital. all'erta, sur un lieu élevé, sur ses gardes : garde à vous). Debout! soyez sur vos gardes! vite! Alerte, alerte, voici le jour. Alerte, mon coursier. ‖ s. f. Alarme donnée dans un camp, dans un poste, etc. Nous avons eu cette nuit trois ou quatre alertes. ‖ Par anal. Appel à la vigilance; mouvement de frayeur, inquiétude subite. J'ai reçu

une bonne alerte. Le lièvre fuit à la moindre alerte. Donner une vive alerte. ‖ adj. 2 g. Qui agit avec promptitude et gaieté. Jeune fille alerte. Enfant alerte à la course. ‖ Attentif, adroit à saisir ce qui peut être avantageux. Il est fort alerte pour mener l'affaire et gagner de l'argent. ‖ Qui est vigilant, qui se tient sur ses gardes. Comment le surprendre, il est toujours alerte. ‖ Syn. alerte, léger, agile, leste. Agile se dit en parlant de tous les mouvements du corps. Léger n'a rapport qu'aux mouvements de bas en haut. Danse légère. Leste signifie dégagé, plein de bonne grâce ou de bon air. Une femme leste et pimpante. L'homme ou l'animal alerte ne s'endort pas, a l'œil au guet. Quelquefois alerte, comme éveillé, emporte une idée de gaieté. La fauvette est gaie, alerte, vive.

ALES (Alesia, Usellis). 1,200 h. Vle de Sardaigne, prov. de Cagliari, arr. d'Oristano. Evêché (le titulaire réside a Villacidro); belle cathédrale. Pays insalubre.

ALÉS ou HALÉS (Alexandre d'). Ainsi appelé du nom de sa patrie, bourgade du comté de Glocester. Philosophe, théologien, m. en 1245, vint étudier et ensuite professa avec distinction à Paris. Il commenta le Maître des Sentences avec tant de succes que le pape Innocent IV lui ordonna de former de ses leçons un livre d'enseignement. Cet ouvrage intitulé Summa theologiæ après avoir été examiné par soixante-dix docteurs fut, sur leur avis, imposé comme manuel aux écoles chrétiennes. « La théologie empruntée aux Pères et à la tradition y est exposée avec beaucoup de netteté et d'exactitude, si bien que le savant franciscain a mérité le titre de docteur irréfragable. » (Vallet, Hist. de la philos.) Sa Somme a été impr. à Nuremberg (1482). ‖ ALÈS (Pierre-Alex. d'), vicomte de Corbat. 1715-1770. Littérateur né en Touraine. A publié : De l'origine du mal, 2 vol., 1738; Recherches historiques sur l'ancienne gendarmerie française, 1749; Origines de la noblesse franç., 1766; etc.

ALÉSAGE. s. m. (a-lé-za-ge). Techn. Action d'aléser. Résultat de cette action.

ALESCHKI ou DNIÉPROVKS. 8,800 h. Vle et ch.-l. de distr. du gouv. de Tauride (Russie mérid.), au confl. de la Konka et du Dnieper, à 5 kil. de Kherson, à 33 kil. de l'emb. du fl., 92 kil. N.-O. de Pérékof. Anc. Élice, fondée par les Génois au X° s.

ALESE. s. f. Méd. V. Alèze.

ALÉSER. v. a. (Berry, aliser; esp. alisar, rendre poli L'espagnol vient de la prépos. a et de liso, lisse, poli. —Change l'é fermé en é ouvert au prés. de l'indic. et du subj. : J'alèse, qu'il alèse; partout ailleurs on met l'é aigu : J'aléserai, tu aléseras). Techn. Agrandir, polir, ajuster un cylindre ou un trou destiné à recevoir une pièce cylindrique, qui doit y jouer ou s'y adapter avec précision. ‖ Métrol. Aléser les monnaies, En aplanir les lés, en redresser les bords. ‖ ALESÉ, ÉE. p. pas. Tube alésé.

ALÉSIA. Géog. anc. Vle forte des Gaules, cap. des Mandubii, célèbre par le siège que Vercingétorix y soutint pendant 7 mois contre César, 52 ans av. J.-C. On discute toujours pour savoir où était l'emplacement de cette ville. Les uns tiennent pour Alise-Sainte-Reine (Côte-d'Or), les autres pour Alaise (Doubs), d'autres enfin pour Alise-Izernore (Ain).

ALÉSIO (Matthieu-Pierre). Peintre et graveur italien né à Rome, m. en 1600. Élève de Michel-Ange. Sa meilleure production est un gigantesque Saint Christophe qu'il peignit à fresque dans la cathédrale de Séville.

ALÉSOIR. s. m. (de a et lisse). Techn. Instrument ou machine qui sert à aléser ; c'est une tige prismatique à arêtes vives, en acier trempé.

ALESSANDRESCU (Grég.). Poète roumain, né en 1812 à Tirgovisti en Valachie. D'abord militaire, démissionnaire en 1834 à l'arrivée au pouvoir d'Alexandre Ghika, emprisonné à raison de l'opposition qu'il fit au gouvernement de celui-ci, il composa en prison son œuvre la plus célèbre, L'an 1840, qui eut un grand retentissement. Rendu à la liberté à la chute de Ghika (1842), il a été ministre des finances de Roumanie en 1859. Ses œuvres ont été réunies sous le titre Souvenirs et impressions, lettres et fables, Bukharest, 1847, 2° éd. 1863.

ALESSANDRI (Alessandro ; en latin Alexander ab Alexandro.) Jurisconsulte et écrivain italien, né à Naples, 1461, mort a Rome 1523. Son principal ouvrage, Genialium dierum libri sex (Rome, 1522, in-fol.,) est une immense et diffuse compilation qui renferme cependant des choses curieuses sur les antiquités romaines. Tiraqueau en a donné un commentaire, (Lyon, 1586). On a comparé quelquefois son œuvre aux Nuits attiques d'Aulu-Gelle. ‖ ALESSANDRI (Innocent). Graveur vénitien très estimé, né vers 1742. ‖ ALESSANDRI (Félix.) 1742-1810. Compositeur, né à Rome. Il a écrit une vingtaine d'opéras fort médiocres, sauf il Ritorno d Ulisse, joué a Berlin avec succès (1790).

ALESSANDRIA. 5,200 h. Vle de Sicile, prov. de Girgenti. ‖ ALESSANDRIA. Ville du Piémont. (V. Alexandrie.)

ALESSANDRINI DE NEUSTAIN (Julio). 1506-1590. Médecin italien, né a Trento. Médecin des empereurs Charles-Quint, Ferdinand Ier et Maximilien II; auteur de commentaires sur Galien, en latin, et quelques-uns en vers; et d'un traité, aussi en vers, sur l'éducation des enfants. Pædotrophia, (Zurich, 1539), in-8°.

ALESSANO. 7,000 h. Vle d'Italie, prov. d'Otrante : évêché, fabriques de mousseline.

ALESSI (Galéas). 1512-1572. Un des plus célèbres architectes italiens du XVI° s., né à Pérouse. Fournit à sa patrie, à la France, à l'Espagne, à l'Allemagne, des plans pour palais, églises, fontaines, etc. Construisit à Gênes plusieurs palais et la belle église de Ste-Marie de Carignan; a Milan, les églises St-Paul et St-Victor, la façade de St-Celse et le beau palais Marino. C'est lui qui a tracé les plans du monastère et de l'église de l'Escurial.

ALESSIO ou LECH (Lissus). 3,000 h. Vle et port de la Turquie d'Europe (Albanie), à l'embouchure du Drin dans l'Adriatique. Evêché catholique. Elle fut fondée par Denys de Syracuse. Elle possédait le tombeau de Scanderberg, qui y mourut en 1467 et dont les restes furent enlevés par les Turcs, en 1478.

ALESTER ou ALESTIR. v. a. Mar. Rendre un bâtiment plus leste, le débarrasser, l'alléger.

ALÉSURE. s. f. Débris qui tombent d'une pièce qu'on alèse.

ALET ou ALETH (Alecta). 1,300 h. Pte vle du dép. de l'Aude, arr. et à 10 kil. de Limoux, dans un vallon pittoresque et fertile, au pied des Pyrénées. Eaux un peu alcalines et légèrement tièdes employées contre la dyspepsie. Ruines d'un ancien monastère de bénédictins. Ancienne cathédrale du style roman. Avait 89, siège d'un évêché, occupé au XVII° s. par le célèbre janséniste Nicolas Pavillon. Pic de Roquetaillade ou Pech de Brau (1645 m.); vaste panorama. ‖ ALET. Anc. ville, cap. du Pagus Aletensis, auj. la Cité, faubourg de St-Servan (Ille-et-Vilaine). Siège d'un évêché fondé au III° s. et transféré au XII° s., après la destruction de la ville, à St-Malo.

ALÉTE. s. m. Oiseau de proie de l'Inde.

ALÈTES s. m. pl. Minér. Agrégat principalement composé de débris de roches volcaniques.

ALÉTHOLOGIE. s. f. (gr. alètheia, vérité; logos, discours). Néol. Traité, discours sur la vérité.

ALÉTHOLOGIQUE. adj. 2 g. Qui concerne l'aléthologie.

ALÉTHOSCOPE ou ALÉTOSCOPE. s. m. (gr. alètheia, vérité ; skopéd, je vois). Sorte de stéréoscope inventé en 1876 par l'ingénieur Arthur Chevalier.

ALÉTIDES. s. f. pl. Fêtes d'Athènes, en l'honneur d'Érigone surnommée Alétis (vagabonde), parce qu'elle erra longtemps à la recherche du corps de son père, Icare, tué par des bergers de l'Attique. (V. Érigone.)

ALÉTRIS. s. m. (gr. alétris, qui fait de la farine). Plante liliacée, originaire de l'Amérique septent., et cultivée dans les jardins d'agrément. L'A. farinosa est un amer énergique employé en infusions comme tonique et stomachique.

ALETSCH (glacier d'). Le plus grand glacier des Alpes du Valais (Suisse). Il descend de la cime méridionale de la Jungfrau et prête son nom au beau pic d'Aletschorn (4,198 m.). Sa longueur est de 24 kil., sa largeur de 2 kil.; son altit. d'env. 2,900 m. au sommet et 1,600 m. à la base; sa superficie de 11,000 hect. Il donne naissance à la Massa, affl. de la rive dr. du Rhône.

ALETTE. s f. (dim. de ala, petite aile). Arch. Jambage sur le pied droit. Bord d'un trumeau qui dépasse une glace ou un pilastre. ‖ Mar. Prolongement des bordages de l'arrière. ‖ Cordon Cuir cousu a l'empeigne d'un soulier.

ALEUADES. Hist. anc. Puissante famille de la Thessalie, sur laquelle s'appuya Philippe.

ALEURIE. s. f. (gr. *aleuron*, farine). Bot. G. de champignons.

ALEURITES. s. f. pl. Bot. G. d'arbres de la fam. des euphorbiacées dont les principales espèces sont l'*A. cordata* (arbre à *huile*, *à vernis*, *wu-lung* des Japonais), qui fournit une huile très employée dans l'extrême Orient pour vernir les bois et les étoffes qu'on veut rendre imperméables ; l'*A. moluccana*, ou bancoulier des Moluques, qui donne la noix de Bancoul très usitée comme purgative.

ALEUROMANCIE. s. f. (gr. *aleuron*, farine, *mantéia* divination). Antiq. gr. Divination par la farine.

ALEUROMANCIEN, IENNE. s. Celui, celle qui faisait des prédictions, au moyen de la farine.

ALEUROMÈTRE. s. m. (gr. *aleuron*, farine; *métron*, mesure). Petit instrument inventé par Boland, qui sert à constater la quantité de gluten contenu dans la farine.

ALEURONE. s. f. (gr. *aleuron*, farine; — en allem. *Klebermehl* ; de *kleber*, gluten, et *mehl*, farine). Substance azotée, découverte en 1855 par M. Hartig, et dont la composition, le développement et les fonctions ne sont pas encore bien connues. L'aleurone est très répandue dans toutes les parties des végétaux, surtout dans l s graines ; comme l'amidon, auquel elle est souvent associée, elle paraît jouer le rôle de substance de réserve. Elle est soluble dans l'eau, dans les acides et dans les alcalis étendus ; insoluble dans l'alcool, l'éther, les huiles grasses et les essences. On l'isole par des lavages sous l'huile : on obtient ainsi des grains ovoïdes ou arrondis, ordinairement blancs, quelquefois diversement colorés, excessivement petits, quoique de diamètres très variables (de 0mm0125 à 0mm0375), et qui paraissent être formés d'une vésicule entourée, les uns disent de deux, les autres d'une seule paroi. Ces vésicules renferment des granules (globides), et des groupes de cristaux (cristalloïdes), dont le système cristallin varie d'une plante à l'autre. D'après M. Hartig, l'aleurone dérive toujours de l'amidon, ou de la chlorophylle, après qu'elle s'est transformée en amidon ; mais pour d'autres, ce sont, au contraire, les vésicules d'aleurone qui se transforment en amidon, puis en chlorophylle. La composition de la vésicule aleurienne est trop complexe pour qu'on puisse la traduire par une formule. M. Hartig y a trouvé de la fibrine, de l'albumine, de la créatine, de la caséine, des gommes, du sucre, des résidus de cendres, et vraisemblablement du soufre et du phosphore. Comme toutes les matières azotées, l'aleurone est colorée au rouge brique par une dissolution acide d'azotate de mercure, et en brun jaune par une solution d'iode.

ALEVIN. s. m. (lat. *allevamen*, ce qu'on élève, ce qu'on nourrit). Menu poisson pour peupler les étangs. (V. *Alvin* et *Nourrain*.)

ALEVINAGE. s. m. Menu poisson que les pêcheurs rejettent dans l'eau. || Art de conserver et de propager l'alevin.

ALEVINER. v. a. Peupler un étang, un vivier, en y jetant de l'alevin. || ALEVINÉ, ÉE. p. pas. Étang aleviné. || S'ALEVINER v. pr. Se peupler d'alevins.

ALEVINIER. s. m. ou **ALEVINIÈRE.** s. f. Petit étang pour élever l'alevin.

ALEXANDER. Comté de la Caroline du Nord (États-Unis). 864 kil. car. Env. 7,000 h. presque tous de race blanche. Ch.-l. *Taylorville*. || Comté de l'Illinois (États-Unis). 703 kil. car. Ch.-l. *Cairo* || ALEXANDER ISLANDS (îles Alexandre), sur la côte occid. de l'Amérique du Nord, entre 54° 40 et 58° 25' latit. N , îles nombreuses, dont sept très étendues. Les principales sont l'île du Prince de Galles et l'île Sitka. Cet archipel, qui a été reconnu en 1774 par le capitaine Francisco de la Bodega, et faisait partie de l'ancienne Amérique russe, appartient aux États-Unis, depuis 1867. Depuis l'acquisition, les Américains l'ont appelé archipel Alexandre, en mémoire de l'empereur de Russie, Alexandre I. Les indigènes, connus sous le nom de Koloches ou Tlinkiz, se distinguent par leur courage et leurs aptitudes pour le commerce.

ALEXANDER (Guill.). 1763-1816. Artiste anglais. Suit en Chine l'ambassade de lord Macartney, en qualité de dessinateur : d'où un magnifique recueil de planches. Conservateur des antiques au British Museum, il en dessine les marbres et terres cuites, 3 vol. in-4°, édités par Taylor. || ALEXANDER. Nom d'une famille des États-Unis, dont plusieurs membres se sont fait un nom dans la littérat. relig. de l'Amérique. On doit a *Archibald* (1772-1851) une *Histoire des patriarches* et une *Histoire de la nation israélite*. Son fils, *James-Waddel* (1804-1859), a édité un journal religieux : *le Presbytérien* ; et un autre fils, *Joseph-Addison* (1809-1860), a publié les *Psaumes traduits et expliqués* (1850) et les *Prophéties d'Isaïe* (édit. revue 1864). || ALEXANDER (Jacq.-Édouard). Officier et voyageur anglais, né en 1803. Prend part, en 1825, à la guerre contre les Birmans ; en 1829, à la guerre des Russes contre les Turcs ; en 1834, en Portugal, combat pour don Pedro. Envoyé en garnison au Cap, il pénètre dans l'intérieur du N. du fl. Orange. En 1849, il prend part à la répression des troubles du Canada ; en 1854, comme lieutenant-colonel, à la guerre de Crimée ; en 1863, comme colonel, à la campagne contre les Maoris de la Nouvelle-Zélande ; en 1875, il est envoyé en Égypte pour préparer le transport de l'aiguille de Cléopâtre à Londres. Il a réuni dans plusieurs volumes les souvenirs de ces différentes expéditions : *De l'Inde en Angleterre*, Londres, 1827 ; *A travers la Russie et la Crimée*, 1830 ; *Essais sur le Portugal*, 1835 ; *Voyage de découverte dans l'intérieur de l'Afrique*, 2 vol. 1838 ; *Souvenirs d'une vie de soldat*, 2 v. 1857 ; *Incidents de la dernière guerre des Maoris*, 1863 et 1873. || ALEXANDER (Stéphen). Astronome américain, né en 1806, dans l'État de New-York, professeur de mathématiques et de mécanique au collège de New-Jersey ; chargé à diverses reprises de plusieurs missions astronomiques, il s'est fait connaître par d'importants mémoires sur des questions d'astronomie (éclipses, nébuleuses, système solaire) et de hautes mathématiques.

ALEXANDERBAD ou **ALEXANDERSBAD.** Vie d'eaux (Bavière), cercle et à 4 kil. de Wunsiedel, au pied du Fichtelgebirge. Eaux thermales (temp. 9°), riches en principes salins et en acide carbonique. Beaux environs ; château de Luxbourg où Luisenbourg, habité en 1805 par la reine Louise de Prusse.

ALEXANDRA. La 54e planète entre Mars et Jupiter, découverte le 10 sept. 1838 par M. Goldschmidt.

ALEXANDRA (land). Nouveau territoire de l'intérieur de l'Australie créé en 1865. Superf. env. 1 million de kil. car. Belles forêts, vastes pâturages.

ALEXANDRA ou **CASSANDRE.** Fille de Priam et d'Hécube. (V. *Cassandre*.) || ALEXANDRA. Femme d'Alexandre Jannée, régna seule sur les Juifs, après la mort de son époux (79-70 av. J.-C.). || ALEXANDRA. Fille d'Hyrcan II, belle-mère d'Hérode qui la fit mettre à mort, 29 av. J.-C. || ALEXANDRA (Ste). Vierge et martyre à Ancyre, ive s F. 18 mai.

ALEXANDRE. s. m. Fig. Nom propre devenu commun et qui signifie Conquérant, dévastateur. Quelle nation si petite n'a pas ses Alexandres. || Monnaie d'Alexandre. (V. *Alexandre le Grand*.)

ALEXANDRE. Ile du grand Océan Austral, au S. de la Terre de Feu, découverte en 1821, par les Russes.

ALEXANDRE (gr. *alexô*. je défends; *anér*, homme; *protecteur des hommes*). Nom porté d'abord par Pâris, fils de Priam, et ensuite par un grand nombre d'hommes célèbres.

1° *Souverains et Princes*. — ALEXANDRE Ier (500-462 av. J.-C.). Roi de Macédoine, fils et successeur d'Amyntas Ier. Combattit d'abord dans l'armée de Xerxès, mais pendant la bataille de Platée passa du côté des Grecs ; attira à sa cour Pindare et d'autres poètes de l'époque. || ALEXANDRE II (369-367 av. J.-C.). Roi de Macédoine, eut à lutter contre des partis puissants et fut assassiné, victime des intrigues de sa mère, Eurydice. || ALEXANDRE III le Grand (356-323 ou 324 av. J.-C.). Fils et héritier présomptif de Philippe, roi de Macédoine, et d'Olympias, né à Pella, mort à Babylone, fut le capitaine le plus fameux de l'antiquité. Il eut pour précepteur le philosophe Aristote, à qui, lors de sa naissance, Philippe avait écrit cette lettre dont le texte nous a été conservé par Aulu-Gelle : « Il m'est né un fils. Je remercie d'autant plus les Dieux qu'ils me l'ont accordé de ton vivant. J'espère qu'élevé par tes soins il sera digne de me succéder. » Habile dans les exercices du corps, il dompta un magnifique cheval sauvage que nul n'avait pu monter. C'est, dit-on, ce cheval, nommé Bucéphale, qui le porta dans ses vastes expéditions. Il brilla surtout par les qualités de l'intelligence et révéla de bonne heure ce qu'il serait un jour. L'*Iliade* était sa lecture de choix et Achille son modèle. On lui demandait un jour si, comme son père, il disputerait la palme aux jeux Olympiques : « Oui, répondit-il, si les concurrents sont des rois. » Entendant parler des conquêtes de Philippe : « Mon père prendra tout, s'écriait-il en soupirant, il ne me laissera rien à conquérir ! » Âgé de 17 ans, il sauve la vie à Philippe dans un combat et décide la victoire de Chéronée en enfonçant le bataillon sacré des Thébains. Alexandre avait 20 ans à peine lorsqu'il monta sur le trône, 336 av. J.-C., et bientôt, dit l'Écriture, la terre se tut devant lui. Après avoir puni les assassins de son père, il vole au nord de la Macédoine pour réprimer une insurrection de barbares dont il punit sévèrement la rébellion. Les Thessaliens le proclament chef de leur féodalité, et lui fournissent de la cavalerie légère. Avec ce renfort il se dirige vers la Grèce, où sa réputation était si contestée, que sa destinée future semblait dépendre des premiers actes de sa vie militaire. A Démosthène il écrit : « Tu m'as traité d'enfant, quand j'étais dans le pays des Triballes ; de jouvenceau, quand je passai en Thessalie; devenu homme, j'espère arriver bientôt sous les murs d'Athènes. » La Grèce entière était soulevée, mais à ses communes, comme à celles du moyen âge, manquaient l'accord et la persévérance. Il rase la ville de Thebes, centre d'une coalition des Grecs contre lui (335 av. J.-C.), n'épargnant que les prêtres, la maison et les descendants du poète Pindare. Trente mille Thébains furent vendus. Une femme thébaine, ayant précipité dans un puits un soldat de Thrace qui voulait lui faire violence, est amenée devant Alexandre : « Je suis, dit-elle, Timoclée, veuve de Théagène, mort à Chéronée en combattant contre ton père pour la liberté de la Grèce. » Alexandre l'admira. Athènes est épouvantée. Démosthène fait encore appel aux armes ; mais sur le conseil de Phocion, les Athéniens demandent la paix qu'accorde le vainqueur à de dures conditions : la remise des instigateurs de la révolte, parmi lesquels Démosthène, Hypéride, Lycurgue et Charidème, à qui, d'ailleurs, il pardonna bientôt à la prière de Démade. Confirmé par les amphictyons dans le commandement général de la Grèce, Alexandre est à Corinthe déclaré chef de l'expédition des Grecs contre la Perse. « O mon fils, tu es invincible ! » lui avait répondu la Pythie. Poètes, philosophes, orateurs, tous accourent le complimenter. Diogène fut le seul qui refusa de lui rendre hommage. Alexandre va le voir et lui demande en quoi il peut lui être agréable : « En te mettant de côté, répond le cynique, pour que je jouisse du soleil. » Il donne a ses généraux tout ce qu'il possédait, ne gardant pour lui que l'espérance. Parmi les Thraces et les Illyriens, il choisit les meilleures troupes pour son armée ; il laisse à la Grèce son entière administration intérieure, puis après avoir célébré la solennité des Muses, il part pour l'Asie à la tête de 35,000 hommes, guidés par des capitaines expérimentés, soixante-dix talents et des vivres pour un mois, afin d'accomplir la plus vaste entreprise qui eût été encore tentée par des Européens. Cette armée se composait d'éléments de toutes sortes. Les forces macédoniennes en formaient le noyau, soutenues par la grosse cavalerie à laquelle la Perse ne pouvait opposer rien de semblable et qui, pour le nombre, l'armure et l'habileté, ne connaissait pas de rivale : les hommes en étaient choisis parmi la noblesse macédonienne. Pris dans la noblesse inférieure, les argyraspides tenaient le milieu entre la grosse infanterie et l'infanterie armée à la légère; combattant avec une lance et un bouclier, leurs évolutions étaient plus faciles. Les autres peuples servaient dans l'arme où ils étaient le plus redoutables. Du reste, point de femmes ni d'enfants, au plus quelques chariots pour les bagages. Indépendammant de ces troupes d'élite, Alexandre recueillit encore, comme renfort, tout ce qu'il put de cavalerie, et forma des *dimaques*, espèce de dragons qui combattaient à pied et à cheval; enfin beaucoup d'hommes armés à la légère, avec un corps exclusivement composé des Macédoniens à pied et à cheval, lui servaient de garde. Il franchit l'Hellespont sur 160 trirèmes, outre les navires de transport : il se prosterne sur le tombeau d'Achille, tandis qu'Éphestion rend également des honneurs à Patrocle ; et après des jeux célébrés sur la tombe des héros et des sacrifices offerts à Neptune qui avait détruit les remparts d'Ilion il commence la plus grande expédition de l'antiquité, entreprise à laquelle il ne manqua qu'un Homère. La fortune parut d'abord vouloir punir la témérité du Macédonien en plaçant près de Darius le général rhodien Memnon, qui conseilla vainement aux Perses d'opposer à l'ennemi le genre de guerre qui fit échouer Napoléon en Russie, c'est-à-dire d'éviter les batailles rangées, de dévaster le pays, d'affamer l'armée d'Alexandre. Mais les satrapes voulurent livrer bataille. L'armée perse fut rangée sur la rive droite du Granique, petite rivière qui se jette dans la Propontide (mer de Marmara). Alexandre franchit le Granique malgré la cavalerie de Darius qui lui en disputait le passage, et tomba sur l'infanterie avant qu'elle eût pu se mettre en mouvement. Il courut de grands dangers et dut la vie à son lieutenant Clitus (334). Maître, par cette victoire, de toute l'Asie grecque, le héros macédonien, au lieu d'une marche simple, toujours en avant, suit un plan de stratégie que les Perses ne savent pas interrompre. Il assure ses communications, conduit l'armée le long des côtes, la faisant suivre par la flotte, et s'empare de l'Asie Mineure, où il laisse aux Grecs leur ancienne forme de gouvernement, mais soumet l'administration civile et militaire à une surveillance inconnue jusqu'alors. Dans la vigueur de l'âge, artiste, instruit, guerrier, il conçoit promptement et exécute avec prudence ; accompagné de savants et d'ingénieurs, il recueille partout des renseignements, il se dirige d'après de vastes desseins et des vues diverses : ce n'est donc pas un héros de courage inconsidéré, un simple soldat ! Darius, ayant rassemblé une armée de 600,000 hommes, attendit Alexandre dans la petite plaine d'Issus, espace trop étroit pour une telle agglomération d'hommes. Il commit la faute de ne point garder le passage de la Syrie, où il était, à la Cilicie où était l'ennemi : ce défilé entre le golfe d'Issus et le mont Amanus se nomme les *portes de Syrie*. Alexandre, qui s'était jeté tout en sueur dans les eaux glaciales du fleuve Cydnus, avait failli mourir des suites de cette imprudence. Dès qu'il fut rétabli, grâce aux soins de son médecin Philippe, il attaqua vivement l'armée perse et la mit en complète déroute (333). Darius s'enfuit ; sa mère, sa femme et ses deux filles tombèrent au pouvoir du vainqueur. Alexandre fit rendre à ces princesses tous les honneurs dus à la majesté royale, et leur donna la liberté. Il s'empare ensuite de Tyr (332 av. J.-C.), de Gaza, de Jérusalem, soumet l'Égypte, fonde Alexandrie et se porte vers la haute Asie à la poursuite de Darius qu'il défait à Arbelles (331 av. J.-C.). Cette victoire lui ouvre les portes du reste de la Perse et lui donne l'empire de l'Asie. Alexandre fait mettre en croix le satrape Bessus, assassin de Darius, va attaquer les Scythes jusque dans leurs déserts, entre aux Indes, et défait Porus, le prince le plus puissant de ces contrées, qui, amené devant son vainqueur et interrogé par celui-ci sur la manière dont il prétendait être traité: En roi ! répondit-il fièrement et fut rétabli sur son trône. L'Indus fut la limite des courses du conquérant. Dès lors il s'occupe d'organiser sa conquête ; mais sa présence était réclamée au centre de ses États : quelques parties de ce corps immense étaient déjà atteintes d'un virus mortel, et il lui faut toute son énergie pour réprimer les révoltes de son armée. De retour à Babylone, il succombe aux suites d'une fièvre pernicieuse, suivant les uns, d'un excès de table, selon les autres. On prétend aussi que le poison fut versé dans sa coupe ; mais Plutarque, dans son récit de la mort du héros macédonien, exclut tout soupçon d'empoisonnement, et il observe

que ce bruit fut répandu, plusieurs années après, par ceux qui voulaient adapter un dénoûment tragique à un si grand drame. Il est difficile de porter un jugement sur un prince enlevé au milieu de ses travaux et de ses espérances. Mais celui qui, dans l'élève d'Aristote, ne suit que maudire le conquérant ambitieux, ne fait pas preuve de plus de jugement que ce pirate qui, tombé en son pouvoir, lui dit : « J'infeste les mers du même droit que tu ravages la terre. » Pour Alexandre, comme pour beaucoup d'hommes, la prospérité fut un fardeau trop lourd. Au milieu de ses victoires, il s'abandonna à des excès de toutes sortes, et la débauche le précipita dans des extravagances et de honteuses cruautés. À l'imitation du roi de Perse, il dépensait de douze à quinze mille fr. par repas. Par ses ordres, toute la pourpre trouvée dans l'Ionie fut achetée pour sa cour, où cinq cents personnes portaient cette couleur distinctive de la royauté. Sa libéralité est à peine croyable. Il paya les dettes des Macédoniens moyennant cent trente millions ; en licenciant une partie de ses soldats, il leur fit don de vingt et un mille talents, ou cent dix millions, et dix mille autres soldats, avec leur congé, reçurent une gratification de mille talents. Attachés dans le principe à leurs privilèges nationaux, les Macédoniens voyaient avec déplaisir Alexandre prendre le titre de dieu, commun aux rois orientaux. De là, des murmures, des mots blessants, des complots peut-être ; Alexandre s'en irrite, et, dans sa colère, il devient impitoyable : témoin de ces adorations, Cassandre, de retour en Macédoine ne peut s'empêcher d'en rire. Alexandre le saisit par les cheveux et le jette plusieurs fois contre le mur. Philotas est mis à mort pour n'avoir pas révélé une conjuration. Parménion, son père, le meilleur capitaine de Philippe, l'ami d'Alexandre, est tué lui-même dans la crainte qu'il ne songe à venger la mort de son fils ; un autre ami, Clitus qui avait sauvé la vie à Alexandre, au passage du Granique, ayant osé lui adresser un reproche dans un festin, le roi fond sur l'imprudent et le perce de sa lance. Accusé de complicité dans une conspiration, le philosophe, Callisthène est mis à mort ; mais plus réservé, un autre philosophe, Cratès, conserve ses habitudes macédoniennes. Aussi le roi disait-il : « Ephestion aime Alexandre, Cratès aime le roi. » On lui mande dans une lettre que son médecin Philippe, qu'il chérissait, veut l'empoisonner : il lui donne à lire la lettre accusatrice et, dans le même moment, il avale le breuvage préparé par celui-ci. Trompé par une certaine similitude, la mère de Darius se prosterne aux pieds d'Éphestion qu'elle a pris pour Alexandre : « Tu ne t'es pas trompée, ma mère, lui dit le roi ; c'est un autre moi-même ! » Les honneurs qu'il rendit à cet ami après sa mort témoignent de l'affection qu'il lui portait et révèlent ce qu'il y avait de romanesque dans son caractère, il fit mettre en croix le médecin qui l'avait traité, renverser les murs d'Ecbatane, raser le poil de tous les chevaux, ruiner le temple d'Esculape et éteindre le feu sacré dans toute l'Asie. Les Casséens, nation guerrière de la Médie sont, par les ordres d'Alexandre, égorgés en hécatombe aux mânes de son ami. Plus de dix mille mètres des murs de Babylone furent démolis afin d'en construire une immense colonne, pyramide funèbre, et, pour les funérailles, dans lesquelles on immola dix mille victimes, il dépensa les revenus de vingt riches provinces, plus de cinquante millions de francs, suivant Arrien ; enfin il envoya le cadavre en Égypte dans le but d'obtenir des prêtres la déification de son favori. Pour revenir en Perse et dans la Babylonie, Alexandre traversa la Gédrosie et la Caramanie ; il y perdit, au milieu des plus graves souffrances, le butin et ses bagages, enfin il atteignit Poura, la capitale, où finirent les fatigues et commencèrent les triomphes. Mais la Macédoine et la Grèce, épuisées, ne pouvaient plus lui fournir, celle-ci des ressources, celle-là des soldats. Déposant alors tout préjugé national, il s'efforça de rapprocher, d'unir et de fondre les races, pensée qui suffirait à lui assurer le nom de Grand. Loin de traiter les Grecs en maîtres et les Perses en esclaves, il préposait à l'administration du pays ceux-là mêmes qui exerçaient déjà ces fonctions ou qu'y appelait le

vœu public ; dans l'Inde, au milieu des populations qui lui paraissent suspectes, il établit des colonies ; partout il fait ouvrir des routes, et prépare le lit de l'Euphrate pour que ses eaux fertilisent encore les campagnes de l'Assyrie. Enfin, comme il désirait le mélange et la fusion de l'Orient et de l'Occident au moyen des mariages, il fit célébrer avec la plus grande splendeur des noces magnifiques pour lui-même et les principaux Macédoniens auxquels s'unirent dix mille jeunes filles des premières familles perses. Le luxe déployé à cette occasion paraîtrait fabuleux, si l'on oubliait les richesses immenses dont disposait Alexandre: indépendamment de dots superbes et d'une coupe d'or pour chacun, on construisit quatre-vingt-douze chambres à coucher et une salle à manger avec cent tables. Les coussins pour servir de sièges étaient recouverts chacun d'un tapis nuptial de la valeur de deux mille francs ; on peut juger par la de celui du souverain. Un système d'éducation uniforme, le théâtre, le service militaire et le commerce devaient faciliter l'assimilation sur laquelle il fondait les plus grands desseins qu'un seul homme eût jamais conçus, Alexandre s'était servi des religions avec une grande habileté : il se fait déclarer invincible par l'oracle de Delphes ; l'empire d'Asie est promis à celui qui déliera le nœud gordien, et il le coupe ; en Égypte, il se prosterne devant les dieux de Memphis ; à Babylone, il sacrifie à Bélus ; à Jérusalem, il vénère le grand pontife, qui lui révèle que sa venue a été prédite par les prophètes. Il est regrettable que les belles qualités dont on vient de lire quelques traits aient été gâtées par la pire espèce d'ennemis, les flatteurs, et par une prospérité non interrompue. Aussi la corruption fut chez lui, comme tout le reste, extraordinaire. Il se montrait tour à tour en Mercure, en Hercule, en Jupiter, et se livrait à des infamies sous ces diverses transformations. Superstitieux en Égypte, dissolu en Perse, il fut tour à tour despote et cruel, tantôt par l'effet de l'ivresse, tantôt par celui du soupçon. L'incendie de Persépolis à laquelle il mit le feu sur l'incitation de la courtisane Thaïs, le massacre de Thèbes, le supplice des défenseurs de Tyr et de Gaza, le meurtre de ses amis s'élèvent contre lui et ne peuvent être pardonnés par la postérité qui doit reconnaître aussi dans Alexandre le mérite de la clémence et la gloire du pardon. À son lit de mort ses compagnons lui demandèrent à qui il laissait l'empire : « Au plus digne, » répondit-il ; et à Perdiccas qui l'interrogeait sur les honneurs divins qu'il voulait qu'on lui rendît : « Quand vous serez heureux, mais je crains bien qu'on ne me fasse de sanglantes funérailles. » « Alexandre, dit Napoléon Ier, dans le *Mémorial de Sainte-Hélène*, conquiert avec une poignée de monde une partie du globe. Tout est calculé avec profondeur, exécuté avec audace, conduit avec sagesse. Alexandre se montre tout à la fois grand guerrier, grand politique, grand législateur. Malheureusement quand il atteint le zénith de la gloire et du succès, la tête lui tourne ou le cœur se gâte ; il avait débuté avec l'âme de Trajan, il finit avec le cœur de Néron et les mœurs d'Héliogabale. » Le corps d'Alexandre, placé dans un cercueil d'or, fut transporté de Babylone à Memphis, puis à Alexandrie où l'on remplaça le cercueil d'or par un cercueil de verre. César et Auguste vinrent contempler les restes du conquérant ; mais, après Alexandre Sévère, on ne sait ce que devint ce tombeau dont S. Jean Chrysostôme, au IVe s., parle comme d'un objet dont le sort était ignoré de son temps. — *Bibliog.* La source principale pour l'histoire d'Alexandre est le récit d'Arrien ; celui de Quinte-Curce n'est souvent qu'un roman éloquent. Plutarque a aussi composé une *Vie d'Alexandre*. Consult. Sainte-Croix. *Examen critique des anciens historiens d'Alexandre le Grand*, 1804, in-4°; Droysen. *Histoire d'Alexandre le Grand*, en all. 1833; 3 é l. 1890. — *Littér.* Les exploits d'Alexandre, embellis encore par la légende, ont fourni pendant tout le moyen âge, à l'Occident aussi bien qu'à l'Orient, le sujet d'un grand nombre de poèmes épiques et romanesques : en France, le poème latin l'*Alexandréide* de Gautier de Châtillon et le *Roman d'Alexandre*, poème composé en français en 1180 par Lambert le Tort et Alexandre de Paris (édité à

Stuttgard, 1846) ; les trouvères des siècles suivants y ont fait de nombreuses additions ; une version en prose en a été donnée au XV° s.; en Allemagne, poèmes de Lamprecht le Prêtre, d'Ulrich d'Eschenbach, de Rodolphe d'Ems ; en Espagne, de Segura; en Orient, l'*Iskender*, poème persan de Nisami, etc. — Dans la poésie dramatique, Alexandre est le héros de la seconde tragédie de Racine dont le sujet est emprunté au 8° liv. de Quinte-Curce, et de tragédies médiocres de Hardy, Viennet, Argentola, etc. — B.-Arts. Il existait dans l'antiquité un célèbre portrait d'Alexandre, par Apelles, qu'on voyait à Éphèse et de nombreuses statues du conquérant par Lysippe. Il existe encore auj. dans divers musées, notamment au Louvre et au musée du Capitole, à Rome, des statues antiques d'Alexandre, dont les traits nous ont encore été conservés sur des camées, des médailles et sur des monnaies dites *Alexandres* (tétradrachmes d'or et d'argent) où il est représenté en Hercule. *La Bataille d'Alexandre et de Darius*, découverte dans la maison du Faune à Pompéi, le 24 octobre 1831, auj. au musée de Naples, est la plus grande et la plus belle mosaïque de l'antiquité. Quoique incomplète, elle a encore 6m30 de long sur 3m80 de large et renferme 22 personnages et 16 chevaux; la composition et la couleur en sont admirables. On croit que ce chef-d'œuvre représente la bataille d'Issus. — Parmi les œuvres modernes représentant Alexandre, il faut citer les *Batailles d'Alexandre*, série de cinq immenses tableaux, actuellement au Louvre, commandés par Louis XIV à Lebrun, en 1660 ; *Alexandre et Diogène*, bas-relief de Puget (musée du Louvre) et *Alexandre combattant*, statue de Lemaire (Jardin des Tuileries). ‖ *Ère d'Alexandre*. V. *Ère*. ‖ ALEXANDRE IV ÆGUS. Fils posthume d'Alexandre le Grand et de Roxane, proclamé roi à sa naissance (323 av. J.-C.) Fut mis à mort avec sa mère, en 311, par l'usurpateur Cassandre. ‖ ALEXANDRE V. Fils de Cassandre, régna sur la Macédoine avec son frère Antipator, de 297 à 294 av. J.-C. et fut assassiné par ordre de Démétrius. ‖ ALEXANDRE. Fils de Persée, dernier roi de Macédoine, fut pris avec son père à la bataille de Pydna, par Paul-Emile (168 av. J.-C.), servit à son triomphe devint greffier à Albe et mourut ouvrier en airain. ‖ ALEXANDRE Ier MOLOSSE. Roi d'Épire, frère d'Olympias, mère d'Alexandre le Grand, fut élevé au trône d'Épire par *Philippe* et tué dans une expédition en Italie (328 av. J.-C). ‖ ALEXANDRE II. Fils de Pyrrhus, roi d'Épire, régna de 272 à 242 av. J.-C. Il avait composé sur la *tactique* un ouv. qui est perdu. ‖ ALEXANDRE BALA. Roi de Syrie (149-146 av. J.-C). Se prétendant fils d'Antiochus Épiphane, il souleva la Syrie contre Démétrius Soter et le renversa ; mais, après quatre ans de règne, devenu odieux à ses sujets, il fut renversé à son tour par le fils de Démétrius Soter, Démétrius Nicator. ‖ ALEXANDRE II ZÉBINA (c.-à-d. en syriaque *esclave acheté*). Roi de Syrie, fils d'un fripier d'Alexandrie, se fit passer pour le fils d'Alexandre Bala, renversa en 125 av. J.-C. Démétrius Nicator avec l'appui de Ptolémée Physcon, roi d'Egypte, mais trois ans après fut renversé et tué par ordre de celui-ci à qui il avait refusé de payer tribut. ‖ ALEXANDRE JANNÉE. Roi des Juifs (106-79 av. J.-C.), prince cruel et sanguinaire. ‖ ALEXANDRE, son petit-fils, suscita plusieurs révoltes contre les Romains, maîtres de la Judée, et fut tué dans un combat par Metellus Scipion (53 av. J.-C). ‖ ALEXANDRE SÉVÈRE. Empereur romain, né en Phénicie (209) ; il fut adopté par Héliogabale, son cousin, et après l'assassinat de celui-ci par les prétoriens proclamé césar (222). Il gouverna avec de bonnes intentions, mais avec timidité et faiblesse. Il laissa, sans le venger, massacrer en sa présence le jurisconsulte Ulpien, préfet du prétoire, il diminua les impôts, proscrivit le luxe de son palais, protégea les arts et les sciences, se montra favorable aux chrétiens, dont il avait adopté plusieurs maximes et rendit un décret en leur faveur. Il avait placé dans son palais l'image de J.-C. à côté de celles d'Abraham et d'Orphée. Quelques historiens affirment même qu'il professait le christianisme en secret. Il fit avec succès la guerre contre les Perses, mais il eut à lutter contre l'indiscipline des soldats. Un de ses officiers, Maximin, le fit assassiner avec sa

mère Mammée, près de Mayence, où il s'était rendu pour repousser les invasions des Germains (235), à l'âge de 26 ans. ‖ ALEXANDRE. Empereur de Constantinople, régna conjointement avec son frère Léon le Philosophe, puis seul (911-912) ; déposa Euthymius, patriarche de la ville, et se rendit odieux par ses débauches et sa tyrannie. ‖ ALEXANDRE Ier. 1107-1124. Roi d'Ecosse surnommé le Farouche ; eut à lutter souvent contre ses sujets. ‖ ALEXANDRE II. 1214-1249. Roi d'Ecosse, fit à l'Angleterre une guerre malheureuse et fut contraint à subir une paix humiliante. ‖ ALEXANDRE III. 1248-1284. Fils du précédent, repoussa les Norvégiens qui voulaient s'emparer des Hébrides. ‖ ALEXANDRE JAGELLON. 1501-1506. Roi de Pologne ; il était grand-duc de Lithuanie, avant son élévation au trône. Il eut a repousser, pendant son règne, les invasions des Moscovites et des Tartares de Crimée. ‖ ALEXANDRE NEWSKI (S.). 1219-1263. Prince moscovite, grand-duc de Russie, fils de Jaroslaf II, succéda à son père, (1252-1262) ; gouverna avec sagesse et fermeté; remporta de brillantes victoires sur les Suédois près de la Néwa (d'où son nom de *Newski*) et sur les chevaliers de l'ordre Teutonique près du lac Peïpus. Il mourut près du lieu de la victoire sur les Suédois, à la porte de St-Pétersbourg. Pierre le Grand construisit en 1710 le célèbre *couvent de St-Alexandre Newski* où il fit transporter les restes du héros moscovite que l'on conserve dans un magnifique mausolée en argent. En 1722, fut institué en son honneur l'*ordre de St-Alexandre Newski*, conféré pour la première fois en 1725, et dont les insignes consistent en une croix rouge émaillée avec aigles d'or, suspendue à un ruban ponceau. ‖ ALEXANDRE Ier *Paulovitch*. Fils de Paul Ier, né en 1777, empereur de Russie, 1801-1825; actif, éclairé, généreux, il inaugure son règne par la réforme de nombreux abus, l'abolition de la censure et de la vente publique des serfs, la diminution des impôts, etc. ; il favorise l'industrie, l'agriculture, le commerce, les arts, les lettres et les sciences; fonde un grand nombre d'établissements publics. Bientôt il est distrait de l'administration de son royaume par les affaires de la politique extérieure. A son avènement au trône, des relations pacifiques existaient entre la France et la Russie et il les avait maintenues. En 1801, il avait signé un traité d'amitié avec le Premier consul pour lequel il manifestait une grande admiration ; mais, en 1805, inquiet des envahissements de Napoléon en Italie, en Suisse, en Hollande, en Allemagne, il entre dans la troisième coalition, formée par l'Angleterre, la Suède et l'Autriche. Battu à Austerlitz avec les Autrichiens (2 déc. 1805), Alexandre s'unit aux Prussiens, qui sont défaits à Iéna; lui-même est vaincu a Eylau, à Friedland et obligé de reculer jusqu'au Niémen. C'est là qu'il eut avec Napoléon une entrevue suivie du traité de Tilsitt, par lequel il reconnut les conquêtes du vainqueur et adhéra au blocus continental, 9 juill. 1807. La guerre est déclarée par lui à la Suède qui a refusé d'accéder à ce traité et la Finlande est réunie à l'empire, 1808-1809 ; en même temps sont conquises plusieurs provinces de la Turquie et de la Perse, du côté du Caucase. Après l'occupation du duché d'Oldenbourg, par Napoléon, Alexandre rompt avec la France. La campagne de 1812 se termina par l'incendie de Moscou et la désastreuse retraite de Russie. Dans son manifeste de Varsovie il appelle l'Europe aux armes (22 fév. 1813); à sa voix une nouvelle coalition se forme. La bataille de Leipzig ouvre les portes de la France aux alliés, qui arrivent jusqu'a Paris (1814). L'empereur de Russie se conduisit avec modération et bienveillance, préserva la capitale de la France de l'insolence des alliés. Au congrès de Vienne, il fait confirmer l'usurpation de la Pologne, dont il s'était emparé l'année précédente. Après la campagne de France et la bataille de Waterloo, il revient à Paris avec les troupes alliées (1815), s'oppose au démembrement de notre pays et organise la *Sainte-Alliance*. De retour dans ses Etats, il s'occupe de l'administration, abolit la servitude personnelle en Livonie, en Esthonie, en Courlande ; mais des mesures de rigueur excitent contre lui les esprits ; il tombe dans une profonde mélancolie et meurt à Taganrog, pendant un voyage dans les provinces méridionales de son empire; il avait suivi, depuis son élévation au trône, le

système politique de Pierre le Grand, qui consiste à étendre par *tous les moyens* la puissance de la Russie. ‖ ALEXANDRE II *Nicolaievitch* 1818-1881. Empereur de Russie, fils de l'emper Nicolas et son successeur. Reçut une éducation essentiellement militaire. Il épousa par inclination, en 1841, la princesse Marie, fille du grand duc de Hesse-Darmstadt; *il en eut six fils et une fille*. Nommé chancelier de l'université de Finlande, il réside quelque temps dans ce pays Plusieurs fois régent, pendant les voyages de Nicolas, il reçut aussi plusieurs missions délicates auprès des cours, après 1848. Empereur le 2 mars 1855, au milieu de la guerre de Crimée, il signa la paix l'année suivante, 30 mars 1856. Ses promesses aux Polonais, qu'il visite, n'arrêtent point la persécution contre les catholiques de ce pays sacrifié ; l'insurrection de la Pologne (1863-64), est réprimée avec férocité par le général Mourawief ; la Sibérie se peuple de victimes. On doit louer, d'autre part, ses tentatives pour *réformer la bureaucratie moscovite*, réprimer la corruption et la vénalité, lèpres hideuses de la Russie, améliorer le sort du soldat, organiser la justice, favoriser l'instruction, le commerce, l'industrie. En 1858, il affranchit les serfs des terres de la couronne et des apanages, et, en 1861, ceux de tout l'empire : mesure à laquelle se rattache un sourd mécontentement de la petite noblesse de province, qu'elle ruinait en partie, et qui n'a pas été étrangère à la formation et aux progrès de l'abominable secte des nihilistes. Il vint à Paris visiter l'Exposition universelle de 1867, et échappa aux coups de l'assassin Bérézowsky (9 juin 1867). Il s'intéresse aux blessés de la guerre par les Conférences de Genève, dont il prend l'initiative, et veut faire proscrire des armées les balles explosibles. En 1868, il supprimait le royaume de Pologne et le divisait en provinces incorporées à l'empire. A l'extérieur, des *expéditions* heureuses annexent à la Russie une partie de l'Asie centr. Il profite de la guerre de 1870 pour dénoncer le traité de Paris qui neutralisait la mer Noire. En 1877, il intervient en faveur des chrétiens de la presqu'île des Balkans, déclare à la Turquie une guerre qui se termine par la prise de Plewna suivie des traités de San-Stefano et de Berlin. Après avoir échappé à plusieurs tentatives de meurtre sur sa personne, dirigées par la société secrète des nihilistes, il fut assassiné, le 13 mars 1881, par ces misérables, au moyen d'une bombe explosible, au moment où il rentrait à son palais. ‖ ALEXANDRE III *Alexandrevitch*, son fils et successeur, né le 10 mars 1844 ; a épousé la princesse Dagmar de Danemark, née en 1847. Les nihilistes l'ont déjà (1881) condamné au même sort que son père. ‖ ALEXANDRE CARAGEORGEVITCH. Prince de Serbie, né en 1806. En 1839, aide-de-camp de Michel Obrenovitch ; proclamé prince de Serbie en 1842, malgré l'hostilité de la Russie. Protecteur éclairé du commerce, de l'industrie, des améliorations en tout genre. Détrôné en 1858, il s'est retiré en Autriche. ‖ ALEXANDRE Ier. Prince de Bulgarie, précédemment prince de Battenberg, né en 1857 du mariage morganatique du prince Alexandre de Hesse, (qui s'est signalé comme général de cavalerie de l'armée autrichienne dans les guerres de 1859 et de 1866) avec la princesse de Battenberg. Il prit part comme lieutenant dans l'armée russe a la guerre contre la Turquie (1877-1878), et fut acclamé prince de Bulgarie le 29 avril 1879 par l'assemblée des notables bulgares réunis à Tirnova. Des difficultés intérieures ont marqué les premières années de son gouvernement ; au mois de juillet 1881, le prince Alexandre s'est fait donner des pouvoirs quasi-dictatoriaux. 2° *Saints*. — ALEXANDRE (S.). Surnommé le *Charbonnier;* vivait pauvre a Crémone, fut nommé évêque de cette ville, s'acquitta de sa charge avec autant de zèle que de prudence, et mourut martyr vers 218 F. 11 août. ‖ ALEXANDRE (S.). Évêque de Jérusalem, laissa à cette ville une belle bibliothèque, fut le défenseur d'Origène et mourut en prison sous l'empereur Décius, 251. F. 18 mars. ‖ ALEXANDRE (S.). Patriarche d'Alexandrie, combattit l'hérésie d'Arius qu'il fit condamner au concile de Nicée (325) et mourut l'année suiv. F. 26 fév. ‖ ALEXANDRE (S.). 317-337. Patriarche de Constantinople, eut à lutter également contre l'ariarisme. F. 28 août. | ALEXANDRE (S.). D'une famille noble, de l'Asie Mineure, fondateur des *Acémètes* (qui ne dorment pas), religieux qui veillaient tour à tour pour chanter les louanges du Seigneur. F. 15 janv.

3° *Papes.* — ALEXANDRE Ier (S.). 109-119. Successeur de S. Évariste, est compté parmi les martyrs. || ALEXANDRE II (Anselme *de Bagio*). Né à Milan, évêque de Lucques, pape 1061-1073; eut à lutter contre l'antipape Honorius II soutenu par l'empereur d'Allemagne Henri IV, et s'opposa aux persécutions contre les Juifs en France. || ALEXANDRE III (Roland *Bandinelli*). 1159-1181. Natif de Sienne, élu après la mort d'Adrien IV. L'empereur Frédéric Barberousse et son parti lui opposèrent les antipapes Victor IV, Pascal III et Calixte III; mais sa sagesse, sa prudence, sa douce fermeté triomphèrent de tous ses ennemis. Après la bataille de Legnano, l'empereur fut forcé de reconnaître l'indépendance des villes lombardes, alliées du pape en l'honneur de qui elles avaient construit la ville d'Alexandrie de la Paille, il dut s'engager aussi à rendre au Saint-Siège les allodiaux de la comtesse Mathilde (Paix de Venise, 1177). L'antipape Calixte se soumit de son côté et reçut un évêché (1178). Alexandre III convoqua et présida le 3e concile de Latran dans lequel furent condamnés les Albigeois; deux décrets importants y furent portés, celui qui attribue aux cardinaux seuls l'élection des papes, et celui qui réserve aux souverains pontifes la canonisation des saints. En Angleterre, il força Henri II à expier le meurtre de Thomas Becket. || ALEXANDRE IV (Rainaldo *di Conti* ou *di Segni*). Évêque d'Ostie; pape, 1254-1261; s'opposa aux empiétements en Italie de Mainfroi, fils naturel de Barberousse, et travailla à la réunion de l'Église grecque avec l'Église romaine. || ALEXANDRE V. Né en 1340, dans l'île de Candie, de parents très pauvres, moine franciscain, archevêque de Milan, fut élu dans l'espoir qui ne se réalisa pas alors, de mettre fin au grand schisme, par les cardinaux des deux partis réunis au concile de Pise, 1409-1410; présida et confirma ce concile avant de mourir. || ALEXANDRE VI (Roderigo-Lenzuoli *Borgia*). Né à Xativa, près Valence (Espagne), en 1430 ou 1431, pape de 1492 à 1503. Destiné dès sa jeunesse à la vie ecclésiastique, il fut nommé chanoine de Xativa par son oncle, Alphonse Borgia, évêque de Valence. Quand celui-ci fut devenu pape, sous le nom de Calixte III, il nomma son neveu cardinal (1435). Le cardinal Borgia fut successivement légat de la marche d'Ancône qu'il administra avec habileté, vice-chancelier de l'Église romaine (1457), et chargé d'importantes missions diplomatiques dont il s'acquitta avec succès. Élu pape à la mort d'Innocent VIII (11 août 1492), il lutta pendant tout son règne contre la féodalité turbulente et oppressive des États de l'Église. Il entra dans la ligue italienne formée contre le roi de France, Charles VIII; ensuite il s'allia étroitement avec son successeur Louis XII. Il sut tirer de cette alliance de grands avantages pour sa famille et pour le pouvoir temporel du St-Siège. — Alexandre VI est le plus décrié de tous les papes; on en a fait le type du politique habile et énergique, mais perfide et cruel; il s'est formé autour de son nom toute une légende de crimes et de forfaitures. La critique moderne a déchargé Alexandre VI d'un grand nombre d'accusations portées contre lui sans aucune preuve, par la haine des partis. C'est ainsi qu'il est établi que c'est sans raison qu'on l'a accusé d'avoir fait empoisonner le prince Diemm ou Zizim avant de le remettre à Charles VIII; que c'est également sans fondement qu'on attribue sa mort à un poison qu'il aurait fait préparer pour le cardinal Corneto et dont par suite d'une erreur il aurait été la victime. Dans ces dernières années, on a voulu aller plus loin dans la voie de la réhabilitation, et l'on a contesté l'opinion traditionnelle d'après laquelle Alexandre VI aurait eu plusieurs enfants illégitimes, quatre au moins (dont César et Lucrèce Borgia, V. *Borgia*) étant cardinal, d'une femme mariée, Vanozza Catanea, et un cinquième, étant pape. Deux thèses différentes ont été soutenues sur ce point. D'après la première, défendue par le P. Ollivier (*Le pape Alexandre VI et les Borgia*, Paris, 1870), les enfants d'Alexandre VI seraient nés à Valence, antérieurement à 1456, date de l'entrée de Roderigo Borgia dans la vie ecclésiastique, de son légitime mariage avec Julie Farnèse. D'après une autre thèse soutenue par le P. Leonetti (*Papa Alessandro VI*, 3 vol. in-12, Rome, 1880), César, Lucrèce Borgia et leurs frères ne seraient pas les fils d'Alexandre VI, mais ses neveux, enfants, soit d'un frère d'Alexandre VI, inconnu jusqu'ici, soit du fils de son frère Pierre-Louis. Mais ces deux opinions ont été combattues par plusieurs historiens qui ont soutenu l'opinion traditionnelle. Parmi eux nous citerons : en Italie, les rédacteurs de la *Civiltà Cattolica* (1873); en France, le P. Matagne (*Revue des questions historiques*, t. IX et XI) et M. H. de l'Épinois (même Revue, 1881); en Allemagne, MM. Gregorovius et de Reumont. L'accusation portée contre Alexandre VI d'avoir acheté, à prix d'argent ou de promesses, les votes des cardinaux pour se faire élire pape, a fait également, dans ces dernières années, l'objet d'une controverse. Bien qu'Alexandre VI ait été sur plusieurs points, et des plus graves, innocent des accusations portées contre lui, on ne peut cependant que répéter avec le pieux historien Moehler : « Plût à Dieu qu'un Alexandre VI ne fût jamais entré dans la liste des Papes ! » || ALEXANDRE VII (Fabio *Chigi*). 1599-1667. Né à Sienne, succéda à Innocent X. 1655; confirma la bulle de son prédécesseur contre les cinq propositions de Jansénius, favorisa les arts et les lettres, et fit construire la colonnade de la place St-Pierre. C'est sous son pontificat que l'ambassadeur de France, duc de Créqui, fut insulté par la garde corse; Louis XIV le força de casser cette garde, et d'élever une pyramide avec inscription de l'outrage et de la réparation. || ALEXANDRE VIII (Marc *Ottoboni*). 1610-1691. Né à Venise; évêque de Brescia; succéda à Innocent XI 1689; publia la bulle *Inter multiplices*, contre les quatre articles du clergé de France de 1682, qui proclamaient le gallicanisme.

4° *Divers.* — ALEXANDRE, fils de Priam. V *Pâris.* || ALEXANDRE L'ÉTOLIEN. Poète grec du IIIe s. av. J-C. || ALEXANDRE POLYHISTOR. Écrivain grec, m. vers 75 av. J-C. précepteur des enfants de Cornélius Lentulus, a composé de nombreux traités sur la grammaire, la philosophie et l'histoire, dont nous n'avons que quelques fragments. || ALEXANDRE D'ÉGÉE. Philosophe péripatéticien, fut un des précepteurs de Néron. On le compte parmi ceux qui ont restitué le texte du traité des *Catégories.* Et d'après Simplicius, il a composé sur cet ouvrage un commentaire estimé. On lui attribue aussi, mais sans preuves suffisantes, deux autres commentaires, l'un sur la métaphysique, l'autre sur la météorologie d'Aristote, publiés : le premier, à Rome en 1527, à Paris en 1536, etc.; le second, à Venise en 1527, en 1540 et 1533. || ALEXANDRE D'APHRODISIAS. Célèbre commentateur d'Aristote; vivait au commencement du IIIe s., sous le règne des empereurs Sévère et Caracalla, qui lui conférèrent la mission d'enseigner la philosophie péripatéticienne. On ne sait pas au juste s'il remplit cette fonction à Athènes ou à Alexandrie. Plusieurs de ses ouvrages ont été imprimés par les Alde. || ALEXANDRE D'ALÈS ou DE HALÈS. V. *Alès.* || ALEXANDRE DE TRALLES, en Lydie. Célèbre médecin grec et philosophe du VIe s. après J.-C., vécut longtemps à Rome. Il a laissé *Douze livres sur l'art médical*, une des œuvres médicales les plus importantes de l'antiquité || ALEXANDRE DE PARIS. Né à Bernay, en Normandie. Poète renommé du XIIe siècle; auteur avec Lambert le Tort du *Roman d'Alexandre le Grand*, en vers de 12 syllabes, appelés depuis *alexandrins.* || ALEXANDRE DE VILLEDIEU, en Normandie. Auteur, en 1209, du *Doctrinale puerorum*, grammaire en vers léonins, très répandue au moyen âge et de qq. autres ouv. d'éducation également en vers. || ALEXANDRE DU PONT. Trouvère du XIIIe s., auteur du *roman de Mahomet* (1258). || ALEXANDRE (Noël). 1639-1724. Né à Rouen, dominicain en 1655; successivement professeur de philosophie et de théologie dans son ordre, docteur de Sorbonne en 1675 et provincial en 1703, mourut à l'âge de 86 ans. A publié en latin, une *Histoire ecclésiastique* depuis le commencement du monde jusqu'à l'an 1600, 8 vol. in-fol., Paris 1676 89). Le savant auteur réduit en abrégé l'histoire de l'Église, sous certains points principaux, qui comprennent ce qui s'y est passé de plus considérable, comme les persécutions qu'elle a souffertes, la suite des papes qui l'ont gouvernée, les hérésies, les conciles, les auteurs ecclésiastiques, etc. Ce résumé est suivi de dissertations sur les points contestés d'histoire, de chronologie, de critique, de dogme. Noël Alexandre était, comme beaucoup de savants de cette époque, quelque peu gallican et même janséniste. Son ouvrage fut censuré à Rome comme ayant erré en plusieurs questions; depuis il en a paru à Lucques, une édition corrigée par les soins du docte Mansi avec des notes de Constantin Roncaglia, qui rectifient ou éclaircissent plusieurs passages. Son autre principal ouvrage (car il en a composé un grand nombre) est une *Théologie dogmatique et morale*, 1703, 2 vol. in-fol. On lui a reproché de n'avoir pas dit un mot de la grâce suffisante dans cet ouvrage. || ALEXANDRE (Jacques). 1653-1734. Bénédictin, né à Orléans; un des inventeurs de l'horloge à équation; auteur d'un bon *Traité des horloges* Paris, 1734, in-8°. || ALEXANDRE (Aaron). 1766-1850. Rabbin israélite, né en Bavière; professeur à Paris; célèbre joueur d'échecs. Il a publié : *Encyclopédie des échecs* et *Collection des plus beaux problèmes d'échecs* || ALEXANDRE (Charles). 1797-1871. Helléniste français, Inspecteur-général des études, membre de l'Académie des Inscriptions. Auteur d'ouvrages classiques, et notamment de *Dictionnaires grec-français et français-grec*, et d'une édit des *Oracula sibyllina*, 1856, 3 vol. in-8°. || ALEXANDRE (Const-Adolphe). Magistrat franç. né à Amiens, 1797. Président de chambre à la cour d'appel de Paris. A traduit le *Traité de la preuve en matière criminelle* de Mittermaier et l'*Histoire romaine* de Mommsen, 1863-72, 8 vol. in-8°. || ALEXANDRE (Charles). Écrivain et député né à Morlaix 1821. Secrétaire de Lamartine de 1840 à 1852. Sous l'Empire il s'adonna aux lettres, et publia trois recueils divers : *Les Espérances*, 1852; *Les grands Maîtres*, 1860; *Le Peuple martyr*, 1863. Député de Saône-et-Loire en 1871, gauche modérée.

ALEXANDRÉE (Ste). Vierge et martyre à Ancyre, au IVe s. F. 18 mai.

ALEXANDRETTE, ALEXANDRIE DE SYRIE ou ISKANDEROUN (lat. *Alexandria minor*, ou *Alexandria ad Issam*). 1,500 h. Pte ville de la Turquie d'Asie, sur le golfe du même nom, vilayet d'Adana, sur les limites de la Syrie et de l'Asie mineure, sert de port à Alep dont elle est éloignée de 105 kil. Navigation importante; séjour insalubre. Les Européens résident dans la petite ville de Beilan, distante de 15 kil. Alexandrette, auj. bien déchue, a été fondée par Alexandre en 333, après la bataille d'Issus; prise par Tancrède en 1097; victoire des Égyptiens sur les Turcs, le 13 avril 1832.

ALEXANDRIA. 11,000 h. Vle de Russie; ch.-l. de cercle, gouv. de Kherson; au confl. de la Beresowka et de l'Ingoletz. Commerce important. || ALEXANDRIA 5,000 h Vle de Roumanie, distr. de Teleorman, près du Danube || ALEXANDRIA. Vle d'Écosse, clé de Dumbarton, sur la rive dr. de la Leven. Blanchisseries et impression d'étoffes. || ALEXANDRIA. Clé des États-Unis (Virginie) 16,750 h. (1870). || ALEXANDRIA ch.-l. du clé du même nom. État de Virginie 13,600 h.(1870), à 10 kil. S. de Washington, sur la rive dr. du Potomac, qui y est navigable pour les plus grands navires. Commerce important de maïs, tabac, etc. Prise et ruinée par les Anglais le 23 août 1814. || ALEXANDRIA. 1,500 h. Vle de la Louisiane, sur la Rivière Rouge, affluent du Mississipi. En 1864, le lieutenant-colonel Bailley y construisit une écluse qui permit à la flotte fédérale en retraite de traverser les rapides de la rivière. || ALEXANDRIA. Clé de l'Eastern Division de la colonie anglaise du Cap. 7,000 h.; Ch.-l. *Alexandria.*

ALEXANDRIE. Nom d'un grand nombre de villes, dont les plus importantes sont Alexandrie en Égypte, et Alexandrie en Italie. Il faut encore citer Alexandrie de Syrie ou Alexandrette (V. ce nom); Alexandrie en Arie, auj. Hérat; Alexandrie du Caucase, auj. Kandahar, etc. || ALEXANDRIE (Iskanderieh des Arabes). La population avant les derniers événements était de 215,000 h. dont 54,000 étrangers. Ville forte et port d'Égypte, sur la Méditerranée, à l'angle

N. O. du Delta du Nil, par 31°13' 53'' latit. N et 27° 32' 35' longit. E. Entrepôt du commerce de l'Égypte et de l'Afrique orient. avec l'Europe et le Levant, elle est reliée au Caire, (200 kil.) et au Nil par le canal Mahmoudieh et un chemin de fer, à Suez par un chemin de fer. Il s'y traitait pour 500 millions d'affaires environ par an. Les principaux articles d'exportation sont : le coton, le blé, le sucre, le café, les fruits, les gommes, les laines, les plumes d'autruche, la nacre, etc. Les importations consistent en tissus et soieries, houille, fers et vins, etc. 3,574 bâtiments tonnant 1,038,835 tonnes sont entrés, en 1879, dans ses deux ports : le Grand Port ou Port Neuf et le Vieux Port ou Port de l'ouest (939 navires à vapeur dont 586 anglais ; 1,134 navires à voiles ; 1,501 bateaux de cabotage). — Alexandrie est une ville sans originalité, moitié européenne, moitié orientale et qui n'a conservé des monuments qui ont fait sa gloire dans l'antiquité que de faibles débris : la colonne de Pompée, les anciennes citernes qui servent encore aujourd'hui, les grottes de l'antique nécropole. Siège d'un patriarcat copte, d'une Cour d'appel internationale, de nombreux consulats, etc. — Alexandrie a été fondée par Alexandre le Grand (332 av. J.-C.), dans une situation des plus favorables, au fond d'une baie que le Nil ne couvre pas de son limon, en face l'île de Pharos que Ptolémée Soter, après la mort d'Alexandre, a la terre ferme par une jetée de sept stades (*Heptastadion*), qui donna naissance aux deux ports qui existent encore aujourd'hui. A l'E. de l'île de Pharos, s'élevait une tour de 139 m ayant à son sommet un feu fixe d'une grande intensité, qui passait pour une des sept merveilles du monde et qui a donné son nom a tous les appareils de même nature (phares) construits depuis. Alexandrie a subi des alternatives de gloire et de décadence. Centre du commerce et foyer de lumières de l'ancien monde sous les Ptolémées et les empereurs romains, elle fut prise par les Arabes (641), et sa magnifique bibliothèque anéantie (V. ci-dessous). La fondation du Caire (700), la conquête turque (1512), la découverte de l'Amérique et l'usage par les navigateurs de la route du cap de Bonne-Espérance achevèrent sa ruine. Elle ne comptait pas plus de 6,000 âmes au siècle dernier. Elle fut prise d'assaut le 2 juillet 1798 par Bonaparte et abandonnée par le général Menou en septembre 1801. Elle est redevable de sa résurrection à Méhémet-Ali qui fit creuser en 1819 le canal de Mahmoudieh, aux grands travaux exécutés par ses successeurs, notamment par Ismaïl-Pacha, enfin à la création du canal de Suez. Mais les troubles survenus en Égypte au commencement de 1882 et le massacre des Européens à Alexandria ont amené l'intervention des Anglais et le bombardement d'Alexandrie par leur flotte au mois de juillet 1882. Alexandrie, en partie détruite et incendiée, a vu sa population dispersée, et il est difficile de prévoir si elle recouvrera la prospérité dont elle jouissait avant ces événements ; il est possible que le mouvement commercial se transporte d'Alexandrie à Port-Saïd, à l'entrée du canal de Suez. (V. *Arabi-Pacha* et *Égypte*.) || *Bibliothèque d'Alexandrie*. La plus célèbre des bibliothèques de l'antiquité, fondée par Ptolémée Philadelphe. Elle compta jusqu'à 700,000 vol., mais on sait que les *volumina* des anciens contenaient bien moins de matière que nos livres modernes. Brûlée en partie lors de la prise d'Alexandrie par César (48 av. J.-C.), elle fut rétablie par Marc-Antoine. Une seconde bibliothèque de 43,000 vol., établie au Sérapéum et qui ne comprenait que les livres les plus usuels, fut détruite en une émeute en 391. Il est contesté aujourd'hui qu'Omar ait fait brûler, en 641, la bibliothèque d'Alexandrie qui aurait cessé d'exister antérieurement à la prise d'Alexandrie par les Arabes. || *Écoles d'Alexandrie*. Alexandrie a été un des centres les plus brillants de la civilisation antique. Sous les Ptolémées, qui fondèrent la Bibliothèque et le Musée, vaste établissement scientifique où il y avait des salles pour toutes sortes de cours, elle devint la capitale intellectuelle du monde hellénique. La première école d'Alexandrie (323 à 30 av. J.-C.) comprend surtout des savants, des érudits et des poètes. C'est là que se firent les premières recherches

sur l'anatomie humaine auxquelles sont attachés les noms illustres d'Érasistrate et d'Hérophile. C'est d'elle que sortit Galien. Le géomètre Euclide fonde cette école de mathématiciens qui produisit Archimède, Ératosthène, Aristarque de Samos et plus tard Ptolémée, Diophante et Pappus. Les érudits (grammairiens et philologues) s'attachent à la critique des textes de l'antiquité, particulièrement à la récension des poèmes d'Homère (Philétas, Zénodote, Aristophane de Byzance, Aristarque de Samothrace, Didyme, etc.) ; plus tard, au II° siècle de l'ère chrétienne, Apollonius Dyscole résume dans une suite de traités la science grammaticale telle qu'on l'entendait de son temps. Une élégance raffinée, une recherche d'érudition et d'archaïsme caractérisent l'école poétique d'Alexandrie (Philétas, Aratus, Callimaque, Asclépiade de Samos, Apollonius de Rhodes, Euphorion, Lycophron, et, au-dessus d'eux, Théocrite). — La seconde école d'Alexandrie, qui s'étend de la chute des Ptolémées (30 av. J.-C.) à la conquête arabe (640 ap. J.-C.), est surtout une école de philosophes qui entreprirent d'unir les doctrines mystiques de l'Orient aux principes de la philosophie grecque, particulièrement aux idées de Pythagore et de Platon. Les principaux noms de cette école éclectique ou syncrétique sont ceux d'Ammonius Saccas, Philon le Juif, Plotin, Porphyre, Jamblique et Proclus (V. *Néoplatonisme*.) C'est aussi à Alexandrie que se forma le *Gnosticisme* (V. ce mot) contre lequel eurent à lutter les Pères de l'Église chrétienne d'Alexandrie. — L'histoire de l'école philosophique d'Alexandrie a été écrite par MM. Matter (2° éd., 2 v. in-8°, Paris, 1840-44) ; in-8°, id., 1844-45) et Vacherot (3 v. in-8°, id ; 1847-51). || *École chrétienne d'Alexandrie*. Les maîtres chrétiens, obligés de repousser les attaques des philosophes d'Alexandrie, durent mêler à l'enseignement élémentaire et catéchétique des leçons plus scientifiques sur le christianisme : ils finirent par donner un enseignement complet sur l'ensemble des sciences philosophiques. Ils enseignèrent, parallèlement à la théologie, la philosophie platonicienne et aristotélicienne et en outre la géométrie, la rhétorique, la grammaire, etc. Cette école eut d'illustres représentants : Athénagore, Clément, Origène, Denys, Pierre le Martyr, Didyme l'Aveugle, Athanase, Cyrille, etc. On distingue l'ancienne (S. Clément, Origène) et la nouvelle école d'Alexandrie (S. Athanase, S. Cyrille). La première eut à lutter surtout contre le gnosticisme, la seconde contre le nestorianisme. || *Conciles d'Alexandrie*. On en cite un grand nombre. Les deux premiers (230, 231) condamnèrent Origène. Dans celui de l'an 321 l'arianisme fut réprouvé par cent évêques. Dans celui de l'an 340, les évêques égyptiens se déclarèrent en faveur de S. Athanase, chassé par les Eusébiens. Le concile tenu vers la fin de 430 par S. Cyrille condamna le nestorianisme. Enfin dans celui de 633, le patriarche Cyrus tenta de réconcilier avec l'Église les théodosiens, secte de monophysites. || *Patriarcat d'Alexandrie*. Occupé par les hérétiques monophysites (coptes) depuis la domination des Sarrasins (VII° s.). Les grecs schismatiques ont un patriarche d'Alexandrie au Caire. Le pape Grégoire XVI créa un vicariat apostolique d'Alexandrie pour gouverner les catholiques de cette contrée. || *Chronique d'Alexandrie*. Chronique qu'on appelle aussi *Fastes siciliens*, parce qu'un manuscrit en fut trouvé en Sicile par Jérome Surito et déposé à Rome par ses soins et par ceux d'Antoine Augustin, auditeur de Rote. D'autres la nomment *Chronique de Casaubon*, parce que celui-ci en trouva aussi un manuscrit à Augsbourg. C'est une compilation d'auteurs grecs faite sous Héraclius au règne duquel elle s'arrête et dont le manuscrit porte en tête le nom de Pierre d'Alexandrie. Ducange en a donné une excellente édition en grec et en latin, avec des notes remplies d'érudition (Paris, 1688, in-fol). || ALEXANDRIE *de la Paille*. 60,000 h. Ville d'Italie, ch.-l. de la prov. de ce nom, au confluent du Tanaro et de la Bormida et à l'intersection de six lignes de ch. de fer, à 70 kil. de Turin. Évêché. Acad. des *Immobili*, fondée en 1562. Fabriques de draps, de soieries et de toiles ; foires très fréquentées. Place forte, clef du haut bassin du Pô. Elle fut fondée en 1168, en l'honneur du pape Alexandre III, par la Ligue Lombarde contre Frédéric Barberousse, qui la surnomma par dérision *de la Paille* (*della Paglia*). Elle fut prise par les Français en 1657, 1796 et 1800, par le prince Eugène en 1707, par Souwarow en 1799. Elle devint, sous le premier empire, ch.-l. du dép. de *Marengo* ; Bonaparte y signa un armistice en 1800, après Marengo, et la fit entourer d'immenses fortifications qui furent rasées en 1815, à l'exception de la citadelle ; depuis 1856 elles ont été relevées par le gouvernement italien. — La prov. d'Alexandrie a 5,033 kil. car. et 720,000 h.

ALEXANDRIN, INE. s. et adj. Qui est né à Alexandrie. Qui est propre à cette ville ou à ses habitants. || Litt. *Vers alexandrin*. Vers français appelé encore vers héroïque ou grand vers. Il se compose de 12 syll quand la rime est masculine, de 13 syll. quand elle est féminine, avec une césure après le 6° pied. Le nom d'alexandrin vient probablement a cette forme de vers de l'emploi qui en a été fait, vers 1180, dans le *Roman d'Alexandre* (V. *Alexandre* (roman d'). Les tragédies, les poèmes épiques, sont ordinairement écrits en vers alexandrins. || Subst. Un alexandrin. || Abs. L'alexandrin. Employer l'alexandrin. || Hist. Qui a rapport à l'École d'Alexandrie ; philosophe, écrivain de cette école. La période alexandrine de la littérature grecque Le mot alexandrin désigne un adepte soit de l'école juive d'Alexandrie, soit de l'école philosophique, soit de l'école chrétienne de cette ville. Dans le premier sens, on appelle Alexandrins les Juifs que leur séjour à Alexandrie mit en rapport avec les doctrines grecques et orientales et qui furent plus ou moins influencés par elles dans leurs opinions religieuses et morales. Les uns ne furent influencés que quant à la forme et conservèrent intact ce qu'il y a d'essentiel dans l'Ancien Testament : ils sont représentés par le livre deutéro-canonique de *la Sagesse*. Les autres mêlèrent à leur doctrine des idées orientales et platoniciennes : ils sont représentés par le juif Philon qui admet le dualisme aussi bien dans la création et le gouvernement du monde que dans l'âme de l'homme (l'âme raisonnable et l'âme non raisonnable) || *Dialecte alexandrin*. Dialecte né du mélange des différents dialectes de la Grèce, surtout du macédonien et de l'attique, et formé à Alexandrie après la mort d'Alexandre. Il renfermait beaucoup de locutions empruntées aux langues étrangères. La traduction de l'Ancien Testament dite des Septante et les livres grecs du Nouveau Testament sont écrits en dialecte alexandrin. || *Version alexandrine*, ou version grecque du texte hébreu de la Bible. V. *Septante*. || *Manuscrit alexandrin* (*Codex alexandrinus*). Célèbre manuscrit d'une version grecque de la Bible (traduction des Septante pour l'Anc. Testam.), conservé à Londres, au British Museum. Il est sur parchemin, en lettres onciales et paraît avoir été écrit au v° siècle. Il faisait partie depuis 1098 de la bibliot. des patriarches d'Alexandrie et fut donné en 1628 à Charles Ier d'Angleterre par Cyrille Lucar, patriarche de Constantinople et précédemment d'Alexandrie. Il a été reproduit en fac-simile, de 1786 à 1828, et de nouveau, en partie, en 1860. || *Appareil alexandrin* (*alexandrinum opus*). Espèce de mosaïque très employée au Bas-Empire, qui se faisait avec des marbres et des porphyres de couleur et de l'émail. On s'en est servi jusqu'au XIII° s. en Italie pour faire des frises, des pavages, etc. || *Ligne Alexandrine*. Ligne que le pape Alexandre VI tira d'un pôle à l'autre, à 40 myriam. de l'O. des Açores et du cap Vert, pour délimiter les découvertes des Espagnols et celles des Portugais. Toutes les terres découvertes au delà de cette ligne devaient appartenir aux Espagnols.

ALEXANDRINE. s. f. Sorte de danse du Montferrat. || Étoffe fabriquée à Alexandrie (Italie).

ALEXANDRINISME. s. m. Système philosophique de l'école d'Alexandrie.

ALEXANDRISTE. s. m. Partisan de l'école d'Alexandrie.

ALEXANDRITE. s. m. Minér. Nom donné en l'honneur du grand-duc Alexandre de Russie, depuis Alexandre II, à un superbe minéral découvert en 1842 dans les monts Ourals C'est une variété de cymophane (V. ce mot), pierre précieuse connue depuis plus longtemps, et qu'on trouve au Brésil, mêlée à d'autres espèces, telles que la topaze et le corindon, dans les sables résultant de la désagrégation des roches anciennes. La composition chimique de l'alexandrite est essentiellement la même que celle de la cymophane; c'est un aluminate de glucine (Al² O³,GlO); mais, de plus, elle offre des traces d'oxyde de chrôme qui donnent une magnifique couleur vert émeraude à ses cristaux de forme hexagonale, qui ont un éclat vitreux, transparent, et sont bien plus gros que ceux du Brésil dont la couleur est jaune verdâtre. Les acides n'ont aucune action sur l'alexandrite dont la dureté est telle qu'elle raie le quartz.

ALEXANDROPOL ou **ALEXANDRAPOL** (anc. *Gumri*). 21,000 h. Place forte et ch.-l. d'un des 5 distr. du gouv. d'Erivan (Transcaucasie russe), sur l'Arpatschaï. Victoires des Russes sur les Turcs le 18 juin 1807 et le 30 oct. 1853.

ALEXANDROV. 7,000 h. Vle et ch.-l. de district du gouv. de Vladimir (Russie centrale), sur la Séral. Aciéries et filatures de laine.

ALEXANDROV. 5,500 h. Vle de Russie, gouv. de Samara.

ALEXANDROVSK. 6,000 h. Vle de la Russie, gouv. d'Ekaterinoslav, près du Dniéper. Vaste entrepôt de commerce.

ALEXANDRY (baron d'OBENGIANI d') Né en 1812. Grand propriétaire en Savoie, maire de Chambery, élu sénateur en 1876 (droite), non réélu en 1882.

ALEXANOR. Myth. pr. Génie de la médecine, petit-fils d'Esculape et fils de Machaon, honoré à Titane en Sicyonie où on lui sacrifiait au coucher du soleil.

ALEXIADE. s. f. Titre de l'histoire d'Alexis Comnène, écrite en grec par sa fille Anne, en quinze livres. (V. *Anne Comnène*.)

ALEXIENS. s. m. pl. Congréganistes, ainsi nommés parce qu'ils choisirent pour patron S. Alexis qui s'était distingué par sa bienfaisance et son abnégation. Ils s'appelaient aussi *Cellites*, de *cella*, tombe, étant disposés et souvent destinés à mourir, car ils s'établirent pour soigner les victimes de la peste noire qui ravagea et terrifia une partie de l'Europe au commencement du XIVᵉ s.; il n'en existe plus qu'un petit nombre à Aix-la-Chapelle, à Bruxelles, à Cologne et à Düren. — Il y eut aussi des Alexiennes, ou sœurs de S. Alexis, appelées encore sœurs noires, créées dans le même but; on en trouve encore en Allemagne (Cologne, Dusseldorf), en Belgique et en France.

ALEXINATZ. 4,500 h. Vle de Serbie, ch.-l. du cercle du même nom, sur la Morawitza, près de son confluent avec la Morawa. Quartier général de l'armée serbe pendant la guerre de 1876, Alexinatz fut attaquée sans succès par les Turcs du 19 au 23 août 1876, bombardée du 16 au 19 oct. et enfin prise par les Turcs le 31 oct.

ALEXIPHARMAQUE. adj. (gr. *alexein*, repousser; *pharmakon*, poison.) Méd. Se dit des remèdes propres à combattre les effets des poisons : c'est le synonyme d'*antidote* ou *contre-poison*. Le type des alexipharmaques était la thériaque de Mithridate par la vertu de laquelle ce prince neutralisait, dit-on, les effets des poisons qu'il avait avalés.

ALEXIPYRÉTIQUE. adj. (gr. *puretos*, fièvre). Qui chasse la fièvre. Syn. de *fébrifuge*. Inus.

ALEXIS DE THURIUM. Poète comique grec, mort vers 290 av. J.-C. Des 245 comédies que les anciens lui attribuaient, il ne reste que quelques fragments insérés dans les *Fragmenta comicorum græcorum* de Meineke. Il appartient à la comédie moyenne. || ALEXIS (S). D'une noble famille romaine ; mourut au commencement du Vᵉ s. Il abandonna ses parents pour visiter toutes les églises célèbres et mener la vie religieuse. Il revint auprès de son père Euphemianus, chez lequel il resta pendant 17 ans, pauvre et inconnu. F. 17 juillet. Sur son tombeau, découvert en 1216 à Rome sur le mont Aventin, a été construite une magnifique église. — La légende de S. Alexis a été très populaire au moyen âge. Elle a inspiré la *Vie de Saint Alexis*, poème du XIIᵉ s., publié en 1872 par MM. Gaston Paris et L. Pannier, et qui est un des plus anciens et des plus intéressants monuments de la littérature française. Il existe sur le même sujet un poème en moyen haut-allemand de Conrad de Wurtzbourg. || ALEXIS FALCONIERI (le Bx). Un des sept fondateurs de l'ordre des Servites (XIIIᵉ s.). F. le

17 février. || Nom de 5 empereurs de Constantinople : ALEXIS Iᵉʳ COMNÈNE. Né en 1048, neveu d'Isaac Iᵉʳ Comnène. Habile dans l'art militaire, il fut proclamé empereur par une partie de l'armée, à la place de Nicéphore Botoniate et régna 37 ans (1081-1118). Il résista, avec des alternatives de revers et de succès, à Robert Guiscard, duc de Pouille et de Calabre, et à son fils Bohémond qui avaient envahi la Grèce, et repoussa une invasion des Scythes ou Petchénègues. Craignant d'être dépossédé du trône, il se montra craintif, dissimulé, perfide même, selon quelques historiens, à l'égard des premiers Croisés : il se présenta pour les secourir au siège d'Antioche et les abandonna bientôt. Il eut encore sur la fin de son règne à soutenir des guerres contre les Normands et contre les Turcs. Ce fut un prince ambitieux, mais sobre, ami des lettres et aimé de son peuple. Sa fille *Anne Comnène* lui prodigue les éloges dans son *Alexiade*. || ALEXIS II COMNÈNE. Né en 1168, succéda à son père Manuel (1180-1183). Son cousin Andronic, s'étant emparé de la régence, le fit étrangler et jeter à la mer. || ALEXIS III *l'Ange*. Frère d'Isaac l'Ange qu'il détrôna et fit enfermer dans un cachot après lui avoir crevé les yeux. Son règne (1195-1203) fut celui d'un homme lâche et incapable ; il fut chassé de Constantinople par les Croisés qui s'emparèrent de cette ville en 1203 et rétablirent sur le trône Isaac et son fils Alexis. Il mourut en 1210, enfermé dans un monastère, par Théodore Lascaris, son gendre. || ALEXIS IV *le Jeune*. Fils d'Isaac l'Ance (1203-1204), fut renversé et étranglé par un de ses favoris, Alexis Murzuphle. || ALEXIS V DUCAS, surnommé *Murzuphle* (dont les sourcils se joignent). Fut détrôné par les Croisés qui s'emparèrent de Constantinople et le firent précipiter du haut de la colonne de Théodose (1204). || Plusieurs princes ou empereurs de Trébizonde ont porté le nom d'Alexis. Le plus célèbre est *Alexis Comnène* (1182-1222), petit-fils d'Andronic, qui, après la prise de Constantinople par les Croisés en 1204, fonda à Trébizonde un État indépendant. || ALEXIS MIKHAILOVITCH (c.-à-d. *fils de Michel*). Tzar de Russie, né en 1629, régna de 1645 à 1676 ; battit les Polonais, repoussa les Turcs qui menaçaient d'envahir la Pologne, et soumit les Cosaques de l'Ukraine. Il étendit en Asie la puissance de la Russie, fit publier le célèbre recueil de lois russes, l'*Ulloshéné*, fonda plusieurs villes, établit des manufactures de soie et de toile et fut le prédécesseur remarquable de son fils Pierre le Grand. || ALEXIS PETROVITCH. Fils aîné de Pierre le Grand, né en 1690. D'un naturel sauvage, ouvertement hostile à toutes les réformes de son père, il fut déclaré incapable de monter sur le trône, puis accusé de haute trahison, condamné à mort et gracié. Mais il mourut le lendemain de l'arrêt, empoisonné, dit-on, sur l'ordre de son père (1718). Il est le père du tzar Pierre II. Sa tragique histoire a fourni à Immermann le sujet de sa trilogie d'*Alexis*. || ALEXIS (Guillaume). Bénédictin normand de la fin du XVᵉ s., prieur de Bussy au Perche, auteur d'ouvrages en vers français : *Le grand blason des faulces amours : Le contre-blason des faulces amours*, etc. Ces ouvrages bizarres ont une certaine naïveté qui plaisait à La Fontaine. || ALEXIS DEL ARCO. 1625-1700. Peintre espagnol, a peint beaucoup de tableaux religieux et de portraits. Il était sourd-muet de naissance.

ALEXISBAD. Vle du duché d'Anhalt (Allemagne), sur la Selke, au S. du Harz. Eaux froides magnésiennes et ferrugineuses. A 3 kil., beau château de Falkenstadt.

ALEXITÈRE. adj. et s. m. Se disait, dans l'anc. médecine, des contre-poisons externes.

ALEYRODE. s. m. (gr. *aleuron*, farine, et *eïdos*, apparence). Zool. G d'insectes de l'ordre des hémiptères, fam. des pucerons : corps mou, d'un aspect farineux, très communs sur la *chélidoine* ou *grande éclaire*.

ALEZAN, ANE. adj. (de l'esp. *alazan*, venu de l'arabe *al*, le; *hazan*, beau, courageux). Se dit des chevaux et des bœufs d'une couleur qui varie du jaune au rouge brun. || Subst. Cheval ayant le poil alezan. Un alezan brûlé, brun, clair, doré. Une alezane.

ALÈZE, ALÈSE ou **ALAISE.** s. f. (de *à* et l'*aise*). Méd. Forte bande de toile ou drap plié, qu'on passe sous les malades et les blessés pour pouvoir les soulever plus à l'aise et les tenir

propres. Envelopper, soulever un malade avec une alèze. || Menuis. Petite planche qu'on ajoute à une autre pour l'élargir.

ALÉZÉ, ÉE. adj. Blas. Accourci aux extrémités. Sautoir alézé. Croix alézée.

ALFA. s. m. Bot. Nom arabe donné à plusieurs plantes de la fam. des graminées, notamment au *stipa tenacissima*. L'alfa croît par touffes, sa hauteur est d'env. 0ᵐ 60 à 0ᵐ 70. On en retire des fibres textiles d'une grande résistance et qui fermentent très difficilement. La prov. d'Oran en fournit des quantités considérables (plus de 60,000 tonnes en 1879). L'Angleterre en consomme annuellement environ 200,000 tonnes. On en fait des ouvrages dits de sparterie : paniers, cordes, nattes, etc., et surtout du papier. Pour la fabrication des cordes, des filets, des nattes, on prépare l'alfa comme le chanvre ; on le rouit, on l'écrase, on le peigne et on le file. Pour fabriquer la pâte à papier, il faut faire macérer l'alfa dans un bain de soude, le triturer pour en recueillir les fibres et les débarrasser de la résinoïde; puis on blanchit ces fibres au moyen du chlore. La pâte ainsi obtenue est transformée en papiers de différentes espèces. Ce sont les Anglais qui les premiers ont fabriqué du papier avec l'alfa (un peu avant 1870) et jusqu'à présent ils ont conservé le monopole de cette fabrication. Ils font aussi avec cette pâte de très belles moulures que les industriels français achètent sans se douter de leur composition et de leur origine. On pourrait l'obtenir en France à 30 fr. le quintal.

ALFANE. s. f. (esp. *alfana*, cheval vigoureux). Cavale du roi Gradasse dans *Roland furieux* de l'Arioste.

ALFANGE. s. f. Espèce de laitue. || Sorte de cimeterre autrefois en usage chez les peuples de l'Orient.

ALFANI. Nom de deux peintres italiens du XVIᵉ s. : *Domenico di Paris*, ami du Pérugin, et son fils *Orazio di Paris*, Pérouse, 1510-1583, dont le Louvre possède un *Mariage mystique de Ste Catherine d'Alexandrie*.

ALFAQUES (LES). 4,000 h. Port d'Espagne, prov. de Tortose (Catalogne), près de l'embouchure de l'Èbre. Salines importantes.

ALFAQUIN. s. m. Nom donné aux prêtres maures qui, après l'expulsion de leurs compatriotes, restèrent cachés en Espagne et cherchèrent secrètement à attirer les chrétiens dans l'islamisme.

ALFARABI. Philosophe arabe du Xᵉ siècle, né à Farab, en Transoxiane, très versé dans les sciences et les arts, commentateur d'Aristote, dont il popularisa les doctrines. Il fut le maître d'Avicenne.

ALFARO. 6,000 h. Vle d'Espagne, sur l'Alhama, à quelque distance de la rive dr. de l'Èbre, prov. de Logrono (Vieille-Castille), dans la contrée fertile appelée la Rioja. Savonneries. Ruines de l'ancien château.

ALFARO Y GOMEZ (Juan d'). 1640-1680. Peintre espagnol, élève de Velasquez, né à Cordoue. Portraitiste estimé.

ALFATIER. s. m. Nom donné dans la province d'Oran aux ouvriers qui récoltent l'alfa ; ce sont en général des Espagnols.

ALFELD. 3,300 h. Vle du Hanovre, cercle de Marienbourg, sur la Leine, à 24 kil. de Hildesheim. Commerce de toiles et de fil ; papeteries, tabac, houblon. Aux environs, rochers de Lippoldshöhe et caverne de Lippold.

ALFENIC V. *Alphénic*.

ALFENIDE ou **MÉTAL CHRISTOFLE.** s. m. Alliage formé de 59 parties de cuivre, 30 de zinc, 10 de nickel et 1 de fer. Il a une belle couleur blanche et sert à faire des couverts et des ustensiles de table ; mais il se ternit à l'air et ordinairement on le recouvre d'une couche d'argent par la galvanoplastie. Son nom vient de Charles Halphen, qui en a introduit l'usage dans l'industrie en 1850.

ALFENUS VARUS. Jurisconsulte romain, né à Crémone, florissait vers l'an 754 de Rome. Il avait étudié dans cette ville sous la direction de Servius Sulpicius. On lui doit les premières collections de droit civil auxquelles il donna le nom de *Digeste*.

ALFERGANI ou **ALFRAGAN.** Astronome arabe (IXᵉ s.). Révisa les tables astronomiques de Ptolémée. On a de lui divers ouvrages sur les mouvements célestes, l'astrolabe, etc.

ALFES. Génies de la mythologie scandinave. (V. *Elfes*.)

ALFIER ou ALFIÈRE. s. m. (ital. *alfiere, alfiero,* ou de l'esp. *alferez*). Porte-drapeau en Espagne et en Italie.

ALFIER (S.), *Adalferius.* 930-1050. Né à Salerne (Italie), moine à Cluny, fondateur et premier abbé de la Cava. F. 12 avril.

ALFIERI (Victor, comte). Poète italien, né à Asti en Piémont, 1749, m. à Florence, 1803. Libre et maître de sa fortune à seize ans, il passe sa jeunesse dans la dissipation et les voyages et ne commence à écrire que vers 1775. Ses premières compositions, la tragédie de *Cléopâtre* et la comédie des *Poètes,* jouées ensemble à Turin, sont fort goûtées du public ; ce succès et le désir de plaire à la comtesse d'Albany qui fut véritablement sa muse, décident de sa vie. Il recommence son éducation, s'applique avec un travail opiniâtre à l'étude du latin et de l'italien, car il ne savait à fond que le français ; en moins de sept ans, il traduit Salluste et compose 14 tragédies. Ses pièces les plus remarquables sont : *Virginie, Antigone, Oreste, Agamemnon, Mérope, Philippe II, Saül, Timoléon, Marie Stuart,* etc. L'action est toujours simple et marche rapidement, le dialogue est vif et serré, le style nerveux et concis. De ses tragédies sont retranchés les coups de théâtre, les confidents et les amoureux inutiles. Toutefois les plans sont conçus d'une manière trop uniforme ; les siècles, les personnages ne sont pas toujours caractérisés et l'austère concision dégénère souvent en sécheresse. On a dit d'Alfieri que, dans ses tragédies, il était plus orateur que poète. Ces défauts ne l'empêchent pas d'être au premier rang des poètes tragiques de l'Italie et sa célébrité fut européenne. Dans la réforme dramatique il s'était inspiré des tragiques français et surtout de Corneille, sans l'avouer, à cause de sa haine contre la France qu'il a exhalée dans son *Miso-Gallo,* publié après sa mort. Ce démocrate féodal, comme l'appelle Villemain, venu à Paris au moment où éclata la Révolution pour faire réimprimer ses œuvres, applaudit à la prise de la Bastille qu'il célébra dans une ode fameuse (*Paris débastillé*), prit la fuite après le 10 août, fut traité en émigré et perdit la plus grande partie de sa fortune. L'estimable et noble comtesse d'Albany qui n'avait cessé de l'inspirer et qu'il épousa en 1788, lorsqu'elle fut devenue veuve du dernier prince de la maison de Stuart, lui fit élever à sa mort par le célèbre Canova, un magnifique tombeau dans l'église Santa-Croce de Florence. De plus, elle fit faire une édition complète de ses œuvres en 22 vol. in-4°, Pise 1815-1815. Elles comprennent 21 tragédies, 6 comédies médiocres, plus de 200 sonnets, un poème épique, l'*Etrurie vengée,* des satires, des odes, des traductions, des discours en prose (*De la tyrannie, Du Prince et des lettres*), où se montre son esprit de farouche indépendance, enfin une curieuse *Vie* écrite par lui-même et qui a été trad par Petitot (1809) et A. de Latour (1840). Une statue lui a été élevée à Asti en 1862. ‖ **ALFIERI (César, marquis de SOSTEGNO).** Homme d'État italien, de la famille du poète, né à Turin, 1799, mort à Florence, 1869. Successivement militaire et diplomate, conseiller et ministre du roi Charles-Albert, enfin président du Sénat de Piémont (1855-1860).

ALFÖLD (en hongrois *Terre basse*). Grande plaine de la Hongrie, entre le Danube et les monts Carpathes, arrosée par la Theiss. Superf. 960,000 hect. L'Alföld occupe presque la moitié de la Hongrie. C'était autrefois une steppe immense et monotone. Auj. les pâturages ont disparu en grande partie pour faire place aux céréales.

ALFONSE, ALFONSIN. V. *Alphonse, Alphonsin.*

ALFONSINE. 7,000 h. Vle d'Italie, prov. de Ravenne. Patrie de Vincenzo Monti.

ALFORD. 1,400 h. Vge d'Écosse, cté d'Aberdeen. Vict. de Montrose sur les *Covenanters*(1645).

ALFORD (Michel). 1582-1632. Jésuite anglais, né à Londres, m. à Saint-Omer. A publié en latin : *Annales ecclésiastiques des Bretons, Saxons et Anglais, depuis la naissance de Jésus-Christ jusqu'à l'année 1189,* Anvers, 1641, 4 vol. in 4°; *La gloire de la Bretagne, ou la patrie et la foi de Lucius, d'Hélène, de Constantin, avec un appendice sur trois questions controversées :* 1° *la Pâque des Bretons;* 2° *le mariage des clercs,* et 3° *la Grande-Bretagne reconnaissait-elle dès les premiers temps la supré-*

matie de l'Église romaine? ibid., 1 vol. in-fol. ‖ **ALFORD (Henri).** 1810-1871. Poète et érudit anglais, né à Londres. Pasteur de l'Eglise anglicane dans le cté de Leicester, profes. d'humanités à Cambridge, doyen de la cathédrale de Cantorbéry. Prédicateur estimé. *Poèmes et fragments poétiques,* 1831 ; *L'école du cœur,* poème, 1835; les *Poètes de la Grèce,* 1841 ; édit. grecques de l'*Ancien* et du *Nouveau Testament.*

ALFORT. 900 h. Vge de France, comm. de Maisons-Alfort (7,600 h), arr. de Sceaux, cant. de Charenton (Seine). Ecole vétérinaire fondée en 1766, qui compte 300 élèves. (V. *Vétérinaires (écoles).*

ALFOS ou ALPHOS. s. m. Méd. Sorte de lèpre.
ALFOURAS ou ALFOUROUS. Peuple à demi sauvage qui habite l'intérieur des îles Célèbes et Moluques.

ALFRED LE GRAND. Roi des Anglo-Saxons de 871 à 901, né en 849. Lutta contre les Danois, maîtres d'une grande partie de l'Angleterre. D'abord vaincu, obligé de fuir, il se cacha chez un pâtre attendant le moment favorable. Quand il le crut arrivé, il se déguisa en scalde, pénétra dans le camp des ennemis, vit leurs positions, apprit leurs plans, les attaqua à la tête des siens, les défit, les chassa de son royaume et repoussa également les pirates northmans, conduits par Hastings. Il fut aussi bon législateur, aussi grand homme d'État que guerrier intrépide; il fit rédiger un *Code de lois,* divisa l'Angleterre en comtés, établit les jurés dans les procès criminels, forma un parlement fixe, donna une vive impulsion aux lettres et aux arts. Il est le fondateur de l'université d'Oxford. On lui doit les premiers établissements de marine et les premiers voyages qui se firent pour la découverte d'un passage nord-est. Lui-même composa plusieurs ouvrages, entre autres un *Recueil de chroniques;* il traduisit en anglo-saxon l'*Histoire ecclésiastique* de Bède, l'*Epitome* de Paul Orose, le *Pastoral* et les *Dialogues* de S. Grégoire, etc. Dans son *Testament,* souvent imprimé, on lit ces paroles remarquables : « Les Anglais doivent être aussi libres que leurs pensées. » L'Angleterre était devenue par son clergé et ses monastères un centre de civilisation chrétienne : Alfred en fut la fleur royale, un grand et sage prince, comme notre saint Louis. L'histoire de ce prince a été écrite par Asser et par F. de Stolberg (trad. Guizot, 1836, in-16). ‖ **ALFRED ou ALURED DE BEVERLEY.** V. *Alured.* ‖ **ALFRED 1er (Ern.-Albert).** Duc d'Édimbourg, 2e fils de la reine Victoria, né en 1844. Choisi comme roi par les Grecs en 1862, il refusa la couronne. Il est héritier présomptif du duché de Saxe-Cobourg-Gotha et a épousé, en 1874, la grande-duchesse Marie de Russie.

ALFRETON. 12,000 h. Vle manufacturière d'Angleterre, comté et à 21 kil. de Derby. Manuf. de bas. Houille, hauts-fourneaux.

ALFRIC (S.). Abbé d'Abingdon, vers 980; évêq. de Wilton, puis archev. de Cantorbéry en 995; m. en 1005 ‖ **ALFRIC le Grammairien.** Abbé de Malmesbury, puis évêq. de Devon, m. en 999. Auteur d'ouv. de grammaire, de glossaires, de dialogues, etc. Ses *Homélies* composées pour le peuple, sont un des monuments de la langue anglo-saxonne.

ALGACÉ, ÉE. adj. Bot. Qui ressemble à une algue. ‖ **ALGACÉES.** s. f. pl. Syn. d'*Algues.*

ALGAJOLA, anc. *Altalia.* Vge de Corse, arr de Calvi, 200 h. Autrefois capitale de la Balagne et port important ruiné par la fondation de l'Ile-Rousse. Carrière de granit rose.

ALGALIE ou ALGALÉE. s. f. Chir. Sonde creuse pour la vessie. (V. *Sonde*)

ALGANON. s. m. Petite chaîne pour les forçats qui ont la permission de circuler hors du bagne.

ALGAR. Petit fleuve d'Espagne, de la prov. d'Alicante, qui se jette dans la Méditerranée.

ALGARADE. s. f (esp. *algarada,* attaque imprévue). Sortie brusque et bruyante contre quelqu'un ; insulte sans sujet ou sans motif suffisant. Faire une algarade, mille algarades. ‖ Fam. Fredaines, bons et mauvais tours. Son fils vient de lui faire encore une algarade. ‖ Autref., Simulacre d'expédition militaire dans l'intention de semer l'alarme.

ALGARDI (Alexandre), dit l'*Algarde* Sculpteur et architecte, né à Bologne, 1593, m. à Rome, 1654. Tombeau de Léon XI et bas-relief colossal de l'autel de St-Léon (*Entrevue de S. Léon et d'Attila*), à St-Pierre de Rome; statue d'Innocent X au musée du Capitole;

statue de S. Philippe de Néri ; façade de l'église St-Ignace, etc. Ses œuvres se distinguent par le fini de l'exécution, mais elles manquent parfois de goût

ALGARINEJO. 5,000 h. Vle d'Espagne, prov. et à 40 kil. de Grenade. Distilleries, savonneries.

ALGAROBE. s. f. Bot. Fruit de l'*algarobia juliflora,* légumineuse des Antilles.

ALGAROBIE. s. f. Bot. Sect. du g. *prosopis,* L'*algarobia juliflora* produit des fruits charnus, pulpeux, sucrés, qu'on appelle *algarobes.* Dans l'Arkansas, on tire de l'*A. glandulosa* une résine analogue à la gomme arabique.

ALGAROTH (poudre d'). Méd. Oxychlorure d'antimoine, préparé en traitant le chlorure d'antimoine par l'eau distillée. Très employé jadis comme purgatif, aujourd'hui délaissé.

ALGAROTH. Médecin de Vérone, mort vers 1603, inventeur de la poudre pharmaceutique qui porte son nom.

ALGAROTTI (François, comte). Savant, poète et littérateur, né à Venise, 1712, m. à Pise, 1764. Fut aimé et recherché par les écrivains et les monarques de son temps. Auguste III, roi de Pologne et Frédéric le Grand le comblèrent de faveurs; il était intimement lié avec Voltaire. Ses œuvres, qui attestent la variété et l'étendue de ses connaissances, ont été publiées à Venise (17 vol. in-8°, 1791-1794). On y remarque surtout le *Newtonianisme des dames,* dont il existe une médiocre trad. franç. de Castera (1732); la jolie nouvelle *Le congrès de Cythère; Essais sur l'Architecture, la Peinture et l'Opéra,* et surtout sa *Correspondance* et ses *Mémoires.* Algarotti est particulièrement estimé comme critique d'art.

ALGARRO (Carlos d'). Officier et littérateur espagnol, né à Barcelone en 1817. Se signala dans l'armée de don Carlos qui le récompensa par le titre de comte de Vergara. Exilé en France (1840), il fit représenter à l'Odéon, en 1845, un drame en 5 act , trad. de l'espagnol : *Inés ou la chute d'un ministre.*

ALGARROBALE. s. m. Haricot résineux du Pérou

ALGARVE (l') ou ALGARVES (les), en arabe le *Couchant.* Province la plus méridionale du Portugal, entre l'océan Atlantique, la province d'Alentéjo et la Guadiana qui la sépare de l'Espagne. Capit. *Faro.* Climat chaud et sec; pays inculte, couvert de landes, qui produit néanmoins, en quelques endroits, des vins estimés. Superf. 4,858 kil. car. ; popul. 210,000 h. Cette province appartint aux Arabes du VIIe au XIIIe s. L'évêché qui date de la fin du XIIe s. a été transféré de Silves à Faro, en 1590. On distinguait autrefois l'Algarve portugaise et l'Algarve espagnole absorbée dans l'Andalousie. Les rois de Portugal portent depuis 1251 le titre de roi de Portugal et des Algarves.

ALGAS. Riv. d'Espagne, prov. de Tarragone et de Saragosse, afl. dr. de l'Ebre.

ALGATRANE. s. f. Mar. Poix fossile pour calfater.

ALGAU ou ALLGAU. Contrée montagneuse de la Souabe. (V. *Alpes Algaviennes.*)

ALGAZEL. s. m. ou **ALGAZELLE.** s. f (de *al* et *gazelle*). Zool. Antilope à longues cornes courbes de la Nubie et du Sénégal. Cuvier la regarde comme l'oryx des anciens.

ALGAZZALI. 1058-1111. Philosophe et savant arabe, né à Thous en Perse ; un des chefs de la secte des ascharites ou orthodoxes; écrivain fécond (près de 800 ouvrages) dont le but a été de prouver la supériorité de l'islamisme sur les autres religions.

ALGÈBRE. s. f. (de l'arabe *al* et *djabroun,* réunion de plusieurs parties séparées). Math. Science qui a pour but d'établir des méthodes à l'aide desquelles on peut reconnaître les opérations qu'il faut effectuer sur des nombres donnés, afin d'obtenir d'autres nombres inconnus qui dépendent des premiers suivant des conditions déterminées. On peut dire que l'algèbre est l'arithmétique généralisée. Dans l'arithmétique on opère sur des nombres qui se transforment dans quelques endroits, de sorte que, quand on est arrivé au résultat, il ne reste plus aucune trace des nombres qui ont servi de point de départ. En algèbre les nombres sont remplacés par des lettres, sur lesquelles les opérations ne peuvent être qu'indiquées. On emploie les premières lettres de l'alphabet pour les nombres connus, et les dernières (x y z) pour les inconnus. On arrive ainsi à des *formules algébriques,* qui ont conservé les données de la question, et dans chaque cas particulier, il suffit de remplacer ces lettres par les nombres qu'elles représentent pour avoir la solution de tous les problèmes de la même espèce. Ainsi supposons qu'on demande de trouver les 2 nombres dont la somme est 72 et la différence 40 : le problème traité par l'arithmétique donne pour ces 2 nombres 56 et 16, mais si la somme et la différence données changent, il faut recommencer tout le raisonnement pour trouver les nouveaux résultats. En algèbre, on désignera la somme des 2 nombres par a, la différence par b et on trouvera que l'un des nombre est égal à $\frac{a+b}{2}$ et l'autre à $\frac{a-b}{2}$. Pour trouver la solution dans tous les cas il suffira de remplacer a par la somme donnée et b par la différence. (V. *Algébriques* (*signes*). — L'invention de l'algèbre remonte au dernier des grands mathématiciens grecs, Diophante d'Alexandrie (IVe siècle), mais l'Occident l'a apprise des Arabes, notamment de Mohammed-ben-Musa Au XIIIe siècle, Léonard Bonaccio de Pise la fit connaître à l'Italie au retour d'un voyage en Orient. Elle fut développée au XVIe s. en Italie par Luca Paciolo, à qui on doit le premier traité d'algèbre imprimé (1494), par Scipion Ferreo de Bologne, Louis Ferrari, Cardan de Milan qui publia en 1545 l'*Ars magna* ; en Allemagne, par Chrétien Rudolf, auteur de la première algèbre imprimée en Allemagne (1524), par Michel Stifel, de Nuremberg et Scheybl, de Tubingue ; en France, par Peletarius ; dans les Pays-Bas, par Stevin, de Bruges ; en Angleterre, par Recorde. Mais elle dut ses plus grands progrès à Viète qui, au XVIIe s., substitua les lettres aux chiffres, à Harriot,à Descartes (*Géométrie*,1637)et à Fermat.Les travaux d'un grand nombre de savants dans les trois derniers siècles (Newton, Cotes, Moivre, Euler, Bezout, Lagrange, Gauss, Abel, Galois, Kronecker, Hermite, Serret, etc.) ont porté cette science à un haut degré de perfection. || *Fig.* et *fam.* C'est de l'algèbre pour moi, c.-à-d. Je n'y comprends rien. || *Typ.* Nom donné aux caractères typographiques qui servent à imprimer l'algèbre. Une fonte, une casse d'algèbre.

ALGÉBRIQUE. adj. 2 g. Qui a rapport à l'algèbre. Science, opération, calcul algébrique. Formules algébriques. || *Math.* Une formule algébrique est l'expression de la règle à suivre pour déduire la valeur des inconnues, des relations que l'énoncé d'un problème établit entre les grandeurs connues et inconnues que l'on a à considérer. Ces grandeurs sont représentées par des lettres dans la formule, et pour chaque cas particulier on n'a plus qu'à remplacer les lettres par les valeurs données par l'énoncé, puis à effectuer les opérations. — Les signes employés en algèbre sont les mêmes qu'en arithmétique : pour l'addition, $+$ (plus) : $a + b$ (a plus b) ; pour la soustraction, $-$ (moins) : $a - b$ (a moins b) ; pour la multiplication, $\times$ (multiplié par) : souvent on ne met qu'un point, on peut même ne mettre aucun signe : $a \times b$, ou $a.b$ ou ab (a multiplié par b) ; pour la division, : (divisé par) ou un trait horizontal entre le dividende et le diviseur, comme dans les fractions : $a : b$ ou $\frac{a}{b}$ (a divisé par b). On exprime l'égalité de 2 quantités par le signe $=$ (égal), et l'inégalité par $>$, dont on tourne l'ouverture du coté de la plus grande ; $a - b$ (a égale b) ; $c > d$, (c plus grand que d) ; $e < f$, (e plus petit que f) ; $\pm$ se dit *plus ou moins*. Une puissance s'indique par un petit chiffre (*exposant*) placé en haut et à droite de la quantité élevée à cette puissance : a^5 veut dire $a.a.a.a.a$, ou a pris cinq fois comme facteur et se lit *a cinq*. L'extraction d'une racine est indiquée par le signe $\sqrt{\ }$ (*radical*), et on écrit entre les branches du $\sqrt{\ }$ le chiffre de la racine à extraire, $\sqrt[5]{a}$ (racine cinquième de a). Pour la racine carrée, on se dispense d'écrire le chiffre 2. Quand une expression littérale est multipliée par un nombre, ce nombre s'appelle coefficient et s'écrit le premier : $25\,ab^2$, ($25 \times a \times b^2$) se dit 25 *ab deux*). Tout assemblage de nombres ou de lettres dans lequel n'entre ni le signe $+$, ni le signe $-$ s'appelle un *terme*. Une formule qui n'a qu'un terme est un *monôme*; s'il y en a plusieurs c'est un *polynôme* (*binôme* s'il y en a 2, *trinôme*, s'il y en a 3, etc.) :

$25\,ab - 3\,a$ est un binôme. On appelle *termes semblables* ceux qui sont composés des mêmes lettres affectées des mêmes exposants, quels que soient les coefficients et les signes : $25\,ab^2 - 3ab^2 + \frac{2}{3}\,ab^2$ sont des termes semblables.

Le degré d'un terme est la somme des exposants des lettres qui y entrent (quand une lettre n'a pas d'exposant écrit c'est comme s'il y avait 1), ainsi $25\,ab^2$ est du 3e degré. Un polynôme est homogène quand tous ses termes sont du même degré : ex. $25\,ab^2 - 3\,a^2b + 4\,abc$. Une expression est dite *entière* si le signe de la division n'y entre pas; elle est *fractionnaire* dans le cas contraire. Elle est *rationnelle* si elle ne contient pas le signe $\sqrt{\ }$; *irrationnelle* si elle le contient, *imaginaire* si la quantité sous radical est négative (Pour les opérations, V. *Addition*, *Soustraction*, etc. et *Equation*.)

ALGÉBRIQUEMENT. adv. D'une manière algébrique.

ALGÉBRISER. v. n. S'occuper d'algèbre, faire de l'algèbre. || *Fam.* et *iron.* Employer trop fréquemment des formules savantes.

ALGÉBRISTE. s. m. Qui est versé dans l'algèbre, qui fait des opérations d'algèbre. Savant algébriste. || *Au féminin.* Peu de femmes sont algébristes. || adj. 2 g. Des auteurs algébristes.

ALGECIRAS. V. *Algésiras.*

ALGÉDO. s. m. (gr. *algein*, souffrir). Méd. S'est dit de douleurs vives de l'anus, de la vessie.

ALGEMESI. 5,500 h. Vie d'Espagne, prov. et à 39 kil. de Valence, dans une riante vallée.

ALGENIB ou **ALGENEB.** s. m. Astr. Etoile de 2e grandeur de la constellation de Pégase.

ALGER (MÉTAL D'). s. m. Alliage formé de 94,5 parties de zinc, 5 de cuivre et d'un peu d'antimoine et de bismuth. Il est très sonore et est employé à la fabrication des cloches et des sonnettes.

ALGER (*Icosium* des Romains; *Al-Djezaïr* (l'*île*) des Arabes). Capit. de l'Algérie, ch.-l. de la prov et du dép. d'Alger ; ville forte et port sur la Méditerranée, par 36° 47' 20" latit. N. et 0° 44' 10" longit E., à 1,500 kil. de Paris, 780 kil. de Marseille (34 heures de traversée), 420 kil. de Constantine et 410 d'Oran. Popul. 52,702 h. en 1876, dont 18,210 Français, 7,093 Israélites naturalisés, 11,013 indigènes musulmans et 16,379 étrangers Le dernier recensement (1881) dont le détail n'est pas encore publié, donne 65,227 h. La ville s'élève en amphithéâtre en forme de triangle sur une colline escarpée, depuis le port jusqu'à la Casbah ou citadelle, ancien palais du Dey et maintenant caserne qui domine la mer de 118m. Résidence du gouverneur général civil de l'Algérie, du général commandant en chef le 19e corps d'armée et du préfet du département d'Alger ; direction d'artillerie et du génie; 19e lég. de gendarmerie ; archevêché; Cour d'appel (pour les trois départements de l'Algérie); Académie; écoles préparatoires de droit, de médecine et de pharmacie, écoles préparatoires à l'enseignement supérieur des sciences et des lettres; lycée (1re catég.), école normale d'instituteurs, école arabe-française; musée, bibliothèque (21,427 vol. au 31 déc. 1880, et 2,298 manuscrits dont 1,720 arabes); sociétés savantes, parmi lesquelles la Société historique algérienne qui publie la *Revue africaine*, etc. La ville basse a été complètement reconstruite à l'européenne depuis trente ans, mais la ville haute ou quartier arabe conserve encore quelques-unes de ses curieuses rues tortueuses qui contrastent avec les superbes quartiers de la nouvelle ville. La cathédrale est une ancienne mosquée devenue chrétienne sous le nom de *St-Philippe;* elle est couverte au centre par une grande coupole et le reste de la voûte, qui est soutenue par des colonnes de marbre, est formé d'autres coupoles plus petites ; l'ornementation toute mauresque consiste en faïences émaillées et en arabesques de stuc ; les fenêtres sont étroites et, comme toutes les mosquées, elle était autrefois éclairée par des lampes nombreuses. On a transformé en baptistère une coupe de marbre blanc qui servait aux ablutions des musulmans. Parmi les mosquées, les plus remarquables sont celles de Djama-el-Djebid et de Djama-el-Kebir. Les principales places sont : la place du Gouvernement (statue du duc d'Orléans, vue splendide sur la mer et l'Atlas), soutenue du côté du port par d'immenses arcades qui servent de magasins, la place d'Isly (statue du maréchal Bugeaud) et la place Bab-el-Oued ou place d'armes, la plus vaste d'Alger. Belle promenade dite le jardin Marengo. L'ancienne enceinte de 1540 (1,630 m) est en partie détruite et remplacée par une nouvelle enceinte de 3,100m que protègent plusieurs forts détachés (forts de la Marine du côté de la mer, Bab-Azoun a l'E., de Vingt-quatre-Heures a l'O., fort de l'Empereur ou fort National du côté de la terre). Au fond de la baie d'Alger, de 20 kil. d'ouverture, entre les caps Matifou et Pescade et qui s'enfonce de 8 kil. dans les terres, se trouve le nouveau port d'une superficie de 95 hectares : il est formé par deux jetées, l'une de 700m, prolongement de l'ancien môle que Khair-ed-Din Barberousse avait fait construire par les prisonniers chrétiens, l'autre de 1,235m : une petite digue de 200m divise le port en port militaire et en port de commerce ; le premier peut contenir 40 vaisseaux de guerre, le second 300 navires de commerce, le mouvement du port marchand a été en 1878 de 1,271 bâtiments d'un tonnage total de 317,50) tonnes Les transactions commerciales dépassent annuellement 100 millions : huiles, essences, cuirs, soieries, broderies sur cuir, laines, dattes, etc. Le climat d'Alger (moyenne $+ 19°$) y attire un grand nombre de malades et d'étrangers. Belles villas aux environs — Fondée vers 935 sur les ruines de l'*Icosium* des Romains par la tribu berbère des Beni-Mesrannab, Alger devint la capitale des pirates de la Méditerranée. Prise en 1509 par les Espagnols qui y construisirent un château (peñon), elle tomba, en 1516, aux mains des frères Arouds et Khair-ed-Din Barberousse et devint redoutable aux plus puissants Etats Vainement attaquée par Charles-Quint en 1541, bombardée par Duquesne en 1682 et 1683, par le maréchal d'Estrées en 1688, par lord Eximouth en 1816. Alger fut enfin prise par les Français le 5 juillet 1830, l'amiral Duperré commandait la flotte et le comte de Bourmont l'armée de débarquement. (V. *Algérie*) || **ALGER** (prov d') Une des trois provinces de l'Algérie, entre la prov. de Constantine à l'E. et celle d'Oran a l'O, superficie 103,167 kil. car. La province d'Alger comprend un territoire civil qui forme le dép d'Alger, ch.-l *Alger*, sous-préfect. : *Médéah, Milianah, Orléansville* et *Tizi-Ouzou*, et un territoire de commandement administré par l'autorité militaire. Le territoire civil comprend, d'après le recensement de 1881, 1 072 762 h.; le territoire militaire 178,910 h, soit pour toute la province 1,231,672 h Division Du 19e corps d'armée à Alger; subdiv. à Alger, Dellys, Orléansville, Médéah, Aumale. 19e lég. de gendarmerie (colonel à Alger). Collèges communaux à Blidah, Médéah, Milianah; établissement libre a Blidah; école normale d'institutrices à Milianah.

ALGER (William-Rounceville). Écrivain américain, né à Freetown (Massachusetts) en 1823; pasteur des chrétiens libéraux de Boston. *La poésie de l'Orient*, 1856 ; *Histoire critique de la doctrine de la vie future*, 1861, *Le génie de la solitude*, 1867; etc. || **ALGER** (Horatio). Cousin du précédent, né près de Boston en 1834; s'est spécialement occupé des enfants abandonnés. Il a publié *Dick en haillons* et *Tom en guenilles.*

ALGÉRIE. Contrée de l'Afrique septent. la plus importante des possessions coloniales de la France. BORNES, — ÉTENDUE, COTES. — L'Algérie est bornée au N. par la Méditerranée, à l'O. par le Maroc, à l'E. par la Tunisie, au S. par le Sahara. Comprise entre le 32° et le 37° latit. N., le 4° longit. O. et le 6° longit. E., l'Algérie est placée dans l'axe de la France dont elle n'est séparée que par une distance de 800 kil. et une traversée de 30 à 40 heures entre Marseille et Port-Vendres d'une part, Alger, Oran, Philippeville et Bône de l'autre. Sa superficie, y compris le Sahara algérien, est d'env. 420,000 kil. car., mais, en ne tenant compte que des territoires réellement soumis, elle ne dépasse pas 318,000 kil. carrés, c.-à-d. à peu près l'étendue des Iles-Britanniques. La côte, faiblement découpée, ne présentant ni fortes saillies ni échancrures profondes, a un développement de 1,100 kil. et, en tenant compte de toutes les sinuosités, de 1,294. Elle consiste presque partout dans une falaise à pic n'offrant à la navigation qu'un petit nombre de ports assez mal abrités. « *Mare sævum, littus importuosum,* » écrivait Salluste. En partant du cap Roux, limite de l'Algérie et de la Tunisie, et en se dirigeant vers l'ouest, on trouve successivement : la baie de Bône avec ses trois anses du Fort-Génois, du Caroubier et du Cassarin ; le cap de Garde ; le golfe de Philippeville entre le cap de Fer et le Bugiarone ou Trompeur, point le plus septentrional de la côte algérienne ; la baie de Bougie entre les caps Cavallo et Carbon, la baie d'Alger entre le cap Matifou et la pointe Pescade ; puis, entre les caps Ivi et Carbon ; la baie d'Arzeu, le meilleur port naturel de l'Algérie et qui supplantera sans doute le mauvais mouillage voisin de Mostaganem ; ensuite, après avoir doublé les falaises périlleuses du cap Ferrat (l'Excommunié des marins), la baie d'Oran, entre la pointe de l'Aiguille et le cap Falcon, qui abrite l'excellente rade de Mers-el-Kébir bien supérieure au port dangereux et insuffisant d'Oran ; enfin, après avoir dépassé les caps Lindlès, Figalo, Noé et Milonia et quelques îlots sans importance, le petit port de Beni-Saf et celui de Nemours, tout près de la frontière du Maroc. 45 phares, dont 6 de 1re grandeur, atténuent les dangers de la navigation. || OROGRAPHIE. — L'Algérie est un pays essentiellement montagneux ; le grand massif de l'Atlas y forme deux grandes chaînes : au N., les montagnes du Tell, entre la mer et les hauts plateaux ; au S., entre les hauts plateaux et le désert, les montagnes du Sahara. Les premières, parallèles à la mer, présentent comme sommets principaux : vers l'E. le massif de l'Edough (1,000^m) qui domine la mer et en arrière duquel s'étend la plaine de Bône, puis le Djebel-Guorra (1,200^m), les monts du Souk-Arrhas et le Djebel Mahouna (1,410^m), près de Guelma ; au N. de Constantine, le massif de Philippeville et plus à l'ouest, le Tamesguida, le Guergour, le Babor (1,970^m) et le Ta-Babor (1,966^m). Puis le massif du Djurjura qui s'aperçoit d'Alger et dont certains sommets atteignent 2,300^m : le Dira (1,812^m), auprès d'Aumale ; le Beni-Salah et le Mouzaïa, séparés par les gorges célèbres de la Chiffa, dominant au S d'Alger la riche plaine de la Mitidja A l'O entre la mer et le Chélif, un massif dont le point culminant est la double cime du Zaccar (1,500^m), sur les flancs duquel s'élève Milianah, court en s'abaissant sous le nom de Dahra jusqu'à l'embouchure du fleuve. Sur la rive gauche du Chélif, s'élève au S. d'Orléansville le sommet souvent neigeux de l'Ouarensenis, *l'œil du monde* (1,984^m). Enfin sous des noms divers la chaîne se prolonge dans la province d'Oran où elle atteint 1,834^m près de la frontière du Maroc. — Les montagnes du Sahara forment une longue chaîne orientée du N.-E. au S.-O Elle prend son origine dans le massif de l'Aurès, vaste région montagneuse entre Batna et Biskra, dont le point culminant, le Chelliah (2,328^m) est le sommet le plus élevé de l'Algérie. La chaîne s'abaisse ensuite à 1,300^m, pour se relever à 1,937 au Touila, dans le massif du Djebel Amour qui occupe un sud de Géryville une superficie de 700,000 hectares. || DIVISIONS NATURELLES, CONFIGURATION DU SOL, HYDROGRAPHIE, CLIMAT. — Les deux grandes chaînes de montagnes qui forment l'ossature de l'Algérie déterminent, parallèlement à la mer, trois zones absolument différentes par leur aspect, leur climat et leurs productions : le Tell, les Hauts Plateaux et le Sahara. — *Le Tell.* Cette zone dont la superf. est de 14 millions d'hectares occupe le versant septentrional de la chaîne, bordant le littoral sur une profondeur moyenne de 250 kil. ; il offre l'aspect le plus varié, des crêtes dénudées, des vallées tortueuses, de vastes plaines (plaine de Bône, Mitidja, Mléta, Medjana, plaines de Bel-Abbès et d'Eghris). C'est la partie la plus fertile de l'Algérie, la terre des céréales. Le Tell est arrosé par un grand nombre de rivières d'un cours très irrégulier, à sec l'été, torrents dévastateurs pendant les pluies d'hiver et dont aucune n'est navigable. La plus importante est le Chélif qui reçoit le Nahr-Ouassel, l'oued Riou, la Mina et dont le développement atteint 700 kil. Les autres rivières dont le cours varie entre 250 et 100 kil. sont, de l'E. à l'O., la Medjerda qui finit en Tunisie, la Mafrag, la Seybouse qui se jette dans le golfe de Bône tout près de cette ville, le Safsof, le Rummel, le Sahel ; puis, dans la province d'Alger, à laquelle appartient la majeure partie du cours du Chélif, le Sébaou, l'Isser oriental, l'Harruch et le Mazafran qui arrosent la Mitidja ; enfin, dans la province d'Oran, la Macta formée de la réunion de l'Habra et du Sig, la Tafna qui reçoit l'Isser occidental et l'oued Kis. Depuis quelques années de grands travaux ont été faits sur ces rivières pour emmagasiner pendant l'hiver, au moyen de barrages-réservoirs, les eaux que l'on distribue ensuite en été suivant les besoins (barrage de l'Habra qui emmagasine 35 millions de mètres cubes d'eau, du Hamiz qui peut en contenir 14 millions, du Sig, de la Djidioua). Le littoral jouit d'un climat tout maritime qui ne présente qu'un faible écart de température entre les jours et les nuits et même entre les saisons . A Alger, le thermomètre ne descend pas au-dessous de + 3°. Dans les montagnes du Tell, il s'abaisse à – 5° en hiver et s'élève entre 30 et 40° en été De temps à autre souffle le terrible vent du sud, le *siroco* ou *khamsin* qui se fait sentir jusqu'au littoral et dont le souffle embrasé et accablant est heureusement de peu de durée Les pluies tombent torrentielles de septembre à mai (11 à 1,200^{mm} sur le littoral de Kabylie, le mieux arrosé, 800^{mm} à Alger, 500 seulement dans les montagnes de l'intérieur du Tell). — *Les Hauts Plateaux* La vaste plate-forme de 11 millions d'hectares comprise entre les montagnes du Tell et celles du Sahara forme la région des *hauts plateaux* dont l'altitude est comprise entre 700 et 1,000^m. Cette région a un climat extrême à caractère continental, souvent pénible, mais salubre Tous les vents y soufflent librement sans être arrêtés par aucune barrière Les hivers y sont rigoureux (– 10°) ; la neige y tombe en décembre et n'y fond souvent qu'à la fin de février ; mais en été, surtout quand souffle le siroco, la température dépasse 40°. C'est un pays de pâturages . l'herbe y pousse vigoureuse après les pluies. Sa principale richesse est la culture de l'alfa (V ce mot) Les eaux que versent sur les hauts plateaux des pluies rares, mais torrentielles (200^{mm} seulement), ne trouvant d'écoulement ni vers la mer, ni vers le désert, se réunissent dans des *dépressions* intérieures appelées *chotts* ou *sebkhas* qui se succèdent au nombre de cinq dans la largeur des hauts plateaux : la plus grande, le Chergui ou chott de l'est, dans la province d'Oran, a 140 kilomètres de longueur sur une largeur moyenne de 10 à 20 kil. ; les autres sont le Rarbi ou chott de l'ouest dans la province d'Oran, les deux Zahrès dans la prov. d'Alger, et le Hodna (75 kil. sur 7 à 18) dans celle de Constantine. L'eau vaseuse, saumâtre, peu profonde, non potable des chotts est bien vite évaporée par le soleil de l'été et le fond du chott apparaît alors couvert d'une épaisse couche de sel dont les efflorescences blanchâtres donnent l'illusion d'une mer de glace. — *Le Sahara.* Enfin, au S. des hauts plateaux, s'étend l'immense plaine du *Sahara* d'une élévation moyenne de 500 ^m ; le roc nu ou une terre que la sécheresse a rendu presque aussi dure et aussi aride que le rocher en occupe les 8/9 : c'est le *Hammada* que coupent les *ouddis* ou lits de rivières sans eau, transformés de loin en loin par quelque pluie diluvienne en torrents temporaires ; les dunes de sables placées dans le voisinage de ces dépressions forment souvent de véritables collines hautes de 150 ^m que le vent du désert est impuissant à balayer Cette région des dunes (*erg*) est moins aride que le hammada ; les eaux qui glissent sur la surface impénétrable du hammada sont absorbées par la dune qui se recouvre d'une végétation qui suffit aux chameaux des caravanes et à la nourriture de quelques moutons. La stérilité du désert ne tient pas à la composition géologique de son sol, mais uniquement au manque d'eau. Dans les régions les mieux arrosées du Sahara algérien, il tombe à peine par an 10 centimètres d'eau ; plus au sud, chez les Touaregs, il pleut tous les dix ans. Les quelques sebkhas du Sahara sont presque toujours à sec : le projet conçu par le commandant Roudaire de remplir la plus grande d'entre elles, la sebkha Melghir, dont le fond est à 6^m au-dessous du niveau de la mer, avec les eaux de la Méditerranée, vient d'être décidément abandonné par l'État à raison de l'énormité de la dépense, mais il a été repris par l'industrie privée. Partout où des sources naturelles ou des puits forés artificiellement donnent de l'eau en quantité suffisante, surgissent du désert ces flots de verdure qu'on appelle des *oasis* et dont les principales sont celles de Wadi-Souf, de Wadi-Righ ou Tuggurt, de Wadi-Temasin, de Margla, d'El-Golea, etc. Sous les palmiers des oasis, qui s'élèvent à 15^m, on peut récolter le blé et l'orge. Les étés du Sahara sont terribles · le thermomètre s'élève pendant le jour à 50° et par suite du rayonnement s'abaisse la nuit au-dessous de zéro. || GÉOLOGIE ET MINÉRALOGIE. — La géologie de l'Algérie est encore mal connue. Le soulèvement du sol de cette contrée appartient au système des Pyrénées croisé par celui des Alpes. Les tremblements de terre fréquents, les roches éruptives qui apparaissent dans le voisinage des côtes, les eaux minérales et thermales dont on connaît plus de cent sources (les plus célèbres sont celles d'Hamman-Meskhoutine, prov. d'Alger) indiquent une contrée volcanique. Presque partout cependant, ce sont les différents étages sédimentaires qui montrent leurs affleurements, depuis les premiers terrains stratifiés jusqu'aux terrains modernes, principalement le jurassique et le crétacé Le Tell est recouvert d'alluvions modernes qui parfois dépassent 20 ^m. Le sous-sol est abondant en richesses minérales : fer, cuivre, plomb, plomb argentifère, zinc, antimoine, mercure, or On comptait en 1880, 38 mines ou minières concédées, dont moitié en exploitation. Les exploitations les plus importantes sont celles de la compagnie de Mokta-el-Hadid (mines de fer d'Aïn-Mokra, près Bône) et de la compagnie des minières de Beni-Saf, prov. d'Oran. La production totale pour 1880 a été de 600,000 tonnes de minerai. Carrières de marbre du Filfila, près de Philippeville et de Chenoua, près de Cherchell, d'onyx translucide d'Aïn Tekbalet, près d'Oran ; pierre de taille, pierre à chaux, pouzzolane, plâtre, pierres meulières, calcaire lithographique, etc. ; salines naturelles du Tell maritime et des Hauts Plateaux, salines artificielles de Dellys, gîtes de sel gemme. Pêche du corail sur la côte entre Bône et la Calle et à Mers-el-Kébir. || FLORE. — La flore de l'Algérie varie beaucoup suivant les zones Sur le littoral poussent l'aloès, l'olivier, le palmier, l'oranger, le citronnier, le figuier de Barbarie. Dans les forêts qui, malgré les déboisements et les incendies, couvrent encore une superficie de 2,360,000 hectares et qui se trouvent surtout dans la prov. de Constantine, les essences dominantes sont le chêne-liège, le chêne-vert, le chêne-zéen, le pin d'Alep, le pin maritime, le cèdre, le thuya, le pistachier, le caroubier, le genévrier. L'*eucalyptus* a été planté en quantité depuis quelques années dans les pays de fièvre L'alfa est l'herbe des hauts plateaux et le palmier-dattier l'arbre du désert. La culture du coton est en décadence, mais les plantations de vignes ont bien réussi. Le tabac est la principale culture industrielle. Enfin les céréales, et au premier rang l'orge et le blé dur, occupent les 9/10 du territoire mis en valeur (près de 3 millions d'hectares) || FAUNE — Les animaux sauvages de l'Algérie sont : le lion, la panthère, l'hyène, l'once, le lynx, le chat-tigre, le chacal, le renard, le sanglier, le lièvre, le lapin, le singe, le bœuf sauvage, le mouflon, la gazelle, l'âne sauvage, etc. L'autruche habite le Sahara et se montre parfois sur le plateau d'Oran. Ce sont surtout les forêts de la prov. de Constantine qui servent de repaire aux grands carnassiers ; en quatre ans (1873-1876), il a été tué 16,512 animaux nuisibles : 111 lions (92 dans la prov. de Constantine, 19 dans celle d'Oran). 574 panthères, 786 hyènes, et 14,784 chacals (dont la moitié dans la prov. d'Alger). Il faut ajouter à la liste des animaux nuisibles la redoutable vipère à cornes ou céraste, plusieurs espèces de scorpions et enfin de petites sangsues qui pullulent dans les eaux et donnent souvent lieu à des accidents en se fixant dans la gorge. Les sauterelles sont un des fléaux du pays : des nuées de ces insectes apportées par les vents du sud viennent s'abattre sur les moissons et les détruisent en quelques heures. — L'Algérie a tous nos grands animaux domestiques : le cheval, le mulet, l'âne, le bœuf, le mouton, le porc que la colonisation y a introduit, et de plus le chameau à une bosse ou dromadaire qui rend tant de services aux habitants du Sahara; on distingue le dromadaire ordinaire et le mehari, plus grand, plus fort et plus résistant. On évalue le nombre des chevaux à 160,000, des mulets à 135,000, des ânes à 188,000, des chameaux à 195,000, des bœufs et vaches à 1,200,000, des moutons à 9 millions, des porcs, dont le Coran interdit la chair aux indigènes, seulement à 57,000, des chèvres, qui font tant de mal aux forêts algériennes, à 3,409,000. || AGRICULTURE. — La propriété agricole représente une superficie d'environ 18 millions d'hectares sur lesquels 17 millions appartiennent aux indigènes et un peu plus d'un million aux Européens. Sur cette superficie, les forêts occupent 2,360,000 hect. dont 2,043,000 appartiennent à l'État ou aux communes ; les forêts particulières (313,751 hect.) sont presque toutes des forêts de chênes-lièges. L'exportation du liège s'est élevée en 1879 à 6,036 tonnes valant 7,213,531 francs. La culture des céréales qui n'occupait en 1854 que 761,470 hect. s'étendait en 1861 à 2,040,000 hect., et a atteint en 1879 2,771,976 hect. Malgré les progrès accomplis, on voit quelle immense superficie est encore abandonnée aux broussailles ou à la vaine pâture et combien il reste encore à faire à la colonisation. La population agricole comprend 2,337,000 indigènes et 138,000 Européens. Mais, tandis qu'à eux tous, les indigènes possèdent seulement des constructions pour une valeur de 48 millions, et un matériel agricole estimé à 2,960,000 fr., les Européens, seize fois moins nombreux, ont pour 157 millions de constructions et pour 11,260,000 fr. de matériel. La propriété européenne, constituée surtout par la colonisation est en général moyenne ou petite (25 à 70 hect. par exploitation) ; les grands domaines sont au contraire nombreux chez les indigènes. La culture des légumes et surtout des légumes verts exportés comme primeurs a pris depuis quelques années une assez grande importance. La sériciculture est en progrès (205 éducateurs, 14,635 kil. de cocons récoltés en 1879). Enfin un grand avenir paraît réservé à la culture de la vigne qui en 1882 occupait 23,752 hect. (récolte de 1882: 429,197 hectolitres), alors qu'en 1850 il n'y avait dans toute l'Algérie que 792 hect. de vignes. Les plantations les plus importantes sont celles d'olivier (70,000 hect., la plupart, il est vrai, à l'état de sauvageons ; 1,607,000 oliviers greffés; production annuelle, 200,000 hectol. de fruits environ) ; de palmier-dattier (1.877,462 palmiers soumis à l'impôt en 1876 représentant une récolte annuelle d'environ 28 millions), enfin des arbres fruitiers (figuier, cit[r]onnier, oranger, amandier, etc.). — V. ci-dessus pour l'Élevage. — Le tableau suivant résume les statistiques des dernières récoltes, mais il ne faut pas oublier que la production annuelle est sujette à de fortes variations résultant surtout des circonstances atmosphériques et des invasions de sauterelles. C'est ainsi que de 18 millions d'hectolitres en 1864, la récolte des céréales est tombée en 1867 au-dessous de 5 millions par l'effet d'une sécheresse de deux années.

CULTURE DES CÉRÉALES ET LEUR RENDEMENT.

CULTURES et Cultivateurs		ANNÉES	SUPERFICIE CULTIVÉE en hectares	RENDEMENT en quint. métr.	MOYENNE des rendement annuels par hectare
BLÉ TENDRE	EUROP.	1867 et 68	86.842	375.852	4.33
		1875 et 76	180.893	1.611 413	8.92
		1879	98.530	901.657	9.15
BLÉ TENDRE	INDIG.	1867 et 68	13.968	48.890	3.50
		1875 et 76	82.014	516.601	6.09
		1879	45 553	311.401	6.84
BLÉ DUR	EUROP.	1867 et 68	96.298	586.615	6 08
		1875 et 76	309.309	2.112.673	6.93
		1879	107.066	659.195	6.16
BLÉ DUR	INDIG.	1867 et 68	1.347.360	5.019.209	3.72
		1875 et 76	2.080.885	9.811.262	4.71
		1879	1.012.876	3.688.421	3.64

CULTURE DES CÉRÉALES ET LEUR RENDEMENT (Suite).

CULTURES et Cultivateurs		ANNÉES	SUPERFICIE CULTIVÉE en hectares	RENDEMENT en quint. mét.	MOYENNE des rendements annuels par hectare
SEIGLE	EUROP.	1879	703	5.363	7.60
SEIGLE	INDIG.	1879	8	35	4.37
ORGE	EUROP.	1867 et 68	99.826	630.723	6 39
		1875 et 76	317.500	2.734.110	8.07
		1879	90.173	670.933	7.44
ORGE	INDIG.	1867 et 68	1.814.633	7.669.764	4 22
		1875 et 76	2.614.205	18.817 743	7.13
		1879	1.260.761	6.626.787	5.23
AVOINE	EUROP.	1867 et 68	16.373	240.275	14.67
		1875 et 76	45.916	531.991	11.58
		1879	27.842	260.257	9.35
AVOINE	INDIG.	1867 et 68	61	522	8.55
		1875 et 76	4.312	32.353	7.50
		1879	985	9.562	9.70
MAIS	EUROP.	1867 et 68	6.538	47.411	7.25
		1875 et 76	12.287	95.927	7.80
		1879	4.745	31.075	6.50
MAIS	INDIG.	1867 et 68	22.655	122.203	5.30
		1875 et 76	32.205	151.498	4.70
		1879	14.908	58.666	3.93
FÈVES	EUROP.	1879	5.096	41.566	8.74
FÈVES	INDIG.	1879	50.376	326.016	6.47
BACHNA ou DRA	EUROP.	1879	7 522	54.261	7.21
BACHNA ou DRA	INDIG.	1879	38.830	313.076	8.01

CULTURES INDUSTRIELLES ET LEUR RENDEMENT.

CULTURES et Cultivateurs		ANNÉES	SUPERFICIE CULTIVÉE en hectares	RENDEMENT	MOYENNE des rendements annuels par hectare
VIGNES	EUROP.	1867	8.618	hectolitres 76.413	8.86
		1874	11.420	228.989	20.05
		1879	17.737	346.000	19.50
VIGNES	INDIG.	1867	3.737	»	».»»
		1874	3.904	»	».»»
		1879	2.257	5.525	2.44
TABAG	EUROP.	1867	1 685	kilogrammes 1.234.912	730 k.
		1874	2.802	2.690.500	960
		1879	3.160	1.226.181	383
TABAG	INDIG.	1867	2.658	1.356.292	510
		1874	3.658	2.007.253	548
		1879	6.584	1.384.802	210
LINS	EUROP.	1867	3.070	1.909.440 177.988	graine filasse
		1874	8.261	3.994.717 600	graine filasse
		1879	2.585	»	»
LINS	INDIG.	1867	21	3.163 1.112	graine filasse
		1874	373	116.189 200	graine filasse
		1879	112	»	»

|| INDUSTRIE, COMMERCE. — L'Algérie a été jusqu'à présent un pays presque exclusivement agricole. L'industrie des indigènes n'a qu'une médiocre importance ; ils s'occupent surtout de la fabrication des tapis, des burnous, des nattes, des selles, des armes damasquinées, des bijoux, d'ouvrages de maroquinerie, de broderie de luxe, de la teinture des laines. L'industrie européenne exploite les mines, les carrières de marbre; elle a établi aussi des minoteries, des moulins a huile, des scieries, des sardineries, des usines pour la distillation des plantes odoriférantes. — Les divers produits de l'agriculture et de l'industrie alimentent un commerce intérieur actif et un commerce extérieur dont l'importance va sans cesse croissant. En 1880, le commerce maritime de l'Algérie (celui qui se fait par les frontières terrestres est insignifiant) s'est élevé à 472 millions de francs, dont 303 à l'importation et 169 à l'exportation. L'importation comprend surtout des objets manufacturés ; l'exportation consiste principalement en bêtes bovines, moutons, laines, céréales, fruits, huile d'olive, liège, alfa, minerais de fer, de plomb et de cuivre. Pour les 3/4, le commerce se fait avec la France.

DÉVELOPPEMENT DU COMMERCE GÉNÉRAL DE L'ALGÉRIE DEPUIS 1831

(En milliers de francs.)

ANNÉES	IMPORTATION	EXPORTATION	TOTAL
1831	6.504	1.179	7.983
1840	57.334	3.788	61.123
1850	72.692	19.362	91.055
1860	109.457	47.785	157.243
1870	172.690	124.456	297-116
1872	197 014	164.603	361.618
1874	196 255	149.352	345.608
1876	213.352	166.538	379.890
1877	216.600	134.600	350.200
1878	236.000	131.000	367.000
1879	272.100	151.000	423.100
1880	303.400	168.800	474.200

PRINCIPAUX PAYS DE PROVENANCE ET DE DESTINATION

(En milliers de francs.)

PAYS	IMPORTATION 1878	IMPORTATION 1879	EXPORTATION 1878	EXPORTATION 1879
France (Consom.	128.866	130.300	112.481	123.838
France (Entrep.	20.000	25.161		
Angleterre	6.921	6.610	12.169	13 516
Espagne	6.908	8.249	8.700	17.875
Etats barbaresq.	15.852	13.927	1.348	1.099
Italie	2.000	3.184	3.578	4.623
Belgique	695	3 465	2.099	2.965
Turquie	6.269	3.613	1.722	1.286
Autriche	1.715	1.400	236	580
Scandinavie	2.201	1.076	115	—
Allemagne	—	955	—	152
Pays-Bas	151	194	640	245

PRINCIPAUX PRODUITS D'IMPORTATION ET D'EXPORTATION EN 1880.

(En milliers de francs.)

	Import.	Export.
Produits naturels....	66.449	136.961
Objets manufacturés..	236.987	31.874

Navigation 1880 : Entrés 4.086 navires jaugeant 1.729.689 tonneaux; sortis 4.068 navires jaugeant 1.723.107 tonneaux.

Marine marchande 1880 : 1.451 navires, dont 2 de long cours, 108 de cabotage, 203 de bornage et 1.138 de pêche.

|| POPULATION. — La population de l'Algérie s'élève, d'après le recensement de 1881, à 3,310,563 h., en augmentation de 442,939 h. sur le recensement de 1876. Cette population se répartit ainsi entre les différentes races : Indigènes musulmans : 2,851,019 ; Israélites naturalisés : 35,665 ; Français : 233,937 (en augmentation de 67,572 sur le dernier recensement) ; étrangers : 189,944 (en augmentatio

ĉe 34,872), dont 114,320 Espagnols, 33,693 Italiens, 15,402 Maltais, 4,201 Allemands et 22,000 étrangers non dénommés parmi lesquels beaucoup de Marocains. Les indigènes appartiennent à deux races absolument différentes d'origine, de langue et de mœurs : les Kabyles et les Arabes. Les Kabyles ou Berbères, qui sont en majorité, sont les descendants des Numides qui résistèrent à Carthage : ils constituent donc la race proprement indigène. Les Arabes sont venus s'établir dans le pays comme envahisseurs, seulement à partir du VIIe siècle. Les autres classes de la population, les Maures, habitants indigènes des villes, résidu de toutes les races qui ont passé par le pays, les Coulouglis, issus de l'union des Turcs avec les femmes maures, enfin les Nègres, sont très peu nombreuses. Les derniers maîtres du pays, les Turcs, ont presque complètement disparu.

¶ ADMINISTRATION. — Jusqu'en 1871, l'Algérie a été administrée par l'autorité militaire. Actuellement l'administration est dirigée par un gouverneur général civil qui réside à Alger. Depuis les décrets dits de rattachement, du 26 août 1881, l'Algérie est presque complètement assimilée à la métropole ; les différents services relèvent de leurs ministères respectifs ; il n'y a plus de budget spécial de l'Algérie et le gouverneur général administre en vertu de délégations spéciales de chacun des ministres. Auprès du gouverneur général existent deux conseils : le conseil de gouvernement formé de hauts fonctionnaires est purement administratif ; le conseil supérieur qui comprend les membres du conseil de gouvernement au nombre de douze, les trois préfets, les trois généraux commandants de division et dix-huit délégués des conseils généraux a, chaque année, une session ordinaire de vingt jours dans laquelle il examine les budgets et émet les vœux sur les questions intéressant l'Algérie. Trois sénateurs et six députés représentent l'Algérie au Sénat et à la Chambre des députés. — L'Algérie est divisée en trois provinces : *Alger, Oran* et *Constantine*. Chacune de ces provinces comprend un *territoire civil* et un *territoire de commandement*. Le territoire civil forme le département administré par un préfet et des sous-préfets; il est divisé en communes qui sont de deux espèces : communes de plein exercice, administrées par un maire et ayant un conseil municipal élu ; communes mixtes (celles dont la population européenne est encore peu nombreuse), dans lesquelles le maire est remplacé par un administrateur nommé par le gouverneur et le conseil par une commission municipale composée d'européens et d'indigènes. Le territoire de commandement est administré par l'autorité militaire. L'administration militaire est exercée dans chaque province par un général de division qui a sous ses ordres des généraux de brigade commandant les subdivisions (15), des commandants supérieurs de cercles (40), enfin des chefs indigènes (caïds, aghas et bach-aghas) qui administrent sous la surveillance des bureaux arabes composés d'officiers français. Une décision du 25 août 1880 a rattaché au territoire civil une partie du territoire militaire. La superficie du territoire civil est maintenant de 111,842 kil. car.: celle du territoire militaire de 206,512 kil.car. — L'Algérie forme le territoire du 19e corps d'armée dont le commandant en chef réside à Alger. Les troupes du 19e corps comprennent un certain nombre de corps propres à l'Algérie : zouaves, tirailleurs algériens (turcos), légion étrangère, chasseurs d'Afrique, spahis. La guerre de Tunisie a démontré la nécessité de modifier la composition de l'armée d'Afrique et d'augmenter considérablement les corps indigènes. (V. *France : Armée.*) — La justice est rendue aux Européens par la Cour d'appel d'Alger, par 3 cours d'assises (Alger, Constantine, Oran), 16 tribunaux d'arrondissement (Alger, Blidah, Orléansville, Tizi-Ouzou ; — Constantine, Batna, Bône, Bougie, Guelma, Philippeville, Setif ; — Oran, Mascara, Mostaganem, Sidi-bel-Abbès et Tlemcen), et 99 justices de paix. Les indigènes, à moins que les deux parties ne s'accordent pour préférer la juridiction française, sont jugés par des juges indigènes nommés cadis, qui remplissent en même temps les fonctions de notaires et d'officiers de l'état civil. L'appel des jugements des cadis se porte soit devant le *medjelès*, tribunal composé de plusieurs cadis (cette institution a à peu près disparu), soit devant la chambre musulmane des tribunaux de première instance. — Alger est le siège d'un archevêché dont relèvent les évêchés de Constantine et d'Oran. Il y a à Alger une Académie et des écoles supérieures de droit, médecine, sciences et lettres ; un lycée à Alger et 14 autres établissements d'enseignement secondaire (10 publics, 4 libres) ; le nombre des élèves recevant l'enseignement secondaire a été en 1879 de 3,817. L'enseignement primaire est donné, en territoire civil, par 664 écoles fréquentées en 1879 par 48,175 enfants et, en territoire militaire, par 525 écoles fréquentées par 9,573 élèves dont 9,000 indigènes. En outre, plus de 20,000 enfants fréquentent les salles d'asile. — Le système des impôts est pour les Européens analogue à celui de la métropole (l'impôt foncier n'existe pas). Les indigènes paient l'*achour*, impôt sur la récolte; le *zekkat*, impôt sur le bétail ; le *hokkor*, impôt foncier particulier à la prov. de Constantine ; dans le sud, le *lezma*, impôt sur les palmiers ; dans la Kabylie on perçoit seulement une capitation. Voici pour l'année 1879 l'état financier de l'Algérie. Il faut remarquer que le coût de l'armée et plusieurs autres dépenses ne sont pas portés dans ce tableau.

Recettes.

Enregistrement, domaines, timbre	8 809 339 fr.
Douanes	6 417 002
Contributions diverses . .	10 240 841
Postes et télégraphes. . .	2 393 851
Produits divers.	2 174 661
Recettes ordinaires . . .	30 037 694 fr.
Recettes extraordin. . . .	3 500 000
— sur ressources spéciales	3 644 178
Total des recettes	37 181 872 fr.

Dépenses.

Dép. ordin. et extraordin.	31 321 284
— sur ressources spéc. .	4 309 306
Total des dépenses. . . .	35 630 590 fr.

¶ VOIES DE COMMUNICATION; CHEMINS DE FER; POSTES ; TÉLÉGRAPHES. — Il n'existait pas une route en Algérie en 1830. Aujourd'hui le réseau des routes exécutées ou en construction dépasse 10,000 kil. La longueur des chemins de fer en exploitation atteint 1,600 kil. Le réseau complet aura une longueur de plus de 3,000 kil. Il comprend une grande ligne parallèle à la côte, du Maroc à la Tunisie, reliée avec les principaux ports par des transversales et détachant vers le sud un certain nombre de lignes de pénétration. Un projet grandiose, qui vraisemblablement ne se réalisera pas de sitôt, prolonge une de ces lignes jusqu'à Tombouctou à travers le Sahara.

Chemins de fer en exploitation au 1er janvier 1882 : Alger à Oran 426 kil. ; Philippeville à Constantine 87 kil. ; Constantine à Sétif 135 kil. ; la Maison-Carrée au Col des Beni-Aïcha 43 kil. ; Bône à Guelma 88 kil. ; Guelma à Kroubs 114 kil. ; Duvivier à Souk-Ahras 52 kil. ; ligne d'intérêt local de Sainte-Barbe-du-Tlélat à Sidi-bel-Abbès 52 kil. ; lignes industrielles d'Arzeu à Saïda, Kralfallah et Modzbah 241 kil., de Modzbah à Kreïder 37 kil.; au total 1,295 kilomètres, non compris les prolongements du chemin de fer de Bône à Guelma sur le territoire tunisien (100 kil.) — Recettes en 1880 : 12,140,692 francs.

Postes. Nombre des bureaux en Algérie en 1831 258. — Recettes en 1880 : 1,270,501 fr ; en 1881 : 1,469,161 francs. — Service. Il a été vendu en 1880 . 9,543,805 timbres-poste et 54,670 cartes postales ; en 1881 : 10,976,020 timbres-poste et 62,710 cartes postales. Nombre des lettres chargées en 1880 : 166.431; sommes déclarées 22,846,023 francs; nombre des lettres chargées en 1881 201,385; sommes déclarées 24,716,235 francs. Mandats de poste :

	Mandats délivrés.		Mandats présentés.	
	nombre	valeur.	nombre.	valeur.
1877	147,656	8,688,824	254,444	8,474,748 fr.
1878	176,881	9,565,831	290,278	10,272,256
1879	214,647	11,336,219	327,782	11,506,260
1880	262,100	14,020,519	359,282	13,988,241
1881	295,328	16 389,462	488,263	17,355,427

Télégraphes. Longueur du réseau algéro-tunisien 1880 : 6,592 kil. ; en 1881 : 6,783 kil. Longueur des fils en 1880 : 11,843 kil. ; en 1881 : 13,625 kil. Nombre des bureaux en 1880 : 170, dont 12 en Tunisie ; en 1881 : 166, dont 12 en Tunisie. — Nombre des dépêches expédiées en 1880 : 975,542. en 1881 : 1,006,506. Nombre des dépêches arrivées à Alger en 1880 par le câble sous-marin : 170,985. — Recettes nettes en 1880 : 1,105,746 fr. ; en 1881 : 1,757,531 fr.

Consulter pour compléter ces statistiques, *État de l'Algérie au 1er Octobre* 1881. Paris, 1881.

HISTOIRE. — L'Algérie occupe la partie centrale de cette région de l'Afrique, d'une si évidente unité géographique, comprise entre la Méditerranée et le désert, que les Arabes appellent le *Moghreb* et les modernes la Barbarie ou plutôt la Berbérie du nom de ses plus anciens habitants. Les Berbères, dont la patrie d'origine est incertaine, étaient établis, sans doute depuis longtemps déjà, dans le nord de l'Afrique quand des colonies phéniciennes vinrent y fonder un certain nombre de villes dont l'une, Kambé, agrandie en 678 par l'arrivée de nouveaux émigrés chassés de Tyr par la victoire de Pygmalion, devint Carthage. La domination de Carthage s'étendait sur un territoire de 75 lieues de long sur 60 de large correspondant à la Tunisie et à la partie orientale de la prov. de Constantine. Carthage exerçait en outre, au delà de ces limites, une sorte de protectorat sur les Numides (Berbères) qui fournissaient des soldats à ses armées. Après la chute de Carthage (146 av. J.-C.), Rome hérita de son empire qui forma la province d'Afrique. Plus tard, après avoir triomphé de Jugurtha, elle y joignit la Numidie et la Mauritanie, celle-ci divisée en Mauritanie césarienne (*Cæsarea*, Cherchell) et Mauritanie tingitane (*Tingis*, Tanger). Sous Dioclétien, l'Afrique forma un diocèse de la préfecture d'Italie divisé en six provinces : Tripolitaine, Byzacène, Tingitane, Numidie, Mauritanie sitifienne (*Sitifis*, Sétif) et Mauritanie césarienne ; la Mauritanie tingitane faisait partie du diocèse d'Espagne. L'Afrique était devenue une des parties les plus florissantes et les plus fertiles de l'Empire romain ; elle fournissait de blé l'Italie; on l'appelait le *grenier de Rome*. Les ruines qui subsistent de l'époque romaine attestent la prospérité dont elle jouissait alors. Au IIe siècle, elle avait été convertie au christianisme à qui elle donna Tertullien, Arnobe, S. Cyprien et S. Augustin ; mais l'hérésie des donatistes suscita au IVe s. des troubles sanglants. En 428, le chef vandale Genséric, appelé d'Espagne par le comte Boniface en lutte avec l'autorité impériale, envahit l'Afrique, la conquit et fonda un royaume vandale qui dura jusqu'en 534. La domination des Vandales fut renversée par Bélisaire, général de Justinien, et l'Afrique devint pour un siècle province de l'empire grec. Mais au milieu du VIIe s., les Arabes, déjà maîtres de l'Egypte, envahirent l'Afrique septentrionale, forcèrent les chrétiens à embrasser la religion de Mahomet et détruisirent la civilisation romaine et chrétienne. Pendant huit siècles, ce furent des guerres continuelles ; les dynasties se succèdent : dynasties arabes des Ommiades, des Aghlébites, des Fatimites, des Almoravides, des Almohades, et, après la chute de ces derniers (1269), dynasties berbères des Beni-Merin à Fez, des Beni-Zian à Tlemcen, des Hafsides à Tunis. A la faveur des luttes entre les différents royaumes berbères, les Portugais s'étaient emparés de Ceuta et de Tanger, les Espagnols d'Oran, Mers-el-Kébir, Bougie, Tripoli et, par la construction du Peñon d'Alger, ils dominaient cette ville. Mais en 1516, deux pirates turcs, les frères Barberousse, Aroudi et Khaïr-ed-Din son successeur, s'emparèrent d'Alger et y fondèrent cette république de pirates, placée sous la suzeraineté nominale du Sultan, qui, de 1516 à 1830, fut la terreur des nations civilisées et le fléau de la Méditerranée. Les Espagnols se virent enlever successivement toutes leurs conquêtes, moins Oran et Mers-el-Kébir qu'ils conservèrent jusqu'au XVIIIe s ; Charles-Quint dirigea sans succès en 1541 une expédition contre Alger. L'audace des pirates barbaresques ne faisait que croître malgré les bombardements d'Alger par Duquesne en 1682 et 1683, par d'Estrées en 1687, par lord Exmouth en 1816. L'insulte faite en 1827 par le dey Hussein au consul de France, Deval, décida enfin la France à détruire ce repaire de forbans. Le 14 juin 1830, la flotte commandée par l'amiral Duperré débarqua dans la baie de Sidi-Ferruch une armée de 37,000 hommes commandée par le général de Bourmont. La victoire de Staouéli (19 juin) et la prise du fort l'Empereur (4 juill.) amenèrent la capitulation d'Alger (5 juillet). Le bey d'Oran appela lui-même les Français ; Médéah fut occupé le 22 nov. 1830, Bône en 1832, Bougie, Arzeu et Mostaganem en 1833. Mais la direction des opérations militaires se ressentit trop souvent de l'absence d'un plan bien arrêté dès le début : il y eut du choix malheureux de généraux et de grandes fautes commises. Dans l'ouest, la résistance arabe trouva un chef dans l'émir de Mascara, Abd-el-Kader, qui pendant plus de quinze ans tint tête à nos armées. Une tentative de sa part sur *Oran* avait échoué en 1832, mais en 1834 le général Desmichels qui commandait à Oran signe avec lui un traité de paix qui le reconnaissait comme émir des Arabes ; en même temps il lui prêtait appui contre les adversaires qu'Abd-el-Kader rencontrait parmi les Arabes. De pareilles fautes ne tardèrent pas à produire leur résultat. En 1835, Abd-el-Kader recommence la lutte et inflige à Trézel un sanglant échec dans les gorges de la Macta (28 juin). Cet échec est vengé par Clausel qui enlève à Abd-el-Kader sa capitale, Mascara (6 déc.), puis par Bugeaud, qui le culbute sur les bords de l'Isser. Mais Bugeaud renouvelle en l'aggravant la faute de Desmichels, en signant le 3 mai 1837 le traité de la Tafna qui reconnaissait l'autorité d'Abd-el-Kader sur les provinces d'Oran et d'Alger à l'exception des villes d'Oran, Arzeu, Mostaganem, Mazagran et leur banlieue et, autour d'Alger, du Sahel et de la Mitidja. Une expédition dirigée contre Constantine par le maréchal Clausel (nov. 1836) s'était terminée par une retraite désastreuse. Libre du côté de l'ouest, son successeur Damrémont dirige contre Constantine une nouvelle expédition. Il est tué devant la ville le 12 oct. 1837, mais le général Valée prend le commandement et ordonne l'assaut pour le lendemain. Trois colonnes d'attaque, la première commandée par le lieutenant-colonel de Lamoricière, escaladent la brèche ; Lamoricière est blessé, le colonel Combe qui prend sa place, blessé mortellement, mais après un sanglant combat de rue, nos soldats se rendent maîtres de la ville. L'expédition des *Portes de Fer* (V. ce mot) sert de prétexte à Abd-el-Kader pour recommencer la guerre. Les fermes de la Mitidja, aux portes même d'Alger, sont incendiées et les colons massacrés. On comprend enfin les dangers de l'occupation restreinte dont on s'est contenté jusqu'alors et la nécessité d'occuper solidement dans l'intérieur un certain nombre de points stratégiques autour desquels rayonneront de fortes colonnes. Bugeaud, qui a succédé à Valée le 22 fév. 1841 comme gouverneur général, mène vigoureusement la campagne contre Abd-el-Kader qui est battu en de nombreuses rencontres. Mascara, Médéah, Saïda, Sebdou, etc., sont successivement occupées ; des garnisons sont installées sur la lisière des hauts plateaux. La smala d'Abd-el-Kader est prise par le duc d'Aumale le 16 mai 1843, et le chef arabe aux abois se réfugie au Maroc. On croyait la guerre terminée : elle recommence avec le Maroc qu'excite contre nous Abd-el-Kader. Mais la victoire de Bugeaud à Isly (14 août 1844), le bombardement de Tanger et la prise de Mogador forcent le Maroc à signer le traité de Tanger qui fixe les limites de l'Algérie du côté de l'ouest. Cependant Abd-el-Kader reparaît, tandis que Bou-Maza soulève le Dahra (avril 1845). La révolte se rallume partout et une de nos colonnes est exterminée à Sidi-Brahim. Mais le maréchal Bugeaud admirablement secondé par les généraux de Lamoricière, Changarnier, Bedeau, Cavaignac, etc., agit avec vigueur. Quinze colonnes sont mises sur pied. Traqué de toutes parts, Abd-el-Kader se rend enfin le 23 déc. 1847 au général Lamoricière. De ce moment la grande guerre est finie et l'œuvre de la colonisation commence. Il faudra cependant encore quelques expéditions pour achever la conquête de la Kabylie et du Sahara, dont les montagnes et les déserts restent des centres de résistance et des foyers d'insurrection : prise de Zaatcha (1849), de Laghouat (1852), d'Ouargla (1853), de Tuggurt (1854), expédition contre la Petite-Kabylie (1851),

contre la Grande-Kabylie (1857), campagne de l'Aurès (1858), etc. A diverses reprises des insurrections dont quelques-unes ont pris un grand développement ont dû être réprimées. Trois de ces insurrections ont eu un caractère particulièrement grave : celles de 1854, de 1871 et de 1881. La première qui commença par le massacre de la colonne du colonel Beauprêtre et se développa dans le Sud-Ouest ne fut complètement réprimée qu'au commencement de 1867. La seconde, qui fut le contre coup de nos désastres, éclata en Kabylie en mars 1871 ; elle avait pour chef le bach-agha de la Medjana, Mokrani. Fort National, Dellys, Tizi-Ouzou, Bougie, Cherchell, etc., furent assiégés; Palestro emporté d'assaut, détruit et ses habitants massacrés. Des colonnes mobiles furent formées des quelques troupes disponibles, de mobiles, mobilisés, francs-tireurs, sous le commandement des généraux Saussier, Lallemand, de Lacroix, des colonels Céraz et Fourchault : la mort de Mokrani, tué à l'oued Soufflat désorganisa l'insurrection qui, après une campagne de cinq mois, fut écrasée au combat de Bou-Thaleb. En avril 1881, le sud-ouest de la province d'Oran qui, durement châtié à l'oued Guir (15 mars 1870) par le général Wimpffen d'une insurrection qui avait éclaté en janvier 1870, n'avait pas pris part à la grande insurrection de 1871, se souleva à la voix du marabout Bou-Amena, détruit, près de Saïda, les plantations d'alfa et massacre les ouvriers, en partie espagnols. Le 19 mai, la colonne Innocenti éprouve un échec près de Géryville. Bou-Amena peut, sans être inquiété, regagner le désert avec son butin et ses prisonniers. Au mois d'octobre, le général Saussier prend vigoureusement l'offensive et force les tribus révoltées à demander l'aman. En même temps, à l'est, les incursions des Kroumirs de Tunisie dans la province de Constantine amènent l'expédition de Tunisie qui se termine par l'établissement du protectorat français à Tunis (Traité du Bardo, 12 mai 1881). (V. *Tunisie.*)

Bibliographie. — Parmi les nombreux ouv. publiés sur l'Algérie nous citerons : J. Duval. *Tableau de l'Algérie* (1854) ; Piesse. *Itinéraire de l'Algérie* (3e éd., 1880); Mac-Carthy. *Géographie physique, économique et politique de l'Algérie* (1858); Fillias. *Géographie de l'Algérie* (1873) ; *Tableau de la situation des établissements français dans l'Afrique du nord*, publication officielle qui donne chaque année, depuis 1838, les renseignements statistiques et historiques les plus précieux ; Clamageran. *L'Algérie* (1874) ; Wahl. *L'Algérie* (1882); Gaffarel. *L'Algérie, histoire, conquête et colonisation* (1882);Général Daumas.*Le Sahara algérien; Le Grand Désert; La Grande-Kabylie; La Kabylie; Mœurs et coutumes de l'Algérie*, ouvrages publiés de 1845 à 1857 ; Général Hanoteau et Letourneux. *La Kabylie* (3 vol. 1872); Fromentin. *Une année dans le Sahel et Un été dans le Sahara* (4e éd., 1877); et, pour l'histoire de la conquête d'Alger, les ouvrages de Nettement (2e édit., 1871) et de Camille Rousset (1879).

Ministère de l'Algérie et des colonies. Ministère créé le 24 juin 1858 et confié d'abord au prince Napoléon, puis (24 mars 1859) au comte de Chasseloup-Laubat. Les résultats de cette création n'ayant pas été satisfaisants, le ministère fut supprimé et le gouvernement général de l'Algérie rétabli par décrets des 24 nov. et 10 déc. 1860.

ALGÉRIEN, IENNE. s. et adj. Habitant d'Alger ou de l'Algérie. Qui est particulier à ce pays ou ses habitants.

ALGÉRIENNE. s. f. Zool. Nom vulgaire d'une grande espèce de moule. || Com. Tissu à rayures multicolores dont on fait des rideaux, des couvertures, etc. Rideaux en algérienne.

ALGÉRINE. s. f. Boisson possédant les qualités de la bière et de la limonade.

ALGÉRITE. s. f. Minér. Silicate d'alumine et de potasse. (V. *Wernérite.*)

ALGÉRUS DE LIÈGE. Né vers la fin du XIe s. à Liège où il fut écolâtre pendant vingt ans, ensuite bénédictin à Cluny, mort vers 1131. Auteur de plusieurs ouv. : un grand nombre de *Lettres*; un traité *De libero arbitrio* (dans le t. IV du *Thesaurus* de Pez); un autre *De sacramento corporis et sanguinis Domini*, contre Bé-

renger, ouvrage loué par Pierre le Vénérable, et par Érasme qui en a donné une édition, Fribourg, 1530 (se trouve aussi dans la *Bibliotheca patrum*) ; un autre *De misericordia et justitia*, publié par Martène dans le 5e vol. du *Thesaurus anecdotorum*. C'est une exposition méthodique de la discipline ecclésiastique : Gratien s'est servi de cet ouvrage.

ALGÉSIRAS ou ALGÉCIRAS. 14,000 h. Vle maritime et fortifiée d'Espagne, prov. de Cadix (Andalousie), sur le golfe de Gibraltar. C'est près d'Algésiras que les Arabes débarquèrent en 711, et cette ville fut leur première conquête en Espagne. Elle leur fut enlevée en 1344 par Alphonse XI de Castille, après un siège de 20 mois. La baie d'Algésiras a été le théâtre d'une brillante victoire de l'amiral français Linois sur l'escadre anglaise, deux fois plus forte que la sienne (6 juill. 1801); mais le 12 juill. Linois y subit un échec. Algésiras exporte des charbons de terre, extraits de son territoire, des cuirs, du blé, de l'eau-de-vie et quelques autres produits du pays. Mais c'est plutôt une place de cabotage que de commerce extérieur.

ALGÉSIREH (en arabe, *l'île*). Nom donné par les Orientaux à la contrée de la Turquie d'Asie entre l'Euphrate et le Tigre, autrement appelée *Mésopotamie*.

ALGHERO. 10,000 h. Vle forte et maritime de l'Italie (Sardaigne), au N.-O. de l'île; prov. et à 25 kil. de Sassari. Évêché; belle cathédrale; pêche du corail; grottes curieuses de stalactites.

ALGHIDIN ou ALGHINSKI (monts). Chaîne de collines peu élevées au N. du lac d'Aral; elle unit l'Oural à l'Altaï.

ALGHISI-GALEAZZO. Architecte et géomètre du XVIe s., né à Carpi, duché de Modène. Auteur d'un traité sur l'art des fortifications imprimé à Venise en 1570, auquel les ingénieurs des siècles suivants ont beaucoup puisé. || **ALGHISI ou ALGISI** (Paris-Francesco). Compositeur italien, 1636-1733. Organiste de la cathédrale de Brescia, auteur de deux opéras représentés à Venise avec un grand succès, le *Dévouement de Curtius* et le *Triomphe de la continence*, 1690.

ALGIDE. adj. 2 g. (lat. *algidus*, qui glace). Méd. S'applique à certaines maladies qui déterminent un notable refroidissement du corps. Fièvre algide. Période algide du choléra.

ALGIDE (mont). Géog. anc. Colline du Latium; auj. *Monte Artemisio*, près de Velletri. Victoire de Cincinnatus sur les Èques (458 av. J.-C.).

ALGIDITÉ. s. f. Symptôme commun à plusieurs affections, telles que fièvre pernicieuse, choléra, sclérème des nouveau-nés, consistant en un abaissement anormal de la température du corps.

ALGIDUS ou ALGIDUM. Géog. anc. Vle forte des Èques, à 30 kil. S.-E. de Rome.

...ALGIE. (du gr. *aigos*, douleur). Finale de divers substantifs tirés du grec ; elle signifie douleur. Tels sont *gastralgie*, douleur de l'estomac; *céphalalgie*, douleur de tête, etc.

ALGIRE ou ALGYRE. s. m. V. *Tropidosaure.*

ALGLAVE (Émile). Jurisconsulte. Publiciste, né à Valenciennes, 1842. Docteur en droit, gradué en théologie, archiviste paléographe, professeur agrégé à la Faculté de droit de Douai; ancien directeur de la *Revue scientifique* et de la *Revue politique et littéraire* ; actuellement agrégé à Paris et chargé du cours de science financière. *Juridictions civiles chez les Romains*, 1868; *Action du ministère public en matière civile*, 2vol., 2e éd. 1874; *Principes des Constitutions politiques*; *La lumière électrique, son histoire, sa production et son emploi* (en collab. avec M. Boulard, 1 vol. in-8°, Paris, 1882).

ALGOA BAY. Vaste baie de la côte australe de l'Afrique (colonie du Cap), à 690 kil. E. du cap de Bonne-Espérance ; seule place de refuge contre les vents du N.-O. qui soufflent souvent sur le banc des Aiguilles. C'est dans la baie d'Algoa qu'est située la ville de Ste-Élisabeth (14,000 h.) fondée en 1833 et devenue un des ports les plus importants de la colonie du Cap.

ALGODONALES (baie d'). Golfe du Grand Océan, sur la côte de Bolivie, à 120 kil. N. de Cobija. Navigation active; exportation de cuivre.

ALGOL. s. m. Astr. Étoile changeante de la constellation de *Persée*, nommée aussi *Tête de Méduse*. Son éclat varie de la 2e à la 4e grandeur dans une période de 2 j. 20 h. 40 min. 52 secondes.

ALGOLOGIE. s. f. (lat. *alga*, algue; gr. *logos*, traité). Étude, histoire des algues. On dit mieux *phycologie*.

ALGOLOGIQUE. adj. 2 g. Qui a rapport aux algues. Étude *algologique*.

ALGOLOGUE. s. m. Celui qui s'occupe de l'étude des algues. On doit dire *phycologue*.

ALGOMA. Immense district de la prov. d'Ontario (Dominion), dont la superf. est de 11 millions d'hect. Riches mines; terres excellentes autour des lacs Huron et Supérieur. 5,000 h. dont 2,000 catholiques.

ALGONQUINS. s. m. pl. Peuple indien de l'Amérique du Nord autrefois fort puissant; il occupait tout le N. des États-Unis actuels et le Canada, s'étendant jusqu'à la baie d'Hudson. Au XVII⁰ s. il comptait 250,000 à 300,000 individus; mais aujourd'hui il est réduit à 30,000 ou 40,000 dispersés dans la région des Trois-Rivières. Une branche de la tribu des Algonquins est devenue chrétienne par les soins d'un missionnaire de Québec. || *Fig.* Homme grossier, peu civilisé. On dirait un *algonquin*. || ALGONQUIN (l'). s. m. Idiome des Algonquins. — *Langues algonquines*. Sous ce nom, on entend les idiomes parlés par les tribus indigènes de la région des grands lacs en Amérique. L'une de ces tribus, celle des Algonquins, parle le dialecte principal, celui qui est comme la clef des autres idiomes des sauvages des mêmes contrées. Aussi l'algonquin est-il devenu la langue des relations commerciales parmi les Peaux Rouges. Comme tous les dialectes fort anciens, ceux de ces sauvages sont essentiellement figuratifs, polysyllabiques, transpositifs et imitatifs. L'algonquin compterait jusqu'à 23 dialectes, qui ne diffèrent pas essentiellement entre eux. Voici les noms des 7 tribus qui parlent chacune un idiome faisant partie de la langue algonquine: 1º Les *Chippeways*. Ils habitent le N.-O. des États-Unis et les États du Missouri et du Michigan. Leur dialecte est remarquable par sa facilité à fournir des composés. La règle de position fait, comme chez les Chinois, la richesse de ce dialecte, où un même mot joue différents rôles selon sa position. Les Chippeways ont seuls des traditions, d'après lesquelles ils seraient des émigrés de l'Asie; 2º Les *Ogibeways*, qui habitent près de la rivière Rouge; 3º Les *Abénaquis*, près des grands lacs de l'État du Maine et du Canada; 4º Les *Lenapés* ou *Delawares*, qui habitent les bords du Kansas. Parmi les particularités de ce dialecte, on remarque que les substantifs se partagent, sans distinction de genre, en deux classes: celle des objets animés et celle des objets inanimés, que le verbe peut jouer le rôle de substantif et qu'il a huit déclinaisons; 5º Les *Mohicans* (Connecticut), dont le dialecte a été jadis très répandu. On n'y distingue pas les genres. Les participes y sont employés à la place des adjectifs. Le temps présent des verbes est d'une application fréquente; 6º Les *Massachusetts* parlent un dialecte algonquin fort riche en formes. Il est remarquable que le verbe substantif leur manque. Dans les verbes, le mode interrogatif s'indique par des affixes; 7º Les *Narragansets* (Rhode-Island) parlaient un dialecte de la langue algonquine fort répandu autrefois, mais presque tombé, de nos jours, en désuétude par suite de la diminution de ces peuplades indigènes qui tendent à s'éteindre, sans cesse refoulées et poursuivies par l'immigration européenne.

ALGOTINE. s. f. (gr. *algos*, douleur; *odous, odontos*, dent). Espèce de chloroforme employé contre le mal de dents.

ALGOR. s. m. (lat. *algor*, refroidissement). Méd. Sensation de froid par laquelle débute ordinairement l'accès de la fièvre intermittente.

ALGORAB. s. m. Astr. Étoile du Corbeau.

ALGORITHME. s. m. (de *al* et *Korismi*, célèbre mathématicien arabe). Math. Ce mot désignait, au XIII⁰ s., l'arithmétique avec les chiffres arabes: il signifie aujourd'hui un procédé de calcul, un genre particulier de notation. L'algorithme différentiel.

ALGORITHMIE. s. f. Science du calcul. Mot employé par quelques mathématiciens allemands.

ALGORITHMIQUE. adj. 2 g. Qui appartient à la science du calcul.

ALGOS. Myth. gr. Personnification de la Douleur, fille de la Discorde (*Éris*), d'après Hésiode.

ALGREEN-USSING (Tage). 1797-1872. Jurisconsulte et homme politique danois. Auteur de *Traité des servitudes*, Copenhague, 1816; *Manuel du droit criminel danois*, 4º éd., 1859; etc.

ALGRIN ou MALGRIN (Jean). Né à Abbeville vers la fin du XII⁰ s., m. à Rome en 1237. Prieur du monastère de St-Pierre d'Abbeville; archevêque de Besançon en 1225; cardinal-évêque de Sabine en 1227; célèbre par son éloquence douce et persuasive.

ALGUAZIL. s. m. (al-gou-a-zil; — de l'arabe *al*, le; *ghazil*, archer). En Espagne, officier subalterne de justice, huissier, agent de police. Au moyen âge l'*alguazil mayor* était une sorte de grand prévôt du palais. || Se dit en franç. des gens que la police ou la justice chargent de faire des arrestations. Prenez garde de tomber dans les griffes des alguazils.

ALGUE. s. f. Syn. *Thalassiophytes, Hydrophytes, Phycées*, etc. Les algues forment une classe de plantes cryptogames fort importante. Elles occupent les derniers rangs du règne végétal, et se trouvent à cette limite où il est impossible, avec nos connaissances actuelles, d'établir la ligne de démarcation entre les deux règnes organiques, si bien que l'on dispute encore pour savoir auquel rapporter certains de leurs groupes. Les unes sont d'une simplicité extrême, composées d'une microscopique vésicule, comme le *protococcus nivalis* qui, dans les régions polaires surtout, s'étend comme une nappe rouge à la surface de la neige; un certain nombre, comme nos conferves si communes dans les eaux stagnantes, sont allongées en filaments très minces formés de cellules mises bout à bout; d'autres sont étalées comme les *ulves* marines en larges feuilles plus ou moins découpées sur les bords; il en est qui ont l'aspect de longues lanières ou bien de lames profondément incisées et lobées. Leur dimension ne varie pas moins que leur forme, puisque certaines sont microscopiques, tandis que d'autres, les *laminaires*, atteignent 400 à 500 mètres. Quelles que soient d'ailleurs leur dimension et leur complication apparente, leur structure est toujours essentiellement la même; elle consiste en cellules juxtaposées sans qu'intervienne jamais un autre élément. Aussi quelle que soit leur ressemblance extérieure avec les plantes phanérogames, elles n'ont avec elles aucun homologie réelle. Ainsi elles n'ont pas de racines, mais de simples organes de fixation, des crampons qui les font adhérer aux objets les plus durs, mais qui ne puisent nullement les principes nutritifs; cela est si vrai, que certaines espèces, les *sargasses* qui forment dans l'océan de vastes prairies flottantes, après avoir été arrachées par le mouvement des flots continuent à végéter et à s'accroître. Leurs expansions foliacées ne sont pas des feuilles, elles n'en ont ni la structure ni le mode de développement; on donne à leur ensemble le nom de *thalle*. Les algues se nourrissent en décomposant l'acide carbonique tenu en dissolution dans le milieu où elles vivent; elles respirent d'ailleurs, comme les autres plantes et les animaux, l'oxygène dissous dans l'eau. Le premier de ces phénomènes a pour agent la matière verte ou chlorophylle qu'elles renferment. Cette matière est parfois masquée par des substances colorantes auxquelles ces végétaux doivent leur remarquable beauté. Rien de varié comme leurs nuances; depuis le vert olivâtre de notre fucus vésiculeux, jusqu'au bleu le plus clair, en passant par toutes les dégradations de teinte, depuis le rose tendre jusqu'au rouge foncé et au violet. Le groupe des *floridées* ou fleurs de la mer est particulièrement remarquable à cet égard. — On rencontre des algues dans toutes les eaux douces ou salées, quelques-unes dans les milieux simplement humides, les *nostocs* par exemple, dans les allées ombragées de nos jardins, sous forme de petites masses gélatineuses verdâtres. Il en est qui se rencontrent partout, telles sont les algues siliceuses ou diatomées; d'autres n'habitent qu'à certains niveaux marins qu'elles ne dépassent pas; un bon nombre sont fixées à de grandes profondeurs, là où la lumière ne peut plus pénétrer, ce qui ne les empêche pas d'être revêtues des plus riches couleurs. Chaque océan a presque sa flore spéciale; celles des courants chauds et des régions tropicales (*sargasses*), sont différentes de celles qui habitent les régions polaires (*grandes laminaires*) ou les climats tempérés (*floridées*): les unes ne craignent pas d'être battues par les flots, les autres se retirent dans les anfractuosités des rochers. Parmi nos algues d'eau douce, il en est qui se plaisent seulement dans les eaux dormantes, tandis que d'autres ne peuvent végéter que dans les eaux vives. Ajoutons enfin qu'un certain nombre habitent en parasites sur d'autres plantes ou dans le corps des animaux et même de l'homme. — Un côté très intéressant de l'étude des algues, c'est celui des mouvements qu'elles sont susceptibles d'exécuter d'elles-mêmes, soit à leur état de complet développement, comme cela se voit pour les diatomées, les oscillaires, soit surtout dans leurs organes de reproduction; ces mouvements sont si variés qu'on les dirait volontaires. La chaleur, la lumière les activent, tandis que le froid et certains poisons, tels que l'opium, l'alcool, les ralentissent ou les suppriment. — Les algues se reproduisent par fissiparité, c'est-à-dire qu'à un moment donné elles se séparent en deux qui s'accroissent chacune de leur côté, ou bien au moyen de spores qui s'en détachent et qui, très mobiles, nagent dans le liquide, comme le feraient des infusoires, d'où leur nom de *zoospores*; mais il y a un autre procédé de multiplication très répandu qui consiste en une véritable fécondation d'éléments considérés comme femelles, les oosphères, par des corpuscules fécondateurs ou mâles, les anthérozoïdes. On a découvert récemment qu'à l'époque de leur fructification les spores des algues donnent la fièvre intermittente, et que l'impaludisme, sous toutes ses formes, fièvre intermittente ou continue, accidents pernicieux, cachexie palustre, est dû à des parasites algoïdes qu'on retrouve dans le sang et dans les matières expectorées des personnes atteintes d'affections paludéennes. Cet organisme pernicieux est contenu dans les exhalaisons paludéennes et s'introduit dans le corps humain ou animal par la respiration. — La classification des algues n'est pas définitivement arrêtée; on peut d'abord distinguer celles qui sont pourvues d'une enveloppe rigide, siliceuse, les *diatomées*, de celles qui ont une enveloppe molle et qui, d'après leur couleur générale et surtout celle de leurs spores, se divisent en *mélanosporées*, noires ou olivâtres, *rhodospermées*, rougeâtres, *chlorospermées*, vertes. — Les usages des algues sont assez nombreux; la plupart renferment une notable proportion d'amidon et pour cette raison sont employées dans l'alimentation ce beaucoup de peuplades maritimes; dans le pays de Galles on fait même du pain avec certaines espèces; en Chine, plusieurs servent à faire des potages; d'ailleurs l'hirondelle de l'espèce *salangane* dont le nid est un mets si recherché par les Chinois, doit cette préférence à ce qu'elle le construit avec des algues qu'elle mêle à un suc élaboré dans son estomac. Plusieurs espèces sont anthelminthiques, telle est la *coralline*, algue des plus singulières encroûtée de carbonate de chaux qui la fait ressembler à certains coralliaires parmi lesquels on la plaçait jadis; la *mousse de Corse* qui est un mélange de plusieurs espèces; etc. D'autres sont employées comme émollientes et servent à faire des préparations adoucissantes, comme le *carragahen*; le *fucus vésiculeux* fait de bons cataplasmes. Sur toutes les côtes, les algues bien connues sous les noms de *varechs*, de *goemons*, sont recueillies, parfois même mises en coupes réglées, pour fumer les terres. Enfin, elles renferment de l'iode et du brôme que l'on en retire par les procédés voulus.

ALGUETTE. s. f. Nom vulg. de la *zanichelle*, plante des marais.

ALGYRE. s. m. V. *Tropidosaure*.

ALHAGÉ, ÉE. adj. Bot. Qui ressemble à l'alhagi. || s. f. pl. Sous-tribu de papilionacées.

ALHAGI ou ALHAGE. s. m. (a-la-ji; — mot arabe). Bot. G. de légumineuses papilionacées; petit arbrisseau hérissé d'épines, de la région méditerranéenne austro-orientale et de l'Inde. L'alhagi de Perse produit une espèce de manne ou substance sucrée qui suinte à travers l'écorce et se durcit en grains concrétés. C'est à cette manne que certains savants ont voulu attribuer la miraculeuse conservation du peuple hébreu dans le désert, opinion qui ne saurait résister au moindre examen.

AL-HAKEM Iʳ. 795-821. Khalife de Cordoue; combattit les Francs et les rejeta au delà des

Pyrénées. Son règne fut troublé par des révoltes qu'il réprima cruellement. || AL-HAKEM II, 961-976. Khalife de Cordoue, rassembla dans cette ville une vaste bibliothèque de 600,000 vol. || AL-HAKEM-BIAMBRILLAH. 996-1021. Persécuta les juifs et les chrétiens, fit arracher toutes les vignes de son empire et périt assassiné.

ALHAMA (de l'arabe *El-Hamman*, les eaux chaudes). Nom de plusieurs villes d'eaux d'Espagne dont les principales sont : ALHAMA DE LOS BAÑOS, 7,000 h ; prov. et à 40 kil. de Grenade. Eaux thermales sulfureuses très fréquentées (temp. 45°), efficaces contre la goutte, les rhumatismes, etc. Forteresse des Maures de Grenade, qui y conservaient leur trésor, prise par les Espagnols en 1482. || ALHAMA DE MURCIE. 6,300 h. ; prov. et à 38 kil. de Murcie. Eaux thermales sulfureuses (temp. 32 à 46°). Salpêtre ; fabriques de tissus. || ALHAMA LA SECA. 3,650 h. ; prov. et à 20 kil d'Almeria. Eaux thermales (temp 31 à 44°). || ALHAMA. 000 h. ; prov. et à 120 kil. de Saragosse. Anc. *Aquæ Bilbilitanorum*. Eaux thermales excellentes (temp. 35°).

ALHAMBRA (en arabe *Al-hamrah*, Palais rouge). Palais des rois maures qui servait en même temps de forteresse. Il est situé sur un coteau à l'orient de la ville de Grenade, dans une position magnifique. Son nom lui vient probablement de la couleur de ses murailles, les matériaux dont il est construit ayant en effet un ton rosé. Il fut commencé à la fin du XIIIe s. après que les Arabes eurent été chassés de Séville et il fut continué au XIVe et même au XVe ., après la prise de Grenade par les chrétiens. Charles-Quint en détruisit une partie pour se faire construire un palais qui est resté inachevé. La partie qui subsiste consiste en 5 cours dont 2 princ. entourées de bâtiments : la plus remarquable s'appelle la *cour des lions*, à cause d'une fontaine qui en occupe le centre et qui est soutenue par des lions grossièrement sculptés : la partie de l'édifice qui entoure cette cour des lions date du règne d'Abou-Abdallah (1325-1333). L'autre cour est probablement plus ancienne ; on la nomme la *cour de l'Alberca, du bain ou des myrtes*. Toutes les deux sont ornées de fontaines, d'arbustes et de plates-bandes : de petits canaux courent sur le sol et répandent partout de la fraîcheur. Les bâtiments qui s'élèvent autour des cours sont à un seul étage ; ce sont des galeries portées par des colonnes d'une délicatesse extraordinaire, et de grandes salles hautes d'étage qui forment à l'extérieur des tours en forme de dé. Les salles les plus célèbres sont : la *salle des ambassadeurs, la salle du jugement, la salle des Abencerages* ; cette dernière est la plus magnifique et passe pour le chef-d'œuvre de l'art mauresque. L'extérieur de l'Alhambra est extrêmement sévère ; les murailles et les tours sont lisses et sans aucune décoration. Mais l'ornementation de l'intérieur est d'une richesse inouïe et qui tient de la féerie : le sol et la partie inférieure des murailles sont couverts de carreaux émaillés de diverses couleurs ; la partie supérieure des murailles est décorée de stuc peint et formant des dessins en relief, arabesques, entrelacs, inscriptions, etc ; les voûtes sont de ce genre particulier à l'art mauresque que l'on appelle en stalactites. Parmi les tours, les plus célèbres sont : la tour des *siete suelos*, ou sept étages, et celle que l'on appelle des *deux sœurs*, à cause de deux plaques de marbre semblables et d'une grandeur rare, qui font partie du dallage de la salle qu'elle contient. — L'Alhambra a été décrit et dessiné par Owen Jones (Londres, 1842-45, 2 vol.), sous la direction duquel a été construite, au palais de Sydenham, la *cour de l'Alhambra*, pastiche de certaines parties du palais de Grenade.

ALHANDAL. s. m. Ancien nom pharmaceutique de la coloquinte. Des trochisques d'alhandal.

ALHASSER. s. m. (a-la-sèr'). Sucre d'apocyn.

ALHAUNE. s. m. nom vulg. du *henné* (V. ce mot).

ALHAURIN EL GRANDE. 6,800 h. Vle d'Espagne, prov. et à 30 kil de Malaga. Bains sulfureux. Carrières de marbre.

ALHAZEN (Abou-Ali-al-Haçan-ben-Albaçan). Astronome arabe né à Bassora vers le milieu du Xe s., mort au Caire en 1038. Auteur de beaucoup d'ouvrages, dont une partie existe manuscrite à la bibliothèque Bodléienne et à celle de Leyde. Le meilleur, qui est son *Traité d'optique* a été traduit en 1270 par le Polonais Vitellivet et publié par Risner, sous ce titre : *Alhazen ou Allaken opticæ thesaurus*, 1572, in-fol Ce volume contient aussi le *Traité des crépuscules*, publié en 1542 par Gérard de Crémone.

ALHOY (Louis-Hyacinthe). Littérateur franç., né à Angers, 1753, m. à Paris, 1826. Oratorien, successeur de l'abbé Sicard comme directeur des Sourds-Muets, principal du collège de St-Germain-en-Laye. *Discours sur l'éducation des Sourds-Muets*, 1800 ; *Les Hospices*, poème, 1804 ; *Promenades poétiques dans les hospices et hôpitaux de Paris*, 1826. || ALHOY (Philadelphe-Maurice). Littérateur, né à Paris, 1802, m. à Rouen, 1853. Fondateur du *Figaro*, sous la Restauration. Pièces de théâtres ; *Grande biographie dramatique*, Paris, 1824, sous le pseud. d'*Ermite du Luxembourg; les Bagnes, les Brigands, les Prisons de Paris*, publications illustrées.

ALI. 2,800 h. Vle de Sicile, arr. et à 25 kil. S.-O. de Messine. Eaux minérales sulfurées employées contre les maladies de la peau et les bronchites catarrhales.

ALI (en arabe *Sublime*). Nom d'un grand nombre de personnages célèbres de l'islamisme. || ALI BEN ABOU-TALEB. Quatrième khalife arabe, né à la Mecque en 602, khalife en 655, assassiné à Coufa par un fanatique en 661. Fils d'Abou-Taleb, cousin et gendre de Mahomet dont il épousa la fille bien-aimée, Fatime, il crut le premier à la mission du prophète, devint son confident et l'un de ses plus ardents sectateurs. Successeur d'Othman au khalifat, il eut à livrer de nombreux combats contre des dissidents, notamment contre Aïcha, veuve de Mahomet, et contre le gouverneur de Syrie, Moaviah. C'était un prince brave, savant et généreux. Il avait été surnommé le *Lion de Dieu* et Mahomet disait : « Je suis la ville de la science et Ali en est la porte. » Il reste de lui un recueil de *Sentences* traduites en partie en français par Vattier (Paris, 1660) et un *Divan* ou recueil de poésies lyriques imprimées en dernier lieu à Boulak, 1840. Les Musulmans regardent Ali comme un martyr et son tombeau à Coufa est encore visité par de nombreux pèlerins. Il est le fondateur de la secte encore existante des *Chiites* opposée à celle des *Sunnites*, partisans d'Abou-Bekr. Ses descendants, après avoir vainement tenté d'enlever le khalifat aux Ommiades, finirent par régner plus tard en Égypte, en Syrie, dans l'Afrique occidentale et en Espagne sous le nom de *Fatimites*. || ALI-BEN-EL-ABBAS. Médecin arabe, m. en 995 ; auteur d'une grande encyclopédie médicale, le *Livre royal*, dont une traduction latine par Etienne d'Antioche a été imprimée à Venise, 1492, in-fol. || ALI-IBN-YOUNIS. 930-1008. Astronome, né au Caire, consigna le résumé de ses observations astronomiques dans un livre très estimé des Arabes, *la Grande Table*, dédié au khalife Al-Hakem, d'où le nom de *Table hakémite* qu'on lui donne encore. || ALI-IBN-HAMMOUD. Fondateur de la dynastie des Hammoudites d'Espagne, m. en 1017 || ALI-BEN-RODHOUAN. Médecin arabe, né à Gizeh près le Caire, m. vers 1060. Eédecin du khalife fatimite Al-Hakem, il composa un traité de médecine et la philosophie plusieurs ouvrages dont deux ont été traduits en latin : *Commentarius in artem parvam Galeni* (Venise, 1496, in-fol) et *Commentarii in Ptolemæi quadripartitum* (Venise, 1484, in-fol.) || ALI-IBN-HAZEM. 994-1064. Théologien arabe, né à Cordoue, fondateur de la secte des Hazémites et auteur d'une *Histoire des khalifes d'Espagne*. || ALI-IBN-YOUSSOUF. Khalife almoravide, régna de 1106 à 1142 sur l'Afrique et l'Espagne ; les auteurs arabes disent qu'on faisait la prière en son nom dans 300,000 mosquées. Il lutta contre les Almohades et les rois chrétiens de Castille et d'Aragon, fonda la ville de Maroc et fit publier un recueil des œuvres d'Avicenne. || ALI-NOUR-EDDIN 1158-1225. Deuxième sultan ayoubite, déposé par son oncle qu'il avait voulu détrôner en Égypte et relégué à Samayzat. Il a laissé des poésies. || ALI IBN-KHARUF, surnommé *Abou-Hasan*. 1155-1212. Poète et grammairien arabe de Séville. || ALI-IBN-SAYD. 1214-1286. Géographe arabe, né à Grenade. Visita l'Orient et écrivit un traité de géographie, *De l'étendue de la terre en long et en large*, qui a été utilisé par Aboul-Féda. || ALI-ABOUL-HASAN. Sixième sultan d'Afrique, de la dynastie des Beni-Abdel-Hakh, régna de 1331 à 1351, ajouta à ses États de Maroc Tlemcen et la Tunisie, mais périt dans une guerre contre son fils révolté. || ALI-BRESTAMI. 1400-1470. Écrivain turc, surnommé le *Petit auteur* parce qu'il commença à écrire dès quinze ans. Il a laissé de très nombreux ouvrages de théologie, droit, morale, grammaire, poésie, notamment un poème en l'honneur de Mahomet. || ALI-CHYR. 1440-1500. Célèbre poète persan, grand-vizir d'Hussein-Mirza, a composé tantôt en persan, tantôt en turc un grand nombre de poésies très estimées. || ALI-MAKHDUM (*l'Eunuque*). Grand-vizir de Bajazet II ; m. en 1512. Conquit sur les Vénitiens la Dalmatie et la Morée et périt dans une guerre contre les Turcs. || ALI-WASSI-EFFENDI. Écrivain turc, traducteur des fables de Pilpal, m. en 1543. || ALI-MOEZZIN. Amiral de Sélim II, enleva Chypre aux Vénitiens, mais fut vaincu et tué à Lépante en 1571. || ALI-ADIL-SHAH. Prince indien, rajah de Bijapour, défit en 1564 à Taliknota le rajah de Bizanagar dont il détruisit la capitale, mais échoua en 1567 dans la tentative d'enlever Goa aux Portugais et périt assassiné en 1580. || ALI-MUSTAFA-BEN-ABDELMOLLAH. 1542-1599. Historien et poète turc, né à Gallipoli Auteur d'une *Histoire universelle*, d'une *Histoire des guerres de Sélim Ier* et d'un poème, *Le soleil et la lune* || ALI-BEY. Célèbre linguiste, m. à Constantinople en 1675. Polonais et chrétien de naissance, il fut pris par les Tartares et vendu aux Turcs qui l'élevèrent au sérail, dans leur religion. Il devint premier drogman de Mahomet IV ; il savait, dit-on, dix-sept langues. Il a traduit la Bible en turc et écrit en latin un mémoire estimé sur la liturgie des Turcs et les pèlerinages de la Mecque. (Oxford, 1691). || ALI-COUMOURDJI (le *Charbonnier*). Grand-vizir d'Achmet III, adversaire de Charles XII, roi de Suède, qu'il força à quitter Bender ; périt en 1715 de blessures reçues à la bataille de Peterwardein. || ALI-BEY. 1728-1773. Né en Abasie ; d'abord esclave, puis janissaire en Égypte, il devint bey des Mameluks d'Ibrahim-Bey et, après la mort de celui-ci, s'empara du pouvoir, se déclara indépendant de Constantinople et se fit proclamer sultan (1768). Allié de la Russie contre la Porte, il fit la conquête de la Syrie, de la Palestine et de la Mecque et battit les Turcs, 1772. Il avait formé pour l'Égypte de grands projets de régénération ; mais vaincu à Salahié (1773) par son gendre Mohammed-Bey, il tomba entre les mains de celui-ci et succomba quelques jours après, soit aux blessures reçues dans la bataille, soit empoisonné. || ALI-BEY. 1766-1818. Célèbre voyageur. V. *Badia y Leblich*. || ALI-PACHA. (Véli-Zadeh), surnommé *le Lion* (Arslan). 1741-1822. Pacha de Janina, célèbre par ses exploits et aussi par ses cruautés. Né dans l'Albanie turque, il perd son père à 14 ans, se fait klephte ou bandit, rassemble 2,000 hommes, s'empare de sa ville natale Tebelen, tue son frère, enferme sa mère, traite avec la Porte, est nommé pacha de Delfino, vend aux brigands le droit d'exercer leur métier sur les grandes routes ; puis, ayant utilement servi le sultan dans ses guerres avec la Russie et l'Autriche, il reçoit le pachalik de Trikala en Thessalie, s'empare de Janina et s'en fait nommer gouverneur. Il extermine les Souliotes, enlève aux Français les places qu'ils occupaient sur les côtes de l'Albanie, est fait pacha à trois queues et gouverneur de la Roumélie, 1803. En 1807, il se rend presque indépendant, et noue des relations avec Napoléon et ensuite avec l'Angleterre qui le favorise. Enfin, la Porte, voulant le réduire à l'obéissance, l'assiège dans Janina ; Ali brûle lui-même la ville et s'enferme dans la citadelle ; toute la Grèce se déclare pour lui. Forcé de se rendre après une longue et brillante résistance, il est décapité malgré la capitulation qui lui garantissait la vie ; ses deux fils sont aussi mis à mort, et ses filles vendues à des pâtres turcomans. || ALI. 1781-1817. Nabab d'Oude. Adopté par le Nabadb Assaf-Eddaoulah, il lui succéda en 1797, mais fut déposé par les Anglais. Pour se venger, il fit massacrer le résident anglais Charry. Livré par le rajah de Bérar à condition qu'on lui ferait grâce de la vie, il mourut à Calcutta enfermé dans une cage de fer. || ALI-PACHA (Méhémed-Emin). V. *Aali-Pacha*.

‖ **ALI-KHAN** (Hassan). Général et diplomate persan, né en 1821. Colonel à 18 ans, se distingue au siège de Hérat ; général, aide de camp du shah, ambassadeur à Paris et à Londres. ‖ **ALI-BEY** (Sidi). Bey de Tunis, né en 1817, a succédé le 28 octobre 1882 à son frère Mohammed-es-Sadok.

ALIA. 4,300 h. Vle d'Italie (Sicile), prov. de Palerme, arr. de Termini Imerese.

ALIACMON. Myth. Petit-fils de Neptune, tué dans une bataille. A la nouvelle de sa mort, son père Palestinus se précipita dans le fleuve Conozos qui prit de là le nom de Palestinus et devint plus tard le Strymon.

ALIADEULET. Prince d'Arménie vers 1514. Allié de Sélim Ier, il le trahit dans son expédition contre le shah de Perse, fut traqué et mis à mort.

ALLÆI ou **ALALÆI INSULÆ.** Géog. anc. Petit archipel dans le golfe Arabique, sur la côte d'Éthiopie, nom loin d'Adules. On croit que ce sont auj. les îles *Dahal-Alley* ou *Dalley*.

ALIAGA (Fray Luiz). 1560-1630. Moine espagnol, confesseur de Philippe III et grand-inquisiteur d'Espagne. Il fit porter l'édit d'expulsion des Maures. On lui attribue la seconde partie de *Don Quichotte*, publiée en 1614 sous le pseudonyme d'Avellaneda.

ALIAIRE. V. *Alliaire*.

ALIAMET (Jacques). 1727-1788. Graveur, né à Abbeville, m. à Paris. Élève de Le Bas, il est auteur de gravures très estimées d'après Berghem, Wouwermans et Vernet. — Son frère *François* (1734-1787), graveur comme lui, mais de moindre réputation, a gravé des tableaux du Guide, de Carrache, Lebrun, Lesueur et Watteau.

ALIAS (a-li-ass). adv. lat. qui signifie *autrement*. Locution employée pour indiquer une variante dans une phrase ou un texte.

ALIASKA. Presqu'île de 800 kil. de long, qui se détache de l'extrémité N.-O. de l'Amérique et se prolonge par la chaîne des Aléoutes. On lui donne ce nom pour la distinguer de l'Alaska qui désigne toute l'ancienne Amérique russe.

ALI-BABA. Héros d'un des contes des *Mille et une Nuits*, à qui le hasard avait révélé la formule magique (*Sésame, ouvre-toi*) qui ouvrait la porte d'une caverne dans laquelle quarante voleurs avait entassé d'immenses trésors. Ce conte a fourni à Scribe et Mélesville le sujet d'un livret d'opéra, *Ali-Baba ou les quarante voleurs*, musique de Chérubini, représenté au Grand Opéra le 22 juillet 1833.

ALIATH ou **ALLIATH.** s. m. Nom arabe de la première étoile de la queue de la Grande-Ourse.

ALIBANIES. s. f. pl. Toile de coton des Indes.

ALIBAUD (Louis). Régicide, né à Nîmes en 1810. Successivement copiste, novice de marine, fourrier dans un régiment de ligne (1829), employé des télégraphes à Carcassonne, puis retiré à Perpignan (1834), il vint à Paris en 1835, avec l'intention de tuer le roi, tira sur Louis-Philippe au guichet du Pont-Royal, le 25 juin 1836. Condamné à mort par la Cour des Pairs il fut exécuté le 11 juillet.

ALIBERT (Jean-Louis, baron). Né à Villefranche (Aveyron), 1764, m. à Paris, en 1837. Médecin de l'hôpital Saint-Louis, et des rois Louis XVIII et Charles X qui le créa baron ; professeur de matière médicale à la faculté de Paris. *Traité des fièvres pernicieuses*, Paris, 1801 et 1819 ; *Traité des maladies de la peau*, in-fol., avec 51 pl., 1806-1826, son princ. ouv. ; *Précis ou monographie des dermatoses*, in-4°, 1831, et 2 vol. in-8°, 1833, abrégé de son grand ouvrage ; *Éléments de thérapeutique et de matière médicale*, Paris, 1804 ; *Nosologie naturelle* 1817, 2 vol. in-8° avec pl. ; *Physiologie des passions*. Paris, 1825, 2 vol. in-8°. Alibert était écrivain facile et orateur agréable.

ALIBERTIE. s. f. Bot. G. de rubiacées, arbrisseau originaire de la Guyane et appelé vulg. *goyave noire*.

ALIBI. s. m. (en lat. *ailleurs*). Jurisp. Moyen de défense invoqué par un accusé de l'effet d'établir qu'au moment où le fait qu'on lui impute a été commis dans un certain lieu, il se trouvait dans un autre lieu *(alibi)* Invoquer, établir, prouver un alibi. ‖ Au pl. Des Alibis.

ALIBIFORAIN. s. m. (mot formé par redondance de *alibi*, ailleurs ; *foras*, dehors). Tergiversation, fausse excuse, mauvaise défaite. Il

m'a répondu par des alibiforains. Fam. et peu usité.

ALIBILE. adj. 2 g. (lat. *alibilis* ; de *alere*, nourrir). Méd. Qui est propre à la nutrition ; assimilable. ‖ Syn. *Alibile, alimentaire*. La substance alibile est la portion du chyme destinée à notre nutrition, celle qui se convertit en notre substance. Les substances alimentaires ou aliments contiennent, outre la partie alibile, une substance excrémentitielle.

ALIBILITÉ. s. f. Propriété nutritive ou qualité d'un aliment de renfermer plus ou moins de substance assimilable.

ALIBON. V. *Album*.

ALIBORON. s. m. (étym. inconnue). Maître aliboron. L'âne. Arrive un troisième larron qui saisit maître aliboron. (La Font.) ‖ Homme ignorant, ridicule, qui fait l'entendu. C'est un maître aliboron. Fam.

ALIBOUFIER. s. m. (a-li-bou-fié). Bot. G. de styracées ; arbre ou arbuste des régions tempérées et chaudes du monde entier ; une espèce fournit le baume storax (*styrax officinalis*), et une autre le benjoin (*styrax benzoin*).

ALIBRANDI (Jérôme). 1470-1524. Peintre sicilien, né à Messine, surnommé le *Raphaël de Messine*. Élève à Venise d'Antonello de Messine, il étudia ensuite sous Léonard de Vinci. Son chef-d'œuvre est une *Purification de la Ste Vierge*, à la cathédrale de Messine. ‖ **ALIBRANDI** (François). Jésuite et théologien, né à Messine, m. en 1711. A publié *De l'opinion probable*, Messine, 1707, in-4° ; etc.

ALIBUM ou **ALIBON.** s. m. Plante herbacée de l'Amérique australe, fam. des composées.

ALICA. s. f. (a-lika). Espèce d'orge ou épeautre. ‖ Boisson fabriquée avec cette orge, chez les Romains, farine de céréales à laquelle ils mêlaient de la craie ou une autre substance minérale.

ALICAIRE. s. f. Antiq. rom. Nom donné chez les Romains à des courtisanes de bas étage. Leur nom venait de ce qu'un peu d'alica composait leur salaire.

ALICANTE. s. m. Vin de liqueur que produit le territoire d'Alicante. Une bouteille d'alicante. Goûtez cet alicante. Le vin d'Alicante appelé à cause de sa couleur foncée *vino tinto* est produit par des cépages du Rhin introduits dans le pays par Charles-Quint.

ALICANTE. Prov. du S.-E. de l'Espagne, formée en 1822 de l'extrémité mérid. de l'ancien royaume de Valence, entre celles de Valence au N., d'Albacète au N.-O., de Murcie à l'O., et la Méditerranée à l'E. Superf. 5,434 kil. car. ; popul. 408,000 h. Climat très sain, chaud sur la côte, relativement froid dans les montagnes, qui atteignent 1,400^m. Sol fertile et bien cultivé. Vignes, caroubiers, amandiers. Le peuple parle le valencien, dialecte voisin du catalan et plus rapproché de l'ancien provençal que du castillan. ‖ **ALICANTE.** 35,000 h. Vle forte et port d'Espagne avec une excellente rade sur la Méditerranée, ch.-l. de la prov. du même nom. La ville est bâtie sur le penchant et au pied d'un coteau de 200^m que couronne le château fort de Santa-Barbara. Évêché. Bibliothèque, musée de médailles, galerie de tableaux du marquis d'Algorfa. Grande manufacture de tabacs (3,000 ouvriers), filatures de coton et de laine ; commerce de vins, huile, fruits secs et sparterie. — Anc. *Lucentum* des Romains, Alicante fut prise et ruinée par les Arabes en 715 et reprise par Ferdinand II en 1268. L'archiduc Charles s'en empara en 1706, mais elle fut reprise en 1709 par le marquis d'Asfeld qui commandait l'armée de Philippe V. Ce fut la dernière place qui capitula devant les Français en 1823.

ALICATA ou **LIGATA**, anc. *Phintias*. 14,500 h. Vle forte de Sicile et port sur la Méditerranée, à 35 kil. S.-E. de Girgenti. Commerce de grains, macaroni, soude.

ALICATE. s. f. (a-li-kate). Pince d'émailleur à la lampe.

ALICE. Nom de baptême qui doit s'écrire ainsi et non *Alix*, de même que *Béatrice* et non *Béatrix*, les noms tirés du latin se formant ordinairement de l'accusatif et non du nominatif. ‖ **ALICE** (Ste). Martyre à Nicomédie, sous l'empereur Dioclétien. F. 23 juin.

ALICETTE. s. f. Sorte de poignard.

ALICHAMPS. 408 h. Vge de France (Cher), cant. de Châteauneuf, arr. et à 10 kil. N.-O. de Saint-Amand, sur le Cher. Antiquités ro-

maines ; colonne milliaire, indiquant l'emplacement de la station de *ad leugas* XVI, sur la voie romaine de Bourges à Clermont.

ALICHON ou **ALUCHON.** s. m. (dim. d'*aile*). Planche de la roue d'un moulin sur laquelle tombe l'eau qui imprime le mouvement de rotation. On dit aussi *aileron* et *aube*.

ALICON. s. m. Myth. arabe. Le septième ciel, celui où l'ange Azraël porte les âmes des justes.

ALICONDE. s. m. Arbre de Nigritie dont on file l'écorce.

ALICORNE. s. m. Un des noms du rhinocéros.

ALICOT (J.-J.-César-Eugène-Michel). Député franç., né à Montpellier en 1842. Avocat à Paris avant 1870 ; sous-préfet de Bagnères-de-Bigorre en 1871 ; sous-chef de cabinet de M. Victor Lefranc, ministre de l'intérieur, puis maire d'Argelès, il échoua à une élection législative en 1875. Élu député en 1876, il fut un des 363 ; non réélu en 1877 et nommé, en 1879, maître de requêtes au Conseil d'État, il a été renvoyé à la Chambre des députés en 1881. Républicain centre gauche.

ALICTÈRE. s. f. Bot. G. de sterculiacées de l'Amérique équatoriale.

ALICUA. Vge d'Espagne, prov. de Grenade, à 16 kil. de Cadix. Source d'eaux minérales salines, efficaces contre les rhumatismes et les maladies de la peau.

ALICUDI ou **ALICURI** (*Ericusa* ou *Ericodes*). L'île la plus occidentale de l'archipel de Lipari ou îles Éoliennes, entre la Sicile et l'Italie. 10 kil. de tour ; popul. 300 h. Porphyre remarquable.

ALICULA. s. f. Antiq. rom. Espèce de manteau couvrant seulement les épaules et l'avant-bras que portaient, surtout chez les Romains, les bergers et les gens de la campagne. Les peintures des catacombes représentent souvent le Bon Pasteur vêtu d'une pèlerine de cette espèce.

ALIDADE. s. f. (de l'arabe *al* et *idad*, computation). Règle en métal ou en bois, portant à ses deux extrémités des plaques perpendiculaires (*pinnules*), munies d'une fente étroite et d'un fil verticul, et servant à mener un rayon visuel dans une direction déterminée. Quelquefois l'alidade est mobile autour du centre d'un cercle destiné à mesurer les angles dans l'arpentage. (V. *Graphomètre*.) ‖ Horlog. Règle mobile sur une plate-forme, destinée à diviser les cadrans.

ALIDE. adj. et s. Qui descend d'Ali, gendre de Mahomet. ‖ **ALIDES.** La dynastie des Alides longtemps exclue du pouvoir par les Ommiades régna, sous le nom de Fatimites, sur l'Égypte, l'Afrique occidentale et l'Espagne. (V. *Fatimites*.)

ALIDRE. s. m. Couleuvre ou serpent des Indes.

ALIÉMINI. s. m. Astr. Nom arabe de l'étoile Sirius.

ALIÉNABILITÉ. s. f. Qualité de ce qui est aliénable. (V. *Inaliénabilité*.)

ALIÉNABLE. adj. 2 g. Qui se peut aliéner. Biens, rentes aliénables. En principe, les biens du domaine public, les biens dotaux, les biens substitués ne sont pas aliénables.

ALIEN-ACT. V. *Alien-Bill*.

ALIÉNATAIRE. s. 2 g. Celui, celle en faveur de qui a été faite une aliénation. Peu usité.

ALIÉNATEUR, TRICE. s. Celui, celle qui aliène.

ALIÉNATION. s. f. (lat. *alienatio* ; de *alienare*, aliéner). Jurisp. Transport qu'une personne fait à une autre d'une propriété mobilière ou immobilière. Aliénation mobilière. On distingue l'aliénation à titre gratuit, comme la donation, et l'aliénation à titre onéreux comme la vente, l'échange. Aliénation a pour corrélatif *acquisition* (V. ce mot). L'aliénation des biens des mineurs, des interdits, des femmes mariées, de l'État, des départements, des communes, des établissements publics est soumise à des règles spéciales. ‖ *Aliénation de biens ecclésiastiques*. V. *Biens ecclésiastiques*. ‖ Fig. Aliénation des volontés, des esprits, Éloignement que des personnes ont les unes pour les autres. ‖ Méd. *Aliénation mentale*. Le mot aliénation qui, en jurisp. indique la transmission d'un bien quelconque d'une personne à une autre, et par conséquent entraîne l'idée de dépossession de celui qui en était naguère propriétaire, est passe » médecine pourexprimer l'état de ceux qui sont privés du premier de tous les biens, la raison. On complète d'ordinaire sa signification en disant aliénation mentale. On se sert souvent des mots de *démence* (employé par le C. civ. et par le C. pén.) et de *folie*, comme synonymes d'aliénation mentale. Par ces différentes expressions, on entend généralement l'ensemble des états dans lesquels la raison est atteinte; mais les médecins attachent à chacune d'elles un sens différent. Les formes de la folie sont très nombreuses et exigent une véritable classification laquelle n'est pas sans difficulté, car, jusqu'ici, on n'a pu découvrir la nature réelle de la folie. On est donc obligé de baser cette classification sur les symptômes ou bien sur les lésions anatomiques concomitantes qui paraissent être la cause de la maladie. Pour arriver à la connaissance de la nature de la folie, il semble nécessaire de comprendre d'abord les relations qui existent entre le corps et l'âme, puis de bien établir que telle ou telle variété de folie se rattache constamment à telle ou telle lésion organique. Mais la science est encore loin d'avoir atteint ce double but. On comprend toutefois que l'âme et le corps étant unis l'un à l'autre de façon à ne faire qu'un, il n'est pas étonnant que, lorsqu'il existe une lésion de l'organe essentiel à l'exercice de l'intelligence, celle-ci en subisse le contre-coup. Il est clair, par là même, que l'étude de la psychologie peut être d'un grand secours dans celle de la pathologie mentale. En général, on ne fait pas rentrer dans la catégorie des affections mentales proprement dites les troubles de la raison qui viennent à se produire dans le cours de certaines maladies aiguës des appareils digestif, génital ou autres, ou bien dans certains empoisonnements; ce délire plus ou moins intense, accompagné de fièvre et qui résulte du retentissement que l'état morbide d'un organe en particulier a sur celui qui sert à l'exercice de l'intelligence, est connu sous le nom de *délire* ou *folie sympathique*. Le médecin n'appelle pas davantage aliénation l'état passager dans lequel jette une violente surexcitation nerveuse, telle que celle produite par la passion à son paroxysme bien que, évidemment, dans de semblables circonstances, la raison soit incapable de jouer son rôle ordinaire. Il en est de même encore de cet état mental qu'on appelle la *folie puerpérale*, laquelle se développe parfois sous l'influence de la grossesse, de l'accouchement ou de l'allaitement. Ces états étant mis en dehors de l'aliénation vraie, il reste encore un grand nombre de formes ou variétés qui peuvent se grouper sous trois chefs principaux, caractérisés par le mode d'évolution de l'affection et les signes dont elle s'accompagne. La première catégorie porte le nom générique de *folie*; elle comprend les formes d'aliénation mentale qui se sont développées plus ou moins longtemps après la naissance, en s'acheminant, suivant une marche déterminée, vers la guérison, l'incurabilité ou la mort. Les formes qui appartiennent à ce groupe, quoique souvent héréditaires, ont presque toujours à leur point de départ un ensemble de causes occasionnelles, comme le développement des passions et les excès de toute sorte. Aussi, n'apparaissent-elles guère que dans cette période de la vie qui commence au moment où l'homme sort de l'adolescence. Ces formes d'aliénation sont très variées dans leurs manifestations secondaires, bien que toutes aient pour caractères communs de n'être pas fébriles et d'offrir un trouble permanent de l'intelligence, de la sensibilité ou de la volonté. Dans les unes, le délire est *général*, c'est-à-dire qu'il s'exerce sur tous les objets et dans toutes les circonstances, tandis que dans les autres il est *partiel*, c'est-à-dire qu'il n'est provoqué que par certaines circonstances spéciales, lorsque l'on met le malade sur des sujets donnés, en dehors desquels la raison paraît intacte. Dans le cas de délire général, s'il y a une vive excitation, on a la *manie* qui est une des formes les plus dangereuses de la folie, les maniaques méritant souvent le nom de foux furieux qu'on leur donne parfois. Y a-t-il, au contraire, dépression du système nerveux, on se trouve en présence de la *mélancolie* qui porte le nom de *simple* s'il y a encore conservation du jugement, et celui de *lypémanie* dans le cas con-

traire; enfin l'inertie, la stupeur, l'hébétude caractérisent la *stupidité*. Une forme remarquable de folie qui rentre dans cette catégorie, c'est celle qu'on a appelée *folie circulaire* ou à *double forme*, dans laquelle le malade passe alternativement par les états mélancolique et maniaque. Dans le cas de délire partiel, on a la *monomanie* avec laquelle peut coexister une excitation plus ou moins vive du système nerveux et qui se subdivise en *folie ambitieuse, folie des persécutions, démonomanie, folie homicide*; ou au contraire une dépression plus ou moins marquée, ce qui conduit à la *nostalgie*, la *folie suicide* et l'*hypocondrie*. On peut encore rattacher à ce groupe un genre de folie caractérisé par un ensemble de symptômes tout particuliers, tels que le tremblement musculaire, des illusions des organes des sens et la tendance à la guérison par la simple suppression de la cause; c'est la folie des ivrognes ou *delirium tremens*. — La seconde catégorie est relative à des affections mentales qui sont le résultat de développements pathologiques produits accidentellement pendant la vie de l'individu et qui n'ont primitivement rien de commun avec la folie; telle est, par exemple, l'affaiblissement ou même la disparition des facultés intellectuelles à la suite d'hémorrhagie ou de ramollissement du cerveau, ou bien d'un cancer, ou de différentes autres affections de cet organe. C'est à ces cas d'aliénation que l'on réserve le nom de *démence* ou encore d'*imbécillité consécutive*. La démence peut être complète ou incomplète; elle peut s'accompagner de phénomènes d'excitation ou de dépression, ou enfin de paralysie générale. — La troisième catégorie comprend les formes d'aliénation qui dépendent d'une infirmité congénitale, soit qu'il y ait eu un arrêt de développement, une malformation des organes cérébraux ou une maladie survenue pendant la vie intra-utérine; il peut se faire encore que l'arrêt de développement, au moins dans les organes nécessaires à l'exercice de la pensée, se soit produit seulement à partir de la naissance. Ce genre d'aliénation a reçu le nom d'*idiotie* ou d'*imbécillité* proprement dite, qu'on ne doit pas confondre avec celle qui mérite le nom de consécutive. A ce groupe se rattache le *crétinisme* caractérisé par un arrêt de développement plus ou moins complet des facultés intellectuelles et morales, la dégénérescence physique et la cachexie goitreuse à laquelle la présence du goitre donne une physionomie si particulière. — Consult. : Baillarger. *Classification des maladies mentales*, dans *Ann. médico-psychologiques*, 3e sér., t. vii, 1860; F. Voisin. *Des causes morales et physiques des maladies mentales*, Paris, 1826; Trélat. *Des causes de la folie*, dans *Ann. médico-psychologiques*, 3e sér., t. II, 1856; Broussais. *De l'irritation et de la folie*, Paris, 1828; Foville. *Aliénation mentale*, dans *Dictionnaire de médecine et de chirurgie pratiques*, 1829; Pinel. *Traité de pathologie cérébrale*, etc., Paris, 1844.

ALIEN-BILL OU ALIEN-ACT. s. m. (a-lienn-bill; akt; — angl. *alien*, étranger; *bill*, *act*, loi). Loi votée en Angleterre pour permettre au gouvernement d'expulser les étrangers dont la présence paraîtrait dangereuse. L'alien-bill n'est jamais voté que pour une année, mais il peut être renouvelé. Le premier alien-bill a été voté en 1793 sur la demande de lord Granville; il a été renouvelé en 1802,1803,1816 et 1818. || Au pl. Des Alien-bills, Alien-acts et aussi Alien-laws).

ALIÉNÉ, ÉE. adj. et s. On donne ce nom aux individus qui présentent l'un des états indiqués à l'article *Aliénation*. Le nombre des aliénés est extrêmement variable suivant les pays; il varie aussi selon plusieurs autres circonstances telles que le sexe, l'âge, les conditions héréditaires, les professions, les races et les climats. Quelques mots sur ces différentes influences: On a observé que, tandis que dans la Silésie prussienne la proportion des aliénés est moindre de 1 pour 1,000 habitants et qu'en France elle atteint à peu près le double, elle arrive dans le canton de Lucerne à dépasser 8 pour 1,000. Il est vrai que dans ce dernier pays il y a peu de fous proprement dits, presque tous les cas d'aliénation mentale appartenant à l'idiotie. Dans la plupart des autres pays, c'est le contraire qui a lieu. Quant à l'influence du sexe, les statistiques montrent que, contrairement à l'opinion qui a généralement cours, les

hommes fournissent un contingent plus considérable que les femmes, la proportion étant en Angleterre et en France de 113 hommes pour 100 femmes. Relativement à l'âge, c'est bien rarement avant la puberté, que la folie se manifeste, et d'ordinaire, c'est de 30 à 40 ans. On a observé que le célibat et l'état de veuvage prédisposent à la folie. L'importance de l'influence héréditaire tant pour la folie que pour l'idiotie est considérable. Quant au rôle des professions et métiers il est reconnu que ce sont les professions libérales qui sont le plus menacées; la vie de rentier et de propriétaire expose beaucoup moins à cette affection. Parmi ceux qui exercent une profession libérale, les artistes tiennent la première place, puis viennent les juristes, et ensuite, mais dans une bien moindre proportion les ecclésiastiques, les médecins, les hommes de lettres, et enfin les fonctionnaires publics. Les professions industrielles fournissent beaucoup plus d'aliénés que les professions agricoles. Pour ce qui concerne la race, les statistiques sont très incomplètes. Il est établi cependant que la race juive fournit une plus forte proportion à la folie que les populations chrétiennes au milieu desquelles elle se trouve. Enfin, il faut attribuer une bonne part dans la production de l'aliénation aux conditions climatériques; c'est ainsi qu'en Europe, dans les saisons chaudes, le nombre des aliénés augmente. Certaines affections mentales qui existent à l'état endémique dans certains pays semblent avoir pour cause la configuration même du sol, par exemple des vallées étroites profondément encaissées entre de hautes montagnes, ou bien la structure et la composition même des terrains, comme on le voit pour certaines régions montagneuses de la Suisse, du Piémont et de la Savoie. — Quant aux causes déterminantes de l'aliénation, les plus communes sont d'ordre moral, telles que les différentes affections et passions, car ce sont elles qui déterminent le plus manifestement les modifications et réactions cérébrales; puis viennent les excès de diverse nature, tels que celui du travail et plus souvent ceux des sens; en troisième lieu se groupent les lésions d'organes, principalement du cerveau. Chez la femme les causes morales tiennent d'emblée le premier rang dans le développement de l'aliénation, tandis que pour l'homme ce sont plutôt les excès soit intellectuels, soit sensuels. (V. *Asiles d'aliénés*.) || Jurisp. *Législation des aliénés*. Jusqu'à notre siècle la législation s'était très peu préoccupée du sort des aliénés, le plus souvent renfermés dans des cabanons comme des bêtes malfaisantes ou confondus dans les prisons pêle-mêle avec les vagabonds et les criminels. Le code civil ne s'était occupé que des aliénés dont l'interdiction avait été prononcée (V. *Interdiction*) et uniquement au point de vue de leur capacité civile. Les travaux des aliénistes de la fin du XVIIIe siècle et du commencement de celui-ci, particulièrement ceux de Pinel qui délivra en 1792 les aliénés au nombre de 53 enchaînés dans les cabanons de Bicêtre, d'Esquirol, de Ferrus, etc., créèrent enfin, en faveur des aliénés, un mouvement d'opinion qui amena la fondation d'asiles spéciaux et qui aboutit au vote de la célèbre loi du 30 juin 1838. Cette loi, à la fois loi de police et d'assistance publique, s'est proposé d'assurer la tranquillité sociale par la séquestration de l'aliéné dangereux, de faciliter par l'application des meilleurs moyens curatifs la guérison des individus atteints d'aliénation mentale tout en sauvegardant leur liberté individuelle et leurs intérêts pécuniaires, et d'assurer des secours à l'aliéné indigent. La loi de 1838 a été depuis un certain nombre d'années l'objet de vives attaques comme ne donnant pas à la liberté individuelle de suffisantes garanties, et elle paraît en effet sur certains points susceptible d'améliorations: un projet de loi, modifiant plusieurs dispositions de la loi de 1838, vient d'être déposé par le gouvernement. Il serait toutefois injuste de méconnaître les immenses services que cette loi a rendus. — Il existe, d'après la loi de 1838, deux sortes d'établissements d'aliénés: les établissements publics et les établissements privés. Les *établissements publics d'aliénés* sont placés sous la direction de l'autorité publique; ils sont administrés sous l'autorité du ministre de l'intérieur et des préfets par un directeur responsable, nommé par le ministre de l'intérieur et soumis au contrôle d'une commission gratuite de surveillance composée de cinq membres nommés par le préfet et renouvelés chaque année par cinquième ; cette commission se réunit au moins une fois par mois. Les médecins en chef et médecins adjoints, receveurs et économes des établissements publics d'aliénés sont nommés par les préfets. Les *quartiers d'aliénés* dont la loi autorise l'existence dans les hospices affectés au traitement d'autres maladies ne peuvent être établis que dans des locaux entièrement séparés et permettant de traiter au moins 50 aliénés. Les commissions administratives des hospices civils où il existe des quartiers consacrés aux aliénés sont tenues de faire agréer par le préfet un préposé responsable placé à la tête de ces quartiers et soumis à toutes les obligations de la loi de 1838 ; la commission administrative de l'hospice remplit auprès de lui le rôle de commission de surveillance. Les *établissements privés d'aliénés* sont placés sous la surveillance de l'autorité publique. Nul ne peut former, ni diriger un établissement d'aliénés sans l'autorisation du gouvernement qui s'assure que le directeur présente toutes garanties de moralité et que le local remplit toutes les conditions de salubrité et d'hygiène. L'autorisation accordée peut toujours être retirée en cas d'infraction aux lois et règlements sur la matière. Les asiles d'aliénés, qu'ils soient publics ou privés, sont soumis à la surveillance et à l'inspection de délégués de l'autorité publique. Le préfet et les personnes spécialement déléguées à cet effet par lui ou par le ministre de l'intérieur, spécialement les inspecteurs généraux des services administratifs, le président du tribunal, le procureur de la République, le juge de paix, le maire de la commune sont chargés de visiter les établissements consacrés aux aliénés, de recevoir les réclamations des personnes qui y sont placées et de prendre à leur égard tous renseignements propres à faire connaître leur position. La visite du procureur de la République doit avoir lieu, à des jours indéterminés, une fois au moins par semestre dans les établissements publics, et une fois au moins par trimestre dans les établissements privés. — Le placement d'un aliéné dans un établissement peut être volontaire ou ordonné d'office. Le *placement volontaire* est celui qui est fait par la famille. Des garanties spéciales ont été prises par la loi dans l'intérêt de la liberté individuelle en matière de placements volontaires. Aucun chef d'établissement d'aliénés ne peut recevoir une personne atteinte d'aliénation mentale s'il ne lui est remis : 1° une *demande d'admission* contenant les noms, profession, âge et domicile tant de la personne qui la forme que de celle dont le placement est réclamé et l'indication du degré de parenté ou, à défaut, de la nature des relations qui existent entre elles ; cette demande doit être écrite et signée par celui qui la forme ; 2° un *certificat de médecin*, ayant moins de quinze jours de date, constatant l'état mental de la personne à placer, indiquant les particularités de sa maladie et la nécessité de faire traiter la personne désignée dans un établissement d'aliénés et de l'y retenir renfermée ; 3° un passe-port ou toute autre pièce constatant l'individualité de la personne à placer. Un bulletin d'entrée contenant mention de toutes ces pièces est, dans les 24 heures de l'admission, adressé à l'autorité administrative avec une copie du certificat de médecin joint à la demande et un certificat du médecin de l'établissement. Dans les trois jours de la réception de ce bulletin, le préfet notifie les noms, profession et domicile tant de la personne placée que de celle qui a demandé le placement, et les causes du placement au procureur de la République du domicile de la personne placée et à celui de la situation de l'établissement. Dans le même délai, si le placement est fait dans un établissement privé, le préfet charge un ou plusieurs hommes de l'art de visiter la personne désignée dans le bulletin, à l'effet de constater son état mental et d'en faire rapport sur-le-champ. Enfin, quinze jours après l'entrée du malade, le médecin de l'établissement public ou privé adresse au préfet un nouveau certificat confirmant ou rectifiant les observations contenues dans le premier et indiquant le retour plus ou moins fréquent des accès ou des actes de démence. Le médecin de l'établissement doit, en outre, consigner, tous les mois, sur un registre tenu à cet effet les changements survenus dans l'état mental de chaque malade et adresser, dans le premier mois de chaque semestre, au directeur de l'asile sur l'état de chaque personne retenue, sur la nature de sa maladie et les résultats du traitement, un rapport qui est transmis au préfet. — Les *placements d'office* sont ceux qui sont prescrits par l'autorité sans l'intervention et même, le cas échéant, contre la volonté de la famille de l'aliéné. Le préfet de police à Paris, les préfets dans les départements doivent ordonner d'office le placement dans un établissement d'aliénés de toute personne interdite ou non interdite dont l'état d'aliénation compromettrait l'ordre public et la sûreté des personnes. Les ordres de placement doivent être être motivés ; ils sont transcrits sur un registre et notifiés dans les trois jours au procureur de la République et au maire qui en informe la famille ; il en est rendu compte au ministre de l'intérieur. Les préfets ont également le droit, quand il s'agit d'un aliéné dangereux, de convertir un placement volontaire en placement d'office ; c'est ce qu'on appelle parfois dans la pratique administrative la *recommandation*. — Le placement volontaire dans un établissement d'aliénés prend fin : 1° par la déclaration du médecin de l'établissement déclarant que la guérison est obtenue ; 2° par une réquisition de sortie de la part de la famille de l'aliéné avant même que les médecins aient déclaré la guérison. Les personnes qui ont droit de requérir la sortie sont : le curateur spécial nommé par le tribunal à la personne de l'aliéné : toute personne à ce autorisée par le conseil de famille ; l'époux ou l'épouse ; s'il n'y a pas d'époux ou d'épouse, les ascendants ; s'il n'y a pas d'ascendants, les descendants ; la personne qui aura signé la demande d'admission, à moins qu'un parent n'ait déclaré s'opposer à ce qu'elle use de cette faculté sans l'assentiment du conseil de famille. En cas de dissentiment soit entre les ascendants, soit entre les descendants, le conseil de famille prononce. Néanmoins, si le médecin de l'établissement est d'avis que l'état mental du malade pourrait compromettre l'ordre public ou la sûreté des personnes, il en est donné préalablement connaissance au maire qui peut ordonner immédiatement un sursis provisoire à la sortie, à la charge d'en référer dans les 24 heures au préfet. Ce sursis provisoire cesse de plein droit à l'expiration de la quinzaine si le préfet n'a pas, dans ce délai, donné d'ordres contraires. En cas de minorité ou d'interdiction, le tuteur peut seul requérir la sortie ; 3° par un arrêté du préfet qui peut toujours ordonner la sortie immédiate des personnes placées dans les établissements d'aliénés. En cas de placement d'office, ou de placement volontaire converti en placement d'office, ni la déclaration de guérison faite par les médecins, ni la réquisition des membres de la famille ne suffit pour ouvrir les portes de l'asile : il faut un ordre du préfet. Toutefois, il existe une garantie commune à toutes les personnes placées dans les établissements d'aliénés, que le placement ait été volontaire ou d'office : c'est le droit qui appartient à toute personne placée ou retenue dans un établissement d'aliénés, à son tuteur ou à son curateur, à tout parent ou ami et au procureur de la République de se pourvoir à quelque époque que ce soit devant le tribunal du lieu de la situation de l'établissement qui, après les vérifications nécessaires, ordonne, s'il y a lieu, la sortie immédiate. Dans le cas d'interdiction, cette demande ne peut être formée que par le tuteur de l'interdit. — Des peines correctionnelles (emprisonnement de 5 jours à un an, amende de 50 fr. à 3,000 fr.) punissent les contraventions commises par les directeurs et médecins aux principales dispositions de la loi. Les chefs d'établissement ne peuvent, sans s'exposer aux mêmes peines, supprimer ou retenir aucune requête ou réclamation adressée par un aliéné à l'autorité administrative. Des peines plus fortes (6 mois à 2 ans de prison, amende de 16 à 200 fr.) sont portées contre les directeurs qui retiennent une personne dont la sortie devait avoir lieu. — Les dépenses du service des aliénés sont à la charge de chaque département qui, aux termes de l'art. 1er de la loi de 1838, était tenu d'avoir un établissement public spécialement destiné à recevoir ou soigner les aliénés, ou de traiter, à cet effet, avec un établissement public ou privé, soit de ce département, soit d'un autre département ; mais, depuis la loi du 10 août 1871, les dépenses du service des aliénés ne figurent plus au nombre des dépenses obligatoires des départements. Le département ne supporte du reste en réalité que la partie de la dépense que les ressources de l'aliéné et de sa famille, les indemnités des hospices et le concours des communes ont laissée à découvert. Les dépenses d'entretien, de séjour et de traitement des personnes placées dans les établissements d'aliénés sont d'abord, en effet, à la charge de ces personnes ; à défaut, à la charge de ceux à qui il peut être demandé des aliments ; si ces ressources ne suffisent pas, les hospices sont tenus à une indemnité proportionnée au nombre des aliénés dont, avant la loi de 1838, le traitement ou l'entretien était à leur charge d'après leurs titres de fondation ou de donation ou d'après l'usage, et les communes à un concours proportionné à leurs ressources et qui, aux termes des instructions ministérielles, ne peut dépasser un tiers de la dépense pour les communes ayant 100,000 fr. de revenus et qui doit toujours être inférieure au sixième pour celles ayant moins de 5,000 fr. de revenus. — La loi ne borne pas sa sollicitude à assurer à l'aliéné un traitement et à protéger sa liberté individuelle ; elle prend soin de ses *intérêts civils*, s'ils ne sont pas déjà protégés par le droit commun à raison de l'état d'interdiction ou de minorité qui place la personne retenue dans un asile d'aliénés sous la protection d'un tuteur ou d'un administrateur légal. En ce qui concerne les individus majeurs et non interdits placés dans des établissements publics, la loi défère l'administration provisoire de leurs biens aux commissions administratives ou de surveillance de ces établissements, lesquelles doivent désigner un de leurs membres pour remplir les fonctions d'administrateur provisoire. Il est toutefois loisible à ces commissions, aux parents et au conjoint de l'aliéné et au procureur de la République de demander au tribunal de première instance du domicile de l'aliéné la nomination d'un administrateur provisoire pris en dehors de la commission administrative. Pour les individus placés dans un établissement privé, l'administrateur provisoire est toujours nommé par justice sur la demande des personnes qui viennent d'être indiquées, à l'exception toutefois des commissions administratives ou de surveillance. La nomination d'un administrateur provisoire n'est, du reste, que facultative pour le tribunal, qui ne peut l'ordonner qu'après délibération du conseil de famille et sur les conclusions du ministère public. Les fonctions de l'administrateur provisoire se restreignent à la gestion des biens de l'individu à qui il a été nommé ; ses pouvoirs se bornent en général à prendre des mesures conservatoires, à passer les actes d'administration qui présentent un caractère d'urgence ; il ne peut faire aucun acte de disposition, ni même consentir des baux de plus de trois ans. Quant au soin de la personne, il n'appartient jamais à l'administrateur provisoire, mais à un curateur dont l'établissement est laissé à l'appréciation du tribunal du domicile de l'aliéné. Ce curateur, dont la nomination peut être provoquée par l'interdit lui-même, par un de ses parents ou amis, ou par le procureur de la République et qui ne peut être pris parmi les héritiers présomptifs de l'aliéné, est chargé de veiller à ce que le revenu de l'individu placé dans un établissement d'aliénés soient employés à adoucir son sort et à accélérer sa guérison, et à ce qu'il soit rendu au libre exercice de ses droits aussitôt que sa situation le permettra. — La *capacité civile* de la personne non interdite placée dans un établissement d'aliénés subit certaines modifications ; ses droits civiques sont suspendus ; elle est incapable de remplir les fonctions de tuteur, de membre d'un conseil de famille, d'exercer les droits de puissance paternelle ou maritale, d'ester en justice. Cependant les actes faits par elle ne sont pas nuls de droit comme ceux faits par un interdit ; ils sont seulement susceptibles d'être annulés s'ils ont été faits en état de démence. La durée de l'action en nullité qui ne peut être intentée que par l'aliéné ou ses ayants cause est de dix ans ; ce délai ne court contre le souscripteur de l'acte qu'à dater de la signification qui lui en a été faite ou de la connaissance qu'il en a acquise après sa sortie définitive de l'établissement d'aliénés, et contre ses héritiers, qu'à dater de la signification qui leur en a été faite ou de la connaissance qu'ils en ont eue depuis la mort de leur auteur, à moins toutefois que le délai n'ait commencé à courir contre ce dernier, auquel cas il continue à courir contre ses héritiers. || *Statistique des établissements d'aliénés.* Le nombre des établissements d'aliénés existant en France au 1ᵉʳ janvier 1880 était de 103, savoir : 1 asile national (Charenton) ; 46 asiles départementaux ; 14 quartiers d'hospice ; 17 asiles privés faisant fonction d'asiles publics et 25 asiles privés ne recevant pas de pensionnaires indigents. Il existait dans ces divers asiles au 1ᵉʳ janv. 1880 46,912 aliénés, dont 22,146 hommes et 24,766 femmes. Ces 46,912 aliénés se répartissaient ainsi quant à la nature de la folie : Folie simple et épileptique : 33,604 (15,254 hommes, 18,350 femmes) ; folie paralytique : 2,640 (1,821 hommes, 819 femmes) ; démence sénile : 4.462 (1,721 hommes, 2,741 femmes) ; idiotie et crétinisme : 5,373 (2.905 hommes, 2,468 femmes). En général, le séjour moyen des aliénés dans l'asile est de 280 jours mais, tandis que pour les hommes, il est de 274 jours environ, il dépasse 286 pour les femmes.

ALIÉNER. v. a. (lat. *alienare*, vendre ; de *alienus*, d'autrui, étranger. — Prend un *e* ouvert devant une syll. muette, excepté au fut. et au condit. : j'aliène, tu aliènes, il aliène ; j'aliénerai, j'aliénerais). Transférer la propriété d'un objet. Aliéner une terre, une rente, des meubles. || Fig. Renoncer à un droit. Aliéner ses droits, sa liberté. || Fig. Indisposer ; faire perdre la bienveillance, l'affection, l'estime. Cet impôt lui aliéna le peuple. Aliéner les cœurs, les esprits. || Fig. Faire perdre l'esprit, rendre fou. Sa dernière maladie lui a aliéné l'esprit (Acad.) || S'ALIÉNER. v. pr. Être aliéné, vendu. Cette terre peut s'aliéner. || Se séparer. Toute société partielle s'aliène de la grande. || Perdre l'affection, l'estime. Il s'est aliéné les cœurs par ses manières hautaines. || Tourner à la folie. Son esprit s'est aliéné. || ALIÉNÉ, ÉE. p. pas. S'emploie adjectiv. Dont la propriété a été transférée. Domaine aliéné. Terre aliénée. || Séparé, éloigné. Pasteur aliéné de ses brebis. Cœurs, esprits aliénés. || Homme aliéné par le désespoir. (V. *Aliéné.*) || Syn. *Aliéner, vendre.* Transférer à quelqu'un la propriété d'un bien. On aliène de toutes les manières, souvent gratuitement ; on vend toujours à titre onéreux, pour un certain prix. Aliéner ne convient guère qu'en parlant d'objets physiques ; vendre se dit de tout ce qui est vénal, même des choses morales : ainsi on vend son travail, son bonheur, sa conscience.

ALIENI-FORUM. Géog. anc. Nom latin de *Ferrare.*

ALIÉNISME. s. m. Néol. Science qui a pour objet l'étude des maladies mentales. Néron appartient à l'aliénisme historique, une science à créer et dont relèveraient la plupart des mauvais Césars. (P. de St-Victor.)

ALIÉNISTE. s. m. Médecin qui s'occupe spécialement du traitement des maladies mentales. || adj. Qui a rapport au traitement des aliénés. Médecin aliéniste.

ALI ET RÉZIA ou *la Rencontre imprévue.* Opéra bouffon en 3 actes, musique de Gluck, paroles de Dancourt, représenté à Vienne en 1764 et à la Comédie-Italienne de Paris le 1ᵉʳ mai 1790 sous ce titre : *Fous de Médecine,* arrangement musical de Solié.

ALIFE ou **ALIFI** (*Alifœ*). 3,330 h. Vle d'Italie à 35 kil. N. de Capoue et à 5 kil. de Piédimonte, près du Volturne, dans un pays très malsain. Alife fut bâtie par les Osques, prise sur les Samnites par Fabius (307 av. J.-C.) et érigée en colonie romaine. Sous l'empereur Frédéric II, elle fut brûlée par le comte Celano. C'est auj. une ville complètement déchue.

ALIFÈRE. adj. 2 g. (lat. *ala*, aile ; *ferre*, porter). Zool. Qui porte des ailes. Se dit des insectes.

ALIFORME. adj. 2 g. (lat. *ala*, aile ; *forma*, forme). En forme d'ailes || Muscles aliformes. Les muscles ptérygoïdiens (V. ce mot).

ALIGANDJ ou **SEVAN.** 11,000 h. Vle du Behar, gouvernement du Bengale (Inde septent.), district de Sarân, sur la route de Dinapour à Gorakpour. Population musulmane. Bazar. ||

ALIGANDJ. 8,500 h. Vle de la prov. d'Etah (North-West province, Inde septent.), sur la route de Fatchgarh à Alighur.

ALIGARH. V. *Alighur.*

ALIGÈNE. adj. Surnom de Vénus née de l'écume de la mer.

ALIGÈRE. adj. 2 g. (lat. *ala*, aile ; *gerere*, porter). Qui porte des ailes. || Surnom des dieux ailés : Mercure, Cupidon, etc.

ALIGHIERI. Famille de Florence, originaire de Ferrare, illustrée par Durante ou Dante Alighieri. (V. *Dante.*) Un des fils de Dante, *Jacques Alighieri,* est connu comme poète. — Un poète de Vérone du XVᵉ s. a aussi porté le nom de *Dante Alighieri.*

ALIGHUR, ALIGHOR ou **ALIGARH.** Vle forte de l'Inde, ch.-l. du distr. du même nom, division de Meerut, prov. du N.-O. (Inde septent.) dans un canton marécageux du Douâb supérieur, à 90 kil. N. d'Agra, sur le chemin de fer de Calcutta à Delhi. La forteresse d'Alighur fut prise en 1803 par les Anglais malgré une brillante défense des Maharattes dirigés par l'officier français Perron. Alighur a pour faubourg la ville de *Coel* ou *Kol,* située a 3 kil. Les deux villes réunies comptaient, en 1871, 50,500 h. ||

ALIGHUR (district d'). Superf. 5,087 kil. car. ; popul. 1,073,000 h.

ALIGNAGER. v. n. Faire preuve de parenté. Vx mot.

ALIGNAN (Benoît d'). Moine bénédictin, abbé de N.-D. de la Grasse en 1224. Evêque de Marseille en 1229, il résigna en 1266 et mourut franciscain en 1268. Il fit deux voyages en Terre-Sainte en 1239 et 1260 et composa plusieurs ouv. historiques et théologiques, notamment un traité *de Summa Trinitate et fide catholica,* manuscrit à la Bibliot. nationale.

ALIGNEMENT. s. m. Ligne tirée ou donnée pour la direction d'une allée, d'un chemin, d'une rue, d'une troupe de personnes, et qui le plus ordinairement est droite. Prendre l'alignement. Se conformer à l'alignement, le rompre, le dépasser. Prenez votre alignement. Terme employé dans l'art militaire, la voirie, les manœuvres de chemins de fer. || Jurisp. Limite tracée par l'administration pour séparer la voie publique des propriétés riveraines. Nul ne peut établir le long d'une voie publique des constructions, clôtures ou plantations sans avoir préalablement obtenu de l'administration la délivrance de l'alignement, c-à-d. la constatation régulière des limites de la voie publique, et la permission de bâtir. Le propriétaire d'une maison dont la façade est, d'après les alignements arrêtés, sujette à reculement, n'y peut faire aucune réparation propre à en prolonger l'existence. Les permissions de construire et la délivrance de l'alignement sont données par écrit dans la forme d'un arrêté ; l'autorisation tacite ou verbale ne suffit pas ; ces permissions ne sont valables que pour un an. En matière de grande voirie, c.-à-d. le long des routes nationales et départementales, des rues de Paris, des chemins de fer, des rivières navigables, des canaux, l'alignement est délivré par le préfet. En matière de petite voirie (chemins vicinaux, rues des villes autres que Paris), il est délivré par le maire sous l'approbation du préfet. Ces alignements doivent être délivrés conformément aux *plans généraux d'alignements* qui doivent être dressés dans toutes les villes et communes dont la population agglomérée atteint 2,000 âmes ; ces plans sont, après enquêtes et délibérations des conseils municipaux, approuvés, suivant certaines distinctions, par décret d'Etat, le préfet, le conseil général ou la Commission départementale. S'il n'existe pas de plan général d'alignement, il est délivré des alignements partiels. Le recours contre les arrêtés pris par les maires en matière d'alignement doit être porté devant le préfet ; le recours contre les décisions des préfets devant le ministre de l'intérieur et, s'il y a violation d'un droit, devant le Conseil d'Etat. Les contraventions en matière d'alignement sont, pour la grande voirie, de la compétence des conseils de préfecture et, en appel, du Conseil d'Etat ; pour la petite voirie, du tribunal de simple police et, en appel, du tribunal correctionnel. Les contrevenants sont punis en matière de grande voirie d'une amende de 16 fr. à 300 fr. ; en matière de petite voirie, d'une amende de 1 à 5 fr., et, en cas de récidive, d'un emprisonnement de trois jours au plus. La démolition des constructions élevées sans autorisation doit, en outre, être ordonnée lorsque ces constructions ont été édifiées contrairement à l'alignement. La législation en matière d'alignements résulte en majeure partie d'édits, d'ordonnances et d'arrêts du Conseil d'Etat antérieurs à 1789, notamment de l'édit de Henri IV de 1607 et de l'arrêt du Conseil du 27 fév. 1765, maintenus expressément par l'art. 29 de la loi des 19-22 juill. 1791. (V. *Voirie.*) || A. milit. On doit au père de Frédéric II, roi de Prusse, l'alignement successif, individuel et par troupe. L'alignement est la base de l'ordre chez une troupe. Il est l'objet de prescriptions spéciales dans les théories. (Règl. du 12 juin 1875 sur les manœuvres d'infanterie ; du 17 juillet 1876 sur les manœuvres de cavalerie.) Dans les alignements, les fantassins doivent être coude à coude, les cavaliers botte à botte. Dans le cours des manœuvres exécutées par une troupe, toutes les fois que les hommes s'arrêtent, ils s'alignent d'eux-mêmes du côté du guide. Une compagnie ou un escadron isolé, un bataillon d'infanterie marchant en ligne, ont généralement le guide au centre. L'escadron prend son alignement sur l'une des ailes, s'il fait partie d'une ligne étendue, et vers le centre pendant la marche. || Comptabilité milit. Balance entre les recettes et les dépenses. Les alignements engagent la responsabilité des chefs de corps et de tout chef de détachement, s'ils ne sont pas justifiés par l'apurement. — On emploie aussi le terme d'aligner en langage militaire comme synonyme de pourvoir : en cas de guerre, après les transports de concentration, « les troupes lors de leur débarquement doivent toucher les quantités de pain nécessaires pour les aligner à deux jours comme elles l'étaient au moment du départ ». || Antiq. celtique. *Alignements.* Réunion de menhirs rangés suivant une ou plusieurs lignes. Il existe en France une cinquantaine d'alignements, la plupart en Bretagne, une quinzaine dans la région pyrénéenne. Il y en a aussi quelques-uns en Angleterre. Les plus célèbres alignements sont ceux qui existent dans le Morbihan, à Carnac et dans les communes voisines d'Erdeven et de Plouharnel. Ceux de Carnac, au nombre de trois placés à la suite les uns des autres, ont une longueur totale de 3 kil. et forment 10 11, et 13 lignes ; les pierres qui les composent vont en diminuant de hauteur ; elles atteignent 4ᵐ à une des extrémités et n'ont plus qu'un mètre à l'extrémité opposée. Les opinions les plus diverses ont été émises sur l'origine et la destination des alignements. On y a vu des monuments du culte druidique, des cimetières celtiques, des camps romains, etc., aujourd'hui on veut y voir soit des archives, chaque pierre dressée rappelant un fait ou une personne, soit des calendriers, une manière de compter les années ou les saisons.

ALIGNER. v. a. (*à* et *ligne*). Ranger sur une même ligne droite. Aligner une muraille, une allée, une troupe, des soldats. || S'emploie aussi au fig. Aligner ses périodes, ses pensées, ses mots, des hémistiches (faire des vers), Parler, écrire avec une recherche affectée. S'ALIGNER. v. pr. Être aligné, se ranger en ligne droite. || S'aligner, Se battre en duel.

ALIGNETTE ou **ALINETTE.** s. f. T. de pêche. Baguette avec laquelle on embroche les harengs à sauner.

ALIGNEUR, EUSE. s. Celui, celle qui aligne. Ne s'emploie guère qu'au fig. et en mauvaise part. Aligneur de mots.

ALIGNOIR ou **ALIGNONET.** s. m. Espèce de coin pour fendre l'ardoise.

ALIGNOLE. s. f. Filet pour les plus gros poissons, employé sur les côtes de Provence.

ALIGNON. Torrent, affl. de l'Ardèche, coule dans les gorges les plus pittoresques du Vivarais.

ALIGNY (Claude-Franç.-Théodore, CARUELLE d'). Paysagiste, né à Chaume dans le Nivera iis, en 1798, mort à Lyon, 1871; décoré en 1832; médaillé à diverses expositions; correspondant de l'Institut, directeur de l'Ecole des Beaux-Arts à Lyon, 1831. Élève de Regnault et Watelet, d'Aligny a cultivé particulièrement le paysage historique; les sujets du plus grand nombre de ses tableaux sont empruntés à l'Italie; il se distingue par une étude scrupuleuse de la nature.

ALIGNE (Étienne d'). 1559-1635. Chancelier de France, né à Chartres. Entra jeune au conseil du Roi, obtint les sceaux en 1624, mais les perdit en 1626, et fut obligé de se retirer dans une de ses terres du Perche. Homme intègre, estimé, mais caractère faible || **ALIGNE** (Étienne d'). 1592-1677 *Fils du précédent*, intendant en Languedoc et en Normandie, ambassadeur à Venise, garde des sceaux (1672), puis chancelier (1674). Probe comme son père. || **ALIGNE** (Étienne-François d'). 1726-1798. De la famille des précédents. Premier président du parlement de Paris en 1768 ; remarquable par la clarté et la précision de ses arrêts. Opposé à la convocation des États Généraux, il donna sa démission: faillit être massacré lors de la prise de la Bastille; sauvé par un serviteur; émigra à Londres en 1789 et mourut à Brunswick laissant une fortune considérable. — Son fils, né à Paris (1770-1847), fut pair de France sous la Restauration. || **ALIGNE** (Nicolas-Marie d'). 1752-1839. Chanoine de Metz ; confesseur de la foi sur les pontons de Rochefort; chanoine de Paris en 1830. A laissé des notes sur les victimes de la persécution révolutionnaire.

ALILÉENS. Tribu rapace de l'O. del'Yémen (Arabie).

ALIMANIA. Géog. anc. Nom latin de la *Limagne.*

ALIME. S. m. (gr. *alimos*, marin). Zool. G de crustacés stomapodes de l'Océan Indien.

ALIMÉNA. 4,400 h. Vle d'Italie, prov. de Palerme (Sicile), à 37 kil. S. de Céfalù.

ALIMENT. s. m. (a-li-man; —lat. *alimentum*) Ce qui sert à la nourriture; la nourriture elle-même. Le pain est un bon aliment. Des aliments légers, substantiels, lourds. || Action de nourrir. Des biens destinés pour l'aliment des pauvres. Peu usité. || *Fig.* Le bois est l'aliment du feu. Les sciences sont l'aliment de l'esprit. L'aliment des passions. L'aliment des factions. || *En terme d'assurances.* Aliment de la police. Autre chose est la somme assurée, autre chose l'aliment de la police, c'est-à-dire, la nature et la valeur ou l'estimation des marchandises ou objets assurés. || *Jurisp. Aliments,* Ce qui est nécessaire à l'entretien, ce qu'on est obligé de fournir aux époux, enfants, parents.(V. p. 152, 1re col.) || *Droit d'aliment* ou *droit de visite,* Redevance payée autrefois à l'évêque lorsqu'il faisait sa tournée pastorale. Ce droit, connu des Romains sous le nom de *procuratio* et maintenu par les comtes francs des deux premières races, était d'abord payé en nature par le curé de la paroisse visitée; plus tard, il fut acquitté en argent. (V. *Gîte (droit de).* || *Physiol.* On peut définir l'aliment « toute substance qui, introduite dans l'organisme, fournit des matériaux à l'entretien et au renouvellement des organes ou à leur accroissement tant que le corps n'a pas atteint son complet développement ». Les aliments considérés au point de vue de leur effet respectif dans l'acte de la nutrition, peuvent se diviser en deux grandes classes : ceux qui servent à la réparation des tissus, de la substance même des organes, d'où le nom d'*aliments plastiques* qui leur a été donné, et ceux qui servent à entretenir, par leur combinaison avec l'oxygène retiré de l'air par les poumons les combustions qui se passent dans l'organisme, lesquelles sont la principale source de la chaleur animale, d'où leur nom d'*aliments respiratoires.* Il faut remarquer toutefois que cette classification n'est pas d'une rigueur absolue, car les premiers peuvent, à un moment donné, fournir aux combustions internes, et les seconds peuvent s'accumuler dans l'organisme et faire partie des tissus. Dans ces deux grandes classes rentrent tous les aliments, si variés qu'ils soient et qui, au point de vue de leur composition chimique, se divisent en : 1o *aliments azotés,* c'est-à-dire qui sont composés de carbone, d'oxygène, d'hydrogène et d'azote, la présence de ces quatre éléments leur ayant

fait aussi donner le nom de *principes quaternaires;* 2o *aliments non azotés* qui ne renferment que du carbone, de l'hydrogène et de l'oxygène, ce qui les fait aussi appeler *principes ternaires;* 3o enfin les principes inorganiques ou *sels.* — Les aliments azotés comprennent, en premier lieu, les substances *albuminoïdes,* ainsi appelées parce que l'albumine ou blanc d'œuf en est le type, duquel se rapprochent la caséine, très abondante dans le lait, la fibrine contenue dans le sang, et quelques autres moins importantes. Arrivées dans l'estomac, ces substances, sous l'influence du suc gastrique, se transforment en une matière soluble assimilable, la *peptone.* Absorbées par l'organisme elles servent surtout à nourrir nos organes; mais une partie subit des métamorphoses chimiques en vertu desquelles elle joue un rôle différent, tel que celui de favoriser le travail de désassimilation pour aider au renouvellement des organes et même de contribuer aux phénomènes de calorification.Un second groupe, celui des substances azotées *collagènes,* qui a pour type la gélatine (laquelle se trouve en si grande abondance dans les tendons, les ligaments, la peau des jeunes animaux, les pieds de porc, la tête de veau), renferme encore la chondrine, l'osséine que l'on retire des cartilages et des os, et plusieurs autres encore. Ces substances ne sont pas, à proprement parler, nutritives; il ne faut cependant pas croire qu'elles n'aient pas un rôle important, car ce sont elles qui préparent la digestion des albuminoïdes, d'où le nom de *peptogènes* qu'on leur donne fréquemment. Enfin, un troisième groupe de substances azotées comprend des *alcaloïdes* extraits de certaines matières organiques, la théobromine fournie par le cacao, la caféine retirée du café, la théine, du thé, la cocaïne, de la coca. Bien que de nature azotée, ces alcaloïdes ne sont pas des aliments réparateurs, mais bien respiratoires ; ils ont surtout une action spéciale sur le système nerveux. — La classe des substances non azotées comprend d'une part, les *corps féculents* et *sucrés* qui, au point de vue chimique sont une combinaison de carbone avec les éléments de l'eau, c'est-à-dire, des hydrates de carbone; et d'autre part, des *corps gras* qui résultent de la combinaison d'un acide et d'une base. Les principes du premier groupe, tels que l'amidon ou fécule, le sucre, les gommes, etc., introduits dans les voies digestives se transforment sous l'influence d'un ferment de la salive, la *plyaline,* en une matière soluble qui est d'abord la *dextrine,* puis la *glycose.* Cette action se continue et se complète sous l'influence des sucs pancréatique et intestinal. Le sucre ordinaire est lui-même obligé de subir une semblable métamorphose pour être absorbé. Toutes ces substances sont brûlées dans l'économie ou bien une certaine partie se transforme en graisse qui s'accumule dans l'organisme. Les principes du second groupe, tels que beurre, huiles, graisses, sont les éléments les plus importants des combustions intra-organiques; ils constituent par conséquent la principale source de la chaleur animale. Sous l'influence du suc pancréatique ces corps gras s'émulsionnent et deviennent absorbables. Tandis que la plus grande partie est brûlée, l'autre s'emmagasine dans les tissus sous forme de graisse. La formation de la graisse dans l'organisme dépend donc de plusieurs sources, à savoir : 1o des matières grasses elles-mêmes introduites dans les voies digestives ; 2o de la transformation d'une certaine quantité de matières féculentes; 3o enfin des substances albuminoïdes par suite des dédoublements chimiques qu'elles éprouvent — Quant à la classe des principes inorganiques dont les principaux sont le chlorure de sodium, les phosphates et carbonates de chaux et de soude, le fer, l'acier, etc., leur rôle est fort important, car ils favorisent la solubilité des substances plastiques, contribuent à la digestion, à l'absorption, à l'assimilation et aux sécrétions. Ainsi le chlorure de sodium ou sel marin, favorise puissamment la digestion et le travail nutritif et porte à engraisser ; sans les phosphates, les os ne pourraient pas se développer; le fer, est une des parties constitutives du sang. — Dans la nature, les aliments sont bien loin, le plus souvent d'offrir la simplicité de composition

chimique que nous venons de faire connaître. Ils sont, au contraire, pour la plupart, fort complexes et formés de l'union de plusieurs des principes qui viennent d'être passés en revue. On peut, à ce point de vue les répartir en trois groupes d'après leur origine, c'est-à-dire le règne qui les fournit. Les aliments fournis pas le règne animal font la base de la nourriture de l'homme. La *viande* se compose de 3/4 d'eau et de 1/4 de parties solides. Parmi ces dernières, la fibrine tient le premier rang, puis viennent l'albumine et la gélatine, l'osmazôme et certains sels Cet aliment plastique par excellence, est d'autant plus nutritif que l'animal qui le fournit est arrivé à l'âge adulte, qu'il est herbivore et élevé en domesticité. Le bœuf fournit l'aliment le plus réparateur, en même temps qu'il est de facile digestion ; le veau est moins nutritif car il renferme plus de gélatine. Le mouton débarrassé de sa graisse ou suif qui se digère difficilement, vaut à peu près le bœuf comme aliment. Le porc donne une viande très nourrissante, mais lourde. Les oiseaux fournissent de nombreuses espèces comestibles, dont les principales sont le poulet, le dindon, le pigeon, le canard et l'oie, pour ne parler que des oiseaux domestiques. Il convient d'y ajouter un grand nombre d'espèces de gibier dont plusieurs sont surtout estimées quand elles sont faisandées, c'est-à-dire qu'elles ont subi un commencement de fermentation qui les rendent,d'après quelques-uns,de plus facile digestion Parmi les poissons, les uns se digèrent facilement, mais sont peu nourrissants. comme la sole, le turbot (poissons à chair blanche) ; d'autres, au contraire, tels que l'anguille, sont bien plus indigestes et plus nourrissants (poissons huileux) ; enfin les poissons à chair rouge, le saumon, par exemple, tiennent le milieu à ce double point de vue. Certains mollusques, notamment les huîtres, les moules et quelques autres entrent encore dans l'alimentation ; à l'exception des premiers qui sont d'une digestion très facile et se recommandent aux estomacs fatigués, la plupart des coquillages sont lourds et indigestes. Il en est de même des crustacés : crevettes, homards, écrevisses. — La façon de préparer les aliments tirés du règne animal n'est pas sans influence sur leur degré de digestibilité et de nutritivité. Disons d'abord que la viande crue ou à peine cuite se digère plus facilement que celle qui l'est davantage, et la viande rôtie plus que celle qui est bouillie ou préparée en ragoûts. Le *jus de viande* ne mérite pas complètement la grande réputation qu'on lui fait comme aliment. On l'obtient par deux procédés différents, soit par la pression d'un morceau de viande qu'on a fait passer à un feu vif, soit au moyen de la marmite américaine, appareil hermétiquement fermé qu'on soumet au bain-marie après y avoir mis la viande coupée en morceaux. Ce jus de viande est un liquide albumineux renfermant des sels, mais pas assez d'éléments azotés pour subvenir aux frais de la nutrition; il convient fort bien aux convalescents. On en pourrait dire autant de l'extrait de viande de Liebig ; il peut servir à faire des potages assez savoureux, mais sa valeur nutritive est faible. Le *bouillon* enfin contient, outre une forte proportion d'eau, une petite quantité d'albumine dissoute, des matières grasses qui s'accumulent à la surface et surtout de la gélatine et quelques autres principes : créatine, acide lactique, dextrine, phosphates, chlorures, etc. Sa composition chimique montre qu'il est peu nourrissant ; son rôle n'est pas moins utile, il constitue en effet un excellent *peptogène,* c'est-à-dire qu'il favorise la transformation des aliments albuminoïdes en peptones. — Le règne végétal fournit à l'alimentation des substances très variées dont un certain nombre ont la même composition chimique que celles tirées du règne animal : ainsi la fécule qui se trouve dans un si grand nombre de plantes de notre pays (pommes de terre, pois, fèves, graines des céréales), ou dans celles qui nous viennent des pays étrangers sous le nom de sagou, de tapioca, de salep, d'arrow-root, etc. Cette fécule est constamment mêlée dans les plantes qui la produisent à des substances azotées analogues à l'albumine, à la caséine et à la fibrine, à des corps gras et à des sels avec une certaine proportion d'eau.

C'est ainsi que le pain est un aliment mixte, complet qui, à la rigueur, pourrait servir, à lui seul, à la nutrition pendant un certain temps. Cet aliment de première nécessité, broyé par les dents s'humecte de salive qui le transforme en glycose, opération complétée par le suc pancréatique. Une matière albuminoïde se trouve en plus grande quantité dans les pois et les fèves, où elle porte le nom de légumine ; les matières grasses abondent dans un grand nombre de semences, amandes, noix, noisettes, cacao. Quant à cette quantité de plantes auxquelles on donne vulgairement le nom de *légumes* et qui renferment entre autres les choux, le cresson, les diverses salades, les haricots verts, le céleri, etc., ils sont peu nourrissants. On peut en dire autant des *fruits* qui favorisent d'une façon efficace la digestion, flattent le goût et fournissent à l'économie différents sels importants. Enfin les condiments divers tels que le sel marin, le sucre, le vinaigre, le poivre, la moutarde et les autres, sont de véritables aliments, les deux premiers surtout ; mais leur action est surtout de favoriser la sécrétion des sucs digestifs, bien que leur abus engendre bientôt la fatigue et soit souvent la cause de dyspepsie et de gastralgie. — Les *boissons* sont aussi indispensables à la vie que les aliments solides. La soif est même un besoin plus impérieux que la faim. La première de toutes les boissons est l'*eau*, ce qui se comprend, puisque le corps de l'homme en renferme 70 %. Tous les jours il en perd 3,000 grammes, qu'il est nécessaire de remplacer. Les boissons fermentées telles que le vin, le cidre, la bière, l'eau-de-vie sont utiles à des points de vue divers. Le vin, renferme outre une forte proportion d'eau, de l'alcool et plusieurs principes comme le sucre, le tannin, des acides, des sels qui appartiennent tous aux aliments respiratoires non azotés. L'utilité du vin n'est pas contestable surtout pour l'ouvrier dont il complète l'alimentation souvent insuffisante. La *bière* de bonne qualité, grâce à son principe amer qui la rend tonique, et aux substances solides qu'elle renferme et qui la rendent nourrissante, constitue une excellente boisson qui porte même à engraisser. Les bières légères sont de facile digestion, les bières lourdes, noires, sont plus indigestes, mais plus nourrissantes. L'*alcool* enfin, boisson employée sous tant de formes et dont on fait un si grand abus, serait de la plus grande utilité employé avec modération, surtout dans la classe ouvrière. En effet c'est un aliment antidéperditeur, c'est-à-dire qu'il modère les combustions intraorganiques, retarde le travail de désassimilation et a un pouvoir excito-moteur qui soutient le travail musculaire. Il est également utile à l'homme de cabinet, en raison de son action toute particulière sur le cerveau auquel il imprime une excitation très favorable au travail de la pensée. A côté de l'alcool on peut placer les boissons excitantes aromatiques, telles que le café, le thé, le coca, qui fournissent peu de chose à l'alimentation proprement dite, mais qui sont des excitants du système nerveux ; ils favorisent la digestion et servent de complément à l'alimentation par la vertu qu'ils ont de déterminer une plus complète utilisation des véritables substances alimentaires. — Deux questions qui se rattachent à l'étude des aliments, à savoir, les procédés employés pour leur conservation et les falsifications qu'on leur fait subir seront traitées aux mots *Conserves alimentaires* et *Falsifications*. || Bot. *Aliments des plantes*. V. *Plantes*. || Jurisp. On entend dans la langue du droit par *aliments* tout ce qui est nécessaire à la conservation de la vie, c.-à-d., outre les aliments proprement dits, l'habitation et le vêtement. L'obligation de se fournir des aliments entre parents dans le besoin est un devoir naturel dont la loi (C. civ., art. 203-212) a fait une obligation civile. L'obligation alimentaire existe ; 1° entre époux ; 2° entre ascendants et descendants. Entre ascendants et descendants légitimes, l'obligation alimentaire existe à l'infini ; entre ascendants naturels, elle existe au premier degré seulement ; la parenté adultérine ou incestueuse lorsqu'elle se trouve légalement établie crée également une obligation alimentaire au premier degré seulement ; 3° entre gendre ou belle-fille d'une part, beau-père ou belle-mère et leurs ascendants de l'autre ; toutefois, entre alliés, l'obligation cesse

lorsque la belle-mère a convolé en secondes noces, ou lorsque celui des époux qui produisait l'affinité, et les enfants issus de son union avec l'autre époux, sont décédés ; 4° entre l'adoptant et l'adopté (C. civ., art. 349) ; 5° pour le donataire à l'égard du donateur (C. civ., art. 955), le refus d'aliments par le donataire au donateur constitue un cas d'ingratitude qui permet à celui-ci de faire prononcer la révocation de la donation. A la différence de ce qui a lieu dans plusieurs législations étrangères, l'obligation alimentaire n'existe pas légalement en France entre frères et sœurs. Sauf dans le cas de l'art. 955 (aliments dus par le donataire au donateur), l'obligation alimentaire est réciproque. Les aliments sont dus dans la proportion des besoins de celui qui les réclame et de la fortune de celui qui les doit. En cas de désaccord entre les parties, le tribunal civil fixe le montant de la pension. La dette alimentaire est ordinairement payée en argent ; elle est insaisissable et ne peut faire l'objet d'une compensation (C. proc. civ., art. 581 ; C. civ., art. 1293). Exceptionnellement, la loi autorise le paiement en nature en cas de manque de ressources du débiteur de la dette. Lorsque le débiteur est le père ou la mère et qu'il offre de recevoir, nourrir et entretenir dans sa demeure l'enfant à qui il devrait des aliments, le tribunal peut également, alors même qu'il n'est pas justifié du manque de ressources, le dispenser de payer la pension alimentaire. || Syn. *Aliment, nourriture, substance*. L'aliment est la chose qu'on mange ; la nourriture, l'action générale dont l'aliment est la matière ; la substance offre une idée plus générale encore.

ALIMENTAIRE. adj. 2 g. Qui est propre à servir d'aliment. Substance, plante, pâte, denrée alimentaire. || Méd. Qui a rapport à la nutrition, à l'alimentation du corps. Régime alimentaire, Régime que l'on suit à l'égard des aliments. || Physiol. *Bol alimentaire*. V. *Bol*. || Méc. Se dit des parties d'une machine qui contribuent à l'alimentation de la chaudière. Pompe alimentaire. || Jurisp. *Obligation, dette alimentaire*, Obligation de fournir des aliments aux parents les plus proches lorsqu'ils sont dans le besoin. (V. *Aliments*.) — *Pension alimentaire*, Pension fournie soit volontairement, soit en vertu d'un jugement, par la personne qui doit des aliments. La pension alimentaire est insaisissable. — *Provision alimentaire*, Somme allouée par jugement à une personne au cours d'un procès pour lui permettre de vivre en attendant l'issue du procès. Les provisions alimentaires sont accordées dans les instances en séparation de corps, en désaveu de paternité, etc. Les demandes en provision alimentaire sont rangées au nombre des affaires sommaires. (V. *Sommaire*.) || Antiq. rom. *Enfants alimentaires*, Enfants pauvres nourris par la munificence publique. L'institution des *alimentarii pueri et puellæ* est due à Trajan. Elle nous est particulièrement connue par deux inscriptions ou tables de bronze, dites *tables alimentaires*, découvertes, l'une près de Plaisance en 1747, l'autre à Campolattaro, près de Bénévent, en 1832. L'empereur prêtait à faible intérêt un capital à des propriétaires qui consentaient une hypothèque sur leurs biens et qui versaient les intérêts de la somme prêtée dans la caisse municipale chargée de les appliquer à l'entretien alimentaire des enfants pauvres des deux sexes. Des *quæstores*, des *procuratores* et des *curatores alimentarii* étaient chargés de la surveillance de ce service d'assistance publique. — Consult. E Desjardins. *De tabulis alimentariis*, Paris, 1854.

ALIMENTATEUR, TRICE. adj. Néol. Qui alimente, qui nourrit. || **ALIMENTATEUR.** s. m. Méc. Appareil destiné à alimenter les chaudières à vapeur, c.-à-d. à renouveler l'eau régulièrement au fur et à mesure qu'elle diminue en se vaporisant. Dans certaines machines à vapeur l'alimentation dépend du mécanicien ; il l'effectue au moyen de *robinets d'alimentation* qu'il règle à son gré ; dans d'autres l'alimentation est *automatique*. Dans les locomotives l'alimentation s'opère par une machine spéciale. Autrefois pour les machines à vapeur à haute pression l'alimentation se faisait par des pompes foulantes, dites *alimentaires*, mais depuis quelques années on emploie un mécanisme direct d'alimentation ; parmi ces nouveaux alimentateurs on cite l'*injecteur Giffard* et l'*alimentateur Macabies*.

ALIMENTATION. s. f. Action de nourrir ou de se nourrir ; résultat de cette action. On calcule qu'il faut 3 hectolitres de blé par an pour l'alimentation d'un homme. (Bastia.) || Méc. Alimentation d'une machine à vapeur, Renouvellement de l'eau à mesure qu'elle se transforme en vapeur. (V. *Alimentateur*.) || Physiol. L'alimentation peut se définir « une association convenable des divers aliments destinés à pourvoir aux besoins de la nutrition ». L'organisme fait chaque jour des pertes considérables par différentes voies, la peau, les poumons, les reins. Pour maintenir l'équilibre, il est nécessaire que la recette nutritive compense d'une façon suffisante la dépense. Les conditions d'un bon *régime* alimentaire ou de la *diététique*, comme on dit encore, sont multiples ; les principales concernent la quantité des aliments, leur choix relativement à la digestibilité et à la valeur nutritive, la périodicité régulière des repas, l'appropriation du régime en qualité et en quantité aux conditions physiques de chacun, et suivant l'état de santé ou de maladie. — Il est impossible de fixer d'une façon générale et absolue la *quantité* de nourriture nécessaire à l'entretien de la vie. C'est à chacun de trouver celle qui convient au maintien de sa santé. Le véritable régulateur de la mesure convenable devrait être l'appétit. Malheureusement, il arrive trop fréquemment qu'une cuisine savante met en défaut celui-ci qui est alors remplacé, pour notre plus grand dommage, par la sensation qui souvent nous trompe sur les besoins réels de l'estomac Les hygiénistes s'accordent à dire qu'au point de vue dont il est question, les hommes se répartissent en deux catégories : ceux qui mangent trop, les riches ; ceux qui ne mangent pas assez, les pauvres. — Le *choix* de l'aliment doit être subordonné à trois conditions. Il faut qu'il plaise au goût, car, en raison des relations qui existent entre la bouche et l'estomac, il y a des chances pour que celui-ci digère facilement ce que celle-là trouve à sa convenance. Il doit être de digestion facile ; mais là encore il n'y a pas de règle absolue, car ce que l'un digère facilement, ne peut être supporté par un autre ; d'ordinaire, la chair des animaux trop jeunes, la charcuterie, les ragoûts, les pâtisseries sont de digestion pénible ; par contre les viandes grillées et rôties, les viandes blanches, sont de facile digestion. Enfin l'alimentation doit être suffisamment nutritive et renfermer en proportion convenable les divers principes tels que l'azote et le carbone destinés soit à la réparation des organes soit aux combustions intra-organiques. La conséquence de ceci c'est que le régime doit être de nature variée, sauf dans certains cas particuliers, tels que celui de maladie où le médecin prescrit certains régimes excessifs auxquels on donne le nom de *diètes*, et dont les principaux sont la diète lactée, la diète animale, la diète végétale, etc. Cependant certains aliments présentent une telle variété de principes nutritifs qu'ils méritent le nom de *complets*, car ils peuvent à eux seuls suffire à l'entretien de la vie. Le *lait* est le premier de ces aliments, puisqu'il constitue la nourriture exclusive de l'enfant, et que l'homme adulte y trouve pour lui-même tous les éléments qui lui sont indispensables. Cependant il arrive un moment où le dégoût survient et l'appétit se perd, pour prouver qu'une alimentation exclusive n'est pas en harmonie avec les lois physiologiques. Ce qui vient d'être dit du lait, s'applique aux *œufs* qui sont également un aliment complet dont la digestibilité est encore ne peut plus grande, surtout quand on les mange crus ou peu cuits. Ajoutons qu'il faut se défier d'une trop grande variété des mets qui excite à prendre plus de nourriture qu'il n'est nécessaire à l'entretien des fonctions. — Un point important est la *régularité* des repas, et leur espacement convenable ; il faut éviter qu'ils ne soient trop multipliés dans la crainte que les aliments ingérés ne rencontrent dans l'estomac ceux du précédent repas, de sorte que cet organe ne trouve pas le temps de se reposer. — Un régime identique ne saurait convenir à tous les hommes, car tous ne dépensent pas autant et n'ont pas autant de pertes organiques à réparer. Il y a d'ailleurs une distinction à faire. On a calculé que l'homme adulte perd chaque jour par les différentes voies d'excrétion : 20 grammes d'azote, 300 gr. de carbone et 3,000 gr. d'eau. Pour combler ce déficit, il doit consommer 300 grammes de viande, 600 gr. de pain, 60 gr. de beurre ou de graisse et 50 gr. de haricots, qui renferment la quantité d'azote, de carbone et d'eau qui vient d'être indiquée. En ajoutant une certaine quantité de vin, on a ce qu'on appelle la *ration d'entretien*. Mais l'homme qui fait activement travailler ses muscles, qui, en un mot, dépense une grande quantité de force doit avoir une nourriture plus abondante et qui mérite le nom de *ration de travail*. Dans ces conditions, la consommation de la viande doit être de 530 grammes, celle du pain de 1,200 gr. et celle de la graisse de 95 gr., ce qui répond à 30 gr. d'azote et 460 gr. de carbone. Ce n'est pas impunément que l'homme se soustrait à l'obligation d'équilibrer la recette et la dépense. Si l'alimentation est insuffisante, les forces diminuent, l'amaigrissement se produit, d'abord dans les réserves nutritives, c.-à-d. le tissu graisseux, puis dans le tissu musculaire lui-même. Si l'alimentation est nulle, survient *l'inanition* et tout son cortège de souffrances qui se terminent par la mort quand le corps a perdu près de la moitié de son poids. On conçoit que le régime doit être modifié suivant les climats, que les habitants des pays septentrionaux ont besoin d'une nourriture plus abondante et plus riche en aliments gras que ceux qui vivent dans les pays chauds. De même, suivant l'âge, le régime doit se modifier et s'approprier a la constitution de l'enfant, de l'adulte et du vieillard. — La question du régime a, dans la maladie, la plus haute importance. Et d'abord, il est certaines affections qui s'opposent à l'introduction des aliments par les voies ordinaires; on a recours alors à des lavements alimentaires, moyen précaire, mais qui permet de prolonger un peu la vie des malades et qui donne parfois le temps d'attendre la guérison d'une affection de l'estomac. *L'alimentation artificielle* peut encore se faire au moyen d'une sonde introduite soit par la bouche, soit par le nez jusque dans l'œsophage ou l'estomac, comme cela se pratique dans certaines fièvres graves ou certains cas de folie. Les règles de l'alimentation dans la maladie et la convalescence varient au point de vue de l'abondance, de la nature des aliments et de la fréquence des repas, suivant le genre de l'affection. — Au point de vue de l'hygiène publique, la question de l'alimentation est une des plus graves. On a signalé de remarquables relations entre la prospérité des nations et le genre et l'abondance de la nourriture. On a prouvé que plus la consommation individuelle de la viande augmente, et plus l'accroissement de la population s'accentue. Quand les disettes se renouvellent fréquemment, le chiffre de la population tend à baisser aussi bien par les émigrations qu'elles déterminent que par la mortalité dont elles augmentent les causes. L'alimentation intéresse l'hygiène publique encore à un autre point de vue, celui de la *sophistication* à laquelle la plupart des substances nutritives sont soumises (V. *Falsifications*.) Les aliments de première nécessité tels que le pain, le vin, le lait subissent une quantité de falsifications contre lesquelles l'hygiéniste et l'économiste ne sauraient trop allier leurs efforts pour protéger la santé des gens sans cesse menacée par l'industrie des corrupteurs de la nourriture publique. ‖ *Alimentation militaire*. La composition de l'alimentation du soldat en France, en temps de paix est de : une ration de pain ou biscuit (1,000 gr. de pain ou 735 de biscuit), une ration de viande (300 gr.), une ration de légumes (60 à 66 gr.), une demi-ration de sucre et café. En guerre, l'homme reçoit seulement en plus : une ration complète de sucre et café, et éventuellement une ration de vin ou d'eau-de-vie. La France et la Russie sont les seules puissances où le taux de la ration soit à peu près le même en guerre qu'en paix, seulement la ration russe est de beaucoup supérieure à celle des autres puissances. En Autriche et en Allemagne la ration de viande du temps de paix est de beaucoup plus faible que la nôtre, mais le taux de la ration de légumes est fort élevé; de plus, la ration de guerre est très forte et les règlements autorisent les généraux à la doubler.

En Allemagne, l'ordinaire a lieu par bataillon; il ne fournit à l'homme qu'un café ou soupe le matin, un repas principal à midi; le soldat se procure lui-même le repas du soir avec son argent de poche. En France, les hommes font deux repas par jour. Le service de la cuisine est constitué de la manière suivante : une commission d'officiers est chargée de faire les achats ou de passer les marchés pour la livraison journalière aux compagnies des denrées, excepté le pain de table fourni par l'administration. Les denrées sont mises en commun dans chaque compagnie qui constitue ainsi un *ordinaire*. Le lieutenant surveille cette partie du service; il a sous ses ordres un caporal ou brigadier, chef de l'ordinaire, qui commande, surveille les cuisiniers, reçoit les denrées et les leur remet. Ordinairement il y a un cuisinier en pied qui ne peut conserver ses fonctions plus de 3 mois et un aide-cuisinier relevé tous les 8 jours, mesure prise pour dresser les hommes a ce service important. — Les sous-officiers vivent entre eux en pension, généralement à la cantine, par catégorie d'emploi autant que possible et par bataillon, escadron, etc. — Les officiers, s'ils ne sont pas mariés, vivent également en pension ou *mess*, par grade ils sont sous la surveillance du lieutenant-colonel. — En campagne, les troupes doivent vivre en principe sur le pays, par les soins des officiers d'approvisionnement des corps, ou au moyen de magasins ouverts sur place par l'intendance. Le commandement règle d'ailleurs chaque jour le mode d'alimentation des différents corps et au besoin des diverses fractions d'un même corps, par l'habitant, par l'exploitation des ressources du pays, par voie de ravitaillement sur les stations têtes d'étape de guerre, ou enfin par la consommation des vivres de première ligne. Ces derniers constituent une réserve qui suit les corps de troupes, mais à laquelle on ne doit toucher que si les autres moyens d'alimentation font défaut (Aide-mémoire d'État-Major). (V. *Approvisionnement*.) Pendant les transports qui doivent précéder toute concentration, les troupes consomment le pain qu'elles portent et reçoivent les autres vivres aux stations halte-repas (V. [ce mot]). — Les règlements chez nous n'ont rien précisé pour l'alimentation des troupes embarquées. L'usage veut toutefois que les repas aient lieu par bordée aux heures indiquées par le tableau de service à la mer. Le premier repas se compose de café, le deuxième d'une demi-soupe et d'une ration de lard cuit ou de viande, le troisième d'une demi-soupe et d'une demi-ration de légumes ou fromage. Chaque compagnie est divisée d'habitude en escouades de 10 hommes qui forment un plat. Il y a un caporal ou soldat de 1re cl. a la tête de chaque plat. Les sous-officiers forment des plats distincts. ‖ *Alimentation des chevaux*. Les chevaux font 3 repas par jour. Ils sont classés en plusieurs catégories, et suivant qu'ils appartiennent à l'une ou à l'autre, reçoivent 2 kil. de paille, de 4 à 3 kil. de foin et une quantité d'avoine variant de 5 kil. 800 à 4 kil. 500. La nourriture est fournie par l'administration (services des fourrages) sous le contrôle des intendants. A bord des navires, le taux des rations est notablement diminué. En chemin de fer, il est invariablement de 2 kil. avoine et 5 kil. foin.

ALIMENTATIVITÉ. V. *Alimentivité*.

ALIMENTER. v. a. Fournir les aliments nécessaires, approvisionner, entretenir. Le marché ne fournit pas de quoi alimenter la ville. ‖ Fig. Ces matières alimentent l'incendie. Cette nouvelle alimente les conversations. Alimenter l'esprit, les passions, l'étude, les vertus. ‖ Méc. Alimenter une chaudière à vapeur. (V. *Alimentateur*.) ‖ S'ALIMENTER. v. pr. Se nourrir, tirer sa substance de. S'alimenter de pain, de viande. ‖ Fig. Son désir de vengeance s'alimentait de toutes ces insultes. ‖ ALIMENTÉ, ÉE. p. pas.

ALIMENTEUX, EUSE. adj. Méd. anc. Qui nourrit Remèdes médicamenteux et alimenteux.

ALIMENTIVITÉ. s. f. Phrénol. Instinct nutritif, qui pousse à rechercher et a prendre les aliments. ‖ Par ext. Penchant à la gourmandise.

ALIMENTUS (Lucius-Cincius). Historien romain, préteur en Sicile, 209 av. J.-C. il ne reste de lui que quelques fragments de son histoire de la seconde guerre punique.

ALIMES FAR-BACHI. s. m. Officier turc qui a sous sa garde les tentes du sultan.

ALIMPIUS. Le plus ancien peintre de la Russie, XIIe s. Moine à Kiew. Canonisé par l'Église grecque.

ALIMOCHE. s. m. Zool. Nom spécifique d'un vautour du genre *néophron*. Cette espèce, répandue en Afrique, se rencontre assez fréquemment en Grèce, dans la France mérid. et l'Espagne. Connue des anciens sous le nom de *poule de Pharaon*, elle était l'objet de leur respect en raison des services qu'elle rendait, en débarrassant les villes de l'Égypte des immondices abandonnées dans les rues. Syn. *Percnoptère*.

ALIMUSJID. Fort de l'Afghanistan, à 40 kil. O. de Peshawer, sur un rocher de 180 m; détruit par le général anglais Nott en 1842

ALINARD ou HALINARD. Moine bénédictin, né en Bourgogne en 990; abbé de St-Bénigne de Dijon, puis archevêque de Lyon (1046), il mourut à Rome en 1052, conseiller de Léon IX. Il reste de lui quelques lettres.

ALINDA. Géog. anc. Vle de la Carie (Asie Mineure), au S.-E. de Stratonicée; auj. *Moglah* (Caramanie).

ALINE (Ste). V. *Alène*.

ALINE, *reine de Golconde*. Conte de Bouflers (1761) qui a fourni le sujet de plusieurs opéras : Opéra ballet en 3 actes, musique de Monsigny, paroles de Sedaine, représenté à Paris (Acad. de musique) le 15 avril 1766; Opéra-comique, en 3 actes, musique de Berton, paroles de Viel et Favières, représenté a Paris (Théâtre Feydeau), le 2 sept 1803, arrangé en ballet par Dugazon, pour l'Acad de musique, en 1823; Opéra, musique de Boïeldieu, représenté à Saint-Pétersbourg en 1808, Opéra italien, musique de Donizetti, représenté à Gênes en 1828, à St-Pétersbourg en 1851 et à Paris (Théâtre-Italien), le 10 mars 1870.

ALINÉA loc. adv. (lat. *ad lineam*, à la ligne). Quand on dicte à quelqu'un, on dit : Alinéa, c'est-à-dire Quittez la ligne où vous êtes et commencez-en une autre au-dessous Peu usité; on dit plutôt : *à la ligne* ‖ s. m La nouvelle ligne elle-même que l'on commence après avoir quitté la précédente Lisez jusqu'au premier alinéa. Observez les alinéas Le premier mot d'un alinéa doit rentrer sur les lignes suivantes. ‖ Passage, paragraphe compris entre deux alinéas. Un alinéa très court. ‖ Peu fréquent chez les anciens, l'alinéa est aujourd'hui abusivement employé On ne doit mettre à la ligne que pour un changement d'idée. Les versets de l'Écriture Sainte sont des alinéas numérotés depuis le XVIe s.

ALINÉAIRE. adj. Qui a rapport à l'alinéa. M. E. de Girardin a un style alinéaire.

ALINER. v. a (a et *lin*). Mar Fournir un vaisseau de cordages et de voiles, l'équiper.

ALINETTE V. *Alignette*.

ALINGAVIAS. Géog. anc. Nom latin de *Langeais* (Indre-et-Loire).

ALINGER. v. a. (a et *linge*). Entretenir de linge. Alinger un serviteur, un pensionnaire.

ALINGO. Géog. anc. Vle des Bituriges Vivisques; auj. *Langon* (Gironde).

ALINGUE. s. m Sorte de pieu.

ALIODRENSIS PAGUS. Géog. anc. Nom de l'un des *pagi* de la Brie, situé dans le diocèse de Meaux et dont l'identification est incertaine.

ALIONE (Jean-Georges). Poète italien du XVe s., né à Asti; a composé aussi des poésies françaises publiées par Brunet en 1836.

ALIOS. s. m. Géol. Poudingue grossier formé de gros sablons liés par une argile ferrugineuse. Cette roche arrête l'infiltration des eaux et cause la formation de nombreux marecages et l'infertilité des landes de Bordeaux.

ALIOTIQUE. adj. 2 g. Géol. Qui a le caractère de l'alios. Sous-sol aliotique.

ALIPATA. s. m. Bot. Arbre des Philippines, g. d'euphorbiacées, à propriétés vénéneuses.

ALIPÈDE ou ALIPÈS. adj. (lat. *ala*, aile; *pes*, pied). Qui a des ailes aux pieds. Surnom de Mercure. Se dit aussi des chauves-souris.

ALIPHERE. Géog. anc. Vle de l'Arcadie. Temple d'Esculape et de Minerve.

ALIPHÉRUS. Fils de Lycaon, fondateur d'Aliphère.

ALIPILE. s. m. (lat. *ala*, aisselle; *pilus*, poil) Antiq. rom. Esclave attaché, chez les Romains, au service des bains et dont la fonction était d'épiler. Il employait à cet effet une pince ou un onguent. Laisser pousser les poils des aisselles était, à Rome, signe d'une grande négligence : les gens délicats se faisaient épiler jusqu'aux jambes.

ALIPIUS. V. *Alypius.*

ALIPRANDI (Buonamente). Chroniqueur italien, m. en 1417. A écrit une histoire rimée de la ville de Mantoue, publiée par Muratori. ‖ ALIPRANDI (Bernard). Musicien, né en Toscane, maître de chapelle du duc de Bavière. On a de lui trois opéras : *Mithridate*, 1738 ; *Iphigénie*, 1739 ; *Sémiramis*, 1740.

ALIPTE. s. m. (gr. *aleiptès*, de *aleiphein*, oindre). Antiq. gr. et rom. Nom de ceux qui étaient chargés, dans les gymnases et les palestres, d'administrer les onctions et les frictions qui précédaient ou suivaient les exercices. Leurs fonctions, comme celles des gymnastes, avaient quelque ressemblance avec celles des médecins ; aussi prirent-ils sous l'Empire le nom d'*iatraliptes.* — On donnait aussi le nom d'*aliptes* aux esclaves qui, dans les bains, faisaient des onctions, des frictions et des massages.

ALIPTERIUM ou ALIPTERION. s. m. Antiq. gr. et rom. Partie des palestres et des bains où se faisaient les onctions et les frictions.

ALIPTIQUE s. f. Partie de l'ancienne médecine qui traitait des onctions considérées comme un moyen d'entretenir la santé

ALIQUANTE. adj. f. (lat. *aliquanta*, d'une certaine grandeur). Math. Partie non contenue exactement un certain nombre de fois dans un tout Six est une partie aliquante de dix-neuf. ‖ Antonyme : *Aliquote.*

ALIQUOTE. adj. f. (a-li-kot ; — de *ali*, pour *alia*, autre, et *quot*, combien). Math. Parties aliquotes, c.-à-d. Contenues un nombre exact de fois dans une quantité : ainsi 4, 5 et 10 sont des parties aliquotes de 20. ‖ Acoust. Subdivisions d'une corde qui, tout en vibrant dans toute sa longueur pour donner un son fondamental, se partage en un certain nombre de parties égales, qui vibrent simultanément et donnent des sons secondaires ou harmoniques.

ALIRROTHIUS. Mythol. Fils de la nymphe Euryte et de Neptune, tué par Mars dont il avait violé la fille, ou par des paysans de l'Attique pour avoir détruit leurs oliviers.

ALISE ou ALIZE. s. m. Fruit de l'alisier, de la grosseur d'une petite cerise, rougeâtre, aigrelet, un peu astringent. On l'emploie dans les campagnes contre la diarrhée. ‖ Mar. Petite crique où s'abritent les navires, appelée aussi cale. ‖ Nom de la galette au beurre en Aunis.

ALISE-SAINTE-REINE. 734 h. Bg de France (Côte-d'Or) à 15 kil. N.-E. de Semur, sur l'Ozerain. Source minérale alcaline et ferrugineuse ; hôpital pour les maladies de la peau, fondé au XVe s. Reliques de Ste Reine, martyre du IIIe s. Pèlerinage fréquenté (7 sept.). Musée gallo-romain. — On croit que c'est l'*Alesia* de César, capit. des *Mandubii*, où Vercingétorix soutint un siège mémorable de deux mois (52 av. J.-C.) Vaincu par César dans les plaines de Bourgogne, il vint s'enfermer dans Alesia que César investit et entoura d'une circonvallation de 11,000 pas (16 kil.), flanquée de 23 tours. Une armée de secours de 250,000 Gaulois essaya de débloquer la place : elle fut vaincue après une lutte acharnée ; le lendemain Vercingétorix vint en personne se rendre au vainqueur. La reddition d'Alesia acheva la conquête de la Gaule. — Le vge actuel d'Alise est situé sur le penchant du mont Auxois (418 m) sur lequel était probablement bâtie l'ancienne cité et où l'on a découvert de nombreuses antiquités. Une statue colossale de Vercingétorix, en cuivre repoussé, œuvre de M. Millet a été élevée sur le mont Auxois en 1865. — L'opinion traditionnelle qui identifie l'*Alesia* de César avec Alise-Ste-Reine a été combattue, il y a quelques années, par plusieurs archéologues qui ont soutenu qu'Alesia était située en Franche-Comté, au hameau d'Alise (Doubs). Cette opinion a été défendue par MM. Delacroix (1856), J. Quicherat (*L'Alesia de César rendue a la Franche-Comté*, 1857, et plusieurs brochures, 1857-1869) et Castan. Une autre opinion proposée par MM. Maissiat et Gravot (1865) place Alesia au village d'Alise-Izernore, près de Nantua (Ain). On a proposé aussi Novalaise en Savoie. Mais ces opinions,

dont la première a été ardemment soutenue, paraissent auj. abandonnées et l'on est généralement revenu à l'opinion ancienne qui a été défendue dans ces dernières années par MM. Rossignol (1836), de Coynart (1856-62), duc d'Aumale (*Alesia, Étude sur la 7e campagne de César*, 1858), de Saulcy (*Campagnes de César dans les Gaules*, 1862), Napoléon III (*Histoire de Jules César*, 1865-66), etc.

ALISE, ÉE. adj. Lisse, poli. Tuyau alisé.

ALISES. V. *Alizés.*

ALISHAN (Léon). Poète et historien arménien, né à Constantinople en 1820. Ordonné prêtre en 1840 ; successivement professeur au collège Raphaël de Venise, directeur du collège arménien de Paris et, depuis 1877, vicaire général des Mékhitaristes de Venise. *Poésies complètes*, Venise, 3 vol. in-12, 1857-67 ; *Chansons populaires des Arméniens*, in-8e, 1867. Il a écrit en outre divers ouvrages sur la géographie, l'histoire et la littérature de l'Arménie. Ses poésies en ont fait le poète national des Arméniens.

ALISIER ou ALIZIER. s. m. Bot. G. de rosacées, très voisin des poiriers. On peut considérer les alisiers comme des poiriers dont les fruits sont des drupes à noyaux osseux. Les alisiers sont des arbustes ou des arbrisseaux à rameaux souvent spinescents, à feuilles alternes. Leur bois dur s'emploie dans la menuiserie. On mange leurs fruits après qu'on a fait blettir comme la nèfle : on peut aussi en retirer une liqueur alcool que par la fermentation. Les principaux alisiers sont : celui de Bourgogne (*cratægus aria*) ; l'alidysentérique (*tormunaria*), qu'on nomme aussi *alisier des bois, tormigne, alisier tranchant* ; l'alisier de Fontainebleau (*C. dentata*).

ALISINCUM. Anc. vle de la Gaule, chez les Éduens, auj. *Châteat-Chinon.*

ALISMACE ou ALISMOÏDE. adj. (de *alisme*). Bot. Ressemblant à l'alisme. ‖ ALISMACÉES. s. f. pl. Fam. de plantes monocotylédones, très répandues sur les ruisseaux et les étangs ; vivaces, feuilles petiolées ; fleurs à périanthe à six divisions libres ; fruit composé de petits carpelles secs ; graines dépourvues d'albumen. Ces plantes contiennent un principe âcre ; quelques-unes, des rhizomes féculents. Deux genres principaux : l'*alisme*, la *sagittaire.*

ALISME ou ALISMA. s. m. (*alisma plantago*, plantain d'eau) Bot. G. d'alismacées. Ces plantes connues sous les noms de *fluteau*, de *plantain d'eau*, sont des herbes vivaces, à tiges droites, lisses, triangulaires, articulées ou nouées ; fleurs petites, roses, sur une tige longue ; feuilles ovales, droites. Le plantain d'eau est la plus commune, au bord des marais et des étangs ; il est, dit-on, nuisible pour les bestiaux, qui en mangent cependant. La racine pulvérisée a passé pour guérir la rage.

ALISMÉ, ÉE. adj. (de *alisme*). Bot Ressemblant à l'alisme. ‖ ALISMÉES. s. f. pl. Tribu de la famille des alismacées.

ALISMINE. s. f. Extrait âcre et amer de la racine du plantain d'eau (*alisma plantago*).

ALISMOÏDE. adj. (gr. *alisma* ; *eidos*, ressemblance). Bot. Syn. de *Alismace.*

ALISO ou ELISO. Géog. anc. Forteresse élevée en Germanie par Drusus (11 av. J.-C.) contre les Chérusques et les Sicambres, à l'embouchure de l'*Eliso* dans la *Luppa* (Lippe). Détruite par les Germains après la défaite de Varus, rétablie l'an 15 de J.-C., assiégée de nouveau par les Germains en l'an 16, elle fut débloquée par Germanicus. Les géographes ne s'accordent pas sur l'emplacement de cette forteresse, poste avancé des Romains en Germanie. Les uns l'identifient avec Liesborn, situé au confl. de la Liese, de la Glœnne et de la Lippe ; les autres avec Hamm, a la jonction de l'Ahse et de la Lippe ; d'autres avec Elsen, près Paderborn, sur l'Alme. ‖ ALISO (l'). Petit fl. de la Corse, qui se jette dans le golfe de St-Florent.

ALISON. s. f. Nom donné à des soubrettes de comédie. Sans doute forme populaire de *Alice* ou *Alix*, nom de plusieurs saintes, ou de *Lise, Liselle, Lison.*

ALISON (Archibald). 1757-1839. Ministre anglican, né et m. à Edimbourg. Auteur d'un *Essai sur la nature et les principes du goût* (Edimbourg, 1790), estimé des Anglais, faible comme philosophie, et de *Sermons*, Édimb., 1814, 2 vol. ‖ ALISON (baronnet Archibald). Fils du précédent ; historien anglais, né à Kenley en

1792, m. en 1867. Étudia à Édimbourg ; devint avocat au barreau d'Ecosse en 1814 ; avocat général en 1823 ; recteur de l'univ. d'Aberdeen en 1847, par élection des élèves ; en 1852, lord-recteur de l'univ. de Glasgow, en concurrence avec lord Palmerston ; créé baronnet la même année. A traité aussi de législation et d'économie politique. Sur ses 35 vol., on remarque surtout : *Histoire de l'Europe pendant la Révol. franç. jusqu'à la Restauration de 1815*, 10 vol., 1833-42 ; 10e éd., 14 vol., 1861. Cet ouv., inspiré par l'esprit tory, a été trad. dans la plupart des langues de l'Europe et aussi en arabe et en hindoustani. L'auteur a donné, avec moins de succès, 8 vol. de continuation jusqu'à Napoléon III, 2e éd., 1863-65. *Vie du duc de Marlborough*, 2 vol., 1847 ; *Vie de lord Castlereagh*, 2 vol., 1862 ; *Principes de la population*, 1833, 2 vol., contre les théories économiques de l'école de Manchester ; *Voyages en France*, 1846 ; *Principes de la loi criminelle d'Ecosse*, 1825 ; *Pratique de la loi criminelle*, 1833 ; etc. ‖ ALISON (Guill.-Pulteney). Frère puîné du précédent, m. en 1859. Professeur de pathologie à l'université d'Edimbourg. *Esquisses de physiologie*, 1839, 3e édit. ; *Esquisses de pathologie et de médecine pratique*, 1858 ; *Observations sur l'administration des pauvres* ; *Dissertation sur les terres incultes* 1850, qu'il voudrait voir partager entre les indigents. ‖ C'est à une autre famille qu'appartient *Alexandre* ALISON, né à Leith, 1812, qui, après avoir, de 1838 à 1844, dirigé des forges importantes dans les comtés de Lanark et d'Ayr en Ecosse, a fait de grands voyages en Europe et en Asie et est devenu en 1861 président de la *Church Reformation Society* qui poursuit la révision des 39 articles. On lui doit : *Philosophie et histoire de la civilisation*, Londres, 1860 ; *L'Église protestante et l'Église catholique comparées* ; etc.

ALISONITE. s. f. (a-li-zo-ni-t'). Minér. Corps composé de cuivre, de plomb et de soufre, trouvé au Chili.

ALISTAR ou ALLISTAR. Vle de Malaisi, roy. de Queddah, presqu'île de Malacca ; ancienne résidence des rois de Queddah.

ALISTRA. Myth. Mère d'Ogygès, un e Neptune.

ALITEMENT. s. m. Mise au lit des malades ; précautions et manœuvres qui s'y rapportent. ‖ Méd. Séjour plus ou moins prolongé au lit pour cause de maladie. Cette position horizontale que l'on prend dans la plupart des affections pathologiques a pour résultat de reposer tout l'organisme, particulièrement les muscles de la vie de relation qui se trouvent alors dans l'inaction, en même temps que la respiration et la circulation sont ralenties, d'où résulte un abaissement de la température du corps. A la longue l'alitement affaiblit, amène l'insomnie, la tendance au vertige, la constipation. De plus, chez les personnes très affaiblies par la maladie, surtout les enfants et les vieillards, il détermine souvent des congestions des organes thoraciques, dites hypostatiques ; enfin, comme complications locales résultant de la compression prolongée de certaines parties du corps, il faut signaler l'érythème, les ulcérations et les eschares, surtout au niveau du sacrum. On peut prévenir ces accidents ou les combattre au moyen de sachets élastiques gonflés d'air qui répartissent la compression d'une façon plus égale, et en saupoudrant les parties blessées de poudres isolantes, telles que celles de lycopode ou d'amidon.

ALITER. v. a. (de *lit*). Mettre quelqu'un au lit, le réduire à garder le lit. Cette blessure l'a alité pendant trois mois. (Acad.) ‖ Pêche. Aliter des harengs, des anchois, Les ranger par lits, par couches. ‖ S'ALITER. v pr. Se mettre, se tenir au lit pour cause de maladie. ‖ ALITÉ, ÉE. p. pas. Subst. Un pauvre alité. ‖ Syn. *Se mettre au lit, s'aliter.* Le premier est plus général ; on se met au lit pour diverses causes. On s'alite, parce qu'on se sent malade, parce qu'on ne peut plus se tenir debout.

ALITÈRE. adj. 2 g. (lat. *alere*, nourrir). Qui nourrit, ou qui fait moudre. Surnom poétique de Cérès et de Jupiter qui, dans une famine, avaient empêché les meuniers de voler la farine.

ALITES s. m. pl. (lat. *ales, alitis*, oiseau). Antiq. rom. Oiseaux sacrés chez les Romains, qu'on consultait sur l'avenir, d'après leur façon de becqueter le grain.

ALITRONC. s. m. (lat. *ala*, aile ; *truncus*, tronc) Zool. Tronc des insectes dans sa partie postérieure, où sont fixées les ailes.

ALITTA. Divinité des anciens Arabes, correspondant à la Vénus des Grecs.

ALITURGIQUE. adj. (gr. *a* priv. et *liturgique*). Se dit, en style ecclésiastique, des jours qui n'ont pas d'office particulier. A Alexandrie, les vendredis étaient dans ce cas.

ALIVÉRIE. s. m. Médicament stimulant composé, dans l'Inde, avec une plante herbacée crucifère, l'*arabis chinensis*.

ALIVRER. v. a. T. de com. Diviser par poids d'une livre.

ALIWAL. Vge de l'Inde (Pendjab), district de Ludhiania, sur la rive gauche du Satledj ou Sutletsch. Victoire du général Harry Smith sur les Sikhs, 28 janv. 1846.

ALIX. 410 h. Vge de France (Rhône), à 8 kil. de Villefranche. Autrefois chapitre de chanoinesses régulières dont il reste l'ancienne église.

ALIX. Nom de femme qui s'écrit mieux *Alice* (V. ce mot), le français moderne étant formé ordinairement sur l'accusatif du nom latin. || ALIX DE CHAMPAGNE. 4ᵉ fille de Thibaut IV, comte de Champagne ; femme de Louis VII, mère de Philippe-Auguste ; régente pendant la 3ᵉ croisade (1190-91), elle administra avec sagesse et fermeté. Morte en 1206. || ALIX (J.). Graveur, élève de Champagne, né à Paris en 1615. *Sainte Famille*, d'après Raphaël. || ALIX (Thierry). 1534-1597. Conseiller d'État et président de la Chambre des comptes de Lorraine, auteur de travaux estimés sur l'histoire de Lorraine. || ALIX (P.). Chanoine de Besançon ; controversiste. Dôle, 1600-1676. || ALIX (Matth.-François). 1738-1782. Médecin, né à Paris ; professeur à l'université de Fulde. *Manuel de Chirurgie*, Riga. 1772; *De nocivis mortuorum intra sacras œdes urbiumque muros sepulturis*, Erfurt, 1773; *Observata chirurgica*, 1774-1778. || ALIX (Céleste). Né à Oppède (Vaucluse) en 1824, m. en 1870. Elève du séminaire St-Sulpice, chapelain de Ste-Geneviève (1854), il s'est fait surtout connaître par ses études sur le chant ecclésiastique dont il a publié un cours estimé. || V. *Allix*.

ALIXAN. Anc. vie de France (Drôme), arr. et à 14 kil. de Valence, autref. importante, détruite par un incendie en 1345 ; auj. bourg de 1,619 h.

ALIZARAMIQUE. adj. 2 g. *Acide alizaramique* ($C^{30}H^{14}O^6$, AzH^3). Acide cristallin, pulvérulent, presque noir quand il est sec, rougeâtre quand il est humide et qui teint les tissus mordancés en couleurs rappelant celles de la garance.

ALIZARATE. s. m. Chim. Sel produit par la combinaison de l'acide alizarique avec une base. (V. *Phtalate ; Phtaléine*.)

ALIZARD (Adolphe-Joseph-Louis). Chanteur, né à Paris ; 1814-1850. A créé avec succès plusieurs rôles à l'Opéra.

ALIZARI. s. m. Racine de la garance. La meilleure vient d'Auvergne et du Comtat-Venaissin.

ALIZARINE s. f. (de *alizari*). Chim. Indust. Matière colorante extraite de la garance en 1826 par Robiquet et Colin, en sublimant la *garancine*. L'alizarine se présente sous forme de paillettes d'un beau rouge pâle ; traitée par l'ammoniaque, elle donne une magnifique couleur pensée. On fabrique aujourd'hui l'alizarine artificielle au moyen de l'*anthracène* (V. ce mot). L'anthracène $C^{14}H^{10}$, traité par l'acide chromique, s'oxyde et devient l'*oxanthracène* ou *anthraquinone*, $C^{14}H^8O^2$. Cette substance chauffée avec l'acide sulfurique fumant donne l'acide *di-sulfoanthraquinonique* qui, fondu avec de la soude, se dédouble en sulfate de soude et en *alizarine artificielle*, $C^{14}H^8O^4$. Enfin, l'alizarine peut s'oxyder par un mélange de bioxyde de manganèse et d'acide sulfurique et donne la *purpurine*, $C^{14}H^8O^5$. C'est au mélange d'alizarine et de purpurine que la racine de garance doit ses propriétés tinctoriales. L'industrie de l'alizarine, qui a fait dans ces derniers temps des progrès considérables, menace gravement la culture de la garance : en effet le prix de l'anthracène est déjà tombé de 175 fr. à 25 fr. le k. et on estime sa production à 5,000 k. par jour.

ALIZARIQUE (acide). V. *Phtalique* (acide).

ALIZE, ALIZIER. V. *Alise; Alisier*.

ALIZÉEN, ENNE. adj. Qui a rapport aux vents alizés. *Phénomènes alizéens.* || Où règnent les vents alizés. *Contrées alizéennes.*

ALIZÉRIAH. Musicien arabe, fondateur à Cordoue d'une célèbre école de musique, IXᵉ siècle.

ALIZÉS. adj. m. pl. (de l'ancien mot français *alis*, uni, régulier). Météor. Se dit de certains vents très réguliers, qui soufflent toute l'année du N.-E. au S.-O. dans l'hémisphere nord, et du S.-E. au N.-O. dans l'hémisphère sud. Ces deux courants se réunissent vers l'équateur pour souffler de l'E. à l'O. Ils se font sentir à 25° ou 30° au N. et au S. de l'équateur ; mais ils sont séparés par une zone de quelques degrés où règnent des *calmes*, fréquemment interrompus par de violentes tempêtes appelées *tornados*. Dans les régions supérieures de l'atmosphère, regnent des courants d'air d'une direction opposée, *alizés supérieurs*, qui reportent vers les pôles l'air échauffé des tropiques. Halley a donné des alizés l'explication suivante qui est généralement acceptée par les météorologistes : l'évaporation énorme qui se produit dans les mers voisines de l'équateur sous l'influence d'une température constamment très élevée détermine un courant ascendant de l'air de la zone torride et, par suite, un appel de l'air des zones tempérées des deux hémisphères. Cet air arrive aux environs de l'équateur avec la vitesse correspondante à la rotation du parallèle terrestre d'où il vient, vitesse très inférieure à celle de l'équateur puisque, dans un mouvement de rotation, ce sont les points les plus éloignés de l'axe qui vont le plus vite. De la différence de ces deux vitesses résulte l'obliquité que l'on constate dans la direction des alizés. Les navigateurs utilisent la constance des vents alizés pour se rendre dans les pays vers lesquels ils se dirigent. || Subst. La théorie des alizés a été donnée par Halley.

ALIZITE. s. f. Minér. Silicate hydraté de nickel, contenant un peu de magnésie et de fer.

ALJUBARROTA. 400 h. Bg du Portugal (Estramadure), à 24 kil. S.-O. de Leiria. Bataille où Jean Iᵉʳ de Castille fut vaincu par Jean Iᵉʳ de Portugal en 1385.

ALJUSTREL. 2,200 h. Bg. du Portugal, à 35 kil. S.-O. de Béja. Exploitation minière importante à l'époque romaine. Il y a été découvert en 1876 une inscription latine gravée sur bronze qui donne des renseignements intéressants sur l'administration des mines au 1ᵉʳ s. de notre ère. La *table d'Aljustrel* a été publiée et commentée par plusieurs épigraphistes, notamment par M. J. Flach, Paris, 1879.

ALKADIR-BILLAH. 22ᵉ khalife abbasside, né à Bagdad en 947, régna de 991 à 1041. Il donna asile à sa cour au grand poète persan Firdousi, poursuivi par la vengeance de Mahmoud le Gaznévide.

ALKAEST. V. *Alcahest*.

ALKALI. V. *Alcali*.

ALKAN (Ch.-H.-Valentin MORHANGE). Musicien et compositeur, né à Paris en 1813. Elève du Conservatoire en 1829, premier prix de solfège, de piano et d'harmonie de 1831 à 1836 ; en 1837, professeur honoraire au Conservatoire. M. Alkan a composé plusieurs morceaux pour le piano. || ALKAN (Napoléon-Alexandre). Frère du précédent, né à Paris, 1826. Pianiste distingué, élève du Conservatoire ; lauréat de l'Institut en 1850 ; auteur de plusieurs morceaux pour le piano.

ALKANNA. s. f. (mot arabe). Bot. G. de plantes, fam. des borraginées, tr. des anchusées. Ce sont des herbes orientales ou de la région méditerranéenne. La principale espèce est l'*A. tinctoria* dont la racine constitue l'orcanette.

ALKARSINE. V. *Kakodyle*.

ALKASSAR-KEBIR. V. *Kassr-el-Kebir*.

AL-KATIF OU EL-CHATIF. 6,000 h. Ville forte et commerçante d'Arabie, dans le pays d'El-Hasa ou de Lahsa, sur le golfe Persique. Bazar, citadelle construite par les Portugais. Résidence des princes karmathes au IXᵉ et au Xᵉ s., Al-Katif a appartenu aux Wahabites jusqu'en 1875 ; c'est auj. une possession turque. — Le district compte 32 villages et 92,000 h.; il est fertile en riz, dattes, figues, oranges, abricots, melons.

ALKÉKENGE. s. m. ou **ALKÉKENGÈRE.** s. f. (al-kè-kanj'; — arabe *al*, le, et *kakendj*). Bot. *Physalis alkekengi*, plante vivace, de la fam. des solanées, dont les baies, arrondies, d'un rouge foncé, renfermées dans un calice vésiculeux, très large, rougeâtre, sont acidules, légèrement rafraîchissantes et diurétiques. Elles doivent leurs propriétés à un principe amer, cristallisable, appelé *physaline*. Ces baies (vulg. *cerises d'hiver, cerises de juif*), peu employées de nos jours, entrent encore cependant dans les sirops de chicorée. Les capsules des baies sont vantées comme *tonique, amer, fébrifuge*. Poudre : 4 à 16 gram. par jour, prise avant l'accès de fièvre ou de névralgie comme succédané du sulfate de quinine. — On dit aussi : *coqueret, coquerelle, herbe à cloques*.

ALKEMADE (Cornelius VAN). 1654-1737. Archéologue hollandais. Fonctionnaire de l'État à Rotterdam, il publia, en hollandais, plusieurs travaux estimés sur les anciens tournois; les monnaies de Hollande ; la vie civile des anciens Hollandais; les inhumations; les luttes des partis à Rotterdam.

ALKENDI. Philosophe et médecin arabe, né à Bassora, m. en 860. Il a traduit et commenté Aristote et écrit sur les sciences et la philosophie plus de 200 traités dont plusieurs ont été traduits en latin. Les Arabes l'avaient surnommé le *Philosophe par excellence*,

ALKERMÈS. adj. 2 g. et s. m. (arabe *al* et *kermès*). Confection, électuaire, élixir, sirop alkermès, Préparations employées autrefois en thérapeutique et dans lesquelles il entrait du suc de kermès animal, que l'on considérait comme végétal, parce que ce kermès est la coque d'un insecte qui adhère un certain temps à une espèce de chêne vert : il n'existe pas de kermès végétal ; il n'y a que le kermès animal et le kermès minéral. (V. *Kermès*.) On fabrique sous le nom d'alkermès de Florence une excellente liqueur de table, composée de : 30 gr. canelle, 5 gr. clous de girofle, 8 gr. vanille, infusés trois jours dans 2 litres d'alcool à 32° ; d'un autre côté on fait également macérer pendant 3 jours : 10 gr. de cochenille pulv. et 50 centigrammes d'alun cristallisé dans 250 gr eau de roses, puis on décante et on filtre; enfin on prépare un sirop avec 2 k. et $^1/_2$ de sucre dans quantité d'eau suffisante : on mêle à froid et on ajoute 125 gr. eau de fleurs d'oranger.

ALKMAAR OU ALKMAER (en holl. *tout mer*, à cause des marais auj. desséchés qui l'entouraient). 13,000 h. Vie forte de la Hollande septent., sur le canal du Helder, à 36 kil. N.-O. d'Amsterdam Belle église gothique de St-Laurent, hôtel de ville de 1507. Grand commerce de fromages, beurre, grains, chanvre, fleurs. Siège célèbre soutenu contre les Espagnols, 1573-1583. Victoire de Brune sur les Anglo-Russes, qui fut suivie de la capitulation du duc d'York, 18 oct. 1799.

ALKMADE. V. *Alkemade*.

ALKMAER (Henri d'), (on pron. *mar*). Poète allemand du XVᵉ s., auteur du roman du *Renart* (*Reinecke Voss*, Lubeck, 1498), en dialecte bas allemand. Ce poème, satire spirituelle de la société féodale, n'est qu'une traduction d'une ancienne version flamande, faite probablement elle-même d'après un original français. V. *Renart* (*romans de*). Le *Renart* a été traduit dans la plupart des langues de l'Europe et mis en vers hexamètres par Goethe. On a prétendu sans preuve qu'Alkmaer n'était qu'un pseudonyme de Nicolas Baumann qui se serait vengé du duc de Juliers par cette satire des mœurs de son temps || ALKMAER (Zacharie VAN). Peintre hollandais du XVIIᵉ s. ; a peint surtout des portraits.

AL-KOSH ou EL-KOSH. 3,000 h. Vie de la Turquie d'Asie, vilayet de Bagdad, à 40 kil. N. de Mossoul, sur une éminence bordée par le Tigre. Patriarche *nestorien qui réside à* Mossoul. Vaste église ; bibliot. riche en manuscrits hébreux. Près de la ville, moines chaldéens vivant dans des cavernes, à Rabban-Hormuzd; tombeau prétendu du prophète Nahum qui y serait né.

ALLA BREVE. loc. adv. (al-la-bré-vé ; — ital. *alla*, à la ; *breve*, brève). Indication d'une mesure à quatre temps, qu'on bat à deux temps, à cause de sa vitesse. Les notes ont une valeur égale, comme dans les chants d'église, d'où l'indication *alla capella, a capella*. Cette manière de mesurer est en effet empruntée à la musique d'église et sert surtout pour les chants religieux. On l'exprime par un C barré. Dans les antiphonaires, elle est indiquée par un mode d'impression de notes dont la forme est carrée.

ALLA CAPELLA. V. *A Capella.*

ALLACCI (Léon). (pron. *tchi*; — en latin *Leo Allatius*). 1586-1669 Érudit né à Chio; m. à Rome. Élevé au collège grec à Rome, il se fit catholique et devint bibliothécaire du Vatican en 1661; ce fut lui qui, en oct. 1622, transporta d'Heidelberg au Vatican la célèbre bibliothèque palatine. Nombreux et savants ouv. de théologie, d'archéologie, de philologie où manque parfois la critique. Il a édité les auteurs grecs de la période chrétienne. Ses princ. ouv. sont : *De Ecclesiæ occidentalis et orientalis perpetua consensione* (Cologne, 1648, in-4°), où il se propose de prouver que l'Église romaine et l'Église grecque ont toujours été unies dans la même foi; *De libris ecclesiasticis Græcorum,* (Paris, 1645, in-8'); *Apes Urbanæ* (Rome, 1633, in-8'), nomenclature précieuse des lettrés qui habitaient Rome à cette époque ; *De patria Homeri* (Lyon, 1640, in-8°), où il soutient qu'Homère est né à Chio.

ALLADA. Vle du royaume de Dahomey (Guinée orient.), à 120 kil. S.-E. d'Abomey; anc. capit. du royaume nègre d'Ardrah. Env. 10,000 h.

ALLADE Roi des Latins, surnommé *le Sacrilège* à cause de ses impiétés. Il contrefaisait, dit-on, le tonnerre avec des machines de son invention et périt frappé par la foudre, vers 885 av. J.-C.

ALLÆANTHE. s. m. Bot. G. de morées ; habite Ceylan où on l'appelle vulg. *allandoa.* Le licer de cet arbre est employé comme textile pour faire du papier et des étoffes grossières.

ALLÆUE. Anc. pays d'Artois. Princ. localités : Fleurbaix, La Gorgue, Laventie, Sailly-sur-la-Lys.

ALLA FRANCESE. loc. adv. (al-la-fran-tché-sé ; — ital. *à la française*). Mus. Mouvement modéré. Expression employée par les musiciens allemands pour le *staccato* (détaché) d'un mouvement modéré.

ALLAGITE. s. f. Minér. Variété de manganèse siliceux, silicate de manganèse uni à du carbonate du même métal.

ALLAGOSTÉNOME. adj. 2 g. (gr. *al'agé*, changement, et *stemón*, filament). Bot. Se dit des plantes sur le réceptacle desquelles les étamines et les pétales occupent une place différente de leur insertion normale.

ALLAH. s. m. (al-la; — contract. de l'arabe *al*, le, et *Ilâh*, Dieu). Nom de Dieu chez les mahométans, employé dans la plupart de leurs exclamations; *Allah Kébir, Seigneur Dieu, Dieu est grand, Dieu est le maître !*

ALLAHABAD (*Demeure de Dieu*). 145,000 h. Ch.-l. de prov. et de distr. de l'Inde anglaise, à 760 kil. N.-O. de Calcutta, sur la grande ligne de Calcutta à Delhi, au confluent des deux fleuves sacrés, le Gange et la Djemna. Station militaire importante, enceinte bastionnée de 2,400 m, arsenal, citadelle construite en 1583 par l'empereur Akbar. Édifices remarquables : ruines d'un temple boudhiste ; pilier d'Allahabad, monolithe de 13 m de haut et de 1 m de diamètre ; mosquée. Superbes promenades. Allahabad est la cité sainte par excellence des Indous et près de 300,000 pèlerins viennent chaque année se baigner à la jonction des deux fleuves. — La ville se nommait d'abord *Pratischthana* (la ville du confluent) et depuis 1550 *Fakirabad* (la ville des Fakirs mendiants); elle porte le nom d'Allahabad depuis le règne d'Akbar. Elle faisait partie de l'empire du Grand-Mogol, fut conquise par le roi d'Oude en 1753 et prise une première fois en 1771 par les Anglais à qui elle appartient depuis 1803. Elle prit part à la révolte de 1857 et est devenue depuis 1861 capitale des provinces N.-O. de l'Inde. Longtemps en décadence, mais auj. centre militaire et commercial important, elle paraît appelée à un grand avenir. — La *division* ou *province d'Allahabah* (34,763 kil. car.; 5,469,000 h.), comprend six districts : Allahabad (7,114 kil. car. ; 1,397,000 h.), Caunpour, Fatehpour, Hamirpour, Banda et Djounpour. C'est un pays très fertile (coton, opium, indigo) et la densité de la population est plus du double de la moyenne de la France.

ALLAINE, ALLAN, ALLE ou ALLET. Riv. affl. de la rive dr. du Doubs, prend sa source en Suisse, arrose Porrentruy et Delle, reçoit à Montbéliard la Savoureuse et la Lisaine. Cours 67 kil. dont 35 en France.

ALLAIN-TARGÉ (François Henri-René). Publiciste et député franç., né à Angers en 1832. Avocat à Angers en 1853, il y fut nommé en 1861 substitut du procureur impérial. Démissionnaire en 1864, il vint à Paris, collabora à diverses feuilles d'opposition, notamment au *Courrier du Dimanche* et à l'*Avenir national* et fut nommé, au 4 Sept. 1870, préfet de Maine-et-Loire, puis commissaire de la défense nationale dans les trois dép. de Maine-et-Loire, Sarthe et Mayenne, enfin préfet de la Gironde. Élu conseiller municipal de Paris en 1871, député du 10e arr. en 1876, il a fait partie comme ministre des finances du cabinet Gambetta (nov. 1881-janv. 1882). Il s'est occupé particulièrement de questions économiques et financières. *Les Déficits*, in-8°, 1868.

ALLAINVAL (l'abbé Soulas d'). 1700-1753. Auteur dramatique, né à Chartres, m. à Paris, à l'Hôtel-Dieu. *L'École des bourgeois; Le Mari curieux; L'Embarras des richesses; Le Jour du carnaval.* On lui doit aussi quelques autres ouv. : *Anecdotes de Russie sous Pierre Ier*, 1730; *Connaissance de la Mythologie*, 1739, dont il ne fut que l'éditeur, l'œuvre est du P. Rigord jésuite. Sa meilleure pièce est l'*École des bourgeois*, restée au répertoire du Théâtre Français.

ALLAIRE. 2,300 h. Bg. de France (Morbihan), ch.-l. de cant., arr. et à 49 kil. de Vannes. Monuments celtiques.

ALLAIS (Denis Vairasse d'). Écrivain frondeur, né à Alais en 1630. *Hist. des Sevarambes*, 1677-78, 5 vol. in-12, roman politique ; *Grammaire méthodique de la langue franç.*, 1681, in-12.

ALLAISE. s. f. (a-lè z'). Amas de sable dans les cours d'eau.

ALLAITANT, ANTE. adj. Qui allaite. Brebis allaitante.

ALLAITE. s. f. Vén. Tette de la louve.

ALLAITEMENT. s m. Action d'allaiter. || Alimentation d'un enfant par le lait. || Méd. On entend par *allaitement maternel* le mode d'alimentation propre au nouveau-né. C'est le seul qui lui convienne complètement, aussi serait-il à désirer que toute femme qui conçoit pût allaiter son enfant. Il est malheureusement loin d'en être toujours ainsi. Un certain nombre de femmes mondaines préfèrent ne pas interrompre le cours de leurs plaisirs et de leurs distractions plutôt que de s'astreindre au devoir prescrit par la nature. D'autres, avec les meilleures intentions, sont incapables de remplir cette fonction, soit par suite d'une mauvaise conformation des organes mammaires, soit par défaut de sécrétion du lait. Il est juste de rappeler que, si l'allaitement est pour la mère une source de joies intimes, et même que, si un certain nombre voient, sous l'influence de l'accomplissement de ce devoir, leur constitution physique se modifier et s'améliorer, il expose d'autre part à une véritable fatigue et à plusieurs accidents douloureux, tels que des excoriations et des abcès des seins. — Pendant la grossesse les glandes mammaires se développent, et dans les nombreux canaux qu'elles renferment s'élabore un liquide d'abord peu abondant, jaunâtre, épais, renfermant des granules graisseux, c'est le *colostrum*, qui exerce sur l'enfant une action purgative propre à débarrasser son intestin du *méconium* (V. ce mot). Au bout de quelques jours de lactation, du 15e au 20e, le lait offre ses caractères définitifs : c'est un liquide blanc opalin, doux et sucré, renfermant un grand nombre de globules graisseux, de la caséine, de sucre de lait, des sels et une forte proportion d'eau. (V. *Lait.*) Peu d'instants après sa naissance, l'enfant éprouve le besoin de se nourrir, et se met à téter d'instinct en exécutant les mouvements de succion compliqués qui font passer le lait du sein maternel dans sa bouche. Voici suivant différents expérimentateurs la quantité moyenne de lait que l'enfant doit prendre chaque jour pendant les premiers temps de sa vie : le 1er jour, 30 gr., le 2e, 150 gr., le 3e, 450 gr., le 4e, 550 gr. ; après le premier mois, 630 gr., le troisième mois, 750 gr., le quatrième 850 gr. ; de six à neuf mois, 950 gr. Pour vérifier si l'enfant trouve dans sa nourrice une alimentation suffisante, il n'y a qu'un moyen sûr, c'est de le peser avant et après quelques-uns de ses repas ; on calcule ainsi la quantité de lait qu'il prend chaque jour. Quant à la qualité du lait, un des meilleurs moyens de l'apprécier consiste à en examiner une goutte au microscope : le lait de bonne qualité présente de gros et nombreux globules graisseux en suspension dans un liquide séreux ; si le lait est plus pauvre, les globules sont plus petits et moins nombreux. Si l'enfant est confié à une nourrice mercenaire, le lait de celle-ci ne doit pas être trop ancien ; celui qui date de cinq à six mois n'offre peut-être pas d'inconvénient sérieux, mais si l'accouchement remonte à six semaines seulement, le lait est dans les meilleures conditions. — Assurément les qualités du lait, ont une grande influence sur le développement physique de l'enfant ; si la nourrice est prise de fièvre, d'une maladie aiguë, le lait sera modifié et la nutrition de l'enfant s'en ressentira ; de même les influences morales vives troublent la qualité du lait et agissent par contre-coup sur l'organisme de l'enfant qui peut, à leur suite, être pris d'indigestion ou de convulsions ; mais il ne semble pas que le lait de la nourrice puisse avoir une réelle influence sur les aptitudes et le caractère de l'enfant, malgré les croyances populaires si répandues et si bien arrêtées à cet égard. En outre, il semble prouvé qu'une maladie de la nourrice ne peut se transmettre à l'enfant par le lait qu'elle lui donne. Les affections virulentes, la syphilis elle-même, paraissent être dans le même cas ; tout au moins la question mérite-t-elle d'être réservée. Bien entendu que dans le doute il est préférable de s'abstenir. L'alimentation de la nourrice doit être surveillée ; elle sera substantielle et abondante ; les écarts de régime doivent être soigneusement évités, de même que les veilles et les fatigues excessives. Ajoutons que si une nouvelle grossesse se produit, il y a de grandes chances pour que le lait tarisse ou modifie ses caractères. — Un allaitement bien entendu comprend certaines règles. Dès le début, il est bon d'habituer l'enfant à espacer ses repas, afin que le lait qui arrive dans l'estomac ne trouve pas celui-ci à moitié rempli par le lait du repas précédent, ce qui ne laisserait aucun repos à cet organe. Vers un mois et demi ou deux mois, les repas ne doivent revenir que toutes les deux ou trois heures, et même moins souvent pendant la nuit, pour que la nourrice puisse prendre un sommeil réparateur. — Quant à la durée de l'allaitement elle varie suivant les circonstances. Tant que l'enfant profite, il n'y a qu'avantage à la prolonger. Sa limite normale semblerait devoir être marquée par la fin de l'éruption de la première dentition, mais, le plus souvent, le sevrage a lieu plus tôt. Vers l'âge de six mois, rarement plus tôt, on peut commencer à offrir à l'enfant quelques autres aliments, comme des bouillies légères, des panades bien cuites, etc. ; mais le lait doit continuer à être la base de l'alimentation. — L'allaitement *mixte* consiste à donner à l'enfant, outre le lait de la mère ou de la nourrice mercenaire, une certaine quantité de lait de vache, de chèvre, etc., lorsque le premier n'est pas assez abondant. On prend parfois une chèvre comme nourrice ; l'enfant la tette directement, et l'animal se prête au bout de peu de temps au rôle qu'on lui impose. Cette méthode a cours en Auvergne et surtout en Allemagne et en Suisse. — Enfin on substitue souvent à l'allaitement *naturel* ce qu'on appelle l'allaitement *artificiel* qui se pratique ordinairement au moyen du biberon, méthode désastreuse si elle ne s'accompagne pas de soins de propreté minutieux et incessants. Le lait de vache dont on se sert le plus souvent en pareil cas doit être coupé d'un tiers d'eau environ dans les premiers jours, mais bientôt il doit être donné sans addition d'aucun liquide, légèrement chauffé et non pas bouilli. Malheureusement ce lait n'arrive la plupart du temps au consommateur qu'après avoir subi des falsifications dont la plus commune est l'écrémage qui a pour effet de priver le lait d'une de ses parties essentielles, le beurre ; aussi doit-on attribuer en grande partie à ces fraudes l'*effrayante mortalité des enfants élevés au biberon.*

ALLAITER. v. a. (a-lè-té ; — lat. *allactare*; de *ad* et *lactare*, donner du lait ; de *lac*, lait). Nourrir de son lait. *Il faut allaiter les enfants le plus longtemps possible.* || Se dit aussi des femelles des animaux. *La baleine allaite son baleineau.* || Abs. *Les femmes qui allaitent ont besoin d'une nourriture substantielle* ||

Fig. Les grands génies comme Homère, Platon, Shakespeare, etc., ont pour ainsi dire enfanté et allaité tous les autres.

ALLAITERON. s. m. Nom donné dans le dép. de la Manche aux juments nourrices.

ALLAM (André). Théologien anglais, 1655-1685; auteur de plusieurs ouvrages de controverse et collaborateur de Wood pour les *Athenæ Oxonienses*.

ALLAMAND (Jean-Nicol.-Sébastien). Naturaliste, né à Lausanne, 1713, m. à Leyde, 1787. Profes. de philosophie et d'histoire naturelle à l'université de Leyde, il expliqua le premier le phénomène de la bouteille de Leyde. Il a publié le *Dictionnaire historique* de Prosper Marchand et les œuvres du philosophe hollandais S'Gravesande.

ALLAMANDE. s. f. Bot. Plante des régions tropicales de l'Amérique, acclimatée dans nos serres, fam. des apocynacées, tribu des carissées. Tiges dressées ou grimpantes, fleurs jaunes, feuilles verticillées. Allamand en employait avec succès le suc dans la colique de plomb; 8 à 10 gouttes purgent énergiquement.

ALLAMANDÉES. s f. pl. Bot. Tr. de la fam. des apocynacées.

ALLA MILITARE. loc. adv. (a-la-mi-li-ta-ré; — ital. *à la militaire*). Mus. Indique le caractère des marches militaires.

ALLAN. 1,100 h. Bg de France (Drôme); ch.-l. de cant., arr. et à 8 kil. de Montélimart. Ruines d'une église dont la fondation est attribuée à Charlemagne. Premiers mûriers plantés en France en 1494.

ALLAN (David). Peintre d'histoire et graveur écossais, né à Alloa, 1744, m. à Édimbourg, 1776. Directeur de l'Académie d'Édimbourg. *Les Bergers de Calabre; l'Enfant prodigue; Hercule et Omphale; Origine de la Peinture;* etc. Quelques estampes estimées. || ALLAN (Robert). Chirurgien anglais, né à Édimbourg. 1778-1826. *Traité de lithotomie,* 1808, in-fol.; *Système de chirurgie pathologique et opératoire,* 3 vol. in-8°, 1821-1827. || ALLAN (sir William). Peintre, né à Édimbourg; 1782-1850. Après avoir étudié à Londres, il alla passer en Russie huit années pendant lesquelles il visita la Crimée et le Caucase, revint à Édimbourg où il fut nommé président de l'Acad. des Beaux-Arts d'Écosse et fit plusieurs voyages en Italie, en Turquie, en Russie, en Espagne et en Afrique. Ses principaux tableaux sont : *Enfants tsiganes,* 1805; *Prisonniers circassiens,* 1814; *Meurtre de l'archevêque Sharp et John Knox devant Marie Stuart,* 1825; *Pierre le Grand enseignant à ses sujets la construction des navires,* 1841; *Marché des esclaves à Constantinople; Bataille de Waterloo,* etc. || ALLAN (Louise Despréaux, dame). 1809-1856. Actrice du Théâtre-Français. Elle mit la première à la scène les comédies de Musset.

ALLANCHE. 1,839 h. Bg de France (Cantal), ch.-l. de cant., arr. et à 19 kil. de Murat, sur le torrent du même nom, affl. de l'Alagnon, au pied du Cézalier. Château; anciennes portes de ville; ruines du château de Maillargues. Patrie de l'abbé de Pradt.

ALLANGATOUROUN. Myth. Dieu de la guerre chez les Mongols, représenté par un serpent à quatre pieds.

ALLANIQUE (acide). Chim. $C^4H^5Az^5O^3$. Acide obtenu par l'action de l'acide azotique sur l'allantoïne.

ALLANITE. s. f. Minér. Substance se rapprochant du silicate de cérium, découverte au Groënland.

ALLAN-KARDEC (Hippol.-Léon DENIZARD-RIVAIL, dit). Écrivain spirite, né à Lyon, 1803, m. à Paris, 1869. Fils d'un avocat, il se passionna pour les sciences philosophiques, étudia avec attention les phénomènes des tables tournantes, des esprits frappeurs et des médiums, s'en fit l'apôtre, et basa sur eux des systèmes religieux que l'Église cathol. a condamnés. En 1858, il fondait la *Société parisienne des études spirites,* puis la *Revue spirite.* Il a publié : *Le livre des esprits,* 1857 ; *Imitation de l'Évangile selon le spiritisme,* 1864.

ALLANT, ANTE. adj. Qui aime le mouvement, la marche. || Subst. Celui qui va. Ne s'emploie que dans cette phrase : Les allants et les venants.

ALLANTOATE. s. m. (de *allantoïde*). Chim. Nom générique des sels produits par la combinaison de l'acide allantoïque avec une base salifiable.

ALLANTOÏDE. s. f. (gr. *allas,* boyau ; *eidos,* forme). Anat. Organe important du fœtus qui se montre de très bonne heure et disparaît vers la fin du deuxième mois, mais après s'être transformé comme on va le voir. C'est d'abord une sorte de sac arrondi ou de vésicule qui part de la portion terminale de l'intestin encore incomplètement renfermé dans l'abdomen. Cette vésicule s'allonge en manière de boyau jusqu'à la membrane qui enveloppe le fœtus, s'étale peu à peu à sa surface interne et y envoie de nombreuses ramifications vasculaires dépendant des artères et veines ombilicales auxquelles l'allantoïde sert de support. A un moment donné, tous ces vaisseaux périphériques s'atrophient à l'exception de ceux d'une région limitée, qui prennent au contraire un grand accroissement pour constituer le *placenta* (V. ce mot). En même temps, l'anneau ombilical par lequel l'allantoïde était sortie de l'abdomen, se resserre et étrangle cet organe dont la partie extérieure au corps du fœtus prend la forme d'un cordon appelé cordon ombilical qui conduit les vaisseaux au placenta, et dont la partie intra-fœtale se dilate pour devenir la vessie urinaire. — L'importance de l'allantoïde est donc considérable, puisqu'elle constitue un placenta temporaire, c'est-à-dire un organe au moyen duquel s'opèrent entre le sang fœtal et le sang maternel des échanges nécessaires à la nutrition de l'embryon, et plus tard le placenta définitif qui remplit les mêmes fonctions jusqu'au moment de la parturition. Aussi a-t-on basé sur sa présence ou son absence une grande division des vertébrés, à savoir les *allantoïdiens,* comprenant les mammifères, les oiseaux, les reptiles (ces deux dernières classes n'ayant jamais d'ailleurs de placenta), et les *anallantoïdiens* renfermant les batraciens et les poissons.

ALLANTOÏDIEN, ENNE. adj. Hist. nat. Se dit du liquide contenu dans l'allantoïde. || ALLANTOÏDIENS. s. m pl. Vertébrés pourvus d'une allantoïde à l'état fœtal.

ALLANTOÏNE. s. f. Chim. Substance neutre, prise d'abord pour un acide, que l'on trouve dans les liquides allantoïque et amniotique de la vache, et qu'on peut isoler sous forme de cristaux incolores. Elle s'obtient encore par oxydation de l'acide urique. Sa formule est $C^4H^6Az^4O^3$: c'est une sorte d'*amide* naturelle (V. ce mot).

ALLANTOÏQUE. adj. 2g. Anat. Qui a rapport à l'allantoïde. Le liquide allantoïque. || ALLANTOÏQUE (acide). Syn. d'*Allantoïne.*

ALLANTOPHORE adj.2g.(gr.*allas,*saucisse; *phoros,* qui porte). Anat. Se dit de tout ce qui a des appendices ou organes en forme de boyau.

ALLANTOTOXICON. s. m. (gr. *allas,* boyau; *toxicon,* poison). Chim. Poison peu connu, des viandes de charcuterie, peut-être la *trichine.*

ALLANTURIQUE (acide). Chim. Acide blanc, déliquescent, presque insoluble dans l'alcool, qui s'obtient en chauffant de l'allantoïne avec de l'acide azotique ou chlorhydrique.

ALLA OTTAVA. loc. adv. (ital. *à l'octave*). Mus. Indication pour exécuter un passage à l'octave au-dessus ou au-dessous.

ALLA PALESTRINA. loc. adv. (ital.) Mus. A la manière de Palestrina, c.-à-d. Gravement, avec toute l'ampleur de la voix.

ALLA POLACCA. loc. adv. (ital. *alla,* à la ; *polacca,* polonaise). Mus. En mesure ternaire modérée.

ALLAR (André-Joseph). Sculpteur français, né à Toulon, 1842. Élève de Dantan, de Guillaume et de Cavelier. Grand prix de Rome, 1869; méd. 1873 et 1878, méd. d'honneur, 1881 ; décoré en 1878. *L'Enfant des Abruzzes; Hécube et Polydore* (bas-relief); *Ste Cécile;* le *Rêve d'un poète;* la *Danse;* la *Tentation d'Ève; Thétis portant les armes d'Achille.*

ALLARD (Guy). 1646-1716. Avocat; auteur de plusieurs ouv. sur le Dauphiné : *Nobiliaire du Dauphiné,* avec les armoiries, 1714, in-12; *Hist. des maisons dauphinoises,* 1672-1682, 4 vol. in-12. || ALLARD (Marcelin). Écrivain forézien du commencement du XVIIe s. *Ballet en langage forézien,* 1605, in-8°. || ALLARD (Marguer.-Aimé-Louis) 1750-1794. Professeur de droit à Poitiers, député à la Législative; esprit ferme et modéré. Juge au tribun. crimin. de la Vienne. Mis à mort pour avoir conseillé à un prêtre de ne pas apostasier. || ALLARD (Mlle). 1738-1802. Célèbre danseuse de l'Opéra, mère du danseur Auguste Vestris. || ALLARD (Jean-François). 1785-1839. Général français, né à Saint-Tropez. Aide-de-camp de Drune; quitte la France à la Restauration ; généralissime du roi de Lahore, discipline ses troupes, leur donne le drapeau tricolore et les commandements en français. Chargé d'affaires de Louis-Philippe auprès du rajah. Meurt aux Indes, au retour d'un voyage en France. Don de coins et de médailles à la Biblioth. nationale. || ALLARD (Nelzir). Général français, conseiller d'État, né à Parthenay en 1798, m. à Paris en 1877. Député des Deux-Sèvres en 1847 et 1876. Rapports remarquab'.s sur les fortifications, la garde nationale mobile, la marine, etc. A fait l'expédition d'Alger en 1830 et, comme aide-de-camp du général Valazé, partagé ses travaux relatifs aux fortifications de Paris. || ALLARD (Paul). Né à Rouen en 1841, juge suppléant à Rouen. *Rome souterraine,* 1872, in-8°. résumé des découvertes de M. de Rossi; *Les esclaves chrétiens depuis les premiers temps de l'Église jusqu'à la fin de la domination romaine en Occident,* 1875, in-8°; *L'art payen sous les Empereurs chrétiens,* 1879, in-8°.

ALLARDE (Pierre-Gilbert LEROI, baron d'.) 1749-1809. Né à Montluçon. Député à la Constituante, économiste distingué, il fut rapporteur du décret abolissant les maîtrises et jurandes et établissant la patente ; il combattit la création des assignats ; régisseur de l'octroi de Paris en 1803.

ALLARGUER. v. n. V. *Atarguer.*

ALLART (Marie GAY). Femme auteur franç., née à Lyon, 1750, m à Paris, 1821. Elle a traduit de l'anglais plusieurs romans : *Éléonore de Rosalba,* d'Anne Radcliffe, Paris, 1797, 7 vol. in-18 ; *Les secrets de famille,* de Miss Peach, Paris, 1799, 5 vol. in-12, et publié en 1818 le roman d'*Albertine de Sainte-Albe,* 2 vol. in-12 || ALLART de MÉRITENS (Hortense). Fille de la précédente, née à Paris en 1801. Femme de lettres, auteur de romans et d'écrits philosophiques et historiques : *La conjuration d'Amboise,* 1821; *Lettres sur Mme de Staël,* 1824; *Sextus ou le Romain des Maremnes,* 1832; *Cola de Rienzi; Essai sur l'histoire politique,* 1856; *Novum organum ou Sainteté philosophique,* 1857 ; *Hist. de la République de Florence,* 1837-43; *Hist. de la République d'Athènes,* 1866 ; etc.

ALLASSAC 4,000 h. Bg de France (Corrèze), arr. de Brive, cant et à 7 kil. de Donzenac. Source thermale ; houille. Tour de l'ancien château de Roffignac.

ALLASSEUR (Jean-Jules) Sculpteur, né à Paris en 1818, élève de David d'Angers et de l'École des Beaux-Arts, médailles en 1853 et 1859, décoré en 1867. *Moïse sauvé des eaux,* 1858 ; *statues de Rotrou,* à Dreux (1865), *de S. Joseph,* à l'Église Saint-Étienne-du-Mont (1867); statues décoratives au Louvre, bustes, etc.

ALLATH ou **ALLATA.** Chez les Arabes avant Mahomet, une des trois filles du Dieu suprême.

ALLA TURCA. loc. adv. (ital. *à la turque*). Mus. A la manière des Turcs.

ALLAUCH. 2,884 h. Bg de France (Bouches-du-Rhône), arr. et cant. de Marseille. Vins et liqueurs. La première colonie des Marseillais dans les Gaules. Ancienne église; ancienne enceinte.

ALLA ZOPPA. loc. adv. (ital. *à la boiteuse*). Mus. Mouvement syncopant entre deux temps, non entre deux mesures, c.-à-d. que, entre deux notes d'égale valeur, se trouve une note de valeur double.

ALLBIER (Jacq.-Ant.-Ch.-Albert). 1846-1878. Écrivain franç. Élève du lycée de Dijon, il se livra de bonne heure aux études historiques. Collaborateur du *Polybiblion* et de la *Revue des questions historiques,* il a publié, outre de nombreux articles : *La noblesse savoisienne aux États de Bourgogne,* 1867; *Recherches généalogiques sur la famille Chevignard,* 1867; *La noblesse de Poitou; La noblesse de Picardie aux États de Bourgogne,* 1867 ; *Les anoblis de Bourgogne sous l'Empire, de 1806 à 1815; Les anoblis de Bresse, Bugey et du pays de Valromey, sous les princes de la maison de Savoie,* 1870; *Les anoblis de l'Ain de 1408 à 1829,* 1873 ; etc. A fondé la revue archéologique et littéraire, *La Bourgogne,* 1868-1871.

ALLE. Pte riv. de la Prusse orient., affl. g. du Pregel. Arrose les vles de Allenstein, Heilsberg, Friedland, Allenburg. C. 180 kil. Se jette dans le Pregel a Wehlau. || **ALLE**. Riv. de France. V. *Allaine*.

ALLÉ (Jérôme) Théologien et prédicateur italien, né à Bologne; 1580-1655. Auteur de sermons et de drames religieux ou *rappresentazioni* où l'on trouve, à côté de bizarreries d'exécution, une certaine habileté de composition. Ses œuvres ont été publiées à Bologne, 1641-1650.

ALLEBOTE. s. f. Parcelles de raisin laissées par les vendangeurs.

ALLEBOTER. v. a. Grapiller les allebotes.

ALLEBOTEUR, EUSE. s. Celui, celle qui grapille les allebotes.

ALLÉCHANT, ANTE. adj. Plaisant, attrayant, séduisant. || S'emploie parfois au fig. Proposition alléchante.

ALLÉCHEMENT. s. m. (de *allécher*). Moyen par lequel on alléche; amorce, attrait, au positif et au figuré. Saurez-vous éviter les séductions et les alléchements du monde ? (J.-J. Rous.) || B.-Arts. Dernier travail pour le perfectionnement et la netteté de la gravure et de la sculpture.

ALLÉCHER. v. a. (a-lé-ché; —lat. *allectare*, fréquentat. d'*allicere*, attirer. Le berrichon *allicher* rappelle le lat. *allicere*; l'ital. *allettare* rappelle le lat. *allectare*, de *allicere*, attirer; de *ad*, vers, et de *licere* pour *lacere*, prendre, attirer; *lacere* est le rad. de *laqueus*, lacs, filets. Allécher vient de *allectare* par le changement peu commun de *ct* en *ch*, changement qu'on retrouve dans fléchir, de *flectere*; cacher, de *coactare*, etc.—L'*é* fermé se change en *è* ouvert devant un *c* muet, excepté au futur et au condit. : J'allèche, j'allécherai). Séduire en flattant la vue, l'odorat, le goût. || Fig. On l'avait alléché par la promesse d'une grande place. (Acad.) || Syn. *Allécher, attirer*. Attirer est plus général, moins actuel, moins pressant.

ALLECO. Géog. anc. Nom latin de *Saint-Malo*.

ALLECTUS. Tyran de la Grande-Bretagne; d'abord ministre d'un autre usurpateur, Carausius; l'assassin, prit sa place (294), fut vaincu et tué par Asclépiodote, lieutenant de Constance Chlore, en 297.

ALLÉCULE. s. m. Zool. G. d'insectes coléoptères hétéromères, famille des hélopiens; nombreuses espèces, presque toutes étrangères à l'Europe.

ALLÉE. s. f. Trajet accompli, en opposition à retour ou venue. Aujourd'hui on dit mieux Aller et retour que Allée et retour. || Allées et venues, Pas et démarches, que l'on fait pour une affaire. Toutes ces allées et venues, qui n'étaient rien pour vous autrefois, sont présentement des affaires très pénibles. (Sévigné.) || Fig. La nature de l'homme n'est pas d'aller toujours : elle a ses allées et ses venues. (Pascal.) || Passage entre deux murs parallèles qui conduit de l'entrée d'une maison dans l'intérieur. || Lieu propre à se promener, qui s'étend en longueur et qui est bordé d'arbres ou de verdure. || Archéol. *Allées couvertes*, Monuments celtiques ou mégalithiques, formés par trois rangs de pierre, dont deux sont verticaux et le troisième placé horizontalement par dessus; il en résulte une espèce de couloir ou d'allée. Elles sont appelées aussi par le peuple *grottes* ou *chemins des fées*. (V. *Dolmen*.)

ALLEGATEUR, TRICE. s. Celui, celle qui allègue, avance un fait, un droit, une doctrine. Peu usité.

ALLÉGATION. s. f. (du lat. *allegationem*; de *allegare*, alléguer). Citation d'une autorité, d'un fait, d'un extrait, d'une loi, etc. || Simple assertion. Hâtez-vous de justifier vos allégations, ce n'est qu'une pure allégation.

ALLÉGE. s. f. (du v. *alléger*). Mar. Barque où l'on dépose une partie du chargement d'un navire à alléger, ou qui ne peut s'approcher assez du quai. || Machine appelée aussi chameau, au moyen de laquelle on soulève un navire dans les bas-fonds. || Archit. Petit mur construit dans la partie inférieure d'une baie de fenêtre, moins épais que l'embrasure et destiné à servir de garde-fou et à porter l'appui. || Ch. de fer. Tender, wagon portant l'eau et le charbon.

ALLÉGEABLE. adj. 2 g. Ce qui est susceptible d'allégement. Douleur allégeable.

ALLÉGEAGE. s. m. (de *alléger*). Action d'alléger un navire. Transbordement d'allégeance.

ALLÉGEANCE. s. f. (a-le-jan-s'; — de *alléger*). Adoucissement, soulagement, diminution du poids d'un fardeau. Inusité au propre. Où dois-je désormais chercher quelque allégeance? (Corn.). Vieux. || Syn. *Allégeance, allégement*. Le premier indique l'action d'alléger; le second le résultat, l'accomplissement de cette action. ||

ALLÉGEANCE. s f. (angl. *allegiance*; dub. lat. *allegiantia*, de *at* pour *ad*, vers, et *lige*, fidèle). Fidélité, obéissance. Ne s'emploie guère que dans cette expression : *Serment d'allégeance*, Serment de fidélité prêté par un vassal à son suzerain ; spécialement, serment de fidélité (*fealty*) que les Anglais prêtent à leur souverain. Ce serment fut établi par Jacques Iᵉʳ, en 1606, après la découverte de la conspiration des poudres; il avait pour but de faire reconnaître la souveraineté temporelle du roi et son indépendance à l'égard du pape. Les quakers qui ne prêtent pas de serments le remplacent par une simple déclaration. Le serment d'allégeance est différent du *serment de suprématie* que doivent prêter, depuis Henri VIII, tous ceux qui entrent dans les charges de l'Eglise et de l'Etat, et par lequel ils déclarent reconnaître le souverain comme chef de l'Eglise anglicane.

ALLÉGEAS. s. m. Étoffe des Indes, coton ou lin.

ALLÉGEMENT. s. m. Diminution de poids, de charge supportée. Donner de l'allégement à un plancher, à un bateau. || Fig. Soulagement, adoucissement. || Par ext. Allégement des impôts, des charges publiques. || Grav. Action de la main traçant des hachures, avec pleins et déliés suivant qu'elle appuie plus ou moins. || Syn. V. *Allégeance*.

ALLÉGER. v. a. (a-lé-gé; — lat. *alleviare*, rendre plus léger; de *at* pour *ad* et *levis*, léger. *Alleviare* est devenu *allevjare* qui est devenu *allejare*, puis *alléger*, par la réduction de *vj* en *g*, comme dans déluge, *diluvjum*. — L'*é* fermé se change en *è* ouvert devant un *e* muet, excepté au futur et au condit.: J'allège, j'allégerai). Soulager d'une partie d'un fardeau, d'une charge. Alléger un homme, un bateau, un plancher. || Diminuer un poids, un fardeau. Alléger la charge d'un cheval. || Fig. Alléger les contribuables. || Alléger les charges publiques. || Calmer l'inquiétude, diminuer le mal, la douleur. Il n'est point de souffrance que la sympathie n'allège. Ce que vous lui avez dit l'a fort allégé. || Menuis. Rapetisser, diminuer. || Grav. Alléger la main, Faire une hachure ou un trait plus léger dans un endroit que dans un autre. || Manège. Alléger un cheval, Le rendre plus léger sur le devant ou sur le derrière en portant le corps en arrière ou en avant. || Mar. Alléger les manœuvres, les cordages, En diminuer la tension.

ALLÉGÉRIR ou **ALLÉGIR**. v. a. T. de manège. Syn. de *Alléger*.

ALLÉGHANIEN, ENNE. adj. Qui se rapporte aux monts Alléghanys. Système alléghanien.

ALLEGHANYS (monts). Vaste système de montagnes des États-Unis, que plusieurs géographes appellent aussi *Apalaches* ou *Appalaches*. Les Alleghanys, dans l'acception la plus étendue du mot, comprennent toutes les chaînes de montagnes qui, depuis l'État d'Alabama jusqu'au fleuve St-Laurent, s'étendent sur une longueur d'environ 2,200 kil., entre les terres basses qui bordent l'Atlantique et les grandes plaines du bassin du Mississipi. L'élévation générale est ordinairement de 800 ᵐ. Cependant les points culminants atteignent 2,000 ᵐ, et se trouvent dans les extrémités du système, au nord et au sud. On divise assez naturellement les Alleghanys en deux parties distinctes. Celle du sud, depuis les hautes terres de l'Alabama jusqu'à l'État de New-York, court du S.-O. au N.-E., sur une longueur de 1,400 à 1,500 kil. et porte plus particulièrement le nom d'Alleghanys. C'est une large plateau soutenu de chaque côté par des chaînes principales et traversé de nombreux rameaux qui lui sont parallèles et qui s'y rattachent. La largeur varie de 100 à 200 kil. La partie méridionale qui couvre le N. de la Géorgie, le S.-E. du Tennessee et l'O. de la Caroline du Nord, porte spécialement le nom de monts Appalaches. Ce plateau est constitué par une série de terrasses, dont le premier degré, éloigné de 50 à 60 kil. de la côte Atlantique n'a guère dans le S. que 150 à 200 ᵐ

d'élévation, mais se relève au N. jusqu'à 600 ᵐ. A l'O. de cette première rangée se trouve celle des Montagnes Bleues (*Blue Ridge*), qui depuis le Black-Dôme (2,044 ᵐ) jusqu'auprès de Baltimore se développe sur une longueur de plus de 600 kil. On y remarque outre le Black-Dôme, le Roan-High-Knob (1,922 ᵐ), le Grandfather (1,797 ᵐ), dans la Caroline du Nord, l'Otterpick (1,217 ᵐ) dans la Virginie. La chaîne occidentale, appelée par plusieurs géographes, chaîne des Alleghanys proprement dits, prend le nom de *Cumberland Mountains* dans le Tennessee, se continue par le *Clincho Mount* qui traverse la frontière du Tennessee et de la Virginie, et enfin sous le nom de *Great-Flat-Top*, borne la Virginie de l'ouest et envoie vers l'O. un rameau qui prend celui de *Kanawha Ridge*, où l'on remarque Long Point (914 ᵐ). Entre les *Blue-Mountains* et la chaîne des Alleghanys courent de nombreuses ramifications parallèles aux chaînes principales ; il y en a jusqu'à six en Virginie. Nommons en passant les *Iron mountains* et les *Middle Mounts*. Plus au nord, le plateau s'abaisse, tout en s'épanouissant de façon à couvrir la moitié orientale de la Pennsylvanie, jusqu'aux confins de l'État de New-York. C'est dans ce dernier que se termine la partie méridionale et que commence la partie septentrionale des Alleghanys, parties qui tiennent l'une à l'autre par les montagnes Bleues. En effet après avoir subi une dépression remarquable, cette dernière chaîne semble dévier de sa direction S.-O. et N.-E, pour monter directement au N. En changeant de direction elle change aussi de nom et prend celui de *Taghkanic Mountains*. Cette chaîne se continue le long de la frontière orientale de l'État de New-York jusqu'aux monts Adirondacks où l'on remarque le mont Marcy (1,640 ᵐ). Parallèlement à l'E. de cette chaîne, court celle des monts Hoostok qui longent la frontière orientale du Connecticut et du Massachusetts. Les *Green Mountains* leur font suite, traversent le Vermont et pénètrent dans le Canada en s'infléchissant vers l'E. Aux Green Mountains se rattachent les *White Mountains* du New-Hampshire, où se trouve le mont Washington (1619 ᵐ). Les sommets les plus élevés des Green Mountains sont : le mont Mansfield (1,230 ᵐ), le mont Moosekillock, (1,460 ᵐ), et le mont Burke (1,067 ᵐ), dans un chaînon secondaire. Les Alleghanys présentent une grande variété de climats et de productions. Leurs richesses minérales sont d'une facile exploitation ; enfin ils sont traversés par une infinité de routes, de canaux et de chemins de fer. Les extrémités N. et S. du système sont granitiques. Quant à la partie intermédiaire, elle présente une succession de terrains des plus réguliers, des formations tertiaires de la plaine aux assises devoniennes, carbonifères et siluriennes de la crête des montagnes. Les minéraux et les métaux abondent dans cette zône. On y a découvert des grenats, diverses roches magnésiennes, l'émeraude, le graphite, le sulfure de fer, le fer oxydé magnétique, le molybdène, le cobalt blanc, le cuivre gris, le zinc sulfuré. etc. || **ALLEGHANY**. Rivière des États-Unis. Elle prend sa source en Pennsylvanie, coule d'abord au N.-O, pénètre dans l'État de New-York où elle devient navigable à Hamilton, et après un court trajet rentre en Pennsylvanie en contournant les dernières ondulations des monts Alleghanys. Elle se dirige ensuite au S.-O. et s'unit à Pittsburg à la Monongahéla, pour former l'Ohio. Son cours navigable est de 409 kil. ; son cours total de 480 kil. environ. || **ALLEGHANY**. Nom de plusieurs comtés des États-Unis : 1° dans le Maryland, enclavé entre la Virginie Occidentale à l'O. et au S. et la Pennsylvanie au N. Riches mines de charbon. Ch.-l. *Cumberland*, 10,666 h. Superf. 2,300 kil. car.; popul. 38,540 h. — 2° Dans l'État de New-York, sur la frontière N. de la Pennsylvanie. Ch.-l. *Belmont*, petit village. La ville principale du comté est Wellsville. Superf. 3,024 kil. car.; popul. 40,810 h. — 3° Dans la Caroline du Nord, dans le haut-bassin de la Grande Kanawha. Ch.-l. *Cap-Civil*. Popul. 3,690 h. — 4° Dans la Pennsylvanie, sur les rivières Alleghany et Monongahéla, qui s'y rencontrent. Abondantes mines de charbon, de fer, etc. Forges, fonderies, machines à vapeur. Ch.-l. *Pittsburg*, 156,381 h. Vle princ. *Alleghany*, faubourg de Pittsburg, 78.681 h. Superf. 2,410 kil. car.; pop. 242,200 h. — 5° Dans la Virginie, sur la frontière de la Virginie occidentale, ch.-l. *Fermington*. Superf. 1,440 kil. car.; popul. 3,675 h. ‖ ALLEGHANY-CITY. V. *Pittsburg*. ‖ ALLEGHANY. Nom d'un grand nombre d'autres petites localités des États-Unis.

ALLÉGIR. v. a. Techn. Diminuer en tous sens. Allégir une poutre, un châssis. ‖ Serr. Rapetisser, aiguiser. ‖ Manège. V. *Alléger*.

ALLÉGISSEMENT. s. m. Manég. Action d'allégir. (V. *Alléger*.)

ALLÉGORIE. s. f. (On fait sentir les deux l; — lat. *allegoria*, du grec *allêgoria*; de *allos* autre, et *agorein* dire : dire autre chose que ce qu'on paraît dire. *Agorein* vient de *agora*, place publique où les Grecs discutaient leurs affaires.) Espèce de fiction dont l'artifice consiste à présenter un objet à l'esprit de manière à lui donner l'idée d'un autre. Le bandeau, les ailes, et l'enfance de Cupidon, sont une allégorie qui représente le caractère et les effets de la passion de l'amour. (Acad.) Il faut avouer que l'antiquité s'expliqua presque toujours en allégories. (Volt.) Ce tableau est trop chargé d'allégories. Les allégories en peinture sont généralement froides. (Acad.) ‖ Rhét. Figure qui n'est qu'une métaphore prolongée, disant une chose pour en faire entendre une autre. Elle peut, dit La Harpe, être d'un bel effet dans l'éloquence et dans la poésie. Dans la *Rome sauvée* de Voltaire, Catilina parle ainsi de Cicéron qui dirige la République : Sur le vaisseau public ce pilote égaré Présente à tous les vents un flanc mal assuré ; Il s'agite au hasard, à l'orage il s'apprête, Sans savoir seulement d'où viendra la tempête. ‖ Allégorie se dit aussi particulièrement d'un ouvrage dont le fond est cette espèce de fiction où l'on représente un objet pour donner l'idée d'un autre. Les allégories de J.-B. Rousseau L'apologue et la parabole sont des espèces d'allégories. (Acad.) ‖ Beaucoup de proverbes se présentent sous la forme allégorique. Ils ont un sens propre qui est vrai, mais qui n'est pas ce qu'on veut principalement faire entendre. On dit familièrement : Tant va la cruche à l'eau qu'à la fin elle se brise, ce qui signifie allégoriquement que quand on affronte trop souvent les dangers, à la fin on y périt. — L'allégorie doit être exacte, transparente et soutenue : *Exacte*, c'est-à-dire que les rapports entre la figure et la chose figurée doivent être naturels ; ils ne doivent pas être multipliés ni tirés de trop loin. *Transparente* : il faut que l'objet voilé frappe tous les yeux, car l'allégorie n'a pas pour but de déguiser la vérité, mais de la rendre plus sensible et de l'embellir. L'allégorie habite un palais diaphane, dit Lemierre. *Soutenue* : on doit conserver dans toute la suite du discours l'image qu'on a d'abord choisie. On trouve un exemple et un modèle parfait d'allégorie dans l'ode d'Horace à la République : *O navis, referent in mare te novi fluctus*. Tous les détails se rapportent également à la situation d'un vaisseau et d'un état en péril. L'allégorie peut personnifier des êtres moraux, comme l'Envie dans la *Henriade*, la Chicane et la Mollesse, dans le *Lutrin*. L'allégorie était très usitée dans l'antiquité. On cite surtout les Prières de l'*Iliade* ; la caverne des Idées, de Platon ; le jeune Hercule entre la Volupté et la Vertu, de Xénophon ; le vaisseau de la République d'Horace, etc. On la rencontre aussi dans le théâtre grec; plusieurs personnages d'Eschyle, la Violence, la Force, dans le *Prométhée enchaîné*, sont allégoriques. Quelques comédies d'Aristophane, les *Oiseaux*, les *Guêpes*, *Plutus*, sont de véritables allégories. Dans la littérature du moyen âge, le *Roman de la Rose*, le *Roman du Renart* sont des ouvrages allégoriques. Le poème du Dante nous offre de frappantes allégories. Chez les modernes, on remarque la fable de l'*Amour et de la Folie* de La Fontaine ; l'*Amour mouillé* du même, imité d'Anacréon ; l'*Épitre à ses enfants* de Madame Deshoulières ; la Haine, dans l'opéra d'*Armide* ; la Mollesse et la Chicane, dans le *Lutrin* ; l'Envie de J.-B. Rousseau ; la Faveur, dans l'*Épitre à ma Muse*, de Gresset ; l'allégorie du Sanglier, dans la *Curée*, d'Aug. Barbier, du Lion, de la Cuve, de la Mer, et surtout de la Cavale guerrière, dans l'*Idole* du même auteur, qui, dans ses *Iambes*, semble avoir fait de l'allégorie un procédé, et s'en sert avec une habileté et une vigueur remarquables. ‖ B-Arts. Les artistes ont fait dans tous les temps un très grand usage de l'allégorie. L'art antique n'était qu'une allégorie perpétuelle. Tous les dieux personnifiaient des idées, ou des sentiments, ou des forces physiques. Leurs attributs eux-mêmes avaient un sens ; le hibou de Minerve était l'emblème de la sagesse, le cheval de Neptune celui de la guerre, le papillon de Psyché celui de l'âme, les épis de Cérès celui de l'abondance, etc. — On voit dans les peintures des catacombes que les premiers chrétiens employèrent, eux aussi, continuellement l'allégorie. Quelquefois, ils exprimaient leurs croyances au moyen d'images païennes, par exemple quand ils représentaient Notre-Seigneur sous la forme d'Orphée ; d'autres fois, ils traduisaient en images le sens allégorique de l'Ancien Testament ; ils figuraient, par exemple, le sacrement du baptême par Moïse frappant le rocher. — Le moyen âge, à son tour, usa beaucoup de l'allégorie et l'appliqua presque exclusivement aux choses religieuses ; on représentait les Évangélistes par quatre grands fleuves arrosant la terre ; on inclinait le chevet des églises pour signifier la tête penchée de Notre-Seigneur sur la croix. — A partir de la Renaissance, on se servit de l'allégorie surtout pour honorer ou flatter les rois et les grands ; Rubens a représenté allégoriquement toute la vie de Marie de Médicis dans une série de peintures qui sont à présent au Louvre. — L'allégorie est encore usitée aujourd'hui, quoiqu'elle soit un peu passée de mode. L'*Apothéose d'Homère*, par M. Ingres, est une allégorie ‖ Syn. *Allégorie*, fiction présentant une chose pour une autre ; *apologue*, allégorie, morale basée sur un fait ; *parabole*, même sens, plus particulièrement dans les matières religieuses.

ALLÉGORIER. v. a. Employé par J.-B. Rousseau comme syn. d'*Allégoriser*.

ALLÉGORIQUE. adj. 2 g. Qui tient de l'allégorie, qui appartient à l'allégorie. Sens, termes, discours, personnages, tableaux allégoriques Le merveilleux allégorique est employé dans la *Henriade*. (Acad.) ‖ Théol. Les théologiens distinguent en général deux sortes de sens dans l'Écriture Sainte : le sens littéral et le sens mystique. Ils subdivisent le sens mystique en allégorique, tropologique et anagogique Le sens allégorique est celui qui résulte de l'explication d'une chose accomplie à la lettre, mais qui n'est pourtant que la figure d'une autre chose : ainsi le serpent d'airain élevé par Moïse dans le désert pour guérir les Israélites de leurs plaies, représentait dans un sens allégorique Jésus-Christ élevé en croix pour la rédemption du genre humain.

ALLÉGORIQUEMENT. adv. D'une manière allégorique. Cela doit s'entendre allégoriquement et non littéralement.

ALLÉGORISATION. s. f. Représentation allégorique d'une chose.

ALLÉGORISER. v. a. Expliquer quelque chose par l'allégorie. Les PP. de l'Église ont allégorisé presque tout l'Ancien Testament. (Acad.) ‖ En peinture, Donner à un portrait un caractère allégorique. Allégoriser les personnages ‖ Abs. Ce peintre a une tendance à allégoriser.

ALLÉGORISEUR. s. m. Celui qui allégorise ; se prend le plus souvent en mauvaise part en parlant d'un homme qui s'attache à chercher dans tout un sens allégorique. C'est un allégoriseur perpétuel. (Acad.)

ALLÉGORISME. s. m. Ce qui est présenté allégoriquement. Abus de l'allégorie, manie de l'allégoriseur.

ALLÉGORISTE. s. m. Celui qui explique un texte, un auteur dans un sens allégorique. Origène est un grand allégoriste. (Acad.)

ALLÉGRADOR. s. m. Morceau de papier roulé en forme de cornet allongé, dont on se sert en guise d'allumette.

ALLEGRAIN (Étienne) Peintre et graveur ; né à Paris ; 1653-1736. Élève de Ph. de Champagne, reçu à l'Académie de peinture en 1677. ‖ ALLÉGRAIN (Gabriel). Fils et élève du précédent, m. en 1748 Paysagiste distingué, reçu à l'Académie en 1716. ‖ ALLÉGRAIN (Christophe-Gabriel). Fils du précédent, né à Paris ; 1710-1795. Statuaire ; reçu à l'Académie en 1751. *Narcisse* ; *Vénus* (1767); *Diane* (1777), au Louvre, statues d'une grâce un peu maniérée. Il travailla surtout pour le château de Mme du Barry à Louveciennes.

ALLEGRANZA. La plus septentrionale des îles Canaries. Inhabitée ; grandes forêts.

ALLÈGRE. adj. 2 g. (D'après l'Acad. il faut faire sentir les deux l ; — anc. franç. *alègre* ; du lat. *alacris* : a devient e, cr devient gr.) Agile, vif, dispos. Esprit, caractère, corps allègre. Se place toujours après le substantif.

ALLÈGRE, 1,844 h. Bg de France (Hte-Loire), ch.-l de cant., arr. du Puy. Site renommé. Lac dans le cratère d'un anc. volcan, 500 m de diamètre, 40 m de profondeur. Vieux château ; ruines romaines.

ALLÈGRE (Antoine). Chanoine de Clermont ; a traduit de l'espagnol : *Le mépris de la cour, louange de la vie rustique*, Lyon, 1545, édition recherchée des curieux. Auteur de la *Décade contenant les vies de dix empereurs* (Trajan, Adrien, etc.), Paris, 1567, ouvrage qui se joint au Plutarque d'Amyot. ‖ ALLÈGRE (Paul-Lambert). Évêque de Pavie, né à Turin, 1741, m. à Pavie, 1821. A joué un rôle dans le concile de 1811 assemblé à Paris par Napoléon contre le pape Pie VII. Il fut envoyé au pape à Savone.

ALLÉGREMENT. adv. D'une manière allègre, joyeuse. Marcher, danser allégrement. Il semble que les coups fuient ceux qui s'y présentent allégrement.

ALLÉGRER (s'). v. pr. Devenir allègre; se livrer à l'allégresse. Vx verbe qui mérite, dit Littré, d'être repris par l'usage.

ALLÉGRESSE. s. f. (de *allègre*). Joie vive, éclatante. Cris, transports d'allégresse. Tressaillir d'allégresse ‖ Se dit plus ordinairement d'une joie publique. Transports d'allégresse, allégresse publique. Le roi fut reçu avec allégresse par ses sujets. ‖ Relig. Les sept Allégresses de la Ste Vierge, dans le Rosaire.

ALLÉGRET. Mathématicien franç., né à Bologne d'un père franç., 1829. Professeur à la faculté des sciences de Clermont. Nombreux ouvrages sur les mathématiques.

ALLEGRETTI (Allegretto degli). Chroniqueur italien (1435-1494), né à Sienne. A publié une chronique ou journal de Sienne (*Diarii Sanesi*) très intéressante, mais remplie de personnalités et de minuties ; publiée dans le T. XXIIIe des *Scriptores rerum italicarum* de Muratori.

ALLEGRETTO. adv. (ital., dimin. de *allégro*). Mus. D'une manière vive, rapide, légère, moins cependant que pour allégro. ‖ s. m. Mélodie et air gracieux. Jouer un allegretto. ‖ Au pl. Des Allegrettos

ALLEGRI (Alexandre). Poète de Florence ; soldat, puis ecclésiastique ; mort vers 1597. *Rime piacevoli* (vers plaisants), pièces satiriques et burlesques, de la langue italienne la plus pure, publiées après sa mort. ‖ ALLEGRI (Grégoire). Rome, 1580-1640. Compositeur de la cathédrale de Fermo, attaché à la chapelle Sixtine du Vatican (1629), où l'on conserve manuscrites un grand nombre de ses œuvres musicales. Deux livres de *Concerti*, Rome, 1618-19 ; deux livres de *motets* 1621. Célèbre *Miserere* à 2 chœurs (1629), exécute chaque année à la chapelle Sixtine, le vendredi saint, jusqu'à l'entrée des Italiens à Rome 1870. Il était défendu de le copier, mais Mozart l'écrivit de mémoire après l'avoir entendu deux fois ; publié à Londres en 1771. Allegri était de la famille du *Corrège*. ‖ ALLEGRI (Antonio), dit le *Corrège* (V. ce mot).

ALLEGRO. adv. (ital., *vivement*). Mus. Indication d'un mouvement plus rapide, intermédiaire entre le *presto*, très vif, et l'*adagio*, lent. On y joint des nuances : *allégro maestoso, vivace, moderato, animato*, etc. ‖ s. m. Air ou partie d'un air qui se chante vivement, légèrement. ‖ Au pl. Des Allégros.

ALLÉGUER. v. a. (On fait sentir les deux l ; — lat. *allegare*, même sens; de *al* pour *ad*, vers; et *legere*, envoyer : envoyer vers, citer, invoquer — l'é fermé devient è ouvert devant une syll. muette, excepté au futur et au condit. : Nous alléguons, tu allégues, il alléguera.) Citer une autorité, un passage, un fait. Alléguer un passage de Bossuet. ‖ Mettre en avant, s'appuyer sur, prétexter. Alléguer des raisons, des prétextes, des excuses. Alléguer pour raison que. Alléguer que. ‖ ALLÉGUÉ, ÉE. p. pas. ‖ Syn. *Alléguer* une raison, un fait comme preuve ; *citer* un fait, un écrit, un auteur ; *produire* ce qui pouvait être inconnu ou en réserve pour une démonstration ; *rapporter* ce qui déjà a pu être cité par d'autres. Nuances assez peu tranchées.

ALLELUIA. s. m. (al-lé-lui-a ; — mot hébr.

composé de *halelu*, louez, et de *iah*, Dieu : louez Dieu). Cri d'allégresse chez les Juifs, adopté par les chrétiens et introduit dans la liturgie, où il est supprimé pendant le carême et aux offices des morts. Chez les Grecs, l'alléluia se dit toute l'année, même aux funérailles. L'antique alléluia d'Abraham et de Jacob fait retentir le dôme des églises. (Châteaub.) ‖ Fig. Un alléluia éternel dont on entend retentir Jérusalem. ‖ Par ext. et fam. Louange. Faire l'alléluia d'une personne. Écrire en style d'alléluia. ‖ Exclam. Nous voilà sauvés; alléluia! ‖ Enterrer l'alléluia, Cesser de le réciter aux époques indiquées, en particulier la veille de la Septuagésime. ‖ Autrefois, dans qq. cathédrales, Usage des enfants de faire alors un enterrement simulé. ‖ Alléluia de carême, d'automne, déplacée. ‖ Alléluia d'Othon, Réjouissance intempestive, fanfaronnade : allusion au siège de Paris par Othon (978), lorsque cet empereur fit chanter à Montmartre un alléluia de triomphe, au moment où il allait être défait par Lothaire. ‖ Bot. Un des noms vulgaires de la *surelle* (*oxalis acetosella*) petite plante de la famille des oxalidées qui fleurit vers Pâques, c'est-à-dire dans le temps où l'on chante l'alléluia ; ses feuilles ont un goût aigrelet ; elle fournit la substance nommée, dans le commerce, sel d'oseille. ‖ Au pl. Des Alléluias.

ALLEMAGNE (lat. *Germania*, allem. *Deutschland*). Contrée centrale de l'Europe, comprise entre 55° 52' et 47° 17' latit. N., 3° 25' et 20° 32' longit. E. L'Allemagne a pour bornes : au N. la mer du Nord, le Danemark et la mer Baltique ; à l'E., la Russie ; au S, l'Autriche-Hongrie et la Suisse ; à l'O., la France, le Luxembourg, la Belgique et la Hollande. La mer du Nord et la mer Baltique au N., au S. les montagnes qui enveloppent la Bohême, le cours de l'Inn et de la Salza, les Alpes bavaroises, le cours du Rhin du lac de Constance à Bâle, sont les seules frontières naturelles de l'Allemagne. Une ligne purement conventionnelle a fixé au N. les limites du Schleswig devenu allemand et du Jutland demeuré danois ; une autre ligne, également arbitraire, a été tracée du côté de la Russie à travers l'anc. royaume de Pologne , enfin une ligne non moins arbitraire limite à l'O. les conquêtes de l'Allemagne en Alsace et en Lorraine.

Depuis les traités de 1815 jusqu'aux événements de 1866, l'Allemagne se composait de 33 États indépendants formant une union internationale appelée *Confédération germanique*. Ces 33 États représentaient une superficie de 628,000 kil. car. et une population qui, en 1866, atteignait 45 millions d'habitants. En voici les noms :

1. Autriche, cap. Vienne. — 2. Prusse, cap. Berlin. — 3. Bavière, cap. Munich. — 4. Royaume de Saxe, cap. Dresde. — 5. Hanovre, cap. Hanovre. — 6. Wurtemberg, cap. Stuttgart. — 7. Bade, cap. Carlsruhe. — 8. Hesse-Électorale, cap. Cassel. — 9. Hesse-Darmstadt, cap. Darmstadt. — 10. Holstein-Lauenbourg, cap. Kiel. — 11. Luxembourg, cap. Luxembourg. — 12. Saxe-Weimar, cap. Weimar. — 13. Saxe-Altenbourg, cap. Altenbourg. — 14. Saxe-Meiningen, cap. Meiningen. — 15. Saxe-Cobourg-Gotha, cap. Cobourg. — 16. Mecklembourg-Schwérin, cap. Schwérin. — 17. Mecklembourg-Strélitz, cap. Strélitz. — 18. Brunswick, cap. Brunswick. — 19. Nassau, cap. Wiesbaden. — 20. Anhalt-Dessau, cap. Dessau. — 21. Anhalt-Bernbourg, cap. Bernbourg. — 22. Schwarzbourg-Sondershausen, cap. Sondershausen. — 23. Schwarzbourg-Rudolstadt, cap. Rudolstadt — 24. Oldenbourg, cap. Oldenbourg. — 25. Lichtenstein, cap. Vaduz. — 26. Waldeck, cap. Corbach. — 27. Reuss-Greitz, cap. Greitz. — 28 Reuss-Schleitz, cap. Schleitz. — 29. Lippe-Detmold, cap. Detmold. — 30. Lippe-Schaumbourg, cap. Beckebourg. — 31. Hesse-Hombourg, cap. Hombourg. — 32. Francfort-sur-le-Mein (*ville libre*). — 33. Lubeck (id.). — 34. Brême (id.). — 35. Hambourg (id.).

Les événements de 1866 ont amené l'exclusion de l'Autriche de la Confédération germanique ; ceux de 1870 ont abouti au rétablissement de l'empire d'Allemagne au profit de la Prusse (18 janv. 1871). L'empire d'Allemagne (allem. *Deutsches Reich*) comprend auj. 26 États : 4 royaumes, 6 grands-duchés, 7 principautés, 5 duchés, 3 villes libres, plus l'Alsace-Lorraine déclarée terre d'Empire. Sa superficie est de 540,000 kil car. /celle de la France est de 528,000), et sa population, d'après le recensement du 1er déc. 1880, de 45,233,829 h. (celle de la France, d'après le recensement du mois de déc. 1881, est de 37,672,048 h.). La densité de la population de l'Allemagne est donc très supérieure à celle de la France puisque la population moyenne est en Allemagne de 86 habitants par kil. car., tandis qu'en France elle est seulement de 71. Seules en Europe, la Belgique, la Hollande, les Iles-Britanniques et l'Italie ont une population plus dense que l'Allemagne (Belgique, 197 h., par kil. car. ; Hollande, 124 ; Iles-Britanniques, 114 ; Italie, 98). Le tableau suivant fait connaître la superficie et la population de chacun des États en 1881 :

ÉTATS	Kilom. carrés	Habitants	Accroissement 1875-80
Prusse.............	348 237,59	27 278 911	1 536 507
Bavière	75 863,43	5 281 778	262 353
Saxe...............	14 992,91	2 972 815	212 219
Wurtemberg	19 503,63	1 971 118	89 613
Bade..............	15 036,73	1 570 196	63 040
Hesse............,	7 680,32	935 340	51 122
Mecklembg-Schwérin	13 303,77	577 055	23 470
Saxe Weimar.......	3 592,61	300 577	16 644
Mecklembg-Strélitz..	2 929,50	100 269	4 596
Oldenbourg........	6 420 22	337 478	18 164
Brunswick........	3 690,43	349 367	21 874
Saxe-Meiningen	2 469,47	207 073	12 531
Saxe-Altenbourg... .	1 323,75	155 037	9 192
Saxe-Cobourg-Gotha	1 963,05	194 716	12 117
Anhalt...........	2 347,45	232 592	19 027
Schwarzbourg - Rudolstadt	942,13	80 296	3 620
Schwarzbourg - Sondershausen	862,11	71 107	3 637
Waldeck..........	1 121,00	56 518	1 895
Reuss (ligne aînée)..	316,39	50 782	3 797
Reuss (ligne cadette).	825,67	101 330	8 955
Schaumbourg-Lippe.	337,71	35 374	2 241
Lippe............	1 188,75	120 246	7 791
Lubeck.	293,72	63 571	6 639
Brême	257,50	156 723	14 523
Hambourg.........	419,78	451 859	63 211
Alsace-Lorraine.....	14 508,10	1 566 670	34 865
Empire.....	540 496,78	45 233 829	2 506 457

La capitale de l'empire est Berlin dont la population, qui a presque triplé depuis trente ans, était, au 1er déc. 1880, de 1,122,330 h.; c'est aujourd'hui la troisième ville de l'Europe. Les villes principales (popul. au 1er déc. 1880) sont : Hambourg, 289,859 h. (410,127 avec les faubourgs) ; Breslau, 272,912 ; Munich, 230,023 ; Dresde, 220,818 ; Leipzig, 149,081 ; Cologne, 144,772 ; Kœnigsberg, 140,909 ; Francfort-sur-le-Mein, 136,819 (164,697 avec les faubourgs) ; Hanovre 122,843 (143,664 avec Linden) ; Stuttgard, 117,303 ; Brême, 112,453 ; Dantzig, 108,551 ; Strasbourg, 104,471 ; Nuremberg, 99,519 ; Magdebourg, 97,539 (137,135 avec Neustadt et Bukau) ; Barmen, 95,941 ; Dusseldorf, 95,458 ; Chemnitz, 95,123 ; Elberfeld, 93,538 ; Stettin, 91,756 ; Altona, 91,047 ; Aix-la-Chapelle, 85,551 ; Brunswick, 75,038 ; Crefeld, 73,872 ; Halle, 71,484 ; Mulhouse (y compris Dornach), 68,140 ; Dortmund, 66,544 ; Posen, 65,713 ; Augsbourg, 61,408 ; Mayence, 60,905 ; Cassel, 58,290 ; Essen, 56,944 ; Manheim, 53,465 ; Erfurt, 53,254 ; Metz, 53,131 ; Francfort-sur-l'Oder, 51,147 ; Lubeck, 51,055 ; Wurtzbourg, 51,014 ; Gœrlitz 50,307 ; Wiesbaden, 50,238 ; Carlsruhe, Postdam, Darmstadt, Kiel, Duisbourg et Munster comptent de 40,000 à 50,000 h. ; 21 villes ont une population comprise entre 30,000 h. et 40,000 ; 45, une population entre 20,000 et 30,000 h. ; 529 villes ont de 5,000 à 20,000 h., et 1,716, de 2,000 à 5,000 h. La population urbaine représente 41,39 0/0 de la population totale. L'accroissement moyen de la population pendant les cinq années 1875-1880 a été annuellement de 1,12 0/0 c.-à-d. qu'en 112 ans la population double tandis qu'en France la période de doublement est d'environ 400 ans. — L'accroissement déjà si remarquable de la population de l'Allemagne serait encore plus rapide, car l'excédant des naissances sur les décès a été de 522,070 en 1880, si l'augmentation résultant de cet excédant n'était contre-balancée dans une certaine mesure par l'*émigration*. Le nombre des émigrés s'est élevé de 1875 à 1881 à 455,336.

Le tableau suivant fait connaître les variations du mouvement de l'émigration pendant les sept dernières années :

ANNÉES	PORTS D'EMBARQUEMENT DES ÉMIGRANTS				TOTAL
	Brême	Hambourg	Stettin	Anvers	
1875	12.613	15.826	258	2.066	30.773
1876	10.972	12.706	202	4.488	28.368
1877	9.328	10.725	75	1.836	21.964
1878	11.320	11.827	85	976	24.217
1879	15.828	13.165	245	4.089	33.327
1880	51.627	42.787	552	11.224	106.190
1881	98.510	84.423	1.434	26.178	210.547
Total	210.207	191.461	2.861	50.857	455.386

Sur ces 455,386 émigrés officiellement enregistrés, 429,326 étaient en destination des États-Unis, 12,787 du Brésil, 5,032 des autres pays de l'Amérique, 6,427 de l'Australie, 1,563 de l'Afrique et 231 de l'Asie. Ces chiffres ne donnent pas, du reste, l'émigration totale ; car on évalue à plus de 168,000 le nombre des Allemands qui pendant les six années 1875-1880 ont émigré sans être enregistrés officiellement. Au total, on estime que, de 1820 à la fin de 1881, le nombre des émigrants d'Allemagne s'est élevé au chiffre de 3,850,000 personnes, dont plus de 3,000,000 sont allées aux États-Unis. ‖ LITTORAL. — La mer Baltique sur laquelle l'Allemagne a plus des deux tiers de son littoral est une mer presque fermée dont les navires ne peuvent sortir que par les détroits des îles danoises ; ses bancs de sable, ses brouillards, ses vents brusques et changeants en rendent la navigation dangereuse ; presque partout, des lagunes stériles constituent la côte. On donne le nom de *Haff* à des sortes de golfes intérieurs que sépare de la pleine mer une étroite langue de terre. Les principaux sont le *Pommersche Haff* ou simplement le *Haff*, le *Frische Haff* et le *Curische Haff*. La mer du Nord qui communique librement avec l'Atlantique est périlleuse à cause du manque de profondeur de ses eaux ; parfois les navires se trouvent déjà sur les bas-fonds de la côte avant d'être en vue du littoral. De plus, l'île d'Helgoland qui commande tous les ports de la mer du Nord appartient à l'Angleterre et, en outre, en cas de guerre, le Pas-de-Calais qui met en communication la mer du Nord avec l'océan Atlantique pourrait facilement être intercepté par les flottes de l'Angleterre et de la France. Malgré tous ces désavantages, la marine de commerce de l'Allemagne a cependant pris une importance considérable : par le tonnage de ses bâtiments, elle n'a maintenant de supérieures que celles de l'Angleterre, des États-Unis, de la Norvège et de l'Italie. Les principaux ports sont, sur la mer Baltique : *Memel* à l'extrémité septent. de la Prusse, près de la frontière russe ; *Kœnigsberg*, à l'embouchure du Pregel ; *Dantzig*, à l'embouchure de la Vistule ; *Stettin*, à l'embouchure de l'Oder, la ville maritime la plus considérable de la Prusse proprement dite (les plus grands navires s'arrêtent à *Swinemünde*, avant-port de Stettin) ; *Greifswald* et *Stralsund* en face de l'île de Rügen ; *Barth* ; *Rostock* (avec son avant-port *Warnemünde*), le port le plus considérable du Mecklembourg dont la flotte marchande était, il y a encore peu d'années, la plus importante de l'Allemagne ; *Wismar* ; *Lubeck*, l'ancien chef-lieu des villes hanséatiques ; enfin *Kiel*, naguère ville danoise, et dont la Prusse a fait sur la Baltique son grand port militaire défendu par la citadelle de Friedrichsort. Les ports de la mer du Nord sont : *Hambourg*, situé sur l'Elbe, à 110 kil. de son embouchure, le plus grand port du continent, dont le trafic dépasse celui de Marseille ; *Cuxhaven*, son avant-port à l'O. de l'embouchure de l'Elbe ; *Brême* sur le Weser, avec son port maritime *Bremerhafen*, le second port de l'Allemagne et celui d'où les émigrants partent en plus grand nombre pour l'Amérique ; enfin, dans le golfe de Jade, à l'O. de l'embouchure du Weser, la ville nouvelle de *Wilhelmshafen* dont la Prusse a fait en quelques années le grand port militaire de l'Allemagne. ‖ ASPECT GÉNÉRAL DU PAYS. OROGRAPHIE. — Quoique inclinée vers la mer et limitée par elle des frontières de la Russie à celles de la Hollande, l'Allemagne, malgré l'importance de son commerce maritime, est surtout une contrée continentale. C'est par ses frontières de terre que se sont faits presque tous les mouvements historiques dans lesquels les Allemands ont eu un rôle ; c'est dans les plaines et les vallées de l'intérieur que se sont passés les principaux faits de son histoire. — L'Allemagne se divise naturellement en quatre régions d'aspect bien différent. L'Allemagne septentrionale ou *Basse-Allemagne* forme une immense plaine sablonneuse, monotone, généralement infertile, couverte de bruyères, de tourbières, de marais, de lacs, de forêts de pins. L'Allemagne du centre ou *Haute-Allemagne*, sillonnée par de nombreux petits massifs de montagnes de hauteur moyenne (aucun sommet ne dépasse 1,600 m), qui divisent le pays en un grand nombre de bassins partiels, offre l'aspect le plus varié. De l'angle occidental de la Bohême au plateau des Ardennes, les montagnes de la Saxe, de la Thuringe, de la Hesse, de la Franconie présentent des vallées fertiles, des sites pittoresques, des cascades, des forêts ; c'est la partie de l'Allemagne où le régime féodal s'est maintenu le plus longtemps et récemment encore il y subsistait un grand nombre de petits Etats qui avaient conservé quelques restes de leur indépendance. L'*Allemagne du Sud*, où un climat plus chaud et une nature plus gaie portent davantage à l'expansion, au chant, à la vie artistique sous toutes ses formes, occupe le bassin supérieur du Danube, que dominent au midi les hauts glaciers des Alpes, et au nord les sommets de granit et de basalte des monts de Bohême et de Thuringe. Une quatrième région flanque à l'ouest les trois précédentes : c'est le *bassin du Rhin* qui participe aux avantages et aux inconvénients des autres régions et les équilibre parfois de la façon la plus heureuse, surtout à l'endroit où le fleuve, perçant la barrière du Taunus et du Hunsdrück, descend de l'étage moyen dans la vallée inférieure, pays de collines moyennes et de belles eaux, un des plus favorisés de l'Allemagne et de l'Europe entière. — Les principales chaînes de montagnes de l'Allemagne sont d'abord celles qui forment la ceinture de la Bohême : ce sont, des sources de l'Oder à l'Elbe, les monts *Sudètes* qui, près de la frontière de la Silésie et de la Moravie se lient aux Carpathes et qui, des sources de la Neisse à l'Elbe, prennent le nom de *Riesengebirge* (Monts des Géants) ; le sommet le plus élevé des Riesengebirge, le *Schneekoppe*, atteint 1,611 m. Au passage par où l'Elbe sort de Bohême, la chaîne prend la direction S-O., et, sous le nom d'*Erzgebirge* (Monts métalliques), sépare la Saxe de la Bohême. A l'extrémité S.-O. de l'Erzgebirge commencent les montagnes granitiques de la Forêt de Bohême (*Bœhmerwald*), qui se dirigent du N.-O. au S.-E. sur une longueur de plus de 60 lieues, séparant la Bohême de la Bavière. — Le *Fichtelgebirge* (1,063 m), près du point de jonction des frontières de Saxe, de Bohême et de Bavière, est le nœud des montagnes de l'Allemagne centrale. Du Fichtelgebirge se détachent vers le S.-E. le *Jura Franconien* et les *Alpes de Souabe* qui séparent le bassin du Danube de celui du Rhin, et vers le N.-O., fermant au nord la vallée du Mein, les collines du *Thüringerwald*, à l'extrémité desquelles se détachent vers le S. le *Rhœn*, le *Spessart* et l'*Odenwald*. Au N. du système thuringien, se dresse le *Harz*, dont le point culminant, le *Brocken* (1,071 m) est si célèbre dans les légendes populaires allemandes, puis vers l'O., le *Vogelsberg*, le *Taunus*, les collines de l'Eifel et celles du Weser dont la partie la plus septentrionale, entre l'Ems et le Weser, a conservé le nom fameux de Forêt de Teutberg (*Teutoburgerwald*). A l'O. de l'Allemagne, la *Forêt Noire* court parallèlement au Rhin et parallèlement aussi, de l'autre côté du fleuve, au delà de la plaine d'Alsace, s'élèvent les *Vosges* qui, depuis 1871, ne sont plus qu'à demi françaises ; le *Haardt*, le *Hochwald* et le *Hunsdrück* forment vers le N. le prolongement des Vosges ; au N. de la Moselle, l'*Eifel* se rattache à la chaîne des Ardennes. Tout au sud, à l'E. du lac de Constance, les *Alpes d'Algau* et les *Alpes Bavaroises* limitent au S. la grande plaine du haut Danube, qui forme la plus grande partie de la Bavière. ‖ HYDROGRAPHIE. — L'Allemagne est arrosée par plus de 500 cours d'eau, dont 60

sont navigables. Le *Danube*, le plus grand fleuve de l'Europe après le Volga, né dans la Forêt Noire et navigable à partir d'Ulm, porte à la mer Noire les eaux de l'Allemagne du Sud; de ses nombreux affluents, il faut citer : l'*Altmuhl*, la *Naab* et le *Regen* à gauche, et, à droite, l'*Iller*, le *Lech* qui passe à Augsbourg, l'*Isar*, qui arrose Munich, et l'*Inn*. Mais, pour sa majeure partie, l'Allemagne appartient au bassin de l'océan Atlantique. Les principaux fleuves de l'Allemagne du Nord sont : le *Rhin*, qui depuis 1871, appartient tout entier à l'Allemagne dans son cours moyen, et dont les affluents principaux sont: le *Neckar*, le *Mein*, la *Lahn*, la *Ruhr* et la *Lippe* à droite, l'*Ill* et la *Moselle* à gauche, — l'*Ems* qui se jette dans le Dollart, golfe formé à la fin du xiii° s. par une irruption de la mer du Nord ; — le *Weser*, formé de l'union de la *Werra* et de la *Fulda* et grossi de l'*Aller* ; — l'*Elbe*, qui, né en Bohême dans les monts des Géants, arrose Dresde, Magdebourg et Hambourg, reçoit à droite le *Havel* dont un affluent, la *Sprée*, passe à Berlin, et à gauche la *Mulde* et la *Saale*, grossie de l'*Elster* qui passe à Leipzig. Tous ces fleuves se jettent dans la mer du Nord. Les autres grands fleuves de l'Allemagne se jettent dans la mer Baltique. Ce sont : l'*Oder*, qui prend sa source aux monts Sudètes dans la Silésie autrichienne, arrose Breslau, Francfort et Stettin et reçoit à droite la *Warthe*, grossie de la *Netze*, et à gauche les deux *Neisse*; la *Vistule* qui finit au fond du golfe de Dantzig dans le *Frische Haff* que ses alluvions ont en partie comblé. — enfin le *Niémen*, qui sort de Russie, passe à Tilsitt et finit dans le *Kurische Haff*, près de Memel ; ces deux derniers fleuves n'appartiennent à l'Allemagne que par leur cours intérieur. Parmi les fleuves secondaires, il faut citer . l'*Eider*, qui sépare le Schleswig du Holstein et se jette dans la mer du Nord; la *Warnow*, la *Recknitz*, la *Peene*, la *Réga*, la *Persante*, le *Wipper*, la *Stolpe*, la *Leba*, la *Passarge*, le *Prégel*, grossi de l'*Alle* et de l'*Angerap*, qui se jettent dans la mer Baltique. — Les principaux *canaux* sont : le canal de Bromberg, entre la Vistule et la Netze ; le canal Frédéric-Guillaume entre l'Oder et la Sprée ; le canal Finow entre l'Oder et le Havel ; le canal de l'Eider qui, unissant la haute Eider au golfe de Kiel et, par suite, la mer du Nord à la Baltique, épargne aux petites embarcations un détour d'env. 650 kil. au nord des îles danoises et du Jutland (il est question de remplacer ce canal fluvial par un grand canal de navigation maritime praticable aux plus grands navires); enfin le canal Ludwig, qui date de 1825 et qui, unissant le Rhin au Danube par le Mein, la Regnitz et l'Altmühl, établit au centre de l'Europe une ligne directe de navigation entre la mer du Nord et la mer Noire. Le Rhin est mis d'un autre côté en communication avec la Méditerranée par le canal du Rhône au Rhin. Les canaux de navigation de l'Allemagne sont, non compris les canaux des tourbières, au nombre de 70, ayant une longueur totale de 2,000 kil. Cependant le réseau des canaux de l'Allemagne est loin d'être complet. Ainsi les bassins du Rhin et de l'Ems, de l'Ems et du Weser, du Weser et de l'Elbe ne sont pas reliés entre eux par une voie d'eau transversale, et la jonction de l'Oder au Danube par le seuil de Moravie est toujours à l'état de projet. La marche de Brandebourg est la région de l'Allemagne la mieux pourvue de canaux. — A l'exception du grand lac de Constance (en allem. *Bodensee*), situé sur les limites de l'Allemagne, de la Suisse et de l'Autriche, les lacs de l'Allemagne ont peu d'importance. Des nombreux lacs de l'Allemagne du Nord, le plus considérable est celui de *Muritz*, dans le Mecklembourg, qui se déverse dans l'Elbe. Dans l'Allemagne du Sud, il faut citer, dans la Haute-Bavière, le lac de *Chiem* dont les eaux s'écoulent dans l'Inn et ceux d'*Ammer* et de *Würm* traversés par deux affluents de l'Isar. ‖ CLIMAT. — La déclivité régulière que présente l'Allemagne de la base des Alpes aux rivages de la mer du Nord et de la mer Baltique égalise à peu près les climats, les effets de l'altitude compensant ceux de la latitude. C'est entre l'O. et l'E. de l'Allemagne, bien plus qu'entre le S. et le N. que contrastent les climats. Du côté de l'E., à mesure qu'on se rapproche de la

Russie, la température moyenne est plus basse en hiver et les pluies deviennent moins abondantes. Entre le Rhin et l'Oder, la température moyenne de l'année est de 7° à 10°; entre l'Oder et le Niémen, elle est de 4° à 7°. Tandis que, dans la région maritime de l'O. et dans les montagnes de l'intérieur, il tombe annuellement plus de 85 centim. de pluie, dans la grande plaine de Prusse la quantité d'eau qui tombe chaque année ne dépasse pas 40 centimètres. ‖ GÉOLOGIE. — L'Allemagne ne forme point, comme la Russie, la France, l'Espagne, l'Angleterre et la Suède, une région géologique nettement déterminée. L'Allemagne du Sud se rattache à la Suisse, à la France et à la Belgique ; celle du Nord est la continuation de la grande plaine sarmate. A l'O., les Alpes calcaires de la Bavière sont le prolongement oriental de celles du Voralberg et d'Appenzell; le terrain miocène de la plaine suisse se continue dans la Bavière méridionale, recouvert en partie par les débris glaciaires ; le granit, le grès rouge et les roches triasiques de la Forêt Noire correspondent au massif des Vosges, tandis que le Jura traverse toute l'Allemagne du Sud jusqu'à l'angle occidental de la Bohême, et que les roches dévoniennes des Ardennes se prolongent dans le Nassau et la Westphalie, bordées au nord comme en Belgique par la zone des terrains houillers. Au N.-E., la plaine quaternaire de 400.000 kil carrés qui forme le nord de l'Allemagne n'est qu'une partie de l'ancien rivage qui comprenait aussi la Hollande, la Pologne et la Russie centrale. Dans le centre de l'Allemagne, au nord du Mein et de la Moselle, se rencontrent de nombreux groupes volcaniques. C'est dans le voisinage de leurs anciens cratères auj. changés en lacs, de leurs coulées de laves et de leurs colonnes basaltiques que le sol recèle les richesses géologiques les plus variées et que l'industrie et l'agriculture sont le plus développées. ‖ PRODUITS MINÉRAUX, FAUNE ET FLORE, V. ci-dessous *Agriculture* et *Industrie*.

RACES, LANGUES, RELIGIONS — Les 45,234,000 hab. qui peuplent l'Allemagne présentent la plus grande variété de races et de religions. Les Allemands sont essentiellement, à l'heure actuelle, une race mélangée. La langue allemande est bien loin d'être la langue de tous les habitants de l'Allemagne. Les statistiques allemandes répartissent ainsi, d'après les langues, les différentes nationalités de l'empire : Allemands : 39,010,000; Slaves : 2,640,000 ; Français et Wallons : 350,000. Danois : 180,000 ; Lithuaniens et Courlandais : 130,000 ; Juifs : 529,000, plus environ 100.000 étrangers, dont les plus nombreux sont les Autrichiens, les Suisses et les Hollandais, puis viennent les Danois, les Suédois et Norvégiens, les Américains, les Anglais, les Belges, les Luxembourgeois, les Français et les Italiens. En Bavière, en Wurtemberg et dans le duché de Bade, l'allemand est parlé d'une façon exclusive. Dans les basses régions de l'Allemagne du Nord, on parle un dialecte particulier de l'allemand, le bas-allemand ou *platt-deutsch* (c.-à-d. allemand du plat pays). Le danois est parlé dans la partie nord du Schleswig. Le lithuanien, langue d'origine indo-européenne fort rapprochée des langues slaves, est la langue des villages de l'extrême N.-E. de la Prusse sur une longueur de 30 à 35 lieues. Trois langues slaves, le polonais, le wende ou slave de Lusace et le tchèque, sont parlées en Allemagne. Le polonais occupe la frontière orientale de la Prusse et confine au lithuanien ; les Polonais sont au nombre de 2,450,000. Le wende n'occupe plus aujourd'hui qu'un territoire d'environ 25 lieues de hauteur sur dix ou douze lieues de largeur et situé pour les deux tiers en Prusse, pour le tiers méridional dans le royaume de Saxe ; il est parlé par environ 140,000 personnes; au xvi° siècle, le domaine slave de Lusace était deux fois plus considérable qu'il ne l'est aujourd'hui. Les Tchèques, sur la frontière de Bohême, sont au nombre d'environ 50,000. Le français est parlé en Allemagne, en tant que langue maternelle, par 350,000 individus habitant deux régions d'inégale étendue. La première comprend, dans la Prusse rhénane, les environs immédiats de la ville de Malmédy, et la seconde, les territoires de langue française annexés à l'Allemagne en 1871. Les Juifs habitent surtout Hambourg, la Hesse, Bade, la Silésie et l'Alsace. — La *religion* dominante en Allemagne est le protestantisme (62,5 %). Les catholiques forment 36 %. Dans l'Allemagne du Sud, le nombre des catholiques est double de celui des protestants; dans le nord, au contraire, la proportion est de 2 1/2 protestants contre 1 catholique. La secte des vieux catholiques que l'on a représentée un moment comme ayant l'importance d'une Eglise nouvelle est peu importante (env. 50,000). Elle est moins une secte religieuse qu'un parti politique. Voici, du reste, d'après la statistique de 1875, la répartition par Etat des différents cultes

ÉTATS.	PROTESTANTS.	CATHOLIQUES	AUTRES CHRÉTIENS.	ISRAÉLITES.	AUTRES.
Prusse.................	16.712.700	8.623.840	59 400	339.790	4.674
Bavière	1.392.120	3.573.142	4.889	51.235	904
Saxe	2.674.903	71.340	6.641	5.390	411
Wurtemberg	1.296.630	507 578	4.167	12 881	229
Bade	517.861	938.916	3.842	26 492	69
Hesse	602.850	251.472	3.689	25.652	633
Mecklembourg-Schwérin	518.741	2.259	»	2.786	»
Oldenbourg	253.054	71 743	909	1.578	30
Anhalt...............	208.238	3.473	91	1 763	»
Autres États	2.234.373	39.673	4.968	22.650	8.942
Alsace-Lorraine	283.320	1.204.981	3.198	39.002	194
Total............	26.718 823 63, 5 %	15.372.127 36 %	91.894 0,2 %	529.289 1,2 %	16.172 0,1 %

Les Allemands sont généralement de haute taille; ils ont en majorité les cheveux blonds et le teint clair, mais les yeux bleus, dont Tacite fait un des traits caractéristiques de la race germanique, sont en grande minorité. Quant à leur caractère moral, M. Elisée Reclus le résume en ces termes : « On ne peut refuser au peuple allemand un sens profond de la nature, un rare instinct poétique, une grande force de volonté, une singulière persévérance, un dévouement naïf et sincère à la cause embrassée. Mais il se laisse facilement entraîner vers les extrêmes : son amour peut se changer en mysticisme, le sentiment devenir chez lui sensiblerie, la politesse se transformer en règles d'étiquette, la joie de vivre dégénérer en arrogance, la colère s'amasser en fureur, le ressentiment se perpétuer en rancune. Avec toute sa volonté, sa ténacité, sa force, l'Allemand a moins de personnalité que le Français, l'Italien et l'Anglais ; il se laisse plus facilement influencer par les mouvements d'opinion et les alternatives des événements; il aime à se mouvoir par grandes masses, il se plaît à suivre la méthode, même dans les folies, et la discipline lui est facile. En aucun pays du monde, le devoir n'est aussi fréquemment confondu avec la consigne. »

INSTRUCTION PUBLIQUE. — *Enseignement primaire.* — L'Allemagne est un des pays où l'instruction publique est le plus développée. L'instruction primaire y est obligatoire; dans toute l'étendue de l'empire, des lois obligent les parents à envoyer leurs enfants à l'école pendant cinq ans au moins. La proportion des conscrits illettrés, qui était en 1875 de 2,37 % s'est abaissée en 1880 à 1.59 et en 1881 à 1,54 %. Le Wurtemberg est l'état le plus avancé; les provinces les plus arriérées sont : la Silésie, la Posnanie, la Poméranie et la province de Prusse; dans cette dernière, la proportion des illettrés atteint presque 10 %. Le nombre des écoles primaires est d'environ 60,000, fréquentées par plus de 6 millions d'écoliers, ce qui donne 130 écoliers par 1.000 habitants; la proportion est dépassée en Brunswick, Oldenbourg, Saxe, Thuringe, Prusse rhénane, Westphalie, tandis que la Posnanie, le Brandebourg, la Prusse orientale, la Bavière et surtout le Mecklembourg restent au-dessous de la moyenne. On compte en outre plus de 200 écoles normales et un certain nombre d'établissements spéciaux pour les sourds-muets et les aveugles. — *Enseignement secondaire.* Sous les noms d'écoles industrielles ou bourgeoises (*Realschulen*, *Burgerschulen*), 130 établissements d'ordre supérieur et plus de 300 au degré inférieur distribuent l'enseignement secondaire professionnel. L'enseigne-

ment classique est donné dans 570 gymnases, progymnases, gymnases réels ou progymnases réels ainsi répartis : en Prusse, 251 gymnases, 64 progymnases, 68 gymnases réels, 70 progymnases réels; dans le reste de l'Allemagne, 88 gymnases et progymnases. L'ensemble des élèves fréquentant les écoles moyennes dépasse 180,000. Rien qu'en Prusse il existe 276 écoles secondaires de filles. — *Enseignement supérieur* — L'Allemagne compte 20 universités, plus l'académie de Münster composée seulement de deux facultés (théologie catholique et philosophie) : chaque université comprend : une faculté de droit, une faculté de médecine, une faculté de philosophie et une faculté de théologie. Dans 14 de ces universités on enseigne la théologie protestante, dans 4 la théologie catholique, dans 3 les études sont mixtes, c.-à-d. qu'il existe dans la faculté de théologie une section catholique et une section protestante. (V. le tableau ci-dessous.) Ces universités se répartissent ainsi : 9 en Prusse : université de Berlin, fondée en 1810 et qui compte auj. 211 professeurs (divisés en professeurs ordinaires, professeurs extraordinaires et *privat-docenten*) ; Kœnigsberg fondée en 1544, avec 64 professeurs ; Breslau (1702, 123 prof.); Greifswald (1456; 66 prof.); Halle

(1694; 107 prof.) ; Bonn (1818 ; 110 prof.) ; Marbourg (1527 ; 78 prof.); Kiel (1665; 72 prof.); Gœttingue (1737 ; 119 prof.) ; plus l'académie de Munster (1780; 33 prof.) : — 3 en Bavière : Munich (1472; 111 prof.) ; Erlangen (1743 ; 62 prof.); Würzbourg (1582; 68 prof); — 1 dans le royaume de Saxe : Leipzig (1409 ; 171 prof.) ; — 1 en Wurtemberg : Tubingue (1477 ; 79 prof.); — 2 dans le grand-duché de Bade : Heidelberg (1385; 109 prof) ; Fribourg (1454 ; 64 prof.) ; 1 en Hesse : Giessen (1607; 54 prof.) ; — 1 dans le grand-duché de Saxe-Weimar : Iéna (1558; 73 prof); — 1 en Mecklembourg : Rostock (1419 ; 42 prof); — 1 en Alsace-Lorraine : Strasbourg (1567 ; rétablie comme université allemande en 1872 ; 104 prof.). — Le tableau ci-dessous indique la fréquentation de chacune de ces universités par facultés pendant le semestre d'été 1883.

L'ensemble de la production littéraire et scientifique de l'Allemagne dépasse annuellement 10.000 volumes; il s'y publie en outre plus de 1,600 journaux ou revues.

CONSTITUTION DE L'ALLEMAGNE. — L'Empire d'Allemagne, tel qu'il est actuellement constitué, doit son origine aux victoires de la Prusse en 1836 et en 1870. La campagne de Sadowa avait mis fin à l'ancienne Confédération germanique telle que l'avaient faite les traités de 1815. L'Autriche vaincue avait été mise hors l'Allemagne ; une confédération dite de l'Allemagne du Nord, comprenant les Etats situés au nord du Mein, avait été constituée sous la présidence de la Prusse ; les quatre Etats demeurés indépendants au sud du Mein (Bavière, Wurtemberg, Bade et Hesse) avaient été unis étroitement à cette confédération par des traités d'alliance et de commerce. Les événements de 1870 amenèrent au profit de la Prusse le rétablissement de l'Empire d'Allemagne. Par traités conclus à Versailles en nov. 1870, entre la Confédération de l'Allemagne du Nord et les grands-duchés de Bade et de Hesse (15 nov.), le royaume de Bavière (23 nov.) et celui de Wurtemberg (25 nov.), ces Etats entraient dans une nouvelle confédération qui, comparée à celle qui avait pris fin en 1866, comprenait en moins les provinces allemandes de l'Autriche, le grand-duché de Luxembourg et la principauté de Lichtenstein, et, en plus,

UNIVERSITÉS	THÉOLOGIE		DROIT	MÉDECINE	PHILOSOPHIE	TOTAL
	PROTESTANTE	CATHOLIQUE				
Universités prussiennes.						
1. Berlin	439	»	1.001	773	1.829	4.062
2. Bonn	109	73	295	234	452	1 163
3. Breslau	127	137	277	397	621	1.559
4. Gœttingue	197	»	204	184	710	1.101
5. Greifswald..............	129	»	63	377	170	741
6. Halle	488	»	98	232	596	1.414
7. Kiel....................	72	»	70	160	139	441
8. Kœnigsberg	158	»	146	242	383	929
9. Marbourg...............	130	»	113	189	407	848
10. Munster	»	126	»	»	202	328
Total....	1.878	318	2.269	2.788	3.318	12.591
Universités des autres États.						
1. Erlangen	303	»	71	168	97	641
2. Fribourg................	»	52	209	343	217	821
3. Giessen.................	68	»	88	108	200	464
4. Heidelberg..............	54	»	416	231	318	1.019
5. Iéna...................	127	»	120	139	245	631
6. Leipzig.................	638	»	626	604	1.229	3.097
7. Munich.................	»	116	822	707	650	2 295
8. Rostock	50	»	38	61	82	231
9. Strasbourg	72	»	204	213	345	834
10. Tubingue...............	366	146	428	208	225	1.373
11. Würzbourg	»	150	143	600	191	1.085
Total.....	1 680	473	3.187	3.381	3.799	12.493
Total général.....	3.558	811	5.426	6.172	9 117	25.084

les provinces prussiennes de Prusse orientale et de Posen, le Schleswig et l'Alsace-Lorraine. Le 18 janvier 1871, la dignité héréditaire d'Empereur d'Allemagne (*Deutscher Kaiser*) était rétablie au profit du roi de Prusse, et le 16 avril 1871 était promulguée, pour entrer en vigueur le 4 mai, la constitution du nouvel Empire d'Allemagne.—Aux termes de cette constitution, les États de l'Allemagne forment une « éternelle union » dont aucun ne peut se retirer, pour la garantie de leurs territoires, l'application du droit légitime dans l'intérieur de ceux-ci et pour le salut (*Wohlfahrt*) de la nation allemande. La confédération des États qui forment l'Empire est investie d'un pouvoir impérial souverain dont l'exercice est confié à la couronne de Prusse sous le contrôle et avec le concours de deux assemblées, le *Bundesrath* et le *Reichstag*. L'Empereur représente la nation allemande vis-à-vis de l'étranger; il a le droit de déclarer la guerre et de faire la paix, de conclure des traités avec les puissances étrangères. Il nomme le grand chancelier de l'Empire, choisit et révoque les fonctionnaires. Il est chargé de ramener au besoin les États récalcitrants « à l'accomplissement de leur devoir ». Pour les guerres qui ne sont pas purement défensives, il doit obtenir le consentement du Conseil fédéral (*Bundesrath*), et il doit faire ratifier par la Diète ou Parlement (*Reichstag*) les traités se rapportant aux matières du domaine de la législation fédérale. Ces deux assemblées constituent le pouvoir législatif de l'Empire, la première représente les États confédérés, la seconde la nation germanique. — Le *Conseil fédéral* se compose de 58 membres nommés pour chaque session par leur gouvernement respectif. Il est présidé par le chancelier de l'Empire. La Prusse y a 17 voix, la Bavière 6, la Saxe 4, le Wurtemberg 4, Bade 3, la Hesse 3, le Mecklembourg-Schwérin 2, les 17 autres États ou villes libres, une voix chacun. L'Alsace-Lorraine, déclarée *terre d'Empire* et considérée comme appartenant par indivis à tous les États allemands, n'y a pas de représentation. La Prusse qui dispose dans le conseil fédéral, non seulement de ses 17 voix, mais encore de celles des petits États enclavés dans son territoire et liés à elle par des conventions particulières, est maîtresse de ce conseil. La mission du Bundesrath, conseil administratif et consultatif suprême de l'Empire, est surtout d'étudier les projets de loi touchant les matières fédérales qui doivent être soumis au Parlement, et de régler l'application des lois déjà votées. A cet effet, il est formé chaque année dans son sein onze commissions permanentes : 1° armée et forteresses ; 2° marine ; 3° douanes et impôts ; 4° commerce ; 5° chemins de fer, postes et télégraphes, 6° justice ; 7° comptabilité ; 8° affaires étrangères ; 9° Alsace-Lorraine ; 10° constitution ; 11° ordre des affaires. Chaque comité comprend les représentants d'au moins 4 États, excepté celui des affaires étrangères qui est composé des représentants des trois royaumes de Bavière, Wurtemberg et Saxe sous la présidence de la Bavière. L'Empereur s'est réservé de désigner les membres des deux comités les plus importants, guerre et marine ; toutefois, un siège est réservé au représentant bavarois dans le comité de guerre. Un veto de ses 14 voix dans le Conseil fédéral met obstacle à une modification de la constitution. — Le *Reichstag*, qui se réunit à Berlin comme le Bundesrath, se compose de membres élus au scrutin secret par le suffrage de tous les hommes âgés de plus de 25 ans, sans aucune condition de cens pour l'éligibilité ni pour l'électorat. Chaque État a droit à un député par 100,000 habitants. Le nombre des électeurs inscrits est d'environ 9 millions. Les députés ne reçoivent ni traitement ni indemnité. Le Reichstag a le droit de proposer des lois dans les limites de la compétence de la Confédération. Il élit son bureau et fixe librement son ordre du jour. C'est à l'Empereur qu'il appartient de convoquer le Bundesrath et le Reichstag, de les ouvrir, de les ajourner et de les clore. Pour dissoudre le Reichstag pendant la durée légale de la législature qui est de trois ans, il faut un arrêté du Bundesrath approuvé par l'Empereur ; en cas de dissolution, les électeurs doivent être convoqués dans les 60 jours, et la chambre réunie dans les 90 jours après la dissolution. L'Empereur ne peut suspendre la

session plus de 30 jours contre le vœu de l'assemblée, et la prorogation ne peut être réitérée dans le cours de la même année — Dans chacun des autres États de l'Allemagne, on retrouve avec quelques modifications de détail une constitution analogue, qui est celle des monarchies tempérées avec un parlement (*Landtag*) formé de deux chambres : une chambre haute ou chambre des seigneurs, composée de membres de droit, et une seconde chambre élective. (V. pour les détails de chaque constitution particulière les noms des divers États de l'Empire.) — Il existe quant à l'organisation administrative intérieure et particulièrement à l'organisation communale propre à chaque État des différences notables. Toutefois, l'influence sans cesse croissante de la Prusse tend à donner à toute l'Allemagne une organisation administrative semblable à la sienne. (V. *Prusse*, *Bavière*, etc.) ‖ LÉGISLATION ET JUSTICE.—Aux législations des divers États, différentes les unes des autres, les uns suivant le droit prussien, d'autres ce qu'on appelait le droit commun, modifié diversement par le droit romain, le droit canonique, le droit féodal et coutumier, d'autres enfin, comme la Prusse et la Bavière rhénanes ou le grand-duché de Bade ayant conservé le Code civil français (légèrement modifié dans ce dernier pays), tend à se substituer une législation uniforme. Il a été voté et promulgué depuis 1877 plusieurs Codes applicables à tout l'Empire, qui ont réalisé à peu près complètement l'unité de législation dans le domaine du droit commercial et du droit criminel : ce sont un Code de commerce et une loi pour le change, un Code de procédure pénale et un Code d'organisation judiciaire. Dans le domaine du droit civil, il a été fait un Code de procédure civile, et une commission de jurisconsultes élabore en ce moment un Code civil pour toute l'Allemagne. Il a été créé aussi, au-dessus des tribunaux des divers États, des juridictions supérieures dont la compétence s'étend sur tout l'Empire. Ce sont : à Leipzig, un tribunal suprême, sorte de cour de cassation, et un tribunal supérieur de commerce, et, à Lübeck, un tribunal supérieur commun d'appel des trois villes hanséatiques qui, outre sa compétence particulière, a une compétence générale pour tous les crimes de haute trahison ou contre la sûreté de l'État. ‖ POIDS ET MESURES, MONNAIES. — L'unification a été également réalisée en ce qui touche le système légal des poids et mesures. Aux mesures anciennes qui différaient d'un État à l'autre, a été substitué depuis 1872 le système métrique français, sauf en ce qui touche les monnaies. Depuis le 1er janvier 1875, l'unité monétaire est le *marc d'or* dit marc d'Empire (*Reichsmark*), lequel vaut à peu près 1 fr. 25 (exactement 1 fr. 2343) ; le marc est divisé en 100 pfennigs. Le marc d'or n'est pas une monnaie réelle ; il existe seulement en or des pièces de 5, 10 et 20 marcs, ces dernières, dites couronne et double couronne. Les pièces d'argent sont de 5, 2, 1, 1/2 et 1/5 marcs. Il existe en nickel des pièces de 10 et 5 pfennigs, et en bronze des pièces de 20, 10, 2 et 1 pfennigs. Il existe aussi depuis le 1er juillet 1875 des billets d'Empire qui remplacent le papier-monnaie des divers États. Le rapport légal de l'or à l'argent est de 1 à 13,95 au lieu du rapport français 1 à 15 1/2.—FINANCES. — Le budget fédéral doit faire face chaque année à un certain nombre de dépenses communes et notamment à l'énorme fardeau que fait peser sur l'Allemagne l'entretien de son armée. Les recettes communes provenant des douanes, des impôts de consommation, du timbre, des postes et télégraphes, des chemins de fer ne suffisant pas pour couvrir ces dépenses, il y est pourvu au moyen d'un supplément annuel d'impôts prélevé sur chacun des États : c'est ce qu'on appelle les contributions matriculaires dont le total s'accroît chaque année. Cependant, malgré l'augmentation des dépenses et grâce à l'indemnité de 5 milliards payée par la France, la situation financière de l'Allemagne est satisfaisante, puisqu'elle dispose d'une réserve de près d'un milliard dans le trésor spécial de guerre gardé à Spandau et dans le fonds des invalides. D'autre part, chaque Allemand ne paie que 54 fr. d'impôts, alors que l'Anglais en paie 58 et le Français 75. Sa quote-part dans la dette publique est seulement de 100 fr., contre

479 fr. pour le *Français* et 889 pour l'*Anglais*. L'Empereur doit rendre compte annuellement au Reichstag et au Conseil fédéral de l'emploi des recettes. Il existe pour le contrôle des comptables une Cour des Comptes de l'Empire qui siège à Potsdam. — Voici, d'après l'*Almanach de Gotha*, le détail du dernier budget de l'Allemagne.

Budget de l'Empire pour l'année 1882-83.

(Loi du 15 février 1882.)

La Bavière, le Wurtemberg et Bade restent en possession des recettes provenant des droits sur la bière (le malt) et l'eau-de-vie ; à l'Alsace-Lorraine sont réservées les recettes des droits sur la bière. La Bavière et le Wurtemberg ont aussi leurs administrations des postes et des télégraphes particulières. En compensation, ces États fournissent des contributions matriculaires proportionnelles plus élevées.

I. RECETTES.   Marcs.

(Le marc = 1 fr. 25.)

		Marcs
1. Douanes et impôts de consommation.		439 098.280
(a) du Zollverein.		
Impôts communs pour tous les États.	Douanes	186.466.150
	Sucre de bet.	47.421.460
	Sel	36.709.570
	Tabac.	11.029.210
Impôts non communs.	Eau-de-vie	35.517.630
	Malt	15.111.170
(b) d'États et de territoires ne faisant pas partie du Zollverein.		
Impôts communs		5 578.610
Impôts non communs.		1 264.150
2 De l'impôt sur le sucre de betterave de l'année 1881-82, pour couvrir le déficit de l'année 1880-81		12.062 163
3. Timbre des cartes à jouer : 1.037.120, dont pour la caisse de l'Empire		1 036 300
4. Timbre des lettres de change : 6 312.000, dont pour la caisse de l'Empire		6.039 800
5. Timbre des valeurs, bordereaux de courtier, comptes, billets de loterie.		12.060.000
6 Taxe statistique : 500,000, dont pour la caisse de l'Empire		464.0 10
7. Postes et télégraphes (net) (1).		21 2 4 000
8. Chemins de fer (net) (2).		12.685.400
9. Administration de l'imprimerie de l'Empire (3).		1.051.240
10. De la banque de l'Empire et autres		1 506 425
11 Recettes diverses		6.007.267
12. Du fonds des invalides		30 129 507
13. Excédent de l'exercice 1881-1882		10.558.350
14 Intérêts de capitaux de l'Empire.		3.062 983
Fonds de construction.	places fortes. 1.750.000 — chem. de fer. 250000 — Pal. du Parl. de l'Emp. 1 062.953	
15. Recettes extraordinaires.		49.945.288
De l'indemnité française. 18.283 — Des fonds de construction. places fortes. 9.077.600 — chem. de fer. 2.400.000 — Des palais du parlement. 7.775.000 — De l'emprunt pour dépenses extraordinaires 30.674.405		
16. Quotes-parts matriculaires.		103 684.369
Total des recettes.		610 632.707

II. DÉPENSES.

	Dépenses perman.	Dépenses extraord.
1. Parlement.	407.670	—
2. Chancelier et chancellerie de l'Empire.	125.770	—
3. Affaires étrangères et consulats.	6 676 775	183.890
4 Département de l'intérieur de l'Empire.	2.775.422	9.240.072
5. Postes et télégraph.	—	3.053.000

	Recettes brutes.	Dépenses.
(1) Postes et télégr.	145.128.000	128.864.000
(2) Chem. de fer.	10.083.700	27.397.900
(3) Administr. de l'impr. de l'Empire.	3.255.120	2.293.880

	Dépenses.	
	Per. ann.	extraord.
6. Imprim. de l'Emp.	—	15 000
7. Administ. militaire.	343.493.323.	23 033.031
8. Adm. de la marine.	27.565.835	8.723.830
9. Adminis. de la justice de l'Empire . .	1 707 657	200.000
10. Trésorerie de l'Emp.	83.317.356	3.595 825
11. Office des chemins de fer de l'Empire. .	303 153	—
12. Dettes de l'Empire.	13 703 599	227.300
13. Cour des comptes.	528 673	—
14. Adm. des ch. de fer.	—	4.403 003
15. Pensions	19.035 237	—
Armée de l'Emp. 18.266 829		
Flotte de l'Emp. 419.733		
Administr. civ. 378.727		
16. Dépenses par suite de la dernière guerre.	—	18 283
17. Fonds des invalides.	30.123 537	—
18. Déficit de l'ex. 1880-81.	1380-31,	12 032.438.
19. Fonds d'exploitation. . .	—	9 130 000
	531.823.228	73 918 473

Total des dépenses. 610 737 707

Dans une annexe de la loi du 13 février 1882 les dépenses pour l'administration de la banque de l'Empire ont été fixées à 132 000 marcs.

Dettes de l'Empire d'Allemagne.
Dettes contractées pour subvenir à divers besoins de l'Empire : 77.731 32, marcs (loi du 14 juin 1877),97.484.853 marcs (loi du 14 juin 1878), 63.921.071 marcs (loi du 13 juin 1879), 37.627 203 marcs (loi du 13 oct 1880) et 64.912 885 marcs (lois des 5 avril et 12 déc. 1881), dont au 1er février 1881 avaient été émis 29.895.150) marcs. En vertu de la loi du 15 février 1882, a été contracté une nouvelle dette de 20.674 405 marcs.
Billets de l'Empire en circulation au 1er avril 1882 : 152.164 210 marcs.
Montant de divers fonds à la fin de novembre 1881.
1. Fonds des invalides . 534.428.028 marcs et 439 400 florins de Francfort en obligations et 2 609.350 marcs en argent comptant.
2. Fonds pour la construction de forteresses : 51.103.709 marcs et 404.950 livr. sterl. en obligations et 547.851 marcs en argent comptant.
3. Fonds de construction du palais du parlement : 29.609 350 marcs en obligations et 288 marcs en argent comptant.
4. Fonds de guerre : 120 000 000 marcs.

ARMÉE. — La Prusse, et par elle l'Allemagne, est la puissance militaire par excellence. « La guerre, disait Mirabeau, est l'industrie nationale de la Prusse. » Le service y est, en principe, obligatoire pour tous. L'armée est l'école d'éducation de la nation pour la guerre Elle se divise en :

1° Armée permanente	Activité	3 ans.
	Reserve	4 ans.
2° Landwehr.		5 ans.

3° Landsturm, comprenant tous les hommes valides de 17 à 42 ans qui ne sont pas déjà sous les drapeaux.

Les hommes de la réserve sont tenus à des revues d'effectif et à des périodes d'exercices. Il en est de même de ceux de la Landwehr Le Landsturm n'est appelé qu'en cas d'invasion pour garder les forteresses et les camps. — Le *Recrutement* est régional, excepté pour la Garde. L'Empire est divisé en 17 régions de corps d'armée. Le recrutement est basé sur les effectifs invariables de paix et de guerre, de telle sorte qu'un homme libéré est remplacé de suite par un autre. L'effectif de paix, de 1881 à 1883, est de 427,274 hommes, non compris les volontaires d'un an, les officiers, médecins, vétérinaires, payeurs, employés, gendarmes, armuriers et selliers. — A partir du 1er janv. de l'année dans laquelle les jeunes gens atteignent 20 ans, ils sont tenus à : 1° 3 ans d'activité (l'incorporation a lieu généralement en novembre); 2° 4 ans de réserve ; 3° 5 ans de landwehr; 4° 3 ans dans le landsturm de 17 à 20 ans, et 10 de 32 à 42 ans En tout : 25 ans de service. — *Exceptions :* Renvoi dans leurs foyers des hommes suffisamment instruits après 2 ans d'activité. — 18 mois de service seulement pour les infirmiers, 6 mois pour les conducteurs du train des équipages et 6 semaines pour les instituteurs et professeurs des écoles élémentaires. — Les cavaliers qui consentent à faire 4 ans d'activité ne font que 3 ans de landwehr — Exemption totale de service pour

ceux qui en sont absolument incapables. — Utilisation dans la réserve de ceux qui, quoique infirmes, peuvent rendre des services par leur métier. — Ajournement trois années de suite de ceux qui n'ont pas encore la taille ou la complexion requise. — Exclusion de l'armée des indigènes frappés de condamnations. — Ajournement ou exemption pour : 1° les soutiens de familles ; 2° les jeunes gens dont l'absence occasionnerait la chute d'établissements industriels, de maisons de commerce, etc. dont ils sont propriétaires ou locataires, et ceux dont le père est incapable de travail ou de surveillance; 3° le frère puiné d'un militaire mort devant l'ennemi ou incapable de subvenir à ses besoins; 4° les jeunes gens se préparant à une carrière dont la préparation ne peut subir d'interruption sans préjudices, 5° certains qui sont non déterminés et laissés à la discrétion du ministre. — Chaque région de corps d'armée est divisée en 17 districts de bataillon de landwehr. Réunis par deux, ils forment 8 circonscriptions de recrutement d'un régiment de landwehr et d'un régiment de ligne. Le 17me forme le district de bataillon de landwehr de réserve. A la tête de chaque district se trouve un commandant de district de bataillon de landwehr Chaque district de bataillon est divisé en districts de compagnies commandés par un sergent major de district. Les chasseurs, fusiliers, cavaliers, artilleurs, pionniers, le train et les troupes d'administration sont recrutés dans tout le corps. La Garde se recrute sur le territoire prussien et en Alsace Lorraine. — Les opérations du recrutement sont analogues à ce qui a lieu en France. Ceux qui, en raison de leurs numéros élevés, n'ont pas été appelés sont classés dans la réserve de recrutement ou *Ersatz-Réserve*. Les opérations de recrutement sont faites par une commission départementale. La répartition des recrues entre les corps est généralement la suivante : 199 par bataillon d'infanterie, 150 par régiment de cavalerie, 23 par batterie à cheval, 16) par bataillon d'artillerie à pied, 30 par batterie montée, 169 par bataillon du génie, 135 par bataillon de chemins de fer, 15 par compagnie du train pour 3 ans et 14 pour 6 mois. — Certains corps ont ce qu'on appelle des effectifs renforcés. — La libération a lieu un ou deux jours après les manœuvres d'automne — L'*Ersatz-Réserve* comprend : 1° ceux qui ont été exempts du service dans l'armée active 2° ceux qui ne sont pris que conditionnellement à raison de leurs infirmités ; 3° les ajournés pour cause de santé; 4° les ajournés non exemptés pour cause d'intérêts particuliers. Ils sont tenus à des exercices annuels. — Sont compris dans le *Beurlaubtenstand* (position de congé) : 1° Les officiers, médecins, employés et soldats de réserve et de landwehr; 2° les hommes de l'*Ersatz-Réserve* aptes au service; 3° ceux qui à cause de leur numéro de tirage ne sont pas encore incorporés; 4° ceux qui sont renvoyés dans leurs foyers avant l'expiration du temps de service. — Les engagements sont de 3 ans et peuvent être contractés dès 17 ans avec le consentement paternel Ils sont de 4 ans pour la cavalerie. — Le volontariat d'un an est permis après des examens constatant la capacité des jeunes gens Les volontaires d'un an s'habillent, s'équipent et se nourrissent à leurs frais. Un grand nombre d'entre eux sont autorisés à suivre les cours de l'université pendant leurs années de service. Ils peuvent être nommés officiers de réserve à la fin de leur année, après avoir subi un examen. — Les chefs de corps peuvent permettre des rengagements de 1, 2 ou 3 ans, sans que la durée totale puisse dépasser 9 ans de services excepté pour certains sous-officiers commissionnés. Les avantages des rengagements sont : 1° l'avancement à un grade supérieur ; 2° une haute paye ; 3° une instruction plus étendue qu'on leur donne au corps; 4° des droits à un emploi civil ; 5° la diminution de 2 ans de la landwehr et l'exemption des exercices annuels pour les cavaliers. — *Commandement.* — L'Empereur (*Kaiser*) exerce sur l'armée une autorité absolue, limitée en temps de paix par des restrictions, surtout pour la Bavière. Il a sous ses ordres le ministère de la guerre, le cabinet militaire et l'état-major qui comprend le corps d'état-major, les aides de

camp et ordonnances, les officiers du cadre latéral, les officiers agréés et les officiers à la suite de l'état-major. — Le corps d'état-major se compose d'officiers de toutes armes ayant suivi pendant 3 ans les cours de l'Académie de guerre à Berlin, et comptant 3 ans de service actif. — Les services administratifs comprennent : l'intendance composée d'officiers supérieurs choisis à la suite d'examens parmi les fonctionnaires civils ou les officiers ayant 6 ans de services, et d'employés subalternes, officiers, sous-officiers, trésoriers, et quelques-uns; 2° les médecins militaires (1 major et 1 ou plusieurs aides-majors par bataillon) ; 3° les auditeurs chargés de la justice militaire. *Composition de l'armée.* — Les corps de troupes allemands se composent de :
1° 504 bataillons d'infanterie ;
2° 465 escadrons de cavalerie ;
3° 311 batteries d'artillerie de campagne et 31 bataillons d'artillerie à pied ;
4° 21 bataillons du génie ;
5° 1 régiment de chemins de fer ;
6° 18 bataillons du train ;
7° 18 compagnies d'invalides.
Le corps d'armée comprend normalement : 2 divisions d'infanterie, 2 brigades de cavalerie, 1 brigade d'artillerie, 1 bataillon du génie, 1 bataillon du train, 1 intendance de corps d'armée, 2 intendances de division. — Il y a 17 corps d'armée, plus la Garde qui réside à Berlin et Potsdam. En voici le tableau

Corps d'armée.		Divisions.	
1°	Kœnigsberg	1° Kœnigsberg	2° Dantzig.
2°	Stettin.	3° Stettin.	4° Bromberg
3°	Berlin.	5° Francfort-s.-Oder.	6° Brandebourg.
4°	Magdebourg.	7° Magdebourg.	8° Erfurt.
5°	Posen.	9° Glogau.	10° Posen.
6°	Breslau.	11° Breslau.	12° Neisse.
7°	Munster.	13° Munster.	14° Dusseldorf.
8°	Coblentz.	15° Cologne.	16° Trèves.
9°	Altona.	17° Schwerin.	18° Flensbourg.
10°	Hanovre.	19° Hanovre.	20° Hanovre.
11°	Cassel.	21° Francfort-s.-Mein.	22° Cassel.
12°	Dresde.	23° Dresde	24° Leipzig.
		25° Darmstadt. (3e division du 11me corps.)	
13°	Stuttgard	26° Stuttgard.	27° Ulm.
14°	Carlsruhe.	28° Carlsruhe.	29° Fribourg.
15°	Strasbourg.	30° Metz	31° Strasbourg.
1er.	Bavarois.	1er Munich.	2° Augsbourg.
2°	—	3° Nuremberg	4° Wurzbourg.

Chaque division d'*infanterie* comprend 2 brigades à 2 régiments de 3 bataillons, plus 1 régiment de fusiliers et 1 de chasseurs, soit 28 bataillons. — Il y a sur le pied de paix, 101 régiments d'infanterie dont 19 sont dits de grenadiers et 18 de fusiliers. Ils portent souvent 2 numéros, un de classement particulier à la province où ils sont recrutés et un de classement général. Ils portent aussi quelquefois le nom d'un souverain, d'un général ou d'un fait glorieux Ex : Régiment de grenadiers Prince royal, 1er de la Prusse orientale, N° 1. — L'effectif du régiment sur le pied de paix est de 57 officiers, 1,650 combattants et 60 non combattants — Le régiment d'infanterie mobilisé comprend 3 bataillons actifs de 1,000 h.; 60 officiers; 85 non combattants, 110 chevaux, 23 voitures d'effets, vivres, munitions, outils, etc. — La compagnie comprend 4 officiers, 250 hommes dont 203 soldats, 24 *gefreits* (soldats de 1re classe), 16 sous-officiers, 4 sergents et 3 sous-officiers porte-épée. — Les capitaines sont montés. L'infanterie comprend en outre 20 bataillons de chasseurs répartis entre les corps d'armée, à raison de 1 par corps armée et 2 pour la Garde. Ils sont en temps de paix à 4 compagnies, et à 6 sur le pied de guerre.
La *Cavalerie* comprend :

20	régiments	de hussards.
28	—	— dragons.
6	—	— chevau-légers bavarois.
1	—	cavaliers de la Garde (Saxons).
1	—	carabiniers de la Garde (Saxons)
10	—	cuirassiers (y compris le régiment de la Garde du corps).
23	—	hulans (ou lanciers).
2	—	grosse cavalerie (bavarois).
2	—	écoles d'équitation.

Le régiment est à 5 escadrons dont 1 de dépôt; l'escadron est à 4 pelotons.

L'Artillerie comprend :

1° Artillerie de campagne : 37 régiments répartis en 18 brigades (1 par corps d'armée et 1 régiment hessois). Le régiment de corps (N°le plus faible) comprend 2 groupes de 4 batteries montées et 3 batteries à cheval. — Le régiment divisionnaire comprend 2 groupes de 4 batteries montées. De plus, chaque régiment forme des sections de munitions, et en cas de mobilisation, deux batteries de dépôt.—La batterie prussienne comprend 6 pièces, 8 caissons, 1 forge, et 3 chariots de batterie. L'effectif est de 150 hommes.

2° Artillerie de forteresse : 31 bataillons à 4 compagnies, répartis entre les places fortes.

Le *Génie* comprend 10 bataillons de pionniers et 1 régiment de chemin de fer. Les bataillons sont à 4 compagnies, les 3 premières de sapeurs-pontonniers et la 4me de sapeurs-mineurs. Ils sont répartis entre les places fortes.

En guerre, certains bataillons forment des sections télégraphiques de campagne. Le régiment de chemin de fer (Berlin) est à 2 bataillons de 4 compagnies. — Le *Train* comprend 18 bataillons, 1 par corps d'armée et 1 pour la Garde. Chaque compagnie a une section de boulangers.

Landwehr : 145 régiments d'infanterie à 2 bataillons, 16 bataillons de réserve, soit 306 bataillons de 1,000 h. En temps de paix, les bataillons de la landwehr n'existent qu'en cadres qui fonctionnent comme bureaux de recrutement. — 2 régiments de cavalerie à quatre escadrons par corps d'armée. 3 régiments d'artillerie à 6 batteries de réserve et 1 ou 2 compagnies du génie et du train.

Les 18 corps sont répartis en temps de guerre en 3, 4 ou 5 armées. Les troupes de campagne comprennent :

Infanterie	531,337 h
Cavalerie	61,034
Artillerie	91,703
Génie	25,460
Train	43,789
États-majors	6,033
Total	**763,422 h.**

Les troupes de dépôt et de garnison comprennent 728,682 h. Soit en tout 1,492,104 h. avec 2,808 pièces de canon. — Il faut ajouter à ces chiffres 1,080,000 hommes de troupes de réserve, 630,000 h. de troupes de landwehr, 1,000,000 d'hommes de landsturm de 32 à 42 ans et enfin 2,000,000 d'hommes de 17 à 20 ans ou qui n'ont jamais été incorporés, ce qui porte le total des forces allemandes au chiffre énorme de plus de 6 millions d'hommes.

Écoles. — L'organisation militaire est complétée par les écoles spéciales suivantes : *Académie de guerre* : Berlin, Munich. *Écoles d'application d'artillerie et du génie* : Berlin, Munich. *Écoles de guerre* : Potsdam, Anclam, Erfurt, Neisse, Hanovre, Cassel, Engers, Metz, Munich. *Écoles de cadets* : Lichterfelde, Dresde, Munich, Kuhn, Potsdam, Juliers, Bieberich, Weissenfels, Ettlingen, Marienberg, Marienwerder, Wellbourg et Munich. *Écoles de chefs d'artificiers, de tir d'artillerie, de gymnastique. Académie militaire de médecine et de chirurgie et Institut chirurgico médical Frédéric-Guillaume* : Berlin. *Écoles d'équitation* : Hanovre, Munich, Dresde. *Écoles de tir d'infanterie* : Spandau, Augsbourg. *Bataillon d'instruction* : Potsdam. — Les tableaux ci-contre résument les forces militaires de l'Allemagne.

Armement. — L'infanterie allemande fait usage du fusil Mauser modèle 1871. On emploie aussi en Bavière le fusil Werder approprié au tir des cartouches Mauser. (Voir ces mots).

Artillerie. — 1° Artillerie de campagne russe en service en 1873 : Calibres de 78mm,5 et 88mm ou canon léger et canon lourd. — Système Krupp : Tube en acier fondu, à rayures cunéiformes, renforcé par une frette unique nommée manchon ou jaquette. Fermeture : Coin cylindro-prismatique glissant transversalement dans une mortaise de même forme. Le coin est fixé en place par une manivelle de fermeture. Obturateur : Anneau en acier système Broadwell. Ces canons lancent trois sortes de projectiles : l'obus à balle, le schrapnell et la boîte à mitraille. — Affûts d'une construction à peu près analogue à celle des affûts français.

ARMÉE DE L'EMPIRE D'ALLEMAGNE (Almanach de Gotha 1883).

RÉCAPITULATION. — I. Pied de paix.

	Bataillons	Escadrons	Batteries	Canons	Officiers	Hommes	Chevaux de service
1. États-majors, etc.	—	—	—	—	2011	4	—
Infanterie de ligne	483	—	—	—	9,542	278825	—
Chasseurs	20	—	—	—	421	11120	—
Cadres des bataillons de la landwehr	273	—	—	—	318	4763	—
2. Infanterie	779	—	—	—	10594	294709	—
3. Cavalerie	—	465	—	—	9359	64699	62591
Artillerie de campagne	—	—	341	1374	1804	31817	16591
Artillerie à pied	31	—	—	—	723	16419	—
4. Artillerie	31	—	341	1374	2527	51166	16591
5. Pionniers	21	—	—	—	412	10838	—
6. Train	18	—	—	—	200	4973	2437
7. Formations spéciales (1)	—	—	—	—	313	953	—
Total	849	465	341	1374	18128	(2) 427274	81629

Les troupes et les chevaux se répartissent ainsi :

	Officiers.	Hommes.	Chevaux.
Prusse	14001	330529	64167
Bavière	2311	50211	8886
Saxe royale	1137	27601	5123
Wurtemberg	773	18915	3443
Total	18128	427274	81629

(1) Savoir : Les compagnies de la garde du château de Berlin et des sous-officiers de la garde à Stuttgart et Darmstadt, la compagnie de la garde des archers à Munich, les sections de réserve des forteresses, le corps des chasseurs à cheval, les établissements d'éducation et d'instruction militaires, etc.

(2) Ce chiffre se répartit ainsi : 31,586 sous-officiers, 13,129 musiciens, 34,5848 hommes, 3,532 infirmiers, 1003 ouvriers, 788 aspirants-payeurs; il faut ajouter à ces chiffres 1,893 médecins, 624 vétérinaires, 784 payeurs, 638 armuriers, 93 selliers.

II. Pied de guerre. (Sans le landsturm et les formations spéciales)

a. Troupes de campagne.

	Bataillons	Escadrons	Batteries	Canons	Compagnies	Colonnes; À impédim.	Officiers	Hommes	Chevaux
États-majors (env.)	—	—	—	—	—	—	863	3170	5070
Infanterie	483	—	—	—	—	—	11760	493617	20360
Chasseurs	20	—	—	—	—	—	440	20329	800
Cavalerie	—	372	—	—	—	—	2149	53414	53308
Artillerie	—	—	340	2040	—	—	2518	89239	7702
Pionniers (1)	—	—	—	—	77	—	649	24830	6730
Train	—	—	—	—	—	206	783	43094	30772
Administrations (2)	—	—	—	—	—	666	916	2926	130864
Total	503	372	340	2040	77	—	19391	744031	242413

b. Troupes de dépôt.

	Bataillons	Escadrons	Batteries	Canons	Compagnies	Colonnes	Officiers	Hommes	Chevaux
États-majors	—	—	—	—	—	—	375	1836	320
Infanterie	161	—	—	—	—	—	3123	224208	1136
Chasseurs	—	—	—	—	20	—	80	6360	20
Cavalerie	—	93	—	—	—	—	493	23094	19717
Artillerie	—	—	74	444	—	—	495	16479	6230
Pionniers	—	—	—	—	21	—	93	6709	27
Train	—	—	—	—	33	—	247	12287	3030
Total	161	93	74	444	80	—	4703	293314	31373

c. Troupes de garnison

	Bataillons	Escadrons	Batteries	Canons	Compagnies	Colonnes	Officiers	Hommes	Chevaux
Bureaux (3) (env.)	—	—	—	—	—	—	830	10000	185
Infanterie	359	—	—	—	—	—	7893	314438	251
Chasseurs	—	—	—	—	30	—	80	4020	2
Cavalerie	—	144	—	—	—	—	828	24038	2338
Artillerie	62	—	54	324	248	—	1438	58174	918
Pionniers	—	—	—	—	48	—	128	6432	—
Total	421	144	54	324	315	—	11210	416032	3493
Total.	1085	609	468	2808	—	—	33127	1433677(4)	312731

(1) Et troupes de chemin de fer.
(2) Intendances, bureaux d'approvisionnement, ambulances, bureaux des postes de l'armée.
(3) Ministère de la guerre, commandements, etc.
(4) Il faut ajouter à ces chiffres environ 27,000 hommes, y compris médecins, vétérinaires, payeurs, armuriers, selliers et autres employés.

2° Artillerie de siège :

Canon de 9cent. en *bronze* modèle 1872.
— 12cent.
— 15cent. court en acier, mod 1870, fermeture à double coin.
— 15cent. en acier fretté mod. 1872.
Mortier de 21m. en bronze modèle 1871.
Mortiers lisses.

On manifeste une tendance à remplacer ces canons par des canons en bronze acier. L'Allemagne utilise aussi pour la défense des places d'Alsace-Lorraine, des pièces en bronze de 12 et 24 prises en France en 1870.

3° Artillerie de côte.

Canon de 15 cent. de siège.
— — 21cent. id.
— — 24 cent. de marine.
— — 28 cent. de marine.
Mortier rayé de 21 cent de siège.

4° Artillerie de marine.

Canon fretté de 12cent.
— — 15 cent. tubé.
— — 15 cent. court.
— — 17 cent.
— léger 17cent. fretté.
— — 21 cent.
— — 24 cent.
— — 26 cent.
— — 30 cent.

Deux parcs de siège de 400 bouches à feu sont organisés l'un à Spandau, et l'autre à Coblentz et Posen. Les canons sont fabriqués à Essen (V. ce mot.) — Etablissements de l'artillerie : Arsenaux. Spandau, Deutz, Danzig,

Places fortes. — Le système de défense de l'Allemagne a été complètement modifié depuis 1871. D'anciennes places ont été démantelées; d'autres ont reçu de formidables accroissements. Les points fortifiés de l'Allemagne, sont auj. les suivants : Cours du Rhin : Neuf-Brisach, *Strasbourg, Rastadt,* Germersheim, Mannheim, *Mayence, Coblentz,* Cologne, Hamm, Wesel ; — *Metz* et Thionville sur la Moselle ; — Bitche sur le Schwolbach, Sarcelouis sur la Sarre ; — Cours du Danube : *Ulm, Ingolstadt,* Passau : — Cours de l'Elbe, Konigstein, Torgau, *Magdebourg,* Brunshausen; — Mer du Nord : Batteries de coin dans le golfe du Dollart ; Goestmunde, à l'embouchure du Weser ; 4 forts entre Bremerhafen et Imsura ; ouvrages de Wilhelmshafen et de l'embouchure de l'Elbe ; *Spandau,* sur la Havel; ouvrages de Brunsbüttel : — Versant de la Baltique : *Duppel,* Kiel, Wismar, île Poel, Warnemunde, Stralsund, Glogau, *Custrin* et Stettin sur l'Oder, Swinemunde, à son embouchure ; — Nisse, sur la Nisse. — *Posen,* sur la Warthe ; — Colberg, sur la Baltique ; — *Thorn,* Marienbourg Dirschau, *Danzig,* Weichselmünde, Neufahz-Wasser et Mowen sur la Vistule ; — Fort-Boyen, près de Lötzen, Pillau et *Konigsberg* dans le bassin de la Pregel ; — Memel sur la Baltique. [1]

Ports militaires : Les deux grands ports militaires de l'Allemagne sont Wilhelmshafen sur la mer du Nord et Kiel sur la Baltique. — Le littoral de la mer du Nord n'est favorable aux débarquements que près des estuaires des fleuves Aussi ces chenaux ont-ils été défendus d'une façon formidable. Ils sont difficiles à reconnaître quand on a enlevé le balisage. — Dans la Baltique, la navigation est difficile à cause des bas-fonds. Les endroits favorables aux débarquements ont été fortifiés et les ports sont non seulement munis de forts et batteries, mais protégés par des défenses sous-marines, torpilles, chaînes, etc. De plus la côte est longée par un chemin de fer permettant d'amener rapidement des troupes en quelque endroit que s'opérât un débarquement. Le point central de défense des côtes est Altona. Les points principaux de la côte sont réunis à Berlin par un fil télégraphique souterrain. ‖ MARINE. — La marine allemande, dont la création remonte seulement à 1848 a fait depuis quelques années de grands progrès. La population maritime de l'Allemagne est évaluée à 80,000 hommes dont 48,000 servent sur des navires de commerce allemands et 6,000 sur des navires étrangers. Cependant le

[1] Les noms en italique sont ceux des forteresses de première classe qui forment de véritables camps retranchés.

recrutement des équipages est devenu très difficile à cause de la désertion des matelots. — Le personnel de la marine comprend : l'état-major de la marine (amiraux, vice-amiraux, capitaines de vaisseau et de corvette, lieutenants-capitaines, lieutenants et sous-lieutenants de vaisseau, cadets, ingénieurs-machinistes, payeurs, médecins, aumôniers, etc.) ; 2 divisions de matelots, chacune a 4 sections et 1 section de matelots d'artillerie ; 1 section de mousses; 2 divisions des chantiers, chacune à 1 section de machinistes et 1 section d'ouvriers. L'infanterie de marine comprend un bataillon, 1 général de l'infanterie a la suite, 1 major commandant, 6 compagnies d'infanterie avec 6 capitaines, 6 lieutenants, 19 sous-lieutenants, 1 lieutenant et 6 sous-lieutenants de réserve et de la seewehr, 1037 sous-officiers et soldats et 1 armurier. — C'est à Kiel que sont établies les écoles de marine : académie de marine pour les officiers, école navale pour les cadets, écoles de machinistes, de pilotes et de torpilleurs.

Flotte (1883).

Porte le pavillon noir-blanc-rouge avec l'aigle de Prusse et la croix de fer.

I. A flot.	canons.	tonneaux.	chevaux.	hommes.
A. Navires de bataille.				
7 frégates blindées	83	50224	43100	3931
5 corvettes cuirassées	32	33210	23400	1647
B. Croiseurs.				
11 corvettes à pont couvert	177	32094	30000	4231
8 corvettes à pont ras	76	16032	1550	1919
4 canonnières (syst. Albatross)	18	3128	2400	450
4 canonnières de 1re classe	19	2232	1590	365
C. Garde-côtes.				
1 navire cuirassé	4	4383	1200	127
11 canonnières cuirassées	11	12199	7700	704
14 bateaux-torpilleurs	—	590	3845	—
2 canonnières de 2e classe	4	398	360	82
D. 6 avisos	16	4841	8150	514
E. 2 transports	—	498	320	39
F. Navires-école.				
1 vaisseau d'artillerie	23	3333	1200	202
1 frégate à voiles	10	1290	—	220
2 corvettes à pont couvert	18	4200	2600	272
2 corvettes à pont ras	17	2921	2900	229
2 tenders	4	580	960	79
3 bricks à voiles	18	1748	—	234
86 navires	532	171131	147223	15196
En outre, pour le service des ports:				
18 navires	—	67	2778	—
II. En construction :				
1 corvette à pont couvert	18	3360	3000	379
2 corvettes à pont ras	20	4740	4200	494
2 canonnières cuirassées	2	1732	3700	128
1 canonnière de 2e classe	2	110	550	21
2 avisos	4	2764	5400	220
1 vapeur pour le service des ports	—	555	1100	—
9 navires	46	13392	17250	1212

‖ MARINE DE COMMERCE. — Le tableau suivant fait connaître l'état de la marine marchande allemande au 1er janvier 1881 La capacité y est exprimée en tonnes de registre de 2,83 mètres cubes, et comprend la capacité nette ; sont exclus du tableau les navires d'une capacité brute inférieure à 50 m. cubes (17,65 tonnes de registre). 55.282 navires représentant un tonnage total de 7.785.559 tonnes de registre sont entrés en 1880 dans les ports de l'Allemagne dont 40 045 (tonnage : 3.657.738) sous pavillon allemand, 15 237 (tonn. 4.117.921) sous pavillon étranger; sur ces 55 283 navires, 13 923 étaient des bâtiments à vapeurs (tonn. 4 890 648) Les ports prussiens ont reçu 41.430 navires, Hambourg 5 601, Brême 2 552, Lubeck 2.313, les ports de l'Oldenbourg 2 312 et ceux du Macklembourg 1.170

États côtiers.	Navires de mer.			Dont vapeurs :		
	navires	tonneaux.	équipages	navires.	tonneaux.	chevaux
Prusse	3070	474943	18910	179	46183	2002
Hambourg	488	244565	7630	137	90312	2514
Brême	325	270260	6665	69	58685	2645
Mecklembourg	381	112328	3887	11	4189	146
Oldenbourg	345	69720	2115	—	—	—
Lubeck	42	9720	453	28	7089	350
ou						
de la mer du Nord	2749	733260	23289	213	160336	6309
de la Baltique	1911	443265	16371	201	53202	2348
Total au 1er janvier 1880	4660	1181525	39660	414	215738	8657

AGRICULTURE. — L'agriculture est florissante dans la plus grande partie de l'Allemagne, particulièrement dans les vallées du Neckar, du Mein ou du Danube, la plaine badoise, une partie de la Saxe, les régions de l'Elbe et du Holstein. Les plaines du Nord et quelques autres régions formées d'un sol pauvre ont été beaucoup améliorées par les constants efforts des cultivateurs allemands qui forment les 2/3 de la population totale de l'Allemagne. On estime à 92 % la proportion des terrains productifs. Voici quelles étaient en 1878 les grandes divisions de la culture (Lippes non comprises, pour lesquelles les statistiques manquent) : terres labourables, vignes et jardins : 26,133,514 hect. ; soit 48,5 % ; prés et pâturages : 10,560,411 hect., (19,5 %) ; forêts : 13,838,836 hect. (23,7 %) forêts, constructions, routes, rivières, terres incultes : 3,394,109 hect; (6,3 %) Le seigle est la céréale la plus cultivée le pain de seigle est, avec la pomme de terre, la nourriture habituelle du paysan allemand; puis viennent le froment, l'orge, l'avoine ; dans le Nord, la sarrazine; dans le Sud, l'épeautre et le maïs. Les autres cultures alimentaires sont: les lupins, pois, fèves, lentilles, le cumin, l'anis, l'angélique, la chicorée, les divers légumes. Les principales plantes industrielles sont: le tabac dont la culture s'accroît sans cesse (220,994 pieds cultivés en 1880-81 sur 24,259 hect. ont donné une récolte de 51,947 tonnes d'une valeur de 37,827,000 marcs); le houblon, la betterave, le lin, le chanvre, le colza et les autres plantes oléagineuses, la garance. La vigne que l'on

cultive jusqu'à Postdam ne prospère que dans les vallées du Rhin, (crus célèbres de Johannisberg, etc.), de la Moselle, du Neckar et du Mein ; la production moyenne est de 2,500,000 hectolitres. Le chêne, le hêtre, le bouleau, l'aune, le pin, le sapin, le mélèze sont les principales essences des forêts qui couvrent encore le quart du territoire. Le noyer est répandu dans toute l'Allemagne ; le châtaignier, l'abricotier et les autres arbres fruitiers se rencontrent surtout dans la région méridionale. — Parmi les animaux domestiques, on estime surtout les races chevalines du Mecklembourg, du Schleswig-Holstein et de la Prusse orientale, les races bovines des Alpes bavaroises et algaviennes, et du Voetland en Saxe, les moutons mérinos de la Saxe, de la Silésie et du Brandebourg, les porcs de la région du Nord et de Westphalie. On comptait en 1873 : 3,352,331 chevaux, 13,776,702, têtes de gros bétail,
24,999,406 moutons, 7,124,088 porcs, 2,320,002 chèvres. Pays froid et de plaines, l'Allemagne a peu d'ânes et de mulets — Les animaux sauvages sont nombreux dans les forêts et les montagnes : ours, loup, cerf, chevreuil, sanglier, renard, lièvre, lapin et, dans quelques régions, lynx et chamois. On trouve aussi en abondance la belette, le blaireau, la loutre, et en quelques pays, le hamster. L'aigle et le vautour ne se rencontrent guère que dans les Alpes, mais on trouve en abondance : perdrix, cailles, bécasses, alouettes, grives et, dans les plaines du Nord, cigognes, outardes, oies et canards sauvages. — La pêche n'a d'importance commerciale que dans la Baltique où le hareng se rencontre en abondance ; cependant il y a dans les rivières quelques poissons estimés, la carpe du Rhin, la lotte, la lamproie, l'anguille, etc.

Voici pour 1880 le tableau des principales cultures avec l'indication du rendement :

PRODUCTIONS.	SURFACES CULTIVÉES. (en hectares.)	RENDEMENT (en tonnes de 1,000 kil.)
Seigle	5.020.668	4.952.525
Froment	1.813.230	2.343.278
Epeautre	331.117	483.340
Orge	1.623.999	2.143.017
Avoine	3.743.252	1.228.123
Pommes de terre	2.762.934	19.466.212
Prairies naturelles et artificielles	5.910.040	19.563.388

¶ INDUSTRIE. — L'industrie minérale est la plus importante de l'Allemagne ; ce pays occupe le second rang, immédiatement après l'Angleterre, pour l'exploitation des richesses minières. La production de la houille atteint 47 millions de tonnes d'une valeur de plus de 300 millions de francs ; les principaux bassins houillers sont ceux de la Ruhr, de la Sarre, de la Saale, de l'Erzgebirge et de la Haute-Silésie. Le minerai de fer se trouve surtout en Westphalie, dans la Province rhénane, le Harz, en Silésie, en Alsace. (Production totale de la fonte et de l'acier : 2,408,300 t. ; 190 millions de fr.). Les autres métaux sont : l'argent et l'or (en petite quantité), le zinc, le cuivre, le plomb, l'étain, le cobalt, le nickel, le manganèse. Le nord de l'Allemagne est riche en salines (sel gemme et sel de potasse). Les principales sources d'eaux minérales sont celles de Baden-Baden, Kissingen, Ems, Selters, Wiesbaden, etc. — Le nombre des établissements métallurgiques est de 2,600 employant 196,000 ouvriers ; 253,000 travaillent dans les houillères. Les filatures de laine, de coton, de lin, de chanvre, de soie sont nombreuses et actives (plus de 700,000 ouvriers). Citons encore : les tanneries, scieries, minoteries, distilleries, brasseries, sucreries, poteries, porcelaineries, verreries, fabriques de produits chimiques, papeteries, etc. ¶ COMMERCE ZOLLVEREIN. — Les produits agricoles et industriels de l'Allemagne alimentent un commerce général d'environ 7 milliards de francs (non compris le transit). En 1880, l'importation a été de 2,976 millions et l'exportation de 3,000 millions. En 1879, l'importation avait au contraire dépassé l'exportation de plus d'un milliard (3,892 millions contre 2,821). — Les progrès économiques de l'Allemagne sont dûs en grande partie à la constitution du *Zollverein*, union douanière formée en 1833 entre la Prusse, la Bavière, le Wurtemberg, etc., et dans laquelle les divers États entrèrent successivement. Le Zollverein a contribué à amener l'unification de l'Allemagne. Aujourd'hui le territoire du Zollverein coïncide avec les frontières de l'Empire, (moins Hambourg, Altona, Brême, Bremerhaven et quelques autres ports francs formant un total une superficie de 390 kil. carrés) ; mais il comprend en plus le grand-duché de Luxembourg et la commune autrichienne de Jungholz. Le Zollverein était administré par le Conseil fédéral, et les lois qui le régissaient votées par un *Parlement douanier* (Zoll-Parlement) que remplace aujourd'hui le Conseil fédéral lui-même. Les affaires de l'ancien comité central du Zollverein sont gérées par les comités du Conseil fédéral.

¶ CHEMINS DE FER. — L'Empire d'Allemagne possédait au 15 mai 1883, 34,727 kil. de chemins de fer dont 30,730 de lignes principales sur lesquelles 10,183 à voie double. Sur ces 34.727 kil., 23,952 appartiennent à l'État, 8,775 à des compagnies (dont 2,609 kil. administrées par l'État, et 6,165 par les compagnies mêmes). La Prusse a 20,932 kil. de chemins de fer, la Bavière 4,910, la Saxe 2,164, le Wurtemberg 1,358, l'Alsace-Lorraine 1,149, Bade 1,328, la Hesse 889, le Mecklembourg 385, Brunswick 370, Oldenbourg 219 et les autres petits États 574. La recette brute dépasse un milliard ; les dépenses sont d'environ 600 millions. L'établissement du réseau allemand a coûté environ 9 milliards, c.-à-d. à peu près le même prix que le réseau français moins étendu pourtant de 7,000 kilomètres. A l'exception de quelques chemins de fer locaux ou industriels, toutes les lignes de chemins de fer de l'Allemagne et de l'Autriche font partie de l'Union des chemins de fer allemands fondée le 10 novembre 1846 et qui a son siège à Berlin. Cette Union qui comprend en outre les chemins de fer de la Hollande, du Luxembourg, de la Pologne russe, de la Roumanie et quelques lignes de Belgique comprenait, au 1ᵉʳ juillet 1882, 98 administrations avec 57 593 kil. de lignes. ¶ POSTES ET TÉLÉGRAPHES. — L'administration des postes et des télégraphes de l'Allemagne embrasse tous les États allemands à l'exception de la Bavière et du Wurtemberg qui ont leurs administrations séparées, mais soumises toutefois dans une large mesure à l'Empire pour la législation, les taxes et les franchises. Le nombre des bureaux de poste était en 1881 de 11.083 pour toute l'Allemagne ; le nombre des expéditions s'est élevé pour la même année à 1 630 570 021 (681.971.350 lettres, 168 929.480 cartes postales, 154.496.960 échantillons, 480 205.813 journaux et suppléments de journaux ; 150 837.714 paquets et articles d'argent). La valeur totale des envois d'argent s'est élevée à 16.146.990.778 marcs. — Les lignes télégraphiques ont une longueur de 72.377 kil. (longueur des fils : 260.790 kil.) Le nombre des bureaux était de 10.308 ; celui des dépêches expédiées ou reçues en 1881 de 17.507.099 dont 5.073.114 dépêches internationales envoyées, reçues ou transitées. — Les recettes totales des postes et télégraphes se sont élevées à 153 693.495 marcs, les dépenses à 136.116.738 marcs soit un excédent de recettes de 17.572. 739 marcs.

HISTOIRE. — Les Romains désignèrent sous le nom commun de *Germanie* (V. *Germains*) les
divers peuples établis au nord des Alpes et à l'est du Rhin, avec lesquels ils se trouvèrent en contact après la conquête de la Gaule. César fit deux expéditions en Germanie ; Auguste y envoya ses généraux, mais l'un d'eux, Varus, y périt avec ses légions exterminées par le chef des Chérusques, Arminius (Hermann), dans les défilés de la forêt de Teutberg (9 apr. J.-C). Sous l'Empire, Tacite écrivit sous le titre de *Germania* un petit livre qui nous donne les notions les plus précieuses sur la civilisation et les mœurs des anciens Germains. Rome apprit de bonne heure à redouter ces belliqueux voisins ; pour garantir les provinces de leurs incursions, les empereurs établirent tout le long du Rhin et du Danube 125 postes fortifiés, (*castra*) ; en même temps, ils attiraient dans l'Empire par des concessions de terres un certain nombre de tribus germaines qu'ils s'attachaient comme troupes auxiliaires (V. *Letes*). La poussée des populations slaves détermina au Vᵉ siècle les grandes invasions qui aboutirent à la destruction de l'empire romain et à l'établissement de royaumes barbares sur les ruines de l'empire. Clovis fonda en Gaule la domination des Francs Saliens, tandis que les Saxons, les Alamans, les Thuringiens et les Bavarois s'organisent et se constituent sur le sol même de la Germanie. La victoire de Clovis sur les Alamans à Tolbiac (193) marque la fin des invasions germaniques en Gaule. Au VIIIᵉ s., le Saxon Winfried (saint Boniface), aidé de moines anglo-saxons, convertit la Germanie au christianisme ; il périt massacré près d'Utrecht en 755. La race des Francs Austrasiens qui a succédé en Gaule à la race dégénérée des Mérovingiens achève l'incorporation de la Germanie à la société chrétienne et policée. Charlemagne soumet les Saxons, qui reçoivent le baptême. Il réunit tous les Germains dans son vaste empire qui s'étend de la mer du Nord et de l'Eider au Garigliano, de l'Océan aux Pyrénées à l'Elbe et à la Leitha. Mais, à la mort de son fils Louis le Débonnaire, l'empire se partage entre ses trois fils (traité de Verdun, 813). La Germanie échoit à Louis surnommé *le Germanique*. C'est à cette date de 813 que commence vraiment l'histoire propre de l'Allemagne. A la mort de Louis le Germanique, son royaume comprend entre le Rhin à l'O., l'Elbe et la Saale à l'E. et le Danube au S., se partage entre ses trois fils qui créent trois royaumes indépendants : Saxe, Alémanie et Bavière, bientôt réunis à la France par Charles le Gros, empereur de 882 à 887. Après la déposition de celui-ci, l'Allemagne redevient indépendante sous des princes Carlovingiens jusqu'à l'extinction de cette maison en 911. La couronne devient alors élective. La féodalité s'organise, et les grands feudataires s'attribuent le droit d'élire le souverain. En 911, les seigneurs franconiens élisent pour roi Conrad 1ᵉʳ qui ne réussit pas à faire respecter son autorité par ceux qui l'avaient élevé au trône. A sa mort (919), la couronne est conférée au duc de Saxe, Henri 1ᵉʳ l'Oiseleur, fondateur de la dynastie saxonne. Henri 1ᵉʳ remporte des victoires importantes sur les Danois, les Slaves et les Magyares. Son fils, Othon 1ᵉʳ le Grand, étend au delà de l'Elbe et de la Saale les frontières de l'Allemagne, conquiert la Lombardie, se fait couronner en 951 roi d'Italie et va prendre à Rome en 962 des mains du pape Jean XII la couronne impériale. Ainsi commence le *Saint Empire romain de la nation germanique* qui ne prit fin qu'en 1806. Cet empire composé originairement des duchés de Franconie, de Saxe, de Bavière et de Souabe s'étendit bientôt sur la Lotharingie, sur le royaume d'Arles ou de Bourgogne réuni en 1033 (réunion qui porte jusqu'au Rhône et au golfe de Lion la frontière de l'Empire) et sur la Bohême. De plus, l'Empire exerçait sa suzeraineté sur la Pologne, la Hongrie, le Danemark, et prétendait sur l'Italie une domination toujours contestée. A la maison de Saxe, éteinte en 1024 avec Henri II le Saint, succéda avec Conrad II le Salique la maison de Franconie. Le prince le plus remarquable de cette dynastie Henri IV dont le long règne (1056-1106) est rempli presque entièrement par sa lutte contre les souverains pontifes et particulièrement contre Grégoire VII (Querelle des investitures, premier acte de la lutte du Sacerdoce et de l'Empire). Le concordat de Worms sous Henri V

(1122) mit fin à la querelle des investitures : le pape donne l'investiture spirituelle par la crosse et l'anneau, l'empereur l'investiture temporelle par le sceptre. Après le court règne de Lothaire II (1125-1138), arrive la dynastie de Souabe ou de Hohenstaufen (1138-1255) qui continue la politique de la maison de Franconie. Les phases diverses de la lutte des Gibelins, partisans de la maisons de Souabe, contre leurs adversaires les Guelfes remplissent le XIIe et le XIIIe siècles. Commencée en Allemagne, cette lutte se continue en Italie où les deux grands empereurs de cette dynastie, Frédéric Ier Barberousse et Frédéric II, rencontrent pour adversaires la ligue des villes lombardes et la papauté. Cette époque de guerres sanglantes n'en est pas moins pour l'Allemagne une époque brillante. C'est alors que s'organise et que fleurit la chevalerie, que chantent les *Minnesænger*, et que les villes commerçantes et industrielles de l'Allemagne du Nord forment la ligue hanséatique à laquelle adhèrent plus de 80 villes et qui rivalise d'influence et de richesse avec les cités commerçantes de l'Italie et de Flandre. Sous les derniers Hohenstaufen dont la race s'éteint misérablement avec Conradin, exécuté à Naples en 1268 sur l'ordre de Charles d'Anjou, commence une période d'anarchie, de troubles, de guerres entre prétendants : c'est le *grand interrègne* qui ne prend fin qu'en 1273 par l'avènement de Rodolphe Ier, comte de Habsbourg. Rodolphe, pendant son règne de dix-huit ans, essaie de rétablir la paix intérieure; il combat la féodalité oppressive de la noblesse et détruit les châteaux d'où les seigneurs exerçaient toutes sortes de brigandages. Par la conquête des duchés d'Autriche, de Styrie, de Carinthie et de Carniole, des comtés de Tyrol et de Ferrette, du Brisgau et du landgraviat d'Alsace, il fonda la grandeur territoriale de sa dynastie dont la branche féminine s'est continuée jusqu'à nos jours dans la maison d'Autriche. A sa mort (1291), les ducs jaloux de la puissance de la maison de Habsbourg, élisent pour empereur Adolphe de Nassau. Mais Albert d'Autriche, fils de Rodolphe, triomphe de son compétiteur et le tue (1298). Sous son règne, la Suisse se soulève contre l'arrogance des baillis impériaux et conquiert son indépendance. Le XIVe siècle est rempli par des luttes sanglantes entre d'obscurs compétiteurs à l'Empire des maisons de Luxembourg et de Bavière. Le seul fait notable est la promulgation par l'empereur Charles IV en 1356 de la *Bulle d'or* qui essayait, sans y réussir, de mettre fin aux guerres féodales et fixait les droits et les rangs des sept seigneurs qui étaient parvenus à se faire reconnaître comme électeurs de l'Empire, les archevêques de Mayence, de Trèves et de Cologne, le roi de Bohême, l'électeur palatin, le duc de Saxe et le margrave de Brandebourg. L'élection en 1438 d'Albert II d'Autriche, déjà héritier des vastes domaines de la maison de Luxembourg, c'est-à-dire des couronnes de Hongrie et de Bohême, ramène la couronne impériale dans la maison d'Autriche qui la conserve jusqu'en 1806. Le mariage de Maximilien avec Marie de Bourgogne en 1477 ajoute à ses domaines une partie de la Bourgogne et les Pays-Bas. L'avènement de Charles-Quint y joint l'Espagne avec ses immenses possessions dans les deux mondes. Mais alors éclatent les guerres religieuses qui pendant plus d'un siècle désoleront l'Allemagne. Déjà le commencement du XVe siècle avait vu les tentatives des précurseurs de la Réforme, Jean Huss et Jérôme de Prague, condamnés au concile de Constance et brûlés vifs en 1414. Au XVIe siècle, la Réforme de Luther acceptée par une moitié de l'Allemagne amène la première guerre de religion qui, commencée en 1540, prend fin en 1555 par la paix d'Augsbourg qui reconnaît en Allemagne la liberté de conscience. Mais sous Ferdinand II, adversaire acharné des protestants, la guerre recommence. C'est la guerre de Trente ans, guerre désastreuse pour l'Allemagne, qui fit périr par le feu, la peste et la famine plus de six millions d'hommes et qui, commencée en 1618, ne prit fin qu'en 1648 au traité de Westphalie qui consacra de nouveau la liberté religieuse. Les règnes de Léopold Ier, de Joseph Ier et de Charles VI, remplis par les guerres contre la France et en particulier par la guerre de la

succession d'Espagne, accélèrent la décadence de l'Allemagne divisée entre un grand nombre de petits princes sans puissance, quelques-uns comme l'électeur de Hesse-Cassel, celui de Hanovre, le duc de Brunswick en étant venus à vendre leurs sujets comme soldats à l'étranger. Au XVIIIe siècle, les États de l'Allemagne formaient sous la souveraineté de la Diète, composée des trois collèges des princes, des électeurs et des villes libres, une fédération de 343 États répartis en neuf cercles renfermant chacun un nombre plus ou moins grand de principautés souveraines sous différents titres. Ces 9 cercles étaient : au nord, les cercles de Westphalie, de Basse-Saxe et de Haute-Saxe; au centre, les cercles du Bas-Rhin, du Haut-Rhin et de Franconie; au sud, les cercles de Souabe, Bavière et Autriche; le duché de Bourgogne qui avait formé autrefois le dixième cercle était depuis longtemps sorti de l'Empire. Mais les divers États de la Confédération germanique n'avaient plus qu'une apparence de vie autonome; ils n'étaient qu'un territoire débattu entre l'Autriche et une nouvelle puissance, la Prusse, constituée en royaume depuis 1701, et dont les victoires de Frédéric le Grand ont fait pour l'Autriche une rivale redoutable (V. *Prusse.*) Les guerres de la Révolution et de l'Empire amenèrent la dislocation de l'Empire germanique. Les traités de Campo Formio (1797) et de Lunéville (1801) consacrèrent l'annexion à la France de la rive gauche du Rhin conquise en 1794. La sécularisation des dernières principautés ecclésiastiques, qui formaient encore la sixième du sol de l'Allemagne, la médiatisation de la plupart des villes libres dites impériales, placées sous le patronage direct de l'Empereur, fournirent des compensations aux princes dépossédés par les traités (1803). La victoire d'Austerlitz, suivie du traité de Presbourg (1805) porta le coup de grâce à l'ancien Empire romain germanique. Le titre même d'Empire d'Allemagne cessait d'exister : François II renonçait au titre d'empereur d'Allemagne pour ne porter désormais que le titre d'empereur d'Autriche (5 août 1806). Le 14 juillet précédent, les États de l'Allemagne du sud et de l'ouest avaient formé une nouvelle fédération dite *Confédération du Rhin,* dont Napoléon Ier était le chef sous le titre de Protecteur. Cette confédération d'où étaient exclus l'Autriche, la Prusse et le Hanovre comprenait 33 États : Francfort, siège de la diète; les royaumes de Bavière, de Wurtemberg, de Saxe et de Westphalie; les grands-duchés de Bade, de Berg-et-Clèves, de Hesse-Darmstadt et de Würzbourg; les principautés de Nassau-Usingen, Nassau-Weilbourg, Hohenzollern-Hechingen, Hohenzollern-Sigmaringen, Isembourg-Birstein, Lichtenstein et Leyen; les duchés de Saxe-Gotha, Saxe-Weimar, Saxe-Meiningen, Saxe-Hildburghausen, Saxe-Cobourg-Saalfeld; les principautés d'Anhalt-Bernbourg, Anhalt-Cœthen, Anhalt-Dessau, Lippe-Detmold et Lippe-Schaumbourg; les duchés de Mecklembourg-Schwerin et Mecklembourg-Strelitz; les principautés de Reuss-Harslorf, Reuss-Greitz, Reuss-Lobenstein, Reuss-Schleitz, Schwarzbourg-Rudolstadt, Schwarzbourg-Sondershausen et Walleck; la principauté de Lubeck (avec Holstein-Oldenbourg). Cet état de choses ne dura pas longtemps: le mouvement national de 1813 et la chute de Napoléon en 1813 mirent fin à la Confédération du Rhin. Le traité de Vienne (1815) établit la Confédération germanique comprenant tous les territoires de l'ancien Empire. (V. ci-dessus p 160 la liste des États composant la Confédération.) L'empereur d'Autriche eut la présidence de la Diète dont Francfort était le siège. Les événements de 1848 eurent leur contre-coup en Allemagne; des insurrections éclatèrent de toutes parts, la Diète fut dissoute et une assemblée constituante réunie à Francfort pour réaliser l'unité de l'Allemagne et y établir le système représentatif. Mais cette tentative échoua ; le roi de Prusse, Frédéric-Guillaume IV, refuse la couronne impériale et les débris du parlement de Francfort réfugiés à Stuttgard sont dispersés par le gouvernement wurtembergeois. En 1863, la Prusse et l'Autriche envahissent le Danemark, qui doit abandonner ses droits sur le Schleswig, le Holstein et le Lauenbourg. Mais la mésintelligence ne tarde pas à se mettre entre les deux alliés : la guerre éclate entre la Prusse et

l'Autriche (1866) Elle se termine par la victoire de la Prusse à Sadowa, l'exclusion de l'Autriche de la Confédération germanique, l'annexion à la Prusse du Schleswig-Holstein et du Lauenbourg, du Hanovre, de la Hesse électorale, du duché de Nassau et de Francfort et la création au sud du Mein d'une Confédération de l'Allemagne du Sud étroitement liée à la Prusse par des conventions militaires. L'unité de l'Allemagne, plus qu'à demi réalisée au profit de la Prusse par le traité de Prague, est consommée par les victoires de la Prusse sur la France dans la campagne de 1870-71. (V. *France.*) L'Empire d'Allemagne est rétabli à Versailles le 18 janvier 1871 et le titre d'empereur attribué au roi de Prusse. Le traité de Francfort (10 mai 1871) impose à la France la cession de l'Alsace et d'une partie de la Lorraine, et le paiement d'une indemnité de 5 milliards de francs — Pour la *constitution* du nouvel empire allemand, V. p. 162.

EMPEREURS ET ROIS D'ALLEMAGNE.

Carlovingiens.	
Charlemagne	800-814
Louis le Débonnaire	814-840
Lothaire Ier	840-855
Louis II le Germanique, roi de Germanie en 843, empereur	855-875
Charles-le-Chauve	876-877
Carloman, roi de Bavière	876-880
Louis III le Saxon, roi de Germanie	876-882
Charles-le-Gros	881-887
Arnoul I, roi d'Allemagne en 887, empereur	896-899
Louis IV l'enfant, roi d'Allemagne	899-911
Maison de Franconie.	
Conrad Ier, roi	911-919
Maison de Saxe.	
Henri Ier l'Oiseleur, roi	919-936
Othon Ier le Grand, roi en 936, emp	962-973
Othon II	973-983
Othon III	996-1002
Henri II le Saint	1002-1024
Maison de Franconie.	
Conrad II le Salique	1024-1039
Henri III	1039-1056
Henri IV	1056-1106
Rodolphe de Souabe, anti-emp	1077-1080
Hermann de Luxembourg, anti-emp	1081-1088
Conrad, fils de Henri IV, anti-emp	1093
Henri V	1106-1125
Maison de Saxe.	
Lothaire II de Suplinbourg	1133-1138
Maison de Hohenstaufen ou de Souabe	
Conrad III	1138-1152
Frédéric Ier Barberousse	1152-1190
Henri VI	1190-1197
Philippe	1198-1208
Othon de Brunswick, anti-emper. 1198-1208, emper.	1208-1218
Frédéric II	1220-1250
Henri le Raspon de Thuringe, anti-emp	1246-1247
Conrad IV	1250-1254
Guillaume de Hollande, anti-emp	1247-1254
Interrègne.	
Guillaume de Hollande, roi	1247-1256
Richard de Cornouailles, roi	1257-1272
Alphonse de Castille, roi	1257-1273
Maison de Habsbourg.	
Rodolphe de Habsbourg	1273-1291
Adolphe de Nassau	1292-1298
Albert Ier d'Autriche	1298-1308
Maison de Luxembourg et de Bavière.	
Henri VII de Luxembourg	1308-1313
Louis V de Bavière	1314-1347
Frédéric le Bel d'Autriche, anti-emp.1314-1325, associé à l'empire	1314-1330
Charles IV de Luxembourg	1347-1378
Gunther de Schwarzbourg, anti-emp	1347-1349
Wenceslas de Luxembourg	1378-1400
Robert, comte palatin	1400-1410
Josse de Moravie	1410-1411
Sigismond de Luxembourg	1410-1437
Maison d'Autriche.	
Albert II	1438-1439
Frédéric III	1440-1493
Maximilien Ier	1493-1519
Charles-Quint	1519-1556
Ferdinand Ier	1556-1564
Maximilien II	1564-1576
Rodolphe II	1576-1612
Mathias	1612-1619
Ferdinand II	1619-1637
Ferdinand III	1637-1657

Léopold Ier	1658-1705
Joseph Ier	1705-1711
Charles VI	1711-1710
Charles VII de Bavière	1742-1745
Maison d'Autriche-Lorraine.	
François Ier	1745-1765
Joseph II	1765-1790
Léopold II	1790-1792
François II	1792
Perd le titre d'emp. d'Allem	1806
Maison de Hohenzollern.	
Guillaume Ier, roi de Prusse, emp. en...	1871

Les principales histoires d'Allemagne sont, en allemand, celles de Menzel, Luden, Pfister, Wirth, Eichhorn, Henri Léo, Giesebrecht, Arnold et Erler (ces deux dernières en cours de publication) ; plusieurs de ces histoires ont été traduites en français. Parmi les histoires d'Allemagne écrites en français, on peut citer celle de M. Zeller, dont il a paru jusqu'ici cinq volumes. M. Waitz a donné en allemand l'*Histoire de la constitution germanique* (nouv. éd. en cours de publication). Des nombreux recueils consacrés à la publication des sources originales de l'histoire d'Allemagne, il faut mettre en première ligne la grande collection entreprise en 1826 sous la direction de Pertz : *Monumenta Germaniæ historica inde ab anno Christi 500 usque ad annum 1500.* Cette collection se subdivise en cinq sections : *Scriptores, Leges, Diplomata, Epistolæ* et *Antiquitates* ; il en a paru de 1826 à 1883 31 volumes in-f° ou in-4°.

LANGUE ET LITTÉRATURE ALLEMANDES. — L'allemand, comme les autres idiomes germaniques (V. *Germaniques (langues)*, appartient à la grande famille des langues indo-européennes ou aryennes. Antérieurement à l'époque des invasions, on ne connaît guère des idiomes germaniques que quelques noms propres que nous ont transmis les historiens latins. C'est aux Goths (que certains érudits, notamment Grimm, ont voulu assimiler aux Gètes), que l'on doit le plus ancien monument des langues germaniques : c'est la traduction en gothique de la majeure partie de la Bible due à l'évèque goth Ulfilas. Cette traduction est du IVe siècle, mais la rédaction des parties qui nous ont été conservées dans le célèbre *Codex argenteus* de la bibliothèque d'Upsal parait postérieure de deux siècles environ à la rédaction primitive. Le *dialecte gothique* disparaît de bonne heure. A l'époque de Charlemagne, il était devenu inintelligible pour les diverses tribus germaniques qui achevaient de se créer un dialecte nouveau, le *haut-allemand* (*Hoch-Deutsch*), origine de l'allemand moderne, et dont le développement comprend trois périodes, l'ancien haut-allemand, le moyen haut-allemand, et le haut-allemand moderne. Tandis qu'entre le gothique et l'ancien haut-allemand, il y a une différence de constitution et de nature, il n'y a entre eux les trois états successifs du haut-allemand qu'une différence de développement historique. La séparation de l'Allemagne d'avec la France au traité de Verdun (843) accélère le mouvement de développement de *l'ancien haut-allemand* dont l'histoire s'étend de la fin du VIIe siècle au commencement du XIIe. Il ne reste de l'ancien haut-allemand que quelques documents d'un grand intérêt philologique, mais d'une médiocre importance littéraire. Ce sont des poésies religieuses ou nationales dont la versification repose essentiellement sur le principe de l'allitération (Prière trouvée dans le monastère de Wessobrunn en Bavière ; le *Mispilla*, poème sur la fin du monde et le jugement dernier ; le chant d'Hildebrand ; le chant de victoire de Louis d'Outremer à Saucourt en 881 ; l'*Harmonie des Évangiles* du moine Otfried) ; ce sont encore les gloses malbergiques de la loi salique, le serment de Strasbourg (842), des glossaires comme celui de Saint-Gall, des traductions en prose ou en vers (traduction des psaumes, de la *Consolation* de Boèce, des *Catégories* d'Aristote par Notker ; paraphrase du *Cantique des Cantiques* par Williram), etc. Le *moyen haut-allemand* (XIIe-XVIe s.) est la langue de la brillante période souabe et des temps qui précèdent la Réforme. Enfin le *haut-allemand moderne* prend sa forme définitive avec Luther pour se prolonger jusqu'à nos jours. Le haut-allemand du reste, surtout dans les premiers temps, se divisait en nombreux dialectes dont les principaux sont le *franc,* le *bavarois,* l'*allemanique,* et plus tard le *souabe,* qui finit par l'emporter sur les autres et à devenir la langue littéraire de l'Allemagne. Auprès du haut-allemand, devenu ainsi l'allemand littéraire, mais qui n'était à l'origine que la langue des montagnes et des plateaux de l'Allemagne du Sud, existait un autre dialecte, le *bas-allemand* (*Nieder-Deutsch*), langue des plaines de l'Allemagne du nord. La limite des deux dialectes, autrefois comme encore aujourd'hui, est formée par une ligne allant du Harz au confluent de la Ruhr et du Rhin. Un important monument des premiers temps de la littérature allemande, le poème de l'*Héliand* (*Le Sauveur*), a été écrit au IXe siècle dans un des dialectes du bas-allemand, le saxon, mais le développement littéraire de ces dialectes de l'Allemagne du Nord a été arrêté de bonne heure et ce n'est guère qu'en dehors des limites de l'Allemagne actuelle qu'ils ont continué à vivre d'une vie littéraire. L'anglo-saxon, le flamand, le hollandais et les idiomes scandinaves sont, à l'origine, des dialectes du bas-allemand ou du moins étroitement apparentés avec lui ; il en est de même du frison dont le domaine est toujours allé en diminuant. Au XIIIe siècle, le saxon est encore employé dans la rédaction des lois, notamment du *Sachsenspiegel* (Miroir des Saxons), mais depuis plusieurs siècles, les dialectes de la Saxe et de la Westphalie ne sont plus que des patois. — Au point de vue de sa constitution grammaticale, l'allemand est une langue essentiellement synthétique, sauf toutefois en ce qui concerne la formation du verbe. Il présente un système complet de déclinaisons. Sa richesse propre est encore augmentée par sa facilité presque illimitée à former des mots composés. La syntaxe est surtout remarquable par les règles auxquelles est soumise l'inversion. — On peut distinguer dans l'histoire de la *littérature allemande* sept périodes principales. La première va jusqu'au commencement du XIIe siècle. C'est la période de formation de la langue, à laquelle appartiennent les œuvres que nous venons d'énumérer. Il faut y ajouter une riche littérature latine. Une renaissance de la langue latine se produit en effet sous l'influence de Charlemagne ; toute une littérature latine se développe dans les cloîtres, particulièrement à Saint-Gall, à Mayence et à Fulda. Les écrits de Raban Maur et les essais dramatiques de l'abbesse de Gandersheim, Rotswitha, sont les œuvres les plus intéressantes de cette littérature. La seconde période ou *période souabe* comprend le XIIe et le XIIIe siècles. Elle est caractérisée, au point de vue philologique, par l'emploi du moyen haut-allemand, et, au point de vue littéraire, par le développement de la poésie épique et de la poésie lyrique qui expriment les idées, les sentiments et les aspirations du moyen âge germanique. Cette littérature a son centre le plus brillant à la cour des empereurs de la maison des Hohenstaufen. C'est alors, qu'à l'imitation des trouvères et des troubadours de France, chantent les *Minnesinger* (V. ce mot), les *chantres d'amour.* Quelques-uns, comme Walther voir der Vogelweide, sont exclusivement des poètes lyriques, mais, pour la plupart, en même temps que dans leurs poésies lyriques, leurs *lieder,* ils donnent libre cours à leur inspiration personnelle, ils écrivent ces grandes épopées dont la matière leur est fournie tantôt par la tradition héroïque nationale, tantôt par la tradition chevaleresque. La tradition héroïque inspire le grand poème national des *Nibelungen* (V. ce mot) dont l'auteur est incertain, et celui de *Gudrun,* œuvres capitales que les Allemands comparent à l'*Iliade* et à l'*Odyssée.* Les épopées inspirées par la tradition chevaleresque sont d'une inspiration bien moins originale. Ce sont en général des traductions et des imitations de nos grandes épopées françaises du XIIe siècle. Ces épopées appartiennent à quatre cycles différents : cycle de l'antiquité (l'*Énéide* d'Henri de Weldecke, la *Guerre de Troie* d'Herbort de Fritzler et celle de Conrad de Wurzbourg, le *Poème d'Alexandre* du prêtre Lamprecht etc.) ; cycle de Charlemagne (le *Rolandslied,* imitation de notre *Chanson de Roland* par le prêtre Conrad, *Guillaume d'Orange* de Wolfram d'Eschenbach, *Flore et Blanchefleur,* etc.) cycle de la Table Ronde (*Crec et Ivain* d'Hartmann d'Aue, *Lancelot du Lac* d'Ulrich de Zizichoven, *Tristan et Iseult* de Gottfried de Strasbourg, etc) ; enfin cycle mystique du Saint-Graal (*Parcival* de Wolfram d'Eschenbach, *Titurel, Lohengrin,* etc.). Il faut aussi rappeler un grand nombre de légendes pieuses ou morales, parmi lesquelles un chef-d'œuvre, la légende du *Pauvre Henri* d'Hartmann d'Aue. La troisième période (XIVe-XVIe siècle) est une période de décadence. La poésie s'abaisse ; de chevaleresque qu'elle était avec les *Minnesænger,* elle devient bourgeoise et populaire avec les corporations de maîtres-chanteurs (*Meistersænger*) de Nuremberg et d'Augsbourg dont les plus connus sont les *trois Jean,* Hans Rosenblatt, Hans Folz, et surtout le savetier Hans Sachs qui se distingue par la bonhomie et la facilité. Le caractère populaire, satirique et moral de la littérature de cette époque se retrouve dans les poèmes allégoriques du *Coureur* (*Renner*) d'Hugo de Trimberg, et du *Vaisseau des fous* de Sébastien Brandt, dans le poème ou roman satirique du *Renard,* dans la légende bouffonne et narquoise de *Till Eulenspiegel,* dans les premiers et grossiers essais dramatiques en langue allemande (mascarades, carnavalades, jeux de nouvel an), et jusque dans les sermons de certains prédicateurs, tels que le mystique Geiler de Keysersberg. C'est un langage plus simple et plus grave que parle dans la chaire un autre prédicateur mystique, le dominicain Jean Tauler.

La quatrième période (Renaissance et Réforme) est dominée par la puissante personnalité de Luther. Sa traduction de la Bible, qui fixe la langue allemande, est l'œuvre capitale de cette époque que remplissent surtout des dissertations et les pamphlets théologiques, écrits tantôt en allemand, tantôt en latin ; les seuls noms qui comptent sont ceux de réformistes comme Mélanchthon, Zwingli et Ulrich de Hutten qui écrit en latin ses éloquentes *Epistolæ obscurorum virorum.* Le goût des disputes théologiques, puis les désastres de la guerre de Trente Ans arrêtent le développement littéraire de l'Allemagne. La cinquième période (XVIIe s. et commencement du XVIIIe) est remplie par la littérature toute artificielle et par la fécondité stérile de la première et de la seconde école de Silésie (Opitz, Fleming, Gryphius ; — Hoffmanuswaldau, Lohenstein, etc.), et des écoles rivales de Gottsched et de Bodmer. Enfin au milieu du XVIIIe siècle se produit la seconde floraison de la littérature allemande ; c'est l'âge classique moderne. Klopstock et Wieland sont les précurseurs de ce grand mouvement littéraire qui se continue avec Lessing et Herder pour atteindre son apogée avec Schiller et Gœthe. Après ces grands noms, il faut citer, dans une dernière période qui se prolonge jusqu'à nous : l'école romantique des deux Schlegel, de Novalis, Tieck, Achim von Arnim, Clément Brentano, Lamothe-Fouqué et Chamisso ; les poètes patriotiques de 1813, Kœrner, Schenkendorf, Arndt, l'école souabe d'Uhland : l'école autrichienne de Grün (Auersperg) et Lenau ; la *Jeune Allemagne* de Henri Heine, Bœrne, Bettina von Arnim, Laube, Freiligrath, etc. et, en dehors de ces écoles principales, de nombreux auteurs dramatiques ou romanciers Kleist, Werner, Kotzebue, Immermann, Gutzkow, Platen, Jean-Paul Richter, Hoffmann, Freytag, Hacklænder, B. Auerbach, etc.) Toutefois, depuis un demi-siècle, c'est surtout vers l'érudition et les sciences que s'est portée l'activité de l'esprit allemand. — Les principales histoires de la littérature allemande sont en all. celles de Vilmar, Kurz, Gervinus, Koberstein, Scherer, etc., en français, celle de M. Heinrich et les abrégés de MM. Bougeault et Hallberg. Il faut citer aussi : le livre célèbre de Mme de Staël, *de l'Allemagne* (1810), qui a révélé à la France la littérature allemande.

PHILOSOPHIE. — L'Allemagne n'a pas eu, avant la fin du XVIIIe siècle, d'école philosophique qui lui soit propre. Au moyen age, la philosophie scolastique y compta un de ses plus éminents représentants dans Albert le Grand, dont l'universalité de savoir fit l'étonnement et l'admiration de ses contemporains. Dès cette époque, ces tendances mystiques qui constituent un des traits caractéristiques de l'esprit allemand apparaissent avec Eckbart et Tauler ; elles s'accentuent à l'époque de la Renaissance chez Paracelse, Van Helmont, Reuchlin, Agrippa de Nettesheim, Böhme et quelques autres. Mais c'est seulement dans Leibnitz (1646-1716) que l'Allemagne trouva son premier génie philosophique. La philosophie de Leibnitz, qui n'est du reste qu'une des formes du cartésianisme, est développée et propagée au XVIII° s., par Wolf, par Thomasius, par Baumgarten qui pose les bases de l'esthétique, par Reimar, Schulze, etc. Mais ce qu'on appelle la philosophie allemande ne date que de la fin du XVIII° siècle. Emmanuel Kant, né à Kœnigsberg en 1724, entreprend de soumettre à une critique nouvelle l'intelligence humaine, d'en déterminer la portée et les limites. La *Critique de la raison pure* publiée en 1781 aboutit en définitive à un scepticisme théorique que l'auteur essaie de détruire dans le domaine de la conscience et de la morale par la *Critique de la raison pratique* (1788). L'idéalisme subjectif de Kant, combattu par Hamann, par Herder, par Jacobi, par Herbart, est développé par Bouterweck, Krug, Schmidt, Fries, Apelt, Reinhold, et reçoit son expression dernière dans la philosophie panthéiste de Fichte, de laquelle s'inspirent l'ironie de Jean-Paul, le mysticisme de Novalis et les théories esthétiques et littéraires de Frédéric Schlegel. Après Fichte commence pour la philosophie allemande une nouvelle phase dans laquelle l'idéalisme de Kant et de Fichte abandonne la forme subjective pour revêtir avec Schelling le caractère objectif et absolu. L'influence de la philosophie de Schelling, qui prit le nom de *Philosophie de la nature*, ne se borna pas au domaine métaphysique ; elle se fit sentir également dans le domaine des sciences naturelles (Oken, Carus, Schubert), de la théologie (Gœrres), de l'esthétique, de l'histoire, etc. Le système de Krause n'est qu'une variante du système de l'identité de Schelling combiné avec les idées de Leibnitz. Un puissant logicien, Hegel, d'abord disciple de Schelling, s'en sépare et fonde une école nouvelle, dernier terme de l'évolution de la pensée allemande ; mais ses nombreux disciples ne tardent pas à se diviser, les uns demeurant fidèles à la pensée du maître (centre hégélien), les autres restant en deçà des conséquences de sa doctrine (droite hégélienne), d'autres enfin (gauche hégélienne) poussant ces conséquences à l'extrême pour aboutir au panthéisme matérialiste et à l'athéisme (Feuerbach, David Strauss, Vogt, Büchner, Moleschott, etc). Une réaction contre l'idéalisme à outrance des continuateurs de Kant donne naissance au nihilisme pessimiste de Schopenhauer et de son disciple Frédéric von Hartman (*Philosophie de l'inconscient*) Consulter sur l'histoire de la philosophie allemande : Wilm : *Histoire de la philosophie allemande depuis Kant jusqu'à Hégel* (4 vol in-8°, Paris, 1846-1849) ; Kuno Fischer, *Histoire de la philosophie moderne* (3° éd. Munich, 4 vol. in-8° 1878-1882, en all) ; et Éd. Zeller, *Histoire de la philosophie allemande depuis Leibnitz* (Munich, 1873, 2° éd. 1875, en all.)

BEAUX-ARTS. — *Architecture.* Il reste peu de chose des monuments construits par les Romains dans la partie de leur empire qui est devenue l'Allemagne ; il semble que ce fussent surtout des monuments d'utilité publique, des basiliques, des portes, des amphithéâtres. La barbarie reprit le dessus avec les invasions, et il faut aller jusqu'à Charlemagne pour rencontrer une sorte de réveil de l'art. Mais il ne reste des édifices qu'il fit construire que la cathédrale d'Aix-la-Chapelle. (V. ce mot.) L'architecture allemande ne prit d'importance qu'aux temps romans. Du XI° au XII° siècle, des artistes allemands bâtirent les magnifiques cathédrales des bords du Rhin, Trèves, Bonn, Mayence, Spire, Worms, l'église des Apôtres à Cologne ; en Saxe, l'église de Saint-Michel et de Saint-Godard à Hildesheim, celles de Goslar, de Quedlinbourg, de Gernrode ; les cathédrales de Bamberg et de Würzbourg en Bavière, etc. (V ces mots.) Au XIII° siècle, l'art gothique, né en France, pénétra en Allemagne et y fit naître une foule d'édifices, inférieurs par le style aux édifices français du même temps, mais supérieurs par le nombre et quelquefois par la magnificence. Les principaux types du gothique allemand sont Magdebourg, Marbourg, Fribourg, Strasbourg, Cologne, Ratisbonne, Ulm, Prague, Kuttenberg, Meissen, Halberstadt, St-Laurent de Nuremberg, Saint-Étienne de Vienne, etc. (V. ces mots). Les monuments civils de style gothique sont aussi nombreux en Allemagne ; on en trouve à Dresde, à Ulm, à Goslar, à Brême, à Nuremberg, à Cologne, à Mayence à Brunswick, à Marienbourg, à Lubeck, à Wismar, etc Au XVI° s., la Réforme amène la décadence de l'art en Allemagne ; les architectes allemands copient, soutiennent avec maladresse, d'abord l'art italien, puis l'art français. A la fin du XVIII° s. sous l'influence des érudits tels que Lessing et Winckelmann, l'art allemand essaie de se régénérer par l'imitation des styles anciens ; Schinkel à Berlin, Klenze à Munich imitent l'antique ; Zwirner à Cologne, Gärtner à Munich, Schmidt à Vienne imitent le moyen âge ; puis le goût se porte vers la Renaissance italienne avec Semper, von Ferstel, et d'autres — *Sculpture.* La sculpture occupe un rang inférieur en Allemagne jusqu'au XV° siècle : l'orfèvrerie seule fait des merveilles, particulièrement en fait de reliquaires dont quelques uns, comme ceux d'Aix-la-Chapelle et de Cologne, sont arrivés jusqu'à nous. Mais au XV° siècle et au commencement du XVI° paraissent de nombreux artistes qui s'occupent surtout à décorer les églises d'autels, de tombeaux, de stalles, de chaires, de retables, de tabernacles en pierre, en bois, en métal, etc. Nuremberg fut le centre de ce mouvement artistique ; on cite Adam Kraft, Veit Stoss, Pierre Vischer, Eichlern, Nicolas d'Haguenau, Jean Decker, etc. La sculpture allemande disparaît presque avec la Renaissance et les guerres de religion pour ne renaître qu'au commencement de ce siècle avec Dannecker, Ohnmacht, Schadow, Schwanthaler, Rauch, Tieck, Rietschel, etc. — *Peinture.* Les premiers monuments de la peinture que l'on rencontre en Allemagne sont les manuscrits : le style de leurs enluminures est mêlé de romain, de barbare et de byzantin On a conservé quelques peintures murales datant du XII° au XIV° siècle à Schwarzrheindorf, à Brauweiler, à Gurk, à Hildesheim, à Ramersdorf, etc. Mais ce n'est qu'au XIV° siècle que commence véritablement l'histoire de la peinture allemande. On voit alors se marquer diverses écoles, particulièrement l'école de Prague et celle de Cologne. Au XV° siècle l'influence flamande modifie un peu le caractère des écoles allemandes jusque là exclusivement gothiques. C'est sous cette influence flamande que peignent Guillaume et Étienne Lochner, le Maître de la Passion de Lyversberg à Cologne, Martin Schöngauer à Colmar, Schäublin et Zeitblom à Ulm, Wohlgemuth à Nuremberg, etc Au XVI° siècle, l'influence italienne pénètre en Allemagne ; alors apparaissent les grands peintres allemands, Albert Dürer, Lucas Cranach, Grünewald, Burckmair, les deux Holbein, etc. Au XVII° et au XVIII° siècles, l'Allemagne n'a que des peintres de second ordre, Elzheimer, Sandrart, Denner, Angelica Kauffmann, Dietrich, Raphaël Mengs. A la fin du XVIII° siècle, commence en Allemagne un mouvement semblable à celui de l'école de David en France. suivi bientôt d'une réaction romantique ; les noms principaux de ces écoles nouvelles sont Carstens, qui inaugura l'école classique, Overbeck, W. Schadow, Veit, M. Schadow, Führich qui imitèrent Raphaël et surtout Fra Angelico, Schnorr qui peignit les légendes nationales allemandes, Cornelius et Kaulbach, qui s'appliquèrent à la peinture monumentale, etc L'école romantique eut pour sièges Munich et Dusseldorf, Munich réunissant particulièrement les peintres catholiques, Dusseldorf les peintres protestants. (Cons sur l'histoire de l'art en Allemagne les grandes histoires de l'art de Schnaase, Lübke, Kugler, et spécialement l'*Histoire de l'art allemand* de Reber (Stuttgart, 1875, en all.) — *Musique.* La musique constitue une des gloires les plus incontestables de l'Allemagne. Au moyen âge, elle a ses *Minnesænger* et ses *Meistersænger* à la fois musiciens et poètes. Au XII° siècle, elle peut citer le nom de Franco de Cologne, au XV° siècle celui d'Henri Isaac, maître de la chapelle impériale. de Jean Godendach et d'Étienne Maba Toutefois, jusqu'au XVI° siècle, la musique allemande reste subordonnée à la musique d'Italie et à celle des Pays-Bas. C'est la Réforme, si fatale en Allemagne aux autres arts, qui donne l'essor à la musique allemande par la grande place qu'elle fait dans les cérémonies du culte aux chants et à l'orgue Luther lui-même compose des *chorals* aujourd'hui encore populaires en Allemagne. Ce genre est perfectionné par son ami Senfl, tandis qu'un autre disciple du réformateur, Henri de Gœttingue, va jusqu'à mettre en musique le catéchisme de la confession d'Augsbourg. Les pays catholiques rivalisent avec les états protestants dans la création d'écoles de musique : des chapelles sont établies dans les principales villes ; la plus célèbre est celle de Munich que dirige le flamand Roland de Lattre. La musique religieuse qui peut encore citer aux XVI° et XVII° siècles les noms de Jean Knefel, de Jean Eccard, de Chrétien Erbach, d'Henri Schutz, etc., atteint sa perfection au XVIII° siècle avec Sébastien Bach et Frédéric Hændel, qui, particulièrement dans le genre de l'oratorio, ont surpassé les musiciens des autres pays. Vers le même temps, la musique instrumentale et la musique dramatique se développaient, à Vienne, dans l'Allemagne du Sud, et aussi à Hambourg où le directeur du théâtre, Reinhard Keiser, composa plus de cent opéras. Mais sa gloire et celle des autres compositeurs d'opéras, Graun, Hasse, Agricola, etc, pâlit devant le grand nom de Gluck, comme ceux de Kobrich, d'Agrel, de Raleker, auteurs de trios, de quatuors, de quintettes, et ceux de Krafft, de Telemann, etc., qui écrivirent les premières symphonies ont été éclipsés par le nom de Joseph Haydn. Puis viennent Mozart dont le génie embrasse à la fois tous les domaines de la musique, l'opéra, la musique instrumentale et la musique religieuse, et après lui Beethoven et Schubert, qui portent au plus haut point la gloire de l'école de Vienne ; enfin dans une dernière période qui se prolonge jusqu'à nous, Robert Schumann, Félix Mendelssohn, Weber, Meyerbeer et Richard Wagner.

ALLEMAND, ANDE. s. et adj. Qui habite l'Allemagne. Qui a rapport à ce pays ou à ses habitants. La langue allemande. Le territoire allemand. La patrie allemande. *Royal-Allemand*, Corps de cavalerie recruté pour la France en Allemagne, avant la Révolution. || Fam Querelle d'Allemand, Querelle suscitée sans sujet Il est venu me faire une querelle d'Allemand. Au XV s., on a dit aussi querelle d'Allemagne. || C'est du haut allemand pour moi, c'est de l'allemand, c.-à-d. Je n'y entends rien, je n'y comprends rien. || s m L'allemand, La langue allemande. V *Allemagne.* || **ALLEMANDE.** s. f. Danse assez vive, à deux temps, originaire d'Allemagne ; air sur lequel on l'exécute. Jouer une allemande. — Pas de danse qui consistait à prendre sa danseuse par les deux mains et à tourner une fois avec elle. En ce sens, l'allemande entrait comme élément dans plusieurs contre lanses.

ALLEMAND (Cte Zacharie-Jacq-Théod.).1762-1826. Vice amiral, né à Port-Louis (Morbihan), m. à Toulon. Servit sous les ordres de Suffren, prit part aux guerres maritimes de la Révolution et de l'Empire, subit un grave échec à l'île d'Aix où cinq de ses vaisseaux furent incendiés par les Anglais (12 avril 1809); commanda de 1809 à 1812 l'armée navale de la Méditerranée. || **ALLEMAND** (Hector-Louis) Peintre et critique français, né à Lyon en 1809 ; ses eaux-fortes sont particulièrement estimées. *Causeries sur le paysage,* Lyon, 1877, in-18. || **ALLEMAND-LAVIGERIE.** V. *Lavigerie.*

ALLEMANDERIE. s. f. Atelier, forge où l'on réduit le fer en barres.

ALLEMONT-EN-OISANS. 1,215 h. Bg de France (Isère), arr. et à 45 kil. S.-E. de Grenoble. Mines de plomb argentifère. Fonderie considérable.

ALLEN. Nom de plusieurs comtés de la région centrale des États-Unis et d'un comté de l'État d'Ohio (région sept.). C'est aussi le nom de plusieurs rivières d'Angleterre, d'Écosse et d'un beau lac d'Irlande dans le comté de Leitrim, à 49m au-dessus du niveau de la mer. Il reçoit le Shannon, qui n'est encore qu'un ruisseau, et devient navigable en sortant du lac. || **ALLEN** (Bog d'). Contrée d'Irlande, couverte de tourbières ou marais (*bog*) qui s'étendent sur plusieurs comtés, Kildare, et Queen's, King's County, etc. Plusieurs rivières en viennent : la Boyne, le Barrow, la Nore, la Liffey, la Slaney, etc.

ALLEN (Guillaume). V. *Alan* || **ALLEN** (Thomas). 1542-1632. Mathém. anglais, né à Uttoxeter, dans le Staffordshire, étudia au collège de la Trinité, à Oxford. Sa science extraordinaire le fit considérer par le vulgaire comme un sorcier. ‖ **Allen** William.) 1792-1862. Amiral anglais; coopéra à la prise de Java (1811), à la destruction des pirates de Bornéo (1813), et fit partie de la malheureuse expédition du Niger (1842). Il a publié à Londres (1842) le récit de cette expédition, et de plus le projet de joindre la Méditerranée à l'Inde par un canal traversant la mer Morte ‖ **Allen** (Thomas). Archéol. anglais. 1803-1833. *Hist. et antiquités de Lambeth*, Londres, 1827; *Hist. et antiq. de Londres, Westminster*, etc., 1828, 4 vol. in-8°, *Hist. des comtés de Surrey, Sussex, York*; 5 vol. in-8°. ‖ **Allen** (Charles-Ferdinand) 1811-1871. Historien danois, né et mort à Copenhague. Après avoir exploré les collections d'archives de divers pays de l'Europe, il devint en 1862, professeur d'histoire et d'archéologie septentrionales à Copenhague. Ses principaux ouvrages sont: *Manuel d'Histoire Nationale*, Copenhague, 1840; 7° éd. 1870; *Cours d'Histoire Nationale*, ibid., 1842. 11° éd. 1873; traduit en fr. par M. Beauvois, 1879; *Histoire des trois royaumes du Nord de 1497 à 1536*. 5 vol., Copenhague, 1864-72. son chef-d'œuvre, malheureusement inachevé, et plusieurs écrits politiques.

Allent (Alex.-Joseph).1772-1837. Général, né à Saint-Omer. S'engagea à l'époque de la Révolution; capitaine du génie, 1793, major, 1811; conseiller d'État sous la Restauration; pair de France sous Louis-Philippe. *Hist. du corps impérial du génie*, Paris, 1805; *Précis de l'hist. des arts et des institutions milit. en France*, 1808.

Allentown. 18,063 h. Vle de l'État de Pennsylvanie (États-Unis d'Amériq.). Minéraide fer, charbon, exploitation de carrières.

Alléon-Dulac (Jean-Louis), Avocat, né à Lyon, m. en 1768. quitta le barreau, se fit nommer directeur de la poste aux lettres de St-Étienne et se livra à l'étude de l'histoire naturelle. Il a laissé: *Mémoires pour servir à l'histoire naturelle des provinces du Lyonnais Forez et Beaujolais*, Lyon, 1765,2 vol. in-8°; *Mélanges d'Histoire naturelle*,1762, 2 vol. in-8°.

Aller. v. n. (a-lé). — Emprunte ses temps à 3 verbes latins: 1° l'infin. et tous les temps, qui s'y rapportent, j'allais, j'allai, allant, etc. viennent du lat. mérovingien *anare*, pour *adnare*,venir par eau; *anare* est devenu *aner*, puis *aler*, par le changement de *n* en *l*, qui n'est pas rare dans notre langue (orphelin de *orphanus*, Bologne de *Bononia*); 2° le singulier de l'indic. prés. et de l'impérat. dérivent de *nadere*: je vais (*nado*), tu vas (*vadis*), il va (*vadit*), va (*vade*); 3° le verbe *ire* a servi à former le futur et le condit.: j'irai, j'irais. Ce verbe est irrég. Je vais ou je vas, tu vas, il va, nous allons, vous allez, ils vont. J'allais, tu allas, il alla, nous allâmes, vous allâtes, ils allèrent. Je suis allé ou allée; nous sommes allés ou allées. Je fus allé ou allée; nous fûmes allés ou allées. J'étais allé ou allée; nous étions allés ou allées. J'irai, tu iras, il ira, nous irons. Je serais allé ou allée; nous serons allés ou allées. J'irais; nous irions. Je serais allé ou allée; nous serions allés ou allées. Je fusse allé ou allée; nous fussions allés ou allées. Va, allons, allez. Que j'aille; que nous allions. Que j'allasse; que nous allassious Que je sois allé ou allée. Que je fusse allé ou allée. Allant, allé, allée. — L'expression *Je vas*, pour je vais ne s'emploie que rarement et dans le langage familier. On dit quelquefois, *Je fus, j'ai été, j'avais été, j'aurais été*, pour J'allai, je suis allé, je serais allé. V. le v. *Être*. — Se mouvoir, se transporter; être mû, transporté d'un lieu dans un autre; il s'applique aux personnes et aux choses. De tous les verbes français, c'est celui qui s'emploie dans les acceptions les plus différentes. Au propre, il exprime une idée générale de mouvement; au figuré, une idée générale de tendance: L'action peut être considérée: 1° Sous le seul rapport du mouvement. Il ne fait qu'aller et venir. Elle va, vient, fait l'empressée. (La Font.) Les planètes vont continuellement. (Acad.) Marchez, allez donc. Ce pauvre homme ne peut plus aller tant il est fatigué. ‖ 2° Relativement au terme ou au but. Aller à Londres, en Italie, aux Indes. L'eau va au moulin. Les fleuves vont à la mer. Aller de porte en porte. Aller à la ville, à la campagne, au marché, à la fontaine. Y va-t-il? Vas-y. *Ce chien va à l'eau*, Il s'y jette volontiers quand on le lui commande. Tous les jours vont à la mort, le dernier y arrive. (Mass.) Il n'y a pas de

route plus sûre pour aller au bonheur que celle de la vertu. (J. J. Rouss.) N'allons point à l'honneur par de honteuses brigues. (Boil.)—Fig. Ces murmures allaient a une sédition toute ouverte. (Vaugel.) L'harmonie qui ne va qu'à flatter l'oreille n'est qu'un amusement des gens frivoles et oisifs. (Fén.) Mais il faut savoir que tout cet artifice Ne va directement qu'à vous rendre service. (Mol.) Tous ses vœux vont à la paix, vont au bien de l'État. Toute son entreprise est allée en fumée, est allée à rien. 3° Relativement a la direction du mouvement. Aller de côté, tout droit, en avant, en arrière, à reculons. Aller de travers, a tâtons. Aller devant soi, droit devant soi. Aller contre le courant de l'eau. Aller contre vent et marée. — Fig. Aller contre la volonté de ses parents. ‖ 4° Relativement à la nature du mouvement, à sa vitesse ou a sa lenteur. Aller comme le vent, comme une tortue. Aller vite, doucement. Aller c'opin-clopant, aller en courant. Aller à grands pas, à petits pas. Ce cheval va au trot, au galop; il va le pas, l'amble, le grand galop, il va bon train. Aller terre à terre Le vaisseau allait à pleines voiles. ‖ 5° Relativement a la cause du mouvement ou de l'action. Ces bâtiments vont à voile et à rame. Les girouettes vont selon le vent. — Fig. Aller par force, de bon cœur, par caprice. ‖ 6° Relativement au moyen de transport. Aller à pied, à cheval, en voiture, en chemin de fer, en bateau, en ballon, par la diligence, en poste. Aller sur un pied, à cloche-pied. ‖ 7° Relativement à la voie, au chemin qui mène vers un but. Aller par terre, par eau, par mer, à travers champs, par monts et par vaux. Aller par le chemin le plus court, par un chemin de traverse, par la grande route, par un sentier. — Fig. Aller bien, Etre dans le bon chemin. N'aller pas bien, N'être pas dans le bon chemin. Ce jeune homme va bien. Cet écolier ne va pas bien. ‖ 8° Relativement à l'endroit où se fait le mouvement. Aller sur la chaussée, sur le boulevard, dans l'eau, sur l'eau. Aller sur la terre, sur le pavé. Aller sur une planche 9° Relativement à l'espace que l'on parcourt. Aller près, loin, à deux lieues, à deux pas. ‖ 10° Relativement à l'ordre entre les personnes et les choses Aller les uns après les autres. Aller ensemble. J'irai à Paris avec vous. Vous irez à Rome après moi. Aller à la file. Aller de compagnie. Aller par troupes. Aristote avait remarqué avant nous que, de tous les animaux qui ont des griffes, aucun n'allait en troupe. (Buffon.) Aller de pair, c.-à-d. Occuper le même rang. Cicéron va de pair avec Démosthène. La femme ne peut pas aller de pair avec l'homme. (Proudh.) ‖ 11° Relativement au motif ou à la fin. Aller à la messe, en promenade, a la campagne. Aller à la guerre, à l'armée, à un siége. Aller à la chasse, à la pêche, en vendange. Aller en ambassade, en pèlerinage. Aller au-devant de quelqu'un, à la rencontre de quelqu'un. Aller aux nouvelles. Aller à la découverte. Aller à sa perte, au supplice, à la mort. Aller du mal au bien. Aller au combat, s'avancer pour combattre. Aller à l'ennemi, aux ennemis, S'avancer vers les ennemis pour les combattre, pour les charger: cela ne se dit proprement que quand les armées sont à la portée d'une de l'autre, ou en présence. Aller au feu, S'exposer au feu des ennemis, s'exposer à essuyer leur feu. Aller au bois, à l'eau, etc., Aller en quelque endroit pour se pourvoir de bois, d'eau, etc. On dit de même, Aller à la provision. — Ce vase va au feu, il résiste à l'action du feu, on peut y faire cuire ou chauffer quelque chose sans craindre qu'il se casse, qu'il éclate. On dit dans un sens analogue, Cette étoffe va à la lessive, etc. — Aller au roi, au ministre, à l'évêque, etc., S'adresser au roi, au ministre, à l'évêque, etc On a dit aussi, Aller au devin, Aller le consulter. — Aller aux informations, aux renseignements sur quelqu'un, S adresser à ceux qui peuvent donner des renseignements sur quelqu'un. — Aller aux opinions, aux voix, Recueillir les opinions, les voix. On dit de même, Aller aux avis. — Aller au plus pressé, S'occuper d'abord de l'affaire qui souffrirait le plus d'un retardement. ‖ Escrime. Aller à l'épée, S'ébranler et faire de trops grands mouvements. Aller à la parade. Aller à la passe, Porer un coup. ‖ 12° Relativement à l'effet produit. Ce spectacle va à l'âme. Ses paroles vont droit au cœur. ‖ 13° Aller, en parlant d'un

mécanisme et des fonctions des êtres organisés, signifie Marcher, opérer. Cette machine va mal. Ma montre ne va plus. La digestion va bien, va mal. Une montre qui va trente heures. Cette horloge va bien, va mal. Son pouls va bien, Le mouvement de son pouls est bien réglé. Se dit quelquefois de certaines évacuations Cette médecine l'a fait aller deux ou trois fois. Aller par haut, Vomir. Un remède qui fait aller par haut et par bas. ‖ 14° Lorsqu'il s'agit de l'harmonie de deux ou plusieurs objets, S'adapter, convenir. Cet habit vous va bien. Ces deux couleurs vont parfaitement ensemble Cette proposition me va. Ses goûts vont avec les miens. ‖ 15° Durer, vivre, résister. Cet habit est trop endommagé; il n'ira pas jusqu'au printemps. Ce vieillard va toujours. Le malade n'ira pas loin maintenant. ‖ 16° Se dit en parlant de l'état bon ou mauvais des personnes et des choses, ou pour marquer le progrès en bien ou en mal, au propre ou au figuré. Comment va votre santé? Comment allez-vous? Il va bien. Comment vous en va? Tout va bien. Le commerce va, ne va plus. Le feu va. Peut-on vous demander comment va votre dos. (Mol.) L'empire romain allait en décadence. (Boss.) Tout va bien si Dieu est content. (Boss.) Quand la femme gouverne, la maison n'en va pas plus mal (J.-J. Rouss.) Cela va, cela ira. Vous n'allez pas. Cet écolier a bien de la peine à aller. Il n'y a point d'hommes dont l'esprit aille jusque-là. Son imagination va si loin qu'elle se perd. Son amour va jusqu'à la folie. C'est un homme qui ira bien loin dans les arts, dans les sciences. Cette affaire ira plus loin qu'on ne pense. Cela va de mal en pis. Sa santé va de mieux en mieux. Ce malade va plus mal. ‖ 17° Approcher d'un âge donné. Ce cheval va sur quatre ans. ‖ 18° Marque l'étendue de certaines choses. La forêt va depuis le village jusqu'à la rivière. Cette montagne va jusqu'au nues. Son manteau va jusqu'à terre. — Fig. La haine qu'ils avaient pour les Romains allait jusqu'à la fureur. (Boss.) Elle a senti jusqu'où va la misère humaine, jusqu'où vont les miséricordes divines. (Fléch.) ‖ 19° Atteindre, monter à, en parlant des nombres, des sommes, des supputations. Il faudra le harnais et les pistolets, et cela ira bien a vingt pistoles encore. (Mol.) Ce calcul va bien haut. Les nouvelles levées vont à trente-mille hommes. ‖ 20° Conduire, aboutir. Ce chemin va à la fontaine. Ce chemin va droit à la ville. ‖ 21° Avoir une certaine coufiguration. Cette allée va en pente, va en montant. Cette pièce de terre va en pointe. Cette étoffe va de biais, Elle est taillée en biais. ‖ 22° Aller contre, S'opposer. Je ne veux pas aller coutre vos plans, l'opinion publique. ‖ 23° Aller au-devant, Aller à la rencontre, et, au fig., Prévenir. Il est allé au-devant de son père. Vous allez au-devant de ma réponse. Il faut aller au-devant du mal. ‖ 24° Ne point aller sans, c.-à-d. Etre nécessairement accompagné de. L'aveugle ne va pas sans son chien. La foi ne va pas sans les œuvres. Les plaisirs les plus doux ne vont pas sans tristesse. (Corn.) ‖ 25° Aller est quelquefois suivi d'un infinitif qui exprime le motif ou la fin de l'action. Aller se promener. Aller travailler. Aller étudier. J'irai lui parler. Va-t'en t'informer. Vas en savoir des nouvelles. Allez me chercher cela. Le médecin Tant-Pis allait voir un malade. (La Font.) Quelle diable d'idée tu t'es allé mettre dans la cervelle. (Mol.) Aller vous promener, qu'il aille se promener, Se dit lorsqu'on s'impatiente contre un importun, lorsqu'on se met en colère contre quelqu'un. — Aller suivi d'un infinitif, Sert à marquer qu'une chose est sur le point d'être faite, d'avoir lieu. Nous allons voir ce qu'il dira Je vais y aller. Allez-vous recommencer vos doléances? Le jour va finir. Un homme qui va mourir. On va se mettre à table. La paix va refleurir, les beaux jours vont renaître. (Rac.) — Signifie aussi, S'aviser de. Voyez où j'en serais si elle allait croire cela. (Mol.) Avec la négation, Se garder bien de. N'allez pas vous y fier. N'allez pas de Cyrus vous faire un Artamène. (Boil.) ‖ 26° Suivi d'un participe présent, Aller indique simultanéité ou continuité de l'action. Il va criant par la ville. Un ruisseau qui va serpentant. Sa voix grave et cadencée allait roulant dans le silence des déserts. (Châteaub.) Les siècles vont s'effaçant les uns les autres. (Châteaub) — Fig. Le mal, l'inquiétude va croissant, va toujours croissant, Croît de plus en plus. Aller en augmentant, en diminuant, en déclinant, etc. ‖ 27° Mis à l'impératif, en manière d'interjection, Aller sert à animer, à menacer ou à exprimer l'indignation. Allons soldats, en avant, courage Allez, je vous retrouverai. Va, tu me fais horreur. — Et allez donc ! est une interjection pop qui exprime le contentement de la personne qui parle. ‖ 23° Y aller, sert à indiquer la manière de faire une chose Il faut y aller avec précaution. Allez-ydoucement. Vous y allez à l'étourdie Il y va de bonne foi, à la bonne foi, tout à la bonne foi. Comme vous y allez. ‖ Loc. pop. et argot. Allons-y gaiment, Faisons la besogne sans nous faire prier. Y aller de, Dépenser. J'y vais de mes trois ronds. Allons-y, Commençons. Fallait pas qu'il y aille. Tant pis pour lui. — En terme de jeu, c'est mettre au jeu une certaine somme. De combien y allez-vous ? J'y vais de vingt francs Rien ne va plus : se dit dans les maisons de jeu pour indiquer qu'on ne peut plus placer, enlever ou changer les mises. ‖ 28° Impersonnellement, Il y va de, signifie : Il s'agit de, on court le risque de. Il y va de ta gloire. Il y allait de ma vie. Quand il devrait y aller de tout mon bien. Songez qu'il y va de votre fortune C'est une affaire où il y va de l'intérêt public. Dans cette affaire, il n'y allait pas moins que de son honneur et de sa vie. Souvenez-vous qu'il y va du salut éternel. (Lorsque, dans cette signification, l'on se sert des temps Ira, Irait, on supprime, pour l'euphonie la particule y Quand il irait de tout mon bien. Quand il irait de ma vie. En général, dans tous les sens du verbe Aller, la particule y se supprime devant les temps Irais et Irai. Avez-vous été à Paris ? J'irai. Ira-t-il à Rome ? Il ira.) ‖ 29° Aller, s'emploie aussi impersonnellement avec la particule en. Il en va, signifie alors : la chose se fait, se passe. Il ne doit pas en aller ainsi. Il en va de cette affaire là comme de l'autre. Permettez que j'agisse, il en ira tout autrement. ‖ 30° Laisser aller, ne pas empêcher d'aller, ne pas retenir. Je le laisse aller où il veut. Laissez aller la corde. On a laissé aller le prisonnier. Il laisse aller son corps, sa tê e, ses bras en dansant (Trév.) Il n'y a qu'à laisser aller sa plume (Sév.) — Laisser tout aller sous soi, Ne pouvoir retenir ses excréments. Ce malade, cet enfant laisse tout aller sous lui. — Fig. et fam. Laisser tout aller, Négliger entièrement ses affaires, ou la gestion, l'administration dont on est chargé. ‖ 31° Se laisser aller, Ne pas faire la résistance qu'on pourrait ou qu'on devrait faire, s'abandonner. Se laisser aller au torrent. Se laisser aller à la tentation, aux mauvais exemples, à la douleur. Je me suis laissé aller à ses prières. Se laisser aller à la faveur, aux présents. Elle s'est laissée aller à sa passion. — Absol Ce homme se laisse aller, C'est un homme facile, et on fait de lui tout ce qu'on veut. Cela se dit aussi d'un homme qui se néglige, qui ne prend aucun soin de sa personne. Cela se dit encore d'un homme qui se laisse abattre, qui se décourage. Le désespéré se laisse aller, et le voit qui roule dans les profondeurs de l'engloutissement. (V. Hugo.) ‖ 32° Faire aller, Obtenir de quelqu'un des services qu'il ne doit pas, attraper, leurrer. Il s'entend à faire aller son monde. Je le ferai bien aller. Comme elle te fait aller. ‖ 33° S'en aller, Partir, sortir d'un lieu. Il s'en va. Il s'en est allé. Elles s'en sont allées. Il faut que tout le monde s'en aille. Allez-vous-en. Allons-nous-en d'ici. Va-t'en. Où donc t'en allais-tu par une nuit si sombre? (A. de Musset.) — Fig. En parlant du déclin de la vie, des approches de la mort. Ce malade s'en va Il s'en ira à la chute des feuilles. Cet homme s'en va mourir, s'en va mourant. L'ennui, poids étouffant, la tue ; elle s'en va chaque jour. (V. Hugo.) — En parlant de choses, S'écouler, se dissiper, s'évaporer ; commencer à se passer, à s'effacer ; Se consumer, se dissiper, s'user en quelque manière que ce soit. Tout ce vin s'en ira par là, si l'on n'y prend garde. Ce tonneau de vin s'en va, Le vin qui est dans ce tonneau s'écoule, s'enfuit. Son rhumatisme s'en est allé par les sueurs. Sa beauté s'en va. L'éclat de son teint commence à s'en aller. Tout son argent s'en va en procès. Voilà un habit qui s'en va. Les pyramides d'Égypte s'en vont en poudre, et les graminées du temps des Pharaons subsistent encore. (B. de St-P) — S'en aller, suivi d'un infinitif, signifie qu'on est en mouvement ou sur le point de faire quelque chose. Je m'en vais travailler. Je m'en vais entendre le sermon. Je m'en vais vous mander un petit secret (Sév.) Avec la liberté Rome s'en va renaître. (Corn.) — Fam. Cette chose s'en va faite, Elle est sur le point d'être achevée. La messe s'en va dite. Le carême s'en va fini. — Il s'en va onze heures, il s'en va midi, etc., Il est bien près de onze heures, de midi, etc. — Il s'en va temps, Il est temps. Il s'en va temps, il est grand temps qu'il parte. Il s'en va temps que je reprenne Un peu de forces et d'huile ne (La Font.) — En termes de jeu. S'en aller d'une carte, s'en défaire, La jouer. Je m'en suis allé de mon roi de pique S'en aller des p us hautes cartes. — jeu de trictrac, S'en aller, Annoncer que le coup est fini, et qu'on va en commencer un autre. — Fam. Faire en aller (avec ellipse du pronom personnel), Faire que quelqu'un ou quelque chose s'en aille. Faire en aller les punaises, les rousseurs, la fièvre. Une pierre pour faire en aller les taches. (Acad.) ‖ 34° Loc. prov. et fam. C'est un las d'aller, Se dit d'un homme mou, paresseux et lâche. — Fig. Aller son chemin, Poursuivre son entreprise, ne pas se détourner de la conduite qu'on a commencé à tenir. Aller son petit bonhomme de chemin, Vaquer à ses affaires, poursuivre ses entreprises tout doucement et sans éclat. Aller son gran l chemin, N'entendre point de finesse à ce qu'on fait, à ce qu'on dit. Aller le droit chemin, Procéder avec sincérité, sans nulle tromperie. Ne pas aller par quatre chemins, Ne pas chercher tant de détours, s'expliquer franchement, Cette affaire s'en va aux diables, à tous les diables, Se dit d'une affaire qui tourne mal, qu'on regarde comme manquée, comme perdue. — Allez au diable, à tous les diables, Est une expression d'impatience, de colère, une sorte d'imprécation. Cette chose va de suite, elle doit aller de suite, Elle est la conséquence naturelle de telle autre chose. — Cela va trop loin Cela pourrait aller trop loin, Se dit lorsque les personnes qui discutent ensemble commencent à s'échauffer un peu trop. On dit aussi, C'est aller trop loin que de .., C'est faire ou dire trop c'est passer les bornes raisonnables, que de…… — Fig. Aller aux nues, Avoir un succès éclatant. Cette tragédie, cette comédie est allée aux nues. — A force de mal aller, tout ira bien, Il faut espérer qu'après beaucoup de malheurs et de disgrâces, il arrivera quelque changement heureux. — Fig. On va bien loin depuis qu'on est las. Il ne faut pas se rebuter, se décourager dans les affaires. — Aller vite en besogne, Agir avec précipitation. — Tous chemins vont à Rome, Divers moyens conduisent au même but. — Tant va la cruche à l'eau qu'à la fin elle se casse, A force de s'exposer, on finit par succomber. Tant va la cruche à l'eau qu'à la fin elle s'emplit. (Beaumar.) — Fig. Les premiers vont devant, Les plus diligents ont toujours de l'avantage. Il va comme on le mène, Il n'est pas capable de prendre une résolution de lui-même. — Il s'en est allé comme il était venu, Il n'a rien fait de ce qu'il voulait ou devait faire. Allusion au premier vers de l'épitaphe d' La Fontaine composée par lui-même. « Jean s'en alla comme il était venu. » — Cela va comme il plaît à Dieu, C'est une affaire négligée, mal menée, dont on ne prend aucun soin. — Aller à tout vent, Se laisser influencer par les premier venu. — Cela va tout seul, La chose est aisée. — Tout va à la débandade, Tout va en désordre. — Cela va sans dire, va de soi, La chose est certaine, claire, naturelle. On dit, dans le même sens, Il va sans dire que… — Fig. Tout s'en est allé en fumée, On n'a pas réussi. — Fig. Tout y va, la paille et le blé, On n'y a rien épargné — Ne pas y aller de main morte, Frapper rudement, et au fig., Mettre de la rudesse, de la violence dans une discussion verbale ou par écrit — Y aller rondement, y aller de franc jeu, y aller bon jeu, bon argent, Parler, agir sans détour, franchement, loyalement. — Les dieux s'en vont : ces mots relatifs à la chute des dieux du paganisme sont généralement attribués à l'historien Josèphe. On y fait de fréquentes allusions, quand il s'agit de la décadence d'une institution, d'un ordre de choses qui a fleuri longtemps. Toutes les statues des idoles tombèrent et l'on entendit comme autrefois à Jérusalem, une voix qui disait : les dieux s'en vont. (Châteaub.) ‖ Loc. vicieuses. Il a plusieurs endroits à aller; dites: Il lui faut aller en plusieurs endroits. En effet, on ne peut aller un endroit. ‖ Je me suis en allé ; dites : Je m'en suis allé ; car la particule *en* doit être placée immédiatement après le second pronom personnel. ‖ Syn *Aller à* et *vers*. Aller à, indique le point précis où l'on va il. Aller à Paris. Aller vers, marque simplement une direction et s'emploie particulièrement lorsqu'il s'agit d'un lieu opposé à d'autres. Aller vers la forêt. Aller vers l'Orient. ‖ *Aller bien à* et *avec*. Aller bien à, marque tendance générale, rapport partiel, incomplet. Cette fleur va bien à votre chapeau. Aller avec, désigne une correspondance parfaite, un rapport étroit entre deux choses, en sorte qu'elles forment ensemble un tout convenable. Ces deux couleurs vont bien l'une avec l'autre. ‖ *Être allé, avoir été*. Être allé, c'est avoir quitté un lieu pour se rendre dans un autre. Avoir été, c'est, de plus, avoir quitté le lieu où on s'était rendu. Il est allé à Rome, désigne qu'il n'est pas encore de retour. J'ai été à Rome, signifie que j'y suis allé et que j'en suis revenu. ‖ *Aller, venir*. Le premier indique que le mouvement a lieu de l'endroit où l'on est pour arriver à un autre lieu ; le second indique ce mouvement en sens inverse. Par exemple, une personne qui a fait le voyage de Versailles à Paris, et qui est en route pour rentrer à Versailles dira : Je viens de Paris et je vais à Versailles.

ALLER. s. m. Action d'aller ; se dit ordinairement par opposition à retour. L'aller ne me coûte rien, il n'y a que le retour. (Trév.) ‖ Au long aller petit fardeau pese, c.-à-d. Une charge légère devient lourde à la longue. ‖ Loc prov. Pis aller, le pis aller, Le pire qui puisse arriver. Personne ou chose dont on se contente, faute de mieux. Je serai votre pis aller. Cette loc. prend quelquefois un qualificatif. Un bon, un triste pis aller. ‖ Loc. adv. Au pis aller, En mettant les choses au pis.

ALLER Rivière de l'Allemagne, septent. affluent du Weser, arrose l'anc. roy de Hanovre. Son cours est de 256 kil. dont 113 navigables (à partir de Celle).

ALLETZ (Pons-Augustins) Compilateur laborieux et estimable. Montpellier 1703-1785. *Dictionnaire théologique, Dictionnaire des Conciles, Histoire des Papes, Esprit des journalistes de Trévoux*, etc. ‖ **ALLETZ** (Pierre-Edouard.) Littérateur moraliste, né à Paris en 1798, consul à Gênes et à Barcelone, où il est mort en 1850 *Essai sur l'homme ou accord de la philosophie et de la religion*, Paris, 1835, 2 vol in-8°; *Esquisses de la souffrance morale*, 1833, 2 vol. in-8° ; *De la démocratie nouvelle*, in 8° 1837.

ALLEU. s. m. (pl. *alleux* d'après l'Académie, *alleus* selon Littré ; b.-lat. *allo*ium, de l'anc. haut-allemand *allô*t, *all*, tout et *ôd*, bien, propriété ; en toute propriété.) Hist. Bien acquis par héritage et qui n'est soumis à aucune obligation féodale Sous la première race, l'*alleu* (*praedium aviaticum hœreditas paterna*) n'a pas d'autre sens que celui de bien provenant de la famille, bien *propre*, par opposition aux *acquêts* Sous la seconde race, le mot *alleu* prend un autre sens, il s'oppose à *bénéfice* et désigne la *terre libre* qui vient de la famille et n'a pas été donnée par un patron sous certaines conditions. Les progrès de la féodalité et notamment l'usage de la *recommandation* (V. ce mot) tendirent à transformer tous les alleux en terres dépendantes. Dans le Nord, les terres libres disparurent peu à peu et on en vint au XIIIe siècle à poser le principe : *Nulle terre sans seigneur*. Dans les provinces du midi au contraire, où l'on suivait le droit romain, la liberté du sol se conserva davantage ; les alleux se maintinrent. Ce sont les pays de *franc alleu* où, contrairement à la règle qui avait prévalu dans le Nord, le sol était présumé libre jusqu'à preuve contraire : *Nul seigneur sans titre*. — On distinguait en certaines provinces le *franc-alleu noble*, qui possédait le droit de justice, et le *franc-alleu roturier*, qui n'avait ni justice, ni fief relevant de lui, mais qui n'était tenu d'aucun devoir féodal, ni soumis à aucune redevance.

ALLEVARD 3,195 h. Bg de France (I-ère), ch.-l. de cant, arr et a 40 kil. de Grenoble, sur la Bréda, a 475 m. d'altit., célèbre par ses sites sauvages et pittoresques. La montagne de Brame-Farine (1.214 m.) sépare la vallée de la Bréda de celle du Grésivaudan. Mines de fer; forges et hauts fourneaux qui fabriquent des fontes aciéreuses, des aciers et des fers estimés. Non loin, à Pontcharra, ruines du château où naquit Bayard. — Cant. : 8,377 h. ; 6 comm. —Eaux minérales sulfureuses, froides, iodées et gazeuses, efficaces contre les affections scrofuleuses et les maladies de la peau ; mais l'*inhalation* constitue le cachet thérapeutique de leur emploi pour les affections catarrhales des bronches, les laryngites et les diverses maladies des voies aériennes : l'établissement possède 7 salles d'inhalation. Établissement de bains de petit lait pour les maladies du système nerveux et du cœur.

ALLEYN (Édouard).Célèbre acteur anglais,né à Londres, 1565, m en 1625. Doué par la nature des dons les plus précieux pour la carrière du théâtre, il s'acquit dès 1592 la réputation d'un acteur distingué. Il joua les principaux rôles dans les pièces de Shakspeare et de Ben Johnson, et poussa l'art dramatique à un degré de perfection inconnu jusqu'à lui. Son père lui avait laissé une belle fortune, qui s'était accrue encore par des héritages : il s'en servit pour fonder l'hôpital ou collège de Dulwich, où il mourut.

ALLGAIER (Johann). Célèbre joueur d'échecs autrichien, mort en 1820. A donné son nom à une manière d'engager la partie, et publié, en 1795, un *Manuel* du jeu d'échecs.

ALLGAU. Nom donné à la partie méridionale de la Souabe wurtembergeoise et bavaroise.

ALLGAUER ou **ALLGAUER-ALPEN** (Alpes de l'Allgau). V. *Alpes*.

ALLIA ou **ALIA**, auj. *Aja*. Géog. anc. Pte riv. d'Italie, affl. du Tibre,à 15 kil. de Rome, célèbre par la victoire des Gaulois sur les Romains, 390 av. J.-C. Le 18 juillet, jour anniversaire de cette bataille était un jour néfaste dans le calendrier romain (*dies alliensis*).

ALLIABLE. adj. 2 g. (a-li-a-bl') Qui peut être allié. La joie et le deuil ne sont pas plus alliables que l'eau et le feu.

ALLIACÉ, ÉE. adj. (on fait sentir les deux *l*; — lat. *allium*, ail : qui tient de l'ail). Odeur alliacée ‖ **ALLIACÉES.** s. f. pl. Bot. Tr. de la fam. des liliacées, qui a pour type le genre *ail* (V. ce mot).

ALLIAGE. s. m. (de *allier*). Combinaison d'un métal avec un ou plusieurs autres métaux. Les monnayeurs doivent faire l'alliage selon les lois et règlements. (Acad.) ‖ Se dit des métaux mêmes que l'on combine avec un métal plus précieux. L'argent et le cuivre servent d'alliage à l'or. ‖ Fig. Mélange impur, imperfection. Il y a peu de vertus humaines sans quelque alliage. ‖ Chim. On appelle alliages les produits qui résulte t de l'union de plusieurs métaux. En unissant ensemble plusieurs métaux, on obtient des alliages qui sont comme des métaux nouveaux, dont on peut faire varier les propriétés presque à l'infini, de manière à les rendre propres aux nombreux usages de l'industrie et des arts. Les alliages ne sont pas seulement des mélanges de différents métaux; ce sont en réalité de véritables combinaisons, ordinairement dissoutes dans l'un des métaux qui entre dans leur composition et qui se trouve en excès. Ce qui le prouve, c'est que tout alliage se fait avec dégagement de chaleur, et que le produit possède tous les caractères d'une combinaison : composition définie, forme cristalline déterminée, propriétés du composé différentes de celles des corps constituants. Les alliages ont toutes les propriétés des métaux ordinaires : l'éclat, la dureté, la conductibilité l'élasticité, la ductilité, la malléabilité, la sonorité, etc. Ils sont toujours plus fusibles que les moins fusibles des métaux combinés et souvent plus fusibles que chacun d'eux Ils sont souvent plus durs et moins tenaces, moins malléables et moins ductiles que celui qui l'e t le plus. L'élasticité est, en général, égale à la moyenne des métaux qui entrent dans la combinaison. Ils sont moins oxydables que leu : métaux, excepté si l'un de ceux-ci, en s'oxyda t, peut passer à l'état d'acide, et l'autre à l'état e base; dans ce cas l'oxydation de l'alliage est plus rapide que celle des métaux isolés.

La densité est très rarement la moyenne des densités des composants. Généralement la densité est plus ou moins grande, c -à-d. qu'il se produit une contraction ou une dilatation des métaux qui constituent l'alliage Il peut arriver que les combinaisons définies, ou même les métaux isolés, lorsque leurs points de fusion sont très éloignés les uns des autres, se séparent pendant le refroidissement du bain métallique et se soli ifient successivement en se superposant d'après l'ordre de densité. Ce phénomène est connu sous le nom de *liquation*. Les alliages s'obtiennent, soit en fondant ensemble les métaux que l'on veut unir, soit en ajoutant l'un d'eux au premier déjà fondu, soit en désoxydant par le charbon un mélange de leurs oxydes. Les principaux alliages sont : ceux d'or et d'argent avec le cuivre, pour faire des monnaies, des bijoux, etc. : le cuivre augmente la dureté du métal précieux sans lui faire perdre son éclat et son inaltérabilité ; les *bronzes* formés de cuivre, d'étain et de zinc dans des proportions qui varient avec l'usage auquel on les destine ; tels sont : le *bronze des canons* (90 cuivre, 10 étain) ; le *bronze des tam-tam et des cymbales* (80 cuivre, 20 étain) ; le *chrysocale, similor, or de Manheim*, etc. (90 cuivre, 10 zinc) ; le *laiton* ou *cuivre jaune* (66 cuivre, 33 zinc) ; le *maillechort ou argentan* (50 cuivre, 25 zinc, 25 nickel) ; le *bronze d'aluminium* (90 à 95 cuivre, 10 à 5 aluminium) ; le *métal anglais* (100 étain, 8 antimoine, 4 cuivre, 1 bismuth); la *soudure des plombiers* (66 étain, 33 plomb) ; les *caractères d'imprimerie* (80 plomb, 20 antimoine), etc.; enfin les *amalgames*, alliages de mercure et d'un autre métal. (V. *Amalgame*.) ‖ Arith. *Règle d'alliage* ou de *mélange*, Opération qui n'est qu'une application de la règle de trois et qui a pour objet de déterminer soit le prix moyen d'un mélange, connaissant le prix et la quantité des éléments divers qui le composent, soit les proportions dans lesquelles il faut mélanger des substances d'un prix donné pour obtenir un mélange d'un prix moyen déterminé.

ALLIAIRE. s. f. Bot. (*Sisymbrium alliaria*.) Plante de la famille des crucifères, série des choi'anthées-sisymbrinées, à racine blanche, napiforme, à fleurs blanches, à siliques quadrangulaires,à feuilles cordiformes ou réniformes dans le bas, aiguës dans le haut, à odeur d'ail, dont la feuille était employée en médecine comme dépurative, diurétique. Elle se mange quelquefois en salade

ALLIANCE. s. f. (de *allier*). Union par mariage Il a fait une alliance honorable en mariant sa fille a un tel. ‖ Par ext. Affinité entre un époux et les parents de l'autre époux. Cousin, neveu par alliance. ‖ Jurisp. L'*alliance* ou *affinité* est le lien civil que le mariage fait naître entre l'un des époux et les parents de l'autre. La proximité de l'alliance se détermine comme celle de la parenté : on est allié e l'un des conjoints dans la même ligne et au même degré que l'on est parent avec l'autre; ainsi un mari est allié au premier degré, dans la ligne directe, du père et de la mère de sa femme ; il est allié au second degré, dans la ligne collatérale, du frère et de la sœur de sa femme. En droit, contrairement à ce qui se dit parfois dans le langage courant, l'alliance est exclusivement restreinte entre les parents de l'un des conjoints et l'autre conjoint. Ainsi : les parents de l'un des conjoints ne sont pas les alliés des parents de l'autre conjoint ; les alliés de l'un des conjoints ne sont pas les alliés de l'autre conjoint, par exemple, les maris de deux sœurs ne sont point alliés entre eux ; enfin, les personnes alliées à l'un des époux par suite d'un premier mariage ne sont point les alliées de son conjoint en secondes noces. Mais les parents naturels de l'un des époux sont, aussi bien que ses parents légitimes, les alliés de l'autre époux. — L'alliance produit, quoique parfois dans une mesure plus restreinte, les mêmes effets que la parenté. Ainsi, elle crée entre certaines personnes l'obligation de se fournir des *aliments* (V. ce mot) ; elle impose l'obligation de faire partie du conseil de famille et de gérer la tutelle (C. civ., art. 407 à 410 et 432) ; elle entraîne empêchement de mariage, en ligne directe à l'infini, en ligne collatérale jusqu'au deuxième degré ; (C. civ., art. 161 à 164 et 348) ; elle s'oppose à ce que deux alliés au degré de père, fils ou frère, puissent en même temps faire partie du même conseil municipal dans les communes de plus de 500 âmes (loi du 5 mai 1855, art. 11); elle donne lieu, dans une certaine mesure, à reproche des juges, des témoins et des experts ; elle entraîne incapacité d'instrumenter comme officier public ou de figurer comme témoin dans les actes qui intéressent les alliés jusqu'à certains degrés ; etc. — L'alliance ne cesse pas par la dissolution du mariage qui l'a produite ; elle continue de subsister, notamment en ce qui touche les empêchements de mariage, lors même qu'il n'existe pas d'enfants nés du mariage. Toutefois, dans ce dernier cas, quelques-uns de ses effets cessent absolument ou sont restreints dans des limites plus étroites. ‖ Polit. Union, confédération qui se fait entre deux ou plusieurs États. Alliance offensive et défensive. Acte, traité d'alliance. Avoir, faire, contracter, former, conclure une alliance avec une puissance. Renouveler, rompre une alliance. L'alliance qui existe entre deux souverains. — Il y a trois catégories principales d'alliances politiques, selon le motif qui les détermine : les alliances du sang, les alliances de principes ou d'idees, les alliances d'intérêts. Les alliances du sang sont de deux espèces ; il y a celles des peuples qui ont une origine commune,comme les divers peuples allemands, les divers peuples latins, etc , et les alliances de familles entre souverains. C'est surtout par des alliances de familles que la monarchie française s'est constituée et a fait la France. « La plupart de nos conquêtes nous ont été enlevées, les dots des reines nous sont restées. » (Block. *Dict. de la politique*.) Les alliances d'idées et de principes ont été plus fréquentes de Constantin au traité de Westphalie que depuis. Les croisades en sont un exemple remarquable : elles ont eu des incidents et des conséquences imprévus, il s'y est mêlé accidentellement des passions et des intérêts personnels ; mais la foi en fut, en général, le sincère et unique mobile. Au XIXᵉ siècle, la *Sainte Alliance* (V. ce mot), était bien aussi une alliance d'idées et de principes anti-révolutionnaires. Mais depuis le commencement de ce siècle la plupart des alliances se rattachent soit a un intérêt matériel, soit a un intérêt politique. Il y a même des unions, des confédérations politiques qui ne reposent que sur cette base : telle est la Confédération Suisse qui comprend trois races, trois idiomes et deux religions différentes ; telle est surtout l'Union américaine composée d'éléments si divers, si opposés Il va sans dire que les alliances réunissent plus ou moins les trois motifs dont chacun caractérise une catégorie quand il y domine. Remarquons aussi que les alliances, a quelque catégorie qu'elles appartiennent, ne sont solides que si elles ont la sanction de la moralité et de la justice, et qu'on doit, en les formant et en les exécutant, se conformer au droit des gens, autrement dit droit international. On peut assimiler les traités entre nations ou puissances, personnes morales, a ceux qui existent entre particuliers; l'exécution du contrat et la liquidation de la société doivent être assujettis au même principe de morale commune, de relations privées, et de bonne foi. — Comparez : *Confédération, Fédération, Ligue, Traité*. ‖ Hist. Les alliances qui mériteraient d'être rappelées sont nombreuses ; nous ne citerons que les principales.La *Triple-Alliance*, formée le 28 janv. 1668, entre l'Angleterre, les États-Généraux de Hollande et la Suède, pour la défense des Pays-Bas contre Louis XIV. — L'*Alliance de la Haye* (4 janvier 1717) entre les États-Généraux de Hollande, Georges Iᵉʳ d'Angleterre et le régent Philippe d'Orléans contre l'Espagne. — La *Quadruple-Alliance*, signée à Londres le 2 août 1718, entre l'Angleterre, la France, la Hollande et l'Empire, avait pour but le maintien des traités d'Utrecht et de Bade, ainsi que la pacification de l'Italie. — La *Sainte-Alliance* (28 sept. 1815), conclue a Paris entre la Russie, l'Autriche et la Prusse et à laquelle accédèrent presque tous les rois de l'Europe. Elle avait pour but de maintenir le pouvoir royal, les intérêts religieux et conservateurs contre l'esprit révolutionnaire. — La *Quadruple-Alliance* du 22 avr. 1834,entre la France,l'Angleterre, la Belgique et l'Espagne, avait pour but d'assurer l'indépendance de la Belgique, et de maintenir les droits de la reine Isabelle au trône d'Espagne et ceux de la reine dona Maria au trône de Portugal. — La *Quadruple-Alliance* du 25 juillet 1840, entre l'Angleterre, l'Autriche, la Prusse et la Russie, pour enlever la Syrie au pacha d'Égypte, et la placer, contrairement aux vues de la France, sous la domination immédiate du Sultan. — *L'alliance de Constantinople* (12 mars 1854), entre la France, l'Angleterre et la Turquie contre la Russie. — *L'alliance de la Prusse et de l'Italie* (juin 1866), contre l'Autriche. ‖ Affinité spirituelle. (V. *Affinité*) ‖ *Ancienne alliance*. Alliance que Dieu contracta avec Abraham et ses descendants. — *Nouvelle alliance*, Alliance que Dieu a contractée par la rédemption avec tous ceux qui croiraient en Jésus-Christ. L'ancienne alliance a duré depuis la vocation d'Abraham jusqu'à la venue du Messie La nouvelle alliance dure depuis la venue du Messie et durera jusqu'à la consommation des siècles. ‖ Arche d'alliance. V. *Arche*. ‖ Fig. Union, mélange de plusieurs choses différentes, opposées, disparates. Faire une alliance du vice et de la vertu. Une heureuse alliance de mots. ‖ Bague d'or ou d'argent composée de deux cercles réunis. Une alliance de mariage. Porter au doigt une alliance. ‖ Rhét. Alliance de mots, figure métaphorique, plus hardie que la métaphore proprement dite, et consistant dans le rapprochement de mots ou d'idées qui semblent s'exclure: *J'entendrai des regards que vous croirez muets* (Rac), ou dont l'union est rare et remarquable: *Dévorer un règne* (Corn) Et leur âme chantait dans les clairons d'airain (V. Hugo). ‖ Argot des voleurs, Poucettes. Le gendarme lui a mis l'alliance. ‖ Syn. *Alliance, confédération, coalition, ligue*, signifient union dans un intérêt commun, entre des rois ou des peuples. Mais union et confédération ont un sens plus général: on s'allie et on se confédère en vue d'un danger éventuel; on se coalise et on se ligue contre un ennemi déterminé. Dans le premier cas l'union a un caractère permanent, sans terme fixe; dans le second elle cesse aussitôt le but atteint. De plus alliance et confédération supposent traités, contrats en forme; on dit: faire un traité d'alliance, de confédération; on ne dit pas: faire un traité de ligue, de coalition, mais: faire une ligue, une coalition. L'alliance est proprement une amitié établie par des traités entre des rois, des États, des puissances. Elle implique entente, bons rapports, mais ne suppose pas nécessairement l'obligation de se défendre réciproquement. Cette obligation étroite, au contraire, caractérise la confédération, qui est une union d'intérêts, une association durable entre des États, des villes, des peuples, trop faibles individuellement pour maintenir leur indépendance contre un ennemi commun. Le mot *coalition* a été forgé pour désigner la réunion de toutes les puissances européennes contre Napoléon Ier en 1813 et 1814 Ensuite on s'en est servi pour désigner dans les parlements l'union de partis naturellement opposés, dans le but de renverser un ministère. Coalition et ligue ont au fond le même sens, ces deux mots ne diffèrent que par l'emploi, et en ce que coalition semble emporter une idée de disparate plus forte que ligue.

ALLIANCE. 5,000 h Pte vle de l'État d'Ohio, (États-Unis), à 90 kil. S-S-E de Cleveland. Croisement de deux chemins de fer.

ALLIATH ou **ALLIOTH.** s. m. Nom de la 1re étoile de la queue de la Grande-Ourse.

ALLIBONE (Samuel-Austen) Bibliographe américain, né à Philadelphie en 1816 A publié. *Dictionnaire critique de bibliographie anglaise*, par des auteurs anglais et américains, 1858-1871, 3 vol., répertoire qui contient plus de 46,000 notices.

ALLIEMENT. s. m Nœud fait à la corde d'une grue.

ALLIER v. a. (lat *alligare*, unir; de *ad*, à, et *ligare*, lier: le *g* latin a disparu en français. — Prend deux *i*, à la 1re et à la 2e pers. du pl. de l'imparf. de l'indic. et du prés du subj.: *Nous alliions, que vous alliiez*). Mélanger, combiner. Allier des métaux. Allier différentes espèces de vins. ‖ Unir par mariage. Allier une famille à une autre. ‖ Polit. Unir par un traité d'alliance, ou autrement. Allier la France et la Russie, la bourgeoisie et la noblesse. ‖ Fig. Joindre, réunir. Allier la force à la prudence, les maximes de l'Évan-

gile avec celles du monde. ‖ S'ALLIER. v. pr. Se combiner, en parlant des métaux. S'unir par l'effet d'un mariage. ‖ Se liguer. La France et l'Angleterre s'allièrent contre la Russie. Que l'Orient contre elle à l'Occident s'allie. (Corn.) La dévotion chez elles (les femmes), s'allie avec l'amour, avec la politique, avec la cruauté même. (Volt.) ‖ ⚫Fig. S'harmoniser, aller ensemble. Ces deux couleurs s'allient bien. La miséricorde et la fermeté s'allieront heureusement. ‖ ALLIÉ, ÉE. p. pas. S'emploie dans les mêmes sens. ‖ Subst. Confédéré, ligué. Les alliés ont renversé le premier empire. ‖ Uni par affinité, par parenté. Ces familles sont nos alliées. ‖ Syn. *Allier à, allier avec*. Allier à, exprime un rapport, une compatibilité entre les choses que l'on allie, qui les dispose à s'allier. Allier l'or à l'argent, la vertu à la sensibilité. Allier avec, exprime une différence de nature entre les choses que l'on allie. Allier l'or avec le fer, les maximes de l'Évangile avec celles du monde, le vice avec la vertu. Cette distinction faite par des grammairiens est bien subtile et n'a guère de fondement dans l'usage.

ALLIER. s. m. Chass Filet pour prendre des oiseaux, principalement des cailles et des perdrix.

ALLIER (*Elaver*). Riv. de France, affl g de la Loire prend sa source au village de Chabvier, à 24 kil N-E de Mende (Lozère), traverse les départements de la Haute-Loire, du Puy-de-Dôme, de l'Allier, sépare sur une petite étendue les départements du Cher et de la Nièvre baigne Langeac, Brioude, où elle devient navigable, Brassac, Issoire, Vichy, Moulins. De sa source à Chanteuges, l'Allier est resserré par les parois de nombreux défilés. De Chanteuges jusque vers le milieu du Puy-de-Dôme, les défilés alternent avec de gracieux évasements de bassins. Puis la rivière parcourt la fameuse Limagne; elle serpente ensuite entre des rives basses, bordées de saules et de peupliers, dans une ample et fertile vallée jusqu'au Bec d'Allier, où elle se réunit avec la Loire, à 5 kil. au-dessous de Nevers En temps ordinaire, la Loire l'emporte sur l'Allier par le volume moyen de ses eaux; mais c'est l'Allier qui impose sa direction aux eaux réunies. C'est pourquoi certains géographes s'étonnent qu'il n'ait pas donné son nom au cours inférieur du fleuve. M. Élisée Reclus en trouve la cause dans ce que la vallée de la Loire a offert aux anciennes migrations des peuples un chemin plus facile et plus direct Voici du reste le tableau comparatif de l'importance de ces deux cours d'eau:

	Loire supér.	Allier
Altitude de la source	1,562ᵐ	1,423ᵐ
» de l'endroit où elle devient flottable	(Retourner) 503ᵐ	(Chanteuges) 552ᵐ
Longueur de cours (non compris les petits méandres)	430 kil.	410 kil.
Pente moyenne par kil	1ᵐ053	1ᵐ840
Superficie du bassin	17,530 k. q.	14,000 k. c.
Débit moyen au confluent (par seconde)	180 ᵐ. q.	140 ᵐ. c.
Pluie moyenne tombée	0ᵐ65	0ᵐ55
Proportion d'écoulement	0ᵐ32	0ᵐ27

Le cours de l'Allier est navigable sur une longueur de 232 kil. de Brioude à la Loire et simplement flottable sur une longueur de 43 de Chanteuges à Brioude. Ses affluents principaux sont: la Dore, l'Alagnon, les Couzes, la Veyre, la Morges, la Sioule.

ALLIER Dép. du centre de la France et du bassin de la Loire, formé en grande partie de l'anc Bourbonnais. Ainsi nommé de l'Allier, rivière qui le traverse du sud au nord, sur une étendue de 120 kil., il est borné au N-E par le de la Nièvre, au N-O. par celui du Cher, à l'O dép par celui de la Creuse, au S par celui du Puy-de-Dôme, au S-E. par celui de la Loire, à l'E par celui de Saône-et-Loire — Il est compris entre le méridien de Paris à l'O. et 1° 37' longit O. et en latit. il est à plus de 2 degrés au S. de Paris entre le 46e et le 47e parallèles. On aura une idée de l'altitude moyenne du département par celle des localités suivantes: Moulins 227 m., Gannat 345 m., la Palisse 299, Montluçon 228 — Ce département est incliné du S. au N; c'est la direction de ses trois grandes rivières, la *Loire*, l'*Allier* et le *Cher*. La Loire borde sa frontière orientale sur une longueur

de 80 kil., et y reçoit l'Onzance, la Lodde, le Roudon et la Bèbre. L'Allier y reçoit à droite le Sichon, le Mourgon et le Valençon; à gauche l'Andelot, la Sioule, qui est l'affluent le plus important, la Queusne, la Burges, grossie de l'Ours, et la Bieudre. Le Cher parcourt la partie occidentale, sur 80 kil. Il n'a à droite qu'un affluent notable, l'Aumance, qui reçoit l'Oeil, tributaire de gauche; les affluents du Cher à gauche sont la Marmière et la Queugne. — Les *canaux* sont: le canal de Montluçon ou canal du Cher, qui a sa prise d'eau près de Montluçon, et se raccorde au canal du Berry à St-Amand-Montrond; sa longueur dans le dép. n'est que de 24 kil. Le canal latéral à la Loire, sur la rive gauche de ce fleuve, a 68 kil. de parcours dans le dép — L'Allier est dans son ensemble un pays plutôt ondulé que montagneux; cependant au S. de la Palisse, la chaîne des Bois-Noirs, et la chaîne parallèle connue sous le nom de monts de la Madeleine, qui continue la chaîne du Forez, sont assez élevées, rudes et sauvages pour mériter le nom de Petite-Suisse; elles se maintiennent à une altitude générale de 800 à 1,000 m. et le Puy de Montoncel mesure 1,232 m. La partie méridionale du bassin de l'Allier est riante et fertile; c'est la prolongation de la Limagne d'Auvergne; mais entre Moulins et la Loire, les campagnes presque incultes sont couvertes de forêts et parsemées d'étangs; à l'O. de Moulins, autour de Souvigny et de Bourbon-l'Archambault, la terre est fertile et bien cultivée; mais à l'extrême nord du dép., entre l'Allier et la frontière du Berry, s'étendent de vastes *brandes*, qui ont fait donner à la principale bourgade de la contrée, le nom de Lurcy-le-Sauvage. La vallée du Cher, au contraire, est aussi féconde que gracieuse, de Montluçon à St-Amand; au-dessus de Montluçon la nature prend l'aspect sauvage de la Marche; et au N.-O. de cette ville le pays forme, vers Huriel, une sorte de plateau élevé, arrosé par des milliers de ruisseaux d'eau vive, à la fois riche, riant et pittoresque. — La composition géologique est très variée; les terrains primitifs forment tout l'ouest, le sud-ouest et le sud-est du dép.; le nord-ouest offre quelques saillies triasiques et jurassiques. Le sol des vallées est constitué par des alluvions anciennes et récentes. Les bassins houillers, qui se montrent çà et là, sont une des richesses de la contrée; les principaux sont: celui du *Montet* dans la vallée de la Queune, depuis Messarges jusqu'à Moutmirault; celui de *Commentry*, depuis cette ville jusqu'à Néris; celui du *Dayet*, autour de Villefranche; celui de la *Bandes*, vers Buxière-la-Grue, entre le Morgon et la Bandes; celui de l'*Aumance*, sur les deux rives de cette rivière, au S. de Méaulne. Ces cinq bassins sont compris entre l'Allier et le Cher. Un sixième se trouve dans l'arrondissement de la Palisse, à l'extrémité septentrionale des terrains primitifs et porphyriques des monts de la Madeleine, celui de *Bert*, à l'O. du Doujon Les autres productions minérales sont: le sulfure d'antimoine à Bresnay, le manganèse à Pierrefitte, le minerai de fer à Bourbon, le plomb à Leprugne et à St-Léon. On exploite aussi des carrières de marbre blanc et coloré, de pierre à chaux, de porphyre, de granit; on extrait différentes argiles, du grès; enfin on trouve des eaux minérales célèbres à Vichy, Néris, Bourbon-l'Archambault et plusieurs autres lieux. — Le climat varie selon les altitudes; il est surtout rude dans les montagnes de l'arrondissement de la Palisse. Il est sujet à de brusques variations de température, à cause du voisinage de l'Auvergne L'hiver est souvent long et rigoureux, le printemps froid, et l'été très chaud. La vie moyenne est de 32 ans et 4 mois. — Le seigle est la culture dominante parmi les céréales; le froment vient en seconde ligne, l'orge en troisième. Beaucoup d'avoine et de pommes de terre. La culture industrielle comprend surtout le chanvre On vantait autrefois les vins de Chantelle, de St-Pourçain, de Souvigny, auj. en partie dégénérés. Les brandes nourrissent de grands troupeaux de moutons, et le gland engraisse les porcs. La race chevaline est peu nombreuse (12,000). On améliore la race bovine par le croisement avec la race charollaise Les essences dominantes dans les bois sont le chêne, le hêtre, le charme, le bouleau et le sapin. On remarque la belle forêt du

Tronçais (10,136 hect.). Grande abondance de gibier et de poisson. Sur les 730,837 hectares du département, 473,998 sont en terres labourables, 78,417 en prés, 16,994 en vignes, 73,338 en bois. — Le dép. de l'Allier possédant un des bassins houillers les plus riches de la France, et ayant dans son voisinage, les abondantes mines de fer du Cher, a dû naturellement se livreraux industries alimentées par le combustible minéral, et en particulier à la production de la fonte et du fer. Citons : les vastes usines de Commentry, les forges et hauts fourneaux du Tronçais, de Messarges, de Beauregard et de Montluçon (la production, fontes, fers, aciers, etc. pour tout le dép. a été en 1873 de 130,020 tonnes, valeur 30 millions de francs); la verrerie à bouteille de Souvigny, la manufacture de verre et de glaces de Commentry, la fabrique de glaces de Montluçon (Cⁱᵉ de St-Gobain), la papeterie de Cusset, les coutelleries de Moulins, les fabriques de porcelaine de Lurcy et Champroux. Il faut y ajouter les manufactures de draps, de couvertures de laine et de coton, des filatures, tanneries et corderies, etc.—Les communications et les transports sont facilités par les canaux dont nous avons parlé et par les chemins de fer : du Bourbonnais qui traverse le dép. du nord au sud, en suivant la vallée de l'Allier ; de Montluçon à Moulins et de Moulins a Monchanin traversant le dép. de l'O. a l'E et reliant les trois grandes vallées du Cher, de l'Allier et de la Loire ; de Montluçon à Gannat, au S.-O. ; de St-Germain-des-Fossés à Clermont par Gannat; de Montluçon à Bourges en suivant la vallée du Cher; de Montluçon a Limoges, et de Montluçon aux Sables-d'Olonne (Etat) par Châteauroux et Tours.—Ch -l. *Moulins*; 4 arr. : *Moulins, Montluçon, Gannat, la Palisse* ; 28 cant., 321 comm. en 1881 (4 de plus qu'en 1876). Superf. 7,308 kil. car. ; popul. : en 1801, 258,863 h ; en 1876, 405,787 h. ; en 1881, 416,759 h. (57 par kil. car.). Les princ. centres de population sont : Montluçon 26,079 h., Moulins 21,130, Commentry 12,416, Vichy 6,487, Cusset 6,330, Gannat 5,798. — Diocèse de Moulins, Cour d'appel de Riom, Académie de Clermont : lycée de 2ᵉ catég. à Moulins, collèges communaux à Montluçon, Cusset ; établiss. libres à Montluçon et Moulins ; écoles normales d'instituteurs et d'institutrices à Moulins ; écoles primaires supér. à Gannat, St-Pourçain, Chantelle. 13ᵉ Corps d'armée (quartier général à Clermont-Ferrand) ; subdivision de région à Montluçon ; 13ᵉ brigade de cavalerie a Moulins ; escadron du train des équipages à Moulins ; 13ᵉ lég. de gendarm. (colonel à Clermont-Ferrand). — Hist., V. *Bourbonnais.* — Personnages célèbres : maréchal de Berwick, maréchal de Villars, le poète Gilbert, Henri Monnier.

ALLIER (Louis), surnommé *de Hauteroche.* Numismate et antiquaire, né à Lyon, 1766, mort à Paris, 1827. Obtint en Orient des emplois qui lui permirent de former une riche collection de médailles grecques. Il a laissé quelques notices et mémoires sur les antiquités de l'Orient et fondé un prix de 400 fr. pour l'ouvrage de numismatique jugé le meilleur par l'Académie des Inscriptions. Il légua par testament au cabinet du roi une tessère syrienne et une médaille en or de Persée, pièce unique. *Essai sur l'explication d'une tessère antique portant deux dates, et conjectures sur l'ere de Bérythe, en Phénicie,* Paris, 1820, in-4° ; *Notice sur la courtisane Sapho, née à Erésos dans l'île de Les) is,* Paris. 18 2, in-8° ; *Mémoire sur une mé l uttéranecdote de Polémon Iᵉʳ, roi de Pont,* 1825, in-4°. ‖ **ALLIER** (Antoine). Sculpteur et homme politique français, né à Eaub un, 1793, m. à Paris, 1870. En 1815, il était cap. titulaire dans les dragons de la garde impériale. Après la chute de l'empereur, se livra a son inclination pour les arts, étudia pendant plusieurs années et débuta au salon de 1822 avec son *Camille renversant les balances des Gaulois ;* il donna ensuite l'*Enfant au colimaçon ; Ariane ; Philopœmen; Sully ; Arago ; Odilon Barrot,* etc. Deuxième médaille au salon de 1835. En 1835, il perdit son père qui avait été longtemps député des Hautes-Alpes, et les électeurs reportèrent leurs suffrages sur la fils, qui fut constamment réélu depuis et siégea toujours a l'extrême gauche, de 1839 au 2 décembre 1851. Après le coup d'État il rentra dans la vie privée. ‖ **ALLIER** (Achille). Graveur et antiquaire, 1807-1836. Travaux sur l'histoire et les antiquités de l'*Ancien Bourbonnais,* continués par MM. Michel et Batissier, 1833-37. 125 pl., 2 vol. in-fol. ; *Esquisses bourbonnaises,* Moulins, 1832, in-4°.

ALLIES (Thomas-William). Écrivain religieux anglais, né a Bristol en 1813, se convertit au catholicisme en 1850. Ses principaux ouvrages sont : *L'Église anglaise purifiée du péché de schisme* (avant sa conversion) ; *Le siège de St-Pierre,* 1850 ; *Le docteur Pusey et l ancienne Église; La formation du Christianisme,* t. 1 et 2, ouv. inachevé.

ALLIEY Frédéric). Magistrat, né vers 1790. A rassemblé tout ce qui a été écrit sur les échecs et le jeu de dames et en a fait une *Bibliographie complète,* Commercy, 1852, in-8°, 3ᵉ éd. ; *Poëmes sur le jeu d'échecs,* 1851, in-8°, traduits du latin, de l'anglais, de l'allemand, du polonais, etc.

ALLIFÆ. Géog. anc. Vle du Samnium, auj. *Alife* (V. ce mot).

ALLIGATOR. s. m. (on fait sentir les deux l ; — portug. *al,* le, et *lagarto,* lézard). Zool. Sous-genre de sauriens du genre crocodile, distingué par un museau large et obtus, et des pieds à demi palmés, sans dentelure ; couleur brun verdâtre en dessus, avec des bandes transversales et irrégulières en dessous. Leur longueur atteint 5 a 6 mètres. Ce sont les plus terrestres des crocodiles. Ils attaquent plus souvent les animaux que l'homme. On les appelle aussi caïmans. On en connaît plusieurs espèces appartenant toutes au nouveau monde. Nous citerons : l'*alligator d museau de brochet* (*A. lucius*) du Mississipi et de ses affluents ; et l'*alligator scléops,* appelé *jacare* ou *caiman d lunettes* de l'Amérique tropicale, le plus grand de tous.

ALLIGNY-COSNE. 2,009 h. Vge de France (Nièvre), arr., cant. et à 11 kil. de Cosne. Foires importantes. Commerce de chevaux. ‖ **ALLIGNY-EN-MORVAN.** 2,536 h. Vge de France (Nièvre), à 35 kil N -E. de Château-Chinon, cant. de Montsauche, sur le Ternin, affl. de l'Arroux. Berceau de la famille du président Jeannin (m. en 1625). — Hameau de *Pierre-Écrite* qui tire son nom d'un menhir couvert de sculptures. Au hameau de Crémenne restes d'un poste militaire romain.

ALLINEUC. 1,698 h. Vge de France (Côtes-du-Nord), arr. de Loudéac, cant. et à 6 kil. d'Uzel, près de l'Oust, affl. g. de la Vilaine. Fabriques de toiles, dites de Quintin.

ALLINGES (LES). 1,044 h. Bg de France (Hte-Savoie), à 5 kil. S.-O. de Thonon. Berceau d'une famille dont les membres portaient le titre de *prince ;* déjà puissante au temps des rois de Bourgogne, elle s'est éteinte de nos jours. Ancienne place forte près de laquelle le comte E louard de Savoie défit, en 1302, Guy XII, dauphin de Viennois.

ALLINGHAM (William). Poète anglais, né en Irlande en 1828. On cite de lui : *Chants du jour et de la nuit,* 1854 ; *Laurence Bloomfield en Irlande,* poème moderne en 12 chants, 1864 ; 2ᵉ éd. 1869; *Poèmes modernes,* 1865. On lui doit aussi une édition avec commentaires des anciennes ballades anglaises et écossaises. C'est un poète mélancolique, de l'école de Byron, de Shelley et de Tennyson.

ALLINGUE s. m. Pieu enfoncé dans une rivière pour arrêter les trains de bois.

ALLIOLI (Joseph-Franç.). Théologien et érudit catholique, né à Sulzbach, en Bavière, 1793, m. à Augsbourg, 1872. Prêtre et doct. en théologie à Landshut, 1816 ; professeur d'Écriture sainte à l'université de Munich, 1825 ; prévôt du chapitre d'Augsbourg, 1833. On a de lui une trad. allemande de la *Commentaire de la Bible,* Nuremberg. 1830, 6ᵉ éd., 6 vol., trad en franç. ; *Antiquités bibliques,* Landshut, 1825 ; *Manuel d'archéologie biblique,* ibid., 1841 ; *Sur les motifs internes des heures canoniques,* Augsbourg, 1848 ; *Les portes de bronze de la cathédrale d'Augsbourg,* 1833. Tous ces écrits sont en allemand.

ALLIONI (Charles). Médecin et naturaliste, né et mort à Turin. 1725-1804. Professeur de botanique à l'université de cette ville, auteur de nombreux ouvrages sur la médecine et la botanique. Le principal est *Flora Pedemontana* (*Flore piémontaise*), 3 vol.

ALLIOT (Pierre). Médecin à Bar-le-Duc (milieu du XVIIᵉ s.).; inventa un remède contre le cancer; c'était une pâte arsénicale qu'il fut appelé à appliquer à Anne d'Autriche, qui n'en mourut pas moins dans d'atroces souffrances. ‖ **ALLIOT** (Jean-Baptiste). Fils du précédent, médecin de Louis XIV, a publié un *Traité du cancer,* Paris, 1698. ‖ **ALLIOT** (Franç.). Ecclésiastique et écrivain franç., né à Gibaumeix (Meurthe),1798. Curé pendant quelques années, puis adonné exclusivement à l'étude, il a créé un systeme philosohique qu'il appelle ratio-sensitivisme. *Nouvelle doctrine philos.,* 1833-1847, 3 vol. in-8° ; *Pratique médicale des familles,* 1851, in-18, nouveau genre de traitement; *Le progrès, ou des destinées de l'humanité sur la terre,* 1835, 4 vol. in-12; *Une idée de la nouvelle doctrine philosophique désignée sous le nom de ratio-sensitivisme,* 1852, in-8° ; *Lettres philosophiques de la montagne,* 1866, in-12; *Nouvelles lettres,* etc., 1867, 2 vol in-12; *Les récentes Provinciales,* 1867, in-12; *Discours sur les pseudophilosophies,* 1868, in-12; *Discours sur la suine philosophie,* 1869, in-12 ; etc.

ALLIOTH. V. *Alkath.*

ALLITÉRATION. s. f. (al-li-té-ra-si-on ; — lat. *ad,* a; *littera,* lettre). Figure de rhétorique qui consiste dans la répétition recherchée des mêmes lettres ou des mêmes syllabes. L'allitération est un défaut quand elle dégénère en cacophonie, comme dans ce vers de Voltaire : « Non il n'est rien que Nanine n'honore. » Elle peut produire un heureux effet par l'*harmonie imitative,* quand elle n'est pas trop recherchée : Je m'instruisis mieux par *fuite* que par *suite.* (Montaig.) Pour qui sont ces serpents qui sifflent sur vos têtes ? (Racine) Il faisait sonner sa sonnette. (La Font) ‖ Procédé de versification, anciennement en usage chez divers peuples germaniques et particulièrement chez les Scandinaves et les Anglo-Saxons L'allitération consistait en ceci, que dans deux vers consécutifs il devait y avoir au moins trois mots commençant par la même lettre. (Acad.) Au commencement de ce siecle, l'école romantique allemande (Burger, Schlégel, etc.) essaya de faire revivre l'allitération. Wagner l'a employée dans plusieurs de ses drames musicaux.

ALLITÉRER. v. a. Faire de l'allitération. ‖ S'emploie surtout abs. Les Allemands allitèrent.

ALLIUM. s. m. (al-li-omm). Bot. Nom scientifique du genre *ail.* Caractères : périanthe à folioles ordinairement persistantes et marcescentes, lisses ou connées seulement a la base, conniventes ou étalées ; six étamines hypogynes, superposées aux divisions du périanthe, en deux verticilles ; filets du verticille extérieur amincis et courts, ceux du verticille intérieur souvent connés ; ovaire muni d'une dépression centrale tubuleuse, au fond de laquelle est inséré un style filiforme. persistant sur l'axe après la déhiscence du fruit ; l'ovaire devient, à la maturité, un fruit capsulaire trigone, a loges monospermes ou dispermes, a graines anguleuses. Les allium sont des plantes a bulbe tuniqué, simple ou multiple exhalant une odeur forte et particulière, a feuilles tantôt planes tantôt fistuleuses, quelquefois munies d'une gaine très allongée, embrassant le rameau aérien. Dans quelques espèces, les fleurs sont entremêlées de bourgeons adventifs, capables de se développer isolément, que l'on nomme *bulbilles.* Les fleurs sont nombreuses et disposées en cyme renfermé avant l'épanouissement dans une spathe membraneuse. Le genre ail renferme environ deux cents espèces presque toutes de l'Asie et de l'Europe méridionale. Plusieurs sont cultivées comme plantes potagères. Les plus usitées sont les suivantes : *a. sativum* (ail commun), que l'on croit originaire de Sicile, et qui se distingue par un bulbe composé de bulbilles ou gousses en forme d'écailles très épaisses, un peu arquées, enveloppées dans une tunique commune (V. *Ail*) ; l'*a. scorodoprasum* (rocambole), l'*a. fistulosum* (ciboule), l'*a. scalonicum* (échalotte), l'*a. schœnoprasum* (civette), l'*a. porrum* (poireau), et l'*a. cepa* (oignon). Comme plante d'ornement on ne cultive guère que l'*a. moly,* ou *ail doré.*

ALLIVREMENT. s. m. Allivrement cadastral, allivrement imposable, Somme à laquelle est fixé par le cadastre le revenu net et imposable d'une propriété foncière.

ALLIVRER. v. a. (On appelait *livre* ou *livrée,* une portion de terre valant une livre de revenu ; de la *allivrer.*) Taxer, répartir les impôts fonciers en proportion du revenu (à tant par *livre de revenu*).

ALLIX (Pierre). Théologien et controversiste protestant, né à Alençon, 1641, m. à Londres, 1717. Travailla avec Claude à une version française de la Bible, se réfugia en Angleterre après la révocation de l'édit de Nantes, et y fonda une Église française conformiste, c.-à-d. du rite anglican. Il possédait une vaste érudition et savait parfaitement le grec, l'hébreu, le syriaque et le chaldéen. Il a écrit en français, en anglais et en latin. Son principal ouvrage est intitulé : *Réflexions sur tous les livres de l'Ancien et du Nouveau Testament*, Amsterdam, 1689, 2 vol. in-8° : *Remarques sur l'histoire ecclésiastique des Églises du Piémont et des Albigeois*, 1690 et 1692, en anglais, in-4°, écrit dans lequel il prétend prouver, contre Bossuet, que ces Églises avaient conservé la pure doctrine évangélique et avaient eu une suite ininterrompue de vrais ministres depuis les apôtres jusqu'à la réforme. || **ALLIX** (Jacq.-Alexandre-François), 1776-1836. Général franç., né à Percy (Manche). Compagnes de la Révolution et de l'Empire. *Système d'artillerie de campagne* 1827 ; *Théorie de l'univers* (Francfort, 1817), opposée à la théorie newtonienne de l'attraction. || **ALLIX** (Jules). Né à Fontenay (Vendée), 1818, m. à Charenton, 1872. S'occupa d'abord d'enseignement et inventa une méthode de lecture en quinze leçons. Il imagina un nouveau genre de télégraphie au moyen des *escargots sympathiques* et une boussole *pasilalique sympathique*. Ces excentricités rendirent son nom grotesquement célèbre. Insurgé de juin 1848 ; enfermé dans un établissement d'aliénés en 1867 ; insurgé pendant le siege de Paris ; élu membre de la Commune de Paris, 1871 ; colonel, maire du 8e arrondissement : arrêté après l'entrée de l'armée de Versailles à Paris, enfermé à Charenton comme fou.

ALLMAN (William). Né et m. à Dublin, 1771-1846. Professeur dans cette ville. A publié en anglais un résumé de ses *cours de botanique*, Dublin, in-8° ; et, en latin : *Analysis generum plantarum phanerostemonum quæ in Britanniis, Gallia et Helvetia utraque hos fines crescunt*, Londres 1828, in-4'. || **ALLMAN** (George-James). Naturaliste anglais, né à Cork en 1812, s'est principalement occupé de la structure et de la vie des animaux inférieurs. On cite de lui : *Monographie des polypes d'eau douce*, 1856, in-fol. ; *Monographie des hydroides gymnoblastes*, 1871-1872, in-fol. illust. et pl.

ALLOA. 9,000 h. Vle et port de l'Écosse, comté de Clackmannan, près du ch. de fer central d'Écosse, à l'emb. de la Devan, sur la rive g. du Forth. Mines de houille. Usines, brasseries importantes. Ruines d'un château du XIIIe s. résidence de plusieurs anciens rois d'Écosse ; une des tours est presque intacte. Patrie du célèbre peintre anglais David Allan.

ALLOBROGE ou **ALLOBROX** s. et adj. Nom d'un peuple gaulois, établi avant l'arrivée des Romains entre l'Isère, le Rhône et le lac Léman. Les Allobroges étaient un des peuples les plus puissants de la Celtique. Ils avaient pour voisins : au N. les *Sequani* et les *Ambarri*, à l'O. les *Segalauni*, au S. les *Vocontii* et les *Tricorii*. Leur clientèle comprenait les *Centrones*, les *Veragri*, les *Euganei*, les *Seduni*, les *Nantuates* et les *Viberi*. Leurs villes principales étaient : *Geneva*, *Vienna* et *Cularo* (Grenoble). Alliés contre les Romains avec les *Arverni* et les *Cavares*, ils furent battus en 122 av. J.-C. près de *Carpentoracte* (Carpentras) ; l'année suivante. Q. Fabius Maximus Allobrogicus leur infligea une seconde défaite, les soumit et forma de leur territoire uni avec celui des *Salyi*, récemment conquis, la province de la Gaule Transalpine. Une révolte des Allobroges fut réprimée par Pompée en 75 av. J.-C. Catilina tenta de les entraîner dans sa conspiration, en promettant aux ambassadeurs qu'ils avaient envoyés à Rome, pour se plaindre des exactions du proconsul Fontelus, de donner satisfaction à leurs griefs : cette démarche, dévoilée à Cicéron, lui fournit le moyen de prouver le complot de Catilina. Cependant leurs plaintes n'ayant pas été écoutées, ils se soulevèrent de nouveau, et Catugnat leur chef détruisit quelques détachements romains, mais il fut vaincu dans une dernière bataille (92 av. J.-C.). Sous les empereurs romains, ils firent partie de la province sénatoriale Narbonnaise (28 av. J.-C.) ; les peuples de leur ancienne clientèle étaient devenus des cités particulières, et leur nom même avait été changé en celui de *Civitas Viennensium*. Vers la fin du IVe siècle, apparaît le nom de *Sapaudia* (Savoie), qui appartint plus tard à une partie seulement de l'ancien territoire des Allobroges. En 1792, lorsque l'armée française eut conquis la Savoie sur le roi de Sardaigne, les patriotes savoisiens reprirent le nom d'Allobroges, et le contingent fourni par la Savoie prit le nom de *légion des Allobroges*. || s. m. Fig. Rustre, grossier, esprit inculte C'est un franc Allobroge. Il parle français comme un Allobroge.

ALLOBROGIQUE. adj. 2 g. Qui a rapport aux Allobroges. Fabius Maximus fut surnommé *Allobrogique*, pour avoir vaincu les Allobroges.

ALLOCATION s. f. (al-lo-ka-si-on ; — lat. *allocationem* ; de *allocare*, allouer ; de *ad*, à, et *locare*, mettre, placer ; rad. *locus*, lieu). Action d'allouer ; approbation d'une dépense faite ou à faire Demander, refuser, obtenir, accorder une allocation. || Jurisp. Approbation donnée aux articles d'un compte. || Rang où sont placés les créanciers dans l'ordre et la distribution des biens d'un débiteur. Attribution même de ces biens. || Adm. milit. Concessions ou récompenses soit en argent, soit en nature assignées aux militaires. Les divers cas donnant droit à des allocations et la nature de ces dernières sont spécifiés dans les règlements. Les principales allocations en argent sont celles de la solde ; en nature, les allocations de vivres, de chauffage, d'armes, de cartouches, d'effets d'uniforme, etc.

ALLOCHEZIE s. f. (gr. *allos*, autre, et *khedzein*, aller à la selle). Méd. Évacuation des matières fécales par un anus artificiel ou par une autre ouverture accidentelle ou anormale de l'intestin. (V. *Anus* et *Fistule*.)

ALLOCHROÏTE. s m (al-lo-kro-it ; — gr. *allos*, autre, et *khrôdzein*, colorer). Minér. Variété de grenat de couleur foncée. (V. *Grenat mélanite*.)

ALLOCHROMASIE. s. f. (al-lo-kro-ma-zie ; — gr. *allos*, autre, et *khrôma*, couleur). Méd. Affection de l'œil, qui fait voir les couleurs autres qu'elles ne sont. On dit aussi *daltonisme* et *dyschromatopsie*. (V. ces mots).

ALLOCUTION s. f. (al-lo-ku-sion ; — lat. *allocutionem* ; de *ad*, à, et *loqui*, parler, *locutus*, ayant parlé). Antiq. Harangue que les empereurs ou les généraux adressaient à leurs troupes. Aujourd'hui les allocutions militaires sont remplacées par les *proclamations* écrites. || Discours de circonstance de peu d'étendue adressé par un haut fonctionnaire, ministre, prélat, directeur d'administration, etc. a ses subordonnés. || Discours du pape aux cardinaux assemblés en consistoire. || Hist. Lettres par lesquelles les rois de France de la 2e et de la 3e race annonçaient aux provinces du royaume l'arrivée des *missi dominici*. || Numism. Médaille romaine représentant un chef haranguant ses soldats.

ALLODIAL, ALE. adj. Jurisp. anc. Tenu en franc-alleu, libre de droit. Terre allodiale. Biens allodiaux. || Subst. Il possédait un allodial important. || s. m. pl. Des allodiaux.

ALLODIALITE. s. f. Qualité d'une terre tenue en franc-alleu.

ALLŒOTIQUE. adj. 2 g. (gr. *alloió*, je change). Méd. Se disait autrefois des substances qu'on croyait propres à purifier le sang en en changeant la composition.

ALLOÏTE. s. f. Minér. Variété de tuf volcanique ou de pouzzolane.

ALLOMORPHIE. s. f. (gr. *allos*, autre ; *morphé*, forme). Phys. et physiol. Métamorphose ; passage d'une forme a une autre toute différente.

ALLOMORPHITE. s m. Minér. Variété de sulfate de baryte. (V. *Sulfate de baryte*.)

ALLONGE. s. f. (a-lon-je). Ce qui sert à allonger ; ce que l'on ajoute à une chose pour en augmenter la longueur. L'allonge d'une corde, d'une porte, d'une courroie, d'une robe, d'une table. On dit aussi rallonge. || Fig. C'est une petite allonge à mon voyage. || A. vétér. Claudication du cheval, résultant de l'écart violent des membres postérieurs en arrière, suite du glissement sur le pavé. || Bouch. Nerf de bœuf avec un crochet pour suspendre la viande. || Chim Instrument de verre, de porcelaine, etc., qu'on adapte au col d'une cornue, d'un ballon, pour certaines opérations chimiques. || Com. Bande de papier que l'on colle à une lettre de change ou à un billet rempli d'endossements, lorsqu'on veut négocier ces effets. Il est de l'intérêt du premier endosseur de l'allonge, de donner une description succincte de l'effet : Ex. Allonge à la lettre de change de 5,000 fr. tirée de Paris en date du...; par A... sur B... de Rouen, à l'ordre de C... payable à la date... || Équipem. milit. Bandes de cuir qui servent à soutenir le pendant du ceinturon. || Mar. Pièce que l'on ajoute, dans la construction des vaisseaux, à une autre trop courte. Allonges de porques, de couples, de droit et de tour, de revers, etc.

ALLONGEABLE. adj. 2 g. Qui peut être allongé.

ALLONGEMENT. s. m. Augmentation de longueur. Allongement du caoutchouc, d'une barre de fer. || Ce qui est ajouté à la longueur de quelque chose. L'allongement d'une route, d'une allée, d'un canal, d'une jupe, d'un pantalon, etc. || Fig. Lenteur volontaire, affectée Chercher, aimer les allongements dans les affaires. || Tact. milit. Une colonne, si faible qu'elle soit, s'allonge dès qu'elle se met en marche. L'allongement s'accroît avec la vitesse, la profondeur de la colonne, la durée de la marche et les obstacles que présente le terrain On ne peut le supprimer complètement, mais on arrive à le neutraliser en le réglementant, et en divisant la colonne en groupes de bataillon, escadron, batterie, séparés les uns des autres par des espaces égaux à l'allongement de chacun d'eux. (Instruction provisoire sur les marches.) Pour l'infanterie et la cavalerie, l'allongement en 50 minutes en marche est fixé à 1/3 et 1/4 de la longueur de la colonne ; pour l'artillerie à 1/2 ; pour les trains régimentaires et les convois à 1/2 de la longueur de la colonne. || Syn. *Allongement, prolongement*. Allongement est un simple développement en longueur. Prolongement est quelque chose d'excédant, un appendice, une excroissance.

ALLONGEOIR. s. m. Allonge.

ALLONGER. v. a. (lat. *longus*, long. — Prend toujours un *e* après le *g* devant *a* et *o* : J'allongeai, allongeons). Rendre plus long. Allonger une table, une jupe, un habit. || Étirer, pour rendre plus long. Allonger du cuir, du fil de fer. || Avancer, étendre. Allonger le cou, le bras, la jambe. || Fig. Faire durer davantage, faire paraître plus long. Allonger le repas, un procès, le temps. || Abs. Retarder, apporter des longueurs. Le discours de ce député n'a servi qu'a allonger. || Ajouter, en parlant des ouvrages d'esprit, du style. Les additions de l'auteur ont trop allongé ce chapitre. || Fig. et fam. Porter, lancer, asséner. Allonger un coup d'épée, de poing, de canne. || Loc. div. Allonger le pas, Presser la marche. — Allonger la courroie, Augmenter les profits d'un emploi ; restreindre ses dépenses pour pouvoir vivre. — Allonger le parchemin, Tirer un procès en longueur, multiplier les écritures, les formalités par profit ou par esprit de chicane. — Allonger le visage, la mine à quelqu'un, Causer du déplaisir, de la surprise. La lecture de cette lettre lui a allongé le visage. || A. milit. et mar. Allonger la ligne, Donner plus de distance entre les soldats, les bataillons, les navires. — Allonger l'ennemi, Se placer parallèlement à l'ennemi et le déborder. || Mar. Allonger un vaisseau, Le couper transversalement et interposer entre les deux parties une tranche pour en augmenter la capacité. — Allonger un cordage, Le développer dans le sens de sa longueur. || En langage culinaire, Allonger une sauce, y ajouter du bouillon ou de l'eau || Vén. Se dit du cerf qui pousse sa nouvelle tête et de l'oiseau, quand il se revêt de ses plus grosses plumes. || **S'ALLONGER.** v. pr. Devenir plus long. Les jours s'allongent. || S'étendre, se déployer. Ses jambes s'allongent sous la table. Le chemin s'allonge dans la plaine. Le serpent s'allonge sur l'herbe. || Manèg. Baisser la main et serrer progressivement le cheval avec les jambes. || Pop. S'allonger, Tomber de son long par terre. || Donner de l'argent, faire une dépense, se montrer généreux contrairement à ses habitudes. Mon père s'est allongé d'un louis. On dit aussi *se fendre*. Pressé par ses camarades, il s'est fendu d'une bouteille de champagne. || **ALLONGÉ, ÉE.** p. pas. Se dit surtout dans les sciences naturelles, de ce qui a une forme longue par opposition aux choses de même espèce dont la forme est ramassée

Feuille allongée. Fruit allongé. ‖ Anat. *Moelle allongée.* Se dit de la moelle qui remplit la cavité de toutes les vertèbres. ‖ Math. Se dit des figures plus longues que larges. Rectangle allongé. ‖ Faucon. Oiseau allongé, Celui qui a ses pennes entières et de longueur convenable. ‖ Fam. Avoir le visage allongé, la mine allongée, Avoir un air qui dénote le déplaisir qu'on éprouve de quelque disgrâce, de quelque contrariété imprévue. ‖ Syn. *Allonger, prolonger, proroger.* Allonger, c'est ajouter de la longueur, étendre la matière ; prolonger, c'est ajouter de la longueur dans un sens déterminé, reculer par des incidents le terme d'une chose ; proroger, c'est reculer au dela de la durée prescrite. On allonge une table, une robe; on prolonge une avenue, une guerre, une affaire, un travail. On allonge une discussion, quand on la rend simplement plus longue ; ou la prolonge quand, a dessein, on la fait durer. On proroge le terme accordé pour l'exécution d'un traité.

ALLONGERESSE. s. f. Nom vulgaire de certaines chenilles parce qu'en avançant elles rapprochent leurs deux extrémités, puis les écartent brusquement en s'allongeant. On les nomme aussi *arpenteuses.*

ALLONNE. 1,899 h. Vge de France (Oise), cant. et à 4 kil. de Beauvais, sur le Thérain. Fabr. de boutons, de peigne¹, filat. de laines cardées. Anc. leproserie de St-Lazare, des xii⁰ et xiii⁰ s ; église intéressante. ‖ ALLONNE 2,002 h. Vge de France (Deux-Sèvres), arr. et à 13 kil. de Parthenay, cant. et à 5 kil. de Secondigny, sur un petit affluent du Thouet.

ALLONNES. 825 h. Vge de France (Sarthe), cant. et a 6 kil. S -O. du Mans, sur la rive dr. de la Sarthe. Église romane où l'on remarque des sculptures et des inscriptions curieuses. Antiquités gallo-romaines. Bois du Teillais où Charles VI éprouva son premier symptôme de folie. ‖ ALLONNES-SOUS-MONTSOREAU,2,184 h. Vge de France (Maine-et-Loire), arr., cant. nord-est et a 11 kil. de Saumur, vins rouges estimés.

ALLONVILLE (Armand-François, comte d'). 1764-1832. Officier dans l'armée de Condé. *Mémoires tirés des papiers d'un homme d'État,* en collaborat. avec Alph. de Beauchamp. ‖ ALLONVILLE (Louis-Alexandre d'). 1774-1845. Frère du précédent ; préfet et conseiller d'État. *Sur les camps romains du dép. de la Somme.* ‖ ALLONVILLE (Armand-Octave-Marie d'). Général français, 1809-1869. Servit en Algérie ; bataille d'Isly. Il coopéra au coup d'État du 2 décembre ; se distingua en Crimée (1854), puis commanda la cavalerie du 1ᵉʳ corps d'armée de Paris.

ALLONYME adj. 2 g. (on fait sentir les deux *l* ; — gr. *allos,* autre, et *onuma,* nom). Se dit d'un ouvrage publié sous le nom d'un autre. Livre allonyme, brochure allonyme. ‖ s. m. Celui qui publie son livre sous le nom d'un autre. Un allonyme, des allonymes ‖ Ne pas confondre avec *anonyme,* qui signif. Sans nom d'auteur.

ALLOPATHE OU **ALLOPATHISTE.** s. m. (on fait sentir les deux *l* ; — gr. *allos,* autre ; *pathos,* maladie) Médecin qui traite par l'allopathie, qui est partisan de ce système. ‖ adj. Qui a rapport à l'allopathie. Système allopathe.

ALLOPATHIE. s. f. (gr. *allos,* autre, *pathos,* maladie). Méd Mot créé par Hahnemann, fondateur de la doctrine homœopathique, pour signifier la méthode de traitement dans laquelle, selon lui, on prescrit au malade des médicaments qui produisent sur l'homme sain des effets morbides différents de ceux qu'ils déterminent dans l'état de maladie, contrairement à la méthode homœopathique dans laquelle on prétend donner des médicaments qui ont pour résultat de produire dans l'organisme sain ou malade des effets semblables à ceux qu'y développe la maladie elle-même, mais de plus grande intensité. (V. *Homœopathie.*)

ALLOPATHIQUE, adj. 2 g Méd. Qui a rapport à l'allopathie. Régime allopathique.

ALLOPATHIQUEMENT. adv. D'une manière allopathique.

ALLOPATHISER. v a (gr. *allos,* autre ; *pathein,* souffrir). Méd. Traiter allopathiquement. ‖ Abs. Appliquer les préceptes de l'allopathie.

ALLOPHANATE. s. m Chim. Corps dans lequel entre le radical hypothétique que l'on appelle *acide allophanique.* ‖ *Allophanate d'éthyle* ou *éther éthyl-allophanique.* En chauffant de l'alcool avec de l'urée en excès, on obtient une faible proportion d'uréthane, plus un corps cristallisant facilement, qui a pour composition $C^8H^8Az^2O^5$; cet éther se produit encore lorsqu'on fait arriver des vapeurs d'acide cyanique dans de l'alcool absolu ; ou en faisant agir l'acide cyanique sur l'uréthane. Si l'on remplace l'alcool vinique par les différents alcools, on obtient également les différents éthers allophaniques. L'allophanate d'éthyle cristallise en aiguilles incolores et brillantes ; il est assez soluble dans l'eau et l'alcool bouillants ; la chaleur le décompose en alcool et acide cyanurique. Les alcalis se comportent avec lui comme avec les autres éthers, et le décomposent en alcool et en allophanate de la base employée, allophanate de baryte, de potasse, etc.

ALLOPHANE. s. f (gr. *allos,* autre, et *phainô,* je parais.) Minér. Substance d'un éclat vitreux, opalin, infusible, soluble en gelée dans l'acide nitrique ; densité 1, 9. C'est un hydro-silicate d'alumine. Elle est composée d'un peu de (34,20), de silice (26,30) et d'eau (38,00) ; et est presque toujours accompagnée d'un peu de carbonate de cuivre, ce qui lui donne une couleur bleue verdâtre, et peut la faire prendre pour un minerai de cuivre. On l'appelait autrefois *reimanite;* elle a de grands rapports avec la *collyrite.*

ALLOPHANIQUE. adj. 2 g. Chim Acide allophanique. Inconnu à l'état libre Il aurait pour formule $C^4H^4Az^2O^6$; quand on cherche a l'isoler, il se décompose en acide carbonique et en urée. On ne le connaît que combiné avec des bases. (V. *Allophanate*)

ALLOPHONE adj. 2 g. (gr. *allos,* autre, et *phonê,* voix). Terme d'assyriologie, créé par M. Ménant. Se dit de groupes de signes phonétiques empruntés par les Assyriens a la langue des inventeurs de l'écriture cunéiforme et qu'ils introduisaient dans leurs textes comme des idéogrammes ; ces groupes avaient une prononciation bien établie dans cette langue, seulement les Assyriens les acceptaient comme expression écrite, mais ils les prononçaient autrement. ‖ Des groupes phonétiques assyriens sont également passés dans les textes de peuples qui ont pris l'écriture cunéiforme des mains des Assyriens, mais ces peuples les prononçaient suivant leur propre langue ; c'étaient pour eux des allophones (Littré)

ALLOPHYLE. s. (du gr. *allos,* autre, et *phulé,* tribu). Ethn. Étranger. Ce mot est surtout employé dans les Septante. ‖ s m. pl. Nom sous lequel de Quatrefages comprend des rameaux de la race blanche : Esthoniens, Caucasiens, Aïnos.

ALLOPHYLIENNES (races). Ethn. Terme sous lequel Prichard réunissait toutes les races européennes et asiatiques qui ne rentrent ni dans le groupe indo-européen, ni dans le syro-arabe au point de vue de la linguistique. Ce groupe est on ne peut plus artificiel et incohérent et ne doit pas être conservé. Ainsi il renferme les Basques, a peau blanche, les Chinois, à peau jaune, et des peuples a peau noire, etc. : il n'est fondé que sur des caractères négatifs.

ALLOPHYLIQUE. adj. 2 g. Ethn. Qui appartient a une autre tribu, à une autre nation. Race allophylique.

ALLOPTÈRES. s. m. pl. (gr. *allos,* autrement, et *pteron,* nageoire). Zool. Nom donné aux nageoires inférieures paires des poissons, dont la position varie beaucoup ; elles sont tantôt jugulaires, tantôt abdominales, etc.

ALLORI (Angelo), dit *Bronzino.* 1301-1572. Peintre florentin, fit un grand nombre de portraits. ‖ ALLORI (Alexandre), appelé aussi le *Bronzino.* 1535-1607. Peintre florentin, élève et neveu du précédent, s'inspira plus tard de Michel-Ange et de l'étude de l'antique Il fit un grand nombre de peintures de différents genres, portraits, tableaux d'église, sujets tirés de la fable, de l'*Odyssée* et même de la *Batrachomyomachie.* Il travailla à fresque, à la détrempe, à l'huile, et dessina des cartons pour des tapisseries que faisait exécuter le duc François de Médicis. Il estimait plus le dessin que la couleur ; cependant quelques uns de ses tableaux de chevalet, surtout le *Sacrifice d'Abraham,* au musée de Florence sont remarquables par la richesse et la vérité du coloris. ‖ ALLORI (Christophe) 1577-1621, Fils du précédent. Étudia d'abord sous son père ; mais le quitta bientôt pour suivre les leçons du Cigoli. Rompant avec les traditions de l'école de Michel-

Ange, qui se ressentait trop des procédés de la sculpture, il recherche le mouvement et l'expression dans les figures, et se distingua par l'éclat du coloris. On cite sa *Judith portant la tête d'Holopherne,* et un tableau de *S. Julien.* Le Louvre possède un de ses tableaux : *Isabelle d'Aragon aux pieds de Charles VIII.*

ALLOS. 1,157 h. Bg de France (Basses-Alpes), ch.-l. de cant., arr. et à 28 kil. de Barcelonnette, sur le Verdon, à 1,423 m. d'altit. Belle église romaine. Ruines de fortifications. — Lac d'Allos, à l'E. du bg, à une altit. de 2,239 m. Pourtour 5 a 6 kil. ; profond. moyenne 12 m. ; profond. maxima 42 m. 50. — Cant. : 1,157 h ; une seule comm.

ALLOSORE s. m. Bot. G. de fougères dont une espèce des Alpes (*allosorus crispus* ou *osmunda crispa*) a été employée en decoction contre les catarrhes pulmonaires.

ALLOTEMENT ou **ALLOTISSEMENT.** s. m Jurisp anc. Action d'allotir, de faire des lots, partage.

ALLOTER. v. a. Jurisp. Répartir. Alloter les dépens d'un procès.

ALLOTIR. v. a. Jurisp. anc. Faire des lots, distribuer par lots.

ALLOTRIODONTIE. s. f. (gr. *allotrios,* étranger ; *odous, odontos,* dent). Anat. Implantation anormale des dents.

ALLOTRIOLOGIE. s. f. (gr. *allotrios* et *logos,* discours). Schol. Défaut qui consiste à introduire dans un discours, dans une pensée, des idées ou des pensées étrangères au sujet.

ALLOTRIOPHAGE. s. m. Pathol. Qui est atteint d'allotriophagie.

ALLOTRIOPHAGIE. s. m. (gr. *allotrios* et *phaghein,* manger) Pathol. Dépravation de l'appétit, qui porte a manger des choses non alimentaires et même nuisibles à la santé. (V. *Pica.*)

ALLOTRIOPHAGIQUE. adj. 2 g. Pathol. Qui a rapport à l'allotriophagie.

ALLOTRIOTECNIE. s. f. (gr. *allotrios* et *teknon,* enfant). Méd. Expulsion d'un produit fœtal monstrueux.

ALLOTROPHIQUE adj. (al-lo-tro-fi-k'; — gr. *allos,* autre et *trophos,* nourrissant, de *trepheiη,* nourrir.) Physiol. Se dit de substances organiques qui perdent leurs propriétés physiologiques ou nutritives normales, ou en prennent de nuisibles. Ainsi, l'albumine et la fibrine du sang dans les altérations de ce liquide qui se présentent au cours de presque toutes les affections générales, offrent au état allotrophique ; ou plus exactement ces affections générales reconnaissent pour cause l'état allotrophique de l'albumine et de la fibrine du sang, altération qui a pour résultat de modifier non seulement leurs propriétés trophiques ou nutritives, mais encore leurs propriétés physiques ou chimiques. En effet leur coagulation se fait alors soit plus, soit moins facilement, et elles deviennent, après cette coagulation, plus ou moins solubles, en même temps qu'elles se rétractent moins qu'a l'ordinaire.

ALLOTROPIE s. f. (gr. *allos,* autre, et *tropos* forme). Chim. Propriété qu'ont certains corps simples de se présenter sous des états et avec des propriétés physiques et chimiques différentes, sans que leur composition varie : tels sont les différents états du carbone : diamant, graphite, charbon. Le phosphore, le soufre sont aussi des corps allotropiques.

ALLOTROPIQUE. adj 2 g Qui est doué d'allotropie ou qui se rapporte a l'allotropie. Corps, transformations allotropiques.

ALLOTROPISME s. m. État des corps doués d'allotropie

ALLOU (Ch -Nicol.). 1767-1843. Antiquaire, né a Paris; ingénieur en chef des mines. A écrit dans les *Annales des Mines,* l'*Encyclopédie des gens du monde,* la *Revue encyclopéd,* etc. S'est aussi occupé d'archéologie : *Description des monuments des différents âges observés dans le dép. de la Hte-Vienne,* Limoges, 1821, in-4°. ‖ ALLOU (Mgr Auguste) Évêque de Meaux, 1839 ; né à Provins, le 21 janv. en 1797, précédemment vicaire général de Meaux. *Les souvenirs de Ste Marie,* chronique du monastère de la visitation de Meaux, 1875, in-8° ; *Instructions pastorales et Mandements.* ‖ ALLOU (Édouard). Avocat et homme politique, fils de l'ingénieur ci-dessus, né a Limoges en 1820 Licencié en droit en 1841; secrétaire de la conférence des avocats l'année suivante, il ne tarda pas, par

l'abondance et l'élégance de sa parole, à se placer au premier rang du barreau de Paris dont il a été élu bâtonnier en 1866 et 1867. Républicain libéral, M. Allou, qui avait été, après le 16 Mai, président du Comité des jurisconsultes de la gauche, a été élu en 1882 sénateur inamovible. Rapporteur du projet de loi relatif aux membres des familles ayant régné en France, il a puissamment contribué au rejet de ce projet par le Sénat.

ALLOUABLE. adj. 2 g. Qu'on peut allouer, accorder. Cette dépense n'est pas allouable. Peu usité.

ALLOUANCE. s. f. Vx mot. Approbation. ‖ Somme allouée. Quelques faibles allouances sont accordées à des hommes de talent ou à des malheureux qui se rattachent par des services au département des affaires étrangères. (Chateaub.)

ALLOUCHE. s. f. Fruit de l'allouchier. Comestible.

ALLOUCHIER. s. m. Bot. Nom vulgaire de l'alisier blanc (cratægus aria), dont le bois, très dur, sert à faire des vis de pressoir et des alluchons (V. ce mot).

ALLOUER. v. a. (lat. allocare ; de ad, pour, locare, placer. — Prend un tréma sur l'i aux 2 prem. pers. pl. de l'imparf. de l'ind. et du prés. du subj. : Vous allouiez, que nous allouions). Approuver, accorder une dépense portée dans un compte. On lui a alloué cette somme, cette dépense. ‖ Accorder un traitement, une indemnité à quelqu'un Le traitement que le budget alloue à ces fonctionnaires. ‖ S'ALLOUER. v. pr. Être alloué. Cette somme ne pourra s'allouer.

ALLOUET. Habile chirurgien, né à la Guerche, en Bretagne 1706; m. à Nantes, 1782 Professeur d'anatomie à Paris, auteur d'un Abrégé d'ostéologie.

ALLOUETTE (François de L'), en latin Alaudanus. Historien et archéologue français, né à Vertus en 1530, m. en 1608. Bailli du comté de Vertus, en Champagne, président de Sedan et maître des requêtes, écrivit sur nos origines, et sur les langues gauloise et française plusieurs traités qui n'ont pas été publiés. On cite de lui : Traité des nobles, etc., avec une histoire et description généalogique de l'illustre et ancienne maison de Coucy. Paris, 1577, in-4° ; Généalogie de la très-illustre maison de Lamarck, Paris, 1577, in-4° ; Des Maréchaux de France, Sedan, 1594, in-4° ; Des affaires d'Etat, Paris, 1597, in-8° et Metz, 1597, in-4°.

ALLOURY (Louis). Journaliste français, né à Anisy (Nièvre) en 1805. Fut attaché par M. Bertin à la rédaction des Débats Il soutint avec talent d'abord l'orléanisme, ensuite les principes du constitutionnalisme modéré. Sous l'Empire il traita dans le même journal les questions religieuses et la politique générale.

ALLOUVILLE-BELLEFOSSE. 1,077 h. Vge de France (Seine-Inf.), arr., cant. et à 6 kil. d'Yvetot. Chêne d'environ 10 siècles, qui a 15 m. de circonf. à sa base. Patrie du célèbre marin Blain d'Esnambouc (m. en 1636).

ALLOUVÈRE. s. f. (bas lat. alloverium). Bourse ou gibecière que l'on portait autrefois à la ceinture et dans laquelle on renfermait des papiers, de l'argent et des bijoux.

ALLOWIN ou **BAVON** (S.). Comte d'Hesbaye. Patron de Gand. (V. Bavon.)

ALOXANATE. s. m. Sel résultant de la combinaison de l'acide alloxanique avec une base.

ALLOXANE. s. m. Chim. Substance cristalline d'une odeur repoussante, d'une saveur salée, découverte par Liebig et Wœhler en traitant l'acide urique par l'acide azotique. Sa formule est $C^3H^1Az^2O^4$. Elle cristallise en prismes volumineux solubles dans l'eau et dans l'alcool. Quoique incolore elle a la propriété de teindre la peau en pourpre ; elle colore les sels de protoxyde de fer en bleu foncé On l'emploie dans la préparation des toiles peintes.

ALLOXANIQUE. adj. Chim. Acide alloxanique, Acide que l'on obtient en traitant, l'alloxane par les alcalis ; elle fixe deux équivalents d'eau $(C^8H^2Az^2O^8 + 2HO)$ et se transforme en acide allophanique $(C^8H^4Az^2O^{10})$ qui se combine avec la base employée pour former un allophanate On l'extrait de la combinaison de la soumettant à l'action de l'acide sulfurique dilué. L'acide allophanique se présente sous la forme d'une masse gluante.

ALLOXANTHINE ou **ALLOXANTINE.** s. f. Chim. Corps obtenu lorsque l'on traite l'alloxane par les agents réducteurs, tels que l'acide sulfhydrique. Sa formule est $C^{16}H^4Az^4O^{14}$. Elle cristallise en prismes obliques incolores.

ALLSTON (Washington). Peintre américain, surnommé le Titien des États-Unis, né dans la Caroline ; 1779-1843. Songe de Jacob ; Saul et la Sorcière d'Endor ; le Festin de Balthazar.

ALLUAUD (François). 1778-1853. Habile fabricant de porcelaines de Limoges, découvrit plusieurs gisements de minéraux ; fut maire de Limoges, officier de la Légion d'honneur, et obtint la grande médaille d'or en 1858. Ses fils, Victor (1817-1873) et Amédée (1826-1873) et son gendre Wandermark ont dignement marché sur ses traces.

ALLUAUDITE. s. f. Minér Phosphate de fer et de manganèse découvert par Alluaud. On la nomme aussi dufrénite. (V. Phosphate de fer.)

ALLUCHON. s. m. (lat. alicula, dimin. d'ala, petite aile). Dent en bois d'une roue d'engrenage, lorsque cette dent n'est pas venue de la même pièce que le corps de la roue, et qu'au contraire elle y est rapportée.

ALLUES (LES). 860 h. Vge de France (Savoie), arr. de Moutiers, cant. et à 7 kil. de Bozel, a 1,100 m. d'altit. Source ferrugineuse. Anthracite, plomb argentifère, zinc sulfuré.

ALLUETS-LE-ROI. 447 h. Vge de France (Seine-et-Oise), arr. de Versailles, cant. et à 11 kil. de Poissy. Pierres meulières Restes d'une enceinte avec tours.

ALLUMAGE. s. m. Action d'allumer ; résultat de cette action L'allumage des lanternes publiques doit se faire rapidement.

ALLUME. s. m. Techn. Morceau de bois ou brandon qui sert à allumer une forge, un fourneau, un four.

ALLUME-FEU. s. m. Bûchette, copeau, etc., préparé pour allumer le feu. ‖ Au pl. Des Allume-feu.

ALLUMELLE. s. f. Fourneau de charbon de bois, quand le feu commence à y prendre.

ALLUMER. v. a. (a-lu-mé ; — lat. ad-luminare, composé de luminare, éclairer ; de lumen, lumière : en ital allumare). Mettre le feu à une matière combustible Allumer une bougie, un fagot, de la paille ‖ Par ext. Allumer un bougeoir, un réverbère, une lanterne, un phare, une pipe. ‖ Allumer du feu, le feu, Faire du feu, mettre le feu aux matières combustibles qui sont dans le foyer. ‖ Fig. Provoquer, causer. Allumer la guerre, la sédition, la discorde. ‖ Fig. Exciter, animer, enflammer. Allumer la fureur, la colère, le zèle, le courage. — Irriter, agiter fortement Cela lui allume la bile, les humeurs Cette lecture lui allumait le sang. — Echauffer, rendre rouge. L'abus des liqueurs lui a allumé le teint, le visage. ‖ Pop Allumer quelqu'un, L'entraîner par des espérances trompeuses à donner son argent. ‖ S'ALLUMER. v. pr. Au prop et au fig. Prendre feu, s'enflammer ; être allumé. Ce bois s'allume difficilement. Sa colère s'allume. La guerre s'alluma de toutes parts ‖ ALLUMÉ, ÉE. p. pas. Lampe allumée. ‖ Guerre, discorde allumée. ‖ Sa colère est allumée. ‖ Le visage allumé par les libations. ‖ Pop Légèrement pris de vin.

ALLUMETTE s. f. Petite tige de bois, de chanvre, ou d'autre matière aisément combustible, soufrée à un bout ou aux deux bouts et servant à communiquer le feu, la lumière. Jusqu'au XIXe s. il fallait approcher l'allumette d'un corps en ignition pour qu'elle prît feu. Dès 1680 Godfrey Hanckwitz avait bien découvert que le phosphore s'enflammait par le frottement, mais on ne songea à l'utiliser en le mettant au bout des allumettes qu'en 1833, après avoir essayé l'emploi du chlorate de potasse dont on déterminait l'inflammation soit en plongeant l'allumette dans de l'acide sulfurique concentré (1809) soit en la frottant contre du papier de verre (1832). La facile inflammabilité du phosphore et ses propriétés vénéneuses sont fréquemment la cause d'incendies et d'empoisonnements Ces inconvénients ne sont pas à craindre avec les allumettes au phosphore amorphe ou phosphore rouge (V. ces mots), découvert, en 1845, par Schrœtter de Vienne, malheureusement peu employées, parce qu'elles sont un peu plus chères et exigent un frottoir spécial, qui porte la préparation phosphorée. La consommation annuelle des allumettes en France est d'environ 30 millions, sans compter les allumettes de contrebande. Leur fabrication absorbe 20,000 à 25,000 mètres cubes de bois et 30,000 kil. de phosphore. Les allumettes en bois y figurent pour les 9/10. Cette industrie emploie environ 1,000 hommes et 5 ou 6,000 femmes. La France n'exporte guère que des allumettes-bougies. L'importation se réduit aux allumettes de bois autrichiennes, et aux allumettes suédoises au phosphore amorphe ‖ Allumettes-bougies. Elles se composent d'une mèche de coton filé et tordu immergée dans un bain de stéarine et de gomme fondues ensemble. On n'a plus qu'à enduire de pâte phosphorique l'extrémité de la petite bougie. ‖ Législ. Les allumettes chimiques sont au nombre des objets qui ont été imposés à la suite de la guerre de 1870. D'après la loi du 4 septembre 1871 qui a établi sur les allumettes une taxe de consommation intérieure, sont considérés comme allumettes « tous les objets quelconques amorcés ou préparés de manière à pouvoir s'enflammer ou produire du feu par frottement ou par tout autre moyen que le contact direct avec une matière en combustion ». Les allumettes simplement soufrées et les lampes dites pyrophores ne rentrent donc pas dans cette définition. — Sous l'empire de la loi de 1871, la fabrication et la vente des allumettes chimiques continuaient d'appartenir à l'industrie privée. Les fabricants avaient seulement à se pourvoir d'une autorisation administrative, leurs établissements étaient rangés au nombre de ceux qualifiés dangereux et insalubres, et ils étaient soumis. ainsi que les marchands en gros et les détaillants, à l'exercice des employés des contributions indirectes. La perception de l'impôt était assurée par l'apposition de timbres ou de vignettes à la marque de la régie des contributions directes. — Mais l'année suivante, la loi du 2 août 1872 expropria toutes les fabriques d'allumettes chimiques et attribua à l'État le monopole de la fabrication et de la vente. La loi autorisait en même temps le ministre des Finances à exploiter directement ce monopole ou à le concéder par voie d'adjudication ou à l'amiable C'est le système de l'adjudication qui a prévalu et, depuis le 1er janvier 1875, le monopole a été concédé pour 20 années à une compagnie avec faculté réciproque pour l'État et pour la compagnie concessionnaire de résilier le contrat à l'expiration de chaque période quinquennale. L'État a cédé à l'adjudicataire les immeubles expropriés et l'outillage industriel nécessaires à l'exploitation du monopole. La compagnie de son côté doit payer à l'État une redevance annuelle de 16,030,000 fr., plus une redevance proportionnelle au cas où les ventes dépasseraient 40 milliards d'allumettes. Une convention du 11 décembre 1874 a fixé le prix de vente des diverses variétés d'allumettes Des peines correctionnelles (amendes et confiscation) punissent la fabrication des allumettes chimiques en dehors des ateliers de la compagnie concessionnaire, ainsi que la circulation, le colportage et la vente des allumettes de fraude ‖ Fig. Ce fut l'allumette d'un embrasement général ‖ Se dit quelquefois d'une personne très inflammable C'est une véritable allumette. ‖ Mar. Sorte d'artifice employé dans les brûlots. ‖ Fam. Allumettes, Jambes longues et maigres. ‖ Syn. de mèche soufrée ‖ Jeu des allumettes. Il se joue entre deux personnes avec treize allumettes ou objets quelconques. Celui qui prend la dernière allumette a perdu Chacun des deux joueurs en prend alternativement à sa volonté une, deux ou trois.

ALLUMETTES (île des). Ile de la prov. de Québec (Dominion), formée par l'Ottawa. 1,500 h dont plus de 500 Français et près de 810 Irlandais. Superf. 18,000 hect.

ALLUMETTIER, IÈRE. s. Celui, celle qui fabrique ou qui vend des allumettes.

ALLUMEUR, EUSE. s. Celui, celle qui allume régulièrement les réverbères, les lampes, les becs de gaz, etc. L'allumeur d'un théâtre. (Acad.) ‖ Fam. Celui, celle qui joue le rôle de compère, dans les bazars, les ventes publiques, les théâtres forains, les bals, etc., et entraîne le public par son exemple. ‖ ALLUMEUR DE RÉVERBÈRES (l'). Roman de l'écrivain méricain miss Cummins (1853) trad. en français.

ALLUMI. s. m. Petit morceau de bois allumé appelé aussi flambart, avec lequel on éclaire l'intérieur d'un four.

ALLUMIERE s. f. Lieu ou l'on fabrique des allumettes. || Boîte aux allumettes.

ALLUMIERE. 1,430 h. Bg de la prov. de Rome (Italie), arr. et à 15 kil. N.-E. de Civita-Vecchia. Mines importantes d'alun (en italien *alluma*).

ALLUMOIR. s. m. Bec de gaz, ou lampe, à l'usage des fumeurs, dans les bureaux de tabac et certains cafés. || *Allumoirs électriques*, Appareils adaptés à des becs de gaz, pour les allumer instantanément et à distance, au moyen d'étincelles électriques produites par une machine d'induction. (V. *Briquet électrique*.)

ALLURE. s. f. (de *aller*). Démarche, façon de marcher. L'allure d'une personne, d'un animal. Avoir l'allure vive, lente, guindée. || Fig. Ordinairement en mauvaise part Manière de se conduire dans une affaire, façon d'agir; tournure que prend une affaire. On a découvert ses allures, il faudra bien qu'il en change. Cette affaire prend une allure fâcheuse, inquiétante. || Fig. et fam. Intrigues, galanterie. Ils ont des allures suspectes. || Manège. Avoir les allures froides, Lever peu les jambes en marchant. Avoir l'allure réglée, Marcher d'une vitesse toujours égale. || Hipp. Se dit spécialement de la façon de marcher du cheval. Les allures naturelles du cheval sont le pas, le trot, le galop : les allures artificielles sont l'amble et le pas relevé ; les défectueuses, le traquenard et l'aubin (V. ces mots). Un cheval *trousse* quand, dans le trot, il relève fortement les extrémités antérieures; il *harpe* quand c'est l'extrémité postérieure ; il *se berce* quand en marchant il éprouve un balancement latéral ; il *se coupe* ou *forge* quand ses pieds s'entrechoquent. Les allures sont encore modifiées par des défauts, tels que, les *boiteries*, les *épaules froides*, les *tours de reins*, les *jarrets varillants*, etc. || Vén. Manière dont le gibier a l'habitude de poser ses pieds en marchant. Les animaux, dont les habitudes ont été modifiées par la domestication, changent continuellement leur manière de marcher; les animaux sauvages ont des habitudes constantes qui varient seulement suivant l'âge et le sexe. || Mar. Direction de la route d'un bâtiment par rapport à celle du vent; disposition de sa voilure appropriée à cette route. On distingue trois allures : au plus près, largue, vent arrière || Métall. Manière dont se comporte le feu d'un fourneau dans une opération métallurgique || Minér. Marche d'un filon dans le terrain qu'il traverse || Syn. *Allure, démarche, marche*. Allure et démarche indiquent la manière d'aller; marche signifie l'action. Observer la marche d'une personne, c'est considérer cette personne pendant qu'elle marche; une personne a telle démarche ou telle allure; on la reconnaît à sa démarche à son allure; on caractérise, on signale son allure et sa démarche. Au fig., marche se dit de choses idéales. On étudie la marche d'une affaire, des passions, du cœur humain. L'allure a quelque chose d'habituel; la démarche quelque chose d'accidentel. On a des allures ; on fait des démarches. Au propre, allure, se dit de l'homme et des animaux, démarche, ne se dit que de l'homme.

ALLUSIF, IVE. adj. Qui contient une allusion. Phrase allusive. Passages allusifs.

ALLUSION. s. f. (al-lu-zi-on ; — lat. *allusio* ; de *ad*, vers ; *ludere*, jouer). Figure de rhétor., par laquelle on dit une chose ayant rapport avec une autre dont on ne parle pas, mais à laquelle on veut faire penser. L'allusion se tire de l'histoire, de la fable, des œuvres littéraires, des coutumes, des mœurs, d'une action ou d'une parole célèbre, d'une maxime, etc. Quelquefois elle repose sur un jeu de mots. Elle provoque dans l'esprit un rapprochement rapide entre les hommes, les choses, les époques ou les lieux. Elle peut renfermer un conseil, une leçon, un trait de satire ou de louange. L'allusion doit toujours être empruntée à un sujet connu, afin qu'on en puisse saisir aisément le rapport. Elle perd de sa valeur quand elle a besoin d'explication : ainsi, on demandait à Voltaire comment il avait trouvé une oraison funèbre : « Comme l'épée de Charlemagne, dit-il. » Et personne ne comprenant, il dut ajou-ter : « Longue et plate » || Faire allusion à quelqu'un, à quelque chose Éveiller le souvenir de cette personne, de cette chose, par un mot qui y a du rapport. Allusion naturelle, transparente, heureuse, délicate, obscure, cruelle, sanglante En parlant ainsi il faisait allusion aux mœurs de son temps. || Application personnelle d'un trait d'éloge ou de satire. Le public est prompt à saisir les allusions. || Les fables de La Fontaine sont une mine inépuisable d'allusions: sire Lion ; maître Renard gascon, d'autres disent normand, etc. || Fam. Mentionner une chose incidemment. || Syn. *Allusion, allégorie*. L'allusion et l'allégorie consistent en discours à double entente. Elles different en ce que dans l'allégorie tout est dit ou écrit en vue du sens caché, tandis que dans l'allusion le sens caché n'est qu'accessoire. De plus l'allégorie est une œuvre d'art, elle a pour but d'embellir ; l'allusion est plutôt une œuvre de critique ; elle a pour objet le blâme ou la louange.

ALLUT (Antoine). Né à Montpellier ; 1743-1794. Avocat à Uzès, député à l'Assemblée législative, auteur d'articles importants de l'*Encyclopédie* de Diderot et d'Alembert. Il fut condamné à mort, comme partisan des Girondins et exécuté le 25 juin 1794.

ALLUVIAL, ALE. adj. Qui a les caractères ou qui est le produit des alluvions ; qui se trouve dans les terrains d'alluvion. Formation alluviale. Terrains alluviaux.

ALLUVIEN, ENNE. adj. Se dit d'un terrain formé par transport tranquille et lent, sous l'action récente des eaux. Couches alluviennes.

ALLUVION s. f. (on fait sentir les 2 *l* ; — lat. *alluvio*, formé de *ad*, vers, et *luere*, arroser). Accroissement de terrain qui se fait insensiblement à l'un des bords d'une rivière, ou qui a lieu lorsque la rivière s'en retire et qu'elle prend son cours d'un autre côté (Acad) || Géol. Désignées aussi sous le nom d'*atterrissements*, les alluvions sont formées des matériaux divers entraînés par les courants des eaux fluviatiles animés d'une vitesse plus ou moins grande. Ces matériaux sont disposés avec une certaine régularité et échelonnés suivant leur volume tout le long du parcours des fleuves de façon que les plus gros occupent les lieux d'origine, et les plus ténus les parties voisines de l'embouchure. Ces matériaux ont été détachés des pentes des montagnes sur lesquelles les cours d'eau prennent leur source. Les éléments de ces dépôts, pour peu qu'ils aient une certaine grosseur, ont leurs angles arrondis et constituent les *cailloux roulés*. Les alluvions se divisent en *anciennes* et en *modernes*. Les premières, qui sont de beaucoup les plus importantes, constituent ce que les géologues appellent le *diluvium* (V. ce mot). Les alluvions modernes, dont les dépôts s'effectuent d'une façon continue sur les rives des fleuves et surtout dans le voisinage de leur embouchure, s'opèrent avec une très grande lenteur, et leur effet général est plutôt de combler peu à peu les dépressions, d'arrondir les anfractuosités du sol que d'augmenter le relief des terres. Dans certaines localités, ces dépôts sont cependant considérables ; tout le monde sait que la richesse agricole de la région du Nil est due au débordement annuel du fleuve qui charrie d'immenses quantités d'un limon fertile. D'autres exemples remarquables d'alluvions sont offerts par certains grands fleuves, tels que le Gange, le Mississipi, qui accumulent chaque année à leur embouchure des dépôts considérables formés de matières minérales, mêlées de débris de végétaux et d'animaux, immenses espaces marécageux sillonnés de cours d'eau secondaires, et dont l'ensemble, en raison de sa configuration triangulaire, a reçu le nom de *delta*, nom d'une lettre de l'alphabet grec. || Agric. On retient les alluvions par des plantations de végétaux aquatiques. Mais parfois la violence des eaux emporterait le dépôt formé avant sa consolidation. Pour obvier à cet inconvénient, on enfonce profondément une série de forts piquets, que l'on relie avec des branches entrelacées, et devant ce clayonnage on coule de grosses pierres qui atténuent la violence du flot. On plante alors à l'abri de cette barrière des roseaux et des osiers, qui prennent bientôt racine, et retiennent le limon et les graviers qu'apportent les eaux. Bientôt le terrain s'élève et l'on peut planter des saules. La fertilité des terres d'alluvion est remarquable. Elles conviennent beaucoup aux plantes épuisantes : chanvre, houblon, etc., surtout quand elles ne sont pas compactes. On y fait aussi avec succès des pépinières d'arbres fruitiers. || Jurisp. L'art. 557 C. civ. qualifie *alluvion* les atterrissements et accroissements qui se forment successivement et imperceptiblement aux fonds riverains d'un fleuve ou d'une rivière. L'alluvion profite au propriétaire riverain, qu'il s'agisse d'un fleuve ou d'une rivière navigable, flottable ou non, à la charge, dans le premier cas, de laisser le marchepied ou chemin de halage conformément aux règlements. Les chemins de halage continuant à faire partie du fonds sur lequel ils existent, et qui est simplement grevé d'une servitude d'utilité publique, les accroissements que l'alluvion y ajoute profitent au propriétaire du fonds. Lorsqu'un cours d'eau est bordé par une route ou un chemin vicinal, le bénéfice de l'alluvion appartient au propriétaire de la voie publique, c.-à-d. à l'État, au département ou à la commune suivant les cas. L'alluvion est du reste acquise au propriétaire riverain, qu'elle se forme naturellement ou qu'elle soit le résultat de travaux d'art exécutés par l'État dans une rivière navigable ou flottable. — Il en est de même des relais que forme l'eau courante qui se retire insensiblement de l'une de ses rives en se portant sur l'autre : le propriétaire de la rive découverte profite de l'alluvion, sans que le riverain du côté opposé y puisse venir réclamer le terrain qu'il a perdu (C. civ., art 557). Le droit d'alluvion ne s'exerce pas pour les relais de la mer qui entrent dans le domaine privé de l'État (art. 557). Il n'a pas lieu non plus à l'égard des lacs et étangs, dont le propriétaire conserve toujours le terrain que l'eau couvre quand elle est à la hauteur de la décharge de l'étang, encore que le volume de l'eau vienne à diminuer. — Réciproquement le propriétaire de l'étang n'acquiert aucun droit sur les terres riveraines que son eau vient à couvrir dans des crues extraordinaires (art. 538). — De l'alluvion, il faut distinguer l'adjonction qui a lieu lorsqu'un fleuve ou une rivière, navigable ou non, enlève par une force subite une partie considérable et reconnaissable d'un champ riverain, et la porte vers un champ inférieur ou sur la rive opposée. Dans ce cas, le propriétaire de la partie enlevée peut réclamer sa propriété ; mais il est tenu de former sa demande dans l'année : après ce délai, il n'y sera plus recevable, à moins que le propriétaire du champ auquel la partie enlevée a été unie n'eût pas encore pris possession de celle-ci (C. civ, art. 539). — Pour les îles, il faut faire une distinction : les îles, îlots et atterrissements, qui se forment dans le lit des fleuves ou des rivières navigables ou flottables, appartiennent à l'État, s'il n'y a titre ou prescription contraire (art 560). Au contraire, les îles et atterrissements qui se forment dans les rivières non navigables et non flottables, appartiennent aux propriétaires riverains du côté où l'île s'est formée: si l'île n'est pas formée d'un seul côté, elle appartient aux propriétaires riverains des deux côtés, à partir de la ligne qu'on suppose tracée au milieu de la rivière (art. 561). Si une rivière ou un fleuve, en se formant un bras nouveau, coupe et embrasse le champ d'un propriétaire riverain et en fait une île, ce propriétaire conserve la propriété de son champ, encore que l'île se soit formée dans un fleuve ou dans une rivière navigable ou flottable (art 562). — Si un fleuve ou une rivière navigable, flottable ou non, se forme un nouveau cours en abandonnant son ancien lit, les propriétaires des fonds nouvellement occupés prennent, à titre d'indemnité, l'ancien lit abandonné, chacun dans la proportion du terrain qui lui a été enlevé (art. 563). — L'usufruitier jouit de l'augmentation survenue par alluvion à l'objet dont il a l'usufruit (C. civ., art 596).

ALLUVIONNAIRE. adj. 2 g. Qui tient de l'alluvion. Terre alluvionnaire.

ALLUVIUM. s. m. (al-lu-vi-omm; — lat. *alluvio*, inondation) Nom que les géologues donnent quelquefois aux alluvions anciennes. || Au pl. Des alluviums.

ALLUYES. 774 h. Vge de France (Eure-et-Loir). à 20 kil. de Châteaudun, cant. et à 7 kil. de Bonneval, sur la rive g du Loir. Monuments celtiques. Ruines d'un château du XIIIe s

En 567 traité conclu entre Chilpéric Ier, Gontran et Sigebert. C'était une des cinq baronnies du pays de Perche-Gouet (Orléanais), possédée par les familles de Goyet, de Saint-Pol, Robertot, Babou, Escoubleau et Gassion.

ALLY. 798 h. Bg de France (Ille-Loire), arr. de Brioude, cant. et à 12 kil de Lavoutie-Chilhac. Antimoine. Fonderies.

ALLYL.... Préfixe invariable usité en chimie dans la composition des noms des corps dans lesquels entre l'allyle et ses dérivés. Éthers allyl-iodhydrique, allyl-sulfhydrique, allyl-sulfocyanique, etc (V. *Ally'e.*)

ALLYLAMINE. s. f. (de *allyle* et *am*, abrév. d'*ammoniaque*). Chim. V. *Azoture d'allyle.*

ALLYLE. s. m. (lat. *allium*, ail). C^6H^5. Carbure d'hydrogène présentant à l'égard des composés *allyliques*, des relations analogues à celles qui existent entre l'éthyle et les combinaisons alcooliques, le méthyle et les divers dérivés de l'esprit de bois. Il se prépare en faisant réagir le sodium sur l'éther allyl-iodhydrique; il se forme de l'iodure de sodium et de l'allyle. C'est un liquide très volatil, doué d'une odeur propre, éthérée et pénétrante, analogue à celle du raifort. Il brûle avec une flamme très éclatante. Il bout à 59°; sa densité à 44° est 0.684 ; sa densité de vapeur est à 2,92. Il se dissout dans l'acide sulfurique concentré en dégageant de la chaleur, et forme l'acide *allyl sulfurique* $2S0^3$, C^6H^5O, qui se sépare et surnage. ‖ *Iodure d'allyle* ou *éther allyliodhydrique*, C^6H^5I. Il s'obtient en traitant l'alcool allylique par l'iodure de phosphore. C'est un liquide incolore, mobile, d'une odeur irritante, altérable à la lumière, bouillant à 101°; sa densité est 1,789 à 16°. En présence des sels de potassium, il se produit des doubles décompositions d'où résultent les différents éthers allyliques Les principaux sont les éthers allyl-sulfhydriques et allyl-sulfocyaniques ou sulfures et sulfocyanures d'allyle. ‖ *Sulfure d'allyle* ou *éther allyl-sulfhydrique*, $C^6H^5S^2$. Il se prépare en soumettant l'iodure d'allyle à l'action du monosulfure de potassium. C'est un liquide incolore, plus léger que l'eau, bouillant à 148°. Il constitue les deux tiers de l'*essence d'ail*, qui lui doit son odeur spéciale; l'autre tiers est de l'éther allylique $C^{12}H^{10}O^2$. On peut obtenir l'essence d'ail en distillant l'ail avec de l'eau : 1 kilogramme d'ail donne environ 2 gr. d'essence ‖ *Sulfocyanure d'allyle* ou *éther allylsulfocyanique*, $C^2AzS,C^6H^5S^2$. On prépare cet éther en distillant un mélange d'iodure d'allyle et de sulfocyanure de potassium dissous dans l'alcool. C'est un liquide très réfringent ; il bout à 151°; sa densité est 1,028 à 0°. Il est soluble dans 50 parties d'eau, plus soluble dans l'alcool et l'éther. Il est doué d'une odeur irritante, qui excite le larmoiement, et constitue l'*essence de moutarde*. Elle existe en proportion plus ou moins forte dans tous les crucifères, qui lui doivent leurs propriétés rubéfiantes; c'est le principe actif des sinapismes. On peut encore obtenir cet éther en distillant avec de l'eau la graine de moutarde noire. (V. *Myronate de potasse* et *Myrosine.*)

ALLYLÈNE. s. m. Chim. Carbure d'hydrogène, C^6H^4, obtenu par MM. Cahours et Hoffmann en traitant l'alcool allylique par l'acide sulfurique concentré. On le prépare plus facilement en soumettant le bromure de propylène C^6H^5Br à l'action de l'alcool sodé $C^6H^5NaO^2$, dans un tube scellé, chauffé au bain-marie. Il se produit du bromure de sodium $NaBr$, de l'alcool $C^4H^6O^2$ et de l'allylène C^6H^4. C'est un gaz incolore, d'une odeur désagréable, assez soluble dans l'eau, brûlant avec une flamme très fuligineuse. Au rouge sombre, en présence de l'hydrogène, il se transforme lentement en propylène C^6H^6, puis en hydrure de propyle C^6H^8.

ALLYLIQUE. adj. — 2 g. Chim. *Alcool allylique*, $C^6H^6O^2$, obtenu par MM. Cahours et Hoffmann en traitant l'*iodure d'allyle* dissous dans l'éther, par l'oxalate d'argent. C'est un liquide incolore et très mobile, d'une odeur alliacée irritante, bouillant à 103° et se mélangeant en toutes proportions avec l'eau, l'alcool et l'éther. En traitant cet alcool par le potassium, de l'hydrogène se dégage, et on obtient l'*alcool allylique potassé* $C^6H^5KO^2$, substance gélatineuse analogue à l'alcool vinique potassé $C^4H^5KO^2$. ‖ *Éther allylique*, $C^{12}H^{10}O^2$, liquide incolore, bouillant à 86° que l'on obtient en traitant l'alcool allylique potassé par l'iodure d'allyle. ‖ *Aldéhyde allylique* ou *acroléine*, $C^6H^4O^2$. Sous l'influence des corps oxydants, par exemple d'un mélange de bichromate de potasse et d'acide sulfurique, ou sous celle du noir de platine, l'alcool allylique se transforme en aldéhyde allylique. Ce corps se produit encore toutes les fois qu'on chauffe à une haute température, les huiles grasses et les graisses, C'est à lui qu'est due cette odeur si désagréable qui se produit dans ce cas. Cette formation de l'acroléine dans la distillation des corps gras s'explique facilement, car ce composé prend naissance lorsqu'on déshydrate la glycérine. Cette réaction est utilisée dans les laboratoires pour préparer l'aldéhyde allylique. Ce produit est un liquide incolore et très réfringent, plus léger que l'eau, d'une odeur excessivement irritante, d'une saveur brûlante, bouillant à 52°, soluble dans 40 parties d'eau, plus soluble dans l'alcool et l'éther. L'acroléine s'acidifie rapidement au contact de l'air et en présence des corps oxydants ; elle se transforme en acide acrylique ou allylique. ‖ *Acide allylique* ($C^6H^4O^5$) ou *acide acrylique*. Il se prépare en oxydant l'acroléine par l'oxyde d'argent. On obtient une dissolution d'acrylate d'argent, que l'on fait cristalliser et que l'on décompose par l'acide sulfhydrique. C'est un liquide incolore, d'une odeur analogue à celle du vinaigre, bouillant vers 100° et très soluble dans l'eau.

ALLYRE (S). Évêque de Clermont (Auvergne), IVe s. F. le 7 juill. ‖ *Fontaine de St-Allyre.* V. *Clermont-Ferrand.*

ALMA. Pte riv. du S.-O. de la Crimée. Elle sort des pentes du Tchatir-Dagh et se jette dans la mer Noire à 28 kil. au N. de la baie de Sébastopol, après avoir arrosé une jolie vallée.— Victoire remportée par l'armée anglo-française sous les ordres du maréchal de Saint-Arnaud et de lord Raglan sur les Russes commandés par le prince Menschikoff, le 20 sept. 1854. Les troupes alliées comprenaient 57,000 hommes et les Russes 52,000 A peine débarqués, les Français, secondés solidement mais tardivement par les Anglais, franchirent l'Alma et attaquèrent les Russes qui les attendaient sur des hauteurs jugées inaccessibles. On vit les zouaves gravir des pentes presque à pic, en s'accrochant des mains aux aspérités du sol. L'artillerie elle-même parvint sur cette position inexpugnable et put tirer avant les canons russes, à ce point que le général Menschikoff refusa à deux reprises de croire l'officier qui venait lui annoncer cet excès d'audace. Après un combat acharné la déroute des Russes fut complète Les Français, au nombre de 24,000 seulement, perdirent 3 officiers et 233 hommes tués, 54 officiers et 1,003 hommes blessés. Les Anglais, au nombre de 26,000, eurent 26 officiers et 327 hommes tués, 78 officiers et 1,529 hommes blessés ; perte totale des alliés : 3,400 hommes. Les Russes perdirent environ 5,000 hommes, dont 900 presque tous blessés restèrent au pouvoir des vainqueurs. — Ce fait d'armes où s'illustrèrent principalement les zouaves et les turcos a inspiré le pinceau de plusieurs peintres : Vernet, Baume, Bellangé, Doré, Eugène Lami, Darjou et Pils. ‖ ALMA. 2,533 h. dont 647 Européens. Bg et comm. de plein exercice de la prov. d'Alger. Céréales, coton, tabac, maïs, vignobles.

ALMADA. 5,000 h. Vle de Portugal (Estramadure), à l'embouchure et sur la rive g. du Tage, en face et dans le district de Lisbonne. Panorama magnifique du fort St-Sébastien construit sur un rocher et qui défend l'entrée du Tage. Commerce de vins, teinturerie de coton, fabr de produits chim., de guano de poisson. Elle est le ch.-l. d'un *conseil* (*concelho*) qui comprend 2 paroisses et 12,018 h.

ALMADEN. 10,440 h. Vle d'Espagne, prov. et à 90 kil. S.-O. de Ciudad-Real (Nouvelle-Castille). Mines de mercure les plus riches de l'Europe, qui occupent 4,000 mineurs, et produisent 20,000 à 25,000 quintaux métriques par an, rapportant 6 millions au gouvernement espagnol ; elles étaient déjà exploitées sous les Romains Dans le voisinage sont situées celles d'*Almadenejos.* Almaden, c.-à-d. *la Mine*, est situé dans un des longues vallées siluriennes qui s'étendent au N. de la Sierra-Morana. Le principal filon de cinabre aujourd'hui en exploitation a une longueur de 166 m sur 10 à 11 m. de largeur. En profondeur on a déjà poussé jusqu'à 300 m , et le minerai est toujours plus abondant et plus riche. Le métal se trouve quelquefois à l'état natif, mais le plus souvent à celui de cinabre ou sulfure de mercure. Un mètre cube donne environ deux tonnes de mercure. De 1564 à 1875, la production des mines d'Almaden s'est élevée à plus de 620 millions de kilog., ce qui représente en valeur près d'un milliard et demi. L'école des mines fondée à Almaden en 1777, a été transférée à Madrid en 1836.

ALMADIE s. f Grande pirogue en usage sur les côtes de Malabar.

ALMAGESTE. s. m. (de l'arabe *al*, et du gr. *mégistos*, très grand). Traité d'astronomie composé à Alexandrie par Ptolémée (140 av. J.-C.). Il renferme l'exposé du système de Ptolémée, un catalogue d'étoiles, la théorie des éclipses, un recueil d'observations astronomiques anciennes, notamment celles d'Hipparque, etc. C'est un des plus précieux monuments de l'antiquité L'abbé Halma en a donné une bonne édition avec trad. franç, 1813-1815 ‖ Par ext. Nom donné par les Arabes a toute collection d'observations astronomiques. Le *nouvel Almageste* de Riccioli (1651) est regardé comme un trésor d'érudition.

ALMAGRA ou **ALMAGRE.** s. m. (esp. *almagra, almagre* ; de l'arabe *al-maghra*, ocre rouge). Sorte d'argile ocreuse appelée aussi *rouge de Perse*, ou *rouge indien*, employée en peinture; on se sert de la poudre pour polir les glaces et nettoyer l'argenterie; on en fait une sorte de fard dans l'Inde. (V. *Rouge d'Espagne.*)

ALMAGRERA (sierra de) Montagne d'Andalousie (Espagne), remarquable par ses mines qui produisent annuellement environ 800,000 fr. de plomb et 10 millions de fr. d'argent.

ALMAGRO. 10,238 h., Vle d'Espagne, prov. de Ciudad-Real. Fabriques de blondes et dentelles. Patrie de Diego d'Almagro.

ALMAGRO (Diego d'). 1475 1538. Enfant trouvé devenu célèbre capitaine ; un des conquérants de l'Amérique. Compagnon de Pizarre, il s'arma plus tard contre lui, fut vaincu et par ordre de son rival, étranglé dans sa prison. ‖ ALMAGRO (Diego d'). 1520-1542. Fils du précédent, et d'une Indienne de Panama. Les anciens officiers de son père se réunirent autour de lui, tuèrent Pizarre et proclamèrent Almagro. gouverneur général du Pérou. Mais Charles-Quint envoya contre lui le juge royal Vaca de Castro, qui le vainquit en bataille rangée, le prit et le fit exécuter avec quarante de ses amis.

ALMAGUER 5,600 h. Vle de l'État de Cauca (États Unis de Colombie), riche par ses céréales. Commerce d'écorce de quinquina

ALMAIN (Jacques). Né à Sens, mort en 1515, docteur de Sorbonne. *De auctoritate Ecclesiæ*, Paris, 1513, in-4°, ouvrage écrit d'après les instructions de Louis XII contre la doctrine soutenue par Jules II, au sujet du pouvoir temporel des papes.

ALMAKHZOUNRI (Aboul-Motref-Ahmed). Historien et poète arabe, né à Djesirah-Shukar (île de Xucar ou Alcira) en 1180, m. en 1256 La bibliothèque de l'Escurial possède ses œuvres en manuscrits : *Histoire des Almohades* ; *Histoire de Majorque* ; un poème descriptif sur Valence ; un recueil de lettres (*Rasayil*).

ALMALI ou **ALMALY.** 10,000 à 12,000 h. Vle de l'Anatolie ou Asie-Mineure, sur un plateau montagneux qui correspond à l'anc. Lycie.

AL-MAMOUN (Aboul-Abbas ABDALLAH III). 786 831. Fils du célèbre Haroun-al-Raschid, septième khalife abbasside ; succéda en 813 à son frère Amyn qu'il avait détrôné. (V. *Amyn.*) Le commencement de son règne fut troublé par des révoltes causées par la mauvaise administration de ses favoris, le vizir Fadhl, et son frère Hassan, gouverneur de Bagdad, tous deux fils de Sahl Nasr-ibn-Schit se souleva en Mésopotamie ; l'Égypte était déchirée par la guerre civile, et en Arabie, la Mecque, Médine et l'Yémen furent pris par les princes Alides. L'un d'eux, Mohammed-ibn-Thabatebah se fit même reconnaître khalife à Koufah et prit Bassorah. Il menaçait Bagdad, quand son lieutenant Aboul-Saraia l'empoisonna et mit à sa place le jeune Ibrahim, autre prince de la famille d'Ali. Vaincu par Harthemah, général d'Al-Mamoun, Saraia eut la tête tranchée à Bagdad; mais Harthemah, pour récompense de ses services, périt dans un cachot, où Al-Mamoun, trompé par ses favoris, le fit jeter (816). Cette mort fut vengée par la révolte de Babek-al-Khorrémy, en Arménie. (V. *Babek*). Al-Mamoun ajouta encore à ces troubles en reconnaissant Ali-Riza, fils de Mousa pour son successeur et en favorisant les descendants d'Ali, au point de quitter le noir, couleur des Abbassides pour le vert, couleur des Alides (817). Les Abbassides se révoltèrent à Bagdad, déposèrent Al-Mamoun et proclamèrent calife Ibrahim-Moubarek, qui marcha contre son rival. Dans cette extrémité, celui-ci se débarrassa de son vizir Fadhl en le faisant assassiner, et Ali-Riza étant mort en 818, Bagdad se soumit. Ibrahim abandonné des siens après deux ans de califat, n'eut d'autre ressource que de se cacher et finit par se remettre à la générosité de son vainqueur, qui lui assura un revenu convenable. Bientôt après les Alides d'Arabie furent vaincus à leur tour et faits prisonniers, et Abdallah, fils de Thaher (V. *Thaher*), soumit la Mésopotamie et l'Egypte, et reçut, quelques années plus tard, en récompense, le gouvernement du Khoraçan (829). Babek seul ne put être dompté. Tranquille dans ses Etats, Al-Mamoun attaqua les Grecs, (830), leur prit une vingtaine de places et fit un grand butin. Mais au retour de cette expédition, il mourut dans les environs de Tarse (833), à l'âge de 48 ans Ce prince, porté aux nues par tous les auteurs orientaux, dut ces louanges plutôt à son amour pour la science et les savants que par ses qualités personnelles. Son ingratitude pour les hommes qui l'avaient le mieux servi, les troubles qu'il suscita par sa prédilection pour la famille d'Ali, et ses prétentions théologiques furent cause, après lui, du démembrement de l'islamisme. Mais s'il fut intolérant pour ses peuples, il attira auprès de lui les savants de tous les pays, sans distinction de croyance. Il fit traduire en arabe les meilleurs ouvrages des savants et philosophes grecs et mesurer un degré du méridien dans la plaine de Mésopotamie.

ALMANACH. s. m. (al-ma-na; — b. lat. *almanachus*; du gr. *almenakha* qui, dans Eusèbe, au IIIe s., a le sens d'almanach, et qui paraît lui-même dérivé de l'arabe *al-manâ*, le compte). Livre qui contient un calendrier indiquant les mois et jours de l'année, les fêtes, les lunaisons, les éclipses, et souvent de prétendus pronostics sur le temps. *Almanach nouveau. Petit almanach de poche. Consulter l'almanach.* || Ouvrage publié annuellement et qui contient, outre l'almanach proprement dit, une foule d'autres indications, telles que le tableau des diverses administrations, des foires, des statistiques, des éphémérides, des notions sur les poids et mesures, sur l'hygiène, sur différents arts, des anecdotes, des dessins, etc. *L'Almanach impérial, national. L'Almanach des villes et campagnes, du Jardinier, du Vigneron, du Commerce. Almanach comique, chantant.* [Fig. *Faire, composer des almanachs,* S'amuser à faire des pronostics en l'air; rêver des plans qui ne peuvent se réaliser. — *Prendre, ne pas prendre les almanachs de quelqu'un,* Avoir, ou n'avoir pas de confiance dans les pronostics d'une personne. || Prov. et fig. *C'est un almanach de l'an passé,* Cela n'a plus d'utilité, plus d'intérêt. || *Almanach du commerce,* Recueil d'adresses des commerçants et des principaux habitants de la France, commencé par La Tynna en 1801, continué par Bottin, et réuni depuis 1857, à l'*Annuaire du commerce* de MM. Didot. Aujourd'hui cet ouvrage appartient à une société. || *Almanach des Muses,* Recueil annuel de poésies, 1764-1833. Il eut pour éditeurs successifs Mathon de la Cour, Sautereau de Marsy, Vigée, etc. || *Almanach nautique,* Recueil de renseignements astronomiques, publié par le Bureau des longitudes. || *Almanach Royal, Impérial, National,* selon les temps. Il contient la liste de tous les membres des familles souveraines en Europe, et le tableau officiel des principaux fonctionnaires de la France. Sa publication a commencé en 1679. L'exemple de la France fut suivi dans d'autres pays, notamment par la Prusse en 1700, la Saxe en 1728 et l'Angleterre en 1730; aujourd'hui il n'y a peut-être pas un seul Etat, y compris la Chine et le Japon, qui n'ait son almanach ou annuaire officiel. || *Almanach de Gotha* (ainsi appelé du nom de la ville où il est édité). Il a paru pour la première fois en 1764; c'est un annuaire généalogique, diplomatique et statistique. || Encycl. Les almanachs ont été connus des Egyptiens, des Grecs, des Romains ; les Indiens et les Chinois en possèdent depuis un temps immémorial. L'Eglise se chargea pendant longtemps de leur réduction pour indiquer les jours fériés; on les affichait dans les églises, à Pâques, sur le cierge pascal. On trouve jusqu'au XVIIe s. des exemples de ces *tables pascales*. Mais l'usage des almanachs annuels ne remonte pas au delà de l'invention de l'imprimerie. Celui de Georges de Peurbach (Vienne, 1457) est le plus ancien. Le *Grand compost des Bergiers* (Paris, 1493), est regardé comme le premier almanach imprimé en français. Rabelais donna, en 1533, un *Almanach calculé sur le méridional de la noble cité de Lyon.* Nostradamus commença, en 1550, la publication de celui qui porte son nom. Le premier almanach de Mathieu Laensberg date de 1635. Il ne tarda pas à devenir un mauvais livre, fatras d'absurdités et de rêveries ridicules. Ce fut pour combattre son influence pernicieuse qu'on publia, un siècle plus tard, le *Bon Messager boiteux de Bâle, en Suisse,* qui eut un grand succès. Toutefois, il y a une vingtaine d'années le Mathieu Laensberg tirait encore à 100,000 exemplaires. Le nombre des almanachs qui se publient actuellement, chaque année, en France surtout, est fort considérable et beaucoup sont des véhicules de niaiseries ou d'erreurs. || Syn. *Almanach, calendrier, agenda.* Le calendrier est un simple tableau indiquant les jours de l'année marqués chacun du nom des saints, les fêtes, les saisons, le cours du soleil et de la lune L'almanach est un livre qui contient, de plus que le calendrier, des observations astronomiques, l'indication des foires, des statistiques, des notions sur certaines sciences, des anecdotes, etc. L'agenda est un cahier portant les jours de l'année imprimés sur ses pages et sur lequel on prend des notes, on inscrit les échéances, etc.

ALMANDINE. s. f. Minér. Espèce de grenat rouge violet, brun noir, appelé encore *pyrope* ou *grenat syrien.* Sa densité varié de 3,81 à 4,20. Il est employé dans la joaillerie.

AL-MANSOUR. V. *Al-Manzor.*

ALMANZA ou **ALMANSA.** 8,000 h. Vle d'Espagne, prov et à 79 kil d'Albacete (Murcie). Le 25 avril 1707, victoire du maréchal de Berwick, qui commandait les troupes réunies de France et d'Espagne sur les Anglais et leurs alliés, victoire qui assura le trône à Philippe V.

ALMANZI (Giuseppe). Hébraïsant et bibliophile italien, né à Padoue, 1811. On a de lui : *Abné Sicaron,* recueil d'anc. inscriptions tumulaires, Prague, 1845, in-4°. Il avait formé une bibliothèque très riche en manuscrits orientaux.

AL-MANZOR ou **AL-MANSOUR** (arabe, l'*Invincible*). Surnom de plusieurs musulmans célèbres. || AL-MANZOR (Abou-Djafar-Abdallah II). Second calife abbasside, succéda à son frère Aboul-Abbas, l'an 136 de l'hégire (juillet 754). Il était né en 712 et avait gouverné l'Arménie, la Mésopotamie et l'Adzerbaïdjan sous le califat de son frère. Son oncle Abdallah s'était fait proclamer calife à Damas; mais il fut défait par Abou-Moslem, près de Nisibe, en Mésopotamie. Al-Manzor se débarrassa du vainqueur et du vaincu par trahison. (V. *Abdallah* et *Abou-Moslem.*). Il comprima ensuite une révolte d'un de ses généraux qui s'était emparé d'Ispahan, et entreprit une expédition contre les Grecs, Il reprit les villes de Mopsueste et de Mélitène, qu'il reconstruisit. Ayant été sauvé dans une émeute par Maan, fils de Zéiad, un des chefs de la faction des Ommyades, il se départit de sa rigueur contre ceux-ci; mais il fit périr un grand nombre de princes de la famille d'Ali; ce qui causa la révolte de Mohammed et d'Ibrahim, arrière-petits-fils d'Hoçaïn (762). Isa neveu d'Al-Manzor les vainquit l'un après l'autre et envoya leurs têtes à son oncle. Cet Isa, fils de Mousa, devait succéder à Al-Manzor; mais celui-ci obtint du divan de changer l'ordre de succession en faveur de Mahdy, son fils : Isa eut la promesse de succéder à Mahdy. Ce fut Al-Manzor qui fonda Bagdad non loin des ruines de Séleucie et de Ctésiphon, et en fit la capitale de l'empire musulman. Le reste de son règne fut paisible. Ses armées reprirent sur les Grecs la Cilicie et la Cappadoce, mais Il perdit l'Espagne que les Ommiades enlevèrent définitivement aux Abbassides. Il mourut dans un pèlerinage à la Mecque après vingt-deux ans de règne. Il protégea les lettres et les sciences ; mais il persécuta les chrétiens et ordonna de les marquer au front, à la poitrine et aux épaules. Il était juste, prudent, courageux et ferme; mais plein d'ingratitude pour ses amis, et d'un caractère haineux, sombre et vindicatif. Son avarice était extrême, et malgré les sommes énormes qu'il dépensa pour construire Bagdad, il laissa dans son trésor six cents millions de drachmes et vingt-quatre millions de dinars d'or. || AL-MANZOR (Abou-Amer-Mohamme I). Célèbre capitaine et l'un des plus grands hommes qu'aient produits les Maures d'Espagne, né en 939 à Torasch (Torrès en Andalousie). Chargé, pendant la minorité d'Heschâm II, de la régence du royaume de Cordoue, qui comprenait alors toute l'Espagne et le Portugal au sud de l'Elbe et du Douro, moins la Vieille-Castille, il pénètre dans ce royaume (930), le ravage, prend la ville de Gormas dont il fait égorger les habitants. Il attaque ensuite Bermude II, roi de Léon, puis il prend et brûle Barcelone et Sepulveda, la plus forte place qui restât aux Castillans. En 986 il gagne la bataille de Zamora et emporte cette ville d'assaut. Un de ses lieutenants est taillé en pièces en Navarre par Sanche II, mais Al-Manzor répare cet échec en battant en Castille le comte Garcie qui est fait prisonnier. En 995, il livre bataille à Bermude sur les bords de l'Elza, en vue de Léon, et le défait. L'année suivante Léon est prise et détruite de fond en comble; les montagnes des Asturies seules peuvent arrêter le vainqueur. Il se tourne alors contre le Portugal prend Coïmbre, Viseu, Lamego, Braga, puis entre en Galice, s'empare de Compostelle, pille le trésor de St-Jacques, démolit une partie de l'église et fait transporter dans la grande mosquée de Cordoue, les portes et les cloches sur les épaules des prisonniers chrétiens. En même temps il reçut d'Afrique des renforts considérables Les rois chrétiens réunis par le danger commun lui livrèrent bataille près de Calatanaçor (*Khalat-Al-Naser*), dans la Vieille-Castille. La bataille dura toute une journée, Pendant la nuit qui suivit, Al-Manzor, effrayé du nombre de ses morts (50,000, suivant les historiens espagnols), battit en retraite, abandonnant ses tentes et ses bagages. Il mourut de chagrin la même année (93?) Les historiens arabes ne parlent pas de cette bataille ; ils disent simplement qu'en se portant au secours de Tolède, attaquée par le roi de Léon, Al-Manzor tomba malade et mourut à *Médinat-el-Salim* (Médina-Cœli) en 1002 (392 de l'hégire). Ses guerres en Espagne ne l'empêchèrent pas de conserver les possessions des Ommiades en Afrique. Il repoussa les Fatimites, et détruisit la dynastie des Edrisites. Homme d'un esprit rare, toujours entouré de poètes et de savants, cultivant lui-même les lettres avec succès, ce héros de l'Islam, ce général toujours vainqueur dans plus de cinquante batailles, n'en prépara pas moins la dissolution de l'empire des Ommiades d'Espagne, en avilissant le calife. En effet, confiné dans son sérail, le faible Heschâm II, fut dépouillé même des prérogatives extérieures de la royauté. Al-Manzor eut pu prendre le nom de calife, mais il préféra régner sans titre, et transmettre à ses descendants un pouvoir qu'ils n'exercèrent du reste pas longtemps. En effet son fils Abou-Merwan-Abdel-Mélek, surnommé *Al-Modhaffer* (le Victorieux), marcha sur les traces de son père, mais il mourut en 1008, et son frère Abd-el-Rahman, surnommé *Al-Naser* (le Défenseur), causa par ces vices et son incapacité un mécontentement général. Aussi quand il eut amené Heschâm II à le reconnaître pour son successeur, une émeute éclata et Mohammed al-Mahdi le fit expirer sur la croix (fév. 1009). Ainsi finit ce que les écrivains arabes ont appelé la république des *Amérites,* du nom d'Abou-Amer-Al-Manzor. || AL-MANZOR (Abou-Yousouf-Yacoub-al-Modjabed). Quatrième prince de la dynastie des Almohades, succéda à son père Saïd-Yousouf, tué au siège de Santarem en Portugal (1184). Il eut d'abord à lutter en Afrique contre les Almoravides, qu'il vainquit près de Gabès (1187). Après avoir pacifié ses possessions africaines, il revint en Espagne et marcha contre les rois de Portugal et de Léon qui le battirent auprès de Silves. Mais en 1190, il reprit Silves et força le roi de Portugal à accepter une trève de cinq ans. En 1193, il gagna la fameuse bataille d'Al-Arcos sur le roi Alphonse IX de Castille et en 1196, une autre près de Cordoue, s'empara de nombreuses places et prit Tolède qu'il pilla. Il fut arrêté dans le cours de ses victoires par une révolte du gouverneur de Maroc, qui le rappela en Afrique. Il prit Maroc après un an de siège, et passa les habitants au fil de l'épée. Il était sur le point de marcher de nouveau contre le prince almoravide Ali, ancien roi de Majorque, qu'il avait déjà vaincu et qui s'était retiré dans le désert où il avait rassemblé une armée, lorsqu'il mourut à Salé (1199). Yacoub-Al-Manzor prenait le titre d'*émir-al-Moumenin* (prince des croyants), et ne reconnaissait pas la suprématie des califes abbassides. Il fonda plusieurs villes, Rabat, entre autres vis-a-vis de Salé, où il construisit des édifices somptueux dont on voit encore les ruines. Son empire s'étendait sur les États de Maroc, de Fez et de Tafilet, de Temelsan (Tlemcen), d'Alger et de Tunis ; et en Espagne il possédait les royaumes de Valence, de Murcie, de Grenade, de Cordoue de Séville et des Algarves. || AL-MANZOR-BILLAH (Abou-Taher-Ismael) V. *Fatimites d'Afrique*. || AL-MANZOR Ier (Abou-Saleh) V. *Samanides*. AL-MANZOR II (Abou-Harel) V. *Samanides*.

ALMA PARENS. (lat. *alma*, nourricière ; de *alo*, je nourris ; et *parens*, mère ; de *pario*, j'enfante, d'où notre mot franç. *parent*). Mère nourricière, mère bienfaisante, tendre mère. Expression souvent employée par les poètes latins pour désigner la Patrie ; plus fréquemment, aujourd'hui, pour désigner l'Université. || Fig. L'Angleterre est l'*alma parens* de l'industrie moderne. On dit q q f. *Alma mater*. Le sens est le même.

ALMAQUE ou TÉLÉMAQUE (S.), en gr. *Qui met fin aux combats*. Solitaire d'Orient, vint à Rome, et voyant la foule se diriger vers le Colisée, la suivit. C'était le 1er janvier de l'an 404. Il y avait des combats de gladiateurs, il s'écria devant tout le monde : « C'est aujourd'hui l'octave de la Nativité de Notre-Seigneur : cessez ces spectacles païens, ces jeux sanguinaires ; » et aussitôt il se précipita au milieu des gladiateurs, pour les séparer. Il fut massacré par la multitude furieuse de voir ses plaisirs troublés par cet étranger. Son sang fut le dernier versé sur l'arène. L'empereur Honorius supprima entièrement l'horrible institution des gladiateurs, contraire à l'esprit chrétien.

ALMARAZ. Bg d'Espagne, prov. et à 100 kil. N.-E. de Cacérès (Estramadure). Beau pont en pierre ; long. 175 m. ; haut. 40 m , sur le Tage. Le 24 décembre 1809, le maréchal Lefèvre y défit un corps espagnol ; le 16 mai 1812, les Anglais s'en emparèrent par surprise sur les Français.

ALMA-TADÉMA (Lawrence). Peintre hollandais, né en 1836, à Dronryp, naturalisé anglais en 1873. Étudia à l'Acad. d'Anvers sous la direction de M. H. Leys. Une grande recherche dans les détails archéologiques caractérisent ses tableaux, qui sont composés avec un art extrême et une rare intuition de l'antiquité. Son dessin ferme et savant, son coloris harmonieux et sobre, le mettent au premier rang des peintres modernes. Nous citerons parmi ses œuvres : *Comment on s'amusait en Égypte sous la XVIIIe dynastie*, 1863 ; *Frédégonde et Prétextat* ; *Femmes gallo-romaines*, 1864 ; *La Momie* ; *Tarquin le Superbe*, 1867 ; *Fête intime* ; *Le dîner* : *la Sieste*, 1873 ; la *Sculpture*, (1874) et la *Peinture* (1875) scènes d'atelier romain, très remarquées, et où les caractères distinctifs du talent de l'artiste se font surtout sentir. M. Alma-Tadéma a obtenu une médaille en 1864, une autre médaille à l'Exposition universelle de 1867, et la décoration de la légion d'honneur en 1873.

ALMAVIVA. Personnage du *Barbier de Séville* et du *Mariage de Figaro*, com. de Beaumarchais. Il représente la naissance et la richesse.

ALMAZAN. 2,600 h. Vle d'Espagne, prov. et à 40 kil. de Soria (Vieille-Castille), sur le Duero. En 1375, traité de paix entre Pierre le Cruel et Henri de Transtamare.

ALMAZARRON ou MAZARRON. 6,814 h. Vle d'Espagne, prov. à 43 k. S.-S.-O de Murcie. Port de cabotage sur la Méditerranée. Mines de fer, cuivre et plomb argentifère.

ALME. adj. 2. g. (lat. *almus*, nourricier, bienfaisant, vx mot, rajeuni par Proud'hon. Heureuse, franche et alme liberté. (Ronsard). L'alme nature ne fait jamais de mal à ceux qui lui appartiennent. (Proud'hon)

ALME. s. f. (arab. *ālmet*, savante, de *ālam* savoir). Femme d'Orient faisant profession de danser, de chanter et quelquefois d'improviser des vers dans les fêtes.

ALMEIDA. 7,000 h. Vle forte du Portugal, sur la Coa, à 10 kil. de la frontière espagnole du Léon. Prise par les Espagnols en 1762 : par Masséna en 1810 : par les Anglais et fortifiée par eux en 1811. || ALMEIDA 5,000 h. Vle du Brésil, (prov. d'Espiritu-Santo), fondée en 1580 par les jésuites près de l'emb. du Reis-Magos.

ALMEIDA (Brites d'), surnommée la *Jeanne d'Arc du Portugal*. Simple paysanne, se distingua, au XIVe s. par son courage contre les troupes du roi de Castille. || ALMEIDA (Franç d'), comte d'Abrantès 1593-1509. Né à Lisbonne, premier vice-roi des Indes portugaises ; se distingua contre le soudan d'Égypte et le rajah de Calicut qui voulaient disputer aux Portugais le commerce des Indes ; remplacé par Abulquerque, après de tristes démêlés, il quitta les Indes et fut tué par les Cafres de la baie de Sal-lanha, au Cap, qui s'étaient pris de querelle avec les gens de son équipage, 1510. || ALMEIDA (Laurent). Fils du précédent, servit sous son père aux Indes, découvrit les îles Maldives et soumit Ceylan au Portugal. Blessé dans un combat naval contre les Turcs, il se fit attacher à un mât, et ne cessa d'encourager les siens que lorsqu'un coup de mousquet l'eût atteint dans la poitrine || ALMEIDA (Christophe d'). Célèbre prédicateur augustin, évêque *in partibus*, né dans l'Estramadure, en Portugal, mort en 1679. Ses *sermons* ont été imprimés à Lisbonne en 4 vol. 1673, 1680, 1696. || ALMEIDA (Théodore). Né et mort à Lisbonne, 1722-1803 ; oratorien plein de science et d'érudition ; fut exilé par Pombal. On a de lui : *Récréations philosophiques*; *Harmonie de la Raison et de la Religion* ; ainsi que plusieurs livres de piété et l'*Heureux indépendant*, imitation du *Télémaque* Vladislas, prince de Pologne, est le héros du livre dont le but est de porter les lecteurs à combattre leurs passions et à s'abandonner à la Providence. || ALMEIDA (Nicol. TOLENTIN d') Poète portug., né à Lisbonne ; 1749-1811. Employé de l'État ; ne fit rien imprimer, les copies de ses vers circulaient avec grand succès ; on les a publiés depuis. Satires (celle de Pombal entre autres), peintures de mœurs. || ALMEIDA (Antoine d'). 1761-1822. Chirurgien portug. Simple infirmier d'hôpital, il fit ses études médicales tout seul, les compléta à Londres ; fut exilé en 1810 comme favorable aux Français, rentra ensuite et mourut dans sa patrie. *Tratado completo de medicina operatoria*, 1801, 4 vol. in-8° ; *Obras cirurgicas*, 1813-14, 4 vol. in-8° : *Quadro elementar da historia natural dos animales*, Londres, 1815, 2 in-8°, ce dernier traduit de Cuvier. || ALMEIDA-GARRETT (J.-B. d'). 1793-1854 Poète portug., né et m. à Oporto. En 1820, il prit part au mouvement révolutionnaire, et entra avec un titre élevé au ministère de l'intérieur. Exilé en 1823, il rentre en 1826, écrit dans différentes revues, est exilé une seconde fois sous don Miguel, et reste en Angleterre jusqu'en 1832. Il est alors chargé d'organiser le ministère de l'intérieur, part pour Bruxelles et Copenhague en qualité de ministre ; membre des Cortès, 1830 : orateur éloquent du parti dit libéral. A beaucoup écrit pour le théâtre, qu'il avait réorganisé à Lisbonne *Traité d'éducation*, en prose : *Viagem na minha terra* (1837) ; *l'Arc de Sainte-Anne*, roman (1840). || ALMEIDA (Jean-Ch. d'). Professeur de physique à Paris. 1822-1880. Fondateur du *Journal de Physique théorique et appliquée*; *Problèmes de physique*, 1861 ; *Cours élémentaire de Physique*, 1862 Il était inspect. général de l'instruction publique. Inventeur des dépêches photographiques par pigeons durant le siège de Paris (1870).

ALMEIDÉE. s. f. Bot.G. de rutacées. Arbres ou arbrisseaux aromatiques ; environ 10 espèces (Brésil).

ALMELA ou ALMELLA (Diego-Rodriguez de) Historien espagnol du XVe siècle, auteur d'un ouvrage estimé à l'époque, le *Valère des histoires scolastiques*, série de discussions morales appuyées par des exemples tirés de l'écriture sainte et de l'histoire d'Espagne.

ALMELO. 7,826 h. Vle des Pays-Bas, prov. d'Over-Yssel, à 50 kil. de Zwolles. Manufactures de toiles fines.

ALMELOVEEN (Théod.-Janson VAN). Médecin et botaniste hollandais ; 1657-1712. Collabora avec Drakestein au 6e vol. de l'*Hortus malabaricus* ; eut aussi des connaissances très étendues en bibliographie ; donna des éditions, avec notes, de Juvénal, de Strabon, de Cèse, etc et une histoire de la médecine intitulée *Onomasticon, rerum inventarum et inventa nova antiqua*, Amsterdam, 1684 in-8°.

ALMENAR, ALMANAR ou ALMENARA 1,200 h. Bg d'Espagne, à 18 k. de Lérida, prov. et à 30 kil. de Castellon-de-la-Plana (Valence). Victoire de l'archiduc Charles d'Autriche sur Philippe V, en 1710.

ALMENAR (Jean). Médecin espagnol du XVe siècle. C'est un des premiers siphiliographes. Dans son traité, *de morbo gallico*, Venise, 1503, in-4°, qui a eu de nombreuses rééditions, il indique le premier la bonne méthode pour administrer le mercure aux malades.

ALMENDINGEN (Louis Harscher d'). Jurisconsulte, né à Paris ; 1766-1827. Son père, banquier, d'origine suisse, quitta Paris après la perte de sa fortune, et se retira à Lauenstein (Hanovre). Le jeune Louis, qui était né à Paris obtint (1794), une chaire de droit à l'Acad. de Herborn. Conseiller aux cours d'appel de Hadamar et Dusseldorf. *De l'origine de la guerre et de son influence sur la civilisation*, 1788 ; *Essai philos. sur les lois pénales de la République française*, 1798 ; *Recherches sur la nature des crimes et des peines*, 1803 ; etc.

ALMENDRALEJO 10,000 h. Vle d'Espagne prov. et à 60 kil. de Badajoz (Estramadure). Position agréable. Distilleries. Mines de plomb

ALMÈNE. s. f. (esp. *almena*, de l'arabe *almena*, qui est le ar *mna*, mine, poids d'une livre). Poids de deux livres de Castille, en usage dans les Indes Orientales pour peser le safran.

ALMÉRAS (baron Louis). 1768-1828. Général franç, né à Vienne (Dauphiné), m. à Bordeaux. Engagé volontaire dans un bataillon de l'Isère, 1791. Aide-de-camp de Cartenax ; siège de Toulon, 1793 ; campagnes d'Italie et d'Égypte sous Bonaparte ; gouverneur de l'île d'Elbe ; blessé à Wagram et à la Moskowa ; lieutenant-général ; prisonnier, ne revient qu'après la chute de Napoléon ; gouverneur de Bordeaux en 1823.

ALMERIA. Riv. d'Espagne, de la prov. d'Alméria, qui vient de la sierra de Baza et se jette dans la Méditerranée. || ALMERIA Prov. de l'Espagne mérid., comprise entre la Méditerranée au S.-E. et au S. et les montagnes de la sierra Nevada au N. Superficie : 8,833 kil. car. ; population : 349,834 h. (1877) Région accidentée et fertile en grains et fruits de toute espèce. Carrières de marbres, mines de cuivre et de plomb ; salines importantes, etc. || ALMERIA 40,323 h. Vle forte d'Espagne, ch.-l. de la prov. de même nom ; port sur la Méditerranée. La cathédrale en style gothique est une espèce de forteresse avec tours crénelées aux quatre angles. Évêché. Commerce de plomb, de soude, de salpêtre, de sel, etc. Cette ville, tombée au pouvoir des Maures au XIe s., fut reprise sur eux, en 1489, par Ferdinand le Catholique. Alméria prend chaque jour plus d'importance, depuis que l'Algérie est devenue un pays de colonisation espagnole. Non-seulement elle expédie du minerai vers l'Angleterre et la France, mais voisine d'Oran, elle a repris les relations commerciales qu'elle avait jadis avec l'Afrique. Son port est un des mieux situés pour une courte traversée et évite le long détour de Gibraltar. Elle possède, à une petite distance, une source abondante d'eau limpide, à 52° centigrades, que traversent sans cesse des bulles d'acide carbonique, si bien que dans son voisinage la respiration est gênée. Le traitement se donne pendant mai et juin, se suspend en juillet et août, à cause des grandes chaleurs, et reprend en septembre et octobre. Ces bains qui remontent à l'occupation arabe, sont très efficaces contre les douleurs rhumatismales, quelle que soit leur nature.

ALMICANTARAT. s. m. (arabe *al-mougantarat*, les colonnes, p. pass. du verbe *qantar*). Astron. Cercles parallèles à l'horizon, appelés aussi *cercles de hauteur*.

ALMISSA. 800 h. Vle d'Autriche (Dalmatie)

à l'embouchure de la Cettina. Vin muscat excellent; sel. Cette ville était capitale de la petite république oligo-démocratique des Morlaques de Poeglizza.

ALMO. Géog. anc. Riv. du Latium, affl. du Tibre ; auj. *Aquataccio*. Les prêtres de Cybèle y lavaient chaque année, le 12 avril, la statue de la déesse.

ALMODOVAR-DEL-CAMPO 5 500 h. Vle d'Espagne, prov. de Ciudad-Real (Manche), dans une belle vallée. Patrie d'Espartero, duc de la Victoire.

ALMODOVAR (Ildephonce DIAZ DE RIBERA, cte d'). Général espagn. né à Valence ; 1798-1846. Engagé dans le libéralisme, il se réfugie en France en 1823, rentre à la mort du roi Ferdinand VII ; député, président des Cortès, maréchal de camp (1834) ; puis ministre de la guerre, ensuite des affaires étrangères sous son ami Espartero. S'effaça en 1843.

ALMŒFF (Nils-Wilhem).1799-1876 Acteur suédois,né à Stockholm. Il se perfectionna à Paris. Il est considéré comme le Talma de la Suède.

ALMOGAVARES ou **ALMUGAVARES**. Bandes militaires d'aventuriers qu'il s'étaient formées en Espagne pendant les guerres contre les Maures. V. *Catalans*.

ALMOGAVER (Jean-Boscan). 1500-1514. Écrivain catalan ; engagea le premier la poésie castillane dans la voie de l'imitation italienne. Il renonça à l'alexandrin castillan et imita le vers hendécasyllabique italien ; l'iambe devint le mètre en vogue. Ce fut l'origine d'une révolution générale dans la poétique espagnole. Pur, élégant plutôt qu'inspiré, ce poète lyrique, imitateur de Pétrarque, contribua à former, à fixer la langue poétique.

ALMOGIA. 6,000 h. Vle d'Espagne, prov. et à 23 kil. N.-O. de Malaga (Andalousie), dans les montagnes.

ALMOHADES (c.-à.-d. *Unitairiens*). s. m. pl. Secte musulmane qui prétendait connaître seule l'unité de Dieu, et en même temps, dynastie maure qui régna sur l'Afrique occidentale et sur la moitié de l'Espagne de 1120 à 1270. Mohammed-ben-Abdallah, homme obscur, qui avait étudié dans les écoles célèbres de Cordoue et du Caire et s'était perfectionné en Orient, eut pour maître à Bagdad, Abou-Hamed-al-Gazali, auteur d'un livre condamné comme hétérodoxe par le cadi et l'académie de Cordoue, et que l'Almoravide Ali-ben-Yousouf, avait fait brûler. Al-Gazali pria Dieu de le venger d'une condamnation injuste, et Abdallah ajouta : « Et puissé-je être l'instrument de la vengeance ». Abdallah, de retour en Afrique (1016), se mit à prêcher la doctrine réprouvée ; il entra dans la mosquée, au moment où elle était remplie de peuple, monta dans la chaire, et donnant l'ordre à l'iman de se retirer, il récita le chapitre du Coran qui commence par ces mots : « Les temples sont de Dieu, et ils ne sont que de Dieu ». Le peuple l'écoutait, étonné, quand survint Ali; auquel Abdallah s'adressant, dit : « Trouve un remède aux maux de ton peuple, parce que Dieu te demandera raison de ses souffrances. » Ali lui demandant s'il avait besoin de quelque chose : « D'aucune en ce monde, répon it-il ; mais je suis destiné à prêcher la réforme et à corriger les abus. » La foule accueillit ces paroles avec faveur, et Ali se vit obligé de faire examiner la nouvelle doctrine par les docteurs. Ceux-ci virent dans Abdallah un homme qui cherchait à jeter le trouble dans le peuple. Abdallah sortit de Maroc, parcourut le pays en déclamant contre les vices des Almoravides, qu'il traitait d'idolâtres. Ali voulut alors le faire arrêter ; mais il s'échappa, et rassemblant ses partisans, il leur donna le nom d'Almohades (de *Al-mowaedoun*, unitaires), prit lui-même celui de Mahdi (dirigé), et marcha contre les Almoravides à la tête de dix mille hommes qui furent bientôt grossis par une foule innombrable de prosélytes fanatisés (1120). Il remporta plusieurs victoires sur Ali, et à sa mort, le commandement passa à Abd-el-Moumen, un de ses dix premiers disciples, qui se rendit maître de Tedla, Darah, Salé, Oran, Tlemcen et Ceuta. En 1146, il assiégea l'Almoravide Isaac-ben-Tasfin dans Maroc; cette ville fit une défense acharnée, qui coûta la vie à deux cent mille de ses habitants, par la famine ou par le fer; elle fut enfin emportée d'assaut, et soixante-dix mille personnes furent encore massacrées, pendant trois jours de carnage. Abd-el-Moumen s'empara ensuite de Bougie et de Kairouan, chassa les Siciliens de Tunis, de Tripoli et de Mahdia, où Roger les avait établis. En même temps il avait envoyé ses lieutenants en Espagne et Xérès, Malaga, Séville, Cordoue étaient tombées en son pouvoir. Enfin en 1160 il y passa lui-même et forma le projet d'en chasser les chrétiens. Pour l'accomplir, il retourna en Afrique et rassembla toutes ses forces. Il avait déjà sous la main 100,000 fantassins et 100,000 cavaliers lorsqu'il mourut, âgé de 63 ans, en 1162 (558 de l'hégire). Son fils Said-Yousouf marcha sur ses traces, ainsi que son petit-fils Yacoub, qui tous deux prirent le titre d'Al-Manzor. Les Almohades avaient pris les titres de calife et d'émiral-Moumenin, depuis Abd-el-Moumen. Leur décadence commença sous Mohammed-el-Nasir; et surtout sous Yousouf II, son fils, qui lui succéda à l'âge de 12 ans. Leurs vastes États se démembrèrent peu à peu : ils furent enfin renversés par les Mérinites. Leur dynastie avait duré 150 ans et avait fourni 14 calises ; dont voici les noms :

Mohammed-al-Mahdi	1121
Abd-al-Moumen	1131
Yousouf-al-Manzor	1163
Yacoub-al-Manzor	1184
Mohammed II el-Nasir	1199
Yousouf II	1213
Abd-el-Uahed	1224
Abd-Allah	1224
Yahia-el-Motasem	1227
Eiris-el-Mamon	1227
Abd-el-Uahed II el Raschid	1232
Ali-el-Said	1242
Omar-el-Mortaday	1248
Edris-el-Uatseg	1266

ALMON (Jean). Libraire et publiciste anglais du parti whig, né à Liverpool, m. à Londres, 1738-1805. Auteur et éditeur de nombreux pamphlets. Il a publié des recueils d'anecdotes politiques, dont l'un relatif a la vie de lord Chatam. On lui attribua les fameuses *Lettres de Junius*, dont il donna plus tard une excellente édition, et fonda en 1774 une publication qui paraît encore aujourd'hui, le *Parliamentary register* (Journal parlementaire).

ALMONACID. Vge d'Espagne, prov. et à 19 kil. S.-E. de Tolède (Nouvelle-Castille). Le 11 août 1809, victoire importante remportée par les Français sur les Espagnols.

ALMONDBURY. 12,000 h. Vle d'Angleterre, dans le comté d'York. Manufactures de cotons et lainages.

ALMONDE (Philippe VAN). Vice-amiral hollandais ; 1646-1711. Servit sous Ruyter, eut la plus grande part a la victoire de la Hogue (1692), par sa bravoure et ses savantes manœuvres.

ALMONTE. Riv. d'Espagne (Estramadure), affl. g. du Tage, dont le cours est de 120 kil. ||
ALMONTE. 5,000 h. Vle de l'Espagne prov. et à 38 kil. E. de Huelva (Andalousie), à 45 kil. de Séville. Centre commercial important. || **ALMONTE** 4,000 h. Vle de la prov d'Ontario (Dominion) Usines, lainages.

ALMONTE (Jean-Népomucène) 1804-1869. Général et homme politique mexicain né à Valladolid (Michoagan),m. à Paris. Fils de don Morelos, prêtre qui s'était fait général contre l'Espagne au Mexique, et qui fut fusillé ; il dut s'exiler à la Nouvelle-Orléans jusqu'on 1822, d'où il fut rappelé par Iturbide. Colonel; attaché à la légation mexicaine en Angleterre ; député jusqu'en 1828; ministre au Pérou jusqu'en 18 34 ; prend part à l'expéd. du Texas comme aide de camp de Santa-Anna; quelque temps prisonnier ; général de brigade, 1839; ministre de la Guerre ; chargé de missions aux États-Unis et en Europe. Il se trouvait à Paris lorsque Juarez s'éleva à la présidence, il se déclara contre lui, et rentra dans sa patrie (1862) à l'occasion de l'expédition française ; mais il la devança à Mexico, où exerça en grande partie le pouvoir civil et militaire dans un triumvirat, puis il resta seul maître jusqu'a l'arrivée de Maximilien. L'empereur Maximilien le fit lieutenant de l'empire (1864), puis grand maréchal, ministre plénipotent. à Paris où il est resté jusqu'à sa mort.

ALMOPES. s. m. pl. Anc. peuple de Macédoine entre l'Eordœa et la Pelagonia.

ALMOPS (*Almopsus*).Nom d'un fils de Neptune et d'Athamantis ; il fut un des géants qui déclarèrent la guerre à Jupiter.

ALMORA. 6,000 h. Vle forte de l'Hindoustan septent ; capit. du Kémaoun, bâtie dans l'Himalaya occid. où le Gange a ses sources sur une montagne, à 1,800 m. au-dessus du niveau de la mer. Au pouvoir des Anglais depuis 1815. Commerce avec le Népaul.

ALMORAVIDES (c.-à.-d. *Religieux* ou *Dévoués au service de Dieu*). s. m pl. Secte et dynastie arabe qui régna en Afrique et en Espagne de 1030 à 1146 et fut dépossédée par les Almohades. Vers le milieu du XIe siècle, les déserts au dela de l'Atlas appelés pays de Senhadjeh, étaient parcourus par les tribus arabes himyarides de Djoudola et de Lamtouna, lorsqu'un nommé Abdallah-ben-Yassim entreprit, à la prière de Yahia-ben-Ibrahim, roi du Senhadjeh, de réformer leur ignorance et leur grossièreté ; mais ses prédications n'ayant pas réussi il se retira dans une île avec Yahia et sept disciples. Leur nombre s'accrut et Abdallah se vit bientôt à la tête de plusieurs milliers de prosélytes qu'il envoya prêcher chacun dans sa tribu, leur enjoignant d'employer la force lorsque la persuasion serait inefficace. Par ce moyen les Lamtouna, les Djoudola et les tribus berbères voisines subirent les lois d'Abdallah (1042) qui leur donna le nom d'Almoravides ou Morabites (El-Morabethoun, religieux, dévoués à Dieu, marabouts). Yahia étant mort, Abdallah fit élire Yahia-ben-Omar, de la tribu de Lamtouna, et exerça le pouvoir sous son nom. Il envahit alors le Maghreb, qu'il enleva aux Zégris, et mit a la place de Yahia-ben-Omar, qui venait de périr dans une expédition contre les nègres, Abou-Bekr-ben-Omar, qui bâtit Maroc ; puis, s'en retournant dans le désert, il périt dans une bataille rangée contre les puissantes tribus de Barakaouata en 1059 (451 de l'hégire). Yousouf-ben-Tasfin succéda à Abou-Bekr en 1061 ; il s'empara de Ceuta et de Fez et à la demande de treize émirs d'Espagne, passa dans ce pays, défit entièrement les chrétiens à Zalaca, près de Badajoz, 28 oct. 1086. Alors Yousouf, se tourna contre ses alliés,et s'empara de Grenade, Séville, Cordoue, Ronda et Almeria, 1090. L'infortuné Abad III, qui après avoir appelé les Almoravides, s'était allié avec Alphonse VI de Castille, pour leur résister, fut pris dans Séville et transporté en Afrique avec ses enfants et cent de ses femmes, 1092. Pour le nourrir dans sa prison, ses filles furent obligées de travailler de leurs mains Ce renversement de fortune et le souvenir regretté des tours dorées de Séville lui inspirèrent durant sa captivité des élégies dans lesquelles il console ses filles, et se donne en exemple aux rois trop confiants dans leur prospérité. Yousouf mourut à Maroc en 1106, agé de cent ans. Il s'était fait reconnaître par le calife fatimite d'Egypte. Son fils Ali confia la guerre sainte à son gendre Témin qui battit les chrétiens à Uclès (1108), et trois ans plus tard envahit les Algarves et le Portugal. C'en était fait peut-être des chrétiens d'Espagne si d'autres soins n'avaient rappelé en Afrique Ali qui avait passé la mer avec de grandes forces. Dès ce moment l'histoire des Almoravides n'a plus à enregistrer qu'une suite de désastres. Plusieurs fois vaincu par les *Almohades* (V. ce mot), Ali mourut en 1043. Son fils Tasfin, assiégé dans Oran, périt en voulant s'enfuir et le dernier des Almoravides, Isaac, pris dans Maroc, fut tué avec tous les grands, 1046. Voici la liste des Almoravides :

Yahia Ier ben-Ibrahim	1086
Yahia II ben-Omar	1045
Abou-Bekr-ben-Omar.	1056
Yousouf-ben-Tasfin	1061
Ali-ben-Yousouf	1106
Tasfin-ben-Ali	1143
Isaac-ben-Tasfin	1145

Les derniers débris des Almoravides se réfugièrent dans le désert, où ils se perpétuèrent jusqu'à nos jours. On les connaît sous le nom, de marabouts, et ils constituent encore de puissantes tribus.

ALMQUIST (Karl-Jonas-Ludwig). Poète et romancier scandinave. 1793-1866. Nombreux ouv. de grammaire, mathématique, histoire.Poésies: *Roses d'églantier*; romans : *Les seigneurs d'E-kolsund*; *Mimanso*; *Amorina*; *Amélie Hillner.*

ALMUCÉDIE. s. f. Astr. Une des étoiles de la constellation de la Vierge.

ALMUCHABALA. s. f. (al-mou-tcha-ba-la ; — mot arabe). Syn. de *alchimie*; recherche de la pierre philosophale.

ALMUDE. s. f. (port. *almude*, arabe *al-moudd*). Mesure de capacité en Portugal; elle varie suivant les localités et vaut en moyenne environ 20 litres.

ALMUGÉE ou **ALMUGIE.** s. f. Astrol. Se dit de deux planètes, quand elles se regardent du même aspect que leurs maisons. Ainsi l'on dit que Jupiter et le Soleil sont en almugie, quand ils se regardent de trine, parce que le Lion et le Sagittaire, qui sont leurs maisons, se regardent aussi de trine.

ALMUNECAR. 6.000 h. Vle maritime d'Espagne, prov. et à 62 kil. S. de Grenade (Andalousie). Coton, canne à sucre; station pour le commerce de cabotage.

ALMUNIA-DE-DONA-GODINA. 4,030 h. Pia. vle d'Espagne, prov. et à 60 kil. S.-O. de Saragosse (Aragon). Mines de galène argentifère.

ALNANDER (Olaf-Jean). Antiquaire et bibliographe suédois, XVIIe et XVIIIe siècles. *Historia artis typographicæ in Suevia*, Upsal, 1722.

ALNE. Riv. d'Angleterre, qui prend sa source sur les frontières d'Écosse, arrose le Northumberland et se jette dans la mer du Nord. || **ALNE.** Célèbre et riche abbaye des Pays-Bas, cant. de Thuin, incendiée pendant la révolution française, et dont les ruines imposantes sont fort visitées encore aujourd'hui.

ALNITE. s. f. (lat. *alnus*, aune) Végétal fossile des terrains tertiaires, remarquable par la conservation des organes de la fructification.

ALNÖ. Petite île suédoise du golfe de Botnie.

ALNWICK. 6,691 h. Vle d'Angleterre, comté de Northumberland sur l'Alne, à 6 ou 7 kil. de la mer du Nord. Beau château, résidence des ducs de Northumberland, encore entouré de murs crénelés, et portant des statues d'hommes d'armes. Bière, cuirs et briques Patrie de l'astronome Airy.

ALOADES. V. *Aloïdes*.

ALOCASIE. s. f. Bot. Plante de la fam. des aroïdées, originaire de l'Inde; se cultive dans nos jardins, pour la beauté de son feuillage.

ALODE. s. m. et adj. (du b. lat. *allodium*, alleu). Jurisp. anc. Bien possédé en franc-alleu.

ALOÉENNES. s. et adj. pl. (gr. *alós*, aire où l'on bat le blé). Antiq. gr. Fêtes grecques en l'honneur de Cérès et de Bacchus.

ALOÈS. s. m. (on pron. l's; — de l'hébreu *alua*, chose amère). Bot. G. de liliacées qui a donné son nom à la tribu des aloïnées. Originaires des pays chauds et surtout de l'Afrique tropicale, ces plantes sont ordinairement ligneuses, à feuilles épaisses et charnues, souvent hérissées d'aiguillons et renferment un suc résineux très amer, employé en médecine sous le nom d'*aloès officinal*. Les fleurs forment un bouquet terminal ou axillaire en forme de grappe ou d'épis. Plusieurs variétés d'aloès sont cultivées dans nos jardins. Presque toutes fleurissent en été; l'aloès vulgaire fleurit en hiver dans la serre. L'aloès se multiplie de semence, d'œilleton ou de boutures. En hiver, il lui faut une température de 4 ou 5 degrés, au moins; pas d'arrosage en hiver, en été de modérés et réguliers. Le bois odorant connu sous le nom de *bois d'aloès* n'appartient pas à cette famille. || Pharm. Suc extrait de plusieurs espèces de plantes du g. aloès ; c'est un purgatif drastique énergique. L'île des Barbades et la colonie du Cap en fournissent la plus grande partie. Le plus pur est celui qui s'écoule de la section pratiquée à la base des feuilles; ce suc, soumis à l'ébullition, perd une partie de son eau et s'épaissit; on le verse alors dans de larges gourdes ou dans des caisses, pour l'y laisser durcir. Parfois on fait des décoctions des feuilles, puis on clarifie et épaissit le suc par l'évaporation. C'est alors une substance résineuse, cassante, de couleur foncée, à saveur très amère; on en extrait un principe cristallisé, l'*aloïne*, moins actif que le suc lui-même. Les principales variétés d'aloès sont : l'*a. socotrin* ou *succotrin*, d'o leur agréable rappelant la myrrhe, d'un brun rougeâtre, et parfois ayant l'aspect du foie, d'où le nom d'*a. hépatique* qu'on lui donne alors; cet aloès est fourni par les côtes orientales de l'Afrique, surtout par l'île de Socotora; L'*a. des Bar-*bades rappelle la couleur du chocolat; il est d'aspect cireux et plus dur que le précédent; l'*a. du Cap* a une cassure conchoïdale, brillante, et l'odeur de souris. Très employé en médecine, l'aloès s'administre sous forme de poudre (10 à 2 centigr. comme stomachique, 1 à 2 gr. comme purgatif; mais celui des Barbades à dose cinq fois moins forte); de teinture (30 centig. à 1 gr.). Parfois on l'associe à d'autres substances qui corroborent son action : gomme-gutte, savon médicinal, etc. Il entre dans une foule de préparations complexes : pilules *ante cibum*, pil. écossaises, grains de santé, élixir de longue vie que remplace en Angleterre l'élixir sacré. Son action est purgative et détermine un flux de bile; contrairement aux autres purgatifs, il excite l'appétit; il tend à congestionner les organes contenus dans le bassin; aussi l'emploie-t-on pour ramener le flux hémorroïdal et combattre l'aménorrhée. On s'en sert quelquefois comme anthelminthique contre les oxyures vermiculaires. Très employé jadis à l'extérieur, et avec raison, la médecine vétérinaire s'en réserve aujourd'hui l'emploi, à ce point de vue. || *Fil d'aloès* ou *de pite*. Sorte de filasse, constituée par des faisceaux fibro-vasculaires que l'on extrait de l'agave américaine (cultivée en Espagne, en Portugal en Italie, en Sicile, en Algérie), avec laquelle on fabrique des cordages, des tapis, des étoffes grossières.

ALOÉTATE. s. m. Chim Sel formé par la combinaison de l'acide aloétique avec une base.

ALOÉTINE. s. f. Chim. Suc d'aloès purifié, peu soluble dans l'eau; elle devient purgative quand elle a été altérée par l'action de l'air et de la chaleur.

ALOÉTIQUE. adj. 2 g. Qui contient de l'aloès. Pilules aloétiques. Acide aloétique. || Subst. Un aloétique.

ALOEUS. Myth. gr. Géant, fils de Titan et de la Terre. || Fils du Soleil et de Circé.

ALOEXYLE. s. m. (de *aloès* et gr. *xulon*, bois). Bot. Arbre de la Cochinchine, qui, d'après Loureiro, produit le véritable bois d'aloès. V. *Agalloche*.

ALOGANDROMÉLIE. s. f. (gr. *alogos*, anormal; *aner*, *andros*, homme ; *melos*, membre). Térat. Monstruosité consistant dans la réunion d'un corps de bête et de membres humains. Dans la réalité cette monstruosité n'est jamais qu'une apparence.

ALOGES ou **ALOGIENS.** s. m. pl. (gr. *a* priv.; *logos*, verbe). Secte d'hérétiques du IIe s., qui niaient la divinité et l'éternité de J.-C. ou du Verbe (*Logos*), et contestaient l'authenticité de l'Évangile de S. Jean et de l'Apocalypse. || Nom donné plus tard, en Hollande, aux Sociniens, qui niaient la divinité de J.-C.

ALOGIE. s. f. (gr. *a* priv.; *logos*, discours). Schol. Absurdité, impertinence.

ALOGOTROPHIE. s. f. (a-lo-go-tro-fi ; — gr. *alogos*, disproportionné; *trophé*, nutrition). Méd. Irrégularité dans la nutrition d'où résulte une disproportion des organes

ALOI. s. m. (composé de *a*, et de *loi* qui, dans notre vieille langue, a eu le sens de titre des monnaies). Titre légal de l'or et de l'argent. Or, argent, pièce de bon, de mauvais aloi. Aujourd'hui le mot *titre* remplace le mot aloi. || Par ext. Qualité bonne ou mauvaise d'une chose. Marchandises, étoffes, vers, style, comédies de mauvais aloi. || Se dit aussi des personnes. Homme de bas aloi, c.-à-d. D'une basse condition, d'une profession vile, ou méprisable par lui-même. || Loc. Façon d'agir de mauvais aloi, c.-à-d. Qui n'est pas délicate.

ALOIDES. s. m. pl. Deux géants, fils de Neptune et d'Iphimélie, femme d'Aloéus, qui voulurent, en entassant sur l'Olympe, le Pélion et l'Ossa, détrôner Jupiter; ils furent précipités dans les enfers.

ALOÏN. s. m. ou **ALOÏNE** s. f. Chim. Aloétine non purifiée.

ALOÏNÉ, ÉE. adj Bot Qui ressemble à l'aloès **ALOÏNÉES.** s. f. pl. Tr. de la fam. des liliacées, renfermant les g. *aloès* et *yucca*.

ALOÏQUE. adj. Chim. Se dit d'un acide que l'on obtient en traitant l'aloès par l'acide sulfurique.

ALOISDORF. 2,500 h. Vle d'Autriche (Moravie). Forges importantes, 24,000 quint par an.

ALOISI (Balthasar), dit *Galanino*. 1578-1638. Peintre de Bologne, élève et parent de Carrache; fut surtout portraitiste.

ALOÏSOL. s. m. Chim. Huile incolore obtenue en distillant l'aloès avec la moitié de son poids de chaux vive.

ALOMANCIE. s. f. (gr. *als*, sel ; *mantéia*, divination). Divination par le sel. Les anciens avaient un grand respect pour le sel. Homère l'appelle divin. Ils sanctifiaient leurs tables par les salières; et si l'on avait oublié d'en mettre une, la table était profanée, et l'on était menacé de quelque malheur, aussi bien que quand on la laissait sur la table et qu'on s'endormait avant que de l'avoir serrée. Cette superstition trouve encore place aujourd'hui dans l'esprit de plusieurs personnes qui souffrent qu'avec peine qu'on oublie de mettre une salière sur la table ou qu'on y renverse le sel.

ALOMANCIEN, IENNE. adj. et s. Qui s'occupe d'alomancie. Qui a rapport à l'alomancie.

ALOMPRA ou **ALAONG-D'HOURA.** 1710-1769. Chef de la dynastie actuelle des Birmans, délivra son pays du joug des Pégouans.

ALONCLE (Ant.-Félix). Officier et publiciste français, né en 1824. A servi dans l'artillerie de marine; lieutenant-colonel en 1874. *Études sur l'artillerie rayée de marine*, 1864; *Perforation des cuirassés en fer*, 1867; etc.

ALONIA ou **LIMAN-PACHA.** Petite île de la mer de Marmara. Résidence d'un évêque grec. Vins renommés.

ALONSOA. s. f. (de *Zanoni Alonso*, botaniste espag.). Bot. G. de plantes herbacées ou frutescentes, voisin des *verbascum*, originaire des Andes chiliennes et péruviennes, se cultive dans nos serres d'Europe.

ALONZO (S.) Archev. de Tolède. V. *Ildefonse*.

ALOPA (Laurent d'). Imprimeur italien, né à Venise, exerça son art à Florence vers la fin du XVe s. et se livra surtout à l'impression d'auteurs grecs.

ALOPE. Myth. Nom d'une des Harpies.

ALOPECE. Géog. anc. Bg de l'Attique; patrie d'Aristide et de Socrate.

ALOPÉCIE. s. f. (gr. *alópéx*, renard, par analogie avec cet animal qui perd ses poils à certains moments de l'année). Méd. C'est la chute totale ou partielle des cheveux ou des poils. Quelquefois les enfants naissent absolument glabres, c'est l'*alopécie congénitale*, laquelle peut persister plus ou moins longtemps On appelle *alopécie sénile* celle qui a lieu, naturellement, à une époque qui varie beaucoup suivant les personnes : les cheveux blanchissent, puis tombent pour ne pas se reproduire; c'est ordinairement le front qui se dénude le premier. La calvitie est dite *prématurée* quand elle se produit pendant la jeunesse. Les causes de l'*alopécie naturelle* sont les excès de travail, les veilles, les fatigues excessives et surtout l'hérédité. Elle est plus rare chez la femme que chez l'homme, sans que l'on sache bien à quoi attribuer cette différence. Cette affection paraît incurable. On appelle *alopécie pathologique* celle qui dépend de causes externes, comme brûlures, traumatismes ayant détruit plus ou moins le cuir chevelu, et surtout de causes internes : érysipèles, fièvres éruptives, phtisie, diabète, scorbut, convalescence des maladies graves, affections constitutionnelles : dartres, scrofule, surtout syphilis, etc., certaines affections parasitaires : teigne. Ne pas employer de brosses dures, de peignes fins, de cosmétiques irritants, ni de corps gras qui, en agglutinant les cheveux, empêchent le contact de l'air dont l'action est favorable. Tenir les cheveux courts, parfois même les raser, quand il n'y a pas à craindre d'irritation du cuir chevelu, il est même nécessaire quelquefois d'épiler, par exemple dans les maladies parasitaires. Si la cause est une affection squameuse, comme le pityriasis, on emploiera l'huile de cade, le goudron, les lotions alcalines; s'il n'y a pas de lésion locale : toniques, ferrugineux, astringents à l'intérieur, et lotions au zinc, au fer, à l'alun, au ratanhia. —Quant aux affections internes, les traiter comme chacune d'elles le réclame.

ALOPÉCIQUE. adj. 2 g. Méd. Qui a rapport à l'alopécie. || s. m. Individu atteint d'alopécie.

ALOPÉCURE. s. f. (gr. *alópex*, renard, et *oura*, queue). Bot. G. de graminées, plus connu sous le nom de *vulpin* ou *queue de renard*. Ce sont des plantes de taille médiocre, répandues dans les diverses parties du globe. Les fleurs sont toutes hermaphrodites et isolées dans chacun des épillets, qui sont portés sur des pédicelles assez longs mais très serrés contre l'axe commun. Il en résulte une grappe d'épis ayant l'apparence d'un épi composé. Quelques espèces font partie de la composition des prairies naturelles.

ALOPÉCUROÏDE. adj. 2 g. Bot Qui ressemble à l'alopécure. ‖ **ALOPÉCUROIDES.** s. f. pl. Section de graminées ayant pour type le g. *alopécure*.

ALOPÉUS (Maximilien, baron d'). 1748-1822. Diplomate russe, né en Finlande, m. à Francfort. Directeur de la chancellerie à St-Pétersbourg ; ministre plénipotent. à Berlin, 1790 ; mission extraordinaire en Angleterre, 1807 ; le titre de baron lui est accordé. ‖ **ALOPÉUS** (David comte d'). Frère du précédent ; diplomate. Commissaire général des armées alliées, 1814 ; gouverneur de la Lorraine, 1815 ; ministre plénipotent. à Berlin, où il mourut, 1823.

ALORA. 8,165 h. Vle d'Espagne (Andalousie), prov. et à 27 kil. N.-O. de Malaga. Ch-l. de distr. sur le rio Guadalorce et sur le ch. de fer de Cordoue à Malaga.

ALORS. adv. (l's ne se prononce pas ; — vx franç. *a l'ores*: du lat. *ad horam* ou *ad illam horam*, à l'heure, à cette heure ; — en ital. *allora*, à l'heure). En ce temps-là. Où étiez-vous alors ? ‖ D'autrefois, de ce temps-là. La mode, les manières, les hommes d'alors. ‖ Dans ce cas-là, puisqu'il en est ainsi. Eh bien! alors, que ferez-vous ? Alors, je suis de votre avis. ‖ *Jusqu'alors*, Jusqu'à ce moment-là. Des désirs jusqu'alors inconnus. ‖ *Alorsque*. S'emploie en poésie et dans le style élevé pour Lorsque : Alors qu'ils sont heureux ; et pour Quand bien même : Alors que vous seriez mon supérieur, vous ne devez pas agir ainsi à mon égard. ‖ Prov. Alors comme alors, Quand on y sera, on avisera à ce qu'il faudra faire. Vous dites que les ennemis assiégeront la ville : nous verrons ; eh bien ! alors comme alors. ‖ Syn. *Alors, pour lors, en ce temps-là*. Alors rappelle une époque étendue pendant laquelle se faisait tout un genre ou une suite d'actions. Les guerres qu'il y avait alors en Europe. Pour lors indique l'époque courte et précise à laquelle un événement particulier, unique s'est passé. Cet homme pour lors mourant. Alors s'emploie surtout avec un verbe à l'imparfait ; pour lors avec un verbe au parfait.

ALOS. 1,112 h. Vge de France (Ariège), près de Saint-Girons. Carrière de marbre. Les meilleurs fromages des Pyrénées.

ALOSE. s. f. (lat. *alosa*). Zool. Poisson de l'ordre des malacoptérygiens abdominaux, fam. des harengs. Habite la mer près de l'embouchure des fleuves, qu'il remonte au printemps à de grandes distances, pour frayer. Comme il mord peu à la ligne on le prend au moyen de filets Il peut atteindre jusqu'à 1 m. de long, sa chair est délicate et recherchée. L'alose n'est très bonne que lorsqu'elle a été pêchée dans les fleuves ou les rivières. On en extrait une huile pour le travail des cuirs et la peinture.

ALOSER v. a. (vx franç. *los*, louanges) Louer.

ALOSIER. s. m. Filet pour prendre les aloses.

ALOST. 21,700 h. Vle de Belgique (Flandre orient.), ch.-l. d'arr. sur la g. de la Dendre, à 27 kil. S.-E. de Gand. Fabriques de toiles, de dentelles, etc. Com. de tissus et de houblon. Bel hôtel de ville, style gothique. L'église collégiale de Saint-Martin est aussi un monument remarquable, quoique inachevé. Patrie de Martens qui introduisit l'imprimerie en Belgique. Ancienne capitale de la Flandre autrichienne, prise par Turenne en 1667.

ALOUATE ou **ALOUATTE.** s. m Sous-genre de singes appelés *mycétes* ou singes hurleurs, du g. *sapajou*. Tête pyramidale et allongée, angle facial très aigu, voix très retentissante. Ces animaux habitent les régions chaudes de l'Amérique du S. On leur fait une chasse active. Leur chair est assez bonne, et la peau de plusieurs espèces est employée dans l'économie domestique.

ALOUCHI. s. m. (a-lou-chi). Résine, très estimée à Cayenne, obtenue à l'aide d'incisions faites à l'écorce de l'*icica heterophylla*, plante de la Guyane, du groupe des térébinthacées-bursérées.

ALOUE. s. f. Ancien nom de l'alouette.

ALOUETTE. s. f. (dimin. du vx mot franç. *aloue* ; du lat. *alauda*, mot emprunté au gaulois par les Romains. La racine primitive de ce mot paraît être *alc-houëder* et *alc-kouëdor* qui en bas breton signifie alouette). Oiseau de l'ordre des passereaux, famille des conirostres. Très commun dans tout l'ancien continent. Insectivore et granivore, fait son nid sur le sol ; s'élève dans l'air, en chantant, jusqu'à de grandes hauteurs. C'est un gibier estimé. Le chant de l'alouette Tendre aux alouettes. Manger des alouettes. Faire venir de Pithiviers un pâté d'alouettes. L'alouette est la fille du jour ; dès qu'il commence, quand l'horizon s'empourpre et que le soleil va paraître, elle part du sillon comme une flèche et porte au ciel l'hymne de joie. (Michelet.) L'alouette qui chantait en montant vers les cieux lui semblait être la voix de son cœur, rendant grâces à la Providence! (G. Sand) ‖ Prov. Il attend que les alouettes lui tombent toutes rôties, Se dit d'un homme qui ne sait pas se remuer. —Se lever au chant de l'alouette, Dès le point du jour. — Manger comme une alouette, Manger très peu, faire la petite bouche. ‖ Zool. On distingue l'alouette *commune* ou se tient principalement dans les guérets ; le *cochevis* ou alouette *huppée* qui semble affectionner le voisinage des grandes routes ; le *pipi* ou *cujelier* dont le vol est plus lourd, se tient dans les endroits couverts ; la *calandre* ou grosse alouette ; la *spipolette* ou alouette des champs ; la *rousseline*; la *farlouse* ou alouette des arbres. Les alouettes font plusieurs couvées par an ; à l'approche du froid elles se rassemblent en masses très considérables ; on peut les considérer, au point de vue légal, comme oiseaux de passage. L'emploi des nappes, des collets et des gluaux peut donc être autorisé à leur égard par les arrêtés préfectoraux comme moyens de chasse exceptionnels En hiver, lorsqu'il y a de la neige, on prend un nombre incroyable d'alouettes dans l'Indre et quelques autres départements du centre, avec une ficelle très longue (de 20 à 100 mètres) garnie de collets ; cet engin s'appelle, en langage du pays, *saunée*. On chasse aussi les alouettes au miroir avec le fusil ; la chasse au moyen de nappes se fait également au miroir; on peut encore s'aider d'appelants et de mouvants; cette chasse n'est praticable qu'au soleil ; le temps le plus favorable est depuis le mois de juillet jusqu'à la fin d'octobre. — On désigne aussi sous le nom d'*alouette de mer* ou *petite maubêche*, un oiseau de passage de l'ordre des échassiers, fam. des longirostres, genre *bécasse*, gros comme l'alouette commune, et qu'on trouve en bandes nombreuses, pendant l'hiver, en France et en Angleterre. ‖ Hist. *Légion de l'Alouette*, Composée exclusivement de Gaulois, que César avait levée dans les Gaules ; il lui donna le nom gaulois d'*alauda*, alouette, qui désignait un oiseau national. ‖ Syn. *Alouette, mauviette*. L'Académie définit la mauviette, espèce d'alouette grasse; d'autres appellent mauviette, l'alouette commune. Disons plutôt que ces deux mots désignent un seul et même oiseau, qui s'appelle alouette pour le naturaliste, le poète et pour tout le monde quand il chante au printemps, et mauviette, quand il est gras, quand il est sur nos tables, ou plutôt sur la table des Parisiens, car le nom de mauviette n'est guère usité que dans cette ville et dans les livres de cuisine.

ALOUETTES (mont des). Une des sommités des collines du Poitou; 231 m. d'altitude. Des moulins à vent placés à son sommet servirent de signaux conventionnels aux Vendéens dans les guerres de la Révolution.

ALOURDIR. v. a (de *lourd*). Rendre lourd, appesantir, au prop. et au fig. La chaleur m'alourdit. Les années alourdissent. ‖ S'**ALOURDIR**. v pr. Devenir lourd. La tête du malade s'alourdit ‖ **ALOURDI, IE.** p. pas. Alourdi par le bruit. Alourdi par l'âge.

ALOURDISSANT, ANTE. adj. Qui alourdit, qui est de nature à alourdir. Chaleur alourdissante.

ALOURDISSEMENT. s. m. État de celui qui est alourdi, de ce qui est alourdi. L'alourdissement des sens.

ALOUVRY (Guy) 1801-1873. Prélat franç., né à Londres, m. à Paris. Élève de Saint-Sulpice de Paris, vicaire à l'Assomption de la même ville ; chanoine de Beauvais, 1825; évêque de Pamiers en 1846, démissionnaire en 1856. *Tableaux synoptiques raisonnés de chronologie et d'hist. universelles* ; trad. de la *Démonstration évangél.* de Huet.

ALOUVI, ALLOUVI, IE adj. Qui est affamé, qui a une faim de loup. Mot tombé en désuétude.

ALOXE. 265 h. Vge de France (Côte-d'Or), à 5 kil. de Beaune. Vins renommés sous le nom de *Corton*.

ALOYAGE. s. m. (a-loi-ia-je). Action d'aloyer ; résultat de cette action. ‖ Alliage dont se servent les potiers d'étain.

ALOYARD. s. m. Nom vulg. du *peuplier*, dans le centre de la France.

ALOYAU. s. m. (a-loi-io; — étym. inconnue). Pièce de la chair du bœuf située le long du dos. Il y a l'aloyau de la première, de la seconde et de la troisième pièce Plat d'aloyau. Aloyau rôti, braisé. Syn. le *râble*, le *travers*.

ALOYER. v. a (a-loi-ié). Techn. Donner à l'or et à l'argent l'aloi ou le titre requis. ‖ Mettre un alliage dans l'étain.

ALOYSIE. s. f. Plante verbénacée, syn. de *verveine*.

ALPACA. s. m Quadrupède ruminant sans cornes, g. *lama*, originaire des Cordillères (Amérique du Sud). La toison de l'alpaca est formée de poils laineux, très fins et très longs (ils atteignent parfois 30 centimètres) et de poils soyeux sur les parties rases du corps. Depuis 1860 on a essayé d'acclimater cet animal en France. Cette naturalisation qui serait très utile pour l'industrie n'a pas encore complètement réussi.

ALPAGA. s. m. Étoffe de laine faite avec le poil de l'alpaca.

ALPAGALLOS. s. m. Sandales en cordes de laine d'alpaca dont se servent les Péruviens.

ALPAGE. s. m. Droit de faire paître les troupeaux dans les Alpes.

ALPAGNE. s. f. Vigogne à jambes courtes, qui sert de bête de somme au Pérou ; elle fournit une laine excellente.

ALPAÏDE. Femme de Pépin d'Héristal et mère de Charles Martel, née près de Liège, vivait au VIIIe s. A la mort de Pépin, elle se retira dans un couvent près de Namur, pour fuir le ressentiment de Plectrude, première femme de ce prince.

ALPAIX (Ste). 1130-1210 Bergère née à Cudot (Yonne), canonisée en 1874. F. 3 novembre.

ALPAM. s. m. (al pamm). Nom vulg. du *bragantia Wallichii*, au Malabar, où il passe pour souverain contre les ulcères et la morsure du cobra. (V. *Brigante*)

ALPAMATO. s. m. Nom vulg. du *psidium thea* de la République Argentine. Les indigènes emploient ses feuilles aromatiques stimulantes en guise de thé.

ALP-ARSLAN (en turc, *Brave lion*). 2e sultan seldjoucide, né vers 1028, succéda (1063) à son oncle Togrul-beg, conquit l'Arménie, la Géorgie, battit et fit prisonnier l'empereur grec Romanus Diogène (1071) et assura par là la domination des Turcs en Asie Mineure ; puis il étendit ses conquêtes du Tigre à l'Oxus, traversa ce fleuve avec 200,000 hommes, pour s'emparer du Turkestan ; mais il fut poignardé par le gouverneur de la forteresse de Berzein, qu'il venait de condamner à mort.

ALPARGATTAS. s. f. pl. (tass; — mot esp) Chaussures grossières de jonc ou de cordes tressées, en usage chez les paysans espagnols.

ALPAVIGOGNE s. m. Zool. Métis d'alpaca et de vigogne (Pérou). Sa laine est presque aussi longue que celle de l'alpaca et presque aussi fine que celle de la vigogne.

ALPE. s. f (du celt. *alp*, hauteur, montagne. Aujourd'hui les habitants de toute la chaîne appellent *alpes* (alp) les hauts pâturages des montagnes). Lieu élevé, montagne. Ce lac, cette allée, ces deux petites alpes, il les enferma dans une enceinte. (Balz.) ‖ Fig. Point extrême où peut s'élever une passion, un sentiment. Je tenais l'une de ses mains, et nous gravissions les alpes du sentiment. (Balz.)

ALPES. s. f. pl. Grand système de montagnes de l'Europe centrale, formant la région culminante du continent européen, et séparant les bassins maritimes. Elles enveloppent la Haute-Italie qu'elles séparent de la France, de la Suisse et de l'Autriche allemande. La chaîne des Alpes a la forme d'un arc ; elle s'étend depuis le col de Cadibone, au nord de Savone, près du golfe de Gênes, jusqu'au mont Bittoray, près de Fiume, en Illyrie. Quelques géographes la font commencer au mont Ariol et aboutir au rameau qui se termine près de Vienne. La première circonscription est plus géographique et mieux fondée sur l'histoire. L'état-major sarde met le point de départ au col San-Bernardo, où passe la route d'Albenga à Turin par Mondovi. Les divers points de départ sont peu éloignés les uns des autres. Le développement total de la chaîne est d'environ 1,200 kil. On la divise en trois grandes masses : les *Alpes Occidentales*, du col Cadibona au mont Saint-Gothard ; les *Alpes Centrales*, du Saint-Gothard au mont Septimer ; les *Alpes Orientales* , du mont Septimer au mont Bittoray. Ces trois parties se subdivisent en 9 sect. : *Alpes Occidentales* : 1° Alpes Maritimes ; 2° Alpes Cottiennes ; 3° Alpes Grées ; 4° Alpes Pennines ; — *Alpes Centrales* : 5° Alpes Centrales ; — *Alpes Orientales* : 6° Alpes Rhétiques ; 7° Alpes Carniques ; 8° Alpes Juliennes ; 9° Plateau de la Carniole. Du col de Cadibone partent les Apennins qui partagent l'Italie en deux. (V. *Apennins*.) || 1° *Alpes Maritimes*. Elles s'étendent du S. au N. entre le col de Cadibone et le mont Viso, sur une longueur de 200 kil. environ ; leur hauteur moyenne est 1,950 m. ; elles séparent la prov. de Coni (Italie) des dép. français des Alpes-Maritimes et des Basses-Alpes. Sommets les plus élevés : le mont Gioje (2,630 m.), le mont Longet (3,153 m.), le Grand-Ruren (3,341 m.) et le mont Viso (3,840 m.). Principaux cols ou passages : le col de San-Bernardo (1,006 m.), (route d'Albenga à Ceva) ; le col de Nava (960 m.), (route d'Oneglia à Turin) ; le col de Tende ou de Cornio (1,873 m.), (route de Nice à Turin) ; le col de Larche, (1,995 m.) (route de Barcelonnette à Coni) ; le col de l'Argentière, le col d'Agnello (2,796 m.) par lequel François 1er entra en Italie, en 1515. Rivières qui descendent des Alpes-Maritimes : sur le versant français : la Roya, le Var, le Verdon et l'Ubaye ; sur le versant italien : la Bormida, le Tanaro, la Stura, la Maira, la Vraita. Contre-forts, sur le versant français : les *Alpes de Provence* ; sur le versant italien : les collines du Montferrat. Les Alpes de Provence, entre le Var et le Verdon, présentent les monts Saint-Michel, Pela ou Pelet (3,054 m.), Valplane, Taillon et Audiberge. La chaîne porte alors le nom de monts *Esterel* (V. ce mot). || 2° *Alpes Cottiennes*. Depuis le mont Viso jusqu'au mont Cenis. Ce nom leur a été donné en souvenir de Cottius, roi d'un petit État de ces contrées, au temps d'Auguste , qui ouvrit une route aux Romains dans la vallée de Suze. Étendue, 120 kil. ; hauteur moyenne 2,175 m. Elles séparent la province de Turin des dép. français des Hautes-Alpes et de la Savoie. Sommets les plus élevés : le mont Tabor (3,212 m.) ; le mont Genèvre (3,592 m.), le mont Fréjus (2,905), au-dessous duquel a été creusé, à 1,203-1,395 m., le tunnel du chemin de fer de Lyon à Turin. Ce tunnel inauguré en 1871 a 12 kil. de longueur. Principaux cols : celui d'Abriès, entre Montdauphin et Pignerol ; le col du mont Genèvre (1,860 m.), (route de Briançon à Suze et Turin), que Charles VIII traversa pendant son expédition en Italie ; le col du mont Cenis, (2,098 m.), (route de Saint-Jean-de-Maurienne à Pignerol). Rivières, sur le versant français : le Guil et la Durance ; sur le versant italien : le Clusone et la Doire-Ripaire. Contre-forts, sur le versant français : les *Alpes du Dauphiné* et les *Alpes de Maurienne*. Les Alpes du Dauphiné, dont les rameaux sont nombreux, séparent la vallée de la Durance de celles de l'Isère et de la Drôme ; elles constituent les massifs du Pelvoux (3,954m.), des Arsines ou Barre des Escrins (4,105 m.) et les montagnes de l'Oisans. On y trouve l'Aiguille-Noire (3,200 m.), le Dévoluy (2,793 m.), le mont Ventoux (1,912), point de départ des Alpes, d'après quelques géographes, les monts de Lure et de Leberon, etc. — Les Alpes de Maurienne, séparent la vallée de l'Arc de celles de la Romanche et de l'Isère ; les principaux sommets sont le pic des Trois-Ellions (3,509 m.), le rameau des Grandes-Rousses, montagnes formées de calcaires jurassiques, âpres et couvertes de glaciers. Du côté de l'Italie, les contre-forts sont moins importants. || 3° *Alpes Grées* (*Graiæ* ou *Grajæ*, Rocheuses ; du gaël. *craig*, rocher ; Alpes Grecques est un non-sens). Elles s'étendent entre le mont Cenis et le mont Blanc, sur 100 kil. environ, et séparent le dép. de la Savoie de la province de Turin; hauteur moyenne 2,175 m.; sommets les plus élevés : le mont Cenis (2,896 m.), le mont Iseran (4,045 m.). Principaux

cols : celui du mont Cenis (2,082 m.), (route de France en Italie faite en 1810, par St-Michel et Suze, et chemin de fer établi sur la route en 1864, d'après le système Fell) ; le col du Petit-Saint-Bernard (2,177 m.), (route muletière de Moutiers à Aoste) ; la se trouve un hospice, asile pour les voyageurs. Rivières, du côté de la France : l'Arc et l'Isère , du côté de l'Italie : l'Orco et la Doire-Baltée. Contre-forts, sur le versant français : les *montagnes de la Vannoise* ou de la *Tarentaise*, entre l'Arc et l'Isère, avec les pics du Chat et de l'Aiguille (3,863 m.) ; les *Alpes de Savoie*, entre l'Isère et le Rhône, aux ramifications nombreuses, et dont les principaux sommets sont : le Tournette, le mont Joli, le Parmélan, le massif de la Grande-Chartreuse, etc. Du côté de l'Italie : le massif du Grand-Paradis, chaos de pics et de glaciers. || 4° *Alpes Pennines* ou *Valaisannes* (du celt. *pen*, tête, sommet). Les Alpes Pennines ou du Valais, entre le mont Blanc et le Saint-Gothard, s'étendent sur une longueur de 200 kil. et sont les plus élevées de toute la chaîne ; hauteur moyenne 3,300 m. Elles séparent la Savoie (France) et le Valais (Suisse) des provinces de Turin et de Novare (Italie). Le mont Blanc est le point le plus élevé des Alpes (4,810 m.) De ce point central, les Alpes vont toujours en diminuant d'élévation , soit du côté de l'Adriatique, soit du côté de la Méditerranée. Autres principaux sommets : le Grand-Saint-Bernard (3,490 m.), le mont Cervin (4,482 m.), Grand-Combin ou Graffeneire (4,317 m.), le mont Rosa (4,638 m.), le mont Simplon (3,518 m.) Principaux cols : celui Grand-Saint-Bernard (2,487 m.), (route de Martigny à Aoste), célèbre par son hospice, et qui fut franchi par Charlemagne en 800, par Napoléon, juste dix siècles plus tard ; le col du Simplon (2,193 m.), que traverse la magnifique route de Genève à Milan. Sur les deux versants de cette chaîne, descendent de nombreux torrents, et une seule rivière, la Sesia du côté de l'Italie. Principaux contre-forts, sur le versant suisse : le massif des Aiguilles-Rouges, avec le mont Buet (3,109 m.), le pic de l'Argentière (3,707m.), la Dent du Midi (3,185 m.) et le col de la Balme (2,204 m.); les Mischabelhörner, appendice du mont Rosa ; sur le versant italien : la Grande-Roche (3,357 m.) et le rameau d'Ollen, avec la Corne-Blanche (3,351 m). Par leur élévation , leurs glaciers, leur conformation et leurs produits, les Alpes Pennines passent pour être les plus belles montagnes du monde Quelques géographes les divisent en deux parties : les Alpes Pennines, entre le mont Blanc et le mont Rosa; les Alpes Lépontiennes, entre le mont Rosa et le Saint-Gothard. || 5° *Alpes Centrales*. Comprises entre le Saint-Gothard et le mont Septimer, les Alpes Centrales se dirigent de l'O. a l'E., sur une étendue d'environ 100 kil. et séparent le canton suisse des Grisons de celui du Tessin et de la Valteline ; hauteur moyenne, 2,920 m. Sommets les plus élevés : le Saint-Gothard (3,171 m.), le Piz Valrhein ou Adula (3,313 m.), le Vogelsberg (3,340 m.), le Bernardino (3,089 m.) et le Splugen (3,198 m.). Principaux cols : celui du Saint-Gothard (2,114 m.), ch. de fer et route de Zurich à Milan, très importants au point de vue militaire *et commercial* ; celui du Bernardino (2,191 m.), route de Coire à Bellinzona, et du Splugen (2,150 m.), route de Coire à Milan. Avant l'établissement de cette route, Macdonald traversa, en 1800, le Splugen avec son armée, en plein hiver. Les Alpes Centrales appartiennent seules à la ligne de partage des eaux de l'Europe et donnent naissance « aux quatre grands fleuves des quatre bassins maritimes de l'Europe centrale : le Rhin, le Rhône et les deux maîtresses branches du Pô et du Danube, le Tessin et l'Ion. Le Tessin, en effet, est la vraie tête du Pô, comme l'Inn est la vraie tête du Danube. C'est par une application née par hasard en des temps d'ignorance que la source du Danube et celle du Pô ont été attribuées à des branches secondaires (Vivien de St-Martin) ». Les contre-forts, sur le versant méridional, sont : les *Alpes du Tessin*, entre le val d'Ossola et le val Levantine, et les *Alpes de la Mesoleina* entre le Tessin et l'Alda. Sur le versant septentrional, des chaînes secondaires, mais importantes remplissent la Suisse : 1° les *Alpes Bernoises* ou *de l'Oberland*, qui se détachent du Saint-Gothard et séparent les af-

fluents du Rhône de ceux de l'Aar, avec les massifs et les glaciers du Finsteraarhorn (4,275 m.), de la Jungfrau (4,167 m.), du Monch (4.104 m), de l'Oldenhorn (3,133 m.), des Diablerets (3,250 m.), etc. ; les cols du Grimsel (2,175 m.) et de Sanetsch. Les *Alpes Vaudoises*, prolongement des Alpes Bernoises sont reliées par le Jorat au système de montagnes du Jura. 2° Le groupe des *Surènes*, partant du Saint-Gothard et s'étendant entre l'Aar et la Reus, avec les monts Titlis (3,240 m.), Pilate ou Pilatusberg (2,133 m.), etc. 3° Les *Alpes des Grisons*, autre rameau très important, partant aussi du Saint-Gothard, séparent les eaux du Rhin, de celles de la Reuss et de la Linth, avec les massifs du Tödi (3,623 m.), et de nombreuses ramifications, dans l'une desquelles, entre la Reuss et la Muotta, se dresse le mont Rigi (1,828 m.), d'où l'on découvre un immense panorama. 4° Les *Alpes Algaviennes*, ou *de l'Allgau*, qui traversent le canton des Grisons, séparent le Rhin de l'Inn, et présentent les monts Albula (3,415 m.), Julier (3,385 m.), etc. De celui-ci se détachent le Rhœticon, entre les Grisons et le Voralberg et d'autres rameaux qui s'enfoncent dans la Suisse et la Bavière. Les *Alpes de Constance* de même que les *Alpes bavaroises* se rattachent aux Alpes Algaviennes. || 6° *Alpes Rhétiques* (*Alpes Rheticæ*, qui traversaient les deux Rhéties). Entre le mont Septimer et le pic des Trois-Souverains, sur 220 kil. environ ; hauteur moyenne, 2,000 à 3,000 m. ; elles séparent les Grisons de la Valteline, et coupent le Tyrol en deux parties. *Princ.* sommets : le mont Maloya, un des pics du Septimer (3,500 m.), l'Oetzthal (3,765 m.), et le pic des Trois-Souverains (3,450 m.). Cols de premier ordre : de Reschen (1,566 m.), route d'Inspruck à Milan ; du Brenner (1,362 m.), route et ch. de fer d'Inspruck à Trente. L'Etsch et l'Eisach, aff. de l'Adige, sont les principales rivières qui descendent du versant méridional de cette chaîne. Contre-forts considérables sur le même versant : les *Alpes Tyroliennes* avec les monts Ortler (3,828 m), et Tonal (3,345 m.) ; les cols de Stelvio (2,814 m.), route de Milan à Vienne, et du Torsal (2,002 m.), route de Milan à Trente. Une de leurs ramifications forme les *Alpes de la Valteline*, entre l'Oglio et l'Adda, du mont Gavio au lac de Côme. Deux autres partent du mont Torsal ; l'une se dirige sur Brescia, entre l'Oglio et la Chiese, l'autre s'étend entre la Chiese et le lac de Garde. Un troisième rameau partant du même point, se prolonge entre le lac de Garde et l'Adige et renferme les plateaux de la Corona et de Rivoli. Sur le versant septentrional, sont : les *Alpes de Salzbourg*, entre l'Inn et la Salza ; elles partent du pic des Trois-Souverains, s'étendent sur une longueur de 90 kil. et sont traversées par la route de Salzbourg à Inspruck. Du même pic se détachent les *Alpes Noriques*, qui poussent dans la direction de Vienne sur une longueur de 340 kil. et finissent près du Danube ; elles traversent l'ancien *Noricum*, aujourd'hui l'archiduché d'Autriche, la Carinthie et la Styrie, et séparent les vallées de la Salza et de l'Énns de celles de la Drave et de la Muhr ; hauteur moyenne (2,100 m.) Le sommet le plus élevé est le Gross Glockner (le Grand Sonneur). Les Alpes Noriques sont connues sous les noms particuliers de *Hohe Tauern* (hautes tours), *Radstadter Tauern* (tours de Radstadt), et *Tauern Kette*, au centre et à l'ouest ; la grande route de Gratz à Steyer les traverse. Leur extrémité qui porte le nom de *Wienerwald* finit au-dessus de Vienne en une colline aride, le *Kahlenberg* (Montagne chauve). Leurs ramifications sont nombreuses et leurs principaux contre-forts sont, sur le versant nord : le Gams Gebirge et les montagnes de la Haute-Autriche ; sur le versant sud, le Semering et les *Alpes de Styrie*, qui partent du mont Etend, séparent la vallée de la Muhr de celle de la Drave et s'étendent en Carinthie et en Styrie sur une longueur de 140 kil. Principaux cols : Katsch (route de Villach à Salzbourg), et Neumarkt (ch. de fer et route de Bruck à Klagenfurt). || 7° *Alpes Carniques* (qui traversaient le pays des *Carni*). Elles s'étendent entre le pic des Trois-Souverains et le col de Predil sur une longueur de 140 kil. et séparent la Carinthie de la Vénétie ; hauteur moyenne 1,500 m. Principaux cols : Toblach (route de Trente à Vienne), de Tarvis ou de Pondeba (route de Vienne à Venise) que les armées françaises ont traversés en 1797, 1805 et 1809. Rivières qui en descendent, au nord : la Drave et le Gail ; au sud, le Rienz et la Piave. A cette chaîne se rattachent, sur le versant italien : les *Alpes Cadoriques* entre l'Adige, la Piave et la Drenta ; les *Alpes du Frioul*, entre le Tagliamento et l'Isonzo. ‖ 8° *Alpes Juliennes*. Comprises entre le col Predil et Idria, sur une longueur de 60 kil., elles séparent le Frioul, de la Carniole, s'étendant entre la Save, aff. du Danube, d'un côté, le Tagliamento et l'Isonzo, de l'autre. Sommet le plus élevé : le mont Tergou (2,987 m.). Rivières : La Save et l'Isonzo. Contre-fort important : Karawanka-Gebirge. ‖ 9° *Plateau de la Carniole*, entre Idria et le mont Bittoray : longueur 80 kil., hauteur moyenne 1,000 m. Sommets les plus élevés : le Schneeberg (2,273 m.) et le mont Bittoray. Principaux cols : Adelsberg (route de Trieste à Layhach et ch. de fer de Trieste à Vienne) ; Logne (route de Trieste à Fiume). — Les *Alpes Dinariques*, qui tirent leur nom du mont Dinara, sont un prolongement des Alpes ; elles séparent la Dalmatie de la Turquie et se relient aux Balkans. D'après M. Vivien de Saint-Martin la qualification d'Alpes Dinariques, donnée à ce prolongement doit disparaître de la nomenclature, parce que ces montagnes ne se rattachent pas au système particulier des Alpes. « La largeur du massif des Alpes est très variable. Les Alpes Maritimes ont de 40 à 50 kil. de large entre les cols de Cadibone et de Tende. Les Alpes Maritimes septentrionales, les Alpes Cottiennes et Grées ont 125 à 150 kil. de large. Les deux chaînes des Alpes Pennines et Bernoises, avec leurs contre-forts ont aussi une largeur de 130 kil. Les Alpes allemandes et italiennes ont, entre Munich et Vérone, 250 kil. Plus à l'est, entre Vienne et Fiume, la largeur du massif atteint 330 kil. Les grands escarpements sont tous du côté de l'Italie. La température moyenne sur les hautes cîmes est — 13° à 15°. Les principaux glaciers sont ceux des Alpes du Dauphiné, des Alpes Grées (mer de glace du Montauvert), des Alpes Pennines, des Alpes Centrales (la Jungfrau, le Finsteraarhon, le Grimsel, la Furca, le Saint-Gothard), des Alpes des Grisons et des Alpes Rhétiques. ‖ *Flore et faune des Alpes*. « On peut diviser les Alpes en cinq zones : les cultures, les prairies et les chênes, jusqu'à 809 m. ; les hêtres, jusqu'à 1,332 m. ; les forêts de pins, de sapins et de mélèzes, jusqu'a 1.786 m. ; les alpes ou pâturages, jusqu'à 2,700 m. Les neiges perpétuelles, au-dessus. Partout les pâturages des Alpes nourrissent de belles races de bêtes à cornes (Suisse, Tyrol, Allemagne), ou de moutons (Alpes françaises) ; aussi les dix millions d'habitants qui peuplent les vallées du massif sont-ils presque tous pasteurs. — Quant aux animaux sauvages, il faut citer : le loup, le renard, le lynx, le chat sauvage, le chamois, la marmotte et le vautour. » (Dussieux)

ALPES (BASSES-). Dép. de la région S.-E. de la France entre les Htes-Alpes au N. ; les Alpes-Maritimes à l'E. et les montagnes qui le séparent de l'Italie ; le Var au S. ; les Bouches-du-Rhône au S.-O. ; le Vaucluse à l'O. ; la Drôme au N.-O. Il a été composé d'une partie de la Provence et de la vallée de Barcelonnette ; il est arrosé par la Durance, le Verdon, la Bléone et l'Ubaye. On y remarque le lac d'Allos. Pop. en 1801 : 133,966 h., en 1876 : 136,666 h. ; en 1881 elle est de 131,918 h. Superf. 6 954 kil. car. A peine 19 h. par kil. car. Ce départ comprend 5 arr. : Digne, ch.-l. ; *Barcelonnette, Castellane, Forcalquier*, et *Sisteron*, sous-préf. ; 30 cant. et 251 communes. Evêché de Digne, suffragant d'Aix ; Cour d'appel et Académie d'Aix. Enseignem. second.: collèges communaux à Digne, Barcelonnette, Manosque, Seyne, Sisteron ; établissements libres à Aumat, Forcalquier, Seyne. Enseignem. prim.: école normale d'instituteurs à Barcelonnette ; cours normal d'institrices à Digne ; pensionnats primaires à Castellane et les Mées. 15° corps d'armée (Marseille). — Climat froid et humide. Sol montagneux ; à peine un tiers est cultivable ; les lits des torrents en prennent 22,000 hect. Vastes pâturages ; élève de bestiaux, de vers à soie et d'abeilles ; quelques vallées produisent des céréales ; exportation de lainages, de miel, de pruneaux, etc. Mines d'argent, de fer, de plomb, de cuivre, de bismuth, de baryte, sulfate de cuivre, soufre, houille (arr. de Forcalquier). Établissement balnéaire à Digne et à Gréoulx. — Principaux personnages : Gassendi, l'orateur Ant Manuel, mort en 1827, l'amiral de Villeneuve, vaincu à Trafalgar.

ALPES (HAUTES-) Dép. de la région S.-E de la France, entre la Savoie et l'Isère au N. ; les Alpes à l'E. qui le séparent de l'Italie, les dép. des Basses-Alpes au S. et de la Drôme l'O. Il a été formé d'une partie du Dauphiné et d'une faible portion de la Provence ; il est arrosé par la Durance, le Buech et le Guil. Popul. en 1801 : 112,500 h. ; en 1876 : 118,004 h.; en 1881 : 121,787 h. Superf. : 533,413 hect. Soit 22 h. par kil. car. Il comprend 3 arr. : *Gap*, ch.-l. ; *Embrun et Briançon* sous préf. ; 24 cant. ; 189 comm. Evêché de Gap, suffragant d'Aix ; Cour d'appel et Académie de Grenoble. Collèges communaux : Gap Briançon, Embrun ; écoles normales d'instituteurs et d'institutrices a Gap ; pensionnat primaire Gap. Ecoles des frères des écoles chrétiennes à Gap. 14° corps d'armée (Lyon). — Climat âpre et variable. Montagnes nues et déboisées ; excellents pâturages ; sol aride et difficile à cultiver, fertile seulement vers le S. Carrières de marbres et de granits ; riches produits minéralogiques. Laitnages.

ALPES-MARITIMES. Dép. de la région S.-E. de la France, entre la Méditerranée, au S. les dép., des Basses-Alpes et du Var a l'O. et les Alpes, qui le séparent du royaume d'Italie, au N. et à l'E. Il a été formé, en 1860, du comté de Nice, cédé par le Piémont, de l'arr. de Grasse enlevé au dép. du Var, et de la plus grande partie de la principauté de Monaco (Menton et Roquebrune) acquise en 1861. Il a près de 100 kil. de côtes abritées au N.-O. par des montagnes et baignées au S.-E. par la Méditerranée ; elles offrent le séjour le plus délicieux. On y remarque le golfe de la Napoule (Cannes), le cap de la Croisette séparé par un détroit de 1,300 m. des îles de Lerins ; le golfe Jouan, la presqu'île de la Garouppe, la place d'Antibes, l'embouchure du Var, le golfe de Nice, ou baie des Anges, le golfe de Villefranche, la double péninsule de St-Jean et de St-Hospice, le cap Ferrat, les golfes de St-Hospice et d'Eze, dominé par les plus beaux escarpements de la Corniche française, le cap d'Ail, la côte de Monaco, que commande la tête de Chien, du sommet de laquelle le regard embrasse un panorama merveilleux : le golfe Roquebrune, le cap martin, le golfe de la Paix ou de Menton. — Ports : Cannes, golfe Jouan ; Antibes, Nice, Villefranche, St-Jean, Menton Gros de Cagne. — Cours d'eau : Roya, Paillon, Var, Carre, Loup, Brague, Siagne. — Montagnes, à la pointe nord du département, le pic de l'Enchastraye ou Rocha-des-Trois-Evêques (2,971 m.), sur la frontière d'Italie. Les cîmes françaises les plus élevées ont de 3,029 à 3,008 m. et dominent St-Étienne ; on remarque, entre la Roya et la Vésubie, la cîme du Diable (2,687 m.) entre le Var et la Tinée, le Mounier (2,854 m.) — Ce dép. comprend 3 arr. *Nice*, ch.-l. ; *Grasse et Puget-Théniers*, s.-préf. ; 25 cant. ; 152 communes. Superficie : 3,744 kil. car. Popul. en 1801, 61,197 h. ; en 1876, 203,604, h. ; en 1881, 226,681 h. Diocèse de Nice, pour les arr. de Nice et de Puget-Théniers : l'arr. de Grasse continue à relever de l'évêché de Fréjus suffragant d'Aix. Cour d'appel et Académie d'Aix. Enseign. second. : lycée de 2me catégorie à Nice ; collèges communaux à Antibes, Grasse, Menton ; établissements libres à Cannes, Grasse (petit sémin. du diocèse de Fréjus), Nice, Sospel. Enseignem. primaire : école normale d'instituteurs a Nice ; pensionnat primaire à Cannes. 15° corps d'armée (Marseille) ; 29° division d'infanterie (Nice) ; 57° brigade (Toulon), 58° brigade (Marseille). — Climat doux et tempéré. Bois et pâturages, productions, variées : oliviers, vignes, orangers, amandiers, figuiers, grenadiers, mûriers, fleurs pour les essences et la parfumerie ; vers à soie, abeilles, tabac. Fabriques d'essences, d'huiles et savons. Commerce de fruits, vins et liqueurs. La partie septent. du dép. est montagneuse et assez pauvre. Produits minéraux : mines de fer (entre la Tinée et la Vésubie), de cuivre, de plomb, d'arsenic (près de Luceram), houille à une lieue de Puget-Théniers, à Valdeblore, près de Peille, au plan German et aux Castés (près de Sospel) ; marbres à la Giandola. Eaux minérales et thermales de Saint-Sauveur, sulfureuses de Berthemont (prés de Roquebillière). — Principaux personnages, nés dans le dép. : l'astronome Cassini ; le maréchal Masséna ; le voyageur Pacho, 1794-1820 ; les généraux Reille et de Bréa ; les peintres Carle Vanloo et Fragonard, le conventionnel Isnard.

ALPES-MARITIMES. Prov. de la Gaule romaine formée sous Auguste. ‖ Dép. français de 1793 à 1814, ch.-l. Nice, comprenant le comté de Nice et Monaco.

ALPESTRE. adj. 2 g. Qui a rapport, qui est propre, appartient aux Alpes. Mœurs, paysages alpestres. ‖ Bot. Se dit des plantes qui croissent dans les montagnes peu élevées, comme les Cévennes, les monts d'Auvergne, ou dans les régions inférieures des hautes montagnes. ‖ Fig. Apre, rnhide. Joseph de Maistre est un Bossuet alpestre. ‖ Syn. *Alpestre, alpin*. Quatre zônes ou régions divisent les Alpes tout entières de bas en haut : la région méditerranéenne, la région moyenne, la région alpestre et la région alpine. De 1,200 à 1,800 m. ; région alpestre : hêtres, sapins, épicéas, pins sylvestres. De 1,800 à 2,800 m. région alpine, dernière zône de la végétation forestière ; au-dessus se trouve la région complètement pastorale.

ALPHA. s. m. (al-fa). Première lettre de l'alphabet grec, tiré d'*alph*, première lettre de l'alphabet hébreu, et correspondant à notre lettre A. ‖ Fig. Le commencement, l'origine. Il en est à l'alpha de la science. ‖ L'alpha et l'oméga (A et Ω, première et dernière lettre de l'alphabet grec), Le commencement et la fin Ces deux lettres symbolisent la vie terrestre, qui a un commencement et une fin ; elles symbolisent aussi Dieu qui est le commencement et la fin de toute chose.

ALPHABET. s. m. (al-fa-bè ; — de *alpha*, et *béta* nom des deux premières lettres de l'alphabet grec). Réunion de toutes les lettres qui servent à composer les mots d'une langue. L'alphabet, hébreu, grec, latin, français, arabe, chinois. Les alphabets européens. ‖ Petit livre qui contient les lettres d'une langue, et les premières leçons de lecture. Mettre un alphabet entre les mains d'un enfant. ‖ Premiers éléments d'une science ; premiers principes d'une chose. Il n'est encore qu'à l'alphabet des mathématiques. Il faut le renvoyer à l'alphabet. ‖ Imprim. Lettres ornées de fleurons et de figures, qui se mettent au commencement des sections, chapitres, etc. ‖ Rel. Alphabet en cuivre pour imprimer les titres des livres. ‖ Com. Registre de 24 feuillets marqués chacun d'une des lettres de la langue, ‖ Télég. *Alphabet Morse*. Ensemble de signes de convention pour la transmission des dépêches. ‖ Encycl. On se sert de l'alphabet latin, légèrement modifié, pour le français, l'anglais, l'italien, l'espagnol, le portugais, le flamand, le polonais, etc. L'allemand, le suédois, le danois, le bohemien, etc. emploient l'alphabet gothique, qui n'est autre que l'alphabet latin, dont les lettres affectent des formes anguleuses. L'alphabet grec, avec des modifications plus ou moins sensibles, sert pour le russe, le valaque, le bulgare, etc. Les divers alphabets arabes ont donné leurs formes aux alphabets turcs, hindoustani, persan, etc. L'alphabet français se compose de vingt-cinq lettres. Il y a des alphabets qui n'en ont pas dix ; l'alphabet russe en a trente-cinq ; l'hindoustani cinquante environ.

ALPHABÉTAIRE. anj 2 g. Qui concerne l'alphabet, qui tient de l'alphabet. Système, méthode, principe alphabétaire. ‖ Auteur alphabétaire, Celui qui range par or !re alphabétique les sujets dont il traite ‖ Table alphabétaire, Tableau comparatif des divers alphabets.

ALPHABÉTIQUE. adj. 2 g. Selon l'ordre de l'alphabet ; qui est propre à l'alphabet. Table, liste, ordre alphabétique. Appellation, caractères alphabétiques, ‖ Écriture alphabétique, Écriture au moyen des lettres de l'alphabet, par opposition à écriture hiéroglyphique. ‖ Fam. Faire une chose par ordre alphabétique, La faire avec poids et mesure, dans un ordre systématique.

ALPHABÉTISTE. s. m. Inventeur, rédacteur d'un alphabet.

ALPHABÉTIQUEMENT. adv. Dans l'ordre, par rang alphabétique. Ranger des pièces alphabétiquement.

ALPHAND (Jean-Charl.-Adolphe). Ingénieur français, né à Grenoble, 1817. Élève de l'École polytechnique, de l'École des ponts et chaussées, ingénieur ordinaire à Bordeaux (1843), il est appelé à Paris (1854), par M. Haussmann comme ingénieur en chef des embellissements, fonction qu'il a remplie avec goût et grand succès. Colonel de la légion auxiliaire du génie et directeur des travaux de fortification pendant le siège de Paris (1870), il refusa de servir la Commune et reprit ses fonctions après l'entrée des troupes françaises. *Promenades de Paris*, 1867-72, 2 vol. in-fol., illust. ; *Arboretum et fleuriste de la ville de Paris*, 1874, in-fol.

ALPHANET s. m. Oiseau de proie ; faucon du nord de l'Afrique, commun surtout en Tunisie, s'apprivoise et vole le lièvre et la perdrix.

ALPHARD. s. m. Astr. Étoile de 2e grandeur, qui se trouve au cœur de l'Hydre. Ce mot vient de l'Arabe *alfard*, l'unique, parce qu'elle est la seule brillante de la constellation.

ALPHÉE. s. f. (gr. *alphos*, blanc). Bot. Genre de malvacées. || **ALPHÉE.** s. m. Zool. G. de crustacés décapodes, fam. des macroures, comprenant une douzaine d'espèces dont quelques-unes dans la Méditerranée.

ALPHÉE. Myth. gr. Chasseur, poursuivit la nymphe Aréthuse jusqu'en Sicile où elle fut changée en fontaine; lui-même fut transformé en fleuve de l'Élide (auj. Roufia), qui, coulant en plusieurs endroits sous terre, allait rejoindre les eaux de l'Aréthuse. || **ALPHÉE (S.).** Martyr en Palestine, ive s. F. 17 nov.

ALPHÉEN. adj. m. Zool. Qui ressemble à un alphée. || **ALPHÉENS.** s. m. pl. Tribu de crustacés décapodes macroures.

ALPHEN (Jérôme VAN). 1749-1803. Écrivain né à Utrecht, mort à la Haye. Fécond poète au gracieux langage; on estime ses *Méditations et Cantiques* en hollandais.

ALPHÉNIC. s. m. (al-fé-nik ; — de l'arabe *alfanid*, qui vient du persan *fanid* ou *panith*, sucre purifié, en français *pénide*). Pharm. Sucre cuit avec une décoction d'orge, malaxé et tordu en corde. Il n'a ni la transparence ni la couleur du sucre d'orge. On l'appelle encore *pénide* et *sucre tors*.

ALPHÉRAZ ou **ALPHARAS.** s. m. Astr. Belle étoile de la constellation d'Andromède, située à l'aile gauche de Pégase.

ALPHITÉDON. s. m. (aIv. gr. *alph tédon*, en farine). Chir. Fracture du crâne, dans laquelle les os sont broyés et comme réduits en farine. Fracture alphitédon complète.

ALPHITOBIE. s. m. (al-fi-to-bie; — gr. *alphiton*, farine ; *bien*, vivre). Zool. Genre d'insectes coléoptères propre à l'Europe et qui vit dans la farine.

ALPHITOMANCIE. s. f. Divination par le pain d'orge ou par quelque autre mets. Cette superstition païenne a régné longtemps chez nos pères. Pour reconnaître la culpabilité ou l'innocence de quelqu'un on lui faisait manger un rude morceau de pain d'orge. Celui qui l'avalait sans peur était innocent; le criminel se trahissait par une indigestion; de là vint cette imprécation populaire : « Je veux, si je vous trompe, que ce morceau de pain m'étrangle. »

ALPHITOMORPHE. s. m. (gr. *alphiton*, farine; *morphé*, forme). Bot. G. de champignons microscopiques, qui ressemblent à de la farine répandue sur les plantes. (V. *Erysiphe*.)

ALPHITOSCOPE. s. m. (gr. *alphiton*, farine ; *skopéô*, je regarde). Appareil servant à essayer la farine.

ALPHONSE. s. m. Nom d'un personnage d'une pièce de M. Alex. Dumas fils, *Monsieur Alphonse*. Par analogie on applique ce nom à tout homme vivant aux dépens d'une femme galante.

ALPHONSE. Nom d'un grand nombre de rois ou princes d'Espagne, de Portugal et d'Italie. Le *ph* n'existant ni en espagnol, ni en portugais, ni en italien, il serait plus logique d'écrire Alfonse.

Asturies, Léon, Galice et Castille. — **ALPHONSE Ier** *le Catholique.* 739-757. Gendre de Pélage, fit aux Maures une guerre active, et les chassa de la Galice et de Léon. || **ALPHONSE II** *le Chaste.* 791-842. Fils de Froila Ier. Allié de Charlemagne, fixa sa résidence à Oviédo, bâtit une belle église à Compostelle, en l'honneur

de S. Jacques, s'empara de Lisbonne et abolit le tribut de 100 vierges que les chrétiens payaient chaque année aux Maures. || **ALPHONSE III** *le Grand.* 866-910. Succéda à son père Ordogno à l'âge de 18 ans. Après avoir réprimé la révolte des seigneurs, il marcha contre les ennemis du dehors et illustra son règne par plus de trente campagnes et par de nombreuses victoires remportées sur les Maures. Il pénétra jusque sur les bords du Tage et dans l'Estramadure et conquit une partie du Portugal et de la Vieille-Castille. Son fils Garcia se révolta contre lui : Alphonse le fit prisonnier. Mais quelque temps après la reine Dona Ximena arma ses deux autres fils contre le roi qui, après une guerre sanglante, fut vaincu et dut abdiquer en faveur de Garcia. Il n'en continua pas moins à travailler à la prospérité du royaume : en qualité de lieutenant de son fils, il marcha contre les Maures et revint chargé de gloire et de butin. Il mourut peu après à Zamora, âgé de 64 ans. On lui attribue une chronique latine, traitant de l'histoire de l'Espagne depuis l'invasion des Maures jusqu'en 856. || **ALPHONSE IV** *le Moine.* 924-927. Se retira dans un monastère, après avoir abdiqué en faveur de son frère Ramire, voulut ressaisir le pouvoir, fut vaincu et jeté dans un couvent où il mourut, 933. || **ALPHONSE V.** 999-1028. Fut tué d'une flèche au siège de Viseu. || **ALPHONSE VI** *le Vaillant* (Alphonse Ier de Castille), fils de Ferdinand Ier. 1065-1109. Se distingua contre les Maures, leur prit Tolède aidé par le Cid et de nombreux seigneurs français (1085). Mais les Arabes d'Espagne appelèrent à leur secours les Almoravides d'Afrique qui vainquirent les chrétiens à Zalaca en 1085 et à Uclès en 1108. A cette bataille périt don Sanche, fils du roi, qui mourut de chagrin, léguant ses États à sa fille aînée Urraque, veuve du comte Raymond de Bourgogne. Cette princesse épousa ensuite Alphonse Ier d'Aragon. Il avait marié l'une de ses filles naturelles, Thérésa, a Henri de Bourgogne, qui fut le 1er comte de Portugal. || **ALPHONSE VII.** Deux princes portent ce nom : l'un, second mari d'Urraque, l'autre, son fils : Alphonse Ier d'Aragon devint roi de Castille et de Léon par son mariage avec Urraque, mais fut forcé de renoncer à ces deux couronnes par les grands, ligués pour soutenir le fils d'Urraque et de Raymond de Bourgogne, Alphonse VII de Léon, ou Alphonse II de Castille, appelé encore Raymond. Celui-ci, régna avec sa mère de 1109 à 1126, puis seul de 1126 à 1157. Il épousa par politique la fille du comte de Barcelone et de Provence. Il prit le titre d'empereur d'Espagne et voulut traiter les princes ses voisins en vassaux. Mais il échoua dans ses prétentions; le comte de Portugal prit le titre de roi, et le roi de Navarre secoua toute dépendance. Il fit contre les Almoravides des campagnes pompeuses et inutiles. Néanmoins la prise d'Almeria fut un fait important, parce que de là sortaient les flottes arabes qui entravaient la navigation des chrétiens. Il mourut après la victoire de Jaën. || **ALPHONSE VIII** *le Noble* (Alphonse III de Castille). 1158-1214. Roi de Castille à trois ans ; sa minorité fut troublée par les guerres civiles des maisons de Lara et de Castro qui favorisèrent d'abord les progrès des musulmans ; battu à Sorillo en 1185, à Alarcos en 1195, Alphonse VIII s'en prit à son oncle don Sanche de Navarre, qu'il accusait de trahison, et s'empara des provinces d'Alava et de Guipuscoa. Mais toutes les inimitiés cessèrent entre chrétiens d'Espagne, lorsqu'on vit arriver 600,000 musulmans d'Afrique sous les ordres de Mohammed-el-Nasir. Le passage de cette armée dura deux mois. Le pape Innocent III proclama la croisade. Des chevaliers accoururent de France, d'Italie, d'Allemagne. La bataille se livra dans des plaines de Las Navas de Tolosa, le 16 juillet 1212. Les évêques de Narbonne et de Tolède, la croix en main, excitaient l'armée chrétienne. Les rois d'Aragon, de Navarre et de Castille, commandèrent en personne. Leur victoire fut complète et décisive. On rapporte que 180,000 Maures restèrent sur le champ de bataille. — Alphonse VIII établit à Palencia la 1re université, où il appela des savants de France et d'Italie. On croit qu'il est l'auteur du *Fuero real*, code politique, civil et criminel. || **ALPHONSE IX.** Roi de Léon, succéda en 1187 à son père Ferdinand II. En 1230 il renonça, en faveur de Ferdinand III, au

royaume de Léon qui fut ainsi réuni à la Castille. || **ALPHONSE X** *le Sage* ou *le Savant.* 1252-1284. Né en 1226, succéda à son père Ferdinand le Saint en 1238 ; il fut peu aimé de sa famille, de ses sujets et de ses voisins. Mais il s'était acquis par son savoir et son éloquence une telle réputation dans toute l'Europe, qu'en 1257, plusieurs princes d'Allemagne secondèrent ses prétentions au trône impérial d'Allemagne. Toutefois son concurrent, Rodolphe de Habsbourg, l'emporta. Il eut à lutter dans ses propres États contre les intrigues des grands et les armes des Maures. Il battit ces derniers en 1263, leur enleva Xérès, Medina-Sidonia, San-Lucar et une partie des Algarves, et réunit la Murcie à la Castille. Le cours de ses succès fut arrêté par la révolte de son fils don Sanche qui le détrôna en 1282, après trois ans de guerre civile. Alphonse appela les Maures à son secours, mais il ne réussit pas à remonter sur le trône, et mourut de chagrin à Séville, l'an 1284. Ses connaissances étaient étendues en astronomie, en philosophie, en grammaire ; il donna une vive impulsion à la culture des lettres et à l'éducation nationale dans son pays ; il fit dresser des tables astronomiques appelées de son nom *alphonsines ;* donna à l'Espagne son premier code de lois, *Las siete partidas*, ainsi intitulé, parce qu'il est divisé en sept livres. Cette compilation du droit romain mêlé à la loi wisigothe, forme une législation complete, à la fois ecclésiastique et civile qui sert encore aujourd'hui de base à la jurisprudence espagnole. C'est en outre l'ouvrage le mieux écrit de ce siècle, en Espagne, et il a contribué puissamment au progrès de la langue. Ce prince littérateur composa plusieurs ouvrages : la *Chrysopeya*, poème relatif à l'alchimie et qui a pour objet la recherche du grand œuvre, l'art de faire de l'or; des *Chants* en dialecte galicien, dont la forme se rapprochait beaucoup de la langue d'oc et qui a précédé le castillan comme langue littéraire. Il avait été initié à la poésie par les troubadours provençaux. La révolte de son fils lui inspira le *Livre des plaintes*, écrit comme le précédent en vers de *arte mayor* (stances dactyliques). Il fit ou fit faire aussi une œuvre importante pour l'histoire du pays : la *Chronique générale d'Espagne* qui remonte à la création du monde et s'arrête à la mort de S. Ferdinand, 1252 | **ALPHONSE XI** *le Vengeur.* 1312-1350. Monté sur le trône à l'âge de 2 ans, il eut une minorité troublée. Dès qu'il eut le pouvoir en mains il gouverna ses sujets avec douceur, et réprima les factions avec vigueur. Heureux dans ses guerres avec les Maures, il gagna sur eux la fameuse victoire de Rio Salado (1340), s'empara d'Algésiras et mourut de la peste au siège de Gibraltar. Il prit un Juif pour ministre des finances. Ce fut le commencement de la faveur que les rois de Castille accordèrent aux Israélites, qu'ils employèrent dans l'administration et opposèrent à la noblesse. Sa maîtresse, la fameuse Éléonore de Gusman, le gouverna jusqu'à sa mort. Il en eut dix enfants, dont Henri de Transtamare. || **ALPHONSE XII** (François-d'Assise-Ferdinand-Pie-Jean-Marie-Grégoire-Pélage). Roi d'Espagne, né à Madrid, 28 nov. 1857. Fils d'Isabelle II et du roi François d'Assise. Isabelle renversée du trône en 1868, Alphonse fut amené à Paris, où sa mère abdiqua en sa faveur. Il alla étudier à Vienne, puis en Angleterre, où il devint le camarade d'école du fils de Napoléon III. En 1874, le gouvernement républicain qui avait suivi l'abdication du roi Amédée, était aux prises avec le duc de Madrid, Carlos VII. Appelé par un pronunciamento militaire, et proclamé roi d'Espagne le 30 déc. 1874, Alphonse arriva à l'armée du Nord le 28 janvier 1875 et obligea Carlos VII à abandonner la lutte et à se réfugier en France (mars 1876). Marié le 28 janvier 1878 ; Marie de las Mercédès (née le 24 juin 1860), fille du duc de Montpensier, veuf le 26 juin 1878, il épousa en seconde noces Marie-Christine, etc. (née le 21 juillet 1858), fille de l'archiduc Charles-Ferdinand d'Autriche et de l'archiduchesse Élisabeth ; il en eut, le 12 sept. 1880, une fille, Maria de las Mercédès-Isabelle, etc., princesse des Asturies. (V. *Espagne*.)

Aragon. — **ALPHONSE Ier** *le Batailleur.* (1104-1134. Roi d'Aragon, de Navarre et de Castille par son mariage avec Urraque, fille et héritière d'Alphonse VI de Castille, il arracha la domination des Maures Saragosse (1118) 'dont il fit sa capitale, pénétra par le royaume de Valence jusqu'auprès de Grenade et de Cadix, et avec l'aide de nombreux chevaliers français mit le siège devant Tortose. Mais il fut battu à la bataille de Fraga et mourut peu de jours après en 1134, léguant son royaume aux Templiers et aux Hospitaliers. Il avait assisté à 29 batailles. ‖ ALPHONSE II. 1162-1196. Comte de Provence, conquit le Roussillon et la Cerdagne ; est compté parmi les troubadours. ‖ ALPHONSE III le *Magnifique*. 1285-1291. Prit Majorque aux Maures et soutint sans succès contre la France la guerre qui suivit les Vêpres Siciliennes. ‖ ALPHONSE IV le *Débonnaire*. 1327-1336. Prince d'un caractère faible, soutint une guerre contre les Génois, pour la possession de la Sardaigne, dont le pape lui avait donné l'investiture en 1331, la leur enleva et créa une puissante marine. ‖ ALPHONSE V le *Magnanime* (Alphonse Ier de Naples et de Sicile), né vers 1390. Succéda à son père Ferdinand Ier (1416-1458), comme roi d'Aragon et de Sicile. Jeanne II, reine de Naples, l'appela à son secours contre Louis d'Anjou, et le désigna pour son héritier. Mais bientôt ils se brouillèrent, et Jeanne légua son royaume au duc d'Anjou. Alphonse dut revenir en Espagne. Après avoir pris Marseille et fait une expédition contre Tunis, il reparut à Naples en 1432. Après la mort de Jeanne (1435), il disputa le royaume de Naples à René, frère de Louis III. Fait prisonnier par les Génois, il fut remis en liberté par l'intervention de Philippe-Marie Visconti, et resta enfin maître du royaume de Naples en 1442. Il prit alors le titre de roi des Deux-Siciles, dont les papes Eugène IV et Nicolas V lui donnèrent l'investiture. Il ne cessa de combattre jusqu'à la fin de sa vie. Ses derniers ennemis furent ; François Sforza, les Florentins, les Vénitiens. Ce prince, profondément religieux. avait une âme élevée et généreuse, des manières nobles et séduisantes ; il savait se concilier les cœurs par les plus rebelles. Il protégea les savants et les jurisconsultes, réforma l'administration, et embellit Naples et tout le royaume de monuments remarquables.

Naples. — ALPHONSE Ier. 1435-1458. Le même qu'Alphonse V, d'Aragon. ‖ ALPHONSE II. 1494-1495. Fils de Ferdinand Ier. Saisi de frayeur à l'approche de Charles VIII. roi de France, abdiqua en faveur de son fils, Ferdinand II, et mourut la même année.

Portugal. — ALPHONSE Ier (Henriquez) el *Conquistador*. 1139-1185. Fils d'Henri de Bourgogne, fut proclamé roi après la victoire d'Ourique sur cinq émirs musulmans, en 1139 ; prit Lisbonne, chassa les Almohades du Portugal, remporta sur eux la victoire décisive de Santarem et fonda la monarchie portugaise. ‖ ALPHONSE II le *Gros*. 1211-1223. Son règne fut troublé par ses luttes avec l'Église. ‖ ALPHONSE III. 1248-1279. Fils du précédent, conquit le royaume des Algarves sur les Maures et fut en lutte avec le clergé et la cour de Rome ‖ ALPHONSE IV le *Brave*. 1325-1357. Se révolta contre son père, Denis le Libéral, dépouilla de ses biens son frère, Sanche d'Albuquerque, fit poignarder la célèbre Inès de Castro, dont son fils dom Pedro avait épousée en secret, soutint une guerre opiniâtre contre son gendre, Alphonse XI de Castille, contribua à la victoire du Rio Salado ou de Tarifa, en 1340. Son règne fut signalé par le tremblement de terre de Lisbonne (1344), et la peste en 1348. ‖ ALPHONSE V l'*Africain*. 1438-1481. Né en 1432, succéda à son père Duarte, en 1438. Il prit Tanger et plusieurs autres villes d'Afrique. Il disputa la couronne de Castille à Ferdinand le Catholique, fut battu à Toro (1476) et dut renoncer à ses prétentions en 1479. Sous son règne, les Portugais découvrirent la Guinée. Il mourut de la peste en 1481. Il avait fondé à Coïmbre la première bibliothèque du Portugal. ‖ ALPHONSE VI. 1656-1667. Incapable, débauché, il fut déposé ; son beau-frère dom Pedro, nommé régent, fit reconnaître l'indépendance du Portugal par l'Espagne.

Divers. — Plusieurs princes d'Este, ducs de Ferrare et de Modène ont porté le nom d'Alphonse. ‖ ALPHONSE (François-J -B., baron d'). 1756-1821. Né dans le Bourbonnais, mort à Moulins. Avocat, employé des finances, membre du Corps législatif, sous le Consulat, préfet de l'Indre (1800), du Gard (1804), fit dresser les *Statistiques* de ces deux départements, qui servirent de type à celles qui furent faites depuis ; fut chargé, en 1810, d'organiser l'administration de la Hollande ; représenta le dép de l'Allier de 1819 à 1821. ‖ ALPHONSE (Jean) le *Saintongeois*. Navigateur français du XVIe s.; fit de grands voyages en Asie et en Amérique. ‖ ALPHONSE DE BOURBON (Ch -Ferdin.-Joseph-Jean-Pie). Né en 1849. Frère cadet de don Carlos (Charles VII), il rejoignit l'armée carliste en 1873 et 1874, y reçut d'importants commandements, et fut peu heureux dans ses opérations militaires. Sa femme (dona Blanca), fille du roi de Portugal, dom Miguel. l'accompagna à cheval en toutes ses expéditions. Il s'est retiré à Gratz, puis à Salzbourg (Autriche). Certains journaux lui attribuent pendant la guerre, des cruautés dont la preuve n'a pas été faite ‖ ALPHONSE (Louis). 1743-1820. Pharmacien, né a Bordeaux. *Analyse des eaux des différentes sources de Bordeaux et de ses environs* ; *Mémoire sur la monnaie de billon.* ‖ ALPHONSE-MARIE DE LIGUORI (S.) V. *Liguori.*

ALPHONSIN. s. m. Chir. Instrument pour extraire les balles des blessures, composé de trois branches élastiques qui s'écartent en sortant de la gaîne métallique qui les renferme; ainsi nommé de son inventeur, Alphonse Ferri (1552).

ALPHONSINES (tables). Tables astronomiques dressées par des astronomes chrétiens, juifs et arabes, pour corriger celles de Ptolémée, et que publia, en 1252, Alphonse X, roi de Castille. Ces tables, malgré leurs imperfections, dues en grande partie à celle des instruments en usage, furent utiles à la science ; elles fixèrent plus exactement l'apogée du soleil, qu'elles placèrent, pour l'an 1252, au 28°40' des Gémeaux, ne se trompant que d'un degré et demi, elles ont été imprimées en 1483 et réimprimées en 1863.

ALPHOS s. m. (gr. *alphos*, blanc). Méd. Espèce de *lèpre*, ou de dartre farineuse, à écailles blanches.

ALPICOLE et **ALPIGÈNE.** adj. 2 g. (de *Alpes* et lat. *colere*, habiter ; *genus*, origine). Bot. Qui vit dans les Alpes ou sur les hautes montagnes.

ALPIN, INE. adj. Qui croît, qui se trouve sur les Alpes, et, par ext., sur les hautes montagnes. Plantes, fleurs, roches alpines. Animaux, chalets alpins. (V. *Alpestre*.) ‖ Qui est proche des Alpes. Province alpine. ‖ ALPIN (club). Nom donné à diverses sociétés de touristes et d'explorateurs des Alpes. ‖ ALPINES (compagnies). Corps de troupes italiens recrutés parmi les montagnards des Alpes et du Tyrol et spécialement chargés de la défense de ces deux frontières. Elles sont au nombre de 36 : leur effectif est de 250 hommes et 5 officiers. En temps de guerre, elles seront soutenues par 72 compagnies de réserve. 21 compagnies sont chargées de la défense du nord-ouest ; les 15 autres compagnies sont chargées de la surveillance de la frontière autrichienne.

ALPINES. Ramification des Alpes de Provence, dans la partie N.-O. du dép des Bouches-du-Rhône ; altit. 835 m ‖ ALPINES (canal des). Canal d'irrigation dû à Boisgelin, archevêque d'Aix, administrateur de la Provence, 1772 et 1773. Il conduit les eaux de la Durance, arrose le territoire de Saint-Remy où il se divise en plusieurs branches.

ALPINI (Prosper). 1553-1617. Médecin et botaniste italien, né a Marosteca (Vénétie), mort à Padoue, où il était professeur de botanique. Auteur de divers ouvrages pleins d'observations curieuses, dont le principal a pour titre : *De præsagienda vita et morte ægrotantium libri septem.* C'est, dit-on, le premier botaniste qui ait décrit le caféier.

ALPINIE. s. f. Bot. G. de zinzibéracées propre à l'Asie tropicale ; se cultive dans les serres chaudes. Belle et grande plante vivace, dédiée au botaniste Prosper Alpini. La plus remarquable est l'alpinie retombante, ou globba penchée (*alpinia nutans*), originaire du Bengale, haute de plus de cinq mètres, a fleurs en grappes pendantes, blanches à l'extérieur ou teintées de rose, jaune orangées à l'intérieur avec des stries pourpres. (V. *Galanga*.)

ALPINIÉ, ÉE. adj. Bot. Qui ressemble à l'alpinie. ‖ ALPINIÉES s. f. pl. Tribu de Zingibéracées renfermant les g. *alpinia, hellenia*, etc.

ALPINISTE. s. 2 g. Celui, celle qui se livre à l'ascension des Alpes.

ALPIOU. s. m Double mise au jeu de bassette. Faire un alpiou.

ALPIQUE. adj. 2 g. Qui appartient, qui est propre aux Alpes. Ramifications alpiques.

ALPISTE. s. m. Bot. Nom vulgaire du genre *phalaris*. fam. des graminées, appelé aussi millet long. L'*A. des Canaries*, acclimaté en Europe, donne un bon fourrage ; ses graines servent à nourrir les petits oiseaux. Des variétés à feuilles panachées de l'*A. roseau*, sont cultivées comme plante d'ornement.

ALPRECK (pointe d') Cap du Pas-de-Calais, à 4 kil. S.-O de Boulogne, sur laquelle se dresse un phare à feu fixe, haut de 53 m. au-dessus de la mer.

ALPUJARRAS Montagnes et contrée d'Espagne, prov. de Grenade, au bord de la Méditerranée, très riches en mines de plomb. Longueur de ces montagnes, 100 kil. ; largeur, 45. Dernier boulevard des Maures en Espagne Ils n'en furent chassés qu'en 1610 par Philippe III, après une longue guerre d'extermination.

ALQUE s. m. Zool. G d'oiseaux palmipèdes, fam. des alcidées. Il renferme les pingouins qui vivent dans les mers du Nord; mais dont une espèce vient nicher jusque sur nos côtes.

ALQUIÉ (Alexis). 1812-1865. Médecin français Professeur à Montpellier, défenseur des doctrines de l'ancienne école de cette ville. *Cours élémentaire de pathologie chirurgicale*, 1845, in-8° ; *Précis de la doctrine médicale de l'École de Montpellier*, 1847, in-8° ; *Chirurgie conservatrice*, 1850 ; *Clinique chirurgicale*, 1852-58, 2 vol. in-8° ; etc.

ALQUIER (Ch -Jean-Marie, baron) 1752-1826. Conventionnel, né a Talmont (Vendée), m. à Paris. Avocat à la Rochelle, député aux États Généraux (gauche), président du trib. criminel de Seine-et-Oise, membre de la Convention, 1792 ; vota la mort du roi en cas d'invasion, et pour le sursis. Se tint muet durant la Terreur. Il siégea au Conseil des Cinq-Cents jusqu'en 1798, puis entra dans la diplomatie : ministre ou ambassadeur a Tanger, Munich (1799), Madrid (1810), Florence (1801), Rome, Stockholm (1810), Copenhague (1811 à 1813). Proscrit comme régicide en 1816, il eut la permission de rentrer en 1818, et vécut dans la retraite.

ALQUIÈRE. s. f. Mesure de capacité pour les marchandises sèches, en Portugal : 13 litres,52.

ALQUIFOUX. s. m. (al-ki-fou ; — (de l'esp *alquifol*). Minér. *Galène*, ou sulfure de plomb réduit en poudre, et qu'on emploie pour vernir les poteries grossières; par la fusion il se transforme en *litharge* (oxyde de plomb), et produit un enduit jaune rougeâtre Les femmes d'Orient, se servent pour se teindre les cils et les sourcils, d'une pommade dont la base est l'alquifoux, et qu'elles nomment *cohol* De ce mot vient le mot espagnol alquifol, par l'intermédiaire alcofol.

ALRUNES s. m. pl. Dieux domestiques des Germains, qui consistaient en petites statues ordinairement fabriquées de racines de mandragore.

ALS. V. *Alsen.*

ALSACE (*Ell-Sass*, pays de l'Ell ou Ill, riv. la plus considérable du territoire). Anc. prov. de France, entre le Rhin et les Vosges, s'étend de Belfort à Wissembourg, sur une longueur de 200 kil. et une largeur moyenne de 40 à 45 kil., et comprenait, avant les traités de 1815, l'importante place de Landau, détachée au profit de la Bivière. Sol riche et très fertile. Les villes commerciales et fortifiées sont nombreuses : Colmar, Altkirch, Mulhouse, Guebwiller, Sainte-Marie-aux-Mines, Huningue, Strasbourg, Schelestadt, Wissembourg, Bischwiller, Saverne, Niederbronn, etc. Les principales industries sont le filage et le tissage du coton, la fabrication de la toile, de produits chimiques et de toutes sortes d'objets en fer. Les habitants sont robustes, courageux, industrieux, persévérants. De tout temps, cette province a fourni et fournit encore à la France d'excellents soldats ; elle est la patrie de généraux illustres, d'hommes de lettres et d'état renommés. On la divisait en Haute Alsace et Basse-Alsace, correspondant "aux dép. du Haut-Rhin, ch.-l. Colmar, et du Bas-Rhin, ch.-l. Strasbourg. (Pour les détails, V. *Rhin* (Haut-) et *Rhin* (Bas-). Occupée par des tribus celtiques au temps de César, elle passa sous la domination des Romains et fit partie de la grande Séquanaise (*Maxima Sequanorum*) et de la première Germanie (*Germania prima*), puis devin province des Francs, sous Clovis, après la bataille de Tolbiac. Incorporée plus tard au royaume d'Austrasie, elle eut des comtes et des ducs d'abord amovibles, puis héréditaires à la fin du XI° s. Passée sous la domination autrichienne en 940, elle revint en grande partie à la France pendant la guerre de Trente Ans, lui fut cédée en 1648 par le traité de Westphalie, qui mit fin à cette guerre, et cette conquête de nos rois fut confirmée et consacrée par les traités de Nimègue (1678) et de Ryswyck (1697). Après la guerre désastreuse de 1870, l'Alsace, moins le territoire de Belfort, a été enlevée à la France, et malgré son patriotisme, annexée de force à l'empire d'Allemagne. ‖ **ALSACE-LORRAINE.** 1,374 971 h. Superf.1,979 kil., On appelle auj. Alsace-Lorraine une partie du territoire français, comprenant : 1° en Alsace, le dép. du Bas-Rhin tout entier, le dép. du Haut-Rhin, moins les 4 cant. de Belfort, Delle, Fontaine et Giromagny; 2° en Lorraine, dans le dép. de la Moselle, les arr. de Thionville et de Sarreguemines en entier, l'arr. de Metz, moins 10 comm. du cant. de Gorze, plus 5 comm. de l'arr. de Briey ; dans le dép. de la Meurthe, l'arr. de Château-Salins, moins 3 comm. du cant. de Château-Salins et 10 comm. du cant. de Vic-sur-Seille, l'arr. de Sarrebourg, moins 8 comm. du cant de Lorquin ; dans le dép. des Vosges, le cant. de Schirmeck et 7 comm. du cant. de Saalges (arr. de Saint-Dié). Strasbourg, Metz, Marsal, Thionville, Haguenau, Bitche, Phalsbourg, Neuf-Brisach, Schlestadt, livrés à l'Allemagne, nous ont enlevé nos lignes de défense des Vosges, de la Moselle et du Rhin, frontière naturelle de la France. Après la guerre de 1870-71, la France cédant à la force, a dû, par le traité de paix de Francfort-s.-le Mein (10 mai 1871), abandonner momentanément cette portion d'elle-même; mais d'après les lois fondamentales de notre pays, qui ont eu plusieurs fois en ce point leur application, notamment sous le roi Jean et le roi François Ier, toute cession du territoire français est nulle, quand elle est faite sans le consentement des habitants du territoire cédé. — Ce territoire a été divisé en 3 districts, savoir : la Haute-Alsace, la Basse-Alsace et la Lorraine. Par la loi du 1er janvier 1874, un lieutenant de l'empereur est à la tête du pays, dont l'administration est dirigée par un ministère sous la présidence d'un secrétaire d'État. Par la loi du 25 juin 1873, la constitution de l'empire d'Allemagne est entrée en vigueur en Alsace Lorraine le 1er janvier 1874 : le nombre des députés au parlement allemand est fixée à 15. En 1881, tous les députés envoyés par l'Alsace-Lorraine au parlement de Berlin, tous, un seul excepté, se sont opposés à l'annexion : ils avaient été nommés à une majorité écrasante. Ce qui veut dire pour cette belle et noble portion de la patrie française : courage, espoir, en attendant des temps meilleurs. Les deux évêchés de Metz et de Strasbourg, autrefois suffragants de Besançon, relèvent aujourd'hui directement du Saint-Siège.

ALSACE (Thomas-Louis de HÉNIN-LIÉTARD, nommé le cardinal d'). 1680-1759. Archevêque de Malines, né à Bruxelles, descendait de Thierry d'Alsace, comte de Flandre. Esprit distingué, prélat pieux, il donna l'exemple de toutes les vertus épiscopales.

ALSACIEN, ENNE. s. et adj. Né en Alsace, habitant l'Alsace. Qui est propre à l'Alsace ou à ses habitants ‖ s. m. Dialecte parlé en Alsace et formé d'un mélange de la langue franque et de l'allemanique ou souabe. ‖ ALSACIENS-LORRAINS. Nom donné aux habitants du territoire arraché par la Prusse à la France par le traité de Francfort 10 mai 1871.

ALSE. s. f. (gr. *alseïdès*, nymphe). Être fantastique habitant les bois.

ALSEN ou ALS. Ile de la mer Baltique, dans le petit Belt, séparée du continent par l'étroit canal d'Alsen-Sund sur lequel est un pont de 300 m. Forêts, lacs d'eau douce; agréable et fertile. Elle appartenait au duché de Schleswig; prise par les Prussiens le 29 juin 1864, après une résistance héroïque. Superf., 312 kil. car.; popul., 25,000 h.

ALSETTE ou ALZETTE. Riv. qui prend sa source en Lorraine, arrose Luxembourg et se jette dans la Sure; cours, 70 kil.

ALSFELD. 4,000 h. Vle de la Hesse-Darmstadt. Fabrication de toiles, draps et lainages. Château, la *Tourelle de Luther*, d'où il parla au peuple en 1521.

ALSIDIE. s. f. Bot. Genre d'algues, que l'on trouve sur des rochers dans l'Adriatique et la Méditerranée.

ALSINE. s. f. (gr. *alsos*, bois). Bot. Plante de la fam. des caryophyllées, tribu des alsinées, qui croît surtout dans les bois. L'espèce la plus commune est l'*A. media* ou *stellaria media*, vulg. *morgeline, mouron blanc, mouron des oiseaux*, parce que les oiseaux en sont très friands. Ne pas confondre avec le *mouron rouge (anagallis)* qui est une primulacée.

ALSINÉ, ÉE. adj. Bot. Qui ressemble à une alsine. ‖ ALSINÉES. s. f. pl. Tr. de plantes, ayant pour type le g. *alsine*, du groupe des caryophyllacées.

ALSLEBEN. 4,000 h. Vle de la prov. de Saxe (Prusse), sur la rive g. de la Saale. Distilleries ; construction de bateaux.

ALSLOOT (Denis VAN). Peintre flamand du commencement du XVII° siècle.

ALSODÉE. s. f. (gr. *alsôdès*, qui se plait dans les bois). Bot. Espèce de violacée (Madagascar).

ALSOPHILE. s. f. (gr. *alsos*, bois ; *philos*, ami). Bot. G. de fougères arborescentes, originaires d'Amérique.

ALSTATTEN ou ALATÆTTEN. 7,700 h. Vle de Suisse, canton de Saint-Gall. Eaux sulfureuses. Elle fut prise et incendiée en 1419 par le duc Frédéric d'Autriche.

ALSTEDT (Jean-Henri), lat. *Alstedius* 1388-1638. Professeur de philosophie et de théologie à Herborn et à Carlsbourg, en Transylvanie. S'efforça de mettre d'accord la dialectique de Raymond Lulle et celle de Ramus avec la logique d'Aristote (*Clavis artis Lullianæ et veræ logicæ*, Argentaurati, 1609, in-8°). Comme Ramus, il aimait l'ordre, la méthode. Il avait de l'érudition; c'était un écrivain infatigable, mais sans grande portée. Son *Encyclopédie* générale et méthodique des arts libéraux obtint quelque estime dans le monde lettré (*J.-H. Alstedii encyclopedia*, etc., Herborn, 1625, in-fol. ; et Lyon, 1649, 2 vol. in-fol.)

ALSTENÖ Ile de Norwège, sur la côte occid. du Nordland. Montagne des Sept-Sœurs dont l'altit. est de 1,400 m.

ALSTER. Riv. navigable du Holstein (Allemagne), qui se jette dans l'Elbe orient., à Hambourg; cours, 40 kil.

ALSTON (Charles). 1683-1760. Botaniste et médecin écossais ; professeur à l'université d'Édimbourg. Dans son principal ouv. : *Tirocinium botanicum Edimburgense*, sont développés des principes en opposition à la classification linnéenne.

ALSTONIE. s. f. Bot. G. de la fam. des apocynacées ; feuilles verticellées ou opposées ; calice dépourvu d'écailles et de glandes ; corolle dépourvue de couronne ; étamines incluses ; gynécée à deux carpelles distincts, multiovulés ; fruit formé de deux follicules linéaires. L'*A. scholaris*, est un grand arbre de l'Inde, à feuilles simples, entières, luisantes en dessus, pâles en dessous, oblongues. Les fleurs velues, sont d'un blanc grisâtre, relativement petites et réunies en panicules dans l'aisselle des verticilles terminaux des feuilles. Le calice est gamosépale, et la corolle gamopétale. Cinq étamines alternant avec les lobes, à anthères biloculaires, introrses. L'écorce, à saveur amère, sans odeur, est employée dans l'Inde comme tonique. Sa composition chimique est encore mal connue.

ALSTROEMER (Jonas). 1685-1761. Industriel suédois; fonda un grand nombre de manufactures de laine, des raffineries de sucre ; introduisit dans sa patrie la culture de la pomme de terre. ‖ ALSTROEMER (Claude). 1736-1794. Fils du précédent Naturaliste, élève de Linné.

ALSTROEMÈRE. s. f. (du nom d'un naturaliste suédois *Alstroemer*). Bot. G. de plantes de la fam. des amaryllidacées, plantes à racine fibreuse, fasciculée, à tige tantôt droite, tantôt volubile, portant des feuilles alternes, simples, ovales. Fleurs hermaphrodites, à six étamines formant deux verticilles. Environ 50 espèces de l'Amérique mérid.; quelques-unes sont cultivées en serre pour la beauté de leurs fleurs : *alstroemeria caryophyllea* (à odeur de girofle) dont les belles fleurs rouges et blanches s'ouvrent en février et mars et l'*A. pul-*

chra, à fleurs blanches. Les *A. tomentosa, tigrina* et *edulis* ont des racines comestibles au Pérou et au Chili, et l'*A. salsilla* s'emploie en médecine comme succédané de la salsepareille.

ALT (Franç.-Joseph-Nicolas, baron d'). 1689-1771. Né à Fribourg fut longtemps avoyer ; laissé une *Histoire de la Suisse*, favorable à la cause des cantons catholiques.

ALTAÏ (en turc oriental : *Mont d'Or*). Grande chaîne de montagnes de l'Asie. Elle forme le contrefort septent. du grand plateau central de l'Asie, et s'étend depuis les sources de l'Irtisch, jusqu'au mont Kentaï, qui marque la ligne de partage des eaux, entre le bassin de l'Amour et celui de la mer Glaciale. L'Altaï, qui s'étend de l'E. à l'O sur une longueur de 25 d. environ, se divise en deux sections : la première, Altaï proprement dit, de l'Irtisch aux sources de l'Obi ; la seconde, beaucoup plus étendue, des sources de l'Obi au Kentaï, qui reçoit le nom de monts *Sayansk*. L'Altaï, malgré son développement considérable n'a pas une très grande altitude. Le pic de *Mounko-Sardik*, le point culminant de la chaîne, n'a que 3,474 m au-dessus de la mer. La limite des neiges éternelles est à 2,600 m. Là s'arrêtent les nombreux glaciers qui descendent de la chaîne. L'Altaï a été de tous temps célèbre par ses mines. Il est entièrement formé de roches stratifiées où abondent les fossiles. Ses mines d'or, d'argent, de cuivre, de plomb, exploitées depuis des temps très reculés avec des instruments de travail très imparfaits, qui ne permettaient pas d'attaquer la roche dure, étaient tombées dans l'oubli, lorsqu'on les découvrit de nouveau en 1726 Depuis ce temps les Russes les exploitent. Le climat est très rude et sujet à de grandes variations de température, néanmoins il est sain, pour les habitants. Le bouleau, l'aune, le tremble, l'acacia, le saule, le mélèze, le sapin et le pin de Sibérie composent les forêts, où habitent l'ours, le loup, le renard, le lynx, la loutre, le castor, le chevrotain-musc, le cerf musqué, l'élan, le mouflon, la marmotte, la zibeline. Le porc, le mouton, la chèvre, y vivent à l'état sauvage. On y rencontre parfois le tigre. La population se compose de Russes, de Téléoutes, dont le fond est turc, et de Kalmouks dont le fond est mongol. Ces deux dernières races sont mélangées.

ALTAÏQUE. adj. 2 g. Se dit de la race dont le berceau fut dans les montagnes de l'Altaï. La race altaïque a peuplé la Sibérie et une partie de l'Europe (Finnois, Turcs, Hongrois).

ALTAÏR s. m. (arabe, *altair*, qui vole). Astr. Très belle étoile de 1re grandeur dans la constellation de l'Aigle. Son éclat est légèrement jaune.

ALTAÏTE. s. f. Minér. Tellurure de plomb qui provient de la mine de Sawodinski dans les monts Atal. Il est en masse compacte, d'un aspect métalloïde et d'un blanc d'étain. Il contient, d'après l'analyse de M. Rose : tellure, 38,37; plomb, 60,35; argent 1,28; ce qui donne la formule PbTe.

ALTAMAHA ou ALATAMAHA. Fleuve de la Géorgie, formé par deux rivières, l'Oconee et l'Ocmulgee qui ont chacune 500 kil. de cours, dont la moitié navigable. Après leur jonction l'Altamaha parcourt pendant 220 kil. un pays sablonneux et peu fertile et se jette dans l'Atlantique à quelque distance en aval de Darien.

ALTAMIRA (sierra de). Chaîne de montagnes de l'Espagne centrale, séparant les bassins du Tage et du Guadiana.

ALTAMIRA (Pedro de) Poëte dramatique espagnol du commencement du XVI° s., auteur d'un des derniers autos ou drames religieux, *L'apparition de Notre-Seigneur à ses disciples à Emmaüs.*

ALTAMURA. 17,108 h. Vle d'Italie, à 48 kil. de Bari. Belle cathédrale élevée par l'empereur Frédéric II.

ALTARISTE. s. m. Chanoine particulier de la basilique du Vatican, qui a le soin du maître autel et des palliums.

ALTAROCHE (Marie-Michel. Littérateur français, né à Issoire, 1811. Après 1830. journaliste républicain au *Charivari*. Député en 1848 (gauche modérée). Directeur de l'Odéon, des Folies-Nouvelles, puis d'un établissement de bains de mer à Cabourg-Dives. *Chansons et vers politiques.* 1836. 2 vol ; *Contes démocratiques*. 1835 ; *La Réforme et la Révolution*, 1841.

etc. Il a aussi écrit pour le théâtre : *Lestocq*, 1836 ; *Le Corrégidor de Pampelune*, 1843 ; etc.

ALTAVILLA-IRPINA. 3,600 h. Vle de l'Italie mérid., prov. de Principauté Ultérieure à 9 kil. d'Avellino Eaux minérales. || Plusieurs autres petites villes d'Italie portent le nom d'Altavilla.

ALTDORF ou ALTORF. 3,200 h. Vle de Bavière, à 20 kil. de Nuremberg. Grottes à pétrifications ; gisements de houille et de calamine. || **ALTDORF-WEINGARTEN.** 3,000 h. Vle du Wurtemberg. Berceau de la célèbre famille des Guelfes. Leur château fut transformé en abbaye bénédictine, où ils avaient leurs tombeaux. || Plus'eurs petites villes d'Allemagne portent ce nom. ||

ALTDORF. 2,500 h. Vle de Suisse, ch.-l. du canton d'Uri. Statue de Guillaume Tell. Belle fontaine près de laquelle, selon la tradition, était placé le fils du héros suisse, quand celui-ci abattut avec une flèche la pomme posée sur la tête de l'enfant.

ALTDORFER (Albert) Célèbre peintre et graveur allemand, né à Altdorf (Bavière), 1488, mort à Ratisbonne, 1538. Bon coloris ; détails délicats. Son chef-d'œuvre est la *Bataille d'Arbelles*, au musée de Munich.

ALTEIBAU. 5,000 h. Vle de Saxe, arr. de Lobau. Teilleries ; étoffes de lin

ALTEN. Soldat hanovrien ; devint général anglais, fut annobli (1814), prit part à la bataille de Waterloo, devint plus tard ministre de la guerre, ensuite de l'extérieur jusqu'à 1837. Mort à Bautzen, 1840.

ALTENA. 8,500 h. Vle de Prusse (Westphalie), à 28 kil. de Dortmund sur la Lenne. Fabrication importante de fils de fer, de laiton, etc.

ALTENBERG (abbaye d'). L'abbaye d'Altenberg, non loin de Mulheim, à quelque distance du Rhin, est un des plus beaux monuments de l'architecture gothique en Allemagne. Elle fut fondée en 1133 par le comte Eberhard de Berg, qui s'y fit moine ainsi que son frère Adolphe III. Elle appartenait à l'ordre de Cîteaux. L'église fut achevée en 1255, sauf le chœur qui fut terminé en 1379, époque de la consécration de l'église. Elle a été restaurée en 1847 par les soins du roi Frédéric-Guillaume IV. Elle appartient au style gothique primitif allemand et paraît avoir été bâtie sur le modèle de la cathédrale de Cologne, à laquelle elle ressemble beaucoup comme plan et comme détails. Les fenêtres ont conservé en partie de remarquables vitraux anciens. Tous les comtes et ducs de Berg, depuis le fondateur de l'abbaye jusqu'à Guillaume III, mort en 1511, y ont été enterrés ; beaucoup de leurs tombeaux existent encore et sont plus ou moins bien conservés. Les anciens bâtiments du couvent sont à présent occupés par une manufacture. La salle capitulaire et le cloître sont aussi d'une belle architecture ; ils appartiennent, comme l'église, aux premiers temps de l'architecture gothique allemande.

ALTENBOURG (duché de SAXE-). V. *Saxe.* || **ALTENBOURG.** 26,241 h. (1880). Capit. du duché de Saxe-Altenbourg. Nombreuses fabriques de draps, de gants, etc. Beau palais ducal ; bibliothèques publiques ; établissements de philanthropie. Vastes mines de lignite. École d'agriculture à Ehrenberg.

ALTENBURG. 5,000 h. Vle de Hongrie, sur la rive dr. de la Leitha, à 30 kil. de Presbourg sur le chemin de fer de Bude à Pesth. Commerce de blé. Beau château.

ALTENDORF. Vge de Bavière, à 15 kil. de Bamberg, où Kléber battit les Autrichiens en 1796. || Ce nom qui signifie Vieux Village est très commun en Allemagne.

ALTENGAARD. 2,000 h. Vle de Norvège, à l'embouchure de l'Alten, prov. de Finmarken. C'est le dernier point de l'Europe sept. (69° 55' latit. N. et 20° 44' 21" longit. E.) où la terre soit cultivable. Orge et pommes de terre.

ALTENHEIM. 2,125 h. Bg du grand-duché de Bade, sur les bords du Rhin et sur la route de Kehl à Fribourg-en-Brisgau, près duquel Turenne fut tué d'un boulet de canon (27 juillet 1675). Victoire des Français sur les Impériaux le 2 août 1675.

● **ALTENHEIM** (Gabrielle SOUMET, dame BEUVAIN d'). Femme de lettres franç., née à Paris, 1814. Fille du poète Soumet. Publia, à 24 ans, les *Nouvelles filiales*. A beaucoup écrit. *Le Gladiateur*, en collab. avec son père (1841), trag. en 5 actes ; de même, *Jane Grey*, 5 actes. *Bertha Bertha*, roman poétique (1843) ; *Les Anges d'Israël, ou les Gloires de la Bible* (1856) ; *Ré-*

cits de l'histoire d'Angleterre pour les enfants ; *Récits de l'histoire de Rome païenne* ; *Les Marguerite de France* ; *Les quatre siècles littéraires* (1859) ; *Les fauteuils illustres* ; *Récits de l'hist. de Rome chrétienne* ; *Récits de l'histoire d'Espagne* ; *Anecdotes élifiantes ; Fleurs de Mai* ; etc.

ALTENKIRCHEN. ●1,600 h. Bg de la Prusse Rhénaue, à 30 kil. de Coblentz L'armée française commandée par Kléber battit, le 4 juin 1796, l'armée autrichienne commandée par le duc de Wurtemberg. Dans les environs, Marceau fut blessé mortellement le 19 sept 1796.

ALTENSTEIN. Château, à 10 kil. de Salzungen ; sur la pente S.-O. du Thuringerwald. A 8 kil. de là, près des bains de Liebenstein, se trouve une des plus grandes et des plus belles grottes de l'Allemagne.

ALTENSTEIN (Charles STEIN, baron d'). 1770-1840. Homme d'État prussien, né à Anspach, mort à Berlin. Concourut avec talent à la réorganisation de la Prusse, après Tilsitt ; fut ministre des finances, de l'instruction publique ; donna l'essor aux lettres et aux sciences.

ALTER (Fr.-Charles). 1749-1804. Philologue allemand, né en Silésie, m. à Vienne. Religieux de la Compagnie de Jésus, professeur au collège de Ste-Anne à Vienne. *Notice sur la littérature géorgienne*, 1798 ; *Nouveau Testament avec notes*, 1787, 2 vol. in-8° ; trad diverses d auteurs grecs.

ALTÉRABILITÉ. s. f. Qualité de ce qui est altérable. L'altérabilité des corps, des couleurs.

ALTÉRABLE. adj. 2 g. Qui peut être altéré. Certains métaux, certains liquides sont altérables au contact de l'air.

ALTÉRANT, ANTE. adj. Qui altère, qui cause la soif. Un ragoût altérant. Une nourriture altérante. || ALTÉRANT. s. et adj. Méd. On appelle altérants des substances médicamenteuses qui, administrées à petites doses, modifient d'une manière profonde et per-sistante l'économie sans produire d'effets immédiats sensibles, ou opèrent une sorte de rénovation de l'organisme. A ce point de vue, les toniques, les calmants, les excitants et les calmants, sont des altérants. Cependant les médicaments considérés comme vrais altérants sont : le mercure, l'iode, le brôme, l'or, l'arsenic, l'argent, le baryum, et leurs préparations. On les emploie dans la syphilis constitutionnelle, les scrofules, les dartres, les engorgements chroniques — *Dose altérante*, Petite dose longtemps continuée. — *Action altérante* d'un médicament donné a faible dose, par opposition à celle du même médicament donné à dose massive.

ALTÉRATEUR, TRICE. s. et adj. Néol. Qui altère, qui falsifie des substances, des monnaies.

ALTÉRATIF, IVE. s. et adj. Néol Chim. Qui altère, qui modifie les propriétés des corps. Liqueur altérative. Employez cet altératif. || Mus. Se dit du signe (dièze, double-dièze, bémol, double-bémol) qui altère la valeur d'une note. Timothée le Milésien et Olympe de Mycènes (IVe s. av. J.-C) passent pour les inventeurs des signes altératifs.

ALTÉRATION. s. f. (al-té-ra-si-on ; — lat. *alteratio* ; de *alter*, autre : action de rendre autre). Phys. Changement, modification dans les propriétés, l'état d'une chose. L'altération d'une couleur, d'une liqueur. || Falsification ; action de diminuer le prix d'une monnaie. L'altération des monnaies est un crime capital. || Changement, calculé ou non, dans un texte, un acte, etc. Altération d'actes de l'état civil, d'effets publics. (V. *Falsification*.) || Changement de bien en mal dans l'état d'une chose. L'altération de la santé, du sang, des organes, du tempérament, du caractère, de l'humeur. || Fig. Agitation intérieure manifestée par le visage ou la voix. L'altération de ses traits et de sa voix sont une preuve de son émotion profonde. || Refroidissement. Il y a de l'altération dans l'amitié de ces deux personnes. || Mus. Modification que subit une note, lorsqu'on l'élève ou qu'on l'abaisse d'un demi-ton. Le bécarre remet la lettre altérée à son ton naturel. || Grande soif, besoin de boire. Cette marche en plein soleil m'a causé une grande altération.

ALTERCAS. s. m. (al-ter-ka ; — de *altercquer*). Altercation, débat Quoi qu'il en soit, cet altercas Mit en combustion la salle et la cuisine. (La Font.)

ALTERCATEUR. s. Vx mot, synonyme de querelleur, chicaneur.

ALTERCATION. s. f. (al-ter-ka-si-on ; — lat *altercatio*, querelle ; de *altercari*, se quereller). Débat, dispute, querelle. Il s'éleva une altercation entre eux. Ils ont des altercations perpétuelles. (Acad.) || Syn. *Altercation, contention, débat, querelle.* C'est un échange de paroles vif et animé. La contention et le débat supposent de l'animation, de la chaleur seulement ; l'altercation suppose de l'aigreur, et il y en a davantage dans la querelle, qui peut de venir sanglante. La contention et le débat roulent plutôt sur les opinions, les intérêts les affaires ; l'altercation et la querelle s'attaquent davantage aux personnes elles-mêmes. || ALTERCATION (l'), (*Altercazione*). Poème didactique de Laurent de Médicis.

ALTER EGO. s. m. (al-tèr-é-go. — Expr. lat. qui signif : *un autre moi-même*). Hist. Titre donné particulièrement dans le royaume des Deux-Siciles et en Espagne à la personne chargée de remplacer le souverain Synonyme de vice-roi. || Personne chargée d'exercer par délégation une fonction, une puissance. || Fam. Personne à laquelle on accorde toute sa confiance. C'est son alter ego, adressez-vous à lui.

ALTÉRER. v. a. (lat. *alterare* ; de *alter*, autre. — Change l'é fermé du rad en é ouvert, devant une syll. muette : J'altère, il altère ; conserve, d'après l'Acad., l'é fermé au fut. et au condit : J'altérerai, tu altérerais.) Phys. Changer l'état d'une chose. Altérer les qualités des corps. || Signif. ordinairem. Changer l'état d'une chose de bien en mal. Le temps altère tout. Sa santé, son tempérament, son caractère, son jugement, son bonheur sont fort altérés. || Émouvoir. Altérer les esprits. || Troubler. Altérer l'amitié. || Falsifier ; diminuer le poids légal des monnaies. || Tronquer, mal interpréter, corrompre. Altérer un discours, un texte, le sens des mots d'une phrase. || Altérer la vérité, S'en écarter. || Fig. Blesser, porter atteinte. Altérer la justice, la considération, le crédit. || Mus. Altérer une note, c'est l'élever d'un demi-ton par un dièze ou l'abaisser d'un demi-ton par un bémol. Se dit aussi d'un accord dont les notes sont ainsi modifiées. || Causer de la soif. La chaleur nous altère. || Abs. Cette chaleur altère. — Pourquoi et comment altérer a-t-il passé du sens de *changer* à celui d'*avoir soif* ? C'est un point qui reste obscur, dit M. Brachet dans son *Dict. des étymologies de la langue franç.* || S'ALTÉRER. v. pr. Se modifier en mal, se corrompre, se détériorer. Le vin s'altère à l'air. Les bonnes coutumes s'altèrent sous ce gouvernement. || ALTÉRÉ, ÉE. p. pas. et adj. Changé, défait Visage altéré, traits altérés. || Émue. Voix altérée. || Mus. Intervalle altéré. Celui dans lequel une note est élevée par dièze ou abaissée par bémol. La tierce d'ut est altérée quand le mi est bémolisé. || Qui a soif ; qui aime à boire. Il est toujours altéré. || Fig. Qui se plaît à répandre le sang, cruel, rapace. C'est un tigre altéré de sang. Soldats altérés de carnage, de rapines. || Fig. Qui désire ardemment une chose, en est avide. Je cherche en altéré la fontaine de vie. (Corneille.) || Syn. *Altérer, falsifier.* Altérer ou falsifier des écrits, des textes, c'est en changer le vrai sens ; altérer ou falsifier des monnaies, c'est les modifier de façon à en diminuer la valeur. Altérer, c'est changer, rendre autre, sans qu'il y ait intention bien mauvaise et quelquefois même sans intention. Ainsi un copiste peut altérer un texte par mégarde ou par ignorance. Falsifier, implique le dessein de mentir ; c'est changer en trompant, en fourbe ou en faussaire : une chose est plus ou moins altérée, et plus ou moins audacieusement ou artificieusement falsifiée. (Lafaye.) — *Altéré, affamé*, s'emploient au fig. pour signifier qu'on est avide de certaines choses, qu'on les désire ardemment ; mais les choses dont on est affamé sont solides et considérées, en quelque sorte, comme propres à être mangées ; celles dont on est altéré sont conçues comme liquides. Affamé de richesses, altéré de sang. Altéré appartient au style noble. Dans la conversation on dira. Affamé de carnage ; mais dans la *Henriade*, Voltaire a dit : Ces montres furieux de carnage altérés.

ALTÉRITÉ. s. f. (lat. *alteritas*). Scol. Qualité d'être autre. La séité et la soi, la quiddité ou le ce, l'identité, la diversité ou l'altérité. (Diderot.)

ALTERNANCE. s. f. Action d'alterner. État des choses qui alternent. || Arch. Succession de plusieurs choses, dans un certain ordre. La cathédrale *de Senlis* se distingue par l'alternance de ses piliers groupés et monostyles. ‖ Bot. Disposition dans laquelle les organes appendiculaires des plantes, feuilles, ou divisions florales, sont insérées sur l'axe commun, de manière que chaque pièce d'un verticille soit située dans l'intervalle des pièces des verticilles inférieur et supérieur. ‖ Géol. Disposition des dépôts stratifiés composés de différentes roches dont les couches se succèdent plusieurs fois. ‖ Agric. Succession naturelle de différents végétaux sur le même terrain : l'alternance est la base des assolements rationnels. (V. *Assolement*.) ‖ ALTERNANCE DE GÉNÉRATION. Zool. On donne ce nom ou celui de *génération alternante* à un mode de développement des plus singuliers que présentent certaines espèces animales. On verra plus bas que des faits analogues se retrouvent dans le règne végétal. Il consiste en ce que l'animal, au sortir de l'œuf, au lieu de ressembler à celui qui l'a engendré offre l'organisation de son aïeul. Dans cet état il est incomplet, il manque des organes de la reproduction; mais il a la faculté de produire, par *bourgeonnement* ou par *scissiparité* (V. ces mots), d'autres individus qui ne ressemblaront pas à leur générateur immédiat, mais bien à l'être qui a pondu l'œuf dont ce dernier est sorti. Or ces phénomènes se reproduisant continuellement, il y a donc une véritable alternance dans les formes animales d'une même espèce. Pour préciser les choses, un exemple ne sera pas inutile. Une méduse, zoophyte du groupe des cœlentérés, qui a l'aspect d'une calotte sphérique ou d'une ombrelle, du centre de laquelle pend un paquet de tentacules qui en représente le manche, pond des œufs desquels il sortira des êtres non pas semblables à elle, mais une petite larve vermiforme asexuée qui, bientôt, se fixe sur un rocher par une de ses extrémités et prend l'aspect d'une corbeille portée par une petite colonne. Elle grandit et s'étrangle de distance en distance de façon à ressembler à une petite pile d'assiettes ; chaque segment finit par se séparer et nage de son côté en prenant très rapidement la forme de la méduse primitive, et possédant comme elle les organes sexuels. Ainsi la larve ne ressemble nullement à la méduse qui l'a engendrée qui, et d'autre part, chaque petite méduse diffère considérablement de la larve qui l'a produite. Ces faits se rencontrent fréquemment dans les types inférieurs du règne animal, spécialement celui des cœlentérés, mais aussi dans ceux des tuniciers et des vers. Les générations alternantes ne doivent pas être assimilées aux métamorphoses (V. ce mot). Dans ce dernier cas c'est un même individu qui passe par des phases diverses, tandis que dans le premier, il y a une succession d'individus véritablement différents avant que la forme spécifique soit atteinte. La première observation de génération alternante fut faite par un Français émigré en Russie, Chamisso, pendant le voyage de circumnavigation de Kotzebue, et publiée en 1819. ‖ Bot. L'alternance des générations est très répandue dans le règne végétal. Voici en quoi elle consiste. Une fougère qui, comme on le sait, se compose d'une tige, de racines, de frondes étalées en formes de feuilles, ne donne pas naissance à une plante semblable à elle. Les spores reproductrices que l'on voit en si grande quantité à la face inférieure des frondes donnent chacune naissance à un *prothalle* (V. ce mot), sorte de petite végétation qui porte seule des organes sexuels, à savoir les anthéridies (org. mâles) et les archégones (org. femelles), tandis que la fougère même est dépourvue d'organes sexuels et ne porte, comme il a été dit, que des spores. Les corpuscules (anthérozoïdes), renfermés dans l'anthéridie fécondent une cellule (oosphère) renfermée dans l'archégone. Cette cellule fécondée, devenue l'oospore, germe et produit à son tour une fougère identique à celle qui a servi de point de départ au double cycle de générations. Il y a donc bien alternance dans la forme des individus successivement produits, dont les uns sont toujours asexués et les autres pourvus au contraire d'organes sexuels. Les choses peuvent être encore plus compliquées, les générations asexuées alternantes pouvant être au nombre de 2, 3 et même 4, avant que la génération sexuée se produise et ferme le cycle.

Ces phénomènes s'observent dans un très grand nombre de végétaux : les algues, les champignons, les hépatiques, les mousses, les équisétacées ou prèles, les sélaginellées, les conifères ; enfin on en reconnaît des traces dans le développement des phanérogames (monocotylédones et dicotylédones).

ALTERNANT, ANTE. adj. Qui alterne Deux professeurs qui font tour à tour le même cours sont des professeurs alternants. (Littré.) ‖ Minér. Se dit d'une roche dont les feuilles sont alternativement de nature différente. ‖ Zool. Génération alternante. V. *Alternance de génération*.

ALTERNANTHÈRE. s. f. Bot. Genre d'amarantacées, originaire de la zone équatoriale.

ALTERNAT. s. m. Action, liberté d'alterner. ‖ Droit ou privilège en vertu duquel deux ou plusieurs villes deviennent, à tour de rôle, le siège du gouvernement ou d'une administration. En Suisse, Berne, Zurich et Lucerne, jouissent de ce droit. ‖ T. de diplom. Usage en vertu duquel chacune des deux parties contractantes d'un traité est alternativement nommée la première. ‖ Zool. Emploi tour à tour de deux races dans le croisement. (V. *Croisement*.) ‖ Agric. Changement méthodique de culture. (V. *Assolement*.)

ALTERNATIF, IVE. adj. Se dit de deux choses qui agissent continuellement l'une après l'autre. Ces deux pièces de la machine ont un mouvement alternatif. ‖ Exercé tour à tour. Un office alternatif. Une charge alternative. ‖ Agric. Culture alternative, Par laquelle on fait produire successivement à un terrain des végétaux de nature différente sans laisser reposer le sol. ‖ Bot. Préfloraison alternative, Dans laquelle les enveloppes florales, corolle ou calice, formant deux verticilles concentriques et alternes, les divisions du verticille extérieur recouvrent celles du verticille intérieur, de sorte que la nervure médiane des pièces intérieures reste seule à découvert. ‖ Jurisp. Obligation alternative, Obligation comprenant deux ou plusieurs choses, dont le débiteur se libère par la délivrance de l'une des choses promises. ‖ Log. Proposition alternative, Celle qui contient deux parties opposées, dont une doit nécessairement être admise. Ex. : Il faut payer ou rendre.

ALTERNATION. s. f. Action d'alterner, résultat de cette action. L'alternation d'un mouvement, d'un emploi.

ALTERNATIVE. s. f. Succession de choses qui reviennent tour à tour. La vie est une alternative de peines et de plaisirs, de craintes et d'espérances, de revers et de succès. ‖ Choix entre deux partis, entre deux choses offertes. On lui a donné l'alternative. (Acad.) Alternative heureuse, cruelle. ‖ Rem. On ne choisit pas entre deux alternatives ou ne se décide pas pour une alternative car il n'y en a qu'une, et elle consiste dans l'option entre deux issues, deux moyens, deux partis.

ALTERNATIVEMENT. adv. Tour à tour, et l'un après l'autre. Lire alternativement. ‖ Syn. *Alternativement, tour à tour*. Alternativement s'emploie de préférence quand il s'agit d'action, de quelque chose qui se fait. Tour à tour convient mieux pour exprimer un état ou en parlant de choses qui sont. Une personne rit et pleure alternativement, elle est tour à tour gaie et triste.

ALTERNE. adj. Géom. Quand deux lignes parallèles sont coupées par une sécante, les angles situés entre les parallèles, l'un d'un côté de la sécante l'autre de l'autre, sont dits *alternes internes* ; ceux qui sont situés de la même façon, mais hors des parallèles, sont *alternes externes*. ‖ Bot. Se dit d'organes disposés sur l'axe qui les porte à des hauteurs différentes, de telle sorte qu'on n'en trouve jamais qu'un seul sur un même plan horizontal. (Baillon.) Feuilles, fleurs alternes. Les feuilles de l'orme et du rosier sont alternes, celles de l'érable sont *opposées*, c.-à-d. qu'elles naissent de points correspondants

ALTERNÉ, ÉE. adj. Blas. Se dit de pièces qui se correspondent. Dans l'Écartelé, le premier quartier et le quatrième, le second et le troisième sont alternés et ordinairement de même nature.

ALTERNEMENT. s. m. Action d'alterner. L'alternement régulier des vers masculins et féminins. (Ph. Chasles.)

ALTERNER. v. n. (lat. *alternare* ; rad. *alter*, autre). Faire une même chose à tour de rôle. Ces deux fonctionnaires alternent tous les mois. Pierre alterne avec Paul. ‖ Se succéder tour à tour, et avec régularité. Les arbres de l'allée sont disposés de manière que les ormeaux alternent avec les tilleuls. ‖ Bot Se dit des organes qui se succèdent mutuellement sur un axe commun, quand ils sont disposés les uns au-dessus des autres, de deux côtés opposés. Dans beaucoup de fleurs les pétales alternent avec les étamines. ‖ Agric. Faire produire successivement à un même terrain des récoltes différentes. ‖ Art, méthode d'alterner. — Dans ce sens il s'empl. activ. Alterner un champ, la culture d'une terre. Alterner sur un sol, foin, sur une luzerne. ‖ ALTERNÉ, ÉE. p. pass.

ALTERNIFLORE. adj. 2 g. Bot. Dont les fleurs sont alternes.

ALTERNIFOLIÉ, ÉE. adj. Bot. Dont les feuilles sont alternes.

ALTERNIPENNÉE. adj. f. Bot. Nom donné à la feuille composée pennée dont les folioles sont alternes sur le rachis, ou à la feuille simple pennée dont les nervures secondaires s'insèrent à des hauteurs différentes sur la nervure médiane.

ALTERNIPÉTALES. adj. Bot. Se dit des divisions florales situées à l'intérieur de la corolle lorsqu'elles sont insérées sur des points du réceptacle situés en face des intervalles qui séparent les pétales.

ALTERNISÉPALES. adj. Bot. Se dit des organes floraux situés à l'intérieur du calice, lorsqu'ils sont insérés au niveau des intervalles qui séparent les sépales.

ALTESSE. s. f. (al-tè-se ; — venu au XVIᵉ s. de l'ital. *Altezza*, même sens). Titre d'honneur donné aux princes. Altesse royale, impériale. Par abrév. S. A. le prince de .. ; S. A. R. ; S. A. I. ; LL. AA. RR. (leurs altesses royales). ‖ La personne qui porte le titre. ‖ Loc. *Altesse électorale*, Titre donné autrefois en Allemagne aux princes électeurs de l'Empire. ‖ *Altesse sérénissime*. Ce titre inférieur aujourd'hui à ceux d'altesse royale ou impériale, se donne aux membres des deux branches collatérales en, Allemagne. 50 familles des anciens princes de l'Empire médiatisés ont été autorisées par un décret de la diète (1825) à porter le titre d'altesse sérénissime, qui se donne d'ailleurs, par courtoisie, dans ce pays à tous les princes et ducs. Le prince de Monaco porte aussi à titre honorifique la qualification d'Altesse Ce titre a été réservé jusqu'au Xᵉ siècle aux princes de l'Église ; trois siècles après il n'appartient plus qu'aux princes considérés comme les vassaux de Sa Majesté l'Empereur du Saint Empire Romain. Louis XII et François Iᵉʳ prirent les premiers le titre de Majesté et celui d'Altesse fut donné aux princes du sang ‖ S'emploie iron. Traiter quelqu'un d'altesse, lui donner de l'altesse.

ALTHÆA ou **ALTHÉE.** s. f. (gr. *althein* guérir). Bot. Plante de la fam. des malvacées, vulg. *guimauve* (V. ce mot).

ALTHÉE. Myth. gr. Fille d'Agénor, femme d'Œnée roi d'Étolie, mère de Méléagre. Ce dernier, ayant tué les frères d'Althée, celle-ci furieuse, rejeta au feu, un tison à la durée duquel les Parques avaient attaché la vie de Méléagre, qui mourut en effet consumé par une chaleur intérieure. Althée se tua de remords et de désespoir.

ALTHEINE. s. f. Chim. Extrait de la racine de guimauve. (V. *Asparagine*.)

ALTHEN (Jean). Agronome, né en Perse, 1711, mort à Caumont, près d'Avignon, 1774. Fils d'un seigneur persan, après le massacre de sa famille et quatorze ans d'esclavage, il se réfugia en France (1759), où il introduisit la culture de la garance et du coton. Il mourut pauvre, et sa fille à l'hôpital. Une statue lui a été élevée à Avignon, 1846.

ALTHÉNIE. s. f. Bot. G. de naïadées, petite plante herbacée, propre aux lacs salés du midi de la France.

ALTHIONATE. s. m. Chim. Sel formé par la combinaison de l'acide althionique avec une base.

ALTHIONIQUE. adj. (de *al*, abrév. de alcool, et du gr. *theion*, soufre). Chim. Acide althionique, Corps obtenu en faisant chauffer longtemps de l'alcool avec un excès d'acide sulfurique. On ne le connaît que combiné avec des bases.

ALTHUSEN (Jean). (Al-tou-zen.) 1557-1638. Jurisconsulte hollandais ; a écrit un *Digeste politique*, où il soutient que la souveraineté des États appartient au peuple.

ALTIER, IÈRE. adj. (al-ti-é ; ière ; — venu au XVIe s. de l'ital. *altiere*, hautain). Superbe, hautain, orgueilleux ; qui a, ou qui marque de la fierté, de l'orgueil. Peuple, homme altier. Mine, démarche altière. | Se prend en bonne ou mauvaise part. Chêne altier, humeur altière. | Syn. *Altier, dédaigneux, fier, haut, hautain, impérieux.* Qualificatifs donnés aux personnes qui s'estiment beaucoup, qui font peu de cas des autres et le leur témoignent. Le dédaigneux méprise ; ce qui le frappe, ce sont les imperfections des autres. Le fier (*ferus*, farouche) ne se familiarise pas ; il se croit bien au-dessus des autres. Ainsi que le fier, le haut est pénétré de ses avantages, de son excellence, mais de plus il domine ou veut dominer. Hautain, qui tient du haut, marque ou respire de la hauteur ; représente cette qualité extérieurement, dans le ton, dans les manières. Haut et hautain qual.fient les manières, les habitudes ; altier qualifie principalement le caractère, une humeur impérieuse ; l'altier veut faire sentir sa supériorité et subjuguer, asservir ceux qui l'approchent. L'impérieux veut être obéi, il impose sa volonté, son empire (*imperium*).

ALTIEREMENT. adv. D'une manière altière, avec fierté.

ALTIERI (Louis, prince). 1805-1867. Cardinal, né à Rome. Directeur de l'Université romaine, nonce à Vienne (1840) ; l'un des commissaires gouvernant au nom de Pie IX retiré a Gaëte et à Portici. Mort à Albano en soignant les cholériques.

ALTILOQUE. adj. 2 g. (lat. *altus*, haut; *loqui*, parler). Ornith. Qui a un bruyant ramage, en parlant des oiseaux.

ALTIMÈTRE. s. m. (lat. *altus*, haut ; gr. *metron*, mesure). Géom. Instrument pour mesurer la hauteur des objets. Syn. *hypsomètre.*

ALTIMÉTRIE. s f. Art de mesurer les hauteurs. C'est une partie de la géométrie.

ALTIMÉTRIQUE. adj. 2 g Qui a rapport à l'altimétrie. Procédés altimétriques.

ALTIMÉTRIQUEMENT. adv. Selon les règles de l'altimétrie.

ALTIN. Lac de la Sibérie, dans le gouv. de Tomsk, dont la long. est de 120 kil. et la larg. de 12, entre les montagnes de la chaîne de l'Altaï.

ALTIROSTRE. s. m. et adj. (lat. *altus*, haut ; *rostrum*, bec). Genre d'oiseaux grimpeurs a bec plus large que long.

ALTISE s. f. (gr. *altikos*, sauteur) Insecte de l'ordre des coléoptères tétramères, fam. des phytophages, genre *altica* ou *haltica*. Ces animaux, quoique très petits, causent, tant à l'état de larve qu'à l'état parfait, des dégâts considérables aux plantes dont ils se nourrissent : choux, betteraves, vigne, etc. Ils sont ornés de brillantes couleurs, volent très bien et exécutent des sauts d'une hauteur prodigieuse, ce qui les fait appeler : *puces de terre, tiquets, pucerottes.*

ALTISSIME. adj. 2 g. (lat. *altissimus*, superlatif de *altus*, élevé). Très élevé, très puissant. Ne se dit guère que par plaisanterie, comme *richissime.*

ALTISTE. s. f. Mus. Celui qui exécute la partie d'alto dans un chœur.

ALTITUDE. s f. (*altituda*, hauteur ; de *altus*, haut). Élévation d'un lieu au-dessus du niveau de la mer. A cette altitude l'atmosphère et la végétation changent.

HAUTEUR COMPARÉE DE QUELQUES LIEUX HABITÉS.

Kursok (Asie)	4541 m.
Maison de poste d'Apo (Am. Sud)...	4382 —
Station météorol. du pic de Pike (A. N.)	4358 —
Tacora (Am. Sud)	4173 —
Gya (Asie)	4129 —
Poto si (Am. Sud)	4103 —
Mouktinath (Asie)	4012 —
La Paz (Am. Sud)	3641 —
L'Hassa (Asie)	3565 —
Ouadela (Afrique)	2926 —
Quito (Am. Sud)	2913 —
Bogota (Am. Sud)	2661 —
Hospice du Grand-St-Bernard (Eur.)..	2470 —
St-Veran (France)	2042 —
Zermatt (Europe)	1618 —
Gavarnie (France)	1335 —
Briançon (France)	1326 —
Madrid (Europe)	632 —
Paris (Seine a l'étiage)	26 —

Hauteur comparée de quelques montagnes V. *Montagne.* — De quelques cols ou passages. V. *Cols.* — Limite inférieure des neiges perpétuelles V. *Neige.* — Hauteur de quelques monuments au-dessus du sol. V. *Hauteur.* |

ALTITUDE. Méd. On entend par là, en médecine, les régions montagneuses élevées, que l'homme habite ou peut habiter. A mesure que l'on s'élève, la pression atmosphérique s'abaisse, en même temps que la température, laquelle offre, à chaque élévation de 80m, la même diminution qu'amène un déplacement d'un degré en latitude N ; mais ces données ne sauraient être d'une rigueur absolue, car le résultat varie suivant la longitude et la latitude des lieux qu'on examine. Enfin selon l'altitude, le climat se modifie tellement que l'on voit la flore se transformer, à mesure que l'on monte, comme si on se dirigeait de l'équateur au pôle. L'homme qui gravit de grandes hauteurs est exposé a ce qu'on appelle le *mal des montagnes* : respiration accélérée, gênée, pénible, pouls animés, palpitations, hémorrhagies diverses ; maux de tête, somnolence, manque d'énergie, hébétude, prostration ; soif vive, langue sèche, nausées ; douleur dans les genoux, marche très pénible. Ces phénomènes s'accusent à des niveaux différents et avec une intensité variable suivant les individus, leur âge, leur constitution, etc Ils semblent être surtout causés par la fatigue musculaire excessive dans un air raréfié ; l'acide carbonique formé en grande quantité sous l'influence de ces efforts continus s'accumulant dans le sang, cause un véritable empoisonnement, mais qui cède promptement au repos. En effet, les aéronautes qui, assis dans leur nacelle, ne font pas d'efforts musculaires, n'éprouvent pas de symptômes semblables, aux altitudes correspondantes. Le séjour à des altitudes modérées, 800m a 1,500m offrent des conditions favorables à la santé ; l'air y est pur et stimule les fonctions nutritives ; c'est un refuge assuré et très recherché dans plusieurs pays contre les miasmes qui se développent dans la plaine, et particulièrement contre la fièvre jaune. La phtisie ne s'observant que rarement sur les plateaux élevés, on tend de plus en plus à envoyer les personnes atteintes de cette affection dans certaines *stations d'air*, surtout dans les régions élevées de la Suisse, de l'Autriche, de la Norwège. A de plus grandes hauteurs, l'organisme rencontre des conditions perturbatrices de ses fonctions et contre lesquelles il est obligé de lutter péniblement. | Astr. Altitude d'une étoile, sa hauteur au-dessus de l'horizon exprimée en degrés, de 0° à 90° ; le 90° étant le zénith.

ALTITUDINAIRE. adj. 2 g. Qui appartient à l'altitude. Froid altitudinaire.

ALTIVOLE adj. 2 g. (lat. *altus* ; haut, *volo*, je vole). Qui plane très haut dans les airs L'aigle est altivole.

ALTKIRCH. 3,190 h. Vle d'Alsace-Lorraine, ch.-l. de cant., arr. de Mulhouse ; sur une colline baignée par l'Ill Fabriques de tissus, tanneries. Aujourd'hui forteresse allemande. Ruines d'un vieux château.

ALTMAN (Jean-Georges). 1697-1758. Prêtre, professeur de morale et de langue grecque a Berne, auteur de *L'état et les délices de la Suisse, en forme de relation critique*, et de nombreux ouvrages sur la géographie et l'histoire de la Suisse.

ALTMEYER (Jean-Jacq.) Littérateur belge, né en 1804 Professeur à Ypres, puis à la nouvelle Université de Bruxelles ; appartint au parti libéral belge. Mort en 1877. A beaucoup écrit. *Introd. d l'étude philosophique de l'humanité*, 1837, in-8° ; *Précis de l'histoire ancienne, envisagée sous le point de vue politique et philosophique* 1837, in-8° ; *Cours de Philosophie de l'histoire*, 1840, in-8° ; *Précis de l'histoire du Brabant*, 1841, in-8° ; *Relations commerciales et diplomat. des Pays-Bas avec le Nord pendant le XVIe s.*, 1840, in-8° ; *Marguerite d'Autriche*, 1841. in-8° ; *Résumé de l'histoire moderne*, 1842, in-18 ; *Les Gueux de la mer*, 1854, in-12 ; etc.

ATMÜHL.. Riv. de Bavière, affl. g. du Danube, sur laquelle s'embranche le canal Ludwig reliant le Danube au Rhin, par la Regnitz, affl. du Mein.

ALTO. s. m. (mot italien qui signifie *haut*). Mus Instrument de musique de même forme que le violon, mais de dimensions plus grandes, et se manœuvrant de la même façon. L'alto a quatre cordes accordées de quinte en quinte (la, ré, sol, do). Il sert d'intermédiaire entre le violon et le violoncelle. L'alto a remplacé les divers instruments a cordes de registre moyen, désignés autrefois sous la dénomination générale de *violes*. Aussi l'appelle-t-on quelquefois *alto-viole*. — On donne encore le nom d'alto à des instruments en cuivre du genre saxhorn servant de transition, dans les musiques militaires, entre le cornet ou le bugle. et le baryton. — On distinguait autrefois, et l'on désigne parfois encore, sous le nom d'alto, la voix de *contralto* (V. ce mot), et, par suite, la partie confiée a ces sortes de voix dans les chœurs. | Au pl. Des Altos.

ALTO. Chaîne de montagne de la Rép. Argentine, prov. de Catamarca | Ville (2,100 h) et département (10,000 h.) du même nom. On y élève du bétail.

ALTO-BASSO. s. m Mus. Instrument carré, à 4 cordes, qu'on frappe avec des baguettes.

ALTOMARI (Donat). Savant médecin et botaniste de Nantes, au XVIe siècle.

ALTOMONTE. 5,000 h Vle d'Italie, dans la prov. de la Calabre Citérieure. Mines de sel.

ALTON. 4,510 h. Vle d'Angleterre. comté de Southampton. Fabriques de soie et de lainages. | ALTON. 9,000 h. Vle. des États-Unis (Illinois), a 30 kil. de Saint-Louis. Mines de houille.

ALTON (Joseph-Guill.-Edouard d'), 1772-1840. Naturaliste et archéol. allem. Après un voyage en Italie, il habita la Saxe, puis Wurtzbourg Il donna des leçons au prince Albert (plus tard mari de la reine Victoria) *Histoire naturelle du cheval*, Bonn, 1810-1828, in-fol : *Ostéologie comparée*, Bonn, 1821-1827, in-4°. | ALTON-SHÉE (Edmond, comte d'). 1810-1874. Homme politique français. Pair de France ministériel en 1836, puis démocrate. En 1847, il s'associa a l'agitation réformiste, et fit des professions de foi révolutionnaires. Il parut dans les barricades durant les journées de février. Pendant la présidence du général Cavaignac, il l'attaqua dans les clubs, où il se prononça pour la république démocratique et sociale. Il échoua complètement aux élections générales du mois de mai 1849. Sous l'Empire, il s'occupa d'affaires industrielles, et tenta vainement d'arriver à la députation. Il a fondé, depuis 1870, deux journaux, *Le Peuple souverain, La Suffrage universel. Mémoires du vicomte d'Aulnis*, 1868, in-12 ; *Mes Mémoires*, 1868, 2 vol. in-8° ; *Une fusion légitimiste, orléaniste et républicaine.* 1863, in-8° ; *Mariage du duc Pompée*, 1864, in-8° ; *Napoléon*, aide-mémoire historique ; etc.

ALTONA. 91,041 h. (1880) Vle du Holstein (Prusse), sur la rive dr. de l'Elbe, et séparée de Hambourg par une étroite chaussée Port franc ; construction de vaisseaux marchands, industrie très active ; raffineries de sucre, savonneries, distilleries, tanneries, manufactures de tabac, fabriques d'indiennes, etc. — Ch.-l. du 9e corps d'armée prussien, point central de la défense des côtes de l'Allemagne De cette ville part un réseau télégraphique souterrain, la reliant aux points les plus importants de la côte et à Berlin. Observatoire : latit. N.53°32'4 ; longit. E. 7° 36' 23'. Tombeau de Klopstock. Elle n'eut rang de vile qu'en 1664 ; ravagée par les Suédois en 1713, elle se releva promptement de ses ruines. Elle fut envahie par les Prussiens le 12 fév. 1864, malgré les protestations de la Diète.

ALTOONA. 19,716 h. Vle des États-Unis (Pensylvanie), à 380 kil. N.-O. de Philadelphie. Station d'arrêt et de transbordement sur le chemin de fer de Philadelphie à Pittsburg, à la base orientale des Alleghanys, où commence l'escalade de la montagne.

ALTÖTTING. 2,090 h. Pte vle du cercle de Bavière, ch.-l. d'arr. et de cant., à 85 kil. de Munich, sur la Mörn. affl. dr. de l'Inn. Sources minérales alcalines. Établissement de bains à St Georges. Chapelle et portrait de la Vierge. Pélerinage très fréquenté. On y conserve les cœurs des souverains de Bavière.

ALTO-VIOLE. s. m. Nom qu'on donne quelquefois a l'alto (V. ce mot).

ALTRANSTADT. Vge de Saxe (Allemagne), à 18 kil. de Leipzig Célèbre par deux traités ; le premier, imposé par Charles XI de Suède a l'électeur de Saxe, Auguste II, pour le forcer à abandonner le trône de Pologne (1706) ; le second, conclu entre le même roi de Suède et l'empereur Joseph Ier, dans lequel fut stipulé le libre exercice du culte pour les protestants de Silésie (1707). Très ancien château.

ALTRINGER (Jean). Général des armées prussiennes pendant la guerre de Trente Ans.

ALTRUISME. s. m. (lat. *alter*, autre). Philos. Ensemble des penchants ou instincts sympathiques, tels que l'affection, la vénération, la bonté. Sentiment opposé à l'égoïsme.

ALTRUISTE. adj. 2 g. Qui a rapport à l'altruisme. Maximes altruistes, morale altruiste.

AL SCHHAUSEN. 2,250 h. Pte vle du Wurtemberg, à 9 kil. de Sarlgau. Grand château royal avec ferme modèle. Ancienne commanderie de l'Ordre Teutonique. Dans l'église, tombeau de l'historien et mathématicien Hermann der Contrakte (mort en 1054).

ALTSCHUL (Élias). Médecin allemand, né à Prague en 1812. Professeur d'homœopathie théorique et pratique à l'école de médecine de cette ville depuis 1848. *Dictionnaire de médecine oculaire*, 2 vol., Vienne, 1835 ; *Traité de pharmaco dynamique physiologique*, Prague, 1839-1852 ; *La loi de polarité thérapeutique des doses médicales*, Prague, 1849.

ALTSTADT. 1,760 h. Bg de Bohême, à 12 kil. de Neu-Bistritz Ferme-modèle d'Ebergersch. ‖ **ALTSTADT.** 2,000 h. Pte vle de la Moravie (Autriche), près d'Olmütz, sur la rive dr. de la Morawa ou March, affl. dr. du Danube, vis-à-vis et à 1/2 kil. de Hradisch. Restes de l'antique capitale du royaume de la Grande-Moravie, détruite par les Hongrois en 908. Mines de graphite.

ALTSTŒTTEN 8,000 h. Vle de Suisse, du canton et a 15 kil. de Saint-Gall. Pays bien cultivé. Fabriques de soie et lainages. Eaux minérales sulfureuses ; établissem. de bains récents.

ALTWASSER. 9,000 h. Vle de Prusse (Silésie), à 2 kil. de Waldenburg. Exploitation considérable de houille et de lignite. Fonderies, usines. Eaux minérales ferrugineuses et magnésiennes. connues dès le XIVe siècle ; établissements de bains.

ALUCITE. s. m. Zool. Très petit insecte de l'ordre des lépidoptères nocturnes, tribu des tinéides, dont la chenille dévore les céréales : blé, orge, etc. C'est un véritable fléau connu sous le nom de *teigne, pou volant, lucite* : Il ne faut pas le confondre avec la *teigne des blés* (tinea granella), autre papillon de la même famille, dont la chenille est non moins redoutable pour les grains. Ces chenilles redoutent la lumière, et un bon moyen d'arrêter leurs dégats consiste à remuer fréquemment le blé à la pelle. Le moyen le plus employé pour détruire les alucites est l'emploi des tarares.

ALUCO. s. m. Zool. Nom vulg. du hibou et de la chouette.

ALUDE OU ALUTE. s. f. (provenç. *aluda* ; du lat. *aluta* (V. ce mot). Basane colorée pour la reliure des livres.

ALUDEL. s. m. (mot tiré de la techn. esp.). Chim. Sorte de pots en terre cuite, ouverts par les deux bouts, et s'emboîtant pour former de longs tuyaux dans lesquels on fait condenser les vapeurs de mercure dans les mines d'Almaden (Espagne).

ALUINE OU ALUYNE. s. f. Nom vulgaire de l'absinthe.

ALULE. s. f. (lat. *alula*, dimin. de *ala*, aile). Ornith. Bout de l'aile de l'oiseau. ‖ Entom. Petite écaille qui se trouve à l'origine de l'aile de certains diptères.

ALUMELLE. s. f. (lat. *lamella*, petite lame). Lame de couteau, ou lame d'épée longue et mince. Vx. ‖ Mar. Petites plaques de fer qui garnissent intérieurement la mortaise d'un couvernail, d'un cabestan. ‖ Techn. Outil d'acier qui sert à gratter l'écaille, la corne, l'ivoire, etc.

ALUMINADOU. s. m. Nom donné en Provence à la couche de fumier de cheval dégageant les vapeurs ammoniacales qui donnent au tournesol en drapeaux sa couleur verdâtre caractéristique.

ALUMINAGE. s. m. Opération de teinture qui consiste à déposer de l'alumine sur un tissu.

ALUMINAIRE. adj. 2 g. Se dit de pierres volcaniques renfermant de l'alun tout formé.

ALUMINATE. s. m. Chim. Sel dans lequel l'alumine joue le rôle d'acide.

ALUMINE. s. f. (lat. *alumen*, alun). Chim. Oxyde d'aluminium, Al^2O^3. A l'état de pureté, et cristallisée, c'est le *corindon hyalin*, pierre précieuse très estimée ; colorée par divers oxydes métalliques, elle forme le *rubis oriental*, le *saphir oriental*, la *topaze*, l'*émeraude*, l'*améthyste orientale*, qu'on trouve dans la nature, cristallisés en octaèdres réguliers ; ils ont été reproduits artificiellement par MM. Ebelmann, Sainte-Claire-Deville, Frémy et Feil. Moins pure, elle donne l'*émeri*, qui sert, réduit en poudre, à polir le verre et les métaux. Hydratée, c'est la *gypsite* ou *diaspore hydrargyrite*. L'alumine ordinaire est blanche, insoluble dans l'eau, elle happe à la langue et ne fond qu'à la flamme du chalumeau à oxygène et hydrogène. Elle s'unit aux matières colorantes pour former des *laques* ; elle est la base des *argiles*. (V. ce mot), entre dans l'*alun* et constitue un des principes essentiels de la terre végétale. C'est un oxyde indifférent, c.-à-d. pouvant jouer le rôle de base avec les acides, et le rôle d'acide avec les bases : elle forme alors des *aluminates*. Ses principaux sels sont : 1° Le *sulfate*, $Al^2O^3,3SO^3 + 18HO$, qui pourrait remplacer l'alun dans la teinture, s'il n'était difficile de l'obtenir exempt de fer ; 2° Les *silicates*, très répandus dans la nature, soit cristallisés, soit hydratés et amorphes, comme dans les argiles et le *kaolin* ou terre à porcelaine (V. ce mot). $Al^2O^3,SiO^3 +2HO$, etc.; 3° L'*acétate* (V ce mot). Les sels d'alumine ont tous une réaction acide ; leur saveur est astringente ; ils ne sont précipités de leur dissolution par aucun acide ‖ Minér. L'alumine forme la base d'un grand nombre de minéraux ; tels sont, l'alun, l'alunite, la gypsite, la wawellite, la webstérite, la bauxite, le diaspore, le mica, les grenats, la tourmaline. etc. (V. ces mots.) ‖ Méd. Plusieurs préparations qui ont l'alumine pour base sont employées en médecine ; ce sont l'*alumine* qui est peu usitée, les argiles qui en renferment (terres sigillaires, terres bolaires, bols d'Arménie), employés jadis contre les diarrhées ; le *sulfate d'alumine* que ses propriétés antiputrides font employer pour la conservation des cadavres, pour modifier les ulcères de mauvaises nature, les cancers ulcérés, et aussi contre les angines et les affections utérines ; le sulfate d'alumine et de zinc employé dans les mêmes cas a une plus grande énergie ; on remplace souvent ces préparations par la *solution alumineuse benzoïnée* ; enfin l'*acétate d'alumine* spécialement employé pour la conservation des cadavres par le procédé Gannal ; on l'emploie aussi topiquement dans les ulcères gangréneux, cancéreux, etc.

ALUMINÉ, ÉE. adj. Chim. Où on a mis de l'alumine.

ALUMINER. v. a. Chim. Mélanger, combiner avec l'alumine.

ALUMINERIE. s. f. Fabrique d'aluminium.

ALUMINEUX, EUSE. adj. Chim. Qui contient de l'alun ou qui est imprégné d'alun. Terres alumineuses, eaux alumineuses. ‖ Qui contient de l'alumine ; qui en a les propriétés.

ALUMINIDES. s. m. pl. Minér. Famille qui comprend les espèces formées d'alumine.

ALUMINIER. s. m. Fabricant d'aluminium.

ALUMINIFERE. adj. 2 g. Minér. Qui contient de l'alumine.

ALUMINIQUE adj. Chim. Se dit des sels dont l'alumine est la base.

ALUMINITE. s. f. (*Webstérite*). Minér. Alumine sulfatée et hydratée que l'on trouve dans les terrains où gît la craie. ‖ Hydrosilicate d'alumine V *Collyrite*.

ALUMINIUM. s. m. (a-lu-mi-ni-om'). Chim. Métal découvert en 1827 par M. Wœhler, qui l'obtint en décomposant le chlorure d'aluminium anhydre par le potassium : il se forme du chlorure de potassium et de l'aluminium. H. Sainte-Claire-Deville a fait connaître un mode de préparation en grand en 1854 : Dans un four à réverbère chauffé au rouge vif on projette le mélange suivant : 12 parties de chlorure double d'aluminium et de sodium, 2 parties de sodium, et 5 parties de cryolithe (fluorure double d'aluminium et de sodium), qui sert de fondant. Une vive réaction s'opère entre le sodium et le chlorure double : $NaCl, Al^2Cl^3 + 3Na = 2Al + 4 NaCl$. Lorsque la réaction est terminée ; on élève la température de la masse pour augmenter sa fluidité ; on débouche ensuite le four ; la scorie composée de chlorure et de fluorure de sodium, s'écoule d'abord ; puis le métal est recueilli dans des caisses plates où il se refroidit. On peut aussi l'extraire de la cryolithe : $Na Fl, Al^2 Fl^3 + 3Na = 2 Al + 4 Na Fl$. Mais on obtient un métal moins pur. Le minerai actuellement employé est la *bauxite* des environs de Tarascon, très riche en alumine et pauvre en fer. On l'attaque dans un four à réverbère par le carbonate de soude : il se produit de l'aluminate de soude exempt de fer. La solution d'aluminate de soude est traitée par l'acide carbonique : on obtient du carbonate de soude et de l'alumine qui se précipite. Cette alumine, intimement mélangée avec du charbon de bois et du sel marin, est traitée par le chlore dans des cornues en terre réfractaire : il se produit du chlorure double de sodium et d'aluminium. L'aluminium se place par ses propriétés chimiques entre le magnésium et le glucinium, mais près de l'argent par ses propriétés intrinsèques. Equiv. = 13,68. Densité : non laminé 2,56 ; laminé 2,67. Blanc d'argent, ductile et malléable, d'une sonorité remarquable ; très bon conducteur de la chaleur. Fond à une température un peu plus élevée que le zinc, en liquide visqueux. Cristallisable en aiguilles, non volatil au feu de forge. Inaltérable à l'air sec ou humide, ainsi qu'aux émanations sulfureuses. Les acides sulfurique et azotique ne l'attaquent qu'à chaud et très lentement. L'acide chlorhydrique le dissout aisément en dégageant de l'hydrogène et formant du chlorure d'aluminium hydraté. La potasse et la soude en dissolutions étendues l'attaquent en dégageant de l'hydrogène. Il se forme des aluminates alcalins. Il se comporte donc comme une base en présence des acides énergiques et comme un acide en présence des bases puissantes. — L'aluminium est employé dans la bijouterie surtout à l'état d'alliage. Il forme des alliages avec la plupart des métaux. Les plus employés sont ceux qu'il forme avec le cuivre (de 5 à 10 d'aluminium pour 95 à 90 de cuivre) remarquables par leur belle couleur d'or et qu'on appelle bronzes d'aluminium.

ALUN. s. m. (lat. *alumen*). Chim. Sulfate double d'alumine et de potasse. Sa formule est $(SO^3, KO), (3SO^3, Al^2O^3) + 24 HO$. Sel incolore, d'une saveur astringente, à réaction acide. Densité 1,71. Il cristallise en octaèdres réguliers ou en cubes. Il entre en fusion à 92°. et prend par le refroidissement un aspect vitreux : c'est alors l'*alun de roche*. Chauffé plus fortement, il perd toute son eau, se boursoufle et devient l'*alun calciné*. A une température encore plus élevée il se décompose. Le résidu est un mélange d'alumine et de sulfate de potasse. Chauffé au rouge avec du charbon très divisé, il fournit le *pyrophore* (V. ce mot). La potasse et la soude déterminent dans les dissolutions d'alun un précipité d'alumine gélatineuse, qui se redissout dans un excès d'alcali en formant un aluminate soluble. L'ammoniaque y produit un précipité insoluble dans un excès de réactif. On distingue dans le commerce : 1° l'*alun de Rome*, extrait du minerai de la Tolfa, près de Civitta-Vecchia : il est en petit morceaux cubiques, recouverts d'une légère efflorescence rosée produite par une faible quantité de sesquioxyde de fer insoluble ; 2° l'*alun du Levant* en fragments irréguliers également colorés en rose pâle ; 3° l'*alun d'Angleterre*, en gros morceaux blanchâtres dont la cassure a l'aspect gras ; 4° l'*alun de Liège*, le plus impur, en raison du sulfate de fer qu'il contient. On l'extrait des mines qui le contiennent tout formé, par lessivage et en faisant cristalliser. Ou bien on l'obtient des schistes alumineux, qui on en contiennent que les principaux éléments : on les expose à l'air pour les faire effleurir ; on les calcine pour faire passer au maximum d'oxydation leur sulfate de fer et le rendre insoluble ; on lessive, on ajoute de la potasse et on fait cristalliser. Ou bien on le fabrique de toutes pièces en traitant par l'acide sulfurique de l'argile pure préalablement calcinée. Il se forme du sulfate d'alumine que l'on précipite par le sulfate de potasse. Il ne reste qu'à purifier l'alun brut ainsi obtenu. — L'alun est surtout employé en teinture, dans la préparation des peaux de mouton, le collage du papier, la fabrication des laques, la clarification des liquides. || Méd. L'alun était très employé chez les Grecs qui le regardaient comme le type des substances astringentes et lui donnaient le nom de *styptéria* d'où est venu notre mot styptique. Déposé sur la peau ou les muqueuses, il rétracte les tissus et resserre les vaisseaux, ce qui justifie son emploi dans un grand nombre de circonstances, par exemple dans les hémorrhagies causées par des blessures des vaisseaux de petit calibre, les épistaxis, les crachements de sang venant de l'estomac; certaines excoriations ou inflammations de la peau et des muqueuses; érythème causé par l'insolation, brûlures superficielles, stomatites, angines, amygdalites; on l'emploie encore avec succès dans certains flux exagérés des muqueuses intestinale et génito-urinaire, et contre les sueurs trop abondante des pieds et des aisselles qu'il diminue et dont il corrige l'odeur. L'alun calciné a des propriétés cathérétiques et réussit bien dans les fongosités des plaies, les végétations, les tumeurs hémorrhoïdales. L'alun a été parfois administré heureusement dans l'angine couenneuse. Il a en outre la propriété de retarder la décomposition des matières organiques; il est donc désinfectant et antiputride. L'alun s'administre sous forme de poudre à la dose de 0 gr. 30 à 4 gr. à l'intérieur, mais plus souvent à l'extérieur; en collutoire, dans les inflammations de la bouche, 4 gr. d'alun pour 20 de miel; en gargarisme astringent (décoction de roses rouges, miel et alun); en collyre. L'eau de Pagliari très employée comme hémostatique doit son action à l'alun. En Angleterre on fait grand usage, contre les engelures, d'une sorte de cataplasme composé d'alun 0 gr.40, et de deux blancs d'œufs. || ALUNS Nom générique de beaucoup de sels qui offrent la même constitution, mais dans lesquels la potasse a été remplacée par la *soude (alun sodique)*, ou par l'*ammoniaque (alun ammoniacal)*, ou même dans lesquels l'alumine est remplacée par le *sesquioxyde de fer (alun ferri-potassique, ferrisodique, ferri-ammonique)*; par le *manganèse (alun mangani-potassique)*, le *chrome (alun chromi-potassique)*, etc.

ALUNAGE. s. m. Addition de l'alun à un liquide pour un but médicamenteux, hygiénique ou industriel. || Indust. Action de fixer les couleurs sur les étoffes, à l'aide de l'alun.

ALUNATION. s. f. Formation de l'alun, soit naturelle, soit artificielle. || Techn. Action d'imprégner d'alun une substance.

ALUNER. v. a. Faire l'opération de l'alunage. Imprégner, mélanger d'alun. Aluner une étoffe, un liquide. Aluner le papier pour l'empêcher de boire. || S'ALUNER. v. pr. Être imprégné d'une dissolution d'alun. || ALUNÉ, ÉE. p. pas. Étoffe alunée.

ALUNERIE. s. f. Fabrique d'alun.

ALUNEUX, EUSE. adj. Qui contient naturellement de l'alun. Contrée aluneuse. Lorsque l'alun est ajouté artificiellement, on dit aluné.

ALUNIÈRE. s. f. Mine d'alun.

ALUNIFÈRE. adj. 2 g. Minér. Qui contient de l'alun.

ALUNIQUE. adj. 2 g. Où l'on trouve de l'alun. Terrain alunique.

ALUNITE. s. f. Minér. *Pierre d'alun.* On peut la regarder comme un mélange d'alun et d'alumine En grillant cette pierre, l'alumine se sépare et devient insoluble, de sorte qu'il suffit de lessiver la matière pour avoir une dissolution d'alun, qu'on fait cristalliser par évaporation. (V. *Alun.*) On la trouve dans les terrains trachytiques, dans les anciennes solfatares, surtout en Hongrie et aux environs de Rome où elle est exploitée pour la fabrication de l'alun. En France, on la rencontre dans les terrains volcaniques du Mont-Dore.

ALUNNO (Nicolas). Peintre italien du XVe s., né u Foligno; maître du Pérugin. Un de ses tableaux divisé en six compartiments se trouve au Louvre. || ALUNNO(François).Mathématicien italien et philologue du XVIe siècle, né à Ferrare.

ALUNOGÈNE. s. m. (de alun et du gr. *gennad,* j'engendre). Minér. Alumine trisulfatée hydratée, de saveur acerbe, qu'on trouve dans les solfatares de Pouzzoles et de la Guadeloupe. Pourrait servir à faire de l'alun, s'il était plus abondant; il suffirait d'ajouter du sulfate de potasse à sa dissolution.

ALURED, ALRED ou ALFRED DE BEVERLEY, *Aluredus Beverlacensis.* Chroniqueur anglais, né dans le Yorkshire, mort vers 1130. Il était trésorier de l'église de St-Jean de Beverley; il écrivit en latin des annales contenant l'histoire en neuf livres de la Grande-Bretagne, depuis Britus le Troyen, le premier de ses rois (temps fabuleux), jusqu'à la 29e année de Henri Ier. Elles ont été éditées par Hearne, Oxford, 1716, in-8°.

ALUTA. s. f. Antiq. rom. Cuir préparé avec de l'alun *(alumen)* et, par ext., Brodequin, soulier, bourse, etc., faits avec ce cuir. || Dans Ovide *(Art d'aimer),* Mouche pour la figure.

ALUTE. V. *Alude.*

ALUTA ou ALT, OLT (c'est le même nom que notre Lot, en lat. *Oltis*). Riv. de Transylvanie et de Roumanie, affl. g. du Danube, vient des Carpathes et finit non loin de Nicopoli, après un cours de 430 kil. Navigation difficile.

ALUTÈRE. s. m. (gr. *a* priv; *luter* qui délie) Zool. G de poissons plecthognathes(téléostéens.) de la famille des sclérodermes, voisins des balistes: corps plus allongé; une seule épine à la première nageoire dorsale; bassin caché sous la peau, et ne faisant pas cette saillie épineuse qu'on voit chez les balistes; épiderme rugueux. Une douzaine d'espèces habitant les mers équatoriales: l'une d'elles, l'*alutère monoceros,* atteint 1 m. de long.

ALVAR ou ALWAR (angl. *Ulwur*).Principauté de l'Hindoustan, sous le protectorat de l'Angleterre. || ALVAR (angl. *Ulwur*). 20,000 h. Ville fortifiée et capit. de la principauté de même nom, à 130 kil. S.-O. de Delhi.

ALVARADO. 4,000 h. Vlle et port du Mexique à 62 kil. S.-E. de la Vera-Cruz

ALVARADO (Pedro d'). Capitaine espagnol, né à Badajoz, 1483, mort en Amérique dans un combat contre les Indiens, 1541. Homme violent et cruel; un des principaux compagnons de Fernand Cortez et l'un des chefs les plus actifs qui contribuèrent à la conquête de l'Amérique. || ALVARADO (Alphonse d'). Né à Burgos, un des lieutenants de Pizarre auquel il resta fidèle contre Almagro. Il mourut en 1553.

ALVARENGA (Manuel-Ignace DA SILVA). Poète brésilien, né à Sao Joas d'Ell Rei en 1753. Avocat à Lisbonne. Publia ses poésies en 1801. Elles se distinguent par le sentiment, l'imagination, la beauté de la forme. || ALVARENGA (Pierre-François DA COSTA). Médecin portugais, né au Brésil en 1826, fixé à Lisbonne. *Anatomie pathologique de la fièvre jaune,* 1861, in-8°, trad. en franç.; *Les Heclocardies,* 1860, in-8°, trad. aussi; *Anatomie pathologique des perforations cardiaques,* 1871, in-8', trad.; *Voyage au Brésil,* 1873, trad.; *De la Cyanose,* 1872, in-8°; etc.

ALVAREZ (Diego). Dominicain espagnol, du XVIIe siècle, professeur de théologie en Espagne et à Rome; archevêque de Trani (roy. de Naples); ardent défenseur de la cause des thomistes contre les molinistes. Ses princ. ouv. sont: *De auxiliis divinæ gratiæ; Concordia liberi arbitrii cum prædestinatione.* || ALVAREZ. (Emmanuel). 1526-1582. Jésuite espagnol, né dans l'île de Madère, mort au collège d'Évora. Humaniste distingué, auteur d'une excellente grammaire latine, intitulée *De institutione grammatica.* || ALVAREZ (François). Né à Coimbre vers la fin du XVe s. — Chapelain d'Emmanuel, roi de Portugal, fut attaché à une ambassade envoyée, en 1515, en Abyssinie, où il resta six ans. De retour dans sa patrie il publia une relation très intéressante de ses voyages. Prêtre pieux, négociateur habile. || ALVAREZ (don José). 1768-1830. Sculpteur espagnol; fut employé au Quirinal de Rome par Napoléon Ier. Ses principales statues sont *Ganymède* et *Adonis.* || ALVAREZ DE CASTRO (Mariano). 1775-1810. Né au bourg d'Osma. Lieutenant-général espagnol, s'illustra par la défense de Girone, à l'époque de l'invasion des Français. || ALVAREZ (Jean). 1780-1867. Général mexicain. D'une famille indienne de l'État de Guerrero, il en conserva toujours le costume: chapeau de paille et vêtement de toile; et il habita parmi les *Pintos* du sud, où il exerçait une autorité presque souveraine. Contribua à la défaite du dictateur Santa-Anna, 1855. Président de la nouvelle assemblée constituante, il ouvrit le chemin à l'ambition de Juarez, de qui il avait fait un ministre. Il se retira à Acapulco et y mourut. Ses fils ont combattu pour Juarez.

ALVEARIUM. s. m. (al-vé-a-ri-om';— mot lat. qui signifie *ruche d'abeille*). Anat. Partie du conduit auditif externe qui sécrète le cérumen.

ALVENSLEBEN (Phil.-Ch., comte d'). 1745-1802. Ministre prussien, né à Hanovre, m. à Berlin. *Essai chronolog. sur les événements de la guerre depuis la paix de Munster jusqu'à celle de Hubertsbourg,* 1792, in-8°. || ALVENSLEBEN (Charles-Gebhard). 1778-1831. Général prussien. Prit part à la bataille d'Iéna; à celles de Lutzen et de Bautzen comme major aide de camp du roi; nommé colonel sous les murs de Paris; lieuten-général en 1829. || ALVENSLEBEN (Albert, comte d'). 1794-1855. Homme d'État prussien. Fit les dernières campagnes contre Napoléon, devint capitaine, et quitta l'armée en 1818. Référendaire en 1817; conseiller d'État en 1832; ministre d'État en 1836; plus tard, député, il se signala par sa fermeté contre les concessions révolutionnaires. Habile négociateur.

ALVÉOLAIRE. adj. 2 g. Anat. Qui appartient aux alvéoles. || *Cavités alvéolaires,* Cavités dans lesquelles sont enchâssées les dents. — *Arcades alvéolaires,* Sortes d'arcs formé par la série des alvéoles et des dents sur le bord libre des os maxillaires. || Se dit aussi des *vaisseaux* et des *nerfs* qui arrivent aux alvéoles dentaires pour se distribuer à la membrane qui les tapisse, et surtout pénétrer par les racines des dents jusqu'à la pulpe molle renfermée dans ces organes, afin d'y entretenir la vie et la sensibilité, grâce à laquelle nous apprécions certaines qualités et principalement la consistance des objets que nous portons à notre bouche

ALVÉOLE. s. m. (lat. *alveolus,* dimin. de *alveus,* cavité). Petite cellule formée par les abeilles avec la cire pour y déposer leur miel ou leurs œufs. Il y en a de trois sortes: les *alvéoles d'ouvrières;* les *alvéoles des mâles ou bourdons;* les *alvéoles des mères ou reines,* les plus grands, mais les moins nombreux. || Anat. Par anal. Cavités dont les os maxillaires sont creusés afin de recevoir les dents. Exactement moulés sur la racine des dents dont il ne sont séparés que par une mince membrane, le périoste, les alvéoles sont isolés les uns des autres par des cloisons osseuses, parfois incomplètes. De plus, quand les dents ont plusieurs racines, entre celles-ci s'élèvent du fond de l'alvéole des cloisons secondaires; et alors si les racines vont en convergeant vers leur pointe, et se recourbent sur ces travées osseuses, il en résulte ce qu'on appelle la *dent barrée.* Cette disposition devient fâcheuse lors de l'avulsion de la dent, car elle détermine l'arrachement de cette portion de l'alvéole ou bien la rupture de la racine. — On appelle aussi alvéoles les petites dilatations terminales des bronches dans les poumons: *alvéoles pulmonaires.* || Bot. Cavité portée par le réceptacle de certaines plantes *(composées),* et contenant les graines. || Artill. Encastrement dans lequel sont fixées les ailettes des projectiles oblongs. || Rem. Quelques auteurs font ce mot féminin.

ALVÉOLÉ, ÉE. adj. Qui a des alvéoles; creusé en alvéole.

ALVÉOLIFORME. adj. 2 g. Qui a la forme d'un alvéole.

ALVÉOLITE. s. m. Zool. Polypier pierreux.

ALVÉOLO-DENTAIRE. adj. 2 g. Qui a rapport aux alvéoles et aux dents. Vaisseaux et nerfs alvéolo-dentaires.

ALVÉOLO-LABIAL, ALE. adj. Anat. Se dit du buccinateur qui tient aux alvéoles et aux lèvres. || Subst. L'alvéolo-labial. (V. *Buccinateur.*)

ALVÉOLO-NASAL. adj. et s. Anat. Muscle abaisseur de l'aile du nez. (V. *Myrtiforme.*)

ALVIANO (Barthélemi). 1455-1515. Général vénitien, qui batailla toute sa vie, sous des drapeaux différents; contribua à la victoire de Marignan, à la tête de troupes auxiliaires, et mourut dans la même année.

ALVIEZ. s. m. Nom d'une espèce de pin, dans le Midi de la France.

ALVIER ou ALVINIER. s. m. Petit étang destiné à élever de l'alevin.

ALVIN, INE. adj. (lat. *alvus,* ventre). Méd. Qui a rapport au bas-ventre. S'emploie surtout au fém. Déjections, évacuations alvines.

ALVIN ou **ALEVIN**. s. m. (lat. *allevamen*, ce qu'on nourrit). Menu poisson servant à repeupler un étang. (V. *Pisciculture*.)

ALVIN (Louis-Jos.). Littérateur belge, né à Cambrai, 1806. Professeur au collège de Liège, secrétaire de l'Instruction Publique 1830, conservateur à la bibliothèque de Bruxelles. *Revue encyclopéd. belge* (collaboration); *Sardanapale*, trag.; 1834; *Le Folliculaire anonyme*, comédie en vers, 1835; *Souvenirs de ma vie littéraire*, 1834; plusieurs études sur l'art.

ALVINCZY (Joseph, baron d'). Feld-maréchal autrichien; né au château d'Alvincz en Transylvanie, en 1726, m. à Bude en 1810. Se distingua pendant les guerres de Sept-Ans, de la succession de Bavière, de Turquie, des Pays-Bas. Dans la lutte contre la République franç., il remporta un succès à Nerwinde, mais fut défait à Hondschoote; nommé au commandement de l'armée d'Italie en 1796, il fut battu à Arcole et à Rivoli; commandant général en Hongrie, et enfin feld-maréchal-général, 1808.

ALVISET (dom Benoît). Savant bénédictin, né à Besançon, mort en 1673. Auteur d'un traité sur les privilèges des ordres religieux.

ALXINGER (J.-B. d'). Poète allemand, né à Vienne; 1755-1797. Célèbre par deux poèmes chevaleresques: *Doolin de Mayence et Bliombéris*.

ALYATTE. Roi de Lydie, 610-559 av. J.-C.; père du fameux Crésus. Il livrait bataille à Cyaxare, lorsqu'une éclipse de soleil, prédite par Thalès, effraya les deux armées (397) et fit conclure la paix.

ALYMPHIE. s. f. (a-lin-fi; — lat. *a* priv., et *ympha*, lymphe). Méd. Manque de lymphe.

ALYON (Pierre-Philippe). 1758-1816 Botaniste et pharmacien franç., né en Auvergne, m. à Paris. Lecteur du duc d'Orléans, professeur d'histoire naturelle de ses enfants. Emprisonné à Nantes sous la Terreur. Pharmacien-chef au Val-de-Grâce, puis à l'hôpital génér. de la Garde impériale *Essai sur les propriétés médicinales de l'oxygène*; *Cours élémentaire de Botanique*; *Cours élémentaire de Chimie*.

ALYPE Architecte, ingénieur et poète du IVe s., chargé par Julien l'Apostat de rebâtir le temple de Jérusalem. Il ne put y parvenir.

ALYPIUS. Auteur grec qui a écrit sur la musique. Son ouvrage a pour titre: *Introduction à la musique*. Il est divisé en sept parties, qui sont ainsi annoncées: 1° les sons; 2° les intervalles: 3° les systèmes; 4° les genres; 5° les tons; 6° les mutations; 7° la composition du chant. La cinquième partie qui traite des tons nous a seule été conservée.

ALYSCAMPS (les). (*Elysii Campi, Champs Elysées*.) Nécropole antique de la ville d'Arles, célèbre au moyen âge, aujourd'hui promenade publique (V. *Arles*.)

ALYSME. s. m. (gr. *alusmos*, agitation). Pathol. Anxiété; trouble d'esprit.

ALYSSE. s. f. ou **ALYSSON**. s. m. (gr. *a* priv. et *lussa*, rage, ou *ludsein*, avoir le hoquet). Bot. Plante de la fam. des crucifères, tr. des alyssinées. L'*A. saxatile* est cultivée dans les jardins sous le nom de *corbeille d'or*, ou *thlaspi jaune*: les anciens lui attribuaient des propriétés médicinales qui ne sont pas justifiées.

ALYSSINÉ, ÉE. adj. Bot. Qui ressemble à une alysse. On dit aussi *alyssoïde*. || **ALYSSINÉES**. s. f. pl. Groupe de plantes de la famille des crucifères.

ALYTARCHIE. s. f. (a-li-tar-chi). Antiq. gr Dignité d'alytarque.

ALYTARQUE. s. m. Officier chargé du maintien de l'ordre aux jeux olympiques.

ALYTE. s. m. (gr. *a* priv. et *lutein* délivrer). Zool. Animal de la classe des batraciens. C'est le *crapaud accoucheur* de Cuvier; très commun en France. Il doit son nom à ce que le mâle porte, collés à ses cuisses, les œufs pondus par la femelle.

ALYXIE. s. f. (gr. *aluxis*, tristesse). Bot. G. d'apocynacées, originaire de l'Asie tropicale et de l'Australie. Ainsi nommé à cause du feuillage sombre qui le distingue. Quelques espèces sont cultivées dans nos jardins.

ALZAN. V. *Alezan*.

ALZANA. Pays de l'Afrique occidentale visité en 1876 par de Brazza, Marche et le marquis de Compiègne; situé entre l'Ogooué et son affluent, la rivière Kailer.

ALZEN. 778 h. Vge de France (Ariège), cant. et à 5 kil. de la Bastide-de-Sérou, au pied de montagnes de 1,000m d'altit. Station balnéaire,

Belle cascade, vastes grottes, vieux châteaux.

ALZEY, 5,500 h. Vle du grand-duché de Hesse, à 29 kil. S.-O. de Mayence. Manufactures de tabac et de cuir. Souvenir des Nibelungen. Ruines du château de l'électeur palatin.

ALZIRE. Tragédie de Voltaire, en 5 actes et en vers, représentée pour la première fois le 27 janvier 1736.

ALZOG (J.-Bapt.). 1808-1878. Savant allemand. Étudia au collège de Brieg et aux universités de Breslau et de Bonn; de 1830 à 1833, précepteur à Aix-la-Chapelle. Prêtre à Cologne, 1834; docteur en théol.; professeur au grand séminaire de Posen; chanoine de Hildesheim (Hanovre); professeur à l'université de Fribourg-en-Brisgau, 1833; appelé à Rome pour le concile du Vatican Mort à Fribourg. *Histoire universelle de l'Église*, Mayence, 1840, trad. en franç., 3 vol.; *Compendium de la Patrologie*, Fribourg, 1866, trad. en franç.; plusieurs notices historiques.

ALZOLA. Pte vle d'Espagne, prov. de Guipuzcoa, possède une source therm de à 29°7 centigrades, bicarbonatée sodique. Ces eaux agissent d'une façon remarquable sur l'infirmité, commune chez les vieillards, appelée *paresse de la vessie*; elles conviennent particulièrement aux graveleux et calculeux, pourvu que les calculs ne soient pas trop gros pour être expulsés, et aussi dans le catarrhe vésical. — Elles sont très bonnes également dans la dyspepsie, surtout flatulente, la gastralgie et l'entéralgie rebelles. Le traitement dure une quinzaine de jours.

ALZON. 900 h. Bg de France (Gard), ch.-l. de cant., arr. du Vigan; au milieu des montagnes, à 600 m. d'altit.

ALZON (Jos.-Marie-Maurice-Emman d'). 1810-1881. Religieux franç., né au Vigan, m. à Nîmes. Étudia au collège Stanislas de Paris, entra au séminaire de Montpellier, fut ordonné prêtre à Rome, 1834. Écrivit de bonne heure dans qq. journaux catholiques, fonda la *Revue de l'Enseignement chrétien*, créa à Nîmes un des premiers collèges libres de plein exercice, 1846. Membre du Conseil supérieur de l'instruction publique, 1850. Il a doté Nîmes de la maison du Refuge et d'un couvent de Carmélites; a fondé, pour l'éducation de la jeunesse, la congrégation des Augustins de l'Assomption. 1847; pour les jeunes filles, au Vigan, celle des Oblates de l'Assomption. On lui doit encore l'œuvre des Dames de la Miséricorde, celles des Conférences des hommes, du Patronage de la jeunesse, de St-François de Sales. Vicaire-général de Nîmes. C'était un esprit élevé, actif et généreux.

ALZONNE. 1,516 h. Bg de France (Aude), ch.-l. de cant., arr. et à 16 kil. O de Carcassonne. Territoire fertile. Château d'Alzau.

AMABILE. s. m (a-ma-bi-lé; — mot ital. qui signif. *aimable*). Mus. Marque une exécution douce, gracieuse.

AMABILISER. v. a. Rendre aimable. La bonne société amabilise les jeunes gens. || **S'AMABILISER**. v. pr. Devenir aimable.

AMABILITE s. f. (lat. *amabilitas*; de *amare*, aimer). Caractère ou qualité d'une personne aimable; affabilité, politesse dans les manières. || Au pl Politesses, prévenances. *Faire beaucoup d'amabilités*.

AMABLE (S). Né à Riom (Auvergne), où il fut curé et dont il est devenu le patron, m. en 464. Fête le 11 juin. Sous son vocable fut fondée en 1077, à Riom, une abbaye de l'ordre de Saint-Augustin.

AMACK ou **AMAGER**. 7,000 h. Ile séparée de Copenhague (Danemark) par un étroit canal et reliée à cette ville par plusieurs ponts. Grand centre de culture maraîchère.

AMADÉISTE s. m. Hist. eccl. Membre d'une congrégation religieuse fondée au XVe s. par le franciscain portugais Amédée, et qui subsista jusque sous le pontificat de Pie V.

AMADELPHIE. adj. 2 g. (du gr. *ama* ensemble; *adelphos*, frère). Bot. Se dit de plantes qui vivent groupées plusieurs ensemble.

AMADÉO (Jean-Antoine). Sculpteur italien du XVe s., né à Pavie. Son princ. ouv. est le mausolée du fameux chef de condottieri Bartholomeo Colleoni, à Pergame.

AMADES s. f. pl. Blas. Trois listes plates parallèles dont chacune a la largeur du tiers de la fasce. Elles traversent l'écu sans toucher les bords, par où elles diffèrent des jumelles.

AMADIAH. 8,000 h. Vle forte, autrefois très

importante, de la Turquie d'Asie, dans Kurdistan; résidence d'une puissante mille kurde regardée comme descendant d khalifes abassides et très vénérée.

AMADINE. s. f. (gr. *ama*, ensemble; *dino* tournoyant). Zool. G de passereaux, des ré gions tropicales de l'ancien continent, auqu appartiennent les bengalis.

AMADIS s. m. Homme séduisant, cheval resque, aimable. C'est un amadis. || **AMADI** s. m. Bout de manche étroite boutonnée s le poignet.

AMADIS DE GAULE, ou mieux **DE GALL** (a-ma-diss). Héros d'un roman de chevaler dont le texte original est en prose espagno du XIVe siècle, traduit en 1500, par sire d'Ile beray et continué plus tard en français par pl sieurs écrivains. Dévoué à la belle Oriane, fil du roi de Danemarck, Amadis est le type d amoureux constants. || **AMADIS DE GAUL** Opéra en 5 act. de Lulli, paroles de Qu nault, une des meilleures compositions d célèbre artiste.

AMADISE, ÉE. adj. Affecté, raffiné, affad prétentieux.

AMADISER. v. n Affecter les sentimen d'un amadis. Peu usité.

AMADISIEN, ENNE. adj. Qui appartient, q est propre à un amadis. Caractère amadisien c.-à-d Chevaleresque et dé-intéressé.

AMADOR. Comté des Etats-Unis (Californie Riche en mines d'or. Superf. 2,833 kil. cu popul. 9,380 h. (1870).

AMADOR DE LOS RIOS (Joseph). Littéra espagnol Né en 1818, à Biéna, il fut élevé Séville. Il fonda le journal littéraire *Le Cygne*, se livra à la poésie. Établi à Madrid en 184 il y est devenu doyen de la Faculté d lettres. Élu aux Cortès en 1863: conservateu A traduit en espagnol ou édité plusieurs o vrages importants. On lui doit, en outre: *S ville pittoresque*, 1844; *Tolède pittoresqu 1845*; *Études sur les Juifs d'Espagne*, 184 trad. en franç.; *Histoire de la ville et de la cou de Madrid*; *L'art byzantin en Espagne*; *Hi toire de la littérature espagnole*, son œuv capitale.

AMADOTE. s. f. (de *dame Ouriel*). Poire d'été dure et pierreuse, mais parfumée.

AMADOU. s. m. (de *amadouer*; en lat. et ital. le mot *esca* signifie: appât et amadou ce rapprochement rend indubitable la dériv tion du mot amadou, bien que le sens littér ne l'indique pas). Bot. Substance molle, spo gieuse, qui prend feu facilement quand on l imbibée de salpêtre, et qu'on prépare avec polypore du chêne qu'on nomme abusivemen agaric de chêne. On le fait macérer dans un eau chargée d'azotate ou de chlorate de potass puis sécher à l'air. Très employé avant l'in vention des allumettes chimiques, pour procurer du feu en battant le briquet. || Pharm *L'agaric des pharmaciens* ne diffè de l'amadou qu'en ce qu'il n'a pas été tremp dans la solution de salpêtre. Cette matière pa faitement sèche, mise au contact d'une bles sure, absorbe la partie la plus séreuse du san et facilite la formation du caillot. Dans le petites hémorrhagies que cause parfois la p qûre des sangsues, il suffit pour arrêter le san d'engager la pointe d'un petit cône d'amad dans la blessure, puis de recouvrir d'un aut morceau d'amadou et d'exercer une certai pression. — La souplesse de l'amadou le fa encore employer dans la compression méth dique de certaines tumeurs pour en faire réso ber le contenu. || Fig. et fam. *Prendre fe comme de l'amadou*, Se mettre en colère facilement. || Arg. Nom de la substance au moy de laquelle les truands se faisaient paraî jaunes et malades.

AMADOUEMENT. s. m. Action d'amadoue Vx mot.

AMADOUER. v. a. (composé de *madou* mot d'origine germanique qui vient de l'ac scandinave *mata*, danois *made*, appâter, attir par un appât; italien *ad-escare*. — Prend de points sur l'i à la 1re et à la 2e pers. pl. de l'i parf. de l'ind. et du prés. du subj.: *Vous ama douiez; que nous amadouions*). Caresser, fla ter. *Amadouer les enfants, le peuple*. || Apais adoucir. *Personne ne sait mieux que lui ama douer les créanciers*. || **AMADOUÉ, ÉE**. p. pa *Amadoué par de belles paroles, par des ca resses*. || **S'AMADOUER**. v. pr. S'apaiser, s'ado cir. Fam. || Syn. *Amadouer, cajoler, flagorner,* Chercher à gagner quelqu'un. Ne s'emploient que dans le langage familier. Celui qui amadoue, use d'adresse, de subtilité ; celui qui cajole est doucereux, séduisant pour amener quelqu'un à ses fins ; celui qui flagorne tombe dans la bassesse.

AMADOUERIE. s. f. Fabrique d'amadou.

AMADOUEUR, EUSE s. Qui fabrique de l'amadou. || Fig. et fam. Qui amadoue, qui flatte.

AMADOUVIER. s. m. Bot. Polypore du chêne avec lequel on fabrique l'amadou.

AMAGALACTE. s. 2 g. (gr. *ama*, ensemble ; *gala, galaktos*, lait). Frère ou sœur de lait.

AMAGER (a-ma-ghèr). V. *Amack*.

AMAGETOBRIE Géog. anc. Auj. *Mogle de Broie* (Hte-Saône), au confl. de la Saône et de l'Ognon, où se livra la bataille dans laquelle le Suève Arioviste battit les Séquanes alliés aux Eduens.

AMAIGRIR. v. a. (même étym. que *maigre*). Rendre maigre. Le travail, la maladie, la misère l'amaigrissent. || Abs. L'usage du vinaigre amaigrit, dit-on. || Agric. Amaigrir un terrain. Le rendre stérile || Archit. Diminuer l'épaisseur. Amaigrir une pierre, une pièce de charpente. || Sculpt. Amoindrir. Ce muscle est trop fort, il faut l'amaigrir. || v. n. Devenir maigre. Il amaigrit tous les jours. || S'AMAIGRIR. v. pr. Devenir maigre. || Sculpt. Se réduire en séchant. Cette figure s'est amaigrie. || AMAIGRI, IE. p. pas. Mêmes sens. || Syn. *Amaigrir, maigrir*. Le v. n. amaigrir marque le passage lent et successif de l'embonpoint à la maigreur ; *maigrir* en marque le passage rapide. On amaigrit peu à peu ; on maigrit à vue d'œil.

AMAIGRISSEMENT. s. m. Diminution d'embonpoint ; état du corps ou d'une partie du corps qui devient maigre. L'amaigrissement est un mauvais présage dans les personnes âgées. || Syn. *Amaigrissement, maigreur, émaciation, atrophie*. L'amaigrissement est la diminution graduelle du volume du corps; la maigreur est l'état plus ou moins permanent ou l'effet stationnaire de l'amaigrissement ; émaciation, en langage pathologique, signifie maigreur extrême et diminution de forces. L'amaigrissement précède l'émaciation.(V. *Atrophie* et *Dépérissement*.)

AMAILLADE. s. f. (*ll* mll.). Pêch. Filet en tramail.

AMAKIRRIMA. Groupe de petites îles des mers du Japon. Par corruption, les géogr. en ont fait *Kérama*.

AMAKOUSA. Ile au S.-O. du Japon, fertile et bien peuplée, où les successeurs de saint François Xavier firent de nombreuses conversions.

AMALAIRE (Fortunat). Bénédictin, archevêque de Trèves, fut envoyé comme ambassadeur en Orient par Charlemagne et mourut en 814. || AMALAIRE (Symphosius). Directeur de l'école du palais, sous Louis le Débonnaire, savant liturgiste de son temps. On a de lui un *Traité des offices ecclésiastiques ; L'ordre de l'Antiphonier; L'office de la messe*.

AMALARIC. 502-531. Roi des Wisigoths d'Espagne, fils et successeur d'Alaric II ; épousa Clotilde, fille de Clovis, qu'il maltraita parce qu'elle refusait d'embrasser l'arianisme. Childebert, roi des Francs, intervint en faveur de sa sœur et défit près de Narbonne Amalaric qui, peu de temps après, mourut assassiné.

AMALASONTE. Née en 498 Fille de Théodoric le Grand, princesse douée des plus belles qualités ; gouverna les Ostrogoths pendant la minorité de son fils Athalaric, et fut étranglée par son cousin Théodat (515), qu'elle avait épousé et fait monter sur le trône, après la mort de son fils.

AMALECH. Petit-fils d'Esaü, père et chef des Amalécites.

AMALÉCITES. Ancien peuple arabe habitant l'Arabie Pétrée, au sud de la Palestine. Ils furent en guerre perpétuelle avec les Juifs qui les vainquirent sous Josué (1491 av. J.-C.), sous Saül (1079), sous David (1058-1056). Ils ne furent entièrement subjugués que par les Siméonites, sous Ézéchias (715 av. J.-C.).

AMALES. s. m. pl. Illustre famille royale des Ostrogoths, de laquelle était Théodoric le Grand Elle régnait sur les Goths avant leur séparation en deux peuples, Ostrogoths et Wisitoghs. Ce nom signifiait *Célestes*.

AMALFI. 6,913 h. Vle d'Italie, dans ? Principauté Citérieure, à 14 kil. O. de Salerne; port sur la Méditerranée. Archevêché; fabriques de papiers et de tissus. Elle forma au XIe s. une république indépendante. Patrie de Masaniello et de Flavio Gioja inventeur, selon quelques-uns, de la boussole.—*Cathédrale d'Amalfi*. Dédiée à S. André; basilique du XIe siècle, de style normand-byzantin. Elle est intéressante, quoiqu'elle soit loin d'être dans son état primitif. Avant 1865 elle était précédée d'un large vestibule soutenu par des colonnes antiques et décoré d'arcs mauresques; ce vestibule a été détruit parce qu'il menaçait ruine. A l'intérieur elle a une nef principale et trois nefs latérales divisées par des colonnes de marbre; les colonnes du chœur proviennent des ruines de Pœstum. Les murailles sont décorées de mosaïques dont quelques-unes ont été prises à des monuments antiques. Les portes de bronze sont d'origine byzantine. Une crypte qui, comme la basilique elle-même, a perdu une partie de son caractère par les restaurations, conserve les reliques de S. André apôtre, apportées au XIIIe siècle de Constantinople. || AMALFI (*Tables d'*). Code maritime rédigé a Amalfi au Xe s. et qui fut adopté par beaucoup de peuples comme la base du droit pour la navigation et le commerce.

AMALFITAIN, AINE. s. et adj. Habitant d'Amalfi Qui appartient à Amalfi ou a ses habitants.

AMALGAMATION. s. f. Action d'amalgamer: opération métallurgique qui consiste à extraire, au moyen du mercure, l'or et l'argent de leurs gangues. (V. *Argent*.)

AMALGAME. s. m. (Origine inconnue. Peut-être du gr. *ama*, ensemble, et *gamein*, marier, ou de *malagma*, ramollissement. Du Cange donne *algamata*, comme terme d'alchimie. Selon M. Devio, ce mot, dont il ne trouve pas d'exemple avant le XIIIe s. pourrait venir de l'arabe *amal al djam'a*, l'œuvre de la conjonction, ou serait une altération de *al-modjam'a*, l'acte de la consommation du mariage.) Chim. Combinaison, alliage du mercure avec un ou plusieurs autres métaux. Amalgame d'argent, de bismuth, d'étain, etc. Tous les amalgames sont décomposés par la chaleur; le mercure se volatise. On utilise cette propriété pour la dorure et l'argenture au mercure. Les amalgames de sodium et de potassium décomposent l'eau avec une si grande énergie que la masse devient incandescente. Les amalgames d'étain sont brillants et ne s'altèrent pas à l'air. Ils servent à passer les glaces au tain. L'amalgame formé de 1 partie de bismuth et de 4 parties de mercure adhère fortement aux corps avec lesquels on les met en contact. On l'utilise pour argenter les ballons de verre. Les dentistes emploient, comme mastic pour les dents, divers amalgames d'or, d'argent et de cuivre. || Fig. et fam. Mélange de personnes ou de choses, qui n'ont naturellement aucun rapport. Le peuple romain était un amalgame de toutes les nations. (Nisard.)

AMALGAMER. v. a. Faire un amalgame, combiner le mercure avec un autre métal. || Fig. Rapprocher, unir des personnes ou des choses différentes. Amalgamer des idées, des opinions, le christianisme avec le paganisme. || S'AMALGAMER. v. pr. S'unir. Ces deux caractères auront de la peine à s'amalgamer. ||

AMALGAMÉ, ÉE. p. pas. Mêmes sens.

AMALGAMEUR. s. m. Celui qui fait un amalgame, ou qui est chargé de vérifier l'amalgame, le minerai.

AMALIE. 1739-1809. Duchesse de Saxe-Weimar, née en Italie, épouse du duc Ernest-Auguste-Constantin; protectrice des lettres et des sciences.

AMALOUASSE. s. f. Ornith. Nom vulgaire de la *pie-grièche*.

AMALRIC ou AMAURY (Arnauld). Né vers le milieu du XIIe s., m. en 1225 Abbé de Cîteaux; légat du pape dans la guerre contre les Albigeois, archevêque de Narbonne en 1212. Il nous reste de lui des chartes et des lettres. L'histoire aujourd'hui reconnaît comme apocryphe ce mot barbare que la plupart des auteurs ont prêté au légat Arnauld, au sac de Béziers : « Tuez-les tous, Dieu saura reconnaître les siens. » || AMALRIC (Augeri). Historien ecclésiastique du XIVe s, auteur d'une histoire des papes : *Chronicon pontificale*, qui va jusqu'au pape Jean XXII.

AMALTEO (Pomponio). 1505-1588. Peintre de l'école vénitienne, excellent coloriste. Une de ses meilleures compositions, la *Croix portée par les anges*, se trouve dans la cathédrale de Trévise.

AMALTHÉE. Astr. Nom de la 113e petite planète, découverte par M. Luther (12 mars 1871).

AMALTHÉE. Nourrice de Jupiter ; fille de Mélisseus, roi de Crète, selon quelques-uns ; d'après d'autres, c'était une chèvre dont l'une des cornes devint la *corne d'abondance*. || AMALTHÉE. Nom de la sibylle de Cumes, qui vendit à Tarquin l'Ancien les livres de prédiction sur Rome. || AMALTHÉE. Nom d'une famille italienne originaire du Frioul, dont les membres se distinguèrent aux XVe et XVIe s. dans la carrière des lettres, et surtout d'ins la poésie latine. Les poésies complètes des Amalthée, augmentées même des écrits de leurs parents les plus éloignés, ont été imprimées sous ce titre : *Amaltheorum fratrum carmina*, Venise, 1627, in-8 ; Amsterdan, 1689, in-12.

AMAMBAHI ou AMAMBAY (sierra de). Chaîne de montagnes du Brésil, qui s'étend sur une long. de 300 kil eav., se dirigeant du N. au S. entre le Paraguay et le Parana. || Riv. du Brésil de même nom.

AMAN. s. m. (mot arabe). Amnistie, grâce, chez les musulmans. Demander, accorder l'aman. || Ablution en usage chez les Turcs. || Toile de coton du Levant

AMAN. Amalécite; ministre et favori d'Assuérus, roi de Perse. Impie, orgueilleux et cruel, il voulut faire périr Mardochée et les Juifs; la reine Esther sauva son oncle et tous ses compatriotes et Aman fut pendu (510 av. J.-C.) au gibet même qu'il avait fait préparer pour Mardochée Racine, par sa tragédie d'*Esther*, a popularisé ce type du favori insolent. || Fig. Ministre qui sacrifie tout à son orgueil. Cet Aman abuse de son autorité.

AMANCE. 896 h. Bg de France (Haute-Saône), arr. et à 24 kil. de Vesoul, ch-l. de cant., sur la Superbe, afl. dr. de la Saône. Poteries. Ruines d'un vieux château. — *Cant.* : 7,813 h.; 13 comm.

AMANCEY. 660 h. Bg de France (Doubs). arr. et à 30 kil. de Besançon, ch.-l. de cant. Antiquités gallo-romaines. — *Cant.* : 6,043 h. ; 23 comm.

AMAND (S.). Évêque de Bordeaux, sa patrie, en 403; instruisit des mystères de la foi S. Paulin, depuis évêque de Nole. F. le 18 juin. || AMAND (S.). 574-679. Né aux environs de Nantes, évêque de Tongres, apôtre des Pays-Bas, fondateur de plusieurs monastères, entre autres, de celui d'Elnon, près de Tournai où il passa les dernières années de sa vie. F le 6 janv. || AMAND (Jacques-Franç). 1730-1769. Peintre d'histoire et graveur, né au Gault, village de l'arr. de Vendôme, mort à Paris. Membre de l'Académie. || AMAND (François). 1774-1803. Simple soldat franç., né à Bourg, m. à Alexandrie (Italie) Trait de courage souvent cité dans l'armée. A Zurich, aidé de quatre camarades, il fait prisonniers 14 officiers et 163 soldats. Décoré.

AMANDAIE. s. f. Lieu planté d'amandiers

AMANDE. s. f. (anc. franc. *amende*, corruption du lat. *amygdalum*, gr. *amygdalé*. — *Amygdalum* contracté en amygd'lum, l'a étant bref, réduisit le *gd* latin en *d*, comme dans Madeleine (Magdalena). Ensuite a lieu l'intercalation d'un *n*, et *amyd'lum* devient *amyndlum*, comme *laterna* devient *lanterna*. *Amyndlum* ou *amindlum* donna le vx franç. *amende*, par le changement de *in* en *en*, comme dans *enfant* (*infantem*). Amende devient ensuite amande, par le passage de *en* en *an*, comme dans langue (*lingua*) qui s'écrivait *lengue* dans le vx franç. Quant à la disparition de la lettre *l*, c'est une corruption : *amyndlum* aurait dû donner *amantle, amanle*. — Brachet). Fruit de l'amandier. Amande douce. Amande amère. La coque d'une amande. Huile d'amandes. Du lait d'amandes. Pâte d'amandes. Un gâteau d'amandes. Biscuit d'amandes amères. | Loc. adv. En amande, En forme d'amande. Les Arabes ont les yeux grands et coupés en amande. (Châteaubriand). | Par ext. Tout fruit contenu dans un noyau. Casser un noyau de pêche pour en avoir l'amande Les amandes des abricots sont amères. Les loriots mangent la chair des cerises, et les gros-becs cassent les noyaux et en mangent l'amande. (Buffon.) || Prov. Il faut casser le noyau pour avoir l'amande, Il faut se donner de la peine pour tirer du fruit de quelque chose. • || T. d'arqueb. Partie ovale qui occupe le milieu de la garde d'une épée. || Antiq. chrét. Auréole de forme elliptique qui entoure fréquemment les représentations des saints ou de Dieu le père, Dieu le fils ou de la Vierge, mais on nomme plutôt cette auréole *vesica piscis* (vessie de poisson). On appelle *amande mystique* le symbole de la virginité de Marie, mère de Jésus-Christ. On explique ce symbole par le sens mystique attaché à la verge d'Aaron, qui fleurit en une nuit, et porta le lendemain une amande. (E Bosc.) || Bot. Les anciens botanistes appellent amande (*nucleus*), l'ensemble du contenu de la graine, c.-à-d. l'embryon, ou celui-ci et l'albumen quand ce dernier existe. Dans la graine de l'amandier, l'albumen qui existe dès le principe, est absorbé par l'embryon, et disparaît pour faire place aux deux cotylédons qui remplissent toute la cavité. — On appelle *amandes de terre* les tubercules du souchet comestible (V. ce mot). || Écon. dom. *Amandes douces.* On distingue celles à *coque tendre* (princesse, à la dame, aberranes, etc.), qui se mangent à la main et se vendent en coque; et celles à *coque dure*, qui se vendent dépouillées de leur coque et servent · les plus parfumées à la préparation de l'orgeat, les plus grasses dans la fabrication du chocolat. On les emploie aussi dans la confiserie, la pâtisserie, la parfumerie. — *Amandes pralinées*, Amandes cuites dans du sucre aromatisé — *Amandes lissées*, Recouvertes d'une couche de sucre. || Chim. Les amandes possèdent un embryon charnu et huileux dont on extrait par compression l'*huile dite à tort d'amandes douces* puisqu'on la retire également des *amandes amères*. Celles-ci contiennent en outre, dans leur tissu deux principes : l'*émulsine* ou synaptase, et l'*amygdaline*. Au contact de l'eau le premier réagit sur le second et le transforme en glycose, en acide cyanhydrique. en acide formique et en essence d'amandes amères. || *Essence d'amandes amères*, $C^{14}H^4O^2$, et *Eau distillée d'amandes amères*, V. *Benzoïque (aldéhyde)*. Ces substances sont employées en médecine || Méd. L'huile d'amandes douces a un goût agréable, une odeur faible, qui en font un purgatif commode pour les enfants, à la dose de 30 a 60 grammes. Elle entre dans le cérat de Galien, le cold-cream, le savon médicinal et plusieurs pommades ; elle est la base de la plupart des huiles employées en parfumerie. Les amandes douces servent à composer diverses préparations adoucissantes et calmantes : le sirop d'orgeat, l'émulsion ou lait d'amandes, le looch blanc, auquel on ajoute souvent des principes plus actifs : kermès, belladone. L'action des amandes amères sur l'organisme se confond avec celle du laurier-cerise, des graines du pêcher, du mérisier, de l'abricotier et les autres fruits analogues, qui tous doivent leurs effets à l'acide prussique qu'ils contiennent. Il suffit de quelques amandes pour tuer un oiseau ; des accidents ont lieu à la suite de l'ingestion de bonbons, de macarons, et de diverses pâtisseries renfermant des amandes amères. En effet sous l'influence de l'eau tiède ou de la chaleur de l'estomac, la synaptase ou émulsine, substance albuminoïde jouant le rôle du ferment, provoque le dédoublement de l'amygdaline: $C^{10} H^{27} Az O^{12} + 4 HO = 2 (C^{12} H^{12} O^{12})$ (glucose) $+ C^{14} H^6 O^2$ (essence d'amandes amères, ou aldéhyde benzoïque) $+ C^2 Az H$ (acide prussique). On peut avaler isolément l'émulsine et de l'amygdaline, sans en être incommodé ; mais les deux substances ingérées simultanément déterminent l'empoisonnement. L'essence d'amandes amères, absolument pure, est elle-même inoffensive ; mais lors de sa formation, elle contient toujours une certaine quantité d'acide prussique, poison d'une extrême énergie. L'ingestion de l'essence d'amandes amères impure détermine des convulsions violentes, l'accélération de la respiration et de la circulation, puis une prostration profonde, pendant laquelle la mort arrive. On doit combattre l'empoisonnement par les moyens employés contre celui qui est causé par l'acide prussique : à savoir faire vomir, puis administrer un mélange de sel ferreux et de carbonate de soude, qui, avec l'acide prussique, forment

du bleu de Prusse inoffensif. En thérapeutique les amandes amères entrent dans la composition de la *liqueur* ou *lotion de Gowland*, très employée dans certaines affections de la peau. Quelques amandes amères suffisent, dit-on, à dissiper l'ivresse ; elles ont, en outre, un effet diurétique et anthelmintique : elles réussissent parfois à couper les fièvres intermittentes on les a préconisées à tort ou à raison contre la rage. On en fait différentes préparations qui réussissent assez bien comme calmants dans la coqueluche, l'asthme, la chorée. Le tourteau d'amandes amères calme les douleurs de la migraine et de diverses névralgies.

AMANDÉ, ÉE. adj. Qui contient un suc d'amandes. || **AMANDÉ.** s. m. Émulsion ou lait d'amandes ; boisson faite avec des amandes broyées. Prendre un amandé.

AMANDIER. s. m. (l'*r* ne se lie pas. — En vx. franç. on a dit longtemps *alemandier, allemandier*). Arbre qui produit les amandes. Les amandiers fleurissent de bonne heure. Les amandiers sont sujets à geler. Greffer des fruits à noyau sur amandier. L'amandier est le symbole de l'imprudence || Bot. Arbre de la fam. des rosacées, sect. du g. *prunus* (*P. amygdalus*; — *A. communis* L.) voisine de celle des pêchers, dont elle se distingue par son péricarpe d'abord charnu et coriace, puis définitivement sec, et par son noyau peu sillonné et criblé de perforations étroites On en cultive chez nous deux variétés : *a. dulcis* et *a. amara.* Les feuilles de ces arbres paraissent avoir les mêmes propriétés que celles du prunier-laurier-cerise, mais on préfère celles-ci pour l'usage.

AMANDINE. s. f. Parfum. Gelée transparente employée pour la toilette et composée d'huile d'amandes douces, de sirop de sucre, de crème et de savon, le tout aromatisé par des essences d'amandes amères, de girofle et de bergamote.

AMANDUS (Cneius-Salvius). Général romain, prit le titre d'empereur dans les Gaules, avec son collègue Ælianus, en 285, et tous les deux se mirent à la tête des *Bagaudes*. Il périt dans un combat contre Maximien Hercule.

AMA NESCIRI. Mots lat qui signif. Aime à être ignoré, c.-à-d. Aimez l'obscurité.

AMANIEU DES ESCAS. Troubadour du XIIIe siècle. Il vécut à la cour de Jacques II, roi d'Aragon. Il nous reste de lui quatre poèmes précieux par les détails de mœurs, le langage et les nombreux proverbes qu'il cite et dont la plupart sont encore en usage.

AMANIQUES (*Portes*). Nom d'un défilé qui conduisait de la Cilicie en Syrie, où Alexandre vainquit Darius.

AMANITE. s. f. (gr. *amanitès*; de *Amanos*, nom d'une montagne de Cilicie, où ce champignon trouve en abondance). Bot. Champignons hyménomycètes, rapportés par la plupart des auteurs modernes au g. *agaric.* Ce sous g. est caractérisé par : un chapeau orbiculaire, régulier, portant des lamelles rayonnantes, libres, serrées, inégales ; un pédicule distinct du chapeau, allongé, nu ou muni d'un anneau membraneux ; volve parfois incomplète, enfermant le champignon pendant son jeune âge, et persistant à la base du pédicule. Les spores sont rondes, petites et transparentes, blanches vues en masse. On en connaît aujourd'hui plus de soixante espèces ; elles sont surtout répandues en Europe et dans l'Amérique septentrionale. Plusieurs sont comestibles et très estimées, comme l'oronge blanche, la coucoumelle et surtout la véritable oronge, *amanita aurantiaca* (*agaricus aurantiacus*), à lames et à pédicule d'un jaune pâle. à volve complète, à chapeau lisse, qu'il faut bien se garder de confondre avec l'*a. muscaria* ou fausse oronge, espèce très vénéneuse qui lui ressemble par son chapeau d'une belle couleur orangée, mais qui a les lames et le pied blancs, et le chapeau un peu visqueux et couvert de débris blancs de la volve ; celle-ci est incomplète.

AMANITINE. s. f. (de *amanite*). Chim. Alcaloïde signalé par Letellier dans les champignons vénéneux. (V. *Bulbosine.*)

AMANT, ANTE. s. (lat. *amans*; de *amare*, aimer). Qui a de l'amour pour une personne d'un autre sexe. Amant heureux et fidèle. Amante infortunée. || Amant signifiait autrefois, un amoureux déclaré; il désigne plutôt aujourd'hui, un amoureux favorisé. Cette femme a un amant, a eu beaucoup d'amants.

|| *Fig.* Qui aime une chose avec passion. Amant de la liberté, de la vertu, de la poésie, des arts, de la vérité. Soldat et coursier, nobles amants de la gloire. La victoire amante du courage. || Ascét. Qui a un grand amour de Dieu. Ames saintes, chastes amantes de J.-C. || s. m. pl. Deux personnes de sexe différent qui s'aiment. Le mariage entre ces deux amants est résolu. || Litt. Amants des muses. Poètes. || Syn. *Amant, amoureux.* Il faut témoigner qu'on aime pour être amant ; il suffit d'aimer pour être amoureux. On est souvent très amoureux sans oser paraître amant. Quelquefois on se déclare amant sans être amoureux. (Guizot.) || *Amant, galant, ami* Un homme se fait l'amant d'une personne qui lui plaît Il devient galant de celle à qui il plaît. (Guizot). Galant signifie aussi courtois, empressé auprès des dames. En ce sens, on dit que les chevaliers français étaient les plus galants de toute l'Europe. Amants se dit de personnes de sexe différents : Paul et Virginie étaient amants. Amis se dit surtout des personnes du même sexe . David et Jonathas étaient de véritables amis.

AMANT (MARGUET, dit). Acteur franç, m. en 1860. Jouait avec succès le rôle du petit bourgeois, du Prudhomme niais, vaniteux, crédule, la bêtise prétentieuse, boursoufflée, irrémédiable.

AMANTEA. 4,480 h. Ville et petit port d'Italie, prov. de Calabre citérieure, circ. et à 22 kil. de Paola, sur la mer Tyrrhénienne. Vieille citadelle. Cette ville fut prise par les Français en 1806 après une défense opiniâtre.

AMANTHON (Claude-Nicolas). Publiciste français ; 1760-1835. Avocat au parlement de Bourgogne, maire d'Auxerre, conseiller de préfecture de la Côte-d'Or Nombreux travaux . dissertations, mémoires, biographies, etc., sur la Bourgogne, l'administration, l'économie politique.

AMANUS. Ancien nom de la chaine du Taurus, entre la Syrie et l'Asie Mineure.

AMANVILLERS. Vge à 12 kil. de Metz. Bazaine y livra aux Allemands un combat meurtrier le 18 août 1870.

AMAPALA. 3,500 h. Ville et port franc du Honduras, sur l'océan Pacifique au fond de la vaste baie de Fonseca. Ce port est excellent et peut recevoir les plus grands navires.

AMAPER. v. a. Mar. Saisir avec vigueur une voile pour la serrer.

AMAR (André). 1750-1816. Né à Grenoble, m. à Paris. Avocat conventionnel et montagnard fougueux, se montra cruel et barbare à Bourg où il fut envoyé en 1793 ; trempa dans la conspiration Babeuf, vécut dans la retraite sous l'Empire et ne fut pas proscrit par la Restauration, quoique régicide.

AMARAL (André). Portugais, chancelier de l'ordre de St-Jean de Jérusalem. Il fut chargé en 1510, avec le commandeur Villiers de l'Isle-Adam d'une expédition contre la flotte du Soudan d'Egypte Envieux et fier, autant qu'intrépide et habile marin, il eut un démêlé avec son collègue qui eut la modération de céder. L'avis d'Amaral fut d'ailleurs couronné d'une victoire complète. A la mort de Fabrice Carette, grand-maître de l'ordre, Amaral posa sa candidature pour cette dignité. Les suffrages se réunirent en faveur de Villiers de l'Isle-Adam. Amaral, outré de colère, lança des menaces contre l'ordre. Accusé d'intelligences avec Soliman, auquel il aurait conseillé le siège de Rhodes, en indiquant les moyens d'y réussir, il fut arrêté, appliqué à la question, et, quoiqu'il s'obstinât à ne rien avouer, il eut la tête tranchée, le 8 novembre 1522. || **AMARAL** (Antonio Cartano do). Savant portugais, né vers 1753, mort à Lisbonne en 1820, a publié dans les Mémoires de l'Académie des sciences de Lisbonne des travaux remarquables sur l'histoire de la législation du Portugal depuis les temps les plus anciens. || **AMARAL** (J.-M. Ferreira do). 1803-1849. Marin portugais. Se distingua par sa valeur et par son habileté dans les relations avec la Chine. Assassiné à Macao, dans une révolte contre les Européens.

AMARAKANTARKA. Montagnes de l'Inde centrale, de 1,000 a 1,100 m. d'altit., couvertes de vastes forêts. Lieu réputé saint parmi les Hindous. Sources très rapprochées de la Nerbada et de la Sône (Çôna).

AMARANTACÉ, ÉE. adj. Bot. Qui ressemble à l'amarante. || **AMARANTACÉES.** s. f. pl. Famille de plantes dicotylédones apétales, dont le type est le g. *amarante*.

AMARANTE s. m. (gr. *a*, priv.; *mareinein*, flétrir : qui ne se flétrit pas). Bot. Plante de la fam. des amarantacées, considérée par les Grecs comme un symbole d'immortalité et consacrée aux morts. Les Thessaliens étaient couronnés d'amarante aux funérailles d'Achille. Plusieurs espèces sont cultivées pour leurs belles fleurs d'automne, vertes et pourpres : *A. tricolore, A paniculée, A. gracieuse, A. queue de renard, A crête de coq*, etc. En Italie on mange les feuilles en guise d'épinards. || Hist. litt. Amarante d'or. Une des fleurs donnée aux poètes couronnés dans les jeux floraux de Toulouse. C'est le prix de l'ode. || adj. 2 g. Se dit des choses qui sont de la couleur de l'amarante. Un velours, un satin, un drap amarante. Un carosse amarante.

AMARANTÉES. s. f. pl. Bot. Sous-tribu d'amarantacées.

AMARANTINE, s. f. Bot G. d'amarantées. Syn. de *Gomphrène*.

AMARANTOÏDE. adj. 2 g. (gr. *amarantos*, amarante ; *eidos*, forme). Bot. Qui ressemble à l'amarante.

AMARAOUA ou **AMERAOUA** (de l'arabe *amerou*, ils ont rempli). Tribu de la Grande Kabylie (prov. d'Alger), dont le territoire, traversé par la route d'Alger à Port-National, s'éten 1 sur la rive g. du fl. Sébaou. Espèce de colonie frontière établie, armée et soldée par les deys d'Alger contre les Kabyles du Djurjura. Elle s'est composée de Turcs et d'Arabes greffés sur un fond kabyle.

AMARAPOURA (*Ville immortelle*). Vle de Birmanie, à plusieurs reprises résidence du souverain, située sur la riveg. de l'Irâvadi, à 25 kil. N.-E. d'Ava. 20,000 maisons furent consumées par un incendie en 1810. C'est une cité sainte pour les Hindous. Cette ville qui, en 1800, contenait, dit-on 180,000, h., se trouva réduite en 1810 à 30,000. Sa population n'a fait que diminuer par suite d'un tremblement de terre en 1824 et de l'éloignement de la cour.

AMARAQUE. s. m. (gr. *amarakos*, marjolaine). Bot G. de labiées, arbrisseau de l'île de Candie. L'une de ses espèces (*amaracus dictamnus*) qui croissait sur le mont Ida et le mont Dicté en Crète est le fameux dictamne de Crète qui avait la réputation de guérir tous les maux. Ses propriétés sont analogues à celles de la sauge, de la menthe et du romarin.

AMARA-SINGHA ou **SINHA**. Savant hindou, conseiller du célèbre rajah Vikramaditeya (Ier s. av J. C.). Il est auteur du dictionnaire sanscrit le plus complet et le plus exact qui existe, sous le titre *Amara-kocha* (*Trésor d'Amara*). Cet ouvrage est écrit en vers. Il n'est pas divisé par ordre alphabétique, mais par ordre des matières : *Dieu, Astres, Eléments, Objets impalpables, Sciences, Couleurs. Terres, Mondes, Montagnes*, etc. Il y a une section spéciale pour les mots qui ont plusieurs significations, et une pour les adverbes et les noms indéclinables. Le P. Paulin de St-Barthélémy en publia à Rome en 1798 la première partie en caractères tamouls. La Bibliothèque nationale possède un exemplaire manuscrit de ce dictionnaire complet, sous le nos 31. 38. 39, des manuscrits sanscrits. Dans le midi de l'Inde, il y a une glose de cet ouvrage appelé *Tamouch-Koutta*.

AMAR-DUVIVIER (Jean-Augustin). Littérat. français ; 1765-1837. Entré chez les Pères de la Doctrine Chrétienne, il professa à Bourges et à la Flèche. En 1802, professeur dans un lycée de Paris et conservateur a la bibliothèque Mazarinejusqu'à sa mort. *Éléments de l'Histoire de France*, 3 vol. in-12 ; *Chefs-d'œuvre de Goldoni*, trad., Lyon, 1801, 3 vol. in-8° ; le *Fablier anglais*, 1802, in-12; *Cours complet de Rhétorique*, Paris, 1814, in-8° ; éditions de classiques latins ; pièces pour le théâtre ; articles dans la *Biographie universelle*.

AMAREILLEUR. s. m. (du lat. *ad mare*. d'après la marée). Celui qui soigne les huitres en parc.

AMAREL. s. m. Bot, Nom vulg., dans le Midi, du cerisier de Ste-Lucie (*prunus mahaleb*).

AMARELLE. s. f. Espèce de gentiane.

AMARENNE. s. m. Bot. G. de légumineuses, syn. de *trèfle* (*trifolium*) d'après Tournefort.

AMARESCENT, ENTE. adj. (lat. *amarescere*, devenir amer ; de *amarus*), Qui est légèrement amer.

AMARKANTAKA. V. *Amarakantarka*.

AMARI (Michel). 1806-1877. Historien ital., né à Palerme. Mêlé de bonne heure aux agitations révolutionnaires de la Sicile, où son père perdit la vie en 1822, il dut séjourner à Naples, puis en France ; il étudia l'histoire et les langues, publia des ouvrages d'histoire remarqués ; fut élu député, en 1848, au parlement sicilien insurgé ; ministre des Finances, envoyé à Paris. La Sicile reconquise par le roi de Naples (1849), il revint en France, d'où. en 1860, il accompagna Garibaldi dans son expédition Victor-Emmanuel le fit gouverneur de Modène, sénateur, ministre de l'instr. publique. L'histoire des *Vêpres Siciliennes*, traduite en plusieurs langues, est son principal ouvrage, Palerme, 1842 ; *Histoire des Arabes en Sicile* ; *Biblioteca Arabico-Siciliana*, 1855, 3 in-8° ; *La Sicile et les Bourbons*, 1849, in 8° etc. || **AMARI** (Emeric). Publiciste italien, né à Palerme, 1810. Professeur a l'université de Palerme, directeur du pénitencier ; à la révolution sicilienne de 1848, ayant été nommé député, il se fit remarquer comme orateur et fut envoyé en mission auprès du roi de Sardaigne pour offrir au duc de Gênes (Vict.-Emmanuel) la couronne de Sicile. Après la restauration du prince légitime, il s'enfuit et se retira en Piémont. Économiste habile. *Journal de statistique*, fondé à Palerme en 1838, avec Ferrara ; *Essai sur la théorie des progrès*, 1841.

AMARIBO. Fleuve de la Guyane française, qui se jette dans l'océan Atlantique. Cours 180 kil. (V. *Mana*.)

AMARINAGE. s. m. Mar. Action d'amariner.

AMARINE. s. f. Chim. Alcaloïde découvert par Laurent en faisant agir l'ammoniaque sur l'essence d'amandes amères : $C^{14}H^{68}Az^{4}$. Corps peu soluble, légèrement amer, qui bleuit le papier de tournesol et cristallise en aiguilles à 6 pans. C'est un isomère de l'hydrobenzamide (V. ce mot) et on l'obtient en traitant ce dernier corps par la chaleur ou par la potasse. || Bot. Nom vulg. du *saule-osier* dans le midi de la France.

AMARINER. v. a. Mar. Amariner un navire. Prendre possession d'un navire capturé ou qui s'est rendu. || Habituer à la mer, aux manœuvres. Amariner des matelots novices. || Fig. En langage de marine. Attraper. || S'AMARINER. v. pr. S'accoutumer à la mer. || AMARINÉ, ÉE. pas. Les prises furent amarinées.

AMARNA. (TELL-EL-) Vge de la Moyenne-Égypte, à 7 kil. de Mellâoui. Grottes intéressantes et curieuses par leur nature et leurs peintures.

AMARQUE. s. f. Mar. Balise, bouée.

AMARRAGE. s. m. Mar. Action d'amarrer. || Union, jonction de deux cordages. Faire un amarrage, des amarrages.

AMARRE. s. f. (de *amarrer*). Mar. Cordage servant à retenir, à attacher un bâtiment. Jeter une amarre. || Loc. Ce vaisseau est sur ses amarres, c.-à-d., Il est à l'ancre. || Tout cordage servant à attacher quelque chose. Lier une table avec une amarre. || Fig. Ce qui retient. La volonté nationale est une amarre pour l'État.

AMARRER v. a. (*amarrer* et *démarrer* sout des composés du primitif *marrer* qui vient du néerl. *maaren*, amarrer). Mar. Lier, attacher avec une amarre ou cordage. Assujettir quelqu'un ou quelque chose avec des cordes. Amarrer un bâtiment dans le port. Amarrer un navire au quai, au rivage, aux bouées. Amarrer les canons dans un vaisseau, pour qu'ils ne roulent pas. Ils l'amarrèrent sur le grabat S'AMARRER. v. pr. Se fixer avec une amarre. || AMARRÉ, ÉE. p. pas. Navire amarré. Poutre amarrée.

AMARYLLIDACÉ ou **AMARYLLIDÉ ÉE**. adj. Bot. Qui ressemble à l'amaryllis. || AMARYLLIDACÉES ou AMARYLLIDÉES s. f. pl. Fam. de végétaux monocotylédones. Ce sont des herbes généralement bulbeuses : bulbe tuniqué, donnant naissance à un certain nombre de feuilles linéaires, il se termine par une hampe qui porte l'inflorescence. D'autres espèces ont des racines fibreuses, plus ou moins tubéreuses, ou un rhizome et une tige munie de feuilles simples, engaînantes et entières. On admet trois groupes principaux : 1° *amaryllidées* ; 2° *alstrœmériées* ; 3° *aganées*. On les recherche surtout pour la beauté de leurs fleurs. Quelques espèces fournissent des poisons terribles. Les *agaves* toutefois donnent plusieurs produits utiles : vins, alcools, fibres textiles, etc. Les amaryllidacées présentent de grandes affinités avec les iridacées et avec les hémodoracées.

AMARYLLIS. s. f. (on prononce l's ; — probablement même racine que *amarante*). Bot. G. de plantes de la fam. des amaryllidées. Très nombreuses espèces cultivées comme plantes d'ornement pour leurs belles fleurs blanches ou rouges : la plupart exotiques. || Zool. Joli papillon de jour qui vit sur la piloselle. || Virgile a donné le nom d'*Amaryllis* à une bergère de ses *Eglogues*, et par anal. on dit Une Amaryllis pour Une jeune paysanne.

AMARYNTHE. Bg. de l'anc. Grèce, où Diane était particulièrement honorée.

AMARYNTHIES; s. f. pl. Myth. Fêtes en l'honneur de Diane.

AMARYTHRINE. s. f. Chim. Corps obtenu par l'action de l'eau et de l'air sur l'érythrine des lichens (amer d'érythrine). Saveur amère, soluble dans l'eau et l'alcool, non dans l'éther ($C^{23}H^{14}O^{14}$) (V. *Erythrine*.)

AMAS. s. m. (a-ma ; subst. verb. de *amasser*) Assemblage de plusieurs choses réunies, accumulées comme en une seule masse. Amas desable, de pierres, de blé, de matériaux. Faire amas de provisions. || Par anal. Se dit de choses liquides. Amas d'eaux, d'humeurs, de sang, de pus, de sérosité. O vous qui croyez être un amas de boue, sortez donc du monde où vous vous trouvez seul de votre avis. (Mass.) || Action d'amasser. Biens dont l'amas ne lui a coûté aucune peine. (Boss.) || Fig. En parlant des choses morales, se prend ordinairement en mauvaise part. Amas de citations, d'erreurs, de mensonges, d'injures, de sottises. Cet amas monstrueux de crimes, (Mass.)—Se prend aussi en bonne part. Amas de vertus, d'honneurs. Ne lui laissez plus voir ce long amas de gloire Qu'à pleines mains sur vous a versé la victoire. (Rac.) || Concours de personnes. Amas de peuple, de gens, de curieux, de troupes || Miner. Manière d'être de certaines substances minérales, qui se trouvent dans le sein de la terre, mais sans forme déterminée, et sans continuité Ce mot sert à désigner les masses isolées de minéraux qui ne sont ni en couches, ni en filons. Quelquefois ils sont pressés et aplatis entre deux couches de roches de façon a former une masse lenticulaire, allongée, ce qui les ferait pendre pour une véritable couche, si l'on ne découvrait bientôt la solution de continuité. On les nomme alors *amas-couches*. || Syn *A mas, monceau, pile, tas*. Amas implique l'idée d'une formation successive. Amas de provisions, d'épithètes, de belles maisons. Monceau indique une quantité plus considérable que tas : quelques pierres réunies peuvent former un tas, et les ruines d'un édifice s'élèvent en monceau. Tas désigne un assemblage de choses distinctes les unes des autres. Un tas de gerbes, de lettres. Monceau s'applique à des choses qui forment une masse. Un monceau de cendres, de terre, de ruines. Pile est un tas symétriquement ordonné, excluant toute confusion. Une pile d'écus, d'assiettes, de boulets.

AMASA. Fils d'Abigaïl, sœur de David. Il commandait les troupes d'Absalon, durant sa révolte : il fut vaincu par Joab, général de David. Ce dernier pardonna à Amasa et même lui promit de lui donner le commandement de son armée à la place de Joab, qu'il détestait à cause de son insolence et du meurtre d'Absalon. Mais Joab se débarrassa de son rival en l'assassinant (1023 av. J.-C.).

AMASENO (anc. *Amasenus*). Riv. et canal qui sert au desséchement des marais Pontins.

AMASEO (Romolo). Littérateur italien, né à Udine en 1489, mort à Rome en 1552. Professa les belles-lettres à Padoue, puis à Bologne, fut à partir de 1543 employé par Paul III et par son neveu le cardinal Alexandre Farnèse dans plusieurs missions politiques auprès de l'empereur, de quelques princes d'Allemagne et du roi de Pologne En 1550, après la mort de sa femme, Jules III lui conféra la charge de secrétaire des brefs. On a de lui deux traductions latines, l'une de l'*Expédition de Cyrus*, par Zénophon, Bologne 1533. in-fol., l'autre de la *Description de la Grèce*, par Pausanias, Rome, 1547, in-4.. et un vol de harangues. *Orationes*, Bologne. 1550, in-4°.

AMASIAS. 839-810 av. J.-C. 8e roi de Juda, fils et successeur de Joas. Il était âgé de 25 ans lorsqu'il monta sur le trône. Il fit le bien en la présence du Seigneur, mais non pas d'un *cœur parfait. Il vengea la mort de son père par le supplice de ses meurtriers.* Dans le dénombrement qu'il fit de son peuple, il trouva *trois cent mille hommes capables de porter les armes.* Il prit en outre à sa solde cent mille hommes du royaume d'Israël, moyennant cent talents, pour faire la guerre aux Iduméens qui s'étaient soustraits à l'obéissance des rois de Juda sous le règne de Joram. Mais un prophète lui ayant ordonné au nom du Seigneur de ne pas employer cette armée d'Israël, il la congédia et son obéissance fut suivie d'une victoire complète Toutefois Amasias eut la faiblesse d'adorer les idoles des peuples vaincus. Il osa même menacer de mort le prophète qui lui reprochait cet acte d'idolâtrie. Dieu permit donc qu'Amasias s'aveuglât au point d'envoyer défier le roi d'Israël. Celui-ci lui répondit par l'apologue du Cèdre du Liban, dont un vil chardon veut épouser la fille. Amasias déclare la guerre, perd la bataille, est fait prisonnier et assiste dans Jérusalem au pillage du temple et du palais royal. Amasias régna encore 15 ou 16 ans. Il ne retourna au Seigneur de tout son cœur. Il fut assassiné par des conjurés. ‖ Amasias. Prêtre des veaux d'or de Béthel, s'opposa au prophète Amos, lorsque celui-ci vint prédire à Jéroboam II, roi d'Israël, qu'il serait puni de son idolâtrie. Quelques auteurs prétendent même qu'Amos reçut d'Amasias des mauvais traitements dont il mourut.

AMASIEH ou **AMASIE** (anc. *Amasias.*) 20,000h. Vle de la Turquie d'Asie, dans l'Anatolie, prov. de Sivas. Archevêché arménien. Com. de soie, draps, essences. C'est la patrie du géographe Strabon. La citadelle et une mosquée bâtie par Bajazet Ier en sont les principaux monuments. Près de la ville, grottes funéraires taillées dans le roc. Les ruines de l'anc. Amasia sont bien conservées.

AMASIS. 569-526 av. J.-C. Roi d'Égypte, né à Siouph, dans le nome de Saïs, soldat de fortune, succéda à Apriès détrôné par une insurrection militaire. Il gouverna en politique habile ; il s'efforça de ramener les lois égyptiennes à leur origine, en même temps qu'il ornait les temples de colosses et autres magnificences. Il rendit Chypre tributaire, fit alliance avec Cyrène et chercha à se prémunir contre l'invasion des Perses en se ménageant l'appui des Grecs. Il leur accorda la liberté du commerce, leur permit d'avoir des temples et même un tribunal à Naucratis, accueillit avec bienveillance Solon à sa cour. Ayant refusé sa fille à Cambyse, il s'attira sa colère.

AMASSER. v. a. (de *a* et *masse*). Faire amas, mettre ensemble plusieurs choses. Amasser des matériaux, des provisions, des biens, de l'argent. ‖ Rassembler, réunir, en parlant des personnes. Amasser la foule, le peuple, ses amis, des troupes. ‖ Fig. Assembler, recueillir. Ils amassent des connaissances, des trésors de science, des preuves contre un accusé, des matériaux pour un ouvrage. ‖ Abs Au prop. et au fig , Thésauriser. La vieillesse chagrine incessamment amasse. (Boil) Celui qui n'amasse point avec moi dissipe. (Évang.) ‖ Loc. prov. Pierre qui roule n'amasse pas de mousse. En changeant souvent de métier, de résidence, etc., on ne s'enrichit point. ‖ S'AMASSER. v. pr. S'accumuler, s'assembler. Les eaux pluviales s'amassent dans la citerne. En cent lieux contre lui les cabales s'amassent. (Boil) ‖ Amasser à soi, pour soi. L'âme s'amasse des biens, des trésors célestes. ‖ Empl. impers. Il s'est amassé beaucoup de sable à l'entrée du port. ‖ AMASSÉ. ÉE. p. pas. ‖ *Amasser, accumuler, amonceler, entasser.* (V. *Accumuler.*) ‖ *Amasser, ramasser.* Faire un amas, réunir. Amasser, indique simplement idée d'amas ; ramasser marque les soins, la peine qu'on a eue pour rassembler des choses diverses ou éparses. Amasser de l'argent, c'est en acquérir successivement. On ne ramasse de toutes parts, dans un besoin pressant, pour une affaire qui en exige.

AMASSETTE. s. f. Instrument de bois, de corne, d'ivoire, etc. pour amasser, rassembler les couleurs lorsqu'elles sont broyées sur la pierre. ‖ Petit instrument pour amasser la pâte.

AMASSEUR. EUSE. adj. Qui amasse, qui thésaurise. Ne prisant rien que l'avare amasseur. (Marot.). ‖ Fig. On est bien aise d'ouïr ceux qui se nomment amasseurs de sagesse. (Amyot.) ‖ S'est pris, dans le sens de *ramasseur.* Tout à coup les uns tuent les amasseurs de noix (D'Aubigné.) ‖ Prov. Mieux vaut bon gardeur que bon amasseur.—A père amasseur, fils gaspilleur. A père avare, fils prodigue.

AMASTOZOAIRES. s. m. pl. (du gr. *a* priv ; *mastos*, mamelle, et *zôos*, animal). Zool. Se dit des animaux vertébrés dépourvus de mamelles, par opposition aux mammifères.

AMASTRAH ou **AMASREH.** 1,000 h. environ Vle et port de Turquie d'Asie sur la mer Noire ; c'est l'ancienne *Amastris*, bien déchue de sa splendeur. Elle avait deux ports, séparés par un promontoire où fut l'antique *Sésamos* mentionnée par Homère : l'un d'eux est abandonné Les Génois en firent leur principal établissement : Mahomet II s'en empara en 1459. Nombreuses ruines ; les plus remarquables sont celles d'un temple de Neptune.

AMASTRIS. Fille d'Oxathre, frère de Darius-Codoman, épousa Cratère, général d'Alexandre puis Denys, tyran d'Héraclée, puis Lysimaque, roi de Thrace, qu'elle quitta lorsqu'il épousa Arsinoë. Retirée dans ses États, elle fonda sur le Pont-Euxin une ville qui porta son nom. Les deux fils qu'elle avait eus de Denys la firent périr en faisant couler à fond un navire sur lequel elle était embarquée. Lysimaque, de qui elle tenait d'un fils, vengea sa mort.

AMAT (S.), *Amatus*, aussi appelé saint *Amé.* Vivait au VIIe siècle, religieux, abbé de Saint-Maurice d'Agaune ; fut évêque de Sion, en Valais. ‖ AMAT (Félix). 1750-1826. Écrivain espgnol. Archevêque de Palmyre *in partibus infid.* *Tratado de la Iglesia de Jesu-Christo*, Madrid, 1803-1812, in-4° : *Observaciones sobre la podestad ecclesiastica*, Barcelone, 1823, 3 vol. in-8° ; *Deberes del christiano en tiempo de revolucion*, Madrid, 1813. ‖ AMAT (Paul-Léopold). 1810-1872. Chanteur et musicien, né a Toulouse, m. à Nice. Romances populaires, pièces de théâtre où domine le jovial. Essaya sans succès d'établir à Alger une librairie musicale.

AMATELOTAGE. s. m. Mar. Action d'amateloter. On dit aussi *amatelotement.*

AMATELOTER. v a. Mar. Mettre, classer les hommes d'un équipage deux à deux pour qu'ils s'aident ou se relèvent tour à tour dans un même service. ‖ S'AMATELOTER. v. pr. Être amateloté.

AMATEUR. s. m. (lat. *amator* ; de *amare*, aimer). Celui qui a un attachement particulier, un goût marqué pour quelque chose. Amateur d'huîtres, de gibier, de la chasse, de la pêche, de la danse, des spectacles. ‖ Fig. Amateur de gloire, de vertu, de louanges, etc. ‖ Celui qui aime, qui cultive les beaux-arts, sans en faire profession. Amateur de peinture, de sculpture. Un tableau, un concert d'amateurs. ‖ Loc. Faire une chose en amateur. N'en prendre qu'à son aise. ‖ adj. Un prince amateur de gloire. ‖ Rem. Au fém. on dit Une femme amateur, comme on dit Une femme auteur. Cependant de bons écrivains, notamment S. François de Sales et J.-J. Rousseau ont employé le fém. *amatrice*, et Littré semble regretter que ce mot ne soit pas plus usité. ‖ Syn. *Amateur, amoureux, connaisseur.* Qui a beaucoup d'attachement, du goût pour quelque chose : la vertu, la gloire, la peinture, etc Être amateur indique un choix déclaré, une préférence particulière d'une chose, en quelque sorte, une étude ; amoureux est un terme général. Être amateur des roses signifie qu'on les recherche, qu'on en fait collection ; en être amoureux signifie qu'on les aime simplement, sans ajouter à cette idée rien de particulier. L'amateur affecte l'enthousiasme ; le connaisseur se distingue par la délicatesse du goût.

AMATHÉENS. s. m. pl. Peuple du pays de Chanaan.

AMATHIE. s. f. Myth. Nom d'une des 50 Néréides. ‖ Zool. Crustacés décapodes brachyures de la tribu des triangulaires ; longe de 4 centim., communs sur les bords de la Méditerranée.

AMATHONTE. Vle de l'île de Chypre, célèbre par le culte de Vénus et d'Adonis.

AMATI. Famille célèbre de luthiers de Crémone (Italie), aux XVIe et XVIIe s. Le violon qu'ils firent pour Henri IV, et qui existe toujours, est une curiosité historique. ‖ Subst. Un amati. Violon de la fabrique des Amati.

AMATINER. v. a. Faire lever quelqu'un de de grand'matin. Fam.

AMATINER. v. a. Faire couvrir une chienne par un mâtin.

AMATIR. v. a (de *a* et *mat*). Orfév. Rendre mats l'or, l'argent, en leur ôtant leur poli. ‖ Monn. Blanchir les flans des pièces d'or, d'argent. ‖ dans l'anc. franç Rendre mat, faible vaincu. Comme les jeunes et tendres fleurettes se sèchent et amatissent. (Louis XI, *Nouv.*) Il pensait que l'empereur à la première ville qu'il assoudroit sans venir au-dessus et à son intention, amattiroit et affoibliroit le cœur de ses gens. (M. du Bellay.) AMATI, IE. p. pas. Dolents et amatis de la douleur qui leur estoit advenue. (Monstrelet).

AMATITLAN. 15,000 h. Vle de la Rép. de Guatemala, ch.-l. du dép. du même nom, sur la rive droite de la rivière Michatoya, à sa sortie du lac d'Amatitlan, nappe d'eau de 12 kil. de long sur 4 de large, d'une profondeur encore insondée. Des fontaines d'eau bouillante en élèvent la température jusqu'à 34°, l'air extérieur étant à 26°. Au sud du lac, le volcan de Pacaya , haut de 2,550 m : 4 cratères dont l'un fume encore. Climat chaud, dangereux pour les étrangers. L'infirmité du goître est commune chez les indigènes qui sont Indiens mélangés de sang noir. Siège principal de la culture de la cochenille Production moyenne annuelle du département : 310,000 kil., plus de 2,000,000 de fr.

AMATIVITÉ. s. f. Phrénol. Instinct de la progéniture.

AMATRICE. V. *Amateur.*

AMATRICE. 5.800 h. Vle d'Italie, dans la prov. de l'Abruzze ultérieure 2°, sur le Tronto.

AMATUS LUSITANUS (Jean-Rodrigue *Amato*). Médecin portugais, Juif d'origine, naquit en 1511 à Castel-Bianco, étudia la médecine à Salamanque, voyagea en France, dans les Pays-Bas, en Allemagne, en italie ; professa la médecine dans les villes de Ferrare et d'Ancône. Signalé comme un apostat qui n'était chrétien qu'en apparence, il se réfugia pour échapper aux poursuites de l'Inquisition à Pesaro, en 1555, de là à Raguse et enfin a Thessalonique où il afficha ouvertement le judaïsme. On ignore l'année et le lieu de sa mort. On a de lui : *Exegemata in priores duos Dioscoridis de materia medica libros*, Anvers, 1536. in-4. Il en publia une édition plus complète sous ce titre : *Enarrationes in Dioscoridem*, Venise, 1553, in-8°, Strasbourg, 1554, Lyon 1536 ; — *Curationum medicinalium centuriæ septem*, Lyon, 1580, in-12, Paris 1613-1620, in 4°, Francfort 1646, in-fol.

AMAUROSE. s. f (gr. *amauros*, obscur) Méd. Syn. *goutte sereine, cataracte noire.* Ce n'est pas à proprement parler une maladie spéciale, mais plutôt un symptôme commun à plusieurs affections dans lesquelles la vue est plus ou moins obscurcie ou même complétement supprimée. Elle se caractérise par des interruptions, des rétrécissements du *champ visuel* (V. ce mot), un affaiblissement de la vue sans qu'il y ait aucune opacité dans les milieux de l'œil, ni des défauts dans la réfraction ou l'accommodation. Un moyen facile de reconnaître l'existence de l'amaurose , alors même qu'elle est peu prononcée, consiste à provoquer la formation des *phosphènes*, ces cercles plus ou moins colorés que nous voyons dans le point opposé à la partie de notre œil comprimée avec le doigt : si une région du champ visuel est atteinte d'amaurose, les prosphènes manquent dans la partie correspondante. Un moyen plus précis et plus sûr consiste à rechercher le degré de l'*acuité visuelle* (V. *Vision*) ce qui s'obtient au moyen des échelles d'écriture de Jager imprimées en caractère typographiques de vingt dimensions différentes, la plus faible ou n° 1 ayant 1/2 millim. de hauteur, la plus forte, répondant au n° 20, ayant 2 centim. Suivant la distance à laquelle on peut lire tel ou tel de ces caractères, l'ophtalmologiste reconnaît si l'acuité visuelle est intacte ou diminuée et à quel degré elle est descendue. — L'amaurose a des caractères très variables. Ainsi elle est *partielle* ou *générale* ; dans le premier cas certaines parties du champ visuel sont seules atteintes ; dans le second, l'affaiblissement de la vue se fait sentir dans toute l'étendue de celui-ci. Les amauroses partielles peuvent consister en *interruption irré-*

gulières ou *scotômes*, appelées encore *mouches fixes*, qui donnent au malade la sensation d'une toile d'araignée placée au devant de l'œil et à travers laquelle il verrait confusément les objets qui paraissent souvent déformés. Si ces scotômes sont situés à la périphérie du champ visuel, ils gênent peu la vision, mais s'ils sont placés dans son centre, ils sont très nuisibles ; enfin ils peuvent s'étendre et déterminer la cécité. Dans d'autres cas, il y a un *rétrécissement* régulier du champ visuel, soit que le diamètre normal de celui-ci diminue dans tous les sens, ce qui constitue le rétrécissement *concentrique*, soit que le rétrécissement atteigne seulement une de ses moitiés d'où son nom d'*hémiopie*, de telle sorte, par exemple, que le malade voit nettement la moitié d'une page d'écriture tandis que l'autre moitié lui paraît complètement masquée. L'hémiopie peut atteindre les deux yeux : si elle siège sur la moitié interne ou externe de chaque œil, on a l'*hémiopie croisée* ; si au contraire elle occupe la moitié gauche ou la moitié droite de chacun d'eux, on a l'*hémiopie homonyme*. — Dans l'amaurose générale tout le champ visuel est obscurci. Si les gros objets sont encore distingués, s'ils sont vus comme à travers un brouillard, c'est l'amaurose incomplète, l'*amblyopie* (V. ce mot). Si on distingue encore la lumière de l'obscurité, c'est l'*amaurose simple* ; dans le cas contraire ou l'*amaurose absolue*. — Quant aux causes de l'amaurose on peut les ranger sous trois chefs. Cette affection peut en effet dépendre : 1° d'une lésion oculaire, telle qu'un arrêt de développement de certaines parties de l'œil, elle est alors congénitale ; ou bien la suite d'une inflammation, d'une hémorrhagie, d'un décollement de la rétine, d'une tumeur intra-orbitaire, etc. ; on la dit alors *idiopathique* ; 2° d'une altération du nerf optique, du cerveau ou de la moelle épinière amenant l'atrophie de la papille du nerf optique. Les lésions du cerveau capables d'amener ce résultat sont très variées : encéphalite, abcès, gommes syphilitiques, tubercules, cancer, hémorrhagie, ramollissement, méningite, etc. ; On dit alors que l'amaurose est *symptomatique*, 3° Elle peut exister indépendamment de toute lésion de l'œil ou du cerveau ; ainsi on l'a vue causée chez les enfants par l'irritation que détermine la présence de vers dans l'intestin ; il suffit alors de vermifuges pour la faire disparaître ; on l'a observée aussi à la suite de maux de dents, l'avulsion de l'organe malade étant alors le remède infaillible dans ces conditions l'amaurose est appelée *sympathique*.— Il faut ajouter l'influence de certains poissons (V. *Toxique*) ; ainsi l'abus du tabac est une cause non douteuse de cette affection ; il en est de même de l'empoisonnement de l'organisme par le plomb. Le diabète, l'albuminurie en sont des causes fréquentes — Quant au traitement, il est subordonné à celui de l'affection principale. Ce qui vient d'être dit, montre d'ailleurs que, dans un bon nombre de cas, l'amaurose est incurable.

AMAUROTIQUE. s. et adj. Atteint, frappé d'amaurose. Qui a rapport à l'amaurose.

AMAURY Ier, Roi de Jérusalem, 1162-1173. Successeur de son frère Baudouin III. Il était comte de Jaffa et d'Ascalon et avait 27 ans lorsque son frère mourut. Dès les premiers jours de son règne, il eut une guerre à soutenir contre le khalife d'Égypte, qui au lieu de payer le tribut stipulé de 30,000 pièces d'or au roi de Jérusalem, envoya pour s'en délivrer, une armée contre la Palestine. Mais des troubles étant survenus en Égypte, le khalife demanda la paix et même l'alliance d'Amaury contre Noureddin, sultan d'Alep. Amaury accepta, entra en Égypte et battit plusieurs fois les troupes de Noureddin. Il revint ensuite dans son royaume chargé de présents et de richesses ; mais ayant vu de ses propres yeux la situation de l'Égypte, il résolut d'en faire la conquête. Ayant associé à son entreprise, Gerbert d'Assaly, grand maître des chevaliers de St-Jean et Manuel Comnène, dont il avait épousé la nièce, après avoir répudié Agnès de Courtenay, il commença par le siège de Bilbéis, qui se rendit : ensuite il marcha vers le Caire. Le khalife Adhed Ledinillah, offrit une grosse somme pour prix de la paix, et pendant les négociations il implora le secours de Noureddin. Amaury, devant une coalition de chefs

musulmans, fut obligé de rentrer dans son royaume ; qu'il vit bientôt menacé par Saladin. Il implora en vain les secours de l'Occident et de l'empereur de Constantinople ; et mourut avant d'avoir vu éclater les catastrophes qu'il redoutait, laissant un trône chancelant à son fils Baudouin IV. ‖ **AMAURY II DE LUSIGNAN.** Roi de Chypre, puis de Jérusalem (1194-1205), par son mariage avec Isabelle, veuve de Henri de Champagne, roi titulaire de cette ville. Jérusalem étant occupée par les infidèles, il n'y put rentrer et fixa sa résidence à Ptolémaïs. Amaury sollicita plusieurs fois les secours de l'Europe chrétienne ; une croisade fut prêchée dans tout l'Occident ; mais les croisés allèrent assiéger Constantinople. Ils furent même rejoints par le petit nombre de guerriers qui défendaient encore la Palestine et qu'attirait la richesse si vantée de Byzance. De sorte qu'Amaury resta presque seul à Ptolémaïs. Il laissa le royaume de Chypre à son fils Hugues, et le titre de reine de Jérusalem à sa fille Isabelle. ‖ **AMAURY (Arnauld).** V. *Amalric* ‖ **AMAURY DE CHARTRES.** Philosophe français du XIIe s., qui fut condamné en l'université de Paris et le pape Innocent III, comme hérétique. Le panthéisme forme le caractère principal de son système. Le paganisme grec avait enseigné l'existence d'une matière éternelle, n'ayant besoin que de mouvement pour donner naissance à tous les êtres. Matière et mouvement constituent l'être, selon Aristote. Strabon développa cette doctrine qui fut adoptée par les Arabes. Amaury la reprit, et l'appliqua à l'explication de l'Écriture sainte. Il enseigna que le chaos dont parle la Genèse n'est que cette matière éternelle qui, au moyen du mouvement, devint la cause d'où naquirent toutes choses. Il attribuait ainsi à la matière une puissance créatrice. Il l'identifiait avec le Dieu créateur. Ainsi d'après Amaury de Chartres et David de Dinan, son disciple, tout est Dieu et Dieu est tout ; *créateur et créature sont essentiellement même chose*. Dieu est l'idée universelle, et *vice versâ*, l'idée elle-même est Dieu. Dieu se meut, et le monde se développe en trois périodes. Il y a une période du Père, dans laquelle domine la loi mosaïque, une période du Fils, dans laquelle les sacrements, le baptême et la cène remplacent le culte judaïque, une période du St-Esprit, qui commence à Amaury lui-même. Les sacrements et les cérémonies du culte cessent. Le St-Esprit est l'âme de chaque homme, il s'incarne en chacun : c'est pourquoi chacun est Dieu, comme le Christ était Dieu. Tout homme est à la fois Christ et Esprit-Saint, comme dans l'Ancien Testament chaque homme était Dieu, le Père s'étant incarné dans Abraham. Ce panthéisme entraînait des conséquences déplorables au point de vue de la morale ; car les actions les plus répréhensibles ne seraient plus des fautes si elles émanaient du St-Esprit qui est en nous. De la l'inutilité des œuvres, qui ne sont plus des actes humains. Amaury de Chartres est regardé comme un précurseur du protestantisme, et plusieurs docteurs protestants l'ont revendiqué comme tel. ‖ **AMAURY DUVAL (Eug.-Emman.)** Peintre français, né à Montrouge, 1808. Élève d'Ingres ; portraitiste distingué. A décoré plusieurs églises à Paris et dans la banlieue : il a peint à l'huile la chapelle de *Ste-Philomène* à St-Merry (1839), et à fresque la chapelle de la *Vierge* à St-Germain-l'Auxerrois (1840) et quatre grandes compositions dans l'église de St-Germain-en-Laye, *Redemptio, Verbum, Misericordia, Humanitas* (1848-1853). Nombreux portraits. Études de différents âges, types et costumes. Parmi les tableaux qu'il a envoyés au Salon, on cite : *Pâtre grec découvrant un bas-relief antique*, 1834 ; *La Tragédie*, représentée sous les traits de Mlle Rachel, 1853 ; *Naissance de Vénus*, 1863 ; *Jeune fille sortant du bain*, 1864. 2e médaille en 1834 ; 1re médaille en 1838 ; décoré de la Légion d'honneur, 1845 ; officier, 1865. Il a écrit des *Mémoires* dont une partie a été publiée sous ce titre : *L'atelier d'Ingres*, Paris, 1878, in-18.

AMAXICHI ou AMAXIRI. Capit. de l'île Ste-Maure ou Leucade (Îles Ioniennes). La popul. était de 4,000 h. avant le tremblement de terre de 1857. Port peu profond. Au nord, se dresse sur un îlot la forteresse de Sainte-Maure, réunie à la ville par un magnifique aqueduc de 260 arches servant aussi de chaus-

sée. Ce monument, construit par les Turcs sous Bajazet, a été fort endommagé par les tremblements de terre. A 4 kil., restes de murailles cyclopéennes.

AMAZIE. s. f. (gr. *a* priv. ; *mazos*, mamelle). Anat. Absence de mamelles.

AMAZIRGUES. s. m. pl. Peuple berbère autochtone du Maroc, qui habite les hautes vallées de l'Atlas. (V. *Berbères*.)

AMAZONAS. Prov. la plus septent. du Brésil, couverte de forêts vierges et traversée par le fleuve des Amazones. Superf. 1,897,020 kil. car. ; popul. 57,610 h La capit. est *Manaos*. sur le Rio-Negro, près de son confluent avec l'Amazone. ‖ **AMAZONAS.** Dép. septent. du Pérou ; il doit son nom au grand fleuve qui le traverse et le sépare de l'Equateur au N. Superf, 34,115 kil. car. ; popul. 34,245 h. Presque entièrement couvert de forêts vierges, immenses ressources naturelles. Capit. *Chachapoyas*.

AMAZONE. s. f. (gr. *Amazón*, même sens). Nom donné par les anciens à des femmes guerrières formant un État gouverné par une reine. Il y eut les amazones d'Asie et d'Afrique. On a placé les Amazones d'Asie dans la Scythie, dans la Sarmatie, au nord du Caucase, parmi les Sauromates et surtout sur les bords du Thermodon et du Pont-Euxin en Cappadoce On les représente avec un bouclier en forme de croissant. D'après les poètes, elles brûlaient la mamelle droite de leurs filles, pour les rendre plus habiles à manier l'arc, et c'est de là que viendrait leur nom (gr. *a*, sans, et *mazos* mamelle), mais d'autres prétendent que ce nom venait de *maza*, lune, parce qu'elles adoraient l'astre des nuits ; en effet elles sont toujours figurées dans les œuvres de l'art antique comme aussi parfaites que les autres femmes. Elles se perpétuaient en cohabitant une fois par an avec les Gargariens, qui vivaient dans un pays voisin. Elles mettaient à mort ou renvoyaient à leurs pères les enfants mâles. Elles dressaient leurs filles dès l'enfance, à travailler la terre, à chasser et à faire la guerre. Leur armure consistait en un casque, un bouclier (*pelta*), un arc et des flèches, et une hache à deux tranchants (*bipennis*). On les représente aussi combattant à cheval, la lance à la main. Voici les faits principaux de leur fabuleuse histoire. Elles reçurent les Argonautes. Hercule fit une expédition contre elles et s'empara de leur reine, Ménalippe, dont il désirait la ceinture. Une autre reine, Hippolyte, envahit l'Attique, et combattit contre Thésée, qui l'épousa et en eut un fils, le vertueux Hippolyte. Elles allèrent au secours des Troyens, et leur reine Penthésilée, périt sous les coups d'Achille. Elles firent une expédition contre l'île de Leucé, dans le Pont-Euxin, où l'ombre d'Achille, causa parmi elles une terreur panique. Plus tard Thomyris aurait fait périr Cyrus, et Thalestris aurait visité Alexandre. ‖ Fig. Femme hardie, d'un courage mâle et intrépide. Jeanne d'Arc, Jeanne Hachette étaient de vaillantes amazones. ‖ Vêtement de femme pour monter à cheval ; la personne qui le porte. ‖ **AMAZONE.** s. m. d'après Buffon ; f. d'après la plupart des dictionnaires. Nom donné par Buffon à des perroquets du nouveau continent. Caractères : ils ont du rouge sur le fouet de l'aile ; le vert de leur plumage est brillant et même éblouissant ; leur tête est couverte d'un beau jaune très vif ; ils sont plus grands que les bricks et plus petits que les aras. Ils ne se trouvent guère qu'au Para et dans quelques contrées voisines du fleuve des Amazones, d'où leur nom. Buffon en distingue cinq espèces avec plusieurs variétés : l'*A. à tête jaune* (*psittacus ochrocephalus*) ; le *tarabé* ou *A. à tête rouge* (*Ps. taraba*) ; l'*A. à tête blanche* (*Ps. leucocephalus*) ; l'*A. jaune* (*Ps. aurora*) ; l'*aourou-couraou* (*Ps. œstivus*).

AMAZONE ou AMAZONES (fleuve des). Fleuve de l'Amérique du Sud, le plus grand du globe pour l'abondance de ses eaux L'Amazone est formé par deux rivières considérables, le Tunguragua et l'Ucayale. qui se forme. lui aussi, de deux rivières, l'Apurimac et l'Urubamba. Ces branches supérieures prennent naissance dans les Andes du Pérou, à une petite distance de l'Océan et se réunissent à Nanta, à la limite du Pérou et de la République de l'Equateur, après avoir parcouru : le Tunguragua, 1,300 kil. ; l'Ucalaye et l'Apurimac, 1,600 kil. (V. *Tunguragua* et *Ucayale*.) A partir de Neuta, l'Amazone coule de l'ouest à l'est, pendant 3,300 kil., ce qui fait une longueur totale de 4,900 kil. Il traverse le Pérou, le Brésil, et se jette dans l'Atlantique par deux embouchures séparées par l'île Marajo. L'embouchure mérid. passe à Para, porte le nom de Para et se confond presque avec celle du Tocantins. L'embouchure septent. est la plus large et le véritable déversoir du fleuve. Dans sa partie supérieure l'Amazone a de 3 à 5 kil. de large, et à ses embouchures de 50 à 100 kil. Profondeur moyenne de 75 à 100 m.; à l'embouchure, 185 m. Le volume d'eau qu'il verse dans l'Atlantique et de 100,000 m. c. par seconde en moyenne, et son courant aux eaux blanchâtres se fait sentir à une distance considérable de la côte. D'autre part, la marée remonte jusqu'à 1,000 kil. Il est partout navigable et les frégates peuvent le parcourir jusqu'à plus de 2,000 kil. de la mer. Son lit est parsemé d'îles, dont quelques-unes sont considérables. A son embouchure, entre le cap du Nord et Macapa, il offre un phénomène singulier appelé par les indigènes *pororoca*, phénomène qui se manifeste en France dans la Dordogne et la Seine, et connu sous le nom de *mascaret* ou de *barre*. Pendant les trois jours les plus voisins des pleines et nouvelles lunes, temps des plus hautes marées, la mer, dit M. de La Condamine, au lieu d'employer près de six heures à monter, parvient en une ou deux minutes à sa plus grande hauteur. On juge bien que cela ne peut pas se passer tranquillement. On entend d'une ou de deux lieues de distance un bruit effrayant qui annonce le pororoca ; à mesure que ce terrible flot approche, le bruit augmente, et bientôt on voit un promontoire d'eau de 12 à 15 pieds de haut. puis un autre, puis un troisième, et quelquefois un quatrième, qui se suivent de très près. Cette lame avance avec une rapidité prodigieuse, brise et rase en courant tout ce qui lui résiste. On voit en quelques endroits, de grands terrains emportés par le pororoca, de très gros arbres déracinés, des ravages de toute espece. L'Amazone reçoit plus de 400 affluents; les plus remarquables sont, à droite : le *Yuvar*, ou *Javary*, le *Yutai*, le *Jurua*, le *Teffé*, le *Coaryi* le *Purus*, le *Madeira*, le *Tapajos*, et le *Xingu*; à gauche : le *Napo*, le *Putumayo*, le *Caqueta*, ou *Yupura*, le *Negro* ou *Parana*, le *Guriupatuba* et le *Yari*. (V. ces mots.) Le Rio Madeira et le Rio Negro sont les plus importants. L'Amazone a des crues périodiques et régulières qui ont lieu de janvier à juin. Il coule à travers d'immenses forêts vierges, formées d'arbres variés et surtout de conifères. La faune est très riche Poissons nombreux, dauphins d'eau douce, caïmans, serpents d'eau ou anacondas L'Amazone a été découvert en 1500 par le capitaine espagnol Vincent Pinson, qui ne fit qu'en constater l'existence ; Orellana le descendit et l'explora en 1539, d'où le nom d'*Orellano* qu'on lui donne quelquefois et qui n'a pas été conservé. Le nom du fleuve des Amazones lui vient de ce que les premiers explorateurs eurent à combattre sur ses bords. D'après un rapport assez accrédité, des tribus de femmes armées de flèches Il porte, dans sa partie supérieure, le nom de *Maranon*, qui lui fut donné par les Espagnols ; il reçut des Portugais celui de *Rio dos Solimoes*, depuis son entrée dans le Brésil jusqu'à son confluent avec le Negro; mais cette appellation est tombée en désuétude. Depuis 1867, l'Amazone est ouvert à tous les pavillons européens.

AMAZONIE (*Amazonia*, pays des Amazones). Nom donné par d'anciens géographes, à la partie du bassin des Amazones, que l'on croyait habité par une tribu de femmes guerrières.

AMAZONIEN, ENNE. adj. Qui se rapporte aux Amazones de l'antiquité, ou au fleuve des Amazones. Climat amazonien.

AMAZONIQUE. adj. 2 g. Qui appartient, qui se rapporte aux Amazones.

AMAZONITE. s. f. Minér. Espèce de feldspath très dur, d'une belle couleur verte, et dont on fait une foule d'objets d'ornement. On l'appelle aussi *jade vert* ou *pierre des Amazones*, parce qu'on la trouve près du fleuve de ce nom.

AMBA. s. m. Géol. On appelle ainsi certaines élévations de terrain qu'on trouve en Abyssinie, au Congo, dans l'Hindoustan, dans l'Amérique méridionale. Ce sont des hauteurs pyramidales ou cubiques dont le sommet, parfois d'une étendue de plusieurs journées de marche, forme un plateau uni, boisé et sillonné de sources.

AMBA-AMBO. s. m. Espèce d'arbrisseau d'Abyssinie employé pour teindre les cuirs en rouge

AMBACT. s. m. Territoire, au temps de la féodalité, dont la possession avait haute et basse justice.

AMBACTE. s. m. (celte *amb* ; allem. *amt*, office, charge, serviteur). Nom des Gaulois qui s'attachaient à un de leurs chefs et se dévouaient à lui jusqu'à la mort. *Ambactos clientesque habent.* (César. *De bello gallico*, 6,15.) Conf. avec *Soldurier*.

AMBAGES. s. f. pl. (lat. *ambages*, détours ; de *ambi*, autour, par abrév. *amb*, et de *agere* pousser, agir). Circuit et embarras de paroles; circonlocutions. Parlez sans ambages. Quelles longues ambages. || S'employait anc. au sing. L'ambage de ses discours. (St-Sim.)

AMBALA. Prov. du gouvernement anglais du Pendjab (N.-O de l'Inde), comprenant les trois districts d'Ambala, de Simla et de Loudiana. Superf. 10,300 kil. car. || AMBALA. 40,600 h. (21,000 h. pour la ville indienne et 16,600 pour les cantonnements anglais). Vle de l'Inde anglaise (Pendjab), ch.-l. de la prov. et du distr. du même nom, sur le Khaggar, à 272 kil N. de Delhi, par ch de fer., à 313 m. au-dessus du niveau de la mer. Un camp retranché, qui occupe une superf. de 2,900 hect., protège cette position doublement importante comme place intermédiaire entre Lahore et Delhi, et comme gardienne de Simla, capitale d'été de l'Hindoustan. Amballa, construite a quelques heures du pied de l'Ilymalaya, est le point de départ des voyageurs qui chaque année se rendent pendant les chaleurs dans les stations sanitaires des montagnes et le marché le mieux approvisionné en articles anglais. Un puits artésien de 139 m. de profondeur, récemment creusé, lui fournit l'eau qui lui manquait.

AMBALARD. s. m. Brouette du papetier pour transporter la pâte.

AMBALEMA. 9,731 h. Vle des États-Unis de Colombie, Etat de Tolima (Amérique du Sud), sur la rive gauche du Rio Magdalena ; fondée en 1786. Excellent tabac.

AMBARÉS-ET-LA-GRAVE. 3,031 h. Bg de France (Gironde), arr. de Bordeaux, cant. et à 4 kil. de Carbon-Blanc. Vins.

AMBARRES (*Ambarri*) s. m. pl Peuple gaulois, qui habitait la Bresse et les Dombes.

AMBARVALES s. f. pl. (lat. *Ambarvalia* ; de *ambire*, aller autour ; *arva*, champs). Antiq. rom. Fêtes célébrées en l'honneur de Cérès, pour obtenir d'abondantes moissons. || adj. Se disait des victimes sacrifiées dans les ambarvales (*ambarvales hostiæ*), et que l'on promenait autour des champs avant le sacrifice.

AMBASSADE s. f. (du bas lat *ambactia*, service, emploi, mission; de *ambactus*, V. *Ambacte*; vx franç. *ambaxade*. On trouve dans Froissart *ambassaderie*). Fonction d'ambassadeur, charge de celui qui est envoyé par un prince ou prun Etat souverain, à un autre prince ou État souverain,en qualité de représentant. || En ambassade signifie En qualité d'ambassadeur. On l'envoya en ambassade à Berlin || Députation envoyée à un prince, à un État. Envoyer, recevoir une ambassade. || Collectiv. se dit de l'ambassadeur et de sa suite. Ambassade nombreuse. magnifique. Il fait partie de l'ambassade. || Hôtel, bureaux d'un ambassadeur. L'ambassade de Russie se trouve dans telle rue. Je loge à l'ambassade. || Fam. Messages entre particuliers. Se charger, s'acquitter d'une ambassade auprès de quelqu'un. || Iron. Il a fait une belle ambassade. Sa mission n'a pas été heureuse. || Secrétaire d'ambassade. Secrétaire attaché à un ambassadeur, qui remplace celui-ci en cas d'absence ou de congé. || Attaché d'ambassade. Celui qui est attaché à une ambassade sans titre déterminé. || Conseiller d'ambassade. V. *Conseiller*. || Dans le vx franç. on trouve aussi Ambassade au masc. ; il signif. alors Ambassadeur. Rome ne fust pas courtoise au commencement aux premiers et aux seconds ambassades. (D'Aubigné.)

AMBASSADEUR. s. m. (en vx franç on trouve *ambaxadeur* et *ambasseur*). Celui qui est envoyé en ambassade par un prince ou par un État souverain, à un autre prince ou État souverain, avec le caractère de représentant. Ambassadeur ordinaire. Ambassadeur extraordinaire. L'ambassadeur de France à Rome. L'ambassadeur d'Espagne en France. L'ambassadeur auprès de la cour de France. L'ambassadeur anglais, russe, etc. || La qualité, le rang, les privilèges d'ambassadeur. Envoyer un ambassadeur à un prince. Recevoir un ambassadeur, Rappeler un ambassadeur. Introducteur des ambassadeurs. || Se dit quelquefois des membres d'une députation. Dans ce sens, on ne l'emploie guère qu'en parlant des anciens, ou de peuples éloignés dont les relations politiques sont moins régulières que celle des nations européennes. Les ambassadeurs que les Scythes envoyèrent à Darius. Les ambassadeurs birmans viennent d'arriver à Paris. || Par ext. Toute personne chargée de quelque message. Le fils de Dieu est monté au ciel pour y être notre avocat, notre ambassadeur et notre pontife. (Boss.) || Droit international. L'ambassadeur est l'agent des relations internationales. Il jouit de ce qu'on appelle le *caractère représentatif* du prince ou de l'État souverain qui l'envoie. A ce titre, peut traiter directement les affaires avec le souverain auprès duquel il est accrédité. occupe ainsi le premier degré de la hiérarchie diplomatique. Dans les cours catholiques, le nonce du pape est le premier *de plano*, le *primus inter pares* parmi les ambassadeurs. Il a des ambassadeurs permanents ou *ordinaire*, qui suivent les affaires de leur pays pendant toute la durée de leur mission, et des ambassadeurs *extraordinaires*, envoyés dans les circonstances particulières (avènement, mariage, baptême, sacre), avec une mission spéciale et temporaire. Un ambassadeur doit sans retard informer de son arrivée le ministre des affaires étrangères,et prendre son jour pour lui faire visite. Il lui remet copie de ses lettres de créance, et demande à en présenter l'original au chef de l'État. Cette remise a lieu en audience publique et solennelle. Dans les huit jours qui suivent sa réception par le chef de l'État, il écrit officiellement aux grands dignitaires et fonctionnaires de l'État, et sera trois jours chez lui pour les recevoir. Il faut distinguer l'ambassadeur des agents inférieurs, tels que les *envoyés* ordinaires et extraordinaires, les *résidents*, les *ministres plénipotentiaires*, les simples *ministres*, les *consuls*.. etc., qui portent tous le titre générique de *ministres publics*. L'ambassadeur, comme tous les ministres publics, chacun dans sa classe, prend rang dans le corps diplomatique suivant son ancienneté, c.-à-d. suivant l'ordre de la remise de ses lettres de créance. On lui donne le titre d'Excellence Auprès d'un ambassadeur sont trois secrétaires d'ambassade, un ou plusieurs attachés parmi lesquels des attachés militaires, et un chancelier. L'ambassadeur jouit d'immunités qui rendent inviolable sa personne, ses biens, ses papiers, son hôtel. Il ne peut même être contraint de témoigner en justice. En un mot, il est en dehors de la juridiction territoriale, c'est ce qu'on appelle le privilège d'*exterritorialité* On peut demander à l'ambassadeur justice de ses gens, l'accuser lui-même devant son souverain qui devient alors, dit Montesquieu, ou son juge ou son complice Mais si l'ambassadeur ou quelqu'un de sa suite commet quelque grand crime, s'il forme des conspirations ou des complots, si, en un mot, il agit en ennemi, ou le salut de la patrie doit l'emporter sur le droit conventionnel. La mission de l'ambassadeur est d'indiquer et d'employer les moyens d'établir ou d'entretenir des rapports pacifiques entre le pays qu'il représente et celui auprès duquel il est accrédité. Il a des devoirs à remplir envers celui qui l'envoie et envers celui qui le reçoit. Au premier, il doit vigilance, fidélité et sincérité. Il faut qu'il se renseigne sur les vraies dispositions de la puissance chez laquelle il réside, qu'il tâche de savoir tout ce qui se passe, et en informe son gouvernement. D'un autre côté, pour que l'ambassadeur puisse utilement accomplir sa mission, il faut qu'il se rende agréable à la nation qui le reçoit. Il doit donc, autant que possible se conformer aux lois, aux usages, aux mœurs du pays, s'abstenir scrupuleusement de fomenter ou de favoriser les factions, éviter les relations avec les partis hostiles au gouvernement, il n'est pas toujours facile de concilier ces devoirs de deux ordres différents et généralement opposés. Il peut arriver qu'un ambassadeur, pour bien renseigner son souverain soit tenté d'avoir recours à la corruption, à l'espionnage ou à d'autres moyens aussi indélicats, pour s'emparer des secrets de l'État qui lui donne une hospitalité privilégiée. Inutile de dire qu'une telle conduite mérite la réprobation universelle, et que ni un long usage, ni la multiplicité des exemples ne saurait la justifier et l'autoriser. L'ambassadeur est en outre chargé de faire respecter la vie, la liberté et les propriétés de ses nationaux, de s'opposer, en un mot, à toute violation du droit des gens à leur égard. L'art. 48 de notre Code civil leur a donné le caractère d'officiers de l'état civil.

AMBASSADORIAL, ALE. adj. Qui a rapport à une ambassade, à un ambassadeur. Cortège ambassadorial. | pl. m. Ambassadoriaux.

AMBASSADRICE. s. f. Femme d'un ambassadeur. Madame l'ambassadrice. || Fig. et fam. Femme chargée d'un message. Une habile ambassadrice. || AMBASSADRICE (l'). Opéra-comique en trois actes, musique d'Auber, paroles de Scribe, représenté en 1836.

AMBASSE. s. m. Zool. Poissons de l'ordre des acanthoptérygiens, fam. des percoïdes, longs de 0m12 a 0m15. Ils ressemblent beaucoup aux *apogons* dont ils se distinguent par la contiguïté de leurs deux dorsales, et par une petite épine crochée au devant de la première. On en connaît onze espèces, toutes des Indes. L'une des plus remarquables est *l'ambasse de Commerson*, très commun à l'île de la Réunion, où on le conserve dans la saumure comme les anchois.

AMBATO (sierra de). Chaîne de montagnes de la grande Cordillère des Andes (Amér. du S.); sur son versant orient. est située la ville de Catamarca, ch.-l. de prov. (Rép. Argentine). Cette chaîne se détache de la sierra d'Aconquija et se dirige au S. Grès et calcaires. D'une altit. d'env. 4,000 m., elle forme le rebord orient. de l'anc. lac, auj. salines de Belen. || AMBATO. 10,000 h. Vle de la Rép. de l'Équateur, ch.-l. de la prov. de Tunguragua (Amér. du S.). Sur un plateau des Andes, près de la cime du Chimborazo, à 120 kil. S. de Quito, la capitale, *Ambato*, est une des plus jolies villes de l'Équateur; elle possède un climat délicieux et on y récolte tous les fruits de l'Europe. Grand commerce de cuirs, chaussures et maïs.

AMBATTAGE. s. m. Techn. Opération par laquelle on garnit une roue de son bandage. Fausse orthographe pour *embattage*.

AMBAVILLE. s. f. Bot. Plantes de l'île Bourbon qui distillent la *résine* dite d'*Ambaville* laquelle est très employée comme dépurative du lait et prise dans ce but par les nourrices avant l'allaitement. On les nomme aussi *bois de fleurs jaunes*; ce sont deux *hypericum*. Plusieurs *hubertia* portent aussi ce nom dans la même île.

AMBAZAC. 3,627 h. Bg de France (Hte-Vienne), ch.-l. de cant., arr. et à 18 kil. de Limoges. Église des XIe et XVe s.; châsse byzantine du XIIe s. Monuments celtiques. Fab. de pâtes à porcelaines. — Cant.: 9,972 h.; 7 comm.

AMBE. s. m. (lat. *ambo*, tous deux, venant de la prép. *amb*, *ambi*, qui n'est usitée qu'en composition. V. *Amphi*. — Ambes, en vx franc. signifiait : deux; les deux, tous deux). Combinaison de deux numéros pris ensemble à la loterie. Avoir, gagner un ambe. || Au jeu de loto, deux numéros placés sur une même ligne horizontale.

AMBELAKIA ou **AMPELAKIA.** 2 à 3,000 h. Pte vle de Thessalie (territoire cédé à la Grèce par la convention du 24 mai 1881), à 24 kil. N.-E. de Larissa, sur la r. dr. de la Salamvria (Pénée). Ville charmante située au milieu des vergers et des vignobles, sur les hauteurs qui dominent au sud la vallée de Tempé. Les tisserands d'Ambelakia s'étaient, au siècle dernier, associés par groupes participant aux bénéfices les uns des autres. Cette république ouvrière qui avait eu la sagesse de réduire son dividende annuel à 10 p. 100 et d'employer le reste du gain à l'accroissement des affaires, jouit longtemps d'une grande prospérité. Les guerres de l'empire la ruinèrent en lui fermant le marché de l'Allemagne où se vendaient presque tous ses tissus ; mais elle s'est enrichie de nouveau : un véritable palais scolaire a été construit pour les enfants ambélakiotes par un riche négociant de Syra. (E. Reclus.)

AMBELANIE. s. f. ou **AMBELANIER** s. m. Arbuste de la Guyane, g. d'apocynacées, qui porte un fruit coriace renfermant un suc vénéneux ; mais ce fruit devient comestible lorsqu'il a trempé dans l'eau.

AMBER, AMBA ou **AMER.** Vle du Radjpoutana Anc. capit. de l'État de Djeïpour. À six kil. de Djeïpour la capitale actuelle. On l'appelait la Reine des défilés (*Ghai-Rani*). En 1728, le roi Djeï-Sing, l'abandonna et emmena la population dans la nouvelle Djeïpour. Site des plus pittoresques. Hautes murailles; portails superbes, palais, temples ; pas un seul habitant. Le palais des radjahs, sur une hauteur qui domine le centre de la vallée, est une des merveilles de l'architecture indienne.

AMBERG. 14,583 h. Vle forte de Bavière. Ancienne capit. du Haut-Palatinat entourée de murailles flanquées de 70 tours. Princ. édifices : le château royal, l'hôtel de ville, l'arsenal. Manufacture de tabacs, d'armes à feu, de faïence; fabriques d'étoffes de coton, de cartes à jouer. Riches mines de houille et de fer dans les environs.—Combat le 24 août 1796 entre les Français commandés par Jourdan et les Autrichiens sous les ordres de l'archiduc Charles.

AMBERGER (Christophe). 1490-1563. Peintre de Nuremberg ; il élut lia sous Holbein le Vieux. Charles-Quint en faisait grand cas, et l'attira à Augsbourg en 1530 Son dessin est correct et ses figures sont bien disposées; mais il excelle surtout par la perspective et la transparence et la chaleur du coloris. Sa meilleure composition est l'*Histoire de Joseph* en 12 tableaux ; on on vante aussi une *Madone entourée de saints* dans la cathédrale d'Augsbourg, et un portrait de Charles-Quint dans la galerie de Vienne. La galerie de Munich conserve plusieurs de ses ouvrages.

AMBÉRIEU-EN-BUGEY. 3,396 h. Bg de France (Ain), arr. et à 4 kil. de Belley, ch.-l. de cant., sur la rive dr. de l'Albarine, jonction des chemins de fer sur Lyon, sur Bourg-en-Bresse et sur Genève. Dans la plaine de St-Germain, entre l'Albarine, l'Ain et la Cousance une cinquantaine de *tumuli*, épars çà et là, hauts de 2 à 5 pieds sur 30, 40 et jusqu'a 100 pieds de diamètre; on croit que ce sont les monuments funèbres d'un vaste champ de carnage, peut-être où l'armée des consuls Mallius et Cæpio fut détruite par les Cimbres et les Ambrons, 105 ans av. J.-C. Fabriques de couvertures et de velours.—*Cant.*: 8,046 h.; 8 comm || AMBÉRIEU-EN-DOMBES. 879 h. Vge de France (Ain), arr. de Trévoux, cant. et à 10 kil. de St-Trivier. Résidence des anciens rois burgondes; promulgation de la loi Gombette en 501. À 3 kil. *St-Olive*, patrie du mathématicien Ozanam, m. en 1717.

AMBERLOUP. Vge du S.-E. de la Belgique, prov. de Luxembourg, arr. de Bastogne, cant. et à 12 kil. de Sibret, sur l'Ourthe occid. En 54 av. J.-C. rendez-vous des chefs belges ligués contre César sous le Trévirien Induciomare. Plus tard, l'une des quatre seigneuries du comté de Salm. Autel (*ara*) romain bien conservé, découvert en 1813.

AMBERNATH (temple d'). Une des plus remarquables ruines de l'Hindoustan. Il n'en reste plus que le porche et les assises inférieures, décorées de milliers de figurines, sculptées avec un fini merveilleux. Ambernath est à 99 kil. au S. de Kalyan (prés. de Bombay).

AMBERT. 7,727 h. Vle de France (Puy-de-Dôme), ch.-l. d'arr., à 75 kil. S.-E. de Clermont, sur la rive dr. de la Dore, aff. de l'Allier, au pied des monts du Forez. Latit. N. 45° 23' 33'; longit. E. 1° 24' 39". Tribun. de 1re instance et de commerce. Chambre et Société d'agriculture. Chambre consult. des arts et manufactures. Collège comm. Fab. de papiers, dentelles, toiles, épingles et rubans. Fromages renommés. Remarquable église Saint-Jean, du XVIe s., (mon. hist.); maisons de la Renaissance; belle fontaine. Anc. capit. du Livradois, patrie du mathématicien Rolle, m. en 1749 et de l'historien local Imberdis, né en 1810. — Plusieurs sources minérales jaillissent aux environs de cette ville. Leur eau est claire, limpide, de saveur aigrelette, d'une température peu élevée, 11° à 12°. Elle sont traversées par de grosses bulles d'acide carbonique peu nombreuses. L'une d'elles a un goût styptique dû a une certaine quantité de fer. Il n'y a pas encore d'établissement minéral à Ambert; les habitants seuls emploient ces eaux contre la chlorose et l'anémie et aussi les fièvres intermittentes. — *Arr.*: 1,220 kil. car.; 80,081 h.; 8 cant.: Ambert, Arlanc, Cunlhat, Olliergues, Saint-Amand-Sainte-Savine, Saint-Anthême, Saint-Germain-l'Herm, Viverols; 55 comm. — *Cant.*: 19,395 h.; 9 comm.

AMBERT (Joachim-Jacq.-Alex.-Jules, baron). Général franç., né à Cahors, 1804. Sous-lieutenant en 1823, il fit la guerre d'Espagne, la campagne de Belgique et servit en Algérie. Il fit aussi, pendant ses congés, de longs et lointains voyages. Représentant du Lot à la Constituante de 1848, puis à la Législative, il se rallia à Louis-Napoléon. Général de brigade, 1857. conseiller d'État, 1866. Rentré dans la vie privée depuis le 4 Septembre. *Esquisses des différents corps de l'armée*, Saumur, 1835, in-fol.; *La colonne de Napoléon à Boulogne*, Boulogne, 1842, in-8°; *Gens de guerre*, 1863, in-12; *Progrès de l'artillerie*, 1866, in-8°; *Histoire de la guerre de 1870-71*, 1873, in-8°; etc. Depuis le 4 Septembre 1870, le général Ambert, a publié plusieurs ouv. pour défendre la religion et les congréganistes : *Les Frères des Écoles Chrétiennes*, 1878, in-12; *Le Chemin de Damas*, 1878, in-12; *L'héroïsme en soutane*, 1876, in-12, 4e éd.; etc.

AMBESAS. s. m. (am-be-za; — lat. *ambo*, deux, et *as*). Coup de dés qui amène deux as, au trictrac. On dit plus souvent *bezet*.

AMBEZ ou **AMBÈS.** 1,335 h. Vge de France (Gironde), arr. et à 21 kil. de Bordeaux, cant. et à 14 kil. de Carbon-Blanc, sur la rive gauche de la Dordogne, sur la pointe de terre (*Bec d'Ambès*) où la Dordogne s'unit à la Garonne pour former la Gironde.

AMBI. s. m. (gr. *ambé*, rebord). Méd. anc. Instrument inventé par Hippocrate ; il servait à réduire les luxations de l'épaule et consistait en une planchette horizontale articulée dans une mortaise pratiquée à la partie supérieure d'une pièce de bois verticale. Le bras du blessé étant passé dans la mortaise et fixé sur la planchette, un mouvement d'abaissement de celle-ci à son extrémité libre, en faisant basculer l'autre bout soulevait la tête de l'humérus et remettait les choses en place. Cet appareil, quoique modifié au XVIe s. par Gersdorf et au XVIIIe par J.-L. Petit, n'est plus employé aujourd'hui.

AMBIALET. 2,798 h. Bg de France (Tarn). arr. et à 25 kil. d'Albi, cant. et a 10 kil. de Villefranche-d'Albigeois, dans une vallée pittoresque, sur le Tarn. Mines de fer, hauts-fourneaux. Ruines d'un château fort qui fut la plus forte place de l'Albigeois; restes d'un monastère; église du XIe siècle. Au moyen âge siège d'une vicomté.

AMBIANI. s. m. pl. Peuple de la Gaule Belgique; leur capitale était *Samarobriva*, plus tard appelée *Ambianum* (Amiens). Ils occupaient la vallée de la Somme, entre l'océan à l'O., les *Morini* et les *Atrébates* au N., les *Veromandui* à l'E., les *Bellovaci* et les *Caletes* au S. Soumis aux Romains, l'an 56 av. J.-C., ils tentèrent plusieurs fois de recouvrer leur indépendance, d'abord avec les Armoricains, ensuite avec les Bellovaques, furent vaincus et capitulèrent en même temps que ces derniers. Sous Auguste, l'an 28 av. J.-C., ils furent compris dans la province impériale de Belgique. Au IVe s. ils firent partie de la seconde Belgique, et formèrent une des deux cités de cette province, celle des Ambianeuses.

AMBIANNULAIRE. adj. 2 g. (lat. *ambo*, deux, *annulus*, anneau). Minér. Se dit de substances cristallisées en prismes, dont chaque base est entourée d'un anneau à facettes.

AMBIANT, ANTE. adj. (lat. *ambiens*; de *ambire*, entourer). Phys. Qui enveloppe, qui circule autour. Fluide, gaz ambiant. || Air ambiant, milieu ambiant, Celui dans lequel un corps est plongé ou dans lequel se passe un phénomène. || Ne se met qu'après le subst.

AMBIBARES (*Ambibari*). s. m. pl. Peuple de la Gaule, de la confédération armoricaine, habitant les environs d'Avranches.

AMBIDENTÉ, ÉE. adj. (lat. *ambo*, deux; *dens, dentis*, dent). Zool. Qui a des dents aux deux mâchoires.

AMBIDEXTRE. s. et adj. (an-bi-dèk-stre; — *ambo*, deux, et *dextera*, main droite). Anat. Qui se sert des deux mains avec la même facilité. Enfant ambidextre. Femme ambidextre. C'est un ambidextre. ‖ Fam. Escamoteur.

AMBIDEXTRIE ou **AMBIDEXTÉRITÉ.** s. f. (lat. *ambo*, deux, et *dexter*, droit). Faculté de se servir également bien des deux mains. L'usage de la main gauche est généralement trop négligé, et il serait utile d'habituer cette main à pouvoir faire ce que fait la droite, afin de n'être pas pris au dépourvu en cas d'accident.

AMBIÈGNE. adj. et s. f. (lat. *ambo*, deux, et *agnus*, agneau). Brebis ambiègne, Qui a deux agneaux d'une seule portée.

AMBIERLE. 2,340 h. Bg de France (Loire), arr. de Roanne, cant. et à 6 kil. de St-Haon-le-Châtel, au pied des monts de la Madeleine. Carrières de granit. Église du XVe s. (mon. hist.); tombeau du cardinal de Lagrange, XIVe s.; retable dont les panneaux sont attribués à Van Eyck.

AMBIEUX, EUSE. adj. (lat. *ambire*, aller autour). Qui a des détours, des tortuosités. Esprit ambieux. (St-Sim.)

AMBIGAT. Chef des Gaulois Bituriges au VIIe s. av. J.-C. Ses deux neveux, Bellovèse et Sigovèse, furent les chefs de deux émigrations mémorables.

AMBIGENE. adj. 2 g. (lat. *ambo*, deux; *genus*, genre, nature). Géom. Se dit d'une hyperbole qui a l'une de ses branches infinies inscrite, et l'autre circonscrite à son asymptote. ‖ Bot. Se dit d'un calice qui présente, en dehors, les caractères ordinaires, et en dedans, ceux d'une corolle, comme dans les passiflores.

AMBIGU, UE. adj. (lat. *ambiguus*, à double sens; de *ambigere*, douter; de *amb*, pour *ambi*, autour, et *igere*, pour *agere*, pousser, agir: qui pousse des deux côtés). Qui peut être pris en plusieurs sens, qui présente plusieurs sens. Paroles, preuves, réponses ambiguës. Termes, oracles ambigus. ‖ Par ext. Ce sont gens sans parole et sans foi, et semblables à cet animal amphibie de la fable se tenant dans un état ambigu entre les poissons et les oiseaux. (Pascal.) Il avait un chapeau ambigu, couvert d'un étui de toile cirée. (Hamilton.) ‖ Bot. Se dit d'une espèce dont le genre est mal fixé, des organes dont la disposition n'est pas bien déterminée. ‖ Syn. *Ambigu, amphibologique, équivoque, louche.* Qui ne présente pas un sens unique, qui n'est pas clair. Ambigu est le terme le plus général et se dit des écrits, des discours, des pensées, des démarches, des actions; au point de vue grammatical, ce qui est ambigu offre plusieurs sens. Ce qui est équivoque n'offre que deux sens, et souvent a été rendu tel à dessein, afin de tromper. Ce qui est amphibologique offre un sens incertain, parce que la construction grammaticale est défectueuse. Ce qui est louche manque de netteté, par la faute, soit de la construction, soit de l'expression. Ambigu et équivoque annoncent un défaut relatif aux mots et qui résulte de leur indétermination; le défaut représenté par le louche et l'amphibologique se rapporte plutôt aux phrases et provient de leur mauvaise construction. ‖ Ambigu. s. m. Repas où l'on sert en même temps les viandes et le dessert. (Acad.) L'ambigu est un repas qui n'est ni un déjeûner, ni un dîner, mais il participe de l'un et de l'autre et tient le milieu entre ces deux repas par l'heure où il est servi et par la nature des mets dont il se compose. On servit un ambigu magnifique. Déjeuner, dîner servi en ambigu. Une collation se sert toujours en ambigu. ‖ Mélange de choses, de qualités opposées. Cette femme est un ambigu de prude et de coquette. ‖ Sorte de jeu de cartes qui est un composé d'emprunts faits à la bouillotte, au whist et à d'autres jeux.

AMBIGU-COMIQUE (théâtre de l'), à Paris, boulevard St-Martin, fondé en 1769, par Audinot père. On y représenta des pièces de tous les genres, ce qui lui fit donner son nom. La salle actuelle a été construite en 1829.

AMBIGUÏTÉ. s. f. (am-bi-gui-té; 4 syll. en poésie; — lat. *ambiguitas*). Défaut de ce qui offre un double sens, de ce qui est équivoque. Parler sans ambiguïté, d'une manière nette et précise. ‖ Syn. *Ambiguïté, amphibologie, double sens, équivoque.* Défauts d'un style ou d'un discours qui manque de clarté. L'ambiguïté a plusieurs sens, et est susceptible de diverses interprétations. Il en est de même de l'amphibologie, mais l'ambiguïté désigne confusion de la pensée, tandis que amphibologie se dit d'un vice de construction grammaticale. Double sens, équivoque n'offrent l'un et l'autre que deux significations. Équivoque est un terme pris presque toujours en mauvaise part.

AMBIGUMENT. adv. D'une manière ambiguë, équivoque. Parler, répondre ambigument.

AMBIORIX. Roi des Éburons, peuple gaulois qui habitait les environs de Liège. Pour se le concilier, J. César le déchargea du tribut qu'il payait aux *Atuatici*, et lui fit rendre ses fils et ses neveux, que ces peuples retenaient en otage, 58 av. J.-C. Mais bientôt, cédant à l'influence d'Indutiomare, roi de Trèves, Ambiorix attaqua dans leur camp Sabinus et Cotta, lieutenants de César. Il ne put les forcer; mais il les atteignit dans leur retraite et tailla leurs troupes en pièces. Cette victoire attira sous ses drapeaux 60,000 hommes avec lesquels il assaillit le camp de Quintus Cicéron, qui se défendit avec vigueur et donna le temps à César d'accourir à son secours. Alors Ambiorix, levant le siège, marcha à la rencontre de César: celui-ci se couvrit de retranchements que les Gaulois essayèrent d'emporter; mais pendant le combat César fit une sortie, les surprit et les défit complètement. Ambiorix essaya plusieurs fois encore de soulever les Gaulois, mais abandonné de tous, il fut réduit a errer dans la forêt des Ardennes, suivi de quatre cavaliers seulement; il échappa à toutes les poursuites des Romains.

AMBIRA. s. m. Instrument de musique du pays de Mozambique. Composé de verges en fer, plates et inégales disposées dans un morceau de bois creux. Frappées avec l'ongle ces verges rendent un son qui imite celui des petites cloches.

AMBITÉ, ÉE. adj. Techn. Se dit du verre qui, par l'affinage, a perdu sa transparence.

AMBITIEUSEMENT. adv. Avec ambition. Rechercher ambitieusement les honneurs. (Acad.) ‖ Avec ostentation, affectation. Écrire ambitieusement. Destitués du secours des choses, ils recherchent ambitieusement celui des expressions. (D'Aguesseau)

AMBITIEUX, EUSE. adj. (an-bi-si-eu; — lat. *ambitiosus*, même sens). Qui a de l'ambition. Prince, ministre, homme ambitieux. ‖ Se dit de tout ce qui renferme ou marque de l'ambition. Esprit, cœur ambitieux. Ame, nature ambitieuse. ‖ Qui recherche ardemment une chose. Dans ce sens, il est suivi le plus souvent d'un subst. ou d'un infinit. Ambitieux de faveurs, de puissance, de vaincre, de dominer. ‖ En parlant des choses. Qui annonce de l'ambition. Projets, titre, désir ambitieux. ‖ Fig. Recherché, affecté. Style, ornements ambitieux. ‖ Pathol. Manie ou monomanie ambitieuse. Forme d'aliénation dont les caractères sont un désir exagéré de la puissance et de la croyance a la réalité du pouvoir. Elle marque souvent le début de la paralysie générale. ‖ Il est aussi subst. C'est un ambitieux, une ambitieuse.

AMBITION. s. f. (an-bi-si-on; — lat. *ambitio*, même sens; de *ambio, ambire*, aller autour). Désir ardent d'honneurs, de gloire, de puissance, de distinction, de fortune, etc. Il est dévoré d'ambition. L'ambition de ce prince est déréglée. L'ambition de l'or, du pouvoir le perdra. ‖ En un sens général, désir, recherche. Se prend en bonne part. Noble, généreuse, honnête ambition. L'ambition de cet homme est de se rendre utile. ‖ Se dit au pl. Les ambitions du peuple sont sans bornes.

AMBITIONNER. v. a. Rechercher avec ardeur, avec empressement. Ambitionner les honneurs, les premières places, les dignités. Ambitionner de plaire. ‖ Par exagér. dans les compliments. Ce que j'ambitionne le plus, c'est l'honneur de vous rendre quelque service. (Acad.) ‖ AMBITIONNÉ, ÉE. p. pas. Le duché de Milan ambitionné par François 1er. Servir son pays est un honneur ambitionné de tout le monde. (Th. Corn) ‖ Syn. *Ambitionner, briguer.* Rechercher avec ardeur. Comme ambition, ambitionner se prend en bonne et en mauvaise part. Briguer n'est jamais susceptible d'un bon sens. On peut ambitionner de grandes et belles choses; ce qu'on brigue mérite peu d'estime, ou on emploie, pour l'obtenir, des manœuvres secrètes, plus ou moins blâmables.

AMBIVARÈTES, (*Ambivareti*). Nom d['un] peuple gaulois de la Belgique. Ils habitaie[nt] avant l'arrivée des Romains, aux envir[ons] de Maëstricht. On les nomme aussi *An[b]liates.* ‖ Un autre peuple gaulois de ce n[om] occupait les bords de la Loire. Il était client [des] Éduens et avait pour capitale *Ambivaretum Æduis* (Nevers). *Ambivareti* était aussi le n[om] de la capitale des *Ambarri*, également clie[nts] des Éduens.

AMBIZA. Wali arabe, ou lieutenant du ca[life] Yesid. Après avoir soumis le nord de l'[Es]pagne, il entra en Aquitaine, pénétra jusq['à] Autun et fut vaincu et tué sur les bords [de] l'Aude par Eudes, duc d'Aquitaine.

AMBLA ou **AMBLAU.** 2,000 h. Petite île [de] l'archipel des Moluques.

AMBLE. s. m. (lat *ambulare*, aller, se p[ro]mener). Allure entre le pas et le trot, dans [la]quelle le cheval lève à la fois, en altern[ant] avec celles du côté opposé, les deux jambes [du] même côté. Mettre un cheval à l'amble. On dit aussi de l'âne et du mulet. Cette allure [est] considérée comme défectueuse, parce qu'e[lle] expose la bête a butter souvent et lui fatig[ue] beaucoup les épaules; mais elle est très dou[ce] pour le cavalier. C'est pourquoi elle était [en] faveur au moyen âge, et l'on y dressait les [ha]quenées, les palefrois qui portaient les châ[te]laines, les prélats, les chevaliers mis hors [de] combat. Cette allure paraît naturelle à la [gi]rafe, à l'ours et au chameau; c'est celle [des] poulains jusqu'à l'âge de deux ans. La plup[art] des chevaux lorsqu'ils commencent à s'us[er] finissent par ambler. Dans la Cordillère on [a] obtenu une race de chevaux dont l'amble [est] devenu l'allure naturelle. Ces chevaux so[nt] connus sous le nom d'*aquilillas*.

AMBLEF. Villa des rois Francs, dans la v[al]lée de l'Amblève (Belgique), auprès de laque[lle] Charles Martel, à la tête des cavaliers aust[ra]siens, surprit l'armée neustrienne de Chilpé[ric] II et de Ragenfroi, et lui fit éprouver u[ne] défaite complète, 716.

AMBLÉOCARPE. adj. 2. g. (gr. *amblus*, avorter; *karpos*, fruit). Bot. Qui produit p[eu] de semences.

AMBLER. v. n. Aller à l'amble. Vx. Le tem[ps] qui s'en va..... et qui de nous se part et amb[le] (Jehan de Meung).

AMBLETEUSE. 626 h. Vge de France (P[as]-de-Calais), arr. et à 10 kil. de Boulogne. Port [au]trefois excellent, aujourd'hui comblé par [les] sables. Louis XIV et Napoléon 1er y fire[nt] faire d'immenses, mais d'inutiles trava[ux]. Ambleteuse avait, vers le VIe siècle, une imp[or]tance considérable par son commerce et position. Les Normands la détruisirent; e[lle] fut rebâtie en 1109 par Renaud de Brie, com[te] de Boulogne. Henri VIII d'Angleterre s'en e[m]para en 1544 et en fit son magasin géné[ral]. Elle fut reprise en 1549. Jacques II, roi d'A[n]gleterre détrôné par ses sujets, y débarqua [en] 1688. Le 17 juillet 1803, combat naval ent[re] la flottille française commandée par le vi[ce-]amiral Verhuel, et la flotte anglaise qui [l']obligea de gagner le large. ‖ AMBLETEUSE (P[ort] abandonné d'). Tableau de Jeanron, pl[acé] au Luxembourg, 1850.

AMBLEUR, EUSE. adj. Dont l'amble est l['al]lure naturelle ou acquise. Cheval ambleur. Vén. Se dit du cerf dont la trace du pied derrière dépasse celle du pied de devant C[erf] ambleur. ‖ s. m. Anc. titre d'un officier de grande et de la petite écurie du roi.

AMBLÈVE. Riv. de la Belgique, affl. [de] l'Ourthe, prend sa source dans l'Eifel (Prus[se] Rhénane), traverse la prov. de Liège (B[el]gique), baigne la ville de Stavelot, près de [la]quelle elle forme la cascade de Coo, haute [de] 20 m. Son cours est de 60 kil. dont 10 na[vi]gables.

AMBLIMONT (Fuschembert, comte d'). Mar[in] français, passa au service d'Espagne, pend[ant] la Révolution, et fut tué dans un combat [na]val en 1696. Il a laissé: *Tactique navale*, Par[is,] 1788, in-4º.

AMBLOTIQUE. adj. et s. m. V. *Abortif.*

AMBLY (le marquis d'). 1711-1797. Na[tif] d'une des premières familles de la Champag[ne,] mort à Hambourg, lieutenant-général des [ar]mées du roi, député de la noblesse aux ét[ats] généraux, combattit la Révolution de tout s[on] pouvoir, et fut obligé d'émigrer.

AMBLYGONE. adj. 2 g. (gr. *amblus*, obt[us...]

ffaibli; *gónia*, angle). Géom. Qui a un angle obtus

AMBLYGONITE. s. f. (du gr. *amblus* obtus, *gónia*, angle). Minér. Variété blanche de *phosphate d'alumine*, en masses lamelleuses, dont les clivages se coupent sous l'angle obtus de 105° 45'.

AMBLYODE ou **AMBLYODON.** s. m. (gr. *amblus*, obtus, et *odous*, dent). Bot G.de mousses, de la fam. des méesiées, qui fait elle-même partie des bryacées. Par leurs feuilles inférieures très écartées les unes des autres, tandis que les supérieures, plus grandes, se rapprochent en une sorte de rosette chevelue, elles ressemblent aux bryées; mais leur fruit les rapproche des méesiées. Elles établissent donc un passage entre ces deux fam. L'espèce unique qui représente ce genre en Europe, habite les lieux humides et marécageux de l'Europe septent. et moyenne.

AMBLYOPE. s. m. et adj. Pathol. Qui est atteint d'amblyopie. || **AMBLYOPES.** s. m. pl. Zool. G. de poissons acanthoptères, fam. des gobioïdes, des eaux douces de la Chine.

AMBLYOPIE. s. f. (gr. *amblus*, émoussé; *ops, opos*, œil) Méd. Trouble de la vision qui, pas plus que l'amaurose, n'est une maladie; mais un symptôme commun a plusieurs affections, lésions cérébrales, albuminerie, glycosurie, etc. Dans l'amblyopie on distingue encore les gros objets ou ceux qui sont vivement éclairés, mais non les autres et particulièrement les caractères d'impression de moyenne grosseur. (V. *Amaurose*.)

AMBLYOPSIS. s. f (gr. *amblus*, obtus; *opsis*, vue) G de poissons presque aveugles qui vivent dans les eaux souterraines. Il en existe plusieurs espèces en France.

AMBLYPTÈRE. s m. (gr. *amblus*, obtus; *pteron*, aile) Ornith. Sorte de passereaux du Brésil. | Paléont Genre de poissons fossiles.

AMBLYSTEGIE s f. Bot. G. de mousses de la fam des hypnées; toutes de petites dimensions, elles se rencontrent sur le tronc des arbres, la terre et les pierres.

AMBLYSTOME. s. m. (gr. *amblus*, obtus, et *stoma*, bouche). Zool. G.d'amphibiens de l'ordre des urodèles, originaire du Mexique, dont les singulières métamorphoses ont été suivies avec soin par les naturalistes dans ces dernières années. Au sortir de l'œuf, les larves, d'abord privées de pattes, puis munies d'une crête dorsale et caudale, et de chaque côté de la tête des houppes branchiales. A cet état pris d'abord pour un genre particulier désigné sous le nom de *siredon*, et plus communément sous celui d'*axolotl*, l'animal peut se reproduire par œufs. Plus tard, il perd ses branchies et ses crêtes et prend la forme définitive d'*amblystome* sous laquelle il se reproduit également par œufs.

AMBOINE. Île de l'archipel des Moluques (Malaisie holl.), la plus importante du groupe. Superf 830 kil. car.; popul. 188,873 h. en partie chrétiens. Elle est très fertile; on y cultive surtout le girofle et l'indigo.—Découv. en 1515, par les Portugais, elle fut prise par les Hollandais en 1607, occupée par les Anglais en 1796, et vendue depuis aux Hollandais en 1817. En 162?, des colons anglais accusés de conspirer contre le gouvernement hollandais, furent mis à la torture et exécutés. C'est ce que les historiens appellent le *massacre d'Amboine*. || AMBOINE, 14,000 h. Port, vle fortif., capit. de l'île du même nom, résidence du gouverneur des Moluques.

AMBOISE (*Ambacia*). 4,467 h. Vle de France (Indre-et-Loire), ch-l de cant., arr. et à 24 kil. de Tours,sur la rive g. de la Loire et sur le chemin de fer de Paris à Bordeaux. Fabrique d'acier, limes, draps, pressoirs mécaniques, tanneries, laines filées, corroieries, brides à sabots, fabrique d'essieux, essieux tournés, couvertures de voyage, fabrique de lits en fer, mégisseries. L'hôtel de ville d'Amboise remarquable par son antiquité et ses élégantes constructions, fut bâti de 1500 à 1506 par Pierre Morin, trésorier de France et maire de Tours. Divers documents historiques attribuent l'architecture de ce monument à Nepveu-Trinqueau et Coqueau, les célèbres constructeurs des châteaux de Chambord et de Chenonceaux. Il appartint ensuite au célèbre helléniste François Tissard; puis devint le siège d'un bailliage. En 1764, le duc de Choiseul, ministre de Louis XV, propriétaire du château de Chanteloup, érigé pour lui en pairie, acheta cet hôtel pour y établir sa justice seigneuriale, les prisons et la chambre des comptes. Il fut alors connu sous le nom de Palais Ducal que cet hôtel a conservé dans le public jusqu'à ce jour. A la mort du duc de Choiseul en 1785, il passa dans les mains du duc de Penthièvre. Confisqué par l'État pendant la Révolution, il fut donné à l'hospice de Tours, qui le loua à la ville d'Amboise. La justice de paix et les prisons y furent installées. Enfin la municipalité d'Amboise en fit l'acquisition en 1826. Depuis 1832, l'hôtel de ville, la justice de paix et le musée y ont été établis. La restauration complète de ce palais, classé parmi les monuments historiques par arrêté du 8 oct. 1840, est commencée depuis 1871, sous la direction de M de La Rocque, architecte des beaux arts La ville est dominée par un château célèbre qui servit souvent de résidence à la cour depuis Louis XI jusqu'à Charles IX. Il y avait au même emplacement un château plus ancien : Charles VIII, à son retour d'Italie, voulut remplacer le vieil édifice par un château à l'italienne et fit venir, pour le construire et pour l'embellir, des ouvriers et des artistes italiens. Il fit apporter jusqu'à des marbres d'Italie. Pour faire communiquer le sommet du coteau avec la base, on éleva deux énormes tours de 30m. de haut, qui contiennent chacune une route en spirale permettant de monter jusqu'au plateau à cheval ou en voiture. Ses bâtiments sont disposés autour de deux cours qui sont en partie entourées d'arcades,et,à l'extérieur, l'édifice offre, de distance en distance, des tours rondes. Près du château une petite chapelle, en forme de croix et à chœur polygonal, est un joli spécimen du dernier style gothique; elle a été restaurée sous le règne de Louis-Philippe. C'est là que naquit et mourut Charles VIII; Louis XI y institua l'ordre du Saint-Esprit; François 1er y reçut Charles-Quint. César de Vendôme, Fouquier et Lauzun y furent enfermés; il servit de prison à l'émir Abd-el-Kader (1848-1852). — A la fin du siècle dernier le château d'Amboise appartenait à la famille d Orléans. Confisqué par Napoléon 1er, il fut rendu par la Restauration à la famille d'Orléans. Napoléon III le reprit en 1852 et il a été rendu a la famille d'Orléans en 1872.—Cant. : 15,487 h.; 15 comm. || Hist. *Conjuration d'Amboise*, Complot formé en 1560 par les protestants, à l'instigation du prince de Condé, contre François II, Catherine de Médicis et les Guises. On devait enlever le roi du château. Le chef des conjurés était La Renaudie, gentilhomme du Périgord; il échoua dans son projet,fut pris et pendu avec plusieurs de ses compagnons. || *Édit d'Amboise*, Rendu en 1563,qui proclamait la liberté de conscience.

AMBOISE (Georges d'). Connu sous le nom de *cardinal d'Amboise*, né au château de Chaumont-sur-Loire, mort à Lyon, 1460-1510. Aumônier de Louis XI; successivement évêque de Montauban, 1484, archevêque de Narbonne, de Rouen, cardinal en 1498. Premier ministre de Louis XII, il diminua les impôts et contribua à de sages réformes dans la législation et la procédure. Il fut sur le point d'être élevé sur la chaire de Saint-Pierre, après la mort de Pie III. Il se fit admirer par ses vertus, son désintéressement et sa générosité. Une grosse cloche de la cathédrale de Rouen porte son nom, parce qu'il en fut le donateur et le parrain. On a recueilli ses *Lettres au roi Louis XII*, Bruxelles, 1712, 4 vol. in-12. || AMBOISE (Charles d'), sieur de *Chaumont* (V. ce mot).

|| **AMBOISE** (Aimery d'). Frère du précédent, 1434-1512, grand-maître de l'ordre de Saint-Jean de Jérusalem, s'illustra par une victoire navale remportée sur le soudan d'Égypte près de Monte-Negro, en 1510. || AMBOISE (François d'). Né à Paris en 1550, m. en 1620. Fils de Jean d'Amboise, qui fut chirurgien des rois François 1er, Henri II, François II, Charles IX et Henri III, professa les belles-lettres, puis obtint comme avocat de grands succès. Il accompagna Henri II en Pologne; de retour en France il fut nommé conseiller d'État en 1601. Il a donné plusieurs trad. de l'italien, une édition des œuvres d'Abailard. Parmi ses productions originales, nous citerons : *Dialogue et devis des Damoiselles, pour les rendre vertueuses et bienheureuses en la vraye et parfaicte amitié*,Paris, 1581-1583, in-16; les *Néapolitaines*, *comédie françoise fort facétieuse*, Paris, 1584, in-16; *Désespérades, ou Eglogues amoureuses*, etc., Paris, 1572, in-8'. || AMBOISE (Jacques d'), Médecin, frère du précédent, m en 1605. Recteur de l'Université en 1594, se signala par son animosité contre les jésuites dans les procès qu'il soutint contre eux, au nom de l'Université et obtint leur expulsion. On a de lui : *Orationes duæ.... in Claromontenses, qui se jesuitas dicunt*, Paris, 1593, in-8'; *Questions médicales* citées dans la *Bibliothèque de la Médecine ancienne et moderne* par Carrière. || AMBOISE (Michel d') Poëte français, né a Naples dans les premières années du XVIe siècle, mort en 1547, était fils naturel de Chaumont d'Amboise. Son père le fit élever avec son fils légitime, Georges d'Amboise; mais il mourut en 1511, et Georges fut tué à la bataille de Pavie. Privé de ces appuis, Michel eut une existence misérable, et de nombreux chagrins abrégèrent sa vie. Ses ouvrages, dont la liste est longue,sont écrits d'une plume malheureusement trop facile Nous en citerons seulement quelques-uns : *Complaintes de l'Esclave fortuné*, Paris, 1529, in-8'; *Epistres vénériennes de l'Esclave fortuné*, Paris, 1532, 1534 et 1536, in-8' : *Le Babylon, autrement la confession de l'Esclave fortuné*, Paris, 1535, in-16 ; *Le Blason de la dent*, réimprimé dans le recueil de *Blasons* publié à Paris en 1808, in-8°

AMBON s. m. (gr. *ambon*, lieu élevé; de *ana*, en haut; *bainein*,marcher). Sorte de tribune ou de chaire en usage dans l'Église primitive. Il y avait généralement deux ambons dans la basilique; l'un servait à la lecture de l'Épître, l'autre à la lecture de l'Évangile. On lisait aussi, du haut des ambons, les lettres du pape ou des évêques étrangers, les ordonnances, les sentences d'excommunication, etc. Les ambons étaient placés auprès de la clôture du chœur, chacun d'un côté. Ils avaient la forme d'une chaire carrée avec un petit escalier droit. Leurs faces étaient richement décorées, primitivement de mosaïques,plus tard de bas-reliefs. — Les basiliques italiennes ont conservé quelques ambons, notamment les églises de Saint-Laurent, de Sainte-Marie in Cosmedin,de Saint-Clément à Rome : ceux de Saint-Clément sont les plus remarquables — Les ambons, en s'agrandissant, finirent par former plus tard ce que nous appelons *jubé*, qui n'est autre chose que les ambons transformés et réunis à la *poutre de gloire*.

AMBOTAY. s. m. Bot. Nom vulg. à la Guyane française, de l'*anona ambotay* dont l'écorce, à saveur amère et piquante est employé contre les ulcères malins.

AMBOUCHOIR, AMBOUTIR, AMBOUTISSOIR. V. *Embouchoir, Emboutir, Emboutissoir*.

AMBOUIA. s. f. Plante de la fam. des casciarinées dont les Néo-calédoniens emploient le bois dur à la fabrication de leurs armes et des instruments qui leur servent à faire leurs vêtements d'écorces ou *tapas*.

AMBRA (Francisco d'). Noble Florentin, né en 1493, m. en 1558. Fut consul de l'académie de Florence en 1549. Il composa trois comédies d'intrigue : il *Furto*, 1560; la *Cofanaria* (la Cassette), 1561; *I Bernardi*, 1563; considérées comme les meilleures de l'époque.

AMBRACIE. Vle de l'anc. Grèce, sur l'Arachtus, au nord du golfe Ambracique, qui sépare l'Épire de l'Acarnanie. Elle fut fondée par Ambrax, et colonisée par les Corinthiens, 660 av. J.-C. Pyrrhus, roi d'Épire en fit sa capitale. Associée à la ligue Étolienne, elle fut prise par les Romains en 189 Ses habitants furent plus tard transportés à Nicopolis. Auj. *Arta*.

AMBRACIEN, ENNE, s. et adj. Habitant d'Ambracie. Qui appartient à cette ville ou à ses habitants. On dit aussi *Ambraciote*.

AMBRACIQUE. adj 2. g. Qui a rapport à la ville d'Ambracie. || AMBRACIQUE (golfe) Auj. golfe d'*Arta*.

AMBRAS 650 h. Vge d'Autriche (Tyrol), cercle et à 5 kil. d'Innsbruck, sur l'Inn. Ancien château des comtes d'Andechs, dans le Tyrol, qui renfermait autrefois une curieuse collection d'œuvres d'art, auj. à Vienne.

AMBRASIEN, ENNE. adj. Qui a rapport au château d'Ambras. || *Collection ambrasienne*, formée par Ferdinand II, archiduc d'Autriche, en 1560, et comprenant armures, tableaux, sculptures, émaux et autres curiosités antiques et naturelles. En 1806, elle fut réunie à celles de Vienne, mais classée à part.

AMBRAULT. 1,143 Vce de France (Indre), arr., canton Sud et à 19 kil. d'Issoudun, près de la superbe source de la Théols.

AMBRE. s. m. (mot arabe introduit en France au temps des croisades ; la forme arabe est *anb'r, anbar*). Hist. nat. On donne ce nom à deux substances : 1° *Ambre jaune*, *succin*, ou *karabé*, sorte de résine fossile, solide, à cassure conchoïde, d'une couleur jaune, ou rougeâtre, diaphane, parfois laiteuse et opaque : sa densité est 1,06 à 1,11. L'ambre est insoluble dans l'eau, l'éther, l'alcool ; il se dissout dans les alcalis et devient malléable dans l'huile de lin bouillante. Il entre en fusion à 287°, et brûle avec flamme, fumée et agréable odeur; son analyse a donné pour 100 parties : carbone 80,59 ; hydrogène 7,31 ; oxygène 6,73 ; cendres 3,27 ; perte, 2,10 (Drapiez). L'ambre jaune, connu des anciens, qui avaient remarqué la propriété, que lui donne le frottement, d'attirer les corps légers, portait chez les Grecs le nom d'*électron*, d'où dérive le mot *électricité*. La Sicile fournissait le succin dont on se servait dans l'antiquité, pour l'ornementation des meubles et des statues et pour la bijouterie. Aujourd'hui, on le trouve surtout sur les côtes prussiennes de la Baltique, au milieu des herbes marines, où il est recueilli au moyen de scaphandres et de dragues. Dans quelques endroits, notamment dans le département du Gard, il forme des rognons dans les terrains de lignites, ou dans les argiles qui contiennent des résidus d'arbres fossiles. Les principales variétés d'ambre jaune sont : l'*a. couleur de Kumst*, jaune-pâle, verdâtre ; l'*a. bastert*, jaune citron, opaque ; l'*a. couleur d'or*, d'un blanc mat avec des veines jaunes, opaques ou transparentes ; l'*a. couleur d'agate*, qui rappelle le minéral de ce nom ; enfin l'*a impur* ou nuageux ; l'*a. transparent*. Il renferme assez souvent dans un état de parfaite conservation des débris de végétaux et des insectes entiers, dont les espèces ont depuis longtemps disparu. La production de l'ambre jaune a été en 1874 de 175,000 kilog. Cette substance est surtout employée pour de petits ornements : becs de pipes, grains de collier, pommes de cannes, etc. On en fait quelquefois des ouvrages de grande dimension. Un lustre exposé à Vienne en 1873 a été acheté par l'empereur de Russie, 75,000 fr. Pour les emplois pharmaceutiques, V. *Succin* et *Karabé*. — 2° *Ambre gris*, Substance solide, grisâtre, molle, musquée, fondant comme la cire, composée pour les quatre cinquièmes d'une matière grasse appelée ambréine. On le regarde aujourd'hui comme un produit organique fourni par le cachalot macrocéphale. On le considère généralement comme étant l'analogue des calculs biliaires si communs chez l'homme. On le trouve flottant à la surface de la mer, sous forme de masses mamelonnées irrégulières formées de couches concentriques, grises ou jaunâtres, tachetées de ces mêmes couleurs, et de volume très variable qui peuvent atteindre un poids de 100 k. ; on la recueille aussi dans le gros intestin du cachalot. Dans ce dernier cas, l'ambre a une consistance molle, cireuse, et une odeur fort désagréable. Mais avec le temps il durcit et exhale un parfum délicat. On le récolte dans les mers de la Chine, du Japon, des Moluques, de l'Inde, de Madagascar, des Antilles et du Brésil. Il a des propriétés excitantes qui le font quelquefois employer dans l'anaphrodisie; il entre dans le *cachimdé*, les *pastilles du sérail*, les *diablotins stimulants*. Il est employé en parfumerie, surtout en dissolution alcoolique. Vu son prix élevé, il est souvent fraudé avec de la cire et diverses résines. || Un collier, un chapelet d'ambre. Pour moi, la solitude est comme ce morceau d'ambre au sein duquel un insecte vit éternellement dans son immuable beauté. (Balzac). Sentir l'ambre. Qu'un fat soit l'aigle des salons, Qu'un docteur sente l'ambre. (Béranger), Cette bouche m'appelle à son haleine d'ambre. (La Font.) Un gigot tout à l'ail, un seigneur tout à l'ambre. (Volt.) || Prov. et fig. Il est fin comme l'ambre. Se dit d'un homme très pénétrant, fort délié.

AMBRE (cap d'). Pointe à l'extrémité N. de Madagascar. Latit. S. 11° 57' 30" ; longit. E. 46° 58' 26".

AMBRÉ, ÉE. p. pass. et adj. Qui a une odeur d'ambre gris. Chocolat ambré. *Pastilles ambrées.*

Oh si j'étais capitane Ou sultane, Je prendrais des bains ambrés. || Qui a la teinte de l'ambre jaune. Couleur ambrée. L'air qui les enfle et les colore (les bulles de savon), En voltigeant sous nos lambris, Leur donne la fraîcheur de Flore, Ou le teint ambré de l'Aurore, Ou le vert inconstant d'Iris. (Bernis).

AMBRÉADE. s. f. Com. Sorte d'ambre jaune factice.

AMBRÉATE. s. m. Chim. Sel produit par la combinaison de l'acide ambréique avec une base salifiable.

AMBRÉINE. s. f. Chim. Matière grasse contenue dans l'ambre gris, d'où elle a été extraite par Pelletier et Caventou. Elle est analogue a la cholestérine, mais plus fusible, elle fond à 35° ; c'est un corps blanc, sans saveur, inodore, insoluble dans l'éther et l'alcool. Elle n'est ni azotée ni saponifiable. En la traitant par l'acide azotique on obtient un acide (*acide ambréique*) analogue à l'acide cholestérique.

AMBRÉIQUE (acide). Chim. Corps solide, cristallisé en tablettes d'un jaune pâle, peu soluble dans l'eau et fusible à 100°.

AMBRER. v. a. Parfumer d'ambre gris. Ambrer des pastilles, des gants, un billet. || S'AMBRER. v. pr. Se parfumer d'ambre.

AMBRES. 1,049 h. Vge de France (Tarn), arr., cant. et à 5 kil. de Lavaur. Ruines d'un des plus grands châteaux féodaux de l'Albigeois.

AMBRESIAQUE. adj. 2 g. Qui a une odeur d'ambre.

AMBRÉSIN, INE. adj. Qui est composé d'ambre.

AMBRETTE. s. f. Zool. Mollusque de l'ordre des gastéropodes pulmonés, commun sur le bord de nos ruisseaux. On l'appelle aussi *succinée*. || Bot. *Ambrette jaune*, Nom vulgaire du *centaurea amberboi*. — *Graines d'ambrette*, Graines de l'*hibiscus abel-moschus*, qui ont une forte odeur d'ambre ou de musc. Elles servent à falsifier le musc et entrent dans la composition de la *poudre de Chypre*, dans plusieurs parfums. || Hortic. Petite poire qui sent l'ambre ou le musc.

AMBREVADE ou **AMBARVATE** s. m. Sorte de pois comestibles de l'île de France (île Maurice.) On le connaît aux Antilles sous le nom de pois de Guinée, c'est la graine du cajan (*cajanus flavus*).

AMBRIÈRES. 2,615 h. Bg de France (Mayenne), ch.-l. de cant., arr. et à 11 kil. de Mayenne, sur la Varenne. Église du XIIe s. Restes imposants d'un château fort construit par Guillaume le Conquérant, XIe s. Donjon (monum. hist.) Les Anglais y furent défaits en 1430. — Cant. : 10,232 h ; 8 comm.

AMBRIZ. Petit port du Congo, appartenant aux Portugais depuis 1791. C'est la seule rade de la côte où relâchent les paquebots. Service mensuel des dépêches pour les factoreries. || AMBRIZ. Petit territoire du Congo (Afrique) dont le roi réside à Kibanzo, à trois heures du port d'Ambriz 17 villages.

AMBRIZETTE. Petit port de commerce du Congo, appartenant aux Portugais, à l'embouchure de la rivière du même nom, et à quelque distance au N. d'Ambriz.

AMBROCH (Jos.-Jules-Athanase). Érudit allemand, né à Berlin ; 1804-1856. Professa à Breslau la philologie et l'archéologie. *Antiquités étrusques*, Breslau 1837 ; *Culte primitif des Romains*, ibid ; 1839 ; *Les Livres de religion des Romains*, Bonn, 1843 ; etc.

AMBROGI (Ant.-Marie). Jésuite, né à Florence ; 1713-1788. Brilla à Rome, comme professeur d'éloquence et de poésie. Il a laissé un catalogue du musée de Kircher dont il était conservateur (*Musæum Kircherianum*). On lui doit surtout une *traduction* de Virgile, en vers blancs, avec notes ; variantes et gravures d'après les monuments antiques, et des imitations estimées de tragédies de Voltaire.

AMBROGIO ou **AMBROISE** (Thésée). Savant orientaliste italien (1469-1540), de la famille des comtes d'Albanèse, dans la Lomelline, près de Pavie. A quinze ans, il parlait et écrivait l'italien, le latin et le grec. Chanoine régulier de St-Jean, il vint à Rome en 1512 et se livra à l'étude des langues orientales. Il en savait dix-huit et professa le syriaque et le chaldéen à l'université de Bologne. Il fut lié avec le célèbre Guillaume Postel. On lui doit : *Introduction aux langues chaldéenne, syriaque, arménienne, etc.*, Pavie, 1539. Il avait aussi

composé un *Psautier* en chaldéen, avec un traité sur cette langue et sur les rapports que plusieurs langues ont avec elle, ouvrage considérable et pour lequel il avait réuni de nombreux manuscrits. Mais le couvent où il s'était retiré, ayant été pillé par les troupes françaises en 1527, tout son travail fut perdu.

AMBROISE (S.). Père et docteur de l'Église, né à Trèves, 340, m. archevêq. de Milan, 397. Il comptait parmi ses aïeux des consuls et des préfets. Son père fut gouverneur des Gaules ; lui-même, après avoir été avocat célèbre à Rome, fut chargé par l'empereur Valentinien Ier du gouvernement de la Ligurie et de l'Émilie, dont Milan était la capitale. La voix du peuple, malgré ses efforts contraires, l'éleva sur le siège épiscopal de cette ville, après la mort de l'évêque Auxence. Au milieu des troubles de l'Empire et de l'arianisme, Ambroise remplit avec fermeté, noblesse et dévouement tous les devoirs de l'épiscopat. Relativement à l'hérésie des ariens que protégeait l'impératrice Justine, il refusa toute composition, et rien ne put la porter à leur céder une seule église ; il défendit encore courageusement le christianisme contre les païens et le préfet Symmaque. A l'empereur Théodose, coupable du massacre de Thessalonique, Ambroise refusa l'entrée de l'église et lui imposa une pénitence publique. Avec sainte Monique il travailla efficacement à la conversion du grand saint Augustin. Il organisa aussi la liturgie de son diocèse, qui est restée sous son nom jusqu'à ce jour (rit ambrosien) et introduisit un chant ecclésiastique particulier (*cantus ambrosianus seu firmus*). Jusqu'à lui les chants de l'Église ne reposaient sur aucun principe fixe. C'est lui qui, d'après la tradition, en a le premier, réglé les formes. Plus tard S. Grégoire réforma le chant ecclésiastique et sa notation. De là, la dénomination de chant grégorien qu'on donne au chant de l'Église romaine en général. Mais tandis que cette réforme était adoptée dans toutes les Églises d'Occident, celle de Milan conserva le chant ambrosien qui actuellement y est encore en usage. Le chant ambrosien avait conservé quelque rythme, tandisque, dans le chant grégorien, toutes les notes sont égales par leur valeur et leur durée. Mais insensiblement le rythme du chant ambrosien s'est effacé, et les deux chants n'offrent plus guère de différence. L'Église célèbre sa fête le 4 avril. Tous les écrits de saint Ambroise se distinguent par la douceur, la grâce, la force, la vivacité, l'élévation du style et de la pensée. Les principaux sont : les traités *des Vierges* et *des Veuves* ; sur les *Devoirs des prêtres*, l'imitation du *De officiis* de Cicéron ; sur l'Écriture, les Sacrements ; ses discours, ses lettres, etc. Tandis qu'en traitant les sujets dogmatiques, Ambroise imite les maîtres grecs, surtout saint Basile, il reste original dans les questions de morale. Il est fortement douteux qu'il soit l'auteur du *Te Deum*. La meilleure édition de ses œuvres est celle des bénédictins, Paris, 1686-90. || AMBROISE (S.). Évêque de Cahors, mort en 770. F. le 16 octobre. || AMBROISE, dit *Ausbert* ou *Autpert*. Écrivain ecclésiastique du VIIIe s., bénédictin de St-Vincent-sur-le-Volturne, près de Bénévent, mort en 778. Son style se distingue pour une pureté remarquable pour son temps. Nous avons de lui : *Commentarius in Apocalypsin*, Cologne, 1536 ; plusieurs *Homélies*, et les *Vies des saints Paldon, Tason et Talon*, fondateurs et abbés de St-Vincent-sur-le-Volturne, publiées par Ughelli, dans son *Italia Sacra*, et par Mabillon. || AMBROISE LE CAMALDULE, écrivain ecclésiastique italien ; 1378-1439. Général de l'ordre des Camaldules, fut employé par le pape Eugène IV aux conciles de Bâle, de Ferrare et de Florence, et chargé de réformer la discipline dans plusieurs couvents des deux sexes. Il composa à cette occasion un *Hodœporicon* ou *Itinéraire*, Florence, 1431-1432, in-4°, rare ; 1678, in-8°, ouvrage dans lequel il raconte les difficultés qu'il rencontra dans cette mission. Ses autres ouvrages sont des traductions des Pères grecs. || AMBROISE DE LOMBEZ. Pieux et savant capucin, né à Lombez, (Gers), 1708, m. à Saint-Sauveur, 1778. Auteur d'un excellent *Traité de la paix intérieure*.

AMBROISIE ou **AMBROSIE.** s. f. (gr. *ambrosia*, même sens ; de *ambrotos*, immortel, qui se rapporte au sanscrit *amrita* immortel, de a priv. et la racine *mr*, en latin *mori*, mourir.) Myth. *gr.* Nourriture des dieux dans l'Olympe, qui rendait immortel. Elle était *neuf fois plus douce que le miel*, d'un goût et d'un parfum délicieux. Les dieux étaient rassasiés de nectar et d'ambroisie. (Fénélon). Il répandit une odeur d'ambroisie dont l'Olympe fut parfumé. ‖ Fig. et poét. L'abeille, qui pourtant n'avait vécu qu'un matin, comptait déjà son ambroisie par générations de fleurs. (Châteaub.) Environs-nous de poésie; Elle est un reste d'ambroisie Qu'aux mortels ont laissé les dieux. (Béranger). ‖ Fig. et fam. Tout mets rare et délicieux. Il mangeait a sa table, avalait l'ambroisie. (Regnier). ‖ Bot. Virgile donne aussi ce nom à une plante fabuleuse, à sucs o loriférants. Dioscoride et Pline nomment *ambrosia*, ambroisie, une plante qui est peut-être de la famille des armoises. La nomenclature moderne a conservé ce nom pour des plantes odorantes et aromatiques dont le type est l'*A. maritima*; elle est employée comme tonique et digestive. ‖ On appelle *fausse ambroisie* ou *ambroisine*, une plante de la famille des chénopodées (*chenopodium ambrosioides*), originaire du Mexique, cultivée pour ses propriétés digestives et stomachiques. Son odeur est très agréable, et on l'emploie en infusion sous le nom de *thé du Mexique*; les graines sont anthelminthiques.

AMBROLOGIE. s. f. (arabe, *anbar*, ambre; gr. *logos*, discours). Chim. Traité sur l'ambre.

AMBRONS (*Ambrones*). s. m. pl. Peuple de la Gaule Transalpine, qui formait l'un des quatre cantons des Helvétiens, au temps de César. Faustus met aussi des Ambrons dans les environs d'Embrun. Les Ambrons avec leurs voisins les Tugéniens et les Tigurins, s'unirent aux Cimbres et aux Teutons pour l'invasion de la Gaule; ils furent écrasés près d'Aquæ Sextiæ (Aix-en-Provence) par Marius, 102 av. J.-C. Sous Auguste, la tribu des Ambrons fut avec les trois autres tribus Helvètes, réunie à la province impériale de Belgique, 28 av. J.-C.

AMBROSIACÉ, ÉE. adj. Qui ressemble à l'ambroisie. ‖ **AMBROSIACÉES** s. f. pl. Bot. Fam de Plantes, ayant pour type le g. *ambroisie* et comprenant les *a. ambrosia*, *xanthium*, *franseria* et *iva*. Quelques auteurs la séparent des composées dont elle diffère surtout par l'absence d'enveloppes florales autour des fleurs femelles, et par l'ovaire presque toujours supère; mais elle est plutôt regardée comme une simple tribu de la fam. des composées, sous le nom d'*ambrosiées*.

AMBROSIAQUE. adj. 2 g. Qui tient de l'ambroisie. Odeur, saveur ambrosiaque.

AMBROSIE. s. f. Bot. G. qui a donné son nom à la fam. des ambrosiacées. Ce sont des plantes herbacées, presque sous-frutescentes. Plusieurs espèces sont cultivées dans les jardins pour leur odeur agréabl . En Amérique on emploie la poudre et l'extrait de l'*o. artemisiæfolia*, comme anthelmintique et fébrifuge. *A. maritima*. V. *Ambroisie*.

AMBROSIÉES. s. f. pl. Bot Sous-tribu de composées-héliantholdées.

AMBROSIEN, ENNE adj. Qui a rapport à S. Ambroise, évêque de Milan, au rit qui lui est attribué. Chant ambrosien. Liturgie, messe ambrosienne. ‖ s. Religieux, religieuse de l'ordre de S. Ambroise. ‖ *Bibliothèque ambrosienne*, Célèbre biblioth. de Milan fondée au commencement du XVIIᵉ s. par le cardinal Frédéric Borromée; ainsi nommée en l'honneur de S. Ambroise, archev. et patron de Milan. Elle renferme plus de 90,000 vol. et plus de 15,000 manuscrits. Une collection de statues, d'antiques, de médailles, de peintures, des palimpsestes rares et précieux. ‖ On dit aussi *ambroisien*.

AMBROSIN, INE. adj. Qui a la saveur de l'ambroisie.

AMBROSINI (Barthélemi). 1588-1657. Médecin et professeur de botanique à l'université de Bologne, sa patrie. ‖ AMBROSINI (Hyacinthe). 1605-1672 Frère et successeur du précédent dans la direction du jardin botanique de Bologne.

AMBROSINIE. s. f. (de *Ambrosini*, nom des botan, bolonais ci-dessus). Bot. G. d'aroïdées, formé pour une herbe de la région méditerranéenne.

AMBROSINIÉES s. f. pl. Bot. Sous-tribu d'aroïdées, ayant un seul genre, l'*ambrosinie*. ‖ On dit également *Ambrosioïdes*.

AMBROSIOÏDE. adj. Se dit des plantes ou produits végétaux dont le parfum rappelle celui de l'ambre gris.

AMBROSIUS AURELIANUS. Prince de la Grande-Bretagne; était, selon quelques-uns, fils de Constantin le Soldat, élu empereur dans cette île, par une armée romaine, en 407; selon une autre opinion plus justifiée, son père, d'origine romaine, fut élu roi par les Bretons, après le départ des légions. Elevé à la cour d'Aldroën, roi d'Armorique, il revint dans son pays en 437, avec dix mille hommes, succéda a Vortigern comme *penteyrn* ou *pendragon* de toute la Bretagne, et remporta de nombreuses victoires contre les Saxons. Cependant il fut battu par Hengist et son fils Haese, la 8ᵉ année de son règne, vers 483. Il ne put également empêcher Ella de s'emparer du pays qui prit le nom de Sussex; une sanglante bataille demeura indécise, mais peu après Ambrosius vainquit Hengist. Il fut tué en combattant contre Cerdic et son fils Cynric, rois des Saxons occidentaux, en 508. Le célèbre Arthur commandait sous ses ordres, et apprit de lui l'art de la guerre.

AMBRYM ou **AMBRYN**. Ile du groupe des Nouvelles-Hébrides (Mélanésie), qui mesure environ 80 kil. de tour. Volcan en activité.

AMBUBAIES. s. f. pl. (lat. *ambubaiæ*; du syr. *ambu*, flûte). Musiciennes et danseuses de l'antiquité, en Syrie et à Rome.

AMBULACRAIRE. adj. Zool. Qui a le caractère de l'ambulacre.

AMBULACRE. s. m. (lat *ambulacrum*, promenade couverte; de *ambulare*, marcher). Zool. Saillies cylindriques ou mamelonnées dont est couverte la face inférieure du corps des échinodermes, et qui servent à leur locomotion. ‖ Hortic. Lieu planté d'arbres en rangées régulières.

AMBULACRIFORME. adj. Qui a la forme d'un ambulacre.

AMBULANCE. s. f. Hôpital ambulant se mouvant avec ou en arrière des armées. Créé par Sully, perfectionné par Richelieu, Colbert, Louvois et surtout pendant les guerres de la Révolution et du premier Empire, le service des ambulances a reçu de nos jours de remarquables développements. Cependant son organisation en Allemagne est de beaucoup supérieure à la nôtre. (V. *Sanitaire*.) En France et en Algérie, il existe à l'état permanent, dans les camps et certains postes militaires, des ambulances actives. En campagne, il y a une ambulance à l'état-major de chaque brigade opérant isolément, de chaque division, de chaque corps d'armée et de chaque armée. L'ambulance d'un quartier général de corps d'armée comprend : 10 médecins, 1 pharmacien, 1 aumônier, 3 officiers d'administration, 42 infirmiers militaires et 62 d'exploitation, 26 voitures et 49 chevaux ou mulets. Avec elle marche également le cadre et la réserve d'infirmiers. — L'ambulance d'une division comprend en plus du personnel précédent : 1 officier d'administration, 69 infirmiers militaires et 62 d'exploitation ; elle n'a que 15 voitures et 37 chevaux ou mulets de cacolets. — L'ambulance d'une brigade de cavalerie ne comporte que 4 médecins, 1 aumônier, 2 officiers d'administration, 21 infirmiers militaires, 17 d'exploitation, 12 voitures, 13 chevaux. — On distingue en outre : 1° les *ambulances mobiles*. Elles ont pour but d'assurer aux malades et aux blessés les premiers soins et de permettre les opérations urgentes de la chirurgie. Elles se fractionnent en sections d'ambulance, et les sections détachées de l'ambulance centrale prennent le nom d'ambulances *volantes* Ces ambulances sont formées au moment d'une affaire et envoyées sur le lieu de l'action lorsque les médecins des corps ne peuvent plus suffire aux pansements (Règlem. du 4 avril 1867). 2° les *ambulances d'évacuation*, organisées dans les stations de transition ou dans les stations têtes d'étapes de guerre, sur toutes les voies ferrées qui aboutissent au théâtre de la lutte. Elles sont destinées à recevoir et à évacuer en arrière les malades et les blessés des ambulances actives des corps ou des ambulances mobiles avoisinantes. Des réserves de brancards et effets de couchage y sont réunis (Règlement du 1ᵉʳ juillet 1874). 3° les *ambulances provisoires* de guerre, établies sur tout le parcours des lignes d'évacuation, dans les gares les plus importantes et dans celles de bifurcation. Elles sont éloignées les unes des autres de 80 à 100 kilomètres au plus. Elles sont destinées à pourvoir à la nourriture et au pansement des malades ou blessés évacués ; a loger les malades lorsque leur état ne leur permet pas de continuer la route ou pendant les arrêts prolongés des trains ; à servir au besoin d'ambulances d'évacuation pour les blessés ou malades provenant des établissements hospitaliers situés en arrière des stations têtes d'étapes de guerre ou des gares de transition Les ambulances provisoires sont organisées en deçà de la base d'opérations par les soins de l'administration centrale de concert avec la commission militaire supérieure des chemins de fer : elles relèvent du corps d'armée sur le territoire duquel elles sont. Au delà de la base d'opérations, elles sont organisées, sous les ordres du général en chef et de concert avec la direction militaire des chemins de fer, par l'intendant en chef de qui elles relèvent, ou par le médecin en chef si la loi d'administration en étude lui donne ce pouvoir. ‖ Droit intern. D'après la convention de Genève du 22 août 1864, convention internationale provoquée par la Suisse et à laquelle la France a adhéré, les ambulances et hôpitaux militaires sont, en temps de guerre, reconnus neutres et comme tels respectés et protégés par les belligérants aussi longtemps qu'il s'y trouve des malades et des blessés. Ils sont rendus reconnaissables par un drapeau blanc à croix rouge ; un brassard blanc avec la même croix sert de signe distinctif au personnel des ambulances. Aux termes de l'art. 5 de la même convention, tout blessé recueilli et soigné dans une maison y sert de sauvegarde. L'habitant qui a recueilli chez lui des blessés est dispensé du logement des troupes et d'une partie des contributions de guerre qui seraient imposées. Mais la neutralité des ambulances cesserait si elles venaient à être gardées par une force militaire. ‖ Personnel affecté au service médical d'un corps de troupes. ‖ Adm. Emploi d'un commis obligé d'aller de côté et d'autre. Il obtint une ambulance dans les domaines, dans les contributions indirectes

AMBULANCIER, ERE. adj. Néol. Qui concerne les ambulances. Service ambulancier. ‖ s. Personne attachée au service des ambulances. Pendant la guerre de 1870-1871, on vit beaucoup d'ambulanciers et d'ambulancières volontaires.

AMBULANT, ANTE. adj. (lat. *ambulare*, marcher, se promener). Qui va et vient, qui n'a pas de résidence fixe. Marchand, chanteur, musicien ambulant. Comédiens ambulants. ‖ Par ext. Se dit des choses. Hôpital ambulant. Ménageries ambulantes. ‖ Celui qui est obligé par son emploi d'aller de côté et d'autre. Commis ambulant. ‖ Homme ambulant, Qui se déplace sans cesse. ‖ Méd. Qui abandonne une partie pour se porter sur une autre. Erysipèle, rhumatisme ambulant. Dartre ambulante. — Vésicatoires ambulants, Ceux qu'on applique successivement sur diverses parties du corps. ‖ s. m. Postes Employés chargés d'un service actif, comme les facteurs, etc. Sur les chemins de fer, ceux qui accompagnent les trains pour desservir les bureaux de poste de la ligne.

AMBULATION. s. f. (lat. *ambulatio*, promenade). Méd. Action de se promener.

AMBULATOIRE. adj. 2 g. Se disait autref. d'une juridiction qui n'avait pas de siège fixe. Le parlement, avant Philippe le Bel, était ambulatoire. ‖ Changeant, variable. La volonté de l'homme est ambulatoire. Vx. ‖ Zool. Se dit des mouvements que les animaux exécutent sur des corps solides comme point d'appui, et qui ont lieu le plus souvent par le moyen des pattes, quelquefois à l'aide d'organes spéciaux. ‖ Adm. Emploi d'un commis obligé d'aller de côté et d'autre. ‖ **AMBULATOIRES** (écoles). Institution qui existe en Norvège et en Danemark dans les localités où les habitations sont trop disséminées. L'instituteur se transporte successivement sur différents points du cercle ou de la région scolaire, où il réunit les élèves pendant plusieurs semaines, l'école ambulatoire existe en Corse dans quelques communes. ‖ **AMBULATOIRE.** s. m. (lat. *ambulatio*). Antiq. chrét. Partie d'un cloître ; galerie servant à la promenade On la nommait aussi *promenoir*.

AMBURBIALES. s. f. pl Fêtes que les Romains célébraient par des processions autour de la ville. (V. *Ambarvales*.)

AMBUSTION. s. f. (lat. *ambustio*, de la particule inséparable *amb*, autour, et de *urere*, brûler). Chir. Syn. de *cautérisation*.

AMDJHERRA. Principauté radjpoute du Mâlva (Inde centrale) sous la protection de l'Angleterre. Superficie 1,500 kil. car.; population 60,000 h. Opium d'une qualité supérieure. || **AMDJHERRA.** 3,000 h. Vle capit. de la principauté du même nom, à 630 m. d'altit., dans la chaîne des Vindhya.

AME. s. f. (lat. *anima*, souffle, vie). Substance spirituelle et immortelle, unie au corps de l'homme pendant la vie et qui s'en sépare à l'instant de la mort. Dieu seul a créé notre âme. (Pasc.) Les âmes bienheureuses. Les âmes qui sont en purgatoire. Les âmes damnées. — Fig. et Fam. C'est son âme damnée, Se dit d'un homme entièrement dévouée à un autre, et qui exécute aveuglément toutes ses volontés, quelque injustes et odieuses qu'elles soient. — Une âme en peine, Une âme livrée aux peines de l'enfer ou du purgatoire. Il est comme une âme en peine, Il est en proie à la plus vive inquiétude, à une extrême affliction. || Ensemble des facultés morales et intellectuelles. Les facultés de l'âme. Les puissances de l'âme. Les fonctions, les opérations de l'âme. Les passions, les mouvements de l'âme. L'aliment de l'âme, c'est la vérité et la justice. Une grande, noble, généreuse, âme faible, basse, vénale. Une âme généreuse et que la vertu guide. (Corneille). Ainsi parlent, seigneur, les âmes soupçonneuses. (Corn.). || Pensée intime, conscience. Je voudrais le connaître, mais connaître dans l'âme. (Corn.) J'en rougis dans mon âme (Corn). Les yeux sont le miroir de l'âme. Il a l'âme bourrelée. Il jure en son âme et conscience. || Siège de la sensibilité, J'en suis ému jusqu'au fond de l'âme. J'en ai l'âme navrée. Cet homme n'a point d'âme, est sans âme. Il a de l'âme. Mon âme ailleurs est prise. (Rac.) Que vous et Bajazet vous ne faites qu'une âme (Rac). || Par rapport à la religion. Ame régénérée par le baptême, rachetée par J.-C, sanctifiée par la grâce. Les âmes chrétiennes. Nous avons une âme à sauver. Bénéfice à charge d'âmes, avec charge d'âmes. || La vie, l'existence. Essuyez des pleurs qui m'arrachent l'âme. (J. J. Rouss.) Il a rendu l'âme. Demander de l'argent à un avare, c'est lui arracher l'âme. — Par furme de serment, d'affirmation, Sur mon âme, Sur ma vie, sur mon honneur || Individu, soit homme, soit femme, soit enfant. Il y a vingt mille âmes dans cette ville. N'en parlez à âme qui vive. Je fus bien surpris de ne pas trouver une âme chez M. de Luxembourg. (St-Sim) Il n'est âme vivante Qui ne pêche en ceci. (La Font.) — Fam. C'est une bonne âme, c'est une personne bonne et simple. || S'emploie comme terme de tendresse. Ma chère âme. || Imitation de la vie, chaleur, expression, sentiment. Donner de l'âme à un ouvrage, au marbre. Chanter avec âme. || Agent, moteur principal, en parlant des personnes. Être l'âme d'une entreprise, d'un complot, d'un parti, d'une nation. — En parlant des choses. L'ambition, qui est l'âme de notre conduite. Les passions, qui doivent être l'âme de la tragédie.(Corn.). La discipline militaire est l'âme d'une armée. (D'Agues.). La bonne foi est l'âme du commerce. — Prov. et fig. C'est un corps sans âme, Se dit d'une compagnie, d'une armée sans chef, ou dont le chef n'est pas capable de l'être. || Blas. L'âme d'une devise, Les paroles qui servent à expliquer la figure représentée dans le corps d'une devise. || Bx-arts. L'âme d'une figure, d'une statue, L'espèce de massif, de noyau sur lequel on applique le stuc, le plâtre, etc., dont on forme une figure, une statue, ou sur lequel on coule une figure, une statue, dans l'opération de la fonte. Les statues d'or ou d'ivoire des anciens Grecs avaient une âme ou noyau de cèdre, sur lequel s'appliquait par compartiments le revêtement de la sculpture. (Acad). || Loc. div. et techn On dit qu'une étoffe n'a que l'âme, quand elle n'a ni consistance, ni solidité; elle manque de corps. — L'âme d'un fagot, Menu bois qui se trouve au milieu. — L'âme d'un cordage, Petite corde autour de laquelle on tord les fils. — L'âme de la plume, Substance molle, spongieuse, desséchée, qui remplit le tuyau de la plume des oiseaux. — L'âme d'un soufflet, La soupape de cuir. — L'âme d'un violon, d'une basse, Le petit morceau de bois dans le corps de l'instrument, sous le chevalet, qui soutient la table d'harmonie. — En gén., La partie principale d'une machine. || Philos. Je remarque, dans mon être, deux ordres de phénomènes distincts : les uns, comme ceux de la digestion, de la locomotion, sont matériels et tombent sous les sens. Ce sont des faits *physiologiques*. Les autres, tels que la pensée et ses différentes formes : le souvenir, le raisonnement, le plaisir, la douleur, la passion, les délibérations, les résolutions, etc., sont immatériels, ils ne tombent point sous les sens ; ils ne me sont révélés que par la conscience : ce sont des faits *psychologiques*. Le sujet qui produit ces phénomènes immatériels, qui se sent les produire, qui a la faculté de les produire, c'est le *moi* immatériel, c'est l'âme. Aux mots *Intelligence, Sensibilité, Volonté* nous traiterons des facultés dont l'âme est douée, des lois qui les régissent, des phénomènes qui s'y rapportent. Quand notre volonté s'exerce d'une façon normale et régulière, nous avons le pouvoir de nous déterminer et de faire un choix par nous-mêmes, sans que rien puisse nous y contraindre, et nous avons conscience de cette *liberté* (V. ce mot et *Fatalisme*). Nous sentons que nous sommes responsables de nos actes libres, c'est ce qui constitue la *personnalité*, c'est ce qui distingue l'homme des animaux. La matière organisée, comme la matière brute, est dépourvue de spontanéité, elle n'a point conscience des phénomènes qu'elle présente et elle n'en peut présenter d'immatériels. Ce qui en nous, pense, juge, veut, a conscience de ses actes, de sa responsabilité, est donc *distinct du corps* ; c'est un esprit. La *spiritualité* de l'âme est incontestable, elle est prouvée par chacune des opérations, des manières d'être et des facultés du moi. Ainsi je sens mon être *identité* personnelle : je sens que je demeure le même à chacun des instants de ma durée : sans cela je ne pourrais raisonner, me souvenir et être responsable aujourd'hui que ce que j'ai fait il y a vingt ans, car le corps se renouvelle incessamment. Il n'y a donc qu'un être *simple*, non composé, qui puisse avoir l'identité personnelle ; ce n'est aussi que dans un seul être simple et non dans la réunion de plusieurs êtres composant une machine, que peut résider la conscience du moi, car je sens que c'est le même moi qui pense, qui souffre, qui est le sujet des nombreux phénomènes psychologiques, phénomènes entre lesquels règne un concert, un enchaînement merveilleux. Distincts l'un de l'autre, l'âme et le corps sont *unis*. Il règne entre eux un rapport très intime ; ils ne forment, pour ainsi dire qu'un. Dans les faits psychologiques, l'âme n'agit pas seule : il lui faut, d'autre part donnée notre organisation actuelle, le concours des organes physiques ; et la preuve en est que, lorsque la machine organique vient à être détraquée, tous les phénomènes psychologiques sont profondément modifiés. De même l'âme paraît n'être étrangère à aucune de nos fonctions physiques : elle préside aussi bien aux opérations de nos organes qu'à celles de l'esprit. Elle est à la fois, *végétative, sensitive* et *intellective*. (V. *Animisme*.) L'âme *survit* au corps « la poussière rentre dans la terre d'où elle a été tirée, et l'esprit retourne à Dieu qui l'avait donné. » (Ecclés. 12,47.) Nous en donnerons les preuves philosophiques au mot *Immortalité*. Voir aussi *Résurrection* des corps ; *Jugement* dernier ; *Éternité* des peines et des récompenses, pour réunir les enseignements du catholicisme sur la destinée de l'homme. || *Ame des bêtes.* Force vitale et sensitive, dont les organes des bêtes ne sont que les instruments. Suivant Descartes, les animaux ne sont que de vraies machines, des automates privés d'instinct et de sensibilité. D'après Leibnitz, au contraire, les animaux ont une âme sensitive, motrice et nutritive. Buffon a cherché à réhabiliter le système de Descartes. Condillac, en réfutant Buffon a renchéri sur Leibnitz et a presque égalé l'âme des bêtes à celle de l'homme. La vraisemblance se trouve entre ces extrêmes. D'un côté il faut admettre chez brute un principe doué de sensibilité et de vie ; de l'autre, qu'on l'appelle âme si l'on veut, mais qu'on ne le confonde pas avec l'âme de l'homme. || *Ame des plantes* Il y a dans tous les corps organisés un principi sensible au moyen duquel ces corps sont avertis des impressions extérieures et de l'existence des influences qui les entourent. Dans les végétaux et les animaux rudimentaires, c'est le mobile des actions conservatrices des individus. C'est le *principe vital* qui ne donne lieu à aucune manifestation intellectuelle. Dans les animaux d'un rang plus élevé, c'est l'*instinct*, qui préside aux fonctions végétatives et à quelques actes intellectuels bornés au cercle des besoins physiques. Dans l'homme c'est l'*âme*, qui, aux fonctions précédentes joint les phénomènes d'intelligence et de conscience dans toute leur extension. || *Ame du monde.* Des philosophes ont appelé ainsi une force immatérielle existant dans la matière, et lui servant à la fois de principe moteur et de principe plastique. On trouve quelques traces de cette opinion dans le système de Pythagore, qui semble l'avoir empruntée au panthéisme de l'Orient. Platon l'a admise en lui donnant une forme plus nette. Il considérait l'âme du monde comme intermédiaire entre l'intelligence suprême et l'univers. L'école d'Alexandrie conserva cette doctrine de Platon. Au contraire, dans le système des stoïciens, l'âme du monde prend la place de Dieu ; c'est une force inséparable de la matière. « *Mens agitat molem et magno se corpore miscet.* » (Virg) C'est ce que Strabon le physicien appelle la *Nature*. « *Omnem vim divinam in natura sitam esse.* » (*De nat. Deor.* lib. 1, c. 13). L'hypothèse de l'âme du monde disparaît avec la philosophie chrétienne ou scolastique. Elle reparaît avec la Renaissance et s'introduit dans les systèmes de Cornelius Agrippa, de Paracelse, de Van Helmont et de Henri Morus, sous les noms de *Principium hylarchicum*, d'*Archée*, etc. On la trouve aussi chez quelques théologiens allemands, comme commentaire de ces paroles de la Genèse : « Et l'Esprit de Dieu flottait sur la face des eaux. » Ainsi l'âme du monde a été comprise de deux manières. Les uns la mettent à la place de Dieu, c'est alors un véritable *panthéisme* (V. ce mot). Pour les autres, elle sert d'intermédiaire entre la puissance divine et l'univers matériel, hypothèse que rien ne justifie. Ce qu'il y a de vrai, c'est qu'il règne dans le plan de l'Univers une admirable unité, une harmonie sublime, œuvre d'une intelligence et d'un pouvoir sans bornes. || Artill. Vide intérieur des bouches à feu. L'âme s'obtient au moyen de l'opération du forage qui a pour but d'amener la pièce à son calibre. (V. *Forage*.) L'âme autrefois était lisse : aujourd'hui dans presque toutes les armes de guerre nouvelles, même les mortiers, elle est rayée, les armes rayées ayant une portée beaucoup supérieure à celle des armes lisses. L'âme des pièces de campagne actuellement en usage en France, comporte : 1° des rayures (28 pour le canon de 90 ; 24 pour le 80 et le 95, tournant de gauche à droite ; — 14 pour le 7 et le 5 tournant de droite à gauche) ; 2° le cône de raccordement qui arrête le projectile à sa position de chargement ; 3° la chambre dans laquelle on place la gargousse ; 4° le logement de l'obturateur. Chaque catégorie de pièces, place, siège, campagne, etc., présente des différences, et ce qui a trait à l'âme, est défini dans les règlements sur le service de chacune des bouches à feu. Dans le fusil modele 1866 (Chassepot) l'âme cylindrique possédait 4 rayures en hélice au pas de 0^m 55 tournant de droite à gauche, avec une profondeur uniforme de 0^{mm} 3, une largeur de 4^{mm} 3, les pleins égaux aux vides. Le diamètre de l'âme ou calibre était de 11^{mm}. Il est le même pour le fusil mod. 1874 (Gras) ; l'âme est également cylindrique et rayée de la même manière, mais la profondeur des rayures est de 0^{mm} 25 seulement. L'âme du révolver en usage dans l'armée (mod 1874) se compose d'une partie rayée et d'une chambre tronconique, pour parer à un défaut possible de correspondance entre les axes des chambres du barillet et du canon, et faciliter par suite l'arrivée des balles dans le canon. Calibre 11^{mm} 4, rayures inclinées de gauche à droite et faisant un tour sur 0^m 33. Profondeur des rayures 0^{mm} 2 ; largeur 4^{mm} 4

‖ Syn. *Ame faible, cœur faible, esprit faible.* L'âme faible est sans ressort, sans vigueur. Le cœur faible est ou trop tendre, trop facile à séduire, ou pusillanime, facile à décourager. Un esprit faible est inhabile à sentir la vérité et reçoit les opinions sans examen. Ame faible, mollesse de volonté ; cœur faible, excès de sensibilité ou lâcheté ; esprit faible, crédulité. ‖ Syn. *Ame, cœur, esprit.* À l'âme se rapportent proprement les sentiments, au cœur les passions. L'âme se considère plutôt en rapport avec le corps où elle anime et représente dans l'homme le côté moral ; l'esprit se conçoit en dehors du corps, comme quelque chose de fin, de subtil, et représente le côté intellectuel. Au figuré, l'âme d'un parti est l'homme qui le mène, l'esprit de parti est l'ensemble des vues ou des principes qui le font agir. L'âme d'un parti change, par la mort du chef, l'esprit peut rester le même.

AMÉ, ÉE. adj (lat. *amatus*, aimé). Vx mot employé autrefois dans les lettres et ordonnances des rois Nos amés et féaux conseillers.

AMÉ (Léon). Administrateur franç., né à Bayonne, 1808. Direct. des douanes en diverses villes, direct. général, 1869 ; conseiller d'État, 1872. Sa connaissance approfondie en matière de douanes et de commerce le fit choisir à différentes époques pour remplir des missions à l'étranger. *Études économiques sur les tarifs de douane*, Paris, 1859, in-8° ; il en a donné une nouvelle édit., augmentée d'un vol. sous ce titre : *Études sur les tarifs de douane et sur les traités de commerce*, 876, 2 vol. in-8°.

AMÉBE. Zool. V. *Amibe*.

AMÉBÉE, ÉE. adj. Zool. Qui ressemble à un amèbe ‖ **AMÉBÉES.** s. m. pl Fam. d'infusoires ayant pour type le genre *amèbe* ou *amibe*. On dit aussi *amœbiens*.

AMÉCER. v. a. Couper les sarments faibles d'une vigne, pour n'en laisser qu'un seul, qu'on taillera plus tard.

AMÉDÉE ou **AMÉ** (S.). Évêque de Lausanne, né à Chatte, en Dauphiné, vers l'an 1110. Son père était seigneur de Hauterive, parent de l'empereur Henri V et beau-frère du dauphin Guigues VII. Élevé par les soins de l'empereur Conrad, Amédée renonça au monde, reçut à l'abbaye de Clairvaux l'habit monastique en présence de saint Bernard. Après avoir passé quelque temps au monastère de Hautecombe en Savoie, il en fut élu abbé, l'an 1139. Nommé évêque de Lausanne l'an 1144, il devint conseiller d'Humbert III de Savoie, qui monta sur le trône en 1148 pendant sa minorité. Enfin l'empereur Frédéric III lui conféra la dignité de grand chancelier de l'empire. Il eut à lutter contre le comte de Genève et passa plusieurs années dans l'exil, mais il obtint un triomphe complet vers l'an 1150. Il mourut deux ans après, 1158. F. le 28 janv. ‖ Nom de neuf comtes et ducs de Savoie, (V. *Savoie*), dont nous ne donnerons ici que les principaux, et d'un roi d'Espagne. ‖ *Savoie.* **AMÉDÉE V,** dit *le Grand.* Comte de Savoie 1285-1322. Il était né en 1249. Il battit le comte de Génevois, le dauphin de Viennois, le marquis de Montferrat, qu'il prit et fit mourir dans une cage de fer, le marquis de Saluces. Il aida Philippe le Bel dans sa guerre contre les Flamands. Il obtint de l'empereur Henri VII les seigneuries d'Asti et d'Ivrée, et réunit à ses États le Faucigny et une partie de la ville de Genève. Il défendit l'île de Rhodes contre les Turcs. En mémoire de cette expédition Amédée et ses descendants ont pris pour armes une croix de Malte, avec cette devise. F. E. R. T., qu'on explique ainsi : *Fortitudo ejus Rhodum tenuit.* ‖ **AMÉDÉE VI,** surnommé le *Comte Vert,* parce qu'il parut à un tournoi avec des armes vertes. Fut pendant son règne (1343-1383) l'arbitre de l'Italie et le soutien de la papauté. Il fut considéré comme l'un des plus grands guerriers de son siècle. Lorsque le Dauphiné eut été cédé au roi de France en 1349, Amédée conclut avec le nouveau dauphin Charles, fils du roi Jean, un traité qui fixait les limites des deux États, l'an 1355, et il épousa Bonne de Bourbon, cousine du roi. En 1366, il alla secourir l'empereur grec Jean Paléologue, allié à sa famille et reprit pour lui Gallipoli et Varna. Pendant le schisme d'Occident, il se prononça pour Robert de Genève, son parent. Il prit part à l'expédition de Louis d'Anjou contre Naples et y mourut de la peste. ‖

avait réuni à ses États les seigneuries de Vaud, Gex, Valromey, Quiers, Cunjes, Quérasco. L'ordre de l'Annonciade fut institué par lui en 1362. ‖ **AMÉDÉE VIII.** Successeur d'Amédée VII. Surnommé *le Pacifique* et le *Salomon de son siècle.* Né en 1384, comte en 1391, fit ériger la Savoie en duché, en 1416, acquit successivement le comté de Genève, le Bugey et le Piémont. Il gouverna avec sagesse, organisa l'administration de ses États, promulgua un code de lois, et institua l'ordre de St-Maurice et de St-Lazare, 1434. Il essaya à plusieurs reprises de réconcilier les Bourguignons et les Armagnacs. Frappé par la perte de sa femme, il se retira, avec plusieurs princes de sa cour, au monastère de Ripaille, près Thonon. Les pères du concile de Bâle lui donnèrent la tiare, en 1439, et l'opposèrent à Eugène IV. Il prit le nom de Félix V, abdiqua en 1449, par esprit de paix et de concorde. Il mourut à Genève en 1451 ‖ **AMÉDÉE IX.** Né en 1435, duc de Savoie, 1455-1492. Fils de Louis Ier, s'illustra par toutes les vertus chrétiennes et surtout par la charité. De son temps on disait que la Savoie était le *Paradis des pauvres.* Il se déchargea en grande partie du gouvernement sur sa femme Yolande, sœur de Louis XI et son frère, Philippe de Bresse. Il fut mis après sa mort au rang des *bienheureux.* F. le 30 mars. ‖ *Espagne.* **AMÉDÉE** (Ferdinand-Marie). Prince italien de la maison de Savoie, duc d'Aoste, né à Turin le 30 mai 1845; second fils de Victor-Emmanuel, roi de Piémont, et de la reine Adélaïde, fille de Rénier, archiduc d'Autriche ; frère de Humbert Ier, roi d'Italie. En novembre 1870, il accepta la couronne d'Espagne. (V. *Espagne*) Bien qu'animé de bonnes intentions, son origine étrangère et l'état d'anarchie dans lequel se trouvait l'Espagne, lui suscitèrent des difficultés insurmontables : les légitimistes s'armèrent dans le nord ; les républicains ne cessèrent de conspirer ; enfin, deux tentatives d'assassinat épouvantèrent Amédée : il abdiqua, le 10 fév. 1873, et se rendit à Rome par Lisbonne. Il a repris son titre de duc d'Aoste, et il vit dans une retraite très digne, favorisant autant qu'il le peut les intérêts religieux et conservateurs. Sa femme, princesse della Cisterna, intelligente, chrétienne et bienfaisante, est morte à San-Remo en 1876, laissant trois fils : le duc de Pouille (né en 1869), le comte de Turin (né en 1870) et le prince Louis (né en 1873).

AMEIL (Auguste, baron). Général français, né en 1775. Sous-lieutenant en 1792, servit sous Dumouriez et Jourdan ; fit la campagne de Hollande sous Brune ; blessé à Iéna, il fut nommé colonel de chasseurs à cheval. Après les campagnes d'Espagne et de Russie il fut promu général de brigade, 1812. Rallié au roi Louis XVIII en 1814, il l'abandonna aux Cent-Jours et combattit à Waterloo. Traduit devant un conseil de guerre, il s'échappa en Angleterre, puis à Hildesheim (Hanovre), où, emprisonné, il fut atteint d'aliénation mentale. Il mourut à Charenton en 1822.

AMEILHON (l'abbé Hubert-Pascal). Érudit, historien, né et mort à Paris, 1730-1811 Membre de l'Académie des inscriptions, Auteur d'une remarquable *Histoire du commerce et de la navigation des Egyptiens sous les Ptolémées*, Paris, 1766 ; il continua l *Histoire du Bas-Empire*, de Lebeau. Administrateur de la bibliothèque de l'Arsenal, il l'organisa et préserva de la destruction un grand nombre de livres provenant des bibliothèques particulières ou religieuses confisquées pendant la Révolution. Ses ouvrages sont très nombreux, et ne sont pas sans mérite. Plusieurs *traités* insérés dans le recueil de l'Académie des belles-lettres : *L'art du plongeur chez les anciens; Sur le Télescope* ; etc., et dans le recueil de l'Institut : *Sur les couleurs connues des anciens ; L'art du foulon chez les anciens ; La pêche chez les anciens* ; etc. Plusieurs notices et articles dans le *Magasin encyclopédique.* *L'Analyse de l'inscription de Rosette*, Dresde, 1804, in-4° ; et de nombreux articles et morceaux détachés communiqués à la Société d'agriculture du dép. de la Seine ou insérés dans divers journaux.

AMÉIVA ou **AMEIVE.** s. m. Zool Sorte de lézard d'Amérique.

AMÉLANCHE. s. f. Fruit de l'amélanchier.

AMÉLANCHIER. s. m. Bot. G. de rosacées, formé d'arbres ou d'arbrisseaux exotiques, mais dont une espèce, *l'A. vulgaire* se rencontre dans les environs de Paris.

AMELAND. Ile de la mer du Nord, dépendant et séparée de 9 kil. de la province de Frise (Pays-Bas). Elle a 22 kil. de long sur 3 de large ; 3,000 h. On travaille depuis plusieurs années à la rattacher au continent.

AMÉLÉON. s. m. Cidre de Normandie.

AMELET. s. m. Archit. Petit filet qui orne les chapiteaux.

AMELGARD. Prêtre et historien liégeois, de la fin du XVe siècle. Il fut chargé, dit-on, par Charles VII, de la révision du procès de Jeanne Darc. Une *Histoire de Louis XI*, manuscrit conservé à la Bibliothèque nationale, lui a été attribuée ; d'après M. J. Quicherat c'est l'œuvre de Thomas Basin, évêque de Lisieux.

AMELIA. 7,000 h. Ville d'Italie, à 30 kil. de Spolète. Évêché. Raisins excellents C'était l'*Ameria* des anciens, une des principales cités de l'Ombrie. ‖ **AMELIA.** Ile des Etats-Unis, dans l'océan Atlantique, sur la côte orientale de la Floride ; 30 kil. de long. Sol plat et fertile. ‖ **AMELIA.** Comté des Etats-Unis, dans l'Etat de Virginie. Superf. 862 kil. car. ; popul. 10,000 h.

AMÉLIE. Duchesse de Saxe-Weimar. 1739-1808. Gouverna après la mort de son mari Ernest-Auguste-Constantin ; fit de sa capitale l'Athènes de l'Allemagne, en appelant Wieland, Gœthe, Herder, Schiller, etc. En 1775, elle remit le pouvoir à son fils et partit avec Gœthe, pour l'Italie d'où elle revint mourir dans son pays. ‖ **AMÉLIE** (Maria-Frédér.—Augusta). 1794-1870. Sœur du roi de Saxe, Frédéric-Auguste II. Fut proposée, en 1810, pour épouser Napoléon. Amie des arts, de la poésie et de la musique ; auteur de drames et de comédies estimés, aussi bien que de morceaux de musique sacrée et de partitions d'opéra (sous l'anonyme *Amélie Heiter*), 6 vol., Dresde, 1837-1842. Œuvres trad. en partie par M. Pitre-Chevalier. Les sujets en sont tirés ordinairement de la vie bourgeoise. ‖ **AMÉLIE** (Marie-Frédérique). Reine de Grèce, nee en 1818, a Oldenbourg. Épousa Othon Ier de Grèce, 1836, et, après sa chute, se retira en Bavière, a Bamberg, 1862 Esprit cultivé, caractère courageux. Morte en 1875 ‖ **AMÉLIE** (Marie-). Femme de Louis-Philippe Ier, roi des Français V. *Marie-Amélie*

AMÉLIE-LES-BAINS. 1,668 h. Pte ville de France (Pyrénées-Orientales), sur le Mondony à 8 kil de Céret. Elle changea son nom d'*Arles-les-Bains*, en 1840, en son nom actuel, après un séjour de la reine Marie-Amélie. Gorge de *Montalba.* Mur d'Annibal. Près de là, *Fort-les-Bains*, forteresse élevée par Vauban. Située dans la vallée de Vallespir, à 276 m. au-dessus du niveau de la mer, complètement abritée des vents du nord et du midi, cette ville est devenu une célèbre station d'hiver où la température moyenne varie de 10° à 19° de décembre à avril et ne descend presque jamais au-dessous de 3° à 4°. On y trouve un grand nombre de sources thermales dont plusieurs dépassent 60° centigr. aussi fait-on circuler l'eau dans des tuyaux qui vont chauffer les chambres des malades. Il existe deux établissements: celui du Dr Pujade et l'établissement Péreire, et en outre un bel hôpital militaire pouvant loger 100 officiers et plus de 300 soldats. L'eau de toutes les sources est claire, transparente et sans casse traversée par de fines bulles de gaz ; sa réaction est acide ou alcaline. L'élément minéralogique dominant est le sulfate de sodium ; on y trouve, en outre, des sulfates et des carbonates de soude et de chaux, de la brégine, etc.; mais la proportion de ces éléments varie suivant les sources Les établissements renferment les appareils de tout traitement d'eaux minérales ; piscines, douches diverses etc. — Les eaux d'Amélie se prennent en boisson, en bains, en douches, gargarismes et inhalations. A l'intérieur elles ne sont ordonnées qu'à faible dose, une cuillerée à un verre, jamais a plus de 3 ou 4 verres. Souvent on les coupe avec du lait ou une infusion pectorale. — Ces eaux sont essentiellement stimulantes, après quelques jours de traitement, le pouls s'accélère, il survient des éblouissements, des vertiges, une sorte d'ivresse, des douleurs dans la région du cœur, qui obligent à suspendre le traitement pendant quelques jours. Elles excitent l'appétit, favorisent la digestion mais, amènent une constipation qui est un peu plus, tard suivie *de diarrhée* avec douleurs intestinales. Ces effets montrent qu'il ne faut aller à Amélie, que quand il est nécessaire de provoquer une excitation, comme dans les affections chroniques, catarrhales, des muqueuses digestive, respiratoire ou génito-urinaire Elles se recommandent à certains stades de la phthisie, principalement au 2° degré. Les affections de la peau à marche chronique *se trouvent bien* de ces eaux ; il en est de même du rhumatisme chronique, et aussi des engorgements articulaires scrofuleux, les raideurs résultant de luxations ou de fractures, ulcères atoniques, etc. — Mais les individus sanguins, portés aux congestions, de même que ceux chez qui domine le tempérament nerveux, doivent éviter d'y aller. Le traitement dure de 20 à 25 jours. Ces eaux s'altèrent facilement au contact de l'air ne peuvent être transportées.

AMELIN (Jean d'), Né à Sarlat au XVIᵉ siècle, servit sous le maréchal de Biron ; a laissé une traduction de Tite-Live.

AMELINE (Claude). Né et mort à Paris, 1635-1706. Avocat ; prêtre de l'Oratoire. Il a laissé : *Traité de la volonté*, Paris, 1684, in-12 ; *Traité de l'amour du souverain bien*, Paris, 1690, in-12. On lui a attribué aussi *l'Art de vivre heureux*, Paris, 1690, in-12, que d'autres croient être de Louis Pascal. ‖ **AMELINE** (Henri). Jurisconsulte franç, né à Rennes, 1841. Auditeur au Conseil d'État sous l'Empire ; avocat au barreau de Paris depuis 1870. *De la concurrence industrielle*, 1865, in-8° ; *Budget ordinaire et extraordinaire de l'Empire* 1869, in-8° ; *Dépositions des témoins sur l'enquête parlement. du 18 mars 1871*, 1872, 3 vol. in-12.

AMÉLIORABLE adj. 2 g. Qui peut être amélioré. Ce terrain est améliorable.

AMÉLIORANT, ANTE. adj. Qui améliore. Plantes, substances, améliorantes. Culture améliorante.

AMÉLIORATEUR, TRICE. adj. Néol. Qui améliore, qui a la propriété d'améliorer. Étalons améliorateurs.

AMELIORATION. s. f. Changement en mieux ; progrès vers le bien Cette machine apportera une grande amélioration dans votre usine. Il y a de l'amélioration dans votre santé. Il s'opéra dans les mœurs une amélioration remarquable. ‖ Agric. On désigne sous ce nom les dépenses faites par le propriétaire ou par le fermier pour augmenter la valeur foncière du sol ou son rendement. Les premières sont dites *foncières* et les autres *culturales*. Le drainage, les plantations, les constructions rurales, incombent au propriétaire; les irrigations, les créations de prairies artificielles, les défrichements de terres incultes ou de bois, les plantations, intéressent au même degré le propriétaire et le fermier. Le chaulage, le marnage, les engrais et amendements sont aisés aux frais du fermier aussi bien que le choix des cultures, puisque seul il engrange les récoltes qui en sont le produit. Poussées à leur plus haute limite, les *améliorations culturales* constituent ce qu'on appelle la *culture intensive*: fumures à hautes doses, labours profonds, alternances sans jachères mortes, stabulation du bétail, etc., procédés qui, s'appuyant sur de gros capitaux et de larges débouchés cherchent à atteindre le maximum de rendement brut et net. Par opposition à ce système, la *culture extensive*, au lieu de faire rendre au terrain tout ce qu'il peut donner en récoltes, opère la fertilisation du sol par le temps: boisement, gazonnement, jachères mortes. C'est au cultivateur à consulter ses ressources et aussi celles du sol pour y appliquer l'un ou l'autre système. D'après les documents recueillis et les expériences faites, *la culture intensive* est applicable en général dans les pays où le terrain est cher et le travail à bas prix et la *culture extensive* dans ceux où le terrain est à bas prix et le travail cher relativement au sol ; mais il est démontré que le système de la parcimonie produit le blé à 17 fr., tandis que le système de la dépense le produit à 12 fr. A côté de ces deux systèmes qui ne s'appliquent qu'aux terres susceptibles de produire des céréales, des racines et des plantes industrielles, il en existe un troisième qui permet d'utiliser les terres les plus médiocres, dunes, craies, graviers, en faisant concourir à leur fertilisation les forces spontanées de la nature, 1° par le boisement, 2° par le pacage, 3° par la culture des fourrages, pour arriver, après l'amélioration obtenue, à la culture des céréales,

et, s'il est possible, au jardinage. La principale et la première de toutes les améliorations est partout et toujours l'approfondissement de la *couche arable*. ‖ Jurisp. : L'usufruitier n'a droit à aucune indemnité du nu-propriétaire pour les améliorations faites pendant l'usufruit ; mais les dépenses prises sur la communauté pour les améliorations faites au bien propre de l'un des époux doivent être restituées par ce dernier. — *Améliorations nécessaires*. Celles sans lesquelles le bien dépérirait. *Améliorations utiles*, Celles qui donnent une plus grande valeur. *Améliorations voluptuaires*, D'agrément ou de luxe.

AMÉLIORER. v. a (a-mé-li-o-ré; — lat *ameliorare*, de *a*, *ad*, exprimant tendance, et *melior*). rendre meilleur). Rendre meilleur. Ce régime améliore sa santé. La bonne éducation améliore les mœurs. Améliorer une race, une plante. — Dans l'anc. chim Améliorer un métal, l'épurer. ‖ Fig. On améliore le peuple en lui donnant du travail. On améliore le sort d'un peuple en faisant de la bonne politique. ‖ Agric. Faire dans un fonds de terre, dans une maison, des travaux propres à en augmenter la valeur ou le revenu. Il a beaucoup amélioré sa propriété par les constructions, par le drainage et le marnage des terres. ‖ S'AMÉLIORER. v. pr. Devenir meilleur Sa santé. sa fortune s'améliore. Les mœurs du peuple s'améliorent ‖ **AMÉLIORÉ**, ÉE. p. pas. Mêmes sens. ‖ Syn. *Améliorer, amender, perfectionner*. Faire qu'une chose gagne en valeur Améliorer, c'est ajouter à ce que les choses renferment de bon, en l'augmentant ou en le faisant croître. Amender, c'est retrancher des défauts, c'est donner un degré de perfection de plus. On améliore une terre épuisée, on augmente sa valeur par les plantations ou les constructions On amende une bonne terre, par les engrais ou les façons. Dans les symptômes d'une maladie, il y a amendement ; il y a amélioration dans la santé d'un convalescent : l'un regarde le passé, l'autre l'avenir. Le sens de perfectionner est plus élevé. Perfectionner, c'est rendre parfait, admirable, exemplaire. Ce terme ne peut être employé pour une terre ou la santé, on ne s'en sert que pour les choses qui peuvent être très bonnes, belles ou ingénieuses

AMÉLIORIR. v. a. Cette forme était encore employée au XVIIᵉ siècle. Je me suis occupé, depuis que vous n'avez été ici, à de petits soins qui améliorissent la terre de Chaseu. (Bussy-Rabutin).

AMÉLIORISSEMENT s. m de (*améliorir*). Ce terme était particulier à l'ordre de Malte, et signifiait *amélioration*. Ce chevalier a fait beaucoup d'améliorissements dans sa commanderie.

AMÉLIUS ou **AMÉRIUS.** Philosophe, né en Étrurie, s'appelait de son vrai nom *Gentilianus*. Il y substitua celui d'Amélius, qui signifie en grec, insouciant. Il s'était d'abord attaché au stoïcien Lysimaque ; mais ayant étudié les écrits de Numénius, il adopta la doctrine de l'école d'Alexandrie, dont Plotin était alors le plus illustre représentant. Il alla le trouver à Rome et suivit ses leçons, depuis 246 jusqu'en 270. Après la mort de Plotin, Amélius quitta Rome pour aller s'établir à Apamée en Syrie, où il passa le reste de ses jours Il composa près de cent traités dont aucun n'est parvenu jusqu'à nous. Eusèbe, Théodore et St. Cyrille rapportent un passage de ce philosophe, dans lequel il cite le commencement de l'Évangile de St-Jean, en confirmation de la doctrine de Platon, concernant la nature divine. ‖ **AMÉLIUS DE BOULOGNE.** Architecte français du XIVᵉ siècle qu'on croit être l'auteur du portail de la cathédrale d'Anvers.

AMELLE. s. f. (lat. *amellus*). Belle plante décrite par Virgile, *violæ purpura nigræ*, qui croissait sur les bords de la Mella, et qu'on croit être le *galatella punctata*, qui s'appelle *amello* en italien vulgaire. Les botanistes ont donné ce nom à un *aster* (V. ce mot).

AMELLÉES. s. f. pl. Bot. Division de la tribu des astérinées, dont le type est le genre *amelle*. ‖ On dit aussi *Amelloïdées*.

AMELLIE. s. m Nom vulgaire de l'*amandier* dans le Languedoc. ●

AMELOT DE LA HOUSSAYE (Abraham-Nicolas). Publiciste, né à Orléans, 1634, mort à Paris, 1706 Auteur d'une *Histoire du gouvernement de Venise*, Amsterdam, 1705, 3 vol. in-12 ; traducteur de l'*Histoire du Concile de Trente* de Fra Paolo Sarpi : (cette traduction faite non

sur l'original italien, mais sur la version latine peu fidèle de Newton a été effacée par celle de P. Lecoureyer) ; de *L'homme de Cour* de l'Espagnol Balthazar Gracian, 1684, in-4° ; du *Prince* de Machiavel, avec des remarques; 1683-168. in-12 ; etc ‖ **AMELOT** (Sébastien-Michel). Prélat franç. né à Angers; 1741-1829. Fut successivement vicaire génér de Lavaur et d'Aix, évêque de Vannes, 1774; préserva son clergé du schisme de la Constitution civile Cité à comparaître à la barre de l'Assemblée constituante, il fut conduit par la gendarmerie à Paris et consigné dans son logement jusqu'à sa comparution. Lorsque la Constituante eut terminé sa session, il passa en Suisse, puis se retira à Augsbourg et enfin à Londres en 1800. Lors du Concordat, il refusa de se démettre de son siège; néanmoins en 18.. il envoya sa démission et blâma les anticoncordataires dont il disait : *Ce sont des insensés.* Devenu aveugle, il mourut dans la retraite, livré à la piété et aux bonnes œuvres.

AMELOTE ou **AMELOTTE** (Denis). Prêtre de l'Oratoire, né à Saintes en 1606, mort à Paris en 1678. Adversaire des jansénistes, il eut des démêlés avec Nicole. Son principal ouvrage est une *Traduction du Nouveau-Testament*, Paris 1666-1668, 4 vol. in-8, revue pour le style par le protestant Conrart, regardé comme un des hommes de France qui savaient le mieux leur langue

AMELUNGHI (Gérome). Poète burlesque italien, né à Pise en 1480, mort en 1539 On l'appelait *il gobbo da Pisa*, le bossu de Pise. On a de lui deux poèmes héroï-comiques· *la Giganto* (Guerre des Géants), Florence 1566, in-12, et *Nanéa* (Guerre des Nains), Venise, 1534, in-8.

AMEN. s. m. (pron. l'n). Terme hébreu signifiant Ainsi soit-il, et par lequel finissent la plupart des prières de l'Église Le prélat fait l'action de grâce ; l'assistant répond amen (Châteaub). Les élus auront un autre nom un amen bienheureux. (Boss.) ‖ Fam. S'employer pour exprimer que l'on consent à une chose. Dire amen. J'ai dit amen à toutes ses propositions Il est toujours là pour dire amen ‖ Prov. Jusqu'à amen, Jusqu'à la fin d'un discours, d'un récit. Attendez jusqu'à amen — Depuis Pater jusqu'à Amen, Depuis le commencement jusqu'à la fin. Il m'a tout conté depuis Pater jusqu'à Amen. ‖ Au pl. Des Amen.

AMENAGE. s m. Transport d'effet ; peine frais pour voiturer quelque chose. J'ai payé pour l'amenage.

AMÉNAGEMENT. s. m. (de aménager). Action d'aménager. ‖ Sylv. Méthode ordinairement adoptée pour la coupe des bois, afin de rendre uniformes les revenus annuels des forêts, en assurant la reproduction régulière des arbres Tous les bois et les forêts du domaine de l'État, ceux des communes des établissements publics sont assujettis à un aménagement fixé par une décision du chef de l'État (V. Forêt) Les particuliers sont libres aujourd'hui de suivre pour la coupe de leurs bois, l'ordre et les usages qui leur conviennent. L'accroissement des arbres varie suivant les essences et suivant l'âge : il est assez difficile d'arriver à une loi précise permettant de fixer l'âge et partant la période d'exploitation M. Depertuis a pris pour base la longueur des jets de chaque année et divisé les bois en cinq classes suivant la qualité du sol depuis les plus mauvais, qui, en quinze ou vingt ans, ne produisent qu'un taillis de 2 ou 3 m., jusqu'à ceux qui en 25 ans donnent un taillis 12 à 14m. et continuent à croître jusqu'à 40 même 50 ans. La moyenne est de 25 à 30 ans et c'est à cet âge qu'on devrait exploiter les bois de bonne qualité. De 20 à 30 le bois donne un produit double de celui qu'il a acquis dans les 20 premières années ; pour le bois, la valeur dure jusqu'à 20 ans, et la virilité, de 20 à 100 ; la pesanteur croît avec l'âge, et la chaleur que procure le bois est en raison directe de son poids De 10 à 20 ans sa valeur quadruple ; de 20 à 30, elle double ; de 30 à 40, elle augmente de moins du double. M. Lucotte, inspecteur des forêts, a fait un tableau des valeurs relatives du bois en France suivant leur essence et leur âge, d'où il ressort, en représentant par 100 la valeur du chêne par hectare à l'âge de 10 ans, qu'à 15 ans le chêne vaut 80, le tremble 120, le boulau 125 ; à 20 ans le chêne passe à 400, le charme 320, le tremble à 300, le boulau à 600 ; à 30 ans le chêne atteint 900, le charme 650, le boulau

700 ; à 40 ans le chêne et le charme se rencontrent à 1000, le tremble passe à 1100 et le bouleau à 900 ; à 50 ans le chêne atteint 2500, le charme reste à 1650, le tremble se relève à 2100 le bouleau reste à 900 ; à 60 ans enfin le chêne progresse jusqu'à 3000, le charme jusqu'à 2000. le tremble reste à 2100 et le bouleau meurt. Les bois peuvent être aménagés en futaie ou en taillis. La coupe des taillis se fait à des époques régulières, déterminées suivant la nature du sol et des essences, en prenant pour limite extrême, l'âge où ils cessent de croître. — On ne doit mettre en futaie que les fonds ayant de la consistance. L'aménagement des taillis comporte : 1° la coupe à *blancétoc* (taillis de 10 ans) ; 2° la coupe avec réserve par hectare d'une centaine des plus beaux brins (de 10 à 15 ans), destinés eux mêmes à disparaître à la coupée suivante, sauf 15 à 18, dits *porte graines* ; 3° enfin, pour le taillis sous futaie (de 20 à 40 ans), le renouvellement à chaque coupe des baliveaux de différents âges On distingue encore les procédés d'exploitation à *tir et aire*, par *éclaircie en jardinant* et le *repeuplement par éclaircies.* (V. ces mots). || Mar. *Aménagements* a été abusivement employé pour *Emménagements.* (V. ce mot).

AMÉNAGER. v. (V. *ménager*). Sylvic. Régler les coupes, le repeuplement et la réserve d'un bois, d'une forêt. Aménager une forêt. || Débiter du bois de charpente ou de chauffage. Aménager un arbre, un chêne, un peuplier. || Disposer. Aménager un local, un navire. Rien n'est laissé à la nature et au hasard ; tout est calculé, aménagé, tourné vers le produit et le profit. (H. Taine). || Pourvoir à une bonne distribution. Aménager les eaux d'une ville. L'irrigation qui aménage le mieux les eaux est celle qui conserve le mieux la fécondité du sol. (De Villeneuve) || Dans le vx franç., Pourvoir de ce qui est nécessaire. || S'AMÉNAGER v. p. Être aménagé. Des prés qui sont regardés communément comme le bien qui rend le plus et qui s'aménage avec le moins de frais. (Vauban) || Vx franç. Se pourvoir de ce qui est nécessaire Quand messire Jean de Vienne, qui captaine estoit de Calais, vit que le roi d'Angleterre se ordonnoit et aménageoit. pour la tenir le siège.... (Froiss.) || AMÉNAGÉ, ÉE. p. pass. || Syn. *aménager, emménager.* Aménager, d'abord employé dans le langage des forestiers et des agriculteurs, où il signifie régler les coupes d'un bois, d'un pré, s'est étendu au langage général, où il a le sens de disposer un local pour un usage quelconque. Aménager une maison pour en faire une ambulance. Emménager, c'est mettre un ménage dans un logis, c'est transporter les meubles et objets d'un appartement dans un autre.

AMENDABLE. adj. 2 g. Susceptible d'amendement, d'amélioration. Terre, sol amendable. || Jurisp. anc. Qui peut être amendé, corrigé. Ce travail est défectueux, mais il est amendable. A Paris, la chambre de police juge si les ouvrages saisis par les jurés sont amendables ou non. S'ils sont déclarés amendables, ils ne sont pas sujets à confiscation.(Gr. vocab. franc. 1767). — Qui mérite d'être condamné à l'amende. Cette faute est amendable. Cette personne est amendable. || Dr. féod. Crimes amendables, crimes dont on évitait le châtiment en payant une certaine somme.

AMENDE. s. f. Jurisp. Condamnation pécuniaire prononcée par justice, soit à raison de crimes, délits ou contraventions, soit à raison de faits purement civils. En *matière pénale,* l'amende est tantôt prononcée seule comme peine principale, tantôt accessoirement à une peine corporelle. Comme toutes les peines, l'amende est personnelle ; elle est individuelle, en ce sens qu'il doit être prononcé autant d'amendes qu'il y a d'auteurs du délit, et non une seule amende pour tous, mais l'amende est prononcée solidairement contre tous les individus condamnés pour le même fait(C.P., art.55). En matière de contravention de douanes, de délits forestiers, etc., l'amende joint à son caractère de peine celui de réparation du dommage causé. La quotité de l'amende est fixée par la loi, tantôt d'une manière déterminée, tantôt dans les limites d'un maximum et d'un minimum. En matière d'octroi, elle se règle sur la valeur des objets saisis ; en matière d'enregistrement et de timbre, elle est proportionnelle au montant de la fraude. Depuis 1874, les amendes sont recouvrées par les percepteurs et non plus par la régie de l'enregistrement, sauf les amendes pour contraventions fiscales dont le recouvrement est poursuivi par les divers services au profit desquels la condamnation a été prononcée. La contrainte par corps a été maintenue par la loi du 22 juillet 1867 pour le recouvrement des amendes en matière criminelle, correctionnelle et de police. Le produit des amendes est attribué, partie au Trésor, partie aux communes, aux hospices et aux agents qui ont constaté le délit ou la contravention. — L'amende en *matière civile* est prononcée par la juridiction criminelle. Elle est encourue dans un grand nombre de cas, notamment par les officiers de l'état civil qui ont commis dans la tenue des registres et dans la rédaction des actes de l'état civil certaines infractions moins graves que celles punies par le Code pénal (C. civ., art., 50 et 53) ; par les époux qui ont fait procéder à leur mariage sans publications préalables ; pour les officiers publics qui ne se sont pas conformés dans leurs actes aux dispositions de la loi ; sans que cependant l'omission ou la contravention par eux commise emporte nullité de l'acte ; et, en matière de procédure, par la partie qui n'a pas comparu en conciliation devant le juge de paix ; par celle qui a dénié à tort son écriture ; par le demandeur en inscription de faux incident dont les moyens ont été rejetés ; par le témoin défaillant ; par la partie qui a succombe dans un appel, une tierce opposition, une requête civile, une prise à partie, un pourvoi en cassation, une demande en renvoi ou en récusation de Juge, etc. || Payer l'amende Être condamné à l'amende, à de grosses, à de fortes amendes. Une faible, une légère amende. Vous serez mis à l'amende. || Prov. C'est la coutume de Lorris, les battus paient l'amende, Se dit en parlant d'un homme qui est condamné, tandis qu'il devrait être dédommagé. || *Amende honorable* Peine infamante, auj. supprimée, qui existait dans l'ancien droit criminel et qui consistait dans l'aveu public que faisait le criminel du crime dont il était reconnu coupable et dont il devait demander pardon à Dieu, au roi et à la justice ; cette peine était prononcée tantôt seule comme peine principale, tantôt comme accessoire d'une autre peine, notamment de la peine de mort. L'amende honorable *publique* était faite devant le tribunal en présence du public ; le condamné, amené par l'exécuteur de la haute justice, se présentait devant les juges en chemise, corde au cou, tête et pieds nus, un cierge à la main, avec deux écriteaux, l'un devant, l'autre derrière, faisant connaître son crime. Dans l'amende honorable *sèche* ou non publique, le condamné paraissait devant le tribunal siégeant à huis clos, avec ses habits ordinaires, mais tête nue et sans marque de dignité s'il en possédait quelqu'une ; il était amené par de simples archers L'amende honorable était prononcée contre les criminels de lèse-majesté, les séditieux, les sacriléges, les blasphémateurs, les faussaires, les usuriers, les banqueroutiers frauduleux, les calomniateurs, etc. Supprimée dans le Code pénal de 1791, elle reparut un instant de 1821 à 1830 dans la loi du sacrilège. Dans l'histoire de France, deux princes furent condamnés à faire amende honorable : Louis-le-Débonnaire en 833 et Raymond VI de Toulouse en 1209. || Faire amende amende honorable la torche au poing et la corde au cou. || Liturg. *Amende honorable au Saint-Sacrement.* Prière pour réparer les irrévérences, les profanations et les sacriléges contre Dieu et le Sacrement de l'Eucharistie. Cette prière est récitée publiquement par le prêtre catholique dans certaines circonstances, par les membres des diverses associations de l'*Adoration perpétuelle*, et enfin par tous les fidèles : des indulgences sont accordées à quiconque récite cette prière dans les conditions requises. || Fig. et Fam. Faire amende honorable d'une chose, En demander pardon, excuse. Vous avez manqué aux égards qui lui sont dus, il faut que vous en fassiez amende honorable. (Acad). Va, va-t'en faire amende honorable au Parnasse. (Moliere.)

AMENDEMENT. s. m Changement en mieux. Il y a un amendement visible à sa santé, dans ses affaires. On remarque un grand amendement dans sa conduite. Dieu veut l'amendement du pêcheur et non pas sa perte. || Anc. Jurisp. Correction d'un jugement. Il voulut que l'on put demander amendement des jugements rendus dans ses cours. (Montesq) || Polit. Modification d'un projet de loi, pour changer quelqu'une de ses dispositions, ou pour le rendre plus clair, plus précis . Proposer, discuter, adopter, rejeter un amendement. La loi ne passera pas sans amendements. — Jusqu'en l'an VIII le droit d'amendement s'exerça librement dans les Assemblées législatives, seule conseil des Anciens de l'an III n'avait pas le droit d'amendement exclusivement réservé au Conseil de Cinq-Cents. La Constitution de l'an VIII enleva au corps législatif le droit d'amender les lois. La Charte de 1814 le rendit aux deux chambres avec la réserve suivante « Aucun amendement ne peut être fait à une loi. s'il n'a été proposé ou consenti par le roi et s'il n'a été renvoyé et discuté dans les bureaux. » Dans la pratique on se contenta de l'adhésion des ministres et souvent même on s'abstint de la demander. En 1830 le Parlement recouvra la plénitude du droit d'amendement qu'il conserva sous l'Empire mais avec certaines restrictions : aucun amendement n'était reçu après le dépôt du rapport, ne pourrait être adopté sans le consentement du Conseil d'Etat, à défaut duquel l'amendement était considéré comme non avenu. Le senatus-consulte du 8 sept. 1809 autorisa le Corps législatif a statuer malgré l'avis contraire du Conseil d'Etat. L'examen préalable des amendements par le Conseil d'Etat disparut en 1870 après le plébiscite du 8 mai. — Actuellement le droit d'amendement n'est limité dans chaque Chambre que par les traditions parlementaires, qui dans certains cas, autorisent le Président à opposer une fin de non recevoir aux amendements, ou conduisent l'Assemblée à repousser un amendement sans l'examiner au fond. Ainsi l'on ne peut proposer, à titre d'amendement, une disposition étrangère au projet en délibération et qui, sans connexité avec lui, constitue à vrai dire une proposition principale. Le droit d'amendement existe jusqu'à la dernière heure tant que la Chambre ne s'est pas prononcée définitivement et à la condition qu'il ne remette pas en question un principe déjà noté. Un amendement rejeté peut être reproduit sur une nouvelle forme. Les ministres ne peuvent présenter des amendements qu'autant qu'ils sont membres de la Chambre et en cette qualité. Les amendements sont collectifs et individuels mais en ce dernier cas ils doivent être appuyés. Ils sont rédigés par écrit, sous forme législative, remis au Président de la Chambre imprimés et distribués. Ceux qui sont improvisés au cours d'une séance et sur lesquels il est immédiatement statué ne sont pas imprimés. L'auteur ou les auteurs d'un amendement peuvent le retirer jusqu'au moment où il y a vote acquis : ils ne peuvent l'ajourner. Un amendement retiré par son auteur peut être repris par un autre membre. Un projet abandonné par le gouvernement peut être repris à titre d'amendement. Le règlement de la chambre (art. 56) autorise les auteurs d'amendements à être entendus, s'ils le demandent, dans la commission compétente ; le règlement du Sénat est muet sur ce point Les amendements présentés au cours d'une délibération peuvent être immédiatement notés au fond ; à la chambre des députés, ils sont renvoyés de droit à la commission, si le rapporteur le demande ; en fait il en est de même au Sénat, mais en 2e délibération, le renvoi n'a lieu qu'autant que l'amendement est pris en considération. Dans les deux chambres, les amendements proposés au cours de la 2e délibération sont motivés sommairement à la tribune ; au Sénat, le rapporteur est entendu ; à la Chambre, les membres de la commission peuvent seuls répondre à l'auteur de l'amendement. Le Sénat décide par assis et levé s'il prend les amendements en considération : à la Chambre, le scrutin public peut être réclamé. Dans les deux chambres, le refus de prendre en considération est un rejet définitif. Les amendements pris en considération ne peuvent être votés le jour même où ils sont développés devant la Chambre. En pratique, un amendement distribué le matin du jour où commence la délibération définitive, ou même remis simplement avant l'ouverture de la discussion, est exempt de la formalité de la prise en considération. Ses amendements sont mis aux voix avant la question principale. Il est statué séparément sur chacun d'eux. || Agric. Tout ce qui peut contribuer à rendre un terrain plus fertile. Les amendements naturels sont : l'air, l'eau, la lumière, la chaleur, etc. — On donne aussi ce nom aux substances que l'on mélange avec la terre et aux opérations qu'on y exécute dans le but de modifier sa nature et ses propriétés physiques. Amender un sol, c'est accroître sa puissance; l'engraisser, c'est augmenter sa richesse. Les différents amendements connus et employés sont : 1° pour les terres légères, l'argile (V. ce mot) brute ou calcinée; 2° pour les terres compactes, argileuses ou tourbeuses, les pierres, le sable, les laitiers, les schistes; 3° pour les terres sèches et siliceuses, les cailloux et les plantations ; 4° pour les terres humides, le drainage, les fossés, les labours profonds ou en planches convexes (labours en *billons*) et le colmatage. (V. *Drainage; Colmatage*). La chaux, la marne et tous les composés calcaires employés en agriculture, les cendres de bois, les os pilés, le noir d'os doivent être considérés comme aliments et rentrent plutôt dans la catégorie des engrais que dans celle des amendements. (V. *Engrais*.) || Syn. *Amendement, correction, réforme*. Changement en mieux. L'amendement rend meilleur. La correction redresse un défaut, ôte une faute, un vice. On s'amende en se perfectionnant ; on se corrige en renonçant à ses mauvaises habitudes. La réforme modifie complètement, radicalement le sujet. On est amendé ou corrigé plus ou moins ; on est réformé ou on ne l'est pas. Réformer s'étend à tout un système de conduite.

AMENDER. v. a. (lat. *emendare*, même sens de *e*, indiquant extraction, et *mendum*, défaut, tache.) Corriger, rendre meilleur. Les bons exemples et les bons conseils ont amendé ce jeune homme Cette place a bien amendé ma position. || Faire disparaître les défectuosités. Amender un ouvrage, une machine. || Agric. Rendre plus fertile, plus productif, Amender un terrain, un champ. Amender une terre par les labours et les engrais. || Jurisp. Faire des changements, apporter des modifications à un projet de loi, à un arrêté, à une proposition. ||

AMENDER. v. n. Faire des progrès vers un meilleur état. Ce malade n'a pas amendé depuis la saignée. Prov Jamais cheval ni méchant homme n'amenda pour aller à Rome. On ne se corrige pas de ses vices en voyageant. A rapprocher des paroles de l'imitation. *Raro sanctificantur, qui multum peregrinantur.* Baisser de prix, devenir moins cher. Le blé est bien amendé. Vx. || **S'AMENDER.** v. pr. S'améliorer, se corriger. Cette terre s'amenderait à force d'engrais. Ce jeune homme s'amende beaucoup. || AMENDÉ, ÉE. p. pas. Mêmes sens.

AMENDEUR. s. m. Celui qui amende, corrige. Vx. A toi mon défenseur, sauveur et amendeur, De ma vie mauvaise. (Cl. Marot).

AMÈNE. adj. (lat. *amœnus*). « Vieux mot qui signifiait autrefois agréable, » dit le *Grand Vocabulaire français* (1757). Littré est donc dans l'erreur, lorsqu'il dit que ce mot est un latinisme *néologique*. Châteaubriand et Georges Sand ne l'ont pas créé, ils n'ont fait que le ressusciter.

AMENÉE. s. f. (le *amené, ée*, p. pass. de *amener*). Action d'amener, état de ce qui est amené. Techn. Aqueduc d'amenée. Canal d'amenée. L'achèvement des réservoirs (de Montsouris) n'est pas indispensable à la distribution des eaux (de la Vanne), l'aqueduc pouvant se déverser directement dans les conduites d'amenée. (Journ. off. 6 sept. 1873).

AMENER. v. a. (de *a* et *mener*. — Prend un é ouvert devant une syll. muette: J'amène, tu amènes, j'amènerai, etc.). Mener, conduire vers une personne, ou en quelque lieu. Ils m'ont amené ici. En revenant demain, amenez-nous votre famille. Amenez du secours, des troupes. Amenez mon cheval, ma voiture. Amener des marchandises par chemin de fer, par bateau, à dos de mulet. || Fam. Faire venir, attirer. Quel dessein, quelle affaire, quel sujet vous amène. Qui m'a amené cet importun, cet ennuyeux personnage ? || Tirer à soi, Amener à soi tout le cain, toute la couverture. || Fig. Déterminer, faire condescendre, décider à. Je l'ai amené à faire ce que je voulais. Amener quelqu'un à une opinion, à un sentiment, à un avis, à une croyance. Amenez-le à composition. || Faire adopter, introduire. Ce sont les jeunes gens et les femmes qui amènent les modes. (Acad) On dit de même : Amener un sujet, c.-à-d. Faire que la conversation tombe sur tel ou tel sujet. || Être la cause de, susciter. La guerre amène tous les maux. Ce fait peut amener des querelles, des jalousies. Cette chaleur va amener le choléra. || Litt. Préparer, faire venir avec ou sans art. Amener bien, amener mal un incident, un dénouement, une reconnaissance, une discussion, une preuve. || Jeu de dés. Amener tel ou tel point Amener beset, double deux, etc. — Loterie, conscription Il a amené un bon, un mauvais numéro. || Jurisp. *Mandat d'amener*, Ordre de faire comparaître devant le juge || Mar. Abaisser. Amener les voiles, les basses vergues.— Amener son pavillon, Le baisser, pour montrer que l'on se rend. La frégate amena son pavillon. — Abs. Le vaisseau amiral fut forcé d'amener. || AMENÉ, ÉE p. pass. Subst. *Un amené sans scandale*. En terme d'ancienne jurisp. crim., surtout dans la juridiction ecclésiastique, Ordre du juge, d'amener devant lui un accusé sans bruit, et sans éclat. Tout beau ! Un amené sans scandale suffit. (Racine, *Les plaideurs*.)

AMENI. Une des îles Laquedives, dans la mer des Indes 2 kil. de diamètre.

AMÉNITÉ. s. f. (lat. *amœnitatem*, douceur; de *amœnus*, doux, agréable) Agrément, douceur; ce qui fait qu'une chose est agréable L'aménité d'un lieu, de l'air. Vous pourrez jouir de l'aménité de la France, que vous aimez. (Montesq) || S'emploie plus ordin. au fig. Politesse, affabilité. Il a beaucoup d'aménité. Aménité de caractère, de mœurs. Manières pleines d'aménité. || Par anal. Charme, grâce. L'aménité du style, du langage. || Syn. *Aménité, agréments, grâces.* L'aménité consiste dans la douceur, tandis qu'il y a des grâces piquantes. Les agréments de la figure ne sont pas incompatibles avec un certain air de hauteur. Les grâces expriment une qualité accidentelle, fugitive, de circonstance : les agréments, une qualité fixe et permanente.

AMÉNOMANIE. s. f. (lat. *amœnus*, agréable; *mania*, manie). Monomanie joyeuse, délire gai.

AMÉNOPHIS Nom de plusieurs Pharaons ou rois d'Égypte de la XVIIe dynastie. *Aménophis* Ier, fils de Thoutmosis, est consideré comme le fondateur de la XVIIIe dynastie ; *Aménophis* II (ou III) serait le *Memnon* des Grecs. Il expulsa les Hycsos ; de nombreux monuments portent son nom. *Aménophis* III (ou IV) fut chassé par les Hycsos, mais son fils Rhamsès le rétablit sur le trône. Quelques auteurs veulent que cet Aménophis soit le Pharaon qui périt dans la mer Rouge en poursuivant les Hébreux.

AMÉNORRHÉE. s. f. (gr *a*, priv., *mên*, mois, *rheó* je coule). Méd. C'est l'absence de l'écoulement menstruel, soit que cette fonction ne s'établisse pas à l'âge ordinaire, soit qu'après s'être montrée, elle vienne à se supprimer. Dans le premier cas il y a *aménorrhée primitive*, dans le second, il y a *suppression des règles* La première peut résulter d'un état *constitutionnel*, tel que anémie, chlorose, quelquefois pléthore, d'autres fois elle mérite le nom de *sympathique*, comme lorsqu'elle se produit à la suite de l'irritation d'un organe : présence de vers intestinaux dans le tube digestif, refroidissement habituel des extrémités inférieures auquel condamnent certaines professions; enfin elle peut être le fait d'une *cause locale* : vice de conformation ou arrêt de développement des organes génitaux internes, affections diverses de ces mêmes organes — Quant à la suppression des règles, elle peut être la conséquence d'une brusque impression de froid : immersion des pieds ou des mains dans l'eau froide, refroidissement du corps en sueur, au moment où l'écoulement doit se produire ; de saignées intempestives, de coups, chutes, d'indigestion, de substances alimentaires par trop excitantes, de fatigues exagérées, d'émotions vives, de passions violentes, etc. — Il arrive parfois qu'il s'opère dans l'organisme une sorte de réaction, comme si la nature essayait de rétablir d'un autre côté l'hémorrhagie normale malencontreusement supprimée. On a appelé hémorrhagies supplémentaires, *règles déviées*, les phénomènes de ce genre, bien qu'il ne faille pas croire qu'il y ait là une véritable compensation, un effort salutaire de l'organisme constamment suivi de bons résultats et sans conséquences fâcheuses. Cet état n'est point inoffensif et ne doit pas être regardé dans l'immense majorité des cas comme remplaçant les pertes normales. Ces soi-disant hémorrhagies supplémentaires se font le plus souvent par les muqueuses intestinale ou respiratoire, mais elles peuvent se produire par le nez, les oreilles, la bouche, les conjonctives, le mamelon, l'ombilic, la peau, ou bien par une plaie intérieure, des tumeurs variqueuses, des hémorrhoïdes etc. Ou bien il peut se produire des inflammations ou des éruptions diverses : érysipèles, urticaire, furoncles, etc. La suppression des règles s'accompagne fréquemment d'accidents nerveux : gastralgie, météorisme, migraines, paralysies, surdité, troubles de la vue, délire, manie. — En présence des accidents si graves que peut entraîner l'aménorrhée, on ne saurait prendre d'abord trop de précautions à l'âge où la fonction menstruelle tend à s'établir. La jeune fille doit éviter tout ce qui pourrait l'entraver ; fatigues, excès de toute sorte, particulièrement la danse, et aussi les aliments excitants ou indigestes, les émotions violentes, le refroidissement des extrémités inférieures, etc. Quant au traitement à opposer à l'accident une fois accompli, il est impossible d'entrer ici dans les détails multiples que le sujet comporte ; nous nous contenterons de dire qu'il varie avec la nature de l'affection cause de tout le désordre.

AMENT. s. f. Déesse égyptienne, épouse du dieu Ammon.

AMENTA (Nicolas). Littérateur italien, né à Naples ; 1639-1719. Auteur de *satires, comédies* et de *poésies* diverses.

AMENTACÉ, ÉE. adj. (lat. *amentum*, attache, lien). Bot. Qui a les fleurs mâles disposées en chaton. || AMENTACÉES s. f. pl. Famille de plantes dicotylédones établie d'abord par Adanson sous le nom de fam. des *châtaigniers*, que A.-L. de Jussieu changea contre celui d'*amentacées* et que M. H. Baillon a constituée à nouveau sous le nom de *castaneacées* (V. ce mot).

AMENTHÈS ou **AMENTHIS.** s. m Selon les Égyptiens, séjour souterrain des âmes après avoir quitté les corps, pour attendre la transmigration.

AMENTIFÈRE. adj 2 g (lat *amentum* lien, et *ferre*, porter). Bot. Qui porte des chatons.

AMENTIFORME. adj. 2 g. (lat. *amentum*, lien, *forma*, forme). Bot. Qui a la forme de chaton.

AMENTUM. s. m. (lat. pour *apmentum* ; de *apto*, j'attache) Antiq. rom. Courroie attachée au bois d'une lance ou d'une javeline, vers le centre de gravité, pour lui donner une plus grande force d'impulsion en la lançant, et dans laquelle on engageait les deux premiers doigts de la main, pour combattre de près. || Courroie ou lanière qui passait sur le cou-de-pied, pour tenir la sandale.

AMENUISEMENT. s m Action d'amenuiser, résultat de cette action.

AMENUISER. v. a. (de *a* et *menu*) Rendre plus menu. Amenuiser une cheville, une planche, un morceau de bois. || S AMENUISER. v. pr. Devenir moins épais. || AMENUISÉ, ÉE p. pass. Syn. *Allégir, amenuiser, aiguiser.* Les deux premiers expriment une diminution, faite dans tous les sens, au volume d'un corps; mais allégir se dit des grosses pièces comme des petites, amenuiser ne se dit guère que des petites. L'action d'aiguiser porte non pas sur tout le volume du corps, mais seulement sur ses extrémités, sur les bords ou sur le bout.

AMER, ÈRE, adj. (pron. l'r final; — Provence et Berry, *amar*, lat. *amarus*, même sens). D'une saveur rude et désagréable. Suc, vin, fruit amer. Herbe, potions amères. Amer comme suie, comme chicotin. — Avoir la bouche amère, Sentir un goût amer à la bouche. Cela rend la bouche amère. Cela laisse un goût amer à la bouche. || Poét. Se dit de la mer ou des eaux flots. L'onde amère. Les flots amers. || Fam. Bêtise amère, Bêtise extrême. || Prov. Ce qui est amer à la bouche, est doux au cœur, ce qui nous déplaît le plus est souvent ce qu'il y a de meilleur pour nous, ce qui nous est le plus salutaire. — On ne peut mâcher amer et cracher doux, Les mauvais traitements aigrissent le caractère. || Fig. Triste, pénible, douloureux : Regrets, souvenirs, chagrins amers. Infortunes,

larmes amères Perte, privation, douleur amère.
|| Fig. Aigre, dur, piquant, mordant, offensant.
Reproches, propos, ris amers. Critique, répri-
mande, raillerie, ironie amère. || s. m. Ce
qui est amer. L'amer et le doux sont deux
qualités contraires. (Acad.) || Fiel de quel-
ques animaux, et principalement des poissons. Un amer de bœuf. L'amer d'une carpe,
d'un brochet. || AMERS. s. m. pl. Méd. Sous
ce nom on ne réunit pas en thérapeutique
toutes les substances dont le goût présente
de l'amertume, cette propriété organolep-
tique se retrouvant dans un trop grand nombre de substances dont les effets sur l'organisme sont des plus variés. Mais on s'entend
pour classer sous ce nom des substances d'o-
rigine végétale qui ont un goût amer et une
action thérapeutique analogue. On les partage
en trois groupes, les amers purs, les amers astringents, et les amers aromatiques. Les amers
purs comprennent : la gentiane, le trèfle d'eau, le
colombo, le quassia, le simarouba, la centaurée,
la chicorée, renferment chacun un principe
amer isolable (gentianine, minyanthine, colombine, quassine, enisin). Les amers astringents dont les principaux sont les écorces de
saule et de peuplier, de pommier, de poirier,
de cerisier, de frêne, de lilas, etc , renferment-
également un principe amer (salicine, fraxine,
etc.), et en outre du tannin en petite quantité.
Les amers aromatiques (angusture vraie, cas-
carille, absinthe, camomille romaine, houblon)
contiennent, outre un principe amer (cusparia,
cascarilline) une huile essentielle aromatique.—
Tous les amers pris à l'intérieur excitent l'appétit, facilitent la digestion et régularisent les
fonctions intestinales; ces résultats paraissent
dus à ce qu'ils augmentent la sécrétion sali-
vaire et celle du suc gastrique. Ils méritent
donc bien le nom de médicaments eupeptiques
Mais les amers du troisième groupe possèdent
une autre action physiologique et thérapeutique. Leurs principes aromatiques ont sur le
système nerveux une influence qui n'est pas la
même pour tous, car les uns, l'absinthe, par
exemple, sont excitants, tandis que d'autres,
tels que le houblon, sont calmants — Les
amers sont indiqués dans les troubles gastro-
intestinaux liés à la dyspepsie ; puisqu'ils activent la digestion, ils sont recommandables
quand la nutrition se fait mal, quand il faut relever les forces ; de même dans les éruptions
de la peau liées à de mauvaises digestions,
comme c'est souvent le cas dans l'acné. Enfin ils
peuvent être considérés comme de bons suc-
cédanés de la quinine dans le traitement des
fièvres intermittentes. — Les amers se prennent généralement en tisane ou en macération
froide ; il suffit de 5 à 10 gr. par litre d'eau ;
on les prend également après un certain temps
de macération dans du vin, à la dose de 3 à 5
cuillerées par jour, ou bien on en fait des sirops dont on boit de 1 à 4 cuillerées par jour.
Un précepte général c'est de prendre ces médicaments avant les repas ; administrés de la
sorte ils préparent l'appétit et disposent l'estomac à sécréter les sucs digestifs pour accomplir
une bonne digestion. Mais pris à jeun et trop
longtemps avant de manger, surtout à dose
concentrée, ils causent une véritable fatigue de
l'estomac et des renvois acides. || Pharm.
Espèces amères. On réunit sous ce nom les
feuilles sèches de germandrée ou petit-chêne,
les sommités de petite centaurée, et celles
d'absinthe mêlées en égale proportion ; 8 gr.
de ces espèces pour un litre d'eau font une
excellente tisane amère. — Apozème amer :
gentiane 8 gr , camomile 2 gr., eau bouillante
(infusion) 1,000 gr., sirop d'absinthe 30 gr. ||
Amer des Allemands, Liqueur appelée ordinai-
rement bitter. || Chim. Amer de Welter, Acide
picrique. || AMERS. Mar. V. Amers, p. 213.
AMER. Nom porté par plusieurs tribus d'Algérie. Tels sont dans la prov. de Constantine:
les Amér-Cheraga ou de l'Est, sur les plateaux
situés au S.-E. de Constantine ; les Amér-Ghe-
raba ou de l'Ouest, à l'O. de Sétif, sur les plateaux du Bou-Sellam supérieur ; les Ouled-
Amér, à l'E. du lac Hodna ; et les Beni-Amér
du cercle de la Calle ; — dans la Grande-Kabylie : les Aït-Amér, tribu kabyle, à 25 kil. vers
l'O. de Bougie ; — dans la province d'Oran :
les Beni-Amér, sur le Rio-Salado, au N. d'Aïn-
Temouchent. — La plus importantes de ces
tribus, les Beni-Amér qui habitaient, avant

1818, le territoire où s'est élevé Sidi-bel-Abbès,
a émigré tout entière au Maroc, au nombre
de 25,000 âmes, après la défaite d'Ab-el-Kader.
— Ce nom de Amér, ou les noms analogues,
Hamdra, Amarah, Hammer, Hamar, etc., est
encore porté par un grand nombre de peuplades
de la haute Nubie, d'Abyssinie et de la haute
région du Nil. On le retrouve même en Asie.
On ne sait jusqu'à présent si des liens de parenté peuvent rattacher tous ces rameaux à
une souche commune.
AMERBACH (Jean). Imprimeur, né en 1430
à Rutlingen en Souabe, établi à Bâle, mort en
1523. On lui doit l'invention des caractères
ronds, qu'il substitua aux italiques et aux gothiques. Il donna en 1506 la première édition
de S. Augustin qu'il avait lui-même revue et
corrigée. Le caractère dont il se servit porte
encore le nom de St-Augustin. — Son fils
aîné, Boniface (1495-1562), fut un juriscon-
sulte éminent. || AMERBACH (Vitus). Erudit,
philosophe, théologien, né en Bavière ; 1487-
1557. Fut un des sectateurs de Luther; mais
il rentra bientôt dans le sein de l'Église catholique et devint professeur de philosophie à
Ingolstadt ; il a laissé quelques ouvrages philosophiques et de nombreuses traductions grecques et latines.
AMER-BIAKHAM-ALLAH (Abou-Ali-Al-Man-
sour). 7e Calife fatimite d'Égypte, succéda à
son père Mostaly à l'âge de 5 ans (1101), sous
la tutelle du vizir Afdar. Les chré iens sous la
conduite du roi de Jérusalem Baudoin lui en-
levèrent Acre (1104), Tripoli de Syrie (1110)
et Sidon, mais échouèrent devant Ascalon et
Tyr. L'année suivante Baudouin fit une invasion
en Égypte, mais fut arrêté par la mort, au
milieu de ses conquêtes. Le vizir Afdar, exerça
tous les droits de la souveraineté pendant la
plus grande partie du règne d'Amer ; il gouverna avec sagesse et douceur Outre plusieurs
palais et mosquées, il fit construire le canal
appelé Aboul-Mounedjah, du nom de son entre-
preneur. Amer, jaloux du mérite et les richesses
de son vizir, le fit assassiner en 1121. Lettré,
savant, mais cruel, dissimulé, orgueilleux, débauché, il fut puni de son ingratitude par
les parents et amis d'Afdar, qui le firent assassiner en 1124.
AMEREMENT. adv. Avec amertume ; ne
s'emploie qu'au fig. Se plaindre, pleurer, criti-
quer amèrement.
AMERGIN (Amerginus) Fils d'un prince établi
dans le nord de l'Espagne et nommé d'abord
Gallamh, surnommé Mileagh Easpen (le champion d'Espagne), Mileagh, Miles, Milesius, Mile-
sicus. Il vint avec ses nombreux frères à la tête
de la colonie scytho-milésienne, qui selon les
annales des anciens Scots irlandais, s'emparèrent de l'Hibernie plusieurs siècles av. J.-C.,
et y fondèrent la monarchie suprême, avec des
dynasties subordonnées, que les Anglais trouvèrent encore existantes lors de leur première
invasion en Irlande l'an 1170. Hérémon devint
roi de toute l'Hibernie, et son frère Amergin ne
voulut d'autre titre que celui d'archidruide,
s'emparant ainsi à eux deux de tout le pouvoir
politique et religieux. Les bardes ont dit de ce
dernier dans leurs vers : « La nature l'avait
fait poète et philosophe, la loi le fit pontife et
historien ; il fléchissait devant les autels des
genoux plus blancs que la neige. »
AMÉRIC VESPUCE (Amerigo Vespucci). Célèbre navigateur, dont l'histoire est assez obscure. Né à Florence, le 9 mars 1451, m. à Séville, en 1512, selon les uns ; d'après d'autres,
en 1516, dans l'île Terceire. Au service de l'Espagne et du Portugal, il explora les côtes de la
Terre-Ferme (Venezuela) et le golfe de Paria,
et prétendit avoir reconnu le continent dès
1497, c.-à-d. une année avant Christophe Colomb ; mais tout semble prouver que c'est une
imposture et que ce voyage eut lieu seulement
en 1499. Il jouit toutefois de la gloire de donner
son nom à la moitié du globe, honneur qui revenait de droit à Christophe Colomb. Améric
Vespuce explora encore de 1501 à 1503, les côtes
du Brésil, découvert récemment par le Portugais Cabral, et descendit jusqu'a la terre des
Patagons Nous avons de lui un Journal de
quatre de ses voyages publié a Vicence, en
1507.
AMÉRICAIN, AINE. s. et adj. (a-mé-ri-kin,
a-mé-ri-kène). Habitant de l'Amérique. Qui est
propre à l'Amérique ou à ses habitants. — Se

dit particulièrement des habitants des Etats-
Unis. || Pop. Œil américain, Œil perçant, scru-
tateur, ou fascinateur. Pour être un voleur ai-
grefin, Il faut un œil américain. ||. Arg. Vol à
l'américaine ; charriage qui s'appelle aussi vol
au change. Le voleur se dit étranger et offre de
changer de l'or contre de l'argent, en laissant
un bénéfice considérable à l'homme naïf qu'il
a pris pour dupe ; si celui-ci accepte, il ne lui
donne que des rouleaux contenant du plomb au
lieu d'or. || A l'Américaine. Loc. adv. A la fa-
çon des Américains ; d'après les mœurs américaines, qui se font remarquer par une liberté
presque absolue. Il élève ses enfants à l'a-
méricaine. || AMÉRICAINES (langues). Rien ne
serait plus important pour l'histoire de l'homme
que l'étude des langues du nouveau continent.
Mais ces langues sont encore si peu connues de
nos jours qu'il est impossible d'en faire une
synthèse de laquelle on puisse tirer des induc-
tions certaines. Le nombre des dialectes d'A-
mérique est, du reste considérable. Vers 1676
le P. Kircher les évaluait à plus de 500. Un
siècle plus tard, Jean Lopez, né dans l'Amérique du Sud et qui avait parcouru une grande
partie du Nord, en comptait plus de 1500.
Stanislas Rajo, très versé dans les langues du
Pérou, ne pensait pas exagérer en portant leur nombre à deux mille. Il faudra bien
du temps encore avant que l'on connaisse
toutes ces langues, en supposant même que
tous les savants qui s'en occuperont adoptent à
peu près la même méthode scientifique ||
AMÉRICAINE. s. f. Voiture légère à quatre roues.
AMÉRICANISER. v. a Donner le caractère
américain || S'AMÉRICANISER. v. pr. Prendre le
caractère américain. La vie moderne tend à s'a-
méricaniser. || AMÉRICANISÉ, ÉE; p. pas.
AMÉRICANISME. s. m. Etude de tout ce qui
concerne l'Amérique. || Admiration du gouver-
nement ou des usages américains. || Caractère
des choses américaines. || Particularités de
style ou de conversation appartenant aux habitants des États-Unis. Les américanismes comprennent : 1° des mots nouvellement créés, et
qui ne sont pas employés en Angleterre ; 2° des
expressions vieillies en Angleterre et conservées
en Amérique ; 3° des mots anglais détournés de
leur sens primitif.
AMÉRICANISTE s. m. Celui qui s'occupe d'a-
méricanisme, de l'ethnologie, de l'archéologie,
etc. des deux Amériques. Les américanistes
tinrent leur premier congrès international à
Nancy, en juillet 1875. || Partisan du gouver-
nement ou des usages américains.
AMÉRICOMANIE. s. f Admiration outrée
pour tout ce qui appartient à l'Amérique.
AMÉRICO-MÉRIDIONAL, ALE. s. et adj. Habitant de l'Amérique méridionale. Qui a rapport à ce pays ou à ses habitants.
AMÉRICO-SEPTENTRIONAL, ALE, s. et adj
Habitant de l'Amérique septentrionale. Qui a
apport a ce pays ou a ses habitants.
AMÉRIGHI V Caravage. (Le).
AMÉRIQUE, Nouveau Continent et Nouveau
Monde. L'une des cinq parties du monde ; elle
occupe, avec le Grand Océan, l'hémisphère opposé à celui de l'Ancien Continent et s'allonge
du N. au S., l'espace de 18,000 kil. entre le 84°
de latit. N. (Terre du Président, dans le Groenland, point le plus septentrional atteint jusqu'à ce jour) et le 56e de latit. S. (cap Horn) ;
et entre le 20e env. (île Shannon, sur la côte
E. du Groenland) et le 171° de longit. O. (cap
du Prince-le-Galles, sur le détr. de Béring). Le
Nouveau Continent, de même que l'Ancien, est
entouré par les grandes mers du globe : au N.,
par l'océan Glacial arctique ; à l'E par l'Atlantique, qui le sépare de l'Europe et de l'Afrique ;
au S. par les mers antarctiques ; a l'O. par le
Grand Océan Pacifique, qui le sépare de l'Asie.
Le point le plus septentrional est l'extrémité
de la presqu'île du Boothia, sur le détroit de
Bellot ; le plus méridional est le cap Horn. La
distance de l'Europe au Nouveau Monde (de l'Irlande au cap Race, situé à l'extrémité S.-E. de
Terre-Neuve) est de 2 900 kil. ; elle n'est que
d'une cinquantaine de kil. entre l'Asie et le
Nouveau Monde, au détroit de Béring. La partie
continentale de l'Amérique est un peu moins
grande que celle de l'Asie ; mais elle est plus
étendue que l'Asie, avec ses îles Superficie
42,300,000 kil. carré. ; population 98,600,000 h.
environ ; c'est la partie du monde la moins
peuplée en proportion de son étendue. L'Amé

rique se rétrécit, vers le milieu, d'une manière remarquable et se divise naturellement en deux grandes péninsules, réunies par l'isthme de Panama ou de Darien, connu sous le nom spécial d'*Isthme américain* ou *Amérique centrale*. Tout ce qui se trouve au N. de cet isthme est l'*Amérique septentrionale*; tout ce qui est au S. forme l'*Amérique méridionale*.

1° *Amérique septentrionale* — Bornes, Littoral. — L'Amérique du Nord est une grande terre triangulaire, très découpée dans ses régions septent et bornée. au N. par l'océan Glacial arctique; au N.-O. par le détroit et la mer de Béring. qui la séparent de l'Asie; à l'O. par le Grand Océan; au S. par l'isthme de Panama et la mer des Antilles; à l'E. par l'océan Atlantique. Vers ses régions glaciales ses limites sont encore incertaines. Dans ses limites connues, elle est comprise entre 8° et 81° de latit N, et entre 20° et 171° longit. O. Sa plus grande largeur du cap Race au cap du Prince-de-Galles est de 6.100 kil. Superficie 24.787,275 kil car., population 81,900,000 h. environ. — Les rivages ne manquent pas de mers, de golfes, de détroits, de presqu'îles et de caps. Du côté de l'océan Glacial et de l'Atlantique s'étend la mer polaire de Kane L'océan Atlantique forme : les mers de Baffin et d'Hudson qui baignent les terres arctiques et la Nouvelle-Bretagne; le golfe Saint-Laurent, où débouche le fleuve du même nom; l'océan Pacifique forme la mer de Béring; la baie de Bristol, qui baignent les possessions russes; le golfe de Géorgie; le golfe de Californie ou mer Vermeille et celui de Panama — Les principaux *détroits* sont: ceux de Béring, de Smith et de Kennedy qui conduisent à la mer polaire de Kane; de Davis, entre la mer de Baffin et l'océan Atlantique; de Lancastre, de Barrow, de Melville, de Mac-Clure, qui unissent cette dernière mer à l'océan Glacial; de Bellot, qui conduit du détroit de Franklin au golfe de Boothia; d'Hudson, qui fait communiquer la mer de ce nom avec l'Atlantique. — Les *presqu'îles* sont: Boothia et Melville au N.; le Labrador, entre la mer d'Hudson et le golfe de Saint-Laurent; la Nouvelle-Écosse ou Acadie, au S. du même golfe; la Floride entre l'Atlantique et le golfe du Mexique; le Yucatan, entre ce golfe et la mer des Antilles; de Californie, à l'O. du Mexique, et d'Alaska, à l'O. de l'Amérique russe. — Les *caps*: Farewell, à la pointe méridionale du Groenland; Chudleigh, sur la côte du Labrador; Charles, à l'entrée du détroit de Belle-Isle, entre le Labrador et l'île de Terre-Neuve; Race, à la pointe S.-E. de Terre-Neuve; Sable, au S. de la Nouvelle-Écosse; Hatteras, sur la côte orientale des États-Unis; Sable au S. de la Floride; San-Lucas, au S. de la Californie; du Prince-de-Galles ou Occidental, sur le détroit de Béring, en face du cap Oriental d'Asie; Barrow, point le plus septentrional du territoire d'Alaska et Bathurst, à la pointe septent. de la Nouvelle-Bretagne. — La côte du nord est bordée d'*îles* nombreuses qu'on désigne sous le nom d'Archipel Arctique (V. *Archipel Arctique*). En outre, dans l'océan Glacial arctique, on trouve les îles du Groenland, la terre de Baffin; dans l'océan Atlantique. Terre-Neuve, l'île du Cap-Breton, les Bermudes, les Lucayes ou Bahama, les Antilles; dans l'océan Pacifique, Nootka ou Quadra-et-Vancouver, la Reine-Charlotte, l'archipel du Roi-Georges, Kadiak et les Aléoutes. || Orographie. — L'Amérique septent. renferme deux systèmes de montagnes: les *monts Rocheux*, à l'O, et les *monts Alléghanys*, à l'E La première chaîne qui la coupe dans toute sa longueur commence près de l'embouchure du fleuve Mackensie, traverse, sous le nom de montagnes Rocheuses (*Rocky Mountains*) les parties occidentales de la Nouvelle-Bretagne et des États-Unis, couvre le centre du Mexique sous le nom de *Sierra Madre*, *Cordillères du Mexique* et se dirige à travers l'Isthme américain pour se joindre aux Andes de l'Amérique du Sud Sa longueur est de 8,300 kil.; sa largeur ordinaire est de 400 à 600 kil.; mais elle se réduit à 200 ou 300 kil. dans les parties méridionales du Mexique. La hauteur des Rocky Mountains est de 2,100 à 2,400 m; mais quelques sommets dépassent de beaucoup cette élévation moyenne: le mont Brown (4.876 m.), le mont Murchison (4,813 m.), le mont Hooker

(4,784 m.). La hauteur moyenne de la partie appelée Sierra Madre est de 2.000 à 2,700 avec des pics s'élevant à 4,000 et 4,300 m. La chaîne va ensuite en s'abaissant graduellement pour se relever plus gigantesque avec les Andes du Sud. Ces montagnes ont, le long du Grand Océan, une chaîne parallèle, qui couvre le territoire de la Nouvelle-Bretagne et des États-Unis, se ramifie avec les monts Californiens (mont Saint-Élie 5,943 m.) et forme avec les monts Rocheux de vastes plateaux; les parties principales sont la chaîne des *Cascades* et la *Sierra Nevada*, très riches en or. Dans les États-Unis, sur la côte orientale de l'Amérique du Nord, se déroulent sur une longueur de 1,800 kil. les *Alléghanys*, dont la partie la plus orientale porte le nom de *montagnes Bleues* (V. *Rocheux* et *Alléghanys*.) Citons encore les monts *Ozark* (V. ce mot), groupe isolé, situé entre le confluent du Missouri et du Mississippi et la rivière Rouge Les montagnes de l'Amérique septentrionale sont remplies de volcans; les principaux sont: le *Saint-Élie*, le *Fairwater*, le *Colima*, le *Popocatepetl* et le pic *Orizaba*. Comme plateaux, on remarque ceux des colonies anglaises du *Stekeen* et de la *Colombie*, ce dernier se prolongeant sur les territoires américains de Washington et de l'Orégon; celui d'*Utah* (1,200 à 1,300 m.) dans les États-Unis, dans le Mexique, ceux de *Chihuahua* (1,200 à 1,830 m.), d'*Anahuac* (1,800 à 2,700 m.). Les Alléghanys eux mêmes peuvent être considérés comme un vaste plateau de 200 à 250 kil. de largeur Les plaines occupent environ les trois quarts de l'Amérique du Nord; la proportion est plus forte encore dans l'Amérique du Sud. Nous en parlerons plus loin. || Hydrographie. — Les *fleuves* coulent dans trois grands versants Les principaux, sur le versant de l'océan Glacial, sont: le *Mackensie*, 3,000 kil.; le *Nelson* (avec Saskatchouan), 2,200 kil.; le *Churchill*, 1,450 kil; ces deux derniers se déversent dans la baie d'Hudson Se jettent dans l'Atlantique: le *Saint-Laurent*, 3,500 kil., l'*Hudson*, 400; la *Delaware*, 400; la *Susquehannah*, 600; le *Potomac*, 800; le *Roanoke*, 400; le *Santee*, 600; le *Savannah*, 500; l'*Appalachicola*, 800; le *Mobile*, 600; le *Mississipi* (depuis la source du Missouri), 7,200; le *Rio-Grande-del-Norte*, 2.800. Sont tributaires du Grand Océan: le *Yukon* qui, dans son cours inférieur, s'appelle Kwichpak (territoire d'Alaska) 2,200 kil.; le *Fraser*, 630; la *Columbia* ou l'*Orégon*, 2,100; le *Colorado de l'Ouest*, 2,100. — Les *lacs* les plus considérables sont: le lac du *Grand-Ours* (20,000 kil. carrés) et le lac de l'*Esclave* (31,000 kil. car.), dans le bassin du Mackenzie: le lac *Winnipeg* (25,000 kil. car.), dans le bassin du Nelson: le lac *Michigan* (62,136 kil. car.), dans les États-Unis; le lac *Supérieur* (83,600 kil. car.). le plus grand du monde; le lac *Huron* (61,300 kil.); le lac *Érié* (24,854 kil. car.), et le lac *Ontario* (18,900 kil. car.) Ces quatre derniers séparent les États-Unis du Canada. La cataracte de *Niagara* relie les lacs Érié et Ontario || Aspect physique, Divisions naturelles. Climat — L'aspect physique et le climat sont très variés. On distingue cinq grandes zones: au N., les régions polaires, comprenant le territoire d'Alaska, les Terres Arctiques, le territoire de la Compagnie de la baie d'Hudson et le Labrador, qui sont froides, nues, semées de marais ou de grands lacs et dont les parties méridionales seulement sont couvertes de quelque végétation, surtout d'herbes et de bois composés de pins, mélèzes, bouleaux et saules. La population est peu nombreuse et très disséminée. A l'ouest, une région montueuse couverte par les monts Rocheux, a une longueur de 3,000 kil. et une largeur de 1,000 à 1,500 kil Elle renferme au N. des prairies, des lacs, des forêts de pins, de cèdres, de chênes, de platanes et de bouleaux; très fertile dans la Californie, elle contient dans sa partie méridionale de vastes déserts. Les richesses minérales y sont abondantes. Au centre, entre le pied oriental des monts Rocheux et le Mississipi, se déroule la *Prairie*, connue sous le nom indigène de Savanes, sur une longueur de 2,800 kil. et 1,000 kil. de larg environ; cette région est formée d'immenses plaines, couvertes d'herbes, de gazons et de fleurs magnifiques; on n'y rencontre d'arbres que sur le bord des rivières. Peu habitée, elle est le séjour de quelques tribus no-

mades, de trappeurs poursuivant les animaux à fourrure pour le compte des compagnies américaines, de bandits échappés des États-Unis, d'Indiens chassés des États de l'Est, et dans l'État de Kansas, de colons anglo-américains. Plusieurs chemins de fer traversent maintenant les Prairies. A l'E., entre le Mississipi et l'Atlantique, s'étend la région des forêts, comprenant le massif des Apalaches; sa longueur est de 1,500 kil. et sa largeur de 890 à 1,800 kil. Sa surface est couverte de forêts épaisses de chênes, érables, ormes, noyers, frênes, merisiers, charmes, châtaigniers, peupliers, trembles etc Les colonies du Canada, des États de l'Est et du centre de la confédération américaine, établies au milieu de ces forêts, augmentent tous les jours l'étendue de leurs cultures par des défrichements gigantesques. Au S. les parties tropicales de l'Amérique du Nord, comprenant la Floride, la Lousiane, le Texas méridional, le Mexique et l'Amérique centrale, se rattachent par la chaleur, l'insalubrité du climat et les productions à la région des Antilles et des parties septentrionales de l'Amérique du Sud. — Les deux principales régions minières sont: la haute terre des monts Rocheux et les monts Apalaches Les richesses qu'on y exploite sont: l'or, l'argent, le mercure, le platine, le cuivre, le fer, la houille, l'anthracite, l'huile de pétrole et le sol. — Les principales *productions* des cultures sont. dans les parties tempérées, le blé, le seigle, le maïs, le lin, le chanvre, le houblon, le tabac, le vin, le sucre d'érable, les fruits de l'Europe, surtout la pomme; dans les parties chaudes, le riz, le manioc, l'igname, la patate, le tabac, le coton, le sucre, le café, le cacao, la vanille, la cochenille, l'indigo, et parmi les fruits: la banane, l'ananas, l'orange, la grenade. Les productions spontanées sont variées; les plus importantes sont: les bois de construction, l'acajou, les bois de teinture, le tulipier le magnolia, l'acacia, le sassafras, le cèdre, le cyprès, des pins et sapins qui atteignent une hauteur prodigieuse, le salap et la salsepareille Le bétail (bêtes à cornes, chevaux, moutons, porcs), d'origine européenne, est principalement élevé en Canada, dans la partie des États-Unis située entre les grands lacs, le Mississipi et l'Atlantique, dans la partie septentrionale du Mexique et dans le Honduras. (Dussieux.) — La *faune* consiste en lynx, ours, renards, blaireaux, martes, hermines, castors, rats musqués, zibelines, phoques, loutres, daims, rennes, bisons, bœufs musqués, élans, cerfs, vautours, poules des prairies (espèce de faisans), oruguals, carcajoux. — L'industrie et le commerce ont pris, surtout dans les États-Unis, un grand développement. (V. *États Unis*) Partout, des canaux et des chemins de fer ont été établis. — Les peuples qui habitent l'Amérique septentrionale appartiennent à des races nombreuses: race indo-européenne, diverses races américaines, race nègre et race chinoise. La race indo-européenne est la plus considérable; elle appartient aux nations: anglaise (Haut-Canada, Nouveau-Brunswick, Nouvelle-Écosse, États-Unis, etc. L'émigration conduit chaque année environ 20,000 Anglais dans les colonies du nord de l'Amérique et 30 à 40,000 dans les États-Unis), allemande (9 millions aux États-Unis), irlandaise, écossaise, française (1,200,000 Français dans le Dominion du Canada, et 800,000 aux États-Unis), russe et danoise. Les populations de race ibérienne ou espagnole sont dans la Floride, le Texas, le Mexique et l'Amérique centrale. Leur nombre est d'environ 1,700,000. Les races indiennes se divisent en quatre rameaux: les Eskimaux qui habitent les régions septentrionales; les Peaux-Rouges, seuls Indiens au teint rouge ou cuivré, qui sont répartis dans les prairies; les tribus de l'Orégon et de la Californie; les Mexicains (V. ces mots). Les nègres se trouvent principalement dans les États-Unis, et les Chinois en Californie, dans l'Orégon et la Colombie anglaise. Ajoutons encore les races métisses qui sont nombreuses. Les diverses *langues* en usage sont: le russe, dans le territoire d'Alaska; le danois dans le Groenland; le français dans le Bas-Canada, la Nouvelle-Écosse, la Louisiane, etc.; l'anglais dans la Nouvelle-Bretagne et les États-Unis; l'espagnol au Mexique. Les langues indiennes sont très variées: langues kénaï, athapaska, algonquines, iroquoises, dakotah, apalaches, arrapahô, aztèques et zapotèques. (V. ces mots.) — Les diverses *religions* sont : le catholicisme, dans le Dominion, les États-Unis et le Mexique ; le protestantisme dans la Nouvelle-Bretagne, le Groenland et les États-Unis; l'Église grecque, dans le territoire d'Alaska ; le paganisme chez les Eskimaux ; quelques peuplades ont embrassé le christianisme. — Les *divisions politiques* de l'Amérique septentrionale sont les suivantes : au N. le *Groenland* ; la *Nouvelle-Bretagne* ou Amérique du Nord anglaise, comprenant 9 grandes parties (V. *Amérique anglaise*); au centre, les *États-Unis* agrandis depuis 1867 du territoire d'Alaska ; au S. le *Mexique*; l'*Amérique centrale* et les *Antilles*. (V. ces mots) — Villes princ : *New-York*, 1,207,000 h. ; *Philadelphie*, 847,000 ; *Brooklyn* (New-Y.) 567,000; *Chicago* (Illin.) 503,000; *Boston* (Mass.) 353,000 ; *Saint-Louis* (Missouri) 331,000; *Baltimore* (Maryl.) 332,000; *Cincinnati* (Ohio) 236,000; *San-Francisco* (Calif.) 234,000 ; *Mexico*, 230,000 ; *Havane* (Cuba) 230,000; *Nouvelle-Orléans* (Louisiane) 216,000 ; *Cleveland* (Pensylvanie) 160,000 ; *Pittsburg* (Pensyl.) 156,000; *Buffalo* (N.-Y.) 150,000; *Washington*, 147,000; *Newark* (New-J.) 133,000; *Louisville* (Kent.) 124,000 ; *Jersey-City* (N.-Y.) 121,000; *Détroit* (Michig.) 110,000; *Milwaukee* (Wiscons.) 113,000; *Montréal* (Can.) 107,003; *Providence* (Rhod.-Isl.) 105,000. Cette liste est empruntée à l'*Annuaire du Bureau des longitudes* (1882), et le chiffre de la population de la plupart des villes est basé sur le recensement de 1880. — Les principales *colonies* européennes, sont, aux Français : la Martinique, la Guadeloupe, Marie-Galante, la Désirade, les Saintes, Saint-Pierre et Miquelon, etc. ; aux Anglais : la Nouvelle-Bretagne, les Bermudes, les Lucayes, la Jamaïque, Sainte-Lucie, la Barbade, le Honduras anglais, etc. ; aux Danois : le Groenland et l'Islande ; aux Espagnols : Cuba, Porto-Rico, aux Hollandais : Saba, Saint-Eustache, etc.

2° *Amérique centrale*. — On désigne sous le nom d'Amérique centrale la contrée longue et étroite qui s'étendant du Mexique à l'isthme de Panama, entre 18° 20' et 8° latit. N., est renfermée entre la mer des Antilles à l'E., le Grand Océan à l'O., et rattache les deux Amériques. Superficie 487,861 kil. car. ; population 2,675,000 h. L'Amérique centrale est comprise par la plupart des géographes dans l'Amérique du Nord. — Ses rivages présentent les baies de Honduras et de Mosquitos, de Nicoya et de Fonseca à l'O. — L'intérieur est sillonné de *montagnes*, les Andes de Guatemala, semblables à celles du Mexique et se reliant à la grande chaîne des Andes du Sud. Au N. dans le Guatemala leur hauteur moyenne est de 1,800 à 2,000 m. ; elles vont en s'abaissant considérablement vers le S. Ces montagnes divisent le pays en deux versants privés de longs cours d'eau ; le plus considérable est le San-Juan-de-Nicaragua, 200 kil. Les *lacs* sont : le lac de Nicaragua, de 13,970 kil. car. ; le lac Yojoa, au centre du Honduras et le lac appelé golfe Dulce, dans le Guatemala On y compte une cinquantaine de volcans, actifs ou éteints. Le climat est assez semblable à celui du Mexique : brûlant et insalubre dans les parties basses du littoral, chaud, mais supportable et plus sain dans la zone moyenne, entre 400 à 1,200 m. d'altitude, il est tempéré et sain dans la zone supérieure, au-dessus de 1,200 m. — Les *productions* minérales sont l'or et l'argent exploités au Nicaragua ; les productions végétales sont : les gommes, la salsepareille, le suif végétal, les bois de construction et de teinture, l'acajou, l'ébène, le palissandre et le bois de rose. Le sol est très fertile, les vallées nombreuses et fécondes ; mais l'agriculture fort arriérée. Les produits les plus importants sont : le maïs, le riz, l'igname ; le sucre, le café, le tabac, la vanille, la cochenille, le coton. Bêtes à corne, chevaux, moutons. Exportation du bétail et des cuirs — La *population* se compose : de blancs, d'origine espagnole ; de métis, race la plus nombreuse ; d'indiens et de nègres. La langue espagnole est la langue dominante; la religion est le catholicisme. L'Amérique centrale (ancien Guatemala) formait autrefois, sous les Espagnols, une capitainerie générale relevant de la vice-royauté du Mexique. En même temps que le

Mexique secouait le joug de l'Espagne, en 1821, la capitainerie de Guatemala se déclara indépendante, forma en 1823 la Confédération des provinces unies de l'Amérique centrale, aujourd'hui dissoute. Elle se divise actuellement en six parties : le *Honduras anglais* ou Colonie de Bélize ; la *république de Guatemala*, avec une capitale du même nom ; la *république de San-Salvador* ; la *république de Honduras*; la *république de Nicaragua*, et la *république de Costa-Rica*. (V. tous ces mots.) Les principales villes sont : *Guatemala de la Nueva*, 45,000 h. ; *Léon* (Nicar.) 25 000 ; *San-José*, capit. de Costa-Rica, 25,000; *San-Salvador*, 20,000; *Comayagua* capit. du Honduras, 13,000 h. Ces républiques ont été longtemps en guerre les unes contre les autres.

3° *Amérique méridionale*. — L'Amérique du Sud, qui a la forme d'un immense triangle est bornée au N. par l'Amérique centrale et la mer des Antilles ; à l'E., par l'Océan Atlantique ; à l'O., par le Grand Océan ; son extrémité méridionale, terminée en pointe, se projette dans l'océan Glacial Antarctique. Elle est comprise entre 12° latit. N. et 54° latit. S. ; 38° et 85° longit O. Superficie 17,716,725 kil. car. ; population 31,000,000 h. environ. — Plus arrondis que ceux de l'Amérique du Nord, ses rivages renferment moins de golfes, de détroits, de presqu'îles et de caps. On remarque le golfe de Darien et celui de Maracaybo, formés par la mer des Antilles ; le golfe de Paria (Vénézuéla), la baie de Tous-les-Saints, celle de Rio-de-Janeiro (Brésil) et le golfe Saint-Georges (Patagonie), formés par l'océan Atlantique ; le golfe de Guayaquil (Rép. de l'Équateur) et la baie de Panama, formés par le Grand Océan. — Les *détroits* sont : le détroit de Magellan, qui sépare la Patagonie d'un archipel situé au S. de cette contrée et conduit de l'Océan Atlantique au grand Océan ; le détroit de Lemaire entre la Terre de Feu et la Terre des États — Trois *presqu'îles* : celle de Paria (Vénéz.) à l'E., de laquelle est l'île de la Trinité, la plus méridionale des Antilles ; celle de Saint-Joseph et celle des Trois-Montagnes (Patag.) — Les principaux *caps* sont : le cap Gallinas, extrémité septentrionale, sur la mer des Antilles ; le cap du Nord, à l'embouchure de l'Amazone ; les caps San-Roque, point le plus oriental de l'Amérique du Sud et Saint-Augustin, sur la côte du Brésil ; le cap des Vierges, à l'entrée du détroit de Magellan ; le cap Froward, point le plus méridional du continent américain ; le cap Horn, pointe extrême des îles situées au S. de la Patagonie (c'est à tort qu'on cite le cap Horn, comme appartenant au continent); les caps Aguya et Blanc, sur la côte du Pérou. — Les *îles* de l'Amérique méridionale se trouvent principalement au S. et à l'O. Dans l'océan Atlantique : les Malouines ou Falkland, possession anglaise ; l'archipel de Magellan ou Terre de Feu, l'île ou Terre des États, l'île Wollaston, et en avant de la Terre de Feu, l'île l'Hermite qui forme le cap Horn Dans le Grand Océan, une chaîne d'îles longe la côte depuis le détroit de Magellan jusqu'au Chili; les plus importantes sont : l'île de la Reine-Adélaïde, l'île de Hanovre, l'archipel de La Mère-de-Dieu, l'archipel Chonos et l'île de Chiloe, qui appartient au Chili. — L'Amérique du Sud renferme trois systèmes de *montagnes* : les *Andes*, la *Parime* et les *montagnes du Brésil*. La Cordillère des Andes qui s'étend du N. au S. dans toute la longueur de l'Amérique du Sud, commence à l'isthme de Panama et finit sur le détroit de de Magellan ; elle longe la côte occidentale. On la divise en six sections Andes de la Nouvelle-Grenade ou de la Colombie, de Quito, du Pérou, de La Bolivie, du Chili, et Andes Patagoniques. La longueur est de 7,500 kil. La largeur varie de 90 à 300 kil. On y trouve les sommets les plus élevés des montagnes américaines : l'Aconcagua (6,834 m), le Chimborazo (6,530 m.), l'Illimani (6,400 m.), le Sorata (6,278 m.), etc. (V. *Andes*) La Parime se développe entre le bassin de l'Orénoque et celui du fleuve des Amazones, au sud du Venezuela et de la Guyane. (V. *Parime*) Le système du Brésil est compris entre le Parana et l'Amazone et ces montagnes prennent le nom de Serra de Canastra, à l'O., Serra de Espinhaço, au N , et Serra Mantiquerra, au S. (V. *Brésil*.) La chaîne des Andes renferme de nombreux volcans, entre autres celui d'Arequipa, et le Cotopaxi,

dont les éruptions ont souvent ébranlé toute la côte jusqu'à 30 kil. — Les principaux *fleuves* sont : la Magdalena (1,500 kil) qui se jette dans la mer des Antilles ; l'Orénoque (2,40) kil.), l'Essequibo, (1,000 kil.), le Coreutyne (600 kil.), l'Amazone, (4,900 kil.), le Paranahyba, (1.200 kil.), le Rio San-Francisco, (2,800 kil), le Rio de la Plata, formé par la réunion du Parana et de l'Uruguay,(4,000 kil.), qui se jettent dans l'océan Atlantique. Au Grand Océan arrivent des cours d'eau trop peu étendus pour être mentionnés. — Trois *lacs* seulement méritent d'être cités : le lac Titicata (9 900 kil. car.) dans les Andes de la Bolivie, le lac Osorno, dans le Chili, et le lac Cupar, dans la Patagonie. — On peut diviser l'Amérique méridionale en 7 grandes *zones* : A l'ouest, une région montueuse, couverte par la Cordillère des Andes, qui s'étend du nord au sud, le long du Grand Océan et occupe une largeur de 200 à 600 kil. (V. *Andes*). Au nord. s'étend la région des *Llanos* ou terres planes, immenses steppes herbacées mais brûlées par le soleil, qui couvrent une partie du bassin de l'Orénoque, sur une superficie de 900,000 kil car. Ces plaines tristes, dépouillées d'arbres, émaillées seulement de quelques bouquets de palmiers ne sont habitées que par quelques tribus sauvages. c'est le domaine des jaguars, des pumas, des tapirs, des agoutis, d'immenses troupeaux de bœufs et de chevaux sauvages, etc. Au nord-est, s'élève la haute terre boisée et accidentée de la Guyane ou de la Parime (V. *Guyane et Parime*.) Au centre, les forêts vierges (*Selvas*) du bassin de l'Amazone, couvrent un espace douze fois grand comme la France et sont composées d'arbres de toute espèce : palmier, cotonnier, manguier, bananier, cèdre, arbre à pain, etc., à côté desquels croissent mille plantes de toutes familles. Elles sont peuplées d'oiseaux : colibris, hoccos, perroquets, etc. ; de singes de jaguars, de couguars, d'agoutis, de pecaris, de serpents et d'insectes de toutes sortes. Les bords des rivières sont couverts de palmides et d'echassiers, et leurs eaux fourmillent de crocodiles. Au centre, mais au su- de la région précédente, la haute terre du Brésil, sol accidenté, montueux et boisé, occupe le triangle compris entre le cap San-Roque, les cataractes du Rio du Madeira et l'embouchure du Rio de la Plata. (V. *Brésil*.) Au centre encore, mais au S de la région précédente, depuis le Parana jusqu'à la Patagonie, on voit reparaître, sous le nom indien de *Pampas*, les plaines immenses, en partie herbeuses, es partie sablonneuses, mêlées d'étangs saumâtres, peuplées de quelques tribus sauvages et surtout de jaguars. Au sud enfin, se déroulent les steppes stériles de la Patagonie. — Le *climat* fort chaud dans les régions septentrionales, tempéré vers le centre est assez froid à l'extrémité méridionale. Tout le versant occidental des Andes est presque continuellement privé de pluie, tandis que le versant de l'Atlantique reçoit des pluies abondantes. — L'Amérique méridionale est plus riche encore que sa sœur du Nord en *productions* minérales : or, diamants et pierres précieuses du Brésil ; or et argent du Pérou ; platine, mercure, étain, cuivre, houille, salpêtre, etc. Les productions spontanées sont : l'arbre à cire ; les bois de teinture, d'ébénisterie : acajou, ébène, palissandre, bois de rose ; les bois de construction ; le caoutchouc, le quinquina, la ratanhia, le cacao, la vanille, etc. Les produits des cultures sont les fruits du bananier, du cocotier, du papayer, du tamarinier, etc. ; le manioc, le maïs, le café, le coton, le tabac, la pomme de terre, originaire des Andes, la canne à sucre, l'indigo, la cochenille, etc. Mais l'agriculture, l'industrie et le commerce sont moins développés que dans l'Amérique septentrionale Le bétail, d'origine européenne (bœufs, chevaux, ânes, mulets et surtout moutons) est une des grandes richesses de l'agriculture L'exportation des laines est considérable. — Les animaux caractéristiques de la *faune* sont : le puma ou couguar, le jaguar, de nombreuses espèces de singes, les fourmilliers, les tapirs, l'agouti, le lama, la vigogne, l'alpaca ; les perroquets, le condor ou grand vautour des Andes, l'autruche américaine ou le nandou; les colibris et les oiseaux-mouches ; le serpent à sonnettes, le boa, les caïmans, et une foule de reptiles et d'insectes de toutes sortes. — L'Amérique du Sud est habitée : 1° par des peuples de race américaine ou indienne qui se divisent en 3 rameaux : *indo-péruvien*, *caraïbe* et *pampéen*, et présentent de grandes analogies avec le type mongol ; leur couleur est généralement brun-olivâtre plus ou moins foncé ; 2° par des peuples de race ibérienne descendants des Espagnols et des Portugais ; 3° par des populations nègres, généralement affranchies ; 4° par des métis issus du mélange de ces trois races ; 5° par quelques colons de race indo-européenne. Les diverses langues parlées sont : l'espagnol, dans le Venezuela, la Colombie, l'Équateur, la Bolivie, le Pérou, le Chili, le Paraguay, l'Uruguay, la Rép. Argentine ; le portugais au Brésil ; le français, l'anglais et le flamand dans les Guyanes, et les divers idiomes des nations indigènes. — Le catholicisme est la religion dominante. La plupart des Indiens sont chrétiens; le protestantisme n'existe que dans les Guyanes anglaise et hollandaise. — Les États de l'Amérique méridionale sont : au N. les *États-Unis de Colombie*, autrefois Nouvelle-Grenade ; au N.-E., la république de *Venezuela*, et la *Guyane*, comprenant les Guyanes anglaise, hollandaise et française ; au N.-O., la république de l'*Équateur* ; au centre et à l'E., le *Brésil* ; au centre aussi, et à l'O. le *Pérou* et la *Bolivie* ; au S.-O. du Brésil, le *Paraguay*, et au S.-E. l'*Uruguay* ; au S. la *Confédération Argentine* ou Confédération de la *Plata* ; au S.-O., le *Chili* et au S la *Patagonie* (V. tous ces mots.) Villes principales : *Rio-de-Janeiro* (Brésil), 275,000 h ; *Buenos-Ayres* (Rép. Arg.) 178,000 ; *Santiago* (Chili), 150,000 ; *Bahia* (Brésil) 129,000 ; *Pernambuco* (Brésil) 117,000 ; *Lima* (Pérou) 100,000 ; *Montevideo* (Uruguay) 92,000 ; *Quito* (Équat.) 80,000 ; *La Paz* (Vénéz.) 50,000 ; *Bogota* (Colomb.) 50.000. Ces chiffres sont empruntés a l'*Annuaire du Bureau des Longitudes*, de 1882.

CONSIDÉRATIONS GÉNÉRALES. — *Découverte.* L'Amérique fut inconnue aux anciens géographes; car l'*Atlantide* de Platon, dit M. Cortambert, qu'on a quelquefois prétendu retrouver dans l'Amérique, n'est peut-être qu'un des archipels voisins de la côte occid. de l'Afrique, si elle n'est pas un pays imaginaire. De vieilles traditions du moyen âge plaçaient l'île *Antilia* dans l'océan Atlantique ; mais on ignore sur quel fondement elles reposaient, et personne n'a jamais visité cette terre ; le nom en fut cependant appliqué aux premières îles américaines, les Antilles. Il est certain que dès les IXe et Xe siècles, les Scandinaves avaient visité quelques-unes des terres boréales de l'Amérique, c'est-à-dire le Groenland, d'où ils gagnèrent le Vinland ou Labrador ; malgré tout, l'existence d'un continent n'était même pas soupçonnée. L'histoire du Nouveau Monde a pour point de départ les voyages du Génois Christophe Colomb. Convaincu de la rotondité de la terre, contrairement à l'opinion commune, résolu de trouver la route des Indes, en se dirigeant toujours vers l'ouest, Colomb partit de Palos, port d'Espagne, le 3 août 1492, avec trois vaisseaux, et le 12 octobre de la même année, aperçut des terres inconnues : c'était San-Salvador, une des îles Lucayes. Il en prit possession au nom du roi d'Espagne. Dans d'autres voyages, il reconnut les Antilles et toucha le premier à cette partie de la terre ferme appelée de son nom Colombie. Le nouveau continent tout entier aurait dû porter le nom de ce grand homme. Par une injustice flagrante, il a pris celui d'un navigateur florentin, homme d'un mérite secondaire, Améric Vespuce, qui ne le vit que plusieurs années plus tard. Après Colomb vinrent plusieurs explorateurs ou conquérants qui reconnurent ou explorèrent successivement les diverses contrées de l'Amérique. En 1497, J. Cabot reconnaît l'embouchure du Saint-Laurent et le Labrador ; en 1500, Vincent Pinzon, découvre le Brésil, l'embouchure de l'Amazone, et 400 lieues de côtes au nord de ce fleuve. La même année, Roderigo de Bastida se rend du golfe de Venezuela à la Magdalena. En 1509, de Solis découvre le Rio de la Plata, et Ponce de Léon, la Floride en 1512 En 1513, Balboa gagne l'océan Pacifique à travers l'isthme de Panama. De 1519 a 1521, conquête du Mexique par Fernand Cortez. En 1521, Magellan découvre la Patagonie et traverse le détroit

auquel il donne son nom. En 1531, Pizarre et Almagro s'emparent du Pérou et du Chili. Chartier, en 1534, jette dans le Canada les premiers fondements d'une brillante colonie française. En 1541, Orellana descend l'Amazone et à partir de 1378, les Anglais fondent des colonies dans le Nouveau Monde. Les navigateurs Davis, Hudson et Baffin explorent les régions boréales au commencement du XVIIe siècle ; vers le milieu du XVIIIe, Béring découvre le détroit qui porte son nom. Les voyages de MM. de Humboldt et Bonpland (1799-1804), font connaître l'intérieur du continent. On doit aussi beaucoup, pour la connaissance des parties intérieures aux missionnaires français, entre autres Hennepin, Lejeune, Charlevoix, Lasalle, etc. En 1819, Parry s'avance par le détroit de Barrow dans la mer Polaire. Depuis 1813 surtout, de nombreux explorateurs ont parcouru les diverses contrées de l'Amérique : Alcide d'Orbigny (1826-1833), de Castelnau et Weddell (1843-1847), Paul Marcoy (1848-1860), etc. || *Configuration. Climat.* — L'Amérique forme une île immense qui se termine au midi par une pointe. Elle va en s'élargissant jusque vers l'Équateur ; puis, brusquement, elle se resserre vers le douzième parallèle en un isthme qui joint cette partie à celle du nord, également triangulaire, et dont la base est aussi tournée vers le nord. La mer, qui l'environne, y pénètre dans quelques endroits, et forme les golfes du Mexique et des Antilles, les baies d'Hudson et de Baffin, véritables Méditerranées. Elle est entourée d'une foule d'îles qui se groupent en nombreux archipels, et de grands courants marins, comme la *Gulph-Stream*, mélangent les eaux qui la baignent. Une immense chaîne de montagnes la traverse du sud au nord. Le sommet le plus élevé de cette chaîne est l'Aconcagua, dans les Andes du Chili, qui mesure 6,834^m. Des plateaux d'une étendue et d'une élévation considérables soutenus par les gigantesques ramifications de la chaîne principale, des plaines immenses, tantôt humides et brumeuses, semées de lacs, couvertes de forêts vierges, ou ensevelies sous des glaces et des neiges épaisses, tantôt sèches et stériles, vastes surfaces de sables ou de cailloux, tantôt, d'une fertilité exubérante et redoutable, sillonnées par des fleuves d'une étendue et d'un volume inconnus a notre continent, offrent des climats d'une variété inouïe. Des séries de volcans manifestent leur activité par de fréquents tremblements de terres, qui bouleversent des contrées entières, renversent les montagnes, en font surgir de nouvelles, obstruent les rivières, et modifient non seulement l'aspect du sol, mais encore les conditions climatériques. En outre, l'Amérique est ravagée par des ouragans terribles qui laissent derrière eux la désolation et la mort. || *Caractère de la Flore. — Faune.* — La végétation est très variée ; on y trouve tous les genres connus ; mais elle affecte des formes particulières, et ses espèces sont différentes de celles de l'ancien monde. De plus, les végétaux les plus disparates sont mêlés sur le même sol, au lieu d'être groupés par espèces comme dans nos forêts. L'Amérique ne possédait pas les animaux domestiques, et sa faune sauvage offre, à côté d'espèces voisines ou de genres parallèles à ceux de notre continent, des groupes de familles entiers qui lui sont propres. || *Races.* — L'homme lui-même étonna les premiers navigateurs. D'où venait-il ? Avait-il une parenté lointaine avec les races de notre monde ? « L'étude des caractères physiques, dit M. de Quatrefages, conduit à admettre que l'Amérique a été peuplée par des émigrants partis de l'ancien monde et appartenant de près ou de loin aux trois races principales que présente celui-ci, la blanche, la jaune et la noire. » En effet, le passage du Kamtschatka à la presqu'île d'Alaska par les îles Aléoutiennes est très facile, et les immigrations d'Europe en Amérique par l'Islande et le Groenland n'étaient guère plus difficiles. Aussi les Scandinaves qui, fuyant la tyrannie d'Harald *aux cheveux d'or*, colonisèrent l'Islande, ne tardèrent-ils pas à envoyer des navires qui reconnurent les côtes de l'Amérique jusqu'au fleuve St-Laurent, et qui pénétrèrent peut-être plus au sud. Une bulle du pape Grégoire IV, adressée à Ansgarius, et datée de 835, fait mention des invasions d'Islande et de Groenland.

Les routes du nord n'étaient pas les seules : de nos jours des jonques abandonnées ont été conduites sur les côtes de Californie par le courant du Pacifique, qui porte le nom de courant de Tassan et qui, passant au sud du Japon, se dirige vers l'Amérique. Les Japonais le connaissaient-ils ? et le nom de Kouro-Sivo qu'ils lui donnent est-il ancien ? Du moins, il est permis de le penser, si l'on rapproche les passages des auteurs chinois cités par de Guignes et M. Paravey, du témoignage de Gomara, compagnon de Cortès, qui rapporte que les Espagnols trouvèrent près de la côte de Monterey des navires chinois et japonais, *à proues dorées et à vergues argentées*, chargés de marchandises. La race noire avait aussi pénétré en Amérique, car Vasco Nunès de Balboa, en traversant l'isthme de Panama, trouva sur sa route de véritables nègres, à ce que raconte le même Gomara, confirmé par Pierre Martyr. D'après l'opinion des voyageurs, la conformation aplatie et déprimée du front, l'absence ou la rareté de la barbe, les cheveux gros et lisses, la couleur cuivrée ou rougeâtre, le corps ramassé, les yeux obliques, mais moins bridés et moins étroits que dans la race jaune, les joues saillantes, la bouche gracieuse contrastant avec le regard sombre donnaient à tous ces peuples un caractère commun. Cependant, quant à la stature et à la couleur, les différences étaient grandes. On a essayé de faire des classifications, de ranger ces populations dans une certaine quantité de groupes. Mais ces vues ont quelque chose d'artificiel, dans l'état actuel de la science. || *Langues. Origines. Religion, Antiquités.* — Les langues varient à l'infini. On en attribue à toute l'Amérique plus de deux mille, dont quelques-unes éteintes depuis la conquête. Il y en a dont on a recueilli quelques mots épars, répétés par les perroquets que les indigènes avaient élevés ; d'autres, qui étaient parlées par des peuples aujourd'hui disparus, servent encore de moyen de communication entre différentes tribus, bien qu'elles aient chacune leur idiome propre. Quelques-unes ont une richesse de formes qui indiquerait une culture supérieure Dans presque toutes, les verbes expriment par des inflexions distinctes chaque rapport entre le sujet et l'action, ou entre le sujet et les objets ; ils revêtent des formes particulières pour exprimer les pronoms réfléchis à chaque personne : similitude remarquable, qui semblerait rattacher tous ces idiomes à une même grammaire, malgré les différences de vocabulaires. Bien des faits paraissent prouver que les habitants de l'Amérique n'ont pas été complètement privés de communications avec l'extérieur. Partout où survivait quelque tradition, on se rappelait l'apparition d'étrangers venus pour civiliser les indigènes. Les noms de Manco-Capac, de Bochica, de Quetzalcoalt, du Votan des Chapanais, qui rappelle la divinité des Scandinaves ; les livres conservés avec vénération par les sauvages de l'Uçayale, qui n'en comprenaient pas un mot ; les croix sculptées sur les monuments, la fleur de lotus, les mots grecs et phéniciens, l'usage de la circoncision, autant d'obscurs indices d'une influence étrangère. Les Mexicains parlaient d'une mère des hommes qui pécha, d'un grand déluge auquel n'échappa qu'une famille, d'un immense édifice érigé par l'orgueil des hommes et foudroyé par les dieux. L'usage de baigner les enfants nouveau-nés, de former de petites idoles avec de la farine, et de les distribuer au peuple dans le temple, la confession des péchés, la séquestration des hommes et des femmes dans des espèces de couvents, la croyance que la religion du pays avait été changée par de saints personnages au teint blanc, toutes ces circonstances firent adopter l'opinion qu'il y était venu autrefois des missionnaires chrétiens. Les Tlascaltes croyaient à la métempsychose. Au Pérou on retrouve des idées bouddhistes ; et les Incas labouraient la terre comme les empereurs de Chine. Dans les temps modernes plusieurs tribus sibériennes comme les Chippeways, les Sioux, les Osages, les Pawnees et d'autres encore, ont traversé le détroit de Béring et sont arrivées en Amérique. Il est évident que des faits semblables ont dû avoir lieu dans les temps antérieurs. De même les Malais excellents navigateurs dès les temps très reculés, ont pu arriver par mer sur les côtes de l'Amérique baignées par le Pacifique. Mais l'histoire de ces migrations est inconnue. On a découvert dans l'Amérique septentrionale des crânes identiques à ceux des Péruviens, ce qui ferait supposer que ceux-ci, chassés du nord, auraient été forcés de passer dans l'Amérique du sud pour y fonder l'empire du Pérou. D'autres crânes, trouvés sous des *tumuli* ou éminences qui ont dû être élevés il y a sept ou huit siècles, et qui contenaient des ornements ressemblants à ceux de l'Hindoustan, diffèrent et des crânes des indigènes et des nôtres. Les peuples du plateau de Bogota ont de grandes analogies avec les Japonais. Les monuments de la plus ancienne civilisation ont été découverts au nord des grands lacs. Les bords de l'Ohio, de l'Illinois, du Missouri, du Tennessee, ont été plus tard la demeure d'un peuple qui laissa des vestiges considérables de son passage, et qui probablement fut forcé de passer les Cordillères et de fonder l'empire du Mexique. C'est dans ce pays et dans le Pérou, que les premiers conquérants trouvèrent des routes ouvertes à travers les montagnes, des môles, des pyramides, des peintures, des édifices qui les frappèrent d'étonnement. Malheureusement, ils ont négligé de nous laisser les dessins de ces édifices que le temps et la fureur des hommes ont détruits. Parmi les objets anciens trouvés au Mexique et dans les îles du Golfe, des idoles ressemblent aux statues des Égyptiens, des vases en terre cuite rappellent ceux des Étrusques et sont couverts de figures qui représentent des divinités grecques, romaines, égyptiennes, indiennes. Des haches en pierre sont analogues à celles dites celtiques. En dehors des deux principaux foyers de civilisation signalés en Amérique, l'un sur le plateau de l'Anahuac, l'autre sur celui du Pérou, on trouve encore des monuments innombrables d'une antiquité plus reculée, dans une contrée qui au temps de la découverte n'offrait plus trace de culture. En 1850, on a exhumé dans les déserts de l'Amérique du Nord les restes à demi ensevelis d'une très grande ville dont ne parlait aucune tradition. D'immenses lignes de fortifications courent du lac Ontario jusqu'au golfe du Mexique, et des monts Alléghanys aux montagnes Rocheuses. De vastes enceintes polygonales, à double revêtement de lumachelle artificielle, dans des lieux stériles et dépourvus d'eau, paraissent avoir été destinés à servir d'amphithéâtre à des spectacles barbares. Quelques villes avaient des murailles d'une épaisseur de vingt-cinq mètres à la base, dont la disposition angulaire dénote certaines notions de tactique. De plus, on compte plus de cinq mille *tumuli*, dans les mêmes contrées. La plupart sont petits, mais il y en a un dans le Missouri dont la base a 800 m. de tour, et la hauteur 100 pieds. On y a trouvé des squelettes, des armes, des médailles en cuivre. L'habitat des peuples qui les ont construits s'étendait depuis le golfe du Mexique jusque bien au-dessus des sources du Mississipi, et depuis les Alleghanys jusqu'aux montagnes Rocheuses. Chose singulière, ils ne touchaient l'Atlantique qu'à la Floride, et n'atteignaient pas le Pacifique. Des forêts puissantes ont recouvert ces débris, et en certains endroits on reconnaît que, par deux fois se sont succédé les générations des arbres énormes ; ce qui reporte l'origine de ces monuments à une très haute antiquité. Dans les tombeaux, des vases en terre cuite, quelques-uns d'un galbe gracieux, ornés souvent d'effigies délicatement façonnées de têtes d'un travail soigné : des colliers d'or et de coquillages ; des ornements en pierres dures finement ciselées, des idoles, des animaux exécutés avec une certaine habileté, dénotent une culture artistique assez avancée. Peu d'ouvrages en métal : cependant on a trouvé à Marietta, ville de l'Ohio, une tasse d'argent massif entièrement dorée, et les Péruviens savaient donner de la dureté au cuivre par un procédé auj. perdu, de manière à en faire des outils propres à travailler les vases, les meubles et les bijoux. ‖ *Usages et Mœurs.* — Les Toltèques et les Aztèques traçaient sur le papier de maguey, les hiéroglyphes et les dessins qui leur servaient d'écriture, car ils n'y connaissaient pas les caractères alphabétiques. Ce qu'on a appelé les livres des Mexicains, espèces de bandes pliées comme nos éventails, contenaient les

annales, les procès, les représentations astronomiques et cosmogoniques, les cérémonies rituelles, des documents relatifs au cadastre et aux tributs, des tableaux généalogiques, des calendriers marquant les concordances de l'année civile et de l'année religieuse; des peintures rappelant les peines dont les juges devaient punir les crimes. Ces documents offrent, selon Humboldt, « une extrême correction dans les contours, un soin minutieux dans les parties, une grande vivacité dans les couleurs, disposées de manière à produire des contrastes marqués. Les figures, en général, ont le corps ramassé comme celles des bas-reliefs étrusques. Quant à l'exactitude du dessin, elles le cèdent aux plus chétives peintures des Indiens, des Thibétains, des Chinois et des Japonais. Mais cela ne doit pas étonner, car les peuples qui expriment leurs idées a l'aide de peintures, et sont forcés par leur état social de faire un fréquent usage de l'écriture hiéroglyphique mixte, attachent aussi peu d'importance a peindre correctement, que nos savants d'Europe a faire montre d'une belle écriture Avant l'introduction de la peinture hiéroglyphique en 648, les peuples d'Anahuac se servaient de ces nœuds et de ces cordelettes que les Péruviens appellent *quipos*, et que l'on retrouve, non seulement chez les Canadiens, mais aussi très anciennement chez les Chinois. Peut-être, les anciens habitants du Pérou passèrent-ils par le plateau du Mexique. » La culture du maïs s'était répandue aussi du Mexique et du Pérou dans les deux Amériques. Il y avait en outre quelques centres secondaires d'une civilisation embryonnaire isolés çà et là au milieu des populations plongées dans la barbarie, comme chez les Natchez de la Louisiane, chez certaines confédérations du nord et du centre des États-Unis, chez les Araucans, dans divers points du Canada, de la Californie, d'Haïti. L'idée de la Divinité existait presque partout : quelques populations lui rendaient un culte simple, et la révéraient soit dans le soleil ou dans un autre astre, soit dans un objet rare et curieux, soit sous des formes étranges ; ailleurs, des dieux sanguinaires réclamaient d'épouvantables hécatombes de victimes humaines. Chez les Muisques on trouve l'idée d'une trinité ; sur les bords de l'Orénoque, le double principe du bien et du mal. Le culte des astres, surtout du soleil, était très répandu. Pour plaire à la divinité, beaucoup se mutilaient eux-mêmes, ou se faisaient enlever des lambeaux de chair par les prêtres. Les trois peuples les plus policés, les Péruviens, les Muisques de Bogota et les Mexicains vivaient sous des rois qui se disaient issus du soleil. Leur autorité était presque absolue ; mais la plupart des autres tribus obéissaient à des chefs, qui n'avaient qu'un pouvoir restreint. Chez les Natchez existaient des familles nobles et des serfs. Les vieillards jouissaient presque partout d'une grande influence. En général, les Américains n'avaient qu'une seule femme ; on trouva même la polyandrie établie chez certaines peuplades. Mais partout la femme était esclave, condamnée aux plus durs travaux Les Américains étaient presque tous imberbes, cependant les Aztèques avaient des moustaches. Les vêtements de coton étaient en usage dans plusieurs pays ; mais en dehors des trois peuples policés dont nous venons de parler, hommes et femmes allaient nus, la peau ornée de dessins tatoués ou peints. Ils se perçaient les oreilles, parfois les narines et la lèvre inférieure pour y suspendre des objets qui passaient pour des parures. Toutefois, dans les pays froids les femmes savaient faire des vêtements de peau, décorés de broderies en plumes. Les Indiens ne rient pas, ils parlent très peu et affectent une impassibilité absolue. Lorsque la chasse ou la pêche est heureuse, ils se gorgent de nourriture ; mais leur imprévoyance les réduit souvent à des abstinences forcées, et alors leur endurance est incroyable, à ce point que ce qui n'aurait pas rassasié un Espagnol, le plus sobre des Européens, leur suffisait pour six. Ils avaient réussi à fabriquer des boissons enivrantes, mais lorsqu'ils connurent l'eau-le-vie, ils sacrifièrent tout pour se livrer à cette boisson ; ils en versent sur les morts, et les plaignent d'en être privés désormais. La chasse seule pourvoyait à leurs besoins, et ils n'avaient pas su tirer parti des immenses troupeaux de

bisons et de bœufs musqués qui erraient dans les plaines sans fin du Mississipi et du Missouri. Dans quelques districts, les femmes semaient du maïs, et la récolte se faisait en commun. Ils savaient fabriquer des armes, mais avaient très peu d'ustensiles de ménage. Leurs combats étaient acharnés, et non contents de faire périr leurs prisonniers dans des tortures atroces, quelques-uns les mangeaient. Les Mexicains les sacrifiaient aux dieux et faisaient trafic de leur chair. Dès l'arrivée des Européens, la décadence commença pour ces races. Colomb évaluait à un million le nombre des habitants d'Hispaniola ; les indigènes ont auj. disparu des Antilles. Sur le continent, la dépopulation fut causée par la petite vérole, la disette, l'esclavage, les travaux auxquels furent condamnés les vaincus, les guerres civiles des Espagnols, la passion des liqueurs fortes. Aux États-Unis subsistent encore quelques débris de ces puissantes nations immortalisées par Cooper ; sans cesse repoussées vers le désert, elles vont toujours s'affaiblissant. Au contraire, Humboldt estime que les deux tiers des habitants du Mexique sont indigènes et qu'il en est de même dans toutes les colonies de la terre ferme méridionale. Parmi les Indiens qui restèrent isolés (*Indios bravos*), quelques-uns se sont transformés en peuples pasteurs, comme les *Zambos* et possèdent d'innombrables troupeaux ; d'autres comme les Araucans et les *Caballeros*, menacent sans cesse de leurs incursions les territoires de leurs voisins Mais les descendants des Mexicains, des Péruviens et des Muisques, montrent beaucoup d'aptitude a se civiliser, et il n'est pas douteux qu'un grand avenir ne soit réservé à ces races intelligentes.

AMÉRIQUE ANGLAISE (*British America*) ou *Nouvelle-Bretagne.* Région septent. de l'Amérique du Nord, bornée au N. par l'océan Glacial Arctique ; à l'E. par l'Atlantique ; au S. par les États-Unis et à l'O. par le Grand Océan et le territoire d'Alaska. Cette contrée renferme au N. beaucoup d'îles et de presqu'îles qui sont très froides et peu connues. Elle se divise en 9 grandes parties : le *Canada français* ou province de Québec ; le *Canada anglais* ou province d'Ontario; le *Nouveau-Brunswick* : la *Nouvelle-Écosse; l'île du Prince Edouard, Terre-Neuve* et le *Labrador* ; la province de *Manitoba;* les *Territoires de la baie d'Hudson* ou *du Nord-Ouest* ; la *Colombie anglaise* (V. tous ces mots). A l'exception de Terre-Neuve, les autres parties de l'Amérique anglaise forment la Confédération, la Puissance ou Dominion du Canada. (V. *Dominion ; Arctique (région)*

AMÉRIQUE ESPAGNOLE. — Nom sous lequel on désignait l'ensemble des possession de l'Espagne en Amérique. Ces possessions comprenaient le : Mexique, l'Amérique centrale, la Colombie ou Nouvelle-Grenade, le Pérou, le Chili, la Plata, le Paraguay et Cuba. Elles étaient divisées en quatre vice-royautés et subdivisées en huit capitaineries générales. L'Espagne n'a plus que Porto-Rico et Cuba ; les autres contrées se rendirent indépendantes au commencement du xixe siècle.

AMERLING (Frédéric). Peintre allem., né a Vienne 1803. Travailla dans l'atelier d'Horace Vernet, en Angleterre, puis en Italie (1831). Les premiers tableaux historiques, qu'il fit à Vienne avant son voyage d'Italie : *Didon délaissée par Enée,* et *Moïse dans le Désert,* furent remarqués. *Ophélia* (Exp. Univ. 1867), plusieurs portraits, celui de l'*empereur François I*, couronne en tête et sceptre en main, celui du *prince de Windischgraetz,* celui de *Judith* qui a fait sensation en Allemagne, sont regardés comme les meilleurs ouvrages de cet artiste.

AMERMÉ, ÉE. adj. Vx mot qui signifie Diminué, empiré, amoindri. (Ass. de Jérusalem.)

AMERS. s. m. pl. (de a et mer) Mar. Objets fixes et très apparents sur les côtes, tels que tours, moulins, clochers, etc., propres à diriger les navigateurs dans leur route près de terre, et à leur indiquer l'entrée d'une rade ou d'un port. Prendre ses amers, Reconnaître les points apparents d'une côte. Ce mot s'applique a tout objet isolé servant de marque, cependant l'Académie ne l'emploie qu'au pl.

AMERS (lacs). Situés dans l'isthme de Suez, entre le lac Timsah et la mer Rouge. Ce sont de vastes marais, longs de 48 kil., peu profonds, à l'eau saumâtre. Ils sont traversés par le canal, œuvre de M. Ferdinand de Lesseps.

AMERSFOORDT (Jacques). Philologue holland. 1786-1824. Docteur à l'université de Leyde, profess. de littérature orientale à l'Athénée de Harderwyk, puis de théologie protestante à l'Athénée de Franeker. *Dissertatio philologica de variis lectionibus Holmesianis locorum quorumdam Pentateuchi*, Leyde, 1815, in-4°; *Oratio de studio litterarum arabicarum*, Harderwyk 1816, in-4°; *Oratio de religionis christianæ popularitate*, Leeuwarden, 1818, in-4°.

AMERSFOORT. 14,000 h. Ville forte de Hollande, prov. d'Utrecht. Couvertures de coton et tapis. Commerce de grains et de tabac. Séminaire janséniste. Église Notre-Dame avec une tour massive haute de près de 100 m. Patrie de J. Barnevelt.

AMERSHAM. 3,000 h. Vle d'Angleterre, cté de Buckingham. Manufactures de crêpes, soieries. Église remarquable du XVIᵉ siècle.

AMERTUME. s. f. (lat. *amaritudinem*, même sens ; de *amarus*, amer). Propriété, saveur des substances amères. L'amertume de l'aloès, de la gentiane, de l'absinthe. ‖ Fig. Sentiment pénible et douloureux ; affliction profonde. Avoir le cœur plein d'amertume. Les amertumes de la vie. L'amertume du remords, du repentir, des regrets. — On dit de même : l'amertume de l'âme, du cœur, L'amertume qui remplit l'âme, le cœur. ‖ Fig. Ce qu'il y a de mordant, d'offensant dans des écrits ou d's discours. Raillerie, critique, défense pleine d'amertume. Quelle amertume dans ce propos, dans ces reproches ! ‖ Pathol. Sensation d'amertume dans la bouche, éprouvée par les malades dans beaucoup d'affections ‖ *Amertume des vins*. Maladie contractée en vieillissant par les vins et surtout par ceux de la haute Bourgogne. Moyens curatifs : les passer sur de la lie nouvelle ou les rajeunir avec du vin nouveau de même crû ; les soutirer dans un tonneau où l'on a fait brûler auparavant un litre d'esprit de vin par pièce de 230 litres et ensuite une forte mèche soufrée. Pour les vins en bouteilles, le repos pendant deux ou trois ans et, s'ils déposent, le décantage avant l'équinoxe de printemps ou d'automne. ‖ Syn. *Amertume, affliction, désolation, douleur, mal, peine, souffrance, tourment*. (V. *Affliction*.)

AMERVAL ou **AMERLAN** (Éloy d'). Poète français, du XVᵉ s., né à Béthune. Était maître des enfants de chœur dans cette ville. Il est connu par un ouvrage rare et curieux : *Le livre de la Dyablerie*, en rimes et par personnages ; Paris, 3ᵉ édit., 1508, in-fol. ; 1531, in-4°. Les deux principaux personnages, Lucifer et Satan nous font connaître les « abus, fautes et péchés que les hommes commettent journellement ». Ce dialogue bondé de citations et de toute l'érudition de l'époque, est un monument des mœurs et des idées du temps.

AMES (Guillaume). Théologien calviniste anglais, né à Norfolk en 1576, m. à Rotterdam en 1633. On a de lui un grand nombre d'ouvrages : *Puritanismus anglicanus*, 1610, in-8°, et en anglais, Londres, 1641. Dans cet ouvrage, il semble regarder les puritains comme les seuls honnêtes gens de l'Angleterre. *Medulla Theologica*, in-12, Franeker, 1623, et en anglais, Londres, ia-12; *de Conscientia*, Amsterdam, 1630, in-12, etc. D'autres de ses ouvrages sont des écrits de controverses contre le cardinal Bellarmin, et le théologien Grévinchovius. ‖ **AMES** (Joseph). Antiquaire anglais, 1688-1758. Fut d'abord marchand d'allumettes et de bric-à-brac, n'étudia que fort tard les antiquités, devint membre de la Société royale de Londres, et secrétaire de la Société des antiquaires. Il a publié les *Antiquités typographiques ou précis historique de l'origine et des progrès de l'imprimerie en Grande-Bretagne*..... 1749, 1 vol. in-4°, réimprimé avec des additions considérables de Guillaume Herbert, puis de Dibdin, 1785-1790, 3 vol. in-4° ‖ **AMES** (Fisher). Jurisconsulte et orateur américain ; 1758-1808. Avocat, député au Massachusetts, puis au congrès des États-Unis, appui de Washington. Ses *Œuvres*, en anglais, ont été publiées après sa mort en 1800, 1 vol. in-8°. ‖ **AMES** (Joseph). Peintre américain : 1825-1872. Auteur de portraits nombreux, parmi lesquels celui de Pie IX.

AMESBURY. 1,140 h. Bg d'Angleterre, comté de Wilts, à 12 kil. de Salisbury. Beau château. Près de la, naquit Addison, et non loin se trouve le cirque druidique de Stonehenge.

AMESTREMENT. s. m. Teint. Action d'amestrer.

AMESTRER. v. a. Teint. Mêler le carthame lavé avec de la cendre gravelée, en les piétinant.

AMESTRIS. Fille d'Otanes, femme de Xerxès, se rendit fameuse par ses cruautés. Elle fit couper les lèvres, le nez, les oreilles a sa rivale Artaynte, maîtresse de son mari, d'autres disent à la mère de celle-ci. Selon Hérodote, elle sacrifia quatorze enfants des principales familles du royaume aux dieux infernaux, pour obtenir d'eux la prolongation de ses jours.

AMESUREMENT s. m. Vx mot et t. de coutume. Estimation faite par la justice ou par le juge.

AMESURER. v. a. Vx mot et t. de coutume. Estimer, réduire à mesure légitime.

AMÉTABOLE. s et adj. (du gr. *a* priv.; *metabolé*, changement). Zool. Se dit des insectes qui ne subissent pas de métamorphose complète.

AMÉTAMORPHOSE. s. f. (du gr. *a* priv; *métamorphosis*, métamorphose). Zool Phénomène présenté par certains animaux qui ne subissent pas de métamorphose et ne font que changer de peau.

AMÉTER. v. a. (du lat. *ad*, à, et *meta*, borne, limite, mesure) Vx mot et t. de coutume, qui signifie Abonner. Un fief amété.

AMÉTHYSTE. s. f. (du gr. *a*, priv.; *méthuein*, s'enivrer). Pierre précieuse de couleur violette. On lui attribuait la propriété de préserver de l'ivresse, et elle était consacrée à Bacchus. Selon Pline, les anciens donnaient ce nom à des pierres de couleur du vin altéré ‖ Minér. Nom donné à plusieurs minéraux bien différents. 1° La véritable améthyste, qui est une variété violette du *quartz hyalin*. Elle se compose de silice colorée en violet par l'oxyde de manganèse ; mais comme elle contient aussi de l'oxyde de fer, elle présente toutes les nuances du violet, et elle est souvent parsemée de bandes brunes. Elle est quelquefois en masses assez considérables pour qu'on puisse en faire des colonnettes, des coupes, des coffrets. Lorsqu'elle est foncée et d'un beau velouté uni, elle acquiert une assez grande valeur en bijouterie Elle se marie très bien avec l'or. Elle se prête à la gravure en pierre fine par sa transparence et sa dureté ; aussi l'antiquité nous en a laissé de beaux spécimens, entre autres : un portrait supposé de Mécène, gravé en creux par Dioscoride, et un Achille citharède, signé par Pamphile, qui font partie de la collection de pierres gravées de la Bibliothèque nationale. L'améthyste était la neuvième des douze pierres qui figuraient sur le *rational* d'Aaron. Chez les chrétiens elle orne l'anneau pastoral des évêques, ce qui lui a fait donner le nom de *pierre d'évêque* Dans le symbolisme chrétien, elle représente la modestie et l'humilité. Les améthystes les plus estimées viennent du Brésil et de la Sibérie. L'Espagne, l'Allemagne, l'Auvergne en produisent aussi Soumise a une forte température l'améthyste perd sa couleur ; lorsqu'on la plonge dans l'eau, cette couleur semble fuir les bords de la pierre et se reporter vers le milieu. — 2° L'*améthyste orientale*, variété violette de *corindon hyalin*, est plus précieuse que la précédente et s'en distingue par l'intensité de sa nuance, par sa dureté et sa densité plus grandes. Pesanteur spécifique 3,921. — 3° L'*améthyste fausse*, variété violette du *fluorure de chaux*. — 4° L'*améthyste verte*, nom donné au *prase*.

AMÉTHYSTÉ, ÉE. adj. Qui a la couleur violette de l'améthyste. ‖ **AMÉTHYSTÉE** s. f. Bot. Genre de verbénacées, ordinairement rapporté aux labiées. Ce sont des herbes de la Sibérie et de la Mongolie à fleurs irrégulières, terminales, disposées en cymes biparès composées. L'améthystée bleue (*amethystea cœrulea*) est cultivée dans nos jardins.

AMÉTHYSTIN, INE. adj. Qui est de la couleur de l'améthyste.

AMÉTRIE. s. f. (du gr. *a* priv.; *métra*, matrice). Méd. Absence d'utérus.

AMÉTROPE. adj. 2 g. (du gr. *a* priv.; *métron*, mesure ; *ops*, œil). Méd. Se dit de l'œil anormal, c'est-à-dire de celui dans lequel le point de la vision distincte ne coïncide pas avec la rétine, de sorte que le sommet du cône oculaire tombe ou au delà du plan rétinien (*hypermétropie*), ou en avant (*myopie*).

AMÉTROPIE. s. f. (du gr. *a* priv. *métron* ; mesure ; *ops*, œil). C'est l'état de l'œil privé des conditions dans lesquelles il est normal ou emmétrope (V. ce mot). Il y a trois sortes d'amétropie : 1° Quand le foyer principal de l'appareil dioptrique de l'œil, au lieu de se trouver porté un peu en avant de celle-ci, l'amétropie porte le nom de *myopie* ; la cause en est un allongement du diamètre antéro-postérieur de l'œil. Des verres concaves, en reculant le foyer, remédient à cette infirmité (V. *Myopie*) 2° Quand le foyer principal de l'appareil dioptrique se trouve en arrière de l'œil, l'amétropie porte le nom d'*hypermétropie* qu'il ne faut pas confondre avec la *presbytie*. L'hypermétrope (V. ce mot) serait dans l'impossibilité de voir les objets rapprochés aussi bien que ceux qui sont éloignés. si, par des efforts d'accommodation il n'obviait en partie a cette fâcheuse infirmité, laquelle tient à ce que le diamètre antéro-postérieur de l'œil est raccourci ; des verres convexes, par conséquent convergents, convenablement choisis, en reportant sur la rétine le foyer des milieux de l'œil permet l'exercice de la vision. Ces deux espèces d'amétropie sont faciles à reconnaître. Si, placé a 20 pieds de distance d'un tableau où se trouvent des caractères d'écriture hauts de 2 centimètres on les voit distinctement, l'œil est emmétrope ; si on ne les voit qu'avec des verres concaves, l'œil est atteint de myopie, et au contraire d'hypermétropie s'il faut faire usage de verres convexes ; enfin si malgré l'une ou l'autre sorte de verres la vue n'en est pas distincte, c'est qu'il y a une diminution dans la transparence des milieux de l'œil, ou bien un défaut plus ou moins marqué de l'excitabilité de la rétine. 3° Une dernière sorte d'amétropie se présente quand les surfaces de séparation des milieux transparents s'éloignent sensiblement de la forme des surfaces de révolution ; il en résulte que, pour des méridiens différents de l'œil la courbure des surfaces réfringentes varie, et par la même la distance focale de l'appareil dioptrique ; c'est l'*astigmatisme* (V. ce mot). Il résulte de cette disposition que, si, sur un tableau on trace des lignes horizontales coupées par des lignes verticales, quand l'œil voit les unes, il ne peut voir les autres. On remédie à cette infirmité au moyen de verres cylindriques convergents ou divergents.

AMEUBLEMENT. s. m. (de *à* et *meuble*). Ensemble, assortiment des meubles nécessaires pour garnir une chambre, un cabinet, un appartement. Ameublement magnifique, mesquin. Un ameublement de soie, de velours (V. *Meuble*.)

AMEUBLIR. v. a. (de *à* et *meuble*). Jurisp. Rendre de nature mobilière, faire entrer dans la communauté tout ou partie des immeubles, par une clause expresse, comme les meubles y entrent par effet de la loi. Ameublir un domaine, un héritage. ‖ Agric. Rendre une terre plus meuble, plus légère. Il faut ameublir cette terre trop compacte.

AMEUBLISSEMENT. s. m. (de *ameublir*). Jurisp. Clause modificative du régime de communauté légale par laquelle un des conjoints ou tous les deux mettent en communauté tout ou partie de leurs immeubles qui, d'après le droit commun, leur resteraient propres. Le Code (art. 1505-1509) distingue deux sortes d'ameublissement : l'ameublissement déterminé et l'ameublissement indéterminé, suivant que l'époux a déclaré ameublir tel immeuble en particulier, ou qu'il a simplement déclaré apporter dans la communauté tout ou partie de ses immeubles jusqu'à concurrence d'une certaine somme. L'effet de l'ameublissement déterminé est de rendre l'immeuble ou les immeubles qui en sont frappés biens de communauté, comme les meubles mêmes, d'où cette conséquence que le mari peut en disposer comme des autres biens de la communauté. L'ameublissement indéterminé au contraire ne rend point la communauté propriétaire des immeubles qui en sont frappés ; son effet se réduit à obliger l'époux qui l'a consenti à comprendre dans la masse, lors de la dissolution de la communauté, quelques-uns de ses immeubles jusqu'à concurrence de la somme par lui promise ; il en résulte que, dans ce cas, le mari ne peut aliéner l'immeuble ameublé par sa femme qu'a vec le consentement de celle-ci, mais qu'il peut l'hypothéquer sans ce consentement jusqu'à concurrence de la somme promise. — Lorsque les deux époux mettent en communauté tous leurs immeubles, il y a alors un ameublissement général que le Code désigne sous le nom de *communauté à titre universel* (art. 1526). (V. *Communauté*.) || Agric. Division du sol par la charrue, la herse, le rouleau et tous les autres instruments aratoires. L'ameublissement du sol tient surtout à l'exécution en temps opportun des travaux qui facilitent l'action des agents naturels : air, pluie, gelée, soleil, dont les effets varient avec la constitution des terrains. La plupart des amendements ont la propriété de diviser le sol et par conséquent de l'ameublir.

AMEULONNER. v. a. (de *à* et *meule*). Agric. Mettre en meule du blé, du foin, de la paille.

AMEUTABLE. adj. 2 g. (de *ameuter*). Qui peut être facilement ameuté.

AMEUTEMENT. s. m. (de *ameuter*). Assemblage de chiens dans une meute. || Action d'ameuter. Ameutement du peuple contre les princes.

AMEUTER v. a. (de *à* et *meute*). Mettre des chiens en meute pour les accoutumer à chasser ensemble. Il faut du temps pour ameuter les jeunes chiens. || Fig. Attrouper, réunir des gens pour les faire agir de concert, les animer, les exciter à la révolte. Ameuter le peuple, les oisifs, les mécontents, les factieux. Il avait ameuté contre moi toute la ville. || Soulever, déchaîner. Ameuter contre soi tous les ressentiments, toutes les colères. || S'AMEUTER. v. pr. Se réunir, se coaliser séditieusement. La populace s'ameuta devant l'hôtel de ville. || Syn. *Ameuter, attrouper; s'ameuter, s'attrouper*. Rassembler une foule. On ameute et on s'ameute avec des intentions hostiles, dans le but de renverser, de faire du mal. On attroupe et on s'attroupe dans toutes sortes de vues, par ex. pour causer, voir quelqu'un ou quelque chose. C'est pourquoi, on dit ameuter ou s'ameuter contre, et attrouper ou s'attrouper autour. Le peuple s'attroupait autour des meneurs qui l'ameutaient contre tous les gens de qualité.

AMEZEUIL (Charles-Paul ACLOCQUE, dit). Homme de lettres, né à Montdidier, 1832. *Légendes bretonnes; Récits bretons*, 1862-63 ; *L'Amour en partie double*, 1868 ; *Les Chasseurs excentriques*, 1873 ; etc.

AMFREVILLE (comte d'). Président au parlement de Rouen, lieutenant général de l'amirauté, mort en 1655. || AMFREVILLE. Famille de marins du XVIIe siècle. Trois frères de ce nom combattirent à la Hogue, en 1692, avec la plus grande bravoure. || AMFREVILLE (l'abbé François GUYOT DES LOGES d'). Né en Normandie, 1771, mort à Autun, 1833. Servit dans l'armée de Condé et reçut la croix de St-Louis. Se fixa en Allemagne, entra dans les ordres sacrés ; fut prédicateur, curé, aumônier de l'hôpital de Presbourg, où il faillit être emporté par la peste ; prêcha devant la cour de Vienne. Rentré en France pour des affaires, il y accepta une cure, mais ensuite se retira à Autun pour se livrer à la prédication. Ses *Sermons* ont été imprimés en allemand.

AMFREVILLE-LA-CAMPAGNE. 614 h. Bg de France (Eure), ch.-l. de cant., arr. et à 18 kil. de Louviers. Briqueterie, plâtre. Antiquités gauloises et romaines. — *Cant.* : 9,065 h. ; 24 comm.

AMGA. Rivière de la Sibérie orientale, tributaire de la Léna par l'Aldan. Cours 750 kil.

AMHARA. Grande division de l'Abyssinie au S. du Tacazzé, qui la sépare du Tigré. Le Choa n'est qu'un démembrement de l'Amhara. La capitale est Gondar. Les provinces sont : le *Beghamidir*, capit. Gondar ; vles princ. : Débra-Tabor (que Théodoros avait prise pour capit.), Debra-Mariam, Kiratza ; le *Sémen*, massif montagneux, avec les villes d'Eatchetkab et de Dobarek ; le *Gojam*, aussi couvert de montagnes, capit. Mota ; le *Damot*; le *Choa*, capit. Ankober. Depuis la chute de Théodoros en 1868, l'Amhara forme un royaume indépendant. La popul. se compose de plusieurs éléments ; aussi y parle-t-on plusieurs langues : l'amharique, ou *hamarna* est aujourd'hui, selon le Dr Deko, la langue de la cour, de l'armée et des marchands, l'*agao* est celle des peuples de la race primordiale et aborigène ; le *galla*, enfin a été introduit par une nation barbare qui, à partir du XVIe s., a fait les incursions dans les provinces du sud et a fini par s'y implanter.

AMHARIEN, ENNE. s. et adj. Habitant de l'Amhara. Qui appartient, qui a rapport à l'Amhara.

AMHARIQUE. adj. Qui a rapport à l'Amhara.

Usages, mœurs amhariques. || s. m. Idiome de l'Amhara, qui est parlé dans une grande partie de l'Abyssinie : on croit que l'amharique est un dialecte sémitique dégénéré.

AMHERST. Groupe d'îles situé à 90 kil. environ de l'extrémité S.-O. de la presqu'île de Corée (Asie), par 34° 24' latit. N. || AMHERST. Île du lac Ontario (Dominion) dont la superficie est de 7,000 hect.Popul.1,200 h. || AMHERST. Comté de l'État de Virginie (États-Unis). 1,293 kil. car. 14,900 h. (1870). || AMHERST. District de la province de Ténassérim, dans la Birmanie anglaise. — Ville maritime, dans le même district. 4,000 h. Commerce de bois de construction.

AMHERST (Jeffery, lord). Général anglais, 1717-1793. Se fit remarquer dans la guerre de la succession d'Autriche ; remplaça le général Abercromby dans le commandement des troupes anglaises de l'Amérique septentrionale, pendant la guerre de Sept Ans, et se rendit maître du Canada, qui depuis 200 ans appartenait aux Français. Gouverneur des provinces anglaises d'Amérique, en 1761, il fut élevé à la pairie, en 1776, avec le titre de baron de Holmesdale. || AMHERST (William PITT, comte d'). Homme d'État anglais, 1773-1857. Pair du royaume, tory convaincu. Il fut envoyé en mission en Italie, puis en Chine au nom de la Compagnie des Indes (1816), et au retour, visita Napoléon à Sainte-Hélène. Gouverneur général dans les Indes-Orientales, et enfin, depuis 1828, chambellan à la cour. La comtesse Amherst sa femme, et sa fille lady Sara Amherst ont entrepris dans les montagnes de l'Hymalaya, des excursions botaniques fructueuses et ont rapporté en Angleterre, une très riche collection. Le genre *amherstia* leur a été dédié.

AMHERSTIE. s. f. Bot. G. de légumineuses-césalpinées, créé pour un arbre (l'*a. nobilis*) à fleurs superbes, écarlates, en grappes énormes de un mètre de longueur en moyenne. Dans l'Inde, ces fleurs sont offertes aux dieux dans les cérémonies bouddhistes.

AMHERSTIRÉES s. f. pl. Bot. Série de la fam. des légumineuses-césalpinées, caractérisée par : sépales imbriquées, très rarement valvaires ; corolle irrégulière ou nulle ; gynécée excentrique, inséré sur la paroi postérieure du tube receptaculaire. Feuilles alternes, paripinnées ou imparipinnées. Cette série contient entre autres, les g. *tamarindus* et *hymenæa*, qui fournissent des produits utilisés en pharmacie et dans les arts.

AMHURST (Nicolas). Littérateur anglais, poète satirique, né vers la fin du XVIIe siècle, mort en 1742; se fit surtout connaître par un recueil périodique contre le ministère, *The Craftsman* dont le succès fut prodigieux.

AMI, IE. s. (lat. *amicus*; de *amare*, aimer). Celui, celle avec qui on est lié d'une affection réciproque. Ami fidèle, sincère, dévoué, suspect. Se faire des amis. Agir, parler, traiter en ami. Entretenir, ménager, conserver ses amis. || Compagnon, camarade. Mon fils joue avec ses amis. || Se dit dans le langage ordinaire, des liaisons familières fondées sur quelque motif que ce soit, et quel que soit le degré d'attachement qui les maintient. Ami d'enfance, de collège, etc. Ces jeunes filles sont amies de pension. Amis de jeu, de table, de bouteille. || Se dit des personnes qui sont du même parti, et des nations, des maisons unies entre elles par des traités, des alliances et qui vivent en bonne intelligence. Mes amis politiques sont puissants. Nous voterons pour cette mesure, moi et mes amis. Dans la guerre de 1870, la France n'eut pas d'amis. || Par anal. Se dit des animaux qui ont de la sympathie pour l'homme et des choses qui ont entre elles une certaine convenance. Le chien est l'ami de l'homme. Le cheval est l'ami de l'Arabe. Le lierre est l'ami de l'arbre. || Se dit de même de certaines liqueurs, odeurs, couleurs qui confortent, qui réjouissent. Le vin est l'ami de l'estomac. Le vert est l'ami de l'œil. || Par ext. Celui qui a un goût prononcé, de la passion pour une chose. Ami des lettres, des arts, des sciences. Ami de la raison, de la vérité, de la justice, de la vertu, de la liberté. C'est un ami de la bonne chère. || Fam. Amant, maîtresse. Bon ami, bonne amie. Vx. || S'emploie comme terme de tendresse, de familiarité et souvent de hauteur et de mépris. Approche, mon petit ami. Tenez, mes amis, voilà pour

votre peine. Essayez, l'ami, et je me charge de vous donner une leçon. || Loc. et prov. Ami lecteur. Formule employée autrefois dans les préfaces, usitée auj. seulement dans le style badin et familier. — L'ami de la maison, Celui qui vit dans l'intimité des personnes composant une famille. — Ami de cour, Celui qui n'a que l'apparence de l'amitié. — Ami de tout le monde, du genre humain, Celui qui semble aimer tout le monde, et qui peut-être n'aime personne. — Ami jusqu'à la bourse, c.-à-d. En toute circonstance, excepté en matière d'intérêt. — Ami jusqu'aux autels, Ami à tout faire, excepté ce qui est contraire à la religion. — Les bons comptes font les bons amis, Il ne faut jamais blesser les intérêts de ceux avec qui l'on veut rester ami. || M'amie, Contraction pour mon amie. Terme familier. — Mie, Abréviation d'amie employée dans le vieux langage pour maîtresse. J'aime mieux ma mie, ô gai ! || adj. Allié, bien d'accord. Peuples amis. Cités, puissances, maisons amies. Couleurs amies. || Bon, bienveillant, obligeant. Visage, langage ami. || Poët. Propice, favorable. Destins amis. Fortune amie. Rivage ami. || Gram. Littré, s'appuyant sur un exemple de Voltaire pense qu'on peut dire *ami avec*. Claveret,avec qui il était ami. D'autres trouvent cette construction mauvaise et disent, avec Charles Nodier, qu'on n'est pas ami avec quelqu'un. — Mais on peut dire *ami à* en employant toujours un pronom devant le verbe. Quelque ami que vous lui soyez. || Hist. anc. Titre d'honneur que portaient les principaux officiers à la cour des rois d'Égypte, de Perse, de Macédoine, etc. Alexandre reçut la mère de Darius en présence de ses amis. || Hist. relig. *Société des amis*, Nom que les quakers donnent à leur congrégation. || Hist. gén. Amis célèbres : David et Jonathas ; Oreste et Pylade ; Achille et Patrocle ; Nysus et Euryale ; Montaigne et La Boétie. || Bibliog. Titre donné à certains journaux, à certains recueils périodiques : *L'Ami de la religion ; L'Ami du peuple*, journal rédigé par Marat ; *L'Ami du foyer ; L'Ami des sciences* ; etc. — *L'Ami des hommes*, ouv. d'économie politique, en 4 vol. in-4°, par le marquis de Mirabeau. — *L'Ami des enfants*, par Berquin, Recueil de dialogues, de scènes, de récits pour la jeunesse. — *L'Ami des lois*, Comédie politique en cinq actes et en vers, par Jean-Louis Laya, qui flétrit la Révolution et qui, en 1793, eut un immense succès. — *L'Ami des femmes*, Comédie en cinq actes et en prose d'Alex. Dumas fils (théâtre du Gymnase,5 mars 1864). || Syn. *Être ami,avoir de l'amitié*.Être ami dit plus qu'avoir de l'amitié ; car,de est essentiellement partitif et distributif, et par conséquent propre à diminuer. Sans être ami de quelqu'un, on peut avoir pour lui de l'amitié. || *Ami, amical*. Ami, pris adjectivement, a un sens plus étendu qu'amical. Amical signifie simplement : qui a du rapport avec ce qui est ami. On donne à quelqu'un une mine amie ; on regarde quelqu'un d'un air amical on lui parle d'un ton amical.

AMIABILITÉ. s. f. (de *amiable*). Qualité de ce qui se fait à l'amiable.

AMIABLE. adj. 2 g. (lat. *amicabilis*, amical), Doux, gracieux. Accueil amiable. Paroles, propositions amiables || Qui est chargé d'accommoder un différend, un procès, par les voies de conciliation. Compositeur amiable. || Qui se fait de gré à gré. Partage amiable. || À l'amiable. loc. adv. Par voie de douceur, de conciliation. amicalement. Traiter les choses à l'amiable. || Vendre à l'amiable, c.-à-d. De gré à gré. || Syn. *À l'amiable, amiablement, avec douceur*. À l'amiable indique une manière d'arranger les choses, sans que la douceur de l'agent s'étende au-delà du procédé ordinaire ; amiablement désigne une manière d'agir spéciale et implique un fond de douceur propre à l'agent. Une affaire peut se terminer à l'amiable, par voie de douceur et de conciliation simplement ; elle ne se termine amiablement qu'en vertu d'un esprit particulier de bienveillance.

AMIABLEMENT. adj. D'une manière amiable. Terminer une affaire amiablement.

AMIANTACÉ, EE. adj. Qui ressemble à l'amiante. || Méd. Teigne amiantacée. (V. *Teigne*.)

AMIANTE. s. m. (gr. *amiantos*, inaltérable, incombustible ; de *a* priv., et *miainein*, souiller). Minér. Substance qui se présente en fibres flexibles, minces, d'un aspect soyeux, blanches ou verdâtres, très difficilement fusibles. C'est un silicate de magnésie. On en fait des mèches, des toiles incombustibles : les anciens s'en servaient pour brûler les morts, et empêcher leurs cendres de se mêler à celles du foyer. On nettoie ces tissus en les mettant dans le feu. L'amiante s'appelle aussi *asbeste*.

AMIANTINITE. s. f. Minér. Variété d'actinote.

AMIANTOÏDE. adj. 2 g. (du gr. *amiantos*, amiante; *eidos*, ressemblance). Qui a l'apparence de l'amiante. L'arséniate de cuivre est amiantoïde. || s. f. Minér. Variété d'*épidote* qui se présente en fils très fins, comme l'amiante.

AMIATITE. s. f. Variété de silex résinite concrétionné, d'un blanc opaque.

AMIBE. s. f. (du gr. *ameibein*, changer). Hist. nat. Genre d'animalcules microscopiques, qui vivent dans les eaux stagnantes, les couches vaseuses, etc., (V. *Amœbiens*.)

AMIBÉEN, ENNE. adj. Qui concerne les amibes.

AMIBIFORME. adj. 2 g. Zool. Qui a la forme des amibes, qui leur ressemble. Mouvements, contractions amibiformes.

AMICAL, ALE. adj. (a-mi-kal; — lat. *amicalis*, même sens). Qui part de l'amitié, qui annonce l'amitié. Paroles, offres amicales. Air, ton amical. || m. pl. Amicaux. Sentiments, conseils amicaux. || Syn. V. *Ami*.

AMICALEMENT. adv. D'une manière amicale. Causer amicalement.

AMICI (Jean-Baptiste). Astronome et opticien italien, né à Modène en 1784, m. en 1843. Il fut longtemps directeur de l'observatoire de Florence, et fit des observations remarquables sur les étoiles doubles. A l'aide de ses instruments perfectionnés il a pu déterminer certains éléments astronomiques avec plus de certitude qu'on ne l'avait fait jusqu'alors. C'est ainsi qu'il a mesuré avec un nouveau micromètre les diamètres polaire et équatorial du soleil. Il doit surtout sa réputation aux instruments qu'il a perfectionnés ou inventés. Dans ses télescopes il se servit de miroirs *elliptiques*. Son instrument le plus célèbre est le *microscope achromatique*, avec lequel il observa la circulation de la sève dans les plantes, les infusoires et la fructification des plantes. On cite encore ses *chambres claires*, un *appareil de polarisation* et son *microscope par réflexion*.

AMICIS. V. *De Amicis*.

AMICO (Antonin d'). Né à Messine, mort en 1641. Chanoine de Palerme, historiographe de Philippe IV, roi d'Espagne, était très versé dans l'histoire et les antiquités de Sicile. A laissé de nombreux ouv. dont quelques-uns seulement ont été imprimés. On en trouve le catalogue dans la *Bibliotheca Sicula* de Mongitore. || AMICO (Barthelemy). Jésuite, né à Anzo en 1562, m. en 1649, à Naples où il professa la théologie et la philosophie. Il a publié sur la philosophie d'Aristote, un recueil volumineux : *In universam Aristotelis philosophiam notæ et disputationes*, 7 vol. in-fol ; Naples, 1621-1648. || AMICO (Bernardin). Né à Gallipoli, dans le royaume de Naples. Religieux franciscain, prieur à Jérusalem en 1596, dessina et décrivit avec exactitude les saints lieux, et de retour en Italie, publia : *Trattato delle Piante* (plans) *et immagini di santi edifizi di Terra Santa*, etc. Rome et Florence, 1680, petit in-fol. Les gravures sont du célèbre Callot. || AMICO (Vito-Marie). Bénédictin, né à Catane en 1693, célèbre par son érudition, principalement dans les antiquités de la Sicile. *Siciliæ sacræ libri quarti, integra pars secunda*, Catane, 1733, in-fol. ; *Catana illustrata*, Catane, 1741-1746, 4 vol. in-fol.

AMICT. s. m. (a-mi ; — lat. *amictus*, vêtement). Linge béni, dont le prêtre se couvre le cou et les épaules, entre la soutane et l'aube, lorsqu'il s'habille pour dire la messe. V. *Anabolagium* || Chez les Romains, vêtement de dessus (manteau, toge, etc.), dans lequel on s'enveloppait (*amicire*), par opposition aux vêtements de dessous que l'on mettait (*induere*).

AMICUS PLATO, sed magis amici veritas. Prov. lat. qui signifie : J'aime Platon, mais j'aime encore mieux la vérité ; c.-à-d. : Il ne suffit pas qu'une opinion soit recommandée par l'autorité d'un nom respectable, il faut de plus qu'elle soit conforme à la vérité. On doit ces paroles devenues proverbe à Aristote, qui avait suivi les leçons de Platon. C'est le contraire de la devise des disciples de Pythagore : *Magister dixit*, le maître l'a dit.

AMIDA. s. m. Divinité japonaise à tête de chien, tenant dans ses mains un anneau qu'elle mord, et montée sur un cheval à sept têtes. Amida est le souverain maître du paradis japonais, médiateur et sauveur de l'humanité.

AMIDALIQUE. V. *Amidolique*.

AMIDE. s. f. Nom d'une série de composés qui diffèrent des sels ammoniacaux par l'absence de plusieurs équivalents d'eau. La première amide a été découverte en 1830 par M. Dumas. Elles correspondent absolument aux sels ammoniacaux et prennent le nom le l'acide qui s'y trouve. Ainsi le formiate d'ammoniaque donne naissance à l'amide formique ou formamide, l'oxalate d'ammoniaque à l'amide oxalique ou oxamide, et ainsi des autres. Les acides monobasiques ne fournissent qu'une série d'amides par élimination de deux équivalents d'eau, telles sont la formamide, l'acétamide. Les acides bibasiques en formeront deux : par élimination de deux et de quatre équivalents d'eau. La première sera une monamide, la seconde une diamide. L'acide oxalique, par exemple, fournit une monamide connue sous le nom d'acide oxamique et une diamile qu'on appelle simplement oxamide. Les acides tribasiques donneraient lieu à une troisième série dite de triamides par élimination de six équivalents d'eau. La plupart des amides peuvent s'obtenir en chauffant le sel ammoniacal vers 200 ou 220°. Tous ces produits sont neutres aux papiers réactifs.

AMIDÉ, ÉE. adj. Qui contient de l'amidon.

AMIDIN. s. m. Amidin soluble. La matière soluble qu'on croyait constituer la partie interne de chaque grain d'amidon. Amidin tégumentaire, Pellicule formant la partie extérieure de chaque grain d'amidon.

AMIDINE ou AMIDONE. s m. Un des noms de l'amidin soluble.

AMIDOGÈNE. s. m. Radical hypothétique dont la constitution est celle de l'ammoniaque privée d'un équiv. d'hydrogène. (V. *Amidure*.)

AMIDOLIQUE ou AMIDALIQUE. adj. 2 g. Se dit des médicaments qui doivent leur existence et leurs propriétés générales à la présence de l'amidon, ou à celle de quelque autre fécule, comme les pâtes, les colles, etc.

AMIDON. s. m. (b. lat. *amydum*, corruption de *amylum*, gr. *amulon*, amidon, proprement, farine faite sans meule, *de a* priv., *mulê*, meule). Espèce de fécule extraite des céréales. Substance de première importance dans l'alimentation de l'homme, l'amidon existe dans la plupart des végétaux, mais on ne l'extrait que d'un certain nombre où il se trouve en plus grande abondance. Bien que *amidon* et *fécule* soient synonymes, il est d'usage de réserver le premier terme à cette substance quand elle provient des graines des céréales, tandis que le second lui est appliqué lorsqu'elle est retirée des pommes de terre. Les principales plantes qui fournissent l'amidon employé dans l'alimentation sont : le blé, l'orge, le seigle, le maïs et quelques autres céréales ; les fèves, les pois, les haricots. Certains palmiers fournissent le sagou et quelques plantes exotiques donnent l'arrow-root et le tapioca, etc. ; on peut encore citer le salep qui est extrait des tubercules d'orchidées exotiques ou de notre pays. Les proportions d'amidon contenues dans ces différents végétaux sont très variables. Parmi les céréales, le riz est celle qui en contient le plus, puisque la proportion est de 85 0/0 en faisant abstraction de l'eau qui s'y trouve en quantité notable ; le blé n'en renferme que 52 0/0. Or, la farine des céréales étant composée, outre l'amidon, de gluten, substance azotée beaucoup plus nutritive, il en résulte que le pain de riz est beaucoup moins nourrissant que celui de froment. (V. *Pain*.) Les différentes sortes de blé ne renferment pas ces deux éléments dans des proportions toujours identiques et méritent d'être divisés à ce point de vue en *blés durs*, *blés demi-durs* et *blés tendres* ou *blancs*, les premiers renfermant l'amidon en bien moindre quantité que les derniers qui, par contre ont beaucoup moins de gluten. Les *pains de luxe*, doivent leur beauté, leur blancheur à ce qu'ils renferment une très forte proportion d'amidon et très peu de gluten, aussi sont-ils beaucoup moins nourrissants que ceux qui sont plus gris, surtout que ceux qui renferment une certaine quantité de son. Les graines de légumineuses, (pois, lentilles haricots) renferment environ un tiers d'amidon pour deux tiers de matière azotée. Dans les pomme de terre, la matière azotée est au contraire en infime proportion, es qui en fait un aliment incomplet. || Chim. L'amidon est contenu dans l'intérieur des cellules végétales, à l'état de granules blancs, très petits, formés d'une substance isomère de la cellulose, qu'on appelle *matière amylacée*. Leur diamètre varie de 2 à 185 millièmes de millimètre : les grains de la fécule de pomme de terre sont les plus gros, ceux de l'amidon de blé n'ont que 45 à 50 millièmes. Leur forme varie aussi, ce qui fournit le moyen de reconnaître, au microscope, le mélange de diverses espèces de farines. L'amidon sec retient encore 18 p. 100 ou 4 éq. d'eau. Dans le vide sec, il perd la moitié de cette eau. Enfin dans le vide sec, et à la température de 120°, il perd toute son eau et sa composition est alors représentée par la formule $C^{12}H^{10}O^{10}$. Sa densité est 1,53. Il est insoluble dans l'eau froide, l'alcool et l'éther, cependant lorsqu'on le broie avec de l'eau, le liquide filtré bleuit par l'iode. — L'amidon maintenu longtemps à 100° se transforme en amidon *soluble*. On prépare encore l'amidon soluble en mélangeant à froid 2 parties d'amidon et 3 parties d'acide sulfurique. Au bout d'une demi-heure, on verse ce mélange dans une grande quantité d'alcool et l'amidon soluble se précipite sous forme d'une poudre blanche. Cet amidon a la même composition que l'amidon ordinaire mais il se dissout très facilement dans l'eau. Il est insoluble dans l'alcool ; sa solution aqueuse dévie vers la droite le plan de polarisation de la lumière. Chauffé entre 160 et 200°, il se change en dextrine, produit soluble dans l'eau, isomère de l'amidon et déviant aussi à droite le plan de polarisation de la lumière. Dans l'eau chauffée à 60° les grains d'amidon prennent un volume 30 fois plus considérable en absorbant de l'eau, et ensuite s'exfolient. Lorsque la quantité d'eau n'est pas supérieure à 15 fois leur poids, les grains gonflés se soudent entre eux et forment une masse épaisse et translucide à laquelle on a donné le nom d'*empois*. On obtient le même résultat a froid en ajoutant à l'eau 2 p. 100 de soude caustique ou d'un autre alcali. Si l'on fait bouillir longtemps l'amidon avec une grande quantité d'eau, les grains se désagrègent complètement et leurs fragments sont assez ténus pour rester en suspension dans le liquide et même pour traverser les filtres. La teinture d'iode colore l'empois en bleu intense ; on précipite la matière colorante au moyen d'une solution de sulfate de soude ou de chlorure de calcium. La substance bleue précipitée est de l'*iodure d'amidon*. Une solution d'iodure d'amidon, chauffée au delà de 65°, se décolore, puis reprend sa couleur par le refroidissement. L'eau de chaux, l'eau de baryte et l'acétate de plomb basique précipitent l'amidon d'une solution chaude en formant avec lui des combinaisons insolubles. — Nous avons vu que l'acide sulfurique dissout l'amidon. L'acide azotique monohydraté le dissout aussi : la liqueur étendue d'eau laisse déposer de la *xyloïdine* ou *pyroxane*, poudre blanche insoluble dans l'eau, l'alcool et l'éther, qui s'enflamme avec explosion a 180°. Chauffé avec les acides minéraux étendus, l'amidon se transforme d'abord en dextrine et ensuite en glucose. La même transformation a lieu lorsqu'on le met en suspension dans une infusion d'orge germée, chauffée entre 65 et 70°. Cette modification est due à la *diastase* que contient l'infusion. 1 partie de diastase agit sur 2,000 parties d'amidon. La salive, le suc pancréatique paraissent agir comme la diastase. || Physiol. végét. L'amidon se présente dans les cellules végétales sous forme de corps solides, blancs et brillants, de dimensions et de formes très variables. Ces corps sont formés de couches concentriques, qui apparaissent au microscope comme des cercles alternativement clairs et grisâtres disposés autour d'un point ou d'une ligne centrale plus foncée que l'on appelle *hile*. On pense généralement que l'accroissement de grains d'amidon se fait par intussusception, c.-à-d. par dépôt de molécules nouvelles entre celles qui existent déjà. Le hile ou noyau central est moins dense que les couches concentriques ; il est aussi plus aqueux. La couche extérieure est plus dense et moins aqueuse que toutes les autres. Les grains d'amidon, du riz, du maïs, sont polyédriques et n'offrent pas de stratification manifeste; ceux de l'avoine sont formés d'un très grand nombre de granules secondaires polyédriques ayant chacun leur hile, mais pas de couches concentriques. || *Extraction de l'amidon.* 1re Méthode. On délaye les grains grossièrement moulus dans quatre ou cinq fois leur volume d'eau à laquelle on ajoute une petite quantité d'*eaux sures*, provenant d'opérations précédentes. Au bout de quinze ou trente jours de fermentation, selon la saison, le gluten s'est transformé en produits gazeux (acides carbonique et sulfhydrique, ammoniaque) et en produits solubles, et l'amidon s'est déposé au fond des bassins. Il ne reste plus qu'à laver l'amidon dans plusieurs· eaux, à le séparer de l'enveloppe du grain par le tamisage, et à le faire sécher. Ce procédé fait perdre tout le gluten et ne donne pas tout le rendement voulu en amidon; puisque le blé, au lieu de donner 50 p. 100 d'amidon, n'en fournit que 40 p. 100. De plus la décomposition du gluten est accompagnée d'émanations insalubres. Aussi, l'on ne traite de cette manière que les farines avariées.— 2e Méthode. Elle est due à M. Émile Martin. On forme avec la farine une pâte consistante qu'on pétrit mécaniquement sous un filet d'eau, dans un appareil nommé *amidonnière*. L'amidon est entraîné par l'eau à travers une toile métallique fine. Le gluten reste dans la pâte. On se débarrasse des particules de gluten qui ont suivi l'amidon, en laissant fermenter vingt-quatre heures avec des eaux sures. L'amidon est ensuite lavé et séché. Ce procédé est moins long que le premier et n'est pas insalubre; mais il ne peut servir pour le riz et le maïs dont le gluten n'a pas la propriété de s'agglutiner. — La consommation de l'amidon en France est évaluée à 11 ou 12 millions de kilogrammes, dont les deux tiers environ sont importés de l'étranger. L'Angleterre et la Belgique nous fournissent l'amidon de riz, et l'Amérique celui de maïs. L'amidon se présente dans le commerce sous la forme de prismes irréguliers: c'est l'amidon *en aiguilles;* ou sous forme de poudre. Il sert pour l'empesage du linge, pour faire la colle des relieurs et dans plusieurs industries. La *fleur d'amidon* qui est la partie la plus fine de la poudre d'amidon sert à faire la poudre de riz des parfumeurs. || Méd. L'amidon est insoluble; il doit donc, pour être absorbé par l'organisme et servir à la nutrition, être préalablement transformé en une substance soluble. Il subit cette métamorphose sous l'influence de la *ptyaline*, sorte de ferment contenu dans la salive, et devient de la dextrine, puis de la glucose; le suc pancréatique achève cette transformation. Absorbé ensuite il fournit des matériaux aux combustions intra-organiques qui sont la source de la chaleur animale. — Outre son utilité comme aliment, l'amidon a plusieurs usages médicaux. On l'emploie pour saupoudrer les parties de la peau irritées, surtout chez les enfants, par le frottement, le contact de l'urine; s'il y a excoriation, il est bon d'y ajouter un peu de poudre de quinquina ou de chêne; on peut employer le même mélange pour hâter la dessiccation des vésicatoires quand elle se fait attendre; on peut l'employer encore dans le cas de légères brûlures, d'érythème, d'érysipèle. Les bains amidonnés (500 gr. ou plus pour un bain), sont émollients et propres à calmer les démangeaisons. On fait des cataplasmes avec la fécule de pommes de terre: on délaie la fécule dans de l'eau froide, puis on la verse dans de l'eau bouillante qui continue à chauffer pendant quelques minutes; on s'en trouve bien dans les ophtalmies et les inflammations de la peau, particulièrement l'eczéma. En mélangeant de l'amidon à la glycérine, on obtient un glycérolé qui s'emploie comme le cérat. — On administre encore l'amidon en lavements surtout dans une décoction de guimauve, 30 gr. pour 500, dans la diarrhée. On y ajoute souvent quelques gouttes de laudanum. — On le fait prendre aussi comme tisane adoucissante, émolliente, et particulièrement celui du riz dans les inflammations chroniques de l'intestin ; ou encore sous forme de looch dans les mêmes cas.

AMIDONNER. v. a. Enduire d'amidon. Amidonner du linge.

AMIDONNERIE ou **AMIDONNIÈRE. s. f.** Fabrique d'amidon. Lieu où on extrait l'a-midon des graines, soit en rendant le gluten soluble par la fermentation, ce qui constitue un procédé insalubre, mais s'appliquant aux grains avariés ; soit en le séparant du gluten par des lavages, dans des appareils spéciaux, ce qui permet d'utiliser le gluten (V. ce mot).

AMIDONNIER, IÈRE. s. Celui, celle qui fabrique ou vend de l'amidon. || S'empl. adj. Les ouvriers amidonniers sont sujets aux maladies de poitrine.

AMIDONNIÈRE. s. f. Appareil inventé par M. E. Martin pour fabriquer l'amidon. Il consiste en une auge demi-cylindrique dans laquelle tourne un cylindre cannelé qui pétrit la pâte contre les bords de l'auge. À la partie supérieure est un tuyau percé de trous, par lesquels coule constamment de l'eau.

AMIDURE. s. m. On appelle ainsi les combinaisons du radical hypothétique, qui porte le nom d'*amidogène*, avec les métaux. Les amidures peuvent être considérés comme des azotures composés. Si l'on chauffe légèrement du potassium ou du sodium au contact de gaz ammoniac sec, il y a un dégagement d'hydrogène, et un équivalent du métal alcalin venant prendre sa place on obtient un amidure de potassium ou de sodium. L'amidure de potassium sous l'influence d'une température élevée donne naissance à de l'ammoniaque et à de l'azoture de potassium.

AMIE. s. f. (gr. *amia*, espèce de thon) Zool. Poisson de l'ordre des malacoptérygiens abdominaux, ordre des *ganoïdes*. L'*amia calva*, seule espèce du genre, ne se trouve que dans les rivières de la Caroline. Sa chair est indigeste.

AMIÉNOIS, OISE. s. et adj. Habitant d'Amiens. Qui est propre à la ville d'Amiens ou à ses habitants.

AMIÉNOIS (*Ambianensis pagus*). Pays de France qui faisait partie de la haute Picardie. Il a formé presque en entier les arr. d'Amiens, de Doullens (Somme), une partie de celui de Beauvais (Oise). Capit. Amiens ; villes princ. : Ailly, Conti, Corbie, Doullens, Picquigny, Poix. C'était un comté vassal du siège épiscopal d'Amiens. Philippe-Auguste l'unit à la couronne en 1185. Charles VII, au traité d'Arras (1435), le céda à Philippe le Bon, duc de Bourgogne, et il revint définitivement à la couronne en 1477, à la mort de Charles le Téméraire. Le traité d'Arras de 1482 consacra cette situation.

AMIENS (*Samarobriva Ambianum*). 74,170 h. Vle de France, ch.-l. du dép. de la Somme, à 120 kil. de Paris, sur la Somme, qui y reçoit la Celle et l'Avre et s'y divise en douze canaux ; sur le canal de la Somme qui communique avec celui de Saint-Quentin. Ch. de fer : de Paris, à Amiens, Calais ; d'Amiens à Arras; de Tergnier, Amiens, Rouen et le Havre ; d'Amiens à Frévent; d'Amiens à Beauvais par St-Omer-en-Chaussée. Évêché, suffragant de Reims. Cour d'appel; Quartier général du 2e corps d'armée et de la 3e div. d'infanterie : bataillon de chasseurs à pied, 1 rég. d'infant, escadron du train des équipages militaires, section de secrétaires d'état-major et de recrutement, section de commis et d'ouvriers militaires d'administration, section d'infirmiers militaires. Hôpitaux militaires. Colonel commandant la 2e légion de gendarmerie. 5e direction du génie. Magasin de vivres; magasin régional d'habillement et campement. Citadelle. Académie de Douai : école préparatoire de médecine et de pharmacie ; lycée (2e catég.), établissement secondaire libre, *école de la Providence*, écoles normales d'instituteurs et d'institutrices, école primaire supérieure, autorisée à recevoir des boursiers de l'État, pensionnat primaire. Industrie très active — Les princ. monuments sont : la magnifique cathédrale ; l'église Saint-Rémy, avec le tombeau de Robert de Lannoy, vice-roi de Naples et de sa femme (1632) ; hôtel de ville qui date de Henri IV ; vaste musée communal, commencé en 1855 ; bibliothèque renfermant 50,000 vol. env. et 572 manuscrits. Promenades de la *Hautoye*; statues de Ducange et de Lhomond, de Pierre l'Ermite, de Gresset. — Patrie de Pierre l'Ermite, de Voiture, de l'historien Ducange, de dom Bouquet, de Gresset, du grammairien de Wailly, de l'astronome Delambre, du général Dejean, etc.—À 2 kil. Saint-Acheul, noviciat, autrefois pensionnat célèbre des jésuites. || INDUSTRIE. — On peut classer les nombreuses industries d'Amiens en quatre grandes divisions : 1° fils et tissus ; 2° produits bruts et ouvrés des industries extractives; 3° instruments et procédés des arts usuels; 4° matériel des arts libéraux. — *Fils et Tissus.* 1° Peignages et filatures de lin et de chanvre (secs et mouillés) ; tissages à la main et tissages mécaniques nombreux de diverses toiles, telles que toiles d'emballages, toiles à sacs sans coutures, toiles de linge, unies et damassées, et toiles à voiles. — 2° Filatures de coton pour chaînes et pour trames, tissages à la main et tissages mécaniques très importants, moleskines, velours unis, velours lisses, velvets, velours a côtes, et généralement tous les velours de coton, pour robes et vêtements d'hommes, tentures et rideaux. — 3° Grands peignages mécaniques de laines, filatures nombreuses de laines peignées, produisant des fils pour chaînes et trames, depuis les numéros les plus gros jusqu'aux numéros les plus fins, innombrables métiers à la main et métiers mécaniques de cachemires d'Écosse, escots, anacostes, cretonnes, tamises et parisiennes, satins de Chine, laine et coton et pure laine; serges, envoiles, mérinos simples ou renforcés, popeline chaine simple et double, satins Montpensier pour chaussures, et reps pour meubles ; tissus laine et soie unis pour doublures et pour robes, tels que alépines, barpours, satins grecs, satins romains, raz de St-Cyr, épinglés, reps de Syrie, draps d'Alma, et cotelines. Tissus laine et soie façonnés à la Jacquart, tels que diagonales pour doublures, mexicaines, satins américains, barpours a fleurs pour robes. Tissus armures variées pour vêtements d'hommes, en laine et soie et en laine pure, et enfin tissus mélangés de laine, soie et bourre de soie pour chaussures, tels que satins turcs et satins français. — Tissages à la main et tissages mécaniques de velours d'Utrecht en poils de chèvres, unis et gaufrés, pour rideaux et pour meubles. — 4° Métiers nombreux pour tulles, broderies, passementeries, lacets et rubanneries. — 5e Grandes fabriques de tapis riches et de moquettes pour meubles et rideaux. — 6° Filatures et métiers variés pour la fabrication de la bonneterie de laine pure et de bonneterie de coton pur. — 7° Enfin, toutes les industries ci-dessus donnent naissance à d'immenses ateliers destinés a l'apprêt, au blanchiment, à la teinture ou à l'impression des étoffes. — *Industries extractives.* Fabriques importantes de savons de ménage et savons de toilette ; fabrique d'huile de toutes espèces ; immenses fabriques de chandelles et de bougies stéariques ; produits chimiques; nombreuses fabriques de dégras, fabriques de chicorée ; fabriques très importantes de chocolat, et enfin fabriques de noir animal. — *Arts usuels.* Fabriques nombreuses de sucre de betterave ; raffinerie de sucre; brasseries produisant des bières fortes et légères ; distilleries de grains et de betteraves; ateliers de construction de chaudières, de machines à vapeur, et de tous les métiers nécessaires au tissage, soit mécanique, soit à la main ; fonderies de fer et de cuivre ; forges ; fabrique mécanique de fers à cheval; fabrique d'essieux pour l'artillerie et l'agriculture ; grands ateliers de charronnage, sellerie, et carrosserie ; fabrique d'armatures de parasols (parapluies), la seule qui existe en France. — *Arts libéraux.* Ateliers nombreux de lithographie, ateliers importants de typographie, plusieurs grandes fabriques de papiers; ateliers de dessins industriels. Ces tissus et produits manufacturés s'exportent dans le monde entier. (Ce tableau des industries amiénoises nous a été communiqué par M. Vulfran Mollet, président de la chambre de commerce d'Amiens, mai 1883.) — Outre les produits de son industrie, Amiens exporte encore ses fameux pâtés de canards et surtout ses légumes : en effet, la plaine jadis tourbeuse, au milieu de laquelle s'élève la ville, a été changée par la culture en jardins ou *hortillonnages*, qui sont aujourd'hui l'une des grandes richesses d'Amiens. || MUSÉE. — En voici les principales collections. *Époque anté-historique :* Collection de coins, haches celtiques (âge de pierre) provenant des nombreuses tourbières de Saint-Acheul. Série de coins, haches celtiques polies en silex gris, noir et pierre verte provenant d'Amiens et des environs. Dans cette collection, il y a lieu de remarquer une hache perforée en roche felspathique, trouvée dans le

Morbihan. Ces sortes de celtes perforés sont très rares. — Collections d'armes celtiques en bronze découvertes en 1843 dans une tourbière du Plainseau a Amiens. Cette rare et curieuse collection ne comprend pas moins de 190 pièces en bronze, parmi lesquelles 39 haches parfaitement conservées, 18 lances, une série de *parazoniums*. Avec ces armes, on a trouvé deux espèces d'emporte-pièce, une faucille, un manche d'outil et huit lingots d'airain. Ce qui permet de supposer que cet enfouissement provient d'une fonderie remontant sinon a l'époque celtique, au moins a l'époque gallo-romaine. — Très riche collection de verreries, de poteries fines *gallo-romaines*, etc. — Une grande quantité d'*antiquités grecques* offertes au Musée par M. de Lagrené, ancien ambassadeur. — Une colombe eucharistique en *cuivre émaillé* (XIIe s.) très apprécié des archéologues. —La statue, très connue, de Ste-Suzanne (XVIe s.) *sculpture en bois* très remarquable. — *Sculpture moderne.* Un grand bas-relief en bronze par Caudron, *Les arènes d'Arles* : Childebert, entouré de sa cour, assiste a un combat de bestiaires avec des lions, (522). etc — *Peinture.* Tableaux de l'ancienne confrérie de *Notre-Dame-du-Puy*, dont l'un, fort remarquable, est attribué à Jean Van-Eyck. *La mort de Priam*, par le baron Regnault. — *Mirabeau à la Séance des États généraux* (23 juin 1789), par Hesse. — *Le massacre des mameliucks* d'Horace Vernet *Le siècle d'Auguste* de M. Gérome. Quatre belles *Chasses* de F. Boucher, et Carle Van Loo, etc , etc. Le Musée de Picardie est très-riche en *médailles* : indépendament d'une grande quantité de monnaies romaines, françaises, etc., il possède une collection unique dans son genre due a la libéralité de M Lagrené ancien magistrat à Paris. Cette collection comprend plus de 2,000 objets (exemplaires de choix), elle résume a partir de la démolition de la Bastille, l'histoire de la première République, du Consulat de l'Empire. du règne de Louis XVIII, de Charles X et de Louis-Philippe (Note fournie par M. Ch. Borely, conservateur du Musée d'Amiens, mai 1883).

|| CATHÉDRALE. — La cathédrale d'Amiens est peut-être la plus beau de tous les monuments gothiques. Un incendie ayant détruit en 1218 l'église romane qui servait de cathédrale, l'évèque Everard de Fouilloy entreprit la construction de l'église actuelle. On la commença en 1220 sous la direction de Robert de Luzarches, et les travaux furent poussés avec une grande rapidité ; car elle était achevée en 1257 ; mais l'année suivante, elle fut encore en partie détruite par le feu et l'on fut obligé de rebâtir la partie supérieure de l'église. En 1272, il ne manquait à l'édifice que les tours du grand portail : elles furent achevées en 1366. La flèche qui se trouve à la croisée centrale, au-dessus du carré du transept, s'élève à 130 m. à partir du pavé de l'église. Brûlée en 1527, elle fut refaite de 1529 à 1533 dans le style du commencement de la Renaissance. — La nef est de proportions admirables ; des colonnes de la plus grande légèreté, dont les chapiteaux sont du style le plus pur, soutiennent les arcs des voûtes. Le chœur est entouré d'un collatéral et de sept chapelles rayonnantes, dont l'une, celle du milieu, plus profonde que les autres, est consacrée a la Ste Vierge. Ces chapelles sont de forme polygonale et percées de fenêtres qui ont 14 mètres de hauteur. Les colonnes du chœur sont disposées de manière à rendre un son quand on les frappe ; on appelle ces sortes de piliers des *piliers sonnants* ; il y a des piliers sonnants à Notre-Dame de Paris. La cathédrale d'Amiens est supportée, nef, transept et chœur, par 126 colonnes. Malheureusement, la plupart des vitraux qui ornaient les fenêtres ont disparu ; il ne reste guère que les belles verrières des roses et du triforium dans le chœur ; les autres vitraux sont modernes. La clôture du chœur est décorée de riches sculptures du XVe et du XVIe siècle, qui ont été restaurées de nos jours : elles représentent l'histoire de S. Jean-Baptiste et les légendes de S. Firmin et de S. Sauve. — L'extérieur de la cathédrale d'Amiens n'est pas moins remarquable que l'intérieur. La partie inférieure de la façade principale est formée de trois porches profonds et ornés de sculptures, qui sont séparés par les contreforts qui soutiennent les tours.

Au-dessus, courent deux galeries, l'une de fenêtres a jour, l'autre de niches remplies par des statues ; plus haut, s'ouvre une magnifique rose de 35 m. de circonférence et plus haut encore, règne une élégante galerie reliant les tours. Celles-ci sont machevées, inégales en hauteur et ne répondent pas au reste de l'édifice. Les portails latéraux sont très remarquables, surtout les deux du côté sud, dont l'un est au transept et l'autre au pied de la tour sud, près de la façade. Le portail du transept nord est plus simple. — Outre la beauté de l'édifice, la cathédrale d'Amiens possède d'assez nombreuses œuvres d'art Il est difficile de voir de plus belles boiseries que les stalles du chœur, exécutées de 1503 à 1522 par des artistes du pays. Elles sont ornées de 400 sujets, comprenant encore 3,630 figures, bien qu'un assez grand nombre ait disparu ; on voit des scènes de l'Ancien Testament, de la vie de la Ste Vierge, des scènes de la vie commune, etc. Dans les transepts, on voit des hauts reliefs du commencement du XVIe siècle dorés et peints, représentant l'histoire de S. Jacques le Majeur ; dans l'autre, des sculptures du même genre représentant des sujets relatifs au temple de Jérusalem. La cathédrale renferme encore : des tombeaux de diverses époques dont l'un, celui du chanoine Lucas, est surmonté d'une statue fameuse, connue sous le nom de l'*Enfant pleureur*, œuvre du XVIIIe siècle ; des châsses très riches, entre autres, celle de S. Firmin qui est du XIe siècle ; un des plus beaux orgues de France ; une grille en fer fermant le chœur, ouvrage du XVIIe s. et des fonts baptismaux du XIe s.

|| HISTOIRE. — Ville principale de la cité des *Ambianenses*, Amiens, fut le centre des opérations de César dans la Belgique. Elle fut ensuite habitée par plusieurs empereurs romains. Au IVe s., elle fut évangélisée par S. Firmin et devint le siège d'un évêché. Elle appartint à Clotaire, après la mort de Clovis ; Les Normands la dévastèrent trois fois. L'administration de la ville et du comté était, au XIe s., entre les mains de l'évêque, qui se faisait suppléer dans le service militaire par un vidame. Mais en 1113, le vidame Thomas de Marle, fils du sire de Coucy et Enguerrand de Boves, qui s'était emparé du comté, s'allièrent contre l'évêque, qui octroya une charte de commune aux bourgeois d'Amiens et appela à son aide le roi Louis le Gros. Philippe-Auguste se fit céder Amiens par la comtesse Aliénor en 1185, et confirma la charte communale, 1190-1193. Les milices d'Amiens combattirent à Bouvines, 1215. Au traité d'Arras (1435), Charles VII cé la Amiens et les autres villes de la Somme à Philippe le Bon avec faculté de rachat. Louis XI effectua en effet ce rachat, mais forcé de céder de nouveau les villes de la Somme à Charles le Téméraire au traité de St-Maur (1465), il ne les reprit qu'a la mort de celui-ci, 1477. Amiens prit parti pour la Ligue, et ne se soumit a Henri IV qu'en 1594. Les Espagnols y entrèrent par surprise le 11 mars 1597, et il fallut un siège pour les en chasser quelque mois après (25 sept). Colbert y attira de l'étranger des fabricants de draps, de tapis, etc. Le 27 mars 1802 (6 germinal an x), fut signé le célèbre *traité d'Amiens*, par les plénipotentiaires de la France, de la Grande-Bretagne, de l'Espagne, et de la République Batave. L'Angleterre rendait à la France et à ses alliés leurs colonies, à l'exception de Ceylan et de la Trinité ; l'intégrité des États de la Porte-Ottomane était convenue ; Malte était restituée a l'ordre de St-Jean ; la France gardait ses frontières du Rhin et évacuait le Portugal, les États du Pape et le royaume de Naples, et restait maîtresse du Piémont. Capitale du gouvernement de Picardie avant la révolution, Amiens devint, en 1791, ch.-l. du département de la Somme. — *Arr.* : 1,840 kil. car. ; 194,232 h. ; 13 cant. Amiens N.-E. Amiens N.-O., Amiens S -E., Amiens S.-O., Conty, Corbie, Hornoy, Molliens-Vidame, Oisemont, Picquigny, Poix, Sains et Villiers-Bocage ; 251 comm. (1881). — *Cant.* : Amiens N.-E. et 2 comm., 15,766 h. ; Amiens N.-O. et 5 comm., 17,228 h. ; Amiens S.-E. et 4 comm., 23,518 h. ; Amiens S.-O. et 4 comm. 24,768 h.

AMIENS (Jean-Louis d'). Capucin, auteur de plusieurs ouvrages de chronologie et d'histoire. *Atlas temporum in 4 libris,....* Paris, 1635 ; *Epitome historiarum omnium supra millesimum sexcentesimum, cum omnibus characteribus usque ad consummationem secoli*, Paris, 1583, in-fol. || **AMIENS** (Georges d'). Capucin, érudit du XVIIe s. *Tertulianus redivivus, scholiis et annotationibus illustratus*, Paris, 1646, in-fol. ; *Trina sancti Pauli theologia...* Paris, 1649, 3 vol. in-fol.

AMIESTIE. s f. Toile de coton des Indes. (Encycl. du XVIIIe s.)

AMIGNARDER v. a. de *a* et *mignard*) Caresser, cajoler. Amignarder les enfants. Vx et fam.

AMIGNOTTER. v. a (de *a* et *mignon*). Flatter, caresser, attirer par douceur. Il ne faut pas trop amignotter les garçons. Vx et fam.

AMIGONI ou AMICONI (Jacques). 1675-1752. Peintre, né à Venise, mort en Espagne. Il avait voyagé en Flandre et s'était perfectionné par l'étude des maîtres flamands. On cite de lui l'*Histoire de Judith*, en trois compartiments dans un escalier de l'hôtel de Powl-House, et les *Amours de Jupiter et d'Io* au château de More-Park, en Hertfordshire. Il était le peintre favori des amateurs de musique et des musiciens, entre autres du sopraniste Farinelli.

AMIGUES (Mich.-Jules-Em.-Laurent). Publiciste franç., né à Perpignan en 1829, m. en 1883. Habita l'Italie, devint correspondant du journal *le Temps* en 1860. traduisit l'*Histoire d'Italie* de C. Balbo et collabora au *Moniteur universel* et à *La Presse*. Vers 1869 il manifesta des idées républicaines. Sans se prononcer pour la Commune, en 1871, il y voulut jouer le rôle de conciliateur, et se signala par ses efforts en faveur de Rossel, qu'il tenta vainement de sauver. Ses tendances s'accusèrent encore mieux plus tard, dans le sens démocratique et quelque peu socialiste. Devenu rédacteur du journal l'*Ordre* en 1873, il se montra un des agents les plus actifs du parti bonapartiste. Non seulement par la plume, mais par les réunions populaires, les discours aux ouvriers, il entreprit une vaste propagande en faveur de l'Empire *essentiellement démocratique* et conduisit à Chislehurst des députations ouvrières. Élu député de Cambrai en 1877, il fut invalidé et non réélu. L'*Église et les nationalités*, 1860, in-8° ; L'*État Romain depuis 1815 jusqu'à nos jours*, 1862, in-8° ; *Politique et finances en Italie*, 1863, in-8° ; la *Politique d'un honnête homme*, 1869, in-18 et quantité de brochures de circonstance Il a fait représenter au Théâtre-Français en 1870 un drame en 5 actes et en vers, *Maurice de Saxe* (en collaboration avec M. Desboutins). Il a aussi recueilli et édité les *Papiers posthumes de Louis-Nathaniel Rossel*, 1871, in-8°.

A-MI-LA. s. m. Se disait autrefois pour désigner la note *la*. L'air que vous entendez est fait en a-mi-la. (Regnard.)

AMILCAR. Nom commun à plusieurs généraux carthaginois. — AMILCAR. Fils de Magon, conquit la Sardaigne, avec son frère Asdrubal. En 584, il conduisit en Sicile, une expédition carthaginoise pour empêcher Gélon de Syracuse de porter secours aux Grecs contre Xercès. Il débarqua à Panorme et mit le siège devant Himère ; mais surpris par Gélon, il fut tué dans la bataille, ou selon d'autres se suicida pour ne pas survivre à sa défaite (480 av. J.-C.), le jour même de la bataille de Salamine. Il eut trois fils : Himilcon, Hannon et Giscon. || AMILCAR. petit-fils du précédent et fils de Giscon, fut envoyé en Sicile contre Agathocle de Syracuse ; une tempête dispersa la flotte carthaginoise. Cependant Amilcar parvint a réunir 50 mille hommes, battit Agathocle près d'Himère, prit un grand nombre de villes et mit le siège devant Syracuse. Mais obligé de s'affaiblir pour envoyer du secours à Carthage, menacée par Agathocle (V. ce mot), il fut pris en donnant un assaut, et décapité, 309. Sa tête fut envoyée en Afrique à Agathocle. || AMILCAR Général carthaginois qui partagea avec Bodostar et Asdrubal, fils d'Hannon, le commandement des troupes carthaginoises contre Attilius Régulus. Fait prisonnier, il fut, avec son collègue Bodostar, en butte aux mauvais traitements de la femme et des fils de Régulus. Bodostar était mort d'inanition et le chagrin, et Amilcar, enfermé depuis cinq jours avec ce cadavre, se trouvait à l'extrémité lorsque les tribuns avertis du fait, mandèrent les Attilius et les menacèrent des châtiments les plus sévères, si désormais ils ne rendaient pas aux captifs tous les soins dus à leur situation.

C'est pourquoi, les cendres de Bodostar furent renvoyées dans sa patrie et Amilcar se remit peu à peu des souffrances qu'il avait endurées.

|| **AMILCAR**, surnommé *Barca*. Père d'Annibal, fut, très jeune encore, chargé du commandement de l'armée en Sicile, où les Carthaginois ne possédaient plus que les deux promontoires occidentaux de l'île, Drépane et Lilybée. Amilcar, avec des soldats gaulois pour la plupart, sans alliés, sans forteresses et sans espoir de secours, résista pendant cinq ans à tous les efforts des Romains Retranché sur le promontoire d'Eryx, il dirigeait des expéditions vers les côtes d'Italie et jusqu'à Cumes. Plusieurs fois il battit les Romains. Enfin, Carthage envoya à son secours une flotte avec de l'argent et des provisions; Hannon, qui la commandait, se fit battre près des îles Ægates par Lutatius (242), et Amilcar, abandonné par ses Gaulois, fut obligé de signer la paix. De retour à Carthage, il trouva sa patrie assiégée par les mercenaires, et à l'intérieur, divisée par les factions. Le besoin que la république avait de son bras fit triompher celle des Barca, dont il était chef, 236. Il commença par étouffer la révolte des mercenaires, qu'il écrasa dans deux grandes batailles. Jaloux de ses succès, ses rivaux l'envoyèrent faire la guerre aux Numides, 237. Il soumit toute la côte d'Afrique jusqu'au grand océan ; puis il recruta de nombreuses bandes d'Africains, de Numides, de Mauritaniens, et comme il n'avait d'autre ressource pour les entretenir que la guerre et le butin, il les conduisit dans la riche Ibérie. Il emmenait avec lui son fils Annibal, âgé de neuf ans, auquel il fit dès lors jurer une haine éternelle aux Romains. Il fit la guerre pour son compte et en chef indépendant, partageant le butin en trois lots : l'un pour les soldats, le second pour le trésor carthaginois ; le troisième, il le faisait passer a Carthage, afin de s'acheter des partisans, pour empêcher que le parti d'Hannon, qui conseillait la paix, ne devint le plus fort. Amilcar commanda neuf ans en Espagne, soumit plusieurs nations, et fonda Barcelone (*Barcino*, ville de Barca). Il fut tué dans une bataille, 228.

AMILICHUS. Géog. anc. Rivière qui coulait en Achaïe près du temple de Diane Triclaria. Son nom grec *Ameilichos*, qui veut dire *inhumaine*, venait de ce qu'on immolait tous les ans sur ses rives le plus beau garçon et la plus belle fille du pays, pour apaiser Diane, dont le temple avait été profané par les amours de Ménalippe avec la belle prêtresse Comaetho.

AMILLY. 2,555 h. Comm. de France (Loiret), arr. et cant. de Montargis. Importante filature de soie du Gros-Moulin, une des plus anciennes de France.

AMILO. Géog. anc. Fleuve de la Mauritanie. Pline conte qu'à chaque nouvelle lune, des troupes d'éléphants allaient se purifier par des ablutions dans ce fleuve, et qu'après l'avoir salué, ils se retiraient dans les forêts.

AMIMÉTOBIE. s. f. (gr. *a*, priv. *mimétos*, imitable, *bios*, vie). Vie inimitable. Nom donné par Antoine et Cléopâtre à la Société de plaisir qu'ils avaient formée à Alexandrie.

AMIN. s. m. (a-minn). Nom donné en Kabylie à un magistrat indigène nommé par la *djemaa* de chaque village et dont les attributions sont très étendues. (V. *Djemaa*.)

AMIN-BEN-HAROUN. V. *Amyn*.

AMINCIR. v. a. Rendre plus mince. Amincir une pièce de bois. Les corsets amincissent la taille. (Acad.) || S'AMINCIR. v. pr. Être aminci ; devenir plus mince. Le fer s'amincit au laminoir. || AMINCI, IE. p. pas.

AMINCISSEMENT. s. m. Action d'amincir ; diminution d'épaisseur. Amincissement d'une lame de plomb.

AMINE. s. f. Chim Nom d'une série de composés qui s'obtiennent par la substitution d'un radical à l'hydrogène de l'ammoniaque. V. *Monamine, Diamine, Triamines, Tétramines* et *Pentamines*.

AMINÉE (*Aminœa*). Géog. anc. Canton du Picentin très renommé pour ses vins. Virgile dans ses *Géorgiques*, distingue le vin d'Aminée du Falerne. Il était très spiritueux, et passait pour fortifier l'estomac, lorsqu'il avait vieilli.

AMINÉEN, ENNE. adj. Qui appartient, qui a rapport à Aminée. Vignes aminéennes.

AMINEUR. s. m. T. de gabelle par lequel on désigne dans les greniers à sel, les particuliers préposés pour mesurer le sel qui se distribue aux consommateurs. (Grand vocabulaire franç., 1767.)

À MINIMÀ. V. *Minimà*.

AMINTE ou **AMINTA**. Drame pastoral. V. *Tasse (Le)*.

AMIOT (le P). 1718-1794. Savant jésuite français, né à Toulon, mort missionnaire à Pékin. Il resta 44 ans en Chine et sut s'attirer l'estime de l'empereur lui-même; il enrichit la France de nombreux ouvrages sur cette contrée, son histoire, sa langue, sa littérature et ses arts Les plus importants sont : une traduction de l'*Éloge de la ville de Moukden*, poème chinois composé par l'empereur Khianloung, Paris, 1770, in-8°, avec fig. et notes historiques et géographiques : *Art militaire des Chinois*, Paris, 1772, in-4°; *Lettres sur les caractères chinois : De la Musique des Chinois; Vie de Confucius; Grammaire tatare-mandchoue*; (ces traités se trouvent dans les *Mémoires sur les Chinois*); *Dictionnaire tatar-mandchou-français*, Paris, 1789, 3 vol. in-4°. De plus il a laissé une énorme quantité de lettres, d'observations et de mémoires répandus dans les 15 vol. in-4° des *Mémoires concernant l'histoire, les sciences et les arts des Chinois*, Paris, 1776-1814

AMIR. Fils d'Aïdin, qui à la chute de l'empire seldjoucide d'Iconium avait partagé l'Asie-Mineure avec Othman et d'autres chefs. Amir régnait vers 1141 sur Smyrne et une partie de l'Ionie. Il secourut l'empereur, Cantacuzène, qui avait été détrôné par une révolution domestique, et délivra sa femme Irène assiégée par les Bulgares dans Démotica; mais, craignant d'exciter la jalousie de son allié, il refusa d'entrer dans la ville pour recevoir les remerciments de l'impératrice. Ensuite il assiégea Thessalonique, ravagea le pays jusqu'à Constantinople et se rembarqua avec un riche butin et de nombreux captifs. Bientôt après il fut attaqué par le roi de Chypre, la république de Venise et les chevaliers de St-Jean. La citadelle de Smyrne fut emportée d'assaut et Amir périt percé d'une flèche. En mourant, il conseilla à Cantacuzène de s'allier avec Orkhan, fils d'Othman, conseil qui amena les Turcs à Constantinople.

AMIRAL. s. m. Chef suprême des forces navales d'un État. Grand-amiral. Amiral de France. Amiral d'Angleterre. || Hist. encycl. La dignité d'amiral fut introduite en France par saint Louis; mais cette charge ne devint importante qu'au XVe s. L'amiral *des armées navales et de la marine*, étendait sa juridiction sur toutes les côtes, nommait tous les officiers; ses attributions et ses revenus en faisaient un des personnages les plus puissants du royaume. Des amirautés distinctes existèrent en Bretagne, en Provence et en Guyenne jusqu'à la réunion de ces provinces. Supprimée par Richelieu, rétablie par Louis XIV, abolie à l'époque de la Révolution (1791), conférée à Murat, par Napoléon, en 1806, conservée par Louis XVIII, cette dignité n'existe plus en France depuis 1830. || Amiral se disait aussi de l'officier qui commandait en chef une flotte, une escadre, alors même que ce chef n'avait pas le titre d'amiral. Dans cette expédition, il était amiral de la flotte. || Auj. Titre de l'officier général le plus élevé en grade dans la marine militaire. Il fut fait amiral. L'amiral un tel. Nommer des amiraux. Le grade d'amiral équivaut à celui de maréchal de France. Le vice-amiral et le contre-amiral ont le rang de général de division et de général de brigade. En France, en temps régulier, le cadre de la marine comporte 3 amiraux, 9 vice-amiraux et 18 contre-amiraux || Le *vaisseau-amiral*, ou simplement l'*amiral*, Vaisseau que monte l'amiral, ou le principal vaisseau d'une flotte, d'une escadre. — Vaisseau qui, dans un port, est disposé pour servir de corps de garde principal, à bord duquel se font les inspections des officiers entretenus par l'État, où siègent les conseils de guerre et où s'exécutent les jugements rendus. || Quatrième dignité de l'ordre de Malte. || **AMIRAL.** s. Zool. Mollusque de la classe des gastéropodes, genre *cône* ; se trouve sur les côtes de la mer des Indes. Il y en a plusieurs variétés dont les coquilles sont très recherchées. || **AMIRA, LALE** adj. La frégate amiral. L'incendie, attaquant la frégate amirale, Déroule autour des mâts son ardente spirale. (V. Hugo.)

AMIRALAT. s. m. Dignité d'amiral.

AMIRALE. s. f. Femme d'un amiral. Madame l'amirale. || Galère que montait le général des galères de France. Le feu du ciel brûla son amirale. (d'Aubigné.)

AMIRANTE. s. m. Nom du grand amiral chez les Espagnols.

AMIRANTES (îles). Groupe d'une douzaine d'îlots dans la mer des Indes à environ 670 kil. N.-N.-O. de Madagascar, compris entre 5° et 7° de latit S , 51°40' et 53°40' longit. E. Découvertes par l'amiral (*almirante*) Vasco da Gama en 1502, d'où leur vient leur nom, elles portent le pavillon anglais depuis 1814. Ce sont des terres basses et boisées, fertiles quoique mal cultivées ; les côtes sont poissonneuses Les navires qui s'y arrêtent y trouvent de l'eau et de la viande fraîche. Les habitants au nombre d'une centaine, provenant du croisement de colons de l'île Bourbon avec des négresses, parlent le français créole.

AMIRAUTÉ. s. f. (a-mi-rô-té) État et office d'amiral, de grand amiral. Les droits de l'amirauté. || Autrefois en France, Juridiction, tribunal qui connaissait de toutes les affaires contentieuses relatives à la marine et à la navigation. Faire juger une prise par l'amirauté. En Angleterre, Hollande, Russie, Amérique. etc., Administration supérieure de la marine. || *Conseil d'amirauté*, Conseil institué en France, présidé par le ministre de la marine, pour connaître des affaires d'administration et de comptabilité coloniales V. *Marine*.

AMIRAUTE (île de l'). Grande île située sur la côte occidentale de l'Amérique du N., entre le continent et l'archipel du Roi-Georges, par 137°10' — 137°48' longit. O. et 57°2 — 58°24' latit. N°. Elle a 130 kil. de long sur 40 de large. Le roi d'Owhyhée la céda à Vancouver qui la découvrit pour l'Angleterre en 1794. || **AMIRAUTÉ** (îles de l'). Groupe d'îles de la Mélanésie situé, à l'E. de la Nouvelle-Guinée, par 144°10'—145°50' longit. E. et 2°—2°55' latit. S. Schouten et le Maire qui les découvrirent le 4 juillet, les nommèrent les *Vingt-cinq îles*. Le nom qu'elles portent actuellement leur fut donné par le capitaine Carteret qui les revit en 1761. D'Entrecasteaux les visita en 1792. La plus grande île, dite *grande île de l'Amirauté*, a 90 kil. de long. env. Le groupe a une faible population. Les habitants sont noirs, presque nus, adroits navigateurs.

AMIRÉ. s. m. Poirier. || Variété de poire d'été. L'amiré roux et l'amiré joannet.

AMIS (îles des). V. *Tonga*

AMIS ET AMILE. Chanson de geste anonyme du XIIIe siècle, en 3,460 vers. Elle a été composée d'après une légende en prose dont on a trouvé un manuscrit du XIe s. Une autre chanson de geste, également anonyme, et du même siècle, en 4,200 vers, intitulé *Jourdain de Blèves*, fait suite à la 1re. Elles ont été publiées ensemble par le docteur Conrad Hofmann, d'après les manuscrits de la Bibliothèque nationale (Erlangen, 1852, in-8°).

AMISATIVE s. f. Chim. Corps pulvérulent et jaune obtenu indirectement par l'action de l'ammoniaque sur l'isatine.

AMISSIBILITÉ. s. f.(de *amissible*). Théol. et jurisp. État de ce qui est amissible.

AMISSIBLE. adj 2 g. (lat. *amissibilis*). Qu'on peut perdre. || Théol. Ce mot n'est en usage que parmi les théologiens qui soutiennent, contre les calvinistes, que la grâce et la justice sont amissibles, et non inamissibles comme Calvin l'enseignait, c.-à-d. qu'on peut perdre la grâce après l'avoir reçue, et qu'après avoir été justifié, on peut mourir dans la haine de Dieu et être damné.

AMISSION. s. f. (lat. *amissionem*, de a-mittere, de *a*, exprimant séparation, et *mittere*, envoyer, *mettre* : laisser échapper, perdre). Théol. Perte. Amission de la grâce. || Jurisp. anc. Peine pécuniaire prononcée en justice.

AMISUS Auj. *Samsoun*. Vie de l'ancien royaume de Pont, sur le golfe du même nom, dans le Pont-Euxin. Fondée par les Ioniens, elle reçut plus tard une colonie athénienne qui lui donna le nom de Pirée. Était devenue très importante et renfermait des monuments magnifiques lorsqu'elle fut prise et détruite par Lucullus. Elle ne se releva que sous Auguste.

AMITE. Comté de l'État du Mississippi région mérid. des États-Unis. || AMITE, Rivière qui arrose ce comté et se jette dans le lac de Mau repas.

AMITERNE (*Amiternum*). Vle anc. de la Sabine, au pied de l'Apennin, auj. en ruines, non loin de San-Vittorino. Patrie de l'historien Salluste.

AMITES. s. m. pl. Antiq. rom. Longues et fortes perches accouplées deux à deux, parallèles et horizontales. Les Romains appelaient amites : 1° les bâtons d'une chaise à porteurs ; 2° les perches fixées entre deux poteaux verticaux qui fermaient la barrière des parcs à bétail ; 3° les deux tringles qui servaient à tendre les filets d'oiseleurs.

AMITIÉ. s. f. (a-mi-tié ; — dans notre ancienne langue *amistié*, *amisté* et à l'origine *amistet*, qui correspond à l'ital. *amistà*, à l'esp. *amistad*, au catalan *amistat*, du lat. vulg. *amicitatem*, formé d'*amicus*). Affection ordinairement mutuelle, attachement de deux personnes l'une pour l'autre. Amitié ancienne, étroite, constante, sacrée, inviolable, feinte, trompeuse, intéressée. Les liens, les lois, les devoirs de l'amitié. Contracter, jurer amitié. Renoncer, manquer à l'amitié. Prendre en amitié. L'amitié est une union des cœurs si étroite, que l'on ne saurait y remarquer de jointure. (Dacier.) Les Grecs et les Romains ont élevé des autels à l'amitié, et Cicéron en fait quelque chose de divin. ‖ Rapport, union entre deux personnes. De vieilles, de solides amitiés. Amitiés renouées. Former, faire de nouvelles amitiés. ‖ Par ext. Accord, relations entre deux souverains, deux puissances. L'amitié unit longtemps les cours de France et d'Espagne. ‖ Fam. Faveur, plaisir, bon office, service. Faites-moi l'amitié de venir. Il m'a fait l'amitié de parler pour moi. ‖ Au pl. Fam. Caresses, paroles obligeantes. Il m'a fait mille amitiés. Présentez-lui mes amitiés. Vous me comblez d'amitiés. ‖ Attachement de certains animaux pour l'homme. L'amitié du chien, du cheval pour son maître. ‖ Fig. Sympathie, attraction entre certaines choses inanimées. L'amitié du lierre pour l'ormeau. Il y a de l'amitié entre le fer et l'aimant. ‖ Comm. Sorte de moiteur à laquelle les marchands de blé reconnaissent le bon grain. Ce froment a de l'amitié. Ou dit plus souvent dans ce sens : ce blé a de la main. ‖ Peint. Convenance, harmonie des couleurs. Le jaune a de l'amitié pour le bleu. ‖ Prov. Les petits cadeaux entretiennent l'amitié. ‖ Antiq. Les Grecs et les Romains ont élevé des autels à l'Amitié. Les Grecs la représentaient sous la figure d'une jeune fille vêtue d'une robe agrafée, la tête nue, une main posée sur son cœur, l'autre appuyée sur un ormeau frappé de la foudre autour duquel s'enroule une vigne chargée de fruits, symbole de l'infortune consolée par une amitié fidèle. Les Romains donnaient à l'Amitié la figure d'une jeune fille, vêtue d'une robe blanche, ouverte du côté gauche. La déesse montrait son cœur de la main droite ; on y lisait : *De près et de loin*. Dans sa main gauche étaient deux cœurs enchaînés ; elle était couronnée de fleurs de grenade. ‖ Bibliog. AMITIÉ (*Traité de l'*), intitulé *Lœlius, sive de Amicitia*, Dialogue philosophique de Cicéron, dans lequel l'auteur examine l'origine, la formation, les lois et les devoirs de l'amitié et indique les moyens de la conserver. Le principal interlocuteur est Lælius, l'amidu second Scipion l'Africain. ‖ Syn. *Avoir de l'amitié, être ami* V. Ami ‖ *Amitié, affection, attachement*, etc. V. *Affection*. ‖ *Amitié, bienfait, faveur, grâce, bon office, plaisir, service*, Action ayant pour but l'avantage ou l'agrément d'autrui. Amitié et plaisir désignent quelque chose qui coûte peu. On dit dans le style familier : Faites-moi le plaisir, l'amitié de... ; mais l'amitié exprime quelque chose que l'on accorde à une personne avec laquelle on est lié ; on fait plaisir à tout homme qu'on oblige, fût-il étranger ou inconnu. Le bienfait suppose un acte de générosité d'un supérieur ; service exprime tout ce qu'on fait de bon et d'utile pour quelqu'un. Service se dit principalement de l'inférieur au supérieur. Au service est due une récompense, et un bienfait peut se payer ; le bienfait ne demande que de la gratitude. Le bon office est une médiation, une intervention pour quelqu'un auprès d'un tiers. La grâce et la faveur sont spontanées ; mais la grâce ne

désigne que la puissance de celui qui la donne, tandis que la faveur exprime le sentiment avec lequel on l'accorde. Un ennemi même peut être l'objet d'une grâce ; à ceux qu'on aime seuls on accorde des faveurs.

AMITIEUX, EUSE, adj. (a-mi-si-eu, euze ; — de *amitié*). Mot du patois berrichon, qui signifie Plein d'amitié. Il se mit à nous remercier dans des mots si amitieux. (G. Sand.)

AMLWCH (pron. Amlouk). 6,000 h. Port au N. de l'île d'Anglesey (Angleterre). Importantes mines de cuivre dans le voisinage.

AMMAN. s. m. de (l'all. *amt*, fonction ; et *mann*, homme). Premier magistrat dans quelques cantons suisses et dans quelques parties de l'Allemagne du Nord : le chef de la Confédération helvétique s'appelle *landamman*. ‖ Jurisp. anc. Officier autrefois établi dans chaque fief, en Belgique, pour représenter le seigneur justicier.

AMMAN V. *Rabbath-Ammon.*

AMMAN (Josse). 1539-1591. Peintre et graveur de Nuremberg, né à Zurich, a publié un grand nombre de figures sur verre et sur bois ; auteur d'une collection des Portraits de rois de France, depuis Pharamond jusqu'à Henri III, parue en 1576. Il a fait aussi une collection de costumes de femmes : *Gynæceum, sive theatrum....,mulierum,inquoomnium Europæ gentium*, Francfort, 1586, in-4° ; *Panoptia omnium liberalium, mechanicorum et sedentariorum artium...* ibid. 1564,413 pièces,parmi lesquelles le portrait de l'artiste en graveur. ‖ AMMAN (Paul). Botaniste et médecin né à Breslau, 1634. Reçu à l'université de Leipsick et associé à l'académie des *Curieux de la nature* sous le nom de *Dryander*, il occupa successivement les chaires de botanique et de médecine à la faculté de Leipsick. Dans ses ouvrages il fait preuve de vastes connaissances, mais aussi d'une humeur âpre et violente qui lui attira des désagréments. Il mourut en 1691. On a de lui : *Paracœnesis ad discentes, circa institutionum medicarum emendationem occupata*, Rudolstadt, 1673, in-12 ; *Praxis vulnerum lethalium...* Francfort, 1690, in-8° ; *Description du jardin de Leipsick*, Leipsick, 1675, in-8° ; *Character naturalis plantarum*, 1676 ; dans cet ouvrage, il prend pour base les principes qui venaient d'être posés par Morison, et prouve qu'on doit établir la distinction des genres sur le fruit ; il y décrit, d'après ces idées, 1476 genres ou espèces. ‖ AMMAN (Jean-Conrad). Médecin suisse, établi en Hollande, m. à Amsterdam, célèbre par ses publications sur l'art d'apprendre à parler aux sourds-muets. L'abbé de l'Épée et l'abbé Deschamps ont beaucoup profité de ses ouvrages. On a de lui : *Surdus loquens*, Harlem. 1692, in-8° ; réimprimé sous le titre : *Dissertatio de loquela*, Amsterdam, 1700. ‖ AMMAN. Médecin et botaniste, fils du précédent, né à Schaffhouse, en 1707, professa la médecine et la botanique à St-Pétersbourg, où il mourut en 1740. Il a laissé : *Stirpium rariorum in imperio Ruthéno sponte provenientium Icones et Descriptiones*, Pétersbourg, 1739, 1 vol in-4°, 35 pl. ouvrage inachevé, où il fait connaître, quelques-unes des plantes que J.-G. Gmelin et d'autres voyageurs avaient recueillies en différentes contrées de la Russie asiatique.

AMMANATI (Barthélemy). 1511-1589. Appelé aussi *Ammanato*, sculpteur et architecte florentin célèbre. Élève de Baccio Bandinelli, puis de Sansovino. Il exécuta de nombreuses sculptures qui sont comptées parmi les meilleures de l'époque ; à Florence, une *Léda*, un *Neptune* traîné par quatre chevaux marins et entouré de Tritons, des figures ornant les monuments et les fontaines ; à Venise un *Neptune* ; à Padoue, un *Hercule* colossal ; à Rome, le tombeau du cardinal Monti, à St-Pierre *in montario*, en collaboration avec Georges Vasari, et seul,une belle fontaine dans la vigne du pape Jules II. Il construisit à Rome le palais Rucellaï, la façade et la cour du collège romain ; à Lucques, le palais ducal ; à Florence la cour du palais Pitti, décorée par lui de trois ordres de colonnes à bossages que l'architecte J. de Brosse à imitées au palais du Luxembourg, à Paris. Ingénieur du grand-duc Cosme il restaura les ponts de l'Arno ruinés par l'inondation de 1537, et rebâtit sur un nouveau plan celui de la Trinité, qui offrit le premier exemple des arches à voûte surbais-

sée. Il a laissé un grand ouvrage intitulé *La Citta*, qui comprenait les dessins de tous les édifices publics nécessaires à une ville. Ce livre qu'on a cru longtemps perdu, existe dans la collection de dessins de la galerie de Florence. Sa femme Laura Battiferi, a laissé des poésies très estimées, qui furent imprimées à Florence, sous le titre d'*Opere toscane*.

AMMANNIE. s. f. Bot. G. de lythrariacées qui comprend des plantes aquatiques des régions chaudes du globe, et surtout de l'ancien monde. L'a. vésicante (*ammannia vesicatoria*), est remarquable par ses feuilles, qui appliquées sur la peau soulèvent l'épiderme, à la façon des cantharides.

AMMANNIÉES. s. f. pl. Bot. Tribu de lythrariacées, comprenant outre le g. *ammannia*, plusieurs autres herbes aquatiques de petite taille. Elle a pour caractères : calice membraneux lisse, fleurs petites, peu apparentes, pétales plans ou nuls, non corrugués.

AMMEISTRE. s. m. (am-mè-stre ; — allem. *amt*, fonction ; *meister*, maître). Échevin, dans plusieurs villes d'Allemagne.

AMMÉLIDE s. f. Chim. $C^6H^9Az^9O^3$. Corps blanc, insoluble dans l'eau, l'alcool et l'éther, obtenu par l'action des acides ou des alcalis sur l'*amméline*, ou de la chaleur sur l'*urée*.

AMMÉLINE. s.f. Chim. $C^3H^5Az^5O$. Corps d'un très beau blanc, insoluble dans l'eau, l'alcool et l'éther, obtenu en faisant agir les acides concentrés ou les alcalis sur la *mélamine*. C'est un alcaloïde artificiel découvert par Liebig en traitant le mélam.

AMMER, AMBER ou **AMPER**. Rivière de Bavière, affl. g. de l'Isar, bassin du Danube, descend des Alpes d'Algau, traverse la belle vallée d'Ammergau, le lac d'Ammer. 175 kil.

AMMER. Lac de la Haute-Bavière. Ses rives sont basses et couvertes de forêts. Alt. 539 m. au-dessus du niveau de la mer ; superf. 42 kil car ; profond. 245 m.

AMMERGAU. Nom de deux villages dans la vallée de l'Ammer sur les confins du Tyrol. Le plus important, Ober-Ammergau, renferme 1,200 h. dont l'occupation est de sculpter des articles en bois et en ivoire. C'est le seul endroit de l'Europe où l'on célèbre encore le *Mystère de la Passion*, avec autant de ferveur et de pompe que jadis. Ce mystère se joue tous les 10 ans par plus de 400 acteurs, dans un théâtre où se réunissent 6,000 spectateurs accourus de toutes les parties de l'Europe.

AMMERSCHWIHR. 1,767 h. Vge de la Haute-Alsace, cercle de Ribeauvillé, à 9 kil. de Colmar. Fabr. d'orgues et de tuyaux d'orgue.

AMMI. s. m. Bot. G d'ombellifères de la série des carées. Il a donné son nom à la tribu des amminées. Les ammi ont un calice à limbe presque nul ; un fruit comprimé perpendiculairement à la commissure ; des méricarpes à cinq côtes filiformes, à vallécules contenant chacune un seul canal sécréteur ; une columelle bipartite ; un involucre formé de plusieurs folioles triséquées ou pinnatiséquées. On en connaît six ou sept espèces des régions méditerranéennes, et des îles Canaries et Açores. L'a. *majus* ou a. *officinalis*, croît en France, et ses fruits faisaient partie des *quatre semences chaudes*. L'*herbe aux gencives*, *herbe aux cure-dents* du midi de la France est l'a. *visnaga*. L'a. *copticum*, est une plante annuelle, à tige dressée, haute de 30 à 90 centimètres, ramifiée ; à branches alternes, légèrement striées. Les feuilles sont éparses, les inférieures sur-décomposées, les supérieures moins subdivisées, à divisions extrêmes filiformes. Les fruits, connus sous le nom de *fruits d'Ajowan*, varient beaucoup de taille ; ils sont renflés et couverts de petits tubercules. Ils produisent une huile essentielle qui doit son agréable odeur au *thymol* qu'elle contient. On emploie, dans l'Inde, ces fruits comme condiments.

AMMIEN MARCELLIN (*Ammianus Marcellinus*). Historien du IVe s. ; écrivit en latin, quoiqu'il fût d'origine grecque. Issu d'une bonne famille d'Antioche (vers 320), il embrassa la carrière militaire, servit avec distinction en Orient et en Gaule, et accompagna l'empereur Julien dans la guerre de Perse. Il se retira à Rome vers l'âge de cinquante ans et mourut vers 390. Ce fut là qu'il écrivit l'ouvrage intitulé : *Rerum gestarum libri XXXI*, pour faire suite aux Annales de Tacite. Il commençait son récit à l'avènement de Nerva en 96. Mais les treize premiers livres sont perdus et il ne nous reste que les dix-huit derniers qui vont de 353, jusqu'à la mort de Valens, en 378, et qui sont pour nous les plus importants, car tout autre historien nous manque pour cette période. Ammien Marcellin possède les qualités et les défauts d'un soldat qui raconte sans grande habileté. Parfois il se livre à des digressions interminables à propos des comètes ou d'autre événements de même intérêt, et parfois il se tait sur des circonstances d'une telle gravité, que l'on serait tenté de croire que son travail présente des lacunes. Bien qu'assez instruit, il ne se propose pas pour modèle tel ou tel historien. Sa langue est celle du temps : on lui reproche de l'obscurité et des incorrections ; son style est simple, mais en général plein d'énergie. On cite de lui des pages dignes de Tacite : tel est le tableau de l'état de Rome au IVe s. On lui trouve aussi de la ressemblance avec Polybe, dont il a l'impartialité et l'entente de la guerre. Son amour de la vérité, sa résistance aux préjugés et aux passions de son temps font de lui un guide habile et fidèle. On a agité la question de savoir quelle était sa croyance religieuse, et quelques-uns, l'ont cru chrétien : le fait est que, s'il se moque des superstitions de certains païens, s'il désapprouve les persécutions de Julien contre le christianisme, il est toujours plein de respect pour l'ancien culte, et il déplore l'intolérance de Constance à l'égard du paganisme. Un des grands mérites de son ouvrage est de nous avoir transmis des renseignements précieux sur les pays et les mœurs qu'il a observés, notamment sur les Sarrasins, les Scythes et les Sarmates, les Huns et les Alains, sur l'Égypte, la Gaule, le Pont et la Thrace. Enfin il est le dernier des historiens latins qui sache montrer l'enchaînement des faits et dessiner es caractères. Des dix-huit livres d'Ammien qui nous restent, la 1re édition complète a été donnée par le célèbre critique Accorso, Augsbourg, 1533. Les meilleures éditions sont celles de Valois, Paris, 1681 ; Ernesti, Leipsick, 1773, in-8° ; et surtout Wagner et Erfurdt, ibid. 1808, 3 vol. in-8°. Ammien-Marcellin a été traduit en français par l'abbé de Marolles, Paris, 1672, 3 vol. in-12 ; la version de Moulines, Berlin, 1775, 3 vol. in-12, est beaucoup meilleure ; la dernière est due à M. Heutelot (collection Nizard, 1844).

AMMINÉES. s. m. pl. Tribu d'ombellifères, comprenant trois sous-tribus : *smyrniées, euamminées, scandioinées.* Ce plantes ont des fleurs hermaphrodites ou polygames, diversement disposées, des fruits didymes, comprimés sur les côtés, avec ou sans ailes.

AMMIRATO (Scipion). 1531-1601. Littérateur italien, né dans le roy. de Naples, m. à Florence. Après une jeunesse assez agitée, il se rendit à Florence et s'attacha à la maison de Médicis. Le grand-duc Cosme le chargea en 1570 d'écrire l'histoire de Florence, et son frère, le cardinal Ferdinand de Médicis le logea dans son palais et le pourvut d'un bon canonicat. La première partie de son ouvrage principal : *Istorie florentine*, comprenant 20 livres et s'étendant jusqu'en 1434, parut à Florence, chez les Junte, en 1600, in-fol. Les 15 derniers livres, allant jusqu'en 1574, furent publiées en 1641 par Bianchi, son secrétaire qu'il avait fait son légataire universel, et qui prit le nom d'*ammirato le Jeune*. Cet Ammirato est mort en 1616 sans laisser d'ouvrages, mais il a publié ceux de son père adoptif. Les autres écrits de celui-ci sont : *Delle famiglie nobili Napolitane, parte prima*, Florence, 1580, *parte secunda*, 1651, in-fol. ; *Discorsi sopra Cornelio Tacito*, Florence, 1594, in-4°, imitation des fameux *discours sur Tite-Live*, de Machiavel ; *Orazioni a diversi principi, intorno a preparamenti contra la potenza del Turco*, Florence, 1598, in-4° ; *Delle famiglie nobili fiorentine*, Florence, 1615, in-fol ; *I vescovi di Fiesole, di Volterra et d'Arezzo*, Florence, 1637, in-4° ; *Opuscoli*, Florence, 1640-42, 3 vol in-4°.

AMMITE. s. f. (gr. *ammos*, sable). Minér. Concrétion calcaire globuleuse.

AMMOCÈTE. s. f. (gr. *ammos*, sable, et *koilê*, gîte). Ichty. Larve ou première forme de la lamproie, ou *petromyzon*. Son corps est anguilliforme ; elle est munie d'une lèvre supérieure demi-circulaire et de deux rangées longitudinales de trous au-dessus de la tête. Elle vit dans les vases argileuses. Les pêcheurs s'en servent comme d'appât, surtout pour la truite et le brochet, et lui donnent les noms de *chatouille, lamprillon, lamprogon, sept-œil, civelle.*

AMMOCHRYSE. s. m. (gr. *ammos*, sable ; *khrusos*, or). Nom donné par les anciens au mica pulvérulent, de couleur d'or, qui sert de poudre pour l'écriture.

AMMODYTE. s. m. (gr. *ammos*, sable, et *duein*, pénétrer). Zool. Poissons de l'ordre des malacoptérygiens apodes, fam. des anguilliformes. Les ammodytes atteignent 12 a 15 centimètres de long ; leur mâchoire inférieure dépassant la supérieure rend leur museau très effilé. Ils nagent très bien et s'enfoncent dans le sable ; ils sont appelés pour cela *anguilles de sable*. Les pêcheurs l'appellent *lançon* ou *équille*. Ils forment un bon appât pour la pêche. || **AMMODYTE.** Espèce de vipère (*vipera ammodytes*) ; elle habite les lieux montueux, secs et exposés au soleil. Sa tête est plus triangulaire que celle de la vipère commune, et son museau est terminé par une éminence molle, conique, couverte de petites écailles.

AMMOLINE. s. f. Base salifiable extraite de l'huile animale de Dippel. C'est un corps liquide plus lourd que l'eau.

AMMOLITHE. s. f. Minér. Poudre rouge trouvée au Chili, et renfermant du mercure, du cuivre, de l'antimoine, du tellure et du quartz. On a trouvé un corps analogue en Westphalie.

AMMON, ou HAMMON. Nom que les Grecs donnaient au dieu égyptien *Amoun*. Les Grecs faisaient dériver Ammon de *ammos*, sable : d'après leur légende, Bacchus, en traversant la Lybie avec son armée mourant de soif, invoqua son père Jupiter, et en réponse à sa prière, une source vive jaillit instantanément du sable. Bacchus, pour témoigner sa reconnaissance, aurait construit le fameux sanctuaire, célébré par un oracle, et dont le nom (*Ammoneion*) servait aussi à désigner toute cette contrée de la Haute-Égypte qu'on appelle aujourd'hui *Karnak* et où se trouvent les ruines de Thèbes. D'autres attribuent l'aventure à Hercule. — Cette étymologie hellénique est d'ailleurs toute fantaisiste. *Ammon* vient d'un mot égyptien, qui signifie *bélier* ; et, en effet, ce dieu était représenté avec des cornes. Pour les Égyptiens, il était la personnification du principe du bien, de la chaleur, de la lumière, était évidemment proche parent d'Osiris. (V. Jamblique, *De myst* : 813.) Les oracles rendus par la statue colossale du dieu, dans son principal sanctuaire, étaient très écoutés ; il fut consulté par Hercule et par Thésée, et ce fut lui qui donna le nom de « fils de Jupiter » à Alexandre le Grand. || **AMMON** (*corne d'*). s. f. Paléont. Nom vulgaire donné à la coquille d'*ammonite*, qui est enroulée comme une corne de bélier. (V. *Ammonite.*) || **AMMON.** Nom d'un fils du patriarche Loth ; c'est le père des Ammonites et le frère de Moab.

AMMON (Ch.-Guillaume). Vétérinaire allem. né à Trakehnen (Prusse) en 1777, m. en 1842. Il fut de 1813 a 1829, directeur au haras de Rohrenfeld en Bavière. *Manuel de l'aspirant vétérinaire*, Francfort, 12 éditions ; *Remèdes contre les maladies des animaux domestiques*, 8e éd 1840 ; *Manuel général du Vétérinaire praticien* ; etc. || **AMMON** (Georges-Dieudonné). Vétérinaire ; 1780-1871. Frère du précédent. Inspecteur du haras royal de Vesra (Prusse). *De l'élevage et de l'amélioration du Cheval*, Berlin, 1819 ; *Magasin des haras* ; *Qualités du Cheval de guerre*, 1828. || **AMMON** (Christophe-Frédéric d'). Théologien protestant, né à Bayreuth en 1766, m. à Dresde en 1850. Successivement professeur à Erlangen et à Gœttingue, prédicateur de la Cour et président du consistoire à Dresde. Il est le fondateur de l'école dite rationaliste supernaturaliste. *Théologie biblique*, Erlangen, 1801-1802 ; *Summa theologiæ christianæ*, 4e éd., Leipzig, etc. || **AMMON** (Frédéric-Guill.-Philippe d'). Fils aîné du précédent. Théologien allem. né à Erlangen en 1791, m. en 1855. Professeur et archidiacre dans sa ville natale. *Lettres de Rodolphe et d'Ida sur les dogmes qui distinguent l'Église protestante de l'Église Catholique*, Dresde, 1827 ; *Galerie des personnages marquants des XVIe : XVIIe et XVIIIe siècles qui se sont faits catholiques*, Erlangen, 1833. || **AMMON** (Frédéric Auguste d').

Médecin allem. né à Gœttingue ; 1799-1861. Professeur à l'académie de chirurgie de Dresde, médecin du roi de Saxe, second fils de Christ.-Fréd. *Du sommeil maladif ; Premiers devoirs de la mère*, 21e éd. revue par Winckel, Leipsig, 1882 ; *Clinique des maladies et des anomalies de l'œil humain*, Berlin, 1838-47 ; *Du régime Hydrothérapique*, 6e éd. revue par Reimer, Leipsig, 1880 ; *Journal d'Ophtalmologie*, 1830-1836 ; *la Chirurgie plastique* ; etc. Il est particulièrement estimé comme ophtalmologiste.

AMMONACÉ, ÉE. adj. Qui ressemble à l'ammonite. || **AMMONACÉES** s. f. pl. Famille de molusques céphalopodes, ayant pour type le genre *ammonite.*

AMMONÉEN, ENNE. adj. Se dit quelquefois des terrains secondaires, particulièrement de ceux qui renferment beaucoup d'ammonites. || Philol. Se dit de l'écriture mystérieuse des livres que Sanchoniathon trouva dans les temples d'Égypte, et qu'il consulta pour composer son histoire. Écriture ammonéenne. Lettres ammonéennes

AMMONÉES. s. f. pl. Paléont. V. *Ammonitides.*

AMMONIAC, AQUE adj. (de *Ammon*, parce qu'on préparait autrefois le sel ammoniac en Lybie, près du temple de Jupiter Ammon). Chim. S'emploie surtout dans les loc. suivantes : *Sel ammoniac* (V. *Ammoniacal*) ; *gaz ammoniac* (V. *Ammoniaque*) ; *gomme ammoniaque.* (V. *Ammoniaque Pharm.*)

AMMONIACAL, ALE. adj. Chim. Qui contient de l'ammoniaque, qui en a les propriétés, ou qui concerne l'ammoniaque. Cérat, cuivre, nitre, liniment, savon ammoniacal (V. ces mots). Vapeur, fermentation pommade ammoniacale). || s. m. pl. *Les ammoniacaux*. Médicaments excitants, diffusibles, formés par l'ammoniaque et ses principaux sels. — *Sels ammoniacaux*. Ils sont tous solubles, volatils ou décomposables par la chaleur ; traités par une base fixe, ils laissent dégager l'ammoniaque, reconnaissable a son odeur. Quand ils contiennent un acide oxygéné, l'ammoniaque est toujours accompagnée d'un équivalent d'eau ; ex. : AzH^1,HO,SO^3 ; sulfate d'ammoniaque ce qui fait regarder l'ammoniaque hydratée, AzH^3,HO. comme l'oxyde d'un métal composé, AzH^4. qu'on a nommé *ammonium*, et qui aurait pour symbole Am : on peut donc écrire (AzH^4) O. ou Am O et de même pour les sels : AmO,SO^3, etc. Les principaux sels sont : 1° le *chlorhydrate*, ou *chlorure d'ammonium* AzH^3,ClH ou AzH^4Cl ; ou encore Am Cl, nommé aussi *sel ammoniac* ou *sel d'Ammon*, parce qu'on le retirait jadis de la suie obtenue en brûlant la fiente des chameaux, dans les déserts qui entouraient le temple de Jupiter Ammon. Ce sel sert a préparer l'ammoniaque et à décaper les métaux, pour la soudure et l'étamage ; 2° les *sulfhydrates*, ou *sulfures d'ammonium*, gaz fétides et très délétères qui se produisent dans les fosses d'aisance, et dont la dissolution est très employée en chimie comme réactif ; 3° les *carbonates*, et principalement le *sesquicarbonate* $2 (AzH^3, HO),3CO^2$, très employé, sous le nom de *sel volatil d'Angleterre*, à cause de son odeur vive et piquante pour préparer les flacons de sel qu'on fait respirer aux personnes évanouies. Comme il dégage beaucoup de gaz quand on le chauffe, les pâtissiers s'en servent pour obtenir des pâtes très poreuses ; 4° le *sulfate*, l'*oxalate*, le *phosphate* qui sont des engrais énergiques, malheureusement assez chers Gay-Lussac a proposé de rendre les tissus incombustibles en les imprégnant de phosphate d'ammoniaque. || Méd. *Médicaments ammoniacaux*. Sous ce nom se rangent les substances médicamenteuses dont l'ammoniaque constitue la partie essentielle. Outre l'ammoniaque gazeuse et sa solution dans l'eau qu'on appelle ordinairement alcali volatil, ammoniaque liquide, il existe un grand nombre de sels ammoniacaux plus ou moins employés en médecine ; ce sont le *carbonate d'ammoniaque* ou *sel volatil d'Angleterre*, le *chlorhydrate* et l'*acétate*, puis d'autres moins importants : *sulfate, azotate, phosphate, tartrate, valérianate, benzoate, citrate et urate*. — L'action de ces différents sels se confond à peu près avec celle de l'ammoniaque à l'étude de laquelle nous renvoyons.

AMMONIACÉ, ÉE. adj. Qui contient de l'ammoniaque.

AMMONIACO. Chim. Mot employé dans des adjectifs composés. *ammoniaco-cuivrique*, qui contient de l'ammoniaque et du cuivre. *Ammoniaco-magnésien, enne,* se dit d'un sel contenant de l'ammoniaque et de la magnésie. — *Ammoniaco-mercuriel, elle,* qui contient de l'ammoniaque et du mercure. — *Ammoniaco-sodique* qui renferme de l'ammoniaque et un sel sodique ; etc.

AMMONIADE. s. f. Vaisseau sacré qui servait à transporter les présents et les victimes que les Athéniens envoyaient au temple de Jupiter Ammon.

AMMONIAQUE. s. f. Chim. Connue des anciens alchimistes sous les noms d'*alcali volatil, alcali fluor, esprit de selammoniac,* l'ammoniaque est un gaz incolore, d'une odeur vive et piquante, qui provoque les larmes : il est formé de 6 volumes d'hydrogène et 2 d'azote, condensés en 4 volumes: sa formule est AzH^3, et sa densité 0,59. On la prépare en traitant un sel ammoniacal par une base, chaux, potasse, etc. C'est une base énergique. Elle est extrêmement soluble dans l'eau : un litre d'eau peut en dissoudre 1,000 litres à la température de 0°. C'est cette dissolution qu'on emploie sous le nom d'ammoniaque liquide ou alcali volatil ; mais l'ammoniaque gazeuse peut se liquéfier sous une forte pression ; elle absorbe, en revenant à l'état de gaz, une énorme quantité de chaleur, et produit un refroidissement qui est utilisé dans l'appareil de M. Carré pour faire de la glace artificielle. Le gaz ammoniac peut brûler dans une atmosphère d'oxygène, et forme des mélanges détonnants : il est décomposé par la chaleur et une série d'étincelles électriques. L'ammoniaque est très répandue dans la nature, car elle se forme toutes les fois qu'une matière organique azotée entre en décomposition. L'ammoniaque est décomposée par la plupart des métalloïdes : avec le chlore, le brome et l'iode il y a formation de chlorure, bromure et iodure d'ammonium. Il peut en même temps se produire, si les conditions sont favorables, du chlorure ou de l'iodure d'azote Le bore brûle dans un courant de gaz ammoniac sec et il se produit de l'azoture de bore avec un dégagement d'hydrogène. Le carbone donne dans les mêmes conditions du cyanure d'ammonium. L'ammoniaque se produit en grandes quantités dans la distillation de la houille pour fabriquer le gaz d'éclairage, dans la carbonisation des os pour obtenir le noir animal et dans la putréfaction des urines. Ce sont là les sources auxquelles on a recours pour la préparation industrielle de ses différents composés. L'ammoniaque sert en chimie comme réactif ; elle est utilisée pour enlever les taches de graisse ou d'acides, pour aviver ou dissoudre la substance nacrée qui recouvre les écailles d'ablettes et fabriquer avec cette solution les perles fausses. On désigne sous le nom d'ammoniaques composées les alcaloïdes artificiels obtenus par la substitution d'un radical à un ou plusieurs équivalents d'hydrogène. Un mode général de préparation consiste à faire réagir la potasse sur l'éther organique de chacun des différents alcools. || Méd. On emploie l'ammoniaque à l'état gazeux, ou en solution dans l'eau sous le nom d'*alcali volatil,* ou enfin à l'état de sels résultant de sa combinaison avec différents acides et dont les principaux sont le sesquicarbonate, le chlorhydrate et l'acétate d'ammonium Suivant qu'on l'emploie sous l'un ou l'autre de ces états, on en obtient des effets différents. Les vapeurs ammoniacales agissent comme résolutives ou stimulantes ou antispasmodiques. Le premier effet est recherché dans certaines ophtalmies, kératites, amauroses commençantes, laryngites avec aphonie, angines simples. Dans ces cas on fait arriver jusqu'à la partie malade les vapeurs qui se dégagent d'une solution ammoniacale. C'est probablement par leur action stimulante que ces vapeurs réussissent dans les affections invétérées des voies respiratoires. Enfin leur action antispasmodique est manifeste dans les névralgies faciales, les odontalgies, les spasmes de l'hystérie, la migraine, l'attaque d'épilepsie ; tout le monde sait qu'il suffit de respirer les vapeurs de *sel anglais* (sous-carbonate d'ammoniaque) pour un malaise nerveux et éviter une syncope. Aux environs de Naples se trouve une grotte naturelle dans laquelle se dégagent des émanations ammoniacales. Les habitants du pays vont y chercher la guérison de différentes affections oculaires, du rhumatisme, des engorgements articulaires qui en sont la suite, des sciatiques rebelles. Dans un grand nombre de villes on conduit les enfants atteints de coqueluche dans les salles d'épuration du gaz de l'éclairage pour y respirer les vapeurs d'ammoniaque qui s'en dégagent ; cette pratique est dans certains cas couronnée de succès, mais il faut éviter de la suivre dans la période aiguë de l'affection. C'est à un mode de traitement analogue que se soumettent les personnes atteintes d'affections des poumons, qui vont respirer l'air des étables. — A l'état liquide, c'est-à-dire lorsque le gaz ammoniac est en dissolution concentrée dans l'eau, on l'emploie en applications externes ou bien en potions à l'intérieur. Mise au contact de la peau, cette substance détermine une vive irritation qui commence par de la rougeur et qui va jusqu'à former des cloches remplies de sérosité, comme le ferait un vésicatoire ; si son action se prolonge, il y a mortification des tissus et formation d'une eschare. La propriété caustique de l'ammoniaque est utilisée quand on veut déterminer une prompte et énergique révulsion, ou bien encore pour faire absorber par la méthode endermique un médicament. On modère souvent l'action de ce topique en faisant des pommades, des mixtures, des liniments, des baumes, dont les plus connus sont l'eau sédative, le baume Opodeldoch et la pommade de Gondret. Ces préparations se recommandent dans les engorgements des tissus, les paralysies, les névralgies, etc. Il faut citer particulièrement leur effet calmant dans les douleurs de la goutte, 4 gr. d'alcali ou un peu plus, pour 500 gr. d'eau, en fomentations. On a encore employé l'ammoniaque liquide en solution plus ou moins concentrée pour guérir les trajets fistuleux, certains épanchements séreux. Quant à son emploi prétendu infaillible dans les blessures faites par des animaux venimeux, guêpes, abeilles, scorpions, vipères, il mérite d'être mis de côté ; car il ne semble avoir aucune efficacité. (V *Venin*). Il en est de même dans les morsures de chien enragé. Un moyen beaucoup plus efficace consiste à brûler la plaie au fer rouge. Quant à l'administration intérieure c'est toujours en dilutions très étendues qu'elle se fait. Du reste, son action se confond avec celle de ses composés salins, carbonate, acétate, etc., et c'est bien plus souvent de ceux-ci que l'on fait usage. Ces médicaments paraissent avoir pour résultat de coordonner les forces, de régulariser les mouvements pathologiques, de combattre l'exaltation nerveuse ; c'est ce qui explique qu'ils réussissent souvent dans le tétanos, la coqueluche, l'asthme, les convulsions puerpérales, au début des fièvres éruptives, quand l'éruption ne se fait pas à cause d'un éréthisme nerveux. C'est sans doute pour la même raison qu'elle agit dans l'ivresse ; 5 a 6 gouttes dans un verre d'eau sucrée suffisant souvent a calmer les désordres causés par l'alcoolisme. Enfin son action est bien connue et utilisée dans la pneumatose gastrique ou le météorisme ; en se combinant avec l'ac. carbonique et l'ac. sulfhydrique qui distendent l'estomac, elle forme des sels qui n'occupent plus qu'un petit volume ; la médecine vétérinaire a souvent recours à ce moyen pour les animaux qui ont mangé du trèfle trop frais. Ajoutons que l'on recommande contre une fâcheuse infirmité, la sueur des pieds, un mélange formé d'une petite cuillerée de sel ammoniac et de deux fois autant de chaux vive, dont on saupoudre des bas que l'on conserve toute la nuit. — L'administration de l'ammoniaque doit toujours être faite avec une grande prudence ; il suffirait de laisser un peu trop longtemps un flacon d'ammoniaque sous le nez d'une personne tombée en syncope, pour donner lieu à de graves désordres intérieurs. Il suffit dans les cas de ce genre de promener le flacon de temps en temps sous les narines. Les vapeurs ammoniacales des fosses d'aisance ou des égoûts donnent parfois lieu à des empoisonnements ; les mêmes accidents ont lieu également par l'ingurgitation d'une dissolution d'ammoniaque ou d'eau sédative comme cela arrive quelquefois volontairement, plus souvent par erreur. Il faut aussitôt faire boire par gorgées une boisson acide, telle que de l'eau vinaigrée, de la limonade citrique, après quoi doivent ve[nir] des boissons mucilagineuses et émollientes.

AMMONIAQUE. Pharm. Gomme-résine qui no[us] vient de l'Inde et qui est produite par le *peucedanum ammoniacum.* Les anciens donnaie[nt] aussi ce nom à la gomme-résine fournie p[ar] d'autres ombellifères, probablement du g. *[fe]rula,* et qui venait de la Cyrénaïque, selo[n] Pline et Dioscoride. Au moyen âge, le term[e] *ammoniacum,* s'était corrompu en *arm[o]niacum.* La gomme ammoniaque se présen[te] sous la forme de grains secs, isolés ou réun[is] en masses d'un blanc laiteux a l'intérieur ; a l'extérieur, d'un jaune pâle, qui devient à longue jaune cannelle. C'est un excitant de[s] voies pulmonaires, expectorant et antispasm[o]dique. 50 centigr. à 2 gr., en pilules ou su[s]pendues dans une potion a l'aide d'un jaun[e] d'œuf.

AMMONIATE. s. m. a. pl. V. *Ammoniure.*

AMMONICO. Chim. Terme qui se joint à d'au[tres] pour former des adjectifs composés : *Ammonico-argentique ; ammonico-calcique ; ammonico-ferrique ; ammonico-lithique ; ammonico-magnésique ; ammonico-mercureux ; ammonico-mercurique ; ammonico-potassique ; ammonico-sodique ; ammonico-uranique.* — Se dit d'u[n] sel ammoniacal combiné avec un sel argentiqu[e], calcique, ferrique, etc.

AMMONIDÉES. s. f. V. *Ammonitides.*

AMMONIÉMIE. s. f. (de *ammoniaque* ; et d[u] gr. *aima,* sang). Méd. Nom donné a une de[s] formes de l'urémie (V. ce mot), caractérisée pa[r] la production de carbonate d'ammoniaque dan[s] le sang, et surtout dans les matières excrémentitielles, alors même que le sang est dépourv[u] de ce principe. Cet état pathologique constitu[e] un véritable empoisonnement qui se tradui[t] principalement par des phénomènes convulsifs.

AMMONIENS. s. m. pl. Peuple de l'Arabi[e] Heureuse, distinct des Ammonites, qui habitaient l'Arabie Pétrée.

AMMONIFELLIQUE. adj. (*ammoniaque* ; *fel, fellis,* fiel). Se dit d'un acide qui se rencontre dans la bile abandonnée à l'air pendant un mois.

AMMONIO-AZOTURE. s. m. Combinaison d'un azoture avec le gaz ammoniac.

AMMONIO-CHLORURE. s. m. Combinaison d'un chlorure avec l'ammoniaque.

AMMONIO-MERCURIQUE. adj. Se dit d'une série de combinaisons d'ammoniaque et d'oxyde de mercure.

AMMONIQUE. adj. Qui concerne l'ammoniaque et ses composés. Carbonate, chlorure, phosphate ammonique.

AMMONITE. m. s. f. Paléont. G. de mollusques céphalopodes fossiles, famille des ammonitides, ordre des tétrabranchiaux. Les anciens auteurs les appelaient *cornes d'Ammon* en raison de leur ressemblance avec les cornes de bélier dont les Egyptiens ornaient les côtés de la tête du dieu Ammon. Les caractères essentiels des animaux de ce genre étaient d'avoir quatre branchies, un grand nombre de tentacules rétractiles, et une coquille enroulée sur elle-même, divisée en un grand nombre de chambres successives dont l'intérieur, qui est toujours la plus grande, était seule occupée par l'animal ; les postérieures, remplies d'air, sont traversées par un canal ou *siphon,* qui s'ouvre dans la loge antérieure. La dimension des ammonites est très-variable ; elle va de la grandeur d'une roue de voiture. Les ammonites commencent à apparaître dans le trias, sont très abondantes dans le jurassique et finissent par disparaître dans le crétacé.

AMMONITES. Peuple descendu d'Ammon fils de Loth. Il habitaient à l'E. de la mer Morte et de Jourdain, au N des Moabites. Alliés avec ceux-ci, ils furent presque toujours en guerre avec les Israélites. Leur capitale était Rabbath-Ammon. Ils furent réduits en servitude et transportés hors de leurs pays par Nabuchodonossor, l'an 583 av. J.-C. V. *Palestine*

AMMONITIDES. s. f. pl. Paléont. Fam. de mollusques céphalopodes, ordre des tétrabranchiaux. Leur coquille est divisée en plusieurs chambres successives par des cloisons, dont les bords différemment découpés et plus ou moins sinueux, offrent des caractères importants pour la classification. Cette famille comprend les genres *goniatites, cératites, ammonites* (V. ces mots), tous fossiles

AMMONIUM. s. m. (am-mo-ni-om'). Chim. Métal hypothétique, qui serait formé de 4 équivalents d'hydrogène et 1 d'azote : AzH⁴, et qu'on représente par le symbole Am. On ne l'a jamais obtenu isolé, mais on connaît d'une combinaison de mercure, d'ammoniaque et d'hydrogène qui a l'aspect d'un amalgame et en mérite le nom. Dans ce composé, l'ammoniaque et l'hydrogène réunis se comportent absolument comme un métal. Cette hypothèse imaginée par Ampère et développée par Berzélius, a l'avantage d'expliquer l'isomorphisme des sels ammoniacaux et des sels analogues de potasse, soude, etc. : en effet les sels ammoniacaux sont entièrement analogues par leur propriété, par leur forme cristalline, avec les composés correspondants de potassium et de sodium; en outre le sulfate d'ammoniaque donne en s'unissant au sulfate d'alumine un *alun* ammoniacal isomorphe avec les sulfates doubles d'alumine et de potasse ou de soude. Cependant les formules de ces corps ne sont pas comparables; en effet nous écrivons le sulfate d'ammoniaque AzH³,HO,SO³, tandis que la formule du sulfate de potasse est KO,SO³, et nous avons le chlorydrate d'ammoniaque AzH³HCl,isomorphe au chlorure de potassium KCl, dont les formules ne se ressemblent pas davantage. Mais, si nous adoptons l'hypothèse d'Ampère nous pouvons écrire AzH⁴O,SO³ ou AmO,SO³, correspondant à KO,SO³ ; et le chlorhydrate d'ammoniaque deviendra AzH⁴Cl ou AmCl, chlorure d'ammonium, correspondant à KCl. (V. *Isomorphisme*.)

AMMONIURE. s. m. Composé d ammoniaque et d'un oxyde métallique : Les ammoniures d'argent d'or, de mercure et de platine sont fulminants.

AMMONIUS. On compte dans l'antiquité plusieurs Ammonius, souvent confondus, et dont l'histoire est enveloppée d'une grande obscurité : ‖ AMMONIUS d'Alexandrie, enseignait la philosophie à Athènes dans le 1ᵉʳ siècle ap. J.-C. Plutarque suivit ses leçons. On suppose qu'Ammonius est le premier péripatéticien qui ait tenté d'établir une conciliation entre la philosophie d'Aristote et celle de Platon. Ses œuvres, s'il a écrit, n'ont pas été conservées. ‖ AMMONIUS, surnommé *Saccas*, porte-sac, à cause de sa première profession. Né à Alexandrie, enseigna la philosophie en cette ville, vers la fin du IIᵉ siècle, ou le commencement du IIIᵉ. On dit qu'il abandonna le christianisme, dans lequel il avait été élevé, pour la philosophie païenne. On croit qu'il eut pour maître Pantænus. Son enseignement était purement oral. Il ne confiait ses principes qu'à un petit nombre de disciples, et sous le voile du mystère. Il est considéré comme le fondateur du néo-platonisme. Au nombre de ses disciples on compte : Longin, Erennius, Plotin et Origène le païen. ‖ AMMONIUS. Fils d'Hermias et d'Ardésie, philosophe néo-platonicien, né à Alexandrie, fut le disciple de Proclus à Athènes et enseigna à Alexandrie à la fin du Vᵉ siècle. Il nous reste de lui divers commentaires : *Comm. in Aïist. Categorias et Porphyru Isagogen*, texte gr., Venise, 1545, in-8°; *Comm. in Arist. librum de Interpret.*, texte gr., ibid, 1545, in-8°. ‖ AMMONIUS. Grammairien grec, peut-être le même que celui qui était à Alexandrie prêtre d'un dieu-singe, et qui prit la fuite lorsque le patriarche Théophile poussa les chrétiens a détruire les temples des païens. On a de lui un traité des *Synonymes, De adfinium verborum differentia*, imprimé un grand nombre de fois à la suite des dictionnaires grecs. La meilleure éd. est celle de Valckenaer, qui contient des notes très savantes Leyde 1739, in-4°.

AMMONOÏDE. adj. (de *Ammon*, et gr. *eidos*, ressemblance). Qui ressemble aux ammonites ou cornes d'Ammon. Coquilles ammonoïdes.

AMMOPHILE. adj. 2 g. (gr. *ammos*, sable; *philos*, ami). Qui se plaît, qui croît dans les endroits sablonneux. ‖ s. f. Bot. Genre de graminées. Caract. : épillets biflores; la fleur supérieure s'atrophie. Glume formée de deux bractées, plus longues que les fleurs carénées, aiguës, mutiques; l'inférieure n'a qu'une seule nervure, la supérieure, trois. Glumelle a deux bractées, l'antérieure est marquée de cinq nervures, la postérieure est bicarénée : deux glue mellules lancéolées, glabres. Le fruit, en forme de cylindre allongé, est creusé d'un sillon pro-

fond. Les ammophiles sont de grandes plantes à souche vivace, rampante, à feuilles enroulées, roides et presque piquantes; à fleurs en épis composés. Elles croissent en abondance dans les sables maritimes d'Europe, où elles contribuent à donner de la fixité aux sols mouvants. L'espèce la plus commune est l'*a. arundinacca*. ‖ AMMOPHILES s. f. pl. Zool. Insectes de la classe des hyménoptères, fam. des fouisseurs, vulg. *guêpe ichneumon*. La femelle dépose ses œufs dans un trou qu'elle creusé dans le sable, et place à côté une chenille, qu'elle a engourdie d'un coup d'aiguillon et qui devra servir de nourriture à la jeune larve.

AMMOTHÉE. s. f. Zool. V. *Pycnogonidés*.

AMNÉSIE. s. f. (gr. *a* priv. ; *mnésis*, mémoire.) Diminution ou perte absolue de la mémoire. C'est un symptôme commun à un grand nombre d'affections cérébrales, et qui n'existe presque jamais seul. Les causes de l'affaiblissement de la mémoire sont nombreuses. D'abord elle peut être *congénitale* et être liée par exemple au crétinisme et à l'idiotisme ; elle peut se présenter alors à des degrés très variés, comme l'affection dont elle dépend, et par contre la mémoire peut, dans ces cas, se développer avec les autres facultés sous l'influence d'une bonne direction. Chose remarquable, parfois le jeune idiot est doué d'une mémoire exceptionnelle, mais qui ne dure d'ordinaire qu'un temps, une affection cérébrale venant le plus souvent la supprimer totalement ou même enlever l'individu vers la puberté ou au peu plus tard. L'amnésie peut tenir a des *causes normales* : efforts trop soutenus de l'esprit, excès de travail, chagrin, frayeur, colère. Mais les *causes physiques* jouent un bien plus grand rôle dans cette affection. On l'a vue survenir a la suite de la guérison rapide d'une plaie suppurante, d'un flux hémorrhoïdal ou autre, de saignées, d'un défaut d'alimentation, de la fièvre typhoïde et surtout du typhus. Les grandes privations et souffrances physiques comme celles qui accompagnent parfois les naufrages sont des causes d'amnésie. Le comte de Ségur rapporte que ce résultat fut fréquemment observé chez les soldats qui survécurent au désastre de Moscou. Il faut citer encore l'abus et l'usage prématuré des fonctions génitales Mais les causes les plus ordinaires de cette affection sont sans contredit les affections traumatiques ou organiques du cerveau. Un coup violent sur la tête, une chute, déterminant une commotion du cerveau ou une fracture du crâne sont souvent suivies d'une perte de la mémoire, et non seulement ce sont les circonstances de l'accident et celles qui le suivent qui sont oubliées du blessé, mais, bien plus, le souvenir des faits qui l'ont précédé. jusqu'à une époque assez reculée. Dans les lésions organiques du cerveau, hémorrhagie, ramollissement, il est rare que la mémoire ne soit pas atteinte ; il arrive même assez souvent que des accidents de ce genre sont précédés de ce symptôme qui se montre tout à coup comme un signe avant-coureur de la lésion qui se prépare. L'amnésie qui suit les attaques d'apoplexie n'offre pas toujours le même caractère (V. *Aphasie*). Des tumeurs du cerveau peuvent déterminer des phénomènes analogues. Un bon nombre de névroses s'accompagnent de symptomes analogues. Ainsi, il est de connaissance vulgaire, que, dans le somnambulisme, les actions accomplies pendant cet état sont complètement oubliées au réveil; de même dans la catalepsie. Les différentes sortes de délire, soit des états fébriles, soit de l'alcoolisme ou de l'accouchement, parfois la manie, spécialement l'épilepsie, enfin la forme mélancolique de l'aliénation mentale et surtout la démence et la paralysie générale sont suivies de perte de la mémoire plus ou moins complète. Il faut encore citer tout un groupe de causes de l'amnésie, c'est l'abus volontaire de certains poisons, l'alcool, l'opium qui peu à peu affaiblissent la mémoire et finissent par la détruire. Quelques autres poisons, pris accidentellement, ont été également suivis de perte de la mémoire ; on en connaît des observations pour la ciguë, la belladone, l'arsenic, le plomb, etc. — Quant aux caractères de l'amnésie, ils varient beaucoup suivant la nature de l'affection. Ainsi, dans les affections cérébrales telles que le ramollissement, l'amnésie est souvent partielle, c'est-à-dire qu'elle ne concerne, par exemple, que

les noms propres, les choses pouvant aller au point que le malade oublie son propre nom ; d'autres fois, c'est la mémoire des visages, des chiffres ou des dates qui fait complètement défaut. Bien plus, ces altérations partielles de la mémoire peuvent concerner exclusivement les substantifs, ou bien les verbes, ou bien les pronoms. D'ailleurs les variétés de ces singulières amnésies partielles sont presque à l'infini. — La perte ou l'affaiblissement de la mémoire se produit,suivant les cas, insensiblement ou brusquement; elle est passagère ou durable. Lorsque sous l'influence d'une cau e morale ou physique elle apparaît tout d'un coup, elle n'a, ordinairement, qu'une courte durée. Quant, au contraire. elle se produit lentement, d'une façon insensible, ella durera indéfiniment, le plus souvent en s'accentuant avec le temps : c'est en particulier ainsi que se produit l'amnésie des vieillards et aussi celle de la démence. — *D'après cet exposé*, on comprend que, si la perte de la mémoire est, dans certains cas, tout à fait incurable, il en est d'autres où des moyens appropriés peuvent la faire recouvrer : tels sont ceux où ce symptôme a été le résultat d'une cause violente, physique ou morale, ou d'une maladie aigue telle que la fièvre typhoïde. L'exercice de cette importante faculté joue d'ailleurs en pareil cas un très grand rôle, et certains hommes ont pu ainsi réapprendre entièrement leur langue, en commençant par l'alphabet qu'ils avaient complètement oublié.

AMNESTIQUE. adj. 2 g. Méd. S'est dit des substances vénéneuses ou des accidents cérébraux qui font perdre la mémoire.

AMNICOLE. adj. 2 g. (lat. *amnis*, fleuve, *colere*, habiter). Hist. nat. Qui croît, qui vit sur le bord des fleuves, des rivières.

AMNIOMANCIE. s. f. (gr. *amnion*, membrane; *manteia*, divination). Antiq. gr. Divination qui se tirait de la disposition de l'amnios. La tête de l'enfant se présente quelquefois enveloppée de cette membrane, comme d'une coiffe ; on le regardait alors comme un présage heureux. De là sans doute ce proverbe vulgaire : Il est ne coiffé.

AMNIORRHÉE. s. f. (de *amnion* et *rhein*, couler). Perte ou écoulement du liquide de l'amnios.

AMNIOS. s. m. (am-ni-oss ; — gr. *amnion*). C'est la plus interne des membranes qui enveloppent l'œuf des vertébrés allantoïdiens. Voici comment elle se forme. L'embryon. dans les premiers temps de son développement, étant pour ainsi dire couché sur le vitellus, de sorte que son dos soit à la périphérie et que son ventre regarde le centre de l'œuf, le feuillet externe du *blastoderme* (V. ce mot) partie de la face ventrale de l'embryon se recourbe autour de lui, de façon a envelopper tant la côté de la tête que celui des pieds (*capuchot céphalique, capuchon caudal*). Ces deux replis ou capuchons continuant a s'avancer l'un vers l'autre au-dessus du dos de l'embryon finissent par se joindre et se souder Il en résulte que l'embryon est renfermé dans une poche complètement fermée qui n'est autre que l'amnios. Du côté ventral, l'amnios offre une ouverture, un canal qui répond à l'ombilic et par lequel passe le cordon ombilical. La cavité amniotique est remplie d'un liquide dans lequel baigne par conséquent le fœtus et qui sert à la préserver des chocs qu'il peut subir pendant la gestation. C'est l'amnios qui constitue ce qu'on appelle la *poche des eaux*. Quant à la nature du liquide qui distend cette sorte de sac, il est limpide, jaunâtre ou blanchâtre, d'o leur fade et de saveur salée. Il semble être formé principalement de l'urine du fœtus qui s'y déverse pendant toute la durée de la gestation.

AMNIOTATE. s. m. Chim. G de sels que l'o n désigne plus généralement sous le nom d'allantoïnates. On les obtient en faisant réagir l'alantoïne sur les bases salifiables.

AMNIOTIQUE ou AMNIQUE. adj. 2 g. Chim. L'acide amnique ou amniotique, ou allantoïque cristalise en prismes incolores,très brillants; il est insipide, inodore et sans action sur les couleurs végétales. Peu soluble dans l'eau froide, il se dissout bien dans l'eau bouillante. Les acides énergiques le transforment en acide allanturique. On peut l'obtenir par évaporation des eaux amniotiques au quart de leur volume primitif, ou artificiellement, en faisant réagir l'oxyde pur de plomb sur l'acide urique en dissolution a l'ébullition. ‖ Méd. Qui a rapport à l'amnios ou a ses eaux. Fluide amniotique.

AMNISTIABLE. adj. 2 g. Qui peut être amnistié. Prisonnier amnistiable.

AMNISTIE. s. f. (gr. *amnêstia*, oubli ; de *a*, priv., et *mnaomai*, je me souviens). Pardon collectif accordé par le souverain. Amnistie générale, totale, partielle. Accorder, voter une amnistie. ‖ Par ext. Ces jubilés qui amènent les pêcheurs à l'amnistie de la religion. (Château.) ‖ Jurisp. L'amnistie est l'acte du pouvoir souverain dont l'effet est d'effacer les crimes et les délits. C'est l'oubli d'infractions dont le souvenir ne serait ravivé qu'au détriment du repos public. L'amnistie s'applique donc aux infractions mêmes, abstraction faite de ceux qui les ont commises ; si ceux-ci en profitent ce n'est en quelque sorte que médiatement et indirectement. Ce caractère essentiel de l'amnistie la différencie profondément de la grâce, car tandis que la grâce, mesure individuelle, ne s'applique qu'à des personnes nominativement désignées, l'amnistie, mesure collective, embrasse toute une catégorie d'infractions. La grâce n'intervient qu'après la condamnation, et elle ne remet au condamné que la peine matérielle prononcée contre lui. L'amnistie va plus loin : elle efface le souvenir même du crime, elle replace les choses dans le même état que si le fait n'eût pas été commis, aussi a-t-elle pour effet non seulement d'effacer la condamnation, mais encore de la prévenir en empêchant ou en arrêtant les poursuites. « Elle emporte avec elle, a dit la Cour de cassation, l'abolition des délits qui en sont l'objet, des poursuites faites ou a faire, des condamnations qui auraient été ou pourraient être prononcées, tellement que ces délits sont, au regard des tribunaux, comme s'ils n'avaient jamais été commis. » Toutefois, cela n'est vrai qu'à un point de vue pénal, car les tiers lésées par un délit amnistié conservent le droit d'en obtenir réparation par une action civile. — Le droit d'accorder une amnistie appartient au souverain. Dans notre droit actuel et d'après la loi du 17 juin 1871, l'amnistie ne peut être accordée que par une loi. — L'amnistie était connue des Grecs. La plus ancienne dont les auteurs fassent mention est celle qui intervint en 403 av. J.-C., à Athènes, après l'expulsion des Trente Tyrans. Dans notre ancien droit, les amnisties étaient accordées par des *lettres d'abolition*. Les amnisties ont surtout été nombreuses en notre siècle, et il serait trop long d'énumérer ici toutes celles qui ont été accordées, depuis celle du 25 thermidor an VIII qui suivit la pacification de la Vendée, et celle du 21 avril 1802, en faveur des émigrés, jusqu'aux dernières amnisties du 3 mai 1876 et du 11 juillet 1880, en faveur des condamnés de la Commune. Bien que l'amnistie soit en général une mesure politique qui intervient dans un intérêt supérieur de pacification, elle peut cependant (ce qui a lieu d'ordinaire à l'occasion de quelque événement heureux), être appliquée à des infractions de peu d'importance, à de simples contraventions, même, ce qui a eu lieu fréquemment sous le gouvernement de Juillet, aux décisions disciplinaires de la garde nationale. Souvent aussi, à l'occasion d'une nouvelle loi promulguée sur une matière, il y a amnistie de tous les délits de même nature antérieurement commis. C'est ce qui a lieu souvent en matière de presse. Ainsi, la loi du 29 juillet 1881 sur la liberté de la presse a amnistié tous les crimes et délits commis par la voie de la presse antérieurement au 16 février 1881 (sauf l'outrage aux bonnes mœurs). De même, par un autre ordre d'infraction, la loi du 3 novembre 1827 a amnistié tous les délits forestiers commis antérieurement à la promulgation du nouveau code forestier.

AMNISTIÉ, ÉE. s. A qui l'on a accordé l'amnistie. C'est un amnistié, une amnistiée. Les amnistiés de la Commune.

AMNISTIER. v. a. (prend deux *i* à la 1re et à la 2e pers. du pl. de l'indic. et du prés. du subj. : Nous amnistiions, que vous amnistiiez). Comprendre dans une amnistie ; accorder le pardon principalement à des rebelles, à des déserteurs. On amnistia tous les condamnés politiques. Les chefs de la Commune furent amnistiés. ‖ Par anal. Excuser, pardonner. Dans une œuvre pareille, il fallait que le style fût irréprochable : c'est le seul moyen de se faire amnistier. (Balz.) ‖ S'AMNISTIER. v. pr. Être amnistié. Les déserteurs en face de l'ennemi s'amnistient rarement.

AMNON. Fils aîné de David et d'Achinoam, épris de sa sœur Thamar, lui fit violence. Mais sa passion honteuse se changea aussitôt en haine; il chassa outrageusement Thamar. Absalon, pour venger sa sœur, fit tuer Amnon dans un festin, 1030 av. J.-C.

AMOCHAG. (V. *Imochag* et *Touareg*.)

AMODIATEUR. TRICE. s. (de *ammodier*). Qui prend a ferme. Se rendre ammodiateur d'une terre. Il n'est usité que dans quelques contrées.

AMODIATION s. f. Bail à ferme d'une terre en argent ou en denrées.

AMODIER. v. a. (du b. lat. *admodiare* ; de *ad*, à, et *modus*, mesure. — Prend deux *i* à la 1re et à la 2e pers. du pl. de l'imparf. de l'indic. et du prés. du subj. : Nous amodiions, que vous amodiiez). Affermer une terre en denrées ou en argent. Il amodia sa terre a tant d'argent, à tant de blé.

AMŒBE, AMŒBA s. f. (gr. *amoïbein*, alterner). G. d'infusoires de la famille des *amœbiens*. (V. ce mot.) — On a quelquefois donné ce nom, mais à tort, à des plasmodies de champignons myxomycètes.

AMŒBÉE. adj. 2 g. (gr. *amoibaios*, mutuel, alternatif). Chant amœbée, Poème amœbée, c'est-à-dire Dialogué, où des interlocuteurs alternent et se répondent. Pied amœbée, dans la métrique grecque et latine, composé de cinq syllabes : deux longues, deux brèves et une longue. ‖ Le chant amœbée a donné naissance a l'églogue, poème pastoral sous forme de dialogue.

AMŒBIDES. s. f. pl. Zool. Fam. d'amœbiens comprenant les formes nues. C'est la seule famille des *gymno-amœbiens*. Genres : *amœba, hyalodiscus, leptophrys, petalopus, podostoma*, etc.

AMŒBIENS. s. m. pl. Classe de protozoaires renfermant des animalcules microscopiques qui sont formés d'une masse protoplasmique pourvue d'un *noyau* et émettant des prolongements lobés qu'on appelle *pseudopodes*. Ils sont divisés, d'après la présence ou l'absence d'une membrane d'enveloppe, en deux groupes : les *gymno-amœbiens*, qui ont le corps nu, et les *théco-amœbiens*, dont le corps est couvert dans la plus grande partie de son étendue d'une membrane d'enveloppe sécrétée par le protoplasme. — Le premier groupe comprend les *amœbes* proprement dites. Ce sont des organismes très simples qui vivent pour la plupart dans les eaux douces et salées. Elles représentent une cellule pourvue d'un noyau arrondi, muni d'un nucléole. Le contour change constamment par suite des pseudopodes qu'elles émettent et retractent alternativement et qui servent a la fois a la locomotion et à la préhension des particules nutritives. La nutrition se fait par endosmose, ainsi que la respiration. La couche périphérique du corps est un peu plus dense que le reste de la masse, mais ne peut cependant être considérée comme une membrane enveloppante. On observe en outre, des vacuoles ou vésicules contractiles, espèces de cavités creusées dans le protoplasme et remplies d'un liquide clair, douées d'un mouvement rythmique presque régulier de dilatation et de contraction. Les amœbes se produisent par scissiparité. Cependant d'après Carter et Greeff, le noyau, dans certaines conditions, se diviserait en un certain nombre de corpuscules sphériques, qui sortant du corps de l'amœbe, deviendraient aussitôt des organismes semblables a leur auteur. On connaît surtout : *l'amœba princeps*, qui vit dans les eaux douces contenant des matières organiques en décomposition ; *l'a. coli*, découverte par Lasch, dans l'intestin de l'homme, aux environs de St-Pétersbourg ; par la vive inflammation qu'elle détermine sur les parois de l'intestin, où elle s'amasse par millions, elle occasionne une dysenterie intense ; *l'a. jelaginia*, qui a été trouvée par Merechowsky dans les étangs de la localité même ou Lasch a étudié *l'a. coli.* ; *l'a terricola* de Greeff, et les *a. granifera* et *gracilis*, qui vivent dans la terre; ils possèdent une sorte de petit mamelon terminé par un disque, qui est regardé comme un organe de fixation. Le *petalopus* de Lachmann est un organisme voisin qui diffère des amœbes, en ce qu'il ne produit de pseudopodes que sur un seul point de sa surface. On a rangé tous les *gymno-amœbiens* dans une seule famille, celle des *amœbides*. — Dans le groupe des *theco-amœbiens* on remarque la *difflugia oblonga* qui vit dans l'eau saumâtre, et dont le corps ovoïde, muni, vers sa grosse extrémité d'un noyau sphérique à nucléoles multiples, est recouvert, dans la plus grande partie de son étendue, d'une enveloppe incrustée de petites particules sableuses ou calcaires ; les pseudopodes sortent de l'extrémité étroite du corps, qui seule est libre ; la *quadrula symetrica* qui en diffère par ses pseudopodes larges et mousses et par son enveloppe formée de petites plaques carrées et très régulières ; les *arcella*, qui sont munies d'une coquille solide, aplatie, au centre de laquelle s'ouvre l'ouverture par laquelle passent les pseudopodes ; les *arcella* sont, avec les *leptophrys*, les seuls amœbiens doué de plusieurs noyaux. On ne connaît pas le mode de reproduction des theco-amœbiens. Ce groupe a été divisé en six familles : *arcellides, difflugides, plagiophryides, englyphides, pleurophryides, diplophryides*. — La plupart de ces formes, du reste imparfaitement connues, ne sont peut-être que des états transitoires, *amœboïdes*, d'organismes plus élevés, végétaux ou animaux.

AMŒBIFORMES s. m. pl. Syn. d'*Amœbiens*.

AMŒBOÏDE. adj. 2 g. (de *amœbe* et gr. *eidos*, ressemblance). Bot. Se dit des organismes végétaux qui ressemblent aux amœbes. ‖ Se dit aussi de certains mouvements qui se produisent soit dans le protoplasme des cellules végétales, soit dans la masse amorphe des champignons myxomycètes, soit dans les cellules dépourvues de membranes d'enveloppe, par comparaison avec les mouvements propres des amœbes. Ces mouvements sont la manifestation la plus simple de la propriété de motilité dont est douée la matière organisée vivante.

AMOÏ ou **AMOY.** 300,000 h. V. et port de Chine (prov. de Fou-Kian), sur la mer de Chine par 24°28'20" de latit. N., 115°42'13" longit. E. Les Chinois l'appellent *Emouy*. Elle est bâtie dans la petite île d'Amoï ou Hia-men. C'est le deuxième port ouvert au commerce en remontant vers le nord. Il possède un excellent mouillage et était très fréquenté par les Européens dès le XVIe siècle. Fermé au commerce étranger en 1730, il a été ouvert de nouveau en 1842. On y trouve de nombreuses manufactures de papier et des distilleries d'eau-de-vie chinoise (sam-chou). C'est aussi le centre d'une émigration très active. Les Européens, surtout les Anglais, y ont fondé des maisons de commerce. La France y entretient un consul et un vice-consul. ‖ AMOÏ. Petite île qui n'a que 24 kil. de tour, et dans laquelle est bâtie la ville du même nom. Elle est séparée du continent par un canal de 3 kil. de large. Les Chinois l'appellent Hia-men ; on y voit un temple consacré à Fo, célèbre dans tout l'empire par sa grandeur et sa magnificence.

AMOIGNE ou **AMOGNE** (les), *Pagus Amoniensis*. Petit pays de l'ancien Nivernais, qui a formé les cantons de St-Benin-d'Azy et de St-Jean-de-Lichy (arr. de Nevers).

AMOINDRIR. v. a. Rendre moindre, diminuer, affaiblir. Vos dissipations amoindriront l'héritage, les revenus. Cette maladie amoindrit vos forces. Le journaliste a beaucoup amoindri les faits. ‖ Par ext. Faire paraître plus petit. L'éloignement amoindrit les objets. ‖ v. n. Devenir moindre. Ses revenus en amoindrissent considérablement. ‖ S'AMOINDRIR. v. pr. même sens. Votre fortune s'amoindrit. Les forces du malade s'amoindrissent à vue d'œil. ‖ AMOINDRI, IE. p. pas. ‖ Syn. Diminuer, amoindrir, accourcir, abréger, apetisser, resserrer. Ces verbes signifient : opérer dans les choses un changement en moins. Diminuer, c'est réduire à moins par séparation, par l'ablation et le retranchement d'une partie : Diminuer un nombre, une fraction, des impôts. Amoindrir, c'est diminuer la valeur ou l'intensité. Amoindrir les revenus, les forces. L'imagination grossit souvent les plus petits objets, et amoindrit les plus grands (Pascal.) Le changement de climat amoindrit souvent les espèces. L'excuse amoindrit les torts. Je trouve que cela nous amoindrit. Accourcir, c'est diminuer en longueur. On accourcit une robe, un bâton, une phrase. Abréger, c'est diminuer en durée. On abrège le temps des études, un procès, des prières, un supplice. Apetisser, c'est diminuer dans tous les sens. L'éloignement apetisse les objets. Son œil malade s'était considérablement apetissé. Resserrer, c'est diminuer le volume par contraction. Loin de resserrer sa main, Dieu l'étend avec une parfaite libéralité. (Boss.) C'est en resserrant leurs pensées, plutôt qu'en les délayant, que La Rochefoucault et La Bruyère sont devenus des modèles dans l'art d'écrire. (Lafaye.)

AMOINDRISSEMENT. s. m. État de ce qui est amoindri, diminution. Amoindrissement de fortune, de puissance, de moyens, de forces, de crédit.

AMOINDRISSEUR. s. m. Celui qui amoindrit. Néol.

AMOISE. s. f. T. de charp. V. *Moise.*

AMOL ou **AMOUL.** 10,000 h. Vle du Mazenderan (Perse), à 6 heures du bord méridional de la mer Caspienne, et à 28 ou 30 heures, 125 kil. environ au N.-E. de Téhéran, sur un torrent nommé le Héraz, qui devient considérable au temps des pluies. M. Melgounof lui donne 1,100 maisons et 10,000 h. Aux environs sont des mines de fer, qu'on travaille dans la ville. Autrefois très florissante, Amol n'est plus qu'un grand village au milieu des ruines et des jardins.

AMOLETTE ou **AMELOTTE.** s. f. Mar. Trou quadrangulaire pratiqué dans la tête des cabestans, dans les virevaux, les guindeaux et dans la tête du gouvernail, pour recevoir les barres destinées à mettre ces machines en mouvement.

AMOLLIR. v. a. (le a et *mol, mou.* — Le vieux français avait une autre forme, *amolier* ou *amoloier*). Rendre mou, maniable, souple. La chaleur amollit la cire. Le feu amollit les métaux. Les pluies ont amolli le chemin. Amollir du cuir. ‖ Fig. Détruire l'énergie, l'activité. Les plaisirs amollissent le cœur, l'âme, le caractère. Amollir le courage, la vertu, les mœurs. ‖ Fléchir, émouvoir. Mes supplications et mes pleurs ont amolli son cœur farouche. ‖ S'AMOLLIR. v. pr. Devenir mou, maniable. La terre commence à s'amollir. ‖ Fig. Devenir efféminé, relâché. Son courage s'amollit. Leurs mœurs s'amollirent. ‖ S'adoucir. Courage, ils s'amollissent. (Corn.) Je sentis mon cœur s'amollir de tendresse (C. Delavigne.) ‖ AMOLLI, IE. p. pas. Grav. Se dit de lignes, de contours qui ne sont pas assez ressentis. ‖ Syn. *Amollir, ramollir.* Rendre mou, moins dur. On amollit ce qui est dur ; on ramollit ce qui est trop ou très dur. Au figuré, ramollir exprime presque toujours un excès, amollir peut être pris dans un sens favorable. Amollir les cœurs et les âmes, c'est les adoucir ; les ramollir, c'est les énerver. — *Affaiblir, énerver, amollir, efféminer.* Affaiblir, énerver, ne se disent pas seulement des personnes, mais aussi des choses, et quand il est question des personnes, ils se rapportent plutôt au corps. Si parfois ils se rapportent à l'âme, ils ne sont relatifs qu'à une seule de ses qualités. Voilà par où ils diffèrent d'amollir et d'efféminer On affaiblit, on énerve l'autorité, des preuves, des pensées. Le travail du cabinet affaiblit le tempérament. Les plaisirs efféminent le cœur. Amollir diffère d'efféminer, en ce que l'idée propre à amollir est celle de relâchement, tandis que ce qui caractérise efféminer, c'est l'idée d'un état de dégradation et de honte Les Toscans étaient amollis par leur richesses et par le ur luxe. Hercule avait oublié sa gloire, jusqu'à filer aux pieds d'Omphale, comme le plus lâche et le plus efféminé de tous les hommes. — *Amollir, attendrir.* Au propre, ôter à une chose, au figuré, enlever à une personne sa dureté ou de sa dureté. Au propre, amollir c'est rendre mou, peu résistant au toucher ; attendrir c'est rendre tendre, peu résistant à ce qui tend à diviser. Au figuré, amollir c'est adoucir, assouplir *le caractère* ; attendrir c'est rendre *le cœur* sensible, compatissant.

AMOLLISSANT, ANTE. adj. Qui amollit. Des plaisirs amollissants.

AMOLLISSEMENT. s. m. (de *amollir*). Action d'amollir, état de ce qui est amolli. L'amollissement de la cire. ‖ Fig. Nous paraissons menacés d'un amollissement universel.

L'amollissement du courage, du caractère.

AMOLON. Disciple, diacre et successeur d'Agobard sur le siège de Lyon, en 840. Jouit d'une grande considération auprès de Charles le Chauve et du pape Léon IV, et mourut en 852. Ses écrits sur la grâce et la prédestination ont été insérés dans la *Bibliothèque des Pères* et publiés par Baluze en 1666.

AMOMACÉES. s. f. pl. Bot. Fam. de plantes monocotylédones Les fleurs sont irrégulières, à périanthe double et trimère, à trois étamines, dont une seule fertile, à anthère biloculaire ou uniloculaire. L'ovaire est toujours infère, triloculaire, a loges uni-ovulées ou pluriovulées. Cette famille a pour g. principaux : *zingiber, curcuma, alpinia, elettaria, amomum, maranta.*

AMOME. s. m. Les anciens donnaient le nom d'*amômis, amômon, amomum,* a un arbrisseau odoriférant d'Asie, d'où l'on tirait un baume très estimé. Sprengel, d'après les détails donnés par Avicenne sur le *hamama* des Arabes, correspondant à l'*amômon* des Grecs, a identifié cette dernière plante avec le *cissus vitiginea* d'Arménie. ‖ Bot. G. d'amomacées, caractérisé par : fleurs a calice tubuleux trifide, situées chacune a l'aisselle d'une bractée, une seule étamine fertile dont l'anthère biloculaire est surmontée par une espèce de crête entière ou lobée ; une capsule à trois loges multiovulées. Espèces principales : *amomum cardamomum,* a souche vivace, blanche, émettant un grand nombre de racines charnues et de tiges aériennes, de 30 a 60 centimètres, couvertes par les gaînes des feuilles ; à feuilles alternes, larges du bas, étroites et aiguës vers le haut, longues de 15 à 30 centimètres ; a fleurs en épis radicaux, à moitié enfoncés dans le sol. Cette espèce produit le *cardamome rond* ou *en grappes,* qui est employé comme le vrai *cardamome du Malabar — Amomum aromaticum.* a souche tubéreuse émettant une grosse touffe de rameaux aériens hauts de 80 centimètres, env., et enveloppés de la gaîne des feuilles ; celles-ci, longues de 25 à 50 centimètres, larges de 5 à 10, sont lancéolées, aiguës ; épis ra licaux ; fleurs jaune-pâle. Il produit le *cardamome du Bengale. — Amomum angustifolium* qui produit le *grand cardamome de Madagascar. — Amomum xanthioides,* à feuilles linéaires-lancéolées, qui produit le *cardamome épineux.* — *Amomum subulatum,* à épis ovales, à bractées colorées en rouge foncé, à fleurs grandes et jaunes. Il produit le *cardamome de Népaul. — Amomum maximum,* à feuilles villeuses en dessous, a labelle entier, marqué en dessous d'une raie jaune, a anthère surmontée d'une crête très large, semi-lunaire, entière. Il produit le *cardamome de Java — Amomum melegueta,* à épi radical bas, muni de 5 à 7 bractées seulement, à fleurs grandes et très belles : le calice est vert, cylindrique, fendu d'un côté ; la corolle tubuleuse, avec un limbe blanc très développé, est divisée en trois lobes très inégaux ; le labelle, entier, arrondi, très grand, est rouge cramoisi dans le haut et jaune dans le bas. Les fruits sont connus sous le nom de *graines de paradis.* Ils sont arrondis, quelquefois un peu pyramidaux avec des angles mousses, d'un brun rougeâtre, luisants, à surface chagrinée. Broyés, ils sont fort peu aromatiques, mais ils possèdent une saveur brûlante et piquante, qui les fait employer comme condiment. Ils servent aussi dans la médecine vétérinaire. C'est la véritable *méléguette* ou *maniguette,* qui nous vient de la Guinée et du Gabon.

AMOMÉES s. f. pl. Bot. Tribu d'amomacées caract. par : anthère biloculaire et ovaire à 3 loges multi-ovulées ; souches tubéreuses, fasciculées souvent ligneuses, émettant des tiges dressées, obliques ; fleurs disposées en épis radicaux et munies de bractées.

AMON. 640 638 av. J.-C. Roi de Juda, fils et successeur de Manassès, dont il imita la conduite impie, fut assassiné par ses serviteurs ‖ AMON (Jean-André). Musicien allemand 1763-1825. Né à Bamberg ; élève de Facchini maître de chapelle du prince de Wallenstein. Il a laissé plusieurs compositions de musique instrumentale.

AMONCELER. v. a. (de *à* et *monceau.* — Prend 2 *l* devant une syll. muette : J'amoncelle, vous amoncellerez, j'amoncellerais). Entasser, réunir plusieurs choses et les mettre en monceau. Amonceler des gerbes, des livres, des écus. Le vent amoncelle les sables. ‖ Fig. Accumuler. J'amoncellerai les citations, les preuves. Cette parole amoncela sur ma tête de nouveaux orages. ‖ S'AMONCELER. v. pr. Au prop. et au fig. S'entasser, s'accumuler. Les sables s'amoncellent. Les preuves s'amoncellent contre lui. ‖ AMONCELÉ, ÉE p. pas. ‖ Syn *Amonceler, accumuler, amasser, entasser,* V. *Accumuler.*

AMONCELLEMENT. s. m. (de *amonceler*). Action d'amonceler, résultat de cette action. L'amoncellement des sables, des neiges, des laves, des capitaux.

AMONEBOURG. 1,000 h. Pte vle de Prusse (Hesse), sur la rive g. de l'Ohm, affl. g. de la Lahn, a 72 kil S.-O. de Cassel. Sur un roc basaltique, isolé de toutes parts, comme le plateau de Gergovie en Auvergne, s'élève Amöneburg dont la forteresse ruinée, disent les chroniqueurs, avait remplacé un village fortifié de l'époque païenne A côté du fort s'élevait au moyen âge une abbaye fameuse.

AMONT. s. m. (du lat. *ad montem,* vers la montagne, vers la source). Côté d'où descend un fleuve, une rivière, un canal ; opposé d'*aval.* Ces flotteurs sont précipités immédiatement vers l'amont. (L. Figuier) ‖ L'Acad. et la plupart des dict. font d'amont un adv. Il s'emploie surtout avec la prép. *de.* Bateaux, marchandises qui viennent d'amont. Le pays d'amont. Le vent est d'amont, vient d'amont. ‖ *En amont.* loc. adv. En remontant le cours de l'eau. Aller en amont. Voyez ces bateaux en amont. ‖ *En amont de,* loc. prép. Au-dessus du côté d'où vient la rivière, le fleuve, etc. En amont du pont, du bassin, de la ville. ‖ *Vents d'amont* Se dit sur les côtes, de tout vent qui souffle de l'un des points compris entre le N.-E. et le S.-E., passant par l'E., surtout quand la terre est au levant. ‖ *Amont* et *aval* sont deux termes corrélatifs qui désignent les deux côtés opposés d'un cours d'eau. Aller en amont. c'est remonter le courant de l'eau ; aller en aval, c'est le descendre.

AMONT (pays d'). Ancien pays de la Franche-Comté, qui donnait son nom a un grand bailliage, comprenant ceux de Gray, Vesoul, et Baume-les-Nonnes. Capit. Gray-sur-Saône. ‖ AMONT-ET-EFFRENET. 823 h. Vge de France (Haute-Saône) arr. et à 27 kil. de Lure, cant. et à 4 kil. de Faucogney. Puissant filon de fer oligist, non exploité, filon de cuivre ; tourbières. *Mer des Ferrières,* puits naturel très profond.

AMONTAL, ALE. adj. Mar. Qui vient de l'est. Brise amontale. Vents amontaux.

AMONTONS (Guillaume). 1663-1705. Physicien, né à Paris. Affecté de surdité dès sa jeunesse il s'appliqua avec ardeur aux sciences et à la construction d'instruments de physique. Ses travaux ingénieux sur les hygromètres et les thermomètres le rendirent célèbre. Quelques auteurs le regardent comme le premier inventeur de la télégraphie aérienne, dont il fit deux fois les expériences devant la famille royale. Chappe n'eut qu'à perfectionner l'invention. Il a publié une partie de ses recherches dans son ouvr. : *Remarques et expériences physiques sur la construction d'une nouvelle clepsydre, sur les baromètres, thermomètres et hygromètres,* Paris 1695. Ces travaux lui ouvrirent les portes de l'Académie des sciences, en 1699 Il a donné en outre une *Nouvelle théorie du mouvement.*

AMORBACH 2.500 h. Vle de Bavière, prov. de la Basse-Franconie, sur la Mudau, affl. u. du Mein, près d'Aschaffenbourg. Tanneries, papeteries, fab. de draps et filature. Beau château. Autrefois riche couvent de bénédictins.

AMORÇAGE. s. m. Action d'amorcer. L'amorçage d'une arme à feu, d'une ligne, d'un filet.

AMORCE s. f. (de *amors, amorse,* part. passé de l'ancien verbe *amordre,* mordre a chose à laquelle on mord). Appât pour prendre des poissons, des oiseaux. Mettre, attacher l'amorce à l'hameçon, au filet. La noix est une amorce pour la mésange. ‖ Fig. Tout ce qui attire en flattant les sens, l'esprit, le cœur. Les amorces du plaisir, de la volupté. Le partage des biens est une amorce pour le peuple. La gloire a de puissantes amorces pour les grandes âmes. (Acad.) ‖ Pyrotech. Poudre à canon que l'on met dans le bassinet d'une arme à feu, ou sur la lumière d'un canon, ou à des pièces d'artific pour les faire partir. Amorce sèche, mouillée. L'amorce seule a brûlé. — Capsule à poudre fulminante dont on se **sert** pour faire partir les armes a percussion. — Mèche avec laquelle on met le feu à une mine. || Archit. Partie de muraille non achevée et qui doit être continuée plus tard. || Ponts et ch. Le commencement d'une rue, d'une route qu'on est en train de faire. || Eau qu'on verse dans une pompe pour la faire fonctionner. || Techn. Dissolution métallique dans laquelle on trempe les feuilles de cuivre qu'on veut plaquer. || Loc. Sans brûler une amorce. Sans tirer un coup de fusil. || Artill. L'amorce est destinée a mettre le feu aux armes, aux pièces d'artillerie, à des charges de poudre. On emploie pour les cartouches des fusils, révolvers, mousquetons, des amorces dites *fulminantes* Elles se composent d'une alvéole (capsule) de forme tronconique en cuivre rouge embouti, formant rebord vers la partie ouverte et chargée de fulminate de mercure. La composition du chargement est la suivante : 100 parties de fulminate de mercure, 50 de sulfure d'antimoine, 50 de nitrate de potasse. Le fulminate est recouvert dans chaque capsule par une goutte de gomme laque. Dans le fusil Gras, dont la cartouche est métallique, l'amorce se compose de la capsule et d'un couvre-amorce en laiton, destiné à maintenir la capsule dans son logement, à fermer toute issue aux gaz. L'amorce employée pour mettre le feu aux pièces d'artillerie se nomme *étoupille* (V. ce mot). Les amorces destinées à communiquer le feu à des charges de poudre, pour faire éclater une mine, détruire un obstacle, sont de deux espèces, suivant qu'on doit employer de l'électricité à faible tension mais en grande quantité (amorces à fil de platine), ou de l'électricité à forte tension (amorces a fil interrompu). Dans les amorces a fil de platine, le fil a un diamètre de 1/25 de millimètre, il occupe le centre de l'amorce et est mis en contact avec de la poudre ou du fulmicoton. Il est roulé en hélice (5 à 6 spires) et soudé aux extrémités d'un fil de cuivre recouvert de coton. La solution de continuité du fil de cuivre est de 0ᵐ 01. Toute amorce doit être vérifiée au galvanomètre d'essai. — L'amorce à fil interrompu se compose de deux conducteurs isolés l'un de l'autre et dont les extrémités sont séparées par un très petit intervalle qu'on remplit avec une composition sensible (chlorate de potasse 21 ; sous-phosphure de cuivre 14 ; sous-sulfure de cuivre 65). Le fil est incrusté dans un noyau en bois placé dans une cylindre également en bois. Un trait de scie détermine dans la partie supérieure et arrondie du fil une interruption de deux dixièmes de millimètre. Après avoir constaté au galvanomètre qu'il y a bien solution de continuité, on introduit la composition sensible dans la fente du fil en la tassant assez pour qu'elle devienne conductrice. Les deux bouts libres du fil sont engagés dans 2 trous percés perpendiculairement à l'axe de l'enveloppe. Le tube extérieur a ses extrémités bouchées par du collodion ou de la cire. — On a produit avec ces amorces des explosions a des distances considérables, de Paris à Rouen (120 kil.), de Paris à Bordeaux (310 kil.). (Laussedat.) || Mèche soufrée qu'on attache aux saucisses avec lesquelles on met le feu aux mines. || AMORCES INOFFENSIVES. Se dit des parcelles de substances détonnantes, dont on détermine l'explosion au moyen de pistolets d'enfants, ou de briquets spéciaux. Lorsqu'elles sont en amas considérables, elles peuvent causer les mêmes accidents que les autres matières explosives. Elles sont généralement fabriquées avec du fulminate de mercure dilué avec une gomme épaisse, puis séché, et quelquefois avec une pâte phosphorée contenant du chlorate de potasse. || Syn. *Amorce, appât, leurre.* Chose qui sert à attirer, à tromper, à prendre. Au propre, l'amorce et l'appât sont des pâtures qu'on emploie pour allécher : mais on se sert de l'appât pour prendre toutes sortes d'animaux, l'amorce ne s'emploie que pour les poissons ; le leurre était un appât particulier à la fauconnerie. Au fig., l'appât présente quelque chose de plus grand, quelque chose d'utile, l'amorce quelque chose d'agréable. L'appât de la fortune, du gain, de l'or. L'amorce des plaisirs Ce que le leurre propose pour attirer est vain ou chimérique, il agit sur l'esprit s. l'é-

olouit. Cette promesse n'était qu'un leurre.

AMORCEMENT. s. m. Action d'amorcer ; résultat de cette action. On dit mieux *amorçage.*

AMORCER. v. a. (prend une cédille sous le c devant a et o : Amorçons ; nous amorçâmes). Garnir d'amorce. Amorcer un pistolet, une fusée, un hameçon. || Attirer avec de l'amorce. Amorcer des poissons, des oiseaux. — *Fig.* Attirer par des choses qui flattent les sens, l'esprit, le cœur. Se laisser amorcer au gain, ou par le gain, par une apparence de gloire. Amorcer quelqu'un par la louange. C'est une maîtresse femme pour conduire les affaires et amorcer les gens. (Danc.) || Phys. Remplir un siphon de liquide, et le renverser pour en faire plonger la courte branche ; ou encore, faire le vide dans un siphon, pour y déterminer l'ascension du liquide. Verser de l'eau dans le corps d'une pompe qui fait air par de petites fissures, afin qu'elle puisse fonctionner. || Techn. Aplatir l'extrémité d'un morceau de fer pour le souder avec un autre. — Commencer un trou dans un morceau de fer ou dans une pièce de bois avec un amorçoir. — Commencer à ouvrir les dents d'un peigne. — Amorcer une rue. En commencer le percement. etc. — Tremper une plaque de cuivre dans une dissolution métallique. || S'AMORCER. v. pr. Être amorcé. La ligne s'amorce avec des appâts de nature variée. Ce fusil s'amorce difficilement. || AMORCE, ÉE. p. pas.

AMORCEUR, EUSE. s. Celui, celle qui amorce.

AMORÇOIR. s. m Sorte de tarière dont on se sert pour commencer des trous. Syn. *débouchoir.* || Petit instrument servant a amorcer les fusils à piston ; on l'appelle aussi *chargette.* || Boîte pour les capsules.

AMORETTI (l'abbé Charles). Savant italien, né à Oneglia, près Gênes, 1741, mort à Milan, 1816. Successivement professeur de droit canonique à Parme et conservateur de la bibliothèque Ambrosienne de Milan, il se fit un nom célèbre dans la minéralogie et fut membre de l'Institut lombard. Parmi les nombreuses publications nous citerons : *Voyage* (minéralogique) *de Milan aux lacs de Côme, Lugano et Majeur,* 1805, in-4° ; *Traité de la tourbe et de la lignite,* 1810, in-8° ; des éditions des voyages de Pigafetta et de Maldonado, etc. — Sa nièce, *Maria-Pellegrina* AMORETTI (1756-1787) se fit recevoir docteur en droit à Pavie et écrivit sur le droit romain (*De jure dotium*).

AMOREUX (Pierre-Joseph). Médecin franç. né à Beaucaire, 1750, m. à Montpellier, 1824. Bibliothécaire de la faculté de médecine de cette dernière ville ; naturaliste distingué, auteur de très nombreux écrits : *Traité de l'olivier,* (Montp., 1784) ; *Notice des insectes de la France réputés venimeux,* 1789, in-fol. ; *Essai histor. et littér. sur la médecine des Arabes,* 1805 ; *Précis histor. sur l'art vétérinaire,* 1810 ; *Dissertation philologique sur les plantes religieuses,* 1817 ; etc.

AMORGINA. s. f. Nom donné chez les Grecs à un tissu extrêmement léger et transparent que l'on fabriquait avec une espèce de lin cultivée particulièrement dans l'île d'Amorgos. On en faisait des tuniques de femme que l'on teignait en rouge pourpre et qui étaient très recherchées à Athènes vers le vᵉ s. av. J.-C.

AMORGO (anc. *Amorgos*). Île de Grèce, au sud de l'archipel des Cyclades, éparchie de Théra ; 55 kil. de tour ; 2,500 h. Quoique rocheuse, elle a des vallées fertiles où prospèrent la vigne et l'olivier. Le ch.-l. *Amorgos* ou *Chora* (1,400 h.), situé a 5 kil. de la mer a pour port la vaste rade de Santa-Anna ou Katapola. Dans l'antiquité, l'île renfermait trois villes : *Minoa,* patrie du poète Simonide, *Arcésine* et *Ægiale,* et elle produisait un lin renommé pour sa finesse (V. *Amorgina*) Sous les Romains, ce fut un lieu de déportation.

AMORITES. s. m. pl. Nom d'un peuple du pays de Chanaan. (V. *Amorrhéens.*)

AMORIUM. Vle de l'anc. Grande-Phrygie, puis de la Galatie Salutaire, au S.-E. de Pessinonte. C'est auj. *Sivrihissar.* On croit que c'est la patrie d'Ésope.

AMOROSIEN, ENNE. adj. Qui a rapport à Amoros ; qui a été introduit par lui. Saut amorosien. Gymnastique amorosienne.

AMOROSO. adv. Mus. Mot italien qui signif. : amoureusement. Indique un peu de lenteur dans le mouvement et une expression tendre dans la mélodie.

AMOROS Y ONDEANO (Franç.). Colonel espagnol et maître de gymnastique célèbre, né à Valence, 1770, m. a Paris, 1848. Après avoir servi en Espagne jusqu'au traité de Bâle (1795), il fut chargé d'introduire en Espagne la méthode d'instruction de Pestalozzi. En 1807, on lui confia l'éducation de l'infant don François de Paule ; mal traité par Ferdinand VII, il s'attacha a Joseph Bonaparte, qui le fit ministre de la police et gouverneur de plusieurs provinces. Exilé en 1814, il se fixa à Paris, où il ouvrit un gymnase qui eut un grand succès. *Manuel d'éducation physique gymnastique,* etc., 1830, avec atlas ; ouvrage couronné par l'Institut. Amoros a beaucoup contribué à populariser la gymnastique qu'il a le premier introduite en France.

AMORPHE. adj. 2 g. (gr. *a* priv. et *morphé,* forme). Se dit en général dans les sciences de toute substance qui n'a pas de forme régulière et déterminée. En chimie et en minéralogie, on oppose à l'état amorphe l'état cristallin. Certaines substances ne cristallisent jamais, et par conséquent ne présentent pas de forme déterminée ; d'autres peuvent affecter tantôt l'état cristallin, tantôt l'état amorphe : tels sont, parmi les corps simples : le carbone, le phosphore, le soufre, le bore, le silicium, et un grand nombre de corps composés. (V. *Allotropie.*) || Se dit, par ext., des allumettes fabriquées avec du phosphore amorphe Une boîte d'allumettes amorphes, et subst. Une boîte d'amorphes. || Anat. Se dit de la matière organisée quand elle ne se présente pas avec des contours qui lui sont propres, mais qui dépendent simplement de l'espace même où elle est épanchée, par opposition à la matière organisée qui revêt la forme de cellules, de fibres, de tubes, etc. La matière amorphe se rencontre dans un grand nombre de tissus à l'état normal ou pathologique || Bot. Se dit d'un organe, d'une substance, d'une couche sans structure.

AMORPHE. s. m. (gr. *amorphos,* informe, cause de l'irrégularité de sa corolle). Bot. G. de légumineuses-papilionacées, tribu des galégées ; la corolle n'a ni ailes, ni carène, elle est réduite à l'étendard replié en cornet et enveloppant un androcée à dix étamines libres au sommet. Originaires de l'Amérique du Nord, les espèces de ce genre sont cultivées dans nos jardins comme arbustes ou arbrisseaux d'ornement (1 m. à 2 m. 50 de hauteur) ; elles présentent de petites fleurs disposées en épis, violet pourpre dans l'*a. frutigneux* ou *indigo bâtard* ; bleu pâle dans l'*a. herbacé.*

AMORPHIE s. f. Absence de forme déterminée ; désordre dans la conformation.

AMORPHOPHALLE. s. f. (a-mor-fo-fall' ; — gr. *amorphos,* difforme, et *phallos,* phalle). Bot. G. d'aroïdées caractérisé par un spadice androgyne terminé par un appendice en forme de cône plus ou moins surbaissé, entouré d'une spathe mouchetée de blanc et brun. Anthères distinctes, biloculaires. Ovaires à deux, trois ou quatre loges ayant chacune un ovule anatrope, dressé. Plantes vivaces de l'Inde et des îles de la Sonde. On en connaît une quinzaine d'espèces dont quelques-unes sont cultivées comme plantes d'ornement.

AMORPHOZOAIRES. s. m. pl. (gr. *a,* priv., *morphé,* forme, et *zóon,* animal). Zool. Syn. de *Spongiaires.*

AMORRHÉENS ou **AMORITES.** s. m. pl. Peuple de la Palestine, de taille gigantesque, descendant d'Amor ou Amorrhée, fils de Chanaan. Ils habitaient à l'O. et au N.-E. de la mer Morte ; ils furent chassés de leur pays par Moïse, et leur territoire partagé entre les tribus de Gad, de Ruben et de Manassé.

AMORT (Eusèbe). Chanoine de St-Augustin ; doyen du couvent de Pollingen, né en Bavière près de Tœlz en 1692, m. en 1775. Il entra a Pollingen dans l'ordre des chanoines réguliers, professa la théologie dans son couvent ; accompagna a Rome le cardinal Lescara. A son retour, en 1735, il fut nommé membre de l'Académie des sciences à Munich. Il s'occupa surtout d'astronomie, et composa en latin un grand nombre d'ouvrages sur des sujets très divers : *Demonstratio critica religionis catholicæ,* Augsbourg, 1745, in-fol. ; *Theologia eclectica, moralis et scholastica,* ibid, 4 vol. in-fol. ; *Philo-*

sophia Pollingena, Augsbourg, 1730, in-fol. ; *Histoire théologique des indulgences*, 1755 ; *Supplément au Dictionn. des cas de conscience de Pontas*, 1762, 3 vol. in-4° ; *Règles tirées de l'Écriture, des conciles et des Pères touchant les apparitions, révélations*, etc., 1744, 2 vol. in-4° ; *Dissertation sur l'auteur de l'Imitation de J.-C.*, 1751, in-4°. Il l'attribue à Thomas à Kempis.

AMORTIR. v. a. (de *à* et mort, rendre comme mort : dans l'ancien français on disait aussi *amortir*). Rendre moins ardent, moins violent. Amortir le feu, la chaleur. Les émollients ont amorti l'inflammation. ‖ Affaiblir l'effet d'un choc, d'une chute, d'un coup. Son chapeau amortit le coup de sabre. (Acad.) Les tampons ont amorti le choc. ‖ *Fig.* Adoucir, calmer, apaiser, en parlant des passions, des sentiments, etc. L'âge amortit les ardeurs de la jeunesse. L'amitié est la seule passion que le temps n'amortisse pas. ‖ Faire perdre aux herbes, aux légumes de leur âcreté, de leur amertume. Dans cette acception il s'emploie plus ordinairement comme neutre. Faites amortir ces herbes dans l'eau bouillante. ‖ Diminuer, affaiblir l'éclat, l'intensité, en parlant des couleurs, du son, du bruit. Ces nuances trop vives ont besoin d'être amorties. Les tentures des appartements amortissent les sons de la voix. ‖ *Financ.* Éteindre, faire cesser. Amortir une rente, une pension, une redevance, un emprunt, une dette en remboursant le capital, en désintéressant le créancier. (V. *Amortissement*.) ‖ *Jurisp. anc.* Amortir un immeuble. En donner la propriété à des gens de mainmorte. Le roi a amorti ce fief en faveur de tel collège. — Payer le droit d'amortissement. Ce chapitre a amorti le fief qu'il a acheté. ‖ Amortir la viande. L'attendrir. Certaines viandes ont besoin d'être amorties. ‖ Amortir la chaux. Jeter de l'eau sur de la chaux vive. ‖ *Mar.* Ralentir la marche d'un bâtiment jusqu'à ce qu'il s'arrête. — Neutr. Bâtiment qui amortit. Qui reste échoué pendant la marée basse. ‖ S'AMORTIR v. pr. S'empl dans tous les sens de l'actif, tant au propre qu'au fig. Le feu s'est amorti. Cette dette s'amortira promptement. ‖ AMORTI, IE. p. pas.

AMORTISSABLE. adj. 2 g. Qui peut être amorti. Emprunt, rente, dette amortissable. ‖ 3 %, amortissable. Nouveau type de rente 3 %, créé pendant le ministère de M. Léon Say, par opposition au 3 % perpétuel.

AMORTISSEMENT. s. m. Action d'amortir, d'affaiblir ; état de ce qui est amorti. L'amortissement du coup. L'amortissement de la fièvre. L'amortissement des passions, des haines, de l'intelligence. ‖ *Financ.* Le rachat, l'extinction d'une pension, d'une rente, d'une redevance. Faire l'amortissement d'une rente, d'une pension. L'amortissement de la dette publique — Reconstitution d'un capital engagé dans une entreprise, employé à l'achat d'outils, de machines, de matériel susceptibles de s'user, ou dépensé en améliorations culturales par un fermier, au moyen de retenues faites sur les bénéfices annuels et capitalisées, qui constituent ce qu'on appelle le *fonds d'amortissement*. — Fonds d'amortissement. Se dit aussi de la somme destinée à l'extinction d'une rente — Caisse d'amortissement. Caisse établie pour l'amortissement graduel de la dette publique. (V. *Caisse*.) ‖ *Jurisp anc.* Passage d'un bien immeuble de l'état de main-vive à l'état de mainmorte — Rachat d'une redevance de fief. ‖ *Archit.* Membre d'architecture qui en termine un autre plus important. Ainsi une flèche sert d'amortissement à une tour, un fleuron sert d'amortissement à un pignon. ‖ *Mar.* État d'un navire amorti ou échoué pendant la marée basse. — État de la mer pendant les marées faible ou *de morte eau*. ‖ *Financ.* Extinction graduelle d'une dette au moyen d'annuités, ou selon un autre mode prévu. Le mot *amortissement* désigne particulièrement l'extinction d'une dette par des remboursements successifs dont les fonds sont fournis par une dotation originaire à laquelle viennent s'ajouter, dans une progression qui s'accroît de plus en plus, les intérêts devenus sans emploi au fur et à mesure des remboursements opérés sur le capital. La théorie de l'amortissement repose sur ce principe que, en plaçant chaque année un très petit capital, on obtient au bout d'un certain nombre d'années, par le jeu des intérêts composés, une

somme extrêmement considérable. Ainsi, un franc placé chaque année à intérêts composés à 5 % produit, par l'accumulation des intérêts et des intérêts des intérêts, un capital de 100 fr. au bout de 36 ans. — L'amortissement s'opère différemment suivant qu'il s'agit de rentes perpétuelles ou consolidées, ou, au contraire, d'emprunts à durée limitée. Dans le premier cas, le remboursement s'opère par le rachat des rentes à la Bourse. Ce rachat peut être fait, soit directement par le ministre des Finances au moyen de crédits spéciaux inscrits au budget à cet effet, soit indirectement par une institution particulière qui porte le nom de *caisse d'amortissement*, à laquelle a été constituée une dotation spéciale qui s'accroît chaque année de l'intérêt des dettes rachetées. Depuis 1871, par suite des difficultés financières, le régime des crédits annuels a dû être préféré. Si, par suite de l'élévation des cours, le prix d'achat arrive à dépasser le taux d'émission, le rachat devient onéreux pour l'État qui doit rembourser plus qu'il n'a reçu. Quand les cours dépassent le pair, on arrête l'amortissement dont on réserve les fonds pour plus tard, ou bien on a recours à l'opération de la *conversion* qui consiste à emprunter à un taux inférieur pour rembourser une dette dont les intérêts sont plus élevés. Généralement, le créancier de l'ancienne dette consent à devenir créancier de la nouvelle, par ex. il consent à subir une réduction de 5 % à 4 1/2 %, parce que, en se faisant rembourser son capital, il aurait peine à en tirer 4 1/2 %. — Les emprunts à durée limitée revêtent en général la forme d'obligations, c.-à-d. que l'on divise la dette en un certain nombre de fractions égales (500, 1000 fr., etc.) qui sont numérotées et remboursées chaque année par la voie du tirage au sort. L'annuité servie par l'emprunteur est divisée en deux parts, l'une sert à constituer un intérêt annuel, la seconde est destinée à opérer des remboursements dans des conditions déterminées, souvent avec accompagnement de primes ou de lots. Le mode d'amortissement par annuités a pour les États l'avantage d'être obligatoire ; on ne peut suspendre l'amortissement qui s'opère par voie de tirage au sort comme on peut le faire pour celui qui se pratique par voie de rachat à la Bourse. Les obligations de chemin de fer et le 3 % amortissable sont les types les plus connus de l'annuité organisée pour amortir les emprunts à durée limitée. ‖ *Jurisp anc.* Passage d'un bien immeuble de l'état de mainvive à l'état de mainmorte. Lorsqu'un fief était acquis par une corporation ou toute autre personne morale, qui ne mourait pas, il en résultait, au détriment du suzerain, une diminution ou comme on disait un *abrégement* de fief, puisque ce suzerain se trouvait privé des droits de rachat, relief, lods et ventes, quints, etc. qui auraient été dus à chaque mutation du fief, aussi l'amortissement était-il soumis à l'agrément du suzerain qui percevait à cette occasion une redevance dite *droit d'amortissement* destinée à le dédommager de la perte qu'il subissait par la mise d'un bien hors du commerce. L'affranchissement des serfs donnait aussi lieu à l'amortissement Dans le dernier état du droit, l'amortissement, payé au roi, était en général une année du revenu, quelquefois davantage, la taxe des biens de mainmorte, établie par la loi du 20 février 1849 et représentative des droits de mutation dont l'État se trouve privé par suite de l'immobilisation de cette mesure de biens, offre une grande analogie avec l'ancien droit d'amortissement.

AMORY (Thomas). Littérateur anglais, né en Irlande en 1692, m en 1789. *Mémoires concernant les vies de plusieurs dames de la Grande-Bretagne*, 1755 ; *Vie de John Buncle, esq.*, 1756-1766, roman autobiographique rempli *d'humour*, mais aussi de bizarreries. ‖ AMORY (Thomas). Théologien anglais, pasteur presbytérien, 1700-1774. Auteur de sermons et de divers écrits théologiques : *Dialogue sur la dévotion*, 1733 et 1746, in-8° ; *Notice sur Grove*, 1740 ; *Système de philosophie morale de Grove*, 1749 ; *Mémoires de Samuel Chandler*, etc ‖ AMORY DE LANGERACK (Joséphin). Littérateur belge, né à Anvers, 1831. Auteur de nombreux écrits inspirés par le sentiment chrétien. *Galerie des Femmes célèbres*, 1847, in-8° ; *Essai sur l'éducation et les conditions des femmes*, 1850,

in-8° ; *Les Proverbes*, histoires anecdotiques et morales des proverbes et dictons français, 1850, in-8° ; *Nouvelles intimes*, 1865, in-12 ; etc ●

AMOS. Le quatrième des douze petits prophètes. Était berger à Thécué, près Bethléem ; il vécut sous le règne d'Osias, roi de Juda, et de Jéroboam II, roi d'Israël. Ses prophéties, renfermées dans neuf chapitres, se distinguent par leur poétique simplicité. On y remarque l'emploi de formes araméennes se rapprochant du langage populaire. Il reçut sa mission vers l'an 783 av. J.-C., et prophétisa à Béthel, où était le siège principal de l'idolâtrie. Il annonça à Jéroboam II la ruine de sa maison et la captivité des Israélites, s'ils persistaient dans le culte des faux dieux et dans les vices condamnés par la loi. On ignore le temps et le genre de la mort d'Amos. ‖ AMOS. Père du prophète Isaïe, était dit-on, fils du roi Joas, et frère d'Amasias, roi de Juda.

AMOSKEAG. Vle manufacturière des États-Unis (New-Hampshire), près Manchester. Fabriques de cotonnades qui occupent plus de 4,000 ouvriers.

AMOU. 1,785 h. Bg de France (Landes), de ch.-l. cant., arr. et à 27 kil. de Saint-Sever. Sur le Luy de Béarn. Église gothique, beau clocher ; château bâti sur les dessins de Mansard. Commerce de jambons et d'oies grasses. — *Cant.* : 11,573 h. ; 16 comm.

AMOUCHITA ou **AMOUGHTA**. Une des îles Aléoutes, dans le groupe des îles Lisii ou des Renards. Sol volcanique.

AMOUD. Tribu importante de l'Arabie méridionale (Hadramaout).

AMOU-DARIA ou **DJIHOUN** (ancien *Oxus*). Grand fleuve de l'Asie centrale, l'un des deux grands affluents de la mer d'Aral. L'Amou-Daria, que les Turkmènes de ses bords appellent encore *Dji-houn*, nom sous lequel le connaissaient les géographes arabes, et qui rappelle le souvenir d'un des fleuves du paradis terrestre, est formé par les rivières nombreuses qui prennent leur source sur le versant occidental du plateau du Grand-Pamir, dans une région élevée qui n'a pas moins de 300 kil. de largeur, de l'Hindou-Kouch à l'Altaï. La maîtresse branche de ce fleuve paraît être l'*Ak-sou*, l' « Eau-Blanche » des Kirghiz, appelé Mourgh-ab dans une partie de son cours. Ce mot « Ak-sou », que l'on a identifié avec le *Vak-sou* des écrivains sanscrits, a été transformé en *Oxos* ou *Oxus* par les Grecs, et cette appellation est encore familière aux géographes. L'Ak-sou naît dans un lac, le Gaz-Koul ou Oï-Koul, au milieu du Grand-Pamir, coule d'abord à l'E., puis se recourbant vers le N., finit par prendre la direction de la pente générale de la région qui porte les eaux à l'O. Il reçoit en route les eaux de plusieurs torrents ou rivières dont la plus importante est la Boudara et s'unit à la branche méridionale, le Sarhad, qui, dans son cours, a traversé le Ouakhan, le Badakchan, le Chignan, le Rochan. L'Oxus reçoit ensuite à gauche, le Koktcha et le Koundouz, grossi du Tchaï, et à droite la grande branche septentrionale, le Sourgh-ab, lui amène les eaux des glaciers du Transalaï et des montagnes de Karategin Au delà, il ne reçoit plus du N. que de faibles affluents, car les rivières qui descendent du Paropamise et du Koh-i-Baba, se perdent avant d'atteindre sa rive gauche. Le Dehas, qui passe à Balkh, l'Andkho, le Mourgh-ab de Merv, le Heri-roud qui arrose Hérat, s'épuisent ainsi bien avant d'atteindre le fleuve ; et sur la rive droite, le Zorafchan, s'épuise dans les sables ou verse dans un lac les dernières gouttes de ses eaux Dans toute la partie inférieure de son cours, l'Amou se dirige vers le nord-ouest. Depuis le pays de Balkh jusqu'à l'Aral, sa largeur moyenne est d'environ 700 mètres ; cependant à Kilif un dernier promontoire des montagnes de Hissar resserre le lit qui n'a pas plus de 300 mètres. Par contre, en certains endroits, les rives s'écartent jusqu'à 2 kilomètres, mais alors il est semé d'îles basses où croissent des saules et des épis dorés d'une haute graminée, le *tasiagrostis splendens*. Les berges de l'Amou, creusé dans l'argile du désert, disposée par couches qui ont presque l'aspect et la consistance des schistes, sont généralement abruptes, surtout sur la rive droite, rongée par le courant qui obéissant au mouvement de rotation de la terre se porte à l'orient. Comme tous les grands fleuves, l'Oxus a ses crues régulières provenant de la fonte des neiges. Elles commencent en mai et vers la fin de juillet ses eaux ont atteint leur niveau le plus élevé. En octobre le fleuve est rentré dans son lit et continue à baisser jusqu'aux pluies du printemps. Exposé aux vents polaires, il gèle pendant la saison froide, et l'épaisseur moyenne de la glace à Noukous, à l'endroit où il se divise en plusieurs bras pour se jeter dans l'Aral, est de 30 centimètres. La quantité moyenne du débit, qui a été mesurée depuis 1874, est égale à 3,570 m. cubes par seconde : ce qui représente pour la surface totale du bassin, approximativement évaluée à 300,000 kil. car., sans les bassins secondaires, une couche liquide de 30 centimètres par mètre carré. Mais à Noukous, appauvri par les saignées qui fertilisent les campagnes de Khiva, il n'a plus guère que la moitié de ce volume. L'Amou roule constamment des troubles : même en basses eaux, il est toujours jaunâtre, et pendant les crues il est teint en rouge foncé par les apports du Sourgh-ab aux « eaux de sang ». Cela ne diminue en rien la qualité de son eau, à laquelle nulle autre ne peut être comparée, au dire des indigènes et des voyageurs. La proportion du limon varie, suivant la hauteur de la crue, de moins de 1 kilog. a 3,400 grammes par mètre cube. Le delta de l'Amou-Daria, c'est-à-dire l'espace compris entre l'Aral et les deux branches extérieures, le Taldik à gauche et le Yani-sou à droite n'a pas été déposé par le fleuve. Il se compose de terrains anciens dans lesquels les divers courants se sont frayé une route au hasard. La pente moyenne est également plus forte que dans les véritables deltas d'alluvion ; en effet de Noukous aux bouches, sur une distance de 120 kil. en droite ligne, la différence de niveau est de 18 m., tandis que dans le Mississipi, de la Nouvelle-Orléans au golfe du Mexique, sur une distance un peu plus considérable, elle n'est que de quelques centimètres en basses eaux. C'est dans l'Aral lui-même que l'Amou porte ses alluvions qui forment à ses embouchures des bas-fonds où ses courants se déplacent incessamment, et des barres qui en interdisent l'abord à tous les bâtiments tirant plus d'un mètre. Cependant en 1873, le bateau à vapeur *Perovskiy*, calant un peu plus d'un mètre, trouva un passage, et depuis ce temps, la navigation du bas Amou n'a jamais été interrompue. Par suite de la tendance naturelle du fleuve à se porter vers la droite, les bras occidentaux s'obstruent peu à peu. D'anciens lits ont été complètement abandonné a gauche du Taldik, et ce courant, jadis le plus important, roule moins d'eau que le Yani-sou. Les grands changements qui se sont accompli dans le cours de l'Oxus depuis l'époque historique, sont parmi les phénomènes de physiographie les plus remarquables. Si la région de l'Oxus inférieur n'est pas un véritable delta, et si ce fleuve ne s'y est pas encore frayé de lits réguliers, c'est qu'il y coule seulement depuis une époque récente, peut-être trois cent cinquante années. Pendant la première moitié du XVIe siècle, l'Amou était en effet un affluent de la Caspienne ; mais ce n'était la qu'un phénomène temporaire : par deux fois, depuis les historiens grecs, l'Oxus s'est porté de la Caspienne à l'Aral. A l'époque de Strabon, l'Oxus, « le plus grand des fleuves d'Asie, à l'exception de ceux de l'Inde », se jetait dans la Caspienne. Mais à l'époque des premiers écrivains arabes et turcs, ce fleuve s'était détourné au nord et se déversait dans la mer d'Aral ; tous les documents arabes de cette époque en font foi. Au XIVe siècle, il reprenait son cours vers la Caspienne, du côté de laquelle l'entraîne une pente relativement forte, car la bifurcation du lit actuel et de l'ancien lit, en aval de Yani-Ourgendj, se trouve à 42 m. au-dessus de la mer d'Aral, à 114 m. au-dessus de la Caspienne ; c'est une pente de plus de 14 centimètres par kilomètre. Le nouveau lit fut rempli pendant deux siècles environ ; mais, vers le milieu du XVIe siècle, l'Amou, abandonna le chemin de la Caspienne, revenait, pour la deuxième fois depuis l'époque historique, dans la mer d'Aral. L'ancien lit, très reconnaissable encore au milieu du désert, exploré avec soin par Stebnitzkiy, Gloukogvskiy et Loupandin qui en ont dressé la carte, est connu par les indigènes sous le nom d'Ouzboï. (E. Reclus.) || **AMOU-DARIA** Prov. du Turkestan russe conquise en 1873 sur le khan de Khiva. La capitale est *Petro-Alexandrofsk*, vle nouvelle fondée sur le fleuve Amou-Daria. Superf. 104,000 kil. car. ; popul. 110,000 h. env.

AMOUDRU (Anatole). Architecte français, né à Dôle en 1739, accompagna dans son voyage à Varsovie, l'architecte Louis, son maître, que les magnats avaient chargé de la construction de plusieurs palais De retour en France, il donna lui-même les plans de plusieurs constructions importantes. On lui doit le château de Fresnes, près Vendôme. Revenu à Dôle en 1775, il étudia le droit, et se fit recevoir avocat au parlement. Nommé peu de temps après architecte de la maîtrise des eaux et forêts, il remplit cette charge jusqu'a la Révolution. Il fut élu maire de Dôle en 1791, et peu de temps après nommé juge au tribunal d'arrondissement. Il donna sa démission en 1797, pour s'occuper exclusivement du cadastre du territoire de Dôle. Il mourut le 8 mars 1812. On a de lui : *Cadastre parcellaire de la ville de Dôle*, 1808, in-4° ; *Des mesures agraires en usage dans la Franche-Comté, de leurs rapports entre elles et avec le système métrique*, in-8°. Amoudru, ayant retrouvé l'étalon du pied ancien de Bourgogne, en donne dans cet ouvrage la véritable longueur. Il a laissé manuscrit une *Notice historique sur Dôle*, qu'il croyait antique *Didatium*, opinion qui n'est pas partagée par les autres antiquaires de la Franche-Comté.

AMOUILLE. s. f. (*ll* mll.). Premier lait d'une vache qui vient de vêler.

AMOUILLER. v. n. (*ll* mll). Se dit d'une vache qui est sur le point de vêler, ou qui vient de vêler.

AMOULER. v. a. (de *d* et de l'ancienne forme française *moule*, meule). Passer sur la meule, aiguiser, affiler.

AMOUN. Nom de la divinité égyptienne que les Grecs ont appelée *Ammon* ou *Hammon*. On trouve encore son nom écrit *Amon* ou *Amen*. On croit devoir l'identifier a Knef, première émanation du mystérieux et irrévélé Piromi, avec lequel tous deux se confondent fréquemment. Ils personnifient l'activité vitale du monde, la pensée créatrice de l'être incréé et primordial : cependant Knef offre plus nettement l'idée de création, Amoun est principalement moteur et vivificateur. En cette qualité, il est le soleil, sous le nom d'Amoun-Ra, et l'humidité fécondante, sous celui d'Aménébis (contraction d'Amoun-Knef ; de plus, il porte encore le nom d'Amoun-Mendès ou Mandou, lorsqu'il est considéré comme le générateur par excellence Le culte d'Amoun paraît avoir pris naissance dans Méroé. Plus tard, la puissante caste sacerdotale qui régnait dans cette île, envoya de nombreuses colonies fonder des temples, des Ammoniums, vers le nord. Thèbes, l'une d'elles, fut surtout consacrée au culte d'Amoun, et posséda le temple et le palais dont les ruines gigantesques de Karnak racontent encore les splendeurs. Mais le temple le plus célèbre dans l'antiquité fut celui de l'oasis de Siouah (autrefois *Ouahé-Amoun*), qui, placé dans une heureuse situation commerciale, à l'endroit même où se croisaient les routes des caravanes entre l'Orient et l'Occident, et entre le Nord et le Midi, attira tous les peuples à son fameux oracle.

AMOUR. s. m. (lat. *amor* ; de *amare*, aimer). Sentiment par lequel l'homme se porte vers ce qui lui paraît aimable, et en fait l'objet de ses désirs, de ses affections. Amour ardent, céleste, terrestre. Amour paternel, filial, mutuel. || Se trouve souvent joint par la préposition *de* à un autre mot qui détermine : 1° le caractère du sentiment dont on parle. Amour de charité, de bienveillance, d'intérêt ; 2° l'objet sur lequel l'amour se porte. L'amour de Dieu, du prochain, de la liberté, de la gloire, des grandeurs, du jeu, de la retraite, de la vertu, des plaisirs ; 3° le sujet qui éprouve cet amour. L'amour des pères, des mères. Il ne faut pas compter sur l'amour du peuple. || Amour se dit particulièrement de la passion d'un sexe pour l'autre, et en ce sens il s'emploie presque toujours abs. Avoir de l'amour. Être transporté d'amour. Brûler, languir, mourir d'amour. Il n'a plus d'amour pour elle. Donner de l'amour, inspirer de l'amour. — Dans ce sens, il est quelquefois fém. au sing. en poésie et presque toujours fém. au plur., même en prose. Sur la foi d'une amour si saintement jurée. (Rac.) Il déshonora son règne par ses amours monstrueuses. (Boss.) || Par ext. Se dit aussi des animaux et des plantes. Le rossignol élève ses concerts dans les bocages témoins de ses premières amours. (A. Martin.) La plante son hymen, la plante a ses amours. (Delille.) || Faire l'amour. Se livrer à la galanterie. Il fait l'amour à toutes les femmes. — Filer le parfait amour. S'aimer longtemps et constamment avec une chaste réserve. | Prov. et fig. C'est un vrai remède d'amour. Se dit d'une femme très laide. || Être en amour, en parlant des femelles des animaux. Être en chaleur. Quand les biches sont en amour. Quand les oiseaux sont en amour. Au printemps, toute la nature est en amour. — Fig. La terre est en amour, en terme de laboureur et de jardinier. Elle est dans un état de fermentation propre à la végétation. On dit aussi : Cette terre est sans amour, n'a point d'amour. — Dans le langage des arts, Cet ouvrage est fait avec amour. L'artiste s'est complu a le faire. || Prov. Froides mains, chaudes amours. La fraîcheur des mains annonce d'ordinaire une tempérament ardent || Amour se dit quelquefois de l'objet qu'on aime avec passion. Titus était l'amour de l'univers. Mon cher pays, mon premier amour. — Mon amour. Terme dont les maris ou les amants se servent quelquefois, en parlant à leur femme ou à leur maîtresse. On disait de même anciennement *m'amour*. — Amours au pluriel se dit de la personne que l'on aime passionnément. Être avec ses amours. Pour l'amour de Dieu. Sans intérêt, dans la seule vue de plaire à Dieu. — Comme pour l'amour de Dieu. Se dit d'une chose faite ou donnée a contre-cœur. — Pour l'amour de quelqu'un Par considération, par affection pour quelqu'un. — Travailler avec amour. Avec un soin minutieux. || AMOUR est aussi le nom d'une divinité, chez les anciens païens. Le bandeau, les traits, l'arc, les flèches, le flambeau, les ailes de l'Amour. Il est beau comme l'Amour. — Fig et fam. C'est un amour. Se dit d'une jeune fille ou d'une jeune femme très jolie, d'un enfant très joli. — Les anciens ont donné plusieurs frères à l'Amour, c'est pourquoi l'on dit : Les Jeux, les Ris, les Amours. Peindre, sculpter des Amours. De petits Amours. Vénus est la mère des Amours. || *Amour platonique*. On désigne ainsi l'amour contemplatif, qui n'aspire pas a la possession et à la jouissance de l'objet aimé, ou qui ne fait pas les efforts nécessaires pour y atteindre. Mais ce serait un tort qu'on donnerait ce sens à l'amour comme l'entendait Platon. Toutes les fois qu'ils parle de l'amour, il le montre accompagné du désir. Il le dit explicitement dans le dialogue qu'il a consacré a l'amour, le *Banquet* ; et dans le *Phèdre*, il représente les ailes de l'âme faisant effort pour atteindre la beauté idéale et céleste. Dans la pensée de Platon, l'amour doit être délivré, non pas de tout désir, mais de tout désir sensuel. Il ne veut pas qu'on s'arrête à la beauté matérielle, mais on s'y attache que comme l'oiseau à la terre, pour prendre son vol. || *Amour-propre* ou *amour de soi*. Le sentiment légitime et naturel qui attache chaque homme a son existence et lui fait rechercher son bien-être. L'amour-propre bien entendu est le mobile de beaucoup d'actions. L'amour de soi devient vicieux par l'excès et alors il s'appelle *égoïsme*. — Amour-propre signifie plus ordinairement ; Le trop grand attachement d'un homme a ce qui lui est personnel, l'opinion trop avantageuse qu'il a de lui-même. Cet homme a bien de l'amour-propre Il est pétri d'amour-propre, n'agit ainsi que par amour-propre. Il y a bien de l'amour-propre dans cette prétention, dans ce langage, etc. || Prov. Tout par amour et rien par force, On réussit mieux par la douceur que par les moyens rigoureux et violents. || Syn. *Amour, amourette*. La différence qui existe du sérieux au badin fait celle de l'amour et de l'amourette. Celle-ci amuse ; celui-là occupe. — *Amour, affection, amitié, attachement, inclination, passion, tendresse*. V. *Affection*. — *Amour de soi, amour-propre*. L'amour de soi n'implique aucun blâme lorsqu'il se renferme dans les limites tracées par la nécessité de la conservation, l'amour-propre, puis dans le sens général, tend à passer les bornes et à s'approcher de l'égoïsme. || Philos. et Théol. « L'amour est une passion de s'unir à quelque chose. On aime une nourriture agréable, on aime l'exercice de la chasse ; cette passion fait qu'on aime de s'unir à ces choses et de les avoir en sa puissance... Et même nous pouvons dire, si nous consultons ce qui se passe en nous-mêmes, que nos autres passions se rapportent au seul amour et qu'il les enferme ou les excite. Toute la haine qu'on a pour quelque objet ne vient que de l'amour qu'on a pour un autre. Je ne hais la maladie que parce que j'aime la santé. Je n'ai d'aversion pour quelqu'un que parce qu'il m'est un obstacle à posséder ce que j'aime. Le désir n'est qu'un amour qui s'étend au bien qu'il n'a pas, comme la joie est un amour qui s'attache au bien qu'il a. La fuite et la tristesse sont un amour qui s'éloigne du mal par lequel il est privé de son bien et qui s'en afflige. L'audace est un amour qui entreprend, pour posséder l'objet aimé, ce qu'il y a de plus difficile ; et la crainte, un amour qui, se voyant menacé de perdre ce qu'il recherche, est troublé de ce péril. L'espérance est un amour qui se flatte qu'il possédera l'objet aimé ; et le désespoir est un amour désolé de ce qu'il s'en voit privé à jamais : ce qui cause un abattement dont on ne se peut relever. La colère est un amour irrité de ce qu'on veut lui ôter son bien, et s'efforçant de le défendre. Enfin, ôtez l'amour, il n'y a plus de passion ; et posez l'amour, vous les faites naître toutes. » (Bossuet.) L'amour est l'attraction, la gravitation du monde moral : c'est ce qui unit les créatures les unes aux autres et à Dieu leur auteur, leur père. L'amour n'est pas un mouvement aveugle de la nature animale : ce qui attache la brute à ses petits n'est pas l'amour, c'est l'instinct. Hélas ! que d'hommes grossiers, abrutis ressemblent aux animaux. L'amour est ce noble entraînement qu'éprouve une âme intelligente et libre pour ce qui est beau et bon, pour tout ce qui intéresse par la souffrance et par la grâce. L'amour païen représente les yeux couverts d'un bandeau ; c'est l'amour physique ; mais l'amour chrétien, le véritable amour, a les yeux ouverts qu'il lève vers les cieux. On distingue : 1° l'amour que nous éprouvons pour la nature et pour les êtres vivants dans lesquels brillent les vestiges de la puissance divine ; 2° l'amour que nous avons pour nos semblables et pour nous-mêmes lorsque nous y considérons l'être moral ou l'image de la nature divine ; 3° l'amour de l'idéal et des réalités intelligibles, c.-à-d. du beau, du bien et du vrai ; 4° l'amour de Dieu qui réalise en lui et qui contient dans leur plénitude et dans la plus parfaite unité les trois principes dont nous venons de parler. Dans l'amour proprement dit, qui existe entre un homme et une femme, il y a plusieurs éléments : l'un purement sensuel, c'est l'instinct qui rapproche les sexes et les désirs qu'il amène à sa suite ; un autre est mixte, tient des sens et de l'âme : c'est l'attrait de la beauté ; le troisième, l'élément moral, est celui qu'éprouvent l'un pour l'autre un homme et une femme à cause de leur beauté intérieure, de leurs qualités et perfection morales, c'est le seul amour qui survive à la jeunesse et à la beauté physique ; sur lui se fondent la dignité et le bonheur de la famille et la sainteté du mariage chrétien. || Myth. Pour Hésiode, l'Amour (*Éros*) est le plus ancien des dieux : c'est la force puissante qui anime tout d'un amour mutuel. Certains poëtes orphiques le font sortir d'un œuf pondu par la Nuit au sein de l'Érèbe ; chez d'autres, il a pour père Saturne et pour frère l'Éther ; la filiation qui finit par prévaloir est celle qui lui donne Vénus pour mère, mais les poëtes ne s'accordent pas sur le nom de son père (Jupiter, Mercure, Vulcain et Mars). Tantôt l'Amour qui allume des passions violentes est distinct de Cupidon qui fait naître des sentiments tendres, tantôt il est confondu avec lui. L'Amour est un enfant badin, fantasque de plus souvent cruel et perfide, armé de flèches aiguës qu'il lance aux dieux et aux hommes, n'épargnant même pas Vénus, sa mère. Le Jeu, le Rire, le Désir l'accompagnent ainsi que les Grâces et les Muses. Certains poëtes, du reste, ont imaginé tout un peuple de Jeux, de Rires et même d'A-

mours. Ce dieu finit par se blesser lui-même de ses flèches et s'éprit de Psyché qu'il épousa. Ses temples étaient en général communs avec ceux de Vénus ; il en avait toutefois un particulier à Thespis où l'on célébrait en son honneur une fête quinquennale dite *Erotidies*. Les anciens l'ont représenté sous la figure d'un enfant nu et ailé, avec un arc et un carquois rempli de flèches, parfois avec un bandeau sur les yeux et une couronne de roses ou bien portant les attributs des dieux qu'il a vaincus. On admire particulièrement la *statue de l'Amour* qui est à Rome au musée du Capitole. (V. *Psyché.*) || Ce mot est entré dans le titre de nombreuses œuvres littéraires et artistiques. Il suffit d'en citer quelques-unes : Les *Amours*, recueil d'élégies d'Ovide ; *L'Amour*, par Plutarque, petit traité sous la forme d'entretien, à l'imitation du *Banquet* et du *Phédon* de Platon, dans lequel l'auteur met en parallèle l'amour unisexuel, si répandu en Grèce, et l'amour conjugal. Il conclut par la glorification de ce dernier, et raconte à l'appui de sa thèse les deux célèbres épisodes d'Éponine et Sabinus, et de Sinatus et Camma. — *L'Amour et Psyché*, épisode de l'*Ane d'Or* d'Apulée. — *Les Amours de Chœréas et de Callirrhoé*, roman grec, de Chariton. — *Les Amours d'Isménias et d'Ismène*, roman grec, d'Eustathe. — *Les Amours de Leucippe et de Clitophon*, roman grec, d'Achille Tatius. — *Les Amours de Théagène et du Chariclée*, roman grec, d'Héliodore. — *L'Histoire des Amours du grand Alcandre*, par Louise-Marguerite de Lorraine, princesse de Conti. C'est l'histoire des galanteries de Henri IV. — *Les Amours des Anges* (*The Love of the Angels*), par Thomas Moore, poème développant ce verset de la Genèse où on lit : « Les fils de Dieu virent que les filles des hommes étaient belles, et ils prirent pour femmes celles qui leur plurent. » — *L'Amour médecin*, comédie ballet de Molière, en 3 actes et en prose, musique de Lulli, représentée à Versailles devant le roi, le 15 septembre 1665 : impromptu composé, appris et joué en cinq jours. C'est une satire dirigée contre les médecins du temps. — *L'Amour*, par Senancourt, (1806) — *L'Amour*, par Henri Beyle, sous le pseudonyme de *Stendhal* (1822). — *L'Amour*, par Michelet (1858).

AMOUR. Grand fleuve de l'Asie orientale, qui sert, sur la plus grande partie de son cours, de limite entre l'empire chinois et l'Asie russe. Il est formé de deux rivières, l'Argoun et la Chilka qui se réunissent au bec de l'*Aiguille* ou Strelka par 53° 19' 45" latit. N. et 119° 23' 45" longit. E. L'Argoun, qui l'emporte pour la longueur de son cours, prend sa source sous le nom de Khaïlar, dans les hautes vallées du Grand-Khingan. Cette rivière torrentueuse joint ses eaux à l'émissaire du Dalaï-Gol, à la hauteur d'Abagatonievsk et depuis ce point forme la frontière entre la Russie et la Chine, jusqu'à son confluent avec la Chilka. Celle-ci est entièrement russe ; les rivières qui lui donnent naissance descendent des monts Iablonoï ; elle roule probablement plus d'eau que l'Argoun et elle est navigable dans toute sa partie inférieure. On n'est pas fixé sur l'origine du mot Amour : les uns le font dériver des mots giliaks *Ya-mour*, « Grand-fleuve » ; les autres des mots yakoutes *Kura-mouran* « fleuve noir ». Les Mandchoux l'appellent *Sakhalin-oula* qui a la même signification et les Chinois *Hélong-Kiang* « fleuve du Dragon noir ». Au bec de la Strelka, l'Amour a déjà 6 à 7 m. de profondeur et 500 m. de largeur. Il court alors vers l'E. et passe à Albazin, un des premiers postes qu'occupèrent les Russes sur le fleuve ; mais bientôt, après avoir été resserré dans une série de défilés formés par le Grand-Khingan au S et le Stanovoï au N., il descend au S.-E. au milieu de vastes plaines revêtues de petits chênes, de noisetiers et autres arbrisseaux. Après avoir reçu la Zeya à Blagovetchensk et baigné Aïgoun, ville chinoise, la plus importante et la plus peuplée de tout son bassin, il tourne de nouveau à l'E ; puis traverse un défilé de 170 kil. de longueur, en coulant du N. au S. Mais il se recourbe bientôt vers l'E. et reçoit son plus grand affluent, le Soungari, qui vient du S.-O. Presque doublé en volume, il possède alors une masse d'eau énorme. Pendant les crues, il ressemble à une mer mouvante, noyant les îles, emportant dans son courant les forêts déracinées et les villages avec les berges qui les supportent. Obéissant à la pente suivie par le Soungari, il court au N.-E., et reçoit l'Oussouri toujours sur sa rive droite. Il cesse alors de former la limite de l'empire russe. Enfin, l'Amgoun, grande rivière qui prend sa source dans les monts de Boureya, lui apporte le tribut de ses eaux, et l'Amour tournant vers l'E. se jette dans le détroit de Tartarie, en face de l'île de Sakhalin. Après son confluent avec le Soungari, l'Amour communique à droite et à gauche avec des marais et des lacs dans lesquels il verse, pendant les crues, le trop plein de ses eaux. L'un de ces lacs, le Kizi, est remarquable en ce qu'il occupe une dépression entre le fleuve et le golfe de Castries, dont il n'est séparé que par un isthme de 17 kil. d'épaisseur. Le cours de l'Amour, depuis le bec de la Strelka, est de 2.800 kil. ; il est de plus de 4,000, en partant des sources de la Strelka et de l'Argoun ; mais si l'on considère la rivière Kurulun ou Kerulen, qui se jette dans le lac Dalaï, comme faisant partie du bassin de l'Amour, bien qu'elle ne lui appartienne que pendant une partie de l'année, le développement total du fleuve atteint 5,000 kil. environ. Il parcourt des pays aux climats très divers. Né dans des contrées montagneuses et froides, un immense détour le conduit cinq degrés plus au S. Il remonte ensuite vers le nord et son embouchure se trouve à peu près sur le même méridien que le confluent de l'Argoun et de la Chilka. Aussi les parties inférieure et supérieure de son cours ont-elles à supporter un hiver de sept mois, et pendant une grande partie de l'année la navigation est-elle entravée par les glaces. Les vastes pays du bassin de l'Amour, évalués approximativement à deux millions de kilomètres carrés, sont habités par les Mandchoux au S. du fleuve, et les Toungouses au N., deux rameaux issus de la même souche ; mais si les Mandchoux sont parvenus à un certain degré de culture et forment une population nombreuse, en masse assez compacte, il n'en est pas de même des Toungouses. Ceux-ci sont réduits à un petit nombre de faibles tribus, les unes pastorales et tout à fait nomades, les autres, à peu près sédentaires et vivant de la pêche. La population est naturellement très disséminée ; mais depuis que les Russes ont définitivement pris possession de la partie septentrionale du bassin, c.-à-d. depuis 1860, la colonisation prend de l'activité. Des stanitzas russes s'élèvent dans les vallées, et des centres, comme Blagovetchensk et Nicolayevsk, auxquels on donne, un peu ambitieusement peut-être, le nom de villes, ont été fondées. Les Russes ont établi sur les rives de ce fleuve un grand nombre de postes militaires, qui relient la Sibérie orientale à Irkoutsk. La navigation est desservie par des bateaux à vapeur. || **AMOUR** (golfe de l'). A l'orient de l'Asie, au S. du territoire de l'Oussouri, au fond du golfe que les Anglais avaient nommé baie de Victoria, et que les Russes appellent baie de Pierre le Grand. Le golfe de l'Amour est séparé de celui de l'Oussouri par la presqu'île de Vladivostok et l'île Kovokevitch. || **AMOUR** (province de l'). Popul. 28,580 h. (1870). Superf. 282,121 kil. car. Il se compose des provinces de la Sibérie. Elle comprend une grande partie de la Mandchourie russe. Capit. *Blagovestchensk*, ville de 3,000 h. (1873) au confl. de l'Amour et de la Zeya. La Russie est maîtresse de ce pays depuis la cession qui lui en a été faite par la Chine en 1858. **AMOUR** (val d'). V. *Amous* (val d'). **AMOUR** (DJEBEL-.) Un des principaux massifs du grand Atlas, dans les provinces d'Alger et d'Oran, sur les limites des hauts plateaux et du Sahara, d'où descendent les plus grandes rivières de la région : le Chélif tributaire de la Méditerranée, le Djedi qui va se perdre dans la dépression du Melgh'ir. Il est orienté du N.-E. au S.-O.; son altitude dépasse 1,400 m. et la superficie totale du massif, qui est constitué par une ligne de faîtes sur lesquels s'appuient de puissants contreforts est évaluée à 700,000 hect. Nombreuses forêts, froids rigoureux en hiver. Cette contrée jusqu'ici a été assez peu explorée par les Européens. || **AMOUA** (OULED-). Tribu arabe ou aghalik du Djebel-Amour, forte, dit-on, de 3 à 4,000 combattants.

AMOUR (Guillaume et Louis-Gorin de SAINT-). V. *Saint-Amour.*

AMOURACHER. v. a. Engager dans un amour peu justifié. Qui a pu l'amouracher de cette sorte ? Fam. ‖ S'AMOURACHER. v. p. S'éprendre d'une folle passion pour une personne ou pour une chose. Il est sujet à s'amouracher. Il s'est amouraché des tables tournantes. Fam.

AMOURANY. Port de l'île Célèbes, sur la côte septentrionale de l'île, dans la baie du même nom. Bon mouillage.

AMOURETTE. s. f. (dimin. d'*amour*). Amour de pur amusement, sans véritable passion. Il a toujours quelque nouvelle amourette en tête. Se marier par amourette. Se marier par amour, faire un mariage inégal. ‖ s. f. pl. Art. culin. Moelle allongée du veau et du mouton, quand elle est cuite. On lui sert des amourettes.

AMOUREUSEMENT. adv. Avec amour. Soupirer amoureusement. ‖ Bx-. Arts. Avec délicatesse et grâce. Tableau amoureusement peint.

AMOUREUX, EUSE. adj. (lat. *amorosus*, qui aime). Qui aime par amour. Être, devenir amoureux d'une personne. ‖ Enclin, porté à l'amour. Tempérament amoureux. ‖ Qui exprime, qui marque de l'amour. Regard, langage amoureux. ‖ Par ext. Qui a un goût prononcé, une grande passion pour quelque chose. Amoureux de la gloire, de la liberté, des sciences, des beaux-arts. ‖ Qui est entiché d'une chose, qui s'y complaît. Homme amoureux de ses ouvrages, de ses idées. ‖ Peint. Pinceau amoureux. Celui dont la touche est légère, moelleuse, douce et délicate. ‖ T. de métiers. Se dit d'une chose qui a de l'affinité pour une autre. Les imprimeurs disent qu'un rouleau est amoureux lorsqu'il prend bien l'encre sur la table de la presse ; les plâtriers, que le plâtre est amoureux, quand il est onctueux à la main ; les étameurs, que le bain d'étain n'a plus d'amour on n'est plus amoureux, lorsqu'il perd son affinité pour le fer ; les peintres, que la toile est amoureuse, lorsqu'elle prend bien la coll). les fabricants de drap que l'étoffe est amoureuse lorsque le toucher en est doux et soyeux. ‖ Subst. Amant, ante Un amoureux transi. — Pop. Cette fille a un amoureux. — T. de théâtre Jouer les rôles d'amoureux, jouer les amoureux. Jouer les rôles d'amants, dans la comédie. Jouer les amoureuses La première, la seconde amoureuse. Les amoureux sont aussi appelés *jeunes-premiers.*

AMOUROUX (Charles). Un des membres de la Commune de 1871. Né à Chalabre (Aude) en 1843, il vint à Paris comme ouvrier chapelier en 1865, subit trois condamnations politiques en 1869 et 1870 et devint après le 4 Septembre un des agents les plus actifs de l'Internationale. Il prit part à la tentative du 31 octobre et fut élu en mars 1871 membre de la Commune. Condamné à la déportation dans une enceinte fortifiée à raison de sa participation à la Commune, puis aux travaux forcés à perpétuité comme complice de l'assassinat de M. de l'Espée, préfet de la Loire, et dirigé en 1872 sur la Nouvelle Calédonie, il est rentré à Paris après l'amnistie. Élu membre du conseil municipal de Paris, il fait partie du groupe dit autonomiste.

AMOUS (pays d'), ou COMAVOIS (*Amausensis* ou *Comavorum pagus*). Ancien petit pays de France (Bourgogne et Franche-Comté), comprenant la rive gauche de la Saône entre le confluent de l'Ognon et celui de la Seille, et le bassin inférieur du Doubs et de la Loue Localités principales : Charnay-sur-Saône et Chazelles (Saône-et-Loire), Pontarlier (Côte d'Or) et St-Julien (Jura) — On appelle par corruption *Val d'Amour* la vallée de la Loue près de Montbarrey, au S. de la forêt de Chaux.

AMOVIBILITÉ. s. f. Qualité de ce qui est amovible. L'amovibilité des places, des emplois. L'amovibilité des fonctionnaires. ‖ Abs. L'amovibilité est un des éléments de la responsabilité. (E. Regnault.) ‖ Changement, instabilité. Plus il y a d'amovibilité dans les rapports des personnes, plus il y a d'instabilité, de désordre, de faiblesse dans la société. (Bonald.) ‖ Dr. adm. Tous les fonctionnaires de l'ordre administratif sont amovibles, c'est-à-dire qu'ils peuvent être destitués, révoqués ou appelés à d'autres fonctions. Les magistrats chargés du ministère public et les juges de paix sont également amovibles. L'amovibilité des fonctionnaires est absolue dans la plupart des services ;

elle est relative dans quelques-uns, c'est-à-dire qu'elle est limitée par une instruction administrative : tel est le cas pour les ingénieurs des ponts et chaussées et des mines. (V. *Fonctionnaire, Inamovibilité, Magistrat.*)

AMOVIBLE. adj. 2 g. (lat. *a, ab*, de ; *movere*, changer de place). Qui peut être placé ou déplacé, à volonté. Fonctionnaire amovible. Si les juges étaient amovibles, la justice n'offrirait aucune garantie d'impartialité ‖ Se dit aussi des charges elles-mêmes. Emploi, place amovible. Fonctions amovibles.

AMOY. V. Amoi.

AMPACH DE GRUENFELDEN. 1784-1882. Médecin et vétérinaire allem., professeur à Salzbourg. *De la pneumonie et de la pleurésie des bêtes à cornes*, Pesth, 1819, in-8° ; *Manuel pratique des maladies des troupeaux*, Pesth, 1819, in-8° ; *Du charbon*, Pesth, 1820, in-8° ; *Principes d'art vétérinaire*, Vienne, 1822, in-8°.

AMPÈLE Jeune satyre, fils du Soleil et de la Lune, favori de Bacchus, qui le rencontra, selon Ovide, sur le penchant de l'Isnare, et selon Nonnus en Phrygie, sur les rives du Pactole. Malgré les avis de Bacchus, il s'obstina à monter un taureau fougueux, et défia la Lune dont le char est aussi traîné par les taureaux La déesse irritée envoya un taon harceler le taureau, qui devint furieux et renversa le satyre. Bacchus recueillit son corps et le métamorphosa en vigne. Ampèle est aussi la constellation connue sous le nom de *vendangeur (vindemitor)*.

AMPÉLIDÉES OU AMPÉLIDACÉES s. f. pl. (du gr. *ampelos*, vigne, et *eidos* ressemblance). Fam. de plantes dicotylédones, nommée vignes (*vitis*) et vinifères, et que d'autres ont appelée aussi vitacées et sarmentacées. Caractères : fleurs généralement hermaphrodites, régulières, avec un réceptacle convexe ; périanthe double ; calice gamosépale ; corolle quelquefois gamosépale plus souvent dialypétale ; androcée isostémone ; anthères biloculaires, déhiscentes par des fentes longitudinales : ovaire libre, fréquemment à deux loges, contenant chacune un ou deux ovules anatropes. Le fruit est toujours une baie, qui contient des graines albuminées. Les ampélidées sont des arbustes ou des arbrisseaux grimpants, munis de vrilles, à inflorescences opposilifoliées, à feuilles opposées ou alternes. munies habituellement de stipules latérales. Cette famille comprend les trois g. *vitis, pterisanthes* et *leea* : on a décrit environ deux cent cinquante espèces des régions chaudes et tempérées. Elles sont cependant rares en Amérique, et surtout dans les îles du Pacifique Les ampélidacées ont de grandes affinités avec les méliacées et les rhamnacees.

AMPÉLINE. s f. Chim. Huile limpide, jaunâtre, très soluble dans l'eau, qui bout à 80° et s'obtient par la distillation sèche de certains schistes bitumineux.

AMPÉLIQUE. adj. 2 g. Se dit d'un acide solide, incolore, inodore, très peu soluble dans l'eau, fusible vers 260° : il provient de l'oxydation de certaines huiles de schiste. On lui donne la formule $C^4H^6O^3$.

AMPELIS. Zool. Nom latin du genre de passereaux appelés *colingas.*

AMPÉLITE. s. f. (gr. *ampélos*, vigne). Silicate d'alumine ferrugineux, contenant une assez forte proportion de carbone (13 à 14 pour 100). C'est une roche de structure schisteuse appartenant aux terrains métamorphiques supérieurs. Elle est vulgairement connue sous le nom de *crayon noir, crayon des charpentiers, craie noire.* Sa couleur noire est due au carbone qu'elle contient. On distingue deux variétés : l'*a. graphique*, d'un noir brillant, qui sert à faire des crayons à dessiner et à tracer : elle jaunit au chalumeau ; l'*a. alumnifère*, qui devient rouge par la calcination, est plus grisâtre, d'un aspect terne ; elle contient du soufre, et se décompose à l'air en se couvrant d'inflorescences de sulfates de fer et d'alumine. Les anciens s'en servaient dans les vignes, soit comme engrais, soit comme insecticide ; elle est employée dans quelques pays à la fabrication de l'alun.

AMPELIUS (Lucius). Écrivain latin, auteur du *Liber memorialis*, compilation divisée en 50 chapitres et renfermant des notices historiques, géographiques et astronomiques d'assez peu de valeur. On croit que l'auteur écrivait sous Antonin le Pieux. Le *Liber memorialis* a

été publié pour la première fois (avec Florus) par Saumaise (Hanovre, 1611, in-fol.), et édité séparément par Tzschucke (Leipzig, 1793), et avec commentaire, par Beck (Leipzig, 1826) e Wolfflin (Leipzig, 1854).

AMPELLA. La 198e petite planète entre Mar et Jupiter, découverte le 13 juin 1879 pa M. Borrelly.

AMPÉLOGRAPHE. s. m. (gr. *ampélos* vigne ; *graphein* écrire). Celui qui décrit la vigne ; qui écrit sur la vigne.

AMPÉLOGRAPHIE s. f. Description de la vigne ; traite sur la vigne.

AMPÉLOGRAPHIQUE. a lj. 2 g. Qui appartient qui a rapport à la vigne

AMPÉLOPHAGE. adj. 2 g. (gr. *ampelos*, vigne *phagein*, manger). Qui mange la vigne. Insecte ampelophages.

AMPELOPSIS. s. f. (gr. *ampélos*, vigne : *opsis* ressemblance). Bot. G. d'ampelidacées formé de quelques espèces des régions tropicales. L'*a. quinquefolia*, connue sous le nom de *vigne vierge* originaire de l'Amérique du Nord, est cultivée comme plante d'ornement grimpante.

AMPELOTHERAPIE. s. f. (*ampelos*, vigne *therapeia*, traitement). Cure de raisin. V. *Raisin*

AMPÈRE (André-Marie) Savant et philosophe célèbre, né à Lyon le 22 janvier 1775, mort à Marseille le 10 juin 1836. Ses premières années se passèrent dans le village de Poleymieux-lez Mont-d'Or où ses parents vivaient après s'être retirés du commerce. Il montra de bonne heure des dispositions remarquables pour les sciences exactes et trouva dans l'*Encyclopédie* un aliment véritable à la passion d'apprendre qui le dévorait. En 1793 il eut la douleur de voir son père, accusé de sympathies pour l'aristocratie lyonnaise, monter sur l'échafaud. Cet événement produisit sur lui une impression si profonde qu'on craignit un instant qu'il n'en perdit la raison. Sans fortune et sans place Ampère dut se résigner à donner des leçons particulières ; il vécut ainsi à Lyon jusqu'en 1801. A cette époque il fut nommé professeur de physique à Bourg. C'est là qu'il écrivit ses *Considérations sur la théorie mathématique du jeu*, Lyon, 1802, 1 vol. in-4° dans lesquelles il mettait en lumière une ingénieuse et savante application du calcul des probabilités. A la suite de cette publication il obtint une chaire au collège de Lyon, puis fut appelé à Paris comme répétiteur à l'Ecole polytechnique, Inspecteur général de l'université en 1808, professeur d'analyse à l'Ecole polytechnique et chevalier de la Légion d'honneur en 1809, il entra à l'Institut en 1814, et peu après, toutes les sociétés savantes de l'Europe se disputèrent l'honneur de le compter parmi leurs membres. La découverte qui lui fait le plus d'honneur, et qui fut la plus riche en conséquences, est la théorie qui porte son nom et qui rend compte de tous les phénomènes de l'électro-dynamique et de ceux qui en dérivent. En 1819, OErsted, physicien danois avait signalé l'action d'un courant électrique circulant dans le voisinage d'une aiguille aimantée. Dans son laboratoire de la rue des Fossés-St-Victor, Ampère répéta ses expériences, en inventa de nouvelles et parvint à formuler d'une manière ingénieuse la loi de ces phénomènes. Il imagina un observateur placé dans le courant la face vers l'aiguille aimantée, le courant entrant par les pieds et sortant par la tête ; dans ces conditions : L'aiguille tend à se mettre en croix avec le courant de manière que son pôle nord soit à la gauche de ce dernier (représenté par l'observateur). Poursuivant l'étude de ces phénomènes, il trouva l'action des courants su. les courants, et y ramena tous les phénomènes de l'électro-dynamique, du magnétisme ter restre et de l'électro magnétisme. Il contribua aussi avec Arago à l'invention de l'électro-aimant. Outre ces études scientifiques, Ampère se lançait aussi dans des études philosophiques cherchant à concilier la religion et la raison, à saisir et à proclamer la certitude métaphysique, etc. Les dernières années de sa vie furent occupées à préparer un ouvrage demeuré inachevé qui avait pour titre : *Essai sur la philosophie des sciences, ou Exposition analytique d'une classification naturelle de toutes les connaissances humaines*, 1834-1843, 2 vol. in-8° 2e éd., 1857. Il était timide, désintéressé, ignorant des usages du monde et d'une distraction proverbiale. Au milieu du bruit et du mouvement de Paris, il ne cessait de méditer. Recherchant un jour le solution d'un problème important, il avise une voiture arrêtée en station, tire un morceau de craie de sa poche et en un instant, croyant avoir devant lui le tableau de l'amphithéâtre de la Sorbonne, il le couvre d'x, de $+$, de $-$ et d'autres signes algébriques. Au moment ou il allait arriver a la solution la voiture se met en marche emportant avec elle tout son travail. — Lié avec Cabanis, Destutt de Tracy, de Gérando, amis de Maine de Biran, il commença en 1805, avec ce philosophe, à entretenir une correspondance qui continua pendant dix ans. Cette correspondance, qui forme la plus grande partie des écrits philosophiques d'Ampère, montre quelle fut son influence sur l'esprit de l'auteur du *Mémoire sur l'habitude*. En effet le mouvement philosophique, dont les ouvrages de Maine de Biran sont restés le symbole, se détachant de plus en plus du sensualisme de Condillac, finit par aboutir à un système purement spiritualiste. L'influence d'Ampère, pour être occulte, n'en fut pas moins considérable, en ce qu'elle s'exerça directement sur les chefs de la nouvelle école. Ce qui manque à Ampère pour occuper dans la philosophie moderne une place digne de son mérite et de ses méditations, c'est surtout un langage intelligible à la masse du public. Voici les traits principaux du système psychologique d'Ampère. Il a emprunté à Maine de Biran la distinction de l'*idée* et du *sentiment ;* mais il distinguait plus nettement les *sentiments* et les *sensations*, et il devança Maine de Biran en constatant l'*activité volontaire* comme parfaitement distincte de la sensation, du sentiment et de l'idée. Maine de Biran prenait pour point d'appui Reid ; au psychologue écossais, Ampère opposait Kant. Il avait d'abord été tenté d'admettre le scepticisme subjectif de ce dernier, mais ensuite il l'avait rejeté, en attribuant une valeur objective aux *jugements synthétiques à priori* de Kant, qu'il appela plus tard les *conceptions objectives*. De la sorte, il faisait à la raison une part plus grande que Maine de Biran, et il conservait a la *perception externe* toute sa valeur, sans laquelle les sciences cosmologiques n'auraient point d'objet. Il a encore aidé Maine de Biran dans les points suivants. Il etablit une distinction entre la conscience de l'effort et la sensation du mouvement musculaire. La sensation se rapporte au muscle mis en jeu ; il n'en est pas de même de l'effort volontaire. Mais Ampère est allé trop loin lorsqu'il a cru que tout homme a naturellement et primitivement conscience de la localisation de l'effort dans le cerveau, car c'est là une notion acquise. C'est encore lui qui a appelé l'attention de son ami sur la conception des relations mutuelles qui existent entre les causes extérieures indépendamment de nous et de nos sensations : conception rationnelle sans laquelle les sciences mathématiques et physiques ne pourraient pas exister. Il a conservé aux observations psychologiques leur caractère synthétique, corrigeant ce qu'il y a d'exclusif dans l'analyse, qui, à force d'isoler fictivement les facultés, fait oublier qu'elles sont plus ou moins associées dans leur exercice commun. — Dans sa *classification des sciences* Ampère a pris pour modèle la classification botanique de Jussieu : il s'est placé au point de vue objectif, classant les connaissances humaines d'après la nature de leurs objets. Comme il y a deux classes d'objets, ceux qui appartiennent à la matière, et ceux qui appartiennent a la pensée, il divisa les sciences en deux règnes : celui des *sciences cosmologiques* et celui des *sciences noologiques*. Il divisa le premier en deux sous-règnes : celui des *sciences cosmologiques proprement dites* ou sciences de la matière inorganique, et celui des *sciences physiologiques*, ou sciences de la matière organisée et vivante. Il divisa de même le second règne en deux sous-règnes : celui des *sciences noologiques proprement dites* et celui des *sciences sociales*. Viennent ensuite les embranchements, les sous-embranchements, etc. Ces subdivisions comprennent cent vingt-huit sciences. Il entre nécessairement dans cette classification comme dans toutes les autres du même genre beaucoup de fiction et d'arbitraire. Les œuvres purement philosophiques d'André-

Marie Ampère, forment la seconde moitié d'un volume publié en 1866 par M. Barthélemy Saint-Hilaire, sous le titre : *Philosophie des deux Ampère*. Elles comprennent les fragments du *Mémoire de l'an XII* (1803-1804), les *lettres* à Maine de Biran, et quelques fragments réunis par J.-J. Ampère et insérés dans son *Introduction à la philosophie de mon père* et dans un *appendice* à cette introduction. Ampère a encore laissé de nombreux travaux dont nous ne citons que les plus importants ; 1° Sur les mathématiques pures : *Démonstration de l'égalité de volume des polyèdres symétriques* (correspondance sur l'Ecole polytechnique, 1806); *Recherches sur l'application des formules générales des variations aux problèmes de la mécanique* (Mém. des savants étrangers, t. 1er 1806) ; plusieurs *Mémoires* dans le journal de l'Ecole polytechnique, 1806, 1808, 1813, 1820 ; un *Mémoire* à l'Acad. des sciences, 1826 ; *Traité de calcul différentiel et de calcul intégral*, sans titre, sans nom d'auteur et sans table, in-4° ; 2° sur la chimie : trois *Mémoires* dans les Annales de Chimie, 1814, 1815, 1816, parmi lesquels un *Essai d'une classification naturelle des corps simples ;* — 3° sur la lumière : Mémoires de l'Inst., 1816 ; *sur la réfraction, sur la détermination de la surface courbe des ondes lumineuses, et sur la lumière et la chaleur considérés comme résultantdes mouvements vibratoires*, Ann. de Chim. et de Phys. t. 39 et 58. — 4° Sur l'électro-magnétisme : *Mémoires sur l'action mutuelle de deux courants électriques, sur celle qui existe entre un courant électrique et le globe terrestre, et celle de deux aimants l'un sur l'autre*, Ann. de Chim., 1828; *Recueil d'observations électro-dynamiques*, 1822, in-8°; *Lettre sur l'état magnétique des corps qui transmettent un courant d'électricité*, Ann. de Chim., t. 16; *Note sur un appareil à l'aide duquel on peut vérifier toutes les propriétés des conducteurs de l'électricité voltaïque*, Ann. de Chim. t. 18; *Mémoire sur la théorie mathématique des phénomènes électro-dynamiques*, Mém. de l'Acad. des Sc., 1827 ; *Notices sur les expériences électro-magnétiques de MM. Ampère et Arago*, Moniteur du 25 mai 1822 ; et un grand nombre d'autres mémoires publiés dans le *Journal de Physique*, les *Annales de Chimie* et *de Physique*, les *Mémoires de l'Académie des sciences*, le *Bulletin de la Société biomatique*, le *Moniteur*, la *Correspondance mathematique et physique des Pays-Bas*, et le *Recueil d'observations électro-dynamiques ;* — 5° sur la zoologie : *Considérations phytosophiques sur la détermination du système solide et du système nerveux des animaux articulés*, Ann. des Sc. natur., 1824. ‖ AMPÈRE. (Jean-Jacques-Antoine). Fils du précédent, ne a Lyon en 1800, mort en 1864. Son père le laissa libre de suivre son inclination pour les lettres ; et il s'attacha à Ballanche et à Châteaubriand qui l'introduisirent dans la société de Mᵐᵉ Récamier. Il fut un des collaborateurs du *Globe* et de la *Revue française*. En 1820, il faisait à l'Athénée de Marseille un cours sur l'*Histoire de la poésie* (Marseille, 1831, in-8°); mais aussitôt après la révolution de juillet, il revint à Paris, où il suppléa successivement a la Sorbonne Fauriel et Villemain. En 1833, à la mort d'Andrieux, il obtint la chaire d'histoire de la littérature française au Collège de France. Les résumés de ses cours ont formé l'*Histoire littéraire de la France avant le XIIᵉ s.*, Paris, 1839-1840, 3 vol. in-8°, et l'*Histoire de la littérature française au moyen âge*, 1841 et 1871, in-8°. En 1842, il fut élu membre de l'Académie des inscriptions et en 1847 de l'Académie française. Passionné pour les chefs-d'œuvre de la littérature étrangère, il voulut aller les étudier sur place, pour ainsi dire, et visita les pays scandinaves, l'Allemagne, l'Italie, l'Egypte, la Nubie, l'Amérique du Nord. Il en est résulté une suite d'études parues d'abord dans la *Revue des Deux-Mondes*, et réunies sous le titre de *Littérature et voyages*, (1833, in-8°, et 1850, 2 vol. in-18), qui sont regardées comme la meilleure partie de son œuvre. Outres ces ouvrages, Ampère a encore écrit : *Ballanche*, 1848, in-12 ; un *Rapport à l'Académie française sur les funérailles de Châteaubriand*, 1848, in-8°; *La Grèce, Rome et Dante, études littéraires* d'après nature, 1848, in-12 ; *Promenade en Amérique*, 1855, 2 vol. in-8°; *L'histoire romaine à Rome*, 1856-1864, 4

vol. in-8°; *César, scènes historiques*, 1839, in-8° ; *La Science et les Lettres en Orient*, avec *Préface* de M Barthélemy Saint-Hilaire, 1865, in-18.

AMPÈRE (Table d'). Appareil qui sert dans les cours de physique à démontrer les lois de ce physicien sur les actions réciproques des courants électriques et des aimants.

AMPÈRE. s. m (de *ampère*, nom propre). On désigne ainsi l'unité qui sert de mesure à l'intensité des courants électriques.

AMPEZZO ou HAIDEN. Vallée supérieure de la Boita, affl de la Piave, cercle de Brixen, dans le Tyrol autrichien, traversée par la belle route de Toblach à Conegliano et célèbre par ses rochers dolomitiques qui y attirent de nombreux touristes. La vallée qui forme un arrondissement du cercle de Brixen compte 6,000 h qui parlent un dialecte intermédiaire entre le latin et l'italien. — Le ch.-l., *Cortina d'Ampezzo*, (3,200 h.), entourée de montagnes de plus de 3.000 m. Trois belles églises. ‖ AMPEZZO-DI-CADORE. 1.000 h. Ch.-l. d'arr. de la prov. d'Udine (Italie) sur la Lumici, affl. du Tagliamento.

AMPFING. 800 h. Village de Bavière à 8 kil. N.-O. de Mühldorf ; célèbre par la victoire (dite de Mühldorf) remportée par Louis V de Bavière sur Frédéric le Beau, duc d'Autriche, son compétiteur à l'empire germanique (1322). Combat glorieux de Moreau (1er déc. 1800) qui précéda de deux jours la victoire d'Hohenlinden (3 déc.)

AMPHARÉTE. s. f. Zool. G. d'annélides, fam. des ampharétides, caractérisé par . soies larges et plates, pectinées, sur la face dorsale du troisième anneau; tentacules ciliés peu nombreux ; branchies filiformes portées par le troisième et le quatrième anneau. Groenland et Spizberg.

AMPHARÉTIDES. s. f. pl. Zool. Fam d'annélides chétopodes, ordre des polychetes tubicoles, voisine des térébellides. Elle se compose de vers marins dont le corps plus épais en avant, est ordinairement formé d'un petit nombre d'anneaux. L'anneau buccal forme une sorte de lèvre inférieure au-dessous du lobe céphalique. Nombreux tentacules filiformes, 3 ou 4 paires de branchies. Soies supérieures, simples limitées à la partie antérieure, souvent accompagnées de soies larges et plates. Soies de la région inférieure, à crochets aplatis et pectinés. Souvent deux ou plusieurs cirres à l'anus Tubes construits avec de la vase et plus longs que le corps. Genres : *ampharete, amphicteis, sabellides*, etc.

AMPHÉMERINE. s. f. et adj. (gr. *amphi* autour ; *hémera*, jour). Méd. Fièvre quotidienne la tente.

AMPHI. (an-fi.) Préfixe qui se met au commencement de certains mots tirés du grec, et qui signifie : autour, de tous les côtés, des deux côtés.

AMPHARAÏDE. s m. Antiq. gr. Descendant d'Amphiaraüs.

AMPHIARAÜS. Devin grec, fils d'Oiclès et d'Hypermnestre. Ayant prévu par son art qu'il périrait dans la guerre de Thèbes, il se cacha pour ne pas y aller. Découvert par la perfidie de sa femme Eriphile, séduite par la promesse d'un riche collier, il fut forcé de marcher avec les autres chefs et périt englouti avec son char dans un précipice. Après sa mort, il reçut les honneurs divins. Il avait un temple et un oracle à Orope.

AMPHIARÉES. s. f. pl. Antiq. gr. Fêtes célébrées à Orope en l'honneur d'Amphiaraüs.

AMPHIARTHROSE. s. f (gr *amphi*, autour, de part et d'autre ; *arthron* articulation). Mode d'articulation de certains os qui, bien que fortement réunis l'un à l'autre au moyen d'un tissu fibro-cartilagineux peuvent cependant exécuter certains mouvements de glissement l'un sur l'autre ; c'est ce qui a lieu pour l'articulation des corps des vertèbres entre eux et pour les os du bassin. On appelle aussi ce mode d'articulation du nom de *symphyse*.

AMPHIBIE adj. 2 g. (gr. *amphibios*, de *amphi*, des deux côtés, et *bios*, vie — Ne se met qu'après le subst). Un animal amphibie, Qui vit sur la terre et dans l'eau. Les veaux marins, les loutres, les castors, sont des animaux amphibies Une plante amphibie. ‖ Subst. C'est un amphibie. Les amphibies. ‖ Fig. Elle (la compilation connue sous le nom d'établissement de St-Louis) formait un code amphibie, où 'on avait mêlé la jurisprudence française avec la loi romaine. (Montesq.) Ils sont amphibies; ils vivent de l'Église et de l'épée. (La Bruyère.) Béretti faisait observer que la conduite de la République était amphibie, et que sa politique tendait à ne pas déplaire au roi d'Espagne, sans se rendre suspecte aux autres puissances. (St-Simon.) ‖ Fig. et fam. Se dit d'un homme qui exerce deux professions a la fois, ou encore, d'un homme qui, par intérêt personnel, ménage deux partis opposés. adopte alternativement deux opinions contraires ‖ **AMPHIBIES.** s. m. pl. Zool. Ce mot s'emploie dans deux sens qu'il faut bien distinguer. Tout d'abord on l'applique à un groupe d'animaux vertébrés, à sang froid ou mieux a température variable comme celle du milieu dans lequel ils vivent, qu'on rangeait autrefois parmi les reptiles et qui, aujourd'hui forment une classe à part On les appelle encore *batraciens* ou *reptiles nus*, parce que leur peau est dépourvue d'écailles contrairement aux vrais reptiles qui, comme on le sait, sont écailleux. Leur nom d'amphibies vient de ce qu'ils vivent pendant une partie de leur existence dans l'eau et présentent alors une organisation toute spéciale, surtout des appareils respiratoire et circulatoire, lesquels subissent d'importantes modifications au moment ou ces animaux passent de la vie aquatique à la vie terrestre. Dans la première phase de leur existence, leur respiration se fait au moyen d'organes analogues à ceux des poissons ce sont des branchies en forme de houppes placées des deux côtés de la tête. Leur aspect rappelle d'ailleurs celui des poissons ; ils ont comme eux le corps allongé et terminé par une queue comprimée latéralement qui leur sert a nager. On leur donne alors le nom de larves ou de *têtards*. Plus tard, des membres apparaissent, du moins chez la plupart, car quelques-uns en sont toujours dépourvus (cécilies) ; un certain nombre n'en ont que de tres rudimentaires (sirènes). En même temps se développent des poumons, car tous ont dans l'âge adulte la respiration aérienne, bien que plusieurs d'entre eux conservent en même temps leurs branchies (pérennibranches). La circulation éprouve aussi de grands changements, correspondants à ceux survenus dans l'appareil respiratoire Tandis que les uns conservent leur queue pendant toute leur existence (urodèles), chez d'autres elle s'atrophie et disparait complètement (anoures).

Classifications des amphibies :

Amphibies.
- Apodes
- Urodèles { Pérennibranches, Dérotrèmes, Salamandrines }
- Anoures ou Batraciens { Aglosses, Oxydactyles, Discodactyles }

On applique encore le nom d'amphibies à une foule d'animaux qui ont la faculté de vivre alternativement sur terre et dans l'eau, sans que ce changement de milieu soit accompagné de modifications organiques semblables a celles qui viennent d'être signalées. tels sont les phoques, les castors, les loutres. les crocodiles, certaines tortues ; ils mériteraient plutôt le nom de pseudo-amphibies. Quel que soit le milieu dans lequel ils se trouvent, ils ne respirent que l'air atmosphérique, ce qui les oblige à monter de temps en temps a la surface de l'eau. Par contre, certains poissons (anguilles, etc.), qui ont la faculté de quitter l'eau pour émigrer par terre à des distances variables, ne modifient pas le mode de leur respiration lors de ces changements de milieu ; elle s'exerce toujours, même pendant leurs voyages, aux dépens de l'eau dont une certaine quantité se trouve renfermée dans leur appareil branchial. De même beaucoup d'invertébrés, qui passent une partie de leur existence dans l'eau, ne subissent pas, en abordant la vie terrestre ou aérienne. de modifications importantes dans la fonction respiratoire, qui se fait toujours aux dépens de l'air atmosphérique. Mais il y a parmi eux bon nombre d'espèces, — dans les insectes par exemple. — qui méritent réellement le nom d'amphibies ; car sous leur état de larves, elles respirent au moyen de branchies l'oxygène dissous dans l'eau, tandis que parvenues à l'état adulte, un appareil respiratoire différent (trachées), leur permet d'emprunter à l'atmosphère l'air dont elles ont besoin. — Cuvier donne le nom d'amphibies aux animaux qui forment sa troisième tribu de l'ordre des carnassiers. (V. *Phoques.*) ‖ Bot. On donne le nom d'amphibies à certaines plantes qui peuvent vivre aussi bien dans l'eau qu'à l'air libre ; telle est une belle espèce de renouée (*polygonum amphibium*) commune aux environs de Paris.

AMPHIBIENS Syn. d'*Amphibies.*

AMPHIBIOGRAPHE. s. m. (du gr. *amphibios*, et *graphô*, j'écris). Celui qui écrit sur les amphibies.

AMPHIBIOGRAPHIE. s. f. Description des amphibies ; traité sur ces animaux.

AMPHIBIOGRAPHIQUE. adj. 2 g. Qui a rapport à l'amphibiographie.

AMPHIBIOLITHE. s m. (gr. *amphibios*, amphibie; *lithos*, pierre). Animaux amphibies fossiles et pétrifiés.

AMPHIBIOLOGIE. s. f. (gr. *amphibios*, amphibie; *logos*, discours). Partie de la zoologie qui traite des amphibies.

AMPHIBIOLOGUE. s. m. Naturaliste qui se livre spécialement à l'étude des amphibies.

AMPHIBIOTIQUES. s. m pl. (gr. *amphi*, deux, *bios*, vie). Zool Groupe d'insectes Orthoptères pseudo-névroptères dont les larves pourvues de trachées branchiales vivent dans l'eau, tandis que l'insecte parfait vit dans l'air. Fam. : *perlides, libellulides, éphémérides.*

AMPHIBOLE. s. f. (gr. *amphibolos*, ambigu). Minér. Silicates de couleurs diverses, et de composition variable qui ont pour caractère commun de cristalliser dans le système du prisme rhomboïdal oblique sous un angle de 124°. La formule générale des amphiboles est $CaO\ SiO^3 + (MgO)^3 (SiO^3)^2$, ce qui répond à l'hypothèse d'un silicate de chaux associé à un silicate sesquibasique de magnésie. Le dernier terme de la formule est modifié dans les variétés par l'introduction du protoxyle de fer qui se substitue a une partie de la magnésie, qui arrive même à la remplacer complètement Il se substitue de même a la chaux du premier terme dans l *antophyllite*. On appelle *amphibole alumineuse*, une variété dans laquelle existe une forte proportion d'alumine à l'état de silicate : elle est d'une couleur qui passe du vert clair au brun et au noir foncé. On classe les les amphiboles d'après leur couleur et leur composition : outre l'amphibole alumineuse dont nous avons parlé on distingue : l'amphibole blanche, appelée *trémolite* ou *grammatite*, l'amphibole noire ou *hornblende*, l'amphibole verte ou *actinote*. On range aussi dans les amphiboles, l'*antophyllite*, variété jaunâtre et l'*arfvedsonite* qui est d'un noir opaque. (V. *ces mots*). L'amphibole se trouve à l'état de roche dans certaines localités ; mais le plus souvent elle est associée à d'autres roches et forme avec elles de nouvelles espèces. Elle se rencontre dans les roches volcaniques anciennes et modernes

AMPHIBOLIE. s. f. Terme de philosophie employé par Kant dans sa *Critique de la raison pure*, pour désigner l'équivoque provenant de ce que l'on confond l'objet propre de deux facultés différentes ; par ex.: de ce que l'on veut juger par la raison ce qui ne peut être connu que par l'expérience.

AMPHIBOLIFÈRE. adj. 2 g. Géol Qui contient de l'amphibole.

AMPHIBOLIQUE adj 2 g. Se dit des minéraux dont l'amphibole forme la base. La diorite, la syénite sont des roches amphiboliques.

AMPHIBOLITE. s. f. Géol. Roche presque exclusivement composée de la variété d'amphibole nommée *hornblende*, et de mica, de quartz et de grenat disséminés dans la masse. Elle se distingue en amphibolite *micacée, quartzeuse* ou *grenatique*, suivant l'élément qui domine. Si le mica est remplacé par le feldspath, elle est appelée *granitoïde*.

AMPHIBOLOGIE s. f. (gr. *amphibolos*, ambigu, *logos*, discours). Double sens, vice du discours qui le rend ambigu, qui peut le faire interpréter dans deux sens différents et même contraires Il y avait souvent de l'amphibologie dans les oracles — Dans notre langue l'amphibologie résulte ordinairement de l'emploi fautif ou mal ordonné des pronoms *qui, que, dont,* etc; *il, le, la,* etc. ou des adj. : *son, sa, ses,* etc. Ex. : J'ai fait un voyage dans toute la Suisse qui m'a beaucoup plu. On peut se demander si le dernier membre de phrase se rapporte à la Suisse ou au voyage. Pour éviter l'amphib. il faut dire : J'ai fait dans toute la Suisse un voyage qui m'a beaucoup plu. ‖ Syn. *Amphibologie. ambiguïté, double sens, équivoque,* V. *Ambiguité.*

AMPHIBOLOGIQUE. adj. 2 g. Ambigu, ayant double sens. Phrase, discours amphibologique. ‖ Syn. *Amphibologique, ambigu, équivoque, louche.* V. *Ambigu.*

AMPHIBOLOGIQUEMENT. adv D'une manière amphibologique. Parler, écrire, répondre amphibologiquement.

AMPHIBOLOÏDE. adj 2 g. Minér Qui a l'apparence de l'amphibole.

AMPHIBOLOSTYLE. adj. Bot. Se dit des plantes dont le style est peu apparent.

AMPHIBRANCHIES s. f. pl. Vx t d'anat. S'est dit quelquefois de la gorge et des parties qui sont autour des amygdales.

AMPHIBRAQUE adj. et s. m. (gr. *amphi*, autour; *brakhus*, court) Poés. gr. et lat Pied composé de trois syllabes, une longue entre deux brèves. Ex. *A-ma-re.*

AMPHICLÉE. Vle de l'ancienne Grèce, dans la Phocide. Temple dédié a Bacchus.

AMPHICOME. s. m. (gr. *amphi*, autour, et *komé* cheveux). Entom. G. de coléoptères pentamères, de la famille des lamellicornes, voisins des hannetons dont ils se distinguent par la forme cylindrique du dernier article des palpes, par des mâchoires membraneuses et des mandibules sans dents. On en connait une quinzaine d'espèces des régions orientales du bassin de la Méditerranée. Ils ont le corps couvert d'écailles et de poils diversement colorés selon les espèces, et vivent sur les fleurs où on les trouve en grande abondance.

AMPHICRATÈS. Orateur athénien du IIe s. av. J.-C. Banni d'Athènes, il se retira d'abord a Séleucie, puis auprès de la reine Cléopâtre, fille de Mithridate et femme de Tiridate. Devenu suspect, il se laissa, dit-on, mourir de faim. ‖ AMPHICRATÈS Historien grec, auteur de *Vies des hommes célèbres* dont Diogène de Laerce et Athénée citent quelques passages.

AMPHICTÉIS. s. f. Zool. G. d'annélides, fam. des amphirétides Soies larges et plates étalées en éventail sur la face dorsale du troisième anneau ; tentacules non ciliés ; quatre paires de branchies portées par le cinquième, le quatrieme et partie du troisième anneau. Syn. *Lysippe, socane.* Côtes occid. de la Scandinavie.

AMPHICTÈVE s. f. Zool. G. d'annélides, fam. des amphicténides. Une petite palette, située à l'extrémité postérieure, recouvre l'anus. De chaque coté 17 faisceaux de soies simples et 13 crochets aplatis, qui commencent a partir du quatrième anneau muni de soies. Mers d'Europe.

AMPHICTÉNIDES. s. f. pl. Zool. Fam. d'annélides chétopodes, ordre des polychètes tubicoles, caractérisée par : tentacules disposés en deux faisceaux sur l'anneau buccal ; deux paires de cirres tentaculaires et de branchies pectinées sur le deuxième et le troisième anneau. Les amphicténides habitent des tubes droits ou légèrement courbés qui sont formés de petits grains de sable. Genres : *amphictene, cistenides,* etc.

AMPHICTYON (an-fik-si-on.) Fils de Deucalion et de Pyrrha, régna aux Thermopyles, et passe pour avoir établi le conseil des amphictyons. Il épousa une fille de Cranaüs, roi d'Athènes, qu'il supplanta sur le trône, et institua les Panathénées. Quelques auteurs croient que l'Amphictyon qui régna à Pyles ou aux Thermopyles n'est pas le même que l'Amphictyon roi d'Athènes Selon d'autres, ni l'un ni l'autre n'ont jamais existé : ce seraient les amphictyonies que l'on a personnifiées dans un homme sous le nom d'Amphictyon.

AMPHICTYONAT. s. m. Qualité d'amphictyon. ‖ Le conseil des Amphictyons. ‖ Par ext. Conseil de souverains, de gouvernements, pour délibérer sur des affaires générales. L'amphictyonat européen.... (à propos de l'entrevue des trois empereurs à Berlin, 1876).

AMPHICTYONIDE. adj. 2 g. Antiq Se dit des cités grecques qui avaient le droit d'envoyer un représentant au conseil des amphictyons. Ville amphictyonide. Peuple amphictyonide.

AMPHICTYONIE. s. f. Antiq. gr. Assemblée de plusieurs tribus ou cités dans un temple commun, pour délibérer sur les intérêts de la religion et les affaires publiques. || Droit d'envoyer un député au conseil des amphictyons.

AMPHICTYONIQUE. adj. 2 g. Qui a rapport aux amphictyons. Arrêt, suffrage, ligue amphictyonique.

AMPHICTYONS. s. m. pl. Nom que les Grecs donnaient aux représentants des villes qui avaient droit de suffrage dans le conseil ou tribunal des nations helléniques. Le conseil des amphictyons fut dans l'origine, une sorte de sénat aristocratique, gardien de la loi secrète et sacrée, qui rendait des jugements au nom des dieux. Il fut établi, peut-être, par Amphictyon, fils de Deucalion, qui régna sur le pays qui s'étend des Thermopyles jusqu'à la Béotie, et qui groupa autour de lui les petits princes ses feudataires. Les Pélasges et les Hellènes se confédérèrent contre les barbares, et le lien qui les unit fut la religion; le culte de l'Apollon Dorien fut associé à celui de la Cérès pélasgique. Selon l'opinion du plus grand nombre, les amphictyons se réunissaient au printemps à Delphes, dans le temple d'Apollon, en automne à Anthéla, près des Thermopyles, dans le temple de Cérès; cependant d'autres disent que les députés se réunissaient toujours aux Thermopyles et se transportaient à Delphes après la célébration de certains rites. Ce qui peut donner du poids à cette opinion, c'est que les députés étaient nommés *pylagores*. Ils étaient en nombre indéterminé; chaque cité se faisant représenter par autant de députés qu'il lui plaisait. Mais le nombre des voix était rigoureusement fixé. On dit habituellement que chaque cité avait deux votes; mais d'après Pausanias, les Macédoniens, Thessaliens, Béotiens, Phocidiens, Locriens, les villes de Nicopolis et de Delphes jouissaient de cet avantage, tandis que les Athéniens, les peuples doriques de la Doride, les Eubéens n'avaient qu'un vote. Pausanias se tait sur les autres. Les Amphictyons étaient protecteurs du temple de Delphes; ils connaissaient des différends qui s'élevaient entre les étrangers accourus aux solennités. La clause la plus importante du pacte qui liait les villes amphictyonides était d'abord de ne pas se nuire entre elles. C'est pourquoi elles prêtaient serment: de n'abattre aucune cité confédérée; de ne point détourner, soit en paix, soit en guerre, les sources nécessaires aux besoins des peuples de la confédération; de combattre jusqu'à extermination quiconque, particulier ou peuple, aurait violé cette convention, ou aurait enlevé quelqu'une des riches offrandes faites au temple d'Apollon. Le temps seul imposa à cette institution des formes régulières et lui fit embrasser les douze cités de la Grèce septentrionale, appartenant aux Doriens, aux Ioniens, aux Phocidiens, aux Béotiens et aux Thessaliens. Quiconque avait violé le droit public pouvait en être exclu et un autre peuple était admis à sa place. Ce conseil ne constitua jamais une diète générale appelée à délibérer sur les intérêts de tout le pays; mais, à cause du caractère sacré, de l'antiquité de l'institution, de la prudence des juges qui composaient ce tribunal unique, on lui soumettait les questions graves et les difficultés entre États. Il semblait la concentration de la Grèce entière; c'était de lui qu'émanaient les idées sur le droit public, et l'on veillait à ce qu'il n'y fût porté aucune atteinte. Les amphictyons tiraient encore une grande autorité de l'oracle de Delphes, auquel ils pouvaient suggérer les réponses convenables. Aussi au temps des guerres médiques, moment où ils jouèrent le plus grand rôle et s'élevèrent au plus haut degré de puissance, la Grèce leur fut redevable de l'union qui lui permit de triompher des barbares. Mais plus tard, durant les guerres intestines qui abattirent la Grèce, cette assemblée ne put se maintenir en dehors des querelles et des disputes particulières. Le droit et l'intérêt commun furent oubliés. Les guerres sacrées portèrent à l'institution le coup mortel. Un nom seul subsista encore et jusque sous la domination romaine les amphictyons tinrent leurs séances; mais ils ne furent plus qu'une ombre, rappelant les temps héroïques de la liberté grecque, et quand enfin cette ombre même disparut, ce fut avec si peu de bruit, que l'histoire n'en a pas gardé le souvenir.

AMPHIDAMAS. Nom de plusieurs personnages appartenant aux temps héroïques de la Grèce

AMPHIDASE. s. m. (du gr. *amphi*, autour, et *dasus*, velu). Zool. Genre de papillons de la fam. des dendrométrides du groupe des géométrines. Le corps est ramassé; la tête et le thorax sont recouverts d'une sorte de laine, et les cuisses et les tibias garnis de longs poils. Les antennes sont pectinées chez les mâles.

AMPHIDE. adj. Chim. Nom donné aux sels formés par un acide oxygéné et un oxyde, ou par un sulfacide et un sulfure basique, tandis que les combinaisons des chlorures acides et basiques et de leurs congénères sont appelées *sels haloïdes* (V. ce mot).

AMPHIDERME. s. m. (gr. *amphi*, autour, et *derma*, derme, peau) Nom donné par quelques botanistes à la *cuticule* épidermique des plantes.

AMPHIDESME m (du gr. *amphi, desmos*, lien.) Zool. G. de mollusques acéphales (lamellibranches), fam. des mactracés, à coquilles aplaties, arrondies ou transversales, comme celles des tellines. On a cru, mais à tort, que les deux valves étaient réunies par un double ligament, l'un intérieur, l'autre externe, d'où le nom donné à ce genre. Les amphidesmes sont nombreux en espèces et répandus dans presque toutes les mers, surtout celles des pays chauds.

AMPHIDETE. s. m. Zool. G d'oursins de la fam. des Spatangides, caractérisé par un test cordiforme, l'ambulacre impair allant jusqu'à la bouche, avec un sémite (c'est-à-dire une bande de piquants très courts) sous-anal, et un autre interne sur les ambulacres.

AMPHIDIARTHROSE s f. (du gr. *amphi*, autour; *diarthrosis*, articulation) Anat. Articulation qui permet le mouvement en deux sens: telle est celle de la mâchoire inférieure.

AMPHIDROME adj. 2 g. (du gr. *amphi*, des deux côtés, *dromos*, course). Mar. Se dit d'un navire dont les deux extrémités sont semblables, de sorte qu'il peut changer de direction sans virer de bord. Les remorqueurs sont généralement amphidromes, et vont également en avant et en arrière

AMPHIDROMIE. s. f. (gr *amphi*, autour, et *dromos*, course). Fête célébrée chez les anciens le cinquième jour après la naissance d'un enfant: elle consistait à promener l'enfant trois fois autour du foyer et des dieux lares. La cérémonie se terminait par un festin; on pense que le nouveau-né recevait alors son nom.

AMPHIGAME. adj. 2 g. et s. Mot employé jadis comme syn. d'*agame* et de *cryptogame* pour désigner des végétaux inférieurs dont le mode de reproduction n'était pas connu.

AMPHIGASTRE. s m (du gr *amphi*, des deux côtés, et *gaster*, ventre). Bot. Organes qui naissent sur la face ventrale ou inférieure des tiges rampantes.

AMPHIGÈNE. s. m (gr. *amphi*, des deux côtés, et *génos*, naissance). Minér. Pierre qu'on trouve dans les laves du Vésuve, et qui ressemble au *grenat blanc*. C'est un silicate double d'alumine et de potasse, qui est vitreux, translucide et ordinairement incolore. || Chim Nom donné aux corps simples qui produisent des acides et des bases. L'oxygène, le soufre, etc || Bot Mot employé par Brongniard pour désigner les végétaux cryptogames, qui, comme les champignons, les Lichens et les Algues, s'accroissent en tous sens, par oppositions aux cryptogames *acrogènes*, les mousses, par exemple, qui s'accroissent seulement par leur extrémité. Au lieu d'amphigène on dit souvent *thallogène*

AMPHIGÉNITE. s. f Minér. Basalte où le feldspath est en grande partie remplacé par de l'amphigène.

AMPHIGÉNIQUE. adj. Minér. Se dit des substances minérales qui contiennent des cristaux d'amphigène disséminés

AMPHIGOURI. s m. (du gr *amphi*, autour, et *guros*, cercle). Discours, écrit burlesque fait à dessein, et se composant ordinairement de mots ou d'idées sans liaison || Écrit ou discours dont les phrases, contre l'intention de l'auteur, sont incohérentes, confuses, inintelligibles Cet ouvrage n'est qu'un long amphigouri Bien des discours ne sont que des amphigouris. Fam.

AMPHIGOURIQUE. adj. 2 g. Qui a le caractère, les défauts de l'amphigouri Quel langage amphigourique!

AMPHIGOURIQUEMENT. adj. D'une manière amphigourique

AMPHIGOURISME. s. m. Vice de ce qui est amphigourique.

AMPHIHEXAEDRE adj (du gr *amphi*, autour, *ex*, six; *edra*, base). Minér. Cristal qui présente dans ses surfaces, prises en deux sens différents, le contour d'un prisma hexaèdre.

AMPHILLA. Baie profonde de la côte occid du la mer Rouge; elle renferme une douzaine de petites îles et possède un bon port

AMPHILEPTE. s. m. Zool G. d'infusoires de la fam des trachélides. La partie antérieure du corps est remarquablement allongée en manière de cou excessivement mobile; la bouche est située à droite, à côté du bord ventral, concave, de l'extrémité antérieure. Il n'existe pas d'œsophage.

AMPHILINIDES s. l. pl Fam de vers plathelminthes qu'on place dans l'ordre des cestoïdes, et qui forme la transition entre ceux-ci et les trématodes Eu effet l'appareil sexuel mâle est semblable à celui des bothriocéphales (cestoïdes); tandis que l'appareil femelle se rapproche par certaines dispositions de celui des trématodes; le corps, ovale, en forme de feuille, est également semblable à celui des trématodes Les amphilinides sont munies d'une ventouse à leur partie antérieure; leur corps peut se contracter par les bords de diverses façons, selon les genres. Elles sont toutes parasites des poissons. L'*amphilina*, à bords pouvant se replier sur la face ventrale vit dans la cavité viscérale de l'*accipenser*. L'*amphiptyches*, à bords plissés, à ventouse non perforée, vit dans le tube digestif des *chimvera*

AMPHILOQUE Fils d'Amphiaraüs et d'Ériphile, devin comme son père, prit part à la guerre des Épigones et à la guerre de Troie. Il fonda ensuite la ville de Mallus, en Cilicie, conjointement avec le devin Mopsus. Mais ne pouvant tomber d'accord au sujet du partage de la souveraineté, ils s'entr'etuèrent dans un combat singulier. Amphiloque avait un oracle dans la ville de Mallus: Thucydide lui attribue la fondation d'Argos-Amphilochie, due suivant Strabon à Alcméon, son frère, et suivant Apollodore, à un autre Amphiloque, fils d'Alcméon et de Manto || AMPHILOQUE (S). Issu d'une famille noble de Cappadoce, après avoir exercé les professions de rhéteur et d'avocat, il fut nommé, en 374, évêque d'Icône. Il parut avec éclat dans plusieurs conciles: il en tint un à Icône, contre les Macédoniens en 376 Il assista en 381 au concile de Constantinople et présida celui de Side en Pamphilie, où il condamna l'hérésie naissante des Messaliens. Il était très considéré de l'empereur Théodose. Il vivait encore en 391, on ignore la date de sa mort. F le 23 nov.

AMPHIMACRE. s. m. (du gr. *amphi*, autour; *makros*, long). Poés. gr. et lat Pied formé de trois syllabes, une brève entre deux longues. Ex. *Far-v-dun*.

AMPHIMALLE s. m. (du gr *amphi*, autour; *mallos*, laine). Étoffe de laine velue des deux côtés, dont les Romains faisaient des vêtements d'hiver.

AMPHIMIMÉTIQUE adj (du gr *amphi* autour *mimeomai*, imiter). Minér. Se dit d'une variété de carbonate de chaux dont les cristaux sont formés par juxtaposition de deux dodécaèdres au rhomboïde primitif. L'un de ces dodécaèdres a le grand angle de ses faces égal à la plus grande incidence des faces du primitif, l'autre la plus grande incidence de ses faces double de la plus petite de celles du primitif

AMPHINOME s f. Zool G d'annélides qui a donné son nom à la fam des amphinomides et à la sous-fam des amphinomes. Les amphinomes ont deux paires d'yeux, un cirrhe dorsal et des soies ventrales à crochet peu nombreuses Elles habitent les mers des Indes; une espèce. l'*amphinome errante*, se trouve dans les mers d'Europe

AMPHINOME Mère de Jason, et femme d'Éson, se tua du chagrin qu'elle éprouvait de la longue absence de son fils. Selon d'autres, son mari et son fils Promachus ayant été mis à mort par Pélias, elle se rendit au foyer de ce dernier, et maudissant le meurtrier de sa famille, elle se perça le sein d'un coup de poignard.

AMPHINOMIDES s. f. pl. Zool. Fam. d'annélides chétopodes, ordre des polychètes errantes. Les amphinomides sont des vers à corps lourd composé d'un petit nombre d'anneaux tous semblables, à lobe céphalique peu distinct, ou représenté par une caroncule qui comprend plusieurs anneaux. Bouche ventrale. Ordinairement trois tentacules et deux palpes. Une ou deux paires d'yeux. Trompe bien développée et dépourvue de dents. Branchies en houppes ou arborescentes, sur tous les anneaux à l'exception des antérieurs. Trois sous-fam. : *amphinomines, euphrosynines, hipponoines.*

AMPHINOMINES. s. f. pl. Zool. Sous-fam. d'annélides, de la fam. des amphinomides. Elle a pour caractères : une caroncule plus ou moins grande, deux troncs branchiaux sur chacun des anneaux postérieurs et médians ; les branchies sont des houppes situées à l'extrémité des rames supérieures. Genres : *amphinome, hermodice, eurythoé, notopygos,* etc.

AMPHION. Poète et musicien grec; fils de Jupiter et d'Antiope. Aidé de son frère Zéthus, il ravit à Lycus le royaume de Thèbes, pour venger sa mère de l'outrage que ce prince lui avait fait en la répudiant et en épousant la nymphe Dircé. Les accents de sa lyre, présent d'Apollon, avaient tant d'harmonie que, d'après la fable, les pierres venaient se ranger d'elles-mêmes, il bâtissait les murs de Thèbes ; ce qui veut dire sans doute que par ses chants et ses paroles, Amphion charmait les ouvriers chargés d'élever les murs de la ville, et leur faisait oublier leurs fatigues. Il était l'époux de la fameuse Niobé. || La fable d'Amphion a fourni à la littérature des comparaisons et des allusions. La parole de M. Berryer aurait créé un peuple, *comme Amphion bâtissait des villes* (Mme Swetchine.) Les philosophes furent éblouis de leur succès au point de croire qu'à leur voix les peuples se mettraient en mouvement, *comme les pierres de Thèbes aux accents d'Amphion* (Rivarol.)

AMPHION-LES-BAINS. 380 h. Vge de France (Haute-Savoie), comm. de Publier, cant. et à 4 kil. d'Évian, sur le bord mérid. du lac Léman. Établissement thermal qui possède deux sources, une alcaline, l'autre ferrugineuse froide. L'eau de la source alcaline est employée contre les affections catarrhales de la vessie et des reins. La source ferrugineuse, d'une température de 10° c., est conseillée dans les affections qui demandent l'emploi du fer.

AMPHIOXUS. s. m. (du gr. *amphi,* des deux côtés, et *oxus* pointu). Poisson très abondant sur les fonds sablonneux de la Baltique, de la Manche, de la Méditerranée. Les naturalistes attachent la plus grande importance à la connaissance approfondie de l'organisation de cet animal. Ses caractères organiques s'écartent tellement de ceux de la classe des poissons à laquelle il appartient que, pour lui seul, on a été obligé de créer un ordre à part, celui des *pharyngobranches* (Huxley), ou des *leptocardes* (Hœckel). Bien plus, d'après certains naturalistes, cet être servirait de passage entre les invertébrés et les vertébrés : par certains de ses caractères il se rapprocherait des tuniciers (ascidies), par d'autres il appartiendrait aux poissons, et offrirait ainsi un argument à la théorie transformiste. On ne connaît qu'une seule espèce de ce genre, l'*a. lanceolatus.* Sa longueur est de deux pouces environ ; il se termine à chaque extrémité en manière de fer de lance. Son corps est demi-transparent, de couleur rougeâtre et complètement privé d'écailles. Dépourvu de vertèbres, il possède une corde dorsale, organe qui, chez tous les vertébrés, précède la formation de la colonne vertébrale, de sorte qu'il semblerait que le développement de ce petit être reste inachevé. Il manque également de crâne et de cerveau, mais possède une moelle épinière bien développée. Les rapports de ces organes avec le tube digestif sont les mêmes que dans les autres vertébrés. Il n'y a pas de cœur, à proprement parler, mais seulement des vaisseaux contractiles, qui poussent le sang dans les différentes parties du corps. (V. *Protovertébrés.*)

AMPHIPODE. adj. 2 g. (du gr. *amphi,* des deux côtés ; *pous, podos,* pied). Zool. Qui a deux sortes de pieds. || AMPHIPODES s. m. pl. Ordre de crustacés malacostracés édriophthalmes ou *arthrostacés,* dont le corps allongé est comprimé latéralement, et plus ou moins arqué ; dont le thorax offre sept, rarement six anneaux mobiles avec chacun une paire de pattes, portant les branchies ; les quatre premières paires de pattes sont dirigées en avant, les trois autres en arrière ; l'abdomen allongé a ses trois anneaux antérieurs pourvus chacun d'une paire de pattes natatoires, les trois postérieurs parfois soudés entre eux avec autant de paires de pattes mal développées et dirigées en arrière sous forme de stylets ordinairement bifides. Ces appendices servent aux amphipodes de points d'appui pour sauter ; le saut est en effet leur mode de locomotion habituel : les *puces de mer,* si abondantes sur nos plages, en sont un exemple. A ce groupe appartiennent les *gammares,* petits crustacés qu'on trouve souvent dans l'eau des fontaines, les *talitres,* les *amphitoé,* etc. On divise les amphipodes en trois sous-ordres : *lémodipodes, crevettines, hypérines.*

AMPHIPOLES. s. m. pl. (du gr. *amphipoleuein,* veiller sur). Antiq. Magistrats de Syracuse qui furent institués par Timoléon, après l'expulsion de Denys le Tyran, et qui gouvernèrent pendant plus de trois cents ans.

AMPHIPOLIS. Géog. anc. Vle de Macédoine, sur le Strymon, colonisée par les Athéniens, fut prise par le Spartiate Brasidas en 424. Thucydide fut exilé pour avoir mal défendu Amphipolis, et l'Athénien Cléon se fit tuer en essayant de la reprendre ; Brasidas périt dans la même bataille. Son territoire était riche en bois de construction. Patrie du critique Zoïle. Auj. *Zamboli.*

AMPHIPOLITAIN, AINE. s. et adj. Qui est d'Amphipolis ; qui habite cette ville.

AMPHIPORE. s. m. Zool. G. de vers plathelminthes qui a donné son nom a la fam. des amphiporides. Il se distingue par des yeux en nombre variable qui ne sont jamais groupés en carré. Le corps est court et ramassé, et l'extrémité céphalique est peu distincte du reste du corps. Ce sont des vers marins, surtout de la Méditerranée. L'*amphiporus lactifloreus,* long de 3 à 4 pouces, habite sous les pierres depuis la mer du Nord jusqu'a la Méditerranée.

AMPHIPORIDES. s. f. pl. Zool. Fam. de vers plathelminthes, ordre des nemertes enoples, caractérisée par : ganglions arrondis; troncs nerveux latéraux situés dans les couches musculaires ; orifice buccal sur la face ventrale, près de l'extrémité antérieure du corps, devant les commissures des ganglions ; organes latéraux éloignés du cerveau, munis d'un canal étroit. Genres : *amphiporus, drepanophorus, tetrastemma, prosorochmus, nemertes, prorynchus,* etc. La plupart des amphiporides sont des vers marins ; un petit nombre seulement sont terrestres, par ex. *tetrastemma agricola.*

AMPHIPROSTYLE. adj. et s. m. (du gr. *amphi,* de part et d'autre ; *pro,* devant ; *stulos,* colonne). Archit. anc. On appelait chez les Grecs temple amphiprostyle, un temple dont la façade principale et la façade postérieure étaient décorées d'un rang de colonnes qui prenait toute la largeur des façades. Les deux portiques formés par ces colonnes s'appelaient, l'un, *porticum,* l'autre, *posticum.* Le temple amphiprostyle différait du temple *in antis* en ce que, dans celui-ci, les murailles latérales prolongées se terminaient par deux pilastres qui prenaient la place des deux colonnes extrêmes de la rangée dans le temple amphiprostyle.

AMPHIPTERE. s. m. (du gr. *amphi* des deux côtés ; *ptéron,* aile). Blas. Serpent ou dragon à deux ailes.

AMPHIROA. s. f. Bot. G. d'algues du groupe des corallinées dont les frondes ou expansions foliacées, di ou trichotomes ou verticillées sont aplaties et incrustées de matière calcaire. Les espèces de ce genre sont au nombre d'une trentaine, répandues dans toutes les mers.

AMPHISARQUE. s. m. (du gr. *amphi,* autour ; *sarx,* chair). Fruit sec, ligneux à l'extérieur et pulpeux à l'intérieur, tel que celui du baobab.

AMPHISBÈNE. s. m. (gr. *amphisbaina,* de *amphi,* dans les deux sens, et *bainein,* marcher) G. de reptiles sauriens, fam. des amphisbénides. Les amphisbènes ont les dents implantées sur la face interne de l'os maxillaire. Leur tête est plate et recouverte par des plaques polygonales, savoir : deux grandes plaques nasales séparées et deux paires de plaques frontales placées derrière les premières. Leur museau est arrondi. Ils ont en avant de l'anus des glandes cutanées avec pores distincts. Leurs yeux sont très petits, sans paupières, et recouverts par la peau ; leur narines sont placées de côté ; ils n'ont pas de trous auditifs externes. Leur squelette ressemble à celui des sauriens. Le poumon droit est beaucoup plus développé que le gauche comme chez les ophidiens. Leur corps est cylindrique, et de même volume depuis la tête jusqu'à la queue qui est généralement obtuse, de sorte qu'il est difficile de distinguer, à première vue, les deux extrémités l'une de l'autre; ce qui a donné naissance à la fable des serpents à deux têtes, pouvant indifféremment marcher en avant et en arrière. Les amphisbènes se trouvent surtout en Amérique ; tels sont: l'*a. blanc* et l'*a. enfumé,* du Brésil et de Cayenne, L'*a. cendré* habite le nord de l'Afrique ; on le trouve aussi en Espagne et en Portugal.

AMPHISBÉNIDES. s. f. pl. Fam. de reptiles sauriens, s.-ordre des annelées, caractérisée par l'absence des membres et du sternum, et par l'état rudimentaire de la ceinture scapulaire et du bassin. Les amphisbénides sont pleurodontes. c. à d. que leurs dents sont soudées par le côté en bord de l'os maxillaire. G. . *amphisbaena, cynisca, blanus,* etc.

AMPHISCIENS. adj. et s. m. pl. (gr. *amphi,* des deux côtés ; *skia,* ombre) Habitants de la zone torride, qui ont leur ombre tantôt vers le midi, tantôt vers le nord, suivant que le soleil est au nord ou au sud de l'équateur. On les appelle aussi *asciens.*

AMPHISCOPIE. s. f. (du gr. *amphi,* autour ; *skopia,* action d'observer). Bot. G. d'acanthacées comprenant une quinzaine de plantes herbacées ou frutescentes originaires de l'Amérique tropicale. L'*amphiscopia inficiens* du Pérou produit une belle couleur bleue.

AMPHISMILE. s. f. (du gr. *amphi,* des deux côtés, *smilé,* couteau). Scalpel à deux tranchants.

AMPHISSA. Vle de la Grèce ancienne, au pied du Parnasse, capit. des Locriens Ozoles, a 40 kil. N.-O. de Delphes. Ses habitants ayant labouré le territoire du temple de Delphes, le conseil des Amphictyons, à l'instigation de l'orateur Eschine, fit déclarer une guerre sacrée à la ville d'Amphissa qui, malgré l'intervention d'Athènes, fut prise par Philippe de Macédoine et rasée, 339 av. J.-C. Cette guerre fut pour Philippe le prétexte de la campagne qui se termina par la bataille de Chéronée. Auguste la rebâtit. C'est auj. *Salona.*

AMPHISTOME. adj. 2 g. (gr. *amphistomos,* qui a deux bouches ; de *amphi,* des deux côtés ; *stoma,* bouche). Antiq. gr. Se dit d'un corps de bataille qui fait front des deux côtés. || s. m. Zool. Genre de vers plathelminthes, du groupe des trématodes distomes, fam. des distomides. Ces entozoaires vivent dans les intestins des oiseaux, des amphibies, des mammifères. L'*amphistomum hominis* a été trouvé deux fois dans l'intestin de l'homme, aux Indes. Il existait un grand nombre d'individus au niveau de la valvule iléo-cœcale. Le ver est piriforme, long de 1/5 à 1/3 de pouce, et large de 1/8 à 1/6 de pouce. L'extrémité antérieure est très étroite ; l'extrémité postérieure très large offre ce caractère remarquable que la ventouse abdominale est située au fond d'une sorte de poche très profonde.

AMPHITAPUS. s. m. ou **AMPHITAPA.** s. f. (gr. *amphitapos,* laineux des deux côtés; de *amphi,* et *tapés* ou *tapis,* tapis). Antiq. gr. et rom. Sorte d'étoffe de laine, d'origine orientale, qui avait du poil des deux côtés. Cette étoffe d'un tissu plus fin que l'*amphimallum,* paraît avoir été connue à Rome de plus longue date. En effet Lucilius et Varron font mention de l'amphitapus, tandis que Pline l'Ancien est le premier qui parle de l'amphimallum.

AMPHITHÉÂTRAL, ALE. adj. En amphithéâtre ; qui a rapport à un amphithéâtre. Disposition, forme amphithéâtrale.

AMPHITHÉÂTRE. s. m. (gr. *amphitheatron,* de *amphi,* autour ; *theatron,* théâtre). Chez les anciens, monument destiné primitivement à des combats de gladiateurs, et employé par occasion pour les autres espèces de spectacles. || Par ext. Ensemble des spectateurs qui se trouvent dans un amphithéâtre. Tout l'amphithéâtre se leva pour le regarder. (Volt.) || Dans nos théâtres, Lieu élevé par degrés vis-à-vis de la scène, au-dessus du parterre et au-dessous des loges. Un billet d'amphithéâtre

— Cette disposition n'existe guère qu'au Grand Opéra. Dans les autres théâtres, l'amphithéâtre occupe l'étage supérieur, en face la scène et au-dessus des loges. || Par anal. Terrain, site quelconque qui va en s'élevant graduellement. Ville bâtie en amphithéâtre. Des monts et des coteaux le vaste amphithéâtre Disparaît tout à coup sous un voile grisâtre (Saint-Lambert). || Local où un professeur donne ses leçons, dans nos grandes écoles ; ainsi appelé parce que les places occupées par les élèves sont le plus souvent des gradins de forme demi-circulaire. L'amphithéâtre de l'École de médecine, de la Sorbonne, du Jardin des plantes. || Par ext. Salle où se font les dissections. Nos amphithéâtres sont des écoles anatomiques, où la mort enseigne à épeler la vie. (Descuret.) || Antiq. rom. L'amphithéâtre se nommait ainsi, chez les Romains, parce que les gradins destinés aux spectateurs, au lieu de former un demi-cercle comme dans les théâtres ordinaires, faisaient complètement le tour de l'arène, qui était la place libre où se donnaient les jeux et les combats. Cette arène était sablée et, au-dessous, il y avait souvent des substructions qui servaient à divers usages ; elles renfermaient par exemple des tuyaux qui amenaient de l'eau pour former un lac sur lequel on donnait des naumachies. Quelquefois on faisait sortir une bête féroce de ces souterrains, comme si elle s'élançait d'un terrier. L'arène avait une forme ovale. Elle était ceinte d'un mur épais, surmonté d'une grille pour la sécurité des spectateurs. Derrière cette grille, était une sorte de terrasse où l'on plaçait des sièges et des loges pour les personnes les plus considérables. Des gradins (gradus), ou cercles de sièges de plus en plus élevés étaient partagés en deux ou plusieurs étages (mœniana) par des paliers (præcinctiones) et des murs élevés verticalement (baltei). Chaque étage était divisé en compartiments (cunei) par des escaliers (scalæ) qui communiquaient avec les avenues d'entrée et de sortie (vomitoria). Au-dessus était une galerie couverte pour les femmes. Pendant les représentations, on étendait au-dessus de la foule un grand voile de toile, (velarium), soutenu par des mâts, pour protéger les spectateurs contre les rayons du sol̃eil. Aux deux extrémités de l'arène, il y avait des portes pour l'entrée des gladiateurs ou des bêtes féroces ; il y avait aussi une porte spéciale, porte de mort, porta libitinensis, par laquelle on enlevait les cadavres. L'extérieur des amphithéâtres était toujours formé par une muraille ovale, à un ou plusieurs étages d'arcades, décorée de colonnes, de pilastres et quelquefois de statues. Le dessous des gradins formait des galeries qui servaient aux promeneurs, comme le foyer de nos théâtres et contenaient des boutiques. Les Romains empruntèrent les amphithéâtres aux Étrusques, qui, eux aussi, avaient l'usage des combats de gladiateurs. Les premiers amphithéâtres étaient ou creusés dans le sol ou adossés à une colline dont la pente un peu régularisée servait de gradins, on s'épargnait ainsi une partie des frais de construction. Plus tard on en construisit en bois ou en pierre, ou partie en pierre et partie en bois. Le premier grand amphithéâtre fut construit par César en l'an 44 av J.-C. Jusque-là les jeux avaient eu lieu simplement sur le Forum. Cet amphithéâtre était de bois et fut détruit après la fête. L'amphithéâtre de Statilius Taurus (29 après J.-C.) était au moins en partie de bois, puisqu'il fut incendié sous Néron. Tacite raconte que, sous Tibère, l'amphithéâtre de Vidène s'écroula et qu'il périt dans cet accident 50,000 personnes. Les premiers amphithéâtres de pierre paraissent avoir été construits dans la Campanie ; le plus ancien de ceux qui existent encore, est celui de Pompéi, qui est en partie creusé dans le sol. Les principales villes de l'Italie et des provinces eurent des amphithéâtres. Le nombre des amphithéâtres aujourd'hui connus par leurs ruines ou par des témoignages certains est d'environ une centaine. Il y en avait en Gaule, en Espagne, en Afrique et quelques-uns en Grèce Le célèbre Colisée de Rome n'est autre chose qu'un amphithéâtre de pierre, bâti sous Vespasien et Titus On voit encore à Vérone un amphithéâtre très bien conservé qu'on appelle à présent les Arènes. D'autres en partie debout existent encore à Capoue, à Pouzzolles, à Pola, à Syracuse. En France, ou retrouve les traces de trente-cinq amphithéâtres ; ceux d'Arles et de Nîmes sont dans un état de conservation remarquable ; on déblaie actuellement celui de Saintes. A Paris, l'ouverture de la rue Monge fit découvrir en 1869 une partie des arènes de l'ancienne Lutèce, construites sur le versant oriental du mont Leucotitius. Malheureusement cette partie ne fut pas conservée et elle est actuellement recouverte par des constructions. En 1883, de nouveaux travaux de voirie ont mis au jour l'autre moitié des arènes qui vient d'être achetée par la ville de Paris, et dont le déblaiement s'achève en ce moment (nov. 1883). Rien ne donne mieux l'idée, parmi les édifices modernes, de ce qu'étaient les amphithéâtres romains que les lieux destinés en Espagne aux combats de taureaux : ce sont aussi des places ovales entourées de gradins, ordinairement en bois, quelquefois en pierre, notamment à Séville. || Méd. Les salles destinées aux dissections se nomment aussi amphithéâtres, bien que leur disposition ne soit pas celle qui vient d'être indiquée. Les amphithéâtres de dissection ont commencé par être des plus modestes ; ainsi à Paris, c'étaient d'abord les chambres des étudiants dans lesquelles plusieurs d'entre eux se réunissaient autour d'un cadavre de supplicié arraché des mains des archers de la prévôté, ou bien des restes humains secrètement enlevés des cimetières. Quant aux débris qui restaient après ces travaux, on en chauffait le poêle de fonte qui répandait parfois dans tout le quartier une odeur insupportable. Cependant, vers la seconde moitié du XVI° siècle, Louis d'Anjou autorisa l'école de médecine de Montpellier à réclamer chaque année le cadavre d'un supplicié pour le faire servir aux études anatomiques. Un siècle plus tard, la faculté de Paris obtint l'autorisation de disséquer publiquement un cadavre. Mais ce n'est guère que vers le commencement du XVIII° siècle que de vastes amphithéâtres furent créés pour l'enseignement de l'anatomie sur le cadavre. Les corps des suppliciés y étaient régulièrement amenés, et un peu plus tard, les cadavres des individus morts dans les hôpitaux. Au commencement de notre siècle, des pavillons spéciaux pour la dissection furent créés près des bâtiments destinés à l'enseignement de la médecine et tous les autres locaux où se pratiquaient les dissections, même ceux des hôpitaux, furent définitivement supprimés. L'hygiène doit présider à l'installation des amphithéâtres, afin d'atténuer autant que possible les effets nuisibles que peuvent avoir sur la santé des étudiants les émanations qui se dégagent des cadavres, et qui amènent après les premières séances, chez ceux qui ne sont pas encore acclimatés, du malaise, de l'inappétence, un sentiment de faiblesse, de la diarrhée, etc. Il est important que la ventilation y soit active, la température suffisamment élevée au moyen de poêles qui combattent efficacement l'humidité qui tend toujours à envahir ces salles. Un excellent moyen pour prévenir le développement des miasmes consiste à injecter dans chaque cadavre quelques litres d'un liquide qui en arrête la décomposition pendant plusieurs jours. A Paris on se sert dans ce but d'une solution de sulfate de soude Le chlorure de zinc est encore plus efficace, et rend les meilleurs services quand on désire conserver pendant un temps plus long une pièce anatomique.

AMPHITOÉ. s. m. Zool G. de crustacés malacostracés *édriophthalmes* ou *arthrostracés*, ordre des amphipodes fam. des corophiides, s. fam. des podocérines. L'amphitoé a le corps allongé, comprimé, et divisé en quinze segments. La tête est distincte, et porte un rostre très prononcé. Les téguments des sept segments qui suivent la tête sont soudés de façon à former une pièce unique. L'abdomen est formé de sept segments distincts et mobiles dont l'organisation présente beaucoup d'analogie avec les segments correspondants de l'écrevisse. Le talson est très petit. L'amphitoé est un crustacé sauteur comme presque tous les amphipodes.

AMPHITOÉ. Myth. Nom d'une Néréide.

AMPHITRITE. Myth La plus célèbre des cinquante filles de Nérée et de Doris, épousa Neptune, après lui avoir opposé une longue résistance Elle mit au monde, entre autres fils, Triton. C'était la reine des mers. A Ténos, l'une des Cyclades, elle avait une statue colossale de neuf coudées de hauteur. Elle a surtout été honorée à Corinthe. Elle était représentée d'une foule de manières, de sorte qu'il est facile de la confondre avec d'autres divinités de la mer, Thalassa, Doris, Téthis, Vénus marine. Tantôt elle siège entièrement nue sur le char de Neptune. Tantôt elle rase la surface des mers portée par un hippocampe ou par un dauphin, ou sur un char arrondi en conque légère et traîné par des animaux aquatiques aux formes bizarres. Souvent l'Amour précède la déesse, d'après l'opinion que le monde naquit des eaux. Elle porte quelquefois à la main un sceptre d'or, ou bien elle s'appuie sur une urne. Son attribut caractéristique est le homard, dont les deux antennes ornent son front. Dans un monument, la déesse a un aplustre à la main, et dans un autre, un génie lui présente un coquillage. Le mariage d'Amphitrite avec Neptune figure l'antique dogme grec des Néréides, souveraines primitives de la mer, obligées de céder la première place au Neptune lybique, mais conservant cependant une partie de leur ancien empire. || Poét. La mer. La dos, le sein d'Amphitrite. || Astr. Nom de le 29° petite planète, découverte par M. Marth, le 1er mars 1854.

AMPHITRITE (îles). Groupe de petites îles dépendant de celui de Paracelse, dans la partie septent. de la mer de Chine.

AMPHITRITE. s. f. (gr. *Amphitrité*, déesse de la mer). Zool. G. d'annélides, fam. des térébellides, qui a donné son nom à la tribu des *amphitritines*. Soies simples limitées à la région antérieure ; 3 paires des branchies presque égales ; pas d'yeux. L'a. *cirrata*, habite les mers d'Irlande et du Spitzberg, et l'a. *viminalis*, la Méditerranée.

AMPHITRITINES. s. f. pl. Zool. Groupe de la fam. des térébellides (annélides chétopodes), comprenant des vers marins à lobe céphalique court muni de nombreux tentacules ; à branchies au nombre de trois, de deux paires et parfois d'une seule paire ; à soies simples et à soies à crochet. Les genres de térébellides qui composent la sous-fam. des *amphitritines*, et dont les principaux sont le g. *amphitrite* et le g. *terebella*, comprennent un grand nombre d'espèces répandues dans toutes les mers.

AMPHITROPE. adj. 2 c. (*amphitropus*, du gr. *amphi*, des deux côtés ; *trepein*, tourner) Bot. Mirbel désigne ainsi l'ovule, et Richard, l'embryon des graines *campylotropes*.

AMPHITRYON Fils d'Alcée, roi de Tyrinthe. Il aspira à la main d'Alcmène, fille de son oncle Electryon, et l'obtint en exterminant les fils de Ptérélaus. Mais ayant tué Electryon qui lui disputait sa part de butin, il se réfugia avec Alcmène chez les Thébains, avec lesquels il marcha contre les Télébœns Pendant son absence, Jupiter revêtit ses traits pour tromper la fidélité d'Alcmène et la rendit mère d'Hercule. Amphitryon éleva Hercule avec soin et périt dans une expédition contre les Orchoméniens. || AMPHITRYON. Comédie de Plaute qui obtint un grand succès dans l'antiquité et qui a été traduite ou imitée dans toutes les langues. Cette pièce est en grand honneur chez les Romains ; loin d'y voir la moindre irrévérence envers les dieux, ils la faisaient représenter dans les calamités publiques, pour apaiser Jupiter. — Comédie de Molière en trois actes et en vers libres, imitée de Plaute, mais avec beaucoup d'originalité ; représentée sur le théâtre du Palais-Royal, le 13 janv. 1678, et le 16 au Tuileries. Molière y remplissait le rôle si comique de Sosie, valet d'Amphitryon. Dans cette comédie se trouvent les vers suivants, passés en proverbe : « Le véritable Amphitryon Est l'Amphitryon où l'on dîne. Rotrou » avait aussi imité la comédie de Plaute, et l'on rencontre ce vers dans sa pièce : « Foin d'un Amphitryon où l'on ne dîne pas. » || AMPHITRYON. s. m. Fam. Maître d'une maison où l'on dîne, celui qui donne à dîner, par allusion aux vers cités ci-dessus. Un aimable, un joyeux amphitryon. Le premier devoir d'un amphitryon est de bien appareiller ses convives (Brillat-Savarin.) Il fut le patron ou l'amphitryon des gens de lettres. (Ste-Beuve.)

AMPHIUME s. m Zool G. d'amphibiens urodèles, faisant partie du petit groupe des décotrèmes. L'amphiume a le corps très allongé, fusiforme, la tête déprimée, quatre pieds très courts; la queue forme le quart de la longueur totale. Il n'a pas de branchies à l'état adulte, mais il garde de chaque côté du cou, un orifice branchial. On en connaît deux espèces, l'*a. à deux doigts*, et l'*a. à trois doigts*. Ce dernier atteint jusqu'à un mètre de long. Ils vivent dans la vase des étangs, en Amérique, et sont inoffensifs.

AMPHIURE. s. f. Zool. G. d'échinodermes, fam. des amphiurides. Disque recouvert d'écailles nues; plaques radiales non recouvertes; 2 papilles seulement, dont l'interne est infradentaire; piquants des bras courts et réguliers; bras minces, plus ou moins aplatis. L'*amphiura filiformis* habite la mer du Nord; l'*a. squamata*, depuis la Méditerranée jusque dans la baie de Miss ichusetts.

AMPHIURIDES. s. f. pl. Zool. Fam. d'échinodermes, sous-ordre des ophiurées, ordre des ophiurides, classe des astéroïdes. De 1 à 3, rarement 4 papilles buccales; quelquefois la papille interne est infradentaire; piquants des bras courts. Les g. *ophiopolis* et *ophiostigma* ont trois papilles buccales, *ophiactis* et *amphiura* deux, et *amphilepsis* une seule.

AMPHODÉLITE. s. f. Silicate alumineux à double base, d'un gris verdâtre ou rougeâtre à cassure esquilleuse ou lamelleuse, rayant la fluorine, rayé par le phosphate de chaux. D. 2.663 Ce minéral possède deux clivages, sous l angle de 94° 13'. Son analyse a donné, pour 100 parties : Silice = 45,8), Alumine = 35,45, Chaux = 10,1), Magnésie = 5,0), Protox. de fer = 1,70, Eau = 1,8). On en déduit la formule $3 Al^2O^3, SiO^3 + (CaO, MgO, FeO)^1 SiO^1$. Tous ces caractères rapprochent beaucoup l'amphodélite de l'*anorthite*. Mais d'un autre côté, on peut considérer l'angle de clivage comme un angle droit, à cause du peu d'éclat et aussi du peu de netteté du clivage; alors l'amphodélite serait une variété le *wernérite* dont la formule est sensiblement la même; cette opinion est celle de la plupart des minéralogistes.

AMPHODIPLOPIE. s. f. (gr. *ampho*, deux; *diplous*, double; *ops*, vue). Vice de la vision qui fait voir les objets doubles des deux yeux.

AMPHORE. s. f. (lat. *amphora*, même sens; gr. *amphoreus*, abrév. de *amphiphoreus*, formé de *amphi*, des deux côtés, et *pherein*, porter). Antiq. gr. et rom. Grand vase ordinairement de terre cuite avec un col étroit, une panse plus ou moins allongée et deux anses pour la porter. L'amphore se terminait en pointe à la partie inférieure, en sorte qu'il fallait pour la faire tenir debout la poser sur un support appelé *incitega* ou l'enfoncer dans le sable. Cependant les amphores appelées *panathénaïques*, c.-à-d. celles qui contenaient l'huile des oliviers sacrés donnée en prix aux vainqueurs des Panathénées, ont un pied et un couvercle muni d'un bouton; celles qu'on posse les ontremarquables par les peintures qu'on y voit ordinairement et qui ont fait connaître leur destination. Les anciens conservaient dans les amphores les liquides et particulièrement le vin et l'huile, quelquefois aussi le miel, le blé, les fruits; les Romains aimaient à mettre l'âge du vin sur une petite tablette qu'ils suspendaient au col du vase. Rhodes, Cnide, Thasos, Chio, Samos ont été les principaux centres de fabrication des amphores dans l'antiquité; les plus communes se fabriquaient en Campanie et dans le pays des Sabins. || Mesure de capacité pour les liquides qui valait 19 litres 44 chez les Athéniens, 26 lit. 40 chez les Romains et 33 litres dans d'autres pays. Chez les Grecs, l'amphore était la moitié du métrète, et se divisait en 6 conges, ou 72 cotyles. Le cotyle valait 27 centilitres. — Chez les Romains, l'amphore contenait 2 urnes, ou 8 conges, ou 48 setiers. L'amphore était aussi, chez les Romains, l'unité de mesure pour le jaugeage des navires. || Poét. Tout vase pouvant contenir un liquide; il sert à remplacer les mots : bouteille, pot, cruche, qui sont fam. Un pur nectar de l'amphore a coulé. (Millev.)

AMPHORICITÉ. s. f. Méd. Existence du bruit amphorique dans la plèvre.

AMPHORIDION. s. m. (dim. de *amphoreus*). Antiq. gr. et rom. Petite amphore.

AMPHORIQUE. adj. 2 g. Qui vient d'une amphore. || Méd. Résonnance, souffle, respiration amphorique, Bruit que l'auscultation fait percevoir dans la poitrine; appelé ainsi, parce qu'il a quelque analogie avec celui qui se produit quand on souffle dans une cruche ou dans une bouteille.

AMPHOTÈRE. adj. 2 g. (gr. *amphoteros*, l'un et l'autre). Chim. Se dit des corps qui peuvent jouer tantôt le rôle d'acide, tantôt celui de base, ou encore les substances indifférentes qui ne sont ni acides, ni basiques, comme l'oxyde de carbone, la glycose, les gommes, etc.

AMPHOTIS. s. f. (gr. *amphotis*; de *amphi*, autour, et *ôtis, ôtidos*, coussin pour garantir les oreilles des lutteurs de *ous, ôtos*, oreille) Antiq. gr. et rom. Calotte en airain doublée de drap, ou même simple bonnet de toile, dont se coiffaient les athlètes pour se garantir des coups du ceste quand ils s'exerçaient au pugilat.

AMPHOTIS. s. f. Antiq. gr. Vase en bois dont se servaient les paysans grecs pour traire les animaux et pour boire. Il était ainsi appelé soit parce qu'il avait deux anses, soit parce qu'il avait la forme sphérique de l'amphotide.

AMPHOUX (Madeleine VITARD, veuve). Célèbre fabricant de liqueurs dites des îles. Née à Marseille en 1777, morte à la Martinique en 1812. Elle avait épousé à Marseille un nommé Amphoux, qui vint s'établir avec elle à Ste-Lucie. Après la mort de ce premier mari, elle se fixa à la Martinique et se remaria deux fois, mais elle garda le nom d'Amphoux. La recette de ses liqueurs lui fut donnée en 1730, par une dame de la Rose, née d'Orange; mais elle perfectionna si bien ses procédés qu'elle obtint une supériorité incontestée. En 1763, elle épousa en troisièmes noces M. Chassevent, et vendit son fonds de commerce à M. de Grandmaison, avec le droit de mettre sur ses étiquettes : *Grandmaison successeur de madame Amphoux*. C'est pourquoi voulant reprendre son commerce, elle fut obligée le publier ses liqueurs sous cette marque, qui devint bientôt la première : *Madame Chassevent, ci-devant veuve Amphoux*.

AMPHRYSE. Rivière de la Thessalie ancienne, sur les bords de laquelle, d'après la fable, Apollon fit paître les troupeaux d'Admète.

AMPILLY-LE-SEC. 570 h. Vge de France (Côte-l'Or), arr., canton et à 7 kil. de Châtillon-sur-Seine, sur la Seine. Hauts fourneaux, forges, clouterie. Élève de mérinos.

AMPLE. adj. 2 g. (lat. *amplus*, large, composé de *am* lat., *ana* gr. et du rad. *plus* lat., *plous* gr.; comme *diplus* lat., *diplous* gr., double). Qui dépasse en longueur et en largeur la mesure ordinaire. Ample étendue. Manteau, robe, rideau très ample. || Fig. Se dit de plusieurs choses par rapport à l'étendue et même à la durée. Ample repas, déjeuner, récit, discours, sujet. Une ample matière, relation, discussion. Cela demande un plus ample examen, un plus ample informé. Permission très ample. Il ne demandait qu'un congé d'un mois, on lui en a accordé un bien plus ample. — Copieux, abondant. Amples provisions. || Syn. *Ample, grand, gros, spacieux, vaste*. Grand est l'expression la plus générale et désigne une étendue sur toutes les faces; gros exprime spécialement l'idée de volume, et ne s'emploie pas, comme grand, au moral : l'exemple de gros capitaine et grand capitaine peut en faire comprendre la différence. Ample marque une grandeur plus que suffisante pour fournir à l'emploi présent; spacieux une grandeur plus que suffisante pour contenir : ample provision, théâtre spacieux. Vaste qui dit plus que grand exprime l'idée d'une étendue sans limites. Il s'emploie fréquemment pour les choses morales et les conceptions de l'esprit : vastes desseins, vaste plan, vaste érudition.

AMPLECTIF, IVE. adj. (*amplectious*; du lat. *amplecti*, embrasser). Bot. Qui embrasse, qui recouvre. Préfoliation amplective, Celle dans laquelle une feuille plissée longitudinalement et dont les bords sont repliés l'un vers l'autre, recouvre complètement les feuilles qui doivent paraître plus tard et qui sont roulées de la même manière. Les aroïdées, les cannées, etc. offrent des ex. de cette disposition. Feuille amplective. Celle qui enveloppe l'autre.

AMPLEMENT. adv. D'une manière ample. J'en dirai quelque jour les raisons amplement. (La Font.) Vous en serez tantôt instruits plus amplement. (Rac.) Il nous donna amplement à dîner. Je vous ai amplement montré cet objet. || Syn. V. *Abondamment*.

AMPLEPUIS, 7,113 h. Vle manufacturière de France (Rhône), ch.-l. de cant., arr. et à 33 kil. de Villefranche, au pied d'une colline de 474m sur un affluent et près du Rhins qui se jette dans la Loire. Fabriques importantes de mousselines, de toiles de fil et de coton. Pensionnat primaire. Tunnel des *Sauvages*, de 2,923 m. de long. — Cant. 13,236 h.; 5 comm.

AMPLEUR. s. f. Étendue de ce qui est ample. Ne se dit guère qu'en parlant d'habits et de meubles. Cette manche, cet habit ont trop d'ampleur. Cette draperie n'a pas assez d'ampleur. || Fig. Il y a dans cette composition, dans ce dessein, dans cette méthode, dans ce discours beaucoup d'ampleur. || Par ext. Développement. Quelle couronne est faite à l'ampleur de ton front. (V. Hugo.) Son organe manque d'éclat, mais son chant ne manque jamais d'ampleur. (G. Sand.)

AMPLEXATILE. adj. (*amplexatilis*, du lat. *amplexari*, embrasser) Bot. Se dit de la radicule qui enveloppe l'embryon.

AMPLEXICAULE. adj 2 g. (du lat. *amplexus*, embrassé; *caulis*, tige) Bot. Qui embrasse la tige. Feuilles, pétioles, stipules amplexicaules.

AMPLEXIFLORE. adj. 2 g. Bot. Qui embrasse la fleur. Se dit des écailles du réceptacle de certaines composées.

AMPLIATEUR. s. m. Celui qui fait une ampliation.

AMPLIATIF, IVE adj. Qui augmente, ajoute. Se dit d'un acte qui ajoute à ce qui été mis dans un acte précédent. Acte ampliatif. || Se dit particulièrement des brefs, bulles et autres lettres apostoliques qui ajoutent aux précédentes. Bref ampliatif. Bulle ampliative. || s. m Gramm. Syn. de superlatif absolu. Très, fort, excessivement sont des ampliatifs.

AMPLIATIFLORE. adj. Bot. Se dit de la couronne des synanthérées, quand elle est composée de fleurs à corolle amplifiée.

AMPLIATIFORME. adj. 2 g. (lat. *ampliatus*, élargi, *forma*, forme). Bot. Se dit d'un organe qui a de grandes dimensions, qui peut recouvrir un autre organe.

AMPLIATION s. f. (am-pli-a-si-on). — lat. *ampliationem*, de *ampliare*, embrasser. Double d'un acte revêtu d'une signature qui fait foi de son authenticité. Ampliation d'un décret, d'un arrêté, d'une quittance. On écrit ordinairement au bas de ces copies les mots : *Pour ampliation*, suivis d'une signature qui fait foi. — Dans l'ancienne pratique, on appelait *Lettres d'ampliation* les lettres obtenues en chancellerie pour être autorisé à articuler de nouveaux moyens qu'on avait omis dans des lettres de requête civile précédemment obtenues. L'usage des lettres d'ampliation fut aboli par l'ordonnance civile de 1667. — Dans la chancellerie pontificale, *Bulle* ou *Bref d'ampliation* désigne une bulle ou un bref qui ajoutent quelque chose à une bulle ou à un bref antérieurs. || Adm. milit. Double de la déclaration de quittance. Elle est destinée au corps comme état de mutation, et s'établit 1° pour les militaires détachés, isolés ou détenus, et qui sont autorisés à recevoir leur solde dans le lieu de leur résidence; 2° pour les militaires rentrés des prisons de l'ennemi; 3° pour les délégataires ou autres individus autorisés a recevoir des avances sur la solde d'un officier. Elle se fait comme la déclaration de quittance sur papier bleu. || Méd. Augmentation de capacité d'une cavité dilatée quelconque. Ampliation de la cavité thoracique, pendant l'inspiration. Ampliation de l'abdomen, pendant la grossesse ou par accumulation de liquide dans la péritoine.

AMPLIER. v. a. (lat. *ampliare*, rendre ample). Jurisp. anc. Différer, en parlant d'une condamnation, d'un payement, etc. Peu usité. Amplier le terme d'un paiement, Le différer. Amplier un criminel, Retarder son jugement. || Signifiait encore au palais, Mettre plus au large. Amplier un prisonnier, Lui accorder plus d'aisance, une prison moins resserrée.

AMPLIFIANT. adj. Phys. Qui grossit. Le pouvoir amplifiant d'une loupe.

AMPLIFICATEUR. s. m. Celui qui amplifie, qui exagère. Se prend toujours en mauv. part. N'écoutez pas cet homme, ce n'est qu'un amplificateur.

AMPLIFICATIF, IVE. adj. Qui sert à grossir. La puissance amplificative d'un télescope.

AMPLIFICATION. s. f. (an-pli-fi-ka-si-on ; — lat. *amplificationem* ; formé de *amplificare*, étendre, augmenter) Rhét. Action d'amplifier. Amplification oratoire. L'amplification est un discours qui augmente et qui agrandit les choses. (Boileau.) Cicéron dit que l'amplification est le triomphe de l'orateur. (Marmontel.) L'amplification qui porte à faux n'est qu'une déclamation vaine. (Marmontel.) Exagération. Il y a de l'amplification dans ce récit. Racontez-nous la chose sans amplification. ‖ Phys. Augmentation du volume apparent des objets, à l'aide des verres et des lunettes. ‖ Rhét. Considérée comme fig. de rhétorique, l'amplification est, d'après Isocrate, *une manière de parler qui agrandit les objets ou qui les diminue.* La Fontaine nous offre un exemple de l'un et l'autre emploi de ce genre d'amplification dans la même fable. Pour l'amplification hyperbolique (qui agrandit les objets) : « Un mal qui répand la terreur, Mal que le ciel en sa fureur, Inventa pour punir les crimes de la terre, La peste, puisqu'il faut l'appeler par son nom. » Pour l'amplification atténuante : « L'âne vint à son tour et dit : *J'ai souvenance, Qu'en un pré de moines passant, La faim, l'occasion l'herbe tendre, et je pense, Quelque diable aussi me poussant, Je tondis de ce pré la largeur de ma langue* » — Dans un sens plus étendu, l'amplification n'est plus une simple figure de rhétorique, mais un procédé de développement qui emploie toutes les figures. Elle accumule les définitions, elle multiplie les circonstances, elle détaille les causes et les effets, elle énumère les parties, les conséquences, elle emploie des comparaisons, des parallèles, des exemples, elle a recours aux contrastes, aux oppositions. Les défauts à éviter sont les longueurs, les détails inutiles, la répétition des mêmes idées qui ne donnent aucun relief. Voici comment Massillon développe par l'énumération des parties la pensée suivante : « L'ambitieux ne jouit de rien.» — « L'ambitieux ne jouit de rien : ni de sa gloire, il la trouve obscure ; ni de ses places, il veut monter plus haut ; ni de sa prospérité, il sèche et dépérit au milieu de son abondance ; ni des hommages qu'on lui rend, ils sont empoisonnés par ceux qu'il est obligé de rendre lui-même ; ni de son repos, il est malheureux à mesure qu'il est obligé d'être plus tranquille.» Pour Voltaire, l'amplification n'est qu'une fausse abondance ; mais il n'y a là qu'une distinction et une question de mots. Car Voltaire admire les développements qui sont à leur place, qui font ressortir l'idée ou le sentiment, et il blâme les descriptions et les détails hors de propos. D'après lui, les grands écrivains développent leur pensée, les auteurs médiocres l'amplifient. C'est dire qu'il y a de bonnes et de mauvaises amplifications. — En terme de rhétorique , l'amplification *oratoire*, désigne spécialement les développements et les preuves de surcroît, que donne l'orateur, quand le sujet semble achevé. Fléchier après avoir loué toutes les belles actions de Turenne, passe à celles qu'il aurait pu faire s'il eut vécu plus longtemps. « O mort trop soudaine, combien de paroles édifiantes , combien de saints exemples nous as-tu ravis......» ‖ Composition que font les écoliers sur un sujet qui leur est donné pour le développer et l'orner comme ils le jugeront à propos.

AMPLIFIÉ, ÉE. adj. (lat. *amplexus*). Bot. Se dit d'un organe dont le développement est remarquable comparativement à celui des organes analogues de la même espèce ou des espèces voisines. Feuilles amplifiées. Celles qui sont plus larges qu'elles n'ont coutume de l'être.

AMPLIFIER. v. a. (lat. *amplum*, ample ; *facere*, faire. — Prend deux i à la 1re et à la 2e pers. du plur. de l'imparf. de l'indic. et du prés. du subj. : Nous amplifiions, que vous amplifiiez). Étendre , développer un sujet. Voici le canevas, le sujet, il faut l'amplifier. ‖ Exagérer, ajouter des détails. Il amplifie toujours les choses. ‖ S'emploie. absol. Les voyageurs, les nouvellistes ont l'habitude d'amplifier. ‖ Optiq. Grossir. Ce verre amplifie considérablement. ‖ **AMPLIFIÉ, ÉE.** p. pas

AMPLISSIME. adj. 2 g. (lat. *amplissimus*, superl. *deamplus*,ample,large).Fam. Très ample. ‖

Titre d'honneur donné autrefois au recteur de l'université de Paris.

AMPLITUDE. s. f. (lat. *amplitudo ;* de *amplus*, ample). Étendue en longueur et en largeur. (Dans l'amplitude et immensité de la nature. (Pascal.) ‖ Géom. Ligne droite comprise entre les deux extrémités d'un arc. L'amplitude de l'arc d'une parabole. ‖ Dans la théorie des fonctions elliptiques,l'amplitude d'une certaine intégrale est l'angle *phi* ‖ Artill. Dans le même sens, L'amplitude du jet, La ligne droite comprise entre le point d'où part un projectile et celui où il rencontre le plan horizontal qui passe par son point de départ, c.-à-d. la corde qui sous-tend la parabole. ‖ Astr. L'arc compris, sur la sphère céleste, entre le point E. où le point O. de l'horizon, et le point du même cercle dans lequel un astre se lève ou se couche. Amplitude orientale ou *ortive*du soleil. Amplitude occidentale ou *occase.* ‖ Mar. Arc de l'horizon compris entre le point où un astre se lève ou se couche et l'E. ou l'O. de la boussole. ‖ Phys. Amplitude des oscillations, des vibrations, Distance des deux positions extrêmes occupées par un pendule, ou par un corps qui vibre. ‖ Méd. Amplitude du pouls, Se dit de la sensation de largeur que perçoit le doigt placé sur l'artère, comparativement aux cas dans lesquels l'artère, resserrée, donne la sensation d'un cordon étroit.

AMPO. s. m. Minér. Argile rougeâtre, ferrugineuse, que les indigènes des îles de la Sonde font torréfier pour la manger.

AMPONDRE. s. m. Bot. Gaine des feuilles et spathes de palmiers de Madagascar. Les Malgaches s'en servent pour recueillir et conserver les eaux pluviales. Dans cette vaisselle végétale on peut faire bouillir des liquides et des mets au moyen de cailloux rougis au feu. Les Malgaches s'en servent aussi en manière de tuilespour couvrir leurs cases.

AMPOULE. s. f. (lat. *ampulla*). Antiq. rom. Fiole, flacon au col étroit et à base sphérique dont les Romains se servaient, *soit pour* porter l'huile dont ils faisaient usage dans les bains (*ampulla olearia*), soit pour y mettre du vin, du vinaigre ou toute autre boisson Les ampoules se faisaient en verre, en terre cuite ; il y en avait aussi en cuir ou recouvertes de cuir dont on se servait en voyage. ‖ Fiole, petite bouteille ; en ce sens il ne se dit auj. que de la *sainte ampoule,* fiole où l'on conservait à Reims l'huile qui servait à l'onction des rois de France, dans la cérémonie du sacre. D'après une tradition, rapportée par Hincmar au IXe s., la sainte ampoule avait été apportée par une colombe à S. Remy lors du baptême de Clovis. Brisée en 1793 par le conventionnel Rhul, on en produisit lors du sacre de Charles X quelques fragments sauvés, dit-on, par subterfuge. ‖ Chim. Sorte de fiole renflée. ‖ Méd. Tumeur remplie de sérosité qui survient aux pieds ou aux mains à la suite d'une marche ou d'un travail manuel auquel on n'est pas habitué, ou qui s'est produite par des brûlures, par des engelures, par l'application de substances irritantes, comme les cantharides, l'ammoniaque, etc. On perce l'ampoule quand elle est bien formée, puis on protège la plaie par du collodion, de l'ouate, etc. ‖ Anat. Renflement de la cavité de certains tubes ou conduits. — *Ampoule de Vater*, Renflement par lequel se termine le canal pancréatique au moment où il s'ouvre dans le duodénum. ‖ Zool. Nom vulgaire d'une espèce de mollusque, la *bulla ampulla.* ‖ Bot. Renflements pleins d'air qu'on voit sur qq. fucus. ‖ Métal. Boursoufflures qui se trouvent sur l'acier de cémentation (V. ce mot). ‖ Fig. Enflure du style ; caractère du style ampoulé. L'ampoule ressemble à l'emphase, mais elle la dépasse. (Phil. Chasles.)

AMPOULÉ, ÉE. adj. (lat. *ampullatus ;* de *ampulla*, ampoule). Enflé, boursoufflé. Ne s'emploie guère qu'au figuré, en parlant du style. Discours, vers ampoulés. Phrase, période ampoulée. Le style ampoulé apparaît surtout aux époques de décadence littéraire. (Thierry.) Que devant Troie en flammes Hécube désolée Ne vienne pas pousser une plainte ampoulée. (Boileau.) ‖ Autrefois s'employait au sens propre et signifiait Affecté d'ampoules, tuméfié. Et ceux qui de gands emplombez meurtrissoient la chair empoullée. (Ronsard.) Maintenant que l'hyver de vagues empoullées Orgueillit les torrens. (Ronsard.) ‖ Bot. Qui a la forme d'une ampoule. ‖ Syn. *Ampoulé, boursoufflé, emphatique, guindé.* Qualités défectueuses d'un style qui dépasse la mesure. Le style ampoulé est celui où l'on exprime des pensées communes avec de grands mots. Boursoufflé exprime une redondance de mots vides de sens. Emphatique marque l'exagération et fait valoir les choses plus qu'il ne faut. Emphatique peut se dire du ton, du débit d'un orateur ; il n'en est pas de même d'ampoulé et de boursoufflé. Le style guindé est celui qui manque de grâce et qui sent la contrainte.

AMPOULETTE. s. f. (dimin. d'*ampoule*). Mar. Sorte de sablier qui tient lieu d'horloge et sert, à bord des vaisseaux, à mesurer le temps ou à calculer le nombre de nœuds que file un bâtiment. Ce sont deux fioles coniques en verre, remplies de sable qui passe alternativement de l'une dans l'autre. ‖ Artill. Cylindre de saule, d'aune ou de tilleul, qui sert à fermer l'œil d'un projectile creux et à en contenir la fusée

AMPSAGAS. Ancien fleuve d'Afrique, auj. le *Rummel,* séparait la Numidie de la Mauritanie Césarienne et arrosait Cirta (Constantine).

AMPSAKIÉ. Nom moderne de *Lampsaque.*

AMPSANCTI LACUS. Lac de l'ancien Latium, auj. *Lago Mufile* ou *Lago d'Ansante*, d'où s'exhalaient des vapeurs méphitiques.Près de la s'élevait un temple dédié à la déesse Méphitis, à l'entrée d'une caverne empestée, auj. *Bocca del Lupo*, que les anciens regardaient comme un soupirail des Enfers.

AMPSIVARIENS ou ANSIVARIENS. s. m. pl. Peuple de l'anc. Germanie établi d'abord entre les sources de l'Ems et du Weser. Alliés des Romains contre les Chérusques, ils se tournèrent ensuite contre les Romains, combattirent sous Arminius et furent défaits par Germanicus. Chassés de leur pays par les Chauques en 59 ap. J.-C., ils cherchèrent à s'établir sur les bords de l'Yssel ; plus tard, on les voit réunis aux Francs.

AMPTHILL. 2,000 h. Pte vle d'Angleterre, cté et à 12 kil. de Bedford. Parc et château avec une belle galerie de tableaux. Lord Odo Russel (V. ce nom) porte depuis février 1881 le titre de lord Ampthill.

AMPUIS. 1,811 h. Bc. de France (Rhône), cant. de Condrieu, arr. et à 32 kil. de Lyon, sur le Rhône. Vins fameux de la Côte-Rôtie, (40 hect) ; melons et abricots renommés.

AMPULLACÉ, ÉE. adj (lat. *ampullaceus*). Hist.nat. Qui a la forme d'une ampoule ou d'une bouteille. Calice ampullacé. Corolle ampullacée.

AMPULLAIRE. adj. 2. g. Qui concerne les ampoules ; qui en a la forme. ‖ **AMPULLAIRE.** s. f. Zool. G. de mollusques de l'ordre des gastéropodes, fam. des ampullaridcs, à coquille grosse et renflée et à large ouverture. Habite les eaux douces des pays chauds et a la propriétaire résister aux chaleurs de l'été en s'enfonçant dans la vase après avoir fait provision d'une certaine quantité d'eau renfermée dans une sorte de poche placée au-dessus de la branchie et qui n'est que très lentement dépensée, grâce à un opercule qui ferme hermétiquement la coquille de façon à empêcher toute évaporation

AMPULLARIDES. s. f. pl. Fam. de mollusques gastéropodes, ordre des prosobranches, sous-ordre des cténobranches, groupe des tænioglosses-orthonèvres. Coquille conique sphérique ou discoïde, se fermant par un opercule ; chambre pulmonaire et branchiale ; tube respiratoire, mulle court et pied large. G. : *ampullaria* (ampullaire).

AMPULLARIUS. s. m. Ouvrier romain qui fabriquait les ampoules ou qui recouvrait de cuir les ampoules et toute espèce de bouteilles de verres.

AMPULLINE. s. f. Zool. Nom donné par Lamarck à des mollusques qu'il fit rentrer plus tard dans le g. *ampullaire*, et par Blainville à des espèces qu'il réunit ensuite au g. *hélicine.*

AMPULLOÏDE. adj. 2 g. Qui a la forme d'une ampoule.

AMPURDAN ou LAMPURDAN (*Emporitanus ager*). Territoire de la Catalogne, prov. de Girone (Espagne), séparé du dép. des Pyrénées-Orientales par la crête des Pyrénées. Il s'étend de la frontière française au rio Fluvia et compte 12 bourgs et 112 villages ou hameaux. Son nom lui vient de l'antique *Emporion*, colonie de Marseille sur le territoire des *Indigètes.*

AMPURDANÉSC. s. 2 g. Habitant de l'Ampurdan.

AMPURIAS. Anc. ville considérable de la Catalogne, prov. de Girone (Espagne), qui était a capit. de l'Ampurdan. Elle avait remplacé *Emporion* des Phocéens, *Emporiae* des Romains. Ampurias n'a plus que quelques maisons, qui font partie du bourg de *La Escala*. Emporion, la *Ville du marché*, fondée par les Phocéens de Marseille a l'extrémité méridionale du golfe de Rosas, prise par Caton le Censeur en 195 av. J.-C., compta dans ses murs jusqu'à 100,000 h. Il ne reste aucun vestige de l'antique cité, ses ruines ayant été recouvertes par les alluvions du Fluvia. Le comté d'Ampurias eut longtemps des seigneurs particuliers.

AMPUTATION. s. f. (lat. *amputationem*.) Méd. Opération qui consiste à retrancher du corps une portion ou la totalité d'un organe. Employé surtout pour désigner la section des membres, ce terme s'applique aussi à une opération analogue pratiquée sur certains autres organes tels que la langue, la mamelle, l'utérus, etc. L'amputation d'un membre se fait soit dans la continuité, de façon à passer par l'os ou les os de l'un de ses segments, soit dans la contiguïté, c'est-à-dire à travers l'articulation. Ces graves mutilations, que les chirurgiens de l'antiquité ne pratiquaient que dans le cas de gangrene, sont indiquées dans un grand nombre de circonstances que l'on peut ranger en deux groupes, l'un renfermant les cas où la lésion du membre est reconnue incurable et susceptible d'amener la mort, l'autre, ceux qui, sans offrir le même degré de gravité, peuvent à la longue compromettre l'existence ou constituer une infirmité par trop gênante. Cette opération peut se pratiquer suivant différentes méthodes désignées par les noms d'amputations circulaires, ovalaires et à lambeaux. || Par anal. et fig. Action de couper en général, amoindrissement, restriction. Telle est l'amputation qu'ont fait subir au suffrage universel les chirurgiens de la législature.

AMPUTÉ, ÉE. s. Qui a subi une amputation. La salle des amputés doit être bien aérée.

AMPUTER. v. a. (lat. *amputare*, couper.) Faire pratiquer l'amputation. Amputer un membre. On amputa le blessé. || Fig. Diminuer restreindre. Au congrès de Vienne on s'est hâté d'amputer la France. (V. Hugo.) || AMPUTÉ, ÉE. p. pas. Membre amputé. Jambe amputée.

AMPUS. 408 hab. Bg de France (Var), arr., cant. et à 13 kil. de Draguignan. Carrières de marbre blanc veiné de rose. Ruines romaines et féodales.

AMPYX OU AMPYCTER. s. m. Antiq. Réseau, bandelette pour retenir les cheveux. En Grèce, les femmes de qualité retenaient leurs cheveux au moyen d'un ampyx ou bandeau en or, parfois orné de pierreries. || Harnais de tête du cheval. || Par ext. Couvercle ou bouchon d'un vase.

AMRAS, V. *Ambras*.

AMRAVATI. 23,410 h. Ville de l'Inde (prov. angl. du Bérar oriental) dans le N. du Dekhan, ch.-l. de distr., à 176 kil. O.-S.-O de Nagpour (par ch. de fer). Station du ch. de fer de Bombay à Nagpour. Centre du commerce des cotons de l'Inde ; elle donne son nom à l'une des sortes les plus estimées de cette fibre. — Distr. 407,275 h. (1872) à 6,844 kil. car., 3 s.-distr. 911 localités. || AMRAVATI (Buttes et pagode d'). Restes de constructions groupées autour d'une stoupa bouddhique dont les plus curieuses sculptures, dues au ciseau d'artistes gréco-bactriens, ont été transportées à Londres. Ces restes se trouvent dans le distr. de Kistna (présid. de Madras) sur la r dr. de la Kistna, près de Darnakota. Le cercle de piliers qui environnait le principal édifice, avait 180 mètres de tour et était orné de plus de 12,000 statues. La pierre, découpée comme une broderie, représente tous les symboles de la foi boudhique : l'arbre sacré, la roue, le serpent, le cheval. Une ville moderne s'est groupée autour de ces temples ruinés.

AMRI. Général des armées d'Ela, roi d'Israël, marcha contre Zambri qui avait assassiné Ela et s'était emparé de son royaume, et l'assiégea dans Thersa, sa capitale. Zambri se brûla avec toute sa famille dans son palais. Il avait régné sept jours. Ensuite, le royaume d'Israël eut deux rois pendant quatre ans : Amri et Thebni, fils de Gineth. Celui-ci étant mort, tout le royaume fut réuni sous le sceptre d'Amri, qui régna douze ans : six ans à Thersa, qui avait été jusqu'alors la principale demeure des rois, et six ans à Samarie, future rivale de Jérusalem, ville nouvelle qu'il bâtit sur la montagne de Soméron et dont il fit la capitale des dix tribus. Amri mourut en 937. Il fit le mal devant le Seigneur et marcha dans toutes les voies de Jéroboam, fils de Nabath. Il eut pour successeur Achab.

AMRIA'L-KAÏS-BEN-ODJIR. Célèbre poète arabe du temps de Mahomet, auteur d'une des 7 *Moallakah*. Son père Odjir, chef de la tribu des Benou-Assad, le chassa parce qu'il faisait des vers, occupation regardée comme indigne de son rang. Le jeune homme se mit alors à errer de tribu en tribu avec une troupe de gens de toute espèce. Lorsqu'il trouvait une citerne, une prairie, un lieu favorable à la chasse, il s'arrêtait et partageait son gibier et la chair de ses chameaux avec ses compagnons ; puis ils passaient le temps joyeusement en buvant du vin et en jouant aux dès au milieu des chants des musiciens. Cependant, Odjir son père, en outrageant les hommes et les femmes, s'attira la haine des Benou-Assad, qui le massacrèrent. Au moment d'expirer, il dit à un messager de donner ses armes et ses chevaux à celui de ses fils qui ne se montrerait pas affligé. Le messager alla successivement trouver tous les fils d'Odjir qui, à la triste nouvelle, s'abandonnèrent à la douleur. Mais Amria'l-Kaïs, le plus jeune, acheva tranquillement la partie qu'il avait commencée, en disant qu'il ne voulait pas la remettre indéfiniment. Puis s'étant fait raconter la fin tragique de son père, il s'écria : « Ta sévérité m'a perdu enfant ; adulte, elle m'impose de venger ton sang. Point de tempérance aujourd'hui, mais demain, plus d'ivresse ; aujourd'hui, le vin, demain les autels. » Il changea alors complètement sa manière de vivre, et se consacra tout entier à venger son père, auquel il avait juré d'immoler cent des Benou-Assad et de couper à cent d'entre eux les cheveux du front, cérémonie que l'on pratiquait à l'égard des prisonniers auxquels on rendait la liberté. Mais il ne put tenir toute sa promesse. Les Benou-Assad s'enfuirent, et sa colère s'égara sur une tribu innocente. Ses compagnons, indignés de cette méprise, l'abandonnèrent et Mondar, roi d'Hira, ayant obtenu des chevaux du roi de Perse le poursuivit si vivement qu'il le força de s'exiler. Il reçut alors l'hospitalité de Samuel, fils d'Adia, juif généreux, qui lui donna des lettres de recommandation pour l'empereur grec. Amria'l-Kaïs laissa en dépôt à Samuel sa fille Hind et tout ce qu'il possédait, notamment cinq cuirasses célèbres dans l'histoire héroïque des Arabes. L'empereur grec lui accorda ce qu'il demandait ; mais averti qu'il entretenait une intrigue avec sa fille, il lui envoya une chemise empoisonnée Amria'l-Kaïs, couvert d'ulcères dus au contact de ce vêtement, mourut auprès du tombeau de celle qu'il aimait. Amria'l-Kaïs écrivit des satires contre Mahomet. Les musulmans disent qu'au jour de la résurrection, il portera l'étendard des poètes du paganisme, qu'il conduira à sa suite dans les brasiers de l'enfer. Sa Moallakah ne traite d'aucun fait historique ; c'est une série de tableaux dans lesquels le poète peint les plaisirs qu'il a goûtés dans la société des belles, son intrépidité au milieu des dangers ; il décrit les coursiers, les orages, les riants jardins. Le texte arabe en a été publié par Lette, Leyde, 1748 ; W. Jones en a donné une trad anglaise, Londres, 1782 Le baron Mac-Guckin de Slane a publié le *Diwan d'Amria'l-Kaïs, précédé de la vie de ce poète, par l'auteur de Kitab et Aghani, accompagné d'une traduction et de notes*, Paris, 1837.

AMRIT (anc. *Marathus*). Ville de la côte de Phénicie, à 10 kil. d'Antaradus, auj. en ruines, explorée et décrite par M. Renan en 1861. On y remarque les restes de plusieurs monuments importants, et notamment ceux d'un temple qui est le débris le plus considérable de l'architecture religieuse des Phéniciens.

AMRITA. s. m. Myth. hindoue. Aliment des dieux, auquel ils doivent l'immortalité et qui était formé par le barattement de la mer de lait. L'amrita des Hindous, qui joue un grand rôle dans leur poésie, correspond à l'ambroisie des Grecs qui en dérive évidemment.

AMRITSAR ou AMRITSIR. 112,000 h. Autrefois *Tchéka* puis *Ramdaspour*. Ville fortifiée du Pendjâb dans l'Hindoustan, ch.-l. de la prov. du même nom, à 67 kil. de Lahore. C'est la cité sainte des Sikhs, qui formaient anciennement une vaste confédération et qui constituent encore aujourd'hui une secte puissante; elle renferme le bassin sacré de l'Immortalité (Amrita-Paras), qui lui donne son nom et au milieu duquel s'élève un temple de marbre et d'or, sanctuaire de la secte et où se conserve le livre sacré, œuvre de Govind-Singh. Grand commerce de tissus, d'étoffes de laines, de châles, de safran, de sel gemme. Entrepôt du commerce entre l'Inde et l'Afghanistan. || AMRITSAR ou AMRITSIR. Prov. anglaise des Indes, dans la partie orient du Pendjâb, comprenant les distr. d'Amritsar, Sialkôte et Gardaspour. 2,730,000 h.

AMROHA (angl. *Umrohah*). 35,000 h. Ville de l'Hindoustan, prov. de Delhi, distr. et à 32 kil. de Morodabad, dans une plaine fertile arrosée par un aff. du Gange. Coton, plantations cannes à sucre.

AMROM ou AMRUM. Pte île de la mer du Nord, sur la côte occid. du Schleswig-Holstein, 28 kil. car.; 570 h. Autrefois danoise, elle appartient à la Prusse depuis 1864. Pêche des huîtres.

AMROU-BEN-KELTOUX. Poète arabe ancien, descendant d'Agleb et célèbre par la Moallakah qu'il prononça devant Amrou-ben-Djoud, roi de Hira, en faveur de la tribu des Aglébites. Le poète rappelle la valeur et la générosité de ses ancêtres, l'indépendance que sa tribu conserva toujours, tandis que la tribu adverse, celle des fils de Bekr, avait subi une domination étrangère. Cette Moallakah a été traduite par W. Jones, Londres, 1782. || AMROU-BEN-EL ASS. Un des plus illustres capitaines et propagateurs de l'islamisme, mort vers 662. D'abord adversaire de Mahomet, il devint un de ses plus ardents partisans, conquit la Syrie (634), puis l'Égypte (640), et fit creuser un canal du Nil à la mer Rouge. C'est lui qui, d'après une opinion très répandue, brûla, sur les ordres d'Omar, la bibliothèque d'Alexandrie ; mais auj. le fait même de cet incendie est révoqué, en doute par plusieurs historiens qui pensent que la bibliothèque d'Alexandrie avait cessé d'exister antérieurement à la conquête arabe. || AMROU-BEN-LEÏTS. 2e prince de la dynastie des Soffarides (V. ce mot).

AMSBERG (Aug.-Phil.-Christ. Théod. d'). Administrateur allemand né à Rostock, 1789, Secrétaire de la Chambre du grand-duc de Brunswick, conseiller d'ambassade,1832. Directeur du Collège des finances, etc. A donné une vive impulsion aux voies ferrées dans cette partie de l'Allemagne.

AMSCHASPAND ou AMSCHAPAND. s. m. (a-mscha-spond ; du zend *ameskâ*, immortel, et *çpentâ*, saint). Myth. perse. Génie du bien et de la lumière, serviteur d'Ormuzd dans la religion de Zoroastre. Les Amschaspands sont au nombre de 7 en y comprenant Ormuzd qui est le premier des Amschaspands. Pour résister au génie du mal, Ahriman, il créa six autres puissances : *Bahman*, ou le bon vouloir, *Ardibehesct*, la Sincérité, *Schariver*, l'Équité, *Sapandomad*, la Piété, génie particulier de la terre, *Kordad*, la Puissance, *Amerdad*, l'immortalité. Les sept Amschaspands, selon quelques auteurs, représentent les sept planètes ; d'autres reconnaissent en eux le soleil, la lune, le feu, l'eau et leurs différents aspects. Ils sont opposés aux Darvands, serviteurs d'Ahriman, principe du mal et des ténèbres. || AMSCHASPANDS ET DARVAND. Titre d'un ouvrage de Lamennais, qui parut en 1843. Il contient sous l'allégorie d'une lutte entre les bons et les mauvais génies, une polémique contemporaine, une satire des hommes et des choses sous le règne de Louis-Philippe.

AMSDORF (Nicolas d'). Théologien protestant, né à Tschoppau, en Saxe en 1483, m. à Eisenach en 1565 Ami de Luther dont il devint un des plus ardents collaborateurs, il fut nommé par l'électeur de Saxe, évêque de Naumbourg et sacré par Luther. On a dit de lui qu'il était plus luthérien que Luther. Un autre zélateur luthérien, Mathias Flaccius, ayant soutenu que le péché originel est devenu la *substance* même de l'âme humaine, Amsdorf adopta cette proposition en l'adoucissant un peu : il dit que le péché est devenu un fort *accident* de notre âme. Il nia la nécessité des bonnes œuvres, et soutint même qu'elles étaient nuisibles au salut. Il combattit énergiquement toutes les tentatives faites pour modifier la doctrine luthérienne de la Cène dans le sens calviniste. Il avait du penchant pour l'ascétisme ; il resta célibataire, et conserva toujours dans sa chambre à coucher un cercueil qui devait lui rappeler la mort. Il avait aidé Luther dans sa traduction de la Bible et publié ses œuvres à Iéna.

AMSDORFIENS. s. m. pl. Secte luthérienne du XVIe siècle, ainsi nommée de Nicolas d'Amsdorf.

AMSELFELD (*Champs de merles*). Nom allemand de la *lande de Kossovo* ou *Cassova* (en serbe *Kosova polje*) en Serbie, qui s'étend a l'E. de Prischtina sur une longueur de 52 kil. et une largeur de 22. C'est dans cette lande que se livrèrent les deux célèbres batailles de Kossovo (27 juin 1389 et 14 oct. 1448), gagnées, la première sur les Serbes par le sultan Amurat Ier qui y fut tué, la seconde sur les Hongrois par Amurat II.

AMSLER (Samuel). Graveur suisse, né à Schinznach, en 1791, m. à Munich en 1849. Il séjourna plusieurs années à Rome, puis devint professeur à l'académie des beaux-arts de Munich. On lui doit *le Triomphe d'Alexandre le Grand*, d'après Thorwaldsen, 1853 ; *le Triomphe de la religion dans les arts*, d'après Overbeck, 1840-1847, et plusieurs autres œuvres très estimées, gravées d'après les meilleurs maîtres anciens et *modernes* (Raphaël, le Dominiquin, Cornelius, Kaulbach, etc.)

AMSTADTEN. V. *Amstetten.*

AMSTEG. 260 h. Vge de Suisse, cant. d'Uri, à 14 kil. S. d'Altdorf, à l'entrée de la route et sur le chemin de fer du St-Gothard, dans la vallée sauvage de la Reuss (altit. 522 m.). Ruines du *Zwing-Uri*, la célèbre forteresse construite par le baillí Gessler.

AMSTEL. Rivière canalisée de la Hollande, qui paraît une ancienne branche du Rhin, traverse Amsterdam qui lui doit son nom, et se jette dans le golfe de l'Y ou IJ (pron. ei).

AMSTELLODAMOIS, OISE. s. et adj. Qui est d'Amsterdam ; qui concerne cette ville ou ses habitants.

AMSTELODAMUM. Nom d'Amsterdam en latin moderne.

AMSTELVEEN. 3,000 h. Vge de la Hollande septent., à 8 kil. S. d'Amsterdam, sur l'Amstel. Manufactures.

AMSTERDAM. Une des deux capitales de la Hollande ou Pays-Bas (mais la Haye est le siège du gouvernement et la résidence du roi) ; Ch.-l. de la prov. de Hollande septent., port de mer sur le golfe de l'Y (pron. ei), à l'embouchure de l'Amstel qui lui donne son nom (*Amstel-dam*, digue de l'Amstel), à 22 kil. de la Haye et à 540 de Paris. 320,000 h., dont 60,000 catholiques, 30,000 juifs et 4,500 anabaptistes. Amsterdam communique avec la mer par le canal de l'Y, le canal de Nieuwe-Diep et celui de la mer du Nord. Bâtie sur pilotis sur un terrain marécageux, au-dessous du niveau de la mer contre laquelle elle est défendue par des digues et des écluses, la ville, traversée par des canaux, forme une centaine d'îles communiquant entre elles par près de 300 ponts généralement en pierre, avec tabliers mobiles pour permettre la circulation des bateaux. L'eau potable est amenée par des conduits souterrains des environs de Haarlem. Les maisons sont en briques et un grand nombre peintes, ce qui donne à la ville un aspect tout particulier. Le monument le plus remarquable est l'ancien hôtel de ville, auj. Palais-Royal, construit de 1648 à 1655 par Jacob Van Campen, et qui passe pour le meilleur monument d'architecture dite classique que possède la Hollande ; l'intérieur en est plus remarquable que l'extérieur dont le fronton s'accorde mal avec les pignons des maisons voisines ; il est orné de sculptures de Quellin et renferme des tableaux de maîtres hollandais, notamment la célèbre *Réunion d'arquebusiers* de Franz Hals. On remarque ensuite la vieille église St-Nicolas, l'église Neuve ou église Ste-Catherine qui renferme le tombeau de l'amiral Ruyter, le palais de justice, la bourse, le palais de cristal, le pont de l'Amstel (32 arches, 206 m. de long.), de nombreux établissements consacrés aux arts et aux sciences, notamment le jardin zoologique. Réduit central de la défense de la Hollande, Amsterdam n'est protégée actuellement que par les eaux dont elle peut s'envelopper en 24 heures, mais on construit une série d'ouvrages fortifiés pour défendre les canaux et les routes qui conduisent à la ville. Entrepôt pour les marchandises des pays du Nord, Amsterdam est un des grands centres commerciaux du monde. En 1879, le mouvement de son port a été de 1,493 entrées, d'un tonnage total de 692,000 tonnes, et de 1,440 sorties (667,000 t.). L'industrie, bien moins importante que le commerce, consiste en fabriques d'étoffes, manufactures de tabacs, produits chimiques, constructions navales, distilleries de curaçao et de bitter, raffineries de sucre, orfévrerie, taille des diamants et des pierres précieuses. — Amsterdam qui n'était au commencement du XIIIe s. qu'un village de pêcheurs prit un accroissement rapide à partir de 1578 ; elle se joignit aux Provinces-Unies et devint l'asile de tous les fugitifs des Pays-Bas. Elle devint surtout florissante au XVIIe s., après que le traité de Westphalie, en fermant l'Escaut, eut ruiné le commerce d'Anvers (1648). Son commerce, presque anéanti à la fin du XVIIIe s., a repris depuis 60 ans un nouvel essor. Prise par Pichegru en 1795, Amsterdam fut de 1806 à 1809 la capitale du royaume de Hollande et, après la réunion de la Hollande à la France, ch.-l. du dép. du Zuyderzée (1810-1814). Patrie du philosophe Spinoza, du naturaliste Swammerdam, du poète Vondel, des peintres Van der Velde, Philippe et Salomon Korninck, Steenwyck, etc. || **AMSTERDAM.** Ile de l'océan Glacial arctique près de la côte N.-O. du Spitzberg. Station des baleiniers hollandais au XVIIe s. au vge de Smeerenberg. || **AMSTERDAM.** Ile inhabitée de l'océan Pacifique, entre le cap de Bonne Espérance et la Nouvelle-Galles du Sud. || **AMSTERDAM.** 7,000 h. Vle manufacturière des État-Unis, dans l'État de New-York, comté de Montgoméry, sur le Mohawk et le canal de l'Érié. || **AMSTERDAM** (NOUVEL-). *New-Amsterdam.* Vle forte et port de la Guyane anglaise, près du confluent de la Berbice et de la Candje. Fondée par les Hollandais, cette ville, moins malsaine que George-Town, appartient aux Anglais depuis 1814.

AMSTETTEN ou AMSTADTEN. 1300 h. Bg de la Basse-Autriche, ch.-l. d'arr. du cercle d'Ober-Wienerwald, sur l'Ybbs, affl. du Danube, à 12 kil. S. de Grein. Victoire des Français sur les Autrichiens et les Russes en 1805.

AMTCHITKA. La plus méridionale des îles Aléoutes.

AMTHOR (Christophe-Henri). Jurisconsulte allemand, 1678-1721. Professeur de droit et de politique à Kiel, en 1704 ; entra au service du Danemark en 1713 ; fut nommé historiographe royal, etc. Il composa par ordre du roi des pamphlets relatifs aux différends qu'avait le Danemark avec la Suède et le duché de Holstein-Gottorp. En 1715, il vint à Copenhague, fut nommé conseiller de justice et fut logé dans le château royal de Rosenbourg. De ses nombreux ouvrages on cite : *Meditationes philosophicæ; De Justitia divina ; Poésies et traductions*, en allemand, Flensbourg, 1717 ; *Écrits politiques*, en allemand, 1715.

AMUCK ou AMOK s. m. (javanais *amoak*, tuer). Sorte de frénésie ou de folie homicide particulière aux Malais.

AMULA. s. f. Antiq. chrét. Grande burette dans laquelle on offrait le vin pour le sacrifice. On donnait le nom de *hama* à ce vase lorsque la panse en était arrondie en forme de globe. Dans les premiers siècles du christianisme, tous les fidèles étaient appelés a offrir le vin pour le sacrifice. Les diacres recevaient ce vin dans les *amulæ*, pour le verser ensuite dans les calices. Elles étaient d'un poids souvent considérables, en or, en argent, quelquefois enrichies de pierres précieuses. Lorsque l'usage des oblations du peuple eut cessé, on substitua aux *amulæ* les petites ampoules nommées burettes.

AMULETTE. s. f. (lat. *amuletum*, de *amoliri*, écarter, ou plus vraisemblablement de l'arabe *hamalet*, pendeloque. — A l'exemple de l'Acad. plusieurs écrivains ont fait ce mot masculin, à cause du mot latin, mais l'analogie des désinences l'a emporté, et l'Acad. elle-même, dans la dernière édit. de son dictionnaire, a adopté le genre fém.). Figure, caractères, ou tout autre objet portatif auquel la superstition attribue le pouvoir de guérir certaines maladies ou même d'en préserver les hommes et les animaux, ainsi que de les garantir contre certains dangers. *Mon hôte avait des amulettes suspendues au cou.* (Châteaubriant.) *Elle tira d'entre les nattes tordues autour de sa tête, une de ces amulettes que portent toutes les femmes des pays orientaux.* (Ger. de Nerval.) — La chose, comme le nom, est d'origine orientale. Les plus anciennes amulettes se rencontrent chez les Égyptiens, sous la forme d'un scarabée. Le scarabée, *cantharos*, est l'image du principe de la virilité, comme l'oiseau sacré, *térax*, l'épervier ou le faucon, est le symbole du principe féminin. Les Arabes et les Persans ont toujours eu et ont encore leurs amulettes, qu'ils nomment *talismans*. On fait venir le nom et l'usage des talismans de l'Inde, où encore aujourd'hui la suspension du *tali*, sorte d'amulette que le fiancé met au cou de la fiancée, est la plus importante cérémonie du mariage. Il y aurait une différence entre l'amulette et le talisman ; l'amulette consiste en une inscription sur du papier ; elle n'est portée que par les hommes et généralement par les soldats, comme un scapulaire ou un baudrier. Le talisman consiste en une inscription sur une pierre ; il est surtout porté par les femmes, à la ceinture et dans le sein. Il faut remarquer toutefois que la forme, la matière, les usages des amulettes, sont extrêmement multiples. Le peuple juif n'a pas été complètement exempt de ces superstitions. Les Grecs croyaient a l'ensorcellement par le mauvais œil, *bascania*, et ils appelaient les préservatifs, *probascania*. Les Romains exprimaient à la fois le maléfice et le préservatif par le même mot, *fascinus*, *fascinum*, ensorcellement, et moyen de s'en préserver. Ils avaient un dieu spécial appelé *deus fascinus*, dont le symbole servait d'amulette. Leur principale amulette était le *phallus*. On le suspendait au cou des enfants, on le plaçait à l'entrée des maisons et des appartements. On se servait aussi d'anneaux faits, par ex., avec des clous de potence comme de nos jours on attribue certaines vertus à la corde de pendu. Le christianisme, contraire à toutes les pratiques superstitieuses, n'a pu les détruire complètement. À travers les âges, certaines sectes chrétiennes ont conservé l'usage des amulettes. Chez les Basilidiens, les pierres d'*Abraxas* jouent un grand rôle. L'usage en passa en Espagne par les Priscillianistes. On trouve dans beaucoup de conciles la condamnation des amulettes. On ne saurai confondre avec les amulettes les objets bénits, les *agnus Dei*, les reliques ou images des saints, que quelques personnes pieuses portent sur elles. D'après l'enseignement de l'Église, ces croix, ces images, ces figures n'ont aucune vertu ou elle-même : *non quod credatur inesse aliqua in iis divinitas vel virtus*, dit le Concile de Trente. Elle en explique le sens, elle enseigne comment il faut s'en servir et quelle valeur purement commémorative il leur faut attribuer. Ces objets sont de simples témoignages de foi chrétienne, auxquels certaines grâces surnaturelles sont attachées, et non des preservatifs, dans le sens propre du mot. || Syn. *Amulette, talisman.* L'amulette, dans le langage ordinaire est un préservatif contre la maladie, les dangers ; le talisman donne le pouvoir d'exercer une influence surnaturelle.

AMULIO ou DE MALA (Marc-Ant.). Cardinal, né à Venise en 1505, m. à Rome en 1570. Chargé par Venise de plusieurs missions auprès de Charles-Quint et de Philippe II, il devint ensuite ambassadeur à Rome et fut nommé par Paul IV évêque de Rieti, cardinal et bibliothécaire du Vatican. Il a laissé des *lettres* qui ont été imprimées.

AMULIUS. Roi d'Albe, fils de Procas, détrôna son frère Numitor, força Rhéa Silvia, sa nièce, à se faire vestale, et exposa sur le Tibre les deux enfants de celle-ci, Rémus et Romulus, qui plus tard le tuèrent et rendirent la couronne à Numitor, vers 754 av. J.-C.

AMUNITIONNEMENT s. m. de det (*munition.*) Action d'amunitionner.

AMUNITIONNER. v. a. Pourvoir de munitions. Amunitionner une place, une citadelle.

AMURAT. Nom de cinq sultans turcs : **AMURAT Ier** ou *Mourad*. Né en 1319, succéda à son père, Orkhan, 1360-1389 ; enleva aux Grecs la Thrace, Gallipoli et Andrinople, où il établit le siège de son empire, soumit la Macédoine et l'Albanie. Alarmés de ses succès, les Valaques, les Hongrois, les Dalmates, les Serbes, formèrent contre lui une ligue dont Lazare, kral de Serbie, fut le chef. Amurat marcha au devant de ses ennemis, et gagna sur eux la sanglante bataille de Cassova (Kossovo), 1379. Lazare fut fait prisonnier ; presque tous les autres chefs avaient péri. Pendant qu'Amurat parcourait le champ de bataille, le gendre de Lazare, Milosch Kobilovitz, se levant d'entre les cadavres, s'élança sur lui et lui porta un coup mortel. Pour venger le sultan, les Turcs massacrèrent auprès d'Amurat expirant le prince de Serbie et les principaux prisonniers. Amurat Ier établit la milice des janissaires et créa la charge de grand-vizir. || **AMURAT II**. Fils et successeur de Mahomet Ier, 1421-1451 ; il eut d'abord à lutter contre un prétendu Mustapha, suscité par l'empereur grec Manuel II, et soi-disant fils de Bajazet, disparu à la bataille d'Ancyre. Soutenu par les Génois de Phocée, il vainquit non sans peine ce compétiteur, le fit pendre et pour se venger assiégea Constantinople avec deux cent mille Turcs. Repoussé, il se dédommagea en enlevant Thessalonique aux Vénitiens, et en s'emparant de Janina en Albanie, 1431. Ensuite il envahit la Hongrie, et se trouva en face de la Chrétienté. Le pape Eugène IV sollicita une croisade. Le duc de Bourgogne, Gènes et Venise répondirent seuls à son appel. Jean Hunyade remporta sur les Turcs deux victoires signalées et entra dans Bude en triomphe avec 13 pachas, 9 étendards et 4,000 prisonniers. Amurat demanda la paix. Une trève de 10 ans fut conclue. Le sultan, fatigué de la vie guerrière, quoique dans la vigueur de l'âge, abdiqua en faveur de son fils Mahomet, âgé de 14 ans, et se retira à Magnésie, au milieu de quelques ermites. Mais bientôt il apprend qu'une grande flotte composée des forces combinées du pape, des Vénitiens, des Génois, des Flamands menace les Turcs et que Ladislas, roi de Pologne et de Hongrie, avait repris les armes malgré la trève. Il jugea alors nécessaire de ressaisir le sceptre et l'épée. A la tête de 60,000 hommes d'élite, il évite la flotte chrétienne, qui l'attendait dans le Bosphore, se fait transporter avec son armée à Gallipoli par des navires génois, moyennant un ducat par soldat, arrive à Varna, et livre bataille aux croisés affaiblis et désunis. Il eut d'abord le dessous et prit la fuite ; mais arrêté par un janissaire qui saisit la bride de son cheval et le fit tourner, il revint à la charge et remporta la victoire, 10 nov. 1444. Dix mille chrétiens périrent ; la perte des Turcs fut plus grande encore. Pendant la bataille, le roi de Hongrie, pénétrant jusqu'au sultan, lui livra un combat singulier. Amurat perça son cheval, le roi tomba et périt sous les coups des janissaires. Sa tête coupée fut montrée au bout d'une lance et ses soldats, et ensuite portée à Brousse pour annoncer la victoire d'Amurat. Au lieu de poursuivre ses succès, Amurat retourna à sa délicieuse retraite de Magnésie. Cependant le grand Hunyade qui avait rétabli l'ordre en Hongrie, durant la minorité du nouveau roi, envahit encore l'empire turc. Amurat s'avança contre lui à la tête de cent cinquante mille hommes et le défit dans les champs de Kossovo (14 oct 1448). Cependant, Ali-pacha envoyé contre Scanderbeg, libérateur de l'Albanie, à la tête de 40,000 hommes avait été défait. Un autre général avait perdu 10,000 Turcs. Amurat lui-même se mit à la tête de 6,000 chevaux et 40,000 janissaires et attaqua l'Albanie. Il n'obtint d'autre résultat que la prise de quelques forts. Ayant mis le siège devant Croïa il fut harcelé par les bandes de Scanderbeg, qui repoussait toute proposition de paix, et, plein de dépit et de découragement, il se retira à Andrinople où il mourut (1451), laissant le trône au fameux Mahomet II, son fils. || **AMURAT III** monta sur le trône après Sélim II, son père, à l'âge de 31 ans, en 1575. Il fit égorger ses cinq frères dont le plus âgé n'avait pas huit ans. Cette barbarie, qui faisait présager un règne sanguinaire, fut le seul acte cruel qu'il ait commis. C'était un prince avare,

faible et voluptueux. Les excès vénériens le rendirent épileptique. Il aima la guerre, mais ne parut jamais à la tête de ses armées. Il la déclara en 1578 aux Persans ; la paix ne fut conclue qu'en 1590, et elle mit Amurat en possession de Tauris et de trois provinces persanes. En Europe, ce prince fit obtenir la couronne de Pologne à Étienne Bathori, vayvode de Transylvanie, son vassal, au préjudice de l'empereur Maximilien. En 1593, comme l'empereur Rodolphe refusa de lui payer tribut, il fit entrer en Hongrie le grand-vizir Sians-Pacha qui, en 1592, força l'archiduc Mathias de lever le siège de Brünn et prit l'importante place de Rahab. A la suite d'une sédition de janissaires, eut lieu à Constantinople le terrible incendie de 1581 qui consuma 15,000 maisons. Amurat III mourut en 1594. || **AMURAT IV**, né en 1609, succéda à son oncle Mustapha, en 1623. A peine âgé de treize ans, il ne tarda pas à se faire craindre de ses sujets et de ses ennemis. A un esprit ferme et intrépide, il joignait une adresse et une force de corps extraordinaires. Ses guerres contre les Polonais et contre les Persans, où il combattit toujours en personne, lui ont valu le titre de *Ghazi* (Victorieux). Ses exploits les plus célèbres sont la prise de Van et celle de Bagdad, où il entra sur les cadavres de 30,000 vaincus. A l'intérieur il fit trembler tout le monde, surtout les pachas et les magistrats. Il se déguisait pour se renseigner lui-même. Quelques auteurs évaluent à quatorze mille, d'autres à huit mille, les victimes de sa justice inexorable ou de sa cruauté. Il punissait de mort ceux qui fumaient du tabac ou de l'opium. Se mettant au-dessus des lois, il fut le premier sultan qui osa permettre l'usage du vin, et il s'enivrait avec ses favoris. Ses débauches avancèrent le terme de ses jours. Quelques heures avant d'expirer, il menaçait ses médecins de mort s'ils ne se hâtaient de le guérir. Il mourut en 1640, à l'âge de 31 ans. || **AMURAT V** (Méhémed-Mourad.) Fils aîné d'Abdul-Medjid, né en 1840, proclamé sultan après la déposition de son oncle Abdul-Aziz (30 mai 1876) mais déposé lui-même au bout de trois mois comme incapable de régner au profit de son frère Abdul-Hamid (31 août).

AMURCA ou **AMURGUE**. s. f. Résidu de la fabrication des huiles d'olives, qu'on emploie pour faire les savons communs.

AMURE. s. f. (étym. inconnue). Dans l'ancien franc., *amure* signifiait *pointe*. On disait l'amure d'un pieu, d'une lance Du bon espieu au corps lui met l'amure (Chant de Roland.) || Mar. Cordage fixant le point d'en bas, nommé point d'amure d'une voile qui se trouve au vent. On voit qu'amure a conservé le sens de pointe. En effet c'est le cordage de la pointe, du coin de la voile. Amures de misaine, de bonnettes. L'amure prend le nom de la voile où elle est attachée. (Aug. Jal.) Avoir, les amures à tribord, à babord, Se dit quand la voilure est disposée pour recevoir le vent par la droite ou par la gauche. On dit aussi Etre tribord-amures, bâbord-amures.— Prendre les amures à tribord, à bâbord, Se dit lorsqu'on change l'allure du bâtiment et qu'on oriente les voiles pour recevoir le vent soit par tribord, soit par bâbord. — Changer d'amures, Virer de bord.

AMURER. v. a. Roidir les amures d'une voile pour la présenter au vent selon l'angle voulu. Amurer une voile

AMURGUE. V. *Amurca.*

AMUSABLE. adj. 2 g. Qu'on peut amuser, distraire. Cet enfant n'est plus amusable. Peu us.

AMUSANT, ANTE. adj. Propre à amuser, à divertir, à distraire, Homme, esprit, livre amusant. Conversation, lecture, comédie, société amusante. C'est un jeu amusant.

AMUSEMENT. s. m. Ce qui récrée, distrait, divertit. Amusement honnête, paisible, frivole. Le travail est pour lui un amusement. Ils jouent par amusement. || Perte de temps, retardement, Pas tant d'amusement ; allez vite où je vous ai dit. (Acad.) || Leurre, promesses trompeuses. Je suis las de tous vos amusements, payez votre dette. Vx. || S'empl. en parlant d'une personne qui est l'objet des railleries des autres. Être l'amusement d'une société. || Syn. *Amusement, divertissement, récréation, réjouissance.* Choses auxquelles on se livre pour son agrément ou son bien-être

L'amusement est une occupation légère, facile, agréable : le divertissement a quelque chose de plus vif, de plus étendu et renferme une idée de joie partagée. On peut s'amuser isolément, on ne se divertit jamais seul. L'amusement n'est le plus souvent qu'un passe-temps, le divertissement est un plaisir. La récréation est un court délassement, une distraction pour l'esprit de ses fatigues. La réjouissance se fait remarquer par des actions extérieures : fêtes, danses, acclamations. Il s'emploie alors de préférence au pl. en parlant de fêtes publiques. || **AMUSEMENTS CHAMPÊTRES** (les). Tableau de Watteau Ce chef-d'œuvre qui a sept pieds de large sur plus de quatre de haut offre une scène plus mondaine que rustique. Il a été acheté 150,000 fr. en 1853 par un Anglais, M. Hertfort.

AMUSER. v. a. (de d et *muser*). Faire perdre le temps, arrêter inutilement. Amuser quelqu'un. Un rien l'amuse. Il ne faut qu'une mouche pour l'amuser. Amuser l'ennemi. || Repaître de vaines espérances, tromper en faisant perdre le temps. Il l'amuse de belles paroles, de belles promesses. Charles-Quint et François Ier ne faisaient que s'amuser l'un l'autre par cette négociation. (Boss.) || Prov. et fig. Amuser le tapis, Parler de choses vaines et vagues pour faire passer le temps. Il sait amuser le tapis C'est pour amuser le tapis On dit aussi Amuser la conversation. — Dire beaucoup de paroles dans une affaire sans arriver au fait. Pendant une heure, il n'a fait qu'amuser le tapis. || Divertir par des choses agréables. En attendant le souper on amusa la société par un concert. Amuser des enfants Damon, ce grand auteur dont la muse fertile Amusa si longtemps et la cour et la ville. (Boil.) — On l'emploie qfois sans régime. Il a bien de l'esprit, de celui surtout qui plaît et qui amuse. (La Bruy.) On ne peut pas dire d'une tragédie qu'elle amuse, parce que le genre de plaisir qu'elle fait est sérieux et pénétrant. (Boil.) En parlant des choses. La harpe d'un berger amuse sa tristesse (de Saül) et ne la guérit point. (Mass.) Pison peut cependant amuser leur fureur. (Corn.) Ils (les beaux esprits) amusent leur talent à des choses puériles. (Montesq.) || Hortie. Amuser la sève, Laisser à l'arbre plus de bois et de bourgeons que de coutume. || **S'AMUSER**. v. pr. S'occuper par simple divertissement. Il s'amuse à faire des vers. — Perdre le temps. Morbleu ! je suis bien sot de m'amuser à raisonner avec vous. (Mol.) — Prov. et fam. S'amusera la montarde, Perdre son temps à des bagatelles. — Abs. Ne vous amusez pas, on vous attend. || Se divertir. On ne s'amuse pas longtemps de l'esprit d'autrui. (Vauven.) Les enfants aiment à s'amuser. S'amuser de peu de chose. || S'amuser de quelqu'un, Se moquer de lui. Les sots s'amusent des gens d'esprit, aussi bien que ceux-ci peuvent s'amuser des sots. (Duclos.) || Fam. A quoi vous amusez-vous de parler a un fou ? c.-à-d., De quoi vous avisez-vous, etc. ? — Dans le même sens, Ne vous amusez pas à le plaisanter, il n'entend pas raillerie. || Fam. et abs. S'adonner au plaisir. Il s'est trop amusé dans sa jeunesse || En parlant des choses. Les faibles déplaisirs s'amusent a parler. (Corn.) Vains transports où sans fruit mon désespoir s'amuse (Corn.) || Syn. *Amuser, divertir.* Amuser, c'est faire passer le temps avec agrément ; divertir, c'est détourner l'esprit, c'est le tourner vers des choses agréables. Divertir dit donc plus expressif qu'amuser, et les divertissements sont plus vifs que les amusements. || *Amuser, abuser, tromper*, etc. V. *Tromper.*

AMUSETTE. s. f. (diminutif tiré d'*amuser*). Petit amusement, au prop. et au fig. Les poupées sont des amusettes d'enfant. Le fermier vient, le prend, l'encage bien et beau, donne à ses enfants pour servir d'amusette (La Font.) Chaque siècle à son amusette (Bér.) D'Avaux, notre ambassadeur en Hollande, lassé de toutes les amusettes avec lesquelles on le menait, salua le roi le lendemain (St-Sim.) || Canon léger inventé par le maréchal de Saxe, et se chargeant par la culasse

AMUSEUR, EUSE. s. Celui, celle qui amuse, qui divertit. Cet écrivain est un aimable amuseur. || Fam. Celui, celle qui leurre quelqu'un de vaines promesses. Malgré ses belles promesses, il n'est qu'un amuseur.

AMUSOIRE. s. f. Moyen d'amuser, dans le sens de distraire. Cela n'est pas sérieux, ce n'est qu'une amusoire. Fam. et peu us.

AMUSSAT (Jean-Zuléma). Chirurgien, né à St-Maixent (Deux-Sèvres), 1796-1856. On lui doit l'invention de plusieurs instruments, notamment de la sonde droite. Il est l'auteur d'un *Mémoire sur la torsion des artères* (1829), de recherches sur le système nerveux (1825) et d'autres ouvrages sur les hernies, la lithotritie, etc. || **AMUSSAT** (Auguste-Alphonse). Chirurgien, né à Paris; 1820-1878. Fils du précédent. S'occupa particulièrement des applications de la galvano-caustique aux affections chirurgicales. *Mémoires sur la galvano-caustique thermique,* Paris, 1876, in-8o, et nombreux mémoires.

AMYCLAS. Fils de Lacédémon et de Sparta, père d'Hyacinthe et de Cynortas, et fondateur de la ville d'Amyclée.

AMYCLÉE. V'le de l'anc. Grèce, dans la Laconie, près de Sparte; patrie des enfants de Tyndare, célèbre par un temple d'Apollon. La statue du dieu, en bronze, un des plus anciens monuments de l'art grec, avait seize coudées de hauteur. Elle était supportée par le sarcophage d'Hyacinthe. Le tout fut, dans la suite placé sur un autel demi-circulaire, œuvre remarquable du sculpteur Bathyclès de Magnésie, dont la description se trouve dans Pausanias. Tous les ans, les jeunes filles de Sparte se réunissaient dans une maison appelée *Khitôn,* et y tressaient des guirlandes destinées à orner la statue d'Apollon Amycléen. C'était aussi dans le temple d'Amyclée que se célébraient les Hyacinthies. La statue subsista jusque dans le ive s. de notre ère.

AMYCLÉEN, ENNE. s. et adj. Habitant d'Amyclée; qui se rapporte à Amyclée ou à ses habitants. || Surnom d'Apollon. (V. *Amyclée.*) || Surnom de Castor, de Pollux, de Tyndarée, d'Hyacinthe, qui avaient habité la ville d'Amyclée ou y avaient eu leurs aventures.

AMYCUS. Fils de Neptune et de la nymphe Bithynis ou Mélie, roi des Bébryces. On lui attribue l'invention du ceste. Fier de sa force, il défiait tous les voyageurs qui passaient dans ses Etats et les tuait. Il provoqua de même les Argonautes. Mais Pollux l'étendit mort sur la poussière. Selon certains auteurs il le laissa périr de faim, lié au tronc d'un laurier dont les branches avaient la propriété d'exciter la discorde partout où on les transportait. Les Bébryces voulurent venger leur roi, mais ils furent exterminés par les Argonautes.

AMYDOLÉ, ÉE. adj. Se dit des médicaments préparés par extraction et contenant des fécules.

AMYÉLIE. s. f. (du gr. *a* priv., et *muélos,* moelle). Térat. Monstruosité caractérisée par l'absence de la moelle épinière.

AMYÉLONÉVRIE. s. f. (du gr. *a,* priv., *muélos,* moelle, et *nevron,* nerf). Méd. Paralysie de la moelle épinière.

AMYÉLOTROPHIE. s. f. (du gr. *a,* priv., *muélos.* moelle, et *trophè,* nourriture). Méd. Atrophie de la moelle épinière.

AMYGDALAIRE. adj. 2 g. Géol. Syn. d'*amygdaloïde.*

AMYGDALE. s. f. (gr. *amugdalé,* amande, à cause de la forme de cet organe). Anat. Chacune des deux glandes placées, l'une à droite, l'autre à gauche de l'isthme du gosier, entre les piliers du voile du palais. On les appelle aussi *tonsilles.* Les amygdales secrètent une humeur épaisse, visqueuse qui lubrifie cette partie des voies digestives et facilite le passage du bol alimentaire. Parfois cette sécrétion, retenue dans les anfractuosités dont cette glande est creusée, s'y concrète et est ensuite expulsée sous forme de petits grumeaux jaunâtres d'odeur infecte. Les amygdales semblent encore jouer comme organes lymphatiques un autre rôle, celui de concourir à la formation des globules blancs du sang. (V. *Amygdalite.*)

AMYGDALÉES. s. f. pl. Nom donné par A.-L. de Jussieu à une tribu de la famille des rosacées, comprenant celles qui ont un fruit à noyau, telles que les pruniers, les pêchers, etc. Dans la classification actuelle, ce groupe porte le nom de tribu des *prunes.* (V. ce mot.)

AMYGDALIEN, ENNE. adj. Qui a rapport aux amygdales, qui en a la forme. Noyau amygdalien (V. *Noyau.*)

AMYGDALIFÈRE. adj. 2 g. Bot. Se dit d'une plante qui porte des amandes.

AMYGDALIN, INE. adj. Pharm. Fait avec des amandes, où il entre des amandes. Looch, savon amygdalin.

AMYGDALINE. s. f. Chim. $C^{40}H^{27}AzO^{22}$. Substance découverte en 1830 dans les amandes amères par Robiquet et Boutron. Formée de cristaux blancs, prismatiques, elle est transparente; soluble dans l'eau et dans l'alcool. Sous l'influence de l'émulsine contenue également dans les amandes amères, à une température d'au moins 20o c., elle subit une fermentation; elle se transforme alors en essence d'amandes amères. glycose et acide cyanhydrique; cette dernière substance si dangereuse, qui n'existe pas toute formée dans les amandes amères, décèle sa présence par suite de son odeur caractéristique et rend compte des accidents qui peuvent résulter de l'absorption d'une certaine quantité d'amandes amères.

AMYGDALIQUE. adj. Chim. $C^{20}H^{26}O^{12}$. Nom d'un acide obtenu en chauffant l'amygdaline avec de l'eau de baryte.

AMYGDALITE. s. f. Méd. Inflammation des amygdales. On dit aussi *angine tonsillaire.* Affection très commune dans le jeune âge surtout chez les enfants lymphatiques; le froid humide en est la cause déterminante la plus ordinaire, aussi est-elle plus fréquente au printemps et à l'automne. L'amygdalite est *aiguë* ou *chronique.* Dans le premier cas, une vive rougeur se montre sur la muqueuse du gosier, en même temps que de la douleur et une certaine difficulté pour avaler. Parfois un mouvement fébrile précède ou accompagne le début de l'affection qui se complique très souvent d'embarras gastrique. Les amygdales sont parfois si gonflées qu'elles arrivent presque au contact l'une de l'autre et que la déglutition est impossible et la respiration très gênée; au bout de trois à quatre jours, l'inflammation diminue d'ordinaire, et après cinq ou six autres, l'état est redevenu à peu près normal. Mais il peut se faire, qu'au contraire, la fièvre se développe, la gêne de la déglutition et de la respiration arrive à son summum et cause au malade une horrible anxiété. Ces phénomènes coïncident avec la formation d'un abcès dans l'épaisseur des amygdales (*amygdalite phlegmoneuse*), qui s'ouvre spontanément dans la bouche vers le 8e ou 10e jour, si le médecin n'a pas lui-même donné issue au pus. Quant à la forme *chronique,* elle est d'ordinaire la conséquence d'inflammations répétées, à la suite desquelles reste un peu d'induration et d'hypertrophie de la glande. C'est dans cette forme surtout que les récidives sont fréquentes et que le moindre refroidissement détermine une poussée aiguë. Cette hypertrophie a une influence fâcheuse sur le développement des enfants qui ont un aspect chétif, la voix nasonnée, un air hébété tenant en partie à ce que la respiration étant gênée, elle se fait la bouche ouverte. Comme conséquence fréquente de l'amygdalite chronique, il faut encore signaler une surdité plus ou moins complète. Le traitement est très simple quand l'amygdalite est légère; gargarismes adoucissants, fumigations émollientes, bains de pieds sinapisés, potions calmantes; un peu plus tard; gargarismes astringents à l'alun, au borax, surtout au chlorate de potasse. Un vomitif dès le début donne souvent un bon résultat. S'il y a formation d'un abcès, il est nécessaire de l'ouvrir en provoquant des vomissements ou avec le bistouri, s'il tarde à crever de lui-même. Contre l'amygdalite chronique, on emploie les gargarismes et collutoires astringents, et comme elle dépend souvent d'un état scrofuleux, on prescrira de l'huile de foie de morue et les eaux sulfureuses en bains et en boissons; si ces moyens ne réussissent pas, ou a la ressource de pratiquer l'ablation des amygdales qui se fait facilement au moyen de l'amygdalotome.

AMYGDALITHE. s. f. (du gr. *amugdalé,* amande, et *lithos,* pierre). Géol. Dénomination vague que l'on applique à beaucoup de roches qui contiennent des noyaux arrondis ou en forme d'amande, disséminés dans la masse, et généralement de nature différente et de matière plus dure et moins fusible. Cependant ce nom est appliqué aussi à la *variolithe,* roche à base de feldspath, qui contient des nodules également feldspathiques, mais à texture cristalline.

AMYGDALO-GLOSSE. adj. (de *amygdale,* et du gr. *glôssa,* langue). Anat. Muscle amygdaloglosse, nom donné par Broca à deux petits muscles qui, de la face externe de l'amygdale, se portent à la base de la langue jusqu'à la ligne médiane; ils servent, en se contractant, à soulever la base de la langue dans l'acte de la déglutition.

AMYGDALOÏDE. adj. 2 g. (du gr. *amugdalé,* amande, et *eidos,* apparence). Qui ressemble à une amande; qui est parsemé de corps ressemblant à des amandes. Benjoin amygdaloïde. || Bot. Se dit des plantes ou produits dont l'odeur rappelle celle des amandes amères. Champignons amygdaloïdes. || s. f. Géol. Syn. d'*amygdalithe.* L'agathe rubanée forme dans le grès rouge une amygdaloïde creuse tapissée de cristaux hyalins.

AMYGDALOTOME. s. m. (de *amygdale* et du gr. *tomé,* action de couper). Chir. Instrument qui sert à exciser les amygdales; on l'appelle aussi *tonsillitome.*

AMYGDALUS. s. m. Nom lat. et bot. de l'amandier. (V. *Amandier* et *Prunus.*)

AMYLACÉ, ÉE. adj. (lat. *amylaceus;* de *amylum,* amidon). Qui est de la nature de l'amidon, qui renferme de l'amidon. Substance amylacée. Médicament amylacé. Les céréales, les pommes de terre sont amylacées. || **AMYLACES** (substances). Syn. *féculents.* Très répandues dans le règne végétal, elles jouent un rôle fort important dans l'alimentation de l'homme et des animaux. Elles font partie du groupe des aliments hydrocarbonés et contribuent principalement à la production de la chaleur animale et à la formation de leur métamorphose en graisse. Le type de ces substances est l'amidon ou fécule (V. ce mot), qui se rencontre dans presque toutes les plantes, mais spécialement dans les céréales, dans les semences d'un grand nombre de légumineuses (haricots, fèves), ou d'autres plantes (marrons, glands, etc.): dans les tiges ou les racines. Le nombre des préparations alimentaires, faites avec les matières amylacées retirées des végétaux, est considérable. Il suffira de citer: le pain, le tapioca, la semoule, l'arrow-root, le sagou, l'ervalenta, la revalescière, le racahout, le palamoud, le vermicelle, les pâtes d'Italie, le macaroni. (V. ces mots.)

AMYLAMINE, AMYLAMMONIAQUE ou AMYLIAQUE. s. f. Chim. Ammoniaque composée $C^{10}H^{13}Az$, dans laquelle une molécule d'hydrogène a été remplacée par une molécule d'amylène. On obtient l'amylamine en faisant réagir la potasse caustique sur le cyanate d'amyle ou encore en traitant l'iodure d'amyle par l'ammoniaque qui produit un iodhydrate d'amylamine que l'on décompose ensuite par la chaux. C'est un liquide très fluide, incolore, d'une odeur qui rappelle à la fois celle de l'ammoniaque et des produits amyliques.

AMYLE. s. m. Chim. Radical regardé longtemps comme hypothétique et qu'on obtient aujourd'hui en décomposant l'éther amyliodhydrique par le sodium ou le zinc. C'est un liquide transparent, incolore, soluble dans l'alcool et dans l'éther, et auquel on attribue la formule $C^{10}H^{11}$. Ce mot entre, en chimie, dans les noms de beaucoup de composés organiques, éthers, acides, etc., formés d'amyle et d'un autre radical. Tels sont: les éthers amyl-azoteux ou amyl-nitreux, amyl-azotique, amyl-benzoïque, amyl-bromhydrique, amyl-chlorhydrique, amyl-carbonique, amyl-cyanhydrique, etc.; les acides amyl-citrique, amyl-malique, amyl-oxalique, amyl-phosphoreux, amyl-sulfureux, amyl-sulfurique, etc.; les sels amyl-citrate, amyl-oxalate, amyl-sulfate, amyl-sulfure, etc.; les alcalis ou bases amyl-aniline, amyl-pipéridine, etc. || **AMYL** (NITRITE D). L'un des composés les plus intéressants de l'amyle, appelé encore éther amyl-nitreux, découvert par Balard, en 1844. On l'obtient ordinairement en faisant passer des vapeurs nitreuses sur l'alcool amylique, ou en chauffant de l'acide nitrique avec cet alcool. C'est un liquide jaunâtre, plus léger que l'eau dont la vapeur détonne à la température de 260o, et qui a une odeur de pomme de reinette. Il paraît avoir sur l'organisme une remarquable action, celle de combattre la contraction des vaisseaux capillaires produite par les nerfs vaso-moteurs sous l'influence d'émotions vives, d'où résulte une anémie cérébrale momentanée et, par suite, la syncope. L'inhalation de quelques gouttes de cette substance fait rapidement disparaître le malaise. Elle paraît être à peu près souveraine contre le mal de mer; elle réussit souvent dans la migraine et surtout dans l'angine de poitrine, l'asthme, la dyspnée résultant de certaines affections du cœur, quelquefois dans la coqueluche, et peut faire avorter l'attaque épileptique.

AMYLÈNE. s. m. Chim. $C^{10}H^{10}$. Hydrogène carboné, homologue du gaz oléfiant C^4H^4, obtenu en enlevant 2 équivalents d'eau à l'alcool amylique, $C^{10}H^{12}O^2$, par l'acide sulfurique ou par la distillation avec le chlorure de zinc. C'est un liquide incolore, d'une odeur éthérée désagréable, découvert en 1844 par Balard, et qu'on a récemment préconisé comme anesthésique; mais il est fort cher, et tout aussi dangereux que l'éther et le chloroforme. Il brûle avec une flamme blanche très éclairante.

AMYLIDES. s. m. pl. Chim. Fam. de composés organiques qui renferment de l'amidon.

AMYLIQUE. adj. Chim. L'alcool amylique, ou huile de pommes de terre, $C^{10}H^{12}O^2$, existe dans les eaux-de-vie fabriquées avec les pommes de terre, les céréales, la betterave, le marc de raisins, etc. C'est un liquide huileux, incolore, un peu plus léger que l'eau, d'une odeur désagréable, d'une saveur âcre et brûlante. Il brûle difficilement, avec une flamme fuligineuse : sa vapeur irrite les poumons et provoque la toux. On peut le considérer comme l'oxyde hydraté de l'amyle $C^{10}H^{11}$, de même que l'alcool ordinaire, $C^4H^6O^2$, serait l'oxyde hydraté de l'éthyle C^4H^5. L'alcool amylique donne par oxydation, d'abord une aldéhyde amylique, puis de l'acide amylique plus connu sous le nom d'acide valérianique, parce qu'il se rencontre tout formé dans les racines de valériane. L'alcool amylique peut d'ailleurs fournir tous les composés que l'on obtient avec l'alcool ordinaire.

AMYLOBACTER. s. m. Hist. nat. Être microscopique du groupe des bactéries, dont le volume n'est souvent que de quelques millièmes de millimètre, et qui, d'après MM. Trécul et Nylander, se développe dans les espaces clos. On l'obtient en faisant macérer dans l'eau des tiges de diverses plantes. Ce sont des corpuscules de deux espèces, les uns très petits, globuleux, jaunissant par l'iode, les autres plus gros, elliptiques ou fusiformes et que l'iode rend violets. Cette bactérie (*bacillus amylobacter*), qui fait fermenter la cellulose, serait également celle qui fait fermenter le beurre et donne naissance à l'acide butyrique, par conséquent identique au *vibrion butyrique* de M. Pasteur. D'après les recherches de M. Van Tieghem, les racines des conifères du terrain houiller présenteraient des altérations identiques à celles que montrent les racines de nos conifères après quelques jours de macération dans l'eau. A l'époque houillère le même *amylobacter* était donc, comme il l'est encore aujourd'hui, le grand destructeur des organes végétaux, et il y provoquait, comme aujourd'hui, la fermentation butyrique, aussi bien que dans toutes les autres substances dont il se nourrit. (V. *C. R. Acad. Sc.* de Paris, 29 déc. 1880.)

AMYLOÏDE. s. m. Principe végétal rencontré dans les cotylédons de certaines plantes (*schotia*, *hymenæa*). || Anat. *Amyloïde animal.* Nom donné souvent à la substance qui forme certains corpuscules rencontrés dans le système nerveux, la prostate, etc., et aux concrétions cireuses que l'on trouve parfois dans la rate et les glandes lymphatiques. Cette substance n'est pas de nature amylacée, comme on le croyait, mais azotée. || Méd. *Dégénérescence amyloïde*, Lésion de certains organes viscéraux dont le tissu s'infiltre d'une substance albuminoïde, transparente, qui se colore en brun par l'iode. L'aspect des organes malades a fait désigner cette affection sous le nom de *dégénérescence lardacée* ou *cireuse*. Le foie, la rate, les ganglions lymphatiques, les poumons, la peau, les cartilages peuvent être le siège d'une semblable lésion. Ordinairement plusieurs organes en sont atteints à la fois. Les désordres fonctionnels les plus graves suivent ces altérations de la structure des organes. Cette affection a presque toujours pour cause une maladie chronique grave, telle que la phtisie, la syphilis, les suppurations osseuses. Les accidents principaux résultant de ces lésions sont l'albuminurie, une altération profonde de la constitution du sang et une anémie irrémédiable.

AMYLOSES. s. m. pl. Chim. Groupe de substances hydrocarbonées renfermant la fécule, la dextrine, la lichénine, l'aleurone, l'inuline. (V. *Amylacées.*)

AMYMONE. Une des cinquante Danaïdes. Fut envoyée par son père, lorsqu'il débarqua dans l'aride Argolide, pour découvrir une source ou un puits. Dans la vallée de Lerne, un satyre lui fit violence; elle appela à son secours Neptune qui, d'un coup de trident, changea le satyre en rocher d'où jaillirent trois sources. Elles formèrent une petite rivière qui porta le nom d'Amymone. Elle eut de Neptune un fils nommé Nauplius. Epouse de l'Egyptide Encelade ou Mimame, elle le tua; mais elle ne partagea pas la punition de ses sœurs, à cause du service qu'elle avait rendu en découvrant les sources. L'aventure de cette Danaïde a servi de sujet à Eschyle pour une tragédie dont il ne reste que des fragments, et à J.-B. Rousseau pour une de ses cantates.

AMYN (Mohammed). 6e calife abbasside, fils et successeur d'Haroun-al-Raschid, 787-813. Il monta sur le trône en 809. Il déposa ses frères Mamoun et Motassem des gouvernements que leur avait laissés leur père, et priva même le premier des biens qui lui revenaient. Et comme Mamoun refusa de se rendre à sa cour, il lui déclara la guerre, dont il confia la conduite à Ali-ben-Issa, gouverneur de son fils. Quand on lui annonçait les défaites de ses troupes, il répondait qu'il ne fallait pas le troubler dans sa pêche ou dans ses parties d'échecs. Bagdad, sa capitale, fut prise: Amyn, fait prisonnier, fut massacré par les ordres de Thaher, général de son frère.

AMYN-AHMED, surnommé *el-Razi*, c.-à-d. natif de la ville de Rey, en Azerbaïdjan. Savant persan du xie siècle de l'hégire. On a de lui un ouvrage très important au point de vue géographique et biographique sous le titre de *Heft Iclym*, Les sept climats. On y trouve la description des contrées et des villes connues des Orientaux, empruntée aux meilleurs écrivains persans et arabes, avec des notices biographiques sur chacun des personnages célèbres de chaque pays, et la nomenclature de tous les ouvrages de chaque auteur. L'*Heft Iclym* fut terminé en 1002 de l'hégire (1594 de notre ère). La Bibliothèque nationale contient une excellente copie de cet ouvrage datée de l'an 1094 de l'hégire (1693). Langlès en a publié des fragments dans les notes de sa traduction des *Recherches asiatiques ou Mémoires de la Société de Calcutta*, et dans celles de la nouvelle édition des voyages de Chardin.

AMYNTAS Ier. Roi de Macédoine, fils d'Alcétas, lui succéda vers l'an 507 av. J.-C. Lorsque Darius, fils d'Hystaspe, envoya des ambassadeurs pour lui demander la terre et l'eau, Amyntas se reconnut son tributaire. Il fit de même lorsque Xerxès traversa la Macédoine, et il n'épargna rien pour prouver au grand roi son attachement aux intérêts de la Perse. Il mourut en 480. || AMYNTAS II. Fils de Philippe et petit-fils d'Alexandre Ier, roi de Macédoine. On l'a souvent confondu avec Amyntas III. Alexandre Ier, en mourant, laissait trois fils : Perdiccas, Philippe et Alcétas. Perdiccas refusa de partager le royaume avec ses frères. Après la mort de Philippe, son fils fut ramené dans ses Etats par Sitalcès, roi de Thrace (428 av. J.-C.). Mais peu de temps après, Sitalcès s'étant allié avec Perdiccas abandonna Amyntas qui disparaît alors de l'histoire. || AMYNTAS III. Fils de Taralée, selon les uns, et de Ménélaüs ou d'Arrhidée, selon les autres, et probablement petit-fils d'Amyntas II, monta sur le trône après l'assassinat de Pausanias, fils de l'usurpateur Aéropas (392). Argée, frère de Pausanias, à la tête d'un parti puissant, enleva la couronne à Amyntas. Mais au bout de deux ans, celui-ci, qui s'était retiré en Thessalie, revint avec quelques troupes de ce pays, et reprit le pouvoir. Les Olynthiens seuls ne voulurent pas le reconnaître. Avec l'aide de Sparte, il les réduisit par la force à subir de dures conditions. Il affermit le trône dans sa famille et augmenta la puissance de la Macédoine, plus encore par une sage politique que par les armes. Il mourut en 368, laissant trois fils légitimes : Perdiccas, Philippe et Alexandre II, qui lui succéda sous la tutelle d'Eurydice, sa mère. || AMYNTAS. Fils d'Antiochus, Macédonien. Par haine d'Alexandre le Grand, alla joindre Darius qui lui confia les troupes grecques auxiliaires à la bataille d'Issus. Après cette journée, il se réfugia à Tripoli; de là, il fit voile pour l'île de Chypre, ensuite vers Péluse, qu'il surprit en se présentant comme gouverneur de l'Egypte au nom de Darius. Maître de cette place, il leva le masque, se déclara roi d'Egypte, appela les Egyptiens sous ses drapeaux, et marcha avec eux contre les Perses qu'il vainquit à Memphis. Mais il commit l'imprudence de laisser ses soldats se débander et se livrer au pillage. Mozarès, général des Perses, enfermé dans Memphis, fit une sortie, tua Amyntas et détruisit son armée. || AMYNTAS. Fils d'Andromède, commandait une portion de la phalange d'Alexandre le Grand. Impliqué dans l'accusation portée contre Philotas, il se justifia. Il fut tué peu de temps après, d'un coup de flèche, en assiégeant une petite place.

AMYNTIAN. Ecrivain grec, contemporain de Marc-Aurèle, à qui il dédia une *Vie d'Alexandre le Grand*, auj. perdue. Il avait aussi publié la vie d'Olympias, mère d'Alexandre le Grand, et des vies parallèles dans le genre de Plutarque, entre autres celles de Denys le Tyran et de Domitien, de Philippe, roi de Macédoine, et d'Auguste.

AMYNTOR. Fils d'Orménus, habitait à Cléones selon Homère, et était roi des Dolopes en Thessalie selon Ovide. Il fut tué par Hercule pour lui avoir refusé, d'abord sa fille Astydamia, et ensuite le passage sur ses terres.

AMYON (Jean-Claude). Conventionnel, né à Poligny en 1735, m. en 1803. Elu député du Jura à la Convention, il vota la mort de Louis XVI, protesta contre la proscription des Girondins au 31 mai et fut arrêté avec 72 de ses collègues; le 9 thermidor le sauva. Il fut ensuite membre du Conseil des Anciens et rentra dans la vie privée en 1797.

AMYOSTHÉNIE. s. f. (du gr. *a*, priv., *mus*, muscle, et *sthénos*, force). Méd. Défaut de force musculaire.

AMYOT (Jacques). Célèbre écrivain, né à Melun, le 30 octobre 1513, d'une famille obscure, mort à Auxerre, le 6 février 1593. Il acheva à Paris les études qu'il avait commencées à Melun. Il vivait avec un pain que sa mère lui envoyait chaque semaine et avec ce qu'il recevait d'autres écoliers à qui il servait de domestique. Il étudiait, dit-on, la nuit à la lueur de quelques charbons embrasés. Il étudia le droit civil à Bourges où Jacques Collin, lecteur du roi et abbé de St-Ambroise, lui confia l'éducation de ses neveux. Par le crédit de Marguerite de Navarre, il obtint une chaire de grec et de latin à l'université de Bourges, où il professa pendant dix ou douze ans. François Ier, à qui il avait dédié ses premières traductions, lui donna l'abbaye de Bellozane. Désirant consulter les manuscrits de Plutarque qui existaient en Italie, il y alla à la suite de l'ambassadeur de France à Venise. Odet de Selve, successeur de cet ambassadeur, et le cardinal de Tournon résidant à Rome, le chargèrent de porter au concile de Trente une lettre du roi Henri II. Les Pères s'offensant de ce que le roi, dans sa lettre, donnait à l'assemblée, au lieu du nom de *Concilium* celui de *Conventus*, qui en latin moderne signifie *Couvent*, Amyot se récria, en latiniste, disant que dans les bons auteurs, *Conventus* ne voulait dire autre chose que *Réunion, Assemblée, Concile*. A son retour, Henri II le nomma précepteur des enfants de France; Charles IX, grand aumônier, puis évêque d'Auxerre; Henri III lui conserva la grande aumônerie et y ajouta l'ordre du Saint-Esprit. Attaché à la cause du roi, il eut, après le meurtre du duc de Guise, beaucoup à souffrir de la part des ligueurs, et courut même risque de la vie. Il passa ses dernières années dans son diocèse, uniquement occupé de ses études et de ses devoirs. Il mourut laissant plus de deux cent mille écus. Il passe pour avoir été avide et parcimonieux. Jacques Amyot peut être placé aux premiers rangs des écrivains célèbres qui ont signalé la renaissance des lettres en France. Avec Montaigne, S. François de Sales et Balzac il est un des créateurs de cette belle langue du XVIe s., originale et pittoresque, ingénieuse et colorée, simple et hardie, abondante et flexible. Il a traduit du grec en français toutes les œuvres de Plutarque : c'est là sa gloire. La partie la plus estimée est la collection des *Vies des hommes illustres*, « livre français » par excellence, chef-d'œuvre de style naturel et charmant, vif et pur, plein de fraîcheur, de grâce, de naïveté. « Cette traduction, dit Racine, a, dans le vieux style du traducteur, une grâce que je ne crois pas pouvoir être égalée dans notre langue moderne. » *Les Vies des Hommes illustres grecs et romains, comparées l'une avec l'autre, translatées du grec en français*, 1559, 2 vol. in-fol. On préfère l'édition donnée par Vascosan, 1559, 6 vol. in-8o ; *Œuvres morales de Plutarque*, 1571, 6 vol. in-8o. On estime l'édition des *Œuvres complètes de Plutarque*, publiée en 1783-1785, avec notes de G. Brottier et Vauvilliers, 22 vol. in-8o av. fig., rééditée en 25 vol., 1801-1805. Amyot a encore traduit : *Histoire æthiopique d'Héliodorus, contenant dix livres, traitant les loyales et pudiques amours de Théagènes, Thessalien, et Chariclé, Æthiopienne*, 1547, in-fol., 1549, in-8o, et 1559, in-fol., édition retouchée par l'auteur ; *Sept livres des Histoires de Diodore, Sicilien*, Paris, 1554, in-fol. ; *Amours pastorales de Daphnis et Chloé*, de Longus, 1596, in-8o, nomb. édit., V. *Courier* (P.-L.) ; *Projet de l'Éloquence royale, composé pour Henri III, roi de France*, imprimé pour la première fois en 1805, in-8o et in-4o.

AMYOTROPHIE. s. f (du gr. *a*, priv. *mus*. muscle, et *trophé*, nourriture). Méd. Atrophie des muscles.

AMYRALDISTES. s. m. pl. Sectateurs d'Amyraut. (V. *Caméroniens*.)

AMYRAUT (Moïse). Théologien protestant, né à Bourgueil, en Anjou, 1596, m. à Saumur en 1664. Ministre et professeur de théologie à l'académie protestante de Saumur, il fut député en 1631 par la province d'Anjou au synode national de Charenton où il obtint par sa fermeté la suppression de l'usage humiliant qui condamnait les protestants à ne haranguer le roi qu'à genoux. Richelieu lui fit l'honneur de le consulter sur son projet de la réunion des Églises. De retour à Saumur et nommé recteur de l'académie, il publia en 1634 son livre *De la Prédestination*, dans lequel il reproduisait les doctrines de Caméron, son maître, sur la grâce efficace et la grâce suffisante. Vivement attaqué par plusieurs théologiens protestants et accusé de vouloir renouveler l'arminianisme condamné au synode de Dordrecht, il fut absous par le synode d'Alençon. Il prit part comme député de sa province à plusieurs autres synodes, notamment à celui de Loudun en 1659. Il fit preuve en toutes circonstances d'un grand esprit de conciliation. Ses nombreux écrits, quoique pour la plupart plusieurs fois réimprimés, sont devenus très rares. La liste complète en est donnée dans la *France protestante* des frères Haag et, plus exacte, dans le *Dictionnaire historique de Maine-et-Loire* de M. Célestin Port. On cite : *Traité des religions contre ceux qui les estiment indifférentes*, Paris, 1631, in-8o ; *De la souveraineté des rois*, Paris, 1650, in-4o, où il condamne la Révolution d'Angleterre ; *Morale chrétienne*, Saumur, 1652-1660, 6 vol. in-8o ; *Vie de François de la Noue*, Leyde, 1661, in-4o ; etc.

AMYR-BIARHAM-ALLAH, V. *Amer.*

AMYRIDACÉES. s. f. pl. Bot. V. *Amyridées.*

AMYRIDE. s. f. Bot. G. de rutacées, tribu des amyridées. Fleurs régulières hermaphrodites ou polygames ; à réceptacle convexe, court et conique, réunies en grappes de cymes axillaires ou terminales. Calice gamosépale à 4 dents imbriquées. Corolle à 4 pétales imbriqués et étalés lors de l'anthèse. 8 étamines hypogynes à filets libres, à anthères biloculaires, introrses, déhiscentes par des fentes longitudinales. Ovaire uniloculaire, à deux ovules anatropes, suspendus avec le micropyle en haut et en dehors. Le fruit est une drupe arrondie renfermant une seule graine sans albumen. Ce sont des arbres ou des arbustes des Antilles et des contrées voisines, à feuilles alternes ou opposées, sans stipules,

composées imparipinnées, uni, bi ou trifoliolées. Plusieurs espèces ont été séparées du g. *amyris* et rangées parmi les térébinthacées et les burséracées. L'*amyris plumieri* produit une sorte de résine *élémi* ; l'*a. silvatica* est aromatique et stimulante ; l'*a. balsamifera* passe pour vénéneuse. L'*a. kataf* est le *balsamea myrrha*.

AMYRIDÉES. s. f. pl. Bot. Tribu de plantes dicotylédones que M. Baillon place dans la famille des rutacées. Lindley en avait fait une famille distincte sous le nom d'*amyridacées*. Les amyridées sont généralement balsamiques et contiennent des produits de sécrétion résineuse, ce qui les rapproche des térébinthacées.

AMYRINE. s. f. Chim. Corps blanc, insoluble dans l'eau, très soluble à chaud dans l'alcool et l'éther, et qui se dépose en fibres satinées très brillantes. C'est une partie constituante de la *résine élémi* : les chimistes ne sont pas d'accord sur sa composition.

AMYTIS. Fille d'Astyage, femme de Cyrus et mère de Cambyse et de Tanyoxerxès (Smerdis). Elle mourut de la douleur que lui causa le meurtre de ce dernier par son frère.

AMYXIE. s. f. (du gr. *a* priv., et *muxa*, mucus). Méd. Manque de mucus, absence de sécrétion du mucus normal.

AN... (de *a* priv., et de *n*, euphon.). Particule initiale qui entre dans la composition de mots tirés du grec, dont le radical commence par une voyelle ou par une *h*. Elle marque l'absence ou la privation : Anarchie, du gr. *an* priv., pour *a*, et *arkhos*, chef.

AN. s. m. (lat. *annus*). Temps de la révolution du soleil dans le Zodiaque, ou plutôt de la révolution réelle de la terre autour du soleil. || Espace de douze mois, à partir du 1er janvier jusqu'au 31 décembre, ou quelle que soit l'époque à partir de laquelle on compte. L'an passé. L'an prochain. Ce capitaine a vingt ans de services. J'aurai bientôt vingt-cinq ans. || Le temps de la vie. Dès ses jeunes ans, Dès sa première jeunesse. — Dans ses vieux ans, sur ses vieux ans, Dans sa vieillesse. — Abs. Les ans, L'âge en général. La fleur des ans. Le poids, le fardeau des ans L'injure, l'outrage des ans. — Les ans, La vieillesse. Sous le poids du fagot aussi bien que des ans. (La Font.) Approchez, je suis sourd, les ans en sont la cause. (La Font.) Dans la nuit du tombeau les ans l'ont fait descendre. (Volt.) Pour réparer des ans l'irréparable outrage. (Rac.) || En poésie et dans le style noble, La vie elle-même. Elle repassait avec larmes ses ans écoulés parmi tant d'illusions. (Boss.) Du long fleuve des ans je remonte le cours. (Le Brun.) || Loc. Le jour de l'an ; le premier jour de l'an, Le jour qui commence l'année. Je vous écrirai le jour de l'an. — Bon jour et bon an, Salutation familière avec laquelle on s'aborde dans les premiers jours de l'année. — Service du bout de l'an, ou Bout de l'an, Service qu'on fait dans une église pour une personne, un an après sa mort. — Bon an, mal an, Compensation faite des bonnes et des mauvaises années. Bon an, mal an, cette terre lui rapporte dix mille livres de rente. — Par an, Chaque année. Il gagne trois mille francs par an. || *L'an du monde ; l'an de grâce ; l'an de Jésus-Christ ; l'an de Rome ; l'an de l'Hégire ; l'an de la République.* Indique que l'on prend pour point de départ de sa supputation, la création du monde, ou la naissance de J.-C., ou la fondation de Rome, etc. (V. *Calendrier*.) || An I, an II, an III,... an VIII, etc., s'employait pour indiquer les années de la République française. || An bissextil. (V. *Année*.) || Jurisp. An et jour, Une année révolue, et un jour de plus. || Prov. et fam. Je m'en soucie, je m'en moque, comme de l'an quarante, Cela m'est tout à fait indifférent. || AN MIL. Hist. C'était l'an mil de J.-C., que, d'après le sens qu'ils attachaient à quelques paroles des livres saints, un certain nombre de chrétiens attendaient la fin du monde. Cette attente s'accrut par les calamités qui survinrent en divers lieux. On accourait, dit-on, dans les églises, pour implorer le secours céleste. Les donations, les affranchissements, tous les actes d'invocation et de repentir se multipliaient. C'est à peine s'il existe quelques preuves historiques de ce fait, qui n'a guère été relevé que par les historiens de notre époque. La seule trace qu'on en trouve dans l'histoire ecclésiastique fait considérer l'at-

tente de la fin du monde comme une erreur particulière. C'est Abbon de Fleury, qui dit avoir entendu prêcher, dans sa première jeunesse, devant le peuple à Paris, l'approche du jugement universel. Il ajoute qu'il s'est opposé de toutes ses forces à cette opinion par l'Écriture sainte, et que l'abbé Ricard, de Sainte-Vannes de Verdun, ayant reçu des lettres de Lorraine sur ce sujet, le chargea d'y répondre et de réfuter cette erreur ; ce qu'il fit. Ce qui a surtout frappé les historiens modernes, c'est le réveil qui se produisit dans la chrétienté à partir de l'an mil. « Surtout en Italie et en Gaule, dit le chroniqueur Raoul Glaber, on entreprit la reconstruction des basiliques, quoique la plupart n'en eussent pas besoin. Les peuples chrétiens semblaient rivaliser entre eux à qui élèverait les plus belles. C'était comme si le monde, se secouant lui-même et rejetant ses vieux vêtements avait voulu se parer de la robe blanche chrétienne. » L'art chrétien, dans la première forme de l'art gothique, date de cette époque. C'est donc plus qu'une renaissance, c'est une véritable révolution dans l'art, une création nouvelle, dont il est superflu de rechercher la cause dans la joie qu'éprouva le monde d'avoir échappé à la destruction. || Syn. *an*, *année*, Temps que la terre met à faire une révolution entière dans son orbite. L'an est à l'année comme la *bouche* a la *bouchée*, le *four* a la *fournée*, etc. Au exprime une portion de la durée, comme un contenant dont année exprime le contenu. An fait considérer un espace de temps en lui-même, comme un élément ou une étendue indivisible. On ne s'en sert que pour compter ou marquer une époque. Année fait considérer un espace de temps comme rempli par une succession d'événements, dont il reçoit ses qualifications, et comme divisible en plusieurs parties. Un événement a eu lieu l'an 1880. L'année se divise en 365 jours ; elle est belle, pluvieuse, froide, heureuse ou malheureuse, agréable ou triste, à raison des événements qui s'y passent. On travaille toute l'année. Des années de sécheresse, d'abondance. Le mot an est absolu ; le mot année est relatif. On dit : J'ai passé mon année de telle façon ; et non mon an. L'an est le même pour tout le monde. Mais on distingue une année scolaire, une année théâtrale : c.-à-d., l'espace d'un an employé aux études ou aux représentations de théâtre, et pris arbitrairement de tel mois à tel autre.

AN 2440 (L'), ou *Rêve s'il en fut jamais.* Titre d'un ouvrage de Mercier. (V. ce nom.)

ANA. Prépos. grecque qui entre comme préfixe dans la composition d'un grand nombre de mots tirés du grec, et qui signifie : *en haut* (anagogique) ; *renversement* (anachronisme) ; *anaclastique* (déviation) ; *éloignement* (anachorète) : *d'après*, *selon* (analogue) ; *répétition* (anadiplose).

ANA. (gr. *ana*, exprimant répartition, partage). Méd. Expression employée dans les ordonnances des médecins et signifiant égale quantité de deux choses, autant de l'une que de l'autre. On l'abrège ainsi aa.

ANA. s. m. (suffixe latin *anus*, exprimant ce qui appartient à : *virgilianus*, qui appartient à Virgile : *Dicta virgiliana*, les dits de Virgile, d'où en français Un *Virgiliana*). Terminaison ajoutée au nom de certains personnages pour indiquer un recueil de leurs pensées, de leurs bons mots, d'anecdotes sur leur compte. || Le mot *ana* s'emploie souvent isolé pour désigner les recueils de ce genre. C'est un fuiseur d'*ana*. Cela traîne dans tous les *ana*. || Le plus ancien recueil de ce genre est le *Scaligerana*, divisé en 2 parties : *Scaligerana prima* (Saumur, 1669), et *Scaligerana secunda* (la Haye 1666). Viennent ensuite par ordre de date le *Perroniana*, 1669 ; le *Thuana*, 1669 ; le *Sorberiana*, 1691 ; le *Menagiana*, 1693, réédité en 1715 avec des annotations de La Monnoye qui en font, au sentiment de Voltaire, le meilleur recueil de ce genre ; le *Valesiana*, 1694 ; le *Fureteriana*, 1696 ; le *Chevræana*, 1697-1700 ; le *Segraisiana*, 1722 ; le *Huetiana*, 1722 ; le *Santoliana*, 1737 ; le *Carpenteriana*, 1724 ; le *Voltairiana*, 1748 et un grand nombre d'autres moins importants. Il y a aussi des *ana* se rapportant à des choses, à des lieux ou à des événements, par ex. : le *Révolutionniana*, 1802 ; le *Parisiana*, 1816. L'*Encyclopediana*, est un dictionnaire d'*ana*. Parmi les recueils de même nature publiés à l'étranger, on cite particulièrement: en Angleterre, le *Baconiana*, 1679, et le *Walpoliana*, 1804; en Allemagne, le *Kotzebueana*, 1809, et le *Schilliana*, 1810. (V. Namur, *Bibliographie des ouvrages publiés sous le nom d'ana*, Bruxelles, 1839.) La plupart de ces recueils sont faits sans goût et sans souci de la vérité; aussi, après avoir joui d'un certain succès, parce qu'on y cherchait des particularités curieuses, ils ont perdu presque tout crédit.

ANA. Myth. amérie. Le mauvais esprit chez les Brésiliens. On dit aussi *Ananga*.

ANABÆNE. s. m. (du gr. *ana*, en haut, et *bainein*, aller). Bot. Sect. du g. *plukénétie*, de la fam. des euphorbiacées, plante du Brésil à tige grimpante.

ANABAINE ou **ANABAINELLE.** s. f. Bot. G. de conferves formées de filaments articulés, simples, moniliformes, à articles ovalaires. Elles constituent en partie cette substance glaireuse qui se développe dans les bassins qui reçoivent certaines eaux thermales. On en connaît qui vivent dans des eaux minérales d'une température de 50°, celles de Dax notamment.

ANABANTOÏDES. s. m. pl. Zool. Syn de *labyrinthiformes*.

ANABAPTISME. s. m. Doctrine, opinion des anabaptistes.

ANABAPTISTE. s. et adj. (a-na-ba-tis-te; — du gr. *ana*, de nouveau, et *baptizein*, baptiser). Secte d'hérétiques du XVIe siècle. Les principes que Luther avait formulés et fait prévaloir, en théorie, furent bientôt repris et mis en pratique par quelques-uns de ses disciples, qui les poussèrent jusqu'aux extrêmes limites de la logique. Luther avait dit que les sacrements n'étaient efficaces que par la foi : Nicolas Stork, de Stolberg, en conséquence, refusa le baptême aux enfants et rebaptisa les adultes, d'où vient à ses partisans le nom d'anabaptistes. Cette secte se recruta surtout parmi les hommes du peuple, et s'aida de la fermentation qui, dans le même temps, soulevait les habitants des campagnes contre les seigneurs; de sorte que l'histoire de cette période de l'anabaptisme se confond, dans une certaine mesure, avec le mouvement révolutionnaire commencé par les paysans, et auquel avaient pris part, des seigneurs, tels que Ulric de Hutten et Goetz de Berlichingen, et plusieurs prédicants, parmi lesquels il faut surtout citer Carlostadt. En même temps, Pfeiffer excitait au combat le peuple de Franconie. Mais ce fut Thomas Münzer, de Zwickau, qui donna le premier a l'anabaptisme un caractère politique (1520). Ayant réussi à pénétrer dans les mines de Mansfeld, il prêcha les mineurs et les entraîna à sa suite. Bientôt toute la Franconie fut soulevée. Les insurgés avaient pris la croix blanche comme signe de ralliement. Excités au carnage par Münzer, ils couraient sus aux nobles et avaient résolu de ne laisser la vie à pas un de ces oisifs. En chemin, ils détruisaient les églises. Mais attaqués par des troupes régulières, ils furent passés au fil de l'épée ou envoyés au gibet. Cent mille périrent (1524). Cependant Münzer s'était emparé de Mulhausen en Thuringe, et y avait établi un gouvernement, qu'il appelait *théocratie*, fondé sur la communauté des biens. Obligé de livrer bataille à Frankenhausen (15 mai 1525), il fut pris et mourut dans les tortures. Après cette défaite, les chefs du parti se dispersèrent en Bavière, en Silésie, en Moravie, en Prusse, en Livonie, en Suède, le long du Rhin et surtout en Suisse et dans les Pays-Bas. Persécutés, ils ne laissèrent pas de faire des prosélytes. A Amsterdam, une insurrection formidable fut étouffée dans le sang; dès lors (1533) les anabaptistes se concentrèrent à Munster, en en Westphalie. Cette ville était déjà gagnée à la cause de Luther : on n'osait plus prêcher le dogme catholique, même dans la cathédrale, de peur d'exciter des séditions; la démagogie religieuse dirigée par un marchand de drap nommé Knipperdolling, à la suite d'une vive opposition contre l'évêque et le clergé, avait annihilé l'autorité des magistrats, paralysés par la terreur. Jugeant l'occasion favorable, Rottmann commença à prêcher la doctrine nouvelle. De toutes parts, les sectaires vinrent à lui, et se voyant nombreux ils cessèrent de se cacher, et se mirent à enseigner ouverte-

ment : « Que le temps était venu où les élus allaient se réunir de tous les coins du monde pour mener sous la conduite immédiate du Christ, leur Dieu, une vie heureuse, sans lois, sans supérieurs, sans mariage; que tout serait commun entre eux. Le baptême des enfants, ajoutaient-ils, est une abomination devant Dieu. Papistes et luthériens sont également impies. Il ne faut pas avoir de rapports avec eux; on ne peut obéir aux autorités païennes. » Les prédicants luthériens essayèrent en vain de lutter contre ces doctrines. Les sectaires les réduisirent au silence et, renforcés par des anabaptistes hollandais à la tête desquels étaient Jean Mathiesen et Jean Bockold ou Bokelsohn, plus connu sous le nom de Jean de Leyde, ils s'emparèrent de Munster, par l'élection d'un conseil qui leur était dévoué (23 février 1534). Quatre jours après (27 février), ils chassèrent de la ville tous ceux qui ne voulurent pas se faire rebaptiser, sans leur permettre d'emporter le moindre objet. Munster fut alors livrée à une foule de prétendus inspirés, hommes et femmes, qui se ruèrent par les rues, sautant, se roulant a terre, levant les mains au ciel, et criant tantôt des malédictions, tantôt des prières. Knipperdolling, Rottmann, Mathiesen avaient des visions et des extases prophétiques. Ce dernier ayant été tué dans une émeute, Jean de Leyde s'empara du pouvoir, se fit nommer roi, prit pour femmes les seize plus belles filles de Munster, institua tout un appareil de cour orientale et nomma Knipperdolling viceroi et porte-glaive, c'est-à-dire bourreau. Quiconque lui résistait était envoyé au supplice. Cependant la ville assiégée par l'évêque, souffrait toutes les horreurs de la plus cruelle famine. Des femmes en vinrent à manger leurs enfants. Enfin, le 24 juin 1535, dans la nuit, Munster fut emporté d'assaut, malgré la résistance désespérée des anabaptistes. Ceux qui ne périrent pas par les armes expirèrent dans les tortures, aux applaudissements des catholiques et des luthériens. — En dehors de Munster: plusieurs sectes se rattachent à celle des anabaptistes. (V. *Hoffmanniens; Coristes.*) La plus célèbre fut fondée par Mennon Simonis, qui donna à la secte la forme modérée qui l'a fait tolérer dans la suite. (V. *Mennon.*) — Il n'est pas facile de bien préciser la croyance des anabaptistes à travers ses variations. En voici néanmoins les traits principaux : ils étaient millénaires, et attendaient après la destruction des impies une communauté parfaite, sans loi extérieure. L'Ecriture sainte elle-même deviendrait inutile, puisque elle serait gravée dans le cœur des enfants de Dieu. Cette communauté ne devait se composer que de saints, c'est pourquoi les prosélytes devaient être baptisés du baptême nouveau, du baptême du feu et de l'esprit du Christ, tandis que les autres chrétiens ne baptisent que du baptême de Jean. La Cène n'avait pour eux qu'une signification symbolique : c'était un grand festin populaire pendant lequel on mangeait du rôti, du bouilli et on buvait de la bière. Ils combattaient la doctrine luthérienne de la justification. Les bonnes œuvres, selon eux, sont absolument nécessaires pour le salut. Comme ils craignaient de ne pouvoir maintenir autrement l'impeccabilité du Christ, ils enseignaient que le corps du Christ a été créé par le St-Esprit, et n'a été que nourri dans le corps de Marie. Ils attachaient un si grand prix aux communications immédiates avec Dieu et aux inspirations, que souvent, lorsqu'il n'y avait pas accord entre leurs inspirations et la Bible, ils déclaraient celle-ci falsifiée. Ils ne voulaient aucun temple, même vide; ils considéraient cela comme une idolâtrie. Ils faisaient un sévère usage de l'excommunication. Aucun frère ne pouvait accepter de fonctions publiques. Le serment était prohibé. En Allemagne, en Suisse, en Angleterre, en Hollande et surtout aux Etats-Unis existent encore plusieurs sectes d'anabaptistes.

ANABARA. Fleuve du N. de la Sibérie, qui se jette dans l'océan Glacial, après un cours de 600 kil. env. Son embouchure se confond avec celle de la rivière Olem, qui coule presque parallèlement à droite. Leur confluent est environ par 160° de longit. E. de Paris. La population de leur bassin est extrêmement faible. Leurs bords sont habités d'une manière per-

manente par cinq ou six groupes de familles Yakoutes, dont l'agglomération la plus importante ne dépasse pas trente personnes, et temporairement, par quelques chasseurs russes.

ANABAS. s. m. (gr. *anabainein*, monter). Zool Petit poisson de l'ordre des acanthoptérygiens, fam. des pharyngiens labyrinthiformes, qui porte près de ses branchies de petites cavités pleines d'eau, ce qui lui permet de maintenir longtemps humides ses organes respiratoires et de voyager assez loin hors de l'eau : on prétend même l'avoir trouvé montés sur des arbres et c'est de là que vient son nom.

ANABASE. s. f. (gr. *anabasis*, action de monter). Méd. Période d'augmentation, d'accroissement d'une maladie. || Mus. Mélodie ascendante, dans l'ancienne musique grecque; on disait aussi *cuthia* et *lepsis*. || L'ANABASE (gr. *anabasis*; expédition, marche d'une région inférieure vers une région supérieure, ou de la mer vers l'intérieur d'un pays). Titre de deux ouvrages historiques grecs, l'un de Xénophon, l'autre d'Arrien. L'*Anabase* de Xénophon est le récit en sept livres de l'expédition malheureuse de Cyrus le Jeune contre son frère Artaxerxès, et de la retraite des dix mille auxiliaires grecs de Cyrus après la défaite de Cunaxa (401 av. J.-C.), sous la conduite de Xénophon lui-même. Cet ouvrage se distingue par la simplicité et la clarté de l'exposition. L'*Anabase* d'Arrien, aussi en sept livres, est le récit de l'expédition d'Alexandre le Grand.

ANABASSE. s. m. (a-na-ba-se). Couverture à raies bleues et blanches qui se fabrique en Normandie et en Hollande.

ANABATE. s. m. (gr. *anabatès*, cavalier). Antiq. gr. Ecuyer qui, avec deux chevaux, disputait le prix dans les jeux olympiques.

ANABATHRUM. s. m. (du gr. *anabathron*; *ana*, de bas en haut, et *bainein*, aller). Antiq. de gr. et rom. Mot désignant des escaliers, des gradins, surtout ceux qui se louaient pour une occasion spéciale, comme un concert, une lecture, etc. Cette expression désignait aussi des marches ou montoirs placés sur les voies publiques.

ANABATIQUE. adj. 2 g. V. *Acmastique*.

ANABENE. adj. et s. m. Se dit d'un reptile qui grimpe sur les arbres.

ANABÉNODACTYLE. adj. (du gr. *anabainô*, je grimpe, et *daktulos*, doigt). Zool. Se dit des animaux qui ont des doigts faits pour grimper.

ANABÈNOSAURIENS. s. m. pl. (du gr. *anabainô*, je grimpe, et *sauros*, lézard). Zool. Famille de reptiles sauriens. Syn. de *caméléoniens*.

ANABLEPS. s. m. (gr. *anablepein*, regarder en haut). Zool. G. de poissons de l'ordre des malacoptérygiens abdominaux, fam. des cyprinoïdes. L'unique espèce du g. est l'*anableps a quatre yeux*, vulg. appelé *gros-œil* en Guyane, petit poisson qui atteint 20 à 25 centimètres de longueur. Il a le tiers postérieur du corps aplati latéralement, tandis que la tête et la partie antérieure du corps sont déprimées. Les yeux sont gros et saillants et partagés en deux par une bande transversale. L'observation et l'étude anatomique de l'animal semblent avoir démontré que la génération s'effectue au moyen d'un véritable accouplement. La femelle est vivipare, et les petits naissent déjà très forts.

ANABOLAGIUM. s. m. Liturg. L'un des vêtements ecclésiastiques dans les fonctions sacrées. C'est celui que nous appelons maintenant *amict*. Saint Isidore de Séville l'appelle *anabolabium*. Les anciens livres liturgiques lui donnent les noms de *anagolaïum*, *anagolaï*, *anabolagium*. Dans la messe d'Illyricus Flaccus, *Missa romana antiqua*, l'amict est nommé *éphod*, parce que la prière pour le revêtir est intitulée : *ad induendum ephod*. Il est appelé *superhumerale* dans la messe de Rathold et dans le livre *de divino officio*. Il faut se rappeler dans l'antiquité, les vêtements ecclésiastiques étaient communs aux laïques et aux clercs. Mais l'usage de l'amict, dans l'origine, est plus ou moins incertain. Quelques savants pensent que l'amict serait ce voile couvrant la tête que l'antiquité nommait *maforte*, qui se voit sur beaucoup de figures en prières dans les catacombes. Dans la prière qui se récite en prenant l'amict, l est appelé le *casque du salut*, *galea salutis*. Les dominicains s'en couvrent la tête dans les fonctions sacrées. Dans le principe, l'amict se mettrait par dessus l'aube, et non par dessous, comme cela se pratique aujourd'hui ; cet usage a été conservé par les Maronites.

ANABOLIUM. s. m. (du gr. *ana*, en haut, et *ballein*, rejeter). Antiq. rom. et gr. Manteau ou tout vêtement de dessus dont on relevait l'extrémité de manière à couvrir l'épaule.

ANABROCHISME. s. m. (du gr. *ana*, avec, à travers, et *brokhos*, nœud, lacet). Opération aujourd'hui abandonnée, pour remédier au renversement des cils contre le globe de l'œil, au moyen d'un cheveu passé avec une aiguille dans la partie extérieure de la paupière, et auquel on attachait le cil qui causait l'irritation de l'organe visuel.

ANABROSE. s. f. (gr. *anabrósis*, action de ronger). Corrosion des parties solides par une humeur âcre : ulcération superficielle.

ANABROTIQUE. adj. et s. m. S'est dit des substances qui, mises en contact avec la surface de nos organes, y produisent une ulcération peu profonde.

ANACAHUITE. s. m. Nom vulgaire d'une sorte de bois préconisé au Mexique contre la consomption ; il renferme en quantité de l'ovalate de chaux, auquel il doit sans doute ses propriétés. Il appartient probablement au g. *cordia*.

ANACAIRE ou **ANACARA.** s. m. Sorte de tambour en usage dans la cavalerie orientale.

ANACALYPTERIE. s. f. (gr. *anakaluptéria*, action de découvrir). Antiq. gr. Fête célébrée en Grèce, le 3e jour du mariage, où la mariée ôtait son voile, se montrait en public et recevait les présents de ses parents, de ses amis et de son mari.

ANACAMPTIQUE. adj. 2 g. (gr. *anacamptein*, réfléchir). Phys. Surface qui réfléchit le son, la chaleur ou la lumière. || Géom. *Courbe anacamptique*, Courbe formée par la réflexion de la lumière sur une surface concave. (V. *Miroirs*.) || ANACAMPTIQUE ou ATATRIQUE. s. f. Partie de l'optique qui traite de la réflexion de la lumière. Auj. on dit plutôt *Catoptrique*.

ANACAMPTIQUEMENT. adv. Phys. Par réflexion, d'une manière anacamptique.

ANACANDE ou **ANACANDÉ.** s. m V. *Anaconda*.

ANACANTHINES. s. m. pl. (du gr. *an*, priv. et *akanthos*, épine). Sous-ordre de poissons osseux ou téléostéens caractérisés par des nageoires à rayons mous et divisés au sommet, et par une vessie natatoire sans canal aérien. G. *gadus, merluccius, pleuronectes, solea, scomber-esox*, etc.

ANACAPRI. 1,800 h. Bg de l'île de Capri (Italie), situé sur le flanc du mont Solaro et tellement escarpé qu'on n'y peut arriver que par un escalier de 552 marches, la *Scalinata*. Ruines romaines.

ANACARA. V. *Anacaire*.

ANACARDE. s. m. (du gr. *ana*, exprimant ressemblance, et *kardia*, cœur). Fruit de l'anacardier d'occident, ou *acajou à pomme* (*anacardium occidentale*). Il est en forme de rein et contient une amande également réniforme, avec un embryon charnu et sans albumen. Il est supporté par un pédoncule fortement hypertrophié, renflé en forme de poire ou de *cœur*, et qu'on appelle *pomme d'acajou*. Ce pédoncule, gorgé d'un suc acidulé et astringent, se mange comme un fruit bacciforme et fournit, par la fermentation, du vin et une liqueur alcoolique très agréable. L'amande est comestible et renferme une huile douce. Le péricarpe présente, dans son épaisseur, des vacuoles remplies d'une substance très âcre, employée comme escharotique.

ANACARDIÉES. s. f. pl. Bot. Tribu des térébinthacées. Gynécée à un ou plusieurs carpelles avortant tous, sauf un, dans leur portion ovarienne. Loge uniovulée. Graines à albumen nul ou peu abondant. Genres : *schinus, rhus, pistacia, mangifera, anacardium*, etc. Plusieurs botanistes ont séparé ce groupe des térébinthacées, et en ont fait une famille sous le nom d'*anacardiacées*.

ANACARDIER. s. m. Bot. G. qui a donné son nom à la tribu des anacardiées, de la fam. des térébinthacées. Réceptacle concave; calice à cinq sépales caducs; corolle à cinq pétales imbriqués ou tordus; étamines réunies a leur

base en anneau, au nombre de 8 à 10, dont une seule, beaucoup plus longue que les autres, fertile; ovaire uniloculaire contenant un seul ovule anatrope, à micropyle supérieur et intérieur. Les anacardiers sont des arbrisseaux ou des arbres de l'Amérique tropicale, à feuilles alternes, pétiolées, simples et entières, à fleurs en grappes composées, terminales. L'*anacardium occidentale* ou *acajou à pomme* fournit la gomme appelée *gomme d'acajou*, et *cashew gum*, en Angleterre. On s'en sert pour lustrer les meubles et enduire les livres afin de les préserver des insectes. Les *a. nana* et *humile* auraient les mêmes propriétés.

ANACARDIQUE. adj. 2 g. Chim. Acide anacardique, $C^{44}H^{66}O^{5}2HO$, découvert en 1847 par Stœdeler dans le péricarpe de la noix d'acajou : c'est une masse blanche, cristalline, qui fond à 26°.

ANACATHARSIE. s. f. (du gr. *ana*, en haut, et *kathairein*, purger). Expectoration.

ANACATHARTIQUE. adj. et s. m. Qui excite l'expectoration, potion anacathartique. Il faut administrer un anacathartique.

ANACÉES ou **ANACTÉES.** s. f. pl. Antiq. gr. Fêtes locriennes célébrées en l'honneur des Anaces, Castor et Pollux.

ANACÉION. s. m. Antiq. gr. Temple de Castor et de Pollux, à Athènes. On disait aussi *Anactoron*. Cette dernière dénomination était, au reste, commune à tous les temples des dieux et s'appliquait en particulier au sanctuaire de Cérès et de Proserpine à Eleusis.

ANACÉNOSE. s. f. (gr. *anakoinôsis*, communication). Rhét. Figure par laquelle on s'attribue une partie de ce qui appartient en entier à d'autres, avec lesquels on s'identifie. C'est ainsi que l'Intimé dit, dans les *Plaideurs :* Quand avons-nous manqué d'aboyer au larron, pour : Quand le chien accusé a-t-il manqué etc. De même, nos domestiques disent : chez nous, nos chevaux, notre cuisine, pour : chez notre maître, les chevaux, la cuisine de notre maître.

ANACÉPHALÉOSE. s. f. (du gr. *ana*, une seconde fois, et *képhalé*, tête). Rhét. Syn. de récapitulation.

ANACES ou **ANACTES.** s. m, pl. (gr. *anax*, prince, chef; au pl. *anakes, anaktes*, ou *anakoi*, de l'oriental *enakim*). Dénomination vague sous laquelle se cacha dans la Grèce le nom de certaines divinités cabiroïdiques. A Athènes, c'étaient probablement les mêmes que les *Tritopatores*, si voisins des Cabires. A Amphysse, capitale de la Locride, on les identifiait plus spécialement avec les deux Dioscures, Castor et Pollux. || On donnait aussi le le nom d'Anactes aux fils et aux frères des rois de Chypre. Les rois étaient sur le trône, et les anactes gouvernaient l'Etat, à peu près comme nos maires du palais sous les rois fainéants. C'était à eux que les *Gergines* rendaient compte, et ils faisaient examiner les dénonciations des *Gergines* par les *Promalanges*. Les femmes des Anactes s'appelaient *Anasses*.

ANACHARIS. s. f. (a-na-ka-riss : — du gr. *ana*, marquant augmentation, et *kharis*, grâce). Bot. Syn. d'*elodea*.

ANACHARSIS (a-na-kar-siss). Prince et philosophe de Scythie. Il était fils du roi Gnurus et d'une femme grecque; c'est pourquoi il apprit la langue d'Homère en même temps que celle de son pays, et vint, jeune encore, visiter la Grèce, il y devint l'ami de Solon et s'y lia avec les hommes les plus remarquables de cette époque. A son retour dans sa patrie, ayant voulu introduire les usages et les dieux du pays qu'il avait visité, il fut mis à mort par son frère, alors roi des Scythes. Il fut lié avec les hommes les plus remarquables de la Grèce à cette époque. Ses apophtegmes étaient célèbres. Ils étaient formulés avec une vivacité et une force qui donna lieu chez les Grecs à l'expression de *discours scythe*. Il écrivit en vers héroïques des poèmes sur les lois de son pays, sur l'art de la guerre, sur la frugalité. Il ne reste plus rien de lui. Les lettres publiées sous son nom sont apocryphes. Il fut considéré comme un des hommes les plus vertueux de l'antiquité, et ses images portaient cette inscription : *Linguam, ventrem, veretrum contine*. Le jeune Anacharsis, dont l'abbé Barthélemy a raconté le voyage, est un personnage fictif, descendant supposé du philosophe scythe. L'auteur place son existence au temps de Pé-

riclès. Le *Voyage du jeune Anacharsis en Grèce*, par l'abbé Barthélemy (1788), ouvrage plein d'érudition auquel l'auteur travailla pendant trente années, a été traduit dans toutes les langues.

ANACHITE. s. m. (du gr. *an* priv., et *akhos*, ennui). Antiq. gr. et rom. Pierre polie que les anciens supposaient douée de propriétés magiques. Selon Pline, les anachites possédaient la vertu de neutraliser les poisons, de dissiper l'ennui et les troubles d'esprit, de chasser les craintes mal fondées.

ANACHORÈTE. s. m. (a-na-ko-rè-t' ; — gr. *anakhorétès*, qui vit à l'écart; de *ana*, marquant éloignement, et *khorein*, aller). Ermite, religieux qui vit seul dans un désert. Se dit par opposition aux religieux qui vivent en commun, et qu'on appelle *cénobites* Les anachorètes de la Thébaïde. Une vie d'anachorète. || Par ext. Personne qui aime la solitude et mène une vie retirée. Vivre en anachorète. || Loc. Repas d'anachorète, c.-à-d.: très frugal. || Peut s'employer au fém. Une sainte anachorète. || Hist. L'Orient fut le berceau de la vie solitaire. Aux iiie et ive s. de l'Eglise les anachorètes furent nombreux et peuplèrent les déserts de l'Egypte et de la Syrie. Le premier fut saint Paul l'Ermite ou le Thébain, 150 ap. J.-C., dont l'exemple fut suivi par saint Antoine, saint Pacôme, etc. Autour d'eux vinrent se grouper une foule de disciples pour vivre en commun sous leur direction. Ce fut l'origine de la vie cénobitique. C'est à partir de la fin du ive siècle que la vie érémitique fut pratiquée en Italie et dans les Gaules.

ANACHORÈTES (îles). Petit groupe d'îles de l'océan Pacifique, découvert par Bougainville en 1768 et encore inexploré. Il est situé à env. 450 kil. N.-E. de la Nouvelle-Zélande.

ANACHORÉTIQUE. adj. 2 g. Qui a rapport à l'anachorète. Vie anachorétique.

ANACHORÉTISME. s. m. Existence, vie d'anachorète. || Goût, amour pour la vie d'anachorète. Les persécutions ne firent pas naître l'anachorétisme, mais elles contribuèrent beaucoup à le développer.

ANACHRONISME. s. m. (a-na-kro-nis-m'; — du gr. *ana*, contre, et *khronos*, temps). Faute contre la chronologie, erreur dans la date d'un fait, d'un événement. Virgile s'est permis un anachronisme en supposant Enée contemporain de Didon. (Acad.) || Par ext. Erreur qui consiste à attribuer à un personnage historique des idées, des sentiments qui sont d'une autre époque, un langage qu'il ne pouvait tenir, enfin, à prêter à une époque les mœurs et les usages d'une autre. Les peintres italiens ont fait beaucoup d'anachronismes dans les costumes. (Acad.) || En hist., l'anachronisme est toujours une erreur involontaire, un effet de l'ignorance. Toutefois, il y a des anachronismes tellement consacrés par l'usage, que les savants eux-mêmes les acceptent, parce qu'il serait trop difficile de réformer toutes les dates qui dépendent de cette erreur. Telle est l'anachronisme de Denys le Petit, l'auteur de l'ère de l'Incarnation, qui a placé la naissance de J.-C. l'an 4004 du monde, et 754 de Rome, tandis qu'elle doit être placée quatre ans plus tôt, selon l'opinion la plus commune. En poésie, l'anachronisme s'emploie sciemment. C'est ainsi que Virgile fait vivre dans le même temps Enée et Didon, que sépare un intervalle de deux ou trois siècles. « On connaît l'heureux anachronisme de l'*Enéide*, dit Châteaubriand. Tel est le privilège du génie, que les malheurs de Didon sont devenus une partie de la gloire de Carthage. » L'anachronisme fleurit surtout dans les littératures des nations encore jeunes et naïves. Au moyen âge, la poésie associait à Charlemagne les héros de tous les temps et de tous les pays, pendant que la peinture représentait l'Enfant Jésus apprenant à lire dans des livres d'office, et des moines exhortant sur le Calvaire les deux larrons à bien mourir en leur présentant le crucifix. Mais le progrès des lettres a rendu plus vif le sentiment de la vérité historique. Racine, dans la préface de sa tragédie de *Mithridate*, s'exprime ainsi : « Excepté quelques événements que j'ai un peu rapprochés par le droit que donne la poésie, tout le monde reconnaîtra aisément que j'ai suivi l'histoire avec beaucoup de fidélité. » Le genre d'anachronisme qui s'est maintenu le plus longtemps est celui qui consiste en ce que l'auteur prête le caractère et les idées de son *temps* aux personnages d'une autre époque. C'est ainsi qu'on voyait dans les tragédies du siècle dernier les héros grecs transformés en marquis et en galants de cour. Il en était de même par rapport au costume, avant Voltaire et Lekain. Les personnages antiques figuraient sur la scène française habillés à la moderne. Il s'est manifesté de nos jours une tendance tout à fait contraire, qui pousse quelquefois trop loin la recherche de la couleur locale. || Syn. *Anachronisme* (de *ana*, en haut, et *khronos*, temps), se disait d'abord d'une erreur qui consiste à placer un fait avant sa date; l'erreur opposée se disait : *parachronisme* (de *para*, au delà). On disait aussi *prochronisme* (de *pro*, en avant), qui avait la même signification qu'anachronisme. *Métachronisme* (de *méta*, indiquant déplacement), se disait en général de toute erreur contre la chronologie. Aujourd'hui, toute cette famille de mots est remplacée par anachronisme, qui a pris l'acception générale.

ANACLASE. s. f. (gr. *anaklasis*, action de briser). Phys. Réfraction, déviation. || Méd. Inflexion articulaire.

ANACLASTIQUE. s. f. et adj. (du gr. *ana*, à travers, et *klaein*, rompre). Phys. On donnait jadis ce nom à la partie de la physique qui s'occupe de la réfraction et qu'on nomme auj. *dioptrique* (V. ce mot). || Point où un rayon lumineux se réfracte, courbe lorsqu'elle quitte une ligne est vue à travers un milieu réfringent.

ANACLET (S.). Pape, mort vers 91. Des martyrologes très anciens lui donnent le titre de martyr. Il est nommé par les anciens parmi les premiers successeurs de saint Pierre au siège de Rome. Mais ils ne sont pas d'accord sur l'ordre qu'ils lui assignent dans cette succession. Selon saint Irénée, suivi par Eusèbe, voici le catalogue des premiers papes : Pierre, Lin, Anaclet, Clément. Selon saint Augustin, Clément aurait succédé à Lin et Anaclet à Clément. Il y a des catalogues qui portent Clet au lieu d'Anaclet. D'autres nomment Clet et Anaclet comme deux successeurs différents; c'est l'opinion du cardinal Orsi. Il semblerait d'après la chronique de Damase, et d'après saint Epiphane et Rufin, que Lin et Clément furent chargés par saint Pierre comme ses représentants, de gouverner l'Eglise de Rome, sans qu'aucun d'eux fût devenu pape dans la force du terme, comme successeur de Pierre. Dans ce cas, Pierre aurait eu pour successeur immédiat, Clément, auquel aurait succédé Anaclet. Quant à la distinction entre Clet et Anaclet, on la trouve indiquée dans beaucoup de vieux catalogues et surtout dans une notice du *Pontifical*, d'après laquelle Clet aurait été Romain de naissance, et Anaclet, Athénien. || ANACLET. Antipape, de 1130 à 1138. (V. *Léon* (Pierre de).

ANACLÉTÉRIES. s. f. pl. (gr. *anaklêtêriai*; de *anaklêsis*, proclamation). Antiq. Fêtes qui se célébraient à la majorité des rois; proclamation de cette majorité, en Egypte, sous les Ptolémées.

ANACLÉTIQUE. adj. 2 g. (gr. *anaklêtikos*, de *anakaleô*, je rappelle). Antiq. gr. Se disait du chant des soldats vainqueurs en poursuivant l'ennemi, et de la sonnerie de trompettes par laquelle on rappelait les fuyards au combat.

ANACLINTÈRE ou **ANACLINTERIUM.** s. m. (gr. *anaklintêrion*, où l'on arrière, et *klinein*, incliner). Antiq. gr. et rom. Dossier d'un lit de repos, sur lequel portait le coussin et l'oreiller pour reposer la tête.

ANACLISIE. s. f. (gr. *anaklisis*; de *ana*, en arrière, et *klinein*, pencher). Position couchée, situation horizontale d'un malade dans son lit.

ANACOLLÈME ou **ANACOLLÉMATE.** s. m. (gr. *anakollaein*, comprimer). Méd. Remède agglutinant pour comprimer une fluxion; topique contre l'hémorrhagie.

ANACOLUPPA. s. m. Plante rampante du Malabar, espèce de verveine dont le suc, mêlé au poivre, guérit, dit-on, l'épilepsie et la morsure du serpent cobra capel.

ANACOLUTHE. s. f. (du gr. *an*, priv., et *akoluthein*, accompagner). Sorte d'ellipse par laquelle on met, dans une phrase, le terme corrélatif de l'un des mots exprimés. Ma foi sur l'avenir, bien fou *qui* se fie (Rac.) L'omission du mot *celui* devant *qui* constitue une

anacoluthe. La suppression, en latin, de *tot* devant *quot*, est un exemple d'anacoluthe. || Tournure de phrase par laquelle on abandonne une construction commencée pour en prendre une autre. Ce Dieu, depuis longtemps votre unique refuge, Que deviendra l'effet de ses prédictions. (Rac.) Il y a encore anacoluthe, lorsqu'on donne au même verbe des compléments de nature différente. Vous voulez que ce Dieu vous comble de bienfaits, Et ne l'aimer jamais. (Rac.)

ANACONDA ou **ANACONDE.** s. m. Nom donné, au Brésil, à une espèce de boa (*eunectes murinus*), fam. des pythonides, ordre des ophidiens. Ce serpent, dont le corps volumineux atteint une longueur de sept mètres, est marqué, sur le dos, d'une double série de taches sombres, arrondies, tranchant sur un fond plus clair, et sur chaque flanc, d'une série de taches ocellées. Il se tient d'ordinaire dans l'eau et fait sa nourriture habituelle de poissons, d'iguanes et même de mammifères, qu'il étouffe et écrase dans ses anneaux, à la manière de tous les boas.

ANACOSTE. s. Etoffe de laine à double croisure, que l'on fabrique en Normandie, et surtout à Amiens et dans les environs.

ANACRÉON. Poète lyrique grec de Téos, en Ionie (560-478 av. J.-C.), vécut à la cour de Polycarpe, tyran de Samos, puis à Athènes, auprès d'Hipparque, et mourut dans sa patrie, étranglé par un pepin de raisin. Son effigie fut mise sur les monnaies de sa ville natale. Le recueil que nous possédons sous le titre d'*Odes anacréontiques*, n'offre point les qualités que les anciens reconnaissaient au poète de Téos. D'après eux, qui avaient sous les yeux cinq livres de poésie authentiques, Anacréon unissait la simplicité à la force, la grâce à la vigueur. Sa versification était aussi savante et aussi variée que celle des grands poètes lyriques de son temps. Les fragments de ses pièces authentiques, qui sont parvenus jusqu'à nous, confirment le jugement de l'antiquité; tandis que les poésies anacréontiques du recueil semblent émaner de poètes amollis et maniérés. La diction y est prosaïque, la langue n'est pas d'un pur ionien, les règles de la métrique ne sont pas toujours observées, le rythme est uniforme et présente la répétition monotone du vers iambique dimètre catalectique, surnommé anacréontique. Il en faut conclure que ces poésies ne sont en grande partie que des imitations, dont il est difficile de préciser l'époque. Les *Odes anacréontiques*, au nombre de 55, furent imprimées d'abord par H. Estienne, Paris, 1554, in-4o. Parmi les éditions postérieures, citons les suivantes, qui contiennent les fragments authentiques et les *Epigrammes* que Méléagre, dans son *Anthologie*, a attribués, non sans raison, à Anacréon : de Fischer, Leipzig, 1793, in-8; de Boissonade, 1824; de Berck, Leipzig, 1824, in-8; de Schneidewin, *Delectus poeseos graecæ*, Gœttingue, 1838. La meilleure édition a été donnée par Berck, dans ses *Poetæ lyrici græci*, Leipzig, 1867, 8 vol. in-8o. Ces odes ont été plusieurs fois traduites : en vers, par Remi Belleau, 1856, par Longepierre, 1684; par Morcelot et Grosset, 1847. En prose, par Mme Dacier, 1682; par Gail, 1794; par Moltevaut, 1825; par Ambr. Firmin-Didot, 1864, et par beaucoup d'autres. Il existe une édition polyglotte de J.-B. Monfalcon, avec traduction en vers français, allemands, anglais, italiens, espagnols, Lyon, 1835, gr. in-8o.

ANACRÉONTIQUE. adj. 2 g. Dans le genre, dans le goût d'Anacréon. Ode, poésie anacréontique. Vers anacréontique. Pièce anacréontique. Genre anacréontique. Poète anacréontique. La poésie anacréontique est un genre de poésie lyrique dont la grâce est le caractère, et qui respire la volupté. (Marmontel.) || Prosod. gr. et lat. *Vers anacréontique*, ou iambique dimètre catalectique. Vers de trois pieds et demi. Les 2e et 3e pieds sont des iambes. Le 1er peut être un iambe, un spondée, un dactyle ou un anapeste :

Vultus|cita-itus i-|ra
Rigel ellcaput|fero|ci
Quatiens|serpen-|ba moltu
Fegit|mina-|itus ultiro
(Sénéquo.)

Le vers anacréontique a été employé comme clausule par les poètes comiques et

d'une façon suivie par Sénèque, Plaute, Claudien, saint Prosper. || *Genre anacréontique*, Genre de poésie créé par Anacréon et en général tout ce qui a été composé dans le goût et le style des *Odes anacréontiques*. Les pièces anacréontiques sont légères et gracieuses, elles chantent l'amour et l'ivresse, mais l'amour toujours joyeux et l'ivresse toujours décente. Les imitateurs grecs d'Anacréon n'ont aucune notoriété. Chez les Latins, il a été imité avec succès par Catulle, Horace, Tibulle, etc. Parmi nous, le genre anacréontique a été le plus souvent une variété de la chanson. Nos poètes anacréontiques sont : Clément Marot, Joachim du Bellay, Ronsard, maître Adam, Chaulieu, La Fare, Collet, Panard, Dorat, Voltaire, Parny, Bertin, Désaugiers, Béranger, etc. Pétrarque et Guarini, en Italie, ont écrit des pièces anacréontiques. Gleim est appelé l'Anacréon de l'Allemagne.

ANACRÉONTISME. s. m. Imitation du genre, du style d'Anacréon. Caractère anacréontique. Je lui ai si fort prêché la nécessité de sortir de son anacréontisme... (J.-B. Rouss.)

ANACRISE. s. f. (du gr. *ana*, par le moyen de, et *krinein*, discerner). Antiq. gr. Phase de la procédure athénienne durant laquelle le magistrat saisi d'un litige instruisait l'affaire, entendait les parties et les témoins, et réunissait tous les éléments de décision qui devaient être produits devant le tribunal.

ANACRUSE. s. f. (gr. *anakrousis*, de *anakrouein*, préluder). Prosod. gr. Ce mot désigne une ou plusieurs syllabes qui se trouvent en tête de certains vers lyriques, avant l'*arsis* dont elles sont comme le prélude. Anacruse signifie encore : début d'un chant, d'une poésie, et prélude d'un morceau de musique.

ANACYCLE. s. m. Bot. G. de composées, fam. des anthémidées, comprenant des plantes herbacées annuelles ou vivaces de la région méditerranéenne. Rameaux légèrement pubescents : feuilles alternes; capitules pédonculés et terminaux; fleurs du rayon femelles, tantôt stériles, tantôt fertiles; fleurs des disques hermaphrodites et fertiles : les fleurs du rayon manquent quelquefois; les fleurs du disque sont toujours jaunes. Involucre formé de plusieurs cercles concentriques de bractées imbriquées, scarieuses. Réceptacle convexe ou conique, muni de paillettes scarieuses. Achaines comprimés sur la face dorsale, les extérieurs pourvus de deux ailes. L'*anacyclus radiatus*, cultivé dans les jardins sous le nom d'*anthémis purpurin*, à fleurs radiées, jaunes en dessus, rouges en dessous, est originaire du midi de la France. L'*a. pyrethrum* (*anthemis pyrethrum*), à rameaux procumbants, velus, à feuilles d'un vert bleuâtre, glabres, pinnatiséquées, à capitules terminaux et solitaires, dont l'involucre est formé d'écailles lancéolées, jaunâtres sur les bords, à réceptacle convexe, couvert d'écailles obtuses, à fleurs du rayon blanches en dessus, rouges en dessous. Elle est connue vulgairement sous le nom de *camomille pyrèthre* ou pyrèthre romain. Sa racine a été employée contre les rhumatismes et les maux de dents. Dans le commerce, on la trouve en morceaux longs de 7 à 10 centimètres, bruns ridés et rugueux, compactes et cassants. Son odeur est aromatique, sa saveur âcre et brûlante. Elle constitue un sialagogue puissant. Sa poudre est sternutatoire. La teinture est employée comme stimulante et rubéfiante. Elle sert aussi à préparer des poudres insecticides. Pour cet usage, on emploie aussi les feuilles séchées. La racine de pyrèthre doit ses propriétés à l'huile essentielle logée dans les canaux sécréteurs qui existent surtout dans l'écorce.

ANACYCLIQUE. adj. 2 g. et s. m. (gr. *anakuklikos*; de *ana*, marquant renversement, et *kuklos*, cercle). Se dit de certains vers qui présentent un sens, soit qu'on les lise naturellement, soit qu'on les lise à rebours. Le vers de Virgile :

Musa mihi causas memora, quo numine læso.

peut se retourner ainsi :

Læso numine quo, memora causas mihi, Musa.

Ou bien c'est un distique tout entier dont les mots lus dans un ordre inverse, donnent un autre distique, soit avec le même sens, soit avec un sens tout à fait opposé. Voici un exemple de la première manière :

Praecipiti modo quod decurrit tramite flumen,
Tempore consumptum jam cito deficiet.

Ceux-ci donnent un sens contraire :

Laus tua, non tua fraus, virtus, non copia rerum,
Scandere te fecit hoc decus eximium.

car on lit :

Eximium decus hoc fecit te scandere, rerum
Copia, non virtus, fraus tua, non tua laus.

D'autres vers anacycliques sont faits de façon à pouvoir être retournés lettre par lettre. Ainsi les vers :

Roma, tibi subito motibus ibit amor.
Signa te signa temere me tangis et angis.
Ntis ero, jetine leniter ore sitim.

peuvent se lire différemment de gauche à droite et de droite a gauche. — Ces bagatelles difficiles, *difficiles nugæ,* comme dit Martial, dont l'invention est attribuée au poète alexandrin Sotadès, après avoir amusé la décadence de la littérature grecque, revinrent en honneur lorsque la littérature latine commença à décliner. Rufin, Optatianus Porphyre, poètes du VIe siècle, se signalèrent surtout dans ces exercices et d'autres analogues. Plusieurs moines, dit-on, perdirent la raison en cherchant des anacycliques. — On cite aussi des vers anacycliques en français :

L'âme des uns jamais n'use de mal.

Mais notre langue se prête peu à ce genre de tour de force ; et la mode n'en dura guère dans notre littérature.

ANADÈME. s. m. (gr. *anadéma,* bandeau). Antiq. Bandeaux qui servaient a maintenir et à orner la chevelure, par opp. a *diadema, vitia,* autres bandeaux de tête qui étaient les signes de distinction royale, religieuse, etc.

ANADIPLOSE. s. f. (gr. *anadiplôsis;* de *anadiploein,* redoubler), Rhét. Figure qui consiste a répéter au commencement d'un vers ou d'une phrase le mot qui termine la phrase ou le vers précédent. Ex. : Les princes et les peuples gémissaient *en vain ; en vain* Monsieur, *en vain* le roi lui-même tenait Madame serrée par de si étroits embrassements. (Boss.)

Il aperçoit de loin le jeune Téligny,
Téligny dont l'amour a mérité sa fille.
(VOLT.)

ANADIPSIE. s. f. (du gr. *ana,* indiquant redoublement, et *dipsa,* soif). Méd. Soif intense.

ANADIPSIQUE. adj. 2 g. Méd. Qui rend la soif intense.

ANADIR, ANADYR ou POGYTSCHA. Le plus grand fleuve de la Sibérie nord-orientale. Il prend sa source dans le lac Ivachki, et se jette dans le golfe d'Anadyr après un cours de 750 k. environ. Son plus grand affluent est le Main, rivière qui reçoit elle-même l'Orlovka, Son bassin est limité à l'O. et au N. par les monts Stavonoi. L'Anadyr ne traverse que des solitudes. Son lit peu profond, mais large, est obstrué par des ensablements. A l'époque de la montée du saumon, il est tellement rempli de poissons que l'eau se redresse en amont en forme de barre, et que l'eau cesse d'être buvable, à cause de l'odeur et du goût intolérables que lui donnent des millions d'animaux en décomposition. || ANADYR (golfe d'). Grand golfe de la mer de Behring, à l'extrémité N.-E. de la Sibérie, entre le cap Tchoukotskoi au N. et le cap Saint-Thaddée au S. Dans sa partie N., il forme lui-même la vaste baie de Sainte-Croix.

ANADIRSK. Nom collectif donné à la réunion de quatre villages d'une population totale de 200 h., Tchouvantzes, Youkagires et Cosaques, tous ayant les mêmes mœurs à peu près sauvages, mais parlant le russe. Ces villages sont bâtis sur l'emplacement d'un petit fort abandonné. Anadirsk est la seule agglomération de tout le bassin de l'Anadyr, et le dernier établissement des Russes dans cette direction.

ANADOLI. Forme turque du nom de l'Anatolie. || ANADOLI-Hissar (château d'Asie). Vge turc situé sur la côte asiatique du Bosphore, près d'un ancien château construit par Mahomet II.

ANADOSE. s. f. (du gr. *ana,* indiquant distribution, et *didômi,* je donne). Distribution des principes nutritifs dans tout le corps. On dit mieux *diadose.*

ANADROME. s. f. (gr. *anadromê;* de *ana,* de bas en haut, et *dromos,* course). Pathol. Transport d'une humeur de bas en haut. On dit aussi *anastose.* || adj. 2 g. Se dit des poissons qui remontent de la mer dans les fleuves. Le saumon, l'alose sont des espèces anadromes.

ANADYOMÈNE. (gr. *anaduomené,* qui s'élance de, qui flotte sur; de *ana,* de bas en haut, et *duomai,* je pénètre). Aphrodite ou Vénus sortant des flots. (V. *Vénus.*) Un tableau d'Apelle, célèbre dans l'antiquité, représentait Vénus Anadyomène, au moment où la déesse, *fille de l'onde amère,* tordait sa chevelure pour en exprimer l'eau. Les habitants de Cos l'avaient placé dans le temple d'Esculape. Auguste l'acheta moyennant une exemption annuelle de 100 talents d'impôts, et la mit dans le temple de Vénus Génétrix a Rome. Déjà le temps avait altéré la partie inférieure de ce chef-d'œuvre; mais aucun artiste n'osa se charger d'y faire des retouches. — Le Titien et Ingres ont traité le même sujet.

ANAÉROBIES. s. f. pl. (du gr. *an,* priv., *aér,* air, et *bios,* vie). Nom donné par M. Pasteur a certains ferments figurés, organismes rangés parmi les végétaux sous le nom de *bactéries* qui, au lieu de respirer, comme toutes les autres plantes, l'oxygène de l'air, l'empruntent à des corps dans lesquels il se trouve combiné à d'autres éléments. La fermentation résulterait de la décomposition de ces corps, déterminée par la soustraction de leur oxygène au profit des bactéries de ce genre qui, par contre, seraient tuées par l'oxygène libre, comme le prouverait leur destruction par un courant d'air que l'on fait arriver sur elles, si bien que la fermentation serait alors rapidement arrêtée. Tel est, par exemple, le cas de la fermentation alcoolique produite par un liquide sucré, comme le jus de raisin, par le ferment appelé *saccharomyces cerevisiae* dont l'action transforme le sucre en alcool et en acide carbonique. Les phénomènes de putréfaction, au contraire, seraient des fermentations d'un autre ordre et dues à d'autres espèces de bactéries que M. Pasteur appelle *aérobies* (V. ce mot), par opposition aux premières, car elles rentreraient dans la règle générale des végétaux qui respirent l'air atmosphérique ou du moins l'oxygène qu'il renferme. Certaines bactéries seraient même aérobies à un moment donné et anaérobies à un autre. Il faut ajouter que cette théorie est loin d'être admise par tous les chimistes et les physiologistes. (V. *Bactéries; Fermentations.*)

ANAÉROIDE. adj. et s. m. (du gr *an,* priv., *aér,* air, et *eidos,* apparence). Instrument qui se compose essentiellement d'une boîte ou d'un tube en laiton mince dans lequel on a fait le vide et qui se déforme plus ou moins suivant que la pression atmosphérique change d'intensité. On utilise ces déformations pour faire marcher une aiguille qui indique sur un cadran gradué par comparaison la pression atmosphérique correspondante. On dit aussi *anéroïde.*

ANAÉROPLASTIQUE. adj. 2 g. (du gr. *an,* priv., *aér,* air, et *plassein,* former). Se dit d'une méthode de pansement qui consiste a maintenir les plaies sous une couche d'eau tiède pour les faire cicatriser à l'abri de l'air et éviter ainsi les causes de l'infection purulente.

ANAFESTE (Paul-Luc). Premier doge de Venise, 697-717. Elu a Héraclée par les habitants des îles vénitiennes, il réprima les pirates et fit reconnaître l'indépendance de la République nouvelle par Luitprant, roi des Lombards, avec qui il signa en 713 un traité fixant les limites de l'Etat de Venise.

ANAFIL. s. m. (portug. *anafim,* esp. *anafir,* arabe *annafir,* espece de trompette). Sorte d'instrument de musique arabe. Au lieu du son des anifins, du bruit des trompettes, un silence profond régnait autour d'Aben-Hamet. (Châteaub.)

ANAGALLIDE. s. f. (gr. *anagallis;* de *ana* ou *an,* priv., et *agallô,* orner, peut-être à cause de la petitesse des fleurs). G. de primulacées, tribu des anagallidées. Caract. de la tribu : l'espèce la plus commune est le *mouron rouge,* appelé vulgairement *menuchon, menuet, miroir du temps;* il présente deux variétés, l'une a fleurs rouges, l'autre a fleurs bleues; dans nos campagnes on appelle la première *mouron mâle,* et la seconde *mouron femelle.* En Angleterre cette plante porte le nom de *pimpernel.* Très répandue a la surface du globe, cette petite herbe habite les endroits humides. L'ancienne médecine en vantait beaucoup les propriétés curatives dans un grand nombre de maladies, les douleurs, les inflammations, les affections des yeux, du foie et des reins, la morsure des serpents, la folie, l'épilepsie, etc. Récemment on l'a préconisée contre l'hydrophobie, a la suite de quelques succès qu'elle aurait, dit-on, donnée en Russie. En tout cas, c'est une plante âcre qui est loin d'être inoffensive et que dans certaines campagnes on a tort d'employer sans précautions. Les animaux évitent d'en manger, et les expériences ont montré qu'une faible dose suffit a tuer un chien. Il ne faut pas confondre cette plante avec le *mouron des oiseaux,* dont ces petits animaux sont très friands et qui appartient a la famille des caryophyllées.

ANAGALLIDÉES. s. f. pl. Tribu de la fam. des primulacées. Elle a pour caract. : fleurs hermaphrodites et régulières, à corolle gamopétale; étamines introrses; ovaire supère; fruit capsulaire, s'ouvrant en pyxide; graines avec albumen.

ANAGÉNÈSE. s. f. (gr. *anaghennésis,* régénération). Régénération des parties détruites.

ANAGÉNITE. s. f. Géol. Roche du genre des brèches formées de fragments provenant d'un grand nombre d'autres roches, surtout du quartz, du granite, des phyllades, etc.

ANAFKÊ (a-nan-kê). Mot grec signifiant *nécessité, fatalité, destin,* et qui a passé dans la langue littéraire. Il sert d'épigraphe a l'ouvrage de Victor Hugo, *Notre-Dame de Paris.* Le guignon, en grec αναγκη, dispersait mes espérances. (H. Murger.)

ANAGLYPHE. s. m. (a-na-gli-fe; — gr. *anagluphos,* ciselé en relief). Antiq. Ouvrage sculpté ou ciselé en relief. Aux anaglyphes (camées, bas-reliefs, etc.), on oppose les *intailles* ou *diaglyphes,* sculptures ou ciselures en creux. || s. m pl. Système d'écriture secrète des anciens Egyptiens.

ANAGLYPTE. s. m. (gr. *anagluptos,* relevé en bosse). Syn. d'*anaglyphe.*

ANAGNI. 8,400 h. Vle d'Italie, prov. et à 20 kil. de Frosinone, a 65 kil. S.-E. de Rome, ancienne capitale des Herniques. Evêché fondé en 487, cathédrale avec de belles fresques et mosaïques du XIIIe s. Patrie de Boniface VIII, qui y fut souffleté et fait prisonnier par Guillaume de Nogaret et Sciarra-Colonna en 1303.

ANAGNOSTE. s. m. (prononc. *gn* dur; — gr. *anagnôstês;* de *anaghinôscô,* je lis, je déclame). Antiq. rom. Esclave chargé de faire la lecture à haute voix pendant le repas et le bain. On l'appelait aussi *lector.* L'anagnoste était quelquefois un affranchi. Il y avait aussi des anagnostes qui lisaient ou récitaient au théâtre ou dans les lieux publics des passages des poètes en vogue. || Liturg. On désigne ainsi dans l'Eglise grecque ceux que l'Eglise latine appelle lecteurs, *lectores.* Cette fonction appartient aux ordres mineurs. On croit qu'elle est née au IIe siècle, du besoin de soulager les prêtres et les diacres.

ANAGNOSTES (Jean). Historien byzantin du XVe s., né à Thessalonique; auteur d'une narration de la prise de Thessalonique par les Turcs en 1430 et d'une lamentation en prose sur le même sujet.

ANAGNITES. Peuple voisin des Pictons, établi en Gaule avant l'arrivée des Romains.

ANAGOGIE. s. f. (gr. *anagôghia;* de *ana,* en haut, et *aghein,* conduire). Théol. Elévation de l'âme vers les choses célestes. || Interprétation mystique des saintes Ecritures, (V. *Anagogique.*)

ANAGOGIES. s. f. pl. Antiq. Fêtes célébrées en l'honneur d'une divinité au moment de son départ d'un sanctuaire pour aller visiter d'autres temples. Certaines divinités passaient, chez les anciens, pour quitter à certaines époques le sanctuaire qui était considéré comme leur résidence habituelle. Ainsi on disait qu'Apollon quittant chaque année Delos, pour passer à Patare en Lycie la saison d'hiver et ne revenait qu'au printemps. Le départ et le retour du dieu donnaient lieu à des solennités appelées *anagogie* et *catagogie.* Les mêmes fêtes se célébraient en Sicile, au mont Eryx, en l'honneur de Vénus que l'on croyait se rendre chaque année en Libye pendant neuf jours.

ANAGOGIQUE. adj. 2 g. Qui appartient, qui a rapport à l'anagogie. Interprétation anagogique. Interprétation qu'on tire du sens naturel et littéral pour s'élever à un sens spirituel et mystique. Ex. : Le repos du dimanche, dans le sens anagogique, signifie le repos de la béatitude éternelle.

ANAGOGIQUEMENT. adv. Dans le sens anagogique.

ANAGOGISME. s. m. Syn. d'*anagogie*.

ANAGOGISTE. s. m. Celui qui s'occupe d'anagogie.

ANAGRAMMATIQUE. adj. 2 g. Qui a rapport à l'anagramme.

ANAGRAMMATIQUEMENT. adv. D'une manière anagrammatique.

ANAGRAMMATISER. v. n. S'occuper d'anagrammes. || v. a. Faire l'anagramme d'un mot, e décomposer pour en former un ou plusieurs autres. || S'ANAGRAMMATISER. v. pr. Pouvoir être décomposé en anagramme. Certains mots peuvent s'anagrammatiser de plusieurs manières.

ANAGRAMMATISME. s. m. Art de faire des anagrammes.

ANAGRAMMATISTE. s. Celui, celle qui fait des anagrammes.

ANAGRAMME. s. f. (gr. *anagramma*; de *ana*, marquant renversement, et *graphein*, écrire). Transposition et nouvel arrangement des lettres d'un mot ou d'une phrase, de manière que ces lettres forment un autre mot ou une autre phrase. Les mots : *écran, nacre, rance, ancre, crâne*, sont des anagrammes les uns des autres. Le mot latin *Roma*, lu à rebours, donne *amor*. Dans *vigneron*, on trouve *ivrogne*. L'invention de l'anagramme est attribuée, mais à tort, au poète grec Lycophron, qui existait 280 ans avant notre ère, et qui nous en a laissé leur. En réalité, l'origine de l'anagramme se perd dans la nuit des temps. Romulus fit une anagramme lorsqu'il imposa à Rome, *Roma*, son nom mystérieux *amor*, qu'on ne pouvait prononcer sans sacrilège. Les Juifs avaient fait de l'anagramme une véritable science : une partie de la cabale n'est qu'un traité de divination par les anagrammes. Plus tard les sciences occultes et l'alchimie prétendirent trouver dans l'anagramme les secrets des choses. Au xvie et au xviie s. toute l'Europe eut la manie de l'anagramme. Louis XIII pensionnait un anagrammatiste. Au moyen de l'anagramme, on a trouvé des analogies étranges entre certains noms et ceux qui les portent · Dans Pierre de Ronsard, *Rose de Pindare*; dans Marie Touchet, maîtresse de Charles IX, *Je charme tout*; dans Frère Jacques Clément, *C'est l'enfer qui m'a créé*; dans Révolution française, *Un Corse voté la finira* et *La France veut son roi*. Collet a qualifié comme elle le mérite la manie de l'anagramme :

> J'aimerais mieux tirer l'oison,
> Et même tirer à la rame,
> Que d'aller chercher la raison
> Dans les replis d'une anagramme.

Un certain nombre d'écrivains ont pris pour pseudonymes les anagrammes de leurs noms, ainsi Calvin (*Calvinus*) signa ses *Institutions* du nom d'*Alcuinus*, et François Rabelais fit paraître ses œuvres sous celui d'*Alcofribas Nazier*.

ANAGRAMMÉ, ÉE. adj. Qui a été l'objet d'un anagramme.

ANAGRAPHE. s. m. (gr. *anagraphos*; de *ana*, sur, et *graphein*, écrire). Nom donné aux contrôleurs égyptiens sous les Ptolémées.

ANAGYRE ou **ANAGYRIS.** s. m. (gr. *anaguris* ou *anaguros*). G. de la fam. des légumineuses-papilionacées, tribu des podalyriées. Caract. : feuilles trifoliolées; calice à 5 dents, étendard plus court que les ailes; carène à 2 pétales distincts, dépassant un peu les ailes; étamines libres; gousse à une loge dont les graines sont séparées par une cloison imparfaite. Fleurs jaunes en grappes feuillées à la base. Les anagyres sont des arbrisseaux du littoral méditerranéen. Le plus connu est l'*a. fœtida* dont les différentes parties ont une odeur très désagréable. Les chèvres qui en mangent donnent un lait désagréable au goût et qui provoque des vomissements. On a préconisé les graines et les feuilles comme purgatives et émétiques : dans tous les cas elles

sont vénéneuses. Cette plante croît dans les départements du midi.

ANAH. Pte vle de la Turquie d'Asie, prov. de Bagdad, située sur l'Euphrate, où passent les caravanes de Damas et d'Alep à Bagdad.

ANAHID ou **ANAHIT.** (gr. *Anaïtis, Anaié, Aïné, Tanais, Tanaïtis.*) Nom de la grande divinité féminine des religions sémitiques. Elle occupe le premier plan, avec le grand dieu mâle, et porte différents noms : Bélit, Beltis ou Mylitta à Babylone, Istar en Assyrie, Nana en Elymaïde, Anahit dans la Chaldée méridionale, Astarté en Phénicie, Tanit à Carthage. Elle représente la puissance créatrice de la nature, le principe humide, la matrice qui reçoit les germes, qui enfante sans trêve et entretient toute existence sans jamais s'épuiser. C'est la déesse-nature, la mère et la nourrice. L'étude des sculptures assyriennes et des inscriptions cunéiformes ont révélé son origine babylonienne. De la vallée de l'Euphrate, le culte de cette divinité sémitique passa dans les pays de race aryenne, où nous pouvons suivre sa trace. Car il n est pas douteux que les divinités adorées sous des noms divers dans toute l'Asie Mineure, Artémis en Arménie, Ma en Cappadoce, Rhea-Cybèle en Lydie et en Phrygie, au pied du mont Dindymène et du mont Sipyle, Anaïtis à Zéla dans le Pont, Enyo dans les deux Comana celle du Pont et celle de Cappadoce, ne doivent être identifiées avec Anahid. Les Grecs la connurent aussi et la nommèrent tantôt Artemis, tantôt Aphrodite. C'est l'Artémis du temple d'Ephèse, au corps tout couvert de mamelles, qu'il faut se garder de confondre avec l'Artémis chasseresse; c'est aussi l'Aphrodite des sanctuaires de Golgos et de Paphos. D'autre part les Phéniciens la promenèrent avec eux sur toutes les mers et l'installèrent sur tous les rivages. Les colonies grecques en arrivant dans l'île de Cypre, y trouvèrent le culte de la déesse syrienne déjà installé, et l'adoptèrent sans peine. Ce furent eux, sans doute, qui le transportèrent d'abord à Cythère, puis à Corinthe. Et en effet, ici comme là, on retrouve les mêmes rites orgiaques et la prostitution sacrée des courtisanes esclaves de la déesse. Bérose dit qu'Artaxerxès Mnémon éleva le premier des statues à Vénus-Anaïtis dans Babylone, dans Suse et dans Ecbatane, et répandit ainsi le culte de cette déesse dans la Bactriane, la Perse, la Syrie Damascène et la Lydie. Mais il faut entendre, évidemment, que le grand roi ne fit que replacer cette divinité sur ses autels, d'où l'avait chassée le zèle monothéiste des premiers Achéménides. Dans tous ces sanctuaires, enrichis par les offrandes des visiteurs et par la munificence des rois, les cérémonies du culte avaient un éclat et une pompe extraordinaires, et attiraient une foule d'étrangers. Un de leurs principaux éléments d'attraction était sans doute le charme grossier de leurs rites voluptueux. Cependant, à l'époque où le christianisme commença à faire reculer devant lui l'Olympe vieilli, vers le second et le troisième siècle de notre ère, l'idée panthéistique d'une déesse-nature, toute en tous, et embrassant dans son essence tous les êtres et tous les dieux parut seule capable de lutter avec la croyance nouvelle. Aussi l'on peut dire que, cachée sous ses noms grecs et romains, ou identifiée avec l'Isis d'Egypte, Anahid fut alors la maîtresse du monde gréco-romain, qui se refusait encore au christianisme, mais qui ne trouvait plus dans les cultes officiels de l'empire les émotions religieuses dont il avait soif. — Il est intéressant de remarquer que dans la mythologie des Perses, Anahid ou Nahid était le nom de l'étoile de Vénus, ou plutôt de l'Ized préposé à sa garde.

ANAHUAC. Nom indigène du grand plateau du Mexique compris entre 17° et 20° de latit. N. Ce plateau, un des plus remarquables du globe, est formé par le dos même de la Cordillère; son altitude varie en moyenne de 1,300 à 1,600 m; elle atteint 2,192 m a Tlascala, 2,277 a Mexico, 2,705 à Toluca. Il est dominé à l'O. par de hautes montagnes dont les principales sont le pic d'Orizaba (5,450 m) et le Popocatepelt (5,391 m), et traversé du N. au S. par une suite de cinq lacs d'une surface totale de 88 kil.; celui du milieu est le lac Tezcuco (40 kil.), sur la rive occid. duquel s'élève Mexico, l'ancienne capitale de l'empire des Aztèques,

dont le nom ancien était *Anahuac Tenochtitlan*. La salubrité et le climat de ce plateau contrastent de la façon la plus heureuse avec le climat tropical et l'insalubrité des côtes du Mexique que ravage la fièvre jaune; à Mexico, la température moyenne de l'année est de 16°, celle de l'hiver de 11°5', celle de l'été de 1808'. L'Anahuac était, avant la conquête de Fernand Cortez, le siège de puissants empires indigènes, ceux des Toltèques, des Chichimèques, des Acolhues et des Aztèques. Il subsiste des restes importants de ces anciennes civilisations. (V. ces noms et *Mexique*.)

ANAÏTIS. V. *Anahid*.

ANACES. V. *Anaces*.

ANAKLIA ou **ANAKRIA.** Vle de la Caucasie russe, prov. de la Mingrélie, bâtie, dit-on, sur les ruines de l'ancienne Héraclée.

ANAK-SOUGHI. Principauté malaise de la côte occidentale de Sumatra.

ANAL, ALE. adj. Qui a rapport à l'anus; qui est proche de l'anus. Région anale. Nageoire anale.

ANALABE. s. m. Sorte d'étole des anciens moines grecs.

ANALCIME. s. f. (du gr. *an*, priv., et *alkimos*, fort : qui n'a point de force électrique). Minér. Silicate hydraté d'alumine et de soude, très difficile à électriser par frottement, ce qui lui a fait donner son nom. Elle est blanche, brillante, opaque ou transparente, souvent plus ou moins nuancée d'incarnat; il existe une variété rose appelée sarcolite. Sa densité varie de 2,68 à 2,78. Elle raye le verre, mais est rayée par le quartz hyalin. Elle est fusible au chalumeau, et se dissout en gelée dans l'acide chlorhydrique. Sa forme cristalline primitive est le cube, d'où lui vint le nom de *cubicite* que lui donna Hauy; on la trouve habituellement en trapézoèdres, en cubo-octaèdres, et en cristaux cubiques dont tous les angles solides sont remplacés par trois petites facettes triangulaires. Elle existe aussi en masses amorphes. Les analyses donnent la formule $2Al^2O^3(SiO^3)^3 + (NaO, 2SiO^3) + 4HO$. L'analcime se trouve seulement dans les laves des volcans récents ou éteints, au Vésuve, en Sicile, a Dumbarton et dans l'île de Skye, dans le Tyrol et à Arendal.

ANALECTE. s. m. (gr. *analektès*). Antiq. gr. Esclave chargé d'enlever les restes du festin et de nettoyer la salle.

ANALECTES. s. m. pl. (lat. et gr. *analecta*, choses choisies; de *analégo*, je choisis) Recueil de morceaux choisis d'un ou de plusieurs auteurs. Parmi les collections publiées sous ce titre, les principales sont les analectes, *analecta*, de Mabillon, extraits d'anciens manuscrits inédits et les analectes de l'helléniste Brunk (*Analecta veterum poetarum græcorum*, Strasbourg, 1785, 3 vol. in-8°). || Antiq. Restes de repas.

ANALECTEUR. s. m. Auteur d'analectes. Néol. Le métier d'analecteur n'est pas des plus faciles. (Léon Gozlan.)

ANALEMMATIQUE. adj. 2 g. Qui est fondé sur les propriétés de l'analemme. Cadran analemmatique, instrument qui sert à déterminer la hauteur du soleil.

ANALEMME. s. m. (gr. *analemma*, hauteur). Astron. Carte céleste obtenue par la projection orthogonale des cercles de la sphère sur un plan méridien. On prend quelquefois pour plan de projection le colure des solstices. Au moyen de l'analemme on peut trouver la hauteur d'un astre à un instant donné, l'heure de son passage au méridien, etc. || Antiq. gr. et rom. Piédestal d'un cadran solaire, et par extension, le cadran lui-même. || Tout ce qui est élevé ou sert de support, particulièrement une pile ou contre-fort.

ANALEPSIE. s. f. (gr. *analepsis*; de *analambanein*, reprendre. On dit : ce malade reprend). Méd. Rétablissement des forces après une maladie.

ANALEPTIQUE. adj. 2 g. Méd. Qui restaure qui rétablit les forces. Aliments analeptiques. Traitement analeptique. Médication analeptique. || s. m. Un bon analeptique. Les analeptiques. — On entend par *analeptiques* de nombreux agents qui, par l'intermédiaire du sang, restituent à la nutrition les matériaux qui lui manquent pour son accomplissement normal. Leur combinaison judicieuse constitue le régime dit analeptique qui est indiqué toutes les fois que la sanguification se fait difficilement, incomplètement; dans les convalescences des fortes maladies, l'anémie, les hémorrhagies graves, etc. Ces agents sont de trois sortes : *hygiéniques, alimentaires, médicamenteux.* Les premiers comprennent des moyens qui agissent indirectement, il est vrai, mais d'une façon néanmoins très efficace, en favorisant et activant les fonctions respiratoire et circulatoire; tels sont la gymnastique, le massage, les frictions, les bains de mer, l'hydrothérapie, l'influence de l'air sain de la campagne. — Les analeptiques médicamenteux comprennent des substances qui sont identiques à certains éléments essentiels de l'organisme et qui doivent s'y trouver en proportions déterminées; ce sont entre autres : le fer qui fait partie des globules du sang, le phosphate de chaux, si utile pour combattre le rachitisme ou s'opposer aux progrès de la phtisie, le chlorure de sodium dont nos organes ne peuvent se passer. — Enfin la classe la plus importante des analeptiques comprend les substances alimentaires qui, sous un petit volume, possèdent une vertu réparatrice énergique; ils comprennent naturellement quatre sortes d'aliments dont chacune a sa place marquée dans un régime complet, ce sont les analeptiques *protéiques, gras, féculents* et *sucrés.* La viande grillée et rôtie, surtout celle des animaux à chair rouge est le type des premiers; il faut y ajouter la viande crue, la poudre de viande obtenue par des procédés particuliers et qui est très nourrissante; puis viennent les viandes blanches et les viandes noires, enfin le bouillon, les extraits de viande, le thé de bœuf, etc. Les analeptiques gras comprennent les graisses, les huiles comestibles, le lait, les œufs. L'huile de foie de morue doit être rangée dans ce groupe, et aussi le chocolat, aliment à la fois nourrissant et agréable. Quant aux analeptiques féculents, qui passent auprès de beaucoup de gens pour être fort nourrissants, leur réputation est usurpée, et ils valent surtout par les aliments auxquels on les associe, graisse, beurre, lait, bouillon, etc., et par leur goût agréable et leur remarquable digestibilité, tels sont : le tapioca, l'arrow-root, la semoule. Enfin les substances sucrées auxquelles on est souvent porté à faire jouer un grand rôle dans l'alimentation, sont des analeptiques fort contestables, du moins chez les individus adultes, mais dans la première enfance, ils paraissent être un élément important de la nutrition. (V. *Aliments; Alimentation.*) || Cycle analeptique. Espèce d'entraînement alimentaire auquel l'école méthodique fondée par Thémison et Cœlius Aurelianus soumettait les malades avec une rigueur absolue, aussi bien pour le choix que pour la succession des aliments. Ces cycles étaient *extenuants* ou *restaurants,* suivant la nature de l'affection que l'on voulait guérir.

ANXLESBERG. Monastère bénédictin, dioc. de Strasbourg, fondé vers 950.

ANALGÉSIE ou **ANALGIE.** s. f (du gr. *an,* priv., et *algos,* douleur.) Méd. Variété d'anesthésie (V. ce mot) dans laquelle il y a insensibilité à la douleur. Personne n'ignore que sous l'influence d'une émotion vive, de la colère, par exemple, de l'ardeur des combats, la douleur causée par une blessure n'est pas sentie, momentanément. Il en est de même quand l'esprit est fortement tendu vers une idée supérieure. Il en est encore ainsi chez certains fous, les hypochondriaques entre autres, qui, obsédés par l'idée de souffrances imaginaires ne ressentent pas les douleurs réelles, et se coupent en morceaux et s'ouvrent le ventre avec la plus parfaite indifférence. Mais eu dehors de ces cas dont la cause ne nous échappe pas, on voit des personnes qui perdent d'une façon temporaire ou permanente cette propriété physiologique qui nous fait éprouver une sensation pénible si notre peau vient à être piquée, coupée ou brûlée. Et cependant ces mêmes malades, car on doit les regarder comme tels, conservent fort souvent la sensibilité tactile ordinaire, et apprécient fort bien le moindre attouchement, le souffle le plus léger Par contre, on connaît des cas où la sensibilité tactile étant perdue, la sensibilité à la douleur persistait cependant Parfois les analgésiques ignorent leur état; d'autres fois, ils s'imaginent que c'est par excès de courage qu'ils supportent

sans défaillance ce qui semble devoir leur causer de la douleur. Souvent l'analgésie cutanée est accompagnée de celle des muqueuses et des sens; parfois elle est limitée seulement à tel ou tel point; d'autres fois elle envahit tout le système du cerveau. La cause de cet état extraordinaire est fort peu connue. On sait que des animaux chez lesquels on a enlevé le sang d'un membre, deviennent insensibles dans cette même région, et on en a conclu que l'analgésie spontanée devait tenir à une constulation particulière du sang; mais la rapidité incroyable avec laquelle cet état vient parfois à disparaître ne permet guère cette explication. En tout cas cette affection est sous la dépendance du système nerveux, et c'est chez les hystériques qu'il se rencontre presque toujours. Une réflexion qui se présente à l'esprit comme une conclusion naturelle d'observations de ce genre, c'est que la sensibilité paraît comprendre en somme plusieurs sens distincts, lesquels peuvent être supprimés indépendamment les uns des autres. Ces faits étranges, connus depuis longtemps d'ailleurs, mais mal interprétés jadis, et encore fort mal compris aujourd'hui, avaient donné lieu à la croyance superstitieuse que les parties qui se montraient insensibles avaient été touchées par le démon; or, ceux qui portaient ces *stigmata diaboli* avaient grande chance de passer pour sorciers et d'être condamnés en conséquence.

ANALLUVION. s. f. Détritus ou agglomération de roches tombées en décomposition.

ANALOGIE. s. f. (gr. *analogia;* de *ana,* selon, et *logos,* raison). Sorte de rapport de convenance, de similitude, qui existe à certains égards entre deux ou plusieurs choses différentes, soit dans l'ordre physique, soit dans l'ordre intellectuel et moral. Il y a de l'analogie entre l'homme et l'animal, parce que tous les deux ont le mouvement et la vie. La partie basse d'une montagne s'appelle le pied de la montagne, par analogie avec le pied de l'homme. Analogie frappante, remarquable, évidente. Faible analogie. Indiquer les analogies et les différences. Cette langue a beaucoup d'analogie avec telle autre. L'analogie qui unit entre elles les diverses acceptions d'un mot. Il y a entre ces deux récits des analogies de temps et de circonstances, qui font soupçonner que c'est le même fait diversement raconté Ces deux hommes sont liés par l'analogie de leur caractère et de leurs goûts. (Acad.) Raisonner par analogie. Juger, conclure par analogie. Être guidé par l'analogie. Le fil de l'analogie. L'analogie a différents degrés de certitude. (Condillac.) Les scolastiques définissent l'analogie une ressemblance jointe à quelque diversité. (Dumarsais.) || Philol. Rapport qui existe entre différentes langues, divers mots d'une langue, entre les lettres, les sons, etc. C'est par analogie de son que les lettres de même ordre, labiales, dentales ou gutturales, permutent entre elles et éloignent peu à peu les dérivés de leurs primitifs. C'est ainsi qu'il y a analogie entre les lettres *p, b, v* et *f; apicula* a donné *abeille, duplus, double; habere, avoir; turbare, trouver; sapere, savoir; lupa, louve; navis, nef; novem, neuf;* entre le *v* et le *g : vastare, gâter; Vasconia, Gascogne; vespa, guêpe;* — entre le *g,* le *c* et le *ch;* — entre le *d,* le *t* et le *s.* (Voir pour les permutations les noms des différentes lettres.) — L'analogie explique un grand nombre de *formes* grammaticales; ainsi c'est par analogie des adjectifs formés sur le type latin *bonus, bona,* lesquels ont en français deux formes distinctes, pour le masculin et pour le féminin (*bon, bonne*), qu'on ajoute aujourd'hui un *e* comme signe du féminin aux adjectifs qui, comme grand (du latin *grandis*), n'avaient en latin qu'une seule forme pour le masculin et pour le féminin. L'ancienne langue était donc absolument conforme à l'étymologie quand elle disait *grand* indifféremment au masculin et au féminin. Les formes *grand'route, grand' mère* sont des restes de cet état ancien de la langue, état conforme à l'étymologie, mais modifié par l'analogie Un grand nombre de formes de la conjugaison s'expliquent de la même façon — La question de l'analogie en grammaire avait déjà été étudiée par les anciens; une dispute célèbre s'était même éle-

vée entre les *analogistes* (école d'Aristarque) et les *anomalistes* (Cratès). César pendant la guerre de Gaule écrivit un traité, en deux livres *De l'analogie.* || Rhét. *Analogie du style,* désignait, selon Marmontel, l'unité de ton et de couleur. On distinguait, dans le siècle dernier, un grand nombre de tons différents : celui du bas peuple, celui du peuple cultivé, celui du beau monde, celui de la haute éloquence, etc. Dès qu'on avait adopté une nuance, il fallait s'y conformer. Sans s'astreindre aujourd'hui à ces démarcations plus ou moins artificielles, on doit toujours éviter les incohérences de style, l'emploi de locutions triviales dans les genres nobles, et de termes pompeux dans le langage familier. Il faut une certaine unité de ton et de couleur; il faut surtout que la parole s'accorde avec la pensée, et celle-ci avec le sujet. || Math. S'est dit de la similitude, du rapport entre les deux termes d'une proposition. Il y a la même analogie entre 2 et 3 qu'entre 6 et 9. || Astr. *Analogie différentielle,* Rapport entre les différentielles des angles et des côtés d'un triangle sphérique. || Anat. philos. Ressemblance que présentent, à quelque point de vue que ce soit (forme, structure, connexions, etc.), deux ou plusieurs organes d'un même individu ou de deux individus d'espèces différentes. (V. *Analogues.*) || Théol. *Analogie de la foi.* Les théologiens protestants désignent par là l'interprétation des saintes Ecritures considérées comme source unique de la Révélation et comme la seule règle de foi. Ils entendent par là qu'il suffit que la foi soit analogue (conforme) à l'Ecriture, interprétée en elle-même, sans l'intervention de l'Eglise et sans le secours de la tradition. || Philos. Il ne faut pas confondre, comme on le fait souvent dans l'usage habituel, l'analogie avec la similitude ou avec l'identité : elle diffère de l'identité, puisqu'elle a lieu entre des choses distinctes, et de la similitude, puisque les choses qu'elle rapproche n'ont pas seulement des points de ressemblance, mais ont aussi des points de différence. Pour définir rigoureusement le mot *analogie,* il faudrait dire qu'il indique entre des objets distincts un ou plusieurs rapports de conformité ou de ressemblance, d'une égalité pareille à celle qui constitue une proportion mathématique. En logique, l'analogie est un procédé de raisonnement : on raisonne par analogie quand, de ce qu'on trouve en deux objets des caractères semblables, on conclut qu'ils se ressemblent encore par un ou plusieurs autres points; par ex., nous connaissons les conditions atmosphériques de la planète Mars, nous savons qu'elles sont à peu près celles de la Terre : si nous affirmons que Mars est un monde habitable, c'est seulement par analogie que nous pouvons le faire. L'analogie reste donc un procédé de raisonnement fort incertain; et pourtant, on ne peut nier qu'employée comme méthode d'investigation, elle ait souvent dirigé les savants dans leurs découvertes : c'est en regardant la fumée s'élever dans l'air que Montgolfier conçut la théorie des ballons. On sait que Newton fut amené à découvrir les lois de la pesanteur en voyant tomber une pomme. — En métaphysique, il faut distinguer entre l'analogie prochaine et l'analogie éloignée, qui sont toutes deux un jugement de l'expérience : la première perçoit les caractères semblables de deux ou de plusieurs objets présents, établit, par exemple, les rapports que nous constatons entre les métaux et les végétaux; la seconde, le rapport de deux faits étant connu, conclut l'existence de l'un de l'existence de l'autre : ainsi, de ce que le baromètre descend, nous concluons que le temps sera pluvieux. — Les nombreuses erreurs auxquelles nous sommes sujets, comme aussi les imperfections de notre connaissance, nous entraînent souvent à de *fausses analogies,* sur lesquelles il est inutile d'insister, et que tout le monde peut se représenter facilement. || Syn. *Analogie, conformité, ressemblance, similitude.* Dans le langage ordinaire, l'analogie est relative au raisonnement et a trait à certains rapports observés pour en tirer des déductions. Ressemblance regarde l'extérieur ou la forme. La similitude a lieu entre des objets corporels ou physiques; la conformité entre des choses abstraites, intellectuelles ou morales. On dit : similitude de conformation, et : conformité d'habitudes, de sentiments, de goûts, de principes. — *Analogie, accord, concert, convenance.* (V. *Accord.*) — *Analogie, induction,* Méthodes de raisonnement par lesquelles l'esprit humain se sert de ce qu'il a remarqué pour conjecturer ou découvrir ce qu'il n'aperçoit pas. Par l'analogie nous comparons plusieurs objets et nous concluons d'un objet ou d'un ordre de faits a un autre. L'induction s'attache a un même objet ou à un même ordre de faits.

ANALOGIQUE. adj. 2 g. Qui a de l'analogie. Lois, idées analogiques. Termes, rapports analogiques. Se place toujours après le substantif. || Anatomie analogique. (V. *Analogues.*)

ANALOGIQUEMENT. adv. D'une manière analogique; selon les règles de l'analogie.

ANALOGISME. s. m. Manière de raisonner qui consiste a procéder par voie d'analogie. || Abus de l'analogie.

ANALOGUE. adj. 2 g. Qui a de l'analogie avec une autre chose. Phénomènes, faits analogues. Le B et le P sont des consonnes analogues. C'est un cas tout a fait analogue à tel autre. (Acad.) Chaque pays a besoin d'une musique qui soit analogue avec son ciel. (J.-J. Rouss.) || Subst. Ce terme n'a point d'analogue en français. Cette locution et ses analogues s'emploient dans tel style. Plusieurs terrains de notre continent renferment des animaux fossiles et des végétaux pétrifiés, auxquels on ne connaît point d'analogues vivants, ou dont les analogues n'existent que dans d'autres parties du globe. Ce sont deux analogues. (Acad.) Les analogues. || Anat. philos. *Les analogues.* On se sert fréquemment de ce terme pour indiquer qu'il existe un certain rapprochement de forme, de structure ou de fonction entre différents organes que l'on ne saurait cependant regarder comme identiques. L'importance que l'on doit attacher en anatomie philosophique a l'identité des rapports ou connexions que les organes d'un même animal ou d'animaux différents présentent avec les organes voisins a conduit Et. Geoffroy St-Hilaire à fonder sa célèbre *théorie des analogues,* sur laquelle il s'appuya pour démontrer que tout le règne animal est construit d'après un plan unique, qu'il y a, malgré une incroyable diversité dans les détails, *unité de composition.* Il montra, par exemple, que le bras de l'homme, l'aile de l'oiseau, la nageoire pectorale du poisson sont analogues, car ces organes affectent les mêmes rapports avec les os de l'épaule et par ceux-ci avec la colonne vertébrale, sont innervés par des nerfs qui naissent de points correspondants du système nerveux et reçoivent des vaisseaux ayant une origine identique. Mais quand il voulut retrouver de semblables analogies, non plus seulement entre les animaux d'un même embranchement, mais entre ceux d'embranchements différents, tels que les vertébrés et les articulés, et rapprocher le membre de l'oiseau ou du mammifère de celui de l'insecte il poussa trop loin l'induction, les connexions ne pouvant être les mêmes puisque l'insecte ne possède pas de squelette intérieur, de colonne vertébrale, etc. En somme, Et. Geoffroy St-Hilaire a eu le tort de ne pas faire de distinction entre la nature des rapports qui existent dans un même embranchement et ceux qu'il crut remarquer entre deux embranchements différents. Les premiers constituent ce qu'on doit appeler des *homologies;* ainsi le bras de l'homme, l'aile de l'oiseau, la nageoire du poisson sont homologues, tandis que l'aile de l'oiseau et l'aile de la mouche n'offrent qu'un rapport d'analogie, car, tout en étant très différentes par la structure anatomique, elles se rapprochent par une propriété physiologique commune, celle de servir au vol. Aussi s'accorde-t-on généralement aujourd'hui a appliquer le terme d'*homologie* aux organes qui ont des connexions identiques, une ressemblance frappante, et a réserver celui d'*analogie* aux organes qui ont entre eux plutôt un rapport de fonction que de structure et de connexion.

ANALOSE. s. m. (gr. *analôsis,* perte). Méd. Dépérissement, consumption.

ANALTHIE. adj. 2 g. (gr. *analthès;* de *an* priv. et *althein,* guérir). Méd. Qui ne guérit pas, incurable.

ANALYSABLE. adj. 2 g. Qu'on peut analyser.

ANALYSE. s. f. (gr. *analusis;* de *ana,* marquant séparation, et *luein,* délier) Résolution d'un tout en ses parties. Faire l'analyse d'une fleur, de l'eau, d'un tout composé. || Litt. Extrait, précis raisonné d'un ouvrage d'esprit. Faire l'analyse d'un discours, d'un poème, d'une pièce de théâtre, d'un roman. Ce journal donne l'analyse de presque tous les ouvrages nouveaux. Analyse incomplète. Une courte, une sèche analyse. Analyse rapide. (Acad.) || Au moral et dans un sens fig. Analyse des facultés, des passions de l'homme. || Loc. adv. En dernière analyse, Tout bien examiné. || Analyse d'un dossier, Inventaire et résumé des pièces qui le composent. || Analyse d'une dépêche, Annotation marginale indiquant l'objet dont elle traite. || Analyse des prix, Évaluation détaillée des éléments qui entrent dans la confection d'un travail. Ce terme n'est employé que dans le service des fortifications où il correspond a l'expression des ponts et chaussées : *sous-détail des prix.* || Chim. L'analyse chimique consiste à séparer les divers éléments d'un corps composé et à déterminer leur nature et leur proportion. C'est l'opération la plus importante de la chimie, car seule elle permet de se rendre un compte exact des résultats obtenus dans toute réaction chimique. La synthèse qui est l'opération inverse peut être considérée comme une vérification de l'analyse. L'analyse chimique repose tout entière sur ce principe fondamental que dans la nature « rien ne se perd et rien ne se crée ». Toutes les fois que l'on soumet un corps a l'analyse, la somme des poids des composants doit être égale au poids du composé. Ces principes furent formulés pour la première fois par Lavoisier a l'occasion de l'analyse de l'air atmosphérique et c'est de la que datent tous les progrès accomplis par la chimie. Suivant le but que l'on se propose et les moyens que l'on emploie on distingue plusieurs sortes d'analyses : l'*analyse qualitative* a pour but de déterminer simplement la nature des corps entrant dans le composé. Elle peut se faire par voie sèche ou par voie humide. L'*analyse par voie sèche* est peu employée et réservée a certains cas particuliers qui se présentent dans les arts métallurgiques. L'*analyse par voie humide* est, au contraire, la plus usitée. Pour l'opérer on doit commencer par dissoudre le corps dans l'eau ou dans les acides, et c'est sur les dissolutions ainsi obtenues que l'on fera réagir des dissolutions connues, portant le nom de réactifs. Les phénomènes qui accompagneront ces actions réciproques, tels que dégagements gazeux, changements de couleurs, formation de précipités seront les caractéristiques des produits que l'on recherche dans le corps soumis a l'analyse. Dans certains cas, lorsque les corps sont insolubles dans l'eau ou dans les acides, on a recours à une opération préalable qui les rend solubles : on attaque le produit à analyser par le carbonate de soude dans un creuset de platine et on obtient un carbonate toujours soluble dans les acides et un sel de soude toujours soluble dans l'eau, ce qui ramène au cas précédent. Chaque fois que l'on aura reconnu l'existence d'un corps, on devra s'assurer de sa présence au moyen de plusieurs réactifs donnant des réactions bien nettes destinées à corroborer la première expérience. L'*analyse quantitative* a pour but de séparer et de doser les corps qui entrent dans un composé. Elle doit toujours être précédée de l'analyse qualitative, car c'est des résultats de cette première que dépendront en général les méthodes employées pour les dosages. Les dosages peuvent se faire au moyen de la balance en pesant les corps séparés soit à l'état libre, soit engagés dans des combinaisons connues, ou bien au moyen de liqueurs titrées. Ce dernier procédé qui est beaucoup plus rapide que le précédent est surtout employé dans les laboratoires industriels. La séparation des différents corps constitue la véritable difficulté de l'analyse quantitative, et comme cette opération doit être faite d'une manière absolue elle exige une grande habileté de la part de l'opérateur. Nous ne pouvons énumérer ici les méthodes employées qui sont, pour ainsi dire, aussi nombreuses que les cas particuliers qui peuvent se présenter, mais nous renvoyons à l'étude de chacun des corps simples où on indiquera sommairement les meilleures méthodes de séparation et de dosage. Quand on se trouve en présence de matières organiques, il est généralement nécessaire de faire précéder les deux analyses ci-dessus décrites et qui peuvent s'appeler *analyses élémentaires,* d'une autre sorte d'analyse dite *analyse immédiate.* Elle consiste à rechercher et à séparer dans un composé organique les différents principes immédiats dont le mélange forme le produit à analyser. Cette opération est excessivement délicate, car elle exige que l'on n'altère pas ces principes immédiats qui sont le plus souvent très peu stables. On opère généralement au moyen de dissolvants tels que l'eau, l'alcool, l'éther, etc., ou bien encore quand les produits sont volatils sans décomposition, par distillations fractionnées ; cette dernière méthode ne donne toutefois jamais une séparation absolue. Quand on a obtenu ainsi les principes immédiats, on les soumet à l'analyse élémentaire qui est généralement assez simple, car ces corps sont le plus souvent formés de carbone, d'hydrogène, d'oxygène et d'azote que l'on dose à l'état d'acide carbonique, d'eau et d'ammoniaque. Quand il s'agit d'analyser des mélanges gazeux, on peut opérer au moyen de *pesées* ou de méthodes *volumétriques.* Ces dernières méthodes perfectionnées par Dovère, Regnault et Bunsen donnent aujourd'hui des résultats très exacts, mais la manipulation est toujours longue et minutieuse. On donne le nom d'*analyse eudiométrique* aux analyses gazeuses dans lesquelles on utilise la faculté que possèdent l'hydrogène et un certain nombre de ses composés de donner de l'eau et de l'acide carbonique sous l'influence de l'étincelle électrique. Un petit calcul dont les données sont le volume initial du gaz, son volume final et le volume de l'acide carbonique produit permet de calculer la quantité d'hydrogène et de carbone existant dans le mélange gazeux. En 1861, MM. Kirchoff et Bunsen ont découvert une nouvelle méthode d'analyse fondée sur l'étude des raies du spectre et qu'ils ont appelée pour cela *analyse spectrale.* Ils remarquèrent que certains corps, placés dans une flamme dont on observe le spectre lumineux, y donnent naissance a des raies lumineuses qui, pour un même corps, sont toujours de la même couleur, placées au même endroit et en nombre constant. La détermination de ces raies pour les corps déjà connus a amené bientôt la découverte d'un certain nombre de corps dont on ne soupçonnait pas l'existence ou plutôt que l'on confondait avec des produits auxquels ils étaient mélangés en quantité très minime. Cette méthode permet de découvrir des traces de matière qui échapperaient complètement à toute autre méthode d'expérimentation, aussi a-t-elle été rapidement mise en pratique sur une vaste échelle. Elle a permis de déterminer la composition du soleil et des astres qui, jouissant d'une lumière propre, peuvent fournir un spectre qui les caractérise. (V. *Spectroscope.*) || Anat. L'analyse anatomique ou organique se fait soit par la dissection, soit par des agents chimiques. (V. *Anatomie.*) || Math. On entend par analyse, en mathématiques, une méthode qui consiste à supposer une proposition connue et à remonter, au moyen des conséquences logiques, à certaines vérités démontrées antérieurement. Grâce a l'algèbre, cette méthode a pris, depuis Descartes surtout, une importance considérable, et souvent on comprend sous le nom d'analyse l'algèbre elle-même. On appelle alors *analyse finie* l'algèbre élémentaire, *analyse infinitésimale* l'algèbre supérieure, le calcul différentiel, le calcul intégral, etc. Les applications de l'algèbre à la géométrie ont de même été réunies sous le nom de *géométrie analytique ;* toutefois cette dénomination ne suppose pas que dans cette partie des mathématiques ou n'y fasse usage que de la méthode analytique, car ou y rencontre encore un certain nombre de propositions qui sont démontrées synthétiquement en partant d'axiomes ou de propositions déjà démontrées. || Gram. Étude raisonnée de tous les accidents et propriétés des mots et des phrases : elle comprend l'*analyse grammatologique* qui s'occupe des lettres, des syllabes et des signes orthographiques; l'*analyse étymologique*, qui recherche l'étymologie des mots, les primitifs, les dérivés, les simples et les composés; l'*analyse spécifique*, qui décompose une phrase selon les espèces de mots qui y entrent; l'*analyse syntaxique*, qui fait connaître les rapports des mots les uns avec les autres: ces deux dernières espèces sont souvent réunies sous le nom d'*analyse grammaticale;* l'*analyse logique*, qui explique la nature, le nombre et la composition des propositions, et qui en distingue les parties, telles que le sujet, le verbe, l'attribut. — M. Aug. Brachet ramène toutes ces analyses à trois: l'*analyse étymologique*, qui étudie la *nature* des mots (s'ils sont, par exemple, adjectifs ou verbes, articles ou noms, s'ils sont dérivés ou primitifs, quel en est le radical), l'*analyse grammaticale*, qui étudie leur *forme* (s'ils sont masculins ou féminins, singuliers ou pluriels, comment le féminin, le pluriel se forment, a quel mode, à quel temps, a quelle personne est un verbe, etc.); l'*analyse logique* qui étudie leur *fonction*, leur rôle logique (de quelles propositions se compose la phrase, et pour chaque proposition quels sont le sujet, le verbe, l'attribut, etc.). || Philos. Analyse et Synthèse. Ce sont les deux méthodes de recherche scientifique qui se complètent l'une l'autre et qui ont leur raison d'être dans la nature même de notre esprit. Dans les sciences d'observation, l'analyse et la synthèse sont *expérimentales;* elles sont *logiques* dans les sciences du raisonnement. — L'analyse décompose un objet et en examine successivement toutes les parties, afin de nous le faire connaître dans ses détails; la synthèse réunit ses diverses parties, en étudie les rapports, et présente à notre connaissance l'objet dans son ensemble. La synthèse recompose ce que l'analyse a décomposé. L'analyse, si elle s'attaque à un problème, en suppose la solution inconnue et la poursuit par l'étude minutieuse des divers éléments qui le constituent; la synthèse suppose d'emblée la solution connue par une espèce de divination, et ne descend aux détails que pour démontrer la vérité de son hypothèse. Ce double travail répond à deux opérations de l'esprit qui ramènent l'analyse à la synthèse, et réciproquement: l'*induction*, qui cherche à s'élever des résultats obtenus par l'analyse à une conception plus générale, et la *déduction*, qui, une fois partie d'une vérité *générale*, en retrouve les éléments. — Il semblerait que l'analyse dût être la première arme de l'intelligence humaine marchant à la conquête de l'inconnu. Et pourtant, l'histoire de la philosophie moderne montre qu'il en est autrement, comme si la pensée ne percevait d'abord que des ensembles confus et ne se décidait à les examiner dans leurs détails qu'après avoir reconnu son impuissance à les pénétrer tout à coup d'une seule pièce. Le fait est que, dans tout le xvie et le xviie siècle, la science a été synthétique avec Bacon et Descartes; au xviiie, elle est devenue analytique avec Loke, Newton et les physiciens Dans notre siècle, les deux méthodes ont été employées par tous nos penseurs; la synthèse, par les métaphysiciens allemands, par Auguste Comte et, de nos jours, par Herbert Spencer; l'analyse, par les psychologues-physiologistes et par toute cette branche de l'école positiviste qui tend de plus en plus à remplacer la métaphysique par les sciences proprement dites. — L'analyse et la synthèse exigent des qualités d'esprit si différentes que rarement elles se trouvent à portée d'un même homme, et qu'elles peuvent même servir à caractériser le mouvement intellectuel des diverses époques. Et pourtant elles sont moins deux méthodes distinctes que les deux procédés de l'unique méthode d'investigation que l'homme ait découverte.

ANALYSER. v. a. Faire l'analyse; décomposer, examiner les parties d'un tout. Analyser une fleur, un végétal, une substance, des eaux minérales, du sang, du lait. || Par ext. et fig. Rechercher les causes, les principes d'une chose; étudier avec soin. Analyser les faits. Analyser le cœur humain, les passions, les sentiments. || Litt. Faire le résumé d'un discours, d'un ouvrage. Analyser un roman, une pièce de théâtre. || Abs. Procéder par voie d'analyse. Ceux qui veulent toujours analyser

ressemblent au chimiste qui, pour connaître les fleurs, en detruit l'éclat et le parfum (Droz.) Il faut que l'historien se complaise à peindre plus qu'à analyser. (De Darante.) La réflexion analyse pour mieux voir ce qui est, pour bien observer. (V. Cousin.)

ANALYSEUR. s. m. Celui qui analyse. Locke, ce profond analyseur des procédés de l'esprit humain. (Mirabeau.) || Phys. Instrument composé essentiellement d'un prisme biréfringent qui sert à reconnaître si la lumière est polarisée et à trouver le plan de polarisation. (V. *Polarimètre; Polarisation; Polariscope.*)

ANALYSTE. s. m. Qui est versé dans l'analyse. Se dit surtout en mathématiques Newton fut un profond analyste. || Néol. Chimiste qui fait des analyses. Les analystes chargés de constater la nature et la qualité des denrées et drogues.

ANALYTIQUE. adj. 2 g. Qui procède par analyse, qui tient de l'analyse. Examen, méthode analytique. Procédés analytiques. || Qui contient une analyse. Tables analytiques. Tableaux analytiques de l'histoire. Compte rendu analytique. || Fig. Se dit d'un homme qui possède la faculté de bien analyser. Il a l'esprit analytique, c'est un esprit analytique. || Géométrie analytique, Application de l'algebre a la géométrie. (V. ce mot et *Analyse.*) || Langues analytiques. (V. *Langage.*) || Subst. Les *Analytiques* (*ta Analutica*) d'Aristote, Titre donné depuis le ne siecle a une partie de l'*Organon* ou de la *logique* d'Aristote. Cette partie est formée de deux traités. L'un, portant le titre de *Premiers Analytiques*, enseigne l'art de réduire le syllogisme dans ses diverses figures et dans ses éléments les plus simples; l'autre appelé les *Derniers Analytiques*, donne les règles et les conditions de la démonstration en général. Les *Analytiques* ont été traduits en français par M. Barthelemy Saint-Hilaire. — Rem. Quelques auteurs font ce mot du fém. plur., et disent: *Premières, dernières Analytiques.* || s. f. L'*Analytique* de Kant. Par imitation, Kant a donné le nom d'*analytique transcendentale* à cette partie de la critique de la raison pure qui décompose la faculté de connaître dans ses éléments irréductibles.

ANALYTIQUEMENT. adv. Par analyse, d'une manière analytique. Procéder analytiquement.

ANAMABOU. 5,000 h. Port et comptoir fortifié anglais de la Côte-d'Or (Haute-Guinée), à 16 kil. du Cap-Coast-Castle. Com. de poudre d'or, ivoire, huile et arachide.

ANAMANS (*Anamani*). Géog. anc. Nom d'un ancien peuple de la haute Italie (Gaule cispadane), à qui on attribue la fondation de la ville que les Romains nommèrent depuis Plaisance, à cause de son agréable situation au confluent du Pô et de la Trebbia.

ANAMARTÉSIE. s. f. (gr. *anamartèsia; de an priv.* et *amartaneïn*, pécher). Impeccabilité.

ANAMBAS. Groupe d'îles de la Malaisie, dans la mer de Chine, entre Bornéo et la presqu'île de Malacca. La population de ces îles ne s'élève pas au dela de 2,000 h., Malais musulmans, qui se livrent à la piraterie.

ANAMÉLECH et **ADRAMÉLECH.** Myth. Dieux des Sépharaïtes. On lit au ive livre des Rois que ceux de Sépharaïm qui avaient été envoyés de dela l'Euphrate dans les pays de Samarie, y brûlaient leurs enfants en l'honneur d'Anamélech et d'Adramélech. Nous croyons, dit dom Calmet, qu'il faut voir dans Adramolech le soleil, et dans Anamélech la lune. Adramélech signifie le roi magnifique (le soleil); Anamélech, le roi bénin (la lune). Strabon et Lucien nous apprennent que les Orientaux sacrifiaient au soleil et à la lune des victimes humaines. Quelques rabbins croient qu'Adramélech avait la tête d'un mulet, Anamélech la tête d'un cheval.

ANAMÉNIE. s. f. Plantes vésicantes du Cap de Bonne-Espérance, qui font partie du genre *knowltonie*.

ANAMÉSITE. s. f. Minér. Roche éruptive, à texture grenue, intermédiaire entre la dolérite et le basalte. On la trouve en nappes considérables dans les îles écossaises et en Islande, où elle recouvre les lignites de l'étage miocène.

ANAMIRTE. s. m. Bot. G. de ménispermacées, série des chasmanthérées. Une seule espece, l'*anamirta cocculus* (*menispermum cocculus* de Linné). C'est une liane grimpante, à feuilles cordiformes, grandes, entières, digitinervées, pétiolées, alternes, à fleurs dioïques, petites et très nombreuses, disposées en grappes composées. La fleur est apétale dans les deux sexes, et le périanthe est formé de folioles disposées trois par trois, sur deux, trois ou quatre verticilles. Dans la fleur mâle, les étamines, très nombreuses, sont rangées sur six lignes verticales et portées par le sommet du réceptacle qui dépasse le périanthe. Chaque étamine est formée d'une anthère presque sessile à quatre lobes, déhiscente par une fente horizontale. La fleur femelle possède un androcée rudimentaire de 6 ou 9 staminodes libres et un gynécée de 3 ou plus rarement de 6 carpelles formées chacune d'un ovaire uniloculaire contenant un seul ovule anatrope à micropyle dirigé en haut et en dehors. L'*a. cocculus* est originaire de l'Inde. La partie employée est le fruit connu sous le nom de *coque du Levant.* C'est une drupe réniforme, longue de 1 centimètre environ, noirâtre et ridée, contenant une graine à albumen corné, recourbée et moulée sur une saillie que présente le noyau au niveau de sa face concave. Le pericarpe renferme un principe amer, la *menispermine*, et la graine un principe vénéneux, la picrotoxine. (V. *Coque du Levant.*)

ANAMIRTINE. s. f. Substance grasse, blanche, cristallisable et saponifiable que l'on retire de la coque du Levant, $C^{76}H^{72}O^4$.

ANAMIRTIQUE. adj. Nom d'un acide produit par la saponification de l'anamirtine; il est blanc, cristallisable: il peut former des sels cristallisables. Il existe aussi un éther de ce nom, lequel est solide, demi-transparent, de saveur butyreuse; il est volatil et fond a 30°.

ANAMNÈSE, ANAMNÉSIE. s. f. (n-na-mnè-zi; — gr. *anamnésis; de ana*, de nouveau; et *mnésis*, mémoire). Méd. Retour de la mémoire.

ANAMNESTIQUE. adj. 2 g. Méd. Qui appartient à l'anamnésie; qui rappelle le souvenir. || *Remèdes anamnestiques*, Ceux qu'on supposait propres à rendre la mémoire. — *Signes anamnestiques ou commémoratifs.* On entend par là, les renseignements dont s'entoure le médecin près du lit d'un malade, non seulement ceux qui concernent les phénomènes morbides qui se sont déjà montrés, mais encore tous ceux qui ont trait aux circonstances antérieures et qui sont de nature a jeter quelque lumière sur la cause et le diagnostic de l'affection, telles que l'hérédité, la profession, la manière dont les accidents ont débuté, etc.

ANAMNIENS. ANAMNIÉS. s. m. pl. (du gr. *a* priv. et *amnios*). Nom donné aux vertébrés qui, pendant leur développement fœtal, sont dépourvus d'*amnios*: ce sont les poissons et les amphibiens.

ANAMORPHIQUE. adj. (du gr. *ana*, en haut et *morphé*, forme). Se dit d'un objet dont le noyau se trouve renversé.

ANAMORPHOSE. s. f. (gr. *anamorphôsis; de ana*, indiquant transposition, et *morphé*, forme). Phys. Dessin, tableau fait de manière à ne présenter l'image régulière d'un objet qu'autant qu'on le regarde d'une certaine distance, ou dans un miroir de forme particulière, cylindrique, conique, etc., et qui n'offre, vu autrement, qu'une représentation monstrueuse ou bizarre. Les raccourcis dans le dessin, le tracé des figures dans les coupoles sont des espèces d'anamorphoses. || L'art de faire ces sortes de dessins, de tableaux. Il consiste simplement a représenter l'objet, pareil à l'image donnée par le miroir, quand on place cet objet lui-même devant le miroir. || Bot. Modifications qui se manifestent dans la forme de certaines plantes de façon à les rendre méconnaissables. Les lichens en offrent des exemples remarquables.

ANAMOURA. Une des îles de l'archipel des Amis, dans le Grand Océan; 2,000 h. Elle fut découverte en 1643 par le Hollandais Abel Tasman qui lui donna le nom de Rotterdam.

ANANAS. s. m. (a-na-nâ; — de *nanas*, nom que porte cette plante dans un dialecte américain). Plante originaire des contrées chaudes de l'Amérique et cultivée dans nos climats. || Fruit de cette plante. Salade, conserve d'ananas. La saveur acidule de l'ananas le rend précieux sous les climats brûlants. (Duméril.) La chair de l'ananas est si savoureuse, qu'on y trouve le goût de la pêche, de la pomme, du coing et du muscadet tout ensemble. (Roques.) || Variété de fraise très grosse. On dit aussi *fraise-ananas*. || ANANAS *des bois*, Nom vulg. aux Antilles françaises de divers *bromelia* et *tillandsia*. || ANANAS *fossile*, Nom donné par Davila à un fossile que Desmarets considère comme étant une tête d'*encrine*. || Bot. G. de la fam. des broméliacées, tribu des ananassées, séparé du g. voisin des bromélies par Lindley qui a fait du *bromelia ananas* le type du g. *ananassa*. Les ananas ne diffèrent des bromélies que par leur périanthe dont les 3 divisions intérieures sont pourvues à leur base interne de deux petits appendices en forme d'écailles tubuleuses entre lesquels passent les filets des étamines, et par leur fruit succulent et charnu. On en connaît un petit nombre d'espèces originaires des régions chaudes de l'Amérique. L'*ananas vulgaire* est le plus important. C'est une plante vivace, à racines fibreuses qui émettent au ras du sol une masse de feuilles canaliculées, dentées, ciliées ou spinescentes, à bords tranchants, du milieu desquelles sort, au moment de la floraison une tige courte, droite qui porte une épi de fleurs bleuâtres, dense, ovoïde surmontée d'une couronne de feuilles semblables à celles de la base, mais plus petites. Le fruit se compose des ovaires et des bractées dont ils occupent l'aisselle. Ces organes se gorgent de sucs, se gonflent et se soudent ensemble, de façon à ne former qu'une seule masse jaunâtre, ovoïde ou globuleuse, qu'on appelle aussi *ananas* ou *pomme d'ananas*. Ce fruit exhale une odeur suave, et renferme une matière aromatique dont le parfum rappelle celui de la pomme, de la pêche et de la fraise. Il contient aussi des acides organiques (malique, citrique, tartrique, etc.), de la géline et du sucre analogue au sucre de canne. — Découvert par Jean de Léry en 1555, et d'abord importé en Angleterre, l'ananas ne fut cultivé en France que sous Louis XV en 1733, dans les serres du roi et des grands seigneurs. Pendant la Révolution et le premier Empire il fut délaissé, et sa culture ne fut reprise que sous le règne de Louis XVIII par un ancien gardien du château de Choisy-le-Roi, qui en avait gardé la tradition. Aujourd'hui elle constitue une industrie spéciale pour les jardiniers de Paris. || Hort. L'ananas se multiplie soit par la couronne du fruit, soit par les rejetons ou œilletons, qui se développent au bas de la tige. Avant de les mettre en terre, il faut avoir soin de laisser sécher à l'air la plaie qui résulte de leur séparation : cette précaution empêche le plant de pourrir. Les couronnes se plantent à la fin de l'été, les œilletons au commencement, dès qu'ils ont atteint la grosseur d'une noisette. Cette culture se fait en pots, dans la serre ou sous châssis. On les remplit d'un mélange de terre franche, de terreau, de terre de bruyère et de bon fumier bien consommé, sur fond de gravier, et on les enfonce dans une couche de fumier neuf et de feuilles recouverte de tannée ou de mousse bien pressée. On humecte légèrement le tout et l'on maintient la température entre 25 et 30°. Au bout de 20 jours, le plant commence à pousser des racines; on arrose alors modérément, en tenant compte de la chaleur et de l'activité de la végétation. Au printemps on dépote, on retranche toutes les racines et on remet dans un pot plus grand. Même opération au printemps de l'année suivante. C'est alors, c.-à-d. dans la troisième année que la plante fleurit. Aussitôt que le fruit est noué, on multiplie les arrosements et on porte la chaleur à 35 ou 40° jusqu'au moment où il approche de la maturité. afin qu'il atteigne promptement toute sa grosseur. Alors on modère les arrosements; ce qui a pour but de conserver la saveur et le parfum du fruit. Une propreté méticuleuse est nécessaire à l'ananas. Il faut donc avoir soin de nettoyer souvent les feuilles avec une éponge mouillée, pour enlever les poussières et de détruire les insectes qui s'attaqueraient au p'ant. L'ananas se mange habituellement coupé en tranches minces, en compote ou en salade, avec du rhum ou du kirsch. On en fait aussi des conserves. On a récemment fait, en Nouvelle-Calédonie, des essais pour en extraire de l'eau-de-vie. Les heureux résultats obtenus font espérer que cette plante, qui pousse très bien dans les terres médiocres qui occupent un si grand espace dans notre colonie, deviendra pour elle une source de richesses en faisant mettre promptement en culture des surfaces qui, autrement, seraient restées longtemps improductives.

ANANASSÉES. s. f. pl. Bot. Groupe de broméliacées caractérisées par un ovaire infère et un fruit charnu, bacciforme. Il comprend les g. *ananassa*, *bromelia*, etc.

ANANCÆUM. s. m. Antiq. rom. Vase à boire, mentionné par Plaute et Varron, et dont la forme est inconnue. Ce nom qui rappelle le mot gr. *anagkaion* (de *anagké*, nécessité), lui a peut-être été donné parce qu'il fallait le vider d'un seul trait.

ANANCÉE. V. *Trousse*.

ANANCHYTE. s. f. Zool. G. d'échinodermes fossiles, qui a donné son nom à la fam. des anachytides.

ANANCHYTIDES. s. f. pl. Zool. Fam. d'échinodermes, cl. des oursins, ordre des spatangoïdes, caractérisé par : test oblong; appareil apical allongé, formé par les ambulacres qui partent du sommet de la coquille où se trouve l'anus; ambulacres à fleur de test et non fermés. Cette section renferme plusieurs g. qui vivent dans la mer à de grandes profondeurs, et des g. fossiles nombreux qui apparaissent à l'époque crétacée. G. fossiles : *ananchytes, holaster, cardiaster, infulaster*, etc.; g. vivants : *pourtalesia, aceste, sterope, calymne, palæotropus*.

ANANDRAIRE ou **ANANDRE.** adj. 2 g. (du gr. *an*, priv., et *aner, andros*, homme). Se dit des plantes chez lesquelles le sexe mâle paraît ne pas exister. || ANANDRES. s. f. pl. Nom adopté par quelques botanistes pour désigner les champignons.

ANANDRIE. s. f. Syn. d'*anaphrodisie*.

ANANEL ou **HANANEL.** Grand sacrificateur des Juifs, était de la race des prêtres, dit Josèphe, mais non pas des familles qui avaient coutume d'exercer la souveraine sacrificature. Hérode le Grand, voulant abolir la perpétuité de cette dignité dans les mêmes familles pour la donner à qui bon lui semblerait, l'enleva aux Asmonéens, qui l'avaient possédée jusqu'alors, et la conféra à Ananel, qui l'exerça deux ans. Hérode, à la sollicitation d'Alexandra sa belle-mère et de Marianne sa femme, en revêtit le frère de celle-ci, Aristobule, à qui cette dignité appartenait par le droit de naissance ; mais au bout d'un an, pendant qu'Aristobule se divertissait à nager près de Jéricho, Hérode le fit noyer et rendit le sacerdoce à Ananel, qui ne le posséda pas longtemps, et eut pour successeur Jésus, fils de Phabi.

ANANGA ou **ANA.** Le mauvais esprit, dans la mythologie brésilienne.

ANANIA (Jean-Laurent). Savant italien, né à Taverna (Calabre), mort vers 1582. L'*Universale fabrica del mondo, ovvero Cosmografia divisa in quattro trattati*, Venise, 1576, in-4°; *De natura dæmonum libri quatuor*, Venise, 1581, ouvrage curieux où il traite de l'origine des démons et leur influence sur les hommes. ANANIA *Shiracunensis*, mathématicien arménien du viie siècle, surnommé *le Calculateur*; auteur d'un grand ouvrage de mathématique et d'astronomie intitulé *Kalandar*, divisé en quatre livres.

ANANIA ou **ANAGNY** (Jean d'). Jurisc. ital., m. en 1458; professeur de droit à Bologne, auteur des *Commentaires sur le 5e livre des Décrétales*, d'un volume sur les droits féodaux, *De revocatione feudi alienati*, Lyon, 1546, in-4°, et d'un traité *De magia et maleficiis*, id., 1669, in-4°.

ANANIAS ou **ANANIE.** Nom de plusieurs personnages hébreux, et de plusieurs saints des premiers temps du christianisme. || ANANIAS. dont le nom fut changé à Babylone en celui de Sidrach. L'un des trois jeunes Hébreux condamnés aux flammes pour n'avoir pas voulu adorer la statue de Nabuchodonosor, et sauvés miraculeusement de la fournaise ardente, l'an 561 av. J.-C. || ANANIAS. Fils de Nébédé, grand prêtre des Juifs, l'an 49 de J.-C. Accusé par Cumanus, gouverneur de Judée, d'avoir cherché à soulever sa nation contre les Romains, il fut envoyé à Rome chargé de chaînes. Il en revint justifié. Il persécuta les chrétiens, traduisit saint Paul devant le grand conseil des Juifs, et le fit souffleter au moment où il commençait à plaider sa cause. « Dieu te punira, muraille blanchie », lui dit l'apôtre. Effectivement quelques années après (66 ap. J.-C.), il périt massacré par des séditieux dont son fils Éléazar était le chef. || ANANIAS. Un des premiers chrétiens de Jérusalem, essaya de tromper saint Pierre en retenant pour son propre usage une partie du prix de ses biens qu'il avait promis de mettre tout entier en commun pour la société des fidèles. « Ce n'est pas aux hommes que vous avez menti, dit saint Pierre, c'est à Dieu. » Ananie tomba mort aux pieds des apôtres, ainsi que Saphire, sa femme, qui avait eu part au même mensonge. || ANANIAS (S.). Disciple de J.-C., demeurait à Damas. Le Seigneur lui dit dans une vision d'aller trouver saint Paul, nouvellement converti et arrivé dans cette ville. Ananias se rendit donc à la maison où était Paul et lui dit en lui imposant les mains : « Le Seigneur m'a envoyé pour vous rendre la vue et vous communiquer la plénitude de l'Esprit-Saint. » Aussitôt il tomba des yeux de Paul comme des écailles; il recouvra la vue et reçut le baptême. Le reste de la vie d'Ananias est incertain. D'après les Grecs, il fut fait évêque de Damas, martyrisé et enterré dans cette ville. L'église où il avait sa sépulture existe encore, convertie en mosquée, et les Turcs vénèrent son tombeau. F. le 25 janvier, chez les *Latins* et le 1er octobre chez les Grecs.

ANANIEF. 10,000 h. Vle et ch.-l. de district du gouvernement de Kherson Russie, sur le Tiligoul. Com. de céréales et de fruits. Cette ville appartient à la Russie depuis 1792.

ANANOCENSIS Pagus. Géog. anc. Un des cinq *pagi* de la cité de Vienne en Dauphiné.

ANANTHE. adj. 2 g. (du gr. *an*, priv., et *anthos*, fleur). Bot. Sans fleurs. Syn. de *cryptogame*.

ANANTHÉES. s. f. Nom sous lequel on désigne parfois les végétaux cryptogames.

ANANUS. Fils de Seth, grand-prêtre des Juifs, nommé *Anne* dans l'Évangile. Il posséda la grande sacrificature pendant onze ans, et après en avoir cessé les fonctions, en conserva le titre et eut encore beaucoup de part aux affaires. C'est pourquoi il est dénommé grand prêtre avec Caïphe, son gendre, lorsque saint Jean commença sa mission. J.-C. fut d'abord mené chez Anne, après qu'il eut été arrêté au jardin des oliviers. Cinq des fils d'Ananus furent aussi grands prêtres. || ANANUS. Fils du précédent, fut grand prêtre pendant trois mois, l'an 62 de J.-C. Il appartenait à la secte des Sadducéens. Après la mort de Festus, gouverneur de Judée, et avant l'arrivée d'Albin, son successeur, il assembla le Sanhédrin, et fit condamner à la lapidation saint Jacques, évêque de Jérusalem et d'autres chrétiens. Albinus, qui était en chemin, lui écrivit des lettres menaçantes pour ces actes de cruauté, et le roi Agrippa le punit en lui ôtant le pontificat. On croit que c'est ce même Ananus qui, en l'an 66, fut nommé par le conseil des Juifs, gouverneur de Jérusalem. D'après Josèphe il s'acquitta de cette fonction avec beaucoup d'équité, de prudence et d'amour de la paix. Suspect d'intelligences avec les Romains, il fut massacré par les Iduméens appelés par les zélateurs, l'an 67 de J.-C. || ANANUS. Rabbin juif du viiie siècle, restaurateur de la secte des Caraïtes qui, s'en tenant scrupuleusement à la lettre de la loi de Moïse, rejettent les interprétations et les traditions qu'y ajoutent les Talmudistes.

ANAP. V. *Hanap*.

ANAPA. 5,200 h. Petite ville et forteresse de Russie (prov. de la Kouban), un peu au S. des bouches de la Kouban. Elle a un port situé sur une rade dangereuse. Bâtie par les Turcs en 1784, sur l'emplacement d'une ancienne ville nommée Napa sur les cartes génoises des xve et xvie s., elle fut trois fois prise par les Russes (1791, 1807, 1828), qui l'acquirent définitivement en 1829, au traité d'Andrinople.

ANAPEIRATIQUE. adj. 2 g. (gr. *anapeiran*, essayer de nouveau). Méd. *Paralysie anapeiratique*, Paralysie produite par la répétition fréquente des mouvements de certains groupes de muscles; ainsi la fatigue des muscles de la main et de l'avant-bras détermine chez les écrivains, les pianistes, les employés du télégraphe une crampe connue sous le nom de *crampe des écrivains,* caractérisée par des tremblements et des contractions musculaires involontaires, et bientôt par des mouvements désordonnés ou des symptômes paralytiques. La crampe ne se manifeste, du reste, qu'à l'occasion du mouvement à accomplir. On parvient rarement à guérir cette maladie, mais on peut l'atténuer par le repos, l'emploi de porte-plumes ou d'instruments spéciaux (par ex., une balle en caoutchouc placée dans la paume de la main), par la compression des muscles de l'avant-bras au moyen d'une bande, par des bains ou des courants électriques, par des injections de certains alcaloïdes.

ANAPÈRE. s. f. (gr. *anapéros,* estropié). Zool. G. d'insectes diptères brachycères, fam. des hippoboscides, groupe des pupipares. Ailes étroites et courtes, ne dépassant pas l'abdomen. Griffes à trois dents. Pas d'ocelles. Parasites. L'*anapera pallida* vit sur les hirondelles.

ANAPESTE. s. m. (gr. *anapaistos;* de *ana,* à rebours, et *paiein,* frapper). Prosod. gr. et lat. Pied de trois syllabes, deux brèves et une longue. Ex.: *soboles.* C'est le dactyle renversé aussi est-il appelé quelquefois *antidactyle.*

ANAPESTICO-TROCHAIQUE. adj. 2 g. Se dit d'une forme particulière du vers anapestique trimètre composée de trois anapestes (sauf substitution), et d'un ithyphallique.

Pede ten|dite, cur|vum vaddite, || con|volate|planta.
(Pétrone.)

Dans cet exemple, le troisième pied est un dactyle substitué à un anapeste.

ANAPESTIQUE. adj. 2 g. Composé d'anapestes. Vers anapestiques. — Dans la prosodie gr. et lat. on appelle ainsi des vers composés en principe d'anapestes, mais qui admettent également le dactyle et le spondée, et même parfois le protéleumatique et le tribraque. Dans ces vers, chaque mètre se compose de deux pieds ou d'une *dipodie.* On en distingue neuf variétés.

1° L'*anapestique monomètre* (deux anapestes), s'emploie d'ordinaire comme clausule. Cependant Ausone l'a employé seul :

O flos | juvenum,
Spes lae|ta patris!...
Non manis|uris
Orna|te bonis :
Omnia | praeco r,
Fortuna | tibi
Dedit et | rapuit.

2° Le *monomètre hypercatalectique,* nommé aussi *chorique* (deux pieds plus une syllabe) :

Animus | male for|tis;

3° Le *dimètre brachycatalectique* ou *aristophanien* (V. ce mot) ;

4° Le *dimètre catalectique* (trois pieds et une syllabe) fut employé comme clausule par les tragiques latins :

Jamjam absumor ; conficit animam
Vis vul|neris, ul|ceris aes|tus
(Attius.)

5° Le *dimètre,* plus particulièrement nommé *anapestique* (quatre pieds); il admet l'anapeste et le spondée à tous les pieds, et le dactyle seulement aux pieds impairs. Il a un repos après le second pied :

Audax | nimivm || qui fi eta | priuus
Rate tam | fragili || perfida | rupit.
(Sénèque.)

Il a été surtout employé par les poètes tragiques;

6° Le *trimètre catalectique* (cinq pieds, quatre anapestes et un antibacchius). La règle en est formulée par Terentianus Maurus dans ce vers qui peut servir de modèle :

Anapaes|tus inest | quater, ul|timus an|tibacchius.

7° Le *trimètre* (six pieds) :

Inclyte, | par va | praedite | pati ia, | nomine | celebri
(Attius.)

8° Le *tétramètre catalectique* (sept pieds), nommé aussi *aristophanien* (V. ce mot);

9° Le *tétramètre* (huit pieds) :

Nec placi|tant mores, | quibus | video vulgo | gnatis
[essa pa|rentes.
(Plaute.)

Le mètre anapestique est particulièrement propre à la marche. Les Spartiates allaient au combat au son des anapestes militaires de Tyrtée. L'anapeste servait aussi dans les chants de deuil. Ce double caractère, militaire et funèbre, appartenait aussi à la musique de flûte qui conduisait au combat les Spartiates ou les Lydiens, ou exprimait la douleur aux funérailles. Aussi considérait-on dans l'antiquité l'anapeste comme aussi apparenté à la musique de flûte ou aulique que le dactyle à la musique de la lyre. L'anapeste était employé aussi dans le drame pour accompagner les mouvements solennels du chœur. La poésie comique en a fait également usage, et Aristophane notamment a manié avec tant de perfection le dimètre et le tétramètre catalectiques, que ces formes de vers ont retenu son nom. Les comiques latins se sont aussi servis, mais avec de grandes licences, surtout en ce qui concerne la contraction des voyelles, de certaines formes du vers anapestique. Enfin, la forme appelée particulièrement *parémiaque* (*paremios,* proverbe), et qui n'est autre chose qu'un anapestique dimètre catalectique, a été employée surtout pour les maximes et les proverbes.

ANAPÉTIE. s. f. (a-na-pé-si. — gr. *anapétéia,* ouverture; de *ana,* à travers, et *pétaen,* ouvrir). Dilatation des vaisseaux ou de l'orifice de certains viscères de l'estomac, de la vessie.

ANAPHALANTIASIS, s. f. (gr. *anaphalantos,* sans sourcils). Méd. Chute des poils des sourcils.

ANAPHE, adj. **ANAPHI** ou **NAUPHIO.** Une des Cyclades, à 22 kil. E. de Santorin (Théra), peuplée de 1,000 h. env., réunis dans un village qui porte le même nom. Dans sa plus grande longueur, de l'E. à l'O., l'île d'Anaphi n'a pas plus de 10 kil. Les côtes sont partout bordées de falaises qui tombent à pic dans la mer; cependant quelques points sont accessibles à de petits bâtiments qui viennent chercher les oignons dont les habitants font un grand commerce. Toute l'île n'est qu'un plateau d'une altitude moyenne de 200 à 300 mètres, coupé de ravins arrosés par des sources nombreuses. Les arbres manquent, comme dans la plupart des Cyclades. Eaux minérales, sulfureuses, chaudes ; boue minérale (rhumatismes, paralysies, affections catharrales).

ANAPHÉE. Myth. Surnom d'Apollon qui était adoré à Anaphe sous le titre d'*Æglétès* ou *Resplendissant.*

ANAPHONÈSE. s. f. (a-na-fo-nèz; — du gr. *ana,* en haut, et *phoné,* voix). Exercice de la voix; action de crier. || Thérap. Emploi des exercices vocaux pour fortifier les organes respiratoires.

ANAPHORE. s. f. (a-na-fo-re; — gr. *anaphora;* de *ana,* de nouveau, et *phérein,* porter). Figure de rhétorique qui consiste à répéter le même mot au commencement de plusieurs phrases ou des divers membres d'une période:

Rome, l'unique objet de mon ressentiment,
Rome, à qui vient ton bras d'immoler mon amant,
Rome, qui t'a vu naître et que ton cœur adore,
Rome, enfin que je hais parce qu'elle t'honore.
Horace (Corneille).

|| Liturg. Anaphore ou *prosphore* signifie dans la liturgie grecque, ce que la liturgie latine entend par *canon,* c.-à-d. la partie fixe qui se rencontre dans la plupart des liturgies de la messe, et où se trouvent les paroles de la consécration. Il y avait dans l'antiquité un livre spécial renfermant ce canon.

ANAPHORIQUE. adj. Se dit d'une période, d'une phrase qui renferme une anaphore, c.-à-d. dont les membres commencent par le même mot.

ANAPHRODISIAQUE. adj. 2 g. (du gr. *an* priv. et *aphrodisiaque*). Se dit des substances qui passent pour amortir les désirs amoureux. Substances anaphrodisiaques. || Subst. au masc. Le camphre est un anaphrodisiaque. || Méd. Anaphrodisiaques. Ce sont les moyens et les substances employées contre l'aphrodisie, c.-à-d. l'exagération de l'appétit sexuel. Le travail manuel ou cérébral, l'éloignement prudent des provocations libidineuses, quelles qu'elles soient, lectures, tableaux, etc., un régime alimentaire doux et sobre, l'abstention de l'usage des substances aromatiques dans l'alimentation ou la toilette, sont autant de moyens qu'une sage prévoyance recommande. En outre, certains médicaments peuvent être employés avec avantage. Il est inutile de parler de l'*agnus castus* auquel les anciens avaient une grande foi en pareille circonstance. et du nénuphar. Ces deux substances végétales ne paraissent pas avoir de propriétés anaphrodisiaques. Le camphre semble, au contraire, en avoir d'incontestables. On peut le prendre sous forme de pilules à la dose de $0^{gr}30$ à 1^{gr} par jour, mélangé avec de la conserve de roses; il en est de même du bromure de camphre. Le lupulin qui constitue la matière jaune des cônes de houblon possède également une vertu anaphrodisiaque; ce n'est donc pas sans raison que l'on regarde dans le peuple la bière comme un calmant du sens sexuel. On recommande encore la belladone, le lactucarium, la digitaline, cette dernière en granules de 1 milligr. répétés deux ou trois fois par jour. Mais de tous, le médicament le plus efficace est le bromure de potassium qu'il faut prendre a la dose de 5 à 8 grammes par jour dans de l'eau sucrée. Signalons enfin le café qui, au dire de savants observateurs, serait le plus actif des anaphrodisiaques.

ANAPHRODISIE. s. f. (gr. *anaphrodisia;* de *an,* priv. et *Aphrodité,* Vénus). Méd. Absence congénitale; diminution ou perte des désirs vénériens. Ne doit pas être confondu avec *impuissance,* qui a un sens plus étendu.

ANAPHRODITE. adj. 2 g. et s. m. Insensible à l'amour; qui est actuellement inapte à la génération.

ANAPHRODITIQUE. adj. 2 g. Se dit de tout corps organisé qui n'est pas produit par une génération proprement dite, qui se développe sans le concours des sexes : la fissiparité si commune chez les animaux inférieurs fournit de nombreux exemples de ce phénomène.

ANAPHYSE. s. f. (a-na-fi-se ; — gr. *anaphusis ;* de *ana,* de nouveau, et *phusis,* nature). Méd. Régénération, action de renaître. || Bot. ANAPHYSES. s. f. pl. Filaments qui se développent dans les organes de fructification des lichens. On les appelle aussi parfois *périphyses.*

ANAPIESMA. s. m. Antiq. gr. et rom. Trappe dont on se servait dans les théâtres antiques pour élever les divinités des dessous de la scène et les faire apparaître aux spectateurs. Une trappe de cette espèce servait à l'apparition des Furies, une autre, appelée *anapiesma de Caron,* donnait passage aux ombres qui montaient les escaliers de Caron.

ANAPIS ou **ANAPUS,** auj. **ANAPO.** Petite riv. de Sicile qui se jette dans la baie de Syracuse, un peu au S. de cette ville. Anapis était un berger, amant de la nymphe Cyane. Il voulut s'opposer à l'enlèvement de Proserpine. Pluton irrité, le métamorphosa en fleuve, et Cyane fut changée en une fontaine qui s'y jette. Avant de tomber dans la mer. l'Anapo traverse un marais couvert de papyrus, dont les émanations répandent la fièvre dans la contrée. Théocrite a chanté l'Anapus. || ANAPIS. Riv. de l'Acarnanie qui se jette dans l'Achéloüs.

ANAPIUS et **AMPHINOMUS.** Noms de deux frères natifs de Catane, en Sicile, qui se signalèrent par leur piété filiale pendant une éruption de l'Etna, en chargeant sur leurs épaules leur père et leur mère : la lave, dit-on, les atteignit et se sépara sans leur faire de mal. Catane éleva des statues aux *frères pieux,* dont les poètes Silius et Cornelius Severus ont immortalisé le souvenir.

ANAPLASIE ou **ANAPLASTIE.** s. f. (gr. *anaplasis;* de *ana,* de nouveau; *plassein,* former; d'où *plastique*). Méd. Rétablissement des parties organiques dans leur forme normale, après qu'elles ont subi quelque déformation ou mutilation. Il faut distinguer l'*anaplastie naturelle,* qui se fait spontanément, par les seules forces de la nature, comme par exemple dans la cicatrisation, la coaptation des deux fragments d'un os brisé, et l'*anaplastie chirurgicale,* qui porte encore le nom de *chirurgie réparatrice,* laquelle est un art qui consiste à effacer, à masquer les difformités congénitales ou acquises, les pertes de substances causées par une blessure, etc. *Anaplastie* a un sens plus large qu'*autoplastie.* Celle-ci n'est qu'une des formes de l'anaplastie.

ANAPLASTIQUE. adj. 2 g. Qui a rapport à l'anaplastie. *Lambeau anaplastique,* Celui qui est taillé dans la peau saine pour servir à la restauration des parties lésées.

ANAPLÉROSE. s. f. (gr. *anaplérosis; de ana-pléroô,* je complète, je remplis). Méd. Mot employé jadis pour désigner l'art qui consiste à combler le vide résultant de certaines pertes de substances ; on dit plutôt, auj. *autoplastie*. (V. ce mot et *Prothèse*.)

ANAPLÉROTIQUE. adj. 2 g. et s. m. Médicaments anaplérotiques, ou subst. Les *anaplérotiques*, Médicaments qu'on supposait propres à faire renaître les chairs et à cicatriser les plaies avec perte de substance.

ANAPNÉOGRAPHE ou **ANAPNOGRAPHE.** s. m. (du gr. *ana*, re..., *pnein*, *spirare*, souffler, respirer, et *graphein*, écrire). Méd. Instrument enregistreur servant à déterminer l'état et les variations de la respiration. Il consiste essentiellement en un ressort appliqué sur le courant d'air de l'inspiration et de l'expiration et terminé par un levier inscripteur. (V. *Spiromètre*.)

ANAPNÉOMÈTRE ou **ANAPNOMÈTRE.** Syn. d'*anapnéographe*.

ANAPNEUSE. s. f. (gr. *anapneusis* ; de *ana*, indiquant répétition, et *pnein*, souffler). Nom de la respiration dans l'ancienne médecine.

ANAPNOÏQUE. adj. 2 g. (du gr. *ana*, re..., et *pnein*, souffler, respirer). Se dit des remèdes qui favorisent la respiration et l'expectoration.

ANAPO. V. *Anapis*.

ANAPORE. ÉE. adj. (du gr. *ana*, à travers, et *poros*, pore). Bot. Se dit des plantes dont les anthères s'ouvrent par des pores. || A**naporées.** s. f. pl. Tribu de la famille des aroïdées.

ANAPTYSIE. s. f. (gr. *anaptusis* ; de *ana*, marquant augmentation, et *ptuein*, cracher). Méd. Salivation.

ANAPUS. V. *Anapis*.

ANARADJAPOURA. Anc. capitale et ville sainte de l'île de Ceylan où se conservaient les reliques sacrées du Bouddha qui y avaient été apportées trois siècles avant notre ère. En 62 de notre ère, elle fut entourée d'une enceinte de près de 100 kil., ce qui donnerait à la ville une superficie presque quadruple de celle de Paris. Au XIIIe s., elle fut presque entièrement détruite par un conquérant tamoul nommé Mangha. Il n'en subsiste plus que des ruines encore imposantes, des colonnes et des sculptures d'une admirable conservation.

ANARCHIE. s. f. (a-nar-chî. — gr. *anarkhia* ; de *an* priv., et *arkhê*, autorité). État d'un peuple, d'une cité sans chef, sans autorité à laquelle on obéisse. Confusion des pouvoirs, désorganisation de la société. La démocratie pure dégénère facilement en anarchie. (Acad.) L'anarchie ramène toujours un gouvernement absolu. (Napol. Ier.) L'égalité des possessions et des richesses entraîne une anarchie universelle. (La Bruy.) En écrasant l'anarchie, Bonaparte étouffa la liberté. (Chateaub.) Le despotisme est préférable de beaucoup à l'anarchie. (Lamenn.) Le pouvoir absolu n'est que l'anarchie sous un autre nom. (B. Const.) L'anarchie n'éclate en bas que lorsqu'elle existe en haut ; l'anarchie n'est dans la rue que lorsqu'elle est dans le pouvoir. (E. de Gir.) L'anarchie et la servitude sont deux fléaux vengeurs qui attendent, pour les punir, les fautes des rois ou les excès des peuples. (Lamart.) La notion d'anarchie, en politique, est tout aussi rationnelle et positive qu'aucune autre. (Proudh.) L'anarchie la plus complète, tel a toujours été l'état politique de la race arabe. (Renan.) || Par ext. Désordre, confusion en général. L'anarchie des idées, de la science, des institutions. Colbert eut à réparer les maux qu'avait causés l'anarchie des finances sous Mazarin. (Thomas.) Il ne faut, comme à l'univers, un Dieu qui me sauve du chaos et de l'anarchie de mes idées. (Rivarol.) Les passions s'abandonnant à leurs caprices, c'est l'anarchie. (V. *Cousin*.)

ANARCHIQUE. adj. 2 g. Qui tient de l'anarchie. Ce pays est dans un état anarchique. || Favorable à l'anarchie. Opinion, système anarchique. Discours, principes anarchiques.

ANARCHIQUEMENT. adv. D'une manière anarchique. Néol.

ANARCHISER. v. a. Rendre anarchique, exciter à l'anarchie. Les Jacobins anarchisaient l'armée. (Lamart.)

ANARCHISME. s. m. Système politique qui supprime tout gouvernement.

ANARCHISTE. s. 2 g. Partisan de l'anarchie ; fauteur de troubles. Le parti des anarchistes.

Les vrais anarchistes sont ceux qui sont impatients d'avoir toujours obéi, et qui sont incapables de commander. (Lamart.)

ANARKALI. 8,000 hab. Ville de l'Inde anglaise (Pendjab), près Lahore, dont elle forme une dépendance ; siège de l'administration civile du Pendjab anglais.

ANARMOSTIQUE. adj. 2 g. (du gr. *an*, priv., et *harmodzein*, disposer). Minér. Se dit des cristaux offrant des faces qui ne sont pas toutes produites par une même loi.

ANARNAK. s. m. Zool. Cétacé du genre narval (*monodon spurius*) ; habite les mers du Groënland. Sa chair passe pour un violent purgatif.

ANARRHIN. s. m. Plante herbacée de la famille des scrofulariacées, propre à la région méditerranéenne, très commune dans le midi de la France.

ANARRHINE. s. m. (*anarrhinus*). Syn. d'*anarrhique*.

ANARRHIQUE. s. m. (gr. *anarrichas*, de *anarrikhaomai*, je grimpe.). G. de poissons acanthoptères. Fam. des blennüdes. La seule espèce est le *loup marin* (a. *lupus*), poisson qui vit dans les mers du Nord, aussi appelé *chien marin*, *chat marin*. Il atteint jusqu'à deux mètres et demi de longueur. Carnassier et vorace, il se plaît dans les fonds rocailleux et se nourrit surtout d'oursins. Bouche armée de dents très nombreuses et très puissantes, fixées non-seulement sur les os maxillaires mais encore sur les os palatins et sur le vomer. Les dents qui occupent les os intermaxillaires et celles qui sont situées à la partie antérieure des mandibules, sont aiguës et divergentes ; celles qui occupent les parties moyennes et postérieures des os maxillaires sont arrondies, volumineuses, ainsi que celles qui sont implantées sur le vomer et les os palatins. Nageoires à rayons simples : la dorsale s'étend de la nuque à la caudale, l'anale occupe toute la moitié postérieure du corps ; les pectorales sont arrondies ainsi que les caudales. Le corps est brun avec des bandes plus foncées. On lui prête la faculté de grimper aux rochers en s'aidant de ses nageoires et de sa queue. Sa chair a le goût de celle de l'anguille ; les Islandais la mangent séchée et salée. Ils emploient aussi la peau à une foule d'usages ; le fiel est utilisé en guise de savon ; le foie sert à faire l'*huile de poisson* employée en médecine.

ANARRHIZÉES. s. f. pl. (du gr. *a*, priv.; et *rhiza*, racine). Nom donné par le botaniste L. C. Richard aux plantes acotylédones qui ne possèdent pas de vraies racines.

ANARYEN, ENNE. adj. T. de linguist. Qui n'est pas aryen. Les savants ont donné le nom d'anaryen au système cunéiforme des inscriptions de Ninive et de Babylone, par opposition avec le système cunéiforme aryen en usage chez les Perses. (Littré.)

ANAS. s. m. Nom lat. du *canard*.

ANASARQUE. s. f. (du gr. *ana*, entre, et *sarx*, chair). Infiltration généralisée de sérosités dans le tissu cellulaire. On lui a jadis donné le nom de *leucophlegmatie*, qui n'est plus usité aujourd'hui. Les parties affectées sont comme bouffies, surtout celles où le tissu cellulaire est peu serré, comme aux paupières et celui qui occupe les régions les plus déclives, comme le voisinage des malléoles. Lorsque l'infiltration séreuse atteint un grand développement, toute la surface du corps est déformée et les saillies normales, les reliefs musculaires effacés, les dépressions comblées. La peau perd sa teinte rosée pour devenir d'un blanc mat, luisant, avec une demi transparence, en même temps qu'elle est plus froide qu'à l'état normal. En comprimant avec la main les parties infiltrées, la dépression laissée par les doigts persiste un certain temps. L'anasarque peut être *primitive*, c.-à-d. débuter brusquement, comme cela se voit par exemple sous l'influence d'un brusque refroidissement, ou bien à la suite de l'ingestion d'une grande quantité de boissons froides ; mais le plus souvent elle est *consécutive* ou *secondaire* et n'est qu'un symptôme concomitant d'un assez grand nombre d'affections, par exemple des fièvres éruptives (surtout scarlatine), fièvres intermittentes, continues, ou bien des affections organiques arrivées surtout à la période de cachexie, telles que le cancer, la phthisie pulmonaire, le

scorbut. Elle est fréquente dans l'albuminurie, dans certaines affections pulmonaires et surtout dans les maladies de cœur. On l'observe aussi dans la grossesse. L'anasarque peut s'accompagner d'une vive réaction fébrile, et alors elle envahit rapidement les diverses parties du corps (*anasarque aiguë fébrile*), ou bien malgré sa marche rapide, la fièvre manque (a. *apyrétique aiguë*), ou bien enfin son développement est lent, graduel et sans fièvre (a. *chronique*). Différents accidents peuvent venir compliquer cette affection, par exemple une irritation de la peau surtout dans les parties souillées par les matières excrémentielles. Cette irritation se traduit d'abord par de la rougeur ; si les soins de propreté ne sont pas minutieux, à cet érythème succèdent des plaies, des eschares gangréneuses et des érysipèles qui chez des individus déjà débilités amènent souvent la mort. L'anasarque n'est pas dangereuse par elle-même, elle n'a de gravité que par l'affection dont elle est symptomatique. Son apparition dans les maladies du cœur est toujours d'un fâcheux augure ; et dans le cancer elle indique que la fin est peu éloignée. On combat l'anasarque au moyen des remèdes propres à favoriser la résorption du liquide infiltré, tels que les diurétiques, les purgatifs et les sudorifiques. On évitera soigneusement toute cause de refroidissement, et on enveloppera chaudement le malade. Dans l'anasarque chronique, il est bon parfois de donner issue au liquide qui distend le tissu cellulaire, au moyen des ponctions multiples faites avec une fine aiguille. || Art vét. L'anasarque du cheval est connue sous les noms de *charbon blanc*, de *mal de tête*, de *contagion*, de *diastashémie*.

ANASCOT. s. f. Sorte de serge des manufactures d'Amiens.

ANASFORON. s. m. Nom donné par les anciens à certaines herbes aromatiques et toniques, employées aussi comme vermifuges, et qui appartenaient sans doute au groupe des fougères.

ANASPADIAS. s. m. (du gr. *ana*, en haut, et *spaô*, je divise). Térat. Vice de conformation dans lequel le canal de l'urèthre s'ouvre à la face supérieure du pénis. (V. *Épispadias*.)

ANASPASE. s. f. (gr. *anaspasis*, resserrement.) Contraction de l'estomac. N'est plus usité.

ANASPIS. s. m. (du gr. *an*, priv., et *aspis*, bouclier). Zool. G. d'insectes coléoptères hétéromères, fam. des mordellides. Caractères : Antennes filiformes, épaissies vers la pointe ; élytres à peine rétrécis par derrière. Les anaspis sont de petits insectes très agiles, qui vivent sur les fleurs. Presque toutes les espèces décrites habitent l'Europe.

ANASSE. s. f. Femme d'un anacte, dans le royaume de Chypre. Les Anasses étaient servies par des femmes qu'on appelait *colacydes*.

ANAST. Jurisconsulte ; doyen de l'église d'Angers, puis évêque de Quimper, m. en 1322.

ANASTALTIQUE. adj. et s. m. (du gr. *ana*, sur, et *stellein*, serrer.) Se dit des substances fortement astringentes.

ANASTASE.

1º *Papes et Saints.* — ANASTASE Ier (S.). 39e pape, succéda à Sirice en 398, et mourut en 401, combattit et condamna les erreurs d'Origène, dont Rufin venait de publier les œuvres, ce qui avait donné lieu à des controverses. Saint Jérôme l'appelle un homme d'une vie sainte et d'une grande sollicitude apostolique. Il écrivit un grand nombre de lettres, il ne nous en reste que deux, adressées l'une à Jean de Jérusalem, ami de Rufin, l'autre à Simplicien, évêque de Milan. Toutes deux se rapportent aux erreurs d'Origène ; on les trouve dans Constant, *Épitres des Souverains Pontifes*, dans Galland, *Bibliothèque*, et dans la *Patrologie* de Migne, t. 20. Sa vie a été écrite en vers latins par Roswithe, religieuse de l'abbaye de Gandersheim. F. 14 décembre. || ANASTASE II. 50e pape, de 496 à 498, combattit l'arianisme et fit des tentatives à Constantinople pour la réunion de l'Église. Il nous reste de lui deux *lettres* qui se trouvent dans Mansi, t. 8, l'une à l'empereur Anastase le Silentiaire, l'autre au roi Clovis. Baluze a publié quelques fragments d'une lettre que ce pape aurait écrite à Ursicin ; mais on croit qu'ils ne sont pas d'Anastase, parce qu'ils se lisent mot pour mot dans la seconde épître du

S. Gélase à Laurent. F. 8 sept. || ANASTASE III. 123e pape, de 911 à 913, succéda à Sergius III. On a deux privilèges accordés par Anastase III, l'un à l'Eglise de Verceil (912), l'autre à l'Eglise de Hambourg (même année). Ces deux lettres se trouvent dans la *Patrologie* de Migne, t. 131, avec une notice de Mansi et l'épitaphe d'Anastase. || ANASTASE IV (*Conrad della Suburra*). 170e pape, de 1153 à 1154. Succéda à Eugène III. Il était Romain de naissance et évêque de Sabine. Le tome 188, de la *Patrologie* de Migne contient 87 *Lettres et Privilèges* d'Anastase. Elles sont précédées d'une notice historique par Mansi et d'une notice diplomatique par Jaffé. Parmi ces lettres, 7 ont pour objet de réprimer les vexations faites par le comte de Nevers et les bourgeois de Vézelay à l'abbé et à l'abbaye de ce nom. || ANASTASE. Antipape, fut opposé en 855 à Benoît III. Après l'élection du pape Benoît III, les députés qui emportaient le décret aux empereurs Lothaire et Louis, rencontrèrent en chemin Arsene, évêque de Gubbio, et se laissèrent persuader par lui d'abandonner le parti de Benoît, et d'élire pour pape le prêtre Anastase, déposé dix-huit mois auparavant dans le concile de Rome, parce qu'il ne résidait point dans son Eglise. Les députés firent comprendre à l'empereur Louis qu'il était de son intérêt de donner lui-même un pape aux Romains. Anastase, nommé par l'empereur, entra dans Rome, s'empara de l'Eglise de Saint-Pierre, et mit Benoît en prison. Mais les Romains tinrent ferme pour le pape légitime, ce qui déconcerta les partisans d'Anastase. Benoît fut sacré le 1er septembre de la même année (855). || ANASTASE LE SINAITE. Le surnom de Sinaïte provient du Sinaï, où se trouvait un couvent de moines. Ce surnom appartient-il à un seul Anastase ou à plusieurs? Les auteurs les plus anciens, à l'exemple de Nicéphore, n'admettent qu'un seul Anastase le Sinaïte. Les nouveaux historiens donnent le nom d'Anastase le Sinaïte aux trois Anastase suivants : 1o ANASTASE *l'Ancien* (S.), *le Sinaïte*. Patriarche d'Antioche Elevé en 559, sur le siège d'Antioche, il se déclara avec zèle contre l'eutychianisme. L'empereur Justinien qui protégeait cette hérésie allait persécuter Anastase, lorsqu'il mourut. Justin le Jeune son successeur, animé des mêmes dispositions, exila le patriarche. Rappelé sous Maurice, Anastase rentra en possession de son Eglise (593), et la gouverna paisiblement jusqu'à sa mort (599). Il était très versé dans la langue latine et dans les saintes Ecritures. A la prière de l'empereur Maurice, il traduisit en grec le *Pastoral de saint Grégoire*, pour l'usage des Eglises d'Orient. Ce qui nous reste de ses écrits, se trouve réuni dans le t. 89 de la *Patrologie grecque* de Migne (col. 1288-1408), avec notices tirées de Galland, de Fabricius, et une vie de saint Anastase d'après les Bollandistes. — 2o ANASTASE *le Jeune* (S.), *le Sinaïte*. Succéda au précédent sur le siège d'Antioche. Il fut tué en 609, dans une émeute, par les Juifs. — 3o ANASTASE *l'Ermite* (S.) *le Sinaïte*. Prêtre et moine du mont Sinaï. Il naquit au plus tard en 602, dernière année du règne de Maurice. Il fit plusieurs voyages pour combattre les hérésies des acéphales, des sévériens et des théodosiens d'Egypte et de Syrie. Il vivait encore en 778. Il nous reste de lui : *Odégos; Viœ dux; Le Guide du vrai Chemin*, où il réfute les eutychiens et les acéphales, et où il enseigne les moyens de découvrir l'hérésie et de la combattre ; *Considérations anagogiques sur l'Hexaméron*. Dans cet ouvrage il s'attache peu au sens littéral et à l'exégèse des Pères ; il commente surtout l'Ecriture sainte dans un sens mystique et allégorique ; *Cent cinquante-quatre questions*, auxquelles il répond par des textes de l'Ecriture, des Pères et des Conciles ; elles roulent principalement sur la vie spirituelle. Ces œuvres ont été imprimées dans la *Magna Bibliotheca Patrum*, Cologne, t. 6. Le t. 89 de la *Patrologie grecque* contient en outre des discours et des fragments importants publiés par Canius, Bandini et Mai. F. 21 déc. || ANASTASE (S.). Apocrisiaire de l'Eglise romaine, opposé au monothélisme, fut enlevé avec S. Maxime, abbé de Chrysopolis, par Constant II, empereur d'Orient, et conduit à Constantinople : mis en prison, il eut part à tous les mauvais traitements qu'on fit subir à

S. Maxime. Sa mort eut lieu en 666, dans le château de Thusume, au pied du mont Caucase. Il écrivit à Théodose, prêtre de Gangres et moine de Jérusalem sur les souffrances de S. Maxime et de ses compagnons. La lettre se trouve dans les œuvres de saint Maxime. Il composa plusieurs ouvrages et les écrivit lui-même quoiqu'on lui eût coupé la main droite. Il faisait attacher au bout de son bras deux petits bâtons avec lesquels il tenait la plume. Il parlait distinctement quoiqu'il eût la langue coupée jusqu'à la racine. || ANASTASE. (S.). Moine, disciple de S. Maxime, fut, comme le précédent, le compagnon de sa prison, de son exil et de ses souffrances. On ne connaît de lui que la lettre qu'il écrivit, d'après les ordres de S. Maxime, aux moines de Cagliari, en Sardaigne, contre les monothélithes. Elle se trouve dans la *Patrologie grecque* de Migne, t. 91, et dans la *Patrologie latine*, t. 129.

2o *Empereurs d'Orient.* — ANASTASE Ier, surnommé *Dicorus*, parce qu'il avait un œil noir et un œil bleu, né à Dyrrachium, vers l'an 430, remplissait les fonctions obscures de *Silentiaire*, auprès de l'empereur Zénon. L'impératrice Ariadne, demeurée veuve (491) appela Anastase au trône et l'épousa 40 jours après la mort de son mari. Le sénat, le peuple et l'armée applaudirent à son avènement ; mais Euphémius, patriarche de Constantinople qui lui avait plusieurs fois reproché son attachement aux erreurs d'Eutychès, ne consentit à le couronner qu'après qu'il eut signé une profession de foi conforme aux décisions du concile de Chalcédoine. D'un autre côté, Longin, frère de Zénon, se voyant écarté du trône, conjura avec plusieurs chefs des Isauriens. L'empereur le fit arrêter, et l'obligea à recevoir les ordres sacrés. Les Isauriens, chassés de Constantinople, se retirèrent dans leur pays, prirent les armes et saccagèrent la Phrygie. Ils furent battus par les généraux d'Anastase (492-497). Pendant cette guerre Anastase, irrité contre Euphémius, l'accusa d'intelligences avec les Isauriens, le fit déposer et l'exila à Euchaïtos (495). Il fit mettre à sa place, Macédonius, trésorier de l'Eglise de Constantinople, et voulut l'amener à se déclarer contre le concile de Chalcédoine. N'ayant pu y réussir, il le fit enlever et conduire à Euchaïtes. En 498, les factions du cirque donnèrent lieu à de grands désordres : Constantinople vit les Verts, qui avaient caché des pierres et des couteaux dans des paniers de fruits, massacrer trois mille Bleus au milieu d'une fête. Anastase qui avait pris parti dans cette querelle avec sa légèreté ordinaire, courut de grands dangers. Cependant Anastase ému des malheurs de l'empire, regagna une partie de l'estime qu'il avait perdue, en supprimant un impôt odieux, le *chrysargyre*, levé tous les cinq ans, sur quiconque exerçait un métier dont il tirait profit. Les gens du plus bas étage, les mendiants, les prostituées, n'en étaient pas exempts ; les indigents étaient souvent obligés pour l'acquitter de vendre jusqu'à leurs enfants. Il a aboli aussi l'usage barbare de livrer les coupables aux bêtes, et d'en faire un spectacle pour le peuple. Sous ce règne troublé par les querelles théologiques, les barbares menaçaient l'empire de tous côtés, Anastase repoussa les Bulgares au delà du Danube. Les Perses entrés en Mésopotamie prirent et saccagèrent Amide en 502, et battirent quatre généraux romains. Celer les força à la retraite, mais ne put reprendre Amide. Anastase la racheta à prix d'argent. Ses armées furent aussi défaites par les Goths de Théodoric. Il s'en vengea en faisant ravager les côtes de la Calabre. Les Hérules envahissaient la Thrace ; les Gètes, passés en Illyrie, s'approchaient d'Andrinople ; les Goths vinrent des bords du Danube insulter Constantinople. Anastase, pour protéger la capitale et la banlieue, fit construire, de la Propontide à l'Euxin, à deux cent quatre-vingt-huit stades de la ville, une muraille longue de quatre cent vingt stades, sur plus de six cents mètres d'épaisseur, avec des tours de distance en distance. Cependant l'empereur continuait de s'occuper des questions théologiques et de favoriser l'eutychianisme. Les catholiques persécutés se révoltèrent. Le Scythe Vitalien, maître de la milice auxiliaire, prit en main la cause de l'orthodoxie et s'avança contre la

capitale avec des troupes nombreuses. Il battit Hypatius, neveu de l'empereur, força la longue muraille et vint camper aux faubourgs de Constantinople. L'empereur effrayé, promit tout ce que voulaient les catholiques. Vitalien se dirigea vers la Mœsie ; Cyrille, général d'Anastase, le poursuivit, l'atteignit dans la Thrace et lui livra une bataille dont le succès fut douteux. Mais peu de jours après, Cyrille ayant été surpris à Odessus et tué de la propre main de Vitalien, ses troupes se donnèrent à ce dernier qui vint de nouveau assiéger Constantinople, par terre et par mer. Un physicien, nommé Proclus, brûlait, dit-on, comme Archimède, les vaisseaux des assiégeants, au moyen d'un miroir ardent. Néanmoins, le siège continuait ; le peuple, las d'Anastase, demandait à reconnaître Vitalien. L'empereur tremblant demanda la paix et promit au vainqueur de rappeler les évêques exilés et de convoquer un concile où se trouverait le pape. Lorsque Vitalien eut déposé les armes, Anastase, après quelques négociations avec le Saint-Siège, qui n'avaient pour but que de gagner du temps, viola encore une fois sa parole et continua la persécution. Il mourut en 518, à l'âge de 88 ans. On le trouva sans vie dans une pièce obscure du palais, où il s'était réfugié par crainte d'un grand orage. On crut qu'il avait été foudroyé. Le panégyrique de cet empereur par Procope de Gaza, se trouve dans la *Patrologie grecque* de Migne, t. 87. || ANASTASE. II Empereur d'Orient, 713-716. Elu par le peuple de Constantinople après la déposition de Philippe-Bardanes, il se vit opposer bientôt un certain Théodore. Il céda et quitta la pourpre pour l'habit religieux en 716, ayant voulu la reprendre, en 719, il fut livré par les Bulgares, ses auxiliaires, à Léon l'Isaurien, qui le fit décapiter.

3o *Divers.* — ANASTASE. Patriarche de Constantinople. A force de bassesses et de fourberies, obtint de l'empereur Léon l'Isaurien de prendre la place de Germain, prélat vénérable, dépouillé de sa dignité le 7 janv. 730. Il seconda la tyrannie et les persécutions de l'empereur iconoclaste, et lui livra les trésors de l'Eglise. Il se préta de même aux caprices du sanguinaire Copronyme. Lorsqu'il crut qu'Artabase, europalate et beau-frère de l'empereur allait réussir dans sa rébellion, il se mit ouvertement de son côté. Copronyme, ayant défait Artabase, fit crever les yeux à Anastase. On le promena dans l'hippodrome, monté sur un âne, le visage tourné vers la queue. Constantin n'espérant pas le remplacer par une personne plus vile, le laissa sur le siège patriarcal. Il mourut en 753. || ANASTASE LE BIBLIOTHÉCAIRE. Savant écrivain du IXe s., bibliothécaire du Vatican, sous les papes Nicolas Ier, Adrien II et Jean VIII, cardinal en 848, m. vers 886. Il assista en 869 au 8e concile général de Constantinople, où fut condamné Photius et il traduisit les actes des 8e et 7e conciles; on lui attribue aussi la traduction des actes du 6e concile. Il recueillit et traduisit un grand nombre de monuments pour l'histoire des Monothélithes. Il existe encore de lui la traduction latine des actes de mille quatre cent quatre-vingts martyrs, vue par Mabillon dans la bibliothèque de Sainte-Croix en Jérusalem, à Rome. Nous avons encore de lui une *Histoire ecclésiastique* composée d'extraits de Nicéphore, de Georges le Syncelle et de Théophane. Les premiers éditeurs du *Liber Pontificalis*, attribué au moyen âge au pape Damase, l'avaient mis, au sens plus de fondement sous le nom d'Anastase. Mais on a depuis reporté à une époque antérieure la date de ce recueil des vies des papes depuis S. Pierre jusqu'à la fin du IXe s. Le *Liber Pontificalis* a été constitué pour la première fois sous le pape Hormisdas et le roi Théodoric peu après l'année 514. (V. *Etude sur le Liber Pontificalis*, par M. l'abbé L. Duchesne. Paris, 1877, in-8o.) Les vies des papes des cinq premiers siècles y sont empruntées à des documents et à des traditions d'autorité inégale ; en mettant à part les éléments légendaires qui s'y rencontrent, il y reste un très grand nombre de détails certains et du plus haut intérêt pour l'histoire, l'art et l'archéologie. C'est là que se trouvent, pour ainsi parler, les actes de naissance de la plupart des basiliques de Rome. Au point de vue de la liturgie et de la discipline, le *Liber Pontificalis* est, même dans ses parties primitives *et* dans ses éléments apocryphes, une source historique de grande valeur. Les usages dont il témoigne sont ceux de l'Église romaine vers la fin du vɪᵉ s., et le commencement du vɪᵉ ; en bien des cas, il serait impossible de trouver des documents plus anciens sur la matière. A partir du vɪᵉ s., son autorité devient égale à celle des chroniques ou annales contemporaines des événements. C'est là surtout que depuis Paul Diacre on a puisé l'histoire de l'Italie romaine au temps des exarques et des rois lombards. C'est là que l'on peut étudier les luttes des papes pour soustraire la ville de Rome au joug des Lombards, les vicissitudes qui ont entouré la fondation et le premier fonctionnement de leur souveraineté territoriale, les révolutions romaines au temps des Carlovingiens, les rapports entre les papes, l'Église d'Orient et l'empire de Constantinople, avant et après l'inauguration du pouvoir temporel. Outre ces données d'intérêt général, la chronique monumentale et artistique de la ville de Rome est largement représentée par de longues énumérations des fondations pontificales et des inventaires détaillés des dons faits aux églises en pièces d'orfèvrerie, livres, tapisseries, tissus précieux, peintures et mosaïques. Les œuvres d'Anastase se trouvent dans la *Patrologie latine*, 129 à t. 127, à l'exception de l'histoire ecclésiastique, qui a été insérée dans la *Patrologie grecque*, t. 108. Anastase est regardé avec justice comme le meilleur écrivain de son temps. Il s'attache moins à l'élégance du style qu'à la vérité historique, et la sincérité et la bonne foi de l'auteur font le grand mérite de ses écrits. || ANASTASE, Evêque de Colocza, en Hongrie. V. *Astric*. || ANASTASE (*Hospitalières de* Saint-). Religieuses Augustines, vouées au service des malades. On les appelait aussi Filles de Saint-Gervais, parce qu'elles eurent longtemps à Paris, près de l'église Saint-Gervais, un vaste hôpital. La Révolution les supprima en 1790. L'emplacement de leur couvent est occupé par le marché des Blancs-Manteaux, rue Vieille-du-Temple.

ANASTASI (Jean). Peintre italien né à Sinigaglia; 1654-1704. Portraits et tableaux religieux. || ANASTASI (Auguste). Peintre et lithographe franç., né à Paris. 1819. Paysagiste estimé; élève de Delaroche et Corot, aveugle depuis 1870. Nombreux paysages d'Italie, de France, d'Allemagne, de Hollande. Médaillé en 1848, 1852 et 1855; décoré en 1868.

ANASTASIE. Nom de plusieurs saintes. || ANASTASIE (Ste) *l'Ancienne*. Patricienne de Rome, instruite dans la foi par S. Pierre et S. Paul, martyre sous Néron avec son amie Basilisse. F. 15 avril. || ANASTASIE (Ste) *la Jeune Noble romaine*, persécutée par son mari Publius et brûlée vive sous Dioclétien dans l'île Palméria, en 303 ou 304. F. 25 déc. || ANASTASIE (Ste). Martyre à Rome, avec S. Cyrille en 303. On a d'elle quelques lettres écrites de sa prison à son confesseur Chrysogone. F. 28 oct. || ANASTASIE de Constantinople (Ste). Repoussa les propositions déshonorantes de Justinien et se retira dans un couvent d'Alexandrie où elle mourut en 577. F. 10 mars.

ANASTASIE. Argot Nom que des dessinateurs et auteurs dramatiques donnent au bureau de la censure, que les caricatures représentent sous la forme d'une vieille fille revêche qui brandit des ciseaux menaçants.

ANASTASIENNE (Loi). Dr. rom. Nom donné à la disposition par laquelle, en 506 ap. J.-C., l'empereur Anastase autorisa celui contre lequel on avait cédé une créance à en faire tenir quitte ou désintéresser le cessionnaire, c.-à-d. en le remettant, par le remboursement de ses débours et des intérêts, dans le même état que s'il n'eût pas acquis. Cette disposition, fondée sur la haine que méritent les acheteurs de procès, forme la constitution 22 au code de Justinien, *Mandati vel contra*, l. ɪv, t. 35 Renouvelée par Justinien, elle est l'origine de notre retrait de droits litigieux (C. civ., art. 1699). (V. *Retrait*.)

ANASTASIME. s. m. (gr. *anastasimos*; de *anastasis*, résurrection). Liturg. Mot qui désigne le jour de Pâques, dans l'Église grecque.

ANASTASONE (Ste). Martyre en l'île de Leucade (Ste-Maure). F. 18 mai.

ANASTATICÉES. Bot. s. f. pl. Tribu de la famille des crucifères qui avait pour type le

g. *anastatique*. On a fait rentrer les genres qui la composaient dans celle des arabidées.

ANASTATIQUE. s. f. (gr. *anastasis*, résurrection). Bot. G. de la fam. des crucifères, tribu des arabidées. Originaire de la Palestine et de l'Arabie appelée aussi *jérose hygrométrique* et vulg. *rose de Jéricho*. C'est une petite herbe annuelle, rameuse, velue, haute de 8 à 10 centimètres, à fleurs blanches disposées en petits épis oppositifoliées, qui deviennent des silicules arrondies, à deux loges et déhiscentes en deux valves à cloisons tronquées obliquement. Les feuilles sont alternées, spatulées, dentées. Ses branches desséchées et dépourvues de leurs feuilles se recourbent les unes vers les autres et forment une sorte de boule que le vent emporte a travers le désert. Mais elles se redressent et reprennent leur fraîcheur, dès qu'on les met dans l'eau ou à l'humidité ; ce qui les fait employer comme hygromètres. (V. ce mot.) || Techn. On donne ce nom à certains procédés d'impression qui permettent, au moyen d'un transport chimique, la reproduction des textes ou dessins imprimés. On n'est pas absolument fixé sur la date et sur l'inventeur de ce procédé qui est attribué par les uns à Adolphe Appel, par d'autres à M. Baldermus, de Berlin. L'impression anastatique fit de rapides progrès et fut exploitée avec succès en Europe et aux Etats-Unis. Elle est aujourd'hui remplacée par les procédés photographiques, qui ont donné des résultats incomparablement plus beaux. Le procédé reposait sur certains principes qui sont la base de la lithographie : à savoir la facilité avec laquelle les matières grasses s'appliquent les unes sur les autres, et la répulsion qu'elles éprouvent pour les surfaces mouillées, surtout quand elles ont été humectées avec une eau acidulée. Pour reproduire une feuille d'impression, on commence par la tremper quelque temps dans une lessive alcaline faible, puis dans une dissolution d'acide tartrique. On la lave alors a grande eau. Le papier ainsi préparé est humecté d'acide azotique faible qui ne prend pas sur toutes les parties recouvertes par l'encre d'impression. On pose alors le papier, le texte en dessous, sur une pierre lithographique bien nettoyée ou sur une feuille de zinc parfaitement polie et on le soumet à une très forte pression. L'acide attaque la pierre et l'encre se reporte dans toutes les parties correspondant aux noirs de l'épreuve. On lave alors très soigneusement la pierre avec une solution légère de gomme arabique et d'acide phosphorique, qui humecte toutes les parties attaquées par l'acide, en respectant celles qui ont été imprégnées d'encre. Si on passe à ce moment un rouleau chargé d'encre d'imprimerie, celle-ci se déposera uniquement sur les parties non mouillées par l'acide et on pourra tirer les épreuves au moyen de la presse lithographique.

ANASTOECHOSE. s. f. (du gr. *ana*, indiquant séparation, et *stoicheion*, élément). Réduction ou résolution d'un corps en ses premiers éléments. (V. *Stœchiologie*.)

ANASTOME. s. m. (gr. *anastomoô*, j'ouvre). Syn. *bec-ouvert*. Zool. G. d'oiseaux échassiers, s.-fam. des ciconiens dont les deux mandibules du bec sont recourbées de façon qu'elles ne peuvent se joindre que par leur extrémité et qu'un large intervalle vide les sépare dans presque toute leur longueur Le cou et la poitrine sont revêtus de plumes semblables à des écailles; ailes grandes, longues, pointues, dont les trois premières rémiges dépassent les autres. Les tarses sont extrêmement longs. Habitent l'Afrique, l'Asie mérid., sur le bord des fleuves pour y chercher les mollusques dont les coquilles sont facilement saisies au moyen de ces mandibules arquées. || ANASTOME. s. m. (du gr. *ana*, marquant renversement, et *stoma*, bouche). Sous-genre remarquable du g. *hélice*, caractérisé par la position bizarre de l'ouverture de la coquille qui est retournée du côté du dos de celle-ci, disposition qui lui donne un aspect grimaçant. On en connaît plusieurs espèces, toutes du Brésil.

ANASTOMOSE. s. f. (gr. *anastomosis*, abouchement; de *ana*, ensemble, et *stoma*, bouche). Anat. Réunion de deux vaisseaux sanguins ou lymphatiques, pour n'en faire plus qu'un. Cette réunion a lieu sous des angles très variables qu'on désigne par les noms d'anasto-

moses par *inosculation*, *transversales* ou *convergentes*. — On a aussi parfois désigné sous le même terme la réunion de deux cordons nerveux en un seul tronc, mais à tort, car il n'y a pas fusion véritable, les deux branches restant simplement accollées. || Bot. Réunion de deux nervures entre elles ou à l'aide de nervures transversales. Dans certaines feuilles, les nervures réunies par de nombreuses anastomoses forment un réseau très élégant. Les vaisseaux des fruits et des graines offrent aussi fréquemment de nombreuses anastomoses. Celles-ci sont rares, au contraire, dans les faisceaux des axes, sauf au niveau des nœuds et sauf ce qui concerne les vaisseaux laticifères. (H. Baillon.)

ANASTOMOSER (s'). v. pr. Se réunir par anastomose, s'aboucher, se joindre par les bouts. Les artères s'anastomosent fréquemment entre elles.

ANASTOMOTIQUE. adj. 2 g. Qui a rapport à l'anastomose. Rameaux anastomotiques. || Anat. *Grande anastomotique*, Nom donné à une des artères qui se distribuent au genou. || Bot. Se dit des rameaux vasculaires ou de nervures qui établissent une communication entre deux rameaux ou deux nervures.

ANASTROPHE. s. f. (gr. *anastrophé*; de *anastrephein*, renverser; de *ana*, indiquant renversement, et *strephein*, tourner; d'où *strophe*). Rhét. Espèce d'inversion ou renversement de la construction ordinaire des mots. Ex : *mecum*, *vobiscum*, pour *cum me*, *cum vobis*. Sa vie durant, pour *durant sa vie*. || Antiq. gr. Mouvement opposé a l'épistrophe (V. ce mot.) dans la manœuvre de la phalange grecque. || ANASTROPHE. adj. 2 g. et s Térat Celui dont les organes splanchniques ont subi une inversion telle que ceux de droite se trouvent à gauche et réciproquement. (V. *Inversion splanchnique*.)

ANASTROPHIE. s. f. (gr. *anastrophé*, renversement). Méd. Inversion, renversement d'une partie quelconque du corps. (V. *Inversion splanchnique*.)

ANATA V. *Anathoth*.

ANATASE. s. f. (gr. *anatasis*, extension ; les premiers cristaux étudiés étaient des octaèdres allongés). Minér. Acide titanique naturel, contenant 0,75 p. 100 de peroxyde de fer, cristallisé en octaèdres, dont quelquefois les sommets sont tronqués (variété *anatase basée*) et en dioctaèdres; dans cette forme les sommets sont terminés par quatre faces additionnelles. Formule, TiO^2. Densité 3,857. L'anatase est fragile, elle est rayée par le quartz et raye à peine le phosphate de chaux ; elle est translucide, quelquefois transparente, souvent d'un éclat métallique. Le frottement l'électrise résineusement; au chalumeau, elle colore le verre du borax en vert émeraude. Sa couleur est gris d'acier, brun noirâtre, bleuâtre jaunâtre foncé. On la trouve en cristaux implantés dans une roche d'amphibole feldspatique à Bourg-d'Oisans, à Moutiers, au St-Gothard, à Barèges, etc. On l'appelle encore : *short octaédrique*, *short bleu*, *oisanite*.

ANATAXIE. s. f. (du gr. *ana*, de nouveau, et *tassein*, ranger). Méthode chirurgicale qui a pour but de remettre dans leur place normale les organes qui se sont déplacés.

ANATE ou **ATTOLE.** s. f. Syn. de *rocou*. (V. ce mot.)

ANATHÉMATIQUE. adj. 2 g. Voué, offert en expiation. || Dr. can. Se dit d'une bulle, d'une condamnation formulée avec anathème.

ANATHEMATISATION. s. f. Action d'anathématiser; résultat de cette action.

ANATHÉMATISER. v. a. Frapper d'anathème, excommunier. Anathématiser l'hérésie, les hérétiques, les sectaires. || Fig. Désapprouver, blâmer avec force, vouer à l'exécration. Anathématiser une opinion, une action. Certains sectaires ont anathématisé les arts. || S'Anathématiser. v. pr. Se lancer réciproquement l'anathème. || Anathématisé, ée. p. pas.

ANATHÉMATISME. s. m. Condamnation qui prononce anathème. On ne put obliger saint Cyrille à rétracter la moindre partie de sa doctrine, ni aucun de ses anathématismes. (Boss.)

ANATHÈME. s. m. (gr. *anathéma*, exposition, chose mise à part; de *ana*, marquant séparation, et *tithêmi*, je place). Retranchement de la communion de l'Eglise. Lancer l'anathème. Prononcer, fulminer anathème. Dire anathème à quelqu'un. Tous les pères du concile d'Éphèse crièrent anathème a Nestorius. Lever un anathème. — Par ext. Malédiction, réprobation, blâme solennel. En ce sens, s'emploie surtout dans le style soutenu. Je ne viens pas ici prononcer des anathèmes contre les grandeurs humaines. (Mass.) Tout l'anathème des malheurs publics tombe sur vous seul. (Mass.) || Se dit de la personne qui est frappée d'anathème. Vous êtes donc là comme un anathème, séparé du reste de vos frères. (Mass.) — Fig. Opprobre, exécration. Ils n'ont paru que pour être l'anathème de tous les hommes. (Boss.) || Adj. 2 g. Retranché de la communion des fidèles. Quiconque dira... qu'il soit anathème. — Fig. Qu'il soit anathème celui qui souille par ses mœurs la pureté du nom chrétien. (Châteaub.) — Qui a rapport à l'anathème. Bulle anathème. || Dans l'antiquité, on entendait par *anathème* tout objet qui, offert à la divinité, était suspendu dans les temples et ne pouvait plus désormais être employé à un usage profane. Chez les Juifs, l'anathème était un vœu par lequel on mettait a part une personne ou une chose en la destinant uniquement et irrévocablement à Dieu. Cette consécration consistait généralement dans la mort ou l'anéantissement de l'objet consacré. Chez les premiers chrétiens, on appela anathème soit les choses qui étaient offertes pour servir d'ornements aux églises, soit les vases ou autres ustensiles donnés par les fidèles. Dans un sens plus restreint, le mot anathème a été employé pour désigner les *ex-voto*. Théodoret raconte que, reconnaissants des guérisons obtenues, les fidèles suspendaient dans les sanctuaires, des simulacres d'yeux, de pieds, de mains, exécutés en argent ou en or. || On appelle aussi *anathèmes* certaines formules d'imprécation qui se rencontrent souvent sur les monuments chrétiens, sépultures, diplômes, donations, testaments, etc. Voici un anathème qui s adresse aux violateurs des tombeaux : MALE PEREAT INSEPULTUS || IACEAT NON RESURGAT || CUM JUDA PARTEM HABEAT || SI QUIS SEPULCRUM HUNC || VIOLAVERIT. (Bosio. p. 436), « Qu'il meure d'une mauvaise mort ; qu'il ne ressuscite point (pour la gloire) ; qu'il reste sans sépulture ; qu'il partage le sort de Juda celui qui oserait violer ce tombeau. » || Le nom d'anathème est encore appliqué à l'excommunication majeure, consistant dans l'exclusion absolue du coupable de la communauté de l'Église et de ses grâces, comme un membre mort du corps de Jésus-Christ. Ces mots *anathème et excommunication majeure* ont souvent été employés l'un pour l'autre. Néanmoins on se sert plus souvent du mot anathème quand il s'agit de la punition spéciale de l'hérésie. Ainsi le premier concile général de Nicée (325), joignait déjà au symbole formulé par lui le canon menaçant les hérétiques de l'anathème : « Ceux qui disent qu'il y a eu un temps où il (le Fils de Dieu) n'était pas, et qu'il n'était pas avant d'être né, et qu'il a été fait de rien ; ou qui disent qu'il est d'une autre substance, d'une autre essence que le Père ; que le Fils de Dieu est créé, qu'il est muable et changeant, l'Église catholique et apostolique les anathématise. » Encore aujourd'hui, lorsque l'Église prononce des décisions dans les questions dogmatiques, elle frappe les doctrines hérétiques d'anathème : « Si quelqu'un prétend,... enseigne,... nie.... qu'il soit anathème. » Les décisions ainsi promulguées sont des règles de foi ; *canones de fide*, qu'on distingue des décrets sur la foi, *decreta de fide*. Lorsqu'anathème et excommunication sont opposés l'un a l'autre, celle-ci signifie la *petite excommunication*. Si l'excommunication est opposée à l'exclusion des sacrements, elle signifie anathème. La formule la plus rigoureuse de l'excommunication ou de l'anathème se nomme *maranatha*.

ANATHÈRE. s. m. Bot. Sect. du g. *andropogon*, fam. des graminées. Les espèces qui la composent sont employées comme aromatiques, stimulantes, sudorifiques ; la principale est le *vétiver*. (V. ce mot.)

ANATHOTH. Anc. vle de Palestine, tribu de Benjamin, à 3 milles selon Eusèbe et S. Jérôme, à 20 stades selon Josèphe, au N. de Jérusalem ; auj. *Anata*.

ANATIDÉES. s. f. pl. (de *anas*, canard). Zool.

Fam. d'oiseaux de l'ordre des *Palmipèdes :* identique a la fam. des *lamellirostres.* (V. ce mot.)

ANATIFE ou **ANATIF.** s. m. (du lat. *anas*, canard, et *fero*, je produis, parce qu'une croyance vulgaire veut que les anatifes soient des œufs pédonculés qui donnent naissance à des canards sauvages). Zool. G. de crustacés, de l'ordre des cirripèdes, fam. des lépadides, qui vivent fixés par un long pédoncule cylindrique et flexible sur des rochers ou des objets flottants dans la mer, voire même sur la coque des navires. Le pédoncule qui est un prolongement de la partie céphalique de l'animal, se termine à sa partie libre par un renflement en forme de mitre composé de deux valves qui peuvent s'entrebâiller et qui sont formées du manteau de l'animal encroûté et soutenu par cinq lames calcaires, dont deux de chaque côté et la dernière sur le bord dorsal. L'animal est donc fixé la tête en bas, de sorte que les pieds sont tournés en haut et sortent à volonté par l'ouverture de la mitre. Les membres, au nombre de six paires, sont multiarticulés, cirrhiformes, et pourvus de longs poils qui leur donnent un aspect plumeux. Ils ne servent pas à la locomotion, mais a attirer vers la bouche les particules alimentaires qui flottent dans l'eau. Ces pieds sont portés par le thorax qui est peu distinct de la tête, laquelle porte elle-même des antennes et des organes de mastication ; elle occupe le fond de la coquille. Il existe aussi un abdomen, mais tout rudimentaire. Les anatifes sont hermaphrodites comme presque tous les cirripèdes ; les œufs sont reçus après la ponte dans des sacs logés dans un repli du manteau, et commencent à s'y développer. A l'état jeune, les anatifes ont une forme différente et nagent librement ; ils ne se fixent que plus tard. (V. *Cirripèdes*.) L'espèce la plus commune est le *lepas anatifera*, vulg. *pousse-pied*. Les habitants de nos côtes le mangent après l'avoir fait bouillir ; mais c'est un aliment coriace et de peu de goût.

ANATIFÈRE. adj. (du lat. *anas*, canard, et *fero*, je porte). Zool. S'emploie seulement dans cette locution : *conque anatifère*, qui est syn. d'*anatife*. || ANATIFÈRE. s. f. Se dit aussi pour *anatife*.

ANATILIA. Géog. anc. Nom lat. de *Tarascon* et de *Saint-Gilles*.

ANATILII. Géog. anc. Peuple ligure de la Gaule, habitait la 1re Narbonnaise, vers l'embouchure du Rhône. Ses villes principales étaient, Tarascon et Arles.

ANATINE. s. f. Zool. G. de mollusques, fam. des myiides, type de la sous-fam. des anatinines. Coquille oblongue, ventrue, transparente ; crochet fendu ; siphons soudés.

ANATINES. s. f. pl. Section du g. *canard* (*anas*) caractérisée par l'absence d'expansion membraneuse au doigt postérieur ; ex. le canard sauvage, *anas boschas*, qui est le type de nos variétés domestiques, le *chipeau*, le *pillet*, le *souchet*, etc.

ANATININES. s. f. pl. Zool. Sous-fam. de mollusques lamellibranches siphoniens, fam. des myiides. Coquille mince à surface granuleuse ; dents cardinales émoussées ; cartilage interne contenu dans des lames saillantes en dedans qui se correspondent sur chaque valve et pourvu d'un osselet libre ; siphons longs et frangés. G. : *anatina, pandora, pholadomya*, etc.

ANATOCISME, s. m. (gr. *anatokismos*, intérêt des intérêts ; de *anatokizein*, formé de *ana*, marquant répétition, et *tokos*, intérêt). Jurisp. Réunion des intérêts au principal pour former un nouveau capital productif d'intérêts. La production d'intérêts par les intérêts n'a jamais été pleinement autorisée par la législation et à toutes les époques on a considéré l'anatocisme comme très dangereux à raison de l'excessif et rapide accroissement de la dette qui résulte de l'accumulation des intérêts composés, accroissement dont, à moins d'être familier avec les calculs d'intérêts composés, il est difficile aux débiteurs de se rendre un compte exact, d'où il résulte que ceux-ci accepteraient des conditions d'anatocisme rumeuses plus facilement encore que des stipulations d'intérêts exorbitants. C'est pourquoi Justinien défendit l'anatocisme d'une manière absolue, et cette prohibition est maintenue par l'ancien droit français. Auj. le Code civil (art. 1154 et 1155) ne prohibe

plus d'une façon absolue l'anatocisme comme le faisait l'ancien droit, mais il ne l'autorise que dans certaines limites. Les intérêts échus des capitaux ne peuvent produire des intérêts, soit par une demande judiciaire, soit par une convention spéciale, qu'autant qu'il s'agit d'intérêts dus au moins pour une année entière. Néanmoins, les revenus échus tels que fermages, loyers, arrérages de rentes perpétuelles ou viagères, produisent intérêt du jour de la demande ou de la convention. La même règle s'applique aux restitutions de fruits dus par un possesseur de mauvaise foi, et aux intérêts payés par un tiers au créancier en l'acquit du débiteur ; dans ce dernier cas, c'est vraiment un capital que ce tiers a avancé.

ANATOLE (S.). Né à Alexandrie, vers 230, mort en 283. Cultiva avec succès les sciences et les lettres, et fut nommé évêque de Laodicée en Syrie, vers l'an 270. Il nous reste de lui un *Traité de la Pâque*, imprimé à Anvers en 1634, et quelques fragments de ses dix livres de *Recherches arithmétiques*. F. 3 juill. || ANATOLE. Philosophe alexandrin, maître de Jamblique, me siècle ; auteur d'un traité sur *les sympathies, et les antipathies* dont il ne reste que des fragments. || ANATOLE (S.). Patriarche de Constantinople, élu en 449, m. en 458, assista au concile de *Chalcédoine*. F. 3 juillet. || ANATOLE. Jurisconsulte, né à Béryte, consul sous Justinien, prit part à la rédaction du Digeste. || ANATOLE. Jurisconsulte du Bas-Empire, fut chargé par l'empereur Phocas de traduire en grec le code de Justinien.

ANATOLICO ou **ANATOLIKO.** 4,000 h. Vle forte et port de Grèce dans la prov. d'Acarnanie-et-Étolie, à 12 kil. O. de Missolonghi. La pêche est la seule industrie des habitants.

ANATOLIE (Ste) Vierge et martyre, à Tosano (Abruzze Ultérieure), sous l'empereur Dèce, vers 251. F. 9 juillet.

ANATOLIE, ANADOLIE ou **NATOLIE** (gr. *anatoli*, levant). Vaste presqu'île à l'O. de l'Asie. (V. *Asie Mineure*.)

ANATOMIE. s. f. (du lat. *anatomia*, du gr. *anatomé*, dissection ; de *anatemnein*, couper en morceaux, de *ana*, indiquant répétition, et *temnein*, couper, d'où *tome*). L'action ou l'art de disséquer un corps humain, un animal ou un végétal, pour connaître le nombre, la forme, la situation, les rapports, les connexions et la structure des parties dont il est composé. Faire l'anatomie du corps humain, d'un sujet humain, d'un chien, d'un oiseau, d'un poisson, d'une plante. Anatomie animale, végétale. — L'action de disséquer se nomme plus ordinairement dissection. || L'ensemble des connaissances que l'on acquiert par la dissection ; et plus particulièrement, la science qui s'occupe de la structure du corps humain. Étudier l'anatomie. Cours, traité d'anatomie. Ce chirurgien, ce peintre sait bien l'anatomie. — On distingue l'anatomie générale, l'anatomie comparée, l'anatomie chirurgicale, l'anatomie pathologique, etc., etc. (V. ci-dessous l'art. de médecine.) || Par ext. Corps disséqué ou quelqu'une de ses parties, lorsqu'on les a préparées de manière à pouvoir les conserver. — Imitation qu'on en fait en plâtre, en cire, ou en quelque autre matière. Une belle anatomie. Une pièce d'anatomie. Cabinet d'anatomie. Lieu où l'on conserve une collection de pièces d'anatomie. — Amphithéâtre d'anatomie. Lieu où se font les dissections et les démonstrations anatomiques. On disait autrefois : *théâtre anatomique.* || Fig. Analyse, examen. Nous fîmes une anatomie de la Bretagne. (Sév.) Je ne ferai point l'anatomie des paroles de Malebranche, pour en tirer des conséquences rigoureuses. (Fén.) Le prédicateur a fait une anatomie des passions du cœur humain, qui égale les maximes de M. de la Rochefoucault. (Fén.) L'objet perpétuel de l'optique de M. Newton est l'anatomie de la lumière. (Fontenelle.) || Méd. L'anatomie est l'*art* de séparer par des moyens convenables les diverses parties dont est formé le corps de l'être organisé, pour en découvrir les formes et en dévoiler la structure. Mais cet art doit être regardé comme un moyen et non pas comme le but définitif à atteindre. L'anatomie est surtout, en effet, une *science* qu'on peut définir la connaissance de la structure de l'être organisé, du substratum matériel au moyen duquel s'accomplissent les actes physiologiques. Dans le premier cas, dont il ne sera pas question ici anatomie est synonyme de *dissection* (V. ce mot.) Dans le second, il est équivalent de *morphologie* (*morphé*, forme, et *logos*, traité), pris dans son sens le plus large, c.-à-d. l'étude tant des formes extérieures que des organes internes et de leurs éléments. Les corps organisés se répartissent en deux groupes : les animaux et les végétaux. L'anatomie ou morphologie se divisera donc elle-même en animale ou *zootomie* (*zôon*, animal) et en végétale ou *phytotomie* (*phuton*, plante). (V. à la fin de cet article.) En tête de la zootomie se trouve la science du corps humain que l'on appelle *anthropotomie* (*anthropos*, homme) ou encore *somatologie* (*sôma*, corps). On donne le nom d'ANATOMIE COMPARÉE à celle des animaux, parce qu'on a l'habitude de rapprocher les détails de leur organisation de celle de l'homme pour en faire la comparaison. — La science de l'anatomie animale comprend un grand nombre de divisions qui résultent du point de vue auquel on se place pour étudier les diverses parties d'un organisme. Lorsque l'on procède par appareils, c.-à-d. par ensemble d'organes naturellement reliés entre eux pour concourir à l'accomplissement d'une des grandes fonctions vitales, de façon à apprécier la forme, la structure, les rapports de ces organes les uns avec les autres et avec les organes voisins, qui appartiennent à d'autres fonctions, cette marche suivant l'ordre physiologique constitue l'ANATOMIE DESCRIPTIVE. Celle-ci comprend : la description des os (*ostéologie*), dont la réunion constitue le squelette, lequel est la base de tous les mouvements; celle des moyens d'union des os entre eux (*arthrologie*); celle des muscles qui ont pour but de mouvoir les os, (*myologie*); celle des centres nerveux et des nerfs qui en partent ou qui y aboutissent pour présider à la sensibilité et imprimer le mouvement (*névrologie*); celle des organes des sens enfin (*æsthésiologie*). Après l'étude des appareils qui servent à mettre l'animal en relation avec le monde extérieur, vient celle des appareils chargés des fonctions dites organiques ou de nutrition, à savoir l'*angéiologie* ou description des vaisseaux, la *splanchnologie* ou description des organes contenus dans les grandes cavités du corps comme sont les appareils digestif, respiratoire et génito-urinaire.— Si au lieu de procéder par appareil on s'avance en suivant l'ordre de superposition des différents organes pour apprécier leurs rapports réciproques, leurs formes, leurs dimensions, étude de la plus grande importance pour le médecin et le chirurgien, puisqu'elle leur fait connaître d'une façon précise et les accidents qui peuvent résulter de la propagation de l'inflammation d'un organe aux organes voisins, et les parties qui doivent être attaquées ou au contraire les opérations sanglantes, etc., cette manière d'étudier l'organisation a reçu le nom d'ANATOMIE DES RÉGIONS, D'ANATOMIE TOPOGRAPHIQUE OU CHIRURGICALE. — Vient-on maintenant à envisager les organes, en faisant abstraction de leurs formes, de leurs rapports entre eux, sans égard même aux variations qu'ils offrent suivant telle ou telle espèce animale, pour ne retenir que leurs caractères fondamentaux, ceux qu'ils présentent indépendamment des cas particuliers, de façon à grouper en quelque sorte leurs propriétés communes, en les réunissant en autant de systèmes qu'il y a de natures différentes, on s'élève alors à l'ANATOMIE GÉNÉRALE, science de création toute récente due au génie de Bichat. Cette science comprend donc l'étude des systèmes : *osseux, cartilagineux, musculaire, vasculaire, nerveux, glandulaire*, etc., considérés indépendamment de tel ou tel organe dans lequel ils se trouvent en proportion plus ou moins grande, et de tel ou tel animal où ils présentent une disposition ou une autre. Dans chacun de ces systèmes, les parties constituantes ont des propriétés communes et essentielles et forment en quelque sorte autant de familles naturelles où l'unité se montre manifestement aussi bien dans les conditions normales et physiologiques que dans les circonstances pathologiques. C'est ainsi, pour n'en citer qu'un exemple, que l'unité des séreuses est clairement démontrée par les affections rhumatismales où ces membranes seules sont atteintes par l'inflammation, qu'elles appartiennent aux articulations, ou au cœur, ou à

l'intestin. La connaissance des propriétés de ces systèmes organiques ne peut être acquise qu'au moyen de recherches délicates, que grâce à l'analyse minutieuse de tous les traits de l'organisation. Aussi au-dessous de l'anatomie générale, ou, si l'on veut, l'un des moyens pour arriver jusqu'à elle, est l'étude des *tissus*, dont la réunion en plus ou moins grand nombre constitue les systèmes. Le système nerveux, par exemple, comprend, outre les éléments nerveux qui en sont la partie essentielle, du tissu conjonctif, du tissu épithélial, etc.; de même le système osseux renferme du tissu fibreux, du tissu adipeux, etc. Le dernier terme auquel puisse conduire, sans arriver aux décompositions d'ordre chimique, l'analyse de la structure organique, est représenté par les *éléments anatomiques* à forme bien arrêtée, et par ce qu'on appelle les *principes immédiats*. Les premiers ont primitivement la forme de cellules, c.-à-d. de corps d'une extrême petitesse, ressemblant à une gouttelette demi-liquide entourée d'une fine membrane d'enveloppe et renfermant un noyau. (V. *Cellule*.) Mais cette forme primitive, typique, se modifie dans un grand nombre de cas, pour devenir allongée, en fuseau aplati, prismatique, etc.; toujours est-il qu'elle est le point de départ de tous les éléments anatomiques dont il suffira de citer quelques uns, les cellules nerveuses, les tubes nerveux, les cellules épithéliales, les fibres musculaires ou conjonctives, les globules du sang, etc. Les seconds, de composition chimique ordinairement fort complexes, et presque toujours à l'état de dissolution, répandues dans l'épaisseur même des tissus, les baignent, et constituent en quelque sorte le milieu vivant, nutritif, au sein duquel se développent les éléments anatomiques. Ces principes sont très nombreux, il suffira de citer, pour en donner une idée, l'albumine, la fibrine, le sucre, des matières grasses, des sels, etc., etc. L'étude des tissus et de leurs éléments porte le nom d'HISTOLOGIE (de *histos*, tissu), que l'on remplace quelquefois par celui d'*anatomie microscopique*, parce que le microscope est l'instrument le plus employé pour arriver à les connaître. Quant à l'étude des principes immédiats elle porte le nom d'HISTOCHIMIE (*histos*, tissu, et chimie). — L'exposé qui vient d'être fait ne regarde que l'étude de l'être organisé envisagé dans l'état de santé, dans l'état normal. Mais un intérêt considérable s'attache à la poursuite de ces mêmes études dans l'état de maladie; celle-ci le plus souvent détermine des modifications dans la constitution et la forme des éléments anatomiques, l'augmentation en nombre et en volume de certains d'entre eux ou au contraire leur atrophie. Cette branche de la science de l'organisation porte le nom d'ANATOMIE PATHOLOGIQUE. Son utilité est de premier ordre, car elle jette une vive lumière sur le diagnostic, le pronostic et le traitement des maladies. — Si, au lieu d'étudier l'homme ou l'animal à leur état de complet développement, on cherche à connaître par des moyens appropriés, et à poursuivre les différentes phases de leur évolution depuis leur première apparition dans l'œuf fécondé jusqu'aux derniers temps de la vie fœtale, on réunit les éléments d'une science nouvelle, l'EMBRYOGÉNIE, laquelle fait connaître les lois qui président à la formation, au développement des organes, des tissus et de leurs éléments. — Une autre branche enfin de l'anatomie placée sous la dépendance de la précédente étudie les vices de conformation de l'être humain ou de l'animal, soit par malformation, soit par défaut de développement de certaines parties, lesquels se produisent pendant la vie embryonnaire au moment où les différents organes apparaissent. Ces vices de conformation ou monstruosités ne sont donc pas le fait du hasard, mais sont assujétis à des lois dont on connaît aujourd'hui un certain nombre, et qui sont elles-mêmes corrélatives des lois de l'embryogénie; elles forment une science particulière qui s'appelle la TÉRATOLOGIE (*teras*, monstre).

|| ANATOMIE COMPARÉE. Cette branche de la zootomie a pour but d'établir les rapports anatomiques qui existent entre les différentes espèces animales. Cette étude, du plus vif intérêt, montre que la vie, qui, chez les espèces les plus élevées en organisation, l'homme et celles qui s'en rapprochent le plus, semble exiger pour condition nécessaire de son existence une structure compliquée, une grande multiplicité d'organes, se contente, à mesure que l'on descend vers les animaux qui s'en éloignent davantage, des conditions vitales de plus en plus simples, jusqu'à ce qu'on arrive à des êtres si dégradés que l'on hésite à trouver en eux quelque trace d'organisation. C'est l'anatomie comparée qui fournit par conséquent les éléments principaux du groupement des animaux en un harmonieux tableau, où chaque espèce a sa place assignée par le degré de perfection organique auquel elle arrive, l'homme dominant naturellement tout ce merveilleux ensemble. C'est elle qui permet de poursuivre à travers le dédale des espèces un même organe, de le voir se modifier, se dégrader ou acquérir au contraire un plus haut degré de perfection, en même temps que l'on voit se modifier corrélativement à ces changements de structure les fonctions attachées à cet organe. Cette science de l'anatomie comparée est immense, puisque son domaine comprend toute la nature animée; bien plus, pour être complète, elle exigerait aussi la connaissance de l'organisation des espèces aujourd'hui disparues et dont il n'est arrivé jusqu'à nous que des débris fossiles. Elle présente à l'activité du naturaliste un autre sujet d'études non moins intéressant et riche en conséquences, quand elle s'exerce sur les différentes parties d'un même individu pour les comparer entre elles et en faire ressortir les analogies, les similitudes, comme celles, par exemple, qui résultent de la comparaison des membres antérieurs avec les postérieurs, des os de la tête avec les vertèbres, etc. C'est grâce à elle enfin que, se basant sur ce fait d'observation que, dans un même animal, toutes les parties sont proportionnées entre elles, de façon à lui permettre d'atteindre le but qui lui est proposé, à savoir la conservation de son existence et celle de son espèce, on peut arriver à se faire une idée de l'organisation d'un animal d'après la connaissance d'un seul de ses organes; c'est ce principe de la *corrélation des formes* qui, appliqué avec tant de succès par G. Cuvier, lui a permis de reconstituer à l'aide d'un seul os toute l'organisation de vertébrés antédiluviens, et cela avec une exactitude qui a été confirmée par la découverte postérieure de débris plus complets de ces mêmes êtres. Enfin, l'anatomie comparée conduit à une dernière branche, la plus élevée de toutes, celle qui s'occupe de poser les lois de l'organisation et qu'on appelle l'*anatomie philosophique* qui va faire l'objet du paragraphe suivant.

|| ANATOMIE PHILOSOPHIQUE. On l'appelle aussi *transcendante* ou *spéculative*. Comme il vient d'être dit, elle doit avoir sa base dans l'anatomie comparée qui a pour but de faire ressortir les différences et les ressemblances organiques des animaux. Mais elle s'élève au-dessus d'elle et domine toute la science physique des êtres, car elle comprend les lois générales suivant lesquelles les organismes sont construits. De nombreux écueils sont semés sur ses voies, contre lesquels ont échoué bien des esprits illustres. Pour être légitime, elle doit partir de faits dûment observés, en se contenter d'en tirer les conclusions qui en découlent naturellement, en évitant de se lancer sans frein dans les champs de l'hypothèse et de l'imagination. Cette marche fut assez généralement suivie par l'école philosophique française, contrairement à l'école allemande qui eut toujours trop de tendance à plier les faits à des théories conçues *a priori*. Buffon, Daubenton, Vicq-d'Azyr, Cuvier, Etienne Geoffroy St-Hilaire sont les plus illustres représentants de cette partie de la science en France; Oken, Meckel, Carus, Schelling, Hæckel et bien d'autres, la représentent en Allemagne; en Angleterre, on peut citer parmi les illustres : Owen, Darwin, Spencer, Huxley. Les ressemblances que l'on constate entre différents organes considérés chez un même animal ou des espèces diverses et que l'on désigne suivant les caractères de ces similitudes sous les noms d'*homologies* ou d'*analogies* (V. ces mots.), sont le point de départ de l'anatomie philosophique. C'est en s'appuyant sur ces données

que l'on peut saisir les liens qui rattachent entre eux les êtres animés, que l'on voit ces êtres, loin de rester en quelque sorte isolés les uns des autres, concourir tous à un plan harmonieux. C'est ce qui a permis a certains savants, parmi lesquels il faut citer Geoffroy St-Hilaire, de ramener tout le règne animal a un plan unique de structure, à l'*unité de composition*. (V. *Analogues; Plan.*) Cette doctrine a été poussée au dela de toute mesure par Schelling et ses imitateurs, qui veulent que chaque partie de l'univers et toute division de chaque partie soit sur le modèle du tout ; ainsi dans la tête de l'animal on trouve en raccourci toute l'organisation du corps, et dans la structure du nez on retrouve la structure de la tête. On voit que l'imagination de ces savants, qui ont formé la célèbre école des *Philosophes de la nature*, a donné parfois un trop libre champ à ses écarts. Mais cette même science sagement conduite a mené notre grand Cuvier à la découverte du principe important de la *subordination des caractères*, en vertu duquel sont regardés comme les plus importants, les organes qui sont les plus constants dans le règne animal. Ce principe lui a été du plus grand secours dans sa classification du règne animal ; et, avant lui, le célèbre botaniste A.-L. de Jussieu l'avait appliqué, avec non moins de succes, à la classification du règne végétal. L'anatomie philosophique en effet permet de fonder la véritable classification du règne animal (et cela est également vrai, pour le regne végétal), puisque la classification naturelle des êtres organisés, leur position réciproque doit reposer sur les analogies qui conduisent à la connaissance de leurs affinités. Une doctrine philosophique toute récente, qui depuis un petit nombre d'années passionne le monde savant, cherche à établir, en s'appuyant sur les données de l'anatomie et de l'embryogénie comparées que toutes les espèces animales sont descendues les unes des autres par voie de générations successives, de sorte que les formes des espèces loin d'être immuables, comme on le croyait jusqu'alors, se sont modifiées avec le temps, de telle sorte que parties d'une seule ou d'un très petit nombre de formes premières, elles sont arrivées à produire l'infinie variété que nous connaissons; c'est la doctrine du *Transformisme* ou de l'*Evolution*. (V. ces mots.)

|| HISTOIRE DE L'ANATOMIE. La science anatomique, dont les progrès ont été considérables seulement depuis un bien petit nombre de siècles, a débuté à une époque qui se perd presque dans la nuit des temps. Les livres sacrés des Indous qui remontent a 1000 ans au moins avant J.-C., renferment entre autres un traité d'anatomie, l'*Ayurvedas*, dans lequel sont consignés un grand nombre de faits anatomiques de l'exactitude desquels on est en droit de s'étonner ; les organes du corps humain y sont nommés et même décrits, les os, les muscles, les ligaments y sont comptés, les articulations, réparties en plusieurs groupes d'après leurs caracteres. Les connaissances des Hébreux sur l'anatomie paraissent, au contraire. n'avoir pas été au delà des simples notions qu'une observation journalière sur les animaux domestiques sacrifiés a la divinité ou aux besoins de l'alimentation a pu apprendre sur leur structure. Les poèmes d'Homère dénotent chez les Grecs ses contemporains certaines connaissances anatomiques auxquelles ce grand homme nous initie en parlant des blessures de ses héros. Les Romains n'ont pu manquer d'acquérir quelques notions anatomiques, résultat naturel des sacrifices d'animaux qu'ils pratiquaient dans les jeux du cirque et surtout sur les autels de leurs dieux, où des prêtres, du nom d'aruspices, devaient scruter les entrailles des victimes pour en tirer des présages. De même l'embaumement, si fréquent chez les Egyptiens, a nécessairement fourni à ceux qui se livraient à cet art l'occasion de recueillir quelques observations sur la structure du corps humain. Il est vrai que ces gens ne devaient pas s'en vanter, car tel était le respect pour les morts, qu'on regardait comme une profanation l'opération d'ouvrir un cadavre pour l'embaumer, et que l'on poursuivait de coups de pierre ceux qui étaient surpris a se livrer à cette pratique. En somme, à part les Indous, on ne saurait voir dans tout ce qui vient d'être dit, le caractère de notions scientifiques véritables, pas plus que l'on ne saurait accorder le nom d'anatomistes aux garçons bouchers qui égorgent et éventrent tous les jours les animaux dans nos abattoirs et en détaillent les morceaux avec un art qui fait honneur à leur habileté ! Chez tous ces peuples, le respect exagéré pour les cadavres empêchait toute étude sérieuse et suivie de l'anatomie. Ainsi, il paraît avéré qu'Hippocrate, le père de la médecine, qui vivait près de cinq siècles av. J.-C., n'a jamais ouvert le cadavre d'un être humain. Tout au plus, commençait-on à son époque à scruter l'organisation des animaux, comme le prouve cette citation d'Aristote : « Les parties de l'homme sont inconnues ou du moins on ne peut en juger que par la ressemblance qu'elles doivent avoir avec les organes des animaux. » Les noms d'Alcméon de Crotone, d'Empédocle, de Dioclès, d'Anaxagore, de Chrysippe et de quelques autres philosophes, sont attachés a ces modestes essais de la science anatomique, dont les débuts véritables doivent être reportés seulement vers le IIIe siècle av. J.-C. — L'impulsion qui fut à cette époque donnée à toutes les sciences dans cette brillante école d'Alexandrie fondée par les premiers Ptolémées, se fit spécialement sentir sur les sciences anatomiques. Deux noms surtout fixent alors l'attention : ce sont ceux d'Erasistrate et d'Hérophile qui disséquèrent un grand nombre de cadavres humains, qui même, croit-on, poussèrent l'amour du savoir jusqu'à étudier les 'onctions vitales sur de malheureux condamnés à mort que les rois d'Egypte, protecteurs des sciences, leur abandonnaient tout vivants. Mais à la mort des puissants fondateurs de l'école d'Alexandrie, les nombreuses découvertes faites par ces deux anatomistes eurent leur terme, ceux qui leur succédèrent ne trouvant plus dans les rois la protection dont ils avaient besoin afin de poursuivre les études sur les cadavres pour lesquels les Egyptiens professaient un grand respect. — Aussi faut-il arriver a Galien (an 131 de J.-C.) pour voir les études anatomiques remises en honneur. Né à Pergame, en Asie Mineure, et formé à l'école d'Alexandrie, il exerça la médecine à Rome. Il surpassa tous ses devanciers par l'importance de ses découvertes et l'exactitude de ses descriptions. Il a laissé plusieurs ouvrages fort remarquables, spécialement sur les muscles, les os, etc., et un entre autres intitulé *De Usu partium*, qui est un véritable traité d'anatomie. Il est cependant avéré que Galien n'a jamais ouvert un cadavre humain, mais seulement ceux des animaux, des singes principalement, qu'il choisissait comme lui paraissant le plus se rapprocher de l'organisation de l'homme. Mais tous ceux qui vinrent après lui, au lieu de poursuivre les études qu'il avait si brillamment inaugurées, se contentèrent d'étudier l'anatomie dans les livres qu'il avait laissés, et au lieu de vérifier les observations, les acceptèrent sans contrôle et comme articles de foi. Une curieuse découverte qui montre de quelles sources procédaient les connaissances des Romains en fait d'anatomie, est celle d'une statue en marbre remontant à l'époque d'Auguste, que l'on retrouva dans des fouilles pratiquées a Rome, et dont la paroi antérieure du thorax et de l'abdomen est enlevée pour montrer les organes internes ; or, le corps est bien celui d'un homme, mais les organes représentent d'une façon non douteuse ceux d'un singe et sont en complète concordance avec les descriptions laissées par Galien. — Pendant cette longue éclipse scientifique qui dura jusqu'à la fin du XIIIe siècle, c'est à peine si l'on peut citer les noms de quelques médecins qui soient sortis de l'obscurité et aient laissé des écrits renfermant quelque nouvelle connaissance anatomique, la plupart se bornant au rôle de compilateurs. A cette même époque florissait la médecine arabe illustrée par les noms d'Avicenne, d'Averrhoès, d'Albucasis, lesquels s'en remettant a l'empirisme dans l'étude et le traitement des maladies n'ont à peu près rien ajouté aux connaissances déjà acquises, le Coran defendant d'ailleurs expressément la violation des cadavres. — Mundini de Luzzi, de l'école de Bologne (1250-1326), peut être regardé comme le véritable restaurateur des sciences anatomiques ; il laissa même un petit traité d'anatomie fort remarquable, sorte de manuel qui, pendant longtemps, fut le seul en usage parmi les étudiants. Mais il faut venir jusqu'a André Vésale (XVIe s.) pour voir reléguer au second plan le culte de Galien et contrôler de bonne foi ses doctrines en les comparant à la nature, ce que personne n'avait eu jusque-là le courage d'oser. A. Vésale fut le chef de cette célèbre école italienne qui devait compter tant d'illustrations dans les sciences anatomiques et physiologiques. Il suffira de citer dans le nombre : Fabricius d'Acquapendente qui fut le maître de Vésale, Eustache, Fallope, Ingrassias, Varole. En même temps, en France, Rondelet et Dulaurens, de Montpellier ; Marescot, Paré, Botal, etc., de Paris, étudient et enseignent avec succès l'anatomie humaine. Il faut ajouter à ces noms celui de Michel Servet qui découvrit la circulation pulmonaire. Enfin l'Allemagne, la Hollande, l'Angleterre et l'Espagne contribuent pour leur part au mouvement scientifique et comptent toutes quelques noms illustres. Dès le XVIe s., dans les grandes écoles d'Italie, on commence à construire des amphithéâtres d'anatomie. Montpellier eut le sien à cette même époque, en même temps que son jardin botanique. Une des plus grandes découvertes scientifiques qui aient jamais eu lieu, illustra la première moitié du XVIIe s.; ce fut celle de la découverte de la grande circulation du sang, due à Guillaume Harvey, médecin du roi d'Angleterre Charles Ier, découverte préparée sans doute par les nombreux travaux antérieurs, mais qui demandait encore un homme de génie pour tirer des faits déjà recueillis leur véritable signification et fonder la magnifique théorie à laquelle on n'a si peu à ajouter depuis. Peu après, Aselli découvrait les vaisseaux chylifères, Bartholin, les vaisseaux lymphatiques, en même temps qu'avec le grand Haller la physiologie se mit à marcher de pair avec l'anatomie et y trouva une base certaine qui lui avait jusqu'alors fait défaut. Grâce à cette pléiade d'habiles anatomistes dont la liste serait longue et parmi lesquels il suffira de citer encore : Glisson, de Graaf, Highmore, Malpighi, Ruysch, Sténon, Willis, Swammerdam, Duverney, qui occupa la première chaire fondée au Muséum pour l'enseignement de l'anatomie des animaux (1679), les découvertes anatomiques et leurs conséquences physiologiques se pressent en foule, se précipitent avec cet admirable XVIIe s., quelques années après la fin duquel devait naître la Chimie qui apportera désormais un si grand secours aux sciences anatomiques et physiologiques et qui, par Lavoisier, résolut un des grands problèmes de la vie animale, à savoir ce que devient l'air que nous respirons, et montra que la combinaison d'un de ses gaz avec certains principes de l'organisme est une véritable combustion, source de la chaleur animale. Pendant tout le XVIIIe s. le mouvement scientifique se continue et se tourne surtout vers la généralisation et les théories spéculatives dont Vicq d'Azyr peut être considéré comme l'initiateur. Grâce à l'invention du microscope. les recherches sur la structure du corps de l'homme et des animaux sont poussées plus loin que jamais. Il ne restait plus grand'chose à glaner dans le champ de l'anatomie descriptive au commencement du XIXe siècle ; aussi l'effort se porta-t-il principalement vers une autre branche, celle de l'histologie que facilitaient de récents perfectionnements apportés au microscope et dont les bases furent posées d'une façon magistrale par l'immortel Bichat.

|| ANATOMIE VEGETALE. Appelée encore *Phytotomie* (phuton, plante), mot qui répond plutôt à dissection des végétaux, c'est la science de l'organisation des vegétaux. Elle se divise en trois branches : l'*histologie* ou l'anatomie des tissus qui traite des *éléments* qui entrent dans la structure des végétaux et de la façon dont ils se comportent pour former les *tissus*; l'*organographie* qui traite des parties extérieures des plantes, de leur situation, de leur disposition, de leurs rapports ; l'*organogénie* qui étudie le mode de développement des organes. L'étude anatomique des plantes commença vers la fin du XVIe s. avec Malpighi et Grew. A leur suite se pressèrent un grand nombre de travailleurs. Il nous suffira de citer en France : de Mirbel, Turpin, Dutrochet, Payer,

A. Brongniart; en Angleterre : R. Brown, etc.

|| ANATOMIE DES BEAUX-ARTS. Application des connaissances anatomiques à l'art de représenter le corps humain. Les anciens qui ont laissé tant de statues dont la beauté de forme n'a jamais été surpassée, et dont la plupart sont d'une exactitude anatomique frappante, ne faisaient cependant jamais de dissections. Par contre, ils avaient tous les jours l'occasion de voir, dépouillés de leurs vêtements, les hommes les mieux faits, aux reliefs musculaires les mieux dessinés, les gladiateurs, les gymnasiarques, les discoboles, pendant les exercices de force ou d'adresse qui faisaient valoir les harmonieuses proportions de leurs corps en mouvement et la grâce de leurs poses. De tout temps, les artistes se sont préoccupés de découvrir la loi des proportions du corps et ont cherché à trouver en lui une unité de mesure qui, multipliée un certain nombre de fois, donnât la dimension relative des parties. Il appartient, on le comprend, entièrement à l'anatomie de donner une solution exacte à ce délicat problème. Nombre d'auteurs ont pensé que le pied humain était l'unité de mesure adopté dans la statuaire antique; mais cela semble fort douteux. Le plus célèbre *canon* ou code de proportions chez les Grecs remonte à 450 ans av. J.-C.; c'était celui de Polyclète à l'appui duquel il avait fait une statue de marbre représentant un guerrier armé d'une lance et connue sous le nom de Doryphore. M. Ch. Blanc croit que les dimensions qui sont appliquées dans cette statue ont été très probablement importées en Grèce par des prêtres égyptiens. Il a fait observer qu'il existe dans les galeries du Louvre des statues de rois égyptiens sur lesquelles sont gravées des lignes verticales et horizontales qui les divisent en carrés d'égales dimensions. Or la hauteur de chacun de ces carrés est exactement celle du doigt médius. Bien plus, on a trouvé une figure funéraire égyptienne divisée en parties égales par des lignes transversales, chaque interligne ayant précisément la longueur du médius; cette hauteur se trouve répétée 19 fois de la plante des pieds au sommet de la tête. M. Ch. Blanc croit par conséquent que la longueur du médius était l'étalon auquel les sculpteurs égyptiens soumettaient les proportions de leurs statues, comme aussi les sculpteurs grecs, ainsi que le donne à penser le Doryphore de Polyclète qui était exactement soumis à cette proportion. Cependant la question n'est pas encore tranchée. — A l'époque de la Renaissance, les ouvrages de Vitruve et de Diodore de Sicile ayant été retrouvés firent connaître les canons des anciens. Vitruve indique comme unité de mesure la longueur de la face, c.-à-d. de la racine des cheveux au menton; et il trouve que cette hauteur est dix fois répétée dans le corps. Trois grands artistes de la Renaissance, Léonard de Vinci, A. Dürer, J. Cousin partirent de ces données pour formuler à leur tour des règles précises sur les proportions du corps humain. Celles qui furent posées par J. Cousin sont restées classiques. La longueur totale de la tête, du sommet au menton est l'unité choisie, laquelle serait la 8e partie du corps. La tête à son tour se divise en quatre parties égales, dont l'une, le nez par exemple, peut être prise pour unité; le corps aurait donc, en moyenne, de la plante des pieds au menton, 8 têtes ou 32 nez. Cependant bien des artistes ne donnent au corps que 7 têtes 1/2 ou 30 nez. — La détermination exacte du centre de figure du corps humain n'a pas moins préoccupé les artistes. Vitruve le place au nombril; mais les statuaires grecs le mettaient avec raison plus bas, au niveau des parties génitales et même parfois au-dessous de celles-ci, ce qui est parfaitement justifié, comme le fait observer M. Sappey, car à mesure que la taille augmente, le centre de figure descend; or la haute taille convient surtout aux héros et aux dieux qui étaient les sujets ordinairement choisis par la sculpture. Ces mesures moyennes, qui sont celles de l'homme adulte et bien conformé, doivent nécessairement se modifier avec le sexe. La femme a le visage plus court et la main plus longue, ce qui change les proportions; de même son centre de figure est un peu plus haut que celui de l'homme. Il faut tenir compte aussi des changements de proportions déterminés par l'âge : ainsi le corps d'un enfant à trois ans n'a que cinq têtes, et le nombre en augmente avec l'âge. Chez le vieillard le menton se relève, la tête se réduit par conséquent de longueur, le tronc se courbe et se raccourcit, tandis que les membres ne variant pas, paraissent par là même plus longs. — Quant aux proportions en largeur, la tradition voulait que le corps de l'homme fût inscrit dans un ovoïde dont le grand diamètre transversal passât au niveau des épaules, tandis que celui de la femme le fût dans une ellipse dont la partie la plus large fût au niveau des hanches, harmonieuse opposition des proportions entre les deux sexes, dont l'un représente la force et l'autre la grâce. Mais la vérité anatomique veut qu'il en soit autrement; chez la femme, comme chez l'homme, le plus grand diamètre transversal se trouve au niveau des épaules, celle-là ayant cependant les hanches relativement plus larges que celui-ci. La ligne des épaules a deux têtes, celle des hanches n'en a guère que 1 1/2. Toutes les autres dimensions en largeur n'ont pas été moins minutieusement étudiées et ont également été rapportées aux proportions de la tête. — Les grands maîtres de la Renaissance et ceux qui les ont suivis ont compris tout le parti qu'ils pouvaient tirer de l'étude de l'anatomie et se sont mis à fréquenter assidûment les amphithéâtres. On peut citer entre autres : Léonard de Vinci, Michel-Ange, Raphaël, J. Romain, les Carraches, le Dominiquin et bien d'autres, dont plusieurs ont laissé de véritables traités sur l'anatomie appliquée aux beaux-arts. Cette science fournit en effet à l'artiste des points de repère sûrs et fixes qui lui permettent de se reconnaître au milieu des multiples ondulations dont le corps humain est susceptible. Elle lui apprend que, tandis que les parties en relief sont, la plupart du temps, formées par des muscles, les parties déprimées indiquent le plus souvent la présence des os ou des parties fibreuses qui sont les aboutissants des masses musculaires, dont les mouvements sont par conséquent soumis à des règles précises qui dépendent de leurs points d'attache, de leur direction, etc.; elle lui enseigne la forme rigoureuse et la situation des creux et des méplats (creux axillaire, fossettes claviculaires, sillon vertébral, etc.), les plis articulaires et autres. — La connaissance de la mécanique et de la statique humaines n'ont pas une moindre importance pour l'artiste. Pour que toutes les parties soient accommodées à un mouvement déterminé, il faut connaître les lois qui président à l'harmonie des mouvements, la physiologie des organes de la locomotion, les synergies musculaires, car tout mouvement doit se faire sentir jusque dans les moindres parties du corps. Il faut éviter toutefois d'accuser par trop les reliefs, mais avoir soin de les proportionner à la force des mouvements. — Enfin si « l'on doit connaître en voyant une figure ce qu'elle pense et veut dire », comme le réclame Léonard de Vinci, l'artiste ne saurait se passer d'une connaissance approfondie de la structure anatomique du visage. Les expériences de Duchenne de Boulogne montrent tout le parti que le peintre et le sculpteur peuvent retirer de cette étude, puisqu'en déterminant la contraction de tels ou tels muscles de la face au moyen du courant électrique, il a pu produire l'expression des différentes passions, la crainte, la réflexion, l'attention, la joie, etc. L'expression passionnelle se traduisant par des mouvements musculaires qui impriment au visage des modifications dans ses contours et ses plis, l'artiste retirera un grand profit de l'étude minutieuse de ces moyens anatomiques.

|| ANATOMIE ARTIFICIELLE OU CLASTIQUE. V. *Anatomique (Iconographie)*.

|| BIBLIOGRAPHIE. *Histoire de l'Anatomie*. Lassus. *Essai ou discours historique et critique sur les découvertes faites en anatomie par les anciens et par les modernes*. Paris, 1783, in-8o. — Lauth (Thomas). *Histoire de l'anatomie*. Strasbourg, 1815, in-4o. — Portal (Ant.), *Histoire de l'anatomie et de la chirurgie, contenant l'origine et les progrès de cette science, etc.* Paris, 1770, in-8o, 5 vol. || *Anatomie pathologique*. Rayer (P.). *Sommaire d'une histoire abrégée de l'anatomie pathologique*. Thèses de Paris, 1818, no 172. — Cruveilhier (J.). *Hist. de l'anat. pathol.* in Ann. de l'anat. et de la physiol. pathol., par Pigné 1842. — Du même, *Considérat. sur l'anatomie pathologique en général*, 1816. — Andral. *Précis d'anatomie pathologique.* - Lebert. *Traité d'anat. pathol. générale et spéciale ou Description et Iconographie*, etc. Paris, 1855-1860, 2 vol. in-fol. pl. 200 || *Anatomie physiologique*. Vicq d'Azyr. *Œuvres*, recueillies par Moreau (de la Sarthe), t. 4, 1805. — Cuvier. *Leçons d'anatomie comparée*. — Du même. *Recherches sur les ossements fossiles*. Paris, 1821, in-4o, t. 5, 2e partie. — Geoffroy Saint-Hilaire. *Philosophie anatomique*. Paris, 1818 et 1822, 2 vol. in-8o. — Du même. *Principes de philosophie zoologique*. Paris, 1830. — Ducrotay de Blainville. *De l'organisation des animaux, ou Principes d'anatomie comparée*, 1822, t. 1er. — Carus. *Traité élémentaire d'anatomie comparée suivi de recherches d'anat. philos. ou transcendante*, trad. par Jourdan. Paris, 1835, 3 vol. in-8o. — Coste. *Hist. générale et particulière du développement des corps organisés*, 1847, in-4o. — Isid. Geoff. St-Hilaire. *Essai de zoologie générale*. — Flourens. *Ontologie comparée ou Études philosophiques des êtres*, 1861. — Owen (Richard). *Principes d'ostéologie comparée ou Recherches*, etc., 1855. || *Anatomie des Beaux-Arts*. Léonard de Vinci. *Traité de la peinture*. trad. de l'ital. par Roland Fréart. Paris, 1651. in-4o. — Dürer. (*Les quatre livres d'Albert*), trad. par Loys Meigret, du lat. en franç. Arnheim, 1614. — Cousin, Jean. *L'art de desseigner* (plusieurs éditions). — Audran (Girard). *Les proportions du corps humain mesurées sur les plus belles figures de l'antiquité*, 1683, in-fol. — Lavater (J.-H.). *Eléments anatomiques d'ostéologie et de myologie à l'usage des peintres et des sculpteurs*, trad. par G. de la Peyronie, 1797, in-8o. — Salvage. *Anatomie du Gladiateur combattant, appliquée aux beaux arts*, 22 pl. 1812, gr. in-fol. — Fau. *Anatomie des formes extérieures du corps humain* (av. Atlas). Paris, 1re édit., 1845; 2e édit. 1865. — Trélat (Ulysse). *Introduction à un discours d'anatomie appliquée aux beaux arts*. Paris, 1863, br. in-8o. — Duchenne (de Boulogne). *Mécanisme de la physionomie* (av. album), gr. in-8o, 1862.

ANATOMIQUE. adj. 2 g. Qui appartient à l'anatomie. Observations, recherches, travaux anatomiques. Préparations, démonstrations anatomiques. Sujet anatomique. Pièces anatomiques. Piqûre anatomique (V. *Piqûre*.) || Méd. PRÉPARATIONS ANATOMIQUES. Organes ou portions d'organes que l'anatomiste a séparés du reste du corps dans le but d'apprécier ou de démontrer leur structure. Les préparations anatomiques se répartissent en deux grands groupes suivant qu'elles sont tirées du règne végétal ou du règne animal. Ces dernières vont seules nous occuper ici, réservant ce qui a trait aux premières pour l'article *Histologie*. Les préparations anatomiques animales comprennent elles-mêmes plusieurs divisions, selon qu'elles ont pour objet l'anatomie pathologique, c.-à-d. de mettre en lumière les altérations organiques causées par les maladies, ou, au contraire, qu'elles concernent l'anatomie normale; selon qu'elles sont empruntées à l'organisme humain ou bien à celui des animaux, etc. L'art des préparations anatomiques est fort complexe et comprend une foule de moyens et de procédés qui varient suivant l'objet à étudier. Il nécessite l'emploi d'instruments pour couper, séparer, isoler les parties, injecter les vaisseaux, etc., opérations qui sont du ressort de la *dissection* (V. ce mot.) Souvent, les organes que l'on étudie sont si délicats, si petits que l'on est obligé de se servir d'instruments grossissants tels que la loupe et le microscope; il en est ainsi quand on étudie le corps de très petits animaux, ou les tissus, les éléments, des organismes plus volumineux. L'étude de ces derniers constitue sous le nom d'*histologie* une branche importante de l'anat., et on donne généralement le nom de *préparations histologiques* ou *microscopiques* à celles qui rentrent dans ce groupe. Les méthodes employées pour arriver à les obtenir seront exposées aux articles *Histologie, Microscopiques* (préparations). Les préparations anatomiques ordinaires ou microscopiques sont souvent faites dans le but d'être conservées pour servir aux études par la suite. Les unes peuvent être conservées à l'état sec; ce sont celles qui sont solides et qui ne perdent rien de leurs caractères essentiels par la dessiccation, ainsi les os, les parties écailleuses, cornées, etc, partois aussi les parties membraneuses, quelquefois même les *muscles que l'on peut enduire* de liquides conservateurs et de vernis qui arrêtent la putréfaction, mais qui, pour la plupart, ne s'opposent qu'incomplètement à la déformation des tissus. Un grand nombre de pièces conservées à l'état sec seraient bientôt la proie des insectes destructeurs, si on n'avait soin d'y passer une couche de bi-chlorure de mercure. Mais la plupart des préparations anatomiques se conservent mieux dans certaines liqueurs dont la composition varie d'ailleurs suivant la nature de l'objet à préserver. Ainsi tous les tissus mous, tous ceux qui se putréfient facilement, muscles, organes parenchymateux, etc., devront de *préférence* être plongés dans des liquides conservateurs renfermés dans des bocaux de verre. Les différents musées anatomiques adoptent de préférence tel ou tel modèle de bocaux, telle ou telle liqueur conservatrice; mais il y a certaines règles générales dont il faut, autant que possible, ne pas s'écarter. Ainsi les préparations devront être mises dans des vases d'une capacité suffisante pour qu'elles y soient à l'aise, et que leurs parties y soient convenablement étalées. Pour obtenir ce dernier résultat on les fixe sur des planchettes de bois blanc, et on écarte les parties au moyen d'épingles, de façon qu'elles se voient nettement. Les bocaux sont remplis d'un liquide qui, le plus souvent, est de l'alcool étendu d'une certaine quantité d'eau; trop fort, il raccornirait les parties molles; trop faible, il ne s'opposerait pas à leur corruption. Enfin, les bocaux sont hermétiquement fermés; souvent on se sert de disques de verres qu'on lute à l'orifice des vases au moyen d'un mastic ou de cire à cacheter. || ICONOGRAPHIE ANATOMIQUE. Il paraît probable que pour tempérer l'aridité des descriptions anatomiques, en même temps que pour aider la mémoire, on dut s'efforcer, de bonne heure, à représenter par des dessins les parties qui faisaient l'objet de ces descriptions. On prétend même que le père des sciences naturelles, Aristote, en *faisait usage. Longtemps avant* que les sciences anatomiques aient été cultivées avec activité, les rares ouvrages qui en traitaient étaient souvent illustrés de figures qui avaient pour but de faciliter l'intelligence du texte. *Plusieurs de ces anciens ouvrages* datant du xive et du xve s. sont forts intéressants à ce point de vue. Le plus souvent, les dessinateurs donnaient à leurs figures des mouvements artistiques; c'était, par exemple, un Jules César dans une pose dramatique, dont le corps ouvert montrait dans une série de dessins ses muscles, ses viscères, ses vaisseaux et ses nerfs. Léonard de Vinci, Michel Ange, Raphael, le premier surtout, ont laissé de magnifiques pages d'anatomie. Avec Vésale (1546) la matière change; on abandonne les dessins fantaisistes, pour se rapprocher le plus possible de la réalité des choses, pour copier fidèlement la nature. C'est à la gravure sur bois, arrivée alors à une rare perfection, que ce grand anatomiste s'adressa pour reproduire les magnifiques dessins qui ornent ses ouvrages, et dont pendant longtemps la perfection n'a pas surpassée. Aujourd'hui, grâce à l'habileté des graveurs et à la précision des connaissances anatomiques, il semble que l'iconographie dans ce genre a dit son dernier mot.—Mais on voulut aller plus loin et représenter en relief les détails anatomiques. On attribue le premier essai de ce genre à Jules Zumbo, prêtre sicilien du xviie siècle qui employa la cire pour cet objet. D'autres vinrent après lui qui l'imitèrent et le surpassèrent. Tel fut par exemple Félix Fontana qui composa un musée de 24 statues en cire de grandeur naturelle et de plus de 3,000 pièces de détail. Ces magnifiques reproductions se voient au musée d'anatomie de Florence. On peut encore citer, entre autres, Laumonnier, Talrich, dont *deux* remarquables morceaux anatomiques placés au musée de médecine de la Faculté de Paris prouvent le talent. On a cherché à remplacer par d'autres matières la cire qui présente plusieurs inconvénients. surtout celui de se ra-

mollir et de fondre à une chaleur assez peu élevée. On a employé le bois, le liège, le cuir-relief qui a donné de fort bons résultats entre les mains de MM. Carteaux et Chaillou. Enfin, le Dr Auzoux a employé avec un très grand succès le carton-pâte; ses pièces d'anatomie *clastique* sont des chefs-d'œuvre d'exactitude, et facilitent singulièrement les démonstrations anatomiques, aussi ont-elles été adoptées non seulement par les Facultés, mais encore par les établissements d'enseignement secondaire.

ANATOMIQUEMENT. adv. D'une manière anatomique, conforme à l'anatomie Un historien, un poète ne doit pas décrire anatomiquement les blessures de ses héros. (Acad)

ANATOMISER. v. a. Faire l'anatomie, disséquer. Anatomiser un corps. On dit de préférence *Disséquer*. || Fig. Examiner en détail, étudier à fond, analyser. Anatomiser un livre, un discours. Anatomiser les sentiments, le cœur humain. Le barbare (Newton) a montré aux hommes ce que c'est que la lumière, et il a su anatomiser les rayons du soleil. (Volt) || S'ANATOMISER. v. pr. Etre anatomisé, séparé. Ces sept rayons de lumière échappés du corps de ce rayon qui s'est anatomisé au sortir du prisme. (Volt.) || ANATOMISÉ, ÉE P. pass. Corps anatomisé. Jamais le cœur n'a été mieux anatomisé que par ces messieurs-là. (Mme de Sév.)

ANATOMISME. s. m. Philos. méd. Application aux faits physiologiques et pathologiques de la doctrine philosophique connue en méd. sous le nom d'*Organicisme* (V. ce mot.) Suivant l'anatomisme les fonctions d'un organe ou d'un tissu sont sous la dépendance, non pas de forces spéciales, mais seulement de la structure physique de la partie envisagée ; de même tous les troubles fonctionnels sont constamment le résultat d'une altération matérielle.

ANATOMISTE. s. m. Celui qui s'occupe d'anatomie, qui est savant dans l'anatomie. Un médecin doit être anatomiste. M. Duverney fut assez longtemps le seul anatomiste de l'Académie, et ce ne fut qu'en 1684 qu'on lui joignit M. Méry. (Fonten.) Les anatomistes sont comme les commissionnaires de Paris, qui connaissent toutes les rues, mais qui ne savent point ce qui se passe dans les maisons. (Laurente.) L'absorption des gaz et des miasmes et surtout l'inoculation par piqûre d'une matière organique en putréfaction sont pour les anatomistes l'occasion de maladies graves et souvent mortelles. (V. *Piqûre anatomique.*)

ANATOMIE. s. m. (du gr. *ana*, à rebours ; et *topos*, lieu). Erreur de lieu.

ANATRÈSE. s. f. (gr. *anatresis*, action de percer). Méd. Perforation, trépanation.

ANATRIPSIE. s. f.(gr. *anatripsis*, frottement). Méd. Friction.

ANATRIPSIOLOGIE. s. f. Méd. Traité sur les frictions.

ANATRIPTIQUE. adj. 2 g. Qui sert à faire des frictions. Pommade anatriptique.

ANATRON. s. m. Carbonate de soude naturel. (V. *Natron.*)

ANATROPE. adj. 2 g. (du gr. *ana*, indiquant renversement, et *trepein*, tourner). Bot. Se dit de l'ovule à l'état adulte, lorsque le micropyle et le hile sont situés l'un près de l'autre, à l'extrémité qui représente le sommet organique de l'ovule, la chalaze étant située à l'extrémité opposée qui représente la base, et reliée au hile par un prolongement du funicule qui fait sur l'un des côtés de l'ovule une saillie longitudinale nommée *raphé*. Les ovules anatropes sont de beaucoup les plus fréquents ; les renonculacées, les liliacées, etc., en offrent des exemples parfaits. L'anatropie est plus ou moins complète, et il existe une foule de degrés entre l'ovule franchement anatrope et l'ovule *orthotrope*. Quant aux modes selon lesquels se développent les ovules anatropes, cette question doit être réservée pour le mot *Ovule*. || Il y a aussi des ovaires anatropes. (V. *Ovaire.*) || Les ovules anatropes fécondés produisent des graines qui affectent souvent la même disposition et portent le même nom. (V. *Graine.*)

ANATROPIE. s. f. Etat des ovules anatropes.

ANAUDIE. s. f. (du gr. *an* priv. et *audé*, voix). Méd. Syn. de *aphémie*.

ANAUXITE. s. f. Substance d'un blanc verdâtre, à demi cristallisée, à éclat nacré, translucide et transparent sur les bords, qu'on trouve

à Bilin, en Bohême. en veines irrégulières dans une masse blanchâtre analogue à du calcai e silicieux. Elle raie la chaux sulfatée et se laisse rayer par la chaux carbonatée ; sa densité e t 2,26 environ. Elle contient 55 p. 100 de silice, beaucoup d'alumine. de la chaux et de la magnésie, et 11 p. 100 d'eau C'est un silicate d'alumine hydraté encore peu connu.

ANAX (gr. *Seigneur*). Myth. Surnom des dieux en général et en particulier d'Apollon. Sous sa forme plur. *anakes* ou *anactes*, ce mot désigne particulièrement les Dioscures. (V. *Anactes.*) || ANAX. Roi d'Anactorium, fils d Uranus et de la Terre et père d'Asterius.

ANAXAGORE. Myth. Roi d'Argos, fils de Mégapenthe, le dernier de la race des Egyptides. || ANAXAGORAS ou ANAXAGORE. Philosophe grec de l'école ionienne, né à Clazomène, vers 500 av. J.-C., mort en 428. Il appartenait à une famille riche et illustre ; mais il abandonna à ses parents le soin de ses biens pour se livrer à l'étude de la nature et suivit les leçons d'Anaximène de Milet. Très versé dans les sciences et la philosophie, il enseigna pendant trente années à Athènes et compta parmi ses disciples Périclès, Thucydide, Archelaus le physicien et Euripide. Accusé d'impiété par les ennemis de Périclès, il se retira à Lampsaque, où il mourut trois ans après, à l'âge de 72 ans. Il laissait un livre : *De la nature* (περὶ φύσεως) dont les quelques fragments qui subsistent ont été publiés par Schaubach (Leipzig, 1827, et par Schorn (Bonn, 1829). — Au dynamisme d'Héraclite, Anaxagore oppose une cosmogonie mécaniste : la substance intelligente, d'après lui, existait seule d'une vie distincte dans le chaos primitif, qu'elle débrouilla ; mis en mouvement par elle, les germes se séparèrent et se réagrégèrent selon leurs affinités internes, et le tourbillon de la vie (δῖνος) s'étendit en spirales successives dans toutes les régions du monde : la terre, qui est un corps cylindrique, est formée des germes les plus pesants ; sur ce noyau, se sont déposés les corpuscules plus ténus qui constituent l'eau, l'air et, dans les hauteurs, l'éther igné. Le mouvement générateur a successivement détaché de la terre les divers corps, minéraux, etc., qui la composent, et le mouvement rotatoire dont elle participait à l'origine a séparé d'elle les astres, qui sont devenus des masses incandescentes au contact de l'éther céleste. — On voit qu'Anaxagore, à l'inverse des hylozoïstes, admet le dualisme d'une substance inerte et d'un principe intelligent, cause du mouvement ; la matière, selon lui, ne se réduit d'ailleurs pas à un seul élément, et comprend au contraire une infinité de substances, des *germes* infiniment petits, innés, indestructibles, éternellement invariables quant à leur essence, qui s'agrègent et se désagrègent en vertu du mouvement dont le principe intelligent est la cause. Passifs en eux-mêmes, ils subissent l'activité de ce principe intelligent, l'Esprit (νοῦς) qui a tout ordonné en vue d'une convenance finale. — Quoique dégagé du matérialisme de ses devanciers, Anaxagore n'arrive pas jusqu'au spiritualisme, puisqu'il considère les animaux et même les plantes, comme participant à l'*Esprit* : de sorte que si, d'une part, son *Esprit* semble n'avoir que l'existence en commun avec la matière, il semble d'autre part qu'il n'y ait entre l'Esprit et les substances matérielles qu'une différence de degré ; l'Esprit, au lieu d'être, comme le veut le spiritualisme, l'opposé absolu de la matière ne serait, en dernière analyse, que de la matière sublimée. On doit à Anaxagore l'explication des éclipses. Il croyait que le soleil était un peu plus grand que le Péloponèse et que la lune était habitée. (V. Zévort. *Dissertation sur la vie et la doctrine d'Anaxagore*, Paris, 1813.) || ANAXAGORE. Sculpteur grec, né à Egine, auteur de la statue de Jupiter que tous les Grecs consacrèrent dans le bois sacré d'Olympie (472 env. av. J.-C.) après la victoire de Platée. Elle était en bronze et mesurait 15 pieds de hauteur.

ANAXANDRE. 14e roi de Sparte, de la dynastie des Agides, fils d'Eurycrate, combatit Aristomène dans la seconde guerre de Messène. || ANAXANDRE. Peintre grec très estimé; on ignore l'époque où il vivait.

ANAXANDRIDE. 15e roi de Sparte, de la dynastie des Agides, régna de 560 à 515 av. J.-C. Sa première femme étant stérile, les éphores le forcèrent d'en prendre une seconde, contre l'usage de la Grèce. || **ANAXANDRIDE.** Poète comique, né à Rhodes, contemporain de Philippe et d'Alexandre. Quelques auteurs prétendent qu'ayant attaqué le gouvernement d'Athènes, il fut condamné à mourir de faim, mais le fait est contesté. On lui attribue 60 pièces de théâtre ; on connaît seulement les titres de 35 d'entre elles. Il passe pour avoir donné, le premier, une grande importance aux rôles d'amoureuses.

ANAXARÈTE. Myth. Jeune fille de l'île de Chypre, de la race de Teucer. Elle repoussa l'amour d'Iphis, qui de désespoir se pendit à sa porte. Ayant ri en voyant passer son convoi, elle fut, en punition, changée en pierre par Vénus.

ANAXARQUE. Philosophe de l'école d'Élée, né à Abdère, disciple de Démocrite, favori d'Alexandre le Grand, auquel il parla parfois avec une grande liberté ; on lui attribue une récension des poèmes d'Homère. Il périt, dit-on, broyé dans un mortier, sur l'ordre de Nicocréon, tyran de Chypre.

ANAXIBIE. Myth. Nymphe qui, fuyant l'amour du Soleil (Helios), parvint au temple de Diane Orthia, près du Gange et disparut tout à coup. || Fille d'Atrée, deuxième femme de Nestor, auquel elle donna sept fils et deux filles. || Fille de Plisthène, petite-fille d'Atrée, sœur d'Agamemnon, femme de Strophius, mère de Pylade. || Fille de Bias, femme de Pélias.

ANAXILAS ou **ANAXILAÜS.** Tyran de Rhégium, m. en 476 av. J.-C. Descendant d'un des Messéniens exilés après la prise de leur patrie par les Spartiates, il s'empara de Zancle et y fonda une colonie qu'il appela Messène en l'honneur de ses ancêtres. C'est auj. *Messine.* || ANAXILAS ou ANAXILAUS. Poète comique gr. du IVe s. av. J.-C., contemporain de Platon qu'il attaqua dans une de ses pièces. Il ne reste de lui que qq. fragments. Il appartenait à la comédie moyenne. || ANAXILAS. Philosophe pythagoricien, né à Larisse. Banni de Rome par Auguste comme magicien.

ANAXIMANDRE. Philosophe grec de l'école ionienne, né à Milet; 610-547 av. J.-C.; disciple et successeur de Thalès. Il écrivit un livre *De la nature,* dans lequel il s'applique à démontrer que le principe des choses n'est pas l'eau, comme le croyait son maître, mais une matière plus fluide à laquelle il donne le nom d'*infini* (ἄπειρον). Cet infini existe d'abord à l'état de chaos ; puis, peu à peu, les oppositions et les éléments qui constituent la nature s'en dégagent par degré : le chaud et le sec se forment dans la terre, le froid et l'humide dans le ciel. La terre est un corps cylindrique, tenu en équilibre dans l'éther par l'égalité des distances de tous les autres corps célestes. Autour d'elle, des mondes sans nombre naissent et dépérissent. — L'eau continue cependant à jouer un rôle considérable dans la cosmogonie d'Anaximandre : c'est dans l'eau que se sont formés les premiers animaux qui se sont lentement développés en espèces supérieures ; l'homme lui-même a pour ancêtre le poisson. — Tandis que les espèces et les individus se transforment sans cesse, la substance primitive, l'Infini, qui n'a jamais été créée, demeure indestructible. Elle enveloppe tout et gouverne tout ; elle n'est pas seulement l'élément créateur, elle est aussi l'élément divin; elle n'a rien au-dessus d'elle qui la limite ou puisse gêner son développement ; elle a sa raison d'être en elle-même ; sa vitalité ne tarira jamais. On voit que cette philosophie contient en germes plusieurs des grands systèmes modernes. — Anaximandre se distingua aussi dans la géographie et l'astronomie. On lui attribue l'invention du gnomon, et même, mais sans raisons suffisantes, la découverte de l'obliquité de l'écliptique. Le premier aussi, il dessina des figures de géométrie pour la démonstration des théorèmes, et essaya de tracer sur une sphère les contours de la terre et des mers.

ANAXIMÈNE DE MILET. Philosophe de l'école ionienne, disciple d'Anaximandre et maître d'Anaxagore, m. vers l'an 480 av. J.-C. Ayant observé que tout ce qui existe vit par l'air et ne peut vivre sans l'air, il en conclut que l'air est la substance primitive et le principe générateur des choses. Il semble donc qu'Anaximène soit inférieur à son maître Anaximandre, qui a cherché le principe des choses dans un élément supérieur à toute espèce de contraste, et absolu. Mais nous ne savons presque rien sur ce philosophe : ses doctrines ne nous sont guère connues que par un paragraphe d'Eusèbe (*Præp. Evang.* i, 8), et un de Cicéron (*De nat. deor.* i, 10) ; et il est possible que par *air,* il entende la même chose que son prédécesseur par *infini.* En tout cas, il croit la matière éternelle ; il croit aussi à un mouvement perpétuel de condensation et de dilatation, réglé par une sorte de puissance directrice qu'il appelle δίκη ou ἀνάγκη, mais qui n'est point différenciée de l'*air :* en sorte que l'air est tout à la fois la matière qui a toujours existé, le mouvement qui agite cette matière, et la loi qui règle le mouvement. Dans sa cosmologie, l'air environne le monde, et la terre, aplatie comme une feuille, est soutenue par lui. || **ANAXIMÈNE DE LAMPSAQUE.** Historien, philosophe, l'un des précepteurs d'Alexandre, IVe s. av. J.-C. Il avait composé les *Helléniques,* histoire de la Grèce depuis l'origine des dieux jusqu'à la bataille de Mantinée. Cet ouvrage est perdu. On lui attribue aussi la *Rhétorique à Alexandre,* qui se trouve dans les œuvres d'Aristote.

ANAXYRIDE. s. m. Antiq. Pantalon large et plissé des Phrygiens, des Mèdes, des Perses. L'anaxyride paraît analogue à la *bracca* des Gaulois.

ANAYA. s. m. (a-na-i-a, mot kabyle) Sorte de sauf-conduit, de passe-port en usage parmi les Kabyles. L'anaya est une des coutumes les plus caractéristiques des tribus kabyles. Il rend inviolable celui qui en est porteur. Il est constitué généralement par un objet quelconque appartenant à la personne qui donne son anaya, et connu pour lui appartenir : un chien, une arme, un vêtement, une fleur, devient le signe de l'anaya. Tout kabyle, homme ou femme, peut accorder son anaya, qui, du reste, n'a que l'autorité que peut lui conférer la personne qui l'accorde, c.-à-d qu'il n'est valable qu'auprès de ceux qui peuvent subir son influence dans sa tribu ou dans son çof (fraction de tribu).

ANAYA Y MALDONADO (Diego). Né à Salamanque vers 1360, m. en 1447, successivement évêque de Tuy, d'Orense, de Salamanque et de Cuenca, archev. de Séville (1417). Il fut envoyé comme ambassadeur au concile de Constance, et fonda à Salamanque le célèbre collège St-Barthélemy. || ANAYA (don Pedro d'). V. *Amaya.*

ANAYCAL. s. m V. *Perical.*

ANAZARBE ou **ANAZARBUS.** Géog. anc. Vle de la Cilicie propre ou *campestris,* au pied du mont Anazarbe, sur la r. g. du Pyramus ; auj. *Navazza, Anaivasy* ou *Anzarba.* Appelée *Cæsarea* par Auguste, elle devint au Ve s. capitale de la Cilicie 2e et au XIIe s. d'un royaume chrétien d'Arménie. Ruinée par les tremblements de terre. Patrie du médecin Dioscoride.

ANAZEHS. V. *Anezeh.*

ANAZOTIQUE. adj. 2 g. Chim Se dit des corps qui ne renferment pas d'azote.

ANAZOTURIE. s. f. (du gr. *an,* priv., de *azote* et du gr. *ouron,* urine). Méd. Affection dans laquelle la proportion normale de l'urée contenue dans les urines est considérablement diminuée ; parfois même l'urée disparaît complètement.

ANCACHS (aan-katch) ou **HUAYLAS.** Dép. N.-O. du Pérou, sur le versant occidental des Andes, arrosé par la rivière Santa. Il est limité au N. par le dép. de Libertad, à l'E. par le cours supérieur du Maragnon, au S. par le dép. de Lima, et à l'O. par le Grand Océan. 49,808 kil. car.; 284,001 h (1876). Ch.-l. *Huaraz,* Céréales, canne à sucre, carrières de marbre, richesses minérales.

ANCALITES. Géog. anc. Peuple de la Grande-Bretagne, à l'E., près des Trinobantes, auj. comté de Norfolk.

ANCANTHERUS (Claude). Médecin et érudit du XVIe s., né à Bar-le-Duc, historiographe impérial à Padoue, helléniste et poète distingué, il traduisit du grec en vers latins, le traité de Paul le Silentiaire sur les bains pythiques, Venise, 1586, in-12. On lui doit aussi une traduction latine de l'ouvrage grec de Psellus l'Ancien sur les propriétés médicales des pierres précieuses, 1594.

ANCARANO (Pierre-Jean). Jurisc. et poète italien du XVIe s., né à Reggio. *Familiares juris quæstiones,* Venise, 1569, in-8o. || ANCARANO (Gaspard). Poète italien, né à Bassano. Ecclésiastique, professeur de belles-lettres à Trévise ; auteur de cantiques spirituels en vers italiens, Venise, 1587, in-4o, et d'une traduction en vers des Psaumes de la Pénitence, Venise, 1588, in-4o. || ANCARANO (Jacques d'). Littérateur italien, plus connu sous le nom de Jacques Palladino ou de Jacques de Téramo. (V. *Téramo.*)

ANCARIA ou **ANCHARIA.** Déesse étrusque qu'on a identifiée avec Némésis et Bellone.

ANCE. Nom de deux petites rivières de France : l'*Ance du Nord* (66 kil.), née dans les monts du Forez, affl. de la r. g. de la Loire à Monistrol-sur-Loire, et l'*Ance du Sud* (40 kil.) qui, née dans des monts de la Margeride, coule dans des gorges pittoresques et se jette dans l'Allier à Monistrol-d'Allier.

ANCÉE. s. m G. de crustacés isopodes, fam. des anceides (ou pranizides), que l'on avait distingué d'un g. *pranize,* mais à tort, car ce sont simplement les métamorphoses que subissent ces animaux, qui avaient donné lieu à l'erreur, de sorte que l'on avait établi deux genres distincts pour le même individu considéré à deux âges différents de son existence. Ces crustacés singuliers n'ont pas plus de quelques millimètres de longueur. A l'état de *pranize* qui est leur premier âge, ils ont une tête petite et des organes buccaux en forme de stylets ; ils sont alors parasites et vivent sur les poissons osseux ou cartilagineux, fixés à la peau du dos, des flancs, des nageoires, etc. Les attitudes qu'ils prennent sur leurs hôtes sont des plus singulières et des plus variées. Parfois ils abandonnent leur gîte ordinaire et se cachent sous les pierres humides des côtes. Ils sont agiles, courent et nagent facilement. A un moment donné, des changements considérables s'opèrent en eux : chez le mâle la tête devient énorme relativement au reste du corps et se trouve armée d'une forte paire de mandibules à lames tranchantes et recourbées, c'est l'état d'*ancée;* désormais l'animal perd son agilité, abandonne la vie parasite et devient sédentaire ; il se retire dans des trous où ses puissantes mâchoires lui servent à s'emparer de ses proies et à se défendre contre ses ennemis. La femelle n'acquiert pas, après la métamorphose, ces redoutables défenses, sa tête reste petite, bien que celle-ci subisse cependant des changements considérables dans sa structure, spécialement dans les organes de mastication et dans les yeux qui, d'énormes qu'ils étaient, deviennent très petits comme chez le mâle. La femelle adulte se distingue encore du mâle par la forme du thorax qui, au lieu d'être cylindrique et allongé est ovale, aplati sur les bords, et au lieu d'être étranglé en son milieu, est divisé en anneaux assez distincts et déformés par l'abondance des œufs qui le remplissent. Chose remarquable, la femelle est fécondée à l'état de pranize, par le mâle, mais c'est seulement sous la forme adulte ou d'ancée que la ponte a lieu, peu après quoi les femelles paraissent périr, tandis que les mâles vivent bien plus longtemps. Les jeunes se développent sur leur mère où ils restent accrochés jusqu'à ce qu'ils aient atteint un développement suffisant pour leur permettre de nager librement et de se fixer sur quelque poisson, car cette station semble leur être indispensable pour opérer leurs métamorphoses. Leur tête est remarquablement petite, leurs yeux sont énormes, hémisphériques. La tête est articulée au thorax par une sorte de cou ou d'anneau étroit qui porte une paire de pattes, et l'animal, à cet état, en a 12 paires; chose curieuse, ce segment disparaît à l'état adulte, de sorte qu'on ne trouve plus que 10 paires de pattes.

ANCÉE. Temps héroïques. Fils de Neptune, et d'Astypalée, roi des Léléges, l'un des Argonautes, pilote du navire Argo, après Tiphys. Sa mort est l'origine du proverbe : il y a loin de la coupe aux lèvres. Au moment où il faisait sa vendange, un devin lui prédit qu'il ne boirait pas du vin qui en proviendrait. Pour faire mentir la prédiction, il fit remplir immédiatement sa coupe ; mais au moment où il la ortait à ses lèvres, un sanglier fondit sur lui et le tua. || Ovide parle d'un autre Ancée, Arcadien, père d'Agapénor et l'un des chasseurs de Calydon, Argonaute comme le précédent et qui aurait été tué par le sanglier de Calydon. Quelques auteurs pensent qu'on le distingue à tort du premier.

ANCÉIDES ou PRANIZIDES. s. f. pl. Zool. Fam. de crustacés malacostracés, arthro-tracés ou édriophthalmes, ordre des isopodes, s.-o. des anisopodes. Chez l'adulte, tête soudée au thorax, 2 paires de pattes-mâchoires; chez le mâle la tête est très large, carrée, petite chez la femelle. Pas de palpes; pattes au nombre de 5 paires; abdomen allongé, formé de 6 anneaux; pattes abdominales en forme de nageoires biramées. Le mâle diffère considérablement de la femelle. Il y a des métamorphoses. (V. Ancée.).

ANCEL (Daniel-Edouard-Jules), Armateur et homme politique, né au Havre en 1812. Maire de cette ville, il fut nommé en 1849 représentant du peuple à l'Assemblée législative où il prit place parmi les conservateurs, réélu sous l'Empire jusqu'en 1869 (tiers-parti libéral), député à l'Assemblée nationale en 1871, sénateur de la Seine-Inf. en 1876, réélu en 1882; siège à droite. Il s'est occupé surtout de questions économiques. || ANCEL (Albert-Daniel). Neveu du précédent, né à Paris en 1844, élu député de l'arr. de Château-Gontier en 1876, réélu en 1877 et 1881 (droite légitimiste).

ANCELET (Gabriel-Auguste). Architecte, né à Paris, 1829. Elève de Lequeux et Baltard; grand prix de Rome en 1851; architecte des châteaux de Pau et Compiègne, professeur à l'Ecole des beaux-arts. Plus d'un *Hospice dans les Alpes*, 1851, et *Restauration de la Voie Appienne* (1856), qui lui mérita en 1867 une médaille d'honneur à l'exposition universelle.

ANCELON (Etienne-Auguste). Médecin né à Nancy, 1806. Etabli à Dieuze après avoir fait ses études à Paris. Elu député de la Meurthe en 1871, il siégea à gauche à l'Assemblée nationale. *Des causes du Cancer, du Goitre et du Crétinisme endémique*, 1853; *L'Art de conserver la santé*, 1851, *Philosophie de la Vaccine*, 1858; *Ecriture, papyrus, parchemin, pâte et papier*, 1862; *la Vérité sur la fuite de Louis XVI*, 1866, etc.

ANCELON (Pommade au sel d'). Pharm. Préparation jadis employée comme fondant et résulsif, formée d'un mélange de sel, d'huile de lin et d'axonge par parties égales.

ANCELOT (Jacques-Arsène-François-Polycarpe). Auteur dramatique, né au Havre en 1794, mort à Paris en 1854; appartient d'abord à l'administration de la marine. En 1816, il lit recevoir au Théâtre-Français une tragédie, *Warwick*, qui ne fut jamais représentée. En 1819, le succès éclatant de sa tragédie de *Louis IX* au Théâtre-Français lui valut la faveur de Louis XVIII et une pension de 2,000 francs. Il donna ensuite avec des succès divers, *le Maire du Palais*, 1823; *Fiesque*, 1824; *Olga*, 1828, *Elisabeth d'Angleterre*, 1829, et un poème en six chants, *Marie de Brabant*, 1825. Au retour d'un voyage qu'il fit en Russie en 1826, à la suite du maréchal Marmont chargé de représenter la France au couronnement de l'empereur Nicolas, il publia *Six mois en Russie*, 1827, ouvrage mêlé de prose et de vers, et, la même année, *l'Homme du Monde*, roman, 4 vol. in-8°. Privé par la révolution de 1830 de sa pension et de la place de bibliothécaire à l'Arsenal, il se mit pour vivre a composer, seul ou en collaboration, des vaudevilles pleins d'esprit et de finesse et dont plusieurs eurent un vif succès : *Léontine ou Mariage d'amour, Madame du Barry*, etc. Il réussit peu dans la direction du Vaudeville qu'il ne garda qu'une année, mais sa tragédie *Maria Padilla*, représentée en 1838 au Théâtre-Français le fit entrer en 1841 à l'Académie française, où il succéda à M. de Bonald. En 1843, il donna encore *les Epîtres familières*, satires piquantes. En 1837, il avait donné une édition de ses *Œuvres complètes*. || ANCELOT (Marguerite-Louise-Virginie, CHARDON, madame). Femme du précédent, née à Dijon, 1791, m. a Paris, 1875. Mariée en 1818, elle collabora à partir de 1830 à plusieurs des pièces de son mari et donna seule, en 1835, au Théâtre-Français : *Un Mariage raisonnable*, comédie, puis *Marie ou Trois Epoques*, son chef-d'œuvre, 1836; *le Château de ma Nièce*, 1837; *Isabelle*, 1838; et sur des scènes inférieures : *Juana*, 1838; *le Père Marcel*, 1841; *l'Hôtel de Rambouillet*, 1842; *Loïsa*, 1843, etc. Son *Théâtre complet* (4 vol. 1848), se compose de 20 pièces dans lesquelles ou trouve en général beaucoup de finesse et d'élégance. Elle a écrit aussi des romans dont les meilleurs sont : *Renée de Varvilles, la Nièce du Banquier*, 1853; et *les Salons de Paris*, 1858, étude sur la société parisienne. Son salon qui réunissait les hommes les plus distingués de son temps est demeuré célèbre.

ANCELOT (Elixir odontalgique d'). Pharm. Employé pour se rincer la bouche, contre les douleurs de dents; composé de 8 parties d'alcoolat de romarin pour une partie de racine de pyrèthre.

ANCENIS. 5360 h. Vle de France (Loire-Inférieure), ch.-l. d'arr. sur la Loire, a 38 kil. O. de Nantes, reliée à Liré (Maine-et-Loire), par un pont suspendu. Subdivision de région du 11e corps d'armée (Nantes). Institution secondaire libre; pensionnat primaire. Commerce de grains, vins, bestiaux, cuirs et peaux, bois de construction et de chauffage. Fabrique de sel de tartre. Cette ville bretonne, située sur les limites de l'Anjou. changea souvent de maître au moyen âge. Elle fut prise d'assaut par Henri II d'Angleterre en 1174, par Jean Sans-Terre en 1214, par La Trémouille en 1488; les restes de la grande armée vendéenne y furent dispersés le 15 décembre 1793, par le général Westermann. Louis XI y conclut en 1468 un traité avantageux avec le duc de Bretagne François II. Restes d'un château démantelé sous Henri IV et remplacé par un château du XVIIIe s. — Arr. 5 cantons : Ancenis, Ligné, Riaillé, St-Mars-la-Jaille et Varades; 27 comm.; 52,669 h. — Cant. 7 comm.; 15.596 h.

ANCERVILLE-GUÉ. 2,037 h. Bg de France (Meuse), Ch.-l. de cant., arr. et à 20 kil. S.-O. de Bar-le-Duc. Vins rouges. Fabrique de kirsch. Exploitation de minerai de fer. Près de là, grotte des Sarrasins de 26 m de hauteur et 200m de longueur. Cant. 18 comm., 11.538 h.

ANCESSI (l'abbé). Erudit, né à Rodez, 1844, m. a Paris 1879. Etudia d'abord au petit séminaire de Rodez, où il manifesta de bonne heure l'intuition des langues comparées et l'esprit de méthode dans les recherches. Au séminaire de St-Sulpice, où il vint achever sa préparation au sacerdoce, il étudia les langues orientales sous le savant abbé Le Hir. Ordonné prêtre, il partit pour l'Egypte. y passa plusieurs années, visita la Terre Sainte, et s'initia aux découvertes modernes de la linguistique. Au retour de ses voyages, il fut nommé vicaire à St-Etienne-du-Mont à Paris, puis, au concours, chapelain de Ste-Geneviève. Ses ouvrages, qui sont très estimés, sont ornés de dessins faits par lui-même sur les lieux : *Grammaire, comparée* 1874; *L'Egypte et Moïse*, 1875; *Atlas géographique et archéologique de l'Ancien et du Nouveau Testament*, 1876; *Job et l'Egypte, le Rédempteur et la vie future dans les civilisations primitives*, 1877; *Vie de N.-S. J.-C.* (manuscrite).

ANCESSEURS, ANCISSEURS. s. m. pl. Vx mots qui signifiaient ancêtres.

ANCESSORIE. s. f. Vx mot qui signifiait ancienneté.

ANCESTRAL, ALE. adj. Qui se rapporte aux ancêtres. Type ancestral.

ANCÊTRES. s. m. pl. (lat. *ancessor*, contraction de *antecessor*, qui va devant, qui précède; formé de *ante*, devant, et *cedere*, marcher. De *ancessor*, devenu en bas-lat. *ancestor* par intercalation d'un *t* euphonique est venu *ancestre* qu'on écrit auj. *ancêtre*). Ceux dont on descend, les aïeux. Ne se dit guère que des ascendants qui ont précédé le grand-père. S'emploie surtout en parlant des maisons illustres. Marcher sur les traces de ses ancêtres. Dégénérer de ses ancêtres. Tous ses ancêtres sont illustres. Un grand seigneur est un homme qui voit le roi, qui parle au ministre, qui a des ancêtres, des dettes et des pensions. (Montesq.) Attale, était-ce ainsi que régnaient tes ancêtres? (Corn.) Cette action redonne aux rois vos ancêtres autant de lustre que vous en avez reçu d'eux. (Volt.) — Ellipt. Collection d'ancêtres. Collection de portraits d'ancêtres. Tout ce qui fut recueilli pour moi dans cette sucsion fut une collection d'ancêtres. (G. Sand.) || Tous ceux qui nous ont devancés, encore que nous ne soyons pas de leur race, et particulièrement ceux de notre nation. Les ancêtres nous ont laissé de grands exemples. C'était la coutume de nos ancêtres. Les patriarches et tous les élus des siècles passés sont nos ancêtres. (Mass.) || S'emploie quelquefois au masc. et au fém. L'ancêtre de ce souverain. Et moi aussi je suis un ancêtre. (Réponse du maréchal Lefebvre à un jeune noble qui l'interrogeait sur l'ancienneté de sa race.) Le Père, ancêtre majestueux des temps, serait il donc une peinture inférieure à celle de 'a mythologie. (Châteaub.) Des corps constitués ont dit, en parlant à Victoria, reine d'Angleterre, de la reine Elisabeth : La glorieuse ancêtre de Votre Majesté. (Littré.) || Se dit fig. des choses, pour signifier qu'elles ont précédé les autres du même genre. En 1604, parut un édit, que M. Dumont appelle l'ancêtre de toutes les caisses de secours des mines établies en France. (J. Offic., mai 1872.) || Syn. *Ancêtres, aïeux, pères*, (V. Aïeux.) || *Ancêtres, devanciers, prédécesseurs*, ceux à qui on succède. Le premier est relatif à l'ordre naturel; les deux autres à l'ordre politique ou social. Nous succédons à nos ancêtres par voie de génération. C'est par voie de fait, de substitution que nous succédons à nos devanciers et à nos prédécesseurs. Quelquefois le mot ancêtres se prend sans indication de parenté. Il désigne alors des hommes qui ont vécu bien longtemps avant nous. Prédécesseur est un terme plus noble que devancier. On a plutôt des prédécesseurs dans un poste obtenu par faveur ou par élection. et des devanciers dans une carrière qu'on recherche de soi-même après d'autres. C'était une coutume des Romains de porter dans les funérailles les images de leurs ancêtres. (Montesq.) Je crois pouvoir dire, sans blesser le respect que je dois à nos prédécesseurs (les académiciens) que la critique du *Cid* est fautive sur bien des points. (Laharpe.) Nos devanciers littéraires. (D'Alemb.) || Hist. des relig. *Culte des ancêtres*. Le culte des ancêtres est une forme du culte des morts. On le trouve existant encore actuellement chez les peuples non civilisés de l'Afrique et de l'Océanie. Chez certains de ces peuples, par ex. chez les Amazulus, il s'est établi une hiérarchie parmi les catégories d'ancêtres; ils distinguent entre ceux qu'ils ont vu vivre et mourir, ce sont les ancêtres immédiats; et ceux dont la mémoire s'est conservée dans la famille, la tribu et la nation : un de ces ancêtres lointains, Unkulukulu, est devenu le dieu national de la race. La même religion des ancêtres existait aussi chez les anciens Américains; ainsi, les Péruviens distinguaient les ancêtres immédiats, dieux de la maison, et les ancêtres lointains, dieux du village et de la nation, puis, au-dessus de ces protecteurs locaux, les Incas, premiers civilisateurs, et le suprême ancêtre, le Soleil. Chez les Chinois, les ancêtres n'ont pas cessé d'avoir leurs temples et leurs offrandes. Le culte des morts existait également chez les Chaldéens, les Assyriens, les anciens Arabes, les Egyptiens et aussi dans les diverses branches de la famille aryenne. Les ancêtres divinisés sont d'ailleurs pour leurs adorateurs des êtres parfaitement matériels qui se nourrissent et se servent des viandes, des animaux, des armes, des captifs offerts ou immolés sur leur tombe, qui séjournent plus ou moins longtemps dans leur sépulture et qui viennent sans cesse réclamer les honneurs et les aliments qui leur sont dus. La croyance aux revenants est peut-être un reste de ces antiques croyances. M. Fustel de Coulanges dans son beau livre, *la Cité antique*, a fait découler de ce culte primitif des ancêtres toute l'organisation de la famille et de la cité antiques chez les Grecs et les Romains. Voici très sommairement le résumé de son opinion : De cette croyance commune à la race aryenne que l'âme après la mort restait près des hommes et continuait de vivre sous terre dériva la nécessité de la sépulture; l'âme qui n'avait pas de tombeau n'avait pas de demeure. Malheureuse, elle devenait malfaisante. Les morts passaient pour des êtres sacrés (*démons* ou *héros* chez les Grecs, *lares, mânes, génies* chez les Latins), dont les tombeaux étaient les temples. La maison d'un Grec ou d'un Romain renfermait un autel dont le feu devait être entretenu jour et nuit. Le feu du foyer était la providence de la famille : famille éteinte et foyer éteint étaient des expressions synonymes. Il est probable que les morts furent anciennement ensevelis dans la maison et que le culte du foyer n'a été à l'origine que le symbole du culte des morts. Ces croyances formaient la *religion domestique*, antérieure aux religions nationales, où chaque dieu ne pouvait être adoré que par une famille, car l'offrande ne devait être faite à un mort que par ses descendants. Cette religion du foyer et des ancêtres a constitué la famille antique qui est avant tout une association religieuse. — Il faut remarquer que ce culte des ancêtres est loin de reposer sur les mêmes idées que le culte des saints dans l'Eglise catholique, et aussi que les prières que l'on adresse à Dieu pour le repos de l'âme des trépassés.

ANCETTE ou ANSETTE. s. f. Mar. Anse en patte de bouline ; bout de corde terminé par un œil.

ANCHARANO (Pierre d'). Jurisconsulte italien, de la famille des Farnèse, né a Bologne, 1330-1410 Professa avec succès à Padoue, Bologne, Sienne et Ferrare, et prit part au concile de Pise. Il a laissé des commentaires sur les *Décrétales*, les *Clémentines* et le *Digeste*.

ANCHE. s. f. (du gr. *anchô*, je rétrécis, ou suivant d'autres, de l'ancien haut-allemand *ancha*, tuyau). Languette élastique de bois ou de métal qui, mise en vibration par l'impulsion d'un courant d'air, brise ce courant d'air en battements réguliers. Chaque battement de l'anche produit un son qui est d'autant plus élevé que la vitesse des vibrations de l'anche est plus grande. Le plus souvent, l'anche est adaptée a un tuyau dont l'air est mis en vibration par les battements de l'anche qui ouvre et ferme alternativement le passage de l'air dans le tuyau ; cependant, dans certains instruments, comme l'harmonium, les anches ne sont pas associées à des tuyaux. — On distingue l'*anche simple* ou *battante*, qui vient frapper sur les bords de l'ouverture, l'*anche double*, composée de deux morceaux de roseau dont les bords sont juxtaposés, pas assez cependant pour que l'air ne puisse s'introduire entre les deux languettes à travers un étroit canal, enfin l'*anche libre*, imaginée ou plutôt appliquée par Grenié en 1810, qui est plus petite que l'ouverture et qui oscille dedans sans la toucher. L'anche battante est l'organe essentiel de la clarinette, des saxophones et d'un grand nombre des jeux de l'orgue. L'anche double donne naissance au hautbois, au basson, au cor anglais et au chalumeau. Enfin l'anche libre est le principe des divers instruments désignés sous les noms d'harmonium, accordéon, orgue expressif, mélophone, etc. — Dans les instruments à bocal (trompette, cor), les lèvres du musicien constituent l'anche vibrante du tuyau. Le larynx peut être considéré comme un véritable instrument à vent dans lequel les cordes vocales remplissent les fonctions d'anche. || *Jeux d'anche*, Jeux d'orgue qui parlent au moyen d'une anche. La qualité du son varie suivant la forme des tuyaux, les tuyaux coniques donnent les sons les plus purs et les plus éclatants. On compte dans l'orgue neuf jeux d'anche : la bombarde, la trompette, le clairon, la cromorne, la voix humaine, le hautbois, le basson, la musette et la régale. On trouve des tuyaux à anches dans les orgues dès le xvie s., mais c'est surtout à la fin du xviiie s. que les jeux d'anche ont été perfectionnés par Sébastien Érard. || Canal par lequel la farine tombe du moulin dans la huche. || *Vendre le vin sous l'anche*, c.-à-d. : lorsqu'il sort du pressoir pour tomber dans le cuvier par un conduit qui se termine en forme d'anche.

ANCHÉ. 750 h. Bg. de France (Vienne), arr. et à 30 kil. de Civray, cant. et à 10 kil. de Couhé. Église des xiie-xvie s., sur les bords du Clain ; tombes et tombelles du *camp de Sichard* où, d'après une opinion, Clovis défit Alaric en 507.

ANCHÉ EE. adj. Blas. Recourbé. Molsbach au Rhin, d'azur à la perche droite d'un bois de cerf, anchée et chevillée de six cors d'argent. (*Gr. Vocab. franç.*, 1767.)

ANCHEAU. s. m. Vase à détremper la chaux adns les mégisseries.

ANCHER. v. a. Mettre une anche à un instrument. Cet homme entend l'art d'ancher les hautbois.

ANCHER ou ANKER (Pierre-Kofod). Jurisconsulte et homme d'Etat danois; 1710-1788. Fut professeur de droit à Copenhague et membre du Conseil d'amirauté. Son princ. ouv. est une *Histoire de la législation danoise jusqu'a Christian V*, 3 vol. in-8°, Copenhague, 1766-76 (en danois). On lui doit aussi des édit. estimées des anciennes lois danoises.

ANCHÈRES (Daniel DES). Pseudonyme anagrammatique du poete Jean de Schelandre. (V. ce nom.)

ANCHERSEN (Mathias), en latin *Ansgarius*, Philosophe danois; 1682-1741. Professeur à l'université de Copenhague, puis évêque de Ribe en Jutland, auteur de plusieurs ouvrages sur les langues hébraïque et arabe. || ANCHERSEN (J.-Pierre). Érudit danois, 1700-1765. Professeur à l'université de Copenhague. *Origines danicæ.* Copenhague, 1747, in-4°; *De Suevis.* 1746, in-4° ; *Opuscula minora*, Brême, 1775, 3 vol. in-4°, réunion faite après sa mort de plusieurs dissertations sur divers sujets d'érudition.

ANCHESMUS. Géog. anc. Montagne près d'Athènes, avec un sanctuaire de Jupiter.

ANCHIALE ou ANCHIALUS. Géog. anc. Vle de Thrace, sur la mer Noire, près la frontière de Mœsie. || Vle de Cilicie, près de la côte et du Cydnus, bâtie, dit-on, par Sardanaple. D'après Strabon, dont le témoignage est confirmé par les médailles trouvées dans les ruines d'Anchiale et dans celles d'Apollonie, la première serait une colonie de la seconde.

ANCHIARA (Pierre). Historien, né en Lombardie. Il vécut à la cour de Ferdinand le Catholique et à laissé un ouvrage sur l'histoire des Indes.

ANCHIC. s. m. Bot. Syn. d'*Arachide*. (V. ce mot.)

ANCHIETA (le P. José D'). Missionnaire portugais de la compagnie de Jésus, surnommé *l'apôtre du Nouveau Monde*, né à Ténériffe (Canaries) en 1533, d'une anc. famille de Biscaye, m. au Brésil en 1597. Plein d'un zèle infatigable, il passa la plus grande partie de sa vie dans les missions et évangélisa, le premier, les peuplades sauvages du Brésil. Il a laissé un grand nombre d'écrits estimés, notamment sur les anciens dialectes brésiliens, et un poeme de 5,000 vers latins en l'honneur de la Ste Vierge, composé pour accomplir un vœu qu'il avait fait lors d'une ambassade chez les sauvages du Brésil. || ANCHIETA (Miguel). Sculpteur espagnol du xvie s., né à Pampelune. On lui doit les célèbres stalles de la cathédrale de cette ville.

ANCHIÉTÉE. s. f. (an-ki-é-té). Bot. G. de violacées, tribu des violées. Les fleurs offrent la même organisation que celle de nos violettes. Les graines sont ailées. Les anchiétées sont des arbustes grimpants du Brésil, où la racine de l'*anchietea salutaris* est employée comme purgative.

ANCHIÉTINE. s. f. Principe faiblement alcalin extrait de l'écorce de la racine de l'*anchietea salutaris* ; cristallise en aiguilles jaunes, solubles dans l'alcool.

ANCHIFLURE. s. f (an-chi-flu-re). Trou produit par un ver à la douve d'un tonneau, à l'endroit où elle est couverte par le cerceau.

ANCHILOPS. s. m (an-ki-lops'; — gr. *agkhilôps*; de *agkhi*, proche, et *ôps*, œil; étym. douteuse). Nom donné autrefois à une petite tumeur située vers le grand angle de l'œil, au devant ou à côté du sac lacrymal et non à l'intérieur de ce sac, ce qui différencie l'anchilops de la tumeur lacrymale. On en distinguait deux espèces, l'anchylops *inflammatoire* et l'anchilops *enkysté*.

ANCHILOSTOME. s. m. V. *Ancylostome.*

ANCHILUS. Peintre flamand, imitateur de Téniers, né à Anvers, en 1688 ; mort à Lyon, en 1733.

ANCHIN (*Acquiscinctum*). Ancienne abbaye de bénédictins, fondée en 1079 dans une île (d'où son nom latin : *entourée d'eau*) de la Scarpe, à l'E. de Douai, sur le territoire de la commune de Pecquencourt. On y voyait une superbe église du xiiie s., et ce monastère fut un foyer d'art très florissant au xvie s. Elle eut pour dernier abbé, en 1751, le cardinal d'York, de la maison de Stuart.

ANCH' IO SON PITTORE. (ann-ki-o sonn-pitt-to-re). Phrase italienne qui signifie : *Et moi aussi je suis peintre*. C'est l'exclamation que le Corrège, jeune encore, poussa à la vue d'une peinture de Raphaël. C'est le cri d'une vocation qui se révèle a la vue d'un chef-d'œuvre. On dit : *son pittore* ou *son poeta*, selon que l'on fait allusion à la peinture ou à poésie. On emploie indifféremment l'italien ou le français.

ANCHISE. (an-chi-ze.) Prince troyen, roi de Dardanus sur le mont Ida, fils de Capys ou d'Assaracus et de Thémis. Il fut aimé de Vénus dont il eut Enée, mais ayant trahi le secret de cet amour, il fut aveuglé ou paralysé par la foudre de Jupiter. Lors de la prise de Troie, comme il était affaibli par l'âge, son fils l'emporta sur ses epaules jusqu'aux vaisseaux. D'après Virgile, il mourut a Drépane, en Sicile, avant le départ d'Enée pour Carthage, et fut enseveli sur le mont Eryx. Le mont Ida, la Thrace, l'Arcadie, la Sicile se vantaient aussi de posséder son tombeau.

ANCHISIADE. Surnom d'Enée, fils d'Anchise, et, par extension, de tous les descendants d'Enée.

ANCHISTIE. s. f. Zool. G. de crustacés thoracostracés, fam. des caridides, très voisins des palémons dont ils se distinguent par l'absence de palpes mandibulaires ; ils n'ont que deux fouets aux antennes antérieures. L'*anchistia lacustris* habite les eaux douces d'Italie.

ANCHIUTÉE. Femme de Cléombrote, roi de Sparte, apporta la première pierre pour murer le temple de Minerve où s'était réfugié son fils Pausanias, traître a la patrie. (V. *Pausanias.*)

ANCHITÉRIUM. s. m. Mammifère fossile de la famille des équidés, que l'on trouve dans le terrain éocène. C'est le plus ancien représentant de cette famille. Le pied était composé de trois doigts, dont un grand, de chaque côté duquel se trouvait un doigt plus court; en outre, au membre antérieur, un doigt rudimentaire formé par le cinquième métatarsien. Les dents molaires étaient au nombre de 14 à chaque mâchoire.

ANCHOINIQUE. adj. Chim. Acide anchoinique. $C^9H^{16}O^4$. Acide diatomique de la série oxalique, obtenu par Buckton en 1857 par l'oxydation de diverses matières grasses (paraffine, acides fixes de l'huile de coco, etc.).

ANCHOIS. s. m. (esp. *anchoa*, qui, d'après Mahn, viendrait du basque *antsua, anchua*, qui signifie sec). Petit poisson de mer que l'on sale après en avoir enlevé la tête et que l'on mange ordinairement cru. De bons anchois. Une salade d'anchois. Un baril d'anchois. (Acad.)

Arion fut sauvé, grâce à sa belle voix,
Par un gros poisson dilettante.
Maint chanteur que l'Opéra vante
N'attendrirait pas un anchois. (***)

|| Zool. G. de poissons, du s.-o. des physostomes abdominaux, de la fam. des clupéides, comme la sardine et le hareng; il se distingue par la grandeur de la bouche et la proéminence de la mâchoire supérieure ; ses dents très pointues garnissent tous les os de la bouche. L'*anchois vulgaire* (*engraulis enchrasicholus*) est blanc d'argent, avec le dos noir; sa longueur moyenne est de 10 à 12 centimètres. Il est abondant dans toutes les mers des régions tempérées et particulièrement dans la Méditerranée où il entre au printemps pour frayer. Les anchois se montrent en bandes comme les harengs et on les pêche dans les nuits obscures à la lumière en juin et juillet. On leur coupe la tête, on les vide et on les lave avec soin avant de les saler : on les place ensuite par lits dans des barils, séparés par des couches de sel. D'après Rondelet et Rabelais les anciens faisaient avec les anchois une liqueur célèbre, le *garum*. « On sale les anchoies, é convertissent en liqueur ou saumures, é afin qu'on ne la gâste, on oste la tête des Anchoies soient Encrasicholi, car encore aujourd'hui ainsi ils les appellent. Des Anchoies on fait une très-bonne liqueur nommée en latin *garum*, é tant salés on les tient au soleil jusques à ce que leur chair soit toute fondue. C'est un bon remède pour faire revenir l'appétit perdu, pour atténuer et découper gros phlegme, é pour lascher le ventre. » (Rondelet, *Hist. des poissons*, p. 177.) Préparé avec le vinaigre ce poisson donnait l'*acetogarum*. On en expédie en grande quantité en Amérique. || A culin. L'anchois frais se mange frit. Confit dans l'huile et la saumure, il se sert comme hors-d'œuvre et se mange cru. De

bons anchois, salade d'anchois. — *Beurre d'anchois*, Beurre pétri avec des filets d'anchois, et qui sert d'assaisonnement. || Œil bordé d'anchois, Œil dont les paupières rougies et dépourvues de cils ressemblent à des lanières d'anchois.

ANCHOITÉE, ÉE. adj. Se dit des sardines conservées à la manière des anchois.

ANCHOMÈNE. s. m. (an-ko-mè-n'), Zool. G. d'insectes coléoptères pentamères, fam. des carabides. Corselet étranglé en forme de cœur; article terminal des tarses cylindrique ; quatrième article du pied triangulaire ; dent du menton à pointe simple. Ce sont de petits insectes, le plus souvent vert de cuivre, communs dans les lieux humides. L'*anchomène albipe* se trouve sous les pierres des bords de la Seine et de la Loire.

ANCHORELLE, s. f. G. de crustacés de l'ordre des copépodes, fam. des lernéopodides. Animaux parasites des poissons sur lesquels ils se fixent au moyen de leurs pattes-mâchoires transformées en espèces de bras (appendices brachiformes). Dans ce genre, ces appendices sont tellement rapprochés à leur base qu'ils paraissent n'en constituer qu'un seul. Le thorax n'est pas segmenté; c'est lui qui porte l'organe adhésif et il n'offre pas d'autres membres. L'abdomen est représenté par un ou deux tubercules, de chaque côté de la base desquels naissent les tubes ovifères. Telle est l'organisation de la femelle. Le mâle en est bien différent; il est très petit, globuleux ou pyriforme.

ANCHUE. s. f. (an-chû). Terme usité dans les manufactures de la ville d'Amiens, pour exprimer ce qu'ailleurs on appelle la trame. (*Gr. Vocab. franç*).

ANCHURUS. (an-ku-russ). Myth. Fils du roi Midas, célèbre par son dévouement. Il se précipita tout armé dans le gouffre de Célènes, effroi de la contrée, qui, d'après l'oracle, ne devait se refermer que lorsque le roi y aurait jeté ce qu'il avait de plus précieux. Il y a une grande analogie entre cette légende et celle de Curtius (V. ce mot).

ANCHUSE. s. f. (an-ku-ze ; gr. *agkhousa*, orcanète). Bot. G. de plantes herbacées de la famille des borraginées qui habitent les champs pierreux et les lieux incultes d'une grande partie de la France, particulièrement de la région méditerranéenne. L'*anchusa officinalis* a reçu le nom de *buglosse*; l'*anchusa* ou *alkanna tinctoria*, vulg. orcanète est employée en teinture. (V. *Buglosse* et *Orcanète*.) Quelques espèces sont cultivées comme plantes d'ornement pour leurs fleurs violettes ou bleues.

ANCHUSÉES. s. f. pl. Bot. S.-tribu de borraginacées, établie par de Candolle dans sa tribu des *borragées* (borraginées). Elle se distingue par : achaines attachées à un réceptacle épais, convexe, à bords renflés qui enveloppent la base du fruit ; corolle infundibuliforme munie à la gorge d'appendices superposés à ses lobes. G. principaux : *anchusa*, *borrago* (*bourrache*), *symphytum* (*consoude*), *nonnea*, *lycopsis*.

ANCHUSINE. s. f. Substance résineuse découverte en 1818 par Pelletier dans la racine de l'*anchusa tinctoria* ou *orcanète*. (V. ce mot.) Elle est soluble dans les huiles grasses et essentielles qu'elle colore en rouge carmin. On l'emploie en parfumerie pour colorer les pommades. On l'appelle aussi *acide anchusique* ou *rouge d'Alkanna*.

ANCHUSIQUE. adj. 2 g. Acide anchusique, Syn. d'*Anchusine*.

ANCHYLOMÈRE. s. m. G. de crustacés amphipodes, fam. des phronimides, s.-fam. des phrosinines. Les antennes manquent dans l'un des sexes, elles sont très courtes dans l'autre ; le thorax ne compte que 6 anneaux; le premier porte 2 paires de pattes. Celles de la cinquième paire sont les plus remarquables ; élargies en forme de bouchers latéraux, elles se terminent par une sorte de grosse main. Les deux paires suivantes ont la même forme, mais au lieu de se terminer par une main préhensile, leur extrémité est grêle et articulée. Ce sont probablement des animaux parasites; la disposition des trois pattes postérieures semble l'indiquer. On en connaît plusieurs espèces qui vivent dans l'océan Atlantique et la mer des Indes.

ANCHYLOSE. V. *Ankylose*.

ANCHYLOSTOME. V. *Ancylostome.*

ANCIEN, ENNE. adj. (an-si-in, an-si-è-n' ; ou an-siin, au-sièn' ; dans la poésie du xviiie s., ancien est de trois syll.; adj. on le fait le plus souvent de deux ; — au xvie s., on prononçait an-si-an, conform. au provenç. *ancian*; — du b. lat. *antianus*, qui a lieu avant nous, adj. dérivé de *ante*, avant, et que l'on rencontre dans les bulles papales du xie s.). Qui existe depuis longtemps. Ancien monument. Anciens manuscrits. Anciens titres. Ancienne famille. C'est un ancien usage. Cette loi est fort ancienne. || Qui exerce depuis longtemps une charge, une profession. C'est un des négociants les plus anciens de la ville. || Qui a existé autrefois et qui n'existe plus. Les anciens gouvernements. Les anciennes lois. Les anciens Romains. Les langues anciennes. || Qui a cessé d'exercer une fonction ou une profession. Ancien ministre, ancien préfet, ancien magistrat, ancien avocat, ancien négociant. || Par anal. Mon ancien patron, mon ancien propriétaire. || Se dit par opposition à nouveau et à moderne. L'Ancien et le Nouveau Testament. L'ancienne et la nouvelle loi. L'ancienne et la nouvelle Rome. L'ancienne et la nouvelle France. L'histoire ancienne et l'histoire moderne. || Sert à distinguer plusieurs personnages historiques. Tarquin l'Ancien, Tarquin le Superbe. Caton l'Ancien, Caton d'Utique. Pline l'Ancien, Pline le Jeune. || Adm. forestière. Ancien se dit des arbres réservés qui ont plus de trois fois l'âge du taillis. On l'oppose à *moderne* qui désigne des arbres de deux ou trois âges seulement. Marquer en réserve les arbres anciens, les modernes, et les baliveaux ou les jeunes de l'âge du taillis. || S'emploie subst. en parlant de ceux qui ont vécu longtemps avant nous, particulièrement de ceux qui ont laissé des écrits. La littérature, les arts, les monuments des anciens. Appuyer son opinion de l'autorité d'un ancien. Un ancien disait... La querelle des anciens et des modernes. || Se dit des personnes âgées mises en opposition avec d'autres plus jeunes. Les anciens du village. — Fam. Salut, mon ancien ! || Se dit adject. ou subst. De celui qui a été reçu avant un autre dans un emploi ou une compagnie. Le plus ancien porta la parole. A l'armée, à grade égal, le plus ancien commande. || A l'École polytechnique et à l'École de St-Cyr, les anciens, par opposition à nouveaux, désignent les élèves de la promotion précédente. || Jurisp. auc. Dans certaines coutumes, le mot *anciens* pris subst. exprimait les biens désignés dans d'autres coutumes par le mot *avitins* ou *patrimoniaux*. Il y avait les anciens en succession, en retrait lignager, les anciens fictifs, les anciens de communauté et de douaire. || Écrit. sainte. L'Ancien des jours, Dieu. || Dans le langage mystique, L'ancien homme ou le vieil homme, L'homme non renouvelé. || Hist. Titre de dignité, parce que, d'abord, on choisissait des vieillards pour remplir les fonctions les plus importantes. Chez les Juifs, les anciens du peuple d'Israël étaient les chefs des tribus et des grandes familles, qui, dans les gouvernements, formaient une espèce de gouvernement et avaient autorité sur leur famille, et même sur tout le peuple ; plus tard, Moïse établit 70 anciens d'Israël, dont le gouvernement paraît s'être perpétué jusqu'au temps de Josué, et même des juges. On voit en général dans ces anciens l'origine du Sanhédrin. — Dans la primitive Église, le titre d'ancien s'appliquait aux prêtres et aux évêques. — Chez les calvinistes, les anciens sont des personnes choisies d'entre le peuple pour composer le consistoire conjointement avec les pasteurs. || Conseil des Anciens. Nom que reçut dans la constitution de l'an III une des deux sections du corps législatif, celle à qui appartenait exclusivement le droit d'approuver ou de rejeter les résolutions de l'autre section appelée Conseil des Cinq Cents. Le Conseil des Anciens était composé de 250 membres. || Littér. *Querelle des Anciens et des Modernes*. Célèbre querelle littéraire qui remplit la plus grande partie du xviie s., et le commencement du xviiie. Elle fut une réaction contre l'enthousiasme sans bornes qu'avait montré la Renaissance pour les écrits de l'antiquité. En 1635, l'abbé de Bois-Robert, un des familiers du cardinal de Richelieu, attaqua Homère dans un discours devant l'Académie ; quelques années plus tard, le poète Desmarets de St-Sorlin, collaborateur du cardinal dans ses essais dramatiques, posa franchement la thèse de la supériorité des anciens sur les modernes. D'après lui, la vérité divine ayant été révélée aux hommes par l'Évangile, les modernes, par la vertu du christianisme, devaient être nécessairement supérieurs aux païens. Il soutenait que la Bible était pour la poésie une source infiniment plus riche que la mythologie. Malheureusement les théories esthétiques que développait Desmarets dans ses discours (*Traité pour juger les poètes grecs, latins et français*, 1670 ; *Discours pour prouver que les sujets chrétiens sont seuls propres à la poésie héroïque*, 1673 ; *Défense du poème héroïque*, 1674) étaient compromises par les mauvais poèmes dans lesquels il les appliquait (*Marie-Madeleine*, 1669 ; *Clovis, poème héroïque*, 1670). Les anciens trouvèrent des défenseurs dans Corneille, dans Santeuil, dans Boileau surtout qui ne ménagea pas les épigrammes à Desmarets. Le P. Bouhours (*Entretien d'Ariste et d'Eugene*, 1671) essayait sans succès de concilier les deux partis. Desmarets mourut en 1626, mais ses idées trouvèrent des défenseurs dans Fontenelle et surtout dans Charles Perrault qui lut en 1687, devant l'Académie, son poème du *Siècle de Louis XIV*, et publia de 1688 à 1699 son *Parallèle des anciens et des modernes*, 4 vol. in-12. Il opposait Mézeray à Tite-Live, Le Maistre à Cicéron, Chapelain, Desmarets et Scudéry à Virgile et à Homère, Voiture, Benserade et Sarrazin à Tibulle, à Properce et à Ovide. Boileau répondit en 1694 à Perrault par ses *Réflexions sur Longin*. En 1699, Mme Dacier traduisait l'*Iliade* et, dans la préface de sa traduction, attaquait vigoureusement les ennemis d'Homère. Un partisan des modernes, La Motte, traduisait à son tour l'*Iliade* (1713), mais en la réduisant à douze chants par la suppression de tous les épisodes et en l'accommodant à la mode du temps. Il répondait en même temps avec une courtoisie spirituelle aux attaques souvent trop rudes de Mme Dacier. Celle-ci eut cependant le dernier mot dans sa *Préface à la traduction de l'Odyssée*, 1716. La paix se fit entre les deux principaux champions et la querelle prit fin par la lassitude des deux partis plutôt que par la victoire de l'un des deux. Dans cette querelle, Basnage, Bayle, les Jésuites (dans le *Journal de Trévoux*). le *Mercure galant*, l'abbé d'Aubignac, l'abbé Terrasson avaient, à des degrés divers, pris parti pour les modernes, contre les anciens, qu'avaient défendus Dacier, Longepierre, l'évêque d'Avranches, Huet, et, en dernier lieu, Rollin dans son *Traité des Études*. Après Bouhours, le P. Buffier, Fourmont et Fénelon (*Lettre à l'Académie*, 1714) étaient intervenus dans le débat pour tenter de mettre d'accord les opinions opposées. — La querelle des anciens et des modernes n'avait pas occupé seulement les écrivains français. Elle avait été portée en Angleterre par St-Evremond, partisan des modernes dont la cause soutenue par Wotton, Bentley, Boyle, Swift fut combattue par W. Temple. — Cf. *Histoire de la querelle des anciens et des modernes*, par H. Rigault, Paris, 1856, in-8°. || Syn. *Ancien, antique, vieux*, Qui existe depuis longtemps *Ancien* a rapport au siècle ; *vieux* à l'âge. Démosthène est plus ancien que Cicéron. Virgile était plus vieux qu'Horace. *Ancien* est opposé à *moderne* ; *vieux* à *jeune*. On dit une maison ancienne quand on parle de la famille, une vieille maison quand on parle du bâtiment. *Antique* désigne une grande ancienneté ; il enchérit sur ancien. Il ne se dit d'une personne que par exagération et en plaisantant. En parlant des choses, ancien se dit de celles dont l'usage est passé ; vieux de celles qui tombent en décadence, en désuétude; antique de celles dont l'existence remonte bien avant dans les siècles. — *Ancien ami, ami ancien.* Un ancien ami est un homme qui a cessé d'être ami ou du moins avec qui les relations sont devenues moins étroites. Un ami ancien est un homme avec qui on est ami depuis longtemps.

ANCIENNAT. s. m. Institut des anciens dans l'Église protestante.

ANCIENNE-LORETTE. 2,500 h. Vie du Canada, comté et à 11 kil. de Québec. Il y subsiste des descendants d'un parti de Hurons qui s'y était réfugié en 1630.

ANCIENNEMENT. adv. Autrefois, dans les siècles passés, depuis longtemps. Anciennement on vivait d'une autre manière. Loi anciennement établie. || Syn. *Anciennement, autrefois, jadis.* Anciennement représente le passé comme reculé et par rapport aux usages qu'on y suivait. Autrefois s'emploie pour marquer un contraste entre le passé et le présent. Jadis peint le passé comme meilleur. Anciennement on avait coutume d'oindre le corps de ceux qui devaient combattre dans les spectacles publics. (Fén.) Autrefois notre musique était pleine de fredons, présentement on a commencé à se rapprocher de la musique des anciens. (Fén.) Ce n'était pas jadis sur ce ton ridicule Qu'Amour dictait les vers que soupirait Tibulle. (Boil.) O trop funeste hymen, ô feux jadis si doux. (Volt.)

ANCIENNETÉ. s. f. Qualité de ce qui est ancien. L'ancienneté d'un édifice, d'un meuble, d'une loi, d'une coutume. || Antiquité plus ou moins reculée. Ancienneté d'une famille, d'une maison. || Priorité de réception dans un corps, dans une compagnie. Ordre, rang, droit d'ancienneté. Avancement dû à l'ancienneté. On avance dans l'armée à l'ancienneté ou au choix. || Loc. adv. De toute ancienneté, Depuis un temps immémorial. Cela s'est fait de toute ancienneté. || Jurisp. L'ancienneté, c.-à-d. la priorité d'admission dans un corps, dans une compagnie, se détermine par l'installation ou le serment. Elle fixe les rangs, la préséance des magistrats, des avocats, etc. Dans les compagnies de notaires et d'avoués, le plus ancien est de droit membre de la chambre. Entre deux avocats qui ont obtenu égalité de suffrages pour le bâtonnat ou pour le conseil de l'ordre, le plus ancien est élu. || Législ. mil. L'ancienneté dans l'armée a une grande importance, puisque, à grade égal le plus ancien commande, et que, pour les grades inférieurs, une partie de l'avancement a lieu à l'ancienneté. — *Ancienneté de grade.* L'ancienneté de grade détermine le rang des militaires du même grade. Cette ancienneté part pour les officiers, sauf déductions, s'il y a lieu, de la date du brevet qui lui-même compte du jour du décret par lequel le chef du pouvoir exécutif a conféré le grade. A égalité d'ancienneté de grade, la priorité de rang se détermine par l'ancienneté dans le rang immédiatement inférieur. Le rang des sous-officiers exerçant le même emploi est déterminé entre eux par l'ancienneté dans l'emploi, qui compte du jour où la nomination a été mise à l'ordre du régiment. Le rang des caporaux et brigadiers est déterminé par l'ancienneté dans le grade comptée de la mise à l'ordre du régiment. A égalité d'ancienneté de grade, le rang est déterminé par la date de l'arrivée sous les drapeaux, ensuite par l'âge, et enfin par le sort. — *Ancienneté de service.* Elle date pour les appelés, substituants, engagés volontaires, du jour de leur mise en route, s'ils sont arrivés à leurs corps respectifs dans les délais fixés ; pour les marins, du jour de l'incorporation dans l'armée de mer si elle a lieu après l'âge de 16 ans, ou de cet âge si elle a eu lieu plus tôt. Le temps passé aux écoles par les élèves de l'Ecole polytechnique, les vétérinaires, etc., leur compte comme 4 années de service effectif. — *Liste d'ancienneté.* Elle est établie chaque année dans tous les corps pour l'inspection générale. Elle comprend tous les officiers de l'arme : ils sont placés par grade et par rang d'ancienneté par grade, quelles que soient les fonctions qu'ils exercent. Dans les corps où l'emploi du grade de lieutenant et celui du grade de capitaine se subdivisent en 1re et 2e classe, la liste d'ancienneté de ces officiers est, en outre, établie par subdivision d'emploi. Le classement des officiers promus le même jour, à un même grade, est basé exclusivement sur le rang qui leur était assigné par la liste d'ancienneté dans le grade immédiatement inférieur. L'inspecteur général arrête la liste d'ancienneté après avoir statué sur les réclamations. — *Avancement à l'ancienneté,* Droit d'avancement accordé par la loi actuellement en vigueur aux sous-lieutenants, lieutenants et capitaines, mais seulement pour la part qui lui est dévolue. (V. *Avancement.*) Aucun officier ne peut obtenir de l'avancement à l'ancienneté, s'il n'est en activité de service ou en non-activité par suite de licenciement, de suppression d'emploi, ou de rentrée de captivité à l'ennemi, ou enfin s'il n'est prisonnier de guerre. Tout officier irrégulièrement absent de son corps ne peut prétendre à l'avancement qui lui reviendrait à l'ancienneté pendant son absence ; cet avancement est donné a l'officier le plus ancien après lui. A sa rentrée au corps, il reprend ses droits à l'avancement à venir. En Allemagne, en Autriche, l'avancement pour tous les grades a lieu presque exclusivement a l'ancienneté, mais on exige de l'officier la preuve qu'il possède l'aptitude nécessaire à remplir les fonctions du grade supérieur.

ANCIÈRE. s. f. Mar. V. *Haussière.*

ANCILE. s. m. Antiq. rom. Bouclier sacré en forme de caisse de violon conservé à Rome dans le temple de Mars sous la garde des prêtres saliens (V. *Saliens*). On le disait tombé du ciel aux pieds de Numa pendant qu'il offrait un sacrifice et on le regardait comme un gage de la durée de l'Empire. Pour rendre plus difficile l'enlèvement de ce bouclier, Numa en fit fabriquer onze autres semblables afin que les voleurs ne pussent reconnaître le véritable.

ANCILLAIRE. adj. 2 g. (lat. *ancillaris;* de *ancilla,* servante). Qui appartient, qui a rapport aux servantes. Néol. Ménage reproche à La Fontaine ses amours ancillaires. (Sainte-Beuve.) || ANCILLAIRE. s. f. Zool. G. de mollusques gastéropodes, fam. des olivides. Plus de la columelle réunis en torsade ; pas de canal spiral ; pied très développé, dont les bords dépassent la coquille.

ANCILLON. (il mll.). Famille de protestants français, réfugiés en Allemagne au XVIIe s., qui a produit plusieurs hommes distingués : ANCILLON (David). Né à Metz, en 1617, m. a Berlin en 1692; étudia la théologie protestante à Genève, fut pasteur à Meaux, puis à Metz, passa en Allemagne après la révocation de l'édit de Nantes et remplit les fonctions de pasteur à Hanau, puis à Berlin. *Apologie de Luther, de Zwingle, de Calvin et de Bèze.* Hanau, 1666, et plusieurs autres écrits théologiques. || ANCILLON (Joseph). Frère du précéd., né à Metz, 1626, m. a Berlin, 1719. jurisconsulte, fondateur des justices françaises du Brandebourg. A publié, sans y mettre son nom, *Traité de la différence des biens, meubles et immeubles dans la coutume de Metz,* Metz, 1698, in-12. ouvrage souvent cité dans les tribunaux de la juridiction du parlement de Metz, et plusieurs traités de jurisprudence qui n'ont pas été imprimés. || ANCILLON (Charles). Fils de David, né à Metz, 1659, m. a Berlin, 1715. D'abord avocat à Metz, suivit son père en exil, devint juge de la colonie française à Berlin, puis, en 1701, historiographe du roi de Prusse, Frédéric Ier. Parmi ses nombreux ouvrages, on cite particulièrement : *L'irrévocabilité de l'Edit de Nantes prouvée par les principes du droit et de la politique,* Amsterdam, 1688, in-12; *Histoire de l'établissement des Français réfugiés dans les Etats de Brandebourg,* Berlin, 1690, in-8o ; *Histoire de la vie de Soliman II,* Rotterdam, 1706, in-8o; *Mémoires concernant les vies de plusieurs modernes célèbres dans la république des lettres,* Amsterdam, 1709, in-12. || ANCILLON (David). Frère du précédent; né à Metz, 1670, m. à Berlin, 1723; étudia la théologie à Genève et à Francfort-sur-l'Oder, devint pasteur de l'église française de Berlin, et fut chargé par le roi de Prusse de plusieurs missions diplomatiques en Angleterre, en Hollande, en Suisse et en Pologne. || ANCILLON (Louis-Frédéric). Petit-fils de Charles; né à Berlin, 1744, m. en 1814; pasteur, auteur de l'*Oraison funèbre* d'Amélie de Brunswick-Wolfenbuttel, 1780, in-8o, et de celle de Frédéric II, 1786, in-8o; d'un *Eloge de Saumaise,* couronné par l'Académie de Dijon, etc. || ANCILLON (Jean-Pierre-Frédéric). Fils du précédent, historien et homme d'Etat prussien ; né à Berlin, 1766, m. en 1837. Il étudia la théologie à Genève, devint en 1790 pasteur de l'église française de Berlin ; en 1792, professeur d'histoire à l'Académie militaire, puis associé et secrétaire de l'Académie des sciences de Berlin et historiographe royal. Chargé en 1810 de l'éducation du prince royal (depuis Frédéric-Guillaume IV), il l'accompagna à Paris en 1814, devint à son retour conseiller de légation et directeur au ministère des affaires étrangères. Il était associé étranger de l'Académie des sciences morales et politiques. En 1785, il publia sa première brochure sur cette question : *Comment peut-on rappeler à la raison les nations livrées à l'erreur?* Le choix du sujet indique déjà quelle était la nature d'esprit d'Ancillon, ennemi avant tout des extrêmes, et qui, dans ses autres ouvrages, poursuit la conciliation sur tous les terrains. Sa pensée dominante, en effet, correspond assez justement à ce que la théologie protestante devait nommer plus tard la *théorie du juste milieu:* c'est une sorte de rationalisme, qui cherche un point stable, mais bien difficile a trouver, pour ne pas dire introuvable, entre les affirmations contradictoires des déistes et des athées, du matérialisme et du spiritualisme, des dogmatiques et des sceptiques. Quoique une telle doctrine prête à bien des critiques, il faut pourtant saluer en Ancillon un des promoteurs de la réaction spiritualiste du commencement du siècle. — Ancillon fut très apprécié de ses contemporains. Allemand par l'éducation et Français par l'esprit, il eut aussi du succès parmi nous : en 1810, l'Institut de France l'appelait « le digne héritier de Leibnitz ». Son ouvrage capital, est le *Tableau des révolutions du système politique de l'Europe depuis la fin du XVe s.,* Berlin, 1803-1805, 4 vol. in-8o, écrit en français, mais qu'il traduisit lui-même en allemand, sous le titre de *Considérations générales sur l'histoire,* Berlin, 1806. Il faut encore citer de lui *La Science de l'Etat* (1824), ouvrage qui fut traduit et annoté par M. Guizot; les *Essais politiques;* les *Nouveaux essais de politique et de philosophie;* un *Essai sur les grands caractères;* du *Médiateur entre les extrêmes; De l'esprit des constitutions et de son influence sur la législation,* Berlin, 1825, en all. trad. en franç. par Ch. Muteau; *De la foi et du savoir en philosophie,* Berlin, 1824, in-8o, en all.; *Mélanges de littérature et de philosophie,* 3e éd., Paris, 4 vol., 1823; *Nouveaux mélanges,* 2 vol., 1817; nouv. édit., 1832; *Pensées sur l'homme,* Berlin, 1839, 2 vol. in-8o.

ANCINA (Jean-Juvénal). Poète italien, né à Fossano, 1545-1604. Etudia les sciences, la médecine et la poésie à Montpellier, puis a Mondovi, se fit prêtre et devint évêque de Saluces. Il a laissé un poème latin en deux chants en l'honneur de l'université de Mondovi, *De Academia subalpina,* 1565, in-8o, un recueil d'odes, et des poésies spirituelles en lat. et en italien.

ANCINE. s. m. G. de crustacés isopodes, fam. des sphæromides. Caractères génériques : le corps est très aplati, à bords à peu près parallèles ; les deux pattes antérieures terminées par une large main pourvue d'un ongle robuste très mobile ; les pattes de la seconde paire sont également pourvues d'un fort crochet, mais la main est plus grêle et recourbée en arc. Mœurs inconnues.

ANCIPITÉ, ÉE. adj. (lat. *anceps, ancipitis,* à deux tranchants ; de *an,* pour *amb,* des deux côtés, et *cep,* pour *caput,* face, tête). Bot. Se dit de toute partie de plante qui est comprimée sur ses deux faces et qui a deux bords plus ou moins tranchants. Feuilles, tiges, pétioles, pédoncules ancipités.

ANCKARSTROEM ou **ANKARSTROEM** (Jean-Jakob). Gentilhomme suédois qui assassina le roi de Suède, Gustave III. Né en 1762, il servit dans l'armée qu'il quitta en 1783, avec le grade de capitaine. Les mesures prises par Gustave III, en 1789, contre la noblesse et le sénat excitèrent sa haine contre le roi. Arrêté en 1790 dans l'île de Gottland sous l'inculpation de propos offensants tenus contre le roi, il dut être relâché faute de preuves. Il vint alors à Stockholm et forma avec plusieurs mécontents, le général Pechlin, les comtes de Horn et de Ribbing, le colonel Lilliehorn, Bielke et d'autres, un complot contre la vie du roi. Désigné par le sort pour frapper le roi, il tira sur lui un coup de pistolet pendant un bal masqué dans la nuit du 15 mars 1792; blessé mortellement, Gustave III expira le 29. Arrêté le lendemain du crime, Anckarstrœm fut décapité le 27 avril après avoir été fouetté trois jours. Ses complices furent bannis ou emprisonnés; l'un d'eux, Bielke, s'empoisonna dans sa prison.

ANCKARSWAERD (Charles-Henri, comte). Homme d'Etat suédois, né à Sweaborg, 1782, m. à Stockholm, 1865; servit dans la guerre de Norwège, contribua en 1809 au renversement de Gustave IV, devint colonel dans l'état-major du prince-roi (Bernadotte), mais protesta contre l'alliance de celui-ci avec les ennemis de la France et donna sa démission, 1813. Élu député en 1817, il fut, à la chambre, l'orateur et le chef de l'opposition. Il a écrit : *Principes politiques*, 1833.

ANCKER DE ZWOLLE. Graveur hollandais du XVe s. Ses gravures sont rares et estimées.

ANCKWITZ (Nicolas, comte). Diplomate polonais, 1750-1791; signa comme ministre plénipotentiaire du roi Stanislas le traité du 23 juillet 1793 qui consomma le partage de la Pologne. Accusé d'avoir trahi les intérêts de sa patrie, il fut arrêté lors de l'insurrection de Varsovie en 1794, traduit devant un tribunal révolutionnaire et pendu.

ANCLABRE. s. m. (lat. *anclabris*). Antiq. rom. Table légèrement concave qui servait comme d'autel pour les sacrifices. On y plaçait les instruments et les entrailles des victimes pour l'inspection des devins.

ANCLAM ou **ANKLAM.** 12,000 h. Vle et port de Prusse (Poméranie), a 84 kil. N.-O. de Stettin, sur la Peene, à 8 kil. de son embouchure dans le Kleines-Haff. Église Notre-Dame, XIIIe s. École de guerre (depuis 1871). Vle commerçante et manufacturière : draps, toiles, savon, carton-pierre ; extraction de tourbe dans les marais voisins de la ville.

ANCŒUR. s. m. A. vétér. Enflure du fanon chez les bêtes à cornes. On dit aussi *Avant-cœur, Anti-cœur.* (V. ces mots.)

ANCOLIE. s. f (altération du mot lat. *aquilegia*, dérivé, soit d'*aquila*, aigle, parce que ses nectaires sont recourbés comme un bec d'aigle, soit d'*aquilegium*, réservoir d'eau, parce que son périanthe a la forme d'une urne, soit d'Aquilée, ville d'Italie, où cette plante croissait en abondance. — On trouve *anquelie* dans Froissard; le wallon a conservé la forme *âcolete*). Bot. G. de renonculacées, tribu des aquilégiées. Les ancolies ou aquilégies, sont des herbes vivaces, à fleurs composées de nombreux verticilles pentamères et alternes, à calice formé de cinq sépales pétaloïdes, à corolle de cinq pétales aplatis ou munis chacun au-dessus de l'onglet, d'un long éperon, à androcée formé de huit à dix verticilles d'étamines, à cinq carpelles libres, plurivulves. L'ancolie *vulgaire (aquilegia vulgaris)*, est une plante à souche souterraine, ramifiée, charnue, émettant, chaque année, plusieurs rameaux aériens dressés, ramifiés dans leur partie supérieure, un peu pubescents, hauts de 30 à 90 centimètres. Chaque rameau porte plusieurs fleurs, dont une terminale, développée avant les autres, qui sont solitaires dans l'aisselle des bractées. Celles-ci sont découpées en trois segments entiers. Les feuilles sont alternes; celles de la base, longuement pétiolées, celles de la tige, presque sessiles, et d'autant plus petites qu'elles sont situées plus haut ; les plus grandes sont décomposées-ternées, les plus petites simplement composées. Elle n'est actuellement cultivée que pour ses belles grappes de fleurs pendantes bleues, rouges ou violettes (vulg. *gants de Notre-Dame, manteau royal, églantine* ou *aiglantine, colombine, herbe de lion*). On cultive encore dans les jardins l'*ancolie des Alpes*, l'*ancolie de Sibérie*, l'*ancolie du Canada.* — Autrefois assez souvent employée en médecine, cette plante est auj. bien délaissée. Ses propriétés âcres doivent ne la faire employer qu'avec une certaine prudence. Dans les campagnes on fait encore avec les graines de cette plante une émulsion contre les *croûtes de lait.* Les anciens l'employaient souvent pour favoriser la sortie des éruptions de la rougeole, de la scarlatine et de la variole. Des observations récentes justifient cette confiance. On l'emploie à la dose de 4 à 8 gr. en poudre ou en infusion. Les vétérinaires s'en servent aussi pour favoriser la sortie du claveau. Enfin ses fleurs servent à faire un sirop contre la toux. La teinture faite avec les pétales constitue un réactif qfois employé en chimie, et remarquable par sa belle couleur bleue.

ANCON. s. m. (gr. *agkôn*, coude, courbure extérieure du coude). Antiq. Support d'une corniche. || Vase en terre qui servait à Rome à contenir le vin. || Bras de fauteuil ou de chaise. || Agrafe ou crampon en bois ou en métal servant à relier les assises d'une maçonnerie ou les blocs de pierre d'une construction.

|| Branches de l'équerre des charpentiers et tailleurs de pierres. || Griffes ou extrémités d'une perche fourchue servant aux chasseurs à suspendre leurs filets. || Agric. Race anglaise de moutons. Dans le troupeau de cette ferme (Seth Wright, 1791), il naquit un agneau qui, sans cause connue, avait le corps plus long que tous les divers types de l'espèce ovine; de plus, ses jambes étaient très courtes, et celles de *devant* crochues. Sa singularité le fit entourer de soins particuliers, et ce seul individu anomal devint la souche de la race loutre ou ancon des Anglais. (Raveret-Wattel.)

ANCONA (Ciriaco D'). Voyageur et antiquaire italien, né à Ancone vers 1391, visita la Grèce et l'Orient d'où il rapporta un grand nombre de manuscrits et d'inscriptions. *Itinerarium* (1441), imprimé à Florence seulement en 1742 ; *Epigrammata reperta per Illyricum*, Rome, 1664 (collection de 200 inscriptions).

ANCONAGRE. s. f. (du gr. *agkôn*, coude, et *agra*, proie, capture). Méd. Douleur à l'articulation du coude. Ce mot n'est plus employé.

ANCONE. 28,357, hab. (47,729 hab. avec la commune en 1881). Ville forte et maritime d'Italie, sur l'Adriatique, ch.-l. de la prov. de même nom. Evêché. Cour d'appel. Commerce de chanvre et cordages, grains, cuirs et peaux, laines et soies grèges. La franchise de son port, amélioré par Trajan et Benoît XIV, fut établie par le pape Clément XIII, en 1732. Ses monuments principaux sont : la cathédrale, les églises de Santa-Maria del Piazza (1855), de Saint-Augustin (beau portail de 1156), de Saint-Dominique, l'hôtel de ville (XIIIe s.), la Bourse (XVe s.), et deux arcs de triomphe élevés, l'un en l'honneur de Trajan, l'autre du pape Clément XII. La ville bâtie en amphithéâtre doit le nom grec qu'elle porte encore à sa position à l'angle de la péninsule, entre la mer Adriatique et le golfe de Venice (*agkôn*, coude), elle est fortifiée et défendue notamment par une citadelle importante. — Fondée par les Syracusains vers 392 av. J.-C., au temps de Denys l'Ancien, Ancône devint colonie romaine au Ier s. avant J.-C. Elle fut, sous l'empire, une des villes maritimes les plus importantes de l'Adriatique ; la flotte d'Illyrie y avait sa station. Elle eut beaucoup à souffrir des Goths, des Lombards et surtout des Sarrazins qui la dévastèrent en 592. Constituée en république, elle résista en 1174 aux troupes de Barberousse; annexée aux états du pape en 1532, elle fut prise par les Français en 1799, et occupée de nouveau par eux de 1832 à 1838, enfin bombardée par les Autrichiens en 1849. Après une héroïque défense dirigée par le général de Lamoricière, elle tomba au pouvoir des Piémontais, le 29 sept. 1860. Annexée à l'Italie depuis 1861, elle est devenue le grand port militaire du royaume sur l'Adriatique. — *Arc de triomphe.* L'arc de triomphe d'Ancône fut élevé par le sénat à l'empereur Trajan, 112 après J.-C., à l'occasion de la construction d'un nouveau môle. C'est un des monuments de ce genre les mieux conservés ; il était autrefois décoré d'ornements de bronze dont on voit encore les traces. — *Cathédrale d'Ancône.* La cathédrale d'Ancône est bâtie sur une éminence où se trouvait jadis un temple dédié à Vénus dont parlent Catulle (36,13) et Juvénal (IV, 40), et on y a employé quelques colonnes de l'ancien édifice. Elle est dédiée à St-Cyriaque. La construction de l'église actuelle commencée dans la seconde partie du XIe s., se prolongea longtemps et l'édifice est de style mêlé. La forme en est généralement byzantine, et d'autre part l'on y sent l'imitation de la cathédrale de Pise. C'est un vaisseau à trois nefs; l'intersection du vaisseau principal et du transept porte une coupole octogone; les bas côtés sont voûtés en arête et la nef du milieu couverte en bois. Le chœur est une addition postérieure au reste de l'édifice. La façade, qui date du XIIIe s., a un magnifique porche gothique dont les colonnes antérieures reposent sur des lions sculptés. Cette église possède deux cryptes très anciennes, dont l'une contient le curieux sarcophage de Titus Gorgonius, préteur d'Ancône et l'autre les tombeaux de Cyriaque, de St-Marcellin et de St-Libérius. || **ANCONE.** Province d'Italie, *compartimento* des Marches, entre la mer Adriatique à l'E., la prov. de Macerata au S., celle d'Urbin-et-Pesaro au N. et à l'O.

Ancienne délégation des Etats de l'Eglise, enlevée au pape et annexée au royaume d'Italie en 1861. Sol fertile en blé, vin, chanvre, oliviers; élevage de moutons et de porcs. 1,916 kil. car.; 268.333 h. (1876).

ANCONÉ. adj. et s. m. Un des muscles du coude qui a pour fonction d'étendre l'avant-bras sur le bras.

ANCONOCACE. s. f. (du gr. *agkôn*, coude, et *kakia*, mal). Maladie de l'articulation du coude.

ANCORA (Gaetano d'). Antiquaire italien, Naples, 1757-1816. Professeur de grec à l'université de Naples, position qu'il perdit pendant l'occupation française, mais qu'il recouvra en 1815. Il a écrit plusieurs ouvrages et de nombreux articles de revue. *Essai sur l'usage des puits chez les anciens*, 1787, in-8° ; *Antiquités et curiosités naturelles de Pouzzoles*, 1792, in-8° ; *De la construction des cités chez les anciens ; Essai sur les jeux publics des Grecs; Réflexions sur l'histoire des géants, etc.*

ANCORALE. s. m. Antiq. rom. Câble de l'ancre. || Orin, ou corde de la bouée, et, par ext., la bouée elle-même.

ANCORINE. s. f. (lat. *ancora*, ancre). Zool. G. de spongiaires, fam. des ancorinides.

ANCORINIDES. s. f. Zool. Fam. de spongiaires de l'ordre des éponges fibreuses ou *fibrospongiæ*, s.-o. des éponges pierreuses ou *lithospongiæ*, caractérisée par la présence de spicules siliceux en forme d'ancre qui dépassent la couche corticale et font saillie au dehors.

ANCORNÉ, ÉE. adj. Blas. Se dit de la corne du bœuf, du taureau, etc., et du sabot du cheval, quand cette corne ou ce sabot est d'un autre émail ou d'un autre métal que le corps St-Bélin, en Champagne : d'azur, à trois rencontres de bélier d'argent, ancornées d'or. On dit aussi Accorné, ée.

ANCRAGE. s. m. Lieu propre et commode pour jeter l'ancre. Ce port offre un ancrage très sûr. || Auj. on dit mieux Mouillage. || *Droit d'ancrage.* Péage exigé, dans certains ports, des navires qui veulent jeter l'ancre. Autrefois ce droit se percevait, en France, au profit du Grand Amiral ; il fut aboli par l'art. 29 de la loi du 27 vendémiaire, an II. Aujourd'hui il est remplacé par les droits d'amarrage et de quai. D'après l'art. 406 du Code de commerce, les droits d'ancrage ne sont pas considérés comme avarie, mais comme simples frais à la charge du navire.

ANCRAMITE. s. f. Miner. Zinc oxydé rouge qui se trouve parmi les minerais de fer de l'Amérique du Nord.

ANCRE. s. f. (lat. *ancora* ; gr. *agkura*, de *agkôn*, coin ; — celt. *ancor*, de *anc*, courbure et *cor*, bras). Instrument de fer, qui a un de ses bouts terminé par un anneau, et l'autre par deux branches formant une espèce d'arc ou d'angle très ouvert, et qu'on laisse tomber, à l'aide d'un câble, au fond de l'eau, où il s'enfonce et s'accroche de manière à retenir le bâtiment. L'anneau ou organeau, la verge, le jas, les bras d'une ancre. La maîtresse ancre. La grande ancre. Jeter, mouiller l'ancre, ou simplement Mouiller. Se tenir, demeurer à l'ancre. Un vaisseau qui a perdu toutes ses ancres, qui chasse sur ses ancres. Lever l'ancre. || Fig. L'ancre est le symbole de l'espérance. Rome était un vaisseau tenu par deux ancres dans la tempête, la religion et les mœurs. (Montesq.) Le christianisme a été l'ancre qui a fixé tant de nations flottantes. (Châteaub.) || *Ancre de miséricorde*, ancre sacrée, ancre de salut, Se disaient autref. de la maîtresse ancre. Aujourd'hui on n'ose plus prier tout haut, et au lieu de l'ancre sacrée, on a l'ancre de quatre mille kilogrammes (A. Jal). — Fig. C'est notre ancre de salut. C'est la seule chose qui puisse nous sauver, c'est la plus sûre de l'unique ressource que nous ayons. || Plusieurs auteurs du XVIe s. ont fait ce mot du masc. Les Estats, conseil de vostre roianme seul et salutaire, auquel vos majeurs ont toujours recours, comme à l'ancre sacré. Après les ancres levez. (D'Aub.) Et à chacun câble un ancre (M. du Bellay.) || Archit. et serrur. Grosse barre de fer qu'on fait passer dans l'œil d'un tirant, pour empêcher, soit l'écartement des murs, soit la poussée des voûtes, ou pour maintenir les tuyaux de cheminée qui sont fort élevés. Il faut mettre une ancre à cette muraille. Il y a des ancres de plusieurs formes. || Horlog. Pièce d'horlogerie ayant la forme d'une ancre, et qui sert dans un système d'horlogerie nommé échappement à ancre. Les horlogers font ce mot du masc. || La figure d'une ancre indique : en cartographie, une victoire navale ; en paléographie, un passage remarquable d'un manuscrit ; l'ancre renversée est l'indication d'un passage inconvenant ; en numismatique, c'est le symbole du royaume de Syrie, sous les Séleucides et de plusieurs villes. || Mar. Une ancre se compose d'un certain nombre de parties qui portent chacune un nom spécial : la *verge* ou la *tige* est une barre droite à section circulaire ou polygonale croissant depuis la partie supérieure terminée par un anneau appelé *organeau* ou *cigale*, jusqu'à la partie inférieure où viennent s'assembler les bras et qui porte le nom de *croisée* ou *encolure* de l'ancre. Les *bras* sont formés par deux pièces de fer perpendiculaires à la tige et plus ou moins recourbées vers la partie supérieure de l'ancre. Leurs extrémités sont munies de palettes triangulaires dont l'extrémité pointue s'appelle le *bec*. Sur la verge, un peu avant d'arriver à l'organeau, on trouve une pièce de bois ou de fer placée dans un plan perpendiculaire à celui des bras et de la tige : c'est le *jas* ou *jouail*, dont le rôle est d'empêcher les bras de reposer à plat sur le fond de la mer et de les forcer à s'accrocher dès qu'ils rencontrent un point d'appui. Le jas est fait en bois ou en fer ; quand il est en bois, la tige porte, au point où il doit s'adapter, une partie carrée destinée à assurer la direction du jas ; quand celui-ci est en fer c'est lui qui traverse la tige dans laquelle on a percé une ouverture cylindrique. Ce dernier cas est le plus fréquent surtout pour les ancres de grande dimension. Pour jeter l'ancre, on la laisse simplement tomber à la mer en filant une quantité de chaîne suffisante pour qu'elle arrive au fond ; une fois qu'elle l'a rencontré, on laisse encore dériver le navire en lâchant une certaine quantité de chaîne afin que la traction ne s'opère pas de bas en haut, mais le plus obliquement possible. — Quand on veut lever l'ancre, on s'approche d'elle peu à peu de manière à arriver presque à pic et dans cette position on la fait généralement déraper assez facilement au moyen du cabestan. Dans les bateaux de petit tonnage on se sert d'une ancre à quatre bras plus communément appelée *grappin*. Dans les navires de fort tonnage il y a plusieurs ancres : les ancres de *bossoir* qui sont suspendues à l'avant du navire aux pièces de charpente dont elles empruntent le nom. Ce sont celles qui servent le plus souvent ; les ancres de *veille* suspendues le long des porte-haubans de misaine servent à aider les ancres de bossoir ou à les remplacer au besoin. La *maîtresse ancre* ou *ancre de miséricorde* dont le poids est de beaucoup supérieur à celui des autres ancres, ne sert que dans des cas tout à fait exceptionnels et presque désespérés. Son poids dépasse quelquefois quatre tonnes. || Antiq. chrét. L'ancre, ἡ ἄγκυρα ναυτική, était, d'après S. Clément d'Alexandrie, l'un des principaux symboles que les premiers chrétiens faisaient graver sur leurs anneaux. Ils la considéraient comme un signe d'espérance, de fermeté dans la foi, d'une conscience toujours en éveil, qui empêche de naufrager, soit dans les orages des passions humaines, soit dans les tempêtes des persécutions. S. Paul avait dit : « Nous avons une puissante consolation, nous qui avons cherché à saisir l'espérance qui nous est proposée, espérance qui sert à notre âme comme d'une ancre ferme et assurée et qui pénètre jusqu'au sanctuaire qui est au dedans du voile, où Jésus est entré comme notre précurseur. » Plusieurs Pères ont commenté ces paroles ; Ruffin d'Aquilée les résume tous : « Le navigateur, quand il craint la tempête, jette son ancre. Nous aussi, si nous avons l'ancre de l'espérance fixée en Dieu, nous ne redouterons aucune tempête de ce monde. » Pour montrer que leur espérance était ancrée en J.-C., les premiers chrétiens, comme nous le voyons par les inscriptions des tombeaux et des cimetières, associaient la figure de l'ancre, soit avec le signe du *poisson* ou du dauphin qui était le symbole du fils de Dieu, tantôt à son nom grec ΙΧΘΥΣ, tantôt à son monogramme χ, première lettre du nom du

Christ χριστός. Souvent même l'ancre est surmontée de la croix.

ANCRE. Géog. Petite riv. de France, affl. de la Somme au-dessus de Corbie, arrose Albert où elle forme une cascade artificielle de 15 m. de haut. Cours 42 kil. || ANCRE, Pte. vle du dép. de la Somme, arr. de Péronne, autref. ch.-l. d'un duché ; elle s'appelle auj. *Albert*, nom patronymique du duc de Luynes qui la posséda et la fit ériger en duché-pairie (1620). (V. *Albert*.)

ANCRE (Maréchal d'). V. *Concini*. || ANCRE (Maréchale d'). V. *Galigaï*.

ANCRÉ, ÉE. adj. Blas. Se dit des croix et des sautoirs dont les extrémités se divisent et sont disposées comme les becs d'une ancre. Ex.: Broglio, originaire de Piémont : d'or, au sautoir ancré d'azur.

ANCRER. v. n. Jeter l'ancre. Nous ancrâmes dans une mauvaise rade. (Châteaub.). On dit plutôt auj. Mouiller. || Abs. Ils abordent au port, ils ancrent, ils descendent. (Corn.). || v. a. Archit. Ancrer une cheminée, un mur. Ancrer les pierres d'une jetée. — Fig. Affermir. Son mérite l'avait de plus en plus ancré dans la faveur du roi. (St-Sim.) La maladroite franchise qu'on mettait à ébranler son opinion ne faisait que l'ancrer dans cette conviction. (G. Sand.) || S'ANCRER. v. pr. S'attacher fortement à. Le vœcoa, qui s'ancre et se cramponne à la terre. || S'établir, se consolider dans une situation, un emploi. Il cherche à s'ancrer dans sa place, dans cette maison, auprès du prince. || ANCRE, ÉE. p. pas. Un vaisseau ancré. || Dont le vaisseau est à l'ancre. Le capitaine Langford, au port et bien ancré, vit la trombe venir, et sur-le-champ partit. (Michelet). || Fig. La vanité est si bien ancrée dans le cœur de l'homme, qu'un goujat, un marmiton, un crocheteur, se vante et veut avoir des admirateurs. (Pasc.) Une fois ancré dans les bonnes grâces du prince, il songea à renverser ses ennemis. (Roll.) Que de tombeaux grecs et romains, dont les pierres étaient ancrées de fer, ont disparu. (B. de St-P.)

ANCREUR. s. m. Zool. Se dit des palpes qui, chez quelques arachnides, font office d'ancres.

ANCROIA (La Reine). Un des romans du cycle carlovingien, dont l'héroïne est une princesse sarrazine qui est vaincue et tuée par Roland. Ce roman, rempli d'aventures magiques, d'histoires de nains et de géants, a été imprimé pour la première fois à Venise, en 1499.

ANCRUM. 400 h. Vge de l'Écosse mérid., cté de Roxburgh, sur l'Ale, à 5 kil. N. de Jedburgh. Défaite des Anglais par les Écossais commandés par le comte d'Angus en 1545. — Le poète Thomson, auteur des *Saisons*, vécut longtemps dans le presbytère de ce village. — Près de là, château de *Mount-Teviot*, résidence du marquis de Lothian, qui porte aussi le titre de comte d'Ancrum.

ANCRURE. s. f. Archit. Barre de fer passée dans l'anneau d'un tirant pour résister à la poussée des voûtes. || Manuf. de draps. Défaut dans la pièce, qui provient de ce que, n'étant pas également tendue partout lorsqu'on la tond, elle se trouve rasée de plus près dans certaines parties que dans les autres.

ANCUD ou **SAN CARLOS.** 5,000 h. Vle du Chili, capit. de l'île et prov. de Chiloë. Port de relâche des baleiniers des mers du Sud. Commerce de bois et jambons.

ANCUS MARTIUS. Quatrième roi de Rome, petit-fils de Numa Pompilius, régna de 638 à 614 av J.-C. Prince religieux et pacifique, il restaura les institutions religieuses et favorisa l'agriculture. Malgré ses goûts pour la paix, il eut à soutenir plusieurs guerres contre les peuples voisins qu'il vainquit et transporta sur le mont Aventin. Il relia le Janicule à la ville par un pont de bois (*Pons Sublicius*), construisit le célèbre aqueduc appelé *Aqua Martia*, et fonda, à l'embouchure du Tibre, la ville d'Ostie dont il fit le port de Rome.

ANCY-LE-FRANC, anc. *Anclacum* 1,716 h. Bg de France (Yonne), arr. et à 18 kil. S.-E. de Tonnerre ; ch.-l. de cant. sur l'Armançon et le canal de Bourgogne ; station du ch. de fer de Paris à Lyon. Forges et hauts fourneaux ; carrières de pierre de taille. Dans le cimetière, jolie chapelle de la Renaissance. Magnifique château de la Renaissance commencé en 1543 par Antoine de Clermont-Tonnerre.

Acheté par Louvois en 1688 et possédé par sa famille, il a été remanié au XVIII⁰ s. et restauré de nos jours par le comte de Clermont-Tonnerre, son propriétaire actuel. L'intérieur décoré avec goût renferme des fresques attribuées à Nicolo dell'Abbate et divers objets d'art. — Cant. : 19 comm. ; 9,733 h.

ANCYLE. s. m. G. de mollusques gastéropodes, ordre des pulmonés, fam. des limnéides. Coquille mince, patelliforme ; appendice au manteau, au-dessus de l'orifice respiratoire. Toutes les espèces connues sont très petites, et d'une étude difficile en raison de la mollesse du corps de l'animal. L'*ancylus fluriatilis* a une coquille sénestre, l'*a. lacustris* une coquille dextre. Se trouvent en abondance dans les ruisseaux, rivières et étangs.

ANCYLOCERAS. s. m. (du gr. *agkulos*, courbe, et *keras*, corne). Paléont. G. de mollusques céphalopodes de la fam. des ammonitides, pourvus d'une coquille à lobes persillés et dont les tours disjoints sont enroulés dans un même plan, mais le dernier est projeté en forme de crosse. Déjà nombreux à l'époque jurassique, ce genre atteint son maximum de développement dans les terrains crétacés.

ANCYLODON. s. m. (du gr. *agkulos*, crochu ; et *odous, odontos*, dent). Zool. G. de poissons osseux acanthoptérygiens, fam. des sciænides, très voisins des otolithes, mais ayant des dents longues et pointues sur les côtés de la mâchoire inférieure, tandis que les premiers ont dans cette région des dents en velours. Les uns et les autres ont une vessie natatoire avec deux prolongements en forme de cornes. Hab. la Guyane.

ANCYLOGLOSSE. (du gr. *agkulos*, recourbé, et *glossa*, langue). V. *Ankyloglosse*.

ANCYLOMELE. s. f. (du gr. *agkulos*, recourbé, et *mélé*, sonde). Sonde recourbée.

ANCYLOMERE. V. *Anchylomère*.

ANCYLOSTOME, ANCHYLOSTOME ou **ANKYLOSTOME.** s. m. (du gr. *agkulos*, courbe, et *stoma*, bouche.) Petit vers parasite de l'ordre des nématodes, fam. des strongylides. L'*ancylostomum duodenale*, long de 1 à 2 cent., habite le duodénum de l'homme, qfois. en énorme quantité. Au moyen de quatre fortes dents dont sa bouche est armée, il se fixe sur la muqueuse et en suce le sang. Il est surtout fréquent en Égypte où il est la cause d'une maladie particulière, la *chlorose d'Égypte*. (V. *Chlorose*.) Il paraît également avoir joué un certain rôle dans l'anémie des ouvriers employés au percement du St-Gothard. — Une autre espèce a été récemment découverte dans les déjections des malades atteints de la diarrhée de Cochinchine.

ANCYLOTHERIUM. s. m. (du gr. *agkulos*, crochu et *thérion*, animal). G. d'édenté fossile trouvé à Pikermi par M. Gaudry et que ses caractères ostéologiques montrent avoir été marcheur et non grimpeur comme le *macrotherium*, édenté trouvé dans le même endroit.

ANCYLOTOME ou **ANKYLOTOME.** s. m. (du gr. *agkulos*, crochu, *tome*, section). Bistouri recourbé.

ANCYRACANTHE. s. m. G. de vers nématodes de la fam. des filarides caractérisé par quatre lames membraneuses découpées, placées en croix, autour de la bouche ; vivent en parasites les unes dans l'estomac des guêpiers, d'autres dans la vessie natatoire des saumons.

ANCYRE. Géog. anc. Vle de l'Asie-Mineure, auj. *Angora* (V. ce mot.). Fondée par le roi de Phrygie, Midas, elle fut, lorsque des tribus gauloises s'établirent en Asie-Mineure, bâtie à nouveau par les Volces Tectosages qui en firent leur capitale. Elle atteignit sa plus grande importance sous les Romains qui en firent la capitale de la Galatie 1re. Embellie par Auguste, à qui les habitants reconnaissants élevèrent un temple dont les ruines subsistent encore, elle devint le point le plus important de la route qui, de Byzance, conduisait en Syrie, et le centre d'un commerce considérable. Elle fut prise par les Perses en 619, par les Sarrasins en 1085, par les Croisés en 1102. C'est aux environs que Tamerlan remporta (27-28 juillet 1402) une sanglante victoire sur le sultan Bajazet qui y fut fait prisonnier || *Monument d'Ancyre*. Célèbre inscription en latin et en grec gravée sur les murs du temple élevé à Ancyre en l'honneur « du dieu Auguste et de la déesse Rome. »

Cette inscription est une copie, avec la traduction eu grec, de celle qui existait à Rome gravée sur deux piliers d'airain devant le mausolée d'Auguste, au Champ-de-Mars ; elle renferme le sommaire du règne d'Auguste et le testament de cet empereur. C'est un des textes épigraphiques les plus importants de l'antiquité. Découverte en 1554 par Gislen de Busbecq, cette inscription a été publiée par Schott en 1579. M. Georges Perrot en a donné une meilleure lecture en 1862 ; on lui doit d'avoir mis entièrement au jour l'inscription grecque en partie cachée par des constructions modernes. Cf. Perrot et Guillaume, *Exploration archéologique de la Galatie et de la Bithynie*, 2 vol. in-4°, Paris, 1862 ; Mommsen, *Res gestæ divi Augusti*, Berlin, 1865 ; Bergk, *Augusti rerum a se gestarum index cum græca metaphrasi*, Gœttingue, 1873.

ANCYROÏDE. adj. 2 g. (du gr, *agkura*, ancre, et *eidos*, aspect). Qui a la forme d'une ancre ou d'un crochet. || Anat. *Cavité ancyroïde*, Nom donné au prolongement postérieur du ventricule latéral du cerveau. — *Apophyse ancyroïde*, Syn. auj. inusité d'*Apophyse coracoïde* de l'omoplate.

ANDA. s. m. Nom brésilien du g. johannesia, de la fam. des euphorbiacées. L'anda-açu, andassu ou anda de Pison, *johannesia princeps*, est un arbre qui se plaît dans les sables arides des bords de la mer, notamment près de Rio-Janeiro. On le cultive à Calcutta où il a été importé. Le tronc de l'arbre se ramifie presque à sa sortie du sol ; les fleurs sont réunies en inflorescences d'un demi-pied de long ; les fruits, arrondis, ont deux ou trois pouces de long ; ils ont une enveloppe charnue qui recouvre un noyau ligneux renfermant une amande. Toutes les parties de l'arbre sont gorgées d'un suc laiteux. L'écorce broyée et jetée dans l'eau fait périr le poisson. Les graines seules sont employées dans la médecine du pays, et pourraient l'être chez nous : leur goût rappelle celui de la noisette. Elles constituent un purgatif très actif et d'administration très facile ; une ou deux graines suffisent. On en retire une excellente huile à brûler, qui constitue aussi un très bon siccatif pour la peinture. Cette huile est également purgative à la dose d'une cinquantaine de gouttes.

ANDABATE. s. m. (gr. *anabatès*, cavalier, par insertion d'un *d*). Antiq. rom. Gladiateur qui combattait les yeux bandés ou avec un casque fermé sans ouverture dans la visière. Turnèbe dans ses *Adversaria*, prétend qu'ils paraissaient au cirque après les courses, dans une lutte comique, et combattaient en char.

ANDABRE. Vge de France (Aveyron), comm. de Camarès, à 25 kil. de Saint-Affrique. Eaux minérales. Les sources qui alimentent l'établissement sont froides (10°,5). Elles renferment, comme éléments principaux, du bicarbonate de soude et du fer ; il s'en dégage une assez grande quantité d'acide carbonique. On prend ces eaux surtout en boissons, à jeun ou aux repas. Elles conviennent aux personnes lymphatiques, chloro-anémiques, auxquelles les eaux bicarbonatées fortes ne réussissent pas ; mais, par contre, elles ne conviennent pas aux pléthoriques. On les emploie dans les affections des voies digestives, et principalement du foie (ictère, calculs, engorgements), et aussi dans les dyspepsies acides, dans la goutte, la gravelle, le catarrhe vésical. La durée du traitement est de 20 à 30 jours.

ANDAHUAYLAS. Riv. du Pérou qui se jette dans le Rio Pampas. || ANDAHUAYLAS, 3,600 h. Vle du Pérou, à 625 kil. S.-E. de Lima, cap. de la prov. du même nom, dép. d'Ayacucho. Élève de bétail. — A 28 kil., ancien temple de Curumba, en partie ruiné.

ANDAILLÉE. s. f. Syn. d'*andain* en Dauphiné.

ANDAILLOT. s. m. Mar. Anneau en bois servant à assujettir ou amarrer les voiles triangulaires. Auj. on se sert plutôt de taquets.

ANDAIN. s. m. (ital. *andana*, marche). Espace parcouru par la faux à chaque pas du faucheur. Le fauchage ne peut être bon, si l'ouvrier prend un andain trop large. (Math. de Dombasle.) || Quantité d'herbe abattue à chaque coup de faux. || Rangée d'herbe fauchée.

ANDAINE. Belle forêt de France, dans le

dép. de l'Orne, arr. et à l'E. de Domfront, 3,950 hect. Connue au xie s. sous le nom de *Sylvedina*, elle servit alors de retraite à saint Horter, dont la chapelle, auprès d'une fontaine, est un lieu de pèlerinage. La forêt d'Andaine est composée de chênes, de hêtres, de bouleaux et de pins, et abrite encore des loups, des renards, des chevreuils, des cerfs et des sangliers.

ANDALA (Ruard), Théologien et philosophe hollandais, 1665-1727 ; professeur à l'université de Franeker, auteur de nombreux écrits en faveur de la philosophie de Descartes.

ANDALGALA. 3,500 h. Vle de la République Argentine, prov. de Catamarca, ch.-l. de dép., à 1,025 mètres d'altit. Vins et eaux-de-vie ; figues sèches. Aux environs, mines de cuivre de la Sierra d'Atajo.

ANDALOU, OUSE. s. et adj. Qui est né dans l'Andalousie. Qui a rapport à cette province ou à ses habitants. Un jeune Andalou. Une belle Andalouse. Elle marchait de ce pas libre et franc dont marchent les Andalouses. (Alex. Dumas.)

    Sous l'arbre à soie et l'oranger,
    Dormaient les belles Andalouses. (V. Hugo.)

|| Race de chevaux propre à l'Andalousie. Monter un andalou, une jument andalouse. Il est impossible de voir quelque chose de plus gracieux qu'un étalon andalou. (Th. Gaut.) Au Chili, les chevaux ont acquis une fierté et une vitesse que n'ont jamais eues les andalous dont ils descendent. (Raynal.) — Directement sortie du sang arabe, elle a été pendant huit cents ans la représentante la plus élevée et la plus digne du cheval arabe en Europe. Les chevaux de cette race étaient bien connus jadis sous le nom de *genêts*. Aujourd'hui elle est tombée dans l'oubli, a dégénéré, et la première place a été prise par le *pur sang anglais*. || s. m. Dialecte andalou C'est le pur castillan, prononcé avec mollesse. Il supprime souvent les consonnes. Il se distingue aussi par l'emploi des diminutifs dans les noms propres.

ANDALOUSIE. Partie méridionale de l'Espagne. Elle répond aux anciens royaumes musulmans de Séville, de Cordoue, de Jaén et de Grenade. Elle forme un tout géographique complet, parfaitement délimité. Aussi a-t-elle toujours porté un nom particulier qui l'a distinguée du reste de l'Espagne. C'était autrefois cette Bétique, dont les anciens se sont complu à nous laisser des descriptions si flatteuses, ainsi nommée de son beau fleuve, le Bétis, à qui les Arabes donnèrent plus tard le nom de Guadalquivir, *grand fleuve*, en même temps que le pays prenait celui d'Andalousie. Séparée au N. de l'Estrémadure et de la Nouvelle-Castille par le système montagneux de la Sierra-Morena, elle possède au S., le long de la Méditerranée, l'imposante Sierra Nevada. Entre les deux, maintenant son lit presque à égale distance des cimes parallèles des deux chaînes, coule le Guadalquivir, dont la vallée constitue la plus grande partie de l'Andalousie, qui se présente ainsi comme une vaste plaine inclinée vers l'Atlantique. Le reste du territoire se compose des bassins des petits fleuves côtiers qui versent leurs eaux directement dans l'Océan ou dans la Méditerranée, et dont les principaux sont : l'Odiel et le Rio-Tinto, le Guadalete, le Guadalhorce, le Guadalfeo, l'Alméria et l'Almanzora. Du côté de l'O., l'Andalousie est séparée des provinces portugaises des Algarves et de l'Alemtéjo par le Guadiana et son affluent le Chanza, auxquels elle envoie quelques faibles tributaires. A l'E., un système très-compliqué de hauteurs, qui relie les sierras Morena et Nevada, et où naissent les premiers affluents du Guadalquivir, constitue du côté du royaume de Murcie, la frontière de l'Andalousie Au S., elle est baignée par les eaux de l'Atlantique, du détroit de Gibraltar et de la Méditerranée. Ses bornes astronomiques sont du 36° latit. N. (pointe Marroqui ou de Tarifa), au 38° 43' latit. N. (confluent du Zujar et du Guadalmez), et du 4° longit. E. (au S. d'Aguilas), au 9° 48' longit. E. (confl du Chanza et du Guadiana). Sa longueur moyenne, qui est donnée par la ligne droite tirée de l'embouchure du Guadiana au cap de Gata (des Agates) est d'env. 360 kil., et sa largeur moyenne, assez bien représentée par une ligne droite à peu près

perpendiculaire au cours du Guadalquivir, tirée de Tarifa à l'emb. du Guadiana est d'env. 200 kil. On peut se figurer l'Andalousie comme un quadrilatère presque régulier, dont les petits côtés sont appuyés respectivement sur le golfe de Cadix et sur les montagnes de la frontière de Murcie, tandis que les grands côtés sont déterminés par la Sierra Morena d'une part, et la côte méditerranéenne de l'autre. — Les nombreuses chaînes de montagnes qui constituent les deux grands systèmes de la Sierra Morena et de la Sierra Nevada, sont célèbres par les récits des voyageurs qui en ont célébré à l'envie les beautés pittoresques. Les points les plus élevés se trouvent dans la Sierra Nevada, qui possède les géants de la péninsule, le Mulahacen (3,567 m) et le Picacho de la Veleta (3,469 m.), qui dépassent même les sommets les plus élevés des Pyrénées. — Les cours d'eau qui arrosent l'Andalousie et lui donnent cette fécondité si vantée depuis l'aurore de l'histoire sont, à part le Guadalquivir, des torrents qui se fraient avec effort des passages à travers les montagnes, créant ainsi des gorges d'une saisissante beauté. Le Guadalquivir seul, par le volume de ses eaux et son cours régulier, mérite le nom de fleuve. — Les villes de l'Andalousie sont plus remarquables par les souvenirs qu'elles rappellent et les beaux restes de leur glorieux passé que par leur importance actuelle. Il suffit de nommer Cordoue, *Grenade* et *Séville*, qui sont encore de grandes villes, quoique bien déchues de leur ancienne grandeur. Cadix est le premier port de l'Espagne. Malaga, la ville la plus populeuse de l'Andalousie après Séville, est célèbre par ses vins, ainsi que Xérès. Gibraltar, hérissé de canons anglais, est aussi un centre considérable d'affaires maritimes. Huelva, sur l'estuaire où l'Odiel mêle ses eaux au Rio Tinto, a un important mouvement de navigation. Alméria, à l'autre extrémité de la côte andalouse, entretient avec notre colonie d'Afrique des relations qui s'étendent tous les jours. — Le climat de l'Andalousie est parmi les plus chauds de l'Europe, et rappelle celui du Maroc. Parfois même, les vents d'Afrique, lorsqu'ils soufflent pendant plusieurs jours, brûlent les récoltes de céréales. Une zône de haute température s'étend le long de la côte où est Huelva, remonte la rive droite du Guadalquivir, embrasse Séville, Carmona, Ecija, et transforme en steppe une partie des plaines où coule le Génil. Algéciras, Gibraltar et toute la côte jusqu'à Murcie ont aussi une température excessive, qui se fait sentir plus ou moins haut sur les versants des montagnes. Mais les régions garanties de ces souffles brûlants ou exposés aux brises vivifiantes de l'Atlantique jouissent d'une fraîcheur relative. Cadix est dans ce dernier cas. Les villes situées dans les montagnes et arrosées par les fraîches sources alimentées par les neiges fondues, voient au contraire, alors que les campagnes voisines sont desséchées, leurs jardins conserver une verdure luxuriante. La contrée doit à cette température semi-tropicale une flore tout à fait à part en Europe ; on y cultive en effet les dattiers, les bananiers, les nopals a cochenille, les arachides, le café, la canne à sucre, qui donnent lieu à un trafic important. En outre, les Andalous produisent des céréales bien au delà de leurs besoins, et l'exportation de leurs vins se fait sur une échelle considérable. La faune présente aussi un caractère particulier. Les poissons et les mollusques sont les mêmes que sur le littoral opposé ; et l'on sait que le rocher de Gibraltar est habité par l'unique tribu de singes qui existe en Europe. — On fait généralement dériver le nom d'Andalousie des Vandales qui l'ont habitée pendant une dizaine d'années au commencement du ve s., de l'an 420 à 429, avant de passer en Afrique, où ils étaient appelés par un préfet romain. Cependant, avant la conquête arabe, on ne trouve jamais dans les chroniqueurs espagnols ce nom de l'*andalousie* ou *Vandalicie*. Ce sont les auteurs arabes les premiers qui se servirent de cette appellation en l'appliquant d'abord à l'Espagne tout entière ; plus tard, elle se restreignit à l'ancienne Bétique seule, lorsque les Arabes eurent été refoulés dans cette province. A ce sujet, M. Vivien de Saint-Martin fait une ingenieuse supposition. Les habitants du nord de l'Afrique auraient, selon lui, donné le nom de Vandalousie à la région d'où venaient les Vandales. Les Arabes adoptèrent ce mot qu'ils trouvèrent naturalisé chez les Berbères ; mais ils l'identifièrent avec le mot *Handalos*, qui en arabe signifie, paraît-il, *région du couchant*, terme analogue à l'*Hespérie* des anciens Grecs et au *Maghreb* des Arabes eux-mêmes, et sous cette forme, le rapportèrent avec eux. — A l'époque où l'histoire commence pour l'Andalousie, c.-à-d. au moment du choc des Romains et des Carthaginois en Espagne, la population de la Bétique paraît déjà fort mélangée. L'élément ibère, qui en forme le fond, est représenté par les Bastétans et les Turdétans ; mais à côté d'eux vivaient déjà des tribus celtiques. De plus, des colonies phéniciennes, carthaginoises et grecques avaient fondé des établissements sur les rivages. Plus tard les Romains, puis les Vandales, les Suèves et les Wisigoths, enfin les Arabes et les Berbères contribuèrent à modifier la race. Mais l'influence prépondérante appartient à ces derniers, qui, pendant sept siècles, possédèrent le pays. Les mœurs gardent encore à un haut degré le caractère africain, et dans certaines régions, on pourrait presque dire que la religion seule a changé. — Depuis 1833, l'Andalousie est divisée en 8 provinces, dont voici le tableau.

ANCIENS ROYAUMES	PROVINCES ACTUELLES	Superficie en kil. car.	POPULATION	
			1877	par k.c.
Séville........	Séville.......	14 061	502 591	36
	Huelva.......	10 676	210 641	20
	Cadiz	7 323	430 158	59
Cordoue......	Cordoue......	13 726	325 582	28
Jaen.........	Jaen	13 426	432 972	32
	Grenade.....	12 787	47 719	37
Grenade	Almeria......	8 553	349 854	41
	Malaga.......	7 312	500 231	68
	Total....	87 864	3 283 748	37

ANDALOUSITE. s. f. Minér. Minéral trouvé d'abord en Andalousie, où il est rare cependant. Ordinairement, il a la forme d'un prisme carré à sa base, une couleur brune, rougeâtre ou violacée, il est très dur et raie le quartz. Il est formé chimiquement d'un silicate d'alumine, plus d'un silicate de potasse, de chaux, de magnésie, etc. On le trouve dans les terrains de cristallisation. L'andalousite rentre dans ce qu'on appelle *macle* (V. ce mot).

ANDAMAN. Groupe d'îles de la mer des Indes, entre le golfe du Bengale et celui de Martaban, composé de quatre grandes îles et de quelques îlots. Les trois îles septentrionales, auxquelles on donne communément le nom collectif de *Grande-Andaman*, sont séparées par des détroits tortueux et d'une faible profondeur ; on les distingue par les dénominations d'Andaman du *Nord*, du *Milieu* et du *Sud*. Elles constituent un ensemble de terres accidentées, de 250 kil. de long sur une largeur moyenne de 25 à 30 kil., traversées d'un bout à l'autre par une chaîne de collines dont une des pointes, le Saddle-Peak, dans l'île du Nord, atteint 900 m. d'altitude. La petite Andaman, séparée de la grande par le *détroit de Duncan*, large de 66 kil., n'est que le relèvement de la même chaîne. Moins haute que les îles du Nord et de forme rectangulaire, elle a 48 kil. de long sur 23 à 28 de large. Ces quatre grandes îles sont disposées sur une ligne droite qui, au centre du groupe, coupe un peu obliquement le 90° degré 1/2 de longit. E., et qui, prolongée au N. par les îles des Cocos et l'îlot de Preparis, irait passer au cap Negrais, à environ 165 milles marins (300 kil.) de l'extrémité septentrionale de l'île du Nord. Autour de la grande Andaman, se groupent : au N., l'île *Landfall* ; à l'E., les îles *Lawrence* et *Havelock* ; au S., l'île *Rutland* ; à l'O., l'île *Interview*. Enfin, à l'E., les deux îlots de *Narcondam* et de *Barren*, sont considérés comme appartenant au groupe des Andaman, quoiqu'ils en soient éloignés d'environ 100 kil. Toutes ces terres sont revêtues de forêts où les navigateurs n'aperçoivent aucune clairière. Sur les flancs des collines, jusqu'à la hauteur de 50 mètres, les arbres et les lianes forment une masse de végétation impénétrable, où les animaux ne se hasardent guère plus que les hommes. A côté des espèces particulières à l'île, la plupart des essences forestières de l'Inde continentale se pressent dans les fourrés ; cependant on remarque avec étonnement que les cocotiers, si nombreux sur les Nicobar et sur les deux îles auxquelles ils ont donné leur nom, ne se présentent nulle part en végétation spontanée sur les rivages des Andaman. Pourtant ils ont parfaitement réussi dans les plantations de Port-Blair. Au contraire, on n'y trouve, en fait de mammifères sauvages, qu'une espèce de sangliers, peut-être descendus de cochons abandonnés par les premiers colons, des chauves-souris, des rats, un chat sauvage, un écureuil et des ichneumons. Les reptiles sont beaucoup moins nombreux que sur les terres voisines ; les oiseaux sont rares, mais les insectes pullulent. Quant aux poissons, ils peuplent en multitudes les baies et les criques. Quelques atolls s'élèvent dans le voisinage de la côte occidentale de la Grande-Andaman. Cette côte où viennent se briser les vagues soulevées par la mousson du sud-ouest est plus dangereuse que la rive orientale ; aussi les deux ports principaux, Blair dans l'île du Sud et Cornwallis dans l'île du Nord, se trouvent à l'est. — Il est probable que les îles Andaman furent connues des anciens, mais la première mention incontestable en est faite par des navigateurs arabes du IXe s., traduits par Renaudot et par Reinaud. Marco Polo les signale sous le nom arabe d'Augamanaïn, *les Angamans*. La réputation d'anthropophages faite aux indigènes et les dangers des mers voisines semées de récifs éloignèrent les vaisseaux européens jusqu'à la fin du XVIIIe siècle. En 1789, une première colonie pénitentiaire fut fondée par le gouvernement de Calcutta, au port Chatham. Transférée au port Cornwallis en 1793, elle dut être définitivement abandonnée en 1796, à cause de l'extrême insalubrité de ce havre, bordé de palétuviers sur une grande partie de son pourtour. Les nouveaux pénitenciers construits après l'écrasement de la révolte des cipayes, s'élèvent dans la petite île de Ross, à l'entrée du port Blair et dans l'île du Sud, près du bourg de Hope-Town. Les criminels réputés les plus dangereux sont enfermés dans l'île de la Vipère. La plupart des 8,000 déportés sont libres et se livrent à la pêche ou à la culture dans le voisinage du port Blair, et de l'autre côté de l'île, près du port Mouat ; quant aux condamnés au travail forcé, ils sont employés à la construction des édifices et des routes, ainsi qu'au défrichement des jungles pour les cultures tropicales. La mortalité des transportés, qui jadis était annuellement de 123 sur 1,000, n'est maintenant pas plus forte que celle des campagnes les plus saines de l'Inde. Même en pleine captivité, les Hindous se divisent en castes rigoureusement délimitées, et se refusent avec énergie à manger et à travailler ensemble. — Superf. de l'Archipel, 6,600 kil. car. ; popul. des pénitenciers anglais, 8,500 h. ; des indigènes, 5,000 h. ; soit 2 h. par kil. car.

ANDAMANIEN, ENNE, ANDAMANITE ou **ANDAMÈNE.** s. et adj. Hab. des îles Andaman ; qui est propre à ces îles ou à leurs habitants. || Ethnogr. Les Andamanites, que quelques ethnographes appellent aussi *Mincopies*, sont une des races les plus inférieures de l'espèce humaine. Ils appartiennent au groupe des *Négritos* (V. ce mot) qui peuplent une partie des îles de la mer de Bengale et de la mer de Chine. Ces négros sont de véritables nègres à chevelure laineuse, mais qui se distinguent nettement des noirs africains par la petitesse de leur taille et la forme arrondie de leur tête. La taille moyenne des Andamanites est de 1m,50 pour les hommes et de 1m,43 pour les femmes. Les Andamanites sont une population essentiellement errante ; ils vivent par bandes de 30 à 300, campent sous des huttes dressées sur le bord de la mer et qu'ils abandonnent au bout de deux ou trois jours pour les reconstruire sur un autre point, lorsque les coquillages dont ils se nourrissent sont épuisés. Ils sont complètement nus : parfois cependant ils s'entourent les reins d'une sorte de ceinture tressée avec des végétaux ; ils se peignent le corps en rouge ou en blanc et le tatouent de lignes irrégulières tracées avec un instrument tranchant, souvent ils s'enduisent le corps tout entier d'une couche de boue pour le préserver de la piqûre des insectes. Excellents coureurs, grimpeurs extraordinaires, hardis nageurs et plongeurs, ils ont pour arme un arc plus grand qu'eux et de longues flèches. Ils chassent le cochon sauvage et se nourrissent aussi de tortues et de coquilles marines qu'ils vont chercher dans l'eau à de grandes profondeurs. On les a, sans motif, accusés d'être anthropophages, mais il est certain qu'ils sont tout à fait féroces et inhospitaliers. On n'a pu reconnaître chez eux aucune trace de gouvernement ni de culte. Leur idiome, encore très mal connu, paraît être une langue agglutinative dans laquelle on a cru reconnaître sept dialectes distincts. Cf. de Quatrefages, *Études sur les Mincopies*, dans la *Revue d'anthropologie*, t. 1er.

ANDAMENTO. s. m. (ital. *promenade*). Mus. Partie de la fugue qui succède aux premiers développements du sujet et pendant laquelle le compositeur laisse reposer son thème pour le reprendre ensuite.

ANDANCE. 1,212 h. Bg. de l'Ardèche, arr. et à 21 kil. de Tournon, cant. et à 10 kil. S. de Serrières .Com. de grains et farines, et de bois de construction ; filature de soie. Ruines d'un château fort. Premier pont suspendu construit sur le Rhône et reliant Audance à Andancette.

ANDANCETTE. 679 h. Vge de France (Drôme), arr. de Valence, cant. et à 8 kil. S. de Saint-Vallier. Station de la ligne de Lyon à la Méditerranée.

ANDANIA. Géog. anc. Vle du Péloponèse, entre Messène et Mégalopolis ; ses ruines ont été découvertes en 1840 par Ottfried Müller, près de Philia. Résidence des rois de Messénie et patrie d'Aristomène.

ANDANTE. adv. (an-dan-té ; — p. prés. du v. ital. *andare*, aller. On prononce aussi *An-dante*). Mus. Mot qui, placé en tête ou dans le cours d'un morceau indique un mouvement modéré, mais d'un rythme gracieux ; il est souvent suivi d'une épithète (*molto, larghetto, maestoso, con moto*, etc.), qui caractérise les divers degrés de l'*andante*. L'*andante* est intermédiaire entre l'*adagio* et l'*allegro*. || S'emploie aussi comme subst. masc., en parlant de l'Air de musique qui doit être exécuté dans ce mouvement, et alors on prononce de préférence *Andante*. Jouer un *andante*. De beaux *andantes*. — Dans la musique instrumentale, Seconde partie d'une symphonie, d'une sonate, etc. (V. *Andantino*.)

ANDANTINO. adv. (dimin d'*andante*). Mus. Mot qui indique un mouvement un peu plus rapide que l'*andante*, mais moins vif que l'*allegro*. || s. m. Morceau écrit dans ce mouvement. — Au pl. Des *andantino* ou des *andantinos*.

ANDARD. 1,012 h. Bg. de France (Maine-et-Loire), cant. S.-E. et à 12 kil. E. d'Angers. Église du XIe s. Château du Petit-Launay (Renaissance). Certains archéologues ont voulu, mais à tort, y reconnaître le site ancien d'Angers.

ANDARINI. s. m. Pâte de vermicelle en petits grains.

ANDARTA. Divinité des antiques Voconces, connues par plusieurs inscriptions votives trouvées à Die (Drôme).

ANDASSU. V. *Anda.*

ANDASTES. V. *Conestogas.*

ANDATÉ ou **ANDRASTE.** Myth. celt. Déesse de la victoire chez les Celtes, à laquelle on immolait les prisonniers de guerre.

ANDAYE. Orthographe jusqu'au XVIIIe s. du nom de la ville d'Hendaye (V. ce mot).

ANDCHOUÏ, ANDHOU ou **ANKOÏ.** Vle du Turkestan afghan, sur une riv. qui se perd dans les sables avant d'arriver à l'Oxus. Bien qu'elle ait beaucoup perdu de son importance depuis qu'elle a été conquise en 1858, par le sultan afghan Dost-Mohamed, cette ville n'en demeure pas moins un des centres les plus actifs du commerce de caravane entre Boukhara et l'Afghanistan. Tissus, pelleteries, riz, fruits. Sa population qui atteignait 50,000 h. en 1830, ne paraît pas dépasser auj. 15,000 h.

ANDE. Riv. torrentueuse du Cantal ; naît au pied du Puy-de-Niermont (1,197m), arrose

Ussel, Roffiac et coule au pied des escarpements basaltiques de Saint-Flour.

ANDECA. Roi des Suèves d'Espagne, détrôna Eboric vers 583 et fut lui-même renversé après un règne de peu de durée par Léovigilde, roi des Wisigoths, qui le reléqua à Badajoz où il mourut.

ANDECAMULENSES. Peuplade, ou, selon de nombreux érudits, corporation religieuse de l'ancien pays des *Lemovices*, mentionnée dans une inscription du vge de Rancon (Haute-Vienne).

ANDECAVI, ANDEGAVI ou **ANDES.** Géog. anc. Peuple de la Gaule, au N. de la Loire, entre les *Namnctes* à l'O., les *Turones* à l'E., les *Cénomans* au N. et les *Pictones* au S. Les *Andecavi* prirent part à la défense de la Gaule contre César, et sous la conduite du brave Dumnacus (V. ce mot), résistèrent après la défaite de Vercingétorix. Comprise à la fin de l'Empire dans la 3e Lyonnaise, la *civitas Andecavorum* avait pour capit. *Juliomagus* qui, au ine s., changea ce nom contre celui du peuple dont elle était le ch.-l., *Andecavi* (Angers).

ANDECHS. Vge de la Haute-Bavière, district de Munich, cant. et à 14 kil. S.-O. de Starnberg, sur la rive orientale du lac Ammer. Ancien château, berceau de la puissante dynastie des *comtes d'Andechs*, ducs de Méranie, qui, du ixe au xine s. possédèrent le Tyrol, une partie de la Bavière et à certains moments, l'Istrie, la Dalmatie, la Croatie et même la Franche-Comté. Converti en 1458 en abbaye bénédictine par le duc Albert III de Bavière, le château avec son église qui renferme de curieux tombeaux, devint un lieu de pèlerinage célèbre. Ruiné au commencement de ce siècle, il a été restauré depuis par le roi Louis de Bavière.

ANDECIES (Notre-Dame d'), *Andociæ*. Abbaye bénédictine de femmes, dioc. de Châlons-sur-Marne, fondée vers 1131.

ANDEDJAN ou **ANDISCHAN.** 16,000 h. Vle anc. et commerçante du Turkestan russe, à 125 kil. E. de Khokand, sur un affl. du Sir-Daria. Anc. capit. du Ferghanâh. Élève de vers à soie et fabriques de toiles de coton.

ANDEIRO (don Juan-Ferdinand). Seigneur portugais, favori de la reine Eléonore Tellez, fut poignardé en 1383 sous les yeux de celle-ci par l'infant don Juan, frère du feu roi. (V. *Eléonore Telles*.)

ANDELANC ou **ANDELANGE.** adj. (de l'all. *hand*, main, et *hanulen*, donner). Paléogr. Se dit d'une espèce de charte ainsi nommée parce qu'elle était mise de la main du donateur dans celle du donataire.

ANDELARRE (Jules-François Jacquot, marquis d'). Homme politique français, né à Dijon en 1803. Substitut à Dijon, il donna sa démission en 1830 ; maire d'Andelarre et conseiller général de la Haute-Saône sous le gouvernement de Juillet, il fut élu en 1852 député de ce département comme candidat officiel, et réélu en 1863 et 1869, malgré l'opposition de l'administration. Membre influent du tiers parti libéral a la fin de l'Empire, il a fait partie du centre droit de l'Assemblée nationale de 1871. Non réélu en 1876, il est rentré dans la vie privée. *Etudes sur la question du travail*, 1851 ; *Forme et réforme du budget de l'Etat*, 1859 ; *De la démocratie en France*, 1867 ; *Les Principes de la Révolution française et le programme de 1789* (1873), et diverses brochures sur des questions économiques et agricoles. On a de Mme la marquise d'Andelarre un livre de piété estimé connu sous le titre d'*Heures choisies*.

ANDELLE. s. m. Bois de hêtre coupé aux environs de la rivière de ce nom. L'andelle passe pour le meilleur bois à brûler.

ANDELLE. Riv. de France, affl. de la riv. dr. de la Seine. Elle a sa source près du village de Forges-les-Eaux et se jette dans la Seine à Pitres, près du Pont-de-l'Arche, au pied de la côte des Deux-Amants. Cours en partie flottable de 60 kil. Elle coule dans les dép. de la Seine-Inférieure et de l'Eure au fond d'une charmante vallée, arrose Fleury, Pont-Saint-Pierre, Romilly, et fait mouvoir de nombreuses filatures de coton et de laine. Elle forme la limite entre le pays de Caux et le Vexin normand.

ANDELOT, *Andelaüs*. 1,008 h. Bg de France (Haute-Marne), Ch.-l. de cant., arr. et à 16 kil.

N.-E. de Chaumont, sur le Rognon. Ch. de fer de Chaumont à Neufchâteau. Vins, tanneries, coutellerie. Ruines du château de Montéclair. — Résidence royale à l'époque mérovingienne et ch.-l. d'un *pagus*. Childebert II, Brunehaut et Gontran y conclurent en 587 un traité célèbre qui fixait les limites des royaumes d'Austrasie et de Bourgogne, et assurait aux leudes des deux royaumes la possession viagère de leurs bénéfices. — *Cant.* 19 comm. ; 6,395 h. || ANDELOT. 814 h., Vge de France (Jura), arr. de Poligny, cant. et à 11 kil. N. de Champagnole, sur le ch. de fer de Paris a Neufchâtel, au point de départ de l'embr. de Champagnole.

ANDELOT. V. *Dandelot*.

ANDELYS (LES), *Andilegum*. 5,474 h. V:e de France (Eure), ch.-l. d'arr., 36 k. N.-E. d'Evreux. La ville se compose de deux parties séparées par des prairies, le *Grand-Andely* sur le Gambon et le *Petit-Andely* sur la rive dr. de la Seine. Eglises : Notre-Dame (xine s.; belles verrières) au Grand-Andely, et Saint-Sauveur (xine s.) au Petit-Andely. Hôtel du Grand-Cerf (xvie s.) au Grand-Andely. Fabriques de draps et lainages, tanneries, corroieries ; fabrique de perles fausses ; manufacture d'orgues; commerce de grains et bestiaux. — Le Grand-Andely doit son origine à un couvent de femmes, fondé en 511 par sainte Clotilde, femme de Clovis, et devenu si célèbre qu'on y envoyait au vne s. les jeunes filles nobles de la Grande-Bretagne. Le Petit-Andely, port du couvent sur la Seine, s'est bâti dans l'enceinte fortifiée qui servait de tête au pont jeté à l'embouchure du Gambon par Richard-Cœur de-Lion pour défendre les approches du *Château-Gaillard*. — Les Andelys sont la patrie des trouvères Henri et Roger d'Andely, du philosophe Turnèbe, du grand peintre Nicolas Poussin, qui y a sa statue, de l'aéronaute Blanchard et de l'ingénieur Brunel. — Il existe aux And*c*lys deux sources minérales : l'une, *source de la Paix*, légèrement ferrugineuse, non exploitée; l'autre, *source de Sainte-Clotilde* ne paraît pas avoir de propriétés médicinales, mais le 2 juin de chaque année, on y amène les éclopés des environs pour y plonger leurs membres. Les effets obtenus relèvent plus de la foi que de la médecine. Par une grâce spéciale « la reine Clotilde obtint que l'eau de la fontaine qui porte son nom eût les qualités du vin pour les ouvriers accablés de fatigue qu'elle employait à la fondation de son abbaye ». (*Hist. ecclésiast. et civile d'Evreux.*) — *Arr.* 6 cant. : Les Andelys, Ecos, Etrépagny, Fleury-sur-Andelle, Gisors, Lyons-la-Forêt ; 117 comm. ; 58,632 hab. — *Cant.* 18 comm. ; 10,668 h.

ANDEMATUNUM. Géog. anc. Nom porté primitivement par la *Civitas Lingonum* et qu'elle changea au ine s. pour celui de *Lingones*, auj. *Langres*.

ANDENNE. 7,046 h. Vle de Belgique, prov. et à 16 kil. E. de Namur, sur un ruisseau, près de la rive dr. de la Meuse. Faïences et pipes renommées fabriquées avec une terre grasse appelée *derle*; filatures, papeterie, fabriques de produits chimiques ; aux environs, minerais de zinc. La ville doit son origine à un monastère de femmes fondé en 592 par sainte Begge, fille de Pépin de Landen, à qui est dédiée l'église principale de la ville.

ANDÉOL (S.). Disciple, d'après le martyrologe romain, de saint Polycarpe qui l'envoya d'Asie Mineure dans les Gaules. Il prêcha l'Evangile à Carpentras et aux environs et fut martyrisé en 208 à Gentibus, sur les bords du Rhône. Fête le 1er mai. Saint-Andéol est honoré particulièrement dans le Vivarais. Son corps, recueilli par une femme romaine, disparut jusqu'au ixe s., époque à laquelle Bernuine, évêque de Viviers, découvrit ses reliques, et lui bâtit une église autour de laquelle se construisit la petite ville de Bourg-Saint-Andéol. (V. ce mot.)

ANDERA ou **UNDERA.** Une des îles Laquedives, la plus proche (250 kil.) de la côte occidentale de l'Inde.

ANDERÂB ou **INDERÂB.** Vle de Turkestan afghan, au confl. de la riv. l'Anderâb et du Kiasan, sur le versant N. de l'Hindou-Kôh, près du col de Khawak (4,030m) franchi par Alexandre le Grand dans son expédition de l'Inde en 328 av. J.-C., et par Tamerlan pour passer de l'Inde en Bactriane en 1398. Beaux

jardins, vignes ; mines d'argent aux environs.

ANDERABIA ou **INDERABIA.** Pte île du golfe Persique (6 kil. de long.), à 2 kil. 1/2 de la côte mérid. du Farsistan (Perse).

ANDERDON (le P. William-Henry). Jésuite anglais, prédicateur renommé, né à Londres en 1816 Neveu du cardinal Manning, il appartint d'abord comme lui à l'Eglise anglicane, mais se convertit au catholicisme, professa à l'université de Dublin et après plusieurs missions en Amérique entr. en 1869 dans la Compagnie de Jésus. *Saint François et les Franciscains; l'oyage en Purgatoire; Owen Evans; l'Esope chrétien*, 1871 etc.

ANDERITUM ou **ANDERETUM.** Géog. anc. Vle des *Parisii*, au confl. de l'Oise et de la Seine, auj. *Andrésy* (Seine-et-Oise). Il y avait là, à la fin de l'empire romain une préfecture maritime dont le titulaire était désigné sous le nom de *præfectus classis Anderetianorum*. || ANDERITUM. Géog. anc. Capitale primitive des *Gabali* (Aquitaine), dans les Cévennes, auj. *Antérieux* (Cantal), au S.-E. de Chaudesaigues.

ANDERLECHT. 20,000 h. Vle manuf. de Belgique (Brabant mérid.) à 3 kil. O. de Bruxelles dont elle forme un des neufs faubourgs. Eglise gothique de Saint-Pierre (pèlerinage de saint Guidon, mort en 1012). Brasseries, blanchisseries, filatures, fabriques d'indiennes, de stéarine, etc. Ecole vétérinaire. — Victoire des Français commandés par Dumouriez sur les Autrichiens sous les ordres du prince de Wurtemberg (13 nov. 1792).

ANDERLINI (Luc.-Franç.) Médecin et poète ital. du xvine s., né dans le duché d'Urbin, auteur d'un poème sur l'anatomie, l'*Anatomico in Parnasso*, Pesaro, 1739 in-4o.

ANDERLIQUE. s. m. Petit tonneau de vidange. || Fig. Homme malpropre.

ANDERLONI (Pietro). Grav. ital., né en 1784 à Santa Eufemia dans le Bressan, m. en 1849 à Cabiate près Milan. Elève de Longhi, à qui il succéda en 1831 comme directeur de l'école de gravure de Milan. Parmi ses gravures qui sont très estimées, particulièrement pour le rendu du coloris, on cite surtout : *les Filles de Jéthro*, d'après le Poussin ; *la Vierge aux Anges* et la *Femme adultère*, d'après le Titien ; la *Sainte Famille* de la galerie Stafford ; la *Vierge de Vienne*, la *Vision d'Ezéchiel*, *Héliodore* et *Attila*, d'après Raphaël. — Son frère, Faustino, né à Santa-Eufemia en 1766, m. à Pavie en 1847, est aussi renommé comme grav. *La Madeleine dans le Désert* (Corrège) ; *la Sainte Famille* de Naples (Raphaël) ; *Sainte Famille* (le Poussin) ; *Mater amabilis* (Sassoferrato), etc.

ANDERLUES. 6,000 h. Vle de Belgique, prov. de Hainaut, arr. et à 14 kil. de Charleroi. Charbonnages, brasseries, sucrerie.

ANDERMATT ou **URSEREN.** 722 h. Vge de Suisse, cant. d'Uri, à 1,444m d'altit., dans la vallée d'Urseren, au pied de la montagne du Gurschen ou de Sainte-Anne et près de la Reuss. Station climatérique : climat froid et tonique ; cures de lait et de petit lait. Glacier du Gurschen ; gorges et cascades de la Reuss ; Pont du Diable. Située au centre des Alpes, Andermatt était, avant l'ouverture du tunnel du Saint-Gothard, le point de croisement des trois principales routes qui, traversant les Alpes, relient entre elles les vallées du Tessin, du Rhône et Rhin (routes du Saint-Gothard, de la Furca et de l'Oberalp). Aujourd'hui le chemin de fer du Saint-Gothard laisse Andermatt de côté. Le grand tunnel qui commence à Goschenen est à peu de distance d'Andermatt (une demi-heure).

ANDERNACH (*Antoniacum*, *Antenacum* des Romains). 6,000 h. Vle de la Prusse rhénane, présid. et à 17 kil. N.-O. de Coblentz, cercle et à 17 kil. N.-E. de Mayence, sur la r. g. du Rhin, près de l'embouch. de la Nette. Pierres meulières ; trass pour mortier hydraulique employé pour construire les digues de Hollande ; commerce de cuirs, bois de construction ; brasseries, parfumeries, fabrique de cigares. La ville, fondée par Drusus, conserve des restes importants de l'époque romaine (mur d'enceinte, tombeaux, bain des Juifs). On y remarque surtout une belle église romane (xe-xine s.) avec quatre tours carrées, type excellent de l'architecture rhénane. (V. *Ecoles*). L'ancienne église des Franciscains (xve s.), la grosse tour ronde portant une tourelle octogone (1448) ; les ruines d'un palais impérial et d'un château des électeurs de Cologne. — Batailles de 876 entre Charles le Chauve et Louis II, fils de Louis le Germanique ; de 939 entre Othon le Grand et les ducs de France et de Lorraine ; de 1114 entre l'empereur Henri V et les Saxons unis à l'archevêque de Cologne ; plusieurs sieges (1632, 1633, 1688). Réunie à la France de 1795 à 1814, Andernach fit partie du dép. de Rhin-et-Moselle ; elle appartient à la Prusse depuis 1815.

ANDERS. s. m. pl. (an-dèr). Dartres laiteuses des veaux en Auvergne. On attribue cette maladie à une alimentation insuffisante.

ANDERS (Gottfried-Engelbert). Critique musical français, né en 1795, près Coblentz, m. à Paris en 1866 ; vint à Paris sous la Restauration, y publia des travaux sur l'histoire de la musique et, en 1834, fut attaché à la Bibliothèque royale au département de la musique. Outre un très grand nombre d'articles dans les revues spéciales, on lui doit deux ouvrages importants : *Paganini*, 1831, et *Détails biographiques sur Beethoven*, 1839. Il avait préparé un grand *Dictionnaire de musique* qu'il n'a pu terminer.

ANDERSCH. Anatomiste allemand de la fin du XVIII⁰ siècle. || *Ganglion d'Andersch.* Anat. Renflement nerveux situé sur le nerf glossopharyngien, à la base du crâne, et appelé ainsi du nom de l'anatomiste qui l'a le premier décrit en 1791. On l'appelle quelquefois *ganglion pétreux.*

ANDERSDORF. 400 h. Vg⁰ d'Austro-Hongrie, cercle d'Olmutz (Moravie). Eaux minérales bicarbonatées employées dans les affections gastriques.

ANDERSEN, ANDERSON ou **ANDRÆ** (Laurent). 1482-1552. Chancelier de Gustave Wasa et archidiacre d'Upsal, il détermina le roi à faire du luthéranisme la religion de l'Etat et dirigea en ce sens les résolutions de la diète de Westeras (1527). Condamné à mort en 1540 pour n'avoir pas dénoncé une conspiration dont il avait connaissance, il racheta sa vie moyennant une forte somme d'argent, et mourut dans la retraite. Il avait donné en 1526 la première version suédoise du Nouveau Testament. || ANDERSEN (Hans-Christian). Célèbre poète et romancier danois, né à Odensée en 1803, mort à Rolighed en 1875. Son père, simple cordonnier, ne put lui faire donner qu'une instruction élémentaire ; encore lui fallait-il partager son temps entre l'école et le travail manuel, d'abord dans une fabrique, puis chez un tailleur. Son intelligence s'éveilla bientôt par la lecture : un monde inconnu s'ouvrait devant lui ; à douze ans, il s'essayait à faire les vers ; ce jeune esprit entrevoyait l'idéal. Sa mère, devenue veuve, favorisa ces instincts littéraires et le laissa partir pour Copenhague avec 13 écus dans sa poche. qui furent vite épuisés. Il se sentait attiré vers le théâtre ; il s'exerçait à apprendre et à déclamer des vers. Il avait une jolie voix dont il songeait à tirer parti, et le musicien Sibani l'encouragea en lui promettant de le faire entrer à l'Opéra ; mais une maladie lui fit perdre la voix et fit évanouir ses espérances. Il composa heureusement quelques pièces de vers qui furent remarquées et décida de sa véritable carrière. Le vieux poète Guldberg le protégea, l'engagea à travailler. Deux autres poètes illustres, Œhlenschlæger et Ingemann, lui vinrent en aide ainsi que le conseiller Collin ; il avait vingt-trois ans quand il obtint une bourse qui lui permit enfin de faire des études sérieuses. Son premier recueil de poésies, paru en 1830, obtint un vif succès, qui fut encore dépassé l'année suivante par la publication de ses *Fantaisies et Esquisses*. Son goût le portait aux voyages : il visita l'Allemagne et en rapporta des *Esquisses de voyage* qui le mirent en faveur à la cour. Il obtint du roi un *stipende* qui lui permit de parcourir la Suisse, l'Italie et la France, et de revoir une seconde fois l'Allemagne. Son talent grandit par l'observation et l'étude. L'Italie lui inspira le meilleur de ses romans, l'*Improvisateur*, qui emprunte à la couleur locale une partie de son charme. Revenu dans sa patrie, Andersen se félicitait du doux repos qu'il trouvait dans sa retraite de Nyhaven ; mais bientôt il se trouva en butte à des rivalités, à des jalousies qui aigrirent son caractère. Il quitta de nouveau le Danemark pour voyager en divers pays, il revit l'Italie,

passa en Orient, revint à Paris en 1843, séjourna à Berlin, à Weimar, à Leipzig, où il commença l'édition générale de ses œuvres (3⁰ vol.), parcourut l'Angleterre et la Suède, et acheva en France, aux bains de Vernet, dans les Pyrénées, son autobiographie, *Récit de ma vie*, qui charme par un ton simple et aimable. Pour Andersen, les voyages étaient un moyen continu de travail et d'inspiration ; sa riche et fertile imagination était toujours en éveil ; de là ses ouvrages si nombreux et si variés, marqués au coin d'une forte originalité. On y trouve à la fois le bon sens, l'ironie légère, la tendance rêveuse, le style imagé, où semble se fondre l'éclat oriental avec la pensée profonde du génie septentrional. Complétons la liste de ses ouvrages : *L'Album sans dessins*, 1840, tableaux de fantaisie où se joue une brillante imagination ; *Le Bazar du poète*, 1842 ; *La Fleur du Bonheur*, 1842, comédie sentimentale ; quelques drames, *le Mulâtre*, qui réussit, *Raphaella*, qui tomba, *Ahascérus*, trop symbolique pour le théâtre ; les romans *O. T.*, *Rien qu'un violoniste*, *Les deux Baronnes* ; 3 volumes de *Contes*, où se révèle surtout la force de son talent et de son imagination : on les a traduits dans plusieurs langues, et la *Bibliothèque rose illustrée* en a tiré ses *Contes choisis*, 1867, in-16 ; le livre d'*Images sans images*, 1859, in-18 ; les *Nouveaux Contes*, 1861, in-18. Divers ouvrages de cet auteur ont été traduits par Marmier, P. Royer, M⁰⁰ Ch. Lebrun. En mourant, Andersen laissa sa fortune à la famille du conseiller Collin, bienfaiteur de sa jeunesse, et quelques legs aux bibliothèques et établissements d'instruction publique.

ANDERSON (Laurent). V. *Andersen.* || ANDERSON (Edmond). Jurisc. anglais, né en 1531 dans le comté de Lincoln, fut chef-juge de la cour des plaids-communs sous Elisabeth et Jacques I⁰ᵉ et commissaire royal dans la plupart des grands procès du temps, notamment dans ceux de Marie Stuart, de Davison, des complices de Babington, de Walter Raleigh, du comte d'Arundel, des comtes d'Essex et de Southampton. (V. ces mots.) Il a laissé divers ouvrages estimés de jurisprudence anglaise. || ANDERSON (Alex.) Mathémat. écossais, né à Aberdeen vers 1582, ami de Viète, dont il a publié plusieurs écrits posthumes. || ANDERSON (Robert). Géomètre et fabricant d'étoffes de soie à Londres au XVII⁰ s., auteur de divers écrits mathématiques, notamment sur le jaugeage. || ANDERSON (Patrick). Médecin écossais du XVII⁰ s., inventeur des pilules de ce nom (V. plus bas). || ANDERSON (Georges). Voyageur danois, né à Tunderen (Sleswig). m. vers 1675. Partit de Texel en 1644 pour faire en Orient un voyage qui dura jusqu'en 1650. Il parcourut d'abord l'Arabie, la Perse, l'Inde, la Chine, le Japon, et revint par la Tartarie, la Perse septentrionale, la Mésopotamie, la Syrie et la Palestine. A son retour, il entra au service du comte de Holstein-Gottorp. Celui-ci n'ayant pu le décider à écrire la relation de ses voyages, les lui faisait raconter chaque jour pendant une heure dans son cabinet. Adam Oléarius, caché derrière une tapisserie, transcrivait ce récit à la hâte. Le voyageur consentit enfin à rédiger lui-même une relation, qui fut publiée à Sleswig par Oléarius en 1669, in-fol. (en all.) || ANDERSON (Jacques). Erudit écossais, 1662-1728, fut maître général des postes d'Ecosse. On lui doit un recueil de pièces relatives à l'histoire de Marie Stuart (4 vol. in-4⁰, 1721-1728), et un *Selectus diplomatum et numismatum Scotiæ thesaurus*, Edimb. 1739. || ANDERSON (Jean), 1674-1743. Jurisc. et géographe allem., né à Hambourg ; Avocat estimé, syndic, puis premier bourgmestre de sa ville natale, il remplit plusieurs missions diplomatiques importantes et prit part au congrès d'Utrecht. Lié avec les principaux savants de son temps, il a écrit un certain nombre d'ouvrages scientifiques dont le principal est une *Histoire naturelle du Groënland et de l'Islande*, Hambourg, 1746, in-8o, trad. en danois (1748) et en français 1754). || ANDERSON (Adam). Littérateur écossais, 1692-1765, employé à l'administration de la mer du Sud, auteur d'une grande *Histoire de la navigation et du commerce*, 2 vol. in-fol. Londres, 1762 ; 2⁰ éd. 4 vol. in-4⁰, 1797-1799. || ANDERSON (Jean). Médecin écossais, 1726-1796 : professeur de philosophie naturelle à l'université de Glasgow, auteur des

Institutions de médecine (1786), dont cinq éditions furent publiées de son vivant. Occupé de recherches sur l'artillerie et les projectiles, il perfectionna les pièces de campagne et paraît avoir eu la première idée du fusil à percussion. || ANDERSON (Thomas). Chirurgien de Leith (Ecosse), a laissé entre autres ouvr. recommandables des *Observations pathologiques sur le cerveau.* || ANDERSON (Walter), 1720-1800. Ecrivain écossais ; pasteur à Chirnside. On a de lui : *Vie de Crésus*, in-12 ; *Histoire de France*, 3 vol. in-4⁰, 1769-1783, compilation sans critique et sans style qui s'arrête à la paix de Munster ; *Philosophie de l'ancienne Grèce, étudiée dans ses origines et ses progrès*, in-4⁰ ; l'auteur s'y montre érudit et exact. || ANDERSON (Jacques). Agronome écossais, 1739-1808, né à Hermiston, près d'Edimbourg, d'une famille qui cultiva pendant plusieurs générations le même fonds de terre. Membre de la Société royale de Londres, il a perfectionné la pratique de l'agriculture et publié successivement deux recueils périodiques destinés à vulgariser les sciences, *L'Abeille*, 18 vol., 1790-1794, et les *Récréations d'agriculture, d'histoire naturelle*, etc., 6 vol., 1799-1802. On a encore de lui : *Essais sur les plantations*, 1771, in-8o ; *Essais sur l'agriculture*, 1777, 3 vol. in-8o ; *Traité pratique de chimie*, 1776 ; *Observations sur l'esclavage*, 1789, et divers autres ouvrages utiles. || ANDERSON (Georges). 1760-1806. Mathémat. anglais. Fils de simples paysans du comté de Buckingham et laboureur lui-même, il acquit seul de grandes connaissances en mathématiques, entra par la protection d'un ecclésiastique à l'université d'Oxford, au sortir de laquelle il obtint à Londres une place de commis à la table des contrôles. Il succomba à l'excès du travail. On a de lui : *Arenarius ou Traité sur l'art de mesurer les terres*, traduit d'Archimède ; *Vue générale des différents changements qu'ont éprouvés les affaires de la compagnie des Indes orientales depuis la paix de 1784.* || ANDERSON (James). Médecin en chef des armées anglaises dans l'Inde, m. en 1809 ; auteur de *Lettres sur les productions de l'Hindoustan*, Madras, 1787, in-8o. Il s'est particulièrement occupé de l'introduction du mûrier dans l'Inde anglaise et de la culture du nopal ou cactus cochenillifère de l'Inde, qu'il chercha à substituer à la cochenille du Brésil. || ANDERSON (Alexandre). Naturaliste anglais, m. en 1813 ; explora les îles Caraïbes et dirigea pendant plusieurs années le jardin botanique de l'île Saint-Vincent. On lui doit la connaissance de plusieurs végétaux utiles, notamment de l'arbre à pain. || ANDERSON (Robert). Littérateur anglais, né à Lanark. en 1750, m. en 1839. Il a attaché son nom à une grande édition des poètes anglais en 14 vol., avec notes biographiques et critiques (1792-1807). || ANDERSON (Robert). Poète anglais, né à Carlisle en 1770, m. en 1833 ; auteur de *Betty Brown*, poème en dialecte cambrien (1801), de *Ballades dans le même dialecte* (Carlisle, 1805), et de deux volumes de poésies humoristiques (1820), très goûtées de ses compatriotes. || ANDERSON (Arthur). Économiste et industriel, né dans une des îles Shetland en 1792, m. à Norwood, près Londres, en 1868. Député des Orcades et des Shetland au parlement de 1847 à 1852, il prit une part très active au mouvement libre-échangiste. On lui doit la création de plusieurs des principales lignes de navigation entre l'Angleterre et ses colonies, notamment de la *Compagnie péninsulaire et orientale de navigation à vapeur*. Il avait acquis dans les entreprises industrielles une fortune énorme qu'il employa en partie à la fondation d'établissements d'utilité publique et de bienfaisance. || ANDERSON (William). Théologien presbytérien, 1800-1872, pasteur à Glasgow ; prédicateur populaire et auteur d'écrits d'un style vif et coloré en faveur des opinions presbytériennes. || ANDERSON (Henry-James). Astronome et géologue américain, né en 1798, m. à Lahore en 1875. Professeur de mathématiques et d'astronomie à Columbia-College (New-York) de 1825 à 1843, puis attaché comme géologue à l'expédition du lieutenant Lynch, chargée d'explorer la mer Morte et le Jourdain, il a publié en 1848 le résultat de son exploration : *Reconnaissance géologique de la partie de la Terre Sainte qui embrasse la région du Liban, la Galilée septentrionale, la vallée du *ourdain et de la mer Morte*, New-York, in-8°. Envoyé en mission en 1874 pour observer le passage de Vénus sur le soleil, il visita ensuite l'Australie et le Thibet et mourut à Lahore des fatigues d'une ascension de l'Himalaya. || ANDERSON (Robert). Général américain, né en 1805, m. à Nice en 1871. Il s'était déjà signalé dans la guerre du Mexique et commandait à Charlestown quand éclata l'insurrection du Sud. Il se retira avec sa petite garnison au fort Sumter, clé du port de Charlestown, mais dut capituler le 13 avril 1861, après avoir subi un terrible bombardement. Rentré à New-York avec sa petite troupe, il fut appelé au commandement de la brigade du Kentucky. Depuis la guerre, il a quitté le service militaire pour devenir solliciter. Il a écrit des ouvrages militaires très estimés. || ANDERSON (Sir James). Marin anglais, né à Dumfries en 1824. Après plusieurs campagnes honorables aux Indes, en Amérique et en Orient, il fut appelé au commandement du *Great Eastern* (1865) et, après un premier échec, réussit à immerger le premier cable transatlantique : ce succès fut récompensé par la reine de lettres de noblesse. C'est également lui qui, en 1869, posa le premier cable transatlantique français.

ANDERSON. Géog. Nom de cinq comtés des États-Unis d'Amérique dans les États de : Caroline du Sud (27,000 h.), ch.-l. *Anderson ;* — Kansas, ch.-l. *Garnett ;* — Kenctucky, ch.-l. *Laurencebourg ;* — Tennessee, ch.-l. *Clinton ;* — Texas, ch.-l. *Palestine.* || Vle manufacturière de l'État d'Indiana, sur la r. g. de la White-River, à 60 kil. N.-E. d'Indianapolis ; 3,000 h. || ANDERSON. Lac (25 kil. de long) de la Colombie britannique (Dominion), et d'une riv. du même pays, affl. g. du Fraser.

ANDERSON (Pilules d'). Méd. Pilules purgatives inventées par le médecin écossais Patrick Anderson et appelées aussi *Pilules écossaises.* L'aloès et la gomme-gutte en sont les éléments principaux. Les *Pilules de Dehaut* ont à même composition fondamentale.

ANDERSONIE. s. f. (du nom du médecin de marine *Anderson,* compagnon de Cook). G. l'épacridées, arbrisseaux de l'Australie méridionale ; belles fleurs pourpres.

ANDERSONVILLE. 1,500 h. Vle de l'État de Géorgie (Etats-Unis), sur un affl. marécageux de la Chattahoochee. Pendant la guerre de sécession, les Confédérés y établirent une prison militaire (27 nov. 1863) où jusqu'à 33,000 prisonniers du Nord furent entassés à la fois dans une enceinte de planches, 13,000 périrent de faim et de froid : la mortalité s'éleva jusqu'à 127 hommes par jour. Le directeur, un Suisse nommé Henry Wirz, fut condamné à mort et pendu le 10 nov. 1865.

ANDERSSEN (Adolphe). Célèbre joueur d'échecs, né à Breslau ; 1818-1879. Profes. de mathématiques à Breslau, à Stolpe en Poméranie, à Berlin et de nouveau au gymnase de Breslau, il obtint des succès éclatants dans divers concours internationaux d'échecs. Outre un grand nombre d'articles dans les revues spéciales, il a publié sur la matière un livre important : *Soixante problèmes d'échecs.*

ANDERSSON (Charles-Jean). Explorateur suédois, 1827-1867. Accompagna en 1850 Francis Galton dans son voyage au pays des Damaras et des Ovambos ; fit seul de 1853 à 1855 sur les bords du lac Ngami un voyage dont il publia le récit à son retour en Europe (*Le lac Ngami, explorations et découvertes pendant quatre années de voyage dans les déserts du sud-ouest de l'Afrique,* Londres, 1855, 2 vol. en angl., trad. en suédois en 1856 par de Thomé et en allem. en 1857-58, par Lotze). Dans un nouveau voyage (1857-58), il traversa le territoire des Damaras, atteignit, au prix de mille difficultés, le fleuve Okavango d'où il revint à Objituo. *La rivière Okavango, récit des voyages, d'explorations et d'aventures,* Londres, 1861, trad. en allem. par Hartmann, Leipzig, 1863. En mai 1861, il entreprit un nouveau voyage pour explorer la rivière Cunène, mais arrivé sur les bords de cette rivière, trop faible pour la traverser et atteint de la dysenterie, il dut revenir dans le pays des Ovakuambis où il mourut le 5 juillet 1867. || ANDERSSON (Nils-Jean). Botaniste suédois, né en 1821, m. en 1880. Professeur à Upsal, puis à Stockholm, il fit partie comme botaniste de l'expédition autour du monde de la frégate

Eugénie 1851-33), et écrivit au retour le récit de cette exploration (*Navigation autour du monde,* 3 v. in-8°, Stockholm, 1853-54, en suéd. ; trad. en allem. par Kannegiesser en 1865). Il fut ensuite nommé professeur de botanique à Lund, puis professeur et conservateur des collections botaniques à Stockholm. Il a écrit, particulièrement sur la flore scandinave, des ouvrages très estimés : *Salices Lapponiæ,* Upsal, 1845 ; *Conspectus vegetationis Lapponiæ,* Upsal, 1846 ; *Manuel de botanique,* 3 vol., Stockholm, 1851-53, en suéd. ; *Atlas de la flore scandinave,* Stockholm, 1849 ; *Cypéracées et Graminées scandinaves,* 1849 et 1852.

ANDERTON (Jacques). Catholique anglais, de la fin du XVI° s. et du commencement du XVII°, et quoique laïque, célèbre controversiste. Il écrivit sous le pseudonyme de *Jean Brereley.* Son principal ouvrage est l'*Apologie des protestants pour la religion romaine,* 1604, in-4°, dans lequel il prouve la vérité de la religion catholique par le témoignage même des auteurs protestants. Le docteur Morton, évêque de Durham et chapelain du roi, répondit faiblement à l'*Apologie,* par l'*Appel aux catholiques pour les protestants.* On doit encore à Anderton l'*Explication de la liturgie de la messe,* en lat., Cologne, 1620, in-4°, et la *Religion de saint Augustin,* 1620, in-8°. || ANDERTON (Laurence), 1576-1643. Protestant anglais, converti, membre de la compagnie de Jésus, prédicateur et controversiste, né dans le comté de Lancastre. *La Progéniture des catholiques et des protestants,* Rouen, 1632, in-4° ; *La Triple corde,* St-Omer, 1634, in-4°. || ANDERTON (Henry). Peintre anglais de la fin du XVII° s., élève de Robert Streater. Portraits et paysages.

ANDES. Géog. anc. Pte vle d'Italie, près de Mantoue, patrie de Virgile d'après une tradition incertaine ; auj. *Pietola.* || ANDES. Anc. peuple de la Gaule. (V. *Andecavi.*) || Géog. mod. ANDES ou CORDILLÈRE DES ANDES, en espagnol *Cordillera* (chaîne) *de los Andes.* (Suivant de Humboldt, ce nom serait dérivé du nom péruvien *anta,* cuivre et métal en général, en raison de la quantité de minerais que renferment ces montagnes.) Grande chaîne de montagnes qui traverse du S. au N. toute l'Amérique méridionale, suivant de près les côtes de l'océan Pacifique, depuis le cap Forward sur le détroit de Magellan jusqu'à l'isthme de Panama. Du terme générique employé par les Espagnols, *Cordillera de los Andes,* on a fait un nom propre, la Cordillère. Longueur de la chaîne, 7,500 kil. ; sa largeur est de 90 à 300 kil. La Cordillère, dit M. Elisée Reclus, ne se déroule pas comme une longue suite de vertèbres gigantesques alignées sur le rivage du Pacifique ; de distance en distance elle se bifurque, se dédouble pour ainsi dire, et forme deux lignes de hauts sommets qui se longent parallèlement, reviennent l'une vers l'autre, puis se réunissent et se confondent pour se séparer encore. On compte dans l'Amérique du Sud huit dédoublements de la Cordillère principale, et autant de centres montagneux où viennent se renouer les Cordillères parallèles (Bull. de la Soc. de Géog. 1859, 112.) — On divise la chaîne en six sections, d'après le pays qu'elles couvrent : Andes de Patagonie, Andes du Chili, Andes de la Bolivie, Andes du Pérou, Andes de Quito ou de l'Equateur, Andes de la Nouvelle-Grenade ou de la Colombie. — Les *Andes patagoniques,* encore peu connues, s'étendent du 53° au 44° degré de latit. S. formant une seule chaîne étroite, dont le pied en certains endroits baigne dans l'Océan. Les sommets les plus élevés sont : le Sarmiento, 2,073 m., le Yanteles, 2,447 m., la Corcobado, 4,000 m. environ. — Les *Andes chiliennes* qui renferment les pics les plus élevés de la chaîne, commencent au volcan Osorno, vers 44° latit. S., et finissent au 23°, séparant le Chili de la République Argentine ; elles ne forment aussi qu'une seule chaîne, bien plus éloignée de la mer que celle des Andes de Patagonie. Les points culminants sont : le Tupungato (6,719 m.) ; le Maypú (5,381 m.) ; l'Aconcagua (6,854 m.) ; le Mercedio (6,790 m.). Les principaux passage sont : la passe de Planchon (2,507 m.) de Curico à Mendoza ; la passe de la Cruz de Piedra (3,442 m.) de Santiago à Mendoza ; celle de Cumbre d'Uzpallata (3,900 m.) de Valparaiso à Mendoza , chemin le plus

fréquenté et le seul praticable en hiver ; la passe de los Patos (3,854 m.) de Valparaiso à San Juan ; celle de Pircas-Negras (4,460 m.) de Copiapo à Catamarca. Du côté du Chili le versant est abrupt, l'autre versant s'échelonne en larges mamelons graduellement abaissés sur le territoire de la République Argentine. Cette section des Andes renferme au Sud et au nord deux séries de volcans en activité. — Les *Andes boliviennes* comprises entre le 23° et le 17° lat. S., partent du nœud de Porco et de Potosi, se séparent en deux chaînes parallèles et se terminent au mont de Cuzco. Entre les deux chaînes est renfermé le plateau du *Desaguadero (canal d'écoulement),* vaste vallée dont l'altitude est de 4,000 m. environ au-dessus du niveau de la mer. Dans cette vallée se trouve le lac Titicaca. le plus grand de l'Amérique du Sud et, dont une des îles fut le berceau des Incas. Le lac Titicaca est réuni au lac Aullagas par le Rio Desaguedero, mais les eaux de toute la vallée n'ont point d'écoulement et ne peuvent s'échapper que par évaporation. Les sommets de la chaîne occidentale, la plus rapprochée de la mer, sont : le Gualtieri (6,687 m.) ; le volcan d'Arequipa (5,818 m.), et le Nevado (pic neigeux) de Chuquibamba (6,390 m.). Les sommets de la chaîne orientale, sont : le Sahama (6,800 m.) ; le Ellimani (7,314 m.) ; le Nevado de Sorata (7,563 m.) ; le Cochabamba (5,000 m.). Principaux passages : le passage de Tolapalca (4,300 m.), d'Oruro à Potosi ; le passage de Condur-Pacheta (4,279 m.), d'Oruro à Cochabamba. La largeur des Andes boliviennes est de 6 à 700 kil. La chaîne occidentale est toute volcanique. Dans les Andes de Bolivie se trouvent les villes bâties à une altitude plus haute que toutes les autres villes du monde : Cochabamba (2,575 m.) ; la Plata ou Chuquisaca (2,844 m.); la Paz (3,717 m.); Oruro (3,792 m.) ; Potosi, fameuse par ses mines d'argent (4,053 m.) Quelques villages et maisons de poste sont encore plus élevés. — Les *Andes péruviennes* commencent vers le 17° latit. S., au nœud de Cuzco, et se composent d'abord de deux chaînes parallèles, qui se réunissent au nœud de Pasco (3,500 m.). De ce plateau sort une troisième cordillère parallèle aux deux autres, et les Andes atteignent avec cette triple crête la frontière de l'Ecuador, vers le 3° 1/2 toujours au S. de l'équateur. Dans le versant oriental des Andes péruviennes, prennent naissance les grands cours d'eau qui forment l'Amazone. Principales passes : passe de Gualilas ou de Tajora (4,500 m.), d'Arica à Oruro, important débouché de la Bolivie sur le Pacifique ; Alto de Toledo (4,783 m.), d'Arequipa à Puno, sur le lac Titicaca ; Alto de las Huesos (4,150 m.), d'Arequipa à Cuzco ; passe de San Mateo (4,800 m.), de Lima à Tarma ; Alto de Lachugual (4,718 m.), entre Jauja et Huanuco. La ville d'Arequipa est à 2,377 m. d'alt. et celle de Puno à 3,911 m. Les Andes du Perou ont seize volcans en activité. — Les *Andes équatoriales ou de Quito* vont du nœud de Loxa (3° 1/2 latit. S.) au nœud du los Pastos (1° latit. N.), se composant de deux chaînes parallèles assez rapprochées. Cette section, toute volcanique, renferme les célèbres ville et vallée de Quito (2,913 m.). Les sommets du Chimborazo (6,530 m.); du Pichincha (4,853 m.); du Cotopaxi, volcan ignivome)5,752 m.); l'Antisana (5,800 m.), volcan du Cayambé (5,953 m.). — Les *Andes de la Nouvelle-Grenade ou de la Colombie* vont du 1° jusqu'au 8° latit. N. à l'entrée de l'isthme et même jusqu'au 10° en suivant les ramification orientale. Se composant d'abord de deux chaînes parallèles qui se réunissent au nœud de Paramo de las Papas, elles s'éparpillent ensuite et se ramifient en un long éventail, formé de trois branches principales, qui terminent les Andes. La chaîne orientale, court vers le Venezuela et finit aux montagnes de Caracas ; elle renferme le mont Almorsadero (3,918 m), et la Horqueta (5,347 m.). La chaîne centrale ou chaîne de Quindin entre le Magdalena et le Cauca, dont le sommet culminant est le Tolima (5,616 m.), volcan actif, va se perdre du côté de la mer des Antilles. La chaîne occidentale, très rapprochée de la mer, se termine sur le golfe de Darien. Principales passes : celle du Paramo de Guanacos (4,550 m.), de Popayan à Bogota ;

la passe de Quindiu (3,500 m.), de Bogota à Cartago, par la vallée de Cauca. Ajoutons pour compléter que les passages dans les Andes, aussi rares que difficiles, sont praticables seulement pour les mulets ou les lamas. Quelques chemins de fer construits ou en construction franchissent la crête des Andes. D'après Vivien de Saint-Martin, « les voies transversales auxquelles les ingénieurs travaillent fort activement sont les suivantes, en commençant du N. au S. : 1° de Cascamayo à Cajamarca, dans le bassin de l'Amazone ; 2° de Callao à Cerro de Pasco et au versant de l'Amazone ; 3° de Mollendo à Cuzco par Arequipa et Puno ; 4° d'Arica à la Paz par Tacna ; 5° d'Iquique à Oruro par la pampa de Transarugal. En outre, on s'occupe, dans la Colombie, de franchir les Andes d'Antioquia. » Dans la partie méridionale du continent, un chemin de fer interocéanique, le *Transandino*, est destiné à relier Buenos-Ayres à Valparaiso. Son développement total atteindra 1,600 kil. environ. Commencée en 1873, cette grande ligue se poursuit avec rapidité. Dans la République Argentine elle est terminée actuellement de Rosario à Mendoza, au pied de la Cordillère, en passant par Rio Cuarto et San Luis. Du côté du Chili on vient de livrer à la circulation la ligne jusqu'à Chacabuco, à 50 kilom. de Santiago (1883). — *Formation géologique des Andes :* granit, gneiss et schiste micacé à la base ; porphyre, basalte, trachyte, phonolithes et roches vertes à la crête. Les richesses minérales y sont plus abondantes que partout ailleurs. Ses mines d'argent et de cuivre sont incomparables ; des mines ou des lavages d'or se retrouvent dans la Colombie, l'Equateur, le Pérou, la Bolivie et le Chili. — Le climat des Andes est généralement sain. Certaines vallées basses cependant sont fort malsaines ; ainsi celle du Rio Magdalena qui au midi, est d'une extrême sécheresse, est au nord aussi humide que possible et couverte d'épaisses forêts et peuplée de goitreux ; il en est de même des plateaux de Santa Fé, au dire de de Humboldt. Au-dessus de 3,000 m., la raréfaction de l'air cause un grave malaise connu sous le nom de *soroche*. Les orages y sont fréquents, surtout dans les vallées de Quito et de Popayan ; dans les vallées du Magdelena, du Rio Negro, ils éclatent toujours vers minuit ; c'est entre 1,700 et 2,000 m. que le fracas du tonnerre est le plus formidable. — Les zônes de végétations et de cultures peuvent se réduire à cinq : 1° En partant du niveau de la mer jusqu'à la hauteur de 1,000 et 1,200 m., c'est la region des palmiers et des fruits délicieux. On y cultive le bananier, le manioc, le maïs, le cacao, l'ananas, l'oranger, le bomborsoxa, arbuste dont les feuilles servent à faire les chapeaux dits de Panama. Les Européens y ont introduit la culture de la canne à sucre, du café, de l'indigo et du coton. Toutefois à partir de 600 m., ces mêmes plantes et cultures sont moins développées. Sur le versant oriental des Andes péruviennes et boliviennes se trouve, entre 650 et 1,600 m., la zone du coco. Cette première zone est la région des boas, des crocodiles, du jaguar, du couguar, du tigre noir, des perroquets, des alouates et autres singes sapajous, du fourmilier, des maringouins, des araignées venimeuses, des charançons, des termites et de mille autres insectes. 2° De 1,200 à 3,000 m., c'est la région des fougères arborescentes et des quinquinas, de l'arbre à cire et du quinoa. Les quinquinas, en certains endroits, forment d'immenses forêts. On y cultive le coton, le café et la canne à sucre, jusqu'à 2,000 m., le blé, de 1,400 à 2,400 m., la pomme de terre. Entre 2,500 et 3,000 m., le chêne croit en abondance. Cette zone est la meilleure pour l'Européen. C'est la région des tapirs, des ours, du grand cerf des Andes. 3° De 3,000 à 4,600 m., on ne trouve plus que des arbustes et des plantes rampantes, entre autres la gentiane. L'objet principal de la culture est le quinoa jusqu'à 3,600 m., et surtout la pomme de terre. C'est la région du puma, du petit ours à front blanc. 4° La zone des graminées gazonnantes de 4,000 à 5,000 m., est peuplée de bandes de vigognes, d'alpagas, de moutons et de lamas. 5° Les sommets des Andes sont couverts de neiges perpétuelles ; ce sont des déserts où ne croissent que des

lichens, des solitudes qui n'ont pour hôte que le condor.

ANDÉSINE. s. f. Feldspath se rapprochant beaucoup de l'albite, trouvé dans les Andes et dans les Vosges.

ANDÉSITE. s. f. Minér. Espèce de trachyte assez poreux, d'aspect souvent granitoïde, qui diffère des trachytes ordinaires par l'absence de sanidine. Sa texture est une pâte feldspathique dans laquelle sont assez souvent disséminés des cristaux marqués de stries bien nettes quand ils sont bien frais. Certaines variétés renferment de l'hornblende et sont noirâtres, vert foncé, d'autres contiennent de l'angite (les Andes, pic de Ténériffe). Cette roche forme souvent des cônes énormes, dans les Andes par exemple.

ANDETRIUM. Géog. anc. Vle forte de Dalmatie qu'on croit être *Clissa*, près Spalato.

ANDIA (Sierra de). Chaîne de montagnes du N. de l'Espagne, dans les provinces basques. C'est une ramification de la Sierra de la Pena, qui prend ce nom à l'O. de la riv. Arga et passe au N. de Pampelune pour venir se rattacher aux Pyrénées par le col d'Alsasua, où passe le chemin de fer de Vitoria à Pampelune. Elle forme un plateau fort accidenté, dont le point culminant atteint 1,454 m., et couvre de ses contreforts la sauvage région des Amezcuas.

ANDICOLE. adj. 2 g. Qui habite les Andes, qui croît dans les Andes. On dit aussi : Andin, ine.

ANDIEN. Peintre de fleurs de l'école de Baptiste, né à Clermont-Ferrand, m. à Paris en 1783.

ANDIER. s. m. V. *Landier.*

ANDIER DES ROCHES. Graveur, né à Lyon, m. à Paris en 1741. Il a gravé plusieurs tableaux du Corrège, mais son œuvre principale est une suite de portraits de plus de 700 personnages célèbres, renfermés chacun dans un ovale d'environ 18 cent., avec des vers au bas, la plupart par Gacon.

ANDIGNE. 478 h. Bg de France (Maine-et-Loire), arr. et à 7 kil. de Segré, cant. et à 6 kil. N.-O. du Lion-d'Angers, sur la ligne d'Angers à Segré. Eglise du XIIe s. Ce village a donné son nom à une des plus anciennes familles de l'Anjou.

ANDIGNÉ DE MAINEUF. (Louis-Jules-François d'). Evêque de Nantes, né au Lion-d'Angers, 1756, m. en 1822. Abbé de Noyers au diocèse de Tours (1785-1790), émigré avec sa famille en 1791, puis, après le Concordat, grand-vicaire de Mgr de Boulogne, évêque de Troyes, dont il partagea la disgrâce sous l'Empire ; évêque de Nantes en 1817, sacré en 1819. || ANDIGNE DE MAINEUF DES AILLERS (Louis-Gabriel Aug. d'). Frère du précédent, 1763-1839. Conseiller au parlement de Bretagne en 1788, incarcéré sous la Terreur, puis sous le Directoire ; fut employé lors des troubles de l'an VII à amener la pacification qui les termina, et prit une part active aux conférences de Pouancé. Conseiller général de Maine-et-Loire sous l'Empire, député d'extrême droite en 1815, 1816 et 1823, il fut nommé en 1821 premier président de la cour d'Angers et donna sa démission en 1830. || ANDIGNE (Louis-Marie-Auguste d'). Général, cousin des précédents, né à Angers en 1766, m. à Fontainebleau en 1837. Servit d'abord dans la marine, prit part de 1796 à 1800, comme officier général, aux guerres de la chouannerie, fut incarcéré sous l'Empire et réussit par deux fois à s'évader, d'abord du fort de Joux, puis de la citadelle de Besançon. En 1815, il défendit la cause des Bourbons en Vendée pendant les Cent-Jours et livra un combat à Auray. Pair de France en 1815, comte en 1816, lieutenant général en 1823, il fut déchu de la pairie pour refus de serment en 1830. Il a laissé d'importants mémoires encore inédits. || ANDIGNE DE LA BLANCHAIE (Paul-Marie-Céleste). Frère du précédent, né à Angers en 1763, m. à Paris en 1857. Député sous la Restauration, il vota l'adresse des 221. Sa rentrée à Angers après ce vote donna lieu à une manifestation populaire (6 juin 1830), qui provoqua une vive émotion dans le pays et fut comme le prélude de la révolution de 1830. Réélu député en 1830, 1831 et 1834, il fut élevé à la pairie en 1837. || ANDIGNE (Henri-Marie-Léon, marquis d'). Général et homme politique, né à Orléans en 1821. Elève de Saint-

Cyr, puis de l'Ecole d'état-major, il fit la campagne d'Italie et fut nommé attaché militaire à l'ambassade de Londres. Colonel en 1869, il fut blessé grièvement à Sedan et envoyé par les Allemands à l'ambulance de Namur. Général de brigade en 1875, il a été élu sénateur de Maine-et-Loire en 1876 et réélu en 1881 ; il fait partie de la droite monarchique.

ANDILLY. 663 h. Bg de France (Seine-et-Oise, arr. et à 16 kil. S.-E. de Pontoise, cant. et à 2 kil. de Montmorency. || ANDILLY, 459 h. Vge de France (Haute-Marne), arr. de Langres. cant. et à 8 kil. O.-N.-O. de Varennes-sur-Amance ; station commune aux chemins de fer de Langres et de Chalindrey à Nancy.

ANDIN, INE. adj. Syn. d'*Andicole.*

ANDIPARO. V. *Antiparos.*

ANDIRA. s. f. Bot. G. de légumineuses-papilionacées, tr des dalbergiées, renfermant plusieurs espèces, toutes de l'Amérique tropicale. Leur fruit est une sorte de cerise que l'on emploie en médecine sous les noms de *pomme, amande* ou *noix d'angelin.* L'une de ces espèces, l'*andira anthelmintique* dont le fruit porte le nom d'*angelin amargozo* du Brésil, croît surtout près de Rio-Janeiro ; ce fruit est un émétique dont la dose ne doit pas dépasser 1 gr., sous peine d'accidents graves. — Une autre espèce l'*a. inerme* que l'on trouve aux Antilles, au Mexique, à Panama, au Pérou, au Brésil, donne un fruit de la grosseur d'une petite noix qui a les propriétés du précédent ; son écorce, connue sous le nom de *bois palmiste sauvage des Antilles* ou encore *écorce de geoffrée des Antilles* ou *de la Jamaïque*, est un purgatif énergique et même un poison violent si on la prend à haute dose. On l'emploie dans l'Amérique tropicale comme anthelminthique. — Une autre espèce, l'*a. retusa* que l'on trouve dans les Guyanes, le Brésil, etc., donne une écorce dite *écorce de geoffrée de Surinam*, et a les mêmes propriétés. Enfin une dernière espèce, l'*a. vermifuge* est employée contre les vers intestinaux.

ANDIRÉES. s. f. pl Tribu de la fam. des légumineuses-papilionacées. On dit également Geoffrées.

ANDIROBA (écorce d'). V. *Carapa.*

ANDJÉDIVA. Ilot de 2 kil. de long, situé à 3 kil. de la côte occid. de l'Inde et à 82 kil. S.-S.-E. de Goa ; occupé par les Portugais qui l'ont fortifié.

ANDJOU (le nabab Fakhr-ed-dyn-Hacan-Djemal, ed-dyn-Hocéin). Auteur de la préface et l'un des principaux collaborateurs du célèbre dictionnaire persan *Ferhang-Djihanguyry* (le dernier mot est le nom du Grand-Mogol, sous le règne duquel il fut terminé). Andjou nous apprend dans sa préface que pour composer ce travail on a puisé dans 44 autres dictionnaires, dans les commentaires persans du Coran, dans les annales et les histoires, dans le livre *Zend* et le *Pazend*, dans les recueils de poésie, etc. « J'ai pris beaucoup de peine, dit-il, et lu beaucoup de livres arabes et pehlvis. » L'ouvrage fut terminé l'an 1017 de l'hégire (1608-9 de J.-C.). La Bibliothèque nationale en possède deux exemplaires dans lesquels manque le complément, c.-à-d. un glossaire des mots particuliers au livre du Zend et un recueil de mots composés.

ANDLAU-AU-VAL. 1,906 hab. Bg d'Alsace (anc. Bas-Rhin, Basse-Alsace), arr. et à 17 kil. de Schlestadt, sur l'Andlau, affl. de l'Ill. Teintureries, moulins. Eglise remarquable du XIIe s. Restes d'une abbaye fondée par Ste Richarde, épouse de Charles le Gros ; cette église a été restaurée au XVIIIe s. dans son ancien style roman. Ruines des châteaux d'Andlau et de Spesbourg. Constructions intéressantes du XIIIe s.

ANDLAU (Jos.-Hardouin-Gaston, comte d'). Officier et homme polit. franc. Nancy, 1824. Ecole de Saint-Cyr, école d'Etat-Major, lieutenant 1846, capitaine 1859 ; prit part à l'occupation de Rome, à la guerre de Crimée, où il fut décoré, puis à la campagne d'Italie 1859. Attaché militaire à notre ambassade de Vienne ; appelé au Dépôt de la Guerre, d'où on l'envoie en plusieurs missions. A fait la guerre en 1870 ; prisonnier à Metz et interné à Hambourg. De retour, il publie un ouvrage à sensation : *Metz, Campagne et négociations* (1872) écrasant pour Bazaine. Sénateur du département de l'Oise en 1876, rallié au régime républicain.

élu sénateur le 5 janvier 1879 ; promu général de brigade le 14 du même mois. Il a encore
publié : *De la cavalerie dans le passé et dans l'avenir*, 1869, in-8o, 3 pl.; *Organisation et tactique de
l'infanterie française depuis son origine*, 1872,
in-8o.

ANDLI. Antique déesse vénérée par les
Onsorani et connue par une inscription votive
trouvée à Caumont (Ariège) : *Deæ Andli
etinus.*

ANDOCHE (S.). Prêtre de Smyrne, envoyé
à Rome par S. Polycarpe, fit partie avec S.
Bénigne des missionnaires que le pape Anicet
chargea d'évangéliser les Gaules. Ils prêchè-
rent à Lyon, puis à Autun, où ils reçurent
hospitalité chez le sénateur Fauste, père de
S. Symphorien. De là, Andoche et le diacre
Thyrse se dirigèrent vers l'antique Alésia, et
annoncèrent J.-C. sur différents points du territoire éduen, tels que Saulieu, Dijon, etc.
Félix, riche négociant, aussi originaire d'O-
rient, les secondait de son influence et de sa
fortune. Il leur donna même asile chez lui, à
Saulieu, lorsque éclata la persécution de Marc-
Aurèle. Tous trois furent dénoncés au gouverneur, qui les fit arrêter. Après un interro-
gatoire dans lequel ils se déclarèrent chrétiens, ils subirent plusieurs tourments, furent
jetés pieds et mains liées dans un bûcher ardent, et mis à mort, d'après les uns à coups
de bâton, d'après les autres par la hache, 179.
Les corps des trois martyrs furent conservés
dans une crypte appelée *Croittine*. Bientôt on
y éleva une basilique célèbre dès la fin du
ive s. Dans le viiie, on y joignit un monastère
qui, à la fin du xiie, fut transformé en une
collégiale de chanoines séculiers. Le tout fut
ruiné par les Anglais après leur victoire de
Poitiers. La basilique fut aussitôt relevée de
ses ruines et il en reste encore des parties
romanes très remarquables du xie s. La plus
grande partie des reliques a été profanée en
1793. Un curieux sarcophage sculpté du ve s.,
dont les débris ont été récemment recueillis,
passe pour avoir été le tombeau primitif de
S. Andoche. Saulieu n'est pas la seule ville
qui ait possédé un monument dédié à S. Andoche. Dès la fin du vie s. se fondait à Autun,
près d'un ancien temple de Minerve, un mo-
nastère-hospice sous le vocable de S. Andoche.
Cette maison devint ensuite une abbaye de
femmes qui subsista jusqu'à la Révolution. Un
faubourg d'Autun porte encore le nom de
Saint-Andoche. F. le 24 septembre.

ANDOCIDE. Orateur et général athénien, né
vers 468 av. J.-C. à Athènes, était d'une des
premières familles de cette ville. Il fut l'un
des négociateurs de la paix de Trente ans
avec les Lacédémoniens (445 av. J.-C.). Il
commanda en 435 avec Glaucon la flotte chargée de protéger Corcyre contre les Corinthiens. Enveloppé dans l'accusation portée contre Alcibiade pour avoir profané les mystères et
mutilé des Hermès, il se tira d'affaire en accusant plusieurs personnes, du nombre desquels
était Léogora, son père, qu'il parvint cependant à sauver. Puis il sortit d'Athènes, s'engagea dans des entreprises commerciales, et
alla dans l'île de Chypre auprès d'Evagoras,
roi de Salamine. On l'accusa de lui avoir livré
la fille d'Aristide qu'il avait enlevée. Rentré à
Athènes, à l'époque où fut établi le gouvernement des quatre cents, il fut de nouveau exilé
pendant la tyrannie des Trente. Il se retira
dans l'Elide et retourna à Athènes lorsque le
peuple eut repris le dessus. Dans un second
voyage dans l'île de Chypre, il en fit venir des
blés pour les Athéniens. Peu estimé pour sa
conduite, Andocide mérita par son talent oratoire de prendre place dans le *canon* des dix
orateurs attiques. Il nous reste quatre discours
sous son nom. Le plus remarquable est celui
Sur les Mystères; les trois autres sont : *Sur son
retour de l'exil, Sur la paix, Contre Alcibiade.*
L'authenticité du quatrième et même celle du
troisième sont fort douteuses. Ces discours
imprimés dans les divers recueils d'orateurs
grecs, ont été publiés séparément par C. Schiller, 1835, in-8o, par Baiter et Sauppe dans la
bibliothèque Didot, 1846. enfin par Blass,
Leipzig, 1871 ; 2e éd., 1880.

ANDOINS ou ANDOUINS. 506 h. Vge de France
(Basses-Pyrénées), arr. de Pau, cant. et à 5 k.
S.-S.-E. de Morlaas, a donné son nom à une
famille célèbre à laquelle appartenait la belle
Corisande d'Andouins, une des premières maî-
tresses d'Henri IV.

ANDOLSHEIM. 935 h. Bg d'Alsace, anc. ch.-l.
de cant. du dép. du Haut-Rhin, sur la rive dr.
de l'Ill, à 5 kil. de Colmar.

ANDORRA-LA-VIEJA. 600 hab. Capit. de la
République d'Andorre, un peu au-dessous du
confl. de la Massane ou Valira del Nort et du
Valira del Orien.

ANDORRAN, ANNE. s. et adj. Habitant du
val d'Andorre ; qui est propre à cette contrée
ou à ses habitants.

ANDORRE (Val et République d'). Petit Etat
à peu près indépendant, situé au milieu d'un
massif de montagnes, sur le versant espagnol
des Pyrénées, entre la France au N. (dép. de
l'Ariège), et l'Espagne au S. (prov. de Lérida).
Il occupe une superf. de 452 kil. car., peuplée
de 5,890 h. (1875). Nous empruntons à M. Elisée
Reclus son intéressante description du pays
d'Andorre. « Sauf les pâturages de la Solana
(Soulane), situés sur le versant français, sur
la rive gauche de l'Ariège naissante, tout le
domaine d'Andorre écoule ses eaux dans le
beau gave d'Embalira ou Valira, qui va lui-
même s'unir au Segre, dans la plaine riante de
la Seu d'Urgel. Presque toutes les montagnes
de la contrée sont devenues arides, et les
Andorrans travaillent de leur mieux à les priver encore davantage de la terre végétale qui
restait ; partout les bûcherons sont à l'œuvre
pour faire disparaître les pentes des dernières
forêts de pins et de chênes. D'anciennes mo-
raines, privées des arbres qui les consolidaient,
se sont ainsi écroulées et l'une d'elles, située
dans le voisinage du val d'Andorre, a récemment détruit un hameau qui se trouvait à sa
base. Des traditions, que l'histoire ne confirme
point, associaient les origines de la République d'Andorre à une victoire de Charlemagne ou de Louis le Débonnaire sur les Sarrazins, et l'on montre encore les constructions
qui leur sont faussement attribuées. Le fait est
qu'avant la Révolution française le val d'Andorre n'était point constitué en souveraineté
indépendante. Aux origines du régime féodal,
le territoire d'Andorre était une seigneurie
dépendant du comté d'Urgel et, par conséquent, du royaume d'Aragon. A la suite d'héritages, de procès et de guerres, il fut décidé
en 1278 que la vallée serait, au point de vue
politique, une simple seigneurie indivise,
tenue, à titre égal, par les évêques d'Urgel et
les comtes de Foix ou leurs ayants droits :
c'est là ce qu'ont établi les recherches du
Bladé. En 1793, la République française refusa
le tribut accoutumé, que l'on cessa de percevoir jusqu'en 1806, puis, en 1810, les Cortès
espagnoles abolirent le régime féodal, Andorre
prit en conséquence une autonomie distincte,
et devint un petit Etat s'administrant lui-
même, mais dépourvu de ce que le droit des
gens désigne sous le nom de *souveraineté extérieure*. Toutefois les habitants, rendus à eux-
mêmes, n'ont cessé de se gouverner suivant
les vieilles coutumes féodales. Le territoire
appartient exclusivement à un petit nombre
de familles. La loi du majorat existe : les aînés
sont maîtres, et leurs frères puînés, presque
assimilés au reste des serviteurs, doivent
obéissance au chef de famille et ne jouissent
de son hospitalité qu'à la condition de travailler à son profit. Encore en 1842 la dîme
s'était maintenue. En réalité, la liberté des
montagnards d'Andorre se borne à ne devoir
à l'Espagne ni l'impôt du sang, ni les taxes
ordinaires, et à pouvoir se livrer impunément
à la contrebande. Cette importation clandes-
tine des articles de France et du tabac sur les
marchés d'Espagne qui fait la principale richesse du pays. La principale industrie légitime de la vallée est l'élève des bestiaux ; les
bergers andorrans mènent en hiver la plus
grande partie de leurs troupeaux dans les
plaines dites Llanos del Urgel, sur la rive
gauche du Sègre. La République possède aussi
de petites forges et une fabrique d'étoffes,
foulées dans les eaux sulfureuses des Escaldas.
Mais cette faible industrie et le commerce ne
suffisent pas à nourrir les Andorrans : un
grand nombre d'entre eux quittent le pays
avec ou sans espoir de retour. La République
d'Urgel reconnaît deux suzerains : l'évêque
d'Urgel, qui perçoit un tribut annuel de
460 fr., et le gouvernement français (représenté
par le préfet des Pyrénées-Orientales) qui touche une somme double. Deux viguiers représentent la seigneurie ; l'un français, est nommé
par la France pour une durée illimitée ; l'autre, andorran, est choisi par l'Espagne pour
une période de trois années ; mais, en outre,
le gouverneur militaire de la Seu d'Urgel
exerce les fonctions de vice-roi. Les viguiers
ont le commandement des milices locales et
nomment les baillis ; ils peuvent faire aussi
des lots provisoires en attendant la réunion des
Cortès, où ils siègent eux-mêmes avec le juge
d'appel, désigné alternativement par l'un et
l'autre suzerain, et deux *rahonadors* ou défenseurs des privilèges andorrans. A la tête
de chaque paroisse se trouvent un premier et
un deuxième consul, assistés de douze conseillers élus par les chefs de famille. Le conseil
général qui siège au village d'Andorre, est
composé des consuls et d'autant de délégués
des six paroisses. Mais en dépit de toutes les
fictions d'indépendance, l'Andorre est, en réalité, une partie intégrante de l'Espagne, et les
carabiniers ne se gênent nullement pour violer
le territoire de la prétendue République. Il
n'est pas étonnant d'ailleurs que les Andorrans
dépendent plutôt de l'Espagne que de la
France, car, par le langage, même officiel, par
le costume et les habitudes, ce sont des Catalans et, pendant six mois de l'année, ils restent
complètement séparés du bassin de l'Ariège,
tandis que par la vallée de l'Embalira, ils
peuvent toujours communiquer avec Urgel,
chef-lieu de leur diocèse religieux. Du reste
l'avantage immense ou le jamais être troublée
par la guerre, a permis à la population de dépasser ses voisins d'Espagne par l'instruction
et le bien-être. En général, les Andorrans sont
intelligents et fins, trop fins même, car leur
liberté précaire et l'habitude de la contrebande
ont développé chez eux la ruse outre mesure.
Ils excellent à prendre un air ahuri quand ils
croient leurs intérêts en jeu. Feindre la niai-
serie pour éviter ou tendre un piège s'appelle,
dans les vallées voisines, *faire l'Andorran.* »
La capitale de la République est Andorra-la-
Vieja ; mais le village principal est San-Julia-
de-Loria, près de la frontière d'Espagne ; c'est
le grand entrepôt des marchandises de contrebande. Les autres paroisses sont : Encamp,
Canilio, la Masana et Ordino.

ANDOUILLE. s. f. (*ll* mll. — Du bas-lat.
inductilis, qui dans les glossaires bas-lat. signifie
boudin; de inducere, mettre dedans; l'*inductilus*
était par conséquent un boyau dans lequel de
la chair hachée était introduite, *inducta*). Boyau
de porc rempli, farci d'autres boyaux, ou de
la chair hachée du même animal. *Andouilles
fumées. Grosses andouilles. Andouilles de chair
de porc.* Les andouilles de sanglier sont un
mets de haute saveur, surtout quand elles ont
été fumées dans l'âtre, avec du bois de gené-
vrier pendant soixante-douze heures de suite.
(Brill.-Sav.) || Mets analogue, fait avec la
chair de tout autre animal. *Andouille de bœuf,
de fraise de veau, de volaille.* || Andouilles
de Carême. Celles qui sont faites de chair de
divers poissons hachée et introduite dans des
peaux d'anguilles. || Prov. et fig. *Cela s'en est
allé en brouet d'andouilles*, Se dit d'une chose
qui promettait beaucoup et qui n'a abouti à
rien. || Loc. pop. *C'est une andouille*, Se
dit d'un homme sans caractère, mou, niais.
— *Vêtu comme une andouille*, Se dit d'un
homme qui se couvre beaucoup, parce que du
temps de Ménage, on disait vêtir les andouilles,
pour dire : enfermer la chair hachée dans le
boyau, et celui-ci s'appelait le vêtir de l'andouille. — *Andouille mal ficelée*, Personne
mal bâtie, ou qui ne sait pas porter la toilette.
— *Grand dépendeur d'andouilles*, Individu de
haute taille et un peu sot. || Dans le vieux
langage on disait : endoille, forme qui s'est
conservée dans le patois du Berry et de plusieurs provinces. *Esquelz lieux seulement
pourront les diets habitans vendre les entrailles, yssues, endoilles et bodins.* (Ordonn.
de la vle d'Issoudun, xve s.) || Andouille de
tabac, Botte de feuilles de tabac, préparées et
liées ensemble. || Papet. Patous adhérents à
la feuille de papier.

ANDOUILLE. 2,603 h. Vge de France, dép.
de la Mayenne, arr. de Laval, cant. et à 9 kil.
S.-E. de Chailland,

ANDOUILLER. s. m. (*ll* mll.; — origine incertaine. On trouve dans du Fouilloux *andoiller* et *antoillier*, qui pourrait venir du lat. *ante*, avant, et de œil, signifiant pousse, cor. L'angl. *antler* correspond à cette forme). Espèce de petite corne qui vient aux *bois* du cerf et des animaux de la même famille. Il jugeait un vieux cerf à la perche, à la meule, aux andouillers et à l'embrunisseure. (Ronsard.) Les cerfs se donnent des coups de tête ou d'andouillers si forts, que souvent ils se blessent à mort. (Buff.) || Vén. Les andouillers ne se montrent que la troisième année de la vie du cerf. Jusque là il n'était coiffé que de la *dague*. Chaque année, le bois tombe au printemps, pour repousser à l'été avec un andouiller de plus, au moins pendant les années où l'animal est le plus vigoureux. Lorsque le cerf a dix andouillers ou plus, il porte le nom de *dix cors*. Les andouillers sont de formes, de direction et de nombre variés chez les différents genres de cervidés, renne, élan, cerf, etc., et peuvent servir à les caractériser. — On appelle aussi les andouillers *chevilles* ou *cors*. On trouve des cerfs qui ne portent pas un nombre égal d'andouillers sur les deux côtés de la tête. Le *maître andouiller* est celui qui se trouve placé le premier sur la tige, qu'on nomme *perche* ou merrain, et qui se dirige en avant. C'est l'arme du cerf, avec laquelle il fait des blessures profondes. Le deuxième andouiller est placé un peu au-dessus de celui-ci, sur le côté externe; on le nomme le *sur-andouiller*. Le troisième prend le nom de *chevillure*. Quelquefois il en existe un quatrième qu'on nomme *trochon*, mais qui doit plutôt être compris dans l'*empaumure*. Quand le cerf atteint un certain âge, l'extrémité de la tige s'aplatit, et, autour de cette partie plate, poussent des andouillers plus ou moins nombreux qui lui donnent l'apparence d'une main, d'où le nom de *paumure* ou d'*empaumure*. Ces andouillers sont plus ou moins développés; pour qu'on puisse les comprendre dans le nombre des cors qui garnissent la tête du cerf, il faut qu'on puisse y attacher la ficelle qui porte la gourde du veneur. On donne aussi le nom d'*épois* aux andouillers de l'empaumure. Voici comment on compte les cors dont une tête est chevillée. On suppose toujours comme existant le maître-andouiller, le sur-andouiller et la chevillure, lors même qu'ils n'existeraient pas. On compte ensuite les andouillers de l'empaumure; par exemple, cinq. On a ainsi le nombre huit; ou le double, puisqu'il y a deux tiges ayant chacune huit andouillers, et l'on dit que le cerf *porte seize*. Lorsque le nombre des andouillers n'est pas égal des deux côtés de la tête, on compte néanmoins de même; mais on dit que le cerf est *mal semé*.

ANDOUILLETTE. s. f. (*ll* mll). Chair de veau hachée et pressée en forme de petite andouille. (Acad.) || Petite andouille que l'on rend plus délicate en y ajoutant de la fraise de veau coupée en filets; il y a des andouillettes truffées, des andouillettes aux champignons, etc.

ANDOVER. 5,654 h. Vle d'Angleterre, cté de Hants (Hampshire) à 19 kil. de Winchester. Com. de grains. Fabrique de soieries. || ANDOVER. 5,000 h., 7,000 avec le vge de North-Andover. Vle industrielle des Etats-Unis (Etat de Massachussetts), à 32 kil. N. de Boston, sur un affl. du Merrimac. Célèbre collège de Philipps fondé en 1780. Séminaire théologique établi par les congréganistes en 1807 (riche bibliothèque de 50.000 vol.). Abbot-Academy, école normale d'institutrices (1829)

ANDOZ. s. m. V. *Scherti*.

ANDR..... (du gr. *anêr, andros*, cf. sansc. *nar*, anc. italique *nêr*). Préfixe qui signifie Homme et qu'on trouve dans les mots tirés du grec : andrologomèle, andranatomie, etc.

ANDRACHNE, s. m. ou **ANDRACHNÉ.** s. f. (gr. *andrachné*, pourpier). G. d'euphorbiacées-phyllanthées comprenant des herbes et sous-arbrisseaux des régions chaudes et tempérées, dont les feuilles ressemblent à celles du pourpier. On en connaît une douzaine d'espèces. Certaines sont employées en Grèce et en Syrie comme dépuratives, d'autres dans l'Inde pour panser les ulcères.

ANDRADA (Diego Payva d'). Théologien portugais, né à Coïmbre, 1528-1775, d'une noble famille, brilla au concile de Trente. Ses ouvrages sont : *Orthodoxorum quæstionum libri decem... contra Kemnitii petulantem audaciam.*

Venise, 1564, in-4° et Cologne in-8°; *Defensio Tridentinæ fidei, adversus hæreticorum detestabiles calumnias,* Lisbonne, 1578, in-4°; Cologne, 1580, in-8°; *De conciliorum auctoritate ; Sermons,* 7 vol. Andrada soutient l'autorité du pape et prend la défense des jésuites. Ses écrits se recommandent par l'élégance et la vivacité du style. || ANDRADA (François d'), Frère du précédent, conseiller et historiographe de Philippe III, est l'auteur d'une *Histoire de Jean III roi de Portugal,* Lisbonne 1523, in-4°. || ANDRADA (Thomas d'). Frère des précédents, plus connu sous le nom de *Thomas de Jésus,* réformateur des Augustins déchaussés. Fait prisonnier par les Maures dans l'expédition malheureuse de Sébastien, il fut racheté ; mais il préféra rester avec ses compagnons d'infortune pour les soutenir et les encourager, et il employa à leur soulagement les sommes que la comtesse de Lignarès, sa sœur, et le roi lui faisaient passer pour son usage. Il mourut donc en captivité, en 1582. Il a laissé un livre plein d'onction, *les Souffrances de Jésus,* composé dans sa prison, traduit en français, 2 vol. in-12. || ANDRADA (Diego d'). Fils de François, né vers 1576, m. en 1660. Il est auteur d'un remarquable poème épique en 12 chants sur le siège de Chaul dans les Indes orientales, *Chauleidos.* On cite encore de lui un *Examen des antiquités du Portugal,* 1 vol. in-4°, critique saine et approfondie du 1er vol. de *la Monarchie portugaise* de B. de Brito et *Casamento Perfetto* (Le parfait Mariage), essai philosophique souvent réimprimé. || ANDRADA (Antoine). Jésuite portugais, 1580-1633, un des premiers missionnaires du Thibet ; a laissé une relation très intéressante de ses voyages dans cette contrée. || ANDRADA (Hyacinthe Freire de). Ecrivain portugais, né à Béja en 1597, m. à Lisbonne en 1657. Auteur d'une *Vie de don Juan de Castro, vice-roi des Indes,* un des plus beaux livres de la langue portugaise. La noblesse, et la sobre énergie de sa narration sont dignes du héros qu'il célèbre. Son petit poème sur Polyphème et Galathée est une parodie burlesque et ingénieuse de cette fable mise à la mode par Gongora et ses nombreux imitateurs. D'autres écrits en prose pour la défense des droits de la maison de Bragance, et les poésies latines se trouvent dans *le Phénix ressuscité (A Feniz renascida).* Lisbonne, 1717-1746, 5 vol p. in-8°. || ANDRADA Alphonso d'). Né à Tolède en 1590, m. en 1672. Jésuite, professeur de philosophie et de théologie morale. Il a laissé un grand nombre d'ouvrages dont les principaux sont : *Itinéraire historique,* Madrid, 1657, 2 vol. in-4° ; *Méditations pour tous les jours de l'année,* 1660, 4 vol. in-16; *Vie des Jésuites illustres,* 1666-67, 2 vol. in-fol. || ANDRADA E SYLVA (Boniface-Joseph d') Savant et homme d'Etat brésilien, 1763-1838. Vint assez jeune à Lisbonne, puis à Paris, où il étudia sous Lavoisier, retourna à Lisbonne comme professeur de métallurgie et de géognosie. Inspecteur général des Mines. Combattit l'invasion française à la tête des étudiants de Coïmbre. Secrétaire perpétuel de l'Académie des sciences de Lisbonne. Il retourna au Brésil en 1819, et contribua à la déclaration de l'indépendance. Premier ministre, renversé en 1823, déporté en France à cause de ses idées démocratiques ; rentré en 1829, il ne s'occupa plus que de science et de l'éducation du prince impérial. Il a écrit sur le Brésil des mémoires scientifiques et publié un recueil estimé de poésies : *Poesias d'Americo Elyseo,* Bordeaux, 1825. Ses deux frères, *Antonio Carlo* et *Martin Francisco d'Andrada* ont joué aussi un rôle important dans la révolution brésilienne. Les fils de ce dernier, m. en 1844, *José Bonifacio* et *Martin Francisco d'Andrada* se sont fait un nom comme poètes.

ANDRÆ (Ch.-Christ.-Georges). Homme politique danois, 1812. Voyagea en France, d'où il revint professer les mathématiques à l'Ecole militaire de Copenhague. De 1850 à 1853, il siégea au Parlement. Président du conseil en 1856, ministre des finances, 1857. (V. *Andersen.*)

ANDRÆACÉES ou **ANDRÉACÉES.** s. f. pl. Bot. Fam. de mousses caractérisée par : capsule à pédoncule très court, élevée sur un *pseudopode* aphylle ; spores d'abord tétraédriques, puis rondes et couleur de rouille ; columelle étendue jusqu'au sommet du fruit ; déhiscence de la capsule par 4 (rarement 6) valves, connées au sommet. G.: *andreæa* et *achroschisma.*

ANDRÆE ou **ANDREÆE.** s. f. Bot. G. de mousses, fam. des andréacées.

ANDRAL (Gabriel). Médecin français. Paris, 1797-1876. Membre de l'Académie de médecine, 1824, de l'Académie des sciences 1843 ; chargé en 1828, du cours d'hygiène à la faculté de médecine, puis des cours de pathologie et de thérapeutique. Esprit vaste, judicieux, profondément instruit. Il avait épousé la fille de Royer-Collard. *Clinique médicale,* 1823-26; *Précis élémentaire d'anatomie* 1829 : *Traité de l'auscultation médicale et du cœur,* 1836; *Cours de pathologie interne* 1836; *Traitement de la fièvre typhoïde par les purgatifs,* 1837; *Recherches sur les modifications de quelques principes du sang ; Essai d'hématologie pathologique,* 1843 ; etc., etc. || ANDRAL (Charles-Guillaume-Paul). Fils du précédent et petit-fils de Royer-Collard, né à Paris en 1828, attaché au ministère de l'instruction publique en 1849, par M. de Falloux ; reçu licencié en 1831 ; exerça la profession d'avocat sous l'Empire ; nommé préfet de la Gironde par M. Thiers, le 23 fév. 1871. Aux élections du Conseil d'Etat par l'Assemblée nationale, M. Andral fut élu au premier tour de scrutin, le 22 juillet 1872 ; après la mort d'Odilon Barrot (août 1873), il lui succéda comme vice-président ; au mois d'août de l'année suivante, il fut nommé officier de la Légion d'honneur. Il ne fait plus partie du Conseil d'Etat depuis la réorganisation de ce corps par la loi du 13 juillet 1879. M. Andral a toujours professé des idées catholiques, monarchiques et libérales.

ANDRALOGOMÈLE. s. m. (du gr. *anêr, andros,* homme, *alogos* privé de raison, et *mêlon,* brute). Nom donné à des monstres que l'on supposait formés d'un corps d'homme avec des membres d'animal.

ANDRANATOMIE ou **ANDROTOMIE.** s. f. (du gr. *anêr, andros,* homme, et *anatomé,* anatomie). Anatomie de l'homme.

ANDRAPODOCAPÈLE. s. m. (du gr. *andrapodon,* esclave, et *capélos,* revendeur). Antiq. Marchand d'esclaves.

ANDRASSY (Jules, cte), homme politique hongrois, né à Zemplin en 1823. A la mort de son père, en 1845, il le remplaça comme directeur de la Compagnie de régularisation du cours de la Theiss. En 1847, élu député de Zemplin à la Diète de Hongrie, où il se fit remarquer par ses opinions progressistes et ses facultés oratoires. Lorsqu'en 1848 se produisit en Hongrie le mouvement sécessionniste, il se prononça avec chaleur contre l'Autriche. Kossuth le nomma successivement administrateur supérieur de Zemplin, commandant du landsturm de ce comitat, et chargé de mission à Constantinople, en 1849. Après que l'Autriche fut venue à bout de la Hongrie, M. Andrassy s'exila à Paris et à Londres jusqu'à l'amnistie de 1857. Elu en 1860 député de Zemplin à la Diète hongroise, il siégea dans le parti de M. Deak qui revendiquait par les voies légales l'autonomie législative de la Hongrie, et devint vice-président de cette assemblée. La défaite de Sadowa ayant profondément modifié la politique de l'empire austro-hongrois, le 11 février 1867, fut formé, à l'initiative de M. de Beust, un ministère spécial pour la Hongrie, que M. Andrassy fut appelé à présider. En cette qualité, il assista au couronnement de l'empereur François-Joseph comme roi de Hongrie, le 8 juin 1867, à Pesth. Son ministère présenta des projets de lois sur la réorganisation de l'armée, la défense nationale, l'achèvement des chemins de fer, la reconnaissance des droits civils et politiques aux israélites, etc. Il combattit l'opposition radicale qui continuait à demander la séparation absolue entre la Hongrie et l'Autriche. M. Andrassy accompagna François-Joseph à l'Exposition universelle de Paris, en 1867. En 1869, Pesth l'élut pour député. Lors de la déclaration de guerre de la France à la Prusse, le 15 juillet 1870, il se prononça énergiquement pour la neutralité de l'Autriche-Hongrie. Le 14 novembre 1871, M. Andrassy remplaça M. de Beust à la direction du gouvernement austro-hongrois. Comme ministre des affaires étrangères, il afficha une politique de paix nette et ferme. Il assista aux diverses entrevues des trois empereurs et accompagna François-Joseph dans sa visite à Victor-Emmanuel dans la Haute-Italie. Lors de l'insurrection de l'Herzégovine et de la Bosnie, en 1875, il adressa à la Porte, sur les réformes nécessaires dans l'Empire ottoman, une Note, à laquelle adhérèrent les puissances, l'Angleterre exceptée. M. Andrassy maintint la neutralité dans la guerre que la Serbie et le Monténégro soutinrent, en 1876, contre la Turquie. Cette même année, il fit renouveler le pacte austro-hongrois conclu en 1866, pour dix ans. M. Andrassy fut remplacé, en octobre 1879, par le baron de Haymerlé, porté au pouvoir par le parti conservateur.

ANDRASTÉ. V. *Andaté.*

ANDRÉ. Nom de plusieurs saints, rois, personnages illustres.

1º *Saints.* — ANDRÉ (S.) L'un des douze apôtres, né à Bethsaïde, bg de Galilée, frère aîné de Pierre. Il s'attacha d'abord à saint Jean-Baptiste et fut le premier disciple que Jésus se choisit. Il lui amena son frère Pierre. Après cette entrevue, André et Pierre fréquentaient le Sauveur et étaient souvent de sa suite; mais ils n'en continuaient pas moins d'exercer leur métier de pêcheurs. Environ quinze mois après, Jésus passant sur les bords de la mer de Galilée, où ils étaient ensemble dans leur barque, jetant leurs filets à l'eau, leur dit : « Venez à ma suite, et je vous ferai pêcheurs d'hommes », et à l'instant même, ils quittèrent leurs filets, leur barque pour s'attacher irrévocablement à Jésus-Christ. Ils eurent le bonheur de le recevoir chez eux à Capharnaüm. Les Évangélistes mentionnent encore plusieurs fois André. Il évangélisa l'Achaïe, la Scythie, l'Épire, la Thrace. Saint Grégoire de Nazianze le fait apôtre de l'Épire, Nicéphore Calixte de la Thrace, saint Jean Chrysostôme de la Grèce et Origène de la Scythie, et le martyrologe romain du 31 octobre, dit de saint Stache, qu'il fut établi par saint André premier évêque de Constantinople, appelée alors Byzance. Baronius, dans ses notes, cite des auteurs d'après lesquels saint André aurait parcouru la Cappadoce, la Galatie et la Bithynie jusqu'au Pont-Euxin, et d'autres qui témoignent qu'il a prêché chez les Sogdiens et les Secces, peuples voisins de la Scythie et faisant partie des Bactriens. De retour à Patras, en Achaïe, il fut arrêté par ordre d'Égée, proconsul de la province, qui après l'avoir interrogé lui fit subir divers supplices et le fit attacher sur une croix ayant la forme d'un X (30 novembre 62), d'où le nom de croix de Saint-André, donné à cette forme. En 357, son corps fut porté de Patras à Constantinople dans l'église des Apôtres, bâtie par Constantin le Grand. Lorsque les Francs s'emparèrent de Constantinople, le cardinal Pierre de Capoue emporta les reliques de saint André en Italie et les déposa dans la cathédrale d'Amalfi, où elles sont encore; on n'en trouve ailleurs que des parcelles. Antérieurement, saint Grégoire le Grand, alors apocrisiaire du Saint-Siège auprès de Tibère II, empereur d'Orient, obtint de lui, comme présent, un bras de saint André, qu'il apporta à Rome, et pour lequel il fit construire une église et un monastère. Les Écossais prétendent posséder des reliques de saint André, et ils honorent cet apôtre comme le patron de leur pays. Les Moscovites ont aussi pour lui une dévotion particulière, parce qu'ils croient qu'il vint jusqu'aux frontières de la Pologne. En 1848, on a découvert la tête de saint André, volée sous Pie II. Gundioc, roi de Bourgogne, qui prit le nom d'Étienne à sa conversion, obtint de la ville de Patras la croix de saint André et la donna au monastère des religieuses de Veaune, près de Marseille. Lors de l'irruption des Sarrazins, les religieuses furent massacrées; elles avaient eu la précaution d'enterrer la croix de Saint-André dans un lieu secret de leur monastère. Le bienheureux Hugues, religieux de saint Victor de Marseille, la trouva en 1250, et la transféra dans son abbaye. Le P. Giry la vit en 1667, dans l'église souterraine. Elle était de bois d'olivier, et ses deux branches étaient en angle droit. Elle n'avait plus la figure de l'X, n'étant plus complète. Les rois de Bourgogne l'ont prise pour leurs armes, et c'est en l'honneur et sous l'invocation de saint André que

Philippe le Bon créa l'Ordre de la Toison d'or en 1431. F. 30 novembre. || Hist. ANDRÉ (*Ordre militaire de* SAINT-), institué en Russie, en 1698, par Pierre le Grand. La croix émaillée de bleu, avec l'image de saint André, surmontée de la couronne impériale ; sur le revers, un aigle éployé avec cette légende : *Pour la foi et la fidélité.* — Ordre militaire fondé en Écosse en 1534 et aboli en 1688. || ANDRÉ CORSINI (S.). 1302-1373. Il appartenait à une noble et ancienne famille de Florence. Après avoir mené dans sa jeunesse une vie dissipée, il se convertit de bonne heure, prit l'habit de carme en 1318, fut ordonné prêtre en 1328, et perfectionna ses études à Paris. De retour à Florence, il fut élu prieur du couvent de son ordre et ensuite évêque de Fiésole. Il mourut à l'âge de 72 ans, la 13e année de son épiscopat. Urbain VIII l'a canonisé le 22 avril 1629. F. 4 février. || ANDRÉ AVELLIN (S.). Clerc régulier théatin, né en 1521, à Castro-Nuovo, dans le royaume de Naples, m. en 1608. Reçu docteur en droit, il exerça la profession d'avocat devant la cour ecclésiastique de Naples, mais quitta cette position pour se consacrer entièrement à Dieu dans la congrégation des Théatins. Il fut canonisé par Clément XI, en 1712. La Sicile et la ville de Naples l'ont choisi pour un de leurs patrons. Il a composé plusieurs ouvrages de piété, Naples, 1733-1734, 5 vol. in-4º. F. 10 novembre.

2º *Rois de Hongrie.*—ANDRÉ Iᵉʳ. Roi de Hongrie, était cousin de S. Étienne et fils aîné de Ladislas le Chauve. Il avait pour concurrent Pierre Iᵉʳ, dit l'Allemand. A l'avènement de ce dernier (1044), André dut, ainsi que ses frères Béla et Levantha, se réfugier en Russie. Rappelé en 1047 par des seigneurs hongrois, il chassa Pierre et monta sur le trône en promettant de laisser à la nation hongroise la liberté de suivre l'idolâtrie qui était l'ancienne religion. Mais bientôt il força ses sujets à embrasser le christianisme, et fit couronner son fils Salomon, âgé seulement de 5 ans, pour lui assurer le trône. Son frère Béla, duc de Hongrie, qui après une convention, devait jouir de l'hérédité, forma un parti et fit la guerre à André. Une bataille livrée en 1051, sur les bords de la Theiss, fut perdue par André, qui, fait prisonnier, parvint à s'évader et se réfugia dans la forêt de Boxon, où il mourut de chagrin et de misère. Béla lui succéda. || ANDRÉ II. Roi de Hongrie, surnommé le *Hiérosolymitain,* second fils de Béla III, succéda à son neveu Ladislas III, du consentement général des États du royaume (1204). Pendant les douze premières années de son règne, la Hongrie jouit d'une paix profonde. En 1217, André partit avec une armée de Hongrois, sur les galères de Venise, pour participer à la 5e croisade. Il reprit la route de son royaume dès l'année suivante, malgré les prières des autres chefs de la croisade, qui voulaient qu'il les accompagnât au siège de Damiette. Frappé d'excommunication par le patriarche de Jérusalem, il en fut relevé après avoir promis par un serment solennel qu'il ne ferait point la guerre au duc d'Autriche pendant tout le temps que ce prince resterait à la croisade, et qu'il laisserait même la moitié de ses troupes en Palestine sous son commandement. Il n'avait séjourné que trois mois en Palestine. Pendant son absence, la reine Gertrude ayant été assassinée par le palatin Bancbanus (V. ce nom), André épousa Béatrix, fille d'Azon, marquis d'Este. Pour remédier aux maux de tous genres qui accablaient la Hongrie, il convoqua en 1222 une diète générale et promulgua dans cette assemblée le décret célèbre connu sous le nom de Bulle d'or qui fixa le droit public des Hongrois. Il mourut en 1235, après un règne de trente ans. Les Hongrois le considérèrent comme un de leurs plus grands rois. Il eut pour successeur son fils aîné Béla IV. Il eut de sa première femme cette Élisabeth célébrée comme protectrice de la poésie et comme sainte, née en 1209. || ANDRÉ III. surnommé le *Vénitien.* Était fils d'Étienne, fils posthume de André II et de Béatrix d'Este. Étienne s'était établi à Venise, où il avait épousé Thomasine, fille d'un Morosini, et il y mourut, laissant son fils André, que Ladislas IV reconnut pour son héritier. André absent à la mort de Ladislas, passa par le territoire d'Albert d'Autriche, qui le fit arrêter

contre le droit des gens, et ne lui accorda la liberté que sur la promesse qu'il épouserait sa fille Agnès. André fut proclamé et couronné à Bude le 11 août 1290. Aussitôt il déclara la guerre à Albert pour venger l'affront qu'il en avait reçu. Mais Rodolphe de Habsbourg prétendit avoir le droit comme empereur de disposer du royaume, et l'attribua à son fils Albert ; de son côté, Nicolas IV, considérant la Hongrie comme fief de l'Église, en investit Charles Martel, fils du roi de Naples, Charles II, et de Marie, sœur du dernier roi, Ladislas IV. C'est pourquoi, après cinq campagnes, André fit la paix avec le duc d'Autriche et la cimenta par son mariage avec Agnès. Alors il put tourner toutes ses forces contre ses rivaux qu'il vainquit ; mais, lorsqu'à l'arrivée de Carobert, héritier de Charles Martel, il vit toutes les provinces maritimes se déclarer en sa faveur, il mourut de chagrin (1301) ; avec lui s'éteignit la race d'Arpad.

3º *Roi de Naples.* — ANDRÉ de Hongrie, roi de Naples, nommé *Andréasso* par les Napolitains. Il était le second fils de Carobert, roi de Hongrie. Robert, roi des Deux-Siciles, qui l'avait destiné pour époux à Jeanne, son héritière, le fit élever à Naples, afin qu'il se façonnât aux usages de ses futurs sujets. Lorsque les deux époux lui succédèrent, Jeanne allait atteindre sa seizième année, et son mari était plus jeune de quelques mois. Il y avait entre eux une grande incompatibilité d'humeurs. André avait conservé son caractère hongrois, fier, grossier, presque féroce. Il méprisait les arts et la mollesse du Midi et le faste de la cour de Naples. Jeanne, au contraire, inconstante et voluptueuse, apprenait de ses amants à mépriser son mari. André voulut être sacré avant d'avoir atteint les vingt-deux ans fixés par le roi Robert. Le jour de son couronnement, il fit arborer des fers et une hache pour terrifier ses ennemis. Une conspiration se trama contre lui. Si Jeanne ne consentit pas à la mort de son mari, elle n'y fit pas du moins obstacle. André fut étranglé dans un couvent près d'Averse, où se trouvait alors la cour. Son cadavre mutilé fut jeté dans le jardin (1345).

4º *Grands-ducs de Russie.* — ANDRÉ. Grand-duc de Russie, fils du grand-duc Youri Dolgorouki (*Georges Longue-Main*). Mécontent de son père, il s'était retiré, en 1155, dans le duché de Souzdal, dont il agrandit la capitale Wladimir. A la mort de son père, en 1157, il ne se mêla point aux guerres civiles qui éclatèrent entre ses frères. En 1166, il vainquit les Bulgares. Bientôt après, il marcha contre le grand-duc Mstislaf, son frère, s'empara de Kiev, qu'il livra au pillage. Devenu le plus puissant des princes russes, il régnait depuis quinze ans, avec une sagesse qui l'avait fait surnommer *le second Salomon,* lorsqu'il fut assassiné par vingt soldats que ses parents avaient soudoyés. Ses États furent livrés au pillage. || ANDRÉ Jaroslavitch. Grand-duc de Russie, fils de Jaroslaf II, et frère aîné de Alexandre Newski. Tous deux accompagnèrent leur père, obligé d'aller dans la Tartarie chinoise fléchir le genou devant Oktaï, le grand khan des Tartares-Mongols, maîtres de l'Europe orientale. Jaroslaf étant mort en revenant en Russie, 1246, ses fils ne purent lui succéder qu'en se faisant reconnaître par le grand khar, qui donna à André la principauté de Wladimir, et à Alexandre la Russie méridionale. André, plus fier que son frère, refusa de payer le tribut, mais trop faible pour résister, il se réfugia en Suède, 1252. Il se soumit en 1257. Alors les lieutenants du grand khan firent en Russie un recensement général pour servir de base à une capitation. Les populations russes exaspérées se levèrent en masse, au son du tocsin, et massacrèrent ou chassèrent les Mongols. Les deux princes russes craignant des représailles, allèrent fournir des explications et des excuses au khan Berka, campé à Saraï sur le Volga. Celui-ci se montra satisfait, mais il contraignit André et Alexandre à passer une année entière à sa cour. En revenant, Alexandre mourut le 14 novembre 1263. André ne lui survécut que de quelques mois. Tout porte à croire qu'ils furent empoisonnés. || ANDRÉ Alexandrovitch. Grand-duc de Russie, second fils d'Alexandre Newski. Il marcha contre les Yases ou Alains; les vainquit, les réduisit en esclavage et en fit hommage aux Tartares, afin de s'attirer la faveur de ceux-ci et d'en profiter pour détrôner son frère. En effet, le grand khan, satisfait de cet exploit, nomma André, chef des princes russes, grand-duc, et lui donna un corps de Tartares, avec lesquels il força Démétrius, son frère, d'abandonner ses États. Les Mongols profitèrent de la situation pour ravager les provinces russes à trois reprises pendant plusieurs années. Mais bientôt les fils de Démétrius réclamèrent la succession de leur père auprès du khan. Celui-ci nomma un juge devant lequel eut lieu un arrangement (1297) qui fut rompu en 1302, à la mort de Daniel, duc de Moscou. En 1303, la grand khan ordonna aux princes russes de se contenter chacun de ce qui lui appartenait. Le seul acte utile à la Russie du règne d'André fut la prise de la forteresse de Landskron, bâtie par les Suédois à l'embouchure de l'Okhta, qui inquiétait le commerce de Novgorod. Il mourut le 27 juillet 1304.

5o *Divers*. — ANDRE. Juif de Cyrène, surnommé *Lucuas* par Eusèbe, et l'*Homme des Lumières* par Abul-Farage, se mit à la tête d'un grand nombre de ses compatriotes auxquels il fit prendre les armes sous le règne de Trajan pour s'emparer de Jérusalem et rétablir l'État juif. Il remporta plusieurs avantages sur Lupus, préfet d'Égypte, qui se vengea en faisant massacrer tous les Juifs d'Alexandrie. André, par représailles, ravagea la Lybie, où il extermina, dit-on, deux cent mille habitants. Excités par son exemple, les Juifs de l'Ile de Chypre, sous la conduite d'un certain Artémion, massacrèrent beaucoup de Grecs et de Romains. Cette révolte fut enfin étouffée, après plusieurs batailles sanglantes, par Martius Turbo, d'autres disent par Adrien, général des troupes romaines. || ANDRE. Évèque de Césarée en Cappadoce, est le premier auteur ecclésiastique dont nous possédions un commentaire suivi de l'Apocalypse de saint Jean. On peut, de la teneur même de ce commentaire, conclure qu'il a vécu avant la fin du ve s. Il trouve dans l'Ecriture trois sens correspondant aux trois parties constitutives de l'homme (le corps, l'âme et l'esprit) qu'il est destiné à instruire : 1o un sens littéral ou extérieur et historique, la lettre étant semblable au corps; 2o un sens tropo'ogique, qui, du visible et de l'apparent même à ce qui ne peut être connu que spirituellement, tropologie médiatrice semblable à l'âme, 3o un sens anagogique, qui renferme les mystères de l'avenir et de la vie éternelle, absolument clos à l'intelligence purement sensible, anagogie correspondant à l'esprit. Or, le sens anagogique est, suivant André, celui qui prédomine dans l'Apocalypse, et l'explication en est très difficile. Ce commentaire, écrit en grec, a été publié pour la première fois par Théodore Peltanus à Ingolstadt, en 1574, traduit en latin, et depuis lors inséré dans toutes les patrologies ou bibliothèques des Pères. Il est encore auteur d'un autre ouvrage, qui n'a pas encore été rendu public, intitulé *Thérapeutique* ou *Service spirituel*. On trouve le *Commentaire de l'Apocalypse* dans le tome 106 de la *Patrologie grecque* de Migne, avec une notice d'Ondiu et des notes de Sylburge. || ANDRE de Damas. Archevêque de Crète, surnommé *Jérosolymitain*, était né à Damas. Il mena quelque temps à Jérusalem la vie monastique, puis alla à Constantinople où il s'acquit une grande réputation par sa vertu et son éloquence. Il fut nommé archevêque de Crète. Il occupait déjà ce siège sous le règne de Justinien II, qui commença l'an 686 et finit l'an 711. Il favorisa quelque temps l'erreur des monothélites ; mais ayant lu les actes du 6e concile, il se détrompa et reconnut en Jésus-Christ deux volontés et deux opérations. C'est ce qu'il témoigna dans un poème adressé à l'archidiacre Agathon qui lui avait communiqué les actes de ce concil'. On place sa mort vers l'an 720. Nous avons d'André de Crète 21 discours, entre autres un éloquent panégyrique du martyr saint Georges, que les Grecs comptent parmi leurs quatre grands martyrs. On les trouve au tome 97 de la *Patrologie grecque*, avec une notice tirée de Galand, et une autre de Fabricius. On y trouve encore

un écrit très court *Sur la Vénération des Images*, des proses et des odes sous le nom de *Canons*, de *Triodium* et de *Troparium*. On lui attribue aussi un *Cycle solaire* qui se trouve au tome 19 de la *Patrologie grecque*. || ANDRE, surnommé *Sylvius* Chroniqueur français, prieur de Marchiennes, dans le diocèse d'Arras, xiie s., a laissé une *Chronique* des rois de France, abrégée des chroniques antérieures avec quelques particularités intéressantes sur l'Artois et les Pays-Bas. Elle a été publiée par Raphaël de Beauchamp, sous ce titre : *Synopsis Franco-Mérovingica*, Douai, 1633, in-4o. || ANDRE de Coutances. Trouvère du xiie s., sujet du roi Jean-Sans-Terre, a composé une imitation en vers du faux Evangile de Nicomède, avec ce titre : *Le Roman de la Résurrection du Sauveur*. On a encore de lui : *Le Roman des Français, Li Romanz des Franceis*, publié par M. A. Jubinal, d'après un manuscrit du Musée Britannique, Paris, 1839-1842. C'est une satire en vers de huit syllabes, formée de 99 quatrains monorimes. Le sujet consiste dans les victoires remportées par l'invincible Arthus sur Frolles, roi français ridicule et paresseux, dont la mort entraîne la soumission de la France. || ANDRE (Jean d'), *Joannes de Andrea*. Un des plus célèbres canonistes du commencement du xive s., docteur à Bologne en 1301, puis professeur de droit, membre de la députation envoyée en 1328 au pape Jean XXII à Avignon. Il mourut de la peste à Bologne, le 7 juillet 1348. On lui prodigua dans son épitaphe les titres d'*archidocteur*, de *rabbi doctorum*, de *lux*, de *censor normaque morum*. Les ouv. qui nous restent de lui sont : *Des commentaires sur les Décrétales et sur le Sexte*, qu'il intitula *Novellæ*, Rome, 1476, etc.; des *commentaires sur les Clémentines*, ou sur les Novelles de Clément V, Strasb., 1471 ; des *additions* au *Speculum juris* de Durand, empruntées mot pour mot aux *Consilia* d'Oldrade, Paris, 1522. || ANDRE (Valère), surnommé *Desselius*, du village de Desschel. dans la prov. d'Anvers, où il naquit, 1587-1655. Il fut professeur royal de droit et bibliothécaire de l'université de Louvain. Il est principalement connu par l'ouvrage intitulé *Bibliotheca Belgica de Belgarum vita scriptisque claris*, Louvain, 1623, in-8o, 1643, in-4o, réimprimé en 1739 à Bruxelles, 2 vol. in-4o, par Foppens, chanoine de Bruxelles, avec de nombreuses additions; *Catalogus clarorum Hispaniæ scriptorum*, sous le nom de Valérius Taxander, Mayence, 1607; in-4o. *Fasti academici studii Lovaniensis*, Louvain, 1636, in-4o. L'édition de 1650, considérablement augmentée, a été mise à l'Index; *Synopsis juris canonici*, etc. || ANDRE (Jacques), ou *Andreæ*, connu dans toute l'Allemagne sous le nom de *Second Luther*. Naquit le 25 mars 1528, à Weiblingen, petite ville du Wurtemberg. On l'a souvent appelé *Docteur Forgeron*, parce que son père exerçait ce métier. En 1541, il vint à Tubingue, y étudia les langues, la philosophie et la théologie, et fut à 18 ans nommé diacre de la collégiale de Stuttgard. Il se maria la même année. Après les victoires de Charles-Quint, il déblatéra contre lui, le comparant à une prostituée. Il se retira à Tubingue, où il fut soutenu par le duc Ulric. Le fils et successeur de ce dernier, Christophe, fut son protecteur, et le fit nommer superintendant de Goppingen. De là, André introduisit la réforme dans les États du comte Louis d'Ettingen et dans ceux du comte Ulric de Helfeustein. En 1556, il fut appelé par le margrave Charles de Bade et il parvint à réconcilier entre eux les réformateurs très divisés de ce pays, ainsi que ceux de Rottembourg. En 1557, il accompagna le duc Christophe à la diète de Ratisbonne et à la convention de Francfort, et il prit part, quelques mois après, à la conférence religieuse de Worms entre les catholiques et les protestants, qui se montrèrent fort désunis, malgré les efforts d'André, et firent ainsi échouer la conférence. Il avait déjà publié son ouvrage *De Cœna Domini*. Il écrivit alors une réfutation de Staphylus, qui avait quitté la réforme et publié un livre où il mettait à découvert les contradictions de Luther et les divisions des réformateurs. A la diète d'Augsbourg (1559), il se montra luthérien intraitable, et pendant un sermon catholique, traita publiquement le prédicateur de menteur. Il travaillait avec une ardeur infatigable à faire triompher le pur

luthéranisme aussi bien contre les autres sectes protestantes que contre le catholicisme. En même temps qu'il cherchait à réfuter le concile de Trente et à montrer que le Pape était l'Antechrist, il venait au fameux colloque de Poissy, près Paris ; mais il arriva trop tard, le 19 octobre 1561. Le colloque avait été interrompu par la faute de Théodore de Bèze, qui avait parlé trop légèrement de la Cène. Bèze fit triompher en France le calvinisme, aux dépens des doctrines luthériennes. Nommé chancelier de l'université et prévôt de la collégiale de Tubingue, André joua un rôle prépondérant parmi les protestants d'Allemagne. Conférences, colloques, ordonnances ecclésiastiques, discussions dogmatiques, tout se faisait par lui. Il cherchait à maintenir l'unité dans le luthéranisme et à écraser tout le reste. Il s'érigea, pour ainsi dire, en pape luthérien de l'Allemagne, et ne cessait d'agir auprès des princes allemands pour avoir leur concours. Pour enlever aux catholiques le spectacle des variations et des divisions luthériennes, il ne se lassait pas de rédiger et de soumettre à l'approbation des dissidents formulaires sur formulaires. Il parvint enfin à faire accepter la *Formule de Kloster-Bergen*, nommée plus fréquemment *Formule de Concorde*, rédigée sous son inspiration, et qui fit triompher une sorte de papauté doctrinale dans le sein du protestantisme. Aussi le nom d'André devint-il odieux à tous ceux qui, conséquents avec les doctrines de la réforme, ne voulaient pas se soumettre à un dogmatisme étroit. André prit encore part aux tentatives infructueuses faites pour protestantiser les Grecs, et réunir au luthéranisme les catholiques et les calvinistes. Il mourut le 15 janv. 1590, à Tubingue, où l'université conserve encore son portrait original. Il n'avait pas écrit moins de cent cinquante traités de polémique. Parmi les nombreuses vies de Jacques André, on distingue celle que son neveu Valentin a donnée en vers latins, dans son ouvrage : *Fama Andreana reflorescens*, Strasb., 1836. || ANDRE (Jean-Valentin). Neveu du précédent, né le 12 août 1586, à Errenberg, en Wurtemberg, où son père était superintendant. Après avoir terminé ses études théologiques, il dissipa follement les plus belles années de sa jeunesse et chercha dans les voyages la santé du corps et la paix de l'âme. De retour dans sa patrie, il ne put obtenir de fonctions ecclésiastiques et fut obligé pour vivre d'accepter celle d'instituteur. Après la mort de son père et la peste de 1610, il se retira à Genève, chez le prédicateur Jean Scaron. Quelque temps après, il passa en France, revint à Tubingue où il resta peu, se remit en route, traversa l'Autriche, parcourut l'Italie. A son retour, il obtint enfin le droit de commensal au couvent de Tubingue, et en 1614, il devint diacre de Vaihingen, petite ville du Wurtemberg. De là il entretint une correspondance active avec les amis qu'il s'était acquis dans ses voyages, tels que l'astronome Képler et le célèbre jurisconsulte de Tubingue, Christophe Besold. Là il composa la plupart de ses ouvrages, dont le nombre ne s'élève pas à moins de quarante, et qui lui attirèrent beaucoup d'ennemis, parce qu'il combattait la théologie luthérienne qui, depuis la *Formule de Concorde*, consistait à admettre sans contrôle la lettre des symboles. Valentin André appartenait au parti des mystiques, qui voulaient établir à la fois la liberté protestante et l'esprit du christianisme. Il voulait aussi faire pénétrer ses idées dans l'éducation, qu'il trouvait païenne, et dans son *Ménippe*, 1617, in-12, recueil de cent dialogues satiriques, il flagella les vices de toutes les classes de la société avec une franchise qui souleva contre lui beaucoup de colères. En 1620, André devint superintendant à Calw, et pendant 29 ans il y remplit ses fonctions avec zèle et charité, au milieu des horreurs de la guerre de Trente ans. En 1634, il perdit toute sa fortune par suite de la bataille de Nordlingen. Il dépeignit les malheurs de son pays dans un poème touchant, *Threni Calvenses*. Accusé de fomenter le wégétianisme et de soutenir les Rose-Croix, il publia, pour se justifier, une profession de foi par laquelle il adhérait à la confession d'Augsbourg et à la formule de Concorde. Malgré cela on doute encore aujourd'hui s'il n'est pas l'auteur du livre *Fama fraternitatis* qui fut l'occasion de la fondation de cette société secrète. Il chercha à repousser toute solidarité avec elle en la combattant et en faisant un appel à la société chrétienne dans un nouvel écrit intitulé *Fraternitas Christi*. Il n'en est pas moins vrai que ce furent les amis d'André, pasteurs du Wurtemberg et de Nuremberg, qui, en 1628, formèrent la société des Rose-Croix. Après s'être justifié, André reçut par collation de l'université de Tubingue le grade de docteur. Il avait été, en 1639, appelé à Stuttgard comme prédicateur de la cour et conseiller consistorial. Le duc de Wolfenbuttel, Auguste de Brunswick, le nomma, en 1642, son conseiller ecclésiastique (correspondant), avec des honoraires convenables. En 1653, il fut nommé prélat de Bebenhausen et éprouva un vif chagrin lorsqu'il vit les maîtres de l'école du couvent mettre son orthodoxie en doute ; il accepta comme une délivrance le titre de prélat et superintendant général d'Adelberg. Il mourut avant de s'y rendre, à Stuttgard. Arnold, son grand admirateur, a énuméré dans son *Histoire* ses nombreux ouvrages. Le plus célèbre est celui qui a pour titre *Reipublicæ Christianopolitanæ Descriptio* ou *Plan d'un Etat chrétien*, Strasb., 1619, in-12. En 1846, son *Hercules Christianus* a été publié à Francfort par un de ses descendants, en allemand, avec portraits, armes et fac-simile. Ses *Poésies*, traduites par Sonntag, pasteur de Riga, ont été publiées, en 1785, par Herder, avec une préface. Son *Autobiographie*, en latin, a été traduite et publiée par Seybold, dans le second vol. des *Autobiographies d'hommes célèbres*, Winterthur, 1799, in-8°. || ANDRE de St-Nicolas. Religieux carme, né à Remiremont, en Lorraine, vers 1650, m. à Besançon, en 1713, a laissé *De lapide sepulchrali, antiquis Burgundorum comitibus, Vesuntione, in S. Joannis Evangelistæ basilica, recens posita*, Besançon, 1693, in-12 ; *Lettre en forme de Dissertation sur la prétendue découverte de la ville d'Antre en Franche-Comté*, Dijon, 1698, in-12 ; et plusieurs autres ouvrages, restés manuscrits, à la bibliothèque de Besançon, dont les plus importants sont : *Sequani Christiani, etc.* ; un pouillé des bénéfices du diocèse, sous ce titre : *Polyptycon Vesuntino-Sequanicum* ; et enfin *Veteres Sequanorum reguli*. Le P. André a coopéré aussi à l'*Histoire de l'église St-Etienne de Dijon*, par l'abbé Fyot, et à l'*Histoire de l'abbaye de Cluny*. || ANDRE (Yves-Marie). Né le 22 mai 1675 à Chateaulin, en basse Bretagne, entra chez les jésuites en 1693. A la dispersion de l'ordre, il se retira chez les chanoines réguliers de Caen, où il mourut le 26 février 1764 ; il avait été ordonné prêtre en 1706. Il fut le disciple et l'ami de Malebranche, et adopta les idées cartésiennes, ce qui lui attira des désagréments dans sa Compagnie. Il fut successivement professeur de philosophie ou de mathématique à Hesdin, à Amiens, à Arras et enfin à Caen. Il mena de front l'enseignement et l'étude et composa de nombreux ouvrages. Le plus célèbre est l'*Essai sur le Beau*. Il se compose de 10 discours écrits pour être lus à l'académie de Caen. En voici les sujets : 1° le beau en général, et en particulier le beau visible ; 2° le beau dans les mœurs ; 3° le beau dans les ouvrages d'esprit ; 4° le beau musical ; 5° sur le modus ; 6° sur le décorum ; 7° sur les grâces ; 8° sur l'amour du beau ; 9° et 10° sur l'amour du beau désintéressé. Cet ouvrage parut en 1741 ; l'auteur y établit une subtile distinction entre un beau essentiel, absolu ; un beau naturel, mais d'institution divine ; et un beau relatif, arbitraire et dépendant des hommes. Ce qui fait le charme de ce travail, c'est l'abondance des pensées ingénieuses et la qualité du style. Son *Traité de l'homme selon les différentes merveilles qui le composent*, 1756, 2 vol. in-12, est divisé aussi en une série de discours sur les fonctions du corps, sur les facultés de l'âme et sur l'union de l'âme et du corps, où les idées cartésiennes de l'auteur se font jour avec une grande hardiesse. En outre, le P. André laissa plusieurs manuscrits, que la bibliothèque de Caen possède presque tous ; ce sont probablement ceux de ses cours de métaphysique, de physique, de morale et de logique. On mentionne : *Metaphysica, sive theologia naturalis*, gr. in-fol. de 128 p. ; *Physica*, gr. in-4° de 155 p. ; et une *Vie de Malebranche*, avec l'histoire et l'abrégé de ses ouvrages. — Les *Œuvres du Père André* ont été publiées par l'abbé Guyot, 1 vol. in-12, Paris, 1766 ; et, avec annotations, par Victor Cousin, 1 vol. in-12, Paris, 1843. Outre ces manuscrits conservés à la bibliothèque de Caen, il faut encore signaler, dans la même bibliothèque, deux recueils manuscrits d'un de ses élèves, M. de Quens : le *Recueil Mézeray* et le *Recueil J.* || ANDRE (l'abbé). Littérateur franç. du XVIIIe s., né à Marseille, bibliothécaire du chancelier d'Aguesseau dont il édita les œuvres, Paris, 1759-1790, 13 vol. in-4°. On a de lui plusieurs écrits anonymes : *Réfutation de l'Emile*, Paris, 1762, in-12, réimprimé avec une seconde partie par Defaris, Paris, 1768, in-12 ; *L'Esprit de M. Duguet*, Paris, 1764, in-12 ; *La Morale de l'Evangile ou la Religion du cœur*, Paris, 1786, 3 vol. in-12. || ANDRE (Christian-Charles). Ecrivain allem., 1763-1831. Dirigea plusieurs maisons d'éducation, puis se lança dans la carrière littéraire. *Promenades utiles pour chaque jour de l'année*, Brunswick, 10 vol. in-8°, 1798. || ANDRE (Emile). Fils du précédent, agronome allem., né en 1790. Conservateur des forêts du prince de Salm, puis des Domaines d'Auersperg. Fixé plus tard aux environs de Prague, il y a créé ses institutions pour la culture, la sylviculture, la zootechnie. *Essai d'organisation forestière* 1823 ; *Des moyens de retirer des forêts le plus de profit*, 1826 ; *Méthode de culture forestière*, 1832. || ANDRE (Jean-François). Ecclésiastique franç., né en 1809, mort en 1882. Fit ses études à Rome, voyagea en Italie, en Suisse, en France avec la famille de Gontaut-Biron. Vicaire à Carpentras (1836) où il se livra aux études historiques ; curé de Vaucluse, 1851 ; se distingua par son dévouement dans plusieurs épidémies. *Histoire de la révolution avignonaise en 1789*, 2 vol. in-8°, 1844 ; *La Papauté à Avignon*, 1845, in-8° ; *Histoire du gouvernement des recteurs pontificaux dans le Comtat-Venaissin*, 1846 ; *Histoire de S. Véran, évêque de Cavaillon*, 1858. Il s'est aussi occupé de droit canonique, et a donné une édition annotée, en 7 vol. in-4°, de la *Discipline anc. et moderne*, du P. Thomassin, 1864. || ANDRE (Michel). Ecclésiastique franç., né à Avallon, 1803. *Cours alphab. de droit canon mis en rapport avec le droit civil*, 1845, 2 vol. in-8° ; *Cours alphabétique, théorique et pratique de la législation civile ecclésiastique*, 1850, 3 vol. in-8° ; continuation de l'*Histoire des Conciles*, de Rousselet, 6 vol. in-8°, etc. || ANDRE (Jules). Paysagiste franç., Paris, 1804-1869. Attaché à la manufacture de Sèvres, 1843. Œuvres : les *Bords de l'Ource*, les *Rivages du Houzon*, un *Chemin des Landes*, le *Gué de Sénac*, l'*Abreuvoir de l'Ilu-Adam*, le *Bois de Sèvres*, etc. || ANDRE (Louis-Jules). Architecte franç., né à Paris, 1819. Grand prix de Rome 1847. Voyages en Italie et en Grèce. Etude du temple de Thesée à Athènes. Architecte du Muséum de Paris et professeur à l'Ecole des beaux-arts. || ANDRE (Edouard). Ecrivain franç., né à Bourges, 1840. Horticulteur, jardinier principal de la Ville de Paris. *Plantes de terre de bruyère* ; l'*Horticulteur en Hollande* ; *Plantes à feuillage ornemental* ; l'*Eucalyptus globulus*, etc. || ANDRE d'Arbelles. Publiciste franç., 1770-1825. Né à Montluel, étudia à Lyon et vint à Paris. Emigra en 1792, servit dans l'armée de Condé sous le nom de M. de Montluel, rentra en 1798 et s'attacha à Talleyrand. Préfet de la Mayenne, puis de la Sarthe, sous la Restauration. Ouvrages, tous anonymes : *Précis des causes et des événements qui ont amené le démembrement de la Pologne*, 1806, in-8° ; *Réponse au manifeste du roi de Prusse*, 1807 ; *Que veut l'Autriche ?* 1809 ; *Tableau historique de la politique de la cour de Rome*, 1810, livre destiné à justifier Napoléon de s'être emparé des Etats du pape ; *Mémoires sur la conduite de la France et de l'Angleterre à l'égard des neutres*, 1810. Tous ces ouvrages sont attribués par Barbier, dans son *Dictionnaire des Anonymes*, à Lesur. || ANDRE (Jean). Musicien allem., né à Offenbach, sur le Rhin, en 1741, mort en 1799. Sans instruction suivie, il fit de grands progrès dans la musique, et pendant qu'il était chez un négociant de Francfort-sur-le-Mein, il composa son premier opéra, le *Potier*, qui eut du succès. Peu après, il mit en musique *Erwin et Elmire*, opéra dont Gœthe avait fait les paroles et qui fut joué à Berlin. On a de lui vingt opéras et d'autres pièces. || ANDRE DEL CASTAGNO. V. *Castagno*. || ANDRE (le P. Chrysologue). V. *Chrysologue*. || ANDRE (le maréchal de SAINT-). V. *Saint-André*.

ANDREA. Chanoine de Bergame, auteur d'une *Chronique* divisée en trois parties. La première commence au patrice Narsès et va jusqu'à la mort du roi Bernard ; la seconde va jusqu'en l'an 876. La troisième a seulement quelques lignes. L'auteur était présent aux funérailles du roi Louis II. On trouve cette chronique au tome 131 de la *Patrologie latine* de Migne. || ANDREA (Giovanni). Célèbre éditeur, né à Vigevano, en 1417, mort évêque d'Aléria en 1481, dirigea à Rome sous Paul II, de 1468 à 1471, la publication des premiers ouvrages latins imprimés : les épîtres de S. Jérôme, les lettres et les discours de Cicéron, les Commentaires de César, Tite-Live, Virgile, Ovide, Suétone, Pline, Quintilien, etc. || ANDREA DE MILAN. Né à Milan, appartient à l'école lombarde. Il florissait vers le commencement du XVIe s. Le Louvre possède de lui un tableau, le *Crucifiement*, signé *Andreas Mediolanensis*, et daté de 1303. Il existe de lui, au musée de Milan, un tableau, la *Vierge au coussin vert*. On y voit qu'il a subi l'influence de Léonard de Vinci, son maître. || ANDREA Luigi d'Assisi, dit l'*Ingegno*. Appartient à l'école ombrienne. Il est né à Pérouse en 1469, et mort vers 1536. Il apprit la peinture chez Niccolo Alunno, peintre qui en 1460 avait ouvert un atelier à Foligno petite ville voisine d'Assise. Il fut l'émule et le condisciple de Raphael. En 1510, il fut nommé syndic du magistrat, et en 1511, caissier pontifical de la petite ville d'Assise. Ce fut même, pour ces fonctions et de son aptitude à gérer les affaires qu'il reçut le nom d'*Ingegno*. Le musée de Milan possède de lui une *Vierge* et le musée du Louvre une *Sainte Famille*, toile de forme cintrée. || ANDREA PISANO (le Pisan). Sculpteur et architecte, ainsi nommé, bien que né à Pontedera en 1270, parce qu'il étudia à Pise, à l'école de Jean. A l'exemple d'Arnolfo di Lapo, de Jean de Pise et de quelques autres, qui, suivant les conseils de Cimabue et de Giotto, avaient déjà en partie renoncé au style gothique, Andrea Pisano contribua puissamment à ramener l'art moderne à l'imitation des chefs-d'œuvre des anciens, en l'affranchissant de l'influence byzantine. Les circonstances d'ailleurs l'aidaient singulièrement dans cette voie. A cette époque, en effet, ses compatriotes, très puissants sur mer, faisaient le commerce avec la Grèce, et en rapportaient des statues, des bas-reliefs antiques et jusqu'à des colonnes de marbre précieux, qu'ils employaient à l'ornement de la cathédrale et du Campo Santo. Les premiers ouvrages d'Andrea de Pise eurent un si grand succès qu'il fut appelé à Florence pour y exécuter les sculptures de la façade de Santa Maria del Fiore. Il commença par la statue de Boniface VIII, protecteur des Florentins, et il l'accompagna des figures de saint Pierre et de saint Paul et de plusieurs autres saints personnages. Vers 1386, la plupart de ces morceaux de sculpture furent enlevés, lorsqu'on voulut refaire la façade sur un dessin plus moderne. Mais ce projet n'ayant pas eu de suite, les figures de S. Paul et de S. Pierre furent dispersées dans l'église, ainsi que plusieurs autres chefs-d'œuvre du maître. On cite encore de lui la *Madone et les deux anges* qu'on voit sur l'autel de l'église de la Miséricorde. Ce groupe de grandeur naturelle est d'une bonne exécution et se fait surtout remarquer par une grande souplesse dans le mouvement et une largeur d'exécution qui servira de modèle dans leurs travaux aux artistes de l'avenir, aux Donatello, aux Ghiberti, aux Brunelleschi. A la mort d'Arnolfo di Lapo, la république de Florence chargea Andrea de tous les grands travaux qui s'exécutaient sur son territoire. C'est ainsi que d'architecte il devint ingénieur, élevant des fortifications autour de la ville de Florence pour la défendre contre les armées impériales. C'est ainsi qu'il construisit le château fort de Scarperia, situé au Mugello sur le revers de l'Apennin. Dans un temps plus tranquille, Andrea s'était occupé de l'art de couler et de travailler le bronze. Ce talent lui devint bientôt utile ; les Florentins voulant imiter dans leurs édifices la richesse et la magnificence des anciens, résolurent de prodiguer la sculpture sur les portes de bronze du baptistère, et ils confièrent à Andrea le soin d'exécuter sur les dessins de Giotto les riches compartiments que l'on remarque aujourd'hui sur l'une des façades latérales du gracieux monument. Ces compartiments représentent l'histoire de S. Jean-Baptiste et sont d'une pureté et d'un style admirables pour l'époque. La seigneurie de Florence, accompagnée des ambassadeurs vint le visiter solennellement. On lit en haut cette inscription : *Andreas Ugolino Nini de Pisis me fecit anno Domini* MCCCXXX. Parmi les autres travaux d'André de Pise, on cite encore quelques sculptures à St-Marc de Venise. Certains auteurs lui attribuent également la construction de l'arsenal de Venise, le dessin du baptistère de Pistoja, le mausolée, élevé également à Pistoja, à la mémoire de Cino d'Angibolgi, ami de Dante et maître de Pétrarque. Mais pour ce dernier ouvrage, M. Valery prétend qu'il est plutôt l'œuvre d'un artiste siennois demeuré inconnu que d'André de Pise dont il ne révèle en aucune façon ni le style ni la manière. Andrea Pisano mourut à Florence en 1345, ayant créé une école de sculpture florissante, et laissant une œuvre impérissable : l'une des portes du baptistère de Florence. Il fut inhumé dans cette église de Santa Maria del Fiore qu'il avait enrichie des grâces de son ciseau et où son fils Nino lui éleva un mausolée. Parmi ses élèves, outre Romaneso et Nino, ses fils, il convient de citer encore Alberto Arnoldi et Giovanno Balducci. || ANDREA DEL SARTO (de son vrai nom ANDREA VANUCCHI). On l'appela *del Sarto*, parce que son père était tailleur. André naquit à Florence en 1488, et manifesta, dès l'age le plus tendre, les meilleures dispositions pour la peinture. A sept ans, il fut placé chez un orfèvre. Mais déjà emporté par une irrésistible vocation, il maniait bien plus souvent le crayon que le burin et le marteau. Gian Barile fut son premier maître, mais lui apprit peu de chose. Sous la direction plus intelligente de Pier di Cosimo, son second maître, Andrea travailla avec ardeur et étudia surtout les fameux cartons de Michel-Ange et de Léonard de Vinci, au Palais-Vieux, à Florence. A cette époque, il se lia d'une étroite amitié avec Franciabigio, et les deux amis exécutèrent bientôt de concert certains rideaux aujourd'hui perdus et qui recouvraient des tableaux du maître-autel de l'Annunziata. Ce premier essai fut remarqué et la confrérie laïque de St-Jean, dite de la Scalza, s'adressa aux deux amis pour décorer de peintures le cloître où elle se réunissait. Andrea y exécuta d'abord le *Baptême de Jésus*, puis plus tard, à diverses reprises, et en quelque sorte dans tout le cours de sa vie, il acheva cette œuvre composée de 14 sujets et dont la suite entière a été gravée par Théodore Kruger, en 1618. Il commençait à travailler au Scalzo, lorsque, cédant aux sollicitations d'un religieux servite, il entreprit de terminer à un prix modique la décoration du cloître *dei Voti*, à l'Annunziata. En peu de temps, il peignit les sujets suivants : *S. Philippe secourant un Lépreux; les Joueurs foudroyés; la Guérison d'un possédé; la Mort de S. Philippe; les Servites guérissant des enfants malades; la Naissance de la Vierge et l'Arrivée des Mages à Bethléem.* Dans un autre cloître du même couvent, en 1521, il peignit la fameuse *Madona del Sacco*, le plus célèbre de ses ouvrages. Les autres fresques du maître sont celles qu'il fit pour le couvent de St-Salvi, à une mille de Florence. Il y peignit d'abord dans des médaillons quatre saints et la Trinité, puis la *Cène*, la plus grande et la plus vaste de ses compositions. Au nombre des toiles célèbres dues à son pinceau, il faut citer : un *Noli me tangere* peint pour le monastère de San Gallo et qui se trouve aujourd'hui à l'église Jacopo tra Fossi, et qui eut un tel succès que les mêmes religieux demandèrent plus tard deux autres tableaux, faisant maintenant partie de la galerie du palais Pitti; une *Annonciation* et la *Dispute sur la Trinité.* Dans ce dernier tableau figurent S. Augustin, S. Pierre martyr, St-Laurent, S. Sébastien et Ste Marie-Madeleine. Dans un genre différent la *Ste Agnès* de la cathédrale de Pise passe également pour un des meilleurs ouvrages du maître. La sainte

est représentée assise, tenant dans la main droite une palme et appuyant la main gauche sur un agneau. La réputation d'Andrea avait franchi les Alpes et s'était répandue jusqu'en France. François Ier, dont la pensée artistique se tournait souvent vers l'Italie, lui fit demander quelques-uns de ses ouvrages. Sollicité à plusieurs reprises de venir à la cour du Louvre grossir le nombre des maîtres italiens dont s'entourait le roi de France, Andrea arriva à Paris dans les premiers mois de l'année 1518, et peignit d'abord un *portrait du jeune Dauphin*, puis la belle *Charité* qui est au Louvre, enfin plusieurs autres tableaux pour quelques grands personnages. Mais la pensée de sa femme, la belle et coquette Lucrézia del Fede, le préoccupait sans cesse. La jalousie le rendait presque insociable, et il lui était impossible de demeurer plus longtemps éloigné de Florence, où elle se trouvait. Il demanda donc un congé à François Ier, lui promettant de revenir avec sa femme, au bout de quelques mois. Le roi chevalier eut foi en sa parole, il le laissa partir, lui confiant des sommes importantes pour acheter en Italie certains objets d'art auxquels il tenait. Andrea eut la coupable faiblesse d'employer cet argent à payer les prodigalités de sa femme, dont l'indigne existence devait ruiner son avenir. Dès lors, il n'osa plus rentrer en France, et pour apaiser le juste ressentiment du roi, il lui destina son beau tableau : *le Sacrifice d'Abraham,* un de ses chefs-d'œuvre. Mais le roi courroucé ne voulut rien recevoir d'Andrea, et *le Sacrifice d'Abraham* est aujourd'hui au musée de Dresde. Dévoré de regrets, le cœur plein d'amertume, il usa les dernières années de sa vie dans des travaux assidus et pour la plupart mal rémunérés, et mourut de la peste en 1530, à l'âge de 42 ans, abandonné de cette Lucrezia del Fede, qu'il avait associée à sa gloire et qui empoisonna sa vie. Domenico Conti, élève d'Andrea, fit placer sur la sépulture de son maître une épitaphe dans un cadre de marbre richement sculpté par Raphaël de Montelupo. La maison qu'Andrea s'était construite, et dans laquelle il mourut existe à Florence, *via di San Sebastiano.* Après les noms de Léonard de Vinci et de Michel Ange, le plus célèbre parmi les peintres de cette époque fut assurément Andrea Vanucchi ou del Sarto. On l'a justement appelé le Raphaël de l'École florentine. D'une grande simplicité dans la production de ses effets, il est surtout remarquable par la pureté des contours, le fini et l'élégance correcte de l'expression, l'ingénieuse harmonie des teintes, la noblesse et l'élévation du style. L'amitié qui l'unit au grand sculpteur Sansovino, leurs nombreux entretiens, leurs relations fréquentes ont dû sensiblement contribuer à perfectionner son talent. C'est en parlant d'Andrea que Michel-Ange dit un jour à Raphaël : « Il y a à Florence un petit homme qui, s'il était employé comme toi à de grands travaux, te ferait suer le front. » En dehors des œuvres d'André del Sarto, que nous avons déjà citées, il faut rappeler encore : le *Christ mort,* au Belvédère de Vienne, le *Mariage de Ste Catherine,* dans la galerie de Dresde; une *Vierge glorieuse,* au musée de Berlin; le *Christ au tombeau;* deux *Assomptions;* trois *Annonciations; Ste Marie Madeleine;* un *St Sébastien;* le *Portrait d'Andrea et de sa femme,* au palais Pitti, à Florence; la *Madone avec S. François et S. Jean évangéliste,* également à Florence, dans la tribune des Uffizi; sans compter bien des œuvres éparses çà et là, à Rome, à Munich, au Louvre, au musée de Nantes et dans quelques collections particulières. Les célèbres graveurs : Alberti, Rhœmaert, Kruger, Cort, Callot, Vosterman, etc., ont reproduit au burin la plupart des œuvres les plus célèbres du maître florentin || ANDREA (Onofrio d'). Poète italien, 1580-1647. A laissé plusieurs poèmes : *Aci,* Naples, 1682, in-12, poème fabuleux en octaves, et *Italia liberata,* Naples, 1646, in-12, poème héroïque, sur la destruction du royaume des Lombards; deux pièces de théâtre : l'*Elpino,* Naples, 1629, in-12, pièce champêtre; et la *Vana Gelosia,* Naples, 1635, in-12, comédie; *Poésies lyriques,* 1631-1635, 2 parties in-12; *Discours en prose,* sur différents sujets de morale et de philosophie : la *beauté,* l'*amitié,* l'*amour,* la *musique,* etc., Naples, 1836, in-4°. || ANDREA (Alexandre d). Au-

teur italien du XVIe s., a écrit un ouvrage historique intitulé : *Della Guerra di campagna di Roma e del reyno di Napoli nel pontificato di Paolo IV, l'anno 1556 et 1557, ragionamenti 3,* etc., Venise, 1560, in-4°. || ANDREA (Jérome d'). Cardinal, né à Naples 1812, m. à Rome 1868. Étudia à La Flèche. Abbé de Subiaco, archev. de Mitylène, préfet de l'Index, cardinal en 1852, évêque de Sabine. Dans les évènements d'Italie suscités par le Piémont, son attitude inquiéta la cour pontificale, et il se retira quelque temps à Naples; rappelé par ordre de Pie IX, il mourut à Rome peu après.

ANDRÉADE (*Ferdinand* d'). Amiral portugais commandant en 1518, de la première flotte européenne qui ait paru en Chine. Il fit connaître dans l'Inde les arts et les lois de l'Europe. Il se conduisit avec une modération et une bonne foi qui allait faire ouvrir à sa nation les ports que la défiance et la jalousie des Chinois ferment aux étrangers. Mais Simon d'Andréude, son frère, qui vint avec une nouvelle escadre, détruisit par la violence et le brigandage l'heureux effet de sa conduite.

ANDRÉÆ (Jean). Archiviste des comtes de Nassau au commencement du XVIIe s., auteur d'une histoire de cette maison, travail précieux pour l'histoire de la guerre de trente ans, sur laquelle il contient des documents authentiques qui ne se trouvent pas ailleurs.

ANDRÉ.EACÉES. s. f. pl. Bot. V. *Andræacées.*

ANDRÉANI (André). Peintre distingué et habile graveur sur bois, 1540-1623. Il usa du même monogramme qu'Altdorfer, ce qui l'a souvent fait confondre avec cet artiste. Il est surnommé le Mantouan, du nom de son pays natal, qu'il quitta de bonne heure pour se fixer à Rome. Il a signé beaucoup de planches qui ne sont pas de lui, mais qu'il a simplement retouchées; on recherche beaucoup celles qui sont entièrement de sa main, principalement les morceaux en camaïeu, tels que le *Pavé de Sienne,* d'après Beccafumi, le *Déluge* et le *Pharaon submergé,* d'après le Titien, le *Triomphe de Jules César,* sur un dessin de Mantegna, etc.

ANDREASBERG ou **SANKT-ANDREASBERG.** 3,262 h. Vle de Prusse (Hanovre), cercle de Zellerfeld, arr. de Hildesheim, dans le Harz, à 17 kil. S.-S.-E. du Brocken. Localité célèbre par les mines d'argent des environs, les plus riches du Hanovre, mais qui ont beaucoup perdu de leur ancienne importance; leur exploitation remonte à 1520. On retire également des mines d'Andreasberg du fer, du cuivre, du plomb, du cobalt et de l'arsenic. Les habitants de la ville s'adonnent particulièrement à la fabrication de petits articles de bois et à l'élevage des canaris et autres oiseaux chanteurs. Depuis quelques années, Andreasberg (altit 532m) est recommandée comme station climatérique : on vient y faire des cures de petit lait.

ANDREASBERGOLITHE. s. f. Minér. Nom donné parfois à l'*harmotome,* parce qu'elle se trouve aux environs d'Andreasberg.

ANDREASI (Ippolito), dit l'*Andreasino,* peintre de l'école romaine, né à Mantoue en 1548, mort le 5 juin 1608. Il étudia la peinture à l'école des Mazzola de Parme. Il étudia aussi les œuvres de Parmesan et de Jules Romain, car son style les imite tous deux. Il y a dans les églises de Mantoue plusieurs tableaux de lui. Le musée du Louvre possède de lui un tableau, la *Sainte Famille servie par les anges,* qui faisait partie de la collection du roi Louis XIV. Ce tableau a été gravé par Nicolas Tardieu, dans le recueil de Crozat.

ANDRÉE (Ch.-Théod.). Écrivain allem. né à Brunswick, 1808, m. en 1875. A dirigé plusieurs journaux et revues, entre autres la revue géographique *Globus* (à Hildburghausen puis à Brunswick). L'*Amérique du Nord géographique et historique,* 1851, in-8°; *Buenos-Ayres et la République Argentine,* 1856, in-8°; *Excursions géographiques,* 1859, 2 in-8°; *Voyages en Arabie et dans l'Afrique orientale,* 1861, 2 in-8°; *Géographie universelle du commerce,* 1867, 1872, 2 vol. in-8°; etc. || ANDRÉE (Richard). Géographe allem., fils du précédent, né à Brunswick en 1835. Après avoir étudié les sciences naturelles à Leipzig, il alla s'établir en Bohème en 1859 et y publia de nombreux travaux sur l'ethnographie des Tchéques et des Wendes. Il voyagea ensuite en Écosse (1861), et donna comme fruit de son voyage : *De la Tweed au détroit de Pentland* (Iéna, 1866). Depuis lors il s'est consacré à la géographie et particulièrement à l'ethnographie. *L'Abyssinie*, Leipzig, 1869; *Parallèles ethnographiques*, Stuttgard, 1878; *Études sur le peuple juif*, Leipzig, 1881. Directeur depuis 1873 de l'Institut géographique de Velhagen et Klosing à Leipzig, à la fondation duquel il a contribué, il y a publié en collaboration avec O. Peschel : *Atlas physique et statistique de l'Empire allemand*, Leipzig, 1877; *Atlas populaire*, 1876; *Atlas manuel universel*, 1881.

ANDREHAN, ANDREGHEN, ou ANDENE-HAM (Arnoul, sire d'). Maréchal de France sous les rois Jean et Charles V, mort en 1370. Le premier, auquel il s'attacha lorsqu'il n'était encore que duc de Normandie, le nomma capitaine souverain du comté d'Angoulême. La trêve avec les Anglais ayant été rompue en 1351, Arnoul fut fait prisonnier dans un sanglant combat en Saintonge. Après sa délivrance, il fut nommé maréchal de France et lieutenant général dans les provinces d'entre Loire et Dordogne. Il commença l'attaque à la bataille de Poitiers en 1356; enveloppé par les archers anglais, il fut fait prisonnier et conduit en Angleterre. A son retour, il commanda en Languedoc, suivit Du Guesclin en Espagne et fut de nouveau fait prisonnier à la bataille de Navarette en 1367. Lorsqu'il fut mis en liberté, il remit à Charles V sa charge de maréchal que son grand âge ne lui permettait plus d'exercer, et reçut en dédommagement celle de porte-oriflamme, « chose non octroyée, dit Belleforest, qu'à des chevaliers vieux et expérimentés, et renommés de grand'prudhomie». Il retourna en Espagne avec Du Guesclin; il y mourut de maladie, laissant son héritage à Jean de Neuville, son neveu, maréchal de France. Sa vie a été écrite par M. Em. Molinier (Mém. de l'Acad. des inscriptions, 1863).

ANDREIA. (s. m. pl. du gr. *andreoïn*). Antiq. gr. Repas publics chez les Spartiates et aussi chez les Crétois. Ces repas appelés ordinairement *andréia*, parce que les hommes seuls y prenaient part, prirent plus tard le nom de *syssities*. Il faut voir dans ces repas, non une institution communiste, comme on l'a cru longtemps, mais une institution militaire, un souvenir de la vie des camps dont la vie civile à Sparte était l'image. Ces repas, institués par Lycurgue pour accoutumer à la discipline et à la tempérance commençaient par le célèbre brouet noir. Mais il y avait, en dehors de la nourriture fixée par les règlements, un second service composé selon les moyens de chacun. (V. *Syssities*.) Il ne faut pas confondre les syssities avec les repas religieux qui réunissaient les Spartiates à certaines fêtes, et qui se retrouvent dans toutes les villes grecques.

ANDREIANOWSKY (îles). Groupe d'îles faisant partie des îles Aléoutiennes (V. ce mot).

ANDREINI (François), de Pistoie, comédien célèbre à la fin du XVIᵉ s. Il se fit surtout une grande réputation dans le rôle de *Capitan Spavento*; il voulut la fixer dans une ouvrage intitulé : *Le Bravure del Capitan Spavento*, Venise, 1609, in-4º. Ce sont 65 entretiens, *ragionamenti*, entre le capitaine et son valet Trappola. Il publia d'autres dialogues : *Ragionamenti fantastici posti in formo di dialoghi rappresentativi*, Venise, 1612, in-4º. On a encore de lui deux pièces ou représentations théâtrales en vers l'*Alterezza di Narciso*, Venise, 1611, in-12, et l'*Ingannata Proserpina*, ibid., même année. Andreini entendait et parlait le français, l'espagnol, l'esclavon, le grec moderne et même le turc. Il vivait encore en 1616. || ANDREINI (Isabelle). Femme du précédent, une des plus célèbres comédiennes de son temps, naquit à Padoue en 1562. Elle joignait aux études littéraires celle de la philosophie. Après avoir brillé sur les théâtres d'Italie, elle passa en France où elle obtint les plus grands succès par sa beauté, par sa grâce, par son talent pour le théâtre, sa belle voix et sa parfaite connaissance de l'art du chant. Elle jouait de plusieurs instruments, parlait avec facilité l'espagnol et le français. Ses mœurs restèrent toujours irréprochables. Elle mourut à Lyon en 1604. Tous les poètes de son temps

la pleurèrent après l'avoir comblée d'éloges de son vivant. Elle a laissé : *Mirtilla, favola pastorale*, pièce qu'elle avait commencée dès son enfance, Vérone, 1588, in-8º; *Rime*, Milan, 1601, in-4º, Paris, 1603, in-12; *Lettere*, Venise, 1607, in-4º. Ces lettres roulent presque toutes sur des sujets d'amour; *Fragmenti d'alcune scritture*, recueillis et publiés depuis sa mort par son mari, Venise, 1616, d'après la préface, 1625, d'après le frontispice; ce sont des dialogues qui roulent la plupart sur l'amour. || ANDREINI (Jean-Baptiste). Fils de François et d'Isabelle, né à Florence en 1578, fut aussi comédien, joua les rôles d'amoureux sous le nom de Lelio, et eut beaucoup de succès en France sous Louis XIII. Il épousa Virginie Ramponi, comédienne qui porta le nom de Florinda dans la troupe dont ils étaient chefs. Il a écrit un grand nombre de pièces de théâtre médiocres : *La Florinda*, tragédie en 5 actes et en vers, Milan, 1604, in-4º; *La Madalena lascina e penitente*, action dramatique et dévote, Mantoue, 1616, in-4º; *La Centaura*, Paris, 1622, in-12. L'ouvrage le plus recherché est l'*Adamo*, représentation sacrée, en 5 actes et en vers libres, mêlée de chœurs et de chants, Milan, 1613 et 1617, in-4º, avec des gravures à chaque scène, d'après les dessins du fameux peintre Procaccini. On prétend que Milton, voyageant en Italie, puisa dans cette pièce l'idée de son *Paradis perdu*. Andreini est encore l'auteur de plusieurs comédies et pastorales, et d'une apologie des comédiens intitulée : *Saggia Egiziana, dialogo*, Florence, 1609, in-4º.

ANDRELINI (Publio-Fausto) ou *Faustus Andrelinus*. Poète latin moderne, né à Forli vers 1430, m. à Paris en 1528. Couronné à 22 ans par l'académie de Rome, il vint à Paris sous Charles VIII, qui le nomma professeur à l'université. Andrelini y enseigna pendant trente années, dans des cours publics et particuliers, la rhétorique, la poésie et la connaissance de la sphère. Il reçut de Charles VIII et ensuite d'Anne de Bretagne, deux pensions, les titres de poète du roi et de la reine, *poeta regius et regineus*, un canonicat à Bayeux, etc. Il raconte dans une églogue, qu'un poète (c'est de lui qu'il parle évidemment) ayant récité devant Charles VIII, un poème sur la conquête de Naples, le roi lui avait donné un sac d'or, *fulvi æris*, qu'il put à peine emporter sur ses épaules. Il obtint également la protection de Louis XII et de François Iᵉʳ. Erasme, son ami, qui l'avait beaucoup loué pendant sa vie, lui reprocha après sa mort son caractère querelleur, ses mœurs légères et son médiocre savoir. Ses principaux ouvrages sont : *Livia seu Amorum libri* IV, Paris, 1492, in-4º, Venise, 1501, in-4º; *Eleguarium libri* III, Paris, 1494, in-4º; *Epistolæ proverbiales et lepidissimæ, nec minus sententiosæ*, Paris, sans date, in-4º, et Paris, 1508, réimprimées plusieurs fois à Cologne, Anvers, etc. ; *De Neapolitana victoria*, Paris, 1496 et 1508, in-4º; *De secunda victoria Neapolitana, a Ludovico XII reportata, sylva*, Paris, 1502 et 1507, in-4º; *De regia in Gennenses victoria libri* III, Paris, 1509, in-4º; *Bucolica*, Paris, 1501, in-4º; *Hecatodisticon*, Paris, 1512 et 1513, in-4º, ouvrage traduit en vers français par Jean Paradin, 1543, en quatrains, et par Privé, 1604.

ANDRÈNE. s. f. G. d'insectes hyménoptères porte-aiguillons, fam. des apides, qui a donné son nom a la section des andrénines. Caract. : languette triangulaire ou lancéolée plus longue que les paraglosses; palpes maxillaires plus longs que les lobes; ailes offrant trois cellules cubitales. La plupart des espèces sont propres à l'Europe. L'*andrène des murs* est commune en France; elle a 15 millim. de long. env.; sa couleur est d'un noir bleuâtre avec des poils blancs sur la tête et le corselet. La femelle dépose dans les trous des murs un miel particulier, d'une couleur noirâtre, qui sert à la nourriture de sa larve.

ANDRÉNINES. s. f, pl. Sous-fam. d'insectes hyménoptères porte-aiguillons, section de la grande famille des apides. Les andrénines sont caractérisées par une languette courte et large dont est muni leur lèvre inférieure; un menton très allongé ; des palpes labiaux à quatre articles. Elles vivent solitaires et n'ont point d'ouvrières. Les femelles placent leurs nids dans les murailles ou dans des trous

qu'elles creusent en terre et dans chacun desquels elles déposent un œuf unique avec du miel et du pollen, dont se nourrissent leurs larves. Quelques-unes déposent leurs œufs dans les nids d'autres apides. G. : *andrena, dasypoda, macropis, prosopis, sphecodes, halictus*.

ANDRÉOLITHE. s. f. Minér. Variété d'*harmotome*, venant d'Andreasberg, dans le Hartz.

ANDRÉOSSI (François). Ingénieur d'origine italienne, né à Paris en 1633, m. à Castelnaudary en 1688. Employé par Riquet à l'exécution du canal du Languedoc, il publia : une *Carte du Canal du Languedoc* (1669), trois feuilles in-fol.; *Extrait des Mémoires concernant la construction du Canal royal de communication des deux mers, Océan et Méditerranée, en Languedoc, par François Andréossi*; cet écrit a été imprimé pour la première fois en l'an VIII, dans l'ouvrage du général Andréossi. Riquet fut très mécontent de la publication de la carte, comme on le voit par une lettre qu'il écrivit à Colbert. || ANDRÉOSSI (Ant.-Franç., comte). Descendant du précédent, général et diplomate français, né à Castelnaudary en 1761, m. à Montauban en 1828. Lieutenant d'artillerie en 1781, il conquit tous ses grades pendant les guerres de la Révolution, prit part à la campagne d'Egypte, fut nommé membre de l'Institut du Caire; revint avec Bonaparte, contribua au 18 brumaire. Nommé alors général de division, il fut pendant l'empire successivement ambassadeur à Londres, à Vienne, à Constantinople, jusqu'en 1814. Pendant les Cent-Jours il prit le parti de Napoléon et fut après Waterloo un des commissaires envoyés à Wellington. Député de l'Aude en 1827. Membre de l'Acad. des sciences. Il a laissé plusieurs ouvrages : *Histoire du Canal du Midi*, où il revendique pour son bisaïeul la première idée de ce travail, ce qui provoqua de vives réclamations de la part de MM. de Caraman, descendants de Riquet (1800); *Irruption du Pont-Euxin dans la Méditerranée ; Mémoires sur les dépressions de la surface du globe*, 1826 ; *Conduits employés en Turquie pour la distribution de l'eau*; *Campagne sur le Rhin et la Rednitz*, 1802, in-8º ; *De la direction générale des subsistances militaires sous le ministère de M. le maréchal de Belune*, 1824, in-8º; *Mémoire sur les marchés Ouvrard*, 1826, in-8º.

ANDREOZZI (Gaetano). Musicien napolitain, 1763-1826. Donna des leçons à la duchesse de Berry. Opéras nombreux écrits avec facilité. Un des meilleurs est *Giovanna d'Arco*. On cite encore la *Didone abbandonnata*, et l'*Angelica e Medoro*.

ANDRES. 737 h. Vge de France, dép. du Pas-de-Calais, arr. de Boulogne, cant. et a 3 kil. E. de Guines Tourbières. Anc. monastère d'*Andres, Andrens* ou *Andernes*, fondé en 1084, érigé en abbaye vers 1093, reconstruit de 1165 à 1179, dévasté par les Anglais en 1352, supprimé à la Révolution, sans laisser d'autres débris intéressants que trois belles pierres tombales appartenant à divers particuliers.

ANDRES (Jean). Savant jésuite espagnol, né à Planès (roy. de Valence), en 1740, m. à Rome en 1817. Après l'expulsion des jésuites d'Espagne en 1767, il se retira en Italie, où il fit admirer sa science, ses talents et ses vertus. De ses nombreux ouvrages, le plus important est : *De l'origine, des progrès et de l'état actuel de la littérature*, écrit en italien, Parme, 1782, 7 vol. in-4º : c'est le fruit d'immenses recherches faites dans les collections littéraires de l'Italie et de l'Allemagne. Il suppose autant de goût que d'érudition, aussi obtint-il un légitime succès. Il a été plusieurs fois réédité et traduit en plusieurs langues. Sa traduction française entreprise par S. E. Ortolani, Paris, 1805, in-8º, a été interrompue par la mort du traducteur. On a encore de lui : *Dissertazione sopra un problema idrostatico*, Mantoue, 1775, in-4º; *Saggio del filosofia del Galileo*, ibid., 1776, in-4º; *Lettera sopra il corrumpimento del gusto italiano*, Crémone, 1776, in-8º; *Dissertazione sopra la ragione della scarsezza di progressi delle scienze in questo tempo*, Ferrare, 1779, in-4º; *Cartas familiares*, Madrid, 1794, 6 vol. petit in-4º, recueil des lettres d'Andrès à son frère. De plus, on lui doit une foule d'opuscules curieux : *Sur une démonstration de Galilée, Sur la Musique des Arabes, Sur l'usage de la langue grecque* dans le royaume de Naples, Sur la découverte de Pompéi et d'Herculanum, etc. || **ANDRÉS** (Carlos). Erudit espagnol, 1753-1820. Frère du précédent. Avocat. Traduisit en castillan l'ouvrage principal de son frère. Il a donné lui-même : *Lettre sur l'utilité des Catalogues*, Valence, 1790, in-4°.

ANDREST. 713 h. Vge de France, dép. des Hautes-Pyrénées, arr. de Tarbes, cant. et à 8 kil. S. de Vic-Bigorre, station du tronçon commun aux chemins de fer de Bordeaux et d'Agen à Tarbes.

ANDRÉSY. 962 h. Vge de France, dép. de Seine-et-Oise, arr. de Versailles, cant. et à 6 kil. N.-N.-E. de Poissy, rive dr. de la Seine. Anc. *Anderetia*, siège, sous les derniers empereurs romains, d'une préfecture maritime dont la juridiction comprenait le cours inférieur de la Seine et les côtes de la Manche.

ANDREWS (Lancelot). Prélat anglican, né à Londres en 1555, m. en 1626. La reine Elisabeth le nomma son chapelain. Jacques Ier avait composé une *Défense de la prérogative royale*, à laquelle le savant Bellarmin avait répondu sous le nom de Mathieu Tortus. Par ordre du roi, Andrews publia en latin une réfutation, sous le titre de *Tortura Torti*, 1609, in-4°. Jacques Ier en fut si enchanté, qu'il nomma sur-le-champ l'auteur évêque de Chichester, ensuite d'Ely, puis conseiller privé de Sa Majesté, enfin évêque de Winchester. Il a encore écrit d'autres ouvrages et un recueil des *Sermons*. Milton a déploré sa mort dans une élégie latine. || **ANDREWS** (James-Petit). Historien anglais, né à Newbury, dans le comté de Berks en 1737, m. en 1797. En 1788, il écrivit en faveur des petits ramoneurs de cheminée une brochure qui attira l'attention du parlement, et améliora le sort de ces infortunés. L'année suivante : *Anecdotes anciennes et modernes*, in-8°, et *Supplément* (1790), ouvrage badin et piquant qui eut beaucoup de succès. Son ouvrage le plus important est l'*Histoire de la Grande-Bretagne, rattachée à la Chronologie de l'Europe*, avec des notes contenant les anecdotes du temps, les vies des savants et des spécimens de leurs écrits, depuis l'invasion de César jusqu'à la mort d'Edouard VI, 1794-1795, 2 vol. in-4°. Il a continué l'*Histoire de la Grande-Bretagne*, de l'Ecossais Robert Henry, 1796, in-4° et 2 vol in-8°. || **ANDREWS** (Pierre-Miles). Auteur dramatique angl., 1750-1814. D'abord militaire, ses meilleures pièces sont : *The Election*, 1774 ; *Dissipation*, 1781, etc. Membre du parlement à diverses reprises, la dernière en 1807. || **ANDREWS** (Henry-C.) Botaniste anglais de la fin du xviiie s. et du commencement du xixe, a publié plusieurs ouvrages iconographiques importants : *Botanist Repository*, Lond., 1797-1804 ; *Coloured engrav. of Heaths*, Lond., 1802-1830 ; *Geraniums*, Lond., 1805, etc.

ANDREZÉ. 1,298 h. Vge de France. dép. de Maine-et-Loire, arr. de Cholet, cant. et à 4 k. S.-S.-O. de Beaupréau. Belles ruines féodales des Hayes-Gasselin (xve-xvie s.).

ANDREZEL (Barth.-Philibert Picon d'). Ecclésiastique franç., né à Salins, 1757, m. à Versailles, 1825. Vicaire général de Bordeaux à 25 ans. Refusa le serment constitutionnel en 1792, se retira en Angleterre, rentra en 1803. Inspecteur général de l'université, 1809-1824. Destitué par Frayssinous, il reprit alors ses fonctions ecclésiastiques depuis longtemps interrompues. On a de lui : *Mémorial des Pasteurs*, 1803-1809 ; *Excerpta a scriptoribus græcis*, et une trad. des *Deux derniers rois de la maison des Stuarts*, de Fox, 1802, 2 vol. in-8°.

ANDRÉZIEUX. 1,043 h. Vge de France, dép. de la Loire, arr. de Montbrison, cant. et à 4 kil. N.-N.-E. de Saint-Rambert, sur la rive dr. de la Loire ; grand entrepôt fluvial des charbons du bassin de Saint-Etienne ; station du chemin de fer de Saint-Etienne à Clermont, autrefois tête de ligne du chemin de fer d'Andrézieux à Saint-Etienne, le premier construit en France (inaug. le 1er oct. 1828).

ANDRÉZY. V. *Andrésy.*

ANDRIA. 37,482 h. Vle d'Italie, prov. de la Terre de Bari, circ. et à 12 kil. de Barletta. Evêché suffragant de Trani. Belle cathédrale. Territoire fertile.

ANDRIA (Tuccio ou Tuzio di). Peintre italien, appartient à l'école génoise. Il vivait à la fin du xve s. On sait qu'en 1487 il travaillait dans l'église de Saint-Jacques, à Savone, où il a laissé quelques peintures murales. Le musée du Louvre possède de lui un gradin de retable à fond doré et gaufré représentant Jésus au milieu des apôtres. || **ANDRIA** (Nicolas). Médecin italien, 1748-1814. Etudia d'abord le droit à Naples, où il fut profes. d'agriculture à l'université, puis de physiologie, ensuite de pathologie en 1811 ; doyen de la faculté, il a publié : *Trattato delle acque minerali*, 1775, in-8° ; *Lettera sull'aria fissa*, 1776, in-4° ; *Institutiones philosophico-chimica*, plusieurs fois réimprimées, la meilleure édition est celle de 1803, dans laquelle l'auteur a substitué les principes de Lavoisier à ceux de Stahl, qu'il avait suivis jusqu'alors ; *Elementa Physiologica*; *Elementa Medicinæ theoreticæ*, 1787 ; *Theoria della vita*, 1804, etc.

ANDRIANTES. s. f. pl. Antiq. gr. Statues élevées en Grèce en l'honneur des vainqueurs des jeux publics. Cet usage remontait à la lvime olympiade (env. 584 av. J.-C.).

ANDRIAS Scheuchzeri. m. (gr. *andrias*, statue d'homme). Débris fossiles trouvés dans les terrains tertiaires, qu'on avait pris pour des ossements humains, et décrits sous le nom de *Homo diluvii testis* (l'homme témoin du déluge). On a reconnu depuis que le fameux homme fossile n'était autre que le squelette d'une salamandre gigantesque.

ANDRIENNE. Titre d'une comédie de Térence. L'*Andrienne* (*Andria*), a pour sujet l'amour d'un jeune Athénien, Pamphile, pour Glycère, jeune fille venue d'Andros. Il veut l'épouser à l'insu de son père, Simon, qui veut le marier à Philumène, fille de Chrémès. Celui-ci, apprenant que Pamphile aime une autre femme, rompt le mariage ; mais il reconnaît dans Glycère, la prétendue Andrienne, une fille qui lui avait été enlevée toute petite. Pamphile épouse Glycère, et Philumène épouse Charin, qu'elle aime et dont elle est aimée. Cette pièce fut représentée l'an 588 de Rome, aux jeux Mégalésiens. L'acteur Baron, élève et ami de Molière, en a donné une imitation.

ANDRIENNE. s. f. Espèce de robe qui devint à la mode à Paris du temps de l'*Andrienne* de Baron ; c'était une robe longue à grand collet rabattu et très ouvert sur la gorge et les épaules, que Mlle Dancourt inaugura à la première représentation.

ANDRIEU (Bertrand). Graveur en médailles, né à Bordeaux, 1761, mort à Paris 6 décembre 1822. Venu à une époque où le style faux et recherché avait pris la place de la naïveté et de la facilité de dessin des maîtres de la gravure en médailles, il sut réagir contre l'entraînement général, et exécuta des œuvres inspirées par l'étude de l'antique et distinguées par un goût parfait. Les principales sont : *la grande Minerve assise, décernant des couronnes ; la statue équestre de Henri IV ; la Vaccine ; les batailles de Marengo, d'Iéna, d'Austerlitz ; la paix de Vienne, de Tilsitt, de Lunéville ; le rétablissement du culte*, qui a remporté le prix du concours ; *la France en deuil au 20 mars ; la naissance du duc de Bordeaux.* || **ANDRIEU** (Jean-Benoît). Professeur franç., 1808-1864. Partisan déclaré des études classiques, et particulièrement de la connaissance de la langue latine ; linguiste très érudit. Il voulait, suivant la méthode des anciens jésuites, que les grammaires latines fussent en latin. *Enseignement du discours latin*, ouvrage de premier ordre ; *Appel aux amis des lettres latines.* || **ANDRIEU** (Edmond). Chirurgien franç., né à Ecouen, 1833. On a de lui : *De la diarrhée des enfants*, 1859, in-4° ; *Diathèse unique*, 1860, in-12 ; *Dentiers à base inamovible ; Hygiène de la bouche* ; etc.

ANDRIEUX (François-Guillaume-Jean-Stanislas). Poète français, né à Strasbourg en 1759, m. à Paris en 1833. D'abord avocat, 1781, il devint ensuite juge à la cour de cassation, 1795. Membre de l'Institut, 1797. Membre du Conseil des Cinq-Cents, 1798, et du Tribunat en 1800, après le 18 brumaire, il fut éliminé en 1802, avec Ginguené, Daunou, Benjamin Constant et plusieurs autres, parce qu'il se montra contraire aux prétentions du conseil d'Etat, ce qui mécontenta Napoléon. Une anecdote montrera l'indépendance de son caractère. Un jour le premier consul se plaignait devant lui de l'hostilité du Tribunat qui se montrait trop souvent opposé aux actes de son administration. « Vous êtes de la section de mécanique (à l'Institut), lui répondit Andrieux, et vous savez qu'on ne s'appuie que sur ce qui résiste. » Là se termina sa carrière politique. Il se voua entièrement à la culture des lettres, dans lesquelles il s'était déjà fait connaître comme poète dramatique et comme conteur. Il refusa de Fouché une place de censeur, avec 8.000 francs d'appointements, mais il accepta en 1804, de Joseph Bonaparte, le titre de bibliothécaire avec 6,000 francs d'appointements, et devint la même année bibliothécaire du Sénat et professeur de grammaire et belles lettres à l'Ecole polytechnique. En 1814, il fut nommé par le roi à la chaire de littérature française du Collège de France. Son organe était très faible, mais il disait admirablement, et, comme on l'a souvent répété après M. Villemain, « il savait se faire entendre à force de se faire écouter ». Libéral en politique, il ne sortit jamais en littérature des traditions classiques, et se montra en toutes circonstances ennemi déclaré du romantisme. En 1829, il fut nommé secrétaire de l'Académie française. Ayant pris Voltaire pour modèle, il montre dans ses œuvres un talent gracieux, aimable et facile, un esprit ingénieux, mais il ne put jamais s'élever aux grandes émotions du sentiment. Outre des fables et contes en vers et en prose, et une tragédie, *Junius Brutus*, il a donné des comédies : *Anaximandre*, 1782 ; les *Etourdis*, 1785; *Helvétius*, 1802 ; la *Suite du Menteur*, 1803 ; le *Trésor*, 1803 ; la *Soirée d'Auteuil*, 1804 ; le *Manteau*, 1826 ; etc. Parmi ses contes en vers on cite : le *Procès du sénat de Capoue*, le *Dialogue entre deux journalistes sur les mots* MONSIEUR et CITOYEN, dont le dernier vers est si connu : « Appelez-vous messieurs, mais soyez citoyens», la charmante pièce du *Meunier de Sans-Souci*, et la *Promenade de Fénelon* || **ANDRIEUX** (Emile). Médecin. Paris, 1797. S'occupa de l'application de l'électricité aux maladies, puis de l'oculistique. On lui doit l'invention de l'œil artificiel appelé *opthalmo-phantôme*. *L'air atmosphérique et ses influences*, thèse, 1820; *Application du galvanisme aux maladies* 1824 ; *Le Galvanisme dans le traitement de la gastrite chronique* 1835 ; *l'Ophtalmoplasmôme*, 1840; etc. || **ANDRIEUX** (Louis). Avocat et homme politique français, né à Trévoux, le 20 juillet 1840. Avocat à Lyon, où il plaida des procès politiques et prononça, dans des réunions publiques, des discours ardemment hostiles à l'Empire et exprimant des opinions hautement radicales. En 1869, il assista à l'anti-concile de Naples, auquel il prit une part active. Le tribunal correctionnel de Lyon le condamna, en 1870, à trois mois de prison pour outrage à Napoléon III. A la révolution du 4 septembre de cette année, il fut nommé procureur de la République à Lyon. Dans les troubles qui agitèrent cette ville pendant la guerre franco-allemande et la Commune de 1871, M. Andrieux montra de l'énergie contre l'émeute, notamment lors de l'enquête sur l'assassinat du commandant Arnaud. En 1872, M. Dufaure, ministre de la justice, ayant été interpellé à l'Assemblée nationale au sujet d'une déclaration d'athéisme que M. Andrieux avait faite du haut du siège du ministère public, le gouvernement de M. Thiers dut demander sa démission au procureur de la république près le tribunal de Lyon. M. Andrieux se lança alors dans une campagne acharnée contre M. Ducros, préfet du Rhône, renommé pour l'énergie de ses opinions conservatrices. En 1875, M. Andrieux fut élu conseiller municipal de Lyon et conseiller général du Rhône. En 1876, la 4e circonscription du Rhône l'envoya à la Chambre des députés, où elle le maintint aux élections qui suivirent le 16 mai. Depuis cette époque, M. Andrieux n'a cessé d'être député du Rhône. Mais de l'Union républicaine, où il avait commencé à siéger, il prit place au centre. Sous le ministère Dufaure, le dernier ministère du maréchal Mac-Mahon, à la fin de 1877, M. Andrieux succéda à M. Voisin, comme préfet de police. Il eut de nombreux démêlés avec le conseil municipal de Paris, présida à l'exécution des décrets contre les congrégations religieuses avec ardeur, et donna sa démission, à l'occasion d'un projet de loi sur la préfecture de police, sous le ministère Constans, en 1881. M. Andrieux se signala alors par sa campagne contre M. Gambetta, qu'il fit tomber du mi nistère, à la fin de janvier 1882, sur la question du scrutin de liste. Le ministère de Freycinet le nomma, à cette occasion, ambassadeur à Madrid, où il resta jusqu'à la fin de l'été 1882, époque à laquelle M. Gambetta imposa son rappel au ministère Duclerc. En revenant prendre possession de son siège de député, M. Andrieux a fait plusieurs déclarations conservatrices et religieuses à la Chambre.

ANDRIEUX (Les). Vge de France (Hautes-Alpes), comm. de Guillaume-Peyrouse, arr. et à 44 kil. N.-N.-E. de Gap. Situé au fond de l'étroit val Godemar, ce village est absolument privé de la vue du soleil pendant plus de 100 jours (du 1er nov. au 10 février). Le retour de l'astre était, il y a peu d'années, célébré par une fête qui remonte à une haute antiquité. Dès que le soleil reparaissait, les habitants allaient en procession lui souhaiter la bienvenue; la cérémonie se terminait sur le pont de l'Ommelette, dont on voit encore les ruines, et où les vieillards offraient, en effet, une ommelette à l'astre bienfaisant.

ANDRINOPLE ou **ADRIANOPLE** (*Adrianopolis*), l'*Edurnch* des Turcs. Grande ville de la Turquie d'Europe, ch.-l. d'une prov. ou vilayet du même nom, dans une situation riante au confluent de trois belles rivières, la Maritza, la Toundja et l'Arda, à 225 kil. N.-O. de Constantinople. Andrinople semble une agglomération de villages distincts séparés les uns des autres par des jardins arrosés d'eaux vives et plantés de cyprès, de platanes et de peupliers, au-dessus desquels s'élèvent les minarets de cent cinquante mosquées. Au centre seulement, les maisons se pressent autour de la citadelle, qui a gardé le nom grec de *Kastro*. Andrinople est, si l'on s'en rapporte à certaines évaluations, qui lui donnent 150,000 h. le centre de population le plus important de la Turquie d'Europe, après Constantinople. La convergence des routes de Vienne, par Belgrade, de Trieste, par la Bosnie, de Grèce, par Salonique donnent à Andrinople une importance exceptionnelle, au point de vue commercial et militaire. La Maritza, qui était navigable autrefois pour des bateaux portant de 80 à 350 kantars (4,500 à 20,000 kilogr.), n'admet plus que des barques d'un faible tirant d'eau, à son embouchure, d'Énos à Férédjik. Mais des lignes ferrées mettent Andrinople en communication avec Belgrade, Constantinople et le port de Dédé-Agatch, sur la mer Égée. — Tanneries et teintureries; manufactures de maroquins et de tapis. Commerce de soie et de laine. Entrepôt central du commerce de la Thrace. — Bâtie sur l'emplacement de l'antique Orestias, capitale des rois thraces, colonisée et reconstruite par les Romains, Andrinople fut la capitale des sultans osmanlis depuis 1360 jusqu'en 1453, avant que Constantinople fût tombée en leur pouvoir. Elle garde quelques souvenirs de ce passé. Les plus remarquables sont la célèbre dôme de la mosquée de Sélim, plus élevé, dit-on, que celui de Ste-Sophie, et l'Eski-Seraï, ancienne résidence des sultans, beau palais d'architecture persane, construit à la fin du XIVe siècle, que les Turcs laissent tomber en ruines. « Dans leur antique capitale, les Osmanlis sont en minorité. Les Grecs les égalent en nombre et les dépassent en activité; les Bulgares, qui se trouvent en cet endroit sur la limite de leur domaine ethnologique, sont aussi représentés dans la ville par une communauté considérable; naguère ou y voyait aussi, comme dans toutes les villes d'Orient, la foule bigarrée des hommes de toutes races, depuis le musicien tzigane jusqu'au marchand de la Perse. Les Juifs sont proportionnellement plus nombreux à Andrinople que dans les autres villes de la Turquie. » (El. Recl.) Andrinople est le siège d'un archevêché grec. — En 323, victoire de Constantin sur Licinius; en 378, victoire des Goths sur Valens, qui périt dans le combat. Les Russes y entrèrent sans résistance le 20 janvier 1878. — *Traité d'Andrinople.* En 1829, les Russes occupèrent Andrinople et y signèrent avec la Turquie un traité par lequel cette puissance cédait à la Russie les bouches du Danube, reconnaissait l'indépendance de la Grèce, et l'autonomie des principautés de Valachie, de Moldavie et de Serbie, qui restaient cependant vassales et tributaires. || ANDRINOPLE. Vilayet ou province

de la Turquie d'Europe, formé de la partie méridionale de la Roumélie (ancienne Thrace). Il est borné au N. par la Roumélie orientale, à l'E. par la mer Noire, au S. par le district de Constantinople, la mer de Marmara et la mer Égée, à l'O. par la prov. de Salonique (Macédoine orientale). Le bassin de la Basse-Maritza et celui de l'Erkene ou Erghine en constituent la plus grande partie. Cette vaste plaine triangulaire, limitée à l'E. par le Strandcha Dagh, au S. par le Tekir Dagh et les collines qui longent le littoral de la Propontide, à l'O. par les contreforts du Rhodope, est, dit M. El. Reclus, une des contrées les plus monotones de la Turquie; ces bas-fonds marécageux, des jachères y font penser aux steppes; en été, quand le vent soulève des tourbillons de poussière, on pourrait se croire dans le désert. La morne uniformité des plaines n'est rompue que par les silhouettes éloignées des monts et par des groupes de buttes artificielles d'origine inconnue. Ces anciens monuments, qui sans doute servirent de tombeaux, sont si nombreux dans les campagnes de la Thrace et de la Bulgarie, qu'ils y semblent un élément nécessaire du paysage; « un peintre pécherait contre la vraisemblance, s'il négligeait en représentant un site de cette contrée, de mettre un ou deux *tumuli* dans son tableau ». En un seul itinéraire de moins de 200 kilomètres, M. Weiser a reconnu plus de trois cent vingt buttes: ce sont les *hunyi*, souvent fouillés par les chercheurs de trésors. — Quoi qu'il en soit, cette province avec sa ceinture de hauteurs qui donnent naissance à d'innombrables cours d'eau, est un des pays les plus propres à l'agriculture. Déjà elle exporte des quantités considérables de céréales. Mais il s'en faut de beaucoup qu'elle donne tout ce qu'elle pourrait produire, vu sa fertilité naturelle. De même les mines du Rhodope, si fameuses chez les anciens, sont absolument délaissées. — Le ch.-l. est Andrinople. Les villes principales sont : Silivri, Rodosto, Gallipoli, sur la mer de Marmara, Énos, à l'embouchure de la Maritza, Dédé-Agatch, tête de ligne du chemin de fer d'Andrinople sur la mer Égée. Dimotica, Kirk-Kilissi et Loulé-Bergas ou Araba, dans l'intérieur. La province d'Andrinople est peuplée d'environ 1,600,000 h., appartenant à différentes races : Ottomans, Bulgares, Grecs, Arméniens et Juifs.

ANDRISCUS. Aventurier d'Adramyttium, qui en 154 avant J.-C. prétendit être Philippe, fils naturel de Persée, roi de Macédoine. Pour échapper à la haine qu'Eumène portait à ce prince et à sa famille, Andriscus se retira auprès de Démétrius Sôter qui eut la lâcheté de le livrer aux Romains pour s'assurer leur amitié. Le sénat qui redoutait peu le faux Philippe, le fit garder si négligemment, qu'il s'échappa et se réfugia en Thrace. Là, il parvint à recruter un certain nombre de partisans, s'avança en Macédoine où il se déclarant héritier du trône, et se rendit bientôt maître de tout le royaume. Le sénat fit marcher contre lui plusieurs généraux romains qui furent défaits. Héroïque dans l'adversité, Andriscus ne sut pas supporter la bonne fortune, et perdit l'affection de ses nouveaux sujets par des actes d'oppression. Il se défendit cependant avec intrépidité contre L. Cœcilius Métellus, mais il perdit deux batailles, et obligé de se réfugier chez Byzas, petit prince de Thrace, il fut livré aux Romains. Métellus le conduisit à Rome, où il fut mis à mort par ordre du sénat, 147 av. J.-C. Son vainqueur obtint le surnom de Macédonique.

ANDRIVEAU-GOUJON (Gabriel-Gustave). Libraire et géographe, né à Paris vers 1808. Éditeur de nombreuses cartes très estimées, particulièrement le *Plan de Paris*, 1834; *Atlas classique et universel de géographie ancienne et moderne*, 1865, gr. in-fol. 50 cartes. Plusieurs médailles aux expositions quinquennales et universelles.

ANDRO (*Andros*). 22,560 h. La plus septent. et une des plus fertiles et des plus grandes des îles Cyclades au S.-E. de l'île d'Eubée, dont elle est séparée par le canal d'Oro, large de 10 à 12 kil. Le canal de Steno la sépare au S. de l'île de Tino. Elle est longue de 40 kil. sur une largeur moyenne de 10. Elle exporte des vins, et produit en outre d'excellents fruits; l'élève des vers à soie est une de ses principales riches-

ses. Sa capitale est Andros, ville de 1,671 hab. (avec sa banlieue 9,300), petit port sur une pointe de la côte orientale. Au N.-O. se trouve Gavrion, qui possède un bon port et qui est occupé par une colonie d'Albanais, venus de l'île d'Eubée. Sur la côte E., Korthion (1,500 hab.)

ANDROCÉE. s. f. (du gr. *anêr*, *andros*, homme, et *oikia*, maison.—Littré fait remarquer qu'on devrait dire *Andrœcie*). Bot. Ensemble des organes mâles ou étamines d'une fleur. Parfois l'androcée se compose d'une seule étamine (certains saules, les aromes), et d'autres fois les étamines sont tellement nombreuses qu'on les dit *indéfinies* (renonculacées). Entre ces deux extrêmes on trouve de nombreux intermédiaires que l'on désigne par un nom spécial formé d'un mot grec indiquant les chiffres depuis un jusqu'à douze, suivi du suffixe *andre*; c'est ainsi qu'on a les androcées *monandre*, *diandre*, *triandre*, etc., enfin *dodécandre*, après quoi vient l'androcée *polyandre* quand il y a plus de 12 étamines. Linné avait, dans sa classification, établi sur le nombre des étamines de l'androcée un certain nombre d'ordres *monandrie*, *diandrie*, *triandrie*, *polyandrie*. Les pièces qui forment l'androcée peuvent être : complètement indépendantes les unes des autres, étamines *libres*; très rapprochées les unes des autres, sans cependant être soudées, étamines *connivantes*; légèrement adhérentes, étamines *agglutinées*. Sont-elles soudées les unes aux autres, on les dit *adelphes* quand l'adhérence a lieu par le filet de l'étamine, d'où leurs dénominations de *monadelphes*, *diadelphes*, *tri*, *tétra*, *penta*, *polyadelphes*, selon qu'elles forment 1, 2, 3, 4, 5, ou un plus grand nombre de faisceaux distincts Linné en avait formé ses ordres *Monadelphie*, *Diadelphie* et *Polyadelphie*. Suivant que dans une même fleur les groupes ou *phalanges* sont égaux ou non pour le nombre des étamines, on dit l'adelphie *égale* ou *inégale*. Mais les étamines sont parfois indépendantes au niveau de leurs filets et unies par leurs anthères; on les dit alors *synanthérées*, ordre de la *Syngénésie* de Linné, cette disposition très générale dans la famille des composées lui fait souvent donner le nom de famille des Synanthérées. Enfin la soudure peut avoir lieu à la fois par les filets et les anthères (lobélie, courge). — Les organes de l'androcée peuvent être soudés sur une longueur variable avec les autres parties de la fleur, par exemple avec les pétales, ou bien avec les organes femelles ou gynécée placés au milieu d'elles, par exemple dans les aristoloches où la réunion de ces parties forme le *gynostème*, d'où Linné a formé l'ordre de la *Gynandrie*. — Quant à la façon dont les parties de l'androcée sont insérées sur le réceptacle floral, elle est très variée, mais soumise à des règles fixes. Elle est, suivant les espèces, en forme de spirale ou de cercles concentriques (verticilles) de nombre variable. — Relativement à leur position par rapport aux pétales de la fleur, les étamines peuvent être alternes, chacune d'elles étant placée dans l'intervalle de l'insertion de deux pétales, on les dit alors *alternipétales*; si elles sont, au contraire, situées en face des pétales, on les dit *oppositipétales*. Ces relations faciles a reconnaître quand il y a un verticille d'étamines, le sont beaucoup moins dans le cas contraire. Quand il y a plusieurs verticilles d'étamines, il y a, en général, alternance entre celles de deux verticilles voisins. — La dimension des pièces de l'androcée est souvent la même pour toutes; mais dans certains cas (labiées), il y a deux grandes étamines et deux petites, on les appelle *didynames*, d'où Linné a fait son ordre de la *Didynamie*, ou bien il y en a quatre grandes et deux petites (crucifères), étamines *tétradynames*, *tétradynamie* de Linné. — Les pièces de l'androcée peuvent être insérées au-dessous du gynécée, autour de lui, ou au-dessus, ce qui leur a valu les noms, suivant le cas, de *hypogynes*, *périgynes*, *épigynes*. A.-L. de Jussieu a fondé sur ces caractères la division des deux embranchements des monocotylédones et dicotylédones en trois groupes qu'il appelle *Hypogynie*, *Périgynie*, *Épigynie*, division qui n'est pas fort naturelle, car dans une même famille de plantes on peut trouver ces trois modes d'insertion.

ANDROCÉPHALOÏDE. adj. 2 g. (du gr. *anêr*

andros, homme, *képhalé*, tête, et *eïdos*, forme). Minér. Se dit d'une pierre qui présente de la ressemblance avec une tête humaine.

ANDROCLÈS. Esclave qui nous est connu par une histoire rapportée par Aulu-Gelle (qui le nomme Androclus, mais l'usage a prévalu de l'appeler Androclès). Il avait été condamné à être exposé aux bêtes dans le cirque à Rome, mais le lion qui devait le dévorer, vint lui lécher les mains. Interrogé par l'empereur, Androclès raconta qu'esclave fugitif en Afrique, il avait délivré ce lion d'une épine qui lui traversait le pied et qu'il avait vécu trois mois avec lui dans son antre. Le lion lui apportait les meilleurs morceaux des bêtes qu'il prenait à la chasse ; Androclès les faisait cuire au soleil, à l'heure de midi. A la demande du peuple, l'empereur lui fit grâce et lui donna le lion.

ANDROCTONE. s. m. (du gr. *anér, andros*, homme, et *kteinein*, tuer). Zool. G. de scorpions, fam. des androctonides, ordre des scorpionides, caractérisé par le nombre des yeux dont cinq petits de chaque côté sur la partie antérieure du céphalothorax, et un plus gros de chaque côté de la ligne médiane, un peu plus en arrière. Les espèces de ce genre habitent toutes l'ancien monde ; c'est en Afrique qu'on en connaît le plus. On peut citer entre autres, l'*a. tunisien* et l'*a. funeste* qui, d'ailleurs, sont peut-être deux variétés de la même espèce. Certains auteurs les rangent dans le g. *buthus*. Ces scorpions ont 8 à 10 cent. de long et sont fort redoutés des Arabes qui en sont souvent piqués, aux environs de Biskra, de Tuggurth, etc. Ils se hâtent alors d'accourir vers les médecins français qui se contentent de faire des applications de compresses imbibées d'ammoniaque. Ces espèces sont en réalité dangereuses et peuvent donner la mort à des enfants ; il ne paraît pas, toutefois, que l'homme fait succombe à leur piqûre. En France nous avons une seule espèce de ce genre, l'*a. occitanien*, de couleur roussâtre, que l'on trouve dans le Gard, à Louvignargues, près de la source du Lez, dans l'Hérault, sur la montagne de Cette, dans les Pyrénées-Orientales, au Vernet, près de Perpignan. Cette même espèce est beaucoup plus abondante en Italie, Espagne, Algérie. La piqûre de cet androctone, dont les cas sont fréquents dans nos possessions algériennes, donne lieu à de la fièvre, des vomissements, un tremblement nerveux et un gonflement douloureux du membre blessé ; mais il n'est pas prouvé que la mort en ait jamais été la suite. Il y a encore en France une autre espèce de scorpion, mais elle ne fait pas partie du g. androctone. (V. *Scorpion.*)

ANDROCTONIDES. s. m. Zool. Fam. de scorpions caractérisée par un sternum rétréci en avant, à peu près triangulaire. On y range les genres : *androctonus, buthus, centrurus* et *tithyus*.

ANDROECIE. s. f. V. *Androcée.*

ANDROGÉE. Fils de Minos, roi de Crète et de Pasiphaé. Étant venu à Athènes, il remporta tous les prix des Panathénées. Cette victoire porta ombrage à Eson qui, dans la crainte qu'il ne s'alliât avec les Pallantides, dynastie détrônée, le fit assassiner. Selon d'autres traditions, Androgée aurait péri victime du taureau sauvage de Marathon. Minos, pour le venger, porta la guerre en Attique et assujettit les Athéniens à un tribut annuel de sept jeunes filles et de sept jeunes garçons, destinés à être dévorés par le Minotaure ; de plus, il les obligea à instituer des fêtes nommées Androgéonies.

ANDROGÉNÉSIE. s. f. (du gr. *anér, andros*, homme, et *génésis*, génération). Philos. Science du développement physique et moral de l'humanité.

ANDROGÉNÉSIQUE. adj. 2 g. Qui a rapport à l'androgénésie.

ANDROGÉNIE. s. f. (du gr. *anér, andros*, homme, et *genos*, race). Science qui traite de la génération de l'homme. || Suite de descendants de mâle en mâle.

ANDROGÉONIES. s. f. pl. Fêtes que les Athéniens célébraient annuellement dans le Céramique pour apaiser les mânes d'Androgée.

ANDROGLOSSE. adj. 2 g. (du gr. *anér, andros*, homm, et *glôssa* langue). Se dit des oiseaux auxquels on apprend facilement à parler.

ANDROGRAPHIS. s. f. (du gr. *anér, andros*, homme, et *graphis*, pinceau). Plantes herbacées de la famille des acanthacées, originaires de l'Asie tropicale ; on en cultive dans nos serres. Une espèce, l'*a. paniculée* est célèbre dans l'Inde, pour ses propriétés amères et stomachiques ; elle paraît être fébrifuge et est vantée contre la dysenterie et le choléra. Les habitants du pays lui attribuent en outre la remarquable propriété de combattre efficacement la morsure des serpents ; il suffit pour cela d'en mâcher les feuilles qui, disent-ils, paraissent douces tant que le venin agit et amères quand son effet nuisible est surmonté. Les vertus médicinales de cette plante mériteraient d'être étudiées de près.

ANDROGYNAIRE. adj. 2g. Bot. *Fleurs androgynaires*, Nom donné par de Candolle aux fleurs doubles résultant de la transformation des organes mâles et femelles en pétales, sans que le périanthe soit altéré.

ANDROGYNE. s. m. (du gr. *anér, andros*, homme et *guné*, femme). Hermaphrodite, personne qui réunit les deux sexes, qui est mâle et femelle tout ensemble. Après avoir rendu mes devoirs aux androgynes de Platon. (Volt.) || Myth. Selon un mythe grec rapporté par Platon, les hommes primitifs avaient quatre bras, quatre jambes, deux visages opposés et parfaitement semblables et tenant à une seule tête, quatre oreilles, un double appareil de génération, etc., mais une seule volonté. Les dieux séparèrent un jour ces deux moitiés d'un seul tout, et depuis ce temps, elles cherchent toujours à se réunir. De même que dans la Bible, Dieu tira la femme de l'homme, de même dans les traditions mythologiques, l'homme et la femme ne formaient d'abord qu'un seul être, ce qui marque l'union étroite qui doit régner entre eux dans le mariage. || adj. 2 g. Zool. Se dit des animaux qui possèdent à la fois les organes des deux sexes bien qu'ils ne puissent se féconder eux-mêmes, ce qui a lieu au contraire chez les *hermaphrodites*. Les limaçons sont androgynes. || Bot. Se dit des plantes monoïques qui portent des fleurs mâles et des fleurs femelles distinctes sur le même pédoncule (Ex. : le ricin, plusieurs espèces de *carex*). Dans les fleurs *hermaphrodites* les deux sortes d'organes sexuels se trouvent au contraire dans la même fleur. || ANDROGYNES (CROCIFIX). Les archéologues appellent ainsi des crucifix grossièrement sculptés, datant la plupart du xie au xive s. et où les mamelles offrent un développement inusité. C'est de là que paraît être venue la légende de sainte Wilgeforte, vulgairement Milforte, qui, demandée en mariage par un chef païen, en Portugal, obtint de Dieu que son visage se couvrit d'une barbe épaisse et fut mise en croix par son poursuivant. C'est cette vierge qu'on croit représentée dans les crucifix androgynes du nord de la France, notamment à l'église Saint-Étienne de Beauvais, où il existe un de ces crucifix, du xiie s., bien caractérisé.

ANDROGYNIE. s. f. État de ce qui est androgyne. || Bot. État d'une plante androgyne, c.-à-d., dont les étamines et les pistils sont portés par des fleurs différentes dans une même inflorescence. Ce terme est synonyme de *monoécie.*

ANDROÏT ou **ANDROY.** Territoire de l'extrémité mérid. de Madagascar, comprenant le pays d'Ampa*r*e ou des Atampâtes, riche en forêts, en pâturages et fertile en coton, et le pays des Caremboules, contrée pauvre, peuplée d'habitants presque sauvages.

ANDROÏDE. s. m. (du gr. *anér, andros*, homme et *eïdos* apparence). Automate à figure humaine qui, au moyen de ressorts, exécute quelques-unes des actions particulières à l'homme. Le flûteur de Vaucanson et le joueur d'échecs de Kempelen étaient des androïdes.

ANDROLÂTRIE. s. f. (du gr. *anér, andros*, homme, et *latreia*, adoration). Culte divin rendu à l'homme.

ANDROLEPSIE. s. f. (du gr. *anér, andros*, et *lépsis*, action de prendre). Droit de représailles d'après lequel les Athéniens vengeaient la mort d'un concitoyen en prenant comme otages trois habitants de la ville où le meurtre s'était commis, et même en les punissant de mort, si les coupables n'étaient pas livrés.

ANDROMACHIE. s. f. Bot. G. de composées dédié à la mémoire d'Andromaque, médecin de Néron, sans doute parce que les plantes de ce genre, qui sont originaires du Pérou, servent à faire un excellent amadou qu'on emploie pour arrêter le sang.

ANDROMANIE. s. f. (du gr. *anér*, homme, et *mania*, fureur). Folie amoureuse, Syn. de *Nymphomanie.*

ANDROMAQUE. Fille d'Éétion, roi de Thèbes, en Cilicie, épousa Hector, qu'elle vit périr sous les murs de Troie. A la prise de cette ville, son fils Astyanax fut précipité du haut d'une tour. Elle-même emmenée captive par Néoptolème, appelé aussi Pyrrhus, fils d'Achille, fut forcée de l'épouser et devint mère de trois fils, Molosse, Nélée et Pergame. Plus tard, Néoptolème ayant épousé Hermione, fille d'Hélène, donna Andromaque à Hélénus son esclave, frère d'Hector. Malgré cela, Hermione, jalouse d'Andromaque, la chargea de fers pendant une absence de Néoptolème, et peut-être l'eut-elle fait mettre à mort, si une insurrection, secondée par le vieux Pélée, père d'Achille, ne s'y fut opposée. Sur ces entrefaites, Oreste, amoureux d'Hermione, à laquelle il avait été fiancé dans sa jeunesse, tua Néoptolème dans Delphes et enleva Hermione. Andromaque et Hélénus allèrent fonder un petit royaume en Chaonie et y élevèrent la ville de Buthrothe. Enfin Andromaque retourna en Asie avec son fils Pergame et y mourut. Selon Pausanias, elle eut d'Hélénus un fils nommé Cestrine. On admire dans Homère, deux scènes relatives à Andromaque. La première est l'entrevue d'Andromaque et d'Hector, lorsque celui-ci va combattre les Grecs (ch. vi de l'*Illiade*) ; la seconde contient les plaintes d'Andromaque à la vue du cadavre d'Hector gisant dans la plaine de Troie (ch. xxii). Nous avons d'Euripide une tragédie d'*Andromaque* (423-415 av. J.-C.) dont voici le sujet : Hermione, épouse de Pyrrhus et son père Ménélas ont entrepris, pendant l'absence de son mari, de faire périr Andromaque et son fils Molossus. Mais Pélée, aïeul de Pyrrhus, les sauve de leur fureur. Hermione craignant la colère de son époux, s'enfuit avec Oreste. Racine a imité cette tragédie, mais il en a considérablement modifié le plan et les caractères, et en a fait un des chefs-d'œuvre de la scène française. L'*Andromaque* de Racine fut représentée pour la première fois sur le théâtre de l'hôtel de Bourgogne, le 10 nov. 1667. Trois amours sont en lutte et remplissent la scène de l'expression de leurs sentiments différents : Pyrrhus aime Andromaque, Hermione aime Pyrrhus, et Oreste aime Hermione. Ils concourent tous à délier le nœud principal de la pièce, qui est le mariage de Pyrrhus avec Andromaque, d'où dépend la vie d'Astyanax, fils d'Andromaque et d'Hector. Châteaubriand a dit avec justesse que dans Racine, le rôle de l'Andromaque païenne a pris une physionomie chrétienne. En effet, l'impression que nous avons reçue de la pièce française nous fait regarder Andromaque comme le type de la fidélité conjugale. Mais si l'on consulte l'antique mythologie, on pensera comme J.-B. Rousseau, qui a dit :

> Andromaque en moins d'un lustre,
> Remplaça deux fois Hector.

Les artistes anciens, représentaient Andromaque tenant Astyanax dans ses bras ou pleurant avec son fils sur le stèle funéraire d'Hector ; elle tient sur ses genoux l'urne qui renferme les cendres de son mari. || ANDROMAQUE. Ordinairement appelé *l'Ancien*, né dans l'île de Crète, devint médecin de Néron, et porta le premier le titre d'*archiater ;* il inventa la célèbre *theriaca Andromachi* dont la formule plus ou moins modifiée existe encore dans nos pharmacopées. Il célébra les merveilles de sa thériaque dans un poème dédié à Néron, qui nous a été conservé par Galien. dans son traité de la thériaque, adressé à Pison. Moïse Charras en a publié une traduction française, 1668, in-12. || ANDROMAQUE *le Jeune*, fils du précédent, également médecin de Néron, passe pour l'auteur d'un ouvrage sur la pharmacie, dont Galien parle souvent avec éloge.

ANDROME. s. m. (gr. mod. *andromé*). Méd. Éléphantiasis du scrotum commun dans les îles grecques.

ANDROMÈDE. Fille de Céphée roi d'Éthiopie, et de Cassiopée. Celle-ci ayant osé comparer sa beauté à celle de Junon et des Néréides, Neptune, à la demande d'Amphitrite, envoya un monstre marin nommé Céto, désoler les rivages d'Éthiopie. L'oracle d'Ammon, consulté, déclara qu'il fallait livrer Andromède au monstre. Mais à l'instant où, enchaînée sur son rocher, elle allait devenir sa proie, Persée, monté sur Pégase, pétrifia Céto en lui montrant la tête de la Gorgone. En récompense, il épousa Andromède. || Andromède. Littér. Titre d'un poème de Lope de Véga, et d'une tragédie lyrique de Corneille (1650), la plus ancienne pièce française à machines et à grand spectacle. || Andromède. Astron. Nom d'une constellation composée de 59 étoiles, et située près du pôle nord, dans le voisinage de Persée et de Cassiopée, ainsi nommée d'Andromède, que la fable disait avoir été transportée au ciel.

ANDROMÈDE. s. f. Bot. G. d'éricacées, tribu des éricées, composé d'arbustes de l'Europe, de l'Asie et de l'Amérique septentrionale qui croissent dans les marais tourbeux. Plusieurs espèces sont vénéneuses et empoisonneraient le bétail. Mais l'une d'elles, l'*andromède arborescente*, produit un fruit agréable et rafraîchissant, ayant de l'analogie avec nos groseilles, et son écorce renferme du tannin, ce qui la fait employer dans le Tennessee pour la teinture en noir. En Russie on la substitue à la noix de galle pour teindre en noir les étoffes de soie.

ANDRON. s. m. (gr. *andrôn*). Antiquité grecque. Ce mot désigne la première des deux divisions principales du plan d'une maison grecque, celle dont l'usage exclusif était réservé aux hommes. Elle consistait en une cour découverte, *aulè*, entourée de colonnades autour de laquelle étaient disposées les divers appartements exigés pour le service du maître et de ceux qui étaient à lui. Elle était séparée de l'autre division, *gynécée*, qui contenait les appartements des femmes, par un passage et une porte. — Les architectes romains se servirent de ce terme pour désigner dans une maison grecque le corridor qui séparait les appartements des hommes de ceux des femmes. Chez les écrivains latins, ce mot désigne toute espèce de passage, soit entre deux maisons, soit entre deux parties de la même maison.

ANDRONIC. Nom de quatre empereurs d'Orient. || ANDRONIC Ier Comnène. Petit-fils d'Alexis Ier, né en 1110, m. en 1185. Il eut une jeunesse des plus aventureuses et des plus scandaleuses. D'une taille athlétique, soupant de pain et d'eau, ou quelquefois d'une pièce de gibier qu'il faisait cuire lui-même, il put mettre au service d'une ambition remuante, une énergie qu'on s'étonne de trouver parmi ces princes du Bas-Empire. Ayant trempé dans une conspiration contre Manuel Comnène, il fut emprisonné, s'évada au bout de douze ans de détention et après une foule d'aventures étranges, passa chez les Russes, ménagea une alliance entre ce peuple et les Grecs, ce qui le réconcilia avec l'empereur. Mais sur de nouveaux soupçons il fut relégué à Enoé dans le Pont. Trois femmes de la famille impériale l'aimèrent successivement, lui donnèrent des enfants et partagèrent ses disgrâces, se glorifiant du titre de concubine d'un homme réduit à errer chez les Turcs, les Arabes, les barbares, excommunié, proscrit, pardonné tour à tour. Dans cet exil du Pont, il reçut du patriarche l'invitation de venir délivrer la patrie, opprimée par le protosébaste Alexis, neveu de Comnène, favori de la régente Marie, mère de l'empereur Alexis II. Il se mit en marche, entraînant à sa suite tous les mécontents. Dès qu'il parut à Chalcédoine, le peuple le proclama régent. Alors il fait crever les yeux au protosébaste, ordonne de massacrer sans distinction tous les Latins qui se trouvent à Constantinople, fait emprisonner Marie, sœur de l'empereur, avec son mari, le marquis de Montferrat, ses concurrents en conspiration, et étrangler l'impératrice mère; enfin, il contraint Alexis II de l'associer à l'empire, 1183. Bientôt il le fait égorger à son tour, et s'écrie en foulant aux pieds son cadavre : « Ton père fut un fripon, ta mère une prostituée, et toi un imbécile. » Le corps d'Alexis fut jeté à la mer. Demeuré seul empereur, Andronic épouse Agnès, fille de Louis VII, roi de France, et continue à dominer par la terreur et les massacres, faisant périr beaucoup de gens, sous prétexte d'intelligences avec Guil-

laume II, roi de Sicile, qui menaçait de conquérir l'empire d'Orient, 1185. Il voulut faire assassiner un prince d'une grande réputation, Isaac l'Ange, mais celui-ci tua le sicaire envoyé pour l'immoler, et s'enfuit dans Ste-Sophie. Le peuple se souleva et le proclama empereur malgré lui. Andronic, réduit à prendre la fuite, fut arrêté, amené à Isaac et livré à la fureur de la populace, qui, après l'avoir torturé pendant trois jours, le pendit par les pieds dans le théâtre, 12 sept. 1185. En lui finit la dynastie des Comnènes. Dans ce règne plein de souillures et d'atrocités, on ne trouve à louer que les efforts qu'il fit pour réfréner la rapacité des employés du fisc, et les mesures qu'il prit pour abolir l'usage de piller les bâtiments naufragés. || ANDRONIC II Paléologue, l'Ancien. Né en 1258, m. en 1332. Régna d'abord conjointement avec son père, Michel Paléologue, auquel il succéda en 1282. Son premier soin fut de rapporter toutes les mesures adoptées par Michel pour la réunion des Eglises grecque et latine. L'exil ou la nomination d'un patriarche, les épreuves du feu ou des reliques pour découvrir les volontés du ciel, telles étaient les occupations de ce prince lorsque les progrès des Turcs devenaient chaque jour plus inquiétants. Il dépouilla de tous ses biens son propre frère Constantin Porphyrogénète et le fit jeter dans une cage de fer. Le général Philanthropène qui combattait les Turcs avec succès marcha contre la cour. Il tomba entre les mains de Libadaire, gouverneur de Lydie, qui lui fit crever les yeux. Andronic voyant l'empire attaqué de tous côtés, chercha des secours étrangers. Un corps nombreux d'Alains lui vendit ses services, et Roger de Flor, célèbre aventurier, lui amena ses Almogavares ou Catalans. (V. ce mot). Mais bientôt ces alliés, après quelques succès sur les Turcs, traitèrent l'empire grec en pays conquis. Andronic restait impuissant à soulager ses peuples; il était même obligé de les grever d'impôts, d'altérer les monnaies et de diminuer d'un tiers le traitement des employés. Mais un assassinat se débarrassa de Roger, qui fut tué sous les yeux de l'impératrice. La mort de Roger ne rétablit pas les affaires d'Andronic. Les Almogavares s'emparèrent de la Grèce, les Turcs et les Perses firent des progrès en Asie, et les Serbes en Europe. L'empire s'en allait en lambeaux. Pendant ce temps, il perdit son fils qu'il avait associé à l'empire; ce prince laissait un fils, nommé aussi Andronic qui disputa le trône à son aïeul. A la tête de 50,000 hommes, il ravagea l'empire pendant sept ans, prit Constantinople et se fit seul empereur. Le vieux monarque résigna le sceptre et resta dans le palais sous l'habit de moine avec le nom d'Antoine. Il mourut presque subitement à l'âge de 74 ans. || ANDRONIC III Paléologue, dit le Jeune. Né en 1296, mort en 1341. Il était fils de Michel et petit-fils d'Andronic II, qui l'obligea à épouser Agnès (Irène), princesse allemande. Il la négligea bientôt pour une femme d'une naissance illustre, mais de mœurs dépravées. Comme il s'aperçut qu'elle recevait les visites nocturnes d'un rival, il aposta des sicaires qui le tuèrent. C'était son frère Manuel. Leur père en mourut de chagrin. Andronic devint empereur en détrônant son grand-père en 1328. Contraint par les murmures populaires de marcher en personne contre les Turcs, il fut battu et prit Nicée, 1330. Alors il fit alliance avec les Seldjoucides contre les Génois unis aux Ottomans. Ces derniers jetèrent l'épouvante dans Constantinople, auprès de laquelle ils avaient débarqué; mais ils furent repoussés et défaits par Jean Cantacuzène. Après la mort d'Irène, 1323, Andronic avait épousé Aune de Savoie, dont il eut deux enfants. L'aîné fut Jean Paléologue. || ANDRONIC IV Paléologue. Petit-fils du précédent, gouverneur en l'absence de son père Jean VI Paléologue, essaya de le détrôner. Son père le condamna à perdre la vue sous l'action du vinaigre bouillant. Andronic en fut quitte pour rester louche. Après une longue captivité, il s'échappa, et Bajazet, à qui le fils et le père eurent alternativement recours, partagea entre eux ce qui restait de l'empire. Mais à la mort de Jean, en 1391, Andronic dut céder le trône à son frère Manuel, et se retira dans un monastère. (V. Jean VI Paléologue.)

ANDRONICUS de Cyrrhos. Architecte grec que l'on croit postérieur à Périclès. Il est l'auteur du monument connu sous le nom de *Tour des Vents*, qui était le principal ornement du marché neuf d'Athènes et qui subsiste encore aujourd'hui presque intact : le couronnement seul en a été détruit. La *Tour des Vents* était un édifice octogone à la fois astronomique et météorologique, surmonté d'une espèce de girouette et renfermant une clepsydre ou horloge à eau. Sur chacune des faces était sculptée la figure d'un des vents. || ANDRONICUS (Livius). Le plus ancien poète dramatique latin, florissait au me s. av. J.-C., et fit, le premier, représenter une pièce régulière à Rome, en 240, sous le consulat de Clodius Cethegus et de Sempronius Tuditanus, selon une opinion probable. Il était Grec de naissance, et reçut son nom latin de Livius Salinator, dont il avait élevé les enfants, et qui l'affranchit. Ses pièces, qu'il joua lui-même, étaient des imitations ou des traductions du grec. Il ne nous reste de lui que des fragments. On les trouve réunis dans les *Poetæ latini scenici* de Bothæ et autres recueils du même genre. Il avait aussi écrit des *Hymnes* et une *Odyssée* en vers saturnins qu'on trouve dans le livre de Duntzer et Lersch intitulé : *De versu quem vocant saturnino*. Tout ce qui reste de Livius Andronicus a été réuni dans le recueil de Duntzer : *Livii Andronici fragmenta collecta et illustrata*, Berlin, 1835, in-8°. || ANDRONICUS de Rhodes. Philosophe péripatéticien du Ier siècle av. J.-C., professa d'abord à Athènes les doctrines d'Aristote, puis vint à Rome, où il passa la plus grande partie de sa vie. Tyrannion, affranchi de Lucullus, chargé par Sylla de transcrire et de collationner les œuvres inédites d'Aristote, en donna communication à Andronicus. Celui-ci les publia, avec des tables et des index, les classa par ordre de matières, et exposa les résultats de son travail dans divers écrits, où il traitait de la vie d'Aristote, de l'ordre et de l'authenticité de ses œuvres. Il ne s'occupa pas d'Aristote seulement, mais aussi, et simultanément, de Théophraste. Andronicus fut estimé par ses contemporains, comme érudit et commentateur. Mais aucun de ses ouvrages ne nous est parvenu, et nous ne savons plus même l'ordre dans lequel il classa les nombreux écrits d'Aristote, ni lesquels il repoussait comme apocryphes. On lui a longtemps attribué, mais à tort, un *Traité des Passions* publié à Augsbourg en 1593, qui est d'Andronicus Callistus, et une paraphrase des *Ethiques à Nicomaque*, publiée par Heinsius (Leyde, 1607), et qu'un manuscrit découvert depuis permit de restituer à Héliodore de Pruze. || ANDRONICUS Callistus (Jean). Philosophe et érudit du xve siècle, né à Thessalonique, m. à Paris en 1478. Il vint en Italie après la prise de Thessalonique par les Turcs, enseigna le grec à Florence, Rome, Bologne et Ferrare, et eut pour disciples Ange Politien, Georges Valla et Janus Pannonius. Il succéda, comme professeur à l'université de Paris, à Hermonyme de Sparte, et y rétablit l'enseignement de la langue grecque. On lui doit un traité en grec *Sur les Passions*, longtemps attribué à tort à Andronicus de Rhodes. Cet ouvrage, publié par David Hœschelius en 1593, à Augsbourg, a été réimprimé par Daniel Heinsius, à Leyde, en 1617, et à Oxford en 1809, in 8o.

ANDRONITIDE. s. f. Syn. d'*andron*.

ANDROPÉTALAIRE. adj. 2 g. Bot. Se dit des plantes dont les fleurs sont devenues doubles par la transformation des étamines en pétales.

ANDROPÉTALE. s. m. (du gr. *anèr, andros,* mâle, et *petalon,* pétale). Bot. Nom donné par de Candolle aux pétales qui ne sont que des étamines transformées.

ANDROPHOBE. adj. 2 g. (du gr. *anèr, andros,* homme, et *phobos,* crainte). Qui craint ou fuit le sexe masculin.

ANDROPHOBIE. s. m. Horreur du sexe masculin.

ANDROPHONE. Myth. gr. Ce mot, qui signifie *tueuse de maris,* était le surnom de Vénus qui avait fait périr les Corinthiens dont les femmes avaient tué Laïs dans son temple.

ANDROPHORE. s. m. (du gr. *anèr, andros,* mâle, et *phoros,* qui porte). Bot. Nom donné par Mirbel à l'ensemble des filets des étamines ou supports des anthères, quand ces filets sont soudés les uns aux autres de façon à former au centre de la fleur une petite colonne de forme variable, qui, dans les fleurs hermaphrodites, est toujours tubuleuse pour donner passage au pistil. On dit aussi *Synème*.

ANDROPOGON. s. m. (du gr. *anér, andros*, homme, et *pôgôn*, barbe). Bot. G. de graminées, tribu des andropogonées. Les fleurs sont en épis solitaires ou réunis en faisceaux ou en grappes ; épillets à deux fleurs dont l'inférieure, neutre, a une glumelle, la supérieure, hermaphrodite, a deux glumelles. Ce sont des plantes herbacées, ordinairement vivaces, dont on connaît près de 200 espèces dispersées dans les régions chaudes et tempérées du globe. Peu propres à servir de fourrages pour les bestiaux ; un certain nombre sont utilisées dans l'industrie. Ainsi le *barbon digité*, ou *pied de poule*, ou *chiendent à balais* (*a. ischœmum*) qui vit dans les sols sablonneux, arides et est répandu dans toute la France, trace beaucoup, et l'on recueille ses rhizômes ou tiges souterraines bien connues sous le nom de *chiendent*, pour faire des brosses, et ses épis pour faire des balais. Plusieurs espèces de l'Inde méritent une mention spéciale : l'*a. Iwarancusa* très employé dans le pays contre les fievres intermittentes ou continues, et qui fournit une huile stimulante employée comme topique surtout contre les rhumatismes ; l'*a. roseau aromatique* dont on retire aussi une huile aromatique, diaphorétique très employée contre le rhumatisme, c'est le *grass-oil of nemaur* des Anglais. On le vend quelquefois comme huile de geranium rosat ; l'*a. schœnanthe* dont toutes les parties sont aromatiques ; les feuilles fraîches se prennent en infusion, comme le thé ; elles paraissent efficaces comme stomachiques, dans les dyspepsies. Cette espèce entrait dans la préparation de la thériaque et du mithridate ; on en fait des sachets odorants, une liqueur de table, etc. L'*a. à odeur de citron* dont les rhizômes fournissent une huile qui a l'odeur du citron, d'où les noms de chiendent citron, *Lemon-grass*, qu'on lui donne en Angleterre. L'*a. rude* (*a. muricatum*), appelé chez nous *vétiver*, très employé en parfumerie, et pour chasser les insectes des vêtements et des tapis. On a essayé avec un certain succès de le cultiver dans le midi de la France. L'*a. nard*, connu chez nous sous le nom de *nard indien* est une des substances que les anciens et l'ancienne médecine désignaient sous le nom célèbre de nard.

ANDROPOGONÉES. s. f. pl. Tribu de la fam. des graminées. Epillets biflores à fleur inférieure toujours incomplète ; glumelles ordinairement hyalines, plus délicates que les glumes.

ANDROS. Un des Cyclades. (V. *Andro.*) || ANDROS. Groupe d'îles dans l'archipel des Lucayes. La principale île du groupe s'appelle aussi Andros. C'est la plus grande des îles Lucayes.

ANDROSACE. s. m. (du gr. *anér, andros*, homme, et *akos*, remède). Syn. d'*androselle*.

ANDROSCOGGIN. Riv. des Etats-Unis. Elle sort du lac Margallaway, près de la frontière occid. de l'Etat du Maine, et reçoit l'émissaire du lac Umbagog, passe en New-Hampshire en se dirigeant au S. ; est rejeté vers l'E. par la base des *White Mountains* (Mts Washington), rentre dans l'Etat du Maine, et, décrivant un nouveau coude, se dirige vers le S., arrose Lewiston, et se réunit à Bath avec le Kennebec, pour se jeter aussitôt à la mer. Ses rapides sont utilisés dans plusieurs localités industrielles, notamment à Lewiston, comme force motrice. || ANDROSCOGGIN. Comté des Etats-Unis (Etat du Maine), 1.440 kil. car. ; 36.000 h. Ch.-l. *Auburn*; vle princ. *Lewiston*.

ANDROSELLE. s. f. G. de primulacées, voisin des primevères ; ce sont de petites herbes propres aux régions montagneuses de l'hémisphère boréal et dont plusieurs espèces des Alpes et du midi de la France sont employées en médecine comme diurétiques. L'élégance de leurs fleurs en ombelles en fait cultiver plusieurs dans les jardins ; la terre de bruyère leur convient ; fleurissent de mars à mai.

ANDROSÈME. s. m. (du gr. *anér, andros*, et *aima*, sang). Bot. G. d'hypéricinées. (V. *Millepertuis*.) La principale espèce, l'*androsemum officinale*, appelée vulg. *toute-saine*, était autrefois très employée comme vulnéraire ; c'est un

arbrisseau touffu à fleurs jaunes qui donnent des baies noires ; fleurit de mai à septembre, se plaît à l'ombre ; est cultivé dans beaucoup de jardins.

ANDROSPORE. s. f. (du gr. *anér, andros*, mâle, et *spore*). Bot. Nom donné à la zoospore de certaines algues (*œdogoniées*), qui, en se développant, produit les organes mâles ou fécondateurs appelés *anthérozoïdes*.

ANDROSTYLE. s. m. Bot. Organe formé dans certaines fleurs orchidées par la réunion des étamines et du style. On dit plus souvent *Colonne* ou *Gynostème*.

ANDROTOMIE. s. f. (du gr. *anér*, homme, et *temnô*, je coupe.) Syn. d'*anatomie*.

ANDROUET-DUCERCEAU. Nom d'une illustre famille d'architectes originaire de l'Orléanais. ANDROUET-DUCERCEAU (Jacques), le père, naquit vers 1515, probablement à Orléans, où il habita longtemps une maison, reconstruite par lui, et qui, encore fort remarquable, porte actuellement le nº 60 de la rue des Hôteleries. Il fut protégé par Renée de France, duchesse de Ferrare, et reconstruisit pour elle les principaux bâtiments d'habitation du château de Montargis. Il fournit pour la même ville, en 1540, les plans du chœur de la Madeleine, une des œuvres les plus belles et les plus originales de la Renaissance, mais qu'il ne put terminer. Ses opinions religieuses l'obligèrent à quitter la France, et il mourut à Annecy vers 1585. Il est encore plus connu par ses écrits, dont voici les principaux : *Livre d'Architecture, contenant les plans et dessins de 50 bâtiments, tous différents*, 1559, in-fo, réimp. en 1611 ; *Second livre d'Architecture*, 1561 in-fo ; *Les plus excellents bâtiments de France*, Paris, 1576, in-fo. réimp. en 1607 ; *Livre d'Architecture, auquel sont contenues diverses ordonnances de plans et élévations de bâtiments, pour seigneurs et autres qui voudront bâtir aux champs*, 1582, in-fo ; *Les Edifices Romains*, recueil de dessins gravés des antiquités de Rome, faits sur les lieux, 1583, in-fo ; *Leçons de Perspective*, 1576. Androuet grava lui-même à l'eau-forte les planches qui accompagnent ces divers ouvrages. || ANDROUET-DUCERCEAU (Baptiste). Fils aîné du précédent, né à Paris vers 1555, m. en 1602, fut l'architecte d'Henri III et d'Henri IV, commença le pont Neuf en 1578, travailla au Louvre et fut chargé de continuer la chapelle de Valois, à Saint-Denis, qui n'a jamais été achevée. || ANDROUET-DUCERCEAU (Jacques). 2e du nom, frère de Baptiste, mort en 1614, fut l'architecte d'Henri IV et de Louis XIII, et acheva, en cette qualité, l'aile septentrionale des Tuileries. || ANDROUET-DUCERCEAU (Jean). M. vers 1648, fut architecte de Louis XIII, reconstruisit le pont aux Changes (1639) et bâtit les hôtels de Bretonvilliers et de Sully, à Paris.

ANDROUSSOVA. Vge de Russie, gouvernement de Smolensk, célèbre par le traité de paix de 1667, entre les Russes et les Polonais.

ANDRY (Nicolas), 1658-1742. Célèbre médecin, né à Lyon, où il commença ses études, qu'il alla terminer à Paris ; étudia d'abord la théologie, devint précepteur du jeune Jean-Baptiste Desmarets, marquis de Maillebois, qui devait être un jour maréchal de France ; abandonna la carrière ecclésiastique en 1690, prit le surnom de Bois-Regard et se mit à étudier la médecine. Reçu docteur à la faculté de Reims en 1693, il vint à Paris où, après s'être remis sur les bancs, il se fit recevoir docteur de la célèbre faculté en 1697, avec le singulier sujet de thèse suivant : *An in morborum curâ, hilaritas in medico, obedientia in œgro?* c.-à-d. : De l'action que peuvent avoir dans la cure des maladies la gaieté du médecin et l'obéissance du malade. En 1712, il occupa une chaire de médecine au Collège de France ; en 1724 nommé doyen de la faculté de Paris, il se fit remarquer par l'énergie avec laquelle il défendit les prérogatives de celle-ci contre les revendications des chirurgiens qu'il abreuva de vexations et dont il s'efforça d'avilir l'art. Aussi a-t-il laissé, malgré son incontestable talent et sa vie laborieuse, la réputation d'un homme intrigant, tracassier, agité sans cesse des plus basses passions. — Il a laissé un grand nombre d'ouvrages, entre autres : *De la génération des vers dans le corps de l'homme*, 1700, in-12 ; 1741, in-12. 2 vol., fig. On lui doit aussi divers écrits de polémique littéraire : *Réflexions*

sur l'usage présent de la langue française, Paris, 1689 ; *Sentiments de Cléarque sur les dialogues d'Eudoxe et Philante*, où il attaque les opinions philosophiques du P. Bouhours. || ANDRY (Ch. Louis-Franç.). Médecin franç., 1741-1829. Il devint médecin de Napoléon Ier. Il se dévoua généreusement au soin des malades pauvres. Méd. en chef des hôpitaux de Paris, l'un des plus zélés propagateurs de la vaccine. Rapporteur de la commission nommée en 1784, au nom du roi pour examiner la question du magnétisme animal, qui ne fut pas ménagé dans cette circonstance. *Matière médicale*, Paris, 1770, 3 vol. in-12 ; *Recherches sur la rage*, 1775, in-8o ; *Sur l'usage de l'aimant en médecine*, 1785, in-8o ; *Sur la Mélancolie*, 1786, in-8o. || ANDRY (Félix). Méd. et littérateur né à Paris, 1808. *Coup-d'œil sur les eaux principales des Pyrénées*, 1840, in-8o ; *Diagnostic des maladies du cœur*, 1843, in-18 ; *Manuel pratique de percussion et d'auscultation*, 1845, in-12 ; *Homœopathie et Allopathie*, 1856, in-8o ; *Un Touriste en Algérie*, 1845, in-8o, sous le pseudonyme de Prosper Viro.

ANDRYANE (Alexandre). Prisonnier célèbre, né en France ; 1797-1862. Quitta le service en 1815, compléta ses études à Genève, s'y fit recevoir franc-maçon, se prit de passion pour la démocratie, la prêcha en France contre les Bourbons, passa en Italie et conspira contre la domination de l'Autriche. Arrêté à Milan en 1823, au moment où, découragé, il allait brûler des pièces compromettantes, il fut condamné à la peine de mort, commuée en détention perpétuelle au Spielberg. Avec lui étaient, pour la même cause et dans la même forteresse, le comte Confaloniéri, Silvio Pellico et Maroncelli. Huit années se passèrent pendant lesquelles de nombreuses démarches pour obtenir son élargissement restèrent sans résultat ; enfin, en 1833, sa grâce arriva sur les instances de la belle-sœur d'Andryane. Il s'établit à Coye (Seine-et-Oise), s'y maria, y fut nommé maire ; plusieurs fois il se présenta vainement à la députation, même après 1848, malgré ses démonstrations républicaines et la protection de Ledru-Rollin. Napoléon III le nomma, en 1859, commissaire général auprès de l'armée franç. en Italie. *Mémoires d'un prisonnier d'Etat* (1838) ; *Souvenirs de Genève*, pour faire suite aux *Mémoires* (1839).

ANDRYES. 1.198 h. Vge de France (Yonne), arr. d'Auxerre, cant. et à 4 k. O. de Coulanges-sur-Yonne, auquel il est relié par une route traversant un coin du dép. de la Nièvre. La pierre d'Andryes, exploitée dans les carrières des Vergeots, est un calcaire dur, gris rougeâtre, très employé pour les constructions parisiennes.

ANDUJAR. 13,900 h. Vle d'Espagne, prov. et à 33 kil. de Jaen (Andalousie), près de la riv. dr. du Guadalquivir, sur le ch. de fer de Madrid-Cordoue-Séville. Centre d'une importante fabrication de faïence et d'*alcarrazas*. Une célèbre ordonnance y fut rendue, en 1823, par le duc d'Angoulême, pour mettre un terme aux dissensions de l'Espagne. Au temps des Romains, elle portait le nom ibère d'*Illiturgis*.

ANDUZE. 4,662 h. Vle de France (Gard), ch.-l. de cant., arr. et à 10 kil. S.-O. d'Alais, en amphithéâtre sur la riv. dr. du Gardon, dans un site pittoresque. Reliée par un embranchement au chemin de fer d'Alais a Quissac. Trib. de commerce. Poteries renommées, huileries, filatures de soie et de cocons, bonneterie, chapellerie. — Anc. *Andusia*, mentionnée sur une inscription de Nîmes, place très forte au moyen âge. Il reste des vieilles fortifications un château à grosses tours, converti en citadelle par Vauban, et les ruines d'un autre château dit de Saint-Julien. — *Cant.* : 8 comm. ; 8,989 h.

ANE. s. m. (du lat. *asinus*, asno, âne ; gr. *onos*.) Bête de somme qui a de longues oreilles. Un âne qui brait. Ane sauvage. Ane domestique. Le bât d'un âne. Aller, monter sur un âne. Transporter à dos d'âne. Charrette traînée par un âne. (Acad.). L'âne résiste également aux mauvais traitements et aux incommodités d'un climat fâcheux. (Buff.) L'âne est, de son naturel, aussi humble, aussi patient, aussi tranquille, que le cheval est fier, ardent, impétueux. (Buff.) On dit que les ânes sont guerriers en Mésopotamie, et que Mervan, vingt-et-unième calife, fut surnommé l'âne, pour sa valeur. (Volt.). L'âne est le cheval du pauvre, comme la chèvre est sa vache. (F. Pillon.) L'âne effrayera les gens, nous servant de trompette. (La Font.) L'âne souffre la faim, un chardon le contente. (Rosset.) A force de malheur, l'âne est intéressant. (Delisle.) || En dos d'âne, en forme de dos d'âne, Se dit en parlant de certaines choses qui sont ou semblent formées de deux parties réunies ensemble de manière à présenter une pente, un talus de chaque côté. La couverture de cette maison, le dessus de ce coffre va en dos d'âne, est en dos d'âne. (Acad.) Les toits se présentent en dos d'âne comme dans un plan à vol d'oiseau. (Th. Gaut.) || Prov. et fig. L'âne du commun est toujours le plus mal bâté, Les affaires d'une communauté, d'une société sont souvent négligées, aucun membre ne voulant prendre la peine de les soigner comme si elles étaient les siennes propres. — A laver la tête d'un âne on perd sa lessive, on perd son savon, C'est perdre ses soins et ses peines que de vouloir instruire et corriger une personne stupide et incorrigible. — On ne saurait faire boire un âne s'il n'a soif, un âne qui n'a pas soif, On ne saurait obliger une personne entêtée à faire ce qu'elle n'a pas envie de faire. — Il cherche son âne et il est dessus, Se dit d'un homme qui cherche ce qu'il a entre les mains. — Pour vous montrer que votre âne n'est qu'une bête, Pour vous faire voir que vous vous trompez. — Pour un point, ou faute d'un point, Martin perdit son âne, Se dit lorsqu'il a manqué peu de chose à quelqu'un pour gagner une partie de jeu, ou pour réussir dans une affaire. Voici comment on explique l'origine de ce proverbe. Un abbé d'Asello, en Italie, nommé Martin, ordonna d'inscrire sur la porte de l'abbaye :

Porta, patens esto. Nulli claudaris honesto.
Porte, reste ouverte. Ne sois fermée à aucun honnête homme.

Le peintre, ignorant le latin, ponctua ainsi :

Porta, patens esto nulli. Claudaris honesto.
Porte, ne reste ouverte pour personne, sois fermée à l'honnête homme.

Cette inscription inconvenante fut signalée au pape, qui enleva le bénéfice à Martin, et le donna a un autre. Celui-ci corrigea la faute et ajouta le vers suivant :

Uno pro puncto, casuit Martinus Asello.
(Pour un point, Martin perdit *Asello*).

Asellus signifie aussi en latin *petit âne*, d'où le proverbe. — C'est le pont aux ânes, C'est une chose si triviale, si commune, que personne ne peut l'ignorer; Cela est si facile, que tout le monde peut y réussir. — Il ressemble à l'âne de Buridan, il hésite entre deux partis; il ne sait lequel prendre. (V. *Buridan.*) — Têtu comme un âne, se dit D'un homme entêté, opiniâtre; Méchant comme un âne rouge, D'un homme fort malicieux: Sérieux comme un âne qu'on étrille, D'un homme qui affecte d'être grave; C'est un âne bâté, D'un homme fort ignorant; C'est un âne débâté, D'un homme trop adonné aux femmes. — Contes de Peau-d'Ane, Par allusion à un vieux conte dont l'héroïne s'appelle *Peau-d'Ane*, Se dit de petits contes inventés pour l'amusement des enfants. Si Peau-d'Ane m'était conté, J'y prendrais un plaisir extrême. (La Font.) — Bonnet d'âne, oreilles d'âne, Cornets de papier imitant à peu près la forme d'une oreille d'âne, qu'on attache des deux côtés de la tête d'un enfant pour le punir d'une faute d'ignorance. Il n'y a qu'un bonnet d'âne à mettre sur la tête d'un savant qui croit savoir bien ce que c'est que la clarté, la cohérence, etc. (Volt.) — Brider son âne par la queue, Faire une chose à rebours ou de travers. — Faire l'âne pour avoir du son, Faire le niais, l'imbécile. pour tromper plus facilement. — Un âne couvert de la peau du lion, Un faux brave. — Nul ne sait mieux que l'âne où le bât le blesse, Celui qui souffre sait mieux que tout autre où est le siège de sa souffrance. — Il y a plus d'un âne à la foire qui s'appelle Martin. Plusieurs personnes peuvent porter le même nom. Il y a tant d'ânes à la foire qui s'appellent Martin! (Volt.) — Les chevaux courent les bénéfices (places, dignités), et les ânes les attrapent, Les grâces ne sont pas toujours distribuées au mérite. || Fig. et fam. Esprit lourd et grossier, homme très ignorant C'est un âne. Il ne sera jamais

qu'un âne. Quel âne! Un gros âne pourvu de mille écus de rente. (Régnier.) Mais, Rapin, à leur goût, si les vieux sont profanes, Si Virgile, le Tasse et Ronsard sont des ânes... (Régnier.) Je laisse braire les ânes sans me mêler de leur musique. (Volt.) Le plus âne des trois n'est pas celui qu'on pense. (La Font.) || Se prend adject. Je n'y suis pas âne, Je m'y connais. Tu n'as pas vu ceci, marquis, ah! Dieu me damne! Je le trouve assez drôle, et je n'y suis pas âne. (Mol.) || Astr. *Anes*, étoiles γ et δ de la constellation du Cancer. || Ichtyol. *Tête-d'Ane*, Un des noms vulgaires du chabot de rivière (*cottus gobio*). || Bot. *Pas d'âne*, Nom vulgaire du tussilage. — *Pas d'âne* a plusieurs autres significations. (V. *Pas*). || Techn. 1º *Ane* est encore le nom d'un étau dont se servent les ouvriers en marqueterie, pour assurer leurs bois ou pierres quand ils les fendent; 2º d'un outil sur lequel les tabletiers évident les dents du peigne; 3º d'un coffre dans lequel les relieurs jettent les rognures de livres. — *Banc d'âne*, banc sur lequel on assujettit les pièces de bois pour les façonner a la plane. || Littér. *L'Ane*, roman de Lucien; l'*Ane d'or*, roman d'Apulée; l'*Ane littéraire*, satire de Lebrun contre Fréron; *Conte de Peau-d'Ane*, conte de Perrault. || Zool. Espèce de mammifères du genre cheval (*equus*), de la famille des équidés, ordre des jumentés ou périssodactyles. Ce dernier terme signifie que le nombre des doigts est impair; l'âne, comme le cheval, n'a a chaque pied qu'un doigt bien développé qui pose sur le sol et qui est protégé par un ongle ou *sabot*. L'âne domestique descend d'une espèce qui vit à l'état sauvage en Abyssinie et dans les déserts de l'Asie occidentale, depuis la Tartarie jusqu'à la Perse et la Syrie. Ces animaux se réunissent en troupes nombreuses qui émigrent aux changements de saison pour se tenir autant que possible dans des contrées chaudes et sèches. On leur donne en Tartarie le nom de *choulan* ou *koulan*; les anciens les appelaient *onagres*, désignation sous laquelle ils confondaient plusieurs espèces de mammifères. Peut-être les ânes sauvages africains ne sont-ils pas de la même espèce que les asiatiques. Ceux d'Asie ont des formes élégantes, les membres fins et souples, les oreilles moins longues et portent haut la tête; la couleur de leur robe est café au lait, plus claire sous le ventre; ils portent sur le dos une double ligne blanche croisée par une autre qui tombe sur le milieu des flancs. Ils sont vifs, rapides, craintifs, farouches et difficiles à dompter. Ceux d'Afrique sont au contraire plus rustiques; leur pelage est moins fin et ils portent la croix noire comme nos variétés domestiques; enfin leurs jambes sont zébrées. Quant à l'*hémione* (V. ce mot), que les anciens appelaient aussi onagre, c'est une espèce différente du précédent, qui habite à l'état sauvage la Turquie d'Asie. — La domestication de l'âne remonte a une époque fort reculée; les livres sacrés des Hindous, les hiéroglyphes des Egyptiens, la Bible ne laissent aucun doute sur la servitude à laquelle l'âne était déjà soumis aux époques éloignées auxquelles ces documents se rapportent. Au temps de Strabon, l'âne n'existait pas dans les pays du Nord, ni sur les bords de la Baltique, ni en Bretagne. Ce n'est donc qu'après cet historien qu'il fut introduit en Gaule, où il paraît être venu d'Italie ou plutôt d'Espagne. Son extension a pris en France un développement considérable; on estime à 400,000 le nombre des ânes existant en France; ils sont surtout nombreux dans les départements de la Dordogne (20,000), des Basses-Pyrénées (15,400), de la Vienne (13,600), de l'Indre (13,600), des Hautes-Pyrénées (12,300), d'Indre-et-Loire (11,400), de l'Eure (9,000), de l'Ariège, du Cher, de l'Yonne et de la Corrèze (8 à 9,000). L'âne paraît n'avoir passé en Angleterre que sous les rois anglo-saxons. Enfin leur importation aux Etats-Unis est toute récente, puisqu'elle est attribuée à Washington. — Les variétés domestiques de l'âne sont nombreuses; on peut citer l'*âne du Thibet* et celui *de Perse* qui présentent avec les espèces sauvages une grande analogie, l'*âne d'Egypte* si recherché et élevé en si grande quantité dans ce pays (le Caire en compte à lui seul 40,000), l'*âne de Sicile* plus petit que celui de France,

le *petit âne de l'Inde*, gros comme un chien de Terre-Neuve. En France, nous avons deux variétés principales, l'*âne du Poitou*, haut de 1m45 à 1m55, à poil long et frisé, et l'*âne de Gascogne*, plus grêle, haut de 1m55 à 1m60, et dont le poil est ras. Nos races domestiques sont toutes plus ou moins dégénérées, ce qui tient sans doute à l'humidité de notre pays qui convient mal à des animaux originaires des climats secs et chauds, en outre aux mauvais traitements dont on les accable et aux soins insuffisants que l'on apporte à leur reproduction et à leur élevage. — L'âne possède cependant un ensemble de qualités qui devraient lui mériter plus de soin de la part des éleveurs. Il rend de très grands services aux cultivateurs; on peut l'appeler le cheval du pauvre. Il s'emploie aussi bien à porter des fardeaux que comme animal de trait; son pied est sûr, sa marche légère et sa course rapide; on le dresse assez facilement a l'allure de l'*amble*. Il a l'ouïe fine, ce que devait faire présumer la présence de ses énormes cornets accoustiques qu'il tient ordinairement couchés et non dressés comme les oreilles du cheval; la finesse de son odorat est fort remarquable; par contre, sa voix, appelée *braiement*, est des moins harmonieuses. Il est d'une grande sobriété et se contente du plus maigre fourrage; les chardons sont pour lui un régal. Il n'est difficile que pour l'eau, qu'il lui faut claire et fraîche. Il est naturellement propre et évite soigneusement de poser ses pieds dans la boue et les ornières; s'il se roule, c'est afin de remplacer l'étrille qui ne passe pas assez souvent sur son dos pour le débarrasser des malpropretés qui s'y déposent et lui causent des démangeaisons. Mais à côté de ces qualités, il a un défaut capital, il est têtu et souvent ne cède qu'au bâton. — La femelle de l'âne ou *ânesse* porte douze mois et met bas un, rarement deux petits. L'*ânon* tette pendant huit mois; on peut le sevrer à cinq ou six. A deux ans, il a atteint tout son développement; à trois ans, il possède toute sa force. La durée normale de la vie de l'âne est de 35 à 40 ans, mais en domesticité elle ne dépasse guère 12 ou 15. On peut reconnaître son âge jusqu'à une certaine époque du moins, à l'usure de ses dents qui marquent comme celles du cheval. Le croisement de l'âne et de la jument donne le *mulet*; et l'on appelle *baudet* les ânes dont la race est la plus recherchée pour cette opération. Le croisement de l'ânesse et du cheval produit le *bardot* ou *bardeau* qui n'est en quelque sorte qu'un produit accidentel. — Outre l'utilité de l'âne comme bête de somme, il en existe plusieurs autres. Son lait, dont la composition se rapproche sensiblement de celui de la femme, est très estimé; c'est un excellent aliment analeptique pour les personnes affaiblies; mais il a toujours l'inconvénient d'être fort cher (4 à 5 fr. le litre, à Paris), l'ânesse n'en donnant que 2 ou 3 litres par jour. La chair de l'âne est bonne, bien qu'on en fasse peu usage, si ce n'est en temps de siège ou de disette; cependant on l'emploie assez souvent pour faire des saucissons. Enfin la peau de l'âne fournit un cuir estimé employé à faire des cribles, des tamis, des peaux de tambour et du gros parchemin. En Orient on en fait la peau de chagrin ou sagri.

ANÉANTIR. v. a. (de *à* et *néant*; — Anc. franç. *anientir* et *anienter*). Réduire au néant. Dieu seul peut anéantir les êtres qu'il a créés. (Acad.) — Absol. L'homme ne peut pas plus créer qu'anéantir. (De Bonald.) || Par exagér. Détruire entièrement, en parlant des choses physiques et morales. Anéantir un empire, un peuple, une coutume. Ce revers anéantit sa fortune et ses espérances. Ainsi donc un perfide, après tant de miracles, Pourrait anéantir la foi de tes oracles! (Rac.) Son impiété Voudrait anéantir le Dieu qu'il a quitté. (Rac.) || Fig. Excéder de fatigue; jeter dans l'abattement. Ce travail m'a anéanti. Cette nouvelle est propre à l'anéantir. J'ai vu des femmes que la crainte de la douleur anéantissait. (Buff.) || S'ANÉANTIR. v. pr. Se dissiper, devenir à rien. Son empire, ses biens, ses honneurs se sont anéantis. Les ambitions, les espérances se sont anéanties. A la voix de Dieu, le monde s'anéantira. Cette objection s'anéantit d'elle-même. || En t. de dévotion. S'humilier, s'abaisser devant Dieu par la connaissance qu'on a de son néant. Les saints s'anéantissent continuellement en la présence de Dieu. (Nicole.) Le sanctuaire devant lequel les princes s'anéantissent. (Mass.) Il s'est anéanti lui-même jusqu'à prendre la forme d'esclave. (Boss.) || ANÉANTI, IE. p. pas. La mort les mettra dans l'horrible nécessité ou d'être éternellement anéantis, ou malheureux. (Pasc.) Certes, la religion chrétienne est loin d'être anéantie de nos jours, comme quelques-uns l'ont prétendu. (Villem.) Leurs yeux anéantis ne s'ouvraient plus qu'à peine. (A. Chén.) Ame anéantie devant Dieu, Ame qui s'humilie profondément. — Signifie encore Confondu, stupéfait, Il est de ces instants où l'âme anéantie, D'un sinistre avenir paraît être avertie. (A. Chén.) || Syn. *Anéantir, abolir, détruire, exterminer.* (V. *Abolir.*) || Anéantir, Annihiler. Réduire à néant, à rien ; détruire totalement. Le premier est un mot de la langue commune et convient à tous les styles ; le second, terme didactique, ne s'emploie qu'en métaphysique et en jurisprudence.

ANÉANTISSEMENT. s. m. Réduction au néant. L'anéantissement des créatures dépend de Dieu seul. (Acad.) || Par ext. Ruine, abaissement, renversement, en parlant de diverses choses. L'anéantissement de la fortune, d'un empire, d'une famille, de l'autorité, d'une coutume, des privilèges, des espérances. Un peuple qui dépérit tous les jours, et qui tend à son anéantissement. (Montesq.) || Fig. Etat de faiblesse, privation des forces physiques et des facultés morales. L'anéantissement du malade est alarmant. Ne cherche point a me tirer de l'anéantissement dans lequel je suis tombé. (J.-J. Rouss.) || En t. de dévotion. Humilité, état d'abaissement devant Dieu. Porter l'humilité jusqu'à l'anéantissement de soi-même. S. Paul parlant des anéantissements du Fils de Dieu dans l'incarnation. (Bourd.)

ANEAU (Barthélemy) ou *Anulus.* Poète français, né à Bourges vers 1500, m. en 1561, fut professeur à Lyon, au collège de la Trinité, dont il devint directeur, et fut tué dans une émeute par le peuple qui l'accusait de protestantisme (1561) ; a laissé des poésies françaises et latines. Il était intimement lié avec Clément Marot. Il a écrit en français, en latin et même en grec ; c'était plutôt un humaniste qu'un véritable poète. Ses principaux ouvrages sont : *Chant natal, contenant sept Noëls, ung chant pastoural et ung chant royal, avec ung Mystère de la Nativité, par personnages,* Lyon, 1539, in-4o ; *Lyon marchant, satyre françoise sur la comparaison de Rouen.* Lyon, Orléans, etc., Lyon, 1542, in-16 ; *Picta poesis,* Lyon, 1552, in-16, suite de commentaires, en vers grecs et latins, de figures mythologiques et d'emblèmes, dont les dessins, gravés sur bois, accompagnent le texte. Ce curieux recueil fut traduit en vers français par l'auteur lui-même sous ce titre : *Imagination poétique des Latins et Grecs,* Lyon, 1552, in-16 ; *Alector ou le Coq, histoire fabuleuse en prose française, tirée d'un fragment grec,* fort recherché à cause de sa singularité, Lyon, 1560, in-8o ; les *Emblèmes d'André Alciat,* traduits vers pour vers, 1549, in-8o ; la *République d'Utopie,* traduite du latin de Th. Morus, 1559, in-16. || ANEAU (Lambert d'). V. *Danæu.*

ANÈBE. adj. 2 g. (du gr. *an,* priv., et *hébé,* jeunesse). Impubère.

ANÉBO. V. *Anubis.*

ANECDOTE. s. f. (a-nck-do-t' ; — gr. *anekdôton ; de an,* priv., *ek,* indiquant extension, et *dôtos,* donné, *ineditum,* inédit). D'après le sens étymologique, le mot *anecdote* a été employé comme titre de recueils historiques publiés pour la première fois. Tels sont les *Anecdota græca* de Muratori, de Becker, le *Thesaurus anecdotorum* de Martene. Mais d'ordinaire, Anecdote désigne une particularité historique, un trait de mœurs ou de caractères, un détail secondaire de l'action Anecdote curieuse, scandaleuse. Raconter une anecdote, recueillir des anecdotes. C'est un colporteur d'anecdotes. J'ai semé mon ouvrage d'anecdotes dont plusieurs me sont personnelles. (Brillat-Savarin.) || S'est employé adject. L'histoire anecdote de Procope. On dit auj. *Anecdotique.*

ANECDOTIER. s. m. Celui qui a l'habitude de recueillir et de raconter des anecdotes, et souvent des anecdotes fausses. Fam. Il est l'anecdotier du scandale. (Walckenaer.) Dès le

commencement du repas, il était bruyant, conteur, anecdotier. (Bril.-Sav.)

ANECDOTIQUE. adj. 2 g. Qui a rapport aux anecdotes, qui tient de l'anecdote, qui en contient. Fait, histoire, trait anecdotique. Pièce anecdotique, Pièce de théâtre dont une anecdote a fourni le sujet. — Par ext. Il semble qu'on n'avait jamais ainsi raconté l'histoire anecdotique de l'âme, en surprenant ses plus vagues désirs, ses plus furtives émotions. (Villemain.) || En parlant des personnes, Qui sait, qui raconte des anecdotes. Monsieur Beugnot, esprit érudit, anecdotique et répandu. (Lamartine.) || Littér. *Genre anecdotique.* L'historien ne doit ni prodiguer l'anecdote ni la négliger. Il y a certaines anecdotes qui éclairent d'un jour très vif les mœurs et les institutions du passé. C'est par la profusion des détails anecdotiques que la chronique diffère surtout de l'histoire. Parmi les historiens qui ont abusé du genre anecdotique, il faut citer Suétone, que Voltaire appelait un anecdotier très suspect. La profusion des anecdotes n'est pas considérée comme un abus chez l'écrivain qui n'affiche pas de prétentions à l'histoire. Elle ne choque pas par exemple dans Tallemand des Réaux, dont Sainte-Beuve a dit qu'il était né anecdotier, comme La Fontaine était né fablier. || Beaux-Arts. On entend par la des compositions retraçant des sujets historiques d'une importance secondaire, des épisodes de la vie des personnages célèbres, des anecdotes plus ou moins authentiques. Il tient le milieu entre l'histoire et le genre proprement dit. Tels sont les tableaux de Paul Delaroche : *Henri IV jouant avec ses enfants, surpris par l'ambassadeur d'Espagne* et *La mort de Léonard de Vinci.*

ANECTASIE. s. f. (du gr. *an,* priv., et *ektasis,* extension). Méd. Défaut d'extension normale d'un organe.

ÂNÉE. s. f. La charge d'un âne. || Ancienne mesure de grains en usage dans certaines provinces, comme le Lyonnais, où il valait six bichets du poids de cinquante livres. || C'était aussi en gén. Une mesure de capacité et même de superficie. Guillaume avait contraint ledit Renel de composer à lui à xx ânées de vin. (xive s., Du Cange.) On mesure la terre par portions, arpents, ânées, journaux, sesterées, acres, couples de bœuf. (O. de Serres.) En autres quartiers de ce royaume, l'on parle, pour les mesures de blés, par ânées, bichets, sacs, raz et autrement. (Id.)

ANEGADA. En espagnol *la Noyée.* La plus septentr. des îles Vierges (Petites-Antilles) ; 16 kil. sur 7., île est en partie submergée dans les grandes marées. Grande production de sel. Appartient à l'Angleterre.

ANEÏMADI ou **ANAMOUDI.** Pic le plus élevé de l'Inde au S. du Gange (2,693 m.), dans l'Anamalah.

ANEL. s. m. Vieux mot Syn *d'anneau.* || S'emploie encore pour désigner l'anneau de fer qui maintient rapprochées les deux branches d'une tenaille, et épargne la peine de les serrer constamment quand elles ont saisi un objet.

ANEL (Dominique). Né à Toulouse, 1679, m. en 1730. Chirurgien des armées de Louis XIV et plus tard de l'empereur d'Allemagne Charles VI. Inventa, pour le traitement de la fistule lacrymale, un précieux instrument bien connu sous le nom de *seringue d'Anel.* Un autre titre de gloire se rattache à la cure de l'anévrisme pour laquelle il inventa une nouvelle méthode qui consiste à lier l'artère au-dessus du sac anévrismal, sans ouvrir celui-ci. Il laissa un certain nombre de bons écrits.

ANELAR ou **ANHELAR. s. m.** L'étoile *alpha* des Gémeaux.

ANELASMA. s. m. Zool. G. de crustacés de l'ordre des cirripèdes, tribu des pédonculés, fam. des lépadides. Ce sont des animaux parasites des squales, dans la peau desquels ils envoient des prolongements, des espèces de racines qui partent d'une tige ou court pédoncule qui supporte le corps de l'animal. La vie parasitaire a singulièrement modifié en eux la forme typique des crustacés ; ils sont revêtus d'un manteau coriace, dont les deux bords peuvent s'écarter, et qui est dépourvu de pièces calcaires. Les organes de la bouche et les pieds sont fort rudimentaires.

ANÉLECTRIQUE. adj. 2 g. (de *an,* priv. et

électrique). Phys. Nom donné aux corps qu'on ne peut électriser par le frottement, parce que l'électricité se perd au fur et à mesure de sa production. (V. *Conducteurs, corps.*) Ce mot a été créé à la suite des expériences d'électricité faites par Gilbert, médecin de la reine Élisabeth, lequel avait classé les corps en deux groupes, les *idio-électriques* qui développent de l'électricité quand on les frotte avec une peau de chat (ambre, verre, résine, soufre, etc.) et les *anélectriques* qui, traités de la même façon, sont considérés comme n'en produisant pas, comme les métaux, parce qu'ils la perdent au moment même qu'elle se produit.

ANELLI (Angelo). Poète italien, né à Desenzano en 1761, m. en 1820. Professeur de littérature à vingt ans, administrateur, avocat reçu à Padoue, s'engagea dans l'artillerie française, devint à Vérone secrétaire d'Augereau. Emprisonné par les Austro-Russes (1799), puis relâché. Professeur d'éloquence et d'histoire à Brescia, d'éloquence judiciaire à Milan, puis de procédure, 1817. On a de lui : *Ode et elegiæ,* Vérone, 1788, in-8o ; l'*Argura, novella morale in ottava rima,* Venise, 1793, in-8o ; *Le Cronache di Pindo,* Milan, 1818, in-8o.

ANEMAS (les). Quatre frères qui, sous le règne d'Alexis Comnène, en 1111, formèrent une conjuration dans laquelle s'engagèrent les premiers de la noblesse, entre autres Jean Salomon. Celui-ci fut arrêté par ordre d'Alexis, qui avait été averti secrètement, et déclara tous ses complices par crainte des supplices. Les Anemas furent condamnés à avoir la tête rasée, la barbe arrachée, à être promenés en cet état dans Constantinople et à avoir ensuite les yeux crevés. Lorsqu'ils passèrent devant le palais, l'impératrice et sa fille, Anne Comnène, coururent implorer leur pardon auprès d'Alexis, et leur peine fut commuée en prison perpétuelle. La tour où ils furent enfermés a depuis porté leur nom.

ANÉMASIE ou **ANÉMASE. s. f.** (du gr. *an,* priv., et *aima,* sang) ; Défaut de sang ; maladie qui se développe chez les mineurs, et qui paraît due aux mauvaises conditions hygiéniques dans lesquelles vivent ces ouvriers et aux exhalations de gaz carbonique et d'hydrogène sulfuré qui se produisent dans certaines mines (Schemnitz, Auzin). (V. *Anémie.*)

ANÉMIE. s. f. (du gr. *an,* priv., et *aima,* sang.) Méd. Etat morbide caractérisé par le défaut de sang, soit que la masse même du sang soit insuffisante, soit qu'il y ait seulement diminution du nombre des globules. — L'anémie est *générale* quand l'appauvrissement du sang ou son insuffisance se font sentir également dans toutes les parties de l'organisme ; elle est *locale,* lorsque le sang n'arrive pas en suffisante quantité, à une région circonscrite. L'anémie locale, appelée encore *ischémie,* peut avoir pour cause l'obstruction plus ou moins complète des vaisseaux artériels chargés de conduire le sang à un organe, ou la faiblesse d'impulsion du cœur, ou l'existence de rétrécissements de ses orifices valvulaires qui mettent obstacle à une vigoureuse projection du sang dans les vaisseaux artériels, ou encore la dérivation rapide du sang vers certains organes, comme cela se voit, par exemple, quand on passe brusquement de la position horizontale à la verticale, ce qui, chez certaines personnes suffit à déterminer une anémie cérébrale accompagnée d'une syncope ou au moins d'un malaise momentané ; enfin elle peut dépendre du refus des capillaires d'un organe déterminé, a se laisser pénétrer par le sang, comme cela arrive, par exemple, sous l'influence d'une compression artificielle ou pathologique, du froid, ou bien d'une contraction spasmodique de ces petits vaisseaux, ceux du cerveau en particulier, sous l'influence de certaines émotions. Cette anémie locale a pour effet d'abaisser la température de l'organe atteint, d'en modifier la sensibilité, d'en diminuer l'activité et d'amener, selon que l'anémie siège au cerveau, au poumon ou dans une glande, la syncope, l'asphyxie ou la suppression de la sécrétion glandulaire. Les suites de l'anémie locale sont fort graves si l'accident se prolonge ; elles consistent en dégénérescence graisseuse, ramollissement, gangrène ; si elle est seulement incomplète, elle amène l'atrophie de l'organe atteint. — La gravité de l'anémie locale varie avec l'importance de l'organe malade, le degré auquel elle arrive et la nature de la cause qui l'a produite. — Le traitement consiste à supprimer, s'il est possible, la cause de l'anémie ; ainsi l'enlèvement d'un bandage trop serré suffit à faire disparaître ou à prévenir les accidents, tels que la gangrène du membre anémié. Parfois, il faut ne ramener le cours du sang qu'avec précautions, par exemple dans l'anémie de certains organes(mains,pieds,figure)causée par le froid; en réchauffant brusquement ces parties,on s'expose à de nouveaux accidents déterminés par une trop vive congestion réactionnelle. Un changement de position suffit dans certains cas pour rétablir le cours normal du sang et faire cesser les accidents ; tel est le cas de l'anémie cérébrale de cause spasmodique ; en mettant dans la position horizontale les personnes tombées en syncope, l'accident disparaît presque aussitôt. L'anémie de certains autres organes superficiels ou profonds se trouvera bien des frictions, des applications excitantes, et surtout des douches. — L'anémie *générale* peut être *primitive, idiopathique,* ou bien être *secondaire, consécutive* à une autre affection ; ce dernier cas est le plus commun. L'anémie se rencontre chez un très grand nombre d'enfants du premier âge nourris d'une façon insuffisante, chez une foule de jeunes filles à l'époque de la puberté et plus tard, chez les vieillards enfin où elle est souvent la cause d'accidents cérébraux que l'on a l'habitude de rapporter à la congestion. Tous les âges de la vie sont donc sujets à cette affection. Elle est plus fréquente chez les femmes ; un tempérament délicat, nerveux, lymphatique y prédispose ; l'hérédité joue un rôle incontestable dans le développement de cette affection ; l'influence d'une alimentation insuffisante en quantité ou en qualité nutritive, un travail exagéré, trop sédentaire, ou au contraire le défaut d'exercice, les veilles laborieuses, les fatigues intellectuelles, les excès de toutes sortes, sont autant de causes d'anémie. Il faut citer encore certaines conditions de milieu, telles que les logements insalubres de beaucoup d'ouvriers des villes, dans lesquels des familles nombreuses vivent entassées dans un air confiné ; les métiers qui obligent les gens à vivre dans des espaces surchauffés, tels que ceux de cuisinier, de chauffeur, de machiniste, ou bien dans des lieux humides et sombres comme cela a lieu pour les mineurs ; on a même donné un nom spécial à l'anémie de ces derniers, celui d'*anémasie,* affection qui dépend aussi en partie, croit-on, des émanations gazeuses des mines. Il faut ajouter enfin les différents empoisonnements qui n'amènent pas la mort rapide, tels que ceux par le plomb, le mercure, l'arsenic, les miasmes paludéens, les maladies chroniques et les maladies aiguës dont la convalescence est parfois si longue en raison même de l'anémie qu'elles déterminent. — Les symptômes de l'anémie sont la pâleur de la face, des lèvres, des conjonctives, ce qui n'empêche pas qu'à la moindre émotion le sang afflue rapidement à la peau et la colore vivement ; l'impossibilité de soutenir un effort, de courir sans être aussitôt essoufflé ; des névralgies diverses, des éblouissements, des vertiges qui se produisent quand on se redresse brusquement après s'être courbé un moment vers le sol ; la fatigue causée simplement par le bruit, la lumière ; des troubles de la vue, des mouches volantes, etc. ; des palpitations de cœur que la moindre fatigue, la moindre émotion suffit à produire ; un léger bruit de souffle à la base du cœur à la suite du premier temps ; le pouls est petit, d'autres fois large, mais très dépressible ; des bruits particuliers dans les vaisseaux, à l'auscultation (chant des artères) ; le nombre des globules du sang paraît presque toujours notablement diminué ; il en est de même, par conséquent, de fer, lequel fait partie intégrante de ces globules. L'appétit est souvent conservé, mais, dans bien des cas, il diminue et est remplacé par un dégoût insurmontable pour les aliments ; en même temps la gastralgie et la dyspepsie sont très fréquentes. D'ailleurs, la physionomie de l'affection dont il est question est loin d'être toujours la même. Ainsi parmi les anémiques, les uns se font remar-

quer par une sorte d'épuisement, de dépression, qui ne laisse ni à leur esprit ni à leur corps l'énergie suffisante pour accomplir le moindre travail. D'autres, ce sont surtout ceux qui ont éprouvé des hémorrhagies abondantes et répétées, comme cela se rencontre trop souvent chez la femme, sont d'une impressionnabilité dont rien n'approche ; la tête leur semble remplie de bruits, de sifflements étranges, et ils sont toujours sur le point de s'évanouir. D'autres enfin, montrent les apparences de la santé ; la peau est colorée, le pouls large ; il y a en même temps des vertiges, de la pesanteur de tête, comme s'il y avait pléthore ; mais le pouls n'est pas plein et dur comme dans ce dernier état. — La durée de l'anémie est très variable suivant les cas ; ainsi elle peut causer une mort rapide lorsqu'elle résulte d'abondantes hémorrhagies ; mais c'est, en général, une affection à marche lente, qui peut se prolonger pendant longtemps avec son cortège de symptômes pénibles. — Parmi les différentes sortes d'anémie, les unes guérissent pour ainsi dire d'elles-mêmes ; par exemple, celles qui résultent d'une hémorrhagie ou de mauvaises conditions hygiéniques disparaissent avec les causes qui les ont engendrées. Le régime a toujours la plus grande importance ; il doit être tonique, formé surtout de viandes noires rôties et de vieux vin ; la vie dans un air pur, celui de la *campagne* ou des bords de la mer, un exercice modéré, la gymnastique, sont d'excellents adjuvants du traitement. Quant aux agents médicaux, ils comprennent tout d'abord le fer, qui a pour résultat la formation d'un nombre plus considérable de globules rouges ; il doit être donné à très faible dose, de façon a ne pas fatiguer les fonctions digestives. Le sel marin qui, pris à haute dose avec les aliments, augmente l'absorption et porte à engraisser, se recommande dans l'anémie. Le quinquina et les autres toniques amers rendent aussi les plus grands services dans tous les genres d'anémie. Nombre d'eaux minérales sont conseillées avec raison aux anémiques. Quant a l'hydrothérapie, ses effets, en pareilles circonstances, donnent des résultats des plus frappants. Les douches en jet d'une vigueur proportionnée à la force de résistance des malades, ou bien des lotions, le drap mouillé pour celles qui sont plus affaiblies, produisent les meilleurs effets. — Enfin, une dernière ressource qui a donné plusieurs beaux succès consiste dans la transfusion du sang, mais elle n'a guère de chance d'être efficace que dans les anémies suites de graves hémorrhagies. || ANÉMIE. s. f. Bot. G. de fougères, fam. des schizæacées, voisin des osmondes, originaire de l'Amérique tropicale et surtout du Brésil ; se cultive en serres. Quelques auteurs écrivent *Anémie.*

ANÉMIQUE. adj. 2 g. Qui est atteint d'anémie ; qui appartient à l'anémie. Enfant anémique. Affection, constitution anémique.

ANÉMOCÈTES. s. m. pl. (du gr. *anemokoïtaï,* de *anémos,* vent, et *koïtazô,* mettre au lit). Antiq. gr. Magiciens qui apaisaient les vents par leurs enchantements.

ANÉMOCHORDE ou **ANÉMOCORDE.** s. m. (du gr. *anémos,* vent, et *khordé,* boyau). Sorte de clavecin dont les cordes étaient mises en mouvement par un courant d'air ; cet instrument fut inventé par Schnell, en 1789. mais le secret de sa construction n'a pas été divulgué. Il paraît qu'il jouissait particulièrement de la propriété de produire le *crescendo* et le *decrescendo.*

ANÉMOCYMÈTRE. s. m. (du gr. *anémos,* vent ; *okus,* rapide, et *métron,* mesure.) Syn. d'*anémomètre.*

ANÉMOGRAPHE. s. m. (du gr. *anémos,* vent, et *graphein,* écrire). Anémoscope auquel on a joint un appareil enregistreur qui permet de suivre les changements de direction du vent pendant une journée, et d'en conserver la trace.

ANÉMOGRAPHIE. s. f. Description des vents.

ANÉMOGRAPHIQUE. adj. Qui concerne l'anémographie.

ANÉMOMÈTRE. s. m. (du gr. *anémos,* vent, et *métron,* mesure) Météor. Instrument destiné à mesurer la vitesse du vent. On peut également l'utiliser pour mesurer la vitesse d'un courant de gaz quelconque. Il se com-

pose essentiellement de quatre ailettes très légères montées sur un axe horizontal et orientées de telle sorte qu'un courant d'air dirigé dans le sens même de l'axe les mette en mouvement. L'arbre qui porte les ailettes est muni d'une vis sans fin qui engrène avec un compteur de tours. Un petit débrayage permet d'arrêter ou de mettre en mouvement, à un instant précis, le compteur de tours. On ne devra jamais commencer une expérience avant que le moulinet portant les ailettes ait pris un mouvement bien régulier, car les indications de l'appareil n'auraient plus aucune signification. La vitesse du vent se calcule au moyen de la formule : $v = a + b \frac{n}{s}$ dans laquelle *v* représente la vitesse cherchée, *a* un coefficient numérique qui tient compte de *l'inertie de la masse en mouvement, b* un autre coefficient numérique tenant compte des frottements, *n* le nombre de tours du moulinet et *s* la durée de l'expérience en secondes. Les coefficients *a* et *b* qui varient avec chaque appareil doivent être déterminés avec le plus grand soin au moyen de plusieurs expériences préliminaires.

ANÉMOMÉTRIE. s. f. Mesure de la vitesse des vents

ANÉMOMÉTRIQUE. adj. Qui concerne l'anémométrie.

ANÉMOMÉTROGRAPHE. s. m. (du gr. *anémos,* vent, *métron,* mesure, et *graphein,* écrire). Appareil qui enregistre à chaque instant la vitesse du vent. Les premiers instruments construits dans ce but, transmettaient leurs indications à l'enregistreur au moyen d'un mécanisme qui retirait beaucoup de sensibilité. Aujourd'hui on se sert de l'électricité comme agent de transmission, ce qui les rend beaucoup plus exacts. On munit ces appareils d'un appendice en forme d'ailette placé dans un plan vertical de manière qu'ils s'orientent d'eux-mêmes ; on peut encore les disposer de manière qu'ils enregistrent, en même temps que la vitesse, la direction du vent.

ANÉMONE. s. f. (gr. *anémônê*). Bot. G. de renonculacées, tribu des renonculées, caractérisé par : fleurs régulières, le plus souvent hermaphrodites, avec périanthe composé de 5 pétales en quinconce, ou de 6 pétales en deux verticilles alternes (il peut y en avoir davantage par suite de la transformation des étamines en pétales) ; étamines en nombre indéfini, avec anthères basi-fixes, biloculaires, à déhiscence longitudinale ; ovaires nombreux renfermant chacun 5 ovules, dont un seul se développe. Les fruits sont des achaines souvent surmontées d'aigrettes plumeuses. Les anémones sont des herbes vivaces dont la tige souterraine ramifiée porte le nom de *pattes;* les feuilles sont alternes, lobées ou découpées, avec le pétiole élargi à la base. Elles sont solitaires ou réunies plusieurs ensemble dans un même involucre assez éloigné des fleurs. Les anémones se rencontrent dans les régions tempérées ou froides et plutôt dans l'hémisphère boréal, aussi bien en Amérique que dans l'ancien monde. Beaucoup croissent dans les lieux incultes, battus par le vent, d'où leur vient leur nom, dans les pâturages, où les bestiaux les évitent, car elles sont vénéneuses pour eux comme pour l'homme ; la chèvre seule s'en accommode. Mais par la dessication le principe vénéneux qui est volatil s'évapore, et mêlées au foin elles n'offrent plus de danger. — Le professeur Baillon divise le genre *Anémone* en plusieurs sections, qui jadis formaient pour la plupart autant de genres dont l'ensemble constituait la tribu des anémonées. En voici l'énumération : *euanémone, hépatique, pulsatille, adonis, knowltonie, consligo.* — Toutes les anémones sont de jolies fleurs d'ornement. Voici les principales : *l'a. pulsatille (coquelourde, coquerelle, fleur de Pâques, herbe au vent, vent aux dames,* etc.), qui croît sur les coteaux secs et les bois sablonneux. La fleur solitaire, penchée, campanulée, est bleu violet ou lilas ou rose, fleurit d'avril à juin ; *l'a. des prés,* souvent confondue avec la précédente sous le nom de pulsatille, ainsi que *l'a de montagne, l'a. printanière, l'a. des Alpes,* etc. qui toutes sont également cultivées dans les jardins ; *l'a des bois* ou *sylvie,* petite herbe a fleurs solitaires, penchées, de couleur blancharosée ou lilas à l'extérieur, hab. les bois et les collines : fleurit en mars et avril. Les anciens l'appelaient *herbe sanguinaire*, parce qu'elle cause des hémorrhagies aux animaux qui en mangent. Dans les régions montagneuses on trouve les *a. fausse renoncule* ou *sylvie jaune*, *sauvage*, *trifoliée*, *apennine*, etc. Une espèce, l'*a. œil de paon*, est si commune aux environs de Nice, Cannes, que les agriculteurs ont beaucoup de peine à l'extirper de leurs champs. L'*a. hépatique* ou *à trois lobes*, charmante plante à fleurs blanches, roses ou bleues, à feuilles trilobées est très usitée pour faire des bordures dans nos jardins, elle fleurit en février et en mars. || Méd. Toutes les anémones ont des propriétés âcres, irritantes et vésicantes dues à un principe vénéneux l'*anémonine*. Deux espèces ont été employées en médecine, l'*anémone des prés* ou *pulsatille noire* et l'*anémone pulsatille* ou *coquelourde*. La première a été la plus employée et la moins étudiée dans ses effets. C'est un des médicaments les plus en honneur dans la médecine homœopathique, sous le nom de *pulsatilla* ; mais si l'on n'est pas tenu à croire à la vertu de ce médicament en 30e dilution, c.-à-d. mélangé à un volume d'eau qui pour un gramme de substance active serait plus considérable que le globe terrestre, on ne peut se refuser à reconnaître son efficacité à la dose raisonnable. *Les préparations doivent être faites avec la plante fraîche, car le principe actif est volatil et disparaît sur la plante desséchée.* Les parties de la plante pilées et appliquées sur la peau y font l'effet d'un vésicatoire ; une petite quantité prise à l'intérieur produit des diarrhées et des vomissements ; à une certaine dose, la mort s'ensuivrait. Elle semble avoir été employée avec un remarquable succès dans plusieurs cas d'amaurose, affection contre laquelle nous avons si peu de remèdes efficaces, et aussi dans quelques cas de paralysie des membres. Des cas de syphilis rebelles à tout traitement paraissent avoir été notablement améliorés par les préparations de pulsatille. On a aussi signalé ses bons effets dans la coqueluche. Enfin les taches de son ou éphélides qui déparent si souvent la beauté des femmes blondes peuvent disparaître au moyen de lotions faites avec cette plante. — La coquelourde paraît avoir des propriétés à peu près analogues à l'espèce précédente ; dans certains endroits les paysans l'emploient pour guérir les blessures faites aux chevaux par les harnais. — En présence d'un empoisonnement par les anémones, il faudrait se hâter de faire vomir le malade, puis combattre les symptômes subséquents. Les principales préparations faites avec la pulsatille sont l'eau distillée de pulsatille (c'est elle qu'on emploie contre les taches de rousseur), l'alcoolature et l'extrait aqueux. C'est l'extrait aqueux que l'on a le plus employé contre l'amaurose.

ANÉMONÉES. s. f. pl. Bot. Tribu de la fam. des renonculacées dont les principaux genres sont : le *thalictrum*, l'*anémone*, l'*hépatique* et l'*adonis*, lesquels, d'après les travaux de M. Baillon, ne doivent être considérés que comme autant de simples sections du genre anémone.

ANÉMONINE. s. f. Chim. C¹⁵H¹²O⁶. Substance blanche, volatile, cristallisable, neutre, peu soluble, découverte dans l'*anémone pulsatille*, c'est le principe vénéneux de cette plante.

ANÉMONIQUE. adj. 2 g. Chim. Acide anémonique, Acide extrait des feuilles d'anémone.

ANÉMOSCOPE. s. m. (du gr. *anémos*, vent, et *skopein*, examiner). Météor. Instrument qui sert à donner la direction du vent. Les plus simples de ces appareils sont les girouettes. Afin de les rendre plus sensibles et plus faciles à observer on a modifié leur construction, et dans certains cas on y a joint un appareil enregistreur qui fournit des indications sur les variations de la direction du vent pendant une période déterminée.

ANÉMOTROPE. s. m. (du gr *anémos*, vent, et *trépein*, tourner). Nom générique des moteurs qui empruntent leur puissance au vent ; on désigne plus spécialement sous ce nom un moulin à vent destiné au broyage du cacao.

ANÉMOUR. V. *Eski-Anémour.*

ANENCÉPHALE. adj. 2 g. Qui n'a pas de cerveau ni de moelle épinière.

ANENCÉPHALIE. s. f. (du gr. *an* priv. et *egkephalos*, cerveau). Térat. Monstruosité qui consiste en l'absence de l'encéphale.

ANENCÉPHALIENS. s. m. pl. Térat. Classe de monstres que caractérise l'absence complète d'encéphale. Dans la classification d'Isidore Geoffroy Saint-Hilaire, ils terminent la troisième tribu des monstres unitaires autosites. Ils forment deux genres : dans le 1er, pas d'encéphale, pas de moelle épinière dans la région cervicale seulement ; crâne et canal vertébral largement ouverts : *dérencéphales* (*deré*, col, *enkephalos*, cerveau) ; dans le second, ni encéphale ni moelle épinière, crâne et canal vertébral largement ouverts : *anencéphales*. — La vie est incompatible avec une semblable monstruosité ; cependant, plusieurs de ces misérables créatures, qui par un triste privilège ne se rencontrent guère que dans l'espèce humaine, ont vécu de quelques heures à trois jours. C'est l'apparition de semblables êtres qui a donné naissance à la légende de prétendus animaux nés de l'espèce humaine. — De vives frayeurs survenues *pendant la grossesse* semblent avoir été plusieurs fois la cause de ces monstruosités.

ANENCÉPHALIQUE. adj. 2 g. qui se rapporte à l'anencéphalie.

ANENCÉPHALOHÉMIE. s. f. (du gr. *an*, priv., *egkephalos*, cerveau, et *aima*, sang). Suspension de l'afflux du sang vers le cerveau, syncope.

ANENCÉPHALONEURIE. s. f. (du gr. *an*, priv., *egkephalos*, cerveau, et *neuron*, nerf). Suppression de l'action nerveuse du cerveau.

ANENCÉPHALOTROPHIE. s. f. (du gr. *an*, priv., *egkephalos*, cerveau, et *trophé*, nourriture). Diminution dans le volume du cerveau.

ANENTÉRÉS. s. m. (du gr. *an* priv., et *entéron*, intestin). Une des divisions établies par Ehrenberg dans les infusoires.

ANÉPIGRAPHE. adj. 2 g. (du gr. *an* priv., et *épigraphé*, inscription). Sans inscription, sans titre. Monument, statue, médaille anépigraphe. Chapitre, psaume anépigraphe.

ANÉPIPLOÏQUE. adj. 2 g. Se dit de monstres dépourvus d'épiploon.

ANÉFISCHÈSE. s. f. (du gr. *a* priv., et *épiskhô*, j'arrête). Incontinence par suite de la paralysie d'un sphincter.

ANÉPITHYMIE. s. f. (du gr. *an*, priv., et *épithumia*, désir). Perte des désirs, des appétits, comme de la faim, de la soif, etc.

ÂNERIE. s. f. Ignorance complète des choses qu'on devrait savoir. Quelle ânerie à un médecin de pas connaître les remèdes qu'il ordonne. (Acad.) || Faute commise par suite de cette ignorance. Faire une ânerie. Ce livre est plein d'âneries. Eh bien ! coquin, voilà de tes âneries. (Mol.) Il nous faut avaler ces puériles âneries. (Chateaub.)

ANÉRIO (Félix). Musicien de Rome, 1360-1630, successeur de Palestrina comme compositeur, à la chapelle pontificale.

ANÉROESTE. Chef, avec Concolitan, des Gésates (V. ce mot), tribus gauloises qui envahirent l'Italie vers 225 av. J.-C. et défirent les Romains à Fésules. Vaincu la même année au cap Télamon, il ne put survivre au massacre de son armée, et, après avoir tué de sa propre main ses *soldures* ou fidèles, il se perça de son épée.

ANÉROÏDE. adj. 2 g. (du gr. *an* priv., et *aer*, air). Phys. Se dit d'un genre particulier de baromètre. (V. *Baromètre*.)

ANÉRYTHROBLEPSIE. s. f. (du gr. *an* priv., *érythros*, rouge, et *blépein*, voir). Un des cas du *daltonisme* dans lequel l'œil ne distingue plus le rouge du gris cendré.

ÂNESSE. s. f. Femelle de l'âne. Le lait d'ânesse, très facile à digérer, est prescrit aux convalescents et aux poitrinaires. (V. *Âne*.) L'ânesse, lorsqu'on la sépare de son petit, passe à travers les flammes pour aller le rejoindre. (Buff.) || Hist. *Anesse de Balaam*, Ânesse dont il est question dans l'Écriture (Liv. des Nomb., ch. 22), et qui, dans une circonstance célèbre, est miraculeusement le don de la parole. (V. *Balaam*.) Les écrivains ont fait de cet épisode biblique de nombreuses applications, surtout dans le genre plaisant. || Prov. Saül cherchait des ânesses, il trouva un royaume, On trouve souvent toute autre chose que ce qu'on cherche. Allusion à une circonstance de la vie de Saül. Le peuple juif ayant demandé un roi à Samuel, celui-ci, après une vive résistance, dut consentir à ce changement de gouvernement. Sur ces entrefaites, le jeune Saül, fils de Cis, de la tribu de Benjamin, cherchait les ânesses de son père, et ne pouvant les trouver, vint consulter Samuel, qui, prévenu par Dieu, le tira à l'écart et l'oignit pour le sacrer roi. C'est la disproportion entre la chose cherchée et l'objet trouvé, qui a donné lieu au proverbe. || Syn. *Anesse, bourrique.* L'ânesse est la femelle de l'âne ; la bourrique est l'ânesse considérée comme bête de charge. On dit du lait d'ânesse et non pas du lait de bourrique. Anesse ne s'emploie point au fig. ; bourrique au contraire se dit de personnes ignorantes, sans distinction de sexe. A ces paroles, notre petit bossu traita son contradicteur de bourrique et les disputeurs se prirent au collet. (Le Sage.)

ANESTHÉSIE. s. f. (du gr. *anaisthêsia*, insensibilité ; de *an* priv., et *austhanestai*, sentir, d'où *esthétique*). Méd. Suppression momentanée, générale ou partielle, de la sensibilité, produite par une maladie ou par certaines substances, telles que l'éther, le chloroforme, etc. L'anesthésie est d'un grand secours pour les opérations chirurgicales. (Acad.) || *Anesthésie Médicale.* C'est l'abolition de la sensibilité tactile qui ne perçoit plus les sensations de contact, de température, de douleur. On réserve souvent un nom spécial à cette dernière sorte d'anesthésie, celui d'*analgésie*. (V. ce mot.) Le malade ne sent plus le sol sous ses pieds, il ne perçoit ni le chatouillement, ni le pincement, ni la brûlure, mais il est fort rare que toute la surface du corps soit ainsi insensible ; le plus souvent c'est seulement une certaine région limitée, ou bien une moitié du corps soit dans le sens vertical (*a. hémiplégique*), soit dans le sens transversal (*a. paraplégique*) ; elle est si complète qu'on a vu de malheureux aliénés s'arracher avec une parfaite indifférence les ongles des dix doigts. Si les pieds sont privés de sensibilité, le malade ne peut marcher les yeux fermés, il chancelle et tombe si on ne le retient, car il n'a plus la sensation du sol. Souvent ce sont les muqueuses nasale et conjonctivale qui sont privées de la sensibilité comme cela est si fréquent chez les hystériques. Chose remarquable, l'anesthésie peut affecter seulement le sens de la chaleur ; ainsi tel malade sentira qu'on le touche avec un objet, mais ne saura dire si cet objet est brûlant ou non, — c'est la *thermo-anesthésie*. De même dans l'analgésie, il pourra sentir qu'on le touche, mais ne saura s'il le pique ou le pince. — Cette singulière affection dépend d'ordinaire de l'hystérie, mais elle peut se produire dans un certain nombre d'autres maladies, telles que différentes fièvres graves, des altérations du cerveau et de la moelle. — Le traitement consiste à combattre principalement la maladie dont l'anesthésie n'est qu'une conséquence. Si, la cause disparaissant, l'insensibilité persisto, on pratiquera des frictions excitantes, des lotions et des fumigations de vapeurs irritantes ; enfin on électrisera la peau au moyen d'un courant interrompu. || *Anesthésie Chirurgicale.* On entend par là l'insensibilité et la résolution musculaire obtenue au moyen de certains procédés, pendant les opérations chirurgicales. La recherche de semblables moyens remonte à une lointaine antiquité. Les Assyriens serraient fortement le cou aux enfants qui devaient subir certaines opérations ; cette compression empêchant l'arrivée du sang au cerveau, supprimant toute sensibilité. Les Grecs et les Romains ont peut-être obtenu l'insensibilisation au moyen de l'acide carbonique que l'on a préconisée de nouveau à notre époque. La mandragore était vantée aussi pour son pouvoir somnifère et stupéfiant. Au XVIe s., on faisait respirer les émanations qui s'exhalaient d'éponges imprégnées de diverses préparations somnifères. Les Chinois produisaient aussi l'insensibilité avec une plante de la fam. des urticées. Enfin on mettait à profit certaines circonstances particulières, telles que l'ivresse profonde, dans laquelle, on le sait, la sensibilité disparaît, ou bien la réfrigération des tissus, l'état de somnambulisme. On a encore essayé la compression énergique des troncs nerveux qui se rendent à la partie qui devait être amputée ; mais cette méthode n'est pas sans dangers et est parfois insuffisante. — Vers la fin du XVIIIe s.,

Humphry Davy découvrit les propriétés insensibilisatrices du protoxyde d'azote ou gaz hilarant ; mais des accidents produits par son administration firent chercher un meilleur agent, qui fut trouvé dans l'éther. Un médecin d'Athènes, Long, employa le premier l'éther pour éviter aux malades la douleur des opérations chirurgicales (1842), mais ses succès restèrent ignorés. C'est en Amérique, en 1846, que l'emploi de l'éther dans les opérations douloureuses fut publiquement et définitivement consacré par Morton, habile dentiste, auquel le chimiste Jackson avait conseillé l'emploi de cet agent. Malgaigne et Velpeau furent les premiers en France a expérimenter a leur tour ce merveilleux anesthésique (1847). On peut ajouter que c'est aux chirurgiens français que revient l'honneur d'avoir transformé en une méthode réellement scientifique une pratique dont l'empirisme s'était d'abord emparé. Cette même année, Flourens reconnut les remarquables effets du chloroforme sur les animaux ; mais c'est à un chirurgien d'Edimbourg, Simpson, que revient la gloire de la substitution du *chloroforme* à l'éther dans les opérations chirurgicales ; et c'était un progrès incontestable, car quelques gouttes de ce liquide jetées sur un mouchoir suffisent à produire l'insensibilité complète, tandis que l'éther ne détermine que bien plus lentement le même effet. Enfin, en 1856, après un certain nombre d'accidents causés par le chloroforme, on expérimenta un nouvel anesthésique, *l'amylène,* qui ne se trouva pas présenter plus de garantie d'innocuité que le chloroforme, et qui a, en outre, le désavantage d'avoir une odeur insupportable et de coûter fort cher. — L'administration du chloroforme ou de l'éther développe des phénomènes qui se groupent en trois phases appelées : *période d'excitation, période chirurgicale, anesthésie organique.* Dans la première, la sensibilité est irritée et pervertie, le plus léger contact semble causer de la douleur ; l'intelligence est dans un état qui semble tenir de l'ébriété ; les idées se succèdent avec une incroyable rapidité, mais le raisonnement fait bientôt défaut ; le patient devient alors fort souvent très expansif et accompagne la manifestation de ses sentiments de gestes tumultueux. La volonté reste parfois un certain temps inattaquée, surtout chez les gens qui font d'ordinaire travailler leur cerveau ; mais bientôt elle est à son tour envahie, et alors surviennent des contractions musculaires violentes et désordonnées, la volonté n'étant plus la pour les modérer. Ce sont les muscles des membres, les muscles du tronc, c.-à-d. ceux de la vie de relation qui présentent ces phénomènes d'excitation ; ceux qui appartiennent à la vie organique sont bien plus réfractaires à l'action du chloroforme. La respiration s'accélère d'abord, puis devient fort irrégulière à partir du moment où l'intelligence est atteinte ; le plus souvent elle se ralentit beaucoup, et les inspirations ne se suivent qu'à des intervalles très inégaux ; quant à la circulation, elle éprouve des modifications en rapport avec celles que présente la respiration ; dans les mouvements convulsifs du patient le pouls s'accélère, il est vif et sec, puis il semble tout à coup se suspendre, en même temps que la face prend une teinte violacée, qui fait bientôt place à une couleur plus pâle. La durée de cette période est assez variable et dépend souvent de l'état d'esprit du malade. Tandis que quelques inhalations suffisent souvent pour endormir un enfant ou une femme, il y a des hommes vigoureux qui résistent pendant 20 minutes ; en moyenne 6 a 8 minutes suffisent. — La seconde période est caractérisée par la perte de la sensibilité cutanée, celle des sens pouvant se conserver jusqu'à un certain point et le malade continuer a entendre, quoique devenu absolument insensible à la douleur. En même temps, les idées ont perdu toute cohérence et sont remplacées par une activité cérébrale analogue à celle qui existe dans le rêve. Le rêve ordinaire du patient a rapport à l'opération a laquelle il s'est décidé à se soumettre et qui faisait, on le comprend, l'unique objet de ses préoccupations ; ce rêve se traduit au moment même de l'opération par des plaintes, des cris capables de faire croire que l'insensibilité n'est pas complète si l'on n'observait pas, entre autres choses, que la face reste impassible, elle dont les contractions musculaires accompagnent toujours le véritable cri de douleur. Les muscles ne se contractent plus et tous les membres restent inertes ; c'est alors que les mouvements respiratoires se régularisent, deviennent de plus en plus profonds et vont en se ralentissant, en même temps que le pouls devient moins fréquent mais plus large et plus souple, et que la peau pâlit, devient terreuse et se couvre d'une sueur visqueuse. Cette seconde période pendant laquelle le chirurgien procède à l'opération, a une durée plus ou moins longue qu'il peut prolonger pendant une demi-heure, une heure et plus, en continuant avec précaution l'administration du chloroforme. — Enfin la troisième période se caractérise par une suppression presque totale des mouvements respiratoires, par l'existence à peine perceptible des battements du cœur, par un notable refroidissement du corps ; le chirurgien doit éviter de déterminer ces symptômes inquiétants. — Quand on cesse de donner du chloroforme, le patient se réveille au bout de très peu de temps, et revient en quelque sorte à la vie en recouvrant d'abord la sensibilité, puis l'intelligence. Malheureusement l'administration des anesthésiques n'est pas sans offrir de danger, et il est arrivé plusieurs fois que les patients ne se sont pas réveillés, sous l'influence soit de l'asphyxie, soit plutôt de la syncope. Ces accidents, le plus souvent, il est vrai, ne doivent pas être mis à la charge du chirurgien, mais dépendent de conditions inhérentes au malade, doivent être sans cesse présents à l'esprit de l'opérateur qui doit s'entourer de toutes les précautions les plus minutieuses pour ne les favoriser en rien. Le chloroforme ou l'éther doivent être d'une grande pureté et examinés avant l'opération. On ne les administrera pas pour des opérations peu douloureuses ou très rapides, à moins de circonstances exceptionnelles, ni chez des personnes atteintes d'affections organiques des centres nerveux ; il faut être réservé dans l'administration des anesthésiques aux gens atteints de névroses graves (épilepsie, hystérie), d'affections organiques du cœur, aux alcooliques ; en outre le malade doit toujours être à jeun ou avoir fait depuis longtemps son dernier repas. Lorsque le patient est pris d'une syncope qui serait promptement mortelle, il faut se hâter de déterminer une vive excitation à la peau ou sur les muqueuses par des frictions, des liquides irritants ; ou bien mettre brusquement la tête en bas. Mais de tous les moyens le meilleur consiste à pratiquer la respiration artificielle soit en insufflant de l'air par la trachée, soit en imprimant au thorax les mouvements que produisent l'inspiration et l'expiration. || *Anesthésie Obstétricale* On désigne souvent sous ce nom spécial l'emploi des anesthésiques pendant l'accouchement. En Angleterre, cette application du chloroforme pour diminuer ou supprimer les douleurs de l'enfantement, est entrée dans la pratique journalière et a reçu le nom de *chloroformisation à la reine.* En France, cette méthode rencontre plus d'opposition et n'est guère réservée que pour les accouchements dangereux, les opérations obstétricales. Cependant les accidents, en pareille circonstances, sont incomparablement plus rares que dans les opérations chirurgicales, et l'on ne voit pas pourquoi on n'utiliserait pas plus souvent le précieux agent que nous possédons, afin de diminuer les atroces douleurs de la parturition, d'autant plus qu'en conduisant sagement l'administration de l'anesthésique, on peut prolonger ses effets pendant plusieurs heures, plonger la mère dans un demi-sommeil, qui ne lui enlève qu'une partie de ses facultés, ne s'oppose ni à la force ni à la régularité des contractions de l'utérus, et n'a aucune action funeste sur l'enfant. || *Anesthésie Locale* On a cherché a supprimer la douleur de certaines opérations au moyen de certains agents qui rendraient insensible la partie seule qui doit être opérée. Ce résultat s'obtient surtout avec de l'éther que l'on réduit à l'état d'une fine poussière au moyen d'appareils spéciaux. Cet éther pulvérisé projeté sur la partie où l'on doit faire une opération douloureuse, détermine un refroidissement considérable dû à l'évaporation rapide du liquide, et ce refroidissement va assez loin pour enlever momentanément toute sensibilité. — Le *sulfure de carbone* jouit de la même propriété anesthésique qu'il doit aussi à l'abaissement de température encore plus considérable qu'il produit. — On se sert parfois encore, dans le même but, de mélanges réfrigérants, tels que sel marin et glace. — Enfin on a essayé l'action anesthésique de l'acide carbonique, mais qui n'a trouvé d'applications avantageuses que dans certains cas spéciaux.

ANESTHÉSIER. v. a. Priver quelqu'un partiellement ou totalement de l'exercice de la faculté de sentir, par l'emploi de substances anesthésiques. Cet expérimentateur a pu anesthésier le même animal un grand nombre de fois, sans que sa vie ait été compromise. (L. Figuier.)

ANESTHÉSIQUE. adj. 2 g. Méd. Qui appartient à l'anesthésie, qui provoque l'anesthésie. Sommeil anesthésique. Méthode anesthésique. Agent anesthésique. || s. m. Substance qui produit l'anesthésie. Les journaux de médecine ont annoncé divers résultats obtenus par l'emploi de nouveaux anesthésiques. (L. Figuier.) || Les principaux anesthésiques sont l'éther, le chloroforme, le protoxyde d'azote, l'amylène, le sulfure de carbone. (V. *Anesthésie chirurgicale*) ; citons enfin le *kérosélène* ou *kéroforme* qui provient de la distillation du charbon, a peu d'odeur et une action instantanée, et qui en outre laisse au réveil l'oubli le plus complet de ce qui s'est passé.

ANET. 1,447 h., Bg de France (Eure-et-Loir), arr. et à 14 kil. N.-N.-E de Dreux, ch.l. de cant. — *Cant.* : 21 comm. ; 10,730 h. || CHÂTEAU D'ANET. Le château d'Anet était un des plus charmants édifices de la Renaissance: il a été vendu et démoli presque entièrement à la Révolution. La façade fut sauvée de la destruction ; elle fut achetée par Lenoir et transportée à Paris : elle est encore dans la cour de l'École des beaux-arts. Les ruines ont appartenu à différents propriétaires et ont été, autant que possible, restaurées. — Philibert Delorme avait bâti le château d'Anet, sur l'ordre de Henri II, pour Diane de Poitiers ; il fut commencé en 1552. Diane de Poitiers l'habita constamment après la mort d'Henri II et y mourut. Le château d'Anet était entouré de fossés et de bastions bas en forme de terrasse. Après avoir franchi le pont-levis, on passait sous une porte élégante ornée de colonnes doriques et décorée de la fameuse nymphe en bronze de Benvenuto Cellini, qui est maintenant au Louvre. La cour intérieure était entourée de bâtiments d'inégale hauteur qui contenaient les appartements ; à droite se trouvait la chapelle dans laquelle la fille de Diane de Poitiers, Louise de Brezé, lui fit élever un tombeau surmontée de sa statue en marbre blanc. L'une des salles les plus remarquables était celle que l'on appelait le salon de Diane. L'ornementation des quatre côtés de la cour était riche et capricieuse ; on y voyait partout les chiffres mêlés de Henri II et de Diane de Poitiers, ainsi que des allusions à leur amour Jean Goujon avait sculpté la façade principale. Des deux côtés du château, il y avait deux cours et, derrière, un magnifique jardin, entouré de trois côtés par des arcades rustiques, sous lesquelles s'étendait une allée pavée de carreaux émaillés.

ANETH. s. m. (gr. *anéthon,* fenouil). Bot. G. d'ombellifères, vulg. *fenouil bâtard,* d'une odeur forte et assez agréable. Ses graines sont souvent employées en guise *d'anis :* elles sont résolutives, stomachiques et carminatives. Considérées autrefois comme très nourrissantes et fortifiantes, les lutteurs et les gladiateurs en prenaient mêlées à leurs aliments. On en fait aujourd'hui deux préparations pharmaceutiques, l'eau *d'aneth,* fréquemment donnée en Angleterre sous le nom de *dill-water,* aux enfants qui ont des coliques, et une *huile* qui paraît réussir contre le hoquet, les coliques et les flatuosités. La médecine vétérinaire emploie l'aneth pour combattre ces mêmes symptômes chez les animaux. Le *fenouil doux* et le *carvi* placés jadis dans ce genre en ont été retirés. (V. *Fenouil* et *Carvi.*)

ANETHAN (Jules-Joseph, baron d'). Magistrat et homme politique belge, né en 1803. Entré dans la magistrature après la révolution de 1830; procureur du roi à Bruxelles, en 1831 ; avocat général près la cour de cette ville. en 1836. Dans le cabinet formé par M. Nothomb, en août 1843, M. d'Anethan reçut le portefeuille de la Justice, qu'il conserva dans le cabinet reconstitué par M. Van de Weyer, en juillet 1845, et dans celui de mars 1846, présidé par M. de Theux. Dans ce dernier cabinet, en avril 1847, il présenta un projet de loi réprimant les abus de la presse. Au mois d'août suivant, le cabinet de Theux ayant dû donner sa démission, devant le parti libéral qui arrivait aux affaires, M. d'Anethan prit place dans l'opposition, comme député de Louvain. En 1856, le roi Léopold Ier le nomma ministre d'Etat. A cette époque, il fut élu au sénat, et, dans cette chambre, il se distingua par sa vigilance à surveiller les actes du ministère de la justice. En juin 1870, le parti catholique ayant reconquis la majorité, M. d'Anethan fut chargé, le 1er juillet, de reconstituer un ministère, où il prit le portefeuille des affaires étrangères. En cette qualité, il dut, en juin 1871, donner ordre au ministre plénipotentiaire de Belgique de suivre à Rome le roi Victor-Emmanuel, qui y était entré le 20 septembre précédent, par la force des armes. La nomination au gouvernement du Limbourg, de M. de Decker, impliqué dans les affaires Langrand-Dumonceau, provoqua à la chambre une interpellation de M. Bara, à la suite de laquelle, le cabinet d'Anethan dut, le 7 décembre 1871, remettre sa démission au roi Léopold II, et fut remplacé par un cabinet de Theux. M. d'Anethan n'a cessé, depuis lors, de faire partie du Sénat, où sa parole serrée et vigoureuse a eu encore de l'éclat. M. d'Anethan a toujours appartenu au parti catholique.

ANÉTHÈNE. s. m. Chim. C20H10. Partie la plus volatile de l'essence de fenouil amer.

ANÉTIQUE. adj. 2 g. (gr. *anetikos;* lat. *aneticus,* relâchant). Syn. de *rémittent.*

ANETO. Véritable nom du pic appelé le *Nethou* (V ce nom.), point culminant des Pyrénées.

ANETZ. 879 h Vge de France, dép. de la Loire-Inférieure, arr., cant. et à 7 k. E. d'Ancenis, sur la rive dr. de la Loire ; stat. du ch. de fer de Paris à Nantes.

ANEU. Vallée d'Espagne. (V. *Areu.*)

ANEURIE ou **ANÉVRIE.** s. f. (du gr. a priv., et *neuron,* nerf). Méd. Défaut d'action nerveuse, paralysie.

ANEURIN. Barde kymrique et chef de guerre, m. en 570. Son père, Caw-ab-Géraint, était chef des Gododins, qui habitaient une région du nord de l'Angleterre. Attaqués par les Anglo-Saxons à Cattraeth, en l'an 540, ils furent vaincus, et sur les 363 chefs présents à ce combat, quatre seulement survécurent. Aneurin était de ce nombre. Il se réfugia dans les Galles du Sud, à la cour du roi Arthur, où il se lia d'amitié avec le barde Taliésin. Aneurin a chanté le courage et la mort de ses compagnons d'armes dans un poème intitulé : les *Gododins,* dont il nous reste environ 900 lignes rimées, ou vers de longueur irrégulière. On y trouve des beautés originales, malgré l'obscurité du texte. Turner a soutenu l'authenticité de ce poème, contestée par quelques critiques. Il a été traduit en français par Hersart de la Villemarqué (*Les Bardes Bretons*), et en anglais par John William d'Ethel, *Y Gododin, a poem by Aneurin,* Landovery, 1852. On lui attribue aussi, mais sans preuves certaines, un autre poème : *Englynion y Misoeld.* — Cf. Owen. *Cambrian biography.*

ANEUROSE. s. f. (du gr. a priv., et *neuron,* nerf). Méd. Absence de nerfs. Autrefois, absence de tendons.

ANÉVRISMAL, ALE. adj. Qui tient de l'anévrisme. Qui a rapport à l'anévrisme. Palpitations, tumeur anévrismales. Sacs anévrismaux, On dit aussi *Anévrismatique.*

ANÉVRISMATIQUE. Syn. d'*anévrismal.*

ANÉVRISME. s. m. (gr. *aneurusma,* dilatation; de *aneuruno,* dilater, de *ana* et *eurus,* large. — Le gr. *aneurusma* devrait faire *anévrysme,* et en effet c'est ainsi qu'on écrivait au xvııe s. et qu'écrivent encore plusieurs auteurs, surtout parmi les médecins; cependant l'Académie a

depuis longtemps adopté la forme *anévrisme.* Méd. Tumeur contre nature, causée par la dilatation d'une artère ; mais on a étendu ce nom à diverses lésions des veines et des artères, ainsi qu'aux dilatations morbides du cœur. Anévrisme interne. Anévrisme externe. Mourir d'un anévrisme. Anévrisme du cœur. Rupture d'un anévrisme. (Acad.) || Par compar. Plénitude, encombrement. Carlyle étudie cet anévrisme commercial, comme un médecin qui reconnaît que la force de la vie accumulée sur un point va devenir dangereuse. (Phil. Chasles). || Méd. *De l'Anévrisme.* On appelle ainsi une tumeur pleine de sang formée sur le trajet d'une artère, consécutivement à la rupture plus ou moins complète des tuniques de ce vaisseau, mais qui reste en communication avec lui. Il existe plusieurs sortes d'anévrismes; ainsi on appelle *anévrisme circonscrit,* celui qui consiste en une dilatation bien nettement délimitée, et dont le sang qu'il renferme est soumis aux mêmes pressions que celui de l'artère même ; *anévrisme diffus,* celui qui consiste en une poche irrégulière formée par une infiltration du sang dans les interstices musculaires, à la suite d'une blessure artérielle; dans ce cas, il n'y a que les parties les plus voisines du vaisseau blessé qui participent aux variations de pression du sang contenu dans les vaisseaux. L'anévrisme diffus est dit : *primitif* quand il résulte d'une plaie faite à une artère ou de sa rupture, et *consécutif* quand il succède à la rupture d'une poche anévrismale préexistante. On appelle *varice anévrismale* une variété particulière d'anévrisme résultant d'une communication accidentelle entre une artère et une veine voisine par suite d'une blessure de ces deux vaisseaux; si le sang qui passe alors de l'artère dans la veine y détermine une dilatation plus ou moins considérable, c'est l'*anévrisme variqueux sacciforme.* — Les anévrismes ont leur plus grande fréquence vers l'âge mûr, et sont plus communs chez l'homme que chez la femme; les altérations de la paroi des vaisseaux y prédisposent, en raison de l'inégale et moindre résistance qu'elle offre par suite; une violente émotion morale a pu déterminer un anévrisme subit de l'aorte, sous l'influence d'une trop brusque impulsion du sang par le cœur. Un ordre de causes fréquent d'anévrismes, c'est les blessures de tout genre, par armes a feu, par instruments piquants ou à tranchant étroit. — Le sac anévrismal est rempli de sang à l'état liquide ou en partie transformé en caillot. Ce caillot est formé de couches concentriques dont les plus extérieures sont blanches, résistantes; celles du centre, mollasses et rougeâtres. A chaque impulsion cardiaque la poche anévrismale se distend sous l'influence de la poussée du sang qui y arrive; ce mouvement continu d'expansion a des effets désastreux sur les parties du voisinage, car, à la longue, il suffit pour entamer et perforer les os, luxer les articulations, non pas par une sorte d'usure, mais parce que les parties se résorbent sous l'influence de ce contact répété. — L'anévrisme tend toujours à augmenter de capacité, mais comme il se renforce le plus souvent des parties molles qui l'entourent, il peut durer fort longtemps sans se rompre. Si sa rupture se produit au milieu des muscles, du tissu cellulaire, il peut se former un anévrisme diffus, ce qui pallie à de plus graves accidents; mais si elle a lieu dans une cavité naturelle, telle que l'œsophage, la plèvre, la cavité abdominale, la mort est foudroyante. La guérison spontanée de l'anévrisme est rare, mais il y en a des observations certaines, à la suite de formation de caillots assez abondants pour obturer complètement le sac anévrismal. — L'anévrisme se reconnaît, quand il est assez superficiel pour être observé, à la présence d'une tumeur molle située sur le trajet d'une artère, tumeur qui présente des mouvements d'expansion à chaque contraction cardiaque, et une sorte de frémissement perçu au moyen des doigts qui le compriment (*thrill*). Si on applique l'oreille au niveau de la tumeur, on entend un bruit de souffle intermittent dû sans doute au frottement du sang contre ses parois; si l'on comprime l'artère au-dessus du sac, celui-ci diminue; si on comprime au-dessous, il augmente.

Enfin le pouls est beaucoup moins fort au-dessous de l'anévrisme qu'au point correspondant de l'autre partie du corps. — Le pronostic des anévrismes est toujours sérieux, du moins dans l'anévrisme purement artériel, mais varie suivant une foule de circonstances qui dépendent de son siège, de son volume. de ses complications, etc. — On a employé bien des moyens pour la cure des anévrismes, la plupart basés sur la coagulation du sang dans la poche anévrismale. C'est ainsi qu'on a cherché à l'établir en modifiant la circulation générale au moyen d'une diète rigoureuse et de fréquentes saignées, par l'ouverture du sac et la ligature de l'artère en dessus et en dessous de la tumeur, l'acupuncture faite au moyen de fines aiguilles dont on traverse la tumeur pour déterminer la formation de caillots, l'électro-puncture qui a donné quelques succès, les injections coagulantes, telles que le perchlorure de fer, l'action des réfrigérants. Mais surtout on a employé avec avantage la compression plus ou moins longtemps continuée et pratiquée suivant des procédés différents, sur lesquels il nous est difficile de nous étendre ici. Enfin, on a eu recours dans nombre de cas à la ligature du vaisseau malade, quand les moyens précédents n'ont pas semblé suffisants pour amener la guérison ; malheureusement cette pratique qui a donné de nombreux succès a été un certain nombre de fois suivi d'accidents très graves et même mortels. || *Anévrisme Cirsoïde.* Appelé encore *varice artérielle, anévrysme rameux, tumeur érectile artérielle,* il consiste dans la dilatation avec allongement et flexuosités de plusieurs artères voisines, d'où résulte une tumeur bosselée, irrégulière, marquée de taches violacées, qui bat à chaque pulsation cardiaque. Cette affection, qui est le plus souvent congénitale, est grave ; le traitement est le même que pour les anévrismes étudiés ci-dessus. || *Anévrisme du Cœur.* Il est de deux sortes, *actif* ou *passif.* Le premier ne mérite pas à proprement parler le nom d'anévrisme, car il consiste dans l'épaississement des parois du cœur, d'où résulte une augmentation de la masse de cet organe, mais diminution de ses cavités et non leur dilatation; le nom d'*hypertrophie* est bien plus convenable pour désigner cette affection. — Le second est caractérisé au contraire par l'amincissement des parois du cœur, qui dès lors, moins résistantes, se laissent distendre outre mesure. || *Anévrisme des Os.* Ce sont des tumeurs sanguines situées dans les os et qui présentent des pulsations isochrones à celles des artères. On a donné le même nom à des tumeurs érectiles du tissu osseux, qui constituent cependant une affection bien distincte des anévrysmes. || *Bibliographie.* Velpeau, *Piqûre ou acupuncture des artères dans le traitement des anévrismes; Gaz médic.,* p. 1, 1831 ; — Broca, *Des anévrysmes et de leur traitement,* Paris, 1856 ;— Dezeimeris, Art. *Anévrysme* (historique), du *Dict., en 30 vol.* Paris, 1833, — Marjolin et Bérard (Ph.), Art. *Anévrysme* du *Dict. en 30 vol.* 1833 ; — Richet, Art. *Anévrysme* du *Dict. de médecine et de chirurg. prat.,* 1865. — Léon Le Fort, Art. *Anévrysme* du *Dict. des sciences méd,* 1866.

ANÉVRISMÉ, ÉE. adj. Méd. Atteint, affecté d'anévrisme. Un cœur anévrismé. (Corvisart.)

ANÉVRYSME. s. m. V. *Anévrisme.*

ANÉZEH. Grande tribu d'Arabes-Bédouins dont les trois fractions habitent le Nedjed, le Néfoud septent. et dans le Hamad, désert situé à l'orient de la Syrie, au S. de l'Euphrate. Ces derniers sont les plus nombreux; Burckhardt évalue leur population à 350,000 âmes, chiffre exagéré qu'il faut, d'après Mrs Anna Blunt, réduire environ des deux tiers, en y comprenant même les tribus alliées. Ils sont établis dans ces steppes depuis le milieu du xvııe s. A cette époque, l'empire ottoman, en guerre avec l'Autriche, avait été obligé de porter toutes ses forces sur le Danube. Plusieurs tribus arabes profitèrent de cette circonstance pour envahir la Mésopotamie et le désert de Syrie. Parmi elles, les Anézeh, après de longues et sanglantes compétitions, finirent par se fixer dans la partie du Hamad qui confine au Djebel-Haouran, et poussèrent même jusqu'à Alep. Les Anézeh du

Nedjed ont joué un rôle important dans l'histoire des Wahabites. Ce fut, en effet, le cheïk d'une de leurs tribus qui donna asile au réformateur Mohammed-Ibn-Abd-el-Wahab, et devint son bras droit. Ce fut aussi le petit-fils de ce cheïk, nommé Saoud comme son aïeul, qui porta à son apogée la gloire et la puissance du *Nouvel Islam*. Les Anézeh se vantent encore de conserver la pure race des chevaux arabes, et d'avoir les plus beaux haras. Cela pouvait être vrai en 1862, quand Palgrave visita le Nedjed ; mais en 1878, s'il faut en croire M⁰⁵ Blunt, les Chammar de Haïl, dans le Nedjed septent., possédaient les plus beaux chevaux de toute l'Arabie.

ANFORA. s. f. (lat. *amphora*, cruche). Mesure italienne pour les liquides, valant 418 lit. 4.

ANFOSSI (Pascal). Compositeur italien, né à Naples, 1729-1795 ; travailla pour le théâtre *delle Dame*, à Rome, où il donna l'*Inconnue persécutée*, 1773, et *Finta Giardiniera* et *il Geloso e Cimento*, 1774-1775. Il fut chargé de la direction du Théâtre Italien à Londres, de 1783 à 1787, et fit jouer à Paris son *Inconnue persécutée*, arrangée sur des paroles françaises, mais avec moins de succès qu'en Angleterre. Ses meilleurs ouvrages sont les grands opéras d'*Antigone* et de *Démétrius*, et l'opéra buffa de l'*Avaro*.

ANFRACTUEUX, EUSE. adj. (lat. *anfractuosus*; de *anfractus* ou *amfractus*, anfractuosité : de *am* ou *amb*, autour, et de *frangere*, briser, d'où *fragilis*). Plein de détours, d'inégalités. Chemin, sentier, rivage anfractueux. Les rivages de la Grèce, anfractueux et découpés en font un pays essentiellement propre à la civilisation. (Barthél.) ‖ Anat. Se dit des conduits dont les détours sont irréguliers. Fistule anfractueuse. Abcès anfractueux. ‖ Bot. Se dit des organes creusés, sillonnés de crevasses sinueuses. Quand l'albumen est anfractueux, on le dit *ruminé*.

ANFRACTUOSITÉ. s. f. S'emploie surtout au plur. Détour, inégalité, cavité, enfoncement. Les anfractuosités du chemin, des rochers, de la montagne. Je m'enfonçai dans les anfractuosités de la montagne. (J.-J. Rouss.) Nous aperçûmes du côté du nord un aigle qui s'échappait de l'anfractuosité des rochers. (Michelet.) ‖ Anat. Enfoncements sinueux qui séparent les circonvolutions du cerveau. ‖ Bot. Crevasse sinueuse qui résulte du creusement d'un organe. Les graines offrent souvent des anfractuosités.

ANFRACTURE. s. f. Syn. inusité de *Anfractuosité*; a été employé par Buffon.

ANGADRESME (Ste) de REVRY, abbesse de l'Oroer, au diocèse de Beauvais, patronne de Beauvais. Les habitants de cette ville attribuèrent à ses reliques leur salut dans deux circonstances : lors de l'invasion des Normands au IX⁰ s., et plus tard, en l'année 1472, lorsqu'ils furent assiégés par les Bourguignons. (V. *Hachette* (*Jeanne*). Elle mourut vers l'an 690. Fête le 14 octobre.

ANGAMI. V. *Naga*.

ANGAR. s. m. Anc. orthog. de *Hangar*.

ANGARA. Riv. de Sibérie, tributaire de l'Yénisséi. Elle naît dans les montagnes qui ferment au N. le bassin du Baïkal, et parcourt environ 250 kil. avant de se jeter à la pointe septentrionale de ce lac. Quoiqu'elle n'en soit pas le principal affluent, et que la Sélenga l'emporte beaucoup sur elle pour la longueur de son cours et le volume de ses eaux. l'émissaire de ce grand réservoir conserve cependant son nom. Il s'échappe par une brèche que la pression des eaux a pratiquée dans les montagnes grayeuses qui l'enserraient vers le S., à une époque géologique encore récente. L'Angara, en effet, n'a pas encore achevé de se frayer son lit, et son cours est entrecoupé de rapides. Elle passe à Irkoutsk, où elle reçoit l'Irkout, et coule droit vers le N. Après sa réunion avec l'Oka, elle se précipite dans une série de rapides. Plus loin, elle tourne brusquement à l'O., et prend le nom de Toungouska Supérieure. Alors elle coule par une pente régulière dans la même direction vers le Yénisséi. Son cours, de ce fleuve au Baïkal, est d'environ 1,400 kil.

ANGARIE. s. f. (gr. *aggareïa*, corvée). Féod. Obligation où était le vassal de fournir des voitures, des chevaux à son seigneur ou suzerain. Soyons déchargés des décimes, angaries et impositions pour l'avenir. (Mém. de Condé.) ‖ Obligation imposée à un navire de charger pour le gouvernement.

ANGARIER. v. a. (Prend deux *i* à la 1⁰⁰ et à la 2⁰ pers. du pl. de l'imparf. de l'indic. et du prés. du subj. : Nous angariions, que vous angariiez.) Forcer à une angarie, mettre à réquisition, soumettre à des vexations Angariant, ruinant, malvexant et régissant avec verge de fer. (Rabel.) L'angariant, le vexant, l'excédant de cent façons. (J.-J. Rouss.) ‖ Mar. Retarder un bâtiment pour l'obliger à recevoir un chargement.

ANGE. s. m. (du gr. *aggelos*, messager, lat. *angelus*; vieux fr. *angelet*; anj. *ange*). Créature purement spirituelle et intellectuelle. Bon, mauvais ange. Ange de lumière, de ténèbres. La chute des anges. Les anges rebelles. Les anges déchus. L'ange exterminateur. L'ange de la mort. L'ange tutélaire. Ange gardien. Prince aimable, dis-nous si quelque ange au berceau Contre les assassins prit soin de te défendre. (Rac.) Ces anges de paix portent vers le trône de Dieu les vœux des justes et les encens de leur sacrifice. (Boss.) Les anges sont des amis invisibles que Dieu nous a donnés pour nous protéger. (Chateaub.) Mon Dieu, veillez sur elle, Ange du Tout-Puissant, couvrez-la de votre aile. (Lamart.) ‖ En gén. Tous les esprits bienheureux qui composent la cour céleste. Les neuf chœurs des anges. Les anges environnent le trône de Dieu. Ô Dieu... qui voles sur l'aile des vents Et dont le trône est porté par les anges. (Rac.) ‖ Prop. et part. Les anges qui sont du dernier chœur ; Les anges sont au-dessous des archanges. ‖ Les anges déchus, Les démons. On les nomme aussi Anges des ténèbres, mauvais anges. Il était beau, mais sinistre comme l'ange déchu. (Salvandy.) — Par allus. C'est un ange, oui, mais un ange déchu. Mesdames d'Hendicourt et de Dangeau, le mauvais ange et le bon ange de Madame de Maintenon. (St-Sim.) ‖ Ange gardien, Celui que Dieu a particulièrement attaché à la personne de chaque chrétien pour le conseiller, le protéger, le guider dans le sentier de la vertu et le conduire au salut. Non, elle ne vient pas des ténèbres de la superstition, cette doctrine consolante qui nous montre en l'ange gardien un tuteur dévoué, prêt en toute occasion à prendre notre intérêt et notre défense. (Boss.) Ce parti que son bon ange et le mien nous suggéraient. (J.-J. Rouss.) — Par compar. Vous êtes mon ange gardien. La poésie est l'ange gardien de l'humanité à tous les âges. (Lamart.) ‖ L'ange exterminateur, Celui qui frappa de mort tous les premiers-nés d'Égypte. Grand Dieu !... Délivre-nous d'un roi donné dans ta colère ; Viens des cieux enflammés, abaisse ta hauteur ; Fais marcher devant toi l'ange exterminateur. (Volt.) — Par compar. Attila passe dans le monde comme l'ange exterminateur. ‖ Fig. Ange, Personne d'une grande vertu, d'une extrême douceur, d'une piété exemplaire. C'est un ange. Cette femme est un ange de charité, de bonté, de douceur. Ce sont des anges que ces sœurs de charité. (Acad.) ‖ Se dit aussi au fig. d'Une fille, d'Une femme belle, charmante, adorable. C'était avec une figure d'ange une dépravation de cœur incroyable. (Sév.) Par cet ange aux yeux bleus je me laissai conduire. (Alf. de Muss.) ‖ S'emploie comme terme d'affection, de caresse. Mon ange. Mon bel ange. Mon ange adoré. Victor Hugo a dit : « Ô mon ange adorée ! » et Marmontel, tout en conservant le g. masc. au mot ange, l'a fait suivre d'un pronom fém. : « Si vous saviez quel ange j'ai auprès de moi, et comme elle sait conformer mes douleurs. » ‖ En philos. La partie spirituelle, intelligente dans l'homme. Chez l'homme, l'ange enseigne à la brute l'art de se satisfaire. (De Tocquev.) ‖ Fig. et fam. Comme un ange, Fort bien, parfaitement. Ecrire, parler, peindre, chanter comme un ange. Elle danse comme un ange. Elle est belle comme un ange. Il a de l'esprit comme un ange ‖ Loc. Être aux anges, Être dans le ravissement. — Rire aux anges, Se dit dans le même sens ; Se dit aussi de Ceux qui rient seuls, niaisement et sans sujet. Il rit aux anges, d'un sot rire. (Volt.) — Boire aux anges, Ne plus savoir quelle santé on peut porter. Rabelais a dit dans le même sens : Boire pour la soif à venir. — Voir des anges violets, Avoir des visions creuses. Vx. — *Lit d'ange*, ou *Lit à l'ange*, *Lit sans colonne et à rideaux relevés*. — Manches d'ange, Manches de robe de femme très larges et n'allant qu'à la moitié du bras. — Anges de grève, Crocheteurs, parce qu'ils se tenaient beaucoup sur la place de Grève et que l'on comparait leurs crochets à des ailes. Vx et par plaisanterie. ‖ Argot. Ange, Nom donné à certains individus qui se chargent de protéger et de reconduire les ivrognes. ‖ Numism. Ange ou *Angelot*. (V. ce mot.) ‖ Artill. Anges, boulets à l'ange, Boulets ou demi-boulets attachés ensemble par une chaîne ou une barre de fer. On s'en servait sur mer pour rompre les mâts, les manœuvres et les cordages des vaisseaux ennemis. ‖ Zool. Nom vulgaire d'un poisson du g. *squatina* (*sq. angelus*), du s. - ord. des squales. Il est intermédiaire, par ses caractères, aux squales et aux raies. Comme celles-ci, il a ses nageoires étalées sur les côtés, en manière d'ailes, ce qui lui a valu son nom ; mais ces nageoires sont séparées de la tête par une fente profonde, au fond de laquelle se trouvent les ouvertures branchiales ; de plus, la bouche se trouve tout à fait à l'extrémité du museau et non en dessous. Sa peau, grise en dessus, blanche en dessous, est rude, couverte de tubercule très durs. Il vit dans toutes les mers d'Europe, souvent par bandes, se tient au fond de l'eau, sur la vase, où il fait la chasse aux plies, limandes, etc. La femelle donne le jour en automne à une douzaine de petits vivants. On les pêche au filet ou à l'hameçon. Les anciens qui le connaissaient lui attribuaient des propriétés merveilleuses. Ils se servaient de sa peau, comme on le fait encore aujourd'hui pour polir le bois et l'ivoire. Sa chair est comestible, mais coriace. Du foie, on retire de l'huile qui a à peu près les qualités de l'huile de foie de morue. ‖ ANGE DE L'ÉCOLE, Surnom donné à S. Thomas d'Aquin, à cause de la profondeur, de la solidité de sa doctrine, et l'ardeur de sa piété. ‖ Liturg. Fête des saints Anges gardiens, instituée pour honorer les anges, célébrée le 2 octobre par l'Eglise latine, et le 11 janvier par l'Eglise grecque. ‖ B.-Arts. Représentation que l'on fait de ces esprits. Les anges de Raphaël, de Michel-Ange, du Poussin, de l'Albane. ‖ ANGE. Théol. Ce mot, formé du grec ἄγγελος qui signifie messager, envoyé, ministre, est une dénomination qui indique non la nature des anges, mais l'office qu'ils exercent. Le mot hébreu *maleach* ou *malach* a le même sens. Les anges sont des créatures spirituelles qui ne sont pas faites pour être unies à des corps : *Qui facis angelos tuos spiritus*. (Ps. 103.) Quand les anges, d'après l'Ancien et le Nouveau Testament, ont apparu sous des formes sensibles, c'étaient des formes qu'ils empruntaient pour se mettre en relation avec les hommes et accomplir auprès d'eux leur mission. On lit dans le concile œcuménique de Latran : « Il n'y a qu'un principe de toutes choses, créateur de tout ce qui est visible ou invisible, spirituel ou corporel, qui dans le commencement des temps, a tiré ensemble du néant, par sa vertu toute puissante, la *création spirituelle et corporelle, c.-à-d. des anges et la matière*, et ensuite la nature humaine, qui est comme une nature commune, composée d'esprit et de corps. Ces êtres incorporels ont une intelligence supérieure et une volonté bien ordonnée. Leur science des décrets divins et du gouvernement de la providence, très étendue, est pourtant limitée. Il y a des mystères pour eux et l'avenir leur est souvent caché. Ils furent créés non seulement dans une grande perfection naturelle, mais encore dans une justice et une sainteté surnaturelles, une grâce habituelle et sanctifiante. Soumis à l'épreuve de la liberté pour le bien et le mal, les uns avec le secours de la grâce persévérèrent dans le bien et conquirent ainsi par leur activité et leur décision personnelle, avec l'aide de Dieu, la sainteté définitive et la béatitude éternelle. D'autres succombèrent à cette épreuve et se perdirent par leur faute. Lucifer, qui devint le chef des anges rebelles ou le premier des démons, ne voulut pas se soumettre. « Ils se détournèrent, dit S. Augustin, de l'Etre Souverain et se retournèrent vers eux-mêmes.» Jésus-Christ a dit des mauvais anges qu'*ils ne restèrent pas dans la vérité.* (Jean, 8, 44.) L'Ecriture fait allusion à d'innombrables troupes d'anges. L'Eglise, au 2e concile de Constantinople, en 553, s'est prononcée contre l'opinion d'Origène, d'après laquelle tous ces esprits seraient égaux en substance, vertus, attributions, etc. En effet, l'Ecriture sainte parle de 9 classes ou chœurs d'anges différents, que les pères et les théologiens divisent en 3 hiérarchies de chacune 3 chœurs, comme suit : 1re hiérarchie : chœurs des Séraphins, des Chérubins, des Trônes; 2e hiérarchie : chœurs des Dominations, des Vertus, des Puissances; 3e hiérarchie : chœurs des Principautés, des Archanges, des simples Anges. Initiés au plan de la Providence, les anges agissent sur le genre humain pour que les desseins de Dieu se réalisent et que l'humanité accomplisse sa destinée. On les voit souvent intervenir dans les grandes phases de l'humanité et seconder la puissance divine; ils apparaîtront au jugement universel pour clore, au nom de Dieu, l'histoire du monde. Ce que les anges sont et font ainsi en grand pour le genre humain, l'ange l'est et le fait pour chaque homme en particulier comme *ange gardien.* Chacun de nous est placé sous la garde d'un ange. Des anges président aussi, d'après l'opinion des plus anciens théologiens, aux lois qui régissent les mondes et veillent à la garde des divers règnes de la nature; par exemple à celui des plantes, à celui des animaux. Les peuples, les sociétés sont sous la protection particulière de certains anges. Ce qu'il y a de grand, de digne, de saint, dans un *ministère* consacré au service de Dieu et au bonheur du monde, mérite notre respect. Rien donc de mieux justifie que l'honneur rendu aux anges et l'invocation dont ils ont toujours été et seront l'objet. On ne peut les représenter, à nos yeux, que sous forme humaine. On leur donne la figure de l'homme et non celle de la femme quoiqu'ils n'aient pas de sexe, étant de purs esprits, parce que c'est le sexe le plus noble et le plus puissant. On leur donne ordinairement la forme de jeunes adolescents, pleins de grâce et de beauté, pour marquer leur innocence, leur éternelle jeunesse. La rapidité avec laquelle ils remplissent leur mission est figurée par des ailes. Si l'on veut marquer qu'ils louent Dieu, on leur donne des harpes d'autres instruments de musique. Il y a plusieurs autres emblèmes dont la signification s'offre d'elle-même.

ANGE DE SAINT-JOSEPH (Ange de LA BROSSE, connu sous le nom de *Père*). Carme déchaussé, né à Toulouse en 1636, m. en 1697, missionnaire apostolique en Perse et en Arabie, provincial de son ordre en Languedoc. Il a laissé *Gazophylacium linguæ Persarum*, Amsterdam, 1664, in-f°, ouvrage loué par Chardin. Il a aussi publié la *Pharmacopæa persica*, Paris, 1681, in-8°; mais s'il faut en croire le docteur Hyde, cette traduction est du P. Matthieu. || ANGE DE SAINTE-ROSALIE (François VAFFARD, dit *le Père*). Augustin déchaussé de la maison des Petits-Pères, né à Blois en 1655, m. à Paris en 1726. A complété l'*Histoire de la Maison de France et des grands officiers de la couronne,* commencée par le P. Anselme, Paris, 1726-1733, 9 vol. in-f°, ouvrage d'une vaste érudition où ont puisé Velly, Garnier, Héuaut. Il a aussi laissé un *Etat de la France,* en 5 vol. in-12, que les bénédictins de Saint-Maur ont publié avec des augmentations, Paris, 1749, 6 vol. in-12. Cet ouvrage contient des documents précieux relatifs à l'origine, aux fonctions, au cérémonial de tous les grands offices ecclésiastiques, civils et militaires de la couronne et aux prérogatives et appointements qui y étaient attachés. || ANGE POLITIEN. V. *Politien.* || ANGE ROCCA. V. *Rocca.* || ANGE. Nom patronymique d'une illustre famille grecque de Constantinople, qui a donné trois empereurs à l'empire d'Orient. (V. *Alexis III l'Ange, Alexis IV* et *Isaac II*)

ANGEÏA. Myth. scand. Une des neuf vierges géantes qui créèrent Heimdall, à l'extrémité de la terre.

ANGEIO... Pour tous les mots commençant ainsi, (V. *Angio...*).

ANGEL. s. m. Une des riv. qui forment la Berounka à Pilsen (Bohême)

ANGÉLATE. s. m. Chim. Nom des combinaisons de l'acide angélique avec les bases. Ces sels sont généralement solubles dans l'eau et dans l'alcool.

ANGELE. (du lat. *angelus*; et du gr. *aggelos,* messager). Nom de Mercure, qui a été appliqué aussi à Diane (Hécate), à un fils de Neptune, et d'une nymphe, et à une fille de Mercure, dont la fonction est d'annoncer aux morts ce que font sur la terre, ceux qui leur survivent.

ANGÈLE MÉRICI (Ste). Fondatrice de l'ordre des Ursulines, née à Désenzano, sur le lac de Garde, au diocèse de Vérone; 1511-1540. A cette femme cachée en Dieu et crucifiée en J.-C. le ciel réserva la haute mission de fonder l'institut des Ursulines, consacré à l'éducation des jeunes filles; c'est en 1537 qu'elle en jeta les fondements et il se répandit bientôt dans toute l'Europe. Sa *Vie* la plus complète a été publiée par Mgr Postel, 1878, 2 vol.

ANGÈLE. Drame en cinq actes et en vers d'Alex.Dumas père, représenté pour la première fois en 1833. La pièce avait d'abord ce sous-titre qui en expliquait le sujet : « *ou l'échelle des femmes* ». Le principal personnage, Alfred d'Alvimar est un fanfaron de vices, qui se fait une échelle de femmes pour parvenir. Après avoir abandonné sa maîtresse, il séduit une jeune fille innocente, Angèle, et bientôt après, il forme le projet d'épouser la mère pour le crédit qu'elle a à la cour. Angèle était enceinte. Vaincu par les prières de la mère, Alfred jure d'épouser la fille, mais manquant à sa parole, il cherche à s'éloigner. En ce moment, un jeune poitrinaire, Henri de Muller, qui aime secrètement Angèle, arrête Alfred, le défie, le tue, épouse Angèle, et reconnaît l'enfant de son rival.

ANGELET. s. m. (dimin. de *ange*). Petit ange. Vx. Petit enfant. || Lady Peel avait des enfants, véritables angelets. (Châteaub.)

ANGELETTE. s. f. T. d'affection, de caresse, de mignardise, dont on s'est servi autrefois en parlant ou en écrivant à une jeune fille.

ANGELI (Bonaventure). Jurisconsulte et historien ital., né en 1502, m. 1576. Son principal ouvrage est intitulé : *Istoria della città di Parma e Descrizione del fiume di Parma, libri* VIII, Parme, 1591, in-4°. Les exemplaires de cette édition, la seule complète, sont très recherchés. On a encore de lui : *Descrizione di Parma, suoi Fiumi, e largo territorio,* Parme, 1590; *Gli elogi degli eroi Estensi,* et quelques opuscules, || ANGELI (Pietro *Degli*) ou ANGELIO. Littérateur et poète latin, né à Bargu, vle de Toscane, d'où son surnom de *Bargæus,* m. à Pise, 1517-1596. A la tête des écoliers de l'université, il défendit vaillamment cette dernière ville en 1554, contre Pierre Strozzi, chef de l'armée siennoise. Il nous reste de lui entre autres ouvrages, un poème sur la chasse en 6 chants, intitulé : *Cynœgéticon,* qui a été traduit en vers italiens, et un autre en 12 chants, *Syrias,* sur le même sujet que la *Jérusalem delivrée.* On a encore de Bargæus des *Oraisons funèbres* en latin, entre autres celles du roi de France Henri II. Ses poésies completes, *Poemata omnia* (Florence, 1568, in-4°), qu'il publia lui-même, contiennent aussi quelques pièces de son frère aîné Antonio DEGLI ANGELI, m. en 1579, qui avait été précepteur des grands-ducs François et Ferdinand de Médicis. || ANGELI (Filippo d'). Paysagiste célèbre, né à Rome vers la fin du XVIe siècle. En 1612, il fut appelé par Côme II de Médicis à Florence où il fit divers travaux. Ses tableaux sont aujourd'hui très rares. On l'appelle souvent aussi le *Napolitain* (Filippo Napolitano) à cause du long séjour qu'il avait fait à Naples avant de se fixer à Florence.

ANGÉLICATE. s. m. Chim. (V. *Angélate*).

ANGÉLICÉES. s. f. pl. S.-tri. des séselinées, fam. des ombellifères. Pétales blancs ou pourprés, souvent rétrécis en un anneau court et réfléchi; fruit ovoïde à côtes primaires peu développées, excepté les latérales qui sont transformées en ailes membraneuses qui s'écartent les unes des autres. G. *levisticum, angelica, archangelica.*

ANGÉLICINE. s. f. Substance résineuse cristallisable qu'on retire de la racine d'angélique.

ANGÉLICIQUE. adj. 2 g. Chim. (V. *Angelique*).

ANGELICO (Fra Giovanni ou Fra Beato), surnommé *da Fiesole.* Célèbre peintre ital., né en Toscane, près du bg de Vicchio, en 1387; il appartient à l'école florentine. Son nom de famille était *Guidolino.* Préservé par la vie du cloître et par la pureté de ses mœurs, il continua la tradition mystique de l'art religieux du moyen âge dont il fut le dernier représentant et le plus accompli. On l'a surnommé le *Peintre des anges,* car nul n'a mieux su rendre la grâce naïve et chaste des têtes d'anges; la pureté et l'expression céleste des saints. Il avait prononcé ses vœux à Fiesole. Lors des troubles de l'Italie il s'était réfugié dans l'Ombrie, contrée plus tranquille, au couvent de Foligno, où il peignit d'admirables miniatures. Côme de Médicis l'ayant appelé à Florence, il couvrit de fresques les murs du couvent de St-Marc; ces fresques peuvent être considérées comme son chef-d'œuvre. En 1447, il avait été chargé de la décoration du dôme d'Orvieto. Le pape l'avait appelé à Rome et avait voulu le nommer à l'archevêché de Florence. Il avait refusé, préférant l'art de peindre à celui de gouverner les hommes. C'est alors qu'il acheva de peindre la chapelle d'Eugène IV et qu'il couvrit de peintures une autre chapelle pour le pape Nicolas V. Il mourut à Rome en 1455. — « Fr. Giovanni, raconte le célèbre historien d'art Vasari, était d'une grande simplicité de mœurs et d'une grande naïveté. Le pape Nicolas V l'ayant invité à manger de la viande il s'en fit scrupule n'ayant pas la permission de son prieur et oubliant ainsi l'autorité du pape..... Sans cesse occupé de peinture, il ne voulut jamais employer son pinceau qu'à représenter des sujets pieux. D'une sobriété et d'une chasteté extrêmes, il sut éviter les pièges du monde, répétant souvent que le repos et la tranquillité sont nécessaires à un peintre et que celui qui peint l'histoire du Christ ne doit penser qu'au Christ..... Ses tableaux pleins de facilité, respirent la dévotion la plus parfaite. Les saints qu'il peignit se distinguent par un aspect divin qu'on ne rencontre chez aucun autre artiste. On assure qu'il n'aurait pas touché ses pinceaux avant d'avoir fait sa prière. Il ne représenta jamais le Christ sur la croix sans que ses joues ne fussent baignées de larmes, aussi les visages et les attitudes de ses personnages laissent-ils deviner toute la sincérité de sa foi dans la religion chrétienne..... C'est donc avec une bien grande justice que ce bon religieux a toujours été appelé Frère Giovanni Angelico..... » Le Musée du Louvre possède un de ses chefs-d'œuvre : le *Couronnement de la Vierge et le Miracle de St-Dominique.* La partie supérieure est composée d'un grand tableau représentant le Christ couvert d'habits royaux et tenant une couronne qu'il va déposer sur la tête de la Vierge, agenouillée devant lui. Les 7 petits tableaux de la partie inférieure représentent: le 1er, la Vision du pape Innocent III, le 2e, S. Pierre et S Paul apparaissant à S. Dominique, le 3e, le Miracle du cavalier, le 4e, la Résurrection du Sauveur, le 5e, S. Dominique et les Albigeois, le 6e, les Anges apportant la nourriture à S. Dominique, le 7e, S. Dominique mourant dans sa cellule en 1221. Ce tableau avait été fait pour l'église de St-Dominique de Fiesole, il montre la grande habileté et la piété profonde du mystique artiste. Le couvent de St-Marc et le Vatican possèdent plusieurs fresques de Fra Angelico. Le tableau du musée du Louvre a fait l'objet d'une publication intéressante de A.-G. de Schleger, intitulée : *Le Couronnement de la Sainte-Vierge et le Miracle de S. Dominique,* tableau de J. de Fiesole, Paris, 1817, in-f° avec 13 planches. || ANGELICO (Michel-Ange). Poète ital., né à Vicence vers 1540, m. à Vienne en 1697. D'abord avocat, il fit paraître des poésies lyriques dont le succès lui valut d'être reçu membre des Académies des *Olimpici* de Vicence et des *Ricovrati* de Padoue. En 1690, il fut appelé à Vienne et reçut, avec une pension, le titre de *Poeta Cæsarco.* On a de lui : *Poésies lyriques,* Venise, 1665, in-12 ; *Discours académiques,* ibid.; *Epithalama* sur les noces de l'empereur Léopold, 1689, in-4° ; etc.

ANGELIERI (Bonaventure). Moine de l'ordre des frères mineurs de St-François, né à Marsala en Sicile, vers le milieu du XVIIe s. Il fut vicaire de son ordre à Madrid. Il avait préparé un ouvrage qui devait avoir 24 vol., mais il n'en publia que deux. Le premier est intitulé: *Lux magica, etc., cœlestium, terrestrium et inferorum origo, ordo, et subordinatio cunctorum, quoad esse, fieri et operari... pars prima,* Venise, 1686, in-4°, sous le pseudonyme de *Livio Betani.* Le second, qu'il publia sous son nom, est intitulé: *Lux magica academica, pars secunda, primordia rerum naturabilium, sanabilium, infirmarum et incurabilium, continens,* etc., Venise, 1687, in-4°.

ANGELIN (bois, écorce, fruits, pommes d'). (V. *Andira*).

ANGELINA. Astr. La 64ᵉ petite planète entre Mars et Jupiter découverte le 4 mars 1864, par M. Tempel.

ANGÉLIQUE. adj. 2 g. Qui appartient, qui est propre à l'ange. Chœurs, esprits perfections angélique. Vous auriez dit quelque concert angélique. (Ch. Nod.) || *Salutation angélique,* Paroles que l'ange Gabriel dit à la Ste Vierge, en lui annonçant qu'elle serait la mère du Rédempteur, et Prière appelée plus ordinairement *Ave Maria,* parce qu'elle commence par ces deux mots. || Fig. Qui tient de l'ange par ses perfections. Vie, douceur, beauté, visage, voix, âme, nature angélique. La virginité est un état angélique. (Boss.) On croit sentir en le lisant une nature angélique et légère. (Ste-Beuve.) || Loc. div. Couronne angélique ou Royaume angélique, Couronne, royaume de Hongrie. — Siège angélique, s'est dit pour Siège apostolique. — Ordre angélique, Ordre de chevalerie, institué en 1191 par l'empereur d'Orient Isaac l'Ange. On appelait aussi ses membres les *Chevaliers dorés.* — Le *Docteur angélique,* S. Thomas d'Aquin, aussi nommé l'*Ange de l'Ecole.* — Ecole angélique, Ecole des thomistes. — Habit angélique, Vêtement de certains moines grecs de l'ordre de St-Basile. Les anciens Anglais donnaient le même nom à un vêtement de moine dont ils s'habillaient à l'article de la mort pour participer aux prières des moines. — Voix angéliques, Jeu d'orgue composé de tuyaux à anche. || Chim. *Acide angélique.* On le rencontre dans les racines de plusieurs espèces d'angéliques. Pour le préparer, on peut l'extraire directement de ces racines mais ce procédé est long; on a plutôt recours à l'huile de croton, l'essence de camomille ou la peucédanine qui en fournissent des quantités notables. L'acide angélique se présente sous forme de gros cristaux prismatiques incolores, peu solubles dans l'eau froide, très solubles dans l'eau bouillante, l'alcool, l'éther, etc. Les cristaux d'acide angélique fondent à 45° et donnent un liquide huileux qui bout et distille sans décomposition à 190°. Ce liquide brûle facilement avec une flamme fuligineuse. Avec les bases on obtient des sels nommés angélates qui sont plus ou moins solubles dans l'eau. Sous l'influence d'un excès d'alcali et de la chaleur, tous ces composés ont tendance à se dédoubler en acétates et propionates avec dégagement d'une certaine quantité d'hydrogène. L'acide angélique peut être obtenu à l'état anhydre, en faisant réagir de l'oxychlorure de phosphate sur de l'angélate de potasse bien sec. Il se produit une réaction très vive à la suite de laquelle on sépare une huile plus lourde que l'eau qui, à froid, n'a qu'une très faible odeur différente de celle de l'acide angélique. Ce liquide bout et distille à 280° sans décomposition. Sous l'influence des alcalis, il donne des angélates alcalins. Il ne faut pas toutefois prolonger cette action, car il se formerait une certaine quantité d'acétate. — *Aldéhyde angélique.* Ce produit n'a pas encore été isolé, mais il était regardé par Gerhardt comme constituant une partie de l'essence de camomille romaine, et permet de se rendre compte de la réaction qui fournit l'acide angélique au moyen de ce composé :

$$C^{10} H^8 O^2 + KO, HO = C^{10}, H^7 KO^4 + 2 H$$
Aldéhyde angélique Angélate de potasse.

ANGÉLIQUE. s. f. Nom vulgaire de la plante appelée par les botanistes *angelica, archangelica,* ou mieux *archangelica officinalis* L. Hoffm., appelée encore *herbe du Saint-Esprit,* dont on confit dans le sucre les tiges encore vertes, et qui fait aussi la base de plusieurs préparations liquides. La racine est surtout employée en confiserie: elle sert ainsi que les fruits

de la plante à combattre les douleurs nerveuses d'estomac ou d'intestin avec flatuosités. L'angélique parfume la bouche et fortifie l'estomac. Un bâton, un morceau d'angélique confite. Eau d'angélique. Baume, extrait d'angélique. (Acad.) Angélique, tel nom a esté donné à ceste plante, à cause des vertus qu'elle a contre les venins. (O. de Serres.) On appelle *baume d'angélique* une substance formée par un mélange d'essence et d'angélicine, il est excitant et stomachique. || ANGÉLIQUE. s. f. Bot. G. d'ombellifères, tri. des sésélinées, s.-tri. des angélicées. Disque charnu, à bords entiers ; calice très rudimentaire, corolle à pétales acuminés ; fruit ovale dont la face côte prolongée en une aile membraneuse; une seule bandelette dans chaque vallécule. Ce g. contient des espèces herbacées assez hautes qu'on trouve surtout dans les régions tempérées ou froides de l'hémisphère boréal. Quelques-unes cependant ont été trouvées à la Nouvelle-Zélande. L'*angelica silvestris,* plante très élevée, est commune dans nos bois. L'angélique des pharmaciens et des confiseurs appartient au g. *archangélique* (V. ce mot). || ANGÉLIQUE, est aussi le nom d'un ancien instrument de musique à cordes, composé du luth, et du téorbe. Cette jeune fille joue bien de l'angélique. || Antiq. gr. Nom d'une danse exécutée pendant les repas par des acteurs vêtus en messagers (*aggelos,* messager).

ANGÉLIQUE (la mère). V. *Arnaud (la mère Angélique).* || ANGÉLIQUE (la belle). Une des principales héroïnes du *Roland furieux* de l'Arioste. Elle était reine du royaume de Cathay, dans les Indes. Roland, dans ses courses à travers l'Orient, s'éprit d'elle, et l'amena en France au camp de Charlemagne, où plusieurs rivaux se la disputèrent. Elle s'échappa pendant une bataille, et après une suite d'aventures extraordinaires, elle fut exposée, comme Andromède, nue sur un rocher, et l'illustre Roger, nouveau Persée, traversant les airs monté sur l'Hippogriffe, l'aperçut au moment où elle allait être dévorée par un monstre, et l'emporta avec lui. Ce dernier épisode a inspiré à Ingres le sujet d'un tableau. Elle échappe aux embrassements de Roger, s'échappe de nouveau et continue ses courses. Mais en passant près de Paris, elle aperçut un jeune homme baigné dans son sang. C'était le beau Médor. Touchée de compassion, elle s'arrête, le soigne, et, pour la première fois éprouva le sentiment de l'amour, elle épouse celui qu'elle a sauvé.

ANGÉLIQUEMENT. adv. D'une manière angélique. Peu us. Vivre angéliquement. Il était angéliquement beau. (V. Hugo.) Que le sourire des femmes est angéliquement menteur. (Lacretelle.)

ANGÉLIQUES. Sectaires des premiers siècles de l'Eglise. Ils regardaient les anges comme les créateurs du monde, et leur rendaient le culte qui n'est dû qu'à Dieu.

ANGELIS (Mucius). Né en 1558, à Spolète, m. en 1597. Professa pendant 46 ans la philosophie et la théologie. Il a laissé des commentaires sur presque tous les *livres d'Aristote,* sur la *Somme de saint Thomas,* et des notes sur les *Epitres de saint Paul,* etc. || ANGELIS (Jérome d'). Jésuite, né à Castro-Giovanni, en Sicile: 1567-1623. Missionnaire, il fut envoyé en 1595 dans l'Inde et au Japon. Son vaisseau ayant été jeté par la tempête sur les côtes du Brésil, il fut fait prisonnier par des corsaires et amené en Angleterre. Il retourna en Portugal, s'embarqua de nouveau, et arriva au Japon en 1602. Il fut martyrisé dans la persécution de 1623, et périt pour le supplice du feu. Il avait écrit une *Courte relation du royaume d'Yesso.* || ANGELIS (Alexandre). Jésuite, né en 1562 à Spolète; professa la philosophie et la théologie, mourut à Florence en 1620. Il a laissé un ouvrage en 5 livres contre les astrologues, imprimé pour la seconde fois à Rome, 1615, in-4°. || ANGELIS (François-Antoine). Jésuite, né à Sorrente en 1567, m. en 1623. Fut envoyé en 1602 dans l'Inde, et deux ans après en Ethiopie, où il prêcha l'Evangile pendant 18 ans. Il avait traduit dans une des langues de l'Ethiopie plusieurs ouvrages, entre autres: les *Commentaires de Jean Maldonat sur l'Evangile de S. Mathieu et sur celui de S. Luc.* || ANGELIS (Pompeio de). Archéo-

logue italien, né à Syracuse, m. en 1647. On a de lui un traité *Sur les privilèges du Sacré Collège apostolique,* Rome, 1640, in-4°; *Sainte Marie-Majeure,* Rome, 1621, in-f°; *Le Vatican ancien et moderne,* Rome, 1646, in-f°, etc. || ANGELIS (Domenico de). Littérateur italien, né en 1675 à Lecce, capit. de la Terre d'Otrante (roy. de Naples), m. dans la même ville en 1718. Il accompagna comme chapelain un régiment napolitain en Espagne, puis fut nommé chapelain de l'armée pontificale. De retour à Lecce, vers 1710, il fut pourvu d'un canonicat et de plusieurs vicariats généraux. Il était membre de plusieurs académies, et Louis XIV lui avait donné le titre d'historien du roi. Il a laissé : *Della patria d'Ennio,* Rome, 1701, in-8°, et Naples, 1712 ; *De l'origine et de la fondation de la ville de Lecce,* Lecce, 1703, in-4° ; *Le Vite di Letterati Salentini,* 1re partie, Naples, sous le faux titre de Florence, 1710, in-4° ; 2me partie, Naples, 1713, || ANGELIS (Pierre). Peintre franç., né à Dunkerque en 1685, m. en 1734. Il se fixa à Rennes. Il a laissé un grand nombre de compositions inspirées de Téniers et de Vatteau. Plus tard, il imita la manière de Rubens et de Van Dyck. Il a surtout réussi un certain nombre de tableaux de genre. || ANGELIS (Pietro de). Ecrivain italien, né à Naples en 1798 ; imprimeur et journaliste à Buenos-Ayres. A publié une *Collection des ouvrages et documents relatifs à l'histoire ancienne et moderne des provinces du Rio de la Plata,* Buenos-Ayres, 1736 et années suiv., 7 vol. in-f°.

ANGÉLISER. v. a. Néol. Assimiler à l'ange.

ANGÉLITES. Syn. d'*Angéliques.* || Hérétiques du vᵉ s., ainsi appelés du lieu (*Angelium*) où ils tenaient leurs assemblées à Alexandrie. Ils enseignaient que outre était le Père, autre le Fils, autre le Saint-Esprit; qu'aucun d'eux n'était Dieu par sa nature, mais qu'il y avait en eux la nature divine qui leur était commune, et que participant à cette divinité d'une manière indivisible, chacun d'eux était Dieu.

ANGELN. District de la prov. de Schleswig-Holstein (Prusse), sur la Baltique, entre le fjord de la Schlei au S. et le golfe de Flensburg. C'est le pays d'où partirent, au vᵉ s., les Angles qui, avec les Saxons et les Jutes, conquirent la Grande-Bretagne. « Par une coïncidence très remarquable, dit M. Elisée Reclus, les Angles habitent un pays qui ressemble singulièrement aux parties de l'Angleterre où leurs frères se sont établis lors de la migration des peuples. En parcourant cette région du Schleswig d'où partirent ceux qui ont donné leur nom au plus grand empire maritime du monde, on croirait se trouver dans le comté de Kent et de Surrey : les campagnes sont aussi gracieusement ondulées ; les cultures sont entretenues avec le même soin ; les arbres, les prairies ont la même verdure opulente ; les bestiaux, paissant dans les enclos, fermés de haies vives ou de rideaux d'arbres, ont le même air de force et de santé ; le pays offre autant de variété dans la succession des villes, des villages, des fermes isolées ; l'aspect de confort et de prospérité se retrouve partout. » Le district d'Angeln est peuplé d'env. 40,000 h.

ANGELO. Myth. gr. Fille de Jupiter et de Junon. Elle donna un des cosmétiques de sa mère à Europe qui, après en avoir usé, devint d'une extrême blancheur. De là vint la blancheur du teint des Européens (fils d'Europe).

ANGELO (Jacques d'). Savant helléniste italien du xivᵉ s., né à Scarpéria, dans la vallée de Mugello, m. vers 1413. Elève de Manuel Chrysoloras et de Démétrius Cydonius, qu'il accompagna en Grèce. Il a laissé des traductions latines d'ouvrages grecs : *Cosmographiæ Ptolomæi, libri 8* ; *Ptolomæi quadripartitum;* cinq vies de Plutarque, celles de Cicéron, de Pompée, de M. Brutus, de Marius et de Jules César; aucun de ces ouvrages n'a été imprimé, excepté le premier; ils existent manuscrits dans les bibliothèques de Florence et de Milan; mais on a édité son ouvrage intitulé: *Jacobi Angeli historica narratio de vita, rebusque gestis M. Tullii Ciceronis,* Wirtemberg, 1564, Berlin, 1531 et 1587.

ANGELOCRATOR (Daniel). Son vrai nom était Engelhardt. Théologien protestant, né à Corbach en 1569, m. en 1635. Superintendant et pasteur à Kœthen. Il assista au synode de

Dordrecht en 1618, et lors de la prise de Cassel par Tilly en 1626, fut très maltraité. On a de lui : *Chronologia autoptica*, Cassel, 1601, in-fo ; *Doctrina de ponderibus, mensuris et monetis*, Marburg, 1617, in-4o, avec des tableaux bien faits.

ANGÉLOLÂTRE. s. m. Qui adore les anges.

ANGÉLOLÂTRIE. s. f. (du gr. *aggelos*, ange, et *latreia*, adoration). Culte superstitieux des anges. (V. *Angéliques*.) Quelques hérétiques se servent de ce mot pour désigner le respect que les catholiques ont pour les anges.

ANGELOME. Diacre et religieux bénédictin de l'abbaye de Luxeuil, mourut vers 855. Il nous apprend qu'il fut appelé pour enseigner les lettres dans l'école du palais de Lothaire. Ses écrits sont : *Commentaires sur la Genèse*, publiés par dom Bernard Pez, Augsbourg, 1721 ; *Sur les quatre livres des Rois*, Cologne, 1530, in-fo, Rome, Paul Manuce, 1555 ; *Sur le Cantique des Cantiques*, Cologne, 1531 ; *Sur les Évangiles*, non encore publiés. On lui attribue encore d'autres ouvrages, notamment un *Traité des Offices divins*. On donne quelquefois à ses commentaires le titre de *Stromata* ou *Tapisseries*, parce qu'ils sont composés de divers extraits des ouvrages des Pères. Ses écrits sont reproduits au t. 115 de la *Patrologie latine* de Migne, avec une notice de Fabricius.

ANGELONI (Francesco). Littérateur et antiquaire italien, né à Terni en Ombrie en 1557, m. en 1652. Il fut secrétaire du cardinal Hippolyte Aldobrandini et protonotaire apostolique. Ses œuvres de jeunesse appartiennent à la littérature légère ; ce sont : *Gl' Irragionevoli Amori*, Venise, 1611, in-12 ; *La Flora*, Padone, 1611, in-12 ; un livret d'opéra imité de l'*Arcadia*, de Sannazar ; *Dialoghi, per fugir le fraudi delle cattive femine*, Venise, 1615-1616, in-8o ; des *Lettres* et *Cento Scherzi amorosi*, nouvelles dans le genre de Boccace, ouvrage resté manuscrit. Plus tard, il forma une riche collection d'objets d'art, alors connue sous le nom de *Musée romain*. Il fit graver et publia une suite de médailles impériales latines qu'il avait rassemblée sous le titre de *Histoire métallique des Empereurs Romains*, Rome, 1641, in-fo. Cette édition était dédiée à Louis XIII. Bellori, neveu d'Angeloni, en a donné une autre, corrigée et augmentée, qu'on préfère à la première. Angeloni a encore écrit une *Histoire de Terni*, Rome, 1646, in-4o.

ANGÉLONIE. s. f. Bot. G. de la fam. des scrofulariacées, formé de plantes herbacées ou suffrutescentes originaires de l'Amérique mérid. Une belle espèce l'*angélonie de Gardner* dont les fleurs sont d'un beau violet tacheté de pourpre en dedans, et dont les feuilles ont l'odeur de la citronnelle, se cultive en serre.

ANGELOT. s. m. (dimin. d'*ange*). Monnaie française sous Philippe de Valois qui portait l'image de l'archange St-Michel foulant aux pieds le dragon et tenant l'oriflamme. Elle valait un écu d'or, mais elle varia de prix. Les Anglais fabriquèrent des angelots sous le règne de Henri VI et de Jacques Ier, aux armes de France et d'Angleterre. || Sorte de petit fromage qui se fait en Normandie ; il était surtout renommé à Pont-l'Évêque. || Zool. Poisson du g. des squales. (V. *Ange*.)

ANGELUCCI (Théodore). Médecin et littérateur italien, né vers 1540, à Belforte, près d'Ancône, m. à Montagnana, en 1600. Fort attaché aux doctrines d'Aristote, il attaqua vigoureusement le platonicien F. Patrizzi, et suscita une querelle à laquelle prirent part plusieurs littérateurs du temps. Les écrits d'Angelucci à ce sujet sont : *Sententia quod metaphysica sit eadem quæ physica*, Venise, 1584, in-4o ; *Exercitationem cum Patritio liber*, 1585, in-4o. Il a encore écrit : *Ars medica, ex Hippocratis et Galeni thesauris potissimum deprompta*, etc., Venise, 1593, in-4o ; *De natura et curatione malignæ febris*, Venise, 1593, in-4o ; *Deus, canzone spirituale di Celio magno*, etc., Venise, 1597, in-4o ; *Capitolo in lode della pazzia*, insérée par Garzoni dans son *Ospitale de' pazzi*, Venise, 1586-1601 ; l'*Eneide di Virgilio*, Naples, 1649, traduction en vers libres, fort estimée, que parfois, mais sans preuves, on attribue au P. Ignace Angelucci, jésuite, né à Belforte, en 1585, et sans doute parent de Théodore. || ANGELUCCI (Liborio). Médecin et

homme politique italien, né à Rome en 1746. Adopta, des premiers à Rome, les principes de la Révolution française. Fut arrêté deux fois par ordre de Pie VI (1793-1796). Fut un des 5 consuls romains nommés par Berthier, lors de l'occupation française. Paraît avoir été mêlé aux tripotages des concussionnaires qui amenèrent une révolte de l'armée française, perdit sa position de consul et devint simple sénateur. Quitta Rome en même temps que les troupes françaises en 1799. Il voulut y rentrer après la bataille de Marengo ; mais Pie VII l'excepta de l'amnistie qu'il avait accordée. Cette interdiction fut cependant levée un peu plus tard. Il mourut à Milan en 1811, chirurgien-majoras vélites de la garde. Outre plusieurs écrits sur des questions médicales, il a donné une édition annotée du Dante.

ANGÉLUS. s. m. (an-gé-luss). Liturg. Prière en l'honneur du mystère de l'Incarnation, qui commence par le mot *Angélus*, et qui se fait trois fois le jour, le matin, à midi et le soir, au son de la cloche des églises, qui en avertit les fidèles en tintant. Dire l'Angélus. Entendre sonner l'Angélus. (Acad.) || Signal donné par la cloche d'une église, au moment où l'on doit faire cette prière. L'Angélus du matin. L'Angélus du soir. On entend l'Angélus tinter et d'un saint bruit Convoquer les esprits qui bénissent la nuit. (Lamart.) Se lever, se coucher à l'Angélus. || Cette prière se compose de trois versets, suivis chacun d'un *Ave Maria*, et d'une oraison. Elle est récitée trois fois par jour, le matin, le midi et le soir. Cette pieuse pratique remonte, selon quelques écrivains, au pape Urbain II ; ce fut au xve siècle, sous Louis XI et par son ordre que l'usage de sonner la cloche pour annoncer l'Angélus fut introduit en France.

ANGÉLUS SILESIUS. V. *Scheffler (Jean)*. || ANGELUS (Christophe). Savant grec du xviie s., né dans le Péloponèse. Persécuté pour sa foi par les Turcs, il se réfugia en Angleterre. Il y fut accueilli par l'évêque de Norwich qui lui donna les moyens d'étudier à Cambridge et à Oxford, au collège de Baliol, où il enseigna le grec jusqu'à sa mort. Il a laissé : *Enchiridion de Institutis Græcorum*, Cambridge, 1619, en gr. et en lat., où se trouvent de curieux détails sur les pratiques de la religion grecque ; *An encomium on the Kingdom of Great-Britain, and the two flourishing sister-universities, Cambridge et Oxford*, Cambridge, 1619 ; *De Apostasia Ecclesiæ et de homine peccati, scilicet Antichristo*, Londres, 1624, gr. et lat.

ANGELY (L'). Fou de Louis XIII ; il est nommé dans deux satires de Boileau, la première et la septième. Il était gentilhomme, mais pauvre, et fut d'abord valet d'écurie du prince de Condé, à qui il plut par ses reparties piquantes, et qui le donna au roi. Les mémoires du temps rapportent plusieurs de ses bons mots, qui prouvent sa singulière hardiesse à railler même les grands seigneurs. Il avait, dit-on, amassé une somme de 25,000 écus, tant de ceux qu'il amusait que de ceux qui craignaient ses plaisanteries. || ANGELY (Louis). Auteur dramatique allemand, né à Leipzig en 1787, m. à Berlin en 1835. Acteur à St-Pétersbourg, puis à Berlin. Il est auteur d'un grand nombre de comédies souvent imitées du français.

ANGÉLYLE. s. m. Chim. Radical de l'acide angélique. On n'a pas encore réussi à l'isoler.

ANGEMME. s. f. Blas. Fleur imaginaire à six feuilles arrondies, semblables à celles de la quintefeuille.

ANGENNES (maison d'). Noble famille franç. tirant son nom de la terre d'Angennes, dans le Perche, et qui remontait au xive s. ; elle a fourni un grand nombre d'hommes d'État, d'officiers distingués et d'ecclésiastiques de talent. || ANGENNES (Renaud d'). Seigneur de Rambouillet, gouverneur du dauphin, fils de Charles VI et chambellan de ce dernier. Il fut chargé de plusieurs négociations en Allemagne. Il resta toujours attaché à son élève pendant les émeutes fomentées par les Bourguignons. Il mourut à la bataille de Verneuil en 1424. || ANGENNES (Jacques d'). Capitaine des gardes du corps sous les règnes de François Ier, de Henri II, de François II et de Charles IX, lieutenant général et gouverneur de Metz. Il mourut en 1562. || ANGENNES (Charles). Fils du précédent, connu aussi sous le nom de *cardinal de Rambouillet*, né en 1530. Succéda à du

Bellay sur le siège épiscopal du Mans. Il assista à la clôture du concile de Trente, où il se distingua par son éloquence. Envoyé à Rome comme ambassadeur, il y reçut la pourpre des mains de Pie V en 1570. Il fit un second voyage pour assister au conclave où fut élu Sixte-Quint, et mourut en 1587, a Corneto, dont ce pontife lui avait donné le gouvernement. Le Bibliothèque nationale possède les mémoires de son ambassade. || ANGENNES (Claude d'). Frère du précédent, né à Rambouillet en 1538, m. en 1601. Conseiller-clerc au parlement en 1565, conseiller d'État en 1568 et chargé d'une mission auprès de Cosme de Médicis ; évêque de Noyon en 1577. Il passa, en 1588, après la mort de son frère Charles, à l'évêché du Mans, où il mourut. On a de lui : Deux *Remontrances du clergé de France*, 1585-1596, in-8o ; *Lettre de l'évêque du Mans, avec la réponse à elle faite par un docteur en théologie* (Jean Boucher), *en laquelle est répondu à ces deux doutes : Si on peut suivre en sûreté de conscience le parti du roi de Navarre et le reconnaître pour roi, et si l'acte de frère Jacques Clément doit être approuvé en conscience, et s'il est louable ou non ?* 1589, in-8o ; *Avis de Rome, tirés des lettres de l'évêque du Mans a Henri de Valois*. 1589, in-8o. || ANGENNES (Julie d'). Gouvernante des enfants de France, en 1661. (V. *Montausier*.)

ANGER (an-gerr). Nom latin de l'Indre, rivière de France.

ANGER (Adolphe). Théologien protestant, né à Dresde en 1806, m. en 1866. Professeur à l'université de Leipzig. On a de lui : *Synopsis evangeliorum Matthæi, Marci, Lucæ*, Leipzig 1832, etc. Il a édité avec Dindorf *Hermas* 1856.

ANGERBURG. 4,300 h. Vle de la prov. de Prusse, arr. et à 52 kil. S.-O. de Gumbinnen, sur l'Angerap. Séminaire protestant. Etablissement de sourds-muets. Filatures. Anguilles renommées.

ANGERIANO (Girolamo). Poète napolitain du xvie s., a laissé des poésies latines : *Erotopægnion, eclogæ ; De obitu Lydæ ; De vero poeta ; De Parthenope*, Naples, 1580, in-4o. L'*Erotopægnion* a été réimprimé avec les poésies de Marulle et de Jean Second, Paris, 1542, in-12, et 1582.

ANGERIS. Nom de l'Indre à l'époque mérovingienne.

ANGERMAN. Fl. du N. de la Suède, prend sa source près de la front. de Norwège, et grossi du *Vangel* et du *Faxe*, se jette dans le golfe de Bothnie. Il forme à son embouchure les îles d'Hemiso et d'Herno ; dans cette dernière est située la ville d'*Hernosand*. Cours 370 kil. dont 75 sont navigables.

ANGERMANIE. Anc. prov. sept. de la Suède, sur le golfe de Bothnie, ainsi nommée du fl. Angerman. Superf. 17,554 k. car. ; pop. 108,000 hab. Elle est comprise auj. dans la prov. de Wester-Norrland (25,056 kil. c., 169,000 h.), dont le ch.-l. est *Hernosand*. C'est un pays de montagnes et de forêts, célèbre par ses beautés naturelles. Ses habitants, les plus vigoureux et les plus actifs de la Suède, cultivent l'orge, l'avoine, le seigle, la pomme de terre et le lin avec lequel ils tissent des toiles rénommées. Belle race de bestiaux.

ANGERMANN (Jean-Christ.). Tailleur de pierres à Potsdam, constructeur d'un célèbre pont à Berlin, m. en 1777.

ANGERMÜNDE. 6,800 h. Vle de Prusse, prov. de Brandebourg, à l'embouchure de l'Anger et près du lac Münde. Point de croisement des lignes Berlin-Stettin et Francfort-Stralsund. Laines, tabac, fonderie. — Prise par les Suédois en 1631.

ANGERONA. Déesse des Romains, sur laquelle on n'a que des renseignements obscurs. Quelques auteurs en font a tort la déesse du silence. Elle était représentée tenant un doigt sur sa bouche bandée et scellée.

ANGERONALES. s. f. pl. Fêtes annuelles en l'honneur de la déesse Angerona. Elles se célébraient le 12 des calendes de janvier (21 décembre), ce qui a fait croire à certains auteurs que c'était la fête du renouvellement de l'année.

ANGERS (an-gé). 68,849 h. Grande et belle vle de la France occid., anc. capit. de l'Anjou, auj. ch.-l. du dép. de Maine-et-Loire, à 262 k. S.-O., de Paris, à vol d'oiseau, 308 et 338 par les ch. de fer. Par 47o 28' 17" lat. N. et 2o 53' 34" longit. O., à 47m d'alt. (la cathédrale). La ville est divisée par la Maine en deux grands quartiers s'élevant en amphithéâtre : celui de la rive g. est la ville proprement dite, où aboutissent les chemins de fer de Paris par Tours, de Paris par le Mans, de Nantes, de Segré et de Poitiers, ces deux derniers ayant des gares spéciales. Sur la rive dr. s'étend la *Doutre*, où sont quelques édifices publics, notamment l'ancien et le nouvel hôpital, l'école des arts-et-métiers, les églises du Ronceray, de la Trinité et Sainte-Thérèse. Trois ponts modernes relient les deux villes que d'immenses travaux accomplis de nos jours ont heureusement transformées. Evêché suffragant de Tours ; grand séminaire dirigé par les Sulpiciens ; petit séminaire dit de Montgazon ; 5 cures et 5 succursales. Cour d'appel, cour d'assises, tribunaux civil et de commerce. Chambre de commerce ; chambre consultative d'agriculture ; Subdivision de région du 9e corps d'armée (Tours) ; dépôt de remonte ; atelier de construction ; magasin de vivres. Inspection de l'académie de Rennes ; lycée 2e catégorie ; école normale d'instituteurs ; cours normal d'institutrices ; école préparatoire de médecine et de pharmacie ; école préparatoire à l'enseignement supérieur des sciences et des lettres ; école des hautes études ecclésiastiques dite de Saint-Aubin. Ecole d'arts-et-métiers ; école des beaux-arts ; institution de sourds-muets ; facultés libres de droit, lettres et sciences ; externat Saint-Maurille ; pensionnats. Sociétés : d'agriculture, sciences et arts, fondée en 1832 ; industrielle et agricole, fondée en 1830 ; d'horticulture, 1863 ; linnéenne 1852 ; d'études scientifiques, 1871 ; de médecine 1824 ; académie des sciences et belles-lettres, fondée en 1685, reconstituée en 1881 ; association artistique de l'Ouest, 1873. Haras. || *Industrie*. — Ardoisières importantes et dont les produits sont très-renommés ; elles sont exploitées sur les comm. d'Angers qui leur a donné son nom, de Saint-Barthélemy, surtout de Trélazé (V. ce dernier mot), et produisent, entre huit carrières, près de deux cents millions d'ardoises par an. Pépinières très importantes, particulièrement celles qui portent le nom de Leroy et qui remontent à 1785. Filatures, manufactures de toiles à voiles, corderie importante, fonderie de cloches, etc. ; port assez fréquenté sur la Maine, || *Monuments et curiosités diverses.* — Angers est, au double point de vue archéologique et artistique, une des villes les plus intéressantes de la France. Son principal monument, la cathédrale, dédiée à S. Maurice, s'élève sur les substructions d'une église carlovingienne et de deux églises romanes à triple nef, dont on fit, au xiie s., un majestueux vaisseau sans bas côté, type caractéristique de l'architecture dite *angevine* (V. ce mot). L'évêque Ulger, qui en avait reconstruit les murs, mourut en 1149, laissant à son successeur, Normand de Doué, le soin de faire les voûtes. Le chœur fut bâti de 1178 à 1179, le transept de 1230 à 1240, en deux campagnes, et l'abside ajoutée en 1274. Malgré la différence de toutes ces dates, la diversité des styles ne s'accuse que dans les détails, laissant à l'ensemble une puissante unité. La façade frappe par la hardiesse des trois tours qui la surmontent. Les deux tours latérales, bâties du xuie au milieu du xvie s. et en partie refaites de nos jours, conservent jusqu'au sommet de leurs flèches de pierre les formes sveltes et élégantes du style gothique, tandis que la tour centrale est un hors-d'œuvre de la Renaissance qui, à tout autre place, aurait une réelle valeur. A la base de cette tour centrale, au-dessus de la grande porte, beau spécimen de la sculpture de la fin du xvie s., et au centre géométrique du massif de la façade, huit guerriers de taille colossale, sculptés en 1537, par Jean Giffard, étaient figurés dans leur complet équipement militaire, sont, à ce que l'on croit, les compagnons de S. Maurice, priant pour la paix du monde. La cathédrale d'Angers a 90m de long. et 26 de haut, sous voûte ; les flèches de la façade, légèrement inégales, atteignent 65 et 69m. L'édifice était riche autrefois en mausolées et en divers objets d'arts légués par les évêques ou par les princes. Les ducs et les duchesses de la maison d'Anjou-Sicile y avaient été inhumés de 1384 à 1498. L'évêque Ulger y reposait dans un magnifique tombeau

en pierre, cuivre et bronze, que le chapitre brisa et vendit au siècle dernier ; alors aussi disparut le monument à moitié païen où Jean Olivier qui s'intitulait « Janus, hiérophante angevin, » avait fait sculpter les dieux, les héros ou les écrivains antiques à côté de la modeste place réservée comme par tolérance à Moïse, Salomon et Boéce. Mais on admire encore aujourd'hui une rare collection de vitraux exécutés du xiie au xvie s., et surtout xiiie.., une cuve de marbre vert antique, donnée par le roi René, un Calvaire et une *Ste-Cécile* de la main de David d'Angers ; de magnifiques tapisseries du xive au xviiie s., et l'orgue réparé en 1873, grand seize-pieds de 3,000 tuyaux avec soufflase de 32 pieds à la pédale. A Saint-Maurice est attenant l'évêché, bâti sur les murs en partie visibles du prétoire romain et du château primitif des comtes d'Anjou, et conservant, malgré les adjonctions et les restaurations récentes, une vaste salle synodale du xie s., deux autres pareillement romanes, à chapiteaux historiés, une vaste cheminée du xve, et un bel escalier de la Renaissance. Un palais d'été a été construit par un des derniers évêques à côté de *l'Esvière ;* tout près, curieuse chapelle du xie et xve s.— *Saint-Serge,* jadis abbatiale, intéresse moins par son clocher moderne et sa triple nef du xve s. que par son chœur, de la fin du xie s., dont la rare élégance n'a pas peu contribué à la célébrité de l'école angevine. Cette partie de l'église, dit M. Authyme Saint-Paul, dans *Joanne* (*Itinéraire de la Loire*) « compte en longueur cinq travées, dont deux à cinq nefs, deux à trois nefs et la dernière sans collatéraux. Les bas-côtés extrêmes des deux premières travées se terminent par des absidioles élégamment voûtées à nervures. Les autres bas-côtés et le chevet se terminent carrément ; on en remarque les travées extrêmes, à nervures compliquées, mais toujours disposées suivant des méthodes locales. Les colonnes isolées qui servent de piliers sont d'une légèreté admirable, avec laquelle s'harmonisent le galbe gracieux des voûtes, la finesse des moulures et la longueur des fenêtres en plein cintre. » — Contemporaine des chœurs de Saint-Serge et de Saint-Maurice, la nef de l'église de la *Trinité* ne leur ressemble ni par son plan, comportant un vaisseau simple avec renforcements latéraux non apparents à l'extérieur, ni par ses voûtes, bizarre compromis entre la voûte sexpartite de l'Ile-de-France et la coupole à nervures de l'Anjou. Le transept et l'abside, ainsi que la belle porte occidentale, remontent au xie s. ; le clocher est presque tout entier de Jean de Lépine, un des meilleurs architectes de la Renaissance. Une reconstruction opérée en 1893, a altéré le cachet de l'édifice et en a, en quelque sorte, détruit l'authenticité. L'intérieur renferme un escalier en bois de la Renaissance, des bas-reliefs en bois doré du xvie s. décorant l'autel principal, un Christ sculpté par Maindron et le buste de l'abbé Gruget, qui fut curé de la paroisse pendant 56 ans, 1784-1840. — A un angle de la Trinité est attenant ce qui reste de l'ancienne église abbatiale du *Ronceray,* c.-à-d. une crypte et une triple nef, attribuée à Foulques Nerra (1028), mais qui fut probablement remaniée à l'époque de la seconde consécration célébrée en 1119 par le pape Calixte II. L'école des Arts-et-Métiers est installée dans les bâtiments du Ronceray, agrandis, pour elle en 1813. — De l'abbaye *Saint-Aubin,* il reste une tour décapitée du xue s., ancien clocher féodal du monastère, des bâtiments du temps de Louis XIV servant de préfecture, et parmi ces bâtiments, une série de magnifiques arcades romanes ornées de sculptures historiées. De *Saint-Nicolas* on ne retrouve plus que les bâtiments claustraux, en partie moderne, et une dépendance paroissiale, située à quelque distance dans la campagne, la chapelle dite de la Barre, renfermant un joli groupe allégorique, dit « les Saints de la Barre, » sculpté par Biardeau, en 1660. De St-Martin dont encore debout les ruines de la nef, bâtie vers 1020, par Foulques-Nerra (il ne reste rien, quoiqu'on en ait dit, de la chapelle romaine par l'impératrice Hermengarde, vers 818), la coupole du carré central, curieuse comme transition de la coupole périgourdine à la coupole nervée angevine, et un chœur de la fin du xiie s.,

d'une grâce ravissante. — *Toussaint,* ancienne abbatiale, est une charmante ruine d'église du xiiie s., avec une rose qui, bien que du xviie s., reproduit exactement une rose gothique. Les beaux bâtiments de l'abbaye (xviie s.), servent de manutention militaire — *Saint-Jacques* avait une façade romane qui a été démolie en 1880 pour faire place à une façade moderne. L'église des Ursulines date du xviie s., et renferme un curieux retable du même temps ; les églises *St-Laud, St-Joseph, Ste-Thérèse* ont été réédifiées de nos jours sur des plans grandioses, romans ou gothiques, de même que les chapelles des congrégations religieuses, notamment celle des religieux du St-Sacrement ; la paroisse *Notre-Dame* suit, en 1884, ce grand mouvement de reconstruction. St-Laud fut jadis célèbre par sa relique de la Vraie Croix, la seule sur laquelle Louis XI n'osât point se parjurer, parce que, suivant la croyance populaire, semblable parjure entraînait, dans le cours de l'année où il avait été commis, la mort du coupable. Il n'a été sauvé de cette relique célèbre qu'un fragment enchâssé dans une croix de vermeil. — Sur un roc entouré de fossés et dominant la Maine, à l'O. du quartier de la rive g., se dressent les dix-sept tours du château d'Angers, démantelées par ordre d'Henri III, mais encore imposantes par leur masse noire de pierre ardoisière cerclée de cordons de tuf blanc. Là se trouvait l'évêché primitif, qu'acquirent par mutation les comtes d'Anjou, en 851, pour y établir leur résidence. On n'y voit plus la tour du haut de laquelle Foulques Nerra fit précipiter, en 999, sa première femme Elisabeth, convaincue d'adultère ; des restes de courtines et de bâtiments dûs aux Plantagenets ont été démolis de nos jours, et une chapelle, devenue aujourd'hui souterraine par l'exhaussement du sol, reste à peu près seule antérieure au saint Louis. Ce prince fit du château, rebâti par ses soins, une forteresse royale de premier ordre. Les ducs d'Anjou-Sicile résidèrent fort peu dans ce château, bien qu'on y trouve une jolie chapelle, transformée actuellement en magasin d'armes, construite sous Charles VI par Yolande d'Aragon, mère du roi René. Il sert aujourd'hui de poudrière. — Devant le château, un piédestal entouré de statuettes historiques supporte la statue du bon roi René, aussi populaire en Anjou qu'en Provence ; toute l'œuvre sculptée est due à David (1853), qui à son tour a été coulé en bronze sur la place de Lorraine en 1880. — L'hôpital St-Jean est en son genre le plus curieux édifice que nous ait laissé le moyen âge. La vanité patriotique des Anglais, qui possédaient l'Anjou au xiie s.., s'était attachée à trouver là le plus ancien et le prototype de tous les édifices gothiques ; la critique est enfin parvenue à établir que la grande salle St-Jean et la chapelle contiguë ne remontent pas au delà de 1175 et sont postérieures de trente-cinq ans à la vraie naissance du style ogival. Ces deux bâtiments et leurs dépendances renferment, depuis 1875, un musée archéologique où se trouvent des débris précieux des antiquités locales, notamment une grande mosaïque romaine découverte en 1879 sur la place du Ralliement. L'urne qu'on y remarque, en porphyre et ornée de deux masques de Jupiter, serait une relique inestimable si l'on pouvait partager la croyance du roi René qui l'avait léguée à sa cathédrale comme une des six urnes des noces de Cana. Hors de l'enceinte de St-Jean existent des magasins, avec belles fenêtres romanes, qui en dépendaient. — Les autres curiosités archéologiques d'Angers sont : le logis Barrault, charmant hôtel des premières années de la Renaissance, affecté aujourd'hui à des collections publiques ; l'hôtel Pincé, dit aussi d'Anjou, dû à Jean de Lépine, actuellement en reconstruction ; la maison de la Voûte, ancien refuge des moines de St-Nicolas, également de la Renaissance ; des maisons en pierre et en bois que de nouveaux percements de rues et les exigences de la vie moderne font de jour en jour disparaître ; des restes peu considérables d'églises ou de chapelles du xie au xvie s., et des fragments de l'enceinte romaine, englobés dans les maisons où il est difficile de les découvrir et d'en suivre le tracé, pourtant restitué assez exactement par les érudits angevins. — Les principaux monuments civils de l'époque moderne sont : la cour d'appel ; le théâtre, avec peintures remarquables, de Lenepveu et Dauban ; le lycée, agrandi de 1871 à 1883 ; les vastes et élégants bâtiments de l'université catholique avec ses trois internats ; et surtout le nouvel établissement Ste-Marie, servant d'hospice et d'hôpital, dont la somptueuse chapelle est ornée de fresques de Dauban, Appert et Lenepveu, célèbres peintres angevins. L'ancienne académie d'équitation, construite en 1751, qui compta parmi ses élèves Pitt et Wellington, sert aujourd'hui de caserne. — La bibliothèque publique, installée, à côté du musée, dans le logis Barrault, a pour fonds les bibliothèques des anciens monastères d'Angers, et ses richesses s'élèvent aujourd'hui au chiffre de 45,000 volumes. Parmi les manuscrits ou les ouvrages curieux, on remarque un incunable, le *Psalterium vetus*, provenant du roi René ; le livre d'*Heures* de ce prince, orné de miniatures ; le manuscrit autographe du préambule de *Paul et Virginie* ; ceux des *Harmonies poétiques* de Lamartine et des *Fables* de Viennet ; les cartulaires de Saint-Aubin et du Ronceray, rédigés, le premier au xiᵉ s., le second au xiiiᵉ s., sur six rôles en parchemin. — Le musée d'art et d'histoire naturelle, comprend, outre cette dernière section, trois parties d'importance fort inégale. C'est d'abord le musée proprement dit, où l'on distingue entre autres tableaux : la *Réunion des Arts*, par Fr. Boucher ; l'*Olympe*, par N. Coypel ; *Saint-Clair*, par H. Flandrin ; deux portraits, par Gérard et par Greuze ; *Mercure confiant Bacchus aux nymphes de Naxos*, par Lagrenée ; une *Noce*, par Lancret ; l'*Arabe pleurant son coursier*, par Mauzaisse ; les *Baigneuses*, de Pater ; le *Bon Samaritain*, par Restout ; *Jésus parmi les Docteurs* et les *Disciples d'Emmaüs*, par Ph. de Champaigne ; un portrait, de Jordaëns ; *Silène ivre, esquisse* de Rubens ; un *Chien blessé*, par Snyders ; deux scènes intimes, de Téniers, et une *Sainte Famille* authentique de Raphaël, malheureusement restaurée à la suite d'avaries ; et, parmi les sculptures, un *Bonaparte*, par Canova, un *Voltaire*, par Houdon ; au musée proprement dit se rattachent les collections de deux peintres angevins, Bodinier et Lenepveu, composées principalement de leurs œuvres. C'est ensuite le cabinet Turpin de Crissé, formé principalement d'antiquités égyptiennes, grecques ou italiques, de divers objets de curiosité, et de quelques tableaux parmi lesquels la *Francesca de Rimini*, d'Ingres. C'est enfin le musée David, collection de premier ordre et sans rivale en France, où sont réunis, sans compter près de cinq cents reproductions de médaillons qui la plupart sont des chefs-d'œuvre, deux cents moulages, modèles ou réductions de toutes les œuvres du sculpteur David d'Angers, un grand nombre de maquettes et plusieurs originaux, notamment la *Mort d'Épaminondas*, bas-relief qui valut à l'artiste, en 1811, le prix de Rome ; à ces ouvrages en ont été ajoutées quelques autres de diverses mains, concernant de loin ou de près David d'Angers, et l'exemplaire unique de sa *Vie*, écrite tout exprès pour le musée par M. Henry Jouin. — Le jardin botanique, aussi beau comme promenade qu'intéressant comme collection, clôt dignement la liste des curiosités d'Angers. — Hors ville, il faut citer : au S.-O., près de la rive de la Maine, les restes du couvent de la *Baumette*, bâti par René en souvenir de la Ste-Baume ; presque dans la même direction, plus au S., sur la limite de la comm. de Ste-Gemme, les ruines romaines de *Frémur* ; au S.-E., le *Pin*, manoir des xvᵉ et xviᵉ s. embelli de nos jours ; au N.-E., au faub. de Reculée, un manoir du roi René, et plus loin le manoir du *Grand-Nozé*, dont la chapelle renferme une charmante Vierge, de Biardeau. || Histoire. — *Juliomagus*, à l'époque romaine, succéda à la capitale primitive des *Andegavi* et en occupe sans doute l'emplacement. Le quartier de l'Esvière (*Aquaria*), où se trouvaient des bains, était à peu près le centre de la cité contemporaine des Césars, qui prit peu à peu le nom de son peuple, racine du nom actuel, et s'entoura de murailles au iiᵉ s. Elle avait alors un théâtre vis-à-vis du château, un amphithéâtre dont la rue des Arènes recouvre l'emplacement et qui mesurait 140ᵐ de long.. des thermes et une basilique chrétienne, située

sans doute près de la place du Ralliement, où un bain sacré, avec inscriptions, a été trouvé en 1880. Le premier évêque connu d'Angers est S. Defensor, qui vivait au milieu du ivᵉ s. Des immigrants saxons s'emparèrent de la ville à l'époque des grandes invasions, mais en furent chassés, avec leur comte Odoacre, par Childéric Iᵉʳ, vers 472, et Angers s'attacha franchement à Clovis après sa conversion. L'élévation des Plantagenets au trône d'Angleterre fut pour Angers la source d'une prospérité que ne diminua point la domination française. S. Louis, après avoir reconstruit le château, engloba pour la première fois les quartiers des deux rives dans une même enceinte qui a subsisté presque entière jusqu'après la Révolution. Angers redevint aussitôt une ville féodale par la création d'un nouveau comté, érigé en duché en 1360 et réuni définitivement au domaine royal en 1480. Ce fut aussi néanmoins une ville ecclésiastique, une ville monastique et un centre d'études. L'évêque y avait une juridiction étendue, et il conservait la haute direction de l'université, née au sein des écoles épiscopales, sous Philippe-Auguste, mais reconnue seulement et pourvue de ses statuts en 1364. Les monastères principaux y étaient au nombre de six : St-Aubin, d'abord St-Germain, fondation du roi Childebert Iᵉʳ ; St-Serge, attribué à Clovis II ; St-Jean ou St-Julien, qui, de 600 à 1696, dates extrêmes de son existence, changea souvent de régime ; St-Nicolas et le Ronceray, créations de Foulques Nerra, le second pour des religieuses ; enfin la collégiale de Toussaint, instituée en cette qualité vers 1110. Les libertés municipales de l'époque romaine se maintinrent assez étendues à Angers, mais la ville n'eut jamais de charte proprement dite et, depuis Louis XI, nos rois portèrent souvent atteinte à ses privilèges. Les Angevins, après avoir remué sous la Ligue, durant les querelles de Louis XIII et de Marie de Médicis et durant la Fronde, adoptèrent avec ardeur la Révolution et se défendirent vigoureusement contre les Vendéens, qui pourtant y entrèrent en 1793. Le dernier événement important dont cette ville ait été le théâtre fut, en 1850, la chute d'un bataillon d'infanterie dans la Maine, par suite de la rupture d'un grand pont suspendu ; ce désastre fit 223 victimes. — Angers a vu naître le roi René, Marbode, le publiciste Jean Bodin, les jurisconsultes Ayrault et Pocquet de Livonnière, l'architecte de la Renaissance Jean de l'Épine, Ménage, le voyageur Bernier, l'anatomiste Béclard, les chimistes Proust, Chevreul, les peintres Bodinier et Lenepveu, le sculpteur David d'Angers, M. de Falloux, etc. || *Arrond.* : 9 cant., Angers N.-E., N.-O. et S.-E., Chalonnes-sur-Loire, le Louroux-Béconnais, les Ponts-de-Cé, St-Georges-sur-Loire, Thouarcé et Tiercé, avec 89 communes ; 154,600 hect. et 170,247 h. — *Cant.* N.-E., 8 comm. et 37,591 h. — *Cant.* N.-O., 11 comm. et 23,514 h. — *Cant.* S.-E., 4 comm. et 28,643 h. (la vie d'Angers figure chaque fois dans le nombre des comm.).

ANGERVILLE. 1,534 h. Vge de France, dép. du Loiret, arr. d'Étampes, cant. et à 7 kil. O. de Méréville ; stat. du ch. de fer de Paris à Orléans.

ANGEVILLE. 341 h. Vge de France, dép. de Tarn-et-Garonne, arr. de Castelsarrasin, cant. et à 7 kil. S. de St-Nicolas-de-la-Grave. Bastide fondée en 1270, au nom d'Alphonse de Poitiers, par Thibaud d'Angeville, qui lui donna son nom.

ANGEVIN, INE. adj. et s. (an-ge-vin, -ine). Celui, celle qui habite Angers ou l'Anjou ; qui appartient, qui se rapporte à l'Anjou ou à Angers, ou à leurs habitants. || ÉCOLE ANGEVINE. Variété de l'archit. ogivale qui prit naissance à Angers ou aux environs, sous les Plantagenets, d'où également son nom de style de Plantagenet, bien que l'époque de son développement réponde mieux à la fin du règne de Philippe-Auguste et que la plupart de ses caractères sont empruntés à l'art français. L'archéologue A. Saint-Paul a ainsi résumé l'histoire de l'école angevine : « Tandis qu'il se construisait dans la plus grande partie de la France, au xiᵉ s., des églises à trois nefs que l'on ne savait point voûter ou que l'on ne voûtait que par des expédients précaires, les architectes du Périgord, de l'Angoumois,

du Quercy et de la Saintonge élevaient de vastes basiliques sans bas-côtés, les divisaient par travées carrées, et les couvraient de coupoles à pendentifs. De la cathédrale d'Angoulême, ce système de voûtes passa brusquement en Anjou, dans l'église abbatiale de Fontevrault, dont la nef fut construite vers 1120. Mais, après la construction de Fontevrault, on voulut, en Anjou, *abréger* les coupoles en les confondant avec les pendentifs ; ainsi fit-on à Fontevrault même, sur la croisée, et dans la partie correspondante de l'église St-Martin, à Angers. Un peu plus tard, les calottes simplifiées, on eut l'idée de bander deux arcs croisés. C'était le temps où des essais analogues avaient lieu dans l'Ile-de-France, pour les voûtes d'arêtes. Les tendances étant les mêmes dans les deux pays, bien que le point de départ fût différent, aussitôt que les architectes du domaine royal eurent trouvé un système complet de voûtes à nervures, les Angevins l'adoptèrent. Seulement, ils voulurent aussi garder leur individualité, tirer parti de leurs propres tentatives : ils formèrent de cette manière un genre de construction intermédiaire entre la voûte d'arêtes et la coupole simplifiée. C'est ce que les archéologues appellent aujourd'hui la voûte *domicale*. La voûte domicale ne constitue pas seule l'originalité de l'architecture angevine du xiᵉ s. ; mais c'est de la voûte domicale que dérivent la plupart des autres caractères particuliers à ce style, ou qui lui sont communs avec les églises périgourdines. Cette sorte de voûte, comme la coupole, ne peut s'établir pure que sur des travées carrées ; aussi lorsqu'on voulut couvrir en pierre des églises antérieures à 1150, prit-on, pour obtenir des divisions carrées dans la grande nef, deux travées des bas-côtés. Pour les édifices nouveaux, on supprima les collatéraux, à l'exemple des Périgourdins, et l'on éleva de larges vaisseaux sans piliers, dont les voûtes, excessivement développées, eurent besoin d'énormes contre-forts. Sur deux de ces massifs, un peu renforcés à dessein, on érigea les deux clochers de façade. C'est à cette variété, qui rappelle le mieux les origines du style Plantagenet, qu'appartiennent St-Maurice d'Angers, la Couture au Mans et la cathédrale de Laval. Enfin, lorsqu'on se décida à construire des bas-côtés, on ménagea les dispositions intérieures de manière à n'avoir que des travées à peu près carrées ; de plus, pour éviter les arcs-boutants, les collatéraux atteignirent la hauteur des voûtes principales : telles sont les églises de St-Serge, à Angers, du Puy-Notre-Dame, de Bourgueil, d'Asnières, de St-Nicolas de Saumur, etc.; telle est aussi la curieuse cathédrale de Poitiers, dont les trois nefs sont en tout presque égales. Le cachet gothique du style Plantagenet se compléta, dès les dernières années du xiiᵉ s., par des emprunts faits à la Normandie et l'Ile-de-France. Mais l'architecture angevine exerça à son tour une influence considérable sur celle de la Grande-Bretagne : c'est, en effet, de la voûte domicale que procèdent les voûtes en éventail du style ogival anglais. » L'école angevine s'est étendue sur toute la Touraine et une partie de l'Orléanais ; on retrouve même ses traces jusqu'à Étampes et Pithiviers, au cœur de l'école française ou parisienne. Elle perdit presque toute originalité au xivᵉ s. et ne se reconnaissait plus, au xvᵉ s., que par le galbe toujours tombé de ses voûtes.

ANGHIARI. 7,000 h. Vle d'Italie (Toscane), prov. et à 18 kil. N.-E. d'Arezzo.

ANGHIERA. Ancien comté d'Italie, comprenant tout le haut Novarais. Il fut cédé au roi de Sardaigne, en 1742, par le traité de Turin. La principale ville du comté était Domo d'Ossola.

ANGHIERA (Pietro-Martire, comte d'). Historien italien, né à Arona, sur le lac Majeur, m. à Grenade ; 1455-1526. Il explora l'Égypte et écrivit une collection de lettres sur l'histoire du nouveau monde : *De Rebus Oceanis et Orbe Novo*, d'après les documents originaux de Colomb et du conseil des Indes dont il était membre, Paris, 1536, in-fᵒ, plusieurs fois réimprimés ; *Delegatione Babylonica*, qu'on a presque toujours imprimé après le précédent ; *Opus epistolarum Petri Martyris Angierii*, 1530, in-fᵒ, et 1670, in-fᵒ elzévir, avec plusieurs ouvrages de Ferd. de Pulgar.

ANGHIVE, ANGHIVIBÉ. s. m. Nom de deux plantes alimentaires du g. *solanum*, qui croissent à Madagascar. L'une donne des fruits du plus beau rouge, gros comme des œufs, l'autre des fruits du volume d'une groseille. On emploie la racine de celle-ci en infusions, contre la strangurie et la gravelle. Ces plantes font partie du groupe des *brèdes* (V. ce mot).

ANGICA. s. m. V. (*Angik.*)

ANGIECTASIE. s. f. (du gr. *aggeion*, vaisseau, et *ektasis*, dilatation). Méd. Désigne les dilatations anormales du cœur et des vaisseaux. On les divise en *cardiectasie, artériectasie, phlebectasie, lymphangiectasie, telangiectasie,* suivant qu'il s'agit de dilatations du cœur, des artères, des veines, des lymphatiques ou des capillaires.

ANGIECTOPIE. s. f. (du gr. *aggeion*, vaisseau, et *ektopos*, déplacé). Méd. Position anormale d'un vaisseau. (V. *Hétérotopie*.)

ANGIELCOSE. s. f. (du gr. *aggeion*, vaisseau, et *elkos*, ulcère). Méd. Ulcération d'un vaisseau.

ANGIEMPHRAXIE. s. f (du gr. *aggeion*, vaisseau, et *amphraxeia*). Méd. Engorgement vasculaire.

ANGIITE. s. f. (du gr. *aggeion*, vaisseau, et terminaison *ite*, commune à toutes les dénominations de phlegmasies). Méd. Inflammation des vaisseaux en général. L'inflammation de chaque ordre de vaisseaux porte un nom particulier, tiré de celui de ses vaisseaux. Ainsi la phlébite est l'inflammation des veines, l'artérite, celle des artères, etc.

ANGIK ou **ANGIKA.** s. m. Bois d'ébénisterie, fourni par l'*ailanthus glandulosa* ou *vernis du Japon ;* il a une teinte rougeâtre, avec des mes d'un rouge plus foncé, et peut prendre un beau poli.

ANGIRO ou **ANZIKO**, ou **MICCOCO.** Peuple de l'Afrique, au sud de l'équateur et au nord du fl. Zaïre ou Congo.

ANGILBERT (S.). Fils d'un des grands de la cour de Pépin le Bref, disciple d'Alcuin et membre de l'école du Palais où il prenait le nom d'Homère ; ministre de Charlemagne dont il épousa la fille Berthe : plus tard, moine à Centule ou Saint-Riquier et chargé de trois ambassades à Rome ; il mourut abbé de son monastère, qu'il avait fait reconstruire somptueusement, en 814. Il est le père de l'historien Nithard. Quelques poésies de lui se trouvent dans les œuvres d'Alcuin. F. 18 février.

ANGIMACURIEN. s. m. Nom d'une secte d'Indiens, qui méditent jour et nuit les poings fermés et les yeux levés vers le ciel. Ils ne vivent que d'insectes assaisonnés avec le suc de plantes amères ou fétides.

ANGINE. s. f. (gr. *agkhô*, serrer, étrangler). Terme de méd. par lequel on désignait autrefois, toute difficulté d'avaler ou de respirer. Il a maintenant une signification un peu moins étendue et s'applique plus spécialement à l'inflammation des amygdales, de la membrane muqueuse du voile du palais, et du pharynx. (Acad.) ‖ Méd. Les angines se divisent en *aiguës* et *chroniques.* — *Angines aiguës.* L'angine aiguë *simple* ou *catharrale* s'annonce par un frisson, un malaise général, un sentiment de sécheresse dans la gorge bientôt suivi de douleur et de gêne pour avaler. La muqueuse de la gorge est rouge dans une étendue variable ; si l'inflammation est limitée aux amygdales, c'est l'*angine tonsillaire* ou *amygdalite* (V. ce mot); l'haleine devient fétide, l'appétit est perdu ; la fièvre est modérée ; au bout de trois à quatre jours, le mieux se fait sentir et en une semaine la guérison est complète. Mais il peut se faire que l'inflammation s'étende et se propage au tissu cellulaire sous-jacent et donne lieu à la formation d'un abcès (*phlegmon rétro-pharyngien*), ce qui transforme une maladie tout d'abord bénigne, en une affection grave qui peut entraîner la mort par suffocation, si l'abcès n'est pas ouvert à temps. L'angine simple est surtout fréquente dans la jeunesse, au printemps, sans doute à cause de l'humidité de l'atmosphère et des brusques variations de la température. Le traitement consiste en gargarismes ou collutoires émollients, boissons adoucissantes, diète, abstention d'aliments solides, repos dans un lieu chaud, pédiluves irritants. Un peu plus tard, gargarismes astringents à

l'alun, au borax. — L'*angine aiguë gangréneuse* est une affection grave qui se développe surtout dans la jeunesse et sous l'influence de la misère, double circonstance dans laquelle l'organisme a son moindre degré de résistance ; elle est quelquefois primitive, mais se montre le plus souvent dans le cours de certaines maladies débilitantes, fièvre scarlatine, fièvre typhoïde, etc. — Les premiers symptômes sont ceux de l'inflammation, comme dans l'angine simple, mais la faiblesse et la prostration du malade sont bien plus marquées ; l'haleine est extrêmement fétide ; les ganglions du cou se tuméfient le plus souvent ; sur les amygdales ou les autres parties de la gorge se voient des parties noires qui se séparent peu à peu et finissent par se détacher, en laissant une ulcération profonde ; ce travail de destruction peut s'étendre, en même temps que les forces languissent ; alors le malade meurt dans une adynamie profonde. -- Le traitement doit tout d'abord s'adresser à l'état général; le quinquina et l'alcool en forment la base ; un petit verre de punch toutes les heures, de l'infusion de viande hachée, *beef-tea* des Anglais, conviennent parfaitement. Contre l'inflammation locale : gargarismes astringents, antiseptiques tels que permanganate de potasse. — Toute une nombreuse catégorie d'angines aiguës présentent le caractère commun de se compliquer de la présence d'un dépôt particulier à la surface de l'inflammation, dépôt qui est loin d'avoir toujours la même gravité. Ce sont : l'*angine pultacée,* qui n'est guère qu'une angine inflammatoire compliquée de l'apparition de plaques blanches dans la gorge, plaques qui s'enlèvent facilement et qui n'ont pas la cohésion de celles de l'angine couenneuse ; l'*angine herpétique* caractérisée par l'apparition de vésicules d'herpès sur la muqueuse de la gorge, chaque vésicule devenant un petit ulcère qui se recouvre souvent d'un dépôt pseudo-membraneux ; l'*angine ulcéreuse* ou *ulcéro-membraneuse,* résultant de la propagation à la muqueuse du gosier, d'ulcérations situées sur la muqueuse buccale ; ces ulcérations se recouvrent d'une couche grisâtre, pulpeuse ; il faut ajouter l'*angine de la scarlatine* et celle de la *variole,* si fréquentes dans ces maladies. Enfin audessus de toutes ces formes, et les dominant de beaucoup par sa gravité, se trouve l'*angine couenneuse,* qu'il est préférable de nommer *angine diphtérique* , car des couennes ou fausses membranes se développent, comme on vient de le voir, dans un grand nombre d'angines. C'est une affection générale, infectieuse et contagieuse, caractérisée localement par une inflammation de la gorge laquelle se recouvre de fausses membranes résistantes que l'on peut détacher par lambeaux ou couennes solides , et qui apparaissent moins d'un jour après les premiers symptômes inflammatoires ; en même temps les ganglions du cou se tuméfient plus que dans toute autre angine. (V. *Diphtérie.*) — Le traitement de ces angines à produit adventice est appuyé sur les mêmes bases : combattre l'inflammation locale, soutenir et relever les forces générales qui tendent singulièrement à se déprimer sous leur influence. La première indication est remplie au moyen des gargarismes émollients, des boissons adoucissantes, des cataplasmes posés autour du cou, des antiphlogistiques : vomitifs, purgatifs, bains de pieds sinapisés ; potions et gargarismes au chlorate de potasse, applications de jus de citron ou d'acide chlorhydrique, de perchlorure de fer, ou de nitrate d'argent. La seconde indication consiste à faire prendre certains médicaments antiseptiques : potions avec perchlorure de fer, permanganate de potasse, etc., et toniques dans toutes les formes, vin, vin de quinquina, café, infusion de viande de bœuf, etc. — *Angines Chroniques.* Le plus souvent, à la suite d'inflammations aiguës répétées de la muqueuse du gosier, il reste une irritation persistante que la médecine a souvent bien de la peine à faire disparaître ; ou bien l'inflammation chronique peut s'établir d'emblée, comme cela n'est pas rare chez les individus lymphatiques ; ou enfin elle se développe dans le cours de certaines affections graves, comme la syphilis. La plus commune des angines chroniques qui porte encore le nom d'*angine glanduleuse,* de *pharyngite glanduleuse* ou *granuleuse,* ou encore celui de *gra-*

nulations, de mal de gorge des ecclésiastiques, des *fumeurs,* etc., est extrêmement fréquente surtout chez les gens qui font un usage presque continu de la parole publique. Le climat a aussi une très grande importance dans son évolution et les départements tièdes et si humides du nord-ouest de la France ont la fâcheuse prérogative de favoriser plus que les autres le développement de cette désagréable affection. L'abus du tabac, des boissons alcooliques, déterminent une irritation passagère de la gorge qui finit par devenir permanente et qui devient l'angine chronique. Enfin certains tempéraments y sont prédisposés, ce sont les goutteux et les rhumatisants. — La muqueuse du gosier est rouge ou bien d'une teinte violacée, sillonnée de petits vaisseaux variqueux et comme mamelonnée par la présence de nombreuses petites glandes hypertrophiées. Le malade a une sensation de sécheresse dans la gorge, la voix est rauque surtout quand le larynx participe à l'inflammation. La plupart cherchent à se débarrasser de l'irritation qu'ils éprouvent en faisant entendre une sorte de bruit guttural particulier que les Anglais ont traduit par l'onomatopée *hem.* C'est le matin surtout que la voix est plus embarrassée, rauque ; quelques efforts de toux l'éclaircissent et provoquent un rejet peu abondant de mucosités visqueuses comparables à de l'empois. Chose curieuse, cette petite affection, si légère en soi, conduit assez souvent à l'hypochondrie. — Le traitement consiste à éviter toutes les causes d'irritation locale : tabac, alcool, efforts de la voix, froid, etc. Plusieurs eaux minérales sulfureuses sont spécialement recommandées pour cette affection : Eaux-Bonnes, Cauterets, Bagnères-de-Luchon, Enghien, Allevard, prises en gargarismes et en boisson. On se trouvera bien d'inhalations répétées de vapeurs chaudes, d'insufflations astringentes, avec le sous-nitrate de bismuth, le calomel, 1 partie pour 12 de sucre pulvérisé, le sulfate de cuivre, l'acétate de plomb, le nitrate d'argent ; ou bien de cautérisations au nitrate d'argent, perchlorure de fer, etc. — *Angine de Poitrine.* Affection nerveuse des plus singulières et des plus cruelles, dans laquelle un individu en pleine santé, sous l'influence du moindre effort, est tout à coup pris d'une horrible oppression dans la région de la poitrine, comme si un poids énorme venait s'y poser ; la douleur remonte souvent jusqu'à la gorge et dans le membre supérieur, surtout le gauche. Il lui semble que l'air n'arrive plus à ses poumons ; sa voix est faible et mourante, et parfois le malheureux croit qu'il va succomber, lorsque tout à coup l'accès passe comme il est venu et sans laisser trace de son passage. Pendant cet horrible moment d'angoisse, le pouls reste normal et la respiration s'exécute bien. Il est rare que l'attaque se prolonge plus de quelques minutes, un quart d'heure — La durée de cette affection est variable ; elle peut être de plusieurs années, souvent moindre. La mort survient par syncope pendant un accès provoqué par une émotion vive, une colère, un violent effort. On connaît plusieurs cas de guérison. — C'est une affection de l'âge mûr, se développant surtout chez les rhumatisants et les goutteux, bien plus fréquente chez l'homme que chez la femme ; chez les gens riches que chez les pauvres ; dans les climats humides et froids ; l'abus invétéré du tabac semble l'avoir plusieurs fois causée. — On croit généralement que la nature de cette singulière maladie consiste en une névralgie du plexus nerveux du cœur. — Le traitement est des plus incertains. Il consiste d'abord à écarter les causes de l'affection, et ensuite à pallier aux accidents de l'attaque par les antispasmodiques. Dans l'intervalle des accès, on administre la belladone, l'assa fœtida, l'extrait de ciguë, l'arsenic ; enfin l'électricité paraît pouvoir rendre quelques services.

ANGINEUX, EUSE. adj. Pathol. Qui a rapport à l'angine, qui en est accompagné ou compliqué. Affections angineuses.

ANGIOCARDITE. s. f. (du gr. *aggeion*, vaisseau ; de *aggos*, vase ; de *agkhô*, je serre ; d'où *angine,* et *kardia*, cœur. plus la terminaison *ite* qui exprime l'état inflammatoire). Pathol. Nom donné par M. Bouillaud à la Fièvre inflammatoire.

ANGIOCARPE. adj. 2 g. (V. *Angiocarpien.*) || s. m. Le fruit des plantes angiocarpiennes. || **ANGIOCARPES.** s. m. pl. Ordre de la classe des lichens, caractérisé par des apothécies closes, par suite de leur enfoncement dans le thalle même ; ce terme est opposé à celui de *gymnocarpes.* (V. ce mot).

ANGIOCARPIEN, IENNE, ou ANGIOCARPE. adj. (du gr. *aggeion*, vaisseau, et *karpos*, fruit). Bot. Se dit de tout végétal phanérogame qui porte des fruits *angiocarpes*, c.-à-d. couverts en tout ou en partie d'une enveloppe qui masque leur forme naturelle. On les appelle encore *induviés.* (V. ce mot).

ANGIODÉSIE. s. f. (du gr. *aggeion*, vaisseau, et *desis*, lien). Didact. Démonstration des vaisseaux.

ANGIODIASTASE. s. f. (du gr. *aggeion*, vaisseau, et *diastasis*, dilatation). Pathol. Dilatation des vaisseaux.

ANGIOGASTRE. adj. et s. m. (du gr. *aggeion*, vaisseau, et *gaster*, ventre.) Bot. A été employé pour désigner : d'une part, des champignons dont les conceptacles qui contiennent les corpuscules reproducteurs sont renfermés dans une enveloppe commune ; d'autre part, les champignons de l'ordre des gasteromycètes dont les spores sont contenues dans des dévethèques, ex. les truffes.

ANGIOGÉNIE. s. f. (du gr. *aggeion*, vaisseau, et *géneïa*, génération). Anat. Formation et développement des vaisseaux.

ANGIOGÉNIQUE. adj 2 g. Anat. Qui a rapport à l'angiogénie.

ANGIOGRAPHE. s. m. (du gr. *aggeion*, vaisseau, et *graphô*, j'écris ou je décris). Anat. Celui qui s'occupe de décrire les vaisseaux du corps de l'homme ou de l'animal.

ANGIOGRAPHIE. s. f. Anat. Description des organes de la circulation du sang.

ANGIOGRAPHIQUE. adj 2 g. Qui a rapport à l'angiographie.

ANGIOHÉMIE. s. f. (du gr. *aggeion*, vaisseau, et *haïma*, sang). Pathol. Congestion sanguine.

ANGIOHYDROGRAPHE. s. m. (du gr. *aggeion*, vaisseau, *hudôr*, eau, lymphe, et *graphô*, je décris). Anat. Celui qui décrit les vaisseaux lymphatiques.

ANGIOHYDROGRAPHIE. s. f. Anat. Description des vaisseaux lymphatiques.

ANGIOHYDROGRAPHIQUE. adj. 2 g. Anat. Qui se rapporte à l'angiohydrographie.

ANGIOHYDROLOGIE. s. f. (du gr. *aggeion*, vaisseau, *hudôr*, lymphe, et *logos*, discours). Anat. Traité sur les vaisseaux lymphatiques.

ANGIOHYDROLOGIQUE. adj. 2 g. Anat. Qui se rapporte à l'angiohydrologie.

ANGIOHYDROTOMIE. s. f (du gr. *aggeion*, vaisseau, *hudôr*, eau, lymphe, et *tomé*, section.) Anat. Dissection des vaisseaux lymphatiques.

ANGIOHYDROTOMIQUE. adj. 2 g. Qui concerne l'angiohydrotomie.

ANGIOLEUCITE. s. f. (du gr. *aggeion*, vaisseau, *leukos*, blanc, et la term. *ite*, indiquant inflammation.) Méd. Inflammation des vaisseaux lymphatiques. On dit aussi *Lymphangite.* Cette affection est due le plus souvent à l'existence d'une plaie, d'une blessure, d'une piqûre anatomique, d'une inflammation, à laquelle aboutit une portion du vaste réseau lymphatique répandu dans tout l'organisme. Les principes irritants puisés en quelque sorte dans ce milieu morbide déterminent dans ce système une vive irritation qui se propage plus ou moins loin par l'intermédiaire d'un certain nombre de vaisseaux lymphatiques. — On reconnaît la présence de l'angioleucite à une rougeur qui se montre en certains points de la peau, sous la forme de rubans, de filaments disposés en réseau à mailles plus ou moins écartées, et qui le plus souvent apparaît dans le voisinage d'une plaie souvent minime, d'une écorchure, d'une coupure insignifiante. Puis l'inflammation se propageant aux tissus voisins, il n'y a bientôt plus qu'une vaste surface rouge uniforme. Cette inflammation s'accompagne d'une douleur vive, brûlante, d'un gonflement œdémateux ; en même temps les ganglions lymphatiques placés sur le trajet des vaisseaux enflammés se tuméfient et deviennent fort douloureux ; on les sent particulièrement, suivant les cas, dans le creux de l'aisselle, au pli de l'aine, au cou. L'apparition de cette affection s'annonce par des frissons semblables à ceux de la fièvre intermittente ; le pouls est agité, la soif vive ; il y a souvent des nausées et des vomissements, de l'insomnie ; la langue se dessèche, se couvre d'un enduit fuligineux, se fendille comme dans la fièvre typhoïde. — L'angioleucite est fréquemment suivie de suppuration ; il se forme soit un vaste abcès, soit plusieurs petits abcès isolés les uns des autres. Il peut survenir de la gangrène surtout chez les personnes lymphatiques ou profondément anémiques ou épuisées par différents excès. Enfin la mort est parfois la terminaison de cette affection. — Le traitement consiste en application de topiques émollients ; compresses d'eau de sureau tiède, cataplasmes, bains tièdes, frictions avec onguent mercuriel ; vésicatoires volants. Les incisions pratiquées dès le début peuvent arrêter les progrès de l'inflammation ; si les abcès sont formés, il ne faut pas hésiter à les ouvrir largement. — En même temps on soutiendra les forces, on ramènera l'appétit au moyen des toniques amers.

ANGIOLEUCOLOGIE. s. f. (du gr. *aggeion*, vaisseau, *leukos*, blanc, et *logos*, discours). Syn. d'*Angiohydrologie.*

ANGIOLOGIE. s. f. (du gr. *aggeion*, vaisseau, et *logos*, discours). Anat. Partie de l'anatomie qui traite des organes de la circulation. Elle comprend l'étude du cœur, des artères, des veines et des vaisseaux lymphatiques.

ANGIOLOGIQUE. adj. 2 g. Anat. Qui a rapport à l'angiologie.

ANGIOLOGUE. s. m. Celui qui étudie spécialement l'angiologie.

ANGIOLYMPHITE. s. f. (du gr. *aggeion*, vaisseau, et du lat. *lympha*, eau, lymphe). Pathol. Syn. d'*Angioleucite.*

ANGIOME ou ANGIONOME. s. m. (du gr. *aggeion*, vaisseau, et *nomé*, distribution). Syn. *Tumeur érectile, Nœvus maternus, Telangiectasie, Arteriectasie, Angiectasie, Fongus hematode*, etc. Tumeur formée par le développement de nouveaux vaisseaux sanguins Ces tumeurs peuvent siéger dans tous les tissus, même les os ; mais le plus souvent elles se rencontrent dans la peau ou immédiatement au-dessous. Celles de la peau qui forment à sa surface des taches rougeâtres bien connues sous le nom de *nœvi materni*, ou vulgairement *d'envies*, sont formées de capillaires et peuvent ne pas dépasser la *dimension d'une piqûre de puce* ; mais par la suite ces petits vaisseaux se dilatent et leurs parois s'amincissent en même temps que la circulation du sang y est beaucoup plus lente. D'autres fois la tumeur a son point de départ dans des artères, d'autres fois encore dans des veines. Par les progrès de la maladie, la tumeur forme une masse spongieuse à laquelle aboutissent des artères et des veines, mais dans laquelle il n'y a plus que des espaces lacunaires remplis de sang communiquant entre eux et sans vaisseaux bien délimités ; c'est alors vraiment la tumeur érectile, très analogue aux tissus de l'économie qui offrent à l'état normal cette structure. Les symptômes de cette affection sont très variables : il peut arriver que la tumeur reste indéfiniment à l'état d'une tache plus ou moins étendue, comme elle était au moment de la naissance, se gonflant sous *l'influence des cris* et des efforts ; le plus souvent elle s'élargit dès les premières semaines de la vie et envahit toute l'épaisseur de la peau au dessus de laquelle elle fait saillie, *sous forme d'une* masse lisse ou mamelonnée, résistante, dure, quand l'enfant crie, molle et flasque quand il reste paisible. La compression la fait pâlir et *diminuer de volume* en même temps qu'elle permet de constater, quand la tumeur est d'origine artérielle, des battements isochrones à ceux du pouls, ou bien un frémissement particulier. Ces tumeurs érectiles peuvent rester longtemps stationnaires, guérir même spontanément, par exemple à la suite d'une maladie grave ; c'est l'exception. Elles exposent à des hémorragies très difficiles à arrêter et que provoque souvent la moindre piqûre ou excoriation. Elles sont assez sujettes à des ulcérations qui, dans certains cas, sont suivies de la disparition graduelle de la tumeur ; surtout quand celle-ci est d'origine artérielle. — Le diagnostic de ces tumeurs est sans difficulté quand elles sont superficielles ; il n'en est pas de même quand elles sont enfouies dans les tissus et peuvent être confondues avec des tumeurs d'une autre nature, des abcès, etc. — Le pronostic varie suivant le siège de la tumeur, son étendue, sa nature ; les angiomes veineux exposent moins aux hémorragies accidentelles, mais sont moins accessibles aux moyens chirurgicaux que les angiomes artériels. — Le traitement compte un grand nombre de méthodes. Parfois on se contente de chercher à masquer la tumeur au moyen d'un tatouage fait avec une couleur appropriée. Voici comment on procède : la surface de la tumeur étant bien lavée, on la frotte assez rudement pour attirer le sang dans les parties les plus superficielles, puis on la recouvre de peinture de façon que sa couleur se confonde avec celle de la peau voisine, enfin avec un certain nombre d'aiguilles implantées dans un bouchon et ne le dépassant que d'une faible longueur, on pique successivement toutes les parties du nævus. Mais ce tatouage est très souvent insuffisant pour obtenir le résultat désiré. Les moyens chirurgicaux sont multiples ; les uns consistent à enlever et détruire directement la tumeur, soit par l'extirpation ou l'amputation, soit par la ligature autour d'épingles passées préalablement au travers de la tumeur, ou au moyen de l'écraseur linéaire, ou bien à cautériser au fer rouge ou avec les caustiques ; d'autres procédés opératoires consistent à faire disparaître la tumeur au moyen de la pression continue ou bien en faisant la ligature des vaisseaux qui y aboutissent ; enfin on a tenté la cure au moyen de l'injection dans l'épaisseur de la tumeur de liquides coagulants ou irritants, tels que tannin, perchlorure de fer, acide nitrique, etc., ou bien en inoculant du vaccin sur plusieurs points de la tumeur, procédé fort bon quand il s'agit d'un angiome superficiel et peu étendu.

ANGIONOSE. s. f. (du gr. *aggeion*, vaisseau, et *nosos*, maladie). Pathol. Maladie qui a son siège dans le système vasculaire sanguin.

ANGIOPATHIE. s. f. (du gr. *aggeion*, vaisseau, et *pathos*, douleur). Pathol. Maladie des vaisseaux.

ANGIOPATHIQUE. adj 2 g. Qui a rapport à l'angiopathie.

ANGIOPLANIE. s. f. (du gr. *aggeion*, vaisseau et *plané*, errement). Pathol. Structure irrégulière et distribution anormale des vaisseaux.

ANGIOPLANIQUE. adj. 2 g. Pathol. Qui a rapport à l'angioplanie.

ANGIOPLÉROSE. s. f. (du gr. *aggeion*, vaisseau, et *plérosis*, réplétion). Pathol. Réplétion des vaisseaux, congestion sanguine.

ANGIOPLOCE. s. f. (du gr. *aggeion*, vaisseau, et *ploké*, pli). Pathol. Nodosités et plissements morbides des vaisseaux.

ANGIOPTÉRIDÉE. s. f. Bot. G. de fougères fossiles voisines des angioptéris, avec frondes pennées et nervures ou pennes articulées. On les rencontre à partir du trias.

ANGIOPTÉRIDÉES. s. f. pl. Bot. Tri. de fougères, souvent réunie à celle des marattiacées, dont elles se distinguent cependant par la présence d'un anneau dorsal qui serpente sur le sporange et joue sans doute un rôle dans la déhiscence de cet organe et la dissémination des spores. On y fait rentrer deux genres fossiles importants : *scoleopteris* et *psaronius.* (V. ces mots).

ANGIOPTERIS. s. m (du gr. *aggeion*, capsule, et *pteris*, fougère). Bot. G. de fougères dont le stipe est très ramassé et entièrement masqué par d'énormes écailles ou pérules entre lesquelles sortent des frondes gigantesques formant un magnifique bouquet au sommet de cette courte tige. Sa structure est toute particulière ; elle se compose de six zones de faisceaux ligneux comme emboîtées l'une dans l'autre et reliées entre elles par des faisceaux de moindre importance. Les faisceaux sont formés chacun d'une première zone prosenchymateuse ou ligneuse, en dedans de laquelle se trouve une couche génératrice, puis une couche de trachées, et enfin, tout à fait au centre, des vaisseaux scalariformes. Les racines sont pourvues d'une coléorhize et offrent de la chlorophylle au moins dans les premiers temps de leur développement. Les frondes qui atteignent 10 à 12 pieds de long portent sur leurs nervures les spores renfermées dans de gros sporanges. Ces belles fougères habitent l'Asie tropicale et les îles de l'Océan Indien. Une espèce (*a. erecta*) est considérée par les Taïtiens comme un reconstituant énergique; ils mangent les bourgeons et les côtes jeunes et tendres des frondes. Les frondes broyées exhalent une odeur agréable et sont mêlées avec de l'huile de coco pour former un liniment dont les indigènes se frottent les membres pour leur donner de la vigueur et de la souplesse.

ANGIOPYRIE. s. f. (du gr. *aggeion*, vaisseau, et *pyr*, feu). Pathol. Nom donné par Alibert à la fièvre inflammatoire.

ANGIOPYRIQUE. adj. Pathol. Qui a rapport à l'angiopyrie.

ANGIORRHAGIE. s. f. (du gr. *aggeion*, vaisseau, et *rhégnumi*, je brise). Pathol. Écoulement de sang ou hémorragie par excès de force; ou encore hémorragie par les vaisseaux capillaires.

ANGIORRHAGIQUE. adj. 2 g. Qui a rapport à l'angiorrhagie.

ANGIORRHÉE. s. f. (du gr. *aggeion*, vaisseau, et *rheó*, je coule). Pathol. Écoulement de sang par défaut de force, ce qu'on a encore appelé *hémorragie passive* (V. ce mot); désigne aussi parfois l'exsudation du liquide lymphatique à travers les parois des vaisseaux.

ANGIORRHÉIQUE. adj. Qui concerne l'angiorrhée.

ANGIOSCOPE. s. m. (du gr. *aggeion*, vaisseau, et *scopeó*, j'observe). Anat. Microscope propre à observer les vaisseaux capillaires.

ANGIOSCOPIE. s. f. Anat. Observation et étude des vaisseaux capillaires au moyen de l'angioscope.

ANGIOSCOPIQUE. adj. Anat. Qui a rapport à l'angioscopie.

ANGIOSE. s. f. (du gr. *aggeion*, vaisseau.) Syn. d'*Angionose*. || Le pluriel est usité et exprime une fam. de maladies ayant pour siège le système vasculaire sanguin. (Alibert.)

ANGIOSORE. adj. 2 g. (du gr. *aggeion*, capsule, et *sóros*, tas). Bot. Se dit des fougères dont les *sores* sont renfermés dans une capsule ou sous un repli formé par les tissus voisins et appelé *indusie*; ce terme est opposé à celui de *gymnosore* (V. ce mot).

ANGIOSPERME. adj. 2 g. (du gr. *aggeion*, vaisseau, et *sperma*, semence). Bot. Se dit des plantes phanérogames dont les graines sont recouvertes d'un péricarpe distinct, par opposition à celles des conifères qui mériteraient le nom de *gymnospermes* (V. ce mot). || Paléont. Les angiospermes ont apparu longtemps après les gymnospermes; elles commencent à se montrer à la période crétacée et sont un indice d'une répartition inégale de la chaleur à la surface du globe et de l'établissement des saisons.

ANGIOSPERMIE. s. f. Deuxième ordre de la quatorzième classe ou didynamie du système linnéen. Il comprend les plantes à étamines didynames et à graines renfermées dans une capsule, par opposition aux plantes à étamines didynames rangées dans l'ordre de la gymnospermie (V. ce mot).

ANGIOSPORE. adj. 2 g. (du gr. *aggeion*, vaisseau, réceptacle, et *spora*, semence). Bot. Tout champignon dont les corpuscules reproducteurs sont enfoncés et cachés dans le tissu du réceptacle. On a aussi donné ce nom à un groupe de lichens chez lesquels les sporidies sont renfermées dans des thèques.

ANGIOSTÉNOSE. s. f. (du gr. *aggeion*, vaisseau, et *sténôsis*, rétrécissement). Pathol. Resserrement des vaisseaux.

ANGIOSTÉUSE. s. f. (du gr. *aggeion*, vaisseau, et *ostéon*, os). Pathol. Incrustation calcaire des vaisseaux.

ANGIOSTOME. s. m. (du gr. *aggeion*, capsule, et *stoma*, bouche). Espèce de vers de la famille des anguillulides, classe des nématodes; vit en parasite dans l'intestin du *limax ater*. (V *Rhabditus*.)

ANGIOSTROPHE. s. f. (du gr. *aggeion*, vaisseau, et *strophé*, torsion). Méd. Torsion des artères pour arrêter les hémorragies.

ANGIOTÉNIE. s. f. (du gr. *aggeion*, vaisseau, et *teinein*, tendre). Pathol. Syn. de *Fièvre inflammatoire*, Fièvre dont l'action s'exerce sur les vaisseaux qu'elle tend ou irrite. (Pinel.)

ANGIOTÉNIQUE. adj. Qui a rapport à l'angioténie. Fièvres angioténiques, Fièvres inflammatoires attribuées par le médecin Pinel à une irritation du système vasculaire.

ANGIOTHÈQUES. s. f. pl. (du gr. *aggeion*, vaisseau, et *théké*, boîte). (V. *Angiogastres*.)

ANGIOTOMIE. s. f. (du gr. *aggeion*, vaisseau, et *tomé*, section). Anatomie du système vasculaire chez l'homme ou chez les animaux.

ANGIOTOMIQUE. adj. 2 g. Qui concerne l'angiotomie.

ANGIRA. (g. dur). Myth. indoue. Un des dix Pradjapatis ou Brahmadikas créés par Souaïambouva, fils ou petit-fils de Menou. Il épousa Sratei, fille du pradjapati Attérien, et en eut un fils et quatre filles : Arani, Kougouéi, Raguéi et Soumati. Angira est la tige des Havismats, ou ancêtres des Kchatrias (la caste des guerriers).

ANGIROLLE, ANGIRELLE, ANGIVOLLE ou **ANGIVELLE.** s. f. Mar. Nom d'un palan frappé sur une pantoire capelée au mât, servant à soutenir la vergue qui porte la voile de tréou.

ANGITE. s. f. Pathol. (V. *Angiite*.)

ANGITIA ou **ANGUITIA** (de *anguis*, serpent, symbole de la médecine et de la magie). Myth. italique. Déesse marse qui présidait à la médecine ou à la magie. Elle était fille du roi de Colchide Eétès; elle vint en Italie et tomba dans le lac Fucin, dont elle devint une divinité.

ANGIVILLER (Charles-Claude de la BILLARDERIE, comte d'). Directeur général des bâtiments, jardins et manufactures de Louis XVI, maréchal de champ, commandeur de l'ordre de Saint-Lazare, membre des Académies des sciences, de peinture et de sculpture, protégea les artistes, les savants et les gens de lettres. Le roi écoutait volontiers ses conseils. Il continua les embellissements commencés par Buffon au Jardin des Plantes, et eut l'idée de réunir au Louvre les collections de peinture et de sculpture. Accusé à la Constituante par Ch. Lameth d'avoir exagéré le compte de ses dépenses, il vit ses biens confisqués en 1791, émigra, vécut en Allemagne et en Russie, et mourut à Altona en 1810. Son cabinet de minéralogie a été réuni au Muséum d'histoire naturelle de Paris.

ANGKOR-THOM ou **ENTHIPAT** (la cité d'Indra). Ville ruinée du royaume de Siam, prov. et à 6 kil. N. de Siem-Réap, à 20 kil. env. au N. du Tonlé-Sap ou Grand-Lac et à 1500m O. de la rivière dite d'Angkor, par 101o 33' long. O. et 13o 23' lat. N.—Angkor-Thôm ou la Grande, qui compta jadis parmi les plus belles villes du monde, est aujourd'hui un site archéologique de premier ordre, et ses restes donnent la plus haute idée de la splendeur du peuple kmer ou cambodgien, dont elle fut pendant près de mille ans la capitale. Son enceinte extérieure, de forme exactement carrée et parfaitement orientée aux quatre points cardinaux, comme presque tous les édifices khmers, a 14,500m de tour et 9m d'élévation. Entourée d'un fossé de 120m de largeur, elle était accessible par cinq portes ornées de tours et de nombreux motifs de sculpture, et précédées chacune d'un pont avec parapets formés de géants accroupis qui soutiennent la longue croupe d'Aminta, le roi-serpent, terminée antérieurement par sept ou neuf têtes rayonnant en éventail. Le front de l'enceinte tourné à l'E., vers la rivière, avait seul deux portes; la plus rapprochée de l'angle S.-E., est celle dont la chaussée est la plus monumentale et la mieux conservée; elle est appelée la porte des Morts et conduit directement au temple de Baïon, « le mieux conçu, sans contredit, le plus varié et le plus original des édifices sacrés de l'ancien Cambodge », dit M. L. Delaporte. Dans une enceinte longue de 230m s'élèvent, sur un rectangle large de 120 mètres et profond de 130, quatre galeries entourant quatre autres galeries disposées de même, mais beaucoup moins développées, plus hautes, plus riches et surmontées de seize tours. Sur chaque front, trois de ces tours marquent également les facades de la croix grecque formée par le sanctuaire, surmonté lui-même de plusieurs tours dont huit encadrent la tour centrale, œuvre capitale, autrefois complètement dorée. Cette tour porte à 50m au-dessus du sol la fleur de lotus qui la termine. Le nombre total des tours qui surmontaient le temple de Baïon est de cinquante; comme toutes les tours sacrées ou *préasats* du Cambodge, elles avaient en élévation la forme d'ogives très aiguës; leur carac-

tère particulier consistait principalement dans le quadruple masque de Brahma, de proportions colossales, qui ornait chacune d'elles et qu'on retrouve assez rarement ailleurs que dans la ville ou les environs d'Angkor. Ces masques, le style des inscriptions et des innombrables bas-reliefs qui décorent les galeries assignent à Baïon une date où l'art khmer, arrivé à sa maturité au point de vue de la conception, gardait dans l'exécution quelque chose de la naïveté et de la barbarie originelles. — Au centre d'Angkor-Thôm, des débris presque tous informes semblent marquer l'emplacement du palais royal, muni de fossés, de terrasses supportées par des éléphants, des géants et des monstres fantastiques, défendues par des lions et les têtes en éventail du roi-serpent, motif de décoration dominant dans l'architecture cambodgienne. De ces ruines surgit l'édifice pyramidal de Pimanacas, dont quatre-vingts lions couvraient les divers angles; là aussi a été trouvée la statue de Préa-Komlong, le roi lépreux, célèbre dans les vieux récits khmers. L'enceinte de la ville renferme encore, entre autres beaux débris de chaussées, de terrasses, de tours et de pagodes, les trois enceintes sacrées de Baphoum, surmontées de tours et formant dans leur ensemble une pyramide de 120m de côté à la base; notons également les deux groupes de ruines appelés l'un, par les indigènes *Préapithu*, l'autre par les explorateurs français *les Magasins*.— Les abords de la ville ne sont pas moins curieux que l'intérieur. De la porte S., une chaussée de 3 kil. conduit à *Angkor-Wat* (V. ci-après), en laissant à droite le mont Bakeng, couvert de tours, de terrasses et d'escaliers garnis de lions. Près de l'angle N.-E. de l'enceinte d'Angkor-Thôm se reconnaissent les chaussées, les ponts, les parapets garnis de géants, le bassin sacré, la citadelle et le temple de Préa-Khan; la galerie frontale de ce temple a 110m de long, et l'ensemble de l'édifice, comparable à Baïon et à Angkor-Wat, est dominé par plus de cinquante tours. Près de là est un petit temple dont l'unique enceinte de galeries n'a que 51m de long, sur 42m de larg. A l'E. de la ville, au delà de la rivière d'Angkor, sont d'autres ruines : un embarcadère appelé Sra-Srong, la pyramide de Ta-Kéo, portant cinq tours, le sanctuaire d'Ekdey, celui de Ta-Prohm, et surtout la citadelle qui portait ce dernier nom, groupe magnifique d'édifices comprenant, outre la forteresse, un temple et un palais. — La fondation d'Angkor est attribuée, jusqu'à preuves plus certaines, au roi Bautumo-Saurivong Ier, qui vivait avant le vie s. de notre ère. Mais le plus ancien monument épigraphique trouvé dans les ruines n'est que de 667, et la plupart des édifices actuels paraissent n'avoir été construits que longtemps après. Baïon n'est peut-être pas antérieur au xe s, et Pimanacas au xiie. Au xive s, Angkor était en pleine décadence; les géographes les plus récents, et parmi eux Élisée Reclus, en attribuent principalement la chute à un accident géologique qui aurait élevé le sol et fait le lac actuel de ce qui originairement était un golfe. Il faut ajouter à cette cause les luttes intestines des Cambodgiens et la puissance croissante des Siamois, d'abord tributaires et ensuite ennemis acharnés de l'empire khmer, qui fondirent plusieurs fois sur Angkor et s'en emparèrent en 1353, en 1372 et en 1385. Le gouvernement khmer y revint pour quelques années au xve s.; mais au siècle suivant la ville, mutilée à chaque conquête par les envahisseurs, était abandonnée à la ruine. Encore signalée à cette époque par les missionnaires catholiques, elle était peu à peu tombée dans l'oubli et peu connue des Cambodgiens eux-mêmes, qui n'en peuvent plus expliquer les sculptures ou déchiffrer les inscriptions. Aussi les récits publiés en 1861 par le voyageur Mouhot furent-ils une véritable révélation. Depuis lors, plusieurs missions scientifiques françaises ont exploré ces ruines ou en ont rapporté de nombreuses sculptures ou des moulages qui sont un des principaux attraits des collections du Trocadéro, à Paris. || ANGKOR-WAT. Célèbre temple bouddhique, ancien sanctuaire national des Khmers, auj. dans le royaume de Siam, au S. des ruines d'Angkor-Thôm, et relié à cette dernière ville par une chaussée de 3 kil. partant de l'entrée occidentale de la pagode. Cette entrée est composée d'un pont de 80m qui aboutit à la porte principale d'une enceinte rectangulaire entourée de fossés et se développant sur un pourtour de plus de 3 kil. 1/2, avec trois autres portes précédées de ponts. Dans sa partie centrale, le front de l'enceinte présente une galerie a colonnades, longue de 235m, se triplant par intervalles par l'adjonction de bas-côtés; il en est de même dans les galeries intérieures. Des quatre portes, quatre avenues divisant en quatre sections le parc renfermé dans la première enceinte et conduisent a une seconde enceinte de 1 kil. de développement, toute en colonnades reposant sur un riche stylobate et décorées intérieurement d'innombrables sculptures et d'une série ininterrompue de bas-reliefs. D'autres colonnades formant les unes un rectangle, les autres une croix grecque, et entourant dans leur ensemble quatre petites cours intérieures, séparent à l'O. la seconde enceinte de la troisième, flanquée de tours aux angles. La dernière enceinte, qu'une nouvelle croix grecque divise en quatre parties, est portée sur un soubassement sculpté et garni de lions. La plus belle des cinq tours qui la surmontent, point culminant du temple, avait jadis 65 m. d'élévation; elle abritait la statue redoutée de Çakhya-Mouni. Augkor-Wat, qui comprend dix-huit cents colonnes ou pilastres, est un des monuments d'architecture et de sculpture les plus surprenants qui existent. Construit en grès très fin provenant de Pnom-Coulen, montagne à 40 kil. E.-N.-E., il est délicatement ouvragé sur presque toutes ses surfaces. La grandeur savante de la conception et la perfection du travail en font le type par excellence de l'art cambodgien parvenu à son apogée. On lui assigne le xiie ou le xiiie s., et il est probable que plusieurs générations en ont façonné les pierres. Moins maltraité par les invasions que la ville voisine, grâce à la vénération dont il était l'objet, c'est l'édifice khmer le mieux conservé, et il est toujours desservi par des bonzes dont les plus lettrés comprennent encore ses inscriptions ou ses bas-reliefs. Cependant le manque de bras et la barbarie où est tombé l'art cambodgien n'ont plus permis un entretien convenable, et les galeries les plus éloignées du sanctuaire restent depuis longtemps abandonnées à la puissante végétation qui les enveloppe et les disjoint de toutes parts.

ANGLADA (Joseph). Médecin célèbre et chimiste émérite, né à Perpignan le 17 oct. 1775, m. en 1833, étudia a Montpellier, puis à Paris, et revint à Montpellier enseigner la chimie et la médecine légale. Il a laissé: *Mém. pour servir à l'histoire générale des eaux minérales sulfureuses et des eaux thermales*, Paris, 1827-1828, 2 vol. in-8º; *Traité des eaux minérales et des établissements thermaux du dép. des Pyrénées-Orientales*, Montp. et Paris, 1833, 2 vol. in-8º, pl. et fig.; *Traité de toxicologie générale envisagée dans ses rapports avec la physiologie, la pathologie, la thérapeutique et la médecine légale*, revu et publié par Ch. Anglada, son fils, Paris, 1835, in-8º.

ANGLADE (Clément). Homme politique, né à Urs (Ariège) en 1803. Député sous Louis-Philippe et représentant du peuple sous la république de 1848, il vota constamment avec l'extrême gauche. Il présenta l'amendement en vertu duquel fut réduit l'impôt du sel, à dater du 1er janvier 1849.

ANGLADE. 1,290 h. Bg de France (Gironde), arr. de Blaye, cant. et à 9 kil. de Saint-Ciers-la-Lande, près de la droite de l'estuaire de la Gironde. Autref. séjour malsain, assaini par les soins de M. le marquis de Lamoignon. Vestiges d'un vieux château, du xvie s.; deux tumulus.

ANGLAIS, AISE. s. et adj. (de *Angles*). Qui est né en Angleterre, qui est originaire de ce pays. Qui concerne l'Angleterre, qui appartient a l'Angleterre ou a ses habitants. Les Anglais. Une Anglaise. Les mœurs anglaises. || s. m. Cheval anglais. Monter un anglais. (V. *Cheval.*) || Créancier dur, impitoyable. Cette acception date de la guerre de Cent ans et marque la rapacité et l'avarice que nos voisins montraient alors dans leur conduite. C'est à peu près dans le même sens que l'on dit un turc, un juif. Le mot *prussien* est en voie de prendre la même signification en souvenir de la guerre de 1870. Oncques ne vys anglois de votre taille, Car à tous coups vous criez: baille, baille! (Cl. Marot.) || On le dit dans le même sens des agents qui représentent les créanciers, comme les huissiers, recors, etc. || L'anglais, La langue anglaise. Pour savoir l'anglais il faut l'apprendre deux fois, l'une à le lire, l'autre à le parler. || LANGUE, LITTÉRATURE, ARCHITECTURE, PEINTURE ANGLAISE. (V. *Angleterre*.)

ANGLAISE. s. f. Danse d'un mouvement très vif. || Musique faite pour cette danse. || Gros galon de fil. || Terme de coiffeur. Anglaises, Boucles de cheveux que les femmes laissent retomber le long des tempes selon la mode anglaise. || Sorte d'écriture penchée et cursive. Il écrit bien l'anglaise. || *A l'anglaise.* loc. adv. A la Manière anglaise. Monter, trotter à l'anglaise, manière anglaise de monter un cheval; le cavalier s'élève sur ses étriers à chaque temps de trot de son cheval, au lieu de se laisser soulever naturellement par le mouvement du cheval (ce qui est monter à la française). || Lieux à l'anglaise, Lieux d'aisances munis d'une cuvette à soupape.

ANGLAISER. v. a. Hippiq. Enlever les muscles abaisseurs de la queue d'un cheval; opération inventée par les Anglais, afin que la queue reste relevée. || ANGLAISÉ, ÉE. p. pas. cheval anglaisé. || Au fig. Devenu anglais par habitude. Voix anglaisée.

ANGLARDS-DE-SALERS, 2,224 h. Bg de France (Cantal), arr. de Mauriac, cant. et à 8 kil. N.-N.-O de Salers. Fromage. Ruines de plusieurs châteaux forts.

ANGLARITE. s. f. Minér. Variété de phosphate de fer, trouvée à Anglar (Hte-Vienne). Syn. de *Vivianite*.

ANGLE. s. m. (lat. *angulus*, angle, coin). Partie saillante ou rentrante d'un corps, arête, coin, encoignure. Angle rentrant. Angle sortant. Les angles saillants d'une montagne se trouvent toujours opposés aux angles rentrants de la montagne voisine qui en est séparée par un vallon. L'angle de la cheminée. L'angle d'une rue, d'un mur. Et la lune en croissant découpe dans la rue l'angle obscur. (A. de Musset.) || Formes saillantes, irrégulières et disgracieuses du corps humain. Les angles saillants de la mâchoire. Tout se confondait dans mon cerveau, les angles de son dessin avec ceux de sa personne. (G. Sand.) || Fig. Les côtés désagréables de l'esprit, du caractère. Le lointain enleva les angles de toutes les difficultés. (Lamart.) || Géom. Figure formée par l'intersection de deux lignes ou de deux surfaces. On distingue deux sortes d'angles: les angles linéaires et les angles solides. Les angles linéaires sont formés par la rencontre de deux lignes droites ou courbes. Les angles solides sont formés par la rencontre de deux ou de plusieurs surfaces. Les angles linéaires se divisent eux-mêmes en angles rectilignes, angles curvilignes et angles mixtilignes, mais les premiers sont de beaucoup les plus importants, et la plupart de leurs propriétés s'appliquent aux deux autres espèces. Nous nous bornerons ici à énumérer les principales propositions qui leur sont relatives, renvoyant aux ouvrages spéciaux pour les démonstrations. — *Angles rectilignes.* Deux lignes qui se rencontrent donnent naissance à quatre angles adjacents qui sont égaux deux à deux et liés de telle sorte que la connaissance de l'un d'eux entraîne celle des autres. Le point d'intersection des deux droites qui forment les côtés de l'angle s'appelle son *sommet*. Lorsqu'on énonce un angle, on doit toujours placer la lettre qui désigne le sommet entre les deux qui désignent les côtés. La grandeur d'un angle ne dépend que de l'écartement de ses côtés; deux angles sont *égaux* lorsque faisant coïncider leurs sommets et deux de leurs côtés, les deux autres côtés coïncident également. Lorsque deux droites se rencontrent de telle sorte que les quatre angles formés soient égaux, on dit que ces angles sont *droits*. Tous les angles droits sont égaux. Tout angle plus petit qu'un angle droit est appelé *angle aigu*; tout angle plus grand qu'un angle droit est un angle *obtus*. On appelle angles *complémentaires* deux angles dont la somme est égale à un angle droit, et angles *supplémentaires* deux angles dont la somme est égale à deux angles droits. Si plusieurs droites concourent en un même point, la somme des angles qu'elles forment autour de ce point est égale à quatre angles droits. Deux angles qui ont leurs côtés parallèles chacun à chacun, sont égaux ou supplémentaires. Les angles se mesurent généralement au moyen de l'arc de cercle qu'ils interceptent entre leurs côtés dans la circonférence dont le centre coïncide avec leur sommet. Les angles au centre sont entre eux comme les arcs compris entre leurs côtés. Lorsque le sommet d'un angle ne coïncide pas avec le centre de la circonférence, il y a lieu de considérer trois cas: 1º l'angle qui a son sommet dans la circonférence a pour mesure la demi-somme des deux arcs compris entre ses côtés; 2º l'angle qui a son sommet sur la circonférence a pour mesure la moitié de l'arc compris entre ses côtés; 3º l'angle dont le sommet est extérieur à la circonférence, mais dont les côtés viennent à la rencontre a pour mesure la demi-différence des arcs interceptés. La mesure des angles sur le papier s'opère au moyen du rapporteur. C'est un demi-cercle de corne ou de métal divisé en degrés et fractions. On applique son centre au sommet de l'angle et on fait suivre au diamètre portant le zéro de la division l'un des côté de l'angle. Le numéro de la division avec laquelle coïncide l'autre côté donne la mesure de l'angle. Sur le terrain et dans les opérations astronomiques, on se sert d'appareils plus compliqués, la boussole, le graphomètre, le théodolite, dont le principe est toujours le même que celui du rapporteur. Pour diviser l'angle, on ne peut opérer avec la règle et le compas que la division en deux ou les puissances de deux. Pour les autres fractionnements il faut avoir recours aux tâtonnements ou à quelques procédés spéciaux. — *Angles curvilignes.* Leur mesure est celle de l'angle des tangentes au point d'intersection des deux courbes qui les forment. — *Angles solides.* Le plus commun des angles solides est l'angle dièdre, formé par la rencontre de deux plans. Sa mesure est celle de l'angle plan obtenu en coupant les deux plans par un troisième perpendiculaire à l'arête ou ligne d'intersection des deux faces du dièdre. Lorsqu'au lieu de deux plans on en considère trois ou plusieurs qui ont un point commun, ils forment un angle polyèdre, composé d'un certain nombre de faces limitées par les intersections des plans deux à deux. || Phys. *Angle d'incidence, de réflexion, de réfraction*, Angles que fait un rayon lumineux, calorifique, acoustique, avec la normale à la surface rencontrée. — *Angle limite*, Le plus grand angle que puisse faire avec la normale un rayon qui passe d'un milieu plus réfringent dans un milieu moins réfringent. Au delà, le rayon incident ne sort pas du premier milieu, mais y demeure en subissant la réflexion totale. || Astr. *Angle de déclinaison*, Angle que fait le méridien magnétique avec le méridien astronomique d'un lieu. — *Angle d'inclinaison*, Le plus petit angle que fasse l'aiguille d'inclinaison avec l'horizon d'un lieu. — *Angle horaire*, Angle formé par deux plans menés suivant deux méridiens. Les instruments employés pour mesurer les angles sont: le rapporteur, le graphomètre, le goniomètre, le théodolite, le sextant (V. ces mots). || Physiol. *Angle optique ou visuel*, Angle sous lequel nous voyons les objets. Il est limité par deux lignes fictives partant des extrémités du diamètre de l'objet envisagé pour se réunir au centre optique de l'œil qui se trouve à peu près au niveau du cristallin. La grandeur de cet angle mesure donc la dimension sous laquelle les objets nous paraissent. Elle est par conséquent relative et varie avec la distance, car, plus un même objet est éloigné de nous, et plus l'angle sous lequel nous le voyons est faible; c'est même là en grande partie ce qui nous permet d'apprécier la distance. En effet, s'il s'agit d'un objet dont nous connaissons par avance la dimension, nous arrivons à évaluer assez facilement la distance à laquelle il se trouve, d'après le plus ou moins d'ouverture de l'angle sous lequel il nous apparaît, ou si l'on veut, d'après son diamètre apparent. C'est donc la base de toute perspective et de la peinture par conséquent. (V. *Optique*; *Vision*.) || Anat. *Angle*, Nom donné à plusieurs parties qui offrent la réunion sous un certain angle de deux lignes ou de deux surfaces: *angle* ou *commissure des lèvres*; *le grand angle* et *le petit angle de l'œil*, ou *l'angle interne* et *l'angle externe*; *l'angle de l'omoplate* ou sa pointe inférieure; *l'angle de la mâchoire* ou partie de cet os située de chaque côté, au-dessous de l'oreille; *l'angle sacro-vertébral*, formé par la saillie de la dernière vertèbre lombaire et du sacrum, *l'angle du pubis*, etc. || Anthropol. *Angles céphaliques.* La forme si peu géométrique de la tête rend très difficile sa mensuration rigoureuse. On est cependant arrivé à tourner en partie la difficulté au moyen de divers procédés. L'un d'entre eux consiste à mesurer certains angles en joignant par des lignes droites certains points fixes bien déterminés. On est parti de ces mensurations pour apprécier les variations qui existent suivant les espèces, les races et les individus, par exemple entre le développement du crâne qui contient le cerveau, c.-à-d. l'organe de l'intelligence, et la face dont les parties servent surtout aux besoins de la bestialité, ou bien encore les variations subies par telle ou telle portion du crâne. On peut établir deux divisions selon qu'il s'agit d'angles faciaux ou d'angles crâniens. — *Angles faciaux.* L'observation de ce fait consacré par l'anatomie comparée que plus un animal occupe une position élevée dans la série zoologique et plus le volume de la face se réduit par rapport à celui du crâne, a conduit un médecin hollandais du XVIIIe s., Camper, à chercher l'appréciation exacte de ce rapport au moyen d'une mesure angulaire formée d'une 1re ligne allant du front à la lèvre supérieure, et d'une 2e horizontale passant au-dessous de l'orifice des narines pour aller joindre le trou auditif. Il conclut des mesures qu'il recueillit que, chez l'orang-outang, l'angle facial est de 58°, de 70° chez le nègre, de 80° chez l'Européen, angle que les sculpteurs grecs avaient porté jusqu'à 90° dans les statues de leurs dieux; par conséquent plus le crâne se développe, plus l'angle facial augmente. Après Camper on a cherché à reconnaître d'autres angles qui pussent donner avec une plus grande exactitude, si c'était possible, une idée de la dimension relative de la face et du crâne. Les principaux sont ceux de Daubenton, de Cuvier et Et. Geoffroy Saint-Hilaire, enfin l'angle sphénoïdal. On a essayé de tirer de ces mensurations des conséquences importantes relativement au degré d'intelligence des différentes espèces animales et surtout des différentes variétés du type humain. En règle générale, leurs résultats sont conformes aux données que fournit d'autre part l'expérience; c'est ainsi que les nègres, race dégradée, ont un angle facial de 74° en moyenne, tandis que la race mongole en présente un de 75°, et que la race blanche, la première de toutes, a le sien qui oscille entre 80° et 85°. Mais de nombreuses particularités de détail peuvent faire varier les résultats et empêchent qu'ils ne présentent toute l'exactitude scientifique désirable. — *Angles crâniens.* Les plus connus et les plus employés sont das à Broca, le chef de l'école anthropologique française. Ils partent du trou auditif externe et s'étendent sur la région occipitale, sur la pariétale et sur la frontale. Celui de cette dernière région est considéré comme le plus important puisqu'il a son siège au niveau de la région du crâne qui renferme la partie du cerveau qui paraît être plus spécialement le siège des plus hautes facultés intellectuelles. Cet angle auriculo-frontal limité par deux lignes dont l'une s'élève verticalement du trou auditif, et dont l'autre va de ce même point à la partie inférieure du front, est, suivant Broca, de 57° 7 chez le Parisien de notre époque, tandis qu'il descend à 51° chez le nègre. (V. *Craniométrie*.) || A. milit. Angles d'un bataillon, Les coins d'un bataillon formé en carré. Angle des fortifications. Angle diminué, Angle d'une face d'un bastion avec le côté extérieur. Angle flanqué, Angle des deux faces d'un bastion.

ANGLEBERME (Jean-Pyrrhus d'). Jurisconsulte, fils d'un médecin originaire de Bohême, naquit à Orléans vers 1470 et mourut en 1521. Il fut professeur de droit à l'université de cette ville et y laissa une mémoire durable. Élève d'Érasme pour les belles-lettres, il se livra ensuite avec ardeur à l'étude de la juris-

prudence, où régnait alors tant de confusion; il y apporta une netteté d'esprit qu'il fit passer dans ses leçons, ainsi que le constate Et. Pasquier dans ses *Recherches de la France*, et Dumoulin, son élève, lui fait honneur du sens droit qui règne dans ses propres ouvrages: *Jurisconsultissimus*, dit-il en parlant de son maître, *et utriusque linguæ peritissimus.* Angleberme fut appelé par François Ier comme conseiller au Conseil souverain de Milan. Il ne jouit pas longtemps de cet honneur, car ayant été blessé par l'explosion d'un magasin à poudre, il prit une drogue qui lui enflamma les intestins et causa sa mort. Il a laissé divers ouvrages où il fait preuve de science et d'une connaissance approfondie de l'antiquité; mais son érudition est lourde et entachée de pédantisme. *Institutio boni magistratus*, Orléans, 1500, in-4°; *Vie de saint Euverte* et *Éloge de saint Aignan*, tous deux évêques d'Orléans; *Panégyrique de la ville d'Orléans*, œuvre écrite avec art et délicatesse; *Tres posteriores libri Codicis Justiniani; De Romanis magistratibus libri tres*, 1518, ouvrage dédié au chancelier Duprat: *Militiæ regum francorum pro re christiana, sive opusculum de rebus fortiter a Francis gestis pro fide christiana*, Paris, 1515; *Apulei Floridorum libri quatuor*, Paris, 1518, in-4°; *Commentarius in aurelianas consuetudines; Dissertation sur la loi salique*, où il démontre la sagesse de cette loi et énumère les abus causés par le gouvernement des femmes; *Traités divers et Exhortations* à ses élèves.

ANGLÉ, ÉE. adj. Blas. Se dit de la croix, du chevron et du sautoir, quand ces pièces ont des figures longues à pointes, qui sont mouvantes de leurs angles. La croix de Malte des Français est anglée de fleurs de lis.

ANGLÉE. s. f. Chose terminée en angle, L'anglée d'un pré, d'un échiquier. Vx.

ANGLFMONT (Édouard-Hubert-Scipion d'). Poète et auteur dramatique franc., né à Pont-Audemer (Eure), le 28 décembre 1798, débuta en 1825 par quelques odes religieuses et un poème en quatre chants intitulé: *Berthe et Robert.* Les *Légendes françaises*, 1829; *Paul Ier*, drame, 1832; *Le Duc d'Enghien*, drame historique, 1832; *Nouvelles Légendes françaises*, 1833; *Pèlerinages*, 1835; *Le Prédestiné*, 1839; *Euménides*, 1840; *Amour de France*, 1841; *L'ouverture de la chasse aux environs de Paris*, etc. Il est mort à Paris le 22 avril 1876.

ANGLER. v. a. Disposer en forme d'angle. || Techn. Former exactement les moulures dans les petits angles du contour d'une tabatière en métal.

ANGLES. Ancien peuple d'origine germanique. Ils habitaient, au sud de la Chersonèse Cimbrique, la partie du Holstein et du Sleswig actuels qui est baignée par la mer Baltique, et faisaient partie de la confédération saxonne. On retrouve la trace de leur séjour en ce pays, dans le nom d'Angeln qu'a gardé une petite ville du Sleswig. Au vie s., ils passèrent dans la Grande-Bretagne, où ils fondèrent les royaumes d'Estanglie, de Bernicie, de Déira et de Mercie, à côté des royaumes de Kent, de Sussex, de Wessex et d'Essex, établis par leurs congénères, les Jutes et les Saxons. Mélangés avec ces peuples, ils formèrent une seule nation, celle des Anglo-Saxons; le nom même des Angles finit par prévaloir et le pays conquis perdit son ancienne dénomination pour prendre celle d'Angleterre (*Engleland*, *England*, terre des Angles) qui lui est demeurée.

ANGLES. 1,493 h. Vge de France (Vendée), cant. et à 9 kil. de Mouliers-les-Maufaits, arr. et à 35 kil. des Sables-d'Olonne, sur la rive g. du Troussepoil. Grand com. de graine. Petit port et vieille tour de Moricq. Menhir de l'Eau. Église du XIIIe s., restaurée au XIVe, puis en 1857; sous l'église, crypte romane communiquant avec un souterrain refuge.

ANGLES (Les). 576 h. Vge de France (Pyrénées-Orientales), cant. et à 8 kil. N. N.-O de Montlouis, arr. de Prades. Près de vge se trouve l'étang d'Aude, où cette riv. prend sa source, et le pic d'Aude haut de 2,877 m || **ANGLES-SUR-ANGLIN.** 1,375 h. Vge de France (Vienne), arr. de Montmorillon, cant. et à 15 kil. N. de Saint-Savin. Situation pittoresque. Ruines d'un château du XIe s. ancienne abbaye d'Augustins fondée en 1175. Patrie du cardinal de la Balue.

ANGLÈS-DU-TARN. 2,572 h. Bg de France (Tarn), ch.-l. de cant., arr. et à 26 kil. E. de Castres, sur un plateau entre l'Arn, et l'Agoût, à 768m d'alt. Draperies. *Cant.*: 3 comm, 3,512 h.

ANGLESEY ou **ANGLESEA**, (eun-glé-si). L'ancienne *Mona.* Île située dans la mer d'Irlande, sur la côte N.-O. du Pays de Galles dont elle n'est séparée que par le détroit de Menai, large au plus de 500 à 800 m. et dans certains endroits seulement de 152 à 274. Deux ponts unissent l'île à la terre ferme: l'un est suspendu à une hauteur de 30 m. au-dessus de la marée haute, l'autre est le fameux pont tubulaire, ouvrage de l'ingénieur Stephenson, où passe le chemin de fer de Chester à Holyhead. Ses cinq villes Baumaris, Holyhead, Amlwch, Llangefin et Aberffrane et ses nombreux villages comptent ensemble une population de 51,030 h. L'industrie est surtout agricole. L'île renferme cependant d'importantes usines de cuivre à Mona et à Parys, des carrières de marbre, de pierre à chaux, de meulières et des mines de houille. — Les Druides avaient à Mona une école célèbre. Ils furent massacrés par Suétonius Paulinus en 61, Mona fut soumise par Agricola en 78 et conquise par les Normands en 1090. Les Anglais s'en emparèrent sous Edouard Ier en 1295.

ANGLÉSITE. s. f. Minér. Espèce minéralogique formée d'un sulfate de plomb $PbSO^4$, avec un peu d'oxyde de fer. Les cristaux sont octaédriques ou en tablettes; parfois on la trouve sous forme grenue ou encore de stalactites. Sa dureté $= 2 \frac{1}{2}$ à 3. Sa densité $=$ 6,25. Elle est très fragile, incolore ou blanche, qfois teintée de jaune, de gris, de bleu; son éclat rappelle celui de l'ivoire, ou bien elle est vitreuse ou résineuse, transparente ou opaque. On la trouve dans l'île d'Anglesey, le Pays de Galles, le Devonshire, etc.; en Moravie; à Bade, dans la Carinthie, en Sardaigne, d'où viennent les plus beaux échantillons pour la dimension et la netteté; dans les mines de plomb du Missouri, le Massachusetts, etc., etc.

ANGLET. s. m. (dimin. d'*angle*). Petit angle, petit coin. || Archit. Cavité à angle droit qui sépare les bossages. || Typ. Biseau qu'on fait à l'extrémité des filets de plomb quand on veut en former un cadre, un tableau. On peut faire ce biseau avec la lime, le couteau, ou mieux encore avec un outil spécial, le coupoir-biseautier.

ANGLET. 4,425 h. Pte vle de France (Basses-Pyrénées), arr. et à 3 kil. O. de Bayonne, sur le chemin de fer de Bayonne à Biarritz. Bon vin blanc.

ANGLETERRE (Point d'). Dentelle fabriquée en Belgique et principalement à Bruxelles. Le point de Bruxelles est surnommé Point d'Angleterre, parce que les marchands anglais le vendirent comme produit anglais, après l'avoir entré en contrebande, à l'époque où le parlement anglais (1662) prohiba l'importation de toute dentelle étrangère. Autrefois, la dentelle de Bruxelles comportait deux sortes de fonds: la *bride* et le *réseau.* Depuis l'adoption du tulle mécanique pour les fonds, le fond à bride et le fond à réseau ne se font plus guère que sur commande. Les motifs ou fleurs qui ornementent la dentelle de Bruxelles se font ou à l'aiguille ou au fuseau; c'est pourquoi l'on distingue le *point à l'aiguille* et le *point plat.* Depuis que le motif et le fond ne sont plus travaillés ensemble, c.-à-d. depuis que l'on applique le motif sur du tulle mécanique, ce genre de dentelle s'appelle *Application de Bruxelles.* Le fil employé pour le point de Bruxelles se vend depuis 12,000 fr jusqu'à 25,000 fr. le kilog. Il provient de Hal, Rebecq, Rognon en Brabant, Tournai et Courtrai. Cette industrie occupe en Belgique 100,000 ouvriers. On l'enseigne dans les écoles.

ANGLETERRE. s. f. Au XVIIe s. Sorte d'étoffe anglaise. De bonne flanelle, bonne angleterre. (Rac.)

ANGLETERRE, en angl. ENGLAND (*Terre des Angles*). Une des trois parties dont se compose le *Royaume-Uni de Grande-Bretagne et d'Irlande.* Dans la langue usuelle et dans la langue politique elle-même, dit M. Vivien de St-Martin, on emploie presque indifféremment, comme s'ils étaient synonymes, les mots: *Angleterre, Grande-Bretagne, Iles-Britanniques, Royaume-Uni*, et même *Empire Britannique.* Chacun de ces termes a néanmoins sa significution propre, *Iles-Britanniques* désigne le groupe des deux grandes îles (l'Angleterre avec l'Ecosse et l'Irlande), pris dans son ensemble avec les îles moins importantes qui les entourent : c'est une dénomination purement géographique. L'expression *Royaume-Uni* appartient surtout à la langue politique : c'est la réunion, sous un même sceptre, de l'Angleterre, de l'Ecosse et de l'Irlande (1800). *Grande-Bretagne* se dit de la plus grande des deux îles britanniques, celle qui renferme l'Angleterre et l'Ecosse. L'*Empire Britannique*, c'est le Royaume-Uni avec toutes les colonies. L'*Angleterre* enfin, est cette contrée qui forme avec le pays de *Galles* la partie mérid. de la Grande-Bretagne. C'est de cette dernière seulement que nous nous occuperons ici ; pour ce qui concerne particulièrement l'Ecosse et l'Irlande, nous renvoyons le lecteur à ces mots. Enfin au mot *Grande-Bretagne* , on trouvera tous les renseignements relatifs au Royaume-Uni de la Grande-Bretagne et d'Irlande, et à l'Empire Britannique : *Constitution, Parlement, Superficie et population, Cultes, Villes principales, Finances, Armée, Marine, Commerce, Chemins de fer, Postes, Télégraphes, Notices statistiques sur les Colonies Britanniques,* etc.

ANGLETERRE PROPREMENT DITE ET PAYS DE GALLES. *Bornes. Position géographique. Dimensions.* — Située entre trois mers, l'Angleterre proprement dite, n'a de limites terrestres qu'au N., où elle confine à l'Ecosse. A l'O., la mer d'Irlande (*Irish sea*) la sépare de l'Irlande ; au S., la Manche (*English channel*) et le Pas-de-Calais (*Straits of Dover*) la séparent de la France ; à l'E., la mer du Nord (*North sea*) la sépare de la Hollande et du Danemark. Toutes ces mers environnantes ont très peu de profondeur : si les eaux baissaient de 30 à 40 mètres (la moitié de la hauteur des tours de nos cathédrales), le fond presque partout se montrerait à sec. On voit par là que le groupe des îles Britanniques repose sur un plateau sous-marin. Du côté de l'Ecosse, la limite est formée du S.-O. au N.-E., sur une étendue d'environ 160 kil., par le fond du golfe de Solway (*Solway-firth*) et une suite de petites rivières (la Sark, le Liddel, la Kershopeburn), puis par la crête des monts Cheviots (*Cheviot hills*), et finalement par le cours inférieur de la Tweed dont l'embouchure, qui forme le port de Berwich, reste tout entière à l'Angleterre, la limite allant gagner la côte un peu plus au N. De sa côte mérid. aux monts Cheviots, l'Angleterre ne mesure qu'un *intervalle astronomique* de 4° 1/2, environ 500 kil. à vol d'oiseau ; mesurée par la ligne des chemins de fer de Brighton à la frontière d'Ecosse (par Londres, Leicester, Manchester, Lancaster et Carlisle), la distance est de 573 kil. La base, de Douvres au Land's End mesure 530 kil. à vol d'oiseau, et à 1 degré au N. de Londres sur le parallèle de Birmingham, la largeur de l'île est encore de 400 kil., tandis que tout à fait dans le N., aux approches de la frontière écossaise, elle n'est plus que de 120 kil (Vivien de St-Martin). || CONFIGURATION GÉOGRAPHIQUE, LITTORAL. L'Angleterre avec le pays de Galles a sur la côte occid. deux entailles profondes auxquelles deux autres moins profondes correspondent assez bien sur la côte orient. Cette remarque est importante non-seulement pour l'exacte description des contours, mais encore pour retenir les fleuves du pays, qui la plupart débouchent dans ces entailles. Si ces fleuves sont navigables, ils le doivent non pas à l'abondance des eaux qu'ils tirent des montagnes, mais à la puissance des marées qui les remontent très loin et qui change périodiquement quelques petits cours d'eau en fleuves considérables et leurs embouchures en bras de mer. La *Severn*, le cours d'eau le plus important du versant de l'O. descend des montagnes de Galles, court du N. au S. par un grand arc de cercle et va se jeter dans le canal de Bristol qui pénètre très avant dans l'intérieur des terres. Il forme au S. la longue presqu'île de Cornwall qui se termine aux caps Lizard et Land's-End. Le principal cours d'eau du versant de l'E. est la *Tamise*, qui a une largeur à peu près égale à celle de la Severn débouche aussi dans un bras de mer : mais le golfe où elle se jette est moins profond que le canal de Bristol

comme aussi la presqu'île formée par lui (le pays de Kent) est plus petit que celle de Cornwall. En suivant la côte O. vers le N., à 30 mille S. environ du canal de Bristol se rencontre la baie de Cardigan de forme à peu près quadrangulaire. Entre le canal de Bristol et la baie de Cardigan est le pays de Galles. Au N. de la même baie et au S. de la mer d'Irlande, nouvelle presqu'île, à l'extrémité de laquelle est située l'île d'Anglesea séparée de la terre ferme par un canal étroit que traverse un chemin de fer sur un magnifique pont tube. Dans la même direction, mais assez loin dans la mer, se trouve l'île de Man. La mer d'Irlande s'avance fort loin dans l'intérieur des terres par les golfes de Lancastre et de Solway. A son angle S. elle reçoit la *Mersey* qui forme à son embouchure un large canal. A la presqu'île du pays de Galles correspond sur la côte orient. une autre presqu'île de forme arrondie qui s'enfonce entre l'embouchure de la Tamise et la baie du Wash et qui comprend le pays de Norfolk et de Suffolk. Enfin à l'opposite de la Mersey se voit l'*Humber* avec sa large embouchure commune à plusieurs rivières dont les deux principales sont la *Trent* qui vient du S. et l'*Ouse* qui descend du N. — || PORTS. Les ports situés sur la mer du Nord sont : Berwick, port de commerce ; Tynemouth. port de commerce et de refuge ; Newcastle-sur-Tyne, Sunderland Hartlepool, Whitby, Hull et Lynn-Regis, ports de commerce ; Yarmouth, port de pêche ; Ipswich, port de commerce ; Harwich, port de refuge, avec une belle rade, sûre et profonde, la seule de toute la côte, qui sert de station à la marine militaire dans la mer du Nord ; Londres, grand port de commerce ; Deptford, Woolwich, Chatam et Sheerness, arsenaux et chantiers de la marine militaire ; Ramsgate et Deal, sur la rade des Dunes. — Les ports situés sur la Manche sont : Douvres (*Dover*), port de commerce et de refuge ; Folkestone. port de commerce ; le port de refuge du cap Dungeness, Hastings ; Seaford et Newhaven, ports de refuge ; Brighton, port de commerce ; Portsmouth, grand port militaire, principal arsenal de la marine anglaise ; Gosport ; Southampton, grand port de commerce ; Weymouth ; Dartmouth ; Falmouth et Plymouth, ports militaires et de refuge. — Les ports situés sur la côte entre le cap Land's-End et le golfe de Solway. sont : Bristol, Cardiff, Swansea, sur le canal de Bristol ; Pembroke, Milford, Saint-Davids, à l'extrémité de la presqu'île de Galles ; Cardigan, sur la baie du même nom ; Caërnarvon, Bangor, sur le détroit de Menai ; Beaumaris, dans l'île d'Anglesey ; Flint, sur la Dee ; Liverpool, le port de commerce le plus important après Londres, sur la Mersey ; Preston, sur la Ribble ; Lancaster ; Douglas, dans l'île de Man. || OROGRAPHIE. — L'Angleterre figure une sorte de triangle isocèle, dont la base s'appuie sur la Manche, et dont la hauteur va du N. au S. Le faîte de partage des eaux est marqué par une longue et tortueuse suite de hauteurs, dite *Pennine-Chain*, qui continue les montagnes d'Ecosse et divise la contrée en trois versants presque triangulaires : le premier, tourné vers le S. et la Manche, le second tourné vers l'E. et la mer Germanique, le troisième tourné vers l'O. et la mer d'Irlande. Cette ligne de partage n'est pas une chaîne continue, mais une série de fortes collines, de groupes très courts et de pics isolés. Dans le midi, elle a de 200 à 300m de hauteur moyenne ; dans le milieu, elle s'élève jusqu'à 800 ou 1,000m Au N., elle s'épanouit par les monts *Cheviots*, dans la direction de l'O. à l'E., entre les eaux de la Tweed et celles du golfe de Solway, projette le sommet du *Hart Fell* (1,008m), et divise ainsi naturellement la Grande-Bretagne en deux parties : l'Angleterre au S., l'Ecosse au N. De cette ligne se détachent vers l'O. les montagnes du pays de Galles, dont le point culminant est le Snowdon, haut de 1,084m, et au S.-O. les montagnes de Cornwall et de Devon, hautes collines nues et stériles, riches en mines de cuivre et d'étain. Leur sommet principal est le *High-Wilhay* (621m), dans le massif appelé *Dartmoor-forest*. Aux monts de Cornwall se rattache une chaîne de collines qui longe la côte S. de l'Angleterre, sous le nom de *South-Downs*, jusqu'au cap *Beachy*. Les *Norths-Downs* leur font suite et finissent au

cap *South-Foreland*. Ce sont des collines crayeuses, basses et nues. Les montagnes de Cornwall envoient aussi au S.-E., dans le Glocestershire, un rameau composé d'une série de plateaux arides, crayeux, dont le gazon fin nourrit de nombreux moutons. La chaîne qui couvre le milieu et le N. de l'Angleterre se développe en ramifications qui prennent les noms de monts du Cumberland, du Westmoreland, du Lancashire et de l Yorkshire ou monts Moorland, du Derbyshire et du Warwickshire. Ce sont des montagnes granitiques, hautes de 500 m. nues et déchirées, stériles, mais riches en mines de houille, de fer et de plomb, dans le Cumberland et le Westmoreland ; les autres parties sont calcaires et de formes plus douces. Les sommets principaux sont : le *Scane-Fell-Pikes* (1,048m), le *Cross-Fell* (892m), dans le Cumberland le *Hellwellyn* (911m), dans le Westmoreland ; le *Coniston Old Man* (780m), dans le Lancashire, et le *Whernside* (726m), dans le Yorkshire. A l'E., dans l'Yorkshire, se trouve encore un massif isolé, dont le point culminant est le *Botton-Head* (454m). || HYDROGRAPHIE. — 1° *Rivières.* L'Angleterre est partagée en trois versants : Le versant oriental, tributaire de la mer du Nord ; le versant méridional, tributaire de la Manche ; le versant occidental, tributaire de la mer d'Irlande. — Principales rivières du versant oriental : La *Tyne*, formée de deux rivières, la *North-Tyne*, qui prend sa source dans les monts Cheviots, et la *South-Tyne*, qui sort du Cross-Fell : elle passe à Newcastle et finit à Tynemouth. Le *Near* arrose Durham et finit à Sunderland. La Tees arrose le Cleveland. L'*Humber* (*Abus* des Romains), estuaire long de 50 kil. est formé de la réunion de deux rivières : l'*Ouse*, qui passe à York et possède un cours de 150 kil., et la *Trent*, 175 kil. La *Nen* et la *Grande-Ouse*, qui se jettent dans le Wash. La *Yare* et le *Stour*, petits cours d'eau qui finissent, le premier à Yarmouth, le second à Harwick. La *Tamise* (*Thames* en anglais, *Tamesis* des Romains), le fleuve le plus important des Iles-Britanniques, long de 200 kil.. passe à Oxford, Windsor, Hamptoncourt, Richmond, Londres, Greenwich, Woolwich, Tilbury, Gravesend et Sheerness. Elle a 600m de large à Londres, 7 kil. à son emb. La marée la remonte jusqu'à Londres. — Dans la Manche se jettent : le *Tamer*, qui descend des montagnes de Cornwall et finit à Plymouth, et l'*Avon*, qui arrose Salisbury. — Les riv. tributaires de la mer d'Irlande sont : l'*Eden*, qui descend des monts du Westmoreland, et se jette dans le golfe de Solway ; la *Ribble*, qui finit au dessous de Preston ; la *Mersey*, qui arrose Liverpool : la *Dee*, qui passe à Chester et à Flint ; le *Teify*, le *Towy*, le *Taff* et l'*Usk*, petits cours d'eau du pays de Galles ; la *Severn*, qui sort du Plynlimmon, arrose, en décrivant un demi-cercle, les villes de Shrewsbury, Worcester et Glocester, et se jette dans le canal de Bristol, après un cours de 250 kil. — 2° *Lacs.* Les lacs sont nombreux dans les montagnes du Cumberland. Les plus grands sont : le Windermere, l'Ulleswater et le lac Coniston. Dans le pays de Galles, on remarque : le lac de Bala ou Llynn Tegid, le Llynn Conway ; le Breccknockmere ou Llynn Saladdan et les lacs de Llanberris. — 3° *Canaux.* — Le canal de *Leeds à Liverpool*, joint la mer d'Irlande à la mer du Nord, par l'Aire et l'Ouse. Le canal de *Bridgewater*, va de Manchester à Runcorn sur la basse Mersey. Le canal de *Trent et Mersey*, ou *Grand-Tronc*, qui continue le canal de Bridgewater, joint la mer du Nord à la mer d'Irlande. Les canaux d'*Oxford*, de *Coventry* et de *Faseley*, forment une grande ligne entre la Tamise et le canal de Grande-Jonction. Les canaux du *Régent*, de *Paddington* et de *Grande-Jonction*, unissent Londres et le Grand-Tronc. Mentionnons encore les canaux de *Tamise-et-Severn*, de *Wilts-et-Berks*, entre Bristol-sur-l'Avon et la Tamise, d'*Ellesmere*, entre la Mersey et la Tamise ; d'*Ashton* et de *Huddersfield*, qui mettent Manchester en communication, le premier avec la mer d'Irlande, par la Mersey, le second avec la mer du Nord par le Calder, affluent de l'Aire, qui elle-même se jette dans l'Ouse ; de *Lancastre*, entre le canal de Liverpool et Kendale, en passant par Lancastre. Ces lignes sont reliées entre elles par de nombreux canaux secondaires. || Aspect général. — « On a dit avec justesse que trois voyageurs qui traverseraient l'Angleterre et le pays de Galles dans trois directions différentes. pourraient représenter le pays qu'ils auraient vu, l'un comme une contrée faiblement peuplée, couverte de hauteurs incultes et de montagnes ; l'autre comme un pays de riches pâturages, couvert d'une population florissante et manufacturière ; le troisième enfin comme un vaste pays à blé, occupé par une population presque exclusivement agricole. Le premier aurait vu le Cornwall, le pays de Galles et le N.-O. de l'Angleterre ; le second les grandes plaines ondulées de l'intérieur qui recèlent dans leurs entrailles d'inestimables trésors de charbon et de fer, et où se sont formés ces centres d'industrie qui ont peu d'égaux dans le monde, Liverpool. Manchester, Sheffield, Birmingham ; le troisième enfin traverse la grande région calcaire de l'E., du canton de Dorset au canton d'York, où sont les plus grandes et les plus belles fermes du monde. » (*The British Empire*, par Mrs Carol. Bray) L'Angleterre est dans sa partie orientale un pays plat et peu élevé ; au centre on trouve des reliefs assez accentués ; à l'O. enfin un massif de montagnes pittoresques étage ses pentes adoucies vers l'intérieur ; tandis que son versant occid. se termine dans la mer en hautes falaises coupées de vallées étroites et profondes. Les plaines orientales et méridionales, autrefois couvertes de marais et de bruyères, ont été transformées par une agriculture perfectionnée en champs fertiles et en grasses prairies, Les immenses forêts dont le pays était couvert anciennement ont presque entièrement disparu. On en comptait encore 68 au siècle dernier. Actuellement, c'est à peine s'il en reste 12 un peu importantes. On ne voit plus d'arbres que dans les parcs. || Climat. — L'Angleterre a un climat marin, c.-à-d. caractérisé par l'absence de grands froids et de grandes chaleurs ; l'humidité entretenue dans l'atmosphère par les vents d'O. et de S.-O., qui sont les vents regnants, favorise la culture herbagère. Mais les pluies d'automne et les vents froids d'E. au printemps nuisent à la végétation des arbres à fruits. Le climat est en général salubre : cependant l'extrême humidité engendre un grand nombre de cas de consomption. On compte 170 jours de pluie par année moyenne. Voici les températures moyennes de quelques villes d'Angleterre :

	HIVER	PRINT.	ÉTÉ	AUTOM.	ANNÉE
Plymouth	7	10	16	12	11
Londres...	4	9	17	11	10
Liverpool.	5	9	16	11	10
York......	2	9	17	9	9

On voit par le tableau précédent que l'Angleterre est traversée en son milieu par la ligne isotherme de 10° cent. ; c'est celle qui passe à New-York et au nord de la mer d'Azow, qui sont cependant beaucoup plus au sud que l'Angleterre. La ligne isotherme se relève donc beaucoup vers le nord, en touchant l'Angleterre, ce que l'on attribue généralement à l'influence du gulf-stream.

|| Constitution Géologique. La constitution géologique de l'Angleterre a été l'objet des recherches les plus approfondies, et un grand nombre des dispositions qu'on y rencontre sont prises comme types. Le *terrain primitif* est bien représenté et comprend 4 étages (*lewisien*, *dimétien*, *arvonien*, *pébidien*), formés principalement de gneiss auquel se joignent des feldspath rougeâtres (Hébrides, N.-O. des Highlands), des roches quartzeuses et euritiques (pays de Galles, comté de Carnavon), des schistes micacés (Carnavon, île d'Anglesey). — Les terrains *primaires* commencent par le *Cambrien*, qui atteint jusqu'à 10,000ᵐ de puissance. Il forme deux groupes, celui du *Longmynd* ou *de Bangor*, encore appelé *groupe de Caerfai* ou *étage annelidien* (V. ce mot), formé de schistes et de grès avec quantité d'annélides et bien développé a St-David's ; au-dessus, *le groupe de Festiniog*, équivalent de l'étage scandinavien (*paradoxidien* et *olé-*

nidien) offrant jusqu'à 6 divisions formées de grès schistoïdes, micacés ou argileux, avec un grand nombre de fossiles appartenant au groupe des trilobites. Le *Silurien* est tout à fait classique en Angleterre ; il atteint jusqu'à 6,000ᵐ d'épaisseur qui se répartissent en 6 assises : *assise d'Arenig* (schistes avec graptolithes), *assise de Llandeilo* (100ᵐ de schistes), *ass. de Caradoc* (3,600ᵐ de grès et de calcaire), *ass. de Llandovery* (750ᵐ de schistes avec grès), *ass. de Wenlock* (1,000ᵐ de calcaires avec schistes), *ass. de Ludlow* (525ᵐ de grès). Toutes ces couches abondent en fossiles, trilobites à la base, mollusques au-dessus, en même temps qu'apparaissent des végétaux cryptogames de grande dimension (*lepidodendron*, *stigmaria*, etc.). C'est dans le Shropshire que ce terrain est le mieux représenté. Le *Dévonien* consiste surtout sur une masse de grès et de conglomérats appelée *old red sandstone* (vieux grès rouge) qui atteint jusqu'à 3,000ᵐ de puissance dans le Shropshire, l'Herefordshire, le Worcestershire ; on y trouve des poissons fossiles en assez grande quantité. Le *terrain carbonifère* est des mieux représentés. Il commence par des schistes et grès avec brachiopodes, puis vient un calcaire carbonifère très puissant avec intercalation de schistes et de grès, renfermant des poissons, des crustacés, des mollusques, etc. ; ensuite un grès grossier (*millstone grit*) où l'on commence à voir apparaître la houille ; au-dessus, le *terrain houiller inférieur* (*lower coal measures*) avec schistes et puissantes couches de houille ; puis le *terrain houiller moyen*, formé de grès, d'argiles et de schistes, entrecoupé de riches veines de houille ; enfin le *terrain houiller supérieur* (*upper coal measures*) composé de grès, de calcaire, d'argile avec de minces lits de houille. Le pays de Galles est la région où ces terrains sont le plus complètement développés, bien qu'on les retrouve avec plus ou moins de puissance en un grand nombre d'autres points. Les couches de houille ont une épaisseur moyenne de 0ᵐ60 et reposent chacune sur une couche d'argile de 0ᵐ15 à 3ᵐ d'épaisseur. A Cardiff, il y a 75 couches de houille représentant une épaisseur totale de 25ᵐ, s'étendant sur une superficie de 2,354 kil. car. Souvent de nombreux bancs de carbonate de fer sont interposés aux lits de houille, par ex. dans le bassin de Sheffield. La flore de la houille est représentée surtout par des fougères (*nevropteris*, *cordaites*, *annulaires*, etc.). Le *Permien*, qui repose généralement en stratification discordante sur le carbonifère, comprend deux sous-étages : l'intérieur, formé de grès bariolé, de schiste et de calcaire, a de 60 à 70ᵐ, et le supérieur, calcaire souvent magnésien, à 150ᵐ de puissance. Le *trias*, essentiellement formé de grès souvent coloré en rouge (*new red sandstone*), atteint 950ᵐ. On y trouve les empreintes d'énormes batraciens (*labyrinthodontes*), des débris de crocodiliens, de reptiles, etc. Le sel gemme s'y rencontre en masses lenticulaires atteignant 60ᵐ d'épaisseur. — Les *terrains secondaires* offrent également un grand intérêt. Ils commencent par le *lias*, que l'on distingue en *lias blanc* et *lias bleu* formés de calcaire blanc à la partie inférieure, bleu en haut. Les ammonites, les gryphées caractéristiques s'y rencontrent. Au-dessus du lias vient l'*oolithe*, commençant par l'*inferior oolithe* avec calcaire jaune (*Gloucestershire*), puis argileux, terre à foulon, puis le schiste calcaire de Stonesfield, très riche en débris organiques. La *grande oolithe* développée surtout aux environs de Bath, d'où le nom de *bathonien*, fournit une excellente pierre à bâtir ; elle est très riche en polypiers ; au-dessus se voit l'*argile de Bradford* (*Bradford-clay*) ; enfin le *corn-brash*, calcaire ainsi appelé parce qu'il est très propre à la culture du blé. Telle est la constitution de l'oolithe dans le midi ; dans le Yorkshire, en diffère assez notablement. Au-dessus de l'oolithe proprement dite, se trouve une puissante couche d'argile, *Oxford-clay* (150 à 200ᵐ), puis une formation oolithique avec beaucoup de polypiers ou *coral-rag*, puis le *Kimmeridge-clay*, dépôt d'argile qui atteint jusqu'à 200ᵐ ; le *Portlandien* de 50ᵐ de puissance environ renfermant d'admirables pierres à bâtir (St-Paul de Londres en a été construit) ; enfin

le *Purbeck*, typique dans l'île de ce nom, constitué par un beau marbre avec coquilles d'eau douce. Au-dessus de ces formations apparaît le *système crétacé* commençant par les *sables d'Hastings*, l'*argile wealdienne*, avec débris de sauriens gigantesques (*plésiosaures*) ; puis des grès et des argiles ; puis vient le *gault*, représenté par des argiles noirâtres de 30ᵐ d'épaisseur, et qui peuvent atteindre 100ᵐ. Ces couches infra-crétacées sont surmontées par celles du crétacé proprement dit : *grès glauconieux*, *marnes crayeuses*, *la craie* sans silex d'abord, puis avec silex, avec les mêmes caractères minéralogiques que celle du bassin de Paris. — Les *terrains tertiaires* se montrent dans les deux bassins de Londres et du Hampshire. L'*éocène* : *couches argilo - siliceuses de Woolwich*, *argile de Londres*, *couches sableuses de Bagshot*, *Bembridge*, etc., avec grand nombre de végétaux fossiles à caractère tropical. Le *miocène*, très peu développé, offre des argiles avec lignites dont la flore est subtropicale ; les *sequoia* y abondent. Le *pliocène*, connu sous le nom de *crag*, offre une série de sables et de graviers coquilliers, de 10 à 45ᵐ de puissance ; un bon nombre des coquilles fossiles sont représentées par des espèces actuellement vivantes. La *période quaternaire* a laissé sa trace en Angleterre comme ailleurs. Le nord de l'Angleterre et l'Écosse présentent presque partout un revêtement caillouteux mêlé d'argile (*drift ou diluvium*). Beaucoup de ces pierres sont striées et accusent l'action des glaciers ; ces débris qui, quelquefois, ont un volume assez considérable (*boulder-clay*), remplissent des cavités. des poches, dont les vallées ou les plateaux sont creusés.

|| Productions Minérales. — Les productions minérales de l'Angleterre constituent ses principales richesses. C'est surtout à l'abondance de la houille et du fer qu'elle doit d'être la première puissance du monde. Et ce qui fait sa supériorité, c'est que la houille et le fer se trouvent et sont exploités ensemble. Voici les principaux centres où s'exercent les industries du fer et de la houille : au N., les districts de Newcastle, Northumberland et Durham ; au N.-O., ceux de Whitehaven et de Lancaster. Dans les collines du centre, Leeds, Derby, Nottingham, Stafford, Warwich, Worcester et la forêt de Dean, dans le Gloucestershire ; à l'O., le Cumberland, tout le pays de Galles, Bristol, et au S.-O., la Cornouailles. — On trouve l'*étain* dans les montagnes de Cornouailles et de Devonshire ; — le *cuivre* dans la Cornouailles, le Devonshire, le Staffordshire, le Cumberland, le Caernarvon, l'île d'Anglesey ; le *plomb* dans le Devonshire, le Northumberland et le Devonshire, les comtés de Flint et de Dembigh ; — le *zinc* dans le Derbyshire ; — le *graphite* dans les schistes du Cumberland et du Cornwall ; — le *bismuth* dans le Devonshire ; le *manganèse* dans l'île de Man. — On exploite des sources *salines* dans le Cheshire et le Norcestershire. — Le *kaolin* est tiré du Cornwall et du comté de Monmouth, et l'*argile* à poteries du Cornwall et du comte de Purbeck. — La *pierre à bâtir* et surtout le *ciment* de Portland sont renommés. — Les *ardoises* viennent du pays de Galles et du Devonshire, et la pierre à meules du Yorkshire. — On trouve de plus en Angleterre de nombreuses sources minérales.

	1866	1875
	Tonnes	Tonnes.
Charbon de terre ..	133 364 000	133 364 000
Fer en saumons ...	6 556 000	6 556 000
Cuivre fin...	4 069	4 069
Plomb métallique..	56 667	56 667
Etain blanc... ...	8 500	8 500
Zinc	6 641	6 641

|| Productions Agricoles. — L'Angleterre se divise en trois régions agricoles : la région des herbages, au N. et à l'O. ; les South-Downs au S., et la région de cultures perfectionnées au centre et à l'E. Les herbages couvrent le Northumberland, le Cumberland et le comté de Lancaster, l'Yorkshire, le comté de Chester, le

ANG

ANG

pays de Galles, la vallée de la Severn et celle de l'Avon, le Somersetshire, le Devonshire et la Cornouailles. Cette région montueuse nourrit d'excellent bétail, et fournit les fromages de Chester et de Lancaster. — La région des Downs, au S. de la Tamise, formée de collines calcaires peu fertiles, mais couvertes d'un gazon fin et serré, produit des moutons renommés. — La région de l'Est et du centre offre partout une culture conduite selon les procédés les plus perfectionnés. Une grande partie était autrefois couverte de marais, de bruyères ou de sables stériles que les efforts intelligents des cultivateurs et l'emploi des grands capitaux ont transformés en terres fertiles. L'Angleterre cultive peu les céréales, qui n'occupent guère que le cinquième du sol cultivable, et tous les ans elle achète pour 7 à 800 millions de grains (blé, seigle, orge, maïs, avoine), etc. Elle achète en outre pour près de deux milliards de vivres de toute espèce : bœufs, moutons, veaux, volailles, beurre, œufs, fruits et légumes de primeurs, etc. Les cultivateurs anglais développent en revanche autant que possible la culture des plantes et des racines fourragères qui permettent d'élever un bétail nombreux, et, par les engrais, d'entretenir et d'augmenter la fertilité du sol. Onze millions d'hectares, c.-à-d. plus de la moitié du sol cultivé, sont occupés par les prairies naturelles et artificielles. Les autres productions agricoles sont, la pomme de terre, le houblon et les fruits, les légumes || FAUNE ET FLORE. — La faune de l'Angleterre est celle de l'Europe tempérée. Les mammifères sont représentés par 3 cerfs, 4 lièvres ou lapins, 1 écureuil, 10 rats; le sanglier se trouve encore en Ecosse; les reptiles par 3 lézards, 3 serpents dont la vipère; les amphibiens par 4 grenouilles, 4 salamandres. Les oiseaux sont ceux du nord de la France; les aigles et oiseaux de rivage abondent. — La flore répond à celle de la zone moyenne de l'Europe; elle est représentée par plus de 1,500 espèces phanérogames réparties entre 100 à 105 familles, plus 2,000 espèces cryptogames. Ce sont les dicotylédones qui éprouvent le plus de déficit, tandis que les monocotylédones sont représentées par un nombre d'espèces relativement plus grand. Une partie de la flore a le caractère de celle des Alpes, non pas que les montagnes de l'Angleterre soient très hautes, mais grâce à la latitude plus septentrionale de ce pays.

|| SUPERFICIE. POPULATION. — Angleterre. Superficie : 131,912 kil. carr. Population en 1881 : du sexe masculin, 11,947,726; du sexe féminin, 12,660,665. Total 24,608,391. Densité par kil. car., 187. — Pays de Galles. Superf. : 19,107 kil. car. Popul. en 1881 : du sexe mascul., 677,028; du sexe fém. 682,867. Total : 1,359,895. Densité par kil. car., 71. — Accroissement de la population de 1871 à 1881. Angleterre : 3,113,260, soit par an, 1,33 %. Pays de Galles : 142,760, soit par an, 1,11 %. — Mouvement de la population en 1881. Angleterre et Galles : Mariages : 197,030. Naissances : 883,518. Décès : 491,813. Excéd. des naissances : 391,705. — Emigration en 1881. Anglais et Gallois : 139,976. — Origine de la popul. (1871) sur 22,712,266 h. : nés en Angleterre et dans le pays de Galles : 21,692,165 h.; nés en Ecosse : 213,254 h.; nés en Irlande : 566,540 h.; nés aux îles adjacentes : 25,655 h.; nés dans les Colonies : 70,812 h.; étrangers : 139,445 h.; nés en mer : 4,395 h.. — Population des villes atteignant 200,000 h. en 1881: *Londres*, popul. du *district métropolitain*, 3,814,571 h.; celle du *district de police* est de 4,764,312 h.; *Liverpool*, 552,425 h.; *Birmingham*, 400,757h.; *Manchester*, 341,508 h. et *Salford*, 176,239 h., total, 517,741 h.; *Leeds*, 309,126 h.; *Sheffield*, 284,410 h.; *Bristol*, 206,503 h. — La population des villes représente 62 % de la population totale. En 1851, la population des villes était sensiblement égale à celle des campagnes, mais, depuis cette époque, la population urbaine a augmenté de 3,550,000 h., tandis que celle des campagnes s'est accrue seulement d'un million. On compte aujourd'hui 938 villes qui occupent 6 centièmes de la superficie totale de l'Angleterre. On appelle proprement ville (*town*) une localité pourvue d'un marché; bourg (*borough*) désignait primitivement un lieu entouré de murs; plus tard ce mot fut appliqué aux villes qui avaient le droit d'élire leurs magistrats, et de-

puis Henri III il fut restreint à celles qui avaient le droit de nommer un député au Parlement.

CHEMINS DE FER EN EXPLOITATION

	1881	1882
Kilomètres.	20 615	20 921
Frais de construction (l. st.).	616 453 000	635 196 000
Recettes brutes.	54 329 000	59 106 000
Recettes nettes	27 148 000	28 178 000

|| DIVISIONS GÉOGRAPHIQUES ET ADMINISTRATIVES. — L'Angleterre est divisée en 40 comtés, et le pays de Galles en 12 comtés; ces comtés ou *shires* sont eux-mêmes divisés en *hundreds*, subdivisés en paroisses. Cependant dans plusieurs comtés, ces subdivisions portent d'autres noms. Ainsi le Yorkshire forme 3 *riding*, subdivisés en *wapentakes*; le comté de Kent est divisé en *lathes* et le comté de Sussex en *rapes*; le Westmoreland, le Cumberland, le Northumberland, les comtés de Durham et de Lancaster sont divisés en *wards*. Voici le tableau des 52 comtés d'Angleterre et du pays de Galles :

COMTÉS	CHEFS-LIEUX	SUPERFICIE en kil. car.	POPULATION (1871)
Comtés de l'Est :			
Northumberland	Newcastle	5 055	386 646
Durham	Durham	2 519	685 089
Yorkshire	York	15 769	2 436 355
Lincolnshire	Lincoln	7 185	436 599
Nottingham	Nottingham	2 129	319 758
Derby	Derby	2 666	379 394
Stafford	Stafford	2 948	858 326
Leicester	Leicester	2 081	269 311
Rutland	Oakham	388	22 073
Northampton	Northampton	2 551	243 891
Bedford	Bedford	1 196	146 257
Huntingdon	Huntingdon	928	63 708
Cambridge	Cambridge	2 125	186 906
Norfolk	Norwich	5 480	438 656
Suffolk	Ipswich	3 835	318 869
Essex	Chelmsford	4 292	466 436
Middlesex	LONDON	729	2 539 765
Hertford	Hertford	1 583	192 226
Buckingham	Buckingham	1 890	175 879
Oxford	Oxford	1 913	177 975
Berkshire	Reading	1 826	193 475
Surrey	Guildford	1 938	1 091 635
Comtés du Sud :			
Kent	Maidstone	4 206	848 294
Sussex	Chichester	3 791	417 456
Hampshire ou Southampton	Winchester	4 321	544 684
Wiltshire	Salisbury	3 500	257 177
Dorset	Dorchester	2 558	195 537
Somerset	Bath	4 238	463 483
Devonshire	Exeter	6 700	601 374
Cornwall	Launceston	3 335	362 343
Comtés de l'Ouest :			
Gloucester	Gloucester	3 258	534 640
Monmouth	Monmouth	1 491	195 448
Hereford	Hereford	2 184	125 370
Worcester	Worcester	1 911	338 837
Warwick	Warwick	2 282	634 189
Salop ou Shropshire	Shrewsbury	3 343	248 111
Cheshire	Chester	2 861	561 201
Lancaster	Lancaster	4 934	2 819 485
Westmoreland	Appleby	1 964	65 010
Cumberland	Carlisle	4 052	220 253
Comtés de South Wales (Galles du sud) :			
Glamorgan	Cardiff	2 216	397 859
Caermarthen	Caermarthen	2 454	115 710
Pembroke	Pembroke	1 626	91 998
Cardigan	Cardigan	1 794	73 441
Brecknock ou Brecon	Brecknock	1 862	59 901
Radnor	Radnor	1 101	25 430
Comtés de North Wales (Galles du Nord)			
Montgomery	Montgomery	1 956	67 623
Merioneth	Dolgelly	1 559	46 598
Caernarvon	Caernarvon	1 498	106 121
Anglesey	Beaumaris	783	51 040
Denbigh	Denbigh	1 562	105 102
Flint	Flint	748	76 312
TOTAL		151 044	22 712 266

Depuis 1841, une répartition quelque peu différente a été appliquée au recensement, comme à l'exécution de la loi sur les pauvres et au mouvement de la population. Dans cette nouvelle répartition, les comtés, que le census appelle *old historical counties*, sont réunis par groupes, ainsi que le montre le tableau suivant, dans lequel nous donnons le résultat du recensement de 1881.

COMTÉS ET CIRCONSCRIPTIONS DU RECENSEMENT	SUPERFICIE en kil. car.	POPULATION en milliers d'h.	DENSITÉ au kil. car.
LONDON	305	3 815	12 508
SOUTH-EASTERN (Surrey, Kent, Sussex, Hampshire, Berkshire)	16 124	2 480	154
SOUTH MIDLAND (Middlesex, Hertford, Buckingham, Oxford, Northampton, Huntingdon, Bedford, Cambridge)	12 955	1 596	123
EASTERN (Essex, Suffolk, Norfolk)	12 996	1 343	103
SOUTH WESTERN (Wilt, Dorset, Devon, Cornwall, Somerset)	20 197	1 858	92
WEST MIDLAND (Gloucester, Hereford, Shrop, Stafford, Worcester, Warwick)	16 013	3 029	189
NORTH MIDLAND (Leicester, Rutland, Lincoln, Nottingham, Derby)	11 309	1 638	114
NORTH WESTERN (Chester, Lancaster)	8 089	4 107	508
YORKSHIRE	15 059	2 895	192
NORTHERN (Durham, Northumberland, Cumberland, Westmoreland)	14 280	1 624	111
WALES (Pays de Galles, avec le comté de Monmouth)	20 694	1 577	76
ANGLETERRE ET GALLES	151 021	25 968	172

|| ADMINISTRATION. — L'*administration* de chaque comté comprend : le lord lieutenant, qui représente la Couronne; le haut chérif (*high sheriff*), nommé chaque année pour veiller a l'application des lois, et qui se choisit un sous-chérif (*under-sheriff*); le receveur général des taxes, nommé par la Couronne; le *coroner*, dont la fonction principale est d'instituer une enquête toutes les fois qu'il y a mort violente; les juges de paix (*justices of the peace*), ou magistrats du comté nommés par le lord lieutenant, et qui se réunissent en sessions trimestrielles pour prononcer sur tous les cas de vindicte publique, selon le verdict du grand jury, composé de douze hommes au moins; le greffier de paix (*clerk of the peace*); les représentants du comté au Parlement (*knights of the shire*) élus par les électeurs déterminés par la loi. Chaque comté a pour l'administration de la justice une cour des sessions (*sessions court*) et une cour d'assises (*assize court*). Les cours des sessions se tiennent une fois par trimestre, sous la présidence des magistrats du comté; elles n'ont guère à s'occuper que des causes d'importance secondaire. Les assises sont tenues deux ou trois fois chaque année, présidées par des juges qui font une tournée dans le comté pour administrer la justice au civil et au criminel. Toutes les causes graves leur sont réservées.

|| ARCHÉOLOGIE PRÉHISTORIQUE ET ETHNOGRAPHIE. — Plusieurs découvertes prouvent l'ancienneté de l'homme en Angleterre, aussi bien que sur le continent. En 1715, on découvrit dans une carrière de Loudres des haches de pierre avec des os d'éléphants; à la fin du XVIIIᵉ s. on en retira d'une couche d'argile exploitée pour faire de la brique, et en assez grande quantité pour combler les ornières. Les travaux de Boucher de Perthes éveillèrent l'attention de l'autre côté du détroit, et des fouilles méthodiques mirent au jour un grand nombre d'armes en pierre, enfouies dans les graviers de plusieurs vallées, notamment celle de l'Ouse, du Cam et du Lark, du Wey, de l'Avon, etc. Celle de la Tamise a fourni trois gisements de silex taillés. Les instruments découverts consistent en éclats de silex, en

pierres aiguës et surtout en haches de silex, de feldspath ou de hornstein. D'après les caractères des graviers des vallées où ces instruments ont été trouvés, on est autorisé à les rapporter à deux époques différentes, l'une ayant précédé la période glaciaire ou acheuléenne, l'autre glaciaire, avec ossements de mammouth, de rhinocéros tichorinus, de bœuf musqué, de renne, etc. On a également fouillé plusieurs cavernes dont les plus connues, celles de Kent et de Brixham près Torquay, ont été inspectées par Falconer. On y a trouvé, à côté de débris de mammouth et d'un membre entier de rhinocéros des silex du type du Moustier, et des objets en os, tels que harpons barbelés, poinçons, aiguilles, répondant à l'époque de la Madelaine ; mais aucun n'offre de dessin gravé. L'époque de Solutré n'y est nullement indiquée. On trouve des *tumulus* que l'on distingue en longs et en ronds (*long-barrows*, et *round-barrows*, des Anglais), les premiers appartenant à l'époque néolithique ou de la pierre polie, les seconds à celle du bronze, avec instruments de bronze, couteaux, poignards, poinçons, en même temps que des instruments en pierre de la période précédente, de forme très variée, des poteries, etc. La crémation des morts n'était pas la règle ; bien plus souvent on les ensevelissait. Dans le premier cas, les cendres étaient renfermées dans des urnes. — L'étude des crânes renfermés dans les tumulus ou dolmens montre que les habitants de l'Angleterre, à l'époque de la pierre polie et des *long-barrows*, étaient dolichocéphales (V. ce mot), avec dépression transversale en arrière de la suture du frontal ; c'est la plus ancienne race connue du pays, à laquelle a succédé une race à type brachycéphale qui a élevé les *round-barrows*, et a connu le bronze. Il y a des raisons de croire que c'est là le type celtique décrit par Jules César. — La conquête romaine n'a eu que peu d'influence sur la population autochtone ; peut-être a-t-elle introduit quelques éléments slaves et mauresques par la colonisation des légionnaires romains. Au v⁰ siècle, invasion du pays par des éléments germains. Les Danois et les Scandinaves s'établirent sur la côte orientale et une partie de la côte occidentale de l'Angleterre et de l'Ecosse ; aussi n'est-il pas étonnant de trouver dans toute cette région une quantité de noms scandinaves donnés aux montagnes, aux fleuves, etc., en même temps que les mœurs, coutumes, danses scandinaves s'y sont conservées. Enfin la seconde moitié du xiᵉ s. vit l'invasion de l'Angleterre par les Normands et par conséquent l'introduction d'un sang normano-français mêlé de celtique. — Il est résulté de ces invasions successives que l'élément celte primitif a été refoulé dans les hautes régions ; il prédomine dans la partie occidentale de la Haute-Ecosse (*Highlanders*) dans les Galles, le Cornwall, les Hébrides. Le costume des Highlandere et leurs coutumes sont ceux d'autrefois. La vendetta, la propriété collective des terres se sont maintenues à travers le temps. Les plus purs descendants des anciens Gaëls doivent être cherchés dans la petite île de St-Kilda, très isolée, et rarement abordée par les vaisseaux. — Deux types se rencontrent généralement en *Angleterre* ; l'un est dolichocéphale, à taille élevée, à peau blanche, avec les cheveux et les yeux clairs, et se trouve répandu dans les régions occupées par les conquérants germains et scandinaves ; l'autre est brachycéphale, de petite taille, avec les cheveux et les yeux foncés, et occupe les pays habités par les descendants des Celtes. La taille moyenne des Anglais est de 1ᵐ 69 ; avec de nombreuses variations en plus et en moins ; celle des Ecossais est un peu plus élevée et beaucoup plus constante.

|| HISTOIRE. — Les premiers habitants de l'île de *Prydain* (Bretagne), dont l'histoire fasse mention, étaient des peuplades d'origine celtique, proches parentes de nos ancêtres les Gaulois. Cette contrée (V. *Bretagne* et *Breton*) fut de bonne heure visitée par les Phéniciens, les maîtres de la mer dans l'antiquité, comme les Anglais le sont aujourd'hui. Les Carthaginois venaient chercher l'étain aux îles Cassitérides (Scilly), et sur les côtes de Cornouailles. César y pénétra deux fois à la tête de ses légions en 55 et 54 av. J.-C.. La soumission de cette contrée, que les Romains

appelaient *Britannia, Britannia-Major, Albion,* ne fut achevée que l'an 85 av. J.-C., sous le règne de Domitien, par Agricola, beau-père de l'historien Tacite, qui l'a racontée. Londres (*Londinium*) et York (*Eboracum*) étaient, dès cette époque, les principales villes du pays et florissaient par le commerce et par leurs écoles. Quoique vaincus par Agricola, les montagnards de la Haute-Ecosse ne furent jamais entièrement domptés. Pour les contenir, Adrien fit construire, d'une mer à l'autre, *une muraille* qui commençait à Segedunum (Wallsend), près de l'embouchure de la Tyne, et allant se terminer à l'estuaire d'*Ituna* (*Solway Firth*). Dix-neuf ans plus tard, en 140, une seconde muraille fut élevée par Antonin, plus au nord entre l'estuaire de la Clyde (*Glotta*) et celui du Forth (*Boderia*), à l'endroit où Tacite dit qu'Agricola avait construit une ligne de forts. A peine les légions romaines, qui gardaient la Bretagne, rappelées en 408 pour défendre l'Italie contre les Barbares, furent-elles parties, que les Calédoniens, les Pictes et les Scots se jetèrent sur le pays où ne restaient que les Bretons, qui avaient perdu, sous le joug romain, l'habitude de la guerre. Vortigern, le plus puissant des rois bretons, appela à son secours, en 449, deux princes Jutes (Jots, Gètes, Goths), Hengist et Horsa. Ces alliés *dangereux*, renforcés de jour en jour par l'arrivée de nouveaux Germains, pour la plupart Angles et Saxons, et devenus assez nombreux, de défenseurs, se rendirent les maîtres. Les Jutes fondèrent d'abord le royaume de Kent, en 455 ; puis les Saxons ceux de Sussex, 491 ; Wessex, 519 ; Essex, 530. En l'an 547, les Angles fondèrent le royaume de Bernicie, sur la côte N.-E. En 560, d'autres Angles s'établirent au S. des premiers et formèrent le royaume de Deira, qui s'étendit jusqu'à l'Humber. Celui d'Est-Anglie fut fondé en 571 et celui de Mercie, au centre de l'île, en 584. Ces huit Etats, réduits à sept par la réunion des royaumes de Bernicie et de Deïra (617) formèrent ce qu'on appelle l'*Heptarchie* anglo-saxonne. (V. *Anglo-Saxons* et *Heptarchie*.) Les Bretons, après avoir opposé la plus vive résistance, se réfugièrent dans les montagnes de la Cornouailles et de la Cambrie où ils maintinrent leur indépendance. Un certain nombre passa en Gaule, dans la presqu'île armoricaine, qui a retenu leur nom. Il fallut que le moine Augustin vînt, en 596, ranimer en Grande-Bretagne le christianisme qui y était entré sous la domination romaine, mais qui avait été étouffé sous l'invasion anglo-saxonne. Non seulement il convertit les Anglo-Saxons eux-mêmes, mais il en fit une nation fort civilisée, qui donna a la France de Charlemagne des savants comme Alcuin, et a l'Allemagne des prédicateurs comme saint Boniface et saint Sturm. Les sept royaumes ne formèrent plus, en 827, sous le sceptre d'Egbert, qu'un seul Etat qui porta le nom de royaume d'Angleterre (*Englaland*). Une langue anglo-saxonne se forma des différents dialectes apportés de Germanie, langue dans laquelle écrivit Alfred le Grand, vers l'an 900. Ce fut sous le règne d'Egbert que les Danois parurent pour la première fois en Angleterre (787). Ces nouveaux venus étaient un détachement de ces Normands qui faisaient alors trembler Paris et Constantinople. En 809, ils débarquèrent avec une flotte nombreuse sur la côte de Cornouailles, et furent bien accueillis par les Bretons, qui s'unirent à eux pour ravager les terres des Saxons. Sous le règne d'Ethelwolf, fils d'Egbert, il ne s'écoula pas une année sans qu'ils reparussent, mettant le pays au pillage et prenant la fuite. En 851, ils hivernèrent dans l'île ; mais battus par Athelstan, fils ou frère d'Ethelwolf et son collègue, ils appelèrent à leur aide d'autres pirates, qui, montés sur trois cent cinquante vaisseaux, envahirent le midi et l'orient de l'Angleterre. Après avoir incendié Cantorbéry et Londres, ils furent enfin arrêtés par Ethelwolf, qui les battit à Okely. En 886, un de leurs chefs, Reguard Lodbrog, vaincu et pris vivant par Œlla, roi de Northumbrie, périt dans une fosse remplie de vipères. Pour le venger, huit rois de mer et vingt chefs de second ordre débarquèrent sur la côte d'Est-Anglie, prirent York et s'y fortifièrent, 867. Puis, en s'avançant dans le pays, ils occupèrent la Mercie et ne

laissèrent aux Saxons que le Wessex. Dans cette extrémité, Alfred le Grand, appelé au trône par l'élection, fut abandonné des siens et dut prendre la fuite. Son royaume tomba au pouvoir du Danois Gothrun, 878. Bientôt pourtant (879), il reparut et vainquit les Danois, qu'il parvint à repousser dans l'Est-Anglie, qui resta à Gothrun et dans la Northumbrie. Son fils Edouard et son petit-fils Athelstan poursuivirent ses victoires. Mais sous Ethelred, Suénon, roi de Danemark, et Olaf, roi de Norwège, débarquèrent dans le Northumberland (1002) et mirent l'Angleterre à rançon ; et en 1012, Suénon occupa *toute l'île* et prit le titre de roi. Ethelred, réfugié en Normandie, ne revint qu'après la mort de Suénon, 1014. Kanut, fils de ce dernier, partagea l'Angleterre avec Edmond, fils d'Ethelred (1017), qui fut assassiné peu après ; ce qui permit à Kanut de régner seul. Son fils Hardi-Kanut lui succéda (1036), fut dépossédé par son frère Harold, et redevint seul maître à la mort de celui-ci. Edouard le Confesseur, fils d'Ethelred, succéda à Hardi-Kanut. Sous son règne, les Danois, affaiblis, ne donnèrent plus d'inquiétudes aux Anglo-Saxons ; mais un nouvel orage se préparait. En mourant, Edouard exhorta les chefs de la nation a prendre pour roi Harold, vaillant guerrier, fils du comte Godwin, comme le seul capable de lutter contre Guillaume le Bâtard, duc de Normandie, qui se préparait déjà à la conquête de l'Angleterre. Avec Harold, vaincu et tué à la bataille de Hastings, finirent les rois anglo-saxons (29 décembre 1066). — Les Normands apportèrent en Angleterre la langue de la France et le système féodal. Guillaume partagea le pays en fiefs, qu'il donna à ses compagnons d'armes et fonda une dynastie qui régna jusqu'à 1154, époque où elle fut remplacée par la famille angevine des Plantagenets. Ceux-ci, descendants de Guillaume par les femmes, occupèrent le trône jusqu'en 1485. Cette longue période fut remplie par des guerres presque continuelles contre la France. Henri II, le premier de cette dynastie, conquit l'Irlande, 1171. Le Cornwall et le pays de Galles avaient été réduits par Guillaume et ses successeurs. Absolue entre les mains de Guillaume le Conquérant, la royauté fut de bonne heure combattue par une ligue de la noblesse et des communes. Le premier triomphe de cette ligue fut remporté sur Jean Sans-Terre, qui signa la *Grande-Charte* en 1215. Dès 1264, la *Chambre des Communes* siégeait à côté de la *Chambre des Lords*, et le règne d'Edouard III acheva de constituer la législation politique des Anglais. La *guerre de Cent Ans* contre la France (1337-1453), marquée par les trois victoires de Crécy (1346), Poitiers (1356), et Azincourt (1415), et par l'occupation d'une partie de la France jusqu'en 1453, puis la guerre intestine des *Deux-Roses* affaiblirent assez la noblesse pour que la royauté, sous Henri VII, se trouvât de nouveau presque absolue. La guerre des *Deux-Roses*, qui dura de 1454 à 1485, finit par la chute de la maison des Plantagenets, et amena l'avénement de la dynastie des Tudors. Henri VIII, à un pouvoir politique absolu joignit encore le pouvoir spirituel, en se faisant chef de l'Eglise (1533), et la *Réforme* qu'il avait préparée, détacha sous Edouard VI (1542-1553), puis définitivement sous Elisabeth (1558-1603), malgré la réaction catholique du règne de Marie Tudor (1553-1558), l'Eglise *anglicane*, de l'Eglise romaine. Contre ce double despotisme une réaction était inévitable. Elle commença sous Jacques Iᵉʳ de la famille écossaise des Stuarts, dynastie qui avait succédé à celle des Tudors, éteinte en la personne d'Elisabeth. Elle éclata avec une force irrésistible contre l'infortuné Charles Iᵉʳ, qu'elle renversa et qui périt sur l'échafaud le 30 janv. 1649. La révolution commencée par les Presbytériens modérés tomba aux mains des Puritains, puis des Niveleurs, puis de Cromwell qui, sous le nom de *Protecteur*, gouverna despotiquement la République anglaise jusqu'à sa mort, 1658. Monk rappela Charles II, 1660. La lutte recommença sous Charles II et Jacques II, et la nation ne rentra dans le calme que lorsqu'elle eut trouvé, pour lui restituer son antique constitution, un nouveau Jean Sans Terre qui fut Guillaume III d'Orange, 1688. Les victoires de Marlborough, dans la guerre de la succession d'Espagne, la conquête de Gibraltar en 1704, l'union définitive de l'Angleterre et de l'Ecosse sous le nom de royaume de Grande-Bretagne, enfin l'éclat littéraire, illustrèrent le règne de la reine Anne, qui avait succédé à son beau-frère Guillaume III en 1702. La maison de Hanovre succéda à celle d'Orange en 1714. Pendant le XVIIIe s., la conquête du Canada, (1763), et de l'Inde, 1757-1816 ; la perte des Etats-Unis révoltés (1776-1784), furent les principaux faits de l'histoire d'Angleterre. Ce fut sous Charles II qu'on employa pour la première fois les noms de *whigs* et de *tories*, pour désigner les deux partis qui se disputaient le pouvoir au Parlement : on les appliqua le premier au parti populaire, le second au parti de la Cour. À la chute des Stuarts, les whigs soutinrent la nouvelle dynastie, et les tories passèrent dans l'opposition. Ces deux partis, qui divisaient l'Angleterre, sont devenus l'âme du pays, bien loin d'y causer un déchirement ; car les whigs sont les gardiens de la liberté, et les torys ceux de l'ordre. Sous Georges Ier et Georges II, Walpole, à la tête des whigs, conserva le pouvoir pendant 25 ans. Les tories revinrent au pouvoir avec Pitt, qui s'éleva, à force d'éloquence, de haine contre les Français, de réputation de probité. De 1793 à 1815, les Anglais furent les véritables, les seuls, les constants ennemis de la France, et la persévérance des tories et de Pitt leur valut de triompher de la puissance de Napoléon Ier. Désormais l'empire des mers appartint à l'Angleterre. Les réformes qui admettaient au Parlement les protestants non-conformistes, c.-à-d. non-anglicans (1828), et les catholiques (1829), grâce à l'*agitation légale* provoquée par O'Connell en Irlande, celle du 6 décembre 1831, qui modifia la représentation à la Chambre des communes et augmenta le nombre des électeurs, le développement merveilleux de l'industrie anglaise, le vote du *Corn-bill*, c.-à-d. l'abolition de la loi sur les céréales, et la proclamation de la liberté commerciale, dus « Robert Peel ; tels furent les principaux faits de l'histoire intérieure de l'Angleterre dans la première moitié du XIXe s. A l'extérieur, l'Angleterre reste en paix avec toutes les puissances européennes jusqu'à la guerre de Crimée, 1854-1855. Mais les faits de l'histoire contemporaine, insurrection indienne (1855-1858), expédition contre les Achantis, contre l'Abyssinie, contre l'Afghanistan, guerre d'Egypte, doivent être réservés. La reine Victoria, couronnée le 20 juin 1837, a été proclamée impératrice des Indes le 26 mars 1876. Son règne, long et prospère, mérite une étude à part, et contiendra avec détails tous les faits saillants jusqu'à nos jours. (V. *Victoria*.) — Nous donnons ci-dessous la liste des rois d'Angleterre. A l'article *Heptarchie*, les principaux faits de la période qui précède ce prince seront relatés ; et dans l'article consacré a chacun des Etats anglo-saxons, on trouvera la liste de ses souverains. Ceux-ci auront, à leur ordre alphabétique, leurs biographies, dans lesquelles seront racontées, avec détails, tous les événements de cette histoire, omis à dessein, pour éviter les répétitions dans la rapide esquisse historique qui précède :

ROIS D'ANGLETERRE

1° Rois Saxons (800-1013).

Egbert, *roi de toute l'Angleterre*	800
Ethelwolf	836
Ethelbald	857
Ethelbert	860
Ethelred Ier	866
Alfred le Grand	871
Edouard Ier, *l'Ancien*... 899, 900 ou	901
Athelstane	925
Edmond Ier	941
Edred	946
Edwy	955
Edwy et Edgar 957 à	959
Edgar *seul*	959
Edouard II, *le Martyr*	975
Ethelred II	978

2° Rois Danois et Saxons (101-1042).

Suénon, *Danois*	1013
Ethelred II *rétabli*	1014
Edmond II	1016
Canut *le Grand, Danois*	1017
Harold Ier, *Danois*	1036
Hardi-Canut, *Danois*	1010

3° Rois Saxons (1042-1066).

Edouard, *le Confesseur*	1042
Harold II	1066

4° Rois Normands (066-1154).

Guillaume Ier, *le Conquérant*	1066
Guillaume II, *le Roux*	1087
Henri Ier, *Beau-Clerc*	1100
Etienne de Blois	1135
Mathilde	1141-1147
Etienne de Blois *rétabli*	1447-1154

5° Maison d'Anjou (Plantagenets. 1154-1399).

Henri II	1154
Richard Ier, *Cœur-de-Lion*	1189
Jean Sans-Terre	1199
Henri III	1216
Edouard Ier	1272
Edouard II	1307
Edouard III	1327
Richard II	1377

6° Famille de Lancastre (1399-1461).

Henri IV	1399
Henri V	1413
Henri VI	1422

7° Famille d'York (1461-1485).

Edouard IV	1461
Edouard V	1483
Richard III	1483

8° Famille des Tudors (1485-1603).

Henri VII	1485
Henri VIII	1509
Edouard VI	1547
Jane Grey	1553
Marie Tudor	1553
Elisabeth	1558

9° Maison des Stuarts (1603-1649).

Jacques Ier	1603
Charles Ier	1605

10° République (1649-1660).

Protectorat d'Olivier Cromwell	165.-1658
Protectorat de Richard Cromwell de	1658 à 1659

11° Restauration des Stuarts (1660-1688).

Charles II	1660
Jacques II	1685

12° Révolution de 1688.

13° Maisons d'Orange et des Stuarts (1689-1714).

Guillaume III d'Orange et Marie Stuart	1689
Anne	1702

14° Maison de Hanovre (de 1714 à nos jours).

Georges Ier	1711
Georges II	1727
Georges III	1760
Georges IV	1820
Guillaume IV	1830
Victoria	1837

|| BIBLIOGRAPHIE. — Principales autorités à consulter pour l'histoire générale de l'Angleterre. 1° Période romaine et temps primitifs : Strabon, César, Tacite, Pline, Pomponius Méla, Ptolémée, Aurel. Victor, Eutrope, Eusèbe, Orose, les *Itineraria* et la *Notice de l'empire*. Parmi les auteurs modernes : Th. Wright, Horsley, Mannert, Llwyd, Turner. 2° Période saxonne : Les travaux de Turner, de Palgrave, de Trupp, de Kemble, de Th. Wright. 3° Période normande et moderne : S. Creasy, Mme Carol. Bray, Beale Post, Aug. Thierry, J. Lingard, Mackintosh, Hume, Macaulay, etc. || LANGUES. Les langues parlées en Angleterre sont : l'*anglais*, dans l'Angleterre proprement dite, et le *kymrique* (dialecte celtique), dans le Cumberland, le Pays de Galles et l'île d'Anglesey. (V. *Kymrique*.) || LITTÉRATURES. Trois littératures se sont succédées en Angleterre, celle des *Bardes* bretons, celle des *Anglo-Saxons* (V. ces mots), et enfin la littérature *Anglaise* (V. ci-après). || LANGUE ANGLAISE. — La langue anglaise s'est formée très tard, d'un mélange de l'idiome teutonique et du roman. Thommerel (*Recherches sur la fusion du franco-normand et de l'anglosaxon*, Paris, (1841), classifie 43,566 mots anglais d'après la langue d'où ils dérivent. Sur ce nombre, 29,853 viennent des langues classiques, c.-à-d. du français, du latin et du grec et le reste est de source teutonique. Néanmoins ce sont ces derniers qui forment la charpente de la langue parlée, et l'on ne pourrait dire en anglais deux noms et deux verbes avec les seuls éléments empruntés aux langues savantes ou a celle des conquérants. L'anglo-saxon, qui se parlait dans le pays avant la conquête normande, se rapproche plus de l'allemand que de l'islandais ; les patois anglais actuels correspondent à la division des anciens royaumes saxons, ce qui prouve que les tribus qui les envahirent parlaient des dialectes différents. Ces patois, encore usités aujourd'hui, sont d'une grande importance pour l'étude critique de l'anglais. Le prince Lucien Bonaparte est l'auteur d'un travail important sur cette matière. Avec les Normands un grand nombre de mots français s'introduisirent dans l'anglo-saxon. Des contractions, des modifications dans l'orthographe et la prononciation simplifièrent beaucoup cette langue. Le français resta longtemps la langue du gouvernement, des affaires et de la noblesse. Ce ne fut qu'en 1362 que la langue populaire fut introduite par Edouard III, dans la procédure. Le changement de l'anglo-saxon en anglais a été l'œuvre de plusieurs siècles ; jusqu'à le réforme, les ouvrages écrits en anglais gardèrent encore beaucoup de saxon. Comme les Hollandais, les Anglais ont abandonné l'alphabet allemand pour adopter l'alphabet latin ; mais les lettres sont loin d'avoir la même valeur qu'en français. La fusion de l'élément français dans la langue primitive ne fut donc complète que fort tard ; mais l'anglais est devenu l'un des idiomes les plus simples et les plus logiques, pour la syntaxe et la grammaire, réduites à un petit nombre de règles précises. Toute la difficulté de l'anglais consiste dans la prononciation et dans le nombre de sons différents qui peuvent prendre les voyelles. Elles en ont trois principaux :

	A	E	I	O	U	Y	
1er son...	e	i	ai	o	iou	aï	son anglais long ou alphabétique.
2e son...	a	e	i	o	eu	i	son bref français.
3e son...	eu	eu	i	eu	eu	e	son sourd ou final.

Les diphtongues sont : ai, ay, pron. *é*: *pail*, sceau, *way*, chemin ; au, aw, pron. *à*: *fault*, faute ; ea, se prononce tantôt *î* : *sea*, mer, tantôt *é* : *bread*, pain ; ee, ei, ie, pron. *î*: *tree*, arbre, *deceive*, tromper, *piece*, pièce ; eu, ew, pron. *iou*: *feud*, querelle, *few*, peu ; oa, pron. *ó*: *road*, route ; oi, oy. pron. *oï* : *voice*, voix, *boy*, garçon ; oo, pron. *ou* : *good*, bon ; ou, ow, pron. *aou* : *house*, maison, *cow*, vache. De nombreuses exceptions compliquent ces règles générales ; et l'usage seul peut en apprendre toutes les finesses. Les consonnes se prononcent comme en français, sauf quelques exceptions. Ainsi CH se prononce *tch*. G est doux, *dj*, ou dur, *gu*. GH, tantôt ne se prononce pas, tantôt se prononce *ff*. H est toujours aspiré. M, N se prononcent *mm*, *nn*. R s'articule à peine à la fin des syllabes. SH se prononce *ch*. La prononciation de TH ne peut se figurer en français : c'est une sifflante qui n'a pas d'analogie dans notre langue. W se prononce *ou* ; il est nul devant R. Dans tout mot anglais de plusieurs syllabes, il y en a une qui se prononce plus fortement que les autres ; cette intonation forte s'appelle accent. Les syllabes sont encore distinguées en longues et brèves. La versification anglaise repose sur différentes combinaisons de quantités, et c'est en raison des ressources que les auteurs anglais trouvent dans la prosodie de leur langue qu'ils négligent souvent la rime, indispensable aux auteurs français. || LITTÉRATURE ANGLAISE. — *Cycle poétique de la Table Ronde*. — A partir de la conquête normande, la littérature suit, en Angleterre, une marche parallèle à celle de la littérature française. Entre les deux pays se fit un échange continuel de poètes. L'histoire de Charlemagne et du roi Arthur furent les deux principales sources poétiques. La légende du roi Arthur, si célèbre dans les romans chevaleresques du moyen âge prit naissance dans la Cambrie. On en trouve les fragments dans une foule de monuments du VIe au VIIe s. Elle se transforma dans la Bretagne française où elle se christianisa et prit cette consistance poétique qui la fit passer dans le roman chevaleresque. Enfin rédigée et écrite, elle forma le livre intitulé *Brut y Brenhined*, ce qui signifie *Légende du roi*, et non *Brutus de Bretagne*, comme on l'a dit par erreur. Ce livre fut importé en Angleterre vers l'an 1125 par Gauthier Calenius, archidiacre d'Oxford qui le mit en dialecte cambrien. Cette rédaction est la seule qui existe. L'original armoricain a été perdu. C'est traduite en latin par Geoffroy-Arthur de Monmouth que la *Légende du roi* servit de base aux romans chevaleresques de la Table ronde. Le premier poème qui en sortit fut le roman de Brut, écrit en vers français (1155), par Robert Wace, l'un des compagnons de Guillaume le Conquérant et devenu depuis chanoine de Bayeux. Vint ensuite Christian de Troyes, mort au siège de Saint-Jean d'Acre, pendant la 3e croisade. Il composa sur le sujet de la table ronde les romans de Perceval le Gallois, du Chevalier au Lion, d'Erec et Enide et de Lancelot du Lac. Un autre sujet non moins célèbre de la poésie galloise était le Graal ou Gréal, vase mystique, auquel on attachait une puissance surnaturelle. C'était une des treize merveilles de l'Irlande. Merlin l'emporta dans un vaisseau de verre. Les chevaliers de la Table ronde se mirent en campagne pour retrouver le *Saint-Graal* : c'est le sous-titre du roman du Perceval le Gallois commencé par Christian de Troyes et continué par d'autres auteurs, car il faut dire que cette légende s'était, elle aussi, christianisée. Le vase célèbre avait servi à la dernière Cène de J.-C., et Joseph d'Arimathie y avait reçu le sang du Sauveur. — *Les Ménestrels.* — *Début de la littérature anglaise, Chaucer.* — Pendant le moyen âge la poésie fut représentée dans la Grande-Bretagne par les Ménestrels (*Minstrels*) ou poètes chanteurs qui correspondent aux troubadours et aux trouvères. Ils faisaient les délices des chaumières et des cours. Un ménestrel était attaché à la maison du roi : c'était le poète en titre. Leur règne finit complètement avec Elisabeth, qui les fit poursuivre comme vagabonds. Signalons une troisième légende populaire, celle de Robin Hood, l'intrépide *outlaw* dont les exploits ont fourni le sujet de ballades nombreuses que l'on chantait encore au XVIe s. Les principales sont le *Lyttle Geste* et la ballade *Robin Hood et le Potier*. Oubliées à partir du XVIe s., elles ont été de nouveau remises en honneur par les érudits, depuis un siècle. On en a fait des collections complètes. Au XIVe s., le normand est définitivement fondu dans la langue anglo-saxonne. Le premier poète anglais qui consacre ce changement est Geoffroy Chaucer, 1328-1400. Il n'est Anglais que par la langue; l'inspiration et le sujet de ses poèmes lui viennent de l'Italie et de la France. Mais à la même époque appartient un ouvrage bien anglais de langue et d'inspiration, *La vision de Pierre Plougham*, livre célèbre d'un auteur inconnu, 1362. — *Renaissance.* — Ensuite nous rencontrons une période de stérilité littéraire, due sans doute aux guerres civiles. Le siècle de la renaissance se fait d'autant mieux sentir en Angleterre qu'il coïncide avec la fin de la guerre des Deux-Roses. On cite trois poètes sous le règne d'Henri VIII : Thomas Wyatt (1503-1541), qui imita Pétrarque dans ses *sonnets*, et Horace dans ses *satyres*, John Skelton (m. en 1529), le Rabelais d'Angleterre, et le comte de Surrey (1515-1547), comme Wyatt, son ami, admirateur et imitateur de Pétrarque. On remarque aussi quelques prosateurs, entre autres le chancelier Thomas More (1480-1563), écrivain de mérite en latin et en anglais, auteur de l'*Histoire d'Edouard V*, et d'un voyage à l'île fictive d'*Utopie*, qui rappelle la *République* de Platon. Le monument le plus remarquable de la prose anglaise a cette époque est la traduction des Ecritures, par Tyndale et Coverdale, et le *Livre de prières* publié sous Edouard VI. — *Le Règne d'Elisabeth et le Théâtre anglais.* — Sous le règne d'Elisabeth, la poésie était une mode : tout courtisan devait savoir exprimer ses compliments en vers. Drake évalue le nombre des poètes à plus de deux cents. Mais le goût était loin de répondre à l'abondance : prose et poésie étaient raffinées, alambiquées, pleines d'exagérations, d'antithèses, d'énigmes, de métaphores ampoulées, d'allusions mythologiques, de mièvreries, de clinquant. Le poète John Lyly, né en 1554, m. vers le commencement du XVIIe s., donna le ton par son *Euphuès, l'Anatomie de l'esprit*, d'où le nom d'*euphuisme* donné au langage affecté de l'époque, analogue au *gongorisme* italien, au *marinisme italien*, et au genre précieux que Molière a tourné en ridicule. Le plus brillant de ces poètes fut Philippe Sidney (1554-1586), qui montra un talent élevé et sérieux, de la passion, de la verve dans sa *Défense de la poésie*. En même temps parut le plus grand poète anglais depuis Chaucer : Edmond Spenser (1550-1599), surnommé l'*Arioste anglais*, pour le principal de ses poèmes *Faery Queen*, ou la *Reine des fées* (Elisabeth). Le théâtre débuta en Angleterre, comme en France, par des *mystères* et des *moralités* qui, dans l'origine, se liaient au culte sacré. Le protestant Bale (1495-1563) en fit un instrument de polémique religieuse. Il composa une vingtaine de ces petites pièces dramatiques, nommées alors *interludes*. Le théâtre moderne naquit sous Elisabeth; la première pièce un peu régulière, *Ferrex et Porrex*, par lord Buckhurst, fut jouée en 1561. La *Jocaste*, de Georges Gascoigne, la suivit de près. Une foule d'auteurs dramatiques surgirent tout à coup; presque tous étaient de pauvres diables : Ben Jonson était maçon, Massinger, fils d'un domestique, Marlowe d'un cordonnier, Webster, clerc de paroisse, Shakespeare, fils d'un marchand

de laine. D'autres étaient à la fois auteurs et acteurs, entre autres : Shakespeare, Chapman, Beaumont, Fletcher, Lodge, Peel, Marlowe, Heywood. Une pièce de théâtre se payait de six à huit livres, au plus vingt-cinq livres. Les plus connus, les meilleurs de ces écrivains avant Shakespeare, furent Christophe Marlowe, (1562-1593) et Ben Jonson (1574-1637), ami de Shakespeare, sur lequel il l'emporte par la régularité du plan, la fermeté et la précision du style, mais à qui il n'est pas comparable pour le génie. C'était un imitateur de l'antiquité. Enfin vint le roi de la scène anglaise, William Shakespeare (1564-1616), avec lequel le théâtre anglais cessa d'être imitateur pour devenir créateur et national. — *Le XVIe Siècle et les Révolutions d'Angleterre.* — Le successeur d'Elisabeth, Jacques Ier, était un esprit cultivé. Il a laissé plusieurs écrits, entre autres *Le Don royal*, dans lequel il trace à son fils les devoirs de la royauté avec une grande justesse. Malgré son amour du savoir, il fit périr sur l'échafaud le célèbre aventurier Walter Raleigh (1552-1618), auteur d'une *Histoire du Monde*, l'œuvre historique la plus remarquable qui eût encore paru en Angleterre. On a recueilli les discours et les correspondances de Cromwell, cet homme « d'une profondeur d'esprit incroyable, capable de tout entreprendre et de tout cacher, également actif et infatigable dans la paix et dans la guerre ». Comme orateur, il était diffus, verbeux, obscur. Il entortille sa pensée dans un style biblique de sermonneur. Cette période de fanatisme révolutionnaire a produit un des plus grands poètes de l'Angleterre, John Milton (1608-1674), secrétaire de Cromwell, auteur de pamphlets politiques et du *Paradis Perdu*, où il a déployé un grand génie épique. Autour de Shakespeare et de Milton gravitent beaucoup de poètes inférieurs, nous n'en citerons que quelques-uns : Jean Donne (1573-1631), poète alambiqué et médiocre; Drayton (1563-1631), auteur fécond de poésies pastorales, historiques et religieuses, etc.; Chapman (1557-1634), le premier traducteur d'Homère (il emploie le grand vers anglais de 14 syllabes); Robert Burton (1576-1640), auteur du poème humoristique, *Anatomie de la Mélancolie* ; William Drummond (1587-1649), surnommé le Pétrarque écossais ; Fletcher (1576-1625), et Beaumont (1586-1616), composèrent ensemble des tragédies et des comédies, et suivirent de près Shakespeare qui aida même le premier dans *Les deux illustres parents* — *Restauration.* — Au fanatisme puritain qui avait tout assombri, succéda, avec la restauration de Charles II, le goût du plaisir et même du vice. Sauf Dryden, qui se maintient dans les convenances, les écrivains dramatiques étalent des scènes indignes d'un théâtre honnête. Nous ne parlerons que des poètes qui ont su résister à cette influence licencieuse : Abraham Cowley (1618-1667), auteur de la *Davideide* ; sir John Denham (1615-1688), dont le talent se forma par la traduction de Virgile et dont le poème *Cooper's Hill* (la colline de Cooper), est le premier dans le genre descriptif qu'ait eu l'Angleterre; John Wilmot, comte de Rochester (1648-1680), poète épicurien et satirique; Edmond Waller (1605-1687), le plus gracieux de ces poètes légers, courtisans et mondains; Dillon Wentworth, comte de Roscommon (1633-1684), traducteur de *l'Art poétique* d'Horace ; Samuel Butler (1612-1680), qui, dans son poème satirique de *Hudibras*, tourne en ridicule le fanatisme et l'affectation religieuse des puritains : John Dryden (1631-1700), un des poètes les plus brillants de ce siècle. La prose anglaise au XVIIe s. n'a pas d'écrivains de premier ordre, car, François Bacon et Hobbes écrivent en latin. Pour l'histoire on distingue Camden (1551-1623), surnommé le Strabon anglais, à cause de sa description de la Grande-Bretagne; William Temple (1628-1699), un des esprits les plus ornés et les plus distingués de son temps, a écrit ses *Mémoires*, et une *Introduction à l'Histoire d'Angleterre*. — *La Philosophie en Angleterre.* La philosophie a des représentants célèbres : François Bacon (1561-1626), qui inaugura une nouvelle méthode pour la philosophie et les sciences, celle de l'induction et de l'expérience, substituées à la dialectique et aux notions de l'entendement; Thomas Hobbes (1588-

1679), dont les ouvrages concluent au matérialisme en religion, et à l'absolutisme en politique ; John Locke (1632-1704), qui n'admet comme source des connaissances que les sens et la conscience, laissant de côté l'ordre rationnel des idées métaphysiques. — *Temps de la reine Anne.* — Pope (1688-1744), est le type d'une nouvelle manière d'écrire, plus courte, plus élégante, plus facile, mais à laquelle l'originalité fait défaut. Comme lui, Mathieu Prior (1664-1721), s'est formé d'après le goût français ; il est de l'école de Boileau. On cite comme ses meilleures productions, *Salomon ou la Vanité*, poème philosophique en trois chants. John Gay (1688-1732), est l'auteur de *Rural sports*, et de *Fables* écrites avec naturel et facilité. Edouard Young (1681-1765) doit surtout sa réputation à ses *Pensées nocturnes* et à ses *Nuits funèbres*, où les accents vrais le cèdent à l'emphase et au faux goût. Jacques Thomson (1700-1748) s'est fait admirer par son poème didactique, les *Saisons*, imité en France par Saint-Lambert. Jonathan Swift (1667-1745) est un des esprits les plus remarquables de ce siècle, par son originalité, son esprit satirique. Il s'est rendu immortel par son *Gulliver*. — XVIIIe SIÈCLE. — *La Poésie lyrique.* Thomas Gray (1716-1771) inaugura l'époque où la poésie lyrique en Angleterre a pris une forme élégante et classique. On admire ses élégies et ses odes. William Collins (1720-1756) a moins d'art que Gray, mais plus d'inspiration vraie. William Shenstone (1714-1762) montre autant de talent que Collins, mais moins de naturel et de force. Citons encore quelques poètes : William Mason, 1726-1797 ; l'Ecossais Tobie Smollett (1720-1771), qui fut à la fois poète, médecin, historien, romancier et critique ; les frères Warton, Thomas (1728-1790) et Joseph (1722-1800), poètes et critiques, fondateurs de l'école *Wartonnienne*, qui préluda au romantisme de nos jours. Richard Glower (1712-1785), s'est fait une réputation par son poème héroïque, *Léonidas* ; Akenside (1721-1770), est connu par son poème, *Les plaisirs de l'Imagination*. L'Ecossais James Beattie (1735-1803), a la fois poète et philosophe, écrivit le *Ménestrel*, et à la suite du docteur Reid, combattit la doctrine sensualiste de Locke. Parmi les poètes didactiques, citons Somerville (1692-1742), pour son poème de la *Chasse*, et le médecin John Armstrong (1709-1779), qui composa l'*Art de conserver la santé*, poème en quatre chants. Le mystique William Cowper (1731-1800), est un des meilleurs poètes de la fin du siècle. Georges Crabbe (1754-1832), est célèbre par la forme originale de ses poésies et par le réalisme de ses descriptions et de ses analyses. Le paysan Robert Burns (1759-1796) a écrit de délicieuses poésies lyriques, les unes en anglais, les autres en dialecte écossais. Chatterton (1752-1770), mort avant 18 ans, composa des poésies dans la langue et le style du XVe s., qu'il prétendit avoir trouvées dans de vieilles archives. — *Les Essayists.* Arrivons aux prosateurs du XVIIIe s. et parlons d'abord des *Essayists*, nom donné aux écrivains anglais qui ont pour but de propager les idées morales, religieuses et littéraires. Richard Steele (1671-1729) créa ce genre d'ouvrages. Il fut surpassé par son ami et collaborateur Addison (1672-1719), un des meilleurs écrivains anglais de ce siècle, en prose et en vers. Samuel Johnson (1709-1784), poète, critique, philologue, biographe, moraliste, composa un *dictionnaire* de la langue anglaise qui est un chef-d'œuvre. — *Le Roman.* Le roman anglais fit son apparition au XVIIIe s.; l'Espagne, l'Italie, et la France avaient précédé l'Angleterre de plusieurs siècles. Le roman anglais est positif; il peint la vie réelle, plutôt que la fantaisie et l'idéal. Son caractère dominant est l'observation. Les principaux romanciers par ordre de date sont : Daniel Defoe (1663-1731), auteur du fameux *Robinson Crusoé*; Richardson (1689-1761), dont les trois romans, *Paméla, Clarisse Harlowe* et *Grandisson*, ont longtemps passionné l'Angleterre; il représente la tendance puritaine, compassée, de la société anglaise. Fielding (1707-1754) voulut former un contraste complet avec Richardson. Dans ses romans, il lâche la bride aux instincts grossiers, violents, batailleurs, sensuels. Sterne (1713-1768) est un type curieux de l'originalité anglaise, bizarre, paradoxal, sceptique, plein de verve capricieuse, dans ses deux principaux ouvrages, *Tristram Shandy* et le *Voyage sentimental*. L'Irlandais Olivier Goldsmith, poète et prosateur, célèbre surtout par son *Vicaire de Wakefield*. Il faut marquer ici la place d'une femme célèbre, lady Montague, 1690-1761. Elle a consigné les curieuses observations recueillies au cours de ses voyages dans des *Lettres* qui font d'elle une Sévigné anglaise. — *Le Théâtre*. Les auteurs qui défrayent le théâtre pendant cette période sont trop médiocres pour attirer notre attention, citons-en seulement quelques-uns : les deux Cibber père et fils, Southern, Lillo, Foote, Garrick, Murphy. Un seul fait exception et domine tous les autres par son talent et sa renommée, c'est Richard Sheridan (1751-1816), aussi célèbre comme orateur politique que comme auteur dramatique.— *L'Histoire*. L'Angleterre devança la France au xviiie s. dans la voie des recherches et des systèmes historiques. Elle inaugura l'esprit de sophisme et de scepticisme irréligieux. L'Ecossais David Hume (1711-1776) fut un champion des doctrines de Bacon, de Locke et de Hobbes. Son *Histoire d'Angleterre* eut un immense succès. Le pasteur presbytérien William Robertson, Ecossais comme Hume, mais plus chrétien, composa des ouvrages remplis de savoir et d'un goût très pur : *Histoire de l'Ecosse*, *Histoire de Charles-Quint*, etc. Edouard Gibbon (1737-1794), lié avec les philosophes français, Voltaire, d'Alembert, Helvétius, leur emprunte le scepticisme philosophique, et publie un grand et beau travail, plein de recherches savantes, de vues neuves et profondes, admirablement écrit : l'*Histoire de la décadence et de la chute de l'Empire romain*. — *Erudition, Philosophie, Economie politique*. La critique, la philologie, l'érudition ancienne firent aussi de grands progrès, avec Porson, Middleton, Potter, Hook, Bryant, Gilbert, Wakefield, Horne-Tooke et le savant orientaliste William Jones. La théologie eut de nombreux écrivains : Clarke, Warburton, Paley, Wesby, etc. En philosophie, l'école écossaise, fondée par Francis Hutcheson (1694-1747), brilla d'un vif éclat avec Reid, Dugald-Steward, Thomas Brown et Ferguson. Adam Smith jette la base de l'économie politique moderne par ses *Recherches sur la nature et les causes de la richesse des nations*, 1776. — *Publicistes et Orateurs*. Sous le règne de Georges III parurent dans le *Public Advertiser* les fameuses *Lettres de Junius*, dont l'auteur est encore inconnu. Ce sont des pamphlets politiques contre le ministère North. Il n'y a rien de supérieur dans la prose anglaise. C'est en Angleterre que naquit d'abord l'éloquence de la vie publique et des affaires. Sous la reine Anne, Bolingbroke déploya des qualités brillantes comme homme d'Etat, comme orateur et comme pamphlétaire. William Pitt (1708-1778) ; depuis lord Chatam, se forma à l'éloquence par la lecture des grands modèles de l'antiquité. Aussi, outre les qualités oratoires, il brilla surtout par la correction et la beauté du style. Son second fils, William Pitt (1759-1806), hérita de son éloquence et le surpassa encore comme homme d'Etat. L'Irlandais Edmond Burke (1730-1797) se distingua comme orateur et comme publiciste. On lui a attribué les *Lettres de Junius*. Charles Fox (1749-1806) a été considéré comme e Démosthène de l'Angleterre, pour la vigueur, la logique et la clarté qui distinguent ses discours. — *Période moderne*. — *Le Romantisme*. — Dans la période moderne, le roman a pris en Angleterre une importance croissante. Nous ne pouvons nommer que quelques auteurs, les plus célèbres : Mrs Anne Radcliffe (1764-1823), dont les romans pleins de merveilleux, de mystères, de circonstances émouvantes, forment un genre à part dans la littérature anglaise ; l'Irlandaise Miss Edgeworth (1766-1849), peintre fidèle mais un peu raffiné des mœurs de son pays, et plusieurs autres, surtout des femmes, furent les précurseurs de Walter Scott. Celui-ci (1771-1832), de race écossaise, a été appelé par certains critiques, ses compatriotes, l'*Homère de l'Angleterre*. Il a pris une des premières places dans l'histoire des lettres, pendant qu'un autre génie plus poétique et plus grand peut-être, mais plus bizarre, moins varié, moins sympathique. Byron (1788-1824), donnait de son côté une impulsion nouvelle au mouvement intellec-

tuel en Angleterre, et même chez les autres nations. Après lui et autour de lui, se groupe l'école romantique anglaise, dont les principaux chefs sont : Thomas Moore (1780-1852), qui a illustré sa terre natale par ses *Mélodies irlandaises*, composées sur des airs nationaux et populaires ; le premier des lakistes, le mystique William Wordsworth (1770-1850); Robert Southey (1774-1843), qui est aussi un lakiste et le plus fécond écrivain de cette phalange littéraire ; Coleridge (1772-1834), poète philosophe du groupe lakiste, épris des doctrines de Kant et de Fichte; Charles Lamb (1775-1834), qui cherche à imiter les vieux auteurs ; John Keats (1795-1821), auteur d'*Endymion* et d'*Hypérion*, salués comme des chefs-d'œuvre, poèmes inspirés d'un paganisme sensuel, mêlé à un certain mysticisme septentrional ; Percy Bysshe Shelley (1792-1822), dévoré de haine contre les croyances chrétiennes et contre la royauté mais poète lyrique de haut vol; Samuel Rogers (1762-1855), qui composa des poésies didactiques, pleines d'élégance et d'harmonie ; Thomas Campbell (1777-1844), dont les premières productions avaient excité un vif enthousiasme, et qui fut bientôt surpassé et éclipsé par ses terribles rivaux, Walter Scott et Byron.—*Période contemporaine*. — *Le Roman*. Depuis Walter Scott, le roman a conquis, dans la littérature anglaise, une place à part et prépondérante ; c'est ce qui caractérise surtout l'époque contemporaine. Il serait impossible de citer tous les écrivains de mérite qui ont illustré ce genre. Harrison Ainsworth (1805) marche avec succès dans la voie tracée par Walter Scott. Mrs Catherine Gore (1799-1861) et Mrs Francis Trollope (1791-1863) ont eu un moment de vogue ; mais leurs trop nombreux ouvrages sont négligés aujourd'hui, de même que ceux de lady Blessington, qui fut liée avec Byron, et dont le salon littéraire eut une grande célébrité. L'Amérique donna à la littérature anglaise un romancier de talent, Fenimor Cooper (1789-1851), le peintre original du Nouveau-Monde et des mœurs maritimes. Parmi ses nombreux imitateurs, le capitaine Marryatt (1792-1848), avec ses tableaux de la vie du marin, et le capitaine Mayne-Reid (1818), avec ses romans d'aventures et de chasses au milieu des Indiens, tiennent le premier rang. L'Américain Washington Irving (1783-1859), historien et romancier, a donné d'admirables esquisses de la vie américaine et anglaise. Charles Dickens (1812-1870), le grand observateur, sortit de cette voie, et apporta dans le roman, l'étude de la réalité, la science de l'analyse. Thackeray (1811-1863), rival de Dickens, a un talent plus ferme et plus contenu. Bulwer Lytton (1805-1872) a parcouru une longue et heureuse carrière ; ses nombreux romans, depuis 1827 jusqu'à sa mort, ont tous joui de l'admiration des Anglais. Benjamin Disraeli (1805-1882), romancier et homme d'Etat, fit servir son talent d'écrivain au succès de ses idées politiques. Il faudrait ici un chapitre spécial pour les femmes auteurs, les *authoress*. Miss Bronte se fit connaître, sous le pseudonyme de Currer Bell, par son talent vigoureux et concentré. Une vive imagination, une élégance gracieuse, une douce sensibilité distinguent lady Fullarton. *La Case de l'Oncle Tom*, fameux roman, qui souleva le monde entier contre l'esclavage des nègres, est l'œuvre d'une Américaine, Mrs Beecher Stowe. Georges Elliot est encore le pseudonyme d'une femme dont les romans sont marqués au coin de la morale la plus élevée, de la plus pure philosophie. Citons encore Mrs Wodd, Miss Braddon, Susan Warner, Miss Cummins et Charlotte Yonge. Parmi les romanciers moralistes, élèves de Dickens, on remarque Wilkie Collins, dont les œuvres ont été traduites dans toutes les langues, Charles Reade, qui lui est à peine inférieur, et Thomas Hugues, plein de verve satirique. — *La Poésie*. Depuis Walter Scott, Byron et les lakistes, la poésie a jeté un éclat moins vif, mais elle n'est pas morte; elle se transforme et devient l'écho des sentiments individuels ou des aspirations sociales. Thomas Hood (1798-1845) mêle presque toujours le rire aux larmes; ce singulier mélange humoristique l'a rendu très populaire. Mrs Caroline Norton (1809-1877) s'insurgea contre le côté oppressif des institutions sociales et chanta en faveur des classes déshéritées. Le

premier poète de l'Angleterre contemporaine est Alfred Tennyson, 1809; il excelle dans les tableaux rustiques, les scènes élégiaques et pastorales, les aventures fantastiques de la Chevalerie. Il sait aussi s'inspirer des passions fougueuses comme Byron. Elisabeth Barrett Browning (1807-1861) représente la poésie philosophique, humanitaire et sociale; elle a une tendance utilitaire comme Thomas Hood. Son mari Robert Browning (1812), a beaucoup écrit. Il appartient aussi à la poésie philosophique. Il est fantastique et souvent bizarre. L'Ecossais Charles Mackay (1814) est un poète démocrate. Par contre, lord John Manners (1818) est l'interprète de la politique conservatrice. La poésie mystique est représentée par James Bailey (1818) et Henry Horne (1807) qui a réussi dans plusieurs genres. Charles Swinburne (1837), est le chef des Pré-Raphaélites, romantiques exclusifs et radicaux, qui veulent tout renouveler, politique, religion, art, etc. Alfred Austin, le satirique de cette école débuta en 1860. En Amérique, Longfellow (1807) a plus d'érudition que de véritable inspiration. Bryant (1794) nous offre le sentiment plus profond de la nation américaine. Godefrey Leland a composé en patois pennsylvanien des ballades satiriques et humoristiques. Edgard Poë (1813-1849) est le poète américain chez lequel on trouve le plus de génie, malgré la bizarrerie, l'imagination fiévreuse, hallucinée, qui caractérise ses écrits. — *Théâtre*. Le théâtre anglais a subi une véritable déchéance. Il se borne généralement à imiter de mauvaises pièces venues de l'étranger. C'est ce qu'on appelle l'*adaptation*. Depuis les pièces dramatiques de Byron et la grande tragédie de Shelley, c'est à peine si nous pouvons citer trois noms. Sheridan Knowles chercha le pathétique aux sources de la vie commune. Bulwer Lytton dont nous avons parlé comme romancier, obtint un grand succès au théâtre par sa *Dame de Lyon*. Douglas Ferrold (1803-1855) met en scène la gaîté anglaise avec une verve humoristique. Il sort, comme plusieurs autres écrivains satiriques, de la rédaction du journal le *Punch*. — *Histoire et philosophie*. La science et l'érudition nous offrent en Angleterre des œuvres remarquables au xixe s. Nous ne citerons que les principales. L'*Europe au moyen âge* et l'*Histoire constitutionnelle d'Angleterre* de Henry Hallam, 1778-1859 ; l'*Histoire de la démocratie en Europe*, de sir Thomas Erskine-May qui a continué l'*Histoire constitutionnelle*, de Hallam; l'*Histoire d'Angleterre*, de Macaulay (1800-1859) célèbre aussi par ses *Etudes* sur Clive, Bacon, Walpole, Chatam, Warren-Hastings : l'*Histoire de la Révolution française* et l'*Histoire de Frédéric le Grand*, de Thomas Carlyle : l'*Histoire d'Angleterre, Les Anglais en Irlande au xviiie siècle*, de Froude, 1818 ; l'*Histoire de Charles-Quint*, de Stirling Maxwell, 1818 ; l'*Histoire des Anglo-Saxons*, l'*Histoire de Normandie et d'Angleterre*, de sir Francis Palgrave, 1788-1861; l'*Histoire de la conquête de Normandie*, de Freemann, 1823 ; l'*Histoire d'Angleterre depuis la paix d'Utrecht jusqu'à la paix d'Aix-la-Chapelle* et l'*Histoire du règne de la reine Anne*, de lord Stanhope, 1805-1875 ; l'*Histoire de la Grèce*, en 12 vol., la plus complète qui existe, de Georges Grote, 1794-1871 ; l'*Histoire de Ferdinand et d'Isabelle*, la *Conquête du Mexique*, la *Conquête du Pérou*, l'*Histoire de Philippe II*, de l'Américain William Prescott 1796-1859 ; l'*Histoire des Etats-Unis*, en 10 vol., de l'Américain Georges Bancroft, 1800 ; l'*Histoire de la République Néerlandaise*, de l'Américain John Motley, 1814-1877 ; l'*Histoire de la littérature Espagnole*, le meilleur ouvrage que l'on possède sur cette matière, de l'Américain Georges Ticknor, 1791-1871. La philosophie, en Angleterre comme en Allemagne, tend à la négation et au panthéisme matérialiste. Le principal représentant de cette école est Stuart Mill, 1806-1872. Signalons pourtant un philosophe spiritualiste de l'école écossaise, William Hamilton, 1788-1856. Herbert Spencer, comme Mill, est matérialiste. Il pousse la théorie des *Evolutions naturelles* de Darwin à ses dernières conséquences. — *Le Journal*. De nos jours, le journalisme a pris dans la vie littéraire anglaise une place considérable. On peut dire qu'il envahit tout. Les immenses journaux anglais servent tous les matins à leurs

-cteurs une dose énorme de renseignements
e tous genres, politique, affaires, nouvelles
verses, cours d'assises, etc. Les *Revues* ou
Magazine contiennent en plus des romans,
elations de voyage, même des vers d'un poète
a renom. Toutes les opinions ont leurs publications spéciales qui répondent plus ou moins
ux besoins intellectuels de la classe des lec-
urs à qui elles s'adressent. Les anciennes
evues trimestrielles, le *Quaterly Review*, l'*E-
mburgh Review*, le *Frazer's Magazine*, le
ornhill *Magazine* tiennent la tête. Après elles,
a grand nombre de revues mensuelles et
ebdomadaires se partagent des millions de
cteurs. || Numismatique anglaise. — On com-
ence à trouver des monnaies anglo-saxonnes:
e sont des deniers d'argent d'un travail gros-
er et portant gravés quelques caractères
uniques. Des noms de rois, de monétaires et
e villes, des mains bénissantes, des édifices
; autres figures se montrent sur les deniers
a vme s. Quelques églises ayant obtenu le
roit de battre monnaie, mettaient sur leurs
ièces le nom de leur patron ; comme plu-
eurs des deniers qui nous sont parvenus
ortent le nom de S. Pierre, on en a induit mais
tort, qu'ils étaient destinés à payer l'impôt
ppelé denier de S. Pierre. En Écosse et en
lande ou copiait servilement les monnaies
nglo-saxonnes. Après Guillaume le Conqué-
ant, on voit paraître la *monnaie sterling*, en
rgent pur, et valant 4 deniers tournois de
rance ; elle présente d'un côté la buste du
oi, couronné et de face, avec ses titres dans la
egende, et, de l'autre, une grande croix, can-
onnée à chaque angle de trois besants, avec
e nom de la ville a l'entour. Tandis qu'en
rance un grand nombre de seigneurs bat-
ient monnaie, les rois d'Angleterre exer-
aient seuls ce droit. Outre les sterlings d'ar-
ent, il y eut des gros *sterlings* et des mon-
aies d'or appelées *nobles*. Sur celles-ci le roi
st représenté armé de pied en cap sur un
aisseau, avec cette légende : IHS XRS PER
EDIUM ILLORUM TRANSIENS IBAT, allu-
ion au passage du Prince Noir à travers les
avires français à la bataille de l'Écluse, 1340.
a partir de Henri VIII, on commença a frapper
e demi-noble sous le nom d'*angelots*, re-
résentant saint Michel vainqueur du dra-
on, et les rois furent représentés de profil
t non plus de face, sur les sterlings. De-
uis Élisabeth, l'ancien système fit place peu à
eu à celui qui encore maintenant est en usage.
L'Art en Angleterre. — *L'Architecture.* Les
lus anciens monuments d'architecture en
ngleterre, sont les monuments mégali-
hiques : menhirs, cromlechs, allées couvertes.
es Bretons, avant la conquête romaine, n'ha-
itaient que des cabanes couvertes de chaume.
es Romains ne construisirent en Angleterre
ue des camps et des enceintes fortifiées. Il
e reste du temps des Anglo-Saxons que
uelques débris couverts d'une ornementation
ourde et bizarre. Ainsi, l'histoire de l'archi-
ecture en Angleterre ne commence qu'avec
invasion des Normands. Ceux-ci y introduisi-
ent le style roman, tel qu'ils le pratiquaient ;
ais ce style se mêla bientôt de traits indi-
ènes. empruntés particulièrement aux formes
e l'architecture en bois. Les églises furent
rès longues, couvertes d'une charpente et
on d'une voûte, avec un chœur terminé en
arré et une ornementation presque tout
ntière géométrique. Les principaux exemples
e ce genre sont à Durham, à Peterborough,
Stoneleigh, a Canterbury, a Gloucester. Il
este aussi quelques débris de l'architecture
nglo-normande militaire, entre autres, la
our Blanche à la Tour de Londres. Le style
othique fut porté en Angleterre par les
uvriers français et conserva une certaine
essemblance avec le style du nord de la
rance. mais il a des traits originaux, dont le
rincipal est la prédominance des lignes hori-
ontales sur les verticales ; ainsi l'église est
rès développée en longueur, la voûte d'une
auteur médiocre et les fenêtres larges ou
éunies par groupes. On divise le style
othique anglais en trois périodes : le style
nglais primitif (*early english*), en usage
urant le xiiie s., le style décoré (*decorated*), en
sage au xive s., et le style perpendiculaire
(*perpendicular*), qui commence avec le xve s.

Le style primitif se rapproche le plus du style
français ; et plus l'on va, plus le style devient
original et, aussi, compliqué ; les portes prennent la forme surbaissée que l'on appelle arc
Tudor ; les fenêtres s'élargissent et se remplissent de meneaux nombreux dirigés principalement selon la ligne perpendiculaire ; les voûtes
se déployant en manière d'éventail, se chargent
de clefs de voûtes, de découpures et d'ornements en forme de stalactites. — La Renaissance
parut à peine en Angleterre, lourde, sans originalité, s'inspirant tantôt des édifices allemands ou français, tantôt directement de
l'Italie. Le règne d'Élisabeth la vit se substituer péniblement à l'art ogival et le règne
suivant, celui de Jacques Ier, inaugura l'imitation plus exacte de l'antique, sous l'impulsion dominante de l'architecte Inigo Jones,
qui s'était longuement pénétré, en Italie, des
ouvrages de Palladio et mourut en 1651. De
1675 à 1710, le célèbre Christophe Wren essaya de se rapprocher de St-Pierre de Rome,
par la construction. commencée et terminée
par lui, de la cathédrale St-Paul, de Londres,
mais il resta, un peu quant aux dimensions,
beaucoup quant au style, au-dessous de son
modèle. C'est de lui que date cette architecture massive, incorrecte, froide, plaquée de
colonnes et de frontons, qui fait si peu
d'honneur au génie national anglais. De
nombreux châteaux furent bâtis par la noblesse anglaise au xvme s., et d'autres, en
style gothique, retouchés sans être détruits.
Vers la fin du siècle dernier, l'ouvrage de
Stuart et Revett sur les antiquités de la Grèce
mit à la mode l'imitation des monuments antiques ; et, peu après, les études historiques
sur le moyen âge suscitèrent, en Angleterre,
comme partout, de nombreuses imitations des
édifices gothiques. Le style gothique, de bonne
heure réhabilité en Angleterre, paraît mieux
entendu que l'art gréco-romain ; les édifices
inspirés du moyen âge sont les meilleurs et
parmi eux le palais du Parlement n'a rien à
envier aux plus belles conceptions du xve s.
— *La Sculpture.* La sculpture a toujours été,
parmi les arts, le moins cultivé en Angleterre.
On ne la trouve guère au moyen âge qu'employée à la décoration des édifices gothiques
et encore sans profusion, ou dans quelques
tombeaux ; encore ces dernières œuvres sont-
elles assez souvent dues à des artistes étrangers : tel est le cas du plus beau morceau de la
sculpture anglaise au moyen âge, le tombeau
d'Édouard le Confesseur, par l'Italien Pierre
Cavallini, à Westminster. A la Renaissance, un
autre Italien, Corregiano, exécuta le tombeau
de Henri VII et celui de sa mère, Marguerite.
Au xvme siècle, on cite Gibbons et Cibber, cette
fois deux Anglais, et au xvme, un élève de
Coustou, Roubilliac, et Rysbrack, un Flamand.
Malgré le grand nombre de statues et de
bustes qui existent en Angleterre, Flaxman est
a peu près le seul sculpteur dont on puisse
parler comme grand maître. — *La Peinture.*
On peut faire remonter les commencements
de la peinture anglaise jusqu'aux manuscrits,
très remarquables, peints par les moines irlandais, non seulement en Irlande, mais dans
tous les pays où ils avaient des couvents, et
notamment à Saint-Gall. depuis le vme siècle
jusqu'aux approches de l'école romane. Mais
durant tout le moyen âge, les Anglais ne
firent, en peinture, que des œuvres grossières.
A la Renaissance, ils attirèrent chez eux des
peintres étrangers, Holbein entre autres, et
quelques peintres allemands, qui firent surtout
le portrait ; ces étrangers formèrent deux Anglais, Hilliard et Olivier, qui eurent quelque
réputation. Plus tard, Rubens, Van Dyck
Diepenbeek, Gentileschi, Petitot, Lely, Kneller,
séjournèrent plus ou moins de temps en Angleterre. Quelques Anglais, Dobson, Walker,
Jonathan Richardson, se firent une place à
côté de ceux-ci. Mais il faut aller jusqu'au xvme
siècle pour rencontrer un peintre original anglais, William Hogarth (1697-1764), un peintre
humoriste et moraliste que l'on regarde comme
le créateur de la caricature anglaise. John
Reynolds, plus jeune que Hogarth (1723-92),
quoiqu'il fût surtout peintre de portraits, essaya de donner à l'Angleterre le goût de la
grande peinture à la manière italienne, mais
sans grand succès. Le portrait et les genres
secondaires furent toujours plus heureux en

Angleterre. On cite Gainsborough comme
paysagiste et peintre d'animaux, Wilson comme
paysagiste. Lautherbourg comme peintre de
marines, etc. Dans notre siècle même, le
portrait continua à l'emporter sur la grande
peinture ; Lawrence (1769-1830) est un portraitiste très remarquable. Citons encore :
Constable, William Turner, David Wilkie, le
célèbre peintre d'animaux, Edwin Landseer,
etc. De nos jours c'est surtout l'aquarelle qui
est en honneur dans l'Angleterre, les artistes
anglais savent faire de véritables chefs-
d'œuvre dans ce genre. Bien qu'elle ait
produit peu de grandes œuvres, la peinture
anglaise n'en a pas moins exercé une influence
assez sensible sur l'école française moderne,
principalement en ce qui regarde le coloris.
— *La Gravure.* Le premier graveur anglais
appartient au règne de Charles Ier ; c'est le
buriniste William Faithorne, qui étudia en
France, sous la direction de Nanteuil et revint
en Angleterre vers 1650. La gravure en
manière noire, importée à Londres par le
prince palatin Robert, qui en avait appris le
procédé à Bruxelles, fut cultivée au xvme s.
par des artistes nombreux et fort habiles ; on
peut citer parmi eux : Ardell, Earlom, Smith,
Dickinson, Green, qui reproduisirent les œuvres
de Reynolds. Plus tard, Strange, Ingram, Ry-
land, vinrent en France suivre les leçons de
Tardieu et de Dupuis et s'exercer à faire la
gravure de vignettes alors à la mode ; ils pu-
blièrent à Paris de nombreuses planches.
Mais c'est surtout sous l'influence de Hogarth
que la gravure, et surtout le genre à l'eau-
forte, prit un grand essor. En 1760, Woolett
publiait de magnifiques estampes d'après
Claude Lorrain. Georges III, grand protecteur
des arts, attira une foule de graveurs à Londres. Dans un ouvrage publié dans cette ville
en 1790, on lit que le commerce des gravures
anglaises s'étendait, non pas à deux ou trois
pays, mais à toute l'Europe. Les estampes
d'Abraham Raimbach, qui vécut au commencement du xixe s., sont remarquables. A la même
époque, on distingue encore Samuel-William
Reynolds qui a gravé des portraits d'après les
peintres français, et Cousins qui s'est presque
exclusivement attaché à la manière noire. Depuis une vingtaine d'années, l'art de la gravure est en décadence en Angleterre ; les graveurs anglais font plutôt du métier que de
l'art, produisant des vignettes pour illustra-
tions dans d'excessives proportions. — *La
Tapisserie.* Dès le xe s., l'art de la broderie et
de la tapisserie florissait en Angleterre ; c'est
ainsi que la veuve du duc de Northumberland
avait donné à l'église d'Ely une tapisserie où
se trouvaient reproduites les actions de son
époux. Au xme s., sous le règne de Henri Ier.
on voit l'abbé Geoffroy faire don à l'abbaye de
St-Alban de trois tableaux en tapisserie représentant l'*Invention du corps de S. Alban*, l'*Enfant prodigue* et le *Bon Samaritain*. Au xve s.,
alors que les tapisseries des Flandres étaient
si renommées, les Anglais, au lieu de lutter,
achetaient les produits de leurs voisins. Au
xvie s., l'Angleterre n'avait qu'un seul atelier
de tapisserie, celui de Burcheston, fondé à la
fin du règne de Henri VIII par William Shel-
don, et illustré par Robert Hicks, dont les cartes des comtés de Gloucester, de Worcester.
d'Oxford, sont aujourd'hui conservées au musée de la Société philosophique a York. Le
xvme s. fut la belle époque de la tapisserie anglaise. En 1621, le roi Jacques Ier avait établi
à Mortlake une cinquantaine de tapissiers flamands sous la direction de François Crane.
C'est pour cet atelier que furent dessinés les
cartons des *Actes des apôtres*, par Raphaël.
C'est en France, au garde-meuble, que se
trouvent les plus belles tapisseries de Mortlake.
les *Actes des apôtres* et l'*Histoire de Vulcain*. A
défaut du gouvernement, ce furent les particuliers qui remirent en honneur la tapisserie
au xvme s. A Londres fut établie une fabrique
sous la direction de P. Saunders ; elle imita
les tapisseries orientales. En 1758, fut fondée
la tapisserie de Soho, qui se consacra à reproduire des paysages. A Fulham, puis à Exeter,
le capucin lorrain Norber-Parisot avait fondé
un établissement fabriquant des tapis, genre
Savonnerie. Depuis cette époque. l'art de la
tapisserie ne fit que décroître en Angleterre
et c'est principalement à la France, aux ma-

nufactures des Gobelins, de Beauvais, que les Anglais s'adressent depuis plus d'un siècle pour avoir les tapisseries nécessaires à leurs usages. — *La Céramique.* La céramique anglaise a été très remarquable au xviii° s. C'est du reste à l'Angleterre qu'est due l'invention de la faïence fine et des procédés d'impression. La faïence anglaise est caractérisée par sa pâte composée d'argile blanche à texture fine, bien cuite, et recouverte d'un vernis cristallisé qui laisse apercevoir la couleur de la terre. C'est à Burslem, dans le Staffordshire, que dans la première moitié du xviii° s., Asburg fils introduisit l'usage du silex dans la composition de la faïence, qui put alors recevoir tous les genres de décoration. Des fabriques furent fondées en grand nombre à Burslem, à Newport, à Lambeth, à Leeds, etc. En 1750, John Sadler ajouta l'application de la gravure à la décoration des faïences et reproduisit sur des assiettes, des théières et des cruches, toute l'histoire religieuse et politique de l'Angleterre. En 1760, les deux frères Green établirent à Leeds une fabrique de faïences dont il faut remarquer la couleur jaunâtre et la variété des formes. Mais le plus grand céramiste de l'Angleterre fut Josias Wedgwood (né à Burslem en 1730) qui créa cette belle poterie couleur de crème connue sous le nom de poterie de la Reine. Wedgwood copia tous les beaux vases antiques. De nos jours, la fabrique de Burslem est toujours célèbre; cette petite ville de 26,000 habitants n'a guère d'autre industrie que celle des porcelaines et des faïences. Parmi les autres fabriques anglaises célèbres au xix° s., on peut citer celles de Longton, au nombre de seize (les marques de Knight et d'Allerton sont très appréciées); celle de Newcastle, où se font principalement les objets céramiques en terre réfractaire et, en particulier, *la terre de fer,* les faïenceries de Stoke, de Bristol, de Glasgow, les fabriques de porcelaine de Worcester, de Kenilworth, de Staffordshire. A Worcester, dont les produits sont répandus par toute l'Europe, on imite la porcelaine chinoise. Depuis quelques années, la céramique s'est surtout attachée à la reproduction des objets utiles plus qu'à ceux de luxe, surtout des objets destinés à la table, tels que assiettes, plats, etc. En introduisant du phosphate de chaux et de l'acide borique, les fabricants ont su donner à ces objets utiles, en même temps qu'une grande solidité, une grande finesse. De nos jours, les ornements sont tirés soit de sujets imités des Grecs, soit de la nature, et alors représentent des fleurs, des fruits, des insectes. — *La Musique.* L'Angleterre, malgré son zèle pour cet art et les efforts qu'elle fait pour y tenir un rang aussi distingué que possible, est bien inférieure à l'Italie, à l'Allemagne et à la France; elle compte peu de compositeurs nationaux et partant peu d'œuvres dignes d'attention. Cependant lorsque le pape S. Grégoire le Grand envoya des missionnaires dans la Grande-Bretagne, au vi° s., parmi eux, il y avait plusieurs musiciens; ils entrèrent au chant des psaumes et des hymnes sur le sol anglo-saxon. Au vii° s., un chef de chant romain, Jean, reçut du souverain pontife la charge d'organiser la musique religieuse dans ce pays et d'y former des élèves. A la même époque, Acca, évêque de Exham, alla prendre à Rome même des leçons de chant ecclésiastique. En 678, saint Benoît Biscop fit de son couvent de Weremonth une sorte de conservatoire pour la musique religieuse. Au ix° s., sous le règne d'Alfred le Grand, la musique était considérée comme une partie essentielle de l'éducation. S. Dunstan, archevêque de Cantorbéry (xe s.), fut un habile harpiste. Sur la fin du règne de Jacques Ier, une chaire de musique fut fondée à l'université d'Oxford, et l'Angleterre est le seul pays de l'Europe où ceux qui s'appliquent avec succès à l'étude de cet art parviennent au doctoral. Sous le règne de ce monarque et sous celui de Charles Ier, de courts intermèdes en musique étaient le divertissement favori de la cour et de la noblesse. L'établissement de l'opéra italien à Londres eut une influence marquée sur le goût musical de la nation anglaise; mais, ce fut surtout le séjour de Haendel, en Angleterre, qui détermina les progrès que fit l'art en ce pays depuis le commencement du xviii° s.

jusqu'à nos jours. Haendel popularisa le goût de la musique dans la Grande-Bretagne. L'Angleterre n'a produit qu'un petit nombre d'instrumentistes et de chanteurs célèbres formés, d'ailleurs, presque tous à l'école italienne. Ce qui distingue ce pays, c'est la belle et grave exécution des Oratorios par d'imposantes masses chorales fonctionnant avec un grand ensemble, dont l'effet est vraiment majestueux. On compte un certain nombre d'organistes de talent, compositeurs non sans mérite; enfin, le public s'initie de plus en plus aux beautés d'un art qu'il étudie sérieusement et qu'il désire aimer. — pour nous servir d'un mot à la fois ingénieux et vrai de Berlioz.

ANGLEUR, 4,355 h. Bg industr. de Belgique, arr. et a 2 kil. S. de Liège, sur le ch. de fer de Liège à Arlon. Mines et célèbres établissements métallurgiques de la Vieille-Montagne; gisements de houille.

ANGLEUX, EUSE. adj. Noix angleuse, Noix dont la chair est renfermée dans des espèces de petits angles.

ANGLICAN, ANE. adj. (lat. *anglicanus,* dérivé d'*anglus*). Qui appartient à la religion dominante en Angleterre. Clergé anglican. Rit anglican. Eglise anglicane. (V. *Anglicanisme.*) || s. Celui ou celle qui professe la religion dominante en Angleterre; ceux qui ne la suivent point sont appelés *non-conformistes.*

ANGLICANISER. v. a. Rendre anglican.

ANGLICANISME. s. f. Religion officielle de l'Angleterre depuis le xvi° s. L'anglicanisme est, quant aux doctrines, une des formes du protestantisme; mais dans sa constitution et dans les formes extérieures du culte, il est intermédiaire entre le catholicisme et le protestantisme allemand. On donne encore à l'Eglise anglicane, pour la distinguer des autres Eglises protestantes de la Grande-Bretagne, le nom d'*Eglise épiscopale* ou de *Haute Eglise.* L'anglicanisme date du règne d'Henri VIII. Au xiv° s., la tentative de Wiclef, précurseur de Luther, avait échoué, mais après 1519 les doctrines de Luther commencèrent à pénétrer en Angleterre. En 1526, John Fryth et William Tyndale traduisirent le Nouveau Testament en anglais. En 1539, à la suite de son mariage avec Anne Boleyn et du refus du pape de rompre son premier mariage avec Catherine d'Aragon, Henri VIII, sur le conseil de Thomas Cranmer et de Thomas Cromwell, se décida à rompre avec l'Eglise romaine et à se déclarer chef suprême de l'Eglise d'Angleterre, au lieu et place du pape, sans rien changer d'ailleurs aux dogmes de la religion qu'il imposait à ses sujets, sous peine de mort. La scission avec le dogme catholique fut plus complète sous le règne de son successeur Edouard VI. En 1542, les 42 articles résumèrent la nouvelle religion qui, après la tentative infructueuse de Marie Tudor de rétablir le catholicisme en Angleterre, trouva sa formule définitive, sous le règne d'Elisabeth, dans l'*acte d'uniformité* ou les *39 articles* délibérés par le synode de Londres en 1563. On sait quelle place occupèrent les questions religieuses dans les luttes politiques de l'Angleterre au xvii° s. Les Puritains triomphèrent un moment avec Cromwell, qui fut une sorte de dictateur théocratique. La dynastie catholique des Stuarts, rétablie en 1660, fut détrônée de nouveau en 1668. Le nouveau roi, Guillaume d'Orange, publia l'*acte de tolérance* qui adoucissait la rigueur des anciennes lois contre les dissidents. Cependant les incapacités qui frappaient les *non-conformistes* ont subsisté jusqu'à notre siècle et c'est seulement la réforme de 1828 et de 1829 qui a abrogé les anciennes lois qui interdisaient aux non-conformistes, et en particulier aux catholiques, l'accès aux charges publiques et leur fermaient l'entrée du Parlement. — L'Eglise anglicane a pour chef le souverain temporel quel qu'il soit, homme, femme ou enfant. C'est lui qui nomme aux sièges épiscopaux, mais le dogme, l'administration et la discipline du clergé sont sous la direction des archevêques. L'Eglise anglicane a conservé en effet presque en entier l'ancienne hiérarchie catholique et une partie des cérémonies extérieures du culte. Il y a deux archevêchés : Cantorbéry et York. L'archevêque de Cantorbéry porte le titre de *primat du Royaume-Uni et de premier pair du royaume;* c'est lui qui couronne le roi; il a 24

évêques suffragants. L'archevêque d'York, *primat d'Angleterre,* a 7 évêques suffragants. Tous les évêques, à l'exception de deux, siègent à la chambre des lords comme lords spirituels. Il y a en outre 53 évêques dans les colonies, relevant de l'archevêque de Cantorbéry. Le clergé inférieur comprend les chapitres et le clergé des paroisses. L'Eglise d'Irlande (supprimée comme Eglise établie, par l'acte du 26 juillet 1869), l'Eglise épiscopale d'Ecosse et celle des Etats-Unis professent également les doctrines anglicanes. — L'anglicanisme reconnaît le symbole des apôtres, celui de Nicée et celui de S. Athanase. Il admet la Trinité, l'Incarnation de J.-C., la Résurrection, la divinité du St-Esprit, le sacrement de baptême, l'Eucharistie et la pénitence, mais il rejette la présence réelle dans l'Eucharistie, le purgatoire, les indulgences, le culte de la Ste Vierge, des saints, des images. La confession auriculaire est facultative; la communion, devenue un pur symbole, se donne sous les deux espèces; le célibat n'est pas imposé au clergé. Le *livre des prières publiques* renferme les prières et les offices liturgiques. Le *Puseyisme* (V. ce mot), qui a pris naissance de nos jours à l'université d'Oxford, tend à rapprocher la liturgie anglicane de la liturgie romaine ; il a rétabli les autels, les croix et le culte de la Ste Vierge.

ANGLICISER. v. a. Néol. Rendre anglais. Buffalo (bison) est un mot espagnol anglicisé. || Se servir d'expressions anglaises. C'est angliciser que de dire *Rail-way,* au lieu de *Chemin de fer.* || S'ANGLICISER v. pr. Prendre le ton, les manières anglaises. || ANGLICISÉ, ÉE. p. pas.

ANGLICISME. s. m. Façon de parler propre à la langue anglaise. Style plein d'anglicismes.

ANGLOIS. s. m. (de *angle*). Techn. Instrument qui sert à prendre toute sorte d'angles. || Fausse équerre. || Patiss. Sorte de tourte aux prunes.

ANGLO-ALLEMAND, ANDE. s. et adj. Qui tient de l'anglais et de l'allemand; qui a rapport à ces deux peuples ou à leurs pays. Des Anglo-Allemands. Alliance anglo-allemande.

ANGLO-AMÉRICAIN. s. et adj. Qui descend d'un colon anglais établi en Amérique. Qui a rapport aux Anglais et aux Américains.

ANGLO-ARABE. s. et adj. qui tient de l'Anglais et de l'Arabe, de l'Angleterre et de l'Arabie. || Se dit surtout des chevaux importés d'Orient au commencement du xviii° s., dont les Anglais ont propagé la race en les préservant de toute mésalliance. Ce sont les coureurs anglais d'aujourd'hui.

ANGLO-BOURGUIGNON, ONNE. s. et adj. Qui tient de l'Anglais et du Bourguignon. || pl. Des Anglo-Bourguignons.

ANGLO-BRETON, ONNE. s. et adj. Qui tient de l'Anglais et du Breton. Chevaux anglo-bretons.

ANGLO-CANADIEN, ENNE. s. et adj. Se dit des Canadiens d'origine anglaise.

ANGLO-FRANÇAIS, AISE. s. et adj. Qui tient de l'Anglais et du Français. Qui a rapport à ces deux peuples ou à leurs pays. Flotte anglo-française.

ANGLOMANE. adj. 2 g. Qui est admirateur outré des Anglais, qui les imite et les copie dans leurs mœurs, leurs coutumes, leurs usages. || Subst. Celui qui est anglomane. C'est un anglomane.

ANGLOMANIE. s. f. (de *anglais* et *manie*). Passion, avec imitation, pour ce qui est anglais. L'anglomanie se répandit en France à la suite de la guerre d'Amérique.

ANGLOMANISER. v. n. Imiter servilement les coutumes anglaises. Peu us.

ANGLOMÈTRE. s. m. (de *angle,* et du gr. *métron,* mesure). Géom. Instrument propre à la mesure des angles.

ANGLOMÉTRIE. s. m. Géom. Mesurer des angles.

ANGLOMÉTRIQUE. adj. 2 g. Géom. Qui a rapport à la mesure des angles.

ANGLO-NORMAND, ANDE. s. et adj. Se dit des Normands qui, après avoir suivi Guillaume le Conquérant en Angleterre, se mêlèrent aux Anglo-Saxons. Les Anglo-Normands forment encore une partie de l'aristocratie anglaise. Les lois anglo-normandes. Architecture anglo-normande. || L'anglo-normand, La langue parlée en Angleterre depuis la conquête de ce pays par les Normands, jusque vers le milieu du xiii⁰ s. ‖ Îles anglo-normandes, Groupe d'îles anglaises situées en face de la Normandie : Jersey, Guernesey, Aurigny et Sierk.

ANGLO-NORMANNIQUE. adj. 2 g. Diplom. Se dit de l'écriture, composée de caractères saxons et français, employée dans les actes publics, en Angleterre, au xi⁰ siècle.

ANGLOPHILE. s. et adj. 2 g. (de *anglo*, pour anglais, et du gr. *philos*, ami). Partisan des Anglais, mais raisonnable et éclairé, et non pas aveugle et outré, comme l'anglomane.

ANGLOPHOBE. s. et adj. 2 g. (de *anglo* et du gr. *phobos*, peur). Qui a horreur des Anglais.

ANGLOPHOBIE. s. f. Haine, horreur des Anglais.

ANGLO-SAXONS. On désigne par ce nom les peuples d'origine gothique et teutonique, qui dans le milieu du v⁰ s. de notre ère, s'établirent dans les parties méridionales et centrales de la *Grande-Bretagne*. Vers le milieu du ii⁰ s., les Saxons étaient une obscure tribu, fixée entre l'Elbe et l'Eyder, au sud de la Chersonèse cimbrique. Plus tard ce nom s'étendit à toutes les nations de même race depuis l'extrémité de la péninsule jusqu'au Weser, à l'Ems et au Rhin. Elles formaient une sorte d'association, dont l'unique lien était le goût commun pour la piraterie sur mer et le pillage sur terre. Lorsque les flottes romaines furent devenues impuissantes à les contenir, les expéditions des Saxons devinrent plus fréquentes et plus productives ; enfin se présenta une occasion, qui les fixa en Bretagne. En 449, trois vaisseaux montés par des Jutes, un des peuples de la *Confédération* saxonne, et commandés par les deux frères Hengist et Horsa, fils de Vitigisil, descendant de Wodan, avaient abordé sur la côte de Kent. Wortigern, alors chef des chefs (*penteyrn* ou *pendragon*) de Bretagne, leur offrit pour prix de leurs services contre les Pictes et les Scots, l'île de Thanet, entourée par la mer et deux bras de la Tamise. Les deux frères servirent Vortigern avec fidélité pendant six ans. Mais ils avaient appelé de leur pays de nombreux auxiliaires ; les Bretons prirent de l'ombrage, et la mésintelligence ne tarda pas à éclater entre les alliés, 455. Les étrangers marchèrent sur Londres. Vortimer, fils de Vortigern les arrêta à Aylesford et tua Horsa ; mais il périt lui-même dans le combat. Hengist s'associa son fils Haesc ou Oisc, et une seconde bataille fut livrée sur les bords de la Cray. Elle fut désastreuse pour les Bretons, et Hengist occupa toute la rive dr. de la Tamise, où il fonda, conjointement avec son fils Oisc, le royaume des hommes de Kent (*Kent-Wara-rike*). Les Jutes se contentèrent du petit royaume de Kent, mais en 477, des Saxons amenés par Œlla et ses trois fils, débarquèrent au sud des premiers et malgré la résistance obstinée des Bretons et de leur vaillant pendragon Ambroise, fondèrent le royaume des Saxons du Sud (*Suth-Seaxna-rike*, *Sussex*), 491. Peu après, Cerdic et son fils Cynric, faisant voile plus à l'ouest, débarquèrent une puissante armée en un lieu nommé depuis Cerdicsore, et soutenus par les Saxons du sud et des renforts qui leur vinrent de Germanie, repoussèrent les Bretons, tuèrent le pendragon Nazalcod ou Natanleod et affermirent par la grande victoire de Charford sur l'Avon (519) le royaume des Saxons occidentaux (*West-Seaxna-rike*, *Wessex*). Quelques années après, le royaume des Saxons orientaux (*East-Seaxna-rike*, *Essex*), fut fondé par Erkenwin, sur la rive g. de la Tamise avec Londres pour capitale. Maîtres de toute la côte qui appartenait aux Logres, les Saxons arrivèrent alors sur les bords de la Severn, mais leurs envahissements furent retardés par les victoires que remporta sur eux le prince cambrien, roi des Silures de Caerléon, Arthus ou Arthur, héros légendaire des Bretons, 516-512. A leur tour les Angles, abandonnant en masse leur pays natal, se dirigèrent sur la Bretagne septent. encore intacte et débarquèrent entre les embouchures du Forth et de la Tweed, conduits par Idda et ses douze fils. Allié avec les Pictes, Idda réussit à éloigner de la côte les Bretons de Bernicie (*Bryneich*), obtint le titre de roi en 547, et régna douze ans. Il fut tué par les Bretons, qui, sous leur chef Urien, résistèrent avec courage. Mais Urien périt sur

les bords de la Clyde, et les Bretons défaits dans une bataille décisive par les Pictes et les Angles, se réfugièrent chez les Cambriens du pays de Galles. Le royaume d'Idda garda le nom de Bernicie et fut limité au midi par la Tees. Au S. de la Tees, habitaient les Bretons appelés Déiriens, de *Deyfir*. Ils avaient été attaqués et défaits par Séomil, chef angle. Un de ses descendants, Ælla, poussa ses conquêtes jusqu'à l'Humber, et forma un royaume qui garda sa dénomination bretonne, 560. Au nord des Saxons de l'E., Uffa, dont les descendants furent nommés d'après lui *Uffingas*, avait été élu roi (571), par la puissante colonie d'Angles qui avaient occupé le pays depuis le Stour jusqu'au Wash et qui lui donna le nom d'Estanglie (*East-Engla-land*). Enfin en 586, Creoda ou Crida, appelé par les Coraniens, ancienne nation qui n'avait jamais fraternisé avec les Bretons, franchit l'Humber, poussa ses conquêtes jusqu'au centre de l'île et fonda un quatrième royaume angle, celui de Mercie. Depuis l'arrivée de Hengist jusqu'aux derniers succès de Créoda, il s'était écoulé une période de plus de cent cinquante ans. Les étrangers avaient fondé huit royaumes indépendants, qu'on désigne sous le nom de *octarchie* anglo-saxonne. Mais la réunion fréquente de la Bernicie et de la Déirie, sous le nom de Northumbrie (*Northumberland*) n'en fait généralement compter que sept, qui constituèrent l'*heptarchie* (V. ce mot). ‖ *Mœurs des Anglo-Saxons.* Les conquérants étaient en majorité composés de Jutes, d'Angles et de Saxons proprement dits ; à ces nations s'étaient joints d'autres aventuriers, que nous mentionnerons d'après Bède : c'étaient des Frisiens, des Boructuaires ou peuple de Berg, des Rugins, des Danais et des Huns. Ce que l'on sait de leurs mœurs et de leurs institutions à l'époque de la conquête, est fourni par des notes, des allusions, éparses dans les écrivains nationaux et par les rapprochements qu'on peut en faire avec les mœurs et les institutions des autres nations de leur race. Quand nous aurons dit que les Anglo-Saxons, étaient divisés en trois classes : les nobles ou *eorls*, les hommes libres ou *ceorls*, et les esclaves ou *dewes* ; que les hommes libres s'attachaient jusqu'à la mort à un chef de leur choix, qui leur donnait des terres en récompense de leurs services et que les rois étaient soumis à l'élection, mais toujours choisis dans une seule famille, nous aurons fait connaître ce qu'il y a de plus certain et de plus important dans leur organisation politique. Comme les Etats anglo-saxons étaient confédérés entre eux, ils avaient en conséquence une assemblée générale appelée *Witanagemot*, ou Conseil des sages. Mais cette assemblée ne paraît pas avoir eu une grande influence. Toutes les institutions qu'ils avaient apportées de Germanie se développèrent dans leur nouvelle patrie. La plus importante, celle qui formait la base de toutes les autres, se trouve chez les Germains du temps de Tacite. Chaque chef, nous dit cet historien, était entouré d'un nombre de partisans qui lui faisaient honneur en temps de paix, et l'accompagnaient au combat en temps de guerre. Le pacte qui réunissait ainsi le vassal au seigneur et le seigneur au vassal était regardé comme le plus sacré de tous. Le violer était regardé comme un crime inexpiable, puni par les lois de confiscation et de mort. C'était du reste un contrat réciproque, qui liait autant l'un que l'autre ; en effet, le vassal jurait d'être fidèle, sous la réserve que le seigneur remplirait les conditions convenues. Cette clause servait de prétexte ordinaire aux révoltes des chefs puissants contre le seigneur roi (*King lord*). Les arrière-vassaux n'étaient pas tenus par leur serment de porter les armes contre le chef de l'Etat : cependant ils ne se permettaient jamais de mettre en doute la droiture de leur chef immédiat, et ils l'accompagnaient toujours sur le champ de bataille, soit contre les ennemis, soit contre leur souverain. Nous avons dit que les hommes libres chez les Anglo-Saxons étaient divisés en *eorls* et *ceorls*, hommes d'extraction noble ou roturière : les premiers étaient nommés aussi *éthelborn* (nés de nobles). Cette distinction ne conférait ni pouvoir ni propriété. Le titre d'*éthelíng* (fils de noble) était réservé aux membres de la famille régnante, qui préten-

dait, dans chacune des dynasties saxonnes, tirer son origine de Wodan, guerrier réel ou fabuleux, qui était adoré comme dieu des batailles. Cette descendance leur assurait la vénération de leurs soldats païens ; et même quand ils furent devenus chrétiens, leur généalogie conserva une supériorité reconnue. Le premier des éthelborn était le roi ou *cyning*. Il n'était pas toujours choisi dans la ligne directe ; mais que le nouveau monarque fût l'héritier direct ou collatéral du précédent, le consentement du *witan* précédait toujours son couronnement. La royauté doit donc être considérée comme élective. Le cyning était le seigneur des principaux chefs. Son domaine propre était presque égal à tous les leurs réunis ; il en était de même de son revenu et du nombre de ses thanes. Il recevait l'hommage de ses grands tenanciers trois fois l'an, aux fêtes de Noël, de Pâques et de la Pentecôte. Il était le chef des forces nationales de terre et de mer, et juge suprême. Il jouissait du droit de grâce et nommait les ealdorman, les sheriffs, les baillis des bourgs et les juges. Les épouses du cyning, portaient dans le principe le nom de « *queens* », reines, et partageaient les honneurs de la royauté ; mais Eadburge, fille d'Offa, ayant empoisonné son mari Brihtric, roi de Wessex, le witan abolit le titre de reine et tous les avantages qui y étaient attachés. Dès lors, les femmes de roi se contentèrent du titre de *lady*. Après le roi venaient les *ealdormen* ou comtes. Ils gouvernaient leurs *shires* comme représentants du monarque, conduisaient au combat les guerriers, rendaient la justice et en assuraient l'exécution. Les *thanes* ainsi appelés de *thegnian*, servir. étaient divisés en plusieurs classes de rangs divers, qui correspondaient à des grades militaires. Il fallait, pour avoir droit à ce titre, non seulement être combattant, mais encore tenir d'un seigneur ou du roi des terres dont l'étendue était fixée par la loi à cinq *hides* au moins. Les *géréfas* ou baillis étaient nommés par le roi ou les seigneurs dans leurs domaines respectifs. Ils recueillaient les impôts et les rentes, appréhendaient les malfaiteurs, et en certains cas agissaient en lieu et place des seigneurs. Ils étaient assesseurs et quelquefois juges principaux dans différentes cours, et réglaient leurs décisions sur les instructions du *Doom-Book*. Les ceorls étaient divisés en deux classes. La première se composait des *socmen* ou ceorls libres, qui pouvaient se choisir leur propre seigneur, et disposer de leurs biens par vente, testament ou donation. Les autres étaient attachés au sol, dépendaient du seigneur de la terre, qui pouvait les taxer à sa volonté, et devaient un nombre déterminé de jours de travail. L'administration de la justice mérite surtout d'être étudiée parce qu'elle est la base des institutions qui subsistent encore et que les procédures des anciennes cours ont été l'origine des tribunaux anglais actuels. La plus basse juridiction était celle de « *sac et soc* », qui paraît avoir été exercée par tous les thanes du premier ordre, et par quelques-uns du second. Elle se perpétua avec quelques variations dans les cours seigneuriales de la dynastie normande, et plus tard dans les *courts barons* ou cours foncières d'aujourd'hui avec juridiction civile, et les *courts-lees*, ou cours foncières avec juridiction criminelle. Les thanes connaissaient de certains délits, parfois même de tous les crimes commis dans leur *soke* (districts). Ils siégeaient dans la salle de leur manhir, d'où l'on appelaient ces cours « *Hall-Motes* ». Au-dessus venait le mote du *hundred* ou centaine, qui s'assemblait tous les mois sous la présidence de l'ealdorman, assisté des principaux ecclésiastiques, franc-tenanciers, et du bailli et de quatre hommes. Une fois l'an, il se tenait une assemblée extraordinaire où tout individu mâle au-dessus de douze ans était tenu de se présenter : l'état des *gilds* et *tythings* (ou association de 10 familles) était vérifié, et nul ne restait en liberté s'il ne donnait caution pour la tranquillité de sa conduite. Ces cours jugeaient les délits et prononçaient sur les causes civiles. Le *shire mote*, ou cour du comté, était présidé par l'ealdorman et l'évêque. Tout grand propriétaire devait y assister de sa personne ou s'y faire représenter. Les causes qui intéressaient l'Eglise y étaient jugées les premières; venaient ensuite celles qui pouvaient donner lieu à des amendes au profit de la couronne; enfin les contestations entre particuliers. Il se tenait deux fois l'an, et l'on y lisait les lois rendues dans le grand conseil de la nation, *witan*, *witena-gemot*. De ces cours locales on pouvait appeler directement au roi, qui se faisait assister des thanes et des ecclesiastiques qui entouraient sa personne, et composait ainsi un tribunal accidentel. Les *witena-gemots* ou *mickle-synoths* étaient convoqués régulièrement à Noël, à Pâques et à la Pentecôte. Les principaux thanes spirituels et temporels relevant directement de la couronne, le composaient. Le nombre de ses membres et ses pouvoirs légaux, n'ont sans doute jamais été bien fixés: son influence sur la marche des affaires paraît avoir beaucoup varié. C'est à cette assemblée qu'appartenait le choix du monarque; et il fallait que tous les actes législatifs obtinssent son assentiment. Elle pourvoyait à la défense du royaume, à la répression des crimes et à l'administration de la justice; en outre, elle décidait les contestations civiles, citait les criminels d'Etat, et prononçait la sentence de confiscation et de proscription contre les coupables. Les procédures de tous ces tribunaux avaient pour base le serment ou *lada*, dans tous les cas où les faits ne pouvaient être prouvés par témoignage. Ce serment devait être corroboré par celui d'un nombre plus ou moins grand de possesseurs de francs-fiefs (*free-holders*), voisins de la partie, connaissant bien son caractère et ses affaires, qui juraient qu'en leur conscience ils croyaient à sa véracité. Leur nombre était fixé par la loi dans bien des cas; dans d'autres, il était laissé à la discrétion de la Cour, qui le déterminait d'après le rang et la richesse de la personne. Le *lada* était déféré aussi dans les affaires criminelles, lorsqu'il y avait doute sur la culpabilité; quelquefois on s'en remettait à l'*ordalie*, ou jugement de Dieu. La punition du meurtre était abandonnée à la famille du mort; mais le meurtrier pouvait se racheter en payant la *composition*, ou *were*. Cette coutume, citée déjà par Tacite chez les anciens Germains, avait été érigée en système par les Anglo-Saxons. Tous les hommes libres étaient rangés en trois classes, et la vie de chacun était évaluée selon la classe à laquelle il appartenait. De nombreuses lois avaient pour but de réprimer le brigandage; mais la multiplicité et la minutie même de ces ordonnances, montre combien ce mal faisait de ravages. En effet, toutes les classes s'y livraient, le clergé et le laïque, le thane aussi bien que le ceorl. Après la classe des ceorls attachés à la glèbe, venait celle des esclaves qui pouvaient être vendus comme le bétail, à l'intérieur, mais dont l'exportation était sévèrement défendue. Malgré cela, les Northumbres enlevaient, dit-on, pour les vendre dans les ports du continent, non seulement leurs compatriotes, mais encore leurs parents, et les habitants de Bristol fournirent longtemps les Irlandais d'esclaves achetés dans tout le pays. Les villes et les bourgs acquirent graduellement certains privilèges, qui les conduisirent à l'émancipation. Le principal magistrat était le *vic-reeve*, ou prévôt. On ne sait s'il était choisi par le seigneur ou nommé par les bourgeois. En tout cas, son emploi avait une haute importance. Ses fonctions étaient dans la ville les mêmes que celles du shériff dans le comté. Les habitants formaient des corporations distinctes, ou *guilds*, qui exerçaient une influence considérable. || ANGLO-SAXONNE (*Langue*). L'Anglo-Saxon était un dialecte dérivé du vieux saxon, et voisin du vieux frison, langue-mère du hollandais moderne, et du vieux norse, d'où sont dérivés les dialectes scandinaves. En arrivant en Grande-Bretagne, les Anglo-Saxons n'étaient pas dénués de toute culture intellectuelle: ils possédaient l'alphabet runique, mais à leur conversion, ils l'abandonnèrent pour l'alphabet latin. Leur langue contenait beaucoup de flexions grammaticales, qu'on ne trouve plus en anglais. Elle avait pour les substantifs trois genres et trois déclinaisons; les adjectifs prennent aussi les trois genres et se déclinent comme les substantifs. La conjugaison des verbes était également compliquée. Lorsque la conquête normande eut imposé la langue française comme langue officielle, la langue anglo-saxonne continua à être parlée par le peuple, mais elle se décomposa: le défaut de culture lui fit perdre peu à peu ses riches flexions, et les ingénieuses combinaisons des formes grammaticales s'altérèrent dans la bouche des vaincus, condamnés à l'ignorance. En même temps les mots français se glissaient dans la langue, mais peu à peu, car au xiie s. encore, dans les écrits qui nous restent de cette époque, on ne rencontre que des mots saxons, défigurés, il est vrai, par l'orthographe et privés de leur terminaison. Dans la période suivante, qui va de 1150 à 1250, les flexions disparaissent tout à fait: c'est l'époque du *demi-saxon*. La langue parlée de 1250 à 1350, est appelée *vieil anglais*. On y remarque l'introduction d'un plus grand nombre de mots français; des mots saxons, la racine seule reste, réduite le plus souvent à une seule syllabe. L'*anglais moyen* commence vers 1350 et va jusqu'à Elisabeth. C'est la langue de Chaucer, qui contribua plus que tout autre écrivain à en faire une langue littéraire et duquel date l'histoire de la littérature anglaise proprement dite. || ANGLO-SAXONNE (*Littérature*). Le plus ancien poème anglo-saxon que l'on connaisse est du vie s.; il a dû être composé sur le continent et apporté en Angleterre par les *Scaldes* ou *Scops*, poètes chanteurs qui accompagnaient les guerriers et faisaient le charme de leurs festins. C'est le *Poète voyageur* (Scopes Vidsid). Le poème de *Beowulf*, de la fin du vie s., chante les exploits d'un héros national. Des fragments, la *Lamentation de Deor* et la *Bataille de Finnesburg*, se rattachent au même cycle. Les poèmes du moine Cœdmon sur la *Création*, sont du viiie s. Mais à côté de la littérature populaire se développe une littérature latine. L'école de Canterbury, fondée par Augustin, est en pleine prospérité, et de nombreuses écoles monastiques se fondent dans les cloîtres. Aldhem, Wilbrod, Boniface ou Winfrid, Bède le Vénérable, Alcuin, Adoman, illustrèrent l'Angleterre et portèrent même au dehors les lumières de la science. En même temps l'anglo-saxon se créait une littérature écrite plus riche que celle des autres peuples de cette époque. C'est le règne d'Alfred le Grand vit cette renaissance des lettres, et ce roi lui-même fut le meilleur écrivain de son temps. Après lui, la décadence commence; les Danois arrivent et arrêtent cet essor. Puis a lieu la conquête normande qui donne le dernier coup. Les vaincus conservèrent encore pendant plusieurs siècles leurs légendes et les débris de l'idiome national; mais avec xie s. vit l'anglo-saxon passer à l'état de langue morte.

ANGLURE. Baronne de Champagne qui a donné son nom à une illustre maison, d'où sont sortis les seigneurs d'Estoges, de Givry, d'Amblise, de Bourlemont et de Coublance. || ANGLURE. 807 h. Bg de France (Marne), ch.-l. de cant., arr. et à 34 kil. S. d'Epernay, sur la rive droite de l'Aube qui communique en cet endroit par un canal de dérivation avec le canal de la Haute-Seine. — Cant. 7,764 h.; 18 comm.

ANGO (Mme). V. *Angot.*

ANGO ou **ANGOT** (Jean). Né à Dieppe vers la fin du xve s., navigateur et armateur, s'enrichit énormément par ses voyages sur les côtes d'Afrique et aux Indes, fut nommé gouverneur de sa ville natale par François Ier, qu'il avait reçu magnifiquement dans son splendide hôtel, détruit en 1694. En 1530, les Portugais ayant, en pleine paix, pris un de ses bâtiments, Ango arma une flottille, bloqua le port de Lisbonne, et força le roi à envoyer une ambassade à François Ier, et à lui payer à lui-même une large indemnité. Ango seconda les armements de la France contre l'Angleterre, fit des prêts considérables à François Ier, qui ne les lui rendit pas, et mourut presque ruiné en 1551.

AN'GOI ou **N'GOIO.** Pays nègre de la côte occidentale d'Afrique, au S. de l'équateur, sur la rive droite ou septent. du Zaïre inf. qui le sépare du Congo. On y signale la ville de Cabenda (10,000 h.). avec un excellent mouillage sur la côte, et M'Coma, escale sur le Zaïre, à 100 kil. de la mer.

ANGOISSE. s. f. (lat. *angustia*, resserrement, d'*angustus*, étroit, lequel vient d'*ango*, je serre; *angustia*, transformé en *angussia*, est devenu *angoisse*, par le changement de *u* lat. en *oi*, comme dans *fusionem*, *foison*). Anxiété extrême, accompagnée d'un serrement douloureux à l'épigastre, d'oppression et de palpitation: on l'observe dans plusieurs maladies, surtout dans les affections nerveuses. (Acad.) || Souffrance physique très violente. Les angoisses du supplice, de la maladie. || Grande affliction d'esprit mêlée d'une vive inquiétude. Etre en angoisse. Etre dans d'extrêmes angoisses, dans des angoisses mortelles, dans les dernières angoisses. (Acad.) Immobile, collé sur mon siege, composé de tout mon corps, je suais d'angoisse. (St-Sim.) || *Poire d'angoisse*, Espèce de bâillon qui, introduit dans la bouche du patient, s'ouvrait au moyen d'un ressort, se développait en forme de poire, et étouffait complètement les cris. Les voleurs autrefois en faisaient usage. || *Poire d'angoisse*, Poire d'un goût très âpre. — Fig. Avaler des poires d'angoisses. Subir des mortifications. || *Etre à l'eau d'angoisse et au pain de tribulation*, Se dit des moines que leurs supérieurs mettent au pain et à l'eau par punition. || Syn. *Angoisse, Transe, Anxiété*. Les transes marquent tremblement, elles ont lieu surtout quand on craint de perdre des situations heureuses, ou quand on redoute des maux qui regardent les autres (parents, amis, etc.) Le duc du Maine vivait en des transes mortelles pour toutes ses grandeurs. (Sév.) Dans l'angoisse on est serré, oppressé à la fois par la douleur des maux présents et la crainte de les voir s'accroître. L'angoisse a trop de violence pour qu'on la supporte longtemps; c'est en quoi elle diffère de l'anxiété qui est moins vive et plus constante. Nuit d'angoisse, cris d'angoisse. Vivre dans une anxiété continuelle.

ANGOISSER. v. a. Faire souffrir l'angoisse. Les angoisses des autres m'angoissent naturellement. (Montaigne.) Ce qui m'angoisse et à quoi je ne veux pas me résoudre, c'est que je vois venir vos peines. (G. Sand.) || S'ANGOISSER. v. pr. Exprimer la douleur. Sa voix s'angoissa. || Angoissé, ée. p. pas. Nous ne sommes pas angoissés, c.-à-d. resserrés dans notre cœur. (Boss.)

ANGOISSEUX, EUSE. adj. Qui ressent de l'angoisse. Vous êtes trop angoisseuse. (Boss.) || Qui cause de l'angoisse. Le temps le plus angoisseux de ma vie. (J.-B. Rouss.)

ANGOL. Vle de la province d'Araucanie (Chili mérid.), à 180 kil. de Conception. Chemin de fer.

ANGOLA. Pays de la côte occidentale de l'Afrique du Sud, sur l'Atlantique. Le nom d'Angola se prend dans deux acceptions. Il désigne un grand gouvernement portugais, sous le titre de capitainerie générale, comprenant le Congo, l'Angola proprement dit, le Benguéla et le Mossamèdes: superf., 809,400 kil. car.; popul., 2,000,000 d'h., ou bien il est restreint à l'Angola dans le sens propre du mot. L'Angola proprement dit est situé entre le Congo au N., le Benguéla au S., l'Atlantique à l'O., et le pays des Malona à l'E. Il a pour limites au N. le rio Dandé; au S. le Coanza, est compris entre 8o 20' et 9o 50' de lat. S. Le climat est chaud et humide et le pays montueux. C'est une possession portugaise. La ville principale est *Saint-Paul de Loanda*. L'Angola a été longtemps l'un des principaux marchés pour la traite des nègres, qui s'y exerce encore pour le Brésil. La population totale n'est pas exactement connue, la population soumise au Portugais ne dépasse pas 600,000 h. Le développement des côtes est de 24 lieues marines (135 kil.); de l'O. à l'E., il mesure environ 600 kil. La religion consiste en un grossier fétichisme. Cependant on rencontre quelques familles chrétiennes, restes des missions autrefois florissantes fondées par les jésuites. La découverte du pays par le portugais Diego Cano, remonte à l'an 1486. Mines de fer, de cuivre, poudre d'or, racine de manioc, ivoire, cire, gomme, copal, huile de palme, écailles de tortue, etc.

ANGOLOLA. L'une des résidences du roi de Choa (Abyssinie); 3,000 h. Vle nouvelle fondée en 1830. Altit. 2,400m.

ANGON, ANCON, RANCON ou **CORSÈQUE.**

s. m. (du gr. *agkos*, crochet; et du lat *uncus*).
Arme franque, composée de trois lames, l'une
droite, les autres courbées en dehors. On s'en
servait comme de pique ou comme de javelot.
Le fer de l'angon était figuré sur les armoiries,
et telle est, dit-on, l'origine des fleurs de lys.
|| *Angon cabalistique*, Machine de guerre,
composée d'un arbre sur pied, ébranché et
courbé de force par des cordages. Cet arbre
on se relevant venait frapper un trait ou une
pierre qu'il envoyait au loin. || *Angon marin*,
Lance barbelée, servant à harponner les crustacés dans les creux de rochers.

ANGORA en turc ENGURI, ENGUNICU (*Ancyre*).
Vle de la Turquie d'Asie, capit. du vilayet et
du sandjak du même nom. Angora est une
altération du nom ancien, *Ancyra*, lequel
signifie *Ancre*. La ville avait été ainsi nommée
à cause des ancres des vaisseaux que Ptolémée,
roi d'Egypte, avait envoyés au secours des
Galates, et qui furent pris par Mithridate.
Elle est située sur une riv. qui va se réunir a
la dr. du Sakaria, tribut. de la mer Noire, a
environ 450 kil. à l'E. de Constantinople. Latit.
N. 39° 6'23"; long. E. de Paris, 30° 24'36". Alt.
1,080m. Popul., 40,000 âmes environ, dont le
tiers est composé d'Arméniens. Les Grecs y
forment aussi une agglomération prospère ; ce
sont eux qui ont accaparé tout le commerce
des laines. On y fabrique des étoffes renommées
avec le poil des chèvres connues sous le nom
d'angora. La ville actuelle, avec ses maisons
en briques crues, assise dans une plaine que
dominent seulement des collines basses et d'un
profil maussade, n'a rien de pittoresque; mais
elle possède de beaux restes d'antiquités et surtout les fameuses ruines d'un temple d'Auguste.
Les murailles et les portes d'Angora sont en
grande partie construites de débris d'édifices
antiques. Près de la ville se dresse un rocher
de trap noirâtre, couronné par une citadelle
a triple enceinte. || ANGORA (vilayet d').
565,000 h. Capit. Angora. Vles princ. : Kaïsa-
rieh, Yuzgat, Teheroum. Le vilayet d'Angora
comprend 4 sandjacks : Angora, Yuzgat, Kai-
sarieh, Kir-Chehr. || ANGORA (sandjak d'),
200,000 h. (V. *Ancyre*.)

ANGORA (et non pas *angola*.) adj. 2 g. Se dit
d'une variété de chats, de chèvres, de lapins
originaires d'Angora, remarquables par leur
poil long et soyeux. *Un chat, une chèvre an-
gora*. || s. m. *Un angora*, c.-à-d. Un chat an-
gora. || L'Académie se tait sur le pluriel. Littré
dit *Des chats angora*, *des angora*. Dans d'autres dictionnaires récents, on lit *Des angoras*.
|| Dans le commerce des laines, *Poil de
lapin angora*. C'est en France principalement
qu'on élève cette espèce de lapins. Le poil de
l'angora filé atteint un prix très élevé, parce
qu'on le file à la main et difficilement, et que
l'animal n'en fournit environ que 400 gr. par
an. || *La chèvre d'Angora* fournit une laine
soyeuse, blanche, très fine, qui a sa plus
grande beauté quand l'animal est âgé d'un an
et qui décline a partir de cette époque. C'est
à l'exposition de Londres de 1851 que cette
laine entra dans le commerce sous le nom de
mohair. La ville d'Angora fournit un million
de kilog. de cette laine, pour la somme de
4,500,000 fr. ; presque tout est expédié en Angleterre. On distingue quatre qualités qui sont
par ordre de décroissance : l'anglaise, la hollandaise, la française et une de Syrie, improprement appelée *poil de chameau*.

ANGORNOU, Vle du Bournou (Soudan), entre le nouveau Birnie et Kouka, au S.-O. du
lac Tchad, renferme, dit-on, 30,000 hab., et
qfois 100,000 personnes se réunissent au grand
marché du mercredi.

ANGOSCIOLA ou **ANGUSSOLA** (Sophonisbe).
Née en 1538, m. a Gênes vers 1620, appartenait
a une famille noble de Crémone. Elle fut élève
du peintre Bernardin Gatti, fit des progrès rapides et donna elle-même des leçons a ses
trois sœurs Europe, Anne et Lucie. Appelée
en Espagne par Philippe II, elle fit à Madrid
le portrait du roi, de la reine et de l'infant
don Carlos qui la comblèrent de présents. Devenue aveugle à 77 ans, elle n'en continua pas
moins de réunir chez elle, à Gênes, les artistes, les amateurs et la société la mieux choisie.

ANGOSTURA ou **SANTO TOME DE LA NUEVA
GUYANA**, ou **CIUDAD BOLIVAR**. 10,861 h. Vle
des Etats-Unis de Venezuela, ch.-l. de la prov.
(Seccione) de Guayana et de l'Etat de Bolivar,
sur la rive dr. de l'Orénoque, à 60m d'altit. et
a 390 kil. de la mer, par 8° 8' 11" de latit. N.
66° 15' 21" longit. O. Evêché. Com. de bestiaux,
cuirs, cacao, coton, indigo, tabac, café, caoutchouc, baume de copahu, etc.; exportation d'or
en barres des mines de la Nueva Providencia,
estimée à 30 millions par an. — Angostura
fut fondée par les jésuites Lliauri et Vergara ;
son nom, qui veut dire « Détroit », lui est
venu de ce que le lit du fleuve se resserre en
cet endroit, bien qu'il conserve encore une
largeur de 710m. Célèbre par le congrès que
Bolivar y tint, en 1819, pour fonder l'éphémère
république de Colombie.

ANGOSTURE, Bot. (V. *Angusture*).

ANGOT (Jean). V. *Ango*.

ANGOT (Madame). Type populaire de la
femme parvenue qui, tout en affectant les manières de la haute société, conserve les goûts
et le langage de son premier état. Ce personnage ridicule a servi de titre et de sujet à
plusieurs pièces de théâtre : *Madame Angot ou
la poissarde parvenue* (Eve, dit Maillot, 1797);
Madame Angot au sérail de Constantinople
(Aude, 1803). || ANGOT (*la Fille de madame*).
Opera-bouffe, paroles de MM. Clairville, Sirau-
din et Koning, musique de M. Ch. Lecocq,
parut d'abord à Bruxelles en novembre 1872,
puis à Paris aux Folies-Dramatiques et au
Théâtre-Historique. Les airs populaires de
cette pièce ont obtenu un grand succès.

ANGOULÊME. 32,567 h. Vle de France, anc.
capit. de l'Angoumois, auj. ch.-l. du dép. de la
Charente, située à 96m d'alt. sur un promontoire baigné par la Charente et l'Anguienne, à
445 kil. S.-S.-O. de Paris (390 à vol d'oiseau),
par 45° 39' de latit. N. et 2° 1't' 8" de longit. O.
Evêché suffragant de Bordeaux. Lycée de
1re catégorie ; quatre institutions secondaires
libres ; cours normal d'institutrices ; pensionnat
primaire. Subdivision de région du 12e corps
d'armée (Limoges) ; quartier général de la 46e
brigade d'infanterie et de la 12e brigade d'artillerie. Poudrerie. Magasins de vivres. Succur-
sale de la Banque de France. Entrepôt du
commerce de Bordeaux et en général des
départements du Midi. — *Monuments* : L'hô-
tel-de-ville, en style ogival, est une construction presque entièrement moderne, renfermant deux tours de l'ancien château : peu
de cités françaises ont un palais municipal
d'aussi nobles proportions : le musée et la
bibliothèque occupent une partie de ce bel
édifice. — La cathédrale appartient, pour l'ensemble, au style roman-byzantin dont St-Front
de Périgueux est le principal exemple. La nef
et le carré du transept sont couverts par des
coupoles Le chœur a la forme absidale avec
quatre petites chapelles. Les transepts étaient
autrefois surmontés de deux hautes tours dont
une est restée debout. La façade est formée par
une muraille percée d'un portail, au-dessus,
d'une seule fenêtre, et accompagnée de deux
campaniles ronds modernes. Sa décoration,
vraiment splendide, consiste en arcs superposés, à la façon des arcades d'un amphithéâtre,
mais avec cette différence que ces arcs sont de
différentes grandeurs et servent de cadre à des
sculptures. Ces espèces de façades qui sont
comme une sorte de tableau sculpté, se rencontrent assez fréquemment dans l'ancienne Aquitaine et dans les contrées voisines. Mais la plus
belle est celle d'Angoulême qui, a servi de modèle à toutes les autres. — *Industrie; Commerce*,
Les principaux établissements industriels d'Angoulême et des environs sont des papeteries.
Par l'importance de la fabrication annuelle, la
Charente est inférieure au dép. de l'Isère;
mais elle l'emporte de beaucoup par la valeur
relative du papier qu'elle expédie dans toutes
les parties du monde : le dix-huitième seulement de tout le papier qui se fabrique en
France sort de ses manufactures, mais cette
quantité représente par sa valeur le dixième
de la production totale Une autre industrie
fort importante de la banlieue d'Angoulême
est l'exploitation des carrières, dont la roche,
très facile à scier et d'un bel aspect, durcit
rapidement à l'air et se délite peu sous l'action des intempéries. La pierre blanche d'Angoulême se transporte à de grandes distances,
et jusque dans les Pyrénées, où pourtant il ne
manque pas de matériaux ; la facilité de la
taille et les avantages du transport par voie
ferrée ont permis a la compagnie du Midi
d'expédier pour ses stations des pierres d'Angoulême jusqu'à la base des montagnes du
Bigorre.—L'Etat possède aussi à 8 kil. d'Angoulême, à Ruelle, de vastes usines militaires, dont
la plus importante est la fonderie de canons
pour la marine, établie au N.-E. de la ville,
sur le courant de la Touvre. Cette puissante
usine peut fournir chaque année des centaines
de bouches à feu de tout modèle, en fer, en
acier ou en bronze. — Angoulême possède encore des fabriques de serges et de toiles métalliques, des distilleries d'eau-de-vie. — Angoulême, qui occupe à peu près le centre du département dont elle est le ch.-l., se dresse superbement au sommet d'une colline escarpée, à la
base de laquelle vient se heurter la Charente, et
que perce en tunnel le chemin de fer de Paris à
Bordeaux. Jadis Angoulême était environnée
de murailles et de tours qui lui donnaient un
fier aspect ; mais cette enceinte n'exi-te plus
que par fragments, et la ville a débordé en
longues rues sur les pentes les moins raides
pour descendre vers les faubourgs ; les remparts qui défendaient la partie de la colline
s'avançant en promontoire au-dessus des
plaines ont été remplacés par des promenades
d'où l'on contemple le tableau si attachant
que forment le quartier de la Gare, avec ses
locomotives toujours en mouvement, la Charente
avec ses îles, ses ombrages, ses bateaux,
les campagnes verdoyantes et les lignes gracieuses du lointain horizon. Du reste, la position d'Angoulême n'est pas remarquable seulement par sa beauté pittoresque, elle est aussi
très heureuse au point de vue géographique.
C'est au-dessous de la ville que la Charente,
grossie par les eaux de la Touvre, devient
sérieusement navigable : en outre elle change
brusquement de direction au pied du coteau,
ce qui devait faire de cet endroit un point
d'escale naturel ; enfin Angoulême était, avant
les chemins de fer, le lieu d'étapes et d'entrepôt entre Bordeaux et Poitiers. Les richesses
du pays et l'industrie des habitants ont fait le
reste. (Elisée Reclus.) — *Histoire*. La ville
d'Angoulême existait déjà sous le nom d'*En-
colisma*, *Ecolisma* ou *Icolisma* à l'époque
gallo-romaine. Ausone en parle comme
d'une ville importante. Ses premiers comtes
héréditaires paraissent au IXe s.; elle obtint
une charte communale en 1354 ; livrée aux
Anglais par le traité de Brétigny (1360), elle
se révolta, chassa la garnison et revint à
la couronne en 1373. En récompense de cet
acte de fidelité, Angoulême obtint le privilège
de devenir l'apanage d'un des fils de France.
Charles V donna le comté d'Angoulême à son
fils Louis d'Orléans, qui le laissa à son second
fils Jean d'Orléans, comte d'Angoulême, grand-
père de François Ier, qui porta le titre de
comte d'Angoulême jusqu'à son avènement au
trône, et érigea cette ville en duché en faveur
de sa mère, Louise de Savoie. Le fils de
Charles X a été le dernier duc d'Angoulême.
Patrie de Marguerite de Valois, de J.-L.
de Balzac, des deux Saint-Gelais, de l'ingénieur Montalembert et de Ravaillac. —
¿ *Arrond*. 140,109 h.; 1,954 kil. cur.; 9 cant.:
Angoulême 1 et 2, Blansac, Hiersac, Montbron,
la Rochefoucauld , Rouillac , St-Amand-de-
Boixe , Villebois-la-Valette. 136 comm. —
1er *cant.* d'Angoulême avec cinq autres comm.:
23,613 h.— 2e *cant.* d'Angoulême avec 13 autres
comm. : 35,634 h.

ANGOULÊME (Charles de VALOIS, duc d'). Fils
naturel de Charles IX et de Marie Touchet, né
en 1573, mort en 1650. Il entra dans l'ordre
de Malte et devint, en 1589, grand prieur de
France. Mais Catherine de Médicis lui ayant
légué les comtés d'Auvergne et de Lauragais,
il quitta l'ordre, avec dispense, pour se marier, et épousa, le 6 mars 1591, Charlotte, fille
du connétable H. de Montmorency. Il porta
le titre de comte d'Auvergne jusqu'en 1619,
époque à laquelle il obtint du roi Louis XIII
le duché d'Angoulême. Un des premiers, à St-
Cloud, il reconnut Henri IV, et combattit pour
lui à Arques (1589), a Ivry (1590), et à Fon-
taine-Française, 1595. Il fut deux fois accusé
de conspiration contre ce prince ; d'abord en
1602, avec Biron, et il fut mis à la Bastille,
mais obtint ensuite sa grâce; peu après, avec
la marquise de Verneuil, sa sœur utérine, et
il fut condamné à mort. Sa peine fut commuée
en une prison perpétuelle ; toutefois, au bout

de dix ans, il recouvra la liberté, en 1616. Il servit fidèlement Louis XIII, et épousa en secondes noces, en 1644, Françoise de Narbonne, qui ne mourut qu'en 1715. Ce prince avait hérité des goûts littéraires de son père, il a laissé : *Mémoires très particuliers du duc d'Angoulême, pour servir à l'histoire des règnes de Henri III et Henri IV*. || ANGOULEME (Louis-Emmanuel de VALOIS, comte d'ALAIS, puis duc d'). 2e fils du précédent et de Charlotte de Montmorency, né en 1596, à Clermont en Auvergne, entra dans l'état ecclésiastique et devint évêque d'Agde en 1612. Mais, en 1618, Henri, son frère aîné, ayant été enfermé pour cause de démence, Louis-Emmanuel déposa son ministère religieux, devint colonel général de la cavalerie et gouverneur de Provence, et se distingua aux sièges de Montauban et de la Rochelle et dans les guerres d'Italie et de Lorraine. Il succéda, en 1650, à son frère au duché d'Angoulême, et mourut à Paris le 13 novembre 1653, laissant une fille, *Marie-Françoise*, qui épousa le duc de Joyeuse, et, veuve en 1654, conserva jusqu'à sa mort le titre de duchesse d'Angoulême, 1696. || ANGOULEME (Louis-Antoine de BOURBON, duc d'). Fils aîné de Charles X et de Marie-Thérèse de Savoie. Ce prince annonça très jeune de précieuses qualités, que son gouverneur, le duc de Sérent, s'appliqua à développer. En 1789, il suivit son père à Turin, où il demeura plus d'une année auprès du roi de Sardaigne, son aïeul. Il mit ce temps à profit en suivant, avec son frère le duc de Berry, un cours d'artillerie théorique. Au mois d'août 1792, il quitta la Savoie pour passer en Allemagne, où il commanda quelque temps un corps d'émigrés. Il se rendit ensuite, avec son frère, à Edimbourg, puis à Mittau, où il épousa, le 10 juillet 1799, sa cousine Marie-Thérèse-Charlotte de France, fille de Louis XVI. Il accompagna Louis XVIII à Varsovie, en Russie, puis à Hartwell, près de Londres, où il demeura jusqu'en 1814, époque a laquelle il débarqua a St-Jean-de-Luz, janv. 1814. De cette ville, il adressa (2 fév.) une proclamation à l'armée française. Le 12 mars, il prenait possession de Bordeaux, et recevait, le 15 mai suivant, le titre de grand amiral de France. Au mois de février 1815, il fut envoyé, avec la duchesse d'Angoulême, pour visiter le Midi. Il reçut, à Bordeaux, la nouvelle que Napoléon avait quitté l'île d'Elbe et était débarqué en France. Nommé lieutenant général, il déploya une remarquable activité, organisa un gouvernement à Toulouse, réunit à la hâte trois mille hommes à Nîmes, et s'avança sur Lyon. Mais, après quelques succès à Montélimart, il fut défait à Lyon, abandonné de ses troupes, fait prisonnier et embarqué à Cette pour Barcelone. Il était en Espagne au moment de la seconde Restauration. Rentré en France, il pacifia le Midi troublé par les luttes des partis. Il commandait en chef l'armée qui en 1823 entra en Espagne pour relever le trône de Ferdinand VII. Après s'être emparé du Trocadéro, fort qui défendait Cadix, il montra la plus grande modération dans son triomphe, et lança l'ordonnance d'Andujar, dirigée contre les excès de ceux-mêmes qu'il était venu secourir, 1823. A la mort de Louis XVIII, il prit le titre de Dauphin et eut voix délibérative au conseil. La révolution de 1830 vint le priver de la couronne qu'il était digne de porter, et dans l'espoir de détourner les conséquences de cet événement, il abdiqua, le 30 juillet, avec son père, en faveur du duc de Bordeaux. Il suivit son père, sous le nom de *comte de Marnes*, à Holyrood, à Prague et à Goritz, où il mourut le 2 juin 1844, à la suite d'une longue et douloureuse maladie, un cancer du pylora. Ses restes furent déposés auprès de ceux du roi son père, dans le couvent des franciscains de Goritz. || ANGOULEME (Marie-Thérèse-Charlotte de FRANCE, duchesse d'). Fille de Louis XVI et de Marie-Antoinette, épouse du précédent, née à Versailles en 1778, morte à Frosdorff en 1851, reçut en venant au monde le titre de *Madame Royale*, et fut élevée sous les yeux de sa mère par Mmes de Rohan Guéménée, de Polignac, de Tourzel et de Mackau, et surtout par sa tante Mme Elisabeth. Elle répondit merveilleusement aux soins dont elle fut l'objet. Elle n'avait que 14 ans lorsqu'elle fut emprisonnée au Temple avec le roi et la reine.

Après l'avoir rendue témoin de la mort de son père, de sa mère, de son jeune frère, on l'échangea en 1795 contre les commissaires de la Convention, livrés aux Autrichiens par Dumouriez. Elle vécut treize ans à Vienne, épousa en 1799, à Mittau, son cousin germain, le duc d'Angoulême, et désormais partagea sa fortune. Elle était auprès de Louis XVIII, quand il rentra à Paris. Aux Cent-Jours, elle se retira à Bordeaux, et montra un courage qui fit dire à Napoléon : « C'est le seul homme de sa famille. » Les événements de 1830 la poussèrent de nouveau en exil. Elle se fixa enfin à Frosdorf avec le jeune duc de Bordeaux, dont elle dirigea elle-même l'éducation, tout en pratiquant une multitude de bonnes œuvres. C'est là que mourut, le 19 octobre 1851, celle que Louis XVIII avait surnommée l'*Antigone moderne*. Elle fut inhumée à Goritz, dans le caveau des franciscains, entre son mari Louis-Antoine et son oncle Charles X. || ANGOULEME (Jacques d'). Sculpteur français, né à Reims vers 1528. Il alla s'établir à Rome et dans un concours l'emporta sur Michel-Ange en 1450. Il fut nommé d'*Angoulême*, parce qu'il habita cette ville à son retour de Rome. Ses travaux étaient fort remarquables et on estimait ses sculptures à un haut prix. Il travaillait avec une grande hardiesse, et savait donner à ses œuvres un vif cachet d'énergie ; il devait connaître l'anatomie à la perfection, car ses statues ont des muscles admirablement modelés ; dans une grotte voisine de Meudon on voyait jadis une belle statue de l'*Automne* due à son ciseau. Dans la bibliothèque des papes, à Rome, on conserve 3 grandes figures exécutées en cire par cet artiste.

ANGOULEVENT (Nicolas JOUBERT, dit). Bouffon du XVIIe s., prenait le titre de *prince des sots*. Il eut avec les comédiens de l'Hôtel de Bourgogne un procès curieux au sujet de la *Principauté des sots*, qu'il prétendait lui appartenir en propre et exclusivement. On a publié sous son nom les *Satyres bastardes et autres œuvres foldstres du cadet Angoulevent*. On croit que ce plaisant, qui rimait les anecdotes du jour, était valet de chambre et bouffon de Henri IV.

ANGOULINS. 916 h. Vge de France (Charente-Inf.), arr., cant. et à 6 kil. S. de la Rochelle, sur l'Océan. Marais salants. Eglise du XIe s. en forme de forteresse. Au S. du vge, hameau de Châtelaillon sur la pointe du même nom. Le continent était autrefois réuni à l'île d'Aix par un isthme sur lequel s'élevait une ville florissante, plusieurs fois détruite par les envahissements de la mer, et finalement engloutie en 1709.

ANGOUMIEN. s. m. Nom d'une division du système crétacé. L'angoumien est le sous-étage supérieur du turonien. Il est ainsi nommé à cause du développement qu'il prend aux environs d'Angoulême. Les rudistes, mollusques voisins des chamides actuels, sont ses fossiles caractéristiques.

ANGOUMOIS (*Engolismensis pagus*). Géog. Anc. prov. de la France occid., bornée au N. par le Poitou, à l'O. par la Saintonge, au S. et à l'E. par le Périgord, à l'E. par le Limousin et au N.-E. par la Marche. Au temps de César, elle était occupée par les *Santones* et avait pour capitale *Inculisma* (Angoulême). Sous la domination romaine elle fit partie de la 2e Aquitaine. Les Wisigoths s'en emparèrent en 417, puis les Francs, 507. Compris plus tard dans le grand Etat qui s'était formé au midi de la Loire sous le nom d'Aquitaine, ce pays en suivit les destinées. Pépin le Bref en fit la conquête. Erigé en comté par Charles le Chauve vers 830, il eut des seigneurs particuliers dont l'histoire est très obscure. Pendant les guerres des Anglais, il passa continuellement de l'un à l'autre parti. Louis IX s'en empara, mais bientôt il le rendit aux rois anglais. Définitivement réuni à la couronne de France sous Charles V, il devint l'apanage d'une branche des Valois, qui arriva au trône avec François Ier. Celui-ci érigea son comté d'Angoulême en duché, qu'il donna à sa mère, Louise de Savoie, 1515. En 1789, cette province faisait partie du gouvernement militaire de *Saintonge et Angoumois* (capitale Saintes). Aujourd'hui, elle forme la plus grande partie du dép. de la Charente (436,000 hect. sur 588,000), et d'une petite partie de la Dordogne (30,000 hect.).

ANGOUMOISIN, INE, s. et adj. Habitant d'Angoulême ou de l'Angoumois ; qui appartient à cette ville, a cette province ou à ses habitants. || s. m. Sylvic. Nom vulgaire d'une espèce de chêne. || Hortic. Variété d'abricotier. || ANGOUMOISINE (ECOLE). Archéol. L'Angoumois fut, au XIIe s., un foyer d'art très florissant et l'architecture s'y éleva à une grande originalité dans la conception comme à une grande délicatesse dans les détails. Au XIe s., ce pays modifia d'abord le type des églises à trois nefs en employant la coupole sur trompes (V. *Coupole*), qui finit par entraîner la suppression des bas-côtés. Au XIIe s. s'introduisit la coupole byzantine a pendentifs ; mais en même temps qu'il empruntait cette dernière coupole au Périgord, l'Angoumois créait pour ses édifices une ravissante ornementation et un type de clochers à pomme de pin qui fit fortune dans toutes les provinces de l'Ouest. Les progrès de l'art furent si bien mis à profit, de 1125 à 1175 environ, qu'il ne resta presque plus d'églises à reconstruire sur le territoire actuel de la Charente, auquel il faut ajouter les arrondissements de Jonzac et de Libourne ; le style ogival n'y trouva à peu près rien à faire, et ce pays est encore celui de France où se trouvent les plus nombreuses et les plus belles églises romanes. Ces églises se recommandent surtout par leurs façades, où se développe une riche ornementation végétale, toute de convention mais d'un harmonie parfaite, à laquelle s'ajoutent des scènes historiées et des représentations allégoriques dont malheureusement quelques-unes manquent de décence. Les principaux exemples de l'architecture angoumoisine sont la cathédrale d'Angoulême, les églises de St-Amand-de-Boixe, de Fléac, de St-Michel-d'Entraigues, de Roulet, de Châteauneuf, de Châtres, et, hors de l'Angoumois, l'église de Nieul-le-Virouil, dans l'arrondissement de Jonzac, et la collégiale de St-Emilien, dans l'arrondissement de Libourne.

ANGOURBODE ou **ANGURBODE.** Myth. scandinave. Géante que le dieu Loke rendit mère du loup Fenris, du serpent lormoungandour et d'Héla, déesse du monde souterrain.

ANGOURIE. s. f. Syn. de *Angurie*.

ANGOUYA. s. m. Nom donné, au Paraguay, à tous les petits rongeurs, rats, souris.

ANGOZA. Géog. Archipel de petites îles sur la côte S.-E. de l'Afrique, dans le canal de Mozambique. — La partie de la côte située a proximité des îles porte aussi le nom d'Angoza, ainsi que la rivière qui la baigne. Elle appartient aux Portugais. Commerce de riz, d'ambre gris, de perles, d'or, d'ivoire, d'esclaves, de moutons, etc.

ANGRA. Géog. Baie de la côte occidentale d'Afrique, entre le cap Saint-Jean au N. et le cap Esterias au S. qui la sépare de l'estuaire du Gabon. On l'appelle aussi baie de Corisco du nom de l'île qui est à l'entrée. || ANGRA-DO-HEROISMO. 11,280 hab. Vle principale et port de la côte S. de l'île de Terceira (Açores), résidence des autorités civiles et militaires portugaises de l'archipel. Grand commerce d'exportation de vins, de fruits et de céréales. || ANGRA-DOS-REIS. 5,000 h. Vle maritime de la province de Rio-de-Janeiro (Brésil), ch.-l. de Comarca, sur une baie du même nom, en face de l'Ilha Grande, à 150 kil. à l'O. de Rio-de-Janeiro. Commerce de cacao, de sucre, de café, de bois de construction et de teinture. || ANGRA-FRIA (*Anse-Froide*). Riv. de la côte occid. d'Afrique, qui se jette dans l'Atlantique au-dessus du cap Frio, par 18o de lat. S. || ANGRA-PEQUENA (*la Petite-Baie*) Appelée aussi baie de *Santa-Cruz* : côte occid. d'Afrique, pays des Namaquas, par 26o 38' de lat. S., 12o 54' de longit. E., à 240 kil. vers le N.-O. de l'emb. de la riv. Orange. Bon mouillage.

ANGREC. s. m. (*angræcum*). Bot. G. d'orchidacées, de la tr. des vandées, dont le labelle, continu avec la base de la colonne, est sessile, indivis, beaucoup plus large que les autres folioles, et muni à la base d'un éperon droit, généralement cylindrique. L'androcée se réduit à une anthère unique, biloculaire, tronquée, contenant deux pollinies à caudicule court et à rétinacle triangulaire. Le gynostème est ordinairement court et cylindrique. Les angrecs dont on distingue env. 20 esp.

INDICATIONS GÉNÉRALES

Dans ce siècle de Dictionnaires de toutes sortes, il en manquait un réunissant tout ce que les autres contiennent d'utile, d'intéressant et de curieux, et satisfaisant le grand nombre des lecteurs, obligés à une économie de temps et d'argent. Tout le monde ne peut pas consacrer cinq ou six cents francs à l'acquisition d'une encyclopédie ; et, d'autre part, c'est un travail considérable et souvent impossible, que de se livrer à de longues recherches dans des ouvrages spéciaux.

Le Dictionnaire des Dictionnaires, comme son titre l'indique, contient la substance de tous les dictionnaires, c'est-à-dire le résumé des connaissances humaines, sous forme de vocabulaire.

Sous chaque terme il offre toutes les notions essentielles que les diverses catégories de lecteurs peuvent désirer.

Les différentes branches des *Lettres*, des *Sciences*, des *Arts*, des *Métiers*, que nous énumérons ci-après, ont été confiées à des hommes spéciaux, à la fois savants et vulgarisateurs, qui ont su présenter les principes, donner le dernier mot de la science, en indiquer toutes les applications pratiques et mettre les objets les plus abstraits et les plus ardus à la portée de tous, en se faisant comprendre par ceux mêmes qui n'y sont point initiés.

Sans insister sur ce sujet, nous ferons quelques remarques pour permettre au lecteur de bien saisir notre pensée :

Le croirait-on ? il n'existe pas un *Dictionnaire des Sciences militaires*. Cette lacune sera comblée dans le **Dictionnaire des Dictionnaires**. Les termes de guerre, de fortification, de topographie, etc., sont définis, *expliqués*, par des écrivains militaires. Aujourd'hui que tous les Français doivent être soldats, il leur importe plus que jamais d'avoir des connaissances précises sur tout ce qui a trait à la profession des armes.

Les dictionnaires ne contiennent rien ou presque rien sur les termes de BOURSE et de FINANCE ; aussi combien de personnes lisent dans leur journal le bulletin financier ou le tableau de la bourse, sans comprendre : COURS DE COMPENSATION, — *réponse des primes*, — LEVER la prime, — *abandonner la prime, vendre à terme, en liquidation, fin courant*, — vendre DONT cinquante centimes, dont dix francs, — report, déport, etc. On trouvera dans le *Dictionnaire des Dictionnaires* toutes les explications, tous les renseignements désirables sur cette matière, qui est traitée par un rédacteur financier de Paris des plus compétents.

Dans les articles de *Médecine* on s'est appliqué à donner de chaque maladie une description aussi complète que le permettent les limites de ce dictionnaire, c'est-à-dire que l'on en expose les causes, les signes et les différentes phases, qu'on en fixe autant que possible le pronostic, qui est suivi des indications thérapeutiques les plus urgentes, et que l'on donne les doses des principaux médicaments qui conviennent à chaque cas.

Chaque classe de médicaments (astringents, balsamiques, diurétiques, sudorifiques, etc.) est soigneusement étudiée, et tout médicament qui en fait partie est examiné au point de vue de son origine, des procédés d'extraction ou de fabrication et surtout de son action physiologique et thérapeutique.

L'*Art Vétérinaire* et la *Zootechnie* n'ont pas été plus négligés ; tous ceux qui, par goût ou par utilité, s'intéressent aux notions qui concernent nos animaux domestiques trouveront là, d'une part, les indications propres à reconnaître et à traiter les affections morbides dont ces animaux sont atteints, et, d'autre part, les moyens de multiplication, d'élevage et de sélection les plus propres à faire obtenir de beaux et utiles produits.

LANGUE FRANÇAISE

Ce qui concerne la langue française est amplement et soigneusement exposé. Nous donnons la **prononciation** toutes les fois qu'elle présente des difficultés ou des doutes, et, pour chaque famille de mots, l'**étymologie** : nous la plaçons en tête du mot principal, dont elle éclaire les diverses significations. La science étymologique a fait de grands progrès depuis quelque temps ; ils sont consignés ici

Les **acceptions** de chaque mot sont indiquées dans l'ordre où elles naissent les unes des autres, avec des **exemples** à l'appui.

Les **verbes irréguliers** sont conjugués, les auxiliaires des verbes neutres indiqués. Certains **adjectifs** doivent précéder ou suivre les substantifs, nous en faisons l'observation. Des remarques résolvent les **difficultés grammaticales et syntaxiques**. Chaque mot est comparé avec ses **synonymes** et l'on fait ressortir les nuances qui les différencient.

Nous donnons l'**orthographe actuelle**, *d'après la dernière édition du Dictionnaire de l'Académie française*, publiée en 1878. Tous les dictionnaires antérieurs se trouvent nécessairement défectueux sous ce rapport important, puisqu'ils n'ont eu d'autre règle que l'édition de 1835.

LITTÉRATURE

On n'a rien épargné pour rendre l'ouvrage pratique et attrayant dans le domaine de la littérature. Tous les points utiles pour l'explication des auteurs et pour la composition sont signalés et développés. Il y a là comme un code littéraire à la fois très succinct et très complet.

En effet, le lecteur trouvera dans cet ouvrage des notions exactes, précises :

1o Sur les **GENRES LITTÉRAIRES**. — **Poésie** : épopée, poésie lyrique, dramatique, didactique, satirique, etc. — **Prose** : éloquence du barreau, de la tribune, de la chaire, allocutions, proclamations, etc.; histoire, chroniques, mémoires..., romans, nouvelles, lettres, etc.; ouvrages de philosophie morale ou religieuse, considérations, méditations, controverses, etc.

2o Sur la **COMPOSITION LITTÉRAIRE** et tout ce qui s'y rapporte. —

Imagination, Goût, Style; Rhétorique et ses divisions : Invention, Disposition, Exorde, Péroraison; Figures de pensée et de mots, Métaphore, Allégorie, etc.

3o Sur la **PROSODIE** grecque, latine, française, allemande, etc., et sur les matières qu'elle comprend, quantité, pied, rime, vers, strophes, stances, etc.

4o Sur tous les **OUVRAGES LITTÉRAIRES** ayant quelque importance ; on les trouvera sous leurs titres : *Génie du Christianisme, Misantrope*, etc., et sous le nom de leurs auteurs : CHATEAUBRIANT, MOLIÈRE, etc., avec renvoi de l'article où ils ne sont que mentionnés à celui où ils sont analysés et appréciés.

5o Sur les **LANGUES** et les **LITTÉRATURES** :

Anciennes : Grecque, latine, hébraïque, chaldaïque, syriaque, sanscrite, celtique, etc.

Modernes : Française, italienne, espagnole, portugaise, grecque moderne, anglaise, allemande, hollandaise, scandinave, slave, finnoise, hongroise, arabe, persane, turque, chinoise, etc.

HISTOIRE

HISTOIRE SAINTE, HISTOIRE ANCIENNE, HISTOIRE DU MOYEN AGE, HISTOIRE MODERNE, HISTOIRE CONTEMPORAINE

Le Dictionnaire contient l'histoire :

1o De chaque **ville** (Amiens, Anvers), de chaque **pays** (Anjou, Aquitaine), de chaque **peuple** (Romain, Russe), avec la liste des souverains ou chefs qui les ont gouvernés, afin que le lecteur qui désire de plus amples développements puisse les trouver dans la biographie de chacun d'eux. — 2o Des *Événements*, à la dénomination sous laquelle ils sont les plus connus : Alma (bataille de l'), Westphalie (traité de), Août (journée du 10). — *Des Institutions* : ostracisme, consuls, tribuns, féodalité, communes, parlements, cortès, hanse teutonique, zollverein, etc. — *Des Factions et des Partis* : Gracques, Armagnacs, Guelfes et Gibelins, Girondins, etc.

BIOGRAPHIE

La Biographie complète l'exposé de toutes les sciences, de tous les arts, puisqu'elle fait connaître les **littérateurs** avec leurs ouvrages ; — les **savants** : *mathématiciens, astronomes, physiciens, chimistes, médecins, géologues, zoologues, botanistes*, avec leurs découvertes et leurs écrits ; — les **artistes** : *peintres, graveurs, sculpteurs, architectes, musiciens*, avec le caractère de leur talent et l'indication de leurs principales œuvres.

Elle est surtout le complément et l'une des formes de l'Histoire, car elle raconte la vie, les actions des hommes célèbres par leurs vertus, par leurs talents ou leurs travaux, le bien ou le mal

qu'ils ont fait à leurs semblables, elle mentionne même les personnages secondaires, ceux qui ont joué quelque rôle dans l'histoire, ceux dont le nom n'est pas resté complètement dans l'oubli.

La biographie des contemporains, des personnages vivants, est une matière aussi délicate qu'intéressante. Elle a été traitée de la façon la plus consciencieuse par les écrivains compétents, très versés dans la connaissance des hommes et des choses de notre ér que. Il s'agit ici de fournir des renseignements et non de fa de la polémique. L'impartialité la plus entière a présidé à ce trav

Malgré la brièveté qui lui était imposée par le cadre de l'ouv ge, les rédacteurs n'ont rien oublié de ce qui pouvait intéresser instruire le lecteur. Dans les BIOGRAPHIES, ils relatent les souv nirs littéraires et artistiques qui s'y rattachent.

BIBLIOGRAPHIE

C'est une partie intégrante de la plupart des BIOGRAPHIES. Nous complétons nos notices sur les auteurs par l'indication des ouvrages, avec leurs titres exacts, dates, lieux et circonstances de la publication ; nous faisons connaître les éditions, les commentaires, les traductions les plus estimées. En outre sur tous les sujets importants de science, de littérature, de droit, d'histoire, etc., no indiquons les ouvrages les plus estimés et les plus récents, de fa à permettre au lecteur de compléter, s'il le désire, par des r cherches personnelles, les notions générales données par le Di tionnaire.

MYTHOLOGIE

On la considère comme un appendice nécessaire de l'Histoire. En nous faisant connaître les personnages des temps héroïques et les divinités grecques, italiques, scandinaves, celtiques, égyptiennes, hindoues, japonaises, mexicaines, etc. ; elle nous donne l'intelligence des anciens auteurs ; elle nous aide à saisir les allusions poétiques ; elle nous explique les chefs-d'œuvre de la peintu et de la sculpture.

Avec elle nous étudions les institutions religieuses de l'antiqu païenne, et nous parvenons à nous faire une idée de l'état moral intellectuel des divers peuples à ces époques reculées.

GÉOGRAPHIE

Nous avons traité cette science selon l'importance que notre siècle y attache. Nous avons pris pour guide les meilleurs géographes, les voyageurs les plus récents et les plus estimés, les cartes les plus nouvelles et les plus exactes ; outre les indications ordinaires, on fait connaître la nature et les productions du climat, la constitution des divers États, leurs armées, leurs flottes, leur organisation militaire, leurs places fortes, le but qu'elles ont à remplir les ouvrages, forts, batteries, etc., dont elles sont pourvues, les cols où des routes et des voies ferrées traversent les chaînes de montagnes, les forts d'arrêts qui en barrent le passage ; on y trouve également l'état de leurs finances, leur commerce, leur réseau de chemins de fer. On ne se contente pas de marquer la **situation physique, administrative**, et la **population** de chaque localité, rappelle le **commerce** et l'**industrie** qui la distinguent, les souvenirs historiques qui l'entourent, les **monuments anciens** modernes et mêmes les **travaux d'arts de chemins de fer**. La pl part des ouvrages géographiques sont remplis d'inexactitudes so ce rapport, parce qu'ils sont faits les uns d'après les autres. Po éviter cet inconvénient, nous allons aux **sources** : nous demand la **statistique commerciale** d'une ville, d'une région, à la Cha bre de commerce de la localité ; des notices sur les **musées** et l **bibliothèques**, aux conservateurs de ces établissements ; sur l **archives**, aux archivistes, etc. Nous consultons les **annuaires** l'armée, de la **marine**, de l'**instruction publique**, celui des **lo gitudes**, de l'**almanach de Gotha** et les documents officiels de s tistique les plus récents. S'agit-il d'une **station balnéaire** ? no indiquons la composition et la propriété de ses eaux ainsi que l principales affections dans lesquelles elles sont conseillées.

SCIENCES ET ARTS

Ici nous devons nous borner à une simple énumération des principales branches des Sciences et des Arts qui ont toutes été traitées avec un soin spécial.

PHILOSOPHIE

Logique. — Métaphysique. — Psychologie. — Théodicée. — Morale. — Histoire des systèmes philosophiques.

THÉOLOGIE

Dogmatique. — Morale. — Sacrements. — Exégèse sacrée. — Histoire ecclésiastique. — Conciles. — Hagiographie. — Hérésies. — Droit canonique. — Liturgie, etc.

MATHÉMATIQUES pures et appliquées.

Arithmétique. — Algèbre. — Géométrie. — Topographie. — Mécanique.

ASTRONOMIE

Mécanique céleste. — Uranométrie. — Constitution des corps célestes. — Géodésie. — Météorologie et prévision du temps. — Instruments. — Calendrier. — Histoire de l'Astronomie.

PHYSIQUE & CHIMIE

Notions sommaires sur les principaux phénomènes physiques. — Description des corps simples et composés, avec l'énumération succincte de leurs propriétés et de leurs applications scientifiques et industrielles.

TECHNOLOGIE

Industrie Céramique. — Verrerie. — Teinture, etc.

CHEMINS DE FER, TRAVAUX PUBLICS, etc.

Renseignements techniques et statistiques.

MÉCANIQUE APPLIQUÉE, RÉSISTANCE DES MATÉRIAUX, etc.

Indication des formules de la mécanique appliquée et de leurs applications aux calculs des dimensions des pièces de construction.

HISTOIRE NATURELLE

ZOOLOGIE : Anthropologie. — Anatomie. — Physiologie. — Mammifères. — Oiseaux. — Reptiles. — Poissons. — Mollusques. — Insectes. — Arachnides. — Crustacées. — Vers. — Zoophites. — Protozoaires.

BOTANIQUE : Organographie. — Physiologie végétale. — Physique Chimie végétales. — Classifications et familles naturelles. — Descripti et usages de chaque plante.

MINÉRALOGIE. — Géologie. — Paléontologie. — Cristallographie.

MÉDECINE

Anatomie. — Physiologie. — Pathologie. — Thérapeutique. — Pharmac logie. — Chirurgie. — Médecine légale. — Médecine vétérinaire.

AGRICULTURE

Technologie agricole. — Agriculture proprement dite. — Arboricultur — Sylviculture. — Horticulture. — Floriculture. — Viticulture. — Zo technie. — Apiculture. — Pisciculture.

ARCHÉOLOGIE

ÉPIGRAPHIE. — PALÉOGRAPHIE. — NUMISMATIQUE. — ANTIQUITÉS Romaines, Grecques, Assyriennes, Egyptiennes, du Moyen Age.

SCIENCES POLITIQUES ET ÉCONOMIQUES. — DROIT ADMINISTRATION

Droit naturel. — Droit des gens. — Droit public et constitutionnel. Droit civil. — Droit commercial. — Droit criminel. — Procédure. Droit international privé. — Législation rurale, forestière ; chasse, lo veterie, pêche, etc. — Droit administratif : organisation et matiè administratives. — Economie sociale. — Economie politique. — Statistiqu — Finances. — Histoires des institutions et du droit. — Législatio comparées.

SCIENCES MILITAIRES

Armée et Marine. — Législation (service obligatoire, opérations de recr tement, conseils de révision, organisation de l'armée de terre et mer, avancement, pensions, etc.) — Administration et Justice mi taires. — Art militaire et maritime. — Stratégie. — Tactique génér (marches, combat, stationnement). — Artillerie. — Fortification. Topographie. — Télégraphie militaire, etc.

BEAUX-ARTS

Esthétique et histoire de l'art. — Peinture. — Gravure. — Sculpture. Architecture. — Mobilier. — Céramique. — Orfèvrerie. — Tapisser — Mosaïque. — Principaux musées. — Musique. — Lutherie. — D cription des principales œuvres de chacun de ces arts. Ainsi, à la s de l'article géographique, consacré à chaque localité, les monumer historiques sont décrits.

Le lecteur peut juger, par ce qui précède, de l'étendue et de l'utilité pratique de ce vocabulaire universel.

Ajoutons que l'unité et la proportion règnent dans l'édifice, parce qu'un seul architecte en a composé le plan et a présidé à tous l détails de l'exécution :

Puisse se vérifier cette parole d'encouragement d'un critique distingué, à qui nous avions soumis notre plan avec un commenceme assez considérable d'exécution : « Ce projet est magnifique et populaire dans toute la force du terme. Travaillez avec constance à le réalise vous aurez rendu un véritable service au public, j'ose presque dire à l'humanité. »

DICTIONNAIRE
DES
DICTIONNAIRES

ENCYCLOPÉDIE UNIVERSELLE

DES LETTRES, DES SCIENCES ET DES ARTS

PAR

MM. JEANNIN, LECLERC, DE MONZIÉ, COURAT. — (Lexicologie.)
GODEFROY (Frédéric). — (Lexicographie, Histoire de la littérature et des écrivains français.)
NURET (Jules). — (Lexicographie, Correction.)
BOUGEAULT (Alfred). — (Histoire littéraire, Biographie des auteurs, Bibliographie.)
FOURNEL (Victor). — (Littérature théâtrale.)
HENNEQUIN (Émile). — (Grecs et Romains : histoire, littérature, antiquités, etc.)
HANCEY (Comte de), CANET (V.), Docteur ès-science. — (Histoire.)
TESTE (Louis). — (Histoire contemporaine.)
CORTAMBERT, CASTONNET-DESFOSSES, TARDIEU. — (Géographie.)

MM. STEIGER (I.), Docteur en Philosophie. — (Philosophie.)
DIDIOT (Jules), Docteur en Théologie. — (Théologie.)
OLTRAMARE. — (Mathématiques, Astronomie.)
PARROT, Ingénieur civil. — (Physique et Chimie.)
MAISONNEUVE, Docteur en médecine, docteur ès-sciences. — (Médecine, Histoire naturelle.)
LÈBRE, avocat à la Cour de Paris. — (Économie politique, Sociologie, Démographie.)
SAINT-PAUL (Antonyme). — (Archéologie.)
DUFOUR (G.), avocat. — (Finances, Droit public, Statistique.)
X..., Avocat. — (Jurisprudence.)
XX... — (Partie militaire.)
BOURNAND (François). — (Esthétique et Histoire de l'Art, Peinture, Sculpture, Mobilier, Tapisserie, etc.)
BARTHÉLEMY (Charles). — (Musique, Lutherie.)

Sous la Direction de M. Paul GUÉRIN

Le **DICTIONNAIRE DES DICTIONNAIRES** se composera d'environ 80 FASCICULES grand in-4° de 80 Pages à trois Colonnes, soit CINQ beaux volumes de treize à quatorze cents Pages chacun, qui paraîtront régulièrement à partir d'Avril 1884.

PRIX DU FASCICULE : 2 FRANCS

Prix de la Souscription à forfait pendant toute l'année 1884, pour l'ouvrage entier, *expédié franco, par Fascicules dans toute l'Union postale,* quel que soit le nombre de fascicules : 130 francs, payables 30 *francs comptant* et le reste en quatre échéances, à 12, 18, 24 et 30 mois de la souscription.

AVIS IMPORTANT. — A partir du 1er Janvier 1885, le prix de la Souscription à forfait sera élevé à **150 francs**.

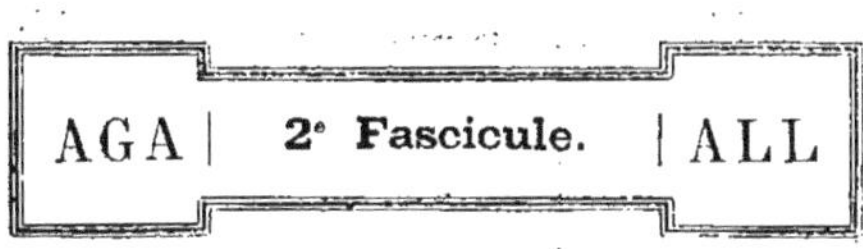

ON SOUSCRIT :

A NANTES, Imprimerie de l'Ouest
(ANCIENNE IMPRIMERIE CHARPENTIER)
BLOCH, LE GARS & MÉNARD
IMPRIMEURS - ÉDITEURS
32 et 34, rue de la Fosse, 32 et 34

A PARIS
ALPHONSE PICARD
LIBRAIRE - ÉDITEUR
82, rue Bonaparte, 82

Et chez les principaux Libraires, en France et à l'Étranger.

PRINCIPALES ABRÉVIATIONS
EMPLOYÉES DANS LE DICTIONNAIRE

A	Actif.
abs	Absolument.
Acad	Académie (d'après l').
acc	Accent.
adj	Adjectif.
adj. 2 g	Adjectif des deux genres.
adjectiv	Adjectivement.
Adm	Administration.
adv	Adverbe, adverbial.
adverb	Adverbialement.
affl	Affluent.
Agric	Agriculture.
Alg	Algèbre.
allem	Allemand.
altit	Altitude.
Anat	Anatomie.
Anc., anc	Ancien ou anciens, ancienne ou anciennes.
angl	Anglais.
Antiq	Antiquité.
Anthropol	Anthropologie.
Apic	Apiculture.
Archit	Architecture.
Arbor	Arboriculture.
Archéol	Archéologie.
Arg	Argot.
Arith	Arithmétique.
arr	Arrondissement.
art	Article.
Art cul	Art culinaire.
Artil	Artillerie
A. milit	Art militaire, tactique, administration.
A. vétér	Art vétérinaire, médecine vétérinaire.
assyr	Assyrien.
Astr	Astronomie.
auj	Aujourd'hui.
autref	Autrefois.
auxil	Auxiliaire.
B.-Arts	Beaux-Arts.
B., Bse	Bas, basse.
Bg. bg	Bourg.
Bibliog	Bibliographie.
Bibliot	Bibliothèque.
Blas	Blason ou art héraldique.
b. lat	Bas latin.
Bot	Botanique.
C. ou c	Cours (des fleuves et rivières).
c.-à-d.	C'est-à-dire.
Capit., capit.	Capitale.
car	Carré.
Céram	Céramique.
Chim	Chimie.
Chir	Chirurgie.
Ch.-l., ch.-l.,	Chef-lieu.
can	Canonique.
Cant., cant.	Canton.
Cf.	Conférez, comparez.
Chron	Chronologie.
circ	Circonscription.
Cl., cl	Classe.
Com., com	Commerce.
Comm, comm	Commune.
condit	Conditionnel.
confl	Confluent.
conj	Conjonction. Conjonctif, conjonctive.
conjug	Conjugaison.
cons	Consonne.
Consult	Consultez.
contr	Contracté.
corr	Correct, correcte.
Cte, cte	Comte.
Cté, cté	Comté.
dém	Démonstratif.
Dép. dép	Département.
dimin	Diminutif.
distr	District.
div	Divers.
divis	Division.
dr	Droit, droite.
Dr. can	Droit canonique.
Dr. rom	Droit romain.
éd	Édition.
égypt	Égyptien, nne.
Ellip	Ellipse, elliptique
Emb	Embouchure.
Entom	Entomologie.
env	Environ.
Erpét	Erpétologie.
Ethnol	Ethnologie.
Etym	Etymologie.
ex.	Exemple.
ext	Extention (Par).
f., fém	Féminin.
F	Fête.
Fam	Familier (terme, langage), familièrement.
fam	Famille. (Hist. nat.)
Féod	Féodalité, féodale.
Fig., fig	Au figuré.
Fin	Finance.
fl	Fleuve.
Fort	Fortification.
fr	Franc.
franc	Français, française.
fut	Futur.
G, g	Genre (Hist. nat).
g	Gauche (Géog.)
Géog	Géographie.
Géol	Géologie.
Géom	Géométrie.
gr	Grec.
Gram	Grammaire.
Grav	Graveur, gravure (terme de).
h	Habitants.
haut	Hauteur.
héb	Hébreux, hébraïque.
hect	Hectare.
hectol	Hectolitre.
Hippiat	Hippiatrique.
Hist	Histoire.
Hist. ecclés	Histoire ecclésiastique.
Hist nat	Histoire naturelle.
Hortic	Horticulture.
Ht, Hte	Haut, haute.
Ichtyol	Ichtyologie.
imp	Impersonnel, impersonnellement.
indéf	Indéfini.
indic	Indicatif.
Indust	Industrie.
infin	Infinitif.
interj	Interjection.
interjectiv	Interjectivement.
inus	Inusité.
Iron., iron	Ironie, ironique, ironiquement
irrég	Irrégulier.
ital	Italien, italienne.
J.-C.	Jésus-Christ.
Jurisp	Jurisprudence, droit, droit usuel.
Just	Justice.
k	Kilo.
kil	Kilomètre.
larg	Largeur.
lat	Latin ou latine.
latit	Latitude.
Législ	Législation.
Litt	Littérature.
Liturg	Liturgie.
Loc., loc	Locution.
Log	Logique
long	Longueur.
longit	Longitude.
ll mll	ll Mouillées.
Luth	Lutherie.
m., masc	Masculin.
Mam	Mammifères.
Manuf	Manufacture.
Mar	Marine.
Math	Mathématiques.
m. c	Mètre cube.
Méc	Mécanique.
Méd	Médecin, médecine.
métaphys	Métaphysique.
mérid	Méridional, méridionale.
milit	Militaire.
Minér	Minéralogie.
Mus	Musique.
Myth	Mythologie.
nég	Négation, négativement.
Néol	Néologisme.
Numism	Numismatique.
occid	Occidental, occidentale.
orfév	Orfèvrerie.
orient	Oriental, orientale.
Ornith	Ornithologie.
Ouv., ouv	Ouvrage.
p. pas	Participe passé.
p. prés	Participe présent.
Paléont	Paléontologie.
Pédag	Pédagogie.
Peint	Peinture.
Pharm	Pharmacie, pharmacologie.
Philos	Philosophie.
Phys	Physique.
Physiol	Physiologie.
Pisci	Pisciculture.
pl	Pluriel.
Poét	Poétique.
Pop	Populaire (terme).
popul	Population.
poss	Possessif.
prép	Préposition.
princ	Principal, principaux.
pron	Pronom.
Pros	Prosodie.
Prov., prov	Proverbe, proverbial.
prov	Province.
Psych	Psychologie.
pt., pte	Petit, petite.
qfois	Quelquefois.
qq	Quelques.
rad	Radical.
rel	Relatif
Rem	Remarque.
Rhét	Rhétorique.
Riv., riv	Rivière.
rom	Romain, romaine
Roy	Royaume.
S. ou (S.)	Saint; Paul (S.).
St-	Saint (Saint-Brieuc).
Ste-	Sainte (prison de Sainte-lagie).
Ste ou (Ste)	Sainte; Thérèse (Ste).
s.	Siècle.
Scol	Scolastique.
Sculpt	sculpture, sculpteur.
Sect., sect	Section.
s.-fam	Sous-famille.
septent	Septentrional, septentrional.
s.-ord	Sous-ordre,
s. f	Substantif féminin.
s. m	Substantif masculin.
s. 2 g	Substantif des deux genres.
Statist	Statistique.
sing	Singulier.
subd	Subdivision.
Subst	Substantivement.
suiv	Suivant.
superf	Superficie.
syll	Syllabe.
Sylv	Sylviculture.
Syn., syn	Synonyme.
T. ou t	Terme.
Techn	Technologie.
Théol	Théologie.
Topog	Topographie.
Tr., tr	Tribu.
trad	Traduit, traduction.
Triv	Trivial.
Typ	Typographie.
unip	Unipersonnel, ou unipersonnellement.
us	Usité.
v	Verbe.
v, a	Verbe actif.
v. imp	Verbe impersonnel.
v. n	Verbe neutre.
v. pr	Verbe pronominal.
v. réfl	Verbe réfléchi.
Vén	Vénerie, terme de chasse.
Vge	Village.
vic	Vicieuse (locution).
Vitic	Viticulture.
Vle	Ville.
vol	Volume.
vulg	Vulgairement, vulgaire.
Vx., vx	Vieux.
Zool	Zoologie.

INDICATIONS GÉNÉRALES

Dans ce siècle de Dictionnaires de toutes sortes, il en manquait un réunissant tout ce que les autres contiennent d'utile, d'intéressant et de curieux, et satisfaisant le grand nombre des lecteurs, obligés à une économie de temps et d'argent. Tout le monde ne peut pas consacrer cinq ou six cents francs à l'acquisition d'une encyclopédie ; et, d'autre part, c'est un travail considérable et souvent impossible, que de se livrer à de longues recherches dans des ouvrages spéciaux.

Le Dictionnaire des Dictionnaires, comme son titre l'indique, contient la substance de tous les dictionnaires, c'est-à-dire le résumé des connaissances humaines, sous forme de vocabulaire.

Sous chaque terme il offre toutes les notions essentielles que les diverses catégories de lecteurs peuvent désirer.

Les différentes branches des *Lettres*, des *Sciences*, des *Arts*, des *Métiers*, que nous énumérons ci-après, ont été confiées à des hommes spéciaux, à la fois savants et vulgarisateurs, qui ont su présenter les principes, donner le dernier mot de la science, en indiquer toutes les applications pratiques et mettre les objets les plus abstraits et les plus ardus à la portée de tous, en se faisant comprendre par ceux mêmes qui n'y sont point initiés.

Sans insister sur ce sujet, nous ferons quelques remarques pour permettre au lecteur de bien saisir notre pensée :

Le croirait-on ? il n'existe pas un *Dictionnaire des Sciences militaires*. Cette lacune sera comblée dans le **Dictionnaire des Dictionnaires.** Les termes de guerre, de fortification, de topographie, etc., sont définis, *expliqués*, par des écrivains militaires. Aujourd'hui que tous les Français doivent être soldats, il leur importe plus que jamais d'avoir des connaissances précises sur tout ce qui a trait à la profession des armes.

Les dictionnaires ne contiennent rien ou presque rien sur les termes de BOURSE et de FINANCE ; aussi combien de personnes lisent dans leur journal le bulletin financier ou le tableau de la bourse, sans comprendre : COURS DE COMPENSATION, — *réponse des primes*, — LEVER la prime, — *abandonner la prime, vendre à terme, en liquidation, fin courant*, — vendre DONT cinquante centimes, dont dix francs, — report, déport, etc. On trouvera dans le **Dictionnaire des Dictionnaires** toutes les explications, tous les renseignements désirables sur cette matière, qui est traitée par un rédacteur financier de Paris des plus compétents.

Dans les articles de *Médecine* on s'est appliqué à donner de chaque maladie une description aussi complète que le permettent les limites de ce dictionnaire, c'est-à-dire que l'on en expose les causes, les signes et les différentes phases, qu'on en fixe autant que possible le pronostic, qui est suivi des indications thérapeutiques les plus urgentes, et que l'on donne les doses des principaux médicaments qui conviennent à chaque cas.

Chaque classe de médicaments (astringents, balsamiques, diurétiques, sudorifiques, etc.) est soigneusement étudiée, et tout médicament qui en fait partie est examiné au point de vue de son origine, des procédés d'extraction ou de fabrication et surtout de son action physiologique et thérapeutique.

L'*Art Vétérinaire* et la *Zootechnie* n'ont pas été plus négligés ; tous ceux qui, par goût ou par utilité, s'intéressent aux notions qui concernent nos animaux domestiques trouveront là, d'une part, les indications propres à reconnaître et à traiter les affections morbides dont ces animaux sont atteints, et, d'autre part, les moyens de multiplication, d'élevage et de sélection les plus propres à faire obtenir de beaux et utiles produits.

LANGUE FRANÇAISE

Ce qui concerne la langue française est amplement et soigneusement exposé. Nous donnons la **prononciation** toutes les fois qu'elle présente des difficultés ou des doutes, et, pour chaque famille de mots, l'**étymologie** : nous la plaçons en tête du mot principal, dont elle éclaire les diverses significations. La science étymologique a fait de grands progrès depuis quelque temps ; ils sont consignés ici

Les **acceptions** de chaque mot sont indiquées dans l'ordre où elles naissent les unes des autres, avec des **exemples** à l'appui.

Les **verbes irréguliers** sont conjugués, les auxiliaires des verbes

neutres indiqués. Certains **adjectifs** doivent précéder ou suivre les substantifs, nous en faisons l'observation. Des remarques résolvent les **difficultés grammaticales et syntaxiques**. Chaque mot est comparé avec ses **synonymes** et l'on fait ressortir les nuances qui les différencient.

Nous donnons l'orthographe actuelle, *d'après la dernière édition du Dictionnaire de l'Académie française*, publiée en 1878. Tous les dictionnaires antérieurs se trouvent nécessairement défectueux sous ce rapport important, puisqu'ils n'ont eu d'autre règle que l'édition de 1835.

LITTÉRATURE

On n'a rien épargné pour rendre l'ouvrage pratique et attrayant dans le domaine de la littérature. Tous les points utiles pour l'explication des auteurs et pour la composition sont signalés et développés. Il y a là comme un code littéraire à la fois très succinct et très complet.

En effet, le lecteur trouvera dans cet ouvrage des notions exactes, précises :

1º Sur les **GENRES LITTÉRAIRES.** — **Poésie** : épopée, poésie lyrique, dramatique, didactique, satirique, etc. — **Prose** : éloquence du barreau, de la tribune, de la chaire, allocutions, proclamations, etc. ; histoire, chroniques, mémoires..., romans, nouvelles, lettres, etc. ; ouvrages de philosophie morale ou religieuse, considérations, méditations, controverses, etc.

2º Sur la **COMPOSITION LITTÉRAIRE** et tout ce qui s'y rapporte. —

Imagination, Goût, Style ; Rhétorique et ses divisions : Invention, Disposition, Exorde, Péroraison ; Figures de pensée et de mots, Métaphore, Allégorie, etc.

3º Sur la **PROSODIE** grecque, latine, française, allemande, etc., et sur les matières qu'elle comprend, quantité, pied, rime, vers, strophes, stances, etc.

4º Sur tous les **OUVRAGES LITTÉRAIRES** ayant quelque importance ; on les trouvera sous leurs titres : *Génie du Christianisme*, *Misanthrope*, etc., et sous le nom de leurs auteurs : CHATEAUBRIAND, MOLIÈRE, etc., avec renvoi de l'article où ils ne sont que mentionnés à celui où ils sont analysés et appréciés.

5º Sur les **LANGUES** et les **LITTÉRATURES** :

Anciennes : Grecque, latine, hébraïque, chaldaïque, syriaque, sanscrite, celtique, etc.

Modernes : Française, italienne, espagnole, portugaise, grecque moderne, anglaise, allemande, hollandaise, scandinave, slave, finnoise, hongroise, arabe, persane, turque, chinoise, etc.

HISTOIRE
HISTOIRE SAINTE, HISTOIRE ANCIENNE, HISTOIRE DU MOYEN AGE, HISTOIRE MODERNE, HISTOIRE CONTEMPORAINE

Le Dictionnaire contient l'histoire :

1º De chaque **ville** (Amiens, Anvers), de chaque **pays** (Anjou, Aquitaine), de chaque **peuple** (Romain, Russe), avec la liste des souverains ou chefs qui les ont gouvernés, afin que le lecteur qui désire de plus amples développements puisse les trouver dans la bio-

graphie de chacun d'eux. — 2º Des *Événements*, à la dénomination sous laquelle ils sont les plus connus : Alma (bataille de l'), Westphalie (traité de), Août (journée du 10). — *Des Institutions :* ostracisme, consuls, tribuns, féodalité, communes, parlements, cortès, hanse teutonique, zollverein, etc. — *Des Factions et des Partis :* Gracques, Armagnacs, Guelfes et Gibelins, Girondins, etc.

BIOGRAPHIE

La Biographie complète l'exposé de toutes les sciences, de tous les arts, puisqu'elle fait connaître les **littérateurs** avec leurs ouvrages ; — les **savants :** *mathématiciens, astronomes, physiciens, chimistes, médecins, géologues, zoologues, botanistes,* avec leurs découvertes et leurs écrits ; — les **artistes :** *peintres,*

graveurs, sculpteurs, architectes, musiciens, avec le caractère de leur talent et l'indication de leurs principales œuvres.

Elle est surtout le complément et l'une des formes de l'Histoire, car elle raconte la vie, les actions des hommes célèbres par leurs vertus, par leurs talents ou leurs travaux, le bien ou le mal

qu'ils ont fait à leurs semblables, elle mentionne même les personnages secondaires, ceux qui ont joué quelque rôle dans l'histoire, ceux dont le nom n'est pas resté complètement dans l'oubli.

La biographie des contemporains, des personnages vivants, est une matière aussi délicate qu'intéressante. Elle a été traitée de la façon la plus consciencieuse par les écrivains compétents, très versés dans la connaissance des hommes et des choses de notre époque. Il s'agit ici de fournir des renseignements et non de faire de la polémique. L'impartialité la plus entière a présidé à ce travail.

Malgré la brièveté qui lui était imposée par le cadre de l'ouvrage, les rédacteurs n'ont rien oublié de ce qui pouvait intéresser ou instruire le lecteur. Dans les BIOGRAPHIES, ils relatent les souvenirs littéraires et artistiques qui s'y rattachent.

BIBLIOGRAPHIE

C'est une partie intégrante de la plupart des BIOGRAPHIES. Nous complétons nos notices sur les auteurs par l'indication des ouvrages, avec leurs titres exacts, dates, lieux et circonstances de la publication ; nous faisons connaître les éditions, les commentaires, les traductions les plus estimées. En outre sur tous les sujets importants de science, de littérature, de droit, d'histoire, etc., nous indiquons les ouvrages les plus estimés et les plus récents, de façon à permettre au lecteur de compléter, s'il le désire, par des recherches personnelles, les notions générales données par le Dictionnaire.

MYTHOLOGIE

On la considère comme un appendice nécessaire de l'Histoire. En nous faisant connaître les personnages des temps héroïques et les divinités grecques, italiques, scandinaves, celtiques, égyptiennes, hindoues, japonaises, mexicaines, etc. ; elle nous donne l'intelligence des anciens auteurs ; elle nous aide à saisir les allusions poétiques ; elle nous explique les chefs-d'œuvre de la peinture et de la sculpture.

Avec elle nous étudions les institutions religieuses de l'antiquité païenne, et nous parvenons à nous faire une idée de l'état moral et intellectuel des divers peuples à ces époques reculées.

GÉOGRAPHIE

Nous avons traité cette science selon l'importance que notre siècle y attache. Nous avons pris pour guide les meilleurs géographes, les voyageurs les plus récents et les plus estimés, les cartes les plus nouvelles et les plus exactes ; outre les indications ordinaires, on fait connaître la nature et les productions du climat, la constitution des divers États, leurs armées, leurs flottes, leur organisation militaire, leurs places fortes, le but qu'elles ont à remplir les ouvrages, forts, batteries, etc., dont elles sont pourvues, les cols où des routes et des voies ferrées traversent les chaînes de montagnes, les forts d'arrêts qui en barrent le passage ; on y trouve également l'état de leurs finances, leur commerce, leur réseau de chemins de fer. On ne se contente pas de marquer la **situation physique, administrative**, et la **population** de chaque localité, on rappelle le **commerce** et l'**industrie** qui la distinguent, les **souvenirs historiques** qui l'entourent, les **monuments anciens** ou **modernes** et mêmes les **travaux d'arts de chemins de fer**. La plupart des ouvrages géographiques sont remplis d'inexactitudes sous ce rapport, parce qu'ils sont faits les uns d'après les autres. Pour éviter cet inconvénient, nous allons aux **sources**: nous demandons la **statistique commerciale** d'une ville, d'une région, à la Chambre de commerce de la localité ; des notices sur les **musées** et les **bibliothèques**, aux conservateurs de ces établissements ; sur les **archives**, aux archivistes, etc. Nous consultons les **annuaires de l'armée**, de la **marine**, de l'**instruction publique**, celui des **longitudes**, de l'**almanach de Gotha** et les documents officiels de statistique les plus récents. S'agit-il d'une **station balnéaire** ? nous indiquons la composition et la propriété de ses eaux ainsi que les principales affections dans lesquelles elles sont conseillées.

SCIENCES ET ARTS

Ici nous devons nous borner à une simple énumération des principales branches des Sciences et des Arts qui ont toutes été traitées avec un soin spécial.

PHILOSOPHIE
Logique. — Métaphysique. — Psychologie. — Théodicée. — Morale. — Histoire des systèmes philosophiques.

THÉOLOGIE
Dogmatique. — Morale. — Sacrements. — Exégèse sacrée. — Histoire ecclésiastique. — Conciles. — Hagiographie. — Hérésies. — Droit canonique. — Liturgie, etc.

MATHÉMATIQUES pures et appliquées.
Arithmétique. — Algèbre. — Géométrie. — Topographie. — Mécanique.

ASTRONOMIE
Mécanique céleste. — Uranométrie. — Constitution des corps célestes. — Géodésie. — Météorologie et prévision du temps. — Instruments. — Calendrier. — Histoire de l'Astronomie.

PHYSIQUE & CHIMIE
Notions sommaires sur les principaux phénomènes physiques. — Description des corps simples et composés, avec l'énumération succincte de leurs propriétés et de leurs applications scientifiques et industrielles.

TECHNOLOGIE
Industrie Céramique. — Verrerie. — Teinture, etc.

CHEMINS DE FER, TRAVAUX PUBLICS, etc.
Renseignements techniques et statistiques.

MÉCANIQUE APPLIQUÉE, RÉSISTANCE DES MATÉRIAUX, etc.
Indication des formules de la mécanique appliquée et de leurs applications aux calculs des dimensions des pièces de construction.

HISTOIRE NATURELLE
ZOOLOGIE : Anthropologie. — Anatomie. — Physiologie. — Mammifères. — Oiseaux. — Reptiles. — Poissons. — Mollusques. — Insectes. — Arachnides. — Crustacés. — Vers. — Zoophites. — Protozoaires.

BOTANIQUE : Organographie. — Physiologie végétale. — Physique et Chimie végétales. — Classifications et familles naturelles. — Description et usages de chaque plante.

MINÉRALOGIE. — Géologie. — Paléontologie. — Cristallographie.

MÉDECINE
Anatomie. — Physiologie. — Pathologie. — Thérapeutique. — Pharmacologie. — Chirurgie. — Médecine légale. — Médecine vétérinaire.

AGRICULTURE
Technologie agricole. — Agriculture proprement dite. — Arboriculture. — Sylviculture. — Horticulture. — Floriculture. — Viticulture. — Zootechnie. — Apiculture. — Pisciculture.

ARCHÉOLOGIE
ÉPIGRAPHIE. — PALÉOGRAPHIE. — NUMISMATIQUE. — ANTIQUITÉS : Romaines, Grecques, Assyriennes, Egyptiennes, du Moyen Age.

SCIENCES POLITIQUES ET ÉCONOMIQUES. — DROIT. ADMINISTRATION
Droit naturel. — Droit des gens. — Droit public et constitutionnel. — Droit civil. — Droit commercial. — Droit criminel. — Procédure. — Droit international privé. — Législation rurale, forestière ; chasse, louveterie, pêche, etc. — Droit administratif : organisation et matières administratives. — Economie sociale. — Economie politique. — Statistique. — Finances. — Histoires des institutions et du droit. — Législations comparées.

SCIENCES MILITAIRES
Armée et Marine. — Législation (service obligatoire, opérations de recrutement, conseils de révision, organisation de l'armée de terre et de mer, avancement, pensions, etc.) — Administration et Justice militaires. — Art militaire et maritime. — Stratégie. — Tactique générale (marches, combat, stationnement). — Artillerie. — Fortification. — Topographie. — Télégraphie militaire, etc.

BEAUX-ARTS
Esthétique et histoire de l'art. — Peinture. — Gravure. — Sculpture. — Architecture. — Mobilier. — Céramique. — Orfèvrerie. — Tapisserie. — Mosaïque. — Principaux musées. — Musique. — Lutherie. — Description des principales œuvres de chacun de ces arts. Ainsi, à la fin de l'article géographique, consacré à chaque localité, les monuments historiques sont décrits.

Le lecteur peut juger, par ce qui précède, de l'étendue et de l'utilité pratique de ce vocabulaire universel.

Ajoutons que l'unité et la proportion règnent dans l'édifice, parce qu'un seul architecte en a composé le plan et a présidé à tous les détails de l'exécution :

Puisse se vérifier cette parole d'encouragement d'un critique distingué, à qui nous avions soumis notre plan avec un commencement assez considérable d'exécution : « Ce projet est magnifique et populaire dans toute la force du terme. Travaillez avec constance à le réaliser, vous aurez rendu un véritable service au public, j'ose presque dire à l'humanité. »

DICTIONNAIRE

DES

DICTIONNAIRES

ENCYCLOPÉDIE UNIVERSELLE

DES LETTRES, DES SCIENCES ET DES ARTS

PAR

MM. JEANNIN, LECLERC, DE MONZIE. COURAT. — (Lexicologie.)
GODEFROY (Frédéric). — (Lexicographie, Histoire de la littérature et des écrivains français.)
NURET (Jules). — (Lexicographie, Correction.)
BOUGEAULT (Alfred). — (Histoire littéraire, Biographie des auteurs, Bibliographie.)
FOURNEL (Victor). — (Littérature théâtrale.)
HENNEQUIN (Émile). — (Grecs et Romains : histoire, littérature, antiquités, etc.)
RIANCEY (Comte de), CANET (V.), docteur ès-lettres. — (Histoire.)
TESTE (Louis). — (Histoire contemporaine.)
CORTAMBERT, CASTONNET-DESFOSSES, TARDIEU. — (Géographie.)
STEIGER (I.), docteur en Philosophie. — (Philosophie.)

MM. DIDIOT (Jules), docteur en Théologie. — (Théologie.)
OLTRAMARE. — (Mathématiques, Astronomie.)
PARROT, ingénieur civil. — (Physique et Chimie.)
MAISONNEUVE, docteur en médecine, docteur ès-sciences. — (Médecine, Histoire naturelle.)
LÉBRE, avocat à la Cour de Paris. — (Économie politique, Sociologie, Démographie.)
SAINT-PAUL (Anthyme). — (Archéologie.)
DUFOUR (G.), avocat. — (Finances, Droit public, Statistique.)
X … Avocat. — (Jurisprudence.)
XX … — (Partie militaire.)
BOURNAND (François). — (Esthétique et Histoire de l'Art, Peinture, Sculpture, Mobilier, Tapisserie, etc.)
BARTHELEMY (Charles). — (Musique, Lutherie.)
Etc., etc.

Sous la Direction de M. Paul GUÉRIN

Le DICTIONNAIRE DES DICTIONNAIRES se composera d'environ 80 FASCICULES grand in-4° de 80 Pages à trois Colonnes, soit CINQ beaux volumes de treize à quatorze cents Pages chacun, qui paraîtront régulièrement à partir d'Avril 1884.

PRIX DU FASCICULE : 2 FRANCS

Prix de la Souscription a forfait pendant toute l'année 1884, pour l'ouvrage entier, expédié franco, par fascicules dans toute l'Union postale, quel que soit le nombre de fascicules : 130 francs, payables 30 francs comptant et le reste en quatre échéances, à 12, 18, 24 et 30 mois de la souscription.

AVIS IMPORTANT. — A partir du 1er Janvier 1885, le prix de la Souscription a forfait sera élevé à 150 francs.

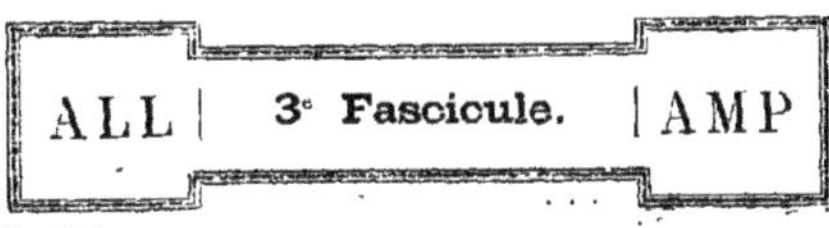

ON SOUSCRIT :

A PARIS

ALPHONSE PICARD

LIBRAIRE-ÉDITEUR

82, rue Bonaparte, 82

A NANTES Imprimerie de l'Ouest

(ANCIENNE IMPRIMERIE CHARPENTIER)

BLOCH, LE GARS & MÉNARD

IMPRIMEURS-ÉDITEURS

32 et 34, rue de la Fosse, 32 et 34

Et chez les principaux Libraires, en France et à l'Étranger.

PRINCIPALES ABRÉVIATIONS

EMPLOYÉES DANS LE DICTIONNAIRE

A	Actif.
abs	Absolument.
Acad	Académie (d'après l').
acc	Accent
adj	Adjectif.
adj. 2 g.	Adjectif des deux genres.
adjectiv	Adjectivement.
Adm	Administration.
adv	Adverbe. adverbial.
adverb	Adverbialement.
affl	Affluent
Agric	Agriculture.
Alg	Algèbre.
allem	Allemand.
altit	Altitude.
Anat	Anatomie.
Anc., anc	Ancien ou anciens, ancienne ou anciennes
angl	Anglais.
Antiq	Antiquité.
anthropol	Anthropologie.
Apic	Apiculture.
Arbor	Arboriculture.
Archeol	Archéologie.
Archit	Architecture.
Arg	Argot.
Arith	Arithmétique.
arr	Arrondissement.
art	Article.
A. culin	Art culinaire.
Artil	Artillerie
A. milit	Art militaire, tactique, administration.
A. vétér	Art vétérinaire, médecine vétérinaire.
assyr	Assyrien.
Astr	Astronomie.
auj	Aujourd'hui.
autref	Autrefois.
auxil	Auxiliaire.
B.-Arts	Beaux-Arts.
B., Bse	Bas, basse.
Bg. bg	Bourg.
Bibliog	Bibliographie.
Bibliot	Bibliothèque.
Blas	Blason ou art héraldique.
b. lat	Bas latin.
Bot	Botanique.
C. ou c	Cours (des fleuves et rivières).
c.-à-d	C'est-à-dire.
Capit., capit.	Capitale.
car	Carré.
Céram	Céramique.
Chim	Chimie.
Chir	Chirurgie.
Ch.-l., ch.-l.,	Chef-lieu.
can	Canonique.
Cant., cant	Canton.
Cf	Conférez, comparez.
Chron	Chronologie.
circ	Circondario (arr. en Italie).
Cl., cl	Classe.
Com., com	Commerce.
Comm. comm	Commune.
condit	Conditionnel.
confl	Confluent.
conj	Conjonction. Conjonctif, conjonctive.
conjug	Conjugaison.
cons	Consonne.
Consult	Consultez.
contr	Contracté.
corr	Correct, correcte.
Cte, cte	Comte.
Cté, cté	Comté.
dém	Démonstratif.
Dép. dep	Département.
dimin	Diminutif.
distr	District.
div	Division.
dr	Droit, droite.
Dr. can	Droit canonique.
Dr. rom	Droit romain.
éd	Édition.
égypt	Égyptien, nne.
Ellip	Ellipse, elliptique.
emb	Embouchure.
Entom	Entomologie.
env	Environ.
Erpet	Erpétologie.
Ethnol	Ethnologie.
Etym	Etymologie.
ex.	Exemple.
ext	Extension (Par).
f., fém	Féminin.
F	Fête.
Fam	Familier (terme, langage), familièrement.
fam	Famille. (Hist. nat.)
Féod	Féodalité, féodale.
Fig., fig	Au figuré.
Fin	Finance.
fl	Fleuve.
Fortif	Fortification.
fr	Franc
franç	Français, française.
fut	Futur.
G., g	Genre (Hist. nat).
g	Gauche (Géog.)
Géog	Géographie.
Géol	Géologie.
Géom	Géométrie.
gr	Grec.
gram	Gramme.
Gramm	Grammaire.
Grav	Graveur, gravure (terme de).
h	Habitants.
haut	Hauteur.
héb	Hébreux, hébraïque.
hect	Hectare.
hectol	Hectolitre.
Hippiat	Hippiatrique.
Hist	Histoire.
Hist. ecclés	Histoire ecclésiastique.
Hist. nat	Histoire naturelle.
Hortic	Horticulture.
Ht, Hte	Haut. haute.
Hyg	Hygiène.
Ichtyol	Ichtyologie
imp	Impersonnel, impersonnellement.
indéf	Indéfini.
indic	Indicatif
Indust	Industrie.
infin	Infinitif.
interj	Interjection.
interjectiv	Interjectivement.
inus	Inusité
Iron., iron	Ironie, ironique, ironiquement.
irrég	Irrégulier.
ital	Italien, italienne.
J.-C	Jésus-Christ.
Jurisp	Jurisprudence, droit, droit usuel.
Just	Justice.
k	Kilo.
kil	Kilomètre.
larg	Largeur.
lat	Latin ou latine.
latit	Latitude.
Législ	Législation.
Litt	Littérature.
Liturg	Liturgie.
Loc., loc	Locution.
Log	Logique.
long	Longueur.
longit	Longitude.
ll mll	ll Mouillées.
Luth	Lutherie.
m., masc	Masculin.
Mamm	Mammifères.
Manuf	Manufacture.
Mar	Marine.
Math	Mathématiques.
m. c	Mètre cube.
Méc	Mécanique.
Med	Médecin, médecine.
Metaphys	Métaphysique.
mérid	Méridional, méridionale.
milit	Militaire.
Minér	Minéralogie.
Moll	Mollusque.
Mus	Musique.
Myth	Mythologie.
nég	Négation, négativement.
Néol	Néologisme.
Numism	Numismatique.
occid	Occidental, occidentale.
Orfév	Orfèvrerie.
orient	Oriental, orientale.
Ornith	Ornithologie.
Ouv., ouv	Ouvrage.
p. pas	Participe passé.
p. prés	Participe présent.
Paléont	Paléontologie.
Pédag	Pédagogie.
Peint	Peinture.
Pharm	Pharmacie, pharmacologie
Philos	Philosophie.
Phys	Physique.
Physiol	Physiologie.
Piscic	Pisciculture.
pl	Pluriel.
Poét	Poétique.
Pop	Populaire (terme).
popul	Population.
poss	Possessif.
prép	Préposition.
princ	Principal, principaux.
pron	Pronom.
Pros	Prosodie
Prov., prov	Proverbe, proverbial.
prov	Province
Psych	Psychologie.
pt. pte	Petit, petite.
qfois	Quelquefois.
qq	Quelques
rad	Radical.
Rel	Reliure.
Rem	Remarque.
Rhet	Rhétorique.
Riv., riv	Rivière.
rom	Romain, romaine
Roy, roy	Royaume.
S. ou (S.)	Saint, Paul (S)
St-	Saint (Saint-Brieuc).
Ste-	Sainte (prison de Sainte-Pélagie).
Ste ou (Ste)	Sainte; Thérèse (Ste).
s	Siècle
Scol	Scolastique.
Sculpt	Sculpture, sculpteur.
Sect., sect	Section.
s.-fam	Sous-famille.
septent	Septentrional, septentrionale
s.-ord	Sous-ordre.
s.-tr	Sous-tribu.
s. f	Substantif féminin.
s. m	Substantif masculin.
s. 2 g	Substantif des deux genres
Statist	Statistique.
sing	Singulier.
subd	Subdivision
Subst	Substantivement.
suiv	Suivant.
superf	Superficie.
syll	Syllabe
Sylv	Sylviculture.
Syn., syn	Synonyme.
T. ou t	Terme.
Techn	Technologie.
Théol	Théologie
Thérap	Thérapeutique.
Topog	Topographie.
Tr., tr	Tribu.
trad	Traduit, traduction.
Triv	Trivial.
Typ	Typographie.
unip	Unipersonnel, ou unipersonnellement.
us	Usité.
v	Verbe.
v. a	Verbe actif.
v imp	Verbe impersonnel.
v. n	Verbe neutre
v. pr	Verbe pronominal.
v. réfl	Verbe réfléchi.
Vén	Vénerie, terme de chasse
Vge	Village.
vic	Vicieuse (locution).
Vitic	Viticulture.
Vie	Ville.
vol	Volume.
vulg	Vulgairement, vulgaire
V.v., vv	V et v.
Zool	Zoologie
Zootech	Zootechnie.

INDICATIONS GÉNÉRALES

Dans ce siècle de Dictionnaires de toutes sortes, il en manquait un réunissant tout ce que les autres contiennent d'utile, d'intéressant et de curieux, et satisfaisant le grand nombre des lecteurs, obligés à une économie de temps et d'argent. Tout le monde ne peut pas sacrer cinq ou six cents francs à l'acquisition d'une encyclopédie ; et, d'autre part, c'est un travail considérable et souvent impossible, de se livrer à de longues recherches dans des ouvrages spéciaux.

Le **Dictionnaire des Dictionnaires**, comme son titre l'indique, contient la substance de tous les dictionnaires, c'est-à-dire le résumé des connaissances humaines, sous forme de vocabulaire.

Sous chaque terme il offre toutes les notions essentielles que les diverses catégories de lecteurs peuvent désirer.

Les différentes branches des *Lettres*, des *Sciences*, des *Arts*, des *Métiers* que nous énumérons ci-après, ont été confiées à des hommes spéciaux, à la fois savants et vulgarisateurs, qui ont su présenter les principes, donner le dernier mot de la science, en indiquer toutes les applications pratiques et mettre les objets les plus abstraits et les plus ardus à la portée de tous, en se faisant comprendre par ceux mêmes qui n'y sont point initiés.

Sans insister sur ce sujet, nous ferons quelques remarques pour permettre au lecteur de bien saisir notre pensée :

Le croirait-on ? il n'existe pas un *Dictionnaire des Sciences militaires*. Cette lacune sera comblée dans le **Dictionnaire des Dictionnaires**. Les termes de guerre, de fortification, de topographie, etc., sont définis, *expliqués* par des écrivains militaires. Aujourd'hui que tous les Français doivent être soldats, il leur importe plus que jamais d'avoir des connaissances précises sur tout ce qui a trait à la profession des armes.

Les dictionnaires ne contiennent rien ou presque rien sur les termes de BOURSE et de FINANCE ; aussi combien de personnes lisent dans leur journal le bulletin financier ou le tableau de la bourse, sans comprendre : COURS DE COMPENSATION, — *réponse des primes*, LEVER *prime*, — *abandonner la prime, vendre à terme, en liquidation, fin courant*, — vendre DONT cinquante centimes, dont dix francs, — *report, déport*, etc. On trouvera dans le **Dictionnaire des Dictionnaires** toutes les explications, tous les renseignements désirables sur cette matière, qui est traitée par un rédacteur financier de Paris des plus compétents.

Pour la *Médecine*, chaque maladie est sommairement décrite, on en fait connaître les causes, les symptômes et les différentes phases ; on donne le diagnostic et le pronostic ; vient ensuite ce qui concerne le traitement ; l'indication des remèdes, de leurs doses, de leur mode d'emploi, etc.

Chaque classe de médicaments (astringents, balsamiques, diurétiques, sudorifiques, etc.) est soigneusement étudiée, et tout médicament qui en fait partie est examiné au point de vue de son origine, des procédés d'extraction ou de fabrication et surtout de son action physiologique et thérapeutique.

L'*Art Vétérinaire* et la *Zootechnie* n'ont pas été plus négligés ; tous ceux qui, par goût ou par utilité, s'intéressent aux notions qui concernent nos animaux domestiques trouveront là, d'une part, les indications nécessaires pour reconnaître et traiter les affections morbides dont ils sont atteints, et, d'autre part, les moyens de multiplication, d'élevage et de sélection les plus propres à faire obtenir de beaux et bons produits.

LANGUE FRANÇAISE

Ce qui concerne la langue française est amplement et soigneusement exposé. Nous donnons la **prononciation** toutes les fois qu'elle présente des difficultés ou des doutes, et, pour chaque famille de mots, l'étymologie : nous la plaçons en tête du mot principal, dont elle éclaire les diverses significations. La science étymologique a fait de grands progrès depuis quelque temps, ils sont consignés ici.

Les acceptions de chaque mot sont indiquées dans l'ordre où elles naissent les unes des autres, avec des **exemples** à l'appui.

Les **verbes irréguliers** sont conjugués, les auxiliaires des verbes neutres indiqués. Certains **adjectifs** doivent précéder ou suivre les substantifs, nous en faisons l'observation. Des remarques résolvent les **difficultés grammaticales et syntaxiques**. Chaque mot est comparé avec ses **synonymes** et l'on fait ressortir les nuances qui les différencient.

Nous donnons l'orthographe actuelle, *d'après la dernière édition du Dictionnaire de l'Académie française*, publiée en 1878. Tous les dictionnaires antérieurs se trouvent nécessairement défectueux sous ce rapport important, puisqu'ils n'ont eu d'autre règle que l'édition de 1835.

LITTÉRATURE

On n'a rien épargné pour rendre l'ouvrage pratique et attrayant dans le domaine de la littérature. Tous les points utiles pour l'explication des auteurs et pour la composition sont signalés et développés. Il y a là comme un code littéraire à la fois très succinct et très complet.

En effet, le lecteur trouvera dans cet ouvrage des notions exactes, précises :

1° Sur les **GENRES LITTÉRAIRES** — **Poésie** : épopée, poésie lyrique, dramatique, didactique, satirique, etc. — **Prose** : éloquence du barreau, de la tribune, de la chaire, allocutions, proclamations, etc. ; histoire, chroniques, mémoires..., romans, nouvelles, lettres, etc., ouvrages de philosophie morale ou religieuse, considérations, méditations, controverses, etc.

2° Sur la **COMPOSITION LITTÉRAIRE** et tout ce qui s'y rapporte. — **Imagination**, **Goût**, **Style**, **Rhétorique** et ses divisions : Invention, Disposition, Exorde, Péroraison ; Figures de pensée et de mots, Métaphore, Allégorie, etc.

3° Sur la **PROSODIE** grecque, latine, française, allemande, etc., et sur les matières qu'elle comprend, quantité, pied, rime, vers, strophes, stances, etc.

4° Sur tous les **OUVRAGES LITTÉRAIRES** ayant quelque importance ; on les trouvera sous leurs titres : *Génie du Christianisme*, *Misanthrope*, etc., et sous le nom de leurs auteurs, CHATEAUBRIAND, MOLIÈRE, etc., avec renvoi de l'article où ils ne sont que mentionnés à celui où ils sont analysés et appréciés.

5° Sur les **LANGUES** et les **LITTÉRATURES** :

Anciennes : Grecque, latine, hébraïque, chaldaïque, syriaque, sanscrite, celtique, etc.

Modernes : Française, italienne, espagnole, portugaise, grecque moderne, anglaise, allemande, hollandaise, scandinave, slave, finnoise, hongroise, arabe, persane, turque, chinoise, etc.

HISTOIRE

HISTOIRE SAINTE, HISTOIRE ANCIENNE, HISTOIRE DU MOYEN ÂGE, HISTOIRE MODERNE, HISTOIRE CONTEMPORAINE

Le Dictionnaire contient l'histoire :

1° De chaque ville (Amiens, Anvers), de chaque pays (Anjou, Aquitaine), de chaque peuple (Romain, Russe), avec la liste des souverains ou chefs qui les ont gouvernés, afin que le lecteur qui désire de plus amples développements puisse les trouver dans la biographie de chacun d'eux. — 2° Des *Événements*, à la dénomination sous laquelle ils sont les plus connus : Alma (bataille de l'), Westphalie (traité de), Août (journée du 10) — 3° Des *Institutions* : ostracisme, consuls, tribuns, féodalité, communes, parlements, cortès, hanse teutonique, zollverein, etc. — 4° Des *Factions* et des *Partis* : Gracques, Armagnacs, Guelfes et Gibelins, Girondins, etc.

BIOGRAPHIE

La Biographie complète l'exposé de toutes les sciences, de tous les arts, puisqu'elle fait connaître les **littérateurs** avec leurs ouvrages ; — les **savants** : *mathématiciens, astronomes, physiciens, chimistes, médecins, géologues, zoologues, botanistes*, avec leurs découvertes et leurs écrits, — les **artistes** : *peintres, graveurs, sculpteurs, architectes, musiciens*, avec le caractère de leur talent et l'indication de leurs principales œuvres.

Elle est surtout le complément et l'une des formes de l'Histoire, car elle raconte la vie, les actions des hommes célèbres par leurs vertus, par leurs talents ou leurs travaux, le bien ou le mal

qu'ils ont fait à leurs semblables, elle mentionne même les personnages secondaires, ceux qui ont joué quelque rôle dans
l'histoire, ceux dont le nom n'est pas resté complètement dans
l'oubli.

La biographie des contemporains, des personnages vivants, est
une matière aussi délicate qu'intéressante. Elle a été traitée de la
façon la plus consciencieuse par les écrivains compétents, très versés dans la connaissance des hommes et des choses de notre époque. Il s'agit ici de fournir des renseignements et non de fair
de la polémique. L'impartialité la plus entière a présidé à ce travai

Malgré la brièveté qui lui était imposée par le cadre de l'ouvra
ge, les rédacteurs n'ont rien oublié de ce qui pouvait intéresser e
instruire le lecteur. Dans les Biographies, ils relatent les souve
nirs littéraires et artistiques qui s'y rattachent.

BIBLIOGRAPHIE

C'est une partie intégrante de la plupart des Biographies.
Nous complétons nos notices sur les auteurs par l'indication des
ouvrages, avec leurs titres exacts, dates, lieux et circonstances de
la publication; nous faisons connaître les éditions, les commentaires, les traductions les plus estimées. En outre sur tous les sujets
importants de science, de littérature, de droit, d'histoire, etc., nou
indiquons les ouvrages les plus estimés et les plus récents, de faç
à permettre au lecteur de compléter, s'il le désire, par des re
cherches personnelles, les notions générales données par le Dic
tionnaire.

MYTHOLOGIE

On la considère comme un appendice nécessaire de l'Histoire.
En nous faisant connaître les personnages des temps héroïques et
les divinités grecques, italiques, scandinaves, celtiques, égyptiennes, hindoues, japonaises, mexicaines, etc.; elle nous donne
l'intelligence des anciens auteurs; elle nous aide à saisir les allusions poétiques; elle nous explique les chefs-d'œuvre de la peintur
et de la sculpture.

Avec elle nous étudions les institutions religieuses de l'antiqui
païenne, et nous parvenons à nous faire une idée de l'état moral e
intellectuel des divers peuples à ces époques reculées.

GÉOGRAPHIE

Nous avons traité cette science selon l'importance que notre
siècle y attache. Nous avons pris pour guide les meilleurs géographes, les voyageurs les plus récents et les plus estimés, les cartes
les plus nouvelles et les plus exactes: outre les indications ordinaires, on fait connaître la nature et les productions du climat, la
constitution des divers États, leurs armées, leurs flottes, leur organisation militaire, leurs places fortes, le but qu'elles ont à remplir,
les ouvrages, forts, batteries, etc., dont elles sont pourvues, les
cols où des routes et des voies ferrées traversent les chaînes de montagnes, les forts d'arrêts qui en barrent le passage; on y trouve
également l'état de leurs finances, leur commerce, leur réseau de
chemins de fer. On ne se contente pas de marquer la **situation
physique, administrative**, et la **population** de chaque localité,
on rappelle le **commerce** et l'**industrie** qui la distinguent, les souvenirs historiques qui l'entourent, les **monuments anciens** e
modernes et même les **travaux d'arts de chemins de fer**. La plu
part des ouvrages géographiques sont remplis d'inexactitudes so
ce rapport, parce qu'ils sont faits les uns d'après les autres. Pou
éviter cet inconvénient, nous allons aux **sources**: nous demandon
la **statistique commerciale** d'une ville, d'une région, à la Cham
bre de commerce de la localité; des notices sur les **musées** et le
bibliothèques, aux conservateurs de ces établissements; sur le
archives, aux archivistes, etc. Nous consultons les **annuaires** d
l'armée, de la marine, de l'instruction publique, celui des lon
gitudes, de l'almanach de Gotha et les documents officiels de sta
tistique les plus récents. S'agit-il d'une **station balnéaire**? nou
indiquons la composition et la propriété de ses eaux, ainsi que le
principales affections dans lesquelles elles sont conseillées.

SCIENCES ET ARTS

Ici nous devons nous borner à une simple énumération des principales branches des Sciences et des Arts qui ont toutes été traitées avec un soin spécial.

PHILOSOPHIE

Logique. — Métaphysique. — Psychologie. — Théodicée. — Morale. —
Histoire des systèmes philosophiques.

THÉOLOGIE

Dogmatique. — Morale. — Sacrements. — Exégèse sacrée. — Histoire
ecclésiastique. — Conciles. — Hagiographie. — Hérésies. — Droit canonique. — Liturgie, etc.

MATHÉMATIQUES pures et appliquées.

Arithmétique. — Algèbre. — Géométrie. — Topographie. — Mécanique.

ASTRONOMIE

Mécanique céleste. — Uranométrie. — Constitution des corps célestes. —
Géodésie. — Météorologie et prévision du temps. — Instruments. —
Calendrier. — Histoire de l'Astronomie.

PHYSIQUE & CHIMIE

Notions sommaires sur les principaux phénomènes physiques. — Description des corps simples et composés, avec l'énumération succincte
de leurs propriétés et de leurs applications scientifiques et industrielles.

TECHNOLOGIE

Industrie. — Céramique. — Verrerie. — Teinture, etc.

CHEMINS DE FER, TRAVAUX PUBLICS, etc.

Renseignements techniques et statistiques.

MÉCANIQUE APPLIQUÉE, RÉSISTANCE DES MATÉRIAUX, etc.

Indication des formules de la mécanique appliquée et de leurs applications aux calculs des dimensions des pièces de construction.

HISTOIRE NATURELLE

ZOOLOGIE : Anthropologie. — Anatomie. — Physiologie. — Mammifères.
— Oiseaux. — Reptiles. — Poissons. — Mollusques. — Insectes. —
Arachnides. — Crustacés. — Vers. — Zoophytes. — Protozoaires.

BOTANIQUE

BOTANIQUE : Organographie. — Physiologie végétale. — Physique
Chimie végétales. — Classifications et familles naturelles. — Descriptio
et usages de chaque plante.

MINÉRALOGIE. — Géologie. — Paléontologie. — Cristallographie.

MÉDECINE

Anatomie. — Physiologie. — Pathologie. — Thérapeutique. — Pharmace
logie. — Chirurgie. — Médecine légale. — Médecine vétérinaire.

AGRICULTURE

Technologie agricole. — Agriculture proprement dite. — Arboricultur
— Sylviculture. — Horticulture. — Floriculture. — Viticulture. — Zo
technie. — Apiculture. — Pisciculture.

ARCHÉOLOGIE

ÉPIGRAPHIE. — PALÉOGRAPHIE. — NUMISMATIQUE. — ANTIQUITÉS
Romaines, Grecques, Assyriennes, Égyptiennes, du Moyen Age.

SCIENCES POLITIQUES ET ÉCONOMIQUES. — DROIT ADMINISTRATION

Droit naturel. — Droit des gens. — Droit public et constitutionnel.
Droit civil. — Droit commercial. — Droit criminel. — Procédure.
Droit international privé. — Législation rurale, forestière; chasse, lo
veterie, pêche, etc. — Droit administratif : organisation et matièr
administratives. — Economie sociale. — Economie politique. — Statistiqu
— Finances. — Histoires des institutions et du droit. — Législatio
comparées.

SCIENCES MILITAIRES

Armée et Marine. — Législation (service obligatoire, opérations de recr
tement, conseils de révision, organisation de l'armée de terre et d
mer, avancement, pensions, etc.) — Administration et Justice mi
taires. — Art militaire et maritime. — Stratégie. — Tactique généra
(marches, combat, stationnement). — Artillerie. — Fortification.
Topographie. — Télégraphie militaire, etc.

BEAUX-ARTS

Esthétique et histoire de l'art. — Peinture. — Gravure. — Sculpture.
Architecture. — Mobilier. — Céramique. — Orfèvrerie. — Tapisseri
— Mosaïque. — Principaux musées. — Musique. — Lutherie. — De
cription des principales œuvres de chacun de ces arts. Ainsi, à la f
de l'article géographique, consacré à chaque localité, les monumen
historiques sont décrits.

Le lecteur peut juger, par ce qui précède, de l'étendue et de l'utilité pratique de ce vocabulaire universel.

Ajoutons que l'unité et la proportion règnent dans l'édifice, parce qu'un seul architecte en a composé le plan et a présidé à tous le
détails de l'exécution :

Puisse se vérifier cette parole d'encouragement d'un critique distingué, à qui nous avions soumis notre plan avec un commencemer
assez considérable d'exécution : « Ce projet est magnifique et populaire dans toute la force du terme. Travaillez avec constance à le réalise
vous aurez rendu un véritable service au public, j'ose presque dire à l'humanité. »

DICTIONNAIRE

DES

DICTIONNAIRES

ENCYCLOPÉDIE UNIVERSELLE

DES LETTRES, DES SCIENCES ET DES ARTS

PAR

MM. JEANNIN, LECLERC, DE MONZIE, COURAT. — (Lexicologie.)
GODEFROY (Frédéric). — (Lexicographie, Histoire de la littérature et des écrivains français.)
NURET (Jules). — (Lexicographie, Correction.)
BOUGEAULT (Alfred). — (Histoire littéraire, Biographie des auteurs, Bibliographie.)
FOURNEL (Victor). — (Littérature théâtrale.)
HENNEQUIN (Émile). — (Grecs et Romains : histoire, littérature, antiquités, etc.)
RIANCEY (Comte de), CANET (V.), docteur ès-lettres. — (Histoire.)
TESTE (Louis). — (Histoire contemporaine.)
CORTAMBERT, CASTONNET-DESFOSSES, TARDIEU. — (Géographie.)
STEIGER (I.), docteur en Philosophie. — (Philosophie.)

MM. DIDIOT (Jules), docteur en Théologie. — (Théologie.)
OLTRAMARE. — (Mathématiques. Astronomie.)
PARROT, ingénieur civil. — (Physique et Chimie.)
MAISONNEUVE. docteur en médecine, docteur ès-sciences. — (Médecine, Histoire naturelle.)
LÈBRE, avocat à la Cour de Paris. — (Économie politique. Sociologie, Démographie.)
SAINT-PAUL (Anthyme). — (Archéologie.)
DUFOUR (G.), avocat. — (Finances, Droit public, Statistique.)
X..., Avocat. — (Jurisprudence.)
XX... — (Partie militaire.)
BOURNAND (François). — (Esthétique et Histoire de l'Art, Peinture, Sculpture, Mobilier, Tapisserie, etc.)
BARTHÉLEMY (Charles). — (Musique, Lutherie.)
Etc , etc.

Sous la Direction de M. Paul GUÉRIN

Le **DICTIONNAIRE DES DICTIONNAIRES** se composera d'environ 80 FASCICULES grand in-4° de 80 Pages à trois Colonnes, soit CINQ beaux volumes de treize à quatorze cents Pages chacun, qui paraîtront régulièrement à partir d'Avril 1884.

PRIX DU FASCICULE : 2 FRANCS

Prix de la Souscription à forfait pendant toute l'année 1884, pour l'ouvrage entier, *expédié franco, par fascicules dans toute l'Union postale*, quel que soit le nombre de fascicules : **130 francs**, payables 30 *francs comptant* et le reste en quatre échéances, à 12, 18, 24 et 30 mois de la souscription.

AVIS IMPORTANT. — A partir du 1ᵉʳ Janvier 1885, le prix de la Souscription à forfait sera élevé à **150 francs.**

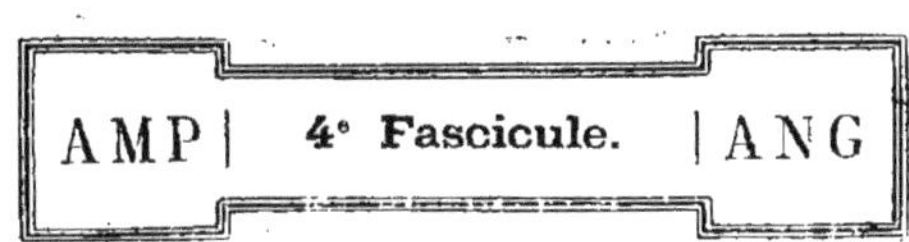

ON SOUSCRIT :

A PARIS
ALPHONSE PICARD
LIBRAIRE - ÉDITEUR
82, rue Bonaparte, 82

A NANTES. Imprimerie de l'Ouest
(ANCIENNE IMPRIMERIE CHARPENTIER)
BLOCH, LE GARS & MÉNARD
IMPRIMEURS - ÉDITEURS
32 et 34, rue de la Fosse, 32 et 34

Et chez les principaux Libraires, en France et à l'Étranger.

PRINCIPALES ABRÉVIATIONS
EMPLOYÉES DANS LE DICTIONNAIRE

A	Actif.
abs	Absolument.
Acad	Académie (d'après l').
acc	Accent
adj	Adjectif.
adj. 2 g	Adjectif des deux genres.
adjectiv	Adjectivement.
Adm	Administration.
adv	Adverbe, adverbial.
adverb	Adverbialement.
aff	Affluent
Agric	Agriculture.
Alg	Algèbre.
allem	Allemand.
altit	Altitude.
Anat	Anatomie.
Anc., anc	Ancien ou anciens, ancienne ou anciennes.
angl	Anglais.
Antiq	Antiquité.
Anthropol	Anthropologie.
Apic	Apiculture.
Arbor	Arboriculture.
Archéol	Archéologie.
Archit	Architecture.
Arg	Argot.
Arith	Arithmétique.
arr	Arrondissement.
art	Article.
A. culin	Art culinaire.
Artil	Artillerie
A. milit	Art militaire, tactique, administration.
A. vétér	Art vétérinaire, médecine vétérinaire.
assyr	Assyrien.
Astr	Astronomie.
auj	Aujourd'hui.
autref	Autrefois.
auxil	Auxiliaire.
B.-Arts	Beaux-Arts.
B., Bse	Bas, basse.
Bg. bg	Bourg.
Bibliog	Bibliographie.
Bibliot	Bibliothèque.
Blas	Blason ou art héraldique.
b. lat	Bas latin.
Bot	Botanique.
C. ou c	Cours (des fleuves et rivières).
c.-à-d	C'est-à-dire.
Capit., capit	Capitale.
car	Carré.
Céram	Céramique.
Chim	Chimie.
Chir	Chirurgie.
Ch.-l., ch.-l.	Chef-lieu.
can	Canonique.
Cant., cant	Canton.
Cf	Conférez, comparez.
Chron	Chronologie.
circ	Circondario (arr. en Italie).
Cl., cl	Classe.
Com., com	Commerce.
Comm. comm	Commune.
condit	Conditionnel.
confl	Confluent.
conj	Conjonction. Conjonctif, conjonctive.
conjug	Conjugaison.
cons	Consonne.
Consult	Consultez.
contr	Contracté.
corr	Correct, correcte.
Cte, cte	Comte.
Cté, cté	Comté.
dém	Démonstratif.
Dép. dép	Département.
dimin	Diminutif.
distr	District.
div	Division.
dr	Droit, droite.
Dr. can	Droit canonique.
Dr. rom	Droit romain.
éd	Édition.
égypt	Égyptien, nne.
Ellip	Ellipse, elliptique.
emb	Embouchure.
Entom	Entomologie.
env	Environ.
Erpét	Erpétologie.
Ethnol	Ethnologie.
Etym	Etymologie.
ex	Exemple.
ext	Extention (Par).
f., fém	Féminin.
F	Fête
Fam	Familier (terme, langage), familièrement.
fam	Famille (Hist. nat.)
Féod	Féodalité, féodale.
Fig., fig	Au figuré.
Fin	Finance.
fl	Fleuve.
Fortif	Fortification.
fr	Franc
franç	Français, française.
fut	Futur.
G., g	Genre (Hist. nat).
g	Gauche (Géog.)
Géog	Géographie.
Géol	Géologie.
Géom	Géométrie.
gr	Grec.
gram	Gramme.
Gramm	Grammaire.
Grav	Graveur, gravure (terme de).
h	Habitants.
haut	Hauteur.
héb	Hébreux, hébraïque.
hect	Hectare.
hectol	Hectolitre.
Hippiat	Hippiatrique.
Hist	Histoire.
Hist. ecclés	Histoire ecclésiastique.
Hist. nat	Histoire naturelle.
Hortic	Horticulture.
Ht, Hte	Haut, haute.
Hyg	Hygiène.
Ichtyol	Ichtyologie.
imp	Impersonnel, impersonnellement.
indéf	Indéfini.
indic	Indicatif.
Indust	Industrie.
infin	Infinitif.
interj	Interjection.
interjectiv	Interjectivement.
inus	Inusité.
Iron., iron	Ironie, ironique, ironiquement
irrég	Irrégulier.
ital	Italien, italienne.
J.-C	Jésus-Christ.
Jurisp	Jurisprudence, droit, droit usuel.
Just	Justice.
k	Kilo.
kil	Kilomètre.
larg	Largeur.
lat	Latin ou latine.
latit	Latitude.
Législ	Législation.
Litt	Littérature.
Liturg	Liturgie.
Loc., loc	Locution.
Log	Logique
long	Longueur.
longit	Longitude.
ll mll	ll Mouillées.
Luth	Lutherie.
m., masc	Masculin.
Mamm	Mammifères.
Manuf	Manufacture.
Mar	Marine.
Math	Mathématiques.
m. c	Mètre cube.
Méc	Mécanique.
Méd	Médecin, médecine.
Métaphys	Métaphysique.
mérid	Méridional, méridionale.
milit	Militaire.
Minér	Minéralogie.
Moll	Mollusque.
Mus	Musique.
Myth	Mythologie.
nég	Négation, négativement.
Néol	Néologisme.
Numism	Numismatique.
occid	Occidental, occidentale.
Orfév	Orfèvrerie.
orient	Oriental, orientale.
Ornith	Ornithologie.
Ouv., ouv	Ouvrage
p. pas	Participe passé.
p. prés	Participe présent.
Paléont	Paléontologie.
Pédag	Pédagogie.
Peint	Peinture.
Pharm	Pharmacie, pharmacologie.
Philos	Philosophie.
Phys	Physique.
Physiol	Physiologie.
Piscic	Pisciculture.
pl	Pluriel.
Poét	Poétique.
Pop	Populaire (terme).
popul	Population.
poss	Possessif.
prép	Préposition.
princ	Principal, principaux.
pron	Pronom.
Pros	Prosodie.
Prov., prov	Proverbe, proverbial.
prov	Province.
Psych	Psychologie.
pt., pte	Petit, petite.
qfois	Quelquefois.
qq	Quelques.
rad	Radical.
Rel	Reliure.
Rem	Remarque.
Rhét	Rhétorique.
Riv., riv	Rivière.
rom	Romain, romaine
Roy, roy	Royaume.
S. ou (S.)	Saint ; Paul (S.).
St-	Saint (Saint-Brieuc).
Ste-	Sainte (prison de Sainte-Pélagie).
Ste ou (Ste)	Sainte ; Thérèse (Ste).
s	Siècle.
Scol	Scolastique.
Sculpt	Sculpture, sculpteur.
Sect., sect	Section.
s.-fam	Sous-famille.
septent	Septentrional, septentrionale.
s.-ord	Sous-ordre.
s.-tr	Sous-tribu.
s. f	Substantif féminin.
s. m	Substantif masculin.
s. 2 g	Substantif des deux genres.
Statist	Statistique.
sing	Singulier.
subd	Subdivision.
Subst	Substantivement.
suiv	Suivant.
superf	Superficie.
syll	Syllabe
Sylv	Sylviculture.
Syn, syn	Synonyme.
T. ou t	Terme.
Techn	Technologie.
Théol	Théologie.
Thérap	Thérapeutique.
Topog	Topographie.
Tr., tr	Tribu.
trad	Traduit, traduction.
Triv	Trivial.
Typ	Typographie.
unip	Unipersonnel, ou unipersonnellement.
us	Usité.
v	Verbe.
v. a	Verbe actif.
v imp	Verbe impersonnel.
v. n	Verbe neutre.
v. pr	Verbe pronominal.
v. réfl	Verbe réfléchi.
Vén	Vénerie, terme de chasse.
Vge	Village.
vic	Vicieuse (locution).
Vitic	Viticulture.
Vle	Ville.
vol	Volume.
vulg	Vulgairement, vulgaire.
Vœ., vœ	Voir.
Zool	Zoologe.
Zootech	Zootechnie.

INDICATIONS GÉNÉRALES

Dans ce siècle de Dictionnaires de toutes sortes, il en manquait un réunissant tout ce que les autres contiennent d'utile, d'intéressant t de curieux, et satisfaisant le grand nombre des lecteurs, obligés à une économie de temps et d'argent. Tout le monde ne peut pas onsacrer cinq ou six cents francs à l'acquisition d'une encyclopédie ; et, d'autre part, c'est un travail considérable et souvent impossible, que de se livrer à de longues recherches dans des ouvrages spéciaux.

Le **Dictionnaire des Dictionnaires**, comme son titre l'indique, contient la substance de tous les dictionnaires, c'est-à-dire le ésumé des connaissances humaines, sous forme de vocabulaire.

Sous chaque terme il offre toutes les notions essentielles que les diverses catégories de lecteurs peuvent désirer.

Les différentes branches des *Lettres*, des *Sciences*, des *Arts*, des *Métiers*, que nous énumérons ci-après, ont été confiées à des ommes spéciaux, à la fois savants et vulgarisateurs, qui ont su présenter les principes, donner le dernier mot de la science en indiquer outes les applications pratiques et mettre les objets les plus abstraits et les plus ardus à la portée de tous, en se faisant comprendre par eux mêmes qui n'y sont point initiés.

Sans insister sur ce sujet, nous ferons quelques remarques pour permettre au lecteur de bien saisir notre pensée : •

Le croirait-on ? Il n'existe pas un *Dictionnaire des Sciences militaires* Cette lacune sera comblée dans le **Dictionnaire des Dictionnaires**. Les termes de guerre, de fortification, de topographie, etc., sont définis, *expliqués*, par des écrivains militaires. Aujour-l'hui que tous les Français doivent être soldats, il leur importe plus que jamais d'avoir des connaissances précises sur tout ce qui a trait à a profession des armes.

Les dictionnaires ne contiennent rien ou presque rien sur les termes de BOURSE et de FINANCE ; aussi combien de personnes lisent dans eur journal le bulletin financier ou le tableau de la bourse, sans comprendre : COURS DE COMPENSATION, — *réponse des primes*, LEVER a prime. — *abandonner la prime, vendre à terme, en liquidation, fin courant*, — vendre DONT cinquante centimes, dont dix francs, — eport, déport, etc. On trouvera dans le **Dictionnaire des Dictionnaires** toutes les explications, tous les renseignements désirables sur ette matière, qui est traitée par un rédacteur financier de Paris des plus compétents.

Pour la *Médecine*, chaque maladie est sommairement décrite ; on en fait connaître les causes, les symptômes et les différentes phases ; on en donne le diagnostic et le pronostic ; vient ensuite ce qui concerne le traitement ; l'indication des remèdes, de leurs doses, de leur mode d'emploi, etc.

Chaque classe de médicaments (astringents, balsamiques, diurétiques, sudorifiques, etc.) est soigneusement étudiée, et tout médicament qui en fait partie est examiné au point de vue de son origine, des procédés d'extraction ou de fabrication et surtout de son action physiologique et thérapeutique.

L'*Art Vétérinaire* et la *Zootechnie* n'ont pas été plus négligés ; tous ceux qui, par goût ou par utilité, s'intéressent aux notions qui concernent nos animaux domestiques trouveront là, d'une part, les indications nécessaires pour reconnaître et traiter les affections morbides dont ils sont atteints, et, d'autre part, les moyens de multiplication, d'élevage et de sélection les plus propres à faire obtenir de beaux et utiles produits.

LANGUE FRANÇAISE

Ce qui concerne la langue française est amplement et soigneusement exposé Nous donnons la **prononciation** toutes les fois qu'elle présente des difficultés ou des doutes, et, pour chaque famille de mots, l'**étymologie** : nous la plaçons en tête du mot principal, dont elle éclaire les diverses significations. La science étymologique a fait de grands progrès depuis quelque temps ; ils sont consignés ici.

Les **acceptions** de chaque mot sont indiquées dans l'ordre où elles naissent les unes des autres, avec des **exemples à l'appui**.

Les **verbes irréguliers** sont conjugués, les auxiliaires des verbes neutres indiqués. Certains **adjectifs** doivent précéder ou suivre les substantifs, nous en faisons l'observation. Des remarques résolvent les **difficultés grammaticales et syntaxiques.** Chaque mot est comparé avec ses **synonymes** et l'on fait ressortir les nuances qui les différencient.

Nous donnons l'**orthographe actuelle**, *d'après la dernière édition du Dictionnaire de l'Académie française,* publiée en 1878. Tous les dictionnaires antérieurs se trouvent nécessairement défectueux sous ce rapport important, puisqu'ils n'ont eu d'autre règle que l'édition de 1835.

LITTÉRATURE

On n'a rien épargné pour rendre l'ouvrage pratique et attrayant dans le domaine de la littérature. Tous les points utiles pour l'explication des auteurs et pour la composition sont signalés et développés. Il y a là comme un code littéraire à la fois très succinct et très complet.

En effet, le lecteur trouvera dans cet ouvrage des notions exactes, précises :

1° Sur les **GENRES LITTÉRAIRES.** — **Poésie** : épopée, poésie lyrique, dramatique, didactique, satirique, etc. — **Prose** : éloquence du barreau, de la tribune, de la chaire, allocutions, proclamations, etc. ; histoire, chroniques, mémoires…, romans, nouvelles, lettres, etc. ; ouvrages de philosophie morale ou religieuse, considérations, méditations, controverses, etc.

2° Sur la **COMPOSITION LITTÉRAIRE** et tout ce qui s'y rapporte. —

Imagination, Goût, Style ; Rhétorique et ses divisions : Invention, Disposition, Exorde, Péroraison ; Figures de pensée et de mots, Métaphore, Allégorie, etc.

3° Sur la **PROSODIE** grecque, latine, française, allemande, etc., et sur les matières qu'elle comprend, quantité, pied, rime, vers, strophes, stances, etc.

4° Sur tous les **OUVRAGES LITTÉRAIRES** ayant quelque importance ; on les trouvera sous leurs titres : *Génie du Christianisme, Misanthrope*, etc., et sous le nom de leurs auteurs : CHATEAUBRIAND, MOLIÈRE, etc , avec renvoi de l'article où ils ne sont que mentionnés à celui où ils sont analysés et appréciés.

5° Sur les **LANGUES** et les **LITTÉRATURES** :

Anciennes : Grecque, latine, hébraïque, chaldaïque, syriaque, sanscrite, celtique, etc.

Modernes : Française, italienne, espagnole, portugaise, grecque moderne, anglaise, allemande, hollandaise, scandinave, slave, finnoise, hongroise, arabe, persane, turque, chinoise, etc.

HISTOIRE

HISTOIRE SAINTE, HISTOIRE ANCIENNE, HISTOIRE DU MOYEN AGE, HISTOIRE MODERNE, HISTOIRE CONTEMPORAINE

Le Dictionnaire contient l'histoire :

1° De chaque **ville** (Amiens, Anvers), de chaque **pays** (Anjou, Aquitaine), de chaque **peuple** (Romain, Russe), avec la liste des souverains ou chefs qui les ont gouvernés, afin que le lecteur qui désire de plus amples développements puisse les trouver dans la biographie de chacun d'eux. — 2° *Des Evénements*, à la dénomination sous laquelle ils sont les plus connus : Alma (bataille de l'), Westphalie (traité de), Août (journée du 10). — 3° *Des Institutions :* ostracisme, consuls, tribuns, féodalité, communes, parlements, cortès, hanse teutonique, zollverein, etc. — 4° *Des Factions et des Partis :* Gracques, Armagnacs, Guelfes et Gibelins, Girondins, etc.

BIOGRAPHIE

La Biographie complète l'exposé de toutes les sciences, de tous les arts, puisqu'elle fait connaître les **littérateurs** avec leurs ouvrages ; — les **savants** : *mathématiciens, astronomes, physiciens, chimistes, médecins, géologues, zoologues, botanistes,* avec leurs découvertes et leurs écrits ; — les **artistes** : *peintres,* *graveurs, sculpteurs, architectes, musiciens,* avec le caractère de leur talent et l'indication de leurs principales œuvres.

Elle est surtout le complément et l'une des formes de l'Histoire, car elle raconte la vie, les actions des hommes célèbres par leurs vertus, par leurs talents ou leurs travaux, le bien ou le mal

qu'ils ont fait à leurs semblables, elle mentionne même les personnages secondaires, ceux qui ont joué quelque rôle dans l'histoire, ceux dont le nom n'est pas resté complètement dans l'oubli.

La biographie des contemporains, des personnages vivants, est une matière aussi délicate qu'intéressante. Elle a été traitée de la façon la plus consciencieuse par les écrivains compétents, très versés dans la connaissance des hommes et des choses de notre époque. Il s'agit ici de fournir des renseignements et non de faire de la polémique. L'impartialité la plus entière a présidé à ce travail.

Malgré la brièveté qui lui était imposée par le cadre de l'ouvrage, les rédacteurs n'ont rien oublié de ce qui pouvait intéresser ou instruire le lecteur. Dans les BIOGRAPHIES, ils relatent les souvenirs littéraires et artistiques qui s'y rattachent.

BIBLIOGRAPHIE

C'est une partie intégrante de la plupart des BIOGRAPHIES. Nous complétons nos notices sur les auteurs par l'indication des ouvrages, avec leurs titres exacts, dates, lieux et circonstances de la publication; nous faisons connaître les éditions, les commentaires, les traductions les plus estimées. En outre sur tous les sujets importants de science, de littérature, de droit, d'histoire, etc., nous indiquons les ouvrages les plus estimés et les plus récents, de façon à permettre au lecteur de compléter, s'il le désire, par des recherches personnelles, les notions générales données par le Dictionnaire.

MYTHOLOGIE

On la considère comme un appendice nécessaire de l'Histoire. En nous faisant connaître les personnages des temps héroïques et les divinités grecques, italiques, scandinaves, celtiques, égyptiennes, hindoues, japonaises, mexicaines, etc.; elle nous donne l'intelligence des anciens auteurs; elle nous aide à saisir les allusions poétiques; elle nous explique les chefs-d'œuvre de la peinture et de la sculpture.

Avec elle nous étudions les institutions religieuses de l'antiquité païenne, et nous parvenons à nous faire une idée de l'état moral et intellectuel des divers peuples à ces époques reculées.

GÉOGRAPHIE

Nous avons traité cette science selon l'importance que notre siècle y attache. Nous avons pris pour guide les meilleurs géographes, les voyageurs les plus récents et les plus estimés, les cartes les plus nouvelles et les plus exactes, outre les indications ordinaires, on fait connaître la nature et les productions du climat, la constitution des divers États, leurs armées, leurs flottes, leur organisation militaire, leurs places fortes, le but qu'elles ont à remplir, les ouvrages, forts, batteries etc., dont elles sont pourvues, les cols où des routes et des voies ferrées traversent les chaînes de montagnes, les forts d'arrêts qui en barrent le passage; on y trouve également l'état de leurs finances, leur commerce, leur réseau de chemins de fer. On ne se contente pas de marquer la situation physique, administrative, et la population de chaque localité, on rappelle le commerce et l'industrie qui la distinguent, les souvenirs historiques qui l'entourent, les **monuments anciens** ou **modernes** et mêmes les **travaux d'arts de chemins de fer.** La plupart des ouvrages géographiques sont remplis d'inexactitudes sous ce rapport, parce qu'ils sont faits les uns d'après les autres. Pour éviter cet inconvénient, nous allons aux **sources**: nous demandons la **statistique commerciale** d'une ville, d'une région, à la Chambre de commerce de la localité; des notices sur les **musées** et les **bibliothèques**, aux conservateurs de ces établissements; sur les **archives**, aux archivistes, etc. Nous consultons les annuaires de l'armée, de la **marine**, de l'**instruction publique**, celui des longitudes, de l'almanach de Gotha et les documents officiels de statistique les plus récents. S'agit-il d'une **station balnéaire ?** nous indiquons la composition et la propriété de ses eaux, ainsi que les principales affections dans lesquelles elles sont conseillées.

SCIENCES ET ARTS

Ici nous devons nous borner à une simple énumération des principales branches des Sciences et des Arts qui ont toutes été traitées avec un soin spécial.

PHILOSOPHIE

Logique. — Métaphysique. — Psychologie — Théodicée. — Morale. — Histoire des systèmes philosophiques.

THÉOLOGIE

Dogmatique — Morale — Sacrements — Exégèse sacrée. — Histoire ecclésiastique. — Conciles — Hagiographie — Hérésies — Droit canonique. — Liturgie, etc.

MATHÉMATIQUES pures et appliquées.

Arithmétique. — Algèbre. — Géométrie — Topographie — Mécanique.

ASTRONOMIE

Mécanique céleste — Cosmographie — Constitution des corps célestes. — Géodésie — Météorologie et mesure du temps — Instruments. — Calendrier — Histoire de l'Astronomie.

PHYSIQUE & CHIMIE

Notions sommaires sur les principaux phénomènes physiques — Description des corps simples et composés, avec l'énumération succincte de leurs propriétés et de leurs applications scientifiques et industrielles.

TECHNOLOGIE

Industrie - Céramique. — Verrerie. — Teinture, etc.

CHEMINS DE FER, TRAVAUX PUBLICS, etc.
Renseignements techniques et statistiques.

MÉCANIQUE APPLIQUÉE, RÉSISTANCE DES MATÉRIAUX, etc
Indication des formules de la mécanique appliquée et de leurs applications aux calculs des dimensions des pièces de construction.

HISTOIRE NATURELLE

ZOOLOGIE : Anthropologie. — Anatomie. — Physiologie. — Mammifères. — Oiseaux. — Reptiles — Poissons — Mollusques. — Insectes. — Arachnides. — Crustacés — Vers. — Zoophytes. — Protozoaires.

BOTANIQUE : Organographie. — Physiologie végétale. — Physique et Chimie végétales. — Classifications et familles naturelles. — Description et usages de chaque plante.

MINÉRALOGIE. — Géologie. — Paléontologie. — Cristallographie.

MÉDECINE

Anatomie. — Physiologie. — Pathologie. — Thérapeutique. — Pharmacologie. — Chirurgie. — Médecine légale. — Médecine vétérinaire.

AGRICULTURE

Technologie agricole. — Agriculture proprement dite. — Arboriculture — Sylviculture — Horticulture. — Floriculture. — Viticulture. — Zootechnie — Apiculture. — Pisciculture.

ARCHÉOLOGIE

ÉPIGRAPHIE. — PALÉOGRAPHIE — NUMISMATIQUE. — ANTIQUITÉS Romaines, Grecques, Assyriennes, Egyptiennes, du Moyen Age.

SCIENCES POLITIQUES ET ÉCONOMIQUES. — DROIT. ADMINISTRATION

Droit naturel. — Droit des gens. — Droit public et constitutionnel. — Droit civil. — Droit commercial — Droit criminel. — Procédure. — Droit international privé. — Législation rurale, forestière; chasse, louveterie, pêche, etc. — Droit administratif : organisation et matières administratives. — Economie sociale — Economie politique. — Statistique — Finances. — Histoires des institutions et du droit. — Législations comparées.

SCIENCES MILITAIRES

Armée et Marine. — Législation (service obligatoire, opérations de recrutement, conseils de révision, organisation de l'armée de terre et de mer, avancement, pensions, etc.) — Administration et Justice militaires. — Art militaire et maritime. — Stratégie. — Tactique générale (marches, combat, stationnement). — Artillerie. — Fortification. — Topographie. — Télégraphie militaire, etc.

BEAUX-ARTS

Esthétique et histoire de l'art. — Peinture. — Gravure. — Sculpture. — Architecture. — Mobilier. — Céramique. — Orfèvrerie. — Tapisserie. — Mosaïque. — Principaux musées. — Musique. — Lutherie. — Description des principales œuvres de chacun de ces arts. Ainsi, à la fin de l'article géographique, consacré à chaque localité, les monuments historiques sont décrits.

Le lecteur peut juger, par ce qui précède, de l'étendue et de l'utilité pratique de ce vocabulaire universel.

Ajoutons que l'unité et la proportion règnent dans l'édifice, parce qu'un seul architecte en a composé le plan et a présidé à tous les détails de l'exécution.

Puisse se vérifier cette parole d'encouragement d'un critique distingué, à qui nous avions soumis notre plan avec un commencement assez considérable d'exécution : « Ce projet est magnifique et populaire dans toute la force du terme. Travaillez avec constance à le réaliser, vous aurez rendu un véritable service au public, j'ose presque dire à l'humanité. »

www.ingramcontent.com/pod-product-compliance
Ingram Content Group UK Ltd.
Pitfield, Milton Keynes, MK11 3LW, UK
UKHW020124130726
13696UKWH00001B/189